Praxis des Bußgeldverfahrens

von

Raimund Wieser

Richter am Amtsgericht Augsburg i. R.

11. Auflage, 2026

rehm

Bibliografische Informationen der Deutschen Nationalbibliothek
Die Deutsche Nationalbibliothek verzeichnet diese Publikation in der Deutschen Nationalbibliografie; detaillierte bibliografische Daten sind im Internet über <http://dnb.d-nb.de> abrufbar.

Bei der Herstellung des Werkes haben wir uns zukunftsbewusst für umweltverträgliche und wiederverwertbare Materialien entschieden.
Der Inhalt ist auf elementar chlorfreiem Papier gedruckt.

ISBN 978-3-8073-2953-6

Im Weiher 10, 69121 Heidelberg

www.rehm-verlag.de

Satz: preXtension, Grafrath
Druck: CPI books GmbH, Birkstr. 10, 25917 Leck

Wieser

Praxis des Bußgeldverfahrens

Vorwort

Die elfte Auflage des Handbuchs „Praxis des Bußgeldverfahrens“ bietet allen Bediensteten von Bund, Ländern und Kommunen eine aktualisierte und nunmehr dem Gesetzesstand Januar 2026 entsprechende Praxishilfe bei ihrer Tätigkeit. Sie steht mit der Ablösung der herkömmlichen Papierakte zum Jahresbeginn 2026 durch die verpflichtende Einführung der elektronischen Akte an einer medialen Zeitenwende. Gleichwohl ist das papierlose Bußgeldverfahren noch nicht absehbar, denn Betroffene und Nebenbetroffene sind als Verfahrensbeteiligte weiterhin nicht zur Teilnahme am elektronischen Rechtsverkehr verpflichtet, sondern können sich auch künftig der Papierform nach Belieben bedienen. Die Verwaltungsbehörde ist daher trotz der Einführung des elektronischen Bürgerpostfachs im Portalverbund (BundID) und des elektronischen Bürger- und Organisationenpostfachs (eBO) noch überwiegend zum Versenden von Papierdokumenten und ersetzenden Scannen genötigt. Sein vorhersehbares Ende hat dagegen das von Anfang an bedeutungslose De-Mail-Verfahren gefunden, das seit Juli 2024 durch die Behörden nicht mehr angeboten werden muss (§ 2 Abs. 2 EGovG) und für Verfahrensbeteiligte seit Juli 2025 nicht mehr verfügbar ist. Es wird daher in dieser Auflage nicht mehr berücksichtigt. Stattdessen sind die Musterdokumente in dieser Auflage bereits mit der noch in Vorbereitung befindlichen DeutschlandID (§ 12 Abs. 1 S. 3 OZG) als Nachfolgerin der BundID versehen. Dagegen hat sich der elektronische Rechtsverkehr mit Rechtsanwälten und Rechtsanwältinnen über das besondere elektronische Anwaltspostfach (beA) bereits weitgehend durchgesetzt. Es bleibt zu hoffen, dass die elektronische Kommunikation zwischen den besonderen elektronischen Behördenpostfächern (beBPo) und dem elektronischen Verwaltungs- und Gerichtspostfach (EGVP) ebenso problemlos anläuft.

Die Neuauflage berücksichtigt an gesetzgeberischen Neuerungen – auch soweit sie erst ganz oder teilweise zum 1. Januar 2026 in Kraft getreten sind – das

- **Gesetz zur Änderung des Onlinezugangsgesetzes sowie weiterer Vorschriften zur Digitalisierung der Verwaltung (OZGÄndG)** vom 23. Juli 2024 (BGBl. I Nr. 245),
- **Gesetz zur weiteren Digitalisierung der Justiz** vom 12. Juli 2024 (BGBl. I Nr. 234), mit seinen Auswirkungen auf Verwaltungsbehörden,
- **Postgesetz** vom 15. Juli 2024 (BGBl. 2024 I Nr. 236),
- **Gesetz zur Einführung der elektronischen Akte in der Justiz und zur weiteren Förderung des elektronischen Rechtsverkehrs** vom 5. Juli 2021 (BGBl. I Nr. 2208),
- **Kosten- und Betreuervergütungsrechtsänderungsgesetz 2025** (KostBRÄG 2025) vom 7. April 2025 (BGBl. I Nr. 109).

Eine Rechtsverordnung zur Einführung einheitlicher elektronischer Formulare im Bußgeldverfahren auf der Grundlage des § 110b OWiG ist dagegen – wie schon in den Vorauflagen erwähnt – weiter nicht absehbar.

Zur besseren Übersichtlichkeit sind Gesetzeszitate in folgenden Fällen auf die einschlägigen Bundesgesetze beschränkt und die meist wortgleichen entsprechenden Landesgesetze nicht aufgeführt:

- Verwaltungsverfahrensgesetze VwVfG
- Verwaltungszustellungsgesetze VwZG
- Verwaltungsvollstreckungsgesetze VwVG

Die Rechtsbehelfsbelehrungen hätten wegen der Neuregelungen für Verteidigende ab 2026 erneut erweitert werden müssen. Sie sind daher in dieser Auflage im Interesse der Übersichtlichkeit den Mindestvorgaben des BVerwG angepasst (Urt. vom 25.1.2021, Aktenzeichen 9 C 8.19).

Da das Handbuch inzwischen auch vielfach im Bereich von Sozialbehörden, insbesondere Jobcentern und Agenturen für Arbeit, verwendet wird, enthält auch diese Auflage die dem Sozialverwaltungsverfahren entstammenden Bestimmungen des SGB X. Dagegen verblieb es noch immer entsprechend der aktuellen Gesetzesterminologie des OWiG beim männlichen „Betroffenen" anstelle der „betroffenen Person". Die in den Fußnoten dieser Auflage angegebenen Gerichtsentscheidungen sind nach dem Rechtsportal juris® zitiert.

Die einschlägige Rechtsprechung ist bis Dezember 2025 berücksichtigt.

Wie immer möchte ich mich sehr herzlich für die vielen Anregungen aus dem Kreis der vielfach schon langjährigen Anwender des Handbuchs bedanken.

Riederau, im Dezember 2025

Inhaltsverzeichnis

Verzeichnis der Musterbescheide und Musterschreiben

Zu § 14

Zu § 15

Zu § 16

Zu § 17

Zu § 18

Zu § 19

Zu § 20

Zu § 22

Zu § 23

(in alphabetischer Reihenfolge)

Hinweis zu den im Handbuch abgedruckten Musterbescheiden und dienstlichen Schreiben

In diesem Handbuch befinden sich Musterbescheide und Muster dienstlicher Schreiben im persönlichen Briefstil. Die Bescheide und dienstlichen Schreiben bilden sämtliche Verfahrensabläufe ab und berücksichtigen die verschiedensten Fallgestaltungen. Dadurch wird die effektive Bearbeitung des konkreten Bußgeldverfahrens ermöglicht.

Abkürzungsverzeichnis

Zitierte Fachzeitschriften und Fachliteratur sind *kursiv* dargestellt.

ABl.	Amtsblatt
AG	Amtsgericht, Aktiengesellschaft
AGO	Allgemeine Geschäftsordnung für die Behörden des Freistaates Bayern
AktG	Aktiengesetz
AllMBl.	*Allgemeines Ministerialblatt der Bayerischen Staatsregierung*
AO	Abgabenordnung
AÜG	Arbeitnehmerüberlassungsgesetz
AufenthG	Aufenthaltsgesetz
BAföG	Bundesausbildungsförderungsgesetz
BayBO	Bayerische Bauordnung
BayEUG	Bayerisches Gesetz über das Erziehungs- und Unterrichtswesen
BBankG	Bundesbankgesetz
BBußAktFV	Bundesbußgeldaktenführungsverordnung
BJagdG	Bundesjagdgesetz
BayJG	Bayerisches Jagdgesetz
BayObLG	(ehemaliges) Bayerisches Oberstes Landesgericht
BayStrWG	Straßen- und Wegegesetz (Bayern)
BayVGH (München)	Bayerischer Verwaltungsgerichtshof
BBG	Bundesbeamtengesetz
BDSG	Bundesdatenschutzgesetz
BGB	Bürgerliches Gesetzbuch
BGBl. I S.	Bundesgesetzblatt, Teil I Seite
BGBl. I Nr.	Bundesgesetzblatt Teil I Nummer (ab 2023)
BGH	Bundesgerichtshof
BImSchG	Bundes-Immissionsschutzgesetz
BImSchV	Rechtsverordnung aufgrund des BImSchG
BKatV	Bußgeldkatalog-Verordnung
BRAO	Bundesrechtsanwaltsordnung
BSG	Bundessozialgesetz
BStatG	Bundesstatistikgesetz
BT-Drs.	Drucksache des Bundestags (zitiert nach Nummer und Seite)
BtGB	Betreuungsbehördengesetz
BtMG	Betäubungsmittelgesetz
BußAktÜbV	Bußgeldaktenübermittlungsverordnung
BVerfG	Bundesverfassungsgericht
BVerwG	Bundesverwaltungsgericht
bzw.	beziehungsweise

DDG	Digitale-Dienste-Gesetz
DokErstÜbV	Dokumentenerstellungs- und -übermittlungsverordnung
DSchG	Denkmalschutzgesetz (Bayern)
DSGVO	Datenschutz-Grundverordnung (Europäische Union)
EG	Europäische Gemeinschaften
EGbR	Eingetragene Gesellschaft bürgerlichen Rechts
EGMR	Europäischer Gerichtshof für Menschenrechte
EGStGB	Einführungsgesetz zum Strafgesetzbuch
EMRK	Konvention zum Schutz derMenschenrechte und Grundfreiheiten
ERVV	Elektronischer-Rechtsverkehr-Verordnung
EU	Europäische Union
EuGH	Europäischer Gerichtshof
ff.	fortfolgende
FPersG	Fahrpersonalgesetz
FPersV	Fahrpersonalverordnung
FreizügG/EU	Freizügigkeitsgesetz/EU
GastG	Gaststättengesetz (Länder)
GenG	Genossenschaftsgesetz
GewO	Gewerbeordnung
GG	Grundgesetz für die Bundesrepublik Deutschland
GmbH	Gesellschaft mit beschränkter Haftung
GmbH & Co. KG	Gesellschaft mit beschränkter Haftung und Companie Kommanditgesellschaft
GmbHG	Gesetz betreffend die Gesellschaften mit beschränkter Haftung
GO	Gemeindeordnung für den Freistaat Bayern
Grüneberg (ehemals Palandt)	Bürgerliches Gesetzbuch (BGB), 83. Auflage, 2024
GüKG	Güterkraftverkehrsgesetz
GVBl.	Gesetz- und Verordnungsblatt
HGB	Handelsgesetzbuch
HwO	Handwerksordnung
InsO	Insolvenzordnung
IRG	Gesetz über die internationale Rechtshilfe in Strafsachen
JGG	Jugendgerichtsgesetz
JuSchG	Jugendschutzgesetz
JVEG	Justizvergütungs- und -entschädigungsgesetz
JVKostG	Justizverwaltungskostengesetz
KAG	(landesrechtliches) Kommunalabgabengesetz

KCanG	Konsumcannabisgesetz
KG	Kammergericht (Berlin)
KKOWiG-Verfasser	*Karlsruher Kommentar zum Gesetz über Ordnungswidrigkeiten, 5. Auflage, 2018 (zitiert nach Randnummer und Paragraf)*
KrWG	Gesetz zur Förderung der Kreislaufwirtschaft und Sicherung der umweltverträglichen Bewirtschaftung von Abfällen
LPartG	Lebenspartnerschaftsgesetz
LG	Landgericht
LKrO	Landkreisordnung (Bayern)
LFGB	Lebensmittel- und Futtermittelgesetzbuch
LMHV	Lebensmittelhygieneverordnung
LStVG	(Bayerisches) Landesstraf- und Verordnungsgesetz
MaBV	Makler- und Bauträgerverordnung
Meyer-Goßner/ Schmitt	*StPO, Praxiskommentar, 66. Auflage, 2023*
MiloG	Gesetz zur Regelung eines allgemeinen Mindestlohns (Mindestlohngesetz)
MüKO	*Münchener Kommentar zum BGB (zitiert nach Randnummer und Paragraf)*
NTS	Abkommen zwischen den Parteien des Nordatlantikvertrags über die Rechtsstellung ihrer Truppen
OHG	Offene Handelsgesellschaft
OLG	Oberlandesgericht
OVG	Oberverwaltungsgericht
OWiG	Gesetz über Ordnungswidrigkeiten
PAngV	Preisangabenverordnung
PassG	Passgesetz
PAuswG	Gesetz über Personalausweise und den elektronischen Identitätsnachweis
PBefG	Personenbeförderungsgesetz
RAVPV	Rechtsanwaltsverzeichnis- und -Postfachverordnung
RDG	Rechtsdienstleistungsgesetz
RiStBV	Richtlinien für das Strafverfahren und das Bußgeldverfahren
RVG	Gesetz über die Vergütung der Rechtsanwältinnen und Rechtsanwälte (Rechtsanwaltsvergütungsgesetz)
SchwarzArbG	Gesetz zur Bekämpfung der Schwarzarbeit und der illegalen Beschäftigung
SEEG	Gesetz zur Einführung der Europäischen Gesellschaft
SGB I	Erstes Buch Sozialgesetzbuch – Allgemeiner Teil
SGB II	Zweites Buch Sozialgesetzbuch – Bürgergeld, Grundsicherung für Arbeitssuchende

SGB III	Drittes Buch Sozialgesetzbuch – Arbeitsförderung
SGB X	Zehntes Buch Sozialgesetzbuch – Sozialverwaltungsverfahren und Sozialdatenschutz
StGB	Strafgesetzbuch
StPO	Strafprozessordnung
StrafAktEinV	Strafakteneinsichtsverordnung (Bund)
StrafAktFV	Strafaktenführungsverordnung (Bund und Länder)
StrEG	Gesetz über die Entschädigung für Strafverfolgungsmaßnahmen
StVG	Straßenverkehrsgesetz
TKG	Telekommunikationsgesetz
TierSchG	Tierschutzgesetz
UmwG	Umwandlungsgesetz
VG	Verwaltungsgericht
VGH	Verwaltungsgerichtshof
VO	Verordnung
VwGO	Verwaltungsgerichtsordnung
VwVfG	Verwaltungsverfahrensgesetz (Bund)
VwVG	Verwaltungsvollstreckungsgesetz (Bund)
VwZG	Verwaltungszustellungsgesetz (Bund)
VVB	(Bayerische) Verordnung über die Verhütung von Bränden
WaffG	Waffengesetz
Wieser	*Wieser, Gesetz über Ordnungswidrigkeiten, Online-Kommentar sowie Loseblattkommentar*
WoGG	Wohngeldgesetz
WHG	Wasserhaushaltsgesetz
WiStG	Wirtschaftsstrafgesetz 1954
WÜD	Wiener Übereinkommen über diplomatische Beziehungen
WÜK	Wiener Übereinkommen über konsularische Beziehungen
ZPO	Zivilprozessordnung

I. Kapitel
Einleitung des Bußgeldverfahrens

§ 1
Grundlagen des Bußgeldverfahrens

Verwaltungsrechtliche Anordnungen zur Gefahrenabwehr werden primär durch belastende Verwaltungsakte und den Verwaltungszwang durchgesetzt. Die repressive Verfolgung und Ahndung von Ordnungswidrigkeiten stellt eine weitere gesetzliche Möglichkeit dar, die Einhaltung öffentlich-rechtlicher Vorschriften durchzusetzen. Vor allem durch die Festsetzung einer Geldbuße zur Ahndung von „Verwaltungsungehorsam" soll eine nachdrückliche Pflichtenmahnung ausgesprochen werden, der der Ernst der staatlichen Strafe fehlt.[1] Mit der Geldbuße kann auch ein durch die Zuwiderhandlung erzielter rechtswidriger Gewinn abgeschöpft werden. Zur Hauptfolge der Geldbuße können auch Nebenfolgen wie z. B. die Einziehung von Gegenständen hinzukommen. Beide Verfahren können daher mit ihren unterschiedlichen Zielrichtungen auch gleichzeitig durchgeführt werden.

Beispiel:

Die Bauaufsichtsbehörde stellt eine nicht genehmigungsfähige bauliche Anlage fest.

- Die Behörde (§ 11 Nr. 3 VwVfG und entsprechende landesrechtliche Vorschriften) untersagt im Verwaltungsverfahren (§ 9 VwVfG und entsprechende landesrechtliche Vorschriften) **präventiv** durch belastenden Verwaltungsakt (§ 35 S. 1 VwVfG und entsprechende landesrechtliche Vorschriften) die weitere Bauausführung (Baueinstellung) und Nutzung der Anlage (Nutzungsuntersagung) durch Bescheid im Verwaltungsverfahren und droht für **weitere Zuwiderhandlungen** ein Zwangsgeld an.
- Daneben leitet die Verwaltungsbehörde (§ 35 OWiG) **repressiv** wegen der bereits **begangenen Zuwiderhandlungen** (Verwaltungsungehorsam) ein Bußgeldverfahren ein und setzt durch Bußgeldbescheid (§ 65 OWiG) eine Geldbuße fest.

Die – repressive – Geldbuße wegen des begangenen Verwaltungsungehorsams ist auch dann zu bezahlen, wenn das – präventive – Zwangsgeld wegen des nunmehrigen Verwaltungsgehorsams nur angedroht und nicht festgesetzt zu werden braucht, weil die bauliche Anlage nicht genutzt, sondern freiwillig beseitigt wird.

Das Bußgeldverfahren ist jedoch nicht geeignet, ein Verwaltungsverfahren und insbesondere Verwaltungszwang zu ersetzen:

Beispiel:

Die Gewerbebehörde verlangt von einem Gewerbetreibenden durch eine vollziehbare Anordnung Auskunft über die Erweiterung seiner erlaubnisbedürftigen Tätig-

---

1) BVerfG, Beschl. vom 12.11.2020, Az. 2 BvR 1616/18 (ständige Rechtsprechung); LG Potsdam, Beschl. vom 9.1.2014, Az. 24 Qs 151/13; LG Stuttgart, Beschl. vom 15.3.2018, Az. 21 StVK 172/17.

keit (§ 29 Abs. 1 Nr. 1 GewO). Als der Auskunftspflichtige trotz wiederholter Aufforderung nicht reagiert, erlässt die Behörde einen Bußgeldbescheid wegen der begangenen Ordnungswidrigkeit (§ 146 Abs. 2 Nr. 4 GewO). Der Gewerbetreibende

- zahlt die Geldbuße, kommt aber weiter seiner Auskunftspflicht nicht nach. Eine erneute Ahndung derselben Ordnungswidrigkeit ist nicht zulässig (Art. 103 Abs. 3 GG).
- legt gegen den Bußgeldbescheid Einspruch ein (§ 67 Abs. 1 OWiG) und kommt seiner Auskunftspflicht weiter nicht nach.

Die zeitnahe Durchsetzung der verwaltungsrechtlichen Mitwirkungspflicht ist nur durch Verwaltungsakt (§ 35 S. 1 VwVfG und entsprechende landesrechtliche Vorschriften) in Form eines vollziehbaren Auskunftsverlangens möglich, indem die Gewerbebehörde für den Fall der Zuwiderhandlung ein Zwangsgeld androht (§§ 11, 13 VwVG, § 66 Abs. 1 S. 1 SGB X). Im Gegensatz zum Verwaltungsverfahren gibt es im Ordnungswidrigkeitenrecht keinen Sofortvollzug.

Es ist also sinnlos, anstelle eines Zwangsgeldes ein „Bußgeld" anzudrohen. In den beiden vorstehenden Beispielen wäre es richtig gewesen, mit einer sofort vollziehbaren Anordnung im Verwaltungsverfahren (§ 80 Abs. 2 S. 1 Nr. 4 VwGO, § 86a Abs. 2 Nr. 5 SGG) ein Zwangsgeld anzudrohen und zugleich ein Bußgeldverfahren einzuleiten. Kommt der oder die Betroffene einer ordnungsrechtlichen Verpflichtung unter dem Eindruck des Verwaltungszwangs nach, bleibt die Geldbuße als ernste Pflichtenmahnung wegen des bereits begangenen Verwaltungsungehorsams. Reichen Maßnahmen der Verwaltungsvollstreckung zur Durchsetzung der Gesetzeszwecke nicht aus, können sie aber von Geldbußen flankiert werden.[1)]

Auch die Rückforderung zu Unrecht bezogener staatlicher Transferleistungen, z. B. Arbeitslosengeld (SGB III), Ausbildungsförderung (BAföG), Grundsicherungsleistungen (SGB II), Wohngeld (WoGG) ist nur durch Verwaltungsakt möglich, die gleichzeitige Geldbuße stellt nur eine ernste Pflichtenmahnung für die künftige Einhaltung der missachteten Bestimmung dar.

Beispiel:

Ein Empfänger von Grundsicherungsleistungen unterlässt es, aufgrund eingetretenen Rentenbezugs dem Jobcenter die leistungserhebliche Änderungsmitteilung unverzüglich zu übermitteln (§ 60 Abs. 1 S. 1 Nr. 2 SGB I), sodass es zu einer erheblichen Überzahlung kommt. Das Jobcenter erlässt einen

- sofort vollziehbaren Rückforderungsbescheid im Sozialverwaltungsverfahren (§ 48 SGB X),
- Bußgeldbescheid (§ 65 OWiG) wegen der Ordnungswidrigkeit nach § 63 Abs. 1 Nr. 7 SGB II).

1) VGH Baden-Württemberg (Mannheim), Beschl. vom 10.10.2013, Az. 10 S 1202/13.

Die Verwaltungsbehörde muss auch damit rechnen, dass der wiederholte Erlass von Bußgeldbescheiden ohne Maßnahmen der Gefahrabwehr im Verwaltungsverfahren im gerichtlichen Verfahren zur Einstellung wegen nicht gebotener Ahndung (§ 47 Abs. 2 OWiG) und zur Ablehnung der Erzwingungshaft durch das Amtsgericht (§ 96 OWiG) führen wird.[1)]

Beispiel:

Der Betroffene hält einen Pitbullterrier und verweigert die Vorlage des landesrechtlich vorgeschriebenen Wesenstests zu den von dem Hund ausgehenden Gefahren. Das Ordnungsamt erlässt nacheinander über zehn Bußgeldbescheide mit ansteigenden Geldbußen, trifft aber keine Anordnung im Verwaltungsverfahren als Maßnahme der konkreten Gefahrenabwehr zur Durchsetzung der gesetzlich vorgeschriebenen Nachweispflicht durch einen gesetzeskonkretisierenden Verwaltungsakt mit Androhung abschreckender und Festsetzung gesteigerter Zwangsgelder.[2)] Nachdem der Betroffene alle Bußgeldbescheide rechtskräftig werden lässt, aber auch die Geldbußen nicht freiwillig bezahlt, beantragt die Verwaltungsbehörde beim Amtsgericht die Anordnung von Erzwingungshaft als Beugemittel. Das Amtsgericht lehnt die Anordnung mit der Begründung ab, es handle sich um eine zweckmissbräuchliche Ahndung der Ordnungswidrigkeit.[3)]

Das AG Zeitz grenzt den Vorrang des präventiven Verwaltungszwangs und den Nachrang der nur repressiven Geldbuße sehr anschaulich ab: Es besteht die Möglichkeit, die Erfüllung verwaltungsrechtlicher Pflichten durch Zwangsmaßnahmen nach den Verwaltungsvollstreckungsgesetzen (VwVG und entsprechende landesrechtliche Vorschriften) zu erzwingen. Im Vordergrund der Verwaltungstätigkeit steht die Wahrung der Rechtsordnung mittels Herbeiführens und Aufrechterhaltens rechtmäßiger Zustände. Die Behörde darf sich nicht nach dem Prinzip „dulde und liquidiere" auf das Erlassen von Bußgeldbescheiden beschränken, sondern hat vorrangig die Möglichkeiten der Verwaltungsvollstreckung zu nutzen. Andernfalls würde das Ahndungsmittel Geldbuße zum Zwangsmittel umfunktioniert; es handelt sich um eine zweckmissbräuchliche Ahndung, wenn die Verwaltungsbehörde als Bußgeldbehörde wiederholt tätig wird, wo sie als Erzwingungsbehörde nicht auf Ahndung, sondern auf Rechtsgeltung hinwirken müsste.[4)]

---

1) AG Zeitz, Beschl. vom 6.3.2019, Az. 13 OWi 55/19.
2) OVG Sachsen-Anhalt (Magdeburg), Beschl. vom 26.4.2016, Az. 3 L 129/15.
3) Sachverhalt nach AG Zeitz, Beschl. vom 6.3.2019, Az. 13 OWi 55/19, zu § 16 Abs. 1 Nr. 6, § 4 Abs. 1 i. V. m. § 3 Abs. 2 HundeG LSA.
4) AG Zeitz, Beschl. vom 6.3.2019, Az. 13 OWi 55/19, und ebenso bereits OLG Oldenburg (Oldenburg), Urt. vom 26.5.1992, Az. Ss 177/92, beide unter Bezugnahme auf Schickedanz, Dauerordnungswidrigkeit und Verwaltungszwang, NJW 1982, 320.

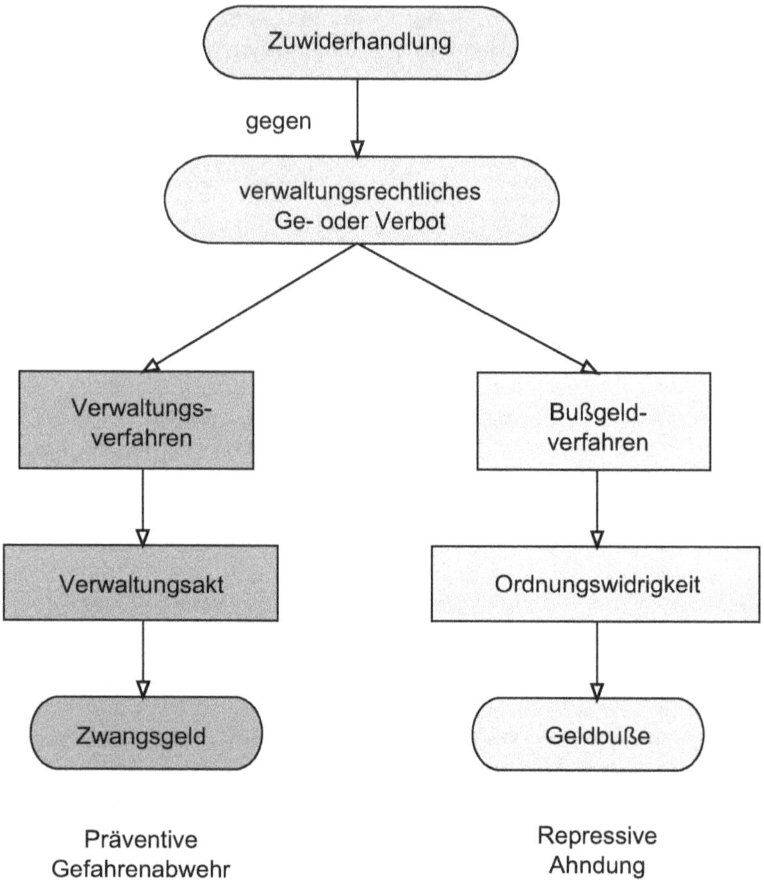

Abb. 1: Zwangsgeld und Geldbuße

Das Bußgeldverfahren kommt jedoch ausschließlich in Betracht, wenn eine Behörde auf einer gesetzlichen Pflicht beruhende Auskünfte nicht vom Mitwirkungspflichtigen, sondern von Amts wegen erhält, was meist durch elektronischen Datenabgleich bei Leistungsbeziehern geschieht. Die Rückforderung von Leistungen im Verwaltungsverfahren steht hier nicht im Zusammenhang mit der Begehung der Ordnungswidrigkeit.

Beispiel:

Die Wohngeldbehörde erfährt durch regelmäßigen automatisierten Datenabgleich (§ 33 Abs. 2, 4 WoGG) von der rechtswidrigen Inanspruchnahme von Wohngeld. Sie setzt eine Geldbuße durch Bußgeldbescheid fest, weil der Leistungsbezieher eine Änderung in den Verhältnissen, die für den Wohngeldanspruch erheblich waren, nicht rechtzeitig mitgeteilt hat (§ 37 Abs. 3 S. 1 i. V. m. § 37 Abs. 1 Nr. 3 WoGG). Im Verwaltungsverfahren kommt in diesem Fall nur die Rückforderung des überzahlten Wohngeldbetrages in Betracht.

Verwaltungs- und Bußgeldverfahren stehen nicht unabhängig nebeneinander, sondern sind transparent. Im Verwaltungsverfahren zur Gefahrenabwehr zulässig erlangte Beweismittel dürfen auch im Bußgeldverfahren verwertet werden (§ 161 Abs. 2 S. 1 StPO i. V. m. § 46 Abs. 1 OWiG).[1)] Geldbußen sind grundsätzlich unabhängig von Verwaltungszwangsmitteln.[2)]

1. Rechtsgrundlagen und Verfahrensabschnitte

Rechtsgrundlage ist das Gesetz über Ordnungswidrigkeiten (OWiG) i. d. F. der Bekanntmachung vom 19. Februar 1987 (BGBl. I S. 602), bei Redaktionsschluss zuletzt geändert durch Gesetz vom 5. Oktober 2021 (BGBl. I S. 4607). Das OWiG enthält im

- Ersten Teil (§§ 1 bis 34) allgemeine materiellrechtliche Vorschriften,
- Zweiten Teil (§§ 35 bis 110c) Regelungen über das Bußgeldverfahren.

Für das Bußgeldverfahren gelten zudem sinngemäß die Vorschriften der allgemeinen Gesetze über das Strafverfahren, soweit das OWiG keine abweichende Regelung trifft (§ 46 Abs. 1 OWiG). Ergänzend ist insbesondere die Strafprozessordnung (StPO) i. d. F. der Bekanntmachung vom 7. April 1987 (BGBl. I S. 1074, berichtigt 1319), bei Redaktionsschluss zuletzt geändert durch Gesetz vom 21. Februar 2024 (BGBl. I S. 53), sinngemäß anzuwenden. Die Verwaltungsverfahrensgesetze des Bundes und der Länder sind dagegen im Bußgeldverfahren grundsätzlich nicht anwendbar (§ 2 Abs. 2 Nr. 2 VwVfG und entsprechende landesrechtliche Vorschriften, § 1 Abs. 1 S. 3 SGB X). Verwaltungsrichtlinien für den Vollzug des Ordnungswidrigkeitenrechts bestehen – soweit ersichtlich – derzeit außerhalb der Verkehrsordnungswidrigkeiten (§ 24 Abs. 1, § 24a Abs. 1 bis 2a, § 24c Abs. 1 StVG) nicht.[3)] Für den personenbezogenen Datenschutz gelten im Bußgeldverfahren nicht die Bestimmungen der Datenschutz-Grundverordnung (Art. 2 Abs. 2 Buchst. a und d DSGVO), sondern aufgrund der Verweisungen in §§ 49c und 49d OWiG die nationalen Datenschutzbestimmungen der §§ 483 ff. StPO entsprechend. Subsidiär sind die allgemeinen datenschutzrechtlichen Regelungen in §§ 45 bis 47 BDSG und entsprechende landesrechtliche Datenschutzgesetze maßgeblich.[4)] Im

- Dritten Teil (§§ 111 bis 131 OWiG) befinden sich einzelne Ordnungswidrigkeiten,
- Vierten Teil (§§ 132 bis 135 OWiG) die Schlussvorschriften.

---

1) BGH, Urt. vom 26.4.2017, Az. 2 StR 247/16, für das Strafverfahren.
2) Ausdrücklich in § 13 Abs. 6 S. 1 VwZG und entsprechende landesrechtliche Vorschriften.
3) Zur Verfolgung und Ahndung von Verkehrsordnungswidrigkeiten (§ 24 Abs. 1 StVG) *Wieser-Kommentar, Kommunale Verkehrsüberwachung* und *Wieser-Kommentar, Kommunale Geschwindigkeits- und Rotlichtüberwachung.*
4) Zu den Dateiregelungen im Bußgeldverfahren § 24 Abs. 1 in diesem Werk.

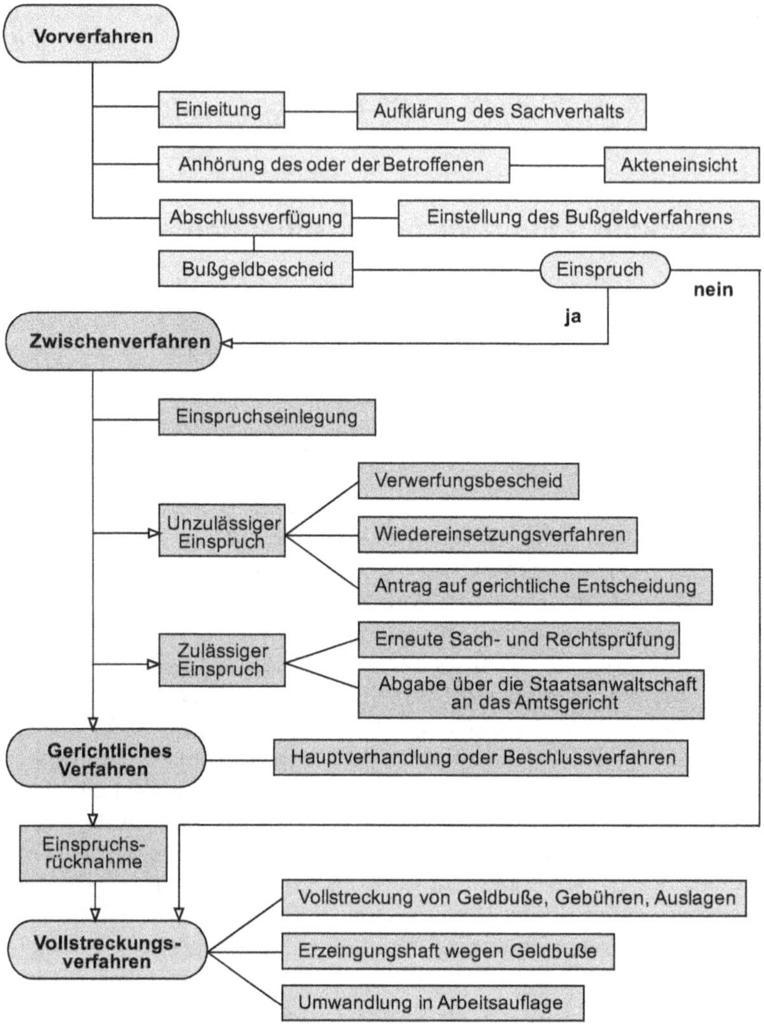

Abb. 2: Ablauf des Bußgeldverfahrens

Das Handbuch Praxis des Bußgeldverfahrens schildert den Verfahrensablauf chronologisch aus der Sicht der verantwortenden Person einer beliebigen Verwaltungsbehörde (§ 35 OWiG).[1] Der Ablauf des Bußgeldverfahrens gliedert sich in folgende Abschnitte:

1) Der bisher nur in der Gesetzessprache existierende und umgangssprachlich nicht gebräuchliche Begriff der verantwortenden Person (§ 32b Abs. 1 S. 1 StPO i. V. m. § 110c S. 1 OWiG) entspricht geschlechtsneutral dem früher verwendeten des (Sach-)Bearbeiters bzw. der (Sach-)Bearbeiterin. Die verantwortende Person ist jedoch in den Musterdokumenten dieses Handbuchs wegen der besseren Verständlichkeit für die Adressaten mit „Bearbeitung" dargestellt.

- **Vorverfahren der Verwaltungsbehörde**

Das Vorverfahren beginnt mit der Einleitung des Bußgeldverfahrens durch die Verwaltungsbehörde nach dem Opportunitätsprinzip (§ 47 Abs. 1 S. 1 OWiG) und dient der Aufklärung des Sachverhalts und der Beweissicherung durch die Verwaltungsbehörde. Ziel ist zunächst die Feststellung und der Nachweis der Tatbestandsverwirklichung einer oder mehrerer Ordnungswidrigkeiten. Solche Tatbestände sind außer in § 111 ff. OWiG (Dritter Teil: Einzelne Ordnungswidrigkeiten) in eigenen Bußgeldvorschriften der Gesetze des besonderen Verwaltungsrechts des Bundes und der Länder sowie in bewehrten Rechtsverordnungen und Satzungen des Bundes, der Länder und Kommunen enthalten.[1] Dem Tatnachweis folgt die Täterermittlung bezüglich derjenigen Person oder Personen, die ordnungswidrig gehandelt haben. Für die Durchführung des Vorverfahrens greift das OWiG über § 46 Abs. 1 OWiG weitgehend auf die in der StPO enthaltenen Grundsätze, insbesondere die Beweismittel des strafrechtlichen Ermittlungsverfahrens, zurück. Die Verwaltungsbehörde geht folglich auch nicht nach den Grundsätzen des Verwaltungsverfahrens vor (§ 9 VwVfG, § 8 SGB X), sondern besitzt grundsätzlich die Stellung der Staatsanwaltschaft in strafrechtlichen Ermittlungsverfahren (§ 46 Abs. 2 OWiG).

Das Vorverfahren wird alternativ durch Bußgeld- oder Einziehungsbescheid, einer Verwarnung oder mit der Einstellung des Bußgeldverfahrens abgeschlossen. Der Bußgeldbescheid gegen natürliche Personen enthält die Festsetzung der Geldbuße(n) als Hauptfolge und gegebenenfalls die Nebenfolgen der Ordnungswidrigkeit wie die Einziehung. Der Bußgeldbescheid kann auch gegen juristische Personen und Personenvereinigungen als Nebenbetroffene in einem einheitlichen oder selbstständigen Verfahren erlassen werden.[2] Die Einziehung kann auch selbstständig durch Einziehungsbescheid angeordnet werden.

- **Zwischenverfahren der Verwaltungsbehörde und Staatsanwaltschaft**

Nach dem Einspruch gegen einen Bußgeldbescheid oder Einziehungsbescheid findet ein Zwischenverfahren der Verwaltungsbehörde statt. Sie entscheidet über unzulässige Rechtsbehelfe oder führt nach zulässigem Einspruch eine nochmalige umfassende Sachprüfung durch, ob ihre Bußgeldentscheidung, gegebenenfalls nach noch weiterer Aufklärung des Sachverhalts, aufrechterhalten bleibt oder zurückzunehmen ist. Die Verwaltungsbehörde übersendet die Sache über die Staatsanwaltschaft an das Amtsgericht, wenn sie den Bußgeldbescheid nach zulässigem Einspruch aufrechterhält. Am gerichtlichen Bußgeldverfahren ist nicht mehr die Verwaltungsbehörde, sondern die Staatsanwaltschaft unmittelbar beteiligt. Die Verwaltungsbehörde kann lediglich optional vom Gericht Gelegenheit zu Stellung-

---

1) Diese Tatbestände werden in der Verfahrenspraxis zur Abgrenzung von den Verkehrsordnungswidrigkeiten (§§ 24 Abs. 1, 24a Abs. 1 bis 2a, 24c Abs. 1 StVG) auch als „sonstige Ordnungswidrigkeiten" bezeichnet. Besondere Arten sonstiger Ordnungswidrigkeiten sind auch die in diesem Handbuch nicht behandelten Sozialordnungswidrigkeiten nach dem Sozialgesetzbuch (SGB), Kartellordnungswidrigkeiten (§ 81 GWB), Steuerordnungswidrigkeiten (§ 377 AO) und datenschutzrechtlichen Ordnungswidrigkeiten (Art. 83 DSGVO). Zur Verfolgung und Ahndung von Verkehrsordnungswidrigkeiten *Wieser-Kommentar, Kommunale Verkehrsüberwachung (ruhenden Verkehr)* und *Kommunale Geschwindigkeits- und Rotlichtüberwachung.*

2) Das Fahrverbot (§ 25 StVG, § 4 BKatV) ist eine Nebenfolge der hier nicht behandelten Verkehrsordnungswidrigkeiten (§§ 24 Abs. 1, 24a Abs. 1 bis 2a StVG). Zum Fahrverbot *Wieser-Kommentar, Kommunale Geschwindigkeits- und Rotlichtüberwachung.*

nahmen erhalten. Bußgeldverfahren mit offensichtlich ungenügend aufgeklärten Sachverhalten kann das Amtsgericht an die Verwaltungsbehörde zur weiteren Aufklärung zurückverweisen.

- **Gerichtliches Bußgeldverfahren vor dem Amtsgericht**

Der Bußgeldbescheid oder gleichgestellte Einziehungsbescheid hat im gerichtlichen Bußgeldverfahren nur die Aufgabe, den als Ordnungswidrigkeit vorgeworfenen Sachverhalt als Beschuldigung nach dem Vorbild des Strafbefehls zu umschreiben. Das i. d. R. sachlich zuständige Amtsgericht ist jedoch weder an die rechtliche Beurteilung noch an die im Bußgeldbescheid (§ 68 OWiG) vorgesehenen Rechtsfolgen gebunden. Das gerichtliche Bußgeldverfahren richtet sich nach den Grundsätzen des Strafbefehlsverfahrens. Die gerichtliche Entscheidung durch Urteil oder Beschluss tritt an die Stelle der nun gegenstandslosen behördlichen Bußgeldentscheidung. Die Verwaltungsbehörde kann jedoch am gerichtlichen Bußgeldverfahren beteiligt werden, um ihr insbesondere bei Änderungen der Sach- und Rechtslage Gelegenheit zur Stellungnahme zu geben. Das gerichtliche Bußgeldverfahren ist in diesem Handbuch nur soweit dargestellt, als es die Beteiligung der Verwaltungsbehörde betrifft.

- **Vollstreckungsverfahren**

Aufgabe des Vollstreckungsverfahrens ist die zwangsweise Durchsetzung der in der Bußgeldentscheidung getroffenen, aber nicht freiwillig erfüllten Rechtsfolgen. Die Vollstreckungsbehörde betreibt die Vollstreckung zur zwangsweisen Durchsetzung ihrer rechtskräftigen Bußgeldentscheidungen grundsätzlich selbst. Neben den Maßnahmen der Verwaltungsvollstreckung bietet die Vollstreckung von Geldbußen weitere Möglichkeiten: Auf Antrag der Vollstreckungsbehörde kann das Amtsgericht die praktisch sehr bedeutsame Erzwingungshaft und die Umwandlung der Geldbuße in Auflagen bei Jugendlichen und Heranwachsenden anordnen. Wegen der großen praktischen Bedeutung sind auch die Auswirkungen eines laufenden Insolvenzverfahrens auf die Vollstreckung von Geldbußen dargestellt.

Während des gesamten Bußgeldverfahrens sind die besonderen Bestimmungen zum strafprozessualen Datenschutz zu beachten (§§ 49c und 49d OWiG sowie subsidiär §§ 45 bis 47 BDSG), da die europäische Datenschutz-Grundverordnung (DSGVO) im Bußgeldverfahren nicht gilt (Art. 2 Abs. 2 Buchst. a, d DSGVO).

2. Verfahrensleitung

Das Gesetz über Ordnungswidrigkeiten weist die Leitung des Bußgeldverfahrens wegen Zuwiderhandlungen gegen verwaltungsrechtliche Ge- und Verbote von der Einleitung des Vorverfahrens über die Aufklärung des Sachverhalts bis zum Erlass einer Bußgeldentscheidung im Regelfall ausschließlich der Verwaltungsbehörde zu (§ 35 Abs. 1 OWiG).[1] Jede Privatisierung der Verfolgung von Ordnungswidrigkeiten

1) OLG Frankfurt (Main), Beschl. vom 28.4.2016, Az. 2 Ss-OWi 190/16, für die kommunale Verkehrsüberwachung. Die Bezeichnung „Verwaltungsbehörde“ in § 35 Abs. 1 OWiG) dient im Bußgeldverfahren der Abgrenzung zur Staatsanwaltschaft als Justizbehörde und auch zur „Behörde“ im Verwaltungsverfahren (§ 9 VwVfG und entsprechende landesrechtliche Vorschriften, § 8 SGB X).

etwa durch beauftragte „Securityfirmen" ist daher unzulässig[1] und hat ein Beweisverwertungsverbot zur Folge.[2] Die behördliche Zuständigkeit zur Verfolgung und Ahndung von Ordnungswidrigkeiten erstreckt sich im Zwischenverfahren von der Einlegung eines Rechtsbehelfs gegen die Bußgeldentscheidung bis zur Übersendung der Sache über die Staatsanwaltschaft an das Amtsgericht (§ 69 Abs. 3 S. 1, § 69 Abs. 4 S. 1 OWiG). Damit verliert die Verwaltungsbehörde ihre Verfahrenshoheit (§ 69 Abs. 4 S. 1 OWiG).

Zur Durchführung des Bußgeldverfahrens hat die Verwaltungsbehörde prinzipiell dieselben Rechte und Pflichten wie die Staatsanwaltschaft als „Herrin des Ermittlungsverfahrens" bei der Verfolgung von Straftaten (§ 46 Abs. 2 OWiG).[3] Ergänzend zu den Vorschriften des Gesetzes über Ordnungswidrigkeiten (OWiG) gelten aufgrund der Verweisung in § 46 Abs. 1 StPO sinngemäß die ursprünglich für die Staatsanwaltschaft geschaffenen Vorschriften der allgemeinen Gesetze über das Strafverfahren, hauptsächlich der Strafprozessordnung (StPO). Davon ausgenommen sind lediglich schwere Eingriffe in der Rechtssphäre Dritter, die mit dem Zweck von Geldbuße und Bußgeldverfahren nicht mehr vereinbar sind, z. B. freiheitsentziehende Maßnahmen oder Eingriffe in das Post- und Fernmeldegeheimnis (§ 46 Abs. 3 bis 5 OWiG). Die Verwaltungsbehörde geht also nach den Grundsätzen des Strafverfahrens, nicht des Verwaltungsverfahrens vor. Leitet die verantwortende Person wegen eines einheitlichen Ausgangssachverhalts sowohl ein Verwaltungs- als auch Bußgeldverfahren ein, sind beide streng getrennt zu führen.

Beispiele:

Das Gewerbeamt einer Stadt stellt im Rahmen der Nachschau (§ 29 Abs. 2 GewO) eine unerlaubte Gewerbeausübung fest. Die Stadt

- untersagt die unerlaubte Ausübung eines Gewerbes durch Verwaltungsakt (§ 15 Abs. 2 GewO, § 35 S. 1 VwVfG) und setzt ihn notfalls mit Verwaltungszwang durch (Verwaltungsverfahren) und
- ahndet die Ordnungswidrigkeit der unerlaubten Gewerbeausübung (§ 144 Abs. 1 Nr. 1 GewO) durch Bußgeldbescheid (§ 65 OWiG) mit einer Geldbuße (Bußgeldverfahren).

Die Wohngeldbehörde stellt eine Überzahlung wegen einer unterlassenen Änderungsmitteilung des Leistungsbeziehers fest. Sie

- verlangt die unberechtigt erlangte Leistung (§ 27 Abs. 3 Nr. 1 WoGG) durch Verwaltungsakt (§ 35 S. 1 VwVfG) zurück (Verwaltungsverfahren) und
- ahndet die Ordnungswidrigkeit (§ 37 Abs. 1 Nr. 3 WoGG) durch Bußgeldbescheid (§ 65 OWiG) mit einer Geldbuße (Bußgeldverfahren).

---

1) OLG Frankfurt (Main), Beschl. vom 21.7.2003, Az. 2 Ss Owi 388/02; BayObLG, Beschl. vom 21.3.2005, Az. 2 ObOWi 700/04, für die kommunale Verkehrsüberwachung.

2) OLG Frankfurt (Main), Beschl. vom 3.1.2020, Az. 2 Ss-OWi 963/18, zur Strafbarkeit der Tätigkeit von Mitarbeitern einer Privatfirma in kommunalen Uniformen bei der Verkehrsüberwachung (Amtsanmaßung, § 132 StGB).

3) BGH (Ermittlungsrichter), Beschl. vom 29.4.2021, Az. 6 BGs 19/21, zur entsprechenden Stellung der Staatsanwaltschaft im strafrechtlichen Ermittlungsverfahren (§ 161 StPO).

Präventiver Verwaltungszwang zur Durchsetzung von Verwaltungsakten und repressive Ahndung von Ordnungswidrigkeiten durch Geldbuße sind stets unabhängig voneinander möglich und schließen sich keinesfalls aus.[1] Sie ergänzen sich vielmehr und bieten in ihrer Kombination eine äußerst effektive Durchsetzung missachteter Bestimmungen und Anordnungen. Die Zwangsmittel können auch neben einer Geldbuße angedroht werden (§ 13 Abs. 6 S. 1 VwZG und entsprechende landesrechtliche Vorschriften). Mitwirkungspflichten bei der behördlichen Überwachung werden im Verwaltungsverfahren durch Androhung und Festsetzung eines Zwangsgeldes durchgesetzt. Unabhängig davon können Zuwiderhandlungen als Ordnungswidrigkeit mit Geldbuße geahndet werden. Die Geldbuße bleibt wegen ihrer strafähnlichen repressiven Zielsetzung auch dann bestehen, wenn Maßnahmen des Verwaltungszwangs ihren präventiven Zweck erreicht haben (§ 15 Abs. 3 VwZG und entsprechende landesrechtliche Vorschriften).

Beispiele:

Der Halter eines gefährlichen Hundes hat nach den einschlägigen Landesgesetzen über die Haltung solcher Tiere Auskünfte zu erteilen und Unterlagen vorzulegen. Die Zuwiderhandlungen gegen eine vollziehbare Anordnung ist als Ordnungswidrigkeit mit Geldbuße bedroht.

Nachdem ein Hundehalter eine entsprechende Aufforderung der Überwachungsbehörde ignoriert, erlässt diese eine gesetzeskonkretisierende Anordnung und droht für die Nichtbefolgung ein Zwangsgeld an. Da auch dieser Verwaltungsakt nicht befolgt wird, setzt die Behörde das angedrohte Zwangsgeld fest. Außerdem leitet sie ein Bußgeldverfahren ein und setzt wegen des Verwaltungsungehorsams durch Bußgeldbescheid eine Geldbuße fest.

Nachdem der Hundehalter nunmehr die verlangten Auskünfte erteilt und Unterlagen vorlegt, hebt die Behörde zwar die präventive Festsetzung des Zwangsgeldes auf, die repressive Geldbuße bleibt jedoch.

3. Grundsätze des Bußgeldverfahrens

Die Anwendung der Grundsätze des strafrechtlichen Ermittlungsverfahrens im bußgeldrechtlichen Vor- und Zwischenverfahren führt zu erheblichen Unterschieden zum Verwaltungsverfahren. Der Grund dafür liegt in der gänzlich verschiedenen Zielsetzung der beiden Verfahrensarten, nämlich einerseits Prüfung der Voraussetzungen, Vorbereitung und Erlass eines Verwaltungsakts (§ 9 VwVfG und entsprechende landesrechtliche Vorschriften, § 8 SGB X) im Verwaltungsverfahren und andererseits Ahndung einer Zuwiderhandlung gegen staatliches Ordnungsrecht im Bußgeldverfahren. Besonders wenn die verantwortende Person gleichzeitig mit dem Vollzug eines Verwaltungsgesetzes und einem Bußgeldverfahren befasst wird, ist auf eine strenge Trennung beider Verfahrenswege zu achten. Die Verwaltungsverfahrensge-

1) AG Zeitz, Beschl. vom 6.3.2019, Az. 13 OWi 55/19. So ausdrücklich § 13 Abs. 6 S. 1 VwVG und entsprechende landesrechtliche Vorschriften für die Verwaltungsvollstreckung.

setze gelten nämlich im Bußgeldverfahren nicht (§ 2 Abs. 2 Nr. 2 VwVfG und entsprechende landesrechtliche Vorschriften, § 1 Abs. 1 S. 3 SGB X).

Beispiel – Verwaltungsverfahren:

Wird eine Anlage ohne die erforderliche immissionsschutzrechtliche Genehmigung (§ 4 BImSchG) errichtet, soll ihre Beseitigung angeordnet werden (§ 20 Abs. 2 S. 1 BImSchG). Zugleich liegt eine Ordnungswidrigkeit vor (§ 62 Abs. 1 Nr. 1 BImSchG).

Unabhängig voneinander anzuwenden sind die

- Verfahrensvorschriften des BImSchG und des einschlägigen Landesverwaltungsverfahrensgesetzes (VwVfG) sowie Landesverwaltungsvollstreckungsgesetzes (VwVG) zur Beseitigung der ungenehmigten Anlage,
- Verfahrensvorschriften des OWiG und der StPO im bundeseinheitlichen Bußgeldverfahren zur Verfolgung und Ahndung der begangenen Ordnungswidrigkeit.

Beispiel – Sozialverwaltungsverfahren:

Eine erwerbsfähige leistungsberechtigte Person beantragt beim kommunalen Jobcenter (§ 6b SGB II)[1] Bürgergeld und erhält aufgrund unrichtiger Angaben zu Unrecht Grundsicherungsleistungen. Das Jobcenter nimmt den Leistungsbescheid zurück (§ 44 SGB X) und verlangt die zu Unrecht erbrachten Beträge durch Verwaltungsakt zurück (§ 50 SGB X). Außerdem liegt eine Ordnungswidrigkeit vor (§ 63 Abs. 1 Nr. 1 SGB II).

Unabhängig voneinander anzuwenden sind die

- Verfahrensvorschriften des Zehnten Buches Sozialgesetzbuch (SGB X) – Sozialverwaltungsverfahren und Sozialdatenschutz zur Rücknahme des rechtswidrigen begünstigen Verwaltungsakts und Rückforderung der zu Unrecht erbrachten staatlichen Transferleistungen,
- Verfahrensvorschriften des OWiG und der StPO im bundeseinheitlichen Bußgeldverfahren zur Verfolgung und Ahndung der begangenen Ordnungswidrigkeit.

Wichtige vom Verwaltungsverfahren abweichend ausgestaltete Grundsätze des Bußgeldverfahrens sind das Opportunitätsprinzip, der Untersuchungsgrundsatz und der Anspruch auf rechtliches Gehör. Ebenso wie im Verwaltungsverfahren gelten der Grundsatz der Verhältnismäßigkeit und das Übermaßverbot. Allein dem Bußgeldverfahren eigen ist dagegen die Unschuldsvermutung.

- **Opportunitätsgrundsatz**

Die Einleitung eines Bußgeldverfahrens liegt aufgrund des Opportunitätsgrundsatzes (§ 47 Abs. 1 S. 1 OWiG) vergleichbar zum Verwaltungsverfahren (§ 40 VwVfG und entsprechende landesrechtliche Vorschriften) stets im pflichtgemäßen Ermes-

1) Das Jobcenter als zugelassener kommunaler Träger (zkT nach § 6b SGB II, „Optionskommune") ist auch Verwaltungsbehörde für Ordnungswidrigkeiten (§ 63 Abs. 1a SGB II).

sen der Verwaltungsbehörde (**Einleitungsermessen**).[1] Sie entscheidet, ob die Ahndung einer Ordnungswidrigkeit im öffentlichen Interesse geboten ist. Eine Pflicht zur Verfahrenseinleitung wegen Ermessensreduzierung auf Null oder auf Antrag wie in § 22 S. 2 Nr. 1 VwVfG und entsprechende landesrechtliche Vorschriften, § 18 Nr. 2 SGB X oder einen Verfolgungszwang wie im strafrechtlichen Ermittlungsverfahren der Staatsanwaltschaft (§ 152 Abs. 2, § 161 Abs. 1 S. 1 StPO) kennt das OWiG dagegen nicht.[2] Diese Grundsätze gelten ebenso für die Entscheidung, gegen welche von mehreren Beteiligten (§ 14 Abs. 1 OWiG)[3] ein Bußgeldverfahren durchgeführt oder ob gegen ein Unternehmen eine Verbandsgeldbuße festgesetzt (§ 30 OWiG)[4] bzw. die Einziehung des Wertes von Taterträgen (§ 29a OWiG)[5] selbstständig angeordnet werden soll (**Auswahlermessen**).

- **Untersuchungsgrundsatz**

Bei der Aufklärung des Sachverhalts gilt zwar ähnlich wie im Verwaltungsverfahren der Untersuchungsgrundsatz (§ 24 VwVfG und entsprechende landesrechtliche Vorschriften, § 20 SGB X). Maßgeblich ist jedoch § 160 Abs. 2 StPO i. V. m. § 46 Abs. 1 OWiG, wonach die Ermittlungen neutral sowohl in belastender als auch entlastender Hinsicht zu führen sind. Auch der Grundsatz der freien Gestaltung des Vorverfahrens, der sich nicht ausdrücklich aus dem Gesetz ergibt, lässt sich mit der Nichtförmlichkeit des Verwaltungsverfahrens (§ 10 VwVfG und entsprechende landesrechtliche Vorschriften, § 9 SGB X) vergleichen: Es besteht wie in § 26 Abs. 1 VwVfG und entsprechende landesrechtliche Vorschriften, § 21 Abs. 1 SGB X kein Zwang zur Erhebung bestimmter Beweismittel.

- **Unschuldsvermutung**

Der entscheidende Unterschied zum Verwaltungsverfahren liegt darin, dass ein im Bußgeldverfahren wegen einer Ordnungswidrigkeit Verfolgte *keinerlei Verpflichtung hat, an der Aufklärung des Sachverhalts mitzuwirken* (§ 136 Abs. 1 S. 2 StPO i. V. m. § 46 Abs. 1 OWiG): Niemand braucht nach strafrechtlichen Grundsätzen an der eigenen Überführung mitzuwirken. Der oder die Betroffene besitzt ein **Schweigerecht zur Sache**, die Obliegenheiten nach § 26 Abs. 2 VwVfG und entsprechende landesrechtliche Vorschriften, § 21 Abs. 2 SGB X gelten im Bußgeldverfahren nicht. Die alleinige Beweislast liegt daher bei der Verwaltungsbehörde. Gelingt der Tatnachweis nicht, darf keine Bußgeldentscheidung getroffen werden. Aufgrund der in Art. 6 Abs. 2 EMRK gesetzlich vorgegebenen Unschuldsvermutung ist im Zweifel für den mutmaßlichen Täter einer Ordnungswidrigkeit zu entscheiden.[6] Im Bußgeldverfahren dürfen jedoch zulässig erlangte Erkenntnisse aus dem Verwaltungsverfahren zur Beweisführung verwendet werden (§ 161 Abs. 3 S. 1 StPO i. V. m. § 46 Abs. 1 OWiG).[7]

1) OLG Hamm, Urt. vom 8.3.2013, Az. 11 U 71/11. Zum Einleitungsermessen der Verwaltungsbehörde (§ 47 Abs. 1 S. 1 OWiG) § 2 Nr. 5.
2) VG Köln, Urt. vom 21.7.2011, Az. 18 K 2173/10.
3) Zum Begriff des Beteiligten (§ 14 OWiG) § 4 Nr. 1.
4) Zur Verbandsgeldbuße gegen Unternehmen (§ 30 OWiG) § 15 Nr. 1.
5) Zur Einziehung des Wertes von Taterträgen (§ 29a OWiG) § 4 Nr. 4, § 8 Nr. 1, § 16 Nr. 1.
6) OLG Koblenz, Beschl. vom 17.7.2018, Az. 1 OWi 6 SsBs 19/18.
7) BGH, Urt. vom 17.1.2018, Az. 2 StR 180/17, für das strafrechtliche Ermittlungsverfahren.

Beispiele:

Im Bußgeldverfahren dürfen verwertet werden:

- Feststellungen der Gewerbebehörde, die bei einer verdachtslosen Nachschau in einem Gewerbebetrieb getroffen und im Verwaltungsverfahren gespeichert wurden.
- Bildaufnahmen der Bauüberwachung, die bei verdachtslosen Baustellenkontrollen aufgenommen wurden.
- Gutachten, die aufgrund einer Verdachtsprobenahme der Lebensmittelüberwachung bei einer Betriebskontrolle im Verwaltungsverfahren in Auftrag gegeben wurden.
- Angaben von Beteiligten im Verwaltungsverfahren, insbesondere bei der Anhörung (§ 28 Abs. 1 VwVfG, § 24 Abs. 1 SGB X).

- **Rechtliches Gehör**

Der **Grundsatz des rechtlichen Gehörs** gebietet – anders als in § 28 VwVfG und entsprechende landesrechtliche Vorschriften oder § 24 SGB X – in jedem Falle die Anhörung des Verfolgten vor Erlass einer Bußgeldentscheidung (§ 55 OWiG i. V. m. § 163a Abs. 1 StPO).[1] Stellt der oder die Betroffene sachdienliche, entlastende Beweisanträge, so muss ihnen im Bußgeldverfahren durch die Verwaltungsbehörde nachgekommen werden (§ 163a Abs. 2 StPO i. V. m. § 46 Abs. 1 OWiG). Im Verwaltungsverfahren ist die Behörde dagegen an Beweisanträge der Beteiligten nicht gebunden (§ 24 Abs. 1 Halbs. 2 VwVfG und entsprechende landesrechtliche Vorschriften, § 20 Abs. 1 SGB X).[2]

- **Grundsatz der Verhältnismäßigkeit**

Der allgemeine Grundsatz der Verhältnismäßigkeit und das Übermaßverbot (Art. 20 Abs. 3 GG) gelten als verfassungsmäßige Grundsätze ebenso wie im Verwaltungsverfahren. Im Bußgeldverfahren kommt ihnen jedoch besondere Bedeutung zu, weil die Ordnungswidrigkeit zur Ahndung von Verwaltungsunrecht gegenüber der Straftat geringes Gewicht besitzt. Dies wirkt sich insbesondere bei Maßnahmen der Verwaltungsbehörde wie der Durchsuchung von Räumen und Beschlagnahme von Gegenständen sowie der Zumessung der Geldbuße aus.[3]

Beispiel:

Die Durchsuchung von Geschäftsräumen des oder der Betroffenen und Beschlagnahme von Geschäftsunterlagen des oder der Betroffenen ist wegen einer geringfügigen gewerberechtlichen Ordnungswidrigkeit unverhältnismäßig, nicht jedoch wegen umfangreicher Schwarzarbeit.[4]

---

1) Zur Anhörung des oder der Betroffenen im Bußgeldverfahren (§ 55 OWiG i. V. m. § 163a StPO) § 6 Nr. 4.
2) Zur Behandlung von Beweisanträgen des oder der Betroffenen (§ 163a Abs. 2 StPO i. V. m. § 46 Abs. 1 OWiG) § 6 Nr. 4.6.
3) BVerfG, Nichtannahmebeschluss vom 27.6.2018, Az. 2 BvR 1405/17.
4) OLG Stuttgart, Beschl. vom 29.3.2017, Az. 1 Ws 8/17.

Die dargestellten Verfahrensgrundsätze gelten nicht nur im Vorverfahren der Verwaltungsbehörde, sondern auch im weiteren Bußgeldverfahren, also auch im Zwischenverfahren, gerichtlichen und Vollstreckungsverfahren. Im letzteren gilt jedoch weder die Unschuldsvermutung noch gibt es ein Schweigerecht. Nur in diesem Verfahrensabschnitt bestehen echte Mitwirkungspflichten des oder der Betroffenen als Vollstreckungsschuldner oder -schuldnerin.

- **Beschleunigungsgebot**

Die Verwaltungsbehörde unterliegt während des gesamten von ihr geführten Ermittlungsverfahrens dem aus den Art. 2 Abs. 1, 19 Abs. 4, 20 Abs. 3 GG und aus Art. 6 Abs. 1 EMRK sowie verwaltungsrechtlichen Grundsätzen folgenden Beschleunigungsgebot.[1] Denn auch in einem Ordnungswidrigkeiten – schon vor der Verwaltungsbehörde (§ 35 OWiG) – kann jede vermeidbare Verzögerung Betroffene oder Nebenbetroffene (juristische Personen und Personenvereinigungen) zusätzlichen fühlbaren Belastungen aussetzen.[2] Das Beschleunigungsgebot umfasst bei Blankettvorschriften nicht nur das nachfolgende Bußgeldverfahren, sondern auch ein vorausgegangenes Verwaltungsverfahren, das zur Einleitung des Bußgeldverfahrens geführt hat (§ 47 Abs. 1 S. 1 OWiG).[3]

Beispiel:

Das Amt für Ausbildung stellt erst aufgrund periodischen Datenabgleichs fest, dass die Betroffene eine vorzunehmende Änderungsmitteilung nicht gemacht hat (§ 54 Abs. 1 Nr. 1 BAföG i. V. m. § 60 Abs. 1 S. 1 Nr. 2 SGB I).[4] Die Verwaltungsbehörde wartet trotz vorliegender Berechnung der Überzahlung mit der Einleitung eines Bußgeldverfahrens gegen die Leistungsbezieherin (§ 47 Abs. 1 S. 1 OWiG) so lange zu, bis das Tatbestandsmerkmal der Leistungserheblichkeit (§ 60 Abs. 1 S. 1 Nr. 2 SGB I) durch bestandskräftigen Rückforderungsbescheid im Verwaltungsverfahren bestätigt ist (§ 20 BAföG). Das Beschleunigungsgebot umfasst die Zeiträume des Verwaltungs- und des Bußgeldverfahrens.

Kann der strafrechtliche Beschleunigungsgrundsatz (Art. 6 Abs. 1 EMRK) wegen Personalmangels bei der Verwaltungsbehörde nicht gewährleistet werden, dürfen keine Bußgeldverfahren mehr eingeleitet werden (§ 47 Abs. 1 S. 1 OWiG). Werden bereits eingeleitete Bußgeldverfahren nicht zeitnah weiterbearbeitet, kommt – sofern nicht inzwischen Verfolgungsverjährung eingetreten ist – die Einstellung wegen nicht mehr gebotener Ahndung in Betracht (§ 47 Abs. 1 S. 2 OWiG).

1) BGH, Beschl. vom 20.8.2024, Az. 6 StR 221/24.
2) BVerfG, Beschl. vom 2.7.2003, Az. 2 BvR 273/03; OLG Düsseldorf (Kartellsenat), Urt. vom 2.10.2018, Az. 6 Kart 6/17 (OWi), für eine Kartellordnungswidrigkeit.
3) OLG Düsseldorf (Kartellsenat), Urt. vom 2.10.2018, Az. 6 Kart 6/17 (OWi), für eine Kartellordnungswidrigkeit
4) OLG Stuttgart, Beschl. vom 29.3.2017, Az. 1 Ws 8/17.

4. Elektronische Akte und Kommunikation

Die verbindliche Einführung der elektronischen Akte im Bußgeldverfahren war zunächst aufgrund des Gesetzes zur Einführung der elektronischen Akte in der Justiz und zur weiteren Förderung des elektronischen Rechtsverkehrs vom 5. Juli 2017 (BGBl. I S. 2208) durch § 110a Abs. 1 S. 1 OWiG a. F. für den Jahresbeginn 2026 vorgesehen. Zur Vermeidung des im Sommer 2025 trotz nahezu eines Jahrzehnts befürchteten Risikos des Auftretens etwaiger Digitalisierungslücken namentlich in Bußgeldverfahren war eine einmalige Verschiebung des Stichtags durch Rechtsverordnung bis zum Jahresende 2026 geplant. Mit der Fassung aufgrund des Gesetzes zur Änderung der Regelungen über die zulässige Miethöhe bei Mietbeginn und zur Änderung anderer Gesetze vom 17. Juli 2025 (BGBl. I Nr. 163), in Kraft getreten am 23.7.2025, wurde die Stichtagsregelung aber schließlich völlig aufgegeben und in § 110a Abs. 1 OWiG n. F. durch individuelle Einführungszeitpunkte durch Rechtsverordnung des Bundes und der Länder jeweils für ihren Bereich ersetzt. Diese zeitlich offene Bestimmung gab der Gesetzgeber aber schon wieder durch das Gesetz zur Änderung der Vorschriften über die Einführung der elektronischen Akte in der Justiz und über die allgemeine Beeidigung von Gerichtsdolmetschern sowie zur Änderung des Stiftungsregisterrechts vom 11.12.2025 (BGBl. I Nr. 319), in Kraft getreten am 9.12.2025, mit der er in § 110a Abs. 1 S. 1 OWiG n. F. zur grundsätzlichen Einführung der elektronischen Bußgeldakte zurückkehrte und nur einmalig bis zum Jahresende 2026 durch den neu eingefügten und zum 1.1.2026 wieder aufgehobenen § 110a Abs. 1d OWiG eine „Opt-Out"-Bestimmung durch Rechtsverordnung mit folgender Begründung einfügte:

Der elektronische Rechtsverkehr zur Kommunikation zwischen den Verfahrensbeteiligten (Betroffene, Nebenbetroffene, Verteidigende, Verwaltungsbehörden, Polizei, Staatsanwaltschaften und Gerichte) bleibt wie schon bisher weitgehend freiwillig und hat sich bisher noch in keiner Weise überwiegend durchgesetzt. Da die Teilnahme weiterhin in das Belieben von Betroffenen und Nebenbetroffenen gestellt und völlig freiwillig ist, wird sich das herkömmliche Papierdokument im Bußgeldverfahren mit den Folgen des Ausdrucks und Versendens über die Post sowie das ersetzende Scannen noch unabsehbar lange als unvermeidlich erweisen. Nur die elektronische Kommunikation mit Rechtsanwälten und Rechtsanwältinnen hat die herkömmlichen Papierdokumente inzwischen weitgehend abgelöst. Das Bußgeldverfahren enthält weder zur elektronischen Aktenführung noch zum elektronischen Rechtsverkehr eigene Regelungen, sondern lehnt sich über §§ 110a bis 110c OWiG an die Bestimmungen des Strafverfahrens an:

- § 110a OWiG betrifft die inzwischen verbindlich vorgeschriebene elektronische Aktenführung und die Verordnungsermächtigung zu den organisatorischen und technischen Rahmenbedingungen.
  - § 110b OWiG enthält eine Rechtsgrundlage für die auch in der laufenden Legislaturperiode noch nicht weiter verfolgte Verpflichtung zur Verwendung einheitlicher elektronischer Formulare. Sie werden daher auch in dieser Auflage des Praxishandbuches noch nicht berücksichtigt.
  - § 110c OWiG ist die zentrale Verweisungsvorschrift auf die weitgehend entsprechend anzuwendenden Vorschriften des Strafverfahrens in der StPO.

Die nach § 110c S. 1 OWiG im Bußgeldverfahren mit Abweichungen in den folgenden Sätzen entsprechend anzuwendenden strafrechtlichen Verfahrensbestimmungen und die zugehörigen Verordnungsermächtigungen sind[1]:

- § 32a StPO Elektronischer Rechtsverkehr mit Verwaltungsbehörden und Gerichten,[2]
- § 32b StPO Erstellung und Übermittlung verwaltungsbehördlicher und gerichtlicher elektronischer Dokumente,[3]
  - § 32d StPO Pflicht zur elektronischen Übermittlung durch Verteidigende, insbesondere Rechtsanwälte und Rechtsanwältinnen, die nach § 32d S. 1 StPO jedoch mit Ausnahme des Einspruchs (§ 67 OWiG) als speziellen Rechtsbehelf gegen den Bußgeldbescheid, seine Rücknahme und den Verzicht auf den Einspruch (§ 110c S. 3 OWiG) als bloße Sollbestimmung im Bußgeldverfahren der Verwaltungsbehörde keine Verpflichtung auslöst. Dies gilt aus nicht erkennbaren Gründen insbesondere für den Antrag auf gerichtliche Entscheidung (§§ 62, 108 OWiG) als allgemeinen Rechtsbehelf gegen Maßnahmen der Verwaltungsbehörde.
  - § 32e StPO Übertragung von Dokumenten zu Aktenführungszwecken, insbesondere zum ersetzenden Scannen von Ausgangsdokumenten in Papierform. Auch seit 2026 gilt die elektronische Form verbindlich nur für durch Verteidigende eingelegte, zurückgenommene und verzichtete Einsprüche gegen Bußgeldbescheide (§ 67 OWiG).
  - § 32f StPO Form der Gewährung von Akteneinsicht, die aus Gründen der Verfahrensökonomie möglichst durch Übermittlung elektronischer Dokumente erfolgen sollte.

Die Bestimmungen über die elektronische Kommunikation im Verwaltungsverfahren (§ 3a VwVfG und entsprechende landesrechtliche Vorschriften) gelten im Bußgeldverfahren nicht (§ 2 Abs. 2 Nr. 2 VwVfG und entsprechende landesrechtliche Vorschriften). Dies gilt ebenso für die E-Government-Gesetze (z. B. § 1 Abs. 5 Nr. 1 EGovG).

---

1) Anstelle der Verweisung auf § 32c StPO (Elektronische Formulare) gilt im Bußgeldverfahren § 110b OWiG unmittelbar.

2) Der Begriff „Verwaltungsbehörden" tritt anstelle den der „Strafverfolgungsbehörden", weil § 32a StPO im Bußgeldverfahren über § 110c S. 1 OWiG nur sinngemäß gilt.

3) Der Begriff „verwaltungsbehördlicher" tritt anstelle den der „strafverfolgungsbehördlicher", weil § 32b StPO im Bußgeldverfahren über § 110c S. 1 OWiG nur sinngemäß gilt.

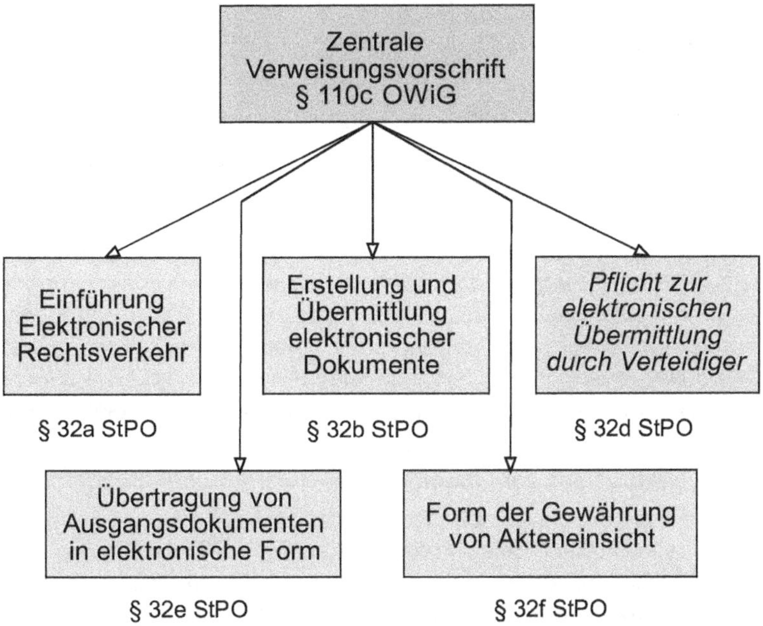

Abb. 3: Entsprechende Anwendung von Bestimmungen zum elektronischen Rechtsverkehr aus dem Strafverfahren (StPO)

Mit diesen Regelungen hat der Gesetzgeber allerdings nur die Rechtsgrundlagen für die technische Wirklichkeit bei den Verwaltungsbehörden nachgeholt. Bei allen genannten Bestimmungen im OWiG und der StPO handelt es sich jedoch nur um Rahmenvorschriften mit Verordnungsermächtigungen für Bund und Länder für ihren jeweiligen Zuständigkeitsbereich. Konkrete Ausführungsbestimmungen enthalten in alphabetischer Reihenfolge folgende Rechtsverordnungen:

- **Bußgeldaktenführungsverordnungen** (BußAktFV) des Bundes vom 8. Januar 2020 (BGBl. I S. 63) und weitgehend inhaltsgleichen Verordnungen der Länder,[1)]
  - **Bußgeldaktenübermittlungsverordnung** (BußAktÜbV) des Bundes mit Geltung für alle Länder vom 6. April 2020 (BGBl. I S. 765),
  - **Dokumentenerstellungs- und -übermittlungsverordnung** (DokErstÜbV) des Bundes mit Geltung für alle Länder vom 28. Februar 2020 (BGBl. I S. 244),
  - **Elektronischer-Rechtsverkehr-Verordnung** (ERVV) des Bundes mit Geltung auch für alle deutschen Länder vom 24. November 2017 (BGBl. I S. 3803),
  - **Strafakteneinsichtsverordnung** (StrafAktEinV) des Bundes mit Geltung auch für Bußgeldverfahren aller deutschen Länder vom 24. Februar 2020 (BGBl. I S. 242).

1) Im Interesse der Übersichtlichkeit sind in diesem Praxishandbuch nur die mit den landesrechtlichen Bestimmungen im Wesentlichen inhaltsgleichen Vorschriften der BBußAktFV des Bundes genannt.

Die Bestimmungen über die elektronische Akte und Kommunikation gilt auch für die internationale Rechtshilfe (§ 77a Abs. 7 IRG).

4.1 Elektronische Bußgeldakten

Der Gesetzgeber hielt nach dem Sachstand im Herbst 2025 auch nach dem in § 110a Abs. 1 S. 1 OWiG vorgesehenen Einführungsdatum 1. Januar 2026 das Risiko des Auftretens etwaiger Digitalisierungslücken beim Bund und in den Ländern für vetretbar. Um etwaige negative Auswirkungen auf die Durchführung von Verfahren nach dem Ordnungswidrigkeitengesetz zu vermeiden und den Bürgerinnen und Bürgern weiterhin einen leistungsfähigen Zugang zur Justiz zu gewährleisten, sollte deswegen einmalig über den 1. Januar 2026 hinaus bis zum 1. Januar 2027 eine papiergebundene Aktenführung für Bußgeldverfahren ermöglicht werden, ohne jedoch die grundsätzliche Verpflichtung zur elektronischen Aktenführung ab dem 1. Januar 2026 zu suspendieren[1].

- „Opt-Out"-Bestimmung zur Einführung der elektronischen Bußgeldakte

  Die Bundesregierung und die Landesregierungen können jeweils für ihren Bereich durch Rechtsverordnung bestimmen, dass Akten abweichend von § 110a Abs. 1 S. 1 und 2 OWiG in der **ab dem 1. Januar 2026** geltenden Fassung **bis einschließlich 31. Dezember 2026** in Papierform angelegt sowie von anderer Stelle bis einschließlich 31. Dezember 2026 übermittelte elektronische Akten in Papierform geführt oder weitergeführt werden (§ 110a Abs. 1d S. 1 OWiG).

- Pilotvorschrift für einzelne Verfahren

  Die Bestimmung der Rechtsverordnung kann auf einzelne Gerichte oder Behörden oder allgemein bestimmte Verfahren beschränkt werden; wird von dieser Möglichkeit Gebrauch gemacht, so kann in der Rechtsverordnung bestimmt werden, dass durch Verwaltungsvorschrift, die öffentlich bekanntzumachen ist, geregelt wird, in welchen Verfahren Akten in Papierform angelegt oder elektronisch übermittelte Akten in Papierform geführt oder weitergeführt werden (§ 110a Abs. 1d S. 2 OWiG).

In der elektronischen Bußgeldakte werden zur Akte gebrachte, d. h. dort gespeicherte elektronische Dokumente (§ 32b Abs. 2 StPO i. V. m. § 110c OWiG) einschließlich zugehöriger Signaturdateien sowie sonstige zur Akte gebrachte Dateien und Informationen gespeichert (§ 2 Abs. 1 S. 1 BBußAktFV) und entsprechende landesrechtliche Vorschriften. Die in der elektronischen Akte gespeicherten Inhalte werden anlassbezogen zusätzlich als elektronische Dokumente im Format PDF/A-1 oder PDF/A-2 als Repräsentat (§ 2 Abs. 2 S. 1 BBußAktFV) und entsprechende landesrechtliche Vorschriften, d. h. als inhaltsgleiche Wiedergabe der Stammakte kopiert. Das elektronische Dokument ist im Dateiformat PDF zu übermitteln (§ 2 Abs. 1 S. 1 ERVV).[2]

1) Begründung A Problem und Ziel der Regelungen des Regierungsentwurfs (BT-Drucksache 437/25) vom 05.09.2025.

2) Wenn bildliche Darstellungen im Dateiformat PDF nicht verlustfrei wiedergegeben werden können, darf das elektronische Dokument zusätzlich im Dateiformat TIFF übermittelt werden (§ 2 Abs. 1 S. 2 ERVV). Dieses besondere Dateiformat spielt im Bußgeldverfahren der Verwaltungsbehörde wegen der in diesem Handbuch behandelten Ordnungswidrigkeiten keinerlei Rolle und wird daher hier vernachlässigt.

Elektronische Akten werden für die Akteneinsicht der Verfahrensbeteiligten nach § 32f StPO i. V. m. § 110c S. 1 OWiG als Repräsentat durch die Verwaltungsbehörde zum Abruf (§ 2 StrafAktEinV) oder Übermittlung des Inhalts auf einem sicherem Übermittlungsweg (§ 3 StrafAktEinV i. V. m. § 32a Abs. 4 StPO) bereitgestellt.[1)]

4.2 Kommunikation der Verfahrensbeteiligten

Betroffene und Nebenbetroffene (juristische Personen und Personenvereinigungen) sowie Rechtsanwälte oder Rechtsanwältinnen als Verteidigende sind mangels Rechtsgrundlage im Bußgeldverfahren auch künftig nicht zur Teilnahme am elektronischen Rechtsverkehr mit der Verwaltungsbehörde verpflichtet. Sie können diesen zwar als neue Alternative zur Kommunikation mit der Verwaltungsbehörde nutzen, nach Belieben aber auch die herkömmlichen Formen des Papierdokuments oder des Protokolls zur Niederschrift der Verwaltungsbehörde bedienen. Der elektronische Rechtsverkehr wird daher erst dann wirkliche Bedeutung erlangen, wenn ihn die Verfahrensbeteiligten als einfachere Kommunikationsform anwenden möchten. Dagegen sollen Verwaltungs-, Justiz- und Polizeibehörden sowie Gerichte möglichst elektronisch miteinander kommunizieren. Zum Redaktionsschluss ergibt sich folgende Situation:

4.2.1 Betroffene und Nebenbetroffene

Betroffene und Nebenbetroffene (juristische Personen und Personenvereinigungen) können zwar elektronische Dokumente bei allen Verwaltungsbehörden einreichen, sind aber nicht zur Teilnahme am elektronischen Rechtsverkehr mit der Verwaltungsbehörde verpflichtet.[2)] Die in der Bevölkerung allgemein verbreitete elektronische Post durch E-Mail ist nicht ungesichert zulässig, sondern erfordert eine qualifizierte elektronische Signatur (§ 32a Abs. 3 StPO i. V. m. § 110c S. 1 OWiG), die in Form einer Signaturkarte jedoch so gut wie nicht vorhanden ist. Zur elektronischen Kommunikation mit der Verwaltungsbehörde sind außerdem in dem abschließenden Katalog des § 32a Abs. 4 S. 1 StPO i. V. m. § 110c S. 1 OWiG sichere Übermittlungswege aufgeführt, um den personenbezogenen Datenschutz zu gewährleisten.[3)] Ein Interesse der Bevölkerung zur freiwilligen Teilnahme am elektronischen Rechtsverkehr wird sich erst ergeben, nachdem seit 2022 zwei zeitgemäße einfache und kostenfreie Systeme zur Verfügung stehen, nämlich das

- elektronische Bürger- und Organisationenpostfach („eBO", § 32a Abs. 4 S. 1 Nr. 3 StPO i. V. m. § 110c S. 1 OWiG), das sich im Hinblick auf die 2024 geänderte Zustellungsvorschrift in § 173 Abs. 2 Nr. 1 ZPO weiter verbreiten wird und
- Bürgerpostfach (BundID) im seit Mitte 2024 nach langjährigem Gesetzgebungsverfahren im Aufbau zwischen Bund und Ländern befindlichen bundesweiten

1) Zur Akteneinsicht durch die Verfahrensbeteiligten Kapitel II § 10 Nr. 7.

2) Die „Opt-Out"-Möglichkeit zur Einreichung elektronischer Dokumente bei der Verwaltungsbehörde nach § 134 OWiG ist bereits seit 1. Januar 2020 ausgelaufen.

3) Das zunächst allein vorgesehene De-Mail-Verfahren (§ 32a Absatz 4 Satz 1 Nummer 1 StPO a. F. in Verbindung mit § 110c Satz 1 OWiG) hat sich in der Verfahrenspraxis als völlig untauglich erwiesen, braucht von Behörden seit Juli 2024 nicht mehr angeboten zu werden (§ 2 Absatz 2 EGovG), ist bereits seit Juli 2025 nicht mehr verfügbar und wurde durch Artikel 7 OnlVfEEG vom 23.12.2025 (BGBl. I Nr. 349) zum 1. Januar 2026 auch gesetzgeberisch beendet.

Portalverbund (§ 32a Abs. 4 S. 1 Nr. 5 StPO i. V. m. § 110c S. 1 OWiG). Die BundID ist dabei nur eine Zwischenstufe, die zur DeutschlandID weiterentwickelt werden soll (§ 12 Abs. 1 S. 3 OZG).[1)]

Ein „Nutzerkonto" ist eine zentrale IT-Komponente zur einmaligen oder dauerhaften Identifizierung und Authentifizierung der Nutzer zu Zwecken der Inanspruchnahme von Verwaltungsleistungen der öffentlichen Verwaltung sowie zur vorgangsbezogenen Kommunikation über ein Postfach (§ 2 Abs. 5 S. 1, Abs. 7 OZG). Ein solches Nutzerkonto wird als Bürger- oder Organisationskonto bereitgestellt (§ 2 Abs. 5 S. 2 OZG). Ein „Postfach" ist eine IT-Komponente, über die Nutzer medienbruchfrei, barrierefrei und sicher mit den an den Portalverbund angeschlossenen öffentlichen Stellen vorgangsbezogen kommunizieren können sowie elektronische Dokumente und Informationen senden und empfangen können (§ 2 Abs. 7 S. 1 OZG). Das Postfach ist Bestandteil eines Nutzerkontos (§ 2 Abs. 7 S. 2 OZG). Ein geeigneter elektronischer Zugang muss bei allen Verwaltungsbehörden als besonderes elektronisches Behördenpostfach („Bebpo", § 6 ERVV) bereits vorhanden sein. Die Verwaltungsbehörde muss elektronische Dokumente ausdrucken und als Papierdokument übermitteln bzw. zustellen, wenn sich die Betroffenen und Verteidigenden aus beliebigen Gründen nicht am elektronischen Rechtsverkehr beteiligen möchten. Eingehende Papierdokumente müssen dann nach den Vorgaben des § 32e StPO i. V. m. § 110c OWiG ersetzend gescannt und als elektronisches Dokument in der Bußgeldakte gespeichert werden.

Nachdem der Gesetzgeber Betroffene und Nebenbetroffene (juristische Personen und Personenvereinigungen) auch künftig nicht zur Teilnahme am elektronischen Rechtsverkehr und damit auch nicht zur elektronischen Kommunikation mit den Verwaltungsbehörden verpflichtet, wird es zumindest vorläufig überwiegend beim Austausch von Papierdokumenten bleiben. Sofern eine vorhandene Registrierung im besonderen elektronischen Bürger- und Organisationenpostfach (eBO, § 10 ERVV) oder elektronischen Bürgerpostfach (BundID, § 13 ERVV, künftig DeutschlandID, § 12 Abs. 1 S. 3 OZG) und der Verwaltungsbehörde (§ 2 Abs. 2, Abs. 5 S. 1 OZG) nicht feststellbar ist, kann ein Einsatz des bereits allgemein vorhandenen besonderen elektronischen Behördenpostfachs („Bebpo", § 6 ERVV) nicht erfolgen. Die Verwaltungsbehörde muss dann elektronische Dokumente ausdrucken und als Papierdokument übermitteln bzw. zustellen. Eingehende Papierdokumente müssen dann nach den Vorgaben des § 32e StPO i. V. m. § 110c OWiG ersetzend gescannt und als elektronisches Dokument in der Bußgeldakte gespeichert werden.

4.2.2 Rechtsanwälte und Rechtsanwältinnen

Jeder nach dem bundesweiten „Amtlichen Anwaltsverzeichnis"[2)] in Deutschland zugelassene Rechtsanwalt und jede Rechtsanwältin verfügt auch über ein persönliches besonderes elektronisches Anwaltspostfach („beA"). Es muss nach gesetzlicher Vorgabe aber nur empfangsbereit, also passiv als „digitaler Briefkasten"

1) Der Zeitpunkt der Verwirklichung war bei Redaktionsschluss dieser Auflage (Dezember 2025) noch nicht absehbar.

2) Zum bundesweiten Amtlichen Anwaltsportal der Bundesrechtsanwaltskammer: https://www.bea-brak.de/bravsearch/search.brak

genutzt und Eingänge zur Kenntnis genommen werden (§ 31a Abs. 1 S. 1, Abs. 6 BRAO).[1] Damit kann die Verwaltungsbehörde Mitteilungen und Zustellungen auch im Bußgeldverfahren ohne Mitwirkung der empfangenden Person vornehmen. Diese Möglichkeit empfiehlt sich vor allem bei der elektronischen Akteneinsicht (§ 32f StPO i. V. m. § 110c S. 1 OWiG) ohne Versendung von Ausdrucken mit der Post.

Rechtsanwälte und Rechtsanwältinnen sollen zwar Schriftsätze und deren Anlagen sowie schriftlich einzureichende Anträge und Erklärungen als elektronisches Dokument übermitteln (§ 32d S. 1 StPO i. V. m. § 110c S. 1 OWiG). Die Pflicht zur elektronischen Übermittlung elektronischer Dokumente durch Rechtsanwälte und Rechtsanwältinnen nach § 110c OWiG i. V. m. § 32d S. 2 StPO, also zur aktiven Nutzung als sicherer Übermittlungsweg (§ 32a Abs. 4 S. 1 Nr. 1 StPO i. V. m. § 110c S. 1 OWiG), gilt aber nur eingeschränkt für das gerichtliche Bußgeldverfahren. Rechtsanwälte und Rechtsanwältinnen können daher auch künftig in Papierform durch Schriftsätze und Telefax mit der Verwaltungsbehörde kommunizieren. Das ersetzende Scannen solcher bei der Verwaltungsbehörde eingehender Papierdokumente (§ 32e StPO i. V. m. § 110c S. 1 OWiG) bleibt daher unvermeidlich. Nachdem Rechtsanwälte und Rechtsanwältinnen seit 2022 bei der Einlegung und Begründung der Rechtsbeschwerde gegen gerichtliche Bußgeldentscheidungen (§ 79 OWiG) elektronische Dokumente verwenden müssen (§ 32d S. 2 StPO i. V. m. § 110c S. 1 OWiG), lässt sich auch im elektronischen Rechtsverkehr mit den Verwaltungsbehörden ein gewisser „Nachzieheffekt" feststellen. Erst seit Jahresbeginn 2026 können Verteidigende den Einspruch gegen den Bußgeldbescheid (§ 67 OWiG) ausschließlich in elektronischer Form wirksam einlegen. Gleiches gilt für die Zurücknahme und den Verzicht auf einen Einspruch gem. § 302 Abs. 1 StPO i. V. m. § 67 Abs. 1 S. 2 OWiG.

Berufsausübungsgesellschaften (Rechtsanwaltskanzleien, Sozietäten, Internetkanzleien) besitzen zwar auch ein besonderes elektronisches Anwaltspostfach (§ 31b BRAO). Da sie aber als solche nicht als Verteidigende (§§ 137 bis 149 StPO) gewählt oder bestellt werden dürfen (§ 59l Abs. 3 BRAO), können sie am elektronischen Rechtsverkehr nur dann ausnahmsweise teilnehmen, wenn sie in anderer Funktion auftreten, etwa Akteneinsicht für eine Rechtsschutzversicherung (§ 406e StPO i. V. m. § 46 Abs. 1 OWiG) oder Privatpersonen mit besonderem rechtlichem Interesse (§ 475 StPO i. V. m. § 46 Abs. 1 OWiG) vertreten.

Im Ausland zugelassene Rechtsanwälte und Rechtsanwältinnen können als dienstleistende europäische Rechtsanwälte (§ 28 Abs. 1 EuRAG) tätig und über das Europäische Rechtsanwaltsverzeichnis (§ 31c BRAO) festgestellt werden. Die Verwaltungsbehörde kann auf die unaufgeforderte Bestellung eines oder einer Zustellungsbevollmächtigten im Inland verzichten (§ 31c Abs. 1 EuRAG), wenn er oder sie einen sicheren Übermittlungsweg für die Zustellung elektronischer Dokumente eröffnet hat (§ 31c Abs. 3 EuRAG). Bei Redaktionsschluss dieser Auflage war noch nicht ersichtlich, ob die elektronische Kommunikation mit im EU-Ausland zugelassenen Rechtsanwälten und Rechtsanwältinnen tatsächlich bereits möglich ist.

1) Art. 33 Abs. 4 Nr. 1 Gesetz zur Einführung der elektronischen Akte in der Justiz und zur weiteren Förderung des elektronischen Rechtsverkehrs vom 5. Juli 2017 (BGBl. I S. 2208).

4.2.3 Andere Behörden und Gerichte

Die allgemeine Einführung des besonderen elektronischen Behördenpostfachs (§ 6 ERVV) hat aus technischen Gründen noch nicht wesentlich zur Verbreitung des elektronischen Rechtsverkehrs mit anderen Behörden, insbesondere Polizeidienststellen beigetragen. Eine Pflicht zur elektronischen Übermittlung von Dokumenten, insbesondere durch Verwaltungsbehörden, Staatsanwaltschaft und Gerichten nach § 110c S. 1 OWiG i. V. m. § 32b Abs. 3 S. 1 StPO, besteht nach Maßgabe der DokErstÜbV. Verfolgungsbehörden und Gerichte sollen einander Dokumente als elektronische Dokumente übermitteln, wenn die empfangende Stelle die Akten elektronisch führt (§ 3 Abs. 1 S. 1 DokErstÜbV). Eine Verpflichtung zum elektronischen Rechtsverkehr wird also auch künftig nicht begründet. Führt die empfangende Stelle noch keine elektronischen Akten (§ 110a OWiG), sind elektronische Dokumente vor der Übermittlung nach Maßgabe des § 32e StPO i. V. m. § 110c S. 1 OWiG durch ersetzendes Scannen in die Papierform zu übertragen (§ 3 Abs. 1 S. 2 DokErstÜbV). Da nach der geltenden Fassung des § 110a Abs. 1 S. 1 OWiG seit Jahresbeginn 2026 noch immer herkömmliche Papierakten zulässig sind, gehören Medienbrüche im Rechtsverkehr mit der Staatsanwaltschaft und dem Amtsgericht keinesfalls der Vergangenheit an.

4.3 Zustellung elektronischer Dokumente

Nachdem auch künftig Betroffene, Nebenbetroffene (juristische Personen und Personenvereinigungen) und Verteidigende mangels Rechtsgrundlage im Bußgeldverfahren nicht zur Teilnahme am elektronischen Rechtsverkehr mit der Verwaltungsbehörde verpflichtet sind, wird sich die Kommunikation mit ihnen zumindest vorerst überwiegend weiter in Papierform abspielen. Ausgangsdokumente von Verfahrensbeteiligten, die nicht der Form entsprechen, in der die elektronische Akte bei der Verwaltungsbehörde geführt wird, sind in die entsprechende Form zu übertragen (§ 110c S. 1 OWiG i. V. m. § 33e Abs. 1 S. 1 StPO).[1] Dies ist gem. § 2 Abs. 1 i. V. m. § 7 Abs. 1 Nr. 1 DokErstÜbV das im Bundesanzeiger und auf der Internetseite www.justiz.de bekanntgemachte Dateiformat PDF/A (portable document format). Dabei bedarf es der Sicherstellung der Integrität und Authentizität des übertragenen Dokuments durch die Verwaltungsbehörde. Bei der Übertragung ist daher nach dem Stand der Technik sicherzustellen, dass das übertragene Dokument mit dem Ausgangsdokument bildlich und inhaltlich übereinstimmt (§ 110c S. 1 OWiG i. V. m. § 33e Abs. 2 StPO). Bei der Übertragung eines nicht elektronischen Ausgangsdokuments in ein elektronisches Dokument ist dieses mit einem Übertragungsnachweis zu versehen, der das bei der Übertragung angewandte Verfahren und die bildliche und inhaltliche Übereinstimmung dokumentiert (§ 110c S. 1 OWiG i. V. m. § 33e Abs. 3 S. 1 StPO). Abweichend von § 32e Abs. 4 S. 1 StPO müssen Ausgangsdokumente im Bußgeldverfahren nicht gespeichert oder aufbewahrt werden, wenn die übertragenen Dokumente zusätzlich einen mit einer qualifizierten elektronischen Signatur (Art. 3 Nr. 12 Verordnung [EU] Nr. 910/2014) versehenen Vermerk darüber

1) Die entsprechende Bestimmung für das Übertragen und Vernichten des Papieroriginals im Verwaltungsverfahren in § 7 EGovG gilt nicht für das Bußgeldverfahren (§ 1 Abs. 5 Nr. 1 EGovG).

enthalten, dass das Ausgangsdokument mit dem zur Akte zu nehmenden Dokument inhaltlich und bildlich übereinstimmt (§ 110c S. 3 OWiG).[1]

Nachdem weder die Verfahrensbeteiligten noch Rechtsanwälte oder Rechtsanwältinnen (§ 32d S. 2 StPO i. V. m. § 110c S. 1 OWiG) auch künftig nicht zur elektronischen Kommunikation im Bußgeldverfahren mit der Verwaltungsbehörde verpflichtet sind, werden eingehende Ausgangsdokumente, z. B. bei der Anhörung, Anträgen und weitgehend bei Rechtsbehelfen, noch sehr lange zum Alltag im Bußgeldverfahren gehören. Da die Anforderungen im Bußgeldverfahren über die des Verwaltungsverfahrens (§ 3a Abs. 2 S. 2 VwVfG und entsprechende landesrechtliche Vorschriften) hinausgehen, empfiehlt sich für jede Verwaltungsbehörde eine verfahrensbezogen getrennte zentrale Stelle für Eingänge, der sich Verwarnungs- und Bußgeldverfahren zuordnen lassen.

4.4 Einführung elektronischer Formulare

Für die Verfahrenspraxis abzuwarten bleibt, wann und in welchem Umfang die verbindliche Einführung elektronischer Formulare im Bußgeldverfahren durch Rechtsverordnungen umgesetzt werden wird (§ 110b S. 1, 5 OWiG).[2] Sie können bestimmen, dass die in den Formularen enthaltenen Angaben ganz oder teilweise in strukturierter maschinenlesbarer Form zu übermitteln sind (§ 110b S. 2 OWiG). Die Formulare müssen allgemein zugänglich sein und sind daher auf einer in der Rechtsverordnung zu bestimmenden Kommunikationsplattform im Internet zur Nutzung bereitzustellen (§ 110b S. 3 OWiG). Die Rechtsverordnung kann bestimmen, dass eine Identifikation des Formularverwenders durch Nutzung des elektronischen Identitätsnachweises (§ 18 PAuswG, § 12 eID-Karte-G, § 78 Abs. 5 des AufenthG) erfolgen kann (§ 110b S. 4 OWiG).

1) Das Erfordernis einer qualifizierten elektronischen Signatur (Art. 3 Nr. 12 Verordnung [EU] Nr. 910/2014) ist nur für das Bußgeldverfahren, nicht aber im Verwaltungsverfahren (hier § 7 EGovG) vorgesehen.

2) Die entsprechende Bestimmung für die Verwendung elektronischer Formulare im Verwaltungsverfahren in § 13 EGovG gilt nicht für das Bußgeldverfahren (§ 1 Abs. 5 Nr. 1 EGovG).

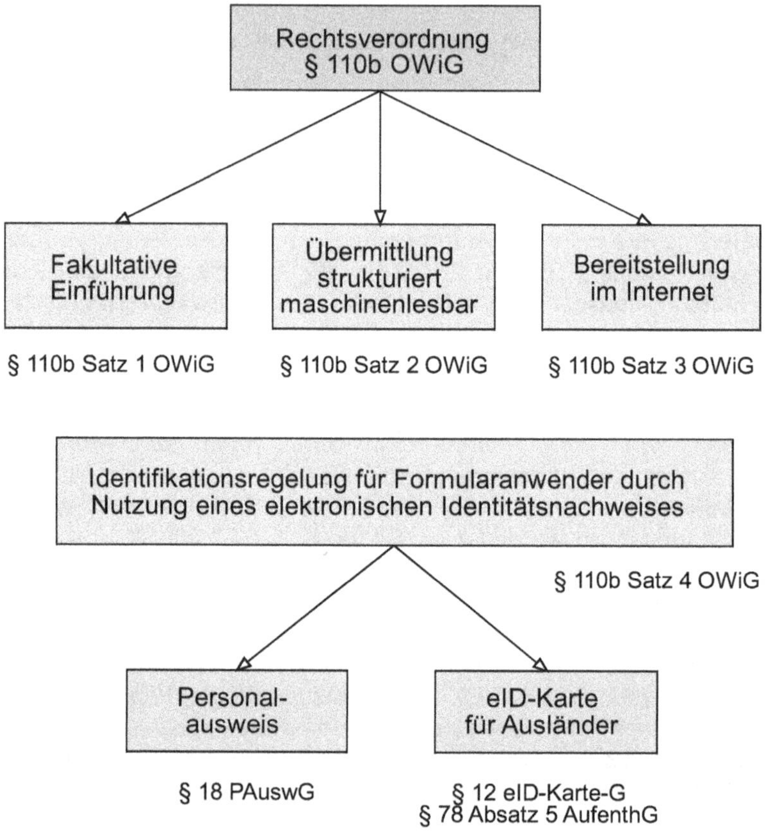

Abb. 4: Einführung verbindlicher elektronischer Formulare

Bei Redaktionsschluss auch dieser Auflage waren entsprechende Bestrebungen noch nicht einmal ansatzweise erkennbar. Dagegen wird bei vielen Verwaltungsbehörden bereits die sogenannte „Online-Anhörung“ auf der Grundlage von auf den Internetplattformen individuell vorgegebenen elektronischen Formularen verwendet.[1] Dies erscheint auch ohne besondere Rechtsgrundlage möglich. Die Verwaltungsbehörden sollten allerdings die mögliche verbindliche Einführung allgemeiner elektronischer Formulare im Auge behalten.

4.5 Behandlung eingehender elektronischer Dokumente

Ein elektronisches Dokument ist bei der Verwaltungsbehörde über das besondere elektronische Behördenpostfach (§ 6 ERVV) eingegangen, sobald es auf der für den Empfang bestimmten Einrichtung gespeichert ist (§ 110c S. 1 OWiG i. V. m. § 32a Abs. 5 S. 1 StPO). Die Verwaltungsbehörde wird damit für die Verfahrensbeteiligten jederzeit elektronisch erreichbar. Dem Absender oder der Absenderin ist dann eine automatisierte Bestätigung über den Zeitpunkt des Eingangs zu erteilen (§ 110c S. 1

1) Zur Anhörung des oder der Betroffenen zur vorgeworfenen Ordnungswidrigkeit (§ 55 OWiG i. V. m. § 163a Abs. 1 StPO) durch elektronische „Online-Anhörung“ § 6 Nr. 4.5.3.

OWiG i. V. m. § 32a Abs. 5 S. 2 StPO). Erweist sich ein elektronisches Dokument für die Bearbeitung durch die Verwaltungsbehörde als nicht geeignet, ist dies dem Absender oder der Absenderin unter Hinweis auf die Unwirksamkeit des Eingangs und auf die geltenden technischen Rahmenbedingungen unverzüglich mitzuteilen (§ 110c S. 1 OWiG i. V. m. § 32a Abs. 6 S. 1 StPO). Das elektronische Dokument gilt als zum Zeitpunkt seiner früheren Einreichung eingegangen, sofern der Absender oder die Absenderin es unverzüglich in einer zur Bearbeitung geeigneten Form nachreicht und glaubhaft macht, dass es mit dem zuerst eingereichten Dokument inhaltlich übereinstimmt (§ 110c S. 1 OWiG i. V. m. § 32a Abs. 6 S. 2 StPO).

§ 2
Einleitung des Bußgeldverfahrens

Das Bußgeldverfahren beginnt ohne einen besonderen Einleitungsvermerk mit der Aufnahme von Ermittlungen zur Verfolgung und Ahndung einer Ordnungswidrigkeit. Dazu sind die Verwaltungsbehörde selbst (§ 35 Abs. 1 OWiG) oder im ersten Zugriff auch Polizeidienststellen (§ 53 Abs. 1 S. 1 OWiG) befugt. Anzeigen von Fachämtern an eine interne Bußgeldstelle, von anderen Fachbehörden oder Privatpersonen (§ 158 Abs. 1 S. 1 StPO i. V. m. § 46 Abs. 1 OWiG) dienen dagegen nur als Entscheidungsgrundlage für die zur Einleitung zuständige Verwaltungsbehörde.[1)]

Beispiele:

Das Umweltamt einer Stadt stellt eine unerlaubte Sperrmüllablagerung fest und zeigt den Sachverhalt bei der Bußgeldstelle der Stadt zur Einleitung eines Bußgeldverfahrens wegen unerlaubter Abfallablagerung an.

Eine Polizeidienststelle überprüft zur Nachtzeit eine unerlaubte Außengastronomie und leitet ein Bußgeldverfahren wegen der betroffenen gaststättenrechtlichen Ordnungswidrigkeit ein und legt die Sache an das Landratsamt zur weiteren Bearbeitung der Sache vor.

Ein privater Anzeigender beschwert sich über den ruhestörenden Lärm seines Nachbarn und verlangt von der Gemeinde die Festsetzung einer Geldbuße deswegen. Die Gemeinde prüft als Verwaltungsbehörde die Einleitung eines Bußgeldverfahrens.

Voraussetzungen der Verfahrenseinleitung sind

- die sachliche und örtliche Zuständigkeit der Verwaltungsbehörde,
- der Anfangsverdacht einer Ordnungswidrigkeit,
- das Fehlen von Verfolgungshindernissen und
- die Gebotenheit der Ahndung.

Eine bestimmte Form der Verfahrenseröffnung („Einleitungsverfügung") gibt es nicht. Ein Bußgeldverfahren ist nach der Definition der Rechtsprechung eingeleitet, sobald die Ermittlungsbehörde eine Maßnahme trifft, die nach ihrem äußeren Erscheinungsbild darauf abzielt, gegen jemanden wegen einer Ordnungswidrigkeit vorzugehen.[2)] Der Anfangsverdacht braucht sich noch nicht gegen eine bestimmte Person zu richten, das Bußgeldverfahren kann zunächst auch „gegen unbekannt" eingeleitet werden. Die bloße Einleitung eines Bußgeldverfahrens unterbricht nicht die Verfolgungsverjährung (§ 31 Abs. 1 S. 1 OWiG).

1) Zur Einleitung von Bußgeldverfahren durch die Polizei im ersten Zugriff (§ 53 Abs. 1 OWiG) § 2 Nr. 6, zur Ordnungswidrigkeiten-Anzeige anderer Behörden § 7 und Privatpersonen § 8.
2) BGH, Urt. vom 30.12.2014, Az. 2 StR 439/13, für die Einleitung eines Strafverfahrens. Die Definition ist der Einleitungsverfügung im Steuerstrafverfahren in § 397 AO nachgebildet.

Beispiel:

Die Gewerbeüberwachung einer Stadt stellt in einer Spielhalle spielrechtliche Ordnungswidrigkeiten fest. Die Anzeige an die Bußgeldstelle richtet sich gegen noch zu ermittelnde „Verantwortliche“ des in der Rechtsform einer GmbH betriebenen Unternehmens. Das Bußgeldverfahren wird zunächst „gegen unbekannt“ eingeleitet. Die Bußgeldstelle ermittelt die Personen, gegen die sich der Anfangsverdacht ordnungswidrigen Handelns richtet.

Formal wird die Einleitung durch die Anlage einer besonderen Bußgeldakte (§ 1 Nr. 1, Abs. 2 Nr. 1 DokErstÜbV) erkennbar. Das Ergebnis von Untersuchungshandlungen ist mit der Namenswiedergabe der verantwortenden Person als Protokoll in der Bußgeldakte zu speichern (§ 168b Abs. 1 StPO i. V. m. § 46 Abs. 1, 2 OWiG, § 32b Abs. 1 S. 1, Abs. 2 StPO i. V. m. § 110c S. 1 OWiG).

Die Einleitung eines Bußgeldverfahrens muss den betroffenen Personen nicht bekannt gegeben werden. Sie erfahren meist erst durch die Anhörung zur Ordnungswidrigkeit davon und erhalten damit Gelegenheit, sich gegen den Vorwurf zu verteidigen (§ 55 Abs. 1 OWiG i. V. m. § 163a Abs. 1 StPO).

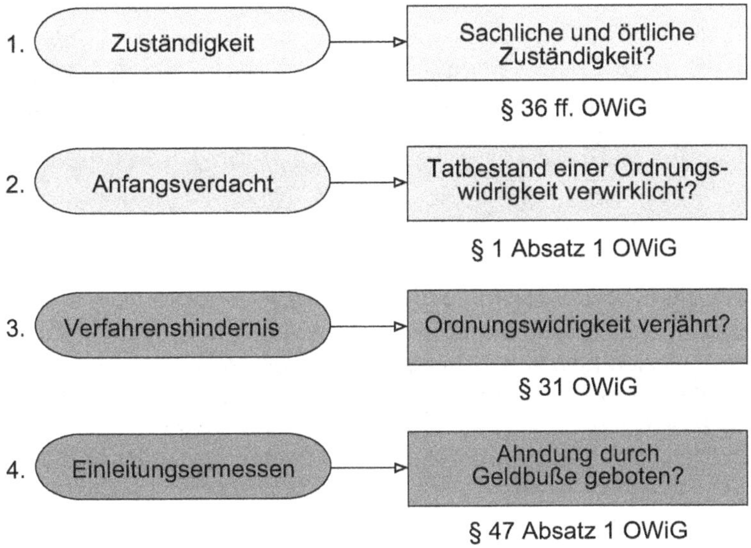

Abb. 1: Einleitung des Bußgeldverfahrens

1. Zeitpunkt der Verfahrenseinleitung

Ein Bußgeldverfahren ist eingeleitet, sobald die Verfolgungsbehörde (§ 35 Abs. 1 OWiG) oder die Polizei im ersten Zugriff (§ 53 Abs. 1 S. 1 OWiG)[1] eine Maßnahme

1) Zur Einleitungsbefugnis der Polizei (§ 53 Abs. 1 OWiG) im „ersten Zugriff“ § 2 Nr. 6.

trifft, gegen jemanden wegen einer Ordnungswidrigkeit bußgeldrechtlich vorzugehen.[1)]

Beispiele:

Persönliche Anhörung eines Zeugen oder einer Zeugin, des oder der Betroffenen durch einen Polizeibeamten am Tatort einer mutmaßlichen Ordnungswidrigkeit,

Versendung eines Anhörungsdokuments an den Betroffenen oder die Betroffene wegen einer vorgeworfenen Ordnungswidrigkeit durch die Verwaltungsbehörde.[2)]

In der Verfahrenspraxis ergeben sich zureichende tatsächliche Anhaltspunkte, mithin der sogenannte „Anfangsverdacht" einer Ordnungswidrigkeit (§ 152 Abs. 2 StPO i. V. m. § 46 Abs. 1 OWiG) oft aus einem Verwaltungsverfahren (§ 9 VwVfG und entsprechende landesrechtliche Vorschriften, § 8 SGB X) heraus. Zulässig erlangte Feststellungen aus einem vorausgegangenen Verwaltungsverfahren dürfen bei der Einleitung eines Bußgeldverfahrens verwertet werden (§ 161 Abs. 3 S. 1 StPO i. V. m. § 46 Abs. 1 OWiG).

Beispiel:

Bei der unangemeldeten Überprüfung einer Gaststätte durch die Lebensmittelüberwachung (§ 39 Abs. 2 LFGB) werden im Verwaltungsverfahren (§ 9 VwVfG und entsprechende landesrechtliche Vorschriften) auch Ordnungswidrigkeiten nach § 60 LFGB festgestellt. Der Lebensmittelkontrolleur hört den anwesenden Gastwirt daraufhin an Ort und Stelle zum Tatvorwurf persönlich an (§ 55 OWiG) und leitet dadurch ein Bußgeldverfahren ein. Die Feststellungen aus dem Verwaltungsverfahren dürfen auch im Bußgeldverfahren verwertet werden.

Bloße Maßnahmen des Verwaltungsverfahrens (§ 24 Abs. 1 S. 1, 2 VwVfG und entsprechende landesrechtliche Vorschriften, § 21 Abs. 1 S. 1, 2 SGB X) wie etwa das Betreten oder Besichtigen von Räumen, die Einsicht in Unterlagen eines Gewerbetreibenden, ein Auskunftsverlangen oder Untersuchungen und Probenahmen z. B. im Rahmen einer Nachschau (§ 26 Abs. 1 VwVfG und entsprechende landesrechtliche Vorschriften, § 21 Abs. 1 SGB X) allein bedeuten auch beim Anfangsverdacht einer Ordnungswidrigkeit noch keine Einleitung eines Bußgeldverfahrens. Auch lediglich interne Maßnahmen wie die Anzeige eines Fachamtes an die Bußgeldstelle innerhalb einer Behörde oder einer Fachbehörde an eine Bußgeldbehörde sind nur Anregungen zur Einleitung eines Bußgeldverfahrens.[3)] Die Einleitung eines Bußgeldverfahrens sollte auf jeden Fall im eigenen Interesse aktenkundig gemacht werden.[4)]

---

1) § 397 Abs. 1 i. V. m. § 410 Abs. 1 Nr. 6 AO für Steuerordnungswidrigkeiten nach § 377 AO auch i. V. m. den Kommunalabgabengesetzen der Länder.

2) OLG Düsseldorf, Beschl. vom 10.1.2022, Az. 2 RBs 221/21.

3) Die polizeiliche Ordnungswidrigkeiten-Anzeige setzt dagegen die Einleitung des Bußgeldverfahrens nach § 53 Abs. 2 OWiG voraus. Zur Anzeige einer Ordnungswidrigkeit § 2 Nr. 6.

4) Zur Anlage einer elektronischen Bußgeldakte § 10 Nr. 7.1. Eine Einleitungsverfügung ist nur für Steuerordnungswidrigkeiten (§ 377 ff. AO) im Hinblick auf die Sperrwirkung einer Selbstanzeige (§ 371 AO) ausdrücklich vorgeschrieben (§ 397 Abs. 2 i. V. m. § 410 Abs. 1 Nr. 6 AO).

Wichtig: Die Einleitung eines Bußgeldverfahrens unterbricht noch nicht die Verfolgungsverjährung (§§ 31, 33 OWiG).[1]

- **Kein Rechtsbehelf des oder der Betroffenen**

Gegen die Einleitung des Bußgeldverfahrens ist kein Rechtsbehelf, auch nicht der Antrag auf gerichtliche Entscheidung (§ 62 Abs. 1 S. 1 OWiG) statthaft.[2] Es handelt sich lediglich um eine unanfechtbare Maßnahme der Verwaltungsbehörde (§ 35 Abs. 1 OWiG) ohne selbstständige Bedeutung. Sie dient nur zur Vorbereitung der Entscheidung, ob entweder ein Bußgeldbescheid erlassen oder das Verfahren eingestellt wird (§ 62 Abs. 1 S. 2 OWiG). Stehen dem oder der Betroffenen allerdings keine sonstigen zumutbaren Rechtsbehelfsmöglichkeiten zur Verfügung, kann er oder sie der Verwaltungsbehörde durch einstweilige Anordnung des Verwaltungsgerichts (§ 123 VwGO) die Einleitung von Bußgeldverfahren untersagen lassen.[3] Damit soll verhindert werden, dass verwaltungsrechtliche Zweifelsfragen „auf der Anklagebank" geklärt werden.[4] Droht der Erlass eines Bußgeldbescheides, ist auch eine negative Feststellungsklage (§ 43 Abs. 1 VwGO) mit dem Ziel einer verwaltungsgerichtlichen Feststellung möglich, es liege keine Ordnungswidrigkeit vor. Daran besteht ein berechtigtes Rechtsschutzinteresse, weil nicht zumutbar ist, staatliche Sanktionen, etwa vollziehbare Ordnungsverfügungen oder Bußgeldbescheide, abzuwarten.[5]

Beispiel:

Das Ordnungsamt einer Stadt teilt einem Gastwirt nach der Kontrolle seiner Betriebsräume mit, es sei eine ordnungswidrige Zuwiderhandlung gegen das einschlägige Nichtraucherschutzgesetz festgestellt worden. Bei einem erneuten Verstoß müsse er mit einer Betriebsuntersagung und Einleitung eines Bußgeldverfahrens rechnen. Der Adressat der Mitteilung erhebt vor dem Verwaltungsgericht negative Feststellungsklage zur Feststellung, dass keine Ordnungswidrigkeit vorliege.[6]

Auch private Anzeigende (§ 158 Abs. 1 StPO i. V. m. § 46 Abs. 1 OWiG) haben im Gegensatz zum Strafverfahren gegen die Ablehnung der Einleitung keinen Rechtsbehelf.[7] Insbesondere gibt es kein gerichtliches Klageerzwingungsverfahren (§ 46

---

1) Zur Verfolgungsverjährung der Ordnungswidrigkeit (§§ 31, 33 OWiG) § 2 Nr. 4.2.2.
2) Zum Antrag des Betroffenen auf gerichtliche Entscheidung gegen eine Maßnahme der Verwaltungsbehörde (§ 62 OWiG) § 6 Nr. 3.5.
3) OVG Nordrhein-Westfalen (Münster), Beschl. vom 1.8.2017, Az. 4 B 608/17; Hessischer VGH (Kassel), Beschl. vom 10.2.2014, Az. 8 B 2437/13; OVG Nordrhein-Westfalen (Münster), Beschl. vom 1.8.2013, Az. 4 B 608/13; BayVGH (München), Beschl. vom 30.11.2010, Az. 9 CE 10.2468.
4) OVG Sachsen-Anhalt (Magdeburg), Beschl. vom 29.5.2019, Az. 1 M 59/19.
5) BVerfG, Beschl. vom 7.4.2003, Az. 1 BvR 2129/02; BVerwG, Urt. vom 17.1.1972, Az. I C 33/68; OVG Nordrhein-Westfalen (Münster), Beschl. vom 4.11.2014, Az. 4 A 775/14, VG Hamburg, Beschl. vom 27.4.2020, Az. 21 E 1736/20.
6) Sachverhalt nach OVG Nordrhein-Westfalen (Münster), Beschl. vom 4.11.2014, Az. 4 A 775/14, zu § 1 NiSchG Nordrhein-Westfalen.
7) Zum privaten Anzeigenden (§ 158 Abs. 1 S. 1 StPO i. V. m. § 46 Abs. 1 OWiG) § 2 Nr. 8. Zur Beschwerde gegen die Einstellung im Strafverfahren durch die Staatsanwaltschaft § 172 Abs. 1 StPO.

Abs. 3 S. 3 OWiG).[1] Maßstab für die Einleitung des Bußgeldverfahrens sind nur das öffentliche Interesse an der Verfolgung und Ahndung von Ordnungswidrigkeiten mit Geldbuße, nicht aber private Interessen. Diese müssen mit den Mittel des Privatrechts durchgesetzt werden.

- **Abschluss des Bußgeldverfahrens**

Das von der Verwaltungsbehörde eingeleitete Bußgeldverfahren darf niemals „offenbleiben". Es muss durch eine Einstellung (§ 170 Abs. 1 S. 2 StPO i. V. m. § 46 Abs. 1 OWiG oder § 47 Abs. 1 S. 2 OWiG) abgeschlossen werden, wenn kein Bußgeldbescheid (§ 65 OWiG) oder gleichgestellter einheitlicher oder selbstständiger Bescheid (§§ 87, 88 OWiG) erlassen wird.[2]

Fehlbeispiel:

Beamte einer Polizeidienststelle stellen die unerlaubte Nutzungsänderung eines Gebäudes fest. Sie hören den Grundstückseigentümer an Ort und Stelle als Betroffenen wegen der baurechtlichen Ordnungswidrigkeit an und leiten dadurch ein Bußgeldverfahren ein. Die verantwortende Person im Landratsamt speichert die polizeiliche Ordnungswidrigkeiten-Anzeige lediglich in den Bauakten ab, weil sie die Ahndung für nicht geboten hält. Die gebotene Einstellung des Bußgeldverfahrens und Mitteilung an den Betroffenen unterbleibt rechtswidrig.

- **Ordnungswidrigkeiten in Unternehmen**

Der Begriff der Ordnungswidrigkeit setzt eine Handlung (§ 1 Abs. 1 OWiG) oder ein rechtswidriges Unterlassen (§ 8 OWiG) voraus und knüpft damit an das menschliche Verhalten an. Die natürliche Person, gegen die sich das eingeleitete Bußgeldverfahren richtet, erhält damit die Verfahrensstellung des oder der Betroffenen.[3] Nur diese, nicht etwa Firmen, Unternehmen oder Betriebe können ordnungswidrig handeln (§ 1 Abs. 1 OWiG) oder pflichtwidrig unterlassen und daher Täter oder Täterin einer Ordnungswidrigkeit sein.[4] Daher darf kein Bußgeldverfahren eingeleitet werden gegen

- Einzelfirmen (Name des Kaufmanns oder der Kauffrau, § 17 Abs. 1 HGB),
- Personenvereinigungen (eingetragene Gesellschaft bürgerlichen Rechts – eGbR, offene Handelsgesellschaft – oHG; Kommanditgesellschaft – KG, nicht rechtsfähiger Verein), und insbesondere

1) Zum Klageerzwingungsverfahren im Strafverfahren gegen die Einstellung eines Ermittlungsverfahrens durch die Staatsanwaltschaft § 172 Abs. 2 StPO.

2) Zur Einstellung des Bußgeldverfahrens durch die Verwaltungsbehörde (§ 170 Abs. 2 S. 1 StPO i. V. m. § 46 Abs. 1 OWiG und § 47 Abs. 1 S. 2 OWiG) § 11.

3) Das Gesetz über Ordnungswidrigkeiten verwendet seit seinem Inkrafttreten durchgehend die Bezeichnung „der Betroffene" statt geschlechtsneutral „die betroffene Person". Eine Angleichung ist jedenfalls derzeit auch bei Redaktionsschluss dieser Auflage nicht vorgesehen. Der aus dem Verwaltungsverfahren stammende Begriff der Beteiligungsfähigkeit (§ 11 VwVfG und entsprechende landesrechtliche Vorschriften) und der Beteiligten (§ 13 VwVfG und entsprechende landesrechtliche Vorschriften) ist dem Bußgeldverfahren fremd. Materiellrechtlich Beteiligter an der Ordnungswidrigkeit ist lediglich, wer an der Ordnungswidrigkeit einer anderen Person mitwirkt (§ 14 Abs. 1 OWiG). Zur Beteiligung an einer Ordnungswidrigkeit § 4 Nr. 1.

4) KG (Berlin), Beschl. vom 6.1.2021, Az. 3 Ws 250/21.

- juristische Personen (Gesellschaft mit beschränkter Haftung – GmbH, Unternehmergesellschaft [haftungsbeschränkt UG], Aktiengesellschaft – AG, Genossenschaft, eingetragener Verein – e. V. usw.).

Das Bußgeldverfahren ist in diesen Fällen stets gegen zu ermittelnde Inhaber oder Inhaberinnen der Einzelfirma bzw. die gesetzlichen Vertreter oder Vertreterinnen der juristischen Person oder Personenvereinigung oder die in ihrem Auftrag handelnden Personen (§ 9 Abs. 1, 2 OWiG)[1)] einzuleiten. Verfehlt ist die Einleitung eines Bußgeldverfahrens gegen eine **„verantwortliche Person"** oder gegen **„Verantwortliche"** eines Unternehmens ohne folgende Ermittlung der Täter oder Täterinnen.[2)] Diese Bezeichnung betrifft nur den in den Landespolizeigesetzen bzw. Ordnungsbehördengesetzen bezeichneten Handlungs- oder Zustandsstörer als Verursacher einer sicherheitsrechtlichen (ordnungsrechtlichen, polizeirechtlichen) Gefahr. Im Bußgeldverfahren gilt jedoch das Täter-, nicht das Verursacher- oder Störerprinzip. Die Täterermittlung der handelnden Personen (§ 9 OWiG)[3)] ist daher bei Ordnungswidrigkeiten, die in einem Unternehmen begangen werden, von zentraler Bedeutung. Das Unternehmen ist oft

- Inhaber oder Inhaberin von Erlaubnissen oder Genehmigungen, Betreiber oder Betreiberin von Anlagen, Arbeitgeber oder Arbeitgeberin zwar verwaltungsrechtlicher Normadressat oder Normadressatin,
- die Täter oder Täterinnen unternehmensbezogener Ordnungswidrigkeiten aber sind die für das Unternehmen handelnde natürliche Personen.

Wichtig: Erst die erste Anhörung einer natürlichen Person wegen der Ordnungswidrigkeit unterbricht die Verfolgungsverjährung (§ 33 Abs. 1 S. 1 Nr. 1 OWiG).[4)]

Beispiel:

Eine Verwaltungsbehörde leitet ein Bußgeldverfahren gegen die „Verantwortlichen" einer GmbH ein, in deren Geschäftsbetrieb eine Auflage missachtet wurde. Sie ermittelt den für den Verstoß zuständigen Geschäftsführer als Täter der Ordnungswidrigkeit über das elektronische Handelsregister[5)] und ordnet seine Anhörung wegen der Ordnungswidrigkeit an. Erst damit richtet sich das Bußgeldverfahren nicht mehr „gegen Unbekannt", sondern einen bestimmten mutmaßlichen Täter. Nur gegen diese Person kann damit die Verfolgungsverjährung wirksam unterbrochen werden.

Gegen eine juristische Person oder Personenvereinigung kann jedoch eine Geldbuße (§ 30 OWiG) oder die Einziehung des Wertes von Taterträgen (§ 29a OWiG) als Nebenfolge der Ordnungswidrigkeit eines gesetzlichen Vertreters oder rechtsgeschäftlich Beauftragten im Sinne des § 9 Abs. 2, 3 OWiG festgesetzt werden. Die

1) Zum Handeln für einen anderen durch gesetzliche oder beauftragte Vertreter oder Vertreterinnen einer juristischen Person oder Personenvereinigung (§ 9 OWiG) § 4 Nr. 2.
2) Thüringer OLG (Jena), Beschl. vom 2.11.2005, Az. 1 Ss 242/05.
3) Zum Handeln des Täters oder der Täterin einer Ordnungswidrigkeit für eine andere Person (§ 9 OWiG) § 4 Nr. 2.
4) Zur Unterbrechung der Verfolgungsverjährung durch die erste Anhörung des Betroffenen zur Ordnungswidrigkeit (§ 33 Abs. 1 S. 1 Nr. 1 OWiG) § 2 Nr. 4.2.2.4.
5) Zur Ermittlung der Täter oder Täterinnen einer Ordnungswidrigkeit innerhalb einer Unternehmensorganisation durch die Verwaltungsbehörde § 4.

juristische Person oder Personenvereinigung handelt dann nicht selbst ordnungswidrig, sondern ist als Nebenbetroffene am Bußgeldverfahren zu beteiligen und erhält als Verfahrensbeteiligte ab Erlass der Bußgeldentscheidung die Befugnisse eines Betroffenen (§ 87 Abs. 2 S. 1, § 88 Abs. 3 OWiG).[1] Die Verfahrensbeteiligung einer Einzelfirma ist weder möglich noch notwendig, da sie nur den Namen des Kaufmanns (§ 17 Abs. 1 HGB) oder der Kauffrau darstellt und mit dem Inhaber oder der Inhaberin personengleich ist („Firma Klaus Müller, Inhaber Werner Lehmann"). Gegen diese Person ist das Bußgeldverfahren daher ausschließlich einzuleiten.

- **Unbekannte Täter und Täterinnen**

Ein Bußgeldverfahren setzt keine bekannten Täter oder Täterinnen einer Ordnungswidrigkeit voraus und kann ohne Weiteres auch zunächst „gegen Unbekannt" eingeleitet werden. Täter und Täterinnen der Ordnungswidrigkeit sind dann durch die Verwaltungsbehörde im Vorverfahren zu ermitteln. Mit der Einleitung eines Bußgeldverfahrens kann aufgrund des Opportunitätsprinzips (§ 47 Abs. 1 S. 1 OWiG) auch zugewartet werden, bis sich der Anfangsverdacht durch Maßnahmen im Verwaltungsverfahren gegen eine bestimmte Person erhärtet hat.[2] Dafür spricht auch, dass eine Unterbrechung der Verfolgungsverjährung ohne Täterermittlung noch nicht möglich ist (§ 33 Abs. 4 S. 1 OWiG).

Beispiel:

Auf eine anonyme Anzeige stellt eine Umweltbehörde eine „wilde" Abfallablagerung zur Beseitigung fest (§ 28 Abs. 1 S. 1 KrWG). Die Bußgeldstelle kann als Verwaltungsbehörde ein Bußgeldverfahren wegen des Anfangsverdachts einer Ordnungswidrigkeit (§ 69 Abs. 1 Nr. 2 KrWG) gegen Unbekannt einleiten, aber auch zuwarten, bis sich der Anfangsverdacht der Ordnungswidrigkeit gegen eine bestimmte Person nach Ermittlung des Abfallbesitzers oder der Abfallbesitzerin im Verwaltungsverfahren erhärtet hat.

Kann der Täter oder die Täterin einer Ordnungswidrigkeit nicht ermittelt werden, ist das eingeleitete Bußgeldverfahren aus tatsächlichen Gründen einzustellen (§ 170 Abs. 2 S. 1 StPO i. V. m. § 46 Abs. 1 OWiG).[3]

2. Zuständige Verwaltungsbehörde

Die Verwaltungsbehörde muss zur Verfolgung und Ahndung der Ordnungswidrigkeit sachlich (§§ 35, 36 OWiG) und örtlich (§ 37 OWiG) zuständig sein.[4] Zuständigkeitsbestimmungen des Verwaltungsverfahrens gelten im Bußgeldverfahren nicht (§ 2

1) Zur Verfahrensbeteiligung juristischer Personen und Personenvereinigungen als Nebenbetroffene am Bußgeldverfahren gegen natürliche Personen (§§ 87, 88 OWiG) § 4 Nr. 4.
2) Zum Anfangsverdacht einer Ordnungswidrigkeit (§ 152 Abs. 2 StPO i. V. m. § 46 Abs. 1 OWiG) § 2 Nr. 3.
3) Zur Einstellung eines Bußgeldverfahrens aus tatsächlichen Gründen (§ 170 Abs. 2 S. 1 StPO i. V. m. § 46 Abs. 1 OWiG) § 11 Nr. 1.
4) Der Begriff der Verwaltungsbehörde grenzt im Bußgeldverfahren die Zuständigkeit der Staatsanwaltschaft und des Gerichts ab (§ 35 OWiG) und ist von der Behörde des Verwaltungsverfahrens (§ 11 Nr. 3 VwVfG und entsprechende landesrechtliche Vorschriften) zu unterscheiden.

Abs. 2 Nr. 2 VwVfG und entsprechende landesrechtliche Vorschriften, § 1 S. 3 SGB X). Die Verfolgung und Ahndung von Ordnungswidrigkeiten gehört zum hoheitlichen Bereich, sodass diese Zuständigkeit auch nicht wirksam auf privatrechtliche Dienstleister übertragen werden kann.[1] Auch kommunale Betriebe in der Rechtsform einer privatrechtlichen juristischen Person („Abwasserbetriebe GmbH") können niemals Verwaltungsbehörde im Sinne des § 35 OWiG sein.

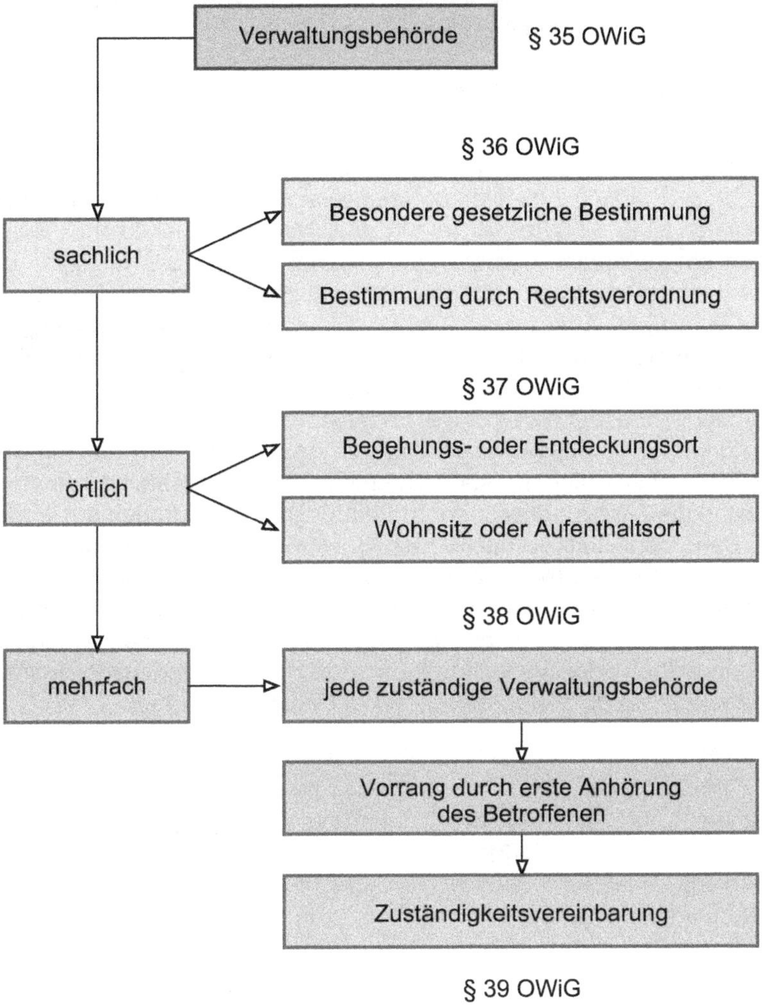

Abb. 2: Zuständige Verwaltungsbehörde

2.1 Sachliche Zuständigkeit

Die sachliche Zuständigkeit einer Verwaltungsbehörde (§ 35 OWiG) für die Verfolgung und Ahndung einer Ordnungswidrigkeit wird durch § 36 OWiG unabhängig

1) BayObLG, Beschl. vom 29.10.2019, Az. 202 ObOWi 1600/19.

vom Verwaltungsverfahren (§ 9 VwVfG und entsprechende landesrechtliche Vorschriften) bestimmt.[1] Meist folgt aber die Zuständigkeit für das Bußgeldverfahren derjenigen für den Vollzug einer missachteten Bestimmung im Verwaltungsverfahren. Besonderheiten gegenüber dem Verwaltungsverfahren sind jedoch bei der sachlichen Zuständigkeit mehrerer Verwaltungsbehörden zu beachten (§§ 36, 38, 39 OWiG). Ein Fehlen der sachlichen Zuständigkeit wirkt sich in einem nachfolgenden gerichtlichen Verfahren allenfalls bei offenkundigen Verstößen gegen die sachliche Zuständigkeit der Verwaltungsbehörde aus.[2]

2.1.1 Zuständigkeitsvorschriften

Sachlich zuständig für die Verfolgung und Ahndung einer bestimmten Ordnungswidrigkeit ist die durch Bundes- oder Landesgesetz bestimmte Verwaltungsbehörde (§ 36 Abs. 1 Nr. 1 OWiG)[3], die sich oft an die verwaltungsrechtlichen Zuständigkeiten anschließen (z. B. § 53 Abs. 3 Nr. 1 WaffG). Mangels einer solchen Bestimmung ist die fachlich zuständige oberste Landesbehörde oder das fachlich zuständige Bundesministerium sachlich zuständig, soweit das Gesetz von Bundesbehörden ausgeführt wird (§ 36 Abs. 1 Nr. 2 OWiG). Die sachliche Zuständigkeit kann aber durch Rechtsverordnung weiter übertragen werden, die sie aber durch Rechtsverordnung weiter übertragen können (§ 36 Abs. 2, 3 OWiG).[4] Die sachliche Zuständigkeit staatlicher Landesbehörden und Kommunen ergibt sich meist aus landesrechtlichen Verordnungen nach § 36 Abs. 2 OWiG. Diese Rechtsverordnungen sind in den einzelnen deutschen Ländern sehr unterschiedlich ausgestaltet.[5] Innerhalb der Behörde kann die Zuständigkeit aufgrund der Organisationshoheit des Behördenleiters bzw. Behördenleiterin in Fachämter (Gewerbeamt, Ordnungsamt, Umweltamt oder zentrale Bußgeldstelle) oder entsprechende Sachgebiete weiter aufgegliedert werden. Auch die „Bußgeldbehörde" oder „Zentrale Bußgeldstelle" einer Stadt, eines Landratsamtes oder einer Fachbehörde ist daher unabhängig von ihrer Bezeichnung selbst keine Verwaltungsbehörde.[6] Verwaltungsbehörde im Rechtsverkehr gem. § 35 OWiG bleibt aber stets die Gesamtbehörde.[7]

Beispiele:

Die Verfolgung und Ahndung von Ordnungswidrigkeiten ist bei einer kreisfreien Stadt bei einer „Zentralen Bußgeldstelle" organisatorisch zusammengeführt. Bußgeldbescheide gegen Betroffene werden aber gleichwohl nur von der Stadt selbst als Verwaltungsbehörde erlassen.

---

1) Zur örtlichen Zuständigkeit der Verwaltungsbehörde (§ 37 OWiG) § 2 Nr. 2.2.
2) OLG Stuttgart, Beschl. vom 9.11.2017, Az. 4 Rb 25 Ss 833/17.
3) OLG Stuttgart, Beschl. vom 9.11.2017, Az. 4 Rb 25 Ss 833/17; Brandenburgisches OLG (Brandenburg), Beschl. vom 25.7.2016, Az. 1 (Str) Sa 3/16.
4) Brandenburgisches OLG (Brandenburg), Beschl. vom 25.7.2016, Az. 1 (Str) Sa 3/16.
5) Übersicht über die Zuständigkeitsverordnungen der deutschen Länder *Wieser-Kommentar* Teil 1 Nr. 1 § 36 OWiG.
6) OLG Karlsruhe, Beschl. vom 26.9.2023, Az. 2 ORbs 35 Ss 235/23; Brandenburgisches OLG (Brandenburg), Beschl. vom 25.7.2016, Az. 1 (StR) Sa 3/16, zur fehlenden Eigenschaft der „Zentralen Bußgeldstelle des Landes Brandenburg" als Verwaltungsbehörde.
7) Zur unselbstständigen organisatorischen Zuständigkeit innerhalb einer Verwaltungsbehörde § 2 Nr. 2.4.

Das Gewerbeamt eines Landratsamts ist nach der Behördenorganisation intern für die Verfolgung und Ahndung gewerberechtlicher Ordnungswidrigkeiten zuständig. Bußgeldbescheide gegen Betroffene werden aber gleichwohl nur vom Landratsamt selbst als Verwaltungsbehörde erlassen.

Für bestimmte Ordnungswidrigkeiten, bei denen der Vollzug der zugrunde liegenden verwaltungsrechtlichen Vorschriften anderen Behörden oder Körperschaften obliegt, sind i. d. R. die unteren Verwaltungsbehörden („Kreisverwaltungsbehörden") sachlich zuständig (z. B. § 87 Abs. 2 ZuStV – Bayern).

Beispiel:

Die Industrie- und Handelskammer ist zwar für die Erteilung von Erlaubnissen für selbstständige Versicherungsvermittler (§ 34d Abs. 1 S. 1 GewO) zuständig. Für die Verfolgung und Ahndung von Ordnungswidrigkeiten nach § 144 Abs. 1 Nr. 1 Buchst. k GewO ist aber i. d. R. die kreisfreie Stadt oder das Landratsamt aufgrund der jeweils einschlägigen landesrechtlichen Zuständigkeitsverordnung zuständig.

Durch Satzung kann eine sachliche Zuständigkeit zur Verfolgung und Ahndung von Ordnungswidrigkeiten nicht begründet werden, da hierzu in § 36 OWiG keine Ermächtigungsgrundlage besteht. Verwaltungsbehörde ist daher in diesem Fall die Behörde, die die Satzung erlassen hat und durch Rechtsverordnung oder Gemeindeordnung (z. B. Art. 24 Abs. 2 S. 2 BayGO) zur Verfolgung und Ahndung darin bezeichneter Ordnungswidrigkeiten ermächtigt ist.

Ein Fehlen der sachlichen Zuständigkeit der Verwaltungsbehörde nach § 36 OWiG würde sich im gerichtlichen Verfahren nach Einspruch gegen den Bußgeldbescheid allenfalls bei offenkundigen Verstößen gegen die sachliche Zuständigkeit der Verwaltungsbehörde auswirken.[1)]

2.1.2 Mehrfache Zuständigkeit

Bei der Verfolgung mehrerer Ordnungswidrigkeiten kann sich der Fall vorausgehender mehrfacher Zuständigkeit im Verwaltungsverfahren (§ 9 VwVfG und entsprechende landesrechtliche Vorschriften, § 8 SGB X) ergeben. Leiten die sachlich zuständigen Behörden (§ 36 OWiG) unabhängig voneinander Bußgeldverfahren ein, obwohl sich die Ordnungswidrigkeiten in Tateinheit (§ 19 OWiG) oder in einem nahen örtlichen und zeitlichen Zusammenhang in Tatmehrheit (§ 20 OWiG) befinden, droht der durch anderweitige Verfolgung unbeabsichtigt ausgelöste Strafklageverbrauch (Art. 103 Abs. 3 GG).[2)] Im Bußgeldverfahren gilt nämlich im Gegensatz zum Verwaltungsverfahren der formelle Tatbegriff (§ 264 StPO).[3)] Kommt wegen zusammenhängender Ordnungswidrigkeiten (§ 38 OWiG) die sachliche Zuständigkeit in Betracht,

1) OLG Stuttgart, Beschl. vom 9.11.2027, Az. 4 Rb 25 Ss 833/17.
2) Zum Strafklageverbrauch (Art. 103 Abs. 3 GG) durch anderweitige Verfolgung als Ordnungswidrigkeit oder Straftat § 2 Nr. 4.2.1.
3) Zum formellen Tatbegriff (§ 264 StPO i. V. m. § 46 Abs. 1 OWiG) § 2 Nr. 4.2.1.1.

ist möglichst bereits bei der Einleitung des Bußgeldverfahrens auf die vorrangige Zuständigkeit einer der Verwaltungsbehörden (§ 39 Abs. 1 OWiG) und gegebenenfalls auf eine Zuständigkeitsvereinbarung insbesondere zur Beschleunigung oder Vereinfachung des Bußgeldverfahrens (§ 39 Abs. 2 OWiG) in einem Sammelverfahren zu achten.[1)] Keinesfalls darf das Bußgeldverfahren isoliert durchgeführt und die andere zuständige Verwaltungsbehörde erst durch eine verfahrensübergreifende Mitteilung von Amts wegen (§ 49a Abs. 1 Nr. 1 OWiG) überrascht werden. Diese Verfahrensweise wird dann die Blockade für die mitgeteilte Ordnungswidrigkeit zur Folge haben.[2)]

Beispiel:

Ein Unternehmen mit mehreren Niederlassungen in den Bereichen verschiedener Verwaltungsbehörden vertreibt in jeder Filiale unrichtig gekennzeichnete Waren an Verbraucher. Die Verwaltungsbehörde am Unternehmenssitz leitet deswegen ein Bußgeldverfahren ein und richtet an die für die Niederlassungen sachlich und örtlich zuständigen Verwaltungsbehörden verfahrensübergreifende Mitteilungen, in denen sie bei Feststellung einschlägiger Zuwiderhandlungen um Abgabe eingeleiteter einschlägiger Bußgeldverfahren zur Durchführung eines Sammelverfahrens bittet.

2.2 Örtliche Zuständigkeit

Die örtliche Zuständigkeit einer nach § 36 OWiG sachlich zuständigen Verwaltungsbehörde folgt originär, aber nicht abschließend aus §§ 37 bis 39 OWiG nach Tat- oder Entdeckungsort oder Wohnsitz. Ergänzende Regelungen sind landesrechtlich möglich.[3)] Die örtliche Zuständigkeit einer Kommune kann auch durch Zweckvereinbarung auf eine andere Gebietskörperschaft übertragen werden.[4)] Die entsprechenden Bestimmungen für das Verwaltungsverfahren (§ 3 VwVfG und entsprechende landesrechtliche Vorschriften, § 2 SGB X) gelten nicht im Bußgeldverfahren.

2.2.1 Bußgeldverfahren gegen natürliche Personen

Nach § 37 Abs. 1 OWiG ist **gleichrangig** die Verwaltungsbehörde örtlich zuständig, in deren Bezirk

- die Ordnungswidrigkeit begangen oder entdeckt worden ist (**Tatort- oder Entdeckungsortzuständigkeit,** § 37 Abs. 1 Nr. 1 OWiG), also dienstlich wahrgenommen wurde[5)] oder

1) Zur Durchführung eines Sammelverfahrens durch eine Verwaltungsbehörde (§ 39 Abs. 2 OWiG) § 2 Nr. 2.3.2.
2) Zur Zulässigkeit verfahrensübergreifender Mitteilungen durch Verwaltungsbehörden im Bußgeldverfahren (§ 49a OWiG) § 23 Nr. 9.3.
3) Schleswig-Holsteinisches OLG (Schleswig), Beschl. vom 27.11.2017, Az. 1 Ss OWi 221/17.
4) Schleswig-Holsteinisches OLG (Schleswig), Beschl. vom 27.11.2017, Az. 1 Ss OWi 221/17; OLG Bamberg, Beschl. vom 21.8.2009, Az. 2 Ss OWi 867/09.
5) AG Tübingen, Urt. vom 8.1.2019, Az. 16 OWi 16 Js 16727/18.

- der oder die Betroffene zurzeit der Einleitung des Bußgeldverfahrens einen Wohnsitz oder ständigen Aufenthaltsort hat (**Wohnsitzzuständigkeit,** § 37 Abs. 1 Nr. 2 OWiG).[1)]

Beispiel:

Eine schulpflichtige Person besucht pflichtwidrig den Unterricht in einer städtischen Berufsschule nicht. Diese zeigt die Ordnungswidrigkeit bei der Bußgeldstelle der Stadt an, in der der oder die Betroffene auch wohnt.

Die sachlich zuständige Stadt (§ 36 OWiG)[2)] ist für die Verfolgung und Ahndung der Ordnungswidrigkeit nach dem einschlägigen Landesschulgesetz auch örtlich zuständig, weil in ihrem Bezirk

- die Schule als der Tatort der Ordnungswidrigkeit (§ 7 Abs. 1 OWiG) liegt (§ 37 Abs. 1 Nr. 1 Alt. 1 OWiG),
- die Bußgeldstelle der Stadt die Ordnungswidrigkeit dienstlich wahrgenommen hat und damit hier auch der Entdeckungsort liegt (§ 37 Abs. 1 Nr. 1 Alt. 2 OWiG),
- der oder die Betroffene in der Kommune auch wohnhaft ist und damit auch die Wohnsitzzuständigkeit besteht (§ 37 Abs. 1 Nr. 2 OWiG),

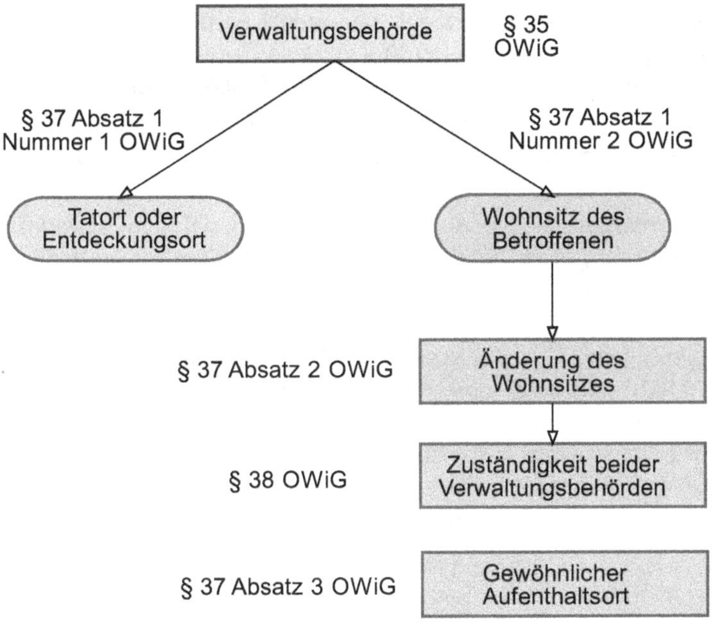

Abb. 3: Örtliche Zuständigkeit im Bußgeldverfahren

Ein Vorrang der Verwaltungsbehörde am Begehungsort der Ordnungswidrigkeit lässt sich § 37 Abs. 1 OWiG nicht entnehmen.[3)] Entdeckt worden ist eine Ordnungs-

1) OVG Berlin-Brandenburg (Berlin), Beschl. vom 15.8.2008, Az. OVG 1 N 22.01.
2) Zur sachlichen Zuständigkeit der Verwaltungsbehörde (§ 36 OWiG) § 2 Nr. 2.1.
3) AG Tübingen, Urt. vom 8.1.2019, Az. 16 OWi 16 Js 16727/18.

widrigkeit von der Verwaltungsbehörde, in deren Zuständigkeitsbereich sich **konkrete Anhaltspunkte** für die Tat, mithin der Anfangsverdacht (§ 152 Abs. 2 StPO i. V. m. § 46 Abs. 1 OWiG), ergeben haben.[1] Der Wohnsitz ist im OWiG nicht geregelt und ergibt sich aus der Rechtsanalogie zu den einschlägigen Bestimmungen des Bürgerlichen Gesetzbuchs (§§ 7 bis 9 BGB). Es kommt also nicht auf die Anmeldung (§ 17 Abs. 1 BMG), sondern die tatsächliche ständige Niederlassung an (§ 7 Abs. 1 BGB). Ein von einer örtlich unzuständigen Verwaltungsbehörde erlassener Bußgeldbescheid ist wirksam, weil noch kein schwerwiegender Verfahrensmangel vorliegt.[2]

- **Erwachsene Personen**

Wohnsitz erwachsener Personen ist der räumliche Schwerpunkt der gesamten Lebensverhältnisse einer Person.[3] Ein Wohnsitz wird durch die ständige Niederlassung an einem Ort begründet (§ 7 Abs. 1 BGB). Erforderlich ist die tatsächliche Niederlassung verbunden mit dem Willen, den Ort zum ständigen Schwerpunkt der Lebensverhältnisse zu machen.[4] Erforderlich ist also in objektiver Hinsicht eine Niederlassung in dem Sinne, dass der Schwerpunkt der Lebensverhältnisse am Ort der Aufenthaltnahme gebildet wird, und in subjektiver Hinsicht der Wille, den Schwerpunkt der Lebensverhältnisse dort dauernd beizubehalten.[5] Der gewöhnliche Aufenthalt setzt ein tatsächliches Verweilen von gewisser Dauer voraus.[6]

- Ein mehrfacher Wohnsitz verlangt dauernde Unterkünfte an diesen Orten und eine wechselnde Belegung in der Weise, dass der jeweilige Ort zum Mittelpunkt der Lebensverhältnisse wird (§ 7 Abs. 2 BGB). Diese verschiedenen Orte müssen „gleichermaßen" den Schwerpunkt der gesamten Lebensverhältnisse bilden.[7]
- Der Wohnsitz wird aufgehoben, wenn die Niederlassung mit dem Willen aufgehoben wird, sie aufzugeben (§ 7 Abs. 3 BGB).[7]
- Ist für Betroffene eine rechtliche Betreuung gerichtlich angeordnet (§ 1814 Abs. 1 BGB), kommt es für die örtliche Zuständigkeit der Verwaltungsbehörde ohne Rücksicht auf den Wohn- oder Geschäftsort des Betreuers oder der Betreuerin wie bei jeder anderen Person ausschließlich auf deren Wohnsitz an.
- Nicht maßgeblich ist, wo jemand nur mit einem Wohnsitz gemeldet ist (§ 17 Abs. 1 BMG), sich aber dort tatsächlich nicht aufhält.[8] Wer eine Wohnung bezieht, hat sich zwar innerhalb von zwei Wochen nach dem Einzug bei der Meldebehörde anzumelden (§ 17 Abs. 1 BMG). Gelegentlich begründen Betroffene Scheinwohnsitze, um für Zustellungen durch die Post nicht erreichbar zu sein. In diesen Fällen sollte die verantwortende Person der Verwaltungsbehörde

1) AG Tübingen, Urt. vom 8.1.2019, Az. 16 OWi 16 Js 16727/18, unter Bezugnahme auf BGH, Urt. vom 9.5.2017, Az. 1 StR 265/16.
2) AG Tübingen, Urt. vom 8.1.2019, Az. 16 OWi 16 Js 16727/18; OLG Hamm, Beschl. vom 15.6.2007, Az. 1 Ss OWi 324/07.
3) Thüringer OLG (Jena), Beschl. vom 5.12.2007, Az. 1 Ss 262/07; *Grüneberg*, BGB, § 7, Randnr. 1.
4) LG Nürnberg-Fürth, Beschl. vom 26.10.2021, Az. 12 Qs 75/21; BayObLG, Beschl. vom 30.4.1985, Az. BReg 1 Z 16/85.
5) VG Köln, Urt. vom 6.9.2022, Az. 7 K 2457/20, unter Bezugnahme auf BVerfG, Beschl. vom 22.6.1990, Az. 2 BvR 116/90.
6) VG Düsseldorf, Urt. vom 26.8.2022, Az. 18 K 1614/22.
7) VG Köln, Urt. vom 6.9.2022, Az. 7 K 2457/20.
8) VG Düsseldorf, Urt. vom 26.8.2022, Az. 18 K 1614/22; VG Köln, Urt. vom 19.3.2014, Az. 10 K 3483/13.

zunächst prüfen, das Verfahren vorläufig einzustellen, um die Verfolgungsverjährung zu unterbrechen (§ 33 Abs. 1 S. 1 Nr. 5 OWiG).[1)]

- Zur Ermittlung des tatsächlichen Aufenthalts empfiehlt sich nach einer erfolglosen EMA-Kontrolle ein Ermittlungsersuchen bei einer Polizeidienststelle (§ 161 Abs. 1 S. 1 StPO i. V. m. § 46 Abs. 1 OWiG), die meist über polizeiliche Informationssysteme zeitnah weiterführende Ergebnisse mitteilen kann.[2)]
- Ist eine Zustellung durch die Post nicht möglich (Zustellvermerk „Empfänger unbekannt“), sollte durch die Behörde zugestellt werden (§ 51 Abs. 1 OWiG i. V. m. § 5 VwZG und entsprechende landesrechtliche Vorschriften).[3)]
- Die Möglichkeit eines Bußgeldverfahrens wegen unterlassener oder unrichtiger Anmeldung sollte stets geprüft werden (§ 54 Abs. 2 Nr. 1 i. V. m. § 17 Abs. 1 BMG). Verboten und ordnungswidrig ist auch das Angebot oder das Zurverfügungstellen einer Wohnanschrift für eine Anmeldung, obwohl ein tatsächlicher Bezug der Wohnung durch einen Dritten weder stattfindet noch beabsichtigt ist (§ 54 Abs. 1 i. V. m. § 19 Abs. 6 BMG).

- **Jugendliche Personen**

Eine zur Tatzeit der Ordnungswidrigkeit (§ 6 S. 1 OWiG) jugendliche Person von vierzehn bis achtzehn Jahren (§ 1 Abs. 2 JGG i. V. m. § 46 Abs. 1 OWiG) kann einen Wohnsitz ohne den Willen der Erziehungsberechtigten als gesetzliche Vertreter oder Vertreterinnen weder begründen noch aufheben (§ 8 BGB).[4)] Jugendliche Betroffene teilen daher grundsätzlich den Wohnsitz ihrer Eltern (§ 11 S. 1 Halbs. 1 BGB),[5)] nicht aber den Wohnsitz eines nicht personensorgeberechtigten Elternteils (§ 11 S. 1 Halbs. 2 BGB).[6)] Dies ist der gesetzliche Wohnsitz, wenn kein gewählter („gewillkürter“) Wohnsitz im Sinne des § 7 BGB besteht.[7)] Steht keinem Elternteil das Personensorgerecht zu, teilt er den Wohnsitz des Personensorgeberechtigten (§ 11 S. 2 BGB). Dies kann ein vom Familiengericht bestellter Vormund oder vorläufiger Vormund sein (§ 1774 BGB). Der Wohnsitz bleibt so lange maßgeblich, bis ihn der Betroffene rechtsgültig aufhebt (§ 11 S. 3 BGB).

- **Soldaten und Soldatinnen**

Bei Berufssoldaten und -soldatinnen ist der Standort zugleich Wohnsitz (§ 9 Abs. 1 S. 1 BGB).[8)] Als Wohnsitz von Soldaten und Soldatinnen, die im Inland keinen Stand-

---

1) Zur Unterbrechung der Verfolgungsverjährung wegen Abwesenheit des oder der Betroffenen (§ 33 Abs. 1 S. 1 Nr. 5 OWiG) § 2 Nr. 4.2.2.4.
2) Zum Ermittlungsersuchen der Verwaltungsbehörde an eine Polizeidienststelle (§ 161 Abs. 1 S. 1 StPO i. V. m. § 46 Abs. 1 OWiG) § 5 Nr. 1.
3) Zur Zustellung durch die Verwaltungsbehörde (§ 51 Abs. 1 OWiG) § 17 Nr. 2.1.
4) Der Gesetzgeber verwendet in § 11 BGB durchgehend den Begriff des minderjährigen Kindes. Da im Ordnungswidrigkeitenrecht nur zur Tatzeit mindestens vierzehn Jahre alte Personen vorwerfbar handeln können (§ 12 Abs. 1 S. 1 OWiG), kann sich ein Bußgeldverfahren nur gegen Jugendliche (§ 1 Abs. 2 Alt. 1 JGG i. V. m. § 46 Abs. 1 OWiG) richten.
5) VG Düsseldorf, Urt. vom 26.8.2022, Az. 18 K 1614/22.
6) Heranwachsende, die zur Tatzeit der Ordnungswidrigkeit (§ 6 S. 1 OWiG) achtzehn bis einundzwanzig Jahre alt waren (§ 1 Abs. 2 JGG i. V. m. § 46 Abs. 1 OWiG), werden im Bußgeldverfahren bis auf die Vollstreckung (§ 98 OWiG) wie Erwachsene behandelt.
7) AG Garmisch-Partenkirchen, Beschl. vom 11.6.2008, Az. 1 F 216/08.
8) AG Hannover, Beschl. vom 19.7.2007, Az. 711 M 115692/07.

ort haben (Auslandseinsatz), gilt der letzte inländische Standort (§ 9 Abs. 1 S. 2 BGB).

- **Unterschiedlicher Tat- oder Entdeckungsort und Wohnsitz**

Liegen der Tat- oder Entdeckungsort der Ordnungswidrigkeit (§ 37 Abs. 1 Nr. 1 OWiG) und der Wohnort zum Zeitpunkt der Einleitung des Bußgeldverfahrens (§ 37 Abs. 1 Nr. 2 OWiG) im Bereich verschiedener Verwaltungsbehörden, so ist jede von ihnen örtlich zuständig (§ 38 S. 1 OWiG). Hier gilt der Vorrang der ersten Anhörung als Betroffene oder Betroffener im Bußgeldverfahren (§ 39 Abs. 1 S. 1 OWiG)

Beispiel:

Ein Reisegewerbetreibender wird bei einer Kontrolle durch das Gewerbeamt einer Stadt ohne die erforderliche Reisegewerbekarte (§ 55 Abs. 2 GewO) angetroffen. Bei der Identitätsfeststellung wird ein Wohnort in einem anderen deutschen Land ermittelt. Für die Verfolgung und Ahndung der Ordnungswidrigkeit (§ 145 Abs. 1 Nr. 1 Buchst. b GewO) sind die sachlich zuständigen Städte (§ 36 OWiG) auch örtlich zuständig

- sowohl am Tatort (§ 7 Abs. 1 OWiG) und Entdeckungsort der Ordnungswidrigkeit (§ 37 Abs. 1 Nr. 1 OWiG),
- als auch am Wohnort des Betroffenen (§ 37 Abs. 1 Nr. 2 OWiG).

- **Wohnsitzänderung**

Am neuen Wohnsitz wird eine weitere Zuständigkeit nach § 37 Abs. 2 OWiG begründet. Bei mehrfachen Wohnsitzen ergibt sich eine mehrfache Zuständigkeit (§ 39 Abs. 1 S. 1 OWiG). Der Vorzug gebührt dann der Verwaltungsbehörde, die zuerst den Betroffenen oder die Betroffene angehört hat, anhören hat lassen oder der von der Polizei nach Anhörung die Bußgeldakte zuerst vorgelegt worden ist (§ 39 Abs. 1 S. 1 OWiG).[1] Es erscheint sinnvoll, dass die Verwaltungsbehörde das Bußgeldverfahren führt, bei der auch gleichzeitig ein Verwaltungsverfahren (§ 9 VwVfG und entsprechende landesrechtliche Vorschriften) oder Sozialverwaltungsverfahren (§ 8 SGB X) in selber Sache geführt wird.

Beispiel:

Ein Student beantragt beim Amt für Ausbildungsförderung seines Wohnortes Leistungen mit unrichtigen Angaben und verzieht dann ausschließlich an den Studienort in einer Stadt im Bezirk eines anderen Amtes. Für die Verfolgung und Ahndung der Ordnungswidrigkeit (§ 58 Abs. 1 Nr. 1 BAföG) sind die sachlich zuständigen Städte (§ 36 OWiG) als Ämter für Ausbildungsförderung (§ 58 Abs. 3 BAföG) auch örtlich zuständig

- sowohl am Tatort (§ 7 Abs. 1 OWiG) und Entdeckungsort der Ordnungswidrigkeit (§ 37 Abs. 1 Nr. 1 OWiG) am bisherigen Wohnort,
- als auch am neuen Wohnort des Betroffenen (§ 37 Abs. 2 OWiG).

1) Zur mehrfachen örtlichen Zuständigkeit von Verwaltungsbehörden (§ 39 OWiG) § 2 Nr. 2.3.

- **Fehlender Wohnsitz**

Fehlt ein Wohnsitz, tritt nach § 37 Abs. 3 OWiG an seine Stelle der gewöhnliche Aufenthalt (z. B. Studienort, Justizvollzugsanstalt, Asylbewerberunterkunft). Hier kommen die Fälle inländischer Scheinwohnsitze in Betracht, die zur Verschleierung vorgetäuscht werden, um mangelfreie Zustellungen zu vereiteln.

Beispiel:

Der Betroffene nimmt am vollziehbar angeordneten Integrationskurs (§ 44a AufenthG) nicht teil und hält sich in der für ihn vorgesehenen Asylbewerbereinrichtung tatsächlich nie auf. Es ist aber durch Aufenthaltsermittlung über die Polizei (§ 161 Abs. 1 S. 1 StPO i. V. m. § 46 Abs. 1 OWiG) bekannt, dass er bei einer anderen Person in einer anderen Stadt im Bereich einer anderen Verwaltungsbehörde aufhältlich ist. Für die Verfolgung und Ahndung der Ordnungswidrigkeit (§ 98 Abs. 2 Nr. 4 AufenthG) sind die sachlich zuständigen Städte (§ 36 OWiG) auch örtlich zuständig

- sowohl am Tatort (§ 7 Abs. 1 OWiG) und Entdeckungsort der Ordnungswidrigkeit (§ 37 Abs. 1 Nr. 1 OWiG),
- als auch am tatsächlichen Aufenthaltsort des Betroffenen (§ 37 Abs. 3 OWiG).

Besteht ein auch gewöhnlicher Aufenthalt nicht im Inland, weil der oder die Betroffene ausschließlich im Ausland wohnhaft oder aufhältlich oder sogar ohne festen Wohnsitz ist, so ist die Tatort- oder Entdeckungsortzuständigkeit maßgeblich (§ 37 Abs. 1 Nr. 1 OWiG). Zur Ermittlung des tatsächlichen Aufenthalts empfiehlt sich nach einer erfolglosen EMA-Kontrolle ein Ermittlungsersuchen bei einer Polizeidienststelle (§ 161 Abs. 1 S. 1 StPO i. V. m. § 46 Abs. 1 OWiG), die meist über polizeiliche Informationssysteme zeitnah weiterführende Ergebnisse mitteilen kann.[1] Ist dies nicht möglich, sollte die Möglichkeit der Anordnungen eines oder einer ortsnahen Zustellungsbevollmächtigten und einer ausreichenden Sicherheitsleistung geprüft werden (§ 132 StPO i. V. m. § 46 Abs. 1 OWiG).[2]

- **Geschäftssitz von Firmen**

Eine besondere örtliche Zuständigkeit für den Geschäftssitz von Firmen enthält § 37 OWiG nicht, da hier bereits der Tatort (§ 7 OWiG) oder zumindest einer der Tatorte der Ordnungswidrigkeit im Sinne des § 36 Abs. 1 Nr. 1 OWiG liegt. Firma ist lediglich der Name des Kaufmanns oder einer Kauffrau, unter dem er seine oder sie ihre Geschäfte betreibt und die Unterschrift abgibt (§ 17 Abs. 1 HGB). Bei einer Einzelfirma ist zwar die Privatanschrift des Inhabers oder der Inhaberin maßgeblich, aber eine Zustellung an die Geschäftsanschrift erreicht den Betroffenen oder die Betroffene ebenfalls. Die Geschäftsanschrift ist aber maßgeblich, wenn gegen eine juristische Person oder Personenvereinigung eine Geldbuße (§§ 30, 88 OWiG) oder die Einziehung des Wertes von Taterträgen (§§ 29a, 87 OWiG) festgesetzt werden soll.[3]

---

1) Zum Ermittlungsersuchen an eine Polizeidienststelle (§ 161 Abs. 1 S. 1 StPO i. V. m. § 46 Abs. 1 OWiG) § 5 Nr. 1.
2) Zur Anordnung eines oder einer Zustellungsbevollmächtigten und Sicherheitsleistung (§ 132 StPO i. V. m. § 46 Abs. 1 OWiG) § 7.
3) Zur Geldbuße gegen juristische Personen und Personenvereinigungen (§ 30 OWiG) § 15.

- **Binnenschiffe und Luftfahrzeuge**

Ist die Ordnungswidrigkeit auf einem Schiff, das berechtigt ist, die Bundesflagge zu führen, außerhalb des räumlichen Geltungsbereichs des Gesetzes über Ordnungswidrigkeiten (§ 5 OWiG) begangen worden, so ist auch die Verwaltungsbehörde örtlich zuständig, in deren Bezirk der Heimathafen oder der Hafen im räumlichen Geltungsbereich dieses Gesetzes liegt, den das Schiff nach der Tat zuerst erreicht (§ 37 Abs. 4 S. 1 OWiG). Diese besondere örtliche Zuständigkeit im Bußgeldverfahren gilt entsprechend für Luftfahrzeuge, die berechtigt sind, das Staatszugehörigkeitszeichen der Bundesrepublik Deutschland zu führen (§ 37 Abs. 4 S. 2 OWiG).

2.2.2 Selbstständiges Verfahren

Für die örtliche Zuständigkeit der Verwaltungsbehörde bei der Anordnung von Nebenfolgen im selbstständigen Verfahren[1] gilt:

- **Selbstständiges Einziehungsverfahren (§ 27, § 29a Abs. 4 OWiG)**

Soll die Einziehung eines Gegenstandes oder des Wertersatzes (§ 27 OWiG) selbstständig angeordnet werden, richtet sich die örtliche Zuständigkeit der Verwaltungsbehörde nach den Bestimmungen, die auch im Falle der Verfolgung einer bestimmten Person zuständig wäre (§ 87 Abs. 3 S. 3 Halbs. 1 OWiG). Örtlich zuständig ist außerdem die Verwaltungsbehörde, in deren Bezirk der Einziehungsgegenstand sichergestellt wurde (§ 87 Abs. 3 S. 3 Halbs. 2 OWiG). Für die Einziehung des Wertes von Taterträgen (§ 29a Abs. 4 OWiG) gelten mangels besonderer Bestimmungen die allgemeinen Vorschriften. Die mehrfache Zuständigkeit von Verwaltungsbehörden (§ 38 OWiG) schreibt aber keine Bündelung der Verfahren vor. So kann ein Bußgeldverfahren gegen eine fahrzeugführende Person unabhängig von der Einziehung des Tatertrags (§ 29a OWiG) bei einer juristischen Person als Halterin des Fahrzeugs bei örtlich verschiedenen Verwaltungsbehörden durchgeführt werden.[2]

- **Selbstständige Geldbuße gegen juristische Personen oder Personenvereinigungen (§ 30 Abs. 4 OWiG)**

Soll eine Geldbuße gegen eine juristische Person oder Personenvereinigung selbstständig festgesetzt werden (§ 88 Abs. 4 OWiG), ist die Verwaltungsbehörde zuständig, die auch im Falle der Verfolgung einer bestimmten Person zuständig wäre (§ 87 Abs. 3 S. 3 Halbs. 1 OWiG). Örtlich zuständig ist auch die Verwaltungsbehörde, in deren Bezirk die juristische Person oder Personenvereinigung ihren Sitz oder eine Zweigniederlassung nach bürgerlichem Recht oder Handelsrecht besitzt (§ 88 Abs. 2 S. 2 Halbs. 2 OWiG).

2.3 Vorrang bei mehrfacher Zuständigkeit

Eine Kollisionsregelung für die örtliche Zuständigkeit ist erforderlich, wenn ein persönlicher oder sachlicher Zusammenhang mehrerer Ordnungswidrigkeiten besteht. Besteht die örtliche Zuständigkeit mehrerer Verfolgungsbehörden, weil

- eine natürliche Person mehrerer Ordnungswidrigkeiten beschuldigt wird (**persönlicher Zusammenhang,** § 38 S. 2 Alt. 1 OWiG) oder

1) Zum selbstständigen Verfahren (§ 87, § 30 Abs. 4 OWiG) § 4 Nr. 2, § 15.
2) Pfälzisches OLG (Zweibrücken), Beschl. vom 18.11.2009, Az. 1 SsBs 13/09.

- hinsichtlich derselben Tat mehrere Personen einer Ordnungswidrigkeit beschuldigt werden (**sachlicher Zusammenhang,** § 38 S. 2 Alt. 2 OWiG),

erweitert § 38 S. 1 OWiG die Zuständigkeit auf jede der nach § 37 OWiG einzeln örtlich zuständigen Verwaltungsbehörden.[1]

Beispiele:

Ein Lebensmittelunternehmer liefert unzulässig gekennzeichnete Lebensmittel an Einzelhändler im Bezirk mehrerer Verwaltungsbehörden aus.

Ein Abfallbesitzer lagert bei mehreren Gelegenheiten unerlaubt Abfall im Zuständigkeitsbereich verschiedener Verwaltungsbehörden ab.

Die Betreiber eines ungenehmigten Gewerbebetriebs sind im Zuständigkeitsbereich verschiedener Verwaltungsbehörden wohnhaft.

Bei mehrfacher sachlicher oder örtlicher Zuständigkeit von Verwaltungsbehörden richtet sich der Vorzug nach der ersten Anhörung im Bußgeldverfahren (§ 55 OWiG). Der Vorzug der Verfahrensbearbeitung gebührt nach § 39 Abs. 1 S. 1 OWiG der Behörde,

- die wegen der Tat den Betroffenen oder die Betroffene entweder zuerst selbst angehört hat,[2]
- die ihn oder sie durch die Polizei aufgrund Ermittlungsersuchens (§ 161 Abs. 1 S. 1 StPO i. V. m. § 46 Abs. 1 OWiG) zuerst hat anhören lassen,[3]
- der die Akten von der Polizei nach der Anhörung des oder der Betroffenen zuerst übermittelt worden sind (§ 53 Abs. 2 OWiG).[4]

Für die Anhörung des oder der Betroffenen genügt jede Form im Sinne des § 55 Abs. 1 OWiG i. V. m. § 163a Abs. 1 StPO (formlose persönliche Anhörung, schriftliches oder elektronisches Anhörungsdokument, förmliche persönliche Vernehmung).[5] Entscheidend ist nicht die Tatsache der Anordnung der Anhörung, sondern ob der oder die Betroffene tatsächlich Gelegenheit zur Äußerung hatte.

2.3.1 Interne Abstimmung

Sind nach §§ 36 bis 38 OWiG mehrere Verfolgungsbehörden sachlich oder örtlich zuständig, so kann nach § 39 Abs. 2 bis 4 OWiG unter mehreren zuständigen Verwaltungsbehörden eine formlose Zuständigkeitsvereinbarung zur

---

1) OVG Berlin-Brandenburg (Berlin), Beschl. vom 15.8.2008, Az. OVG 1 N 22.01.

2) Der strafrechtliche Begriff „vernommen" ist für das Bußgeldverfahren zu eng, sodass hier der bußgeldrechtliche Begriff „angehört" verwendet wird.

3) Zum Ermittlungsersuchen (§ 161 Abs. 1 S. 1 StPO i. V. m. § 46 Abs. 1 OWiG) § 5 Nr. 1. Auch hier ist der strafrechtliche Begriff „vernehmen" für das Bußgeldverfahren zu eng, sodass hier der bußgeldrechtliche Begriff „anhören" verwendet wird.

4) Zur Einleitung des Bußgeldverfahrens durch die Polizei (§ 53 Abs. 1 OWiG) § 2 Nr. 6. Auch hier ist der strafrechtliche Begriff „Vernehmung" für das Bußgeldverfahren zu eng, sodass hier der bußgeldrechtliche Begriff „Anhörung" verwendet wird. Anstelle der aus der Zeit des Papierdokuments stammenden Bezeichnung „übersandt" wird hier für das Bußgeldverfahren der beim elektronischen Rechtsverkehr verwendete Begriff „übermittelt" verwendet.

5) Zur Anhörung des oder der Betroffenen (§ 55 OWiG i. V. m. § 163a Abs. 1 StPO) § 6 Nr. 4.

- Beschleunigung oder Vereinfachung des Verfahrens durch einheitliche Ermittlungen oder
- aus sonst sachdienlichen Gründen wie zur Vermeidung eines Strafklageverbrauchs durch getrennte Ermittlungen

getroffen werden. Hierbei handelt es sich um eine interne behördliche Abstimmungsmaßnahme ohne besondere Formerfordernisse, die dem oder der Betroffenen und anderen Verfahrensbeteiligten auch nicht mitzuteilen ist. Es sind also keine „Abgabemitteilungen" erforderlich. Da es sich nur um eine vorbereitende Maßnahme ohne selbstständige Bedeutung handelt, ist auch der Antrag auf gerichtliche Entscheidung dagegen nicht statthaft (§ 62 Abs. 1 OWiG).

Im Interesse der Verfahrensbeschleunigung und gegebenenfalls auch bei kurzen Verjährungsfristen wegen drohender Verfolgungsverjährung (§ 31 OWiG)[1] sind Zeitverzögerungen durch einen negativen Zuständigkeitsstreit mehrerer Verwaltungsbehörden unbedingt zu vermeiden. Daher empfiehlt sich eine vorherige Abstimmung im elektronischen Rechtsverkehr (§ 32b Abs. 3 S. 1 StPO i. V. m. § 110c S. 1 OWiG) über die besonderen elektronischen Behördenpostfächer (§ 6 ERVV). Bezüglich der Abgabe des Bußgeldverfahrens sind die Bestimmungen über die Übermittlung elektronischer Akten in § 2 i. V. m. § 1 Nr. 1 BußAktÜbV zu beachten. Die abgebende hat an die ersuchte Verwaltungsbehörde ein Übernahmeersuchen zu richten (§ 3 Abs. 1 i. V. m. § 1 Nr. 1 BußAktÜbV). Die Abgabe ist erst vollzogen, wenn ein Strukturdatensatz von der übernehmenden an die abgebende Stelle mit der Information darüber, dass die Aktenführung oder die Bearbeitung übernommen wird, zurückgesendet wurde (§ 3 Abs. 3 S. 1 i. V. m. § 1 Nr. 1 BußAktÜbV). Die abgebende Verwaltungsbehörde darf dann die Bußgeldakte nicht mehr fortschreiben, es sei denn, die Übernahme wird abgelehnt (§ 3 Abs. 2 i. V. m. § 1 Nr. 1 BußAktÜbV). Die Akten sollen elektronisch übermittelt werden (§ 2 Abs. 1 S. 1 BußAktÜbV). Nachdem die Akten ab 2026 elektronisch zu führen sind (§ 110a Abs. 1 S. 1 OWiG), kommen nach dem Ablauf der Übergangsfrist nur noch ausnahmsweise solche Bußgeldakten in Papierform in Betracht, die als solche angelegt wurden und in herkömmlicher Weise zu Ende geführt werden sollen (§ 2 Abs. 1 S. 2 BußAktÜbV).

1) Zur Verfolgungsverjährung der Ordnungswidrigkeit (§ 31 Abs. 1 OWiG) § 2 Nr. 4.2.2.

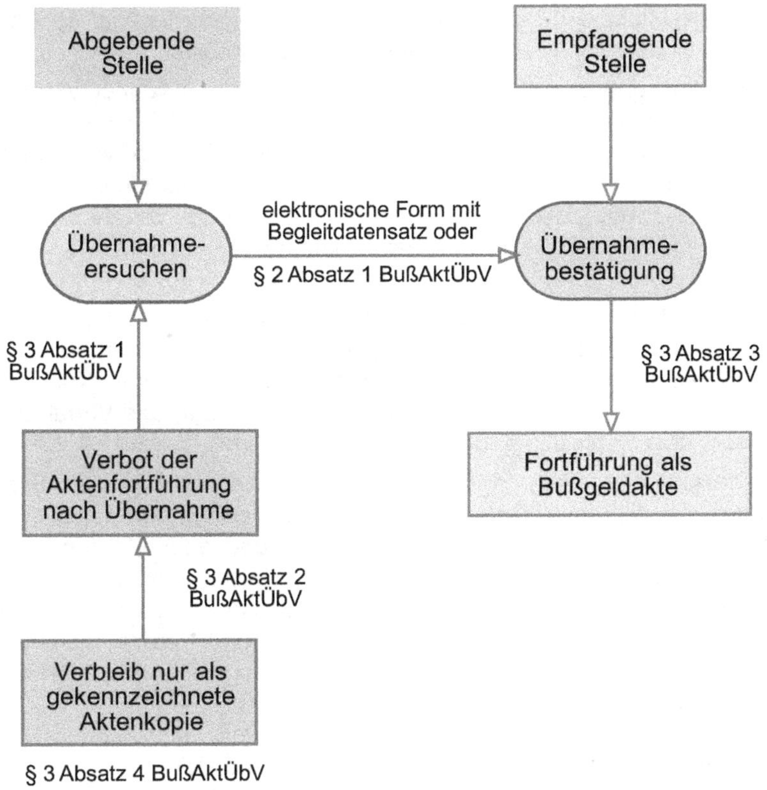

Abb. 4: Übermittlung elektronischer Bußgeldakten

2.3.2 Sammelverfahren

Bestehen bei Gewerbetreibenden als Einzelfirmen, juristischen Personen oder Personenvereinigungen Anhaltspunkte dafür, dass eine andere Verwaltungsbehörde ebenfalls ein Bußgeldverfahren oder sogar ein Sammelverfahren führt, so empfiehlt sich dringend eine Rückfrage bei der für den Geschäftssitz örtlich zuständigen Verwaltungsbehörde. Dadurch können eine einheitliche Verfahrensbearbeitung gesichert und insbesondere ein durch Unkenntnis veranlasster Strafklageverbrauch (Art. 103 Abs. 3 GG)[1] durch mehrere sich überschneidende Bußgeldbescheide („Mehrfachahndung“) ausgeschlossen werden. Die Verfolgung und Ahndung umfangreicher ordnungswidriger Gesamtsachverhalte dürfen nicht durch einen einzelnen Bußgeldbescheid „blockiert“ werden.

Beispiele:

Die Verwaltungsbehörde am Geschäftssitz eines oder einer Gewerbetreibenden führt bereits ein Sammelverfahren wegen zahlreicher zeitgleich öffentlich ange-

1) Zum Strafklageverbrauch durch anderweitige Ahndung als Ordnungswidrigkeit § 2 Nr. 4.2.1.

kündigter, aber nicht bei den Behörden angezeigter Wanderlager (§ 56a i. V. m. § 145 Abs. 3 Nr. 3 bis 6 GewO) im gesamten Bundesgebiet.

Die Verwaltungsbehörde am Tatort (§ 7 S. 2 OWiG) eines einzelnen Wanderlagers erlässt einen Bußgeldbescheid wegen einer in ihrem Zuständigkeitsbereich ausgeführten unerlaubten gewerblichen Tätigkeit. Dadurch kann sie unwissentlich Strafklageverbrauch für den wegen umfangreicher unerlaubter gewerblicher Tätigkeit vorgesehenen Bußgeldbescheid in einem Bußgeldverfahren der Verwaltungsbehörde am Geschäftssitz des Gewerbetreibenden schaffen.

Stellt die nach § 39 Abs. 1 S. 1 OWiG vorrangig zuständige Verwaltungsbehörde das Verfahren ein, so bleiben zwar im Grundsatz die übrigen, ursprünglich ebenfalls zuständigen Behörden von der Verfolgung der Tat ausgeschlossen. Nur die vorzugsweise zuständige Verwaltungsbehörde ist demnach befugt, das Verfahren wiederaufzunehmen, also einen Bußgeldbescheid zu erlassen.[1)]

Es empfiehlt sich daher eine Abstimmung mit der Gewerbebehörde am Sitz der Niederlassung eines stehenden Gewerbes (§ 4 Abs. 3 GewO) nach der aus dem Handels- oder Gesellschaftsrecht ersichtlichen Eintragung oder – sofern eine solche nicht besteht – der Gewerbeanzeige ersichtlichen Hauptniederlassung (§ 14 Abs. 1 GewO). Handelt es sich um ein Reisegewerbe (§ 55 Abs. 1 GewO), sollte das Bußgeldverfahren zentral bei der Verwaltungsbehörde geführt werden, die auch die Reisegewerbekarte erteilt hat (§ 55 Abs. 2 GewO) oder für ihre Erteilung örtlich zuständig gewesen wäre.

2.4 Zuständigkeiten innerhalb von Verwaltungsbehörden

Das Gesetz über Ordnungswidrigkeiten regelt ausschließlich die sachliche Zuständigkeit der Verwaltungsbehörde (§ 36 OWiG) wie sie im Rechtsverkehr nach außen auftritt. Die interne Bestimmung der Zuständigkeit zur Verfolgung von Ordnungswidrigkeiten innerhalb mehrerer Fachämter oder Sachgebiete einer staatlichen Behörde oder Kommune obliegt dagegen nicht dem Gesetzgeber, sondern der Organisationsgewalt der Behördenleiter oder -leiterinnen, (Ober-)Bürgermeister oder -bürgermeisterinnen, Landräte oder Landrätinnen usw. oder ihrer Vertreter oder Vertreterinnen im Amt. Deren Entscheidung ist es, ob

- eine **„Bußgeldstelle"** (BS) eingerichtet wird, die für die Verfolgung und Ahndung von Ordnungswidrigkeiten allgemein („zentrale Bußgeldstelle", ZBS) oder beschränkt intern zuständig ist und auf Anzeige der Fachämter tätig wird, oder
- die einzelnen oder einzelne **Fachämter** bzw. Sachgebiete die sie betreffenden Bußgeldverfahren ganz oder teilweise selbst durchführen.

In beiden Fällen wird nach außen, d. h. gegenüber den Betroffenen und sonstigen Verfahrensbeteiligten immer nur die nach §§ 36, 37 OWiG sachlich und örtlich zuständige Verwaltungsbehörde, also die Stadt, das Landratsamt oder die sonstige Behörde tätig. Die „Bußgeldbehörde" einer Stadt ist keine Verwaltungsbehörde im

1) OLG Düsseldorf, Beschl. vom 22.7.2002, Az. 2b Ss (OWi) 142/02 – (OWi) 27/02 IV.

Sinne des § 35 OWiG, sondern nur eine unselbstständige Organisationseinheit der Verwaltungsbehörde.[1)]

Beispiele:

Das Bauamt einer Stadt stellt als untere Bauaufsichtsbehörde einen Schwarzbau fest und zeigt den Sachverhalt der Bußgeldstelle (Bußgeldbehörde) zur Verfolgung und Ahndung als Ordnungswidrigkeit an. Die Bußgeldstelle (Bußgeldbehörde) erlässt für die Stadt als Verwaltungsbehörde einen Bußgeldbescheid.

Das Sachgebiet Umwelt und Naturschutz eines Landratsamts stellt als untere Naturschutzbehörde eine verbotene Beseitigung geschützter Pflanzen fest. Es erlässt als intern zuständiges Fachamt einen Bußgeldbescheid für das Landratsamt als Verwaltungsbehörde.

Sind die Fachämter einer Verwaltungsbehörde selbst für die Verfolgung und Ahndung von Ordnungswidrigkeiten intern zuständig, muss jedes Amt unbedingt auch auf die Zuständigkeit anderer achten, um nicht unbeabsichtigt durch Ahndung eines Sachverhalts einen Strafklageverbrauch (Art. 103 Abs. 3 GG) zu bewirken.[2)]

Beispiel:

Das Gewerbeamt einer Stadt stellt bei einer Nachschau in einer Gaststätte eine unerlaubte Anzahl von Spielgeräten fest. Die spielrechtliche Ordnungswidrigkeit kann nicht mehr durch einen Bußgeldbescheid geahndet werden, wenn derselbe Sachverhalt wegen verbotenen Spielens von Jugendlichen bereits vom Ordnungs- oder Jugendamt der Stadt durch einen Bußgeldbescheid geahndet worden ist.

Bei der Einrichtung einer Bußgeldstelle muss deren Zuständigkeit gegenüber den einzelnen Fachämtern bzw. Sachgebieten durch interne Organisationsrichtlinien abgegrenzt werden. Hier sind folgende Schnittstellen für das Bußgeldverfahren denkbar:

Fachamt/Sachgebiet	**Bußgeldstelle**
Keine Zuständigkeit, nur Anzeige an Bußgeldstelle	Gesamte Durchführung aller Bußgeldverfahren und Erteilung von Verwarnungen
Zuständigkeit für Verwarnungen, sonst Anzeige an Bußgeldstelle	Gesamte Durchführung aller Bußgeldverfahren
Zuständigkeit für Verwarnungen, Aufklärung des Sachverhalts im Bußgeldverfahren bis zur Anhörung, Einstellung aller Bußgeldverfahren	Erlass von Bußgeldbescheiden, Durchführung des Zwischenverfahrens, Vertretung der Verwaltungsbehörde vor dem Amtsgericht

1) Brandenburgisches OLG (Brandenburg), Beschl. vom 25.7.2016, Az. 1 (Str) Sa 3/16.
2) Zum Strafklageverbrauch durch anderweitige Ahndung von Ordnungswidrigkeiten § 2 Nr. 4.2.1.

Fachamt/Sachgebiet	**Bußgeldstelle**
Zuständigkeit für Verwarnungen, Zuständigkeit im Bußgeldverfahren einschließlich Erlass von Bußgeldbescheiden	Durchführung des Zwischenverfahrens, Vertretung der Verwaltungsbehörde vor dem Amtsgericht

Nach Meinung des Verfassers sollte die besondere Sachkunde und Erfahrung des Fachamtes/Sachgebietes auf dem betreffenden Gebiet für verwaltungsrechtliche Vorfragen des Bußgeldtatbestandes mit der besonderen Sachkunde und Erfahrung der zentralen Bußgeldstelle im Bußgeldverfahren verknüpft werden. Es empfiehlt sich daher, den Fachämtern/Sachgebieten

- die interne Zuständigkeit für die Erteilung von Verwarnungen (§ 56 OWiG)[1] und
- die Zuständigkeit für die Einleitung von Bußgeldverfahren, die Aufklärung des Sachverhalts einschließlich der Anhörung (§ 55 OWiG i. V. m. § 163a StPO)[2] und Einstellung (§ 170 Abs. 2 S. 1 StPO i. V. m. § 46 Abs. 1 OWiG bzw. § 47 Abs. 1 S. 2 OWiG)[3]

einzuräumen. Anschließend sollte das eingeleitete Bußgeldverfahren mit dem Entwurf eines Bußgeldbescheides an die Bußgeldstelle zum Erlass des Bußgeldbescheides, gegebenenfalls Bearbeitung des Zwischenverfahrens (§ 69 Abs. 1 bis 3 OWiG)[4] und Vertretung vor dem Amtsgericht (§ 76 Abs. 1 bis 3 OWiG)[5] übertragen werden. Hier ist ein gemeinsames Auftreten von Vertretern und Vertreterinnen des Fachamts/Sachgebiets und der zentralen Bußgeldstelle sehr erfolgreich.

1) Zur Erteilung von Verwarnungen wegen geringfügiger Ordnungswidrigkeiten (§ 56 OWiG) § 12.
2) Zur Anhörung des oder der Betroffenen (§ 55 OWiG i. V. m. § 46 Abs. 1 OWiG § 163a Abs. 1 StPO) § 6 Nr. 4.
3) Zur Einstellung des Bußgeldverfahrens durch die Verwaltungsbehörde (§ 170 Abs. 2 S. 1 StPO i. V. m. § 46 Abs. 1 OWiG bzw. § 47 Abs. 1 S. 2 OWiG) § 11.
4) Zum Zwischenverfahren der Verwaltungsbehörde und der Staatsanwaltschaft (§ 69 Abs. 1 bis 4 OWiG) §§ 18 bis 21.
5) Zum gerichtlichen Bußgeldverfahren vor dem Amtsgericht (§ 71 ff. OWiG) § 22.

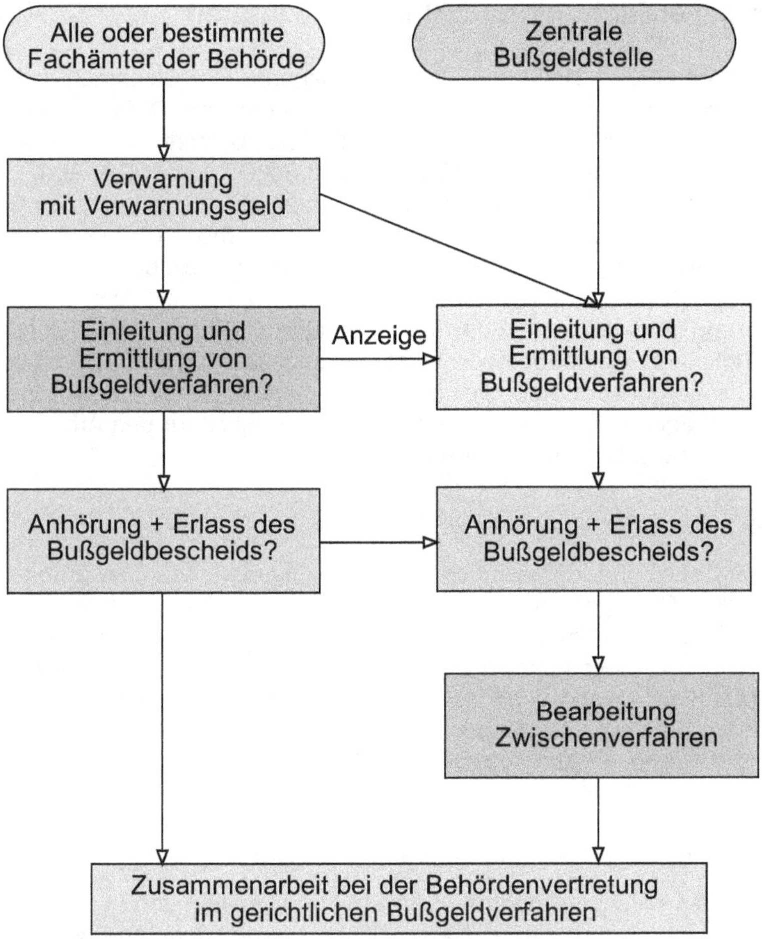

Abb. 5: Zusammenarbeit Fachämter – Zentrale Bußgeldstelle

Unabhängig von der internen Zuständigkeitsregelung sollte jede Verwaltungsbehörde in dienstlichen Dokumenten nach außen ein einheitliches Bild aufweisen. Es wirkt nicht sehr glücklich, wenn einzelne Fachämter, Sachgebiete usw. abweichende optische Gestaltung, Bescheidtechnik und noch schlimmer – unterschiedliche Qualitätsstufen besitzen.[1] Daher sollte für alle Bußgeldverfahren einer Verwaltungsbehörde eine einheitliche professionelle Software verwendet werden, die verlässlich auf dem aktuellen Stand der Gesetzgebung beruht.

1) Die Einführung verbindlicher elektronischer Dokumente für den Erlass von Bußgeldbescheiden und gleichgestellten Bescheiden (§ 110b OWiG) war bei Redaktionsschluss dieser Auflage noch nicht absehbar.

3. Anfangsverdacht einer Ordnungswidrigkeit

Die sachlich und örtlich zuständige Verwaltungsbehörde (§ 35 OWiG) darf ein Bußgeldverfahren nur einleiten, wenn der Anfangsverdacht einer Ordnungswidrigkeit als mit Geldbuße bedrohter Handlung (§ 1 Abs. 1 OWiG) besteht, weil zureichende tatsächliche Anhaltspunkte vorliegen (§ 152 Abs. 2 StPO i. V. m. § 46 Abs. 1 OWiG).[1)] Nach dem auch im Bußgeldverfahren geltenden verfassungsrechtlichen Grundsatz „Keine Strafe ohne Gesetz“ (Art. 103 Abs. 2 GG, wiederholt in § 3 OWiG) darf daher ein Bußgeldverfahren nur eingeleitet werden, wenn die Zuwiderhandlung auch als Ordnungswidrigkeit ausdrücklich mit Geldbuße bedroht ist (§ 1 Abs. 1 OWiG). Erste Voraussetzung ist daher stets die Prüfung, ob eine Zuwiderhandlung auch als Ordnungswidrigkeit mit Geldbuße bedroht ist. Bei unbekannten Bußgeldvorschriften ist dabei größte Sorgfalt geboten, weil bereits der Versuch einer wissentlichen Verfolgung Unschuldiger auch wegen einer Ordnungswidrigkeit für den Amtsträger strafbar ist (§ 344 Abs. 2 S. 2 Nr. 1 StGB).

Beispiel:

Ein Gewerbetreibender verweigert den Bediensteten des Gewerbeamts den Zutritt zu den Geschäftsräumen zum Zweck einer Nachschau (§ 29 Abs. 2 S. 1 GewO). Das Gewerbeamt zeigt den Sachverhalt bei der Bußgeldstelle zur Einleitung eines Bußgeldverfahrens ein. Dies wäre jedoch rechtswidrig, weil in der Bußgeldvorschrift § 146 Abs. 2 Nr. 4 GewO nur die Verweigerung einer verlangten Auskunft (§ 29 Abs. 1 GewO), nicht aber der Betretung von Geschäftsräumen (§ 29 Abs. 2 GewO) als Ordnungswidrigkeit mit Geldbuße bedroht ist.

3.1 Beurteilungsspielraum und künstliche Intelligenz (KI)

Die Prüfung des Anfangsverdachts obliegt der verantwortenden Person der Verwaltungsbehörde,[2)] bedarf also einer menschlichen Entscheidung und darf nicht einem Automatismus der elektronischen Datenverarbeitung überlassen werden. Bei der Prüfung des Anfangsverdachts ist der Verwaltungsbehörde nämlich ein Beurteilungsspielraum zuzubilligen.[3)] Der Einsatz lernfähiger Systeme, also künstlicher Intelligenz (KI), durch eine automatisierte Datenanalyse und Datenauswertung aufgrund planmäßiger Verwertung systembedingt gewonnener personenbezogener Daten mittels eines intelligenten, möglicherweise selbstlernenden Algorithmus, liegt daher nahe. Der Mehrwert solcher Systeme liegt nicht nur in einer fundierten Erkennung ordnungswidriger Handlungen, sondern auch der gleichmäßigen Ausübung des Einleitungsermessens (§ 47 Abs. 1 S. 1 OWiG). Wegen des damit verbundenen Eingriffs in das Grundrecht auf informationelle Selbstbestimmung (Art. 2 Abs. 1 i. V. m. Art. 1 Abs. 1 GG) ist dazu allerdings eine derzeit noch nicht einmal absehbare gesetzliche Grundlage erfor-

1) OLG Düsseldorf, Beschl. vom 10.1.2022, Az. 2 RBs 221/1.

2) Zum Begriff der verantwortenden Person bei der Speicherung elektronischer Dokumente in der Bußgeldakte (§ 32b Abs. 2 StPO i. V. m. § 110c S. 1 OWiG).

3) OLG Düsseldorf, Beschl. vom 10.1.2022, Az. 2 RBs 221/1, unter Bezugnahme auf BGH, Beschl. vom 21.4.1988, Az. III ZR 255/86.

derlich.[1] Von Bedeutung wird hier insbesondere der bisher nur die „Verordnung des Europäischen Parlaments und des Rates zur Festlegung harmonisierter Vorschriften für künstliche Intelligenz (Gesetz über künstliche Intelligenz) und zur Änderung bestimmter Rechtsakte der Union" vom 21. Mai 2024 (AI Act), die noch in nationales Recht umzusetzen ist.[2] Vorläufig kann der Einsatz künstlicher Intelligenz nur zur Verbesserung der maßgeblichen Entscheidungsgrundlage der verantwortenden Personen in den Bußgeldstellen der Verwaltungsbehörde, also zu informativen Zwecken dienen.

Für die Entscheidungspraxis der verantwortenden Person der Bußgeldstelle genügen bei häufig vorkommenden, durchschnittlichen Ordnungswidrigkeiten relativ geringe Anforderungen an den Anfangsverdacht, da die Verfahrenseinleitung noch nicht auf Ahndung, sondern nur auf Aufklärung des Sachverhalts gerichtet ist.[3] Es genügt bereits das äußere Erscheinungsbild des Tatbestands einer Ordnungswidrigkeit. Nicht ausreichend sind jedoch bloße Vermutungen ohne tatsächliche Anhaltspunkte.[4] Größere Aufmerksamkeit ist dagegen bei Ordnungswidrigkeiten geboten, deren Verfolgung für das Ansehen oder das berufliche oder geschäftliche Fortkommen des oder der Betroffenen erhebliche Bedeutung und Folgen haben kann, z. B. der Vorwurf der Schwarzarbeit gegen Gewerbetreibende. Der Anfangsverdacht muss auf den Tatbestand einer bereits zur Tatzeit bestehenden Bußgeldvorschrift gerichtet sein (§ 3 OWiG). Keinesfalls darf die Klärung verwaltungsrechtlicher Vorfragen in ein Bußgeldverfahren verlagert werden. Dem oder der Betroffenen ist nicht zuzumuten, diese letztlich „auf der Anklagebank" vor dem Amtsgericht statt in einem verwaltungsgerichtlichen Eilverfahren (§ 123 VwGO) oder durch Feststellungsklage (§ 43 Abs. 1 VwGO) klären zu lassen.[5]

Beispiel:

Der Betreiber einer genehmigten Spielhalle streitet sich mit dem Gewerbeamt der Stadt über die Zulässigkeit der Einrichtung. Die verantwortende Person droht für einen weiteren Verstoß die Einleitung eines Bußgeldverfahrens an. Der Gewerbetreibende erhebt daraufhin Klage zum Verwaltungsgericht, um die Rechtswidrigkeit der Auffassung des Gewerbeamts feststellen zu lassen.[6]

Das Ordnungswidrigkeitenrecht kennt nach straf- und verfassungsrechtlichem Vorbild keine Rückwirkung von Bußgeldvorschriften, keine Analogie zu bestehenden Tatbeständen[7] und keine gewohnheitsrechtlich begründeten Tatbestände (Art. 103 Abs. 2 GG, § 3 OWiG). Daher können ein Verstoß gegen verwaltungsrechtliches Ge- oder Verbot oder eine Zuwiderhandlung gegen einen Verwaltungsakt (§ 35 S. 1 VwVfG und entsprechende landesrechtliche Vorschriften, § 31 S. 1 SGB X) allein

1) BVerfG, Urt. vom 16.2.2023, Az. 1 BvR 1547/19, zum Einsatz von KI bei der automatisierten Datenanalyse und Datenauswertung im Bereich der Strafverfolgung und polizeilichen Gefahrenabwehr.
2) https://eur-lex.europa.eu/legal-content/DE/TXT/?uri=CELEX%3A52021PC0206.
3) LG München I, Beschl. vom 3.1.2024, Az. 29 Qs 27/23; LG Aachen, Beschl. vom 16.2.2022, Az. 52 Ks 16/21.
4) BVerfG, stattgebender Kammerbeschluss vom 31.1.2020, Az. 2 BvR 2992/14; LG Nürnberg-Fürth, Beschl. vom 27.5.2022, Az. 12 Qs 24/22.
5) BVerfG, stattgebender Kammerbeschluss vom 7.4.2003, Az. 1 BvR 2129/02; VGH Baden-Württemberg (Mannheim), Urt. vom 11.2.2010, Az. 9 S 1130/08; VG Hamburg, Urt. vom 10.12.2014, Az. 17 K 2429/17.
6) VG Hamburg, Urt. vom 10.12.2014, Az. 17 K 2429/17.
7) BVerfG, stattgebender Kammerbeschluss vom 19.6.2007, Az. 1 BvR 1290/05.

ohne eine entsprechende Bußgeldvorschrift nicht als Ordnungswidrigkeit verfolgt oder geahndet werden.

Beispiele:

Eine Infektionsschutzverordnung enthält eine Maskenpflicht durch Mund-Nasen-Bedeckung für das Verkaufspersonal sowie Kunden und deren Begleitpersonen auf Wochenmärkten. Der Verstoß gegen diese Verpflichtung ist als Ordnungswidrigkeit mit Geldbuße bedroht. Es verstößt gegen das verfassungsrechtliche Analogieverbot (Art. 103 Abs. 2 GG, § 3 OWiG), die Bußgeldvorschrift auch auf andere Personen als Täter oder Täterinnen anzuwenden, die sich nur als Passanten oder zum Zeitvertreib auf dem Wochenmarkt aufhalten.[1)]

Ein Gewerbetreibender beleuchtet eine Gebäudewand durch einen Laserstrahler mit einem Werbelaufband. Die Gemeinde verbietet durch bewehrte Polizeiverordnung das Plakatieren außerhalb zugelassener Flächen ohne Erlaubnis. Ordnungswidrig handelt nach der einschlägigen Bußgeldvorschrift der Polizeiverordnung, wer ohne die erforderliche Erlaubnis der Gemeinde Plakate anbringt. Sofern das Anstrahlen von Gebäudeflächen auch nicht anderweitig als Ordnungswidrigkeit mit Geldbuße bedroht ist, darf kein Bußgeldverfahren eingeleitet werden, weil ein Werbelaufband durch Laserstrahler kein Anbringen von Plakaten darstellt.

§ 1 Abs. 1 OWiG enthält folgende Begriffsbestimmung der Ordnungswidrigkeit:

„Eine Ordnungswidrigkeit ist eine rechtswidrige und vorwerfbare **Handlung,** die den Tatbestand eines Gesetzes verwirklicht, das die Ahndung mit Geldbuße zulässt." Der Handlung kann auch ein pflichtwidriges Unterlassen entsprechen.

Daraus ergeben sich drei Elemente, nämlich:

1. Verwirklichung eines gesetzlich **mit Geldbuße bedrohten Tatbestands** (nachfolgend Nr. 3.2, 3.3),
2. **Rechtswidrigkeit** dieser tatbestandsmäßigen Handlung (nachfolgend Nr. 3.4),
3. Persönliche **Vorwerfbarkeit** der Ordnungswidrigkeit (nachfolgend Nr. 3.5).

Die Aufgabe der verantwortenden Person der Verwaltungsbehörde bei der Einleitung des Bußgeldverfahrens liegt zunächst in der Überprüfung, ob ein bestimmtes Handeln oder Unterlassen die Merkmale eines gesetzlichen, ausdrücklich mit Geldbuße bedrohten Tatbestands verwirklichen kann. Die Tatbestandsverwirklichung beinhaltet im Regelfall auch

- die Rechtswidrigkeit der Handlung, soweit nicht ausnahmsweise besondere Rechtfertigungsgründe (Beispiel: Notstand, § 16 OWiG) vorliegen,
- die Vorwerfbarkeit der Handlung, soweit nicht ausnahmsweise die Verantwortlichkeit des Täters fehlt (Beispiel: unvermeidbarer Verbotsirrtum, § 11 Abs. 2 OWiG).

Die Tatbestände von Ordnungswidrigkeiten „indizieren" bereits deren rechtswidrige und vorwerfbare Verwirklichung. In der Verfahrenspraxis ist daher regelmäßig ausschließlich die Tatbestandsmäßigkeit, Rechtswidrigkeit und Vorwerfbarkeit nur bei konkreten Anhaltspunkten zu prüfen.

---

1) BayObLG, Beschl. vom 15.7.2021, Az. 202 ObOWi 756/21.

Der mutmaßliche Täter oder die mutmaßliche Täterin der Ordnungswidrigkeit muss bei der Verfahrenseinleitung noch nicht bekannt sein. In diesem Fall erfolgt die Einleitung zunächst „gegen Unbekannt." Die Ermittlung des Täters oder der Täterin und gegebenenfalls der an der Ordnungswidrigkeit Beteiligten (§ 14 Abs. 1 OWiG) ist dann Gegenstand des Vorverfahrens.

Beispiel:

Das Sachgebiet Abfallrecht eines Landratsamts erfährt von einem in der freien Natur entsorgten Autowrack (§ 28 Abs. 1 S. 1 KrWG) und bewertet es als Abfall zur Beseitigung (§ 3 Abs. 1 S. 1 KrWG). Durch die Untersuchung der Angaben auf der Karosserie und Nachforschungen über das zentrale Fahrzeugregister wird der Inhaber der letzten Zulassung sodann als Täter der Ordnungswidrigkeit (§ 69 Abs. 1 Nr. 2 KrWG) ermittelt.

Strafbar ist die bewusste Einleitung eines Bußgeldverfahrens gegen von Anfang an erkennbar unschuldige Personen. Die wissentliche Verfolgung Unschuldiger, die von Anfang an den Tatbestand einer Ordnungswidrigkeit nicht verwirklichen können, ist auch im Bußgeldverfahren in § 344 Abs. 2 StGB mit Strafe bedroht.[1]

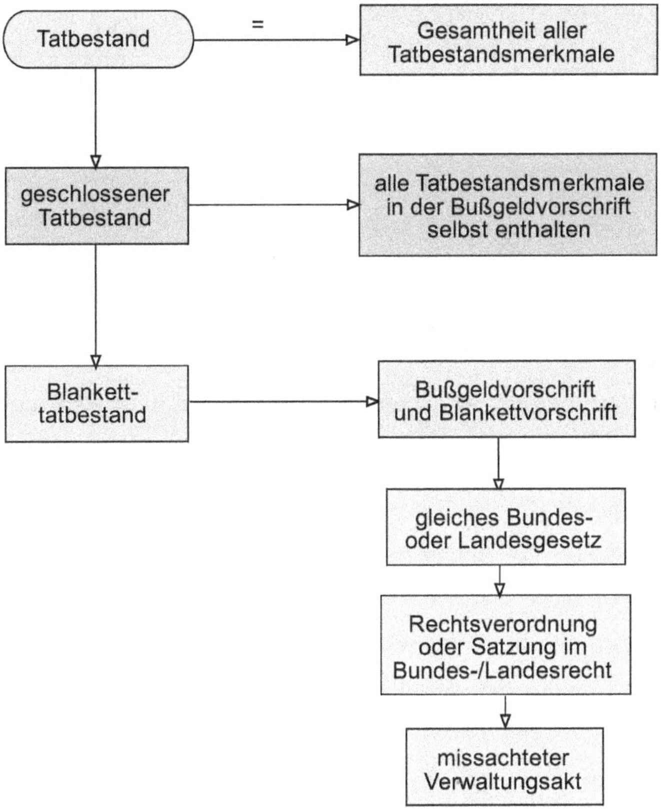

Abb. 6: Objektiver Tatbestand der Ordnungswidrigkeit

1) LG Hechingen, Urt. vom 6.6.1984, Az. Ns 126/83.

3.2 Gesetzliche Tatbestände

Bußgeldvorschriften umschreiben allgemein die Handlungsweise, die dann im Einzelfall zur Ahndung mit einer Geldbuße führen kann. Der Tatbestand einer Ordnungswidrigkeit setzt sich aus einzelnen Tatbestandsmerkmalen zusammen. Dazu tritt bei jeder Bußgeldvorschrift die mögliche Rechtsfolge. Der Gesetzgeber untergliedert daher Bußgeldvorschriften i. d. R. in Absätze.

Beispiel:

§ 118 OWiG lautet auszugsweise:

„(1) **Ordnungswidrig handelt,** wer eine grob ungehörige Handlung vornimmt, die geeignet ist, die Allgemeinheit zu belästigen..."

(Tatbestandselement)

„(2) Die Ordnungswidrigkeit kann mit einer **Geldbuße geahndet** werden..."

(Rechtsfolgenelement)

§ 1 Absatz 1 OWiG

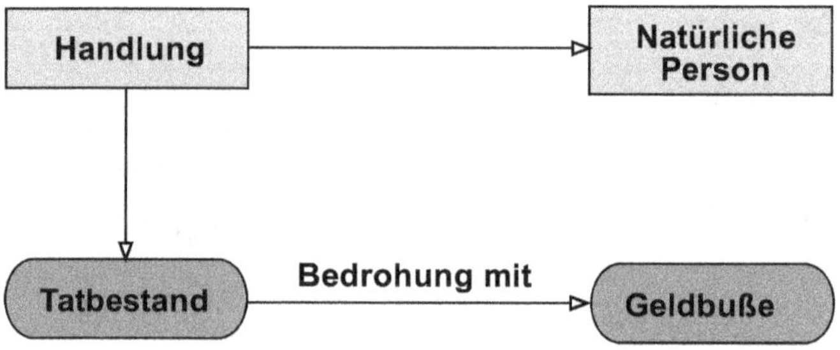

Abb. 7: Begriff der Ordnungswidrigkeit

Solche Bußgeldvorschriften sind nach der Komplexität ihrer Regelungen verschiedenartig aufgebaut:

- **Geschlossene und Blankettvorschriften**

Bußgeldvorschriften mit in sich geschlossene Tatbestände sind nur zum geringen Teil im Dritten Teil des OWiG „Einzelne Ordnungswidrigkeiten" enthalten. Die weitaus meisten Tatbestände finden sich in anderen Gesetzen, die eine oder einige Vorschriften, manchmal einen Abschnitt „Bußgeldvorschriften" oder „Ordnungswidrigkeiten" enthalten.

Beispiele:

§ 53 Waffengesetz (WaffG): „Bußgeldvorschriften"

§ 62 Bundes-Immissionsschutzgesetz (BImSchG): „Ordnungswidrigkeiten"

Titel X. der Gewerbeordnung (§§ 144 bis 148c GewO): „Straf- und Bußgeldvorschriften".

Der Tatbestand der Bußgeldvorschrift knüpft dabei meist an ein verwaltungsrechtliches Ge- bzw. Verbot oder eine verwaltungsrechtliche Mitwirkungspflicht an. Die Bußgeldvorschrift verweist dann als sogenannte „Blankettvorschrift" auf eine im gleichen Gesetz, einer Verordnung oder Satzung enthaltene verwaltungsrechtliche Vorschrift.

Beispiele:

Bußgeldvorschrift:	Bezugsvorschrift:
§ 145 Abs. 2 Nr. 2 Buchst. a GewO	§ 56 Abs. 1 Nr. 1 GewO
§ 60 Abs. 1 LFGB	§ 59 Abs. 1 LFGB
§ 62 Abs. 1 Nr. 7 BImSchG	§ 24 der 1. BImSchV

Die Verwendung solcher Vorschriften ist so lange verfassungsrechtlich unbedenklich, als der oder die Betroffene gegebenenfalls durch Auslegung unbestimmter Rechtsbegriffe den Tatvorwurf einer Ordnungswidrigkeit noch erkennen kann.[1)]

- **Bußgeldvorschriften in Verordnungen und Satzungen**

Häufig enthalten bundes- und landesrechtliche Bußgeldvorschriften in den Gesetzen keine eigenen Ordnungswidrigkeiten-Tatbestände, sondern nur Ermächtigungsvorschriften für Rechtsverordnungen. Eine Ordnungswidrigkeit liegt dann erst vor, wenn solche Rechtsverordnungen als „bewehrte" Verordnungen mit einem eigenen Bußgeldverfahren auf die gesetzliche Ermächtigungsvorschrift zurückverweisen.

Beispiel:

Ermächtigungsvorschrift:	Bußgeldvorschrift:	Bezugsvorschrift:
§ 144 Abs. 2 Nr. 1a GewO	§ 19 Abs. 1 Nr. 1 SpielV	§ 3 Abs. 1 S. 1 SpielV

Entsprechende Bußgeldvorschriften weisen auch landesrechtliche Verordnungen sowie Verordnungen und Satzungen der Gemeinden, Kreise und Bezirke auf, soweit sie auf die gesetzliche Ermächtigungsgrundlage zurückverweisende eigene Bußgeldvorschriften enthalten („bewehrte" Verordnungen und Satzungen).

Beispiel:

Verordnung eines bayerischen Landkreises nach dem Landesstraf- und Verordnungsgesetz (Art. 16 LStVG), Satzung einer bayerischen Gemeinde nach der Gemeindeordnung (Art. 24 Abs. 2 S. 2 GO).

- **Verbotene Pauschalverweisungen**

Kommunale Verordnungen und Satzungen enthalten gelegentlich Pauschalverweisungen durch eine einzige Bußgeldvorschrift: *„Ordnungswidrig handelt, wer gegen*

1) OLG Celle, Beschl. vom 24.11.2021, Az. 2 Ss (OWi) 261/21, unter Bezugnahme auf BVerfG, Beschl. vom 8.12.2015, Az. 1 BvR 1864/14.

die Ge- und Verbote dieser Verordnung/Satzung verstößt". Diese Bußgeldvorschriften sind allerdings wegen Verstoßes gegen das verfassungsrechtliche Bestimmtheitsgebot (Art. 103 Abs. 2 GG, § 3 OWiG) nichtig.[1] Der oder die Betroffene muss vorhersehen können, was konkret ge- oder verboten ist. So genügt auch in einer kommunalen Abfallwirtschaftssatzung kein pauschaler Verstoß gegen eine Straßenreinigungssatzung,[2] eine kommunale Marktordnung,[3] Abfallentsorgungssatzung[4] oder einen Anschluss- und Benutzungszwang.[5] Dies gilt bei Blankett-Tatbeständen auch für unbestimmte Rechtsbegriffe im verwaltungsrechtlichen Tatbestandsteil.[6]

Beispiel:

Eine landesrechtliche Infektionsschutzverordnung enthält ein Betriebsverbot sämtlicher Einrichtungen, die nicht notwendigen Verrichtungen des täglichen Lebens, sondern der Freizeitgestaltung dienen. Die zugeordnete Bußgeldvorschrift ist bereits wegen der Unbestimmtheit des verwaltungsrechtlichen Voraustatbestandes der Blankettvorschrift nichtig.[7]

Bei erkennbar wegen verbotener Pauschalverweisungen nichtigen Bußgeldvorschriften dürfen weder Bußgeldverfahren eingeleitet noch Verwarnungen erteilt werden. Zunächst muss die betroffene Verordnung oder Satzung durch eine dem Bestimmtheitsgebot entsprechende Bußgeldvorschrift novelliert werden. Wegen des verfassungsrechtlichen Rückwirkungsverbots können dann nur zukünftige Ordnungswidrigkeiten verfolgt und geahndet werden.

Beispiel:

Die Polizeiverordnung enthält neben zahlreichen anderen Ge- und Verboten auch ein Taubenfütterungsverbot. Die Bußgeldvorschrift bedroht nur pauschal die Zuwiderhandlungen gegen die Ge- und Verbote der Verordnung mit Geldbuße und ist daher wegen Unbestimmtheit nichtig. Die Gemeinde novelliert die Verordnung durch eine neue Bußgeldvorschrift, in der die konkreten Ge- und Verbote, darunter auch das Taubenfütterungsverbot einzeln mit Geldbuße bedroht werden. Die Verordnung tritt in dieser Form einen Tag nach Verkündung in Kraft. Ein ab diesem Tag begangener Verstoß gegen das Taubenfütterungsverbot kann nunmehr als Ordnungswidrigkeit mit Geldbuße geahndet werden.

---

1) OLG Celle, Beschl. vom 24.11.2021, Az. 2 Ss (OWi) 261/21, zum reduzierten Bestimmtheitsgebot bei einer „Corona-Verordnung".
2) AG Gelnhausen, Urt. vom 26.6.2017, Az. 44 OWi – 2570 Js 3705/17.
3) OLG Frankfurt (Main), Beschl. vom 15.2.2000, Az. 2 Ws (B) 75/00 OWiG.
4) OLG Braunschweig, Beschl. vom 30.6.2003, Az. 2 Ss (BZ) 14/03.
5) BVerfG, stattgebender Kammerbeschluss vom 19.6.2007, Az. 1 BvR 1290/05.
6) BayVGH (München), Urt. vom 6.10.2022, Az. 20 N 20.853, für ein unbestimmtes Betriebsverbot in einer „Corona-Verordnung"; OLG Koblenz, Beschl. vom 20.1.2010, Az. 1 SsBs 107/09, für das verwaltungsrechtliche Tatbestandsmerkmal „Intensivbeweidung".
7) Sachverhalt nach BayVGH (München), Urt. vom 6.10.2022, Az. 20 N 20.853.

- **Bußgeldvorschriften mit begrenzter Geltungsdauer**

Manche kommunalen Verordnungen und Satzungen enthalten eine zeitliche Geltungsdauer. Damit soll i. d. R. nach zehn Jahren eine periodische Überprüfung stattfinden, ob die Regelungen noch zeitgemäß sind, einzelne Bestimmungen entfallen oder neue beim ursprünglichen Erlass noch nicht vorhersehbare aufgenommen werden sollten. Solche sogenannten Zeitgesetze sind auch nach ihrem Außerkrafttreten anzuwenden, wenn die Ordnungswidrigkeit während ihrer Geltungsdauer begangen wurde (§ 6 OWiG) und die Regelung selbst nichts anderes bestimmt (§ 4 Abs. 3 OWiG).[1)]

– Zeitgesetze im engeren Sinn

Gesetzliche Regelungen in diesem Sinne sind zum einen Zeitgesetze im engeren Sinne, die nur für eine bestimmte Zeit gelten sollen, indem für ein Gesetz ausdrücklich bei der Verkündung oder später ein nach dem Kalender festgelegter Zeitpunkt oder ein sonstiges in der Zukunft liegendes Ereignis bestimmt wird, an dem es außer Kraft treten soll.[2)]

– Zeitgesetze im weiteren Sinn

Gesetzliche Regelungen i. S. von § 4 Abs. 4 S. 1 OWiG sind auch Zeitgesetze im weiteren Sinne, denen nach ihrem Zweck und dem erkennbaren Willen des Gesetzgebers, etwa wegen eines dynamischen, nicht voraussehbaren Prozesses, nur vorübergehende Bedeutung und die vorbehaltene Möglichkeit der Neubewertung zukommen soll.[3)]

Wird eine Nachfolgeregelung zu spät erlassen, kann sich daher eine Regelungslücke ergeben.

Beispiel:

Die Polizeiverordnung einer Gemeinde ist nach ihren Schlussbestimmungen auf eine Geltungsdauer von zehn Jahren beschränkt. Sie enthält eine Leinen- und Maulkorbpflicht für bestimmte Hunde außerhalb befriedeten Besitztums. Kurz vor Ablauf der Geltungsdauer überprüft die Gemeinde die Polizeiverordnung auf ihren notwendigen Inhalt. Der Erlass einer neuen Verordnung verzögert sich wegen einiger Meinungsverschiedenheiten, sodass die inhaltsgleiche Nachfolgeregelung erst eine Woche nach Außerkrafttreten der ursprünglichen Bußgeldvorschrift im Amtsblatt veröffentlicht wird. Während dieser Zeit besteht eine Ahndungslücke, aufgrund derer vorher und nachher mit Geldbuße bedrohtes Handeln weder verfolgt noch geahndet werden darf.

---

1) Eine rückwirkende Amnestie bezüglich rechtskräftiger verhängter Geldbußen ist zwar grundsätzlich möglich, kommt aber nur im Strafrecht vor (Art. 316p EGStGB für noch nicht vollstreckte Strafen im Zusammenhang mit Cannabis nach dem BtMG).

2) OLG Karlsruhe, Beschl. vom 26.9.2023, Az. 2 ORbs 35 Ss 235/23, unter Bezugnahme auf BGH, Beschl. vom 9.3.1954, Az. 3 StR 12/54; OLG Düsseldorf, Beschl. vom 8.11.1991, Az. 5 Ss [OWi] 418/91 – [OWi] 179/91 I; BayObLG, Beschl. vom 12.8.1994, Az. 3 ObOWi 70/94; OLG Bamberg, Beschl. vom 26.7.2005, Az. 2 Ss OWi 109/2005; Hanseatisches OLG Bremen, Beschl. vom 6.8.2021, Az. 1 SsRs 9/21.

3) OLG Karlsruhe, Beschl. vom 26.9.2023, Az. 2 ORbs 35 Ss 235/23, unter Bezugnahme auf BGH, Beschl. vom 9.3.1954, Az. 3 StR 12/54; OLG Düsseldorf, Beschl. vom 8.11.1991, Az. 5 Ss [OWi] 418/91 – [OWi] 179/91 I; BayObLG, Beschl. vom 12.8.1994, Az. 3 ObOWi 70/94; OLG Bamberg, Beschl. vom 26.7.2005, Az. 2 Ss OWi 109/2005; Hanseatisches OLG Hamburg, Beschl. vom 17.2.2021, Az. 2 RB 69/20; Hanseatisches OLG Bremen, Beschl. vom 6.8.2021, Az. 1 SsRs 9/21.

Für die Geldbuße sind bei Nachfolgeregelungen besondere gesetzliche Bestimmungen zu beachten: Sie bestimmt sich zwar grundsätzlich nach dem Gesetz, das zur Zeit der Handlung gilt (§ 4 Abs. 1 OWiG). Wird das Gesetz, das bei Beendigung der Handlung gilt, vor der Entscheidung geändert, so ist nach dem in § 4 Abs. 3 OWiG normierten Meistbegünstigungsprinzip das mildeste Gesetz anzuwenden. Bei einem zwischenzeitlichen Wegfall einer Ahndbarkeit ist diese Rechtslage, d. h. die Ahndungslosigkeit für den Betroffenen, gleichsam das „mildeste Gesetz".[1] Wird die Bußgelddrohung aber während der Begehung der Handlung (§ 6 OWiG) geändert, so ist das Gesetz anzuwenden, das bei Beendigung der Handlung gilt (§ 4 Abs. 2 OWiG).

- **EU-Verordnungen**

EU-Recht kann keine unmittelbaren Bußgeldvorschriften im Sinne des § 1 Abs. 1 OWiG enthalten, weil das nationale Ordnungswidrigkeitenrecht nicht im EU-Vertrag aufgeführt und folglich dem nationalen Recht vorbehalten ist.[2] Daher verweisen nationale Bußgeldvorschriften in solchen Fällen auf unmittelbar geltende EU-Verordnungen.

Beispiel:

Bußgeldvorschrift:	Bezugsvorschrift:
§ 60 Abs. 3 Nr. 1 LFGB	Verordnung (EU) Nr. 10/2011 mit weiteren Verweisungen

Viele Bußgeldvorschriften werden schließlich erst durch den Erlass eines Verwaltungsaktes (§ 35 S. 1 VwVfG und entsprechende landesrechtliche Vorschriften, § 31 S. 1 SGB X) als Tatbestandsmerkmal ausgefüllt.

Beispiel:

Ordnungswidrigkeit nach § 144 Abs. 2 Nr. 3 GewO wegen Zuwiderhandlung gegen eine vollziehbare Auflage aufgrund § 33a Abs. 1 S. 3 GewO (Erlaubnis zur gewerbsmäßigen Schaustellung von Personen). Der Tatbestand der vorher bestehenden Bußgeldvorschrift wird erst durch die Zuwiderhandlung gegen die Nebenbestimmung des später erlassenen Verwaltungsakts ausgefüllt.

Erweist sich eine Bußgeldvorschrift nach Einleitung eines Bußgeldverfahrens (§ 47 Abs. 1 S. 1 OWiG) als nichtig, so ist das Bußgeldverfahren aus rechtlichen Gründen einzustellen (§ 170 Abs. 2 S. 1 OWiG) und ein noch nicht rechtskräftiger Bußgeldbescheid zuvor zurückzunehmen (§ 69 Abs. 2 S. 1 OWiG).[3] Nach Rechtskraft des nur rechtswidrigen, aber nicht nichtigen Bußgeldbescheides kommt ein gerichtliches

1) OLG Celle, Beschl. vom 6.6.2023, Az. 2 ORbs 132/23; OLG Karlsruhe, Beschl. vom 26.9.2023, Az. 2 ORbs 35 Ss 235/23; Pfälzisches OLG (Zweibrücken), Beschl. vom 5.11.2020, Az. 1 OWi 2 SsRs 124/20.

2) Das EU-Recht kann der Geldbuße entsprechende Geldsanktionen aufgrund eigener Zuständigkeit vorsehen, z. B. bei datenschutzrechtlichen Zuwiderhandlungen in Art. 83 Abs. 4 bis 6 DSGVO.

3) Zur Zurücknahme eines Bußgeldbescheides durch die Verwaltungsbehörde (§ 69 Abs. 2 S. 1 OWiG) § 17 Nr. 3, zur Einstellung eines Bußgeldverfahrens aus rechtlichen Gründen (§ 170 Abs. 2 S. 1 StPO i. V. m. § 46 Abs. 1 OWiG) § 11.

Wiederaufnahmeverfahren (§ 85 OWiG) in Betracht.[1] Liegen die Voraussetzungen nicht vor, ist nur ein gnadenweiser Erlass der Geldbuße nach den Landesverfassungen möglich. Die Zurücknahme eines rechtskräftigen Bußgeldbescheides ist ausgeschlossen.

Beispiel:

Die Verwaltungsbehörde erlässt einen auf eine landesrechtliche „Corona-Schutzverordnung" als bewehrte Rechtsverordnung gestützten Bußgeldbescheid wegen einer ordnungswidrigen Zuwiderhandlung gegen eine infektionsschutzrechtliche Ausgangssperre. Der Bußgeldbescheid wird rechtskräftig, weil der Betroffene verspätet Einspruch einlegt. Kurz darauf stellt der zuständige Verwaltungsgerichtshof (VGH) im Normenkontrollverfahren (§ 47 Abs. 2 VwGO) fest, dass die Verordnung insoweit gegen das Übermaßverbot verstößt und daher unverhältnismäßig ist.[2] Der Bußgeldbescheid kann wegen Rechtskraft nicht mehr zurückgenommen werden. Sofern die Voraussetzungen des Wiederaufnahmeverfahrens (§ 85 OWiG) nicht erfüllt sind, kann die Geldbuße nur gnadenweise erlassen werden.

3.2.1 Tatbestandsmerkmal: Fehlende Erlaubnis

Von großer praktischer Bedeutung sind Bußgeldvorschriften, die das Fehlen der erforderlichen behördlichen Erlaubnis oder Genehmigung als Tatbestandsmerkmal enthalten. Sie erlauben neben den ordnungs- bzw. polizeirechtlich gebotenen Maßnahmen zur Gefahrenabwehr durch Verwaltungsakt auch die Ahndung der zugleich gegebenen Ordnungswidrigkeit mit Geldbuße.

Beispiel:

Betreiben einer Spielhalle ohne Erlaubnis nach § 33i Abs. 1 S. 1 GewO

- Maßnahme zur Gefahrenabwehr: Verhinderung der Betriebsfortsetzung (§ 15 Abs. 2 S. 1 GewO).
- Tatbestand einer Ordnungswidrigkeit: Verletzung von Vorschriften über erlaubnisbedürftige stehende Gewerbe (§ 144 Abs. 1 Nr. 1 Buchst. d GewO)

Ordnungswidrig handelt nach solchen Tatbeständen, wer zur Tatzeit der Zuwiderhandlung (§ 6 S. 1 OWiG) nicht über die erforderliche, in der Bußgeldvorschrift genannte behördliche Erlaubnis oder Genehmigung verfügt. Wer sie besitzt, handelt auch dann nicht ordnungswidrig, wenn sie rechtswidrig erteilt wurde, aber nicht nichtig ist (§ 43 Abs. 2, 3 VwVfG und entsprechende landesrechtliche Vorschriften, § 39 Abs. 1, 3 SGB X).

Das Umgehen der zuständigen Behörde ist auch dann tatbestandsmäßig, wenn nur die Erlaubnis fehlt, das betroffene Vorhaben aber verwaltungsrechtlich genehmigungs-, erlaubnis- oder zustimmungsfähig wäre. Die Verwaltungsbehörde braucht also nicht den Ausgang eines auf die Verpflichtungsklage (§ 42 VwGO) betriebenen

1) Zum Wiederaufnahmeverfahren nach Rechtskraft eines Bußgeldbescheides (§ 85 OWiG) § 19.
2) BVerwG, Beschl. vom 22.11.2022, Az. 3 CN 2/21.

verwaltungsgerichtlichen Verfahrens abzuwarten, wodurch meist bereits Verfolgungsverjährung (§ 31 Abs. 1 OWiG) eingetreten wäre.[1)]

Beispiel:

Die Ordnungswidrigkeit des Bauens ohne Baugenehmigung (z. B. Art. 79 Abs. 1 Nr. 8 i. V. m. Art. 55 Abs. 1 BayBO) ist trotz baurechtlicher Genehmigungsfähigkeit eines Schwarzbaus (Art. 68 Abs. 1 BayBO) gegeben. Die nur „formelle" (nicht „materielle") Rechtswidrigkeit des Bauwerks kann lediglich bei der Zumessung der Geldbuße zugunsten des Betroffenen mildernd berücksichtigt werden.[2)]

Unerlaubt und damit ordnungswidrig handelt auch, wer eine Erlaubnis zwar besitzt, von ihr aber zum Tatzeitpunkt keinen Gebrauch machen durfte. Dies ist bei belastenden Nebenbestimmungen zum Verwaltungsakt der Fall, wenn die Erlaubnis

- befristet war (§ 36 Abs. 2 Nr. 1 VwVfG und entsprechende landesrechtliche Vorschriften, § 32 Abs. 2 Nr. 1 SGB X), der Anfangstermin noch nicht bzw. der Endtermin bereits erreicht war,
- bedingt war (§ 36 Abs. 2 Nr. 2 VwVfG und entsprechende landesrechtliche Vorschriften, § 32 Abs. 2 Nr. 2 SGB X), die aufschiebende Bedingung noch nicht bzw. die auflösende Bedingung bereits eingetreten war.

Beispiel:

Befristete Sondernutzungserlaubnis einer bayerischen Gemeinde (Art. 18 Abs. 2 S. 1 i. V. m. Art. 66 Nr. 2 BayStrWG für Bayern).

Eine Erlaubnis fehlt zur Zeit des Handelns auch dann, wenn sie erst zu einem späteren Zeitpunkt erteilt wurde.

Beispiel:

Baugrubenaushub vor Bekanntgabe der Baugenehmigung an den Bauherrn in einer bayerischen Gemeinde (Art. 68 Abs. 6 Nr. 1 BayBO für Bayern). Der frühere Beginn der Baumaßnahmen ist ordnungswidrig nach Art. 79 Abs. 1 Nr. 11 BayBO, auch wenn der Bau danach antragsgemäß genehmigt wird.

Die Erlaubnis fehlt schließlich auch dann,

- wenn sie nicht mehr besteht (§ 43 Abs. 2 VwVfG und entsprechende landesrechtliche Vorschriften, § 39 Abs. 2 SGB X), bevor von ihr Gebrauch gemacht wird, weil sie
  - widerrufen (§ 49 VwVfG und entsprechende landesrechtliche Vorschriften oder spezialgesetzliche Vorschrift),
  - zurückgenommen (§ 48 VwVfG und entsprechende landesrechtliche Vorschriften, § 44 SGB X oder spezialgesetzliche Vorschrift) oder

1) Zur Verfolgungsverjährung der Ordnungswidrigkeit (§ 31 OWiG) § 2 Nr. 4.
2) Zur Zumessung der Geldbuße durch die Verwaltungsbehörde (§ 17 OWiG) § 13 Nr. 3.6.

- nach sonstigen Vorschriften des besonderen Verwaltungsrechts bereits erloschen ist (z. B. § 49 Abs. 2 GewO),

– wenn sie mit Drittwiderspruch (§ 80a Abs. 1 VwGO) angegriffen und gesetzlich nicht ein Fall der sofortigen Vollziehbarkeit nach § 80 Abs. 2 S. 1 Nr. 4 VwGO, § 86a Abs. 2 Nr. 5 SGB X vorliegt bzw. angeordnet ist (§ 80a Abs. 1 i. V. m. § 80 Abs. 2 S. 1 Nr. 4 VwGO);[1)]

– wenn die Begünstigung eines Verwaltungsakts überschritten wird.

Beispiel:

Ordnungswidrig handelt in Baden-Württemberg nach § 1 LGastG i. V. m. § 28 Abs. 1 Nr. 1 GastG (Bund), wer in einem Biergarten alkoholische Getränke ausschenkt, obwohl die Gaststättenerlaubnis gem. § 1 LGastG i. V. m. § 3 Abs. 1 S. 1 GastG (Bund) nur für die Innenräume der Gaststätte erteilt ist.

Hier liegt kein Fall der Zuwiderhandlung gegen den Verwaltungsakt vor, sondern ebenfalls ein Handeln ohne behördliche Erlaubnis. Die Erlaubnis deckt die Abweichung nämlich nicht.

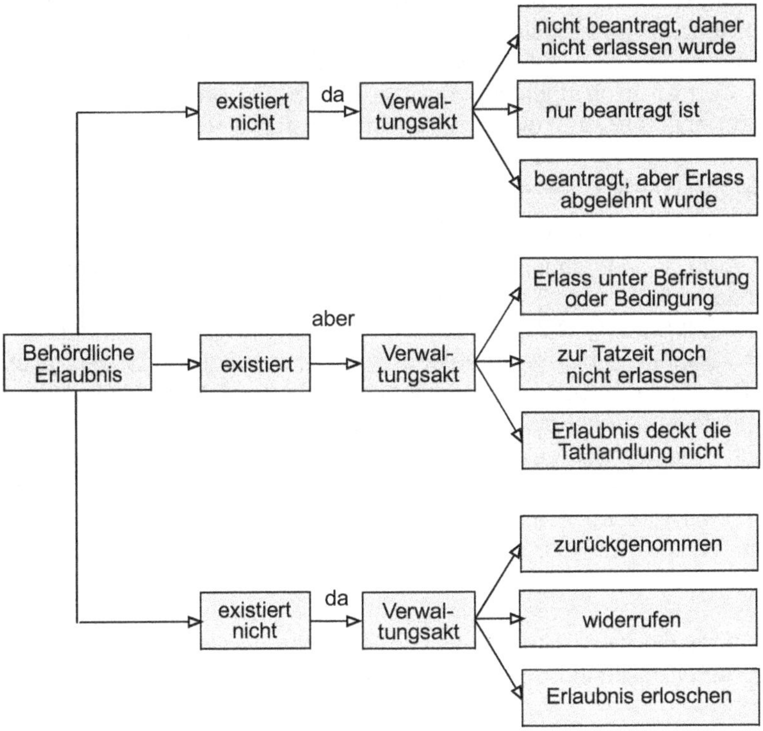

Abb. 8: Tatbestandsmerkmal Fehlende Erlaubnis

1) OLG Hamm, Beschl. vom 12.4.2012, Az. III-3 RBs 426/11.

Die Notwendigkeit einer Erlaubnis ist Tatbestandsmerkmal der Bußgeldvorschrift. Sie darf daher nicht einfach aus einem vorangegangenen Verwaltungsverfahren übernommen werden, sondern ist im Bußgeldverfahren selbstständig zu prüfen und das Ergebnis aktenkundig zu machen. Das Tatbestandsmerkmal unterliegt auch im gerichtlichen Bußgeldverfahren der vollen gerichtlichen Überprüfbarkeit.

3.2.2 Tatbestandsmerkmal: Missachtung von Verwaltungsakten

Zahlreiche Bußgeldvorschriften knüpfen an die Missachtung eines vollziehbaren belastenden Verwaltungsaktes an (§ 35 S. 1 VwVfG und entsprechende landesrechtliche Vorschriften, § 31 S. 1 SGB X).

Beispiel:

Zuwiderhandlung gegen vollziehbare Anordnung der Gewerbeuntersagung bei einer natürlichen Person (§ 35 Abs. 1 S. 1 i. V. m. § 146 Abs. 1 Nr. 1 Buchst. a GewO).

Eine Ordnungswidrigkeit ist gegeben, wenn der Täter oder die Täterin den Verwaltungsakt aufgrund seiner Wirksamkeit und Vollziehbarkeit zu beachten hatte.[1] Da der verbindliche Verwaltungsakt (§ 35 S. 1 VwVfG und entsprechende landesrechtliche Vorschriften, § 31 S. 1 SGB X) bereits Tatbestandsmerkmal der Bußgeldvorschrift ist, darf er im Bußgeldverfahren außer im Fall der Nichtigkeit (§ 43 Abs. 3 VwVfG, § 39 Abs. 3 SGB X) nicht nochmals überprüft werden.

3.2.2.1 Rechtswidriger Verwaltungsakt

Zu beachten ist jeder vollziehbare Verwaltungsakt im Sinne des § 35 S. 1 VwVfG und entsprechende landesrechtliche Vorschriften, § 31 S. 1 SGB X, der nicht ausnahmsweise nichtig ist (§ 43 Abs. 3 VwVfG und entsprechende landesrechtliche Vorschriften, § 39 Abs. 3 SGB X). Daher ist auch der rechtswidrige Verwaltungsakt wirksam, „soweit und solange er nicht zurückgenommen, widerrufen, anderweitig aufgehoben oder durch Zeitablauf oder auf sonstige Weise erledigt ist“ (§ 43 Abs. 2 VwVfG und entsprechende landesrechtliche Vorschriften, § 39 Abs. 2 SGB X). Diese Grundsätze gelten auch für eine Allgemeinverfügung (§ 35 S. 2 VwVfG und entsprechende landesrechtliche Vorschriften, § 31 S. 2 SGB X) als Tatbestandsmerkmal einer Ordnungswidrigkeit.[2] Zwar kann der rechtswidrige Verwaltungsakt später durch behördlichen Akt oder durch Anfechtungsklage zum Verwaltungsgericht (§ 42 VwGO) bzw. Sozialgericht (§ 54 SGB X) wieder aufgehoben werden. Aber auch die rückwirkende Beseitigung nach § 113 Abs. 1 S. 1 VwGO ändert nichts daran, dass der Verwaltungsakt zum Zeitpunkt seiner Missachtung als zwar rechtswidrige, aber wirksame hoheitliche Anordnung zu beachten war.[3] Stellt sich nachträglich die Rechtswidrigkeit eines Verwaltungsakts heraus, ist jedoch eine Prüfung geboten, ob

1) OLG Hamm, Beschl. vom 11.2.2020, Az. 4 RBs 47/20.
2) OLG Hamm, Beschl. vom 2.9.2021, Az. 4 RBs 257/21.
3) OLG Celle, Beschl. vom 8.11.2018, Az. 3 Ss (OWi) 190/18.

die Ahndung der Missachtung durch eine Geldbuße geboten erscheint (§ 47 Abs. 1 OWiG).[1)]

Beispiel:

Das Gewerbeamt einer Stadt hat dem Betroffenen die Ausübung des von ihm ausgeübten Gewerbes wegen Unzuverlässigkeit aufgrund ungeordneter Vermögensverhältnisse, Steuerschulden und einer Vorstrafe durch vollziehbaren Verwaltungsakt untersagt (§ 35 Abs. 1 S. 1 GewO). Nachdem bei einer Nachschau festgestellt wird, dass das untersagte Gewerbe weiterbetrieben wird, leitet die Stadt ein Bußgeldverfahren wegen der Zuwiderhandlung gegen die vollziehbare Anordnung ein (§ 146 Abs. 1 Nr. 1 Buchst. a GewO). Bei der Anhörung (§ 55 OWiG i. V. m. § 163a Abs. 1 StPO) wendet der Betroffene ein, die Stadt habe seine Vermögensverhältnisse völlig falsch beurteilt, der Steuerbescheid sei unrichtig gewesen und er sei zu Unrecht verurteilt worden. Deshalb sei die Anordnung für ihn unbeachtlich. Mit diesen Einwendungen wird der Betroffene im Bußgeldverfahren nicht nochmals gehört.

Im Bußgeldverfahren findet daher nach dem Prinzip der Verwaltungsakzessorietät i. d. R. keine erneute Nachprüfung des Verwaltungsakts statt.[2)] Einzugehen ist nur auf die Behauptung einer angeblichen Nichtigkeit (§ 43 Abs. 3, § 44 Abs. 1, 2 VwVfG und entsprechende landesrechtliche Vorschriften, § 39 Abs. 3, § 40 SGB X). Abgesehen von den in § 44 Abs. 2 VwVfG und entsprechende landesrechtliche Vorschriften, § 40 SGB X genannten Nichtigkeitsgründen ist ein Verwaltungsakt oder eine Allgemeinverfügung dann nichtig, wenn er bzw. sie an einem besonders schwerwiegenden Fehler leidet, der bei verständiger Würdigung aller in Betracht kommenden Umstände offenkundig ist. Besonders schwerwiegend in diesem Sinne sind nur solche Rechtsfehler, die deshalb mit der Rechtsordnung unter keinen Umständen vereinbar sein können, weil sie tragenden Verfassungsprinzipien oder den der Rechtsordnung immanenten Wertvorstellungen widersprechen.[3)]

Ansonsten bietet das Bußgeldverfahren für Betroffene keine zusätzliche Möglichkeit, einen Verwaltungsakt außerhalb eines Widerspruchsverfahrens (§§ 68 bis 74 VwGO, § 83 bis § 86a SGG) oder der Anfechtungsklage vor den Verwaltungsgerichten (§ 42, § 74 VwGO) bzw. Sozialgerichten (§ 86a Abs. 1 S. 1 SGB X) auf materielle oder formelle Rechtsfehler überprüfen zu lassen. Ein Verwaltungsakt ist im Bußgeldverfahren als Tatbestandsmerkmal auch dann wirksam, wenn er zwar rechtswidrig, aber nicht nichtig sein sollte (§ 43 Abs. 1 VwVfG und entsprechende landesrechtliche Vorschriften, § 39 Abs. 2 SGB X).[4)] Die Begehung einer Ordnungswidrigkeit kann nicht zur Umgehung des Verwaltungsrechtsweges im Sinne des § 40 Abs. 1 S. 1 VwGO bzw. Sozialgerichtswegs im Sinne des § 51 SGG dienen. Soweit die Recht-

1) Zur Einstellung des Bußgeldverfahrens wegen nicht gebotener Ahndung (§ 47 Abs. 1 S. 2 OWiG) § 11 Nr. 1.
2) OLG Hamm, Beschl. vom 11.2.2020, Az. 4 RBs 47/20.
3) OLG Hamm, Beschl. vom 2.9.2021, Az. 4 RBs 257/21, unter Bezugnahme auf (VerwG, Urt. vom 26.9.1991, Az. 4 C 36/88; OVG Münster, Beschl. vom 27.11.1995, Az. 25 A 4196/92.
4) OLG Hamm, Beschl. vom 2.9.2021, Az. 4 RBs 257/21; OLG Düsseldorf, Beschl. vom 7.11.2014, Az. IV-2 RBs 115/14, für ein Verkehrszeichen.

mäßigkeit des Verwaltungsakts aber ausnahmsweise Tatbestandsmerkmal der Ordnungswidrigkeit ist, unterliegt diese aber auch der gerichtlichen Nachprüfung im Bußgeldverfahren.

Beispiele:

Maßnahmen der Identitätsfeststellung sind Tatbestandsmerkmal der Ordnungswidrigkeit nach § 111 Abs. 1 OWiG. Die Rechtmäßigkeit der Aufforderung zur Angabe personenbezogener Daten als ordnungsbehördliche, polizeiliche oder bußgeldrechtliche Maßnahme ist daher im Bußgeldverfahren nachprüfbar.[1]

Der Betroffene wendet ein, die von ihm im Anhörungsdokument verlangten personenbezogenen Daten seien zur Identitätsfeststellung im Bußgeldverfahren nicht erforderlich gewesen, weil sie bereits aus dem vorangegangen Verwaltungsverfahren zur Rückforderung von Wohngeld vollständig bekannt gewesen sein. Die Richtigkeit dieser Einwendung ist anhand der Verwaltungsverfahrensakten nachzuprüfen.

Die dreimalige rechtmäßige Aufforderung eines Hoheitsträgers zum Auseinandergehen durch Entfernen aus einer öffentlichen Ansammlung ist Tatbestandsmerkmal der Ordnungswidrigkeit nach § 113 Abs. 1 OWiG. Die Rechtmäßigkeit der Aufforderung ist daher im Bußgeldverfahren nachprüfbar.[2]

3.2.2.2 Vollziehbarkeit des Verwaltungsakts

Weiteres Erfordernis ist die Vollziehbarkeit des missachteten Verwaltungsakts aufgrund seiner eingetretenen Bestandskraft oder des Bestehens bzw. der behördlichen Anordnung der sofortigen Vollziehbarkeit nach § 80 Abs. 2 S. 1 VwGO, § 86a Abs. 2 Nr. 5 SGG.[3] Der bloße Erlass und die Bekanntgabe eines Verwaltungsakts (§ 43 Abs. 1 VwVfG und entsprechende landesrechtliche Vorschriften, § 39 Abs. 1 SGB X) sind auch im Ordnungswidrigkeitenrecht ohne Bedeutung.[4] Das ergibt sich aus der Verwaltungsakzessorietät der Bußgeldvorschrift, wonach sich die Zuwiderhandlung als Ungehorsam gegen eine vollziehbare Verwaltungsentscheidung darstellen muss.[5] Eine Ordnungswidrigkeit liegt erst dann vor, wenn der Verwaltungsakt für den Betroffenen verbindlich ist. Dies gilt insbesondere für Mitwirkungspflichten im Verwaltungsverfahren wie z. B. eine Auskunftspflicht auf Verlangen einer Behörde. Ist der Verwaltungsakt nicht von Gesetzes wegen allgemein sofort vollziehbar (§ 80 Abs. 2 S. 1 Nr. 3 VwGO, § 86a Abs. 2 Nr. 4 SGB X), muss die sofortige Vollziehbarkeit im Einzelfall angeordnet sein (§ 80 Abs. 2 S. 1 Nr. 4 VwGO, § 86a Abs. 2 Nr. 5 SGB X).[6]

1) BVerfG, Beschl. vom 7.3.1995, Az. 1 BvR 1564/92.
2) BVerfG, Beschl. vom 10.12.2010, Az. 1 BvR 1402,06.
3) OLG Hamm, Beschl. vom 2.9.2021, Az. 4 RBs 257/21.
4) OLG Hamm, Beschl. vom 12.4.2012, Az. 3 RBs 426/11.
5) OLG Hamm, Beschl. vom 11.2.2020, Az. 4 RBs 47/20.
6) OLG Koblenz, Beschl. vom 29.10.2018, Az. 2 OWi 6 SsBs 108/18; OLG Hamm, Beschl. vom 26.3.2017, Az. 3 RBs 251/12.

Beispiel:

Die Behörde richtet an einen Gewerbetreibenden ein verwaltungsrechtliches Auskunftsverlangen (§ 29 Abs. 1 GewO), ohne dessen sofortige Vollziehbarkeit anzuordnen (§ 80 Abs. 2 S. 1 Nr. 4 VwGO). Kommt der Betroffene der Auskunftspflicht vor der Bestandskraft dieses Verwaltungsakts nicht nach, so liegt auch keine Ordnungswidrigkeit (§ 146 Abs. 2 Nr. 4 GewO) vor.

Beim in der Verfahrenspraxis häufigen Fall einer Zuwiderhandlung gegen eine durch Verwaltungsakt angeordneten Mitwirkungspflicht muss die zur Erfüllung gesetzte Frist angemessen über den Zeitpunkt der Verbindlichkeit des Verwaltungsakts hinausgehen.[1)]

Beispiel:

Die Behörde richtet an einen Gewerbetreibenden ein verwaltungsrechtliches Auskunftsverlangen (§ 29 Abs. 1 GewO) mit einer zweiwöchigen Erfüllungsfrist, ohne die sofortige Vollziehbarkeit des Verwaltungsakts anzuordnen (§ 80 Abs. 2 S. 1 Nr. 4 VwGO). Enthält die Anordnung eine ordnungsgemäße Rechtsbehelfsbelehrung (§ 58 Abs. 2 VwGO), endet die Rechtsbehelfsfrist einen Monat nach Zustellung an den Adressaten (§ 43 Abs. 1 VwVfG und entsprechende landesrechtliche Vorschriften, § 58 Abs. 1 VwGO). Kommt der Betroffene der Auskunftspflicht vor der Bestandskraft dieses Verwaltungsakts nicht nach, so liegt auch keine Ordnungswidrigkeit (§ 146 Abs. 2 Nr. 4 GewO) vor.

Für die Einfachheit des Verwaltungsverfahrens empfiehlt es sich, zunächst einen nicht vollziehbaren Verwaltungsakt durch dienstliches Dokument ohne förmliche Zustellung, Begründung und Rechtsbehelfsbelehrung zu übermitteln. Dies hat den Vorteil, dass die gesetzte Erfüllungsfrist kürzer sein kann als die einmonatige Widerspruchsfrist (§ 70 Abs. 1 S. 1 VwGO, § 84 Abs. 1 S. 1 SGB X). Der Adressat oder die Adressatin wird um freiwillige Mitwirkung gebeten und darauf hingewiesen, dass nach fruchtlosem Verstreichen der Frist die Zustellung eines kostenpflichtigen Bescheides mit einer Ordnungsverfügung folgt, in dem die sofortige Vollziehung angeordnet und ein Zwangsgeld angedroht wird (§ 11 Abs. 1 S. 1, § 13 Abs. 1 bis 3, 5 VwVG und entsprechende landesrechtliche Vorschriften bzw. § 66 Abs. 1 S. 1 SGB X). Außerdem sollte bereits vorab darauf hingewiesen werden, dass die Zuwiderhandlung gegen einen solchen vollziehbaren Verwaltungsakt eine mit Geldbuße bedrohte Ordnungswidrigkeit (§ 1 Abs. 1 OWiG) darstellt. Erfahrungsgemäß kommen die meisten Mitwirkungspflichtigen der ersten Aufforderung nach, sodass sich der notwendige Aufwand in Grenzen hält. Ein Zwangsgeld kann neben der Geldbuße angedroht, festgesetzt und bei Erfolglosigkeit mit erhöhtem Betrag bis zur Pflichterfüllung wiederholt werden (§ 13 Abs. 6 S. 1 VwVG und entsprechende landesrechtliche Vorschriften, § 66 Abs. 1 S. 1 SGB X).

Keine gute Lösung erscheint ein dienstliches Dokument mit einem Verwaltungsakt, der zwar eine Rechtsbehelfsbelehrung (§ 58 VwGO, § 36 SGB X) enthält, aber nicht

1) OLG Hamm, Beschl. vom 11.2.2020, Az. 4 RBs 47/20.

förmlich zugestellt wird. Hier muss die gesetzte Frist nämlich die einmonatige Rechtsbehelfsfrist (§ 70 Abs. 1 S. 1 VwGO, § 84 Abs. 1 S. 1 SGB X) und eine angemessene Frist zur Erfüllung des verlangten Handelns umfassen. Zudem kann auf die Anhörung im Bußgeldverfahren (§ 55 OWiG i. V. m. § 163a Abs. 1 StPO) bei Übermittlung eines Papierdokuments ohne Zustellungsnachweis i. d. R. unwiderlegbar behauptet werden, der Verwaltungsakt sei nicht zur Kenntnis des Adressaten oder der Adressatin gelangt (§ 43 Abs. 1 S. 1 VwVfG und entsprechende landesrechtliche Vorschriften, § 37 Abs. 1 SGB X). Dann muss das Bußgeldverfahren mangels Tatnachweises aus tatsächlichen Gründen eingestellt (§ 170 Abs. 2 S. 1 StPO i. V. m. § 46 Abs. 1 OWiG) und der Verwaltungsakt im Verwaltungsverfahren nunmehr mit Zustellungsnachweis erneut bekannt gegeben werden. Es macht wenig Sinn, sich solchen Schutzbehauptungen im Bußgeldverfahren unwiderlegbar auszusetzen.

3.2.2.3 Aufhebung des Verwaltungsakts

Die nachträgliche Aufhebung des missachteten vollziehbaren Verwaltungsakts durch die Behörde im Verwaltungsverfahren (§ 43 Abs. 2 VwVfG und entsprechende landesrechtliche Vorschriften) oder durch das Verwaltungsgericht im Verwaltungsstreitverfahren beseitigt den Tatbestand der Ordnungswidrigkeit nicht.[1] Dies gilt entsprechend für die Rücknahme eines rechtswidrigen, nicht begünstigenden Verwaltungsaktes im Sozialverwaltungsverfahren (§ 44 Abs. 2 SGB X). Der oder die Betroffene hat trotzdem zum Zeitpunkt der Ordnungswidrigkeit (§ 6 S. 1 OWiG) ordnungswidrig gehandelt. Es kann allerdings fraglich sein, ob die Ahndung der Ordnungswidrigkeit nach dem Opportunitätsprinzip (§ 47 Abs. 1 S. 1 OWiG) geboten ist.

Beispiel:

Das Verwaltungsgericht hebt auf Anfechtungsklage die unter Anordnung der sofortigen Vollziehbarkeit (§ 80 Abs. 2 S. 1 Nr. 4 VwGO) einem Versteigerer erteilte nachträgliche Auflage nach § 34b Abs. 3 GewO wegen Rechtswidrigkeit auf. Trotzdem liegt eine Ordnungswidrigkeit nach § 144 Abs. 2 Nr. 3 GewO vor, da der Verwaltungsakt zum Tatzeitpunkt als wirksam und vollziehbar zu beachten war.

3.2.3 Versuchte Begehung einer Ordnungswidrigkeit

Eine Ordnungswidrigkeit versucht, wer nach seiner Vorstellung von der Handlung zur Verwirklichung des Tatbestands unmittelbar ansetzt (§ 13 Abs. 1 OWiG). Das Tatverhalten muss nach dem Tatplan im ungestörten Fortgang entweder ohne weitere Zwischenschritte zur Tatbestandsverwirklichung führen oder in einem unmittelbaren räumlichen und zeitlichen Zusammenhang mit ihr stehen.[2] Sonst liegt nur eine nicht ordnungswidrige Vorbereitungshandlung der Ordnungswidrigkeit vor. Vollendung liegt erst vor, wenn sämtliche Tatbestandsmerkmale verwirklicht sind.

1) OLG Celle, Beschl. vom 8.11.2018, Az. 3 Ss (OWi) 190/18.
2) OLG Celle, Beschl. vom 1.11.2023, Az. 2 Ws 293/23, zur strafrechtlichen Parallelvorschrift § 22 Abs. 1 StGB.

Beispiele:

Eine Ordnungswidrigkeit nach § 144 Abs. 1 Nr. 1 Buchst. k GewO versucht, wer ohne die erforderliche Erlaubnis seine Dienste als Versicherungsberater anbietet (§ 34d Abs. 1 S. 1 GewO). Noch nicht verwirklicht ist das Tatbestandsmerkmal „den Abschluss eines dort genannten Versicherungs- oder Rückversicherungsvertrages vermittelt".

Eine unerlaubte Abgabe von alkoholischen Getränken und Tabakwaren an Jugendliche (§ 28 Abs. 1 Nr. 10, 12 i. V. m. § 9 Abs. 1, § 10 Abs. 1 JuSchG) ist erst dann vollzogen, wenn dem Minderjährigen als Testkäufer des Jugendamtes die tatsächliche Gewalt über die Substanz überlassen wird. Dies ist nicht der Fall, wenn sich die Ware noch unbezahlt im Kassenbereich befindet, weil ein Bediensteter des Ordnungsamts zu diesem Zeitpunkt einschreitet.[1)]

Die Ahndung der versuchten Begehung einer Ordnungswidrigkeit ist nur ausnahmsweise bei ausdrücklicher gesetzlicher Bestimmung möglich (§ 13 Abs. 2 OWiG), z. B. § 98 Abs. 4 AufenthG oder § 25 Abs. 5 PassG. Die jeweilige Bußgeldvorschrift muss folglich die Ahndung des Versuchs ausdrücklich zulassen.[2)] Fehlt wie i. d. R. eine solche Bestimmung, darf kein Bußgeldverfahren eingeleitet werden, wenn sich der Anfangsverdacht nicht auf alle Tatbestandsmerkmale der Ordnungswidrigkeit bezieht (§ 152 Abs. 2 StPO i. V. m. § 46 Abs. 1 OWiG). Es kann aber sinnvoll sein, bei absehbar bevorstehender Tatbestandsverwirklichung, z. B. im Zuge verwaltungsrechtlicher Maßnahmen, die Einleitung eines Bußgeldverfahrens für den Fall der Zuwiderhandlung präventiv anzukündigen.

Beispiel:

In einer Stadt ist die Straßenprostitution innerhalb eines Sperrbezirks durch Rechtsverordnung verboten. Ordnungswidrig handelt danach, wer Kontakt zu einer Prostituierten aufnimmt. Um die Einhaltung des Verbots zu überwachen, setzt das Ordnungsamt der Stadt entsprechend gekleidete Mitarbeiterinnen ein. Eine Bedienstete des Ordnungsamts wird vom Fahrer eines haltenden Fahrzeugs angesprochen; „Was nimmst Du?". Sie gibt sich daraufhin zu erkennen und verlangt die personenbezogenen Daten des Fahrers.

Eine Ordnungswidrigkeit liegt nicht vor, weil der Betroffene keinen Kontakt zu einer Prostituierten, sondern zu einer Bediensteten des Ordnungsamts aufgenommen hat. Er hat daher die Kontaktaufnahme lediglich versucht, konnte den Tatbestand der Ordnungswidrigkeit aber nicht verwirklichen. Da der Versuch der Ordnungswidrigkeit in der Bußgeldvorschrift nicht ausdrücklich mit Geldbuße bedroht ist, hat der Fahrer auch nicht ordnungswidrig gehandelt.

Ist der Versuch einer Ordnungswidrigkeit ausnahmsweise mit Geldbuße bedroht, ist das nach Vorstellung des Täters oder der Täterin unmittelbare Ansetzen zur Tatbe-

1) OLG Sachsen-Anhalt (Naumburg), Beschl. vom 13.9.2012, Az. 2 Ss (Bz) 83/12.
2) OLG Hamm, Beschl. vom 7.2.2012, Az. 1 RBs 200/11.

standsverwirklichung von bloßen nicht ahndungsfähigen Vorbereitungshandlungen abzugrenzen. Wesentliches Kriterium zwischen Vorbereitungs- und Versuchsstadium ist, inwieweit das geschützte Rechtsgut aus Sicht des Täters oder der Täterin konkret gefährdet ist.[1] Maßgeblicher Orientierungspunkt ist dabei die Vorstellung des Täters oder der Täterin, d. h. der Tatplan, der über die Abgrenzung zwischen Vorbereitungs- und Versuchsstadium entscheidet.[2]

3.3 Vorsatz und Fahrlässigkeit

Die Tatbestände der Ordnungswidrigkeiten sind im Gegensatz zum Ordnungsrecht zweistufig aufgebaut. Sie enthalten nach dem Vorbild des Strafrechts nicht nur objektive, sondern auch subjektive Merkmale, zu denen auch die Begehungsformen Vorsatz und Fahrlässigkeit bzw. Leichtfertigkeit als gesteigerte Form gehören.

Beispiel:

Stellt das Gewerbeamt eine unerlaubte Schaustellung von Personen (§ 33a Abs. 1 S. 1 GewO fest, genügt der objektive Tatbestand für eine Gewerbeeinstellung (§ 15 Abs. 2 GewO), ohne dass es auf die Motivation des Gewerbetreibenden ankommt.

Dagegen ist bei der Ordnungswidrigkeit nicht nur der objektive Tatbestand des § 144 Abs. 1 Nr. 1 Buchst. c GewO, sondern auch die alternative Schuldform „vorsätzlich oder fahrlässig“ in § 144 Abs. 1 Halbs. 1 GewO maßgeblich.

Bereits bei der Prüfung des Anfangsverdachts (§ 152 Abs. 2 StPO i. V. m. § 46 Abs. 1 OWiG) ist deshalb eine zumindest vorläufige Klärung dahingehend erforderlich, ob die Begehung der Ordnungswidrigkeit dem oder der Betroffenen als Vorsatz oder Fahrlässigkeit vorgeworfen werden kann. Die Klärung dieser Frage ist aus folgenden Gründen notwendig:

- **Ist fahrlässiges Handeln überhaupt mit Geldbuße bedroht?**

Wird eine Bußgeldvorschrift mit den Formulierungen „Wer...“, „Ordnungswidrig handelt, wer...“ oder „Mit Geldbuße belegt werden kann, wer...“ eingeleitet, so verwirklicht nur vorsätzliches Handeln den Tatbestand einer Ordnungswidrigkeit. § 10 OWiG bestimmt nämlich: „Als Ordnungswidrigkeit kann nur vorsätzliches Handeln geahndet werden, außer wenn das Gesetz fahrlässiges Handeln ausdrücklich mit Geldbuße bedroht.“[3] Fahrlässiges Handeln ist daher nur nach solchen Bußgeldvorschriften zu ahnden, die mit den Formulierungen „Wer vorsätzlich oder fahrlässig...“, „Ordnungswidrig handelt, wer vorsätzlich oder fahrlässig...“ oder „Mit Geldbuße belegt werden kann, wer vorsätzlich oder fahrlässig...“ beginnen.

1) BayObLG, Beschl. vom 5.12.2022, 207 StRR 335/22, unter Bezugnahme auf BGH, Beschl. vom 19.5.2021, Az. 6 StR 28/21.
2) BGH, Beschl. vom 17.7.2018, Az. 2 StR 123/18, zur strafrechtlichen Parallelvorschrift § 22 StGB.
3) Schleswig-Holsteinisches OLG (Schleswig), Beschl. vom 30.6.2005, Az. 1 Ss OWi 59/05 (73/05).

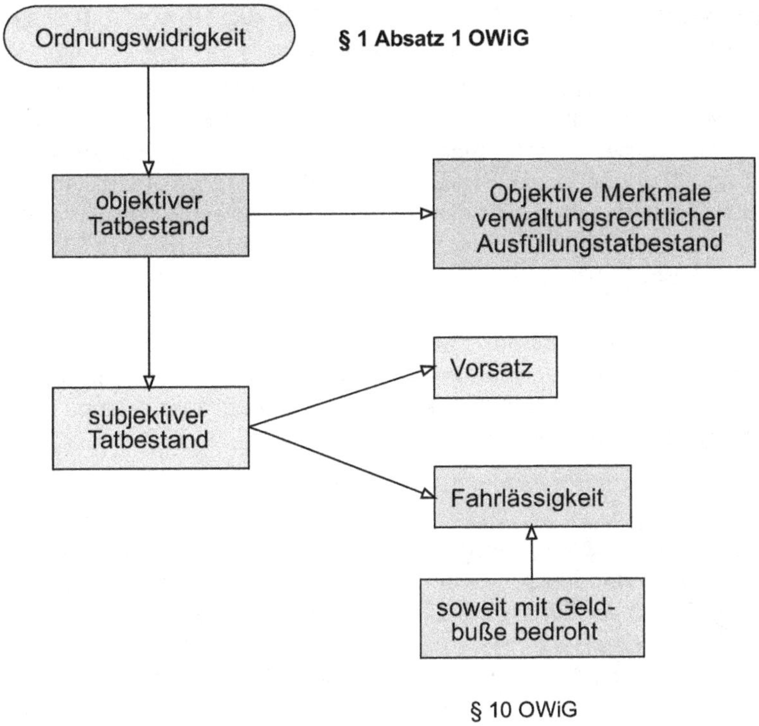

Abb. 9: Objektiver und subjektiver Tatbestand der Ordnungswidrigkeit

Beispiele:

Die Tatbestände „Öffentliche Aufforderung zu Ordnungswidrigkeiten" (§ 116 OWiG), „Unzulässiger Lärm" (§ 117 OWiG), „Belästigung der Allgemeinheit" (§ 118 OWiG), „Grob anstößige und belästigende Handlungen" (§ 119 OWiG), „Verbotene Ausübung der Prostitution" (§ 120 OWiG) können **nur vorsätzlich** verwirklicht werden.

Die Tatbestände „Halten gefährlicher Tiere" (§ 121 OWiG), „Vollrausch" (§ 122 OWiG), Verletzung der Aufsichtspflicht in Betrieben und Unternehmen" (§ 130 OWiG) können dagegen **vorsätzlich** und **fahrlässig** verwirklicht werden. Bei den Tatbeständen „Falsche Personenangabe" (§ 111 OWiG) und „Unerlaubte Ansammlung" (§ 113 OWiG) ist Fahrlässigkeit nur in den Fällen des jeweiligen Absatzes 2 mit Geldbuße bedroht.

Die meisten Tatbestände im besonderen Verwaltungsrecht können i. d. R. vorsätzlich und fahrlässig verwirklich werden (z. B. § 62 BImSchG, § 69 KrWG, §§ 144 bis 146 GewO; anders: § 32 Abs. 1 PAuswG = nur Vorsatz, aber § 32 Abs. 2 PAuswG = Vorsatz oder Fahrlässigkeit; § 18 Abs. 1 MaBV = nur Vorsatz, aber § 18 Abs. 2 und 3 MaBV = Vorsatz oder Fahrlässigkeit).

Ordnungswidrigkeiten aufgrund von Bußgeldvorschriften in Satzungen bayerischer Gemeinden, Landkreise und Bezirke können grundsätzlich nur vorsätzlich begangen werden, weil Art. 24 Abs. 2 S. 2 GO, Art. 18 Abs. 2 S. 2 LKrO und Art. 18 BezO fahrlässiges Handeln nicht erwähnen.

Der Verstoß gegen ein Badeverbot in einer bayerischen Gemeinde aufgrund einer kommunalen Verordnung nach Art. 27 Abs. 1 LStVG kann gem. Art. 27 Abs. 4 Nr. 1 LStVG nur bei vorsätzlichen Zuwiderhandlungen geahndet werden. Die Zuwiderhandlung gegen ein Plakatierungsverbot in derselben Gemeinde zum Schutz des Ortsbilds aufgrund einer kommunalen Verordnung nach Art. 28 Abs. 1 LStVG ist dagegen vorsätzlich und fahrlässig begehbar, weil Art. 28 Abs. 2 LStVG i. V. m. § 10 OWiG fahrlässiges Handeln ausdrücklich erwähnt.

Enthält bei Blanketttatbeständen zwar die gesetzliche Ermächtigungsvorschrift die Bedrohung vorsätzlichen und fahrlässigen Handelns mit Geldbuße, nicht aber die Bußgeldvorschrift in der davon abgeleiteten Rechtsverordnung, ist nach § 10 OWiG nur vorsätzliches Handeln ordnungswidrig.

Beispiel:

Die Ermächtigungsvorschrift in § 144 Abs. 2 GewO bedroht zwar vorsätzliches oder fahrlässiges Handeln als Ordnungswidrigkeit mit Geldbuße. Die von § 144 Abs. 2 Nr. 6 GewO abgeleiteten Bußgeldvorschriften in § 18 Abs. 1 MaBV bedrohen aber fahrlässiges Handeln nicht ausdrücklich (§ 10 OWiG). Daher ist nur vorsätzliches Handeln des Täters oder der Täterin ordnungswidrig.

Manche Bußgeldvorschriften verlangen Leichtfertigkeit als einen erhöhten Grad der Fahrlässigkeit, die nahe an Vorsatz grenzt[1] (Beispiele: § 37 Abs. 1 WoGG, § 121 Abs. 1 SGB XI). In diesen Fällen genügt die einfache Fahrlässigkeit daher nicht.[2]

- **Ist die fahrlässige Tat bereits verjährt?**

Wegen der fahrlässig begangenen Ordnungswidrigkeit kann regelmäßig nur die Hälfte des Höchstbetrags der Geldbuße für vorsätzliches Handeln festgesetzt werden (§ 17 Abs. 2 OWiG). Die Fristen für die Verfolgungsverjährung,[3] die sich nach dem Höchstbetrag der Geldbuße richten, können daher bei Vorsatz und Fahrlässigkeit unterschiedlich lang sein.

Beispiel § 144 Abs. 1 Nr. 1, Abs. 4 GewO:

Ordnungswidrigkeit	Vorsatz	Fahrlässigkeit	Verjährungsfrist
Buchstabe	Geldbuße bis	Geldbuße bis	
m, n	50000 €	25000 €	jeweils 3 Jahre
a bis l und o	5000 €		2 Jahre
		2500 €	1 Jahr

1) OLG München, Urt. vom 15.2.2011, Az. 4 StRR 167/10.
2) Zum Begriff der Leichtfertigkeit als Form gesteigerter Fahrlässigkeit im Ordnungswidrigkeitenrecht § 2 Nr. 3.6.3.2.
3) Zur Verfolgungsverjährung der Ordnungswidrigkeit (§ 31 OWiG) § 2 Nr. 4.2.2.

Daher kann die Vorsatztat noch verfolgbar sein, während für die fahrlässige Ordnungswidrigkeit bereits das Verfahrenshindernis der Verfolgungsverjährung (§ 31 Abs. 1 S. 1 OWiG) eingetreten ist.

- **Ist vorsätzliches Handeln mit Strafe bedroht (Mischtatbestand)?**

Manche Tatbestände sind als Mischtatbestände bei fahrlässigem Handeln mit Geldbuße, bei Vorsatz jedoch mit Strafe bedroht.

Beispiel:

Bestimmte Zuwiderhandlungen gegen § 59 Abs. 1 LFGB sind bei vorsätzlichem Handeln bereits Straftaten, bei fahrlässigem Handeln jedoch nur Ordnungswidrigkeiten nach § 60 Abs. 1 LFGB.

Sind Anhaltspunkte für eine Straftat vorhanden, hat die Verwaltungsbehörde die Sache an die zuständige Staatsanwaltschaft abzugeben (§ 41 Abs. 1 OWiG).[1)]

Die Prüfung des subjektiven Tatbestands setzt einen Anfangsverdacht aller objektiven Tatbestandsmerkmale der betroffenen Bußgeldvorschrift, also zureichende tatsächliche Anhaltspunkte einer Ordnungswidrigkeit voraus.[2)] Erst **anschließend** ist zu klären, ob vorsätzliches oder fahrlässiges Handeln bzw. Unterlassen vorliegen. Beide Begehungsformen schließen sich zwangsläufig gegenseitig aus: „ *Ordnungswidrig handelt, wer vorsätzlich oder fahrlässig* …". Daher ist zunächst zu prüfen, ob die schwerwiegendere vorsätzliche Begehungsweise nachweisbar erscheint. Soweit dies nicht der Fall ist, folgt die Prüfung einer möglichen Fahrlässigkeit. Fahrlässigkeit hat daher gegenüber dem Vorsatz eine Auffangfunktion.[3)] Kann keine der beiden Begehungsformen nachgewiesen werden, liegt trotz Verwirklichung des objektiven Tatbestands keine Ordnungswidrigkeit vor.

3.3.1 Vorsatz

Der Begriff „Vorsatz" ist weder im Strafrecht noch im Ordnungswidrigkeitenrecht gesetzlich definiert. Nach einer gängigen, auch im Ordnungswidrigkeitenrecht geltenden strafrechtlichen Kurzbezeichnung müssen sich *Wissen* und *Willen* des Täters oder der Täterin auf alle objektiven Tatbestandsmerkmale beziehen.[4)] Vorsätzliches Verhalten folgt nicht automatisch aus dem objektiven Tatgeschehen, sondern bedarf besonderer Feststellungen.[5)]

---

1) Zur Abgabe eines Bußgeldverfahrens an die Staatsanwaltschaft wegen Verdachts einer Straftat (§ 41 Abs. 1 OWiG) § 3 Nr. 1.
2) Zum Anfangsverdacht einer Straftat § 152 Abs. 2 StPO, zum Anfangsverdacht einer Ordnungswidrigkeit § 2 Nr. 3.
3) Zur Auffangfunktion der Fahrlässigkeit gegenüber dem nicht nachweisbaren Vorsatz § 2 Nr. 3.2.4.
4) KG (Berlin), Beschl. vom 24.6.2021, Az. 3 Ws (B) 131/21, zum Ordnungswidrigkeitenrecht; BGH, Beschl. vom 20.3.2008, Az. 1 StR 488/07; LG Regensburg, Urt. vom 4.7.2019, 152 Js 16476/16, zum Strafrecht. Zum vorsätzlichen Zusammenwirken von Beteiligten (§ 14 Abs. 1 OWiG) an der Ordnungswidrigkeit § 4 Nr. 1.
5) OLG Hamm, Beschl. vom 7.9.2021, Az. 5 RBs 224/21. Eine vereinfachende gesetzgeberische Vorbewertung wie bei massenweisen Verkehrsordnungswidrigkeiten (§ 1 Abs. 2 S. 2 BKatV) gibt es bei „sonstigen" Ordnungswidrigkeiten nicht.

Beispiel:

Die Betroffene betreibt einen Massagesalon, in dem sexuelle Dienstleistungen ohne die erforderliche Erlaubnis erfolgen (Objektiver Tatbestand). Dabei darf nicht ohne weiteres von einer vorsätzlichen Ordnungswidrigkeit ausgegangen werden (subjektiver Tatbestand), wenn die Betroffene behauptet, es habe sich um eine ihr unbekannte Eigenmächtigkeit einer mitarbeitenden Person gehandelt.[1)]

In der Verfahrenspraxis der Verwaltungsbehörde lässt sich der Vorsatz des oder der Betroffenen oft aus Feststellungen und Angaben in einem vorausgegangenen Verwaltungsverfahren (§ 9 VwVfG und entsprechende landesrechtliche Vorschriften) oder Sozialverwaltungsverfahren (§ 8 SGB X),[2)] wegen Vorliegens eines einschlägigen Wiederholungsfalls, einer vorangegangen Belehrung durch die Behörde oder Äußerungen des oder der Betroffenen bei der Anhörung (§ 55 OWiG i. V. m. § 163a Abs. 1 StPO) ableiten.

Beispiele:

Der Betroffene erklärt planabweichendes Errichten einer baulichen Anlage bei der Baukontrolle mit finanziellen Gründen.

Der Betroffene wird bei einem Besichtigungstermin von der Denkmalschutzbehörde über die Ordnungswidrigkeit der Beseitigung historischer Ausstattungsmerkmale eines Gebäudes belehrt.

Der Betroffene äußert bei der Anhörung im Bußgeldverfahren (§ 55 OWiG i. V. m. § 163a Abs. 1 StPO) zum Vorwurf des Betriebs einer Anlage ohne die erforderliche Erlaubnis, er habe diese bereits beantragt.

3.3.1.1 Wissenselement des Vorsatzes

Das Wissen des Täters muss sich auf die Gesamtheit der objektiven Tatbestandsmerkmale beziehen. Kennt er bei seiner Handlung ein Merkmal des gesetzlichen Tatbestandes nicht **(Tatbestandsirrtum),** kann er nicht vorsätzlich handeln (§ 11 Abs. 1 S. 1 OWiG). Dann ist zu prüfen, ob eine Ahndung wegen fahrlässigen Handelns möglich ist (§ 11 Abs. 1 S. 2 OWiG).

Beispiel:

Der Betreiber einer öffentlichen Spielhalle gestattet einem Siebzehnjährigen die Anwesenheit (§ 6 Abs. 1 i. V. m. § 28 Abs. 1 Nr. 7 JuSchG). Erkennt er das objektive Tatbestandsmerkmal „Jugendliche Person" (§ 1 Abs. 1 Nr. 2 JuSchG), so handelt er vorsätzlich. Bleibt ihm das Tatbestandsmerkmal unbekannt, weil er pflichtwidrig keine Alterskontrolle der Besucher in Zweifelsfällen durchgeführt hat

1) OLG Hamm, Beschl. vom 7.9.2021, Az. 5 RBs 224/21.
2) Zulässig erlangte Feststellungen aus einem vorangegangenen Verwaltungsverfahren (§ 9 VwVfG und entsprechende landesrechtliche Vorschriften) oder Sozialverwaltungsverfahren (§ 8 SGB X) dürfen im Bußgeldverfahren verwertet werden (§ 161 Abs. 3 S. 1 StPO i. V. m. § 46 Abs. 1 OWiG).

(§ 2 Abs. 2 S. 2 JuSchG), handelt er nicht vorsätzlich. Dann ist aber zu prüfen, ob er aus mangelnder Sorgfalt und damit fahrlässig gehandelt hat.[1] Fahrlässiges Handeln ist in § 28 Abs. 1 JuSchG mit Geldbuße bedroht.

Die Eltern des Jugendlichen wissen als Personensorgeberechtigte aus Nachlässigkeit nicht, dass sich dieser in der Spielhalle aufhält. Im Gegensatz zum Gewerbetreibenden (§ 28 Abs. 1 JuSchG) ist hier fahrlässiges Handeln nicht ausdrücklich mit Geldbuße bedroht (§ 28 Abs. 4 JuSchG, § 10 OWiG). Daher liegt bezüglich der Eltern keine Ordnungswidrigkeit vor.

Im Bußgeldverfahren ist daher zu prüfen, ob es sich bei der vorgetragenen Unkenntnis nicht um eine widerlegbare Schutzbehauptung handelt, etwa weil der Betroffene von der Behörde im Verwaltungsverfahren (§ 9 VwVfG und entsprechende landesrechtliche Vorschriften) oder Sozialverwaltungsverfahren (§ 8 SGB X) belehrt wurde oder es sich um einen einschlägigen Wiederholungsfall handelt.

Das Wissen des oder der Betroffenen muss sich nur auf die Tatbestandsmerkmale beziehen. Fehlendes Unrechtsbewusstsein aufgrund Gesetzesunkenntnis (**Verbotsirrtum**) führt niemals zur Fahrlässigkeit. War dieser Verbotsirrtum für den Betroffenen oder die Betroffene durch rechtzeitige Erkundigung vermeidbar, bleibt der Vorsatz unberührt (§ 11 Abs. 2 OWiG).[2]

Beispiel:

Der Betroffene wendet bei der Anhörung im Bußgeldverfahren ein, er habe nicht gewusst, dass das Führen einer Anscheinswaffe verboten sei (§ 42a Abs. 1 Nr. 1 i. V. m. § 53 Abs. 1 Nr. 21b WaffG). Aufgrund des eingewendeten Verbotsirrtums (§ 11 Abs. 2 OWiG) steht eine vorsätzliche Ordnungswidrigkeit fest.

Sind Tatbestandsmerkmale nicht wahrnehmbarer, sondern nur bewertender (normativer) Art, so genügt eine *Parallelwertung in der Laiensphäre*. Der Täter oder die Täterin muss den Begriff eines Tatbestandsmerkmals nicht rechtlich einordnen können, das sinngemäße Erfassen in seiner Vorstellung ist ausreichend.[3]

Beispiele:

Sinngemäßes Erfassen der Tatbestandsmerkmale des unzulässigen Lärms (§ 117 OWiG):

„ohne berechtigten Anlass“ bei Lärm verursachenden Heimwerkerarbeiten zur Nachtzeit,

„in einem unzulässigen oder nach den Umständen vermeidbaren Ausmaß“ bei starken Gaststättenlärm und geöffneten Fenstern,

1) Zur Fahrlässigkeit der Tatbestandsverwirklichung § 2 Nr. 3.2.2.
2) Da der Irrtum des Täters oder der Täterin (§ 11 OWiG) nicht bei der Einleitung des Bußgeldverfahrens, sondern der Einwand bei der Anhörung des Betroffenen (§ 55 OWiG i. V. m. § 163a Abs. 1 StPO) Bedeutung erlangt, ist er oder sie dort im Zusammenhang erläutert (§ 6 Nr. 4.7).
3) BGH, Beschl. vom 24.9.2019, Az. 1 StR 346/18.

„geeignet..., die Allgemeinheit... erheblich zu belästigen" bei lautem nächtlichem Gartenfest.

3.3.1.2 Willenselement des Vorsatzes

Im Bußgeldverfahren spielen folgende Willensformen des oder der Betroffenen eine Rolle:

- *Direkter Vorsatz*

  Der Täter oder die Täterin kennt beim direkten Vorsatz alle Tatbestandsmerkmale und will auch deren Verwirklichung. Dabei beherrscht er oder sie nach seiner oder ihrer Vorstellung auch den Tatablauf.[1]

  Beispiele:

  Gegen den Betroffenen besteht eine vollziehbare Gewerbeuntersagung wegen Unzuverlässigkeit (§ 35 Abs. 1 S. 1 GewO). Er führt das Gewerbe aber trotz Kenntnis der Untersagung an einem anderen Betriebsstandort in der Erwartung weiter, dort nicht entdeckt zu werden. Die Ordnungswidrigkeit nach § 146 Abs. 1 Nr. 1 Buchst. a GewO ist mit direktem Vorsatz begangen, weil der Betroffene das Verbot kennt, seine Verletzung will und den Geschehensablauf beherrscht. Der Betroffene handelt **direkt vorsätzlich.**

  Gegen die Betroffene wird wegen Betreibens des Reisegewerbes ohne erforderliche Reisegewerbekarte (§ 55 Abs. 2 i. V. m. § 145 Abs. 1 Nr. 1 Buchst. a GewO) eine Geldbuße festgesetzt. Einige Zeit nach Rechtskraft des Bußgeldbescheides begeht sie dieselbe Ordnungswidrigkeit erneut. Es liegt direkter Vorsatz vor, weil die Betroffene sogar durch Bußgeldbescheid auf das Verbot besonders hingewiesen wurde, also alle Tatbestandsmerkmale kennt, sie trotzdem bewusst und gewollt erneut missachtet und auch dabei den Geschehensablauf beherrscht. Die Betroffene handelt **direkt vorsätzlich.**

- *Bedingter Vorsatz*

  Der oder die Betroffene kennt beim bedingten Vorsatz zwar wie beim direkten Vorsatz alle objektiven Tatbestandsmerkmale der Ordnungswidrigkeit und beherrscht auch den Tatablauf.[2] Er oder sie strebt jedoch die Verwirklichung des Tatbestands nicht ausgesprochen an. Allerdings erkennt er oder sie die Tatbestandsverwirklichung als möglich und nicht ganz fernliegend und nimmt dies „billigend in Kauf".[3] Bedingter Vorsatz liegt auch bei Inkaufnahme der Folgen aus Bedenkenlosigkeit oder Gleichgültigkeit vor. Das Willenselement des bedingten Vorsatzes ist bereits gegeben, wenn der Täter oder die Täterin die von

1) Der direkte Vorsatz wird auch lateinisch in Abgrenzung zur Absicht als „dolus directus 2. Grades" bezeichnet.

2) Der bedingte Vorsatz wird auch als indirekter Vorsatz, Eventualvorsatz oder lateinisch als „dolus eventualis" bezeichnet.

3) KG (Berlin), Beschl. vom 24.6.2021, Az. 3 Ws (B) 131/21; OLG Frankfurt (Main), Beschl. vom 30.11.2005, Az. WpÜG 1/04 (OWi); AG München, Urt. vom 10.11.2008, Az. 1115 OWi 298 Js 43552/07.

ihm oder ihr als möglich erkannte Tatbestandsverwirklichung der Ordnungswidrigkeit billigt oder sich um des erstrebten Zieles willen damit abfindet, mag ihm oder ihr auch der Erfolgseintritt an sich unerwünscht sein.[1]

Beispiel:

Der Betreiber einer Diskothek weist lediglich mit einer Durchsage um 24 Uhr darauf hin, dass sich jetzt auch Jugendliche über 16 Jahre ohne Begleitung Erwachsener zu entfernen hätten. Eine Kontrolle erfolgt nicht, obwohl die weitere Anwesenheit solcher Gäste ohne Begleitung einer personensorgeberechtigten oder erziehungsbeauftragten Person naheliegt. Der Betreiber nimmt einen Verstoß der unerlaubten Anwesenheit bei einer Tanzveranstaltung gegen § 5 Abs. 1 i. V. m. § 28 Abs. 1 Nr. 6 JuSchG billigend in Kauf, wenn er sich keine Gewissheit verschafft. Dies ist auch dann der Fall, wenn er den sich aufdrängenden Verstoß überhaupt nicht bedenkt oder er ihm gleichgültig ist. Der Betroffene handelt **bedingt vorsätzlich.**

- *Absicht*

  Die Absicht der objektiven Tatbestandsverwirklichung ist eine Steigerung des direkten Vorsatzes, die im Ordnungswidrigkeitenrecht nur ausnahmsweise vorkommt.[2] Der Täter oder die Täterin muss dabei den Taterfolg anstreben und zielgerichtet handeln.[3] Dieser hervorgehobene Willensfaktor wird in den Bußgeldvorschriften i. d. R. mit der Wendung „um zu“ umschrieben. Entsprechende Tatbestände beschränken jedoch das subjektive Erfordernis der Absicht meist auf ein Tatbestandsmerkmal, während im Übrigen (direkter oder bedingter) Vorsatz oder Fahrlässigkeit (meist in der Form der Leichtfertigkeit) genügen.

Beispiel:

Nach den Bauordnungen der Länder (zum Beispiel Art. 79 Abs. 2 Nr. 1 BayBO) kann mit Geldbuße belegt werden, wer

- vorsätzlich oder leichtfertig (= gesteigerte Form der Fahrlässigkeit) unrichtige Angaben macht oder Pläne vorlegt,
- **um** einen Verwaltungsakt nach diesem Gesetz **zu** erwirken (z. B. eine Baugenehmigung) oder zu verhindern (z. B. eine Baubeseitigungsanordnung).

Die Absicht, die im Beispiel durch die Wendung „um einen Verwaltungsakt... zu erwirken oder zu verhindern“ ausgedrückt wird, muss sich nur auf dieses objektive Tatbestandsmerkmal beziehen. Im Übrigen, d. h. bezüglich der Tatbestandsmerkmale „unrichtige Angaben macht“ bzw. „unrichtige Pläne vorlegt“, genügen der einfache (direkte oder bedingte) Vorsatz oder die Fahrlässigkeit in der gesteigerten Form der Leichtfertigkeit.

1) BGH, Urt. vom 18.10.2007, Az. 3 StR 226/07 (ständige Rechtsprechung).
2) Die Absicht der Tatbestandsverwirklichung wird auch lateinisch in Abgrenzung zum direkten Vorsatz als „dolus directus 1. Grades“ bezeichnet.
3) BGH, Urt. vom 4.11.1988, Az. 1 StR 262/88.

3.3.2 Fahrlässigkeit

Auch der Begriff der Fahrlässigkeit ist im OWiG nicht definiert. Sie wird üblicherweise als Außer-Acht-Lassen derjenigen Sorgfalt beschrieben, zu der ein mutmaßlicher Täter oder eine Täterin nach den Umständen (objektiv) und persönlichen Verhältnissen (subjektiv) verpflichtet und auch fähig ist.[1] Als Folge dieser Sorgfaltsverletzung kommen zwei Alternativen in Betracht:

- **Bewusste Fahrlässigkeit**

Der oder die Betroffene erkennt bei der bewussten Fahrlässigkeit zwar die Möglichkeit der Tatbestandsverwirklichung, ist aber mit ihr nicht einverstanden und vertraut ernsthaft darauf, sie werde nicht eintreten.[2]

Beispiel:

Der Betroffene teilt der Gewerbebehörde auf ein schriftliches Auskunftsverlangen (§ 29 Abs. 2 GewO) einen falschen Sachverhalt mit. Dabei rechnet er wegen mangelhafter Überprüfung mit der Möglichkeit einer unrichtigen Auskunft, hofft aber, sie werde schon richtig sein. Er begeht eine **bewusst** fahrlässige Ordnungswidrigkeit nach § 146 Abs. 2 Nr. 4 GewO.

Eine scharfe Grenze zwischen bedingtem Vorsatz und bewusster Fahrlässigkeit gibt es nicht. Beide liegen eng zusammen,[3] sodass der Einzelfall entscheidet. Hier kann die Auswertung von Äußerungen des Betroffenen bei der Anhörung (§ 55 OWiG i. V. m. § 163a Abs. 1 StPO) hilfreich sein.[4] Im Zweifel ist zugunsten des oder der Betroffenen von fahrlässigem Handeln auszugehen.

- **Unbewusste Fahrlässigkeit**

Unbewusst fahrlässig handelt, wer die Sorgfalt, zu der er oder sie nach den Umständen und nach den persönlichen Fähigkeiten und Kenntnissen verpflichtet und imstande ist, außer Acht lässt und infolge dessen die Tatbestandsverwirklichung nicht voraussieht.[5] Der oder die Betroffene erkennt bei der unbewussten Fahrlässigkeit die Möglichkeit der Tatbestandsverwirklichung pflichtwidrig nicht.[6] Äußert sich der oder die Betroffene nicht und liegen auch keine sonstigen Erkenntnisse zum subjektiven Tatbestand der Ordnungswidrigkeit vor, muss in der Verfahrenspraxis meist zugunsten des oder der Betroffenen von dieser Alternative der Fahrlässigkeit ausgegangen werden.

---

1) KG (Berlin), Beschl. vom 14.10.2014, Az. 3 Ws (B) 375/14; OLG Frankfurt (Main), Beschl. vom 20.8.2010, Az. 2 Ss-OWi 166/10; OLG Hamm, Beschl. vom 21.12.2013, Az. III-2 RBs 83/12.
2) KG (Berlin), Beschl. vom 14.10.2014, Az. 3 Ws (B) 375/14 (ständige strafrechtliche Rechtsprechung); BGH, Urt. vom 18.10.2007, Az. 3 StR 226/07.
3) BGH, Urt. vom 18.10.2007, Az. 3 StR 226/07.
4) Zur Anhörung des oder der Betroffenen (§ 55 OWiG i. V. m. § 163a Abs. 1 StPO) im Bußgeldverfahren § 6 Nr. 4.
5) LG Mönchengladbach, Urt. vom 15.2.2024, Az. 23 KLs 6/23, unter Bezugnahme auf BayObLG, Urt. vom 25.9.2001, Az. 4 StRR 71/01, zur strafrechtlichen Parallelvorschrift § 15 StGB.
6) KG (Berlin), Beschl. vom 14.10.2014, Az. 3 Ws (B) 375/14.

Beispiel:

Die Betroffene hat die von der Behörde verlangte Auskunft (§ 29 Abs. 2 GewO) wegen Arbeitsüberlastung vergessen und hat Anmahnungen nicht zur Kenntnis genommen. Sie begeht eine **unbewusst** fahrlässige Ordnungswidrigkeit nach § 146 Abs. 2 Nr. 4 GewO.

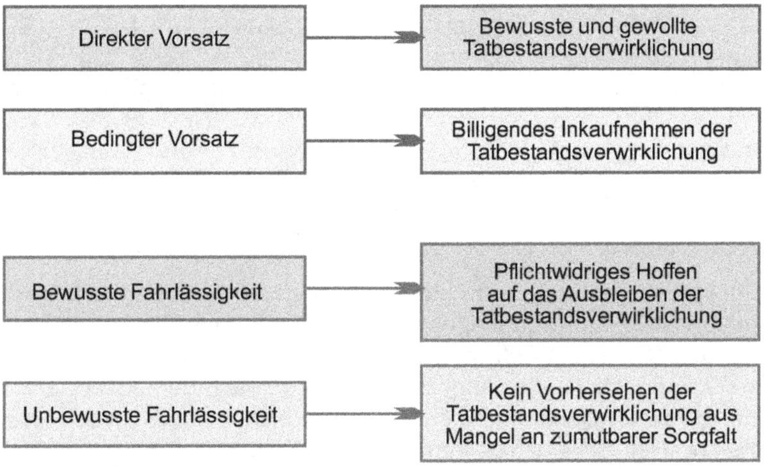

Abb. 10: Vorsatz – Fahrlässigkeit

Besondere gesetzliche Maßstäbe zur notwendigen Sorgfalt in Form von Legaldefinitionen existieren nicht. Das von den Betroffenen im Einzelfall zu verlangende Maß an Sorgfalt ist

- *objektiv*

  die durchschnittliche, verkehrsübliche Sorgfalt eines einsichtigen und besonnenen Menschen, z. B. von Gewerbetreibenden, Veranstaltern oder Veranstalterinnen, Fahrzeughaltern oder Fahrzeughalterinnen, Arbeitgebern oder Arbeitgeberinnen, Betreibern oder Betreiberinnen einer Anlage, Bauherren oder Bauherrinnen usw.

- *subjektiv*

  die gerade vom Täter oder der Täterin zu erwartende Fähigkeit, dem objektiven Maßstab gerecht zu werden.

Die objektive Pflichtverletzung ergibt sich bereits aus dem Tatbestand der jeweiligen Bußgeldvorschrift.

Beispiel:

Vergisst der Anlagenbetreiber eine Emissionserklärung (§ 27 Abs. 1 S. 1 Halbs. 1 BImSchG) rechtzeitig abzugeben, entspricht er nicht den objektiven Anforderungen, welche die Rechtsordnung an einen durchschnittlichen Anlagenbetreiber stellt. Daher liegt objektiv eine Ordnungswidrigkeit nach § 62 Abs. 2 Nr. 2 BImSchG vor.

Bei subjektivem Unvermögen wegen fehlender Ausbildung, Erfahrung oder geistigem Abbau darf sich der oder die Betroffene von vornherein nicht auf solche Handlungen einlassen, die er oder sie vorhersehbar nicht beherrschen wird. Dies bezeichnet man als *Übernahmefahrlässigkeit*.

Beispiel:

Der Anlagenbetreiber, der mangels entsprechender Vorkenntnisse nicht zur Abgabe einer richtigen Emissionserklärung (§ 27 Abs. 1 S. 1 Halbs. 1 BImSchG) fähig ist, handelt fahrlässig, weil er die Tätigkeit trotz vorhersehbarer Unfähigkeit, immissionsschutzrechtliche Vorschriften einhalten zu können, übernommen hat. Er begeht die Ordnungswidrigkeit nach § 62 Abs. 2 Nr. 2 BImSchG subjektiv durch Übernahmefahrlässigkeit.

3.3.3 Leichtfertigkeit

Leichtfertigkeit ist eine gesteigerte Form der Fahrlässigkeit, die nur in wenigen Tatbeständen von Ordnungswidrigkeiten vorkommt, z. B. in § 378 Abs. 1 S. 1 AO, § 37 Abs. 1 WoGG, § 121 Abs. 1 SGB X, § 5 Abs. 1 WiStG, § 56 Abs. 1 GWG. Leichtfertig handelt, wer die Sorgfalt außer Acht lässt, zu der er nach den besonderen Umständen des Einzelfalls und seinen persönlichen Fähigkeiten und Kenntnissen verpflichtet und imstande ist, obwohl sich ihm aufdrängen musste, dass dadurch die Tatbestandsverwirklichung einer Ordnungswidrigkeit eintreten wird.[1] Sowohl die objektiven wie die subjektiven Tatbestandsmerkmale müssen in intensivierter Form vorliegen.[2] Der Begriff der Leichtfertigkeit entspricht dem zivilrechtlichen Begriff der groben Fahrlässigkeit (§ 277 BGB).[3] Eine übliche Bezeichnung ist „Handeln aus besonderem Leichtsinn und besonderer Gleichgültigkeit“. Leichtfertig handelt, wer die Sorgfalt außer Acht lässt, zu der er nach den besonderen Umständen des Falles und seinen persönlichen Fähigkeiten und Kenntnissen verpflichtet und imstande ist, obwohl sich ihm der dadurch verursachte Eintritt der Rechtsverletzung hätte aufdrängen müssen.[4] Bei Abgabe einer steuerlichen Erklärung handelt leichtfertig, wer entstehende Zweifel durch Erkundigung bei ungenügend qualifizierten Personen nicht ausräumt.[5] Wer allerdings ein Amt und eine Position, die von Gesetzes wegen angelegt ist, übernimmt und den ihm oder ihr dadurch übertragenen Pflichten nicht nachkommt und damit nicht in der Lage ist, die ihm oder ihr von Gesetzes wegen übertragenen Aufgaben zu erfüllen, handelt nicht leichtfertig, sondern bereits vorsätzlich, wenn er oder sie dies weiß und trotzdem nichts tut.[6]

1) BGH, Urt. vom 8.9.2011, Az. 1 StR 38/11, für eine Steuerordnungswidrigkeit nach § 378 AO.
2) OLG Köln, Beschl. vom 23.1.2015, Az. 1 RBs 340/14.
3) OLG Köln, Beschl. vom 30.9.2014, Az. RVs 91/14; BGH (Großer Senat für Strafsachen), Beschl. vom 20.10.1992, Az. GSSt 1/92.
4) OLG Celle, Beschl. vom 6.4.2016, Az. 2 Ss 15/16, unter Bezugnahme auf BGH, Urt. vom 16.12.2009, Az. 1 StR 491/09, für eine Steuerordnungswidrigkeit (§ 377 AO).
5) OLG Celle, Beschl. vom 1.10.1997, Az. 22 Ss 198/97.
6) OLG Frankfurt (Main), Beschl. vom 10.4.2018, Az. 2 Ss-OWi 1059/17.

3.3.4 Auffangfunktion der Fahrlässigkeit

Vorsatz und Fahrlässigkeit schließen sich zwar gegenseitig aus: „Vorsätzlich **oder** fahrlässig". Die Grenze zwischen bedingtem Vorsatz und bewusster Fahrlässigkeit ist jedoch fließend.[1] Manchmal wird sich nicht klären lassen, ob der oder die Betroffene eine Zuwiderhandlung billigend in Kauf genommen oder nur pflichtwidrig auf ihr Ausbleiben vertraut hat.

Beispiel:

Es ist nicht zu klären, ob der zum Vorwurf schweigende Spielhallenbetreiber den unzulässigen Aufenthalt einer jugendlichen Person unter zahlreichen anderen Besuchern aus Gleichgültigkeit billigend in Kauf genommen oder wegen persönlicher Überforderung nur pflichtwidrig gehofft hat, es seien nur Erwachsene anwesend (§ 6 Abs. 1 i. V. m. § 28 Abs. 1 Nr. 7 JuSchG).

Hat der oder die Betroffene jedoch entweder vorsätzlich oder fahrlässig gehandelt und lässt sich vorsätzliches Handeln nicht nachweisen, so bietet die Ahndung wegen fahrlässiger Pflichtverletzung eine Auffangmöglichkeit.[2] Diese Möglichkeit besteht aber nur dann, wenn in der Bußgeldvorschrift vorsätzliches und auch fahrlässiges Handeln mit Geldbuße bedroht sind (§ 10 OWiG).

Die Ahndung wegen fahrlässiger Begehung darf aber nicht automatische Folge des nicht beweisbaren Vorsatzes sein. Hat der oder die Betroffene die zumutbare Sorgfalt erfüllt und trotzdem objektiv den Tatbestand einer Bußgeldvorschrift verwirklicht, kann ihm oder ihr die Ordnungswidrigkeit überhaupt nicht vorgeworfen werden.

Beispiel:

Hat der Spielhallenbetreiber alle zumutbaren Kontrollmaßnahmen ergriffen, kann ihm Fahrlässigkeit nicht vorgeworfen werden, wenn eine jugendliche Person heimlich durch ein aufgebrochenes rückwärtiges Fenster in die Spielhalle gelangt ist. Eine Ahndung aus § 28 Abs. 1 Nr. 7 JuSchG scheitert am nicht verwirklichten subjektiven Tatbestand.

Lässt sich bei Einleitung des Bußgeldverfahrens zunächst noch nicht klären, ob vorsätzliches oder fahrlässiges Handeln des Betroffenen vorliegt, kann dem oder der Betroffenen bei der Anhörung zur Ordnungswidrigkeit (§ 55 OWiG i. V. m. § 163a Abs. 1 StPO) rechtliches Gehör zu beiden Begehungsformen gegeben werden. Dazu eignet sich etwa die Formulierung: „*... haben Sie bewusst, zumindest aber aufgrund mangelnder Sorgfalt ...*". Die Verwaltungsbehörde muss sich erst bei Erlass des Bußgeldbescheides (§ 65 OWiG) auf eine der beiden alternativen Schuldformen festlegen.[3]

---

1) BGH, Urt. vom 18.10.2007, Az. 3 StR 226/07.

2) BGH (Großer Senat für Strafsachen), Beschl. vom 20.10.1992, Az. GSSt 1/92.

3) Zur Anhörung des oder der Betroffenen (§ 55 OWiG i. V. m. § 163a Abs. 1 StPO) Kapitel II § 6 Nr. 6.

3.4 Rechtswidrigkeit der Ordnungswidrigkeit

Der Tatbestand einer Ordnungswidrigkeit im Sinne des § 1 Abs. 1 OWiG umschreibt die missbilligte Handlungsweise, sodass bei Verwirklichung der Tatbestandsmerkmale bereits die Rechtswidrigkeit der Handlung gegeben ist. Die Tatbestandsmäßigkeit indiziert damit regelmäßig die Rechtswidrigkeit.

Beispiel:

Wer bewusst eine Handlung vornimmt, die geeignet ist, die öffentliche Ordnung zu beeinträchtigen (§ 118 Abs. 1 OWiG), handelt tatbestandsmäßig und auch regelmäßig rechtswidrig.

Die Rechtswidrigkeit entfällt nur ausnahmsweise, wenn besondere Rechtfertigungsgründe wie Notwehr (§ 15 OWiG) oder Notstand (§ 16 OWiG) vorliegen. Diese spielen jedoch – anders als die gleichlautenden Vorschriften im Strafrecht (§§ 32 bis 35 StGB) – im Bußgeldverfahren kaum eine praktische Rolle. Die Tatbestände von Ordnungswidrigkeiten schützen im Interesse der Allgemeinheit bestehendes staatliches und kommunales Polizei- und Ordnungsrecht, nicht Individualinteressen. Daher lassen sich im Ordnungswidrigkeitenrecht kaum Notwehr- oder Notstandslagen vorstellen. Die Verwaltungsbehörde wird sich damit nur dann auseinandersetzen müssen, wenn sich der oder die Betroffene darauf beruft. Ansonsten darf sie stets davon ausgehen, dass die Tatbestandsmäßigkeit die Rechtswidrigkeit „indiziert".

3.4.1 Notstand und Notwehr

Der Fall der Notwehr (§ 15 OWiG) kommt im Bußgeldverfahren praktisch nicht vor. Dagegen werden Notstandssituationen (§ 16 OWiG) nicht nur bei Verkehrsordnungswidrigkeiten (§ 24 Abs. 1 StVG), sondern auch bei allgemeinen Ordnungswidrigkeiten immer wieder behauptet. In der Regel liegen aber keine rechtfertigenden Pflichtenkollisionen vor, welche zur Einhaltung einer höherrangigen Pflicht die Begehung einer Ordnungswidrigkeit ausnahmsweise erlauben.

Beispiel:

Das Leben und die gesundheitliche Unversehrtheit von Menschen stellen gegenüber der denkbaren Beeinträchtigung des Wohlergehens eines Hundes durch das Anleinen höherrangige Rechtsgüter dar, sodass sich der Hundebesitzer nicht auf einen rechtfertigenden Notstand berufen kann.[1)]

Sehr oft stellt die Handlung des oder der Betroffenen auch kein geeignetes Mittel dar, um die angebliche Gefahr für seine oder ihre Rechtsgüter abzuwehren.

1) Sachverhalt nach KG (Berlin), Beschl. vom 7.6.2004, Az. 2 Ss 58/03, bestätigt durch Nichtannahmebeschluss des BVerfG vom 31.3.2004, Az. 1 BvR 1363/01.

Beispiel:

Wer eine Zeitung ohne Angabe der Druckerei im Impressum herausgibt, kann dies nicht durch Notstand rechtfertigen, weil eine früher für den Herausgeber tätige Druckerei Ziel von Brandanschlägen war.[1)]

Zudem müsste die erforderliche Abwägung der widerstreitenden Interessen das geschützte das beeinträchtigt wesentlich überwiegen, was bei ordnungswidrigem Handeln in aller Regel nicht zutrifft.[2)] Insbesondere erlauben die immer wieder eingewendeten „wirtschaftlichen Zwangslagen" nicht die Begehung von Ordnungswidrigkeiten. Hier kann dem oder der Betroffenen auch oft entgegengehalten werden, nicht einmal eine verwaltungsrechtlich vorgesehene Ausnahmeerlaubnis beantragt zu haben.

3.4.2 Notstandsähnliche Situationen

Gelegentlich kommen notstandsähnliche Situationen vor, wenn der Täter oder die Täterin der Ordnungswidrigkeit von Dritten, z. B. Arbeitgebern oder Erziehungsberechtigten, zu ordnungswidrigem Verhalten nicht nur angehalten, sondern angeblich mit Druckmitteln veranlasst worden ist. In diesem Fall ist die Ordnungswidrigkeit zwar nicht durch Notstand gerechtfertigt (§ 16 OWiG), notstandsähnliche Situationen können aber bei der Zumessung der Geldbuße mildernde Berücksichtigung finden. Gegen den Veranlasser oder Veranlasserin des Druckmittels kann aber der Anfangsverdacht einer strafbaren Nötigung bestehen (§ 240 StGB).

Beispiel:

Ein Lastkraftwagenfahrer wendet gegen den Vorwurf der Lenkzeitüberschreitung im öffentlichen Straßenverkehr (§ 8 FPersV) ein, er sei vom Inhaber des Unternehmens durch Drohung mit dem Verlust des Arbeitsplatzes gezwungen worden.

Keine Notstandsituation liegt jedoch vor, wenn eine Zwangslage ohne Weiteres durch legales Handeln beseitigt werden kann.

Beispiel:

Wer die durch Überschwemmung eingetretene Verstopfung eines Gewässerlaufs nicht wie möglich von Hand, sondern durch Einsatz eines Baggers in einem Naturschutzgebiet beseitigen lässt, überschreitet das ihm zustehende Notstandsrecht.[3)]

Die pauschale Behauptung einer notstandsähnlichen Situation bei der Anhörung des oder der Betroffenen (§ 55 OWiG i. V. m. § 163a Abs. 1 StPO) darf keinesfalls unkritisch zu deren Gunsten hingenommen, sondern muss kritisch hinterfragt werden. Ist

1) Sachverhalt nach KG (Berlin), Beschl. vom 15.8.1997, Az. 2 Ss 226/97.
2) OLG Bamberg, Beschl. vom 4.9.2013, Az. 3 Ss OWi 1130/13.
3) Sachverhalt nach KG (Berlin), Beschl. vom 1.10.1998, Az. 2 Ss 292/98.

der oder die Betroffene tatsächlich rechtswidrig mit Gewalt oder durch Drohung mit einem empfindlichen Übel zu einer Handlung, Duldung oder Unterlassung genötigt worden, kann dieses Verhalten nach § 240 Abs. 1, 2 StGB strafbar und eine Abgabe des Bußgeldverfahrens an die Staatsanwaltschaft wegen mit der Ordnungswidrigkeit zusammenhängenden Straftatverdachts (§ 41 Abs. 1 OWiG) zu prüfen sein.

3.5 Vorwerfbarkeit der Ordnungswidrigkeit

Beim Anfangsverdacht einer tatbestandsmäßigen und damit regelmäßig auch rechtswidrig begangenen Ordnungswidrigkeit kann von der persönlichen Verantwortlichkeit des Täters oder der Täterin regelmäßig ausgegangen werden.[1] Die Tatbestandsmäßigkeit indiziert damit nicht nur die Rechtswidrigkeit, sondern auch die persönliche Vorwerfbarkeit der Ordnungswidrigkeit. Sie liegt nur ausnahmsweise nicht vor bei Kindern und nicht einsichtsfähigen jugendlichen Personen (§ 12 Abs. 1 OWiG) und krankhaften und sonstigen seelischen Störungen sowie Bewusstseinsstörungen, i. d. R. durch alkoholbedingte Rauschzustände (§ 12 Abs. 2 OWiG),

3.5.1 Kinder, Jugendliche und Heranwachsende

Die Einleitung eines Bußgeldverfahrens gegen **Kinder,** d. h. Personen, die zur Tatzeit der Ordnungswidrigkeit (§ 6 S. 1 OWiG) das vierzehnte Lebensjahr noch nicht vollendet haben und daher noch keine jugendlichen Personen sind (§ 1 Abs. 2 JGG i. V. m. § 46 Abs. 1 OWiG), ist grundsätzlich unzulässig. Auch Verwarnungen mit oder ohne Verwarnungsgeld (§ 56 Abs. 1 OWiG) dürfen nicht erteilt werden. Ohne Bedeutung ist es, wenn das Kind später das vierzehnte Lebensjahr vollendet. Kinder können daher niemals vorwerfbar handeln (§ 12 Abs. 1 S. 1 OWiG).[2] In der Verfahrenspraxis wirkt sich dies vor allem bei Schulpflichtversäumnissen aus.

Beispiel:

Ein Schüler nimmt einige Tage vor und einige Tage nach dem 14. Geburtstag grundlos nicht am Unterricht teil (z. B. für Bayern: Art. 119 Abs. 1 Nr. 4 i. V. m. Art. 56 Abs. 4 S. 3 BayEUG). Zeigt die Schule den gesamten Sachverhalt an, darf trotzdem nur wegen der nach dem 14. Geburtstag liegenden Schulpflichtversäumnisse gegen den dann schon Jugendlichen eingeschritten werden.

Wurde gegen ein Kind in Unkenntnis des wahren Alters irrtümlich ein Bußgeldverfahren eingeleitet, so ist es aus rechtlichen Gründen einzustellen (§ 170 Abs. 2 S. 1 StPO i. V. m. § 46 Abs. 1 OWiG).[3] Allenfalls kommen verfahrensübergreifende Mitteilungen an andere Behörden (§ 49a OWiG) in Betracht.[4]

---

1) Das Ordnungswidrigkeitenrecht verwendet im Gegensatz zum Strafrecht nicht den Begriff der Schuldfähigkeit des Täters (§§ 19 bis 21 StGB). Die Bestimmungen zur Vorwerfbarkeit in § 12 OWiG sind nur teilweise vergleichbar.

2) Die Bestimmung in § 12 Abs. 1 S. 1 OWiG entspricht der strafrechtlichen Schuldunfähigkeit von Kindern § 19 StGB.

3) Zur Einstellung des Bußgeldverfahrens aus rechtlichen Gründen (§ 170 Abs. 2 S. 1 StPO i. V. m. § 46 Abs. 1 OWiG) § 11 Nr. 1.

4) Zur Zulässigkeit verfahrensübergreifender Mitteilungen im Bußgeldverfahren (§ 49a OWiG) § 23 Nr. 9.3.

Jugendliche sind Personen, die zur Tatzeit der Ordnungswidrigkeit (§ 6 S. 1 OWiG) zwar schon das vierzehnte, nicht aber das achtzehnte Lebensjahr vollendet haben (§ 1 Abs. 2 JGG i. V. m. § 46 Abs. 1 OWiG). Die Einleitung eines Bußgeldverfahrens ist möglich, wenn der Täter oder die Täterin zur Zeit der Tat nach ihrer sittlichen und geistigen Entwicklung reif genug waren, das Unrecht der Ordnungswidrigkeit einzusehen und nach dieser Einsicht zu handeln (§ 12 Abs. 1 S. 2 OWiG i. V. m. § 3 S. 1 JGG). Beide Voraussetzungen müssen zusammen vorliegen. Dies wird bei Schulpflichtversäumnissen unproblematisch, bei Zuwiderhandlungen gegen komplexe Bestimmungen des besonderen Verwaltungsrechts jedoch unsicher sein. In Zweifelsfällen kann sich die Anforderung einer Äußerung der bei den Jugendämtern ausgeübten Jugendgerichtshilfe (§ 38 Abs. 1, 2 JGG i. V. m. § 46 Abs. 1 OWiG) empfehlen. Diese steht auch im Bußgeldverfahren zur Verfügung, wenn ihre Mitwirkung zur sachgemäßen Durchführung des Verfahrens nicht entbehrlich ist (§ 46 Abs. 6 OWiG). Die Jugendgerichtshilfe wird auch im Bußgeldverfahren von den Jugendämtern im Zusammenwirken mit den Vereinigungen für Jugendhilfe ausgeübt (§ 38 Abs. 1 JGG i. V. m. § 46 Abs. 1 OWiG). In der Verfahrenspraxis wird diese Hilfe kaum in Anspruch genommen. Steht eine jugendliche Person unter gerichtlicher Vormundschaftsanordnung (§§ 1773, 1774 BGB), Vereinsvormundschaft (§ 54 SGB VIII) oder bestellter Amtsvormundschaft des Jugendamts (§ 55 SGB VIII), so entfällt dadurch nicht die eigene Vorwerfbarkeit des oder der Jugendlichen im Sinne des § 12 Abs. 1 S. 2 OWiG.

Heranwachsende sind Personen, die zur Tatzeit der Ordnungswidrigkeit (§ 6 S. 1 OWiG) zwar das achtzehnte, aber nicht das einundzwanzigste Lebensjahr vollendet haben (§ 1 Abs. 2 JGG). Sie werden im Gegensatz zum Strafrecht im Bußgeldverfahren wie Erwachsene behandelt.[1] Nur im Vollstreckungsverfahren kann die Geldbuße in jugendrechtliche Auflagen nach § 98 Abs. 1 S. 1 OWiG i. V. m. § 46 Abs. 1 OWiG umgewandelt werden.[2] Ist zweifelhaft, ob der oder die Betroffene zur Zeit der Tat (§ 6 S. 1 OWiG) das achtzehnte Lebensjahr bereits vollendet hat, sind die für Jugendliche geltenden Verfahrensvorschriften anzuwenden (§ 1 Abs. 3 JGG i. V. m. § 46 Abs. 1 OWiG).

3.5.2 Krankheitsbedingte Schuldunfähigkeit

Fehlende Vorwerfbarkeit, d. h. Schuldunfähigkeit des oder der Betroffenen, liegt bei krankhafter seelischer Störung, tiefgreifender Bewusstseinsstörung, einer Intelligenzminderung oder einer schweren anderen seelischen Störung vor (§ 12 Abs. 2 OWiG). Nicht vorwerfbar handelt, wer deswegen – als erwachsene oder jugendliche Person (§ 1 Abs. 2 JGG) – zur Tatzeit unfähig war, das Unerlaubte der Handlung einzusehen oder nach dieser Einsicht zu handeln.[3] Beide Möglichkeiten können unabhängig voneinander vorliegen. Bei einer nur vorübergehenden alkohol- oder rauschmittelbedingt fehlenden Vorwerfbarkeit (Rauschzustand) kommt der Auffangtatbe-

1) Thüringisches OLG (Jena), Beschl. vom 11.7.2019, Az. 1 OLG 131 SsBs 24/19.
2) §§ 105 und 106 JGG gelten nur im Strafverfahren. Zur Umwandlung von Geldbußen in Auflagen durch den Jugendrichter (§ 98 OWiG) § 23 Nr. 7.1.
3) Die Bestimmung des § 12 Abs. 2 OWiG ist der strafrechtlichen Schuldunfähigkeit wegen seelischer Störung in § 20 StGB nahezu wortgleich nachgebildet.

stand des Vollrausches nach § 122 OWiG in Betracht.[1] Die Ahndung einer dauerhaft nicht vorwerfbar handelnden Person durch Geldbuße als ernste Pflichtenmahnung ist durch § 12 Abs. 2 OWiG ausgeschlossen.

Ergeben sich aus dem Verhalten des oder der Betroffenen Anhaltspunkte für eine krankhafte seelische Störung, so ist ihre Verantwortlichkeit von Amts wegen zu prüfen. Es empfiehlt sich, zunächst festzustellen, ob schon anderweitige Erkenntnisse über den Betroffenen oder die Betroffene vorliegen. In Betracht kommt ein Auskunftsersuchen bei der Staatsanwaltschaft oder Polizei (§ 161 Abs. 1 S. 1 StPO i. V. m. § 46 Abs. 1, 2 OWiG), ob bereits strafrechtliche Ermittlungsverfahren wegen Schuldunfähigkeit (§ 20 StGB) eingestellt wurden und eventuell ärztliche Gutachten vorliegen. Rechtsgrundlage für diese personenbezogene Datenerhebung der Verwaltungsbehörde ist § 161 Abs. 1 S. 1 StPO i. V. m. § 46 Abs. 1, 2 OWiG. Die Staatsanwaltschaft ist zur Auskunftserteilung aufgrund § 49b Nr. 2 OWiG i. V. m. § 474 Abs. 2 S. 1 Nr. 3 StPO befugt. Die Einstellung eines Ermittlungsverfahrens durch die Staatsanwaltschaft oder eines Strafverfahrens durch ein Strafgericht wird auch in das Bundeszentralregister eingetragen (§ 11 Abs. 1 Nr. 1 BZRG). Die ärztliche Beobachtung des Geisteszustands in einem öffentlichen psychiatrischen Krankenhaus (§ 81 Abs. 1 StPO) ist im Bußgeldverfahren ausdrücklich unzulässig (§ 46 Abs. 3 S. 1 OWiG) und kommt auch bei schwerwiegenden Ordnungswidrigkeiten nicht in Betracht. Auch eine Begutachtung des oder der Betroffenen auf freiwilliger Basis wird im Verhältnis zur Bedeutung einer Ordnungswidrigkeit im Gegensatz zur Straftat regelmäßig dem Grundsatz der Verhältnismäßigkeit, insbesondere dem Übermaßverbot (Art. 20 Abs. 3 GG) widersprechen. In der Verfahrenspraxis kommt daher nur die Verwertung vorhandener Ergebnisse aus einem strafrechtlichen Ermittlungsverfahren in Betracht.

Die gerichtliche Anordnung der rechtlichen Betreuung (§ 1814 Abs. 1 BGB) bedeutet nicht automatisch fehlende Vorwerfbarkeit im Sinne des § 12 Abs. 2 OWiG. Hier ist zunächst zu prüfen, ob ordnungswidriges Handeln überhaupt der betreuten Person oder dem Betreuer bzw. der Betreuerin als Täter oder Täterin zuzurechnen ist.[2] Dies liegt aber nahe, wenn die Betreuung aufgrund einer psychischen Krankheit oder einer körperlichen, geistigen oder seelischen Behinderung angeordnet wurde (§ 1815 Abs. 1 BGB). Ordnungswidriges Verhalten kann aber den Rückschluss auf die Notwendigkeit einer Betreuungsanordnung und einer verfahrensübergreifenden Mitteilung von Amts wegen (§ 49a OWiG) auslösen. Die Behörde kann dem Betreuungsgericht Umstände mitteilen, die eine Betreuungsanordnung oder andere Maßnahme in Betreuungssachen erforderlich machen, soweit dies unter Beachtung berechtigter Interessen des oder der Betroffenen nach den Erkenntnissen der Behörde erforderlich ist, um eine erhebliche Gefahr für das Wohl des oder der Betroffenen abzuwenden (§ 7 Abs. 1 BtBG).[3]

Eine **verminderte Schuldfähigkeit** kennt das Ordnungswidrigkeitenrecht im Gegensatz zum Strafrecht (§ 21 StGB) nicht. Diese kann jedoch bei der Festsetzung

1) Zum Auffangtatbestand des Vollrausches (§ 122 OWiG) gegenüber der im Rauschzustand begangenen Ordnungswidrigkeit § 2 Nr. 3.4.4.

2) Zur Begehung von Ordnungswidrigkeiten bei Anordnung der rechtlichen Betreuung (§§ 1814 Abs. 1 BGB, § 2 Nr. 3.4.3).

3) Zur Stellung von Betroffenen unter bereits bestehender rechtlicher Betreuung (§§ 1814 Abs. 1, 1815 Abs. 1, 1823 BGB) § 2 Nr. 3.4.3.

der Geldbuße beim Vorwurf, der den Täter oder die Täterin trifft, mildernd berücksichtigt werden (§ 17 Abs. 3 S. 1 Alt. 2 OWiG).[1)]

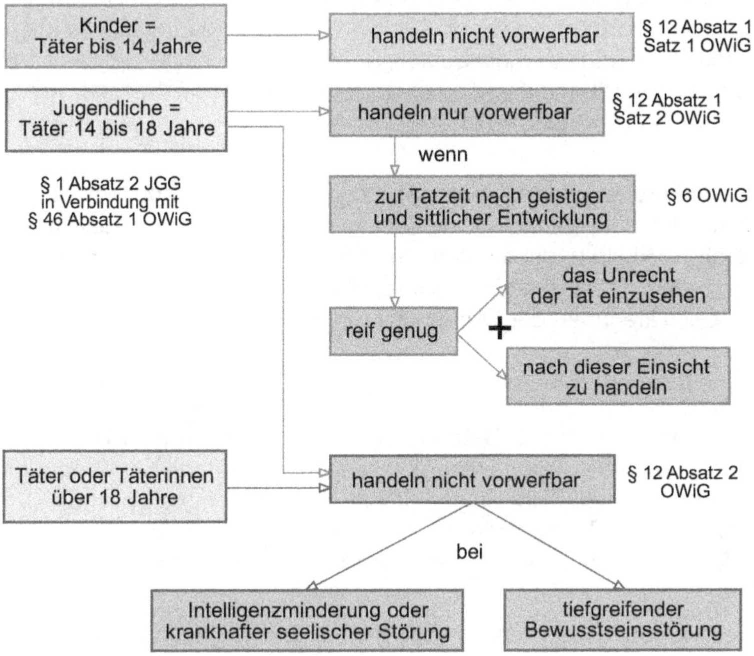

Abb. 11: Verantwortlichkeit (§ 12 OWiG)

3.5.3 Betroffene mit rechtlicher Betreuung

Ist bezüglich eines oder einer volljährigen, d. h. zur Tatzeit der Ordnungswidrigkeit (§ 6 S. 1 OWiG) mindestens achtzehn Jahre alten Betroffenen die Betreuung gerichtlich angeordnet (§ 1814 Abs. 1 BGB), so bedeutet dies nicht zugleich seine oder ihre fehlende Verantwortlichkeit im Sinne des § 12 Abs. 2 OWiG bezüglich ordnungswidrigen Verhaltens.[2)] Die Betreuung wird vom Amtsgericht – Betreuungsgericht – nur so weit angeordnet, als sie erforderlich ist (§ 1815 Abs. 1 S. 2 BGB). Sie ist keine „Entmündigung" und umfasst daher nicht die persönliche Lebensführung. Der Betreuer oder die Betreuerin kann zwar gesetzlicher Vertreter oder gesetzliche Vertreterin der betreuten Person vor Behörden und Gerichten sein (§ 1823 BGB).[3)] Sie trifft aber deswegen keine Aufsichtspflicht oder Garantenstellung (§ 8 OWiG), ordnungswidriges Verhalten der betreuten Person zu verhindern. Hier ist aber nach pflichtgemäßem Ermessen fraglich, ob die Ahndung durch Geldbuße geboten erscheint (§ 47 Abs. 1 S. 1 OWiG).

1) Zum Vorwurf, der den Täter oder die Täterin trifft, bei der Zumessung der Geldbuße (§ 17 Abs. 3 S. 1 Alt. 2 OWiG) § 3 Nr. 3.6.3.4.
2) Zur krankheitsbedingten Schuldunfähigkeit des oder der Betroffenen § 2 Nr. 3.4.2.
3) Zum Betreuer als Täter oder zur Betreuerin als Täterin einer Ordnungswidrigkeit § 2 Nr. 2.2.3.2.

Beispiel:

Der Betroffene handelt bei einer Ordnungswidrigkeit des unzulässigen Lärms (§ 117 OWiG) auch dann vorwerfbar, wenn eine Betreuungsanordnung wegen einer körperlichen Behinderung besteht und keine sonstigen Anhaltspunkte für eine fehlende Vorwerfbarkeit vorliegen. Es kann aber zweifelhaft sein, ob die Ahndung einer solchen Ordnungswidrigkeit geboten ist.

Betreuer oder Betreuerinnen können zwar in ihrem Aufgabenbereich (§ 1815 Abs. 1 BGB) als Vertreter oder Vertreterinnen der betreuten Person (§ 1823 BGB) verwaltungsrechtliche Mitwirkungspflichten zu erfüllen haben. Bei der pflichtwidrigen Nichterfüllung sind sie daher aufgrund ihrer Garantenstellung (§ 8 OWiG) ausschließliche Täter oder Täterinnen der Ordnungswidrigkeit.[1]

Beispiel:

Es besteht eine gerichtliche Betreuungsanordnung bezüglich der Vermögenssorge und für den Verkehr mit Behörden. Täter oder Täterin der Ordnungswidrigkeit einer unterlassenen Änderungsmitteilung beim Wohngeldbezug (§ 37 Abs. 1 Nr. 3 WoGG) ist nicht die betreute leistungsberechtigte Person, sondern der Betreuer oder die Betreuerin aufgrund ihrer Garantenstellung (§ 8 OWiG).[2]

Handelt die betreute Person trotz gerichtlicher Betreuungsanordnung selbst ordnungswidrig, ist ausschließlich sie Täter oder Täterin, soweit sie vorwerfbar handeln kann (§ 12 Abs. 2 OWiG).

Beispiel:

Es besteht eine gerichtliche Betreuungsanordnung bezüglich der Vermögenssorge und des Verkehrs mit Behörden. Die betreute Person stellt einem Angehörigen ihre Wohnungsanschrift verbotswidrig zur Verfügung, obwohl dieser dort weder wohnt noch wohnen will (§ 19 Abs. 6 BMG). Damit begeht die betreute Person eine Ordnungswidrigkeit nach § 54 Abs. 1 Nr. 1 BMG. Da keine krankheitsbedingte seelische Störung (§ 12 Abs. 2 OWiG) vorliegt, handelt die betreute Person auch vorwerfbar. Die Ordnungswidrigkeit kann daher verfolgt und geahndet werden.

3.5.4 Alkohol- und Drogeneinfluss, Auffangtatbestand Vollrausch (§ 122 OWiG)

Fehlende Vorwerfbarkeit der Ordnungswidrigkeit kann auch vorübergehend durch eine tiefgreifende Bewusstseinsstörung aufgrund Alkohol- oder Drogeneinfluss eintreten. Allerdings ist die Feststellung der Blutalkoholkonzentration (BAK), Cannabis (THC- oder sonstigen Drogenkonzentration) zur Tatzeit i. d. R. nicht möglich und es

1) Zur Garantenstellung im Bußgeldverfahren (§ 8 OWiG) § 4 Nr. 1.
2) Zur Garantenstellung des Betreuers und der Betreuerin im Strafrecht (§ 13 StGB) OLG Celle, Urt. vom 21.11.2007, Az. 32 Ss 99/07.

liegen nur vage Angaben vor, die weder eine Rückrechnung noch eine Schätzung erlauben. Daher genügen psychodiagnostische Kriterien zum Verhalten des oder der Betroffenen.[1] Nur der unerlaubte Besitz, nicht aber der bloße Konsum von Drogen ist strafbar (§ 29 Abs. 1 Nr. 3 BtMG, § 2 KCanG). Der Besitz von Cannabis (§ 1 Nr. 8 KCanG) ist seit April 2024 für erwachsene Personen in begrenzten Mengen erlaubt (§ 3 KCanG). Kann eine Ordnungswidrigkeit wegen rauschbedingt fehlender Vorwerfbarkeit zur Tatzeit einer Ordnungswidrigkeit (§ 6 OWiG) nicht geahndet werden (§ 12 Abs. 2 OWiG), greift der Auffangtatbestand des Vollrausches nach § 122 OWiG ein. Der Täter oder die Täterin wird dann nicht wegen der im Rauschzustand begangenen Ordnungswidrigkeit geahndet, sondern wegen des Berauschens, das zu dieser Handlung geführt hat. Die ordnungswidrige sogenannte „Rauschtat" ist dann nur objektive Bedingung der Ahndung. Auch der subsidiäre Auffangtatbestand nach § 122 Abs. 1 OWiG setzt aber voraus, dass die Vorwerfbarkeit zumindest erheblich vermindert war, ist also dann nicht anwendbar, wenn der Täter oder die Täterin möglicherweise noch voll schuldfähig war.[2]

Im Hinblick auf die allgemeine Gefährlichkeit und Unberechenbarkeit schwer berauschter Personen hat der Gesetzgeber das Sich-in-einen-Rausch-Versetzen in § 122 Abs. 1 OWiG als ein selbstständiges, rechtlich fassbares sanktionswürdiges Unrecht tatbestandlich normiert. Er hat lediglich die Ahndung des schuldhaften Sich-Berauschens durch die Einfügung einer objektiven Bedingung der Bußgeldbewehrung dahin eingeschränkt, dass ein „folgenloser" Rausch keine Sanktion nach sich ziehen soll. Demgegenüber wird wegen der Berauschung mit Geldbuße sanktioniert, wer in diesem Zustand in rechtswidriger Weise den Tatbestand einer Ordnungswidrigkeit verwirklicht und hierfür nicht mit Geldbuße belegt werden kann, weil der Betroffene infolge des Rausches schuldunfähig war bzw. nicht vorwerfbar gehandelt hat oder dies zumindest nicht auszuschließen ist.[3]

Für die Ahndung wegen einer Ordnungswidrigkeit des Vollrausches nach § 122 Abs. 1 OWiG bestehen folgende Voraussetzungen:

- Tathandlung ist ausschließlich das vorsätzliche oder fahrlässige Herbeiführen eines Rauschzustandes durch alkoholische Getränke oder andere berauschende Mittel. Der Rausch muss als Tatbestandsmerkmal zweifelsfrei vorliegen.[4]
- Der oder die Betroffene darf zur Tatzeit nicht vorwerfbar gehandelt haben (§ 12 Abs. 2 OWiG). Es genügt, wenn dies nicht sicher ausgeschlossen werden kann.
- Der im Rauschzustand verwirklichte Sachverhalt, die „Rauschtat", ist objektive Bedingung der „Ahndung" des Vollrauschtatbestands. Der oder die Betroffene muss den Tatbestand einer rechtswidrigen, lediglich nicht vorwerfbar begangenen Ordnungswidrigkeit verwirklichen (§ 1 Abs. 2 OWiG). Dazu genügt ein sogenannter „natürlicher Wille". Dies bedeutet, dass eine Handlung nicht als Ord-

1) BayObLG, Beschl. vom 9.1.2024, Az. 202 StRR 101/23, zur strafrechtlichen Parallelvorschrift § 20 StGB.
2) OLG Braunschweig, Beschl. vom 4.7.2014, Az. 1 Ss 36/14, für den entsprechenden Straftatbestand in § 323a StGB.
3) BGH, Beschl. vom 24.7.2017, Az. GSSt 3/17; BayObLG, Beschl. vom 22.10.2021, Az. 206 StRR 271/21, für den entsprechenden Straftatbestand in § 323a StGB.
4) KG (Berlin), Beschl. vom 10.6.2020, Az. (4) 161 Ss 65/20 (86/20), für den entsprechenden Straftatbestand in § 323a StGB.

nungswidrigkeit des Vollrausches geahndet werden kann, wenn sie auch den Grundtatbestand nicht verwirklicht.

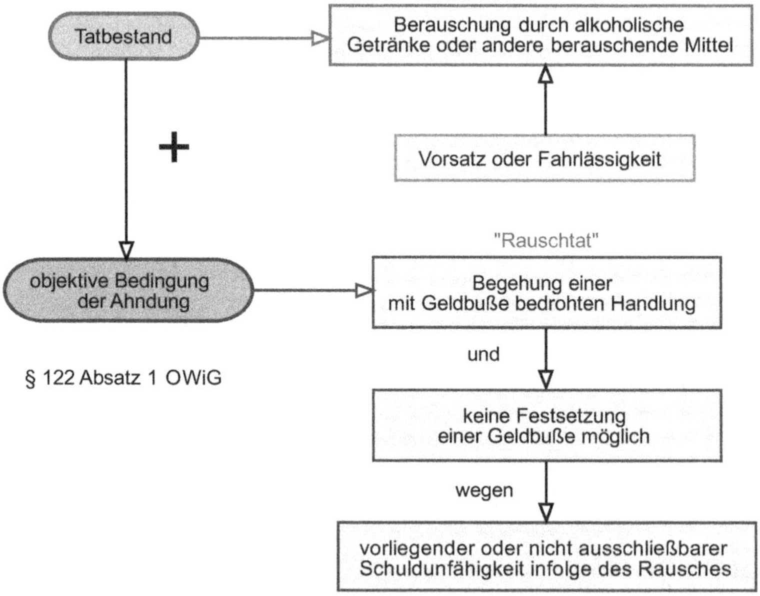

Abb. 12: Auffangtatbestand Vollrausch (§ 122 OWiG)

Beispiel:

Der Betroffene erklärt einem kontrollierenden Polizeibeamten, er sei eine „lebende Bombe" und hat dadurch tatbestandsmäßig und rechtswidrig eine grob ungehörige Handlung im Sinne des § 118 Abs. 1 OWiG vorgenommen. Aufgrund der getroffenen Feststellungen ist nicht sicher ausschließbar, dass er durch den vorausgegangenen Genuss alkoholischer Getränke nicht mehr in der Lage war, das Unrecht seiner Handlung einzusehen. Eine Ahndung aus dem Grundtatbestand kommt daher nicht in Betracht (§ 12 Abs. 2 OWiG).

Dem Betroffenen kann jetzt die vorsätzliche oder fahrlässige Berauschung als Ordnungswidrigkeit nach § 122 Abs. 1 OWiG vorgeworfen werden. Die tatbestandsmäßige und rechtswidrige, aber nicht vorwerfbare Rauschtat (§ 118 Abs. 1, § 1 Abs. 2 OWiG) ist dabei objektive Bedingung der Ahndung für den Vorwurf des Vollrausches in § 12 Abs. 1 OWiG.

Nicht übersehen werden darf, dass der Tatbestand des Vollrausches nach § 122 OWiG immer dann nicht verwirklicht werden kann, wenn die im Rausch begangene Handlung („Rauschtat") auch in nüchternem Zustand des Täters oder der Täterin nicht als Ordnungswidrigkeit gewertet werden könnte.

Fehlbeispiel:

Der Betroffene kommt nachts stark betrunken von einem Volksfest zurück und stürzt dabei aus Unachtsamkeit über eine zur Leerung am kommenden Morgen bereitgestellte Abfalltonne, die mit lautem Getöse umstürzt. Zahlreiche Anwohner werden in ihrer Nachtruhe gestört.

Es liegt keine Ordnungswidrigkeit nach § 122 Abs. 1 OWiG vor, weil

- die fahrlässige Erzeugung unzulässigen Lärms nach § 117 Abs. 1 OWiG i. V. m. § 10 OWiG nicht mit Geldbuße bedroht ist (nur vorsätzliches Handeln) und
- damit auch keine mit Geldbuße bedrohte Handlung, d. h. keine „Rauschtat" gegeben ist. Es fehlt daher an der objektiven Bedingung der Ahndung.

Sowohl die vorsätzliche als auch fahrlässige Tatbestandsverwirklichung des Vollrausches ist ordnungswidrig (§ 122 Abs. 1 OWiG). Vorsätzlich handelt nur, wer zumindest für möglich hält und billigend in Kauf nimmt, dass er sich durch den Konsum des Rauschmittels in einen besonders schweren, die Einsicht und Steuerungsfähigkeit erheblich vermindernden Rausch versetzt.[1)]

4. Verfolgungshindernisse

Auch wenn die zuständige Verwaltungsbehörde den Anfangsverdacht einer Ordnungswidrigkeit bejaht, darf kein Bußgeldverfahren gegen ausnahmsweise nicht verfolgbare Personen und bei sonstigen dauernden rechtlichen Verfolgungshindernissen eingeleitet werden.

4.1 Nicht verfolgbare Personen

Die deutsche Gerichtsbarkeit ist eine allgemeine Verfahrensvoraussetzung, deren Bestehen und Grenzen in jeder Lage des Verfahrens bei entsprechenden Anhaltspunkten von Amts wegen zu prüfen sind.[2)] Gewisse Personen sind ganz oder teilweise der deutschen Gerichtsbarkeit entzogen und dürfen daher auch nicht wegen der Begehung von Ordnungswidrigkeiten im Rahmen eines Bußgeldverfahrens verfolgt oder geahndet werden.

- **Angehörige eines ausländischen diplomatischen Dienstes**

dürfen aufgrund § 18 GVG i. V. m. § 46 Abs. 1 OWiG nach Maßgabe des Wiener Übereinkommens über diplomatische Beziehungen vom 18. April 1961 (WÜD) nicht verfolgt werden. Gegen sie darf weder ein Bußgeldverfahren eingeleitet noch ihnen eine Verwarnung (§ 56 Abs. 1 OWiG) erteilt werden. Die Immunität gilt nur für das

1) OLG Braunschweig, Beschl. vom 4.7.2014, Az. 1 Ss 36/14, unter Bezugnahme auf BGH, Beschl. vom 28.6.2000, Az. 3 StR 156/00, und OLG Köln, Beschl. vom 5.2.2010, Az. 1 RVs 25/10, für den entsprechenden Straftatbestand in § 323a StGB. Zum Bußgeldbescheid wegen Vollrausch § 14 Nr. 1.

2) BAG, Urt. vom 22.8.2012, Az. 5 AZR 949/11, unter Bezugnahme auf BVerfG, Beschl. vom 13.12.1977, Az. 2 BvM 1/76.

Land, in dem eine Akkreditierung besteht, nicht für andere Länder anlässlich privater Aufenthalte.[1]

- **Angehörige eines ausländischen konsularischen Dienstes**

dürfen aufgrund § 19 Abs. 1 GVG i. V. m. § 46 Abs. 1 OWiG nach Maßgabe des Wiener Übereinkommens über konsularische Beziehungen vom 18. April 1963 (WÜK) nur bei fehlendem Zusammenhang zwischen der Ordnungswidrigkeit und der konsularischen Tätigkeit verfolgt werden.[2] Auch eine Verwarnung (§ 56 Abs. 1 OWiG) ist nur dann zulässig. Die Amtsimmunität umfasst nur unmittelbare, echte Amtshandlungen in Wahrnehmung konsularischer Aufgaben.[3] Die Ausnahme von der deutschen Gerichtsbarkeit gilt nur für Konsularbeamte und Konsularbeamtinnen selbst, nicht aber für Mitglieder des dienstlichen Hauspersonals.[4]

- **Angehörige ausländischer Streitkräfte**

dürfen nur verfolgt werden, soweit dies aufgrund des NATO-Truppenstatuts (NTS) zulässig ist. Es gilt gem. Teil I des Unterzeichnungsprotokolls (BGBl. II 1961 S. 1313) auch für Ordnungswidrigkeiten. Personen, die nicht dem Militärrecht des Entsendestaats unterliegen, können grundsätzlich wegen der Begehung von Ordnungswidrigkeiten verfolgt werden. Allerdings sieht Artikel VII Abs. 8 NTS eine Sperrwirkung durch ausländische Sanktionsentscheidungen für ein folgendes deutsches Bußgeldverfahren vor. Es gilt zwar nicht das Verbot verfassungsrechtlich doppelter Ahndung (Art. 103 Abs. 3 GG), trotzdem sind solche Sanktionen bei der Zumessung der Geldbuße zu berücksichtigen. Nach dem Opportunitätsprinzip (§ 47 Abs. 1 S. 1 OWiG) können daher auch das Absehen von der Ahndung und die Einstellung des eingeleiteten Bußgeldverfahrens geboten sein (§ 47 Abs. 1 S. 2 OWiG).[5] Besondere Regeln gelten zum Schutz dieses Personenkreises bei Ordnungswidrigkeiten nach §§ 113, 114 OWiG (§ 2 Nr. 2, 3 NTSG).

- **Abgeordnete**

Bußgeldverfahren können gegen Abgeordnete des Bundestages, der Landtage oder des Europäischen Parlaments[6] eingeleitet werden, ohne dass es der für das Strafverfahren vorgeschriebenen Aufhebung der Immunität (Art. 46 Abs. 2 GG) bedarf. Ordnungswidrigkeiten stellen nämlich keine mit Strafe, sondern mit Geldbuße bedrohte Handlung dar (§ 1 Abs. 1 OWiG).

4.2 Dauernde rechtliche Verfolgungshindernisse

Die Verwaltungsbehörde darf kein Bußgeldverfahren einleiten, wenn ein dauerndes rechtliches Verfolgungshindernis besteht. In der Verfahrenspraxis sind die

1) BGH, Beschl. vom 5.10.2018, Az. StB 43/48; OLG Bamberg, Beschl. vom 27.9.2018, Az. 1 AuslA R 30/18.
2) OLG Düsseldorf, Beschl. vom 3.5.1996, Az. 2 Ws 139/96.
3) BayObLG, Beschl. vom 1.7.2024, Az. 201 ObOWi 405/24; Pfälzisches OLG (Zweibrücken), Beschl. vom 10.6.2013, Az. 1 SsBs 15/13.
4) BGH, Beschl. vom 25.5.2021, Az. 5 StR 482/20.
5) BayObLG, Beschl. vom 24.7.1996, Az. 2 ObOWi 545/96, für Sanktionen US-amerikanischer Militärbehörden.
6) OLG Düsseldorf, Beschl. vom 6.7.1988, Az. 5 Ss (OWi) 223/88 – 48/88 IV; KG (Berlin), Beschl. vom 9.7.1996, Az. 2 Ss 114/96 – 3 Ws (B) 236/95; OLG Bamberg, Beschl. vom 29.11.2010, Az. 3 Ss OWi 1660/10.

- anderweitige Verfolgung desselben Sachverhalts im Straf- oder Bußgeldverfahren (nachfolgend Nr. 4.2.1) und die
- Verfolgungsverjährung der Ordnungswidrigkeit (nachfolgend Nr. 4.2.2)

von Bedeutung. Dauernde rechtliche Verfahrenshindernisse sind in jeder Lage des Verfahrens von Amts wegen zu beachten.[1] Das bereits eingeleitete Bußgeldverfahren ist dann sofort aus rechtlichen Gründen nach § 170 Abs. 2 S. 1 StPO i. V. m. § 46 Abs. 1 OWiG einzustellen.[2]

4.2.1 Verfolgungshindernis durch anderweitige Verfolgung

Niemand darf wegen derselben Tat aufgrund der allgemeinen Strafgesetze mehrmals bestraft werden (Art. 103 Abs. 3 GG). Dies gilt entsprechend auch für die Ahndung wegen einer Ordnungswidrigkeit durch Geldbußen. Durch das verfassungsrechtliche Verbot sollen die Bürger und Bürgerinnen davor geschützt werden, wegen einer Tat, deretwegen sie schon zur Verantwortung gezogen worden sind, nochmals in einem neuen Verfahren verfolgt zu werden.[3] Ein zur Nichtigkeit des Bußgeldbescheids führender Mangel liegt vor, wenn durch den Erlass gegen das Verbot der Doppelbestrafung verstoßen wird.[4] Bußgeldverfahren können folglich greifbar rechtswidrig eingeleitet werden, wenn der Verwaltungsbehörde die Sperrwirkung einer bereits bestehenden bußgeld- oder strafrechtlichen Entscheidung unbekannt war.

4.2.1.1 Formeller Tatbegriff

Der Begriff der Tat im formellen Sinn (§ 264 StPO) umfasst innerhalb eines bestimmten Lebenssachverhalts alle ordnungswidrigen Verhaltensweisen des Täters oder der Täterin unter jedem rechtlichen Gesichtspunkt.[3] Die formelle Tat kann daher mehrere Tatbestände von Ordnungswidrigkeiten im materiellrechtlichen Sinn umfassen. Diese können in Tateinheit (§ 19 OWiG) auch mit einer Dauerordnungswidrigkeit und natürlichen Handlungseinheit stehen. Sogar tatmehrheitlich (§ 20 OWiG) in nahem inneren Zusammenhang stehende Ordnungswidrigkeiten können eine formelle Tat sein.[5] Wichtige Kriterien sind der zeitliche Abstand zwischen den einzelnen Handlungen und eine gleiche Willensbildung des oder der Betroffenen.[6] Besteht zwischen beiden Handlungen keine innere Beziehung mehr, weil die eine nur bei Gelegenheit der anderen begangen worden ist, steht ihrer Ahndung auch kein Strafklageverbrauch entgegen.[7] Schließlich kann eine Straftat die gleichzeitig vorliegende Ordnungswidrigkeit verdrängen (§ 21 Abs. 1 S. 1 OWiG).[8]

---

1) KG (Berlin), Beschl. vom 14.3.2007, Az. 2 Ss 37/07 – 3 Ws (B) 97/07.
2) Zur Einstellung des Bußgeldverfahrens aus rechtlichen Gründen (§ 170 Abs. 2 S. 1 StPO i. V. m. § 46 Abs. 1 OWiG) § 11 Nr. 1.
3) OLG München, Urt. vom 22.3.2019, Az. 4 OLG 13 Ss 491/18 B.
4) Brandenburgisches OLG (Brandenburg), Beschl. vom 12.6.2019, Az. (1 Z) 53 Ss-OWi 169/19 (106/19).
5) OLG Rostock, Beschl. vom 1.4.2005, Az. 2 Ss (OWi) 389/04 I 246/04; OLG Köln, Beschl. vom 5.10.2004, Az. 8 Ss-OWi 25/04. Zu den Begriffen Tateinheit (§ 19 OWiG), Tatmehrheit (§ 20 OWiG) und Dauerordnungswidrigkeit *Wieser-Kommentar* Teil 1 Nr. 1 §§ 19/20 OWiG und § 13 Nr. 3.6.1.
6) Brandenburgisches OLG (Brandenburg), Beschl. vom 1.6.2016, Az. (1 B) 53 Ss-OWi 99/16 (128/16).
7) OLG Köln, Beschl. vom 21.2.2017, Az. III-1 RBs 361/16.
8) BGH, Beschl. vom 21.4.2022, Az. 3 StR 81/22; OLG München, Urt. vom 22.3.2019, Az. 4 OLG 13 Ss 491/18 B; OLG Köln, Beschl. vom 21.2.2017, Az. III-1 RBs 361/16.

Beispiel:

Das Amtsgericht hat gegen den Betreiber einer Spielhalle einen rechtskräftigen Strafbefehl wegen ungenehmigten Betriebs eines EC-Karten-Terminals erlassen. Dadurch entsteht eine Sperrwirkung wegen bestimmter Ordnungswidrigkeiten nach dem einschlägigen Spielhallengesetz, die zeitgleich begangen worden sind.[1]

Wurde eine Dauerordnungswidrigkeit bereits durch rechtskräftigen Bußgeldbescheid mit Geldbuße geahndet, bedarf es zu einer weitergehenden Ahndung eines erneuten Tatentschlusses. Nur dann löst der Bußgeldbescheid eine Zäsurwirkung aus, die eine Ahndung des folgenden Tatzeitraums erlaubt.

Beispiel:

Der Betroffene erteilt eine im Verwaltungsverfahren verlangte Auskunft nicht und wird wegen der dadurch begangenen Ordnungswidrigkeit durch Bußgeldbescheid mit einer Geldbuße belegt. Trotz einer erneuten Aufforderung verweigert er die Auskunft weiterhin. Der Bußgeldbescheid hat Zäsurwirkung, weil aufgrund der erneuten Aufforderung ein neuer Tatentschluss zum ordnungswidrigen Handeln vorliegt.[2]

4.2.1.2 Wirksame Verwarnung mit Verwarnungsgeld

Die wirksame Verwarnung mit Verwarnungsgeld (§ 56 Abs. 1 S. 1 OWiG)[3] besitzt nur beschränkte Rechtskraft und schließt die Verfolgung lediglich unter den tatsächlichen und rechtlichen Gesichtspunkten, unter denen die Verwarnung erteilt wurde, aus (§ 56 Abs. 4 OWiG). Die Sperrwirkung einer Verwarnung mit Verwarnungsgeld tritt auch bei der Überschneidung zweier Dauerordnungswidrigkeiten, nicht aber bei Tatmehrheit von Ordnungswidrigkeiten (§ 20 OWiG) ein. Die erneute Verfolgung der Tat wegen einer anderen Ordnungswidrigkeit ist auch unzulässig, wenn die Reichweite der erteilten Verwarnung unklar geblieben ist. [4]

Beispiel:

Der Betroffene wurde wirksam wegen einer Ordnungswidrigkeit nach § 75 Nr. 4 i. V. m. § 4 Abs. 2 S. 2 FeV (Nichtmitführen des Führerscheins) mit 10,00 Euro Verwarnungsgeld verwarnt. Die Einleitung eines Bußgeldverfahrens wegen einer auf derselben Fahrt begangenen Ordnungswidrigkeit nach § 19 Abs. 1 Nr. 5 GüKG (Nichtmitführen von Begleitpapieren) ist nur dann unzulässig, wenn der Betroffene bei der Erteilung der mündlichen Verwarnung mit Verwarnungsgeld

1) KG (Berlin), Beschl. vom 28.8.2014, Az. 3 Ws (B) 452/14 – 162 Ss 125/14.
2) OLG München, Beschl. vom 4.12.2015, Az. 4 OLG 13 Ss 478/15, zu einer Ausländerstraftat.
3) Zur Verwarnung mit Verwarnungsgeld (§ 56 Abs. 1 S. 1 OWiG) § 12 Nr. 2. Zur beschränkten Sperrwirkung der Verwarnung OLG Düsseldorf, Beschl. vom 6.9.1990, Az. 5 Ss (OWi) 306/90 – (OWi) 131/90 I.
4) OLG Düsseldorf, Beschl. vom 6.9.1990, Az. 5 Ss (OWi) 306/90 – (OWi) 131/90 I.

davon ausgehen konnte, das gesamte Fehlverhalten sei damit geahndet. Ansonsten bleibt die Ahndung der Ordnungswidrigkeit wegen der beschränkten Rechtskraft der Verwarnung möglich.

Solange der oder die Betroffene zu der Verwarnung mit Verwarnungsgeld noch nicht das notwendige Einverständnis erklärt und/oder das Verwarnungsgeld nicht bezahlt hat, kann die Verwarnung mangels Wirksamkeit keinen Strafklageverbrauch auslösen.[1)]

4.2.1.3 Anhörung als Betroffener oder Betroffene

Hat die Verwaltungsbehörde versehentlich ein weiteres Bußgeldverfahren im Bereich derselben Tat im formellen Sinn (§ 264 StPO i. V. m. § 46 Abs. 1 OWiG) eingeleitet,[2)] muss sie eine Doppelahndung von Amts wegen verhindern. Diese Situation kann insbesondere dann eintreten, wenn verschiedene Fachämter einer Behörde auch für fachbezogene Bußgeldverfahren sachlich zuständig sind.

Beispiel:

Bei einer Nachschau wird festgestellt, dass in einer Gaststätte ein spielhallenähnlicher Betrieb ohne Erlaubnis (§ 33i Abs. 1 S. 1 GewO) durchgeführt wird. Das Gewerbeamt leitet ein Bußgeldverfahren wegen einer Ordnungswidrigkeit nach § 144 Abs. 1 Nr. 1 Buchst. d GewO ein und hört den Betroffenen deswegen an. Aufgrund einer Nachbarschaftsbeschwerde leitet das Ordnungsamt ein weiteres Bußgeldverfahren wegen eines zeitgleichen Auflagenverstoßes nach dem einschlägigen landesrechtlichen Gaststättengesetz ein und hört den Betroffenen deswegen an.

Werden innerhalb des formellen Tatbegriffs zwei Bußgeldverfahren wegen mehrerer Ordnungswidrigkeiten eingeleitet, was i. d. R. durch die Anhörung des oder der Betroffenen erfolgt (§ 55 OWiG i. V. m. § 163a Abs. 1 StPO), müssen beide Verfahren von Amts wegen unverzüglich verbunden werden, damit es nicht zu einer verfassungswidrigen Doppelahndung (Art. 103 Abs. 3 GG) und zur Nichtigkeit eines weiteren Bußgeldbescheides kommt. Dann kann in einem Bußgeldverfahren der gesamte Tathergang in Tateinheit (§ 19 OWiG) oder bei engem zeitlichem Zusammenhang in Tatmehrheit (§ 20 OWiG) mit einem Bußgeldbescheid (§ 65 OWiG) geahndet werden. Es empfiehlt sich, bei der absehbaren sachlichen Zuständigkeit mehrerer Fachämter bereits bei der Einleitung des Bußgeldverfahrens abzustimmen, ob ein anderes Fachamt ebenfalls bußgeldrechtlich tätig werden möchte.

Beispiel:

Im vorhergehenden Beispielfall könnte das Gewerbeamt die bei der elektronischen Aktenführung vorhandene Datenbank darauf überprüfen, ob das Ord-

1) Thüringer OLG (Jena), Beschl. vom 3.11.2005, Az. 1 Ss 226/05; BayObLG, Beschl. vom 17.2.1999, Az. 2 ObOWi 751/98.
2) Zur Tat im formellen Sinn (§ 264 StPO i. V. m. § 46 Abs. 1 OWiG) § 4 Nr. 4.2.1.1.

nungsamt bezüglich desselben Betroffenen zeitgleich ebenfalls ein Bußgeldverfahren eingeleitet hat. Beide Ämter könnten sich dann abstimmen, eine einheitliche Anhörung beider Ordnungswidrigkeiten an den Betroffenen übermitteln und beide Ordnungswidrigkeiten in einem Bußgeldbescheid ahnden.

4.2.1.4 Bußgeldbescheide vor Rechtskraft

Hat die Verwaltungsbehörde Ordnungswidrigkeiten im selben zeitlichen und örtlichen Zusammenhang und damit innerhalb des formellen Tatbegriffs (§ 264 StPO i. V. m. § 46 Abs. 1 OWiG)[1] unerkannt durch zwei Bußgeldverfahren verfolgt und durch Bußgeldbescheide geahndet, liegt eine klare Verletzung des verfassungsrechtlichen Doppelahndungsverbots vor (Art. 103 Abs. 3 GG). Der zweite Bußgeldbescheid ist auch dann nichtig, wenn der erste Bußgeldbescheid noch nicht rechtskräftig ist.[2]

Beispiel:

Das Gewerbeamt stellt eine unerlaubte Sondernutzung eines Gehwegs vor einer Gaststätte durch Außenbewirtung fest. Wegen der Zuwiderhandlung gegen das einschlägige landesrechtliche Straßengesetz wird durch die Anhörung des Betroffenen ein Bußgeldverfahren eingeleitet und diese sodann durch einen Bußgeldbescheid geahndet.

Am Tag darauf stellt das Bauordnungsamt fest, dass das Holzpodium, auf dem Tische und Stühle aufgestellt sind, einer baurechtlichen Anzeige bedurft hätte. Wegen der Zuwiderhandlung gegen die einschlägige Landesbauordnung wird der Betroffene jetzt angehört und sodann ein weiterer Bußgeldbescheid erlassen.

Solange die Bußgeldbescheide (§ 65 OWiG) zwar bereits erlassen, aber wegen der nicht abgelaufenen zweiwöchigen Einspruchsfrist (§ 67 Abs. 1 S. 1 OWiG) noch anfechtbar sind oder nach einem zulässigen Einspruch keine Rechtskraft erlangt haben (§ 89 OWiG), kann die Verwaltungsbehörde zwei Wege beschreiten:

- Sollen beide Ordnungswidrigkeiten geahndet werden, können bis zur Rechtskraft beide Bußgeldbescheide von Amts wegen zurückgenommen werden (§ 69 Abs. 2 S. 1 OWiG) und der gesamte Sachverhalt mit der straßen- und baurechtlichen Ordnungswidrigkeit in einem Bußgeldbescheid geahndet werden.
- Soll eine Ordnungswidrigkeit nicht weiter verfolgt werden, weil sie gegenüber der anderen nicht beträchtlich ins Gewicht fällt, kann die Verwaltungsbehörde den betreffenden Bußgeldbescheid von Amts wegen zurücknehmen (§ 69 Abs. 2 S. 1 OWiG) und das Bußgeldverfahren dann aus rechtlichen Gründen insoweit einstellen (§ 170 Abs. 2 S. 1 StPO i. V. m. § 46 Abs. 1 OWiG). Der oder die Betroffene erhält eine formlose Einstellungsmitteilung (§ 171 Abs. 1 S. 1 StPO i. V. m. § 46 Abs. 1 OWiG). In diesem Fall wird die Verwaltungsbe-

1) Zur Tat im formellen Sinn (§ 264 StPO i. V. m. § 46 Abs. 1 OWiG) § 4 Nr. 4.2.1.1.
2) Saarländisches OLG (Saarbrücken), Beschl. vom 31.1.1992, Az. Ss (Z) 203/92.

hörde auch die Auslagen des oder der Betroffenen in Form der entstandenen Anwaltskosten zu tragen haben (§ 105 Abs. 2 OWiG i. V. m. § 467a Abs. 1 S. 1 StPO) und muss mit einem Kostenfestsetzungsantrag rechnen (§ 106 OWiG).[1]

4.2.1.5 Bußgeldbescheide nach Rechtskraft

Ist ein Bußgeldbescheid rechtskräftig geworden (§ 89 OWiG), so kann dieselbe Tat aufgrund § 84 Abs. 1 OWiG wegen „Strafklageverbrauchs" nicht mehr als Ordnungswidrigkeit verfolgt werden. Ein gleichwohl erlassener zweiter Bußgeldbescheid ist von vornherein unwirksam und entfaltet keinerlei Rechtswirkung.[2] Dies gilt auch dann, wenn der erste Bußgeldbescheid noch nicht rechtskräftig ist.[3]

Beispiel:

Eine Stadt erlässt durch ihr Ordnungsamt einen Bußgeldbescheid wegen Betreibens einer Spielhalle ohne die erforderliche Erlaubnis (§ 144 Abs. 1 Nr. 1 Buchst. d i. V. m. § 33i Abs. 1 S. 1 GewO). Dieser wird rechtskräftig. Kurz darauf stellt das Bauamt als untere Bauaufsichtsbehörde fest, dass der Spielhallenbetrieb auch eine ungenehmigte Nutzungsänderung des Gebäudes darstellt (z. B. Art. 79 Abs. 1 Nr. 8 BayBO). Eine erneute Ahndung derselben Tat mit Geldbuße nur unter anderer rechtlicher Würdigung ist unzulässig.

Die Verwaltungsbehörde kann in diesem Fall nur die Nichtigkeit des zweiten Bußgeldbescheides feststellen, ihn klarstellend zurücknehmen (§ 69 Abs. 2 S. 1 OWiG analog) und das Bußgeldverfahren aus rechtlichen Gründen einstellen (§ 170 Abs. 2 S. 1 StPO i. V. m. § 46 Abs. 1 OWiG). In diesem Fall wird die Verwaltungsbehörde auch die Auslagen des Betroffenen in Form der entstandenen Anwaltskosten zu tragen haben (§ 105 Abs. 2 OWiG i. V. m. § 467a Abs. 1 S. 1 StPO) und muss mit einem Kostenfestsetzungsantrag rechnen (§ 106 OWiG).[1]

4.2.1.6 Dauerordnungswidrigkeiten

Ein Fall des Strafklageverbrauchs liegt auch vor, wenn eine nach Erlass eines Bußgeldbescheids weiter begangene Dauerordnungswidrigkeit wegen des Tatzeitraums (§ 6 S. 1 OWiG) ab Rechtskraft oder durch einen weiteren Bußgeldbescheid ohne äußere Anhaltspunkte für einen erneuten Tatentschluss geahndet wird. Der Bußgeldbescheid löst keine „Zäsurwirkung" aus, die automatisch eine erneute Ahndung erlaubt.[4]

---

1) Zur Kostenentscheidung der Verwaltungsbehörde (§ 105 Abs. 2 OWiG i. V. m. § 467a Abs. 1 S. 1 StPO) § 20 Nr. 3.2.2 und zum Kostenfestsetzungsantrag (§ 106 OWiG) § 20 Nr. 3.2.3.

2) OLG Rostock, Beschl. vom 16.12.2014, Az. 21 Ss OWi 208/14 (Z); Thüringer OLG (Jena), Beschl. vom 3.11.2005, Az. 1 Ss 226/05; AG Landstuhl, Beschl. vom 26.7.2022, Az. 2 OWi 4211 Js 8465/22.

3) Saarländisches OLG (Saarbrücken), Beschl. vom 31.1.1992, Az. Ss (Z) 203/92.

4) BVerfG, stattgebender Kammerbeschluss vom 27.12.2006, Az. 2 BvR 1895/05; OLG München, Beschl. vom 4.12.2015, Az. 4 OLG 13 Ss 478/15; OLG Rostock, Beschl. vom 16.12.2014, Az. 21 Ss OWi 208/14 (Z).

Beispiele:

Ein Hundehalter wird von der Gemeinde erfolglos aufgefordert, den landesgesetzlich vorgeschriebenen Wesenstest für einen Pitbull-Terrier vorzulegen. Sie erlässt wegen der entsprechenden Dauerordnungswidrigkeit einen Bußgeldbescheid, der rechtskräftig wird. Nachdem der Betroffene seiner Nachweispflicht weiterhin nicht genügt, erlässt die Gemeinde wegen des Zeitraums ab Rechtskraft des ersten Bußgeldbescheides ohne erneute Aufforderung einen weiteren Bußgeldbescheid mit einer erhöhten Geldbuße. Dieser Bußgeldbescheid ist wegen Strafklageverbrauchs nichtig und entfaltet keine Rechtswirkung.[1)]

Der Betroffene unterlässt es trotz Erlass eines Bußgeldbescheides weiterhin, den Prüfbericht als Makler vorzulegen (§ 16 Abs. 1 i. V. m. § 18 Abs. 1 Nr. 12 MaBV). Ein erneuter Bußgeldbescheid mit erhöhter Geldbuße ist wegen des Tatzeitraums ab Rechtskraft des ersten Bußgeldbescheides ohne erneute äußere Anhaltspunkte für einen erneuten Tatentschluss unzulässig. Ein neuer Tatentschluss ist aber anzunehmen, wenn der Betroffene erneut auf seine Verpflichtung hingewiesen oder sogar Verwaltungszwang angedroht wird.

Die notwendige Zäsurwirkung kann nur durch einen erneuten Tatentschluss des oder der Betroffenen erreicht werden. Dazu übermittelt die Behörde im Verwaltungsverfahren eine Aufforderung nach Rechtskraft des Bußgeldbescheides, nunmehr der Verpflichtung nachzukommen und kündigt für den Fall einer erneuten Pflichtwidrigkeit einen Bußgeldbescheid mit erhöhter Geldbuße an. Damit löst sie einen erneuten Tatentschluss des oder der Betroffenen aus, wenn er oder sie trotz der Aufforderung weiter untätig bleibt. Bei hartnäckigen Betroffenen erscheint es angebracht, die Möglichkeiten des Verwaltungszwangs und des Bußgeldverfahrens parallel auszuschöpfen.

Beispiel:

Im vorherigen Beispiel wird dem Betroffenen durch gesetzeskonkretisierenden Verwaltungsakt ein Zwangsgeld angedroht und zugleich für die Zuwiderhandlung durch Bußgeldbescheid eine Geldbuße festgesetzt. Nachdem dies den Betroffenen nicht innerhalb der gesetzten Frist zur Pflichterfüllung veranlasst, wird das angedrohte Zwangsgeld festgesetzt und durch Bußgeldbescheid eine erneute höhere Geldbuße festgesetzt.

4.2.1.7 Gleichzeitige Verfolgung als Straftat

Zur Verfolgung von Straftaten ist nicht die Verwaltungsbehörde (§ 35 Abs. 1 OWiG), sondern die Staatsanwaltschaft berufen (§ 160 Abs. 1 StPO). Straftaten verdrängen zugleich vorliegende Tatbestände von Ordnungswidrigkeiten (§ 21 Abs. 1 S. 1 OWiG).

---

1) AG Zeitz, Beschl. vom 6.3.2019, Az. 13 OWi 55/19.

Beispiel:

Bei einer Nachschau der Lebensmittelüberwachung erteilt der Gewerbetreibende entgegen § 44 Abs. 2 S. 1 LFGB keine Auskünfte, sondern beleidigt die Beamten. Der Dienstvorgesetzte stellt Strafantrag (§ 194 StGB) wegen Beleidigung (§ 185 StGB). Die Staatsanwaltschaft leitet daraufhin ein strafrechtliches Ermittlungsverfahren (§ 152, § 160 Abs. 1 StPO) ein. Es liegen tateinheitlich (§ 19 Abs. 1 OWiG) eine Ordnungswidrigkeit nach § 60 Abs. 2 Nr. 20 LFGB und eine Straftat der Beleidigung (§ 185 StGB) vor. Diese können nur im Strafverfahren gemeinsam verfolgt werden (§ 40 OWiG).

Ein zusätzliches Bußgeldverfahren darf nicht mehr eingeleitet werden, vielmehr ist die Staatsanwaltschaft für die Verfolgung von Ordnungswidrigkeit und Straftat zuständig (§ 40 OWiG). Der Vorgang wäre an die bereits die Straftat verfolgende Staatsanwaltschaft abzugeben (§ 41 Abs. 1 OWiG).[1)] Die Verwaltungsbehörde kann ein rechtswidrig eingeleitetes Bußgeldverfahren nur an die Staatsanwaltschaft abgeben, damit diese die Ordnungswidrigkeit zusammen mit der Straftat weiterverfolgen kann. Ist bereits ein Bußgeldbescheid erlassen worden, muss dieser, soweit er vor Rechtskraft noch zurückgenommen werden kann (§ 69 Abs. 2 S. 1 OWiG), von Amts wegen zurückgenommen und dann das Verfahren an die Staatsanwaltschaft zur weiteren Verfolgung der Ordnungswidrigkeit zusammen mit der Straftat abgegeben werden. Ist der Bußgeldbescheid bereits rechtskräftig, kann er selbstverständlich nicht mehr zurückgenommen werden. Sofern die Staatsanwaltschaft wegen der Straftat Anklage erhebt (§ 151 StPO) oder den Erlass eines Strafbefehls beantragt (§ 407 StPO) wird der Bußgeldbescheid vom Gericht bei einer Verurteilung aufgehoben (§ 86 Abs. 1 S. 1 OWiG).

4.2.1.8 Anhängigkeit bei einem Gericht als Straf- oder Bußgeldsache

Derselbe Sachverhalt kann bereits bei einem Strafgericht anhängig sein, wenn wegen einer tateinheitlichen Straftat durch die Staatsanwaltschaft Anklage erhoben (§ 151 StPO) oder Strafbefehlsantrag (§ 407 StPO) gestellt ist.

Beispiel:

Im vorherigen Beispiel wäre die Einleitung eines Bußgeldverfahrens wegen einer Ordnungswidrigkeit nach § 60 Abs. 2 Nr. 20 LFGB auch dann nicht möglich, wenn das Strafgericht bereits über eine angeklagte tateinheitliche Straftat der Beleidigung (§ 185 StGB) zu entscheiden hätte.

Derselbe Sachverhalt kann auch bereits beim Amtsgericht – Abteilung für Bußgeldsachen – anhängig sein, wenn die Staatsanwaltschaft ein Bußgeldverfahren wegen einer tateinheitlichen Ordnungswidrigkeit nach Einspruch des oder der Betroffenen

1) Zur Abgabe eines Bußgeldverfahrens an die Staatsanwaltschaft wegen Anhaltspunkten für eine Straftat (§ 41 Abs. 1 OWiG) § 3 Nr. 1.

gegen den Bußgeldbescheid dem Gericht vorlegt (§ 69 Abs. 4 S. 2 OWiG).[1] Oft werden weitere Sachverhalte erst nachträglich aufgrund weiterer Kontrollen oder Mitteilungen von Bürgern oder Bürgerinnen bekannt.

Beispiele:

Eine Verwaltungsbehörde hat einen Bußgeldbescheid wegen unerlaubten Betriebes einer Spielhalle (§ 144 Abs. 1 Buchst. d i. V. m. § 33i Abs. 1 S. 1 GewO) erlassen. Erst nach dem Einspruch des Betroffenen stellt sich heraus, dass auch die erforderliche baurechtliche Erlaubnis für die Nutzungsänderung nicht vorgelegen hat und daher auch eine Ordnungswidrigkeit nach Art. 79 Abs. 1 Nr. 8 BayBO gegeben ist.

Beim Amtsgericht ist ein Bußgeldverfahren wegen einer Dauerordnungswidrigkeit der unerlaubten Ausübung des Maklergewerbes anhängig (§ 144 Abs. 1 Nr. 1 Buchst. h i. V. m. § 34c Abs. 1 S. 1 GewO). Die Verwaltungsbehörde stellt fest, dass der Betroffene auch weiterhin unerlaubte Vermittlungsleistungen durchführt.

Ist ein Straf- oder Bußgeldverfahren noch beim Amtsgericht anhängig, so können weitere tateinheitliche Ordnungswidrigkeiten oder fortdauernde Dauerordnungswidrigkeiten nur dann verfolgt werden, wenn sie in das bereits laufende gerichtliche Verfahren unter Erweiterung des rechtlichen Gesichtspunkts einbezogen werden (§ 265 Abs. 1 StPO i. V. m. § 71 Abs. 1 OWiG). Der Vorgang sollte daher möglichst rasch über die Staatsanwaltschaft dem Amtsgericht – Abteilung für Bußgeldsachen – vorgelegt werden, da die Einbeziehung nur bis zur gerichtlichen Sachentscheidung, i. d. R. einem Urteil, möglich ist. In Zweifelsfällen empfiehlt sich eine Abstimmung mit der Staatsanwaltschaft.

4.2.1.9 Gerichtliche Sachentscheidung über die Tat

Die rechtskräftige Sachentscheidung eines Bußgeld- oder Strafgerichts bewirkt ein endgültiges Verfolgungshindernis. Solche Entscheidungen sind das Urteil (§ 71 OWiG) und der Beschluss nach § 72 OWiG im Bußgeldverfahren und das Urteil oder der Strafbefehl im Strafverfahren.[2]

Beispiel:

Erlässt das Amtsgericht gegen den Auskunftspflichtigen, der Beamte der Lebensmittelüberwachung beleidigt hat, statt ihnen geforderte Auskünfte zu erteilen, nur wegen der Straftat der Beleidigung (§ 185 StGB) auf Antrag der Staatsanwaltschaft einen Strafbefehl, darf wegen eingetretenen Strafklageverbrauchs kein Bußgeldverfahren wegen der Ordnungswidrigkeit nach § 60 Abs. 2 Nr. 20 LFGB mehr eingeleitet werden.

---

1) Zur Vorlage einer Bußgeldsache durch die Staatsanwaltschaft an das Amtsgericht (§ 69 Abs. 4 S. 1 OWiG) § 20 Nr. 4.
2) BVerfG, Beschl. vom 7.12.1983, Az. 2 BvR 282/80.

Auch eine gerichtliche Einstellung des Bußgeldverfahrens wegen nicht gebotener Ahndung (§ 47 Abs. 2 OWiG) entfaltet eine entsprechende Sperrwirkung für ein nachfolgendes Straf- oder Bußgeldverfahren.[1] Die Verwaltungsbehörde und die Staatsanwaltschaft dürfen daher einheitliche Sachverhalte niemals in getrennte Straf- und Bußgeldverfahren auftrennen.

Beispiel:

Die Verwaltungsbehörde erlässt einen Bußgeldbescheid aufgrund einer Beanstandung, gegen den der Betroffene wirksam Einspruch einlegt. Das mit der Sache befasste Amtsgericht stellt das Bußgeldverfahren wegen nicht gebotener Ahndung gem. § 47 Abs. 2 OWiG ein. Die Staatsanwaltschaft beantragt wegen der im selben Zusammenhang erfolgten Straftat der Beleidigung (§ 185 StGB) einen Strafbefehl. Die gerichtliche Einstellung führt zum Strafklageverbrauch für die weitaus schwerwiegendere Straftat.

Ein trotzdem in Unkenntnis der gerichtlichen Entscheidung in selber Sache eingeleitetes Bußgeldverfahren kann nur sofort aus rechtlichen Gründen durch die Verwaltungsbehörde aus rechtlichen Gründen eingestellt werden (§ 170 Abs. 2 S. 1 StPO i. V. m. § 46 Abs. 1 OWiG). Wurde bereits ein Bußgeldbescheid erlassen, ist er entweder von Amts wegen oder nach Einspruch des oder der Betroffenen zurückzunehmen (§ 69 Abs. 2 S. 1 OWiG) und das Bußgeldverfahren aus rechtlichen Gründen einzustellen (§ 170 Abs. 2 S. 1 StPO i. V. m. § 46 Abs. 1 OWiG). Ein Bußgeldbescheid entfaltet auch nach Ablauf der Einspruchsfrist wegen seiner Nichtigkeit keine Rechtswirkungen. Er ist daher nur klarstellend von Amts wegen zurückzunehmen (§ 69 Abs. 2 S. 1 OWiG analog) und das Bußgeldverfahren aus rechtlichen Gründen einzustellen (§ 170 Abs. 2 S. 1 StPO i. V. m. § 46 Abs. 1 OWiG). In diesem Fall wird die Verwaltungsbehörde auch die Auslagen des oder der Betroffenen in Form der entstandenen Anwaltskosten zu tragen haben (§ 105 Abs. 2 OWiG i. V. m. § 467a Abs. 1 S. 1 StPO) und muss mit einem Kostenfestsetzungsantrag rechnen (§ 106 OWiG).[2]

4.2.1.10 Einstellung eines Strafverfahrens ohne Auflagen

Die Staatsanwaltschaft kann von der Verfolgung einer Straftat nach § 153 Abs. 1 StPO folgenlos absehen, wenn die Schuld des Täters oder der Täterin als gering anzusehen wäre und kein öffentliches Interesse an der Verfolgung besteht. Stellt die Staatsanwaltschaft ein strafrechtliches Ermittlungsverfahren wegen eines Vergehens aufgrund Geringfügigkeit ein, so kann sie das Bußgeldverfahren nach § 43 Abs. 1 OWiG an die Verwaltungsbehörde zur weiteren Verfolgung der bisher verdrängten Ordnungswidrigkeit abgeben. Auch wenn sie dies – sogar irrtümlich – unterlässt, kann nach herrschender Meinung ein Bußgeldverfahren durch die Verwaltungsbehörde eingeleitet werden. Durch die Abgabe wird auch die Verfolgungsverjährung wegen der Ordnungswidrigkeit unterbrochen (§ 33 Abs. 1 S. 1 Nr. 8 OWiG). Erfolgte die Einstellung allerdings erst im gerichtlichen Strafverfahren nach

1) OLG Düsseldorf, Beschl. vom 20.3.2012, Az. III-3 RVs 28/12.
2) Zur Kostengrundentscheidung der Verwaltungsbehörde (§ 105 Abs. 2 OWiG i. V. m. § 467a Abs. 1 StPO) § 20 Nr. 3.2.2 und zum Kostenfestsetzungsantrag (§ 106 OWiG) § 20 Nr. 3.2.3.

§ 153 Abs. 2 StPO, so hat dies einen Strafklageverbrauch auch für Ordnungswidrigkeiten zur Folge.[1)]

4.2.1.11 Einstellung eines Strafverfahrens mit Auflagen

Die Staatsanwaltschaft kann ein bei ihr anhängiges Ermittlungsverfahren wegen einer Straftat nach § 153a Abs. 1 S. 1 StPO, das Strafgericht ein bei ihm anhängiges Strafverfahren nach § 153a Abs. 2 S. 1 StPO gegen Auflagen vorläufig einstellen, wenn das öffentliche Interesse an der Strafverfolgung bei Bagatellstraftaten dadurch ausgeräumt werden kann. Nach Erfüllung der Auflagen oder Weisungen wird das gesamte Verfahren, nicht etwa nur wegen des Straftatbestands, endgültig eingestellt.[2)] Die gesamte Tat kann dann nicht mehr als strafrechtlicher Vergehenstatbestand, aber auch nicht mehr wegen einer nach § 21 Abs. 1 S. 1 OWiG verdrängten Ordnungswidrigkeit verfolgt werden.[3)] Die Einstellung nach § 153a StPO unter Auflagen bildet daher im Gegensatz zu § 153 StPO ohne Auflagen ein Verfahrenshindernis.[4)]

Beispiel:[5)]

Die Staatsanwaltschaft stellte ein Ermittlungsverfahren wegen strafbaren Vorenthaltens von Sozialversicherungsbeiträgen (§ 266a StGB) gegen eine Geldauflage nach § 153a StPO ein.

- Die Sperrwirkung umfasst die Ordnungswidrigkeit des Nichtzahlens von Beiträgen zur Zusatzversorgungskasse des Baugewerbes, weil es sich um denselben Sachverhalt handelt.
- Unberührt bleibt die Ordnungswidrigkeit des Unterschreitens des Mindestlohns bezüglich desselben Bauvorhabens, weil es sich um einen anderen Sachverhalt handelt.

4.2.1.12 Einstellung eines Strafverfahrens bei Mehrfachtätern

Die Staatsanwaltschaft kann von der Verfolgung einer Straftat nach § 154 Abs. 1 StPO[6)] absehen, wenn

- die zu erwartende Strafe neben einer anderen zu erwartenden Strafe nicht beträchtlich ins Gewicht fällt (§ 154 Abs. 1 Nr. 1 StPO),
- ein Urteil wegen der Tat in absehbarer Zeit nicht zu erwarten ist und eine bereits rechtskräftig verhängte oder zu erwartende Strafe zur Einwirkung auf den Täter oder die Täterin und zur Verteidigung der Rechtsordnung ausreichend erscheint (§ 154 Abs. 1 Nr. 2 StPO).

---

1) BGH, Beschl. vom 26.8.2020, Az. 4 StR 307/19 (ständige Rechtsprechung); Pfälzisches OLG (Zweibrücken), Beschl. vom 7.5.2009, Az. 1 Ws 100/09.
2) Thüringer OLG (Jena), Beschl. vom 14.2.2006, Az. 1 Ss 211/04.
3) OLG Oldenburg (Oldenburg), Beschl. vom 14.8.2001, Az. Ss 196/01 (II 114); *Wieser-Kommentar* Teil I Nr. 1 § 21 OWiG.
4) BGH, Beschl. vom 26.8.2020, Az. 4 StR 307/19 (ständige Rechtsprechung).
5) OLG Braunschweig, Beschl. vom 2.5.2012, Az. Ss (OWi) 72/11.
6) Die Einstellung wegen einzelner abtrennbarer Teile einer Straftat nach § 154 StPO spielt im Bußgeldverfahren keine Rolle.

Ist bereits ein Strafgericht mit dem Verfahren befasst, kann es das Strafverfahren insoweit mit Zustimmung der Staatsanwaltschaft in jeder Lage des Verfahrens durch Beschl. nach § 154 Abs. 2 StPO einstellen. Eine mit der durch die Staatsanwaltschaft oder das Gericht eingestellten Straftat tateinheitliche Ordnungswidrigkeit kann trotzdem von der Verwaltungsbehörde weiter im Bußgeldverfahren verfolgt werden.[1)]

Beispiel:

Der Täter ist kurz nach der Beleidigung der Beamten der Lebensmittelüberwachung bei einem Bankraub mit Waffen festgenommen worden. Die Mindeststrafe beträgt nach § 250 Abs. 2 Nr. 1 StGB fünf Jahre Freiheitsstrafe. Die Staatsanwaltschaft sieht daraufhin von der Verfolgung der Beleidigung nach § 185 StGB im Hinblick auf die Straferwartung wegen schweren Raubes ab. Die Einleitung eines Bußgeldverfahrens wegen der tateinheitlichen Ordnungswidrigkeit nach § 60 Abs. 2 Nr. 20 LFGB ist möglich. Eine andere Frage ist jedoch, ob die Festsetzung einer Geldbuße neben einer mehrjährigen Haftstrafe unter dem Gesichtspunkt des Opportunitätsprinzips (§ 47 Abs. 1 S. 1 OWiG) im öffentlichen Interesse liegt.

4.2.1.13 Einstellung eines Strafverfahrens aus tatsächlichen oder rechtlichen Gründen

Stellt die Staatsanwaltschaft ein Strafverfahren nach § 170 Abs. 2 S. 1 StPO ein, weil sie den Nachweis der Straftat nicht führen kann oder der Strafverfolgung ein Verfahrenshindernis entgegensteht, so gibt sie die Sache wegen einer tateinheitlichen Ordnungswidrigkeit (§ 21 Abs. 1 S. 1 OWiG) nach § 43 Abs. 1 OWiG an die Verwaltungsbehörde ab. Auch wenn das Verfahren durch die Staatsanwaltschaft nicht abgegeben wird, kann die Verwaltungsbehörde das Bußgeldverfahren wegen der Ordnungswidrigkeit selbstständig durchführen. Dies gilt sowohl dann, wenn das strafrechtliche Ermittlungsverfahren auch unter dem Gesichtspunkt einer Ordnungswidrigkeit eingestellt wurde, als auch, wenn der Tatbestand der Ordnungswidrigkeit bei der Staatsanwaltschaft überhaupt nicht erkannt wurde. Die Einstellung nach § 170 Abs. 2 S. 1 StPO schafft für den Beschuldigten oder die Beschuldigte keinen Vertrauenstatbestand und damit auch kein Verfolgungshindernis.[2)]

Beispiel:

Die Staatsanwaltschaft führt ein strafrechtliches Ermittlungsverfahren verbotener Ausübung der Prostitution im Sperrbezirk (§ 184f StGB). Sie stellt das Verfahren nach § 170 Abs. 2 S. 1 StPO ein, weil sich eine beharrliche Zuwiderhandlung nicht sicher nachweisen lässt. Wegen der verbleibenden Ordnungswidrigkeit nach § 120 Abs. 1 OWiG gibt sie das Verfahren an die Verwaltungsbehörde ab, die gegen die Betroffene einen Bußgeldbescheid erlässt.

---

1) BGH-Kartellsenat, Beschl. vom 19.12.1995, Az. KRB 33/95; KG (Berlin), Beschl. vom 31.7.2009, Az. 2 Ws 200/09, 1 AR 608/09.

2) Thüringer OLG (Jena), Beschl. vom 23.2.2009, Az. 1 Ss 48/09.

4.2.1.14 Einstellung eines Bußgeldverfahrens durch die Verwaltungsbehörde

Kein Verfolgungshindernis stellt die Einstellung des Bußgeldverfahrens nach § 170 Abs. 2 S. 1 StPO i. V. m. § 46 Abs. 1 OWiG oder § 47 Abs. 1 S. 2 OWiG durch die Verwaltungsbehörde selbst dar. Kann die Ordnungswidrigkeit nachträglich bewiesen werden oder stellt sich die Gebotenheit der Ahndung erst nachträglich heraus (z. B. anlässlich eines Wiederholungsfalles), darf bis zum Eintritt der Verfolgungsverjährung das Bußgeldverfahren wieder aufgenommen werden.

Beispiel:

Die Verwaltungsbehörde hört den Betreiber einer Gaststätte wegen einer Nachbarschaftsbeschwerde zu einer Ordnungswidrigkeit des unzulässigen Lärms (§ 117 OWiG) durch die anwesenden Gäste an (§ 55 OWiG). Der Betroffene äußert sich, er habe die Gaststätte erst gerade übernommen und werde ab sofort für die Nachtruhe der Nachbarschaft sorgen. Im Hinblick darauf stellt die Verwaltungsbehörde das Bußgeldverfahren wegen nicht gebotener Ahndung ein (§ 47 Abs. 1 S. 2 OWiG). Kurz darauf folgen mehrere noch massivere Anzeigen über gleichartige nächtliche Ruhestörungen. Die Verwaltungsbehörde nimmt das Bußgeldverfahren wieder auf, hebt die Einstellung auf, hört den Betroffenen an und erlässt einen Bußgeldbescheid (§ 65 OWiG), der sowohl die erste als auch die folgenden Zuwiderhandlungen in Tatmehrheit (§ 20 OWiG) enthält.

4.2.2 Verfolgungsverjährung

Das praktisch wichtigste rechtliche Hindernis für die Einleitung eines Bußgeldverfahrens stellt die Verfolgungsverjährung (§§ 31, 33 OWiG) dar. Sie schließt die Verfolgung von Ordnungswidrigkeiten und die Anordnung von Nebenfolgen gesetzlich aus (§ 31 Abs. 1 S. 1 OWiG)[1] und ist in jeder Lage des Verfahrens von Amts wegen zu überprüfen.[2] Vor allem bei längeren Zeiträumen zwischen Begehung und Entdeckung der Ordnungswidrigkeit oder längerem Ruhen der Bearbeitung des Bußgeldverfahrens sollte daher insbesondere bei kurzen Verjährungsfristen auf die mögliche Verfolgungsverjährung besonderes Augenmerk gerichtet werden. Bereits die versuchte vorsätzliche Verfolgung einer bereits verjährten Ordnungswidrigkeit durch Amtsträger der Verwaltungsbehörde kann nach § 344 Abs. 2 S. 2 Nr. 1 StGB als Verfolgung Unschuldiger strafbar sein.

Bei drohendem Eintritt der Verfolgungsverjährung kann der Ablauf der Verjährungsfrist durch bestimmte Verfahrenshandlungen nur im Bußgeldverfahren, nicht aber im Verwaltungsverfahren (§ 9 VwVfG und entsprechende landesrechtliche Vorschriften) oder Sozialverwaltungsverfahren (§ 8 SGB X) unterbrochen werden. Bei der Zusammenarbeit zwischen Fachämtern und der Bußgeldstelle sollte beachtet werden, dass Anzeigen von Ordnungswidrigkeiten stets zeitnah nach Entdeckung der Zuwiderhandlung und nicht erst nach dem Abschluss des Verwaltungsverfahrens erfolgen

1) Ausnahmefall: Selbstständige Anordnung der Einziehung von Gegenständen, § 31 Abs. 1 S. 2 i. V. m. § 27 Abs. 2 Nr. 1 OWiG.
2) BayObLG, Beschl. vom 20.10.2021, Az. 201 Ob OWi 1273/21, für das gerichtliche Bußgeldverfahren.

sollten. Die Problematik der Verfolgungsverjährung stellt sich im Verwaltungsverfahren nicht, sodass die Notwendigkeit einer rechtzeitigen Unterbrechung nicht immer erkannt wird. Eine frühzeitige Information der Bußgeldstelle ist insbesondere in Zweifelsfällen geboten, damit diese die Verfolgungsverjährung durch die Anordnung der ersten Anhörung des oder der Betroffenen (§ 55 OWiG i. V. m. § 163a Abs. 1 StPO) wirksam unterbrechen kann (§ 33 Abs. 1 S. 1 Nr. 1, Abs. 2 OWiG).

Beispiel:

Die Wohngeldbehörde teilt der Bußgeldstelle der Kommune eine leistungserhebliche unrichtige Änderungsmitteilung (§ 37 Abs. 1 Nr. 3 WoGG) zur Ahndung als Ordnungswidrigkeit erst mit, nachdem der Rückforderungsbescheid wegen der Überzahlung des Wohngeldes nach über einem Jahr bestandskräftig geworden ist. Die Ordnungswidrigkeit ist inzwischen nach Ablauf der einjährigen Verjährungsfrist seit der Tatbestandsverwirklichung verjährt (§ 31 Abs. 2 Nr. 3, Abs. 3 S. 1 OWiG, § 37 Abs. 2 WoGG).

Die Verfolgungsverjährung hätte durch die erste Anhörung als Betroffener oder Betroffene durch die Bußgeldstelle wegen der Ordnungswidrigkeit (§ 55 OWiG i. V. m. § 163a Abs. 1 StPO) noch wirksam unterbrochen werden können (§ 33 Abs. 1 S. 1 Nr. 1, Abs. 2 OWiG), wenn sie von der Wohngeldbehörde bereits bei Feststellung der Überzahlung vor deren bestandskräftigen Rückforderung in Kenntnis gesetzt worden wäre.

4.2.2.1 Verjährungsbeginn

Die Verjährungsfrist beginnt mit Ablauf des Tages zu laufen, an dem die Tathandlung beendet ist (§ 31 Abs. 3 S. 1 OWiG).[1] Der Fristbeginn knüpft damit an die materielle Beendigung der jeweiligen Ordnungswidrigkeit an.[2] **Ohne Bedeutung ist daher der Zeitpunkt der Entdeckung der Ordnungswidrigkeit durch die Verwaltungsbehörde!** Diese aus dem Verwaltungsverfahren (§ 9 VwVfG und entsprechende landesrechtliche Vorschriften) oder Sozialverwaltungsverfahren (§ 8 SGB X) nicht abzuleitende Besonderheit des Bußgeldverfahrens ist den Bediensteten der Fachämter oft unbekannt. Auch auf einen späteren Erfolgseintritt (§ 31 Abs. 3 S. 2 OWiG) kommt es i. d. R. nicht an, da die Tatbestände der Ordnungswidrigkeiten durchweg als reine Tätigkeits- oder Unterlassungsdelikte, nicht aber Erfolgsdelikte ausgestaltet sind.[3] Verbleiben Zweifel, ob Verfolgungsverjährung eingetreten ist, muss das Bußgeldverfahren aus rechtlichen Gründen eingestellt werden (§ 170 Abs. 2 S. 1 StPO i. V. m. § 46 Abs. 1 OWiG).[4] Im Einzelnen ist für den Verjährungsbeginn zu unterscheiden:

---

1) BGH-Kartellsenat, Beschl. vom 21.5.2019, Az. KRB 93/18; BayObLG, Beschl. vom 17.11.2020, Az. 201ObOWi 1385/20; BayObLG, Beschl. vom 20.10.2021, Az. 201 ObOWi 1273/21; OLG Karlsruhe, Beschl. vom 28.6.2019, Az. 2 Rb 8 Ss 486/19.
2) BGH-Kartellsenat, Beschl. vom 13.7.2020, Az. KRB 99/19, für eine Kartellordnungswidrigkeit.
3) Erfolgsdelikte sind Kartellordnungswidrigkeiten (§ 81 GWB) und Steuerordnungswidrigkeiten (§ 377 AO).
4) OLG Karlsruhe, Beschl. vom 15.8.2018, Az. 2 Rb 5 Ss 443/18.

- **Begehen durch pflichtwidriges Handeln**

Die ordnungswidrige Handlung ist beendet, wenn sämtliche Tatbestandsmerkmale einer Bußgeldvorschrift verwirklicht sind. Bedeutungslos sind das i. d. R. nicht mit Geldbuße bedrohte bloße Andauern des rechtswidrigen Zustandes über die Tatbestandsverwirklichung hinaus und die Entdeckung der Ordnungswidrigkeit durch die Behörde. Ohne Bedeutung ist auch, dass noch eine polizei- bzw. ordnungsrechtliche Gefahr besteht, die Maßnahmen zur Gefahrenabwehr rechtfertigen.

Beispiel:

Ein Landwirt hat einen schrottreifen Traktor am 5.3.2023 auf einer Sauerwiese hinter dem Hof abgestellt. Dort wird er am 10.3.2026 von einem Bediensteten der Abfallbehörde entdeckt und als unerlaubt gelagerter Abfall zur Beseitigung (§ 3 Abs. 1 S. 2 Halbs. 2, Abs. 3 S. 1 Nr. 2 KrWG) außerhalb einer Abfallbeseitigungsanlage eingestuft (§ 28 Abs. 1 S. 1 KrWG). Ein Bußgeldverfahren wegen einer Ordnungswidrigkeit des verbotenen Ablagerns von Abfällen zur Beseitigung außerhalb einer zugelassenen Anlage (§ 69 Abs. 1 Nr. 2 KrWG) ist wegen Verfolgungsverjährung nicht mehr möglich. Die Verjährungsfrist von drei Jahren (Höchstbetrag der Geldbuße 50 000 Euro, § 31 Abs. 2 Nr. 1 OWiG) hat am 4.3.2021 zu laufen begonnen und ist mit dem 4.3.2026 abgelaufen. Sie beginnt nicht etwa mit der Entdeckung am 10.3.2026. Bedeutungslos ist auch, dass der Traktor als Abfall zur Beseitigung immer noch unerlaubt am selben Ort steht. Die Ordnungswidrigkeit ist nämlich bereits mit dem Zeitpunkt des Ablagerns beendet. Das bloße Aufrechterhalten des rechtswidrigen Zustandes gehört nämlich bei der betroffenen Bußgeldvorschrift nicht zum gesetzlichen Tatbestand.[1] Die Behörde kann daher nur im Verwaltungsverfahren (§ 9 VwVfG und entsprechende landesrechtliche Vorschriften) die Beseitigung der noch andauernden Abfallablagerung anordnen, die Einleitung eines Bußgeldverfahrens ist aber wegen Verfolgungsverjährung der Ordnungswidrigkeit unzulässig.

Bevor die Verwaltungsbehörde von der Verfolgung einer Ordnungswidrigkeit wegen Verfolgungsverjährung absieht, sollte stets geprüft werden, ob vielleicht der Tatbestand einer anderen Ordnungswidrigkeit mit einer längeren Verjährungsfrist noch verfolgbar ist. Dies ist im vorausgehenden Beispiel nicht möglich.

- **Dauerordnungswidrigkeiten**

Auch bei Dauerordnungswidrigkeiten beginnt die Verfolgungsverjährung mit dem Ende der Tatausführung (§ 31 Abs. 3 S. 1 OWiG).[2] Hier muss besonders sorgfältig auf den Zeitpunkt der Verwirklichung der Tatbestandsmerkmale geachtet werden.[3]

1) Die Verfolgungsverjährung beginnt mit dem Ende der Ausführungshandlung, OLG Celle, Beschl. vom 31.5.2011, Az. 32 Ss 187/10. Wird der abgelagerte Gegenstand erst später zu Abfall (§ 3 Abs. 1 KrWG), so ist erst dieser Zeitpunkt maßgeblich, BayObLG, Beschl. vom 25.10.1995, Az. 3 ObOWi 97/95.
2) BayObLG, Beschl. vom 27.1.2022, Az. 202 ObOWi 80/22.
3) OLG Stuttgart, Beschl. vom 5.4.1978, Az. 3 Ss (8) 1043/77; OLG Koblenz, Beschl. vom 20.1.1987, Az. 1 Ss 532/86.

Beispiel:

Eine genehmigungsbedürftige bauliche (immissionsschutzrechtliche) Anlage wird zwischen dem 4.10.2021 und dem 5.3.2022 auf einem Firmengelände errichtet. Dort wird der Bau bzw. die Anlage am 10.3.2025 von Bediensteten der Behörde entdeckt. Ein Bußgeldverfahren wegen einer vorsätzlichen Ordnungswidrigkeit des Errichtens einer genehmigungsbedürftigen baulichen Anlage (z. B. Art. 79 Abs. 1 Nr. 8 BayBO bzw. § 62 Abs. 1 Nr. 1 BImSchG wegen einer nach § 4 BImSchG genehmigungspflichtigen Anlage) ist wegen Verfolgungsverjährung nicht mehr möglich. Die Verjährungsfrist von drei Jahren (Höchstbetrag der Geldbuße 500 000 bzw. 50 000 Euro, § 31 Abs. 2 Nr. 1 OWiG) hat am 4.3.2022 zu laufen begonnen und ist mit dem 4.3.2025 abgelaufen. Bedeutungslos ist auch, dass das Gebäude (die Anlage) immer noch ohne die erforderliche Erlaubnis steht. Nur der Zeitraum des Errichtens, nicht aber das bloße Aufrechterhalten des rechtswidrigen Zustandes gehört zum gesetzlichen Tatbestand.[1]

Dauert eine gesetzliche Pflicht dagegen an, so gehört sie zum Tatbestand der Ordnungswidrigkeit. Die Verfolgungsverjährung beginnt dann erst mit dem Wegfall der Pflicht.

Beispiel:

Eine genehmigungsbedürftige bauliche (immissionsschutzrechtliche) Anlage wird ohne die erforderliche Erlaubnis genutzt bzw. betrieben. Dabei handelt es sich um eine noch andauernde und daher nicht verjährte ordnungswidrige bauliche Nutzung (z. B. Art. 79 Abs. 1 Nr. 8 BayBO). Die Verfolgungsverjährung hat noch überhaupt nicht zu laufen begonnen, weil die Dauerordnungswidrigkeit noch nicht beendet ist. Das andauernde Betreiben einer genehmigungspflichtigen Anlage ohne die erforderliche immissionsschutzrechtliche Erlaubnis (§ 4 BImSchG) wäre sogar nach § 327 Abs. 2 S. 1 Nr. 1 StGB strafbar.

- **Begehen durch pflichtwidriges Unterlassen**

Der Verjährungsbeginn für das Unterlassen einer ordnungsrechtlichen Pflicht ist nicht gesetzlich geregelt. § 31 Abs. 3 S. 1 OWiG setzt eine Handlung voraus. Bei einem echten Unterlassungsdelikt ist die Tat erst beendet und beginnt die Verjährungsfrist zu laufen, wenn die Handlungspflicht entfällt, z. B. durch Nachholen der versäumten Handlung und Wegfall des Interesses der Behörde an der Nachholung oder der pflichtenbegründenden Stellung des oder der Betroffenen.[2] Nach der die Gesetzeslücke ausfüllenden Rechtsprechung ist zwischen vorsätzlicher und fahrlässiger Tatbestandsverwirklichung[3] zu unterscheiden:

1) BayObLG, Beschl. vom 27.1.2022, Az. 202 ObOWi 80/22; OLG Celle, Beschl. vom 12.5.2014, Az. 321 SsBs 24/14; OLG Bamberg, Beschl. vom 5.12.2017, Az. 3 Ss OWi 1470/17; OLG Hamm, Beschl. vom 5.8.2008, Az. 2 Ss OWi 436/08.
2) LG Duisburg, Beschl. vom 6.6.2018, Az. 69 Qs 21/18.
3) Zu den Begriffen Vorsatz und Fahrlässigkeit beim subjektiven Tatbestand einer Ordnungswidrigkeit § 2 Nr. 3.2.

- Vorsätzliches Unterlassen

  Hat der oder die Pflichtige bewusst und gewollt gehandelt oder die Tatbestandsverwirklichung aus Gleichgültigkeit billigend in Kauf genommen, so beginnt die Verfolgungsverjährung erst mit dem Wegfall der Pflicht. Bei einer gesetzlichen Mitwirkungspflicht geschieht dies durch deren Erfüllung oder anderweitige Kenntnis der Behörde von den mitzuteilenden Tatsachen.[1)]

  Beispiel:

  Bei einer wissentlich unterlassenen Anzeige des Beginns eines stehenden Gewerbes (§ 146 Abs. 2 Nr. 2 Buchst. b GewO) dauert die Verpflichtung aus § 14 Abs. 1 S. 1 GewO an, solange das Gewerbe betrieben wird. Dauert auch der Gewerbebetrieb noch an, hat die Verfolgungsverjährung noch überhaupt nicht zu laufen begonnen. Ist der Gewerbetrieb inzwischen wieder beendet, beginnt der Lauf der Verfolgungsverjährung mit diesem Zeitpunkt.

  Behauptet der oder die Betroffene lediglich, die gesetzliche Verpflichtung nicht gekannt zu haben, liegt ein vermeidbarer Verbotsirrtum vor (§ 11 Abs. 2 OWiG), der den Vorsatz des Betroffenen unberührt lässt.[2)]

- Fahrlässiges Unterlassen

  Bei der meist nur nachweisbaren fahrlässigen, d. h. unbewussten und ungewollten Tatbestandsverwirklichung beginnt die Verfolgungsverjährung bereits dann, wenn ein durchschnittlicher Täter oder durchschnittliche Täterin die Verpflichtung nicht mehr im Gedächtnis hat.[3)] Ein angebliches Vergessen kann aber oft durch eine Aufforderung zur Pflichterfüllung im Verwaltungsverfahren widerlegt werden.

  Beispiel:

  Bei einer versehentlich unterlassenen Anzeige des Beginns eines stehenden Gewerbes (§ 146 Abs. 2 Nr. 2 Buchst. b GewO) ist nach einem Jahr anzunehmen, dass der Gewerbetreibende die Verpflichtung aus § 14 Abs. 1 S. 1 GewO nicht mehr im Gedächtnis hat, wenn ihn das Gewerbeamt nicht inzwischen zur Vornahme einer Gewerbeanzeige aufgefordert hat.

  Die Lösung der Rechtsprechung bei den meist nur nachweisbaren fahrlässigen Zuwiderhandlungen führt für die Verfahrenspraxis zu völlig unbefriedigenden Ergebnissen, weil besonders krasse, weil lang dauernde Verstöße nicht mehr geahndet werden können.

  Beispiel:

  Im vorhergehenden Beispiel kann die Ordnungswidrigkeit nach § 146 Abs. 2 Nr. 2 Buchst. b GewO mit einer Verjährungsfrist von 6 Monaten (Höchstgeld-

1) OLG Hamm, Beschl. vom 9.8.2006, Az. 1 Ss OWi 417/06.
2) Zum Verbotsirrtum des Betroffenen (§ 11 Abs. 2 OWiG) § 3 Nr. 3.2.1 und § 6 Nr. 6.7.
3) OLG Karlsruhe, Beschl. vom 15.8.2018, Az. 2 Rb 5 Ss 443/18; BayObLG, Urt. vom 28.8.1990, Az. RReg 4 St 103/90.

buße 1000 Euro, § 31 Abs. 2 Nr. 4 OWiG) nicht mehr geahndet werden, wenn der Täter seiner Pflicht zwei Jahre aus mangelnder Sorgfalt nicht nachgekommen ist. Eine Ahndung ist jedoch wegen des nachfolgenden Zeitraums wegen einer vorsätzlichen Ordnungswidrigkeit möglich, wenn der Betroffene trotz einer Aufforderung der Gewerbebehörde seiner Verpflichtung weiterhin nicht nachkommt.

Die Beendigung tritt bei fahrlässigen Unterlassungsdelikten spätestens zu dem Zeitpunkt ein, in dem die Handlungspflicht entfallen ist.[1] Solange aber die verwaltungsrechtliche Handlungspflicht andauert, kann die Verwaltungsbehörde den Betroffenen oder die Betroffenen zur Erfüllung auffordern und dann wegen vorsätzlichen Handelns wegen des weiteren Zeitraums als Dauerordnungswidrigkeit ahnden.[2] Bei Inanspruchnahme staatlicher Transferleistungen (Unterhaltsvorschuss, Sozialhilfe, Bürgergeld, Wohngeld, Ausbildungsförderung) beginnt die Verfolgungsverjährung spätestens mit der Zahlungseinstellung.[3]

Da die Problematik der Verfolgungsverjährung von Ordnungswidrigkeiten nach § 31 OWiG bei den anzeigenden Fachämtern meist nicht bekannt ist, empfiehlt es sich, elektronische Anzeigeformulare verbindlich vorzusehen, in denen die notwendige Berechnung der Verjährungsfristen einzugeben ist. Unabhängig davon ist es sinnvoll, im Intranet Vollzugshinweise vorzusehen, die auf die Bedeutung zeitnaher Anzeigen an die Bußgeldstelle hinweisen, die allein die Verfolgungsverjährung durch geeignete Maßnahmen im Bußgeldverfahren unterbrechen kann.

4.2.2.2 Verjährungsfristen

Die Verjährungsfristen beginnen mit dem Kalendertag, in den das für den Fristbeginn maßgebliche Ereignis fällt, und enden mit dem Ablauf des Tages, der seiner Bezeichnung nach dem Anfangstag vorausgeht.[4] Ohne Bedeutung ist dabei, ob es sich um einen Sonntag oder gesetzlichen Feiertag handelt. Die Verjährungsfristen (§ 31 Abs. 2 OWiG) richten sich nach dem für die Ordnungswidrigkeit in der jeweiligen Bußgeldvorschrift bestimmten Höchstmaß der Geldbuße. Auf eine im Einzelfall tatsächlich vorgesehene Geldbuße kommt es daher nicht an. Die gesetzlichen Verjährungsfristen gelten nicht nur für Geldbußen gegen natürliche Personen, sondern auch für Verbandsgeldbußen gegen juristische Personen und Personenvereinigungen (§ 30 Abs. 1 OWiG) auch im selbstständigen Verfahren (§ 30 Abs. 4 OWiG).[5]

- **Besondere Verjährungsfristen (§ 31 Abs. 2 OWiG)**

Vereinzelt bestehen besondere Vorschriften für die Verjährungsfrist einer Ordnungswidrigkeit. Diese gehen den allgemeinen Fristen vor (§ 31 Abs. 2 Halbs. 1 OWiG).

1) OLG Hamm, Beschl. vom 9.8.2006, Az. 1 Ss OWi 417/06; Thüringer OLG (Jena), Beschl. vom 2.2.2006, Az. 1 Ss 97, 05.
2) OLG Hamm, Beschl. vom 9.8.2006, Az. 1 Ss OWi 417/06.
3) OLG Hamm, Beschl. vom 15.12.1995, Az. 2 Ss OWi 1396/95.
4) OLG Koblenz, Beschl. vom 8.2.2023, Az. 4 ORBs 31 SsBs 1/23; BayObLG, Beschl. vom 20.10.2021, Az. 201 Ob OWi 1273/21; OLG Karlsruhe, Beschl. vom 28.6.2019, Az. 2 Rb 8 Ss 486/19.
5) BGH, Beschl. vom 13.7.2020, Az. KRB 99/19, unter Bezugnahme auf Urt. vom 5.12.2000, Az. 1 StR 411/00.

Beispiele:

- Verkehrsordnungswidrigkeiten nach § 24 Abs. 1 StVG:
  § 26 Abs. 3 S. 1 StVG: drei Monate, sechs Monate ab Erlass des Bußgeldbescheides;
- Steuerordnungswidrigkeiten nach § 377 ff. AO:
  § 384 AO: fünf Jahre,[1)]
- Kartellordnungswidrigkeiten nach § 81 Abs. 1, 2 Nr. 1 und Abs. 3 GWB:
  § 81g Abs. 1 S. 1 GWB: fünf Jahre,
- Denkmalschutzrechtliche Ordnungswidrigkeiten nach Art. 21 Abs. 1 BayDSchG:
  Art. 21 Abs. 2 BayDSchG: fünf Jahre.

- **Allgemeine Verjährungsfristen (§ 31 Abs. 2 Nr. 1 bis 4 OWiG)**

Die allgemeinen Verjährungsfristen sind vierfach nach dem jeweiligen gesetzlichen Höchstbetrag der Geldbuße abgestuft. Diese sind in den jeweiligen Bußgeldvorschriften i. d. R. nur für die vorsätzliche Tatbestandsverwirklichung ausgewiesen. Auf die im Bußgeldbescheid vorgesehene oder bereits festgesetzte Höhe der Geldbuße kommt es dagegen nicht an.

Höchstmaß der Geldbuße		**Verjährungsfrist**	**Verjährungsvorschrift**
mehr als	15 000 Euro	drei Jahre	§ 31 Abs. 2 Nr. 1 OWiG
mehr als bis zu	2500 Euro 15 000 Euro	zwei Jahre	§ 31 Abs. 2 Nr. 2 OWiG
mehr als bis zu	1000 Euro 2500 Euro	ein Jahr	§ 31 Abs. 2 Nr. 3 OWiG
bis zu	1000 Euro	sechs Monate	§ 31 Abs. 2 Nr. 4 OWiG

- **Tateinheit mehrerer Ordnungswidrigkeiten (§ 19 Abs. 1 OWiG)**

Das tateinheitliche Zusammentreffen mehrerer Ordnungswidrigkeiten berührt den Lauf der Verjährungsfristen der einzelnen Zuwiderhandlungen nicht.[2)] Eine auf das gesamte Bußgeldverfahren bezogene Verfolgungsverjährung gibt es nicht. Die Verjährung ist vielmehr bezüglich jedes einzelnen Tatbestandes der vorgeworfenen Ordnungswidrigkeiten festzustellen. Sie richtet sich nicht nach dem höchsten Bußgeldrahmen. Daher sind auch unterschiedliche Verjährungsfristen möglich.[3)]

1) Die Bestimmungen der Abgabenordnung (AO) sind durch Verweisungsvorschriften oft auch auf mit Geldbuße bedrohte Zuwiderhandlungen gegen kommunale Abgabensatzungen entsprechend anwendbar.

2) BGH, Beschl. vom 21.3.2017, Az. 3 StR 1/17, zur strafrechtlichen Parallelvorschrift § 78 StGB. Zur Tateinheit von Ordnungswidrigkeiten (§ 19 OWiG) § 13 Nr. 3.6.1.

3) Besteht Tateinheit zwischen einer Straftat und einer Ordnungswidrigkeit, so ist gem. § 21 Abs. 1 S. 1 OWiG nur das Strafgesetz anzuwenden. Die Verjährungsfristen wegen der Straftat richten sich dann nach der einschlägigen Bestimmung in § 78 Abs. 3 StGB.

Beispiel:

Der Betroffene beginnt einen Spielhallenbetrieb unter Nutzungsänderung der vorhandenen Betriebsräume ohne eine gewerbe- und baurechtliche Genehmigung. Es liegen tateinheitliche (§ 19 Abs. 1 OWiG) gewerbe- und baurechtliche Zuwiderhandlungen vor.

- Die Ordnungswidrigkeit nach § 144 Abs. 1 Nr. 1 Buchst. d GewO verjährt nach zwei Jahren ab Tatende (Höchstmaß der Geldbuße 5000 Euro, Verjährungsfrist zwei Jahre, § 31 Abs. 2 Nr. 2 OWiG).
- Die Ordnungswidrigkeit nach Art. 79 Abs. 1 Nr. 8 BayBO verjährt in drei Jahren ab Tatende (Höchstmaß der Geldbuße 500 000 Euro, Verjährungsfrist drei Jahre, § 31 Abs. 2 Nr. 1 OWiG).

- **Fahrlässigkeit (§ 17 Abs. 2 OWiG)**

Das Höchstmaß der Geldbuße beträgt bei fahrlässiger Tatbestandsverwirklichung nur die Hälfte des angedrohten Höchstmaßes der Geldbuße bei Vorsatz, wenn – wie i. d. R. – das Gesetz für vorsätzliches und fahrlässiges Handeln dieselbe Geldbuße androht (§ 17 Abs. 2 OWiG).[1] Dies ist auch bei der Bestimmung der Verjährungsfrist zu beachten. Die Verjährungsfrist einer fahrlässigen Ordnungswidrigkeit kann daher kürzer sein als bei einer vorsätzlichen.

Beispiel:

Das Höchstmaß der Geldbuße beträgt bei einer vorsätzlichen Ordnungswidrigkeit des Reisegewerbes ohne Reisegewerbekarte (§ 55 Abs. 2 GewO) nach § 145 Abs. 1 Nr. 1 Buchst. b GewO 5000 Euro (§ 145 Abs. 4 GewO), folglich die Verjährungsfrist zwei Jahre (§ 31 Abs. 2 Nr. 2 OWiG). Bei fahrlässiger Begehung beträgt das Höchstmaß nur 2500 Euro (§ 145 Abs. 4 GewO i. V. m. § 17 Abs. 2 OWiG, folglich die Verjährungsfrist nur ein Jahr (§ 31 Abs. 2 Nr. 3 OWiG).

- **Auffangtatbestände (§§ 122, 130 OWiG)**

Bei den Auffangtatbeständen in § 122 und § 130 OWiG gelten nicht die Verjährungsfristen der Grundordnungswidrigkeiten, die in diesem Fall nur objektive Bedingung der Ahndung sind.

- *Vollrausch (§ 122 OWiG)*

  Die vorsätzliche Ordnungswidrigkeit kann mit einer Geldbuße geahndet werden (§ 122 Abs. 2 S. 1 OWiG), sodass der allgemeine Höchstbetrag von 1000 Euro maßgeblich ist (§ 17 Abs. 1 OWiG). Die Verjährungsfrist beträgt daher nur sechs Monate (§ 31 Abs. 2 Nr. 4 OWiG). Dies gilt für den vorsätzlichen wie den fahrlässigen Vollrausch, bei dem das gesetzliche Höchstmaß nur 500 Euro beträgt (§ 17 Abs. 2 OWiG). Da dies bereits die kürzeste Verjährungsfrist ist, wirkt sich ein noch geringeres Höchstmaß der Geldbuße nach der verdrängten Grundordnungswidrigkeit (§ 122 Abs. 2 S. 2 OWiG) nicht auf die Verfolgungsverjährung aus.[2]

---

1) OLG Karlsruhe, Beschl. vom 15.8.2018, Az. 2 Rb 5 Ss 443/18.

2) Zum Auffangtatbestand Vollrausch (§ 122 OWiG) § 2 Nr. 3.4.4 und § 14 Nr. 1.

– *Verletzung der Aufsichtspflicht in Betrieben und Unternehmen (§ 130 OWiG)*

  Nach § 130 Abs. 3 S. 3 OWiG richtet sich die Geldbuße und damit die Verjährungsfrist nach der im Betrieb oder Unternehmen als objektive Bedingung der Ahndung begangenen Ordnungswidrigkeit. Eine besondere Verjährungsvorschrift besteht nicht.[1] Bei einer fahrlässigen Verletzung der Aufsichtspflicht kann sich die Verjährungsfrist wegen der damit verbundenen Halbierung des Höchstmaßes (§ 17 Abs. 2 OWiG) reduzieren. Zu beachten ist, dass sich das Höchstmaß bei einer fahrlässigen Verletzung der Aufsichtspflicht und einer fahrlässig begangenen Grundordnungswidrigkeit aufgrund § 17 Abs. 2 OWiG zweifach reduziert und daher nur noch ein Viertel des Vorsatzbetrages als Höchstmaß der Geldbuße zur Verfügung steht. Dies kann sich weiter verkürzend auf die Verjährungsfrist auswirken.[2]

4.2.2.3 Verjährungsende

Die Verjährungsfrist endet an dem Tag, der kalendermäßig dem letzten Tag der Frist vorausgeht.[3] Im Gegensatz zu Rechtsbehelfsfristen findet keine Verlängerung auf den Ablauf des nächsten Werktages statt.[4] § 43 StPO i. V. m. § 46 Abs. 1 OWiG gilt nur für Rechtsbehelfsfristen und ist für die Verfolgungsverjährung nicht entsprechend anwendbar. Daher ist es gleichgültig, ob das Fristende auf einen Samstag (Sonnabend), Sonntag oder Feiertag fällt.

Beispiel:

Eine Verjährungsfrist von sechs Monaten, die mit Ablauf des 26.6.2026 beginnt, endet mit Ablauf des 25.12.2026. Es ist gleichgültig, dass es sich dabei um den ersten Weihnachtstag als gesetzlichen Feiertag handelt.

4.2.2.4 Verjährungsunterbrechung

Die Unterbrechung der Verfolgungsverjährung ist nur durch Maßnahmen im Bußgeldverfahren nach § 33 Abs. 1 S. 1 OWiG möglich. Bei Anzeigen von Fachämtern an die interne Bußgeldstelle ist daher von Bedeutung, dass die Verjährung nur durch Maßnahmen der Bußgeldstelle, nicht aber in einem Verwaltungsverfahren (§ 9 VwVfG und entsprechende landesrechtliche Vorschriften) oder Sozialverwaltungsverfahren (§ 8 SGB X), das zur Einleitung des Bußgeldverfahrens geführt hat, möglich ist. Entsprechende Informationen an anzeigende Fachämter, zeitnahes Anzeigeverhalten und Abstimmung mit der Bußgeldstelle in Zweifelsfällen sind daher verfahrensunabhängig empfehlenswert. Unnötige Anzeigen verjährter Ordnungswidrigkeiten können so vermieden werden.

---

1) Das Höchstmaß der Geldbuße von einer Million Euro betrifft nur den Fall, dass die Pflichtverletzung mit Strafe bedroht ist (§ 130 Abs. 3 S. 1 OWiG), fällt also in die sachliche Zuständigkeit der Staatsanwaltschaft als Strafverfolgungsbehörde, nicht der Verwaltungsbehörde.

2) Zur Ordnungswidrigkeit der Verletzung der Aufsichtspflicht in Betrieben und Unternehmen (§ 130 OWiG) § 4 Nr. 3 und § 14 Nr. 2.

3) OLG Karlsruhe, Beschl. vom 15.8.2018, Az. 2 Rb 5 Ss 443/18.

4) OLG Koblenz, Beschl. vom 8.2.2023, Az. 4 ORBs 31 SsBs 1/23.

Die Überwachung der Verfolgungsverjährung durch die Bußgeldstelle empfiehlt sich besonders bei kurzen Verjährungsfristen und bei länger zurückliegender Beendigung der Tatbestandsverwirklichung. Besonders bei längeren Wiedervorlagen sollte der Eintritt der Verjährung in der Bußgeldakte durch elektronisches Protokoll (§ 32b Abs. 1 S. 1 StPO i. V. m. § 110c S. 1 OWiG) festgehalten werden. Der Katalog der verjährungsunterbrechenden Maßnahmen in § 33 Abs. 1 S. 1 OWiG ist abschließend.[1] Folgende Maßnahmen unterbrechen daher die Verfolgungsverjährung nicht:

- Anzeige einer Ordnungswidrigkeit durch Fachämter, die Polizei und Privatpersonen
- Einleitung des Bußgeldverfahrens durch die Verwaltungsbehörde
- Ermittlungsmaßnahmen im Vorverfahren
- Antrag auf gerichtliche Entscheidung und folgendes Verfahren
- Erlass eines Bußgeldbescheides mit Zustellungsmangel
- Einspruch gegen den Bußgeldbescheid
- Nachermittlungen im Zwischenverfahren
- Nochmalige Anhörung im Zwischenverfahren
- Übersendung der Bußgeldakte über die Staatsanwaltschaft an das Amtsgericht

Erkennt die verantwortende Person der Verwaltungsbehörde bei der Einleitung des Bußgeldverfahrens, dass die Verjährung in absehbarer Zeit eintritt oder sogar unmittelbar bevorsteht, sollte sie sofort prüfen, ob eine der in § 33 Abs. 1 S. 1 OWiG bezeichneten Handlungen die Verjährung unterbrechen kann. Die Unterbrechung bewirkt nämlich, dass die Verjährung von Neuem zu laufen beginnt (§ 33 Abs. 3 S. 1 OWiG). Diese Wirkung entfällt nur bei evidenten und unerträglich schwerwiegenden Mängeln einer Unterbrechungshandlung.[2]

Die Unterbrechung ist allerdings nicht verfahrensbezogen, sondern streng adressatenbezogen. Sie ist auf die Person begrenzt, auf die sich die jeweilige Maßnahme der Verwaltungsbehörde bezieht (§ 33 Abs. 4 S. 1 OWiG).

Beispiel:

Bei der Bauüberwachung wird festgestellt, dass ein Ehepaar ein Gebäude planabweichend errichtet hat. Die Einleitung eines Bußgeldverfahrens wegen der Ordnungswidrigkeit nach der Landesbauordnung unterbricht die Verfolgungsverjährung noch nicht.

- Hört die Verwaltungsbehörde nur den Ehemann zur Ordnungswidrigkeit an, unterbricht diese Maßnahme nur begrenzt auf ihn die Verfolgungsverjährung, nicht aber gegenüber der Ehefrau.
- Hört die Verwaltungsbehörde sowohl den Ehemann als auch die Ehefrau zur Ordnungswidrigkeit an, unterbrechen diese Maßnahmen bezüglich beider Betroffener.

1) KG (Berlin), Beschl. vom 18.8.2020, Az. 3 Ws (B) 152/20.

2) OLG Düsseldorf, Beschl. vom 10.1.2022, Az. 2 RBs 221/21, für die erste Anhörung von Betroffenen (§ 33 Abs. 1 S. 1 Nr. 1 OWiG).

- Hört die Verwaltungsbehörde gesetzeswidrig die „Eheleute" zur Ordnungswidrigkeit an, unterbricht diese rechtswidrige Maßnahme die Verfolgungsverjährung überhaupt nicht.

Beispiel:

Eine Verjährungsfrist von sechs Monaten, kann durch die erste Anhörung des Betroffenen zur Ordnungswidrigkeit erstmals, durch die mangelfreie Zustellung des Bußgeldbescheides erneut, dann aber nach einem zulässigen Einspruch des Betroffenen nicht mehr durch Maßnahmen der Verwaltungsbehörde bis zur Abgabe über die Staatsanwaltschaft unterbrochen werden. Erst der Eingang der Bußgeldakte nach Vorlage der Staatsanwaltschaft unterbricht außerhalb des Einflussbereichs der Verwaltungsbehörde die Verfolgungsverjährung erneut.

Die absolute Verjährung tritt zwei Jahre nach dem Ende der Begehung der Ordnungswidrigkeit ein, wenn nicht das Amtsgericht durch Urteil oder Beschluss nach § 72 OWiG entschieden hat. Ab diesem Zeitpunkt ruht die Verfolgungsverjährung und die absolute Verjährung kann nicht mehr eintreten.

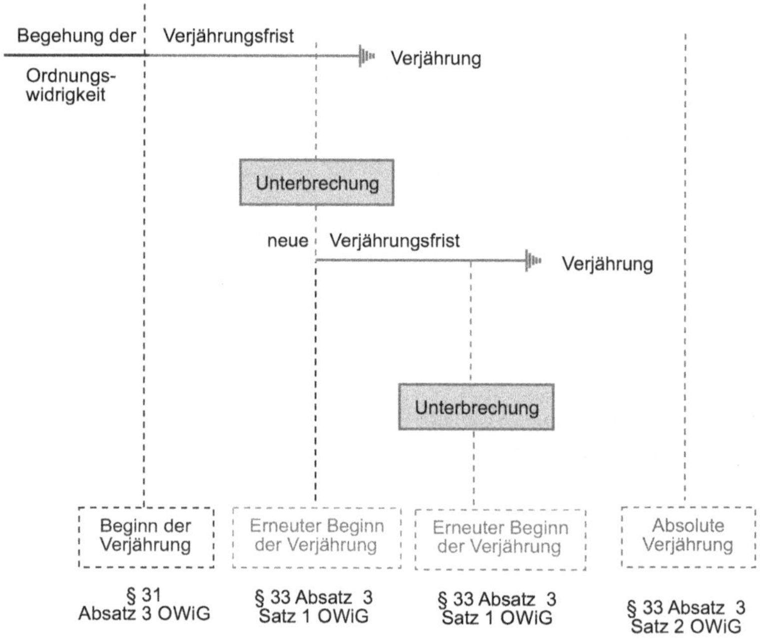

Abb. 13: Unterbrechung der Verfolgungsverjährung

Nur die in § 33 Abs. 1 S. 1 OWiG abschließend bezeichneten Maßnahmen im Bußgeldverfahren unterbrechen die Verfolgungsverjährung bezüglich des oder der Betroffenen.[1] Eine Unterbrechung der Verfolgungsverjährung in einem vorausge-

1) Thüringer OLG (Jena), Beschl. vom 29.9.2009, Az. 1 Ss 181/09.

gangenen Verwaltungsverfahren (§ 9 VwVfG und entsprechende landesrechtliche Vorschriften) oder Sozialverwaltungsverfahren (§ 8 SGB X) ist dagegen nicht möglich. Diese Unterbrechungshandlungen des Bußgeldverfahrens gelten gem. § 33 Abs. 1 S. 2 OWiG entsprechend für Verfahrensbeteiligte im Sinne der §§ 87, 88 OWiG wie z. B. juristische Personen und Personenvereinigungen (§ 30 OWiG) sowie Einziehungsbeteiligte (§§ 22 bis 29a OWiG).[1] Andere wie z. B. auch zeitaufwändige Ermittlungshandlungen wirken sich auf den Lauf der Verjährung nicht aus. Dies gilt auch dann, wenn diese in einem Verwaltungsverfahren wegen desselben Sachverhalts festzustellen sind. Die wichtigsten Unterbrechungshandlungen im Verfahren der Verwaltungsbehörde sind:

- **Erste Anhörung des oder der Betroffenen (§ 33 Abs. 1 S. 1 Nr. 1 OWiG)**

Die Verjährung wird durch die erste Anhörung des oder der Betroffenen durch die Verwaltungsbehörde im Bußgeldverfahren unterbrochen (§ 33 Abs. 1 S. 1 Nr. 1 OWiG).[2] Der im Gesetz verwendete, aus dem strafrechtlichen Ermittlungsverfahren stammende und für das Bußgeldverfahren wesentlich zu enge Begriff „Vernehmung"[3] umfasst jede Form der Anhörung des oder der Betroffenen in einem Bußgeldverfahren im Sinne des § 55 OWiG i. V. m. § 163a Abs. 1 StPO durch

- formlose persönliche und protokollierte Anhörung an Ort und Stelle,
- Übermittlung eines elektronischen oder Versendung eines schriftlichen Anhörungsdokuments und
- förmliche mündliche Vernehmung auf Ladung in der Dienststelle der Verwaltungsbehörde.[4]

Die erste Anhörung braucht nicht durch die Verwaltungsbehörde erfolgt sein, die das Bußgeldverfahren abschließt (§ 61 OWiG). Ausreichend sind auch im ersten Zugriff (§ 53 Abs. 1 OWiG) erfolgte polizeiliche Anhörungen.[5] Eine bloße im Gesetz nicht vorgesehene „Einbestellung" einer Person zum Erscheinen auf einer Polizeidienststelle genügt dazu nicht.[6]

Die erste Anhörung unterbricht die Verfolgungsverjährung wegen aller dem oder der Betroffenen darin eröffneten Tatvorwürfe, auf die sich der Verfolgungswille der Verwaltungsbehörde bezieht. Diese können auch in Tatmehrheit (§ 20 OWiG) stehen. Wird wegen mehrerer Taten ermittelt, so bezieht sich die Unterbrechungswirkung grundsätzlich auf alle verfahrensgegenständlichen Taten.[7]

---

1) Zum Bußgeldbescheid gegen juristische Personen und Personenvereinigungen (§§ 30, 88 OWiG) § 15.

2) Die erneute Anhörung im Zwischenverfahren nach zulässigem Einspruch zur Gewährung rechtlichen Gehörs (§ 69 Abs. 2 S. 3 OWiG) unterbricht die Verfolgungsverjährung nicht, weil diese Wirkung nach § 33 Abs. 1 S. 1 Nr. 1 OWiG nur die erste Anhörung im Vorverfahren besitzt.

3) BayObLG, Beschl. vom 27.1.2022, Az. 202 ObOWi 80/22.

4) OLG Koblenz, Beschl. vom 2.10.2020, Az. 3 OWi 6 SsBs 258/20. Die Anhörung als Beteiligter oder Beteiligte in einem vorausgegangenen Verwaltungsverfahren (§ 28 Abs. 1 VwVfG und entsprechende landesrechtliche Vorschriften) oder Sozialverwaltungsverfahren (§ 24 SGB X) vermag die Verfolgungsverjährung nicht zu unterbrechen, weil es sich nicht um eine Maßnahme der Verwaltungsbehörde im Bußgeldverfahren (§ 35 OWiG) nach § 33 Abs. 1 S. 1 Nr. 1 OWiG handelt.

5) Zur Zuständigkeit der Polizei im „ersten Zugriff" bei der Einleitung eines Bußgeldverfahrens (§ 53 OWiG) § 2 Nr. 6.

6) OLG Koblenz, Beschl. vom 26.8.2017, Az. 2 SsBs 128/12.

7) BGH, Beschl. vom 4.5.2023, Az. 5 StR 38/23, zur strafrechtlichen Parallelvorschrift § 78c Abs. 1 S. 1 StGB.

Die Verjährung wird nur dann unterbrochen, wenn sich die Anhörung an eine als Täter oder Täterin der Ordnungswidrigkeit bereits ermittelte Person richtet. Es genügt daher nicht, wenn der oder die Betroffene der Person nach erst durch die Unterbrechungshandlung ermittelt werden soll und zwar auch dann nicht, wenn der in Betracht kommende Personenkreis begrenzt oder namentlich bekannt ist.[1] Bei einem Anhörungsdokument muss der Adressat oder die Adressatin erkennen können, dass er als Betroffener oder sie als Betroffene zu einer Ordnungswidrigkeit gehört werden soll.[2]

Eine unzulässig an „Verantwortliche einer Firma" gerichtete Anhörung unterbricht folglich nicht die Verfolgungsverjährung bezüglich der später als Täter oder Täterin der Ordnungswidrigkeit ermittelten Person. Für die wirksame Unterbrechung genügt bei der ersten Anhörung bereits der Anfangsverdacht einer Ordnungswidrigkeit, also zureichende tatsächliche Anhaltspunkte für die Täterschaft (§ 152 Abs. 2 StPO i. V. m. § 46 Abs. 1 OWiG).[3]

Für den Zeitpunkt der Unterbrechung kommt es nicht auf den Zugang, sondern auf die Anordnung der Anhörung durch die Verwaltungsbehörde an.[4] Maßgeblich ist schon der Zeitpunkt der Abfassung einer alsbald in den Geschäftsgang der Verwaltungsbehörde gelangten Anhörung (§ 33 Abs. 2 OWiG), also z. B. das in der begleitenden Verfügung in der elektronischen Bußgeldakte (§ 110c S. 2 OWiG) eingefügte Datum.[5] Es genügt stattdessen auch bereits die Veranlassung der verantwortenden Person der Verwaltungsbehörde (§ 32b Abs. 1 S. 1 StPO i. V. m. § 110c S. 1 OWiG) zur Erstellung und Versendung eines Anhörungsdokuments durch individuellen elektronischen Befehl, wenn sich Zeitpunkt und Bearbeiter oder Bearbeiterin dieses Vorgangs in der Bußgeldakte sicher feststellen lassen.[6] Der Einsatz lernfähiger Systeme ohne menschliche Beteiligung, also künstlicher Intelligenz (KI), durch automatisierte Prüfung des Anfangsverdachts (§ 152 Abs. 2 StPO i. V. m. § 46 Abs. 1 OWiG) mit automatisierter Versendung eines Anhörungsdokuments würde allerdings die Verfolgungsverjährung nicht unterbrechen. Die verantwortende Person kann auch in der Bußgeldakte dazu allgemein elektronisch im System hinterlegt sein, sofern ein Missbrauch durch eine jeder berechtigten Person individuell zugeordnete – durch Passwort gesicherte – Kennung ausgeschlossen erscheint.[7] Eine qualifizierte elektronische Signatur (Art. 3 Nr. 12 Verordnung [EU] Nr. 910/2014) ist nicht erforderlich. Der oder die Betroffene kann sich daher nicht erfolgreich darauf berufen, er oder sie habe das formlos mit der Post versendete Anhörungsdokument (§ 50 Abs. 1 S. 1 OWiG) oder die Ladung zur Vernehmung in der Dienststelle in Papierform nicht erhalten. Die nachweisbare Anordnung der Anhörung unterbricht die Verfolgungsverjährung unabhängig vom Zugang des Dokuments beim Betroffenen. Die Durch-

---

1) OLG Bamberg, Beschl. vom 16.8.2005, Az. 3 Ss OWi 891/05.
2) AG Hamburg-St. Georg, Urt. vom 17.6.2008, Az. 942 Owi 2401 Js 296/08 (22/08).
3) OLG Düsseldorf, Beschl. vom 10.1.2022, Az. 2 RBs 221/21.
4) BayObLG, Beschl. vom 30.9.2021, Az. 201 ObOWi 1165/21; KG (Berlin), Beschl. vom 18.8.2020, Az. 3 Ws (B) 152/20.
5) Dieses Datum genügt zum Nachweis des unterbrechenden Tages, OLG Bamberg, Beschl. vom 7.1.2019, Az. 3 Ss OWi 1710/18; BayObLG, Beschl. vom 20.10.2021, Az. 201 ObOWi 1273/21.
6) BGH, Beschl. vom 22.5.2006, Az. 5 StR 578/05.
7) OLG Hamm, Beschl. vom 20.11.2008, Az. 4 Ss OWi 763/08; Hanseatisches OLG Hamburg, Beschl. vom 10.1.2006, Az. I – 88/05 – 3 Ss 64/05 OWi.

führung der Anhörung selbst hat in der Verfahrenspraxis keine Bedeutung mehr, da sie die Verjährung nicht erneut unterbricht.[1] Wartet die Verwaltungsbehörde die von ihr gesetzte Äußerungsfrist – i. d. R. eine Woche – nicht ab, sondern erlässt bereits während dessen Laufes den Bußgeldbescheid, unterbricht die Anordnung der Anhörung als Scheinmaßnahme die Verjährung nicht.[2]

Wird die Anhörung versehentlich unter einer fehlerhaften Anschrift angeordnet und geht das Anhörungsdokument daher nicht zu, so hindert dies die Verjährungsunterbrechung nicht.[3] Der oder die Betroffene ist auch trotz einer falschen Melde- oder Wohnanschrift durch die übrigen personenbezogenen Daten hinreichend individualisiert.[4] In der Verfahrenspraxis ist gelegentlich festzustellen, dass Betroffene versuchen, für die Verwaltungsbehörde im Bußgeldverfahren durch Verschleierung des tatsächlichen Wohnortes unerreichbar zu sein. Verhält sich der oder die Betroffene durch Vortäuschen eines Wohnsitzes rechtsmissbräuchlich, ist eine Berufung auf eine angeblich mangelhafte Mitteilung ohne Bedeutung. Es stellt eine unzulässige Rechtsausübung dar, wenn sich Betroffene auf die Unwirksamkeit berufen, indem sie den Irrtum über ihren tatsächlichen Lebensmittelpunkt bewusst und zielgerichtet herbeiführen. Dann bleibt es nach dem Grundsatz von Treu und Glauben (§ 242 BGB) versagt, sich auf die Unwirksamkeit einer Mitteilung zu berufen.[5]

Gibt sich eine andere Person als die im Anhörungsdokument bezeichnete elektronisch, schriftlich oder telefonisch als Täter oder Täterin die Ordnungswidrigkeit zu erkennen, unterbricht diese Mitteilung mangels Anhörung als Maßnahme der Verwaltungsbehörde nicht die Verfolgungsverjährung gegen diese Person (§ 33 Abs. 4 S. 1 OWiG)![6]

Beispiel:

Die Gemeinde richtet ein Anhörungsdokument an den Zulassungsinhaber eines Fahrzeugs, den sie als mutmaßlichen Täter des unerlaubten Befahrens einer kommunalen Anlage betrachtet. Daraufhin ruft eine andere Person an und teilt der Gemeinde telefonisch mit, das ausgeliehene Fahrzeug gefahren zu haben. Die Anhörung des Zulassungsinhabers unterbricht die Verfolgungsverjährung mangels einer an diese Person gerichteten Maßnahme nicht bezüglich des Anrufers bei der Verwaltungsbehörde.

Ausschließlich die **erste** Anhörung als Betroffener oder Betroffene durch die Verwaltungsbehörde (§ 35 OWiG) oder Polizei im ersten Zugriff (§ 53 Abs. 1 S. 1 OWiG) hat verjährungsunterbrechende Wirkung. Jede weitere Anhörung, z. B. bei Änderung

1) OLG Celle, Beschl. vom 6.4.2000, Az. 333 Ss 34/00 (OWi).
2) AG Landstuhl, Beschl. vom 26.7.2022, Az. 2 OWi 4211 Js 8465/22.
3) KG (Berlin), Beschl. vom 18.8.2020, Az. 3 Ws (B) 152/20.
4) KG (Berlin), Beschl. vom 18.8.2020, Az. 3 Ws (B) 152/20, unter Bezugnahme auf OLG Hamm, Beschl. vom 9.11.2006, Az. 2 Ss OWi 688/06, und BayObLG, Beschl. vom 8.5.2003, Az. 2 ObOWi 156/03.
5) BayObLG, Beschl. vom 13.12.2021, Az. 201 ObOWi 1475/21, unter Bezugnahme auf BGH, Beschl. vom 14.5.2019, Az. X ZR 94/18, und OLG Dresden, Beschl. vom 26.10.2020, Az. 4 U 1563, für die Zustellung des Bußgeldbescheides (§ 33 Abs. 1 S. 1 Nr. 10 OWiG).
6) OLG Braunschweig, Beschl. vom 21.8.2006, Az. Ss (OWi) 100/06.

des Tatvorwurfs im Vorverfahren[1] oder im Zwischenverfahren nach zulässigem Einspruch des oder der Betroffenen gegen den Bußgeldbescheid (§ 69 Abs. 2 S. 3 OWiG)[2], unterbricht dagegen nicht mehr.

Beispiel:

Die formlose persönliche Anhörung des Betroffenen am Tatort durch die Polizei unterbricht die Verjährung. Die (überflüssige) spätere Versendung eines Anhörungsdokuments durch die Verwaltungsbehörde setzt die Verfolgungsverjährung nicht erneut in Lauf.

Die Verwaltungsbehörde hört den Betroffenen zunächst wegen einer unternehmensbezogenen Ordnungswidrigkeit an, hält aber aufgrund ihrer Ermittlungen den Tatvorwurf nicht mehr aufrecht. Die nachfolgende Anhörung wegen des Auffangtatbestands der Verletzung der Aufsichtspflicht in Betrieben und Unternehmen (§ 130 OWiG) unterbricht die Verfolgungsverjährung nicht mehr.

Der Betroffene legt gegen den Bußgeldbescheid einen zulässigen Einspruch ein und kündigt eine Begründung an. Die Verwaltungsbehörde gibt ihm nach der ersten Anhörung im Vorverfahren dazu erneut rechtliches Gehör im Rahmen einer erneuten Anhörung. Diese unterbricht die Verfolgungsverjährung nicht.

Keine Unterbrechung im Bußgeldverfahren löst die Anhörung in einem vorangegangenen oder gleichzeitig geführten Verwaltungsverfahren (§ 28 Abs. 1 VwVfG und entsprechende landesrechtliche Vorschriften) oder Sozialverwaltungsverfahren (§ 24 Abs. 1 SGB X) aus. Daher handelt es sich bei der Anhörung des Betroffenen im Bußgeldverfahren vor Erlass eines Bußgeldbescheides immer noch um die verjährungsunterbrechende „erste" Anhörung.

Beispiel:

Bei einer Nachschau verweigert der Gewerbetreibende den Bediensteten der Gewerbebehörde eine verlangte Auskunft (§ 29 Abs. 1 GewO). Die Behörde erlässt daher ein schriftliches Auskunftsverlangen durch gesetzeswiederholenden Verwaltungsakt und hört zuvor den Gewerbetreibenden als Beteiligten am Verwaltungsverfahren an (§ 28 Abs. 1 VwVfG und entsprechende landesrechtliche Vorschriften). Die Bußgeldstelle leitet wegen der Zuwiderhandlung gegen § 146 Abs. 2 Nr. 4 GewO ein Bußgeldverfahren ein und hört den Betroffenen zur vorgeworfenen Ordnungswidrigkeit an (§ 55 OWiG i. V. m. § 163a Abs. 1 StPO). Diese Anhörung unterbricht als erste Anhörung im Bußgeldverfahren die Verfolgungsverjährung.

- **Bekanntgabe der Einleitung des Bußgeldverfahrens (§ 33 Abs. 1 S. 1 Nr. 1 OWiG)**

Auch die Bekanntgabe an den Betroffenen oder die Betroffene, dass gegen ihn oder sie ein Bußgeldverfahren als Vorverfahren wegen einer Ordnungswidrigkeit eingelei-

1) AG Dillingen (Donau), Beschl. vom 19.1.2021, Az. 303 OWi 611 Js 142243/20.
2) Zur erneuten Anhörung des Betroffenen im Zwischenverfahren (§ 69 Abs. 2 S. 3 OWiG) § 20 Nr. 2.

tet sei, unterbricht die Verjährung (§ 33 Abs. 1 S. 1 Nr. 1 OWiG).[1] Der im Gesetz enthaltene Begriff „Ermittlungsverfahren" ist dem strafrechtlichen Verfahren der Staatsanwaltschaft entlehnt. Die bloße aktenkundige Einleitung eines Bußgeldverfahrens ohne Bekanntgabe an den Betroffenen oder die Betroffene unterbricht die Verjährung noch nicht. Die Bekanntgabe der Einleitung des Bußgeldverfahrens fällt zwar oft mit der ersten Anhörung des oder der Betroffenen im Bußgeldverfahren zusammen. Erfolgt sie aber unabhängig davon, unterbricht nur sie die Verjährung, eine spätere Anhörung zum Vorwurf der Ordnungswidrigkeit dagegen nicht mehr. Die Unterbrechungsgründe des § 33 Abs. 1 S. 1 Nr. 1 OWiG wirken nämlich nur einmal.[2] Die Bekanntgabe ist nicht formbedürftig und daher auch mündlich wirksam.[3] In der Verfahrenspraxis des Verwaltungs- oder Sozialverwaltungsverfahrens sollte daher bei „Ankündigungen" der Einleitung eines Bußgeldverfahrens, insbesondere während eines dem Bußgeldverfahren vorausgehenden Verwaltungsverfahrens (§ 9 VwVfG und entsprechende landesrechtliche Vorschriften) oder Sozialverwaltungsverfahrens (§ 8 SGB X) Zurückhaltung geübt werden.

Beispiel:

Bei einem Ortstermin in einem Verwaltungsverfahren entdeckt die verantwortende Person der Verwaltungsbehörde eine Ordnungswidrigkeit und erklärt, deswegen werde eine erhebliche Geldbuße festgesetzt werden. Nur die damit erfolgte Bekanntmachung der Einleitung des Bußgeldverfahrens unterbricht sofort die Verfolgungsverjährung, das später versendete Anhörungsdokument oder eine Ladung des Betroffenen zur Anhörung dagegen nicht mehr.

Die Gewährung von Akteneinsicht für den Betroffenen oder die Betroffene (§ 49 Abs. 1 OWiG) sowie den Verteidiger oder die Verteidigerin (§ 147 StPO i. V. m. § 46 Abs. 1 OWiG)[4] unterbricht die Verfolgungsverjährung als Bekanntgabe der Einleitung nur dann, wenn die gewährte Akteneinsicht zur Information über Existenz, Inhalt und Umfang des Ermittlungsverfahrens dienen soll und auch tatsächlich gedient hat.[5] Da dies zweifelhaft ist, sollte die Unterbrechung stets auf die aktenkundige Anordnung der Anhörung gestützt werden.

- **Gerichtliche Vernehmung von Betroffenen und Zeugen oder Zeuginnen (§ 33 Abs. 1 S. 1 Nr. 2 OWiG)**

Jede gerichtliche Vernehmung eines Zeugen oder einer Zeugin (§§ 48 ff. StPO i. V. m. § 46 Abs. 1, 5 OWiG) sowie des oder der Betroffenen unterbricht die Verfolgungsverjährung aufgrund § 33 Abs. 1 S. 1 Nr. 2 OWiG. Im Vorverfahren der Verwaltungsbehörde kommen insbesondere Zeugenvernehmungen durch den Ermittlungsrichter oder die Ermittlungsrichterin des Amtsgerichts auf Antrag der Verwaltungsbe-

1) BayVGH (München), Beschl. vom 30.11.2022, Az. 11 CS 22.1813.
2) OLG Celle, Beschl. vom 6.4.2000, Az. 333 Ss 34/00 (OWi).
3) BGH, Beschl. vom 10.8.2017, Az. 1 StR 218/17.
4) Zur Akteneinsicht für den Betroffenen oder die Betroffene (§ 49 Abs. 1 OWiG) und den Verteidiger oder die Verteidigerin (§ 147 StPO i. V. m. § 46 Abs. 1 OWiG) § 10 Nr. 7.
5) BGH, Beschl. vom 11.12.2007, Az. 4 StR 279/07; Saarländisches OLG (Saarbrücken), Beschl. vom 5.6.2009, Az. Ss (Z) 209/2009 (58/09).

hörde in Betracht (§ 162 Abs. 1 S. 1 StPO i. V. m. § 46 Abs. 1 OWiG).[1] Nicht dieser Antrag unterbricht aber die Verjährung, sondern nur die gerichtliche Vernehmung selbst oder die gerichtliche Terminsbestimmung als Anordnung der Vernehmung. Die Verwaltungsbehörde kann auf den Zeitpunkt der Vernehmung keinen unmittelbaren Einfluss nehmen. Bei drohender Verjährung sollte sie das Gericht daher in deutlicher Form auf den Zeitpunkt des Eintritts hinweisen.

Im Gegensatz zur ersten Vernehmung des oder der Betroffenen durch die Verwaltungsbehörde oder Polizei unterbricht jede gerichtliche Vernehmung die Verfolgungsverjährung. Voraussetzung ist jedoch, dass sich das Bußgeldverfahren bereits gegen einen namentlich bekannten Betroffenen oder eine namentlich bekannte Betroffene, also nicht mehr gegen unbekannt richtet.[2] Die Verjährung kann also nicht durch die gerichtliche Vernehmung unterbrochen werden, wenn dadurch erst die Person des Täters oder der Täterin der Ordnungswidrigkeit ermittelt werden soll.

- **Beauftragung eines Sachverständigen (§ 33 Abs. 1 S. 1 Nr. 3 OWiG)**

Jede Beauftragung eines oder einer Sachverständigen durch die verantwortende Person der Verwaltungsbehörde im Bußgeldverfahren mit einem Gutachten (§ 72 ff. StPO i. V. m. § 46 Abs. 1 OWiG)[3] unterbricht die Verfolgungsverjährung nach § 33 Abs. 1 S. 1 Nr. 3 OWiG, wenn der oder die Betroffene zuvor vernommen oder ihnen die Einleitung des Bußgeldverfahren bekanntgemacht wurde.[4] Der oder die Betroffene muss also bereits ermittelt sein, ein noch „gegen unbekannt" oder noch zu ermittelnde „Verantwortliche" eines Unternehmens (§ 9 OWiG) gerichtetes Bußgeldverfahren genügt nicht.[5] Erforderlich ist ein bestimmter Gutachtenauftrag an eine bestimmte Person als Sachverständigen oder Sachverständige.[6] Es genügt eine erbetene oder unaufgeforderte „gutachtliche Stellungnahme" zu einer verwaltungsrechtlichen Fachfrage in der Bußgeldakte. Vermerke juristischer Bediensteter der Behörde über die rechtliche Beurteilung des Sachverhalts sind keine rechtlichen Gutachten. Maßgeblich ist der aktenkundige Zeitpunkt der Entscheidung der verantwortenden Person; auf den Zeitpunkt der Übermittlung der Bußgeldakte an den Sachverständigen oder die Sachverständige kommt es nicht an.[7]

Der oder die im Bußgeldverfahren beauftragte Sachverständige kann auch der eigenen Behörde angehören, wenn die Weisungsfreiheit und Unparteilichkeit bei der Erstattung des Gutachtens sichergestellt sind. Wer an Ermittlungshandlungen teilnimmt, ist daher als Sachverständiger oder Sachverständige ausgeschlossen. Keine unterbrechende Wirkung hat die bloße Aufforderung einer anderen Person, Behörde

1) Zur Zeugenvernehmung durch den Ermittlungsrichter oder der Ermittlungsrichterin des Amtsgerichts auf Antrag der Verwaltungsbehörde (§ 162 Abs. 1 S. 1 StPO i. V. m. § 46 Abs. 1 OWiG) § 6 Nr. 3.5.
2) BGH, Beschl. vom 29.10.1996, Az. 4 StR 394/96; OLG Hamm, Beschl. vom 27.10.1998, Az. 2 Ss OWi 1124/98.
3) Zur Person des oder der Sachverständigen als persönliches Beweismittel im Bußgeldverfahren (§ 72 ff. StPO i. V. m. § 46 Abs. 1 OWiG) § 6 Nr. 1.4.
4) Zur Unterbrechung der Verfolgungsverjährung durch die erste Anhörung als Betroffener oder Betroffene bzw. Bekanntmachung der Einleitung des Bußgeldverfahrens vorstehend § 33 Abs. 1 S. 1 Nr. 1 OWiG.
5) BGH, Beschl. vom 29.1.2013, Az. 2 StR 510/12, zur strafrechtlichen Parallelvorschrift § 78c StGB.
6) BGH, Beschl. vom 16.12.1976, Az. 4 StR 281/76; LG Mönchengladbach, Beschl. vom 10.6.2020, Az. 39 Qs 11/20.
7) Thüringer OLG (Jena), Beschl. vom 29.2.2012, Az. 1 Ss Bs 17/12.

oder Körperschaft zu einer „gutachtlichen Stellungnahme“ oder „gutachtlichen Äußerung“ ohne wirklichen Gutachtenauftrag.

Beispiel:

Aufgrund einer anonymen Anzeige führt das Landratsamt eine Tierschutzkontrolle durch (§ 16 Abs. 3 TierSchG). Wegen der vorgefundenen Zuwiderhandlungen (§ 18 Abs. 1 Nr. 1 TierSchG) erstattet der kontrollierende Veterinärassistent eine Ordnungswidrigkeiten-Anzeige mit Bildaufnahmen an die Bußgeldstelle. Diese bittet den Amtstierarzt um eine „gutachtliche Stellungnahme“ zur Tierhaltung. Weder die Aufforderung noch die Vorlage der Stellungnahme unterbrechen die Verfolgungsverjährung.

Ebenso unterbrechen Gutachten, die in einem vorausgegangenen Verwaltungsverfahren aufgrund § 26 Abs. 1 Nr. 2 VwVfG und entsprechende landesrechtliche Vorschriften veranlasst wurden, nicht die Unterbrechung der Verjährung im Bußgeldverfahren. Zur Vermeidung von Missverständnissen empfiehlt sich deswegen der Hinweis auf § 72 ff. StPO i. V. m. § 46 Abs. 1 OWiG in der Beauftragung des oder der Sachverständigen. Ist der Gutachtenauftrag bereits mündlich erteilt, unterbricht eine Aktenübersendung an die als Sachverständiger oder Sachverständige beauftragte Person mit der Aufforderung zur Erstattung des Gutachtens auf deren Grundlage die Verfolgungsverjährung nicht nochmals.[1)]

Hat die Verwaltungsbehörde die Erstattung eines Gutachtens schon in einem vorangegangenen Verwaltungsverfahren angeordnet (§ 26 Abs. 1 Nr. 2 VwVfG und entsprechende landesrechtliche Vorschriften), unterbricht diese Maßnahme die Verfolgungsverjährung auch dann nicht, wenn das Gutachten zur Einleitung des Bußgeldverfahrens führt und auch dort als Beweismittel verwendet wird (§ 161 Abs. 1 S. 2 StPO i. V. m. § 46 Abs. 1 OWiG).

Beispiele:

Das Gewerbeamt einer Kommune führt bei einem Versteigerer eine Nachschau durch (§ 29 Abs. 2 GewO). Mit der Beurteilung des zunächst nur fotografierten Versteigerungsguts wird ein Sachverständiger beauftragt. Weder der Auftrag noch die spätere Vorlage des Gutachtens unterbrechen die Verfolgungsverjährung wegen der Ordnungswidrigkeit, auch wenn aufgrund des Gutachtens ein Bußgeldverfahren eingeleitet wird.

Ein Lebensmittelkontrolleur lässt aufgrund einer genommenen Verdachtsprobe (§ 43 LFGB) mutmaßlich nicht verzehrfähige Lebensmittel aus einer Gaststätte untersuchen. Das Gutachten der Untersuchungsstelle führt zum Anfangsverdacht einer Ordnungswidrigkeit (§ 60 LFGB) und zur Einleitung eines Bußgeldverfahrens gegen den Lebensmittelunternehmer. Der Gutachtensauftrag im vorangegangenen Verwaltungsverfahren unterbricht jedoch nicht die Verjährung im Bußgeldverfahren, obwohl er Ursache für dessen Einleitung war.

---

1) BayObLG, Beschl. vom 31.10.1980, Az. 1 ObOWi 466/80.

- **Durchsuchungs- und Beschlagnahmeanordnungen (§ 33 Abs. 1 S. 1 Nr. 4 OWiG)**

Die Verfolgungsverjährung wird durch jede Durchsuchungs- und Beschlagnahmeanordnung

- zur Gewinnung von Beweismitteln bei tatverdächtigen Betroffenen (§§ 94, 98, 102, 105 StPO i. V. m. § 46 Abs. 1 OWiG) und unverdächtigen Dritten (§§ 94, 98, 103, 105 StPO i. V. m. § 46 Abs. 1 OWiG)[1] und
- zur Sicherung der Einziehung (§§ 111c, 111j StPO i. V. m. § 46 Abs. 1 OWiG)[2] sowie
- einer Sicherheitsleistung (§ 132 StPO i. V. m. § 46 Abs. 1 OWiG)[3] gem. § 33 Abs. 1 S. 1 Nr. 4 OWiG

unterbrochen. Die Anordnung ist dabei i. d. R. durch den Ermittlungsrichter oder die Ermittlungsrichterin des Amtsgerichts auf Antrag der Verwaltungsbehörde erlassen (§§ 98, 105, 111j, 132 i. V. m. § 162 Abs. 1 S. 1 StPO, § 46 Abs. 1 OWiG). Sie kann aber auch ausnahmsweise aufgrund Gefahr im Verzug durch die Verfolgungsbehörde erfolgt sein. Alle diese Anordnungen und jede gerichtliche Anordnung, die eine behördliche aufrechterhält, unterbrechen die Verfolgungsverjährung. Eine Durchsuchung, die die Verwaltungsbehörde ohne Gefahr im Verzug zur Umgehung des gesetzlichen Richtervorbehalts rechtswidrig selbst anordnet, unterbricht die Verfolgungsverjährung dagegen nicht.[4] Durchsuchungen und Beschlagnahmen (Sicherstellungen), die auf einer verwaltungsrechtlichen Grundlage erfolgt sind, haben diese Wirkung ebenfalls nicht. Dies gilt erst recht für das bloße Betreten von Wohn- oder Geschäftsräumen zum Zweck einer Nachschau zur Gefahrenabwehr.

Richtet sich die Durchsuchungs- und/oder Beschlagnahmeanordnung nur allgemein gegen „Verantwortliche" eines Unternehmens, so wird die Verfolgungsverjährung nur dann unterbrochen, wenn sich aus den Ermittlungsakten ergibt, dass der Täter oder die Täterin zu diesem Zeitpunkt bereits bekannt war und sich die Durchsuchung auch gegen ihn oder sie richten sollte.[5]

- **Vorläufige Einstellung des Verfahrens wegen Abwesenheit von Betroffenen (§ 33 Abs. 1 S. 1 Nr. 5 OWiG)**

Eine praktisch sehr wichtige Unterbrechung der Verfolgungsverjährung bietet sich bei unbekanntem Aufenthalt des oder der Betroffenen. Die Verwaltungsbehörde erhält davon meist Kenntnis, wenn dienstliche Dokumente wie eine Anhörung (§ 55 OWiG) von der Post als „unzustellbar" zurückgesandt werden und die elektronische EMA-Anfrage erfolglos bleibt. Weder die Tatsache des unbekannten Aufenthalts bereits ermittelter Betroffener noch behördliche Aufenthaltsermittlungen allein unter-

1) Zur Unterbrechung der Verfolgungsverjährung durch die Durchsuchung bei tatunverdächtigen Dritten (§§ 94, 98, 103, 105 StPO i. V. m. § 46 Abs. 1 OWiG) BGH, Urt. vom 10.11.2016, Az. 4 StR 86/16, für die strafrechtliche Parallelvorschrift § 78c StGB. Zur Durchsuchung und Beschlagnahme zur Gewinnung von Beweisstücken (§§ 94, 98, 102, 103, 105 StPO i. V. m. § 46 Abs. 1 OWiG) § 6 Nr. 3.1.4.
2) Zur Durchsuchung und Beschlagnahme zur Sicherung der Einziehung (§§ 111b bis 111d, 111j StPO i. V. m. § 46 Abs. 1 OWiG) § 9 Nr. 3.
3) Zur Beschlagnahme zur Durchsetzung einer Sicherheitsleistung (§ 132 StPO i. V. m. § 46 Abs. 1 OWiG) § 7 Nr. 4.
4) AG Stuttgart, Urt. vom 3.12.2001, Az. 8 OWi 75 Js 81120/01.
5) BGH-Kartellsenat, Beschl. vom 6.3.2007, Az. KRB 1/07.

brechen die Verjährung.[1] Diese Wirkung löst nur die vorläufige Einstellung des Bußgeldverfahrens entsprechend § 205 StPO i. V. m. § 46 Abs. 1 OWiG aus. Die Anordnung von Aufenthaltsermittlungen enthält nicht zugleich die notwendige vorläufige Einstellung.[2] Hierzu genügt ein elektronischer Vermerk in der Bußgeldakte (§ 110c S. 2 OWiG), der den Namen der verantwortenden Person (§ 32b Abs. 1 S. 1, Abs. 2 StPO i. V. m. § 110c S. 1 OWiG) erkennen lassen muss:

„Vorläufig eingestellt wegen Abwesenheit des Betroffenen. << Datum, Signatur>>."

Die Verfolgungsverjährung wird jedoch nicht unterbrochen, wenn die verantwortende Person des Vermerks (§ 32b Abs. 1 S. 1 StPO i. V. m. § 110c S. 1 OWiG) in der Bußgeldakte nicht nachvollziehbar ist.[3] Ungenügend ist auch eine bloße Formularverfügung, dass im Falle der Anschriftenermittlung gleichzeitig eine vorläufige Einstellung wegen Abwesenheit des Betroffenen eintritt.[4] Eine qualifizierte elektronische Signatur (Art. 3 Nr. 12 Verordnung [EU] Nr. 910/2014) ist für den Einstellungsvermerk nicht erforderlich. Die Einstellungsanordnung kann und braucht nicht bekannt gemacht zu werden, sie unterbricht bereits mit ihrer Aktenkundigkeit die Verjährung (§ 33 Abs. 2 OWiG). Die Anordnung unterbricht auch dann, wenn der Betroffene tatsächlich bekannten Aufenthalts war, aber die unzutreffenden Erkenntnisse der Verwaltungsbehörde

- auf einem zwar verschuldeten Irrtum, jedoch nicht auf willkürlichem Verhalten der Verwaltungsbehörde beruhen.[5]
- auf falschen Angaben einer anderen Behörde beruhen.[6]

Die vorläufige Einstellung des Bußgeldverfahrens zur Aufenthaltsermittlung unterbricht die Verfolgungsverjährung jedoch nicht, wenn die Verwaltungsbehörde in Kenntnis der tatsächlichen Anschrift des Betroffenen die Zustellung des Bußgeldbescheids an eine falsche Anschrift veranlasst.[7]

Jede Anordnung zur Aufenthaltsermittlung oder Beweissicherung, die nach der vorläufigen Einstellung des Bußgeldverfahrens erfolgt, unterbricht die Verfolgungsverjährung jedes Mal erneut bis zur Grenze der absoluten Verjährung. Dazu sind folgende Maßnahmen geeignet:

- **Aufenthaltsermittlung**

  Auskunftsersuchen (§ 161 Abs. 1 S. 1 StPO i. V. m. § 46 Abs. 1 OWiG)[8] bei der inländischen oder einer ausländischen Meldebehörde[9] sowie einer Polizeidienst-

1) BayObLG, Beschl. vom 20.10.2021, Az. 201 ObOWi 1273/21.
2) AG Landstuhl, Beschl. vom 26.7.2022, Az. 2 OWi 4211 Js 8465/22.
3) OLG Hamm, Beschl. vom 25.3.2014, Az. 1 RBs 45/14.
4) OLG Celle, Beschl. vom 8.6.1998, Az. 22 Ss 22/98 (OWi); AG Landstuhl, Beschl. vom 26.7.2022, Az. 2 OWi 4211 Js 8465/22.
5) KG (Berlin), Beschl. vom 18.8.2020, Az. 3 Ws (B) 152/20; OLG Karlsruhe, Beschl. vom 19.9.2018, Az. 2 Rb 7 Ss 498/18; OLG Bamberg, Beschl. vom 18.4.2007, Az. 2 Ss OWi 1073/06; anderer Ansicht nur bei unverschuldetem Irrtum: OLG Hamm, Beschl. vom 16.12.2004, Az. 2 Ss OWi 479/04, und Brandenburgisches OLG (Brandenburg), Beschl. vom 29.3.2005, Az. 2 Ss (OWi)51Z/05.
6) OLG Hamm, Beschl. vom 2.8.2007, Az. 2 Ss OWi 372/07.
7) AG Wittenberg, Beschl. vom 12.8.2005, Az. 3 OWi 561 Js 22815/05 (43/05).
8) Zum Auskunftsersuchen der Verwaltungsbehörde (§ 161 Abs. 1 S. 1 StPO i. V. m. § 46 Abs. 1 OWiG) § 5 Nr. 2.1.1.1.
9) Zur Unterbrechung der Verfolgungsverjährung durch Anfrage bei einer ausländischen Meldebehörde nach vorläufiger Einstellung des Bußgeldverfahrens (§ 33 Abs. 1 S. 1 Nr. 5 OWiG) OLG Köln, Beschl. vom 15.2.2022, Az. III-1 RBs 26/22.

stelle nach dem Aufenthaltsort des oder der Betroffenen,[1] Suchvermerke beim Bundeszentralregister (§ 27 BZRG) und Ausländerzentralregister (§ 5 AZRG). In gewissen Abständen wiederholte Auskunftsersuchen etwa bei einer Polizeidienststelle unterbrechen die Verjährung jedes Mal erneut.

– **Beweissicherung**

  Aufforderung an Behördenbedienstete oder Mitarbeitende im Außendienst zu einer Stellungnahme oder einem Protokoll zur Beweissicherung für ein späteres gerichtliches Bußgeldverfahren.

Achtung: Ohne vorhergehende Anordnung der vorläufigen Einstellung des Bußgeldverfahrens wegen Abwesenheit des Betroffenen unterbrechen Maßnahmen zur Aufenthaltsermittlung oder Beweissicherung die Verfolgungsverjährung nicht!

Beispiel:

Die Verwaltungsbehörde übersendet an den Betroffenen ein Anhörungsdokument in Papierform mit der Post, das mit dem Vermerk „unbekannt verzogen" zurückkommt. Zunächst hat die Abfassung der Anhörung die Verfolgungsverjährung bereits unterbrochen (§ 33 Abs. 1 S. 1 Nr. 1, Abs. 2 OWiG).

Nachdem die EMA-Abfrage keine andere Anschrift des Betroffenen ergeben hat, stellt die verantwortende Person der Verwaltungsbehörde das Bußgeldverfahren durch elektronischen Vermerk in der Bußgeldakte vorläufig ein und richtet ein Auskunftsersuchen an eine Polizeidienststelle (§ 161 Abs. 1 S. 1 StPO i. V. m. § 46 Abs. 1 OWiG). Sowohl die vorläufige Einstellung als auch die Anfrage bei der Polizeidienststelle als Maßnahme zur Aufenthaltsermittlung unterbrechen die Verfolgungsverjährung (§ 33 Abs. 1 S. 1 Nr. 5 OWiG). Die EMA-Abfrage unterbricht dagegen nicht, weil sie vor der vorläufigen Einstellung des Bußgeldverfahrens erfolgte.

- **Ersuchen um Auslandsermittlungen (§ 33 Abs. 1 S. 1 Nr. 6 OWiG)**

Jedes Ersuchen der Verfolgungsbehörde, eine Untersuchungshandlung im Ausland vorzunehmen, unterbricht die Verfolgungsverjährung (§ 33 Abs. 1 S. 1 Nr. 6 OWiG). Hier kommt etwa die Ermittlung des Zulassungsinhabers eines im Ausland zugelassenen Fahrzeugs oder der Wohnanschrift im Ausland in Betracht.[1]

Beispiel:

Der Betroffene hat sich mit einer Anschrift im Ausland abgemeldet, ist dort aber erneut mit einer noch unbekannten Anschrift verzogen. Die Verwaltungsbehörde richtet an die dortige Meldebehörde ein Auskunftsersuchen.

- **Anhörung anderer Behörden (§ 33 Abs. 1 S. 1 Nr. 7 OWiG)**

Nur gesetzlich bestimmte Anhörungen einer anderen Behörde durch die Verfolgungsbehörde vor Abschluss der Ermittlungen unterbrechen die Verfolgungsverjäh-

1) OLG Köln, Beschl. vom 15.2.2022, Az. 1 RBs 26/22.

rung (§ 33 Abs. 1 S. 1 Nr. 7 OWiG). Solche Fälle kommen praktisch nicht vor. Die bloße Anforderung von Akten oder die Bitte um Stellungnahme haben diese Wirkung nicht.

- **Abgabe des Bußgeldverfahrens durch die Staatsanwaltschaft (§ 33 Abs. 1 S. 1 Nr. 8 OWiG)**

Stellt die Staatsanwaltschaft ein strafrechtliches Ermittlungsverfahren mangels Tatverdachts gem. § 170 Abs. 2 S. 1 StPO oder wegen Geringfügigkeit gem. § 153 Abs. 1 StPO ein und übergibt die Sache an die zuständige Verwaltungsbehörde gem. § 43 Abs. 1 OWiG zur weiteren Verfolgung einer bisher mitverfolgten Ordnungswidrigkeit ab, so unterbricht diese Abgabe die Verfolgungsverjährung bezüglich des gesamten verfolgten Lebenssachverhalts.[1] Entscheidender Zeitpunkt ist das aktenkundige Datum der Anordnung durch die verantwortende Person der Staatsanwaltschaft (§ 32b Abs. 2 StPO), nicht etwa der Eingang bei der Verwaltungsbehörde.

Achtung: Die Abgabe der Akten durch die Verwaltungsbehörde (!) wegen Verdachts einer Straftat (§ 41 Abs. 1 OWiG) an die Staatsanwaltschaft sowie die Rückgabe (!) der Staatsanwaltschaft an die Verwaltungsbehörde (§ 41 Abs. 2 OWiG) und die Übersendung der Akten nach zulässigem Einspruch gegen den Bußgeldbescheid über die Staatsanwaltschaft an das Amtsgericht (§ 69 Abs. 3 S. 1 OWiG) durch die Verwaltungsbehörde unterbrechen die Verfolgungsverjährung nicht!

Beispiel:

Die Verwaltungsbehörde gibt ein Bußgeldverfahren an die Staatsanwaltschaft ab (§ 41 Abs. 1 OWiG), weil sich die bisher verfolgte abfallrechtliche Ordnungswidrigkeit (§ 69 Abs. 1 Nr. 2 KrWG) nach ihrer Auffassung als strafbarer Umgang mit gefährlichen Abfällen (§ 326 Abs. 1 Nr. 4 StGB) erwiesen hat. Die Abgabe unterbricht nicht die Verfolgungsverjährung der zunächst verdrängten tateinheitlichen Ordnungswidrigkeit (§ 21 Abs. 1 S. 1 OWiG). Nachdem sich der Straftatverdacht trotz weiterer Ermittlungen nicht bestätigt, stellt die Staatsanwaltschaft das strafrechtliche Ermittlungsverfahren aus tatsächlichen Gründen ein (§ 170 Abs. 2 S. 1 StPO) und gibt die Sache wegen der verbleibenden Ordnungswidrigkeit an die Verwaltungsbehörde ab (§ 43 OWiG). Diese Verfügung unterbricht die Verfolgungsverjährung (§ 33 Abs. 1 S. 1 Nr. 8 OWiG), sofern die Ordnungswidrigkeit nicht inzwischen bei der Staatsanwaltschaft verjährt ist.

- **Erlass und Zustellung des Bußgeldbescheides (§ 33 Abs. 1 S. 1 Nr. 9 OWiG)**

Der Erlass des Bußgeldbescheids unterbricht die Verfolgungsverjährung nur dann, wenn er innerhalb von zwei Wochen tatsächlich mangelfrei zugestellt werden kann.[2] Der Erlass allein ist daher ohne Bedeutung.[3] Erlassen ist ein Bußgeldbescheid (§ 65

1) OLG Celle, Beschl. vom 18.6.1999, Az. 233 Ss 25/99 (OWi).

2) BayObLG, Beschl. vom 17.11.2020, Az. 201 ObOWi 1385/20; AG Nürtingen, Urt. vom 23.4.2009, Az. 16 OWi 73 Js 13396/09; AG Landstuhl, Beschl. vom 26.7.2022, Az. 2 OWi 4211 Js 8465/22. Zum Erlass des Bußgeldbescheids (§ 65 OWiG) § 13.

3) OLG Hamm, Beschl. vom 17.1.2017, Az. 3 RBs 214/12.

OWiG), wenn die verantwortende Person ihren Namen entweder im Abschlussvermerk (§ 61 OWiG) als begleitender Verfügung (§ 110c S. 2 OWiG) hinzufügt oder dieser sonst in der Verfahrenshistorie der Bußgeldakte hinterlegt ist und das Dokument durch sie oder auf ihre Veranlassung in der Bußgeldakte gespeichert ist (§ 32b Abs. 1 S. 1, Abs. 2 StPO i. V. m. § 110c S. 1 OWiG). Entscheidet nicht eine verantwortende Person der Verwaltungsbehörde, sondern ein eingesetztes lernfähiges System, also künstliche Intelligenz (KI), so fehlt es bereits am Erlass des Bußgeldbescheides. Ein solches System kann also der verantwortenden Person nur den Vorschlag zum Erlass des Bußgeldbescheides unterbreiten, über den diese dann aktenkundig entscheidet.

Maßgeblicher Zeitpunkt für den Erlass des Bußgeldbescheides ist das Datum der begleitenden Verfügung (§ 110c S. 2 OWiG), nicht das Datum des Zugangs bei dem oder der Betroffenen. Weist der Bußgeldbescheid Darstellungsmängel bezüglich des Tathergangs auf, die zu seiner Unwirksamkeit führen, kann er auch die Verfolgungsverjährung nicht unterbrechen.[1] Betreibt die Verwaltungsbehörde elektronische Aktenführung, ohne dazu vor 2026 durch eine Einführungsverordnung berechtigt zu sein, ist dies zwar rechtswidrig, wirkt sich aber nicht auf die Unterbrechung der Verfolgungsverjährung durch den Erlass des Bußgeldbescheides aus.[2]

Eine Zustellung an den Verteidiger oder die Verteidigerin des oder der Betroffenen ist nur dann wirksam, wenn sich eine nachgewiesene Vollmacht bei den Akten befindet (§ 51 Abs. 3 OWiG). Die bloße Mandatsanzeige oder anwaltliche Versicherung genügen daher nicht, um die Verfolgungsverjährung durch die Zustellung des Bußgeldbescheides zu unterbrechen.[3]

Beispiel:

Die Verwaltungsbehörde stellt den Bußgeldbescheid an den Verteidiger des Betroffenen über dessen besonderes elektronisches Anwaltspostfach zu, obwohl dieser zuvor bei dem Antrag auf Akteneinsicht nur eine Mandatsanzeige des Betroffenen vorgetragen hat. Die Verjährung wird mangels nachgewiesener Vollmacht (§ 51 Abs. 3 S. 1 OWiG) nicht unterbrochen. Auch die Unterrichtung des Betroffenen über diese Zustellung unterbricht die Verfolgungsverjährung nicht (§ 51 Abs. 3 S. 3 OWiG). Allenfalls kommt daher eine Heilung des Zustellungsmangels in Betracht (§ 8 VwZG und entsprechende landesrechtliche Vorschriften).

Kann der Bußgeldbescheid nicht innerhalb von zwei Wochen mangelfrei zugestellt werden, so ist nicht mehr der Erlass, sondern seine spätere mangelfreie Zustellung für die Unterbrechung der Verfolgungsverjährung entscheidend, sofern nicht eine Heilung durch Nachweis des tatsächlichen Zugangs möglich ist (§ 51 Abs. 1 S. 1 OWiG i. V. m. § 8 VwZG und entsprechende landesrechtliche Vorschriften).[4] Dieser Zeitpunkt kann sich vor allem aus dem Verhalten des oder der Betroffenen ergeben,

1) AG Landstuhl, Beschl. vom 26.7.2022, Az. 2 OWi 4211 Js 8465/22; AG Schleswig, Beschl. vom 5.7.2018, Az. 53 OWi 107 Js 8757/18.
2) OLG Koblenz, Beschl. vom 6.9.2016, Az. 1 OWi 3 SsRs 93/16.
3) Hanseatisches OLG Hamburg, Beschl. vom 10.9.2020, Az. 2 RB 15/19.
4) OLG Celle, Beschl. vom 10.3.2021, Az. 2 Ss (OWi) 348/20; OLG Frankfurt (Main), Beschl. vom 14.6.2022, Az. 3 Ss-OWi 476/22; BayObLG, Beschl. vom 21.1.2022, Az. 202 ObOWi 2/22.

wenn sie gegen den Bußgeldbescheid Einspruch einlegen.[1] Wegen in der Verfahrenspraxis nicht ausschließbarer Zustellungsmängel durch die Post (§ 51 Abs. 1 S. 1 OWiG i. V. m. § 3 VwZG und entsprechende landesrechtliche Vorschriften)[2] sollte die Zustellung des Bußgeldbescheides so rechtzeitig veranlasst werden, dass notfalls vor Eintritt der Verfolgungsverjährung eine mangelfreie Zustellung durch die Behörde (§ 51 Abs. 1 S. 1 OWiG i. V. m. § 5 VwZG und entsprechende landesrechtliche Vorschriften) wiederholt werden kann. Eine rechtswidrig angeordnete öffentliche Zustellung ist unwirksam und unterbricht die Verfolgungsverjährung daher nicht.[3]

Verfügt der oder die Betroffene über ein elektronisches Postfach, derzeit sind das besondere elektronische Bürger- und Organisationenpostfach (eBO) und das Bürgerpostfach im Portalverbund von praktischer Bedeutung, so kann über diese auf sicheren Übermittlungswegen mit elektronischem Zugangsnachweis zugestellt werden (§ 32a Abs. 4 S. 1 Nr. 3, 4 StPO i. V. m. § 110c S. 1 OWiG). Die Zustellung an einen in Deutschland zugelassenen Rechtsanwalt oder eine Rechtsanwältin als Verteidiger oder Verteidigerin vom besonderen elektronischen Behördenpostfach (§ 6 ERVV) an das besondere elektronische Anwaltspostfach (§ 31a BRAO) als sicherem Übermittlungsweg (§ 32a Abs. 4 S. 1 Nr. 1 StPO i. V. m. § 110c S. 1 OWiG) ist über das dort erzeugte elektronische Empfangsbekenntnis nachweisbar. Betroffene brauchen allerdings kein elektronisches Postfach unterhalten, sodass bei ihnen meist noch die Zustellung eines Ausdrucks des Bußgeldbescheides als Papierdokument durch die Post notwendig ist. Bleibt nach dem Ergebnis des Zustellungsversuchs der Aufenthalt von Betroffenen wegen der Zustellvermerke „unbekannt", „unbekannt verzogen" oder „nicht ermittelbar" unbekannt und ist eine Zustellung daher nicht möglich, so bleibt bei drohendem Eintritt der Verjährung nur die Unterbrechung durch Protokoll nach § 168b Abs. 1 StPO i. V. m. § 46 Abs. 1 OWiG (siehe vorstehend). Auch jede anschließende Aufenthaltsermittlung unterbricht die Verjährung dann nach § 33 Abs. 1 S. 1 Nr. 5 OWiG. Eine öffentliche Zustellung wegen fehlenden inländischen Aufenthaltsorts genügt nicht.[4]

Die Zurücknahme des Bußgeldbescheides (§ 69 Abs. 2 S. 1 OWiG)[5] unterbricht die Verfolgungsverjährung zwar nicht. Wird jedoch ein neuer Bußgeldbescheid (z. B. mit geändertem Tatvorwurf oder geringerer Geldbuße) unter Zurücknahme des bisherigen Bußgeldbescheides erlassen, so bleibt die Unterbrechungswirkung durch den Erlass des zurückgenommenen Bußgeldbescheides erhalten.[6] Die Verjährung wird aber mit dem Erlass des neuen Bußgeldbescheides nochmals unterbrochen. Diese Wirkung besteht jedoch nicht, wenn die Verwaltungsbehörde ohne Zurücknahme des „alten" Bußgeldbescheides einfach einen neuen erlässt. Im Zwischenverfahren nicht vorgesehene „Abänderungsbescheide" der Verwaltungsbehörde lösen ebenso keine Unterbrechung der Verjährung aus.[7]

---

1) OLG Frankfurt (Main), Beschl. vom 14.6.2022, Az. 3 Ss-OWi 476/22; BayObLG, Beschl. vom 21.1.2022, Az. 202 ObOWi 2/22.
2) OLG Hamm, Beschl. vom 4.1.2006, Az. 2 Ss OWi 873/05; Unschädlich ist ein nur teilweises Az. auf dem Zustellungsumschlag nach OLG Hamm, Beschl. vom 17.7.2002, Az. 2 Ss OWi 443/02.
3) BayObLG, Beschl. vom 20.10.2021, Az. 201 Ob OWi 1273/21.
4) OLG Hamm, Beschl. vom 17.1.2017, Az. 3 RBs 214/12.
5) Zur Zurücknahme des Bußgeldbescheides (§ 69 Abs. 2 S. 1 OWiG) § 20 Nr. 3.
6) AG Landstuhl, Beschl. vom 26.7.2022, Az. 2 OWi 4211 Js 8465/22.
7) OLG Oldenburg (Oldenburg), Beschl. vom 28.10.2021, Az. 2 Ss (OWi) 231/21; AG Landstuhl, Beschl. vom 26.7.2022, Az. 2 OWi 4211 Js 8465/22.

Beispiel:

Die Verwaltungsbehörde erlässt einen Bußgeldbescheid wegen einer vorsätzlichen Ordnungswidrigkeit und setzt die Geldbuße aufgrund geregelter wirtschaftlicher Verhältnisse fest. Der Betroffene legt Einspruch ein und begründet diesen. Die Verwaltungsbehörde geht nunmehr nur noch von fahrlässigem Handeln und besonders schlechten wirtschaftlichen Verhältnissen des Betroffenen aus. Sie nimmt den erlassenen Bußgeldbescheid daher zurück (§ 69 Abs. 2 S. 1 OWiG) und erlässt einen neuen wegen einer fahrlässigen Ordnungswidrigkeit und einer geringeren Geldbuße. Beide Bußgeldbescheide unterbrechen die Verfolgungsverjährung, sofern sie innerhalb zwei Wochen mangelfrei zugestellt worden sind oder ein Zustellungsmangel geheilt werden konnte (§ 33 Abs. 1 S. 1 Nr. 9 OWiG).

- **Akteneingang beim Amtsgericht (§ 33 Abs. 1 S. 1 Nr. 10 OWiG)**

Im Zwischenverfahren der Verwaltungsbehörde (§ 69 Abs. 1 bis 3 OWiG) und der Staatsanwaltschaft (§ 69 Abs. 4 OWiG) besteht abgesehen von dem Fall der vorläufigen Einstellung wegen unbekannten Aufenthalts des Betroffenen (§ 33 Abs. 1 S. 1 Nr. 5 OWiG) keine Möglichkeit zur erneuten Unterbrechung der Verfolgungsverjährung.[1] Weder der Einspruch von Betroffenen oder Nebenbetroffenen (juristische Person oder Personenvereinigung) gegen den Bußgeldbescheid (§ 67 OWiG) noch Nachermittlungen der Verwaltungsbehörde (§ 69 Abs. 2 S. 2 OWiG) oder die Abgabe des Bußgeldverfahrens über die Staatsanwaltschaft (§ 69 Abs. 3 OWiG) beeinträchtigen den Lauf der Verfolgungsverjährung. Auch eine erneute Anhörung des oder der Betroffenen im Zwischenverfahren (§ 69 Abs. 2 S. 3 OWiG) unterbricht die Verjährung nicht, weil diese Wirkung nur die erste Anhörung vor Erlass des Bußgeldbescheides besitzt (§ 33 Abs. 1 S. 1 Nr. 1 OWiG). Die nächste Unterbrechungsmöglichkeit kann von der Verwaltungsbehörde nicht mehr beherrscht werden, da sie erst mit dem Eingangsdatum der Akten beim Amtsgericht auf Vorlage der Staatsanwaltschaft (§ 69 Abs. 4 S. 2 OWiG) eintritt.[2] Der Eingang muss aus den Bußgeldakten[3] oder zumindest durch ergänzende Ermittlungen[4] nachzuweisen sein.

Übermittelt die Verwaltungsbehörde und nachfolgend die Staatsanwaltschaft die elektronisch geführten Bußgeldakte an das EGVP des Amtsgerichts (§ 4 Abs. 1 BußAktÜbV) durch Übernahmeersuchen (§ 3 Abs. 1 BußAktÜbV), wird dieser Nachweis durch die aktenkundige Übernahmebestätigung (§ 3 Abs. 3 BußAktÜbV) ohne Zeitverzögerung nachgewiesen.

Das Zwischenverfahren ist bei kurzen Verjährungsfristen grundsätzlich verjährungsgefährdet und daher möglichst beschleunigt durchzuführen. Bei der Übersendung der Bußgeldakte an die Staatsanwaltschaft empfiehlt sich daher ein Hinweis auf den Eintritt der Verfolgungsverjährung:

1) Zum Zwischenverfahren der Verwaltungsbehörde (§ 69 Abs. 1 bis 3 OWiG) und der Staatsanwaltschaft (§ 69 Abs. 4 OWiG) §§ 18 bis 21.
2) LG Köln, Beschl. vom 19.2.2021, Az. 120 Qs 16/219; OLG Düsseldorf, Beschl. vom 13.6.1995, Az. 5 Ss (OWi) 207/95 – (OWi) 77/95 I.
3) Brandenburgisches OLG (Brandenburg), Beschl. vom 24.10.1996, Az. 1 Ss (OWi) 24Z/96.
4) Hanseatisches OLG Hamburg, Beschl. vom 8.8.2005, Az. III – 66/05 – 3 Ss 37/05 Owi.

Verjährung tritt ein am < Datum>! Bitte dem Amtsgericht zur Unterbrechung der Verjährung eilig vorlegen!

Beispiel:

Die Verwaltungsbehörde erlässt einen Bußgeldbescheid, den sie innerhalb zwei Wochen mangelfrei zustellt. Der Betroffene legt über seinen Verteidiger einen zulässigen Einspruch ein. Der Verteidiger beantragt Akteneinsicht, gibt dann eine Stellungnahme mit einem Beweisantrag ab, der zu Nachermittlungen der Verwaltungsbehörde führt. Nachdem der Tatvorwurf der Ordnungswidrigkeit weiterhin als gesichert erscheint, gibt die Verwaltungsbehörde die Sache über die Staatsanwaltschaft an das Amtsgericht ab. Die Verfolgungsverjährung wird letztmals durch den Erlass des mangelfrei zugestellten Bußgeldbescheides (§ 33 Abs. 1 S. 1 Nr. 9 OWiG) und dann nur noch durch den Eingang des Bußgeldverfahrens beim Amtsgericht auf Vorlage der Staatsanwaltschaft (§ 33 Abs. 1 S. 1 Nr. 10 OWiG) unterbrochen und neu in Lauf gesetzt.

- **Zurückverweisung durch das Amtsgericht (§ 33 Abs. 1 S. 1 Nr. 10 OWiG)**

Verweist das Amtsgericht die Bußgeldsache wegen offensichtlich ungenügender Aufklärung des Sachverhalts gem. § 69 Abs. 5 S. 1 OWiG an die Verwaltungsbehörde zurück, so unterbricht das Datum der gerichtlichen Entscheidung die Verjährung. Für die Unterbrechung der Verfolgungsverjährung kommt es in diesem Fall nur auf die Einhaltung der formellen Voraussetzungen durch Zustimmung der Staatsanwaltschaft und die Begründung der Zurückverweisung an. Eine Verweisung an die Verwaltungsbehörde lediglich „zur weiteren Aufklärung des Sachverhalts" ohne Bezugnahme auf die Vorschrift und ohne Bezeichnung der Aufklärung als „offensichtlich ungenügend" genügt daher nicht.[1] Die erneute Vorlage an das Amtsgericht (§ 69 Abs. 5 S. 2 OWiG) hat dagegen keine unterbrechende Wirkung.

Beispiel:

Das Amtsgericht hält nach Vorlage durch die Staatsanwaltschaft (§ 69 Abs. 4 S. 2 OWiG) das Bußgeldverfahren durch die Verwaltungsbehörde für offensichtlich ungenügend aufgeklärt und verweist die Sache daher mit Zustimmung der Staatsanwaltschaft an diese zu Nachermittlungen zurück (§ 69 Abs. 5 S. 1 OWiG). Die Verwaltungsbehörde führt die Nachermittlungen durch und legt die Sache dem Amtsgericht erneut vor. Der Richter am Amtsgericht beraumt daraufhin Termin zur Hauptverhandlung an. Nur die gerichtliche Zurückverweisung an die Verwaltungsbehörde (§ 33 Abs. 1 S. 1 Nr. 10 OWiG) und die Anberaumung eines Termins zur Hauptverhandlung (§ 33 Abs. 1 S. 1 Nr. 11 OWiG) unterbrechen die Verfolgungsverjährung. Weder die Nachermittlungen der Verwaltungsbehörde noch die erneute Vorlage an das Amtsgericht unterbrechen dagegen die Verfolgungsverjährung.

1) Thüringer OLG (Jena), Beschl. vom 29.9.2009, Az. 1 Ss 181/09.

Ermittlungsaufträge des Amtsgerichts oder Aufforderungen zur Stellungnahme an die Verwaltungsbehörde zur besseren Aufklärung des Sachverhalts (§ 71 Abs. 2 S. 1 OWiG) unterbrechen die Verjährung ausnahmslos nicht erneut.

Beispiel:

Das Amtsgericht hält nach Vorlage durch die Staatsanwaltschaft (§ 69 Abs. 4 S. 2 OWiG) das Bußgeldverfahren durch die Verwaltungsbehörde für nicht genügend aufgeklärt und richtet an sie zur besseren Aufklärung der Sache einen Ermittlungsauftrag und eine Aufforderung zur Stellungnahme (§ 69 Abs. 5 S. 1 OWiG). Die Verwaltungsbehörde führt die Nachermittlungen durch und legt die Sache dem Amtsgericht mit der verlangten Stellungnahme erneut vor. Der Richter am Amtsgericht beraumt daraufhin Termin zur Hauptverhandlung an. Nur die Anberaumung eines Termins zur Hauptverhandlung (§ 33 Abs. 1 S. 1 Nr. 11 OWiG) unterbricht die Verfolgungsverjährung. Weder die Nachermittlungen und Stellungnahme der Verwaltungsbehörde noch die erneute Vorlage an das Amtsgericht unterbrechen dagegen die Verfolgungsverjährung.

4.2.2.5 Persönliche Beschränktheit der Verjährungsunterbrechung

Die Unterbrechung der Verjährung umfasst den gesamten aufzuklärenden Lebenssachverhalt ohne Rücksicht auf seine rechtliche Zuordnung auf eine bestimmte Bußgeldvorschrift. Sie bleibt daher auch wirksam, wenn sich später herausstellt, dass ein anderer Tatbestand, eine andere Begehungs- oder Beteiligungsform vorliegen.

Beispiele:

- Einleitung eines Bußgeldverfahrens wegen einer immissionsschutzrechtlichen Zuwiderhandlung gegen § 62 Abs. 1 Nr. 1 BImSchG

  Erlass des Bußgeldbescheides mit dem Tatvorwurf der Verletzung der Aufsichtspflicht in Betrieben und Unternehmen nach § 130 OWiG
- Anhörung des oder der Betroffenen wegen einer vorsätzlichen Ordnungswidrigkeit

  Erlass des Bußgeldbescheides mit dem Vorwurf einer fahrlässigen Ordnungswidrigkeit
- Einleitung eines Bußgeldverfahrens mit dem Vorwurf der Täterschaft

  Erlass des Bußgeldbescheides wegen Beteiligung an der Ordnungswidrigkeit im Sinne des § 14 Abs. 1 OWiG

Die Unterbrechung der Verjährung wirkt aber nur gegenüber derjenigen Person, auf die sich die Handlung, also die Maßnahme der Verwaltungsbehörde bezieht (§ 33 Abs. 4 S. 1 OWiG). Die Bekanntgabe der Einleitung des Bußgeldverfahrens, die erste Vernehmung des oder der Betroffenen usw. unterbrechen also nicht gegenüber anderen Personen, gegen die sich erst später ein ausreichender Anfangsverdacht ergibt. Keine Unterbrechung tritt auch ein, wenn bei einer Anhörung unklar bleibt, ob sie sich an eine Person entweder als Betroffener bzw. Betroffene oder als Zeuge bzw. Zeugin richten soll.[1)] Dasselbe gilt aufgrund § 33 Abs. 1 S. 2 OWiG für Verfahrensbeteiligte im Sinne der §§ 87, 88 OWiG. Ermittlungen gegen eine juristische Person unterbrechen nicht die Verjährung bezüglich der gesetzlichen oder beauftragten Vertreter oder Vertreterinnen (§ 9 Abs. 1, 2 OWiG).[2)]

Beispiele:

Die Bekanntgabe der Einleitung eines Bußgeldverfahrens (§ 33 Abs. 1 S. 1 Nr. 1 OWiG) gegen

- eine „Firma" in der Rechtsform einer GmbH unterbricht nicht die Verfolgungsverjährung gegen deren Geschäftsführer oder Geschäftsführerinnen.
- einen von mehreren Geschäftsführern oder Geschäftsführerinnen einer GmbH unterbricht nicht die Verjährung gegenüber anderen noch unbekannten, aber gleichfalls tatbeteiligten Geschäftsführern oder Geschäftsführerinnen sowie gegenüber der GmbH als Verfahrensbeteiligte oder umgekehrt.

4.2.2.6 Absolute Verjährung

Die Verfolgung der Ordnungswidrigkeit ist spätestens verjährt, wenn seit Beginn der Verjährung (§ 31 Abs. 3 OWiG) das Doppelte der gesetzlichen Verjährungsfrist, mindestens jedoch zwei Jahre verstrichen sind (§ 33 Abs. 3 S. 2 OWiG). Die absolute Verjährung ist wie jede Verjährungsfrist vom Tag der Beendigung der Tatbestandsverwirklichung (§ 31 Abs. 3 S. 1 OWiG) ab zu berechnen.[3)]

Beispiel:

Die Frist der absoluten Verfolgungsverjährung beträgt für eine vorsätzliche Ordnungswidrigkeit nach § 146 Abs. 2 Nr. 2 Buchst. b GewO (Gewerbeanmeldung):

- Doppelte gesetzliche Frist:

  Die gesetzliche Verfolgungsverjährung nach § 31 Abs. 2 Nr. 4 OWiG beträgt sechs Monate (Höchstmaß der Geldbuße nach § 146 Abs. 3 OWiG = 1000 Euro). Das Doppelte der gesetzlichen Verjährungsfrist beträgt daher nach § 33 Abs. 3 S. 2 OWiG ein Jahr.
- Gesetzliches Mindestmaß:

  Das Mindestmaß der absoluten Verjährung beträgt nach § 33 Abs. 3 S. 2 OWiG zwei Jahre.

  Da das Mindestmaß von zwei Jahren durch das Doppelte der gesetzlichen Verjährungsfrist nicht überschritten ist, ist die Frist von zwei Jahren maßgeblich.

Legt der oder die Betroffene gegen den Bußgeldbescheid Einspruch ein, ruht die Verfolgungsverjährung erst, wenn auf Vorlage der Staatsanwaltschaft (§ 69 Abs. 4 S. 2 OWiG) ein gerichtliches Urteil oder ein Beschluss nach § 72 OWiG ergangen ist

1) OLG Rostock, Beschl. vom 27.1.2005, Az. 2 Ss (OWi) 418/04 I 273/04.
2) OLG Düsseldorf, Beschl. vom 25.3.1988, Az. 2 Ss (OWi) 17/88 – 52/88 II.
3) BGH, Beschl. vom 2.10.2020, Az. 3 OWi 6 SsBs 258/20.

(§ 32 Abs. 2 OWiG).[1] Die absolute Verjährung betrifft das gesamte Bußgeldverfahren, also nicht nur das Vor- und Zwischenverfahren der Verwaltungsbehörde (§ 69 Abs. 2 OWiG), sondern auch das von ihr nicht mehr beeinflussbare Zwischenverfahren der Staatsanwaltschaft (§ 69 Abs. 4 OWiG) und das gerichtliche Bußgeldverfahren (§§ 71 ff. OWiG).

Beispiel:

Die Verjährungsfrist einer am 1.2.2023 begangenen und mit 1000 Euro Geldbuße bedrohten Ordnungswidrigkeit „Halten gefährlicher Tiere“ (§ 121 Abs. 2, § 17 Abs. 1 OWiG) beträgt sechs Monate (§ 31 Abs. 2 Nr. 4 OWiG). Die absolute Verfolgungsverjährung würde daher nach zwei Jahren mit dem 31.1.2025 eintreten (§ 33 Abs. 3 S. 2 OWiG).

- Die am 1.2.2023 begangene Ordnungswidrigkeit würde 31.7.2023 verjähren. Wegen der am 10.3.2023 angeordneten Anhörung verjährt die Ordnungswidrigkeit jetzt mit dem 9.9.2023 (§ 33 Abs. 1 S. 1 Nr. 1 OWiG).
- Da das Anhörungsdokument als unzustellbar zurückkommt, stellt die Verwaltungsbehörde das Bußgeldverfahren am 25.3.2023 vorläufig ein und nimmt mehrfach, zuletzt am 10.6.2023, Aufenthaltsermittlungen vor. Die Ordnungswidrigkeit verjährt jetzt mit dem 9.12.2023 (§ 33 Abs. 1 S. 1 Nr. 5 OWiG).
- Aufgrund der Einwendungen des Betroffenen führt die Verwaltungsbehörde Nachermittlungen durch und erlässt einen Bußgeldbescheid, der aber erst am 28.10.2023 mangelfrei innerhalb von zwei Wochen zugestellt werden kann (§ 33 Abs. 1 S. 1 Nr. 9 OWiG). Die Ordnungswidrigkeit verjährt jetzt am 27.4.2024.
- Der Betroffene legt gegen den Bußgeldbescheid wirksam Einspruch ein (§ 67 OWiG) und beauftragt einen Rechtsanwalt, der Akteneinsicht beantragt (§ 147 StPO i. V. m. § 46 Abs. 1 OWiG) und entlastende Beweisanträge stellt (§ 163a Abs. 2 StPO i. V. m. § 46 Abs. 1 OWiG). Durch die Nachermittlungen verzögert sich die Abgabe des Bußgeldverfahrens über die Staatsanwaltschaft an das Amtsgericht (§ 69 Abs. 3 OWiG) bis zum 22.12.2023. Alle diese Vorgänge unterbrechen die Verfolgungsverjährung nicht.
- Die Staatsanwaltschaft legt die Sache dem Amtsgericht am 27.1.2024 zur Entscheidung vor. Dadurch wird die Verfolgungsverjährung bis 26.7.2024 unterbrochen (§ 33 Abs. 1 S. 1 Nr. 10 OWiG).
- Das Amtsgericht beraumt am 11.4.2024 Termin zur Hauptverhandlung am 2.6.2021 an. Dadurch wird die Verjährung bis 10.12.2024 unterbrochen (§ 33 Abs. 1 S. 1 Nr. 11 OWiG).
- Wegen Erkrankung des Betroffenen muss die Hauptverhandlung am 29.5.2024 auf den 20.10.2024 neu anberaumt werden (§ 33 Abs. 1 S. 1 Nr. 11 OWiG). Auf die Unterbrechung der Verfolgungsverjährung kommt es jetzt nicht mehr an, weil bereits am 31.1.2025 absolute Verjährung eintritt. Bis zu diesem Datum muss das Amtsgericht das gerichtliche Bußgeldverfahren durch Urteil abgeschlossen haben, damit die Verjährung jetzt ruht (§ 32 OWiG) und die absolute Verfolgungsverjährung nicht mehr eintreten kann.

1) Pfälzisches OLG (Zweibrücken), Beschl. vom 14.10.2022, Az. 1 OLG 2 Ss 27/22.

Bei den Verjährungsfristen handelt es sich um maximale Zeiträume zur Verfolgung und Ahndung von Ordnungswidrigkeiten, die eine Verwaltungsbehörde daher während ihrer Verfahrenshoheit niemals ausnutzen darf. Wird das Bußgeldverfahren ohne sachliche Gründe längere Zeit nicht bearbeitet, ist im gerichtlichen Bußgeldverfahren mit einer Reduzierung der Geldbuße oder der Einstellung des Bußgeldverfahrens (§ 47 Abs. 2 OWiG) wegen vom Betroffenen nicht verschuldeter überlanger Verfahrensdauer zu rechnen.[1)]

5. Opportunitätsprinzip (§ 47 Abs. 1 OWiG)

Die Verfolgung von Ordnungswidrigkeiten liegt im pflichtgemäßen Ermessen der Verwaltungsbehörde (§ 47 Abs. 1 S. 1 OWiG). Dieser als Opportunitätsprinzip bezeichnete Grundsatz des Bußgeldverfahrens steht im Gegensatz zum Verfolgungszwang durch das Legalitätsprinzip des Strafverfahrens. Dort muss die Staatsanwaltschaft wegen aller verfolgbaren Straftaten einschreiten, sofern zureichende tatsächliche Anhaltspunkte vorliegen (§ 152 Abs. 2 StPO). Beim Anfangsverdacht einer Ordnungswidrigkeit besteht kein solcher Verfolgungszwang für die zuständige Verwaltungsbehörde, vielmehr beherrscht der Zweckmäßigkeitsgrundsatz des Opportunitätsprinzips das Bußgeldverfahren von der Einleitung bis zur rechtskräftigen Bußgeldentscheidung. Die Verwaltungsbehörde besitzt daher ein Entschließungsermessen, ob sie überhaupt ein Bußgeldverfahren einleitet. Sie kann daher das Bußgeldverfahren auch wieder einstellen (§ 47 Abs. 1 S. 2 OWiG), solange sie die Verfahrensleitung innehat.

5.1 Entschließungsermessen der Verwaltungsbehörde

Besteht der Anfangsverdacht einer Ordnungswidrigkeit (§ 1 Abs. 1 OWiG) und sind keine gesetzlichen Verfolgungshindernisse[2)] ersichtlich, so trifft die Verwaltungsbehörde eine sachliche Abwägung, ob die Verfolgung und Ahndung der Ordnungswidrigkeit mit Geldbuße durch ein Bußgeldverfahren geboten ist. Der im Verwaltungsrecht auftretende Fall einer Ermessensreduzierung auf Null kann im Bußgeldverfahren nicht vorkommen.[3)] Bei der Abwägung des Entschließungsermessens sollte die Aufgabe des Ordnungswidrigkeitenrechts bedacht werden. Sie liegt in der nachdrücklichen Pflichtenmahnung an Bürger und Bürgerinnen, künftig staatliches bzw. kommunales Ordnungsrecht zu befolgen. Die Pflichtenmahnung wird hauptsächlich durch die Festsetzung einer Geldbuße ausgesprochen. Damit unterstützt das Bußgeldverfahren den Gesetzesvollzug. Die Verwaltungsbehörde entscheidet, ob dazu die Durchführung eines Bußgeldverfahrens zweckmäßig (= opportun) ist. Notwendig ist also ein öffentliches Interesse an einer ernsten Pflichtenmahnung des Betroffenen durch Geldbuße. Keine Aufgabe des Bußgeldverfahrens ist dagegen die Schlichtung

---

1) Hanseatisches OLG Hamburg, Beschl. vom 2.4.2019, Az. 2 RB 27/17; OLG Karlsruhe, Beschl. vom 29.12.2016, Az. 2 (7) SsBs 632/16; BVerfG, Beschl. vom 2.7.2003, Az. 2 BvR 273/03.

2) Zu den Verfolgungshindernissen, insbesondere der Verfolgungsverjährung (§§ 31, 33 OWiG) § 3 Nr. 4.2.2.

3) Eine Einschränkung des Entschließungsermessens ist nur bei Verkehrsordnungswidrigkeiten (§§ 24 Abs. 1, 24a Abs. 1 bis 2a, 24c Abs. 1 StVG) durch die Bußgeldkatalogverordnung vorgesehen (§ 1 Abs. 1 BKatV).

rein oder überwiegend privater Auseinandersetzungen, insbesondere Nachbarschaftsstreitigkeiten, für die die Zivilgerichte und im Vorfeld kommunale Schlichtungs- oder Schiedsstellen zuständig sind. Die kostenlose Anzeige einer Ordnungswidrigkeit (§ 158 Abs. 1 StPO i. V. m. § 46 Abs. 1 OWiG) ist nicht als Ersatz für eine kostenpflichtige Klage zum Amtsgericht zur Durchsetzung eines privatrechtlichen Beseitigungs- oder Unterlassungsanspruchs (§ 1004 Abs. 1 BGB) vorgesehen. Hat die Verwaltungsbehörde ihr Ermessen einmal zugunsten eines Anzeigenden ausgeübt, wird sie es bei der oft folgenden Gegenanzeige nur schwerlich anders ausüben können.

Beispiel:

Zwischen zwei Nachbarn sind Streitigkeiten aus zunächst nichtigem Grund eskaliert. Nach einer Geburtstagsfeier im Garten erfolgt eine Anzeige wegen unzulässigem Lärm (§ 117 Abs. 1 OWiG). Die Verwaltungsbehörde erkennt kein öffentliches Interesse an der Verfolgung und Ahndung der Ordnungswidrigkeit und gibt der Anzeige daher unter Hinweis auf die Zuständigkeit der Zivilgerichte daher keine Folge (§ 47 Abs. 1 S. 1 OWiG).

Bei häufig vorkommenden Ordnungswidrigkeiten empfehlen sich zur Gewährleistung einer einheitlichen Verfolgungs- und Ahndungspraxis innerhalb einer Verwaltungsbehörde interne Richtlinien auf Amts- bzw. Sachgebietsebene. Diese können auch mit einem Verwarnungs- und Bußgeldkatalog verbunden werden. Maßstab für die Verfahrenseinleitung sollte die Gebotenheit der Ahndung zur Unterstützung des Gesetzesvollzuges mit einer Geringfügigkeitsgrenze sein.

Beispiel:

Eine Gemeinde ahndet aufgrund interner Richtlinie Ordnungswidrigkeiten des Nichtbesitzes eines gültigen Personalausweises (§ 1 Abs. 1 S. 1 i. V. m. § 32 Abs. 1 Nr. 1 PAuswG) durch Verwarnung mit Verwarnungsgeld, wenn die Gültigkeit eines Ausweises seit mehr als drei Monaten abgelaufen ist. Ab einem Zeitraum von sechs Monaten erfolgt die Ahndung durch Bußgeldbescheid.

Verwarnungs- und Bußgeldkataloge entfalten als Verwaltungsrichtlinien nur interne Bindungswirkung und besitzen keine Gesetzeskraft. Sie sind daher für die Amtsgerichte, die nach einem Einspruch gegen den Bußgeldbescheid zu entscheiden haben, zwar unverbindlich, werden aber meist auch von ihnen als grobe Orientierungshilfe für die Gebotenheit der Ahndung und einer gleichmäßigen Zumessung der Geldbuße beachtet.

In der Verfahrenspraxis kommen auf die Verwaltungsbehörde eine Vielzahl typischer Durchschnittsfälle und daneben von der Bedeutung der Zuwiderhandlung und der Art der Tatbegehung herausragende Einzelfälle zu. Bei häufig vorkommenden Ordnungswidrigkeiten sollte eine gleichmäßige Verfolgung gleichgelagerter Fälle z. B. im Rahmen eines Bußgeldkatalogs als Verwaltungsrichtlinie[1)] angestrebt werden.

1) Zur Anwendung von Bußgeldkatalogen als Verwaltungsrichtlinie § 13 Nr. 3.6.2.

Nachdem die Ausübung des Entschließungsermessens auch bei Behörden desselben Verwaltungszweiges erfahrungsgemäß sehr unterschiedlich erfolgt, liegt hier ein naheliegendes Anwendungsfeld für den Einsatz lernfähiger Systeme, also künstlicher Intelligenz (KI), um eine einheitliche Verfahrenspraxis zu gewährleisten. Dadurch kann das manchmal zu beobachtende Verfolgungsgefälle zwischen benachbarten Verwaltungsbehörden vermieden werden. Mangels einer entsprechenden Rechtsgrundlage kann künstliche Intelligenz (KI) allerdings nur Vorschläge zu einem bestehenden Verfolgungsinteresse für die verantwortenden Personen der Verwaltungsbehörden beitragen. Ob vom Entschließungsermessen Gebrauch gemacht und ein Bußgeldverfahren tatsächlich eingeleitet wird (§ 47 Abs. 1 S. 1 OWiG) bedarf ausschließlich einer menschlichen Entscheidung.

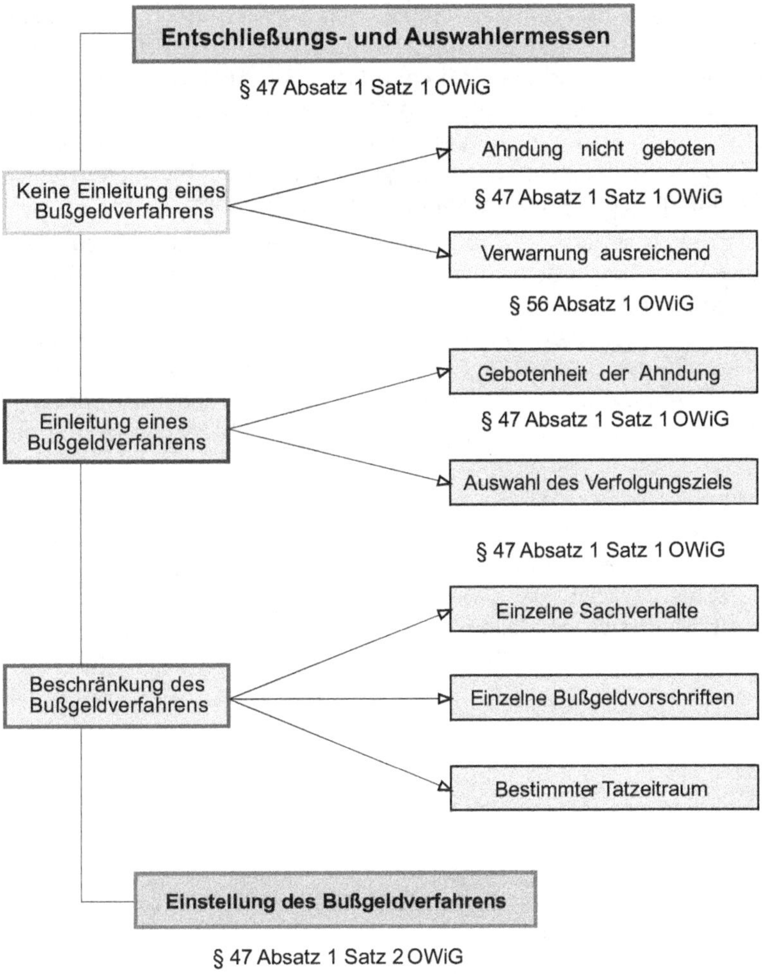

Abb. 14: Opportunitätsprinzip

Keinesfalls ist das „einfachere“ Bußgeldverfahren aber dazu geeignet, ein „schwierigeres“ gebotenes verwaltungsrechtliches Einschreiten zur Gefahrenabwehr durch vollziehbaren Verwaltungsakt und den Mitteln des Verwaltungszwangs zu ersetzen. Der Missbrauch des Bußgeldverfahrens für verfahrensfremde Zwecke führt nicht selten dazu, die „billigere“ Geldbuße zu bezahlen und weiter erfolgreich Verwaltungsungehorsam zu betreiben. Erscheint die Geldbuße zu hoch, führt der Rechtsbehelf des Einspruchs dazu, dass die Geldbuße auf nicht absehbare Zeit nicht fällig wird, weil ein langwieriges gerichtliches Bußgeldverfahren folgt.

Beispiele:

Das Gewerbeamt einer Stadt verlangt durch dienstliches Dokument eine Auskunft über die Durchführung von Schaustellungen von Personen (§ 33a Abs. 1 S. 1 GewO) in seinem Gaststättenbetrieb (§ 29 Abs. 1 Nr. 1 GewO). Der Gewerbetreibende reagiert trotz mehrfacher Anmahnung nicht. Anstatt eine vollziehbare, mit Zwangsgeld durchsetzbare Anordnung als Verwaltungsakt (§ 31 S. 1 VwVfG und entsprechende landesrechtliche Vorschriften) zu erlassen, erlässt die verantwortende Person einen Bußgeldbescheid (§ 65 OWiG). Der Betroffene zahlt zwar die Geldbuße, kommt aber seiner Auskunftspflicht nicht nach.

Ein Gewerbetreibender übt das Maklergewerbe ohne die dazu notwendige Erlaubnis (§ 34c Abs. 1 S. 1 GewO) aus. Anstatt die Gewerbeausübung durch Verwaltungsakt zu unterbinden (§ 15 Abs. 2 GewO), erlässt eine Stadt einen Bußgeldbescheid wegen der Ordnungswidrigkeit (§ 144 Abs. 1 Nr. 1 Buchst. h GewO), worauf der Betroffene Einspruch einlegt und die verbotene Tätigkeit ungerührt fortsetzt. Auch die Geldbuße braucht nicht bezahlt zu werden, weil der Bußgeldbescheid wegen des Rechtsbehelfs nicht rechtskräftig geworden ist.

Bei dem durchsichtigen Versuch, das wegen der Bescheidtechnik „aufwändigere“ Verwaltungsverfahren durch das „einfachere“ Bußgeldverfahren zu ersetzen und repressive Geldbußen missbräuchlich in die Rolle gesteigerter Zwangsgelder zu verlagern, muss die Verwaltungsbehörde zudem damit rechnen, dass Gerichte solche Verfahren auf Einspruch einstellen (§ 47 Abs. 2 OWiG) und die angestrebte Anordnung der Erzwingungshaft (§ 96 OWiG) für die Verwaltungsbehörde unanfechtbar ablehnen.

Beispiel:

Ein Hundehalter wird von der Gemeinde erfolglos aufgefordert, den landesgesetzlich vorgeschriebenen Wesenstest für einen Pitbull-Terrier vorzulegen. Sie erlässt wegen der entsprechenden Dauerordnungswidrigkeit einen Bußgeldbescheid, der rechtskräftig wird. Nachdem der Betroffene seiner Nachweispflicht weiterhin nicht genügt, erlässt die Gemeinde wegen des Zeitraums ab Rechtskraft des ersten Bußgeldbescheides ohne erneute Aufforderung einen weiteren Bußgeldbescheid mit einer erhöhten Geldbuße. Legt der Betroffene gegen den Bußgeldbescheid

- Einspruch als Rechtsbehelf ein (§ 67 OWiG), kann das Amtsgericht das Bußgeldverfahren für die Verwaltungsbehörde unanfechtbar wegen nicht gebotener Ahndung einstellen (§ 47 Abs. 2 OWiG),
- keinen Einspruch als Rechtsbehelf ein (§ 67 OWiG) und wird der Bußgeldbescheid rechtskräftig und vollstreckbar (§ 89 OWiG), kann das Amtsgericht im Vollstreckungsverfahren die wegen nicht freiwilliger Zahlung der Geldbuße beantragte Anordnung der Erzwingungshaft (§ 96 OWiG) für die Verwaltungsbehörde unanfechtbar mit der Begründung des Rechtsmissbrauchs ablehnen.[1)]

5.1.1 Kein Anspruch von Privatpersonen

Aus § 47 Abs. 1 S. 1 OWiG lässt sich auch ableiten, dass Privatpersonen grundsätzlich keinen Anspruch auf Einleitung eines Bußgeldverfahrens haben, da dieses nicht zur Durchsetzung privatrechtlicher Ansprüche und Interessen dient.[2)] Dies folgt auch aus § 46 Abs. 3 S. 3 OWiG, der das strafrechtliche **Klageerzwingungsverfahren** (§ 172 StPO) ausdrücklich ausschließt. Vor allem ist es nicht Aufgabe der Verwaltungsbehörde, sondern der Zivilgerichte und Schlichtungsstellen, Nachbarschaftsstreitigkeiten gütlich beizulegen oder zu entscheiden. Im Gegensatz zum Verwaltungsverfahren gibt es daher keinen Antrag und Anspruch von Privatpersonen auf Verfahrensdurchführung (§ 13 Abs. 1 Nr. 2, § 22 S. 2 Nr. 1 VwVfG und entsprechende landesrechtliche Vorschriften bzw. § 12 Abs. 1 Nr. 1, § 18 S. 2 Nr. 1 SGB X). Möglich sind nur Anzeigen von Privatpersonen (§ 158 Abs. 1 S. 1 StPO i. V. m. § 46 Abs. 1 OWiG), aufgrund derer die Verwaltungsbehörde über die Einleitung eines Bußgeldverfahrens bei Vorliegen eines öffentlichen Interesses von Amts wegen nach pflichtgemäßem Ermessen entscheidet.[3)] Privatanzeigen bedeuten nur eine Information der Verwaltungsbehörde mit der unverbindlichen Anregung, den als Zeuge oder Zeugin mitgeteilten Sachverhalt als Ordnungswidrigkeit zu verfolgen und zu ahnden.

5.1.2 Abstimmung mit Polizeidienststellen

Sinnvoll ist eine periodische Abstimmung der Verwaltungsbehörde mit zuarbeitenden **Polizeidienststellen,** wegen welcher Zuwiderhandlungen keine Ordnungswidrigkeiten-Anzeigen (§ 53 Abs. 1 S. 3 OWiG) erstattet werden sollten. In Zweifelsfällen kann eine bloße Vorgangsmitteilung an die Verwaltungsbehörde erfolgen, durch die noch kein Bußgeldverfahren eingeleitet wird.[4)]

Bei ermittlungsaufwändigen Ordnungswidrigkeiten, hohen Ermittlungskosten durch die Notwendigkeit des Gutachtens eines oder einer Sachverständigen[5)] und knappen personellen Möglichkeiten der Verwaltungsbehörde kann sich die Beschränkung auf den Schwerpunkt der Zuwiderhandlungen zur Konzentration und Beschleunigung des Bußgeldverfahrens anbieten. Ordnungswidrigkeiten brauchen aber nicht um jeden Preis verfolgt zu werden. Zeigt sich, dass der Ermittlungsaufwand im Verhältnis

1) Sachverhalt nach AG Zeitz, Beschl. vom 6.3.2019, Az. 13 OWi 55/19.
2) VG Köln, Urt. vom 21.7.2011, Az. 18 K 2173/10.
3) Zur Anzeige von Privatpersonen (§ 158 StPO i. V. m. § 46 Abs. 1 OWiG) § 2 Nr. 8.
4) Zur Einleitung vom Bußgeldverfahren durch die Polizei „im ersten Zugriff" (§ 53 OWiG) § 2 Nr. 6.
5) AG Eilenburg, Beschl. vom 14.6.2021, Az. 8 OWi 308/21, für die Notwendigkeit eines kostenintensiven Gutachtens bei einer Verkehrsordnungswidrigkeit (§ 24 StVG).

zur angemessenen Geldbuße unangemessen ist, sollte von der Einleitung eines Bußgeldverfahrens abgesehen bzw. ein bereits eingeleitetes wieder eingestellt werden.

5.2 Auswahlermessen der Verwaltungsbehörde

Das Opportunitätsprinzip eröffnet der Verwaltungsbehörde nicht nur das pflichtgemäße Ermessen bezüglich der Einleitung des Bußgeldverfahrens (= Entschließungsermessen, § 47 Abs. 1 S. 1 OWiG). Ihr steht auch die Entscheidung zu, gegen welche von **mehreren Verdächtigen** ein Bußgeldverfahren durchgeführt werden soll (= Auswahlermessen). Die Auswahl darf nicht willkürlich sein, vielmehr ist bei jeder tatverdächtiger Person die Gebotenheit der Ahndung zu prüfen. Lässt sich diese bei Eltern als Erziehungsberechtigten bei Schulpflichtverletzungen, einer Bedarfsgemeinschaft mehrerer Bezieher von Grundsicherungsleistungen (§ 7 Abs. 3 SGB II) oder einem Ehepaar als Bauherren nicht feststellen, sollten zunächst wegen des jeweils beide treffenden Anfangsverdachts (§ 152 Abs. 2 StPO i. V. m. § 46 Abs. 1 OWiG) auch gegen beide durch die Anhörung (§ 55 OWiG i. V. m. § 163a Abs. 1 StPO) ein Bußgeldverfahren eingeleitet werden. Stellt sich heraus, dass die Ahndung nicht gegen alle geboten ist, lässt sich das Verfahren aus diesem Rechtsgrund nach § 47 Abs. 1 S. 2 OWiG vor Erlass eines Bußgeldbescheides ohne Kosten für die Verwaltungsbehörde einstellen. Einer Zustimmung des oder der Betroffenen zur Einstellung bedarf es nicht.[1] Erscheint die Ahndung gegen Erziehungsberechtigte oder Ehegatten geboten, ist jedoch gegen jeden von ihnen ein Bußgeldbescheid zu erlassen, da „Familienbußgeldbescheide" dem Täterprinzip des Ordnungswidrigkeitenrechts widersprechen und daher unwirksam sind.

Ist eine Ordnungswidrigkeit in einem Unternehmen begangen worden, bedarf es zur Ausübung des Auswahlermessens zunächst der Täterermittlung. Anhand des Firmenorganigramms ist festzustellen, wer für das Unternehmen gehandelt hat (§ 9 Abs. 1, 2 OWiG).[2] Das Auswahlermessen kann sich auf gesetzliche Vertreter und Vertreterinnen einer juristischen Person oder Personenvereinigung (§ 9 Abs. 1 OWiG) und sonstige beauftragte Personen (§ 9 Abs. 2 OWiG) erstrecken oder sich auf einzelne davon beschränken. Schließlich kann auch eine Verbandsgeldbuße zusätzlich (§ 30 Abs. 1 OWiG) oder nur selbstständig (§ 30 Abs. 4 OWiG) gegen eine juristische Person oder Personenvereinigung festgesetzt werden.[3]

Ebenso wie bei dem grundlegenden Entschließungsermessen liegt auch beim Auswahlermessen ein naheliegendes Anwendungsfeld für den Einsatz lernfähiger Systeme, also künstlicher Intelligenz (KI), um der verantwortenden Person das Ahndungsinteresse der Verwaltungsbehörde bezüglich bestimmter Täterpersonen zu verdeutlichen und seine Entscheidung zu unterstützen.

5.3 Schwerpunktbildung des Bußgeldverfahrens

Nicht jede von mehreren begangenen Ordnungswidrigkeiten und jeder von mehreren daran Beteiligten müssen auch im Bußgeldverfahren verfolgt und geahndet werden. Die Verwaltungsbehörde entscheidet auch über den **Umfang** des Bußgeldver-

1) LG Saarbrücken, Beschl. vom 29.6.2020, Az. 8 Qs 69/20.
2) OLG Karlsruhe, Beschl. vom 26.7.2016, Az. 2 (4) SsBs 253/16 – AK 96/16.
3) Zur Täterauswahl innerhalb eines Unternehmens § 4 Nr. 2.2.4.

fahrens und kann das Verfahren daher aus Zweckmäßigkeitsgründen durch Ausscheiden wesentlicher Tatbeteiligter und Tatteile konzentrieren. Für die Konzentration des Verfahrensumfangs bieten sich folgende Möglichkeiten an:

- **Tateinheit (§ 19 Abs. 1 OWiG)[1)]**

Verletzt dieselbe Handlung mehrere Gesetze, nach denen sie als Ordnungswidrigkeit geahndet werden kann, oder ein solches Gesetz mehrmals in Tateinheit (§ 19 Abs. 1 OWiG), muss nicht jede davon auch tatsächlich verfolgt werden. Die Verwaltungsbehörde kann einzelne unwesentliche von mehrfachen Gesetzesverletzungen oder bei gleichzeitiger Verletzung mehrerer Gesetze ausscheiden.

Beispiel:

Gleichzeitige Zuwiderhandlungen in mehreren Spielhallen, Diskotheken, Ladengeschäften eines Betroffenen: Beschränkung auf die massivsten Einzelfälle.

- **Dauerordnungswidrigkeiten**

Kann der Tatzeitraum bei einer Dauerordnungswidrigkeit nicht genau ermittelt werden, kommt eine Beschränkung des Bußgeldverfahrens auf den Schwerpunkt der Gesamtdauer der Ordnungswidrigkeit in Betracht.

Beispiel:

Unsicherer Beginn der vorgeworfenen illegalen Beschäftigung von Arbeitnehmern und Arbeitnehmerinnen: Beschränkung der Verfolgung auf einen sicheren Anfangszeitpunkt unter Verzicht auf weitere Feststellungen bezüglich des davor liegenden Zeitraums.

- **Tatmehrheit (§ 20 OWiG)**

Stehen mehrere Ordnungswidrigkeiten nicht in Tateinheit (§ 19 OWiG), ist wegen jeder von den in Tatmehrheit befindlichen Zuwiderhandlungen eine gesonderte Geldbuße festzusetzen (§ 20 OWiG). Die Bildung einer Gesamtgeldbuße ist nicht möglich. Die Verwaltungsbehörde kann daher unwesentliche Ordnungswidrigkeiten ausscheiden und nur die bedeutsamste(n) verfolgen und ahnden.

Beispiel:

Verfolgung eines massiven gewerberechtlichen Verstoßes, Ausscheiden der Verletzung einer Mitwirkungspflicht durch den Betroffenen oder die Betroffene während der Nachschau.

Derartige Beschränkungen des Bußgeldverfahrens auf den Schwerpunkt des Tatvorwurfs werden nicht durch eine förmliche Entscheidung getroffen. Das Bußgeldverfahren ist also nicht etwa teilweise einzuleiten. Es ist nicht einmal erforderlich,

1) Zum Begriff der Tateinheit (§ 19 OWiG) § 13 Nr. 3.1.6.

Beschränkungen aktenkundig zu machen. Dies empfiehlt sich jedoch im Abschlussvermerk der Verwaltungsbehörde (§ 61 OWiG) als begleitender Verfügung[1] für den Fall eines Einspruchs gegen einen Bußgeldbescheid (§ 67 OWiG). Die Verfahrensbeschränkung durch die Verwaltungsbehörde ist sonst im gerichtlichen Bußgeldverfahren nicht erkennbar.

Die Möglichkeiten der Verfahrensbeschränkung stehen der Verwaltungsbehörde nicht nur bei der Einleitung des Verfahrens, sondern jederzeit zur Verfügung, solange sie die Verfahrensleitung innehat. Stellt sich erst während des Verfahrens die Zweckmäßigkeit einer sachverhalts- oder personenbezogenen Beschränkung heraus, erlaubt § 47 Abs. 1 S. 2 OWiG eine vollständige und über seinen Wortlaut hinaus auch teilweise Einstellung.

6. Verfahrenseinleitung durch die Polizei

Sehr häufig ergibt sich der Anfangsverdacht einer Ordnungswidrigkeit nicht bei der Verwaltungsbehörde, sondern bei einer Polizeidienststelle. Sofern diese nicht selbst Verwaltungsbehörde ist,[2] obliegt den Behörden und Beamten sowie Beamtinnen des Polizeidienstes die Erforschung von Ordnungswidrigkeiten im Vorverfahren der Verwaltungsbehörde nur im sogenannten „ersten Zugriff“. Sie haben aufgrund § 53 Abs. 1 S. 1 OWiG nach pflichtgemäßem Ermessen Ordnungswidrigkeiten zu erforschen und dabei alle unaufschiebbaren Anordnungen zu treffen, um die Verdunkelung der Sache zu verhüten. Die Ermittlung des Sachverhalts erfolgt von Amts wegen, sobald die Polizei aufgrund einer Anzeige oder auf andere Wiese dienstlich einen Anfangsverdacht (§ 152 Abs. 2 StPO i. V. m. § 46 Abs. 1 OWiG) erlangt hat.[3] Dazu besitzen sie, soweit § 46 OWiG keine dem Bußgeldverfahren angemessenen Einschränkungen bestimmt, dieselben Rechte und Pflichten wie bei der Verfolgung von Straftaten (§ 53 Abs. 1 S. 2 OWiG).[4]

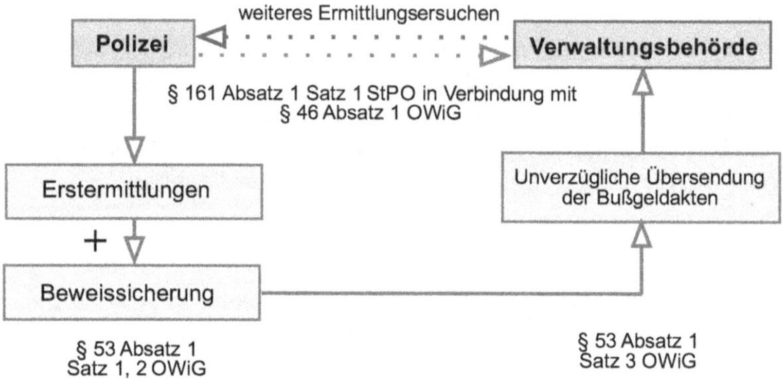

Abb. 15: Einleitung des Bußgeldverfahrens durch die Polizei im „ersten Zugriff“

1) Zum Begriff der begleitenden Verfügung § 110c S. 2 OWiG.
2) Die Polizei ist nur bezüglich Verkehrsordnungswidrigkeiten (§ 24 Abs. 1, § 24a Abs. 1 bis 2a, § 24c Abs. 1 StVG) selbst Verwaltungsbehörde (§ 26 Abs. 1 StVG).
3) AG Siegen, Beschl. vom 27.7.2021, Az. 430 OWi 1100/21.
4) Die Aufgaben der Polizei im strafrechtlichen Ermittlungsverfahren folgen aus § 163 StPO.

6.1 Erster Zugriff der Polizei

Solange das Verfahren im „ersten Zugriff“ noch bei der Polizei anhängig ist, hat sie einen eigenen, der Verwaltungsbehörde gleichrangigen Ermessensspielraum (§ 53 Abs. 1 S. 1 OWiG).[1] Die Ermittlung des Sachverhalts erfolgt von Amts wegen, sobald sie aufgrund einer Anzeige oder auf andere Weise dienstlich den über bloße Vermutungen hinausgehenden Anfangsverdacht einer Ordnungswidrigkeit erlangt hat (§ 152 Abs. 2 StPO i. V. m. § 46 Abs. 1 OWiG).[2] Die Polizei kann ein von ihr eingeleitetes Bußgeldverfahren jedoch nicht selbst abschließen, auch nicht einstellen (§ 53 Abs. 1 S. 3 OWiG). Besteht bei einer unbedeutenden Zuwiderhandlung mutmaßlich kein öffentliches Interesse an der Verfolgung, kann die Polizeidienststelle von der Einleitung eines Bußgeldverfahrens absehen und einen bloßen „Vorgangsbericht“ vorlegen, aufgrund dessen der Verwaltungsbehörde die Entscheidung über die Einleitung eines Bußgeldverfahrens vorbehalten bleibt (§ 47 Abs. 1 S. 1 OWiG). Dies empfiehlt sich auch dann, wenn verwaltungsrechtliche Vorfragen vor Ort nicht sofort zu klären sind.

Beispiel:

Ein Polizeibeamter kann bei einer Flohmarktkontrolle nicht klären, ob für die Betätigung eines Anbieters eine Reisegewerbekarte (§ 55 Abs. 2 GewO) erforderlich ist. Er stellt die Identität des Verdächtigen fest (§ 163b Abs. 1 StPO i. V. m. § 46 Abs. 1 OWiG, § 53 Abs. 1 S. 1 OWiG) und erstattet an die Stadt als Verwaltungsbehörde einen Vorgangsbericht zur Entscheidung, ob eine Ordnungswidrigkeit vorliegt (§ 145 Abs. 1 Nr. 1 Buchst. b GewO) und ein Bußgeldverfahren einzuleiten ist.

Hat die Polizei eine verdächtige Person jedoch schon als Betroffenen oder Betroffene angehört (§ 55 OWiG i. V. m. § 136 StPO), kann sie nicht mehr von der Verfolgung absehen, da sie zur Einstellung des Bußgeldverfahrens nicht befugt ist. Die verfahrensabschließende Entscheidung steht nur der Verwaltungsbehörde (§ 35 OWiG) zu, weil nur diese im Bußgeldverfahren die Stellung der Staatsanwaltschaft besitzt (§ 46 Abs. 2 OWiG). In der Rechtsprechung uneinheitlich ist die Frage, ob einzelne Fehler bei Maßnahmen von Bediensteten der Polizei bei der Aufklärung des Sachverhalts der Verwaltungsbehörde zuzurechnen sind.[3] Ein vorbeugender Rechtsschutz gegen polizeiliche Maßnahmen im Bußgeldverfahren besteht nicht.[4]

6.2 Abgabe an die Verwaltungsbehörde

Aufgrund ihrer nur vorläufigen Zuständigkeit übersendet die Polizei ihre Akten unverzüglich an die Verwaltungsbehörde, in Fällen des Zusammenhangs mit einer Straftat (§ 42 OWiG) an die Staatsanwaltschaft (§ 53 Abs. 1 S. 3 OWiG). Unverzüglich heißt

1) OLG Bamberg, Beschl. vom 28.8.2018, Az. 2 Ss OWi 949/18.
2) OLG Bamberg, Beschl. vom 28.8.2018, Az. 2 Ss OWi 949/18; AG Siegen, Beschl. vom 27.7.2021, Az. 430 OWi 1100/21.
3) Dagegen: KG (Berlin), Beschl. vom 9.9.2024, Az. 3 ORbs 136/24 – 122 SsBs 32/24, und OLG Bamberg, Beschl. vom 18.4.2007, Az. 2 Ss OWi 1073/06; dafür: OLG Hamm, Beschl. vom 16.12.2004, Az. 2 Ss OWi 479/04, und Brandenburgisches OLG (Brandenburg), Beschl. vom 29.3.2005, Az. 2 Ss (OWi) 51 Z/05.
4) VG München, Beschl. vom 11.2.2022, Az. M 33 E 22.409.

nur ohne schuldhaftes Zögern (analog § 121 Abs. 1 S. 1 BGB). Die unverzügliche Übersendung bedeutet nicht, dass zuvor nur eilbedürftige Ermittlungen durchgeführt werden dürfen. Die Polizei kann auch weitere nützliche Ermittlungen zur Entscheidungsvorbereitung der Verwaltungsbehörde anstellen. Die Übermittlung an die Verwaltungsbehörde als „Ordnungswidrigkeiten-Anzeige" soll durch elektronisches Dokument erfolgen (§ 32b Abs. 3 S. 1 StPO i. V. m. § 110c S. 1 OWiG, § 3 Abs. 1 S. 1 DokErstÜbV). Führt die empfangende Stelle noch keine elektronischen Akten, sind elektronische Dokumente vor der Übermittlung nach Maßgabe des § 32e StPO i. V. m. § 110c S. 1 OWiG in die Papierform zu übertragen (§ 3 Abs. 1 S. 2 DokErstÜbV).[1] Die polizeilichen Ermittlungen sind i. d. R. in einem Textfeld „Sachverhalt" zusammengefasst. Die elektronische Übermittlung zwischen Polizeidienststellen und Verwaltungsbehörden scheint vorerst aufgrund der nicht kompatiblen Datenverarbeitungssysteme noch nicht möglich. Der elektronische Rechtsverkehr muss daher noch mit Ausdrucken, die als Papierdokumente übermittelt und beim Empfänger ersetzend gescannt werden, ersetzt werden.[2]

Eine Anhörung des oder der Betroffenen zur vorgeworfenen Ordnungswidrigkeit wird von der Polizei nach Möglichkeit persönlich durchgeführt und befindet sich als Protokoll in der Ordnungswidrigkeiten-Anzeige (§ 168b Abs. 2 S. 1 StPO i. V. m. § 46 Abs. 1 OWiG). Eine nochmalige Anhörung durch die Verwaltungsbehörde ist nur dann erforderlich, wenn sie den Sachverhalt rechtlich anders bewertet als die Polizei. Einer die Verfolgungsverjährung unterbrechenden ersten Anhörung durch die Verwaltungsbehörde (§ 33 Abs. 1 S. 1 Nr. 1 OWiG) bedarf es nur ausnahmsweise, wenn die Polizei den Betroffenen oder die Betroffene nicht erreichen und ihm oder ihr daher noch keine Gelegenheit zu rechtlichem Gehör geben konnte.

Die Angaben in der polizeilichen Anzeige werden meist so vollständig sein, dass ohne weitere Ermittlungen der Verwaltungsbehörde sofort eine Abschlussverfügung (§ 61 OWiG) über den Erlass eines Bußgeldbescheides (§ 65 OWiG), eine Verwarnung mit oder ohne Verwarnungsgeld (§ 56 Abs. 1 OWiG) oder die Einstellung des Bußgeldverfahrens (§ 170 Abs. 2 S. 1 StPO i. V. m. § 46 Abs. 1 OWiG bzw. § 47 Abs. 1 S. 2 OWiG) folgen kann. Sind die Ermittlungen aus Sicht der Verwaltungsbehörde noch unvollständig, sollte sofort auf eine Ergänzung des angezeigten Sachverhalts mit konkreten Fragen und Anforderungen durch Ermittlungsersuchen (§ 161 Abs. 1 S. 1 StPO i. V. m. § 46 Abs. 1 OWiG) hingewirkt werden.[3] Dadurch schafft sich die verantwortende Person der Verwaltungsbehörde eine ausreichende Entscheidungsgrundlage, ermittelnde Polizeibeamte oder -beamtinnen erhalten vor einer späteren Zeugenvernehmung eine bessere Möglichkeit zur Auffrischung ihres Gedächtnisses. Dienstliche Vermerke von Polizeibeamten und -beamtinnen als Ermittlungspersonen können auch in der Hauptverhandlung des Amtsgerichts ohne Zeugenvernehmung verlesen werden (§ 256 Abs. 1 Nr. 5 StPO i. V. m. § 71 Abs. 1 OWiG).

1) Durch Rechtsverordnung vorgesehene elektronische Formulare sind einheitlich zu verwenden (§ 110b OWiG). Bei Redaktionsschluss dieser Auflage war die dazu notwendige Rechtsverordnung nicht erlassen.

2) Zur Problematik des elektronischen Rechtsverkehrs mit Polizeidienststellen S. 7 Referentenentwurf des Bundesministeriums der Justiz und für Verbraucherschutz zur DokErstÜbV (BR-Drucksache 634/19).

3) Im Bußgeldverfahren ist an die Polizei ausschließlich ein Ermittlungsersuchen nach § 161 Abs. 1 S. 1 StPO i. V. m. § 46 Abs. 1 OWiG zu richten, einen Amtshilfeverkehr (vergleiche §§ 4, 5 VwVfG und entsprechende landesrechtliche Vorschriften, §§ 3 bis 7 SGB X) mit der Polizei gibt es nicht.

Die Verwaltungsbehörde ist grundsätzlich nicht an die Vorgaben der polizeilichen „Ordnungswidrigkeiten-Anzeige" gebunden, sondern entscheidet aufgrund ihrer ermittlungsführenden Stellung (§ 46 Abs. 2 OWiG),

- ob weitere Ermittlungen durchzuführen sind,
- wie das Bußgeldverfahren abzuschließen ist (Bußgeldbescheid, Verwarnung, Einstellung),
- ob das Bußgeldverfahren gegen andere oder weitere Personen, z. B. in einer Unternehmensorganisation fortgeführt werden soll,
- ob andere oder weitere Ordnungswidrigkeiten in Betracht kommen,
- ob eine Straftat in Betracht kommt und daher die Abgabe an die Staatsanwaltschaft geboten ist (§ 41 Abs. 1 OWiG).

6.3 Zusammenhang mit einer Straftat

Besondere Aufmerksamkeit ist geboten, wenn ein Zusammenhang der Ordnungswidrigkeit mit einer Straftat besteht und die Polizei im selben Zusammenhang eine Strafanzeige an die Staatsanwaltschaft und eine Ordnungswidrigkeiten-Anzeige an die Verwaltungsbehörde erstattet. Richtigerweise wäre in Fällen des Zusammenhangs (§ 42 OWiG) eine einheitliche Strafanzeige an die Staatsanwaltschaft zu erstatten (§ 53 Abs. 1 S. 3 OWiG). Wichtig ist, dass durch das vorrangige Strafverfahren wegen des engen zeitlichen und örtlichen Zusammenhangs kein Strafklageverbrauch für ein von der Verwaltungsbehörde durchgeführtes Bußgeldverfahren entsteht.[1)]

Beispiel:

Ein Polizeibeamter schreitet aufgrund Anwohnerbeschwerden gegen einen Eventveranstalter wegen unzulässigen Lärms ein. Als er den Gewerbetreibenden zur Ordnungswidrigkeit anhören und dessen Identität feststellen will, verweigert dieser die Angabe personenbezogener Daten und beleidigt den Beamten mit ehrverletzenden Ausdrücken. Die Lärmerzeugung muss durch unmittelbaren Zwang beendet werden. Gegen die ermittelte Person erfolgt eine

- Ordnungswidrigkeiten-Anzeige an die Verwaltungsbehörde wegen unzulässigen Lärms (§ 117 OWiG) und Nichtangabe der verlangten personenbezogenen Daten bei der Identitätsfeststellung (§ 163b Abs. 1 StPO i. V. m. § 46 Abs. 1 OWiG , § 111 Abs. 1 OWiG) und
- Strafanzeige an die Staatsanwaltschaft wegen Beleidigung (§ 185 StGB).

Das Amtsgericht erlässt auf Antrag der Staatsanwaltschaft einen Strafbefehl wegen der Beleidigung (§ 185 StGB), in dem die tateinheitlichen Ordnungswidrigkeiten (§§ 117, 111 OWiG) nicht enthalten sind. Für die Verwaltungsbehörde entsteht Strafklageverbrauch, das Bußgeldverfahren ist aus rechtlichen Gründen einzustellen (§ 170 Abs. 2 S. 1 StPO i. V. m. § 46 Abs. 1 OWiG).

1) KG (Berlin), Beschl. vom 12. Oktober 2018, Az. 3 Ws (B) 250/18.

Beim Zusammenhang mit einer Straftat sollte die Ordnungswidrigkeiten-Anzeige daher immer auf einen Hinweis zu einer weiteren Strafanzeige überprüft werden. Fehlt ein solcher Hinweis, empfiehlt sich eine Rückfrage bei der Polizeidienststelle. Liegt ein enger zeitlicher Zusammenhang zwischen Ordnungswidrigkeit(en) und Straftat(en) vor, darf wegen des formellen Tatbegriffs nur ein Strafverfahren, aber kein paralleles Bußgeldverfahren durchgeführt werden. Das Bußgeldverfahren ist dann an die Staatsanwaltschaft abzugeben, damit diese auch die Ordnungswidrigkeiten in den Anklagesatz (§ 200 Abs. 1 S. 1 StPO) bzw. Strafbefehl (§ 409 Abs. 1 S. 1 Nr. 3 StPO) mit aufnimmt.

7. Anzeigen von Gemeinden, Fachbehörden und Fachämtern

Gemeinden, Fachbehörden (z. B. Industrie- und Handels- bzw. Handwerkskammer) oder Fachämter der eigenen Behörde (z. B. Gewerbe-, Umwelt-, Bau- oder Schulamt) haben nicht die vorläufigen Aufgaben und Befugnisse der Polizei nach § 53 OWiG, sondern können mit ihrer Anzeige (§ 158 Abs. 1 S. 1 StPO i. V. m. § 46 Abs. 1 OWiG) nur einen Sachverhalt mitteilen und dessen Verfolgung als Ordnungswidrigkeit und Ahndung mit Geldbuße anregen. Die aus einem Verwaltungsverfahren (§ 9 VwVfG und entsprechende landesrechtliche Vorschriften) stammenden Erkenntnisse dürfen auch in einem Bußgeldverfahren verwendet werden (§ 161 Abs. 3 S. 1 StPO i. V. m. § 46 Abs. 1 OWiG), sodass datenschutzrechtliche Bestimmungen nicht entgegenstehen.

7.1 Anzeigen von Gemeinden und Fachbehörden

Besitzen Gemeinden oder Fachbehörden nicht selbst die sachliche Zuständigkeit zur Verfolgung und Ahndung bestimmter Ordnungswidrigkeiten nach § 36 OWiG, können sie nur bei der hierfür zuständigen Behörde Anzeige erstatten.[1] Durch die Anzeige allein wird jedoch – anders als bei der polizeilichen Ordnungswidrigkeiten-Anzeige (§ 53 Abs. 1 S. 2 OWiG) – noch kein Bußgeldverfahren eingeleitet. Erst die zuständige Bußgeldbehörde entscheidet nach pflichtgemäßem Ermessen über die Einleitung eines Bußgeldverfahrens (§ 47 Abs. 1 S. 1 OWiG).

Beispiele:

Das Forstamt zeigt beim Landratsamt eine wilde Müllkippe im Wald an und nennt einen mutmaßlichen Täter. Das für die Verfolgung der Ordnungswidrigkeit nach § 69 Abs. 1 Nr. 2 KrWG zuständige Landratsamt leitet gegen die genannte Person ein Bußgeldverfahren ein. Aktenzeichen und Einleitungsmitteilung werden der anzeigenden Behörde formlos bekannt gemacht.

Eine kreisangehörige Gemeinde zeigt das Verbrennen von Abfällen im Gemeindegebiet an. Das für die Verfolgung der Ordnungswidrigkeit nach § 69 Abs. 1 Nr. 2 KrWG zuständige Landratsamt sieht von der Einleitung eines Bußgeldverfahrens

1) Zum Verfahren bei mehrfacher Zuständigkeit wegen zusammenhängender Ordnungswidrigkeit (§ 38 OWiG) § 2 Nr. 2.3.

ab, weil die Ermittlung des Täters oder der Täterin nach den Angaben der Gemeinde aussichtslos erscheint. Die Gemeinde erhält hierüber als anzeigende Behörde eine formlose Mitteilung.

Nichtpolizeiliche Anzeigende haben keine § 53 Abs. 1, Abs. 2 OWiG entsprechenden vorläufigen Befugnisse im Bußgeldverfahren. Sie können daher vor der Anzeigenerstattung keine Bußgeldverfahren einleiten und Maßnahmen wie etwa die Sicherstellung von Beweismitteln (§ 94 Abs. 1 StPO i. V. m. § 46 Abs. 1 OWiG), die Feststellung der personenbezogenen Daten (§ 163b StPO i. V. m. § 46 Abs. 1 OWiG) oder Anhörungen (§ 55 OWiG i. V. m. § 163a Abs. 1 StPO) nicht nach Ordnungswidrigkeitenrecht, sondern nur zur Gefahrenabwehr nach Sicherheits-, Ordnungs- bzw. Polizeirecht treffen (§ 28 Abs. 1 VwVfG und entsprechende landesrechtliche Vorschriften). Sie können jedoch Wahrnehmungen ihrer Bediensteten als Zeugen oder Zeuginnen in der Anzeige wiedergeben, Skizzen, Lagepläne und Bildaufnahmen anfertigen, soweit sie nicht das Recht am eigenen Bild von Privatpersonen und damit deren allgemeines Persönlichkeitsrecht verletzen. Die Übermittlung der Anzeige an die Verwaltungsbehörde erfolgt am besten allgemein durch als „Ordnungswidrigkeiten-Anzeige" bezeichnetes elektronisches Dokument (§ 32b Abs. 3 S. 1 StPO i. V. m. § 110c S. 1 OWiG).[1] Die Anzeige bedarf nur der einfachen, nicht aber einer qualifizierten elektronischen Signatur (Art. 3 Nr. 12 Verordnung [EU] Nr. 910/2014).

Ein Anspruch der anzeigenden Behörde auf Einleitung eines Bußgeldverfahrens durch die zuständige Verwaltungsbehörde besteht nicht. Die Anzeige ist kein Antrag, sondern das Unterbreiten eines Sachverhalts mit der Anregung, wegen des Verdachts einer Ordnungswidrigkeit ein Bußgeldverfahren einzuleiten. Die Entscheidung der Verwaltungsbehörde liegt aber nach § 47 Abs. 1 S. 1 OWiG ausschließlich im pflichtgemäßen Ermessen. Gegen das Absehen der Einleitung ist kein Rechtsbehelf, insbesondere nicht der Antrag auf gerichtliche Entscheidung nach § 62 OWiG statthaft, da es sich nicht um eine Maßnahme mit selbstständiger Bedeutung handelt. Anzeigen von Gemeinden und Fachbehörden können in der Hauptverhandlung des Amtsgerichts nicht anstelle einer Zeugenaussage verlesen werden, da es sich nicht um Ermittlungspersonen der Verwaltungsbehörde im Bußgeldverfahren handelt (§ 256 Abs. 1 Nr. 5 StPO i. V. m. § 71 Abs. 1 OWiG).

7.2 Anzeigen von Fachämtern

Fachämter wie etwa das Gewerbe-, Bau- oder Umweltamt sind unselbstständige Abteilungen einer Behörde. Ohne Bedeutung ist dabei, wenn diese untechnisch als Gewerbe-, Bau- oder Umweltbehörde bezeichnet werden. Gegenüber dem oder der Betroffenen und anderen Verfahrensbeteiligten tritt jedoch stets z. B. die Stadt oder das Landratsamt als Verwaltungsbehörde im Sinne des § 36 OWiG mit Außenwirkung in Erscheinung. Die interne Verteilung der Zuständigkeit ist eine Entscheidung der Behördenorganisation. Möglich sind folgende Alternativen:

1) Für Ordnungswidrigkeiten-Anzeigen sollten möglichst einheitliche elektronische Formulare verwendet werden. Bei Redaktionsschluss dieser Auflage war noch keine Rechtsverordnung zu einheitlichen elektronischen Formularen (§ 110b OWiG) erlassen.

- *Ausschließliche interne Zuständigkeit der Fachämter*

  In diesem Fall gibt es keine Bußgeldstelle innerhalb der Behörde. Jedes Fachamt führt Verwarnungs- und Bußgeldverfahren selbstständig durch (Vorteil: Große Fachkompetenz, Nachteil: Eventuell geringe verfahrensrechtliche Erfahrungen). Die Erstattung von Anzeigen innerhalb der Behörde entfällt zwangsläufig. Manchmal bearbeiten einzelne Fachämter ihre Bußgeldverfahren ohne Mitwirkung einer vorhandenen Bußgeldstelle selbst, wenn dies wegen besonderer Fachkenntnisse sinnvoll erscheint.
- *Ausschließliche Zuständigkeit der (zentralen) Bußgeldstelle*

  Wird innerhalb der Behörde eine unselbstständige Bußgeldstelle eingerichtet, so bestehen diese und die Fachämter als unselbstständige Abteilungen nebeneinander. Die Fachämter erstatten dann interne Anzeigen an die Bußgeldstelle, welche über die Einleitung von Verwarnungs- und Bußgeldverfahren ausschließlich entscheidet (Vorteil: Große Erfahrung im Bußgeldverfahren, Nachteil: Eventuell geringe Erfahrung in den einzelnen Fachgebieten).
- *Zusammenarbeit zwischen Fachämtern und der (zentralen) Bußgeldstelle*

  Möglich sind verschiedene Stufen der Zuständigkeitsabgrenzung zwischen den einzelnen Fachämtern und der (zentralen) Bußgeldstelle. So kann jedem oder nur bestimmten Fachämtern die Befugnis eingeräumt werden,
  - nur Verwarnungen wegen geringfügiger Ordnungswidrigkeiten (§ 56 OWiG) zu erteilen,
  - zusätzlich den Sachverhalt bis zur Anhörung des Betroffenen (§ 55 OWiG) aufzuklären und dann Anzeige an die Bußgeldstelle zu erstatten (Musterbeispiel 2.1)
  - zusätzlich das Bußgeldverfahren einzustellen oder Anzeige an die Bußgeldstelle zu erstatten,
  - zusätzlich einen Entwurf des Bußgeldbescheides der Bußgeldstelle zum Erlass vorzulegen,
  - schließlich den Bußgeldbescheid selbst für die Verwaltungsbehörde zu erlassen. Die Bußgeldstelle führt dann ausschließlich das Zwischenverfahren (§ 69 Abs. 1 bis 3 OWiG) und die Vertretung der Behörde vor dem Amtsgericht (§ 76 OWiG).

Der Vorteil einer solchen Zusammenarbeit liegt darin, dass die spezielle Erfahrung des Fachamts im betreffenden Sachgebiet zu verwaltungsrechtlichen Vorfragen mit der Erfahrung der (zentralen) Bußgeldstelle im materiellen Ordnungswidrigkeitenrecht und Bußgeldverfahren, insbesondere beim Erlass des Bußgeldbescheides, im Zwischenverfahren und bei der Vertretung vor dem Amtsgericht verbunden werden können.

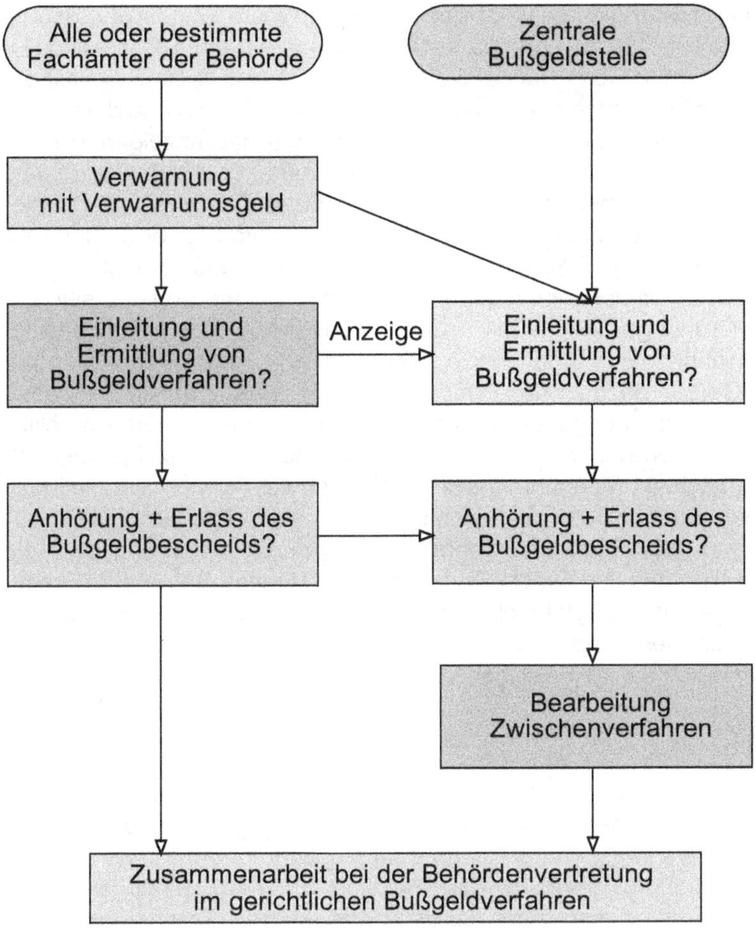

Abb. 16: Zusammenarbeit Fachämter – Zentrale Bußgeldstelle

Die Übermittlung an die Bußgeldstelle als „Ordnungswidrigkeiten-Anzeige“ sollte durch elektronisches Dokument erfolgen (§ 32b Abs. 3 S. 1 StPO i. V. m. § 110c S. 1 OWiG, § 3 Abs. 1 S. 1 DokErstÜbV). Bei Ordnungswidrigkeiten-Anzeigen von Fachämtern an eine Bußgeldstelle sollten zur Verbesserung der Sachbearbeitung unbedingt einheitliche elektronische Formulare verwendet werden. Diese gewährleisten, dass alle Tatbestandsmerkmale der Ordnungswidrigkeit und die Angaben zum Tatnachweis vorhanden und zeitraubende Rückfragen und Ergänzungen nicht notwendig sind. Die Anzeige einer Ordnungswidrigkeit sollte auf einem eigenständigen Dokument erfolgen, das nur zum Inhalt der Bußgeldakte, nicht der Verwaltungsakte gehört. Bei einer Vielzahl von Einzelhandlungen empfiehlt sich ein tabellarischer Dateianhang, der in die Bußgeldakte übernommen und etwa bei der Anhörung des oder der Betroffenen und Erlass des Bußgeldbescheides als Anlage weiterverwendet werden kann.

Wenig hilfreich ist die kommentarlose Übersendung von Akten des Verwaltungsverfahrens mit der Bitte „wegen der Ordnungswidrigkeit ein Bußgeldverfahren einzuleiten". Ordnungswidrigkeiten-Anzeigen von Fachämtern sollten grundsätzlich durch einheitliche elektronische Formulare standardisiert werden. Diese sollten im Hinblick auf die Erfordernisse des Bußgeldverfahrens (§ 66 Abs. 1 Nr. 3 OWiG) den Tathergang einschließlich Tatzeit (§ 6 OWiG) und Tatort (§ 7 OWiG) und die tatverdächtigen Personen enthalten. Die Bußgeldstelle, nicht etwa das anzeigende Fachamt entscheidet dann, welche Inhalte des Verwaltungsvorgangs zur Bußgeldakte übernommen werden (§ 161 Abs. 3 S. 1 StPO i. V. m. § 46 Abs. 1 OWiG). Durch die uneingeschränkte Offenlegung des gesamten Verwaltungsvorgangs ohne Berücksichtigung der Zweckbindung (§ 49 S. 1 i. V. m. § 45 S. 1 BDSG) dürfte auch regelmäßig eine Verletzung des personenbezogenen Datenschutzes verbunden sein. Keinesfalls sollte die Ordnungswidrigkeiten-Anzeige dazu dienen, dem Fachamt den Erlass eines Verwaltungsakts und dessen Durchsetzung durch Verwaltungszwang zu ersparen. Gerade dazu ist das Bußgeldverfahren als strafähnliche ernste Pflichtenmahnung für bereits begangenen Verwaltungsungehorsam nämlich völlig ungeeignet. Nach einer Ordnungswidrigkeiten-Anzeige muss das anzeigende Fachamt vielmehr darauf achten, Maßnahmen zur Gefahrenabwehr weiter zu betreiben. Nur insoweit kommt auch eine Zusammenarbeit zwischen Fachamt und Bußgeldstelle bezüglich der freiwilligen Gefahrenbeseitigung durch den Störer oder die Störerin und einer Milderung der Geldbuße durch tätige Reue in Betracht.[1)] Nimmt der oder die Betroffene das Angebot nicht wahr, sind das Verwaltungs- und das Bußgeldverfahren wegen desselben Sachverhalts unabhängig voneinander weiterzuführen. Dies betrifft auch die im jeweiligen Verfahren entstehenden Kosten.

Beispiel:

Die untere Bauaufsichtsbehörde stellt eine als Schwarzbau errichtete Wochenendhütte im Außenbereich fest. Als Maßnahme zur Gefahrenabwehr kommen die Nutzungsuntersagung und die Baubeseitigungsanordnung in Betracht. Zusätzlich kann ein Bußgeldverfahren mit dem Ziel einer Ahndung des begangenen Verwaltungsungehorsams eingeleitet werden. In diesem Bußgeldverfahren kann dem oder der Betroffenen angeboten werden, die Geldbuße bei freiwilliger Beseitigung innerhalb einer bestimmten Frist zu mildern. Nimmt der oder die Betroffene das Angebot nicht an, ergeht neben dem Bußgeldbescheid auch eine Anordnung mit der Nutzungsuntersagung und der Baubeseitigung in angemessener Frist. Die Kosten des Bescheids und einer erforderlich werdenden Ersatzvornahme sind im Verwaltungsverfahren geltend zu machen.

Anzeigen von Fachämtern können in der Hauptverhandlung des Amtsgerichts nur dann anstelle einer Zeugenaussage verlesen werden, wenn die Bediensteten als Ermittlungspersonen im Bußgeldverfahren gehandelt haben (§ 256 Abs. 1 Nr. 5 StPO i. V. m. § 71 Abs. 1 OWiG).[2)]

---

1) Bei der Strafzumessung ist das Verhalten des oder der Beschuldigten nach der Tat, besonders das Bemühen, den Schaden wiedergutzumachen, in § 46 Abs. 2 StGB ausdrücklich als Zumessungsgesichtspunkt vorgesehen.
2) Zum Ablauf der Hauptverhandlung des Amtsgerichts (§ 71 OWiG) § 22 Nr. 4.3.

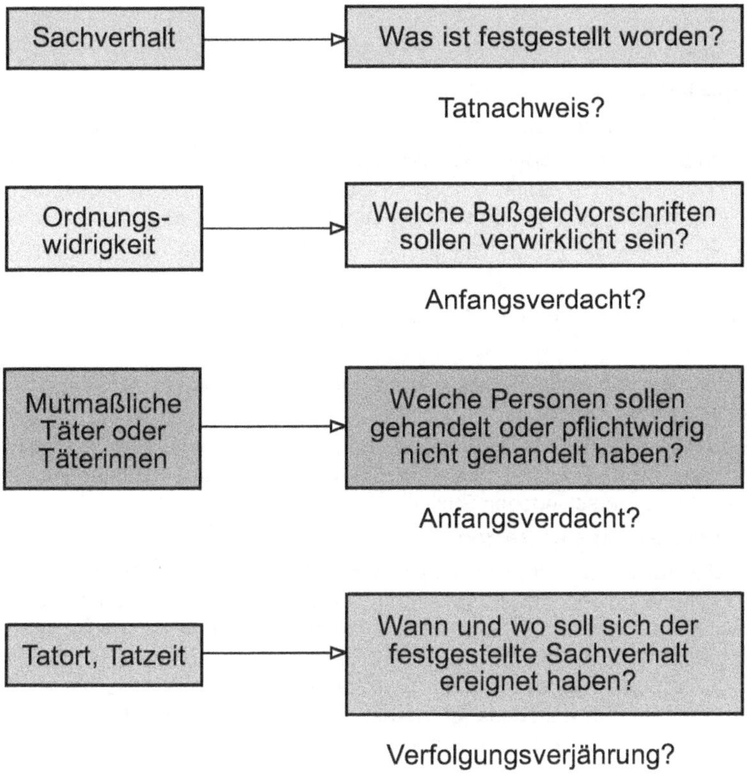

Abb. 17: Amtsanzeige einer Ordnungswidrigkeit

Muster 2.1: Anzeige eines Fachamts an die Bußgeldstelle

Stadt Münsterberg

Münsterberg, 15.7.2026

Ebnerstraße 56, 99090 Münsterberg
– Abfallwirtschaftsamt –
Az. 34-543-34 (123/26)

Bearbeitung:	Herr Mader
Telefon	(0987)9878-300
E-Mail	awa@stadt-Muensterberg.de

Bußgeldstelle
über besonderes elektronisches Behördenpostfach

Ordnungswidrigkeiten-Anzeige

Betroffene Person:

Familienname:	Riedel, geb. Hess
Vorname:	Max
Geburtstag und -ort:	15.4.1978, Neufelden
Anschrift:	Neue Straße 14, 99992 Münsterberg

Gesetzlicher Vertreter:
Telefonisch erreichbar: 0987/23753534

Ordnungswidrigkeit

Aufgrund einer anonymen telefonischen Mitteilung wurden vom Bearbeiter vorgefunden:

Ca. 7 m³ Hausmüll (Kleinmöbel, Altkleider, Altpapier, Zeitschriften, 2 Fahrräder, 8 Plastiksäcke mit verschiedenen Abfällen) auf einer Fläche von ca. 30 m² im sogenannten „Finsterwald" (Flurnummer 802/4) rechts neben dem Wirtschaftsweg.

Ablagerung zwischen 7.7.2026 (Datum einer Zeitung) und 10.7.2026 (Auffindung des Abfalls).

Verletzte Vorschriften: § 28 Abs. 1 S. 1 i. V. m. § 69 Abs. 1 Nr. 2 KrWG

Beweismittel

Bei der Durchsuchung der Abfälle wurden aufgefunden und durch Bildaufnahmen im Dateianhang dokumentiert:

Kontoauszüge auf Riedel, Max lautend; alte Schulhefte für Riedel, Max, Klasse 8b, Schillergymnasium; Kopie eines Personalausweises für Riedel, Max; Rechnungen und Briefe für Riedel, Max an verschiedenen Stellen.

Äußerung der betroffenen Person

Herr Riedel wurde am 13.7.2026 telefonisch erreicht und angehört (§ 28 Abs. 1 VwVfG und entsprechende landesrechtliche Vorschriften). Er bestritt zunächst, Abfallbesitzer zu sein. Auf Vorhalt der aufgefundenen Gegenstände räumte er dies dann ein und erklärte, sämtliche Gegenstände bei seinem Umzug von Münsterberg, Bahnhofstraße 10, nach Münsterberg am 9.7.2026 zur Abholung durch den Sperrmüll bereitgestellt zu haben. Irgendjemand müsse einen Racheakt begangen haben, er könne sich aber nicht vorstellen, wer. Er sei daher nicht bereit, die Abfälle abzuholen, da er sie auch nicht dort hingebracht habe.

Sonstige Feststellungen

Die Behauptung des Herrn Riedel, er habe die Abfälle zur Abholung durch den Sperrmüll bereitgestellt, wurde überprüft. In der gesamten Woche hat am früheren Wohnsitz des Herrn Riedel in der Bahnhofstraße keine Sperrmüllabholung durch das städtische Abfallwirtschaftsamt oder ein privates Unternehmen stattgefunden.

Beabsichtigte Maßnahmen

Herr Riedel erhielt Gelegenheit, die Abfälle innerhalb einer Woche freiwillig zu beseitigen und dies nachzuweisen. Für den Fall des fruchtlosen Verstreichens der Frist wurde ihm die Ersatzvornahme durch städtische Mitarbeitende auf seine Kosten in Höhe von voraussichtlich 100 Euro angedroht. Er wurde außerdem darauf hingewiesen, dass die Verfolgung der Zuwiderhandlung als Ordnungswidrigkeit (§ 69 Abs. 1 Nr. 2 KrWG) unabhängig von der Abfallbeseitigung im Ermessen der Bußgeldstelle stehe.

Kosten

Die Kosten für die Beseitigung der Abfälle werden von hier aus durch Kostenbescheid erhoben.

Dateianhang

1 Aktenvermerk
10 Bildaufnahmen

Wir bitten um Mitteilung über Einleitung und gegebenenfalls Ausgang des Bußgeldverfahrens.

im Auftrag

Mader, VA.

8. Anzeigen von Privatpersonen

Die Einleitung eines Bußgeldverfahrens erfolgt von Amts wegen (§ 47 Abs. 1 S. 1 OWiG), nicht auf Antrag privater Anzeigender.[1] Die Kenntnis der Verwaltungsbehörde vom Anfangsverdacht einer Ordnungswidrigkeit (§ 152 Abs. 2 StPO i. V. m. § 46 Abs. 1 OWiG) beruht aber nicht selten auf Mitteilungen privater Anzeigende (§ 158 Abs. 1 StPO i. V. m. § 46 Abs. 1 OWiG). Die private Anzeige stellt aber keinen Antrag auf Durchführung eines Bußgeldverfahrens, sondern nur eine Anregung an die Verwaltungsbehörde dar, wegen des ihr bekannt gemachten Sachverhalts ein Bußgeldverfahren einzuleiten. Dieses dient jedoch nicht zur Durchsetzung privater, sondern ausschließlich öffentlicher Interessen. Ein Anspruch auf Durchführung von Bußgeldverfahren haben Anzeigende daher auch als angeblich persönlich Geschädigte grundsätzlich nicht. Da die Durchführung ausschließlich im pflichtgemäßen Ermessen der Verwaltungsbehörde liegt (§ 47 Abs. 1 S. 1 OWiG), ist auch die „Zurücknahme der Anzeige" entgegen einer weit verbreiteten Meinung in der Bevölkerung bedeutungslos.

8.1 Eingang und Aufnahme von Privatanzeigen

Die Verwaltungsbehörde hat bei privaten Anzeigen wie bei amtlich gewonnenen Erkenntnissen

- zu beurteilen, ob der angezeigte Sachverhalt zureichende tatsächliche Anhaltspunkte für den Tatbestand einer Ordnungswidrigkeit bietet (§ 152 Abs. 2 StPO i. V. m. § 46 Abs. 1 OWiG),
- zu prüfen, ob Verfolgungshindernisse, insbesondere bereits eingetretene Verfolgungsverjährung (§ 31 OWiG) vorliegen und
- ihr pflichtgemäßes Ermessen auszuüben, ob sie die Verfahrenseinleitung im öffentlichen Interesse für geboten hält (§ 47 Abs. 1 S. 1 OWiG).

Das dem Bußgeldverfahren eigene Opportunitätsprinzip (§ 47 Abs. 1 S. 1 OWiG), nach dem kein Verfolgungszwang von Ordnungswidrigkeiten besteht, sondern Verfolgung und Ahndung im pflichtgemäßen Ermessen der Verwaltungsbehörde stehen, ist hier ein wichtiges Filterelement. Keinesfalls kann es Aufgabe von Verwaltungsbehörden sein, privatrechtliche Ansprüche kostenlos durch Erlass von Bußgeldbescheiden anstelle des dafür vorgesehenen Weges zu den Zivilgerichten durchzusetzen. Dies gilt insbesondere für Streitigkeiten unter Nachbarn, die privatrechtliche Beseitigungs- und Unterlassungsansprüche (§ 1004 Abs. 1 BGB) anstatt auf eigene Kosten über die Zivilgerichte kostenlos über das Bußgeldverfahren verfolgen wollen.

Anzeigen können bei der Verwaltungsbehörde und der Polizei angebracht werden (§ 158 Abs. 1 S. 1 StPO i. V. m. § 46 Abs. 1 OWiG). Der Eingang einer Anzeige bei der Verwaltungsbehörde oder Polizei unterbricht die Verfolgungsverjährung der Ordnungswidrigkeit nicht, da dies in § 33 Abs. 1 S. 1 OWiG nicht vorgesehen ist.[2]

1) Die Einleitung eines Bußgeldverfahrens ist i. d. R. nicht von einer Antragstellung abhängig. Seltene Ausnahme § 131 Abs. 2 OWiG.
2) Zur Unterbrechung der Verfolgungsverjährung (§ 33 OWiG) § 2 Nr. 4.2.2.

8.1.1 Elektronische und schriftliche Anzeigen

Die elektronische Anzeige einer Ordnungswidrigkeit ist in § 158 Abs. 1 StPO nicht ausdrücklich erwähnt. Daher ist aus allgemeinen Datenschutzgründen eigentlich ein gesicherter Übermittlungsweg notwendig (§ 32a Abs. 4 S. 1 Nr. 3, 4 StPO i. V. m. § 110c S. 1 OWiG). Trotzdem sind auch ungesicherte E-Mails an das besondere elektronische Behördenpostfach (§ 6 ERVV) oder sogar an die allgemeine elektronische Poststelle der Behörde verwertbar. Die eingehende Anzeige muss jedoch für die Bearbeitung durch die Verwaltungsbehörde geeignet sein (§ 32a Abs. 1, Abs. 2 S. 1 StPO i. V. m. § 110c S. 1 OWiG). Dazu ist das Dateiformat PDF/A verbindlich vorgeschrieben (§ 2 Abs. 1 ERVV). Ist das Dateiformat nicht lesbar, erhält der Absender oder die Absenderin unter Hinweis auf die Unwirksamkeit des Eingangs und auf die geltenden technischen Rahmenbedingungen unverzüglich, d. h. ohne schuldhaftes Zögern (§ 121 Abs. 1 S. 1 BGB) eine entsprechende Mitteilung (§ 32a Abs. 6 S. 1 StPO i. V. m. § 110c S. 1 OWiG). Das elektronische Dokument ist bei der Verwaltungsbehörde eingegangen, sobald es auf der für den Empfang bestimmten Einrichtung dort gespeichert ist (§ 32a Abs. 5 S. 1 StPO i. V. m. § 110c S. 1 OWiG). Dem Absender oder der Absenderin ist eine automatisierte Bestätigung über den Zeitpunkt des Eingangs zu erteilen (§ 32a Abs. 5 S. 2 StPO i. V. m. § 110c S. 1 OWiG).

Sowohl die Polizei (Online- oder Internetwachen)[1] als auch Kommunen bieten auf ihren Verwaltungsportalen sogenannte „Online-Anzeigen" an, bei denen die Anzeigenden von der Verwaltungsbehörde vorgegebene elektronische Formulare ausfüllen und auf einen Parallelserver übermitteln können. Ein solches Angebot birgt allerdings die Gefahr, als elektronischer Briefkasten insbesondere für privatrechtliche Nachbarschaftsstreitigkeiten und anonyme Ordnungswidrigkeiten-Anzeigen missverstanden zu werden. Daher empfiehlt es sich, die Eingaben zur Sache von der vorherigen Beantwortung der Pflichtfelder zu den personenbezogenen Daten abhängig zu machen. Jedem Anzeigenden ist der Eingang des elektronischen Dokuments automatisch zu bestätigen (§ 32a Abs. 5 S. 1 StPO i. V. m. § 110c S. 1 OWiG) und über die Einleitung eines Bußgeldverfahrens zu entscheiden (§ 47 Abs. 1 S. 1 OWiG).

Die Möglichkeit elektronischer Ordnungswidrigkeiten-Anzeigen wird zunehmend auch durch selbsternannte „Hilfssheriffs" wahrgenommen, die mittels Digitalaufnahmen zahlreiche Ordnungswidrigkeiten-Anzeigen per E-Mail mit Dateianhängen erstatten. Diese enthalten meist auch Bildaufnahmen oder Bildaufzeichnungen der angezeigten Person(en) ohne deren Zustimmung. Nur Bildaufzeichnungen, nicht aber einzelne Bildaufnahmen verstoßen gegen das datenschutzrechtliche Verbot der privaten Videoüberwachung öffentlicher Räume, nach dem die Beobachtung öffentlich zugänglicher Räume mit optisch-elektronischen Einrichtungen (§ 4 Abs. 1 BDSG) verboten ist.[2] Nach Auffassung der Rechtsprechung folgt daraus aber nicht zwingend ein Beweisverwertungsverbot im Bußgeldverfahren. Das BDSG enthält nämlich kein gesetzlich angeordnetes Beweisverwertungsverbot für das Straf- und Bußgeldverfahren. Ob ein (möglicherweise) unter Verstoß gegen Datenschutzbestimmungen erlangtes Beweismittel zulasten eines oder einer Betroffenen in einem Bußgeldverfahren verwertet werden darf, ist im Einzelfall insbesondere nach dem

1) Übersicht https://www.polizei.de/Polizei/DE/Einrichtungen/Onlinewache/onlinewache_node.html.

2) Zur Zulässigkeit der Videoüberwachung öffentlich zugänglicher Räume § 4 BDSG n. F.

Gewicht des Eingriffs sowie der Bedeutung der betroffenen Rechtsgüter unter Abwägung der widerstreitenden Interessen zunächst durch die Verwaltungsbehörde und letztlich durch das Amtsgericht nach einem Einspruch gegen einen Bußgeldbescheid zu entscheiden.[1)]

Die elektronische Form der Anzeige ist für Privatpersonen nur eine von mehreren Möglichkeiten. Eine Verpflichtung dazu wird auch durch die Einführung des elektronischen Rechtsverkehrs im Bußgeldverfahren nicht begründet. Anzeigen können daher auch danach noch in herkömmlicher Form sowohl mündlich und telefonisch als auch schriftlich und durch Telefax erfolgen. Eine schriftliche Anzeige muss nicht unterschrieben sein.[2)] Dokumente, die nicht der Form entsprechen, in der eine elektronische Akte geführt wird (Ausgangsdokumente), sind von der Verwaltungsbehörde in die entsprechende Form zu übertragen (§ 32e Abs. 1 S. 1 StPO i. V. m. § 110c S. 1 OWiG).

8.1.2 Aufzeichnung mündlicher Anzeigen

Mündliche Anzeigen sind zwar durch ein Protokoll (§ 168b Abs. 1 StPO i. V. m. § 46 Abs. 1 OWiG) zu protokollieren oder auf sonstige Weise zu dokumentieren (§ 158 Abs. 1 S. 2 StPO i. V. m. § 46 Abs. 1 OWiG). Eine Verpflichtung zur Aufnahme durch die Verwaltungsbehörde oder Polizei besteht jedoch nur dann, wenn

- der Anfangsverdacht einer Ordnungswidrigkeit besteht (§ 152 Abs. 2 StPO i. V. m. § 46 Abs. 1 OWiG),
- keine ersichtlichen Verfolgungshindernisse, insbesondere Verfolgungsverjährung (§ 31 Abs. 1 S. 1 OWiG)[3)] vorliegen,
- die Ahndung der angezeigten Ordnungswidrigkeit(en) nach pflichtgemäßem Ermessen (§ 47 Abs. 1 S. 1 OWiG) auch wirklich beabsichtigt ist und
- zum Tatnachweis der Ordnungswidrigkeit keine anderen Beweismittel zur Verfügung stehen.

Meist genügt daher ein Protokoll (§ 168b Abs. 1 StPO i. V. m. § 46 Abs. 1 OWiG), weil der angezeigte Sachverhalt durch dienstliche Feststellungen überprüft werden kann und die Angaben anzeigender Personen daher zum Tatnachweis nicht notwendig sind.

Beispiele:

Ein Hauseigentümer zeigt seinen Nachbarn wegen eines angeblichen Schwarzbaus an. Dieser Sachverhalt kann durch die behördliche Bauüberwachung überprüft werden. Die Angaben des Anzeigenden sind für den Tatnachweis der Ordnungswidrigkeit nicht notwendig.

Ein zufälliger Passant zeigt eine ihm bekannte Person wegen illegaler Abfallbeseitigung von Bauschutt an. Kann die Ablagerung durch andere Beweismittel nicht

1) OLG Stuttgart, Beschl. vom 4.5.2016, Az. 4 Ss 543/15, zu § 6b BSG a. F. unter Bezugnahme auf BVerfG, Beschl. vom 20.5.2011, Az. 2 BvR 2072/10, für den Betrieb einer „Dashcam" (On-Board-Kamera) im Straßenverkehr.
2) OLG Düsseldorf, Urt. vom 11.11.2008, Az. III-5 Ss 198/08 – 84/08 I.
3) Zur Verfolgungsverjährung von Ordnungswidrigkeiten (§§ 31, 33 OWiG) § 2 Nr. 4.2.2.

nachgewiesen werden, sind die Angaben des Anzeigenden als Zeuge notwendig, wenn die angezeigte Person dies als Betroffener im Bußgeldverfahren später bestreitet.

Letztlich erweist sich der Aufwand einer förmlich protokollierten Anzeige nur ausnahmsweise als unvermeidlich. Die Aufnahme vor allem wiederholter und gegenseitiger Anzeigen wegen Nachbarschaftsstreitigkeiten kann nach pflichtgemäßem Ermessen ohne Weiteres abgelehnt werden. Geht es den Anzeigenden ersichtlich nur um die Verfolgung angeblich verletzter privatrechtlicher Ansprüche, sollte der Rechtsweg zu den Zivilgerichten (Amtsgericht, Landgericht) oder einem außergerichtlichen Schlichtungs- oder Schiedsstellenverfahren aufgezeigt werden. Nicht selten wird die kostenfreie Ordnungswidrigkeiten-Anzeige gegenüber dem Kostenrisiko einer gerichtlichen Klage als „billigerer Weg" gewählt.

Beispiel:

Zwei verfeindete Nachbarn erscheinen in kurzem Abstand beim Ordnungsamt der Gemeinde und erstatten Anzeige wegen ruhestörenden Lärms, weil der Hund des einen grundlos gebellt und das Kind des anderen nachts noch lautstark Musik gehört habe. Die verantwortende Person nimmt beide Anzeigen nicht auf, weil eine Ahndung dieser Zuwiderhandlungen nach pflichtgemäßem Ermessen nicht beabsichtigt sei. Es lägen nur Nachbarschaftsstreitigkeiten vor, ein öffentliches Interesse an der Verfolgung als Ordnungswidrigkeit sei nicht erkennbar. Die Gemeinde verweist die beiden Anzeigenden auf ein mögliches außergerichtliches Schlichtungs- oder Schiedsstellenverfahren und die Möglichkeit einer Klage zum Amtsgericht.

Lehnt die verantwortende Person der Verwaltungsbehörde die Aufnahme einer Anzeige ab, empfiehlt sich vor allem bei querulatorischen Anzeigenden ein kurzer Vermerk über die Gründe der Ablehnung. Zwar ist kein Rechtsbehelf statthaft, ein Protokoll kann jedoch bei einer folgenden (Dienst-)Aufsichtsbeschwerde oder Folgeanzeigen desselben Anzeigenden oder seines „Kontrahenten" hilfreich sein.[1)]

Der Inhalt der Anzeige ist nicht näher vorgeschrieben, er sollte sich aber an den Erfordernissen eines später zu erlassenden Bußgeldbescheides orientieren. Zum notwendigen Inhalt einer Anzeige gehört daher:

- **Wer ist die anzeigende Person?**

  Name, Vorname, Anschrift und Erreichbarkeit der anzeigenden Person als späteres persönliches Beweismittel im Bußgeldbescheid (§ 66 Abs. 1 Nr. 4 OWiG), eventuell weitere Tatzeugen und Beweismittel. Die anzeigende Person ist als Zeuge oder Zeugin zur Angabe personenbezogener Daten verpflichtet (§ 163b Abs. 2 S. 1 StPO i. V. m. § 46 Abs. 1 OWiG). Für die Zusicherung der Vertraulichkeit gegenüber der anzeigenden Person besteht im Hinblick auf § 161a Abs. 1 S. 1 StPO i. V. m. § 46 Abs. 1 OWiG weder eine Rechtsgrundlage noch eine Veranlassung.

1) Zum Antrag auf gerichtliche Entscheidung (§ 62 OWiG) § 19 Nr. 3.

- **Welche natürliche Person wird angezeigt?**

  Name, Vorname, Anschrift einer bestimmten Person als Betroffener oder Betroffene des Bußgeldbescheides (§ 66 Abs. 1 Nr. 1 OWiG) oder Anzeige gegen noch zu ermittelnde „Verantwortliche" eines Unternehmens oder Anzeige gegen Unbekannt.
- **Welcher Sachverhalt wird angezeigt?**

  Möglichst konkret geschilderter Tathergang einschließlich Tatzeit (§ 6 OWiG) und Tatort (§ 7 OWiG) als Tatvorwurf im Bußgeldbescheid (§ 66 Abs. 1 Nr. 3 OWiG).
- **Woher stammt die Kenntnis der anzeigenden Person?**

  Wichtig für die Beweisführung ist auch die Feststellung, worauf das Wissen der anzeigenden Person beruht, insbesondere auf eigener Beobachtung oder nur vom Hörensagen, die sogenannten „Anknüpfungstatsachen".
- **Steht die anzeigende Person als Zeuge oder Zeugin weiter zur Verfügung?**

  Erweist sich die anzeigende Person als einziger und notwendiger Tatzeuge oder entsprechende Tatzeugin der angeblich wahrgenommenen Ordnungswidrigkeit, muss sie notfalls auch für ein späteres gerichtliches Bußgeldverfahren zur Verfügung stehen. Dies ist immer dann zweifelhaft, wenn die anzeigenden Personen als Angehörige oder Verwandte der angezeigten Person ein Zeugnisverweigerungsrecht besitzen (§ 52 StPO i. V. m. § 46 Abs. 1 OWiG), von dem jederzeit auch nachträglich, insbesondere auch noch vor Gericht Gebrauch gemacht werden kann (§ 252 StPO i. V. m. § 71 Abs. 1 OWiG).

Der Inhalt der Anzeige wird nicht von den Anzeigenden, sondern von den aufnehmenden Bediensteten bestimmt. Sachfremde oder offensichtlich bedeutungslose Vorgänge brauchen daher nicht aufgenommen werden. Bewährt hat sich die Aufnahme in der „Ich-Form", bei der zwar der oder die Aufnehmende diktiert oder eingibt, sich aber in der Darstellung des Anzeigenden ausdrückt (Muster einer Anzeigeaufnahme unter 7.2). Vor der Aufnahme einer Anzeige ist das Festhalten von wichtigen Stichpunkten hilfreich. Den Anzeigenden können dazu auch Fragen gestellt und Vorhalte entgegenstehender Erkenntnisse gemacht werden. Zu Beginn der Protokollaufnahme sollten Anzeigende gebeten werden, genau auf den Wortlaut der Aufzeichnung zu achten, um spätere Berichtigungen oder Widersprüche zu vermeiden. Eine Belehrung des oder der Anzeigenden, etwa eine Ermahnung zur Wahrheit wie bei Zeugen oder Zeuginnen (§ 57 S. 1 StPO i. V. m. § 46 Abs. 1 OWiG), ist nicht vorgeschrieben. Dies gilt auch für die gesetzliche Kostentragungspflicht bei vorsätzlich oder leichtfertig unwahren Anzeigen (§ 469 StPO i. V. m. § 46 Abs. 1 OWiG).

Das Protokoll der Anzeige kann in Form einer wörtlichen Wiedergabe der Verhandlung (Wortprotokoll) oder in Form einer Zusammenfassung ihres Inhalts (Inhaltsprotokoll) sowohl während der Verhandlung als auch nach ihrer Beendigung erstellt werden (§ 168a Abs. 2 S. 1, § 168b Abs. 1 StPO i. V. m. § 46 Abs. 1 OWiG).[1)]

- Genehmigung des Protokolls

  Wird das Protokoll während Anzeigenaufnahme erstellt oder nur als zusammenfassendes Inhaltsprotokoll aufgezeichnet, so ist es der anzeigenden Person zur

1) Zum Zeitpunkt des Redaktionsschlusses dieser Auflage bestand keine Rechtsverordnung (§ 110b OWiG) für verbindliche Ordnungswidrigkeiten-Anzeigeformulare.

Genehmigung auf einem Bildschirm anzuzeigen, vorzulesen, abzuspielen oder zur Durchsicht vorzulegen, es sei denn, sie verzichtet darauf (§ 168a Abs. 3, § 168b Abs. 1 StPO i. V. m. § 46 Abs. 1 OWiG).

Wird das Protokoll erst nach Beendigung der Anzeigenaufnahme als Inhaltsprotokoll erstellt, so ist es der anzeigenden Person zur Genehmigung zu übermitteln, es sei denn, sie verzichtet darauf (§ 168a Abs. 4, § 168b Abs. 1 StPO i. V. m. § 46 Abs. 1 OWiG). Bei einer wörtlichen Übertragung einer Aufzeichnung versieht die Person, welche die Übertragung hergestellt oder eine maschinelle Übertragung überprüft hat, diese mit ihrem Namen und dem Zusatz, dass die Richtigkeit der Übertragung bestätigt wird (§ 168a Abs. 5, § 168b Abs. 1 StPO i. V. m. § 46 Abs. 1 OWiG).

- Protokollabschluss

  Die aufnehmende Person hat die Art der Protokollierung und der Aufzeichnung, die Genehmigung des Protokolls oder einer zusammenfassenden Aufzeichnung, Einwendungen dagegen sowie ein Verzicht auf die Vorlage zur Genehmigung im Protokoll zu vermerken oder sonst aktenkundig zu machen (§ 168a Abs. 6 S. 1, § 168b Abs. 1 StPO i. V. m. § 46 Abs. 1 OWiG).

- Vorläufige Aufzeichnungen

  Aufzeichnungen sind zu den Akten zu nehmen, bei der Verwaltungsbehörde mit den Akten aufzubewahren oder in anderer Weise zu speichern (§ 168a Abs. 6 S. 2, § 168b Abs. 1 StPO i. V. m. § 46 Abs. 1 OWiG). Sie können gelöscht werden, wenn das Bußgeldverfahren rechtskräftig abgeschlossen oder sonst beendet ist (§ 168a Abs. 6 S. 2 Halbs. 1, § 168b Abs. 1 StPO i. V. m. § 46 Abs. 1 OWiG).

8.1.3 Bestätigung der Anzeige

Absendern und Absenderinnen elektronischer Dokumente ist stets eine automatisierte Bestätigung über den Zeitpunkt des Eingangs zu erteilen (§ 32a Abs. 5 S. 2 StPO i. V. m. § 110c S. 1 OWiG). Bei einer schriftlichen Anzeige ist die Eingangsbestätigung nur für durch die Ordnungswidrigkeit Verletzte auf Antrag vorgesehen (§ 158 Abs. 1 S. 3 StPO i. V. m. § 46 Abs. 1 OWiG). Daher erfolgt keine Bestätigung, wenn nur schlichte Handlungs- oder Unterlassungsordnungswidrigkeiten anzeigt werden und eine Benachrichtigungspflicht nicht durch landesrechtliche Verwaltungsrichtlinien vorgesehen ist.

Beispiel:

Die anzeigende Person zeigt eine nächtliche Belästigung durch ruhestörenden Lärm an und wünscht ausdrücklich eine Eingangsbestätigung. Das Ordnungsamt teilt daraufhin ohne weitere Angaben mit, dass die Anzeige eingegangen sei.

Die anzeigende Person teilt dem Gewerbeamt eine nach ihrer Meinung unerlaubte Gewerbeausübung eines Reisegewerbetreibenden mit. Sie erhält eine Eingangsbestätigung nur dann, wenn dies durch landesrechtliche Verwaltungsrichtlinien vorgesehen ist.

Wird durch die angezeigte Ordnungswidrigkeit Verletzten eine Bestätigung auf der Grundlage des § 158 Abs. 1 S. 3 StPO i. V. m. § 46 Abs. 1 OWiG erteilt, so soll sie eine kurze Zusammenfassung der Angaben des Verletzten zu Tatzeit, Tatort und angezeigter Tat enthalten (§ 158 Abs. 1 S. 3 StPO i. V. m. § 46 Abs. 1 OWiG). Die Eingangsbestätigung kann versagt werden, soweit der Untersuchungszweck, auch in einem anderen Bußgeldverfahren, gefährdet erscheint (§ 158 Abs. 1 S. 4 StPO i. V. m. § 46 Abs. 1 OWiG).

Anzeigende haben keinen Anspruch auf Aushändigung oder Zusendung eines Ausdrucks oder einer Datei der Anzeige selbst. Dies sollte auch in der Verfahrenspraxis nicht erfolgen, um den Beweiswert der anzeigenden Person als späterem Zeugen oder Zeugin nicht zu beeinträchtigen. Diese erhalten daher nur das Aktenzeichen des Vorgangs mit dem Hinweis, dass die Entgegennahme der Anzeige noch nicht die Einleitung eines Bußgeldverfahrens bedeutet.

Über die gesetzliche Regelung des § 158 Abs. 1 StPO hinaus können landesrechtliche Verwaltungsrichtlinien zusätzliche allgemeine Regelungen enthalten, die natürlich auch im Bußgeldverfahren zu beachten sind. So sieht etwa die „Allgemeine Geschäftsordnung für die Behörden des Freistaates Bayern“ in Art. 17 AGO für „besondere Fälle“ vor:

- Beleidigender Inhalt

  Enthält ein Eingang grobe Beschimpfungen oder Beleidigungen von Behörden, Behördenangehörigen oder Dritten und ist er nicht an eine Frist gebunden, so wird dem Absender mitgeteilt, dass der Eingang wegen der ungehörigen Form nicht bearbeitet wird. Diese Mitteilung kann bei einer unbestimmten Anzeige unterbleiben. Trotzdem können die erforderlichen Maßnahmen zur Verfolgung des angezeigten Sachverhalts als Ordnungswidrigkeit ergriffen werden.

- Querulatorische Anzeigen

  Wiederholte Anzeigen, die lediglich frühere, ordnungsgemäß bearbeitete Anzeigen z. B. nach einer Ablehnung der Einleitung oder der Einstellung eines Bußgeldverfahrens wiederholen, ohne neue Tatsachen oder Gesichtspunkte vorzubringen, werden mit einem Hinweis auf die frühere Entscheidung beantwortet. Weiter gleichartige Eingänge, insbesondere querulatorischer Art, können unbeantwortet bleiben.

Wendet sich die anzeigende Person gegen die Sachbehandlung der Verwaltungsbehörde, so liegt zunächst die Behandlung als Sachaufsichtsbeschwerde nahe. Enthält die Eingabe dagegen die Zielrichtung einer gerichtlichen Überprüfung, kommt eine Behandlung als Antrag auf gerichtliche Entscheidung (§ 62 OWiG) in Betracht. Rügt die anzeigende Person ausschließlich das dienstliche Verhalten der bearbeitenden Person der Verwaltungsbehörde, wird die Eingabe als Dienstaufsichtsbeschwerde zu behandeln sein.

8.1.4 Auslagen Anzeigender

Anzeigenden sind entstandene Kosten mangels Rechtsgrundlage grundsätzlich nicht zu erstatten. Nach § 59 OWiG i. V. m. dem JVEG steht ein Entschädigungsanspruch nur Zeugen oder Zeuginnen und bestimmten zugezogenen Dritten, nicht aber einem unaufgefordert erschienenen oder sonst vorstellig gewordenen Anzeigenden zu. Eine entsprechende Belehrung ist weder vorgeschrieben noch üblich. Werden nachträglich Auslagen geltend gemacht, ist der Antrag daher durch selbstständigen Kostenbescheid abzulehnen, gegen den der befristete Antrag auf gerichtliche Entscheidung statthaft ist (§ 108 Abs. 1 S. 1 Nr. 1 OWiG).

8.1.5 Sprachschwierigkeiten

Die Ordnungswidrigkeiten-Anzeige ist grundsätzlich in der deutschen Amtssprache zu erstatten und aufzuzeichnen (§ 184 S. 1 GVG i. V. m. § 46 Abs. 1 OWiG). Private Anzeigende dürfen lediglich als Verletzte (!) der Ordnungswidrigkeit nicht abgewiesen werden, weil sie der deutschen Sprache nicht mächtig sind.

Die Verwaltungsbehörde ist auch dann nicht verpflichtet, Anzeigenden eine dolmetschende Person zur Verfügung zu stellen. Ausreichend ist die – zumindest hinlängliche – Verständigung mit der die Anzeige aufnehmenden Person in einer gemeinsamen Fremdsprache oder die Unterstützung durch eine Begleitperson, die über ausreichende Kenntnisse beider Sprachen verfügt.[1] Für die Eingangsbestätigung der Anzeige kann auf wiederverwendbare Textbausteine zurückgegriffen werden, um die erforderlichen Angaben, insbesondere die ungefähre Deliktsbezeichnung, in den wichtigsten Sprachen zur Verfügung stellen zu können.[2]

Muster 2.2: Protokoll einer Privatanzeige

Stadt Münsterberg Münsterberg, 15.7.2026

Rilkestraße 12, 99090 Münsterberg
– Ordnungsamt –
Az. 34-543-34 (123/26)

Bearbeitung	Frau Müller
Telefon	0987/9878-456
E-Mail	mueller.bgsv@muensterberg.de

Ordnungswidrigkeiten-Anzeige
(§ 158 Abs. 1 StPO i. V. m. § 46 Abs. 1 OWiG)

Zur Erstattung einer Anzeige wegen einer Ordnungswidrigkeit erscheint ausgewiesen durch Bundespersonalausweis 264 IDW 2343434 und persönlich bekannt

Herr **Streitmann**, Heinz, Kirchplatz 18, 54023 Münsterberg[3] (Tel. 0987/98765) gegen Herrn **Morgenrot**, Klaus, Kirchplatz 19, 54012 Münsterberg[4]

Die anzeigende Person ist mit der angezeigten Person nicht verwandt oder verschwägert.[5]

1) Seite 24 des amtlichen Gesetzesentwurfs zum 3. Opferrechtsreformgesetz vom 15. April 2015 (BT-Drs. 18/4621).
2) Seite 24/25 des amtlichen Gesetzesentwurfs zum 3. Opferrechtsreformgesetz vom 15. April 2015 (BT-Drs. 18/4621).
3) Möglichst genaue personenbezogene Daten des Anzeigeerstatters als notwendiger Zeuge im Bußgeldverfahren.
4) Möglichst genaue personenbezogene Daten der angezeigten Person, die Zustellungen im Bußgeldverfahren ohne Schwierigkeiten erlauben.
5) Klärung eines möglichen Zeugnisverweigerungsrechts als Angehöriger (§ 52 StPO i. V. m. § 46 Abs. 1 OWiG).

Am Sonntag, den 12.7.2026[1] hat mein Nachbar Klaus Morgenrot schon wieder mindestens zwischen 19.30 Uhr und 20.45 Uhr[2] auf seinem Grundstück mit mindestens 20 Personen gefeiert und dabei im Garten eine Musikanlage ununterbrochen und lautstark laufen lassen. Meine Familie und ich haben sich daher in unserer Abendruhe massiv gestört gefühlt.[3] Dies ist nun schon die dritte Anzeige und trotz eines Schreibens der Stadt und einer Verwarnung ist keine Besserung eingetreten.

Den angezeigten Sachverhalt habe ich selbst wahrgenommen.[4]

Weitere Tatzeugen sind meine Frau Silvia und mein zu Besuch anwesender Onkel Herr Anton Wagner, Anemonenweg 15, 99786 Neustadt.[5]

Mir wurde die elektronisch aufgezeichnete Anzeige nochmals wörtlich vorgelesen. Ich genehmige den Inhalt und bitte um Mitteilung des Verfahrensausgangs.[6]

Für die Richtigkeit der Aufnahme

Müller, Verwaltungsangestellte, als verantwortende Person

(§ 32b Abs. 1 S. 1 StPO i. V. m. § 110c S. 1 OWiG)

8.2 Beweiswert einer Privatanzeige

Eine Privatanzeige ist noch kein Beweismittel. Muss die Beweisführung später auf die darin enthaltenen Angaben gestützt werden, so sind die Anzeigenden auch gegen ihren erklärten Willen Beweismittel als Zeugen oder Zeuginnen (§ 161a Abs. 1 bzw. § 48 Abs. 1 StPO i. V. m. § 46 Abs. 1 OWiG). Ihre Angaben können im Gegensatz zu dienstlichen Zeugen oder Zeuginnen nicht vor Gericht verlesen werden, weil sie keine Ermittlungspersonen sind (§ 256 Abs. 1 Nr. 5 StPO i. V. m. § 71 Abs. 1 OWiG). Daher sollte bereits bei der Aufzeichnung der Anzeige nicht unkritisch festgehalten werden, was die Anzeigenden vortragen. Diese trennen oft nicht Vermutungen oder Schlüsse von Tatsachen, sondern stellen manchmal eigene Bewertungen als Beobachtungen dar. Privatpersonen als Zeugen oder Zeuginnen sind daher das unsicherste Beweismittel vor Gericht.

Beispiel:

Anzeige: Herr Lehmann hat seinen Bauschutt in den Stadtpark gekippt.

Auf Frage: Ich habe ihn nicht genau gesehen. Er muss es aber gewesen sein, weil er gerade umbaut und ein Auto genau wie seines gerade aus dem Park fuhr.

Private Anzeigende verfolgen gelegentlich eigene Interessen, die nicht dem öffentlichen Interesse des Bußgeldverfahrens zur Ahndung von Ordnungswidrigkeiten ent-

1) Tatzeit der Ordnungswidrigkeit (§ 6 S. 1 OWiG) – Datum.
2) Tatzeit der Ordnungswidrigkeit (§ 6 S. 1 OWiG) innerhalb eines Datums mit möglichst naher Eingrenzung.
3) Tathergang der angezeigten Ordnungswidrigkeit (§ 66 Abs. 1 Nr. 3 OWiG).
4) Kontrolle, ob eigene Wahrnehmungen des Anzeigeerstatters bestehen oder er nur Zeuge von Hörensagen ist und seine Angaben auf die Wahrnehmungen anderer Personen stützt.
5) Nachfrage nach weiteren Tatzeugen für den Fall, dass der Anzeigeerstatter in einem späteren gerichtlichen Bußgeldverfahren nicht mehr zur Verfügung steht oder von einem Aussageverweigerungsrecht als Angehöriger (§ 52 StPO i. V. m. § 46 Abs. 1 OWiG) Gebrauch macht.
6) Klärung, ob der Anzeigeerstatter im Falle einer Einstellung des Bußgeldverfahrens eine Einstellungsmitteilung (§ 171 StPO i. V. m. § 46 Abs. 1 OWiG) oder vom Erlass eines Bußgeldbescheides wünscht.

sprechen müssen. Dazu gehören vor allem Nachbarschaftsstreitigkeiten, persönliche Feindschaften und geschäftliche Konkurrenzsituationen. Entfällt das Interesse anzeigender Personen an der Durchführung des Bußgeldverfahrens, leidet oft auch ihr Erinnerungsvermögen stark.

Beispiel:

Die angezeigte ständige Lärmbelästigung (§ 117 OWiG) ist durch den Wegzug der anzeigenden oder angezeigten Person entfallen.

Handelt es sich um eine Anzeige umfangreicher Sachverhalte, schwierige Tatbestände und sind die Angaben der anzeigenden Person für die Beweisbarkeit des angezeigten Sachverhalts von ersichtlich grundsätzlicher Bedeutung, kann es sogar sinnvoll sein, schon von vornherein eine förmliche Zeugenvernehmung durchzuführen.[1]

Kommt es für den Tatnachweis einer bedeutsamen Ordnungswidrigkeit wesentlich auf die Angaben der anzeigenden Person an und

- steht diese vermutlich für eine spätere Hauptverhandlung vor dem Amtsgericht z. B. wegen eines ausländischen Wohnsitzes nicht mehr zur Verfügung oder
- kann sie sich später vor Gericht auf ein gesetzliches Zeugnisverweigerungsrecht wie z. B. für Angehörige des oder der Betroffenen (§ 52 StPO i. V. m. § 46 Abs. 1 OWiG) berufen,

so wäre zur Beweissicherung ein Antrag der Verwaltungsbehörde auf Vernehmung durch den Ermittlungsrichter oder die Ermittlungsrichterin des Amtsgerichts erforderlich (§ 162 Abs. 1 S. 1 StPO i. V. m. § 46 Abs. 1 OWiG), was aber in der Verfahrenspraxis völlig unüblich ist. Die gerichtliche Vernehmung bleibt durch Verlesung im gerichtlichen Bußgeldverfahren verwertbar (§ 251 Abs. 2 StPO i. V. m. § 46 Abs. 1 OWiG).[2] Der Aufwand wird jedoch nur in seltenen Ausnahmefällen und nicht wegen alltäglicher Ordnungswidrigkeiten gerechtfertigt sein.

8.3 Anonyme Anzeigen

Gelegentlich wird die Verwaltungsbehörde mit eingehenden Schriftstücken, E-Mails oder Telefonanrufen ohne Namensangabe befasst, in denen das Einschreiten wegen einer angeblichen Ordnungswidrigkeit gefordert wird. Eingänge, die die absendende Stelle nicht erkennen lassen, brauchen zwar grundsätzlich nicht bearbeitet zu werden.[3] Anonym erstattete Anzeigen enthalten auch noch keinen Anfangsverdacht für eine Ordnungswidrigkeit (§ 152 Abs. 2 StPO i. V. m. § 46 Abs. 1 OWiG), sind aber als Verdachtsquelle zur Aufnahme weiterer Ermittlungen nicht generell ausgeschlossen.[4] Inhaltsleere anonyme Anzeigen mit bloßen Vermutungen haben i. d. R. keiner-

1) Zur Vernehmung von Zeugen oder Zeuginnen durch die Verwaltungsbehörde (§ 161a StPO i. V. m. § 46 Abs. 1 OWiG) § 6 Nr. 3.1.
2) Zur Zeugenvernehmung durch den Ermittlungsrichter oder die Ermittlungsrichterin auf Antrag der Verwaltungsbehörde (§ 162 Abs. 1 S. 1 StPO i. V. m. § 46 Abs. 1 OWiG) § 6 Nr. 3.5.
3) Für bayerische Verwaltungsbehörden § 17 Abs. 2 S. 1 AGO.
4) OVG Sachsen-Anhalt (Magdeburg), Beschl. vom 14.10.2019, Az. 1 M 92/19, unter Bezugnahme auf BVerfG, stattgebender Kammerbeschluss vom 14.7.2016, Az. 2 BvR 2474/14.

lei Beweiswert.[1] Es kann daher naheliegen, den angezeigten Sachverhalt zunächst im Rahmen der Gefahrenabwehr insbesondere durch eine verdachtsunabhängige Nachschau zu überprüfen. Unabhängig von Maßnahmen im Verwaltungsverfahren (§ 9 VwVfG und entsprechende landesrechtliche Vorschriften) oder Sozialverwaltungsverfahren (§ 8 SGB X) können aber die zur Verfolgung des angezeigten Sachverhalts als Ordnungswidrigkeit erforderlichen Maßnahmen ergriffen werden.[2] Bei solchen namenlosen anonymen Anzeigen prüft die Verwaltungsbehörde zunächst wie bei jeder Anzeige, ob ein Ermittlungsverfahren eingeleitet werden soll,[3] weil

- der angezeigte Sachverhalt zureichende tatsächliche Anhaltspunkte, also den notwendigen Anfangsverdacht für den gesetzlichen Tatbestand einer Ordnungswidrigkeit bietet (§ 152 Abs. 2 StPO i. V. m. § 46 Abs. 1 OWiG),
- keine dauernden Verfolgungshindernisse wie die Verfolgungsverjährung (§ 31 OWiG) vorliegen und entscheidet gegebenenfalls nach pflichtgemäßem Ermessen, ob die Einleitung eines Bußgeldverfahrens im öffentlichen Interesse geboten ist (§ 47 Abs. 1 S. 1 OWiG).

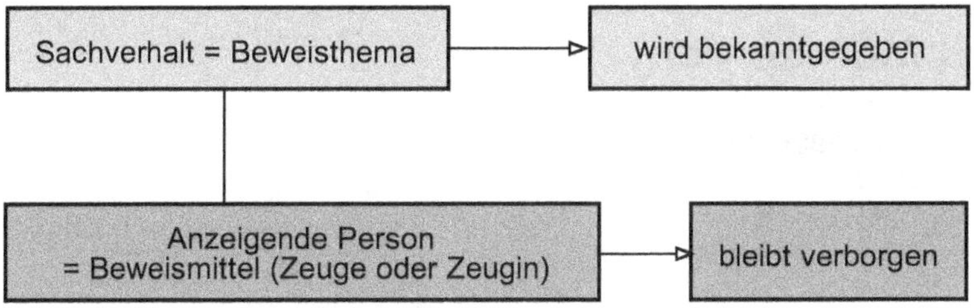

Abb. 18: Anonyme Anzeige einer Ordnungswidrigkeit

Danach sind Anzeigen unbeachtlich, die aus sich heraus schon unschlüssig oder auf sachfremde, z. B. rein privatrechtliche Ziele gerichtet sind. Ist auch bei unterstellter Beweisbarkeit einer angezeigten Ordnungswidrigkeit ein Einschreiten nicht geboten, braucht der Anzeige ebenfalls nicht weiter nachgegangen werden. Ein aktenkundiger Vermerk vor dem Weglegen des Vorgangs, insbesondere einer Ermessensentscheidung nach § 47 Abs. 1 S. 1 OWiG, kann sich bei späteren Vorhaltungen als nützlich erweisen.

Hält die Verwaltungsbehörde dagegen ein Einschreiten aufgrund des mitgeteilten Sachverhalts für geboten, so ist sie daran durch die Anonymität der Anzeigeerstattung keinesfalls gehindert.[4] Der Unterschied zur offenen Anzeige liegt lediglich darin, dass das Beweismittel, nämlich der Tatzeuge oder die Tatzeugin unbekannt bleibt. Die Glaubwürdigkeit der Information kann nicht überprüft werden. Der Tatnachweis muss folglich durch andere Beweismittel als den Tatzeugen versucht werden.

1) BVerfG, stattgebender Kammerbeschluss vom 14.7.2016, Az. 2 BvR 2474/14; LG Regensburg, Beschl. vom 5.2.2004, Az. 1 Qs 111/03.
2) Für bayerische Verwaltungsbehörden § 17 Abs. 2 S. 2 AGO.
3) Nr. 8 S. 1 RiStBV für die Einleitung eines Ermittlungsverfahrens durch die Staatsanwaltschaft.
4) Nr. 8 S. 2 RiStBV für die Strafverfolgung durch die Staatsanwaltschaft.

Beispiele:

Anonyme Anzeige eines Schwarzbaus: Überprüfung des angezeigten Sachverhalts durch den Baukontrolleur.

Anonyme Anzeige einer Abfallablagerung: Überprüfung des angezeigten Sachverhalts durch die Umweltbehörde oder Ermittlungsersuchen an eine Polizeidienststelle.

Nr. 8 S. 2 RiStBV empfiehlt für die Strafverfolgung durch die Staatsanwaltschaft, die Vernehmung des Beschuldigten (= Anhörung des Betroffenen) erst dann vorzunehmen, „wenn der Verdacht durch andere Ermittlungen eine gewisse Bestätigung gefunden hat."

Muster 2.3: Protokoll und Einleitungsvermerk bei einer telefonischen anonymen Anzeige

Stadt Münsterberg Münsterberg, 14.7.2026

Rilkestraße 12, 99090 Münsterberg
– Ordnungsamt –
Az. 34-543-34 (123/26)

Bearbeitung	Frau Müller
Telefon	0987/9878-456
E-Mail	mueller.oa@muensterberg.de

Ordnungswidrigkeiten-Anzeige
(§ 158 Abs. 1 StPO i. V. m. § 46 Abs. 1 OWiG)

Um 10.15 Uhr ruft eine männliche Person zur Anzeige wegen einer Ordnungswidrigkeit an, die sich weigert, personenbezogene Daten anzugeben, und erklärt:

Die Firma Immobilienberatung Hesse in Münsterberg, Garmischer Straße 16, bietet immer wieder Eigentumswohnungen und ganze Häuser zum Kauf an. Er sei ein früherer Geschäftspartner des Hesse gewesen und wisse daher dass dieser wegen seiner Vergangenheit nicht mehr Makler werden dürfe. Seinen Namen wolle er lieber nicht angeben, denn er sei in der gleichen Branche tätig und möchte daher nicht persönlich in Erscheinung treten.

Einleitungsvermerk

Herr Günter Hesse ist zwar in Münsterberg, Garmischer Straße 16 gemeldet, eine Gewerbeanmeldung, gewerberechtliche Erlaubnis oder Reisegewerbekarte liegt jedoch nicht vor. Es besteht jedoch noch kein Anfangsverdacht einer Ordnungswidrigkeit der unerlaubten Gewerbeausübung nach § 34c Abs. 1 S. 1 i. V. m. § 144 Abs. 1 Nr. 1 Buchst. h GewO. Die Einleitung eines Bußgeldverfahrens kann daher erst vom Ergebnis einer zunächst durchzuführenden Nachschau erfolgen (§ 29 GewO). Die Verfolgung der Ordnungswidrigkeit erscheint bei einem Tatnachweis geboten (§ 47 Abs. 1 S. 1 OWiG). Eine Verjährung der Ordnungswidrigkeit (§ 31 OWiG) droht nicht.

Müller, Verwaltungsangestellte, als verantwortende Person
(§ 32b Abs. 1 S. 1 StPO i. V. m. § 110c S. 1 OWiG)

8.4 Vertrauliche Anzeigen

Erfolgt eine Anzeige bei der Verwaltungsbehörde „vertraulich“, so möchte die anzeigende Person erreichen, dass zwar aufgrund der Anzeige ein Bußgeldverfahren eingeleitet wird, ihr Name aber darin nicht erscheint. Der angezeigten Person soll also die anzeigende unbekannt bleiben. Bedingung für die Preisgabe seines Wissens ist, dass die Verwaltungsbehörde die Zusicherung der Vertraulichkeit abgibt. Besteht ein begründeter Anlass zu der Besorgnis, dass durch die Offenbarung der Identität oder des Wohn- oder Aufenthaltsortes Leben, Leib oder Freiheit des Zeugen oder Zeugin oder einer anderen Person gefährdet wird, so kann gestattet werden, Angaben zur Person nicht zu machen (§ 68 Abs. 3 S. 1 StPO i. V. m. § 46 Abs. 1 OWiG). Solche auf das Strafverfahren zugeschnittene Situationen wird es aber im Bußgeldverfahren kaum jemals geben, sodass es der Zusicherung der Vertraulichkeit seitens der Verwaltungsbehörde regelmäßig nicht bedarf. Der Zusicherung der Vertraulichkeit steht insbesondere entgegen, dass Zeugen oder Zeuginnen gesetzlich verpflichtet sind, auf Ladung vor der Verwaltungsbehörde zu erscheinen und zur Sache auszusagen (§ 161a Abs. 1 S. 1 StPO i. V. m. § 46 Abs. 1 2 OWiG).

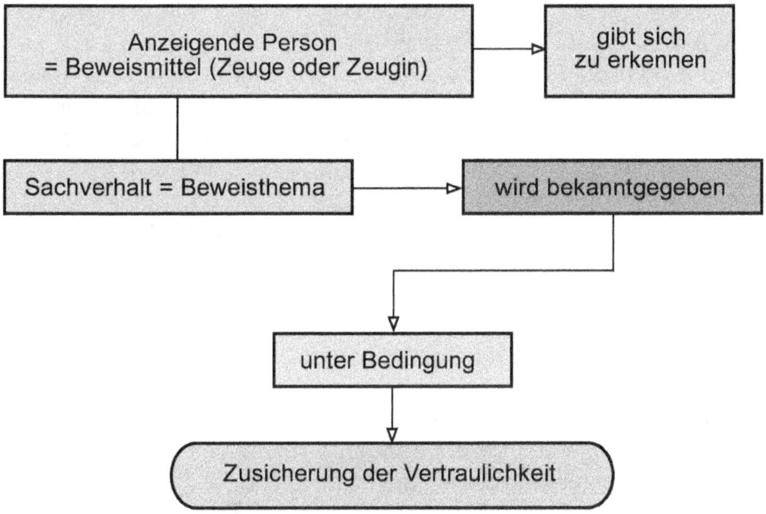

Abb. 19: Vertrauliche Anzeige einer Ordnungswidrigkeit

8.5 Rechte der Angezeigten

Die angezeigte Person wird nicht durch die Anzeige selbst, sondern erst durch die von der verantwortenden Person der Verwaltungsbehörde verfügte Einleitung des Bußgeldverfahrens zum oder zur Betroffenen.

- **Mitteilung der Anzeigeerstattung?**

Die Tatsache der Anzeigeerstattung muss der angezeigten Person grundsätzlich nicht mitgeteilt werden. Wird kein Bußgeldverfahren eingeleitet oder wird es ohne Anhörung des oder der Betroffenen eingestellt,[1] so ist es möglich und auch zulässig,

1) Zur Einstellung des Bußgeldverfahrens (§ 170 Abs. 2 S. 1 StPO i. V. m. § 46 Abs. 1 OWiG bzw. § 47 Abs. 1 S. 2 OWiG) § 11 Nr. 1.

dass er oder sie von der Anzeige keine Kenntnis erhält. Unabhängig davon ist das Recht des oder der Betroffenen auf Auskunft über die bei der Verwaltungsbehörde gespeicherten personenbezogenen Daten einschließlich Zweck und Rechtsgrundlage der Erhebung, Verarbeitung und Speicherung (§§ 32ff. BDSG, Art. 15 VO [EU] 2016/679). Die Auskunftserteilung unterbleibt jedoch, soweit die Auskunft die ordnungsgemäße Verfolgung von Ordnungswidrigkeiten gefährden würde (§ 33 Abs. 1 Nr. 1 Buchst. a BDSG). Die Ablehnung der Auskunftserteilung bedarf dann keiner Begründung, soweit die Mitteilung der tatsächlichen und rechtlichen Gründe den mit der Auskunftsverweigerung verfolgten Zweck, d. h. im Bußgeldverfahren die Beweissicherung, gefährden würde (§ 33 Abs. 2 Nr. 2 Buchst. b BDSG).

- **Akteneinsicht und Beweisanträge**

Die angezeigte Person kann jederzeit Akteneinsicht beantragen, deren Erteilung nur wegen Gefährdung des Untersuchungszwecks in diesem oder einem anderen Bußgeldverfahren oder Strafverfahren und überwiegender schutzwürdiger Interessen Dritter abgelehnt werden kann (§ 49 Abs. 1 S. 1 OWiG).[1] Sie hat ferner das Recht, sich in jeder Lage des Verfahrens des Beistands eines Verteidigers oder einer Verteidigerin zu bedienen (§ 137 Abs. 1 S. 1 StPO i. V. m. § 46 Abs. 1 OWiG).[2] Diese sind auch befugt, Akteneinsicht zu nehmen (§ 147 StPO i. V. m. § 46 Abs. 1 OWiG)[3] und ebenso wie der oder die Betroffene selbst einzelne entlastende Beweisanträge zu stellen (§ 163a Abs. 2 StPO i. V. m. § 46 Abs. 1 OWiG).[4] Verlangt die anzeigende Person selbst Akteneinsicht in die Bußgeldakte, so kommt diese nur bei einem berechtigten rechtlichen Interesse (§ 475 Abs. 1 S. 1 StPO i. V. m. § 46 Abs. 1 OWiG) oder für durch die Ordnungswidrigkeit verletzte Personen in Betracht (§ 406e Abs. 1 S. 1 StPO i. V. m. § 46 Abs. 1 OWiG). Die Einsicht ist zu versagen, soweit überwiegende schutzwürdige Interessen des oder der Betroffenen oder anderer Personen entgegenstehen (§ 475 Abs. 1 S. 2 bzw. § 406e Abs. 2 S. 1 StPO i. V. m. § 46 Abs. 1 OWiG). Sie kann versagt werden, soweit der Untersuchungszweck, auch in einem anderen Bußgeldverfahren, gefährdet erscheint (§ 406e Abs. 1 S. 2 StPO i. V. m. § 46 Abs. 1 OWiG). Ein berechtigtes Interesse liegt bei der beabsichtigten Geltendmachung zivilrechtlicher Schadenersatzansprüche vor, sollte aber auch dann nicht durch Anzeigende, die als Zeugen oder Zeuginnen in Betracht kommen, sondern durch von ihnen beauftragte Rechtsanwälte oder Rechtsanwältinnen wahrgenommen werden.

- **Kein Rechtsbehelf**

Der angezeigten Person steht gegen die Einleitung des Bußgeldverfahrens kein förmlicher Rechtsbehelf, auch nicht der Antrag auf gerichtliche Entscheidung nach § 62 OWiG zu.[5] Die Aufnahme von Ermittlungen ist nur eine Maßnahme der Verwaltungsbehörde zur Aufklärung des Sachverhalts ohne selbstständige Bedeutung und die nur zur Vorbereitung der Entscheidung, ob ein Bußgeldbescheid zu erlassen

1) Zur Erteilung von Akteneinsicht an Betroffene (§ 49 Abs. 1 OWiG) § 10 Nr. 7.
2) Zur Verteidigung des oder der Betroffenen (§ 60 OWiG, § 137 ff. StPO i. V. m. § 46 Abs. 1 OWiG) § 10.
3) Zur Akteneinsicht des Verteidigers oder der Verteidigerin (§ 147 StPO i. V. m. § 46 Abs. 1 OWiG) § 10 Nr. 7.
4) Zur Behandlung von Beweisanträgen (§ 163a Abs. 2 StPO i. V. m. § 46 Abs. 1 OWiG) durch die Verwaltungsbehörde § 6 Nr. 4.6.
5) Zum Antrag auf gerichtliche Entscheidung (§ 62 OWiG) § 19 Nr. 3.

oder das Verfahren einzustellen ist (§ 62 Abs. 1 S. 2 OWiG). Einem gegen die Verfahrenseinleitung eingelegten Rechtsbehelf wäre daher durch die Verwaltungsbehörde wegen Unzulässigkeit nicht abzuhelfen (§ 62 Abs. 2 S. 2 OWiG) und er sodann dem Amtsgericht zur Entscheidung vorzulegen (§ 62 Abs. 2 S. 1, § 68 OWiG).

8.6 Hinweisgeberschutz

Das seit Juni 2023 geltende Hinweisgeberschutzgesetz (HinSchG) regelt den Schutz hinweisgebender Personen (sogenannte „Whistleblower"), die im Zusammenhang mit ihrer beruflichen Tätigkeit oder im Vorfeld einer beruflichen Tätigkeit Informationen über Verstöße erlangt haben und diese an die gesetzlich vorgesehenen Meldestellen melden oder offenlegen (§ 1 Abs. 1 HinSchG). Darüber hinaus werden auch Personen geschützt, die Gegenstand einer Meldung oder Offenlegung sind, sowie sonstige Personen, die von einer Meldung oder Offenlegung betroffen sind (§ 1 Abs. 2 HinSchG). Strafprozessuale Regelungen, die über § 46 Abs. 1 OWiG auch im Bußgeldverfahren gelten, werden davon nicht berührt (§ 4 Abs. 4 HinSchG). Die Meldung (§ 3 Abs. 4 HinSchG) und die Offenlegung (§ 3 Abs. 5 HinSchG) von Informationen sind also gerade keine Anzeige einer Ordnungswidrigkeit im Sinne des § 158 Abs. 1 StPO i. V. m. § 46 Abs. 1 OWiG. Außerdem gehen spezifische gesetzliche Regelungen über die Mitteilung von Informationen über Verstöße vor (§ 4 Abs. 1 HinSchG).

8.6.1 Anwendungsbereich

Der Anwendungsbereich des Hinweisgeberschutzes (§ 2 HinSchG) umfasst neben strafbewehrten Verstößen (§ 2 Abs. 1 Nr. 1 HinSchG) und zahlreichen sonstigen Gesetzesverstößen (§ 2 Abs. 1 Nr. 3, Abs. 2 HinSchG) auch ausdrücklich bußgeldbewehrte Verstöße, soweit die verletzte Vorschrift dem Schutz von Leben, Leib oder Gesundheit oder dem Schutz der Rechte von Beschäftigten oder ihrer Vertretungsorgane dient (§ 2 Abs. 1 Nr. 2 HinSchG). Die Regelung ist weit zu verstehen. Es genügt, wenn eine Vorschrift diesen Schutz bezweckt oder dazu beiträgt, den Schutz der genannten Rechtsgüter und Rechte zu gewährleisten. Nach dem Regierungsentwurf vom 2.6.2023 gehören dazu:

- Arbeitsschutz

Es werden sowohl die dem Gesundheitsschutz und der Sicherheit der Beschäftigten dienenden Vorschriften als auch arbeitsschutzrechtliche Mitteilungs-, Erlaubnis-, Prüfungs-, Bestellungs-, Belehrungs-, Dokumentations- und Anzeigepflichten erfasst. Denn Letztere dienen ebenfalls der Sicherheit und Gesundheit der Beschäftigten.

- Arbeitnehmerschutz

– Verstöße gegen die Pflicht zur Zahlung des Mindestlohnes (§ 20 MiLoG), Dokumentationspflichten (§ 17 MiLoG), Duldungs- und Mitwirkungspflichten eines Arbeitgebers (§ 15 MiLoG), Meldepflichten (§ 16 MiLoG).

– Zuwiderhandlungen gegen Vorgaben des Arbeitnehmerüberlassungsgesetzes (§ 16 Abs. 1 AÜG).

– Bußgeldvorschriften, mit denen Verstöße gegen Rechte der Organe sanktioniert werden, die die Interessen von Beschäftigten vertreten. Hierzu zählen insbesondere solche Bußgeldvorschriften, die Verstöße gegen Aufklärungs- und Auskunftspflichten gegenüber Organen der Betriebsverfassung sanktionieren (§ 121 BetrVerfG).

- Bußgeldbewehrte Verstöße gegen Aufklärungs-, Auskunfts-, Unterrichtungs- und Mitteilungspflichten gegenüber Organen nach anderen Gesetzen, die Beschäftigteninteressen vertreten, wie etwa Sprecherausschüsse (§ 36 SprAuG).

Sofern die verletzte Vorschrift nicht zumindest auch dem Schutz von Leben, Leib oder Gesundheit oder dem Schutz der Rechte von Beschäftigten oder ihrer Vertretungsorgane dient, kann der sachliche Anwendungsbereich nach den anderen Nummern des § 2 Abs. 1 oder des Abs. 2 HinSchG eröffnet sein.

8.6.2 Meldestellen für hinweisgebende Personen

Beschäftigungsgeber (§ 3 Abs. 9 HinSchG) haben dafür zu sorgen, dass bei ihnen mindestens eine unabhängige, fachkundig besetzte Stelle für interne Meldungen eingerichtet ist und betrieben wird, an die sich Beschäftigte (§ 3 Abs. 8 HinSchG) wenden können (interne Meldestelle, § 12 Abs. 1 S. 1, § 14, § 15 HinSchG). Daneben errichtet der Bund externe Meldestellen (§§ 19, 21 bis 23 HinSchG). Die Länder können eigene externe Meldestellen für Meldungen einrichten, die die jeweilige Landesverwaltung und Kommunalverwaltungen betreffen (§ 20 HinSchG). Personen, die beabsichtigen, Informationen über einen Verstoß zu melden, können wählen, ob sie sich an eine interne Meldestelle (§ 12 HinSchG) oder eine externe Meldestelle (§§ 19 bis 24 HinSchG) wenden (§ 7 Abs. 1 S. 1 HinSchG). Hinweisgebende Personen können denjenigen Meldekanal wählen, der sich angesichts der fallspezifischen Umstände am besten eignet. Die internen Meldestellen betreiben Meldekanäle (§ 16 HinSchG), führen das Verfahren (§ 17 HinSchG) und ergreifen Folgemaßnahmen (§ 18 HinSchG). Sie sind zur Verarbeitung notwendiger personenbezogener Daten in ihrem Aufgabenbereich (§ 13 Abs. 1 HinSchG) befugt (§ 10 HinSchG). Die Verarbeitung hat grundsätzlich unter Beachtung der geltenden Vorschriften zu erfolgen. Maßgeblich sind insofern vor allem die DSGVO und das BDSG.

Die Meldestellen unterliegen einem grundsätzlichen gesetzlichen Vertraulichkeitsgebot für die Identität hinweisgebender und sonstiger Personen (§ 8 HinSchG). Die Identität einer hinweisgebenden Person, die vorsätzlich oder grob fahrlässig unrichtige Informationen über Verstöße meldet, wird jedoch nicht geschützt (§ 9 Abs. 1 HinSchG).[1] Informationen über die Identität einer hinweisgebenden Person oder über sonstige Umstände, die Rückschlüsse auf die Identität dieser Person erlauben, dürfen an die zuständige Stelle auch in Strafverfahren auf Verlangen der Strafverfolgungsbehörden (§ 9 Abs. 2 S. 1 Nr. 1 HinSchG) und aufgrund einer Anordnung in einem einer Meldung nachfolgenden Verwaltungsverfahren, einschließlich verwaltungsbehördlicher Bußgeldverfahren (§ 9 Abs. 2 S. 1 Nr. 1 HinSchG), weitergegeben werden. Dies gilt entsprechend für in der Meldung genannte Personen in Straf- und Bußgeldverfahren (§ 9 Abs. 4 Nr. 4, 5 HinSchG).

1) Zur entsprechenden Kostenfolge für die anzeigende Person bei vorsätzlich oder grob fahrlässig unrichtigen Anzeigen im Bußgeldverfahren (§ 469 StPO i. V. m. § 46 Abs. 1 OWiG) Teil I Nr. 1 § 105 OWiG.

8.6.3 Verfahren und Folgemaßnahmen

Interne und externe Meldestellen errichten und unterhalten geschützte Meldekanäle (§§ 16, 27 HinSchG), die hinweisgebenden Personen für mündliche, auch telefonische und auf Wunsch persönliche Meldungen, sowie in Textform zur Verfügung stehen. Eingehende Meldungen sind zu dokumentieren (§ 11 Abs. 1 bis 4 HinSchG) und grundsätzlich drei Jahre nach Verfahrensabschluss zu löschen, sofern nicht eine weitere Aufbewahrung zulässig, notwendig und verhältnismäßig ist (§ 11 Abs. 5 HinSchG).

Meldungen von Beschäftigten (§ 3 Abs. 8 HinSchG) dürfen in einem nachfolgenden Bußgeldverfahren verwendet werden (§ 9 Abs. 2 S. 1 Nr. 2 HinSchG). Die Meldestellen führen Verfahren durch, zu deren Abschluss (§ 31 HinSchG) sie Folgemaßnahmen ergreifen können, zu denen auch Mitteilungen an eine Behörde gehören (§ 18 Nr. 4 Buchst. b, § 29 Abs. 2 Nr. 4 HinSchG).

§ 3
Anhaltspunkte für eine Straftat

Die Zuständigkeit für die Verfolgung von Straftaten ist nicht der Verwaltungsbehörde (§ 35 Abs. 1 OWiG), sondern der Staatsanwaltschaft zugewiesen (§ 152 Abs. 2, § 160 Abs. 1 StPO). Straftaten sind die in Tatbeständen des Strafgesetzbuchs und den Straftatbeständen anderer Gesetze (sogenanntes Nebenstrafrecht) bezeichneten Handlungen, die mit Geld- oder Freiheitsstrafe geahndet werden können. Zuwiderhandlungen gegen staatliches Ordnungsrecht können vom Gesetzgeber als Straftat oder als Ordnungswidrigkeit ausgestaltet sein.

Beispiele:

Die verbotene Ausübung der Prostitution ist als Ordnungswidrigkeit mit Geldbuße bedroht (§ 120 OWiG). Die beharrliche Zuwiderhandlung der Ordnungswidrigkeit ist bereits strafbar (§ 184f StGB).

Die gewerbsmäßige Tätigkeit als Immobilienmakler ist erlaubnisbedürftig (§ 34c Abs. 1 S. 1 GewO). Die unerlaubte gewerbsmäßige Tätigkeit kann ordnungswidrig (§ 144 Abs. 1 Nr. 1 Buchst. h GewO, bei **beharrlicher Wiederholung** oder Gefährdung fremder Rechtsgüter auch strafbar sein (§ 148 Nr. 1 GewO).

Das Ablagern von Abfällen außerhalb zugelassener Anlagen oder Einrichtungen (§ 28 Abs. 1 S. 1 KrWG) ist ordnungswidrig (§ 69 Abs. 1 Nr. 2 KrWG). Das unbefugte Ablagern **besonders gefährlicher Abfälle**, die nach Art, Beschaffenheit oder Menge zur Verunreinigung oder nachteiligen Veränderung von Gewässern, Boden oder Luft geeignet sind, ist als unerlaubter Umgang mit Abfällen strafbar (§ 326 Abs. 1 Nr. 4 Buchst. a StGB).

Das Inverkehrbringen zum Verzehr durch den Menschen ungeeigneter Lebensmittel (§ 11 Abs. 2 Nr. 1 LFGB) ist als **Mischtatbestand** bei fahrlässiger Begehung Ordnungswidrigkeit (§ 60 Abs. 1 Nr. 1 i. V. m. § 59 Abs. 1 Nr. 8 LFGB), bei Vorsatz aber Straftaten (§ 59 Abs. 1 Nr. 8 LFGB).

Der Gesetzgeber hat eine Ordnungswidrigkeit durch den Verzicht auf das Merkmal der Strafe bewusst anders als die Straftat eingestuft.[1] Ist eine Handlung gleichzeitig, d. h. tateinheitlich Straftat und Ordnungswidrigkeit, so wird nur das Strafgesetz angewendet (§ 21 Abs. 1 Nr. 1 OWiG). Die Ordnungswidrigkeit wird also durch die Straftat verdrängt und kann nur bei der Strafzumessung Berücksichtigung finden.[2] Maßgeblich ist dabei nicht die materiellrechtliche Tateinheit (§ 19 OWiG), sondern die Tat im prozessualen Sinne, d. h. das gesamte Verhalten, soweit es als geschichtliches Vorkommnis nach der Auffassung des Lebens einen einheitlichen Vorgang bildet.[3]

1) Brandenburgisches OLG (Brandenburg), Beschl. vom 4.12.2008, Az. 2 Ss (OWi) 121 Z/08, unter Bezugnahme auf BVerfG, Beschl. vom 16.7.1969, Az. 2 BvL 2/69.
2) BGH, Beschl. vom 21.4.2022, Az. 3 StR 81/22; KG (Berlin), Urt. vom 15.12.2021, Az. (2) 3 StE 2/20-1 (2/20).
3) OLG Bamberg, Beschl. vom 19.1.2015, Az. 3 Ss OWi 1500/14, unter Bezugnahme auf BGH, Urt. vom 7.2.2012, Az. 1 StR 542/11.

Beispiele:

Die Ordnungswidrigkeit einer pflichtwidrig unterlassenen Änderungsmitteilung beim Bezug staatlicher Transferleistungen (§ 60 Abs. 1 S. 1 Nr. 2 SGB I) wird durch die **tateinheitliche Straftat** des Betrugs (§ 263 Abs. 1 StGB) zum Nachteil des Leistungsträgers verdrängt.[1)]

Die Dauerordnungswidrigkeit der Schwarzarbeit durch unerlaubte Handwerksausübung (§ 8 Abs. 1 Nr. 1 Buchst. e SchwarzArbG) wird nicht durch die **bei dieser Gelegenheit** verübten Straftaten der Steuerhinterziehung (§ 370 AO) und des Vorenthaltens von Arbeitsentgelt (§ 266a StGB) verdrängt.[2)]

Besteht zwischen Straftat und Ordnungswidrigkeit eine innere Verknüpfung, die über die bloße Gleichzeitigkeit der Ausführung der Tathandlungen hinausgeht,[3)] hat dies folgende verfahrensrechtliche Auswirkungen:

- Die Verwaltungsbehörde gibt die Sache an die Staatsanwaltschaft ab, wenn im laufenden Bußgeldverfahren Anhaltspunkte dafür vorhanden sind, dass die Tat eine Straftat ist (§ 41 Abs. 1 OWiG).[4)] Ein Bußgeldbescheid (§ 65 OWiG) wegen der verdrängten Ordnungswidrigkeit darf danach nicht mehr ergehen.[5)] Sieht die Staatsanwaltschaft jedoch davon ab, ein strafrechtliches Ermittlungsverfahren einzuleiten, gibt sie die Sache an die Verwaltungsbehörde zurück (§ 41 Abs. 2 OWiG).
- Für die Verfolgung der Straftat ist die Staatsanwaltschaft auch unter dem rechtlichen Gesichtspunkt einer Ordnungswidrigkeit zuständig (§ 40 OWiG). Stellt die Staatsanwaltschaft das strafrechtliche Ermittlungsverfahren nur wegen der Straftat, nicht aber wegen einer Ordnungswidrigkeit ein, so gibt sie die Sache an die Verwaltungsbehörde zurück, wenn Anhaltspunkte dafür vorhanden sind, dass die Tat als Ordnungswidrigkeit verfolgt werden kann (§ 43 Abs. 1 Alt. 1 OWiG). Eine Zuständigkeit der Staatsanwaltschaft besteht dann insoweit nicht mehr.[4)]

Der verfahrensrechtliche Begriff der Tat in §§ 40 bis 43 OWiG ist weiter als der materiellrechtliche Begriff der Handlung in § 21 Abs. 1 OWiG. Die Tat im formellen Sinn (vergleiche § 264 Abs. 1 StPO) umfasst den gesamten geschichtlichen Vorgang, innerhalb dessen der oder die Betroffene ordnungswidrig gehandelt haben soll. Sie erstreckt sich auf das gesamte Verhalten des Täters oder der Täterin, das nach natürlicher Auffassung ein mit diesem geschichtlichen Vorgang einheitliches Geschehen bildet.[6)] Die Tat kann auch mehrere Handlungen umfassen, die unter einen einheitlichen Lebensvorgang fallen. Daraus folgt, dass die Abgabepflicht auch bei Tatmehrheit zwischen Ordnungswidrigkeit und Straftat (§ 20 OWiG bzw. § 53 Abs. 1 StGB) innerhalb eines einheitlichen Lebenssachverhalts besteht.[3)]

---

1) BayObLG, Beschl. vom 23.11.2004, Az. 1St RR 129/04, für den Leistungsbezug nach § 58 Abs. 1 Nr. 1 BAföG.
2) OLG Düsseldorf, Beschl. vom 3.8.2007, Az. 2 Ss (OWi) 28/07 – (OWi) 16/07 III.
3) BGH, Beschl. vom 8.6.2011, Az. 4 StR 209/11.
4) Brandenburgisches OLG (Brandenburg), Beschl. vom 4.12.2008, Az. 2 Ss (OWi) 121 Z/08.
5) BGH-Kartellsenat, Beschl. vom 19.12.1995, Az. KRB 32/95.
6) BGH, Beschl. vom 19.11.2020, Az. 2 StR 358/20.

Ist der tateinheitliche oder tatmehrheitliche Zusammenhang innerhalb der Tat zwischen Ordnungswidrigkeit und Straftat nicht gegeben, kann die Sache von der Verwaltungsbehörde nicht an die Staatsanwaltschaft abgegeben werden. Die Staatsanwaltschaft kann jedoch auch bei sonstigem Zusammenhang das Verfahren wegen der Ordnungswidrigkeit an sich ziehen:

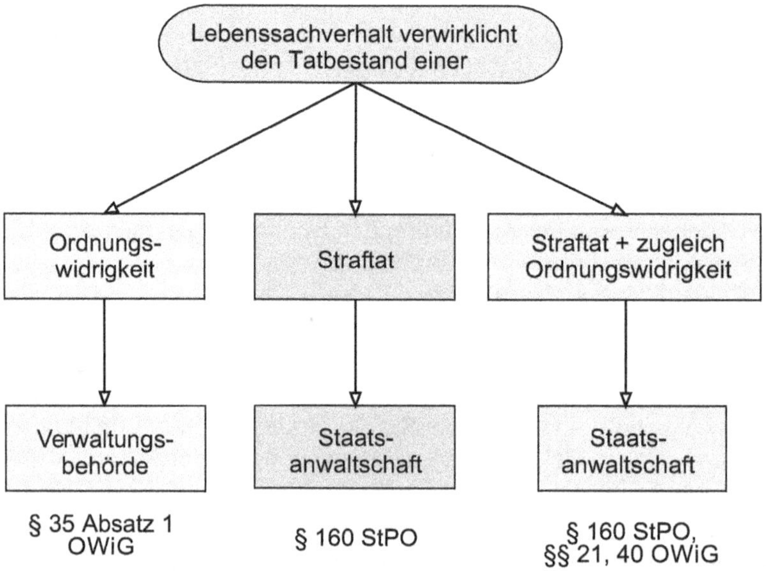

Abb. 1: Verfolgungskompetenz der Verwaltungsbehörde und der Staatsanwaltschaft

Die Staatsanwaltschaft kann bis zum Erlass des Bußgeldbescheides die Verfolgung der Ordnungswidrigkeit übernehmen, wenn sie eine Straftat verfolgt, die mit der Ordnungswidrigkeit zusammenhängt (§ 42 Abs. 1 S. 1 OWiG).

Solange das übernommene Verfahren bei der Staatsanwaltschaft anhängig ist, kann sie die Sache an die Verwaltungsbehörde abgeben. Die Abgabe muss erfolgen, wenn die Staatsanwaltschaft das strafrechtliche Ermittlungsverfahren nur wegen der zusammenhängenden Straftat einstellt (§ 43 Abs. 2 OWiG).[1)]

1. Abgabe des Verfahrens an die Staatsanwaltschaft

Die Verwaltungsbehörde gibt die Sache an die Staatsanwaltschaft ab, wenn Anhaltspunkte dafür vorhanden sind, dass die Tat eine Straftat ist (§ 41 Abs. 1 OWiG). Diese gesetzliche Mitteilungspflicht hat den Zweck, den Strafverfolgungsbehörden Tatsachen, die dienstlich in Erfahrung gebracht wurden und die den Verdacht einer Straftat begründen, mitzuteilen.[2)] Mit der Bezeichnung „Sache" meint das Gesetz ausschließlich ein von der Verwaltungsbehörde geführtes Bußgeldverfahren. Aus einem Verwaltungsverfahren (§ 9 VwVfG) oder Sozialverwaltungsverfah-

1) Brandenburgisches OLG (Brandenburg), Beschl. vom 4.12.2008, Az. 2 Ss (OWi) 121 Z/08.
2) Saarländisches OLG (Saarbrücken), Beschl. vom 4.8.2023, Az. 1 Ws 28/23.

ren (§ 8 SGB X) heraus besteht weder eine Abgabepflicht noch eine allgemeine Anzeigepflicht von Straftaten. Eine solche kann jedoch aufgrund von Verwaltungsrichtlinien bestimmt werden.[1]

Die Abgabepflicht im Bußgeldverfahren besteht noch nicht im Falle der bloßen Vermutung einer Straftat, sondern erst bei Vorliegen tatsächlicher Anhaltspunkte. Der Anfangsverdacht einer Straftat (§ 152 Abs. 2 StPO) muss auf konkreten Tatsachen beruhen; vage Anhaltspunkte und bloße Vermutungen reichen nicht aus.[2] Die gesetzliche Umschreibung des Anfangsverdachts ist jedoch ein unbestimmter Rechtsbegriff, bei deren Prüfung ein Beurteilungsspielraum zuzubilligen ist.[3] Die Abgabe ist bei Vorliegen ihrer Voraussetzungen verpflichtend und keinesfalls eine Ermessenentscheidung.[4] Daher hängt die Abgabe erst recht nicht von einer „Genehmigung" des Behördenleiters, der Behördenleiterin oder Vertretender im Amt ab.

Beispiele:

Ist eine Anlage ohne Genehmigung nach § 4 Abs. 1 BImSchG errichtet worden (Ordnungswidrigkeit nach § 62 Abs. 1 Nr. 1 BImSchG), genügt für eine Abgabe an die Staatsanwaltschaft nicht die Vermutung, dass die fertiggestellte Anlage wegen der Amortisation der hohen Investitionen nach Lebenserfahrung auch in Betrieb genommen worden ist. Zureichende tatsächliche Anhaltspunkte für eine Straftat des unerlaubten Betreibens von Anlagen (§ 327 Abs. 2 Nr. 1 StGB) liegen erst bei entsprechenden dienstlichen Erkenntnissen, Zeugenaussagen oder Angaben des Betreibers vor.

Hat der Bezieher von Grundsicherungsleistungen eine notwendige Änderungsanzeige der Voraussetzungen für den Leistungsbezug nicht mitgeteilt (§ 60 Abs. 1 S. 1 Nr. 2 SGB II) liegt ohne Begrenzung auf die Höhe der Überzahlung und den Tatzeitraum eine Ordnungswidrigkeit vor (§ 63 Abs. 1 Nr. 7 SGB II). Für eine Abgabe an die Staatsanwaltschaft wegen Sozialleistungsbetrugs (§ 263 Abs. 1 StGB) genügt nicht die Vermutung der notwendigen Bereicherungsabsicht des Leistungsbeziehers. Notwendig ist etwa der Nachweis eines rechtswidrigen Doppelbezuges von Grundsicherungsleistungen und Rente oder Kapitaleinkünften über einen längeren Zeitraum.

- **Zeitpunkt der Abgabe**

§ 41 Abs. 1 OWiG verlangt von der Verwaltungsbehörde nicht die unverzügliche Aktenvorlage an die Staatsanwaltschaft, wie sie für die Polizei in § 53 Abs. 1 S. 3 OWiG im Bußgeldverfahren und § 163 Abs. 2 S. 2 StPO im Strafverfahren vorgeschrieben ist. Die Verwaltungsbehörde sollte daher die Ermittlungen soweit betreiben, bis sich erste Hinweise auf eine Straftat zu konkreten Hinweisen verdichtet

1) Beispiel für Umweltbehörden in Baden-Württemberg: Nr. 3 VwV Umweltstraftaten vom 24.10.2019, Az. 6400.A/0012, Bayern: Nr. 3 der Bekanntmachung vom 16.2.2016 (AllMBl. 102) zur Anzeigepflicht von Umweltstraftaten.
2) BVerfG, Beschl. vom 31.1.2020, Az. 2 BvR 2992/14 (ständige Rechtsprechung).
3) OLG Düsseldorf, Beschl. vom 10.1.2022, Az. 2 RBs 221/21, für den Anfangsverdacht einer Straftat.
4) Brandenburgisches OLG (Brandenburg), Beschl. vom 4.12.2008, Az. 2 Ss (OWi) 121 Z/08.

haben. Insbesondere sollte sie solche Ermittlungen durchführen, bei denen der Verlust eines Beweismittels zu besorgen ist. Andererseits dürfen die Ermittlungen auch nicht soweit betrieben werden, dass ersichtlich in die Entscheidungskompetenz der Staatsanwaltschaft über die weitere Fortführung des strafrechtlichen Ermittlungsverfahrens (§ 160 StPO) eingegriffen wird. Im Zweifelsfall ist eine Abstimmung mit der Staatsanwaltschaft empfehlenswert. **Wichtig**: Die Abgabe an die Staatsanwaltschaft unterbricht nicht die Verfolgungsverjährung wegen der Ordnungswidrigkeit, da sie in § 33 Abs. 1 S. 1 OWiG nicht erwähnt ist.[1)]

- **Keine Benachrichtigung der Betroffenen**

Die Abgabeverfügung ist ein dienstliches Dokument, das den Betroffenen durch die Verwaltungsbehörde nicht bekanntgegeben wird (vergleiche § 33 Abs. 4 S. 1 StPO i. V. m. § 46 Abs. 1 OWiG). Jede Benachrichtigung würde die Gefahr der Gefährdung nachfolgender staatsanwaltlicher Ermittlungen nach sich ziehen.

- **Keine Aufspaltung in Bußgeld- und Strafverfahren**

Liegt innerhalb eines einheitlichen Lebenssachverhalts zwischen Ordnungswidrigkeit und Straftat Tatmehrheit vor, ist trotzdem das gesamte Bußgeldverfahren („die Sache“) an die Staatsanwaltschaft abzugeben. § 41 Abs. 1 OWiG spricht nicht von Tatbeständen, sondern von der „Tat“. Eine Aufteilung in ein Bußgeldverfahren zur Verfolgung von Ordnungswidrigkeiten durch die Verwaltungsbehörde ein strafrechtliches Ermittlungsverfahren der Staatsanwaltschaft ist daher wegen Verletzung des verfassungsrechtlichen Verbots der mehrfachen Ahndung einer Tat (Art. 103 Abs. 3 GG) unzulässig und führt zum Strafklageverbrauch für das Bußgeldverfahren.[2)]

Beispiel:

Duldet der Betriebsinhaber eine Probenahme der Lebensmittelüberwachung nicht (Ordnungswidrigkeit nach § 60 Abs. 2 Nr. 23 LFGB) und wird dabei eine lebensmittelrechtliche Straftat (§§ 58, 59 LFGB) entdeckt, wäre eine Aufspaltung in ein Bußgeld- und ein Strafverfahren unzulässig. Der Vorgang ist vielmehr insgesamt an die Staatsanwaltschaft abzugeben.

Kann die Verwaltungsbehörde Zweifel, ob eine verfahrensrechtlich einheitliche Tat gegeben ist, nicht beseitigen, hat sie die Sache gleichwohl an die Staatsanwaltschaft zu übersenden. Die Entscheidung darüber, ob zureichende tatsächliche Anhaltspunkte für eine einheitliche Straftat vorliegen, steht allein der Staatsanwaltschaft zu (§ 152 Abs. 2 StPO). Selbst wenn die Staatsanwaltschaft dies verneint, käme eine Übernahme wegen Sachzusammenhangs nach § 42 OWiG in Betracht.[3)]

- **Form der Abgabe**

Das elektronische Dokument ist im Dateiformat PDF/A (portable document format) zu erstellen (§ 2 Abs. 1 S. 1 DokErstÜbV) und in dieser Form zu übermitteln (§ 32b

1) Zur Unterbrechung der Verfolgungsverjährung (§ 33 OWiG) § 2 Nr. 4.2.2.
2) OLG Köln, Beschl. vom 21.2.2017, Az. III-1 RBs 361/16. Zum Strafklageverbrauch bei gleichzeitigem Bußgeld- und Strafverfahren § 7 Nr. 2.2.
3) Zur Übernahme eines Bußgeldverfahrens zu einem strafrechtlichen Ermittlungsverfahren wegen Sachzusammenhangs (§ 42 OWiG) § 3 Nr. 3.

Abs. 3 S. 1 StPO i. V. m. § 110c S. 1 OWiG, § 3 Abs. 1 S. 1 DokErstÜbV).[1] Zur Abgabe wird die elektronische Akte mit einem Übernahmeersuchen übermittelt (§ 3 Abs. 1 BußAktÜbV). Die Verwaltungsbehörde als abgebende Stelle darf die elektronische Akte ab dem Zeitpunkt der Übermittlung im Umfang der abzugebenden Aktenführung oder Bearbeitung nicht mehr fortschreiben (§ 3 Abs. 2 S. 1 BußAktÜbV). Dies gilt nicht, wenn die Staatsanwaltschaft als empfangende Stelle die Übernahme ablehnt (§ 3 Abs. 2 S. 2 BußAktÜbV). Die Abgabe ist erst vollzogen, wenn ein Strukturdatensatz von der übernehmenden Staatsanwaltschaft an die Verwaltungsbehörde als abgebende Stelle mit der Information darüber, dass die Aktenführung oder die Bearbeitung übernommen wird, zurückgesendet wurde (§ 3 Abs. 3 S. 1 BußAktÜbV). Ist die Übersendung eines Strukturdatensatzes technisch nicht möglich, genügt eine andere Form der Mitteilung (§ 3 Abs. 3 S. 2 BußAktÜbV).

- **Fortführung und Verbleib der Bußgeldakte**

Die Staatsanwaltschaft führt die elektronische Bußgeldakte nach Übernahme des Verfahrens als strafrechtliche Ermittlungsakte fort. Mit vollzogener Abgabe hat die Verwaltungsbehörde (§ 35 OWiG) als abgebende Stelle, soweit erforderlich, nur noch eine Leseberechtigung in die frühere Bußgeldakte (§ 3 Abs. 4 S. 1 BußAktÜbV). Die Akte muss entsprechend gekennzeichnet sein (§ 3 Abs. 4 S. 2 BußAktÜbV).

- **Bezeichnung der Abgabe**

Eine besondere Bezeichnung ist für die Abgabe nicht vorgeschrieben. Aus dem Zuleitungsdokument an die Staatsanwaltschaft sollte jedoch hervorgehen, dass eine Abgabe nach § 41 Abs. 1 OWiG und keine Strafanzeige nach § 158 StPO vorliegt. Die Abgabe sollte auch mit Gründen versehen werden, um der Staatsanwaltschaft die Erwägungen der Verwaltungsbehörde nachvollziehbar zu machen und ihr eine Entscheidungsgrundlage für die Übernahme der Sache zu geben. Schließlich ist die Verwaltungsbehörde dann auch an die Entscheidung der Staatsanwaltschaft gebunden (§ 44 OWiG). Verfehlt wäre es jedoch, an die Staatsanwaltschaft eine „Strafanzeige" zu erstatten, was jedoch immer wieder zu beobachten ist. Die Erstattung einer Strafanzeige bei der Staatsanwaltschaft kommt nur für eine Behörde im Verwaltungsverfahren (§ 9 VwVfG, § 8 SGB X) in Betracht, die nicht Bußgeldbehörde ist.[2] Bei vielen Behörden besteht die interne Regelung, dass Strafanzeigen über die Bußgeldstelle an die Staatsanwaltschaft zu richten sind.

Beispiel:

Anzeige eines unerlaubten Umgangs mit gefährlichen Abfällen (§ 326 StGB) aufgrund behördlicher Feststellungen beim Vollzug des KrWG durch die Umweltbehörde, gegebenenfalls über die Bußgeldstelle, an die Staatsanwaltschaft.

---

1) Ein für die Abgabe durch Rechtsverordnung vorgesehenes elektronisches Formular ist zu verwenden (§ 110b OWiG). Zum Zeitpunkt der Drucklegung dieser Auflage war noch keine Rechtsverordnung (§ 110b OWiG) für einheitliche Formulare erlassen.

2) Zur Anzeigepflicht für Umweltbehörden in Baden-Württemberg: Nr. 3 VwV Umweltstraftaten vom 24.10.2019, Az. 6400.A/0012, Bayern: Nr. 3 der Bekanntmachung vom 1.3.1999 (AllMBl. 405) zur Anzeigepflicht von Umweltstraftaten.

- **Hinweis auf drohende Verfolgungsverjährung**

Weder die Abgabe einer Sache an die Staatsanwaltschaft (§ 41 Abs. 1 OWiG) noch deren Rückgabe nach abgelehnter Übernahme an die Verwaltungsbehörde (§ 41 Abs. 2 OWiG) unterbrechen die Verfolgungsverjährung wegen der durch die Straftat verdrängten Ordnungswidrigkeit(en).[1] Da Straftaten regelmäßig längere Verjährungsfristen aufweisen (§ 78 Abs. 3 StGB), bleibt die Verjährung wegen der nach § 21 Abs. 1 S. 1 OWiG verdrängten Ordnungswidrigkeit(en) bei der Staatsanwaltschaft möglicherweise unbemerkt. Daher sollte das Abgabedokument bei drohender Verfolgungsverjährung während der Bearbeitung bei der Staatsanwaltschaft mit einem deutlichen Hinweis auf den Zeitpunkt der Verjährung der Ordnungswidrigkeit(en) versehen werden:

Verfolgungsverjährung der Ordnungswidrigkeit <Bußgeldvorschrift> tritt ein am <Datum>.

Die Verfolgungsverjährung kann durch die Staatsanwaltschaft unterbrochen werden, wenn sich die erste Vernehmung des oder der Beschuldigten (§ 33 Abs. 1 S. 1 Nr. 1 OWiG) auch auf die zunächst verdrängten Ordnungswidrigkeiten bezieht. Ein entsprechender Hinweis empfiehlt sich daher im Abgabedokument.

- **Vorlage bei bereits eingeleitetem strafrechtlichem Ermittlungsverfahren**

Einer förmlichen Abgabe nach § 41 Abs. 1 OWiG bedarf es nicht mehr, wenn die Verwaltungsbehörde Kenntnis von einem bereits eingeleiteten strafrechtlichen Ermittlungsverfahren der Staatsanwaltschaft wegen desselben Lebenssachverhalts erfährt. Eine Entscheidung der Staatsanwaltschaft über die Verfahrenseinleitung nach § 152 Abs. 2 StPO entfällt dann. Wegen der sich bereits aus § 40 OWiG ergebenden Zuständigkeit ist von weiteren Ermittlungen abzusehen und der Vorgang der Staatsanwaltschaft vorzulegen.

- **Übernahme durch die Staatsanwaltschaft**

Übernimmt die Staatsanwaltschaft die Bußgeldsache, leitet sie ein strafrechtliches Ermittlungsverfahren ein (§ 160 Abs. 1 StPO) und führt es auch unter dem rechtlichen Gesichtspunkt einer Ordnungswidrigkeit (§ 40 OWiG). Die Übernahme des Verfahrens gibt sie in Form einer Übernahmebestätigung unter ihrem neuen Aktenzeichen (z. B. 505 Js 208473/24) bekannt. Mit der Übernahme entfällt die Zuständigkeit der Verwaltungsbehörde für die Verfolgung und Ahndung der Ordnungswidrigkeit (§ 35 Abs. 1 OWiG). Es darf daher auch kein Bußgeldbescheid mehr erlassen werden. Geschieht dies dennoch, verstieße dies gegen das verfassungsrechtliche Verbot der Mehrfachahndung (Art. 103 Abs. 3 GG).[2] Der Bußgeldbescheid wäre daher unwirksam und im Strafverfahren durch gerichtlichen Beschluss aufzuheben (§ 86 Abs. 1 OWiG).[3] Die abgebende Behörde bleibt jedoch weiterhin im Verwaltungsverfahren (§ 9 VwVfG) für Maßnahmen der Gefahrenabwehr zuständig, weil die Staatsanwaltschaft eine reine Strafverfolgungsbehörde ist (§ 160 Abs. 1 StPO).

---

1) Brandenburgisches OLG (Brandenburg), Beschl. vom 4.12.2008, Az. 2 Ss (OWi) 121 Z/08. Der abschließende Katalog der Unterbrechungstatbestände sieht nur die Abgabe der Sache durch die Staatsanwaltschaft an die Verwaltungsbehörde nach § 43 OWiG vor (§ 33 Abs. 1 S. 1 Nr. 8 OWiG).

2) Zum Verfahrenshindernis der anderweitige Ahndung durch die Staatsanwaltschaft § 2 Nr. 4.2.1.

3) Brandenburgisches OLG (Brandenburg), Beschl. vom 12.6.2019, Az. (1 Z) 53 Ss-OWi 169/19 (106/19).

- **Rückgabe durch die Staatsanwaltschaft**

Sieht die Staatsanwaltschaft davon ab, ein Strafverfahren einzuleiten, so gibt sie die Sache an die Verwaltungsbehörde zurück (§ 41 Abs. 2 OWiG). Obwohl dies nicht vorgeschrieben ist, enthält die Rückgabeverfügung der Staatsanwaltschaft üblicherweise eine kurze Begründung. Die Verfügung der Staatsanwaltschaft ist keine Einstellungsverfügung nach § 170 Abs. 2 S. 1 StPO, sondern eine Entscheidung eigener Art.[1] Die Verwaltungsbehörde ist an die Entscheidung der Staatsanwaltschaft gebunden (§ 44 OWiG). Auch wenn die Verwaltungsbehörde die Auffassung der Staatsanwaltschaft nicht teilt, muss sie nunmehr ihr pflichtgemäßes Ermessen über die weitere Durchführung des Bußgeldverfahrens ausüben (§ 47 Abs. 1 S. 1 OWiG). Ein Absehen von der Durchführung des Bußgeldverfahrens oder eine Einstellung des Verfahrens mit der Begründung, es läge eine Straftat vor, wäre rechtswidrig.

Muster 3.1: Abgabe wegen Verdachts einer Straftat (§ 41 Abs. 1 OWiG)

Stadt Münsterberg — Ordnungsamt

Stadt Münsterberg, 99090 Münsterberg

Staatsanwaltschaft Königstein
über EGVP

Dienstgebäude	Spessartstraße 23 99090 Münsterberg
Bearbeitung	Herr Lehmann
Telefon	(0876) 123-865
E-Mail	oa@muensterberg.de

Bußgeldverfahren gegen Herrn Markus Zimmermann, geb. 23.4.1957 in Altstadt, wohnhaft Gerhard-Hauptmann-Straße 76, 99090 Münsterberg

Ihr Zeichen, Ihre Nachricht vom	Bitte bei Antwort angeben **Unser Zeichen, Unsere Nachricht vom**	**Datum**
	OWi – 00225232/26	22.5.2026

Abgabe wegen Verdachts einer Straftat (§ 41 Abs. 1 OWiG)

Wir führen gegen den Betroffenen ein Bußgeldverfahren wegen unerlaubten Errichtens einer nach § 4 BImSchG genehmigungsbedürftigen Anlage auf dem Firmengelände der Nordchemie GmbH in 99090 Münsterberg, Gewerbestraße 45 zwischen März und April 2026 (Dateianhang 1). Herr Zimmermann ist nach dem Handelsregister und unseren Erkenntnissen alleiniger Geschäftsführer der Gesellschaft (§ 9 Abs. 1 Nr. 1 OWiG) und daher mutmaßlicher Täter der Ordnungswidrigkeit nach § 62 Abs. 1 Nr. 1 BImSchG (Dateianhang 2).

Bei einer nicht angekündigten erneuten Überprüfung im Rahmen der Gewerbeüberwachung am 11.5.2026 hat unser Prüfingenieur Wagner festgestellt, dass die Anlage ohne Genehmigung bereits im wirtschaftlichen Einsatz betrieben wurde (Dateianhang 3). Daher bestehen Anhaltspunkte für eine Straftat nach § 327 Abs. 2 Nr. 1 StGB.

Telefonzentrale
(0899) 123-0
Internet
www.Muensterberg.de

Servicezeiten
Mo-Mi 7.30-16.30 Uhr
Do 7.30-17.30 Uhr
Fr 7.30-12.00 Uhr

Öffentliche Verkehrsmittel
Stadtbus Linie 6
Haltestelle Mitte

Bankverbindung
Kreissparkasse Münsterberg
IBAN DE2040000000123456
BIC GROBDE77XX
Volksbank Münsterberg
IBAN DE2040000000234567
BIC GROBDE87XX

Besonderes elektronisches Behördenpostfach
Ordnungsamt@muensterberg .de

1) *Wieser-Kommentar* Teil I Nr. 1 § 41 OWiG.

Wir übermitteln die elektronische Bußgeldakte im Dateianhang gem. § 41 Abs. 1 OWiG als abgebende Stelle (§ 1 Nr. 1, § 2 Abs. 1 S. 1 BußAktÜbV) zur Prüfung der Einleitung eines strafrechtlichen Ermittlungsverfahrens. Bei Übernahme des Verfahrens (§ 3 Abs. 3 BußAktÜbV) bitten wir um Bekanntgabe der Aktenzeichen und Mitteilung des Verfahrensausganges.

Für den Fall einer beabsichtigten Einstellung wegen der angezeigten Straftat bitten wir

- um Gelegenheit der Äußerung vor einer Entscheidung (Nr. 90 Abs. 1 S. 1 RiStBV),
- Abgabe an uns (§ 43 Abs. 2 OWiG) zur weiteren Verfolgung der wiederauflebenden Ordnungswidrigkeit (§ 21 Abs. 1 S. 1 OWiG).

Die Ordnungswidrigkeit ist mit Geldbuße bis zu 50000 Euro bedroht (§ 62 Abs. 4 BImSchG) und verjährt daher in drei Jahren nach Beendigung der Tathandlung (§ 31 Abs. 2 Nr. 1 OWiG). Verfolgungsverjährung wegen der Ordnungswidrigkeit tritt ein am 30.4.2029 (§ 31 Abs. 2 OWiG).

Stadt Münsterberg

Ordnungsamt

2. Abgabe der Staatsanwaltschaft an die Verwaltungsbehörde

Führt die Staatsanwaltschaft ein strafrechtliches Ermittlungsverfahren durch, so ist sie auch zur Verfolgung der mit Straftaten in Tateinheit oder Tatmehrheit innerhalb desselben Lebenssachverhalts stehenden Ordnungswidrigkeiten (§ 40 OWiG) zuständig. Bieten die Ermittlungen keinen genügenden Anlass zur Erhebung der öffentlichen Klage (Anklageschrift, Strafbefehlsantrag), so hat die Staatsanwaltschaft das Ermittlungsverfahren einzustellen (§ 170 Abs. 2 S. 1 StPO). Hält sie die Verfolgung einer nachweisbaren Straftat für nicht geboten, so kann sie das Ermittlungsverfahren wegen Geringfügigkeit (§ 153 Abs. 1 StPO) oder unter Auflagen und Weisungen (§ 153a Abs. 1 StPO) einstellen. Die Einstellungsverfügung kann sowohl die Straftat als auch die Ordnungswidrigkeit umfassen. Die sonst zuständige Verwaltungsbehörde ist zuvor zu hören (§ 63 Abs. 3 OWiG), sofern nicht ihre besondere Sachkunde entbehrt werden kann (Nr. 275 Abs. 1 S. 1 RiStBV).[1)]

Sind Anhaltspunkte dafür vorhanden, dass die Tat nur als Ordnungswidrigkeit verfolgt werden kann, entfällt die sachliche Zuständigkeit der Staatsanwaltschaft (§ 40 OWiG).[2)] Sie stellt daher das strafrechtliche Ermittlungsverfahren nach § 170 Abs. 2 S. 1 StPO bzw. § 153 Abs. 1 StPO ein und gibt das Verfahren mit Begründung (Nr. 276 Abs. 2 S. 2, Nr. 279 RiStBV) an die Verwaltungsbehörde ab (§ 43 Abs. 1 OWiG).[3)] Eine solche Abgabe ist nur bei Verfahrenseinstellung gegen Auflagen oder Weisungen nach § 153a Abs. 1 StPO nicht möglich.

Die Abgabeverfügung ist ein dienstliches Dokument, das dem oder der Beschuldigten durch die Staatsanwaltschaft nicht bekanntgegeben wird. Werden die Akten

1) Die RiStBV sind im Internet allgemein zugänglich unter www.verwaltungsvorschriften-im-internet.de/bsvwvbund_01011977_420821R5902002.htm. enthalten.

2) Brandenburgisches OLG (Brandenburg), Beschl. vom 4.1.2008, Az. 2 Ss OWi 121 Z/08.

3) Die Abgabe der Staatsanwaltschaft (§ 43 Abs. 1 OWiG) unterbricht die Verfolgungsverjährung wegen der Ordnungswidrigkeit (§ 33 Abs. 1 S. 1 Nr. 8 OWiG).

elektronisch geführt, soll die Staatsanwaltschaft als Strafverfolgungsbehörde die Abgabe als elektronisches Dokument im Dateiformat PDF/A (§ 2 Abs. 1 S. 1 DokErstÜbV) an die Verwaltungsbehörde übermitteln (§ 32b Abs. 3 S. 1 StPO, § 3 Abs. 1 S. 1 DokErstÜbV).[1)] Die Abgabe der Staatsanwaltschaft unterbricht die Verfolgungsverjährung (§ 33 Abs. 1 S. 1 Nr. 8 OWiG).[2)]

Die Verwaltungsbehörde wird mit der Abgabe nach § 43 OWiG für die Verfolgung und Ahndung der Ordnungswidrigkeit zuständig (§ 35 Abs. 1 OWiG), ohne dass es der Einleitung eines neuen Bußgeldverfahrens bedarf. Die Entscheidung, ob sie das Verfahren wegen der Ordnungswidrigkeit durch Bußgeldbescheid abschließt oder einstellt, liegt dann ausschließlich bei ihr (§ 46 Abs. 2 OWiG). Die Abgabeverfügung der Staatsanwaltschaft stellt keine Weisung dar und hat keine bindende Wirkung für die Verwaltungsbehörde. § 44 OWiG gibt der Staatsanwaltschaft die Entscheidungskompetenz nur bezüglich der Verfolgung von Straftaten.

3. Übernahme der Staatsanwaltschaft wegen sonstigen Zusammenhangs

Die Staatsanwaltschaft ist zur Verfolgung von Ordnungswidrigkeiten nach § 40 OWiG nur dann ausnahmsweise allgemein zuständig, wenn diese dem Täter oder der Täterin im Zuge eines strafrechtlichen Ermittlungsverfahrens in Tateinheit oder innerhalb eines Lebensvorgangs in Tatmehrheit zu einer Straftat vorgeworfen werden. Ansonsten ist die Verfolgung von Ordnungswidrigkeiten vorrangig der Verwaltungsbehörde zugewiesen (§ 35 Abs. 1 OWiG). Die Staatsanwaltschaft kann aber aufgrund § 42 Abs. 1 S. 1 OWiG in begründeten Ausnahmefällen – auch auf Anregung der Verwaltungsbehörde – die Verfolgung einer Ordnungswidrigkeit bei äußerem Zusammenhang mit einer von ihr verfolgten Straftat übernehmen. Diese Möglichkeit besteht bis zum Erlass eines Bußgeldbescheides (§ 65 OWiG) durch die Verwaltungsbehörde (§ 35 Abs. 1 OWiG). Zwischen einer Ordnungswidrigkeit und einer Straftat besteht ein Zusammenhang, wenn

- jemand sowohl einer Straftat als auch einer Ordnungswidrigkeit beschuldigt wird (persönlicher Zusammenhang) oder
- hinsichtlich derselben Tat eine Person einer Straftat und eine andere einer Ordnungswidrigkeit beschuldigt wird (sachlicher Zusammenhang).

Beispiel:

Einem Reisegewerbetreibenden wird außer einer Straftat nach § 148 Nr. 1 GewO wegen beharrlicher Zuwiderhandlung gegen die Reisegewerbekartenpflicht auch eine Ordnungswidrigkeit nach § 145 Abs. 3 Nr. 6 GewO bei der Veranstaltung eines Wanderlagers vorgeworfen (persönlicher Zusammenhang).

---

1) Ein für die Abgabe vorgesehenes elektronisches Formular wird die Staatsanwaltschaft verwenden (§ 32c StPO). Bis zum Redaktionsschluss dieser Auflage waren für die Staatsanwaltschaft noch keine elektronischen Formulare durch Rechtsverordnung vorgesehen.

2) Zur Unterbrechung der Verfolgungsverjährung bei Ordnungswidrigkeiten (§ 33 Abs. 1 OWiG) § 2 Nr. 4.2.2.4.

3. Übernahme der Staatsanwaltschaft wegen sonstigen Zusammenhangs

Mehrere gewerbliche Anbieter werden auf einem Flohmarkt ohne Reisegewerbekarte angetroffen. Bei dreien von ihnen ist eine Ordnungswidrigkeit nach § 145 Abs. 1 Nr. 1 Buchst. b GewO gegeben, bei zweien eine Straftat nach § 148 Nr. 1 GewO (sachlicher Zusammenhang).

- **Beteiligung der Verwaltungsbehörde bei Übernahme**

Die mit der Ermittlung von Ordnungswidrigkeiten betrauten Angehörigen der sonst zuständigen Verwaltungsbehörde erhalten bei der Übernahme durch die Staatsanwaltschaft nach § 42 OWiG dieselben Rechte und Pflichten wie die Beamten und Beamtinnen des Polizeidienstes im Bußgeldverfahren (§ 63 Abs. 1 S. 1 OWiG).[1] Die Staatsanwaltschaft kann die verantwortenden Personen der Verwaltungsbehörde daher im Rahmen eines verbindlichen Ermittlungsauftrages zur Vornahme von Ermittlungshandlungen anweisen (§ 161 Abs. 1 S. 1 StPO i. V. m. § 46 Abs. 1 OWiG).[2]

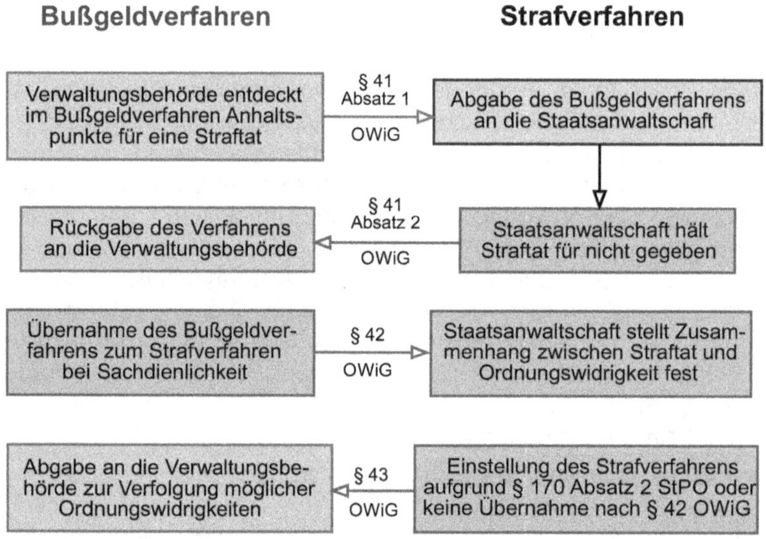

Abb. 2: Bußgeldverfahren und Strafverfahren

- **Kein Erlass eines Bußgeldbescheides**

Bieten die Ermittlungen genügenden Anlass, erstreckt die Staatsanwaltschaft die öffentliche Klage zum Strafgericht auch auf die Ordnungswidrigkeit (§ 64 OWiG). Der Anklagesatz (§ 200 Abs. 1 S. 1 StPO) bzw. Strafbefehl (§ 409 Abs. 1 S. 1 Nr. 3 StPO) umfasst daher in nahem Zusammenhang stehende Straftaten und Ordnungswidrigkeiten. Ein Bußgeldbescheid darf daher nicht mehr erlassen werden.[3] Der sonst zuständigen Verwaltungsbehörde sind die Anklageschrift bzw. der Antrag auf Erlass

1) Zur polizeilichen Zuständigkeit im Bußgeldverfahren § 5 Nr. 1.
2) Zum Ermittlungsersuchen an Polizeidienststellen (§ 161 Abs. 1 S. 1 StPO i. V. m. § 46 Abs. 1 OWiG) § 5 Nr. 1.
3) BGH-Kartellsenat, Beschl. vom 19.12.1995, Az. KRB 32/95.

eines Strafbefehls mitzuteilen, soweit sie sich auf die Ordnungswidrigkeit beziehen (§ 63 Abs. 2 OWiG).

- **Übernahmegründe**

Die Staatsanwaltschaft soll die Verfolgung wegen einer Ordnungswidrigkeit nur übernehmen, wenn dies zur Beschleunigung des Verfahrens, wegen Sachzusammenhangs oder aus anderen Gründen für die Ermittlungen oder Entscheidung sachdienlich ist (§ 42 Abs. 2 OWiG). Nr. 277 Abs. 1 RiStBV sieht vor, dass die Übernahme nur bei besonderen Umständen erfolgen soll. Als solche werden angesehen:

- enge zeitliche oder räumliche Beziehung zwischen Ordnungswidrigkeit und Straftat;
- geringere Belastung des oder der Betroffenen oder der Ermittlungsbehörden durch einheitliche Ermittlungen.

Grundsätzlich nicht übernommen werden soll die Verfolgung solcher Ordnungswidrigkeiten, mit deren Beurteilung der Staatsanwalt im Allgemeinen nicht vertraut ist, z. B. Kartellordnungswidrigkeiten, Ordnungswidrigkeiten nach innerstaatlichen EG-Durchführungsbestimmungen (Nr. 277 RiStBV).

- **Rückgabe durch die Staatsanwaltschaft**

Stellt sich die Übernahme nachträglich als nicht sachdienlich heraus, kann die Staatsanwaltschaft die Sache bis zur Anhängigkeit bei Gericht wieder an die Verwaltungsbehörde abgeben (§ 43 Abs. 2 Halbs. 1 OWiG; Nr. 278 RiStBV). Diese wird dann wieder zur Verfolgung der Ordnungswidrigkeit nach § 35 Abs. 1 OWiG zuständig.

- **Einstellung durch die Staatsanwaltschaft**

Die Staatsanwaltschaft kann das Verfahren wegen der Ordnungswidrigkeit auch selbst einstellen (Nr. 275 Abs. 1 S. 1 RiStBV). Die sonst zuständige Verwaltungsbehörde ist zuvor zu hören, sofern nicht ihre besondere Sachkunde entbehrt werden kann (§ 63 Abs. 3 OWiG; vergleiche oben unter Nr. 2). Dies kann auch der Fall sein, wenn allein eine Rechtsfrage zu entscheiden ist, bei der es auf die besondere Sachkunde der Verwaltungsbehörde nicht ankommt (Nr. 275 Abs. 1 S. 2 RiStBV).

§ 4
Verfolgungsziele

Die verantwortende Person der Verwaltungsbehörde[1] sollte sich möglichst frühzeitig, am besten schon bei der Einleitung eines Bußgeldverfahrens (Entschließungsermessen) entscheiden, gegen wen es sich nach dem Opportunitätsprinzip (§ 47 Abs. 1 S. 1 OWiG) als Täter oder Täterin der Ordnungswidrigkeit(en) richten soll (Auswahlermessen).[2] Der Einsatz lernfähiger Systeme, also künstlicher Intelligenz (KI), kann die menschliche Entscheidung nach der Auswahl des Verfolgungsziels dabei durch Informationen und Vorschläge unterstützen, sie aber nicht ersetzen. Diese Frage stellt sich vor allem dann, wenn sich die Einleitung des Bußgeldverfahrens aus einem vorangegangenen Verwaltungsverfahren (§ 9 VwVfG und entsprechende landesrechtliche Vorschriften) oder Sozialverwaltungsverfahren (§ 8 SGB X) ergibt. In diesen können auch juristische Personen und Personenvereinigungen Handlungs- und Zustandsstörer oder -störerinnen sowie Beteiligte am Verwaltungsverfahren (§ 11 Nr. 1, 2 VwVfG und entsprechende landesrechtliche Vorschriften, § 11 Nr. 2 SGB X), nicht jedoch auf natürliche Personen beschränkte Täter oder Täterinnen einer Ordnungswidrigkeit im Bußgeldverfahren sein (§ 1 Abs. 1 OWiG). Die Tatbestände der Bußgeldvorschriften gehen von der meist vorliegenden, einfachsten Fallgestaltung aus, nämlich dass ein Täter oder eine Täterin eine Ordnungswidrigkeit begeht: „Ordnungswidrig handelt, wer …“. Besondere zusätzliche Bestimmungen i. V. m. den Bußgeldvorschriften sind daher erforderlich, wenn sich mehrere Personen an einer Ordnungswidrigkeit beteiligen oder für einen anderen, insbesondere ein selbst nicht handlungsfähiges Unternehmen gehandelt haben. Außerdem kann ein öffentliches Interesse daran bestehen, juristische Personen und Personenvereinigungen für die Zuwiderhandlung ihrer gesetzlichen oder sonst leitenden Vertreter oder Vertreterinnen über eine Geldbuße haftbar zu machen, namentlich einen aus der Ordnungswidrigkeit gezogenen wirtschaftlichen Vorteil abzuschöpfen.

- **Mehrere an der Ordnungswidrigkeit beteiligte Personen (§ 14, § 8 OWiG)**

Eine Mehrzahl von Personen kann den Tatbestand einer Ordnungswidrigkeit gemeinschaftlich verwirklichen oder sich sonst z. B. durch einen vorsätzlichen kausalen Tatbeitrag[3] etwa in Form einer Weisung und auftragsgemäßen Ausführung daran beteiligen. Alle Formen der Beteiligung an einer Ordnungswidrigkeit sind durch den Einheitstäterbegriff des § 14 Abs. 1 OWiG umfasst, nach dem jede Person als Täter oder Täterin der Ordnungswidrigkeit behandelt wird.[4] Eine Beteiligung ist nach § 8 OWiG auch durch pflichtwidriges Unterlassen einer rechtlich zum Einschreiten verpflichteten Person aufgrund einer besonderen Garantenstellung möglich.[5]

---

1) Der Begriff der verantwortenden Person ergibt sich aus dem Gesetzeswortlaut des § 32b Abs. 2 StPO. Die Bezeichnung ist geschlechtsneutral und ersetzt den früheren Sachbearbeiter und die frühere Sachbearbeiterin.
2) Zu den Abwägungskriterien bei der Verfahrenseinleitung (Opportunitätsprinzip) § 2 Nr. 5.1.
3) OLG Bamberg, Beschl. vom 23.1.2014, Az. 2 Ss OWi 995/13.
4) Zur Beteiligung an einer Ordnungswidrigkeit (§ 14 Abs. 1 OWiG) § 4 Nr. 1.
5) LG Frankfurt (Main), Urt. vom 8.6.2005, Az. 5/33 Ns 8910 Js 219753/03 (2/04).

Beispiele:

Der Inhaber oder die Inhaberin eines Betriebes weist aus wirtschaftlichen Gründen einen Mitarbeitenden an, eine beiden bekannte Umweltauflage nicht einzuhalten und beteiligt sich dadurch an dessen Ordnungswidrigkeit (§ 14 Abs. 1 S. 1 OWiG).

Der Mieter oder die Mieterin einer Wohnung schreitet nicht gegen den in ihrer Anwesenheit verursachten ruhestörenden Lärm von Gäste ein und beteiligt sich aufgrund seiner Garantenstellung als Wohnungsinhaber oder -inhaberin an deren Ordnungswidrigkeit (§ 14 Abs. 1 S. 1 OWiG) durch pflichtwidriges Unterlassen des gebotenen Einschreitens (§ 8 OWiG).

- **Handeln für einen anderen (§ 9 OWiG)**

Ordnungswidrigkeiten werden oft im Zusammenhang mit dem Betrieb eines Unternehmens in der Rechtsform einer privatrechtlichen juristischen Person (GmbH, UG [haftungsbeschränkt], AG usw.) oder Personenvereinigung (OHG, KG, eGbR) bzw. ihrer Mischformen (GmbH & Co. KG) begangen. Die gesetzlichen Vertreter oder Vertreterinnen können über § 9 Abs. 1 OWiG ebenso wie die Inhaber oder Inhaberinnen einer Einzelfirma wegen betriebsbezogener Ordnungswidrigkeiten verfolgt werden.[1)] Dies gilt nach § 9 Abs. 2 S. 1 OWiG auch für sonstige rechtsgeschäftlich beauftragte Vertreter oder Vertreterinnen wie Betriebsleiter oder Betriebsleiterinnen sonst ausdrücklich beauftragte und eigenverantwortliche tätige Personen wie etwa Filial- oder Abteilungsleiter oder -leiterinnen bei jeder Unternehmensform.[2)]

Beispiel:

Der Geschäftsführer als gesetzlicher Vertreter einer GmbH (§ 9 Abs. 1 Nr. 1 OWiG) oder der Betriebsleiter eines Unternehmens als rechtsgeschäftlich bestellter Vertreter eines Unternehmens (§ 9 Abs. 2 S. 1 Nr. 1 OWiG) überschreitet die Grenzen einer dem Unternehmen durch Verwaltungsakt erteilten Erlaubnis. Sie begehen die Ordnungswidrigkeit als natürliche Person, indem sie für einen anderen, nämlich das Unternehmen als juristische Person handeln.

- **Verletzung der Aufsichtspflicht (§ 130 OWiG)**

Mit zunehmender Unternehmensgröße kann eine bewusste und gewollte Beteiligung der Unternehmensführung an betriebsbezogenen Ordnungswidrigkeiten (§ 14 Abs. 1 OWiG) beim Handeln für ein Unternehmen (§ 9 Abs. 1, 2 OWiG) wegen Aufgabenübertragung an Mitarbeitende oft nicht mehr nachgewiesen werden. Hier greift der Auffangtatbestand der Verletzung der Aufsichtspflicht in Betrieben und Unternehmen nach § 130 OWiG ein.[3)] Mit dieser Bußgeldvorschrift kann die mangelhafte

---

1) Zum Handeln für einen anderen als gesetzliche Vertreter oder Vertreterinnen (§ 9 Abs. 1 OWiG) § 4 Nr. 2.1 und 2.2.

2) KG (Berlin), Beschl. vom 30.9.2011, Az. 1 Ws (B) 179/09. Zum Handeln für einen anderen als rechtsgeschäftlich beauftragte Vertreter oder Vertreterinnen (§ 9 Abs. 2 S. 1 OWiG) § 4 Nr. 2.62.

3) Zum Auffangtatbestand der Verletzung der Aufsichtspflicht in Betrieben und Unternehmen (§ 4 Nr. 3).

Betriebsorganisation auch dann geahndet werden, wenn die Unternehmensleitung von der betriebsbezogenen Ordnungswidrigkeit keine Kenntnis hatte.[1)]

Beispiel:

Im Geschäftsbetrieb eines größeren Unternehmens werden Sicherheitsbestimmungen nicht eingehalten. Der hierfür eingesetzte Mitarbeitende erweist sich als überfordert, sein Zuständigkeitsbereich ist unklar. Der Inhaber beruft sich auf die interne Zuständigkeit des Mitarbeitenden, auf dessen Zuverlässigkeit er sich verlassen habe. Eine persönliche Kenntnis von den im Betrieb begangenen Ordnungswidrigkeiten und damit eine Beteiligung daran (§§ 14, 8 OWiG) lässt sich nicht nachweisen. Das eingeleitete Bußgeldverfahren wird daher wegen des Organisationsmangels wegen einer Ordnungswidrigkeit nach § 130 OWiG fortgesetzt.

Für die Zumessung der Geldbuße von erheblicher Bedeutung ist die von der Rechtsprechung erwartete Einrichtung eines internen oder externen Compliance-Management-Systems (CMS) durch das vorhersehbare betriebsbezogene Ordnungswidrigkeiten verhindert werden sollen.[2)]

- **Geldbuße (§ 30 OWiG) und Einziehung des Wertes von Taterträgen (§ 29a OWiG) gegen privatrechtliche juristische Personen und Personenvereinigungen**

Täter oder Täterinnen von Ordnungswidrigkeiten können nur handlungsfähige natürliche Personen (§ 1 Abs. 1 OWiG), nicht aber selbst handlungsunfähige juristische Personen oder Personenvereinigungen sein. Kann aber eine handelnde natürliche Person als Täter oder Täterin nicht oder nicht angemessen geahndet werden, besteht ein öffentliches Interesse, auch gegen privatrechtliche juristische Personen und Personenvereinigungen eine Geldbuße als Nebenfolge der Ordnungswidrigkeiten ihrer Organe gem. § 30 OWiG festzusetzen.[3)] Dies gilt vor allem, wenn die handelnde Person selbst als Täter oder Täterin aus der Ordnungswidrigkeit keinen eigenen wirtschaftlichen Vorteil gezogen hat, sondern dieser dem vertretenen Unternehmen zugeflossen ist. Soll nur der aus Ordnungswidrigkeiten gezogene wirtschaftliche Vorteil abgeschöpft werden, so bietet sich hierzu die Einziehung des Wertes von Taterträgen nach § 29a OWiG an.

Beispiel:

Der Geschäftsführer als gesetzlicher Vertreter einer Bauträger GmbH (§ 9 Abs. 1 Nr. 1 OWiG) errichtet für diese planabweichende Eigentumswohnungen, die sich mit größerem Gewinn veräußern lassen. Der wirtschaftliche Vorteil fließt also nicht ihm selbst als Täter der Ordnungswidrigkeit, sondern dem Unternehmen als juristischer Person zu. Gegen dieses wird daher (auch) eine Geldbuße (§ 30 OWiG) festgesetzt oder nur der wirtschaftliche Vorteil durch die selbstständige Einziehung des Wertes von Taterträgen (§ 29a OWiG) abgeschöpft.

---

1) OLG Celle, Beschl. vom 10.7.2015, Az. 2 Ss (OWi) 112/15.
2) BGH, Beschl. vom 9.5.2017, Az. 1 StR 265/16.
3) Zur Geldbuße gegen juristische Personen und Personenvereinigungen (§ 30 OWiG) § 4 Nr. 4.1.

Hat sich die verantwortende Person der Verwaltungsbehörde zur Einleitung eines Bußgeldverfahrens entschlossen (Entschließungsermessen), schließt sich jetzt nach dem Opportunitätsprinzip (§ 47 Abs. 1 S. 1 OWiG) die Entscheidung an, wer geahndet werden soll (Auswahlermessen). Dabei sollte immer die Geldbuße gegen ordnungswidrig handelnde natürliche Personen (§§ 9, 14, 130 OWiG) als ernste Pflichtenmahnung gegenüber einer bußgeldrechtlichen Haftung von Unternehmen (§§ 30, 29a OWiG) vorrangig sein.[1] Das Interesse der Betroffenen dürfte eher darauf gerichtet sein, die Rechtsfolgen der von ihnen begangenen Ordnungswidrigkeiten auf das Unternehmen „umzuleiten" und sich durch eine Verständigung mit der Verwaltungsbehörde von der persönlichen Ahndung „freizukaufen".

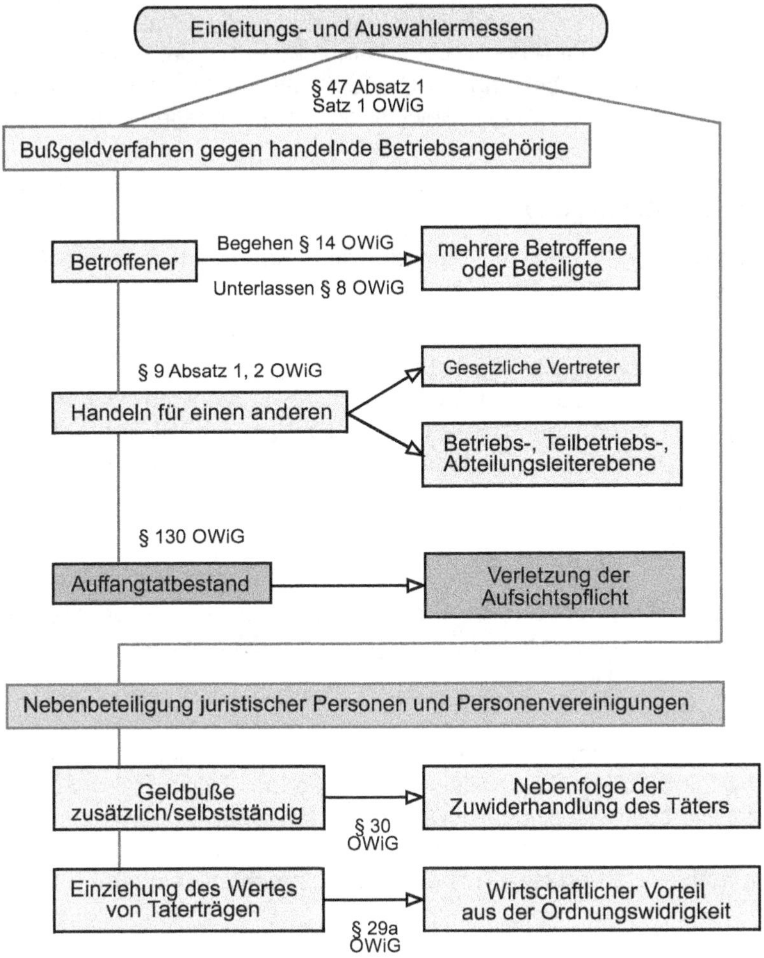

Abb. 1: Auswahl des Verfolgungsziels

1) Zur Einziehung des Wertes von Taterträgen gegen juristische Personen und Personenvereinigungen (§ 30 OWiG) § 4 Nr. 4.2.

1. Beteiligung an der Ordnungswidrigkeit (§ 14 OWiG)

Aus dem Tatbestand einer Ordnungswidrigkeit („*Ordnungswidrig handelt, wer …*") ergibt sich noch nicht, wie bei der Beteiligung mehrerer Personen zu verfahren ist. Das Gesetz über Ordnungswidrigkeiten vermeidet die oft schwierigen strafrechtlichen Abgrenzungsprobleme zwischen Täterschaft (§ 25 StGB) und Teilnahme (§§ 26, 27 StGB) an einer Ordnungswidrigkeit durch den „*Einheitstäterbegriff*"[1] in § 14 Abs. 1 S. 1 OWiG: Beteiligen sich *mehrere* an einer Ordnungswidrigkeit, so handelt *jeder von ihnen* ordnungswidrig. Jede natürliche Person, die in irgendeiner Form an der Verwirklichung des Tatbestands einer Bußgeldvorschrift mitwirkt, wird ohne Rücksicht auf die Art seiner Beteiligung als Täter oder Täterin der Ordnungswidrigkeit behandelt. Der Einheitstäterbegriff führt durch die Erfassung verschiedener Handlungsformen zu einer erheblichen Vereinfachung bei der Ermittlung der Tatbeteiligung. Erst bei der Festsetzung der Geldbuße als Rechtsfolge der Ordnungswidrigkeit wird dem unterschiedlichen Gewicht der Tatbeiträge jeder beteiligten Person Rechnung getragen.

1.1 Formen der Beteiligung

Der Einheitstäterbegriff umfasst folgende, dem Strafrecht entlehnte Formen von Täterschaft und Teilnahme:

- *Täterschaft*

  Täter oder Täterin ist, wer die Tat (unmittelbar) oder durch eine andere Person (mittelbar) begeht (§ 25 Abs. 1 StGB). Dies ist die natürliche Person, die den Tatbestand einer Ordnungswidrigkeit persönlich verwirklicht. Dabei kann es sich auch um den Inhaber oder die Inhaberin eines Betriebes oder Unternehmens als Einzelfirma handeln.

Beispiel:

Der Inhaber eines Betriebes weist als mittelbarer Täter einen Mitarbeiter als unmittelbaren Täter an, eine behördliche Auflage zu missachten.

- *Mittäterschaft*

  Mittäter oder Mittäterin ist, wer die Tat gemeinschaftlich mit anderen begeht (§ 25 Abs. 2 StGB).[2] Dies ist eine Person, die den Tatbestand einer Ordnungswidrigkeit in bewusstem und gewolltem Zusammenwirken mit zumindest einer anderen Person verwirklicht. Alle Personen haben hier Tatherrschaft und handeln in Absprache aufgrund einer gemeinsamen Unrechtsvereinbarung.[3]

---

1) BGH, Beschl. vom 25.8.2020, Az. KRB 25/20; AG Saarbrücken, Urt. vom 3.3.2010, Az. 43 OWi 33 Js 797/09 (324/09).

2) BGH, Beschl. vom 25.8.2020, Az. KRB 25/20; AG Saarbrücken, Urt. vom 27.3.2009, Az. 43 OWi 31 Js 1589/08 (434/08).

3) OLG Frankfurt (Main), Beschl. vom 19.4.2004, Az. 11 Ws (Kart) 1/01.

Beispiele:

Mehrere Personen stören als Mittäter im bewussten und gewollten Zusammenwirken durch eine gemeinsame lärmerzeugende Betätigung die Nachtruhe.

Alle Geschäftsführer einer GmbH treffen eine Unrechtsvereinbarung, eine die Gesellschaft treffende Auskunftspflicht nicht zu erfüllen.

- *Teilnahme durch Anstiftung anderer*

  Anstifter oder Anstifterin ist, wer vorsätzlich (!) einen anderen zu dessen vorsätzlich (!) begangener rechtswidriger Tat bestimmt (§ 26 StGB). Hier gibt es einen „Haupttäter" oder eine „Haupttäterin", der oder die den Tatbestand einer Ordnungswidrigkeit persönlich verwirklicht und einen Teilnehmer oder eine Teilnehmerin, der oder die sie dazu tatauslösend bestimmt (Anstifter oder Anstifterin).

Beispiel:

Der Inhaber eines Transportunternehmens verlangt von seinen Fahrern, die vorgeschriebenen Lenk- und Ruhezeiten im Straßenverkehr nicht einzuhalten, um die angenommenen Aufträge termingerecht erledigen zu können. Das persönlich handelnde Fahrpersonal kann als Täter oder Täterinnen („Haupttäter"), der Inhaber als Beteiligter der Ordnungswidrigkeit (Anstifter) geahndet werden.

- *Teilnahme durch Unterstützung des Täters*

  Gehilfe oder Gehilfin ist, wer zwar selbst keine Tatherrschaft besitzt, aber die vorsätzliche (!) Tat des „Haupttäters" oder der „Haupttäterin" vorsätzlich (!) fördert (§ 27 Abs. 1 StGB). Hier gibt es also eine natürliche Person als Täter oder Täterin, die den Tatbestand einer Ordnungswidrigkeit persönlich verwirklicht und eine teilnehmende Person, die sie dabei unterstützt (Gehilfe oder Gehilfin).[1] Ohne Haupttat gibt es folglich auch keine Teilnahme an einer Ordnungswidrigkeit.[2] Die Teilnahme ist daher gegenüber der zuerst festzustellenden Haupttat akzessorisch. Ein eigenes Interesse der als Gehilfe oder Gehilfin teilnehmenden Person an der Tatbestandsverwirklichung der Ordnungswidrigkeit ist nicht notwendig.[3]

Beispiele:

Eine „Strohperson" (Gehilfe) gibt ihren Namen pro forma, um die durch Gewerbeuntersagung (§ 35 GewO) verbotene Fortsetzung der Firmenleitung durch einen Gewerbetreibenden (Haupttäter) zu ermöglichen.[4]

Ein Gastwirt (Gehilfe) vermietet die Betriebsräume an einem Feiertag, damit dort durch den Mieter (Haupttäter) unter der Vorgabe einer privaten Feier tatsächlich

1) OLG Düsseldorf, Beschl. vom 24.3.2020, Az. VI-Kart 2/19 (V); AG München, Urt. vom 10.11.2008, Az. 1115 OWi 298 Js 43552/07.
2) BGH, Urt. vom 30.7.2019, Az. VI ZR 486/18.
3) OLG Düsseldorf, Beschl. vom 24.3.2020, Az. VI-Kart 2/19 (V).
4) OLG Stuttgart, Beschl. vom 29.3.2017, Az. 1 Ws 8/17.

eine an diesem Tag verbotene öffentliche Vergnügungsveranstaltung stattfinden kann.[1)]

Beteiligung kann auch durch pflichtwidriges Unterlassen erfolgen, wenn der Beteiligte eine „Garantenstellung“ im Sinne des § 8 OWiG innehat, aufgrund derer er für das Unterbleiben von Ordnungswidrigkeiten rechtlich einzustehen hat.

Beispiele:

Die Eltern sind als Erziehungsberechtigte für die Teilnahme ihres Kindes an einer vorgeschriebenen Einschulungsuntersuchung verantwortlich.[2)]

Der Eigentümer eines Grundstücks lässt es zu, dass unbekannte Dritte dort heimlich Abfälle ablagern. Als Eigentümer hat er rechtlich dafür einzustehen, dass auf dem Grundstück keine unerlaubten Abfallablagerungen stattfinden.[3)]

- Grundsatz § 14 Absatz 1 Satz 1 OWiG -

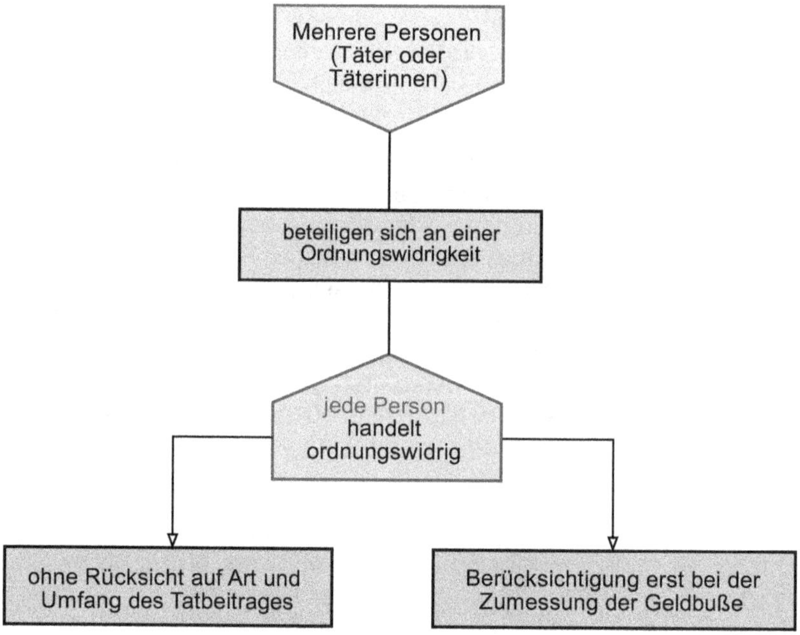

Abb. 2: Beteiligung und Einheitstäterbegriff

1) OLG Bamberg, Beschl. vom 23.1.2014, Az. 2 Ss OWi 995/13.
2) AG Tübingen, Urt. vom 30.5.2017, Az. 16 OWi 13 Js 7878/17.
3) LG Frankfurt (Main), Urt. vom 8.6.2005, Az. 5-33 Ns 8910 Js 219753/03 (2/04).

1.2 Voraussetzung der Beteiligung

Bei der Anwendung des Einheitstäterbegriffs sind die in § 14 OWiG enthaltenen Merkmale und von der Rechtsprechung entwickelten Grundsätze zu beachten:

- **Abhängigkeit von der Haupttat**

Die Beteiligung an einer Ordnungswidrigkeit ist von dieser abhängig („akzessorisch") und setzt die zumindest rechtswidrige Tatbestandsverwirklichung einer Bußgeldvorschrift als Haupttat voraus (§ 14 Abs. 2 Alt. 1 OWiG).[1] Daher können z. B. weder eine erfolglose Beteiligung noch die Beteiligung an einer gerechtfertigten Handlung geahndet werden.

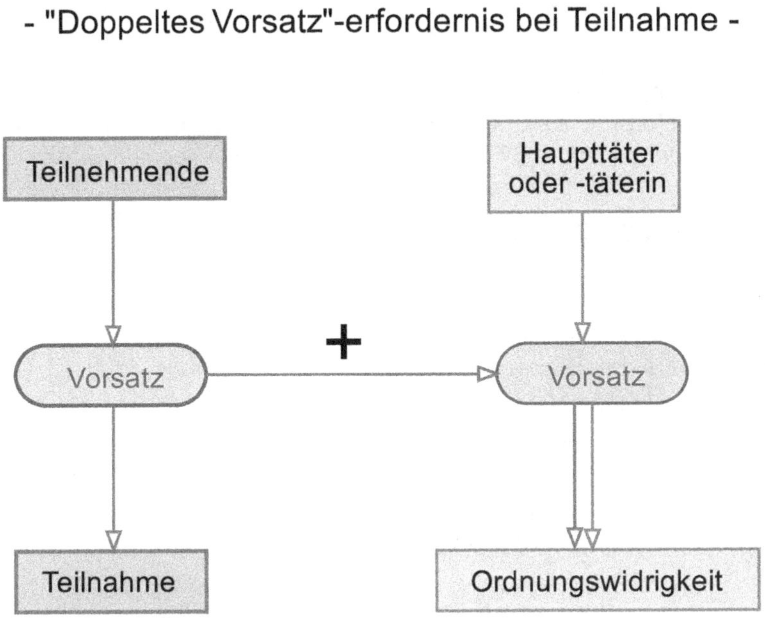

Abb. 3: Subjektiver Tatbestand bei Beteiligung (§ 14 OWiG)

> **Beispiel:**
>
> Ein Grundstückseigentümer lässt es zu, dass Bäume anlässlich eines von ihm veranstalteten Festes von anderen Miteigentümern entgegen der geltenden Baumschutzsatzung gefällt werden.[2]

Es genügt i. d. R. auch nicht, dass die Ordnungswidrigkeit nur versucht wird, d. h. der Täter nach seiner oder die Täterin nach ihrer Vorstellung von der Handlung zur Verwirklichung des Tatbestands unmittelbar ansetzt (§ 13 Abs. 1 OWiG). Da der Versuch einer Ordnungswidrigkeit[3] nur in seltenen Ausnahmefällen ahndungsfähig ist,

1) OLG Karlsruhe, Urt. vom 13.11.2018, Az. 17 U 110/17.
2) Sachverhalt nach KG (Berlin), Beschl. vom 27.2.2002, Az. 2 Ss 215/01 – 5 Ws (B) 106/02.
3) Zum Versuch einer Ordnungswidrigkeit (§ 13 OWiG) § 2 Nr. 3.1.3.

kann auch die Beteiligung am Versuch (§ 14 Abs. 2 Alt. 2 OWiG) im Regelfall nicht verfolgt werden.

Nicht notwendig für die Verfolgung und Ahndung des Teilnehmers oder der Teilnehmerin ist jedoch die Durchführung eines Bußgeldverfahrens auch gegen den Haupttäter oder die Haupttäterin.

Beispiel:

Ein Bußgeldverfahren kann gegen einen Gewerbetreibenden wegen Beteiligung einer auf seine Anordnung begangenen Ordnungswidrigkeit eines Mitarbeiters auch dann durchgeführt werden, wenn von dessen Verfolgung nach dem Opportunitätsgrundsatz abgesehen wird (§ 47 Abs. 1 S. 1 OWiG).

Kommt eine Ordnungswidrigkeit nicht zur Ausführung, wird aber öffentlich zu ihrer Begehung aufgefordert, so greift der Auffangtatbestand „Öffentliche Aufforderung zu Ordnungswidrigkeiten" in § 116 Abs. 1 OWiG ein. Hier verwirklicht die bloße Aufforderung den Tatbestand, ohne dass es auf ihren Erfolg ankommt.[1)]

- **Ursächlichkeit der Beteiligung**

Die Beteiligung an einer Ordnungswidrigkeit ist nur bei Ursächlichkeit des Tatbeitrages für die Tatbestandsverwirklichung durch den Haupttäter möglich.[2)] Dazu genügt jedoch bereits die Mitverursachung durch physische oder psychische Unterstützung. Dass sich jemand aber nur am Tatort der Ordnungswidrigkeit (§ 7 OWiG) befindet, genügt dagegen nicht.

Beispiele:

Die Teilnahme an einer Grillgemeinschaft, die in gefährlicher Nähe eines Waldes Feuer anzündet und unterhält, genügt für die Teilnahme an der Ordnungswidrigkeit.[3)]

Ein gewerblicher Betreiber von Verkaufswagen für Speiseeis beteiligt sich an der unerlaubten Ausübung eines Reisegewerbes, wenn er ein Fahrzeug an einen Fahrer ohne Reisegewerbekarte übergibt, mit dem Auftrag „für seine Rechnung" Speiseeis zu verkaufen.[4)]

Ist die Ordnungswidrigkeit durch andere bereits beendet, ist eine Beteiligung an ihr nicht mehr möglich.

- **Beteiligung an Tatbeständen mit besonderen persönlichen Merkmalen**

Besondere persönliche Merkmale, welche die Möglichkeit der Ahndung begründen, sind besondere persönliche Eigenschaften, Verhältnisse oder Umstände (§ 14 Abs. 1 S. 2 i. V. m. § 9 Abs. 1 OWiG) wie z. B. Gewerbetreibender, Unternehmer, Arbeitgeber, Inhaber, Veranstalter, Hersteller, Vertreiber, Betreiber bzw. Gewerbe-

1) Zum Tatbestand der öffentlichen Aufforderung zu einer Ordnungswidrigkeit *Wieser-Kommentar* Teil I Nr. 1 § 116 OWiG.
2) OLG Bamberg, Beschl. vom 23.1.2014, Az. 2 Ss OWi 995/13.
3) KG (Berlin), Beschl. vom 22.9.1975, Az. 1 Ws (B) 379/75.
4) KG (Berlin), Beschl. vom 10.7.1998, Az. 2 Ss 123/98 – 5 Ws (B) 353/98.

treibende, Unternehmerin, Arbeitgeberin, Inhaberin, Veranstalterin, Herstellerin, Vertreiberin, Betreiberin. Nach § 14 Abs. 1 S. 2 OWiG genügt es, wenn das besondere persönliche Merkmal nur bei einer beteiligten Person vorliegt.[1)]

Beispiel:

Die Werber einer „Drückerkolonne", die das Reisegewerbe ohne die erforderliche Reisegewerbekarte betreiben (§ 55 Abs. 2 GewO), handeln nach § 145 Abs. 1 Nr. 1 Buchst. b GewO ordnungswidrig. Der „Kolonnenführer" handelt als Beteiligter an den Ordnungswidrigkeiten der Drücker ebenfalls ordnungswidrig, obwohl er selbst keine Reisegewerbekarte benötigt, dieses besondere persönliche Merkmal bei ihm also nicht vorliegt.

Die Stellung als gesetzlicher Vertreter oder gesetzliche Vertreterin einer juristischen Person (§ 9 Abs. 1 Nr. 1 OWiG) führt niemals schon für sich allein zur Verantwortlichkeit für eine von Mitarbeitenden oder Organen der juristischen Person verübte Ordnungswidrigkeit. Grundsätzlich setzt die Ahndung einer begangenen Ordnungswidrigkeit gegenüber gesetzlichen Vertretern oder Vertreterinnen juristischer Personen voraus, dass ihnen diese Ordnungswidrigkeit nach den allgemeinen Grundsätzen zu Täterschaft und Teilnahme, Tun und Unterlassen zugerechnet werden kann.[2)]

Fehlbeispiel:

Eine unerlaubte Abfallablagerung (§ 69 Abs. 1 Nr. 1 KrWG) auf dem Betriebsgelände durch Mitarbeitende einer juristischen Person darf dem Geschäftsführer nicht ohne Weiteres über § 9 Abs. 1 OWiG allein deshalb zugerechnet werden, weil er gesetzlicher Vertreter dieses Unternehmens war.

Schließen dagegen besondere persönliche Merkmale wie z. B. ein unvermeidbarer Verbotsirrtum (§ 11 Abs. 2 OWiG) bei einem Beteiligten die Möglichkeit der Ahndung aus, gilt dies nicht für die anderen Beteiligten.

- **Keine Beteiligung an einer fahrlässigen Ordnungswidrigkeit**

Nach allgemeiner Ansicht in Rechtsprechung und Literatur ist eine Beteiligung nur durch **vorsätzliche** Mitwirkung an der **vorsätzlichen** Ordnungswidrigkeit eines anderen möglich.[3)] Daher gibt es keine Beteiligung an einer nur fahrlässig begangenen Ordnungswidrigkeit eines anderen.

Fehlbeispiel:

Missachtet ein Mitarbeitender eine betriebsbezogene verwaltungsrechtliche Pflicht aus mangelnder Sorgfalt und begeht daher eine fahrlässige Ordnungswid-

1) BayObLG, Beschl. vom 28.12.2000, Az. 3 ObOWi 114/00.
2) OLG Düsseldorf, Beschl. vom 24.3.2020, Az. VI-Kart 2/19 (V); Thüringer OLG (Jena), Beschl. vom 12.3.2004, Az. 1 Ss 42/04.
3) OLG Düsseldorf, Beschl. vom 24.3.2020, Az. 2 Kart--1/19 (OWi); OLG Bamberg, Beschl. vom 23.1.2014, Az. 2 Ss OWi 995/13; BayObLG, Beschl. vom 27.3.2001, Az. 3 ObOWi 9/200; AG München, Urt. vom 10.11.2008, Az. 1115 OWi 298 Js 43552/07.

rigkeit, so kann der Betriebsinhaber schon deswegen nicht wegen Beteiligung an dieser Ordnungswidrigkeit geahndet werden.

In diesem Fall kommt nur der Auffangtatbestand der Verletzung der Aufsichtspflicht in Betrieben und Unternehmen (§ 130 Abs. 1 OWiG) wegen Organisationsverschuldens in Betracht.

- **„Doppelter Vorsatz" des Teilnehmers**

Nach allgemeiner Meinung in Rechtsprechung und Literatur ist für die Beteiligung an einer Ordnungswidrigkeit nicht nur der Vorsatz des „Haupttäters" oder der „Haupttäterin", sondern auch der doppelte Vorsatz des Teilnehmers oder der Teilnehmerin erforderlich.[1] Eine Beteiligung setzt daher setzt eine bewusste und gewollte Mitwirkung (direkter Vorsatz), zumindest aber eine billigende Inkaufnahme der Tatbestandsverwirklichung (bedingter Vorsatz) voraus.[2]

Fehlbeispiel:

Der rechtsirrige Rat eines Rechtsanwalts, der zur Begehung einer Ordnungswidrigkeit durch einen anderen führt, darf mangels Beteiligungsvorsatzes nicht zu einer Ahndung wegen „fahrlässiger Beteiligung" an der Ordnungswidrigkeit führen.[3] Eine vorsätzliche Beteiligung kommt nur dann in Betracht, wenn der Rechtsanwalt seinem Mandanten die Begehung einer Ordnungswidrigkeit nahegelegt hat.[4]

Der erforderliche Vorsatz muss sich in „doppelter Weise" beziehen auf

- die bewusste Mitwirkung an einer Ordnungswidrigkeit und
- die Tatbestandsmerkmal der Ordnungswidrigkeit selbst.

Beispiel:

Ein Gastwirt, der aufgrund früherer Vorkommnisse damit rechnet, dass die Bedienung in seiner Abwesenheit alkoholische Getränke bewusst an Kinder und Jugendliche abgibt (§ 9 Abs. 1 i. V. m. § 28 Abs. 1 Nr. 10 JuSchG), und dies nicht unterbindet, handelt bei einem erneuten Verstoß der Bedienung „doppelt" vorsätzlich:

1. Er nimmt die Begehung einer Ordnungswidrigkeit der Bedienung billigend in Kauf: Bedingter Vorsatz.
2. Er wirkt bewusst und gewollt an der ebenfalls bewussten und gewollten Ordnungswidrigkeit der Bedienung mit, indem er ihr trotzdem die Leitung der Gaststätte zeitweise überlässt: Direkter Vorsatz.

1) OLG Düsseldorf, Beschl. vom 8.1.2020, Az. IV-2 RBs 185/19.
2) OLG Düsseldorf, Beschl. vom 24.3.2020, Az. VI-Kart 2/19 (V); OLG Bamberg, Beschl. vom 23.1.2014, Az. 2 Ss OWi 995/13. Zum direkten und bedingten Vorsatz § 2 Nr. 3.2.1.
3) OLG Düsseldorf, Beschl. vom 6.9.1983, Az. 5 Ss (OWi) 307/83 – 275/83 I.
4) OLG Frankfurt (Main), Beschl. vom 20.8.2020, Az. 2 SsOWi 867/20.

- **Auffangstellung der „fahrlässigen Nebentäter“**

Kann der „doppelte Vorsatz“ nicht nachgewiesen werden, ist zwar eine Beteiligung an der Ordnungswidrigkeit nach § 14 Abs. 1 OWiG nicht möglich. Zwei Täter oder Täterinnen können aber unabhängig voneinander fahrlässig handeln. Dieser gesetzlich nicht geregelte Fall wird als *„fahrlässige Nebentäterschaft“* bezeichnet.

Beispiel:

Der Inhaber einer Gaststätte vermietet seine Betriebsräume an eine Privatperson, die darin am Karfreitag als geschütztem stillen Tag ihren Geburtstag mit lauter Technomusik feiert. Wenn der Betroffene als Inhaber seine Räume an Dritte weitergibt, ohne ausreichend dafür Sorge zu tragen, dass die Vorschriften des Feiertagsrechts eingehalten werden, dann liegt die Annahme eigener Fahrlässigkeit neben dem Veranstalter nicht fern.[1)]

Zwei Geschäftsführer eines Gewerbebetriebs üben unabhängig voneinander ihre Aufsichtspflicht aus mangelnder Sorgfalt unzureichend aus. Deshalb kommt es zu einer betriebsbezogenen Zuwiderhandlung. Beide begehen als fahrlässige Nebentäter eine Ordnungswidrigkeit nach § 130 Abs. 1 OWiG.

- **Unaufklärbarkeit von Täterschaft oder Teilnahme**

Der oder die Beteiligte gilt ohne Rücksicht auf Art und Umfang seines oder ihres Tatbetrags als Täter oder Täterin. Ist nicht aufklärbar, ob die Begehung einer eigenen oder nur die Förderung einer fremden Tat vorliegt, wird der oder die Betroffene aufgrund jeder der beiden Möglichkeiten als Täter oder Täterin behandelt.[2)]

Beispiel:

Kann in einem Bußgeldverfahren nicht geklärt werden, ob ein Betroffener die vorgeworfene Ordnungswidrigkeit im bewussten und gewollten Zusammenwirken gemeinsam begangen oder den anderen nur dazu angestiftet hat, wird er trotzdem als Täter dieser Ordnungswidrigkeit behandelt.

Die Höhe der Geldbuße muss sich aber wegen des möglicherweise kleineren Tatbeitrages der bloßen Förderung einer fremden Tat an der geringeren Bedeutung und dem geringeren Vorwurf (§ 17 Abs. 3 S. 1 OWiG)[3)] gegenüber dem „Haupttäter“ oder der „Haupttäterin“ ausrichten.

- **Keine Auswirkung fehlender Vorwerfbarkeit auf andere Beteiligte**

Die Ahndung einer Handlung als Ordnungswidrigkeit ist auch dann möglich, wenn ein andere beteiligte Person nicht vorwerfbar gehandelt hat (§ 14 Abs. 3 S. 1 OWiG), weil sie z. B. nicht verantwortlich im Sinne des § 12 OWiG war oder sich in einem unvermeidbaren Verbotsirrtum (§ 11 Abs. 2 OWiG) befunden hat.

1) OLG Bamberg, Beschl. vom 23.1.2014, Az. 2 Ss OWi 995/13.
2) OLG Koblenz, Beschl. vom 9.7.1985, Az. 1 Ss 275/85.
3) Zur Zumessung der Geldbuße (§ 17 OWiG) § 13 Nr. 3.6.3.

Beispiele:

Der zwölfjährige Sohn lässt auf Weisung seines Vaters einen bösartigen Hund sich frei auf der Straße bewegen. Das Kind ist wegen altersbedingt noch fehlender Vorwerfbarkeit (§ 12 Abs. 1 S. 1 OWiG) für die Ordnungswidrigkeit nach § 121 Abs. 1 Nr. 1 OWiG nicht verantwortlich. Dieser Umstand kommt jedoch dem Vater als Beteiligtem im Sinne des § 14 Abs. 1 OWiG nicht zugute.

Ein privater Bauherr bekommt von einer Gemeinde die unzutreffende Auskunft, ein bauliches Vorhaben sei weder anzeige- noch erlaubnispflichtig und befindet sich deshalb in unvermeidbarem Verbotsirrtum gem. § 11 Abs. 2 OWiG. Dieser Umstand kommt dem die Anlage errichtenden Unternehmer jedoch nicht zugute.

- **Keine Auswirkung der Straftat eines Beteiligten auf andere**

Das Strafrecht enthält so genannte Mischtatbestände, bei denen besondere persönliche Merkmale bei einem oder einer der Beteiligten den Tatbestand einer Straftat begründen und den Tatbestand einer gleichfalls gegebenen Ordnungswidrigkeit verdrängen (§ 21 Abs. 1 S. 1 OWiG).[1] Die Strafbarkeit eines oder einer Beteiligten erstreckt sich nicht auf das ordnungswidrige Verhalten anderer Beteiligter (§ 14 Abs. 4 OWiG). Verwirklichen sie daher nicht ebenfalls die strafbegründenden besonderen persönlichen Merkmale, können sie nur wegen der beim Straftäter oder der Straftäterin verdrängten Ordnungswidrigkeit geahndet werden.

Beispiel:

Ein Privatmann führt ein besonders geschütztes Tier einer gefährdeten Art aus einem Drittland ohne die vorgeschriebenen Dokumente im Auftrag eines Gewerbetreibenden ein. Während der Gewerbetreibende als Auftraggeber eine Straftat begeht, handelt der einführende Privatmann nur ordnungswidrig, weil bei ihm das Tatbestandsmerkmal des Gewerbetreibenden nicht vorhanden ist.[2]

2. Handeln für einen andern (§ 9 OWiG)

Die Verletzung verwaltungsrechtlicher Pflichten, ein Handeln ohne Erlaubnis oder die Missachtung von Anordnungen und Auflagen kommt häufig im Bereich von Unternehmen vor.[3] Normadressatin ist dann meist das Unternehmen selbst, das aber im Gegensatz zum Inhaber oder zur Inhaberin einer Einzelfirma als juristische Person oder Personengesellschaft selbst nicht handlungsfähig ist und damit auch nicht Täter oder Täterin einer Ordnungswidrigkeit sein kann.

1) Zum Verhältnis von Straftat und Ordnungswidrigkeit (§ 21 Abs. 1 S. 1 OWiG) § 3 Nr. 3.
2) OLG Düsseldorf, Beschl. vom 19.3.1997, Az. 5 Ss 59/97 – 15/97 I.
3) Zur fehlenden Erlaubnis und Missachtung des Verwaltungsakts als Tatbestandsmerkmal § 2 Nr. 3.1.

Vergleichsbeispiel:

Der Betreiber eines Bewachungsunternehmens in der Rechtsform einer Einzelfirma missachtet eine vollziehbare Auflage zur erteilten Erlaubnis (§ 34a Abs. 1 S. 2 GewO). Gegen ihn kann ein Bußgeldverfahren wegen einer Ordnungswidrigkeit nach § 144 Abs. 2 Nr. 3 GewO durchgeführt werden.

Inhaberin der Erlaubnis zur Bewachung fremden Eigentums (§ 34a Abs. 1 S. 1 GewO) ist eine Gesellschaft mit beschränkter Haftung (GmbH), die als juristische Person selbst nicht handlungsfähig ist und deswegen auch keine Ordnungswidrigkeit begehen kann. Täter der Ordnungswidrigkeit kann nur der Geschäftsführer der GmbH sein.

Natürlich darf die privatrechtliche Organisation eines Unternehmens als juristische Person oder Personenvereinigung nicht dazu führen, dass die für sie handelnden natürlichen Personen nur deswegen nicht wegen einer Ordnungswidrigkeit verfolgt und geahndet werden können, weil das Unternehmen und nicht sie selbst Normadressat der Bußgeldvorschrift sind. § 9 Abs. 1 OWiG ermöglicht es, den Anwendungsbereich von Bußgeldvorschriften auch auf die **gesetzlichen Vertreter** und Vertreterinnen juristischer Personen und Personenvereinigungen aller Art sowie auf gesetzliche Vertreter und Vertreterinnen natürlicher Personen auszuweiten. Dieser Personenkreis wird allerdings nicht vom Ordnungswidrigkeitenrecht, sondern vom Privatrecht, insbesondere dem Handels- und Gesellschaftsrecht bestimmt. Die Stellung als gesetzlicher Vertreter oder gesetzliche Vertreterin führt nicht schon automatisch über § 9 Abs. 1 OWiG zur Verantwortlichkeit für von Mitarbeitenden des Unternehmens begangene betriebsbezogene Zuwiderhandlungen. Die Ordnungswidrigkeit muss dem gesetzlichen Vertreter oder der Vertreterin vielmehr als Beteiligte (§ 14 Abs. 1 OWiG), gegebenenfalls durch Unterlassen (§ 8 OWiG) oder zumindest durch Verletzung der Aufsichtspflicht (§ 130 Abs. 1 OWiG) zuzurechnen sein.[1)]

Unabhängig davon werden Ordnungswidrigkeiten in Betrieben auch von solchen Personen begangen, die zwar keine gesetzlichen Vertreter oder Vertreterinnen sind, aber durch **Rechtsgeschäft**, meist Arbeitsvertrag oder Direktionsrecht des Arbeitgebers oder der Arbeitgeberin, mit der ganzen oder teilweisen Leitung oder eigenverantwortlichen Wahrnehmung einzelner Aufgabenbereiche ausdrücklich beauftragt sind. Hier haben Inhaber oder Inhaberin einer Einzelfirma (§ 17 Abs. 1 HGB) oder gesetzliche Vertreter oder Vertreterinnen einer juristischen Person oder Personenvereinigung im Rahmen einer arbeitsteiligen Betriebsorganisation bestimmte Aufgabenbereiche verschiedenen Umfangs auf Mitarbeitende delegiert.

1) Thüringer OLG (Jena), Beschl. vom 2.11.2005, Az. 1 Ss 242/05, und 12.3.2004, Az. 1 Ss 42/04.

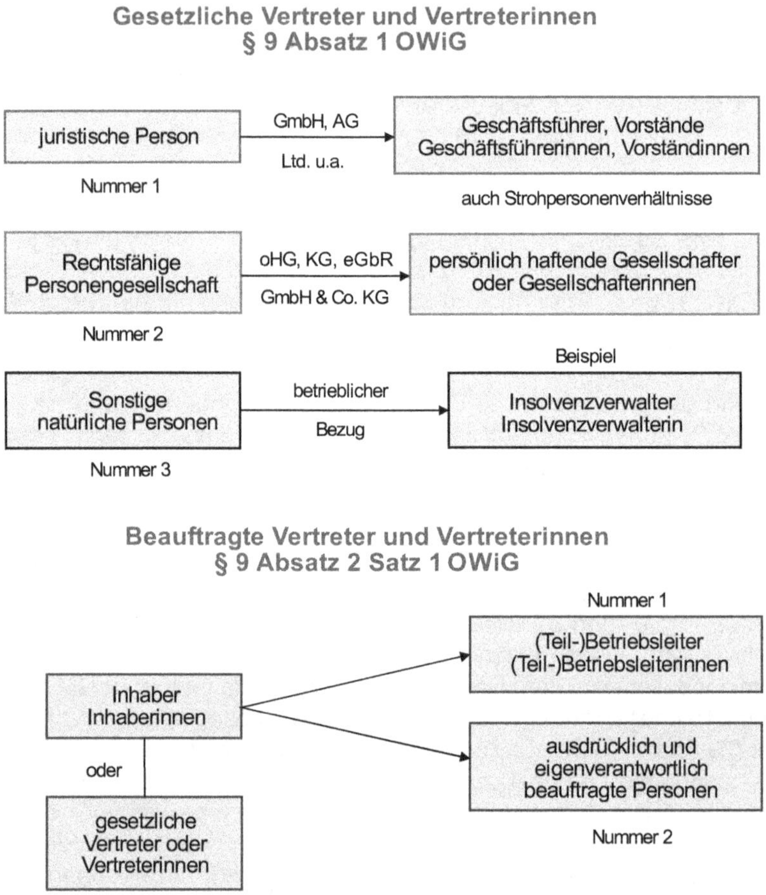

Abb. 4: Handeln für einen anderen (§ 9 OWiG)

Beispiel:

Im Betrieb einer Einzelfirma wird eine mit der immissionsschutzrechtlichen Erlaubnis verbundene Auflage (§ 4 BImSchG) durch einen Betriebs- oder Abteilungsleiter missachtet. Hier hat der Betriebsinhaber als Normadressat die Ordnungswidrigkeit nach § 62 Abs. 1 Nr. 2 BImSchG nicht selbst begangen, weil er den Aufgabenbereich auf einen Mitarbeiter delegiert hat.

Auch bei einer arbeitsteiligen Betriebsorganisation darf die Verlagerung von Pflichten, die eigentlich Betriebsinhaber oder Betriebsinhaberinnen oder gesetzliche Vertreter oder Vertreterinnen juristischer Personen oder Personenvereinigungen selbst treffen, nicht dazu führen, dass die tatsächlich handelnden Personen für ihr ordnungswidriges Verhalten nicht geahndet werden können. § 9 Abs. 2 OWiG erweitert daher den Anwendungsbereich von Bußgeldvorschriften auch auf solche Personen, die im Auftrag der Betriebsinhaber oder -inhaberinnen oder sonst dazu befugter Personen als

Betriebsleiter oder -leiterinnen, Teilbetriebsleiter oder -leiterinnen oder unterhalb dieser Ebene in der Betriebshierarchie eigenverantwortlich gehandelt haben.

§ 9 OWiG erweitert daher den Anwendungsbereich einer Bußgeldvorschrift auf

- **gesetzliche Vertreter** oder Vertreterinnen einer juristischen Person, Personenvereinigung oder eines anderen (§ 9 Abs. 1 OWiG),
- **beauftragte Vertreter** oder Vertreterinnen, auf die Inhaber oder Inhaberinnen einer Einzelfirma (§ 17 Abs. 1 HGB) oder gesetzliche Vertreter oder Vertreterinnen einer juristischen Person oder Personenvereinigung sie selbst treffende Pflichten betriebsintern übertragen haben (§ 9 Abs. 2 OWiG).

Die Vorschrift erweitert die Ahndungsmöglichkeit von Tatbeständen, die ihrer Fassung nach nur für einen bestimmten Personenkreis gelten, deren Angehörige besondere persönliche Merkmale aufweisen, auf deren Vertreter oder Vertreterinnen.[1] Solche besonderen persönlichen Merkmale sind etwa die Tätigkeit als Betreiber, Betreiberin oder Arbeitgeber, Arbeitgeberin.[2] Richtet sich eine Bußgeldvorschrift nicht gegen einen bestimmten Täterkreis wie Gewerbetreibende, Arbeitgeber oder Arbeitgeberinnen, Inhaber oder Inhaberinnen, Veranstalter oder Veranstalterinnen usw., sondern gegen jedermann, so ist § 9 OWiG überflüssig und daher unanwendbar.[3]

Beispiel:

Verweigert ein Betriebsleiter, gegen den ein Bußgeldverfahren eingeleitet ist, die Angabe seiner personenbezogenen Daten, richtet sich der Tatbestand der Ordnungswidrigkeit nach § 111 Abs. 1 OWiG gegen jedermann.

Die Regelung des § 9 OWiG erfasst ferner nicht das Handeln für einen anderen im privaten Bereich. Hier ist die Regelung mangels einer Betriebsorganisation nicht notwendig, weil die Bestimmung über die Beteiligung an einer Ordnungswidrigkeit nach § 14 OWiG bereits genügt.

Beispiel:

Die Zuwiderhandlung eines Familienmitglieds, das vom Grundstückseigentümer mit der Erfüllung einer winterlichen Streupflicht beauftragt wurde, fällt weder unter § 9 Abs. 1 OWiG (kein gesetzliches Vertretungsverhältnis) noch unter § 9 Abs. 2 OWiG (keine rechtsgeschäftliche Vertretung innerhalb eines Betriebes). In Betracht kommt aber eine Beteiligung an der Ordnungswidrigkeit des Normadressaten nach § 14 Abs. 1 OWiG.

2.1 Gesetzliche Vertreter juristischer Personen (§ 9 Abs. 1 Nr. 1 OWiG)

Unter juristischen Personen versteht man Organisationen, die durch privatrechtliche oder öffentlich-rechtliche Bestimmung eigene Rechtsfähigkeit besitzen. Da sie auf-

1) KG (Berlin), Beschl. vom 30.9.2011, Az. 1 Ws (B) 179/09.
2) OLG Celle, Beschl. vom 24.3.2009, Az. 322 SsBs 289/08.
3) Thüringer OLG (Jena), Beschl. vom 12.3.2004, Az. 1 Ss 42/04.

grund ihrer nur fiktiven Natur selbst nicht handlungsfähig sein können, bedürfen juristische Personen stets gesetzlich bestimmter Vertreter oder Vertreterinnen. Daneben besitzen sie noch weitere, nicht zur Vertretung bestimmte Organe, die nur Kontrollaufgaben haben oder die Eigentümer oder Eigentümerinnen repräsentieren. Bußgeldrechtlich sind nur die gesetzlichen Vertreter oder Vertreterinnen im Sinne des § 9 Abs. 1 Nr. 1 OWiG betroffen.

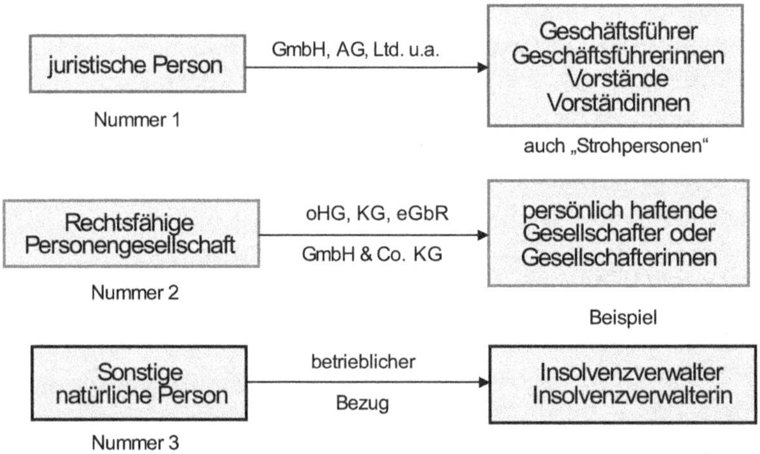

Abb. 5: Handeln für einen anderen gesetzlichen Vertreter (§ 9 Abs. 1 OWiG)

2.1.1 Juristische Personen des Privatrechts

In der Verfahrenspraxis des Bußgeldverfahrens kommen die Vertreter folgender privatrechtlich geregelter juristischer Personen vor:[1)]

- **Gesellschaft mit beschränkter Haftung (GmbH), Unternehmergesellschaft (UG)**

Eine Gesellschaft mit beschränkter Haftung (GmbH) ist aufgrund gesetzlicher Bestimmung juristische Person (§ 13 Abs. 1, 3 GmbHG). Dies gilt ebenso für die mit geringerem Stammkapital ausgestattete „Unternehmergesellschaft (haftungsbeschränkt)" oder kurz „UG (haftungsbeschränkt)" (§ 5a Abs. 1 GmbHG).

Sowohl die GmbH als auch die UG (haftungsbeschränkt) wird durch einen oder mehrere **Geschäftsführer** oder Geschäftsführerinnen vertreten (§ 35 Abs. 1 S. 1, Abs. 2 S. 1 GmbHG). Die Gesellschafter oder Gesellschafterinnen der GmbH sind dagegen nur Inhaber oder Inhaberinnen der Geschäftsanteile (§ 13 ff. GmbHG), also die wirtschaftlichen Eigentümer und Eigentümerinnen. Vertretungsberechtigt und damit bußgeldrechtlich verfolgbare Organe im Sinne des § 9 Abs. 1 Nr. 1 OWiG sind daher nur Geschäftsführer oder Geschäftsführerinnen, nicht aber Gesellschafter oder Gesellschafterinnen.[2)] Diese können aber bei Führungslosigkeit der Gesellschaft als

1) Von der Erläuterung im Bußgeldverfahren praktisch bedeutungsloser juristischer Personen wurde abgesehen.
2) BGH, Urt. vom 29.5.2024, Az. 3 StR 507/22; OLG Düsseldorf, Beschl. vom 2.8.2002, Az. 2a Ss (OWi) 151/02 – (OWi) 50/02 III.

tatsächliche (faktische) Geschäftsführer oder Geschäftsführerinnen bußgeldrechtlich haften.[1] Geschäftsführer und Geschäftsführerinnen sind aus dem bei den Amtsgerichten dezentral geführten Handelsregister (HRB) ersichtlich (www.handelsregister.de). Die Länder verfügen auch über ein gemeinsames Registerportal (https://www.handelsregister.de/rp_web/welcome.xhtml). Außerdem enthält der Bundesanzeiger im Unternehmensregister eine zentrale Plattform für die Speicherung von Unternehmensdaten (www.unternehmensregister.de).

Geschäftsführer und Geschäftsführerinnen brauchen nicht zugleich Gesellschafter oder Gesellschafterinnen und damit wirtschaftlicher Eigentümer oder Eigentümerinnen der GmbH zu sein (geschäftsführende Gesellschafter oder Gesellschafterinnen), sie können auch nur aufgrund eines Arbeitsvertrags bei ihr ausschließlich angestellt sein. Häufig befinden sich aber alle Geschäftsanteile in der Hand eines Gesellschafters oder einer Gesellschafterin, die zugleich auch alleinige Geschäftsführer oder Geschäftsführerin ist. Bei dieser sogenannten Einpersonen-GmbH ist zu beachten, dass geschäftsführende Gesellschafter oder Gesellschafterinnen nicht unzulässig doppelt geahndet werden, wenn nicht nur gegen sie selbst über § 9 Abs. 1 Nr. 1 OWiG, sondern im einheitlichen Verfahren auch gegen die Gesellschaft eine Geldbuße nach § 30 Abs. 1 OWiG festgesetzt werden soll.[2]

Im Falle der Abwicklung einer GmbH treten anstelle der Geschäftsführer oder Geschäftsführerinnen die **Liquidatoren** oder Liquidatorinnen als gesetzliche Vertreter (§ 66 Abs. 1 GmbHG).[3] In der EU gibt es zahlreiche Parallelformen zur GmbH:

- Frankreich: S.A.R.L. (Société à Responsibilité Limitée),
- Italien: Srl (Società a responsibilità limitata),
- Niederlande: B.V. (Besloten Vernootschap),
- Polen: Sp.zo.o. (Spólka z ograniczona odpowiedzialnoscia),
- Portugal: Limitada (Societade por Quotas).

Betreibt eine ausländische juristische Person eine inländische Niederlassung, muss sie zusätzlich im deutschen Handelsregister eingetragen sein und auch über eine inländische Gewerbeanzeige verfügen (§ 14 Abs. 1 GewO). Für die bußgeldrechtliche Haftung gesetzlicher Vertreter und Vertreterinnen nach § 9 Abs. 1 Nr. 1 OWiG spielt es keine Rolle, ob es sich der Unternehmenssitz im In- oder Ausland befindet.[4]

Die Mischform der GmbH & Co. KG ist eine Personengesellschaft, bei der nur der persönlich haftende Gesellschafter eine GmbH ist. Ihre gesetzliche Vertretung ist daher bei den Personengesellschaften erläutert.[5]

- **Aktiengesellschaft (AG)**

Die Aktiengesellschaft (AG) ist wie die GmbH juristische Person (§ 1 Abs. 1 AktG). Sie wird durch den **Vorstand** vertreten (§ 78 Abs. 1 S. 1, Abs. 2 S. 1 AktG). Dieser

1) § 35 Abs. 1 S. 2 GmbHG enthält nur Zustellungserleichterungen bei Führungslosigkeit der Gesellschaft, begründet aber keine gesetzliche Vertretung.
2) Zum einheitlichen Verfahren gegen den Geschäftsführer oder die Geschäftsführerin einer GmbH und diese selbst nach § 30 Abs. 1 OWiG § 15 Nr. 1.
3) Zur Verantwortlichkeit eines Insolvenzverwalters oder einer Insolvenzverwalterin § 4 Nr. 2.2.3.1.
4) BGH, Urt. vom 11.6.2013, Az. II ZR 389/12, für die strafrechtliche Parallelvorschrift § 14 Abs. 1 Nr. 1 StGB.
5) Zu den gesetzlichen Vertretern und Vertreterinnen der GmbH & Co. KG § 4 Nr. 2.2.2.

kann aus einer Person bestehen (§ 76 Abs. 2 S. 1 AktG), meist sind aber mehrere Vorstandsmitglieder bestellt. Sie kommen daher als vertretungsberechtigte Organe im Sinne des § 9 Abs. 1 Nr. 1 OWiG in Betracht. Keine gesetzlichen Vertreter sind dagegen die Aktionäre und Aktionärinnen („Shareholder") als nur wirtschaftliche Eigentümer und Eigentümerinnen sowie die Mitglieder des Aufsichtsrats als reines Kontrollorgan (§ 111 Abs. 1 AktG). Die Vorstandsmitglieder sind aus dem Handelsregister (HRB) ersichtlich (www.handelsregister.de). Außerdem enthält der Bundesanzeiger im Unternehmensregister eine zentrale Plattform für die Speicherung von Unternehmensdaten (www.unternehmensregister.de). Nach ihrer Auflösung wird die Aktiengesellschaft durch die Vorstandsmitglieder als **Abwickler** oder Abwicklerinnen vertreten (§ 265 Abs. 1 AktG).[1)]

- **Europäische Gesellschaft (SE)**

Die bisher noch wenig verbreitete Europäische Gesellschaft wird nach der lateinischen Bezeichnung „Societas Europaea" als „SE" abgekürzt. Sie ist eine seit 2005 mögliche Rechtsform der Aktiengesellschaft (siehe vorstehend) in der EU und im Europäischen Wirtschaftsraum.[2)] Anstelle des Vorstands wird die SE durch einen Verwaltungsrat vertreten. Dieser besteht aus den geschäftsführenden Direktoren und Direktorinnen (§ 41 Abs. 1 SEEG).

- **Limited Company (Ltd.)**

Die Limited Company, kurz Ltd. ist eine haftungsbeschränkte Firma nach dem britischen Gesellschaftsrecht und entspricht einer nicht börsennotierten Aktiengesellschaft. Anstelle des Vorstands bei der AG nach deutschem Recht tritt der Executive Director. In Großbritannien ist ein Registered Office vorzuhalten. Der Verstoß gegen diese Residenzpflicht zieht die Zwangsauflösung nach sich. Die Ltd. ist im britischen Handelsregister Companies House in Cardiff eingetragen (www.companieshouse.gov.uk). Soweit die Ltd. in Deutschland Tätigkeit entfaltet, muss sie wie ein inländisches Unternehmen zusätzlich im Handelsregister eingetragen sein und auch eine Gewerbeanmeldung (§ 14 Abs. 1 S. 1 GewO) aufweisen. Durch die Einführung der UG (haftungsbeschränkt) hat diese Rechtsform in Deutschland ihre frühere Bedeutung nahezu vollständig verloren.

- **Eingetragene Genossenschaft (e. G.)**

Die eingetragene Genossenschaft (e. G.) ist aufgrund gesetzlicher Bestimmung juristische Person (§ 17 Abs. 1 GenG). Sie ist auf Förderung des Erwerbs oder Wirtschaft Ihrer Mitglieder, der Genossen und Genossinnen, gerichtet (§ 1 Abs. 1 GenG). Sie muss einen Vorstand und einen Aufsichtsrat besitzen (§ 9 Abs. 1 S. 1 GenG). Nur der **Vorstand** vertritt die Genossenschaft (§ 26 Abs. 1 S. 1 GenG). Er besteht aus mindestens zwei Vorstandsmitgliedern (§ 24 Abs. 2 S. 1 GenG). Nur diese sind vertretungsberechtigte Organe im Sinne des § 9 Abs. 1 Nr. 1 OWiG. Die Vorstandsmitglieder sind aus dem beim Amtsgericht geführten Genossenschaftsregister (GenR) ersichtlich (§ 10 Abs. 1 GenG). Die aufgelöste Genossenschaft wird durch die **Liquidatoren** oder Liquidatorinnen (§§ 83, 87 GenG) vertreten.[1)]

1) Zur Verantwortlichkeit eines Insolvenzverwalters oder einer Insolvenzverwalterin § 4 Nr. 2.2.3.1.
2) Verordnung (EG) Nr. 2157/2001 des Rates vom 8. Oktober 2001 über das Statut der Europäischen Gesellschaft (ABl. EG Nummer L 294 S. 1).

- **Eingetragener Verein (e. V.)**

Der im Vereinsregister des Amtsgerichts (VR) eingetragene Verein ist die im Bürgerlichen Gesetzbuch geregelte Grundform der juristischen Person (§ 21 BGB). Darunter fallen z. B. Sportvereine oder sonstige nicht wirtschaftlich tätige Idealvereine. Vereine mit wirtschaftlicher Zielsetzung (§ 22 BGB) sind dagegen bereits spezialgesetzlich erfasst (so die vorstehen behandelte GmbH, AG, Genossenschaft). Der Verein wird durch den **Vorstand** vertreten (§ 26 Abs. 1 S. 2 BGB), der auch aus mehreren Vorstandsmitgliedern bestehen kann (§ 26 Abs. 2 S. 1 BGB). Nur diese, nicht aber die einzelnen Vereinsmitglieder können als vertretungsberechtigte Organe im Sinne des § 9 Abs. 1 Nr. 1 OWiG verfolgt werden. Der aufgelöste rechtsfähige Verein wird durch die **Liquidatoren** oder Liquidatorinnen vertreten (§ 48 BGB).[1)]

Der nicht rechtsfähige, im Vereinsregister nicht eingetragene Verein (§ 54 BGB) ist keine juristische Person. Seine Organe können daher nur als Beteiligte im Sinne des § 14 Abs. 1 OWiG oder fahrlässige Nebentäter einer Ordnungswidrigkeit verfolgt werden.[2)]

Keine juristischen Personen sind die Handelsgesellschaften in Form einer offenen Handelsgesellschaft (oHG) oder Kommanditgesellschaft (KG) und die eingetragene Gesellschaft bürgerlichen Rechts (eGbR). Sie fallen unter die Personengesellschaften, deren Organe im Bußgeldverfahren nach § 9 Abs. 1 Nr. 2 OWiG verfolgt werden können.[3)] Noch keine juristischen Personen sind Vorgesellschaften wie z. B. die Gesellschaft mit beschränkter Haftung in Gründung (GmbH i. G. oder i. Gr.) bis zur Eintragung in das Handels-, Genossenschafts- bzw. Vereinsregister.

Ohne Bedeutung für das gegen ein Organ gerichtete Bußgeldverfahren ist die Auflösung einer juristischen Person durch Liquidationsbeschluss oder ein Insolvenzverfahren oder die Umwandlung in eine andere Rechtsform, wenn das Organ zur Tatzeit gesetzlicher Vertreter war.

Beispiele:

Eine GmbH wird durch die Eröffnung des Insolvenzverfahrens über ihr Vermögen aufgelöst (§ 60 Abs. 1 Nr. 4 Halbs. 1 GmbHG). Eine AG wird in eine GmbH umgewandelt (§ 1 Abs. 1 Nr. 4, § 190 Abs. 1 UmwG). Trotzdem erstreckt sich der Anwendungsbereich einer Bußgeldvorschrift noch auf die ehemaligen Geschäftsführer oder Geschäftsführerinnen bzw. Vorstände oder Vorständinnen zur Tatzeit der Ordnungswidrigkeit (§ 6 OWiG) als Betroffene.

2.1.2 Ermittlung gesetzlicher Vertreter oder Vertreterinnen

Werden gesetzliche Vertreter oder Vertreterinnen für die juristische Person als Normadressatin über § 9 Abs. 1 OWiG im Bußgeldverfahren verantwortlich gemacht, ist ihre gesellschaftsrechtliche Stellung von Amts wegen aufzuklären.[4)] Die betroffenen

1) Zur Verantwortlichkeit eines Insolvenzverwalters oder einer Insolvenzverwalterin § 4 Nr. 2.2.3.1.
2) Zur Beteiligung an einer Ordnungswidrigkeit (§ 14 Abs. 1 OWiG) und zur fahrlässigen Nebentäterschaft § 4 Nr. 1.
3) Zur Verfolgung der Organe von Personengesellschaften im Bußgeldverfahren § 4 Nr. 2.2.2.
4) OLG Braunschweig, Beschl. vom 11.7.2013, Az. 1 Ss (OWi) 92/13.

Personen haben im Bußgeldverfahren keinerlei Verpflichtung, an der Aufklärung des Sachverhalts mitzuwirken und brauchen sich insbesondere nicht selbst bezüglich ihrer Organstellung zu belasten.[1] Die Organstellung in einem Unternehmen gehört auch nicht zu den personenbezogenen Daten, die zur Identitätsfeststellung notwendig sind und nach § 163b Abs. 1 StPO i. V. m. § 46 Abs. 1 OWiG anzugeben sind. Die Verwaltungsbehörde muss daher selbst diejenigen Personen ermitteln, gegen die sich das Bußgeldverfahren als gesetzliche Vertreter oder Vertreterinnen einer juristischen Person im Sinne des § 9 Abs. 1 Nr. 1 OWiG richten soll. Schwerwiegende Ermittlungsfehler sind die Auswahl der ersten auf einem Geschäftsbrief befindlichen Person als Betroffenem oder Betroffener oder die Verwendung eines Anhörungsdokuments an „Geschäftsführung, Vorstand oder Verantwortliche" eines Unternehmens.[2] Dadurch wird es dem Unternehmen überlassen, wen es als Tatverdächtigen bezeichnen will. Bedeutungslos ist im Gegensatz zum Verwaltungsverfahren (§ 9 VwVfG und entsprechende landesrechtliche Vorschriften, § 8 SGB X), wer derzeit gesetzlicher Vertreter oder gesetzliche Vertreterin eines Unternehmens ist, maßgeblich ist die Tatzeit der Ordnungswidrigkeit (§ 6 S. 1 OWiG). So kann zwar ein Verwaltungsakt (§ 35 S. 1 VwVfG und entsprechende landesrechtliche Vorschriften, § 31 S. 1 SGB X) gegen die juristische Person, vertreten durch die derzeitigen Organe, erlassen werden, dies sagt aber nichts über den Täter oder die Täterin einer Ordnungswidrigkeit im Sinne des § 9 Abs. 1 Nr. 1 OWiG aus.

Beispiel:

Der Geschäftsführer einer GmbH äußert sich in einem Verwaltungsverfahren für das von ihm vertretene Unternehmen zu einem Umweltverstoß. Die Ordnungswidrigkeit ist aber noch von seinem Vorgänger begangen worden.

Geschäftsbriefe von Unternehmen geben nur die aktuellen gesetzlichen Vertreter oder Vertreterinnen wieder, die aber nicht Täter oder Täterinnen der durch die Verwaltungsbehörde festgestellten Ordnungswidrigkeit sein müssen. Der Anfangsverdacht einer Ordnungswidrigkeit (§ 152 Abs. 2 StPO i. V. m. § 46 Abs. 1 OWiG) richtet sich mangels entsprechender Erkenntnisse meist zunächst gegen alle gesetzlichen Vertreter und Vertreterinnen, sodass von der Verwaltungsbehörde zunächst festzustellen ist, ob es sich dabei um eine oder mehrere Personen handelt. Ein Firmenorganigramm kann aus einem dem Bußgeldverfahren vorausgegangenen Verwaltungsverfahren (§ 9 VwVfG und entsprechende landesrechtliche Vorschriften, § 8 SGB X) bekannt sein, sich aus dem Internetportal des Unternehmens ergeben oder von der juristischen Person gem. § 95 StPO i. V. m. § 46 Abs. 1 OWiG verlangt werden.

Beispiel:

Eine GmbH wird durch drei Geschäftsführer vertreten. Aus einem Verwaltungsverfahren zur Erteilung einer Erlaubnis ist bekannt, dass ein bestimmter Geschäftsführer für die Einhaltung von Umweltvorschriften intern durch Gesell-

1) BVerfG, Beschl. vom 25.1.2022, Az. 2 BvR 2462/18.
2) Thüringer OLG (Jena), Beschl. vom 2.11.2005, Az. 1 Ss 242/05.

schaftsvertrag zuständig ist. Sind jedoch solche Zuständigkeiten unbekannt, richtet sich der Anfangsverdacht der Ordnungswidrigkeit zunächst gegen jeden der Geschäftsführer zur Tatzeit.

Für das Bußgeldverfahren unbrauchbar sind Anfragen der Verwaltungsbehörde bei einem Unternehmen nach einem oder einer „Verantwortlichen" oder der „verantwortlichen Person". Diese gibt es im Bußgeldverfahren nicht, sondern nur im Polizei- und Ordnungsrecht als Handlungs- oder Zustandsstörer oder -störerinnen. Solche in die Irre führenden Anfragen sind zudem als rechtsgrundlose personenbezogene Datenerhebungen unzulässig. Sie sind auch rechtswidrig und unterliegen einem Verwertungsverbot, weil sie zur unzulässigen Selbstbezichtigung im Bußgeldverfahren auffordern und daher § 136 Abs. 1 S. 2 StPO i. V. m. § 46 Abs. 1 OWiG verletzten, wonach alle Angaben zur Sache dem oder Betroffenen freistehen.

Zur Feststellung, welche **Personen zur Tatzeit** der Ordnungswidrigkeit (§ 6 OWiG) gesetzliche Vertreter oder Vertreterinnen im Sinne des § 9 Abs. 1 Nr. 1 OWiG waren und daher als Verfolgungsziele im Bußgeldverfahren in Betracht kommen, sind nur **Auskünfte aus dem Handelsregister** (www.handelsregister.de) bzw. aus den Genossenschafts- bzw. Vereinsregistern geeignet. Da für das Bußgeldverfahren personenbezogene Daten zum Tatzeitpunkt der Ordnungswidrigkeit (§ 6 OWiG), also stets aus der Vergangenheit benötigt werden, ist ein chronologischer Registerauszug erforderlich. Dieser ist für die Zwecke des Bußgeldverfahrens hervorragend geeignet, weil nicht mehr aktuelle Eintragungen nicht gelöscht, sondern nur unterstrichen werden und damit sichtbar bleiben. Daher sind z. B. Name, Geschäftssitz und insbesondere die gesetzliche Vertretung (§ 9 Abs. 1 Nr. 1 OWiG) zum Tatzeitpunkt der Ordnungswidrigkeit (§ 6 OWiG) problemlos nachvollziehbar. Gesetzliche Vertreter oder Vertreterinnen während des Bußgeldverfahrens brauchen keineswegs auch noch Täter oder Täterinnen der Ordnungswidrigkeit zu sein.

Beispiel:

Hat der Geschäftsführer oder die Geschäftsführerin gewechselt, wurde der Sitz des Unternehmens verlegt oder deren Name (Firma) geändert, so sind neben den neuen Angaben der frühere Geschäftsführer oder die frühere Geschäftsführerin, der alte Sitz des Unternehmens und die ehemalige Firma noch ersichtlich, nur unterstrichen.

Nicht aus dem Handelsregister ersichtlich ist die Eigenschaft als vorgeschobene „-Strohleute" oder „Strohpersonen" und faktische oder tatsächliche, aber nicht eingetragene Geschäftsführer oder Geschäftsführerinnen. Dieser Unterschied fällt meist nur durch die Feststellungen im Außendienst des Verwaltungsverfahrens auf. Gelegentlich gibt auch die Art der Eintragung im Handelsregister Anlass zu entsprechenden Bedenken.[1)]

1) Zu faktischen Geschäftsführern oder Geschäftsführerinnen und Strohpersonenvertretungen § 4 Nr. 2.2.5.

Beispiel:

Ein Baukontrolleur erstattet eine Ordnungswidrigkeiten-Anzeige gegen den ihm bekannten „Chef" einer „Baufirma". Im Bußgeldverfahren ergibt sich, dass es sich in Wirklichkeit um eine GmbH handelt, bei der eine Geschäftsführerin mit dem Beruf „Kindergärtnerin" und einem weit entfernten Wohnsitz eingetragen ist. Die Ermittlungen ergeben, dass es sich bei dem „Chef" um den ehemaligen Geschäftsführer handelt, gegen den eine Gewerbeuntersagung besteht und der jetzt angeblich nur Angestellter auf Geringverdienerbasis ist, tatsächlich aber die Geschäftsführung unverändert weiter maßgeblich ausübt.

Da im Handelsregister auch das Geburtsdatum und der angegebene Wohnort der gesetzlichen Vertreter und Vertreterinnen eingetragen ist, kann die für die Anhörung (§ 55 OWiG i. V. m. § 163a Abs. 1 StPO) und Zustellung eines Bußgeldbescheides (§ 51 Abs. 2 OWiG) notwendige Privatanschrift des oder der Betroffenen über die Meldebehörde ermittelt werden.[1)]

Muster 4.1: Muster eines chronologischen Handelsregisterauszuges

Handelsregister B des Amtsgerichts Neustadt	**Abteilung B** **Wiedergabe des aktuellen Registerinhalts** Abruf vom 15.12.2026 11:25	**Nummer der Firma** **HRB 10345**

1. **Anzahl der bisherigen Eintragungen**

   2

2. **a) Firma**

   Eintragung 1

   <u>Massivbau GmbH</u>

   Eintragung 2

   Stabilbau GmbH

   b) Sitz, Niederlassung, Geschäftsanschrift, Empfangsberechtigte, Zweigniederlassungen

   Eintragung 1

   <u>Geschäftsanschrift: Fabrikstraße 112, 99999 Neustadt</u>

   Eintragung 2

   Geschäftsanschrift: Gewerbering 46, 88888 Altstadt

   c) Gegenstand des Unternehmens:

   Errichtung von Wohn- und Gewerbebauten

3. **Grund- oder Stammkapital**

   25.000,00 EUR

1) Der Zugang zum Handelsregister ist seit August 2022 kostenfrei.

4. a) **Allgemeine Vertretungsregelung**

   Die Gesellschaft hat einen oder mehrere Geschäftsführer.

   Ist nur ein Geschäftsführer bestellt, so vertritt er die Gesellschaft allein. Sind mehrere Geschäftsführer bestellt, so wird die Gesellschaft durch zwei Geschäftsführer oder einen Prokuristen vertreten.

   b) **Vorstand, Leitungsorgan, geschäftsführende Direktoren, persönlich haftende Gesellschafter, Geschäftsführer, Vertretungsberechtigte und besondere Vertretungsbefugnis**

   Eintragung 1

   Geschäftsführer
   Maurer, Hans, Neustadt, *10.3.1967

   Eintragung 2

   Ausgeschieden:
   Geschäftsführer
   Maurer, Hans, Neustadt, *10.3.1967

   Bestellt:
   Geschäftsführer
   Sommer, Klaus, Nordstadt, *17.9.1988

5. **Prokura**

   ---

6. a) **Rechtsform, Beginn, Satzung oder Gesellschaftsvertrag**

   Gesellschaft mit beschränkter Haftung

   Gesellschaftsvertrag vom 7.11.2024

   Zuletzt geändert durch Beschl. vom 2.3.2026

   b) **Sonstige Rechtsverhältnisse**

   Die Gesellschafterversammlung vom 12.11.2026 hat die Änderung des § 5

7. a) **Tag der letzten Eintragung**

   24.11.2026

2.1.3 Juristische Personen des öffentlichen Rechts

Auch die gesetzlichen Vertreter und Vertreterinnen der juristischen Personen des öffentlichen Rechts wie der Städte, Gemeinden, Landkreise und Bezirke sowie der öffentlich-rechtlichen Körperschaften, Anstalten und Stiftungen, nicht jedoch Behörden wie z. B. ein Landratsamt oder Landesverwaltungsamt fallen unter § 9 Abs. 1 Abs. 1 Nr. 1 OWiG. Dies gilt sowohl für Zuwiderhandlung im Rahmen der Verwaltungstätigkeit als auch bei der Tätigkeit kommunaler Betriebe. Hier hat vor allem der Vorwurf der Verletzung der Aufsichtspflicht in Betrieben und Unternehmen (§ 130 Abs. 2 OWiG)[1] Bedeutung. Dieser Auffangtatbestand ist auf Zuwiderhandlungen innerhalb einer Behörde nicht anwendbar.

1) Zum Auffangtatbestand der Verletzung der Aufsichtspflicht in Betrieben und Unternehmen (§ 130 OWiG) § 4 Nr. 3.

Beispiele:

Der Bürgermeister einer Stadt erkennt aufgrund mangelnder Aufsicht die Verwendung nicht geeichter Wasserzähler durch den Leiter der Stadtwerke als kommunaler Eigenbetrieb im Rahmen seiner dienstlichen Tätigkeit nicht. Als gesetzlicher Vertreter der Gemeinde (z. B. Art. 38 Abs. 1 GO – Bayern) ist er für diese Ordnungswidrigkeit nach § 130 Abs. 1 OWiG im Rahmen des Betriebes eines öffentlichen Unternehmens gem. § 130 Abs. 2 OWiG bußgeldrechtlich aufgrund § 9 Abs. 1 Nr. 1 OWiG verantwortlich.

Ein kommunaler Sachbearbeiter vermietet die Stadthalle an einen privaten Veranstalter unter massiver Verletzung versammlungsrechtlicher Bestimmungen. Der Bürgermeister kann nicht wegen Verletzung der Aufsichtspflicht geahndet werden, weil es am Betrieb oder Unternehmen fehlt. Eine Beteiligung an der Ordnungswidrigkeit im Sinne des § 14 Abs. 1 OWiG ist nur möglich, wenn er daran z. B. durch rechtswidrige Anordnung bewusst mitgewirkt hat.

Sind Unternehmen der Leistungsverwaltung ausgegliedert und werden in der Rechtsform des Privatrechts geführt, z. B. Stadtwerke in Form einer Stadtwerke GmbH, so ist nicht der gesetzliche Vertreter der Gemeinde, sondern derjenige des ausgegliederten Unternehmens bußgeldrechtlich nach § 9 Abs. 1 Nr. 1 OWiG verantwortlich. § 130 Abs. 1, 2 OWiG ist hier z. B. auf den Bürgermeister oder die Bürgermeisterin als Behördenleiter oder -leiterin nicht anwendbar. Eine privatrechtliche Aufsichtspflicht besteht auch dann nicht, wenn die Kommune alleinige Gesellschafterin einer aus der Leistungsverwaltung ausgegliederten GmbH oder alleiniger Aktionär einer ausgliederten AG ist.

2.2 Gesetzliche Vertreter von Personengesellschaften

Im Gegensatz zu juristischen Personen (z. B. GmbH, AG, Genossenschaft, eingetragener Verein) haben Personengesellschaften keine eigene Rechtspersönlichkeit. Trotzdem besitzen sie eine gewisse rechtliche Selbstständigkeit, die sie den juristischen Personen annähert. Personengesellschaften sind die eingetragene Gesellschaft bürgerlichen Rechts (eGbR, §§ 705 bis 740 BGB) und die Personenhandelsgesellschaften der offenen Handelsgesellschaft (oHG, §§ 105 bis 160 HGB) und Kommanditgesellschaft (KG, §§ 161 bis 177a HGB) mit der Mischform der GmbH & Co. KG. Personengesellschaften werden meist durch natürliche Personen, die Gesellschafter und Gesellschafterinnen, vertreten. Allerdings gibt es Gesellschafter und Gesellschafterinnen, die von der Vertretungsberechtigung ausgeschlossen sind.

- **Eingetragene Gesellschaft bürgerlichen Rechts (eGbR)**

Die Gesellschaft bürgerlichen Rechts (GbR) war bis 2023 als bloße Innengesellschaft geregelt. Seit 2024 ist die sich in der Praxis seit langem auch zur Außengesellschaft weiterentwickelte „Außen-GbR" in §§ 705 ff. BGB n. F. neu geregelt. Sie kann optional als eingetragene Gesellschaft bürgerlichen Rechts „eGbR" in das neu geschaffene Gesellschaftsregister (§ 707 BGB) eingetragen werden (§ 707a Abs. 2 S. 1 BGB).[1)]

1) Personengesellschaftsrechtsmodernisierungsgesetz (MoPeG) vom 10. August 2021 (BGBl. I S. 3436).

Unter die Rechtsform der GbR können auch juristische Personen oder Personenhandelsgesellschaften (siehe nachstehend) vor ihrer Eintragung in das Handelsregister als Vorgesellschaften fallen. Ihre Gesellschafter und Gesellschafterinnen üben die Geschäftsführung gemeinschaftlich aus (§ 715 Abs. 1 BGB), soweit sie nicht durch Gesellschafterbeschluss aus wichtigem Grund entzogen wurde (§ 715 Abs. 5 BGB). Zur Vertretung der Gesellschaft sind alle Gesellschafter gemeinsam befugt, soweit nicht der Gesellschaftsvertrag etwas anderes bestimmt (§ 720 Abs. 1 BGB). Die Eintragung im Gesellschaftsregister wird bei der „Außen-GbR“ voraussichtlich der Regelfall werden, weil die Gesellschaft ansonsten kaum am Wirtschaftsleben teilnehmen und Rechtsgeschäfte von Bedeutung nicht abzuschließen vermag.

- **Offene Handelsgesellschaft (oHG)**

Die offene Handelsgesellschaft (oHG, §§ 105 bis 160 HGB) ist die Verbindung mehrerer Einzelkaufleute zu einer Gesellschaft, die auf den Betrieb eines Handelsgewerbes unter gemeinschaftlicher Firma (§ 17 ff. HGB) gerichtet ist. Voraussetzung ist aber, dass die Haftung gegenüber den Gesellschaftsgläubigern und -gläubigerinnen bei keinem der Gesellschafter und Gesellschafterinnen beschränkt ist (§ 105 Abs. 1 HGB).

Zur Vertretung der oHG sind grundsätzlich **alle Gesellschafter** oder Gesellschafterinnen ermächtigt (§ 125 Abs. 1 Halbs. 2 HGB). Jeder nicht gesellschaftsvertraglich ausgeschlossene Gesellschafter oder Gesellschafterin ist damit vertretungsberechtigt im Sinne des § 9 Abs. 1 Nr. 2 OWiG. Man spricht auch von **„geschäftsführenden Gesellschaftern“** oder Gesellschafterinnen. Alle Gesellschafter oder Gesellschafterinnen sind aus dem Handelsregisterauszug ersichtlich.

- **Kommanditgesellschaft (KG)**

Die Kommanditgesellschaft (§§ 161 bis 177a HGB), kurz „KG“, unterscheidet sich von der offenen Handelsgesellschaft (oHG) nur dadurch, dass bei ihr nicht alle Gesellschafter und Gesellschafterinnen persönlich unbeschränkt den Gesellschaftsgläubigern und -gläubigerinnen haften. Bei den Kommanditisten und Kommandistinnen ist die Haftung nur auf den Betrag einer bestimmten Vermögenseinlage beschränkt (§ 161 Abs. 1 HGB). Kommanditisten und Kommandistinnen sind zur Vertretung der Gesellschaft nicht ermächtig (§ 170 HGB).

Vertretungsberechtigte Gesellschafter oder Gesellschafterinnen einer KG im Sinne des § 9 Abs. 1 Nr. 2 OWiG sind aber – wie bei der oHG – ausschließlich die nicht gesellschaftsvertraglich von der Vertretungsbefugnis ausgeschlossenen persönlich haftenden Gesellschafter und Gesellschafterinnen, die auch als „Komplementäre“ oder „Komplementärinnen“ bezeichnet werden. Alle Gesellschafter und Gesellschafterinnen sind wie bei der oHG aus dem Handelsregisterauszug der KG ersichtlich.

- **Mischform GmbH & Co. KG**

Die GmbH & Co. KG ist eine im Wirtschaftsleben entwickelte, vom Gesetzgeber nicht vorgesehene Mischform zwischen einer juristischen Person, der GmbH, und einer Personengesellschaft, der vorstehend erläuterten KG. Die persönlich voll haftende Gesellschafterin (Komplementärin) der KG ist dabei durch die beschränkt haftende GmbH ersetzt. Sie wird daher auch als „Komplementär-GmbH“ bezeichnet.

Die Rechtsprechung hat die Frage nach dem vertretungsberechtigten Organ der GmbH & Co. KG dahingehend gelöst, dass dies ausschließlich der Geschäftsführer oder die Geschäftsführerin der Komplementär-GmbH im Sinne des § 9 Abs. 1 Nr. 1 OWiG ist.[1] Das Handelsregister weist für die GmbH & Co. KG zwei Auszüge auf: Zunächst die KG, deren persönlich haftende Gesellschafterin die GmbH ist und sodann die GmbH, der Geschäftsführer oder Geschäftsführerin vertretungsberechtigt im Sinne des § 9 Abs. 1 Nr. 1 OWiG ist.

2.3 Gesetzliche Vertreter anderer

§ 9 Abs. 1 Nr. 3 OWiG erfasst alle sonstigen Vertreter einer juristischen Person, Personengesellschaft oder natürlichen Person. Ihre Vertretungsmacht bedarf also nicht der Vereinbarung (Vertrag, Vollmacht), sondern ergibt sich aus einer gesetzlichen Vorschrift.

2.3.1 Insolvenzverwalter und -verwalterinnen

Bei Zahlungsunfähigkeit oder Überschuldung juristischer Personen (z. B. GmbH, AG, Genossenschaft, eingetragener Verein), Personenhandelsgesellschaften (oHG, KG), Personengesellschaften (eGbR) sowie der Mischform der GmbH & Co. KG wird auf Antrag der gesetzlichen Vertreter oder Vertreterin sowie eines Gläubigers oder einer Gläubigerin (§ 11 ff. InsO) ein gerichtliches Insolvenzverfahren mit dem Ziel gleichmäßiger Befriedigung aller am Verfahren teilnehmender Gläubiger und Gläubigerinnen durch Verwertung des Gesellschaftsvermögens durchgeführt (§ 1 S. 1 InsO). Das Amtsgericht setzt als Insolvenzgericht bei Eröffnung des Insolvenzverfahrens (§ 27 InsO) einen Insolvenzverwalter oder eine Insolvenzverwalterin ein.[2] Im Zwischenstadium nach Antragstellung und Eröffnungsbeschluss kann ein vorläufiger Insolvenzverwalter oder eine vorläufige Insolvenzverwalterin (§ 21 Abs. 2 S. 1 Nr. 1, § 22 InsO) eingesetzt werden. Dabei handelt es sich meist um Rechtsanwälte oder Rechtsanwältinnen, Wirtschaftsprüfer oder Wirtschaftsprüferinnen oder eine sonst kaufmännisch oder betriebswirtschaftlich erfahrene und dadurch geeignete Personen (§ 56 InsO). Auf diese ist anstelle von Geschäftsführern oder Geschäftsführerinnen (GmbH, GmbH & Co. KG), des Vorstands (AG, Genossenschaft, eingetragener Verein) oder geschäftsführenden Gesellschaftern oder Gesellschafterinnen (oHG, KG) die Verfügungs- und Verwaltungsbefugnis von Gesetzes wegen übergegangen (§ 80 Abs. 1 InsO). Bei vorläufigen Insolvenzverwaltern oder Insolvenzverwalterinnen tritt diese Stellung nur mit der gerichtlichen Anordnung eines allgemeinen Verfügungsverbots für den Schuldner oder die Schuldnerin (§ 21 Abs. 2 S. 1 Nr. 2 InsO) ein. Der Insolvenzverwalter oder die Insolvenzverwalterin wird damit gesetzlicher Vertreter oder Vertreterin eines anderen im Sinne des § 9 Abs. 1 Nr. 3 OWiG. Bei vorläufigen Insolvenzverwaltern oder Insolvenzverwalterinnen tritt diese Wirkung vor Erlass des Eröffnungsbeschlusses nur in Verbindung nur aufgrund eines gerichtlich angeordneten allgemeinen Verfügungsverbots ein. Aufgrund der gesetzlichen Vertretung während des Insolvenzverfahrens haben nun die (vorläufigen) Insolvenzverwalter oder Insolvenzverwalterinnen öffentlich-rechtliche Pflichten zu erfül-

1) BGH, Beschl. vom 1.10.1985, Az. KRB 5/85.

2) Die „Insolvenz" muss also im Gegensatz zu einer gängigen Darstellung nicht nur „angemeldet" werden. Im Falle gerichtlich angeordneter Eigenverwaltung des Schuldners (§ 270 InsO) übt der Sachwalter (§ 270c InsO) nur Überwachungsfunktionen aus und wird daher nicht Täter oder Täterin einer Ordnungswidrigkeit.

len. Sie können daher anstelle der bisher Verpflichteten eine Ordnungswidrigkeit als gesetzlicher Vertreter oder Vertreterinnen eines anderen begehen. Bei Dauerordnungswidrigkeiten ist darauf zu achten, wann die Verpflichtung vom (vorläufigen) Insolvenzverwalter oder der -verwalterin übernommen wird.

Beispiel:

Der Geschäftsführer einer Bauträger GmbH hat den vorgeschriebenen Prüfungsbericht nach § 16 Abs. 1 MaBV der zuständigen Behörde nicht fristgerecht vorgelegt. Auf Antrag eines Gläubigers eröffnet das Insolvenzgericht ein Insolvenzverfahren über das Vermögen der GmbH. Der vom Amtsgericht eingesetzte Insolvenzverwalter führt den Geschäftsbetrieb in der Insolvenz weiter. Als gesetzlicher Vertreter im Sinne des § 9 Abs. 1 Nr. 3 OWiG ist er nunmehr zur Vorlage des Prüfungsberichts anstelle des Geschäftsführers verpflichtet. Spätestens ab Erlass des Eröffnungsbeschlusses ist er daher Täter der Ordnungswidrigkeit nach § 18 Abs. 1 Nr. 12 MaBV.

Der Beginn der Verantwortlichkeit von Insolvenzverwaltern und -verwalterinnen wird der Verwaltungsbehörde meist nicht sofort bekannt sein. Sie kann ihn aus einer anderweitigen Vollstreckungsmaßnahme, aus dem Insolvenzvermerk in einem Handelsregisterauszug sowie aus einer Veröffentlichung des Insolvenzgerichts im bundesweiten Internetportal www.insolvenzbekanntmachunge.de erfahren. Vom Insolvenzgericht bei Eigenverwaltung eingesetzte Sachwalter oder Sachwalterinnen (§ 270c S. 1 InsO) üben nur die Aufsicht über den Schuldner oder die Schuldnerin aus (§ 270 Abs. 1 S. 1 InsO), haben aber nicht die Befugnisse eines Insolvenzverwalters oder einer -verwalterin. Sie können also nicht Täter oder Täterin einer unternehmensbezogenen Ordnungswidrigkeit sein.

Insolvenzverwalter und -verwalterinnen können bei der Übernahme ihres Amtes nicht sofort alle Pflichtverletzungen des Inhabers oder der Inhaberin bzw. gesetzlicher Vertreter oder Vertreterinnen eines Unternehmens kennen. Es empfiehlt sich daher ein Hinweisdokument mit der Aufforderung, für die Beendigung eines andauernden ordnungswidrigen Zustandes zu sorgen (Musterdokument 4.2 unten). Kommt der Empfänger oder die Empfängerin dieser Aufforderung nach, hat die Mitteilung ihr Ziel erreicht, andernfalls stellt die Geldbuße neben einem möglichen Zwangsgeld gerade im Insolvenzverfahren eine wirksame Möglichkeit dar, verwaltungsrechtliche Ge- und Verbote durchzusetzen. Beschäftigt der Insolvenzverwalter oder die -verwalterin frühere gesetzliche Vertreter oder Vertreterinnen (§ 9 Abs. 1 Nr. 1, 2 OWiG) als Betriebsleiter oder -leiterinnen weiter, so obliegt diesen die Aufsichtspflicht nunmehr als beauftragten Vertretern oder Vertreterinnen im Sinne des § 9 Abs. 2 S. 1 OWiG.[1)]

1) AG Tübingen, Urt. vom 29.1.2019, Az. 16 Owi 16 Js 20968/18.

Muster 4.2: Hinweisdokument an einen Insolvenzverwalter zur Beendigung ordnungswidriger Zustände

Stadt Münsterberg Gewerbeamt

Stadt Münsterberg, 99090 Münsterberg

Herrn Rechtsanwalt
Klaus Schindler
Ebnerstraße 256
50232 Neustadt
über besonderes elektronisches Anwaltspostfach

Dienstgebäude	Leibnitzstraße 25 99090 Münsterberg
Bearbeitung	Herr Fuchs
Telefon	(0987) 9878-363
E-Mail	gewamt@muensterberg.de

Ihr Zeichen, Ihre Nachricht vom	Bitte bei Antwort angeben **Unser Zeichen, Unsere Nachricht vom**	**Datum**
	OWi – 0987665/26	24.4.2026

Insolvenzverfahren über das Vermögen der ATV Lackierbetriebe GmbH, Geschäftsführer Werner Spielbauer, Lenaustraße 112, 54326 Münsterberg (Amtsgericht Neustadt, Geschäftszeichen 30 IN 934/26)

Hinweis auf ordnungswidriges Verhalten im Insolvenzverfahren

Sehr geehrter Herr Rechtsanwalt,

das Amtsgericht Neustadt hat Sie durch Beschl. vom 12.4.2026 zum Insolvenzverwalter im Insolvenzverfahren über das Vermögen der ATV Lackierbetriebe GmbH, Geschäftsführer Werner Spielbauer, Lenaustraße 112, 54326 Münsterberg bestellt (Geschäftszeichen 30 IN 934/26). Damit ist die Verwaltungs- und Verfügungsbefugnis über das zur Insolvenzmasse gehörende schuldnerische Vermögen auf Sie übergegangen (§ 80 Abs. 1 InsO). Der Betrieb wird nach Auskunft des Insolvenzgerichts fortgeführt.

Leider müssen wir Sie darauf hinweisen, dass der Geschäftsführer der Gesellschaft spätestens seit Februar 2026 die mit der immissionsschutzrechtlichen Erlaubnis vom 30.3.2019 verbundene Lärmschutzauflage Nr. 2.3 des Erlaubnisbescheids (vergleiche Anlage) fortlaufend missachtete. Der zulässige früheste Betriebsbeginn der Anlage ist dadurch auf 7.00 Uhr festgelegt. Tatsächlich wird die Anlage fast stets bereits zwischen 6.00 und 6.15 Uhr in Betrieb genommen. Wir haben deshalb gegen den Geschäftsführer als gesetzlichen Vertreter ein Bußgeldverfahren eingeleitet, in dem wir ihm eine Ordnungswidrigkeit nach § 62 Abs. 1 Nr. 2 BImSchG bis zum Zeitpunkt des Eröffnungsbeschlusses vorwerfen. Die Ordnungswidrigkeit ist mit Geldbuße bis zu 50000 Euro bedroht.

Wir bitten Sie daher, für die künftige Einhaltung der missachteten Nebenbestimmung Sorge zu tragen. Sollte die Auflage auch künftig nicht beachtet werden, müssen Sie mit der Einleitung eines Bußgeldverfahrens als nunmehriger gesetzlicher Vertreter des Unternehmens im Sinne des § 9 Abs. 1 Nr. 3 OWiG rechnen.

Mit freundlichen Grüßen

Stadt Münsterberg, Gewerbeamt

Telefonzentrale
(0899) 123-0
Internet
www.Muensterberg.de

Servicezeiten
Mo-Mi 7.30-16.30 Uhr
Do 7.30-17.30 Uhr
Fr 7.30-12.00 Uhr

Öffentliche Verkehrsmittel
Stadtbus Linie 6
Haltestelle Mitte

Bankverbindung
Kreissparkasse Münsterberg
IBAN DE2040000000123456
BIC GROBDE77XX
Volksbank Münsterberg
IBAN DE2040000000234567
BIC GROBDE87XX

Besonderes elektronisches Behördenpostfach
Ordnungsamt@muensterberg .de

2.3.2 Betreuer und Betreuerinnen

Bei erwachsenen Personen kommen gerichtlich bestellte Betreuer und Betreuerinnen (§§ 1814, 1815 BGB) als Vertreter oder Vertreterinnen in Betracht. Hier schließen sich die betreute Person und der Betreuer als Täter oder die Betreuerin als Täterin der Ordnungswidrigkeit gegenseitig aus. Der Betreuer und die Betreuerin können zwar im Rahmen ihres Zuständigkeitsbereichs Vertreter oder Vertreterinnen vor Behörden und Gerichten sein (§ 1821). Sie sind aber i. d. R. mangels ausdrücklicher Bestellung durch das Amtsgericht – Betreuungsgericht – keine Vertreter oder Vertreterinnen im Sinne des § 9 Abs. 1 Nr. 3 OWiG. Hat die verantwortende Person der Verwaltungsbehörde Anhaltspunkte für eine bestehende Betreuung, muss sie durch Auskunftsersuchen (§ 161 Abs. 1 S. 1 StPO i. V. m. § 46 Abs. 1 OWiG) beim Amtsgericht als Betreuungsgericht klären, wer von beiden als Täter oder Täterin der Ordnungswidrigkeit in Betracht kommt.[1] Betreuer oder Betreuerinnen trifft keine allgemeine Aufsichtspflicht über die betreuten Personen. Sie können daher nicht wegen pflichtwidrigen Unterlassens gebotenen Einschreitens aus einer Garantenstellung (§ 8 OWiG) bußgeldrechtlich haften. Die betreute Person und der Betreuer oder die Betreuerin können aber eine Ordnungswidrigkeit als Beteiligte begehen, wenn sie rechtswidrig zusammenwirken.

Beispiel:

Eine betreute Person bezieht mit anderen Haushaltsmitgliedern Wohngeld. Der Anspruch entfällt durch Änderung der zu berücksichtigenden Haushaltsmitglieder (§ 27 Abs. 2 S. 1 Nr. 1 WoGG). Die wohngeldberechtigte Person hat dies der Behörde unverzüglich mitzuteilen (§ 27 Abs. 3 S. 1 WoGG). Ist die Betreuung gerichtlich angeordnet, ist nur der Betreuer oder die Betreuerin, nicht aber die betreute Person Täter oder Täterin der Ordnungswidrigkeit (§ 37 Abs. 1 Nr. 3 WoGG).

Beantragt die betreute Person trotz Anordnung der Betreuung selbst ohne Wissen des Betreuers oder der Betreuerin mit unrichtigen Angaben Wohngeld (§ 37 Abs. 1 Nr. 2 WoGG), so ist sie allein Täter oder Täterin der Ordnungswidrigkeit.

Liegt der Tatzeitpunkt der Ordnungswidrigkeit (§ 6 S. 1 OWiG) vor der Anordnung der Betreuung, so kann der Betreuer oder Betreuerin nicht Täter oder Täterin der Ordnungswidrigkeit sein. Die betreute Person ist nicht automatisch auch schuldunfähig (§ 12 Abs. 2 OWiG).[2]

Beispiel:

Eine nunmehr betreute Person stellt vor der gerichtlichen Anordnung der Betreuung einen unrichtigen Antrag auf Wohngeld (§ 23 Abs. 1 S. 3 i. V. m. § 37 Abs. 1 Nr. 2 WoGG). Täter oder Täterin der Ordnungswidrigkeit ist nur die betreute Per-

1) Zum Betreuer als Täter oder Betreuerin als Täterin § 2 Nr. 3.4.3.

2) Zur Vorwerfbarkeit des Handelns betreuter Personen (§ 12 Abs. 2 OWiG) § 2 Nr. 3.4.3.

son, nicht der Betreuer oder die Betreuerin. Ob wegen der noch nicht verjährten Ordnungswidrigkeit ein Bußgeldverfahren eingeleitet werden kann, hängt von der Verwertbarkeit bei der Antragstellung (§ 12 Abs. 2 OWiG) und der noch gegebenen Gebotenheit der Ahndung (§ 47 Abs. 1 S. 1 OWiG) ab.

2.3.3 Personensorgeberechtigte

Als gesetzliche Vertreter oder Vertreterinnen von Minderjährigen kommen die Eltern (§ 1626, § 1629 Abs. 1, § 1705 BGB) und ein Amtsvormund (§§ 1773, 1793 BGB) in Betracht. Diese Alternative des § 9 Abs. 1 Nr. 3 OWiG hat aber in der Verfahrenspraxis keinerlei Bedeutung, weil wie z. B. bei Schulpflichtversäumnissen ordnungswidriges Verhalten von Jugendlichen durch spezielle Bußgeldvorschriften in den Landesschulgesetzen sowohl beim Täter oder der Täterin als auch ihren gesetzlichen Vertretern und Vertreterinnen geahndet werden kann.

Beispiele:

Bei Schulpflichtversäumnissen enthalten die meisten Landesschulgesetze neben der Ordnungswidrigkeit der Schulpflichtigen auch eine Bußgeldvorschrift, die das unterlassene Sorgetragen der Personensorgeberechtigten für den Unterrichtsbesuch mit Geldbuße bedroht.

Bei Zuwiderhandlungen gegen Jugendschutzvorschriften handeln auch Personen über 18 Jahren ordnungswidrig, die den Verstoß herbeiführen oder fördern (§ 28 Abs. 4 S. 1 JuSchG).

2.4 Mehrzahl gesetzlicher Vertretungen

Sind Normadressaten oder -adressatinnen einer Handlungs- oder Unterlassungspflicht, insbesondere Adressaten oder Adressatinnen von Verwaltungsakten durch mehrere natürliche Personen als Organe vertreten, so stellt sich die Frage, gegen welches von ihnen als Täter oder Täterin der Ordnungswidrigkeit das Bußgeldverfahren durchzuführen ist.[1] Die Vertretung durch mehrere Personen tritt besonders bei gesetzlichen Vertretern und Vertreterinnen von juristischen Personen des Privatrechts und Personenhandelsgesellschaften auf.[2]

Beispiel:

Mehrere Vorstandsmitglieder einer Aktiengesellschaft (AG), mehrere Geschäftsführer oder Geschäftsführerinnen einer GmbH bzw. UG (haftungsbeschränkt),

---

1) Zum Sonderfall der Personensorgeberechtigten § 4 Nr. 2.2.3.3. zur Beteiligung mehrerer Personen an einer Ordnungswidrigkeit (§ 14 OWiG) § 4 Nr. 1.

2) Zum Begriff der juristischen Person des Privatrechts § 4 Nr. 2.2.1.1 und der Personengesellschaft § 4 Nr. 2.2.2.

mehrere Gesellschafter oder Gesellschafterinnen einer eingetragenen Gesellschaft bürgerlichen Rechts (eGbR) oder offenen Handelsgesellschaft (oHG).

Typisch ist die innerbetriebliche Aufteilung von Zuständigkeiten durch privatrechtliche Vereinbarung der Beteiligten, z. B. einen Gesellschaftsvertrag, in kaufmännische und technische Geschäftsbereiche. Grundsätzlich führt eine solche Aufteilung jedoch nicht von vornherein zum Ausschluss der Verantwortlichkeit eines intern unzuständigen Organs. Es sind vielmehr folgende Fälle zu unterscheiden:

- **Handeln eines unzuständigen Organs**

  Begeht ein vertretungsberechtigtes Organ eine Ordnungswidrigkeit, so ist der Einwand der internen Unzuständigkeit unbeachtlich.

Beispiel:

Der Geschäftsführer einer GmbH kann dem Vorwurf einer falschen gewerberechtlichen Auskunft (z. B. § 29 Abs. 1 i. V. m. 146 Abs. 2 Nr. 4 GewO) nicht entgegenhalten, er sei intern unzuständig gewesen, die Ordnungswidrigkeit falle in den Zuständigkeitsbereich eines andern.

- **Unterlassen eines unzuständigen Organs**

  Beim Unterlassen einer ordnungsrechtlich gebotenen Pflicht ist dagegen die interne Zuständigkeit des vertretungsberechtigten Organs beachtlich.[1)]

  - Grundsätzlich darf sich bei **Aufgabenteilung** ein unzuständiges Organ darauf verlassen, das zuständige Organ werde die ihm obliegenden verwaltungsrechtlichen Pflichten erfüllen. Eine allgemeine gegenseitige Überwachungspflicht der Organe ohne besondere Veranlassung gibt es nach richtiger Ansicht nicht.
  - Eine **Überwachungspflicht** unzuständiger gegenüber zuständigen Organen ist aber dann anzunehmen, wenn mit der Möglichkeit einer bestimmten Ordnungswidrigkeit durch das zuständige Organ wegen dessen Unzuverlässigkeit zu rechnen ist oder sich diese sogar aufdrängt.[2)]

  Erfährt ein Geschäftsführer oder eine Geschäftsführerin von Unregelmäßigkeiten in einem nach der internen Zuständigkeit nicht zu seinen oder ihren Aufgaben gehörenden Gebiet oder ist die Aufgabenerfüllung durch den Mitgeschäftsführende offensichtlich unzulänglich, muss das intern nicht zuständige Organ trotzdem tätig werden.[3)]

Beispiel:

Dem intern unzuständigen kaufmännischen Geschäftsführer einer GmbH sind frühere Verstöße, Unzuverlässigkeit und gleichgültiges Verhalten des zuständigen

---

1) OLG Düsseldorf, Beschl. vom 16.1.2002, Az. 2b Ss (OWi) 2/01 – (OWi) 75/01 IV.
2) KG (Berlin), Beschl. vom 15.4.1998, Az. 2 Ss 87/98 – 5 Ws (B) 192/98.
3) LG Osnabrück, Urt. vom 20.9.2013, Az. 10 KLs 16/13.

technischen Geschäftsführers bei der Einhaltung umweltrechtlicher Auflagen für den Produktionsbetrieb bekannt. Der unzuständige Geschäftsführer muss auf die Einhaltung der missachteten Bestimmungen hinwirken, wozu er aufgrund seiner Stellung als gesetzlicher Vertreter auch in der Lage ist.

Soll gegen die „Geschäftsführung, Leitung, Verantwortlichen" eines Unternehmens bußgeldrechtlich vorgegangen werden, so bedeutet die Einleitung eines Bußgeldverfahrens gegen diesen Personenkreis zunächst ein „Bußgeldverfahren gegen unbekannt", in dem die gesetzlichen Vertreter und Vertreterinnen im Sinne des § 9 Abs. 1 OWiG als Täter oder Täterinnen der vorgeworfenen Ordnungswidrigkeit noch zu ermitteln und zu überführen sind. Soweit die betreffenden Personen nicht aus einem vorangegangenen Verwaltungsverfahren zweifelsfrei bekannt sind, ist die Ermittlung aller in Betracht kommenden Organe über das Handelsregister (www.handelsregister.de) oder Unternehmensregister (www.unternehmensregister.de) unumgänglich. Die gelegentlich festzustellende „Anfrage" bei einem Unternehmen nach dem „Verantwortlichen" ist als personenbezogene Datenerhebung im Bußgeldverfahrens rechtswidrig, weil sie gegen das Verbot der Aufforderung zur Selbstbezichtigung als Täter oder Täterin einer Ordnungswidrigkeit (§ 136 Abs. 1 S. 2 StPO i. V. m. § 46 Abs. 1 OWiG) verstößt.[1] Befragte Personen wären zudem entweder als Betroffene über ihr Schweigerecht (§ 55 OWiG) oder als Zeuge oder Zeuginnen über ihr Auskunftsverweigerungsrecht (§ 55 StPO i. V. m. § 46 Abs. 1 OWiG) aktenkundig zu belehren. Schließlich kann sich dann ein Unternehmen als Adressat des dienstlichen Dokuments einen Betroffenen oder eine Betroffene aussuchen und einen Mitarbeitenden in der unteren Betriebshierarchie als Täter oder Täterin präsentieren, während die ahndungswürdigen Organe unbehelligt bleiben.

1) BVerfG, Beschl. vom 25.1.2022, Az. 2 BvR 2462/18.

(§ 9 Absatz 1 Nummer 1 OWiG)

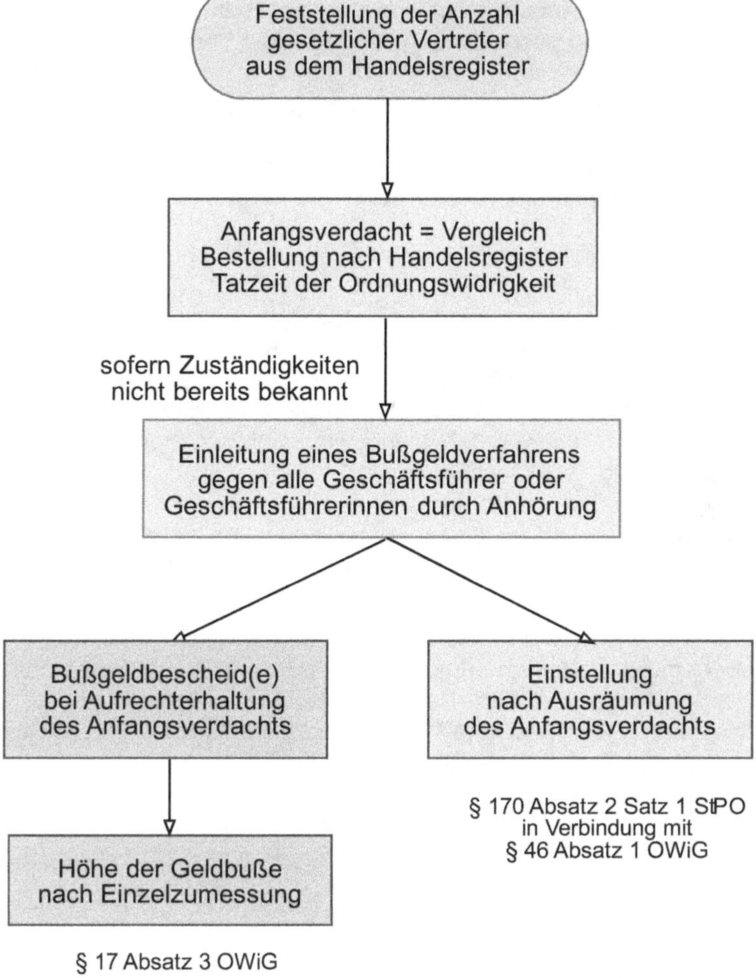

Abb. 6: Mehrere Geschäftsführer oder Geschäftsführerinnen einer GmbH

Soweit nicht bereits aus einem Verwaltungsverfahren oder früheren Bußgeldverfahren die Zuständigkeiten innerhalb mehrerer gesetzlicher Vertreter oder Vertreterinnen aktuell bekannt sind, richtet sich der Anfangsverdacht einer betriebsbezogenen Ordnungswidrigkeit, insbesondere auch der Auffangtatbestand der Verletzung der Aufsichtspflicht in Betrieben und Unternehmen (§ 130 Abs. 1 OWiG) gegen **alle gesetzlichen Vertreter** oder Vertreterinnen als Beteiligte (§ 14 Abs. 1 OWiG) oder fahrlässige Nebentäter einer Ordnungswidrigkeit.[1] Zunächst ist noch unbekannt, ob

1) Zur Beteiligung an einer Ordnungswidrigkeit (§ 14 OWiG) und Abgrenzung zur fahrlässigen Nebentäterschaft § 4 Nr. 1.

diese alle Aufgabenbereiche eines Betriebes oder Unternehmens gemeinsam wahrnehmen oder eine Aufgabenteilung besteht. Das Bußgeldverfahren sollte daher mangels entsprechender Erkenntnisse im Zweifel gegen alle Personen durch eine Anhörung (§ 55 OWiG i. V. m. § 163a Abs. 1 StPO) eingeleitet und ihnen dadurch rechtliches Gehör auch zu ihrer internen Zuständigkeit gegeben werden. Stellt sich heraus, dass diese nicht bei allen gesetzlichen Vertretern oder Vertreterinnen liegt, wird das Bußgeldverfahren gegen diese nach § 170 Abs. 2 S. 1 StPO i. V. m. § 46 Abs. 1 OWiG aus tatsächlichen Gründen wieder eingestellt.[1] Kosten, insbesondere für einen Rechtsanwalt als Verteidiger oder eine Rechtsanwältin als Verteidigerin, können dabei für die Verwaltungsbehörde nicht entstehen. Zudem wird durch die erste Anhörung die Verfolgungsverjährung unterbrochen (§ 33 Abs. 1 S. 1 Nr. 1 OWiG).[2]

Beispiel:

Aus dem Handelsregister ergeben sich drei Geschäftsführer einer GmbH, gegen die ein Bußgeldverfahren als Beteiligte (§ 14 Abs. 1 OWiG) oder fahrlässige Nebentäter einer Ordnungswidrigkeit eingeleitet wird. Aus dem Ergebnis der Anhörung folgt jedoch, dass nur einer der drei Geschäftsführer für den Geschäftsbereich zuständig ist, in dem die Ordnungswidrigkeit begangen wurde. Nachdem eine Kenntnis der übrigen Geschäftsführer von der Zuwiderhandlung oder eine Veranlassung zu besonderer Kontrolle eines Mitgeschäftsführers nicht nachweisbar sind, wird das Bußgeldverfahren gegen sie aus tatsächlichen Gründen wieder eingestellt.

Es wäre daher grundsätzlich verfehlt, aus dem Handelsregister oder gar einem Geschäftsbrief die dort als erste aufgeführte Person als „Gesamtverantwortlichen" herauszusuchen. Auch die Anfrage beim kommunalen Gewerberegister (§ 14 GewO) hilft hier nicht weiter, weil es solche Angaben nicht enthalten kann. Die Geldbuße ist keine gegen ein Unternehmen durch Leistungsbescheid festgesetzte Gebühr, sondern eine ernste Pflichtenmahnung gegen den Täter oder die Täterin einer Ordnungswidrigkeit. Außerdem besteht die Gefahr, den „Falschen erwischt" zu haben. Ohne begründeten Anlass besteht auch keine gegenseitige Überwachungspflicht.

Fehlbeispiel:

Dem „Verantwortlichen" einer GmbH bzw. offenen Handelsgesellschaft (oHG) soll der Vorwurf einer betriebsbezogenen Ordnungswidrigkeit gemacht werden. Die verantwortende Person der Verwaltungsbehörde entnimmt dem kommunalen Gewerberegister oder einem Geschäftsbrief die erste dort genannte Person und leitet nur gegen diese ein Bußgeldverfahren ein. Als sie sich bei der Anhörung nicht äußert, ergeht ein Bußgeldbescheid. Erst im späteren gerichtlichen Bußgeldverfahren vor dem Amtsgericht ergibt sich, dass es sich nicht um den zustän-

1) Zur Einstellung eines Bußgeldverfahrens mangels Tatnachweises (§ 170 Abs. 2 S. 1 StPO i. V. m. § 46 Abs. 1 OWiG) § 11 Nr. 1.

2) Zur Unterbrechung der Verfolgungsverjährung durch die erste Anhörung (§ 33 Abs. 1 S. 1 Nr. 1 OWiG) § 2 Nr. 4.2.2.4.

digen Geschäftsführer bzw. geschäftsführenden Gesellschafter, sondern um einen unzuständigen Geschäftsführer bzw. den bereits zum Tatzeitpunkt durch Gesellschaftsvertrag von der Geschäftsführung aus Altersgründen ausgeschlossenen Seniorchef handelt.

Der Betroffene wird im gerichtlichen Bußgeldverfahren freigesprochen, gegen die wirklichen Täter der Ordnungswidrigkeit kann wegen zwischenzeitlichen Eintritts der Verfolgungsverjährung kein Bußgeldverfahren mehr eingeleitet werden.

Bei einer größeren Anzahl gesetzlicher Vertreter oder Vertreterinnen stößt die Feststellung der zuständigen Personen allerdings an praktische Grenzen. Dann empfiehlt sich ein selbstständiges Verfahren mit Festsetzung einer Geldbuße nach § 30 Abs. 4 OWiG[1] oder eine Einziehung des Wertes von Taterträgen nach § 29a OWiG[2] nur gegen die für die Zuwiderhandlung bußgeldrechtlich haftende juristische Person oder Personengesellschaft. In diesem Fall braucht nämlich die Person des zuständigen gesetzlichen Vertreters bzw. einer Vertreterin nicht ermittelt zu werden.

Beispiel:

Eine Aktiengesellschaft (AG) wird laut Handelsregisterauszug zur Tatzeit der Ordnungswidrigkeit (§ 6 OWiG) von zwanzig Vorstandsmitgliedern vertreten. Es ist praktisch aussichtslos, durch Versendung von zwanzig Anhörungsdokumenten das für eine bestimmte Zuwiderhandlung verantwortliche Vorstandsmitglied zu ermitteln.

2.5 Faktische Geschäftsführung

Manchmal ist aus dem Verwaltungsverfahren bekannt, dass ein im Handelsregister eingetragener Geschäftsführer oder Geschäftsführerin diese Tätigkeit nicht tatsächlich ausübt, sondern nur vorgeschoben ist. Geschäftsführer oder Geschäftsführerin jedoch ist auch, wer ohne förmliche Bestellung diese Stellung tatsächlich einnimmt. Der Umstand, dass es daneben einen formell bestellten Geschäftsführer oder eine Geschäftsführerin gibt, muss dem nicht entgegenstehen.[3]

Beispiel:

Das Ordnungs-, Gewerbe-, Umweltamt, die Lebensmittelüberwachung usw. stellt bei der Nachschau im Geschäftsbetrieb einer GmbH regelmäßig fest, dass der im Handelsregister eingetragene Geschäftsführer tatsächlich nie anzutreffen ist. Eine angeblich angestellte Person lässt sich als „Chef“ ansprechen, sichert die umgehende Beseitigung von Beanstandungen zu, beantwortet alle Behördenanfragen

1) Zur selbstständigen Festsetzung einer Geldbuße gegen eine juristische Person oder Personenvereinigung (§ 30 Abs. 4 OWiG) § 15.
2) Zur Einziehung von Taterträgen bei einer juristischen Person oder Personenvereinigung (§ 29a OWiG) § 16.
3) BGH, Beschl. vom 23.1.2013, Az. 1 StR 459/12, zu § 14 Abs. 1 StGB.

und ist stets am Firmentelefon zu erreichen. Bei dieser Person handelt es sich um den früheren Geschäftsführer, der wegen einer bestandskräftigen Gewerbeuntersagung „offiziell“ nicht mehr tätig werden kann.

Die Stellung als faktischer oder tatsächlicher Geschäftsführer darf aber nicht einfach aufgrund von Indizien unterstellt werden. Bloße Hinweise, der Betroffene habe „im Wesentlichen“ die Geschicke der Firma bestimmt, genügen hierfür nicht.[1] Nach der Rechtsprechung des Bundesgerichtshofs zur strafrechtlichen Parallelvorschrift § 14 Abs. 1 StGB ist als Geschäftsführer auch derjenige anzuerkennen, der

- die Geschäftsführung mit Einverständnis der Gesellschafter oder Gesellschafterinnen ohne förmliche Bestellung faktisch übernommen hat,
- tatsächlich ausübt und
- gegenüber dem formellen Geschäftsführer bzw. Geschäftsführerin eine überragende Stellung einnimmt oder zumindest das deutliche Übergewicht hat.[2]

Es müssen also konkrete Pflichten übertragen sein, die typischerweise mit der Stellung eines Organs verbunden sind. Sind der betreffenden Person solche Kompetenzen nicht übertragen, spricht dies indiziell gegen die Annahme einer faktischen Geschäftsführung.[3] Im Rahmen einer Gesamtbetrachtung kann ein Übergewicht insbesondere dann angenommen werden, wenn die zu beurteilende Tätigkeit für die Gesellschaft überragend ist und die Unternehmensentwicklung hierdurch über einen längeren Zeitraum entscheidend geprägt wird.[4]

Nur als „Strohperson“ vorgeschobene Geschäftsführer oder Geschäftsführerinnen[5] können bei einer Unrechtsvereinbarung als Beteiligte an einer Ordnungswidrigkeit (§ 14 Abs. 1 OWiG)[6] mangels eigenen Wissens der im Unternehmen begangenen Ordnungswidrigkeit(en) meist aber nur wegen Verletzung der Aufsichtspflicht in Betrieben und Unternehmen (§ 130 OWiG) geahndet werden.[7]

2.6 Rechtsgeschäftlich beauftragte Vertreter (§ 9 Abs. 2 OWiG)

§ 9 Abs. 2 OWiG erweitert den Anwendungsbereich einer Bußgeldvorschrift auf Personen, die für andere in ihrer Eigenschaft als rechtsgeschäftlich beauftragte („gewillkürte“) Vertreter und Vertreterinnen, meist im Rahmen eines Arbeitsverhältnisses (§ 611a BGB), tätig werden. Sie besitzen ihre Stellung nicht schon aufgrund einer gesetzlichen Vorschrift wie in den Fällen des § 9 Abs. 1 OWiG, sondern werden erst durch die Willenserklärung des Inhabers oder Inhaberin bzw. der für ihn handelnden Personen[8] beauftragt, die in § 9 Abs. 1 S. 1 Nr. 1 und 2 OWiG beschriebenen Aufgaben wahrzunehmen.

1) BGH, Beschl. vom 23.1.2013, Az. 1 StR 459/12, zu § 14 Abs. 1 StGB.
2) BGH, Beschl. vom 13.12.2012, Az. 5 StR 407/12, zu § 14 Abs. 1 StGB.
3) BGH, Urt. vom 27.6.2005, Az. II ZR 113/03.
4) LG Augsburg, Beschl. vom 15.1.2014, Az. 2 Qs 1002/14.
5) Zu „Strohpersonenverhältnissen“ vorgeschobener Scheingeschäftsführer § 4 Nr. 2.5.
6) OLG Stuttgart, Beschl. vom 29.3.2017, Az. 1 Ws 8/17, bei der gemeinsamen Umgehung einer Gewerbeuntersagung durch Angehörige.
7) Zur Verletzung der Aufsichtspflicht in Betrieben und Unternehmen (§ 130 OWiG) § 4 Nr. 3.
8) AG Köln, Urt. vom 4.4.2019, Az. 902b OWi 34/18.

Der Anwendungsbereich des § 9 Abs. 2 OWiG ist auf rechtsgeschäftliche Vertretungsverhältnisse in Betrieben (§ 9 Abs. 2 S. 1 OWiG) und Unternehmen (§ 9 Abs. 2 S. 2 OWiG) beschränkt. Sinngemäß ist die Vorschrift auch auf Stellen anwendbar, die Aufgaben in der öffentlichen Verwaltung wahrnehmen (§ 9 Abs. 2 S. 3 OWiG). Vertretungsverhältnisse im Rahmen privater Beziehungen werden anders als beim gesetzlichen Vertreter eines anderen (§ 9 Abs. 1 Nr. 3 OWiG) nicht erfasst.

Eine Bußgeldvorschrift kann dadurch auch auf Vertreter oder Vertreterinnen angewendet werden, wenn diese vom Inhaber oder der Inhaberin eines Betriebes, Unternehmens bzw. einer Stelle der öffentlichen Verwaltung oder einer sonst dazu befugten Person

- als *Betriebsleiter* oder *Teilbetriebsleiter* oder -leiterin beauftragt ist, den Betrieb ganz oder zum Teil zu leiten (§ 9 Abs. 2 S. 1 Nr. 1 OWiG),
- *ausdrücklich* beauftragt ist, in *eigener Verantwortung* Aufgaben wahrzunehmen, die dem Inhaber oder der Inhaberin des Betriebes obliegen (§ 9 Abs. 2 S. 1 Nr. 2 OWiG).

Weitere Voraussetzung ist, dass der Vertreter oder die Vertreterin aufgrund des Auftrages handelt[1] und besondere persönliche Merkmale wie z. B. als Gewerbetreibende, Veranstaltende, Inhaber oder Inhaberin einer Erlaubnis, Arbeitgeber oder Arbeitgeberin, Betreiber oder Betreiberin usw. zwar nicht bei der vertretenden, aber bei der vertretenen Person vorliegen.

2.6.1 Begriff des Betriebes oder Unternehmens

Der Begriff eines Betriebes in § 9 Abs. 2 OWiG ist wesentlich weiter als der Betrieb eines Gewerbes in § 1 Abs. 1 GewO. Unter den bußgeldrechtlichen Betriebsbegriff fallen auch landwirtschaftliche Urproduktion, Dienstleistungen und freiberufliche Tätigkeiten wie Arztpraxen, Apotheken, Rechtsanwaltskanzleien, die keine Gewerbe sind. Der Begriff des Unternehmens stellt mehr auf die rechtliche, der Begriff des Betriebes mehr auf die technische Einordnung ab. Die Unterscheidung ist wegen der weiten Auslegung des Betriebsbegriffs aber praktisch bedeutungslos. Beide Alternativen stehen gleichwertig nebeneinander.[2] Für die bußgeldrechtliche Haftung beauftragter Personen nach § 9 Abs. 2 OWiG spielt es keine Rolle, ob es sich der Unternehmenssitz im In- oder Ausland befindet.[3] Auf die Rechtsform des Betriebes oder Unternehmens kommt es anders als in den Fällen der gesetzlichen Vertretung nach § 9 Abs. 1 OWiG grundsätzlich nicht an. Inhaberin eines Betriebes kann nicht nur eine juristische Person oder Personengesellschaft, sondern auch eine Einzelfirma sein.

2.6.2 Betriebsleitende Personen (§ 9 Abs. 2 S. 1 Nr. 1 OWiG)

Mit der Beauftragung durch Inhaber, Inhaberinnen oder sonst befugte Personen, einen Betrieb ganz oder teilweise zu leiten, werden betriebsleitende natürliche Personen neben diesen zu zusätzlichen Normadressaten von Bußgeldvorschriften (§ 9

1) OLG Karlsruhe, Beschl. vom 7.3.2006, Az. 3 Ss 190/05.
2) OLG Celle, Beschl. vom 29.3.2012, Az. 2 Ws 81/12.
3) BGH, Urt. vom 11.6.2013, Az. II ZR 389/12, für die strafrechtliche Parallelvorschrift § 14 Abs. 2 StGB.

Abs. 2 S. 1 Nr. 1 OWiG). Auf die rechtliche Wirksamkeit der Beauftragung kommt es dabei nicht an (§ 9 Abs. 3 OWiG). Entscheidend ist das faktische Tätigwerden aufgrund der Beauftragung. Daher ist auch die untechnische Bezeichnung der betriebsleitenden Person etwa als Geschäftsführer, Geschäftsführerin, Direktor oder Direktorin, Generalbevollmächtigte usw. unerheblich. Die Bezeichnung als Betriebsleiter oder Betriebsleiterin hat lediglich einen Anfangsverdacht (§ 152 Abs. 2 StPO i. V. m. § 46 Abs. 1 OWiG) rechtfertigende Indizwirkung. Sie darf also keineswegs zulasten des oder der Betroffenen einfach unterstellt werden. Es bedarf vielmehr ausreichender Feststellungen, ob dem oder der Betroffenen die Leitung und nicht nur die Aufsicht des Betriebes verantwortlich übertragen worden ist und er oder sie auch tatsächlich selbstständig anstelle des Betriebsinhabers gehandelt hat.[1]

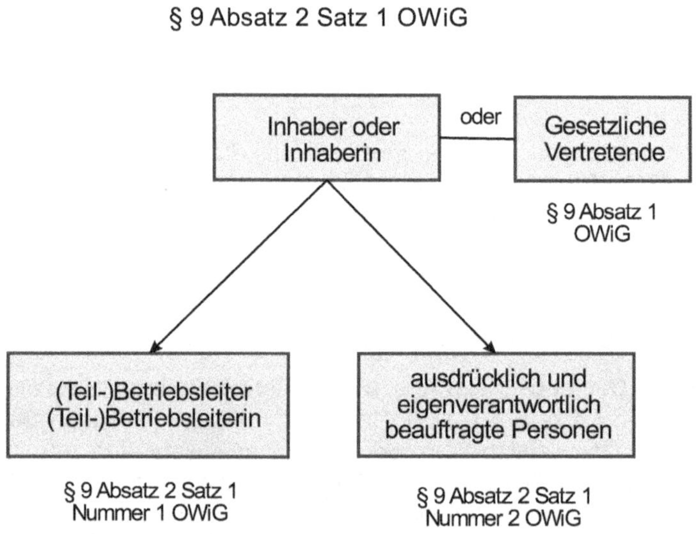

Abb. 7: Handeln für einen anderen Beauftragte Vertretende

2.6.2.1 Ganze oder teilweise Betriebsleitung

Einen Betrieb leitet ganz, wem die Geschäftsführung des Betriebes vollständig übertragen ist und dementsprechend auch selbstständig anstelle des Inhabers oder der Inhaberin handelt. Einen Betrieb leitet zum Teil, wer

- einen organisatorisch und räumlich getrennten Betriebsteil (Zweigstelle, Filiale, Nebenstelle, besondere Fabrikationsanlage),
- eine Abteilung oder Unterabteilung des Betriebes leitet (Leiter oder Leiterin kaufmännischer oder technischer Abteilungen).[2]

Der betroffene Betriebsteil muss in sachlicher Hinsicht hinreichend abgrenzbar und gegenüber dem Gesamtbetrieb mit einer gewissen Bedeutung und Selbstständig-

1) KG (Berlin), Beschl. vom 19.2.2020, Az. 3 Ws (B) 25/20.
2) BGH, Beschl. vom 17.9.2024, Az. KRB 101/23. *Wieser-Kommentar* Teil I Nr. 1 § 9 OWiG.

keit ausgestattet sein.[1] In persönlicher Hinsicht muss der Leiter oder die Leiterin eines solchen Betriebsteils hinsichtlich des ihnen eingeräumten Maßes an Eigenverantwortlichkeit und Selbstständigkeit normativ dem Leiter einer räumlich-organisatorisch getrennten Einheit entsprechen. Verantwortung setzt Freiheit des Handelns und damit die Befugnis zur Entscheidung voraus.[2] Allein die Bezeichnung als „Betriebsleiter" oder „Betriebsleiterin" ist nicht entscheidend.[3] Teilweise Betriebsleitung ist nicht gleichzusetzen mit dem arbeitsrechtlichen Begriff des leitenden Angestellten (§ 5 Abs. 3 BetrVG). Sie erfasst nämlich nicht nur oberste betriebliche Leitungsebenen, sondern auch Unterebenen wie die Leiter und Leiterinnen von Unterabteilungen, Betriebsbereichsleitende und sogar Obermeister oder -meisterinnen und Vorarbeiter oder Vorarbeiterinnen. Prokuristen (§§ 48 bis 53 HGB) sind dagegen nur dann Betriebsleitende, wenn sie selbstständig in einem Teilbereich des Betriebes tätig sind.[4]

Beispiel:

Aus der Tatsache, dass der Betroffene zur Tatzeit der Ordnungswidrigkeit Produktionsleiter der Wurstproduktion in einem Lebensmittelunternehmen war und ihm 80 bis 100 Mitarbeiter unterstellt waren, lässt sich allein noch nicht ableiten, dass er auch mit der Teilleitung des Betriebs beauftragt war. Insoweit sind weitere Feststellungen zur Organisation des Unternehmens, der Selbstständigkeit und Bedeutung der Wurstproduktion in deren Betrieb sowie der genauen hierarchischen Stellung des Betroffenen in dem Unternehmen erforderlich.[5]

Erkenntnisse über ein Firmenorganigramm und die Stellung des oder der Betroffenen lassen sich oft über Stellungnahmen von Bediensteten der Fachämter gewinnen, die das Unternehmen aus der Nachschau einer Überwachungsbehörde kennen. Manchmal sind diese auch aus der Homepage des Unternehmens im Internet abzuleiten.

2.6.2.2 Beauftragung durch Inhaber oder Inhaberin

Maßgebend für die Stellung als betriebsleitende Person ist nur die Übertragung von Leitungsaufgaben.[3] Eine ausdrückliche Beauftragung mit bestimmten Pflichten des Inhabers oder der Inhaberin ist dagegen nicht notwendig.[4] Leitungsaufgaben werden aber nur insoweit übertragen, als die beauftragte Person auch tatsächlich eigene Entscheidungsbefugnisse erhält.[6] Soweit betriebsleitende Personen vom Inhaber oder der Inhaberin weisungsabhängig bleiben, kann ein von besonderen persönlichen Merkmalen abhängiger Bußgeldtatbestand nicht durch § 9 Abs. 2 S. 1

1) BGH, Beschl. vom 17.9.2024, Az. KRB 101/23; OLG Karlsruhe, Beschl. vom 26.7.2016, Az. 2 (4) SsBs 253/16 – AK 96/16.
2) BGH, Beschl. vom 17.9.2024, Az. KRB 101/23, unter Bezugnahme auf BT-Drs. V/1319 Seite 65; KG (Berlin), Beschl. vom 19.2.2020, Az. 3 Ws (B) 25/20.
3) KG (Berlin), Beschl. vom 19.2.2020, Az. 3 Ws (B) 25/20.
4) *Wieser-Kommentar* Teil I Nr. 1 § 9 OWiG.
5) Sachverhalt nach OLG Karlsruhe, Beschl. vom 26.7.2016, Az. 2 (4) SsBs 253/16 – AK 96/16.
6) BayObLG, Beschl. vom 27.10.1987, Az. 3 ObOWi 120/87; OLG Stuttgart, Beschl. vom 28.5.1980, Az. 1 Ss 406/80.

Nr. 1 OWiG auf ihn erstreckt werden. Der Mangel an Entscheidungsbefugnis wird im Bußgeldverfahren nicht selten eingewendet.

Beispiel:

Der Betroffene ist vom Inhaber mehrerer Gaststättenbetriebe mit der Leitung einer einzelnen Gaststätte beauftragt. Dem Vorwurf unerlaubter Aufstellung von Spielgeräten (§ 144 Abs. 1 Nr. 1 Buchst. d i. V. m. § 33c Abs. 1 S. 1 GewO) hält er entgegen, diese Entscheidung habe sich der Inhaber persönlich vorbehalten. Das besondere persönliche Merkmal des Aufstellers treffe daher nicht auf ihn zu. Man solle sich an den Inhaber wenden.

Bleibt die Erstreckung ahndungsbegründender besonderer persönlicher Merkmale (§ 9 Abs. 1 S. 1 OWiG) auf betriebsleitende Personen zweifelhaft, weil deren Entscheidungsbefugnis unklar ist, sollten folgende Gesichtspunkte geprüft werden:

- *Wurden der Inhaber, die Inhaberin oder die Geschäftsleitung durch betriebsleitende Personen ausreichend über die mögliche Verletzung von Ordnungsvorschriften unterrichtet?*

  Die Leitung eines Betriebes beinhaltet auch die Pflicht zur Unterrichtung der Geschäftsleitung. Die Verletzung dieser Pflicht führt zur Verantwortlichkeit des Betriebsleiters oder der Betriebsleiterin nach § 9 Abs. 2 S. 1 Nr. 1 OWiG.

- *Liegt eine eigenmächtige Überschreitung der Entscheidungsbefugnis durch die betriebsleitende Person vor?*

  Überschreitet die betriebsleitende Person ihre Beauftragung, bleibt sie nach § 9 Abs. 2 S. 1 Nr. 1 OWiG verantwortlich. Außerdem kann sie bereits selbst als Veranstalter oder Veranstalterin, Betreiber oder Betreiberin, Aufsteller oder Aufstellerin usw. anzusehen sein.

- *Wirkt die betriebsleitende Person bewusst an einer Ordnungswidrigkeit mit?*

  Die bewusste Beteiligung einer betriebsleitenden Person an einer Ordnungswidrigkeit des Inhabers oder der Inhaberin kann unter den Einheitstäterbegriff des § 14 Abs. 1 OWiG fallen.[1)]

2.6.2.3 Mehrere betriebsleitende Personen

Sind mehrere betriebsleitende Personen vorhanden, so kann sich die Frage nach der internen Verteilung übertragener Leitungsaufgaben stellen. Die Verfolgung einer „unzuständigen" betriebsleitenden Person über § 9 Abs. 2 S. 1 Nr. 1 OWiG ist ohne Weiteres bei eigenem pflichtwidrigem Handeln außerhalb seines Aufgabenbereiches möglich. Auch wird eine intern unzuständige betriebsleitende Person auf höherer Leitungsebene die erkannte betriebsbezogene Ordnungswidrigkeit gleich- oder untergeordnet zuständiger betriebsleitender Personen zu verhindern haben. Eine allgemeine gegenseitige Überwachungspflicht ohne besonderen Anlass besteht jedoch nicht.[2)]

1) Zum Einheitstäterbegriff bei der Beteiligung an einer Ordnungswidrigkeit (§ 14 Abs. 1 OWiG) § 4 Nr. 1.
2) Zur gegenseitigen Überwachungspflicht gesetzlicher Vertreter in Ausnahmefällen (§ 9 Abs. 1 OWiG) § 4 Nr. 2.2.4.

2.6.3 Sonstige beauftragte Personen (§ 9 Abs. 2 S. 1 Nr. 2 OWiG)

Mit der ausdrücklichen Beauftragung durch den Inhaber, die Inhaberin oder sonst befugte Personen, in eigener Verantwortung Aufgaben wahrzunehmen, die ansonsten dem Inhaber oder der Inhaberin des Betriebes obliegen, wird die beauftragte Person zusätzliche Normadressatin einer Bußgeldvorschrift (§ 9 Abs. 2 S. 1 Nr. 2 OWiG). Der Inhaber oder die Inhaberin überträgt ihr nur die *Verantwortung für einzelne Aufgabenbereiche*, nicht aber die ganze oder teilweise Leitung des Betriebes als betriebsleitende Person (§ 9 Abs. 2 S. 1 Nr. 1 OWiG).

Beispiele:

Ein Büroangestellter eines Bauunternehmens ist ausdrücklich beauftragt, bei der Einstellung ausländischer Arbeitnehmer die Gültigkeit von Arbeitsgenehmigungen eigenverantwortlich zu überprüfen.[1]

Der Disponent einer Spedition ist ausdrücklich beauftragt, die Einhaltung der Lenk- und Ruhezeiten des von ihm eingeteilten Fahrpersonals eigenverantwortlich sicherzustellen.[2]

Eine Bedienung ist vom Gastwirt ausdrücklich beauftragt, am Abend in seiner Abwesenheit eigenverantwortlich für die Einhaltung gaststättenrechtlicher Auflagen zu sorgen.

Der frühere Inhaber eines Unternehmens ist nach Eröffnung des Insolvenzverfahrens (§ 27 InsO) vom Insolvenzverwalter mit der eigenverantwortlichen Einhaltung der Hygienevorschriften im weitergeführten Bäckereibetrieb ausdrücklich beauftragt.[3]

Der oder die sonstige Beauftragte braucht kein Betriebsangehöriger bzw. -angehörige zu sein, es kann sich also auch z. B. um einen freien Mitarbeiter oder eine freie Mitarbeiterin handeln. Auf die rechtliche Wirksamkeit des Auftragsverhältnisses kommt es nicht an (§ 9 Abs. 3 OWiG). Nicht unter § 9 Abs. 2 S. 1 Nr. 2 OWiG fallen bloß tatsächlich handelnde und weisungsgebundene Mitarbeitende. Erforderlich sind die *ausdrückliche* Beauftragung durch den Inhaber, die Inhaberin oder sonst Befugten und die *Eigenverantwortlichkeit* der beauftragten Person:

- **Ausdrückliche Beauftragung**

Ausdrücklich beauftragt ist, wer in für ihn oder sie übersichtlichen Grenzen für die Erledigung eines bestimmten Aufgabenbereichs eingesetzt wird. Die Beauftragung bedarf weder der Schriftform noch der Bezeichnung als Auftrag. Die mündliche Zuweisung eines Aufgabenbereiches genügt. Zur Aufklärung des Aufgabenbereiches wird die Feststellung hilfreich sein, „wofür" Mitarbeitende eingestellt oder auf welche „Stelle" sie gesetzt worden sind, z. B. als Sicherheitsbeauftragte, Fuhrparkchefs oder Ausbildungsmeister. Der bloße Begriff z. B. als Fuhrparkleiter oder -leite-

1) OLG Hamm, Beschl. vom 25.6.1992, Az. 3 Ss OWi 59/92.
2) OLG Köln, Beschl. vom 4.8.1978, Az. 1 Ss 321 B/78.
3) AG Tübingen, Urt. vom 29.1.2019, Az. 16 Owi 16 Js 20968/18.

rin sagt jedoch noch nichts über dessen Verantwortlichkeit für die Wahrnehmung bestimmter öffentlich-rechtlicher Vorschriften aus.[1]

Die eigenverantwortliche Beauftragung, insbesondere die Pflichten eines Dienst- oder Arbeitsvertrags müssen ermittelt werden. Gelingt die Feststellung einer ausdrücklichen Beauftragung nicht, so scheidet der oder die Handelnde als Täter oder Täterin aus.[2] Ein Rückschluss von der Handlung auf die Beauftragung ist nicht möglich. Es kann dann nur der Inhaber als Täter oder die Inhaberin als Täterin einer Ordnungswidrigkeit, gegebenenfalls wegen des Auffangtatbestandes der Verletzung der Aufsichtspflicht in Betrieben und Unternehmen (§ 130 OWiG) verfolgt werden.

- **Eigenverantwortlichkeit**

In eigener Verantwortung nimmt Aufgaben des Inhabers oder der Inhaberin wahr, wer im Rahmen der ausdrücklichen Beauftragung befugt ist, eigenständige Entscheidungen zu treffen. Die Wirksamkeit der Entscheidung darf daher nicht von der Zustimmung eines Vorgesetzten abhängen; unschädlich ist dagegen eine nur nachträgliche Kontrolle. Ist die Übertragung eigener Verantwortung im Geschäfts- und Wirtschaftsleben unüblich, so braucht sie sich der oder die Betroffene als nicht sozial adäquat auch nicht zurechnen zu lassen.[3]

Beispiel:

Der Inhaber eines Ladengeschäfts beauftragt eine Auszubildende eigenverantwortlich für die Einhaltung der Ladenöffnungszeiten zu sorgen oder die Einhaltung in ihr Ermessen zu stellen.

Soll der beauftragten Person eine Ordnungswidrigkeit der Aufsichtspflichtverletzung (§ 130 Abs. 1 OWiG) vorgeworfen werden, muss ihr in diesem Betriebsteil eine herausgehobene Selbstständigkeit und Bedeutung zukommen.[4]

Die ausdrückliche Beauftragung zu einer eigenverantwortlichen Aufgabenwahrnehmung durch den Inhaber oder die Inhaberin einer Einzelfirma bzw. das Organ einer juristischen Person oder Personengesellschaft muss von der Verwaltungsbehörde feststellt werden.[5] Die pauschale nicht überprüfte Behauptung in einer polizeilichen Ordnungswidrigkeiten-Anzeige, der Betroffene habe „sich als Verantwortlicher zu erkennen gegeben" ist daher grundsätzlich wertlos. Die als Täter oder Täterinnen einer Ordnungswidrigkeit notwendigen natürlichen Personen in einer Unternehmensorganisation lassen sich bei einer juristischen Person oder Personengesellschaft durch ein „Firmenorganigramm" feststellen. Dies kann sich entweder bereits aus dem Internetportal des Unternehmens allgemein oder über ein Herausgabeverlangen der Verwaltungsbehörde (§ 95 Abs. 1 StPO i. V. m. § 46 Abs. 1, 2 OWiG) im

1) OLG Düsseldorf, Beschl. vom 12.12.2006, Az. IV- 2 Ss (OWi) 124/06; OLG Hamm, Beschl. vom 25.6.1999, Az. 3 Ss OWi 59/92; AG Tübingen, Urt. vom 29.1.2019, Az. 16 Owi 16 Js 20968/18.
2) Thüringer OLG (Jena), Beschl. vom 2.9.2010, Az. 1 Ss Bs 57/10.
3) *Wieser-Kommentar* Teil I Nr. 1 § 9 OWiG.
4) OLG Karlsruhe, Beschl. vom 26.7.2016, Az. 2 (4) SsBs 253/16.
5) OLG Düsseldorf, Beschl. vom 12.12.2006, Az. IV-2 Ss (OWi) 124/06 – (OWi) 67/06 III.

Einzelfall zugänglich ergeben.[1] Bei einer Einzelfirma ist der Inhaber oder die Inhaberin als Betroffene nicht auskunftspflichtig, weil sie sich nicht selbst bezichtigen und nicht an der eigenen Überführung mitzuwirken brauchen.[2]

2.7 Verantwortlichkeit von Inhabern oder Inhaberinnen

Die ausdrückliche Beauftragung einer anderen Person mit der eigenverantwortlichen Wahrnehmung einer dem Inhaber oder der Inhaberin obliegenden Aufgabe führt nicht zum automatischen Wegfall der eigenen Verantwortlichkeit. Der Inhaber oder die Inhaberin des Betriebes oder Unternehmens und ihnen gleichstehende gesetzliche Vertretende wie Geschäftsführer oder Geschäftsführerinnen, Vorstandsmitglieder oder geschäftsführende Gesellschafter oder Gesellschafterinnen bleiben vielmehr trotz der Beauftragung Normadressaten sie betreffender Bußgeldvorschriften. Der Anwendungsbereich einer solchen Bußgeldvorschrift wird lediglich auf die beauftragten Personen erweitert, wie das Wort „auch" in § 9 Abs. 2 S. 1 OWiG zeigt. In welchem Umfang auch nach einer Delegierung von Aufgaben Inhaber und Inhaberinnen oder Organe juristischer Personen oder Personenvereinigungen persönlich zu Maßnahmen verpflichtet bleiben, hängt von den Umständen des Einzelfalles ab.[3]

Die arbeitsteilige Übertragung von Aufgaben beschränkt aber die Verpflichtung des Inhabers oder der Inhaberin aber darauf, alle organisatorischen Maßnahmen zur Verhinderung von Zuwiderhandlungen zu treffen. Wenden Inhaber oder Inhaberinnen, Geschäftsführer oder Geschäftsführerinnen usw. bei der Anhörung ein, für den dem Vorwurf der Ordnungswidrigkeit zugrunde liegenden Sachverhalt seien sie nicht verantwortlich, sondern ein oder bestimmte Mitarbeitende „zuständig", „eingestellt" oder „mit der Bearbeitung" beauftragt gewesen, so kommen folgende Möglichkeiten in Betracht:

- **Allgemeine Unkenntnis wegen mangelhafter Betriebsorganisation**

Ordnungsgemäße Betriebsorganisation schließt eine eigene Ordnungswidrigkeit des Betriebsinhabers oder eines ihm gleichgestellten gesetzlichen Vertreters (§ 9 Abs. 1 OWiG) aus. Größere Unternehmen unterhalten deshalb eine interne oder externe Compliance-Einrichtung, die durch entsprechende Organisations- und Aufsichtsmaßnahmen Sorge dafür zu tragen hat, dass aus dem Unternehmen heraus keine Gesetzesverstöße erfolgen.[4]

Eine mangelhafte Betriebsorganisation ohne fahrlässige Unkenntnis oder Kenntnis einer **bestimmten** betriebsbezogenen Ordnungswidrigkeit kann den Auffangtatbestand der Verletzung der Aufsichtspflicht in Betrieben und Unternehmen nach § 130 OWiG verwirklichen.[5] Betriebsbezogen ist eine Tat dann, wenn sie einen inneren

1) LG Stuttgart, Beschl. vom 23.9.2014, Az. 11 Qs 8/14.
2) BVerfG, Beschl. vom 25.1.2022, Az. 2 BvR 2462/18; LG Hanau, Beschl. vom 4.10.2016, Az. 4b Qs 74/16.
3) AG Köln, Beschl. vom 21.12.2018, Az. 902a OWi 352/18.
4) Zum Begriff der Compliance im Zusammenhang mit der Aufsichtspflicht in Betrieben und Unternehmen *Wieser-Kommentar* Teil I Nr. 1 § 130 OWiG.
5) Zum Auffangtatbestand Verletzung der Aufsichtspflicht in Betrieben und Unternehmen (§ 130 OWiG) § 4 Nr. 3.

Zusammenhang mit der betrieblichen Tätigkeit des Begehungstäters oder mit der Art des Betriebes aufweist.[1)]

Beispiele:

Fehlende oder unklare Zuständigkeiten im Unternehmen, Einsatz ungeeigneter Aufsichtspersonen, fehlende oder unzureichende Compliance-Einrichtung,[2)]

Für den Grad zu fordernder Sorgfaltspflichten gilt:

- *Höchste Anforderungen*

  verlangen besonders wichtige zentrale Pflichtenbereiche wie etwa lebensmittelrechtliche Sorgfaltspflichten, bei deren Verletzung der Betriebsinhaber oder die -inhaberin nur in seltenen Fällen unverschuldet handelt.[3)]
- *Sorgfältige Auswahl*

  ist bei der Einstellung oder Ersteinsatz der in einer eigenverantwortlichen Stellung handelnden Mitarbeitenden erforderlich. Inhaber oder Inhaberinnen, Geschäftsführer oder Geschäftsführerinnen usw. müssen sich über Qualifikation und Eignung der Mitarbeitenden für die vorgesehene Aufgabe ausreichend informieren. Dies gilt insbesondere bei einer Aufgabenübertragung auf bisher betriebsfremde Personen.
- *Sorgfältige Anweisung*

  ist bei der Beauftragung und später wiederkehrend nötig. Der Abstand der Belehrungen hängt von der absehbaren Gefahr von Zuwiderhandlungen ab. Häufig wiederkehrende Belehrungen z. B. bei Transportunternehmen in Form regelmäßiger Besprechungen erforderlich sein,[4)] da sich hier die Gefahr von Verstößen durch das Fahrpersonal aufdrängt.
- *Stichproben*

  in unregelmäßigen Abständen ohne vorhergehende Ankündigung sind grundsätzlich erforderlich. Ihre Häufigkeit hängt vom Grad der dem Inhaber oder der Inhaberin bekannten Zuverlässigkeit der beauftragten Person ab. So wird die Überwachung langjähriger und bisher unbeanstandeter Mitarbeitender in weit geringerem Maße nötig sein als erst kurzzeitig eingesetzter und daher noch nicht auf ihre Sachkunde und Zuverlässigkeit erprobter Personen.[5)]

Für die Zumessung der Geldbuße ist zudem von Bedeutung, inwieweit der Inhaber oder der die Inhaberin bzw. eine nach § 9 Abs. 1 OWiG gleichgestellte Person, der Pflicht, Rechtsverletzungen aus der Sphäre des Unternehmens zu unterbinden, genügt und ein effizientes Compliance-Management installiert hat, das auf die Vermeidung von Rechtsverstößen ausgelegt sein muss.[2)]

1) AG Bonn, Urt. vom 12.11.2019, Az. 715 OWI 5/19.
2) BGH, Urt. vom 9.5.2017, Az. 1 StR 265/16.
3) OLG Düsseldorf, Beschl. vom 20.2.1987, Az. 5 Ss (OWi) 160/87 – 118/87 I.
4) OLG Düsseldorf, Beschl. vom 19.11.1987, Az. 5 Ss (OWi) 343/87 – 279/87 I.
5) OLG Schleswig-Holstein (Schleswig), Beschl. vom 27.8.1979, Az. 1 Ss OWi 520/79.

- **Fahrlässige Unkenntnis bestimmter Ordnungswidrigkeiten**

Erkennenmüssen einer **bestimmten** Ordnungswidrigkeit beauftragter Personen führt zur fahrlässigen Täterschaft des Inhabers oder der Inhaberin, Geschäftsführers oder Geschäftsführerin usw., soweit die fahrlässige Zuwiderhandlung mit Geldbuße bedroht ist (§ 10 OWiG). Eine Ordnungswidrigkeit ist erkennbar, wenn sie bei ordnungsgemäßer Betriebsorganisation, also bei sorgfältiger Auswahl, Anweisung und Überwachung des Beauftragten festzustellen und zu verhindern gewesen wäre.

Beispiel:

Die gehörige Betriebsorganisation eines Transportunternehmers erfordert, dass er nicht nur gelegentlich, sondern wöchentlich die Einhaltung der Lenk- und Ruhezeiten des Fahrpersonals überwacht.[1] Unterlässt er dies, lässt er die Zuwiderhandlung im Betrieb fahrlässig geschehen.

- **Kenntnis oder Mitwirkung an bestimmten Ordnungswidrigkeiten**

Die Erkenntnis einer Ordnungswidrigkeit verpflichtet Inhaber oder Inhaberinnen, Geschäftsführer oder Geschäftsführerinnen usw. zum Einschreiten. Sie dürfen grundsätzlich nicht zulassen, dass mit seiner Duldung gegen betriebsbezogene verwaltungsrechtliche Ge- und Verbote verstoßen wird. Lassen sie solche Zuwiderhandlung wissentlich zu, sind sie selbst als vorsätzlicher Täter oder Täterin in der Form der Beteiligung (§ 14 Abs. 1 OWiG) anzusehen.

Es genügt auch, dass der Inhaber oder die Inhaberin und die gleichgestellten Personen mit Zuwiderhandlungen rechnen müssen. Dies kann wegen früherer behördlicher Hinweise im Verwaltungsverfahren oder vorangegangener Bußgeldverfahren der Fall sein. Nimmt der Inhaber oder die Inhaberin usw. auch dann ihre Überwachungspflichten nicht wahr, so handeln sie nicht mehr bewusst fahrlässig, sondern bereits bedingt vorsätzlich, weil er weitere Pflichtwidrigkeiten billigend in Kauf nehmen.[2] Eigene Mitwirkung an einer Ordnungswidrigkeit z. B. durch Anordnung ist stets Beteiligung im Sinne des § 14 Abs. 1 OWiG.

1) BayObLG, Beschl. vom 27.1.1982, Az. 3 ObOWi 208/81.

2) Zum bedingten Vorsatz des Täters einer Ordnungswidrigkeit § 2 Nr. 3.2.1.

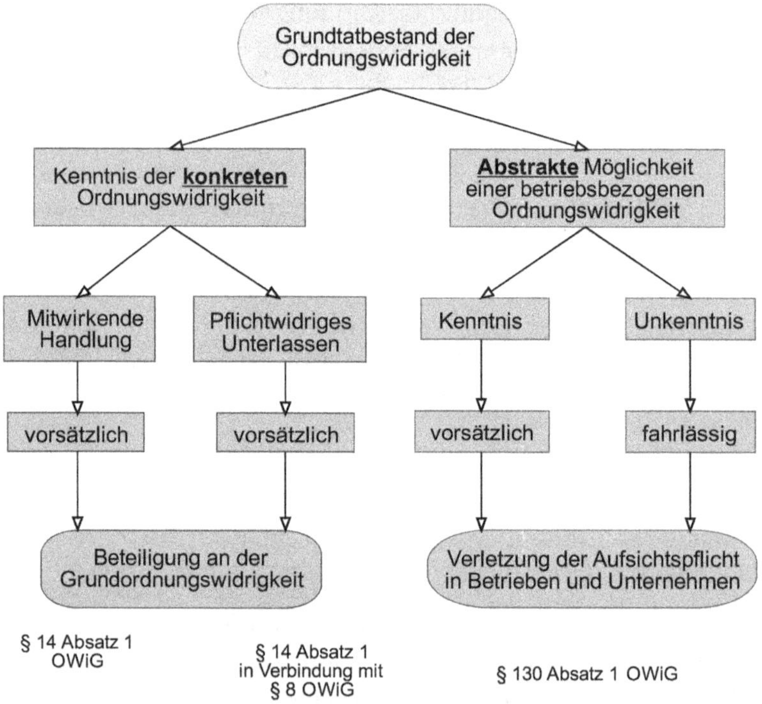

Abb. 8: Abgrenzung Beteiligung an der Ordnungswidrigkeit – § 14 OWiG Verletzung der Aufsichtspflicht – § 130 OWiG

2.8 Strohpersonenverhältnisse und unwirksame Bestellung Vertretender

Bei der Verfolgung betriebsbezogener Ordnungswidrigkeiten sind immer wieder sogenannte Strohpersonenverhältnisse festzustellen. Während der Ermittlungen fällt oft auf, dass die nicht tatsächlich handelnde, gegenüber den Mitarbeitenden weisungsberechtigte und Anordnungen treffende Person, sondern eine andere in der Firma des Unternehmens steht oder im Handelsregister eingetragen ist. Ein entsprechendes Interesse an solchen Strohpersonenverhältnissen besteht häufig, wenn frühere Inhaber oder Inhaberinnen, Geschäftsführer oder Geschäftsführerinnen usw. nicht mehr kreditwürdig sind, wegen einer Gewerbeuntersagung (§ 35 GewO) nicht mehr tätig oder aufgrund Vorstrafen nicht im Handelsregister eingetragen werden können. In diesen Fällen kann die verdeckt handelnde Person gleichwohl als **„faktischer Geschäftsführer"** oder faktische Geschäftsführerin geahndet werden, weil es auf die tatsächliche Stellung im Betrieb oder Unternehmen, nicht auf die vorgetäuschte ankommt.[1] Die meist völlig unwissende „Strohperson", häufig aus dem Angehörigenkreis des oder der verdeckt Geschäftsführenden, sollte mit ins Bußgeldverfahren einbezogen werden. Die bußgeldrechtliche Verantwortlichkeit von formell Geschäftsführenden entfällt nicht dadurch, dass ihnen rechtsgeschäftlich im

1) BGH, Beschl. vom 17.9.2024, Az. KRB 101/23; OLG Düsseldorf, Beschl. vom 2.8.2002, Az. 2a Ss (OWi) 151/02 – (OWi) 50/02 III. Zum faktischen Geschäftsführer § 4 Nr. 2.2.5.

Innenverhältnis keine bedeutsamen Kompetenzen übertragen wurden, um auf die rechtliche und wirtschaftliche Entwicklung des Unternehmens Einfluss zu nehmen.[1] Soweit dem formellen die Ordnungswidrigkeit des faktisch Geschäftsführenden bekannt war, kommt eine Beteiligung daran (§ 14 Abs. 1 OWiG) durch pflichtwidrig unterlassenes Einschreiten aufgrund einer Garantenstellung (§ 8 OWiG) in Betracht.[2] Überwiegend gelingt ein solcher Nachweis nicht, sodass die „Strohperson“ nur wegen des Auffangtatbestands der Verletzung der Aufsichtspflicht in Betrieben und Unternehmen (§ 130 OWiG) geahndet werden kann.[3]

Beispiel:

Im Geschäftsbetrieb eines in der Rechtsform einer GmbH geführten Unternehmens stellt eine Behörde im Rahmen einer Nachschau eine betriebsbezogene Ordnungswidrigkeit fest. Dabei trifft der kontrollierende Bedienstete eine Person an, die von den Arbeitnehmern als „Chef“ bezeichnet wird und in dieser Weise gegenüber der Behörde im Verwaltungsverfahren auch so auftritt. Im Bußgeldverfahren stellt die verantwortende Person der Verwaltungsbehörde jedoch fest, dass es sich dabei um den früheren Geschäftsführer handelt, während im Handelsregister die Ehefrau/Tochter eingetragen ist. Diese ist im Verwaltungsverfahren noch niemals aufgetreten, den Mitarbeitenden des Unternehmens nur als Angehörige bekannt und hat jedoch keinen oder andersartigen Beruf und vom Geschäftsbetrieb keine Kenntnis. Die Verwaltungsbehörde leitet gegen

- den faktischen Geschäftsführer ein Bußgeldverfahren als Täter der festgestellten betriebsbezogenen Ordnungswidrigkeit und den
- die Strohperson ein Bußgeldverfahren wegen Beteiligung an dieser Ordnungswidrigkeit (§ 14 Abs. 1 OWiG), gegebenenfalls wegen des Auffangtatbestands der Verletzung der Aufsichtspflicht in Betrieben und Unternehmen (§ 130 Abs. 1 OWiG) ein.

Die fehlende Rechtswirksamkeit der Bestellung eines gesetzlichen Vertreters oder einer gesetzlichen Vertreterin ist für die Anwendung des § 9 Abs. 1 OWiG ohne Bedeutung (§ 9 Abs. 3 OWiG). Es genügt völlig, dass die vertretenen Personen mit der Tätigkeit der vertretenden Person einverstanden waren oder sie auch nur hingenommen haben: Hat der Vertreter oder die Vertreterin nur eine tatsächlich eingeräumte Handlungsbefugnis, werden sie bußgeldrechtlich genauso behandelt, als sei ein Bestellungsakt rechtswirksam.

Beispiel:

Der Arbeitsvertrag eines Teilbetriebsleiters (§ 9 Abs. 2 S. 1 Nr. 1 OWiG) ist bezüglich eines bestimmten Aufgabenbereiches unklar. Soweit dieser aber mit dem Ein-

1) BGH, Beschl. vom 13.10.2016, Az. 3 StR 352/16, für eine Straftat.
2) Zur Beteiligung an einer Ordnungswidrigkeit (§ 14 OWiG) und zur Garantenstellung beim pflichtwidrigen Unterlassen des Täters (§ 8 OWiG) § 4 Nr. 1.
3) OLG Hamm, Beschl. vom 13.6.1996, Az. 2 Ss OWi 667/96. Zum Auffangtatbestand Verletzung der Aufsichtspflicht in Betrieben und Unternehmen (§ 130 OWiG) § 4 Nr. 3.

verständnis des Betriebsinhabers diese Tätigkeit tatsächlich wahrgenommen hat, kann er sich nicht auf die Unklarheit des Vertrags und seine fehlende Zuständigkeit berufen.

3. Auffangtatbestand Verletzung der Aufsichtspflicht in Unternehmen und Betrieben (§ 130 OWiG)

§ 130 OWiG ist eine eigene Bußgeldvorschrift, die die Verletzung der *allgemeinen* Aufsichtspflicht des Inhabers oder der Inhaberin und ihnen gleichgestellter Personen im Betrieb oder Unternehmen als Ordnungswidrigkeit erfasst. Sie kommt als Auffangtatbestand nur dann subsidiär zur Anwendung, wenn ein *bestimmter* Bezug des Inhabers oder der Inhaberin zu einer betriebsbezogenen Ordnungswidrigkeit nicht nachzuweisen ist.[1)]

3.1 Zweck und Anwendungsbereich der Vorschrift

Dem Inhaber oder der Inhaberin eines Betriebes oder Unternehmens obliegt die Erfüllung vielfältiger verwaltungsrechtlicher Ge- und Verbote. Da sie dazu vor allem bei größeren Betrieben ganz oder teilweise nicht mehr selbst imstande sind, lassen sie solche sie selbst treffende Pflichten durch Mitarbeitende ausführen und einhalten. Ihnen verbleibt dann aber die Verpflichtung, Betrieb oder Unternehmen mittels geeigneter Aufsichtsmaßnahmen so zu organisieren, dass betriebsbezogene Ordnungswidrigkeiten nach Möglichkeit von vornherein vermieden werden. Den Inhaber und die Inhaberin trifft eine Art Garantenstellung für Aufsichtsmaßnahmen zur Verhinderung von Pflichtverletzungen im Betrieb. Die Verletzung der Aufsichtspflicht in Betrieben und Unternehmen ist

- eine eigenständige Ordnungswidrigkeit des Inhabers oder der Inhaberin bzw. ihnen gleichstehender Personen nach § 130 OWiG,
- keine Beteiligung (§ 14 Abs. 1 OWiG) oder fahrlässige Nebentäterschaft an der im Betrieb begangenen Ordnungswidrigkeit.

Wegen der Verletzung der Aufsichtspflicht nach § 130 Abs. 1 OWiG kann eine Geldbuße in einem Bußgeldbescheid festgesetzt werden.[2)] Sind aber eine Beteiligung im Sinne des § 14 Abs. 1 OWiG oder eine fahrlässige Nebentäterschaft des Inhabers oder der Inhaberin nachweisbar, darf der subsidiäre Auffangtatbestand des § 130 OWiG grundsätzlich nicht angewendet werden.

Fehlbeispiel:

Dem Betreiber einer Abfallbeseitigungsanlage wird vorgeworfen, er habe durch die unterlassene Führung eines Registers eine Ordnungswidrigkeit nach § 69

1) OLG Hamm, Beschl. vom 24.6.2021, Az. 5 RBs 107/21; KG (Berlin), Beschl. vom 30.1.1997, Az. 2 Ss 10/97 – 5 Ws (B) 35/97.

2) Zum Bußgeldbescheid wegen einer Ordnungswidrigkeit der Aufsichtspflichtverletzung (§ 130 OWiG) § 14 Nr. 2.

Abs. 2 Nr. 8 KrWG begangen, weil er die Aufsichtspflicht gegenüber dem damit beauftragten Mitarbeitenden entgegen § 130 OWiG verletzt habe.

Der Tatvorwurf gegen den Inhaber oder die Inhaberin muss entweder auf die Verletzung der Aufsichtspflicht oder die Begehung eines anderen Tatbestandes gerichtet sein.

Beispiel:

Der Betreiber einer Abfallbeseitigungsanlage sieht die unterlassene Führung eines Registers durch einen Mitarbeitenden aufgrund früherer Unkorrektheiten vorher, er duldet sie oder ordnet sie sogar selbst an. Für die Anwendung des § 130 OWiG ist kein Raum, dem Betreiber ist allein eine fahrlässige Nebentäterschaft bzw. Beteiligung an der Ordnungswidrigkeit (§ 14 Abs. 1 OWiG) nach § 69 Abs. 2 Nr. 8 KrWG vorzuwerfen.

Die Verletzung der Aufsichtspflicht in Betrieben und Unternehmen nach § 130 OWiG wird dem Betreiber jedoch ausschließlich vorgeworfen, wenn er nicht mit der unterlassenen Führung des Nachweisbuches rechnen musste, die Zuwiderhandlung des beauftragten Mitarbeiters aber durch geeignete Aufsichts- und Kontrollmaßnahmen wie wiederholte Belehrungen und gelegentliche Stichproben hätte verhindern können.

Bei der Einleitung des Bußgeldverfahrens ist daher zuerst zu prüfen, ob eine Beteiligung an einer betriebsbezogenen Ordnungswidrigkeit (§ 14 Abs. 1 OWiG) nachweisbar ist. Kann der Tatnachweis, insbesondere beim subjektiven Tatbestand nicht geführt werden, ist der Auffangtatbestand des § 130 Abs. 1 OWiG subsidiär zu prüfen.

3.2 Betriebe und Unternehmen

Der Tatbestand der Verletzung der Aufsichtspflicht nach § 130 OWiG kann nur bezüglich eines Betriebes oder Unternehmens verwirklicht werden. Er ist daher sowohl im privaten Bereich als auch im hoheitlichen Bereich behördlichen Handelns unanwendbar.

Beispiel:

Keine Aufsichtspflicht des <u>privaten</u> Halters eines Kraftfahrzeuges, Tieres oder Wohnungseigentümers,

dagegen Aufsichtspflicht des <u>gewerblichen</u> Kraftfahrzeug- oder Tierhalters oder des Geschäftsführers einer Wohnungsvermietungsgesellschaft.

Betriebe und Unternehmen müssen nicht Gewerbe im Sinne des § 1 GewO, sondern können auch sonstige wirtschaftliche Unternehmen wie landwirtschaftliche Urproduktion oder freiberuflich geführte Arztpraxen, Apotheken oder Anwaltskanzleien sein.

Die Aufsichtspflicht gilt aber nur für eigene, nicht aber fremde Betriebe und Unternehmen. Der Tatbestand des § 130 Abs. 1 Nr. 1 OWiG darf daher nicht auf andere Betriebe oder Unternehmen erstreckt werden.

Beispiel:

Ein Verlag verkauft Zeitschriften an ein Unternehmen, das sie durch „Drückerkolonnen" im Reisegewerbe weitervertreibt. Man kann dem Inhaber des Verlages nicht vorwerfen, er habe seine Aufsichtspflicht verletzt, weil die Mitarbeitende des Vertriebsunternehmens die Zeitschriften weiterverkauft hätten, ohne im Besitz der erforderlichen Reisegewerbekarten zu sein (§ 55 Abs. 2 i. V. m. § 145 Abs. 1 Nr. 1 Buchst. b GewO).

Auch über Subunternehmer oder Subunternehmerinnen, die von einem Generalunternehmer oder einer Generalunternehmerin aufgrund eines Dienst- oder Werkvertrages eingesetzt werden, besteht keine Aufsichtspflicht. Die Anwendbarkeit des § 130 OWiG auf Konzernsachverhalte kann nicht pauschal beantwortet werden, sondern ist stets von den konkreten Umständen des Einzelfalls abhängig.[1] Für den Umfang der Aufsichtspflicht sind die tatsächlichen Verhältnisse im Konzern maßgeblich, weshalb auf die tatsächliche Einflussnahme der Konzernmutter auf die Tochtergesellschaft abzustellen ist. Nur wenn der Tochtergesellschaft von der Konzernmutter Weisungen erteilt werden, die das Handeln der Tochtergesellschaft beeinflussen, und dadurch die Gefahr der Verletzung betriebsbezogener Pflichten begründet wird, besteht im Umfang dieser konkreten Einflussnahme eine gesellschaftsrechtliche Aufsichtspflicht der Konzernmutter.[2]

3.3 Aufsichtspflichtige Personen

Aufsichtsmaßnahmen in Betrieben und Unternehmen haben zunächst deren Inhaber oder Inhaberinnen zu ergreifen (§ 130 Abs. 1 S. 1 OWiG). Dies gilt auch für öffentliche Unternehmen (§ 130 Abs. 3 OWiG). Inhaberin kann auch eine juristische Person des Privatrechts oder Personenhandelsgesellschaft sein. Dem Inhaber oder der Inhaberin gleichgestellt sind die in § 9 Abs. 1 OWiG bezeichneten gesetzlichen Vertretenden[3] und die in § 9 Abs. 2 OWiG aufgeführten rechtsgeschäftlich bestellten Vertretenden.[4]

Beispiele:

Geschäftsführer einer GmbH, Vorstandsmitglieder einer AG, geschäftsführender Gesellschafter einer oHG (gesetzliche Vertreter),

1) AG Köln, Urt. vom 4.4.2019, Az. 902b OWi 34/18.
2) OLG München, Beschl. vom 23.9.2014, Az. 3 Ws 599/14.
3) BGH, Urt. vom 29.5.2024, Az. 3 StR 507/22; OLG Celle, Beschl. vom 10.7.2015, Az. 2 Ss (OWi) 112/15. Zu den Arten der gesetzlichen Vertreter von Betrieben und Unternehmen (§ 9 OWiG) § 5 Nr. 2.2.1.
4) Zu den Arten der rechtsgeschäftlich bestellten Vertreter von Betrieben und Unternehmen (§ 9 Abs. 2 S. 1 OWiG) § 4 Nr. 2.3.

Betriebsleiter, Abteilungsleiter in ihrem Aufgabenbereich, ausdrücklich mit der eigenverantwortlichen Wahrnehmung einer Aufgabe beauftragte Mitarbeiter, z. B. Fuhrparkleiter (rechtsgeschäftlich beauftragte Vertreter).

Bei mehreren gesetzlichen Vertretenden ist deren interne Geschäftsverteilung zu beachten.[1)]

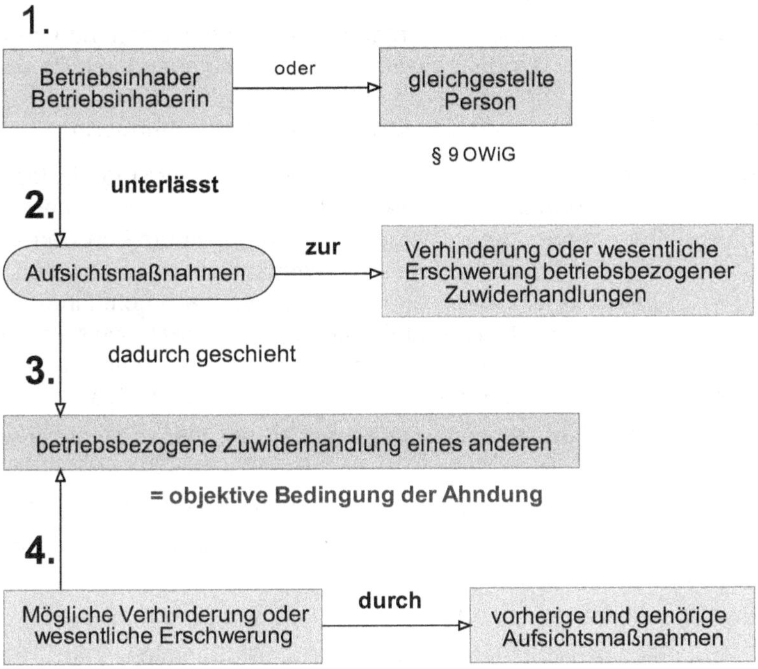

Abb. 9: Verletzung der Aufsichtspflicht, schematisch

3.4 Tathandlung der Aufsichtspflichtigen

§ 130 Abs. 1 S. 1 OWiG enthält die Tatbestandsmerkmale der Verletzung der Aufsichtspflicht und die Zuwiderhandlung eines anderen als objektive Bedeutung der Ahndung.

- **Tatbestandsmerkmale**

Die Pflichtwidrigkeit besteht im Unterlassen von Aufsichtsmaßnahmen, die erforderlich sind, um im Betrieb oder Unternehmen Zuwiderhandlungen gegen Pflichten zu verhindern oder wesentlich zu erschweren, die den Inhaber oder die Inhaberin als solche treffen und deren Verletzung mit Geldbuße bedroht ist. Tatort der Ordnungswidrigkeit ist nicht nur der Geschäftssitz des Unternehmens, sondern auch der Ort,

1) OLG Sachsen-Anhalt (Naumburg), Beschl. vom 13.3.1997, Az. 1 Ss (B) 415/96.

an dem sich die Gefahr verwirklicht, die durch § 130 OWiG verhindert werden soll (§ 7 Abs. 1 OWiG).[1)]

- **Objektive Bedingung der Ahndung**

Die Ahndung dieser Pflichtwidrigkeit als Ordnungswidrigkeit steht unter der Voraussetzung, dass im Betrieb oder Unternehmen von einem anderen eine solche Zuwiderhandlung begangen wurde, die durch gehörige Aufsicht hätte verhindert oder zumindest wesentlich erschwert worden wäre.

Zu untersuchen sind daher die Aufsichtspflichtverletzung des Inhabers oder der Inhaberin und die betriebsbezogene Zuwiderhandlung einer anderen Person.

3.4.1 Aufsichtspflichtverletzung des Inhabers oder der Inhaberin

Die Organisation des Betriebes oder Unternehmens und damit die Delegation von Aufgaben auf Mitarbeitende obliegen zwar weitgehend der unternehmerischen Entscheidung des Inhabers oder der Inhaberin. Um vorhersehbare Zuwiderhandlungen von vornherein zu verhindern oder zumindest wesentlich zu erschweren, verlangt § 130 Abs. 1 S. 1 OWiG von Inhabern und Inhaberinnen die Durchführung „erforderlicher Aufsichtsmaßnahmen". Dazu sind Betrieb oder Unternehmen so zu organisieren, dass betriebsbezogene verwaltungsrechtlich Ge- und Verbote aller Voraussicht nach eingehalten werden.[2)] Grundsätzlich haben Aufsichtspflichtige

- für eine sorgfältige Auswahl von Mitarbeitenden und gegebenenfalls Aufsichtspersonen zu sorgen,
- für eine sachgerechte Organisation und klare Aufgabenverteilung zu sorgen,
- die Mitarbeitenden angemessen über ihre Aufgaben und Pflichten zu instruieren und aufzuklären,
- die Mitarbeitenden ausreichend zu überwachen und zu kontrollieren,
- gegen Verstöße einzuschreiten und gegebenenfalls Sanktionen anzudrohen und zu verhängen.[3)]

Von maßgeblicher Bedeutung ist die von der Rechtsprechung erwartete Einrichtung eines internen oder externen Kontrollsystems zur vorbeugenden Verhinderung ordnungswidriger Handlungen (§ 1 Abs. 1 OWiG) durch ein Compliance-Management-System (CMS), durch das vorhersehbare betriebsbezogene Ordnungswidrigkeiten verhindert werden sollen.[4)]

Beispiel:

Der Betroffene hätte als Geschäftsführer einer GmbH ein Genehmigungserfordernis für die Geschäftstätigkeit erkennen können und müssen. Er hätte organisatorische Vorkehrungen dahin treffen müssen, dass alle gesetzlichen Bestimmungen beachtet und alle erforderlichen Genehmigungen eingeholt werden, etwa durch

1) BGH, Beschl. vom 10.9.2003, Az. 2 ARs 258/03.
2) AG Köln, Urt. vom 14.8.2015, Az. 902a OWi 378/14; BGH, Beschl. vom 20.3.1973, Az. 1 StR 513/72.
3) BGH, Urt. vom 29.5.2024, Az. 3 StR 507/22; AG Köln, Urt. vom 4.4.2019, Az. 902b OWi 34/18.
4) BGH, Beschl. vom 9.5.2017, Az. 1 StR 265/16.

Einrichtung eines effektiven Kontrollsystems und Schulungen der mit der Abwicklung befassten Mitarbeitenden.[1]

Die Aufsichtspflicht umfasst nicht fremde Betriebe oder Unternehmen, mit denen nur eine Zusammenarbeit aufgrund eines Werkvertrags (§ 631 BGB) besteht, insbesondere nicht beim Einsatz von Subunternehmern oder Subunternehmerinnen.[2]

Beispiel:

Dem Inhaber eines Unternehmens kann nicht die Verletzung der Aufsichtspflicht bezüglich unerlaubter Plakatierungen vorgeworfen werden, wenn jegliche Anhaltspunkte dafür fehlen, dass er eigene Mitarbeitende damit beauftragt hat.[3]

Art und Umfang der Aufsichtsmaßnahmen müssen einzelfallbezogen beurteilt werden.[4] Sie hängen von der Größe und dem Gliederungsgrad des Betriebes, der Vielfalt und Bedeutung der zu beachtenden Vorschriften sowie unterschiedlichen Überwachungsmöglichkeiten ab.[5] Zu den zumutbaren Aufsichtspflichten gehören:

- **Ordnungsgemäße Betriebsorganisation**

Der Inhaber oder die Inhaberin hat für eine klare Verteilung der Zuständigkeiten und Verantwortungsbereiche zu sorgen. Es dürfen nur solche Mitarbeitende eingestellt werden, die ihrer Verantwortung auch gewachsen sind. Über die Eignung hat sich der Inhaber oder die Inhaberin bereits bei der Einstellung, aber auch später zu vergewissern.[6] Sie ist verpflichtet, Mitarbeitende sorgfältig auszubilden, fortzubilden und zu beaufsichtigen.[7] Dies gilt nach § 130 Abs. 1 S. 2 OWiG auch für die Bestellung, sorgfältige Auswahl und Überwachung innerbetrieblicher Aufsichtspersonen.

Die betriebliche Organisation ist mangelhaft, wenn verantwortliche Mitarbeitende oder Aufsichtspersonen fehlen, die Grenzen des Verantwortungsbereichs unklar oder die Mitarbeitenden überfordert sind.[8] Der Betriebsinhaber oder die -inhaberin haftet daher auch dann, wenn die Wahrnehmung sie treffender öffentlich-rechtlicher Pflichten auf (Teil-)Betriebsleitende (§ 9 Abs. 2 S. 1 Nr. 1 OWiG) oder eine sonst ausdrücklich beauftragte Personen (§ 9 Abs. 2 S. 1 Nr. 2 OWiG) übertragen war.[9]

- **Belehrung über einschlägige Vorschriften**

Alle Mitarbeitenden müssen bereits bei der Einstellung auf die für den künftigen Einsatzbereich bedeutsamen verwaltungsrechtlichen Vorschriften hingewiesen werden. Die Unterrichtung ist wiederholt vorzunehmen und muss umso nachhaltiger sein, je

1) BGH, Urt. vom 29.5.2024, Az. 3 StR 507/22.
2) BayObLG, Beschl. vom 8.4.1998, Az. 3 ObOWi 30/98.
3) Schleswig-Holsteinisches OLG (Schleswig), Beschl. vom 12.1.1996, Az. 2 Ss OWi 211/95.
4) Thüringer OLG (Jena), Beschl. vom 2.11.2005, Az. 1 Ss 242/05.
5) *Wieser-Kommentar* Teil I Nr. 1 § 130 OWiG.
6) OLG Hamm, Beschl. vom 19.3.2002, Az. 1 Ss OWi 148/02.
7) AG Köln, Urt. vom 14.8.2015, Az. 902a OWi 378/14.
8) KG (Berlin), Beschl. vom 26.8.1997, Az. 2 Ss 182/97 – 5 Ws (B) 424/97.
9) OLG Hamm, Beschl. vom 16.7.2003, Az. 4 Ss 373/03 OWi.

geringer die Kenntnisse der Mitarbeitenden sind.[1] Ungenügend sind nur pauschale Hinweise auf die Einhaltung von Vorschriften ohne Erläuterung ihrer Bedeutung.

Beispiele:

Es genügen nicht der Hinweis des Unternehmers auf die Existenz des

- Jugendschutzgesetzes. Mitarbeiter einer Gaststätte sind z. B. über Eingangs- und Ausweiskontrollpflichten, Aufenthalts- und Ausschankverbote für Kinder und jugendliche Personen hinzuweisen.
- Fahrpersonalgesetzes. Das Fahrpersonal ist über die Einhaltung der vorgeschriebenen Lenk- und Ruhezeiten detailliert zu belehren.

Auch die Übergabe umfangreichen Informationsmaterials genügt nicht, wenn sich Aufsichtspflichtige nicht davon überzeugen, dass die betroffenen Mitarbeitenden es auch tatsächlich gelesen und verstanden haben.[2] Kennen oder verstehen Aufsichtspflichtige selbst für den Geschäftsbetrieb wesentliche Vorschriften nicht, so müssen sie sich entweder die notwendigen Kenntnisse verschaffen oder ein innerbetriebliches Kontrollsystem organisieren, das auch extern überwacht werden kann.[3]

Aufsichtspflichtige können sich auch nicht durch schriftliche Bestätigung von Mitarbeitenden, bestimmte Vorschriften zu kennen, von der Belehrungspflicht freizeichnen. Derartige Bestätigungen in einem Arbeitsvertrag belegen vielmehr, dass der Inhaber oder die Inhaberin ihre Aufsichtspflicht bewusst nicht wahrnehmen wollten und daher eine vorsätzliche Ordnungswidrigkeit nach § 130 Abs. 1 OWiG begangen haben.

- **Kontrollmaßnahmen von Inhabern und Inhaberinnen**

Der Inhaber oder die Inhaberin hat die Einhaltung einschlägiger Vorschriften durch Betriebsangehörige und die Vorschriftsmäßigkeit der technischen Ausstattung des Betriebes ständig zu überprüfen. Ungenügend ist nur gelegentliches Aufsuchen der Betriebsangehörigen, bloßes Beobachten der Betriebsvorgänge und „Sehen nach dem Rechten".[1] Die Aufsichtsmaßnahmen haben jedoch Grenzen durch ihre Zumutbarkeit.[4] Sie sind nicht allein an dem Ziel auszurichten, durch eine möglichst umfassende Beaufsichtigung der Betriebsangehörigen jegliche Zuwiderhandlung gegen betriebliche Pflichten zu verhindern. Zu beachten sind vielmehr auch die Eigenverantwortung der Betriebsangehörigen, der Betriebsfrieden und die Würde der einzelnen Mitarbeitenden.[5] Die Kontrollpflicht ist insgesamt umso geringer, je höher die Qualifikation der Betriebsangehörigen oder Aufsichtsperson ist und umgekehrt.[6] Kontrollmaßnahmen sind aber auch deswegen nicht überflüssig, weil die Eignung der Mitarbeitenden zwar bei der Einstellung überprüft, dann aber weitere Aufsichtsmaßnahmen während langjähriger Tätigkeit mangels Anlasses zu Zweifeln an ihrer Zuverlässigkeit und Kompetenz unterblieben sind.[7]

---

1) *Wieser-Kommentar* Teil I Nr. 1 § 130 OWiG.
2) KG (Berlin), Beschl. vom 31.10.2001, 2 Ss 223/00 – 5 Ws (B) 784/00.
3) BayObLG, Beschl. vom 10.8.2001, Az. 3 ObOWi 51/2001.
4) OLG Düsseldorf, Beschl. vom 12.11.1998, Az. 2 Ss (OWi) 385/98 – (OWi) 112/98 III.
5) BGH, Beschl. vom 11.3.1986, Az. KRB 7/85.
6) OLG Düsseldorf, Beschl. vom 5.4.2006, Az. VI-2Kart 5/05 OWi.
7) KG (Berlin), Beschl. vom 20.1.1999, Az. Kart 16/98.

- **Stichproben von Inhabern und Inhaberinnen**

Der Inhaber oder die Inhaberin hat die Kontrollpflicht insbesondere durch häufige und überraschende Stichproben bei Betriebsangehörigen wahrzunehmen.[1] Sie werden z. B. in unregelmäßigen Abständen und unangemeldet die Einhaltung von Arbeitsschutz- und Hygienevorschriften in der Form überprüfen müssen, dass sich die betroffenen Mitarbeitenden nicht vorher darauf einrichten können.[2] Die Grenze der Zumutbarkeit für Stichproben ist wie bei den allgemeinen Kontrollmaßnahmen zu ziehen.

- **Compliance-Einrichtungen**

Der Inhaber oder die Inhaberin sowie ihnen gleichgestellte Personen (§ 9 Abs. 1, 2 OWiG) müssen die Einhaltung betriebs- und unternehmensbezogener Vorschriften durch ein internes Kontrollsystem sicherstellen und damit ordnungswidrigem Verhalten bereits präventiv verhindern. Sie können die Wahrnehmung der ihnen obliegenden Aufsichtspflicht vertraglich auf Betriebsangehörige oder Externe im Rahmen einer Compliance-Vereinbarung übertragen.[3] Damit entfällt allerdings nicht die eigene Aufsichtspflicht. Nimmt sie der Inhaber oder die Inhaberin überhaupt nicht war und richtet auch kein Compliance-System ein, liegt darin eine vorsätzliche Ordnungswidrigkeit der Aufsichtspflichtverletzung im Sinne des § 130 Abs. 1 OWiG durch billigende Inkaufnahme von Zuwiderhandlungen. Reicht die Einrichtung eines Compliance-Systems nicht aus, kann dies lediglich bei der Zumessung der Geldbuße mildernd berücksichtigt werden.[4]

- **Gesteigerte Aufsichtspflicht**

Eine Pflicht zur Vornahme gesteigerter Überwachungs- und Kontrollmaßnahmen, wie z. B. durch besonders häufige Stichproben, ist gegeben, wenn im Betrieb bereits Unregelmäßigkeiten vorgekommen sind[5] oder Inhaber oder Inhaberinnen sonst in erhöhtem Maße mit Zuwiderhandlungen rechnen müssen. Dies kann der Fall sein, wenn sich dafür bestellte Aufsichtspersonen – auch in einem Compliance-System – bereits als unfähig zur Verhinderung von betriebs- oder unternehmensbezogenen Ordnungswidrigkeiten erwiesen haben.[6] Gesteigerte Aufsichtsmaßnahmen sind auch erforderlich, wenn der konkrete Verdacht besteht, dass Zuwiderhandlungen geplant sind oder durchgeführt werden. Eine besondere Veranlassung für den Inhaber besteht auch bei wichtigen und sich häufig ändernden Vorschriften.

- **Überwachung von Aufsichtspersonen**

Je größer der Betrieb und das Unternehmen sind, umso weiter sind Inhaber oder Inhaberinnen und ihnen gleichgestellter Geschäftsführer oder Geschäftsführerinnen,

---

1) BGH, Beschl. vom 24.3.1981, Az. KRB 4/80.
2) OLG Hamm, Beschl. vom 23.5.1996, Az. 2 Ss OWi 370/96.
3) Die Einführung eines gesetzlich geregelten Compliance-Gebots war bis 2021 durch das Gesetz zur Stärkung der Integrität in der Wirtschaft (Entwurf des BMJV zu einem Verbandssanktionengesetz, VerSanG-E) im Koalitionsvertrag der „Großen Koalition" aus CDU/CSU und SPD vorgesehen. Der Gesetzesentwurf der Bundesregierung wurde jedoch nicht mehr beschlossen. Es bleibt abzuwarten, ob er in der folgenden Legislaturperiode wieder aufgegriffen wird und das Gesetzgebungsverfahren zum Abschluss kommt.
4) Grundsatzurteil zur verpflichtenden Einrichtung eines Compliance-Systems: BGH, Urt. vom 9.5.2017, Az. 1 StR 265/16.
5) OLG Koblenz, Beschl. vom 13.5.1975, Az. 1 Ws (a) 282/75; AG Köln, Urt. vom 4.4.2019, Az. 902b OWi 34/18.
6) OLG Hamm, Beschl. vom 16.7.2003, Az. 4 Ss 373/03 OWi.

Vorstandsmitglieder oder geschäftsführende Gesellschafter oder Gesellschafterinnen organisatorisch oder auch örtlich von der Zuwiderhandlung selbst entfernt. Häufig wird bei der Anhörung auf die Unmöglichkeit der persönlichen Aufsicht am Tatort verwiesen.

Beispiel:

Der Geschäftsführer einer GmbH mit Sitz in Köln weist darauf hin, er könne nicht selbst an der Baustelle in Berchtesgaden anwesend sein, um deren ordnungsgemäße Einrichtung nach straßenverkehrsrechtlichem Beschilderungsplan durch den örtlichen Bauleiter zu beaufsichtigen. Eine Aufsichtspflichtverletzung nach § 130 Abs. 1 S. 1 OWiG wegen einer mehrere hundert Kilometer vom Geschäftssitz begangenen Ordnungswidrigkeit (§ 45 Abs. 6, i. V. m. § 49 Abs. 4 Nr. 3 StVO, § 24 StVG) könne ihm daher nicht vorgeworfen werden. Dem Betroffenen ist dann aber vorzuwerfen, dass er genau wegen dieser Situation geeignete Aufsichtspersonen im Unternehmensaufbau hätte vertraglich verpflichten müssen.

Nach § 130 Abs. 1 S. 2 OWiG gehören zu den erforderlichen Aufsichtsmaßnahmen auch die Bestellung, sorgfältige Auswahl und Überwachung von Aufsichtspersonen im Betrieb oder Unternehmen. Delegiert der Inhaber, die Inhaberin oder eine nach § 9 Abs. 1 OWiG gleichgestellte Person (z. B. ein Geschäftsführer oder eine Geschäftsführerin) die Überwachungsaufgabe, reduziert sich die effektive Überwachungspflicht auf die unmittelbar unterstellten Mitarbeitenden und deren Führungs- und Überwachungsverhalten („Überwachung der Überwacher“). Man spricht insoweit von einer Meta-Überwachung. Auch bei mehrstufiger Verteilung der Aufsichtspflichten verbleibt die sogenannte Oberaufsicht aber unentrinnbar bei dem Inhaber, der Inhaberin oder nach § 9 Abs. 1 OWiG gleichgestellten Personen. Zu diesen unübertragbaren Kernpflichten gehört insbesondere die Organisations- und Systemverantwortung für die unternehmensinternen Delegationsprozesse.[1)]

Genügt die Bestellung einer einzelnen Aufsichtsperson nicht, so hat der Inhaber oder die Inhaberin eine Revisionsabteilung einzurichten oder externe Personen mit der Überwachung zu beauftragen. Im Beispielfall ist dem Geschäftsführer daher vorzuwerfen, er habe seinen örtlichen Bauleiter oder den Leiter der Niederlassung, Zweigstelle usw. nicht sorgfältig genug ausgesucht, belehrt oder überwacht, sodass es zur Zuwiderhandlung kommen konnte. Es wird abzuwarten sein, ob diese Verpflichtungen im Rahmen einer Compliance-Verpflichtung im Gesetzgebungsverfahren konkretisiert werden.

3.4.2 Betriebsbezogene Zuwiderhandlung einer anderen Person

Die von einem anderen im Betrieb oder Unternehmen begangene Zuwiderhandlung ist kein Tatbestandsmerkmal der Aufsichtspflichtverletzung des Inhabers oder der Inhaberin nach § 130 Abs. 1 OWiG. Sie ist lediglich „objektive Bedingung der Ahndung“, d. h. ohne Begehung einer mit Geldbuße bedrohten betriebsbezogenen Zuwiderhandlung durch eine andere Person kann das pflichtwidrige Verhalten des

1) OLG Nürnberg, Endurteil vom 30.3.2022, Az. 12 U 1520/19.

Inhabers oder der Inhaberin nicht als Ordnungswidrigkeit nach § 130 Abs. 1 OWiG verfolgt und geahndet werden. Daher muss auch der Eintritt dieser Bedingung als Anknüpfungstat von der Verwaltungsbehörde festgestellt[1] und bei der Anhörung des Betroffenen (§ 55 OWiG) und im Bußgeldbescheid (§§ 65, 88 OWiG) dargestellt werden.

- **Betriebsbezogenheit der Zuwiderhandlung**

Die mit Geldbuße bedrohte Handlung einer anderen Person muss betriebsbezogen sein, d. h. es muss im Betrieb zu einer Verletzung einer solchen Pflicht gekommen sein, die eigentlich „den Inhaber oder die Inhaberin als solche trifft" (§ 9 Abs. 2 S. 1 OWiG). Derartige Pflichtverletzungen durch eine andere Person werden i. d. R. Sonderdelikte sein, die die Verantwortlichkeit des Inhabers als Betreiber oder der Inhaberin als Betreiberin, Arbeitgeber oder Arbeitgeberin, Erlaubnisträger oder Erlaubnisträgerin usw. betreffen.

Beispiel:

Der Inhaber einer Spielhalle belehrt eine neu eingestellte Aufsicht ungenügend. Sie erlaubt daher den verbotenen Aufenthalt eines Jugendlichen (§ 6 Abs. 1 JuSchG), dessen wahres Alter sie wegen der unterlassenen Ausweiskontrolle (§ 2 Abs. 2 S. 2 JuSchG) nicht erkennt. Ihre Zuwiderhandlung ist in § 28 Abs. 1 Nr. 8 JuSchG mit Geldbuße bedroht. Die Zuwiderhandlung ist auch betriebsbezogen, da sie „in Ausübung eines Gewerbes" begangen wird (§ 28 Abs. 1 Halbs. 1 JuSchG) und damit den Erlaubnisinhaber als solchen trifft.

- **Person der Zuwiderhandelnden**

Täter oder Täterinnen der im Betrieb oder Unternehmen als Anknüpfungstat begangenen Ordnungswidrigkeit werden meist Betriebs- oder Unternehmensangehörige sein. Sie können aber auch betriebsfremd sein wie z. B. freie Mitarbeitende, die im Betrieb Arbeitsschutzeinrichtungen – auch im Rahmen eines Compliance-Systems – zu überwachen haben. Ein großer Vorteil der Anwendung des § 130 OWiG liegt darin, dass die Ermittlung bestimmter Personen als Täter oder Täterin nicht erforderlich ist. Es genügt die Feststellung, dass die Zuwiderhandlung von nicht persönlich ermittelten Personen im Betrieb oder Unternehmen begangen worden ist.

Beispiel:

In einem Unternehmen wird bei einer Nachschau die Missachtung einer mit der Erlaubnis verbundenen Auflage festgestellt. Die dafür verantwortliche Person ist bei der Aufklärung des Sachverhalts oder wegen mangelhafter Betriebsorganisation nicht zu ermitteln. Trotzdem kann auf der Grundlage dieser Feststellung gegen den Inhaber oder die Inhaberin des Unternehmens ein Bußgeldbescheid wegen Verletzung der Aufsichtspflicht erlassen werden.

1) OLG Karlsruhe, Beschl. vom 26.7.2016, Az. 2 (4) SsBs 253/16 – AK 96/16.

- **Vorwerfbarkeit der Zuwiderhandlung des anderen?**

Der Täter oder die Täterin braucht keine Ordnungswidrigkeit begangen zu haben, sondern nur eine mit Geldbuße bedrohte Handlung (§ 1 Abs. 2 OWiG). Es genügt also bereits die Feststellung der rechtswidrigen Verwirklichung eines Tatbestandes. Da die betriebsbezogene Zuwiderhandlung nur objektive Bedingung der Ahndung, nicht aber Tatbestandsmerkmal des § 130 Abs. 1 OWiG ist, kommt es für den Tatvorwurf der Aufsichtspflichtverletzung gegen den Inhaber oder die Inhaberin nicht auf die Vorwerfbarkeit der Zuwiderhandlung an. Praktische Bedeutung hat dies vor allem, wenn sich Betriebsangehörige auf einen unvermeidbaren Verbotsirrtum (§ 11 Abs. 2 OWiG) berufen.[1]

Beispiel:

Die Verwaltungsbehörde stellt in einem Unternehmen eine betriebsbezogene Zuwiderhandlung fest. Der zuständige Mitarbeitende behauptet in dem gegen ihn gerichteten Bußgeldverfahren, sich eigens noch vorher ausreichend erkundigt zu haben. Im Bußgeldverfahren gegen den Inhaber oder die Inhaberin des Unternehmens wegen Aufsichtspflichtverletzung nach § 130 Abs. 1 S. 1 OWiG kommt diesem auch ein tatsächlich vorliegender unvermeidbarer Verbotsirrtum des Mitarbeitenden, der dessen Ahndung ausschließt, nicht zugute. Er muss alle auch nur tatbestandsmäßigen und rechtswidrigen Zuwiderhandlungen durch geeignete Aufsichtsmaßnahmen zumindest wesentlich erschweren.

Aufsichtspflichtige Personen dürfen jedoch durch § 130 Abs. 1 S. 1 OWiG nicht schlechter gestellt werden als der Täter oder die Täterin einer mit Geldbuße bedrohten Handlung im Betrieb oder Unternehmen selbst. Kann diese Zuwiderhandlung nur vorsätzlich begangen werden (§ 10 OWiG), so ist auch nur vorsätzliches Handeln des Aufsichtspflichtigen ordnungswidrig.[2]

3.4.3 Vermeidbarkeit durch gehörige Aufsicht

Zwischen der Aufsichtspflichtverletzung von Inhabern oder Inhaberinnen und der betriebsbezogenen Zuwiderhandlung einer anderen Person muss ein ursächlicher Zusammenhang bestehen. Dieser ist gegeben, wenn die Zuwiderhandlung „durch gehörige Aufsicht hätte verhindert werden können oder wesentlich erschwert worden wäre“ (§ 130 Abs. 1 S. 1 OWiG). Es ist also nicht erforderlich, dass die Zuwiderhandlung mit an Sicherheit grenzender Wahrscheinlichkeit unterblieben wäre.[3] Der Täter oder die Täterin darf nach dem maßgeblichen Risikoverringerungsgedanken nichts unversucht lassen, um erkannten oder zumindest erkennbaren Zuwiderhandlungsgefahren im Betrieb oder Unternehmen entgegenzuwirken. Bleiben sie gegenüber derartigen Gefahren untätig und kommt es demnach zu einer konkreten Zuwiderhandlung, so erweist sich diese als Realisierung des nicht bekämpften Gefahrkomplexes; sie kann ihnen dann auch zugerechnet werden.[4]

1) Zum Verbotsirrtum des Betroffenen (§ 11 Abs. 2 OWiG) § 6 Nr. 6.7.
2) BayObLG, Beschl. vom 1.9.2003, Az. 3 ObOWi 61/03.
3) AG Bonn, Urt. vom 12.11.2019, Az. 715 OWI 5/19.
4) OLG Köln, Beschl. vom 29.1.2010, Az. III-1 RBs 24/10.

Im Bußgeldverfahren muss daher festgestellt werden, dass die Zuwiderhandlung bei ausreichender Belehrung, durch häufige, nicht angekündigte Stichproben und Kontrollen, insbesondere durch eine Compliance-Einrichtung hätte verhindert werden können oder zumindest wesentlich erschwert worden wäre. Kann diese hypothetische Frage nach dem Kausalverlauf nicht mit an Sicherheit grenzender Wahrscheinlichkeit bejaht werden, ist der Tatbestand des § 130 OWiG nicht verwirklicht.[1] Bei unterlassenen Stichproben soll es genügen, dass der Gefahr von Zuwiderhandlungen durch Überwachung weitgehend vorgebeugt worden wäre.

Beispiel:

Der Inhaber hätte einen Verstoß gegen Arbeitsschutzvorschriften durch eine Stichprobe erkennen und durch eine Anordnung unterbinden können.[2] Wegen der dadurch unterlassenen Vorbeugung einer absehbaren Gefahr der Begehung einschlägiger betriebsbezogener Zuwiderhandlungen kann ein Bußgeldbescheid wegen Verletzung der Aufsichtspflicht gegen den Inhaber erlassen werden.

Eine Verletzung der Aufsichtspflicht kann nicht vorgeworfen werden, wenn der oder die Betroffene alles Zumutbare unternommen haben, um ihrer eigenen Erkundigungspflicht nachzukommen und daher ein unvermeidbarer Verbotsirrtum (§ 11 Abs. 2 OWiG) vorliegt. Davon ist auszugehen, wenn sie sich rechtzeitig und ausreichend zur Klärung einer Rechtsfrage an eine dazu spezialisierte Rechtsanwaltskanzlei wenden und sich auf deren fachliche Auskunft verlassen.[3] Es ist dann nicht zumutbar, dass er ergänzend eine Auskunft der zuständigen Behörde einholt.

3.5 Vorsatz und Fahrlässigkeit des Inhabers oder der Inhaberin

Der objektive Tatbestand der Verletzung der Aufsichtspflicht in § 130 Abs. 1 OWiG kann vom Inhaber oder der Inhaberin bzw. für sie handelnder Personen (§ 9 Abs. 1, 2 OWiG) vorsätzlich oder fahrlässig verwirklicht werden (§ 10 OWiG). Die jeweils nachweisbare Begehungsform muss wie bei jeder anderen Ordnungswidrigkeit von der Verwaltungsbehörde festgestellt werden.

Beispiel:

Der Geschäftsführer einer GmbH trifft keine genügenden Aufsichtsmaßnahmen zur ordnungsgemäßen Abfallbeseitigung im Geschäftsbetrieb. Dadurch kommt es zu unerlaubten Abfallablagerungen durch Betriebsangehörige. Die Verwaltungsbehörde muss ermitteln, ob der Betroffene seine Aufsichtspflicht durch zumutbare Maßnahmen bewusst und gewollt oder nur aus Nachlässigkeit nicht wahrgenommen hat.

1) BGH, Beschl. vom 24.3.1981, Az. KRB 4/80.
2) LG Osnabrück, Urt. vom 20.9.2013, Az. 10 KLs 16/13, für eine Straftat.
3) BGH-Kartellsenat, Beschl. vom 11.11.2008, Az. KRB 47/08.

Vorsatz oder Fahrlässigkeit des Inhabers oder der Inhaberin dürfen sich aber nur auf die **allgemeine** Verletzung der Aufsichtspflicht beziehen. Handeln sie auch vorsätzlich oder fahrlässig im Hinblick auf die pflichtwidrig nicht verhinderte **konkrete** Zuwiderhandlung im Betrieb, ist für den subsidiären Tatbestand des § 130 Abs. 1 OWiG kein Raum mehr: Es liegt bereits eine Ordnungswidrigkeit des Inhabers durch vorsätzliche Beteiligung (§ 14 Abs. 1 OWiG) oder fahrlässige Nebentäterschaft vor.[1)]

– **Vorsätzlich** verletzt die Aufsichtspflicht, wer als Inhaber oder Inhaberin bewusst und gewollt oder wenigstens unter billigender Inkaufnahme möglicher Zuwiderhandlungen keine Aufsichts- oder Kontrollmaßnahmen durchführt, insbesondere kein erforderliches Compliance-System organisiert.

Beispiel:

Der Geschäftsführer eines Supermarktes überprüft die ordnungsgemäße Auszeichnung der Preisschilder (§ 4 Abs. 1 i. V. m. § 10 Abs. 2 Nr. 1 PAngV) wissentlich nicht, weil er einen Mitarbeitenden gegen Unterschrift hat versichern lassen, dass dieser allein für die Ordnungsmäßigkeit der Preisauszeichnung verantwortlich sei. Dadurch werden Zuwiderhandlungen dieses Mitarbeitenden nicht verhindert oder wesentlich erschwert.

– **Fahrlässig** verletzt die Aufsichtspflicht, wer als Inhaber oder Inhaberin die für die Betriebsleitung erforderliche Sorgfalt nicht beachtet und deswegen Aufsichts- oder Kontrollmaßnahmen unterlässt.

Beispiel:

Der Geschäftsführer eines Supermarktes vergisst wegen Arbeitsüberlastung eine stichprobenartige Kontrolle der ordnungsgemäßen Auszeichnung der Preisschilder (§ 4 Abs. 1 i. V. m. § 10 Abs. 2 Nr. 1 PAngV) hinsichtlich des damit beauftragten Mitarbeitenden vorzunehmen. Dadurch werden Zuwiderhandlungen dieses Mitarbeitenden aus mangelnder Sorgfalt nicht verhindert oder wesentlich erschwert.

4. Geldbuße und Einziehung des Wertes von Taterträgen gegen juristische Personen und Personenvereinigungen

Die Geldbuße ist eine persönliche Pflichtenmahnung des Täters oder der Täterin einer Ordnungswidrigkeit. Diese setzt gem. § 1 Abs. 1 OWiG die Handlung einer natürlichen Person voraus. Jede Bußgeldvorschrift beginnt daher auch mit der Einleitung: „Ordnungswidrig handelt, wer ...“. Die Einleitung eines Bußgeldverfahrens gegen Betriebe und Unternehmen mit dem Tatvorwurf einer vorsätzlich oder fahrläs-

1) Zur Abgrenzung von Vorsatz und Fahrlässigkeit § 2 Nr. 3.2.

sig begangenen Ordnungswidrigkeit ist wegen des Täterprinzips nicht möglich und auch nicht sinnvoll.[1] Eine unmittelbare bußgeldrechtliche Haftung juristischer Personen oder Personenvereinigungen ist nach geltender Rechtslage nicht vorgesehen.[2] Eine juristische Person oder Personenvereinigung kann daher auch nicht Betroffene sein, sondern nur Nebenbetroffene am Bußgeldverfahren.[3]

Fehlbeispiel:

In den Geschäftsräumen einer Gaststätten-GmbH sollen durch die Lebensmittelüberwachung Probenahmen durchgeführt werden. Der Geschäftsführer verhindert die behördliche Maßnahme durch Versperren der Räume. Es wäre unzulässig und auch sinnlos, gegen die selbst nicht handlungsfähige GmbH ein Bußgeldverfahren einzuleiten und ihr in einem Anhörungsdokument vorzuwerfen, „sie" hätte die Räume versperrt, dadurch ihre Duldungs- und Mitwirkungspflicht verletzt und eine Ordnungswidrigkeit nach § 60 Abs. 2 Nr. 23 LFGB begangen.

Ein Bedürfnis zur bußgeldrechtlichen Haftung juristischer Personen und Personenvereinigungen besteht jedoch, wenn eine Geldbuße gegen deren gesetzliche und rechtsgeschäftlich beauftragten Vertreter oder Vertreterinnen über § 9 Abs. 1, 2 OWiG allein nicht ausreichend erscheint, überhaupt nicht möglich ist oder ein aus der Ordnungswidrigkeit gezogener wirtschaftlicher Vorteil nur dem Unternehmen zugeflossen ist. Gegen andere Rechtsformen wie z. B. eine Einzelfirma oder eine Wohnungseigentümergemeinschaft ist eine bußgeldrechtliche Haftung nicht möglich.[4] Bei einer Einzelfirma (§ 17 Abs. 1 HGB) ist der Inhaber oder die Inhaberin bereits selbst Täter oder Täterin betriebsbezogener Ordnungswidrigkeiten, sodass die Geldbuße nach § 17 Abs. 3 OWiG und die Vorteilsabschöpfung nach § 17 Abs. 4 OWiG als weitere Zumessungsrichtlinie ausschließlich bei diesen festzusetzen sind. Der Gesamtbetrag der Geldbuße setzt sich daher aus einem Ahndungsanteil und einem Abschöpfungsanteil zusammen.[5] Die Erstreckung der bußgeldrechtlichen Haftung auf ein Nachfolgeunternehmen ist im Falle einer Gesamtrechtsnachfolge oder einer partiellen Gesamtrechtsnachfolge nur unter den Voraussetzungen des

1) Ein Unternehmensstraf- und Ordnungswidrigkeitenrecht nach dem Vorbild der USA ist dem deutschen Recht bisher fremd. Die Einführung war bis 2021 durch das Gesetz zur Stärkung der Integrität in der Wirtschaft (Entwurf des damaligen BMJV zu einem Verbandssanktionengesetz, VerSanG-E) im Koalitionsvertrag der „Großen Koalition" aus CDU/CSU und SPD vorgesehen. Der Gesetzesentwurf der Bundesregierung wurde jedoch nicht mehr beschlossen. Es bleibt abzuwarten, ob er in der folgenden Legislaturperiode wieder aufgegriffen wird und das Gesetzgebungsverfahren zum Abschluss kommt. Bis Redaktionsschluss dieser Auflage waren keinerlei entsprechende Bestrebungen ersichtlich, sodass wohl von einem endgültigen Scheitern auszugehen ist

2) Entscheidung des EuGH vom 5.12.2023, Az. C-807/21, auf Vorlage des Kammergerichts Berlin (KG Berlin, Beschl. vom 6.12.2021, Az. 3 WS 250/21) zur besonderen Rechtslage bei Ordnungswidrigkeiten nach Art. 83 Abs. 4 bis 6 DSGVO.

3) OLG Hamm, Beschl. vom 24.6.2021, Az. 5 RBs 107/21; LG Berlin, Beschl. vom 18.2.2021, Az. 526 OWi LG) 212 Js-OWi 1/20 (1/20). Diese erstinstanzliche Entscheidung führte aufgrund KG (Berlin), Beschl. vom 6.12.2021, Az. 3 WS 250/21, zur Vorlage an den EuGH, über die bei Redaktionsschluss dieser Auflage noch nicht entschieden war.

4) AG Nauen, Beschl. vom 29.1.2015, Az. 34 OWiE 221/13.

5) LG München I, Urt. vom 20.12.2011, Az. 6 KLs 565 Js 122815/11.

§ 30 Abs. 2a OWiG möglich, wenn zwischen beiden Unternehmen eine Nahezu-Identität durch einen wesentlichen Teil des Vermögens besteht.[1])

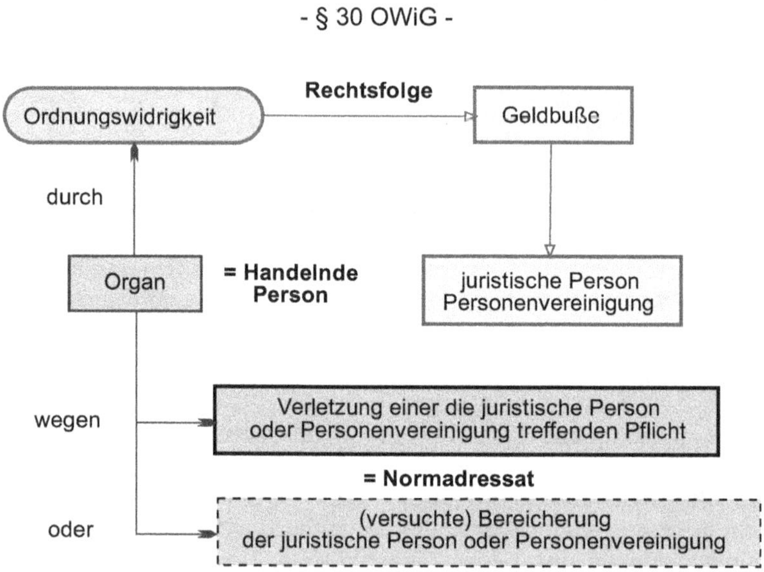

Abb. 10: Geldbuße gegen juristische Personen und Personenvereinigungen

- **Geldbuße gegen juristische Personen und Personengesellschaften**

§ 30 OWiG ermöglicht die Festsetzung einer Geldbuße gegen juristische Personen und Personenvereinigungen als Nebenfolge einer betriebsbezogenen Ordnungswidrigkeit in einem

– einheitlichen Verfahren (§ 30 Abs. 1 OWiG) neben der Geldbuße gegen die gesetzlichen oder rechtsgeschäftlich bestellten Vertretenden (§ 9 Abs. 1, 2 OWiG).

Beispiel:

Der Geschäftsführer einer GmbH hat eine Ordnungswidrigkeit begangen, durch die nur das Unternehmen einen wirtschaftlichen Vorteil erlangt hat, der nur deren Gesellschaft, nicht aber dem Geschäftsführer zugeflossen ist. Die Verwaltungsbehörde führt daher gegen den Geschäftsführer und die GmbH ein einheitliches Verfahren durch, da sie gegen den Geschäftsführer wie die GmbH eine Geldbuße festzusetzen beabsichtigt.

– selbstständigen Verfahren (§ 30 Abs. 4 OWiG) ohne Festsetzung einer Geldbuße gegen diese vertretenden natürlichen Personen.

1) BGH, Beschl. vom 27.1.2015, Az. KRB 39/14.

Beispiel:

Der zur Tatzeit verantwortliche Geschäftsführer einer GmbH ist verstorben, unbekannten Aufenthalts oder ausgeschieden, sodass seine Ahndung nicht mehr möglich ist bzw. kein öffentliches Interesse daran besteht (§ 47 Abs. 1 S. 1 OWiG). Die Verwaltungsbehörde führt daher gegen die GmbH ein selbstständiges Verfahren durch, da sie nur gegen sie eine Geldbuße festzusetzen beabsichtigt.

Eine Aktiengesellschaft (AG) wird von mehreren Vorstandsmitgliedern geleitet. Im Bußgeldverfahren gelingt es der Verwaltungsbehörde nicht, das für eine betriebsbezogene Ordnungswidrigkeit zuständige Vorstandsmitglied zu ermitteln.

- **Einziehung des Wertes von Taterträgen bei juristischen Personen und Personenvereinigungen**

§ 29a Abs. 2 OWiG ermöglicht die Einziehung des Wertes von Taterträgen als Abschöpfung des aus der Ordnungswidrigkeit von juristischen Personen und Personenvereinigungen erlangten wirtschaftlichen Vorteils ohne Festsetzung einer Geldbuße nach den Kriterien in § 17 Abs. 3 OWiG in einem selbstständigen Verfahren.[1] Ein einheitliches Verfahren gibt es hier im Gegensatz zur Geldbuße (§ 30 Abs. 1 OWiG) nicht.[2]

Beispiel:

Der zur Tatzeit der Ordnungswidrigkeit eingetragene Geschäftsführer einer GmbH ist ausgeschieden und unbekannten Aufenthalts. Die Verwaltungsbehörde beabsichtigt daher kein Bußgeldverfahren gegen ihn einzuleiten, sondern ausschließlich gegen die GmbH die Einziehung des Wertes von Taterträgen des aus der Ordnungswidrigkeit erlangten wirtschaftlichen Vorteils anzuordnen.

Die Geldbuße (§ 30 OWiG) und die Einziehung des Wertes von Taterträgen (§ 29a OWiG) bei juristischen Personen und Personenvereinigungen setzt deren Verfahrensbeteiligung (§ 88 bzw. § 87 OWiG) voraus und erfolgt durch einen Bußgeld- bzw. Einziehungsbescheid.[3] Das Einleitungs- und Auswahlermessen der Verwaltungsbehörde nach dem Opportunitätsprinzip (§ 47 Abs. 1 S. 1 OWiG)[4] umfasst daher folgende alternativen Möglichkeiten:

1) Die Abschöpfung des aus der Ordnungswidrigkeit erzielten wirtschaftlichen Vorteils nach § 17 Abs. 4 OWiG („Vorteils- oder Gewinnabschöpfung") ist nur eine Zumessungsrichtlinie der Geldbuße und daher nicht selbstständig möglich.

2) Die Festsetzung einer Geldbuße und die Einziehung des Wertes von Taterträgen in einem Bescheid war bis 2021 durch das Gesetz zur Stärkung der Integrität in der Wirtschaft (Entwurf des BMJV zu einem Verbandssanktionengesetz, VerSanG-E) im Koalitionsvertrag der „Großen Koalition" aus CDU/CSU und SPD vorgesehen. Der Gesetzesentwurf der Bundesregierung wurde jedoch nicht mehr beschlossen. Es bleibt abzuwarten, ob er in der folgenden Legislaturperiode wieder aufgegriffen wird und das Gesetzgebungsverfahren zum Abschluss kommt.

3) Zur Verfahrensbeteiligung von juristischen Personen und Personengesellschaften und dem Erlass eines Bußgeld- bzw. Einziehungsbescheides (§§ 87, 88 OWiG) § 15 Nr. 1.1.

4) Zum Opportunitätsprinzip im Bußgeldverfahren (§ 47 Abs. 1 S. 1 OWiG) § 2 Nr. 5.

a) **Bußgeldverfahren** nur gegen gesetzliche Vertreter oder Vertreterinnen (Geschäftsführer oder Geschäftsführerinnen, Vorstandsmitglieder, geschäftsführende Gesellschafter oder Gesellschafterinnen, § 9 Abs. 1 Nr. 1, 2 OWiG) und/oder rechtsgeschäftlich bestellte Vertretende (Betriebsleitende, Teilbetriebsleitende, sonst ausdrücklich eigenverantwortlich Beauftragte, § 9 Abs. 2 S. 1 OWiG) als natürliche Personen.

   *Geldbuße durch **Bußgeldbescheid** nur gegen natürliche Personen gemäß § 17 OWiG.*

b) **Einheitliches Verfahren** gegen die unter a) bezeichneten Personen und Verfahrensbeteiligung einer juristischen Person (GmbH, AG, Genossenschaft, eingetragener Verein usw.) oder Personenvereinigung (oHG, KG, eGbR) gem. § 30 Abs. 1 OWiG.

   *Verbandsgeldbußen durch **einheitlichen Bußgeldbescheid** gegen eine natürliche Person als Organ gemäß § 17 OWiG und gegen eine juristische Person oder Personenvereinigung gemäß § 30 Abs. 2 S. 2 OWiG.*

c) **Selbstständiges Verfahren** nur durch Verfahrensbeteiligung einer juristischen Person (GmbH, AG, Genossenschaft, eingetragener Verein usw.) oder Personenvereinigung (oHG, KG) als Nebenbetroffene gem. § 30 Abs. 4 OWiG.

   *Geldbuße durch **selbstständigen Bußgeldbescheid** nur gegen eine juristische Person oder Personenvereinigung gemäß § 30 Abs. 2 S. 2 OWiG.*

   Die Festsetzung einer Geldbuße setzt in diesem Fall voraus, dass gegen gesetzliche Vertreter oder Vertreterinnen (siehe oben Buchst. a) kein Bußgeldverfahren eingeleitet oder ein eingeleitetes bereits eingestellt ist.[1]

d) **Einziehungsverfahren** nur durch Verfahrensbeteiligung einer juristischen Person (GmbH, AG, Genossenschaft, eingetragener Verein usw.) oder Personenvereinigung (oHG, KG) als Einziehungsbeteiligte gem. § 29a Abs. 2 OWiG.

   *Einziehung des Wertes von Taterträgen Einziehung des Wertes von Taterträgen durch **selbstständigen Einziehungsbescheid** nur gegen eine juristische Person oder Personenvereinigung gemäß § 29a Abs. 1 OWiG.*

   In diesem Fall ist kein Bußgeldverfahren gegen gesetzliche oder beauftragte Vertreter (§ 9 Abs. 1, 2 OWiG) einer juristischen Person oder Personenvereinigung (§ 30 Abs. 1 OWiG) zulässig. Die Möglichkeit eines einheitlichen Verfahrens eines Bußgeldbescheides gegen ein Organ und der Einziehung des Wertes von Taterträgen gegen eine juristische Person oder Personenvereinigung ist ausgeschlossen.[2]

---

1) Thüringer OLG (Jena), Beschl. vom 1.12.2006, Az. 1 Ss 199/06.

2) Die Festsetzung einer Geldbuße und die Einziehung des Wertes von Taterträgen in einem Bescheid war bis 2021 durch das Gesetz zur Stärkung der Integrität in der Wirtschaft (Entwurf des BMJV zu einem Verbandssanktionengesetz, VerSanG-E) im Koalitionsvertrag der „Großen Koalition" aus CDU/CSU und SPD vorgesehen. Der Gesetzesentwurf der Bundesregierung wurde jedoch nicht mehr beschlossen. Es bleibt abzuwarten, ob er in der folgenden Legislaturperiode wieder aufgegriffen wird und das Gesetzgebungsverfahren zum Abschluss kommt.

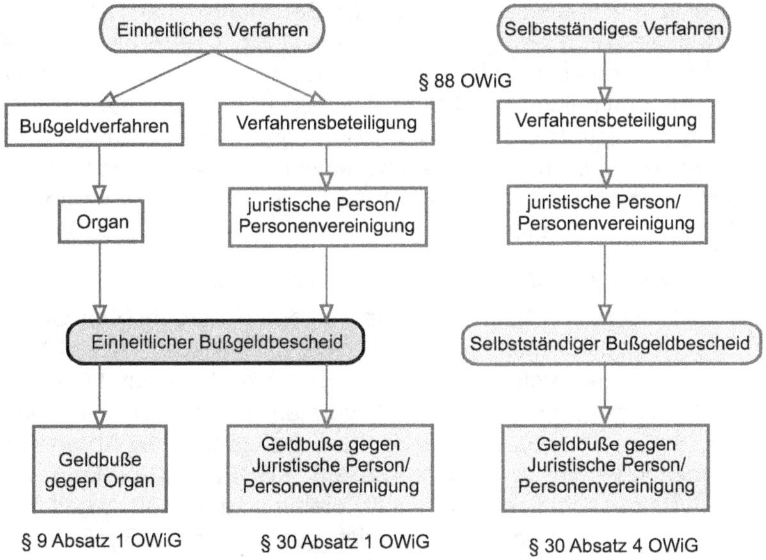

Abb. 11: Einheitlicher und selbstständiger Bußgeldbescheid gegen juristische Personen und Personenvereinigungen

Der Vermögensarrest durch Beschlagnahme von Vermögenswerten zur Sicherung der Einziehung des Wertes von Taterträgen nach § 111e StPO i. V. m. § 46 Abs. 1 OWiG ist sowohl wegen der Geldbuße gegen juristische Personen und Personenvereinigung (§ 30 Abs. 6 OWiG) als auch wegen der Einziehung des Wertes von Taterträgen (§ 29a OWiG) vorgesehen.[1] Dies hat erhebliche Bedeutung, wenn gegen ein Unternehmen bußgeldrechtlich vorgegangen werden soll, das im Inland über keine Niederlassung verfügt und gegen das daher die Vollstreckung im Ausland durchzuführen wäre.

4.1 Voraussetzungen für Festsetzung einer Geldbuße (§ 30 OWiG)

Eine Geldbuße gegen eine juristische Person (GmbH, AG, Genossenschaft, eingetragener Verein usw.) oder Personenvereinigung (oHG, KG, eGbR) nach § 30 OWiG setzt voraus, dass eine der in § 30 Abs. 1 Nr. 1 bis 5 OWiG bezeichneten leitenden Personen eine betriebsbezogene Ordnungswidrigkeit begangen hat und dadurch den Pflichtenkreis der juristischen Person oder Personengesellschaft verletzt wurde oder diese bereichert werden sollte.[2]

4.1.1 Ordnungswidrigkeit von Vertretenden

Eine juristische Person oder Personenvereinigung haftet als Nebenbetroffene akzessorisch für die von den leitenden Personen begangenen Ordnungswidrigkeiten.[3] Die

1) Zur Anordnung des Vermögensarrests (§ 111e StPO i. V. m. § 46 Abs. 1 OWiG) als Sicherungsmaßnahme von Geldbußen und Einziehungen § 8.

2) Entscheidung des EuGH vom 5.12.2023, Az. C-807/21, auf Vorlage des Kammergerichts Berlin (KG Berlin, Beschl. vom 6.12.2021, Az. 3 WS 250/21) zur besonderen Rechtslage bei Ordnungswidrigkeiten nach Art. 83 Abs. 4 bis 6 DSGVO.

3) BGH, Beschl. vom 7.12.2016, Az. 1 StR 185/16; OLG Hamm, Beschl. vom 24.6.2021, Az. 5 RBs 107/21.

Festsetzung einer Geldbuße setzt daher die Begehung einer betriebsbezogenen Ordnungswidrigkeit durch eine der in § 30 Abs. 1 Nr. 1 bis 5 OWiG bezeichneten Personen voraus.[1)] Ohne eine solche Anknüpfungstat ist die bußgeldrechtliche Haftung von Unternehmen nicht möglich.[2)] § 30 Abs. 1 Nr. 1 bis 3 OWiG ist dabei mit den gesetzlichen Vertreten nach § 9 Abs. 1 Nr. 1 und 2 OWiG weitgehend deckungsgleich und wird durch rechtsgeschäftliche Vertreter in leitender Stellung in § 30 Abs. 1 Nr. 4 und 5 OWiG ergänzt. Diese Ergänzung entspricht aber nicht den rechtsgeschäftlich beauftragten Vertretenden in § 9 Abs. 2 S. 1 OWiG![3)]

- **Gesetzliche Vertretende (§ 30 Abs. 1 bis 3, 5 OWiG)**

Gesetzliche Vertretende sind zunächst alle vertretungsberechtigten Organe juristischer Personen gem. § 30 Abs. 1 Nr. 1 OWiG. Die mit § 9 Abs. 1 Abs. 1 Nr. 1 OWiG[4)] wortgleiche Bestimmung umfasst damit z. B. Geschäftsführer und Geschäftsführerinnen einer GmbH (§ 35 Abs. 1 GmbHG), Vorstandsmitglieder einer Aktiengesellschaft (AG, § 78 Abs. 1 AktG), einer Genossenschaft (e.G., § 26 Abs. 1 GenG) oder eines eingetragenen Vereins (e. V., § 26 Abs. 2 S. 1 BGB). Der Vorstand und die Vorstandsmitglieder eines nicht rechtsfähigen Vereins sind in § 30 Abs. 1 Nr. 2 OWiG besonders erwähnt, weil er selbst keine juristische Person ist. Schließlich sind vertretungsberechtigte gesetzliche Vertretende von Personenvereinigungen im Sinne des § 30 Abs. 1 Nr. 3 OWiG die geschäftsführenden Gesellschafter oder Gesellschafterinnen einer offenen Handelsgesellschaft (oHG, § 105 Abs. 1, § 125 Abs. 1 Halbs. 1 HGB), Kommanditgesellschaft (KG) mit Ausnahme der Kommanditisten (§ 170 HGB) und Gesellschaft bürgerlichen Rechts (eGbR, § 705 ff. BGB).

Neben diesen Verantwortlichen kommen aufgrund § 30 Abs. 1 Nr. 5 OWiG auch die Ordnungswidrigkeiten solcher Personen in Betracht, die sonst für die Unternehmens- oder Betriebsleitung verantwortlich handeln, wozu auch die Überwachung der Geschäftsführung oder die sonstige Ausübung von Kontrollbefugnissen in leitender Stellung gehört. Damit soll eine Sanktionslücke geschlossen werden, die nach Meinung des Gesetzgebers entsteht, wenn den gesetzlichen Vertretern „praktische keine Leitungsaufgaben übertragen sind, während die eigentliche Geschäftsführung auf leitende Angestellte verlagert wird." Eine praktische Bedeutung der Bestimmung im Bußgeldverfahren ist jedoch nicht ersichtlich.

- **Generalbevollmächtigte (§ 30 Abs. 1 Nr. 4 OWiG)**

Die Generalvollmacht ist ein privatrechtliches Rechtsgeschäft nach § 167 BGB, das den Bevollmächtigten oder die Bevollmächtigte in einem Unternehmen zur Vornahme aller Rechtsgeschäfte ermächtigt, soweit eine Vertretung des Inhabers oder der Inhaberin überhaupt zulässig ist. Sie kann nicht in das Handelsregister eingetragen werden, auch wenn das Unternehmen selbst dort eingetragen ist. Eine weitere besondere und leitende Stellung ist wegen des weitreichenden Umfangs der Gene-

1) OLG Hamm, Beschl. vom 17.12.2012, Az. 2 RBs 109/12; Thüringer OLG (Jena), Beschl. vom 2.11.2005, Az. 1 Ss 242/05.
2) BGH, Urt. vom 31.10.2019, Az. 1 StR 219/17.
3) Zur Übersicht über die rechtsgeschäftlich beauftragten Vertreter (§ 9 Abs. 2 OWiG) § 4 Nr. 2.3.
4) Zum Handeln für andere durch gesetzliche Vertreter juristischer Personen und Personengesellschaften (§ 9 Abs. 1 Nr. 1 OWiG) § 4 Nr. 2.2.2.

ralvollmacht nicht notwendig. Eine praktische Bedeutung der Bestimmung im Bußgeldverfahren ist noch nicht ersichtlich.

- **Prokuristen und Prokuristinnen in leitender Stellung (§ 30 Abs. 1 Nr. 4 OWiG)**

Die Erteilung der Prokura (§ 48 HGB) ermächtigt den Prokuristen oder die Prokuristin zu allen Arten von gerichtlichen und außergerichtlichen Geschäften und Rechtshandlungen, die der Betrieb eines Handelsgewerbes mit sich bringt. Die Prokura ist zum Handelsregister anzumelden (§ 53 Abs. 1 HGB). Die Eintragung hat aber nur deklaratorische Bedeutung, die Prokura entsteht bereits mit ihrer Erteilung. Nicht jede betriebsbezogene Zuwiderhandlung wird jedoch von § 30 Abs. 1 Nr. 4 OWiG erfasst, sondern nur Verstöße von Prokuristen oder Prokuristinnen in *leitender Stellung*. Er muss daher in die Wahrnehmung wesentlicher Aufgaben der Geschäftsführung eingebunden sein. Eine praktische Bedeutung der Bestimmung im Bußgeldverfahren ist noch nicht ersichtlich.

- **Handlungsbevollmächtigte in leitender Stellung (§ 30 Abs. 1 Nr. 4 OWiG)**

Die Handlungsvollmacht ohne Erteilung einer Prokura (§ 54 HGB) ist eine kaufmännische Vollmacht ohne Eintragung in das Handelsregister zum Betrieb eines Handelsgewerbes oder zur Vornahme einer bestimmten, zu einem Handelsgewerbe gehörenden Art von Geschäften oder einzelner zu einem Handelsgewerbe gehöriger Geschäfte. Wie bei dem Prokuristen oder der Prokuristin genügt nicht die Zuwiderhandlung jedes oder jeden Handlungsbevollmächtigten, vielmehr ist auch eine *leitende Stellung*, also die Wahrnehmung wesentlicher Aufgaben der Geschäftsführung erforderlich. Eine praktische Bedeutung der Bestimmung im Bußgeldverfahren ist nicht ersichtlich.

Wegen eines ordnungswidrigen Verhaltens anderer, in § 30 Abs. 1 OWiG nicht bezeichneter Personen, insbesondere dem Personenkreis des § 9 Abs. 2 OWiG darf keine Geldbuße gegen eine juristische Person oder Personengesellschaft festgesetzt werden. Es ist daher unzulässig, in einem Bußgeldbescheid ohne Ermittlung des Täters oder der Täterin nur die Feststellung zu treffen, dass in einem Unternehmen „eine Ordnungswidrigkeit begangen wurde".[1)] In der Verfahrenspraxis ist die Ermittlung konkreter Täter und Täterinnen zwar häufig nicht möglich. Die Ordnungswidrigkeit der in § 30 Abs. 1 OWiG genannten gesetzlichen Vertreter, Vertreterinnen oder sonst leitenden Personen liegt dann aber meist in der Verletzung der Aufsichtspflicht in Betrieben und Unternehmen nach § 130 Abs. 1 OWiG.[2)] Die betriebsbezogene Ordnungswidrigkeit ist hier nur objektive Bedingung der Ahndung, sodass deren Täter oder Täterinnen nicht ermittelt werden brauchen. Die Kombination zwischen einer betriebsbezogenen Ordnungswidrigkeit und § 130 – § 30 OWiG ist daher gerade bei Zuwiderhandlungen in größeren Unternehmen nicht selten.

---

1) AG Koblenz, Beschl. vom 31.10.2018, Az. 34 OWi 2010 Js 54900/18.

2) Zum Tatbestand der Verletzung der Aufsichtspflicht in Betrieben und Unternehmen (§ 130 OWiG) § 4 Nr. 3.

4.1.2 Verletzung betriebsbezogener Pflichten

Gesetzliche oder rechtsgeschäftlich bestellte Vertretende müssen als Voraussetzung der bußgeldrechtlichen Haftung einer juristischen Person oder Personenvereinigung eine Ordnungswidrigkeit begangen, d. h. einen mit Geldbuße bedrohten Tatbestand rechtswidrig und auch vorwerfbar verwirklicht haben (§ 1 Abs. 1 OWiG). Es genügt also nicht die bloße Feststellung einer mit Geldbuße bedrohten Handlung (§ 1 Abs. 2 OWiG). Die Ordnungswidrigkeit ist nämlich nicht objektive Bedingung der Ahndung – wie der Begriff der Zuwiderhandlung bei § 130 OWiG –, sondern die Bezugstat, an welche die Rechtsfolge der Geldbuße gegen eine juristische Person oder Personenvereinigung anknüpft.[1)] Die bloße Behauptung im Bußgeldbescheid, es liege aufgrund im Betrieb oder Unternehmen festgestellter Ordnungswidrigkeiten eine Aufsichtspflichtverletzung vor, genügt daher nicht.[2)]

Beispiel:

In einer Aktiengesellschaft wird gegen eine Auflage zu einer Betriebserlaubnis verstoßen. Der Verstoß ist als Ordnungswidrigkeit mit Geldbuße bedroht. Wird dem zuständigen Vorstandsmitglied die Verletzung seiner Aufsichtspflicht (§ 130 Abs. 1 OWiG) vorgeworfen, genügt die Feststellung der tatbestandsmäßigen, rechtswidrigen Zuwiderhandlung gegen die Auflage im Betrieb als objektive Bedingung der Ahndung des Vorstandsmitglieds als natürlicher Person.

Soll gegen die Aktiengesellschaft als juristische Person eine Geldbuße festgesetzt werden, ist die Feststellung erforderlich, dass ein Vorstandsmitglied vorsätzlich oder fahrlässig den Tatbestand einer Ordnungswidrigkeit rechtswidrig und vorwerfbar verwirklicht hat.

Durch die Begehung der Ordnungswidrigkeit müssen Pflichten verletzt worden sein, welche die juristische Person oder Personenvereinigung treffen (§ 30 Abs. 1 Nr. 1, 2 OWiG). Viele Bußgeldvorschriften sind deswegen betriebsbezogen, weil sie ausdrücklich oder nach dem Sachzusammenhang nur bestimmte Tätergruppen wie Betreiber oder Betreiberinnen einer Anlage, Gewerbetreibende, Veranstalter oder Veranstalterinnen, Arbeitgeber oder Arbeitgeberinnen usw. ansprechen. Sind diese juristischen Personen oder Personengesellschaften, so wird der Anwendungsbereich der Bußgeldvorschrift durch § 9 Abs. 1 OWiG auf deren gesetzlich Vertretende, durch § 9 Abs. 2 OWiG auf deren rechtsgeschäftlich bestellten Vertretende erstreckt.[3)] Verletzen daher gesetzlich oder sonst leitend Vertretende eine Pflicht, die zunächst die juristische Person oder Personenvereinigung als Normadressaten trifft, so liegt stets auch die Verletzung einer betriebsbezogenen Pflicht vor. Eine in der Verfahrenspraxis besonders wichtige betriebsbezogene Pflicht ist die Aufsichtspflicht in Betrieben und Unternehmen in § 130 Abs. 1 OWiG.

1) BGH, Urt. vom 31.10.2019, Az. 1 StR 219/17.
2) AG Koblenz, Beschl. vom 31.10.2018, Az. 34 OWi 2010 Js 54900/18.
3) Zu den gesetzlichen und rechtsgeschäftlich bestellten Vertretern oder Vertreterinnen von juristischen Personen und Personengesellschaften (§ 9 OWiG) § 4 Nr. 2.

Beispiel:

Der Küchenchef einer Hotel-GmbH hält lebensmittelrechtliche Hygienevorschriften (LMHV) ohne Wissen des Geschäftsführers nicht ein.

- Der Geschäftsführer begeht bei mangelhaften Kontroll- und Aufsichtsmaßnahmen eine Ordnungswidrigkeit nach § 130 Abs. 1 i. V. m. § 9 Abs. 1 Nr. 1 OWiG.
- Die z. B. nach § 5 LMHV mit Geldbuße bedrohte Handlung des Küchenchefs ist dafür objektive Bedingung der Handlung.
- Zur Ahndung der Ordnungswidrigkeit durch den Geschäftsführer kann gegen die Hotel-GmbH aufgrund § 30 OWiG eine Geldbuße festgesetzt werden.

Auch Bußgeldvorschriften, die sich an jeden beliebigen Täter oder Täterin richten und daher nicht zu den besonderen Tätergruppen in § 9 Abs. 1, 2 OWiG gehören, können betriebsbezogen sein, wenn sie im Zusammenhang mit der Führung eines Unternehmens stehen und die juristische Person oder Personenvereinigung aufgrund ihres Wirkungskreises in eine Art Garantenstellung[1] rückt. Eine praktische Bedeutung dieser Ahndungsmöglichkeit ist jedoch nicht ersichtlich.

Beispiel:

Betriebsbezogene Pflicht, eine in der Nähe eines Gewässers liegende Fabrik so zu führen, dass die der Reinigung des Gewässers dienenden Vorschriften eingehalten werden. Gegen das Unternehmen kann wegen Ordnungswidrigkeiten nach § 103 WHG über § 30 OWiG eine Geldbuße festgesetzt werden.

4.1.3 (Beabsichtigte) Bereicherung

Eine Geldbuße kann gegen eine juristische Person oder Personenvereinigung auch festgesetzt werden, wenn sie durch eine Ordnungswidrigkeit ihrer gesetzlichen Vertreter oder sonst leitenden Personen im Sinne des § 30 Abs. 1 Nr. 1 bis 5 OWiG bereichert worden ist oder werden sollte. Neben der Einwirkung auf die wirtschaftlichen Eigentümer oder Eigentümerinnen verfolgt die Geldbuße gem. § 17 Abs. 4 S. 1 OWiG auch den Zweck, aus der Ordnungswidrigkeit gezogene wirtschaftliche Vorteile abzuschöpfen. Der Begriff der Bereicherung ist im Wesentlichen deckungsgleich mit dem des Vermögensvorteils. Danach ist Bereicherung jede günstigere Gestaltung der Vermögenslage, d. h. jede Erhöhung des wirtschaftlichen Wertes des Vermögens. Dazu zählen auch mittelbare Vorteile wie z. B. die Verbesserung einer Marktposition. Solche können in der Verfahrenspraxis allerdings kaum nachweisbar festgestellt werden.[2]

Die Handlung des Täters oder der Täterin braucht bei dieser zweiten Alternative des § 30 Abs. 1 OWiG nicht betriebsbezogen zu sein, es genügt ein bloß ursächlicher Zusammenhang zwischen der Ordnungswidrigkeit und der eingetretenen oder

1) Zur Garantenstellen einer natürlichen Person als Täter aufgrund § 8 OWiG § 4 Nr. 4.1.
2) LG Hamburg, Urt. vom 6.9.2024, Az. 630 KLs 2/24.

beabsichtigten Bereicherung des Vermögens der juristischen Person oder Personenvereinigung. In der Verfahrenspraxis besteht dafür jedoch offensichtlich kein Bedürfnis, da die weitreichende erste Alternative der Geldbuße wegen einer betriebsbezogenen Ordnungswidrigkeit alle vorkommenden Fälle abdeckt. Eine praktische Bedeutung der zweiten Alternative ist deswegen nicht vorhanden.

4.1.4 Verfolgungsverjährung

Im selbstständigen Verfahren wegen der Anordnung einer Nebenfolge oder der Festsetzung einer Geldbuße gegen eine juristische Person oder Personenvereinigung wird die Verjährung durch die abschließend in § 33 Abs. 1 S. 1 OWiG genannten Handlungen zur Durchführung des selbstständigen Verfahrens unterbrochen (§ 30 Abs. 1 S. 2 OWiG).[1] Wird gegen die juristische Person kein selbstständiges Verfahren eingeleitet, wirken die verjährungsunterbrechenden Handlungen gegen das Organ der juristischen Person (§ 33 Abs. 1 OWiG) auch gegenüber der juristischen Person.[2]

4.2 Voraussetzungen für die Einziehung des Wertes von Taterträgen (§ 29a OWiG)

Die Einziehung des Wertes von Taterträgen nach § 29a OWiG ist eine Nebenfolge einer mit Geldbuße bedrohten Handlung (§ 1 Abs. 2 OWiG), durch die das Erlangte, d. h. der aus der Ordnungswidrigkeit gezogene wirtschaftliche Vorteil (§ 17 Abs. 4 OWiG) ohne Festsetzung einer Geldbuße (§ 17 Abs. 1 bis 3 OWiG) abgeschöpft werden kann. Das Erlangte kann auch in ersparten Aufwendungen eines Unternehmens bestehen.[3] Es handelt sich also um eine „isolierte" Vorteilsabschöpfung. Hat der Täter oder die Täterin im Sinne des § 9 Abs. 1, 2 OWiG für eine juristische Person oder Personenvereinigung gehandelt und hat diese hieraus etwas erlangt, so kann die Einziehung des Wertes von Taterträgen gem. § 29a Abs. 2 OWiG bis zum Wert des Erlangten auch gegen sie angeordnet werden.

Beispiel:

Der Geschäftsführer einer Tiefbau-GmbH hat auf einer Baustelle nichtdeutsche Arbeitnehmer ohne die erforderliche Arbeitsgenehmigung beschäftigt (§ 284 Abs. 1 SGB III). Wegen dieser Ordnungswidrigkeit (§ 404 Abs. 1 Nr. 2 SGB III) soll gegen das Unternehmen keine Geldbuße festgesetzt werden, sondern nur der erlangte wirtschaftliche Vorteil abgeschöpft werden.

Ein Unternehmen bezahlt Mitarbeitenden auf Veranlassung des Geschäftsführers Arbeitslöhne, die hinter den gesetzlichen Mindestlöhnen zurückbleiben. Der Differenzbetrag zwischen dem tatsächlich ausbezahlten Arbeitslohn und dem gesetzlichen Mindestlohn ist durch die Ordnungswidrigkeit (§ 2a Abs. 1 Nr. 1 MiLoG) erlangt und kann durch die Einziehung des Wertes von Taterträgen abgeschöpft werden.[3]

1) Zu den Maßnahmen der Verwaltungsbehörde zur Unterbrechung der Verfolgungsverjährung (§§ 31, 33 OWiG) § 4 Nr. 4.2.2.
2) OLG Düsseldorf, Urt. vom 23.1.2014, Az. V-1 Kart 9-10/13 (OWi).
3) LG Hamburg, Urt. vom 6.9.2024, Az. 630 KLs 2/24.

Die Einziehung des Wertes von Taterträgen bei juristischen Personen und Personenvereinigungen gem. § 29a OWiG nach hat in der Verfahrenspraxis Vor- und Nachteile gegenüber der Geldbuße nach § 30 OWiG:

- **Brutto- statt Nettoprinzip**

Bei der Zumessung der Geldbuße gegen juristische Personen und Personenvereinigungen nach § 30 OWiG stellt die Berechnung des aus der Ordnungswidrigkeit gezogenen Vorteils (§ 30 Abs. 3 i. V. m. § 17 Abs. 4 OWiG) sehr oft eine unüberwindbare Schwierigkeit dar, weil nach dem **Nettoprinzip** von den Betriebseinnahmen die zugehörigen Ausgaben abzuziehen sind.[1] Hierzu bedürfte es dann eines durch die Verwaltungsbehörde regelmäßig nicht finanzierbaren Gutachtens eines oder einer Sachverständigen. Bei der Einziehung des Wertes von Taterträgen kann nach dem in § 29a Abs. 1 OWiG bestimmten **Bruttoprinzip** ein Betrag festgesetzt werden, der dem „Wert des Erlangten entspricht".[2] Es brauchen daher nur die leichter festzustellenden wirtschaftlichen Vorteile ohne Abzug gewinnmindernder Positionen ermittelt zu werden.[3] Die ohne Beschlagnahme und Auswertung von Geschäftsunterlagen kaum zu berechnenden Ausgaben werden folglich nicht ermittelt. Das Erlangte muss wie bei der Vorteilsabschöpfung im Sinne des § 17 Abs. 4 S. 1 OWiG **unmittelbar** aus der Ordnungswidrigkeit zugeflossen sein.[4]

Beispiel:

Der Geschäftsführer einer Tiefbau-GmbH hat auf einer Baustelle nichtdeutsche Arbeitnehmer ohne die erforderliche Arbeitsgenehmigung beschäftigt (§ 284 Abs. 1 SGB III). Wegen dieser Ordnungswidrigkeit (§ 404 Abs. 1 Nr. 2 SGB III) soll gegen das Unternehmen keine Geldbuße festgesetzt werden, sondern nur der erlangte wirtschaftliche Vorteil abgeschöpft werden.

1) BGH, Urt. vom 18.5.2017, Az. 3 StR 103/17. Zur Zumessung der Geldbuße (§ 17 OWiG) 13 Nr. 3.6.
2) LG Hamburg, Urt. vom 6.9.2024, Az. 630 KLs 2/24; Schleswig-Holsteinisches OLG (Schleswig), Beschl. vom 20.6.2016, Az. 2 SsOWi 52/16 (37/16), OLG Köln, Beschl. vom 19.8.2011, Az. III-1 RBs 215/11, und OLG Stuttgart, Beschl. vom 5.9.2002, Az. 5 Ss 358/01, jeweils zum früheren Verfall (§ 29a OWiG a. F.).
3) OLG Karlsruhe, Beschl. vom 6.6.2016, Az. 2 (9) SsBs 144/16 – AK 48/16, zum früheren Verfall (§ 29a OWiG a. F.).
4) LG Stuttgart, Beschl. vom 28.2.2008, Az. 19 Qs 110/05, zum früheren Verfall (§ 29a OWiG a. F.).

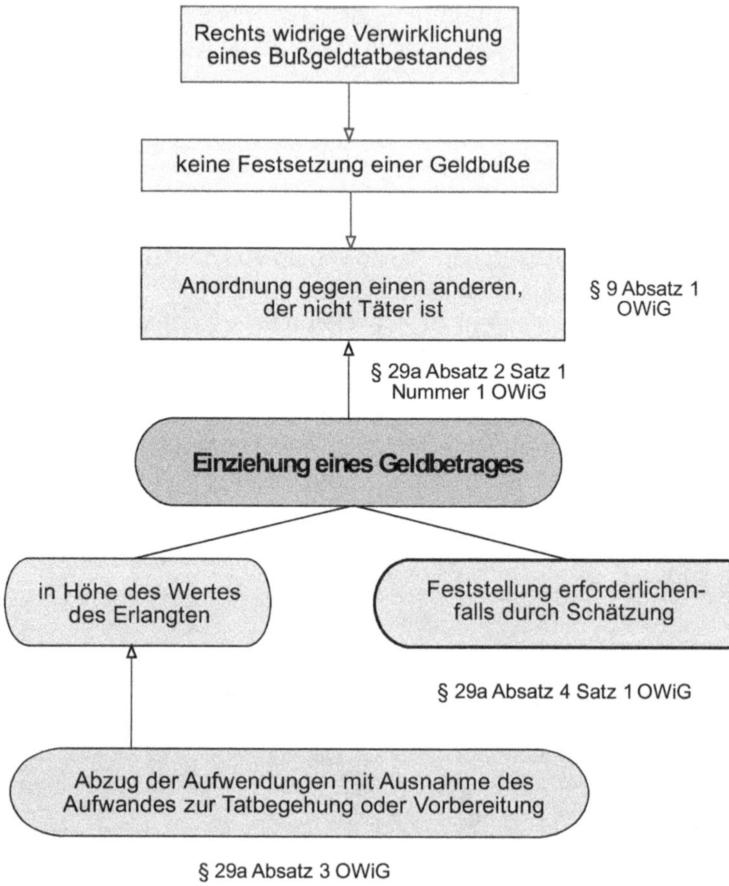

Abb. 12: Einziehung des Wertes von Taterträgen bei Dritten (§ 29a Abs. 2 OWiG)

Bei der Bestimmung des Wertes des Erlangten sind die Aufwendungen des Täters oder der Täterin bzw. Teilnehmern oder Teilnehmerinnen abzuziehen (§ 29a Abs. 3 S. 1 OWiG). Außer Betracht bleibt jedoch das, was sie für die Begehung der Tat oder für ihre Vorbereitung aufgewendet oder eingesetzt haben (§ 29a Abs. 3 S. 2 OWiG). Soweit die Zuwiderhandlung an sich verboten und sanktionsbewehrt ist, unterliegt der gesamte hieraus erlangte Erlös der Einziehung. Ist dagegen nur die Art und Weise, in der das Geschäft ausgeführt wird, ordnungswidrig, kann lediglich der hierauf entfallende Sondervorteil als erlangt angesehen werden.[1]

1) OLG Karlsruhe, Beschl. vom 6.6.2016, Az. 2 (9) SsBs 144/16 – AK 48/16, zum früheren Verfall (§ 29a OWiG a. F.).

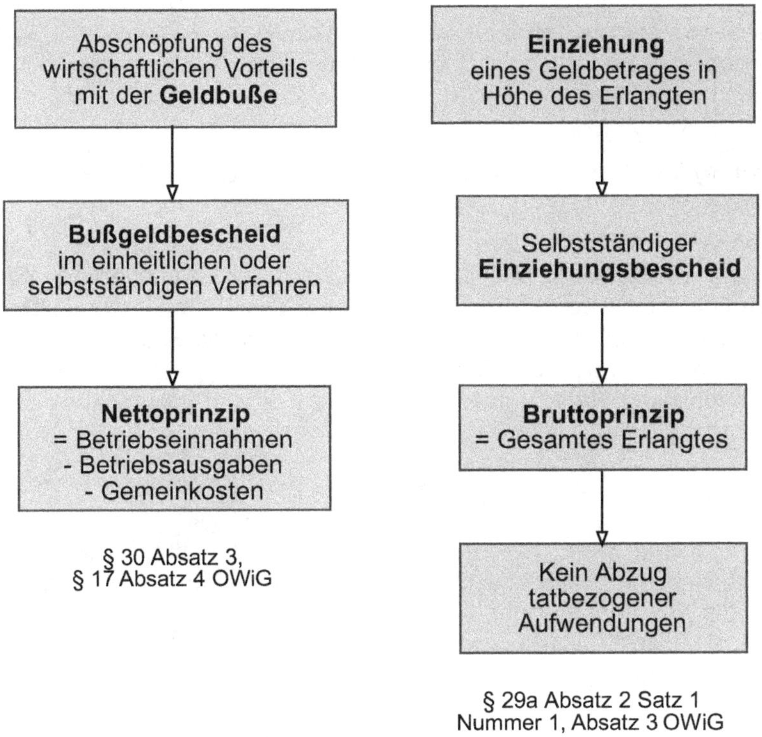

Abb. 13: Abgrenzung Vorteilsabschöpfung mit Geldbuße und Einziehung des Wertes von Taterträgen

- **Mit Geldbuße bedrohte Handlung genügt**

Während bei der Festsetzung einer Geldbuße nach § 30 OWiG die Begehung einer Ordnungswidrigkeit, d. h. einer tatbestandsmäßigen, rechtswidrigen und vorwerfbaren Handlung (§ 1 Abs. 1 OWiG) notwendig ist, genügt bei der Einziehung des Wertes von Taterträgen gem. § 29a OWiG eine mit Geldbuße bedrohte Handlung (§ 1 Abs. 2 OWiG). Die Einziehung kann also auch dann noch angeordnet werden, wenn der Täter oder die Täterin in einem unvermeidbaren Verbotsirrtum (§ 11 Abs. 2 OWiG) gehandelt haben sollte.[1]

Beispiel:

Der Geschäftsführer einer Tiefbau-GmbH hat auf einer Baustelle nichtdeutsche Arbeitnehmer ohne die erforderliche Arbeitsgenehmigung beschäftigt (§ 284 Abs. 1, § 404 Abs. 1 Nr. 2 SGB III). Auch wenn er aufgrund einer falschen rechtlichen Beratung in einem unvermeidbaren Verbotsirrtum (§ 11 Abs. 2 OWiG) gehandelt haben sollte und die Festsetzung einer Geldbuße nach § 30 OWiG wegen fehlender Vorwerfbarkeit der Ordnungswidrigkeit weder gegen ihn noch

1) Zum Verbotsirrtum des Betroffenen (§ 11 Abs. 2 OWiG) § 6 Nr. 4.7.2.

die juristische Person möglich ist, kann trotzdem gegen die GmbH die Einziehung des Wertes von Taterträgen in Höhe des erzielten Bruttoertrages gem. § 29a OWiG angeordnet werden.

- **Sicherung der Einziehung des Wertes von Taterträgen durch Vermögensarrest**

Der Vermögensarrest durch Beschlagnahme von Vermögenswerten nach § 111e StPO i. V. m. § 46 Abs. 1 OWiG ist sowohl wegen der Einziehung des Wertes von Taterträgen als auch wegen einer Geldbuße juristische Personen und Personenvereinigung möglich (§ 30 Abs. 6 OWiG). Dies hat erhebliche Bedeutung, wenn gegen ein Unternehmen bußgeldrechtlich vorgegangen werden soll, das im Inland über keine Niederlassung verfügt und gegen das daher die Vollstreckung im Ausland durchzuführen wäre.

Beispiel:

Eine ausländische Firma in der einer deutschen GmbH entsprechenden Rechtsform, z. B. einer Ltd. nach britischem Recht, führt in Deutschland Arbeiten aus, ohne an die Arbeitnehmer den entsprechenden Mindestlohn zu bezahlen (§ 21 Abs. 1 Nr. 9 MiLoG). Das Unternehmen hat seinen Geschäftssitz ausschließlich im Ausland und verfügt über keine inländische Niederlassung. Bereits vor Erlass eines Einziehungsbescheides gegen das Unternehmen kann der Vermögensarrest über dessen Ansprüche gegen den inländischen Auftraggeber zur Sicherung des Wertersatzbetrages angeordnet werden. Dies ist unzulässig, wenn der Erlass eines Bußgeldbescheids beabsichtigt ist.

- **Einheitliches Verfahren?**

Ein einheitliches Verfahren wie bei der Geldbuße (§ 30 OWiG) ist für die Einziehung des Wertes von Taterträgen (§ 29a OWiG) nicht vorgesehen.[1] Nach der inzwischen allgemeinen Meinung in der Rechtsprechung ist die selbstständige Einziehung des Wertes von Taterträgen (§ 29a Abs. 5 OWiG) gegen eine juristische Person oder Personenvereinigung im Gegensatz zum einheitlichen Bußgeldverfahren (§ 30 Abs. 5 OWiG) nur zulässig, wenn das gegen einen gesetzlichen Vertreter eingeleitete Bußgeldverfahren nicht eingeleitet oder eingestellt ist.[2]

1) Die Festsetzung einer Geldbuße und die Einziehung des Wertes von Taterträgen in einem Bescheid war bis 2021 durch das Gesetz zur Stärkung der Integrität in der Wirtschaft (Entwurf des BMJV zu einem Verbandssanktionengesetz, VerSanG-E) im Koalitionsvertrag der „Großen Koalition" aus CDU/CSU und SPD vorgesehen. Der Gesetzesentwurf der Bundesregierung wurde jedoch nicht mehr beschlossen. Es bleibt abzuwarten, ob er in der folgenden Legislaturperiode wieder aufgegriffen wird und das Gesetzgebungsverfahren zum Abschluss kommt.

2) Pfälzisches OLG (Zweibrücken), Beschl. vom 18.11.2009, Az. 1 Ss Bs 13/09; OLG Frankfurt (Main), Beschl. vom 17.12.2008, Az. 2 Ss OWi 582/08; anderer Ansicht noch OLG Köln, Beschl. vom 5.3.2004, Az. Ss 60/04 (B) – 38 B; offen gelassen von OLG Koblenz, Beschl. vom 28.9.2006, Az. 1 Ss 247/06.

- **Gebühr im Bußgeldbescheid?**

Nur ein Bußgeldbescheid (§ 66, § 88 OWiG) ist aufgrund §§ 107 Abs. 1 OWiG gebührenpflichtig. Mangels Rechtsgrundlage ergebt ein Einziehungsbescheid (§ 87 OWiG) mit der Einziehung des Wertes von Taterträgen gebührenfrei.

- **Eintragung im Gewerbezentralregister?**

Die Mitteilung an das Bundesamt für Justiz wegen der Eintragung im Gewerbezentralregister ist nur nach § 149 Abs. 2 S. 1 Nr. 3 GewO nur wegen der Geldbuße, nicht aber der Einziehung des Wertes von Taterträgen vorgesehen. Das nebenbetroffene Unternehmen fällt also insoweit für die Gewerbeämter im Verwaltungsverfahren nicht durch Unzuverlässigkeit auf.[1)]

- **Steuerliche Vorteile?**

Rechtsfolgen vermögensrechtlicher Art, bei denen wie bei Geldbuße (§§ 17, 30 OWiG) der Strafcharakter überwiegt, sind nicht abziehbare Aufwendungen sowohl bei der Einkommensteuer (§ 10 Nr. 3 EStG) als auch der Körperschaftssteuer (§ 10 Nr. 3 KStG). Bei einer reinen Abschöpfung des aus einer Ordnungswidrigkeit geschöpften wirtschaftlichen Vorteils kann diese als Aufwendung eines einkommensteuer- oder körperschaftssteuerpflichtigen Unternehmens abgezogen werden.

- **Erzwingungshaft**

Die gerichtliche Anordnung der Erzwingungshaft als Beugemittel ist nur wegen der Geldbuße möglich (§ 96 Abs. 1 Nr. 1, § 99 OWiG). Soweit die Einziehung des Wertes von Taterträgen nicht durch einen Vermögensarrest (§ 111e StPO i. V. m. § 46 Abs. 1 OWiG) gesichert ist, bleibt nur die Verwaltungsvollstreckung (§ 90 Abs. 1 OWiG).

4.3 Insolvenz juristischer Personen und Personenvereinigungen

Eine hohe Geldbuße kann eine juristische Person oder Personenvereinigung auch wirtschaftlich gefährden oder insolvent werden lassen.[2)] Bevor jedoch eine Verfahrensbeteiligung juristischer Personen oder Personenvereinigungen (§§ 87, 88 OWiG) angeordnet wird, sollte unbedingt überprüft werden, ob diese voraussichtlich während des gesamten Verfahrens zahlungsfähig bleiben. Ein gerichtliches Insolvenzverfahren kann nämlich deren Auflösung zur Folge haben.[3)] Dies gilt sowohl für die Eröffnung des Verfahrens (§ 27 InsO) als auch die Zurückweisung des Insolvenzeröffnungsantrages mangels Masse (§ 26 InsO). Während des Insolvenzverfahrens gilt ein absolutes Vollstreckungsverbot für alle Forderungen (§ 89 Abs. 1 InsO). Eine Geldbuße ist zudem eine nachrangige Forderung (§ 39 Abs. 1 Nr. 3 InsO), die i. d. R. nicht zur Insolvenztabelle angemeldet werden kann (§ 174 Abs. 1 InsO) und damit völlig ins Leere geht.

1) Zur Eintragung im Gewerbezentralregister (§ 149 Abs. 2 S. 1 Nr. 3 GewO) § 23 Nr. 9.1.
2) KG (Berlin), Beschl. vom 17.4.2019, Az. 3 Ws (B) 99/19.
3) Zum Beispiel § 60 Abs. 1 Nr. 4 GmbHG für die Eröffnung eines Insolvenzverfahrens (§ 27 InsO) über das Vermögen einer GmbH und § 60 Abs. 1 Nr. 5 GmbHG für die Abweisung des Insolvenzeröffnungsantrags mangels Masse (§ 26 InsO).

Beispiel:

Über das Vermögen einer zahlungsunfähigen GmbH wird ein Insolvenzeröffnungsantrag gestellt (§ 13 ff. InsO). Kurz darauf erlässt eine Verwaltungsbehörde gegen diese juristische Person einen Bußgeld- oder Einziehungsbescheid, der rechtskräftig wird. Das Insolvenzverfahren wird mit der gesetzlichen Folge der Auflösung der juristischen Person

- eröffnet. Die Einzelvollstreckung ist unzulässig, eine Anmeldung der Forderung zur Insolvenztabelle i. d. R. nicht möglich.
- mangels Masse nicht eröffnet. Eine Vollstreckung in das wertlose Restvermögen der aufgelösten juristischen Person ist aussichtslos.

Auch Geldbußen, die in der Krise einer juristischen Person oder Personenvereinigung noch bezahlt oder durch Verwaltungsvollstreckung beigetrieben werden, können auf Betreiben des Insolvenzverwalters oder -verwalterin an die Insolvenzmasse zurückzuzahlen sein:

- **Rückschlagsperre**

Sicherheiten, die ein Gläubiger oder eine Gläubigerin durch Zwangsvollstreckung einen Monat vor oder nach dem Insolvenzeröffnungsantrag durch Zwangsvollstreckung erhalten hat, werden mit dem Eröffnungsbeschluss unwirksam (§ 88 Abs. 1 InsO).[1] Der Insolvenzverwalter wird sie wegen der sogenannten Rückschlagsperre zur Insolvenzmasse zurückverlangen.

Beispiel:

Die Geldbuße eines rechtskräftigen Bußgeldbescheids gegen eine GmbH wird durch eine Sachpfändung einer Maschine vollstreckt. Zwei Wochen darauf stellt der Geschäftsführer der GmbH Insolvenzeröffnungsantrag wegen Zahlungsunfähigkeit. Die durch Verwaltungsvollstreckung erlangte Sicherheit wird mit der Eröffnung des Insolvenzverfahrens unwirksam.

- **Anfechtung**

Zahlungen oder Sicherheiten, die ein Gläubiger oder Gläubigerin durch den Schuldner oder die Schuldnerin innerhalb der letzten drei Monate vor oder nach dem Insolvenzeröffnungsantrag freiwillig erhalten hat, können nach dem Eröffnungsbeschluss vom Insolvenzverwalter oder der -verwalterin durch Erklärung der Anfechtung zur Insolvenzmasse zurückverlangt werden (§ 131 InsO). Bei einer unfreiwilligen Zahlung zur Abwendung der Zwangsvollstreckung oder einer Maßnahme der Zwangsvollstreckung liegt eine sogenannte inkongruente Deckung (§ 131 InsO) vor, bei der die Anfechtung auch dann begründet ist, wenn die Vollstreckungsbehörde von der Zahlungsunfähigkeit keine Kenntnis hatte.[2] Die Entstehung insolvenzfester Pfandrechte

1) Nur im Verbraucherinsolvenzverfahren (§§ 304 ff. InsO) gilt eine dreimonatige Frist (§ 88 Abs. 3 InsO).
2) LG Hildesheim, Urt. vom 14.1.2010, Az. 1 S 58/09.

muss somit grundsätzlich vor Beginn des Drei-Monatszeitraums vor dem Insolvenzeröffnungsantrag erfolgt sein.[1)]

Beispiel:

Der rechtskräftige Bußgeldbescheid gegen eine GmbH wird durch eine Pfändungs- und Überweisungsanordnung in eines ihrer Bankkonten vollstreckt. Zwei Wochen darauf stellt der Geschäftsführer der GmbH Insolvenzeröffnungsantrag wegen Zahlungsunfähigkeit. Der Insolvenzverwalter erklärt nach der Eröffnung des Insolvenzverfahrens der Vollstreckungsbehörde die Anfechtung und verlangt den gepfändeten Betrag zur Insolvenzmasse zurück.

Die verantwortende Person der Verwaltungsbehörde sollte, um solche Risiken abschätzen zu können, grundsätzlich bereits vor der Anordnung der Verfahrensbeteiligung (§ 87 f. OWiG) einer juristischen Person oder Personenvereinigung klären, ob schon die Verwaltungsvollstreckung durch die eigene Behörde oder Verwaltungsvollstreckungsmaßnahmen anderer, insbesondere privatrechtlicher Gläubiger anhängig sind oder waren und ein Insolvenzverfahren droht oder schon anhängig ist.

- Zunächst sollte nachgefragt werden, ob die eigene Kasse Zahlungsrückstände mitteilt oder sogar schon Vollstreckungsmaßnahmen durchführt.
- Eine Überprüfung ist über die Vollstreckungsportale der Landesjustizverwaltungen und das Justizportal „Insolvenzbekanntmachungen" und notfalls eine Anfrage bei der Gerichtsvollzieherverteilungsstelle des Amtsgerichts am Sitz des Schuldners bezüglich des meist viel schnelleren Vorgehens privatrechtlicher Gläubiger möglich.

Aufgrund dieser Anzeichen sollte dann wegen drohender Insolvenz keine Verfahrensbeteiligung mehr angeordnet und nur ein Bußgeldverfahren gegen die Organe (§ 9 Abs. 1, 2 OWiG durchgeführt werden. Bei hohen Geldbußen kann auch der Bußgeld- oder Einziehungsbescheid die Insolvenz erst auslösen.

Beispiel:

Die Verwaltungsbehörde setzt gegen eine noch zahlungsfähige GmbH eine Geldbuße von 30 000 Euro fest. Diese wird dadurch zahlungsunfähig und/oder überschuldet. Der Geschäftsführer muss nach § 64 Abs. 1 GmbHG unverzüglich selbst Insolvenzeröffnungsantrag stellen, will er sich nicht schadenersatzpflichtig und wegen Insolvenzverschleppung strafbar machen.

Wurde gegen die juristische Person oder Personenvereinigung ein Bußgeldbescheid (§ 30 Abs. 4 OWiG) erlassen, besteht auch keine Möglichkeit mehr, gegen den Geschäftsführer als natürliche Person bußgeldrechtlich vorzugehen.

1) OLG Nürnberg, Beschl. vom 15.3.2013, Az. 2 Ws 561/12.

II. Kapitel
Aufklärung des Sachverhalts

§ 5
Verhältnis zu Polizeidienststellen und anderen Verwaltungsbehörden

Die Durchführung eines Ermittlungsverfahrens obliegt der Verwaltungsbehörde (§ 160 Abs. 1 StPO i. V. m. § 46 Abs. 1, 2 OWiG).[1] Die Grundregel des § 161 Abs. 1 S. 1 StPO i. V. m. § 46 Abs. 1, 2 OWiG begründet für die Verwaltungsbehörde die Befugnis zu Ermittlungen jeder Art, die nicht mit einem erheblichen Grundrechtseingriff verbunden sind und daher keiner speziellen Eingriffsermächtigung bedürfen.[2] Zur Ausführung einzelner Ermittlungshandlungen kann sie dabei

- **Ermittlungsersuchen** an Polizeidienststellen (§ 161 Abs. 1 S. 1 StPO i. V. m. § 46 Abs. 1 OWiG) und
- **Amtshilfeersuchen** an andere Verwaltungsbehörden (§§ 4, 5 VwVfG bzw. §§ 3 bis 7 SGB X analog)

richten. Die Verfahrensleitung verbleibt jedoch in jedem Falle bei der ersuchenden Verwaltungsbehörde.

Weder ein Ermittlungs- noch ein Amtshilfeersuchen unterbrechen die Verfolgungsverjährung. Bei drohender Verfolgungsverjährung der Ordnungswidrigkeit (§ 31 Abs. 1 OWiG) sollte stets auf den Zeitpunkt des Eintritts und gegebenenfalls auf die Möglichkeit der Unterbrechung durch die erste Anhörung der Betroffenen (§ 33 Abs. 1 S. 1 Nr. 1 OWiG) hingewiesen werden.[3]

1. Ermittlungsersuchen an Polizeidienststellen

Die verantwortende Person der ermittelnden Verwaltungsbehörde (§ 35 OWiG) besitzt im Bußgeldverfahren grundsätzlich dieselben Rechte und Pflichten wie die Staatsanwaltschaft im Strafverfahren (§ 46 Abs. 2 OWiG). Sie kann zur Aufklärung des Sachverhalts Ermittlungen jeder Art entweder selbst vornehmen oder durch die Behörden und Beamten des Polizeidienstes vornehmen lassen (§ 161 Abs. 1 S. 1 StPO i. V. m. § 46 Abs. 1 OWiG). Diese werden dann als Ermittlungspersonen der verfahrensführenden Verwaltungsbehörde tätig. Das Ersuchen aufgrund der Ermittlungsgeneralklausel in § 161 Abs. 1 S. 1 StPO i. V. m. § 46 Abs. 1 OWiG ist ein Rechtsverhältnis eigener Art.[4] An Polizeidienststellen sind daher keine Amtshilfeersuchen zu richten, da diese nur im Verkehr gleichgeordneter Verwaltungsbehörden untereinander vorgesehen sind. Zudem gelten die Verwaltungsverfahrensgesetze im Bußgeldverfahren nicht (§ 2 Abs. 2 Nr. 2 VwVfG, § 1 S. 3 SGB X).

1) Zum ersten Zugriff der Polizei im Bußgeldverfahren (§ 53 OWiG) § 2 Nr. 6.1. Die Polizei ist nur bei Verkehrsordnungswidrigkeiten (§§ 24, 24a, 24c StVG) selbst Verwaltungsbehörde (§ 26 Abs. 1 StVG).
2) BayObLG, Beschl. vom 6.8.2020, Az. 1 VA 33/20, unter Bezugnahme auf BVerfG, Beschl. vom 17.2.2009, Az. 2 BvR 1372/07.
3) Zur Unterbrechung der Verfolgungsverjährung durch die erste Anhörung der Betroffenen (§ 33 Abs. 1 S. 1 Nr. 1 OWiG) § 5 Nr. 1.1.9.
4) Saarländisches OLG (Saarbrücken), Beschl. vom 26.2.2010, Az. Ss (B) 107/2012 (126/13); OLG Bamberg, Beschl. vom 16.11.2012, Az. 2 Ss OWi 1215/2012.

1.1 Eingeschränkte Verbindlichkeit des Ermittlungsersuchens

Im Gegensatz zum strafrechtlichen Ermittlungsverfahren sind die Behörden und Beamten des Polizeidienstes im Bußgeldverfahren nicht grundsätzlich verpflichtet, dem Ersuchen der Verwaltungsbehörde zu genügen, da § 161 Abs. 1 S. 2 StPO im Bußgeldverfahren über § 46 Abs. 1, 2 OWiG nur sinngemäß gilt. Die Polizei ist nach der überwiegend in der Literatur vertretenen Meinung nicht verpflichtet, einem Ermittlungsersuchen nachzukommen, wenn die

- Verwaltungsbehörde die Ermittlungshandlungen ohne Weiteres auch selbst durchführen kann, was insbesondere bei Vernehmungen der Fall ist, oder
- Polizei an der Erfüllung vorrangiger eigener Aufgaben, insbesondere der Strafverfolgung (§ 169 StPO) gehindert würde.[1]

Polizeiliche Verwaltungsrichtlinien können auch vorsehen, in welchem Umfang solche „polizeifremden Aufgaben“ erfüllt werden sollen. Die Verwaltungsbehörde kann daher im Gegensatz zur Staatsanwaltschaft im strafrechtlichen Ermittlungsverfahren der Polizei keine Weisungen erteilen. Daher ist die Bezeichnung „Ermittlungsersuchen“ dem „Ermittlungsauftrag“ vorzuziehen.

1.2 Keine Benachrichtigung der Betroffenen

Betroffene sowie Nebenbetroffene des Bußgeldverfahrens und gegebenenfalls beauftragte Verteidiger oder Verteidigerinnen sind von einem Ermittlungsersuchen an die Polizei mangels Rechtsgrundlage nicht in Kenntnis zu setzen. Es handelt sich um eine Maßnahme innerhalb des Vorverfahrens ohne selbstständige Bedeutung, die daher nicht mit dem Antrag auf gerichtliche Entscheidung (§ 62 OWiG) anfechtbar ist. Grundsätzlich ist auch bei beabsichtigten Zeugenvernehmungen keine Benachrichtigung geboten, weil Betroffene und ihre Verteidiger oder Verteidigerinnen im Gegensatz zu gerichtlichen Zeugenvernehmungen bei der Verwaltungsbehörde wie der Polizei kein gesetzliches Anwesenheitsrecht haben.[2] Dies gilt auch dann, wenn der oder die Betroffene von der Einleitung des Bußgeldverfahrens z. B. durch eine Anzeige, sonstige Ermittlungen oder eine Anhörung bereits weiß.

1.3 Form des Ermittlungsersuchens

Ein Ermittlungsersuchen soll als elektronisches Dokument an eine Polizeidienststelle gerichtet werden (§ 32b Abs. 3 S. 1 StPO i. V. m. § 110c S. 1 OWiG, § 3 Abs. 1 S. 1 i. V. m. § 1 Abs. 2 Nr. 1 BußAktÜbV). Ein mündliches Ermittlungsersuchen ist zwar bei Eilbedürftigkeit nicht ausgeschlossen. Regelmäßig sollte in diesem Fall zumindest ein Protokoll dokumentiert werden (§ 168b Abs. 1 StPO i. V. m. § 46 Abs. 1 OWiG). Das Ersuchen wird mit dem Namen der verantwortenden Person der Verwaltungsbehörde dokumentiert (§ 32b Abs. 1 S. 1 StPO i. V. m. § 110c S. 1 OWiG).[3] Es

1) *Wieser-Kommentar* Teil I Nr. 1 § 53 OWiG.

2) Zur Anwesenheit der Betroffenen bei gerichtlichen Zeugenvernehmungen durch den Ermittlungsrichter oder die Ermittlungsrichterin (§ 168c Abs. 1 S. 1 StPO i. V. m. § 46 Abs. 1 OWiG).

3) Ein für Ermittlungsersuchen an Polizeidienststellen vorgesehenes elektronisches Formular ist zu verwenden (§ 110b OWiG). Bei Redaktionsschluss dieser Auflage war ein derartiges elektronisches Formular noch nicht durch Rechtsverordnung vorgesehen.

soll als elektronisches Dokument übermittelt werden (§ 32b Abs. 3 S. 1 StPO i. V. m. § 110c S. 1 OWiG, § 2 Abs. 1 S. 1 i. V. m. § 1 Nr. 1 BußAktÜbV). Zur Bearbeitung wird die elektronische Akte von der Verwaltungsbehörde mit einem Übernahmeersuchen an die Polizeidienststelle übermittelt (§ 3 Abs. 1 BußAktÜbV). Die Verwaltungsbehörde als abgebende Stelle darf die elektronische Akte ab dem Zeitpunkt der Übermittlung im Umfang der Bearbeitung nicht mehr fortschreiben (§ 3 Abs. 2 S. 1 BußAktÜbV). Dies gilt nicht, wenn die Polizei als empfangende Stelle die Übernahme ablehnt (§ 3 Abs. 2 S. 2 BußAktÜbV). Die Abgabe ist erst vollzogen, wenn ein Strukturdatensatz von der übernehmenden Polizei an die abgebende Stelle Verwaltungsbehörde mit der Information darüber, dass die Bearbeitung übernommen wird, zurückgesendet wurde (§ 3 Abs. 3 S. 1 BußAktÜbV). Ist die Übersendung eines Strukturdatensatzes technisch nicht möglich, genügt eine andere Form der Mitteilung (§ 3 Abs. 3 S. 2 BußAktÜbV). Mit vollzogener Abgabe hat die abgebende Stelle, soweit erforderlich, nur noch eine Leseberechtigung (§ 3 Abs. 4 S. 1 BußAktÜbV). Die Akte muss entsprechend gekennzeichnet sein (§ 3 Abs. 4 S. 1 BußAktÜbV).

1.4 Adressat des Ermittlungsersuchens

Das Ermittlungsersuchen ist an die örtlich zuständige Polizeidienststelle, nicht an einen namentlich bestimmten Polizeibeamten oder eine Polizeibeamtin zu richten. Wünscht die Verwaltungsbehörde die Tätigkeit eines bestimmten Beamten oder einer Beamtin, so hat sie darauf zwar keinen Anspruch. Sie kann aber darum bitten, dass ein Beamter oder eine Beamtin mit besonderen Kenntnissen oder Vorkenntnissen aus früheren Ermittlungsvorgängen eingesetzt wird. Ermittlungsersuchen an ausländische Polizeidienststellen sind von § 161 Abs. 1 S. 1 StPO i. V. m. § 46 Abs. 1 OWiG nicht gedeckt. In diesem Fall wäre ein Rechtshilfeersuchen erforderlich. Soll die Vernehmung durch eine ausländische Polizeibehörde stattfinden, empfiehlt sich zur Verfahrensbeschleunigung eine Abstimmung, ob eine Vermittlung durch eine inländische Polizeidienststelle möglich ist.

1.5 Inhalt des Ermittlungsersuchens

Der ersuchten Polizeidienststelle ist möglichst genau anzugeben, welche Ermittlungen konkret vorgenommen werden sollen. Die das Ersuchen letztlich ausführenden Polizeibeamten oder -beamtinnen müssen erkennen können, welche Ermittlungshandlungen die Verwaltungsbehörde von ihnen erledigt haben will. Die Abwälzung der gesamten Ermittlungskompetenz auf eine Polizeidienststelle widerspricht der eingeschränkten Befugnisnorm in § 161 Abs. 1 S. 1 StPO i. V. m. § 46 Abs. 1, 2 OWiG und ist daher unzulässig, weil eine sachliche Zuständigkeit für die Polizei nur im Rahmen des § 53 Abs. 1 OWiG im ersten Zugriff vorgesehen ist. Daher darf z. B. eine bei der Verwaltungsbehörde eingegangene Anzeige nicht einfach mit inhaltsleeren Angaben „zur weiteren Aufklärung des Vorganges", „zur Ermittlung des angezeigten Sachverhalts", oder „zur weiteren Veranlassung" floskelhaft „an die Polizei hinausgegeben werden".[1]

1) Dienstvorschrift für die Staatsanwaltschaft Abschn. 11 RiStBV.

1.6 Zeugenvernehmungen

Vernehmungen von Zeugen oder Zeuginnen sollten grundsätzlich durch die Verwaltungsbehörde selbst, bei einfachen Vorgängen in schriftlicher oder elektronischer Form, bei komplexen Sachverhalten ausnahmsweise durch mündliche Vernehmung nach Ladung in die Dienststelle durchgeführt werden.[1] Vernehmungsersuchen an eine Polizeidienststelle sollten daher nur erfolgen, wenn ein Zeuge oder eine Zeugin entfernt wohnhaft ist und auf eine elektronische oder schriftliche Aufforderung zur Äußerung nicht oder nur unzureichend reagiert hat. Zeugen und Zeuginnen sind nämlich verpflichtet,

- auf Ladung auch vor Ermittlungspersonen der Verwaltungsbehörde zu erscheinen und zur Sache auszusagen,
- wenn der Ladung ein Auftrag der Verwaltungsbehörde zugrunde liegt (§ 163 Abs. 3 S. 1 StPO i. V. m. § 46 Abs. 1 OWiG).

Ein entsprechender Auftrag ist daher in jedem Ersuchen der Verwaltungsbehörde um eine Zeugenvernehmung durch eine Polizeidienststelle notwendig. Bei der Durchführung der polizeilichen Zeugenvernehmung im Auftrag der Verwaltungsbehörde ist zu beachten, dass diese darüber weiterhin ausschließlich entscheidet

- über die Zeugeneigenschaft oder das Vorliegen von Zeugnis- oder Auskunftsverweigerungsrechten (§§ 52, 53, 53a, 55 StPO i. V. m. § 46 Abs. 1 OWiG), sofern insoweit Zweifel bestehen oder im Laufe der Vernehmung aufkommen (§ 163 Abs. 4 S. 1 Nr. 1 StPO i. V. m. § 46 Abs. 1 OWiG),
- über eine Gestattung nach § 68 Abs. 3 S. 1 StPO i. V. m. § 46 Abs. 1 OWiG, Angaben zur Person nicht oder nur über eine frühere Identität zu machen (§ 163 Abs. 4 S. 1 Nr. 2 StPO i. V. m. § 46 Abs. 1 OWiG),
- über die Beiordnung eines Zeugenbeistands nach § 68b Abs. 2 StPO i. V. m. § 46 Abs. 1 OWiG (§ 163 Abs. 4 S. 1 Nr. 3 StPO i. V. m. § 46 Abs. 1 OWiG),
- bei unberechtigtem Ausbleiben oder unberechtigter Weigerung des Zeugen oder der Zeugin über die Verhängung der in den §§ 51 und 70 StPO i. V. m. § 46 Abs. 1 OWiG vorgesehenen Maßregeln (§ 163 Abs. 4 S. 1 Nr. 4 Halbs. 1 StPO i. V. m. § 46 Abs. 1 OWiG)[2].

Im Vorverfahren obliegt es grundsätzlich der Verwaltungsbehörde (§ 35 OWiG), die auf ihrem Auftrag und auf einer wirksamen polizeilichen Ladung beruhende Aussage- und Erscheinenspflicht eines Zeugen oder einer Zeugin durchzusetzen.[2] Nur im Übrigen trifft die erforderlichen Entscheidungen der Polizeibeamte oder Polizeibeamtin als vernehmungsleitende Person (§ 163 Abs. 4 S. 2 StPO i. V. m. § 46 Abs. 1 OWiG).

Die in der polizeilichen Verfahrenspraxis bedeutsamen Belehrungspflichten über ein Zeugnisverweigerungsrecht für Angehörige der Betroffenen (§ 52 StPO i. V. m. § 46 Abs. 1 OWiG) gelten auch für Vernehmungen durch die Polizei (§ 53 Abs. 2 OWiG). Angaben eines Zeugen oder einer Zeugin, die nicht im Rahmen einer Vernehmung

---

1) Zur Vernehmung von Zeugen oder Zeuginnen durch die Verwaltungsbehörde (§ 161a StPO i. V. m. § 46 Abs. 1 OWiG) § 6 Nr. 3.

2) BGH, Beschl. vom 28.8.2020, Az. 2 BGs 645/20, zur Zuständigkeit der Staatsanwaltschaft im strafrechtlichen Ermittlungsverfahren.

erfolgen, sind jedoch auch ohne eine Belehrung im Bußgeldverfahren verwertbar.[1)]

Erscheint ein Zeuge oder eine Zeugin bei der Polizei aufgrund eines Ermittlungsersuchens, so kann er oder sie den Anspruch auf Entschädigung (§ 59 OWiG i. V. m. § 19 JVEG) gegen die ersuchende Verwaltungsbehörde, nicht gegenüber der vernehmenden Polizeidienststelle geltend machen. Diese weist gegebenenfalls darauf hin oder leitet einen entsprechenden Antrag mit der ausgeführten Zeugenvernehmung an die Verwaltungsbehörde zurück.

1.7 Durchsuchungen und Beschlagnahmen

Ermittlungsersuchen an die Polizei zur Durchsuchung von Räumen und Beschlagnahme von Beweis- oder Einziehungsgegenständen[2)] (§§ 94, 98, 102, 103, 105, 111b, 111j StPO i. V. m. § 46 Abs. 1 OWiG) erscheinen sinnvoll, da hier die Polizei über größere Erfahrung und bessere Durchsetzungsmöglichkeiten verfügt. Handelt es sich allerdings um die Sicherstellung von Geschäftsunterlagen als Beweisgegenstände, sollten diese Maßnahmen unbedingt unter Leitung der verantwortenden Person der Verwaltungsbehörde erfolgen (§ 35 OWiG). Für den Antrag auf Erlass einer gerichtlichen Durchsuchung- und Beschlagnahmeanordnung (§§ 98, 105, 111j, 162 Abs. 1 S. 1 StPO i. V. m. § 46 Abs. 1 OWiG) ist nur die Verwaltungsbehörde, nicht aber eine ersuchte Polizeidienststelle zuständig. Ein Ersuchen an eine Polizeidienststelle, eine gerichtliche Anordnung in eigener Zuständigkeit zu beantragen, ist daher rechtswidrig. Die gelegentliche Beauftragung einer Polizeidienststelle als „Bote der Verwaltungsbehörde“ kann zu Missverständnissen führen und ist bestimmt keine polizeiliche Aufgabe. Aufgrund der Einführung des elektronischen Rechtsverkehrs auch mit Gerichten (§ 3 Abs. 1 S. 1 i. V. m. § 1 Abs. 2 Nr. 1 DokErstÜbV) dient eine solche Verfahrensweise auch nicht mehr der Verfahrensbeschleunigung. Die Formulierung der Anträge sollte die verantwortende Person der Verwaltungsbehörde in jedem Falle selbst vornehmen, da sie für deren Inhalt stets auch die Verantwortung der ermittlungsführenden Behörde trägt (§ 46 Abs. 2 OWiG).

1.8 Anhörung des oder der Betroffenen

Die Anhörung der Betroffenen sollte grundsätzlich durch die Verwaltungsbehörde selbst, i. d. R. in schriftlicher oder elektronischer Form, bei komplexen Sachverhalten ausnahmsweise durch persönliche Vernehmung nach Ladung in die Dienststelle durchgeführt werden.[3)] Es kann zweckmäßig sein, Ermittlungen zunächst ohne Wissen der Betroffenen sowie Nebenbetroffenen durchzuführen, um zu klären, ob sich ein Vorwurf nicht rasch erledigt, oder um das Überraschungselement einer geplanten Durchsuchung von Räumen nicht zu gefährden. In diesem Fall soll weder an Betroffene herangetreten noch sie zum Tatvorwurf angehört werden. Da eine Polizeidienststelle das rechtliche Gehör durch Anhörung von Betroffenen im Sinne des § 55 OWiG i. V. m. § 163a StPO zu Recht zu den gebotenen Ermittlungen zählen wird, ist ausdrücklich darauf hinzuweisen, dass an Betroffene noch nicht heranzutreten ist.

1) OLG Bamberg, Beschl. vom 28.2.2011, Az. 3 Ss OWi 40/11.

2) Zur Durchsuchung und Beschlagnahme von Beweisstücken (§§ 94, 98, 102, 103, 105 StPO i. V. m. § 46 Abs. 1 OWiG) § 6 Nr. 3 und Einziehungsgegenständen (§§ 111b, 111j StPO i. V. m. § 46 Abs. 1 OWiG) § 8.

3) Zur Anhörung der Betroffenen durch die Verwaltungsbehörde (§ 55 OWiG i. V. m. § 163a StPO) § 6 Nr. 4.

1.9 Beschleunigungsgrundsatz und Verfolgungsverjährung

Sind Ermittlungen wegen drohender Verfolgungsverjährung eilbedürftig, so empfiehlt sich im Ermittlungsersuchen ein deutlicher Hinweis auf das Datum, an dem das Verfolgungshindernis (§ 31 Abs. 1 S. 1 OWiG) eintritt. Ermittlungsersuchen und die daraufhin vorgenommenen polizeilichen Ermittlungen sind mit Ausnahme der Bekanntgabe der Einleitung eines Ermittlungsverfahrens an Betroffene oder deren unbedingt angeordneter erster Anhörung (§ 33 Abs. 1 S. 1 Nr. 1 OWiG) keine gesetzlichen Gründe, welche die Verfolgungsverjährung unterbrechen und die Verjährungsfrist neu in Lauf setzen (§ 33 Abs. 3 S. 1 OWiG).[1] Ein nur allgemeines Ermittlungsersuchen der Verwaltungsbehörde an eine Polizeidienststelle, den Sachverhalt aufzuklären und im Rahmen der durchzuführenden Ermittlungen dann auch Betroffen anzuhören, ist nicht hinreichend konkretisiert, um der Maßnahme verjährungsunterbrechende Wirkung beimessen zu können.[2] Das Ersuchen um Anhörung von Betroffenen an eine Polizeidienststelle unterbricht die Verfolgungsverjährung noch nicht.[3]

1.10 Wiederholtes Ermittlungsersuchen

Bei umfangreicheren und komplizierteren Sachverhalten, insbesondere mit Betriebs- oder Unternehmenszusammenhang wird ein einzelnes Ermittlungsersuchen manchmal noch nicht zur abschließenden Aufklärung des Sachverhalts genügen. Der noch geringe Kenntnisstand zu Beginn der Ermittlungen kann es erforderlich machen, zunächst nur die Angaben einer Ordnungswidrigkeiten-Anzeige zu überprüfen.

Beispiel:

Ersuchen, die Angaben eines anonymen Anzeigenden über die Ablagerung eines Schrottfahrzeugs im Rahmen des Streifendienstes zu überprüfen und gegebenenfalls den Inhaber der letzten Zulassung festzustellen.

Ein erneutes Ermittlungsersuchen kann notwendig werden, wenn sich der Anfangsverdacht einer Ordnungswidrigkeit (§ 152 Abs. 2 StPO i. V. m. § 46 Abs. 1 OWiG) aufgrund der durchgeführten Ermittlungen bestätigt hat. Die Verwaltungsbehörde kann hierzu aufgrund eines polizeilichen Zwischenberichts ein weiteres Ersuchen an die Polizeidienststelle richten oder den Verfahrensstand erörtern und weitere Maßnahmen abstimmen.

1.11 Zusammenarbeit mit der Polizei

Ein Ersuchen an eine Polizeidienststelle aufgrund § 161 Abs. 1 S. 1 StPO i. V. m. § 46 Abs. 1 OWiG darf nicht zu einer „Abwälzung“ des gesamten Ermittlungsverfahrens auf die Polizei in der Hoffnung benutzt werden, den Vorgang ohne weiteres

---

1) Pfälzisches OLG (Zweibrücken), Beschl. vom 28.6.2018, Az. 1 Ws 116/18, unter Bezugnahme auf OLG Karlsruhe, Beschl. vom 3.4.2003, Az. 3 Ws 48/03, für einen Ermittlungsauftrag der Staatsanwaltschaft im Strafverfahren. Zur Verfolgungsverjährung von Ordnungswidrigkeiten (§§ 31, 33 OWiG) § 2 Nr. 4.

2) Pfälzisches OLG (Zweibrücken), Beschl. vom 28.6.2018, Az. 1 Ws 116/18, unter Bezugnahme auf BGH, Urt. vom 14.8.1985, Az. 3 StR 263/85, für einen Ermittlungsauftrag der Staatsanwaltschaft im Strafverfahren.

3) Hanseatisches OLG Hamburg, Urt. vom 12.10.1977, Az. 1 Ss 123/77.

eigenes Zutun so zurückzubekommen, dass nur noch ein Bußgeldbescheid zu erlassen ist. Insoweit handelt es sich um eine eigentlich polizeifremde Tätigkeit. Bei bedeutsamen oder in rechtlicher oder tatsächlicher Hinsicht schwierigen Fällen sollte die verantwortende Person der Verwaltungsbehörde den Sachverhalt selbst aufklären, insbesondere die Anhörung wichtiger Zeugen oder Zeuginnen und von Betroffenen selbst durchführen.[1] Hierzu kann auch eine persönliche und sachkundige Untersuchung des Tatortes, vor allem bei Ordnungswidrigkeiten mit wirtschaftlichen Hintergründen und im Umweltbereich, gehören. Rechtlich schwierig gelagerte Fälle sind solche mit verwaltungsrechtlichen Vorfragen bei Blanketttatbeständen von Ordnungswidrigkeiten, z. B. zur Erlaubnis- oder Genehmigungsbedürftigkeit von Gebäuden und Anlagen. Dies gilt vor allem auch für Ausfüllungstatbestände aus dem EU-Recht. Solche Vorfragen gehören möglicherweise nicht zum vertrauten polizeilichen Tätigkeitsgebiet. Auch wenn die verantwortende Person der Verwaltungsbehörde eine Polizeidienststelle um Ausführung einzelner Ermittlungshandlungen ersucht, hat sie die Ermittlungen weiter zu leiten (§ 46 Abs. 2 OWiG) und zumindest ihre Richtung und ihren Umfang zu bestimmen.[2]

Bei voraussichtlich schwieriger Aufklärung des Sachverhalts oder umfangreicher Ermittlungen empfiehlt es sich, die durchzuführenden Maßnahmen mit den beteiligten Stellen zu besprechen.[3] Dies gilt insbesondere, wenn der Gesamtsachverhalt gemeinsam mit weiteren Behörden wie z. B. Zoll- und Finanz- oder Arbeitsschutzbehörden im Verwaltungs- und/oder Bußgeldverfahren ermittelt werden soll. Für die Durchsuchung von Räumen, die Beschlagnahme von Geschäftsunterlagen und deren Auswertung[4] wird eine gemeinsame Vorgehensweise von Verwaltungsbehörde und ersuchter Polizeidienststelle sinnvoll sein.

Einen Vorrang des Bußgeldverfahrens gegenüber Maßnahmen der Gefahrenabwehr oder umgekehrt gibt es nicht. So kann eine Polizeidienststelle auch in eigener Kompetenz auf präventiv-polizeilicher Grundlage Maßnahmen treffen, z. B. eine Durchsuchung und Beschlagnahme zur Gefahrenabwehr vornehmen und so gewonnene Beweismittel auch im Bußgeldverfahren verwenden (§ 161 Abs. 3 S. 1 StPO i. V. m. § 46 Abs. 1 OWiG).[5]

1.12 Kosten aufgrund eines Ermittlungsersuchens

Eigene Kosten fallen für polizeiliche Ermittlungen nicht an. Sie sind daher weder von der Verwaltungsbehörde vorzuschießen noch dürfen sie von den Betroffenen im Bußgeldbescheid als Auslagen auferlegt werden (§ 107 Abs. 3 Nr. 13 OWiG). Ausnahmsweise können Auslagen anfallen, wenn eine Polizeidienststelle auf Anordnung der Verwaltungsbehörde Anhörungen durchführt (§ 107 Abs. 3 Nr. 4 OWiG) oder

1) Dienstvorschrift für die Staatsanwaltschaft, deren Stellung die Verwaltungsbehörde im Bußgeldverfahren aufgrund § 46 Abs. 2 OWiG besitzt, Abschn. 3 Abs. 1 RiStBV.

2) Dienstvorschrift für die Staatsanwaltschaft, deren Stellung die Verwaltungsbehörde im Bußgeldverfahren aufgrund § 46 Abs. 2 OWiG besitzt, Abschn. 3 Abs. 2 RiStBV.

3) Dienstvorschrift für die Staatsanwaltschaft, deren Stellung die Verwaltungsbehörde im Bußgeldverfahren aufgrund § 46 Abs. 2 OWiG besitzt, Abschn. 11 Abs. 2 RiStBV.

4) Zur Durchsuchung von Räumen zum Zweck der Beschlagnahme auszuwertender Geschäftsunterlagen (§§ 102, 103, 105 StPO i. V. m. § 46 Abs. 1 OWiG) § 6 Nr. 3.

5) BGH, Urt. vom 26.4.2017, Az. 2 StR 247/16; OLG Koblenz, Beschl. vom 26.8.2024, Az. 5 Ws 489-490/24, jeweils für das Strafverfahren.

Beträge für Beförderungen, Verwahrung, eine Durchsuchung vorbereitenden Maßnahmen oder Bewachung (§ 107 Abs. 3 Nr. 10 OWiG) entstehen. Kosten für die Fahrten polizeilicher Dienstfahrzeuge fallen nicht unter § 107 Abs. 3 Nr. 6 OWiG.

Muster 5.1: Aufenthaltsermittlung einer betroffenen Person

Stadt Münsterberg

Ordnungsamt

Stadt Münsterberg, 99090 Münsterberg

Polizeiinspektion Münsterberg
über besonderes elektronisches Behördenpostfach

Dienstgebäude	Spessartstraße 23 99090 Münsterberg
Bearbeitung	Herr Lehmann
Telefon	(0876) 123-865
E-Mail	oa@muensterberg.de

Ihr Zeichen, Ihre Nachricht vom	Bitte bei Antwort angeben Unser Zeichen, Unsere Nachricht vom	Datum
	OWi – 00225232/26	22.12.2026

Bußgeldverfahren gegen Herrn Klaus Maurer, zuletzt wohnhaft Haydnstraße 34, 99090 Münsterberg, derzeit unbekannten Aufenthalts

wegen unerlaubten Besitzes einer erlaubnispflichtigen Waffe (§ 53 Abs. 1 Nr. 1 WaffG)

Aufenthaltsermittlung einer betroffenen Person

(§ 161 Abs. 1 S. 1 StPO i. V. m. § 46 Abs. 1 OWiG)

Wir führen gegen den Betroffenen ein Bußgeldverfahren und haben am 12.11.2026 eine Anhörung übermittelt. Das elektronische Bürgerpostfach im Portalverbund ist bereits seit 1.9.2026 gelöscht, das daraufhin mit der Post versendete Papierdokument kam mit dem Vermerk „unbekannt verzogen“ zurück. Weitere Erkenntnisse über den Aufenthalt liegen hier nicht vor.

Wir bitten um Auskunft, ob polizeiliche Erkenntnisse über den Aufenthalt des Betroffenen vorliegen. Rechtsgrundlage für die personenbezogene Datenerhebung ist § 161 Abs. 1 S. 1 StPO i. V. m. § 46 Abs. 1 OWiG.

Sollte der Aufenthalt des Betroffenen feststellbar sein und dieser angetroffen werden, bitten wir um Durchführung einer mündlichen Anhörung zum Tatvorwurf (§ 55 OWiG i. V. m. § 161 Abs. 1 StPO).

Stadt Münsterberg

Ordnungsamt

Telefonzentrale	Servicezeiten		Öffentliche Verkehrsmittel	Bankverbindung
(0899) 123-0	Mo-Mi	7.30-16.30 Uhr	Stadtbus Linie 6	Kreissparkasse Münsterberg
Internet	Do	7.30-17.30 Uhr	Haltestelle Mitte	IBAN DE2040000000123456
www.Muensterberg.de	Fr	7.30-12.00 Uhr		BIC GROBDE77XX
				Volksbank Münsterberg
Besonderes elektronisches Behördenpostfach				IBAN DE2040000000234567
Ordnungsamt@muensterberg .de				BIC GROBDE87XX

Muster 5.2: Ermittlungsersuchen

Stadt Münsterberg Ordnungsamt

Stadt Münsterberg, 99090 Münsterberg

Polizeiinspektion Münsterberg
über besonderes elektronisches Behördenpostfach

Dienstgebäude	Spessartstraße 23 99090 Münsterberg
Bearbeitung	Herr Lehmann
Telefon	(0876) 123-865
E-Mail	oa@muensterberg.de

Ihr Zeichen, Ihre Nachricht vom	Bitte bei Antwort angeben **Unser Zeichen, Unsere Nachricht vom**	**Datum**
	OWi – 00225232/26	22.12.2026

Bußgeldverfahren gegen Frau Claudia Tischler wegen unerlaubten Besitzes einer erlaubnispflichtigen Waffe (§ 53 Abs. 1 Nr. 1 WaffG)

Ermittlungsersuchen

(§ 161 Abs. 1 S. 1 StPO i. V. m. § 46 Abs. 1 OWiG)

Zur Aufklärung des Sachverhalts bitten wir um folgende Ermittlungen:

Wir bitten um Vollzug des anliegenden Durchsuchungs- und Beschlagnahmebeschlusses des Amtsgerichts Münsterberg vom 18.12.2026 zur Auffindung von Waffen, welche die Betroffene von ihrem verstorbenen Vater Eugen Tischler geerbt hat. Eine Waffenbesitzkarte ist nicht erteilt. Wir bitten, bei der Durchsuchung der Wohnräume, sonstiger Räume und Fahrzeuge der Betroffenen, aufgefundene Waffen auch bei freiwilliger Herausgabe als Einziehungsgegenstände nach § 54 Abs. 2 WaffG, § 22 Abs. 2 Nr. 2 OWiG förmlich gem. §§ 111b, 111c StPO i. V. m. § 46 Abs. 1 OWiG zu beschlagnahmen.

Sollte sich der Vorwurf der Ordnungswidrigkeit bestätigen und die Betroffenen beim Vollzug der Maßnahme anwesend sein, bitten wir um Durchführung einer mündlichen Anhörung zum Tatvorwurf (§ 55 OWiG i. V. m. § 161 Abs. 1 StPO).

Stadt Münsterberg

Ordnungsamt

Anlage

1 Durchsuchungs- und Beschlagnahmebeschluss (Dateianhang)

Telefonzentrale	**Servicezeiten**		**Öffentliche Verkehrsmittel**	**Bankverbindung**
(0899) 123-0	Mo-Mi	7.30-16.30 Uhr	Stadtbus Linie 6	Kreissparkasse Münsterberg
Internet	Do	7.30-17.30 Uhr	Haltestelle Mitte	IBAN DE2040000000123456
www.Muensterberg.de	Fr	7.30-12.00 Uhr		BIC GROBDE77XX
				Volksbank Münsterberg
Besonderes elektronisches Behördenpostfach				IBAN DE2040000000234567
Ordnungsamt@muensterberg .de				BIC GROBDE87XX

2. Amtshilfe durch andere Verwaltungsbehörden

Die Verwaltungsbehörde kann sich für einzelne Ermittlungshandlungen auch der ergänzenden Hilfe anderer sachlich zuständiger Verwaltungsbehörden (§ 36 OWiG) im Wege der Amtshilfe bedienen. Für das Bußgeldverfahren ist nur der Fall des Auskunftsersuchens in § 161 Abs. 1 S. 1 StPO i. V. m. § 46 Abs. 1 OWiG geregelt. Die Vorschriften der Verwaltungsverfahrensgesetze zur Amtshilfe (§§ 4 bis 8 VwVfG,

§§ 3 bis SGB X) gelten nicht unmittelbar (§ 2 Abs. 2 Nr. 2 VwVfG, § 1 S. 3 SGB X). Ihre Grundsätze müssen daher mangels weiterer Ausführungsvorschriften entsprechend herangezogen werden. Die Kommunikation zwischen Verwaltungsbehörden soll ausschließlich in elektronischer Form über die besonderen elektronischen Behördenpostfächer erfolgen (§ 32b Abs. 3 S. 1 StPO i. V. m. § 110c S. 1 OWiG, § 6 ERVV).

2.1 Amtshilfeersuchen zu Ermittlungshandlungen

Ein Amtshilfeersuchen zur Durchführung einzelner Ermittlungshandlungen wie Vernehmungen von Zeugen oder Zeuginnen und Durchsuchungen und Beschlagnahmen wird nur in besonderen Ausnahmefällen in Betracht kommen. Die ersuchte Behörde braucht nämlich die Amtshilfe nicht zu leisten, wenn eine andere Behörde die Hilfe wesentlich einfacher oder mit wesentlich geringerem Aufwand leisten kann (§ 5 Abs. 3 Nr. 1 VwVfG, § 4 Abs. 1 Nr. 5 SGB X). Zur Ausführung von Ermittlungsaufträgen stehen aber bereits die einschlägig geschulten Behörden und Beamten oder Beamtinnen des Polizeidienstes (§ 161 Abs. 1 S. 1 StPO i. V. m. § 46 Abs. 1 OWiG) zur Verfügung. Daher findet Amtshilfeverkehr zwischen Verwaltungsbehörden in diesem Bereich praktisch nicht statt. Vernehmungen von Zeugen (§ 161a StPO i. V. m. § 46 Abs. 1 OWiG)[1] werden entweder elektronisch, schriftlich oder durch ein Ersuchen an die örtlich zuständige Polizeidienststelle durchgeführt.[2]

2.1.1 Vorlage von Dokumenten

In entsprechender Anwendung der Vorschriften der Verwaltungsverfahrensgesetze (§ 5 Abs. 1 Nr. 3, 4 VwVfG, § 6 SGB X) kann auch im Bußgeldverfahren um die Übersendung von Akten, einzelnen Dokumenten oder sonstigen Beweismitteln ersucht werden, die sich im Besitz der ersuchten Behörde befinden. Zur Beweisführung genügen regelmäßig elektronische Dokumente über die besonderen elektronischen Postfächer der Behörden (§ 32b Abs. 3 S. 1 StPO i. V. m. § 110c S. 1 OWiG, § 6 ERVV). Die Übermittlung elektronischer Dokumente ist im Verwaltungsverfahren zulässig, soweit die Verwaltungsbehörde als Empfänger im Bußgeldverfahren hierfür einen Zugang eröffnet (§ 3a Abs. 1 VwVfG). Aus dem Verwaltungsverfahren stammende Dokumente dürfen auch im Bußgeldverfahren verwendet werden (§ 161 Abs. 3 S. 1 StPO i. V. m. § 46 Abs. 1 OWiG).[3] Andere Verwaltungsbehörden unterliegen einer Herausgabepflicht (§ 95 Abs. 1 StPO i. V. m. § 46 Abs. 1 OWiG), die nur in der Sperrerklärung der obersten Dienstbehörde (§ 96 S. 1 StPO i. V. m. § 46 Abs. 1 OWiG) ihre Grenze findet.

2.1.1.1 Auskunftsersuchen

Die ermittelnde Verwaltungsbehörde kann von allen öffentlichen Behörden Auskunft verlangen (§ 161 Abs. 1 S. 1 StPO i. V. m. § 46 Abs. 1 OWiG), um sie zur Aufklärung der Taten, die Gegenstand ihres Ermittlungsverfahrens sind, zu verwenden, also zu

1) Zur schriftlichen, elektronischen oder mündlichen Vernehmung von Zeugen oder Zeuginnen (§ 161a StPO i. V. m. § 46 Abs. 1 OWiG) § 5 Nr. 1.1.6.

2) Zum Ermittlungsersuchen der Verwaltungsbehörde an eine Polizeidienststelle § 5 Nr. 1.

3) BGH, Urt. vom 26.4.2017, Az. 2 StR 247/16; OLG Koblenz, Beschl. vom 26.8.2024, Az. 5 Ws 489-490/24, jeweils für das Strafverfahren.

Beweiszwecken zu verwerten. Dem steht nicht entgegen, dass sich das Ermittlungsverfahren noch nicht gegen eine bestimmte Person richtet.[1] Die ersuchte Behörde ist verpflichtet, eine zulässige Auskunft zu erteilen. Eine Berufung auf Einsichts- und Auskunftsbeschränkungen nach dem Bundesdatenschutzgesetz (BDSG) und entsprechenden landesrechtlichen Datenschutzbestimmungen ist unzulässig, da die Auskunftspflicht im Bußgeldverfahren dem Datenschutz vorgeht (§ 23 Abs. 1 Nr. 4 BDSG). Dies gilt erst recht für die im Bußgeldverfahren überhaupt nicht geltende Datenschutzgrundverordnung (Art. 2 Abs. 2 Buchst. a und d DSGVO). Ein entsprechender Hinweis im Auskunftsersuchen kann sinnvoll sein, wenn sich die ersuchte Behörde bereits in einem anderen Fall zu Unrecht auf datenschutzrechtliche Bestimmungen berufen hat.

Eine Auskunft darf dagegen nicht erteilt werden, wenn die ersuchte Behörde das

- Post- und Fernmeldegeheimnis (Art. 10 GG, § 46 Abs. 3 S. 1 OWiG),
- Sozialgeheimnis (§ 35 SGB I, §§ 67 bis 77 SGB X) oder
- Steuergeheimnis (§ 30 AO)

verletzen würde. Die Finanzbehörden sind jedoch verpflichtet, für bestimmte Bußgeldverfahren im Bereich der Schwarzarbeit und illegalen Beschäftigung gem. § 31a AO Auskünfte über die Verhältnisse der Betroffenen zu erteilen. Bei der Verfolgung von Steuerordnungswidrigkeiten (§§ 377 ff. AO) ist das Steuergeheimnis eingeschränkt (§ 30 Abs. 4 Buchst. a AO). Die Auskunftsverpflichtung von Postunternehmen bei Auskunftsersuchen zur Verfolgung von Ordnungswidrigkeiten ist in § 90 TKG geregelt.

2.1.1.2 Anforderung von Bildaufnahmen

Die Personalausweisbehörden dürfen anderen Behörden auf deren **Ersuchen** personenbezogene Daten, d. h. auch Bildaufnahmen aus dem Personalausweisregister nur übermitteln,[2] wenn die Verwaltungsbehörde (§ 35 Abs. 1 OWiG) als ersuchende Behörde

- aufgrund von Gesetzen berechtigt ist, solche Daten zu erhalten (§ 24 Abs. 2 S. 1 Nr. 1 PAuswG). Diese Rechtsgrundlage ist § 161 Abs. 1 S. 1 StPO i. V. m. § 46 Abs. 1 OWiG.
- ohne Kenntnis der Daten nicht in der Lage wäre, eine ihr obliegende Aufgabe zu erfüllen (§ 24 Abs. 2 S. 1 Nr. 1 PAuswG). Dies ist anzunehmen, wenn der Täter oder die Täterin einer Ordnungswidrigkeit ohne die angeforderte Bildaufnahme nicht festzustellen wäre.
- die Daten bei Betroffenen nicht oder nur mit unverhältnismäßig hohem Aufwand erheben kann (§ 24 Abs. 2 S. 1 Nr. 1 PAuswG). Hiervon ist auszugehen, wenn eine Identitätsfeststellung des Täters oder der Täterin einer Ordnungswidrigkeit (§ 163b Abs. 1 StPO i. V. m. § 46 Abs. 1 OWiG) notwendig ist.

Hinsichtlich der Daten, die auch im Melderegister gespeichert sind, müssen die in den Meldegesetzen enthaltenen Beschränkungen beachtet werden (§ 24 Abs. 2 S. 2

1) BGH, Urt. vom 13.2.2025, Az. 5 StR 491/23, für das Ermittlungsverfahren der Staatsanwaltschaft.
2) OLG Rostock, Beschl. vom 29.11.2004, Az. 2 Ss (OWi) 302/04 I 178/04.

PAuswG). Die Ordnungsbehörden dürfen die Bildaufnahme aus dem Personalausweisregister nur zum Zweck der Verfolgung von Verkehrsordnungswidrigkeiten (§ 24 StVG), nicht aber von verwaltungsrechtlichen Ordnungswidrigkeiten im **automatisierten Verfahren** abrufen (§ 25 Abs. 2 PAuswG). Der bewusste Verstoß gegen Datenschutzbestimmungen kann zur gerichtlichen Einstellung des Bußgeldverfahrens führen.[1)]

2.2 Kosten der Amtshilfe

Die Erstattung von Kosten einer in Anspruch genommenen Amtshilfe sind für das Bußgeldverfahren nicht besonders geregelt. In analoger Anwendung der Bestimmungen des Verwaltungsverfahrens ergibt sich, dass die ersuchende der ersuchten Verwaltungsbehörde (§ 35 OWiG) für die Amtshilfe grundsätzlich keine Verwaltungsgebühr zu entrichten hat (§ 8 Abs. 1 S. 1 VwVfG, § 7 Abs. 1 S. 1 SGB X). Die ersuchende Verwaltungsbehörde hat der ersuchten nur auf ausdrückliche Anforderung Gebühren zu erstatten, wenn sie im Einzelfall 35 Euro übersteigen (§ 8 Abs. 1 S. 2 VwVfG, § 7 Abs. 1 S. 2 SGB X). Nimmt die ersuchte Verwaltungsbehörde zur Durchführung der Amtshilfe jedoch eine kostenpflichtige Amtshandlung vor, so stehen ihr die von einem oder einer Dritten hierfür geschuldeten Kosten (Verwaltungsgebühren, Benutzungsgebühren und Auslagen) zu (§ 8 Abs. 2 OWiG). Solche Auslagen können im Bußgeldbescheid erhoben werden (§ 107 Abs. 3 Nr. 13 OWiG).

---

1) AG Landstuhl, Beschl. vom 26.10.2015, Az. 2 OWi 4286 Js 7129/15.

§ 6
Einzelne Ermittlungshandlungen

Nach der Einleitung des Bußgeldverfahrens prüft die Verwaltungsbehörde im Vorverfahren, ob zureichende tatsächliche Anhaltspunkte vorliegen (§ 152 Abs. 2 StPO i. V. m. § 46 Abs. 1 OWiG),[1] um eine Bußgeldentscheidung zu erlassen, oder ob das Bußgeldverfahren einzustellen ist. Sie führt dazu ein Ermittlungsverfahren nach den Grundsätzen des Strafverfahrens (§ 46 Abs. 1 OWiG), das in sinngemäßer Anwendung des § 160 StPO folgende Ziele hat:

Aufklärung des Sachverhalts, Beweissicherung,
Aufklärung für die Rechtsfolgen bedeutsamer Umstände.

Der oder die Betroffene kann sich zur Beschuldigung äußern, ist dazu aber nicht verpflichtet (§ 136 Abs. 1 S. 2 StPO i. V. m. § 46 Abs. 1 OWiG). Die Widerlegung der strafrechtlichen Unschuldsvermutung (Art. 6 Abs. 2 EMRK) und damit die Beweislast liegt daher allein bei der Verwaltungsbehörde (§ 35 OWiG). Sie hat in diesem Verfahrensabschnitt grundsätzlich die Befugnisse der Staatsanwaltschaft im strafrechtlichen Ermittlungsverfahren (§ 46 Abs. 2 OWiG). Die Durchführung des Ermittlungsverfahrens ergibt sich im Wesentlichen aus den entsprechenden Vorschriften der Strafprozessordnung. Die §§ 53 ff. OWiG (Allgemeine Vorschriften) und §§ 59 ff. OWiG (Verfahren der Verwaltungsbehörde) enthalten nur einzelne, nicht im Zusammenhang stehende Regelungen.[2]

---

1) Brandenburgisches OLG (Brandenburg), Beschl. vom 18.11.2024, Az. 1 Ws 141/24 (S); KG (Berlin), Beschl. vom 2.5.2022, Az. 1 Ws 21/22; OLG Stuttgart, Beschl. vom 25.10.2017, Az. 1 Ws 163/17.

2) OLG Hamm, Beschl. vom 22.6.2022, Az. 1 VAs 57/22, zur Abgrenzung zwischen dem „Ob“ und dem „Wie“ des staatsanwaltschaftlichen Handelns.

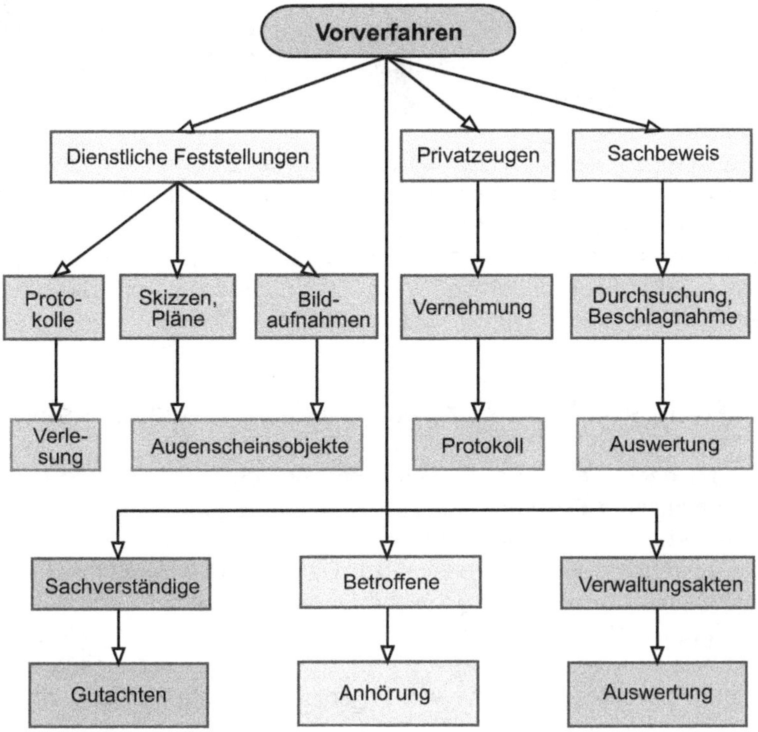

Abb. 1: Beweissicherung im Bußgeldverfahren

Weder die StPO noch das OWiG schreiben der Verwaltungsbehörde (§ 35 Abs. 1 OWiG) einen bestimmten Verfahrensgang vor. Es gilt vielmehr der allgemeine **Grundsatz der freien Gestaltung des Ermittlungsverfahrens** (§ 160 Abs. 1 StPO i. V. m. § 46 Abs. 1 OWiG).[1)] Der die Einleitung des Bußgeldverfahrens rechtfertigende Anfangsverdacht einer Ordnungswidrigkeit soll möglichst einfach, schnell und kostengünstig bestätigt oder entkräftet werden. Welche einzelnen Ermittlungshandlungen die Verwaltungsbehörde zur Führung des Tatnachweises ergreift, steht in ihrem pflichtgemäßen, vom Grundsatz der Verhältnismäßigkeit und dem Übermaßverbot (Art. 20 Abs. 3 GG) begrenzten Ermessen (§ 47 Abs. 1 S. 1 OWiG). Hat sich die Verwaltungsbehörde allerdings zur Anwendung eines bestimmten Aufklärungs- oder Beweismittels entschlossen, muss sie für die Durchführung bestimmte Verfahrensvorschriften beachten. Diese ergeben sich i. d. R. aus der entsprechenden Anwendung strafprozessualer Bestimmungen (§ 46 Abs. 1 OWiG).

Beispiel:

Es steht im pflichtgemäßen Ermessen der Verwaltungsbehörde, ob sie zur Aufklärung des Sachverhalts und der Beweisführung die Einvernahme eines Zeugen

1) BVerfG, Beschl. vom 17.2.2009, Az. 2 BvR 1372/07, für das entsprechende strafrechtliche Ermittlungsverfahren.

oder einer Zeugin für erforderlich hält. Ordnet sie die Vernehmung an, sind bei der Durchführung die Vorschriften der §§ 48 ff., § 161a Abs. 1 StPO i. V. m. § 46 Abs. 1 OWiG zu beachten.

Die verantwortende Person der Verwaltungsbehörde entscheidet nach pflichtgemäßem Ermessen, welche Maßnahmen zur einfachen, schnellen, erfolgversprechendsten und kostengünstigsten Aufklärung des Sachverhalts mit dem Ziel des gesicherten Tatnachweises notwendig sind. Der Einsatz lernfähiger Systeme, also künstlicher Intelligenz (KI), kann dabei eine wertvolle Unterstützung am Bildschirm durch auch alternative Vorschläge zur Entscheidungsbildung bilden.

1. Verwertung von Ermittlungen aus dem Verwaltungsverfahren

Der Anfangsverdacht ordnungswidrigen Verhaltens ergibt sich häufig beim Vollzug verwaltungsrechtlicher Bestimmungen, insbesondere gelegentlich einer gewerbe-, gaststätten-, lebensmittel-, bau-, umwelt- oder jugendschutzrechtlichen Nachschau. Die zuständige Behörde besitzt zur Durchführung verdachtsunabhängiger Kontrollmaßnahmen verwaltungsrechtliche Eingriffsbefugnisse nach dem besonderen Verwaltungsrecht in Form von Betretungs-, Besichtigungs-, Einsichts-, Prüfungs- und Auskunftsrechten. Teilweise bestehen im Verwaltungsverfahren noch weitergehende einzelgesetzliche Mitwirkungspflichten der Beteiligten, etwa Arbeitskräfte, Werkzeuge oder sonstige Hilfsmittel zur Verfügung zu stellen. Im gesamten Bußgeldverfahren steht es dem oder der Betroffenen dagegen frei, sich zur Beschuldigung einer Ordnungswidrigkeit zu äußern oder nicht zur Sache auszusagen (§ 136 Abs. 1 S. 2 StPO i. V. m. § 46 Abs. 1 OWiG). Auch sonstige Mitwirkungspflichten sind dem Bußgeldverfahren fremd, weil niemand an seiner eigenen Überführung mitwirken muss. Damit ergibt sich ein Spannungsfeld zwischen verwaltungsrechtlichen Duldungs-, Mitwirkungs-, insbesondere Auskunftspflichten einerseits und dem Verbot jeden Zwangs zur Selbstbezichtigung im Bußgeldverfahren.[1)] Rechtmäßig aus Maßnahmen des Verwaltungsverfahrens (§ 9 VwVfG, § 8 SGB X) erlangte Erkenntnisse dürfen auch im Bußgeldverfahren verwendet werden (§ 161 Abs. 3 S. 1 StPO i. V. m. § 46 Abs. 1 OWiG).[2)] Es gibt keinen Vorrang strafprozessualer Beweismittel.[3)] Dies gilt auch für Beweismittel, die durch präventive Maßnahmen einer Behörde im Verwaltungsverfahren oder einer Polizeidienststelle erlangt wurden.[4)]

1.1 Betretungsrechte im Verwaltungsverfahren

Zur Überwachung der Einhaltung zahlreicher Vorschriften des besonderen Verwaltungsrechts besitzen die für den Vollzug zuständigen Sicherheits-, Ordnungs- oder

1) OVG Nordrhein-Westfalen (Münster), Beschl. vom 9.7.2013, Az. 20 A 746/13.

2) BGH, Beschl. vom 8.12.2015, Az. 3 StR 406/15, für das strafrechtliche Ermittlungsverfahren der Staatsanwaltschaft.

3) BGH, Urt. vom 17.1.2018, Az. 2 StR 180/17, für eine Durchsuchung aufgrund einer polizeirechtlichen Grundlage während eines strafrechtlichen Ermittlungsverfahrens der Staatsanwaltschaft.

4) BGH, Urt. vom 26.4.2017, Az. 2 StR 247/16, für polizeiliche Erkenntnisse im strafrechtlichen Ermittlungsverfahren der Staatsanwaltschaft.

Polizeibehörden verdachtsunabhängige Betretungsrechte für Betriebs- und Geschäftsräume, meist beschränkt auf die üblichen Geschäftszeiten (z. B. § 29 Abs. 2 S. 1 GewO, § 47 Abs. 3 S. 2 KrWG), gelegentlich bei dringenden Gefahren auch erweitert auf Privaträume (z. B. § 29 Abs. 2 S. 2 GewO, § 47 Abs. 3 S. 3 KrWG). Fehlt es an einer solchen gesteigerten Gefahr, ist eine erweiterte Nachschau unzulässig.[1] Es handelt sich um eine gesetzliche Duldungspflicht, sodass kein Verwaltungsakt im Einzelfall (§ 35 S. 1 VwVfG, § 31 S. 1 SGB X) notwendig ist.[2] Eine Nachschau braucht nicht angekündigt zu werden und kann auch in Abwesenheit des oder der Betroffenen stattfinden.[3] Der oder die Berechtigte kann ein verwaltungsrechtliches Betretungsrecht nicht wegen der drohenden Entdeckung einer Ordnungswidrigkeit verhindern. Verweigert er oder sie rechtswidrig das Betreten, kann es durch sofort vollziehbaren Verwaltungsakt (§ 80 Abs. 2 S. 1 Nr. 4 VwGO, § 86a Abs. 2 Nr. 5 SGG) als gesetzeswiederholende Anordnung mit Verwaltungszwang durchgesetzt werden. Ein von Betroffenen ausgesprochenes „Betretungsverbot" verwirklicht sogar meist den Tatbestand einer weiteren Ordnungswidrigkeit wegen Verletzung einschlägiger Mitwirkungspflichten im Verwaltungsverfahren.[4] Bei einer Nachschau erlangte Erkenntnisse dürfen im Bußgeldverfahren verwertet werden (§ 161 Abs. 3 S. 1 StPO i. V. m. § 46 Abs. 1 OWiG).[5] Ohne Bedeutung ist dabei, dass ein für präventive Aufklärungsmaßnahme im Verwaltungsverfahren nicht bestehender Richtervorbehalt bei einer Durchsuchung im Bußgeldverfahren (§ 105 StPO i. V. m. § 46 Abs. 1 OWiG) zu beachten gewesen wäre.[6]

Beispiel:

Die Beauftragten der Gewerbebehörde sind befugt, zum Zwecke der Überwachung Grundstücke und Geschäftsräume erlaubnisbedürftiger Gewerbebetriebe (§ 29 Abs. 1 Nr. 1 GewO) während der üblichen Geschäftszeit zu betreten (§ 29 Abs. 2 S. 1 GewO). Zur Verhütung dringender Gefahren für die öffentliche Sicherheit oder Ordnung können die Grundstücke und Geschäftsräume tagsüber auch außerhalb dieser Zeit sowie tagsüber auch dann betreten werden, wenn sie zugleich Wohnzwecken des Betroffenen dienen; das Grundrecht der Unverletzlichkeit der Wohnung (Art. 13 Abs. 2 GG) wird insoweit eingeschränkt (§ 29 Abs. 2 S. 2 GewO).

Zur Gefahrenabwehr erlangte Erkenntnisse dürfen auch zum Tatnachweis einer gewerberechtlichen Ordnungswidrigkeit (§ 144 GewO) verwertet werden (§ 161 Abs. 3 S. 1 StPO i. V. m. § 46 Abs. 1 OWiG). Entdeckt die Gewerbebehörde bei der Nachschau in einer Gaststätte eine unzulässige Anzahl von Spielgeräten (§ 3 Abs. 1 S. 1 SpielV) kann sie die Aufstellung durch verwaltungsrechtliche Maßnah-

1) VG Stuttgart, Urt. vom 13.10.2011, Az. 4 K 2414/11.
2) OLG Karlsruhe, Beschl. vom 8.12.1988, Az. 1 Ss 147/88.
3) OLG Düsseldorf, Beschl. vom 16.7.1982, Az. 5 Ss (OWi) 294/82 – 232/82 I.
4) OLG Schleswig-Holstein (Schleswig), Beschl. vom 12.4.2007, Az. 2 Ss OWi 44707 (36/07), 2, zu einer tierschutzrechtlichen Ordnungswidrigkeit nach § 18 Abs. 1 Nr. 26 TierSchG wegen Verletzung des Betretungsrechts nach § 16 Abs. 3 TierSchG.
5) BGH, Beschl. vom 8.12.2015, Az. 3 StR 406/15, für das strafrechtliche Ermittlungsverfahren der Staatsanwaltschaft.
6) BGH, Urt. vom 15.11.2017, Az. 2 StR 128/17, für die zollrechtliche Kontrolle eines Fahrzeuges.

men beenden. Die im Verwaltungsverfahren getroffenen Feststellungen dürfen aber auch in einem Bußgeldverfahren zur Verfolgung und Ahndung einer Ordnungswidrigkeit nach § 19 Abs. 1 Nr. 1 SpielV, § 144 Abs. 2 Nr. 1a GewO zum Tatnachweis verwendet werden.

Das Bußgeldverfahren kennt grundsätzlich keine Betretungsrechte in den von Art. 13 Abs. 1 GG geschützten Bereich, auch nicht für ansonsten allgemein zugängliche Geschäftsräume. Räume aller Art ohne Unterschied auf ihre gewerbliche oder private Nutzung dürfen zur Aufklärung einer Ordnungswidrigkeit im Bußgeldverfahren gegen den Willen des oder der Berechtigten nur aufgrund einer von der Verwaltungsbehörde erwirkten gerichtlichen Anordnung zum Zweck der Durchsuchung[1] (Art. 13 Abs. 2 GG, §§ 102, 103, 105 StPO i. V. m. § 46 Abs. 1 OWiG) und der Beschlagnahme von Beweismitteln (§§ 94, 98 StPO i. V. m. § 46 Abs. 1 OWiG) oder Einziehungsgegenständen (§§ 111b bis 111d, 111j StPO i. V. m. § 46 Abs. 1 OWiG)[2] betreten werden. Die erforderliche Anordnung des Ermittlungsrichters oder der Ermittlungsrichterin des Amtsgerichts (§ 162 Abs. 2 StPO i. V. m. § 46 Abs. 1 OWiG) ist jedoch nicht verdachtslos zulässig, sondern setzt den erhärteten Anfangsverdacht einer Ordnungswidrigkeit voraus (§ 152 Abs. 2 StPO i. V. m. § 46 Abs. 1 OWiG) und steht aufgrund ihres einschneidenden Charakters unter dem strengen Grundsatz der Verhältnismäßigkeit und des Übermaßverbots (Art. 20 Abs. 3 GG).[3] Sind berechtigte Personen mit dem Betreten von Räumen einverstanden und verzichten ausdrücklich oder schlüssig auf ihr durch Art. 13 Abs. 1 GG geschütztes Hausrecht, genügt als Rechtsgrundlage für das Betreten die allgemeine Ermittlungsaufgabe nach § 160 Abs. 1 StPO i. V. m. § 46 Abs. 1 OWiG.

Verdachtslose Ausforschungsmaßnahmen sind im Bereich des Bußgeldverfahrens verboten. Eine Nachschau im Verwaltungsverfahren darf daher kein Vorwand sein, um in Wirklichkeit nur den Verdacht einer mutmaßlichen Ordnungswidrigkeit aufzuklären.[4] Allerdings stellt jede Ordnungswidrigkeit auch eine polizei- bzw. ordnungsrechtliche Gefahr dar, sodass gerade deswegen eine verwaltungsrechtliche Nachschau durchgeführt werden kann, um die Notwendigkeit von Maßnahmen zur Gefahrenabwehr zu prüfen. Die Verwaltungsbehörde wird also das keinen gesetzlichen Richtervorbehalt erfordernde verwaltungsrechtliche Betretungsrecht doppelrelevant zulässigerweise ausnutzen.[5] Auf Grundstücken und in Räumen im Verwaltungsverfahren getroffene Feststellungen (Protokolle, Bildaufzeichnungen) können ohne Weiteres im Bußgeldverfahren verwertet werden, da sie der oder die Betroffene nur dulden, nicht aber daran aktiv mitwirken muss.

1) Zur Durchsuchung von Grundstücken, Räumen, Sachen und Personen (§§ 102, 103, 105 StPO i. V. m. § 46 Abs. 1 OWiG) zur Beweissicherung § 6 Nr. 3.1.4.
2) Zur Durchsuchung von Grundstücken, Räumen, Sachen und Personen (§§ 102, 103, 111b Abs. 2, 111j StPO i. V. m. § 46 Abs. 1 OWiG) zur Sicherung der Einziehung § 9 Nr. 3.1.
3) BVerfG, stattgebender Kammerbeschluss vom 15.3.2007, Az. 1 BvR 2138/05, für eine „Betriebsbesichtigung" durch Bedienstete der Handwerkskammer.
4) BVerwG, Urt. vom 2.3.1971, Az. I C 37.69; OLG Karlsruhe, Beschl. vom 8.12.1988, Az. 1 Ss 147/88.
5) BGH, Urt. vom 15.11.2017, Az. 2 StR 128/17, für die zollrechtliche Kontrolle eines Fahrzeuges.

1.2 Besichtigungs-, Einsichts- und Prüfungsrechte im Verwaltungsverfahren

Auf das Betretungsrecht für Grundstücke und Räume folgend haben die berechtigten Bediensteten im Verwaltungsverfahren (§ 9 Halbs. 1 VwVfG, § 8 SGB X) weiter die Befugnis, zur Gefahrenabwehr in Geschäftsräumen Prüfungen und Besichtigungen vorzunehmen. Hier hat der oder die Beteiligte eine gewisse Mitwirkungspflicht, indem er oder sie z. B. die bezeichneten Räume öffnet und gewünschten Unterlagen vorlegt. Diese darf er oder sie nicht wegen der drohenden Entdeckung einer Ordnungswidrigkeit verweigern.

Beispiel:

Die Beauftragten der Gewerbebehörde sind befugt, zum Zwecke der Überwachung auf Grundstücken und in Geschäftsräumen erlaubnisbedürftiger Gewerbebetriebe (§ 29 Abs. 1 Nr. 1 GewO) während der üblichen Geschäftszeit Prüfungen und Besichtigungen vorzunehmen, sich die geschäftlichen Unterlagen vorlegen zu lassen und in diese Einsicht zu nehmen (§ 29 Abs. 2 S. 1 GewO). Betroffene sind zwar wegen der drohenden Gefahr einer Verfolgung im Straf- oder Bußgeldverfahren zur Auskunftsverweigerung berechtigt (§ 29 Abs. 3 GewO), müssen aber das Betreten der Räume passiv dulden. Zur Gefahrenabwehr erlangte Erkenntnisse dürfen auch zum Tatnachweis einer gewerberechtlichen Ordnungswidrigkeit (§ 144 GewO) verwertet werden (§ 161 Abs. 3 S. 1 StPO i. V. m. § 46 Abs. 1 OWiG).

Es gibt kein Recht auf Nichtentdeckung ordnungswidrigen Verhaltens. Die Behörde kann daher trotz drohender Entdeckung und sonst nicht möglichen Nachweises einer Ordnungswidrigkeit präventive Aufklärungsmaßnahmen auch durch gesetzeswiederholende Verwaltungsakte und notfalls Verwaltungszwang durchsetzen.

Hat die verantwortende Person der Behörde während einer Nachschau im Verwaltungsverfahren Bildaufnahmen vom Zustand von Betriebsräumen oder vom Inhalt von Dokumenten angefertigt, dürfen diese auch in einem Bußgeldverfahren verwertet werden (§ 161 Abs. 3 S. 1 StPO i. V. m. § 46 Abs. 1 OWiG). Allerdings darf die Nachschau nicht als Vorwand dienen, in Wirklichkeit nur eine Ordnungswidrigkeit aufzuklären und den im Bußgeldverfahren geltenden Richtervorbehalt zu umgehen. Personenbezogene Bildaufnahmen sind im Verwaltungsverfahren nur zulässig, wenn die aufgenommene Person einverstanden ist oder eine sonstige Rechtsgrundlage besteht.

Beispiel:

Zur Durchführung der Lebensmittelüberwachung dürfen in Betriebsräumen Bildaufnahmen oder -aufzeichnungen von Einrichtungen angefertigt werden (§ 42 Abs. 2 S. 1 Nr. 4 LFGB). Personenbezogene Daten dürfen nur zur Beweissicherung im Verwaltungsverfahren gefertigt werden (§ 42 Abs. 2 S. 2 LFGB). Sie brauchen dann während eines anhängigen Bußgeldverfahrens bis zu dessen rechtskräftigem Abschluss nicht vernichtet zu werden (§ 42 Abs. 2 S. 3, 4 LFGB).

Das Bußgeldverfahren kennt grundsätzlich keine verdachtslosen Prüfungs- und Besichtigungsrechte. Nur eine zur Durchsuchung von Grundstücken und Räumen im Bußgeldverfahren ermächtigende gerichtliche Anordnung (§§ 102, 105 StPO i. V. m. § 46 Abs. 1 OWiG) deckt auch eine Suche nach Beweismitteln zum Nachweis einer Ordnungswidrigkeit durch die Verwaltungsbehörde mit ab.[1] Das besondere Verwaltungsrecht enthält jedoch keine Ermächtigung, Beweismittel sicherzustellen. Soweit nicht die Möglichkeit digitaler Bildaufnahmen vor Ort genügt, kann nur um freiwillige Herausgabe von Unterlagen ohne jeden Hinweis auf möglichen Zwang gebeten werden.[2]

Beispiel:

Ein Bediensteter des Gewerbeamts führt in einer Spielhalle eine Nachschau durch (§ 29 Abs. 2 S. 1 GewO). Die Mitnahme von Geschäftsunterlagen auf die Dienststelle ist nur möglich, wenn sie der Gewerbetreibende freiwillig übergibt. Rechtswidrig ist bereits die Drohung einer Beschlagnahme ohne Rechtsgrundlage, um eine „freiwillige" Herausgabe zu erreichen.[3]

Die Möglichkeit des amtlichen Gewahrsams an Beweismitteln sieht jedoch das Ordnungswidrigkeitenrecht durch die Anordnung der freiwilligen Sicherstellung bzw. der unfreiwilligen Beschlagnahme (§ 94 StPO i. V. m. § 46 Abs. 1 OWiG) in amtlichen Gewahrsam vor. Diese Anordnung unterliegt jedoch dem Richtervorbehalt (§ 98 StPO i. V. m. § 46 Abs. 1 OWiG). Gefahr im Verzug mit der eignen Entscheidungskompetenz der Verwaltungsbehörde liegt ausnahmsweise nur vor, wenn der Ermittlungsrichter oder die Ermittlungsrichterin des Amtsgerichts (§ 162 Abs. 1 S. 1 StPO i. V. m. § 46 Abs. 1 OWiG) trotz eines möglichen entsprechenden Versuchs (!) nicht erreicht werden kann. Mitwirkungspflichten wie z. B. das Kopieren schriftlicher oder elektronischer Dokumente haben Betroffene im Bußgeldverfahren grundsätzlich nicht, da sie nicht an der eigenen Überführung mitzuwirken brauchen.[4] Verwaltungsrechtliche Mitwirkungspflichten zur Öffnung von Räumen, Herstellung von Abschriften oder Ausdrucken gelten jedoch auch nach der Entdeckung einer Ordnungswidrigkeit fort.

Der oder die Betroffene braucht an einer Sicherstellung oder Beschlagnahme als Maßnahme des Bußgeldverfahrens nicht mitzuwirken, sondern sie nur passiv zu dulden. Daher ist es völlig unbedenklich, wenn sich während einer auf Bestimmungen des Verwaltungsrechts gestützten Nachschau oder Kontrolle der Anfangsverdacht einer Ordnungswidrigkeit ergibt und sich dahin verdichtet, dass die Sicherstellung oder Beschlagnahme durch die Verwaltungsbehörde im Wege der Gefahr im Verzug (§ 98 Abs. 1 StPO i. V. m. § 46 Abs. 1 OWiG) gerechtfertigt ist.

1) OLG Karlsruhe, Beschl. vom 8.12.1988, Az. 1 Ss 147/88.
2) Zur Zulässigkeit von Bildaufnahmen im Bußgeldverfahren (§ 100h Abs. 1 S. 1 StPO i. V. m. § 46 Abs. 1 OWiG) § 6 Nr. 1.3.2.
3) VG Stuttgart, Urt. vom 13.10.2011, Az. 4 K 2413/11.
4) Zur Beschlagnahme von Beweisgegenständen (§§ 94, § 98 StPO i. V. m. § 46 Abs. 1 OWiG) § 6 Nr. 3.1.4 und Einziehungsgegenständen (§ 111b bis 111d StPO i. V. m. § 46 Abs. 1 OWiG) § 9 Nr. 3.1.

Beispiel:

Während einer Baustellenkontrolle stellen Bedienstete des Hauptzollamts bei der Prüfung der Geschäftsunterlagen fest, dass der Mindestlohn für ausländische Arbeitnehmer und Arbeitnehmerinnen erheblich unterschritten wird. Wegen des sich aus der verwaltungsrechtlichen Prüfung ergebenden und erhärtenden Anfangsverdachts einer Ordnungswidrigkeit nach § 20 i. V. m. § 21 Abs. 1 Nr. 9 MiLoG werden die betreffenden Unterlagen unter Einleitung eines Bußgeldverfahrens aufgrund einer telefonisch eingeholten Anordnung des Ermittlungsrichters als Beweismittel beschlagnahmt.

1.3 Dokumentationen im Verwaltungsverfahren

Häufig werden in einem Verwaltungsverfahren (§ 9 Halbs. 1 VwVfG, § 8 S. 1 SGB X), das später auch zur Einleitung eines Bußgeldverfahrens führt, Protokolle z. B. über die Feststellungen bei einer Nachschau, Übersichtspläne und Skizzen gefertigt. Da eine Mitwirkung von Betroffenen an deren Herstellung in keiner Weise notwendig ist, können sie ohne Weiteres auch im Bußgeldverfahren zu Beweiszwecken Verwendung finden.[1)]

1.3.1 Elektronische Protokolle

Das Ergebnis der Untersuchungshandlungen der Ermittlungsbehörden im Bußgeldverfahren ist durch die Bediensteten der Verwaltungsbehörde aktenkundig zu machen (§ 168b Abs. 1 StPO i. V. m. § 46 Abs. 1, 2 OWiG). Ein Protokoll über ermittlungsbehördliche Untersuchungshandlungen wird aktenkundig, sobald es mit der Namenswiedergabe der verantwortender Person der Verwaltungsbehörde in der Bußgeldakte gespeichert ist (§ 32b Abs. 1 S. 1, Abs. 2 StPO i. V. m. § 110c S. 1 OWiG). Die Fertigung elektronischer Protokolle sollte wegen ihrer Verlesungsfähigkeit im gerichtlichen Bußgeldverfahren als unmittelbares Beweismittel (§ 256 Abs. 1 Nr. 5 StPO i. V. m. § 46 Abs. 1 OWiG) zeitnah und ausführlich erfolgen (§ 168b Abs. 2 S. 2 StPO i. V. m. § 46 Abs. 1 OWiG). Die häufige Praxis, einfach ein im Verwaltungsverfahren gefertigtes Protokoll über eine Bau-, Gaststätten-, Gewerbe-. Jugendschutz-, Lebensmittel- oder Umweltkontrolle (Nachschau) als „Beweismittel" zu verwenden und gegebenenfalls an die Bußgeldstelle zu senden, ist problematisch, weil

- die objektiven Merkmale des Gefahrentatbestands und der Ordnungswidrigkeit insbesondere bei Blankettvorschriften unterschiedlich sein können,
- das Verwaltungsrecht keinen subjektiven Tatbestand (Vorsatz, Fahrlässigkeit) kennt, es folglich auf die Begehungsweise nicht ankommt, und
- die natürliche Person als Täter oder Täterin einer Ordnungswidrigkeit wegen der im Verwaltungsverfahren zu ermittelnden Handlungs- und Zustandsstörer oder -störerin als Verantwortliche keine Rolle spielt.

1) Zu Angaben des Betroffenen im Verwaltungsverfahren (§ 9 Halbs. 1 VwVfG) § 6 Nr. 1.5.

Es empfiehlt sich daher ein spezieller Einleitungsvermerk über den Anfangsverdacht der Ordnungswidrigkeit oder eine „Ordnungswidrigkeiten-Anzeige“[1] an die zuständige Bußgeldstelle der Behörde. Zu vermeiden sind dabei bei einer Fachbehörde übliche, aber für Dritte nicht nachvollziehbare Abkürzungen und Begriffe.

Im Gegensatz zum Verwaltungsverfahren, dessen Beteiligte auch juristische Personen und Personenvereinigungen sein können (§ 11 Nr. 1, 2 VwVfG, § 10 Nr. 1, 2 SGB X), empfiehlt es sich wegen des im Bußgeldverfahren maßgeblichen Täterprinzips bei einer Nachschau die personenbezogenen Daten der **angetroffenen Personen** durch Identitätsfeststellung als Tatverdächtige (§ 163b Abs. 1 StPO i. V. m. § 46 Abs. 1, 2 OWiG) sowie ihre unaufgeforderten Äußerungen und Erklärungen elektronisch festzuhalten. Ohne Bedeutung ist dagegen der im Verwaltungsverfahren (§ 9 Halbs. 1 VwVfG, § 8 SGB X) als Handlungs- oder Zustandsstörer oder -störerinnen, „Verantwortliche“ oder gesetzesfremde Begriffe wie „Rechtsunterworfene“. Wichtig ist bei unternehmensbezogenen Zuwiderhandlungen im Hinblick auf § 9 Abs. 2 OWiG vielmehr der Vermerk, in welcher Funktion, z. B. als Abteilungs-, Filial-, Niederlassungs-, örtlicher Bauleiter oder -leiterin diese Personen tätig sind. Sind Bedienstete zur Einleitung eines Bußgeldverfahrens befugt, können sie die personenbezogenen Daten von Verdächtigen, die als Betroffene oder Zeugen oder Zeuginnen in Betracht kommen, einschließlich zustellungsfähiger Privatanschrift zur Identitätsfeststellung verlangen (§ 163b StPO i. V. m. § 46 Abs. 1, 2 OWiG). Dies erleichtert die Ermittlungen im Bußgeldverfahren und die Zustellung von Bußgeldbescheiden außerordentlich, weil Zustellungen im Bußgeldverfahren nicht über eine Firmen-, sondern die Privatanschrift erfolgen müssen (§ 51 Abs. 2 OWiG).

Beispiel:

Bei einer Lebensmittelkontrolle in einer Gaststätte mit der Rechtsform einer GmbH sind nur Geschäftsführer und Geschäftsführerinnen als gesetzliche Vertreter oder Vertreterinnen (§ 9 Abs. 1 Nr. 1 OWiG) aus dem elektronischen Handelsregister nachträglich feststellbar. Die personenbezogenen Daten des Küchenchefs als eigenverantwortlich beauftragte Person (§ 9 Abs. 2 S. 1 Nr. 2 OWiG) und des Betriebsleiters (§ 9 Abs. 2 S. 1 Nr. 1 OWiG), insbesondere ihre zustellungsfähige Privatanschrift sind für ein Bußgeldverfahren als Beteiligte an einer Ordnungswidrigkeit (§ 14 Abs. 1 OWiG) von großer Bedeutung und nachträglich nur mit erheblichem Aufwand ermittelbar.

Ein bekanntes **Firmenorganigramm**, das die Stellung der als Betroffenen in Betracht kommenden Personen wiedergibt, ist für die Durchführung eines Bußgeldverfahrens gegen beauftragte Personen (§ 9 Abs. 2 OWiG) in einem Unternehmen mit mehreren Hierarchien äußerst hilfreich. Im Bußgeldverfahren verbleibt nur der kaum praxistaugliche Weg über die bei Weigerung nur durch Ordnungs- und Zwangsmittel der Verwaltungsbehörde durchsetzbare Herausgabepflicht von Unternehmen als Drittbeteiligten (§ 95 StPO i. V. m. § 46 Abs. 1 OWiG).[2]

---

1) Zur Ordnungswidrigkeiten-Anzeige von Fachämtern an die Bußgeldstelle der Verwaltungsbehörde § 2 Nr. 7.

2) Zum Verfahren zur Durchsetzung einer Herausgabepflicht bei Drittbeteiligten im Bußgeldverfahren *Wieser-Kommentar* § 95 StPO.

1.3.2 Bildaufnahmen und -aufzeichnungen

Eine besondere verwaltungsrechtliche Befugnis zum Fertigen von Bildaufnahmen und Bildaufzeichnungen („Fotodokumentation") ist meist nicht vorhanden.[1] Mit Einverständnis der Beteiligten bei einer Nachschau im Verwaltungsverfahren (§ 9 Halbs. 1 VwVfG, § 8 S. 1 SGB X) gefertigte Bildaufnahmen dürfen auch im Bußgeldverfahren verwertet werden (§ 161 Abs. 3 S. 1 StPO i. V. m. § 46 Abs. 1 OWiG).[2] Soweit Betroffene nicht widersprechen, können diese Maßnahmen im Bußgeldverfahren auf die allgemeine Aufgabenzuweisung in § 160 Abs. 1 StPO i. V. m. § 46 Abs. 1 OWiG gestützt werden. Nach § 100h Abs. 1 S. 1 Nr. 1 Buchst. a StPO i. V. m. § 46 Abs. 1 OWiG dürfen außerhalb von Wohnungen, also auch in Betriebsräumen oder auf allgemein zugänglichen Flächen, Bildaufnahmen sogar ohne Wissen von Betroffenen hergestellt werden, wenn die Erforschung des Sachverhalts auf andere Weise weniger erfolgversprechend oder erschwert wäre.[3] Gegen den Willen von Betroffenen ist diese Art der Beweissicherung wohl nur von einer gerichtlichen Durchsuchungsanordnung abgedeckt (§ 102, § 105 StPO i. V. m. § 46 Abs. 1 OWiG).[4]

Bildaufnahmen und Bildaufzeichnungen sind im Bußgeldverfahren zu betrachtende Augenscheinobjekte. Sie besitzen sehr große praktische Bedeutung, weil damit ein sich mit dem Einspruch gegen einen Bußgeldbescheid befasstes Gericht noch nach längerer Zeit ein Bild von den inzwischen veränderten Zuständen am Tatort der Ordnungswidrigkeit machen und ein Zeuge oder Zeugin diese nahezu zeitlich unbegrenzt vor Gericht erläutern kann. Das Gericht wird damit an den Tatort der Ordnungswidrigkeit (§ 7 Abs. 1 OWiG) zur Tatzeit (§ 6 S. 1 OWiG) zurückversetzt.

Beispiele:

Lebensmittelrechtliche Hygieneverstöße, naturschutzrechtliche Zuwiderhandlungen, Ausmaß von Abfallablagerungen, Zustand von Schrottfahrzeugen, Erscheinungsbild jugendlicher Personen bei einer Jugendschutzkontrolle.

Für die Bußgeldakten empfiehlt sich die Verbindung eines Protokolls der verantwortenden Person (§ 168b Abs. 1 StPO i. V. m. § 46 Abs. 1 OWiG, vergleiche vorstehend § 6 Nr. 1.3.1) als elektronisches Dokument mit strukturierten Bildaufnahmen im Dateianhang. Im erläuternden Text des Protokolls kann dabei auf die jeweiligen Tatortaufnahmen hingewiesen werden. Dadurch wird die Ladung von Bediensteten der Verwaltungsbehörde als Zeugen oder Zeuginnen in einem gerichtlichen Bußgeldverfahren durch die Verlesbarkeit des Aktenvermerks (§ 256 Abs. 1 Nr. 5 StPO i. V. m. § 71 Abs. 1 OWiG) und Besichtigung der Bildaufnahmen durch gerichtlichen Augenschein (§ 86 StPO i. V. m. § 71 Abs. 1 OWiG) vermieden.

1) Bildaufnahmen bei einer Nachschau werden auch nicht zur Ordnungswidrigkeiten-Vorsorge gefertigt (so für Maßnahmen zur Geschwindigkeitsüberwachung im Straßenverkehr OVG Niedersachsen (Lüneburg), Urt. vom 13.11.2019, Az. 12 LC 79/19). Für eine Lebensmittelkontrolle besteht ausnahmsweise die ausdrückliche verwaltungsrechtliche Befugnisnorm § 42 Abs. 2 S. 1 Nr. 4 LFGB.

2) BGH, Beschl. vom 8.12.2015, Az. 3 StR 406/15, für das strafrechtliche Ermittlungsverfahren der Staatsanwaltschaft.

3) BVerfG, Nichtannahmebeschluss vom 12.8.2010, Az. 2 BvR 1447/10.

4) Zur Vorbereitung und Durchführung einer Durchsuchung § 6 Nr. 5.3, 5.4.

Die Verwaltungsbehörde kann in der Bußgeldakte eine objektive Auswahl beweiskräftiger Bildaufnahmen vornehmen (§ 160 Abs. 2 StPO i. V. m. § 46 Abs. 1, 2 OWiG). Keinesfalls ist sie verpflichtet, sämtliche Bilddateien aus einem Verwaltungsverfahren in die Bußgeldakte zu übertragen. Hat eine Bildbearbeitung (z. B. Aufhellung einer Aufnahme oder Ausschnittvergrößerung) stattgefunden, sollte darauf in jedem Fall in der Bußgeldakte hingewiesen werden. Bildaufnahmen aus dem Verwaltungsverfahren in Dateiform dürfen unmittelbar in die Bußgeldakte kopiert werden (§ 3a Abs. 1 VwVfG, § 161 Abs. 3 S. 1 StPO i. V. m. § 46 Abs. 1 OWiG).[1]

Eine anschauliche Bilddokumentation in der Bußgeldakte verhindert auch nachträgliche bagatellisierende Schutzbehauptungen von Betroffenen, da das Ausmaß der Zuwiderhandlung ohne zeitliche Grenzen für jedermann nachvollziehbar bleibt. Bei der Akteneinsicht durch Betroffene und deren Verteidiger oder Verteidigerinnen[2] wird die Gründlichkeit der Beweissicherung deutlich, was erfahrungsgemäß Einsprüche mit dem Bestreiten des festgestellten Sachverhalts vermeidet. Sehr wirkungsvoll ist auch die detaillierte Bezugnahme in Protokollen (siehe oben) auf Bildaufnahmen. Vorhandene und zur Beweisführung vorgesehene Bildaufnahmen und Bildaufzeichnungen müssen spätestens bei der ersten Akteneinsicht in die Bußgeldakte dort aktenkundig sein. Die Erfahrung aus gerichtlichen Bußgeldverfahren zeigt, dass Betroffene dort von ihnen selbst gefertigte Digitalaufnahmen zur Entlastung vorlegen. In diesem Zusammenhang können die Aufnahmen subjektiv günstig hergestellt und ausgewählt werden, sodass sie keinen objektiven Eindruck vom Tatort der Ordnungswidrigkeit wiedergeben. Im Gegensatz zur Verwaltungsbehörde sind Betroffene weder zur Objektivität noch zur Wahrheit verpflichtet.

1.3.3 Digitale Skizzen und Pläne

Skizzen und Pläne in Dateiform sind im Bußgeldverfahren sehr hilfreich, um den Tatort der Ordnungswidrigkeit (§ 7 Abs. 1 OWiG) und das festgestellte Ausmaß der Zuwiderhandlung zu verdeutlichen. Bei der Akteneinsicht und im gerichtlichen Bußgeldverfahren wird dadurch für Dritte deutlich, welche Feststellungen bei der Entdeckung am Tatort (§ 7 Abs. 1 OWiG) und zur Tatzeit (§ 6 S. 1 OWiG) der Ordnungswidrigkeit getroffen wurden. Zunächst vor Ort händisch hergestellte Skizzen sind durch ersetzendes Scannen in ein lesbares Dateiformat mit Namensangabe der verantwortenden Personen in die Bußgeldakte zu übertragen. Mit der Speicherung werden sie dort aktenkundig (§ 32e Abs. 1 S. 1 StPO i. V. m. § 110c S. 1 OWiG). Aufzeichnungen aus dem Verwaltungsverfahren (§ 9 Halbs. 1 VwVfG) dürfen auch im Bußgeldverfahren verwendet und in die Bußgeldakte übermittelt werden (§ 161 Abs. 3 S. 1 StPO i. V. m. § 46 Abs. 1 OWiG).[3]

Oft ist auch die Verbindung von Skizzen und Plänen mit Bildaufnahmen in Bußgeldakten sehr anschaulich, z. B. bei Bau-, Gewerbe-, Lebensmittel- oder Umweltordnungswidrigkeiten. Es genügen dabei Kopien aus den Verwaltungsakten, die sich auf den Bereich der Ordnungswidrigkeit beschränken.

---

1) Auch die Übertragung von Bildern in Dateiform aus einer Internetrecherche (nachfolgend § 2 Nr. 1.3.4) ist zulässig.

2) Zur Akteneinsicht des oder der Betroffenen (§ 49 Abs. 1 OWiG) und des Verteidigers oder Verteidigerin (§ 147 StPO i. V. m. § 46 Abs. 1 OWiG) § 10 Nr. 7.

3) BGH, Urt. vom 26.4.2017, Az. 2 StR 247/16.

Beispiel:

Eine bauliche Anlage enthält zahlreiche Abweichungen vom genehmigten Bauplan. Neben entsprechenden Bildaufnahmen enthält die Bußgeldakte eine Teilkopie des Bauplans, in die alle Abweichungen eingezeichnet sind.

Elektronische Dokumente aus Akten des Verwaltungsverfahrens können ohne Weiteres in das Bußgeldverfahren übernommen werden. Die Herkunft muss in der Bußgeldakte jedoch nachvollziehbar sein. In der Ordnungswidrigkeiten-Anzeige zu vermeiden sind jedoch Bezugnahmen auf Skizzen und Pläne in den Verwaltungsakten, da diese damit unerwünscht zum Bestandteil der Bußgeldakten würden.

1.3.4 Internetrecherche

Alle Inhalte, die im Internet allgemein zugänglich sind, dürfen in einem Bußgeldverfahren aufgrund der allgemeinen Erforschungsbefugnis (§ 160 Abs. 1 StPO i. V. m. § 46 Abs. 1 OWiG) von der Verwaltungsbehörde zur Kenntnis genommen werden.[1] Zulässig sind auch Homepage-Abfragen und sonstige Erkenntnisse aus dem Internet.[2] Enthält etwa das Internetportal eines Unternehmens ein Firmenorganigramm mit der internen Zuständigkeit des Betroffenen, so darf die entsprechende Datei in eine elektronische Bußgeldakte übernommen werden. Einer besonderen Befugnisnorm bedarf es dazu nicht. Ohne das Einverständnis des Betroffenen bleiben nur solche Inhalte unzugänglich, die in einem sogenannten sozialen Netzwerk von ihm unter Vertrauensschutz gestellt wurden.[3] Auch die im Internet bei Google Maps® oder Google Earth® abrufbaren Luftbildaufnahmen können als Quelle für allgemeinkundige Erkenntnisse zu örtlichen Gegebenheiten, also zum Tatort der Ordnungswidrigkeit (§ 7 Abs. 1 OWiG) herangezogen werden.[4]

1) BVerfG, stattgebender Kammerbeschluss vom 30.7.2015, Az. 1 BvR 1951/13, für das strafrechtliche Ermittlungsverfahren der Staatsanwaltschaft; VG Lüneburg, Beschl. vom 2.6.2017, Az. 6 B 36/17, für das Verwaltungsverfahren.
2) OLG Düsseldorf, Beschl. vom 17.3.2011, Az. IV-3 RBs 25/11.
3) *Neuhöfer*, Private Nachrichteninhalte im Strafverfahren: Der strafprozessuale Zugriff auf Inhalte privater Nachrichten bei Facebook & Co., Juristische Rundschau 2001, 2015.
4) OLG Düsseldorf, Beschl. vom 5.1.2021, Az. 2 RBs 191/20, unter Bezugnahme auf BGH, Urt. vom 11.12.2003, Az. 3 StR 120/03, und FG Hamburg, Urt. vom 5.2.2015, Az. 3 K 45/14.

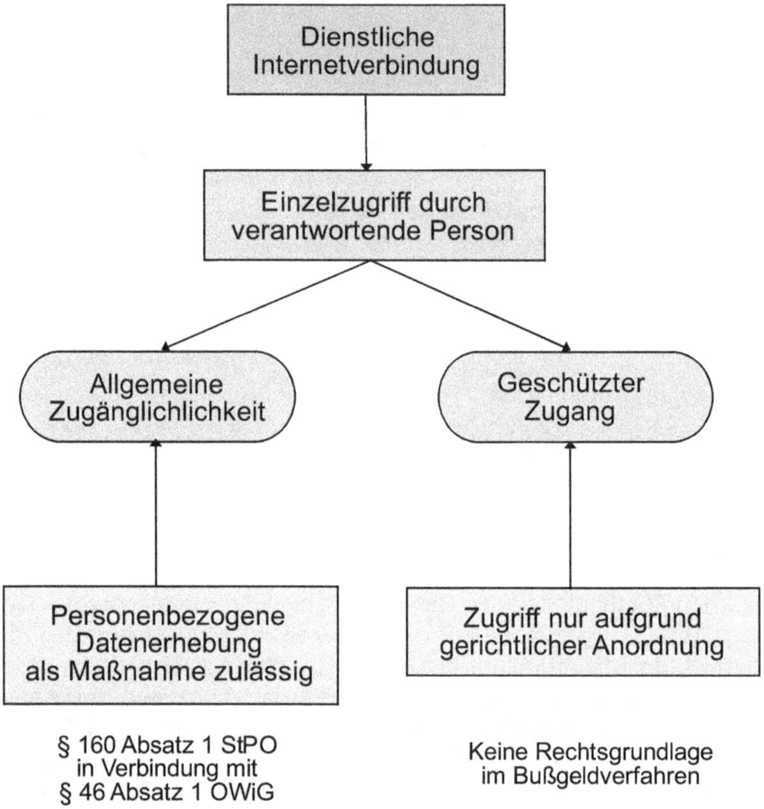

Abb. 2: Zulässigkeit der Internetrecherche

1.4 Gutachten von Sachverständigen

Sachverständige werden sowohl im Verwaltungsverfahren (§ 26 Abs. 1 Nr. 2 VwVfG, § 21 Abs. 1 S. 2 Nr. 2 SGB X) als auch im Bußgeldverfahren (§§ 73 ff. StPO i. V. m. § 46 Abs. 1 OWiG) bestellt,[1] um durch ihre besondere Sachkunde auf einem besonderen Fachgebiet die Behörde bei der Beurteilung und Aufklärung des Sachverhalts zu unterstützen. Bloße „gutachtliche Stellungnahmen" stammen dagegen nur von sachverständigen Zeugen oder Zeuginnen (§ 72 StPO i. V. m. § 46 Abs. 1 OWiG) und sind daher keine gerichtsverwertbaren Gutachten von Sachverständigen. Gutachten, die in einem Verwaltungsverfahren in Auftrag gegeben wurden, sind in einem nachfolgenden Bußgeldverfahren ohne Weiteres verwendbar (§ 161 Abs. 3 S. 1 StPO i. V. m. § 46 Abs. 1 OWiG).[2] Dies gilt jedoch nicht, wenn Sachverständige im Verwaltungsverfahren auch Ermittlungshandlungen vornehmen oder Maßnahmen anordnen, die Verwaltungsakte darstellen (§ 35 S. 1 VwVfG). Sie werden daher im gerichtlichen Bußgeldverfahren zu Recht wegen der Besorgnis der Befangenheit

1) Zur Beauftragung von Sachverständigen mit einem Gutachten im Bußgeldverfahren (§§ 72 ff. StPO i. V. m. § 46 Abs. 1 OWiG) § 6 Nr. 2.

2) BGH, Urt. vom 26.4.2017, Az. 2 StR 247/16.

abgelehnt (§ 74 Abs. 1 S. 1, § 24 Abs. 2 StPO i. V. m. § 71 Abs. 1 OWiG).[1] Das Gericht muss folglich bereits von Amts wegen auf private Sachverständige ausweichen. Daher ist eine Trennung zwischen der Tätigkeit als verfahrensunabhängige Sachverständige und Ermittlungstätigkeit im Verwaltungs- und Bußgeldverfahren notwendig.[2] Auch dürfen Sachverständige nicht über gesetzlich vorgesehene Aufklärungs- und Fragerechte (§ 80 StPO i. V. m. § 46 Abs. 1 OWiG) hinaus in die Ermittlungen der Verwaltungsbehörde mit einbezogen werden.[3]

Beispiel:

Ein Amtstierarzt überprüft die Tierhaltung in einer Landwirtschaft und ordnet daher sofortige Änderungen an. Er verfasst über die vorgefundenen Zustände außerdem ein Gutachten, das im Bußgeldverfahren als Beweismittel verwendet und im Bußgeldbescheid auch so bezeichnet wird. Der Betroffene legt gegen den Bußgeldbescheid Einspruch ein und lehnt den geladenen Sachverständigen in der gerichtlichen Hauptverhandlung erfolgreich wegen Besorgnis der Befangenheit ab.

Die Besorgnis der Befangenheit kann im Vorverfahren nur durch eine Gegenvorstellung beanstandet werden. Eine Ablehnung in der gerichtlichen Hauptverhandlung ist jedoch auch möglich, wenn dies nicht geschehen und von der Verwaltungsbehörde nicht beachtet worden ist.[1]

Auslagen der Behörde, auch aufgrund einer Kostenvormerkung, können nur dann in einem Bußgeldbescheid verlangt werden, wenn sich der Gutachtenauftrag von vornherein ausdrücklich zumindest auch auf ein bereits eingeleitetes Bußgeldverfahren bezieht (§ 107 Abs. 3 Nr. 5 OWiG). Andernfalls sind solche Kosten nach dem Entstehungsprinzip im Verwaltungsverfahren mit einem erlassenen Verwaltungsakt (§ 35 S. 1 VwVfG, § 31 S. 1 SGB X) zu erheben. Gutachten von Behörden sind im gerichtlichen Bußgeldverfahren auch dann verlesungsfähig, wenn sie im Verwaltungsverfahren entstanden sind (§ 256 Abs. 1 Nr. 1 Buchst. a StPO i. V. m. § 46 Abs. 1 OWiG).

1.5 Angaben von Betroffenen im Verwaltungsverfahren

Das Verhältnis der vielfältigen verwaltungsrechtlichen Auskunftspflichten Beteiligter und der Anhörung im Verwaltungsverfahren zu dem Recht der Betroffenen im Bußgeldverfahren, sich aufgrund § 136 Abs. 1 S. 2 StPO i. V. m. § 46 Abs. 1 OWiG nicht zur Sache äußern zu müssen, ist gesetzlich nicht geregelt. Lediglich einzelne Bestimmungen sehen vor, dass im Verwaltungsverfahren auf Verlangen der Behörde, also mit Verwaltungszwang durchsetzbar erteilte Auskünfte im Bußgeldverfahren nicht verwertet werden dürfen. Es können also verwaltungsrechtliche Mitwirkungspflichten mit dem bußgeldrechtlichen Verbot eines Zwangs zur Selbstbezichtigung kollidieren.

1) BGH, Beschl. vom 13.2.2019, Az. 2 StR 485/18, zur Ablehnung eines bei einer Polizeibehörde tätigen Sachverständigen im Strafverfahren.
2) AG Bautzen, Beschl. vom 11.12.1996, Az. 12 Ds 110 Js 5178/96.
3) LG Köln, Beschl. vom 12.12.2013, Az. 116 KLs 2/12.

Beispiel:

Gewerbetreibende, die bestimmte erlaubnisbedürftige oder besonders überwachungsbedürftige Gewerbe ausüben, haben den Beauftragten der zuständigen öffentlichen Stelle auf Verlangen die für die Überwachung des Geschäftsbetriebs erforderlichen mündlichen und schriftlichen Auskünfte unentgeltlich zu erteilen (§ 29 Abs. 1 Nr. 1, 3 GewO).

Entscheidend wird hier wohl sein, ob der Gesetzgeber das Spannungsfeld durch eine Kollisionsbestimmung aufgelöst hat, die es den Betroffenen ermöglicht, die Antwort auf Fragen, die sie selbst oder nahe Angehörige der Gefahr einer Verfolgung wegen einer Ordnungswidrigkeit oder Straftat aussetzen, zu verweigern.[1)]

Beispiel:

Der Betroffene kann bezüglich der Auskunftspflicht im vorherigen Beispiel die Auskunft auf solche Fragen verweigern, deren Beantwortung ihn selbst oder einen nahen Angehörigen der Gefahr strafgerichtlicher Verfolgung oder eines Verfahrens nach dem Gesetz über Ordnungswidrigkeiten aussetzen würde (§ 29 Abs. 3 GewO).

Auskunftspflichtige müssen sich zumindest sinngemäß auf ein Auskunftsverweigerungsrecht berufen, eine Belehrungspflicht der Behörde besteht im Verwaltungsverfahren nicht. Bei grundloser Weigerung begehen Auskunftspflichtige eine Ordnungswidrigkeit, im vorstehenden Beispiel nach § 146 Abs. 2 Nr. 4 GewO. Besteht keine Kollisionsnorm, so muss zur Auflösung des Spannungsfeldes zwischen beiden Verfahrensarten wohl ein Verwertungsverbot für das Bußgeldverfahren angenommen werden. Das Auskunftsverlangen einer Behörde stellt einen vollziehbaren Verwaltungsakt im Sinne der § 35 S. 1 VwVfG bzw. § 31 S. 1 SGB X und § 80 Abs. 2 S. 1 Nr. 4 VwGO bzw. § 86a Abs. 2 Nr. 5 SGG dar, der durch Verwaltungszwang in Form des Zwangsgeldes durchsetzbar ist.

Soweit Betroffene allerdings im Verwaltungsverfahren nicht zur Mitwirkung durch Auskunftserteilung verpflichtet werden, müssen sie mit der Verwendung ihrer Äußerungen während des Verwaltungsverfahrens und bei der Anhörung vor Erlass eines Verwaltungsakts (§ 28 Abs. 1 VwVfG, § 24 Abs. 1 SGB X) auch im Bußgeldverfahren rechnen. Angaben, die im Verwaltungsverfahren oder Sozialverwaltungsverfahren ohne die im Bußgeldverfahren vorgeschriebene Belehrung erfolgen, sind daher im Bußgeldverfahren verwertbar (§ 161 Abs. 3 S. 1 StPO i. V. m. § 46 Abs. 1 OWiG).

Beispiel:

Der Betroffene äußert bei einem Ortstermin oder bei seiner Anhörung im Verwaltungsverfahren, er habe die erteilte Genehmigung aus wirtschaftlichen Gründen wissentlich überschritten. Diese Angaben werden im Bußgeldverfahren verwertet,

1) BVerfG, Beschl. vom 25.1.2022, Az. 2 BvR 2462/18.

indem der Bußgeldbescheid wegen einer vorsätzlichen Ordnungswidrigkeit erlassen wird, obwohl sich der Betroffene jetzt auf Fahrlässigkeit beruft.

Ein Verwertungsverbot besteht im Bußgeldverfahren dagegen, wenn der Betroffene als Beteiligter am Verwaltungsverfahren gesetzlich verpflichtet ist, auch solche Sachverhalte zu offenbaren, die den Tatbestand einer Ordnungswidrigkeit oder Straftat verwirklichen (z. B. § 44 Abs. 6 LFGB für die Rückverfolgung von Lebensmitteln).[1)]

2. Auskunftsersuchen an Behörden und Gerichte

Eine besonders zu Beginn eines Bußgeldverfahrens wichtige Auskunftsquelle sind Auskunftsersuchen, welche die Verwaltungsbehörde an alle Bundes- und Landes- sowie kommunale Behörden, Gerichte und sonstigen öffentlichen Stellen aufgrund § 161 Abs. 1 S. 1 StPO i. V. m. § 46 Abs. 1 OWiG richten kann.[2)] Ersuchte Behörden und Gerichte sind daher ohne weitere Rechtsgrundlage verpflichtet, der Verwaltungsbehörde auf Verlangen eine zulässige Auskunft zu erteilen.[3)] Eine Berufung auf Auskunftsbeschränkungen nach dem Bundesdatenschutzgesetz (BDSG) und entsprechende landesrechtliche Datenschutzbestimmungen ist unzulässig, da die Auskunftspflicht im Bußgeldverfahren dem Datenschutz vorgeht (§ 23 Abs. 1 Nr. 4 BDSG). Die Datenschutz-Grundverordnung gilt im Bußgeldverfahren ausnahmslos nicht (Art. 2 Abs. 2 Buchst. a und d DSGVO) und darf daher einem Auskunftsverlangen auch nicht entgegengehalten werden. Kommt eine ersuchte Behörde ihrer Auskunftspflicht nicht nach, hat die ersuchende Behörde allerdings keine Zwangsmittel, sondern kann sich nur an die Aufsichtsbehörde wenden. Einschränkungen für die Auskunftspflicht gelten nur für das Post- und Fernmeldegeheimnis (Art. 10 GG, § 46 Abs. 3 S. 1 OWiG), Sozialgeheimnis (§ 35 SGB I, §§ 67 bis 77 SGB X), Statistikgeheimnis (§ 16 Abs. 1 BstatG) und Steuergeheimnis (§ 30 AO) mit Ausnahme der Schwarzarbeit und illegalen Beschäftigung (§ 31a AO).

Fehlbeispiel:

Die verantwortende Person einer Verwaltungsbehörde muss bei der Festsetzung einer Geldbuße die wirtschaftlichen Verhältnisse des Betroffenen berücksichtigen (§ 17 Abs. 3 S. 2 OWiG). Eine Anfrage beim Betriebsstättenfinanzamt zu den Einkünften des Betroffenen ist ohne dessen Zustimmung wegen des entgegenstehenden Steuergeheimnisses (§ 30 AO) nicht möglich.

Der Zugriff auf beim Amtsgericht für Betroffene geführten Betreuungsakten zur Beurteilung der Vorwerfbarkeit ordnungswidrigen Handelns (§ 12 Abs. 2 OWiG) ver-

1) VerfGH Sachsen, Beschl. vom 15.11.2013, Az. Vf. 89-IV-12, bezüglich § 97 InsO.
2) OLG Koblenz, Beschl. vom 2.10.2020, Az. 3 OWi 6 SsBs 258/20; OLG Stuttgart, Beschl. vom 26.8.2002, Az. 1 Ss 230/02; OLG Rostock, Beschl. vom 29.11.2004, Az. 2 Ss (OWi) 302/04 I 178/04; OLG Bamberg, Beschl. vom 2.8.2005, Az. 2 Ss OWi 147/05.
3) BayObLG, Beschl. vom 6.8.2020, Az. 1 VA 33/20, unter Bezugnahme auf BVerfG, Urt. vom 20.4.2016, Az. 1 BvR 966/09.

letzt das Grundrecht auf informationelle Selbstbestimmung (Art. 2 Abs. 1 i. V. m. Art. 1 Abs. 1 GG) und ist daher ausgeschlossen.[1] Zulässig sind nur gegenständlich beschränkte Auskunftsersuchen.[2]

Beispiel:

Die verantwortende Person einer Verwaltungsbehörde fragt beim Betreuungsgericht zur Täterermittlung einer Ordnungswidrigkeit nach, ob eine Betreuung angeordnet ist und wer gegebenenfalls als Betreuer oder Betreuerin mit welchen Befugnissen bestellt ist.

Auch Auskünfte, die eine Behörde im Verwaltungsverfahren aufgrund § 26 Abs. 1 S. 2 Nr. 1 VwVfG, § 21 Abs. 1 S. 2 Nr. 1 SGB X erhalten hat, sind im Bußgeldverfahren ohne Weiteres verwertbar (§ 161 Abs. 3 S. 1 StPO i. V. m. § 46 Abs. 1 OWiG).

Private Stellen, insbesondere Betriebe und Unternehmen (Firmen), sind nicht über § 161 Abs. 1 S. 1 StPO i. V. m. § 46 Abs. 1 OWiG auskunftsverpflichtet, sondern unterliegen nur der allgemeinen Zeugenpflicht nach § 161a Abs. 1 StPO i. V. m. § 46 Abs. 1 OWiG (siehe nachfolgend Nr. 3). Eine dem Verwaltungsverfahren in § 26 Abs. 1 S. 2 Nr. 1 VwVfG, § 21 Abs. 1 S. 2 Nr. 1 SGB X entsprechende Rechtsgrundlage zur Auskunftserteilung gibt es im Bußgeldverfahren nicht. So ist ein Unternehmen nicht verpflichtet, auf Anfrage der Verwaltungsbehörde mitzuteilen, wer als Täter oder Täterin der Ordnungswidrigkeit in Betracht kommt.

3. Zeugenvernehmung von Privatpersonen

Privatpersonen, gegen die kein Bußgeldverfahren eingeleitet ist, die aber eigene Wahrnehmungen zu einer ordnungswidrigen Handlung gemacht haben, kommen als Zeugen oder Zeuginnen in Betracht. Dabei braucht es sich nicht um anzeigende Personen zu handeln.

Beispiele:

Ein Nachbar erstattet Anzeige wegen ruhestörender Arbeiten an einem Sonn- oder Feiertag. Er kommt als Zeuge für die Person des Täters oder der Täterin sowie Dauer und Umfang der Arbeiten in Betracht.

Bei der Untersuchung einer unerlaubten Abfallablagerung fragt die verantwortende Person der Verwaltungsbehörde in der Nachbarschaft des Ablagerungsortes, ob jemand den Täter oder die Täterin der Ordnungswidrigkeit beobachtet habe. Eine befragte Privatperson gibt daraufhin ein Fahrzeugkennzeichen an und beschreibt den Täter. Der Nachbar oder die Nachbarin kommt daher als Zeuge oder Zeugin darüber in Betracht.

---

1) BayObLG, Beschl. vom 6.8.2020, Az. 1 VA 33/20; OLG Köln, Beschl. vom 2.12.2013, Az. 7 VA 2/13.

2) BayObLG, Beschl. vom 6.8.2020, Az. 1 VA 33/20, unter Bezugnahme auf OLG Bamberg, Beschl. vom 17.1.2018, Az. 6 Verwaltungsakt 5/17, für das Auskunftsersuchen eines Gerichtsvollziehers an das Betreuungsgericht.

Zeugen und Zeuginnen sind persönliche Beweismittel und sollen den ordnungswidrigen Sachverhalt durch die Wiedergabe von ihnen wahrgenommener Tatsachen weiter aufzuklären helfen. Sie dürfen ihre Beobachtungen auch durch eigene Bewertungen erläutern. Ihr Bericht beschränkt sich aber auf wahrgenommene Tatsachen und ist von der Äußerung bloßer Meinungen, Schlussfolgerungen und Werturteile zu unterscheiden, die für den Tatnachweis wertlos sind. Wichtig für den Beweiswert von Zeugen oder Zeuginnen ist daher die Trennung tatsächlicher Beobachtungen von bloßen Mutmaßungen.

„Private" Zeugen und Zeuginnen kennen im Gegensatz zu „dienstlichen" von Behörden oder der Polizei nicht die Erfordernisse der Beweisführung im Bußgeldverfahren. Sie sind daher erfahrungsgemäß das schlechteste Beweismittel. Bevor der Aufwand einer persönlichen Vernehmung betrieben wird, sollte daher immer zuvor ihre Erforderlichkeit kritisch bedacht werden. Kann der Tatnachweis auch durch andere, bessere Beweismittel („dienstliche" Zeugen und Zeuginnen, Dokumente, Bildaufnahmen) geführt werden, sind diese vorzuziehen und die Aussagen „privater" Zeugen oder Zeuginnen überflüssig.[1)]

Muss die Beweisführung aber mangels anderer Beweismittel auf die Aussage von Tatzeugen oder -zeuginnen gestützt werden, sind deren Angaben möglichst zeitnah in einem Protokoll aktenkundig zu machen (§ 168b Abs. 2 S. 1 StPO i. V. m. § 46 Abs. 1 OWiG).[2)] Bei einer meist weit später liegenden mündlichen Vernehmung im gerichtlichen Bußgeldverfahren sind oft mangelnde Erinnerung und fehlendes Interesse privater Zeugen oder Zeuginnen feststellbar. Die behördliche Vernehmung kann ihnen in solchen Fällen vom Amtsgericht zur Auffrischung des Gedächtnisses vorgehalten (§ 253 StPO i. V. m. § 46 Abs. 1 OWiG) oder verlesen (§ 77a Abs. 1, 4 OWiG) werden.

Beispiel:

Der von der Verwaltungsbehörde als Zeuge vernommene Nachbar bekundet, die neben seiner Wohnung liegende Gaststätte habe an bestimmten Sonn- und Feiertagen nach 22 Uhr zu gewissen Zeiträumen, insgesamt mindestens zehn Mal Biergartenbetrieb durchgeführt.

Vor dem Amtsgericht behauptet der Gastwirt zum Vorwurf der unerlaubten nächtlichen Außenbewirtung, dies sei höchstens einmal vorgekommen. Der Zeuge kann sich, da inzwischen knapp ein Jahr vergangen ist, erst auf Vorhalt seiner damaligen Aussage vor der Verwaltungsbehörde wieder genau erinnern. Der Gastwirt wird aufgrund der Zeugenaussage zu einer Geldbuße verurteilt.

3.1 Formen und Abgrenzung der Zeugenvernehmung

Die Verwaltungsbehörde hat die Auswahl zwischen zwei verschieden aufwändigen und erfahrungsgemäß auch verschieden ergiebigen Formen der Zeugenvernehmung. Dies sind die

1) Zur Zeugenvernehmung bei der Aufnahme einer Anzeige (§ 158 StPO i. V. m. § 46 Abs. 1 OWiG) § 2 Nr. 8.
2) BVerfG, stattgebender Kammerbeschluss vom 14.7.2016, Az. 2 BvR 2474/14.

- elektronische oder schriftliche Vernehmung mittels kombiniertem Zeugenfrage- und Äußerungsdokument und
- protokollierte persönliche Vernehmung auf Ladung im Dienstgebäude oder im Wege der Bild- und Tonübertragung.

Eine gesetzliche Regelung besteht nur für die förmliche mündliche Vernehmung (§§ 48 ff., § 161a StPO i. V. m. § 46 Abs. 1 OWiG), ihre Grundsätze sind jedoch auf die elektronische und schriftliche Form zu übertragen. Keine Vernehmungen sind Protokolle über unaufgeforderte Äußerungen und sogenannte informatorische Befragungen.[1)]

3.1.1 Unaufgeforderte Äußerungen

Äußert sich während eines Bußgeld- oder Verwaltungsverfahrens eine Person unaufgefordert, so liegt keine Maßnahme der Behörde und folglich auch keine Vernehmung als Zeuge oder Zeugin im Sinne des § 161a Abs. 1 S. 2 StPO i. V. m. § 46 Abs. 1, 2 OWiG bzw. § 26 Abs. 1 S. 2 Nr. 2 VwVfG, § 21 Abs. 1 S. 2 Nr. 1 SGB X vor. Solche Spontanäußerungen können durch Wort- oder Inhaltsprotokoll festgehalten (§ 168a Abs. 2 S. 1, § 168b Abs. 1, Abs. 2 S. 1 StPO i. V. m. § 46 Abs. 1, 2 OWiG) und in der Bußgeldakte als elektronisches Dokument gespeichert werden (§ 32b Abs. 2 StPO i. V. m. § 110c S. 1 OWiG). Die Äußerung ist auch ohne Belehrung über gesetzliche Auskunfts- und Zeugnisverweigerungsrechte verwertbar, weil sie unaufgefordert und nicht auf Veranlassung der Verwaltungsbehörde erfolgt ist. Die Verwertung bedarf auch weder der vorherigen Zustimmung noch der nachträglichen Genehmigung des oder der Äußernden und ist im Bußgeldverfahren als Beweismittel verwertbar.[2)] Bestreitet der oder die Betroffene – was praktisch kaum vorkommt – später solche Äußerungen, kann der Verfasser oder die Verfasserin des Protokolls sie als Zeuge oder Zeugin bestätigen. Unaufgeforderte Äußerungen sind vor allem zur Person des Täters oder der Täterin und zum subjektiven Tatbestand von Bedeutung.

Beispiel:

Während einer Nachschau der Lebensmittelüberwachung (§ 39 LFGB) erklärt der angetroffene Abteilungsleiter eines Verbrauchermarktes unaufgefordert, die Notwendigkeit einer Grundreinigung der Betriebsräume schon vor einem halben Jahr dem Marktleiter mitgeteilt zu haben. Trotzdem sei aber nichts geschehen. Der Lebensmittelkontrolleur fertigt darüber ein Protokoll, auf das er sich in der Ordnungswidrigkeiten-Anzeige bezieht. Die Bußgeldstelle geht daraufhin von vorsätzlichem Handeln des

- Abteilungsleiters (§ 9 Abs. 2 S. 1 Nr. 1 OWiG) und
- Marktleiters (§ 9 Abs. 2 S. 1 Nr. 2 OWiG) als Beteiligten (§ 14 Abs. 1 OWiG) durch pflichtwidriges Unterlassen (§ 8 OWiG) aus.

---

1) OLG Bamberg, Beschl. vom 27.8.2018, Az. 2 Ss OWi 973/18.

2) Saarländisches OLG (Saarbrücken), Beschl. vom 6.5.2014, Az. Ss (B) 82/12 (59/12 OWi); OLG Stuttgart, Beschl. vom 28.4.2009, Az. 2 Ss 747/08.

3.1.2 Informatorische Befragung

Die im Straf- und Ordnungswidrigkeitenrecht nicht geregelte nur informatorische Befragung einer Person ist keine Zeugenvernehmung. Es handelt sich vielmehr um eine von der Rechtsprechung als zulässig erachtete noch „indifferente" Informationssammlung der Verwaltungsbehörde.[1] Sie dient nur zur Prüfung, ob ein Bußgeldverfahren einzuleiten ist (§ 47 Abs. 1 S. 1 OWiG) und wer nach Einleitung noch als Zeuge oder Zeugin oder schon als Betroffener oder Betroffene in Betracht kommt.[2] Äußerungen anlässlich einer informatorischen Befragung sind im Bußgeldverfahren verwertbar und können von der Verwaltungsbehörde in einem Protokoll (§ 168b Abs. 1 StPO i. V. m. § 46 Abs. 1, 2 OWiG) festgehalten werden.[3] Auch eine spätere Ladung zunächst nur informatorisch befragter Personen als Zeuge oder Zeugin vor Gericht ist möglich.

Beispiel:

Zu Beginn einer Jugendschutzkontrolle in einer Diskothek fragt die verantwortende Person der Verwaltungsbehörde, wer für den nicht anwesenden Inhaber den Betrieb leitet. Daraufhin meldet sich ein Stellvertreter. Aufgrund dieser Information wird das Bußgeldverfahren wegen anschließend festgestellter Ordnungswidrigkeiten gegen den Stellvertreter und den Inhaber eingeleitet.

Für eine informatorische Befragung ist kein Raum mehr, wenn sich der Anfangsverdacht einer Ordnungswidrigkeit (§ 152 Abs. 2 StPO i. V. m. § 46 Abs. 1 OWiG) gegenüber einer Person bereits soweit verdichtet hat, dass sie über ihr gesetzliches Schweigerecht zur Sache zu belehren ist (§ 55 OWiG i. V. m. § 136 Abs. 1 S. 2 StPO).[4] Während personenbezogene Datenerhebungen in einem Verwaltungsverfahren weiter zulässig sind, muss ein vorgeschaltetes Prüfungsverfahren im Bußgeldverfahren dann abgebrochen werden. Wird gegen die Verpflichtung zur rechtzeitigen Belehrung als Betroffener oder Betroffene verstoßen, hat dies ein Beweiserhebungs- und Beweisverwertungsverbot für das gerichtliche Bußgeldverfahren zur Folge.[5]

Bedienstete der eigenen Behörde, die für den Tatnachweis bedeutsame Wahrnehmungen gemacht haben, werden grundsätzlich nicht als Zeugen oder Zeuginnen vernommen, sondern geben dienstliche Erklärungen ab oder fertigen ein Protokoll in der Bußgeldakte (§ 168b Abs. 1 StPO i. V. m. § 46 Abs. 1 OWiG). Auch im gerichtlichen Bußgeldverfahren ist keine Vernehmung erforderlich, wenn das Protokoll als Dokument verlesen wird (§ 256 Abs. 1 Nr. 5 StPO i. V. m. § 46/§ 71 Abs. 1 OWiG). Die Vernehmung von Bediensteten anderer Behörden im Vorverfahren erübrigt sich

1) OLG Stuttgart, Beschl. vom 28.4.2009, Az. 2 Ss 747/08, für die informatorische Befragung eines Beschuldigten durch die Polizei.
2) Saarländisches OLG (Saarbrücken), Beschl. vom 6.5.2014, Az. Ss (B) 82/12 (59/12 OWi); *Wieser-Kommentar* Teil I Nr. 1 § 55 OWiG.
3) *Wieser-Kommentar* Teil II Nr. 4 § 168a StPO.
4) OLG Bamberg, Beschl. vom 27.8.2018, Az. 2 Ss OWi 973/18; Pfälzisches OLG (Zweibrücken), Beschl. vom 16.8.2010, Az. 1 SsBs 2/10.
5) OLG Bamberg, Beschl. vom 27.8.2018, Az. 2 Ss OWi 973/18; OVG Sachsen-Anhalt (Magdeburg), Beschl. vom 14.10.2019, Az. 1 M 92/19, für ein Prüfungsverfahren nach § 2 SchwarzArbG.

durch die Möglichkeit des Auskunftsersuchens (§ 161 Abs. 1 S. 1 StPO i. V. m. § 46 Abs. 1 OWiG).[1]

3.1.3 Elektronische und schriftliche Vernehmung

Privatpersonen sind im Bußgeldverfahren nicht verpflichtet, für die Verwaltungsbehörde ein elektronisches Postfach zu eröffnen und mitzuteilen. Eine Zeugenvernehmung durch ein elektronisches Dokument wird daher i. d. R. noch nicht möglich sein. Als zugelassene sichere Übermittlungswege kommen das besondere elektronische Bürger- und Organisationenpostfach bei vorhandener Registrierung (§ 10 ERVV) und Bürgerpostfach im Portalverbund (§ 2 Abs. 4, 5 OZG, § 13 ERVV) in Betracht (§ 32 Abs. 1 S. 1 Nr. 3, 4 StPO i. V. m. § 46 Abs. 1 OWiG). Die Versendung einer einfachen ungesicherten E-Mail durch die Verwaltungsbehörde zur Beantwortung auf demselben Weg ist unzulässig, weil es sich dabei nicht um einen gesicherten Übermittlungsweg handelt (§ 32a Abs. 4 S. 1 StPO i. V. m. § 110c S. 1 OWiG). Daher wird die Versendung eines Ausdrucks mit der Post durch einfachen Brief (§ 50 Abs. 1 S. 1 OWiG) an Zeugen oder Zeuginnen noch auf längere Zeit unvermeidlich sein.

Das von der Verwaltungsbehörde versendete Dokument enthält ein bestimmtes Beweisthema, meist in Form eines Fragenkatalogs. Es hat den Vorteil geringeren Aufwandes gegenüber der mündlichen Vernehmung auf Ladung in der Dienststelle und genügt i. d. R. bei einfachen Sachverhalten. Nachteile der nicht persönlichen Vernehmung sind:

- keine Erzwingbarkeit durch Festsetzung eines Ordnungsgelds,
- oft mangelhafte Beantwortung gestellter Fragen,
- keine Möglichkeit ergänzender Fragen oder Vorhalte,
- keine Überprüfung der Glaubwürdigkeit des Zeugen oder der Zeugin.

Diese Nachteile können durch gleichzeitige Ankündigung und erforderlichenfalls durch eine nachfolgende, auch zwangsweise durchsetzbare persönliche Vernehmung in der Dienststelle ausgeglichen werden.

Die elektronische oder schriftliche Vernehmung erfolgt durch formlose Versendung eines kombinierten Frage- und Äußerungsdokuments an den Zeugen oder die Zeugin. Die Beifügung eines Äußerungsdokuments ist zwar nicht gesetzlich vorgeschrieben, in der Verfahrenspraxis aber unbedingt notwendig, da sonst erfahrungsgemäß keine oder nur ungenügende Antworten eingehen. Eine elektronische Vernehmung setzt voraus, dass der Zeuge oder die Zeugin über einen sicheren Übermittlungsweg erreichbar ist (§ 32a Abs. 4 S. 1 Nr. 3, 4 StPO i. V. m. § 110c S. 1 OWiG), wovon bei Redaktionsschluss dieser Auflage noch keinesfalls auszugehen ist. Auch wenn der Zeuge oder die Zeugin ein Papierdokument über die Post erhält, sollten sie

- zur elektronischen Antwort über einen zugelassenen elektronischen Übermittlungsweg (§ 32a Abs. 4 S. 1 StPO i. V. m. § 46 Abs. 1 OWiG) an das besondere elektronische Behördenpostfach (§ 6 ERVV) angehalten und

1) Zum Auskunftsersuchen an andere Behörden und sonstige öffentliche Stellen gem. § 161a Abs. 1 S. 1 StPO i. V. m. § 46 Abs. 1 OWiG § 5 Nr. 2.1.1.1 und § 6 Nr. 2.

- gegebenenfalls auf die gegenüber einer schriftlichen Antwort wesentlich einfachere Möglichkeit einer „Online-Antwort“ über das Internetportal der Verwaltungsbehörde mit einer individuellen PIN und einem Passwort hingewiesen werden.[1)]

Beispiel:

Die Verwaltungsbehörde versendet an einen Zeugen, dessen elektronisches Postfach unbekannt war, einen einfachen Brief mit dem Ausdruck der elektronischen Zeugenvernehmung. Darin wird der gebeten, entweder unmittelbar über einen sicheren Übermittlungsweg an das besondere elektronische Behördenpostfach zu antworten oder „online“ das Internetportal der Behörde mit der angegebenen PIN und einem mitgeteilten Passwort zu nutzen. Der Zeuge antwortet daraufhin über seine Registrierung im Bürgerpostfach (BundID, künftig DeutschlandID).

3.1.3.1 Inhalt des Fragedokuments (Musterdokument 6.1)

Für die vorgesehene Beantwortung des versandten Fragedokuments erscheint eine Frist von einer, höchstens zwei Wochen regelmäßig angemessen und ausreichend. Dies ist besonders bei kurzen Verjährungsfristen von Bedeutung, weil Zeugenvernehmungen in § 33 Abs. 1 S. 1 OWiG nicht aufgeführt sind und daher die Verfolgungsverjährung nicht unterbrechen. Die Mitteilung an Zeugen oder Zeuginnen sollte ein konkretes Datum für den spätesten Zeitpunkt der erwarteten schriftlichen oder elektronischen Rücksendung enthalten. Da die Beantwortung und Rücksendung nicht erzwingbar sind, erscheint ein freundlicher, aber deutlicher Hinweis auf die gem. § 161a Abs. 1 S. 1 StPO i. V. m. § 46 Abs. 1 OWiG durchsetzbare mündliche Vernehmung durch nachfolgende Ladung in das Dienstgebäude der Verwaltungsbehörde und den damit für den Zeugen oder die Zeugin verbundenen wesentlich größeren Aufwand geboten.

Die Fragestellung im behördlichen Dokument sollte möglichst knapp, einfach und allgemein verständlich gehalten werden, um eine brauchbare Beantwortung durch rechtsunkundige Zeugen oder Zeuginnen zu erreichen. Verwaltungsrechtliche Fachbegriffe, Gesetzestexte, Nebensätze und mehrzeilige Fragestellungen sind daher nach Möglichkeit zu vermeiden. Vom Sachverhalt des Bußgeldverfahrens sollte möglichst wenig mitgeteilt werden, damit der Zeuge oder die Zeugin ein Antwortverhalten nicht daran abstimmen kann. Notwendig ist nur so viel an Information, dass sie zur Beantwortung der Beweisfrage in der Lage sind. Wertlos ist es insbesondere, wenn die Darstellung im Fragedokument so weit geht, dass Zeugen und Zeuginnen nur noch mit ja oder nein zu antworten oder gar anzukreuzen brauchen. Sofern Text- oder Bilddokumente wie z. B. Bestätigungen, Rechnungen oder Bildaufnahmen

---

1) Auf dem Internetportal der Verwaltungsbehörde kann dazu ein elektronisches Formular zur Verwendung durch Zeugen oder Zeuginnen bereitgehalten werden. Allgemein zu diesem Zweck vorgesehene elektronische Formulare sind zu verwenden (§ 110b OWiG). Verbindliche elektronische Formulare für Zeugenvernehmungen waren bei Redaktionsschluss dieser Auflage noch nicht vorgesehen.

erwähnt wurden oder mit der Existenz solcher zur Aufklärung des Sachverhalts hilfreicher Dinge zu rechnen ist, empfiehlt sich eine Bitte um deren Anlage bei der Rücksendung des Äußerungsdokuments.

3.1.3.2 **Bekanntmachung und Belehrung** (Musterdokument 6.2)

Die Bekanntmachung der Maßnahme erfolgt – soweit möglich – elektronisch, sonst durch Ausdruck des Dokuments und Versendung mit einfachem Brief (§ 50 Abs. 1 S. 1 OWiG). Eine namentliche Signatur der verantwortenden Person ist weder bei einem schriftlichen noch einem elektronischen Dokument erforderlich. Es genügt die Namenswiedergabe in der begleitenden Verfügung in der Bußgeldakte (§ 32b Abs. 1 StPO i. V. m. § 110c S. 1 OWiG). Das an Zeugen oder Zeuginnen gerichtete Dokument selbst kann anonymisiert nur mit der Behördenbezeichnung signiert sein. Eine postalische Zustellung ausgedruckter Dokumente ist nicht erforderlich, weil damit keine gesetzliche Rechtsbehelfsfrist in Lauf gesetzt wird (§ 50 Abs. 1 S. 2 OWiG). Der oder die Betroffene wird über die Vernehmung mangels einer entsprechenden gesetzlichen Verpflichtung auch dann nicht informiert, wenn er oder sie einen Verteidiger oder eine Verteidigerin beauftragt hat. Betroffene erhalten weder den Inhalt des übermittelten Fragedokuments noch eines zurückgesendeten Äußerungsdokuments zur Kenntnisnahme. Die Kenntnis kann er oder sie jedoch durch einen Antrag auf Akteneinsicht selbst (§ 49 Abs. 1 OWiG) oder über einen Verteidiger oder eine Verteidigerin (§ 147 Abs. 1 StPO i. V. m. § 46 Abs. 1 OWiG) erlangen.[1)]

Das an den Zeugen oder die Zeugin gerichtete Fragedokument sowie das von ihnen im Fall einer schriftlichen Antwort zurückzusendende Äußerungsdokument enthält eine vorgefasste Zeugenbelehrung

- mit der Ermahnung zur Wahrheit (§ 57 Abs. 1 S. 1 StPO i. V. m. § 46 Abs. 1 OWiG) sowie
- über ein mögliches umfassendes Zeugnisverweigerungsrecht als Angehörige des oder der Betroffenen (§ 52 StPO i. V. m. § 46 Abs. 1 OWiG)[2)] und
- ein mögliches auf bestimmte Fragen beschränktes Auskunftsverweigerungsrecht wegen drohender Selbstbelastung von Zeugen, Zeuginnen oder naher Angehöriger wegen einer Ordnungswidrigkeit oder Straftat (§ 55 Abs. 1 StPO i. V. m. § 46 Abs. 1 OWiG).[3)]

Hinweise auf eine angebliche Strafbarkeit falscher Angaben sind unzutreffend und dürfen daher nicht einmal angedeutet werden.[4)] Nach dem Vorbild der persönlichen Zeugenvernehmung ist die Äußerung in die Angaben zur Person des Zeugen oder der Zeugin (§ 68 StPO i. V. m. § 46 Abs. 1 OWiG) und zur Sache (§ 69 StPO i. V. m. § 46 Abs. 1 OWiG) untergliedert. Angaben zur Person dürfen verlangt werden, soweit sie zur Identitätsfeststellung erforderlich sind (§ 163b Abs. 2 S. 1 Halbs. 1

1) Zur Akteneinsicht des oder der Betroffenen (§ 49 Abs. 1 OWiG) und des Verteidigers oder der Verteidigerin (§ 147 StPO i. V. m. § 46 Abs. 1 OWiG) § 10 Nr. 7.

2) Zum Zeugnisverweigerungsrecht als Angehöriger oder Angehörige (§ 52 StPO i. V. m. § 46 Abs. 1 OWiG) bei der mündlichen Zeugenvernehmung § 6 Nr. 3.4.5.

3) Zum Auskunftsverweigerungsrecht wegen drohender Selbst- oder Angehörigenbelastung (§ 55 StPO i. V. m. § 46 Abs. 1 OWiG) bei der mündlichen Zeugenvernehmung § 6 Nr. 3.4.5.

4) Nur die falsche Aussage eines Zeugen vor Gericht ist im Bußgeldverfahren strafbar (§ 153 StGB).

StPO i. V. m. § 46 Abs. 1 OWiG). Sinnvoll ist ein Hinweis auf die Beilage beweiserheblicher Unterlagen (Bildaufzeichnungen, Dokumente) bei der Rücksendung.

Einem Zeugen oder einer Zeugin darf nicht zugesagt werden, ihre Angaben würden gegenüber dem oder der Betroffenen „vertraulich" behandelt. Die Zusicherung der Vertraulichkeit würde der Zeugenpflicht gem. § 161a Abs. 1 StPO i. V. m. § 46 Abs. 1 OWiG widersprechen, wonach Zeugen und Zeuginnen zu erscheinen und auszusagen haben. Auch kann die Akteneinsicht für Betroffene (§ 49 Abs. 1 S. 1 OWiG) und ihre Verteidiger oder Verteidigerinnen (§ 147 Abs. 1 StPO i. V. m. § 46 Abs. 1 OWiG) nicht durch Vorenthalten einer Zeugenvernehmung beschränkt werden.

Hat der Zeuge oder die Zeugin ersichtlich aus einem Missverständnis eine Frage unzureichend beantwortet, so kann ein telefonischer Rückruf zum Zweck der Ergänzung sinnvoll sein. Die fehlenden Angaben können dann durch zusätzliches Protokoll in der Bußgeldakte ergänzt werden. Wurde die Beantwortungsfrist nicht eingehalten, kann ein anmahnender Rückruf bei vorhandenem eigenem Interesse des Zeugen oder der Zeugin am Verfahrensausgang als anzeigende Person hilfreich sein.

3.1.3.3 Entschädigungsanspruch von Zeugen und Zeuginnen

Zeugen oder Zeuginnen haben auch bei einer nur elektronischen oder schriftlichen Äußerung einen Entschädigungsanspruch aufgrund § 1 Abs. 1 Nr. 1, § 19 Abs. 1 S. 1, 2 JVEG. In Betracht kommt z. B. die Zeitversäumnis nach § 59 OWiG i. V. m. § 19 Abs. 1 Nr. 4, § 20 JVEG. Für die **notwendige** Anfertigung von Kopien und Ausdrucken werden ersetzt

- bis zu einer Größe von DIN A3 0,50 Euro je Seite für die ersten 50 Seiten und 0,15 Euro für jede weitere Seite (§ 7 Abs. 2 S. 1 Nr. 1 JVEG),
- in einer Größe von mehr als DIN A3 3,00 Euro je Seite (§ 7 Abs. 2 S. 1 Nr. 2 JVEG) und
- für Farbkopien und -ausdrucke jeweils das Doppelte der Beträge (§ 7 Abs. 2 S. 1 Nr. 3 JVEG).

Für die Überlassung von elektronisch gespeicherten Dateien werden 1,50 Euro je Datei ersetzt (§ 7 Abs. 3 S. 1 JVEG). Für die in einem Arbeitsgang überlassenen oder in einem Arbeitsgang auf denselben Datenträger übertragenen Dokumente werden höchstens 5 Euro ersetzt (§ 7 Abs. 3 S. 2 JVEG).

Notwendig erscheinen nur von der Verwaltungsbehörde erbetene, nicht aber unverlangt zugesandte Kopien oder Dateien. Ein „Beantwortungsvorschuss" kann regelmäßig nicht verlangt werden, weil die erforderliche Erheblichkeit nicht vorliegen kann (§ 59 OWiG i. V. m. § 3 JVEG). Eine Belehrung von Zeugen oder Zeuginnen über die Entschädigungsmöglichkeit ist nicht vorgeschrieben und daher im Musterbeispiel nicht enthalten. Der Entschädigungsanspruch ist binnen drei Monaten ab Beantwortung geltend zu machen (§ 59 OWiG i. V. m. § 2 Abs. 1 JVEG). Verspätete Anträge sind durch selbstständigen Kostenbescheid abzulehnen, gegen den innerhalb von zwei Wochen nach Zustellung der befristete Antrag auf gerichtliche Entscheidung statthaft ist (§ 108 Abs. 1 S. 1 OWiG).

Muster 6.1: Anhörungsdokument zur elektronischen oder schriftlichen Zeugenvernehmung

Stadt Münsterberg

Bußgeldstelle

Stadt Münsterberg, 99090 Münsterberg

Herrn
Fritz Meyer
Seestraße 34
99090 Münsterberg

Dienstgebäude	Schubertstraße 36 99090 Münsterberg
Bearbeitung	Frau Weber
Telefon	(0987) 9878-987
E-Mail	weber.bs@muensterberg.de

Ihr Zeichen, Ihre Nachricht vom	Bitte bei Antwort angeben Unser Zeichen, Unsere Nachricht vom	Datum
4.7.2026	OWi – 0987665/26	10.7.2026

Bußgeldverfahren gegen Herrn Klaus Berger, Werkstraße 48, 99090 Münsterberg wegen unerlaubter Hundehaltung

Ihre Ordnungswidrigkeiten-Anzeige vom 2.7.2026

Schriftliche Vernehmung als Zeuge im Bußgeldverfahren

Sehr geehrter Herr Meyer,

wir haben aufgrund Ihrer Anzeige ein Bußgeldverfahren eingeleitet. Zur Aufklärung des Sachverhalts sind jedoch noch weitere Angaben zu Ihren Beobachtungen erforderlich.

Um Ihnen das Erscheinen zur persönlichen Vernehmung als Zeuge in unseren Diensträumen zu ersparen, bitten wir Sie bis spätestens

Mittwoch, 22. Juli 2026

folgende Fragen zu beantworten:

1. Aus welcher Entfernung haben Sie die Hunde des Herrn Berger erstmals gesehen?
2. Aufgrund welcher Merkmale konnten Sie beide Hunde voneinander unterscheiden?
3. Welcher der beiden Hunde war nicht angeleint?

Wir benötigen diese Angaben, da wir bisher nur bezüglich eines Hundes Anlein- und Maulkorbzwang außerhalb eingefriedeten Besitztums angeordnet hatten. Legen Sie bitte auch die von Ihnen erwähnte tierärztliche Bestätigung über die Verletzungen Ihres Hundes vor. Sie können für Ihre Äußerung anstelle des beiliegenden Äußerungsdokuments auch das elektronische Formular verwenden, das wir auf unserem Internetportal www.Muensterberg.de als besonderes elektronisches Behördenpostfach unter Bußgeldverfahren/Zeugenäußerung dazu bereitgestellt haben.

Sollte bis zum Ablauf der bezeichneten Frist keine ausreichende schriftliche oder elektronische Beantwortung dieser Fragen bei uns eingehen, müssen Sie mit einer Ladung zur persönlichen Zeugenvernehmung in unser Dienstgebäude rechnen. Das Erscheinen eines Zeugen und seine Aussage vor der Verwaltungsbehörde sind im Bußgeldverfahren auch zwangsweise durchsetzbar (§ 161a Abs. 1 S. 1 Strafprozessordnung – StPO – i. V. m. § 46 Abs. 1 Gesetz über Ordnungswidrigkeiten – OWiG).

Telefonzentrale
(0899) 123-0
Internet
www.Muensterberg.de

Servicezeiten
Mo-Mi 7.30-16.30 Uhr
Do 7.30-17.30 Uhr
Fr 7.30-12.00 Uhr

Öffentliche Verkehrsmittel
Stadtbus Linie 6
Haltestelle Mitte

Bankverbindung
Kreissparkasse Münsterberg
IBAN DE2040000000123456
BIC GROBDE77XX
Volksbank Münsterberg
IBAN DE2040000000234567
BIC GROBDE87XX

Besonderes elektronisches Behördenpostfach
Ordnungsamt@muensterberg.de

Mit freundlichen Grüßen

Stadt Münsterberg, Bußgeldstelle

Anlage: 1 Äußerungsdokument

Muster 6.2: Äußerungsdokument zur Beantwortung einer schriftlichen Zeugenvernehmung

Fritz Meyer
Seestraße 34
99090 Münsterberg

Münsterberg, *16.7.2026*

OWi – 0987665/19
Stadt Münsterberg
Bußgeldstelle
99090 Münsterberg

Äußerung als Zeuge im Bußgeldverfahren

Bußgeldverfahren gegen

Herrn Klaus Berger, Werkstraße 48, 99090 Münsterberg wegen unerlaubter Hundehaltung

Von den folgenden Hinweisen habe ich Kenntnis genommen:

Die Angaben eines Zeugen zur Person und zur Sache müssen der Wahrheit entsprechen (§ 57 Abs. 1 Strafprozessordnung – StPO – i. V. m. § 46 Abs. 1 Gesetz über Ordnungswidrigkeiten – OWiG). Ein Recht zur Zeugnisverweigerung aus persönlichen Gründen besteht nur für Angehörige des Betroffenen (§ 52 Abs. 1 i. V. m. § 46 Abs. 1 OWiG). Unabhängig davon kann ein Zeuge die Beantwortung solcher Fragen verweigern, durch die er sich oder solche Angehörige der Gefahr der Verfolgung wegen einer Ordnungswidrigkeit oder Straftat aussetzen würde (§ 55 Abs. 1 StPO i. V. m. § 46 Abs. 1 OWiG).

1. Personenbezogene Daten:

Familienname (früherer Name, Geburtsname), Vorname, Geburtsort, Geburtsdatum

Meyer, Fritz, 10.12.1983, Passau

Anschrift (Straße, Hausnummer, Postleitzahl, Ort)

ab 1.8.2026 Schuhmannstraße 12, 98765 Feldbergen

(x) Ich bin mit dem Betroffenen nicht verwandt und nicht verschwägert.

( ) Ich stehe zum/zur Betroffenen in folgendem Angehörigenverhältnis:

2. Zur Sache:

1. Ich war gerade im Auwald beim Joggen, als mir Herr Berger mit seinen beiden Hunden entgegenkam. Als ich ihn gesehen habe, war er noch ungefähr 50 m entfernt.

2. Der eine Hund war etwas größer und breiter und weißhaarig. Der andere hatte ein dunkleres geflecktes Fell.

3. Beide Hunde waren nicht angeleint und trugen keinen Maulkorb.

Die tierärztliche Bestätigung über die Verletzungen meines Hundes liegt bei.

Fritz Meyer

3.1.4 Vernehmung in Bild und Ton

Sobald eine elektronische Erreichbarkeit von Zeugen und Zeuginnen rechtlich und technisch gewährleistet ist, sollte die Vernehmung in Bild und Ton nach § 58a Abs. 1 S. 1 StPO i. V. m. § 46 Abs. 1 OWiG i. V. m. § 46 Abs. 1 OWiG als das Ermittlungsverfahren der Verwaltungsbehörde gegenüber der Protokollierung stark vereinfachende Alternative (§ 168a Abs. 6 S. 3 Halbs. 2, § 168b Abs. 2 S. 1 StPO i. V. m. § 46 Abs. 1 OWiG) baldmöglichst aufgegriffen werden. Die Vernehmung einer sich an einem anderen Ort als die anhörende Person aufhältliche Person erfolgt zeitgleich durch Übertragung in Bild und Ton in das Vernehmungszimmer der Verwaltungsbehörde (§ 58b StPO i. V. m. § 46 Abs. 1 OWiG). Im Bußgeldverfahren erübrigen sich dadurch solche Zeugenvernehmungen durch Ermittlungsersuchen an die Polizei (§ 161 Abs. 1 S. 1 StPO i. V. m. § 46 Abs. 1 OWiG) oder Amtshilfeersuchen an andere Verwaltungsbehörden (§§ 4, 5 VwVfG analog). Bei Redaktionsschluss dieser Auflage war allerdings noch nicht ansatzweise absehbar, wann die technischen Möglichkeiten dieser neuartigen Vernehmungsform sich in die Verfahrenspraxis umsetzen lassen.

3.2 Formlose persönliche Anhörung

Bei einfachen Sachverhalten können am Tatort der Ordnungswidrigkeit angetroffene Zeugen oder Zeuginnen einer Ordnungswidrigkeit an Ort und Stelle, d. h. ohne Ladung in die Dienstelle der Verwaltungsbehörde angehört werden. Eine solche formlose persönliche Anhörung kommt in Betracht, wenn die Angaben von Zeugen oder Zeuginnen über eine informatorische Befragung hinaus zur Beweissicherung beitragen sollen. Das Protokoll kann in Form einer wörtlichen Wiedergabe der Verhandlung (Wortprotokoll) oder in Form einer Zusammenfassung ihres Inhalts (Inhaltsprotokoll) sowohl sofort als auch später erstellt werden (§ 168a Abs. 2 S. 1, § 168b Abs. 2 S. 1 StPO i. V. m. § 46 Abs. 1 OWiG). Es kann dann wörtlich oder in Form einer Zusammenfassung ihres Inhalts (zusammenfassende Aufzeichnung) aufgezeichnet werden (§ 168a Abs. 2 S. 2, § 168b Abs. 2 S. 1 StPO i. V. m. § 46 Abs. 1 OWiG). Das Protokoll gliedert sich in die Angaben zur Person und zur Sache. Die Befugnis zur Identitätsfeststellung beruht auf § 163b Abs. 2 StPO i. V. m. § 46 Abs. 1 OWiG. Die Verpflichtung zur Vorlage eines mitgeführten Personalausweises und Ermöglichung eines Lichtbildvergleichs ergibt sich aus § 1 Abs. 1 S. 1 PAuswG). Wird das Protokoll sofort erstellt oder in Form einer Zusammenfassung ihres Inhalts aufgezeichnet, so ist es oder die zusammenfassende Aufzeichnung dem Zeugen oder der Zeugin zur Genehmigung auf einem Bildschirm anzuzeigen, vorzulesen, abzuspielen oder zur Durchsicht vorzulegen, es sei denn, sie verzichten darauf (§ 168a Abs. 3, § 168b Abs. 2 S. 1 StPO i. V. m. § 46 Abs. 1 OWiG). Ein Inhaltsprotokoll ist dem Zeugen oder der Zeugin zur Genehmigung zu übermitteln, es sei denn, sie verzichten darauf (§ 168a Abs. 4, § 168b Abs. 2 S. 1 StPO i. V. m. § 46 Abs. 1 OWiG).

Wird das Protokoll durch die wörtliche Übertragung einer Aufzeichnung erstellt, so versieht die Person, welche die Übertragung hergestellt oder eine maschinelle Übertragung überprüft hat, diese mit ihrem Namen (einfache elektronische Signatur) und dem Zusatz, dass die Richtigkeit der Übertragung bestätigt wird (§ 168a Abs. 5,

§ 168b Abs. 2 S. 1 StPO i. V. m. § 46 Abs. 1 OWiG). Die Art der Protokollierung und der Aufzeichnung, die Genehmigung des Protokolls oder einer zusammenfassenden Aufzeichnung, Einwendungen dagegen sowie ein Verzicht auf die Vorlage zur Genehmigung sind im Protokoll zu vermerken oder sonst aktenkundig zu machen (§ 168a Abs. 6 S. 1, § 168b Abs. 2 S. 1 StPO i. V. m. § 46 Abs. 1 OWiG). Aufzeichnungen sind zu den Akten zu nehmen, bei der Verwaltungsbehörde als Papierdokument mit den Akten aufzubewahren oder in anderer Weise, also als elektronisches Dokument zu speichern (§ 168a Abs. 6 S. 2, § 168b Abs. 2 S. 1 StPO i. V. m. § 46 Abs. 1 OWiG). Das Protokoll ist zur Bußgeldakte gebracht, sobald es dort als elektronisches Dokument gespeichert ist (§ 32b Abs. 2 StPO i. V. m. § 110c S. 1 OWiG).

Eine Löschung ist erst zulässig, wenn das Bußgeldverfahren rechtskräftig abgeschlossen oder sonst beendet ist (§ 168a Abs. 6 S. 3 Halbs. 1, § 168b Abs. 2 S. 1 StPO i. V. m. § 46 Abs. 1 OWiG). Die Art der Aufbewahrung oder Speicherung und die Löschung sind aktenkundig zu machen (§ 168a Abs. 6 S. 4, § 168b Abs. 2 S. 1 StPO i. V. m. § 46 Abs. 1 OWiG).

Beispiel:

Eine in der Nähe eines verbotswidrig auf öffentlichem Verkehrsgrund abgestellten Schrottfahrzeugs angetroffene Person erklärt auf informatorische Befragung, den Abfallbesitzer zu kennen. Die verantwortende Person der Verwaltungsbehörde hält die personenbezogenen Daten des Zeugen fest und fertigt ein kurzes Protokoll über den genauen Hergang des Abstellens und welche Personen der Zeuge an welchen Merkmalen erkannt hat.

Die Beweiskraft einer solchen formlosen mündlichen Anhörung von Zeugen oder Zeuginnen sollte nicht überschätzt werden. Beweismittel in einer gerichtlichen Hauptverhandlung ist immer die Person des Zeugen oder der Zeugin selbst, sodass anonym festgehaltene Äußerungen keinen Beweiswert haben, sondern die verantwortende Person der Verwaltungsbehörde nur als Hinweis für die weiteren Ermittlungen unterstützen können. Das Protokoll über die Anhörung von identifizierten Zeugen oder Zeuginnen hat aber für die Beweissicherung deswegen erhebliche Bedeutung, weil er ihnen in einer späteren gerichtlichen Hauptverhandlung zur Gedächtnisunterstützung vorgehalten werden kann (§ 253 StPO i. V. m. § 46 Abs. 1 OWiG). Mit einer Verlesung vor Gericht im Rahmen einer vereinfachten Beweisaufnahme gem. § 77a Abs. 1, 4 OWiG werden die Verfahrensbeteiligten allerdings i. d. R. nicht einverstanden sein. Eine Verlesung gegen den Willen des Betroffenen ist nach § 256 Abs. 1 Nr. 5 StPO i. V. m. § 46/§ 71 Abs. 1 OWiG ausdrücklich untersagt.

3.3 Telefonische Anhörungen

Besonders problematisch ist die vom Gesetz nicht verbotene telefonische Anhörung von Zeugen oder Zeuginnen. Die verantwortende Person der Verwaltungsbehörde ruft über eine ihr bekannte Telefonnummer eine Person, auch Anzeigende einer Ordnungswidrigkeit, an und befragt sie telefonisch zu einem Beweisthema. Das Ergebnis hält sie durch ein elektronisches wörtliches oder Inhaltsprotokoll fest (§ 168a Abs. 2, § 168b Abs. 2 S. 1 StPO i. V. m. § 46 Abs. 1 OWiG). Hier ist zunächst die

Identität der angerufenen Person (§ 163b Abs. 2 StPO i. V. m. § 46 Abs. 1 OWiG) nachprüfbar sicherzustellen. Der Inhalt der Vernehmung ist Zeugen oder Zeuginnen zumindest vorzulesen und von ihnen zu genehmigen, soweit sie nicht darauf verzichten (§ 168a Abs. 3 , § 168b Abs. 2 S. 1 StPO i. V. m. § 46 Abs. 1 OWiG). Der Beweissicherungswert solcher Maßnahmen ist jedoch außerordentlich zweifelhaft, da angehörte Personen nicht selten in einer Situation mangelnder Aufmerksamkeit befragt oder verwechselt wird und sie ihre Angaben später nicht aufrechterhalten. Ein elektronisches Dokument über eine telefonische Zeugenvernehmung ist mit dem Namen der verantwortender Person in der Bußgeldakte zu speichern (§ 32b Abs. 1 S. 1, Abs. 3 S. 1 StPO i. V. m. § 110c S. 1 OWiG).[1]

Beispiel:

Die verantwortende Person der Verwaltungsbehörde ruft eine Privatperson wegen des Zeitpunkts an, zu dem sie das nicht angeleinte Umherlaufen eines Kampfhundes auf einem Kinderspielplatz beobachtet haben soll. Die angerufene Person nennt wegen Übermüdung, Alkoholisierung oder weil sie während einer Veranstaltung angetroffen wird, ein völlig falsches Datum, das in den Bußgeldbescheid einfließt. Da sie später vor Gericht das richtige Datum nennt, das dem Betroffenen aber nicht als Tatzeitpunkt vorgeworfen ist, muss dieser freigesprochen werden.

3.4 Förmliche persönliche Vernehmung

Eine förmliche persönliche Vernehmung von Zeugen oder Zeuginnen durch Vorladung in die Dienststelle ist nur in besonderen Fällen notwendig, wenn mangels alternativer Beweismittel bei bedeutenden Ordnungswidrigkeiten ausnahmsweise

- Aufklärung und Nachweis des Sachverhalts vom Inhalt der Aussage abhängen,
- die persönliche Glaubwürdigkeit des Zeugen oder der Zeugin zu beurteilen ist,
- das Erfordernis ergänzender Fragen und des Vorhaltes anderweitiger Feststellungen besteht.

Die Vorteile dieser Vernehmungsart liegen zum einen im persönlichen Eindruck des Zeugen oder der Zeugin und der besseren Beurteilung der Glaubwürdigkeit. Zum anderen hat die verantwortende Person der Verwaltungsbehörde nur hier die Möglichkeit, nachzufragen und Vorhalte zu machen. Schließlich ist die mündliche Zeugenvernehmung zwangsweise durchsetzbar. Der Zeuge oder die Zeugin ist nämlich verpflichtet, vor der Verwaltungsbehörde auf Ladung zu erscheinen und wahrheitsgemäß auszusagen (§ 161a Abs. 1 S. 1 StPO i. V. m. § 46 Abs. 1, 2 OWiG). Zum persönlichen Erscheinen sind Zeugen und Zeuginnen auch dann verpflichtet, wenn sie als Angehörige (§ 52 Abs. 1 StPO) oder Berufsgeheimnisträger (§§ 53, 53a StPO) ausnahmsweise zur Verweigerung des Zeugnisses oder der Auskunft berechtigt sind.

---

1) Allgemein zu diesem Zweck vorgesehene elektronische Formulare sind zu verwenden (§ 110b OWiG). Zum Zeitpunkt des Redaktionsschlusses dieser Auflage waren noch keine elektronischen Formulare für Zeugenvernehmungen vorgesehen.

Die Pflicht des Zeugen oder der Zeugin zu erscheinen und auszusagen, besteht uneingeschränkt vor der Verwaltungsbehörde (§ 161a Abs. 1 S. 1 StPO i. V. m. § 46 Abs. 1 OWiG). Bei einer Polizeidienststelle ist dies nur dann der Fall, wenn die Ladung zur Zeugenvernehmung auf einem Auftrag der Verwaltungsbehörde beruht (§ 161 Abs. 3 StPO i. V. m. § 46 Abs. 1 OWiG). Eine ersuchte Polizeidienststelle kann allerdings die Zeugenvernehmung als „polizeifremde Aufgabe" mit der Begründung ablehnen, die Verwaltungsbehörde sei dazu selbst oder durch Amtshilfe einer anderen Verwaltungsbehörde in der Lage.[1)]

3.4.1 Ladung von Zeugen und Zeuginnen

Der Zeuge oder die Zeugin wird von der Verwaltungsbehörde zu einem verbindlichen Datum mit genauer Uhrzeit in ein bestimmtes Dienstgebäude geladen. Die Ladung muss erkennen lassen, dass der Empfänger als Zeuge bzw. die Empfängerin als Zeugin gehört werden soll. Der Name des oder der Betroffenen ist darauf anzugeben, wenn er bereits bekannt ist und der Zweck der Untersuchung es nicht ausnahmsweise verbietet. Der Gegenstand der Beschuldigung des oder der Betroffenen braucht nur aufgeführt zu werden, wenn dies zur Vorbereitung der Aussage durch den Zeugen oder die Zeugin erforderlich ist.[2)] Sie sollten bei entsprechender Veranlassung auch aufgefordert werden, in ihrem Besitz befindliche beweiserhebliche Dokumente und andere Beweismittel zur Vernehmung mitzubringen.[3)] Eine Belehrung über die Möglichkeit der Entschädigung nach § 59 OWiG i. V. m. dem JVEG braucht die Ladung nicht zu enthalten.

Die Ladung der Zeugen oder Zeuginnen geschieht unter Hinweis auf verfahrensrechtliche Bestimmungen, die deren Interesse dienen, auf vorhandene Möglichkeiten der Zeugenbetreuung und auf die gesetzlichen Folgen des Ausbleibens (Säumniskosten, Ordnungsgeld, gerichtliche Vorführungsanordnung, § 48 Abs. 2, § 161a Abs. 1 S. 2 StPO i. V. m. § 46 Abs. 1 OWiG).[4)] Dies gilt auch dann, wenn er oder sie aufgrund des Berufes diese Pflichten kennt.[5)] Eine Zeugenladung kann auch mündlich oder telefonisch erfolgen. Auch in diesem Fall ist aber ein Hinweis auf die Folgen unentschuldigten Nichterscheinens erforderlich.[6)] Fehlt der Hinweis, sind Ordnungs- und Zwangsmaßnahmen bei ungenügend entschuldigtem Ausbleiben des Zeugen oder der Zeugin nach § 51 StPO i. V. m. § 46 Abs. 1 OWiG unzulässig.[7)] Hat der Zeuge oder die Zeugin eine nicht durchsetzbare schriftliche oder elektronische Vernehmung nicht wahrgenommen, kann die Ladung unter den Vorbehalt gestellt werden, dass das Äußerungsdokument vollständig ausgefüllt und rechtzeitig vor der

1) Zum Ermittlungsersuchen an eine Polizeidienststelle (§ 161 Abs. 1 S. 1 StPO i. V. m. § 46 Abs. 1 OWiG) § 5 Nr. 1.

2) Für das staatsanwaltliche Ermittlungsverfahren Nr. 64 Abs. 1 RiStBV.

3) Für das staatsanwaltliche Ermittlungsverfahren Nr. 64 Abs. 2 RiStBV.

4) Der in § 48 Abs. 3 StPO vorgesehene Fall, dass der Zeuge oder die Zeugin zugleich Verletzte einer Straftat sind, kann im Bußgeldverfahren nicht entsprechend vorkommen. Eine entsprechende Belehrung zu den Rechten der verletzten Person erfolgt daher nicht.

5) KG (Berlin), Beschl. vom 13.11.2000, Az. 1 AR 1234/00 – 4 Ws 200/00, für einen pensionierten Polizeibeamten.

6) KG (Berlin), Beschl. vom 13.11.2000, Az. 1 AR 1234/00 – 4 Ws 200/00.

7) KG (Berlin), Beschl. vom 15.2.2006, Az. 3 Ws 552/05.

persönlichen Vernehmung bei der Verwaltungsbehörde eingeht. Zur Vermeidung von Missverständnissen sollte der Vorbehalt dann aber stets von einer besonderen Mitteilung der Verwaltungsbehörde an den Zeugen oder die Zeugin abhängig gemacht werden, dass ihr Erscheinen nicht mehr erforderlich ist.

Die Ladung ist ein elektronisches Dokument der Bußgeldakte (§ 32b Abs. 2 StPO i. V. m. § 110c S. 1 OWiG), das aber i. d. R. noch als Ausdruck an den Zeugen oder die Zeugin versendet werden muss, wenn wie meist keine Erreichbarkeit durch ein zugelassenes elektronisches Postfach besteht. In Betracht kommen das elektronische Bürger- und Organisationenpostfach (§ 10 ERVV) und Bürgerpostfach im Portalverbund (§ 13 ERVV) als sichere Übermittlungswege (§ 32a Abs. 4 S. 1 Nr. 3 StPO i. V. m. § 46 Abs. 1 OWiG). Das dienstliche Dokument ist dann formlos (§ 50 Abs. 1 S. 1 OWiG) durch verschlossenen einfachen Brief zu übersenden. Eine Zustellung ist nur unter besonderen Umständen geboten, wie z. B. bei der Ankündigung des Zeugen oder der Zeugin, nicht zu erscheinen.[1] Kindliche Zeugen oder Zeuginnen sind über ihre Erziehungsberechtigten zu laden. Zeugen oder Zeuginnen, die mindestens vierzehn Jahre alt sind, können unmittelbar unter Benachrichtigung der Erziehungsberechtigten geladen werden (§ 67a Abs. 1 JGG i. V. m. § 46 Abs. 1 OWiG).[2] Nur die begleitende Verfügung ist mit der Namensangabe der verantwortenden Person zu signieren (§ 110c S. 3 OWiG). Das Ladungsdokument selbst braucht keine Namenswiedergabe zu enthalten. Eine qualifizierte elektronische Signatur (Art. 3 Nr. 12 Verordnung [EU] Nr. 910/2014) ist nicht erforderlich.

Ist der Verwaltungsbehörde bekannt, dass der Zeuge oder die Zeugin der deutschen Sprache nicht ausreichend mächtig ist, hat sie von Amts wegen einen Dolmetscher oder eine Dolmetscherin zuzuziehen (§ 185 Abs. 1 S. 1 GVG i. V. m. § 46 Abs. 1 OWiG), es sei denn, alle Beteiligten sind der fremden Sprache mächtig (§ 185 Abs. 2 StPO i. V. m. § 46 Abs. 1 OWiG). Die Auslagen für einen Dolmetscher oder eine Dolmetscherin sind im Bußgeldbescheid zu erheben (§ 107 Abs. 3 Nr. 5 OWiG). Der oder die Betroffene und ein gewählter Verteidiger oder eine Verteidigerin sind zum Vernehmungstermin weder zu laden noch davon in Kenntnis zu setzen, weil sie kein Anwesenheitsrecht besitzen.[3]

1) Für das staatsanwaltliche Ermittlungsverfahren Nr. 64 Abs. 3 S. 1, 2 RiStBV.
2) OLG Frankfurt (Main), Beschl. vom 6.4.2005, Az. 3 Ws 281/05.
3) Ein Anwesenheitsrecht für Betroffene und Verteidiger oder Verteidigerinnen besteht im Bußgeldverfahren nur bei einer gerichtlichen Vernehmung (§ 168c Abs. 1 StPO i. V. m. § 46 Abs. 1 OWiG) durch den Ermittlungsrichter oder die Ermittlungsrichterin des Amtsgerichts (§ 162 Abs. 1 StPO i. V. m. § 46 Abs. 1 OWiG).

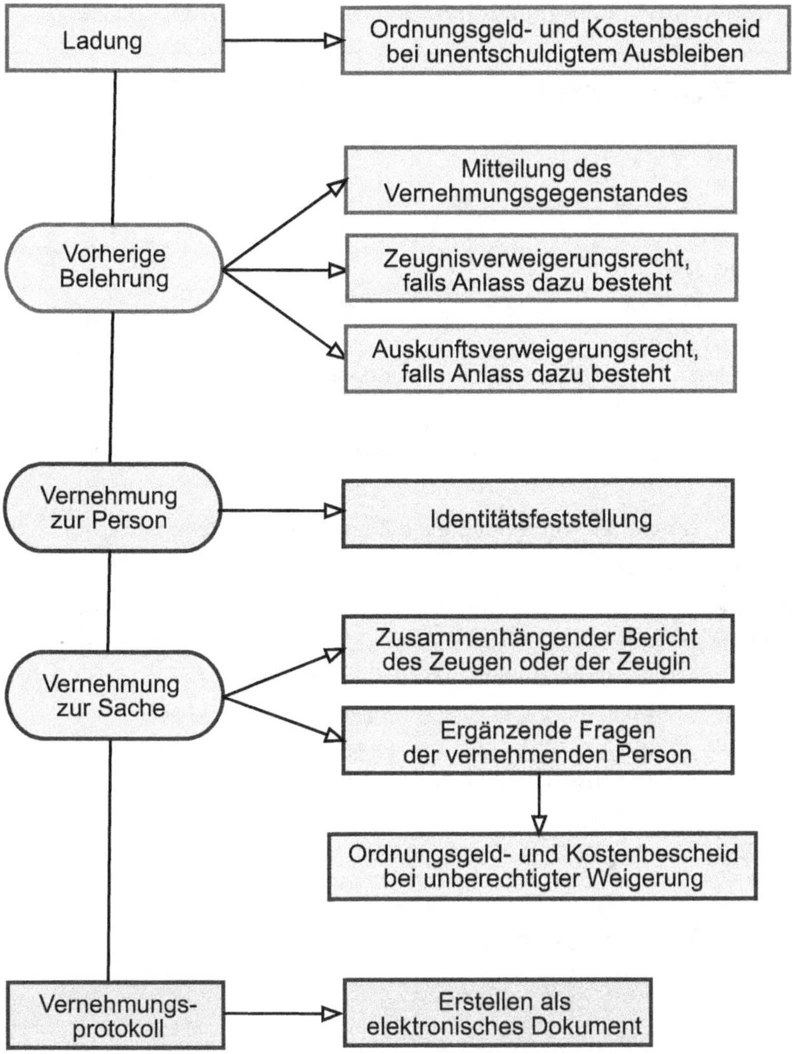

Abb. 3: Mündliche Zeugenvernehmung

Muster 6.3: Ladung zur persönlichen Vernehmung als Zeuge

Stadt Münsterberg

Bußgeldstelle

Stadt Münsterberg, 99090 Münsterberg

Herrn
Walter Becker
Forststraße 78
99090 Münsterberg

Dienstgebäude	Schubertstraße 36 99090 Münsterberg
Bearbeitung	Frau Weber
Telefon	(0987) 9878-987
E-Mail	weber.bs@muensterberg.de

Ihr Zeichen, Ihre Nachricht vom	Bitte bei Antwort angeben **Unser Zeichen, Unsere Nachricht vom**	**Datum**
10.7.2026	OWi – 0987665/26	13.7.2026

Bußgeldverfahren gegen Herrn Günter Hesse wegen unerlaubter Gewerbeausübung

Ihre Ordnungswidrigkeiten-Anzeige vom 10.7.2026

Ladung zur Vernehmung als Zeuge im Bußgeldverfahren

Sehr geehrter Herr Becker,

im Bußgeldverfahren gegen den Betroffenen Günter Hesse wegen unerlaubter Gewerbeausübung sollen Sie als Zeuge vernommen werden. Wir laden Sie daher auf

Mittwoch, den 22. Juli 2026, 10.00 Uhr,

Dienstgebäude Schubertstraße 36, Zimmer 044.

Bringen Sie bitte Personalausweis oder Reisepass und solche Unterlagen mit, die aus Ihrer Sicht als Beweismittel in Betracht kommen.

Als Zeuge sind Sie gesetzlich verpflichtet, zu diesem Termin zu erscheinen (§ 161a Abs. 1 Strafprozessordnung – StPO – i. V. m. § 46 Abs. 1 Gesetz über Ordnungswidrigkeiten – OWiG). Sollten Sie verhindert sein, so teilen Sie dies daher rechtzeitig mit. Einem Zeugen, der ohne genügende Entschuldigung nicht erscheint, sind die dadurch entstandenen Kosten und ein Ordnungsgeld bis zu 1000 Euro aufzuerlegen (§ 70 Abs. 1 StPO i. V. m. § 46 Abs. 1 OWiG). Außerdem kann die zwangsweise Vorführung gerichtlich angeordnet werden (§ 70 Abs. 1 StPO i. V. m. § 46 Abs. 1 OWiG).

Mit freundlichen Grüßen

Stadt Münsterberg, Bußgeldstelle

Telefonzentrale
(0899) 123-0
Internet
www.Muensterberg.de

Servicezeiten
Mo-Mi 7.30-16.30 Uhr
Do 7.30-17.30 Uhr
Fr 7.30-12.00 Uhr

Öffentliche Verkehrsmittel
Stadtbus Linie 6
Haltestelle Mitte

Bankverbindung
Kreissparkasse Münsterberg
IBAN DE2040000000123456
BIC GROBDE77XX
Volksbank Münsterberg
IBAN DE2040000000234567
BIC GROBDE87XX

Besonderes elektronisches Behördenpostfach
Ordnungsamt@muensterberg .de

Muster 6.4: Ladung zur persönlichen Vernehmung als Zeuge nach erfolgloser Aufforderung zur elektronischen oder schriftlichen Äußerung

Stadt Münsterberg

Bußgeldstelle

Stadt Münsterberg, 99090 Münsterberg

Herrn
Walter Becker
Forststraße 78
99090 Münsterberg

Dienstgebäude	Schubertstraße 36 99090 Münsterberg
Bearbeitung	Frau Weber
Telefon	(0987) 9878-987
Telefax	(0987) 9878-234
E-Mail	weber.bs@muensterberg.de

Ihr Zeichen, Ihre Nachricht vom	Bitte bei Antwort angeben Unser Zeichen, Unsere Nachricht vom	Datum
10.7.2026	OWi – 0987665/26	12.8.2026

Bußgeldverfahren gegen Herrn Günter Hesse wegen unerlaubter Gewerbeausübung Ihre Ordnungswidrigkeiten-Anzeige vom 10.7.2026

Ladung zur Vernehmung als Zeuge im Bußgeldverfahren

Sehr geehrter Herr Becker,

nachdem Sie unser Angebot einer elektronischen oder schriftlichen Äußerung vom 20.7.2026 als Zeuge im Bußgeldverfahren gegen den Betroffenen Günter Hesse wegen unerlaubter Gewerbeausübung nicht wahrgenommen haben, folgt die für diesen Fall angekündigte Ladung zur persönlichen Vernehmung. Wir laden Sie daher auf

Mittwoch, den 26. August 2026, 10.00 Uhr,
Dienstgebäude Schubertstraße 36, Zimmer 044.

Bringen Sie bitte Personalausweis oder Reisepass und solche Unterlagen mit, die aus Ihrer Sicht als Beweismittel in Betracht kommen.

Als Zeuge sind Sie gesetzlich verpflichtet, zu diesem Termin zu erscheinen (§ 161a Abs. 1 Strafprozessordnung – StPO – i. V. m. § 46 Abs. 1 Gesetz über Ordnungswidrigkeiten – OWiG). Sollten Sie verhindert sein, so teilen Sie dies daher rechtzeitig mit. Einem Zeugen, der ohne genügende Entschuldigung nicht erscheint, sind die dadurch entstandenen Kosten und ein Ordnungsgeld bis zu 1000 Euro aufzuerlegen (§ 70 Abs. 1 StPO i. V. m. § 46 Abs. 1 OWiG). Außerdem kann die zwangsweise Vorführung gerichtlich angeordnet werden (§ 70 Abs. 1 StPO i. V. m. § 46 Abs. 1 OWiG).

Sie brauchen zum Termin nicht zu erscheinen, wenn Sie

- das nochmals beigefügte Äußerungsdokument zuvor vollständig ausgefüllt an uns zurückgesendet,

Telefonzentrale
(0899) 123-0
Internet
www.Muensterberg.de

Servicezeiten
Mo-Mi 7.30-16.30 Uhr
Do 7.30-17.30 Uhr
Fr 7.30-12.00 Uhr

Öffentliche Verkehrsmittel
Stadtbus Linie 6
Haltestelle Mitte

Bankverbindung
Kreissparkasse Münsterberg
IBAN DE2040000000123456
BIC GROBDE77XX
Volksbank Münsterberg
IBAN DE2040000000234567
BIC GROBDE87XX

Besonderes elektronisches Behördenpostfach
Ordnungsamt@muensterberg .de

- sich über Ihr Bürger- und Organisationenpostfach (eBO) oder Ihre DeutschlandID zu dem in unserem Äußerungsdokument bezeichneten Sachverhalt vollständig an unser besonderes auf der ersten Seite unten aufgeführtes elektronisches Behördenpostfach unter Angabe des Aktenzeichens im Dateiformat PDF/A geäußert[1] oder
- sich mit der PIN <Bezeichnung> und dem Passwort <Bezeichnung> die Möglichkeit der Online-Anhörung über unser Onlineportal www.Muensterberg.de/zbs/owi/zv im Internet geäußert

und wir Ihnen danach bestätigt haben, dass der Termin zur persönlichen Vernehmung deswegen entfällt.

Anlage: 1 Äußerungsdokument

Mit freundlichen Grüßen

Stadt Münsterberg, Bußgeldstelle

3.4.2 Unentschuldigtes Fernbleiben, Aussageverweigerung

Bleibt der Zeuge oder die Zeugin nicht bzw. ungenügend entschuldigt aus oder weigert er oder sie sich unberechtigt auszusagen, kann die Verwaltungsbehörde aufgrund § 161a Abs. 2 S. 1 StPO i. V. m. § 46 Abs. 1 OWiG in einem

- **Ordnungsgeldbescheid**

  ein Ordnungsgeld von 5 bis 1000 Euro festsetzen (Art. 6 Abs. 1 S. 1 EGStGB, § 51 Abs. 1 S. 2 StPO i. V. m. § 46 Abs. 1 OWiG bei unentschuldigtem Nichterscheinen, § 70 Abs. 1 S. 2 StPO i. V. m. § 46 Abs. 1 OWiG bei unberechtigter Aussageverweigerung),
- **Kostenbescheid**

  die durch Säumnis oder Weigerung verursachten Kosten aufzuerlegen (§ 51 Abs. 1 S. 1 bzw. § 70 Abs. 1 S. 1 StPO i. V. m. § 46 Abs. 1 OWiG). Kosten sind ausschließlich Auslagen der Behörde, die Festsetzung einer Gebühr ist nicht zulässig.

Der Kostenbescheid wird zweckmäßigerweise mit dem Ordnungsgeldbescheid als kombinierten Kosten- und Ordnungsgeldbescheid verbunden (Musterbescheid 6.5).

Private und berufliche Pflichten haben unter Berücksichtigung des Grundsatzes der Verhältnismäßigkeit (Art. 20 Abs. 3 GG) auch im Vorverfahren der Verwaltungsbehörde gegenüber der staatsbürgerlichen Pflicht, als Zeuge oder Zeugin zu erscheinen, grundsätzlich zurückzutreten.[2] Der Zeuge oder die Zeugin ist daher verpflichtet, der Ladung auch dann zu folgen, wenn dies für ihn oder sie Unannehmlichkeiten mit sich bringt und wenn er oder sie zur zeitweisen Umgestaltung seines oder ihres Organisationskreises gezwungen ist.[3] Hier sind auch berufsbezogen strenge Maßstäbe anzusetzen.[4] Auch eine Urlaubsreise entschuldigt Zeugen oder Zeuginnen nicht grundsätzlich.[5] Rechtzeitig ist eine Entschuldigung nur dann, wenn sie so früh-

1) Das von Anfang an völlig bedeutungslose DE-Mail-Konto als sicherer Übermittlungsweg (§ 32a Abs. 4 S. 1 Nr. 1 StPO i. V. m. § 110c S. 1 OWiG) wird wie in der Vorauflage nicht mehr berücksichtigt.
2) OLG Köln, Beschl. vom 22.12.2011, Az. 2 Ws 796/11, für ein gerichtliches Strafverfahren.
3) Thüringer OLG (Jena), Beschl. vom 10.7.1997, Az. 1 Ws 154/97, für eine gerichtliche Ladung.
4) LG Stuttgart, Beschl. vom 15.6.2015, Az. 6 Qs 2/15, für ein gerichtliches Strafverfahren.
5) OLG Dresden, Beschl. vom 24.2.2015, Az. 2 Ws 82/15, für ein gerichtliches Strafverfahren.

zeitig eingeht, dass eine Verlegung des Termins noch im gewöhnlichen Geschäftsbetrieb möglich ist.[1] Die manchmal von Zeugen oder Zeuginnen übermittelte elektronische Arbeitsunfähigkeitsbescheinigung (§ 295 Abs. 1 S. 1 SGB V) stellt keine ausreichende Entschuldigung dar, weil sie nichts über deren Erscheinungs- und Verhandlungsfähigkeit aussagt.[2] Hat die Verwaltungsbehörde allerdings zunächst eine solche Bescheinigung akzeptiert, schafft sie für den Wiederholungsfall einen Vertrauenstatbestand.[3] Ein ärztliches Attest, das die Fähigkeit zur Wahrnehmung des Termins abspricht, stellt aber grundsätzlich eine genügende Entschuldigung dar.[4] Ordnungsmaßnahmen sind auch gegen in Deutschland wohnhafte nichtdeutsche Staatsangehörige zulässig, die sich zum Zeitpunkt der Zeugenvernehmung im Ausland aufhalten.[5]

Ein bestimmter Aufbau des Bescheides ist nicht vorgeschrieben. Es empfiehlt sich daher die aus dem Verwaltungsverfahren vertraute Untergliederung in Tenor und Begründung. Der Bescheid ist zu begründen, da er mit dem Antrag auf gerichtliche Entscheidung (§ 108 Abs. 1 S. 1 Nr. 1 i. V. m. § 62 OWiG)[6] angefochten werden kann (§ 34 StPO i. V. m. § 46 Abs. 1 OWiG). Da dieser Rechtsbehelf fristgebunden ist (§ 108 Abs. 1 S. 2 OWiG), muss der Bescheid eine Rechtsbehelfsbelehrung enthalten und zugestellt werden (§ 51 Abs. 1 S. 2, Abs. 2 OWiG). Nur die begleitende Verfügung, nicht der Bescheid selbst muss den Namen der verantwortenden Person enthalten (§ 110c S. 1 OWiG i. V. m. § 32b Abs. 1 S. 1 StPO). Sie braucht aber keine qualifizierte elektronische Signatur (Art. 3 Nr. 12 Verordnung [EU] Nr. 910/2014) aufzuweisen. Aus Vereinfachungsgründen empfiehlt es sich, in den Tenor des Bescheides unmittelbar eine Neuladung des Zeugen oder der Zeugin zu einem bestimmten Termin aufzunehmen. Zur Zustellung des Bescheides siehe die Ausführungen beim **Bußgeldbescheid III. Kapitel § 17**.

Entschuldigt sich der Zeuge oder die Zeugin verspätet oder nachträglich ausreichend, hebt die Verwaltungsbehörde den Bescheid selbst auf, „wenn glaubhaft gemacht wird, dass den Zeugen oder die Zeugin an der Verspätung kein Verschulden trifft“ (§ 51 Abs. 2 S. 2, 3 StPO i. V. m. § 46 Abs. 1 OWiG). Sie teilt die Aufhebung formlos durch dienstliches Dokument (§ 51 Abs. 1 S. 1 OWiG) bzw. elektronisches Dokument mit, wenn der Empfänger oder die Empfängerin ein im Bußgeldverfahren zulässiges elektronisches Postfach mitgeteilt hat (§ 32a Abs. 4 S. 1 Nr. 3, 4 StPO i. V. m. § 110c S. 1 OWiG).

Die Wiederholung des Ordnungsmittels ist bei unberechtigtem Ausbleiben einmal möglich (§ 51 Abs. 1 S. 4 StPO i. V. m. § 46 Abs. 1 OWiG), bei unberechtigter Aussageverweigerung jedoch nicht (§ 70 Abs. 4 StPO i. V. m. § 46 Abs. 1 OWiG). Erscheint der Zeuge oder die Zeugin trotz Festsetzung eines Ordnungsgeldes nicht zu einem weiteren Vernehmungstermin, kann die verantwortende Person beim Ermittlungsrichter oder der Ermittlungsrichterin des Amtsgerichts die Anordnung der Vorführung des Zeugen oder der Zeugin vor die Verwaltungsbehörde beantragen (§ 51 Abs. 1

1) OLG Düsseldorf, Beschl. vom 14.2.2002, Az. 2 Ws 41/02.
2) LG Stuttgart, Beschl. vom 15.6.2015, Az. 6 Qs 2/15, für ein gerichtliches Strafverfahren.
3) LG Dresden, Beschl. vom 5.4.2007, Az. 3 Qs 57/07.
4) OLG Frankfurt (Main), Beschl. vom 11.5.2016, Az. 8 W 69/15.
5) OLG Frankfurt (Main), Beschl. vom 30.10.2013, Az. 2 Ws 58/13, für ein gerichtliches Strafverfahren.
6) Zum Antrag auf gerichtliche Entscheidung (§ 62 OWiG) § 6 Nr. 3.5.

S. 3, § 162 Abs. 1 S. 1 StPO i. V. m. § 46 Abs. 1 OWiG). Wegen des Grundsatzes der Verhältnismäßigkeit (Art. 20 Abs. 3 GG) wird eine derart einschneidende Maßnahme aber nur bei schwerwiegenden Ordnungswidrigkeiten vertretbar sein. Alternativ ist ein Antrag beim Ermittlungsrichter oder der Ermittlungsrichterin des örtlich zuständigen Amtsgerichts auf gerichtliche Zeugenvernehmung denkbar.[1)]

Muster 6.5: Ordnungsgeld- und Kostenbescheid gegen säumigen Zeugen

Stadt Münsterberg Bußgeldstelle

Stadt Münsterberg, 99090 Münsterberg

Dienstgebäude	Schubertstraße 36 99090 Münsterberg
Bearbeitung	Frau Weber
Telefon	(0987) 9878-987
E-Mail	weber.bs@muensterberg.de

Herrn
Walter Becker
Forststraße 78
99090 Münsterberg

Ihr Zeichen, Ihre Nachricht vom	Bitte bei Antwort angeben Unser Zeichen, Unsere Nachricht vom	Datum
	OWi – 0987665/26	20.7.2026

Bußgeldverfahren gegen Herrn Günter Hesse wegen unerlaubter Gewerbeausübung Termin zur Zeugenvernehmung vom 22.7.2026

Sehr geehrter Herr Becker,

wir erlassen gegen Sie folgenden

Ordnungsgeld- und Kostenbescheid

1. Wir setzen gegen Sie ein Ordnungsgeld von 100 Euro fest.
2. Sie tragen die durch Ihre Säumnis entstandenen Verfahrenskosten in Höhe von 3,50 Euro.
3. Wir laden Sie erneut als Zeuge auf

Donnerstag, den 6. August 2026, 10.00 Uhr,
Dienstgebäude Schubertstraße 36, Zimmer 044.

4. Für den Fall erneuten Fernbleibens drohen wir die gerichtlich angeordnete Vorführung an.

Gründe

1. Wir haben Sie im Bußgeldverfahren gegen den Betroffenen Günter Hesse zur Aufklärung des Sachverhalts zur Vernehmung als Zeuge förmlich am 22.7.2026 um 10.00 Uhr im Dienstgebäude Schubertstraße 36 geladen. Das Ladungsdokument zu diesem

Telefonzentrale
(0899) 123-0
Internet
www.Muensterberg.de

Besonderes elektronisches Behördenpostfach
Ordnungsamt@muensterberg .de

Servicezeiten
Mo-Mi 7.30-16.30 Uhr
Do 7.30-17.30 Uhr
Fr 7.30-12.00 Uhr

Öffentliche Verkehrsmittel
Stadtbus Linie 6
Haltestelle Mitte

Bankverbindung
Kreissparkasse Münsterberg
IBAN DE2040000000123456
BIC GROBDE77XX
Volksbank Münsterberg
IBAN DE2040000000234567
BIC GROBDE87XX

1) Zum Antrag der Verwaltungsbehörde auf gerichtliche Zeugenvernehmung (§ 162 StPO i. V. m. § 46 Abs. 1 OWiG) § 6 Nr. 3.5.

Termin haben Sie am 15.7.2026 unter Hinweis auf die gesetzlichen Folgen nicht genügend entschuldigten Ausbleibens ausweislich des Zustellungsnachweises erhalten. Zum Vernehmungstermin sind Sie unentschuldigt nicht erschienen. Eine Entschuldigung ist auch nachträglich nicht eingegangen.

2. Wir sind zum Erlass des Ordnungsgeld- und Kostenbescheides gegen einen säumigen Zeugen als Verwaltungsbehörde sachlich und örtlich zuständig (§ 51 Abs. 1 S. 1, 2, § 161a Abs. 2 Strafprozessordnung – StPO – i. V. m. § 46 Abs. 1 Gesetz über Ordnungswidrigkeiten – OWiG).
3. Zeugen sind im Bußgeldverfahren verpflichtet, auf Ladung vor der Verwaltungsbehörde zu erscheinen und auszusagen (§ 161a Abs. 1 S. 1 i. V. m. § 46 Abs. 1, 2 OWiG). Einem ordnungs¬gemäß geladenen Zeugen, der trotz Hinweises auf die gesetzlichen Folgen ohne genügende Entschuldigung nicht erscheint, werden die durch das Ausbleiben verursachten Kosten auferlegt (§ 51 Abs. 1 S. 1, § 161a Abs. 1 S. 2 i. V. m. § 46 Abs. 1 OWiG). Außerdem wird gegen ihn ein Ordnungsgeld festgesetzt (§ 51 Abs. 1 S. 1, § 161a Abs. 1 S. 2 StPO i. V. m. § 46 Abs. 1 OWiG). Das Ordnungsgeld beträgt mindestens 5 Euro und höchstens 1000 Euro (§ 6 Abs. 1 S. 1 Einführungsgesetz zum Strafgesetzbuch – EGStGB). Die Höhe von 100 Euro entspricht dem üblicherweise bei einem erstmaligen Verstoß gegen Zeugenpflichten durchschnittlicher Art festgesetzten Betrag unter Zugrundelegung durchschnittlicher Einkommensverhältnisse. Die Kosten beruhen auf den entstandenen Auslagen der Verwaltungsbehörde für die erforderlichen Zustellungen.
4. Für den Fall der erneuten Säumnis an dem in Ziffer 3 des Bescheides festgesetzten neuen Termin drohen wir vorsorglich die auf Antrag der Verwaltungsbehörde gerichtlich angeordnete Vorführung des Zeugen an (§ 51 Abs. 1 S. 3 Halbs. 1, § 161a Abs. 1 S. 2 StPO i. V. m. § 46 Abs. 5 OWiG).

Rechtsbehelfsbelehrung

Gegen diesen Bescheid können Sie innerhalb von zwei Wochen nach seiner Zustellung bei der Stadt Münsterfeld – Bußgeldstelle – Schubertstraße 36, 99090 Münsterfeld Antrag auf gerichtliche Entscheidung (§ 62 OWiG) in deutscher Sprache (§ 184 S. 1 GVG i. V. m. § 46 Abs. 1 OWiG) schriftlich, zur Niederschrift oder elektronisch im Dateiformat PDF/A (§ 2 Abs. 1 S. 1 ERVV) durch E-Mail mit qualifizierter elektronischer Signatur (§ 110c S. 1 OWiG i. V. m. § 32a Abs. 3 StPO) sowie über einen zugelassenen sicheren Übermittlungsweg (§ 110c S. 1 OWiG i. V. m. § 32a Abs. 4 S. 1 StPO) einlegen.

Die Frist von zwei Wochen ist nur dann gewahrt, wenn der Rechtsbehelf vor Fristablauf bei der Stadt Münsterfeld eingeht. Fällt das Ende einer Frist auf einen Sonntag, einen allgemeinen Feiertag oder einen Sonnabend, so endet die Frist mit Ablauf des nächsten Werktages (§ 43 Abs. 2 StPO i. V. m. § 46 Abs. 1 OWiG). Die Erklärung muss in deutscher Sprache abgefasst sein (§ 184 S. 1 Gerichtsverfassungsgesetz – GVG – i. V. m. § 46 Abs. 1 OWiG). Über den Antrag entscheidet das Amtsgericht, soweit wir dem Rechtsbehelf nicht abhelfen, durch schriftlichen Beschluss.

Mit freundlichen Grüßen

Stadt Münsterberg, Bußgeldstelle

3.4.3 Anwesenheit bei der Vernehmung

Der Zeuge oder die Zeugin kann mit einem Beistand, insbesondere mit einem Rechtsanwalt oder einer Rechtsanwältin erscheinen. Nicht die Zuziehung, sondern der Ausschluss bedarf der Rechtfertigung.[1] Ein Beistand soll die Wahrnehmung der Zeugnisverweigerungsrechte als Angehörige (§ 52 StPO i. V. m. § 46 Abs. 1 OWiG) ermöglichen und bei Zeugen oder Zeuginnen, die in ihrer Aussagefähigkeit oder Aussagebereitschaft gehemmt sind, Aussagefehler und Missverständnisse verhindern. Der Beistand darf aber nicht versuchen, die Aussage des Zeugen oder der Zeugin zu ersetzen. Er hat weder ein Frage- noch ein Antragsrecht, auch eine Entschädigung ist ihm mangels Rechtsgrundlage in § 59 OWiG i. V. m. den Bestimmungen des JVEG nicht zu gewähren.

Der oder die Betroffene und sein Verteidiger oder seine Verteidigerin haben im Gegensatz zur gerichtlichen Vernehmung durch den Ermittlungsrichter oder die Ermittlungsrichterin des Amtsgerichts (§ 162 Abs. 1 S. 1, § 168c Abs. 1 StPO i. V. m. § 46 Abs. 1 OWiG) keinen Anspruch auf Anwesenheit bei der Vernehmung durch die Verwaltungsbehörde. Die Anwesenheit kann dem Verteidiger oder der Verteidigerin aber von der Verwaltungsbehörde gestattet werden. Dann allerdings steht ihnen auch ein Fragerecht an Zeugen und Zeuginnen zu.

3.4.4 Sprachschwierigkeiten

Wird unter Beteiligung von Personen verhandelt, die der deutschen Sprache nicht mächtig sind, so ist von der Verwaltungsbehörde ein Dolmetscher oder eine Dolmetscherin von Amts wegen zuzuziehen (§ 185 Abs. 1 S. 1 GVG i. V. m. § 161a Abs. 5 StPO i. V. m. § 46 Abs. 1 OWiG). Ergeben sich Zweifel daran, dass der Zeuge oder die Zeugin der Vernehmung ausreichend folgen und sich äußern kann, darf die Vernehmung ohne Dolmetscher oder Dolmetscherin also nicht fortgesetzt werden. Die verantwortende Person der Verwaltungsbehörde besitzt wegen des zwingenden Charakters der Bestimmung zwar einen Beurteilungsspielraum nach dem Grundsatz des fairen Verfahrens (Art. 20 Abs. 3 GG), aber kein Ermessen. Die Zuziehung eines Dolmetschers oder einer Dolmetscherin kann dann nur unterbleiben, wenn die beteiligten Personen sämtlich der fremden Sprache mächtig sind (§ 185 Abs. 1 S. 1 GVG i. V. m. § 161a Abs. 5 StPO i. V. m. § 46 Abs. 1 OWiG).

Die Auswahl des Dolmetschers oder der Dolmetscherin ist Sache der Verwaltungsbehörde, nicht des Zeugen oder der Zeugin. Es empfiehlt sich der Personenkreis, der nach dem einschlägigen Dolmetschergesetz allgemein beeidigt und öffentlich bestellt ist. Die Beiziehung vom Zeugen oder der Zeugin als Dolmetscher oder Dolmetscherin mitgebrachter Angehöriger bietet dagegen keinerlei Gewähr für die Richtigkeit der Übersetzung. Dies gilt insbesondere dann, wenn es sich um die Bedeutung verwaltungs- oder bußgeldrechtlicher Rechtsbegriffe handelt. Die verantwortende Person der Verwaltungsbehörde kann sich nicht von der Richtigkeit der Übertragung überzeugen. Dolmetscher und Dolmetscherinnen sind gesondert zu laden, was in der Verfahrenspraxis telefonisch erfolgt. Es empfiehlt sich eine „abtelefonierbare Dolmetscherliste", weil gute Dolmetscher und Dolmetscherinnen von zahlrei-

1) BVerfG, stattgebender Kammerbeschluss vom 10.3.2010, Az. 2 BvR 941/09.

chen Behörden und Gerichten oft kurzfristig beauftragt werden und nicht stets zur Verfügung stehen. Gegen einen unentschuldigt nicht erschienenen Dolmetscher oder eine Dolmetscherin kann mangels Rechtsgrundlage jedoch kein Ordnungsgeld festgesetzt werden.[1)]

3.4.5 Zeugenbelehrung

Die persönliche Vernehmung eines erschienenen Zeugen oder einer Zeugin beginnt mit der Erhebung der zur Identitätsfeststellung (§ 163a Abs. 2 StPO i. V. m. § 46 Abs. 1 OWiG) notwendigen personenbezogenen Daten. Die Ladung enthält zwar regelmäßig die Bitte, einen amtlichen Lichtbildausweis mitzubringen. Mangels Rechtsgrundlage besteht dazu aber keine Verpflichtung. In der Verfahrenspraxis erfolgt dann meist eine Prüfung der Sachkenntnis des Vernehmungsthemas und der aktenkundige Vermerk, der Zeuge oder die Zeugin habe „sich durch Sachkenntnis ausgewiesen".

Vor der Vernehmung zur Sache wird dem Zeugen oder der Zeugin – sofern nicht bereits in der Ladung geschehen – der Gegenstand der Untersuchung und die Person des Betroffenen, sofern ein solcher vorhanden ist, mitgeteilt (§ 69 Abs. 1 S. 2 StPO i. V. m. § 46 Abs. 1 OWiG).

Beispiel:

Hinweis, dass der Zeuge zum Vorwurf unerlaubter Gewerbeausübung gegen den Betroffenen Martin Maier aussagen soll.

Vor der Vernehmung ist der Zeuge oder die Zeugin ferner zur Wahrheit zu ermahnen (§ 57 Abs. 2 StPO i. V. m. § 46 Abs. 1 OWiG). Die grundsätzliche Verpflichtung, zur Sache auszusagen (§ 161a Abs. 1 S. 1 StPO i. V. m. § 46 Abs. 1 OWiG) ist in folgenden Fällen ausnahmsweise beschränkt:

- **Umfassendes Zeugnisverweigerungsrecht als Angehörige oder Angehöriger**

Ein absolutes Zeugnisverweigerungsrecht besteht für bestimmte nahe in § 52 Abs. 1 StPO i. V. m. § 46 Abs. 1 OWiG bezeichnete Angehörige des Betroffenen. Diese Zeugen oder Zeuginnen brauchen überhaupt nicht zur Sache auszusagen. Über das Weigerungsrecht sind sie vor jeder (!) Vernehmung zu belehren (§ 52 Abs. 3 S. 1 StPO i. V. m. § 46 Abs. 1 OWiG). Das Protokoll muss ersehen lassen, ob die wesentlichen Förmlichkeiten der Vernehmung beachtet sind (§ 168a Abs. 1 S. 1 StPO i. V. m. § 46 Abs. 1 OWiG). Die Belehrung über ein Zeugnisverweigerungsrecht ist daher regelmäßig aktenkundig zu machen.

Haben minderjährige oder betreute Personen von der Bedeutung des Zeugnisverweigerungsrechts keine genügende Vorstellung, so dürfen sie nur vernommen werden, wenn sie zur Aussage bereit sind und auch ihr gesetzlicher Vertreter oder Vertreterin der Vernehmung zustimmt (§ 52 Abs. 2 S. 1 StPO i. V. m. § 46 Abs. 1 OWiG).

1) OLG Frankfurt (Main), Beschl. vom 28.4.2008, Az. 6 WF 73/08; KG (Berlin), Beschl. vom 21.11.2007, Az. 1 AR 1087/07 – 1 Ws 199/07; LG Cottbus, Beschl. vom 11.8.2008, Az. 24 jug Qs 40/08.

Ist der gesetzliche Vertreter oder die Vertreterin selbst betroffene Person, wie dies bei Zuwiderhandlungen gegen Jugendschutzvorschriften der Fall sein kann, so kann er oder sie über die Ausübung des Zeugnisverweigerungsrechts nicht entscheiden; das Gleiche gilt für den nicht beschuldigten Elternteil, wenn die gesetzliche Vertretung beiden Eltern zusteht (§ 52 Abs. 2 S. 1 StPO i. V. m. § 46 Abs. 1 OWiG). Bei fehlender Verstandesreife sollte von einer Zeugenvernehmung abgesehen werden.[1]

- **Umfassendes Zeugnisverweigerungsrecht als Berufsgeheimnisträger**

Ein absolutes Zeugnisverweigerungsrecht zur Sache besteht auch für den Verteidiger und die Verteidigerin des Betroffenen (§ 53 Abs. 1 S. 1 Nr. 2 StPO i. V. m. § 46 Abs. 1 OWiG) und bestimmte Berufsgeheimnisträger, z. B. Steuerberater oder Steuerberaterinnen, Rechtsanwälte oder Rechtsanwältinnen, Ärzte oder Ärztinnen (§ 53 Abs. 1 S. 1 Nr. 3 StPO i. V. m. § 46 Abs. 1 OWiG). Diese Zeugen oder Zeuginnen brauchen ebenfalls nicht zu dem auszusagen, was ihnen in dieser Eigenschaft anvertraut wurde, und unterliegen bereits einer beruflichen, strafbewehrten Schweigepflicht (§ 203 StGB). Eine Belehrungspflicht besteht in diesen Fällen nicht, weil davon auszugehen ist, dass diese Zeugen oder Zeuginnen ihr Weigerungsrecht kennen.[2] Ein „Bankgeheimnis" kennt das Bußgeldverfahren dagegen nicht. Mitarbeitende von Banken müssen daher vor der Verwaltungsbehörde in vollem Umfang aussagen.

Das Zeugnisverweigerungsrecht aus beruflichen Gründen entfällt, wenn der oder die Betroffene auf den Schutz des Vertrauensverhältnisses zu diesen Personen durch eine Entbindungserklärung verzichtet (§ 53 Abs. 2 S. 1 StPO i. V. m. § 46 Abs. 1 OWiG).

- **Umfassendes Zeugnisverweigerungsrecht als mitwirkende Person**

Auch die Berufsgeheimnisträgern (§ 53 StPO) mitwirkende Personen (z. B. Anwalts- oder Steuergehilfen) haben ein Schweigerecht und eine Schweigepflicht (§ 53a Abs. 1 S. 1 StPO i. V. m. § 46 Abs. 1 OWiG). Eine Belehrungspflicht besteht auch in diesen Fällen nicht, weil davon auszugehen ist, dass auch diese Zeugen oder Zeuginnen ihr Weigerungsrecht kennen.[2] Eine Entbindungserklärung für den Berufsgeheimnisträger (§ 53 Abs. 1 S. 2 StPO i. V. m. § 46 Abs. 1 OWiG) gilt auch für die mitwirkenden Personen (§ 53a Abs. 2 StPO i. V. m. § 46 Abs. 1 OWiG).

- **Eingeschränktes Auskunftsverweigerungsrecht auf einzelne Fragen**

Jeder Zeuge und jede Zeugin darf die Auskunft auf solche Fragen verweigern, deren (wahrheitsgemäße) Beantwortung ihm oder ihr selbst oder einem oder einer der in § 52 Abs. 1 StPO bezeichneten Angehörigen die Gefahr zuziehen würde, wegen einer Straftat oder Ordnungswidrigkeit verfolgt zu werden (§ 55 Abs. 1 StPO i. V. m. § 46 Abs. 1 OWiG). Das Auskunftsverweigerungsrecht gibt Zeugen oder Zeuginnen im Gegensatz zum Zeugnisverweigerungsrecht nur das Recht, die Auskunft auf einzelne Fragen zu verweigern.[3] Ausnahmsweise ist der Zeuge oder die Zeugin zur umfassenden Verweigerung der Auskunft berechtigt, wenn seine oder ihre gesamte

1) BGH, Beschl. vom 17.4.2012, Az. 1 StR 146/12.
2) BGH, Urt. vom 4.2.2010, Az. 4 StR 394/09.
3) Hanseatisches OLG Hamburg, Beschl. vom 10.2.2015, Az. 2 Ws 27/15.

in Betracht kommende Aussage mit einem möglicherweise strafbaren oder ordnungswidrigen eigenen Verhalten in so engem Zusammenhang steht, dass im Umfang der vorgesehenen Vernehmungsgegenstände nichts übrig bleibt, was er oder sie ohne die Gefahr der Verfolgung wegen einer Straftat oder Ordnungswidrigkeit aussagen könnte.[1] Der Zeuge oder die Zeugin ist über das Recht zur Verweigerung der Auskunft zu belehren (§ 55 Abs. 2 StPO i. V. m. § 46 Abs. 1 OWiG).

Die Verwaltungsbehörde kann verlangen, dass der Zeuge oder die Zeugin die Tatsachen, auf die er oder sie ein Zeugnisverweigerungsrecht nach §§ 52 bis 53a StPO oder ein Auskunftsverweigerungsrecht nach § 55 StPO stützt, glaubhaft macht (§ 56 S. 1 StPO i. V. m. § 46 Abs. 1 OWiG). Der Zeuge oder die Zeugin hat also die entsprechenden Tatsachen soweit vorzutragen, dass sich die verantwortende Person der Verwaltungsbehörde ein Bild über das Vorliegen eines gesetzlichen Zeugnisverweigerungsrechts und den Umfang eines Auskunftsverweigerungsrechts machen kann. Dazu darf eine eidesstattliche Versicherung zwar nicht verlangt, aber entgegengenommen werden.[2] Ein behauptetes Verlöbnis (§ 1297 BGB) bzw. Versprechen der Lebenspartnerschaft (§ 1 Abs. 4 LPartG) zwischen Betroffenen und Zeugen oder Zeuginnen kann damit glaubhaft gemacht werden.[3] Selbstverständlich dürfen Angaben zur Glaubhaftmachung, die zu einem Zeugnis- oder Auskunftsverweigerungsrecht führen, im Bußgeldverfahren nicht zum Nachteil gegen Betroffene, Zeugen oder Zeuginnen selbst oder geschützte Angehörige verwendet werden.[4]

Mehrere Zeugen oder Zeuginnen können gemeinsam belehrt werden, sind aber stets einzeln und in Abwesenheit der später zu hörenden Zeugen und Zeuginnen zu vernehmen (§ 58 Abs. 1 StPO i. V. m. § 46 Abs. 1 OWiG). Eine Gegenüberstellung mit anderen Zeugen oder Zeuginnen oder Betroffenen ist aber erforderlichenfalls zulässig (§ 58 Abs. 2 StPO i. V. m. § 46 Abs. 1 OWiG).

3.4.6 Vernehmung zur Person

Die Vernehmung beginnt mit der Feststellung der personenbezogenen Daten, die auf Vornamen, Nachnamen, Geburtsnamen, Alter, Beruf und vollständige Anschrift[5] des Zeugen oder der Zeugin (§ 68 Abs. 1 S. 1 StPO i. V. m. § 46 Abs. 1 OWiG) beschränkt sind. Der Zeuge oder die Zeugin darf daher mangels Rechtsgrundlage zur personenbezogenen Datenerhebung nicht zur Angabe seines Geburtsdatums, Geburtsorts oder Familienstandes befragt werden. Die Weigerung des Zeugen oder der Zeugin, zulässige Angaben zur Person zu machen, und die Angabe unrichtiger oder unvollständiger personenbezogener Daten können als Ordnungswidrigkeit mit Geldbuße bis zu 1000 Euro geahndet werden (§ 111 Abs. 1, 3 OWiG).[6] Der Tatbestand der Ordnungswidrigkeit ist aber nur dann verwirklicht, wenn die personenbezogenen Daten des Zeugen oder der Zeugin der Verwaltungsbehörde nicht schon

1) BGH, Beschl. vom 7.7.2005, Az. StB 12/05.
2) *Wieser-Kommentar* Teil I Nr. 1 § 56 StPO.
3) OLG Köln, Beschl. vom 14.2.2002, Az. 2 Ws 61/02.
4) BGH, Beschl. vom 21.8.1985, Az. StB 15/85.
5) Die Angabe einer anderen ladungsfähigen Anschrift wegen persönlicher Gefährdung des Zeugen (§ 68 Abs. 2 S. 1 StPO) wird im Bußgeldverfahren kaum vorkommen.
6) Zum Tatbestand der Ordnungswidrigkeit „Falsche Namensangabe" *Wieser-Kommentar* Teil I Nr. 1 § 111 OWiG.

vorher vollständig bekannt und daher zur Identitätsfeststellung (§ 163b Abs. 2 StPO i. V. m. § 46 Abs. 1 OWiG) noch notwendig waren. Üblich ist ein Regelsatz der Geldbuße von 100 Euro für die Verweigerung der verlangten personenbezogenen Daten und 150 Euro für unrichtige personenbezogene Daten.

Im Zusammenhang mit den Angaben zur Person sollte auch geklärt werden, ob der Zeuge oder die Zeugin ein Zeugnisverweigerungsrecht als Angehörige von Betroffenen besitzen (§ 52 StPO i. V. m. § 46 Abs. 1 OWiG).[1] Ist dies der Fall, muss der Zeuge oder die Zeugin vor der Vernehmung zur Sache belehrt und befragt werden, ob er oder sie trotzdem aussagen wolle. Es ist ferner der Beweiswert der Aussage zu bedenken, weil solche Zeugen und Zeuginnen jederzeit danach das Zeugnisverweigerungsrecht wieder geltend machen können und die Vernehmung durch die Verwaltungsbehörde dann in einem gerichtlichen Bußgeldverfahren nicht verwertet werden darf (§ 252 StPO i. V. m. § 71 Abs. 1 OWiG). Die Angaben eines vor der Hauptverhandlung vernommenen oder informatorisch befragten Zeugen, der sich erst in der Hauptverhandlung berechtigt auf sein Zeugnisverweigerungsrecht beruft, dürfen gem. § 252 StPO i. V. m. § 71 Abs. 1 OWiG weder verlesen noch – über den Wortlaut der Vorschrift hinaus – durch Vernehmung nichtrichterlicher Verhörpersonen oder anderer Zeugen oder Zeuginnen in die Hauptverhandlung eingeführt werden.[2]

3.4.7 Vernehmung zur Sache

Zeugen oder Zeuginnen ist bereits vor der Vernehmung zur Person der Gegenstand der Untersuchung und die bereits bekannte Person des oder der Betroffenen zu bezeichnen (§ 69 Abs. 1 S. 2 StPO i. V. m. § 46 Abs. 1 OWiG). Außerdem sind sie zur Wahrheit zu ermahnen (§ 57 S. 1 StPO i. V. m. § 46 Abs. 1 OWiG).[3] Ergibt sich erst jetzt, dass der Zeuge oder die Zeugin der deutschen Sprache nicht ausreichend mächtig ist, muss entweder ein Dolmetscher oder eine Dolmetscherin hinzugezogen (§ 185 Abs. 1 S. 1 GVG i. V. m. § 161a Abs. 5 StPO, § 46 Abs. 1 OWiG) oder die Vernehmung abgebrochen werden. Keinesfalls darf hingenommen werden, dass sich der Zeuge oder die Zeugin durch mitgebrachte Angehörige verständigt, deren Qualifikation nicht überprüfbar ist.

Der Ablauf der Vernehmung gliedert sich in zwei Abschnitte:

- Der Zeuge oder die Zeugin ist zunächst zu veranlassen, sein oder ihr Wissen zum Gegenstand der Vernehmung **im Zusammenhang anzugeben** (§ 69 Abs. 1 S. 1 StPO i. V. m. § 46 Abs. 1 OWiG).
- Zur Aufklärung und Vervollständigung der Aussage sowie zur Erforschung des Grundes, auf dem das Wissen des Zeugen oder der Zeugin beruht, sind **nötigenfalls weitere Fragen** zu stellen (§ 69 Abs. 2 StPO i. V. m. § 46 Abs. 1 OWiG).

Der Zeuge oder die Zeugin soll zunächst unbeeinflusst durch Vorgaben der vernehmenden Person zusammenhängend berichten. Dabei darf er oder sie sich zur Unter-

1) Zum Zeugnisverweigerungsrecht für Angehörige vorstehend § 6 Nr. 3.4.5.
2) OLG Hamm, Beschl. vom 28.5.2019, Az. 4 RBs 147/19.
3) Eine Belehrung über die strafrechtlichen Folgen einer unrichtigen oder unvollständigen Aussage findet bei Zeugenvernehmungen durch die Verwaltungsbehörde nicht statt, weil diese nur bei einer gerichtlichen Vernehmung eintreten können (§ 153 StGB).

stützung eigener elektronischer oder schriftlicher Aufzeichnungen bedienen. Eine Unterbrechung des Zeugen oder der Zeugin ist angezeigt, wenn sie ersichtlich zu einem zusammenhängenden Bericht nicht fähig sind und abschweifen. Ansonsten sollen Fragen und Vorhalte möglichst erst anschließend erfolgen, um Lücken der Aussage zu schließen oder um Unklarheiten und Widersprüche zu beseitigen. Ferner soll überprüft werden, was tatsächlich von Zeugen oder Zeuginnen beobachtet wurde oder nur aus dessen Vermutungen, Folgerungen und vom Hörensagen herrührt. Die persönlichen Verhältnisse von Zeugen oder Zeuginnen und ihrer Angehörigen (§ 52 StPO) sind insbesondere dann zur berücksichtigen, wenn sie Verletzte der Ordnungswidrigkeit sind (§ 48 Abs. 3 S. 3 StPO i. V. m. § 46 Abs. 1 OWiG). Auf Fragen zum persönlichen Lebensbereich von Zeugen oder Zeuginnen sollte daher gerade in einem Bußgeldverfahren i. d. R. vor allem dann verzichtet werden, wenn sie zur Unehre gereichen können (§ 68a StPO, § 48 Abs. 3 S. 3 StPO i. V. m. § 46 Abs. 1 OWiG). Eine Vereidigung von Zeugen oder Zeuginnen durch die Verwaltungsbehörde ist unzulässig (§ 161a Abs. 1 S. 3 StPO i. V. m. § 46 Abs. 1 OWiG).

Muster 6.6: Protokoll einer persönlichen Zeugenvernehmung

Stadt Münsterberg Bußgeldstelle

Az. OWi – 0987665/26

Datum 23.7.2026
Bearbeitung Frau Weber

Bußgeldverfahren gegen Egner, Martin, geb. 20.4.1972, Neumeisterweg 12, 54233 Münsterberg

Zeugenvernehmung

Der nachbenannte Zeuge erscheint um 10.00 Uhr und weist sich durch Ladung und Personalausweis (IDD<<Streit<<Werner<Friedrich<<9876543210D<<123456<9876543<4) aus. Er wurde zur Wahrheit ermahnt.

1. Zur Person

Streit, Werner Friedrich, Geburtsname Streit, 62 Jahre, Ulmenstraße 19, 54234 Münsterberg, mit dem Betroffenen nicht verwandt und nicht verschwägert.

2. Zur Sache

Ich wohne seit zwei Jahren neben der Gaststätte zum Heurigen in der Ulmenstraße 21. Am Anfang war auch alles in Ordnung, bis Herr Egner am ersten Maiwochenende mit dem Biergartenbetrieb begonnen hat. Der Ausschank geht am Freitag von 16.00 bis 23.00 Uhr und samstags und sonntags von 10.00 bis 23.00 Uhr. Durch das Gläserklirren, An- und Abfahren der Autos, Türenschlagen werden wir massiv in der Mittags- und Nachtruhe gestört.

Außerdem spielt eine Blasmusikkapelle so laut, dass wir uns das ganze Wochenende nicht in unserem Garten aufhalten können. Die Kapelle spielt am Samstag von 17.00 bis 20.00 Uhr und Sonntag zum Frühschoppen von 10.00 bis 12.00 Uhr. Ich bin mir ganz sicher, dass dies seit 1. Mai so war. Nur an zwei Wochenenden, das war an Christi Himmelfahrt und Pfingsten, deshalb weiß ich das auch noch so genau, fiel alles wegen dem schlechten Wetter aus.

Meine Angaben beruhen auf eigenen Wahrnehmungen. Weitere Zeugen sind meine Frau Christa und meine Nachbarn Werner Faust, Ulmenstraße 20 und Peter Teichmann, Ulmenstraße 22.

Ich verlange, dass der Biergartenbetrieb und der Lärm sofort aufhören. Herr Egner hat mich auf meine Beschwerde nur ausgelacht. Ich bitte um Mitteilung des Verfahrensausgangs.

Vernehmungsbeginn: 10.30 Uhr, Vernehmungsende. 11.15 Uhr

Das Protokoll wurde elektronisch aufgenommen, dem Zeugen vorgelesen und von ihm genehmigt.

Für die Richtigkeit der Aufzeichnung

Weber, Verwaltungsangestellte,

als verantwortende Person (§ 32b Abs. 1 S. 1 StPO i. V. m. § 110c S. 1 OWiG)

3.4.8 Vernehmungsprotokoll

Über die Vernehmung von Zeugen oder Zeuginnen ist ein Protokoll aufzunehmen, soweit dies ohne erhebliche Verzögerung der Ermittlungen geschehen kann (§ 168b Abs. 2 S. 1 StPO i. V. m. § 46 Abs. 1 OWiG).[1] Das Protokoll ist als elektronisches Dokument zu den Akten gebracht, sobald es von einer verantwortenden Person der Verwaltungsbehörde oder auf deren Veranlassung mit der Namenswiedergabe in der elektronischen Akte gespeichert ist (§ 32b Abs. 1 S. 1, Abs. 2 StPO i. V. m. § 110c S. 1 OWiG). Es genügt eine einfache elektronische Signatur, eine qualifizierte elektronische Signatur (Art. 3 Nr. 12 Verordnung [EU] Nr. 910/2014) ist nicht vorgeschrieben.

• Wesentliche Förmlichkeiten

Das Protokoll muss Ort und Tag der Verhandlung sowie die Namen der mitwirkenden Personen angeben und ersehen lassen, ob die wesentlichen Förmlichkeiten des Verfahrens beachtet sind (§ 168a Abs. 1 S. 1 StPO i. V. m. § 46 Abs. 1 OWiG). Mitwirkende Personen sind i. d. R. nur der Zeuge oder die Zeugin und vernehmende Person, eventuell von der Verwaltungsbehörde beauftragte Sachverständige zur Vorbereitung seines Gutachtens (§ 80 Abs. 1 StPO i. V. m. § 46 Abs. 1 OWiG)[2] oder von der Verwaltungsbehörde zugezogene Dolmetscher oder Dolmetscherinnen. Zu den wesentlichen Förmlichkeiten gehören

- die Ermahnung des Zeugen oder der Zeugin zur Wahrheit (§ 57 S. 1 StPO i. V. m. § 46 Abs. 1 OWiG) und
- eine erforderliche Belehrung über Zeugnis- oder Auskunftsverweigerungsrecht (§§ 52, 53, 53a, 55 StPO jeweils i. V. m. § 46 Abs. 1 OWiG).

Von selbst versteht sich, dass die Behördenbezeichnung und das Aktenzeichen aufzuführen sind. In Anlehnung an die gesetzliche Reihenfolge sollten zunächst die Angaben zur Person (§ 68 Abs. 1 StPO i. V. m. § 46 Abs. 1 OWiG) niedergelegt wer-

1) Die Bezeichnung „Protokoll“ ersetzt die frühere „Niederschrift“ vor Einführung des elektronischen Rechtsverkehrs.

2) Zur Beauftragung von Sachverständigen durch die Verwaltungsbehörde im Bußgeldverfahren (§ 72 ff. StPO i. V. m. § 46 Abs. 1 OWiG) § 6 Nr. 4.

den. Üblich ist auch die Angabe, dass der Zeuge oder die Zeugin nicht mit dem oder der Betroffenen verwandt oder verschwägert ist. Soweit dies der Fall ist, wird das Angehörigenverhältnis konkret wiedergegeben.

- **Deutsche Amtssprache**

Das Protokoll ist grundsätzlich in deutscher Sprache als Amtssprache abzufassen, auch wenn dies ausdrücklich nur für das gerichtliche Bußgeldverfahren vorgesehen ist (§ 184 S. 1 GVG i. V. m. § 46 Abs. 1 OWiG). Dies gilt auch dann, wenn der Zeuge oder die Zeugin der deutschen Sprache nicht mächtig ist und die Verwaltungsbehörde deswegen einen Dolmetscher oder eine Dolmetscherin zuzieht.[1] Ein Nebenprotokoll in der fremden Sprache wird nicht geführt (§ 185 Abs. 1 S. 2 Halbs. 1 GVG i. V. m. § 161a Abs. 5 StPO i. V. m. § 46 Abs. 1 OWiG). Es sollen jedoch Aussagen und Erklärungen in fremder Sprache, wenn und soweit die vernehmende Person dies mit Rücksicht auf die Wichtigkeit der Sache für erforderlich erachtet, auch in der fremden Sprache in das Protokoll oder in eine Anlage niedergeschrieben werden (§ 185 Abs. 1 S. 2 Halbs. 2 GVG i. V. m. § 161a Abs. 5 StPO i. V. m. § 46 Abs. 1 OWiG). In den dazu geeigneten Fällen soll dem Protokoll eine durch den Dolmetscher oder die Dolmetscherin zu beglaubigende Übersetzung beigefügt werden (§ 185 Abs. 1 S. 3 GVG i. V. m. § 161a Abs. 5 StPO i. V. m. § 46 Abs. 1 OWiG).

- **Zeugenaussage und Vernehmungsfragen**

Der Inhalt der folgenden Vernehmung zur Sache gliedert sich entsprechend § 69 Abs. 1, 2 StPO i. V. m. § 46 Abs. 1 OWiG in den zusammenfassenden Bericht von Zeugen oder Zeuginnen und nachfolgende Fragen und Vorhalte an ihn. Dem widerspricht ein „Frage-Antwort-Aufbau", bei dem die vernehmende Person Fragen stellt und damit vorgibt und dann sofort eine auf die Fragestellung beschränkte Antwort festhält.

Nähere Vorschriften zur äußeren Gestaltung enthält das Gesetz nicht. Als Vernehmungsstil ist jedoch die Wiedergabe der persönlichen Darstellung von Zeugen oder Zeuginnen allgemein üblich. Ihre Ausführungen werden daher in direkter Rede und in der ersten Person („ich") dargestellt. Zu vermeiden ist daher ein Vernehmungsstil in indirekter Rede und unpersönlicher Darstellung.

Beispiel:

Ich habe den mir persönlich seit Langem bekannten Klaus Müller aus einer Entfernung von höchstens 20 m beim Ausbringen von Klärschlamm beobachtet.

Fehlbeispiel:

Der Zeuge erklärte, den Betroffenen schon lange zu kennen. Er habe ihn beim Ausbringen von Klärschlamm aus einer Entfernung von 20 m beobachtet.

Wichtig für die Verwendung einer Zeugenaussage als Beweismittel sind die möglichst genauen Angaben zu Tatzeit, Tatort und Tathergang, die im Bußgeldbescheid wiederzugeben sind (§ 66 Abs. 1 Nr. 3 OWiG) und oft auch Anknüpfungstatsachen

1) Zur Zuziehung von Dolmetschern durch die Verwaltungsbehörde § 6 Nr. 3.4.4.

für das Ausmaß der Zuwiderhandlung und damit für die bei der Zumessung der Geldbuße maßgebliche Bedeutung der Ordnungswidrigkeit ergeben (§ 17 Abs. 3 S. 1 OWiG).

Beispiel:

Ich habe Herrn Klaus Müller am Sonntag, den 14.6.2026 zwischen 15.00 Uhr und 16.00 Uhr beobachtet, wie er auf dem Hof seines Grundstücks eine ca. 2 m hohe und 5 m lange Mauer abgebrochen hat.

Fehlbeispiel:

Ich habe Herrn Klaus Müller an einem Sonntag Mitte Juni 2026 beim Abbruch einer Mauer auf seinem Hof beobachtet.

Die Wiedergabe konkreter Wahrnehmungen von Zeugen oder Zeuginnen darf auch nicht durch dessen bloße Bewertungen unbestimmter Rechtsbegriffe ersetzt werden. Die Bewertung in der Vernehmung festgehaltener Wahrnehmungen von Zeugen oder Zeuginnen ist ausschließlich Aufgabe der verantwortenden Person der Verwaltungsbehörde.

Beispiel:

Ich habe mich von 22.00 Uhr bis 23.30 Uhr in meiner Nachtruhe gestört gefühlt, weil aus der Wohnung von Frau Maurer direkt neben der meinen laute Rockmusik ununterbrochen gedröhnt hat.

Fehlbeispiel:

Meine Nachtruhe war zwischen 23.00 Uhr und 22.30 Uhr durch unzulässigen Lärm aus Richtung der Wohnung von Frau Maurer, wo sich die Lärmquelle befand, übermäßig beeinträchtigt.

Für die Beurteilung der Glaubwürdigkeit von Zeugen oder Zeuginnen in einer späteren gerichtlichen Hauptverhandlung kann auch die Wiedergabe des Grundes, auf dem das Wissen des Zeugen oder der Zeugin beruht (§ 69 Abs. 2 StPO i. V. m. § 46 Abs. 1 OWiG), von Bedeutung sein. Dann sollte eine Erklärung des Zeugen oder der Zeugin, weshalb sie etwas wissen oder sich sicher sind, unbedingt mit aufgenommen werden.

Beispiel:

Ich bin mir völlig sicher, dass es sich um Herrn Dieter Lehmann gehandelt hat. Er ist mir seit seinem Zuzug vor fünf Jahren persönlich bekannt. Ich habe ihn aus einer Entfernung von höchstens 20 m vom Fenster meiner Wohnung von vorne beim Abladen des Abfalls von einem Anhänger gesehen. Obwohl es bereits dunkel war, habe ich sein Gesicht unter einer hellen Straßenlaterne eindeutig erkannt. Das Kennzeichen des Anhängers und des Zugfahrzeuges habe ich nicht ablesen können.

Wichtig ist es, sich an der Redeweise von Zeugen oder Zeuginnen zu orientieren und sie nicht durch verwaltungsrechtliche Fachbegriffe zu ersetzen. Eine derart gekünstelte Vernehmung wirkt deshalb unglaubwürdig, weil ihr Inhalt auf die vernehmende Person, nicht auf den Zeugen oder die Zeugin zurückgeführt wird. Unbedingt zu vermeiden ist daher eine „Übersetzung" der Angaben von Zeugen oder Zeuginnen in die Verwaltungssprache der vernehmenden Person.

Beispiel:

Aus dem Biergarten habe ich ab 22.00 Uhr sehr lautes Gläserklirren, Gelächter und Singen von Gästen gehört. Als auf meinen Anruf um 22.40 Uhr die Polizei kam, war es schlagartig ruhig. Kaum war der Streifenwagen aber weg, ist das Ganze ohne Unterbrechung noch lauter weitergegangen, bis die Polizei um 23.20 Uhr nochmals gekommen ist.

Fehlbeispiel:

Aus dem Außenwirtschaftsbereich der Gaststätte drang auch nach dem Sperrzeitbeginn um 22.00 Uhr bis zum polizeilichen Einschreiten auf meine Veranlassung um 22.40 Uhr gaststättentypischer Lärm in Form von Gläserklirren, Gelächter und Singen von Gästen in unzulässigem Ausmaß. Nach der Abfahrt des polizeilichen Dienstfahrzeuges setzte sich die Lärmentwicklung unvermindert bis zum erneuten polizeilichen Einschreiten um 23.20 Uhr fort.

- **Aufzeichnung und Signatur**

Die endgültige Zeugenvernehmung ist durch elektronisches Dokument in der Bußgeldakte zu speichern (§ 32b Abs. 2 StPO i. V. m. § 110c S. 1 OWiG). Der Inhalt des Protokolls kann in einer gebräuchlichen Kurzschrift oder durch verständliche Abkürzungen vorläufig aufgezeichnet werden (§ 168a Abs. 2 S. 1 StPO i. V. m. § 46 Abs. 1 OWiG), was aber nur bei einfachen Sachverhalten als ausreichend erscheint. Die Verwendung eines Tonaufzeichnungsgeräts für eine vorläufige Aufzeichnung ist im Bußgeldverfahren meist wegen der notwendigen Übertragung zu aufwendig, sodass die sofortige Aufzeichnung in elektronischer Form einfacher ist.

Bei der Übertragung der vorläufigen Aufzeichnung aus Papierform ist nach dem Stand der Technik sicherzustellen, dass das übertragene Dokument mit dem Ausgangsdokument bildlich und inhaltlich übereinstimmt (§ 32e Abs. 2 StPO i. V. m. § 110c S. 1 OWiG). Es muss aktenkundig sein, welches Verfahren bei der Übertragung in ein elektronisches Dokument angewandt worden ist (§ 32e Abs. 3 S. 1 StPO i. V. m. § 110c S. 1 OWiG). Bei der Übertragung eines elektronischen Ausgangsdokuments muss aktenkundig sein, welches Ergebnis die Prüfung der Authentizität und Integrität des Ausgangsdokuments erbracht hat (§ 32e Abs. 3 S. 3 StPO i. V. m. § 110c S. 1 OWiG). Die Ausgangsdokumente müssen nicht gespeichert oder aufbewahrt werden, wenn die übertragenen Dokumente zusätzlich einen mit einer qualifizierten elektronischen Signatur versehenen Vermerk darüber enthalten, dass das Ausgangsdokument mit dem zur Akte zu nehmenden Dokument inhaltlich und bildlich übereinstimmt (§ 110c S. 2 OWiG).[1)]

1) Abweichung von § 32e Abs. 4 StPO für das Bußgeldverfahren.

Vor der Aufzeichnung empfiehlt es sich, von Zeugen oder Zeuginnen zum genauen Aufmerken während des Aufzeichnungsvorgangs und zu sofortiger Unterbrechung bei Unrichtigkeiten aufzufordern. Da das hergestellte Dokument anschließend zur Genehmigung auf einem Bildschirm wiederzugeben ist (§ 168a Abs. 3 S. 2 StPO i. V. m. § 46 Abs. 1 OWiG), werden dadurch nachträgliche Einwendungen vermieden. Notizen oder Aufzeichnungen eines Zeugen oder einer Zeugin, die es ihnen insbesondere bei massenhaften Ordnungswidrigkeiten erst ermöglichen, später über seine Wahrnehmungen auszusagen, sind nur aussageerleichternde Unterlagen (§ 378 Abs. 1 S. 1 ZPO) und weder Ergebnisse noch Maßnahmen der Ermittlungen. Sie gehören daher nicht in die Bußgeldakten.[1)]

- **Anspruch auf Protokollinhalt**

Der Zeuge oder die Zeugin hat keinen Anspruch auf Übermittlung der Protokolldatei oder Aushändigung eines Ausdrucks mit dem Protokollinhalt. Dies sollte auch grundsätzlich unterbleiben, weil sie sonst künftig ihr Erinnerungsbild an dem überlassenen Dokument ausrichten, nicht mehr unbefangen sind und dadurch ihre eigene Glaubwürdigkeit bei einer späteren gerichtlichen Vernehmung gefährden. Ein berechtigtes Interesse als Privatperson besteht auch an einer Akteneinsicht oder Auskunft erfordert ein berechtigtes Interesse, das durch die bloße Zeugeneigenschaft nicht gegeben ist (§ 475 Abs. 1 S. 1 StPO i. V. m. § 49b Halbs. 1 OWiG).[2)]

- **Beweiswert im gerichtlichen Bußgeldverfahren**

Nicht das Dokument über die Vernehmung, sondern die persönliche Aussage des Zeugen oder der Zeugin ist im gerichtlichen Bußgeldverfahren Beweismittel (§ 250 StPO i. V. m. § 71 Abs. 1 OWiG). Trotzdem besitzt ein gutes Vernehmungsdokument große Bedeutung für die Beweissicherung, weil sie einem Zeugen oder einer Zeugin bei Erinnerungsschwierigkeiten in einem späteren gerichtlichen Verfahren zur Gedächtnisunterstützung oder zur Behebung von Widersprüchen mit der mündlichen Aussage vor Gericht vorgehalten werden kann (§ 253 StPO i. V. m. § 71 OWiG). Eine Verlesung ist darüber hinaus in der gerichtlichen Hauptverhandlung im Rahmen einer vereinfachten Beweisaufnahme unter Durchbrechung des grundsätzlichen Mündlichkeits- und Unmittelbarkeitsprinzips mit dem Einverständnis der Verfahrensbeteiligten zulässig (§ 77a Abs. 1, 4 OWiG). Gegen den Willen des oder der Betroffenen darf dagegen eine solche Aussage vor Gericht nicht verlesen werden (§ 256 Abs. 1 Nr. 5 StPO i. V. m. § 71 OWiG).

3.4.9 Zeugenentschädigung

Der Zeuge oder die Zeugin hat nach § 59 OWiG i. V. m. § 19 Abs. 1 S. 1 JVEG einen Entschädigungsanspruch gegen die Verwaltungsbehörde. Dieser umfasst Fahrtkostenersatz (§ 5 JVEG), Entschädigung für Aufwand (§ 6 JVEG), Ersatz für sonstige Aufwendungen (§ 7 JVEG), Entschädigung für Zeitversäumnis (§ 20 JVEG), Entschädigung für Nachteile bei der Haushaltsführung (§ 21 JVEG) sowie Entschädigung für Verdienstausfall (§ 22 JVEG). Kosten für einen Rechtsanwalt oder Rechtsanwältin als Beistand sind nicht entschädigungsfähig. Die Verwaltungsbehörde muss für die

1) OLG Düsseldorf, Beschl. vom 14.5.2007, Az. IV-5 Ss (OWi) 97/07 – (OWi) 75/07 I.

2) BGH, Beschl. vom 4.3.2010, Az. StB 46/09.

richtige Berechnung als auch für die sofortige Auszahlbarkeit Vorsorge treffen. Der Anspruch ist binnen drei Monaten nach dem Vernehmungstermin geltend zu machen (§ 2 Abs. 1 S. 1 JVEG). Eine Belehrungspflicht über den Anspruch besteht weder für die Ladung noch während der Vernehmung des Zeugen oder der Zeugin.

3.5 Antrag auf gerichtliche Zeugenvernehmung

Die Einvernahme von Zeugen oder Zeuginnen durch den Ermittlungsrichter oder die Ermittlungsrichterin des Amtsgerichts (§ 162 Abs. 1 S. 1 StPO i. V. m. § 46 Abs. 1 OWiG) kommt ausnahmsweise in Betracht, wenn zu besorgen ist, dass die zum Tatnachweis erforderliche Aussage in einer späteren gerichtlichen Hauptverhandlung nicht mehr als Beweismittel zur Verfügung steht. Der Verlust des Beweismittels droht bei

- bevorstehender endgültiger Ausreise des Zeugen oder der Zeugin, insbesondere auch bei Abschiebungen,
- schwerer Erkrankung des Zeugen oder der Zeugin,
- Zeugen oder Zeuginnen mit Aussageverweigerungsrechten als Angehörige des oder der Betroffenen (§ 52 Abs. 1 StPO i. V. m. § 46 Abs. 1 OWiG), was auch bei nachträglichem Widerruf eines Verzichts (§ 52 Abs. 3 S. 2 StPO i. V. m. § 46 Abs. 1 OWiG) zur Unverwertbarkeit der Vernehmung im gerichtlichen Bußgeldverfahren führt (§ 252 StPO i. V. m. § 46 Abs. 1 OWiG).

Ein weiterer begründeter Anlass kann bestehen, wenn der Zeuge oder die Zeugin trotz Zwangsmaßnahmen der Verwaltungsbehörde (Ordnungsgeld- und Kostenbescheid) wiederholt unentschuldigt nicht erschienen ist. Die gerichtliche Vernehmung dient aber nicht dazu, der Verwaltungsbehörde Zeugenvernehmungen abzunehmen.

3.5.1 Antragsform

Kann auf die Aussage des Zeugen oder der Zeugin zur Beweisführung nicht verzichtet werden, sollte die Verwaltungsbehörde zur Beweissicherung möglichst rasch eine später verwertbar bleibende Wiederholung der behördlichen Vernehmung vor dem Ermittlungsrichter oder der Ermittlungsrichterin herbeiführen. Die Verwaltungsbehörde kann die Zeugenvernehmung über die elektronischen Postfächer der Verwaltungsbehörde und das elektronische Gerichts- und Verwaltungspostfach (EGVP) des Amtsgerichts (§ 6 ERVV) mit der Bußgeldakte als Dateianhang unmittelbar beantragen (§ 32b Abs. 3 S. 1 StPO i. V. m. § 110c S. 1 OWiG, § 2 Abs. 1 S. 1 BußAktÜbV). Nur die begleitende Verfügung (§ 110c S. 2 OWiG), nicht der Antrag an das Amtsgericht muss den Namen der verantwortenden Person enthalten (§ 32b Abs. 1 S. 1 StPO i. V. m. § 110c S. 1 OWiG). Eine qualifizierte elektronische Signatur (Art. 3 Nr. 12 Verordnung [EU] Nr. 910/2014) ist nicht erforderlich. In Eilfällen kann auch telefonischer Kontakt mit dem Amtsgericht zur Vereinbarung eines raschen Vernehmungstermins aufgenommen werden. Bei drohender Verfolgungsverjährung ist zu beachten, dass nicht der Antrag der Verwaltungsbehörde, sondern erst die Durchführung der gerichtlichen Vernehmung die Verjährung gegenüber einem bekannten Betroffenen unterbricht (§ 33 Abs. 1 S. 1 Nr. 3, Abs. 4 S. 1 OWiG).

3.5.2 Örtliche Zuständigkeit des Amtsgerichts

Örtlich zuständig für eine Zeugenvernehmung ist grundsätzlich das Amtsgericht am Sitz der Verwaltungsbehörde (§ 162 Abs. 1 S. 1 StPO i. V. m. § 46 Abs. 1 OWiG).[1] Der Zeuge oder die Zeugin muss also gegebenenfalls dorthin anreisen. Die Verwaltungsbehörde kann aber zur Beschleunigung des Verfahrens oder zur Vermeidung von Belastungen des Zeugen oder der Zeugin auch den Antrag beim Amtsgericht an deren Wohnort stellen (§ 162 Abs. 1 S. 3 StPO i. V. m. § 46 Abs. 1 OWiG). Dies wird vor allem bei weiten Entfernungen im Verhältnis zur Sache und behinderten oder gebrechlichen Zeugen oder Zeuginnen in Betracht kommen. Der Antrag ist unmittelbar, d. h. nicht über die Staatsanwaltschaft, und ohne Benachrichtigung des oder der Betroffenen und seines Verteidigers oder seiner Verteidigerin an das Amtsgericht zu richten. Der Ermittlungsrichter oder die Ermittlungsrichterin bestimmt einen Termin, zu dem er auch dem oder der Betroffenen, gegebenenfalls seinem Verteidiger oder seiner Verteidigerin und der Verwaltungsbehörde die Anwesenheit gestattet und diese Beteiligten zuvor vom Termin benachrichtigt werden (§ 168c Abs. 2, 5 StPO i. V. m. § 46 Abs. 1 OWiG).

3.5.3 Ablehnungsbefugnis des Amtsgerichts

Der Ermittlungsrichter oder die Ermittlungsrichterin darf das Ersuchen der Verwaltungsbehörde auf gerichtliche Zeugenvernehmung nicht aus Zweckmäßigkeitsgründen ablehnen. Unzulässig ist auch die Erwägung, eine Zeugenvernehmung durch die Verwaltungsbehörde sei gegenüber der gerichtlichen vorrangig. Über die Zweckmäßigkeit einer gerichtlichen Untersuchungshandlung entscheidet allein die Verwaltungsbehörde. Der Ermittlungsrichter oder die Ermittlungsrichterin prüft dagegen nur, ob die beantragte Behandlung gesetzlich zulässig ist. Im Übrigen ist er oder sie aber an den Antrag der Verwaltungsbehörde gebunden.[2] Eine Ablehnung des Antrags ist nur bei sachfremden Erwägungen der Verwaltungsbehörde zulässig.[3] Gegen die gerichtliche Ablehnung einer beantragten Zeugenvernehmung steht der Verwaltungsbehörde die unbefristete Beschwerde (§ 304 StPO i. V. m. § 46 Abs. 1 OWiG) zum Landgericht – Kammer für Bußgeldsachen (§ 46 Abs. 7 OWiG) – als Rechtsmittel offen. Die Beschwerde ist beim Ermittlungsrichter oder der Ermittlungsrichterin einzulegen (§ 306 Abs. 1 StPO i. V. m. § 46 Abs. 1 OWiG). Hilft dieser dem Rechtsmittel nicht ab, entscheidet das Landgericht (LG) auf Vorlage des Amtsgerichts (§ 306 Abs. 2 StPO i. V. m. § 46 Abs. 1 OWiG) durch unanfechtbaren Beschluss (§ 309 StPO i. V. m. § 46 Abs. 1 OWiG). Eine weitere Beschwerde zum Oberlandesgericht (OLG) gibt es nicht (§ 310 StPO i. V. m. § 46 Abs. 1 OWiG).

1) LG Hagen (Westfalen), Beschl. vom 12.11.2009, Az. 46 Qs 30/09.
2) LG Stuttgart, Beschl. vom 25.11.2010, Az. 1 Qs 85/10; LG Zweibrücken, Beschl. vom 8.7.2008, Az. Qs 77/08; LG Kaiserslautern, Beschl. vom 31.5.2007, Az. 5 Qs 41/07, jeweils für ein strafrechtliches Ermittlungsverfahren.
3) LG Nürnberg-Fürth, Beschl. vom 9.4.2008, Az. 2 Qs 22/08, für ein strafrechtliches Ermittlungsverfahren.

Muster 6.7: Antrag der Verwaltungsbehörde auf Zeugenvernehmung durch den Ermittlungsrichter oder Ermittlungsrichterin des Amtsgerichts

Stadt Münsterberg

Bußgeldstelle

Stadt Münsterberg, 99090 Münsterberg

Amtsgericht Königstadt
– Ermittlungsrichter –
über EGVP

Dienstgebäude	Schubertstraße 36 99090 Münsterberg
Bearbeitung	Frau Weber
Telefon	(0987) 9878-987
E-Mail	weber.bs@muensterberg.de

Ihr Zeichen, Ihre Nachricht vom	Bitte bei Antwort angeben **Unser Zeichen, Unsere Nachricht vom** OWi – 0987665/26	**Datum** 28.7.2026

Bußgeldverfahren gegen Herrn Manfred Gürtler, Johannisstraße 15, 54332 Münsterberg, wegen unerlaubter Abfallbeseitigung

Antrag auf gerichtliche Zeugenvernehmung des kasachischen Staatsangehörigen Igor Fedejew, geb. 10.3.1976 in Duschanbe, derzeit in Abschiebehaft in der JVA Königstadt

Anlage: 1 Zeugenvernehmung

Wir führen gegen den Betroffenen ein Bußgeldverfahren wegen einer Ordnungswidrigkeit nach § 69 Abs. 1 Nr. 2 KrWG. Ihm wird vorgeworfen, am 10.4.2026 den zu diesem Zeitpunkt für ihn tätigen kasachischen Staatsangehörigen Igor Fedejew mit der Ablagerung von 20 m³ Bauschutt außerhalb einer Abfallbeseitigungsanlage (§ 28 Abs. 1 KrWG) beauftragt zu haben. Der Zeuge hat zwar bei seiner eigenen Vernehmung als Betroffener den Sachverhalt zugegeben, wird aber voraussichtlich demnächst in sein Heimatland abgeschoben und steht daher für ein gerichtliches Bußgeldverfahren nicht mehr zur Verfügung. Andere Beweismittel zur Überführung des Betroffenen sind nicht vorhanden.

Wir beantragen daher die gerichtliche Vernehmung des Zeugen und bitten, ihn zu dem aus dem beigefügten elektronischen Dokument ersichtlichen Sachverhalt zu hören. Ein Dolmetscher für die russische Sprache wird erforderlich sein, da der Zeuge die deutsche Sprache nur mangelhaft beherrscht. Um Mitteilung des Termins wird gebeten, da die Anwesenheit der verantwortenden Person nach § 168c Abs. 1 StPO i. V. m. § 46 Abs. 1 OWiG beabsichtigt ist.

Stadt Münsterberg, Bußgeldstelle

Telefonzentrale	**Servicezeiten**		**Öffentliche Verkehrsmittel**	**Bankverbindung**
(0899) 123-0	Mo-Mi	7.30-16.30 Uhr	Stadtbus Linie 6	Kreissparkasse Münsterberg
Internet	Do	7.30-17.30 Uhr	Haltestelle Mitte	IBAN DE2040000000123456
www.Muensterberg.de	Fr	7.30-12.00 Uhr		BIC GROBDE77XX
				Volksbank Münsterberg
Besonderes elektronisches Behördenpostfach				IBAN DE2040000000234567
Ordnungsamt@muensterberg .de				BIC GROBDE87XX

4. Beauftragung von Sachverständigen

Sachverständige sind von der Verwaltungsbehörde unabhängige natürliche Personen mit besonderer Sachkunde in einem bestimmten Fachgebiet. Sie werden mit einem Gutachten als zusätzliche Entscheidungsgrundlage beauftragt, wenn die Verwaltungsbehörde selbst nicht über das besondere Fach- oder Sachwissen zu einer entscheidungserheblichen Vorfrage verfügt. Die Verwaltungsbehörde kann Sachverständige

- im Bußgeldverfahren beauftragen (§ 72 ff. StPO i. V. m. § 46 Abs. 1 OWiG) oder
- ein in einem vorausgegangenen Verwaltungsverfahren in Auftrag gegebenes Gutachten von Sachverständigen (§ 26 Abs. 2 Nr. 2 VwVfG) auch im Bußgeldverfahren verwerten (§ 161 Abs. 3 S. 1 StPO i. V. m. § 46 Abs. 1 OWiG).

Beispiel:

Der Lebensmittelkontrolleur entnimmt eine Probe (§ 43 LFGB), um die Verkehrsfähigkeit eines Lebensmittels festzustellen. Mangels eigener Sachkunde wird die Probe durch ein staatliches Institut untersucht. Obwohl die Anordnung der Untersuchung im Verwaltungsverfahren erfolgte, kann das Ergebnis auch im Bußgeldverfahren verwertet werden.

Die Kosten im Verwaltungsverfahren angeordneter Gutachten (§ 26 Abs. 2 Nr. 2 VwVfG) sind allerdings nach dem Entstehungsprinzip auch im Verwaltungsverfahren zu erheben und dürfen nicht im Bußgeldbescheid (§ 107 Abs. 3 Nr. 5 OWiG) aufgeführt werden. Solche Kosten werden auch dann nicht zu Auslagen der Verwaltungsbehörde, wenn die Feststellungen des Gutachtens zur Einleitung eines Bußgeldverfahrens führen. Dies wird in der Verwaltungspraxis der Hauptfall sein.

Beispiel:

Das Gewerbeamt einer Gemeinde führt eine Überprüfung von Versteigerungsgegenständen unter Einschaltung eines Sachverständigen durch, der dabei Verstöße gegen die Versteigererverordnung (VerstV) feststellt.[1] Das vom ihm erstellte Gutachten wird auch im daraufhin eingeleiteten Bußgeldverfahren als Beweismittel im Bußgeldbescheid aufgeführt. Die Kosten sind im Verwaltungsverfahren durch Kostenrechnung oder Leistungsbescheid zu erheben, nicht in einem gegen den Gewerbetreibenden erlassenen Bußgeldbescheid.

Die Verwaltungsbehörde kann aber auch im Bußgeldverfahren selbst Sachverständige beauftragen. Der Auftrag in der Bußgeldakte muss dann als verfahrensbezogene Rechtsgrundlage ausdrücklich §§ 72, 161a Abs. 1 S. 2 StPO i. V. m. § 46 Abs. 1 OWiG aufweisen. Diese Alternative ist nachfolgend dargestellt. Sachverständige sind wie Zeugen oder Zeuginnen persönliche Beweismittel. Sie werden von der Verwaltungsbehörde wegen ihrer besonderen Sachkunde auf einem bestimmten Fachgebiet zur Feststellung einschlägiger Tatsachen oder zur Berichterstattung über Erfahrungssätze einschließlich der Erstellung von Prognosen bestellt. Ihre Aufgabe ist es, die Verwaltungsbehörde durch die Erstattung eines Gutachtens bei der Aufklärung des Sachverhalts zu unterstützen. Dagegen ist es i. d. R. nicht Aufgabe des Sachverständigen, zu Rechtsfragen Stellung zu nehmen. Über diese hat die Verwaltungsbehörde selbst zu entscheiden. Für Sachverständige gelten neben § 73 ff.

1) BayObLG, Beschl. vom 25.5.1994, Az. 3 ObOWi 35/94.

StPO i. V. m. § 46 Abs. 1 OWiG die Vorschriften über Zeugen und Zeuginnen entsprechend (§§ 72, 161a Abs. 1 S. 2 StPO i. V. m. § 46 Abs. 1 OWiG).

Die Beauftragung von Sachverständigen und das Ergebnis der Untersuchungshandlungen sind als wesentliche Förmlichkeit des Bußgeldverfahrens aktenkundig zu machen (§ 168b Abs. 1 StPO i. V. m. § 46 Abs. 1, 2 OWiG). Keinesfalls dürfen Angehörige anderer Behörden unter dem Deckmantel eines „Sachverständigen" ohne Rechtsgrundlage am Bußgeldverfahren beteiligt werden. Personen, die nicht zu Sachverständigen ernannt sind, aber wegen ihrer besonderen Sachkunde zu bestimmten Wahrnehmungen in der Lage waren, sind sachverständige Zeugen oder Zeuginnen. Auf sie werden nur die Vorschriften über Zeugen und Zeuginnen angewandt (§§ 85, 161a Abs. 1 S. 2 StPO i. V. m. § 46 Abs. 1 OWiG). Hier kommen Bedienstete eines Fachamtes in Betracht, die wegen ihrer Beteiligung an Ermittlungshandlungen oder Verwaltungsakten wegen Besorgnis der Befangenheit als Sachverständige ausgeschlossen sind.

4.1 Bestellung von Sachverständigen

Die verantwortende Person der Verwaltungsbehörde entscheidet nach pflichtgemäßem Ermessen,

- ob aus einem vorausgegangenen Verwaltungsverfahren bereits ein doppelrelevant verwertbares Gutachten vorliegt,
- sie selbst die erforderliche Sachkunde besitzt oder
- die Mitwirkung eines oder einer Sachverständigen im Bußgeldverfahren notwendig ist.[1]

Meist genügen Bedienstete der Verwaltungsbehörde oder einer Fachbehörde als sachkundige Zeugen oder Zeuginnen. Die Abgrenzung der sachverständigen Zeugen und Zeuginnen von Sachverständigen richtet sich nicht allein nach der Sachkunde der Beweisperson auf einem bestimmten Wissensgebiet. Bedeutsam ist vielmehr auch der Anlass der Wahrnehmungen. Zeugen und Zeuginnen sagen über Wahrnehmungen aus, die sie mit besonderer Sachkunde ohne behördlichen Auftrag gemacht haben. Sachverständige sind dagegen nur die Personen, die Wahrnehmungen dokumentieren, die sie im Auftrag der Verwaltungsbehörde aufgrund ihrer Sachkunde gemacht haben.[2]

Die Verwaltungsbehörde benötigt dieses Beweismittel also nur ausnahmsweise, wenn ihr zur Beurteilung eines bestimmten Sachverhalts die eigene Sachkunde fehlt. Sachverständige werden beauftragt, damit ihr Sachverstand zu einer bestimmten Thematik die Verwaltungsbehörde in die Lage versetzt, eine Entscheidung zu treffen.[3]

1) OLG Rostock, Beschl. vom 17.11.2015, Az. 21 Ss OWi 161/15 (B); BGH, Urt. vom 10.7.1958, Az. 4 StR 211/58.
2) OLG Düsseldorf, Beschl. vom 7.1.2014, Az. III-1 Ws 430/13.
3) OLG Frankfurt (Main), Beschl. vom 4.12.2014, Az. 2 Ss-OWi 1041/14, für das gerichtliche Bußgeldverfahren.

Beispiel:

Beurteilung der tierschutzrechtlichen Frage, ob einem Hund durch die Anbringung eines Stachelhalsbandes erhebliche Leiden zugefügt werden (§ 18 Abs. 1 Nr. 1 TierSchG) oder es sich um eine übliche Maßnahme bei der Hundeausbildung handelt, durch ein Gutachten des ansonsten an den Ermittlungen im Bußgeldverfahren unbeteiligten Amtstierarztes.

Bei der Auswahl von Sachverständigen sollte in folgender Reihenfolge vorgegangen werden:

- **Behördliches Zeugnis oder Gutachten**

Der Verwaltungsbehörde stehen im Gegensatz zur Staatsanwaltschaft im strafrechtlichen Ermittlungsverfahren i. d. R. keine finanziellen Mittel zur Vergütung von Sachverständigen (§ 59 OWiG i. V. m. § 8 JVEG) zur Verfügung.[1] Bereits aus diesem Grund kommen in Bußgeldverfahren nahezu stets nur Gutachten von Behörden in Betracht, die diese kostenfrei erstatten (§ 1 Abs. 2 S. 2 JVEG). Dabei kann es sich auch um einen Bediensteten der eigenen Behörde handeln, solange dieser die erforderliche Sachkunde und Unparteilichkeit gewährleistet. Eine unauflösbare Interessenkollision besteht, wenn diese Person in einem vorausgegangen Verwaltungsverfahren Anordnungen getroffen hat und dann wegen der festgestellten Verstöße ein Gutachten für das Bußgeldverfahren erstellt. Diese Situation tritt typischerweise etwa bei Amtstierärzten oder -ärztinnen ein.

Ein Zeugnis oder ein Gutachten enthaltende Erklärungen einer öffentlichen Behörde können in einer gerichtlichen Hauptverhandlung verlesen werden (§ 256 Abs. 1 S. 1 Buchst. a StPO i. V. m. § 46 Abs. 1 OWiG). Eine bloße „gutachtliche Stellungnahme" im Verwaltungsverfahren auf Zuleitung der Akten ist jedoch weder eine Beauftragung eines oder einer Sachverständigen noch die Erstellung eines Gutachtens.[2]

Behördliche Sachverständige benötigen im gerichtlichen Bußgeldverfahren allenfalls eine beamtenrechtliche Nebentätigkeitsgenehmigung, jedoch keine Aussagegenehmigung ihres Dienstherrn, da sich der Gegenstand des Gutachtens regelmäßig nicht über Dinge erstreckt, die der Amtsverschwiegenheit unterliegen (§ 76 Abs. 2 S. 1, § 54, § 161a Abs. 1 S. 2 StPO i. V. m. § 46 Abs. 1 OWiG). Weist der oder die Sachverständige jedoch darauf hin, dass er oder sie an bestimmten Ausführungen dadurch gehindert ist, hat die Verwaltungsbehörde, nicht der Sachverständige selbst auf die Entscheidung des Dienstherrn des oder der Sachverständigen über die Erteilung einer Aussagegenehmigung hinzuwirken.[3]

- **Öffentlich bestellter Sachverständiger**

Stehen behördliche Sachverständige nicht zur Verfügung, sollen vorrangig öffentlich bestellte Sachverständige (§ 36 GewO) gewählt werden (§ 73, § 161a Abs. 1 S. 2 StPO i. V. m. § 46 Abs. 1 OWiG). Ein Verzeichnis derartiger Sachverständiger ist über die Industrie- und Handelskammer (IHK) oder die Handwerkskammer (HwK)

1) Zur Vergütung von Sachverständigen durch die Verwaltungsbehörde § 6 Nr. 4.4.
2) OLG Bamberg, Beschl. vom 27.9.2018, Az. 1 Ausl AR 30/18.
3) Nr. 70 Abs. 4 i. V. m. Nr. 66 RiStBV für das strafrechtliche Ermittlungsverfahren.

erhältlich. Auch Staatsanwaltschaften führen meist Verzeichnisse bewährter Sachverständiger (Nr. 70 Abs. 3 RiStBV), sodass auch hier eine Anfrage in Betracht kommt. Mit der Beauftragung solcher Sachverständigen entsteht jedoch ein privatrechtliches Vertragsverhältnis, das einen Vergütungsanspruch gem. § 59 OWiG i. V. m. § 8 JVEG auslöst.

- **Sonstige Personen**

Personen, die nicht für eine gewisse Art von Gutachten als Sachverständige öffentlich bestellt sind (§ 36 GewO), sollen nur dann gewählt werden, wenn besondere Umstände es erfordern (§ 73 Abs. 2, § 161a Abs. 1 S. 2 StPO i. V. m. § 46 Abs. 1 OWiG). Ein Bedürfnis hierfür wird sich im Bußgeldverfahren kaum ergeben. Auch bei der Beauftragung sonstiger Personen als Sachverständige entsteht ein Vergütungsanspruch nach § 59 OWiG i. V. m. § 8 JVEG.

Die Auswahl von Sachverständigen steht im Ermessen der Verwaltungsbehörde (§ 73 Abs. 1 S. 1, § 161a Abs. 1 S. 2 StPO i. V. m. § 46 Abs. 1 OWiG). Der oder die Betroffene hat keinen Anspruch auf eine bestimmte Person.[1] Die Entscheidung der Verwaltungsbehörde kann vom Betroffenen nicht mit dem Antrag auf gerichtliche Entscheidung (§ 62 OWiG) angefochten werden.[2]

4.2 Erteilung des Gutachtenauftrags

Die verantwortende Person der Verwaltungsbehörde sollte vor jeder Erteilung eines Gutachtenauftrags im Bußgeldverfahren mit dem oder der vorgesehenen Sachverständigen abklären, ob sie in angemessener Frist zur Erstattung des benötigten Gutachtens in der Lage sind (§ 73 Abs. 1 S. 2, § 161a Abs. 1 S. 2 StPO i. V. m. § 46 Abs. 1 OWiG). Ist das nicht der Fall, ist eine andere geeignete Person zu beauftragen.[3] Ist der oder die Sachverständige nicht persönlich bekannt, empfiehlt sich eine Besprechung des Beweisthemas zur Feststellung, ob es in das Fachgebiet der vorgesehenen Person fällt. Die Beauftragung von Sachverständigen und die Erstattung von Gutachten unterbrechen die Verfolgungsverjährung nicht, weil sie in der abschließenden Auflistung des § 33 Abs. 1 S. 1 OWiG nicht enthalten sind.

- **Bestimmtheit**

Der Gutachtensauftrag ist genau umgrenzt zu erteilen und sollte nach Möglichkeit bestimmte fachliche Fragen enthalten.[4] Auch im Bußgeldverfahren ist eine klare und eindeutige Aufgabenbeschreibung, insbesondere eine klare Benennung der Beweisfrage unter Darlegung der Anknüpfungstatsachen notwendig, von denen der oder die Sachverständige in seinem Gutachten ausgehen soll.[5]

1) BGH, Urt. vom 14.1.2003, Az. 1 StR 357/02.
2) Schleswig-Holsteinisches OLG (Schleswig), Beschl. vom 16.4.1999, Az. 2 Ws 117/99.
3) OLG Frankfurt (Main), Beschl. vom 4.12.2014, Az. 2 Ss OWi 1041/14.
4) Für das Ermittlungsverfahren der Staatsanwaltschaft Nr. 72 Abs. 2 S. 1 RiStBV.
5) OLG Frankfurt (Main), Beschl. vom 4.12.2014, Az. 2 Ss OWi 1041/14, für eine gerichtliche Aufgabenbestellung.

Beispiel:

Dem Betroffenen wird vorgeworfen, ein Tier nicht artgerecht zu halten und ihm dadurch erhebliche Leiden zuzufügen. Die verantwortende Person der Verwaltungsbehörde beauftragt den nicht an den Ermittlungen beteiligten Amtstierarzt, ein Gutachten zur Artgerechtigkeit der Haltung und zu Art und Erheblichkeit der zugefügten Leiden zu erstatten.

Es ist daher unzulässig, Sachverständige unspezifiziert nur zur „gutachtlichen Stellungnahme" aufzufordern und ihnen die Auswahl der Beweisfragen selbst zu überlassen. Eine solche Aufforderung kann jedoch ohne Weiteres als Stellungnahme einer Fachbehörde eingeholt werden, dann allerdings ohne Verwendbarkeit als Sachverständigengutachten in einem gerichtlichen Bußgeldverfahren.

- **Fristabsprache**

Grundsätzlich ist eine Fristabsprache mit Sachverständigen angebracht (§ 73 Abs. 1 S. 2, § 161a Abs. 1 S. 2 StPO i. V. m. § 46 Abs. 1 OWiG), um das Bußgeldverfahren nicht durch die Erstattung des Gutachtens unangemessen zu verzögern.[1] Keinesfalls darf die Erstellung eines Gutachtens zu einer überlangen Verfahrensdauer führen, die nach einem Einspruch gegen den grundlos spät erlassenen Bußgeldbescheid zu einer Milderung der Geldbuße oder Verfahrenseinstellung (§ 47 Abs. 2 OWiG) durch das Gericht führen kann (§ 199 GVG i. V. m. § 46 Abs. 1 OWiG). Mit dem Gutachtensauftrag kann auch die Aufforderung verbunden werden, bei absehbaren Verzögerungen unaufgefordert die Hinderungsgründe mitzuteilen. Während der Bearbeitung des Gutachtensauftrags durch Sachverständige sollten daher auch mögliche sonstige Ermittlungen der Verwaltungsbehörde parallel weiterlaufen.

- **Hilfskräfte von Sachverständigen**

Sachverständige haben ihr Gutachten zwar grundsätzlich selbst zu erstatten, können sich dabei aber zuarbeitender Hilfskräfte, z. B. zur Auswertung von Unterlagen, bedienen. Ohne besondere Anordnung der Verwaltungsbehörde dürfen Sachverständige dagegen keine „Untersachverständige" beauftragen, wenn sie für einzelne Beweisfragen nicht selbst fachkundig sind. Geschieht dies dennoch, besteht mangels Auftrags insoweit kein Vergütungsanspruch. Es besteht ein Delegationsverbot, soweit durch Heranziehung anderer Personen die Verantwortung von Sachverständigen für das Gutachten infrage gestellt wird.[2]

- **Form**

Eine bestimmte Form des Gutachtensauftrags ist nicht erforderlich, sodass dieser elektronisch, schriftlich, mündlich und telefonisch erteilt werden kann. In den beiden letzten Fällen ist eine Protokollierung der Auftragserteilung in der Bußgeldakte notwendig (§ 168b Abs. 1 StPO i. V. m. § 46 Abs. 1 OWiG). Sachverständige werden i. d. R. über ein elektronisches Bürger- und Organisationenpostfach als sicheren Übermittlungsweg verfügen, sodann der Auftrag über das besondere elektronische

1) BVerfG, stattgebender Kammerbeschluss vom 9.10.2014, Az. 2 BvR 2874/10, zum Beschleunigungsgrundsatz bei Gutachten von Sachverständigen.

2) BGH, Beschl. vom 25.5.2011, Az. 2 StR 585/10.

Behördenpostfach (§ 6 ERVV, § 110c S. 1 OWiG i. V. m. § 32b Abs. 1 S. 1 StPO) erteilt werden sollte. Der Gutachtensauftrag sollte aber stets auf die Erstattung eines elektronischen Gutachtens gerichtet sein. Sowohl der Gutachtensauftrag als auch die weitere Leitung des Sachverständigen ist stets als elektronisches Dokument in der Bußgeldakte zu protokollieren (§ 32b Abs. 2 StPO i. V. m. § 110c S. 1 OWiG).

- **Akteneinsicht von Sachverständigen**

Mit dem Gutachtensauftrag ist der Inhalt der Bußgeldakten beauftragten Sachverständigen wenigstens soweit zugänglich zu machen, dass sie zur Beurteilung des zu begutachtenden Sachverhalts in der Lage sind. Dem stehen keine datenschutzrechtlichen Hindernisse entgegen, Sachverständige besitzen vielmehr aufgrund § 80 Abs. 2, § 161a Abs. 1 S. 2 StPO i. V. m. § 46 Abs. 1 OWiG ein ausdrückliches Recht auf Akteneinsicht. Das Repräsentat der Bußgeldakte wird beauftragten Sachverständigen datensicher übermittelt oder zum Abruf bereitgestellt (§ 32f Abs. 1 S. 1 StPO i. V. m. § 110c S. 1 OWiG, § 2 Abs. 1 StrafAktEinV).[1] Sachverständige sind vor der Einsichtnahme stets auf die Zweckbindung der überlassenen Daten und das Verbot der unbefugten Weitergabe ohne Zustimmung der Verwaltungsbehörde hinzuweisen (§ 32f Abs. 5 S. 3 StPO i. V. m. § 110c S. 1 OWiG).

Sofern die beauftragte Person zur Erstattung des Gutachtens fachlich nicht der Lage ist, muss sie darlegen, warum sie die Beweisfrage nicht beantworten kann, damit die Verwaltungsbehörde gegebenenfalls eine andere Person als Sachverständigen mit der Beantwortung beauftragen kann.[2]

4.3 Rechte und Pflichten von Sachverständigen

Sachverständige sind i. d. R. verpflichtet, das in Auftrag gegebene Gutachten zu erstatten, und können sich nur aus persönlichen oder beruflichen Gründen wie ein Zeuge oder eine Zeugin (§§ 52 bis 53a StPO) weigern (§ 76 Abs. 1 StPO i. V. m. § 46 Abs. 1 OWiG). Bei unberechtigter Weigerung oder grundloser Fristüberschreitung kann von der Verwaltungsbehörde ein Ordnungsgeld festgesetzt werden (§ 77, § 161a Abs. 1 S. 1 StPO i. V. m. § 46 Abs. 1 OWiG).

4.3.1 Teilnahme an Ermittlungshandlungen

Die verantwortende Person der Verwaltungsbehörde darf beauftragte Sachverständige bei ihrer Tätigkeit leiten (§ 78, § 161a Abs. 1 S. 2 StPO i. V. m. § 46 Abs. 1 OWiG), wovon selbstverständlich jede Einflussnahme auf das Ergebnis des Gutachtens ausgeschlossen ist. Die Verwaltungsbehörde wie Sachverständige selbst können aber auf eine Teilnahme bei Ermittlungshandlungen hinwirken. Dies ist für die Anwesenheit bei Vernehmungen von Zeugen oder Zeuginnen und Betroffenen ausdrücklich gesetzlich vorgesehen (§ 80, § 161a Abs. 1 S. 2 StPO i. V. m. § 46 Abs. 1 OWiG). Darüber hinaus kann und sollten Sachverständige zur Vorbereitung ihrer Gutachten auch bei sonstigen Ermittlungshandlungen wie etwa einer Tatortbesichtigung oder einer Durchsuchung von Räumen des Betroffenen und einer Beschlagnahme vor allem von Geschäftsunterlagen selbst anwesend sein. Sofern Sachver-

---

1) Zur Einsichtnahme der Verfahrensbeteiligten in Bußgeldakten § 10 Nr. 7.

2) OLG Frankfurt (Main), Beschl. vom 4.12.2014, Az. 2 Ss OWi 1041/14.

ständigen aber faktisch die Leitung der Ermittlungen übertragen wird, löst dies die in einem nachfolgenden gerichtlichen Bußgeldverfahren die Besorgnis der Befangenheit (siehe nachfolgend) aus.[1)]

4.3.2 Unparteilichkeit von Sachverständigen

Das Gutachten ist unparteilich und nach bestem Wissen und Gewissen zu erstatten (§ 79 Abs. 2 StPO i. V. m. § 46 Abs. 1 OWiG). Sachverständiger oder Sachverständige kann daher im Bußgeldverfahren nicht sein, wer mit dem zu beurteilenden Sachverhalt bereits im Zusammenhang mit einem Verwaltungsverfahren (§ 9 VwVfG, § 8 SGB X) oder verwaltungsgerichtlichen Streitverfahren für die Behörde tätig war. Die Unparteilichkeit des Sachverständigen schließt ferner jede Weisungsgebundenheit außerhalb der Leitung seiner Tätigkeit durch die Verwaltungsbehörde im Sinne des § 78, § 161a Abs. 1 S. 2 StPO i. V. m. § 46 Abs. 1 OWiG aus. Strikt verboten ist Sachverständigen folglich auch jede eigene Ausführung von Ermittlungshandlungen. Auch wenn sie selbst als Bedienstete einer Behörde dazu in der Lage wären, dürfen sie keinesfalls selbst, auch nicht zur „Entlastung der Ermittlungsperson" Zeugen oder Zeuginnen und Betroffene förmlich vernehmen oder Gegenstände sicherstellen.

Beispiel:

Der Amtstierarzt überprüft die Tierhaltung in einem landwirtschaftlichen Anwesen und ordnet dabei Maßnahmen zur künftigen Unterbringung an. Anschließend erstattet er eine Ordnungswidrigkeiten-Anzeige an die Bußgeldstelle mit einer gutachtlichen Stellungnahme. Wegen Beteiligung an Maßnahmen der Gefahrenabwehr besteht die Besorgnis der Befangenheit und die zu erwartende Ablehnung im gerichtlichen Bußgeldverfahren.

Grobe, insbesondere objektiv willkürliche oder auf Missachtung grundlegender Verfahrensrechte von Verfahrensbeteiligten beruhende Verstöße gegen Verfahrensrecht können in einem späteren gerichtlichen Bußgeldverfahren eine Ablehnung von Sachverständigen wegen Besorgnis der Befangenheit rechtfertigen.[2)]

Beispiel:

Der von der Verwaltungsbehörde mit einem Gutachten beauftragte Sachverständige stellt während einer Ortsbesichtigung Fragen an den Betroffenen, die nicht mit der zu beurteilenden Fachfrage, sondern nur mit dem Tatnachweis der Ordnungswidrigkeit zusammenhängen. Das Gutachten führt dann aus, der Betroffene habe den vorgeworfenen Sachverhalt eingeräumt.

Sachverständige können zwar noch nicht im Bußgeldverfahren der Verwaltungsbehörde (Vor- und Zwischenverfahren), jedoch im gerichtlichen Bußgeldverfahren bereits wegen Besorgnis der Befangenheit wie ein Richter oder eine Richterin von

1) LG Köln, Beschl. vom 12.12.2013, Az. 116 KLs 2/12.
2) BGH, Beschl. vom 6.4.2011, Az. 2 StR 73/11.

den Verfahrensbeteiligten abgelehnt werden (§ 74, § 161a Abs. 1 S. 2 StPO i. V. m. § 46 Abs. 1 OWiG). Der Verteidiger oder die Verteidigerin des Betroffenen braucht die Ablehnung auch erst im gerichtlichen Verfahren zu erklären. Einer vorhergehenden Beanstandung oder Gegenvorstellung gegenüber der Verwaltungsbehörde bedarf es dazu nicht. Das ist für die Verwaltungsbehörde sehr unangenehm, weil dies den Zusammenbruch ihrer Beweisführung nach sich ziehen kann.

4.4 Vergütung von Sachverständigen

Alle im Bußgeldverfahren beauftragten Sachverständigen haben nach § 59 OWiG i. V. m. § 8 JVEG grundsätzlich einen Anspruch auf Vergütung, die ein Honorar für die erbrachten Leistungen (§§ 9 bis 11 JVEG), Fahrtkostenersatz (§ 5 JVEG), Entschädigung für Aufwand (§ 6 JVEG) sowie Ersatz für sonstige und für besondere Aufwendungen (§§ 7 und 12 JVEG) umfasst. Dieser Anspruch entsteht unabhängig davon, ob die Verwaltungsbehörde ihre Auslagen in einem Bußgeldbescheid festsetzen (§ 107 Abs. 3 Nr. 5 OWiG) und beitreiben kann. Die Vergütungspflicht ist nur für **Angehörige einer Behörde** oder einer sonstigen öffentlichen Stelle, die weder Ehrenbeamte noch ehrenamtlich tätig sind, nach § 1 Abs. 2 S. 2 JVEG ausgeschlossen, wenn sie ein Gutachten in **Erfüllung ihrer Dienstaufgaben** erstatten, vertreten oder erläutern. In diesem Fall erfolgt nur eine Kostenvormerkung, die Vergütung ist nur dann an die Behörde weiterzuleiten, wenn sie im Bußgeldverfahren auch tatsächlich eingeht. Sachverständige erstellen dann lediglich eine Kostenvormerkung, weil diese Beträge vom Betroffenen im Bußgeldbescheid trotzdem als Auslagen der Verwaltungsbehörde anzusetzen sind (§ 107 Abs. 3 Nr. 5 OWiG).

Verwendet die Verwaltungsbehörde lediglich ein bereits in einem vorangegangenen Verwaltungsverfahren erstelltes Gutachten auch im Bußgeldverfahren, sind entsprechende Auslagen nicht in diesem Verfahren entstanden. Sie dürfen auch dann nicht im Bußgeldbescheid nach § 107 Abs. 3 Nr. 5 OWiG als Auslagen erhoben werden, wenn das Gutachten dort ausdrücklich als Beweismittel gem. § 66 Abs. 1 Nr. 4 OWiG aufgeführt wird. Hierüber setzt sich die Verwaltungsbehörde nicht selten hinweg.

Beispiel:

Ein Lebensmittelkontrolleur entnimmt in einer Gaststätte eine Probe (§ 43 LFGB) und leitet sie zur Begutachtung an ein staatliches Untersuchungsamt weiter. Aufgrund des im Verwaltungsverfahren angeordneten Gutachtens ergibt sich der Verdacht einer lebensmittelrechtlichen Ordnungswidrigkeit (§ 59 LFGB). Das Gutachten wird im Bußgeldbescheid als Beweismittel (§ 66 Abs. 1 Nr. 4 OWiG) aufgeführt. Die Kostenvormerkung des staatlichen Untersuchungsamtes darf nicht im Bußgeldbescheid aufgeführt werden (§ 107 Abs. 3 Nr. 5 OWiG), sondern ist in der kostenpflichtigen Beanstandung im Verwaltungsverfahren zu erheben.

Der oder die Betroffene braucht auch dann die Auslagen der Verwaltungsbehörde für Gutachten von Sachverständigen nicht zu tragen, wenn es unbillig wäre

- durch Untersuchungen zur Aufklärung bestimmter belastender oder entlastender Umstände besondere Auslagen entstanden sind und

- diese Untersuchungen zugunsten des oder der Betroffenen ausgegangen sind, wenn es unbillig wäre, sie damit zu belasten.

Die entstandenen Auslagen sind dann teilweise oder auch ganz der Staatskasse aufzuerlegen (§ 105 Abs. 1 OWiG i. V. m. § 465 Abs. 2 StPO), d. h. von der Verwaltungsbehörde selbst zu tragen. Dies ist auch dann der Fall, wenn vom ursprünglichen Vorwurf nur ein geringer Teil übrig bleibt und der Hauptvorwurf gerade durch das Gutachten ausgeräumt wird.[1)]

Beispiel:

Bei einer amtlichen Kontrolle über die Tierhaltung in Stallungen des Betroffenen ergibt sich durch das erst auf seinen Beweisantrag von der Verwaltungsbehörde angeordnete Gutachten eines Sachverständigen, dass die zunächst beanstandete Haltung nicht ordnungswidrig ist. Der Hauptvorwurf entfällt, es verbleiben einige kleinere Zuwiderhandlungen, die durch Bußgeldbescheid geahndet werden. Die Auslagen der Verwaltungsbehörde für das Gutachten sind auszuscheiden und dürfen nicht im Bußgeldverfahren dem Betroffenen aufgebürdet werden.

5. Sicherstellung von Gegenständen zu Beweiszwecken

Zum Nachweis mancher Ordnungswidrigkeiten können auch gegenständliche Beweismittel erforderlich sein. Sie kommen als Augenscheinsobjekte oder als Dokumente (Urkunden) für die Untersuchung der Verwaltungsbehörde im Bußgeldverfahren in Betracht.

Beispiel:

Die beim minderjährigen Betroffenen aufgefundene, nicht erlaubnispflichtige Waffe und Munition sind Augenscheinsobjekte zum Beweis des verbotenen Besitzes (§ 2 Abs. 1 i. V. m. § 53 Abs. 1 Nr. 1 WaffG).

Die beim Versicherungsvermittler vorhandenen Dokumente über Vertragsabschlüsse sind Urkunden zum Beweis der Ausübung des Gewerbes ohne Erlaubnis der Industrie- und Handelskammer (§ 34d Abs. 1 S. 1 GewO i. V. m. § 144 Abs. 1 Nr. 1 Buchst. k GewO).

Die größte Bedeutung besitzt dieser Sachbeweis bei der Aufklärung von Ordnungswidrigkeiten, die Pflichtverletzungen in Betrieben und Unternehmen betreffen. Durch die Auswertung von Datenspeichern und schriftlichen Unterlagen, die sich bei dem oder der Betroffenen oder anderen Personen wie z. B. deren Steuerberater oder Steuerberaterin befinden, können Beginn, Umfang und Zeitraum von Dauerordnungswidrigkeiten, mithin die Bedeutung der Ordnungswidrigkeit (§ 17 Abs. 3 S. 1 Alt. 1 OWiG) und der aus der Ordnungswidrigkeit gezogene wirtschaftliche Vorteil (§ 17 Abs. 4 OWiG) ermittelt werden.

---

1) AG Osterode, Beschl. vom 16.3.2015, Az. 3b OWi 257/14, für ein verkehrsanalytisches Gutachten.

Beispiel:

Anzahl unerlaubt betriebener Immobilienmaklergeschäfte und daraus erzielte Courtagen (§ 34c Abs. 1 S. 1 Nr. 1 i. V. m. § 144 Abs. 1 Nr. 1 Buchst. h GewO).

Die verwaltungsrechtliche Nachschau etwa im Bau-, Gewerbe-, Lebensmittel-, Umweltrecht erlaubt nur das Betreten von Räumen, Besichtigung und Einsichtnahme in Geschäftsunterlagen, nicht aber deren Überführung in amtlichen Gewahrsam zu Beweiszwecken.[1] Die Sicherstellung von Gegenständen kann jedoch im besonderen Verwaltungsrecht oder allgemeinen Polizeirecht zur Gefahrenabwehr vorgesehen sein. Gegenstände, die im Verwaltungsverfahren in amtlichen Gewahrsam gelangt sind, können aber ohne Weiteres im Bußgeldverfahren zur Beweisführung verwendet werden (§ 161 Abs. 3 S. 1 StPO i. V. m. § 46 Abs. 1 OWiG).

Beispiel:

Bei einer Jugendschutzkontrolle in einer Diskothek wird von einem Polizeibeamten eine nicht erlaubnispflichtige Waffe bei einer jugendlichen Person (§ 2 Abs. 1 WaffG) als gefährlicher Gegenstand zur Gefahrenabwehr nach Polizeirecht sichergestellt. Der Besitz der Waffe verwirklicht auch den Tatbestand einer Ordnungswidrigkeit (§ 53 Abs. 1 Nr. 1 WaffG). Die Waffe darf auch im Bußgeldverfahren gegen den jugendlichen Betroffenen als Beweismittel verwendet werden (Sachbeweis).[2]

Sollen nur einzelne Dokumente zur Beweisführung über ihren Inhalt dienen, kann es genügen, ihren Inhalt als elektronische Bildaufnahmen festzuhalten (§ 100h Abs. 1 S. 1 Nr. 1 StPO i. V. m. § 46 Abs. 1 OWiG) und nicht sicherzustellen. Durch diese einfachere und schnellere, zugleich den Betroffenen oder die Betroffene weniger belastende Maßnahme sind Sicherstellungen von Beweisgegenständen im Bußgeldverfahren heute weitgehend entbehrlich geworden.

Beispiel:

Außerhalb einer Abfallbeseitigungsanlage (§ 28 Abs. 1 S. 1 KrWG) aufgefundene Abfallbestandteile zur Beseitigung (§ 3 Abs. 1 KrWG) lassen Rückschlüsse auf den Abfallbesitzer zu. Zum Tatnachweis einer unerlaubten Abfallablagerung (§ 69 Abs. 1 Nr. 2 KrWG) ist keine Sicherstellung erforderlich, es genügen entsprechende Bildaufnahmen in der Bußgeldakte.

5.1 Rechtsgrundlagen für die Gewinnung des Sachbeweises

Die Strafprozessordnung (StPO) unterscheidet bei der Übernahme von Beweisstücken in amtliche Verwahrung zwischen der *freiwilligen Sicherstellung* und der *zwangsweisen Beschlagnahme*. Das Auffinden von Beweisgegenständen erfolgt

1) VG Stuttgart, Urt. vom 13.10.2011, Az. 4 K 2413/11.

2) Die Waffe kann auch als gefährlicher Gegenstand im Verwaltungsverfahren und als Nebenfolge der Ordnungswidrigkeit im Bußgeldverfahren eingezogen werden (§ 54 Abs. 2 WaffG).

durch die *zwangsweise Durchsuchung* bei Betroffenen oder anderen Personen. Die *freiwillige Durchsicht* bei diesen Personen erwähnt das Gesetz nicht.

5.1.1 Sicherstellung von Beweisgegenständen

Die formlose Sicherstellung von Beweisgegenständen erfolgt bei noch unbekannten Gewahrsamsinhabenden oder aufgrund freiwilliger Herausgabe an die Verwaltungsbehörde: Gegenstände, die als Beweismittel für die Untersuchung von Bedeutung sein können, sind gem. § 94 Abs. 1 StPO i. V. m. § 46 Abs. 1 OWiG in (amtliche) Verwahrung zu nehmen oder in anderer Weise wie z. B. durch Versiegelung sicherzustellen.

Beispiel:

Bei einer Nachschau in einem Gewerbebetrieb überlässt der Inhaber freiwillig Unterlagen, die zum Nachweis des Inverkehrbringens verbotener Pflanzenschutzmittel (§ 68 Abs. 2 PflSchG i. V. m. Verordnung [EG] Nr. 1107/2009) erforderlich sind. Diese Unterlagen können im Bußgeldverfahren sichergestellt, für die Bußgeldakte kopiert und sind spätestens nach Verfahrensabschluss zurückzugeben.

Die freiwillige Sicherstellung bedarf im Gegensatz zur zwangsweisen Beschlagnahme keiner gerichtlichen Anordnung.[1] Eine Sicherstellung kann unabhängig vom Bußgeldverfahren auch auf bundes- oder landesrechtliche Ermächtigungsgrundlagen des besonderen Verwaltungsrechts oder des allgemeinen Polizei-, Sicherheits- und Ordnungsrechts zur Gefahrenabwehr gestützt werden. Aus einer solchen Sicherstellung gewonnene Erkenntnisse dürfen auch im Bußgeldverfahren verwertet werden (§ 161 Abs. 3 S. 1 StPO i. V. m. § 46 Abs. 1 OWiG).

5.1.2 Beschlagnahme von Beweisgegenständen

Der zwangsweisen Beschlagnahme von Gegenständen zu Beweiszwecken gem. § 94 Abs. 1, 2 StPO i. V. m. § 46 Abs. 1 OWiG bedarf es, wenn sie der Gewahrsamsinhaber oder die Gewahrsamsinhaberin nicht freiwillig herausgibt.[2] Die Beschlagnahme von Beweisgegenständen ist von der Beschlagnahme zur Sicherung der Einziehung oder Unbrauchbarmachung (§ 111b Abs. 1 StPO i. V. m. § 46 Abs. 1 OWiG) zu unterscheiden.[3] Für deren Vollzug sind besondere gesetzliche Voraussetzungen zu beachten.[4]

---

1) Zur gerichtlichen Anordnung einer Beschlagnahme von Beweisgegenständen (§ 98 StPO i. V. m. § 46 Abs. 1 OWiG) § 6 Nr. 5.2.2.

2) Der Gewahrsamsinhaber von Beweisgegenständen ist zwar auch nach § 95 Abs. 1 StPO i. V. m. § 46 Abs. 1 OWiG zur Herausgabe verpflichtet. Diese Maßnahme kann bei unberechtigter Weigerung auch durch Ordnungs- und Zwangsmittel nach § 95 Abs. 2 S. 1 StPO i. V. m. § 46 Abs. 1 OWiG durchgesetzt werden, jedoch nicht gegen den Betroffenen oder die Betroffene, da diesen an der Aufklärung des Sachverhalts keine Mitwirkungspflicht trifft. Die Herausgabeanordnung nach § 95 StPO i. V. m. § 46 Abs. 1 OWiG hat daher keine praktische Bedeutung, zumal auch die Beschlagnahme gem. § 94 StPO die schnellere und einfachere Möglichkeit darstellt.

3) Zur Beschlagnahme von Gegenständen bei Personen ohne inländischen Wohn- und Aufenthaltsort zur Sicherung einer verweigerten Sicherheitsleistung (§ 132 Abs. 3 StPO i. V. m. § 46 Abs. 1 OWiG) und des Vermögensarrests (§ 111e StPO) § 8.

4) Zur Beschlagnahme von Einziehungsgegenständen (§ 111b StPO i. V. m. § 46 Abs. 1 OWiG) § 9.

Beispiel:

Der Betroffene schießt unerlaubt mit einer Schreckschusspistole (§ 53 Abs. 1 Nr. 3 WaffG). Die Waffe unterliegt im Bußgeldverfahren der Beschlagnahme als

- Beweisgegenstand (§ 94 Abs. 2 StPO i. V. m. § 46 Abs. 1 OWiG) zum Nachweis des Tatbestandsmerkmals „Schusswaffe",
- Einziehungsgegenstand (§ 111b StPO i. V. m. § 46 Abs. 1 OWiG, § 54 Abs. 1, 2 WaffG) wegen Allgemeingefährlichkeit (§ 22 Abs. 2 Nr. 2 OWiG).

Unabhängig vom Bußgeldverfahren ist eine Beschlagnahme auch aufgrund bundes- oder landesrechtlicher Ermächtigungsgrundlagen des besonderen Verwaltungsrechts oder des allgemeinen Polizei-, Sicherheits- und Ordnungsrechts zur Gefahrenabwehr möglich. Diese bedarf im Gegensatz zur Beschlagnahme im Bußgeldverfahren nach § 98 StPO i. V. m. § 46 Abs. 1 OWiG keiner gerichtlichen Anordnung. Vor allem wegen der erheblichen, während der Dauer eines Bußgeldverfahrens zunächst für die Behörde entstehenden Kosten werden daher Beschlagnahmen von Tieren oder Lebensmitteln besser nur auf Rechtsgrundlagen zur Gefahrenabwehr und damit unabhängig vom Bußgeldverfahren angeordnet. Zur Beweissicherung im Bußgeldverfahren genügen i. d. R. aktenkundige Bildaufzeichnungen.

Beispiel:

Die Verwaltungsbehörde überprüft aufgrund einer Anzeige einen Wanderzirkus, in dem Tiere durch die nicht artgerechte Haltung ohne vernünftigen Grund erhebliche Schmerzen, Leiden und Schäden zugefügt werden (§ 18 Abs. 1 Nr. 1 TierSchG). Die Beschlagnahme dieser Tiere kann im

- Bußgeldverfahren als Beweismittel (§ 94 Abs. 2 StPO i. V. m. § 46 Abs. 1 OWiG),
- Bußgeldverfahren als Einziehungsgegenstände (§ 19 Abs. 1 Nr. 2 TierSchG, § 111b StPO i. V. m. § 46 Abs. 1 OWiG),
- Verwaltungsverfahren als Maßnahme der Gefahrenabwehr

angeordnet werden. Einer gerichtlichen Anordnung bedarf es außer bei Gefahr im Verzug nur im Bußgeldverfahren (§ 98 Abs. 1 bzw. § 111j Abs. 1 StPO jeweils i. V. m. § 46 Abs. 1 OWiG) wegen des hier geltenden Richtervorbehalts, nicht aber bei polizei-, sicherheits- oder ordnungsrechtlichen Maßnahmen als Verwaltungsakte.

Für die Beweissicherung im Bußgeldverfahren genügen Bildaufnahmen und das Gutachten eines nicht an Maßnahmen des Verwaltungs- und Bußgeldverfahrens beteiligten Amtstierarztes über den Zustand der Tiere, sodass es einer Beschlagnahme zu Beweiszwecken nach §§ 94, 98 StPO i. V. m. § 46 Abs. 1 OWiG nicht bedarf. Die Beschlagnahme als Einziehungsgegenstand nach § 111b StPO i. V. m. § 46 Abs. 1 OWiG ist nicht geboten, weil die behördliche Anordnung zur Gefahrenabwehr im Verwaltungsverfahren ohne erforderliche gerichtliche Anordnung schneller und kostengünstiger ist.

5.1.3 Beschlagnahmeverbote

Für bestimmte Beweisgegenstände bestehen Beschlagnahmeverbote, wenn sie sich im Gewahrsam von Personen befinden, die in einem Angehörigkeits- oder besonderen Vertrauensverhältnis zu Betroffenen stehen (§ 97 Abs. 1 StPO i. V. m. § 46 Abs. 1 OWiG). Darunter fallen insbesondere

- schriftliche Mitteilungen zwischen Betroffenen und Personen, die das Zeugnis als Angehörige (§ 52 StPO i. V. m. § 46 Abs. 1 OWiG) verweigern dürfen (§ 97 Abs. 1 Nr. 1 Alt. 1 StPO i. V. m. § 46 Abs. 1 OWiG),
- schriftliche Mitteilungen zwischen Betroffenen und Personen, die das Zeugnis als bestimmte Berufsgeheimnisträger (§ 53 Abs. 1 Nr. 1 bis 3b, § 53a StPO i. V. m. § 46 Abs. 1 OWiG) verweigern dürfen (§ 97 Abs. 1 Nr. 1 Alt. 2 StPO i. V. m. § 46 Abs. 1 OWiG),
- Aufzeichnungen von Personen mit dem Recht zur Zeugnisverweigerung als bestimmte Berufsgeheimnisträger (§ 53 Abs. 1 Nr. 1 bis 3b, § 53a StPO i. V. m. § 46 Abs. 1 OWiG), auf die sich das Zeugnisverweigerungsrecht erstreckt (§ 97 Abs. 1 Nr. 2 StPO i. V. m. § 46 Abs. 1 OWiG),
- andere Gegenstände einschließlich ärztlicher Untersuchungsbefunde, auf die sich das Zeugnisverweigerungsrecht als bestimmte Berufsgeheimnisträger (§ 53 Abs. 1 Nr. 1 bis 3b, § 53a StPO i. V. m. § 46 Abs. 1 OWiG) erstreckt (§ 97 Abs. 1 Nr. 3 StPO i. V. m. § 46 Abs. 1 OWiG).

Das Beschlagnahmeverbot gilt nur, soweit sich das Zeugnisverweigerungsrecht erstreckt. Die Einschränkungen gelten folglich nicht, wenn

- die geschützten Personen an der Ordnungswidrigkeit durch Handeln (§ 14 Abs. 1 OWiG) oder pflichtwidriges Unterlassen (§ 8 OWiG) beteiligt sind,[1)]
- Personen mit einem Zeugnisverweigerungsrecht als Berufsgeheimnisträger oder mitwirkende Personen durch Betroffene von ihrer Schweigepflicht entbunden werden (§ 53 Abs. 2, § 53a Absatz StPO i. V. m. § 46 Abs. 1 OWiG),
- die Gegenstände Erzeugnisse oder Tatwerkzeuge der Ordnungswidrigkeit sind (§ 97 Abs. 2 S. 2 Alt. 2 StPO i. V. m. § 46 Abs. 1 OWiG),
- die Gegenstände beim Betroffenen selbst vorgefunden werden (§ 97 Abs. 2 S. 1 StPO i. V. m. § 46 Abs. 1 OWiG).[2)]

Die Beschlagnahmeverbote gelten nicht nur für eine endgültige Beschlagnahmeanordnung (§ 98 Abs. 1 StPO i. V. m. § 46 Abs. 1 OWiG), sondern bereits für eine gerichtliche Bestätigung der vorläufigen Sicherstellung von Dokumenten zur Durchsicht der Verwaltungsbehörde (§ 98 Abs. 2 S. 2 StPO i. V. m. § 46 Abs. 1 OWiG analog).[3)]

- **Beschlagnahmen bei Berufsgeheimnisträgern**

Liegt wie i. d. R. keine Entbindungserklärung von Betroffenen von der Schweigepflicht vor (§ 53 Abs. 2 StPO i. V. m. § 46 Abs. 1 OWiG), so sind Mandantenakten

1) LG Bonn, Beschl. vom 10.1.2011, Az. 27 Qs 33/10. Zur Beteiligung an einer Ordnungswidrigkeit (§§ 14, 8 OWiG) § 4 Nr. 1.
2) LG Bonn, Beschl. vom 10.9.2010, Az. 27 Qs 21/10.
3) BVerfG, Beschl. vom 30.11.2021, Az. 2 BvR 2038/18.

eines Rechtsanwalts oder einer Rechtsanwältin, eines Wirtschaftsprüfers einer Wirtschaftsprüferin sowie eines Steuerberaters oder einer Steuerberaterin prinzipiell beschlagnahmefrei (§ 97 Abs. 1 StPO i. V. m. § 46 Abs. 1 OWiG). Dies gilt auch für Verteidigungsunterlagen, die schon vor Einleitung des Bußgeldverfahrens gefertigt wurden.[1] Beschlagnahmefähig bleiben aber Unterlagen von Betroffenen, die sich im Gewahrsam dieser Personen befinden.

Beispiele:

Geschäftsunterlagen, die der Betroffene einem Rechtsanwalt zur Vorbereitung eines Zivilprozesses übergibt.

Geschäftsunterlagen und Buchungsbelege, die der Betroffene seinem Steuerberater zur Erstellung der Buchhaltung übergeben hat.

Die Beschlagnahme solcher Unterlagen ist jedoch solange unzulässig, als sie zur Verbuchung und Vorbereitung des Jahresabschlusses (Bilanz) dienen.[2] Kein Beschlagnahmeverbot besteht bei einem gerichtlich bestellten Insolvenzverwalter oder einer Insolvenzverwalterin über das Vermögen von Betroffenen oder Nebenbetroffenen (§ 27 InsO), auch wenn dieser Rechtsanwalt oder diese Rechtsanwältin ist. In diesem Fall ist aber nach dem Grundsatz der Verhältnismäßigkeit und dem Übermaßverbot (Art. 20 Abs. 3 GG) ein Herausgabeverlangen der Verwaltungsbehörde (§ 95 StPO i. V. m. § 46 Abs. 1 OWiG) als geringerer Eingriff vorrangig.[3]

- **Beschlagnahmen bei Banken**

Ein Bankgeheimnis kennt das Bußgeldverfahren nicht. Die gelegentliche Berufung betroffener Banken darauf ist daher unbeachtlich. Für Betroffene dort geführte Kontounterlagen sind grundsätzlich beschlagnahmefähig.[4] Die Beschlagnahme solcher elektronisch gespeicherten Dokumente kann jedoch erhebliche Kosten für die Verwaltungsbehörde nach sich ziehen, da Banken für die Herausgabe von Unterlagen und bereits für die Erteilung von Auskünften gem. § 23 Abs. 1 bis 3 JVEG entschädigungsberechtigt sind. Die Beschlagnahme von Kontounterlagen sollte daher nur ausnahmsweise in unumgänglichen Einzelfällen erfolgen. Auch dann sollte die Maßnahme nach Möglichkeit nur auf bestimmte Konten und Zeiträume beschränkt werden.

---

1) LG Gießen, Beschl. vom 25.6.2012, Az. 7 Qs 100/12.
2) LG Dresden, Beschl. vom 22.1.2007, Az. 5 Qs 34/2006; LG Hamburg, Beschl. vom 4.7.2005, Az. 608 Qs 3/05; *Meyer-Goßner/Schmitt* § 97 Randnr. 40.
3) LG Dresden, Beschl. vom 27.11.2013, Az. 5 Qs 113/13, 5 Qs 123/13.
4) LG Stuttgart, Beschl. vom 23.9.2014, Az. 11 Qs 8/14, für ein Herausgabeverlangen der Staatsanwaltschaft an eine Bank; LG Krefeld, Beschl. vom 14.3.1994, Az. 21 Qs 22/94.

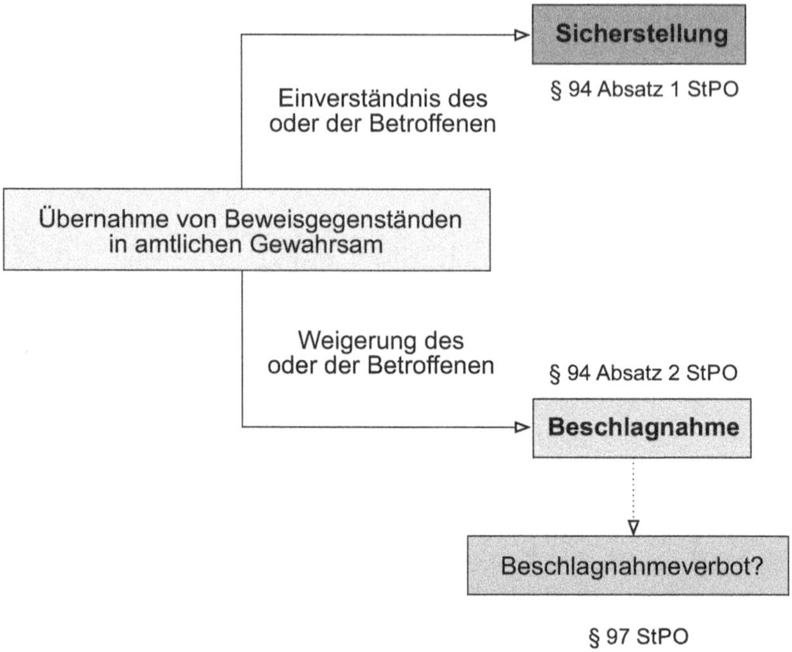

Abb. 4: Sicherstellung und Beschlagnahme

5.1.4 Durchsuchung bei Betroffenen und anderen Personen

Die zwangsweise Durchsuchung einer Wohnung und anderer Räume sowie einer Person und der ihr gehörenden Sachen kommt im Bußgeldverfahren sowohl zur Auffindung von Beweisgegenständen (§ 102 StPO i. V. m. § 46 Abs. 1 OWiG) als auch von Einziehungsgegenständen (§ 111b Abs. 2 i. V. m. § 102 StPO und § 46 Abs. 1 OWiG) in Betracht. Der Gesetzgeber hat die Durchsuchung und damit einen Eingriff in das Grundrecht auf Unverletzlichkeit der Wohnung (Art. 13 Abs. 1, 2 GG) grundsätzlich auch im Bußgeldverfahren nicht ausgeschlossen.[1] Wegen des schweren Grundrechtseingriffs sind der Grundsatz der Verhältnismäßigkeit, insbesondere das Übermaßverbot (Art. 20 Abs. 3 GG) von noch wesentlich größerer Bedeutung als im Strafverfahren. Bei der Abwägung zwischen den durch eine Ermittlungsmaßnahme beeinträchtigten Grundrechten des oder der Betroffenen sowie Nebenbetroffenen dem Verfolgungsinteresse des Staates ist zu berücksichtigen, dass der Vorwurf einer Ordnungswidrigkeit stets weniger schwer wiegt als der einer Straftat. Daher ist im Bußgeldverfahren von Eingriffsbefugnissen i. d. R. nach den Wertungen des Gesetzgebers zurückhaltender Gebrauch zu machen.[2] Die Durchsuchung ist unter Berücksichtigung dieser verfassungsrechtlichen Vorgaben zulässig bei

1) BVerfG, Nichtannahmebeschluss vom 27.6.2018, Az. 2 BvR 1405/17, bezüglich einer nebenbetroffenen juristischen Person.

2) BVerfG, stattgebender Kammerbeschluss vom 14.7.2016, Az. 2 BvR 2748/14; LG Mühlhausen, Beschl. vom 24.9.2008, Az. 3 Qs 153/08.

- Betroffenen als der Ordnungswidrigkeit *verdächtigen* Personen,

  wenn die Auffindung von Beweismitteln zu vermuten ist (§ 102 StPO i. V. m. § 46 Abs. 1 OWiG),
- *unverdächtigen* anderen Personen,

  wenn außerdem Tatsachen vorliegen, dass sich die zur Beschlagnahme bestimmten Gegenstände in den zu durchsuchenden Räumen befinden (§ 103 Abs. 1 S. 1 StPO i. V. m. § 46 Abs. 1 OWiG).

Beispiel:

Der Beschlagnahme unterliegende aktuelle Geschäftsunterlagen des Betroffenen zum Nachweis einer unerlaubten Gewerbeausübung befinden sich vorübergehend nicht dort, sondern zur Erstellung der Buchhaltung beim Steuerberater.

Bei unverdächtigen Personen kann – anders als bei Betroffenen – meist davon ausgegangen werden, dass sie der Verwaltungsbehörde Beweismittel nicht vorenthalten werden. Zur Wahrung des Grundsatzes der Verhältnismäßigkeit (Art. 20 Abs. 3 GG) ist daher zu prüfen, ob ihnen eine *Abwendungsbefugnis* durch freiwillige Herausgabe eingeräumt werden kann. Davon ist allerdings nicht auszugehen, wenn Durchsuchung und Beschlagnahme in den Geschäftsräumen einer juristischen Person vorzunehmen sind, an denen Betroffene als gesetzliche Vertreter oder Vertreterinnen (§ 9 Abs. 1 OWiG) oder wirtschaftliche Eigentümer oder Eigentümerinnen beteiligt sind.[1)]

Beispiel:

Die aktuellen Geschäftsunterlagen einer GmbH, deren Geschäftsführer der Betroffene ist, befinden sich zur Erstellung der Buchhaltung beim (der Tatbeteiligung unverdächtigen) Steuerberater. Diesem kann nachgelassen werden, die Durchsuchung seiner Kanzleiräume und auch bereits die Beschlagnahme der Geschäftsunterlagen des Betroffenen durch freiwillige Herausgabe abzuwenden. Geschäftsunterlagen aus früheren Zeiträumen, die sich bereits wieder in den Geschäftsräumen der GmbH befinden, unterliegen dagegen der Beschlagnahme ohne Abwendungsbefugnis.

Erklärt sich der oder die Unverdächtige mit einer freiwilligen Überprüfung von Beweismitteln einverstanden, wird statt der Durchsuchung nur eine Durchsicht von elektronischen Speichermedien vorgenommen (§ 110 StPO i. V. m. § 46 Abs. 1 OWiG). Diese erlaubt auch eine vorläufige Mitnahme auf die Dienststelle zur Auswertung. Bei einer ausreichenden Vertrauensgrundlage kommt nach dem Grundsatz der Verhältnismäßigkeit (Art. 20 Abs. 3 GG) auch ein Herausgabeverlangen der Verwaltungsbehörde (§ 95 StPO i. V. m. § 46 Abs. 1 OWiG) in Betracht.[2)]

1) LG Bonn, Beschl. vom 18.12.2018, Az. 27 Qs 5/18.
2) LG Dresden, Beschl. vom 27.11.2013, Az. 5 Qs 113/13.

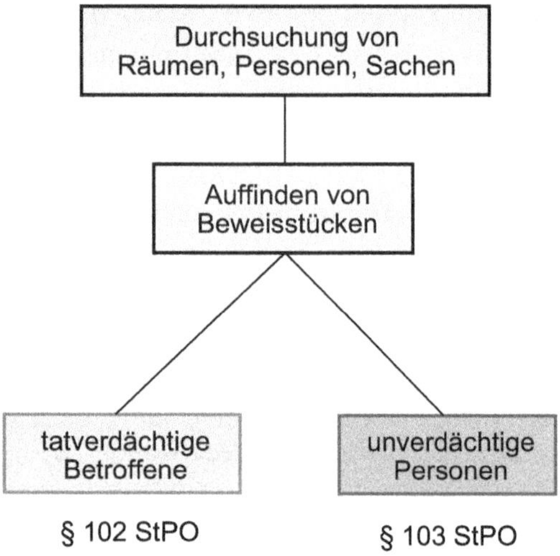

Abb. 5: Durchsuchung bei Tatverdächtigen und Unverdächtigen

5.2 Voraussetzung für Beschlagnahme und Durchsuchung

Die Durchführung der Beschlagnahme von Beweisgegenständen und der Durchsuchung von Räumen bedarf einer vorhergehenden

- Beschlagnahmeanordnung (§ 98 Abs. 1 S. 1 StPO i. V. m. § 46 Abs. 1 OWiG bzw.
- Durchsuchungsanordnung (§ 105 Abs. 1 S. 1 StPO i. V. m. § 46 Abs. 1 OWiG).

Diese Anordnungen sind wegen ihres Eingriffscharakters grundsätzlich dem Richter oder der Richterin vorbehalten, die Verwaltungsbehörde (§ 35, § 46 Abs. 2 OWiG) ist nur ausnahmsweise bei Gefahr im Verzug dazu befugt (§ 98 Abs. 1 S. 1 StPO bzw. § 105 Abs. 1 S. 1 StPO jeweils i. V. m. § 46 Abs. 1 OWiG Abs. 1 StPO). Die Befugnis steht in diesem Ausnahmefall auch solchen Polizeibeamten und -beamtinnen zu, die Ermittlungspersonen der Staatsanwaltschaft sind (§ 152 Abs. 1 GVG).[1] Für die verantwortende Person der Verwaltungsbehörde ergibt sich daher für den

- Regelfall: Antragstellung beim Ermittlungsrichter oder der Ermittlungsrichterin des Amtsgerichts (§ 162 Abs. 1 S. 1 StPO i. V. m. § 46 Abs. 1 OWiG).
- Ausnahmefall: Eigene Anordnungskompetenz bei Gefahr im Verzug.

1) Inwieweit ein Polizeibeamter Ermittlungsperson der Staatsanwaltschaft ist, legt der Landesgesetzgeber durch Rechtsverordnung nach § 152 Abs. 2 GVG fest.

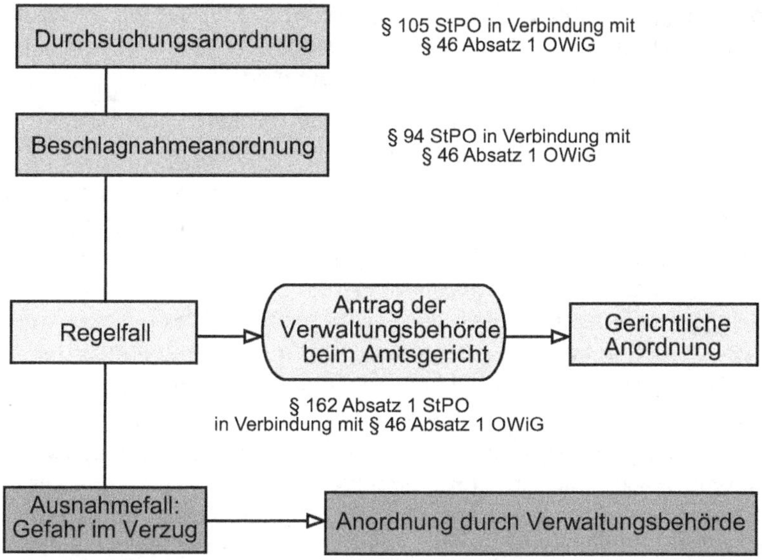

Abb. 6: Anordnung von Durchsuchung und Beschlagnahme

- **Anfangsverdacht einer Ordnungswidrigkeit**

Bei bloßer Vermutung oder vagen Anhaltspunkten ist die Anordnung als verbotener „Ausforschungsbeweis" nach allgemeiner Ansicht unzulässig.[1] Die Durchsuchung darf nicht zur Ermittlung von Tatsachen dienen, die erst zur Begründung eines Verdachts erforderlich sind.[2] Verdachtsunabhängige Betretungsrechte sind nur zur Gefahrenabwehr bei einer Nachschau (z. B. § 29 Abs. 2 GewO) oder Überwachung (z. B. § 47 Abs. 3 S. 2 KrWG, § 42 Abs. 2 LFGB) im Verwaltungsverfahren zulässig. Allein der Anfangsverdacht einer Ordnungswidrigkeit kann mit seinen geringen Anforderungen noch nicht genügen.[3] Zureichende tatsächliche Anhaltspunkte (§ 152 Abs. 2 StPO i. V. m. § 46 Abs. 1 OWiG) rechtfertigen nur die Einleitung eines Bußgeldverfahrens[4] und Ermittlungshandlungen aufgrund der allgemeinen Ermittlungsbefugnis der Verwaltungsbehörde, die noch nicht in Grundrechte Dritter eingreifen (§ 161 Abs. 1 StPO i. V. m. § 46 Abs. 1 OWiG).

- **Vorliegen konkreter Tatsachen**

Eine Durchsuchung von Räumen des oder der Betroffenen setzt den Verdacht einer Ordnungswidrigkeit voraus, der über vage Anhaltspunkte und bloße Vermutungen hinausreicht.[5] Der Verdachtsgrad braucht zwar noch nicht hinreichend für den Erlass eines Bußgeldbescheids sein,[6] er muss den Anfangsverdacht einer Ord-

---

1) BVerfG, stattgebender Kammerbeschluss vom 21.4.2008, Az. 2 BvR 1910/05; OLG Karlsruhe, Beschl. vom 25.3.2010, Az. 14 Wx 9/10.
2) BVerfG, Beschl. vom 24.1.2013, Az. 2 BvR 376/11; LG Rostock, Beschl. vom 2.11.2022, Az. 11 Qs 126/22.
3) Zum Anfangsverdacht einer Ordnungswidrigkeit (§ 152 Abs. 2 StPO i. V. m. § 46 Abs. 1 OWiG) § 2 Nr. 3.
4) Zur Einleitung eines Bußgeldverfahrens (§ 47 Abs. 1 S. 1 OWiG) § 2.
5) BVerfG, stattgebender Kammerbeschluss vom 14.7.2016, Az. 2 BvR 2748/14, und vom 11.2.2015, Az. 2 BvR 1694/14; LG Bonn, Beschl. vom 18.12.2018, Az. 27 Qs 5/18.
6) Für die das strafrechtliche Ermittlungsverfahren abschließende Anklage § 203 StPO.

nungswidrigkeit (§ 152 Abs. 2 StPO i. V. m. § 46 Abs. 1 OWiG) jedoch deutlich übersteigen.[1] Eines hinreichenden oder gar dringenden Tatverdachts bedarf es – unbeschadet der Frage der Verhältnismäßigkeit – aber nicht.[2]

Beispiel:

Der Hinweis einer Privatperson, jemand betreibe ohne Erlaubnis Immobilienmaklergeschäfte (§ 34c Abs. 1 Nr. 1 i. V. m. § 144 Abs. 1 Nr. 1 Buchst. h GewO), rechtfertigt zwar die Annahme eines Anfangsverdachts und deswegen die Einleitung eines Bußgeldverfahrens. Die Beschlagnahme der Geschäftsunterlagen zum Nachweis der Ordnungswidrigkeit, ihres Umfangs und des gezogenen Gewinns und die Durchsuchung der Geschäftsräume dürfen aber erst angeordnet werden, wenn der Anfangsverdacht durch konkrete Tatsachen erhärtet ist.

Vor der Anordnung wären z. B. Feststellungen zum Gewerbestatus des Betroffenen (Gewerbeanzeige, Erlaubnis, Gewerbeuntersagung?), bereits vorhandene Feststellungen beim Fachamt und eine Zeugenvernehmung des Informanten durchzuführen und dieser dabei aufzufordern, in seinem Besitz befindliche schriftliche und elektronische Dokumente als mögliche Beweismittel vorzulegen.

Bei einer Durchsuchung in den Räumen einer unverdächtigen Person müssen konkrete Gründe dafür sprechen, dass der gesuchte Beweisgegenstand dort gefunden werden kann. Dies unterscheidet die Durchsuchung beim Unverdächtigen nach § **103** StPO von einer Durchsuchung bei einer verdächtigen Person nach § **102** StPO, bei der es bereits nach der Lebenserfahrung in gewissem Grade wahrscheinlich ist, dass Beweisgegenstände zu finden sind, die zur Prüfung des Tatverdachts beitragen können, und bei der durch die Verknüpfung des personenbezogenen Tatverdachts mit einem eher abstrakten Auffindeverdacht ein hinreichender Eingriffsanlass besteht.[3]

- **Grundsatz der Verhältnismäßigkeit und Übermaßverbot**

Besonders zu beachten sind der auf dem Rechtsstaatsprinzip beruhende Grundsatz der Verhältnismäßigkeit und das Übermaßverbot (Art. 20 Abs. 3 GG).[4] Es ist bei der Angemessenheitsprüfung auch zu bedenken, dass im Bußgeldverfahren das öffentliche Interesse an der Ahndung aufgrund der Nichtgeltung des Legalitätsprinzips niedriger ist als im Strafverfahren. Der Verhältnismäßigkeitsgrundsatz verlangt zwar nicht, dass bei Ordnungswidrigkeiten generell von einer Durchsuchung abgesehen wird.[5] Hat die Ordnungswidrigkeit aber nur geringe Bedeutung (vergleiche auch § 17 Abs. 3 S. 1 OWiG), steht sie einer Durchsuchung entgegen.[6] Von der Eingriffsbefugnis sollte im Bußgeldverfahren zurückhaltender Gebrauch gemacht werden, da das

1) BGH, Beschl. vom 20.7.2022, Az. StB 29/22.
2) BGH (ständige Rechtsprechung), Beschl. vom 20.7.2022, Az. StB 29/22, unter Bezugnahme auf BVerfG, Beschl. vom 7.9.2006, Az. 2 BvR 1219/05.
3) BGH, Beschl. vom 20.7.2022, Az. StB 29/22, unter Bezugnahme auf BVerfG, Beschl. vom 11.1.2016, Az. 2 BvR 1361/13.
4) BVerfG, stattgebender Kammerbeschluss vom 21.4.2008, Az. 2 BvR 1910/05; LG Itzehoe, Beschl. vom 10.10.2008, Az. 1 Qs 143/08.
5) BVerfG, stattgebender Kammerbeschluss vom 14.7.2016, Az. 2 BvR 2748/14.
6) BVerfG, Beschl. vom 28.9.2008, Az. 2 BvR 1800/07.

staatliche Interesse hier geringer ist als an der Durchführung eines Strafverfahrens. Eine schematische Untergrenze für intensivere Eingriffsmaßnahmen etwa im Hinblick auf die Bußgeldhöhe existiert jedenfalls nicht; vielmehr ist jeweils eine Abwägung im konkreten Einzelfall vorzunehmen. Hierzu gehören die

- Schwere der Tat und die Stärke des Tatverdachts der Ordnungswidrigkeit(en),
- Auffindungswahrscheinlichkeit[1] etwa bereits vorliegenden oder anderweitig zu gewinnenden Beweismaterials, Voreintragungen des oder der Betroffenen,[2]
- Art der betroffenen Räumlichkeiten und Schutzvorkehrungen zur Beschränkung der Maßnahme.[3]

Die Anforderungen an die Stärke des Tatverdachts sind aber umso höher, je weniger schwer die dem oder der Betroffenen zur Last gelegte Tat wiegt.[4] Bei schwerwiegenden Ordnungswidrigkeiten ist die Beschlagnahme von Beweisstücken nicht unangemessen.[5] Eine Durchsuchungsanordnung wegen geringfügiger Ordnungswidrigkeiten kann jedoch evident sachfremd und daher grob unverhältnismäßig und willkürlich sein.[6] Insgesamt ist daher im Bußgeldverfahren von Durchsuchungen durch Art. 13 Abs. 1 GG geschützter Räume zurückhaltender Gebrauch zu machen.[7]

Eine Durchsuchung von Geschäftsräumen und Beschlagnahme von Unterlagen kann auch deswegen unverhältnismäßig werden, weil die gewünschten Erkenntnisse auch in einem vorausgehenden Verwaltungsverfahren (§ 9 VwVfG, § 8 SGB X) gewonnen werden können. Eine Ordnungswidrigkeit stellt auch einen ordnungsrechtlichen Gefahrentatbestand dar. Zur Aufklärung des Gefahrenverdachts können daher eine Nachschau durchgeführt und die dabei gewonnenen Erkenntnisse auch im Bußgeldverfahren verwertet werden.

Beispiel:

Der Omnibus eines nur Gelegenheitsfahrten veranstaltenden Unternehmens wird dabei betroffen, dass unter der Fahrt Fahrgäste aus- und zusteigen. Das erforderliche Tatbestandsmerkmal der Regelmäßigkeit zum Nachweis unerlaubten Linienverkehrs (§ 61 Abs. 1 Nr. 1 PBefG) erfordert die Überprüfung der Geschäftsunterlagen. Eine Durchsuchung der Geschäftsräume und Beschlagnahme von Geschäftsunterlagen verstößt angesichts der zu erwartenden Geldbuße gegen das Übermaßverbot. Die Genehmigungsbehörde führt daher zunächst eine Außenprüfung im Unternehmen nach § 54a Abs. 1 S. 1 Nr. 1 PBefG durch und nimmt Einsicht in die Geschäftsunterlagen.

1) BVerfG, Kammerbeschluss vom 27.7.2007, Az. 2 BvR 254/07.
2) LG Itzehoe, Beschl. vom 10.10.2008, Az. 1 Qs 143/08, für eine Verkehrsordnungswidrigkeit.
3) BVerfG, stattgebender Kammerbeschluss vom 14.7.2016, Az. 2 BvR 2748/14; unter Bezugnahme auf EGMR, Urt. vom 28.4.2005, Az. 41604/98.
4) BVerfG, stattgebender Kammerbeschluss vom 21.4.2008, Az. 2 BvR 1910/05.
5) BVerfG, Beschl. vom 27.4.1973, Az. 2 BvR 276/71.
6) BVerfG, stattgebender Kammerbeschluss vom 7.9.2006, Az. 2 BvR 1141/05, für die Durchsuchung einer Anwaltskanzlei wegen der einem Rechtsanwalt vorgeworfenen Verkehrsordnungswidrigkeiten.
7) BVerfG, stattgebender Kammerbeschluss vom 14.7.2016, Az. 2 BvR 2748/14.

Eine Nachschau darf allerdings nicht dazu durchgeführt werden, um in einem vorgetäuschten Verwaltungsverfahren eine notwendige gerichtliche Durchsuchungs- und Beschlagnahmeanordnung im Bußgeldverfahren zu umgehen.[1]

5.2.1 Antragstellung beim Amtsgericht – Ermittlungsrichter oder Ermittlungsrichterin

Die Verwaltungsbehörde beantragt beim Ermittlungsrichter oder der Ermittlungsrichterin des Amtsgerichts i. d. R. einen kombinierten Durchsuchungs- und Beschlagnahmebeschluss (§ 162 Abs. 1 S. 1 StPO i. V. m. § 46 Abs. 1 OWiG).[2] Der Antrag soll als elektronisches Dokument (§ 32b Abs. 3 S. 1 StPO i. V. m. § 110c S. 1 OWiG, § 3 Abs. 1 S. 1 DokErstÜbV) über das besondere elektronische Behördenpostfach der Verwaltungsbehörde (§ 6 ERVV) an das EGVP des Amtsgerichts übermittelt werden.[3] Nur die begleitende Verfügung, nicht aber der Antrag selbst muss den Namen der verantwortenden Person (§ 32b Abs. 1 S. 1 StPO i. V. m. § 110c S. 1 OWiG) enthalten.[4]

- **Zeitpunkt der Antragstellung**

Ein frühester oder spätester Zeitpunkt ist gesetzlich nicht bestimmt. Es steht jedoch nicht im Belieben der Verwaltungsbehörde, wann sie eine Antragstellung beim Ermittlungsrichter oder der Ermittlungsrichterin in Betracht zieht. Sie darf nicht so lange mit dem Antrag warten, bis die Gefahr eines Beweismittelverlustes tatsächlich eingetreten ist. Für die Frage, ob die Ermittlungsbehörden eine gerichtliche Entscheidung rechtzeitig erreichen können, kommt es auf den Zeitpunkt an, zu dem die Verwaltungsbehörde oder ihre Ermittlungspersonen die Durchsuchung für erforderlich halten.[5]

- **Örtlich zuständiges Gericht**

Die Verwaltungsbehörde stellt den Antrag bei dem Amtsgericht, in dessen Bezirk sie oder ihre den Antrag stellende Zweigstelle ihren Sitz hat (§ 162 Abs. 1 S. 1 StPO i. V. m. § 46 Abs. 1 OWiG).[6] Auf den Ort, an dem eine Durchsuchung und Beschlagnahme durchgeführt werden soll, kommt es also nicht an. Dieses Amtsgericht wird auch nicht auf besonderen Antrag der Verwaltungsbehörde örtlich zuständig (§ 162 Abs. 1 S. 3 StPO). Diese Regelung ist für die Verwaltungsbehörde sehr angenehm, weil sie es stets nur mit einem Amtsgericht zu tun hat, auf dessen Entscheidungspraxis sie sich einstellen kann.

---

1) OLG Karlsruhe, Beschl. vom 8.12.1988, Az. 1 Ss 147/88.

2) Die Polizei besitzt diese Befugnis im Vorverfahren der Verwaltungsbehörde nicht, kann aber Durchsuchungen und Beschlagnahmen bei Gefahr im Verzug gem. § 53 Abs. 2 OWiG selbst anordnen.

3) Der Antrag ist nicht über die Staatsanwaltschaft zu leiten, weil die Verwaltungsbehörde (§ 35 OWiG) im Bußgeldverfahren selbst die Rechte der Staatsanwaltschaft besitzt (§ 46 Abs. 2 OWiG).

4) Vorgesehene elektronische Formulare sind zur Antragstellung zu verwenden (§ 110b OWiG). Bei Redaktionsschluss dieser Auflage waren elektronische Formulare im Bußgeldverfahren noch nicht vorgesehen.

5) BGH, Beschl. vom 30.8.2011, Az. 3 StR 210/11.

6) AG Köln, Beschl. vom 31.5.2017, Az. 506 Gs 1178/17; LG Hagen (Westfalen), Beschl. vom 12.11.2009, Az. 46 Qs 30/09.

- **Vorlage der Bußgeldakten**

Der Ermittlungsrichter oder die Ermittlungsrichterin hat nur zu prüfen, ob die beantragte Handlung nach den Umständen des Falles gesetzlich zulässig ist (§ 162 Abs. 2 StPO i. V. m. § 46 Abs. 1 OWiG). Diese Rechtmäßigkeitsprüfung setzt die Vorlage der gesamten Bußgeldakte als Dateianhang mit dem Antrag voraus. Ohne den Akteninhalt ist der Ermittlungsrichter oder die Ermittlungsrichterin an einer Prüfung des Antrags gehindert und wird ihn mit der Bitte um Vorlage der vollständigen Akten zurücksenden.

- **Äußere Form des Antrags**

Für die Gestaltung der Anträge gibt es weder Bestimmungen noch Empfehlungen. Üblicherweise werden die Anträge unter Abgrenzung durch Ziffern entsprechend der gesetzlichen Praxis in dieser Reihenfolge gestellt (Musterantrag 6.8):

I. Antrag auf Anordnung der Durchsuchung

II. Antrag auf Anordnung der Beschlagnahme

III. Abwendungsbefugnis durch freiwillige Herausgabe

Ziffer III. bezieht sich auf Unverdächtige im Sinne des § 103 StPO i. V. m. § 46 Abs. 1 OWiG. Die Reihenfolge hat sich in der Praxis deswegen so entwickelt, weil der Beschlagnahme von Beweisgegenständen meist die Durchsuchung von Räumen vorausgeht.

- **Bestimmtheit des Antrags**

Die gestellten Anträge müssen inhaltlich hinreichend bestimmt sein.[1] So genügt es nicht, „die Durchsuchung der Räume des Betroffenen und die Beschlagnahme dort aufgefundener Beweismittel“ zu beantragen. Es muss möglichst genau bezeichnet werden:

– Gegen wen richten sich die Maßnahmen?

  Betroffener oder Betroffene (§ 102 StPO i. V. m. § 46 Abs. 1 OWiG) und/oder unverdächtige dritte Personen, z. B. Steuerberater oder Steuerberaterin des oder der Betroffenen oder verfahrensbeteiligte juristische Person oder Personenvereinigung (§ 88 OWiG).

– Wo soll durchsucht werden?

  Nur bestimmte oder alle Geschäftsräume, auch Nebenräume, Fahrzeuge und Privaträume des oder der Betroffenen?

– Was soll beschlagnahmt werden?

  Nur bestimmte Gegenstände oder eine bestimmbare Art von Beweisgegenständen wie z. B. Geschäftsunterlagen aus bezeichneten Zeiträumen?

Unumgänglich ist die Zahl der genauen Anschriften der Durchsuchungsorte. Erlauben die Angaben der Verwaltungsbehörde dem Ermittlungsrichter oder der Ermittlungsrichterin keine personen- und objektbezogene Rechtsprüfung (§ 162 Abs. 2 StPO i. V. m. § 46 Abs. 1 OWiG), droht eine Rückgabe der Bußgeldakte oder sogar die Ablehnung der unbestimmt gestellten Anträge. Die gerichtliche Anordnung muss

1) LG Bonn, Beschl. vom 18.12.2018, Az. 27 Qs 5/18.

so bestimmt sein, dass der Umfang des Vollzuges nicht dem ausführenden Organ überlassen bleibt.

Beispiele:

Wir beantragen:

I. Die Durchsuchung der Geschäftsräume der Waldner GmbH & Co. KG in 54844 Wiesensteig, Grasweg 5 und der Wohnräume des Betroffenen Johann Waldner in 53833 Feldheim, Blumenstraße 10 wird angeordnet.

II. Die Beschlagnahme dort aufgefundener Geschäftsunterlagen der Waldner GmbH & Co. KG und des Betroffenen Johann Waldner aus den Jahren 2024 bis 2026 wird angeordnet.

Wir beantragen:

I. Die Durchsuchung der Geschäftsräume des Steuerberaters Klaus Butz in 58472 Neuberg, Obere Straße 15 wird angeordnet.

II. Die Beschlagnahme sämtlicher dort aufgefundener Geschäftsunterlagen der Waldner GmbH & Co. KG in 54844 Wiesensteig, Grasweg 5 und des Betroffenen Johann Waldner in 53833 Feldheim, Blumenstraße 10 aus den Jahren 2024 bis 2026 wird angeordnet.

III. Die Maßnahmen können durch unverzügliche freiwillige Vorlage und Herausgabe der verlangten Geschäftsunterlagen der in Ziffer I bezeichneten unverdächtigen Person aus den in Ziffer II bezeichneten Zeiträumen abgewendet werden.

Können die zu beschlagnahmenden Beweismittel noch nicht im Einzelnen bezeichnet werden, wie z. B. bei Geschäftsunterlagen, genügt die Angabe der Art der Beweisgegenstände.

Beispiel:

Wir beantragen:

I. Die Durchsuchung der Geschäftsräume des Steuerberaters Klaus Butz in 58472 Neuberg, Obere Straße 15 wird angeordnet.

II. Die Beschlagnahme dort aufgefundener beweiserheblicher Geschäftsunterlagen, insbesondere Buchführung, Korrespondenz, Kontounterlagen und sonstigen Schriftverkehrs des Betroffenen aus den Jahren 2024 bis 2026 wird angeordnet.

- **Begründung des Antrags**

Eine Begründung der Anträge der Verwaltungsbehörde ist zwar nicht gesetzlich vorgeschrieben, jedoch angebracht und allgemein üblich. Erst durch entsprechende Ausführungen wird der Ermittlungsrichter oder die Ermittlungsrichterin in die Lage versetzt, die Notwendigkeit zur Beweisführung aus Sicht der Verwaltungsbehörde nachzuvollziehen. Die Begründung sollte wie folgt gegliedert sein:

- Bezeichnung der vorgeworfenen Ordnungswidrigkeit(en),[1)]
- über den Anfangsverdacht hinausgehender Tatverdacht,
- bisheriges Ermittlungsergebnis,
- Erfordernis und Verhältnismäßigkeit der beantragten Maßnahmen.

Die Begründung sollte knappgehalten werden und nur auf das Wesentliche eingehen. Dazu gehören auf jeden Fall die detaillierten Tatbestandsmerkmale der vorgeworfenen Ordnungswidrigkeit(en) einschließlich der dazu gehörenden konkreten verwaltungsrechtlichen Ausfüllungstatbestände.[2)] Dies gilt insbesondere auch für Bestimmungen in EU-Verordnungen. Die Verwaltungsbehörde darf dem Ermittlungsrichter oder der Ermittlungsrichterin keine bedeutsamen, zugunsten des Betroffenen sprechenden bekannten Umstände vorenthalten.[3)] Grundsätzlich empfiehlt sich ein Eingehen auf die Wahrung des Grundsatzes der Verhältnismäßigkeit (Art. 20 Abs. 3 GG) wegen der Bedeutung der Ordnungswidrigkeit.[4)] Bei unverdächtige Dritte betreffenden Anträgen (§ 103 StPO i. V. m. § 46 Abs. 1 OWiG) sollte zusätzlich darauf eingegangen werden, warum ein Herausgabeverlangen der Verwaltungsbehörde (§ 95 Abs. 1 StPO i. V. m. § 46 Abs. 1 OWiG) als mildere Maßnahme nicht genügt.

- **Keine Benachrichtigung der Betroffenen**

Der oder die Betroffene (§ 102 StPO i. V. m. § 46 Abs. 1 OWiG) wird wegen Gefährdung des Untersuchungserfolges regelmäßig weder von der Verwaltungsbehörde noch durch das Gericht zuvor angehört noch sonst unterrichtet (§ 33 Abs. 4 S. 1 StPO i. V. m. § 46 Abs. 1 OWiG).[5)] Besteht zu einer unverdächtigen Person als Drittem oder Dritte (§ 103 StPO i. V. m. § 46 Abs. 1 OWiG) eine entsprechende Vertrauensgrundlage, kann eine Durchsuchungs- und Beschlagnahmeanordnung mit Abwendungsbefugnis auch an diesen mit Fristsetzung zur freiwilligen Herausgabe übersandt werden.

1) BVerfG, Nichtannahmebeschluss vom 16.4.2015, Az. 2 BvR 2279/13.
2) BVerfG, stattgebender Kammerbeschluss vom 24.7.2007, Az. 2 BvR 1545/03.
3) BVerfG, stattgebender Kammerbeschluss vom 25.7.2007, Az. 2 BvR 947/03.
4) BVerfG, stattgebender Kammerbeschluss vom 14.7.2016, Az. 2 BvR 2748/14.
5) AG Gießen, Beschl. vom 10.7.2013, Az. 517 Gs 602 Js 18835/13.

Muster 6.8: Antrag auf Erlass einer gerichtlichen Durchsuchungs- und Beschlagnahmeanordnung gegen Betroffene (§ 102 StPO i. V. m. § 46 Abs. 1 OWiG)

Stadt Münsterberg

Bußgeldstelle

Stadt Münsterberg, 99090 Münsterberg

Amtsgericht Münsterberg
– Ermittlungsrichter –
über EGVP

Dienstgebäude	Schubertstraße 36 99090 Münsterberg
Bearbeitung	Frau Weber
Telefon	(0987) 9878-987
E-Mail	weber.bs@muensterberg.de

Ihr Zeichen, Ihre Nachricht vom	Bitte bei Antwort angeben **Unser Zeichen, Unsere Nachricht vom**	**Datum**
	OWi – 0987665/26	26.8.2026

Bußgeldverfahren gegen Herrn Walter Dunkelmann, Schlossallee 15, 90098 Münsterberg, wegen unerlaubter Gewerbeausübung

Antrag auf Erlass einer Durchsuchungs- und Beschlagnahmeanordnung

Wir stellen folgende Anträge:

1. Die Durchsuchung der Wohn- und Geschäftsräume, sonstiger Räume und Fahrzeuge des Betroffenen in 90098 Münsterberg, Schlossallee 15 und Römerstraße 45 wird angeordnet.
2. Die Beschlagnahme dort aufgefundener schriftlicher Unterlagen als Beweismittel, namentlich Vertragsabschlüsse, Korrespondenz, Buchhaltung, Bankbelege, Datenträger und sonstige geschäftliche Unterlagen wird angeordnet.

Gründe

Wir führen gegen den Betroffenen ein Bußgeldverfahren wegen einer Ordnungswidrigkeit nach § 144 Abs. 1 Nr. 1 Buchst. h GewO. Dem Betroffenen wird vorgeworfen, gewerbsmäßig ohne Erlaubnis der zuständigen Behörde nach § 34c Abs. 1 Nr. 1 GewO den Abschluss von Verträgen über Grundstücke, gewerbliche Räume und Wohnräume vermittelt und Gelegenheit zum Abschluss solcher Verträge nachgewiesen zu haben. Der Betroffene ist durch den Zeugen Fritz Bergmeister (Zeugenvernehmung vom 20.8.2026) schwer belastet worden. Die bisherigen Ermittlungen haben ergeben, dass weder die notwendige Gewerbeanmeldung (§ 14 Abs. 1 S. 1 GewO) besteht noch eine Erlaubnis für das Makler- und Bauträgergewerbe (§ 34c GewO) erteilt wurde. Die für dieses Gewerbe vorgeschriebenen jährlichen Prüfungsberichte (§ 16 Abs. 1, § 18 Abs. 1 Nr. 12 MaBV) wurden nicht vorgelegt.

Die beantragten Maßnahmen beruhen auf § 94 Abs. 1, § 102 StPO i. V. m. § 46 Abs. 1 OWiG, da die Beweismittel mutmaßlich in den Wohn- und Geschäftsräumen des Betroffenen aufzufinden sind. Durchsuchung und Beschlagnahme sind zur weiteren Aufklärung des Sachverhalts und zur Erlangung von Beweismitteln, insbesondere zum Nachweis des Tatumfangs der Dauerordnungswidrigkeit und des wirtschaftlichen Vorteils für die beab-

Telefonzentrale
(0899) 123-0
Internet
www.Muensterberg.de

Servicezeiten
Mo-Mi 7.30-16.30 Uhr
Do 7.30-17.30 Uhr
Fr 7.30-12.00 Uhr

Öffentliche Verkehrsmittel
Stadtbus Linie 6
Haltestelle Mitte

Bankverbindung
Kreissparkasse Münsterberg
IBAN DE2040000000123456
BIC GROBDE77XX
Volksbank Münsterberg
IBAN DE2040000000234567
BIC GROBDE87XX

Besonderes elektronisches Behördenpostfach
Ordnungsamt@muensterberg .de

sichtigte Gewinnabschöpfung (§ 17 Abs. 4 S. 1 OWiG) notwendig. Eine Nachschau durch die Gewerbebehörde im Verwaltungsverfahren (§ 29 GewO) lässt nur das Betreten von Geschäftsräumen, die Besichtigung von Geschäftsunterlagen, nicht aber deren Sicherstellung zu Beweiszwecken zu. Die beantragten Maßnahmen sind daher zum Tatnachweis im Bußgeldverfahren notwendig. Der Grundsatz der Verhältnismäßigkeit (Art. 20 Abs. 3 GG) ist wegen des mutmaßlichen Umfangs der Zuwiderhandlung und der Höhe der zu erwartenden Geldbuße gewahrt. Die Ordnungswidrigkeit ist mit Geldbuße bis 5000 Euro bedroht (§ 144 Abs. 4 GewO). Das Höchstmaß der Geldbuße kann durch die Vorteilsabschöpfung überschritten werden (§ 17 Abs. 4 S. 1 OWiG).

Wir bitten, den Betroffenen wegen Gefährdung des Untersuchungserfolges nicht von der gerichtlichen Anordnung zu unterrichten (§ 33 Abs. 4 S. 1 StPO i. V. m. § 46 Abs. 1 OWiG).

Anlage: 1 Bußgeldakte mit 17 Seiten als Dateianhang

Stadt Münsterberg, Bußgeldstelle

Muster 6.9: Antrag auf Erlass einer gerichtlichen Durchsuchungs- und Beschlagnahmeanordnung bei unverdächtigen Dritten (§ 103 StPO i. V. m. § 46 Abs. 1 OWiG)

Stadt Münsterberg

Bußgeldstelle

Stadt Münsterberg, 99090 Münsterberg

Amtsgericht Münsterberg
– Ermittlungsrichter –
über EGVP

Dienstgebäude	Schubertstraße 36 99090 Münsterberg
Bearbeitung	Frau Weber
Telefon	(0987) 9878-987
Telefax	(0987) 9878-234
E-Mail	weber.bs@muensterberg.de

Ihr Zeichen, Ihre Nachricht vom	Bitte bei Antwort angeben **Unser Zeichen, Unsere Nachricht vom**	**Datum**
	OWi – 0987665/26	13.5.2026

Bußgeldverfahren gegen Herrn Walter Dunkelmann, Schlossallee 15, 99095 Münsterberg, wegen unerlaubter Gewerbeausübung

Antrag auf Erlass einer Durchsuchungs- und Beschlagnahmeanordnung

Wir stellen folgende Anträge:

1. Die Durchsuchung der Geschäftsräume des Steuerberaters Walter Aumann in 99999 Münsterberg, Chopinstraße 84 wird angeordnet.
2. Die Beschlagnahme dort aufgefundener Geschäftsunterlagen des Betroffenen Walter Dunkelmann aus den Jahren 2024 bis 2026 wird angeordnet.
3. Dem an der Ordnungswidrigkeit nicht beteiligten Steuerberater Walter Aumann wird gestattet, die Maßnahmen in Ziffer 1 und 2 durch unverzügliche freiwillige Herausgabe der verlangten Dokumente abzuwenden.

Telefonzentrale
(0899) 123-0
Internet
www.Muensterberg.de

Servicezeiten
Mo-Mi 7.30-16.30 Uhr
Do 7.30-17.30 Uhr
Fr 7.30-12.00 Uhr

Öffentliche Verkehrsmittel
Stadtbus Linie 6
Haltestelle Mitte

Bankverbindung
Kreissparkasse Münsterberg
IBAN DE2040000000123456
BIC GROBDE77XX
Volksbank Münsterberg
IBAN DE2040000000234567
BIC GROBDE87XX

Besonderes elektronisches Behördenpostfach
Ordnungsamt@muensterberg .de

Gründe

Wir führen gegen den Betroffenen Walter Dunkelmann ein Bußgeldverfahren wegen einer Ordnungswidrigkeit nach § 144 Abs. 1 Nr. 1 Buchst. h GewO. Ihm wird vorgeworfen, gewerbsmäßig ohne Erlaubnis der zuständigen Behörde nach § 34c Abs. 1 S. 1 Nr. 1 GewO den Abschluss von Verträgen über Grundstücke, gewerbliche Räume und Wohnräume vermittelt und Gelegenheit zum Abschluss solcher Verträge nachgewiesen zu haben. Der Betroffene ist durch den Zeugen Fritz Bergmeister (Zeugenvernehmung vom 4.5.2026) schwer belastet worden. Die bisherigen Ermittlungen haben ergeben, dass weder eine Gewerbeanmeldung (§ 14 Abs. 1 S. 1 GewO) besteht noch eine Erlaubnis für das Makler- und Bauträgergewerbe (§ 34c GewO) erteilt wurde. Die für dieses Gewerbe vorgeschriebenen jährlichen Prüfungsberichte (§ 16 Abs. 1, § 18 Abs. 1 Nr. 12 MaBV) wurden nicht vorgelegt.

Die beantragten Maßnahmen beruhen auf § 94 Abs. 1, § 103 Abs. 1 S. 1 StPO i. V. m. § 46 Abs. 1 OWiG. Die gesuchten Beweismittel befinden sich mutmaßlich in den Geschäftsräumen des Steuerberaters, da der Betroffene diesen nach Angaben des Zeugen Bergmeister beauftragt. Es ist daher davon auszugehen, dass sich dort die aktuellen beweiserheblichen Geschäftsunterlagen über unerlaubte Gewerbeausübung des Betroffenen befinden. Sie sind zur weiteren Aufklärung des Sachverhalts und zur Erlangung von Beweismitteln, insbesondere zum Nachweis des Tatumfangs der Dauerordnungswidrigkeit und des wirtschaftlichen Vorteils für die beabsichtigte Gewinnabschöpfung (§ 17 Abs. 4 S. 1 OWiG) notwendig. Eine Nachschau durch die Gewerbebehörde im Verwaltungsverfahren (§ 29 GewO) lässt nur das Betreten von Geschäftsräumen, die Besichtigung von Geschäftsunterlagen, nicht aber deren Sicherstellung zu Beweiszwecken zu. Die beantragten Maßnahmen sind daher zum Tatnachweis im Bußgeldverfahren notwendig. Der Grundsatz der Verhältnismäßigkeit ist wegen des mutmaßlichen Umfangs der Zuwiderhandlung und der Höhe der zu erwartenden Geldbuße gewahrt. Die Ordnungswidrigkeit ist mit Geldbuße bis 5000 Euro bedroht (§ 144 Abs. 4 GewO). Das Höchstmaß der Geldbuße kann durch die Vorteilsabschöpfung überschritten werden (§ 17 Abs. 4 S. 1 OWiG).

Beschlagnahmefreiheit im Sinne des § 97 Abs. 1 Nr. 1 StPO i. V. m. § 46 Abs. 1 OWiG besteht nicht, weil die gesuchten Geschäftsunterlagen des Betroffenen nur zur Verbuchung in die Geschäftsräume des Steuerberaters verbracht wurden und daher nicht unter das geschützte Vertrauensverhältnis des Berufsgeheimnisträgers (§ 53 Abs. 1 S. 1 Nr. 3 StPO i. V. m. § 46 Abs. 1 OWiG) fallen.

Der Grundsatz der Verhältnismäßigkeit (Art. 20 Abs. 3 GG) ist wegen des mutmaßlichen Umfangs der Zuwiderhandlung und der Höhe der zu erwartenden Geldbuße gewahrt. Die Ordnungswidrigkeit ist mit Geldbuße bis 5000 Euro bedroht (§ 144 Abs. 4 GewO). Das Höchstmaß der Geldbuße kann durch die Vorteilsabschöpfung überschritten werden (§ 17 Abs. 4 S. 1 OWiG).

Anlage: 1 elektronische Bußgeldakte mit 17 Seiten als Dateianhang

Stadt Münsterberg, Bußgeldstelle

5.2.2 Gerichtliche Entscheidung

Der Ermittlungsrichter oder die Ermittlungsrichterin wird regelmäßig ohne vorherige Anhörung der Beteiligten (§ 33 Abs. 3, Abs. 4 S. 1 StPO i. V. m. § 46 Abs. 1 OWiG) durch Beschluss (allgemein bezeichnet als „Durchsuchungs- und Beschlagnahmebeschluss“) entscheiden.[1] Dabei findet nur eine Rechtmäßigkeitsprüfung, nicht aber

1) LG Dresden, Beschl. vom 24.8.2011, Az. 3 Qs 105/11, zum früheren schriftlichen Beschluss.

eine Prüfung der Zweckmäßigkeit der beantragten Maßnahmen statt. Das Gericht hat ausschließlich zu prüfen, ob eine Ordnungswidrigkeit vorliegt und die beantragten Maßnahmen nach den Umständen des Falles gesetzlich zulässig sind (§ 162 Abs. 2 StPO i. V. m. § 46 Abs. 1 OWiG). Von besonderer Bedeutung ist der Grundsatz der Verhältnismäßigkeit (Art. 20 Abs. 3 GG), insbesondere das Übermaßverbot des Eingriffs in den verfassungsrechtlich geschützten Bereich (Art. 13 Abs. 1 GG) wegen des Verdachts einer Ordnungswidrigkeit.[1)]

Die Entscheidung des Ermittlungsrichters oder der Ermittlungsrichterin ergeht aufgrund einer momentanen rechtlichen Beurteilung, eine weitere Überprüfung der Rechtfertigung der angeordneten Maßnahmen findet nicht statt. Ein Durchsuchungsbeschluss verliert daher automatisch ein halbes Jahr nach seinem Erlass seine Wirksamkeit[2)] und muss gegebenenfalls erneut beantragt werden. Längeres grundloses Zuwarten beim Vollzug der gerichtlichen Anordnung widerspricht jedoch dem Beschleunigungsgebot in Bußgeldsachen. Nach einem Einspruch gegen den später erlassenen Bußgeldbescheid muss dann mit der Milderung der Geldbuße oder sogar Einstellung wegen nicht mehr gebotener Ahndung (§ 47 Abs. 2 OWiG) aufgrund überlanger Verfahrensdauer gerechnet werden.[3)]

Das Amtsgericht übermittelt den Beschluss elektronisch über das elektronische Gerichts- und Verwaltungspostfach an das besondere elektronische Postfach der Verwaltungsbehörde (§ 6 ERVV) zum Vollzug, nach Einführung der elektronischen Aktenführung bei Gericht und Verwaltungsbehörde nur noch in dieser Form (§ 32b Abs. 3 S. 1 StPO i. V. m. § 110c S. 1, 2 OWiG).

5.2.3 Rechtsmittel gegen die Zurückweisung des Antrags

Erlässt der Ermittlungsrichter oder die Ermittlungsrichterin die beantragten Anordnungen nicht, so weist er oder sie die gestellten Anträge z. B. wegen Unbestimmtheit, mangelnden Tatverdachts einer Ordnungswidrigkeit oder Verstoßes gegen den Grundsatz der Verhältnismäßigkeit (Übermaßverbot, Art. 20 Abs. 3 GG) zurück. Dies geschieht durch schriftlichen, mit Gründen versehenen Beschluss (§ 34 StPO i. V. m. § 46 Abs. 1 OWiG). Der Beschluss enthält regelmäßig keine Rechtsmittelbelehrung, weil das statthafte Rechtsmittel nicht befristet ist (§ 35a S. 1 StPO i. V. m. § 46 Abs. 1 OWiG).

Hält die Verwaltungsbehörde ihren Antrag entgegen der Begründung weiter für zulässig und begründet, steht ihr das Rechtsmittel der (einfachen) Beschwerde nach § 296 Abs. 1, § 304 Abs. 1 StPO i. V. m. § 46 Abs. 1, 2 OWiG zu. Statt der Beschwerde kann die Verwaltungsbehörde den Antrag aber auch jederzeit neu stellen, wenn dessen Voraussetzungen später, z. B. bei Erhärtung des Anfangsverdachts durch weitere Ermittlungen eintreten.

- **Einlegung der Beschwerde**

Die Verwaltungsbehörde legt die Beschwerde (§ 306 Abs. 1, 3 StPO i. V. m. § 46 Abs. 1, 2 OWiG) unmittelbar beim Amtsgericht – Ermittlungsrichter/Ermittlungsrich-

---

1) BVerfG, Nichtannahmebeschluss vom 16.4.2015, Az. 2 BvR 2279/13.

2) BVerfG, Beschl. vom 27.5.1997, Az. 2 BvR 1992/92.

3) BVerfG, stattgebender Kammerbeschluss vom 9.10.2014, Az. 2 BvR 2874/10; OLG Rostock, Beschl. vom 27.1.2016, Az. 21 Ss OWi 2/16 [B].

terin – ohne Beteiligung der Staatsanwaltschaft ein. Nur die begleitende Verfügung in der elektronischen Bußgeldakte, nicht aber der Antrag selbst muss den Namen der verantwortenden Person (§ 32b Abs. 1 S. 1 StPO i. V. m. § 110c S. 1 OWiG) enthalten. Eine qualifizierte elektronische Signatur (Art. 3 Nr. 12 Verordnung [EU] Nr. 910/2014) der begleitenden Verfügung ist nicht erforderlich (Umkehrschluss aus § 32b Abs. 1 S. 2 StPO).[1] Das Rechtsmittel ist nicht an Fristen gebunden (§ 304 Abs. 1 StPO i. V. m. § 46 Abs. 1, 2 OWiG). Der oder die Betroffene wird wegen Gefährdung des Untersuchungserfolges regelmäßig weder von der Verwaltungsbehörde noch durch das Gericht vom eingelegten Rechtsmittel unterrichtet (§ 33 Abs. 4 S. 1 StPO i. V. m. § 46 Abs. 1, 2 OWiG).

- **Begründung der Beschwerde**

Eine Begründung der Beschwerde ist zwar nicht vorgeschrieben, jedoch üblich und tunlich. Die Beschwerde sollte ausführen, warum entgegen der Auffassung des Ermittlungsrichters oder der Ermittlungsrichterin z. B. der Tatverdacht einer Ordnungswidrigkeit besteht und die beantragten Maßnahmen zur Beweisführung notwendig und auch verhältnismäßig sind.

- **Gerichtliche Entscheidung**

Erachtet der Ermittlungsrichter oder die Ermittlungsrichterin die Beschwerde für begründet, so hilft er oder sie ihr ab (§ 306 Abs. 2 Halbs. 1 StPO i. V. m. § 46 Abs. 1 OWiG) und erlässt nunmehr die von der Verwaltungsbehörde beantragten Anordnungen. Andernfalls legt er oder sie die Beschwerde sofort, spätestens bis zum Ablauf von drei Tagen dem Beschwerdegericht vor (§ 306 Abs. 2 Halbs. 2 StPO i. V. m. § 46 Abs. 1 OWiG). Die Beschwerdeentscheidung ergeht durch das dem Amtsgericht übergeordnete Landgericht – Kammer für Bußgeldsachen (§ 46 Abs. 7 OWiG) – ohne mündliche Verhandlung (§ 309 Abs. 1 StPO i. V. m. § 46 Abs. 1 OWiG). Wird die Beschwerde für begründet erachtet, so erlässt das Landgericht als Beschwerdegericht zugleich die in der Sache erforderliche Entscheidung (§ 309 Abs. 2 StPO i. V. m. § 46 Abs. 1 OWiG). Verwirft das Landgericht die Beschwerde der Verwaltungsbehörde, steht dieser keine weitere Beschwerde zu (§ 310 Abs. 2 StPO i. V. m. § 46 Abs. 1 OWiG).[2] Sie kann allenfalls eine formlose Gegenvorstellung erheben.

5.2.4 Verfahren bei Gefahr im Verzug

Durchsuchungen dürfen bei einer Ordnungswidrigkeit verdächtigen Personen (§ 102 StPO) wie bei unverdächtigen Dritten (§ 103 StPO) nur bei Gefahr im Verzug durch die Verwaltungsbehörde selbst (§ 35 OWiG) angeordnet werden (§ 105 Abs. 1 StPO i. V. m. § 46 Abs. 1 OWiG). Nach Wortlaut und Systematik des Art. 13 Abs. 2 GG besteht zwischen richterlicher und nichtrichterlicher Durchsuchungsanordnung ein Regel-Ausnahme-Verhältnis.[3] Gefahr im Verzug liegt nur vor, wenn die Anordnung von Durchsuchung und Beschlagnahme so eilbedürftig ist, dass die durch Anrufung des Richters oder der Richterin eintretende Verzögerung zur Gefahr des Beweismit-

1) Vorgesehene elektronische Formulare sind zur Antragstellung zu verwenden (§ 110b OWiG). Bei Redaktionsschluss dieser Auflage waren elektronische Formulare im Bußgeldverfahren noch nicht vorgesehen.
2) OLG Karlsruhe, Beschl. vom 4.11.2014, Az. 2 Ws 331/14.
3) BVerfG, Beschl. vom 16.6.2015, Az. 2 BvR 2718/10, 2 BvR 1849/11, 2 BvR 2808/11.

telverlustes führen würde.[1] Ob ein angemessener Zeitraum zur Verfügung steht, innerhalb dessen eine Entscheidung des zuständigen des zuständigen Richters oder der Richterin erwartet werden kann, oder ob bereits eine zeitliche Verzögerung wegen des Versuchs der Herbeiführung einer gerichtlichen Entscheidung den Erfolg der Durchsuchung gefährden würde und daher eine nichtrichterliche Durchsuchungsanordnung ergehen darf, haben die Ermittlungsbehörden zunächst selbst zu prüfen. Sobald der Ermittlungsrichter oder die Ermittlungsrichterin mit der Sache durch einen Antrag der Verwaltungsbehörde befasst wurde, ist für eine Eilkompetenz wegen Gefahr im Verzug nur noch dann Raum, wenn sich nachträglich neue Tatsachen dafür ergeben, welche den Untersuchungserfolg gefährden. Die Befugnis der Verwaltungsbehörde lebt also im Regelfall nicht wieder auf, weil die Entscheidung des Ermittlungsrichters oder der Ermittlungsrichterin abzuwarten ist.[2]

Nur im Ausnahmefall der Gefahr im Verzug dürfen die verantwortende Person der Verwaltungsbehörde und Polizeibeamte die sonst dem Richter oder der Richterin vorbehaltene Anordnung der Durchsuchung von durch Art. 13 Abs. 2 GG geschützten Wohn- und Geschäftsräumen gem. § 105 Abs. 1 StPO i. V. m. § 46 Abs. 1 OWiG und der Beschlagnahme von Beweisgegenständen gem. § 98 Abs. 1 StPO i. V. m. § 46 Abs. 1 OWiG selbst anordnen. Dieses Erfordernis wird vor allem bei der sogenannten „Anschlussdurchsuchung" auftreten, bei der während der Ausführung einer gerichtlich angeordneten Durchsuchung weitere, von der gerichtlichen Anordnung noch nicht abgedeckte Durchsuchungsobjekte erkennbar werden.

Beispiel:

Die verantwortende Person der Verwaltungsbehörde stellt bei einer Durchsuchung der Wohn- und Geschäftsräume eines mutmaßlichen Schwarzarbeiters fest, dass sich die zur Beweisführung notwendigen aktuellen Geschäftsunterlagen und meist auch die des Vorjahres beim Steuerberater des Betroffenen befinden.

Durch die ständige einschlägige Rechtsprechung des Bundesverfassungsgerichts sind der Anordnung der Verwaltungsbehörde und der Polizei engste Grenzen gesetzt.[3] Das BVerfG hat eine Verletzung des Grundrechts auf die Unverletzlichkeit der Wohnung nach Art. 13 Abs. 1 GG und des verfassungsrechtlichen Willkürverbots in Art. 3 Abs. 1 GG festgestellt, wenn die Staatsanwaltschaft (Verwaltungsbehörde) bei einer wegen Gefahr im Verzug angeordneten Durchsuchung und Beschlagnahme die gesetzlichen Voraussetzungen nicht beachtet. Die willkürliche, bewusste und gezielte Umgehung des Richtervorbehalts kann schließlich auch zu einem Beweisverwertungsverbot mit der Folge eines Freispruchs im gerichtlichen Bußgeldverfahren führen.[4]

---

1) OLG Koblenz, Beschl. vom 9.3.2022, Az. 1 Ws 791/20, unter Bezugnahme auf BGH, Urt. vom 4.6.2020, Az. 4 StR 15/20.
2) BVerfG, Beschl. vom 16.6.2015, Az. 2 BvR 2718/10, 2 BvR 1849/11, 2 BvR 2808/11.
3) Grundlegend BVerfG, Beschl. vom 20.2.2001, Az. 2 BvR 1444/00.
4) OLG Sachsen-Anhalt (Naumburg), Beschl. vom 5.11.2015, Az. 2 Ws 201/15; Thüringer OLG (Jena), Beschl. vom 3.6.2014, Az. 1 SsRs 129/13.

5.2.4.1 Voraussetzung einer Gefahr im Verzug

Die Annahme der Gefahr im Verzug im Sinne des § 105 Abs. 1 StPO i. V. m. § 46 Abs. 1 OWiG darf nicht auf reine Spekulationen, hypothetische Erwägungen oder lediglich auf kriminalistische Alltagserfahrung gestützte, fallunabhängige Vermutungen als Grundlage gestützt werden. Gefahr im Verzug muss mit Tatsachen begründet werden, die auf den konkreten Einzelfall bezogen sind. Auch die bloße Möglichkeit eines Beweismittelverlusts genügt nicht.[1] Die Voraussetzungen der Gefahr im Verzug dürfen auch nicht dadurch provoziert werden, dass sie die Verwaltungsbehörde durch mangelhafte Vorermittlungen vor der Durchsuchung selbst schafft und damit die Regelzuständigkeit des Ermittlungsrichters oder der Ermittlungsrichterin unterläuft.[2] Es steht folglich nicht im Belieben der Verwaltungsbehörde, wann sie eine Antragstellung beim Amtsgericht in Betracht zieht. Sie darf nicht so lange mit dem Antrag warten, bis die Gefahr eines Beweismittelverlustes tatsächlich eingetreten ist.[3]

Auch bei überraschend auftretenden Situationen muss zumindest der Versuch gemacht werden, eine Anordnung des instanziell und funktionell zuständigen Richters oder der Richterin zu erlangen, bevor die Verwaltungsbehörde mit der Durchsuchung beginnt.[4] Eine eigene Anordnung nach § 105 Abs. 1 S. 1 StPO i. V. m. § 46 Abs. 1, 2 OWiG ohne Bemühung um eine gerichtliche Entscheidung ist nur in Ausnahmesituationen zulässig, wenn schon die zeitliche Verzögerung wegen eines solchen Versuchs den Erfolg der Durchsuchung gefährden würde.[5] Solche Situationen werden aber im Bußgeldverfahren kaum zu begründen sein. Daher muss die verantwortende Person der Verwaltungsbehörde stets versuchen, vom Tatort der Ordnungswidrigkeit aus eine Entscheidung des Ermittlungsrichters oder der Ermittlungsrichterin zu erwirken.

Die Annahme der Gefahr im Verzug kann auch nicht mit dem abstrakten Hinweis begründet werden, eine gerichtliche Entscheidung sei gewöhnlicherweise zu einem bestimmten Zeitpunkt (z. B. zur Mittagszeit) oder innerhalb einer gewissen Zeitspanne (z. B. wegen mangelnden Schreibdienstes) nicht zu erlangen. Die Erreichbarkeit des Ermittlungsrichters oder der Ermittlungsrichterin muss daher auch durch Einrichtung eines Eil- oder Notdienstes gesichert sein.[5] Die verantwortende Person der Verwaltungsbehörde sollte grundsätzlich vor einer Durchsuchung klären, wie der zuständige Ermittlungsrichter oder die Ermittlungsrichterin telefonisch vom Tatort aus über seine Geschäftsstelle zu erreichen ist, damit er den vom Bundesverfassungsgericht geforderten Versuch des Erreichens unternehmen kann. Als keinesfalls ausreichend für die Annahme einer Gefahr im Verzug kann es angesehen werden, wenn der Ermittlungsrichter oder die Ermittlungsrichterin durch andere Rechtsgeschäfte wie Vernehmungen oder Eröffnung von Haftbefehlen vorübergehend verhindert ist. In diesem Fall muss versucht werden, die durch den Geschäftsverteilungsplan des Amtsgerichts festgelegte Vertreter oder Vertreterin des über deren Geschäftsstelle des Amtsgerichts zu erreichen.

1) BVerfG, Beschl. vom 20.2.2001, Az. 2 BvR 1444/00.
2) BVerfG, Beschl. vom 3.12.2002, Az. 2 BvR 1845/00.
3) BGH, Beschl. vom 30.8.2011, Az. 3 StR 210/11.
4) BVerfG, Beschl. vom 8.3.2006, Az. 2 BvR 1114/05.
5) BVerfG, Urt. vom 20.2.2001, Az. 2 BvR 1444/00.

Die Gefahr im Verzug kann entfallen, wenn der oder die Betroffene sich freiwillig mit der Durchsuchung von Räumen einverstanden erklärt. Für eine wirksame Einwilligung muss dem oder der Betroffenen jedoch bekannt sein, dass gegen ihn oder sie der Anfangsverdacht einer Ordnungswidrigkeit besteht und die Maßnahme der Auffindung weiterer, ihn gegebenenfalls belastender Erkenntnisse dient.[1)]

5.2.4.2 Dokumentations- und Begründungspflicht der Verfolgungsbehörde

Nimmt die verantwortende Person der Verwaltungsbehörde bei der eigenen Anordnung einer Durchsuchung Gefahr im Verzug an, so unterliegt diese Entscheidung der vollen nachträglichen gerichtlichen Kontrolle. Das Bundesverfassungsgericht verlangt für einen wirksamen Rechtsschutz eine gerichtliche Entscheidungsgrundlage, die nicht nur das Ergebnis, sondern auch die Grundlagen der behördlichen Entscheidung und ihr Zustandekommen zuverlässig erkennbar werden lassen. Aus dem Rechtsgewährungsprinzip nach Art. 19 Abs. 4 GG ergeben sich daher für die Verwaltungsbehörde Dokumentations- und Begründungspflichten.[2)] Die eine Durchsuchung nach § 105 Abs. 1 StPO i. V. m. § 46 Abs. 1 OWiG anordnende verantwortende Person der Verwaltungsbehörde muss vor oder unmittelbar nach der Durchsuchung die für den Eingriff bedeutsamen Erkenntnisse und Annahmen in den Ermittlungsakten dokumentieren. Dazu sind unter der Bezeichnung des Tatverdachts und der gesuchten Beweismittel die Umstände darzulegen, auf welche sich die Gefahr des Beweismittelverlusts stützt. Die Dokumentation darf sich nicht etwa inhaltslos auf die bloße juristische Definition der Gefahr im Verzug beschränken. Das Gericht muss über die konkrete Sachlage zum Zeitpunkt der Entscheidung der handelnden Beamten und Beamtinnen informiert sein. Insbesondere muss auch erkennbar sein, ob diese den Versuch unternommen haben, den Ermittlungsrichter oder die Ermittlungsrichterin zu erreichen.[3)]

Auf der Grundlage der Dokumentation muss die Verwaltungsbehörde ihre Durchsuchungsanordnung in einem späteren gerichtlichen Verfahren begründen. Dabei müssen sich ihre Ausführungen auf die gesetzlichen Voraussetzungen der Durchsuchung (§§ 102 ff. StPO i. V. m. § 46 Abs. 1 OWiG), d. h. bei einer Durchsuchung in den Geschäftsräumen des steuerberatenden Berufsgeheimnisträger und ihrer Mitarbeitenden, insbesondere

- auf § 103 StPO i. V. m. § 46 Abs. 1 OWiG und
- für die Anordnungskompetenz der Verwaltungsbehörde auf § 105 Abs. 1 StPO i. V. m. § 46 Abs. 1 OWiG erstrecken.

Außerdem ist darzulegen, warum eine gerichtliche Anordnung zu spät gekommen wäre und gegebenenfalls warum von dem Versuch abgesehen wurde, eine Entscheidung des Ermittlungsrichters oder der Ermittlungsrichterin zu erlangen.[4)]

1) OLG Koblenz, Beschl. vom 9.3.2022, Az. 1 Ws 791/20, für den Anfangsverdacht einer Straftat.
2) BVerfG, Beschl. vom 16.6.2015, Az. 2 BvR 2718/10, 2 BvR 1849/11, 2 BvR 2808/11, und Urt. vom 8.3.2006, Az. 2 BvR 1114/05.
3) BVerfG, Beschl. vom 20.2.2001, Az. 2 BvR 1444/00.
4) BVerfG, Urt. vom 20.2.2001, Az. 2 BvR 1444/00.

5.2.4.3 Nachholung der gerichtlichen Entscheidung bei Beschlagnahmen

Die Verwaltungsbehörde soll binnen drei Tagen nach Durchführung der Maßnahme von Amts wegen eine nachträgliche Bestätigung der behördlichen Beschlagnahmeanordnung herbeiführen (§ 98 Abs. 2 S. 1 StPO i. V. m. § 46 Abs. 1 OWiG), wenn

- weder Betroffene noch ihre erwachsenen Angehörigen bei der Beschlagnahme anwesend waren oder
- Betroffene und im Falle ihrer Abwesenheit erwachsene Angehörige gegen die Beschlagnahme ausdrücklich Widerspruch erhoben haben.

Die Frist von drei Tagen ist eine wesentliche Förmlichkeit des Verfahrens und nicht nur eine unverbindliche Ordnungsvorschrift. Der Antrag der Verwaltungsbehörde ist direkt, nicht etwa über die Staatsanwaltschaft beim Amtsgericht – Ermittlungsrichter/Ermittlungsrichterin – zu stellen. Die Bußgeldakten sind beizufügen. Zuständig ist das Amtsgericht am Sitz der Verwaltungsbehörde (§ 98 Abs. 2 S. 3 StPO i. V. m. § 46 Abs. 1 OWiG).

Beispiel:

An das Amtsgericht – Ermittlungsrichter/Ermittlungsrichterin – in ...

Wir beantragen, die am 12.5.2026 in den Geschäftsräumen des Betroffenen Georg Lindner, 54843 Münsterberg, Drosselweg 74, erfolgte Beschlagnahme von Geschäftsunterlagen (20 Aktenordner) gerichtlich zu bestätigen.

Die Begründung der Verwaltungsbehörde muss auf Folgendes eingehen:

- Tatsache der behördlichen Anordnung und ihres Vollzuges,
- Abwesenheit oder Widerspruch des von der Maßnahme Betroffenen,
- Erforderlichkeit der beschlagnahmten Gegenstände zur Beweisführung,
- Verhältnismäßigkeit der Beschlagnahme.

Das Gericht entscheidet nur, ob die Beschlagnahme der Beweisgegenstände zurzeit der gerichtlichen Prüfung gerechtfertigt ist. Die Entscheidung ergeht im schriftlichen Verfahren durch Beschluss. Wird die Beschlagnahme aufgehoben, steht der Verwaltungsbehörde dagegen die (einfache) Beschwerde zu (§§ 304 bis 310 StPO i. V. m. § 46 Abs. 1 OWiG).[1] Auch Betroffene können jederzeit die gerichtliche Entscheidung beantragen (§ 62 OWiG, § 98 Abs. 2 S. 2 StPO i. V. m. § 46 Abs. 1 OWiG).

5.3 Vorbereitung von Durchsuchungen und Beschlagnahmen

Die beabsichtigte Durchsuchung von Wohn- und Geschäftsräumen zur Erlangung von Geschäftsunterlagen als Beweismittel darf nicht überstürzt durchgeführt werden, sondern bedarf möglichst gründlicher Vorbereitung. Sie muss aber trotzdem zeitnah nach ihrer Anordnung durchgeführt werden.[2] Vor größeren Aktionen empfiehlt sich daher eine Einsatzbesprechung mit der aufgrund Ermittlungsersuchens

1) Zur Einlegung der Beschwerde beim Amtsgericht (§ 304 StPO i. V. m. § 46 Abs. 1 OWiG) § 6 Nr. 5.2.3.
2) LG Rostock, Beschl. vom 2.11.2022, Az. 11 Qs 126/22, für die Unverhältnismäßigkeit einer Durchsuchung, die erst über fünf Monate nach ihrer Anordnung durchgeführt wird.

(§ 161 Abs. 1 S. 1 StPO i. V. m. § 46 Abs. 1 OWiG) bei der Durchführung beteiligten Polizeidienststelle:

- Welche polizeilichen Kräfte und Fahrzeuge (Größe je nach Umfang des Beschlagnahmegutes, gegebenenfalls größere Fahrzeuge in Bereitschaft) stehen zur Verfügung?
- Abstimmung der Aufgabenabgrenzung zwischen den verantwortenden Personen der Verwaltungsbehörde und Kräften der Polizeidienststelle während der Durchsuchung (§ 161 StPO i. V. m. § 46 Abs. 1 OWiG).
- Kommunikation vor Ort.
- Faltkisten für die Beförderung des Beschlagnahmegutes.
- Digitalkamera für Tatortdokumentation (kein privates Mobiltelefon mit Kamerafunktion).
- Formulare für Durchsuchungsmitteilung und Sicherstellungsprotokoll (§ 107 StPO i. V. m. § 46 Abs. 1 OWiG).
- Abklärung der Durchsuchungsobjekte (Überprüfung bei der Melde- und Gewerbebehörde, vorhandene polizeiliche Erkenntnisse).

Unabhängig davon können folgende Vorbereitungsmaßnahmen sinnvoll sein:

- Bestellung behördlicher Sachverständiger (§ 73 ff. StPO i. V. m. § 46 Abs. 1 OWiG) für ein Fachgebiet oder EDV-Auswertung, Terminabstimmung mit dem oder der Sachverständigen.
- Beschaffung der Kopien von Bauplänen der Durchsuchungsobjekte (Orientierungshilfe während der Durchsuchung).
- Beschaffung von Notizblock mit Klemmvorrichtung für Protokolle während der Durchsuchung und Beschlagnahme.
- Bereitstellung eines Notebooks zur zeitnahen Anfertigung des Durchsuchungs- und Beschlagnahmeprotokolls als elektronisches Dokument.

Schließlich kann eine zweite Einsatzbesprechung mit der beteiligten Polizeidienststelle kurz vor der Durchführung größerer Maßnahmen erforderlich sein:

- Stehen die erforderlichen polizeilichen Dienstkräfte und Fahrzeuge zur Verfügung?
- Wurde die erforderliche Ausrüstung (Kommunikation, Transportbehälter, Digitalkamera, Formulare für Durchsuchungsmitteilung und Sicherstellungsverzeichnis) beschafft?
- Sind die Anschriften der Durchsuchungsobjekte noch zutreffend?

5.4 Durchführung von Durchsuchung und Beschlagnahme

Die im Regelfall erforderliche gerichtliche Anordnung von Durchsuchung und Beschlagnahme verpflichtet die Verwaltungsbehörde nicht zu ihrer Durchführung. Der Ermittlungsrichter oder die Ermittlungsrichterin beteiligt sich nicht am Ermittlungsverfahren der Verwaltungsbehörde, sondern trifft nur eine Rechtmäßigkeitskontrolle (§ 162 Abs. 2 StPO i. V. m. § 46 Abs. 1 OWiG). Daher kann von der Durchführung abgesehen werden, wenn sie nicht mehr notwendig ist, z. B. weil eine

Beweisführung inzwischen durch andere Beweismittel möglich geworden ist oder die Durchsicht und Sicherstellung freiwillig gestattet werden.

Der Zeitraum für die Durchführung der gerichtlich angeordneten Durchsuchung und Beschlagnahme ist jedoch beschränkt. Zwar ergibt sich aus dem Gesetz keine zeitliche Befristung, nach der ständigen Rechtsprechung des Bundesverfassungsgerichts (BVerfG)[1] muss der Durchsuchungs- und Beschlagnahmebeschluss jedoch baldmöglichst, spätestens aber sechs Monate nach Erlass durch den Ermittlungsrichter oder die Ermittlungsrichterin vollzogen werden. Andernfalls wird er nach Ablauf dieser Zeitspanne unwirksam und darf nicht mehr vollzogen werden. Der Grund hierfür liegt in der nur zeitpunktgebundenen gerichtlichen Rechtmäßigkeitskontrolle. Nach Ablauf mehrerer Monate kann sich der Ermittlungsstand oder der Grundsatz der Verhältnismäßigkeit so zugunsten des oder der Betroffenen verändert haben, dass der Ermittlungsrichter oder die Ermittlungsrichterin den Durchsuchungs- und Beschlagnahmebeschluss nicht mehr erlassen hätte. Das BVerfG verlangt zwar keine erneute Vorlage der Bußgeldakte an den Ermittlungsrichter oder die Ermittlungsrichterin, setzt aber eine zeitliche Grenze für den Vollzug des Durchsuchungs- und Beschlagnahmebeschlusses. Ist diese ohne Vollzug der Anordnung überschritten, muss ein neuer Antrag gestellt werden. Der Zeitraum von sechs Monaten darf aber keineswegs ausgeschöpft werden, da das Ahndungsbedürfnis für die verfolgte Ordnungswidrigkeit infolge Zeitablaufs schwinden und damit die Angemessenheit der Zwangsmaßnahme entfallen lassen kann.[2]

Die gerichtliche Anordnung befugt nur zur einmaligen Durchsuchung und Beschlagnahme. Wird nachträglich bemerkt, dass Gegenstände übersehen oder vergessen wurden, ist – sofern nicht Gefahr im Verzug vorliegt – eine erneute gerichtliche Anordnung notwendig.

5.4.1 Leitung und polizeiliche Unterstützung

Der Vollzug der gerichtlichen Anordnung stellt bei Ordnungswidrigkeiten mit wirtschaftlichem Bezug zu Betrieben und Unternehmen eine wesentliche Untersuchungshandlung dar. Daher sollten Durchsuchungen und Beschlagnahmen in diesen Fällen von der verantwortenden Person der Verwaltungsbehörde persönlich geleitet werden. Allerdings sollte sich die Verwaltungsbehörde dabei polizeilicher Unterstützung bedienen. Davon kann abgesehen werden, wenn die Sicherstellung nur geringen Umfang hat und Widerstand nicht zu erwarten ist, wie z. B. bei Geschäftsunterlagen des oder der Betroffenen, die bei deren Steuerberater oder Steuerberaterin sichergestellt werden sollen. Ansonsten sollte die große polizeiliche Erfahrung bei der technischen Abwicklung von Durchsuchung und Beschlagnahme genutzt und ein entsprechendes Ermittlungsersuchen (§ 161 Abs. 1 S. 1 StPO i. V. m. § 46 Abs. 1 OWiG)[3] zur Unterstützung der Verwaltungsbehörde gestellt werden. Die polizeiliche Anwesenheit wird auch unberechtigte Weigerungen von Betroffenen nicht aufkommen lassen.

1) BVerfG, Beschl. vom 27.5.1997, Az. 2 BvR 92/92.
2) LG Rostock, Beschl. vom 2.11.2022, Az. 11 Qs 126/22
3) Zum Ermittlungsersuchen (§ 161 Abs. 1 S. 1 StPO i. V. m. § 46 Abs. 1 OWiG) an eine Polizeidienststelle § 5 Nr. 1.

5.4.2 Anwesenheitsrechte bei der Durchsuchung

Während der Durchsuchung besteht das Hausrecht des Inhabers oder der Inhaberin der Räume fort. Die verantwortende Person der Verwaltungsbehörde darf daher nicht unkontrolliert die Anwesenheit von Personen zulassen oder verhindern.

- **Zuziehung des Inhabers**

Werden Räume und Gegenstände durchsucht, so hat deren Inhaber oder Inhaberin ein gesetzliches Anwesenheitsrecht (§ 106 Abs. 1 S. 1 StPO i. V. m. § 46 Abs. 1 OWiG). Eine Entfernung während der Durchsuchung oder im Rahmen des Grundsatzes der Verhältnismäßigkeit ein persönlicher Gewahrsam sind nur bei erheblichen Störungen der Amtshandlung vorübergehend möglich (§ 164 StPO i. V. m. § 46 Abs. 1 OWiG). Ist der Inhaber oder die Inhaberin abwesend, so ist wenn möglich sein Vertreter oder seine Vertreterin oder eine erwachsene angehörige Person, Hausgenossen oder Nachbarn zuzuziehen (§ 106 Abs. 1 S. 2 StPO i. V. m. § 46 Abs. 1 OWiG). Die Zuziehung sogenannter „Durchsuchungszeugen" oder „Durchsuchungszeuginnen" ist dagegen im Falle einer Leitung durch die verantwortende Person der Verwaltungsbehörde (§ 46 Abs. 2 OWiG) nicht notwendig (§ 105 Abs. 2 StPO i. V. m. § 46 Abs. 1, 2 OWiG).[1)]

Personen, denen der Inhaber oder die Inhaberin von Räumen im Rahmen seines oder ihres Hausrechts gestattet, z. B. Familien- oder Betriebsangehörige, und die die Ermittlungshandlungen nicht stören, dürfen wegen des fortbestehenden Hausrechts (§ 854 Abs. 1 bzw. § 903 S. 1 BGB) gegen den Willen von Berechtigten nicht zum Verlassen der zu durchsuchenden Räume aufgefordert werden. Ein bewusster und willkürlicher Verstoß gegen das Anwesenheitsrecht des oder der Betroffenen kann zu einem Verwertungsverbot beschlagnahmter Beweisgegenstände führen.[2)] Personen, die die Amtshandlung der Verwaltungsbehörde stören, können jedoch unter Beachtung des Grundsatzes der Verhältnismäßigkeit (Art. 20 Abs. 3 GG) festgenommen und bis zur Beendigung der Amtshandlung vorübergehend festgehalten werden (§ 164 StPO i. V. m. § 46 Abs. 1, 2 OWiG).

- **Verteidiger oder Verteidigerin von Betroffenen**

Der Verteidiger oder die Verteidigerin von Betroffenen hat zwar kein sich aus § 106 StPO i. V. m. § 46 Abs. 1 OWiG ergebendes Anwesenheitsrecht. Der oder die Betroffene kann aber als Inhaber oder Inhaberin von Räumen und Gegenständen jederzeit die Anwesenheit gestatten,[3)] da er oder sie sich im Bußgeldverfahren in jeder Lage des Verfahrens eines Verteidigers oder einer Verteidigerin bedienen kann (§ 137 Abs. 1 S. 1 StPO i. V. m. § 46 Abs. 1 OWiG). Es darf dem oder der Betroffenen daher auch nicht verboten werden, den Verteidiger oder die Verteidigerin herbeizurufen. Auf das Eintreffen und die Anwesenheit herbeigerufener Personen muss jedoch nicht gewartet werden. Eine Bestimmung, wonach eine Durchsuchung nur in Anwesenheit eines Verteidigers oder einer Verteidigerin erfolgen darf, gibt es nicht.

---

1) Die Verwaltungsbehörde besitzt im Bußgeldverfahren die Befugnisse der Staatsanwaltschaft (§ 46 Abs. 2 OWiG), sodass die Zuziehung von Zeugen oder Zeuginnen unterbleiben kann (§ 105 Abs. 2 StPO i. V. m. § 46 Abs. 1 OWiG).
2) AG Bremen, Beschl. vom 19.8.2008, Az. 91 Gs 817/08.
3) OLG Stuttgart, Beschl. vom 27.8.1984, Az. 4 VAs 24/84.

- **Sachverständige**

Von der Verwaltungsbehörde beauftragten Sachverständigen kann von Amts wegen oder auf ihr Verlangen weitere Aufklärung verschafft werden.[1] Dazu kann es sinnvoll sein, ihnen zur Vorbereitung des Gutachtens die Anwesenheit während einer Durchsuchung zu gestatten (§ 80 Abs. 2 StPO analog i. V. m. § 46 Abs. 1 OWiG).[2] Sachverständige können der verantwortenden Person der Verwaltungsbehörde dabei erläutern, welche Unterlagen zur Vorbereitung ihres Gutachtens notwendig sind. Dadurch wird eine auch im Interesse des oder der Betroffenen liegende Auswahl der zu beschlagnahmenden Beweisgegenstände getroffen. Sobald Sachverständige allerdings eigenmächtig oder auf Verlangen der Verwaltungsbehörde in die Ermittlungen eingreifen oder sie sogar faktisch leiten, überschreiten sie ihre Kompetenzen und setzen sich spätestens in einem gerichtlichen Bußgeldverfahren der Ablehnung wegen Besorgnis der Befangenheit aus (§ 74 Abs. 1 S. 1, Abs. 2 S. 1 StPO i. V. m. § 71 Abs. 1 OWiG).

- **Sonstige Personen**

Sonstige Personen haben kein Anwesenheitsrecht, soweit ihnen dies nicht vom Inhaber oder der Inhaberin der Räume im Rahmen des Hausrechts (§ 854 Abs. 1 bzw. § 903 S. 1 BGB) ausdrücklich gestatten wird. Es kann daher nur dringend davor gewarnt werden, Bediensteten anderer Behörden, die über keine eigene Rechtsgrundlage wie z. B. aufgrund einer gleichzeitig durchgeführten gerichtlich angeordneten Durchsuchung wegen einer anderen Ordnungswidrigkeit oder einer Maßnahme des Verwaltungsverfahrens wie z. B. einer Außen- oder Betriebsprüfung verfügen, die Anwesenheit zu gestatten. Da der Inhaber und die Inhaberin der Räume durch das Grundrecht der Unverletzlichkeit der Wohnung (Art. 13 Abs. 2 GG) und das privatrechtliche Hausrecht (§ 854 Abs. 1 bzw. § 903 S. 1 BGB) geschützt ist, könnte dies zur Strafbarkeit wegen gemeinschaftlichen Hausfriedensbruches (§ 123 StGB) führen.

Für die Vollzugspraxis empfiehlt es sich, alle anwesenden Personen und ihre Dienststellen beim Betreten der zu durchsuchenden Räume kurz vorzustellen und im Protokoll mit dem Grund ihrer Anwesenheit festzuhalten.[3] Auf diese Weise können keine Missverständnisse über deren Befugnis zur Anwesenheit aufkommen.

5.4.3 Abwesenheit der Betroffenen

Die Abwesenheit des oder der Betroffenen ist kein Grund, von der Durchführung der Maßnahmen abzusehen. Die verantwortende Person der Verwaltungsbehörde hat zwar zu versuchen, den Inhaber oder die Inhaberin der Räume oder in seiner Abwesenheit, wenn möglich, einen Vertreter oder eine Vertreterin oder erwachsene angehörige Person, einen Hausgenossen oder Nachbarn zuzuziehen (§ 106 Abs. 1 S. 2 StPO i. V. m. § 46 Abs. 1 OWiG). Manchmal wissen diese Personen auch, wo sich der oder die Betroffene gerade aufhält, sodass sie telefonisch benachrichtigt werden und selbst anwesend sein können.

1) Zur Beauftragung von Sachverständigen durch die Verwaltungsbehörde (§§ 72 ff. StPO i. V. m. § 46 Abs. 1 OWiG) § 6 Nr. 4.
2) LG Berlin, Beschl. vom 3.5.2012, Az. 526 Qs 10/12.
3) Zur Durchsuchungsmitteilung an den Betroffenen (§ 107 StPO i. V. m. § 46 Abs. 1 OWiG) § 6 Nr. 5.4.8.

Misslingt der Versuch, den Inhaber oder die Inhaberin der Räume zu benachrichtigen, so kann und sollte die Durchsuchung von Räumen und Gegenständen trotz der Abwesenheit des oder der Betroffenen beginnen. Zwar enthält der gerichtliche Durchsuchungs- und Beschlagnahmebeschluss keine ausdrückliche Ermächtigung zur Zwangsöffnung von Räumen, diese ist aber bereits von der Durchsuchungsermächtigung umfasst. Nach dem Grundsatz der Verhältnismäßigkeit (Art. 20 Abs. 3 GG) sollte in jedem Fall versucht werden, eine zuzuziehende Person wie z. B. Nachbarn oder Hausmeister nach einem vorhandenen Ersatz- oder Generalschlüssel zu befragen. Ist eine Zwangsöffnung unumgänglich, so ruft die verantwortende Person nach Möglichkeit eine Feuerwehr herbei oder beauftragt einen privaten Schlüsseldienst, der das Schloss öffnet. Der mit der Beauftragung geschlossene Werkvertrag (§ 631 BGB) zieht eine privatrechtliche Vergütungspflicht nach sich. Der vereinbarte Rechnungsbetrag ist von der Verwaltungsbehörde sofort zu bezahlen (§ 631 Abs. 1 BGB). Im Bußgeldbescheid sind solche an Dritte zu zahlende Beträge für die Durchsuchung oder Untersuchung von Räumen und Sachen einschließlich der die Durchsuchung oder Untersuchung vorbereitenden Maßnahmen als Auslagen der Verwaltungsbehörde aufzuführen (§ 107 Abs. 3 Nr. 10 Buchst. b OWiG).[1]

5.4.4 Bekanntgabe der Maßnahmen und Rechtsbehelfsbelehrung

Die Bekanntgabe der Anordnung von Durchsuchung und Beschlagnahme kann bis zum Beginn ihrer Durchführung zurückgestellt werden (§ 33 Abs. 1, 4 StPO i. V. m. § 46 Abs. 1 OWiG). Dem oder der unverdächtigen Betroffenen einer Durchsuchung (§ 103 Abs. 1 StPO i. V. m. § 46 Abs. 1 OWiG) oder der bei ihrer Abwesenheit zugezogenen Person ist vor deren Beginn zusätzlich der Zweck der Maßnahmen bekanntzumachen (§ 106 Abs. 2 S. 1 StPO i. V. m. § 46 Abs. 1 OWiG). Die Bekanntgabe erfolgt vor oder bei dem Betreten der zu durchsuchenden Räume durch Mitteilung der gerichtlichen oder behördlichen Anordnung. Ein als Papierdokument vorhandener gerichtlicher Durchsuchungs- und Beschlagnahmebeschluss sollte in schriftlicher Ausfertigung übergeben werden. Ein elektronisches Dokument kann in dieser Form übermittelt werden, wenn der oder die Betroffene ein besonderes elektronisches Bürger- und Organisationenpostfach (eBO) oder Bürgerpostfach im Portalverbund (BundID, künftig DeutschlandID, § 12 Abs. 1 S. 3 OZG) mitteilt.

Der gerichtliche Beschluss enthält keine Rechtsbehelfsbelehrung, weil er nur mit der unbefristeten, einfachen Beschwerde (§ 304 bis 310 StPO i. V. m. § 46 Abs. 1 OWiG) anfechtbar ist (§ 35a S. 1 StPO i. V. m. § 46 Abs. 1 OWiG).

Eine Rechtsbehelfsbelehrung ist nur erforderlich, wenn eine Beschlagnahme ausnahmsweise nicht vom Ermittlungsrichter oder der Ermittlungsrichterin sondern von der Verwaltungsbehörde wegen Gefahr im Verzug angeordnet wurde (§ 98 Abs. 2 S. 5 StPO i. V. m. § 46 Abs. 1, 2 OWiG). Der oder die Betroffene ist über das Antragsrecht auf (nachträgliche) gerichtliche Entscheidung (§ 62 OWiG) zu belehren.[2] Die Belehrung ist als wesentliche Förmlichkeit in das Durchsuchungsprotokoll aufzunehmen.[3]

---

1) Zu den Auslagen der Verwaltungsbehörde im Bußgeldbescheid (§ 107 Abs. 3 OWiG) § 13 Nr. 3.8.2.
2) Zum Antrag auf gerichtliche Entscheidung (§ 62 OWiG) § 19 Nr. 3.
3) Zur Durchsuchungsmitteilung an den Betroffenen (§ 107 StPO i. V. m. § 46 Abs. 1 OWiG) § 6 Nr. 5.4.8.

5.4.5 Widerspruch von Betroffenen

Widerspricht der oder die von der Durchführung der Durchsuchung oder Beschlagnahme Betroffene, hat seine Erklärung keine aufschiebende Wirkung. Eine Berufung auf § 80 Abs. 1 VwGO ist in jedem Fall unbeachtlich, da kein Vorverfahren im Sinne des § 68 ff. VwGO durchgeführt wird.

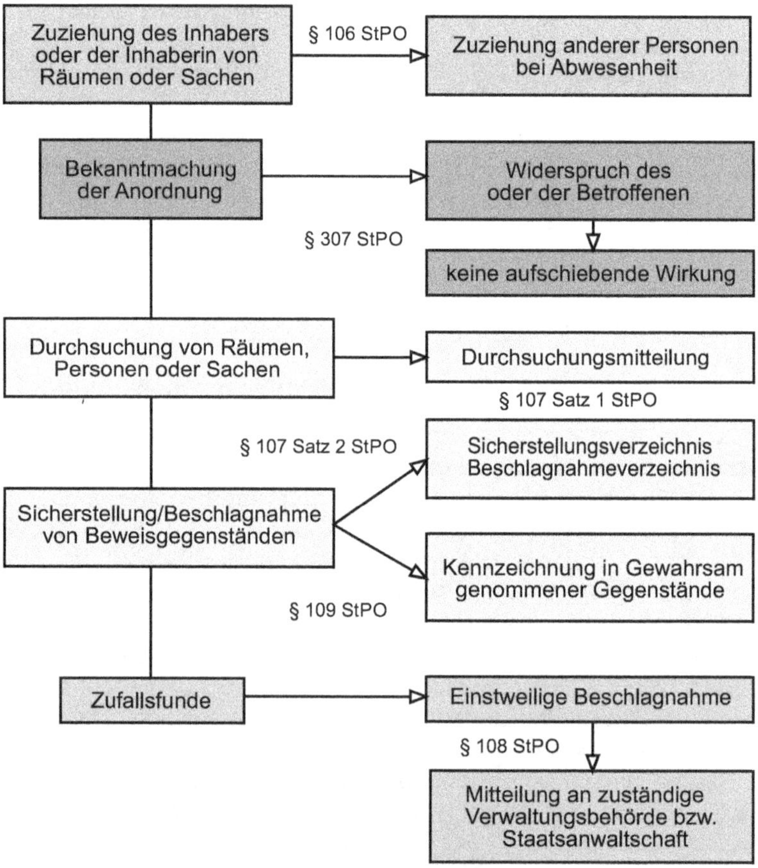

Abb. 7: Vollzug von Durchsuchung und Beschlagnahme

- **Widerspruch gegen gerichtliche Anordnung**

Erklärt der oder die Betroffene nach der Kenntnisnahme des gerichtlichen Durchsuchungs- und Beschlagnahmebeschlusses, er oder sie widerspreche dessen Vollzug, so hat diese Erklärung keine aufschiebende Wirkung (§ 307 Abs. 1 StPO i. V. m. § 46 Abs. 1 OWiG).[1] Das Rechtsmittel der Beschwerde (§ 304 ff. StPO i. V. m. § 46 Abs. 1 OWiG) kann nicht bei der verantwortenden Person der Verwaltungsbehörde oder anwesenden Polizeibeamten oder -beamtinnen, sondern nur beim Amtsgericht elektronisch, schriftlich oder zu Protokoll der Geschäftsstelle angebracht werden

1) OLG Karlsruhe, Beschl. vom 4.11.2014, Az. 2 Ws 331/14.

(§ 306 Abs. 1 StPO i. V. m. § 46 Abs. 1 OWiG). Der oder die Betroffene ist deswegen wegen jeder Rechtsmittelerklärung an das Gericht zu verweisen, die Aufnahme solcher Erklärungen erfolgt grundsätzlich nicht.

- **Widerspruch gegen behördliche Anordnung**

Hat ausnahmsweise die Verwaltungsbehörde eine Durchsuchung oder Beschlagnahme wegen Gefahr im Verzug[1] angeordnet, ist dagegen der unbefristete Antrag auf gerichtliche Entscheidung (§ 62 OWiG)[2] statthaft. Dieser kann ohne Weiteres an Ort und Stelle auch mündlich erklärt werden und ist von der verantwortenden Person der Verwaltungsbehörde entgegenzunehmen. Dieser entscheidet dann, ob sie diesem Antrag abhilft (§ 62 Abs. 2 S. 2 OWiG i. V. m. § 306 Abs. 2 StPO). Hilft sie nicht ab, so werden die Maßnahmen durchgeführt und der Antrag des oder der Betroffenen dem Amtsgericht innerhalb von drei Tagen zur Entscheidung vorgelegt. Die Erklärung des oder der Betroffenen und die Entscheidung der verantwortenden Person über eine Nichtabhilfe sind in der Bußgeldakte aktenkundig zu machen (§ 168b Abs. 1 StPO i. V. m. § 46 Abs. 1 OWiG).

5.4.6 Beginn der Durchsuchung

Für die Vollzugspraxis ist es wichtig, mit der Durchführung der Durchsuchung unverzüglich zu beginnen. Es ist deswegen zunächst darauf zu achten, den Zutritt in die zu durchsuchenden Räume zeitnah zu erhalten. Es empfiehlt sich daher, sich am Eingang auszuweisen, die Maßnahmen aber möglichst erst in den Räumen zu eröffnen. Diskussionen über die Rechtmäßigkeit der Anordnung sind zu vermeiden und auf die Möglichkeit eines den Beginn des Vollzuges nicht beeinflussenden Rechtsmittels beim Ermittlungsrichter oder der Ermittlungsrichterin des Amtsgerichts hinzuweisen.[3] Grundsätzlich nicht abgewartet zu werden braucht das Eintreffen eines beauftragten Rechtsanwalts als Verteidiger oder einer Rechtsanwältin als Verteidigerin und deren angekündigte rechtliche Prüfung. Dem oder der Betroffenen darf aber nicht verboten werden, mit einem Rechtsanwalt oder einer Rechtsanwältin auch telefonisch oder elektronisch Kontakt aufzunehmen. Telefonische Diskussionen zwischen der verantwortenden Person und Verteidigern oder Verteidigerinnen sind jedoch wenig hilfreich. Leistet der oder die Betroffene Widerstand, sollte auf die Folge des möglichen Gewahrsams (§ 164 StPO i. V. m. § 46 Abs. 1, 2 OWiG) hingewiesen werden, die eine weitere Anwesenheit entgegen dem eigenen Interesse beenden würde. Grundsätzlich ist ein zwar höfliches und sachliches, aber auch entschlossenes Auftreten gegenüber dem oder der Betroffenen angebracht.

5.4.7 Sichtung von Papierdokumenten

Sollen schriftliche Unterlagen in den zu durchsuchenden Räumen beschlagnahmt werden, so ist deren vorherige Grobsichtung zur Unterscheidung von beweiserheblichen und bedeutungslosen Dokumenten erforderlich (§ 110 StPO i. V. m. § 46

1) Zur Anordnung der Durchsuchung und Beschlagnahme (§§ 94, 98, 102, 103, 105 StPO i. V. m. § 46 Abs. 1 OWiG) wegen Gefahr im Verzug § 6 Nr. 5.2.4.
2) Zum Antrag auf gerichtliche Entscheidung (§ 62 OWiG) § 6 Nr. 5.5.2.
3) Zum Widerspruch des Betroffenen gegen eine gerichtlich angeordnete Durchsuchung von Räumen § 6 Nr. 5.4.5.

Abs. 1 OWiG).[1] In dem Sichtungsverfahren liegt selbst noch keine Beschlagnahme, sondern es dient vorbereitend dazu, mögliche und zulässige Beschlagnahmegegenstände aus dem bei der Durchsuchung vorgefundenen Material auszusondern.[2]

Die Durchsicht von Papierdokumenten steht der verantwortenden Person der Verwaltungsbehörde (§ 110 Abs. 1 StPO i. V. m. § 46 Abs. 1 OWiG), Polizeibeamten nur im Auftrag der Verwaltungsbehörde oder mit dem Einverständnis des oder der Betroffenen zu (§ 110 Abs. 1, Abs. 2 S. 1 StPO i. V. m. § 46 Abs. 1 OWiG). Zur Sichtung können auch mit einem Gutachten beauftragte Sachverständige hinzugezogen werden (§ 80 Abs. 2 StPO analog i. V. m. § 46 Abs. 1 OWiG).[3] Diese besitzen aber keine Ermittlungsbefugnisse und dürfen keinesfalls anstelle der Verwaltungsbehörde mit Ermittlungshandlungen beauftragt werden. Es hat sich bewährt, Papierdokumente sofort nach der Durchsicht durch Beschlagnahme in amtlichen Gewahrsam zu nehmen, indem sie an einem bestimmten Ort innerhalb der zu durchsuchenden Räume, z. B. auf einem Tisch abgelegt werden und der oder die Betroffene von der verantwortenden Person darauf hingewiesen wird.

Eine genaue Sichtung von Geschäftsunterlagen während der Durchsuchung wird schon aus Zeitgründen nicht möglich sein. Meist können aufgrund einer „Grobsichtung" nur die offensichtlich nicht beweiserheblichen Unterlagen ausgeschieden werden, während eine „Feinsichtung" der grob sichergestellten Unterlagen nachträglich auf der Dienststelle, gegebenenfalls mit Unterstützung von der Verwaltungsbehörde bestellter Sachverständiger erfolgt. Können Zweifel über die Beweiserheblichkeit nicht vor Ort entschieden werden, sollten die betreffenden Dokumente zunächst sichergestellt und eine endgültige Klärung der nachträglichen Sichtung vorbehalten bleiben.

Die im Rahmen der Durchsuchung erfolgte bloße Mitnahme eines Computers zur Durchsicht ist noch keine Beschlagnahme, sondern lediglich eine Sicherstellung zum Zwecke der Durchsicht.[4] Ergeben sich dagegen nur wenige beweiserhebliche Dokumente, kann von der Sicherstellung oder Beschlagnahme nach Fertigung von Bildaufnahmen abgesehen werden. Die weitergehende Beschlagnahmebefugnis umfasst die Aufnahmebefugnis als weniger einschneidende Maßnahme. Genügt die Aufnahme in ein elektronisches Speichermedium (USB-Stick, externe Festplatte), kann dies ohne Sicherstellung oder Beschlagnahme von Schriftstücken genügen.

5.4.8 Durchsuchungsmitteilung, Sicherstellungsverzeichnis, Kennzeichnung der sichergestellten Gegenstände

Nach Beendigung der Durchsuchung ist den von der Maßnahme Betroffenen nach § 107 StPO i. V. m. § 46 Abs. 1 OWiG eine Durchsuchungsmitteilung und auf Verlangen ein Sicherstellungsverzeichnis auszuhändigen, also nicht nur vorzuzeigen.

1) Zur Sichtung elektronischer Dokumente § 6 Nr. 5.4.10.
2) LG Bonn, Beschl. vom 10.1.2011, Az. 27 Qs 33/10, unter Bezugnahme auf BVerfG, Beschl. vom 12.4.2005, Az. 2 BvR 1027/02.
3) Zur Beauftragung von Sachverständigen durch die Verwaltungsbehörde (§ 73 ff. StPO i. V. m. § 46 Abs. 1 OWiG) § 6 Nr. 4.1.
4) LG Hannover, Beschl. vom 16.9.2013, Az. 30 Qs 27/13, unter Bezugnahme auf BGH, Beschl. vom 3.8.1995, Az. StB 33/95. Zur Sicherstellung elektronisch gespeicherter Daten § 6 Nr. 5.4.10.

- Die **Durchsuchungsmitteilung** (§ 107 S. 1 StPO i. V. m. § 46 Abs. 1 OWiG) enthält den rechtlichen Grund der Maßnahmen, bei dem oder der Betroffenen (§ 102 StPO) auch die vorgeworfene(n) Ordnungswidrigkeit(en).[1] Es ist bei Beendigung der Durchsuchung unaufgefordert zu übergeben oder in den Räumen zu hinterlassen.
- Das **Sicherstellungsverzeichnis** enthält eine Auflistung der in Verwahrung oder Beschlag genommenen Gegenstände (§ 107 S. 2 StPO i. V. m. § 46 Abs. 1 OWiG) oder die Bescheinigung, dass nichts Verdächtiges gefunden wurde („Negativbescheinigung"). Sie ist nur auf Verlangen des Betroffenen auszuhändigen oder zu hinterlassen.

Sofern der oder die Betroffene (§ 102 StPO) oder eine drittbetroffene Person (§ 103 StPO) selbst anwesend ist, kann eine in Dateiform erstellte Durchsuchungsmitteilung und ein Sicherstellungsverzeichnis sofort auf ein vom Adressaten oder der Adressatin bekanntgegebenes Bürger- und Organisationenpostfach (eBO) oder Bürgerpostfach im Portalverbund (BundID, künftig DeutschlandID) übermittelt werden.

Die in Verwahrung genommenen Gegenstände sind genau zu verzeichnen und zur Verhütung von Verwechslungen durch Siegelung oder in sonst geeigneter Weise kenntlich zu machen (§ 109 StPO i. V. m. § 46 Abs. 1 OWiG). Dies gilt auch, wenn keine Originale von Dokumenten sichergestellt, sondern nur Kopien gefertigt werden.[2] Kein Unterschied besteht wohl, wenn vorgefundene Dokumente abfotografiert oder Dateien kopiert werden. Gegen die Verweigerung eines Sicherstellungsverzeichnisses kann der oder die von der Beschlagnahme Betroffene Antrag auf gerichtliche Entscheidung (§ 62 OWiG) stellen.[3]

In der Vollzugspraxis werden beschlagnahmte Gegenstände, insbesondere Papierdokumente mit kleinen Aufklebern versehen. Diese und das Sicherstellungsverzeichnis enthalten identische fortlaufende Ziffern. Die Auflistung im Verzeichnis ordnet Ziffern und sichergestellte Gegenstände einander zu. Zur Vermeidung von Verfahrensfehlern empfiehlt sich die Verwendung der hierfür entwickelten polizeilichen Formulare. Die zeitaufwändige Kennzeichnung der Gegenstände sollte in Zusammenarbeit mit den hinzugezogenen Polizeibeamten oder -beamtinnen[4] erfolgen, denen auch die Führung der ihnen vertrauten Durchsuchungsmitteilung und Beschlagnahmeverzeichnis überlassen werden kann.[5]

Haben in einem Bußgeldverfahren mehrere Durchsuchungen und Beschlagnahmen stattgefunden, so ist auf eine unbedingte Trennung der einzelnen Verzeichnisse zu achten, damit eine spätere Rückgabe der sichergestellten Gegenstände aus amtlicher Verwahrung nach Verfahrensabschluss an die richtigen Personen gewährleistet ist.

---

1) Die dem Betroffenen vorgeworfenen Ordnungswidrigkeiten dürfen daher als personenbezogene Daten bei einer Durchsuchung bei unverdächtigen Personen (§ 103 StPO i. V. m. § 46 Abs. 1 OWiG) mangels Rechtsgrundlage nicht Dritten offenbart werden.
2) LG Stade, Beschl. vom 3.9.2003, Az. 12 Qs 3/01.
3) LG Gießen, Beschl. vom 12.8.1999, Az. 2 Qs 200/99.
4) Zum Ermittlungsersuchen an eine Polizeidienststelle (§ 161 Abs. 1 S. 1 StPO i. V. m. § 46 Abs. 1 OWiG) § 5 Nr. 1.
5) Internetformulare (§ 110b OWiG) für Durchsuchungsmitteilungen und Beschlagnahmeverzeichnisse waren bei Redaktionsschluss dieser Auflage noch nicht vorgesehen.

5.4.9 Vorübergehende Herausgabe von Geschäftsunterlagen

Bei und nach der Beschlagnahme schriftlicher, d. h. nur einmal vorhandener Geschäftsunterlagen wenden Betroffene immer wieder ein, diese seien zur Fortführung des Betriebes oder Unternehmens unbedingt erforderlich und müssten daher sofort wieder zurückgegeben werden.[1] Beschlagnahmte Gegenstände sind jedoch in amtliche Verwahrung zu nehmen oder sonstiger Weise sicherzustellen (§ 94 Abs. 1 StPO i. V. m. § 46 Abs. 1 OWiG). Dem Herausgabeverlangen steht ferner entgegen, dass die Geschäftsunterlagen zumindest bis zur zeitnahen Durchsicht auf der Dienststelle (§ 110 StPO i. V. m. § 46 Abs. 1 OWiG) oder bis zum rechtskräftigen Abschluss des Bußgeldverfahrens, gegebenenfalls auch noch in der gerichtlichen Hauptverhandlung zur Beweisführung benötigt werden. Der Aufwand von Kopien oder Bildaufnahmen anstelle von Originaldokumenten wird meist zu hoch sein. Die elektronische Aktenführung ermöglicht das ersetzende Scannen von Schriftstücken als Ausgangsdokumenten (§ 110c S. 1 OWiG i. V. m. § 32e Abs. 1 StPO). Falls dies den Aufwand rechtfertigt, ist dann eine weitere amtliche Verwahrung bis zur Rechtskraft nicht mehr erforderlich. Da die Ausgangsdokumente nicht bei der Verwaltungsbehörde aufbewahrt werden, müssen die übertragenen Dokumente zusätzlich einen mit qualifizierter elektronischer Signatur (Art. 3 Nr. 12 Verordnung [EU] Nr. 910/2014) versehenen Vermerk darüber enthalten, dass das Ausgangsdokument mit dem zur Akte zu nehmenden Dokument inhaltlich und bildlich übereinstimmt (§ 110c S. 3 OWiG). Erfahrungsgemäß sind die Berechtigten kurz nach der Beschlagnahme, oft aber nicht mehr nach längerem Zeitablauf zur Abholung bereit.

Soweit der amtliche Gewahrsam an Geschäftsunterlagen aus Beweissicherungsgründen notwendig und sofortige oder zeitnahe eine Herausgabe daher nicht möglich ist, kann die Verwaltungsbehörde dem Begehren des Betroffenen auf folgende Weise entgegenkommen:

- Frühestmögliche Sichtung der beschlagnahmten Geschäftsunterlagen durch die verantwortende Person oder von der Verwaltungsbehörde beauftragte Sachverständige und anschließende Freigabe der zur Beweisführung nicht benötigten Bestandteile. Diese sind von dem oder der Berechtigten abzuholen und nicht etwa von der Verwaltungsbehörde zurückzubringen.
- Freigabe beschlagnahmter Papierdokumente und Speicherung in der Bußgeldakte oder einem Dateianhang mit den ersetzend gescannten Dateien. Auch diese sind von dem oder der Berechtigten abzuholen und nicht etwa von der Verwaltungsbehörde zurückzubringen.
- Sind von dem oder der Betroffenen Steuererklärungen oder Beitragsnachweisungen zur Sozialversicherung abzugeben und werden zur Vorbereitung die in amtlichem Gewahrsam befindlichen Papierdokumente benötigt, kommt die befristete, treuhänderische Überlassung an eine vertrauenswürdige Person in Betracht.

---

1) Zur endgültigen Herausgabe sichergestellter Beweismittel § 6 Nr. 5.4.13.

Beispiel:

Der Betroffene behauptet, wegen der Beschlagnahme seiner Geschäftsunterlagen könne sein Steuerberater keine Umsatzsteuervoranmeldungen mehr abgeben. Daraufhin überlässt die Verwaltungsbehörde dem Steuerberater für 14 Tage die benötigten Unterlagen. Dieser bestätigt unterschriftlich die Kenntnisnahme, dass die Herausgabe an seinen Mandanten unzulässig und als Verstrickungsbruch nach § 136 Abs. 1 StGB strafbar ist.

- Stehen nach Angabe des oder der Betroffenen Außenprüfungen einer Finanzbehörde, eines Sozialversicherungsträgers oder einer Arbeitsagentur bevor, so können diese auch in den Diensträumen der Verwaltungsbehörde durchgeführt werden.

Erklärung des Empfängers von vorübergehend treuhänderisch überlassenen beschlagnahmten Unterlagen

Erklärung

Ich bestätige hiermit, die auf dem Sicherstellungsverzeichnis vom <Datum> gekennzeichneten Gegenstände ausgehändigt und auf ihre Vollständigkeit überprüft zu haben. Mir ist bekannt, dass sich sämtliche Gegenstände aufgrund Beschlagnahme in einem Bußgeldverfahren (§ 94 StPO i. V. m. § 46 Abs. 1 OWiG) in amtlicher Verwahrung befinden und Dritten weder übergeben noch sonst zugänglich gemacht werden dürfen. Über die Strafbarkeit des Verstrickungsbruchs (§ 136 Abs. 1 StGB) wurde ich belehrt. Ich verpflichte mich, alle Unterlagen unverändert und vollständig bis spätestens <Datum> oder auf Anforderung auch zuvor auf eigene Kosten <Ort> persönlich zurückzubringen.

5.4.10 Elektronische Dokumente von Betroffenen

Eine genaue Sichtung von Geschäftsunterlagen während der Durchsuchung wird bei elektronischen Speichermedien schon aus Zeitgründen nicht möglich sein. Meist können aufgrund einer „Grobsichtung“ nur die offensichtlich nicht beweiserheblichen Dateiordner ausgeschieden werden, während eine „Feinsichtung“ der nachträglich auf der Dienststelle, gegebenenfalls mit Unterstützung von der Verwaltungsbehörde bestellter Sachverständiger erfolgt. Auch bei der Durchsuchung kleiner Betriebe und Unternehmen muss mit beweiserheblichen Geschäftsunterlagen ausschließlich auf elektronischen Speichermedien gerechnet werden. Unproblematisch ist die Sicherstellung beweglicher Speichermedien. Die Gefahr von Beschädigungen und der Grundsatz der Verhältnismäßigkeit werden im Bußgeldverfahren einer Beschlagnahme und Mitnahme eines PC, Notebooks oder eines Servers innerhalb eines Netzwerkes entgegenstehen. Die Durchsicht eines elektronischen Speichermediums bei von der Durchsuchung Betroffenen darf auch auf hiervon räumlich getrennte Speichermedien, soweit auf sie von dem Speichermedium aus zugegriffen werden kann, erstreckt werden, wenn andernfalls der Verlust der gesuchten Daten zu besorgen ist (§ 110 Abs. 3 S. 1 StPO i. V. m. § 46 Abs. 1 OWiG). Daten, die für die

Untersuchung von Bedeutung sein können, dürfen gesichert werden (§ 110 Abs. 3 S. 2 Halbs. 1 StPO i. V. m. § 46 Abs. 1 OWiG). Zur Auswertung solcher Datenbestände empfiehlt sich stets die Beauftragung von Sachverständigen zur Kopie elektronischer Daten und nachfolgenden Auswertung.[1] Dadurch wird Schadenersatzansprüchen von vornherein die Grundlage entzogen. Eine Sicherstellung von Anlagen (Hardware) wird überflüssig, da vorhandene Daten (Software) technisch auf mobile Speichermedien kopiert werden können. Damit ist auch dem Grundsatz der Verhältnismäßigkeit Rechnung getragen, da der oder die Betroffene über Datenverarbeitungsanlagen weiter verfügen und mit den vorhandenen Daten arbeiten kann.

Für Behördengutachten kommen Systemverwalter oder -verwalterinnen der behördeneigenen Datenverarbeitungsanlage oder polizeiliche Sachverständige in Betracht. Ist abzusehen, dass die Sicherstellung von Datenbeständen auf die verantwortende Person zukommen kann, sollte vorab die Verfügbarkeit solcher Sachverständigen für ein Bußgeldverfahren geklärt werden. Eine polizeiliche Kontaktanschrift ist für den Fall der Sicherstellung elektronischer Speichermedien äußerst wertvoll. Denkbar wäre das Hinzuziehen solcher Sachverständigen während der Durchsuchung oder die Versiegelung des Gerätes oder Raumes bis zu deren Eintreffen. Stehen behördliche Sachverständige nicht zur Verfügung, verbleibt nur der mit Kosten verbundene Rückgriff auf Privatpersonen als Sachverständige.

Eine gutachtliche Auswertung sichergestellter Daten sollte mit einer Übersicht über die auf den Speichermedien vorhandenen Daten und deren Kurzinhalt beginnen. Daraufhin kann die verantwortende Person oder ein für die Auswertung der sichergestellten Geschäftsunterlagen bestellter weiterer Sachverständiger entscheiden, welche Daten inhaltlich erforderlich oder entbehrlich sind. Diese nachträgliche Sichtung ist nicht mehr Bestandteil der Durchsuchung.[2] Für die Auswertung gibt es zwar keine allgemeingültigen Zeitgrenzen.[3] Ein gem. § 110 StPO i. V. m. § 46 Abs. 1 OWiG beschlagnahmter PC ist freizugeben, wenn dessen Durchsicht wegen Überlastung der auswertenden Behörden mehrerer Monate nach der Sicherstellung noch nicht abgeschlossen ist.[4]

5.4.11 Gleichzeitige sonstige Ermittlungen

Die Gelegenheit der Durchsuchung von Räumen des oder der tatverdächtigen Betroffenen sollte dazu genutzt werden, weitere zur Aufklärung des Sachverhalts dienliche Ermittlungen anzustellen.

- **Bildaufnahmen und Bildaufzeichnungen**

Einen außerordentlich lebensnahen Eindruck von Zuständen am Tatort von Ordnungswidrigkeiten, z. B. in Betrieben und Unternehmen oder in der Umwelt vermittelt der Augenschein von Bildaufnahmen oder Bildaufzeichnungen („Videoaufzeichnung") in einer späteren gerichtlichen Hauptverhandlung. Meist ist eine gerichtliche Tatortbesichtigung im Verhältnis zur Bedeutung der Sache unverhältnismäßig oder aufgrund veränderter Umstände am Tatort überhaupt nicht mehr möglich. Die ver-

1) Zur Beauftragung von Sachverständigen (§ 72 ff. StPO i. V. m. § 46 Abs. 1 OWiG) § 7 Nr. 4.
2) Sächsisches OVG (Bautzen), Beschl. vom 11.10.2013, Az. 3 E 71/13.
3) LG Ravensburg, Beschl. vom 2.7.2014, Az. 2 Qs 19/14.
4) LG Limburg, Beschl. vom 22.8.2005, Az. 5 Qs 96/05.

antwortende Person der Verwaltungsbehörde kann sich zudem als Zeuge oder Zeugin anhand bildlicher Darstellungen vor Gericht äußern. Die Aufzeichnung von Bildern während einer Durchsuchung ist von der gerichtlichen Anordnung gem. §§ 98, 105 StPO i. V. m. § 46 Abs. 1 OWiG als weniger einschneidende Maßnahme abgedeckt.

Beispiele:

Bildaufnahmen über Umweltverstöße in der freien Natur oder Abweichungen von einem genehmigten Bauplan, Bildaufzeichnungen über Hygieneverstöße in einem Lebensmittel verarbeitenden Betrieb.

Als Aufzeichnungstechnik eignen sich nach dem Stand der Technik Digitalkameras. Werden Kamerafunktionen eines Mobiltelefons („Handy“) genutzt, darf dies zur Gewährleistung des personenbezogenen Datenschutzes nur mit dienstlichen, keinesfalls privaten Geräten erfolgen.

- **Feststellungen zu den wirtschaftlichen Verhältnissen**

Als Grundlage für die Zumessung der Geldbuße kommen bei nicht geringfügigen Ordnungswidrigkeiten auch die wirtschaftlichen Verhältnisse des oder der Betroffenen in Betracht (§ 17 Abs. 3 S. 2 OWiG). Ihre Feststellung ist jedoch oft mit Schwierigkeiten verbunden, sodass eine Schätzung erforderlich ist.[1)] Anlässlich der Durchsuchung von Räumen des tatverdächtigen Betroffenen kann sich die Möglichkeit ergeben, Feststellungen zu dessen Lebenszuschnitt zu treffen. In einem Protokoll können Beobachtungen dazu festgehalten werden, auf die für eine spätere Schätzung bei der Zumessung der Geldbuße zurückgegriffen werden kann

- **Vernehmung von Zeugen oder Zeuginnen, Anhörung von Betroffenen**

Anlässlich der Durchsuchung von Räumen kann sich ergeben, dass Personen angetroffen werden, die beweiserhebliche Wahrnehmungen gemacht haben und deswegen als Zeugen oder Zeuginnen in Betracht kommen.[2)] Auch anwesende Betroffene können sich als aussagebereit erweisen. Dann sollte zumindest eine erste Anhörung durchgeführt werden.[3)] Die weiteren Ermittlungen können dadurch stark erleichtert werden. Was der oder die Betroffene einräumt, braucht nicht durch andere Beweismittel belegt werden. Die Äußerungen von Zeugen oder Zeuginnen und Betroffenen können in einem Protokoll festgehalten werden.[4)]

5.4.12 Verfahren bei Zufallsfunden

Bei der Durchführung einer Durchsuchung können auch Gegenstände vorgefunden werden, die zwar in keiner Beziehung zur verfolgten Ordnungswidrigkeit stehen, aber auf die Begehung einer

1) Zur Zumessung der Geldbuße (§ 17 Abs. 3 OWiG) § 13 Nr. 3.6.3.
2) Zur Vernehmung von Zeugen oder Zeuginnen (§ 48 ff., § 161a StPO i. V. m. § 46 Abs. 1 OWiG) § 6 6 Nr. 3.
3) Zur Anhörung des Betroffenen (§ 55 OWiG i. V. m. § 163a Abs. 1 StPO) § 6 Nr. 6.
4) Zur vorläufigen Aufzeichnung von Vernehmungen (§ 168a StPO i. V. m. § 46 Abs. 1 OWiG) § 6 Nr. 3.1.3 und 6.5.3.

- **anderen Ordnungswidrigkeit** hindeuten,[1] für deren Verfolgung und Ahndung aber ausschließlich eine andere Verwaltungsbehörde sachlich zuständig ist, oder die
- **Straftat** hindeuten, für deren Verfolgung aber ausschließlich die Staatsanwaltschaft sachlich zuständig ist.

Beispiele:

Bei der Durchsuchung eines nicht genehmigten Gewerbebetriebs werden in einer Schublade ein Brocken Haschisch und Unterlagen entdeckt, die auf die unerlaubte Beschäftigung nichtdeutscher Arbeitnehmer und Arbeitnehmerinnen hindeuten. Für die Verfolgung des strafbaren unerlaubten Besitzes von Betäubungsmitteln (§ 29 Abs. 1 Nr. 1 BtMG) ist die Staatsanwaltschaft, für eine Ordnungswidrigkeit nach § 404 Abs. 1 Nr. 1 SGB III sind die Hauptzollämter und die Bundesagentur für Arbeit sachlich zuständig.

Solche Gegenstände sind als „Zufallsfunde" bei einem oder einer Betroffenen einstweilen in Beschlag zu nehmen (§ 108 S. 1, 3 StPO i. V. m. § 46 Abs. 1 OWiG). Der zuständigen Verwaltungsbehörde bzw. der Staatsanwaltschaft ist hiervon Kenntnis zu geben (§ 108 S. 2 StPO i. V. m. § 46 Abs. 1 OWiG) und sind die einstweilen beschlagnahmten Gegenstände zur Verfügung zu stellen. Bei der Sicherstellung gefährlicher Gegenstände wie im Beispiel, sollte außerdem sofort Kontakt mit der zuständigen Polizeidienststelle aufgenommen werden. Sind Polizeibeamte oder -beamtinnen bei der Durchsuchung mit anwesend, können Sie aufgrund § 163 Abs. 1 StPO strafrechtliche Ermittlungen im ersten Zugriff selbst einleiten. Als Zufallsfunde sichergestellte Gegenstände sind herauszugeben, wenn nicht diesbezüglich in absehbarer Zeit ein Verfahren eingeleitet wird.[2]

5.4.13 Verwertung beschlagnahmter Gegenstände?

Die Verwertung von zu Beweiszwecken sichergestellten Beweisgegenständen, insbesondere Geschäftsunterlagen ist unzulässig. Die Vorschriften zur Notveräußerung nach § 111p Abs. 1 StPO i. V. m. § 46 Abs. 1 OWiG gelten nur für die Beschlagnahme von Einziehungsgegenständen. Werden beschlagnahmte oder auf andere Weise sichergestellte Gegenstände für Zwecke des Bußgeldverfahrens nicht mehr benötigt, also spätestens nach Rechtskraft der Bußgeldentscheidung, so werden sie an den letzten Gewahrsamsinhaber herausgegeben (§ 111n Abs. 1 StPO i. V. m. § 46 Abs. 1 OWiG). Auf die privatrechtliche Eigentumslage kommt es also nicht an.[3] Beschlagnahmte Gegenstände sind in entsprechender Anwendung von § 697 BGB an dem Ort zurückzugeben, an welchem sie aufbewahrt waren.[4] Die verwahrende Behörde ist nicht verpflichtet, die Sachen an den Beschlagnahmeort oder den Wohnsitz des Berechtigten zurückzubringen.[5] Für entstehende Kosten ist der oder

1) LG Berlin, Beschl. vom 15.1.2004, Az. 518 Qs 44/03.
2) AG Dippoldiswalde, Beschl. vom 19.3.2008, Az. 7 Ds 201 Js 49766/06 – 362.
3) LG Frankfurt (Oder), Beschl. vom 11.12.2018, Az. 23 Qs 90/18.
4) BGH, Urt. vom 16.5.2019, Az. III ZR 6/18.
5) BGH, Urt. vom 3.2.2005, Az. III ZR 271/04.

die Betroffene nicht zu entschädigen. Der oder die von der Beschlagnahme betroffene Dritte ist dagegen für Fahrtkosten und sonstige notwendige Aufwendungen, die ihm im Zusammenhang mit der Abholung der Gegenstände entstehen, nach Maßgabe von § 3 Abs. 2 S. 1 Nummer JVEG i. V. m. § 59 OWiG zu entschädigen.

Bis zur Freigabe sind beschlagnahmte Gegenstände zur Vermeidung von Schadenersatzansprüchen vor Verlust, Entwertung und Beschädigung zu schützen. Erweisen sich die Kosten hierfür als zu hoch, können ersatzweise Bildaufzeichnungen zur Beweissicherung genügen und die Beschlagnahme aufgehoben werden. Erweist sich ein amtlicher Gewahrsam zur Gefahrenabwehr als geboten, so kann eine Beschlagnahme und Verwertung nunmehr auf landesrechtliche polizei-, sicherheits- bzw. ordnungsrechtliche Rechtsgrundlagen gestützt werden.

5.5 Rechtsbehelfe der Betroffenen

Der oder die von einer Durchsuchungs- oder Beschlagnahmeanordnung Betroffene kann in beiden Fällen um gerichtlichen Rechtsschutz nachsuchen. Gegen den gerichtlichen Durchsuchungs- und Beschlagnahmebeschluss ist die Beschwerde (§§ 304 bis 310 StPO i. V. m. § 46 Abs. 1 OWiG), gegen die Anordnung der Verwaltungsbehörde der Antrag auf gerichtliche Entscheidung (§ 62 OWiG) statthaft. Über eine (Dienst-)Aufsichtsbeschwerde gegen die Art und Weise des Vollzuges der Maßnahmen entscheidet dagegen der Dienstvorgesetzte der Verwaltungsbehörde, auch wenn sie als „Beschwerde" eingelegt wird (§ 300 StPO i. V. m. § 46 Abs. 1 OWiG).

Beispiel:

Der Betroffene beschwert sich darüber, dass die Durchsuchung völlig unnötig in Anwesenheit von Kunden vollzogen worden und er von diesen bloßgestellt worden sei.

5.5.1 Durchsuchungs- und Beschlagnahmebeschluss

Gegen den gerichtlichen Durchsuchungs- und Beschlagnahmebeschluss ist die nicht fristgebundene Beschwerde (§ 304 ff. StPO i. V. m. § 46 Abs. 1 OWiG) auch nach dem Vollzug der Maßnahmen durch die Verwaltungsbehörde statthaft. Dieses Rechtsmittel kann nur beim Amtsgericht, nicht aber bei der Verwaltungsbehörde eingelegt werden (§ 306 Abs. 1, 3 StPO i. V. m. § 46 Abs. 1 OWiG). Eine Erklärung des oder der Betroffenen darf daher nicht entgegengenommen werden, vielmehr ist auf die gerichtliche Zuständigkeit zu verweisen. Eingegangene elektronische oder schriftliche Rechtsmittel sind unter Abgabenachricht an das Amtsgericht weiterzuleiten.

Hält der Ermittlungsrichter oder die Ermittlungsrichterin die Beschwerde des Betroffenen für begründet, so hilft er ihr ab und hebt die von ihm erlassene Anordnung auf. Andernfalls legt er oder sie die Beschwerde dem übergeordneten Landgericht – Kammer für Bußgeldsachen (§ 46 Abs. 7 OWiG) – zur Entscheidung vor (§ 306 Abs. 2 StPO i. V. m. § 46 Abs. 1 OWiG). Die Verwaltungsbehörde erhält vor einer Entscheidung Gelegenheit zur Stellungnahme (§ 33 Abs. 2 StPO i. V. m. § 46 Abs. 1 OWiG). Sie sollte sich insbesondere zum Ergebnis der Maßnahmen äußern, wenn in der Beschwerde vorgetragen wird, Durchsuchungs- und Beschlagnahme seien unzulässig gewesen, weil der Anfangsverdacht einer Ordnungswidrigkeit nicht bestehe, die Unterlagen zur Beweisführung nicht erforderlich seien oder beschlagnahmefrei[1] seien.

5.5.2 Anordnung der Verwaltungsbehörde

Hat die verantwortende Person der Verwaltungsbehörde ausnahmsweise wegen Gefahr im Verzug selbst eine Durchsuchungs- oder Beschlagnahmeanordnung getroffen, kann sie der oder die Betroffene jederzeit ohne besondere Formerfordernisse durch den Antrag auf gerichtliche Entscheidung (§ 62 OWiG) anfechten. Der Antrag kann daher auch bei der Verwaltungsbehörde, auch bereits bei der laufenden Durchsuchung mündlich, telefonisch, schriftlich oder elektronisch gestellt werden (§ 306 Abs. 1 StPO i. V. m. § 62 Abs. 2 S. 2 OWiG). Für einen elektronischen Rechtsbehelf ist ein sicherer Übermittlungsweg an das besondere elektronische Behördenpostfach (§ 6 ERVV) zu verwenden.

Die Verwaltungsbehörde trifft zunächst eine Abhilfeentscheidung (§ 306 Abs. 2 StPO i. V. m. § 62 Abs. 2 S. 2 OWiG). Ergibt sich, dass sich der Anfangsverdacht der vorgeworfenen Ordnungswidrigkeit (§ 152 Abs. 2 StPO i. V. m. § 46 Abs. 1 OWiG) nicht bestätigt hat oder die beschlagnahmten Gegenstände (teilweise) nicht beweiserheblich sind, so hebt die Verwaltungsbehörde die Anordnung unter formloser Benachrichtigung des Antragstellers oder Antragstellerin ganz oder teilweise auf. Soweit sie dem Antrag nicht abhilft, legt sie den Antrag ohne Benachrichtigung der antragstellenden Person dem Amtsgericht unmittelbar, d. h. nicht über die Staatsanwaltschaft zur Entscheidung vor. Dabei empfiehlt sich eine Stellungnahme zu

- Rechtsgrundlage und Vollzug der angefochtenen Maßnahmen,
- dem weiter bestehenden, gegebenenfalls inzwischen erhärteten Tatverdacht der vorgeworfenen Ordnungswidrigkeit,
- der Erforderlichkeit der beschlagnahmten Gegenstände zur weiteren Beweisführung und
- der Beachtung des Grundsatzes der Verhältnismäßigkeit in Abwägung des Gewichts des Eingriffs und der Bedeutung der Sache.

Hebt das Amtsgericht eine Beschlagnahmeanordnung der Verwaltungsbehörde auf, so sind die Beweisgegenstände sofort freizugeben. Eine Verwertung der erlangten Beweismittel und eine weitere Auswertung sind dann unzulässig. Die Entscheidung des Amtsgerichts ist grundsätzlich unanfechtbar (§ 62 Abs. 3 S. 3 OWiG).

6. Anhörung von Betroffenen

Ein Bußgeldverfahren ist spätestens durch die Anhörung als Betroffener oder Betroffene (§ 55 Abs. 1 OWiG i. V. m. § 163a Abs. 1 StPO)[2] zur Beschuldigung einer Ordnungswidrigkeit eingeleitet.[3] Der Anhörung kommt eine Doppelfunktion zu als

1) Zur Beschlagnahmefreiheit (§ 97 StPO i. V. m. § 46 Abs. 1 OWiG) § 6 Nr. 5.1.3.
2) Zur Anhörung von Nebenbetroffenen (§ 87 Abs. 1, 6, § 88 Abs. 1 OWiG) § 6 Nr. 6.8.
3) BGH, Urt. vom 30.12.2014, Az. 2 StR 439/1, für die Einleitung eines Strafverfahrens. Zur Einleitung des Bußgeldverfahrens § 2.

- **Gewährung rechtlichen Gehörs für die Betroffenen**

Die Anhörung soll dem oder der Betroffenen die Möglichkeit des rechtlichen Gehörs (Art. 103 Abs. 1 GG) zum Tatvorwurf der Ordnungswidrigkeit(en) und bezüglich der Rechtsfolgen zu seiner oder ihrer wirtschaftlichen Leistungsfähigkeit geben. Er oder sie hat daher Gelegenheit,

- die gegen ihn oder sie vorliegenden Verdachtsgründe zu beseitigen und die zu seinen oder ihren Gunsten sprechenden Tatsachen geltend zu machen (§ 163a Abs. 3 S. 2, § 136 Abs. 2 StPO i. V. m. § 46 Abs. 1 OWiG), sowie
- seine oder ihre wirtschaftlichen Verhältnisse im Hinblick auf eine spätere Zumessung der Geldbuße zu offenbaren (§ 163a Abs. 3 S. 2, § 136 Abs. 3 StPO i. V. m. § 46 Abs. 1 OWiG).

Beispiele:

Der Betroffene erklärt, zur Tatzeit der Ordnungswidrigkeit bereits nicht mehr Geschäftsführer eines Unternehmens gewesen zu sein.

Der Betroffene erklärt, seine wirtschaftlichen Verhältnisse hätten sich seit dem Tatzeitpunkt der Ordnungswidrigkeit durch die Eröffnung des Insolvenzverfahrens massiv verschlechtert.

- **Aufklärungs- und Beweismittel der Verwaltungsbehörde**

Angaben des oder der Betroffenen können nicht nur zur Entlastung dienen, sondern auch zur Aufklärung des wahren Sachverhalts und dessen Nachweis führen. Dies ist besonders dann der Fall, wenn der oder die Betroffene bei der Anhörung eine Erklärung für den Grund seiner Handlungsweise abgibt.

Beispiele:

Der Werksleiter eines Unternehmens erklärt, eine Auflage zur Betriebserlaubnis einer Anlage auf Anweisung des Geschäftsführers nicht eingehalten zu haben.

Der Geschäftsführer erklärt, die Auflage habe aus wirtschaftlichen Gründen nicht eingehalten werden können.

Glaubwürdige Angaben Betroffener können als Geständnis oder Teilgeständnis sowie zur Überführung anderer Personen als Beweismittel herangezogen werden. Eine Mitwirkungspflicht des oder der Betroffenen an der Aufklärung des wahren Sachverhalts besteht jedoch nicht. Anders als im Verwaltungsverfahren brauchen Betroffene bekannte Tatsachen noch Beweismittel anzugeben (§ 26 Abs. 2 S. 2 VwVfG, § 21 Abs. 2 S. 2 SGB X), da sie sonst an der eigenen Überführung mitwirken müssten. Sie haben vielmehr das Recht, zum Tatvorwurf zu schweigen (§ 163a Abs. 3 S. 2, § 136 Abs. 1 S. 2 StPO i. V. m. § 46 Abs. 1 OWiG) und sind nur zur wahrheitsgemäßen Angabe bestimmter personenbezogener Daten zur Identitätsfeststellung verpflichtet (§ 163b Abs. 1 S. 1 StPO i. V. m. § 46 Abs. 1 OWiG). Letztere dienen jedoch nur zur Identifizierung des oder der Betroffenen als verfolgte Person und nicht dem Tatnachweis. Wer daher bei der Anhörung als Betroffener oder Betroffene pflichtgemäß Angaben zur Person macht, gibt damit nicht die ihm vorgeworfene Ordnungswidrigkeit zu. Auch aus dem Schweigen des Betroffenen oder der Betroffenen zur Sache darf nicht der Schluss gezogen werden, der Täter oder die Täterin zu sein oder die Begehung der Ordnungswidrigkeit zuzugeben.[1] Betroffene dürfen auch nicht über die Angabe der personenbezogenen Daten hinaus gezwungen werden, für die Begehung der Ordnungswidrigkeit verantwortlichen Personen zu nennen.

Fehlbeispiel:

Der Betroffene ist Gewerbetreibender und wird im Anhörungsdokument wegen einer unternehmensbezogenen Ordnungswidrigkeit aufgefordert, bei den Angaben zu den personenbezogenen Daten des verantwortlichen Mitarbeiters einzutragen.

6.1 Erfordernis der Anhörung

Dem oder der Betroffenen bzw. Nebenbetroffenen ist vor Erlass einer Bußgeldentscheidung Gelegenheit zu geben, sich zur Beschuldigung zu äußern (§ 55 Abs. 1 OWiG, § 163a Abs. 1 StPO). Die Anhörung ist daher zur Gewährung rechtlichen Gehörs

- zwingend vorgeschrieben vor dem
  - Erlass eines Bußgeldbescheids (§ 65 OWiG),[2]
  - Erlass eines gleichgestellten Bescheids wie z. B. eines selbstständigen Bußgeldbescheids gegen juristische Personen und Personenvereinigungen (§ 30 i. V. m. § 88 Abs. 2 S. 1 OWiG) oder eines Einziehungsbescheids über Gegenstände (§ 27 Abs. 3 i. V. m. § 87 Abs. 3 S. 1 OWiG) oder den Wert von Taterträgen (§ 29a Abs. 5 i. V. m. § 87 Abs. 6, Abs. 3 S. 1 OWiG).[3]
- nicht erforderlich vor
  - Verfahrenseinstellungen aus tatsächlichen oder rechtlichen Gründen (§ 170 Abs. 2 S. 1 StPO i. V. m. § 46 Abs. 1 OWiG) bzw. nicht gebotener Ahndung (§ 47 Abs. 1 S. 2 OWiG),[4]
  - einem Verwarnungsangebot mit oder ohne Verwarnungsgeld (§ 56 Abs. 1 OWiG).[5]

Ein „Absehen" von einer vorgeschriebenen Anhörung „nach den Umständen des Einzelfalles" wie im Verwaltungsverfahren (§ 28 Abs. 2, 3 VwVfG, § 24 Abs. 2 SGB X) ist im Bußgeldverfahren unzulässig.

---

1) Brandenburgisches OLG (Brandenburg), Beschl. vom 27.8.2014, Az. 53 Ss 90/14 (46/14), für ein Strafverfahren.

2) Zum Erlass eines Bußgeldbescheids (§ 65 OWiG) § 13.

3) Zum Erlass selbstständiger Bescheide im Bußgeldverfahren (§§ 27, 29a, 30 OWiG) § 15 Nr. 2.

4) Zu den Gründen für die Einstellung eines Bußgeldverfahrens (§ 170 Abs. 2 S. 1 StPO i. V. m. § 46 Abs. 1 OWiG bzw. § 47 Abs. 1 S. 2 OWiG) § 11 Nr. 1.

5) Zum Verwarnungsverfahren (§ 56 OWiG) § 12. Bei einer Verwarnung mit Verwarnungsgeld (§ 56 Abs. 1 S. 1 OWiG) wird die Anhörung (§ 55 OWiG) in der Verfahrenspraxis lediglich für den Fall kombiniert, dass der Betroffene die Verwarnung nicht annimmt und die Einleitung eines förmlichen Bußgeldverfahrens deshalb notwendig wird.

6.2 Abgrenzung zu anderen Äußerungen von Betroffenen

Die Anhörung des oder der Betroffenen wegen einer Ordnungswidrigkeit gem. § 55 OWiG i. V. m. § 163a Abs. 1 StPO ist von der informatorischen Befragung und unaufgeforderten Äußerungen des Betroffenen im Bußgeldverfahren sowie von der Anhörung im Verwaltungsverfahren nach § 28 Abs. 1 VwVfG und den entsprechenden landesrechtlichen Vorschriften abzugrenzen bzw. § 24 Abs. 1 SGB X.

6.2.1 Informatorische Befragung und unaufgeforderte Äußerungen von Betroffenen

Die gesetzlich nicht geregelte „informatorische Befragung" ist eine indifferente Informationssammlung, ohne dass die befragte Person im Rahmen einer Vernehmung dazu veranlasst wurde.[1)] Sie dient nicht der Anhörung des oder der Betroffenen, sondern nur zur Abklärung vor (!) der Einleitung eines Bußgeldverfahrens, ob überhaupt eine Ordnungswidrigkeit vorliegt und wer als Betroffener oder Betroffene bzw. als Zeuge oder Zeugin in Frage kommt.[2)] So ist beim Anfangsverdacht einer Ordnungswidrigkeit die Erkundigung während einer Nachschau in einem Betrieb, „wer der Chef sei", eine informatorische Frage. Sobald aber feststeht, dass gegen eine bestimmte Person wegen einer Ordnungswidrigkeit vorgegangen werden soll, ist deren „informatorische" Befragung ein rechtswidriger Ausforschungsbeweis.[3)] Angaben des oder der Betroffenen aufgrund einer willkürlichen Befragung zum Tatvorwurf ohne die gesetzlich vorgeschriebene Belehrung über die Aussagefreiheit (§ 136 Abs. 1 S. 2 StPO i. V. m. § 46 Abs. 1 OWiG) führen zu einem Verwertungsverbot.[4)] Als Untersuchungshandlung ist das Ergebnis der „informatorischen Befragung" aktenkundig zu machen (§ 168b Abs. 1 StPO i. V. m. § 46 Abs. 1, 2 OWiG) und in der Bußgeldakte zu speichern (§ 32b Abs. 2 StPO i. V. m. § 110c S. 1 OWiG).

Unaufgeforderte Äußerungen des oder der Betroffenen im Bußgeld- wie Verwaltungsverfahren sind nicht durch eine Befragung veranlasst. Eine vorhergehende Belehrung über die Aussagefreiheit (§ 136 Abs. 1 S. 2 StPO i. V. m. § 46 Abs. 1 OWiG) ist weder möglich noch erforderlich. Solche Äußerungen sind jederzeit verwertbar[5)] und können vorläufig aufgezeichnet (§ 168a Abs. 2 S. 1 StPO i. V. m. § 46 Abs. 1 OWiG und in der Bußgeldakte gespeichert werden (§ 32b Abs. 2 StPO i. V. m. § 110c S. 1 OWiG), da sie keine Maßnahme der Behörde darstellen. Sie ersetzen daher auch nicht eine notwendige Anhörung im Bußgeldverfahren. Eine Verlesung in der gerichtlichen Hauptverhandlung ist nicht möglich (§ 256 Abs. 1 Nr. 5 StPO i. V. m. § 46 Abs. 1 OWiG). Bei späterem Bestreiten etwa in der gerichtlichen Hauptverhandlung ist daher eine Zeugenvernehmung der verantwortenden Person der Verwaltungsbehörde notwendig.

---

1) OLG Stuttgart, Beschl. vom 28.4.2009, Az. 2 Ss 747/08. Zur informatorischen Befragung § 6 Nr. 3.1.2
2) Saarländisches OLG (Saarbrücken), Beschl. vom 6.5.2014, Az. Ss (B) 82/12 (59/12 OWi).
3) BVerfG, Beschl. vom 25.1.2022, Az. 2 BvR 2462/18.
4) OLG Bamberg, Beschl. vom 27.8.2018, Az. 2 Ss OWi 973/18; Pfälzisches OLG (Zweibrücken), Beschl. vom 16.8.2010, Az. 1 SsBs 2/10; OLG Stuttgart, Beschl. vom 28.4.2009, Az. 2 Ss 747/08.
5) OLG Stuttgart, Beschl. vom 28.4.2009, Az. 2 Ss 747/08.

6.2.2 Anhörung von Betroffenen im Verwaltungsverfahren

Die Anhörung in einem gleichzeitig geführten Verwaltungsverfahren gem. § 28 Abs. 1 VwVfG, § 24 Abs. 1 SGB X ersetzt niemals die im Bußgeldverfahren nach § 55 OWiG i. V. m. § 163a Abs. 1 StPO vorgeschriebene Anhörung. Zwar dienen beide Anhörungen der Gewährung rechtlichen Gehörs vor einer behördlichen Entscheidung. Der Gegenstand jeder Anhörung ist jedoch völlig unterschiedlich:

- Die Anhörung des oder der *Beteiligten im Verwaltungsverfahren* eröffnet die Gelegenheit zur Äußerung von entscheidungserheblichen Tatsachen vor dem Erlass eines belastenden Verwaltungsakts (§ 28 Abs. 1 VwVfG, § 24 Abs. 1 SGB X).
- Die Anhörung des oder der *Betroffenen im Bußgeldverfahren* eröffnet die Gelegenheit zur Äußerung zum Vorwurf einer Ordnungswidrigkeit vor dem Erlass eines Bußgeldbescheids (§ 55 Abs. 1 OWiG, § 163a Abs. 1 StPO).

Beispiel:

Das Ordnungsamt beabsichtigt, die Lärmschutzauflagen (§ 12 Abs. 1 BImSchG) für eine genehmigungspflichtige Anlage (§ 4 Abs. 1 BImSchG) nach mehreren Zuwiderhandlungen des Betreibers und Nachbarbeschwerden zu erweitern. Wegen der Zuwiderhandlungen wird zudem ein Bußgeldverfahren eingeleitet (§ 62 Abs. 1 Nr. 3 BImSchG). Der Betreiber ist anzuhören

- vor der Anordnung weiterer Auflagen nach § 28 Abs. 1 VwVfG,
- vor Erlass eines Bußgeldbescheids nach § 55 Abs. 1 OWiG, § 163a Abs. 1 StPO.

Jede Form einer „gemischten Anhörung“ zur Verfahrensvereinfachung ist unzulässig. Dem oder der Beteiligten eines Verwaltungsverfahrens darf nicht einfach vorgeschlagen werden, die Anhörung auch für das Bußgeldverfahren „gelten zu lassen“. Während nämlich § 28 Abs. 1 VwVfG, § 24 Abs. 1 SGB X keine besondere Belehrung des oder der Beteiligten verlangt, muss vor der jeden Anhörung im Bußgeldverfahren auf die Aussagefreiheit des oder der Betroffenen (§ 136 Abs. 1 S. 2 StPO) hingewiesen werden. Die Verletzung der Belehrungspflicht begründet nach der einschlägigen Rechtsprechung grundsätzlich ein Verwertungsverbot.[1] Der Unterschied zum Verwaltungsverfahren ist darauf zurückzuführen, dass eine dem § 26 Abs. 2 S. 1, 2 VwVfG, § 21 Abs. 2 S. 1 SGB X entsprechende Mitwirkungs- und Verfahrensförderungspflicht im Bußgeldverfahren nicht besteht. Zulässig erlangte Angaben bei einer Anhörung im Verwaltungsverfahren (§ 28 Abs. 1 VwVfG, § 24 Abs. 1 SGB X) dürfen jedoch auch in einem Bußgeldverfahren verwertet werden (§ 161 Abs. 3 S. 1 StPO i. V. m. § 46 Abs. 1 OWiG).

Beide Anhörungen müssen daher unabhängig voneinander erfolgen und in den jeweiligen Verfahrensakten aktenkundig gemacht werden. Für die Betroffenen muss ersichtlich werden, zu welcher beabsichtigten Maßnahme im Verwaltungs- bzw. Bußgeldverfahren sie rechtliches Gehör erhalten sollen. Erst nach ordnungsgemäßer

1) OLG Bamberg, Beschl. vom 27.8.2018, Az. 2 Ss OWi 973/18.

Belehrung des oder der Betroffenen im Bußgeldverfahren, es stehe ihm oder ihr nach dem Gesetz frei, sich zur Beschuldigung zu äußern oder nicht zur Sache auszusagen (§ 136 Abs. 1 S. 2 StPO i. V. m. § 46 Abs. 1 OWiG), bestehen keine Bedenken, wenn diese – auch auf Anregung der Verwaltungsbehörde – ihre Angaben aus dem Verwaltungsverfahren auch „zum Gegenstand seiner Anhörung im Bußgeldverfahren machen".

6.2.3 Auskunftsverlangen im Verwaltungsverfahren

Das besondere Verwaltungsrecht sieht vielfach vor, dass der Beteiligte am Verwaltungsverfahren auf Verlangen der Behörde Auskünfte zu erteilen hat. Dabei handelt es sich nicht um eine Anhörung im Sinne des § 28 Abs. 1 VwVfG, sondern um einen mit Verwaltungszwang durchsetzbaren Verwaltungsakt (§ 35 S. 1 VwVfG, § 31 S. 1 SGB X) zur weiteren Aufklärung des Gefahrenverdachts. Der oder die Befragte darf dabei die Auskunft auf solche Fragen verweigern, durch deren wahrheitsgemäße Beantwortung sie sich selbst oder nahe Angehörige der Gefahr einer Verfolgung wegen einer Straftat oder Ordnungswidrigkeit aussetzen. Über dieses Auskunftsverweigerungsrecht braucht der oder die Beteiligte eines Verwaltungsverfahrens mangels einer gesetzlichen Verpflichtung nicht belehrt zu werden. Er oder sie muss es daher selbst kennen und vor einer Äußerung im Verwaltungsverfahren ausdrücklich geltend machen. Auch wenn sich der oder die Auskunftsverpflichtete dabei unaufgefordert zu einer Ordnungswidrigkeit äußert, ersetzt dieser Umstand nicht die im Bußgeldverfahren notwendige Anhörung.

Beispiel:

Gewerbetreibende haben auf Verlangen die für die Überwachung des Geschäftsbetriebs erforderlichen mündlichen und schriftlichen Auskünfte unentgeltlich zu erteilen (§ 29 Abs. 1 GewO). Dabei können sie die Auskunft auf solche Fragen verweigern, die sie oder nahe Angehörige (§ 383 Abs. 1 Nr. 1 bis 3 ZPO) der Gefahr strafgerichtlicher Verfolgung oder eines Verfahrens nach dem Gesetz über Ordnungswidrigkeiten aussetzen würde (§ 29 Abs. 3 GewO). Auch wenn der Gewerbetreibende sich dabei zu einer Ordnungswidrigkeit äußert, ist er trotzdem vor Erlass eines Bußgeldbescheides anzuhören (§ 55 OWiG i. V. m. § 163a Abs. 1 StPO).

Manche gesetzlichen Bestimmungen sehen ein ausdrückliches Verwendungsverbot solcher verwaltungsrechtlich erzwingbaren Angaben im Straf- und Bußgeldverfahren vor (z. B. § 44 Abs. 6 S. 1 LFGB).

6.3 Zeitpunkt der Anhörung

Dem oder der Betroffenen ist *spätestens* vor Abschluss der Ermittlungen Gelegenheit zur Äußerung zu geben, sofern nicht das Bußgeldverfahren eingestellt werden soll (§ 55 Abs. 1 OWiG i. V. m. § 163a Abs. 1 S. 1 StPO).[1)] Die Anhörung ist also bei weiterer Verfolgung der Ordnungswidrigkeit durchzuführen, bevor die Abschlussver-

1) OLG Düsseldorf, Beschl. vom 16.5.2022, Az. 2 RBs 71/22.

fügung nach § 61 OWiG[1] aktenkundig gemacht wird. Während des Ermittlungsverfahrens liegt der Zeitpunkt der Anhörung im Ermessen der Verwaltungsbehörde:

- *früher* Zeitpunkt

  Eine frühzeitige Anhörung wird sich anbieten, wenn durch Angaben des oder der Betroffenen andere Ermittlungen entbehrlich werden können.

- *später* Zeitpunkt

  Hat der oder die Betroffene noch keine Kenntnis von der Einleitung eines gegen ihn oder sie gerichteten Bußgeldverfahrens, so erhalten sie diese zwangsläufig durch die Anhörung. Dies kann zur Gefährdung des Untersuchungserfolges führen, weil der oder die Betroffene z. B. Zeugen oder Zeuginnen beeinflusst oder zum Tatnachweis erforderliche Gegenstände versteckt. Daher wird es angezeigt sein, die Anhörung erst nach erfolgter Zeugenvernehmung oder Sicherstellung von Beweisgegenständen durchzuführen.

Möchte der oder die Betroffene vor der Anhörung einen Verteidiger oder eine Verteidigerin befragen, sind ihm oder ihr allgemeine Informationen zur Verfügung zu stellen, die es ihm oder ihr erleichtern, einen Verteidiger oder eine Verteidigerin zu kontaktieren (§ 163a Abs. 4 S. 2, § 136 Abs. 1 S. 3 StPO i. V. m. § 46 Abs. 1 OWiG).[2]

6.4 Belehrung der Betroffenen

Dem oder der Betroffenen ist im Bußgeldverfahren nur Gelegenheit zur Verteidigung zu geben, zur Mitwirkung an der Überführung sind sie jedoch nicht verpflichtet. Daher ist bei Beginn seiner ersten Anhörung der Tatvorwurf der Ordnungswidrigkeit zu eröffnen und sie sind auf ihr gesetzliches Schweigerecht zur Sache hinzuweisen. Die Belehrung soll sicherstellen, dass ein Betroffener oder eine Betroffene nicht im Glauben an eine vermeintliche Aussagepflicht Angaben macht und sich damit unfreiwillig belastet.[3] Im Verwaltungsverfahren ist eine Belehrung weder bei der Befragung Beteiligter noch bei einem förmlichen Auskunftsverlangen oder der Anhörung vor Erlass eines Verwaltungsaktes (§ 28 Abs. 1 VwVfG, § 24 Abs. 1 SGB X) vorgeschrieben.

Beispiel:

Bei einer Nachschau in einer Gaststätte (§ 29 Abs. 2 GewO) stellt das Gewerbeamt fest, dass der Gastwirt als Gewerbetreibender dort mehr als zwei Geldspielgeräte aufgestellt hat (§ 3 Abs. 1 S. 1 SpielV).

- Verwaltungsverfahren: Der Beteiligte ist nicht verpflichtet, ihn oder Angehörige wegen einer Straftat oder Ordnungswidrigkeit belastende Angaben zu machen (§ 29 Abs. 1, 3 GewO), braucht über dieses Recht aber nicht belehrt zu werden. Dies gilt auch für eine Anhörung vor der Anordnung der Entfernung der zu viel aufgestellten Geldspielgeräte (§ 28 Abs. 1 VwVfG).

---

1) Zur Bedeutung der Abschlussverfügung vor Erlass eines Bußgeldbescheides (§ 61 OWiG) § 13 Nr. 1.

2) Auf bestehende anwaltliche Notdienste braucht im Gegensatz zum Strafverfahren nicht hingewiesen zu werden, weil § 163a Abs. 4 S. 2 StPO für das Bußgeldverfahren nicht auf § 136 Abs. 1 S. 4 StPO Bezug nimmt.

3) KG (Berlin), Beschl. vom 27.9.2011, Az. 1 Ss 276/11 (117/11), unter Bezugnahme auf BGH, Beschl. vom 9.6.2009, Az. 4 StR 170/09.

- Bußgeldverfahren: Der Betroffene ist nicht verpflichtet, sich zum Vorwurf der Ordnungswidrigkeit nach § 19 Abs. 1 Nr. 1 SpielV zu äußern (§ 55 OWiG i. V. m. § 163a Abs. 1 StPO). Über dieses Recht ist er vor der ersten Anhörung im Bußgeldverfahren zu belehren (§ 136 Abs. 1 S. 2 StPO).

Im nur der Gefahrenabwehr dienenden Verwaltungsverfahren braucht der oder die Beteiligte auch dann nicht belehrt zu werden, wenn dessen Einleitung auf einem ordnungswidrigen Verhalten als Voraustatbestand präventiver Maßnahmen beruhte.[1]

6.4.1 Inhalt der Belehrung

Die Belehrung des oder der Betroffenen bei Beginn der ersten Anhörung im Bußgeldverfahren über die zustehende Aussagefreiheit zur Sache ist keine bloße Ordnungsvorschrift, sondern eine in der Bußgeldakte zu dokumentierende wesentliche Förmlichkeit (168b Abs. 3 S. 1 StPO i. V. m. § 46 Abs. 1 OWiG). Der Betroffene ist daher in gesetzlicher Form zu belehren:

- **Eröffnung des Tatvorwurfs**

Bei der erstmaligen Anhörung durch die Verwaltungsbehörde sind dem oder der Betroffenen zunächst kumulativ der Tatvorwurf und die in Betracht kommenden Bußgeldvorschriften zu eröffnen (§ 163a Abs. 3 S. 2, § 136 Abs. 1 S. 1 StPO i. V. m. § 46 Abs. 1 OWiG). Die Angabe der Bußgeldvorschriften genügt folglich nicht allein, vielmehr ist der belastende Sachverhalt wenigstens in groben Zügen darzustellen, sodass sich der oder die Betroffene sachgerecht verteidigen kann.[2] Die Belehrungspflicht geht jedoch nicht soweit, dass die Aufklärung des Sachverhalts darunter leidet.[1] Bei Blankett-Tatbeständen sind neben den Bußgeldvorschriften auch die verwaltungsrechtlichen Ausfüllungstatbestände anzugeben, z. B. bei unerlaubtem Reisegewerbe § 145 Abs. 1 Nr. 1 Buchst. b GewO (Bußgeldvorschrift) und § 55 Abs. 2 GewO (Ausfüllungstatbestand).[3]

- **Belehrung über die Aussagefreiheit zur Sache**

Betroffene sind weiter darauf hinzuweisen, dass es ihnen nach dem Gesetz freistehe, sich zur Beschuldigung zu äußern oder nicht zur Sache auszusagen (§ 163a Abs. 3 S. 2, § 136 Abs. 1 S. 2 StPO i. V. m. § 46 Abs. 1 OWiG). Es empfiehlt sich die Verwendung des Gesetzeswortlautes, diese ist aber nicht zwingend.[4] In einfachen Sachen genügt bei formlos mündlichen Anhörungen an Ort und Stelle der vereinfachte Hinweis: „Sie können sich jetzt äußern, sind aber dazu nicht verpflichtet." Gleichzeitig empfiehlt sich der Hinweis, dass sich das Schweigerecht nicht auf die personenbezogenen Daten des oder der Betroffenen bezieht. Zur Angabe von Vorname, Nachname, gegebenenfalls abweichender Geburtsname, Geburtstag und Geburtsort sowie voller Privatanschrift ist er oder sie zur Identitätsfeststellung nach § 163b Abs. 1 StPO i. V. m. § 46 Abs. 1 OWiG verpflichtet und handelt ordnungs-

1) BGH, Urt. vom 26.4.2017, Az. 2 StR 247/16, für das Strafverfahren.
2) AG Backnang, Beschl. vom 19.9.2012, Az. 2 Ls 90 Js 58693/12, im Strafverfahren.
3) Zum Aufbau von Blankett-Tatbeständen aus Bußgeldvorschriften und verwaltungsrechtlichen Ausfüllungsvorschriften § 2 Nr. 3.1.
4) BGH, Urt. vom 29.4.2010, Az. 3 StR 63/10, für das Strafverfahren.

widrig (§ 111 Abs. 1 OWiG), soweit die notwendigen personenbezogenen Angaben der anhörenden Person noch nicht vollständig bekannt sind.

- **Belehrung Jugendlicher**

War der oder die Betroffene zur Tatzeit der Ordnungswidrigkeit (§ 6 S. 1 OWiG) als - jugendliche Person bereits vierzehn, aber noch nicht achtzehn Jahre alt (§ 1 Abs. 2 JGG), ist die Belehrung dahingehend zu ergänzen, dass er oder sie berechtigt ist, vor einer Aussage zur Sache die Erziehungsberechtigten zu „kontaktieren“.[1)]

- **Keine Belehrung über Verteidigungsmöglichkeiten**

Der oder die Betroffene muss nicht wie im Strafverfahren auf die Möglichkeit der vorhergehenden Befragung eines Verteidigers oder einer Verteidigerin (§ 136 Abs. 1 S. 2 StPO) einschließlich der Möglichkeit vorgehender Information zur erleichterten Kontaktierung (§ 136 Abs. 1 S. 3 StPO) und bestehende anwaltliche Notdienste (§ 136 Abs. 1 S. 4 StPO) hingewiesen werden (§ 55 Abs. 2 S. 1, 2 OWiG). Er oder sie braucht auch nicht die Befugnis einzelner entlastender Beweisanträge (§ 163 Abs. 1 S. 3 StPO) belehrt zu werden (§ 55 Abs. 2 S. 2 OWiG).

- **Wiederholte Belehrung erforderlich**

Die Eröffnung des Tatvorwurfes und der in Betracht kommenden Bußgeldvorschriften sowie der Hinweis auf die Aussagefreiheit zur Sache und den wirtschaftlichen Verhältnissen sind bei jeder Anhörung im Bußgeldverfahren erforderlich (§ 163a Abs. 2 S. 2, § 136 Abs. 1 S. 1 StPO i. V. m. § 46 Abs. 1 OWiG).[2)] Dies gilt auch dann, wenn die erste Anhörung durch einen Polizeibeamten im „ersten Zugriff“ erfolgte (§ 53 Abs. 1 S. 1 OWiG). Auch bei einer optionalen Anhörung im Zwischenverfahren nach zulässigem Einspruch gegen den Bußgeldbescheid (§ 67 OWiG) sind Betroffene erneut über ihr Schweigerecht zu belehren (§ 69 Abs. 2 S. 3 OWiG).

6.4.2 Zeitpunkt der Belehrung

Die Belehrung des oder der Betroffenen hat „bei Beginn“ der Anhörung im Bußgeldverfahren zu erfolgen (§ 136 Abs. 1 S. 1, 2 StPO).

- **Übergang von Zeugen- zu Betroffenenanhörungen**

Die Verwaltungsbehörde hat zunächst als Zeugen oder Zeuginnen angehörte Personen (§ 161a Abs. 1 StPO i. V. m. § 46 Abs. 1 OWiG) erst dann als Betroffene zu behandeln, wenn sich der Verdacht so verdichtet hat, dass sie ernstlich als Täter oder Täterinnen der untersuchten Ordnungswidrigkeiten in Betracht kommen. Die Grenzen des den Strafverfolgungsbehörden eingeräumten Beurteilungsspielraums sind erst dann überschritten, wenn trotz starken Tatverdachts nicht von der Zeugen- zur Beschuldigtenvernehmung übergegangen wird

- **Übergang von „informatorischen“ Befragungen**

Vollzugsprobleme können auftauchen, wenn eine zunächst „informatorische“ Befragung in eine Anhörung zum Tatvorwurf (§ 55 OWiG i. V. m. § 163a Abs. 1 StPO)

1) LG Köln, Urt. vom 13.1.2016, Az. 13 S 129/15.

2) Bei jeder Gelegenheit zur Äußerung im Vor- und Zwischenverfahren nach zulässigem Einspruch gegen den Bußgeldbescheid ist ein erneuter Hinweis auf das Schweigerecht durch § 69 Abs. 2 S. 3 Halbs. 2 OWiG ausdrücklich vorgeschrieben.

übergeht.[1] Der Bereich einer nur informatorischen Befragung ohne rechtliches Gehör zu einem bestimmten Tatvorwurf deckt nur die Entscheidung der Verwaltungsbehörde ab, ob

- der Anfangsverdacht einer Ordnungswidrigkeit gegeben ist, der die Einleitung eines Bußgeldverfahrens erlaubt, und
- eine Person nach Einleitung des Bußgeldverfahrens als Zeuge oder Zeugin oder als Betroffener oder Betroffene in Betracht kommt.[2]

Die nur „informatorische" Befragung ist noch keine Anhörung, sodass noch keine Belehrung erfolgt. Sobald sich der Anfangsverdacht einer Ordnungswidrigkeit (§ 152 Abs. 2 StPO i. V. m. § 46 Abs. 1 OWiG) aber auf die befragte Person richtet, ist sie als Betroffener oder Betroffene zu behandeln und zu belehren.

Beispiel:

Bei einer Nachschau des Gewerbeamts (§ 29 Abs. 2 GewO) erklärt der angetroffene frühere Inhaber, er sei nach der vollziehbaren Anordnung der Gewerbeuntersagung (§ 35 GewO) nur noch geringfügig beschäftigt. Bei der weiteren Befragung ergibt sich, dass seine in der Gewerbeanzeige benannte Tochter nie im Betrieb anwesend ist und er angeblich in ihrem Auftrag alle unternehmerischen Entscheidungen ohne Rücksprache weiter selbst trifft. Darauf belehrt ihn der Bedienstete, dass er nunmehr gegen ihn wegen der Zuwiderhandlung gegen eine vollziehbare Gewerbeuntersagung (§ 144 Abs. 1 Nr. 1 Buchst. a GewO) ein Bußgeldverfahren einleite und er sich dazu äußern könne, aber dazu nicht verpflichtet sei. Der Betroffene macht darauf keine Angaben mehr zur Sache. Der Tatnachweis der vorgeworfenen Ordnungswidrigkeit kann aber noch auf die Angaben bei der informatorischen Befragung gestützt werden, weil sich bis zu diesem Zeitpunkt die Erkenntnisse noch nicht zum Anfangsverdacht einer Ordnungswidrigkeit verdichtet hatten.

- **Unaufgeforderte Äußerungen durch Betroffene**

Unaufgeforderte spontane Äußerungen der Betroffenen – auch anlässlich einer informatorischen Befragung – dürfen im Bußgeldverfahren verwertet werden. Sie erfolgen nämlich nicht aufgrund einer Maßnahme der Verwaltungsbehörde, sondern unaufgefordert und bedürfen schon deshalb keiner Belehrung.

Beispiel:

Bei einer Jugendschutzkontrolle wird der Betreiber einer Diskothek nach dem Getränkeangebot für jugendliche Personen befragt. Dabei ergibt sich der verbotene Ausschank alkoholischer Getränke. Leitet die verantwortende Person jetzt ein Bußgeldverfahren ein, hat sie den Betreiber vor einer Anhörung als Betroffenen zu belehren. Die vorhergehende spontane Äußerung, dies sei allgemein üblich, bleibt aber verwertbar.

1) OLG Bamberg, Beschl. vom 27.8.2018, Az. 2 Ss OWi 973/18.
2) Pfälzisches OLG (Zweibrücken), Beschl. vom 16.8.2010, Az. 1 SsBs 2/10, unter Bezugnahme unter anderem auf BGH, Beschl. vom 27.2.1992, Az. 5 StR 190/91.

Den Bediensteten der Verwaltungsbehörde ist für den konkreten Zeitpunkt der Belehrung ein gewisser Ermessensspielraum einzuräumen, wobei dieser vor dem Hintergrund der Bedeutung des Schweigerechts, nicht im Lichte ermittlungstaktischer Interessen zu sehen ist.[1)] Es obliegt daher der verantwortenden Person der Verwaltungsbehörde bzw. den polizeilichen Ermittlungspersonen, nach pflichtgemäßer Beurteilung darüber zu befinden, ob sich der Tatverdacht der Ordnungswidrigkeit bereits so verdichtet hat, dass die vernommene Person ernstlich als Täter, Täterin oder beteiligte Person (§ 14 Abs. 1 OWiG) in Betracht kommt. Falls der Tatverdacht aber so stark ist, dass er anderenfalls willkürlich die Grenzen ihres Beurteilungsspielraums überschreiten würde, ist es verfahrensfehlerhaft, wenn der oder die Betreffende ohne Belehrung vernommen wird.[2)] Die Frage der „Belehrungsschwelle ist entsprechend der Situation, in der eine Belehrung spätestens erforderlich wird, nicht immer einfach zu beantworten. Im Zweifel wird einer frühzeitigen Belehrung der Vorzug zu geben sein.[1)]

6.4.3 Folgen unterbliebener Belehrung

Ergeht eine Bußgeldentscheidung, ohne dass der oder die Betroffene bei einer Anhörung auf das Schweigerecht zum Tatvorwurf (§ 163a Abs. 4 S. 2, § 136 Abs. 1 S. 2 StPO i. V. m. § 46 Abs. 1 OWiG) hingewiesen wurde, so zieht dieser Verfahrensfehler auch im Bußgeldverfahren ein Verwertungsverbot bezüglich der gemachten Angaben nach sich.[3)] Dies gilt nur ausnahmsweise dann nicht, wenn feststeht, dass er oder sie das Recht zu schweigen auch ohne Belehrung gekannt hat. Von dieser Kenntnis kann im Falle von Angaben von Betroffenen, die einen Verteidiger oder eine Verteidigerin hat, ausgegangen werden. Ein Erfahrungssatz, wonach bestimmte Personengruppen, etwa Betroffene aus früheren Bußgeldverfahren, diese Kenntnis besitzen, besteht jedoch nicht.[4)]

6.5 Durchführung der Anhörung

Im Bußgeldverfahren genügt es grundsätzlich, dem oder der Betroffenen Gelegenheit zur Äußerung zu geben (§ 55 Abs. 1 OWiG).[5)] Über die Form der Anhörung entscheidet die Verwaltungsbehörde daher nach pflichtgemäßem Ermessen. Dazu stehen ihr drei Möglichkeiten zur Auswahl:

- Persönliche Anhörung an Ort und Stelle in mündlicher Form,
- Elektronische oder schriftliche Anhörung durch Versendung eines Anhörungsdokuments,
- Ladung zur förmlichen Vernehmung im Dienstgebäude.

---

1) LG Saarbrücken, Beschl. vom 27.5.2013, Az. 6 Qs 61/13.

2) OLG Bamberg, Beschl. vom 27.8.2018, Az. 2 Ss OWi 973/18; Pfälzisches OLG (Zweibrücken), Beschl. vom 16.8.2010, Az. 1 SsBs 2/10.

3) OLG Bamberg, Beschl. vom 27.8.2018, Az. 2 Ss OWi 973/18; so bereits für das Strafverfahren Pfälzisches OLG (Zweibrücken), Beschl. vom 16.8.2010, Az. 1 SsBs 2/10, unter Bezugnahme auf BGH, Beschl. vom 27.2.1992, Az. 5 StR 190/91. Die Belehrungspflicht ist aufgrund dieser Rechtsprechung auch im Bußgeldverfahren – wie zuvor in der Verfahrenspraxis vertreten – keine bloße Ordnungsvorschrift.

4) LG Köln, Urt. vom 13.1.2016, Az. 13 S 129/15; LG Hamburg, Beschl. vom 23.10.2015, Az. 601 Qs 20/15; LG Saarbrücken, Beschl. vom 27.5.2013, Az. 6 Qs 61/13.

5) Die schriftliche Anhörung im Bußgeldverfahren ist im Gegensatz zum Strafverfahren (§ 163a Abs. 1 S. 3 StPO) nicht auf einfache Sachverhalte beschränkt.

Der oder die Betroffene braucht sich jedoch nicht an die ihm angebotene Form der Anhörung halten. Die Wahrnehmung der Form rechtlichen Gehörs (Art. 103 Abs. 1 GG) steht vielmehr in ihrem Belieben. Sie können daher statt zu einer Vernehmung zu erscheinen, sich auch elektronisch, schriftlich oder durch die Stellungnahme eines beauftragten Rechtsanwalts oder einer Rechtsanwältin äußern.

6.5.1 Persönliche Anhörung an Ort und Stelle

Die persönliche Anhörung von Betroffenen an Ort und Stelle, z. B. am Tatort einer Ordnungswidrigkeit (§ 7 Abs. 1 OWiG), eignet sich für Zuwiderhandlungen mit geringer Bedeutung. Ihre Vorteile liegen in der Einfachheit der Aufzeichnung und im geringen Zeitaufwand.

Beispiel:

Der Betroffene wird von einem Bediensteten des Ordnungsamts beim unerlaubten Verbrennen von Pflanzenabfällen angetroffen. Dieser hält ihm das ordnungswidrige Verhalten vor und belehrt ihn, dass er sich dazu äußern könne, aber nicht verpflichtet sei.

- **Identitätsfeststellung**

Soweit noch nicht bekannt, sind bei einer mündlichen Anhörung an Ort und Stelle zunächst die notwendigen personenbezogenen Daten zur Identitätsfeststellung des oder der Betroffenen festzustellen. Diese sind zur Angabe noch unbekannter personenbezogener Daten auf Frage gesetzlich verpflichtet (§ 163b Abs. 1 StPO i. V. m. § 46 Abs. 1 OWiG).[1] Notwendig sind Vor- und Nachname, Geburtsdatum und -ort sowie die Wohnanschrift im Hinblick auf die Zustellung nach § 51 Abs. 2 OWiG. Weigert sich der oder die Betroffene, sollte auf die Ordnungswidrigkeit der Verweigerung personenbezogener Daten nach § 111 Abs. 1 OWiG hingewiesen und eine Geldbuße von üblicherweise 50 bis 100 Euro unabhängig von der verfolgten Zuwiderhandlung in Aussicht gestellt werden. Die Rechtmäßigkeit des Auskunftsverlangens ist gerichtlich überprüfbar.[2] Zur Feststellung der Identität kann auch die Vorlage eines mitgeführten (vorläufigen) Personalausweises verlangt werden (§ 1 Abs. 1 S. 2 PAuswG). Die vorsätzliche Zuwiderhandlung gegen die Vorlagepflicht ist eine mit Geldbuße bis 5000 Euro bedrohte Ordnungswidrigkeit (§ 32 Abs. 1 Nr. 2, Abs. 2 PAuswG). Auch wenn der oder die Betroffene einen Personalausweis vorlegt, ist er oder sie zur Beantwortung weiterer Fragen verpflichtet, die zur Identitätsfeststellung notwendig sind.[3]

- **Eröffnung des Tatvorwurfs und Belehrung**

Die verantwortende Person der Verwaltungsbehörde eröffnet dem oder der Betroffenen nach einer notwendigen Identitätsfeststellung mündlich den Tatvorwurf und die in Betracht kommenden Bußgeldvorschriften und belehrt ihn oder sie ausdrücklich

1) OLG Dresden, Beschl. vom 23.6.2005, Az. Ss (OWi) 18/05.
2) OLG Hamm, Beschl. vom 20.12.2007, Az. 3 Ss OWi 782/07.
3) OLG Hamm, Beschl. vom 1.9.2006, Az. 2 Ss OWi 578/06.

über das Schweigerecht zur Sache (§ 136 Abs. 1 S. 2 StPO i. V. m. § 46 Abs. 1 OWiG).

- **Protokollierung der Anhörung**

Nach der gesetzlichen Belehrung zum Schweigerecht zur Sache hat der oder die Betroffene Gelegenheit, sich mündlich zu äußern. Der Inhalt (nicht der Wortlaut) der Äußerung wird

- durch handschriftliches oder elektronisches Protokoll vorläufig aufgezeichnet (§ 168b Abs. 2, § 168a Abs. 2 S. 1 StPO i. V. m. § 46 Abs. 1 OWiG) und
- sobald ohne erhebliche Verzögerung der Ermittlungen möglich, in einem elektronischen Protokoll (§ 168b Abs. 2 S. 1 StPO i. V. m. § 46 Abs. 1 OWiG) in der Bußgeldakte gespeichert § 32b Abs. 2 StPO i. V. m. § 110c S. 1 OWiG).[1)]

Das Protokoll muss zumindest kurz die Angaben des oder der Betroffenen wiedergeben. Es genügt ein zusammenfassendes Inhaltsprotokoll (§ 168a Abs. 2 S. 1 StPO i. V. m. § 46 Abs. 1 OWiG). Ungenügend ist aber die bloße Schlussfolgerung der verantwortenden Person, der oder die Betroffene „räume die Ordnungswidrigkeit ein" oder „bestreite" sie. Ist eine Geldbuße von mehr als 250 Euro zu erwarten und liegt daher keine geringfügige Ordnungswidrigkeit mehr vor (§ 17 Abs. 3 S. 2 OWiG), ist auch Gelegenheit zur Äußerung zu den aktuellen wirtschaftlichen Verhältnissen zu geben (§ 160 Abs. 3 StPO i. V. m. § 46 Abs. 1 OWiG).

- **Genehmigung des Protokollinhalts**

Es genügt die Vorlesung der vorläufigen Aufzeichnung, soweit nicht der oder die anwesende Betroffene darauf verzichtet (§ 168b Abs. 2, § 168a Abs. 3 S. 4, 5 StPO i. V. m. § 46 Abs. 1 OWiG). Die Genehmigung des oder der Betroffenen und eventuelle Einwendungen sind zu vermerken (§ 168b Abs. 2 S. 1, § 168a Abs. 3 StPO i. V. m. § 46 Abs. 1 OWiG), eine Signatur des oder der Betroffenen ist dagegen nicht notwendig. Das endgültige Dokument ist mit der Namenswiedergabe (einfache elektronische Signatur) der verantwortenden Person der Verwaltungsbehörde (§ 32b Abs. 1 S. 1 StPO i. V. m. § 110c S. 1 OWiG) in der Bußgeldakte zu speichern (§ 32b Abs. 2 StPO i. V. m. § 110c S. 1 OWiG). Das Protokoll braucht dem oder der Betroffenen auch auf Verlangen nicht zugesendet zu werden. Es kann daher nur über die Akteneinsicht (§ 49 Abs. 1 S. 1 OWiG) zur Kenntnis genommen werden.

Beispiel:

Aus Anlass einer Beanstandung bei der Lebensmittelüberwachung in der Gaststätte des Betroffenen leitet der erschienene Lebensmittelkontrolleur ein Bußgeldverfahren ein. Er eröffnet ihm den Tatvorwurf des Behandelns von Lebensmitteln in unhygienischen Räumen und nennt die Bußgeldvorschrift des § 10 Nr. 1 LMHV. Anschließend stellt er die aktuellen personenbezogenen Daten des Betroffenen fest, hört ihn nach Belehrung über die Aussagefreiheit zur Sache an Ort und Stelle mündlich an und fertigt über den Inhalt der Äußerung ein elektronisches Protokoll: „Ich habe nicht gewusst, dass ich die Lebensmittel so nicht lagern darf"

1) Der Fall der Teilnahme eines Verteidigers oder der Verteidigerin bei einer Anhörung ohne Fertigung eines Protokolls (§ 168b Abs. 2 S. 2 StPO) kommt im Bußgeldverfahren praktisch nicht vor.

oder „Ich möchte mich nicht äußern". Nachdem es sich um einen massiven Wiederholungsfall handelt und eine hohe Geldbuße zu erwarten ist, erhält der Betroffene auch Gelegenheit, sich zu seinen wirtschaftlichen Verhältnissen, insbesondere dem monatlichen Nettoeinkommen zu äußern. Der Betroffene äußert: „Derzeit höchstens 1000 Euro". Der Lebensmittelkontrolleur teilt dem Betroffenen abschließend mit, dass er die Äußerung mit diesem Wortlaut aufgezeichnet habe.

- **Zuziehung von Dolmetschern oder Dolmetscherinnen**

Ist der oder die Betroffene der deutschen Sprache nicht mächtig, so ist von Amts wegen ein Dolmetscher oder eine Dolmetscherin zuzuziehen (§ 163a Abs. 5 StPO, 187 Abs. 1 S. 1 GVG i. V. m. § 46 Abs. 1 OWiG). Der oder die Betroffene ist in einer ihm oder ihr verständlichen Sprache darauf hinzuweisen, dass sie während des gesamten Verfahrens die unentgeltliche Hinzuziehung eines Dolmetschers oder einer Dolmetscherin verlangen können (§ 163a Abs. 5 StPO, § 187 Abs. 1 S. 2 GVG i. V. m. § 46 Abs. 1 OWiG). Die Übersetzung durch anwesende Familienangehörige genügt also nicht. Ergeben sich Zweifel daran, dass der oder die Betroffene der Vernehmung ausreichend folgen und sich äußern können, darf die Vernehmung ohne Dolmetscher oder Dolmetscherin also nicht fortgesetzt werden. Die verantwortende Person besitzt wegen des zwingenden Charakters der Bestimmung zwar einen Beurteilungsspielraum, nach dem Grundsatz des fairen Verfahrens (Art. 20 Abs. 3 GG) aber kein Ermessen. Die Zuziehung eines Dolmetschers oder einer Dolmetscherin kann dann nur unterbleiben, wenn die beteiligten Personen sämtlich der fremden Sprache mächtig sind (§ 185 Abs. 1 S. 1 GVG i. V. m. § 46 Abs. 1 OWiG).

6.5.2 Telefonische Anhörung

Gelegentlich ist in Bußgeldakten eine telefonische Anhörung des oder der Betroffenen zu beobachten. Dies setzt die telefonische Erreichbarkeit voraus.

Beispiel:

Bei der Untersuchung einer unerlaubten Abfallablagerung (§ 28 Abs. 1 S. 1 i. V. m. § 69 Abs. 1 Nr. 2 KrWG) ergeben sich Hinweise auf die Person des Betroffenen. Die verantwortende Person der Verwaltungsbehörde ruft diesen aufgrund einer vorgefundenen Telefonnummer an und hört ihn auf diese Weise zum Tatvorwurf an.

Eine telefonische Anhörung des oder der Betroffenen ist zwar durch § 55 OWiG i. V. m. § 163a Abs. 1 StPO weder vorgesehen noch ausdrücklich untersagt. Ihr Ergebnis muss zwangsläufig durch ein Protokoll in der Bußgeldakte aufgezeichnet werden, was nach § 168b Abs. 2 S. 1, § 168a Abs. 2 StPO i. V. m. § 46 Abs. 1 OWiG zugelassen ist. Es besteht auch die Möglichkeit, nach Belehrung des oder der Betroffenen über die Aussagefreiheit zur Sache Fragen zu stellen und Vorhalte des bisherigen Ermittlungsergebnisses zu machen. Die bisherigen Erfahrungen zeigen jedoch, dass Betroffene im gerichtlichen Bußgeldverfahren immer wieder einwenden, sie seien niemals angerufen worden, es liege eine Verwechslung mit einer anderen Person vor. Daher müssen die personenbezogenen Daten der angerufenen Person einschließlich Geburtstag und Geburtsort bereits vorher bekannt sein, damit diese von dem oder der angerufenen Betroffenen zur Identitätsfeststellung (§ 163b Abs. 1 StPO i. V. m. § 46 Abs. 1 OWiG) wiederholt werden können und der spätere Einwand der Verwechslung mit anderen Personen ausgeschlossen ist. Der Behauptung eines telefonischen Missverständnisses kann durch klare Befragung und eindeutige Protokolle begegnet werden. Keinesfalls genügt der Vermerk: „Der Betroffene wurde von mir angerufen und räumte den Verstoß ein." Hier kann weder nachvollzogen werden, ob der Betroffene selbst erreicht, er gesetzlich belehrt wurde und welchen Sachverhalt er eingeräumt haben soll.

Manche Betroffene weigern sich, eine telefonische Anhörung mit dem berechtigten Einwand der Unkontrollierbarkeit des Gesprächspartners entgegenzunehmen. Zu einem Rückruf bei der Verwaltungsbehörde ist der oder die Betroffene nach § 55 OWiG i. V. m. § 163a Abs. 1 StPO aber keineswegs verpflichtet. Völlig verfehlt muss in diesem Fall der Vorwurf der „Personalienverweigerung" als Ordnungswidrigkeit nach § 111 Abs. 1 OWiG angesehen werden.

Falls eine telefonische Anhörung überhaupt in Betracht kommt, sollte davon nur zurückhaltend und beschränkt auf einfachste Sachverhalte Gebrauch gemacht werden. Ist der oder die Betroffene der deutschen Sprache nicht mächtig, können von Amts wegen notwendige Dolmetscher oder Dolmetscherinnen (§ 163a Abs. 5 StPO, § 187 Abs. 1 S. 1 GVG i. V. m. § 46 Abs. 1 OWiG) nicht zugezogen werden, sodass diese Form der Anhörung sofort abzubrechen ist, sofern nicht ausnahmsweise die verantwortende Person und der oder die Betroffene dieser Sprache beide mächtig sind.

6.5.3 Schriftliche und elektronische Anhörung

Die Anhörung des oder der Betroffenen erfolgt i. d. R. durch Übermittlung eines schriftlichen oder elektronischen Dokuments. (Muster 6.10). Das Anhörungsdokument[1] ist wegen seiner einfachen Handhabung bei Ordnungswidrigkeiten durchschnittlicher Bedeutung, insbesondere Massenverfahren geeignet. Im Verwarnungsverfahren wegen geringfügigen Ordnungswidrigkeiten (§ 56 OWiG)[2] wird diese Form der Anhörung mit dem Angebot einer Verwarnung mit Verwarnungsgeld verbunden und leitet nach dessen Erfolglosigkeit automatisch das Bußgeldverfahren ein. Eine schriftliche oder elektronische Anhörung genügt rechtlich zwar auch bei äußerst komplizierten und umfangreichen Sachverhalten. Hier erweist sich das Anhörungsdokument gegenüber der förmlichen mündlichen Vernehmung nach Ladung des Betroffenen in die Dienststelle als wenig geeignet.[3] Es erlaubt weder Fragen an den oder die Betroffenen noch eine Verständigung über die Rechtsfolgen der Ordnungswidrigkeit. Die Stärken der persönlichen mündlichen Vernehmung liegen im hohen Erkenntniswert für die weitere Gestaltung des Bußgeldverfahrens und Beweissicherung aufgrund Geständnisses oder Teilgeständnisses. Für diese Anforderung ist die

1) Der allgemeine Begriff „Dokument" ersetzt in der Gesetzessprache den vor Einführung des elektronischen Rechtsverkehrs üblichen engeren Begriff „Schriftstück".

2) Zum Verwarnungsverfahren (§ 56 OWiG) § 12.

3) Zur förmlichen mündlichen Vernehmung des Betroffenen (§ 55 OWiG i. V. m. § 163a Abs. 1 StPO) § 6 Nr. 6.5.4.

schriftliche oder elektronische Anhörung nicht geeignet und sollte auch wegen des geringeren Aufwandes nicht gewählt werden. Erfahrungsgemäß „rächt" sich die Zeitersparnis durch hohe Einspruchsquoten und zugunsten des oder der Betroffenen abweichende gerichtliche Bußgeldentscheidungen, bei denen ihr mündliches Vorbringen erstmals berücksichtigt wurde.

6.5.3.1 Begleitende Verfügung

Die Anordnung der Anhörung ist in der Bußgeldakte durch die begleitende Verfügung nachvollziehbar. Bei der automatisierten Herstellung eines Dokuments im Bußgeldverfahren genügt die elektronische Signatur der begleitenden Verfügung (§ 110c S. 2 OWiG). Da es im Bußgeldverfahren anders als im Verwaltungsverfahren keine vollständig automatisierten Verwaltungsakte gibt (§ 35a VwVfG, § 31a SGB X), muss die begleitende Verfügung die zumindest nachprüfbare Namenswiedergabe der verantwortenden Person der Verwaltungsbehörde enthalten (§ 32b Abs. 1 S. 1 StPO i. V. m. § 110c S. 1 OWiG). Eine qualifizierte elektronische Signatur (Art. 3 Nr. 12 Verordnung [EU] Nr. 910/2014) ist nicht vorgeschrieben. Das an den Betroffenen oder die Betroffene übermittelte Anhörungsdokument braucht dagegen nicht namentlich signiert zu sein.[1)]

Beispiel:

Die Bußgeldstelle einer Stadt beabsichtigt aufgrund der Anzeige eines Fachamtes, gegen den Betroffenen einen Bußgeldbescheid zu erlassen (§ 65 OWiG) und ihn zuvor zur vorgeworfenen Ordnungswidrigkeit anzuhören (§ 55 OWiG). Die Bußgeldakte enthält eine begleitende Verfügung mit der Namenswiedergabe der verantwortenden Person und das an den Betroffenen übermittelte Anhörungsdokument nur mit der Bezeichnung der Verwaltungsbehörde.

In der begleitenden Verfügung wird der Adressat oder die Adressatin des Anhörungsdokuments bestimmt. Die personenbezogenen Daten mit dem Vorwurf einer Ordnungswidrigkeit dürfen gem. dem Grundrecht auf informationelle Selbstbestimmung (Art. 2 Abs. 1 i. V. m. Art. 1 GG) nur dem gesetzlich ausdrücklich vorgesehenen Personenkreis mitgeteilt werden. Außer dem oder der Betroffenen selbst (§ 55 Abs. 1 OWiG) kommen folgende Personen in Betracht:

- **Rechtsanwälte und Rechtsanwältinnen als Verteidiger oder Verteidigerinnen**

Hat der oder die Betroffene schon vor der Anhörung einen Rechtsanwalt als Verteidiger oder eine Rechtsanwältin als Verteidigerin beauftragt, erfährt die Verwaltungsbehörde davon durch die Mandatsanzeige. Bei der Eintragung im elektronischen System muss bereits geklärt sein, ob die Verteidigung zulässig ist (§ 137 Abs. 1 StPO i. V. m. § 46 Abs. 1 OWiG).[2)] Auch der oder die verteidigte Betroffene hat stets einen persönlichen Anspruch auf rechtliches Gehör und ist daher selbst zum Vorwurf der Ordnungswidrigkeit anzuhören. Der Verteidiger oder die Verteidigerin erhält jedoch

1) Die Verfolgungsverjährung (§ 31 Abs. 1 S. 1 OWiG) ist bei einer schriftlichen Anordnung bereits in dem Zeitpunkt unterbrochen, in dem die Anordnung unterzeichnet wird (§ 33 Abs. 2 S. 1 OWiG).

2) Zur Wahl eines Verteidigers oder einer Verteidigerin durch den Betroffenen oder die Betroffene und ihre Rechte im Bußgeldverfahren § 10.

eine entsprechende Mitteilung des Dokuments zur Kenntnisnahme (§ 51 Abs. 3 OWiG analog). Diese erfolgt bei einem in Deutschland zugelassenen Rechtsanwalt oder einer Rechtsanwältin über das besondere elektronische Anwaltspostfach (§ 31a BRAO) als sicherem Übermittlungsweg (§ 32a Abs. 4 S. 1 Nr. 1 StPO i. V. m. § 110c S. 1 OWiG).

- **Minderjährige Betroffene**

Handelt es sich um ein Bußgeldverfahren gegen eine zum Zeitpunkt der Anhörung noch jugendliche Person § 1 Abs. 2 JGG), ist trotzdem diese und sind nicht die Erziehungsberechtigten als gesetzliche Vertreter oder Vertreterinnen anzuhören. Letztere erhalten jedoch eine entsprechende Mitteilung des Dokuments (§ 67a Abs. 1 JGG i. V. m. § 46 Abs. 1 OWiG). Dies gilt entsprechend für einen gerichtlich bestellten Amtsvormund. Ist für einen minderjährigen Betroffenen ein Rechtsanwalt als Verteidiger oder eine Rechtsanwältin als Verteidigerin beauftragt, erhält auch diese Person über das besondere elektronische Anwaltspostfach (§ 31a BRAO) als sicherem Übermittlungsweg (§ 32a Abs. 4 S. 1 Nr. 1 StPO i. V. m. § 110c S. 1 OWiG) eine Benachrichtigung.

- **Betroffene mit rechtlicher Betreuung**

Besteht für den Betroffenen oder die Betroffene eine gerichtlich angeordnete rechtliche Betreuung (§ 1814 Abs. 1 BGB), stellt sich zunächst nicht die Frage, an wen das Anhörungsdokument zu versenden ist, sondern gegen wen das Bußgeldverfahren als Täter oder Täterin der Ordnungswidrigkeit einzuleiten ist.[1] Der Betreuer oder die Betreuerin kann im Bereich der gerichtlich bestimmten Zuständigkeit (§ 1815 Abs. 1 BGB) gesetzlicher Vertreter oder Vertreterin vor Behörden und Gerichten sein (§ 1823 BGB). Das Bestehen einer Betreuungsanordnung kann für die Verwaltungsbehörde mitunter schwierig erkennbar sein, weil auch für Behörden kein zentrales Betreuungsregister besteht. In Zweifelsfällen empfiehlt sich zunächst daher ein Auskunftsersuchen beim örtlich zuständigen Amtsgericht – Betreuungsgericht – (§ 161 Abs. 1 S. 1 StPO i. V. m. § 46 Abs. 1 OWiG).

Beispiel:

Für einen Meldepflichtigen ist ein Betreuer gerichtlich bestellt (§ 1814 Abs. 1 BGB). Zu seinem gerichtlich bestimmten Aufgabenkreis (§ 1815 Abs. 1 BGB) gehört auch die Aufenthaltsbestimmung der betreuten Person. Bei einem Verstoß gegen die gesetzliche Meldepflicht (§ 17 Abs. 1 BMG) ist der Betreuer als gesetzlicher Vertreter gegenüber Behörden (§ 1823 BGB), nicht der Betreute Täter der Ordnungswidrigkeit (§ 54 Abs. 2 Nr. 1 BMG). Nur gegen den Betreuer ist ein Bußgeldverfahren einzuleiten und dieser wegen der Ordnungswidrigkeit anzuhören. Der Betreute erhält auch keine Mitteilung der Anhörung des Betreuers.

Richtet sich das Bußgeldverfahren gegen die betreute Person, so ist nur diese anzuhören. Der Betreuer oder die Betreuerin kann zwar die betreute Person im Rahmen seines gerichtlich bestimmten Aufgabenkreises (§ 1815 Abs. 1 BGB) gerichtlich und außergerichtlich vertreten (§ 1823 BGB). Im Bußgeldverfahren ist eine Vertretung der

1) Zur Einleitung eines Bußgeldverfahrens gegen Betroffene mit rechtlicher Betreuung § 2 Nr. 3.4.3.

betreuten Person nur dann möglich, wenn das Amtsgericht – Betreuungsgericht – dies ausdrücklich in der Betreuungsanordnung bestimmt hat.[1] Ist dies nicht der Fall, darf die Anhörung der betreuten Person mit den darin enthaltenen personenbezogenen Daten dem Betreuer oder der Betreuerin daher mangels Rechtsgrundlage nicht mitgeteilt werden. Der Betreuer oder die Betreuerin ist allenfalls bei Rechtskraft einer Bußgeldentscheidung über die Fälligkeit der Geldbuße zu informieren (§ 89 OWiG), wenn zu seinem Aufgabenkreis die Vermögenssorge für die betreute Person gehört.

Beispiel:

Ein Nachbar zeigt eine unter Betreuung stehende Person wegen unzulässigem Lärm (§ 117 OWiG) an. Leitet die Verwaltungsbehörde ein Bußgeldverfahren ein (§ 47 Abs. 1 S. 1 OWiG), ist nur der unverteidigte Betroffene wegen der Ordnungswidrigkeit anzuhören. Der Betreuer erhält keine Benachrichtigung über die Anhörung des Betroffenen.

Der Betreuer oder die Betreuerin ist allenfalls bei Rechtskraft einer Bußgeldentscheidung über die Fälligkeit der Geldbuße zu informieren (§ 89 OWiG), wenn zu seinem Aufgabenkreis die Vermögenssorge für die betreute Person gehört.

Nachdem Betreuer als Rechtsanwälte auch Verteidiger oder Betreuerinnen als Rechtsanwältinnen auch Verteidigerinnen sein können, kann sich jedoch eine Benachrichtigungspflicht aus dieser Funktion ergeben. Dazu bedarf es dann aber einer Mandatsanzeige des Rechtsanwalts als Verteidiger oder der Rechtsanwältin als Verteidigerin der betreuten Person. Die gerichtlich angeordnete Betreuung ist daher von der durch die betreute Person veranlasste Wahlverteidigung zu unterscheiden.

Beispiel:

Aufgrund einer polizeilichen Ordnungswidrigkeitenanzeige (§ 53 Abs. 1 OWiG) übermittelt der gerichtlich bestellte Betreuer des Betroffenen, der auch als Rechtsanwalt zugelassen ist, der Verwaltungsbehörde eine Mandatsanzeige als Wahlverteidiger (§ 138 Abs. 1 StPO i. V. m. § 46 Abs. 1 OWiG). Der Betroffene ist persönlich anzuhören, der Rechtsanwalt erhält als Verteidiger, nicht etwa als Betreuer, eine Benachrichtigung über die Anhörung des Betroffenen.

6.5.3.2 Inhalt des Anhörungsdokuments

Das Anhörungsdokument muss wie jede Anhörung von Betroffenen die Eröffnung des Tatvorwurfs und der in Betracht kommenden Bußgeldvorschriften enthalten (§ 136 Abs. 1 S. 1, § 163a Abs. 3 S. 2 StPO i. V. m. § 46 Abs. 1 OWiG). Da diese auch Bestandteil eines später erlassenen Bußgeldbescheids (dort § 66 Abs. 1 Nr. 3 OWiG) sind, ist die Abfassung des Anhörungsdokuments nach dessen Vorbild üblich

1) OLG Hamm, Beschl. vom 1.12.2016, Az. III-3 Ws 370/16, für das Strafverfahren. Der Betreuer oder die Betreuerin könnte vom Betroffenen allenfalls als Verteidiger oder Verteidigerin beauftragt sein (§ 137 Abs. 1, 2 StPO i. V. m. § 46 Abs. 1 OWiG) und wäre dann in dieser Eigenschaft zu benachrichtigen.

und verfahrensökonomisch. Betroffene müssen durch die Abfassung des Tatvorwurfs eindeutig erkennen können, dass sie Täter oder Täterin einer Ordnungswidrigkeit sein sollen.[1] „Gemischte" Anhörungen als „Zeugen/Betroffene" sind nicht nur krass rechtswidrig, sondern führen zur Unverwertbarkeit erfolgter Angaben im gerichtlichen Bußgeldverfahren.

- **Bezeichnung des oder der Betroffenen**

Das Anhörungsdokument ist an den Betroffenen als Adressaten oder die Betroffene als Adressatin zu richten. Eine falsche namentliche Bezeichnung ist unschädlich, wenn sich die Identität des Adressaten oder der Adressatin aus weiteren Umständen zweifelsfrei ergibt.[2] Die Person eines bekannten Verteidigers oder einer Verteidigerin braucht im Gegensatz zum Bußgeldbescheid (dort § 66 Abs. 1 S. 1 OWiG) im Anhörungsdokument nicht aufgeführt zu werden. Der Verteidiger als Rechtsanwalt oder die Verteidigerin als Rechtsanwältin erhält nur eine Mitteilung über das besondere elektronische Anwaltspostfach (§ 31a Abs. 1 S. 1, Abs. 6 BRAO) als sicherem Übermittlungsweg (§ 32a Abs. 4 S. 1 Nr. 1 StPO i. V. m. § 110c S. 1 OWiG). Dies gilt entsprechend für Erziehungsberechtigte als Mitteilungsempfänger (§ 67a Abs. 1 JGG i. V. m. § 46 Abs. 1 OWiG). Da ein Betreuer oder eine Betreuerin außerhalb ihrer Aufgabenkreise (§ 1815 Abs. 1 BGB) im Bußgeldverfahren nicht gesetzlicher Vertreter oder Vertreterin des Betroffenen ist (§ 1823 BGB), werden sie im Anhörungsdokument auch nicht erwähnt.

- **Objektiver Tatvorwurf**

Dem oder der Betroffenen ist der konkrete Tatvorwurf zu eröffnen. Ebenso wie im Bußgeldbescheid und damit am besten wortgleich ist die Tat mit individuellem Tathergang einschließlich Tatort (§ 7 Abs. 1 OWiG) und Tatzeit (§ 6 S. 1 OWiG) aufzuführen (§ 66 Abs. 1 Nr. 3 OWiG). Bei der Verwendung von Textbausteinen für die wichtigsten Tatbestände besitzt dies den Vorteil, dass der individuell ergänzte und so in der Bußgeldakte gespeicherte Tatvorwurf beim Erlass des Bußgeldbescheids erneut Verwendung finden kann.

Der Tatvorwurf ist zwar im persönlichen Anklagestil, also nicht im unpersönlichen Begründungsstil eines Bescheids des Verwaltungsverfahrens abzufassen. Trotzdem sollte strafrechtliches Vokabular vermieden werden, da Betroffene nicht etwa als Beschuldigte „abgestraft" werden sollen, sondern die Geldbuße nur eine ernste Pflichtenmahnung wegen eines Verwaltungsungehorsams ohne den Ernst der Strafe darstellt. Durch bürgerfreundliche Abfassung des Tatvorwurfs soll der oder die Betroffene vielmehr zur künftigen Einhaltung der missachteten verwaltungsrechtlichen Bestimmung angehalten werden. Der Autor schlägt daher statt der immer noch verbreiteten, aber überholt wirkenden einleitenden Wendungen: „Sie werden *beschuldigt*, folgende Ordnungswidrigkeit begangen zu haben …", „Ihnen wird *vorgeworfen*, folgende Ordnungswidrigkeit begangen zu haben …" oder „Ihnen wird *zur Last gelegt*, folgende Ordnungswidrigkeit begangen zu haben …" vor: „*Nach unseren Feststellungen* sollen Sie folgende Ordnungswidrigkeit begangen haben:"

1) Hanseatisches OLG Hamburg, Beschl. vom 22.1.1999, Az. 2 Ss 175/98 OWi.
2) Brandenburgisches OLG (Brandenburg), Beschl. vom 14.2.2007, Az. 2 Ss (OWi) 22 B/07.

Beispiel:

Nach unseren Feststellungen sollen Sie folgende Ordnungswidrigkeit begangen haben:

Sie führten am Sonntag, den 10.5.2026 Ihren Schäferhund wissentlich ohne den durch vollziehbaren Bescheid der Gemeinde vom 31.1.2022 angeordneten Maulkorb und reißfeste Leine über den Kinderspielplatz vor dem Marienmünster.

Die bloße Wiedergabe des abstrakten Gesetzeswortlauts der Bußgeldvorschrift enthält keine Eröffnung des konkreten Tatvorwurfes und genügt daher der notwendigen Informations- und Abgrenzungsfunktion des rechtlichen Gehörs (Art. 103 Abs. 2 GG) grundsätzlich nicht. Der oder die Betroffene erhält dadurch nicht die Möglichkeit, sich gegen den Vorwurf eines bestimmten ordnungswidrigen Sachverhalts zu verteidigen. Die Wiederholung mangelhaften rechtlichen Gehörs im Bußgeldbescheid kann außerdem zu dessen Unwirksamkeit wegen mangelhafter Tatumschreibung führen (§ 66 Abs. 1 Nr. 3 OWiG).

Fehlbeispiele:

Sie haben am Montag, den 15.6.2026 in der Hauptstraße der Stadt Münsterberg das Reisegewerbe ohne die erforderliche Reisegewerbekarte ausgeübt.

Sie haben sich im Verlauf des Jahres 2026 als Bauleiter an der Ordnungswidrigkeit des Unternehmers an der von der Genehmigung abweichenden Errichtung des Gebäudes beteiligt.

Gegenstand des Tatvorwurfs sind auch nicht etwa die behördlichen Feststellungen. Dem oder der Betroffenen wird nicht vorgeworfen, dass die Verwaltungsbehörde den Sachverhalt aufgeklärt, sondern dass er oder sie ordnungswidrig gehandelt hat. Diese unrichtige Darstellungsweise führt auch zu dem zwangsläufigen Fehler, dass nicht der Tatzeitpunkt (§ 6 S. 1 OWiG), sondern der im Bußgeldverfahren bedeutungslose Zeitpunkt der Entdeckung der Ordnungswidrigkeit angegeben wird.

Fehlbeispiele:

Bei einer Ortsbesichtigung der unteren Bauaufsichtsbehörde am 12.8.2026 wurde festgestellt, dass in den Betriebsräumen ohne die erforderliche Erlaubnis...

Aufgrund periodischen Datenabgleichs am 1.7.2026 wurde festgestellt, dass die bereits zum 1.2.2026 erforderliche Änderungsmitteilung nicht eingegangen war...

Bei umfangreichen Sachverhalten, insbesondere Dauerordnungswidrigkeiten mit zahlreichen Einzelakten müssen alle Einzelfälle aufgeführt sein, damit der oder die Betroffene Gelegenheit zur vollständigen Äußerung auch hierzu erhält. Jede Pauschalierung stellt eine unzulässige Versagung rechtlichen Gehörs (Art. 103 Abs. 1 GG) dar. Für solche Fälle hat es sich bewährt, den Tatvorwurf im Anhörungsdokument nur allgemein zu umschreiben und die Einzelfälle mit Tathergang, Tatzeit und Tatort tabellarisch in einem Dateianhang aufzulisten, auf den im Text des Anhörungsdokuments Bezug genommen wird.[1] Der Dateianhang wird im Ausdruck eines noch notwendigen Papierdokuments als Beiblatt oder Beiblätter dargestellt. Beim Vorwurf mehrerer, in Tateinheit (§ 19 Abs. 1 OWiG) oder Tatmehrheit (§ 20 OWiG)[2] stehender Ordnungswidrigkeiten ist eine Abgrenzung der einzelnen Tatbestände durch Kleinbuchstaben sinnvoll (Musteranhörung 6.10).

Bereits im Anhörungsdokument muss bei Ordnungswidrigkeiten innerhalb von Betrieben und Unternehmen bereits die Funktion des Betroffenen als mutmaßlicher Täter oder Täterin einer Ordnungswidrigkeit im Sinne des § 9 Abs. 1, 2 OWiG[3] aufgeführt werden.

Beispiel:

Nach unseren Feststellungen sollen Sie folgende Ordnungswidrigkeit begangen haben:

Sie ordneten am Montag, den 4.5.2026 **als für die Einteilung des Fahrpersonals allein zuständiger Geschäftsführer (Betriebsleiter, Fuhrparkleiter)** der Transfracht GmbH an...

In welcher Funktion der oder die Betroffene gehandelt hat, ist vor der Anhörung zu ermitteln. Unzulässig ist es, Ermittlungsmängel mit der Leerformel „Verantwortlicher“ oder „verantwortliche Person“ auszugleichen. Diese Bezeichnungen lassen sich aus § 9 Abs. 1 oder 2 OWiG nicht ableiten und sind daher zu vermeiden.

Fehlbeispiel:

Nach unseren Feststellungen sollen Sie folgende Ordnungswidrigkeit begangen haben:

Sie ordneten am Montag, den 4.5.2026 **als Verantwortlicher (verantwortliche Person)** der Transfracht GmbH an...

Der Begriff des oder der Verantwortlichen entstammt dem Polizei- und Ordnungsrecht und bezeichnet im Verwaltungsverfahren den Handlungs- oder Zustandsstörer oder -störerinnen als Adressaten oder Adressatinnen eines Verwaltungsakts. Im Bußgeldverfahren gibt es keinen „Verantwortlichen“, sondern nur Täter oder Täterin einer Ordnungswidrigkeit, die gegebenenfalls für einen anderen, z. B. ein Unternehmen gehandelt haben. Auch der gesetzlichen Bestimmungen nicht zu entnehmende Begriff des „Rechtsunterworfenen“ sollte daher im Bußgeldverfahren tunlichst vermieden werden.

- **Subjektiver Tatvorwurf**

Bereits bei der Anhörung sollte sich die verantwortende Person entscheiden, ob sie dem oder der Betroffenen eine vorsätzliche oder fahrlässige Ordnungswidrigkeit vor-

1) Zur Zulässigkeit dieser Verfahrensweise auch bei der Anklageschrift im Strafverfahren (§ 200 Abs. 1 S. 1 StPO) BGH, Großer Senat, Beschl. vom 12.1.2011, Az. GSSt 1/10.
2) Zum Begriff der Tatmehrheit von Ordnungswidrigkeiten (§ 20 OWiG) § 13 Nr. 3.6.1.
3) Zum Begriff des Handelns für einen anderen (§ 9 OWiG) § 4 Nr. 2.

geworfen werden soll.[1] Ist dies noch unsicher, kann man bei der Anhörung beide Begehungsformen einer Ordnungswidrigkeit aufführen, sie mit „oder“ verbinden und sich erst beim Erlass des Bußgeldbescheids festlegen. Falsch ist jedoch die noch allgemein übliche und in handelsüblicher Software standardmäßig vorgegebene Angabe „Vorsätzlich“ oder „Absichtlich“ bzw. „Fahrlässig“ oder „Leichtfertig“. Es handelt sich dabei nur um abstrakte Merkmale des subjektiven Tatbestands der Ordnungswidrigkeit, nicht aber um einen konkreten Tatvorwurf. Weitere Schwierigkeiten tauchen bei mehreren Ordnungswidrigkeiten auf, die teils vorsätzlich, teils fahrlässig begangen wurden. Es empfiehlt sich deswegen beim subjektiven Tatbestand der Ordnungswidrigkeit folgende Umschreibungen zu verwenden:

- Absicht: „*kam es Ihnen darauf an*“,
- Direkter Vorsatz:[2] „*in Kenntnis*“, „*bewusst*“ oder „*wissentlich*“,
- Bedingter Vorsatz: „*nahmen Sie billigend in Kauf*“,
- Leichtfertigkeit: „*obwohl sich Ihnen aufdrängte*“,
- Bewusste Fahrlässigkeit:[3] „*hofften Sie pflichtwidrig*“
- Unbewusste Fahrlässigkeit: „*erkannten Sie aus <mangelnder Sorgfalt/Unachtsamkeit> nicht*“.

- **Beteiligung und Aufsichtspflichtverletzung**

Soll dem oder der Betroffenen eine Beteiligung an der Ordnungswidrigkeit einer anderen Person im Sinne des § 14 Abs. 1 OWiG vorgeworfen werden, so ist sowohl die objektive Tathandlung als auch der „doppelte“ Vorsatz des Beteiligten aufzuführen.[4] Bei Ordnungswidrigkeiten innerhalb eines Gewerbebetriebes kommt es bei der Anhörung nicht selten zu dem Abgrenzungsproblem, dass sich der Anfangsverdacht zwar auf eine Beteiligung des Inhabers oder der Inhaberin, des Geschäftsführers oder der Geschäftsführerin als gesetzliche Vertretende im Sinne des § 14 Abs. 1 OWiG an einer betriebsbezogenen Ordnungswidrigkeit richtet, aber auch damit zu rechnen ist, dass aufgrund von Einwendungen des oder der Betroffenen letztlich nur der Auffangtatbestand der Aufsichtspflichtverletzung in Betrieben und Unternehmen nach § 130 OWiG[5] nachweisbar ist. Um sich eine nochmalige Anhörung zu dem geänderten rechtlichen Gesichtspunkt zu ersparen, kann in absehbaren Fällen das Anhörungsdokument alternativ gestaltet werden. Dem oder der Betroffenen wird zunächst die Beteiligung an der betriebsbezogenen Ordnungswidrigkeit vorgeworfen und hinzugefügt: „*Zumindest haben Sie insoweit die Aufsichtspflicht durch mangelhafte Maßnahmen verletzt.*“ Eine Entscheidung, welche der beiden Alternativen als nachweisbar geahndet werden soll, ist erst mit dem Erlass des Bußgeldbescheides erforderlich. Einer Teileinstellung bedarf es dabei nicht, da rechtliches Gehör für denselben Sachverhalt nur unter alternativer rechtlicher Würdigung gewährt wird.

---

1) Auf die Angabe der Begehungsform kann nur bei Verkehrsordnungswidrigkeiten (§§ 24, 24a, 24c StVG) verzichtet werden, weil diese wegen der besonderen Regelung in § 1 Abs. 2 S. 2 BKatV gesetzlich vorbewertet sind.
2) Zum Begriff des Vorsatzes § 4 Nr. 3.2.1.
3) Zum Begriff der Fahrlässigkeit § 4 Nr. 3.2.2.
4) Zur Beteiligung an einer Ordnungswidrigkeit (§ 14 OWiG) § 4 Nr. 1.
5) Zum Auffangtatbestand der Aufsichtspflicht in Betrieben und Unternehmen (§ 130 OWiG) § 4 Nr. 3.

- **Bußgeldvorschriften**

Nur für den Bußgeldbescheid, nicht aber für die Anhörung ausdrücklich vorgeschrieben, aber üblich ist die Wiedergabe des abstrakten Gesetzeswortlauts nach dem konkreten Tatvorwurf. Dieser Teil des Anhörungsdokuments wird üblicherweise mit der Wendung „Ordnungswidrig handelt, wer..." abgegrenzt (Musteranhörung 6.10).

Bußgeldvorschriften sollten möglichst genau, d. h. mit Absätzen, Nummern und Buchst. zitiert werden. Bei den im Bußgeldverfahren sehr häufigen Blankettvorschriften ist auch die genaue Wiedergabe der verwaltungsrechtlichen Bezugsvorschrift notwendig. Für mutmaßlich rechtsunkundige Betroffene sollte zumindest bei nicht allgemein bekannten Gesetzen die ausführliche Gesetzesbezeichnung und genaue Fundstelle aufgeführt werden. Eine Wiedergabe der letzten Gesetzesänderung („zuletzt geändert durch Gesetz vom ...") wird angesichts deren Häufigkeit über handelsübliche Software kaum aktuell zu gestalten sein.

Beispiel:

§ 145 Abs. 1 Nr. 1 Buchst. b i. V. m. § 55 Abs. 2 Gewerbeordnung (GewO) i. d. F. der Bekanntmachung vom 22. Februar 1999 (BGBl. I S. 202).

- **Beweismittel**

Aufgabe der Anhörung ist ausschließlich die Gewährung rechtlichen Gehörs (Art. 103 Abs. 1 GG). Daher ist eine Angabe der Beweismittel zwar für den Bußgeldbescheid (§ 66 Abs. 1 Nr. 4 OWiG), nicht aber für ein Anhörungsdokument vorgeschrieben. Sieht dies die verwendete Software der Verwaltungsbehörde so vor, ist es zwar überflüssig, aber auch unschädlich.

- **Belehrung über Aussagefreiheit**

Der oder die Betroffene ist auch in einem Anhörungsdokument über die Aussagefreiheit zur Sache zu belehren. Dabei sollte der Wortlaut des § 136 Abs. 1 S. 2 StPO in der nach § 46 Abs. 1 OWiG sinngemäßen Anwendung im Bußgeldverfahren und keine Kurzfassung verwendet werden. Eine weitere Belehrung über die Möglichkeit der Befragung eines Verteidigers oder einer Verteidigerin, allgemeine Informationsmöglichkeiten (§ 136 Abs. 1 S. 3 StPO), anwaltliche Notdienste (§ 136 Abs. 1 S. 4 StPO), zur Möglichkeit von Beweisanträgen (§ 136 Abs. 1 S. 5 StPO) und zur Bestellung eines Pflichtverteidigers oder Pflichtverteidigerin (§ 136 Abs. 1 S. 6 StPO) ist nur im Straf-, nicht aber im Bußgeldverfahren vorgeschrieben (§ 55 Abs. 2 S. 2 OWiG) und auch in der Verwaltungspraxis nicht üblich.[1)]

- **Fristsetzung zur Äußerung**

Nicht gesetzlich vorgeschrieben, aber sinnvoll und allgemein üblich ist eine Fristsetzung zur Äußerung im Anhörungsdokument. Ebenfalls allgemein üblich ist eine von der Verwaltungsbehörde zu bestimmende **Wochenfrist ab Zugang** bei den Betroffenen. Wird das Dokument als Dateiausdruck mit einfachem Brief an den Betroffenen oder die Betroffene durch die Post versendet (§ 50 Abs. 1 S. 1 OWiG), so sind

1) Einen Täter-Opfer-Ausgleich (§ 46a StGB) gibt es im Bußgeldverfahren nicht, sodass der entsprechende Hinweis (§ 136 Abs. 1 S. 7 StPO) entfällt.

die Postlaufzeiten für Zugang und Antwort mit jeweils drei Tagen zugunsten des Betroffenen zu berücksichtigen, sodass dann zwei Wochen abzuwarten sind. Eine längere Frist sollte nur auf Bitte des oder der Betroffenen im Einzelfall nachträglich bewilligt werden. Erscheint eine einwöchige Frist von vornherein zu kurz, eignet sich das Verfahren sicher nicht für eine schriftliche oder elektronische, sondern nur für eine förmliche mündliche Anhörung durch Ladung in die Dienststelle.[1] Sinnvoll ist auch der Hinweis, dass nach fruchtlosem Verstreichen dieser Fristen ein Bußgeldbescheid nach Sach- oder Aktenlage ergeht, da die Verwaltungsbehörde dann davon ausgeht, dass der oder die Betroffene die Gelegenheit zum rechtlichen Gehör nicht wahrnehmen will.

- **Hinweis auf Nichtangabe personenbezogener Angaben**

Das Anhörungsdokument oder auch das zurückzusendende Äußerungsdokument enthält oft einen von der Software automatisch vorgesehenen Hinweis auf die angebliche Ordnungswidrigkeit nach § 111 Abs. 1 OWiG, die in der unterlassenen Rücksendung des den Betroffenen zugegangenen Äußerungsdokumenten liegen soll. Meist sind die personenbezogenen Daten des oder der Betroffenen der Verwaltungsbehörde bereits vollständig bekannt, sodass sie zur Identitätsfeststellung (§ 163b Abs. 1 StPO i. V. m. § 46 Abs. 1 OWiG) nicht mehr notwendig sind. Fehlt dieses Tatbestandsmerkmal des § 111 Abs. 1 OWiG, liegt von vornherein keine Ordnungswidrigkeit vor.[2] Der Hinweis auf die Ordnungswidrigkeit nach § 111 OWiG ist rechtswidrig, wenn der Verwaltungsbehörde die Identität der oder des Betroffenen – wie häufig aus einem vorausgegangenen Verwaltungsverfahren – bereits ausreichend bekannt ist.[3]

Abgesehen davon, dass dem Gesetz als Maßnahme keine Verpflichtung zur Rücksendung auf Kosten des oder der Betroffenen als Papierdokument zu entnehmen ist, kann auch der Zugang des durch die Post versendeten Ausdrucks eines elektronischen Dokuments nicht positiv bewiesen werden. Eine „Viertagesfiktion" gibt es nur im Verwaltungsverfahren (§ 41 Abs. 2 S. 1 VwVfG). Ein Zugangsnachweis ist zwar bei Versendung der Anhörung durch elektronisches Dokument möglich, es besteht aber gleichwohl keine Verpflichtung zur Angabe der meist schon vollständig bekannten personenbezogenen Daten. Es erscheint daher wesentlich sinnvoller, auf den rechtlich problematischen Hinweis zu verzichten und stattdessen auf die folgende Entscheidung nach Aktenlage für den Fall unterbleibender Antwort hinzuweisen. Die Identitätsfeststellung des oder der Betroffenen dürfte auch ohne deren Angaben zur Person mit modernen Kommunikationsmitteln keine besonderen Schwierigkeiten aufwerfen.

- **Keine Begründung**

Ein Anhörungsdokument dient nur der Gelegenheit des oder der Betroffenen zu rechtlichem Gehör und braucht daher in keiner Weise als Maßnahme der Verwaltungsbehörde begründet zu werden. § 34 StPO i. V. m. § 46 Abs. 1 OWiG gilt nur für Maßnahmen, der Verwaltungsbehörde, gegen die ein befristeter Rechtsbehelf vor-

---

1) Zur mündlichen förmlichen Vernehmung des oder der Betroffenen auf der Dienststelle (§ 55 OWiG i. V. m. § 163a Abs. 1 StPO) § 6 Nr. 6.5.4.

2) Zum objektiven *Tatbestand* der „falschen Namensgabe" *Wieser-Kommentar* Teil I Nr. 1 § 111 OWiG.

3) OLG Hamm, Beschl. vom 20.12.2007, Az. 3 Ss OWi 782/07.

gesehen ist, was für die Anhörung nicht zutrifft. Es ist auch dann keine Beweiswürdigung vorzunehmen, wenn vorhergehende Einwendungen des oder der Betroffenen vorliegen. Dies gilt auch für die gelegentlich in der Praxis festzustellende Angabe von Beweismitteln. Diese ist erst für den Erlass des Bußgeldbescheids vorgeschrieben (§ 66 Abs. 1 Nr. 4 OWiG).

- **Übersetzung in fremde Sprachen**

Die Amtssprache des Bußgeldverfahrens ist zwar deutsch (§ 184 GVG i. V. m. § 46 Abs. 1 OWiG). Dies beantwortet aber noch nicht die Frage, ob ein Anhörungsdokument nach dem Grundsatz des fairen Verfahrens (Art. 20 Abs. 3 GG) für einen der deutschen Sprache nicht mächtigen Betroffenen in eine für ihn verständliche Sprache zu übersetzen ist. Der oder die Betroffene darf wegen seiner Herkunft nicht schlechter behandelt werden als eine der deutschen Sprache mächtige Person (Art. 3 Abs. 1 GG). Eine gesetzliche Regelung fehlt dazu für das Bußgeldverfahren. Die in nationales Recht umgesetzte EU-Richtlinie 2013/48 sieht jedoch in Nr. 1 und 17 der Erwägungen vor, dass es bei geringfügigen Zuwiderhandlungen gegen allgemeine Gemeindeverordnungen und die öffentliche Ordnung unangemessen wäre, die zuständigen Behörden zu verpflichten, alle Rechte der Richtlinie zu gewährleisten, wenn ein gerichtliches Verfahren angestrebt werden kann. Die Übersetzungspflicht (§ 163a Abs. 5 StPO, § 187 Abs. 1 GVG, § 55 Abs. 1 OWiG) kann daher zumindest bei geringfügigen Ordnungswidrigkeiten auf das gerichtliche Bußgeldverfahren beschränkt werden.

- **Hinweise auf verwaltungsrechtliche Pflichten**

Im Anhörungsdokument kann ein Hinweis auf die Unabhängigkeit andauernder verwaltungsrechtlicher Pflichten von der Ahndung der Ordnungswidrigkeit durch Geldbuße sinnvoll sein. Der oder die Betroffene kann auch darauf hingewiesen werden, dass die freiwillige Beseitigung des ordnungswidrigen Zustandes und deren Nachweis innerhalb einer bestimmten Frist zur einer geringeren Geldbuße, Verwarnung mit Verwarnungsgeld (§ 56 Abs. 1 S. 1 OWiG) oder sogar Einstellung des Bußgeldverfahrens (§ 47 Abs. 1 S. 2 OWiG) führen kann. Schadenswiedergutmachung nach der Tat ist ein gesetzlich vorgesehener Strafmilderungsgrund (§ 46 Abs. 2 letzte Alt. StGB), die auch einen sonst notwendigen Verwaltungszwang durch Ersatzvornahme ersparen kann.

Beispiele:

Dem Betroffenen wird Abfallentsorgung zur Beseitigung (§ 3 Abs. 1 KrWG) durch Abstellen eines Fahrzeuges außerhalb einer Abfallbeseitigungsanlage vorgeworfen (§ 69 Abs. 1 Nr. 2 KrWG). Bei der Anhörung wegen der Ordnungswidrigkeit ist der Hinweis enthalten, dass der Regelsatz der Geldbuße nach dem Bußgeldkatalog Umweltschutz (Verwaltungsrichtlinie) bei freiwilliger Entfernung und Vorlage eines ordnungsgemäßen Entsorgungsnachweises binnen zwei Wochen ermäßigt werden kann.

Die Baukontrolle stellt planabweichendes Bauen eines Einfamilienhauses fest. Dem Betroffenen wird bei der Anhörung eine erhebliche Ermäßigung der Geldbuße in Aussicht gestellt, wenn die bauliche Anlage innerhalb von drei Monaten plangemäß abgeändert wird.

6.5.3.3 Inhalt des Äußerungsdokuments

Das an die Verwaltungsbehörde zurückzusendende Äußerungsdokument kann als elektronisches Dokument oder bei Versendung eines Ausdrucks auf einem gesonderten Formular vorgesehen sein. Es ist in die Pflichtangaben zur Person und die freiwilligen Angaben zur Sache und zu den wirtschaftlichen Verhältnissen zu untergliedern (Muster eines Äußerungsdokuments 6.11):

- **Pflichtangaben zur Person**

Der oder die Betroffene hat gem. § 163b Abs. 1 StPO i. V. m. § 46 Abs. 1 OWiG nur die zur Identifizierung notwendigen Angaben zur Person zu machen. Erforderlich sind dazu nur Vornamen, Familienname, gegebenenfalls Geburts- oder früherer Name, Geburtstag und Geburtsort und Wohnanschrift. Der Beruf kann bei der Zumessung der Geldbuße (siehe unten „Wirtschaftliche Verhältnisse") von Bedeutung sein, ist aber zur Identifizierung des oder der Betroffenen kaum erforderlich.[1] Die Staatsangehörigkeit ist bei Ausländern und Ausländerinnen ein wichtiges Identifizierungsmerkmal. Ergänzende freiwillige Angaben können eine (Mobil-)Telefonnummer für Rückfragen und ein elektronisches Postfach (§§ 10, 13 ERVV) als sicherer Übermittlungsweg (§ 32a Abs. 4 S. 1 Nr. 3, 4 StPO i. V. m. § 110c S. 1 OWiG) für die Zustellung eines nachfolgenden Bußgeldbescheids und Mitteilungen an die gesetzlichen Vertreter oder Vertreterinnen minderjähriger Betroffener im Hinblick auf die Zustellung des Bußgeldbescheids (§ 51 Abs. 2, § 67 Abs. 2 JGG) sein. Der oder die Betroffene braucht keine Angaben zur Person zu machen, wenn diese der Verwaltungsbehörde bereits zur Identifizierung (§ 163b Abs. 1 StPO i. V. m. § 46 Abs. 1 OWiG) ausreichend bekannt sind.[2] Er oder sie kann die Form der Antwort auch dann frei wählen, wenn für das Äußerungsdokument elektronische Formulare vorgesehen sind (§ 110b Abs. 1 OWiG).[3] Der verfassungsrechtliche Grundsatz des freien Gehörs (Art. 103 Abs. 1 GG) ist stets vorrangig. Ein elektronisches Dokument muss zwar für die Bearbeitung durch die Verwaltungsbehörde mit dem Dateiformat PDF/A (§ 5 Abs. 1 Nr. 1 ERVV) geeignet sein (§ 32a Abs. 2 S. 1 StPO i. V. m. § 110c S. 1 OWiG). Äußert sich der oder die Betroffene in einem anderen für die Verwaltungsbehörde lesbaren Dateiformat, darf diese die Wahrnehmung des rechtlichen Gehörs nicht ignorieren.

Der Hinweis, es sei nach § 111 Abs. 1 OWiG ordnungswidrig, das Anhörungsdokument nicht zurückzusenden, ist mangels einer gesetzlichen Verpflichtung unrichtig. Zudem sind die personenbezogenen Daten des oder der Betroffenen der Verwaltungsbehörde i. d. R. bereits bekannt und daher zur Identitätsfeststellung (§ 163b Abs. 1 StPO i. V. m. § 46 Abs. 1 OWiG) nicht mehr notwendig. Ordnungswidrig wäre es allenfalls, wenn der oder die Betroffene bei einer Äußerung unrichtige Angaben

1) So aber OLG Hamm, Beschl. vom 13.6.2013, Az. 1 RBs 72/13.
2) OLG Hamm, Beschl. vom 20.12.2007, Az. 3 Ss OWi 782/07.
3) Bis zum Redaktionsschluss dieser Auflage waren elektronische Formulare (§ 110b OWiG) für Anhörungs- und Äußerungsdokumente noch nicht vorgesehen.

zur Person machte, die noch zur Identitätsfeststellung erforderlich sind. Da auch dieser Fall in der Verfahrenspraxis kaum eintreten kann, erweist sich ein solcher Hinweis insgesamt als überflüssig.

Der oder die Betroffene, die das Äußerungsdokument zur Person beantworten, kommen nur ihrer verfahrensrechtlichen Mitwirkungspflicht zur Angabe ihrer personenbezogenen Daten (§ 46 Nr. 1 BDSG) nach, geben aber damit keineswegs zu, die vorgeworfene Ordnungswidrigkeit begangen zu haben. Wird der oder die Betroffene hier aufgefordert, den Täter oder die Täterin der Ordnungswidrigkeit anzugeben, so handelt es sich um eine unzulässige Vermischung zwischen Anhörung als Betroffener und Zeuge oder Zeugin. Damit wird die Verfolgungsverjährung (§ 33 Abs. 1 S. 1 Nr. 1 OWiG) nicht mehr unterbrochen.[1] Fragen nach dem wahren Täter oder der Täterin müssen daher bei den freiwilligen Angaben zur Sache gestellt werden.

Unter den freiwilligen Angaben zur Sache kann sich der oder die Betroffene zum Tatvorwurf äußern und auch Beweisanträge zur Entlastung stellen (§ 163a Abs. 2 StPO i. V. m. § 46 Abs. 1 OWiG). Darüber müssen sie allerdings nicht belehrt werden. Vorgesehene Fragen, ob vom „Äußerungsrecht Gebrauch gemacht" oder „die Zuwiderhandlung eingeräumt wird", haben sich praktisch als überflüssig erwiesen. Die inhaltlose Leerformel der eingeräumten Zuwiderhandlung bindet Betroffene später in keiner Weise, insbesondere nicht in einem nachfolgenden gerichtlichen Bußgeldverfahren. Ebenso sinnlos ist die Möglichkeit auf einem elektronischen Formular „anzuklicken", ob die Ordnungswidrigkeit zugegeben wird („ja" – „nein"). Schweigt der oder die Betroffene, so ist dies hinzunehmen und darf nicht als Geständnis gewertet werden. Sie haben dann von der Möglichkeit zu rechtlichem Gehör (Art. 103 Abs. 1 GG) keinen Gebrauch gemacht. Hier ist allenfalls die Frage angebracht, wer die vorgeworfene Ordnungswidrigkeit begangen hat, wenn der oder die Betroffene eine eigene Tatbegehung bestreitet.

- **Freiwillige Angaben zu den wirtschaftlichen Verhältnissen**

Die wirtschaftlichen Verhältnisse von Betroffenen kommen bei der Zumessung der Geldbuße ab 250,00 Euro in Betracht, da dann keine geringfügige Ordnungswidrigkeit im Sinne des § 17 Abs. 3 S. 2 OWiG mehr vorliegt.[2] Da sich die Ermittlungen der Verwaltungsbehörde auch auf die Umstände erstrecken sollen, die für die Rechtsfolgen der Tat von Bedeutung sind (§ 160 Abs. 3 S. 1 StPO i. V. m. § 46 Abs. 1 OWiG), muss Betroffenen auch dazu rechtliches Gehör gewährt werden (Art. 103 Abs. 1 GG). Wird es vorenthalten, so kann die Verwaltungsbehörde die wirtschaftlichen Verhältnisse bei der Zumessung der Geldbuße weder zugrunde legen noch bei fehlender bzw. unglaubwürdiger Äußerung eine Schätzung vornehmen.[3] Dies hat oft zur Folge, dass Betroffene nur deswegen Einspruch gegen einen Bußgeldbescheid mit der Behauptung einlegen, die Geldbuße sei zu hoch, da ihre schlechten wirtschaftlichen Verhältnisse nicht berücksichtigt worden seien. Für die Beurteilung der aktuellen wirtschaftlichen Verhältnisse durch die Verwaltungsbehörde sind konkrete Fragen nach dem bezifferten Monatseinkommen, ausgeübten Beruf und Schulden ohne

1) AG Hamburg-St. Georg, Urt. vom 17.6.2008, Az. 942 Owi 2401 Js 296/08 (22/08).
2) Allgemeine Wertgrenze der Rechtsprechung, z. B. OLG Saarland (Saarbrücken), Beschl. vom 8.5.2023, Az. 1 Ss (OWi) 8/23; OLG Hamm, Beschl. vom 8.1.2015, Az. 3 RBs 354/14.
3) Zur Bedeutung der wirtschaftlichen Verhältnisse bei der Zumessung der Geldbuße (§ 17 Abs. 3 S. 2 OWiG) § 13 Nr. 3.6.3.

Gegenwert hilfreich. Da Betroffene erfahrungsgemäß keine oder keine bezifferten Angaben zu ihren wirtschaftlichen Verhältnissen machen, empfiehlt sich ein zusätzlicher Hinweis auf deren notwendige Schätzung bei der Festsetzung einer Geldbuße. Sinnvoll ist auch ein Hinweis auf die wirtschaftlichen Verhältnisse beeinträchtigenden Schulden des oder der Betroffenen, die nur dann zu berücksichtigen sind, wenn ihnen kein Gegenwert wie bei kreditfinanzierten Gegenständen gegenübersteht. Bei einem elektronischen Äußerungsdokument kann dem oder der Betroffenen auch die Möglichkeit eröffnet werden, über ein weiteres elektronisches Dokument eine aktuelle Vermögensübersicht mitzuteilen.

- **Äußerung zum Verhalten nach der Tat**

Der oder die Betroffene kann bei der Anhörung darauf hingewiesen werden, dass das Verhalten nach der Tat, insbesondere zeitnahes Bemühen, die Rechtsfolgen der Ordnungswidrigkeit zu beseitigen, bei der Zumessung der Geldbuße wie bei der Strafzumessung (§ 46 Abs. 2 S. 2 StGB) zu seinen oder ihren Gunsten berücksichtigt werden kann. Dies liegt auch im Interesse der Behörde im Verwaltungsverfahren, weil dann Anordnungen durch Verwaltungsakt oder Maßnahmen zur Ersatzvornahme entbehrlich worden. Es kann dabei auch eine Frist zum Nachweis der ordnungsgemäßen Erfüllung verwaltungsrechtlicher Pflichten im Hinblick auf eine dann mögliche Milderung der Geldbuße gesetzt werden.

Beispiel (siehe folgendes Musterdokument):

Der Betroffene lagert unerlaubt Abfälle. Im Anhörungsdokument erhält er Gelegenheit zum Nachweis der freiwilligen ordnungsgemäßen Beseitigung innerhalb einer Woche unter Hinweis auf die Berücksichtigung zu seinen Gunsten bei der Zumessung der Geldbuße. Der Betroffene legt bei der Äußerung einen ordnungsgemäßen Entsorgungsnachweis über die Abfälle vor, den die Verwaltungsbehörde bei der Zumessung der Geldbuße im Bußgeldbescheid mildernd berücksichtigt.

6.5.3.4 Übermittlung des Anhörungsdokuments

Die Anhörung ist eine Maßnahme der Verwaltungsbehörde, gegen die kein fristgebundener Rechtsbehelf statthaft ist. Daher bedarf sie nur einer formlosen Mitteilung (§ 50 Abs. 1 S. 1 OWiG), nicht aber einer förmlichen Zustellung (§ 51 Abs. 1 S. 2 OWiG). Da außer Rechtsanwälten als Verteidiger und Rechtsanwältinnen als Verteidigerinnen niemand zur empfangsbereiten Teilnahme am elektronischen Rechtsverkehr verpflichtet ist, kann das Anhörungsdokument dem oder der Betroffenen als Adressaten und sonstigen Mitteilungsempfängern meist noch nicht als elektronisches Dokument bekanntgemacht werden, sondern ist in Papierform auszudrucken und mit einfachem Brief durch die Post zu übermitteln. Daher können sich in der begleitenden Verfügung zum Anhörungsdokument folgende Varianten ergeben:

- Verteidigter erwachsener Betroffener oder Betroffene verfügt über elektronisches Postfach (§§ 10, 13 ERVV)

  Übermittlung als elektronisches Dokument an den Betroffenen oder die Betroffene (§ 32a Abs. 4 S. 1 Nr. 3, 4 StPO i. V. m. § 110c S. 1 OWiG) und den Verteidiger oder die Verteidigerin über das besondere elektronische Anwaltspostfach (§ 31a Abs. 1 S. 1, Abs. 6 BRAO, § 32a Abs. 4 S. 1 Nr. 1 StPO i. V. m. § 110c S. 1 OWiG).

- Verteidigter erwachsener Betroffener oder Betroffene verfügt nicht über elektronisches Postfach (§§ 10, 13 ERVV)

  Übermittlung an den Betroffenen oder die Betroffene als Ausdruck mit einfachem Brief (§ 50 Abs. 1 S. 1 OWiG) durch die Post und elektronisch an den Verteidiger oder die Verteidigerin über das besondere elektronische Anwaltspostfach (§ 31a Abs. 1 S. 1, Abs. 6 BRAO, § 32a Abs. 4 S. 1 Nr. 1 StPO i. V. m. § 110c S. 1 OWiG).

Bei einem zum Zeitpunkt der Zustellung nicht volljährigen Betroffenen ergibt sich folgende Abwandlung:

- Verteidigter Betroffener oder Betroffene und Erziehungsberechtigte verfügen über elektronisches Postfach (§§ 10, 13 ERVV)

  Übermittlung als elektronisches Dokument an den Betroffenen oder die Betroffene und zumindest eine erziehungsberechtigte Person als gesetzlichen Vertreter oder Vertreterin (§ 32a Abs. 4 S. 1 Nr. 3, 4 StPO i. V. m. § 110c S. 1 OWiG, § 67a Abs. 1 JGG i. V. m. § 46 Abs. 1 OWiG) und den Verteidiger oder die Verteidigerin über das besondere elektronische Anwaltspostfach (§ 31a Abs. 1 S. 1, Abs. 6 BRAO, § 32a Abs. 4 S. 1 Nr. 1 StPO i. V. m. § 110c S. 1 OWiG).

- Verteidigter Betroffener oder Betroffene und Erziehungsberechtigte verfügen nicht über elektronisches Postfach (§§ 10, 13 ERVV)

  Übermittlung an den Betroffenen oder die Betroffene und die Erziehungsberechtigten als gesetzliche Vertreter oder Vertreterinnen (§ 67a Abs. 1 JGG i. V. m. § 46 Abs. 1 OWiG) als Ausdruck mit einfachem Brief (§ 50 Abs. 1 S. 1 OWiG), an den Verteidiger oder die Verteidigerin als elektronisches Dokument über das besondere elektronische Anwaltspostfach (§ 31a Abs. 1 S. 1, Abs. 6 BRAO, § 32a Abs. 4 S. 1 Nr. 1 StPO i. V. m. § 110c S. 1 OWiG).

6.5.3.5 Eingang des Äußerungsdokuments

Es steht dem oder der Betroffenen frei, ob und in welcher Form sie das durch die Anhörung angebotene rechtliche Gehör (Art. 103 Abs. 1 GG) wahrnehmen wollen. Sie brauchen daher keineswegs das ausgefüllte Äußerungsdokument zurückzusenden, sondern können sich auch durch ein Papierdokument, ein Telefax, einen Telefonanruf oder eine ungesicherte E-Mail bei der Verwaltungsbehörde äußern. Äußerungen der Betroffenen zur Beschuldigung einer Ordnungswidrigkeit dürfen keinesfalls wegen „Formmangel“ nicht zur Kenntnis genommen werden. Über telefonische Äußerungen ist ein Protokoll aufzunehmen (§ 168b Abs. 2 S. 1 StPO i. V. m. § 46 Abs. 1 OWiG, § 32b Abs. 1 S. 1, Abs. 2 StPO i. V. m. § 110c S. 1 OWiG), schriftliche Äußerungen durch ein Papierdokument sind in elektronische Form zu überführen (§ 32e Abs. 1 S. 1 StPO i. V. m. § 110c S. 1 OWiG). Die Behauptung, der oder die Betroffene müsse sich schriftlich äußern, ist falsch. Bei elektronischen Äußerungen haben sich Betroffene nur an die für die Bearbeitung durch die Verwaltungsbehörde geeigneten Dateiformate zu halten (§ 32a Abs. 2 S. 1 StPO i. V. m. § 110c S. 1

OWiG). Dies ist derzeit nur PDF/A (§ 2 Abs. 1 S. 1 ERRV)[1] Der oder die Betroffene erhält über den Zeitpunkt des Eingangs eine automatisierte Bestätigung (§ 32a Abs. 5 S. 2 StPO i. V. m. § 110c S. 1 OWiG). Ist ein elektronisches Dokument für die Bearbeitung nicht geeignet, wird dies dem Absender oder der Absenderin unter Hinweis auf die Unwirksamkeit des Eingangs und die geltenden technischen Rahmenbedingungen unverzüglich mitgeteilt (§ 32a Abs. 6 S. 1 StPO i. V. m. § 110c S. 1 OWiG). Unverzüglich bedeutet ohne schuldhaftes Zögern der verantwortenden Person (§ 121 Abs. 1 S. 1 BGB). Der Eingang der Äußerung ist daher bis zum Ablauf der behördlichen Äußerungsfrist vor Erlass des Bußgeldbescheides abzuwarten.

Die Verwaltungsbehörde kann dem oder der Betroffenen bei Versendung eines Ausdrucks der Anhörung mit einfachem Brief auch die Möglichkeit einer elektronischen Äußerung anbieten („Online-Anhörung"), indem sie im Anhörungsdokument eine individuelle PIN (personal identity note) und ein Passwort bereitstellt, das für das konkrete Bußgeldverfahren einen Onlinezugang verschafft. Diese Möglichkeit der elektronischen Äußerung hat für die Verwaltungsbehörde den Vorteil, dass kein Medienbruch entsteht, weil die Äußerung als elektronisches Dokument im richtigen Dateiformat PDF/A (§ 2 Abs. 1 S. 1 ERVV) eingeht und kein ersetzendes Scannen erforderlich ist (§ 32e StPO i. V. m. § 110c S. 1 OWiG). Durch den Zugang auf einem von der Verwaltungsbehörde bereitgestellten elektronischen Formular kann der oder die Betroffene zudem aufgefordert werden,

- die aus dem elektronischen Melderegister eingeblendeten personenbezogenen Daten zur Identitätsfeststellung abzugleichen und durch Anklicken zu bestätigen oder zu berichtigen,
- nach der Möglichkeit zur eigenen Äußerung zum Tatvorwurf vorgesehene Fragen der Verwaltungsbehörde freiwillig zu beantworten,
- sich freiwillig zu den aktuellen wirtschaftlichen Verhältnissen zu äußern, wobei ein Formular zu den Einkünften und Verbindlichkeiten angeboten werden kann.

Äußert sich der oder die Betroffene in der im Anhörungsdokument vorgesehenen Behördenfrist von i. d. R. einer Woche nicht, so ist dies ohne Bedeutung, da sie dann die Gelegenheit zu rechtlichem Gehör (§ 55 Abs. 1 OWiG i. V. m. § 163a Abs. 1 StPO) zwar erhalten, aber diese nach ihrem Wahlrecht nicht wahrgenommen hatten. Auch die Verfolgungsverjährung ist bereits durch die Anordnung der Anhörung unterbrochen (§ 33 Abs. 1 S. 1 Nr. 1, Abs. 2 OWiG), ohne dass es auf den Zugang bei dem oder der Betroffenen ankommt. In der Verfahrenspraxis wartet die Verwaltungsbehörde stillschweigend meist **drei Wochen** seit Übermittlung des Anhörungsdokuments zu, um auch gegenüber der vorgegebenen Wochenfrist verspätete Einwendungen noch vor der Entscheidung über den Erlass eines Bußgeldbescheids berücksichtigen zu können. Andernfalls wird der oder die Betroffene den Bußgeldbescheid nicht hinnehmen und das gerichtliche Bußgeldverfahren anstreben. Geht das Äußerungsdokument erst nach Erlass des Bußgeldbescheides ein, kann der oder die Betroffene das rechtliche Gehör im Einspruchsverfahren (§ 67 OWiG) nachholen.

1) Das ergänzend zugelassene Dateiformat TIFF für bildliche Darstellungen (§ 2 Abs. 1 S. 2 ERRV) ist im Bußgeldverfahren ohne Bedeutung.

Muster 6.9.1: Anhörung als Betroffener wegen einer Ordnungswidrigkeit

Stadt Münsterberg

Bauaufsichtsbehörde

Stadt Münsterberg, 99090 Münsterberg

Herrn
Karl Schneider
Adlerstraße 165
88000 Neustadt

Dienstgebäude	Spessartstraße 23 99090 Münsterberg
Bearbeitung	Frau Lehmann
Telefon	(0899) 123-865
E-Mail	boa@Münsterberg.de

Ihr Zeichen, Ihre Nachricht vom	Bitte bei Antwort angeben **Unser Zeichen, Unsere Nachricht vom**	**Datum**
	OWi – 00225232/26	21.12.2026

Anhörung als Betroffener wegen einer Ordnungswidrigkeit

Sehr geehrter Herr Schneider,

nach unseren Feststellungen haben Sie folgende Ordnungswidrigkeit begangen:

Sie haben als Geschäftsführer der Komplettbau GmbH, Sitz Neustadt, Dieselstraße 117, die mit der Ausführung des Bauvorhabens der Bavaria Bauträger GmbH auf dem Grundstück Flurnummer 457886 Gemarkung Münsterberg (Karl-Meier-Straße 65), beauftragt war, Anfang März 2026 wissentlich abweichend von der erteilten Baugenehmigung der Stadt Münsterberg vom 12.1.2026 das Dachgeschoss auf einer Fläche von 145 m^2 nicht mit einem in Holz gefertigten Dachstuhl, sondern in massiver Betonverschalung ausgeführt. Anstelle der in der Bauvorlage eingezeichneten Speicher- und Trockenräume wurden im Innenraum des Dachgeschosses drei durch Zwischenwände aus Ziegel abgetrennte Apartments je 40 m^2 Grundfläche eingebaut. Der Sicherheitstreppenraum endet bereits im unter dem Dachgeschoss liegenden Stockwerk.

Ordnungswidrig handelt,

wer als vertretungsberechtigtes Organ einer juristischen Person (§ 9 Abs. 1 Nr. 1 Gesetz über Ordnungswidrigkeiten – OWiG) vorsätzlich entgegen Art. 55 Abs. 1 Bayerische Bauordnung (BayBO) vom 14.8.2007 (GVBl. S. 588) bauliche Anlagen errichtet. Die Errichtung von Anlagen bedarf der Baugenehmigung, soweit in Art. 56 bis 58, 72 und 73 nichts anderes bestimmt ist (§ 55 Abs. 1 BayBO).

Verletzte Bußgeldvorschriften:

Art. 79 Abs. 1 S. 1 Nr. 8 Bayerische Bauordnung (BayBO) vom 14.8.2007 (GVBl. S. 588)

Wegen dieser Zuwiderhandlungen haben wir gegen Sie ein Bußgeldverfahren nach dem Gesetz über Ordnungswidrigkeiten (OWiG) eingeleitet (§ 47 Abs. 1 Nr. 1 OWiG). Durch die Anhörung erhalten Sie Gelegenheit, sich innerhalb einer Woche zur Beschuldigung zu äußern.

Elektronische Anhörung

Ihre Äußerung können Sie über eine DeutschlandID oder ein elektronisches Bürger- und Organisationenpostfach an unser besonderes elektronisches Anwaltspostfach richten, wenn Sie für diese Systeme als Nutzerin oder Nutzer registriert sind.

Telefonzentrale
(0899) 123-0
Internet
www.Muensterberg.de

Servicezeiten
Mo-Mi 7.30-16.30 Uhr
Do 7.30-17.30 Uhr
Fr 7.30-12.00 Uhr

Öffentliche Verkehrsmittel
Stadtbus Linie 6
Haltestelle Mitte

Bankverbindung
Kreissparkasse Münsterberg
IBAN DE2040000000123456
BIC GROBDE77XX
Volksbank Münsterberg
IBAN DE2040000000234567
BIC GROBDE87XX

Besonderes elektronisches Behördenpostfach
Ordnungsamt@muensterberg .de

Schriftliche Anhörung

Zur schriftlichen Beantwortung können Sie das anliegende Äußerungsformular verwenden und es an uns mit der Post zurücksenden.

Sollten Sie die Gelegenheit zu rechtlichem Gehör nicht wahrnehmen, müssen Sie damit rechnen, dass wir nach Ablauf der Äußerungsfrist ohne weitere Mitteilung einen Bußgeldbescheid nach Aktenlage erlassen und dabei Ihre wirtschaftlichen Verhältnisse schätzen werden.

Anlage

1 Äußerungsdokument zur Rücksendung mit der Post

Mit freundlichen Grüßen

Stadt Münsterberg

Bauaufsichtsbehörde

Muster 6.10: Anhörungsdokument an Betroffenen zur elektronischen oder schriftlichen Äußerung

Stadt Münsterberg Bußgeldstelle

Stadt Münsterberg, 99090 Münsterberg

Frau
Silvia Rosner
Kirchstraße 19
90093 Münsterberg

Dienstgebäude	Schubertstraße 36 99090 Münsterberg
Bearbeitung	Frau Weber
Telefon	(0987) 9878-987
E-Mail	weber.bs@muensterberg.de

Ihr Zeichen, Ihre Nachricht vom	Bitte bei Antwort angeben **Unser Zeichen, Unsere Nachricht vom**	**Datum**
	OWi – 0987665/26	28.5.2026

Anhörung als Betroffene wegen einer Ordnungswidrigkeit (§ 55 OWiG, § 163a Abs. 1 StPO)

Sehr geehrte Frau Rosner,

nach unseren Feststellungen haben Sie folgende Ordnungswidrigkeiten begangen:

a) Sie haben zumindest zwischen Samstag, den 2.5.2026 und Mittwoch, den 6.5.2026 den stark unfallbeschädigten und nicht mehr fahrbereiten Pkw, Marke Lord, Typ Neptun CS, letztes für Sie zugeteiltes amtliches Kennzeichen bis 22.4.2026 ADB-DA 6794 in Münsterberg auf dem Parkplatz hinter der Mehrzweckhalle unverschlossen und mit Hausmüll beladen abgestellt, um sich dessen als Abfall außerhalb einer zugelassenen Annahmestelle des Kraftfahrzeuggewerbes oder eines anerkannten Verwertungsbetriebes zu entledigen.

Telefonzentrale
(0899) 123-0
Internet
www.Muensterberg.de

Servicezeiten
Mo-Mi 7.30-16.30 Uhr
Do 7.30-17.30 Uhr
Fr 7.30-12.00 Uhr

Öffentliche Verkehrsmittel
Stadtbus Linie 6
Haltestelle Mitte

Bankverbindung
Kreissparkasse Münsterberg
IBAN DE2040000000123456
BIC GROBDE77XX
Volksbank Münsterberg
IBAN DE2040000000234567
BIC GROBDE87XX

Besonderes elektronisches Behördenpostfach
Ordnungsamt@muensterberg .de

b) Bei der Identitätsfeststellung zur Durchführung eines Bußgeldverfahrens durch den Polizeibeamten POM Grabner am Samstag, den 19.5.2026 gegen 17.30 Uhr in Ihrer Wohnung weigerten Sie sich trotz Belehrung über ihre entsprechende Verpflichtung als Verdächtige einer Ordnungswidrigkeit, die von dem Beamten verlangten und noch nicht bekannten personenbezogenen Angaben zum Familiennamen, Geburtsnamen, Vornamen, Geburtsdatum und Geburtsort zu machen.

Ordnungswidrig handelt, wer

a) vorsätzlich entgegen § 28 Abs. 1 S. 1 Kreislaufwirtschaftsgesetz (KrWG) Abfälle zur Beseitigung außerhalb einer dafür zugelassenen Abfallbeseitigungsanlage ablagert. Abfälle dürfen zum Zwecke der Beseitigung nur in den dafür zugelassenen Anlagen oder Einrichtungen (Abfallbeseitigungsanlagen) abgelagert werden.

b) vorsätzlich einem zuständigen Amtsträger über seinen Vor-, Familien- oder Geburtsnamen, den Ort oder Tag seiner Geburt die Angabe verweigert.

Verletzte Bußgeldvorschriften

a) § 69 Abs. 1 Nr. 2 Kreislaufwirtschaftsgesetz (KrWG) vom 24. Februar 2012 (BGBl. I S. 212)

b) § 111 Abs. 1 Gesetz über Ordnungswidrigkeiten (OWiG) i. d. F. vom 19. Februar 1987 (BGBl. I S. 602)

Wegen dieser Zuwiderhandlungen haben wir gegen Sie ein Bußgeldverfahren nach dem Gesetz über Ordnungswidrigkeiten (OWiG) eingeleitet (§ 47 Abs. 1 Nr. 1 OWiG). Durch die Anhörung erhalten Sie Gelegenheit, sich zur Beschuldigung und zu ihren wirtschaftlichen Verhältnissen zu äußern. Es steht Ihnen jedoch nach dem Gesetz frei, sich zu äußern oder nicht zur Sache auszusagen (§ 55 Abs. 1 OWiG i. V. m. § 163a Abs. 1 S. 2 StPO). Für Ihre Äußerung können Sie folgende Formen wählen:

Schriftliche Äußerung

Sie können das anliegende Äußerungsdokument bis spätestens eine Woche ab Zugang bei Ihnen mit der Post zurücksenden.

Online-Anhörung

Sie können sich über unser Internetportal www.Muensterberg/zbs/formulare/anhoerung.de äußern. Mit der PIN < Bezeichnung> und dem Passwort < Bezeichnung> erhalten Sie für dieses Verfahren einen individuellen Zugang.

Elektronische Anhörung

Sie können sich ferner im Dateiformat PDF/A (portable document format) über ein Bürger- und Organisationenpostfach (§ 10 Elektronische Rechtsverkehr Verordnung, ERVV) oder Bürgerpostfach im Portalverbund (§ 13 ERVV) verfügen, können Sie sich auch über diese äußern (§ 32a Abs. 4 S. 1 Nr. 3 StPO i. V. m. § 110c S. 1 OWiG).[1]

Falsche oder unvollständige Angaben zur Person können als Ordnungswidrigkeit mit Geldbuße bis zu 1000 Euro geahndet werden (§ 111 OWiG). Nach dem Gesetz steht es Ihnen im Übrigen frei, sich zur Beschuldigung zu äußern oder nicht zur Sache auszusagen (§ 136 Abs. 1 S. 2 StPO i. V. m. § 46 Abs. 1 OWiG). Sollten Sie die Gelegenheit zu rechtlichem Gehör nicht wahrnehmen, müssen Sie damit rechnen, dass wir nach Ablauf der Äußerungsfrist ohne weitere Mitteilung einen Bußgeldbescheid nach Aktenlage erlassen werden.

1) Das von Anfang an völlig bedeutungslose DE-Mail-Konto als sicherer Übermittlungsweg (§ 32a Abs. 4 S. 1 Nr. 1 StPO i. V. m. § 110c S. 1 OWiG) wird wie in der Vorauflage nicht mehr berücksichtigt.

Verpflichtung zur Abfallbeseitigung

Wir weisen Sie darauf hin, dass der Abfallbesitzende unabhängig von der Einleitung eines Bußgeldverfahrens zur Abfallbeseitigung verpflichtet bleiben. Sofern Sie das Fahrzeug nicht freiwillig beseitigen, müssen Sie mit der Beseitigung des Fahrzeugs durch Abschleppen und seine Verwertung rechnen. Dadurch entstehen weitere Kosten außerhalb des Bußgeldverfahrens. Sofern Sie jedoch innerhalb einer Woche den Nachweis ordnungsgemäßer abfallrechtlicher Entsorgung des Fahrzeugs führen, können wir diesen Umstand nach den Richtlinien des Bußgeldkatalogs „Umweltschutz" mildernd berücksichtigen.

Hinweis

Sofern Sie uns eine Verteidigerin oder einen Verteidiger mitgeteilt haben, erhält die von Ihnen benannte Person eine elektronische Mitteilung mit Kopie der Anhörung zur Kenntnisnahme.

Mit freundlichen Grüßen

Stadt Münsterberg, Bußgeldstelle

Muster 6.11: Äußerungsdokument vom Betroffenen an die Verwaltungsbehörde

OWi – 0987665/26 Münsterberg, 29.5.2026

Susanne Uhlmann, Kirchstraße 17, 90003 Münsterberg

Stadt Münsterberg
– Bußgeldstelle –
99090 Münsterberg

Äußerung zu einer Ordnungswidrigkeit (§ 55 OWiG)

1. Zur Person (Pflichtangaben)

Familienname (gegebenenfalls früherer Name, Geburtsname)	*Rosner, geb. Walter*
Vorname(n)	*Silvia*
Anschrift (Straße, Hausnummer, PLZ Ort)	*Kirchstraße 19* *90003 Münsterberg*
Geburtsort, Geburtsdatum	*12.4.1960, Donaustein*

Bürger- und Organisationenpostfach (eBO) oder DeutschlandID für Mitteilungen und Zustellungen (freiwillig)

Silvia.rosner@web.de

2. Zur Sache (Freiwillige Angaben)

Das alte Auto habe ich nicht abgestellt, sondern an einen Autohändler verschenkt, der es dann gleich aufgeladen und mitgenommen hat. Den Namen habe ich mir nicht gemerkt. Meine Personalien brauche ich nicht anzugeben, wenn ich nichts getan habe!

3. Wirtschaftliche Verhältnisse (Freiwillige Angaben)

Ausgeübter Beruf	*Erzieherin*
Monatliches Nettoeinkommen	*1500 Euro*

Schulden, denen kein Gegenwert gegenübersteht (z. B. Unterhalts- oder Schadenersatzverpflichtungen, nicht Kredite für Wohneigentum oder Fahrzeuge):

keine

(Sofern Sie zu Ihren wirtschaftlichen Verhältnissen keine, unglaubhafte oder unbezifferte Angaben machen, müssen wir diese bei der Festsetzung einer Geldbuße schätzen).

4. Angaben zur Abfallbeseitigung (freiwillige Angaben)

Die freiwillige Beseitigung

( ) habe ich bereits veranlasst.
( ) werde ich veranlassen bis:
(x) werde ich nicht veranlassen.

Bescheinigung über ordnungsgemäße Abfallbeseitigung

( ) liegt an ( ) wird binnen zwei Wochen nachgereicht (x) wird nicht vorgelegt

Silvia Rosner
(Unterschrift)

6.5.3.6 Erörterung des Verfahrensstandes der Verfahrensbeteiligten

Während des gesamten Vorverfahrens kann jederzeit eine Erörterung des Verfahrensstands stattfinden. Die Verwaltungsbehörde kann den Stand des Verfahrens mit den Verfahrensbeteiligten erörtern, soweit dies geeignet erscheint, das Verfahren zu fördern (§ 160b S. 1 StPO i. V. m. § 46 Abs. 1 OWiG). Hierzu bietet sich als Zeitpunkt die Anhörung des oder der Betroffenen zur Beschuldigung der Ordnungswidrigkeit (§ 55 OWiG i. V. m. § 163a Abs. 1 StPO) besonders an. Gegenstand dieser Erörterung können sowohl die rechtliche Bewertung und die Sicherung des Tatnachweises als auch eine Verständigung über die Rechtsfolgen sein. In der Verfahrenspraxis finden solche Erörterungen nur statt, wenn der oder die Betroffene anwaltlich vertreten ist. Rechtsanwälte und Rechtsanwältinnen kennen das Verfahren i. d. R. aus dem strafrechtlichen Ermittlungsverfahren der Staatsanwaltschaft oder dem Strafprozess. Bestimmte Formvorschriften bestehen nicht, sodass die Erörterungen schriftlich, über das besondere elektronische Anwaltspostfach (§ 31a Abs. 1 S. 1, Abs. 6 BRAO) und das besondere elektronische Behördenpostfach (§ 6 ERVV) der Verwaltungsbehörde, aber auch persönlich oder telefonisch erfolgen können. Die Erörterung steht im Ermessen der Verwaltungsbehörde, der oder die Betroffene hat keinen Anspruch darauf. Gegen die Ablehnung ist der Antrag auf gerichtliche Entscheidung nicht statthaft, weil es sich nur um eine vorbereitende Maßnahme ohne selbstständige Bedeutung handelt (§ 62 Abs. 1 OWiG).

Der wesentliche Inhalt einer stattgefundenen Erörterung ist zwingend aktenkundig zu machen (§ 160b S. 2 StPO i. V. m. § 46 Abs. 1 OWiG). Führt die verantwortende Person der Verwaltungsbehörde (§ 46 Abs. 2 OWiG) mit einem Rechtsanwalt oder einer Rechtsanwältin persönliche oder Telefongespräche zur Erörterung des Verfahrensstandes, muss ein zusammenfassendes Protokoll zur Bußgeldakte gebracht werden (§ 32b Abs. 2 StPO i. V. m. § 110c S. 1 OWiG). Dieser ist mit dem Namenszusatz der verantwortenden Person zu versehen (§ 32b Abs. 1 S. 1 StPO i. V. m. § 110c S. 1 OWiG).

Beispiel:

Nach der Versendung des Anhörungsdokuments an den Betroffenen bestellt sich ein Rechtsanwalt als Verteidiger und ruft bei der verantwortenden Person der Verwaltungsbehörde an. Das Gespräch ergibt, dass dem Betroffenen die Erlaubnispflicht seiner gewerblichen Tätigkeit unbekannt war. Der Bearbeiter weist den Verteidiger auf die Vermeidbarkeit des Verbotsirrtums wegen Verletzung der Erkundigungspflicht (§ 11 Abs. 2 OWiG) hin. Entgegen der Meinung des Rechtsanwalts führt dies nicht zur Fahrlässigkeit, vielmehr bleibt der Vorsatz wie im Anhörungsdokument bezeichnet, unberührt. Die Verwaltungsbehörde könnte sich aber nach dem Opportunitätsprinzip vorstellen, bei einem Geständnis des Betroffenen einen Bußgeldbescheid auf den Tatzeitraum ab Beginn des Vorjahres als Schwerpunkt zu beschränken (§ 47 Abs. 1 S. 2 OWiG).

Die Erörterung des Verfahrensaustausches ist lediglich ein Informationsaustausch ohne Bindungswirkung. Er findet seine Grenze in Anregungen zum Verfahrensabschluss. Sobald die Verfahrensbeteiligten eine verbindliche Absprache über den Verfahrensabschluss treffen wollen, handelt es sich nicht mehr um eine Erörterung, sondern um eine Verständigung über die Rechtsfolgen, die den besonderen Regeln des § 257c StPO i. V. m. § 46 Abs. 1 OWiG unterliegt. Eine zunächst vereinbarte unverbindliche Erörterung kann aber in eine verbindliche Verständigung der Verfahrensbeteiligten übergehen.

Wird der oder die Betroffene nach einer Erörterung insolvent, besteht bei Zahlungserleichterungen das Risiko einer Anfechtung durch den gerichtlich bestellten Insolvenzverwalter (§ 56 InsO) wegen inkongruenter Deckung (§ 131 InsO).[1] Daher empfiehlt sich auch aus diesem Grund eine sorgfältige Protokollierung mündlicher Erörterungen des Verfahrensstandes nach § 160b S. 2 StPO i. V. m. § 46 Abs. 1 OWiG).

1) OLG Braunschweig, Urt. vom 28.12.2023, Az. 9 U 103/22.

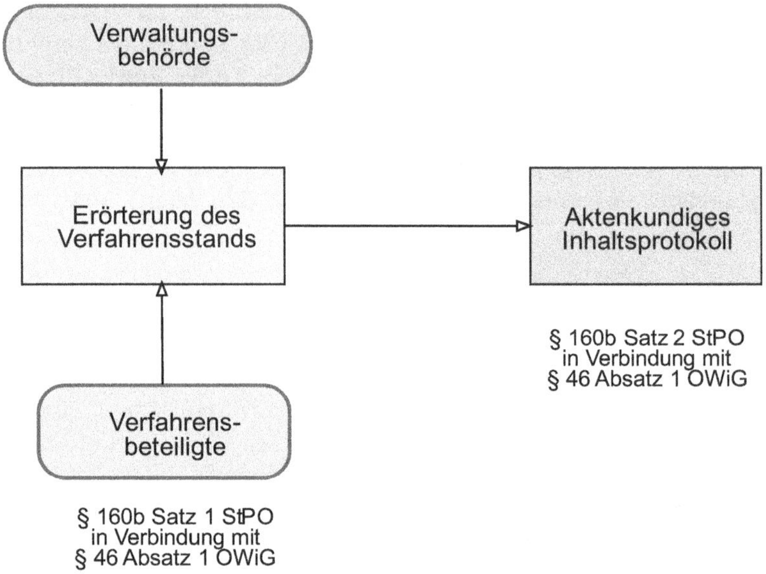

Abb. 8: Erörterung des Verfahrensstands mit den Verfahrensbeteiligten

6.5.3.7 Verständigung der Verfahrensbeteiligten über die Rechtsfolgen

Das Bußgeldverfahren enthält zwar keine ausdrücklichen Bestimmungen für eine Verständigung zwischen der Verwaltungsbehörde und dem oder der Betroffenen bzw. sonstigen Verfahrensbeteiligten. Nach dem Rechtsgedanken des § 257c StPO ist jedoch auch eine Verständigung über Art und Inhalt der Rechtsfolgen im Rahmen von Erörterungen möglich und entspricht auch der Verfahrenspraxis (vgl. § 257c Abs. 2 S. 1 StPO).[1] Eine Verständigung über das Vorliegen einer Ordnungswidrigkeit ist daher nicht zulässig (§ 257c Abs. 2 S. 3 StPO) und darf insbesondere nicht den von der Verwaltungsbehörde zu führenden Tatnachweis ersetzen. Regelmäßige Voraussetzung ist daher ein aktenkundig erklärtes Geständnis des oder der Betroffenen für den Fall der Verständigung (vgl. § 257c Abs. 2 S. 2 StPO). Auch insoweit ist der wesentliche Inhalt der Erörterung weiter aktenkundig zu machen (§ 160b S. 2 StPO i. V. m. § 46 Abs. 1 OWiG). Sogenannte „informelle" Verständigungen ohne aktenkundige Wiedergabe in der Bußgeldakte dürfen daher auch im Bußgeldverfahren nicht erfolgen.

Fortsetzung des Beispiels:

Die verantwortende Person der Verwaltungsbehörde und der Verteidiger des Betroffenen erörtern den Verfahrensstand telefonisch. Der Rechtsanwalt schlägt den Erlass eines Einziehungsbescheides über Taterträge mit einer bezifferten

1) BVerfG, Beschl. vom 20.12.2023, Az. 2 BvR 2103/20. Eine Verständigung der Verfahrensbeteiligten scheidet nur bei Verkehrsordnungswidrigkeiten (§§ 24 Abs. 1, 24a Abs. 1 bis 2a, 24c Abs. 1 StVG) aus, weil für sie Regelgeldbußen (§ 3 BKatV) und Regelfahrverbote (§ 4 BKatV) gesetzlich vorgesehen sind. Dieses Regelsystem besteht bei sonstigen Ordnungswidrigkeiten nicht.

Obergrenze vor (§ 29a OWiG). Der Bedienstete der Verwaltungsbehörde lehnt dies ab, weil der Erlass eines Bußgeldbescheides der Verfahrenspraxis der Verwaltungsbehörde in vergleichbaren Fällen entspreche und wegen des den Betroffenen treffenden Vorwurfs eine Geldbuße (§ 17 Abs. 3 OWiG) mit einer Vorteilsabschöpfung (§ 17 Abs. 4 OWiG) erfolgen müsse. Der Verteidiger weist auf die angespannte wirtschaftliche Lage des Betroffenen hin, die auch belegt werden könne. Dem Betroffenen stehe nur ein bestimmter Betrag monatlich zur Verfügung. Er benötige eine Zahlungsfrist und könne anschließend nur Ratenzahlungen auf die Geldbuße leisten.

Dem Betroffenen wird aufgrund des Ergebnisses der bisherigen Ermittlungen für den Fall eines Geständnisses und des angekündigten Belegs der wirtschaftlichen Verhältnisse der Erlass eines Bußgeldbescheides in einer bestimmten Höhe oder mit Unter- und Obergrenze in Aussicht gestellt, wobei eine wertmäßige Abschöpfung des wirtschaftlichen Vorteils aufgrund erfolgt. Als Zumessungsrichtlinien berücksichtigt die Verwaltungsbehörde in diesem Fall:

a) Bedeutung der Ordnungswidrigkeit (§ 17 Abs. 3 S. 1 OWiG):

   Verschärfend fällt die erhebliche Anzahl der abgeschlossenen Verträge und damit die große Nachhaltigkeit der Zuwiderhandlung ins Gewicht.

b) Vorwurf, der den Täter oder die Täterin trifft (§ 17 Abs. 3 S. 1 OWiG):

   Mildernd wirken sich die Mitwirkung des Betroffenen bei der Aufklärung des Sachverhalts und der vermeidbare Verbotsirrtum (§ 11 Abs. 2 OWiG) aus.

c) Wirtschaftliche Verhältnisse des Betroffenen (§ 17 Abs. 3 S. 2 OWiG):

   Von den Angaben des Betroffenen kann bei Eingang der angekündigten Belege ausgegangen werden. Dem Betroffenen werden eine zeitlich festgelegte Zahlungsfrist mit anschließenden monatlichen Teilbeträgen und Verfallklausel bei Zahlungsverzug angeboten (§ 18 OWiG). Der Rechtsanwalt erklärt dies mit seinem Mandanten zu besprechen.

Wichtig ist die aktenkundige Vorlage eines elektronischen oder schriftlichen Geständnisses des oder der Betroffenen für den Fall des Erlasses eines rechtskräftig werdenden Bußgeldbescheides als Grundlage für die Verständigung (vgl. § 257c Abs. 2 S. 2 StPO). Eine Erklärung des Verteidigers oder der Verteidigerin als bloße Berater oder Beraterinnen und Vertreter oder Vertreterinnen (§ 3 Abs. 1 BRAO) allein ist dem oder der Betroffenen nicht zuzurechnen und genügt nicht! Das eigene Geständnis des oder der Betroffenen muss auf die Tatbestandsmerkmale der Ordnungswidrigkeit substantiiert eingehen. Es ist daher wertlos, wenn nur der oder die Betroffene oder ihre Verteidiger oder Verteidigerinnen einräumen, dass die Ordnungswidrigkeit „zugegeben" werde. Reicht das Geständnis nicht aus, muss es von dem oder der Betroffenen ergänzt werden. Andernfalls kommt es eben nicht zu einer Verständigung der Verfahrensbeteiligten.

Fortsetzung des Beispiels:

Das angekündigte Geständnis und die Belege über die wirtschaftliche Situation des Betroffenen gehen bei der Verwaltungsbehörde ein. Die verantwortende Person erlässt einen Bußgeldbescheid auf der Grundlage der Verständigung, die in der Begründung erwähnt wird (§ 66 Abs. 3 OWiG). Als Zahlungserleichterungen werden dem Betroffenen darin eine Zahlungsfrist und anschließende Teilbeträge bewilligt.

Der oder die Betroffene ist wie im gerichtlichen Verfahren über die Voraussetzungen und Folgen einer Abweichung von dem in Aussicht gestellten Ergebnis nach § 257c Abs. 4 StPO i. V. m. § 46 Abs. 1 OWiG zu belehren.[1] Niemals darf der Verzicht auf einen Einspruch Gegenstand einer Verständigung sein! Ebenso wie für das gerichtliche Verfahren ausdrücklich vorgeschrieben (§ 302 Abs. 1 S. 2 StPO), ist ein Verzicht auf einen Rechtsbehelf ausgeschlossen, wenn dem Bußgeldbescheid eine Verständigung vorausgegangen ist. Der oder die Betroffene hat also trotz Verständigung immer die Möglichkeit, innerhalb von zwei Wochen nach Zugang des Bußgeldbescheides gegen diesen Einspruch einzulegen (§ 67 Abs. 1 S. 1 OWiG). Die Bedenkzeit darf ihm oder ihr folglich auch nicht abgeschnitten werden. Ein erklärter Verzicht auf einen Einspruch ist unwirksam.

Wird der oder die Betroffene nach einer Erörterung insolvent, wird ein gerichtlich bestellter Insolvenzverwalter (§ 56 InsO) die Anfechtung von Zahlungen in den letzten drei Monaten vor dem Insolvenzeröffnungsantrag (§ 13 InsO) wegen inkongruenter Deckung (§ 131 InsO) prüfen.[2]

6.5.4 Ladung zur persönlichen Vernehmung im Dienstgebäude

Eine Anhörung als förmliche persönliche und daher mündliche Vernehmung des oder der Betroffenen kommt im Bußgeldverfahren nur ausnahmsweise in Betracht (§ 55 Abs. 1 OWiG i. V. m. § 163a Abs. 1 StPO). Sie kann angezeigt sein, wenn

- dem oder der Betroffenen eine bedeutsame Ordnungswidrigkeit mit erheblichem Unwertgehalt vorgeworfen wird, deshalb eine hohe Geldbuße oder Nebenfolge zu erwarten und der Verfahrensstoff rechtlich und tatsächlich schwierig ist,
- aufgrund des komplexen und umfangreichen Verfahrensstoffs eine ausreichende elektronische oder schriftliche Äußerung nicht zu erwarten ist oder
- für den Fall eines Geständnisses eine Verständigung mit dem oder der Betroffenen über die Höhe der Geldbuße beabsichtigt ist und dies nicht außerhalb einer Vernehmung zu erzielen ist (Rechtsgedanke § 257c Abs. 2 StPO).[3]

Dem Nachteil des erheblichen Zeitaufwandes stehen mehrere gewichtige Vorteile gegenüber:

- Umfassende Erörterung des Tatvorwurfes,

1) BGH, Beschl. vom 7.1.2025, Az. 2 StR 330/24.
2) OLG Braunschweig, Urt. vom 28.12.2023, Az. 9 U 103/22.
3) Zur Erörterung des Verfahrensstandes § 6 Nr. 6.5.3.6 und zur Verständigung der Verfahrensbeteiligten durch elektronische oder schriftliche Erklärungen des oder der Betroffenen § 6 Nr. 6.5.3.7.

- Ergänzende Fragemöglichkeit der Vernehmungsperson,
- Vorhalt von Beweismitteln und dienstlichen Erkenntnissen,
- Persönlicher Eindruck und Beurteilung der Glaubwürdigkeit,
- Umfassende Erörterung der Rechtsfolgen der Ordnungswidrigkeit.

Die mündliche Vernehmung bietet der verantwortenden Person der Verwaltungsbehörde damit eine wesentlich bessere Grundlage für die Bußgeldentscheidung und Berechenbarkeit des Bußgeldverfahrens. Soll nur eine Erörterung des Verfahrensstandes stattfinden (§ 160b S. 1 StPO i. V. m. § 46 Abs. 1 OWiG), handelt es sich nicht um eine Anhörung.[1)] Diese kann sich aber der Erörterung anschließen.

6.5.4.1 Ladung zum Vernehmungstermin

Die Anhörung eines oder einer Betroffenen geschieht regelmäßig in Form einer Ladung. Die Vereinbarung eines Termins in der Verwaltungsbehörde lässt offen, ob es sich um eine Anhörung (§ 55 OWiG i. V. m. § 163b Abs. 1 StPO) oder nur eine Erörterung (§ 160b StPO i. V. m. § 46 Abs. 1 OWiG) oder Verständigung der Verfahrensbeteiligten (§ 257c StPO i. V. m. § 46 Abs. 1 OWiG) handeln soll.

- **Form der Ladung**

Betroffene sind trotz Einführung des elektronischen Rechtsverkehrs bisher nicht zur Einrichtung oder Bekanntgabe eines elektronischen Postfachs mit sicherem Übermittlungsweg verpflichtet. Da der Verwaltungsbehörde ein zugelassenes elektronisches Postfach des oder der Betroffenen meist nicht bekannt sein wird, bedarf es der Zusendung der ausgedruckten Ladung in Schriftform durch die Post (§ 133 Abs. 1 StPO i. V. m. § 46 Abs. 1 OWiG). Eine elektronische Ladung des oder der Betroffenen ist nur über einen zugelassenen sicheren Übermittlungsweg möglich (§ 32a Abs. 4 S. 1 Nr. 3, 4 StPO i. V. m. § 110c S. 1 OWiG). Hierzu kommen das Bürgerpostfach im Portalverbund (BundID, künftig DeutschlandID, § 12 Abs. 1 S. 3 OZG) und das elektronische Bürger- und Organisationenpostfach (eBO) in Betracht. In diesem Fall bedarf nur die begleitende Verfügung, nicht aber das Ladungsdokument selbst einer Namenswiedergabe der verantwortenden Person der Verwaltungsbehörde (§ 110c S. 2 OWiG). Mit dem Einverständnis des oder der Betroffenen sind auch mündliche oder telefonische Ladungen möglich. Eine von der Verwaltungsbehörde einzuhaltende Ladungsfrist dabei besteht nicht.

- **Jugendliche Betroffene**

Die Ladung jugendlicher Betroffener (14 bis 18 Jahre) wird in der Verfahrenspraxis kaum in Betracht kommen. Beabsichtigt dies die Verwaltungsbehörde trotzdem, sind diese stets selbst, nicht über die Erziehungsberechtigten oder einen Amtsvormund zu laden. Diese erhalten jedoch eine Mitteilung über den Termin, da sie im Regelfall ein gesetzliches Anwesenheitsrecht haben (§ 67a Abs. 1 JGG i. V. m. § 46 Abs. 1 OWiG).

1) Zur Erörterung des Verfahrensstandes durch die Verwaltungsbehörde mit dem oder der Betroffenen und einem Verteidiger oder einer Verteidigerin (§ 160b S. 1 StPO i. V. m. § 46 Abs. 1 OWiG) vorstehend Nr. 6.5.3.6.

- **Mehrere Betroffene**

Richtet sich das Bußgeldverfahren gegen mehrere Betroffene wie z. B. Eheleute oder Geschäftsführer bzw. Geschäftsführerinnen einer GmbH, sind getrennte Ladungen erforderlich. Die Zeitpunkte der Anhörung sollten auch nicht gleichzeitig festgesetzt werden, weil auch die persönliche Vernehmung getrennt erfolgt.

- **Eröffnung des Tatvorwurfs**

Die Ladung soll erkennen lassen, dass eine Vernehmung als Betroffener oder Betroffene erfolgt[1)] (Musterladung 6.12). Es empfiehlt sich, bereits im Ladungsdokument im selben Umfang wie in einem elektronischen oder schriftlichen Anhörungsdokument den Tatvorwurf zu eröffnen und die einschlägigen Bußgeldvorschriften mitzuteilen (§ 136 Abs. 1 S. 1 StPO i. V. m. § 46 Abs. 1 OWiG), damit sich die geladenen Personen auf die Vernehmung vorbereiten können und diese in der Dienststelle unverzüglich beginnen kann. Aus diesem Grund können mit der Ladung auch Beweisgegenstände wie Dokumente und Bildaufnahmen übersandt werden, zu denen der oder die Betroffene in der mündlichen Vernehmung aus Sicht der Verwaltungsbehörde Stellung nehmen soll.

- **Hinweis zur Verständigung über die Rechtsfolgen**

Sofern in der Vernehmung nach der Gelegenheit rechtlichen Gehörs zum Tatvorwurf eine Erörterung der Verfahrensbeteiligten (§ 160b StPO i. V. m. § 46 Abs. 1 OWiG) und für den Fall eines Geständnisses eine Verständigung über die Rechtsfolgen der Ordnungswidrigkeit[2)] beabsichtigt ist (§ 257c StPO analog i. V. m. § 46 Abs. 1 OWiG), muss darauf unbedingt schon in der Ladung hingewiesen werden. Ansonsten werden sich überraschte Betroffene kaum darauf einlassen.

- **Vorführung von Betroffenen**

Betroffene sind zwar auf ordnungsgemäße Ladung grundsätzlich zum persönlichen Erscheinen vor der Verwaltungsbehörde verpflichtet (§ 163a Abs. 3 S. 1 StPO i. V. m. § 46 Abs. 1, 2 OWiG). Eine Vorführung kann daher in der Ladung angedroht (§ 133 Abs. 2 StPO i. V. m. § 46 Abs. 1, 2 OWiG) und auf Antrag der Verwaltungsbehörde durch den Ermittlungsrichter oder die Ermittlungsrichterin des Amtsgerichts angeordnet werden (§ 46 Abs. 5 OWiG). Die Verfahrenspraxis macht von dieser Zwangsmöglichkeit allerdings nie Gebrauch, weil vorgeführte Betroffene wohl kaum zur Sache aussagebereit und erst recht nicht zu einer Verständigung (§ 257c StPO i. V. m. § 46 Abs. 1 OWiG) bereit wären. Es empfiehlt sich daher in der Ladung die Ankündigung, dass die Verwaltungsbehörde bei unentschuldigtem Ausbleiben davon ausgehe, die geladene Person wolle die Gelegenheit zu rechtlichem Gehör (Art. 103 Abs. 1 GG) nicht wahrnehmen und müsse dann mit einem Bußgeldbescheid (§ 65 OWiG) nach Aktenlage rechnen. Eine Erörterung des Verfahrensstandes (§ 160b StPO i. V. m. § 46 Abs. 1 OWiG) und Verständigung der Verfahrensbeteiligten (§ 257c StPO i. V. m. § 46 Abs. 1 OWiG) sind dann eben nicht möglich.

---

1) Für das strafrechtliche Ermittlungsverfahren der Staatsanwaltschaft Nr. 44 Abs. 1 S. 1 RiStBV.

2) BVerfG, Beschl. vom 20.12.2023, Az. 2 BvR 2103/20. Zur Verständigung der Verfahrensbeteiligten über die Rechtsfolgen im gerichtlichen Bußgeldverfahren § 257c StPO i. V. m. § 46 Abs. 1 OWiG.

- **Verteidiger und Verteidigerinnen**

Hat der oder die Betroffene einen Rechtsanwalt als Verteidiger oder eine Rechtsanwältin als Verteidigerin gewählt (§ 137 Abs. 1 S. 1 StPO i. V. m. § 46 Abs. 1 OWiG), so sind diese vom Vernehmungstermin zu unterrichten, weil sie zur Anwesenheit berechtigt sind (§ 168c Abs. 1, 5 S. 3, § 163a Abs. 3 S. 2 StPO i. V. m. § 46 Abs. 1, 2 OWiG). Die Unterrrichtung ist also nicht Aufgabe des oder der Betroffenen und darf diesen daher auch nicht in der Ladung auferlegt werden. Sie erfolgt durch die Verwaltungsbehörde über das besondere elektronische Anwaltspostfach (§ 31a Abs. 1 S. 1, Abs. 6 BRAO).

Auf eine Verlegung des Vernehmungstermins hat der Verteidiger oder die Verteidigerin zwar keinen Anspruch (§ 168c Abs. 5 S. 3, § 163a Abs. 3 S. 2 StPO i. V. m. § 46 Abs. 1, 2 OWiG). Sie werden jedoch ihren Mandanten bzw. Mandantinnen dann raten, in ihrer Abwesenheit keine Angaben zur Sache zu machen und schon gar keine Erörterung des Verfahrensstandes (§ 160b StPO i. V. m. § 46 Abs. 1 OWiG) oder Verständigung mit der Verwaltungsbehörde über die Rechtsfolgen der Ordnungswidrigkeit zu treffen (§ 257c StPO analog i. V. m. § 46 Abs. 1 OWiG). Es empfiehlt sich daher, mit dem Verteidiger oder der Verteidigerin vorab telefonischen Kontakt aufzunehmen und die Bereitschaft zum Erscheinen und gegebenenfalls einen Termin abzustimmen. Diese Verfahrensweise ist Rechtsanwälten und Rechtsanwältinnen aus strafrechtlichen Ermittlungsverfahren im Zusammenhang mit der Staatsanwaltschaft in aller Regel vertraut. Die Anwesenheit eines Verteidigers oder einer Verteidigerin hat sich in der Verfahrenspraxis als verfahrensfördernd erwiesen, weil der oder die Betroffene durch rechtskundige, neutrale Berater oder Beraterinnen (§§ 1, 3 BRAO) zur Annahme eines auch aus ihrer Sicht bei verständiger Würdigung hinnehmbaren Ergebnisses angehalten wird.

Eine Anhörung ohne persönliche Anwesenheit des oder der Betroffenen ist nicht möglich, auch wenn der Verteidiger oder die Verteidigerin eine Stellungnahme ankündigt. In diesem Fall handelt es nur um eine Erörterung des Verfahrensstandes (§ 160b StPO i. V. m. § 46 Abs. 1 OWiG) oder Vorbereitung einer Verständigung der Verfahrensbeteiligten (§ 257c StPO i. V. m. § 46 Abs. 1 OWiG).

- **Sonstige Beteiligte**

Bei der Anhörung kann auch eine Teilnahme eines Vertreters oder einer Vertreterin des Fachamtes angebracht sein, das die Ordnungswidrigkeiten-Anzeige erstattet hat. Wer die Verwaltungsbehörde vertritt, bestimmt diese selbst. Private Anzeigende (§ 158 Abs. 1 StPO i. V. m. § 46 Abs. 1 OWiG) haben dagegen grundsätzlich kein Recht auf Anwesenheit. Sofern von der oder die Verwaltungsbehörde beauftragte Sachverständige (§ 72 StPO i. V. m. § 46 Abs. 1 OWiG) Angaben des oder der Betroffenen zur Vorbereitung ihres Gutachtens benötigen, kann ihnen ebenfalls die Anwesenheit zu diesem Zweck gestattet werden (§ 80 Abs. 2 StPO i. V. m. § 46 Abs. 1 OWiG).[1)]

Sofern der oder die Betroffene mit weiteren Personen, insbesondere Angehörigen erscheint, dürfen Ehegatten und Lebenspartner nicht automatisch von der Teil-

1) Zur Beauftragung von Sachverständigen durch die Verwaltungsbehörde (§§ 72 ff. StPO i. V. m. § 46 Abs. 1 OWiG) § 6 Nr. 1.4.

nahme ausgeschlossen werden. Ihre Anwesenheit ist nur dann möglich, wenn der oder die Betroffene sie als Beistand wünscht (§ 149 Abs. 1, 2 StPO i. V. m. § 46 Abs. 1 OWiG). Die Zulassung liegt dann im pflichtgemäßen Ermessen der vernehmungsleitenden Person (§ 149 Abs. 3 StPO i. V. m. § 46 Abs. 1, 2 OWiG).

Muster 6.12: Ladung zur Anhörung als Betroffener im Bußgeldverfahren

Stadt Münsterberg

Bauaufsichtsbehörde

Stadt Münsterberg, 99090 Münsterberg

Herrn
Karl Schneider
Adlerstraße 165
88000 Neustadt
über DeutschlandID

Dienstgebäude	Spessartstraße 23 99090 Münsterberg
Bearbeitung	Frau Münsterberg
Telefon	(0899) 123-865
E-Mail	boa@muensterberg.de

Ihr Zeichen, Ihre Nachricht vom	Bitte bei Antwort angeben **Unser Zeichen, Unsere Nachricht vom**	**Datum**
	OWi – 00225232/26	8.4.2026

Bußgeldverfahren gegen Sie wegen Zuwiderhandlung gegen die Bayerische Bauordnung (BayBO)

Ladung zur Anhörung als Betroffener im Bußgeldverfahren

Sehr geehrter Herr Schneider,

nach unseren Feststellungen haben Sie folgende Ordnungswidrigkeit begangen:

Sie haben als Geschäftsführer der Komplettbau GmbH, Sitz Neustadt, Dieselstraße 117, die mit der Ausführung des Bauvorhabens der Bavaria Bauträger GmbH auf dem Grundstück Flurnummer 457886 Gemarkung Münsterberg (Karl-Meier-Straße 65), beauftragt war, Anfang März 2026 wissentlich abweichend von der erteilten Baugenehmigung der Stadt Münsterberg vom 12.1.2026 das Dachgeschoss auf einer Fläche von 145 m^2 nicht mit einem in Holz gefertigten Dachstuhl, sondern in massiver Betonverschalung ausgeführt. Anstelle der in der Bauvorlage eingezeichneten Speicher- und Trockenräume wurden im Innenraum des Dachgeschosses drei durch Zwischenwände aus Ziegel abgetrennte Apartments je 40 m^2 Grundfläche eingebaut. Der Sicherheitstreppenraum endet bereits im unter dem Dachgeschoss liegenden Stockwerk.

Ordnungswidrig handelt,

wer als vertretungsberechtigtes Organ einer juristischen Person (§ 9 Abs. 1 Nr. 1 Gesetz über Ordnungswidrigkeiten – OWiG) vorsätzlich entgegen Art. 55 Abs. 1 Bayerische Bauordnung (BayBO) vom 14.8.2007 (GVBl. S. 588) bauliche Anlagen errichtet. Die Errichtung von Anlagen bedarf der Baugenehmigung, soweit in Art. 56 bis 58, 72 und 73 nichts anderes bestimmt ist (Art. 55 Abs. 1 BayBO).

Telefonzentrale
(0899) 123-0
Internet
www.Muensterberg.de

Servicezeiten
Mo-Mi 7.30-16.30 Uhr
Do 7.30-17.30 Uhr
Fr 7.30-12.00 Uhr

Öffentliche Verkehrsmittel
Stadtbus Linie 6
Haltestelle Mitte

Bankverbindung
Kreissparkasse Münsterberg
IBAN DE2040000000123456
BIC GROBDE77XX
Volksbank Münsterberg
IBAN DE2040000000234567
BIC GROBDE87XX

Besonderes elektronisches Behördenpostfach
Ordnungsamt@muensterberg .de

Verletzte Bußgeldvorschriften:

Art. 79 Abs. 1 S. 1 Nr. 8 Bayerische Bauordnung (BayBO) vom 14.8.2007 (GVBl. S. 588)

Zu dieser Beschuldigung erhalten Sie durch eine persönliche Anhörung rechtliches Gehör. Sie werden dazu geladen auf

Mittwoch, den 22.4.2026,

10.00 Uhr, Zimmer 156

im Dienstgebäude Spessartstraße 23. Gegenstand der persönlichen Anhörung ist auch die Verständigung über die Höhe einer festzusetzenden Geldbuße (§ 17 OWiG) und Zahlungserleichterung (§ 18 OWiG). Für den Fall eines einvernehmlichen Ergebnisses ist ferner der Erlass eines Bußgeldbescheides im Anschluss an die Anhörung möglich. Bringen Sie bitte diese Ladung und Ihren Personalausweis oder Reisepass zum Termin mit. Sollten Sie unentschuldigt nicht erscheinen, gehen wir davon aus, dass Sie sich nicht zur Beschuldigung äußern wollen, werden dann unsere Ermittlungen ohne Ihre Äußerung abschließen und einen Bußgeldbescheid nach Aktenlage erlassen.

Hinweise

Sofern Sie der deutschen Sprache nicht mächtig, hör- oder sprachbehindert sind, haben Sie für das gesamte Bußgeldverfahren Anspruch auf die unentgeltliche Hinzuziehung eines Dolmetschers oder Übersetzers (§ 187 Abs. 1 GVG i. V. m. § 163a Abs. 5, § 46 Abs. 1 OWiG). Wir bitten gegebenenfalls um rechtzeitige Mitteilung.

Ihr Verteidiger Rechtsanwalt Kellermann erhält diese Ladung zur Anhörung als Betroffener als Terminmitteilung über sein besonderes elektronisches Anwaltspostfach.

Mit freundlichen Grüßen

Stadt Münsterberg

Bauaufsichtsbehörde

6.5.4.2 Sprachschwierigkeiten

Wird unter Beteiligung von Personen verhandelt, die der deutschen Sprache nicht mächtig sind, so ist von Amts wegen ein Dolmetscher oder eine Dolmetscherin zuzuziehen (§ 163a Abs. 5 StPO, § 187 Abs. 1 S. 1 GVG i. V. m. § 46 Abs. 1 OWiG). Ergeben sich Zweifel daran, dass der oder die Betroffene der Vernehmung ausreichend folgen und sich äußern können, darf die Vernehmung ohne Dolmetscher oder Dolmetscherin also nicht fortgesetzt werden. Die verantwortende Person der Verwaltungsbehörde besitzt wegen des zwingenden Charakters der Bestimmung zwar einen Beurteilungsspielraum nach dem Grundsatz des fairen Verfahrens (Art. 20 Abs. 3 GG) aber kein Ermessen.[1] Die Zuziehung eines Dolmetschers oder einer Dolmetscherin kann dann nur ausnahmsweise unterbleiben, wenn die beteiligten Personen sämtlich der fremden Sprache mächtig sind (§ 185 Abs. 2 GVG i. V. m. § 46 Abs. 1 OWiG).

Die Auswahl des Dolmetschers oder der Dolmetscherin ist Sache der Verwaltungsbehörde, nicht des oder der Betroffenen bzw. des Verteidigers oder der Verteidigerin. Sie sollte nach den öffentlich bestellten und allgemein beeidigten Personen nach den Dolmetschergesetzen der Länder ausgewählt werden. Die Beiziehung von dem oder der Betroffenen als Dolmetscher oder Dolmetscherin mitgebrachter Angehöri-

1) BGH, Beschl. vom 26.10.2000, Az. 3 StR 6/00.

ger bietet dagegen keinerlei Gewähr für die Richtigkeit der Übersetzung. Dies gilt insbesondere dann, wenn es sich um die richtige Übersetzung der Bedeutung verwaltungs- oder bußgeldrechtlicher Rechtsbegriffe handelt. Die verantwortende Person der Verwaltungsbehörde kann sich dann nicht von der Richtigkeit der Übertragung überzeugen. Dolmetscher und Dolmetscherinnen sind gesondert zu laden, was in der Verfahrenspraxis telefonisch erfolgt. Es empfiehlt sich eine „abtelefonierbare Dolmetscherliste", weil gute Dolmetscher oder Dolmetscherinnen von zahlreichen Behörden und Gerichten oft kurzfristig beauftragt werden und nicht stets zur Verfügung stehen. Gegen einen unentschuldigt nicht erschienenen Dolmetscher oder eine Dolmetscherin kann mangels Rechtsgrundlage jedoch kein Ordnungsgeld festgesetzt werden.[1)]

Gelegentlich bemängeln im gerichtlichen Bußgeldverfahren der Fremdsprache kundige Verteidiger oder Verteidigerinnen, von der Verwaltungsbehörde ausgewählte Dolmetscher oder Dolmetscherin hätten im Vor- oder Zwischenverfahren mangelhaft, missverständlich oder sonst unrichtig übersetzt. Stellt sich dies als zutreffend heraus, kann die Beweisführung der Verwaltungsbehörde zusammenbrechen.

6.5.4.3 Belehrung durch die Verwaltungsbehörde

Die Anhörung des oder der Betroffenen beginnt mit der Feststellung der aktuellen personenbezogenen Daten zur Identitätsfeststellung (§ 163b Abs. 1 S. 1 Halbs. 1 StPO i. V. m. § 46 Abs. 1 OWiG). Erschienene nicht bekannte Rechtsanwälte und Rechtsanwältinnen können sich durch den Ausweis der zuständigen Rechtsanwaltskammer mit Bildaufnahme ausweisen. Ihre Identität kann auch über das Amtliche Anwaltsverzeichnis des Bundesrechtsanwaltskammer (BRAK) elektronisch festgestellt werden.[2)] Handelt es sich um die erste Anhörung im Bußgeldverfahren, sind dem oder der Betroffenen – sofern noch nicht im Ladungsdokument erfolgt – bei Beginn der Vernehmung mündlich der Tatvorwurf und die in Betracht kommenden Bußgeldvorschriften zu eröffnen (§ 136 Abs. 1 S. 1 StPO i. V. m. § 46 Abs. 1 OWiG). Der oder die Betroffene sind ferner darauf hinzuweisen, dass es ihnen nach dem Gesetz freistehe, sich zur Beschuldigung zu äußern oder nicht zu Sache auszusagen (§ 136 Abs. 1 S. 2 StPO i. V. m. § 46 Abs. 1 OWiG).[3)] Es empfiehlt sich die Verwendung des Gesetzeswortlauts, der aber nicht verbindlich ist.[4)] Das Belehrungsgebot will sicherstellen, dass der oder die Betroffene vor der irrtümlichen Annahme einer Aussagepflicht bewahrt wird, zu der er möglicherweise gerade durch die Konfrontation mit dem amtlichen Auskunftsverlangen veranlasst werden könnte.[5)]

1) OLG Frankfurt (Main), Beschl. vom 28.4.2008, Az. 6 WF 73/08.
2) Das „Bundesweite Amtliche Anwaltsverzeichnis" der Bundesrechtsanwaltskammer ist über das Internet allgemein und kostenlos zugänglich: https://www.bea-brak.de/bravsearch/search.brak.
3) Zur Folge einer pflichtwidrig unterlassenen Belehrung § 6 Nr. 6.4.3.
4) BGH, Urt. vom 29.4.2010, Az. 3 StR 63/10.
5) BGH, Beschl. vom 13.5.1996, Az. GSSt 1/96.

Muster 6.13: Protokoll einer persönlichen Betroffenenvernehmung

Stadt Münsterberg

Bußgeldstelle

Az. OWi – 0987665/26

Münsterberg, 22.5.2026

Dienstgebäude	Schubertstraße 36 99090 Münsterberg
Bearbeitung	Frau Weber
Telefon	(0987) 9878-987
E-Mail	weber.bs@muensterberg.de

Betroffenenvernehmung

Die betroffene Person erscheint um 10.00 Uhr auf Ladung mit dem Verteidiger Rechtsanwalt Klaus Merkle im Dienstzimmer. Die nachgewiesene Vollmacht des Verteidigers befindet sich bei der Bußgeldakte. Beide werden darauf hingewiesen, dass die Anhörung als Inhaltsprotokoll durch elektronisches Dokument aufgezeichnet wird und die Eingabe zeitgleich auf einem Bildschirm zu beobachten ist.[1)]

Verständigung der Verfahrensbeteiligten

Der persönlichen Vernehmung der betroffenen Person ist am 11.5.2026 eine aktenkundige Verständigung der Verfahrensbeteiligten vorausgegangen.

1. Angaben zur Person

Norbert Schäffler, geboren 15.6.1965 in Altstadt, Steinerner Weg 12, 99094 Münsterberg

2. Angaben zur Sache

Für den Fall einer Geldbuße zwischen <Betrag> und höchstens <Betrag> gem. der vorangegangenen Verständigung der Verfahrensbeteiligten lege ich folgendes Geständnis ab:

Ich war seit 2017 bis 2023 als selbstständiger Versicherungsvertreter tätig. Zahlreiche Kunden haben mich wegen finanzieller Probleme dabei immer wieder nach der Vermittlung von Krediten gefragt. Darauf habe ich mich bei der ABC-Kreditbank erkundigt und dann mit der Vermittlung von Krediten begonnen, wenn ein Versicherungskunde das gewünscht hat. Allerdings ist das Geschäft mit den Krediten wesentlich besser gegangen als das mit den Versicherungen. Die mir aus der Anlage zur Ladung bekannten 67 Einzelfälle sind so richtig. Allerdings haben die Fälle 5, 13, 24, 41, 56 und 63 keine Provision erbracht, weil die Kunden von ihrem Widerrufsrecht Gebrauch gemacht haben. Die Courtagen haben daher höchstens 6000 Euro erbracht.

Auf Frage: Ich räume den vorgeworfenen Sachverhalt ein, habe aber nicht gewusst, dass man zur Vermittlung von Krediten eine besondere Erlaubnis benötigt. Ich bin davon ausgegangen, dass wie für die Vermittlung von Versicherungen die Gewerbeanmeldung genügt. Auf Vorhalt muss ich allerdings zugeben, dass ich die Gewerbeanmeldung versehentlich nicht erweitern habe lassen. Bei der Stadt oder bei meinem Rechtsanwalt habe ich mich nicht erkundigt.

Auf Frage des Verteidigers: Mein erlernter Beruf ist Chemielaborant. Ich habe keine kaufmännische Ausbildung und war zuvor ein Jahr ohne Beschäftigung.

3. Wirtschaftliche Verhältnisse

Auf Frage zu den wirtschaftlichen Verhältnissen: Ich arbeite jetzt wieder als Chemielaborant und habe ein monatliches Einkommen von 2100 Euro netto. Aus dem Schuldenberei-

1) Eine Belehrung über die Aussagefreiheit (§ 136 Abs. 1 S. 2 StPO i. V. m. § 46 Abs. 1 OWiG) und eine Eröffnung des Tatvorwurfs ist nicht mehr erforderlich, da beides bereits in der Ladung enthalten ist.

nigungsplan eines Verbraucherinsolvenzverfahrens, den ich hiermit übergebe, habe ich monatlich 532 Euro an meine Gläubiger zu bezahlen. Ich bin verheiratet, meine Frau arbeitet aber nicht, da wir ein einjähriges Kind haben.

Vernehmungsbeginn: 10.00 Uhr, Vernehmungsende: 11.35 Uhr

Die Angaben der betroffenen Person wurden während der Vernehmung als elektronisches Dokument aufgezeichnet. Die betroffene Person und ihr Verteidiger konnten die Eingabe auf einem Bildschirm mitverfolgen. Die betroffene Person verzichtet auf nochmaliges Vorlesen unter Genehmigung des wahrgenommenen Inhalts. Anschließend wird die vorläufige Aufzeichnung gespeichert (§ 32b Abs. 2 StPO i. V. m. § 110c S. 1 OWiG).

Für die Richtigkeit der Eingabe:

Weber, Verwaltungsangestellte, als verantwortende Person (§ 32b Abs. 1 S. 1 StPO i. V. m. § 110c S. 1 OWiG)

Vermerk

Nach dem Abschluss der Anhörung teilt die Bearbeiterin der Verwaltungsbehörde mit, dass sie die Angaben der betroffenen Person als ausreichendes Geständnis wertet und im weiteren Verfahren von einem vermeidbaren Verbotsirrtum ausgeht (§ 11 Abs. 2 OWiG). Die betroffene Person und ihr Verteidiger erklären, dies ebenso zu bewerten.

Die Bearbeiterin der Verwaltungsbehörde stellt der betroffenen Person aufgrund des Ergebnisses der Anhörung den Erlass eines Bußgeldbescheides in Höhe von <Betrag> Euro bis <Betrag> Euro in Aussicht, wobei die belegten wirtschaftlichen Verhältnisse berücksichtigt werden und eine Abschöpfung des wirtschaftlichen Vorteils aufgrund seiner Angaben nur in Höhe von <Betrag> Euro erfolgt. Die betroffene Person ist mit monatlichen Teilbeträgen von <Betrag> Euro ab Rechtskraft des Bußgeldbescheides einverstanden.

Zwischen den Verfahrensbeteiligten kommt eine Verständigung über die Rechtsfolgen der Ordnungswidrigkeit zustande. Der für diesen Fall vorbereitete Bußgeldbescheid wird mit der betroffenen Person und ihrem Verteidiger am Bildschirm erörtert. Der Entwurf wird anschließend in Anwesenheit der Beteiligten als elektronisches Dokument in der Bußgeldakte gespeichert und ist damit erlassen (§ 31b Abs. 2 StPO i. V. m. § 110c S. 1 OWiG). Der Bußgeldbescheid wird über das besondere elektronische Anwaltspostfach (§ 31a BRAO) an den Verteidiger zugestellt. Der Betroffene erhält formlos einen Ausdruck des Bußgeldbescheides zur Kenntnisnahme (§ 51 Abs. 3 OWiG).

Die betroffene Person wird besonders darüber belehrt, dass die Einspruchsfrist gem. Rechtsbehelfsbelehrung im Bußgeldbescheid zu laufen beginnt und durch die erfolgte Verständigung der Verfahrensbeteiligten nicht ausgeschlossen ist.

Weber, Verwaltungsangestellte
als verantwortende Person (§ 32b Abs. 1 S. 1 StPO i. V. m. § 110c S. 1 OWiG)

6.5.4.4 Inhalt der Vernehmung

Die Vernehmung zur Sache soll dem oder der Betroffenen Gelegenheit geben, die gegen ihn oder sie vorliegenden Verdachtsgründe zu beseitigen und die zu ihren Gunsten sprechenden Tatsachen geltend zu machen (§ 163a Abs. 3 S. 2, § 136 Abs. 2 StPO i. V. m. § 46 Abs. 1 OWiG). Ist der oder die Betroffene aussagebereit, vernimmt sie die verantwortende Person der Verwaltungsbehörde mündlich zum eröffneten Tatvorwurf der Ordnungswidrigkeit. Keine Aussagebereitschaft liegt daher vor, wenn der oder die Betroffene nur eine vorbereitete Erklärung verlesen oder der erschienene Verteidiger oder die Verteidigerin nur eine Erklärung abgeben will. In diesen Fällen ist nach vorherigem Hinweis zu vermerken, dass sich der oder die Betroffene – falls sie bei ihrem Vorhaben bleiben – nicht zur Sache geäußert haben. Die Vernehmung wird beendet, eine Verlesung von Erklärungen des oder der Betroffenen sowie des Verteidigers oder der Verteidigerin findet nicht statt. Die verantwortende Person der Verwaltungsbehörde kann aber das Dokument als Äußerung zu den Akten geben. Eine Erklärung des Verteidigers oder der Verteidigerin ist in einem Protokoll festzuhalten. Wichtig ist, dass der Verteidiger und die Verteidigerin selbstständige Organe der Rechtspflege sind und ihre Erklärungen dem oder der Betroffenen nur dann zuzurechnen sind, wenn sie sich diese ausdrücklich zu eigen machen. Wird über die Vernehmung des oder der Betroffenen ausnahmsweise kein Protokoll aufgenommen, ist die Teilnahme des Verteidigers oder der Verteidigerin an der Vernehmung aktenkundig zu machen (§ 168b Abs. 2 S. 2 StPO i. V. m. § 46 Abs. 1 OWiG).

Ein schwerwiegender taktischer Fehler wäre es, sich vor Durchführung und Protokollaufnahme der Vernehmung zur Sache sofort in einer Art unverbindlicher Gesprächsrunde über die Höhe der Geldbuße mit dem oder der Betroffenen und einem Verteidiger oder einer Verteidigerin verständigen zu wollen. Sogenannte „informelle" Verständigungen sind grundsätzlich unzulässig. Dies gilt auch dann, wenn ein solcher Vorschlag von Seiten des oder der Betroffenen und einem Verteidiger oder einer Verteidigerin unterbreitet wird. Die verantwortende Person der Verwaltungsbehörde sollte gegebenenfalls darauf hinweisen, dass die gewünschte Verständigung das rechtliche Gehör zum Tatvorwurf (Art. 103 Abs. 1 GG) einschließlich der wirtschaftlichen Verhältnisse des Betroffenen (§ 160 Abs. 3 StPO i. V. m. § 46 Abs. 1 OWiG) voraussetzt und erst anschließend eine zutreffende Beurteilung der Höhe der Geldbuße als Rechtsfolge möglich ist (Rechtsgedanke des § 257c Abs. 2 S. 1 StPO). Sinnlos ist auch die unverbindliche Aufnahme von Leerformeln wie „der vorgeworfene Sachverhalt werde grundsätzlich eingeräumt" oder „nicht bestritten". Kommt es nicht zu einer einvernehmlichen Verständigung über die Rechtsfolgen der Ordnungswidrigkeit, weil der verantwortenden Person der Verwaltungsbehörde die Anknüpfungstatsachen zu Tatbestand und Rechtsfolgen fehlen, sind auch die sonstigen Vorzüge der mündlichen Vernehmung, insbesondere die Möglichkeiten der Befragung und des Vorhalts der bisherigen aktenkundigen Ermittlungsergebnisse verschenkt.

Für den Ablauf der Vernehmung zur Sache sieht das Gesetz keine besondere Reihenfolge vor. Die vernehmende Person kann sich an die für die Zeugenvernehmung geltende Vorschrift des § 69 Abs. 1, 2 StPO i. V. m. § 46 Abs. 1 OWiG halten und den Betroffenen oder die Betroffene veranlassen, sich zunächst im Zusammenhang zu äußern und anschließend ergänzende Fragen stellen. Die vernehmende Person kann jedoch auch sofort Fragen stellen, wenn sich der oder die Betroffene nicht zusammenhängend zu äußern vermag. Beim Vorwurf mehrerer Ordnungswidrigkeiten (§ 20 OWiG) oder von Dauerordnungswidrigkeiten mit zahlreichen Einzelakten muss jeder einzelne mit dem oder der Betroffenen erörtert werden. Dies ist sinnvoller Weise nur dann möglich, wenn sich oder die Betroffene darauf durch eine detaillierte Eröffnung des Tatvorwurfs bereits in der Ladung vorbereiten konnte.

Der oder die Betroffene unterliegt im Gegensatz zu Zeugen oder Zeuginnen nicht der Wahrheitspflicht. Zulässig ist es aber, dem oder der Betroffenen bei ersichtlich unwahren Äußerungen Vorhalte aus Bußgeldakte zu machen, sie zur Wahrheit zu ermahnen, in Widersprüche zu verwickeln und auf die bußgeldmildernde Wirkung eines Geständnisses hinzuweisen. Dem oder der Betroffenen können auch dienstliche Erkenntnisse der Verwaltungsbehörde – auch aus einem vorangegangenen Verwaltungsverfahren[1)] – und andere Beweismittel wie z. B. eine entgegenstehende Zeugenaussage vorgehalten werden. Für die Verwaltungsbehörde ist im Ergebnis von Bedeutung, ob und gegebenenfalls inwieweit der oder die Betroffene den Tatvorwurf der Ordnungswidrigkeit einzuräumen bereit ist. Nicht übersehen werden darf abschließend, dem oder der Betroffenen rechtliches Gehör zu den wirtschaftlichen Verhältnissen zu geben, die als Zumessungsgrundlage für die Geldbuße von Bedeutung sind (§ 17 Abs. 3 S. 2 OWiG). Trägt der oder die Betroffene kein im Vergleich zum ausgeübten Beruf glaubwürdiges monatliches Nettoeinkommen vor, so ist er oder sie auf eine Schätzung derselben durch die Verwaltungsbehörde hinzuweisen.

Auch der anwesende Verteidiger oder die Verteidigerin hat ein Fragerecht. Wann eine Frage gestellt werden kann, entscheidet die Verwaltungsbehörde durch die vernehmende Person. Grundsätzlich sollte diese im Anschluss an eine möglichst zusammenhängende Äußerung des oder der Betroffenen zuerst die aus ihrer Sicht noch klärungsbedürftigen Fragen stellen. Nach den Fragen des Verteidigers oder der Verteidigerin kann die vernehmende Person ohne Weiteres zusätzliche, weil sich während der Befragung des Verteidigers oder der Verteidigerin ergebende Fragen stellen. Hat die Verwaltungsbehörde im Bußgeldverfahren Sachverständige (§ 72 ff. StPO i. V. m. § 46 Abs. 1 OWiG) zugezogen, so kann diesen während der gesamten Vernehmung zur Vorbereitung ihres Gutachtens eine unmittelbare Fragemöglichkeit an den Betroffenen oder die Betroffene eingeräumt werden (§ 80 Abs. 2 StPO i. V. m. § 46 Abs. 1 OWiG). Hat die Verwaltungsbehörde einen Ehegatten oder Lebenspartner als Beistand zugelassen (§ 149 Abs. 3 StPO i. V. m. § 46 Abs. 1, 2 OWiG), besitzt dieser kein Fragerecht, sondern ist lediglich auf Verlangen des Betroffenen oder die Betroffene zu hören (§ 149 Abs. 1 S. 1 StPO i. V. m. § 46 Abs. 1 OWiG).

6.5.4.5 Vernehmungsprotokoll

Über die Vernehmung soll ein elektronisches Protokoll aufgezeichnet werden (§ 168b Abs. 2 S. 1 StPO i. V. m. § 46 Abs. 1, 2 OWiG). Da keine Verzögerung der Ermittlungen zu besorgen ist, sollte dies regelmäßig am Ende der Anhörung zur Sache erfolgen. Wird ausnahmsweise kein Protokoll gefertigt, ist die Teilnahme eines Verteidigers oder einer Verteidigerin an der Vernehmung aktenkundig zu machen (§ 168b Abs. 2 S. 2 StPO i. V. m. § 46 Abs. 1, 2 OWiG). Bei unmittelbarer Eingabe in eine Datei (Mustervernehmung 6.13) oder mittels eines Spracherkennungsprogramms bedarf es keiner vorläufigen Aufzeichnung. Wichtig ist die Genehmigung des Protokollinhalts durch den Betroffenen oder die Betroffene **vor** einer Verständigung über die Rechtsfolgen, insbesondere die Höhe der Geldbuße. Eine entsprechende Erklärung des Verteidigers oder der Verteidigerin genügt nur dann, wenn sich der oder die Betroffene diese ausdrücklich zu eigen macht. Ansonsten fehlt es an jeder Grundlage für eine solche Verständigung. Ein äußerst schwerwie-

1) Zur Zulässigkeit der Verwertung im Verwaltungsverfahren rechtmäßig erlangten Feststellungen § 161 Abs. 3 S. 1 StPO i. V. m. § 46 Abs. 1 OWiG.

gender Ermittlungsfehler wären „Verständigungsgespräche" bereits zu Beginn des Vernehmungstermins ohne rechtliches Gehör zum Tatvorwurf. Kommt eine Verständigung nämlich zustande, fehlt es an einer Anhörung und damit auch an dem Beweiswert solcher Angaben, die ein Geständnis oder Teilgeständnis enthalten. Kommt keine Verständigung zustande, kann sich der Betroffene ohne das Geständnis zur Sache äußern.

Das Protokoll ist grundsätzlich in deutscher Sprache als Amtssprache abzufassen (§ 184 S. 1 GVG i. V. m. § 46 Abs. 1 OWiG). Dies gilt auch dann, wenn der oder die Betroffene der deutschen Sprache nicht mächtig ist und die Verwaltungsbehörde deswegen einen Dolmetscher oder eine Dolmetscherin zuzieht.[1] Ein Nebenprotokoll in der fremden Sprache wird nicht geführt (§ 185 Abs. 1 S. 2 Halbs. 1 GVG i. V. m. § 46 Abs. 1 OWiG). Es sollen jedoch Aussagen und Erklärungen in fremder Sprache, wenn und soweit die vernehmende Person dies mit Rücksicht auf die Wichtigkeit der Sache für erforderlich erachtet, auch in der fremden Sprache in das Protokoll oder in eine Anlage niedergeschrieben werden (§ 185 Abs. 1 S. 2 Halbs. 2 GVG i. V. m. § 46 Abs. 1 OWiG). In den dazu geeigneten Fällen soll dem Protokoll eine durch zugezogene Dolmetscher oder Dolmetscherinnen zu beglaubigende Übersetzung beigefügt werden (§ 185 Abs. 1 S. 3 GVG i. V. m. § 46 Abs. 1 OWiG).

6.5.4.6 Verständigung mit Betroffenen

Verständigungen zwischen Verwaltungsbehörde und Betroffenen über die Höhe der Geldbuße und Zahlungserleichterungen sind seit Langem üblich und verbreitet. Rechtsgrundlage dafür ist die Erörterung des Verfahrensstandes nach § 160b StPO i. V. m. § 46 Abs. 1 OWiG. Früher häufige nur „informelle" Verständigungen, auch als „Deals" bezeichnet, sind wegen der gesetzlichen Regelung rechtswidrig und verboten.[2] Die Bestimmung des § 257c StPO i. V. m. § 46 Abs. 1 OWiG über die förmliche Verständigung der Verfahrensbeteiligten gilt dagegen nur für das gerichtliche Bußgeldverfahren. Obwohl es sich bei der Verständigung über eine Geldbuße über eine Verständigung zwischen einer Verwaltungsbehörde und dem Betroffenen handelt, werden keine Bedenken bestehen, die wesentlichen, im Strafverfahren entwickelten Grundsätze hierauf zu übertragen. Zudem sollen sich die Ermittlungen der verantwortenden Personen nach § 160 Abs. 3 S. 1 StPO i. V. m. § 46 Abs. 1 OWiG auch auf die Umstände erstrecken, die für die Bestimmung der Rechtsfolgen der Tat von Bedeutung sind. Geht die verantwortende Person nach einer mündlichen Anhörung auch auf die Rechtsfolgen der Tat ein, so bietet es sich durchaus an, dem oder der Betroffenen dabei die Höhe der beabsichtigten Geldbuße bekannt zu geben. Nach der gesetzlichen Regelung in § 257c StPO zur Verständigung für das gerichtliche Straf- und Bußgeldverfahren wäre dabei zu beachten:

- **Keine Verständigung über den Tatvorwurf**

Eine Verständigung mit dem oder der Betroffenen ist grundsätzlich nur über die Rechtsfolgen, nicht etwa darüber zulässig, ob der Tatbestand einer Ordnungswidrig-

1) Zur Zuziehung von Dolmetschern durch die Verwaltungsbehörde § 6 Nr. 6.5.4.2.

2) BVerfG, stattgebender Kammerbeschluss vom 21.4.2016, Az. 2 BvR 1422/15; BGH, Beschl. vom 10.9.2014, Az. 5 StR 351/14; BVerfG, Urt. vom 19.3.2013, Az. 2 BvR 2628/10, 2 BvR 2883/10, 2 BvR 2155/11.

keit verwirklicht ist.[1)] Jede Erklärung des oder der Betroffenen, eine bestimmte Ordnungswidrigkeit begangen, die Aufsichtspflicht im Sinne des § 130 OWiG verletzt oder fahrlässig gehandelt zu haben, ist daher wertlos. Voraussetzung jeder Verständigung sollte daher stets ein im Protokoll festgehaltenes, tatsachenbezogenes Geständnis des oder der Betroffenen sein.[2)] Gegenstand der Verständigung über die Rechtsfolgen der Ordnungswidrigkeit können die Geldbuße (§ 17 OWiG) und Zahlungserleichterungen (§ 18 OWiG) sein. Als Nebenfolgen der Ordnungswidrigkeit kommen die Geldbuße gegen juristische Personen und Personenvereinigungen (§ 30 OWiG) und die Einziehung des Wertes von Taterträgen (§ 29a OWiG) in Betracht. Allerdings ist es möglich, ein Entgegenkommen bei der Höhe oder eine Obergrenze der Geldbuße anzubieten, wenn der oder die Betroffene den Tatvorwurf ganz oder teilweise einräumt. Soweit der bestritten bleibende Sachverhalt nach pflichtgemäßem Ermessen der verantwortenden Person (§ 47 Abs. 1 S. 1 OWiG) im Verhältnis zur verbleibenden Geldbuße nicht wesentlich ist, kann er unverfolgt bleiben (§ 47 Abs. 1 S. 2 OWiG).[3)] Auf jeden Fall muss § 136a StPO i. V. m. § 46 Abs. 1 OWiG (Verbotene Vernehmungsmethoden) beachtet werden, wonach unter anderem die Täuschung des oder der Betroffenen, die Drohung mit im Bußgeldverfahren unzulässigen Maßnahmen und das Versprechen gesetzlich nicht vorgesehener Vorteile verboten sind.

- **Kein „freies Aushandeln" der Geldbuße**

Die Zumessung der Geldbuße bestimmt sich nach den gesetzlichen Richtlinien des § 17 Abs. 3 und 4 OWiG,[4)] bei juristischen Personen und Personenvereinigungen entsprechend nach § 30 Abs. 3 OWiG und die Zumessung des eingezogenen Wertbetrags nach § 29a Abs. 1 OWiG. Zahlungserleichterungen im Sinne des § 18 OWiG[5)] sind praktisch dann besonders wichtig, wenn eine Verständigung zu scheitern droht. Das Bußgeldverfahren kennt keinen Vergleich der Beteiligten.[6)] Ein freies Aushandeln der Geldbuße – etwa im Hinblick auf einen erwarteten Rechtsmittelverzicht beim Erlass eines Bußgeldbescheids – ist daher eindeutig rechtswidrig. Die Höhe der Geldbuße muss sich vielmehr nach den gesetzlichen Zumessungsrichtlinien innerhalb des Bußgeldrahmens, nämlich der Bedeutung der Ordnungswidrigkeit, dem Vorwurf, der den Täter oder die Täterin trifft, den wirtschaftlichen Verhältnissen (§ 17 Abs. 3 OWiG) und gegebenenfalls des aus der Ordnungswidrigkeit gezogenen wirtschaftlichen Vorteils (§ 17 Abs. 4 OWiG) richten. Bei der Einziehung des Wertes von Taterträgen ist das aus der Ordnungswidrigkeit Erlangte nach dem Bruttoprinzip (§ 29a Abs. 1 OWiG) maßgeblich. Gewerbetreibende erklären sich manchmal mit einem von der Verwaltungsbehörde vorgeschlagenen Betrag nur dann einverstanden, wenn er in einem selbstständigen Einziehungs- und nicht in

1) BVerfG, stattgebender Kammerbeschluss vom 21.4.2016, Az. 2 BvR 1422/15; § 257c Abs. 2 S. 1 StPO i. V. m. § 46 Abs. 1 OWiG für das gerichtliche Bußgeldverfahren.
2) § 257c Abs. 2 S. 2 StPO i. V. m. § 46 Abs. 1 OWiG für das gerichtliche Bußgeldverfahren.
3) BVerfG, stattgebender Kammerbeschluss vom 21.4.2016, Az. 2 BvR 1422/15; § 257c Abs. 3 S. 2 StPO i. V. m. § 46 Abs. 1 OWiG für das gerichtliche Bußgeldverfahren.
4) Zu den Zumessungsrichtlinien der Geldbuße (§ 17 Abs. 3 und 4 OWiG) § 13 Nr. 3.6.
5) Zu den Arten von Zahlungserleichterungen für Geldbuße und Einziehung von Taterträgen (§ 18 OWiG) § 13 Nr. 3.6.5.
6) Dieser entstammt dem bürgerlichen Recht (§ 779 BGB) und ist folglich dem Privatrecht vorbehalten, in dem die Vertragspartner über ihre Ansprüche verfügen können.

einem Bußgeldbescheid festgesetzt wird. Hintergrund dieser Erwägung ist, dass eine Eintragung in das Gewerbezentralregister (GZR) nur bei Geldbußen über 200 Euro, nicht aber bei Einziehungsanordnungen unabhängig von deren Höhe erfolgt (§ 149 Abs. 2 S. 1 Nr. 3 GewO). Die Verbindung einer Verständigung über eine höhere Geldbuße als 200,00 Euro und die Zusicherung, die Pflichtmitteilung an das Bundesamt für Justiz zur Eintragung im Gewerbezentralregister zu unterlassen, wäre krass willkürlich und rechtswidrig.[1]

Dem oder der Betroffenen kann aus rechtspolitischen Gründen erheblich entgegengekommen werden, weil eine rasche Ahndung von Ordnungswidrigkeiten den Vollzug der missachteten verwaltungsrechtlichen Bestimmung repressiv unterstützt und damit die Glaubwürdigkeit des Gesetzesvollzuges unterstützt. Ist die von dem oder der Betroffenen vorgeschlagene Höhe jedoch mit den gesetzlichen Bestimmungen nicht vereinbar, darf sie dem Bußgeldbescheid oder einem gleichgestellten Bescheid nicht zugrunde gelegt werden. Keinesfalls darf eine zu geringe Geldbuße aus fiskalischen Gründen hingenommen werden, insbesondere wenn die Höhe anstatt abschreckender Wirkung zur Wiederholung der Ordnungswidrigkeit unter Einkalkulierung einer erneuten Geldbuße einlädt.

- **Erlass und Zustellung des Bußgeldbescheides**

Die mündliche Anhörung erfordert, dass zunächst der Tatvorwurf festgestellt wird. Erst dann kann eine Verständigung hinsichtlich der Rechtsfolgen denkbar sein. Ist mit dem oder der Betroffenen ein Verteidiger oder eine Verteidigerin erschienen, so muss auf Wunsch ausreichend Zeit zur Beratung mit seinem Mandanten oder seiner Mandantin eingeräumt werden. Kommt es zu einer Verständigung, so kann der Erlass eines Bußgeldbescheides oder gleichgestellten Bescheides mit der einvernehmlich abgestimmten Rechtsfolge und die Zustellung an den Verteidiger oder eine Verteidigerin mit nachgewiesener Vollmacht (§ 51 Abs. 3 OWiG) sofort durch die Verwaltungsbehörde an das besondere elektronische Anwaltspostfach (§ 31a BRAO) als sicheren Übermittlungsweg (§ 32a Abs. 4 S. 1 Nr. 1 StPO i. V. m. § 46 Abs. 1 OWiG) erfolgen.

- **Keine Vereinbarung eines Rechtsbehelfsverzichts**

Eine Vereinbarung eines Rechtsbehelfsverzichts vor Erlass eines Bußgeldbescheides ist grundsätzlich wirkungslos. Der oder die Betroffene kann aber auch nicht veranlasst werden, unmittelbar nach Erlass des Bußgeldbescheides auf den Rechtsbehelf des Einspruchs (§ 67 OWiG) zu verzichten.[2] Dies ist für das gerichtliche Straf- und Bußgeldverfahren ausdrücklich ausgeschlossen (§ 302 Abs. 1 S. 2 StPO). Diese Regelung gilt für das Bußgeldverfahren der Verwaltungsbehörde entsprechend (§ 67 Abs. 1 S. 2 OWiG). Der oder die Betroffene kann daher trotz eines abgegebenen Rechtsbehelfsverzichts wirksam Einspruch gegen einen auf der Grundlage einer Verständigung erlassenen Bußgeldbescheid einlegen. Die Unwirksamkeit eines Rechtsmittelverzichts ergibt sich erst recht bei einer verbotenen „informellen" Verständigung zwischen Verwaltungsbehörde und Betroffenen.[3]

---

1) Zur Pflichtmitteilung an das Gewerbezentralregister durch die Verwaltungsbehörde (§ 149 GewO) § 23 Nr. 9.1.
2) Zum Verzicht auf die Einlegung eines Einspruchs (§ 302 StPO i. V. m. § 46 Abs. 1 OWiG) § 18 Nr. 3.
3) OLG Köln, Beschl. vom 7.8.2014, Az. 2 Ws 435/14.

6.6 Behandlung von Beweisanträgen

Der oder die Betroffene hat während des gesamten Bußgeldverfahrens und daher auch im Verlaufe der Anhörung Gelegenheit, die gegen ihn oder sie sprechenden Verdachtsgründe zu beseitigen und zu seinen oder ihren Gunsten sprechende Tatsachen geltend zu machen (§ 136 Abs. 2 StPO i. V. m. § 46 Abs. 1 OWiG). Zu diesem Zweck kann er oder sie entlastende Beweisanträge stellen. Ein Beweisantrag liegt vor, wenn der Antragsteller oder die Antragstellerin ernsthaft verlangt, Beweis über eine bestimmt behauptete konkrete Tatsache, die die Schuld- oder Rechtsfolgenfrage betrifft, durch ein bestimmt bezeichnetes Beweismittel zu erheben und dem Antrag zu entnehmen ist, weshalb das bezeichnete Beweismittel die behauptete Tatsache belegen können soll (§ 244 Abs. 3 S. 1 StPO i. V. m. § 71 Abs. 1 OWiG für das gerichtliche Bußgeldverfahren).

- **Verbindlichkeit von Beweisanträgen**

Ein Beweisantrag liegt vor, wenn eine Tatsachenbehauptung durch ein zulässiges, konkret bezeichnetes Beweismittel nachgewiesen werden soll.

Beispiel:

Der Betroffene bestreitet im Anhörungsdokument, zur Tatzeit unerlaubt Abfall abgelagert zu haben (§ 69 Abs. 1 Nr. 2 KrWG). Er benennt zum Beweis für die Tatsache, sich im Ausland aufgehalten zu haben, eine Person und deren Anschrift.

Tatsachenbehauptung: Abwesenheit vom Tatort; Beweismittel: Zeugenaussage.

Beweisanträge sind im Bußgeldverfahren anders als im Verwaltungsverfahren (§ 24 Abs. 1 S. 2 VwVfG, § 20 Abs. 1 S. 2 SGB X) für die Verwaltungsbehörde verbindlich. Beantragt der oder die Betroffene zu seiner oder ihrer Entlastung die Aufnahme von Beweisen, so sind sie durch die Verwaltungsbehörde zu erheben, wenn sie von Bedeutung sind (§ 163a Abs. 2 StPO i. V. m. § 46 Abs. 1 OWiG). Jede Überwälzung der Beweislast auf den oder die Betroffenen, z. B. das Verlangen, eine schriftliche Erklärung oder eidesstattliche Versicherung eines benannten Entlastungszeugen vorzulegen, wäre ein Verstoß gegen § 160 Abs. 2 StPO i. V. m. § 46 Abs. 1 OWiG. Der oder die Betroffene kann zwar gebeten, nicht aber verpflichtet werden, an seiner oder ihrer Entlastung mitzuwirken.

- **Antragstellung für Beweiserhebungen**

Für Beweisanträge bestehen keinerlei Form- oder Fristbestimmungen, insbesondere keine Ausschlussbestimmungen durch Verspätungsregelungen. Sie können daher bis zur Rechtskraft einer Bußgeldentscheidung zu jedem Zeitpunkt, auch im Zwischenverfahren nach dem Erlass des Bußgeldbescheids (§ 69 Abs. 2 OWiG) oder erst im gerichtlichen Bußgeldverfahren (§ 244 Abs. 3 StPO i. V. m. § 71 Abs. 1 OWiG) gestellt werden. Beweisanträge bei der Verwaltungsbehörde können im zugelassenen Dateiformat PDF/A (§ 2 Abs. 1 Nr. 1 ERVV) auch elektronisch (§ 32a Abs. 2 StPO i. V. m. § 110c S. 1 OWiG), unabhängig davon aber weiterhin schriftlich, mündlich sowie telefonisch zu Protokoll der Verwaltungsbehörde gestellt werden. Ihre Entgegennahme oder Aufzeichnung zu Protokoll darf daher grundsätzlich nicht verweigert werden. Dies stellt zwar gegenüber dem Verwaltungsverfahren (§ 9

VwVfG, § 8 SGB X) eine erschwerte Stellung der Verwaltungsbehörde im Bußgeldverfahren dar, ist aber nach der sinngemäßen Anwendung der Grundsätze des Strafverfahrens (§ 46 Abs. 1 OWiG) hinzunehmen.

- **Entscheidung über den Beweisantrag**

Die verantwortende Person der Verwaltungsbehörde hat nach pflichtgemäßem Ermessen zu entscheiden, ob einem Beweisantrag des oder der Betroffenen entsprochen oder er als nicht entscheidungserheblich abgelehnt werden soll. In beiden Fällen erfolgt jedoch keine förmliche Verbescheidung oder Benachrichtigung des oder der Betroffenen. Wird die beantragte Beweiserhebung durchgeführt, z. B. ein Zeuge oder eine Zeugin angehört, eine Auskunft eingeholt oder ein Tatort besichtigt, so ist ihr Ergebnis aktenkundig zu machen (§ 32b Abs. 2, § 168b StPO i. V. m. § 46 Abs. 1 OWiG). Die Ablehnung der beantragten Beweisaufnahme erfolgt im Vorverfahren in der Abschlussverfügung (§ 61 OWiG) und kann in einer optionalen Begründung des Bußgeldbescheides mitgeteilt werden (§ 66 Abs. 3 OWiG).[1] Die Ablehnung eines Beweisantrags kann der oder die Betroffene nicht isoliert mit dem Antrag auf gerichtliche Entscheidung (§ 62 OWiG), sondern nur mit dem Einspruch (§ 67 OWiG) gegen einen später erlassenen Bußgeldbescheid oder diesem gleichgestellten Bescheid anfechten. Die Ablehnung von erst im Zwischenverfahren gestellten Beweisanträgen kann erst in der Abgabeverfügung über die Staatsanwaltschaft an das Amtsgericht erfolgen (§ 69 Abs. 3 S. 1 OWiG).

Das Protokoll mit den Gründen eines abgelehnten Beweisantrags muss spätestens bei Übersendung der Bußgeldakten an das Amtsgericht über die Staatsanwaltschaft (§ 69 Abs. 3 S. 1 OWiG) erfolgen, andernfalls ist mit der unverzüglichen Zurückverweisung des Bußgeldverfahrens wegen offensichtlich ungenügender Aufklärung des Sachverhalts durch das Amtsgericht (§ 69 Abs. 5 S. 1 OWiG) zu rechnen. Eine Zurückverweisung an die Verwaltungsbehörde kommt namentlich in Betracht, wenn

- nach dem Akteninhalt Beweismittel für die Feststellung der Beschuldigung fehlen oder naheliegende Beweise nicht erhoben sind oder
- Beweisanregungen des oder der Betroffenen, die für die Entscheidung von wesentlicher Bedeutung sind, ohne Angabe von Gründen nicht entsprochen sind.[2]

Die Zustimmung der Staatsanwaltschaft zu einer Zurückverweisung ist sogar geboten, wenn es angezeigt ist, die Verwaltungsbehörde in künftigen Fällen zu einer Beachtung der Nachprüfungs- und gegebenenfalls Nachermittlungspflicht gem. § 69 Abs. 2 OWiG zu veranlassen.[3]

- **Beweisanregungen des Betroffenen**

Beweisanregungen (Beweisermittlungsanträge) sind keine förmlichen Anträge, sondern nur ein Anstoß an die Verwaltungsbehörde, in eine bestimmte Richtung zu ermitteln. Sie können bei Sachdienlichkeit die Verpflichtung der Verwaltungsbehörde auslösen, den Sachverhalt von Amts wegen weiter aufzuklären (§ 160 Abs. 1 StPO i. V. m. § 46 Abs. 1 OWiG).

1) Zur Begründung eines Bußgeldbescheids (§ 66 Abs. 3 OWiG) § 13 Nr. 3.9.
2) Für das strafrechtliche Ermittlungsverfahren der Staatsanwaltschaft Nr. 283 S. 1 RiStBV.
3) Für das strafrechtliche Ermittlungsverfahren der Staatsanwaltschaft Nr. 283 S. 2 RiStBV.

Beispiele:

Der Betroffene regt an, zum Beweis seiner außergewöhnlich schlechten Einkommenslage eine Auskunft der Sozialhilfebehörde einzuholen.

Der Betroffene beantragt, zu seiner Entlastung eine Person als Zeugen zu vernehmen, deren Wohnort die Verwaltungsbehörde feststellen soll.

6.7 Einwand des Tatbestands- oder Verbotsirrtums

Bei der Anhörung des oder der Betroffenen werden gegen den Tatvorwurf häufig zwei Arten von Einwendungen erhoben, nämlich die sich gegenseitig ausschließenden Formen des Tatbestandsirrtums (§ 11 Abs. 1 OWiG) und des Verbotsirrtums (§ 11 Abs. 2 OWiG). Entscheidend ist, worauf sich der behauptete Irrtum bezog.[1]

- **Tatbestandsirrtum**

Der oder die Betroffene behauptet, ein Tatbestandsmerkmal nicht gekannt oder erkannt zu haben, das zum gesetzlichen Tatbestand einer Bußgeldvorschrift gehört.

Beispiel:

Dem Betroffenen wird vorgeworfen, in seinem Geschäft an eine jugendliche Person ein alkoholisches Getränk verkauft zu haben (§ 9 Abs. 1 Nr. 1 JuSchG). Er räumt zwar ein, das Verbot zu kennen und ein solches Getränk veräußert zu haben, behauptet aber, das Alter des erwachsen wirkenden Käufers falsch eingeschätzt zu haben (§ 1 Abs. 3 JGG i. V. m. § 46 Abs. 1 OWiG). Er wendet damit ein, das zum gesetzlichen Tatbestand des § 28 Abs. 1 Nr. 8 JuSchG gehörende Tatbestandsmerkmal „jugendliche Person“ nicht erkannt zu haben.

- **Verbotsirrtum**

Der oder die Betroffene behauptet, nicht gewusst zu haben, etwas Unerlaubtes zu tun.

Beispiel:

Dem Betroffenen wird vorgeworfen, den Betrieb einer Zweigniederlassung seines Gewerbes nicht angemeldet zu haben (§ 14 Abs. 1 S. 1 i. V. m. § 146 Abs. 2 Nr. 1 GewO). Er wendet im Anhörungsdokument ein, dies sei zwar richtig, die Geltung des § 14 GewO für Zweigniederlassungen sei ihm aber unbekannt gewesen. Die Gemeinde habe ihn auch nicht darauf hingewiesen.

Dem Betroffenen wird vorgeworfen, eine Auflage als Nebenbestimmung zu einer Sondernutzungserlaubnis für eine Außengastronomie, dort keine Heizstrahler zu aufzustellen, missachtet zu haben (§ 36 Abs. 4 Nr. 4 VwVfG). Er wendet im Anhörungsdokument ein, elektrische Heizgeräte nicht als Heizstrahler verstanden zu haben.

1) ObOWi, Beschl. vom 9.8.2022, Az. 201 ObOWi 903/22.

Die Klärung der Frage, ob solche Einwendungen als Tatbestandsirrtum oder Verbotsirrtum zu bewerten sind, ist wegen damit verbundenen Auswirkungen zum subjektiven Tatbestand der Ordnungswidrigkeit äußerst wichtig!

- Folgen des Tatbestandsirrtums (§ 11 Abs. 1 OWiG)

  Kann ein angeblicher Tatbestandsirrtum nicht als Schutzbehauptung widerlegt werden, führt dies zum Ausschluss des Vorsatzes und zur Ahndung wegen Fahrlässigkeit nur, soweit diese Begehungsform in der Bußgeldverfahren ausdrücklich mit Geldbuße bedroht ist (§ 10 OWiG).[1]
- Folgen des Verbotsirrtums (§ 11 Abs. 2 OWiG)

  Die Ahndung wegen Vorsatzes bleibt bei Vermeidbarkeit des Irrtums unberührt.[2] Dagegen gibt es keine Ahndung bei Unvermeidbarkeit des Irrtums, eine Ahndung wegen Fahrlässigkeit ist systematisch ausgeschlossen.

Diese unterschiedlichen Ergebnisse haben Auswirkungen, weil

- manche Ordnungswidrigkeiten nur vorsätzlich, nicht aber fahrlässig begangen werden können (§ 10 OWiG), z. B. § 117 OWiG (Unzulässiger Lärm),
- der Höchstbetrag der Geldbuße bei Fahrlässigkeit i. d. R. nur die Hälfte desjenigen für Vorsatz ist (§ 17 Abs. 2 OWiG),[3]
- die Verjährungsfristen für vorsätzliches und fahrlässiges Handeln unterschiedlich sein können (§ 31 Abs. 2 OWiG),[4]
- manche Tathandlungen bei Vorsatz Straftaten, bei Fahrlässigkeit Ordnungswidrigkeiten sind (z. B. § 60 Abs. 1 LFGB).[5]

---

1) Zur Fahrlässigkeit der Tatbestandsverwirklichung der Ordnungswidrigkeit § 2 Nr. 3.2.2. Zur Auffangfunktion der Fahrlässigkeit § 2 Nr. 3.2.4
2) Zum Vorsatz der Tatbestandsverwirklichung der Ordnungswidrigkeit § 2 Nr. 3.2.1
3) Zum Höchstbetrag der Geldbuße bei fahrlässigem Handeln (§ 17 Abs. 2 OWiG) § 13 Nr. 3.6.3.2.
4) Zur Verfolgungsverjährung (§ 31 OWiG) als Verfolgungshindernis § Nr. 4.2.2.
5) Zum Verfahren bei Anhaltspunkten für eine Straftat (§ 41 Abs. 1 OWiG) § 3.

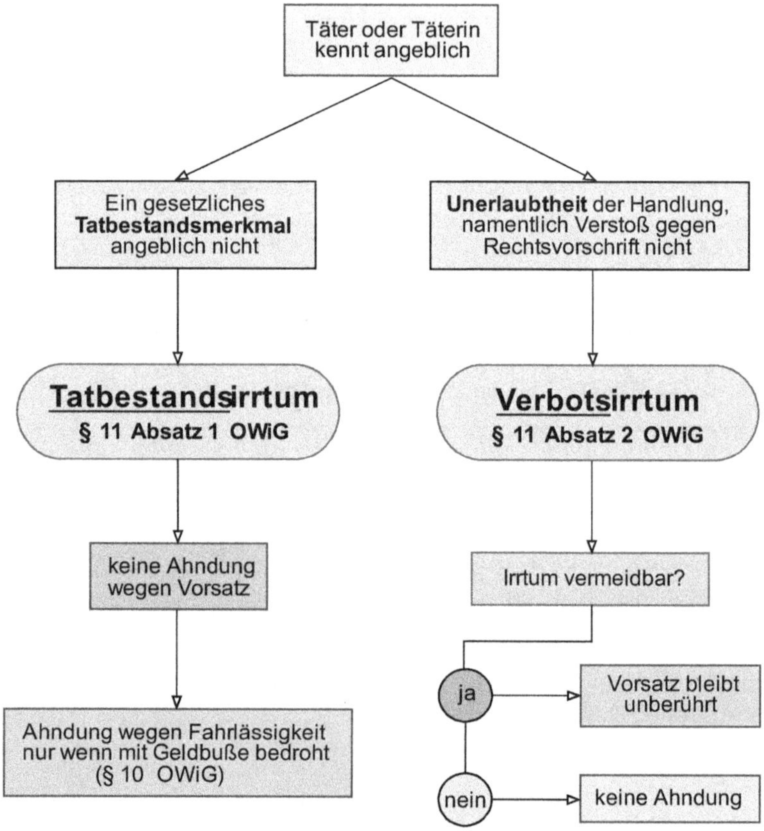

Abb. 9: Irrtum des Täters oder der Täterin (§ 11 OWiG)

Der Irrtum über die Genehmigungspflicht eines Verhaltens kann nach der überwiegenden Rechtsprechung Tatbestands- oder Verbotsirrtum sein. Dies soll vom Tatbestands- oder Rechtfertigungscharakter der Genehmigung abhängen.[1] Die Abgrenzung zwischen Tatbestands- und Verbotsirrtum kann daher bei einer fehlenden Erlaubnis schwierig sein. Nach der Rechtsprechung ist maßgebend dafür, ob bei einem Irrtum über das Erfordernis der Erlaubnis ein Tatbestands- oder ein Verbotsirrtum im Sinne des § 11 OWiG vorliegt,

- inwieweit hierin ein sozialadäquates Verhalten, welches seinen Unwertgehalt erst aus der fehlenden Erlaubnis herleitet (präventives Verbot mit Genehmigungsvorbehalt), dann Tatbestandsirrtum, § 11 Abs. 1 OWiG), oder
- ein Verhalten zu sehen ist, welches aufgrund seiner Gefährlichkeit grundsätzlich verboten ist, von dem aber Ausnahmen zugelassen werden können (repressives Verbot mit Befreiungsvorbehalt), dann Verbotsirrtum, § 11 Abs. 2 OWiG.[2]

1) OLG Düsseldorf, Beschl. vom 25.4.2014, Az. 2 RBs 2/14; OLG Celle, Beschl. vom 25.5.2004, Az. 222 Ss 71/04 (OWi).

2) OLG Stuttgart, Beschl. vom 20.5.2009, Az. 4 Ss 1057/09; OLG Düsseldorf, Beschl. vom 6.8.1999, Az. 2b Ss (OWi) 69/99 – (OWi) 41/99 I; BVerwG, Urt. vom 4.7.2019, Az. 2 WD 20/18.

Eine Mindermeinung der Rechtsprechung ist dagegen der Auffassung, dass bei einem Irrtum über ein Genehmigungserfordernis grundsätzlich ein Verbotsirrtum (§ 11 Abs. 2 OWiG) gegeben ist.[1)]

6.7.1 Tatbestandsirrtum

Die tatsächliche Unkenntnis eines Tatbestandsmerkmals schließt den Vorsatz des Betroffenen aus (§ 11 Abs. 1 S. 1 OWiG) und führt zur Prüfung der Fahrlässigkeit (§ 11 Abs. 1 S. 2 OWiG).[2)] Diese liegt vor, wenn es der oder die rechtsunkundige Betroffene unterlässt, über ein unbestimmtes Tatbestandsmerkmal den erforderlichen Rechtsrat bei der zuständigen Fachbehörde einzuholen.[3)]

6.7.1.1 Überprüfung des Irrtumseinwands

Die verantwortende Person der Verwaltungsbehörde sollte nicht unkritisch der bloßen Behauptung des oder der Betroffenen folgen, einen tatsächlichen Umstand nicht gekannt zu haben, sondern zunächst deren Glaubwürdigkeit überprüfen. Dazu muss von der objektiven auf die subjektive Kenntnis des oder der Betroffenen geschlossen werden.

Beispiel:

Dem Betroffenen wird vorgeworfen, vorsätzlich einer Auflage der Spielhallenerlaubnis nicht nachgekommen zu sein (§ 33i Abs. 1 S. 2 i. V. m. § 144 Abs. 2 Nr. 3 GewO). Er behauptet, die Auflage im Erlaubnisbescheid aus Flüchtigkeit übersehen und daher nicht gekannt zu haben.

Die verantwortende Person der Verwaltungsbehörde schließt jedoch aus einem früheren Dokument der Behörde an den Betroffenen, in dem dieser bereits zur Einhaltung der Auflage ermahnt wurde, auf die Kenntnis des Betroffenen. Der Tatvorwurf der vorsätzlichen Zuwiderhandlung bleibt daher aufrechterhalten. Die Behauptung des Betroffenen, er habe nur fahrlässig gehandelt, ist als „Schutzbehauptung" widerlegt.

Bei auslegungsbedürftigen Tatbestandsmerkmalen wie „Spielhalle, Gaststätte, Wanderlager, öffentlich oder vertreiben, oder bewertenden Tatbestandsmerkmalen wie „angemessen, erforderlich oder geeignet" ist keine rechtliche Bewertung durch Betroffene notwendig. Es genügt bereits die richtige laienhafte Bewertung aufgrund seiner Erkenntnismöglichkeiten, die sogenannte „Parallelwertung in der Laiensphäre".[4)]

---

1) OLG Hamm, Beschl. vom 11.3.2008, Az. 3 Ss OWi 687/07.

2) Brandenburgisches OLG (Brandenburg), Beschl. vom 17.11.2022, Az. 2 OLG Ss OWi 388/22; BayObLG, Beschl. vom 9.8.2022, Az. 201 ObOWi 903/22; OLG Bamberg, Beschl. vom 27.1.2017, Az. 3 Ss OWi 50/17; OLG Hamm, Beschl. vom 22.3.2012, Az. 3 RBs 81/12.

3) BayObLG, Beschl. vom 9.8.2022, Az. 201 ObOWi 903/22, zum Irrtum über die Bedeutung des Tatbestandsmerkmals „Außengastronomie" in einer landesrechtlichen Infektionsschutzverordnung.

4) BayObLG, Beschl. vom 9.8.2022, Az. 201 ObOWi 903/22, für eine landesrechtliche Infektionsschutzverordnung; BGH, Beschl. vom 24.9.2019, Az. 1 StR 346/18, für eine Straftat nach § 266a StGB.

Beispiel:

Der Betroffenen muss nicht den Begriff des Wanderlagers nach § 56a Abs. 2 GewO kennen. Es genügt, dass dessen Gepräge z. B. bei einer Verkaufsveranstaltung während einer „Kaffeefahrt" in seiner laienhaften Vorstellung als vorhanden annimmt, also „parallel wertet".

Unerheblich ist, ob der oder die Betroffene das von ihm oder ihr richtig erfasste Fehlverhalten auch juristisch einwandfrei unter eine gesetzliche Vorschrift einordnet, „subsumiert". Ein solcher „Subsumtionsirrtum" lässt den Vorsatz grundsätzlich unberührt.

Beispiel:

Völlig ohne Bedeutung ist, ob der oder die Betroffene der Auffassung ist, seine Handlung sei nicht grob ungehörig im Sinne des § 118 Abs. 1 OWiG. Entscheidend ist allein die „ laienhafte Parallelwertung".

6.7.1.2 Überprüfung der Fahrlässigkeit von Betroffenen

Kann dem oder der Betroffenen nicht die Kenntnis aller Tatbestandsmerkmale nachgewiesen werden, ist keine Ahndung wegen einer vorsätzlichen Ordnungswidrigkeit möglich (§ 11 Abs. 1 S. 1 OWiG). Die Ahndung wegen Fahrlässigkeit bleibt zwar unberührt (§ 11 Abs. 1 S. 2 OWiG), ist aber nicht automatische Folge des Tatbestandsirrtums. Es ist daher zu prüfen:

– *Ist fahrlässiges Handeln überhaupt ausdrücklich mit Geldbuße bedroht (§ 10 OWiG)?*

  Über § 11 Abs. 1 OWiG werden keine neuen Tatbestände für fahrlässiges Handeln geschaffen. Enthält die Bußgeldvorschrift daher **nicht** die Formulierung „Ordnungswidrig handelt, wer vorsätzlich oder fahrlässig..." oder „Mit Geldbuße kann belegt werden, wer vorsätzlich oder fahrlässig...", ist fahrlässiges Handeln nicht mit Geldbuße bedroht (§ 10 OWiG). Damit ist eine Ahndung schon wegen fehlender Tatbestandsmäßigkeit ausgeschlossen.

Beispiel:

Ordnungswidrig handelt nach § 117 Abs. 1 OWiG, wer ohne berechtigten Anlass... Lärm erregt, der geeignet ist, die... Nachbarschaft erheblich zu belästigen.... Der Betroffene geht davon aus, dass das geschlossene Schallschutzfenster zur Geräuschdämmung völlig ausreicht. Das Fenster bleibt jedoch versehentlich geöffnet. Kann dem Betroffenen die Wahrnehmung der Eignung des Lärms zur erheblichen Belästigung der Nachbarschaft nicht nachgewiesen werden, ist keinerlei Ahndung möglich.

- Vorsätzliches Handeln scheidet aus, weil der Betroffene die Tatbestandsmerkmale „geeignet“ und „erheblich zu belästigen“ nicht kennt (§ 11 Abs. 1 S. 1 OWiG),
- Fahrlässiges Handeln ist nicht ausdrücklich mit Geldbuße bedroht (§ 10 OWiG). Daher darf eine Überprüfung der Ahndung fahrlässigen Handels (§ 11 Abs. 1 S. 2 OWiG) nicht erfolgen.

- *Ist Fahrlässigkeit nachweisbar?*

  Der oder die Betroffene handelt fahrlässig, wenn er oder sie die Sorgfalt, zu der er oder sie nach den Umständen und den persönlichen Fähigkeiten verpflichtet und im Stande ist, außer Acht lässt und deshalb die rechtswidrige Tatbestandsverwirklichung
  - nicht erkennt (unbewusste Fahrlässigkeit),
  - erkennt, aber pflichtwidrig auf ihr Ausbleiben vertraut (bewusste Fahrlässigkeit).

Beispiel:

Ordnungswidrig handelt nach § 121 Abs. 1 Nr. 1 OWiG, wer vorsätzlich oder fahrlässig... ein bösartiges Tier sich frei umherbewegen lässt. Kann dem oder der Betroffenen nicht nachgewiesen werden, das Tatbestandsmerkmal „bösartig“ auch bei Beachtung der von ihm als Tierhalter zu erwartenden Sorgfalt erkannt haben zu können, ist eine Ahndung wegen einer – hier mit Geldbuße bedrohten – fahrlässigen Ordnungswidrigkeit nicht möglich.

In der Verfahrenspraxis wichtige Fälle von Tatbestandsirrtum sind Bußgeldvorschriften, die das Tatbestandsmerkmal „ohne die erforderliche Erlaubnis, Genehmigung, Gestattung“ enthalten.[1)]

6.7.2 Verbotsirrtum

Kennt der oder die Betroffene zwar (laienhaft) alle Tatbestandsmerkmale, fehlt ihm oder ihr aber die Einsicht, etwas Unerlaubtes zu tun, so ist zu prüfen, ob ein Verbotsirrtum (§ 11 Abs. 2 OWiG) vorliegt.

Beispiel:

Der „zugereiste“ Betroffene kennt ein örtliches Badeverbot in einer Gemeindeverordnung nicht. Er badet daher bewusst und gewollt, also „vorsätzlich“. Ihm fehlt aber das Bewusstsein, Unrecht zu tun, weil ihm die Verbotsvorschrift unbekannt ist.

1) OLG Bamberg, Beschl. vom 1.12.2015, Az. 3 Ss OWi 834/15; OLG Düsseldorf, Beschl. vom 30.1.1995, Az. 5 Ss (OWi) 323/94 – (OWi) 8/95 I.

Wie das Beispiel zeigt, ist hier kein Raum für die Prüfung einer fahrlässigen Handlung des Betroffenen.[1] Die allein zu entscheidende Frage ist, ob der oder die Betroffene alles Zumutbare getan hat, um die angeblich bestehende Unkenntnis zu vermeiden (§ 11 Abs. 2 OWiG). Ein Verbotsirrtum ist nur dann unvermeidbar, wenn der Täter oder die Täterin trotz der nach den Umständen des Einzelfalles, der Persönlichkeit sowie Lebens- und Berufskreis zuzumutenden Anspannung des Gewissens keine Einsicht in die Unrechtmäßigkeit des Handelns gewinnen konnte. Die Unvermeidbarkeit setzt daher den Einsatz aller geistigen Erkenntniskräfte und Beseitigung durch eigenes Nachdenken und gegebenenfalls Einholen von Rechtsrat bei Auftauchen von Zweifeln.[2] Folglich ist ein Verbotsirrtum vermeidbar, wenn der Täter oder die Täterin bei gehöriger Anspannung des Gewissens die Unrechtmäßigkeit des Handelns oder Unterlassens hätte erkennen können.[3] Konnte der oder die Betroffene seinen Verbotsirrtum

- vermeiden, so bleibt es beim Vorsatz der Tatbestandsverwirklichung;[4]
- nicht vermeiden, so ist eine Ordnungswidrigkeit nicht vorwerfbar und demzufolge auch keinerlei Ahndung möglich.

Beispiel:

Konnte der „zugereiste" Betroffene zumutbarer Weise von der Existenz eines örtlichen Badeverbotes wissen, ist eine Ahndung wegen vorsätzlicher Zuwiderhandlung gegen das Badeverbot möglich.

Wäre es dagegen unzumutbar, sich nach einem solchen Verbot zu erkundigen, dürfte keine Ahndung erfolgen.

Fehlbeispiele:

Eine leider häufig zu beobachtende Fehlleistung ist die Annahme fahrlässiger Tatbegehung, weil der Betroffene „versehentlich" eine Vorschrift nicht beachtet hat.

Eine Verwechslung mit dem Tatbestandsirrtum (§ 11 Abs. 1 OWiG) stellt die Wertung dar, der Betroffene habe das „Tatbestandsmerkmal" des tatsächlich auf einer Verordnung beruhenden Verbots nicht gekannt und deswegen fahrlässig gehandelt.

Eine gesetzeswidrige Ahndung wegen Fahrlässigkeit führt zu einer unzulässigen Besserstellung der Betroffenen, da sich bei fahrlässig der Höchstbetrag der Geldbuße i. d. R. halbiert (§ 17 Abs. 2 OWiG). Wertet der oder die Betroffene gesetzliche Begriffe falsch, so kommt ein Verbotsirrtum in Betracht, der den Vorsatz nur entfallen lässt, wenn er unvermeidbar ist.[5]

1) OLG Bamberg, Beschl. vom 27.1.2017, Az. 3 Ss OWi 50/17; OLG Karlsruhe, Beschl. vom 28.10.2016, Az. 2 (7) SsBs 583/16.
2) OLG Hamm, Beschl. vom 21.6.2022, Az. 4 RBs 88/22.
3) BayObLG, Beschl. vom 9.8.2022, Az. 201 ObOWi 903/22, unter Bezugnahme auf OLG Karlsruhe, Beschl. vom 11.6.2021, Az. 2 Rb 35 Ss 94/21.
4) Brandenburgisches OLG (Brandenburg), Beschl. vom 17.11.2022, Az. 2 OLG Ss OWi 388/22; OLG Düsseldorf, Beschl. vom 7.11.2014, Az. IV-2 RBs 115/14.
5) AG Saarbrücken, Urt. vom 3.3.2010, Az. 43 OWi 33 Js 797/09 (324/09); OLG Karlsruhe, Beschl. vom 7.5.2004, Az. 1 Ss 7/03.

Ein vermeidbarer Verbotsirrtum gibt aber bezüglich der Ahndung immer besondere Veranlassung zur Prüfung, ob die

- Ahndung geboten ist (§ 47 Abs. 1 OWiG). Erweist sich der oder die Betroffene als einsichtig und ist gewillt, die missachtete Vorschrift künftig zu befolgen, so kann von der Ahndung der Ordnungswidrigkeit abgesehen werden oder nur eine Verwarnung (§ 56 Abs. 1 OWiG) genügen.
- Geldbuße nicht wegen des geringeren Vorwurfs, der den Täter oder die Täterin trifft (§ 17 Abs. 3 S. 1 OWiG) gegenüber einer Person, die sich bewusst über ein Verbot hinwegsetzt, abzumildern ist.[1]

Beispiele:

Kommt der „zugereiste" Betroffene sofort aus dem Wasser und verspricht, während seines Aufenthalts in der Gemeinde das Verbot künftig zu beachten, genügt z. B. eine Verwarnung ohne Verwarnungsgeld (§ 56 Abs. 1 S. 2 OWiG).

Hat sich der Käufer eines Gewerbebetriebs auf die Auskunft des Verkäufers verlassen, statt sich bei der zuständigen Verwaltungsbehörde zu erkundigen, kann dies zu einer Abmilderung der Geldbuße führen.

- **Überprüfung des Irrtumseinwands**

Die verantwortende Person sollte die Behauptung fehlenden Unrechtsbewusstseins, insbesondere Unkenntnis einer gesetzlichen Vorschrift, nicht ungeprüft hinnehmen. Lässt auch der vermeidbare Verbotsirrtum die Ahndung des Vorsatzes unberührt, führt seine Annahme zu einer Milderung der Geldbuße, da der Vorwurf, der den Täter oder die Täterin trifft (§ 17 Abs. 3 S. 2 OWiG), geringer bewertet wird. Nicht selten ergibt sich aus den Akten eines Verwaltungsverfahrens, dass der Betroffene ganz genau über ein Verbot im Bilde war oder sogar von der Behörde auf die Ordnungswidrigkeit seines Verhaltens hingewiesen wurde.

- **Vermeidbarkeit des Verbotsirrtums**

Der Verbotsirrtum ist vorwerfbar, wenn der oder die Betroffene bei Anwendbarkeit der Sorgfalt, die nach Sachlage objektiv zu fordern war und die er oder sie nach seinen persönlichen Verhältnissen erbringen konnte, in der Lage gewesen wäre, das Unerlaubte des Handelns zu erkennen. Von Betroffenen wird dabei verlangt, dass sie im Rahmen der Zumutbarkeit alle intellektuellen Erkenntnismittel zur Orientierung über einschlägige Ge- und Verbote ausschöpfen.[2]

- **Erkundigungspflicht von Betroffenen**

Von einem oder einer sorgfältigen Betroffenen kann erwartet werden, dass er oder sie sich bei Veranlassung über zu beachtende gesetzliche Vorschriften erkundigt. Die Unvermeidbarkeit eines Verbotsirrtums setzt voraus, dass er oder sie alle geistigen Erkenntniskräfte eingesetzt und etwa aufkommende Zweifel durch Nachdenken

1) BayObLG, Beschl. vom 9.10.2019, Az. 201 ObOWi 963/19.
2) OLG Koblenz, Beschl. vom 15.3.1984, Az. 1 Ss 49/84.

oder erforderlichenfalls durch Einholung verlässlichen und sachkundigen Rechtsrats beseitigt hat.[1)]

Beispiele:

Auch ein Ortsfremder muss damit rechnen, dass ein örtliches Badeverbot aufgrund gemeindlicher Verordnung besteht. Es besteht daher Veranlassung, sich vor dem Baden bei einer geeigneten Stelle zu erkundigen. Der Betroffene kann sich nicht etwa damit zufriedengeben, es seien keine Schilder aufgestellt gewesen.

Die Berufung auf einen fremden Rechts- und Kulturkreis, in dem ein entsprechendes Ge- und Verbot angeblich nicht existiere, ist nicht erfolgreich, weil gerade dann Veranlassung besteht, sich nach einschlägigen Regelungen vor einem Handeln oder Unterlassen zu erkundigen.

Der Umfang der Erkundigungspflicht steigt mit dem Grad der Wahrscheinlichkeit des Bestehens gesetzlicher Regelungen. Die Tatsache, dass Vorschriften vorhanden sind, wird sich im beruflichen und vor allem im gewerblichen Bereich vielfach sogar aufdrängen. Zu den Anforderungen an die Erkundigungspflicht des Betroffenen:

- **Vorausgehende Erkundigung**

  Der oder die Betroffene muss sich über die Existenz einschlägiger Rechtsvorschriften bereits vor Beginn der vorgeworfenen Tathandlung in Kenntnis setzen.

  Beispiele:

  Es ist Sache des Gewerbetreibenden, sich vor Beginn des Gewerbes über einschlägige Vorschriften zu erkundigen. Die Existenz gewerberechtlicher Regelungen drängt sich dabei auf. Kennt er das Erfordernis der Gewerbeanzeige nach § 14 Abs. 1 OWiG nicht, ist der Verbotsirrtum sicherlich vermeidbar. Das Argument des Betroffenen, er sei von der Verwaltung nicht auf das Erfordernis hingewiesen worden, ist daher unbeachtlich.[2)]

  Holt der Betroffene vor der ungenehmigten Baumfällung keine zuverlässigen Auskünfte ein, ist ein solcher Verbotsirrtum regelmäßig vermeidbar. Die Hinzuziehung eines Forstunternehmers genügte für die rechtliche Beurteilung nicht.[3)]

  Diese Anforderungen gelten auch für ausländische Staatsangehörige, die sich nicht mit Erfolg darauf berufen können, die missachtete Bestimmung sei ihnen aus ihrem Heimatland oder Rechts- und Kulturkreis unbekannt.[4)]

- **Änderung von Vorschriften**

  Vor allem im gewerblichen Bereich muss der oder die Betroffene mit der Änderung und dem Erlass neuer Vorschriften rechnen. Daher genügt die einmalige

1) BGH, Urt. vom 21.12.2016, Az. 1 StR 253/16.
2) OLG Hamm, Beschl. vom 22.3.2012, Az. 3 RBs 81/12.
3) OLG Düsseldorf, Beschl. vom 25.4.2014, Az. 2 RBs 2/14.
4) BayObLG, Beschl. vom 25.4.1995, Az. 3 ObOWi 11/95.

Information zu Beginn des Gewerbes nicht. Der oder die Betroffene muss sich vielmehr während seiner oder ihrer Tätigkeit ständig auf dem Laufenden halten. Bei Ausübung einer gefahrenträchtigen Tätigkeit gehört es zu den Berufspflichten des oder der Berufsausübenden, sich über die einschlägigen Vorschriften zu unterrichten und auf dem Laufenden zu halten.[1)]

Beispiel:

Ein Lebensmitteleinzelhändler muss neu eingeführte Regelungen zur Kennzeichnung gentechnisch veränderter Lebensmittel kennen.

Die Verfahrenspraxis entscheidet nach pflichtgemäßem Ermessen, ab welchem Zeitpunkt die Unkenntnis neuer Bestimmungen nach einer Übergangsfrist nicht mehr hinzunehmen und daher eine Ahndung der Ordnungswidrigkeit mit Geldbuße geboten ist (§ 47 Abs. 1 S. 1 OWiG).

– **Rechtsunkundigkeit von Betroffenen**

Der oder die Betroffene, die zur Beurteilung der Rechtslage oder zum Verständnis gesetzlicher Vorschriften nicht in der Lage ist, muss sich bei einer kompetenten Stelle kundig machen. Bei Anlass zu Zweifeln über die Zulässigkeit einer beabsichtigten Handlung hat er oder sie bei einer kompetenten Stelle Rechtsrat einzuholen. Diese Verpflichtung besteht vor allem für Gewerbetreibende vor Beginn einer wirtschaftlichen Betätigung.[2)]

Beispiele:

Kann der Betroffene nicht klären, ob ein Bauvorhaben anzeige- oder genehmigungspflichtig ist oder nicht, muss er vor Beginn der Bauausführung Rechtsrat einholen.

Es gehört zu den Pflichten der Eigentümer von Wohnraum oder sonstiger Berechtigter, sich über die maßgeblichen wohnungsrechtlichen Vorschriften zu unterrichten.[3)]

Solche kompetenten Stellen sind die zuständige Behörde, ein in ausreichender Weise befragter Rechtsanwalt oder eine Rechtsanwältin oder ein Fachverband. Als nicht genügend kompetent ist die Auskunft einer ersichtlich unzuständigen Behörde, eines Arbeitskollegen, einer Arbeitskollegin, Konkurrenten, Konkurrentinnen oder Verkäufers bzw. einer Verkäuferin anzusehen. Gewerbetreibende berufen sich immer wieder darauf, sie seien von dem ständig beauftragten Steuerberater oder der Steuerberaterin nicht auf die Einhaltung einer gewerberechtlichen Pflicht hingewiesen worden. Da es sich insoweit von der Beauftragung nicht umfasste nichtsteuerliche Pflichten handelt, darf sich der oder die Gewerbetreibende darauf auch nicht verlassen.[4)]

---

1) OLG Stuttgart, Beschl. vom 29.3.2012, Az. 1 Ss 142/12.
2) OLG Koblenz, Beschl. vom 27.1.2010, Az. 2 SsBs 120/09.
3) BayObLG, Beschl. vom 9.10.2019, Az. 201 ObOWi 963/19.
4) Thüringer OLG (Jena), Beschl. vom 1.11.2005, Az. 1 Ss 222/05.

- **Verlässlichkeit von Auskünften**

  Auf die Auskunft einer nicht kompetenten Stelle darf sich der oder die Betroffene nicht verlassen. Er oder sie hat nicht das Zumutbare getan, um einen Verbotsirrtum zu vermeiden. Hat sich der oder die Betroffene allerdings auf die unzutreffende Auskunft einer zuständigen Behörde, eines Rechtsanwalts oder einer Rechtsanwältin nach Sachprüfung oder eines Fachverbands verlassen, so ist der Verbotsirrtum unvermeidbar. Ein Betroffener oder eine Betroffene darf sich grundsätzlich auf die Auskunft eines Fachverbandes verlassen, wenn dieser sie im Rahmen seines Zuständigkeitsbereiches abgibt und dort fachkundiges, sachverständiges Personal vorhanden ist.[1] Eine Auskunft ist jedoch nur dann verlässlich, wenn sie objektiv, sorgfältig, verantwortungsbewusst und insbesondere nach pflichtgemäßer Prüfung der Sach- und Rechtslage erteilt worden ist. Bei der Auskunftsperson ist dies der Fall, wenn sie die Gewähr für eine diesen Anforderungen entsprechende Auskunftserteilung bietet. Hinzu kommt, dass der Täter oder die Täterin nicht vorschnell auf die Richtigkeit eines ihm günstigen Standpunkts vertrauen und seine Augen nicht vor gegenteiligen Ansichten und Entscheidungen verschließen darf. Maßgebend sind die jeweils konkreten Umstände, insbesondere seine Verhältnisse und Persönlichkeit; daher sind z. B. sein Bildungsstand, seine Erfahrung und seine berufliche Stellung zu berücksichtigen.[2]

- **Auskünfte von Rechtsanwälten und Rechtsanwältinnen**

  Das Vertrauen auf eingeholten rechtsanwaltlichen Rat vermag nicht in jedem Fall einen unvermeidbaren Verbotsirrtum des oder der Betroffenen zu begründen. Wenden sich diese an einen auf dem betreffenden Rechtsgebiet versierten Berufsträger oder eine Berufsträgerin, so haben sie damit zwar vielfach das zunächst Gebotene getan. Jedoch ist weiter erforderlich, dass sie auf die Richtigkeit der Auskunft nach den für sie erkennbaren Umständen vertrauen darf. Dies ist nicht der Fall, wenn die Unerlaubtheit des Tuns für sie bei auch nur mäßiger Anspannung von Verstand und Gewissen leicht erkennbar ist. Daher sich darf der oder die Betroffene auf die Auffassung eines Rechtsanwalts oder einer Rechtsanwältin etwa nicht allein deswegen verlassen, weil sie einem Vorhaben günstig ist. Eher zur Absicherung als zur Klärung bestellte „Gefälligkeitsgutachten“ scheiden als Grundlage eines unvermeidbaren Verbotsirrtums aus. Auskünfte, die erkennbar vordergründig und mangelhaft sind oder nach dem Willen des Anfragenden lediglich eine „Feigenblattfunktion“ erfüllen sollen, können den Täter oder die Täterin ebenfalls nicht entlasten. Insbesondere bei komplexen Sachverhalten und erkennbar schwierigen Rechtsfragen ist regelmäßig ein detailliertes, schriftliches Gutachten erforderlich, um einen unvermeidbaren Verbotsirrtum zu begründen.[2]

- **Verlassen auf Rechtsprechung**

  Einschlägige obergerichtliche Rechtsprechung schafft einen Vertrauenstatbestand, auf den sich der oder die Betroffene verlassen darf. Ein vermeidbarer Ver-

1) OLG Stuttgart, Beschl. vom 29.3.2012, Az. 1 Ss 142/12.
2) BGH, Urt. vom 21.12.2016, Az. 1 StR 253/16.

botsirrtum liegt allerdings vor, wenn bereits ein Laie erkennen kann, dass eine gerichtliche Entscheidung einen anderen Sachverhalt regelt und keinen konkreten Bezug aufweist.[1)]

Beispiel:

Der Betroffene will sich angeblich auf eine Entscheidung des Verwaltungsgerichts Berlin zu einem Nutzungskonzept in der hessischen Stadt Frankfurt (Main) verlassen haben, obwohl das dortige OLG eine andere Rechtsauffassung vertritt.[2)] Bereits für einen Laien ist ersichtlich, dass sich das Gericht in einem anderen deutschen Land nicht verbindlich zum auslegungsbedürftigen Rechtsbegriff „Nutzungsbelegung" in der kommunalen Satzung eines anderen Landes äußern kann.[3)]

– **Maßgeblichkeit einer Behördenauskunft**

Weist die zuständige Behörde den Betroffenen oder die Betroffene zuvor oder gleichzeitig darauf hin, dass die Auskunft eines rechtlichen Beraters nicht der Rechtsauffassung der Verwaltung entspricht, beseitigt sie den Vertrauensschutz.[4)] Bei umstrittenen Rechtsfragen wird dies allerdings zur Überspannung der Erkundigungspflicht führen. Auf die Auskunft eines Rechtsanwalts oder einer Rechtsanwältin darf sich der oder die Betroffene nur verlassen, wenn sie vertrauenswürdig gewesen ist. Dies setzt voraus, dass der Berater oder die Beraterin zutreffend informiert worden ist, objektiv und sachkundig erscheint, die Sach- und Rechtslage pflichtgemäß geprüft und sich in verbindlicher Weise geäußert hat.[5)]

An Entscheidungen einer Fachbehörde können Bürger und Bürgerinnen in aller Regel ihr Verhalten ausrichten, ohne Ahndung befürchten zu müssen. Bei weiteren Stellen muss nur dann Rechtsrat eingeholt werden, wenn die angefragte Behörde zur Beantwortung für den Anfrager oder die Anfragerin erkennbar unzuständig wäre.[6)]

Beispiel:

Ein Gewerbetreibender erfragt nicht bei der zuständigen Agentur für Arbeit, sondern beim Landratsamt – Ausländeramt –, das für die Erteilung der Aufenthaltsgenehmigungen zuständig ist, ob für die selbstständige Tätigkeit türkischer Bauarbeiter im Inland weitere Erlaubnisse erforderlich seien. Dies wird von einem Bediensteten der Behörde verneint, obwohl diese nicht darüber zu befinden hat, ob eine bestimmte Art der Berufsausübung als selbstständig zu

1) AG Frankfurt (Main), Urt. vom 27.1.2023, Az. 940 OWi 862 Js 45753/22.
2) OLG Frankfurt (Main), Beschl. vom 26.1.2022, Az. 1 Ss OWi 1096/21.
3) Sachverhalt nach AG Frankfurt (Main), Urt. vom 27.1.2023, Az. 940 OWi 862 Js 45753/22.
4) OLG Stuttgart, Urt. vom 22.4.1977, Az. 3 Ss (8) 88/77.
5) Schleswig-Holsteinisches OLG (Schleswig), Beschl. vom 12.4.2007, Az. 2 Ss OWi 44/07 (36/07).
6) BGH, Beschl. vom 2.2.2000, Az. 1 StR 597/99, für die Parallelvorschrift in § 17 StGB.

bewerten ist. Es ist daher im Einzelfall aufzuklären, ob der Gewerbetreibende das unzuständige Landratsamt gleichwohl auch für die Beurteilung dieser Frage für kompetent halten durfte.[1)]

Immer wieder wird behauptet, man habe bei der Behörde angerufen und die falsche Auskunft von einem namentlich nicht benannten Bediensteten erhalten.

Beispiel:

Der Betroffene wendet ein, er habe vor einiger Zeit beim Landratsamt angerufen und sich dort nach der Erlaubnispflicht einer öffentlichen Musikveranstaltung erkundigt. Ein namentlich nicht mehr bekannter Mitarbeiter habe ihm gesagt, sie sei als kulturelle Veranstaltung völlig erlaubnisfrei.

Hier empfiehlt sich ein an alle in Betracht kommenden Bediensteten gerichtetes Protokoll, damit durch deren Stellungnahme geklärt werden kann, ob tatsächlich eine falsche Auskunft erteilt worden ist. Diese Klärung darf nicht in das gerichtliche Verfahren verlegt werden. Stellt sich ausnahmsweise eine falsche Behördenauskunft heraus, so ist das Bußgeldverfahren wegen unvermeidbaren Verbotsirrtums aus rechtlichen Gründen einzustellen (§ 170 Abs. 2 S. 1 StPO i. V. m. § 46 Abs. 1 OWiG) und der Betroffene zugleich für die Zukunft auf die zutreffende Rechtslage hinzuweisen.

- **Milderung der Geldbuße?**

Die Bestimmung des § 11 Abs. 2 OWiG enthält keine der strafrechtlichen Parallelvorschrift in § 17 Abs. 2 i. V. m. § 49 Abs. 2 StGB entsprechende Milderungsmöglichkeit. Trotzdem muss auch bei der Zumessung der Geldbuße eine Milderung erwogen werden.[2)] Nicht jeder vermeidbare Verbotsirrtum führt „automatisch" zu einer Milderung, notwendig ist eine Abwägung und Gewichtung sämtlicher erkennbarer Umstände und eine hierauf aufbauende Gesamtschau. Denn ein vermeidbarer Verbotsirrtum kann, muss aber den Schuldvorwurf nicht unter allen Umständen mindern. Nur soweit er ihn im Einzelfall wirklich mindert, ist eine entsprechende Milderung geboten.[3)] Diese wird aber nur bei nachvollziehbaren Gründen, nicht aber bei Gleichgültigkeit oder gar Rechtsfeindschaft des oder der Betroffenen in Betracht kommen.[4)] Es empfiehlt sich, die Gründe für eine solche Abwägung aktenkundig zu machen, wozu sich eine optionale Begründung des Bußgeldbescheides (§ 66 Abs. 3 OWiG) anbietet.[5)]

1) Sachverhalt nach BGH, Beschl. vom 2.2.2000, Az. 1 StR 597/99.
2) OLG Koblenz, Beschl. vom 11.8.2009, Az. 1 SsBs 5/09.
3) OLG Bamberg, Beschl. vom 1.12.2015, Az. 3 Ss OWi 834/15, für ein Regelfahrverbot wegen einer Verkehrsordnungswidrigkeit.
4) Zur Zumessung der Geldbuße (§ 17 OWiG) § 13 Nr. 3.6.
5) Zur Begründung des Bußgeldbescheides (§ 66 Abs. 3 OWiG) § 13 Nr. 3.9.

6.8 Anhörung von Nebenbetroffenen

Das Bußgeldverfahren kann sich durch Anordnung der Verfahrensbeteiligung (§ 87 Abs. 1, § 88 Abs. 1 OWiG) im einheitlichen Verfahren gegen Betroffene und Nebenbetroffene (Verbandsgeldbuße), im selbstständigen Verfahren nur gegen Nebenbetroffene richten.

Beispiel für einheitliche Verfahren:

Bußgeldverfahren und Geldbuße gegen Geschäftsführer oder Geschäftsführerin als gesetzlichen Vertreter oder Vertreterin einer GmbH (§ 9 Abs. 1 Nr. 1, § 17 OWiG) **und**

Verfahrensbeteiligung und Geldbuße gegen die GmbH als juristische Person (§ 30 Abs. 1 Nr. 1, § 88 Abs. 1 OWiG).

Beispiele für selbstständige Verfahren:

Verfahrensbeteiligung und Geldbuße **nur** gegen die GmbH als juristische Person (§ 30 Abs. 4, § 88 Abs. 2 OWiG).

Verfahrensbeteiligung und Einziehungsanordnung von Gegenständen gegen Einziehungsbeteiligte (§§ 27, 87 OWiG).

Verfahrensbeteiligung und Einziehungsanordnung für den Wertersatz aus Tatererträgen gegen Einziehungsbeteiligte (§§ 29a, 87 OWiG).

Verfahrensbeteiligung und Anordnung der Abführung oder Rückerstattung des vom Täter oder der Täterin erzielten Mehrerlöses (§ 8 WiStG).

Im vorbereitenden Verfahren vor Erlass eines Bußgeldbescheids in einheitlichen oder selbstständigen Verfahren gegen juristische Personen und Personenvereinigungen (§ 88 Abs. 1 OWiG), eines selbstständigen Einziehungsbescheides von Gegenständen (§ 87 Abs. 3 OWiG), Einziehungsbescheides des Wertes von Tatererträgen (§ 87 Abs. 6 OWiG) oder eines Bescheides über die Abführung oder Rückführung des Mehrerlöses (§ 8 WiStG) ist eine Anhörung nach § 432 StPO i. V. m. § 46 Abs. 1 OWiG erforderlich. Für die Anordnung und Durchführung dieser Anhörung gelten dieselben Vorschriften wie für die Anhörung des Betroffenen im Bußgeldverfahren (§ 55 OWiG).

Muster 6.14: Schriftliche oder elektronische Anhörung eines oder einer Betroffenen als gesetzlichen Vertreter oder gesetzliche Vertreterin einer juristischen Person oder Personenvereinigung (§ 9 Abs. 1 Nr. 1 OWiG)

Stadt Münsterberg

Bußgeldstelle

Stadt Münsterberg, 99090 Münsterberg

Dienstgebäude	Schubertstraße 36 99090 Münsterberg
Bearbeitung	Frau Weber
Telefon	(0987) 9878-987
E-Mail	weber.bs@muensterberg.de

Herrn
Walter Groß
Werdenfelser Straße 27
90093 Münsterberg

Ihr Zeichen, Ihre Nachricht vom	Bitte bei Antwort angeben **Unser Zeichen, Unsere Nachricht vom** OWi – 0987665/26	**Datum** 18.5.2026

Anhörung als betroffene Person wegen einer Ordnungswidrigkeit (§ 55 OWiG)

Sehr geehrter Herr Groß,

nach unseren Feststellungen haben Sie folgende Ordnungswidrigkeit begangen:

Sie leiteten als Geschäftsführer der Molkerei Oberland GmbH seit Jahresbeginn 2025 bis zum Jahresende 2025 vom Betriebsgelände in Münsterberg, Gotenstraße 17 bis 19 mindestens 1200 m³ Gebrauchswasser ohne die dazu erforderliche Erlaubnis oder Bewilligung der Stadt Münsterberg wissentlich über eine verdeckte unterirdische Rohrleitung in den Welserbach ein.

Ordnungswidrig handelt, wer

als vertretungsberechtigtes Organ einer juristischen Person (§ 9 Abs. 1 Nr. 1 Gesetz über Ordnungswidrigkeiten – OWiG) vorsätzlich ohne Erlaubnis und ohne Bewilligung nach § 8 Abs. 1 Gesetz zur Ordnung des Wasserhaushalts (Wasserhaushaltsgesetz – WHG) ein Gewässer benutzt. Die Benutzung eines Gewässers bedarf der Erlaubnis oder der Bewilligung, soweit nicht durch dieses Gesetz oder aufgrund dieses Gesetzes erlassener Vorschriften etwas anderes bestimmt ist (§ 8 Abs. 1 WHG).

Verletzte Bußgeldvorschriften

§ 103 Abs. 1 Nr. 1 WHG (Wasserhaushaltsgesetz) vom 31. Juli 2009 (BGBl. I S. 2585)

Wegen dieser Zuwiderhandlungen haben wir gegen Sie ein Bußgeldverfahren nach dem Gesetz über Ordnungswidrigkeiten (OWiG) eingeleitet (§ 47 Abs. 1 Nr. 1 OWiG).

Durch die Anhörung erhalten Sie Gelegenheit, sich zur Beschuldigung und zu ihren wirtschaftlichen Verhältnissen zu äußern. Es steht Ihnen jedoch nach dem Gesetz frei, sich zu äußern oder nicht zur Sache auszusagen (§ 55 Abs. 1 OWiG i. V. m. § 163a Abs. 1 S. 2 StPO). Für Ihre Äußerung können Sie folgende Formen wählen:

Telefonzentrale
(0899) 123-0
Internet
www.Muensterberg.de

Servicezeiten
Mo-Mi 7.30-16.30 Uhr
Do 7.30-17.30 Uhr
Fr 7.30-12.00 Uhr

Öffentliche Verkehrsmittel
Stadtbus Linie 6
Haltestelle Mitte

Bankverbindung
Kreissparkasse Münsterberg
IBAN DE2040000000123456
BIC GROBDE77XX
Volksbank Münsterberg
IBAN DE2040000000234567
BIC GROBDE87XX

Besonderes elektronisches Behördenpostfach
Ordnungsamt@muensterberg .de

Schriftliche Äußerung

Sie können das anliegende Äußerungsdokument bis spätestens eine Woche ab Zugang bei Ihnen mit der Post zurücksenden.

Online-Anhörung

Sie können sich über unser Internetportal www.Muensterberg/zbs/formulare/anhoerung.de äußern. Mit der PIN < Bezeichnung> und dem Passwort < Bezeichnung> erhalten Sie für dieses Verfahren einen individuellen Zugang.

Elektronische Anhörung

Sie können sich ferner im Dateiformat PDF/A (portable document format) über ein Bürger- und Organisationenpostfach (§ 10 Elektronische Rechtsverkehr Verordnung, ERVV) oder Bürgerpostfach im Portalverbund (§ 13 ERVV) äußern (§ 32a Abs. 4 S. 1 Nr. 4 StPO i. V. m. § 110c S. 1 OWiG).

Falsche oder unvollständige Angaben zur Person können als Ordnungswidrigkeit mit Geldbuße bis zu 1000 Euro geahndet werden (§ 111 OWiG). Nach dem Gesetz steht es Ihnen im Übrigen frei, sich zur Beschuldigung zu äußern oder nicht zur Sache auszusagen (§ 136 Abs. 1 S. 2 StPO i. V. m. § 46 Abs. 1 OWiG). Sollten Sie die Gelegenheit zu rechtlichem Gehör nicht wahrnehmen, müssen Sie damit rechnen, dass wir nach Ablauf der Äußerungsfrist ohne weiteres Anschreiben einen Bußgeldbescheid gegen Sie erlassen werden.

Hinweis

Sofern Sie uns eine Verteidigerin oder einen Verteidiger mitgeteilt haben, erhält die von Ihnen benannte Person eine elektronische Mitteilung mit Ausfertigung der Anhörung zur Kenntnisnahme.

Mit freundlichen Grüßen

Stadt Münsterberg, Bußgeldstelle

Muster 6.15: Selbstständige Anhörung als Nebenbetroffene (Geldbuße)

Stadt Münsterberg

Bußgeldstelle

Stadt Münsterberg, 99090 Münsterberg

Molkerei Oberland GmbH
Geschäftsführer Andreas Sendler
Gotenstraße 17-19
54345 Münsterberg

Dienstgebäude	Schubertstraße 36 99090 Münsterberg
Bearbeitung	Frau Weber
Telefon	(0987) 9878-987
E-Mail	weber.bs@muensterberg.de

Ihr Zeichen, Ihre Nachricht vom	Bitte bei Antwort angeben **Unser Zeichen, Unsere Nachricht vom**	**Datum**
	OWi – 0987665/26	13.5.2026

Selbstständige Anhörung als Nebenbetroffene wegen einer Ordnungswidrigkeit (§ 55, § 87f. OWiG)

Sehr geehrte Damen und Herren,

nach unseren Feststellungen hat das vertretungsberechtigte Organ der juristischen Person folgende Ordnungswidrigkeit begangen:

Herr Walter Groß leitete als damaliger Geschäftsführer der Molkerei Oberland GmbH seit Jahresbeginn 2023 bis zum Jahresende 2023 vom Betriebsgelände in Münsterberg, Gotenstraße 17 bis 19 mindestens 1200 m^3 Gebrauchswasser ohne die dazu erforderliche Erlaubnis oder Bewilligung der Stadt Münsterberg wissentlich über eine verdeckte unterirdische Rohrleitung in den Welserbach ein.

Ordnungswidrig handelt, wer

als vertretungsberechtigtes Organ einer juristischen Person (§ 9 Abs. 1 Nr. 1 Gesetz über Ordnungswidrigkeiten – OWiG) vorsätzlich ohne Erlaubnis und ohne Bewilligung nach § 8 Abs. 1 Gesetz zur Ordnung des Wasserhaushalts (Wasserhaushaltsgesetz – WHG) ein Gewässer benutzt. Die Benutzung eines Gewässers bedarf der Erlaubnis oder der Bewilligung, soweit nicht durch dieses Gesetz oder aufgrund dieses Gesetzes erlassener Vorschriften etwas anderes bestimmt ist (§ 8 Abs. 1 WHG).

Verletzte Bußgeldvorschriften

§ 103 Abs. 1 Nr. 1 WHG (Wasserhaushaltsgesetz) vom 31. Juli 2009 (BGBl. I S. 2585)

Wegen dieser Zuwiderhandlungen beabsichtigen wir die Verfahrensbeteiligung der Molkerei Oberland GmbH als Nebenbetroffene im Bußgeldverfahren (§ 88 OWiG) und die Festsetzung einer Geldbuße (§ 30 OWiG). Durch die Anhörung erhalten Sie Gelegenheit, sich zur Verfahrensbeteiligung und zur Beschuldigung einer Ordnungswidrigkeit zu äußern.

Telefonzentrale
(0899) 123-0
Internet
www.Muensterberg.de

Servicezeiten
Mo-Mi 7.30-16.30 Uhr
Do 7.30-17.30 Uhr
Fr 7.30-12.00 Uhr

Öffentliche Verkehrsmittel
Stadtbus Linie 6
Haltestelle Mitte

Bankverbindung
Kreissparkasse Münsterberg
IBAN DE2040000000123456
BIC GROBDE77XX
Volksbank Münsterberg
IBAN DE2040000000234567
BIC GROBDE87XX

Besonderes elektronisches Behördenpostfach
Ordnungsamt@muensterberg .de

Wegen dieser Zuwiderhandlungen beabsichtigen wir die Verfahrensbeteiligung der Molkerei Oberland GmbH als Nebenbetroffene im Bußgeldverfahren (§ 88 OWiG) und die Festsetzung einer Geldbuße im einheitlichen oder selbstständigen Verfahren (§ 30 Abs. 1, 4 OWiG). Durch die Anhörung erhalten Sie Gelegenheit, sich zur Beschuldigung und zu den wirtschaftlichen Verhältnissen der juristischen Person zu äußern. Es steht Ihnen jedoch nach dem Gesetz frei, sich für diese zu äußern oder nicht zur Sache auszusagen (§ 55 Abs. 1 OWiG i. V. m. § 163a Abs. 1 S. 2 StPO). Für Ihre Äußerung können Sie folgende Formen wählen:

Schriftliche Äußerung

Sie können das anliegende Äußerungsdokument bis spätestens eine Woche ab Zugang bei Ihnen mit der Post zurücksenden.

Online-Anhörung

Sie können sich über unser Internetportal www.Muensterberg/zbs/formulare/anhoerung.de äußern. Mit der PIN < Bezeichnung> und dem Passwort < Bezeichnung> erhalten Sie für dieses Verfahren einen individuellen Zugang.

Elektronische Anhörung

Sie können sich ferner im Dateiformat PDF/A (portable document format) über ein Bürger- und Organisationenpostfach (§ 10 Elektronische Rechtsverkehr Verordnung, ERVV) oder Bürgerpostfach im Portalverbund (§ 13 ERVV) verfügen, können Sie sich auch über diese äußern (§ 32a Abs. 4 S. 1 Nr. 3 StPO i. V. m. § 110c S. 1 OWiG).

Nach dem Gesetz steht es Ihnen im Übrigen frei, sich für die juristische Person zur Beschuldigung zu äußern oder nicht zur Sache auszusagen (§ 136 Abs. 1 S. 2 StPO i. V. m. § 46 Abs. 1 OWiG). Sollten Sie als gesetzlicher Vertreter die Gelegenheit zu rechtlichem Gehör nicht wahrnehmen, müssen Sie damit rechnen, dass wir nach Ablauf der Äußerungsfrist ohne weitere Benachrichtigung die Verfahrensbeteiligung der juristischen Person anordnen und einen Bußgeldbescheid erlassen werden.

Sofern Sie uns eine Verteidigerin oder einen Verteidiger der juristischen Person mitgeteilt haben, erhält die von Ihnen benannte Person eine elektronische Mitteilung mit Ausfertigung der Anhörung zur Kenntnisnahme.

Mit freundlichen Grüßen

Stadt Münsterberg, Bußgeldstelle

§ 7
Sicherheitsleistung, Zustellungsbevollmächtigte

Die Durchführung von Bußgeldverfahren gegen Betroffene, die nicht in Deutschland ansässig sind, weist wegen der erforderlichen Zustellung und Vollstreckung erlassener Bußgeldentscheidungen im Ausland besondere Schwierigkeiten auf.[1] Zudem verbleibt bei Vollstreckungshilfe in einem anderen EU-Mitgliedsland die Geldbuße bei diesem *(§ 87p IRG)*. Verfolgung und Ahndung im Inland können aber bereits während der Aufklärung des Sachverhalts trotz gleichzeitiger oder späterer Abwesenheit des oder der Betroffenen durch Maßnahmen der Verwaltungsbehörde sichergestellt werden.[2] Aufgrund § 132 StPO i. V. m. § 46 Abs. 1 OWiG kann angeordnet werden, dass der oder die Betroffene eine

- angemessene Sicherheit für die zu erwartende Geldbuße und die Kosten des Bußgeldverfahrens leistet (**Sicherheitsleistung**),
- im Bezirk des zuständigen Gerichts wohnende Person zum Empfang von Zustellungen ermächtigt (**zustellungsbevollmächtigte Person**).

Damit beide Wirkungen gleichzeitig eintreten, wird nur die Anordnung beider Maßnahmen sinnvoll sein.

1. Voraussetzungen der Anordnung

Die Anordnung ist nach § 132 Abs. 1 S. 1 StPO i. V. m. § 46 Abs. 1 OWiG an folgende Voraussetzungen gebunden:

- *Dringender Tatverdacht einer Ordnungswidrigkeit*

  Der zur Einleitung eines Bußgeldverfahrens genügende Anfangsverdacht einer Ordnungswidrigkeit durch zureichende tatsächliche Anhaltspunkte (§ 152 Abs. 2 StPO i. V. m. § 46 Abs. 1 OWiG) rechtfertigt die Anordnung noch nicht. Der notwendige dringende Tatverdacht erfordert die hohe Wahrscheinlichkeit des Tatnachweises und übersteigt daher noch den für den Erlass eines Bußgeldbescheids notwendigen hinreichenden Tatverdacht. Ein dringender Tatverdacht ist immer dann gegeben, wenn der Täter oder die Täterin bei der Tatausführung am Tatort von einem oder einer Bediensteten der Verwaltungsbehörde bzw. einem Polizeibeamten oder einer -beamtin angetroffen wird und eine unmittelbare Beweissicherung möglich ist.

- *Kein fester inländischer Wohnsitz oder Aufenthalt*

  Die Anordnung ist nur gegen solche Personen zulässig, die in Deutschland über keinen festen Wohnsitz verfügen oder sich nicht ständig oder zumindest längere Zeit dort aufhalten. Als längere Zeit genügt ein mehrmonatiger Aufenthalt aus beruflichen Gründen oder zu Ausbildungszwecken. Entscheidend ist, ob das

1) Zur Vollstreckung von Bußgeldbescheiden im Ausland § 23 Nr. 5.6.
2) LG Dresden, Beschl. vom 23.1.2015, Az. 3 Qs 7/15; LG Hamburg, Beschl. vom 14.3.2005, Az. 622 Qs 8/05.

Bußgeldverfahren voraussichtlich im Zeitraum der Anwesenheit im Inland rechtskräftig abgeschlossen werden kann. Ohne Bedeutung sind die Staatsangehörigkeit des oder der Betroffenen und die bevorstehende Ausreise trotz Wohnsitz im Inland. Die Maßnahmen sind daher auch gegen Deutsche[1] und EU-Bürger oder -Bürgerinnen[2] mit ausschließlich ausländischem Wohnsitz und Aufenthalt zulässig. Die Anordnung ist auch möglich, wenn sich der oder die Betroffene nicht in Deutschland aufhält, aber mit seiner baldigen Wiedereinreise zu rechnen ist.[3] Bei unbekanntem Aufenthalt ist die Anordnung einer Sicherheitsleistung unzulässig.[4]

- *Keine freiwillige Bereitschaft des oder der Betroffenen*

  Die Anordnung setzt schließlich voraus, dass der oder die Betroffene nicht freiwillig bereit ist, die angeforderte Sicherheit zu leisten und eine zustellungsbevollmächtigte Person zu bestellen. Für die Wirksamkeit der Anordnungen bedarf es einer umfassenden Belehrung über das Rechtsinstitut und die Konsequenzen in einer für den Betroffenen oder die Betroffene verständlichen Sprache.[5]

2. Inhalt der Anordnungen

Der oder die Betroffene wird grundsätzlich gleichzeitig und regelmäßig an Ort und Stelle mündlich aufgefordert, freiwillig eine betragsmäßig ausreichende Sicherheit zu leisten und eine zustellungsbevollmächtigte Person zu bestellen. Einzelanordnungen sind nicht sinnvoll, weil dann entweder die Zustellung oder die Vollstreckung im Ausland notwendig wären.

2.1 Sicherheitsleistung

Der oder die Betroffene wird zunächst aufgefordert, freiwillig einen Betrag als Sicherheit zu leisten, der die beabsichtigte Geldbuße und die Verfahrenskosten, d. h. Gebühr und Auslagen der Verwaltungsbehörde (§ 107 Abs. 1, 3 OWiG) abdeckt. Als Sicherheit kommt vor allem Bargeld, auch in ausländischer Währung, in Betracht. Möglich ist auch eine Bürgschaft einer vertrauenswürdigen Person oder Einrichtung (§ 116a Abs. 1, § 132 Abs. 2 S. 2 StPO i. V. m. § 46 Abs. 1 OWiG. Schecks sind nur bei Bankbestätigung brauchbare Sicherheiten. Weist der oder die Betroffene eine Kredit- oder ähnliche Karte vor, kann mit ihm oder ihr ein nahegelegenes Bankinstitut zur Abhebung auch am Geldautomaten aufgesucht werden. Über eine erfolgte Zahlung oder sonstige entgegengenommene Sicherheit erhält der oder die Betroffene eine Quittung.

---

1) LG Dresden, Beschl. vom 23.1.2015, Az. 3 Qs 7/15.
2) LG Erfurt, Beschl. vom 20.12.1995, Az. 1 Qs 207/95.
3) LG Hamburg, Beschl. vom 14.3.2005, Az. 622 Qs 8/05.
4) LG Magdeburg, Beschl. vom 30.1.2007, Az. 26 Qs 14/07.
5) LG Freiburg (Breisgau), Beschl. vom 6.9.2021, Az. 16 Qs 27/21; LG Nürnberg-Fürth, Beschl. vom 23.8.2021, Az. 12 Qs 57/21; LG Berlin, Beschl. vom 3.11.2011, Az. 526 Qs 22/11.

2.2 Zustellungsbevollmächtigte Person

Der oder die Betroffene wird weiter aufgefordert, eine zustellungsbevollmächtigte natürliche Person zu beauftragen. Auch nach der Rechtsprechung des EuGH ist es mit dem EU-Recht vereinbar, ausländischen Betroffenen für die Zustellung eines an ihn gerichteten Bußgeldbescheides aufzugeben, eine zustellbevollmächtigte Person zu benennen.[1] Nur die Anordnung, nicht die Bestellung selbst ist Aufgabe der Verwaltungsbehörde. Die Auswahl der zustellungsbevollmächtigten Person obliegt ausschließlich dem oder der Betroffenen. Zustellungsbevollmächtigte sind bestimmte, zu benennende und verhandlungsfähige Personen, die der oder die Vollmachtgebende ermächtigt hat, Zustellungen für ihn oder sie in Empfang zu nehmen, und die bereit ist, solche Zustellungen entgegenzunehmen.[2] Dabei muss es sich um eine namentlich bestimmte Person handeln,[3] die im Bereich des zuständigen Gerichts (!), d. h. des nach § 68 OWiG örtlich zuständigen Amtsgerichts wohnt (§ 132 Abs. 1 S. 1 StPO i. V. m. § 46 Abs. 1 OWiG), und gerade keine „geschäfts- bzw. amtsansässige" Person. Zustellungsbevollmächtigte Person kann auch sein, wer innerhalb der Sphäre der Ermittlungsbehörden steht als an der Aufklärung des Sachverhalts beteiligte Bedienstete der Verwaltungsbehörde oder Polizeibeamte oder -beamtinnen.[4] Es muss sich also um eine verwaltungsfremde Person handeln.[5] Ebenso verlangen die Richtlinien für das Strafverfahren und das Bußgeldverfahren (RiStBV), dort Nr. 60, dass der oder die Betroffene, sofern sie eine zustellungsbevollmächtigte Person eigener Wahl nicht benennen können, darauf hinzuweisen sind, einen Rechtsanwalt, eine Rechtsanwältin oder eine hierzu bereite Person der Geschäftsstelle des zuständigen Amtsgerichts (!) bevollmächtigen zu können. Diese verwaltungsinterne Regelung bringt damit zum Ausdruck, dass Zustellungsbevollmächtigte gerade nicht aus dem Lager bzw. der Sphäre der Ermittlungsbehörden stammen dürfen, sondern aus davon unabhängigen Instanzen, um unzulässige Insichgeschäfte (§ 181 BGB) zu verhindern.[6] Die Zustellung an eine unter Umgehung der gerichtlichen Anordnungskompetenz benannte Person ist unwirksam.[7] Grundsätzlich ist es Sache des oder der Betroffenen, dafür Sorge zu tragen, dass die zustellungsbevollmächtigte Person ihn oder sie in der Folge zuverlässig informieren kann.[8] Hierzu gehören sowohl die Angabe einer korrekten Übersendungsanschrift als auch die Mitteilung späterer Anschriftenänderungen. Ist der zustellungsbevollmächtigten Person die Weiterleitung erhaltener Dokumente in Ermangelung einer aktuellen Anschrift nicht möglich, so obliegt es dem oder der Betroffenen, sich durch Nachfragen über den etwaigen

1) LG Stuttgart, Beschl. vom 1.2.2024, Az. 6 Qs 8/23, unter Bezugnahme auf EuGH, Urt. vom 14.5.2020, Az. C-615/18, für einen Strafbefehl.
2) LG Dresden, Beschl. vom 10.1.2017, Az. 3 Qs 105/16.
3) AG Ludwigshafen, Beschl. vom 9.6.2010, Az. 5489 Js 10962/10 – 4c Owi; LG Baden-Baden, Beschl. vom 1.12.1999, Az. 1 Qs 188/99.
4) LG Landshut, Beschl. vom 20.8.2013, Az. 6 Qs 86/13; LG Stuttgart, Beschl. vom 12.5.2014, Az. 7 Qs 18/14; LG Berlin, Beschl. vom 3.11.2011, Az. 526 Qs 22/11; AG Ludwigshafen, Beschl. vom 9.6.2010, Az. 5489 Js 10962/10 – 4c Owi.
5) LG Nürnberg-Fürth, Beschl. vom 23.8.2021, Az. 12 Qs 57/21; anderer Ansicht LG Berlin, Beschl. vom 3.11.2011, Az. 526 Qs 22/11, unter Bezugnahme auf FG München, Urt. vom 8.1.2010, Az. 14 K 1298/08.
6) LG Berlin, Beschl. vom 3.11.2011, Az. 526 Qs 22/11.
7) LG Frankfurt (Main), Beschl. vom 28.10.2008, Az. 5/30 Qs 57/08.
8) BayObLG, Beschl. vom 19.6.1995, Az. 4 St RR 102/95.

Eingang für ihn bestimmter Dokumente zu informieren.[1] Es ist auch Sache des oder der Betroffenen, sicherzustellen, dass von ihnen benannte zustellungsbevollmächtigte Personen sie vom Eingang amtlicher Dokumente unverzüglich informieren. Insoweit kommt es nicht darauf an, wann der oder die Betroffene vom Inhalt amtlicher Dokumente Kenntnis genommen hat, sondern ab wann sie hiervon Kenntnis nehmen konnte.[2]

Kann der oder die Betroffene keine geeignete Person benennen, so wird er darauf hingewiesen, dass er auch einen Rechtsanwalt oder eine Rechtsanwältin, einen oder eine mit dem Bußgeldverfahren nicht befassten Bediensteten der Verwaltungsbehörde oder einen Polizeibeamten bzw. -beamtin als Zustellungsbevollmächtigte beauftragen kann.[3] Bei der Beauftragung eines Rechtsanwalts oder einer Rechtsanwältin muss allerdings deren Zustimmung nachgewiesen werden, während davon in den übrigen Fällen ausgegangen werden kann.[4] Legt ein Rechtsanwalt oder eine Rechtsanwältin das Mandat nieder, bleibt die Zustellungsvollmacht davon unberührt.[5]

Die zustellungsbevollmächtigte Person hat über die bloße Entgegennahme der Zustellung von Papierdokumenten hinaus die Verpflichtung, alle übermittelten Dokumente unverzüglich, d. h. ohne schuldhaftes Zögern (§ 121 Abs. 1 S. 1 BGB) an den oder die Betroffenen weiterzuleiten, damit für diese die Möglichkeit der rechtzeitigen Kenntnisnahme letztlich genauso zuverlässig gewährleistet werden kann, als wäre die Zustellung im Wege der Rechtshilfe direkt an den Betroffenen oder die Betroffene veranlasst worden.[6] Insoweit muss es umgekehrt dem oder der Betroffenen problemlos möglich sein, sich mit dem von ihm oder ihr bestellte zustellungsbevollmächtigte Person in Verbindung zu setzen, um sich nach etwa bereits erfolgten Zustellungen zu erkundigen oder eine Adressänderung mitzuteilen, um seine oder ihre fortbestehende Erreichbarkeit sicherzustellen.[7]

1) LG Dresden, Beschl. vom 10.1.2017, Az. 3 Qs 105/16.
2) OLG München, Beschl. vom 8.4.2016, Az. 3 Ws 249/16.
3) Für das strafrechtliche Ermittlungsverfahren der Staatsanwaltschaft Nr. 60 S. 2 RiStBV.
4) LG Baden-Baden, Beschl. vom 1.12.1999, Az. 1 Qs 188/99.
5) KG (Berlin), Beschl. vom 19.9.2011, Az. 1 Ss 361/11 (53/11).
6) LG Berlin, Beschl. vom 3.11.2011, Az. 526 Qs 22/11.
7) LG Dresden, Beschl. vom 10.1.2017, Az. 3 Qs 105/16; LG Berlin, Beschl. vom 3.11.2011, Az. 526 Qs 22/11.

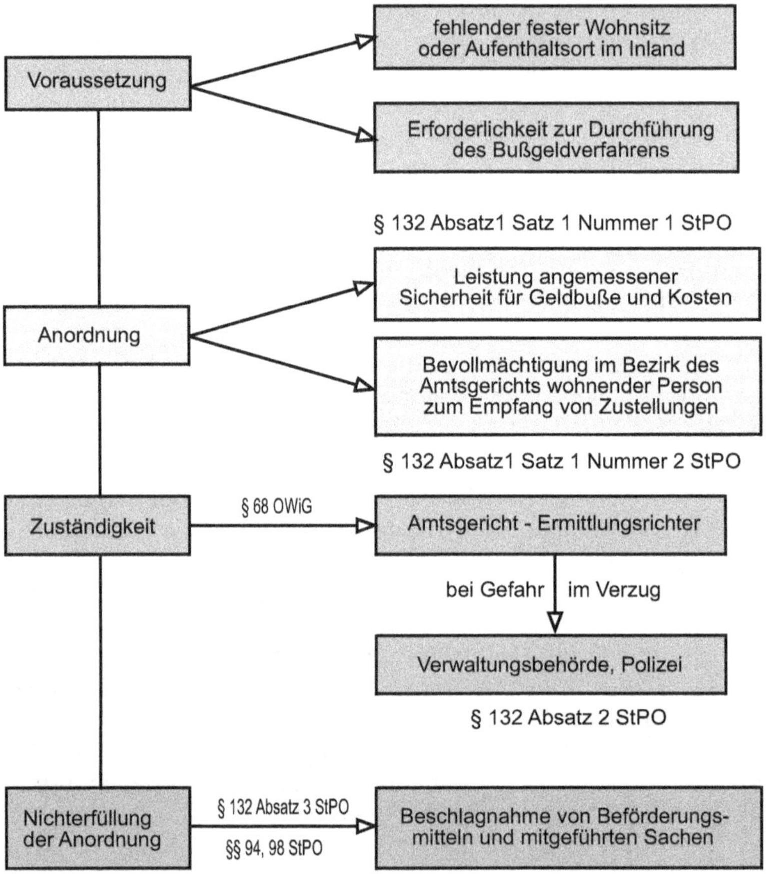

Abb. 1: Sicherheitsleistung und Zustellungsbevollmächtigung

3. Anordnungsbefugnis

Die Anordnung der Sicherheitsleistung wie der Bestellung einer zustellungsbevollmächtigten Person unterliegt dem gesetzlichen Richtervorbehalt, nur bei Gefahr im Verzug sind auch die Verwaltungsbehörde (§ 35 Abs. 1 OWiG) und polizeilichen Ermittlungspersonen (§ 152 GVG i. V. m. § 46 Abs. 1 OWiG) anordnungsbefugt (§ 132 Abs. 2 StPO i. V. m. § 46 Abs. 1 OWiG).[1] Eine solche Gefahr besteht nur dann, wenn wenigstens der Versuch gemacht wurde, den zuständigen Ermittlungsrichter oder Ermittlungsrichterin des Amtsgerichts (§ 162 Abs. 1 S. 1 StPO i. V. m. § 46 Abs. 1 OWiG) zu erreichen und dieser Versuch bei Erfolglosigkeit dokumentiert ist.[2] Die Verfahrensweise mag zwar aufwändig sein, ist aber so gesetzlich vorge-

1) LG Dresden, Beschl. vom 23.1.2013, Az. 5 Qs 149/12; LG OLG Frankfurt (Main), Beschl. vom 28.10.2008, Az. 5/30 Qs 57/08.
2) LG Offenburg, Beschl. vom 13.7.2016, Az. 3 Qs 71/15; OLG München, Beschl. vom 29.11.2012, Az. 4 VAs 55/12.

schrieben. „Vereinfachungen", insbesondere durch Umgehung des Richtervorbehalts oder aufgenötigte Bestellung eigener Bediensteter als Zustellungsbevollmächtigte rächen sich später, wenn der oder die Betroffene Einspruch gegen den Bußgeldbescheid einlegt und es zum gerichtlichen Bußgeldverfahren kommt.

Beispiel:

Die Mitarbeitenden einer außerhalb Deutschlands ansässigen Firma führen ohne Eintragung in der Handwerksrolle oder Reisegewerbekarte im Internet angebotene Dachdeckerarbeiten aus. Die Verwaltungsbehörde leitet gegen den vor Ort angetroffenen Firmenvertreter wegen einer Ordnungswidrigkeit der Schwarzarbeit (§ 8 Abs. 1 Nr. 1 Buchst. e SchwarzArbG) ein Bußgeldverfahren ein und stellt fest, dass weder die Firma im Inland über eine Niederlassung noch der Betroffene über einen inländischen Wohnsitz verfügt.

- Die Verwaltungsbehörde beantragt telefonisch beim Ermittlungsrichter oder der Ermittlungsrichterin des Amtsgerichts (§ 162 Abs. 1 S. 1 StPO i. V. m. § 46 Abs. 1 OWiG) die Anordnung einer Sicherheitsleistung und Benennung einer zustellungsbevollmächtigten Person an. Aufgrund der ergangenen gerichtlichen Anordnung benennt der Betroffene eine im Bereich des Amtsgerichts ansässige Rechtsanwältin, die telefonisch ihre Bereitschaft als Zustellungsbevollmächtigte erklärt. Die Sicherheitsleistung wird über eine Kreditkarte geleistet. Eine wirksame Zustellung des sodann erlassenen Bußgeldbescheides an die Rechtsanwältin als Zustellungsbevollmächtigte ist möglich.
- Die Verwaltungsbehörde ordnet wegen der Ordnungswidrigkeit ohne Gefahr im Verzug eine Sicherheitsleistung und die Benennung einer zustellungsbevollmächtigten Person an. Nachdem die angetroffenen Mitarbeitenden keine solche Person benennen können, beauftragen sie eine ihnen vorgeschlagene Bedienstete der Verwaltungsbehörde unter deren Anschrift damit. Die Anordnungen sind wegen Umgehung des Richtervorbehalts unwirksam, ein Bußgeldbescheid kann nicht wirksam an die Bedienstete der Verwaltungsbehörde zugestellt werden.

In der Verfahrenspraxis erübrigt sich die Problematik des Richtervorbehalts nur dadurch, dass eine Sicherheitsleistung freiwillig erbracht und eine nicht der Verwaltungsbehörde angehörende, im Bezirk des Amtsgerichts wohnhafte Person, die dazu ihre Zustimmung erklärt, freiwillig benannt werden.

4. Formulare und ergänzende Dokumentation

In der polizeilichen Verfahrenspraxis werden regelmäßig standardisierte Formulare als Papierdokumente oder elektronische Dokumente verwendet, die im Einzelfall mit den personenbezogenen Daten zu ergänzen sind. Diese genügen allerdings nicht, um die Freiwilligkeit der Anordnungen zu belegen. Die ausschließlich formularmäßige Behandlung legt vielmehr ohne zusätzliche Dokumentation die Freiwilligkeit im Gegenteil nicht nahe.[1)]

1) LG Freiburg, Breisgau Beschl. vom 6.9.2021, Az. 16 Qs 27/21.

5. Nichtbefolgung der Anordnungen

Eine Möglichkeit zur Durchsetzung der Anordnungen ist gesetzlich nicht vorgesehen.[1] Kommt ihnen der oder die Betroffene allerdings nicht nach, so können Beförderungsmittel und andere mitgeführte Gegenstände beschlagnahmt werden, die ihnen gehören (§ 132 Abs. 3 S. 1 StPO i. V. m. § 46 Abs. 1 OWiG). Für die Anordnung und Durchführung der Beschlagnahme gelten §§ 94, 98 StPO i. V. m. § 46 Abs. 1 OWiG.[2] Dabei ist der Richtervorbehalt zu beachten.[3] Die verantwortende Person der Verwaltungsbehörde und Polizeibeamte oder -beamtinnen können die Anordnung nur ausnahmsweise bei Gefahr im Verzug, d. h. bei Unerreichbarkeit des Ermittlungsrichters oder Ermittlungsrichterin (§ 162 Abs. 1 StPO i. V. m. § 46 Abs. 1 OWiG) bzw. des gerichtlichen Eildiensts auch mündlich an Ort und Stelle treffen (§ 132 Abs. 3 S. 2, § 98 Abs. 1 StPO i. V. m. § 46 Abs. 1 OWiG). Der oder die Betroffene entscheidet also selbst, ob er oder sie eine Sicherheitsleistung aufbringt, um eine Beschlagnahme abzuwenden.[1] Ob der hinterlegte Geldbetrag aus dem Vermögen des oder der Betroffenen oder einer dritten Person stammt, ist dabei unerheblich.[4] Gehört allerdings das benutzte Fahrzeug nicht dem oder der Betroffenen, sind es oder mitgeführte Gegenstände wertlos, so kann die Anordnung ins Leere gehen.

Widerspricht der oder die Betroffene einer von der Verwaltungsbehörde oder Polizei wegen Gefahr im Verzug angeordneten Beschlagnahme ausdrücklich, so hat die Verwaltungsbehörde von Amts wegen, also auch ohne besonderen Antrag des oder der Betroffenen, unverzüglich nachträglich eine gerichtliche Entscheidung über die Bestätigung oder Aufhebung der Beschlagnahme herbeizuführen (§ 132 Abs. 3 S. 2, § 98 Abs. 2 S. 1 StPO i. V. m. § 46 Abs. 1 OWiG).

Leistet der oder die Betroffene die verlangte Sicherheit nachträglich und bestellt eine geeignete Person als Zustellungsbevollmächtigten oder Zustellungsbevollmächtigte, sind die dann zur Verfahrenssicherung nicht mehr notwendige Beschlagnahme aufzuheben und die amtlich verwahrten Gegenstände herauszugeben.

6. Weiteres Verfahren

Die Verwaltungsbehörde schließt die Aufklärung des Sachverhalts auf, hört den Betroffenen oder die Betroffene zur Ordnungswidrigkeit an (§ 55 OWiG i. V. m. § 163a Abs. 1 StPO)[5] und entscheidet über die Abschlussverfügung (§ 61 OWiG).

6.1 Erlass und Zustellung eines Bußgeldbescheids

Der Bußgeldbescheid wird anstatt an den Betroffenen oder die Betroffene an die im Formular namentlich benannte zustellungsbevollmächtigte Person zugestellt. Auch nach der Rechtsprechung des EuGH ist es mit dem EU-Recht vereinbar, die Rechts-

1) LG Heilbronn, Beschl. vom 6.9.2017, Az. 8 Qs 41/17.
2) Zur Beschlagnahme von Beweisgegenständen (§§ 94, 98 StPO i. V. m. § 46 Abs. 1 OWiG) § 6 Nr. 5.1.2.
3) LG Frankfurt (Main), Beschl. vom 28.10.2008, Az. 5/30 Qs 57/08.
4) LG Heilbronn, Beschl. vom 6.9.2017, Az. 8 Qs 41/17, unter Bezugnahme auf OLG Düsseldorf, Beschl. vom 5.9.1989, Az. 1 Ws 788/89.
5) Zur Anhörung des Betroffenen (§ 55 OWiG i. V. m. § 163a Abs. 1 StPO) § 6 Nr. 6.

kraft mit Ablauf der Frist von zwei Wochen gerechnet ab Zustellung an die bevollmächtigte Person anzunehmen.[1)] Die Zustellungsvollmacht erstreckt sich dagegen nicht auf andere, von dem oder der Betroffenen nicht ausdrücklich benannte urlaubs- oder krankheitsvertretende sowie amtsnachfolgende Personen.[2)] Handelt es sich dabei um einen Behördenangehörigen oder eine Behördenangehörige, kann die Zustellung durch die Verwaltungsbehörde unmittelbar über die Behördenanschrift der zustellungsbevollmächtigten Person gegen ein persönliches Empfangsbekenntnis vorgenommen werden (§ 5 Abs. 1 VwZG und entsprechende landesrechtliche Vorschriften i. V. m. § 51 Abs. 1 OWiG). Eine elektronische Zustellung ist dagegen nicht über das besondere elektronische Behördenpostfach (§ 6 ERVV), sondern nur über ein persönliches elektronisches Postfach des oder der Zustellungsbevollmächtigten möglich. In Betracht kommt vor allem ein Bürgerpostfach im Portalverbund (BundID, künftig DeutschlandID, § 12 Abs. 1 S. 3 OZG) als sicherer Übermittlungsweg (§ 13 ERVV). Die Verwaltungsbehörde kann solche sicheren Übermittlungswege (§ 32a Abs. 4 S. 1 Nr. 3 und 4 StPO i. V. m. § 110c S. 1 OWiG) zur Verfügung stellen, wenn derartige Zustellungen häufiger vorkommen.

6.2 Weiterleitung des zugestellten Bußgeldbescheides

Die zustellungsbevollmächtigte Person leitet den ihr zugestellten Bußgeldbescheid an den Betroffenen oder die Betroffene so rechtzeitig weiter, dass sie während der zweiwöchigen Einspruchsfrist (§ 67 Abs. 1 S. 1 OWiG) auch den Rechtsbehelf bei der Verwaltungsbehörde einlegen können. In einem anderen Mitgliedsstaat der EU wohnhafte Betroffene sind bei der Zustellungsbevollmächtigung so zu stellen, dass ihnen die volle Einspruchsfrist wie im Inland wohnhaften Personen zur Verfügung steht; andernfalls ist zur Vermeidung von Diskriminierungen Wiedereinsetzung in den vorigen Stand zu gewähren (§ 52 OWiG).[3)]

Betroffene haben selbst dafür zu sorgen, dass sie von zustellungsbevollmächtigten Personen zuverlässig unterrichtet werden und haben sich bei ihnen gegebenenfalls über den etwaigen Eingang von Dokumenten zu informieren.[4)] Dazu muss die im Formular namentlich benannte zustellungsbevollmächtigte Person für den Betroffenen oder die Betroffene auch tatsächlich erreichbar sein, weshalb Zustellungen an ihnen unbekannte Polizeibedienstete unwirksam sind.[5)]

6.3 Widerruf der Zustellungsvollmacht

Die Zustellungsbevollmächtigung gilt für das ganze Bußgeldverfahren.[6)] Sie ist durch den Betroffenen oder die Betroffene nach wirksamer Erteilung bis zum Abschluss des Bußgeldverfahrens nicht einseitig nachträglich widerrufbar und kann durch eine

1) LG Stuttgart, Beschl. vom 1.2.2024, Az. 6 Qs 8/23, unter Bezugnahme auf EuGH, Urt. vom 14.5.2020, Az. C-615/18, für einen Strafbefehl.
2) LG Nürnberg-Fürth, Beschl. vom 23.8.2021, Az. 12 Qs 57/21, unter Bezugnahme auf BayObLG, Beschl. vom 19.6.1995, Az. 4 St RR 102/95, und LG Dresden, Beschl. vom 10.1.2017, Az. 3 Qs 105/16.
3) LG Nürnberg-Fürth, Beschl. vom 23.8.2021, Az. 12 Qs 57/21, unter Bezugnahme auf EuGH, Urt. vom 15.10.2015, Az. C-124/16, für einen Strafbefehl.
4) LG Nürnberg-Fürth, Beschl. vom 23.8.2021, Az. 12 Qs 57/21, für einen Strafbefehl.
5) LG Nürnberg-Fürth, Beschl. vom 23.8.2021, Az. 12 Qs 57/21, für einen Strafbefehl; AG Ludwigshafen, Beschl. vom 9.6.2010, Az. 5489 Js 10962/10 – 4c OWi.
6) *Wieser-Kommentar* Teil III Nr. 4 § 132 StPO.

Widerrufserklärung nicht zu Erlöschen gebracht werden.[1)] Es ist Aufgabe der zustellungsbevollmächtigten Person, den Bußgeldbescheid rechtzeitig an den Betroffenen oder die Betroffene weiterzuleiten (§ 51 Abs. 3 S. 4 OWiG analog). Die Kosten für die Weiterleitung sind von dem oder der Betroffenen zu tragen und dürfen nicht von der Verwaltungsbehörde übernommen werden.[2)] Legt der oder die Betroffene gegen den Bußgeldbescheid Einspruch ein (§ 67 OWiG), entscheidet die Verwaltungsbehörde im Zwischenverfahren (§ 69 OWiG). Wird der Bußgeldbescheid rechtskräftig, so ist wegen der Geldbuße, Gebühr und Auslagen in dieser Reihenfolge mit der Sicherheit zu verrechnen, soweit der oder die Betroffene keine andere Bestimmung trifft (§ 94 OWiG). Überschießende Beiträge sind an ihn oder sie herauszugeben.

6.4 Einstellung des Bußgeldverfahrens

Stellt die Verwaltungsbehörde das Bußgeldverfahren gegen den Betroffenen oder die Betroffene aus tatsächlichen oder rechtlichen Gründen (§ 170 Abs. 2 S. 1 StPO i. V. m. § 46 Abs. 1 OWiG) oder wegen nicht gebotener Ahndung (§ 47 Abs. 1 S. 2 OWiG) ein,[3)] ist die Sicherheit an ihn oder sie unaufgefordert herauszugeben. Das Gleiche gilt, wenn der oder die Betroffene vom Gericht freigesprochen oder das gerichtliche Bußgeldverfahren nach § 47 Abs. 2 OWiG eingestellt wird.

7. Rechtsbehelfe der Betroffenen

Nur der oder die Betroffene kann gegen eine gerichtliche Anordnung des Amtsgerichts – Ermittlungsrichter oder Ermittlungsrichterin – das Rechtsmittel der Beschwerde dort einlegen (§ 304 bis 310 StPO i. V. m. § 46 Abs. 1 OWiG).[4)] Das Rechtsmittel einer Person, die Geldmittel für die Sicherheitsleistung zur Verfügung gestellt hat, ist dagegen unzulässig.[5)] Haben die Verwaltungsbehörde oder ihre Ermittlungspersonen bei Gefahr im Verzug die Anordnungen getroffen, ist als Rechtsbehelf der Antrag auf gerichtliche Entscheidung (§ 62 OWiG) statthaft. Unabhängig von der Verpflichtung der Verwaltungsbehörde, bei ausdrücklichem Widerspruch des oder der Betroffenen gegen die von ihr bei Gefahr im Verzug erlassenen Anordnungen die gerichtliche Bestätigung herbeizuführen, kann auch der oder die Betroffene selbst unbefristet Antrag auf gerichtliche Entscheidung (§ 62 OWiG)[6)] bei der Verwaltungsbehörde stellen. Eine Rechtsbehelfsbelehrung ist zwar nicht vorgeschrieben, kann aber bei Ausländern oder Ausländerinnen angebracht sein. Die Verwaltungsbehörde hat vor der Vorlage an das Amtsgericht eine Abhilfeentscheidung zu treffen (§ 306 Abs. 2 StPO i. V. m. § 62 Abs. 2 S. 2 OWiG).

---

1) LG Nürnberg-Fürth, Beschl. vom 24.5.2023, Az. 12 Qs 38/23, für einen Strafbefehl; LG Offenburg, Beschl. vom 13.7.2016, Az. 3 Qs 116/15, unter Bezugnahme auf OLG Koblenz, Beschl. vom 1.6.2004, Az. 1 Ss 311/03; KG (Berlin), Beschl. vom 19.9.2011, Az. 1 Ss 361/11; OLG Düsseldorf, Beschl. vom 18.7.1986, Az. 5 Ss OWi 237/86.
2) LG Berlin, Beschl. vom 3.11.2011, Az. 526 Qs 22/11.
3) Zur Einstellung des Bußgeldverfahrens (§ 170 Abs. 2 S. 1 StPO i. V. m. § 46 Abs. 1 OWiG, § 47 Abs. 1 S. 2 OWiG) § 11.
4) LG Nürnberg-Fürth, Beschl. vom 23.8.2021, Az. 12 Qs 57/21 (Allgemeine Meinung).
5) LG Heilbronn, Beschl. vom 6.9.2017, Az. 8 Qs 41/17.
6) Zum Antrag auf gerichtliche Entscheidung (§ 62 OWiG) § 19 Nr. 3.

§ 8
Vermögensarrest zur Sicherung von Geldsanktionen

Die vorläufige Sicherung von Geldbußen liegt bereits vor der Rechtskraft eines auf Geldsanktionen gerichteten Bescheides im Interesse der Verwaltungsbehörde. Geldsanktionen ist der Oberbegriff für Geldbußen und auf Geldleistungen gerichteten Nebenfolgen der Ordnungswidrigkeit. Bis zur Vollstreckung können diese verbraucht oder an Dritte verschoben sein. Hierzu ist der Vermögensarrest als vorläufige Sicherungsmaßnahme vorgesehen (§ 111e StPO i. V. m. § 46 Abs. 1 OWiG). Er dient insbesondere zur Sicherung aus der Ordnungswidrigkeit erzielter rechtswidriger Erträge mit dem Ziel einer Abschöpfung im Bußgeldverfahren. Die Sicherungsmaßnahme ist zulässig im

- Einziehungsverfahren zur **Einziehung des Wertes von Taterträgen** (§ 29a, § 87 OWiG) gegen natürliche oder juristische Personen sowie Personenvereinigungen im Zusammenhang mit der Abschöpfung der aus der Ordnungswidrigkeit gezogenen rechtswidrigen wirtschaftlichen Vorteile bereits mit der Verfahrenseinleitung (§ 111e Abs. 1 StPO i. V. m. § 46 Abs. 1 OWiG),[1]
- Bußgeldverfahren zur Festsetzung einer **Geldbuße gegen juristische Personen und Personenvereinigungen** (§ 30 Abs. 1, 4, § 88 OWiG) erst mit dem Erlass eines Bußgeldbescheides im einheitlichen oder selbstständigen Verfahren (§ 111e Abs. 2 StPO i. V. m. 30 Abs. 6 OWiG),[2]
- Bußgeldverfahren zur Festsetzung einer **Geldbuße gegen eine natürliche Person** erst mit der Urteilsverkündung im gerichtlichen Bußgeldverfahren (§ 268 StPO i. V. m. § 46 Abs. 1 OWiG), also noch nicht mit dem Erlass des Bußgeldbescheides durch die Verwaltungsbehörde (§ 65 OWiG).[3]

Die Anordnung des Vermögensarrests hat für die Verwaltungsbehörde folglich die größte Bedeutung zur Sicherung der Einziehung von Taterträgen (§ 29a OWiG) durch selbstständigen Einziehungsbescheid (§ 87 OWiG). Ist in diesem Fall die Annahme begründet, dass die Voraussetzungen der Einziehung von Wertersatz vorliegen, so kann zur Sicherung der Vollstreckung der Vermögensarrest in das bewegliche und unbewegliche Vermögen des oder der Betroffenen oder Nebenbetroffenen bereits mit der Einleitung des selbstständigen Einziehungsverfahrens (§ 87 OWiG) angeordnet werden (§ 111e Abs. 1 S. 1 StPO i. V. m. § 46 Abs. 1 OWiG).[4] Die Erforderlichkeit zur Arrestanordnung liegt vor, wenn zu besorgen steht, dass die künftige Vollstreckung ohne Anordnung eines Arrestes vereitelt oder wesentlich erschwert werden wird.[5] Für diese Prognose sind zureichende tatsächliche Anhaltspunkte erforderlich, dass der oder die von der Arrestanordnung Betroffene das vorhandene

1) Zum Erlass des Einziehungsbescheides (§ 87 OWiG) § 16 Nr. 1.1.2.
2) Zum Erlass des Bußgeldbescheides gegen juristische Personen und Personenvereinigungen (§ 88 OWiG) § 15.
3) Zum Urteil im gerichtlichen Bußgeldverfahren (§ 268 StPO i. V. m. § 71 Abs. 1 OWiG) § 22 Nr. 4.
4) LG Nürnberg-Fürth, Beschl. vom 1.2.2024, Az. 18 Qs 19/23, für das Strafverfahren.
5) OLG Köln, Beschl. vom 13.6.2019, Az. 2 Ws 244 – 245/19, unter Bezugnahme auf BGH, Beschl. vom 3.6.2014, Az. KRB 2/14.

Vermögen dem Zugriff der Vollstreckung entzieht oder entziehen wird.[1] Die Besorgnis kann sich aus der Person des oder der Betroffenen, dem Vor- und Nachtatverhalten, den Lebensumständen sowie der Art und Weise der Tatbegehung ergeben.[2] Ein Sicherungsbedürfnis besteht in der Verfahrenspraxis vor allem, wenn der Betroffene oder ihre Unternehmen vom Ausland aus tätig werden und eine Vollstreckung von Bußgeldentscheidungen daher im EU-Ausland erschwert und außerhalb der EU nicht möglich ist.[3] Hier kann vor allem im Bereich der illegalen Beschäftigung noch vorhandenes Inlandsvermögen sichergestellt werden.

Beispiel:

Ein ausländischer Unternehmer in der Rechtsform einer juristischen Person lässt Arbeitnehmer im Inland arbeiten und zahlt einen wesentlich geringeren als den vorgeschriebenen Mindestlohn aus (§ 21 Abs. 1 Nr. 9 MiLoG). Zur Sicherung der Abschöpfung der Differenz zwischen ausgezahltem Lohn und Mindestlohn durch die Einziehung des Wertes von *Taterträgen erfolgt* der Vermögensarrest über die Forderungen des ausländischen Unternehmers gegen den inländischen Auftraggeber.

Zur Sicherung der Vollstreckungskosten darf kein Vermögensarrest erfolgen (§ 111e Abs. 3 StPO i. V. m. § 46 Abs. 1 OWiG).

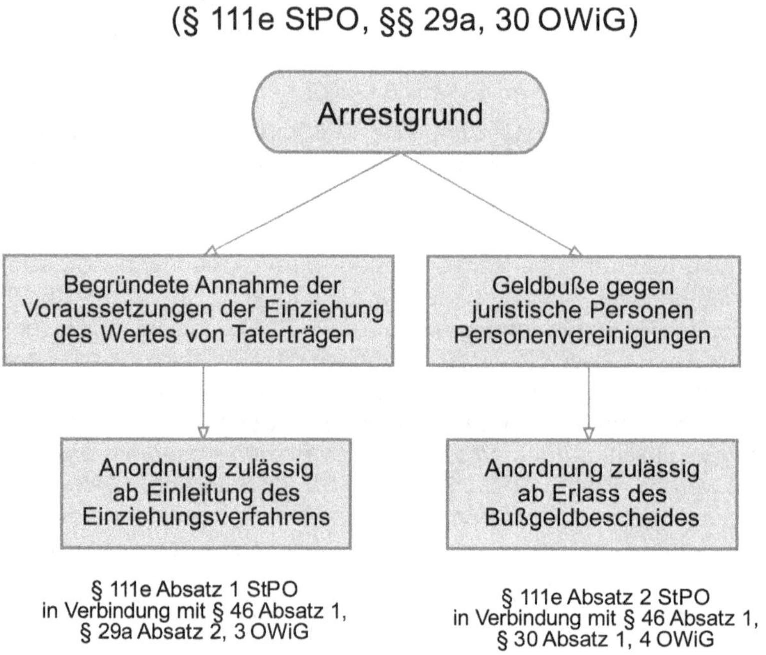

Abb. 1: Vermögensarrest zur Sicherung der Geldbuße und Wertersatzeinziehung

1) OLG Frankfurt (Main), Beschl. vom 19.1.2023, Az. 3 Ws 436/22; OLG Hamm, Beschl. vom 23.6.2022, Az. 5 Ws 94/22; OLG Schleswig-Holstein (Schleswig), Beschl. vom 25.10.2018, Az. 2 Ws 271/18 (85/18).
2) OLG Hamm, Beschl. vom 23.6.2022, Az. 5 Ws 94/22,
3) Zur Vollstreckung von Bußgeldentscheidung im Ausland **(§ 87p IRG)** § 23 Nr. 5.6.

1. Vermögensarrest zur Einziehung von Taterträgen

Der Vermögensarrest zur Einziehung des Wertes von Taterträgen erfordert nur die begründete Annahme der gesetzlichen Voraussetzungen (§ 111e Abs. 1 S. 1 StPO i. V. m. § 46 Abs. 1 OWiG). Auf zivilrechtliche Besitz- oder Eigentumsverhältnisse kommt es dabei nicht an.[1)]

- **Anfangsverdacht**

Es genügen der Anfangsverdacht (§ 152 Abs. 2 StPO i. V. m. § 46 Abs. 1 OWiG) einer mit Geldbuße bedrohten Handlung und Gründe für die Annahme, dass im Verfahren die Einziehung angeordnet wird, ein Sicherungsbedürfnis gegeben und die Anordnung verhältnismäßig ist.[2)] Es müssen also konkrete Tatsachen vorliegen, die in Verbindung mit kriminalistischer Erfahrung den Schluss zulassen, dass später eine Einziehung erfolgen kann.[3)] Ein dringender Tatverdacht der Ordnungswidrigkeit ist dagegen nicht erforderlich.[4)] Der bloße Tatverdacht als solcher und rein theoretische Möglichkeiten einer Anspruchsvereitelung reichen insoweit nicht aus.[5)]

- **Sicherungsbedürfnis**

Die Anordnung eines Vermögensarrests erfordert die notwendige Sicherung der Vollstreckung der Einziehung.[6)] Die Anordnung kommt daher in Betracht, wenn zu besorgen ist, dass ohne dessen Verhängung die Vollstreckung vereitelt oder wesentlich erschwert wird.[7)] Das erforderliche Sicherungsbedürfnis darf nicht allein aus der Vermutung abgeleitet werden, dass der Täter oder die Täterin sich den rechtswidrigen Vermögensvorteil durch eine Ordnungswidrigkeit verschafft hat.[8)]

- **Verhältnismäßigkeit**

Nicht ausdrücklich im Gesetz erwähnt ist der Grundsatz der Verhältnismäßigkeit (Art. 20 Abs. 3 GG), insbesondere das Übermaßverbot, der den Vermögensarrest in Bagatellfällen ausschließt.[9)] Nach dem im Ordnungswidrigkeitenrecht geltenden Opportunitätsprinzip (§ 47 Abs. 1 OWiG) besteht ein allgemeiner Ermessensspiel-

---

1) LG Nürnberg-Fürth, Beschl. vom 29.11.2024, Az. 18 Qs 30/24, unter Bezugnahme auf BGH, Beschl. vom 21.12.2021, Az. 3 StR 381/21.
2) Brandenburgisches OLG (Brandenburg), Beschl. vom 18.11.2024, Az. 1 Ws 141/24 (S); OLG Hamm, Beschl. vom 23.6.2022, Az. 5 Ws 94/22, unter Bezugnahme auf Hanseatisches OLG Hamburg, Beschl. vom 26.10.2018, Az. 2 Ws 183/18; OLG Frankfurt (Main), Beschl. vom 28.10.2021, Az. 3 Ws 506/21; LG Nürnberg-Fürth, Beschl. vom 29.11.2024, Az. 18 Qs 30/24; LG Frankfurt (Main), Beschl. vom 1.7.2021, Az. 5/03 Qs 7/21.
3) LG Nürnberg-Fürth, Beschl. vom 29.11.2024, Az. 18 Qs 30/24.
4) OLG Düsseldorf, Beschl. vom 24.10.2022, Az. III-1 Ws 131/22; OLG München, Beschl. vom 18.11.2021, Az. 7 StObWs 1-3/21; OLG Nürnberg, Beschl. vom 20.12.2018, Az. 2 Ws 627/18, jeweils zum strafrechtlichen Ermittlungsverfahren der Staatsanwaltschaft.
5) OLG Oldenburg (Oldenburg), Beschl. vom 26.5.2009, Az. 1 Ws 293/09; LG Stuttgart, Beschl. vom 28.2.2008, Az. 19 Qs 110/05 OWi, zum früheren dinglichen Arrest (§ 111d StPO a. F.).
6) BGH, Beschl. vom 19.1.2021, Az. StB 46/20; Brandenburgisches OLG (Brandenburg), Beschl. vom 18.11.2024, Az. 1 Ws 141/24 (S); OLG Frankfurt am Main, Beschl. vom 27.7.2024, Az. 7 Ws 253/23.
7) OLG Frankfurt (Main), Beschl. vom 16.1.2025, Az. 7 Ws 216/24.
8) OLG Karlsruhe, Beschl. vom 20.12.2022, Az. 1 Ws 336/22; Schleswig-Holsteinisches OLG (Schleswig), Beschl. vom 12.2.2019, Az. 1 Ws 386/18 (1/19); OLG Nürnberg, Beschl. vom 25.10.2017, Az. 1 Ws 163/17; LG Stuttgart, Beschl. vom 28.7.2022, Az. 6 Qs 4/22.
9) OLG Hamm, Beschl. vom 23.6.2022, Az. 5 Ws 94/22.

raum.[1] Bei dringendem Tatverdacht soll zwar der Vermögensarrest angeordnet werden (§ 111e Abs. 1 S. 2 StPO i. V. m. § 46 Abs. 1 OWiG), was im Bußgeldverfahren jedoch unter dem Opportunitätsgrundsatz zu sehen ist (§ 47 Abs. 1 S. 1 OWiG). Die Höhe des durch Vermögensarrest sicherzustellenden Einziehungsbetrages ergibt sich nach § 29a Abs. 1 OWiG aus dem Wert des Erlangten (Bruttoprinzip).[2] Umfang und Wert des Einziehungsbetrages können dabei gem. § 29a Abs. 3 S. 1 OWiG anhand der vorhandenen Anknüpfungstatsachen konkret geschätzt werden.

2. Arrestantrag der Verwaltungsbehörde

Die Verwaltungsbehörde ist für Arrestanordnungen nur im Ausnahmefall der Gefahr im Verzug selbst zuständig (§ 111j Abs. 1 S. 2 StPO i. V. m. § 46 Abs. 1 OWiG). Im Regelfall hat sie daher Antrag beim Ermittlungsrichter oder der Ermittlungsrichterin des Amtsgerichts zu stellen (§ 111j Abs. 1 S. 1, Abs. 2 S. 4, § 162 Abs. 1 S. 1 StPO i. V. m. § 46 Abs. 1 OWiG). Örtlich zuständig ist das Amtsgericht am Sitz der Verwaltungsbehörde (§ 162 Abs. 1 S. 1 StPO, § 68 OWiG).[3] Hat die Verwaltungsbehörde den Vermögensarrest bezüglich unbeweglicher Sachen (Grundstücke, grundstücksgleiche Rechte) wegen Gefahr im Verzug selbst angeordnet, so hat sie von Amts wegen, d. h. unabhängig vom Verhalten des oder der von der Maßnahme Betroffenen, innerhalb einer Woche die gerichtliche Bestätigung durch den Ermittlungsrichter oder die Ermittlungsrichterin des Amtsgerichts herbeizuführen (§ 111j Abs. 2 S. 1 StPO i. V. m. § 46 Abs. 1 OWiG). Nur bei der Beschlagnahme beweglicher Sachen ist dieser Antrag nicht erforderlich (§ 111j Abs. 2 S. 2 StPO i. V. m. § 46 Abs. 1 OWiG). Der oder die Betroffene selbst kann in jedem Fall die gerichtliche Entscheidung gem. § 62 OWiG beantragen (§ 111j Abs. 2 S. 3 StPO i. V. m. § 46 Abs. 1 OWiG).

Der Antrag der Verwaltungsbehörde auf Anordnung des Vermögensarrests erfolgt unmittelbar über das besondere elektronische Behördenpostfach (§ 6 Abs. 1 ERVV) an das EGVP des Amtsgerichts (§ 6 Abs. 3 ERVV als sicheren Übermittlungsweg; § 32a Abs. 4 S. 1 Nr. 1 StPO i. V. m. § 110c S. 1 OWiG, § 3 Abs. 1 S. 1 DokErstÜbV). Die Namensangabe der verantwortenden Person (§ 32b Abs. 1 S. 1 StPO i. V. m. § 110c S. 1 OWiG) ist nur in der begleitenden Verfügung, nicht im Antrag selbst erforderlich (§ 110c S. 2 OWiG). Eine qualifizierte elektronische Signatur (Art. 3 Nr. 12 Verordnung [EU] Nr. 910/2014) ist nicht erforderlich (§ 32b Abs. 1 S. 2 StPO i. V. m. § 110c S. 1 OWiG).

Der Antrag enthält die Bezeichnung des Anspruchs unter Angabe des Geldbetrages oder des Geldwertes sowie die Bezeichnung des Arrestgrundes (Musterantrag 8.1), für die die gerichtliche Anordnung begehrt wird (§ 111e Abs. 4 S. 1 StPO i. V. m. § 46 Abs. 1 OWiG). Eine Begründung des Antrags ist zwar nicht vorgeschrieben, aber regelmäßig angebracht. Zur Beurteilung der gesetzlichen Anordnungsgründe durch den Ermittlungsrichter oder die Ermittlungsrichterin (§ 162 Abs. 2 StPO

1) Zum Opportunitätsprinzip im Bußgeldverfahren (§ 47 Abs. 1 OWiG) § 1 Nr. 3.
2) Zum Erlass eines Einziehungsbescheides durch die Verwaltungsbehörde (§ 29a, § 87 OWiG) § 16 Nr. 1.1.2.
3) OLG Hamm, Beschl. vom 11.10.2018, Az. 4 Ws 133/18.

i. V. m. § 46 Abs. 1 OWiG) ist regelmäßig die gesamte Bußgeldakte der Verwaltungsbehörde vorzulegen.

3. Arrestanordnung des Amtsgerichts

In der Arrestanordnung ist der zu sichernde Anspruch unter Angabe des Geldbetrages zu bezeichnen (§ 111e Abs. 4 S. 2 StPO i. V. m. § 46 Abs. 1 OWiG). Zudem ist ein Geldbetrag festzusetzen, durch dessen Hinterlegung der oder die Betroffene die Vollziehung des Arrestes abwenden und die Aufhebung der Vollziehung des Arrestes verlangen kann („Abwendungsbefugnis", § 111e Abs. 4 S. 2 Halbs. 1 StPO i. V. m. § 46 Abs. 1 OWiG). In der Arrestanordnung sind Art und Höhe der Sicherheit nach freiem Ermessen zu bestimmen (§ 111e Abs. 4 S. 2 Halbs. 2 StPO i. V. m. § 108 Abs. 1 ZPO, § 46 Abs. 1 OWiG). Die Form der zu leistenden Sicherheit in das Ermessen des Gerichts. Trifft es keine ausdrückliche Anordnung, kann der Betroffene anstelle der Hinterlegung von Geld auch eine selbstschuldnerische Bankbürgschaft vorlegen. Macht er von der Abwendungsbefugnis Gebrauch, ist die Arrestvollziehung zwingend aufzuheben (§ 111g Abs. 1 StPO i. V. m. § 46 Abs. 1 OWiG).

Die gerichtliche Arrestanordnung ergeht durch Beschluss, der nach § 34 StPO i. V. m. § 46 Abs. 1 OWiG zu begründen ist. Der Adressat oder die Adressatin wird wegen der Gefahr der Vermögensverschiebung regelmäßig nicht zuvor angehört (§ 33 Abs. 4 StPO i. V. m. § 46 Abs. 1 OWiG).[1] Die Bekanntmachung erfolgt an den Betroffenen oder die Betroffene des Bußgeldverfahrens und gegebenenfalls den davon abweichenden von der Arrestanordnung Betroffenen. Die Arrestanordnung unterbricht die Verfolgungsverjährung (§ 33 Abs. 1 S. 1 Nr. 4 OWiG).[2]

4. Wirkungen des Vermögensarrests

Der Vermögensarrest kann in bewegliches und unbewegliches Vermögen vollzogen werden. Der Arrest in bewegliches Vermögen wird von der Verwaltungsbehörde durch Pfändung vollzogen (§ 111f Abs. 1 S. 1 StPO i. V. m. § 46 Abs. 1 OWiG). Dadurch entsteht für den Träger oder die Trägerin der pfändenden Stelle ein gesetzliches Pfändungspfandrecht, das wegen des vorläufigen Charakters des Arrests allerdings nicht zur Verwertung berechtigt. Die Vollziehung des Vermögensarrests in einen Gegenstand hat die Wirkung eines behördlichen Veräußerungsverbots (§ 136 BGB, § 111h Abs. 1 S. 1 StPO i. V. m. § 46 Abs. 1 OWiG), das einem gesetzlichen Veräußerungsverbot gleichgestellt ist (§ 135 BGB). Richtet sich die Anordnung gegen mehrere Betroffene, wird das Wahlrecht der Verwaltungsbehörde (§ 421 BGB) erst nach Rechtskraft der Bußgeldentscheidung ausgeübt. Bis dahin haftet jeder Gesamtschuldner und jede Gesamtschuldnerin in voller Höhe des Wertes der Taterträge, sodass auch die Vollziehung des Arrests gegenüber allen in voller Höhe zulässig ist.[3]

1) AG Frankfurt (Main), Beschl. vom 4.12.2020, Az. 2401 Js 254499/20 – 931 Gs.
2) BGH, Beschl. vom 5.4.2022, Az. 1 StR 72/22, zu § 78c Abs. 1 S. 1 Nr. 4 StGB.
3) LG Berlin, Beschl. vom 16.12.2020, Az. 514 Qs 29/20.

Der Vermögensarrest in Grundstücke erfolgt durch die Eintragung einer Sicherungshypothek als Arresthypothek (§ 932 Abs. 1 ZPO). Grundstücken sind grundstücksgleiche Rechte nach § 864 Abs. 1 ZPO gleichgestellt wie z. B. das Wohnungseigentum oder Erbbaurecht. Die Arresthypothek berechtigt nicht zur Verwertung durch Zwangsversteigerung oder Zwangsverwaltung. Wird der Einziehungsbescheid rechtskräftig, so wird der Wertersatzbetrag in den arrestierten Vermögenswert vollstreckt.

Ein durch die Vollziehung des Vermögensarrests entstandenes Sicherungsrecht ist insolvenzfest (§ 80 Abs. 2 S. 2 InsO, § 111h Abs. 1 S. 2 StPO i. V. m. § 46 Abs. 1 OWiG).[1] Es hat im Fall der Eröffnung des Insolvenzverfahrens über das Vermögen des Betroffenen (§ 27 InsO) Bestand, soweit es nicht von der „Rückschlagsperre" für kurz vor oder nach dem Insolvenzeröffnungsantrag erfolgte Maßnahmen der Zwangsvollstreckung (§ 88 InsO) oder der Anfechtung durch den Insolvenzverwalter (§§ 129 ff. InsO) erfasst wird. Das Sicherungsrecht berechtigt im Insolvenzverfahren zur abgesonderten Befriedigung des Verwaltungsträgers (§§ 49, 50 InsO).[2] Das in § 111h Abs. 2 S. 1 StPO i. V. m. § 46 Abs. 1 OWiG angeordnete Vollstreckungsverbot findet auf die Vollziehung eines Vermögensarrests im Sinne des § 111f StPO i. V. m. § 46 Abs. 1 OWiG generell keine Anwendung.[3]

5. Aufhebung der Arrestanordnung

Gesetzliche Bestimmungen für die zeitlichen Grenzen des Vermögensarrests bestehen nicht. Sie sind daher allein am allgemeinen Grundsatz der Verhältnismäßigkeit (Art. 20 Abs. 3 GG), insbesondere dem Übermaßverbot zu messen.[4] Die Arrestanordnung ist in folgenden Fällen auch ohne einen entsprechenden Antrag des Betroffenen von Amts wegen aufzuheben:

- **Fehlender Tatverdacht**

  Für die Anordnung des Vermögensarrests genügt zwar die begründete Annahme, dass seine Voraussetzungen vorliegen (§ 111e Abs. 1 S. 1 StPO i. V. m. § 46 Abs. 1 OWiG). Entfällt aber im Zuge der Ermittlungen auch der Anfangsverdacht einer mit Geldbuße bedrohten Handlung (§ 1 Abs. 2 OWiG) in Form zureichender tatsächlicher Anhaltspunkte (§ 152 Abs. 2 StPO i. V. m. § 46 Abs. 1 OWiG), darf auch ein Vermögensarrest nicht mehr weiter vollzogen werden.[5]

- **Hinterlegung des Geldbetrages**

  Die Hinterlegung des in der Arrestanordnung aufgeführten Geldbetrages (§ 111e Abs. 4 S. 1 StPO i. V. m. § 46 Abs. 1 OWiG) durch Betroffene oder eine andere

1) Zum Vermögensarrest im Insolvenzverfahren siehe auch § 111i StPO i. V. m. § 46 Abs. 1 OWiG.

2) OLG Köln, Beschl. vom 8.8.2003, Az. 2 Ws 433/03; OLG Nürnberg, Beschl. vom 8.11.2013, Az. 2 Ws 508/13; KG (Berlin). Beschl. vom 10.6.2013, Az. 2 Ws 190/13; OLG Hamm, Beschl. vom 20.6.2013, Az. 2 Ws 80/13.

3) BGH, Beschl. vom 6.7.2023, Az. V ZB 68/22.

4) OLG Hamm, Beschl. vom 23.6.2022, Az. 5 Ws 94/22. Die frühere Regelung in § 111b Abs. 3 StPO a. F. ist ersatzlos entfallen.

5) LG Frankfurt (Main), Beschl. vom 1.7.2021, Az. 5/03 Qs 7/21.

Person führt nur zur Aufhebung der Arrestvollziehung, nicht der Arrestanordnung selbst (§ 111g Abs. 1 StPO i. V. m. § 46 Abs. 1 OWiG).

- **Bedürftigkeit des oder der Betroffenen**

  Ist der Arrest wegen einer Geldbuße oder der voraussichtlich entstehenden Kosten des Bußgeldverfahrens angeordnet worden, so ist eine Vollziehungsmaßnahme auf Antrag des oder der Betroffenen aufzuheben, soweit er oder sie den Pfandgegenstand zur Aufbringung der Kosten der Verteidigung, des Unterhalts oder des Unterhalts ihrer Familie benötigt (§ 111g Abs. 2 StPO i. V. m. § 46 Abs. 1 OWiG).

- **Eröffnung des Insolvenzverfahrens**

  Die nachträgliche Eröffnung des Insolvenzverfahrens (§ 27 InsO) steht der Aufrechterhaltung des Vermögensarrests wegen des dann geltenden Vollstrekkungsverbots (§ 89 InsO) und der Unwirksamkeit vorheriger Vollstreckungsmaßnahmen („Rückschlagsperre", § 88 InsO) nicht grundsätzlich entgegen, soweit dies keine Benachteiligung der Insolvenzgläubiger und Insolvenzgläubigerinnen zur Folge hat.[1] Die Eröffnung des Insolvenzverfahrens bedingt jedoch zur Aufhebung, wenn noch keine Vollstreckung erfolgt ist.[2]

Mit Aufhebung des Vermögensarrests verlieren Vollzugsmaßnahmen zwar nicht automatisch ihre Wirkung, sind aber aufzuheben und regelmäßig rückabzuwickeln.[3] Die Nichtbeachtung der gesetzlichen Bestimmungen für den Vermögensarrest durch die Verwaltungsbehörde können zu einem Amtshaftungsanspruch (§ 839 BGB) führen, der im Streitfall vor den Zivilgerichten geltend zu machen ist.[4]

6. Rechtsmittel der Betroffenen

In der Verfahrenspraxis wird stets nur der Fall einer vom Ermittlungsrichter oder der Ermittlungsrichterin des Amtsgerichts auf Antrag der Verwaltungsbehörde erlassenen Arrestanordnung vorkommen (§ 162 Abs. 1 S. 1 StPO i. V. m. § 46 Abs. 1 OWiG). Gegen den Anordnungsbeschluss kann der oder die davon Betroffene, gegen die Ablehnung der Anordnung die antragstellende Verwaltungsbehörde das Rechtsmittel der Beschwerde gem. § 304 bis 310 StPO i. V. m. § 46 Abs. 1 OWiG einlegen. Auf die Beschwerde trifft der Ermittlungsrichter oder die Ermittlungsrichterin eine Abhilfeentscheidung, mit der er oder sie die eigene Anordnung aufheben kann (§ 306 Abs. 2 StPO i. V. m. § 46 Abs. 1 OWiG). Andernfalls legt er die Sache dem übergeordneten Landgericht – Kammer für Bußgeldsachen (§ 46 Abs. 7 OWiG) – zur Entscheidung vor. Gegen deren ebenfalls durch schriftlichen Beschluss ergehende Entscheidung ist eine weitere Beschwerde nur bei einem Vermögensarrest über einem Betrag von mehr als 20000 Euro statthaft (§ 310 Abs. 1 Nr. 3 StPO i. V. m. § 46 Abs. 1 OWiG).[5] Legt der oder die von der Einziehungsanordnung

1) LG Frankfurt (Main), Beschl. vom 15.1.2015, Az. 5/24 KLs 13/14.
2) LG Frankfurt (Main), Beschl. vom 12.12.2014, Az. 5/12 KLs 14/12.
3) OLG Frankfurt (Main), Beschl. vom 16.1.2025, Az. 7 Ws 216/24.
4) OLG Hamm, Beschl. vom 27.1.2023, Az. 11 U 60/20.
5) Saarländisches OLG (Saarbrücken), Beschl. vom 28.4.2023, Az. 1 Ws 73/23; Brandenburgisches OLG (Brandenburg), Beschl. vom 31.1.2023, Az. 2 Ws 9/23; OLG Dresden, Beschl. vom 10.3.2021, Az. 3 Ws 6/21.

Betroffene gegen die Entscheidung des Amtsgerichts Beschwerde ein, so erhält die Verwaltungsbehörde vorab Gelegenheit zur Stellungnahme. Diese sollte auf jeden Fall wahrgenommen und eine Äußerung beim Bestreiten einer Ordnungswidrigkeit, der Einziehungs- oder Arrestvoraussetzungen oder der Höhe des Wertersatzbetrags abgegeben werden. Das Landgericht – Kammer für Bußgeldsachen – (§ 46 Abs. 7 OWiG) hat zeitnah über das Rechtsmittel des Betroffenen gegen einen Vermögensarrest zu entscheiden.[1)]

Muster 8.1: Antrag auf Erlass einer gerichtlichen Vermögensarrestanordnung (§ 111j Abs. 1 S. 1 StPO i. V. m. § 46 Abs. 1 OWiG)

Stadt Münsterberg Bußgeldstelle

Stadt Münsterberg, 99090 Münsterberg

Amtsgericht Münsterberg
– Ermittlungsrichter –
über EGVP

Dienstgebäude	Schubertstraße 36 99090 Münsterberg
Bearbeitung	Frau Weber
Telefon	(0987) 9878-987
E-Mail	weber.bs@muensterberg.de

Ihr Zeichen, Ihre Nachricht vom	Bitte bei Antwort angeben Unser Zeichen, Unsere Nachricht vom	Datum
	OWi – 0987665/26	12.5.2026

Einziehungsverfahren gegen Herrn Bolski, Igor, Newskiprospekt 100, 2345 Jarosni, Kasachstan, wegen unerlaubter Gewerbeausübung

Antrag auf Anordnung des Vermögensarrests (§ 111e StPO i. V. m. § 46 Abs. 1 OWiG)

Wir beantragen die Anordnung des Vermögensarrests bezüglich des Einziehungsbeteiligten Bolski, Igor, Newskiprospekt 100, 2345 Jarosni, Kasachstan, in Höhe von 32000 Euro.

Gründe

Wir ermitteln gegen den Einziehungsbeteiligten wegen einer Ordnungswidrigkeit der Schwarzarbeit durch unerlaubte Ausübung eines stehenden Gewerbes (§ 8 Abs. 1 Nr. 1 Buchst. d GewO). Ihm wird vorgeworfen, gewerbsmäßig im Zeitraum von Februar bis Mai 2024 vom inzwischen aufgegebenen Geschäftssitz in der Kurfürstenstraße 34 ohne die erforderliche Erlaubnis Anlageberatung oder Anlagevermittlung betrieben zu haben (§ 34f Abs. 1 S. 1 i. V. m. § 144 Abs. 1 Nr. 1 Buchst. l GewO). Diese Ordnungswidrigkeit ist mit Geldbuße bis zu 50000 Euro bedroht (§ 144 Abs. 4 GewO). Wir beabsichtigen die rechtswidrig erlangten Beträge durch die Anordnung des Wertes von Taterträgen gem. § 29a OWiG abzuschöpfen. Die Einzelfälle und die Höhe des Einziehungsbetrags von 32000 Euro ergeben sich aus der beigefügten Auflistung (siehe beigefügte Bußgeldakte).

Telefonzentrale
(0899) 123-0
Internet
www.Muensterberg.de

Servicezeiten
Mo-Mi 7.30-16.30 Uhr
Do 7.30-17.30 Uhr
Fr 7.30-12.00 Uhr

Öffentliche Verkehrsmittel
Stadtbus Linie 6
Haltestelle Mitte

Bankverbindung
Kreissparkasse Münsterberg
IBAN DE2040000000123456
BIC GROBDE77XX
Volksbank Münsterberg
IBAN DE2040000000234567
BIC GROBDE87XX

Besonderes elektronisches Behördenpostfach
Ordnungsamt@muensterberg .de

1) BVerfG, Nichtannahmebeschluss vom 18.12.2024, Az. 1 BvR 2116/24.

Die beantragten Maßnahmen beruhen auf § 111e Abs. 1 S. 1 StPO i. V. m. § 46 Abs. 1 OWiG. Die Annahme, dass die Voraussetzungen der Einziehung des Wertes von Taterträgen vorliegen, ist nach den bisherigen Ermittlungen begründet (§ 111e Abs. 1 S. 1 StPO i. V. m. § 46 Abs. 1 OWiG). Weder der Einziehungsbeteiligte selbst noch das von ihm geführte Unternehmen haben im Inland einen Wohnsitz, gewöhnlichen Aufenthalt bzw. einen Geschäftssitz oder eine Niederlassung. Der Wertbetrag müsste daher im Heimatland des Einziehungsbeteiligten vollstreckt werden, mit dem kein Vollstreckungshilfeabkommen besteht und die Durchsetzung daher aussichtslos wäre. Der Grundsatz der Verhältnismäßigkeit (Art. 20 Abs. 3 GG) ist wegen des erheblichen Ausmaßes der Zuwiderhandlung und der Höhe des aus der Ordnungswidrigkeit Erlangten gewahrt.

Stadt Münsterberg, Bußgeldstelle

Muster 8.2: Anordnung des Vermögensarrests durch die Verwaltungsbehörde bei Gefahr im Verzug (§ 111j Abs. 1 S. 2 StPO i. V. m. § 46 Abs. 1 OWiG)

Stadt Münsterberg

Bußgeldstelle

Stadt Münsterberg, 99090 Münsterberg

Dienstgebäude	Schubertstraße 36 99090 Münsterberg
Bearbeitung	Frau Weber
Telefon	(0987) 9878-987
E-Mail	weber.bs@muensterberg.de

Herrn
Igor Bolski
Newskiprospekt 100
2345 Jarosni,
Kasachstan

Ihr Zeichen, Ihre Nachricht vom	Bitte bei Antwort angeben **Unser Zeichen, Unsere Nachricht vom**	**Datum**
	OWi – 0987665/26	12.5.2026

Einziehungsverfahren gegen Herrn Bolski, Igor, Newskiprospekt 100, 2345 Jarosni, Kasachstan, wegen unerlaubter Gewerbeausübung

Anordnung des Vermögensarrests

1. Wir ordnen gegen den Einziehungsbeteiligten Igor Bolski den Vermögensarrest in Höhe von 32000 Euro zur Sicherung der Einziehung des Wertes von Taterträgen an.
2. Der Einziehungsbeteiligte kann durch Hinterlegung eines Geldbetrags in gleicher Höhe die Vollziehung des Arrestes abwenden und die Aufhebung der Vollziehung des Arrestes verlangen.

Gründe

Die Stadt Münsterberg ermittelt gegen den Einziehungsbeteiligten wegen einer Ordnungswidrigkeit der Schwarzarbeit durch unerlaubte Ausübung eines stehenden Gewerbes (§ 8 Abs. 1 Nr. 1 Buchst. d GewO). Ihm wird vorgeworfen, gewerbsmäßig im Zeit-

Telefonzentrale
(0899) 123-0
Internet
www.Muensterberg.de

Servicezeiten
Mo-Mi 7.30-16.30 Uhr
Do 7.30-17.30 Uhr
Fr 7.30-12.00 Uhr

Öffentliche Verkehrsmittel
Stadtbus Linie 6
Haltestelle Mitte

Bankverbindung
Kreissparkasse Münsterberg
IBAN DE2040000000123456
BIC GROBDE77XX
Volksbank Münsterberg
IBAN DE2040000000234567
BIC GROBDE87XX

Besonderes elektronisches Behördenpostfach
Ordnungsamt@muensterberg .de

raum von Februar bis Mai 2024 vom inzwischen aufgegebenen Geschäftssitz in der Kurfürstenstraße 34 ohne die erforderliche Erlaubnis Anlageberatung oder Anlagevermittlung betrieben zu haben (§ 34f Abs. 1 S. 1 i. V. m. § 144 Abs. 1 Nr. 1 Buchst. l GewO). Diese Ordnungswidrigkeit ist mit Geldbuße bis zu 50000 Euro bedroht (§ 144 Abs. 4 GewO). Wir beabsichtigen die rechtswidrig erlangten Beträge durch die Anordnung des Wertes von Taterträgen gem. § 29a Abs. 1 OWiG abzuschöpfen. Die Einzelfälle und die Höhe des Einziehungsbetrags von 32000 Euro ergeben sich aus der beigefügten Auflistung, die Bestandteil dieser Anordnung ist.

Die nach § 111j Abs. 1 S. 1 StPO i. V. m. § 46 Abs. 1 OWiG erforderliche gerichtliche Anordnung konnte nicht erwirkt werden, da eine Prüfung des gestellten Antrags wegen anderweitiger Belastung des Ermittlungsrichters nach Auskunft des Amtsgerichts zeitnah nicht möglich war. Bei Gefahr im Verzug kann die Anordnung auch durch die Verwaltungsbehörde (§ 35 Abs. 1 OWiG) nach § 111j Abs. 1 S. 2 StPO i. V. m. § 46 Abs. 1, 2 OWiG) erfolgen.

Die Einziehung des Wertes von Taterträgen beruht auf § 111e Abs. 1 S. 1 StPO i. V. m. § 46 Abs. 1 OWiG. Die Annahme, dass die Voraussetzungen der Einziehung des Wertes von Taterträgen vorliegen, ist nach den bisherigen Ermittlungen, insbesondere der Auswertung der Prüfung von Geschäftsunterlagen im vorangegangen Verwaltungsverfahren (§ 4 SchwarzArbG) begründet (§ 111e Abs. 1 S. 1 StPO i. V. m. § 46 Abs. 1 OWiG). Weder der Einziehungsbeteiligte selbst noch das von ihm geführte Unternehmen haben im Inland einen Wohnsitz, gewöhnlichen Aufenthalt bzw. einen Geschäftssitz oder eine Niederlassung. Der Wertbetrag müsste daher im Heimatland des Einziehungsbeteiligten vollstreckt werden, mit dem kein Vollstreckungshilfeabkommen besteht und die Durchsetzung daher aussichtslos wäre. Der Grundsatz der Verhältnismäßigkeit (Art. 20 Abs. 3 GG) ist wegen des erheblichen Ausmaßes der Zuwiderhandlung und der Höhe des aus der Ordnungswidrigkeit Erlangten gewahrt.

Stadt Münsterberg, Bußgeldstelle

§ 9
Sicherstellung der Einziehung von Gegenständen

Die Einziehung von Gegenständen kommt im Bußgeldverfahren selten vor, weil über sie i. d. R. schon zur Gefahrenabwehr in einem zuvor oder gleichzeitig eingeleiteten Verwaltungsverfahren (§ 9 Halbs. 1 VwVfG und entsprechende landesrechtliche Vorschriften) zu entscheiden ist. Für die Tätigkeit der Bußgeldstelle ist daher von entscheidender Bedeutung, ob amtlicher Gewahrsam zur Sicherstellung einer späteren Einziehung auf eine polizei- bzw. ordnungsrechtliche oder bußgeldrechtliche Befugnisnorm gestützt wird.

Beispiel:

Das Veterinäramt beschlagnahmt ein verbotswidrig gehaltenes Tier. Wird die Maßnahme auf eine landesrechtliche Beschlagnahmevorschrift des einschlägigen Polizei-, Sicherheits- oder Ordnungsbehördengesetzes gestützt, handelt es sich auch dann nicht um eine Maßnahme im Bußgeldverfahren, wenn das Veterinäramt zugleich eine Ordnungswidrigkeiten-Anzeige erstattet.[1] Die Einziehung von Gegenständen dient als Nebenmaßnahme der Abschöpfung von rechtswidrig erlangten Vermögensvorteilen aus Ordnungswidrigkeiten.[2] Eine Zuständigkeit der Bußgeldstelle besteht nicht, weil weder Beschlagnahme noch Einziehung Nebenfolgen der Ordnungswidrigkeit sind.

Soll die Einziehung von Gegenständen (§ 22 OWiG) oder Unbrauchbarmachung durch Bußgeldbescheid (§ 65 OWiG) oder selbstständigen Einziehungsbescheid (§ 27 i. V. m. § 87 OWiG) angeordnet werden, können sie vorläufig zur Sicherung der Vollstreckung beschlagnahmt werden (§ 111b Abs. 1 S. 1 i. V. m. § 46 Abs. 1 OWiG). Die Maßnahme hat die Wirkung eines Veräußerungsverbotes im Sinne des § 136 BGB. Damit kann der oder die Betroffene auch nicht mehr wirksam über den einzuziehenden Gegenstand verfügen (§ 111d Abs. 1 S. 1 StPO i. V. m. § 46 Abs. 1 OWiG). Die Beschlagnahme ist auch insolvenzfest (§ 111d Abs. 1 S. 2 StPO i. V. m. § 46 Abs. 1 OWiG).

Beispiel:

Das Veterinäramt beschlagnahmt ein verbotswidrig gehaltenes Tier. Wird die Maßnahme auf (§ 111b Abs. 1 S. 1 StPO i. V. m. § 46 Abs. 1 OWiG) gestützt, ist ein Unterlaufen der Anordnung durch ein angebliches Verschenken an Angehörige nicht mehr möglich.

Sowohl die sicherstellende Dienststelle als auch die Bußgeldstelle müssen während des gesamten Verfahrens auf die durch eine Verwahrung beschlagnahmter Gegenstände entstehenden und zunächst die Verwaltungsbehörde treffenden Kosten achten.

1) Sächsisches OVG (Bautzen), Beschl. vom 3.8.2022, Az. 6 B 42/22.
2) VG Neustadt (Weinstraße), Beschl. vom 23.2.2021, Az. 5 L 92/21.

Beispiel:

Das Veterinäramt beschlagnahmt ein verbotswidrig gehaltenes Tier und bringt es in einem Tierheim unter. Damit entsteht ein privatrechtlicher Anspruch des Tierheims gegenüber der Verwaltungsbehörde, den diese unabhängig davon zu erfüllen hat, ob die Auslagen später von Betroffenen zurückerlangt werden können.

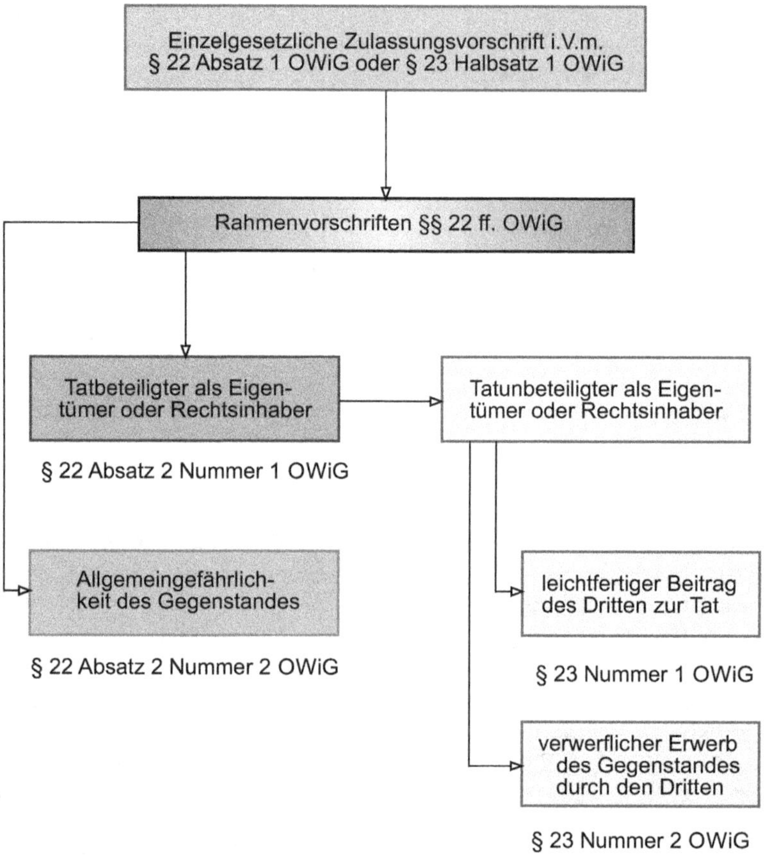

Abb. 1: Einziehung von Gegenständen

1. Voraussetzungen der Einziehung von Gegenständen

Die Einziehung von Gegenständen dient als Nebenmaßnahme der Abschöpfung von rechtswidrig erlangten Vermögensvorteilen aus Ordnungswidrigkeiten.[1] Sie ist im Bußgeldverfahren ist aufgrund § 22 Abs. 1 OWiG nicht allgemein, sondern nur dann zulässig, wenn sie durch eine besondere Ermächtigungsvorschrift vorgesehen ist.

1) VG Neustadt (Weinstraße), Beschl. vom 23.2.2021, Az. 5 L 92/21.

Solche Bestimmungen finden sich in den einschlägigen Gesetzen des besonderen Verwaltungsrechts i. d. R. unmittelbar nach der Bußgeldvorschrift.

Beispiele:

Bußgeldvorschrift	Ermächtigungsvorschrift
§ 69 KrWG	§ 70 S. 1 KrWG
§ 60 Abs. 1 LFGB	§ 61 S. 1 LFGB
§ 41 SprengG	§ 43 S. 1 SprengG
§ 18 TierSchG	§ 19 Abs. 1 Nr. 2, Abs. 2 TierSchG
§ 53 WaffG	§ 54 Abs. 2 WaffG

Jede Beschlagnahme von Gegenständen im Bußgeldverfahren setzt daher voraus, dass die spätere Einziehung im Bußgeldbescheid durch eine spezielle Rechtsgrundlage ausdrücklich zugelassen ist.

Beispiel:

Die Ausübung des Bewachungsgewerbes ohne Erlaubnis (§ 34a Abs. 1 S. 1 GewO) ist nach § 144 Abs. 1 Nr. 1 Buchst. f GewO ordnungswidrig. Da die Gewerbeordnung keine Einziehungsvorschrift im Sinne des § 22 Abs. 1 OWiG enthält, ist eine Beschlagnahme von Ausweisen und Kennzeichnungen von Wachpersonen (vergleiche § 18 BewachV) im Bußgeldverfahren unzulässig.

Die Rahmenvorschriften unterscheiden zwischen der Einziehung beim Täter oder der Täterin einer Ordnungswidrigkeit (§ 22 OWiG), wozu auch jeder und jede Beteiligte im Sinne des § 14 Abs. 1 OWiG gehört, und bei tatunbeteiligten Dritten (§ 23 OWiG) mit verschiedenen Voraussetzungen. Sofern sich die Ermächtigung zur Einziehung nur auf Straftaten beschränkt, können sie nicht wegen Ordnungswidrigkeiten angeordnet werden.

Beispiel:

Die Teilnahme an einer infektionsschutzrechtlich nicht genehmigten Veranstaltung ist zwar nach § 73 Abs. 2 IfSG als Ordnungswidrigkeit mit Geldbuße bedroht. Da sich die Ermächtigung zur Einziehung von Gegenständen in § 76 IfSG nur auf Straftaten nach § 75 Abs. 1 oder 3 IfSG beschränkt, können von Betroffenen mitgeführte und beschlagnahmte Schilder nicht als Nebenfolge der Ordnungswidrigkeit eingezogen werden.[1)]

1) AG Tiergarten (Berlin), Urt. vom 9.9.2020, Az. (336 Cs) 231 Js 1111/20 (123/20).

1.1 Einziehung von Gegenständen bei mutmaßlichen Tätern und Täterinnen

Die Einziehung von Gegenständen beim Täter oder Täterin einer Ordnungswidrigkeit oder Beteiligten an einer Ordnungswidrigkeit (§ 14 Abs. 1 OWiG) ist zunächst aufgrund § 22 Abs. 2 Nr. 1 OWiG zulässig, wenn der Gegenstand dem Täter, der Täterin oder Beteiligten zum Zeitpunkt der Entscheidung gehört oder zusteht. Diese Alternative ist praktisch problematisch, weil das privatrechtliche Eigentum (§ 903 BGB) im Gegensatz zum bloßen Gewahrsam an beweglichen Sachen im Einzelfall schwer feststellbar sein kann (Eigentumsvorbehalt eines Dritten bis zur vollständigen Zahlung des Kaufpreises, angebliche Veräußerung oder Sicherungsübereignung) oder Rechte Dritter daran bestehen können (Anwartschaftsrecht eines Erwerbers, Pfändungspfandrecht, Miteigentum). Wesentlich einfacher zu beurteilen und von (angeblichen) Drittrechten unabhängig ist daher die Einziehung wegen der Gefährlichkeit des Gegenstandes.[1] Die Verwaltungsbehörde kann anhand des Einzelfalles beurteilen, ob der Einziehungsgegenstand nach Art oder den Umständen die Allgemeinheit gefährdet oder die Gefahr einer Benutzung bei weiteren Ordnungswidrigkeiten (§ 22 Abs. 2 Nr. 2 OWiG) besteht. Daher sollten diese Alternativen von der verantwortenden Person stets vorrangig geprüft werden.

1.2 Einziehung von Gegenständen bei Tatunbeteiligten

Die Einziehung von Gegenständen bei Tatunbeteiligten ist nur wegen der Gefährlichkeit des Gegenstandes wie bei dem Täter, der Täterin oder Beteiligten an der Ordnungswidrigkeit (§ 14 Abs. 1 OWiG) zulässig (§ 22 Abs. 2 Nr. 2 OWiG). Soll die Einziehung dagegen auf das Eigentum oder Zustehen gestützt werden, so ist sie aufgrund § 23 OWiG abweichend von § 22 Abs. 2 Nr. 1 OWiG nur möglich, wenn eine weitere Ermächtigungsvorschrift die Anwendbarkeit des § 23 OWiG ausdrücklich vorsieht. Weitere Voraussetzungen sind dann ein

- wenigstens leichtfertiger Beitrag der unbeteiligten Person, dass der Einziehungsgegenstand Gegenstand der Zuwiderhandlung oder ihrer Vorbereitung gewesen ist (§ 23 Nr. 1 OWiG) oder
- Erwerb des Einziehungsgegenstands durch den Dritten oder die Dritte in Kenntnis der die Einziehung begründenden Umstände (§ 23 Nr. 2 OWiG).

Beispiele:

Bußgeldvorschrift	Ermächtigungsvorschrift
§ 69 KrWG	§ 70 S. 2 KrWG
§§ 60 Abs. 1 LFGB	§ 61 S. 2 LFGB
§ 41 SprengG	§ 43 S. 2 SprengG
§ 18 TierSchG	nicht vorhanden
§ 53 WaffG	§ 54 Abs. 3 WaffG

1) LG Frankfurt (Main), Beschl. vom 2.8.2022, Az. 5/31 Qs 15/22.

Wegen der Schwierigkeit der Feststellung solcher besonderen Merkmale hat die Einziehung von Gegenständen nach § 23 OWiG keine praktische Bedeutung. Die verantwortende Person sollte daher auch in diesem Fall die Einziehung wegen Gefährlichkeit des Gegenstands (§ 22 Abs. 2 Nr. 2 OWiG) immer vorrangig prüfen.

2. Verhältnismäßigkeit der Einziehung von Gegenständen

Für die Beschlagnahme von Einziehungsgegenständen genügt zwar schon der Anfangsverdacht einer Ordnungswidrigkeit (§ 152 Abs. 2 StPO i. V. m. § 46 Abs. 1 OWiG). Je geringer die Auffindungswahrscheinlichkeit ist, umso mehr ist aber gerade bei Ordnungswidrigkeiten bereits der allgemeine Grundsatz der Verhältnismäßigkeit (Art. 20 Abs. 3 GG) zu beachten.[1] Eine nach § 22 OWiG bei dem oder der Betroffenen oder nach § 23 OWiG bei tatunbeteiligten dritten Personen zulässige Einziehung von Gegenständen unterliegt in besonderer Weise dem Grundsatz der Verhältnismäßigkeit durch die Ermessungsbegrenzung (§ 24 Abs. 1 OWiG), dem Vorrang des milderen Eingriffs (§ 24 Abs. 2 OWiG) und der Möglichkeit der Teileinziehung (§ 24 Abs. 3 OWiG).

- **Ermessungsbegrenzung**

Der Grundsatz der Verhältnismäßigkeit ist in § 24 Abs. 1 OWiG für die Einziehung von Gegenständen bei dem oder der Berechtigten wegen ihres Ahndungscharakters besonders hervorgehoben. Sie ist unzulässig, wenn sie bezüglich des Täters oder der Täterin der Ordnungswidrigkeit (§ 22 Abs. 2 Nr. 1 OWiG) zur Bedeutung der begangenen Handlung und bei tatunbeteiligten Personen (§ 23 OWiG) zu dem sie treffenden Vorwurf außer Verhältnis steht. Bei der Sicherungseinziehung (§ 22 Abs. 2 Nr. 2 OWiG) ist die Vorschrift nicht anwendbar. Praktische Folgen ergeben sich daraus nicht, weil die Sicherungseinziehung gegenüber der Ahndungseinziehung völlig vorrangig ist und der Grundsatz der Verhältnismäßigkeit sich bereits aus dem Rechtsstaatsprinzip (Art. 20 Abs. 3 GG) ergibt.

- **Vorrang des milderen Eingriffs**

Von praktischer Bedeutung ist der Vorrang gegenüber der Einziehung weniger einschneidender Maßnahmen unter dem Vorbehalt der Einziehung gem. § 24 Abs. 2 S. 1 OWiG, insbesondere die in S. 2 aufgeführten Regelbeispiele mit der Anweisung

- den Gegenstand (z. B. eine Waffe) unbrauchbar zu machen (Nr. 1),
- an den Gegenständen bestimmte Einrichtungen oder Kennzeichen (z. B. unzulässig verwendete Markenzeichen, verbotene Preisauszeichnung) zu beseitigen oder die Gegenstände sonst zu verändern (Nr. 2),
- über die Gegenstände in bestimmter Weise zu verfügen (z. B. eine Waffe an einen zum Besitz Berechtigten zu verkaufen, Nr. 3).

1) LG München, Beschl. vom 18.12.2024, Az. 19 Qs 24/24, für das Strafverfahren.

Beispiel:

Der Betroffene besitzt unerlaubt eine teure Schreckschusspistole und schießt mit ihr in der Öffentlichkeit (§ 53 Abs. 1 Nr. 1, 3 WaffG). Die aus Sicherungsgründen gebotene Einziehung dieses Gegenstandes (§ 54 Abs. 2 WaffG, § 22 Abs. 2 Nr. 2 OWiG) kann neben der Geldbuße gegen den Täter oder die Täterin unverhältnismäßig sein. Als weniger einschneidende Maßnahme kommt die Anweisung unter Vorbehalt der Einziehung (§ 24 Abs. 2 S. 1 OWiG) in Betracht, die Veräußerung der Waffe (§ 24 Abs. 2 Nr. 3 OWiG) innerhalb von zwei Wochen an einen Erlaubnisinhaber nachzuweisen.

Nach Fristablauf wird die Einhaltung der Anweisung überprüft. Die Verwaltungsbehörde verfügt die

- Aufhebung des Vorbehalts der Einziehung, wenn die Anweisung befolgt wurde,
- nachträgliche Anordnung der Einziehung, wenn die Anordnung nicht erfüllt wurde.

- **Teileinziehung von Gegenständen**

Die Möglichkeit einer Teileinziehung von Gegenständen (§ 24 Abs. 3 OWiG) ist praktisch bedeutungslos, weil sie nur bei der kaum vorkommenden Einziehung zu Ahndungszwecken, nicht aber bei einer Sicherungseinziehung sinnvoll ist.

3. Beschlagnahme von Einziehungsgegenständen

Im Bußgeldverfahren wird nur die Einziehung beweglicher Gegenstände in Betracht kommen. Die Ingewahrsamnahme von Einziehungsgegenständen muss durch förmliche Beschlagnahme durch Wegnahme der Sache erfolgen (§ 111b Abs. 1 S. 1, § 111c Abs. 1 S. 1 StPO i. V. m. § 46 Abs. 1 OWiG). Nur die Beschlagnahme hat die Wirkung eines privatrechtlichen Veräußerungsverbotes (§ 136 BGB) oder Verfügungsverbotes (§ 111d Abs. 1 S. 1 StPO i. V. m. § 46 Abs. 1 OWiG). Nur sie ist nach der Eröffnung des Insolvenzverfahrens über das Vermögen des oder der Betroffenen insolvenzfest (§ 111d Abs. 1 S. 2 StPO i. V. m. § 46 Abs. 1 OWiG). Daraus folgt:

- **Formlose Sicherstellung**

Die formlose Sicherstellung von Einziehungsgegenständen aufgrund freiwilliger Herausgabe durch bloße amtliche Verwahrung (§ 94 Abs. 1 StPO i. V. m. § 46 Abs. 1 OWiG) ist unzureichend. Möglich ist aber, dass sich der oder die Betroffene mit der formlosen Einziehung einverstanden erklärt. Diese Erklärung ist nicht formbedürftig und kann auch mündlich erfolgen. Sie führt zum sofortigen Eigentumsübergang (§ 26 Abs. 1 OWiG), sodass davon nach Möglichkeit Gebrauch gemacht werden sollte. Als wesentliche Untersuchungshandlung der Verwaltungsbehörde ist sie zu protokollieren (§ 168b Abs. 1 StPO i. V. m. § 46 Abs. 1 OWiG), ohne dass es dabei einer Signatur des Erklärenden bedarf. Es genügt daher ein Vermerk der verantwortenden Person der Verwaltungsbehörde in der Bußgeldakte (§ 32b Abs. 1 S. 1 StPO i. V. m. § 110c S. 1 OWiG).

- **Förmliche Beschlagnahme**

Werden Gegenstände als Einziehungsgegenstände sichergestellt und erklärt sich der oder die Betroffene nicht mit der formlosen Einziehung einverstanden, ist wegen der Sicherungswirkungen nach § 111d Abs. 1 StPO i. V. m. § 46 Abs. 1 OWiG die förmliche Beschlagnahme erforderlich.

Zur Auffindung von Einziehungsgegenständen ist unter den Voraussetzungen der §§ 102 bis 110 StPO auch die Durchsuchung von Personen, Räumen und Behältnissen zulässig (§ 111b Abs. 2 StPO i. V. m. § 46 Abs. 1 OWiG). Soweit also nicht ausnahmsweise Gefahr im Verzug vorliegt, ist regelmäßig der Richtervorbehalt zu beachten (§ 105 StPO i. V. m. § 46 Abs. 1 OWiG).

3.1 Anordnung der Beschlagnahme und Durchsuchung

Zur Anordnung der Beschlagnahme und Durchsuchung ist im Regelfall nur das Gericht befugt (§ 111j Abs. 1 S. 1, § 105 Abs. 1 StPO i. V. m. § 46 Abs. 1 OWiG). Zuständig ist der Ermittlungsrichter oder die Ermittlungsrichterin (§ 162 Abs. 1 S. 1 StPO i. V. m. § 46 Abs. 1 OWiG) des Amtsgerichts am Sitz der Verwaltungsbehörde (§ 68 Abs. 1 S. 1 OWiG). Nur bei Gefahr im Verzug darf die Beschlagnahme ausnahmsweise

- auch von der Verwaltungsbehörde (§ 111j Abs. 1 S. 2 StPO i. V. m. § 46 Abs. 1, 2 OWiG) und
- bei beweglichen Gegenständen von Polizeibeamten (§ 53 Abs. 2 OWiG) angeordnet werden, die Ermittlungspersonen der Staatsanwaltschaft sind (§ 111j Abs. 1 S. 3 StPO i. V. m. § 46 Abs. 1 OWiG).

Die Verwaltungsbehörde beantragt die Maßnahmen in gleicher Weise wie bei der Beschlagnahme und Durchsuchung zur Gewinnung von Beweismitteln beim Ermittlungsrichter oder der Ermittlungsrichterin des Amtsgerichts (§ 162 Abs. 1 S. 1 StPO i. V. m. § 46 Abs. 1 OWiG).[1] Ordnet die Verwaltungsbehörde bei Gefahr im Verzug bei unbeweglichen Einziehungsgegenständen die Beschlagnahme an, so hat sie binnen einer Woche die gerichtliche Bestätigung ihrer Anordnung von Amts wegen zu beantragen. Der oder die Betroffene kann unabhängig davon in allen Fällen selbst die gerichtliche Entscheidung beantragen (§ 111j Abs. 2 S. 1, 2 StPO i. V. m. § 46 Abs. 1 OWiG).

Die Anordnung der Beschlagnahme unterbricht nicht die Verfolgungsverjährung (§ 31 Abs. 1 S. 1 OWiG), weil sie nicht im abschließenden Katalog des § 33 Abs. 1 S. 1 OWiG aufgeführt ist.[2]

3.2 Durchführung der Beschlagnahme und Durchsuchung

Die Ausführung der gerichtlichen Beschlagnahme- und Durchsuchungsanordnung erfolgt durch die Verwaltungsbehörde (§ 111k Abs. 1 S. 1 StPO i. V. m. § 46 Abs. 1,

1) AG Bautzen, Beschl. vom 27.5.2024, Az. 47 Gs 409/24. Zum Antrag auf Erlass eines Durchsuchungs- und Beschlagnahmebeschlusses beim Ermittlungsrichter oder der Ermittlungsrichterin des Amtsgerichts (§ 162 Abs. 1 S. 1 StPO i. V. m. § 46 Abs. 1 OWiG) § 6 Nr. 5.2.1.

2) KG (Berlin), Beschl. vom 20.5.2016, Az. 1 Ws 83/15, zur strafrechtlichen Parallelvorschrift § 78c Abs. 1 S. 1 Nr. 4 StGB.

2 OWiG) oder die von ihr ersuchte Polizeidienststelle (§ 161 Abs. 1 S. 1 StPO i. V. m. § 46 Abs. 1 OWiG). Es gelten die Vorschriften der § 102 bis 110 StPO für die Beschlagnahme und Durchsuchung zu Beweiszwecken entsprechend (§ 111b Abs. 2 StPO i. V. m. § 46 Abs. 1 OWiG). Die Beschlagnahme erfolgt bei

- *beweglichen Sachen*,

  indem sie in Gewahrsam genommen oder die Sache an Ort und Stelle verbleibt und die Beschlagnahme dort durch ein Siegel oder in anderer Weise kenntlich gemacht wird (§ 111c Abs. 1 StPO i. V. m. § 46 Abs. 1 OWiG).

- *Forderungen und Vermögensrechten an beweglichen Sachen*,

  durch Pfändung (§ 111c Abs. 2 S. 1 StPO i. V. m. § 46 Abs. 1 OWiG). Dazu sind sinngemäß die Vorschriften der Zivilprozessordnung (ZPO) über die Zwangsvollstreckung in Forderungen und andere Vermögensrechte anzuwenden (§ 111c Abs. 2 S. 2 StPO i. V. m. § 46 Abs. 1 OWiG). Unabhängig davon kann die Rückzahlung aus ordnungswidrigen Erträgen und daher unerlaubten Handlungen (§ 823 Abs. 2 BGB) von den Geschädigten auch auf dem Zivilrechtsweg geltend gemacht werden.[1)]

  Beispiel:

  Ein Unternehmen mit Geschäftssitz in Malta betreibt in Deutschland Glücksspiel ohne die dazu erforderliche Erlaubnis. Die durch die Ordnungswidrigkeit nach § 28a Abs. 1 GlüStV erzielten Erträge unterliegen der Einziehung (§ 28a Abs. 3 S. 1 GlüStV i. V. m. § 22 OWiG). Die durch das unerlaubte Glücksspiel geschädigten Spieler können die Spieleinsätze auch auf dem Zivilrechtsweg durch Klage vor den ordentlichen Gerichten zurückfordern.[2)]

- *Verkörperungen eines Inhalts oder Vorrichtungen zur Herstellung*,

  unter besonderen Anforderungen an die Verhältnismäßigkeit (§ 111q StPO i. V. m. § 46 Abs. 1 OWiG). Unter den Begriff der Inhalte fallen solche, die in Schriften, auf Ton- oder Bildträgern, in Datenspeichern, Abbildungen oder anderen Verkörperungen enthalten sind oder auch unabhängig von einer Speicherung mittels Informations- oder Kommunikationstechnik übertragen werden (§ 111q Abs. 1 StPO i. V. m. § 11 Abs. 3 StGB).

3.3 Verwaltung beschlagnahmter Gegenstände

Die Verwaltung beschlagnahmter Gegenstände (§ 111c StPO i. V. m. § 46 Abs. 1 OWiG) obliegt grundsätzlich der Verwaltungsbehörde (§ 111m Abs. 1 S. 1 StPO i. V. m. § 46 Abs. 1 OWiG). Sie kann damit auch ihre Ermittlungspersonen (§ 152 GVG) einer Polizeidienststelle beauftragen (§ 111m Abs. 1 S. 2 Alt. 1 StPO i. V. m. § 46 Abs. 1 OWiG). Diese ist im Bußgeldverfahren aber dazu im Gegensatz zum strafrechtlichen Ermittlungsverfahren der Staatsanwaltschaft nicht verpflichtet, weil die strafprozessualen Bestimmungen nach § 46 Abs. 1 OWiG nur sinngemäß gelten.

1) OLG Frankfurt (Main), Urt. vom 16.11.2023, Az. 16 U 192/22.
2) Sachverhalt des Beispiels nach OLG Frankfurt (Main), Urt. vom 16.11.2023, Az. 16 U 192/22.

Die Verwaltungsbehörde kann auch den Gerichtsvollzieher oder die Gerichtsvollzieherin des Amtsgerichts mit der Verwaltung beauftragen (§ 111m Abs. 1 S. 2 Alt. 2 StPO i. V. m. § 46 Abs. 1 OWiG). Die dadurch entstehenden Kosten sind von der Verwaltungsbehörde vorläufig zu tragen und können im Bußgeld- oder Einziehungsbescheid als Auslagen der Verwaltungsbehörde erhoben werden (§ 107 Abs. 3 Nr. 13 OWiG). In geeigneten Fällen, etwa wegen der Größe eines beschlagnahmten Gegenstandes kann die Verwaltungsbehörde auch eine andere Person, wie ein privates Unternehmen mit der Verwaltung beauftragen (§ 111m Abs. 1 S. 3 StPO i. V. m. § 46 Abs. 1 OWiG). Aufgrund des privatrechtlichen Verwahrungsvertrags (§ 688 BGB) entsteht ein Vergütungsanspruch des Verwahrers oder der Verwahrerin (§ 689 BGB), der sich gegen die Verwaltungsbehörde, nicht den oder die Betroffenen richtet. Diese können gegen Maßnahmen, die im Rahmen der Verwaltung getroffen werden, gerichtliche Entscheidung beim Ermittlungsrichter oder der Ermittlungsrichterin des örtlich zuständigen Amtsgerichts (§ 68 Abs. 1 S. 1 OWiG) beantragen (§ 62 OWiG, § 111m Abs. 2 StPO i. V. m. § 46 Abs. 1 OWiG).

3.4 Herausgabe von Gegenständen

Wird eine als Einziehungsgegenstand beschlagnahmte bewegliche Sache (§ 111c Abs. 1 StPO i. V. m. § 46 Abs. 1 OWiG) für Zwecke des Bußgeldverfahrens nicht mehr benötigt, ist sie von der Verwaltungsbehörde von Amts wegen an den letzten Gewahrsamsinhaber oder die -inhaberin herauszugeben (§ 111n Abs. 1 StPO i. V. m. § 46 Abs. 1 OWiG).[1] Steht der Herausgabe an ihn der Anspruch eine dritte Person entgegen, wird die Sache an diese herausgegeben, wenn sie bekannt ist und die Voraussetzungen offenkundig sind (§ 111n Abs. 3, 4 StPO i. V. m. § 46 Abs. 1 OWiG).[2] Über die Herausgabe entscheidet die Verwaltungsbehörde (§ 35 OWiG) aufgrund § 111o Abs. 1 StPO i. V. m. § 46 Abs. 1 OWiG.

- von der Einleitung des Bußgeldverfahrens bis zum Erlass eines rechtskräftigen Bescheides,
- nach einem zulässigen Einspruch (§ 67, § 69 Abs. 2 OWiG) bis zur Übersendung der Bußgeldakten über die Staatsanwaltschaft an das Amtsgericht (§ 69 Abs. 3 OWiG) und
- nach rechtskräftigem Abschluss des Bußgeldverfahrens durch Bußgeld- oder Einziehungsbescheid (§ 89 OWiG).

Nach Übersendung der Akten aufgrund eines zulässigen Einspruchs (§ 67, § 69 Abs. 2, 3 OWiG) besteht zunächst die Zuständigkeit der Staatsanwaltschaft (§ 69 Abs. 4 S. 1 OWiG), während des gerichtlichen Bußgeldverfahrens (§§ 70 ff. OWiG) die Zuständigkeit des mit der Sache befassten Gerichts (§ 111o Abs. 1 StPO i. V. m. § 46 Abs. 1 OWiG).

Gegen die Verfügung der Verwaltungsbehörde (§ 35 OWiG) und ihrer Ermittlungspersonen (§ 53 OWiG, § 152 GVG) können die Betroffenen beim Ermittlungsrichter oder der Ermittlungsrichterin des Amtsgerichts (§ 162 Abs. 1 S. 1 StPO i. V. m. § 46 Abs. 1 OWiG) gerichtliche Entscheidung beantragen (§ 62 OWiG, § 111o Abs. 2 StPO i. V. m. § 46 Abs. 1 OWiG).

1) Eine Herausgabe an den Verletzten (§ 111n Abs. 2 StPO) kommt im Bußgeldverfahren nicht in Betracht.
2) AG Bonn, Beschl. vom 4.11.2020, Az. 50 Gs 1790/20.

3.5 Notveräußerung von Gegenständen

Beschlagnahmte Einziehungsgegenstände (§ 111c Abs. 1 S. 1 StPO i. V. m. § 46 Abs. 1 OWiG), die sich in amtlichem Gewahrsam befinden, können erhebliche Auslagen für die Aufbewahrung, Pflege und Erhaltung auslösen. Anders als sichergestellte Beweismittel können ausschließlich bewegliche Gegenstände (§ 90 BGB)[1] aufgrund § 111p Abs. 1 S. 1 StPO i. V. m. § 46 Abs. 1 OWiG notveräußert werden, wenn

- ihr Verderb droht,
- ein erheblicher Wertverlust droht oder
- ihre Aufbewahrung, Pflege oder Erhaltung mit erheblichen Kosten oder Schwierigkeiten verbunden ist.

Die Grenze ist jedenfalls bei einem drohenden Wertverlust von zehn Prozent erreicht. Vor allem bei elektronischen Geräten und Kraftfahrzeugen ist damit eine frühzeitige Verwertung geboten.[2] Erhebliche Pflegekosten sind in Tierschutzverfahren typisch.[3] Die Höhe des Wertverlustes eines Gegenstandes während der Dauer der Beschlagnahme ist ein geeigneter Anhaltspunkt für die Anordnung einer Notveräußerung.[4] Sie ist daher unzulässig, wenn weder ein erheblicher weiterer Wertverlust noch erhebliche Kosten für die Verwahrung zu erwarten sind.[5] Beschlagnahmte Tiere sind zwar keine Sachen (§ 90a S. 1 BGB), jedoch sind die für körperliche Gegenstände (§ 90 BGB) geltenden Bestimmungen entsprechend anzuwenden (§ 90a S. 3 BGB). Tiere wie etwa Hunde oder Katzen fallen daher unter den Begriff der Einziehungsgegenstände, dürfen aber nicht freihändig veräußert werden.[6] Dürfen Tiere nicht vermarktet werden, können sie auch langfristig unentgeltlich einem Tiergarten leihweise zur Verfügung gestellt werden.[7]

Beispiel:

Die Betroffene hält in ihrer Wohnung mehrere Katzen und beaufsichtigt diese in ihrer Abwesenheit nicht, sodass den Tieren dadurch ohne vernünftigen Grund erhebliche Leiden zugefügt werden. Sie werden bei einer Notöffnung der Wohnung zur Beseitigung der festgestellten Verstöße durch Anordnung sichergestellt (§ 16a Abs. 1 S. 1 TierSchG). Neben dem tierschutzrechtlichen Verwaltungsverfahren (§ 9 Halbs. 1 VwVfG und entsprechende landesrechtliche Vorschriften) wird wegen der vorliegenden Ordnungswidrigkeit (§ 18 Abs. 1 Nr. 1 TierSchG) gegen die Tierhalterin ein Bußgeldverfahren eingeleitet, in dem die Notveräußerung der Katzen nach (§ 111p StPO i. V. m. § 46 Abs. 1 OWiG) angeordnet wird. Hierfür besteht wegen des sich überschneidenden Verwaltungsakts (§ 35 S. 1 VwVfG und entsprechende landesrechtliche Vorschriften) zur Gefahrenabwehr keine Veranlassung mehr.[8]

---

1) Für die Notveräußerung von Grundstücken besteht keine Rechtsgrundlage, BGH, Beschl. vom 11.10.2018, Az. V ZB 241/17.
2) LG Regensburg, Beschl. vom 24.10.2017, Az. 64 T 323/17.
3) BGH, Urt. vom 18.8.2021, Az. 5 StR 39/21.
4) OLG Hamm, Beschl. vom 23.7.1999, Az. 2 Ws 232/99.
5) Hanseatisches OLG Hamburg, Beschl. vom 12.7.2011, Az. 3 Ws 80/11.
6) BGH, Urt. vom 18.8.2021, Az. 5 StR 39/21; Sächsisches OVG (Bautzen), Beschl. vom 3.8.2022, Az. 6 B 42/22.
7) LG Hannover, Beschl. vom 20.4.2009, Az. 46 AR 3/09.
8) Sächsisches OVG (Bautzen), Beschl. vom 3.8.2022, Az. 6 B 42/22.

Für die Anordnung der Notveräußerung ist im Vorverfahren die Verwaltungsbehörde zuständig (§ 111p Abs. 2 S. 1 StPO i. V. m. § 46 Abs. 1, 2 OWiG). Ermittlungspersonen der Verwaltungsbehörde (§ 152 GVG) wie einer Polizeibehörde im ersten Zugriff (§ 53 OWiG) steht diese Befugnis zu, wenn der Gegenstand zu verderben droht, bevor die Entscheidung der Verwaltungsbehörde herbeigeführt werden kann (§ 111p Abs. 2 S. 2 StPO i. V. m. § 46 Abs. 1 OWiG).

Der oder die Betroffene und andere, deren Rechte berührt sind, sollen vor der Anordnung gehört werden (§ 111p Abs. 3 S. 1 StPO i. V. m. § 46 Abs. 1 OWiG). Ihnen sind, soweit ausführbar, die Anordnung sowie Zeit und Ort der Notveräußerung mitzuteilen (§ 111p Abs. 3 S. 2 StPO i. V. m. § 46 Abs. 1, 2 OWiG). Die Durchführung der Notveräußerung obliegt der Verwaltungsbehörde (§ 35 OWiG, § 111p Abs. 4 S. 1 StPO i. V. m. § 46 Abs. 1, 2 OWiG). Ermittlungspersonen der Verwaltungsbehörde (§ 152 GVG) wie eine Polizeidienststelle können zwar mit der Notveräußerung beauftragt werden (§ 111p Abs. 4 S. 1 StPO i. V. m. § 46 Abs. 1 OWiG). Diese ist im Bußgeldverfahren aber dazu im Gegensatz zum strafrechtlichen Ermittlungsverfahren der Staatsanwaltschaft nicht verpflichtet, weil die strafprozessualen Bestimmungen nach § 46 Abs. 1 OWiG nur sinngemäß gelten.

Die Notveräußerung richtet sich nach den Vorschriften der Zivilprozessordnung (ZPO) über die Verwertung gepfändeter Sachen (§ 111p Abs. 4 S. 3 StPO i. V. m. § 46 Abs. 1 OWiG), sodass die Verwaltungsbehörde i. d. R. den Gerichtsvollzieher oder die Gerichtsvollzieherin des Amtsgerichts damit beauftragen wird. Die §§ 814 ff. ZPO sehen die Versteigerung durch den Gerichtsvollzieher oder die Gerichtsvollzieherin vor.[1] Diese dürfen die ihnen entstehenden Kosten vorweg entnehmen (§ 15 Abs. 1 GvKostG).[2] Der verbleibende Erlös tritt dann anstelle der notveräußerten Gegenstände (§ 111p Abs. 1 S. 2 StPO i. V. m. § 46 Abs. 1 OWiG) und ist dann im Bußgeldbescheid einzuziehen.[3] Sofern diese auch als Beweismittel in Betracht kommen, ist zuvor z. B. durch Bildaufnahmen und Beschreibung ihrer Eigenschaften in einem Protokoll Beweissicherung zu betreiben. Gegen die Anordnung der Notveräußerung ist der Antrag auf gerichtliche Entscheidung statthaft (§ 62 OWiG).[4] Für die Entscheidung ist der Ermittlungsrichter oder die Ermittlungsrichterin des Amtsgerichts zuständig (§ 162 StPO i. V. m. § 46 Abs. 1 OWiG, § 68 OWiG), der oder die auch die Aussetzung der Notveräußerung vorläufig anordnen kann (§ 111p Abs. 5 StPO i. V. m. § 46 Abs. 1 OWiG). Eine Zuständigkeit des Amtsgerichts als Vollstreckungsgericht besteht dagegen nicht.[5]

Die Notveräußerung von Gegenständen kann bei Betroffenen zu erheblichen wirtschaftlichen Nachteilen führen, die Ahndungscharakter haben. Die im Bußgeldverfahren vollzogene Maßnahme ist dann bei der Zumessung der Geldbuße im Bußgeldbescheid mildernd zu berücksichtigen.[6]

1) AG Hannover, Beschl. vom 22.7.2002, Az. 753 M 37803/02.
2) AG Neubrandenburg, Beschl. vom 28.1.2021, Az. 610 M 1048/20.
3) BGH, Beschl. vom 11.1.2022, Az. 6 StR 513/21, für das Strafverfahren.
4) Hanseatisches OLG Hamburg, Beschl. vom 12.7.2011, Az. 3 Ws 80/11.
5) LG Regensburg, Beschl. vom 24.10.2017, Az. 64 T 323/17.
6) BGH, Beschl. vom 2.12.2020, Az. 4 StR 422/20, für die Strafzumessung.

§ 10
Verfahrensrechte von Betroffenen und Verteidigern oder Verteidigerinnen

Betroffene können sich in jeder Lage des Bußgeldverfahrens des Beistandes eines Verteidigers oder einer Verteidigerin bedienen („Wahlverteidiger" oder „Wahlverteidigerin), § 137 Abs. 1 S. 1 StPO i. V. m. § 46 Abs. 1 OWiG).[1] Haben sie – wie z. B. Erziehungsberechtigte bei noch jugendlichen Personen als Betroffene (§ 67 Abs. 2 JGG i. V. m. § 46 Abs. 1 OWiG) – als gesetzliche Vertreter oder Vertreterinnen, so können auch diese selbstständig einen Verteidiger oder eine Verteidigerin wählen (§ 137 Abs. 2 S. 1 StPO i. V. m. § 46 Abs. 1 OWiG). Die Zulassung eines Beistandes oder einer Beiständin ist nur für das gerichtliche Bußgeldverfahren vorgesehen (§ 149 StPO i. V. m. § 46 Abs. 1 OWiG).

1. Aufgabe des Verteidigers oder der Verteidigerin

Die Person des Verteidigers oder der Verteidigerin steht begrifflich im Zusammenhang mit dem Recht der Betroffenen, sich gegen den Tatvorwurf zu verteidigen, d. h. – mit den Worten des Gesetzes – die gegen sie gerichteten Verdachtsgründe zu beseitigen und die zu ihren Gunsten sprechenden Tatsachen geltend zu machen (§ 136 Abs. 2 StPO i. V. m. § 46 Abs. 1 OWiG). Sie selbst besitzen möglicherweise nicht die erforderliche Rechtskunde, um ihren Standpunkt im Bußgeldverfahren hinreichend zu vertreten, aufklärende Hinweise zu geben und sachdienliche Anträge zu stellen. Aufgabe von Verteidigern und Verteidigerinnen ist es daher, Betroffene rechtskundig zu unterstützen. Erklärungen des Verteidigers oder der Verteidigerin sind dagegen dem oder der Betroffenen nur dann zuzurechnen, wenn er sie sich diese ausdrücklich zu eigen macht.

Beispiel:

Ein Betroffener erhält eine Anhörung wegen einer Ordnungswidrigkeit. Er beauftragt einen Rechtsanwalt als Verteidiger. Dieser beantragt Akteneinsicht, stellt aufgrund eines Mandantengesprächs Beweisanträge und gibt eine Stellungnahme ab. Diese ist dem Betroffenen aber nur dann zuzurechnen, wenn er sie sich ausdrücklich zu eigen macht.

Voraussetzung einer sachgerechten Verteidigung ist umfassende Rechtskenntnis. Diese ist vor allem durch den rechtsberatenden Berufvon in Deutschland zugelassenen Rechtsanwälten und Rechtsanwältinnen gewährleistet. Sie sind selbstständige, den Verfolgungsorganen gleichgeordnete Organe der Rechtspflege (§ 1 BRAO). Der Rechtsanwalt und die Rechtsanwältin stehen als unabhängige Berater und Berate-

1) KG (Berlin), Beschl. vom 8.2.2021, Az. 3 Ws (B) 26/21 – 122 Ss 6/21; Brandenburgisches OLG (Brandenburg), Beschl. vom 22.9.2020, Az. (1 B) 53 Ss-OWi 314/20 (254/20).

rinnen (§ 3 Abs. 1 BRAO) in einem Vertrauensverhältnis zu ihren Mandanten und Mandantinnen, über deren Äußerungen sie gegenüber anderen strafbewehrt Stillschweigen zu bewahren haben (§ 203 Abs. 1 Nr. 3 StGB). Wie der oder die Betroffene sind auch sie nicht verpflichtet, an der Aufklärung des Sachverhalts mitzuwirken. Der Rechtsanwalt und die Rechtsanwältin sind vielmehr gehalten, die für die Betroffenen sprechenden Gesichtspunkte geltend zu machen.

Der Begriff des Verteidigers oder der Verteidigerin ist von anderen Vertretungsverhältnissen zu unterscheiden:

- **Verwaltungsverfahren**

Der strafprozessuale Begriff des Verteidigers bzw. der Verteidigerin ist wesentlich enger als die verwaltungsverfahrensrechtlichen Begriffe des Bevollmächtigten und Beistandes (§ 14 Abs. 1 S. 1, Abs. 4 VwVfG, § 13 Abs. 1 S. 1, Abs. 4 SGB X). Diese sind in einem nachfolgenden Bußgeldverfahren nicht automatisch Verteidiger oder Verteidigerinnen, sondern müssen dazu von ihren Mandanten oder Mandantinnen erst als solche gewählt werden. Dies geschieht i. d. R. durch eine Mandatsanzeige im Bußgeldverfahren.

- **Betreuer und Betreuerinnen**

Kann ein Volljähriger seine oder eine Volljährige ihre Angelegenheiten ganz oder teilweise rechtlich nicht besorgen und beruht dies auf einer Krankheit oder Behinderung, so bestellt das Betreuungsgericht für ihn oder sie einen rechtlichen Betreuer oder eine rechtliche Betreuerin (§ 1814 Abs. 1 BGB). Diese werden dadurch aber nur dann zu gesetzlich Vertretenden gegenüber Behörden und Gerichten, wenn dies in der Betreuungsanordnung für Straf- und Bußgeldsachen ausdrücklich bestimmt ist (§ 1815 Abs. 1 BGB), was allerdings so gut wie nicht vorkommt.[1] Dies gilt auch dann, wenn sie als Rechtsanwalt oder Rechtsanwältin zugelassen sind (§ 4 BRAO). Sie können die betreute Person im Bußgeldverfahren nur allgemein vertreten (§ 1823 BGB), wenn dies ausdrücklich vom Aufgabenkreis der gerichtlichen Betreuungsanordnung mit umfasst ist (§ 1815 Abs. 1 BGB). Zum Wahlverteidiger oder zur Wahlverteidigerin (§ 137 Abs. 1 S. 1 StPO i. V. m. § 46 Abs. 1 OWiG) wird ein Betreuer oder eine Betreuerin erst im Bußgeldverfahren durch eine Mandatsanzeige durch die betreute Person.[2]

Beispiel:

Das Betreuungsgericht bestellt eine Rechtsanwältin als Betreuerin für eine Person, die zwar vorwerfbar handeln, aber ansonsten ihre Angelegenheiten nicht mehr selbst regeln kann. Zum Aufgabenkreis gehört nicht die Vertretung im Bußgeldverfahren, sodass die Rechtsanwältin in einem von der Verwaltungsbehörde eingeleiteten Bußgeldverfahren wegen Belästigung der Allgemeinheit (§ 118

1) Brandenburgisches OLG (Brandenburg), Beschl. vom 25.5.2021, Az. 2 Ws 48/21.
2) BGH, Beschl. vom 2.9.2013, Az. 1 StR 369/13; OLG Dresden, Beschl. vom 5.2.2015, Az. 21 Ss 734/14; OLG Hamm, Beschl. vom 3.5.2007, Az. 4 Ws 209/07, und vom 1.12.2016, Az. 3 Ws 370/16; Hanseatisches OLG Hamburg, Beschl. vom 17.6.2013, Az. 2 Ws 23/13; OLG Celle, Beschl. vom 21.2.2012, Az. 32 Ss 8/12.

OWiG) die Betroffene nicht vertritt. Bei der Verwaltungsbehörde geht jedoch eine Mandatsanzeige der Rechtsanwältin ein, sie vertrete die betroffene Person als Verteidigerin im Bußgeldverfahren. Die Rechtsanwältin tritt damit im Bußgeldverfahren nicht als gerichtlich bestellte Betreuerin, sondern ausschließlich als Wahlverteidigerin auf.

- **Erziehungsberechtigte**

Richtet sich das Bußgeldverfahren gegen eine jugendliche Person zwischen vierzehn und achtzehn Jahren (§ 1 Abs. 2 JGG), sind die Erziehungsberechtigten zwar zu beteiligen (§ 67a Abs. 1 JGG i. V. m. § 46 Abs. 1 OWiG) und haben besondere Befugnisse für Rechtsbehelfe (§ 67 Abs. 1 JGG i. V. m. § 46 Abs. 1 OWiG). Die Erziehungsberechtigten sind zwar Verfahrensbeteiligte, aber nicht Verteidiger oder Verteidigerinnen des oder der Betroffenen. Sie können aber unabhängig vom Betroffenen einen Verteidiger oder eine Verteidigerin wählen und Rechtsbehelfe einlegen (§ 67 Abs. 2 JGG i. V. m. § 46 Abs. 1 OWiG).

Beispiel:

Die Verwaltungsbehörde leitet gegen einen siebzehnjährigen Schulpflichtigen ein Bußgeldverfahren wegen Unterrichtsversäumnisses ein. Die Erziehungsberechtigten können zwar Stellungnahmen für den Betroffenen abgeben und selbst Rechtsbehelfe einlegen, sie werden damit aber nicht zu Verteidigern oder Verteidigerinnen des Betroffenen. Ihnen steht nur das Recht zur selbstständigen Wahl eines Verteidigers oder einer Verteidigerin zu.

2. Wahlverteidiger und Wahlverteidigerinnen

Betroffene können sich in jeder Lage des Bußgeldverfahrens des Beistandes eines Verteidigers oder einer Verteidigerin bedienen (§ 137 Abs. 1 S. 1 StPO i. V. m. § 46 Abs. 1 OWiG).[1] Ob sie sich des Beistandes bedienen oder sich selbst verteidigen wollen, ist grundsätzlich ihre eigene Entscheidung.[2] Zur Gewährleistung einer sachgerechten Verteidigung sind jedoch grundsätzlich nur Rechtsanwälte als Wahlverteidiger und Rechtsanwältinnen als Wahlverteidigerinnen allgemein zugelassen (§ 138 Abs. 1 S. 1 StPO i. V. m. § 46 Abs. 1 OWiG). Andere Personen bedürfen zur Verteidigung der Betroffenen in einem Bußgeldverfahren der Genehmigung der Verwaltungsbehörde (§ 138 Abs. 2 StPO i. V. m. § 46 Abs. 1 OWiG).

1) Zur ausnahmsweisen Bestellung eines Pflichtverteidigers oder einer Pflichtverteidigerin im Bußgeldverfahren durch die Verwaltungsbehörde (§ 60 S. 1 OWiG) § 10 Nr. 3.

2) Zum Antrag des oder der Betroffenen auf Bestellung eines Rechtsanwalts als Pflichtverteidiger oder einer Rechtsanwältin als Pflichtverteidigerin § 10 Nr. 3.

2.1 Rechtsanwälte und Rechtsanwältinnen als allgemein zugelassene Verteidigende

Rechtsanwälte werden als Wahlverteidiger und Rechtsanwältinnen als Wahlverteidigerinnen auch im Bußgeldverfahren der Verwaltungsbehörde aufgrund eines formlos möglichen Geschäftsbesorgungsvertrages mit dem oder der Betroffenen tätig (§ 675 BGB). Sie teilen der Verwaltungsbehörde ihre Beauftragung durch eine Mandatsanzeige mit. Diese kann als elektronisches Dokument über das besondere elektronische Anwaltspostfach (§ 31a Abs. 1 S. 1 BRAO) an das besondere elektronische Behördenpostfach (§ 6 ERVV) oder auch künftig als Papierdokument mit der Post oder durch Telefax ohne nachgewiesene Vollmacht erfolgen.[1] Rechtsanwälte oder Rechtsanwältinnen bedürfen im Bußgeldverfahren aufgrund § 138 Abs. 1 S. 1 StPO i. V. m. § 46 Abs. 1 OWiG keiner besonderen Zulassung der Verwaltungsbehörde als Verteidiger oder Verteidigerinnen.[2]

2.1.1 Rechtsanwälte und Rechtsanwältinnen mit deutscher Zulassung

In Deutschland bei einer Rechtsanwaltskammer (§ 60 ff. BRAO) zugelassene Rechtsanwälte und Rechtsanwältinnen (§ 12 Abs. 1 BRAO) können im Bußgeldverfahren stets zu Verteidigern bzw. Verteidigerinnen gewählt werden (§ 138 Abs. 1 S. 1 StPO i. V. m. § 46 Abs. 1 OWiG).[3] Ihre Zahl darf allerdings ausnahmslos drei natürliche Personen nicht übersteigen (§ 138 Abs. 1 S. 2 StPO i. V. m. § 46 Abs. 1 OWiG). Ist ein Rechtsanwalt selbst Betroffener oder eine Rechtsanwältin selbst Betroffene, dürfen sie sich jedoch nicht selbst zum Verteidiger oder zur Verteidigerin wählen,[4] sondern sind im Bußgeldverfahren wie Betroffene selbst zu behandeln. Die Bestimmung in § 138 StPO schließt aus, dass sich ein beschuldigter Rechtsanwalt zum Verteidiger oder eine beschuldigte Rechtsanwältin zur Verteidigerin in eigener Sache bestellt.[5]

Beispiel:

Ein Rechtsanwalt vermietet unerlaubt Wohnraum als Ferienwohnungen.[6] Die Verwaltungsbehörde leitet gegen ihn deswegen ein Bußgeldverfahren ein und hört ihn als Betroffenen an. Der Rechtsanwalt teilt daraufhin mit, sich selbst zu vertreten und beantragt die Einstellung des Verfahrens. Die Verwaltungsbehörde behandelt ihn im weiteren Verfahren ausschließlich als Betroffenen ohne Verteidiger.

---

1) Zur Vollmacht eines Rechtsanwalts oder einer Rechtsanwältin im Bußgeldverfahren § 10 Nr. 4.
2) Der in § 138 Abs. 1 StPO alternativ genannte Fall der Rechtslehrer an deutschen Hochschulen im Sinne des Hochschulrahmengesetzes mit Befähigung zum Richteramt wird hier wegen praktischer Bedeutungslosigkeit vernachlässigt.
3) Der gesetzlich ebenso bezeichnete Fall der Rechtslehrer an deutschen Hochschulen mit Befähigung zum Richteramt (§ 138 Abs. 1 S. 1 StPO) spielt im Bußgeldverfahren der Verwaltungsbehörde keine Rolle und wird daher nicht behandelt.
4) BVerfG, Beschl. vom 26.2.1980, Az. 2 BvR 752/78.
5) OLG Hamm, Beschl. vom 5.4.2022, Az. 2 AGH 9/21, unter Bezugnahme auf BVerfG, Beschl. vom 19.3.1998, Az. 2 BvR 291/98.
6) OLG Frankfurt (Main), Beschl. vom 2.8.2919, Az. 2 Ss-OWi 438/19.

Bestehen Zweifel über die Zulassung als Rechtsanwalt oder Rechtsanwältin, so ist diese über das allgemein und kostenfrei zugängliche elektronische *Bundesweite Amtliche Anwaltsverzeichnis* der Bundesrechtsanwaltskammer einfach festzustellen (§ 31 Abs. 1, 2 BRAO).[1)]

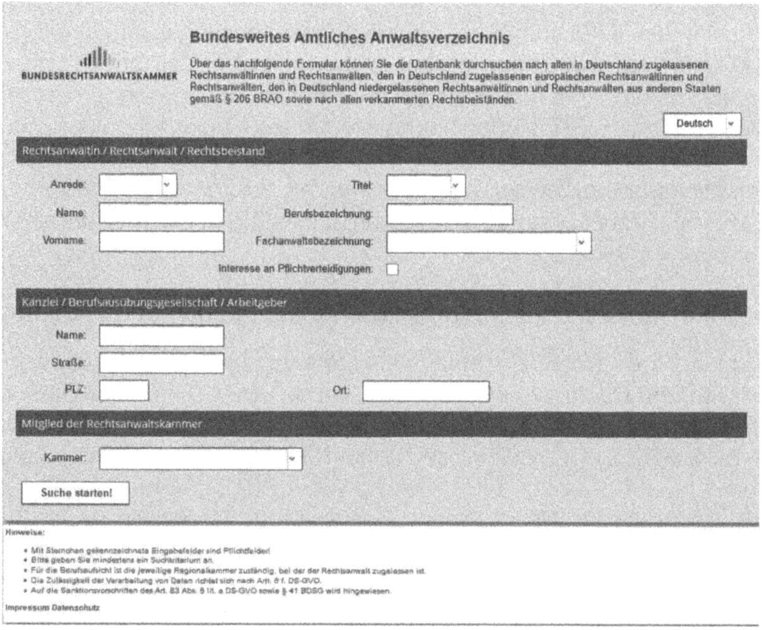

Abb. 1: Bundesweites Amtliches Anwaltsverzeichnis

War der Rechtsanwalt oder die Rechtsanwältin zuvor selbst im öffentlichen Dienst mit der Bearbeitung von Bußgeldverfahren befasst, besteht ein Tätigkeitsverbot gem. § 45 Abs. 1 Nr. 1, Abs. 3 BRAO nur dann, wenn er oder sie mit dem konkreten Verfahren vorbefasst war.[2)] Dieser Fall dürfte praktisch kaum vorkommen.

2.1.2 Berufsausübungsgesellschaften als Verteidigende

Rechtsanwälte und Rechtsanwältinnen dürfen sich zur gemeinschaftlichen Ausübung ihres Berufs zu Berufsausübungsgesellschaften verbinden (§ 59b Abs. 1 S. 1 BRAO). Die als „Sozietät“, „Kanzlei“ oder „Anwalts GmbH“ auftretenden Gesellschaftsformen sind dabei allgemein zulässig (§ 59b Abs. 2 BRAO). Zur Verteidigung im Bußgeldverfahren können Betroffene jedoch nur natürliche Personen beauftragen (§ 137 Abs. 1 S. 1 StPO i. V. m. § 46 Abs. 1 OWiG). Eine Berufsausübungsgesellschaft kann aufgrund des ausdrücklichen gesetzlichen Verbots nicht als Verteidiger oder Verteidigerin im Sinne der §§ 137 bis 149 StPO i. V. m. § 46 Abs. 1 OWiG) gewählt oder bestellt werden (§ 59l Abs. 3 BRAO). Wird die Mandatsanzeige zwar von einer Berufsausübungsgesellschaft übermittelt, teilt darin aber ein Rechtsanwalt

1) Internetportal der Bundesrechtsanwaltskammer https://www.bea-brak.de/bravsearch/result.brak.
2) OLG Köln, Beschl. vom 5.5.2021, Az. 3 Ws 14-15/21.

oder eine Rechtsanwältin mit, dass er oder sie den oder die Betroffene vertritt, ist damit allerdings klargestellt, dass nicht die Berufsausübungsgesellschaft als Verteidigerin auftritt.[1] Berufsausübungsgesellschaften sind über das elektronische *Bundesweite Amtliche Anwaltsverzeichnis* der Bundesrechtsanwaltskammer einfach festzustellen (§ 31 Abs. 1, 2 BRAO).[2]

2.1.3 Syndikusrechtsanwälte und -rechtsanwältinnen

Syndikusrechtsanwälte und -rechtsanwältinnen sind keine freiberuflichen, sondern angestellte Rechtsanwälte und Rechtsanwältinnen, die im Rahmen ihres Arbeitsverhältnisses für ihre Arbeitgebenden anwaltlich tätig sind (§ 46 BRAO). Sie müssen diese Bezeichnungen im Rechtsverkehr verwenden und dürfen in Bußgeldverfahren, die sich gegen Arbeitgebende selbst oder deren Mitarbeitende richten, nicht als deren Verteidiger oder Verteidigerinnen sowie Vertreter oder Vertreterinnen tätig werden (§ 46c Abs. 2 S. 2 Halbs. 1 BRAO). Sofern eine mögliche gleichzeitige Zulassung als unabhängiger Rechtsanwalt oder unabhängige Rechtsanwältin (§ 46c Abs. 4 BRAO) besteht, ist eine Verteidigung zulässig, wenn die Mandatsanzeige nur auf diese Zulassung gerichtet ist.

Besteht der Verdacht auf eine nicht mitgeteilte Zulassung als Syndikusrechtsanwalt oder Syndikusrechtsanwältin, so kann diese über das allgemein zugängliche elektronische *Bundesweite Amtliche Anwaltsverzeichnis* der Bundesrechtsanwaltskammer überprüft werden (§ 46c Abs. 5 i. V. m. § 31 Abs. 1, 2 BRAO).[2] Sie können nicht als Verteidiger oder Verteidigerinnen zurückgewiesen werden, weil kein Fall des § 146a Abs. 1 StPO i. V. m. § 46 Abs. 1 OWiG vorliegt. Die Verwaltungsbehörde kann daher nur auf die vorliegende Missachtung des gesetzlichen Verbots hinweisen. Erfolgt daraufhin keine Mandatsniederlegung, verbleibt nur die Mitteilung an die Rechtsanwaltskammer (§ 60 BRAO) zur Ahndung der Pflichtverletzung (§ 113 Abs. 1 BRAO).

2.1.4 Rechtsanwälte und Rechtsanwältinnen aus anderen Staaten

Rechtsanwälte oder Rechtsanwältinnen, die in einem anderen Mitgliedstaat der Europäischen Union (EU) oder einem sonstigen Vertragsstaat des europäischen Wirtschaftsraumes (EWR) zugelassen sind, können unter ihrer Berufsbezeichnung nach § 1 EuRAG ebenfalls ohne Genehmigung der Verwaltungsbehörde als Verteidiger oder Verteidigerin tätig werden.[3]

- Ein „niedergelassener europäischer Rechtsanwalt" (§ 2 ff. EuRAG) bzw. eine „niedergelassene europäische Rechtsanwältin" kann als Wahl- und Pflichtverteidiger bzw. Wahl- und Pflichtverteidigerin auftreten.
- Ein nur vorübergehend im Inland tätiger „dienstleistender europäischer Rechtsanwalt" (§ 25 ff. EuRAG) bzw. „dienstleistende europäische Rechtsanwältin" kann dagegen nur als Wahlverteidiger oder Wahlverteidigerin (§ 28 EuRAG) auftreten. Eine Zusammenarbeit mit in Deutschland zugelassenen bei einer Rechtsanwaltskammer zugelassenen Rechtsanwälten oder Rechtsanwältinnen („Ein-

1) Zur Zurückweisung von Berufsausübungsgesellschaften als Verteidigerinnen § 2 Nr. 5.1.3.
2) Internetportal der Bundesrechtsanwaltskammer https://www.bea-brak.de/bravsearch/result.brak.
3) OLG Bamberg, Beschl. vom 15.12.2017, Az. 3 Ss OWi 1702/17.

vernehmensanwalt“ oder „Einvernehmensanwältin“) ist im Bußgeldverfahren vor der Verwaltungsbehörde nicht vorgeschrieben. Nur im Ausnahmefall einer notwendigen Verteidigung[1] darf er oder sie und dann nur im nachzuweisenden Einvernehmen mit einem in Deutschland zugelassenen Rechtsanwalt oder Rechtsanwältin auftreten (§ 29 Abs. 1 EuRAG).

Der dienstleistende europäische Rechtsanwalt bzw. die dienstleistende europäische Rechtsanwältin hat jedoch eine andere Person, die im Inland wohnt oder dort einen Geschäftsraum hat, als Zustellungsbevollmächtigten oder -bevollmächtigte zu benennen, sobald er oder sie in Verfahren vor Gerichten oder Behörden tätig wird (§ 31 Abs. 1 S. 1 EuRAG). Damit sollen Auslandszustellungen vermieden werden.

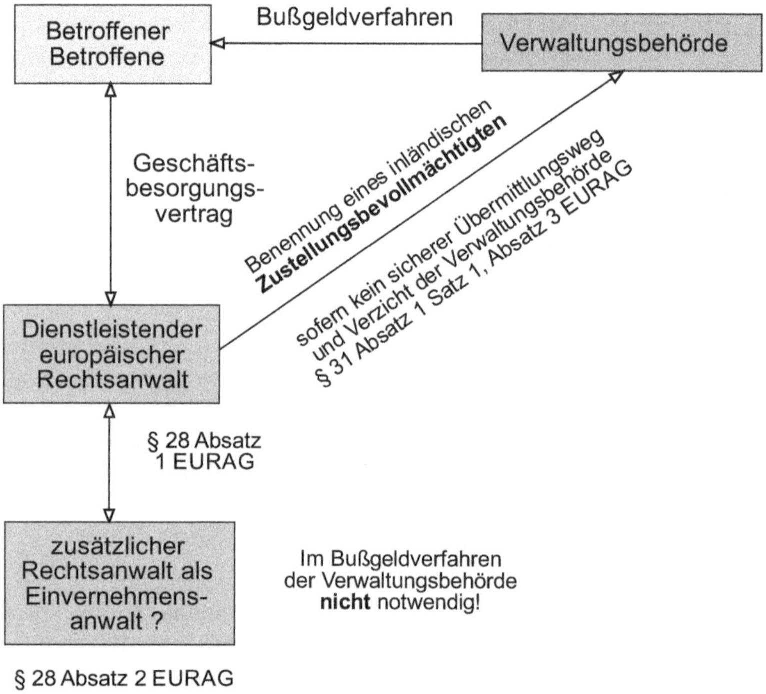

Abb. 2: Rechtsanwälte und Rechtsanwältinnen aus EU-Ländern

Die Bundesrechtsanwaltskammer ermöglicht über das auf den Internetseiten der Europäischen Kommission bestehende elektronische Suchsystem (Europäisches Rechtsanwaltsverzeichnis) den Abruf der im Gesamtverzeichnis eingetragenen Angaben, die Gegenstand des Europäischen Rechtsanwaltsverzeichnisses sind (§ 31c BRAO).[2] Dies erfolgt über die Suchfunktion „find-a-lawyer“ im europäischen Justizportal „european e-justice“ (https://e-justice.europa.eu/home?action=home).

1) Zur notwendigen Verteidigung des oder der Betroffenen im Bußgeldverfahren (§ 60 OWiG i. V. m. 140 StPO) § 10 Nr. 3.1.

2) Internetportal der EU https://e-justice.europa.eu/content_find_a_lawyer-334-de.do.

Abb. 3: Europäisches Justizportal

2.1.5 Rechtsreferendare und Rechtsreferendarinnen

Der als Verteidiger gewählte Rechtsanwalt oder die als Verteidigerin gewählte Rechtsanwältin darf die Verteidigung mit Zustimmung des oder der Betroffenen auf einen Rechtsreferendar oder eine Rechtsreferendarin übertragen, sofern diese mehr als ein Jahr und drei Monate im staatlichen Vorbereitungsdienst einer deutschen Landesjustizverwaltung stehen (§ 139 StPO i. V. m. § 46 Abs. 1 OWiG). Die notwendige Zustimmung zur Untervollmacht erklärt der oder die Betroffene meist mit Signatur eines Vollmachtdokuments. Rechtsreferendare und Rechtsreferendarinnen dürfen dann ohne Aufsicht durch einen Rechtsanwalt oder eine Rechtsanwältin tätig werden. Sie sind nicht wie Rechtsanwälte und Rechtsanwältinnen in einem öffentlichen Verzeichnis eingetragen. Bei Zweifeln ist daher eine Rückfrage beim jeweiligen Landesjustizministerium erforderlich.

2.1.6 Steuerberatende Berufe

Die Angehörigen steuerberatender Berufe (§ 3 Nr. 1 StBerG) sind nur für Bußgeldverfahren wegen Steuerordnungswidrigkeiten (§ 377 AO) allgemein zugelassen und bedürfen ansonsten einer Genehmigung der Verwaltungsbehörde im Einzelfall (§ 410 Abs. 1 Nr. 3 i. V. m. 392 AO). Dazu gehören außer Steuerberater und Steuerberaterinnen auch Wirtschaftsprüfer und Wirtschaftsprüferinnen sowie vereidigte Buchprüfer und Buchprüferinnen (§ 3 Nr. 1, § 32 Abs. 1, 2 StBerG).[1)] Eine Berufsausübungsgesellschaft (§ 3 Nr. 2, 3, § 49 StBerG) als solche kann nicht Verteidigerin des oder Betroffenen sein, da diese natürliche Personen sein müssen (§ 137 Abs. 1 S. 1 StPO i. V. m. § 46 Abs. 1 OWiG).[2)]

Beispiel:

Ein Steuerberater soll den Betroffenen wegen einer Steuerordnungswidrigkeit nach dem einschlägigen landesrechtlichen KAG wegen unrichtiger Angaben im

1) LG Köln, Beschl. vom 17.4.2023, Az. 116 Qs 2/23, für das Steuerstrafverfahren.
2) Zum Begriff des Verteidigers oder der Verteidigerin (§ 137 Abs. 1 S. 1 StPO i. V. m. § 46 Abs. 1 OWiG) als natürliche Person § 10 Nr. 2.1.1.

Zusammenhang mit einer erhobenen Zweitwohnungssteuer verteidigen. Er ist in diesem Zusammenhang als Verteidiger allgemein zugelassen und bedarf daher keiner Genehmigung der Verwaltungsbehörde.

Ein Steuerberater soll einen Makler wegen einer Ordnungswidrigkeit im Maklergewerbe (§ 18 MABV) verteidigen. Er benötigt dazu eine Genehmigung der Verwaltungsbehörde, die er von der Verwaltungsbehörde nur erhält, wenn er ausreichende Kenntnisse im Gewerbe- und Ordnungswidrigkeitenrecht darlegen kann.

Die Zulassung als Verteidiger oder Verteidigerin des oder der Betroffenen ist durch die Verwaltungsbehörde auch zu erteilen (§ 60 S. 2 OWiG), wenn sonstige Ordnungswidrigkeiten in engem Zusammenhang mit Steuerordnungswidrigkeiten stehen.[1)]

Rechtsanwälte und Rechtsanwältinnen üben zwar keine steuerberatenden Berufe aus, sind aber auch zur Hilfe in Steuersachen allgemein zugelassen (§ 3 Nr. 1 StBerG). Dies gilt auch für niedergelassene europäische Rechtsanwälte und Rechtsanwältinnen aus den anderen Mitgliedsländern der EU (§ 3 Nr. 1 StBerG).

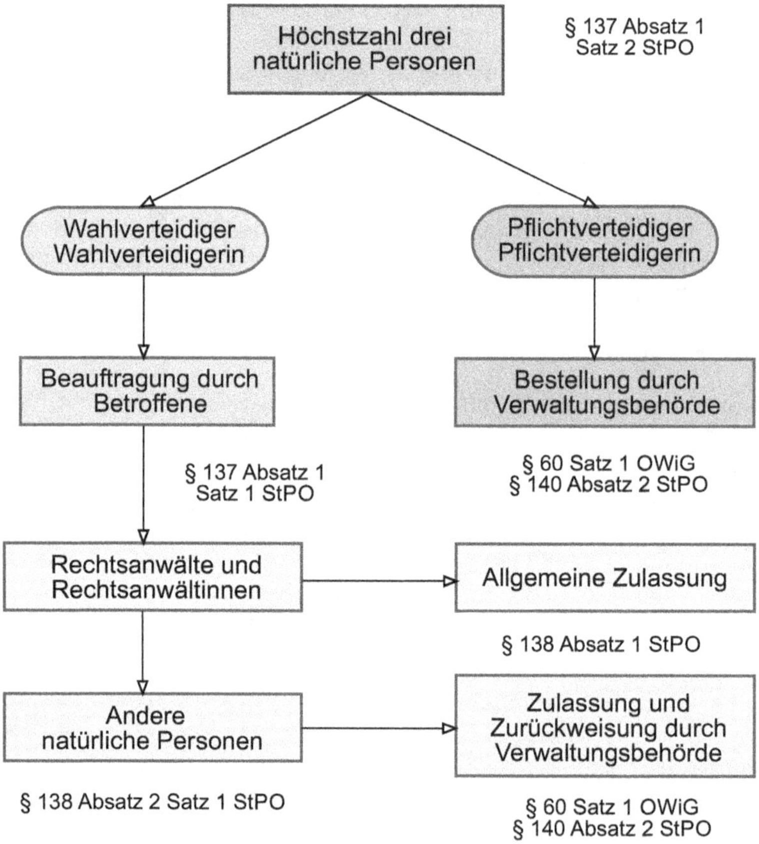

Abb. 4: Verteidiger und Verteidigerinnen im Bußgeldverfahren (§ 60 OWiG)

1) LG Hildesheim, Beschl. vom 18.2.2010, Az. 25 KLs 5101 Js 76196/06.

2.2 Zulassung anderer Personen als Verteidiger oder Verteidigerin

Andere als allgemein zur Verteidigung zugelassene Personen bedürfen der Genehmigung der Verwaltungsbehörde im Einzelfall (§ 60 S. 2 OWiG i. V. m. § 138 Abs. 2 StPO).[1] Sie können auf Antrag des oder der Betroffenen nach pflichtgemäßem Ermessen der Verwaltungsbehörde als Wahlverteidiger oder Wahlverteidigerin zugelassen werden.[2] Damit sollen zur sachgerechten Verteidigung unfähige Personen ferngehalten werden. Abzuwägen sind das Interesse des oder der Betroffenen an der Zulassung einer Person ihres Vertrauens als Verteidiger oder Verteidigerin und das Bedürfnis der Rechtspflege an der ordnungsgemäßen Führung des Verfahrens. Die Zurückweisung ist geboten, wenn der gewünschte Verteidiger oder die Verteidigerin nicht über die notwendige Sachkunde verfügt.[3] Solche Kenntnisse sind sowohl im Ordnungswidrigkeitenrecht und Bußgeldverfahren als auch bei verwaltungsrechtlichen Vorfragen bei Blankett-Tatbeständen im besonderen Verwaltungsrecht notwendig. Ist aufgrund vorangegangenen Verhaltens absehbar, dass eine von dem oder der Betroffenen benannte Person gegen das Sachlichkeitsgebot verstoßen wird, ist die Ablehnung einer Zulassung als Verteidiger nicht ermessensfehlerhaft.[4] Die fehlende Eignung ist offensichtlich, wenn die Person in ihren Ausführungen den Rechtsstaat ablehnt oder sogar verfassungsfeindliche Auffassungen vertritt.

2.2.1 Zulassungsfähige Personen

Die Zulassung sonstiger, nicht allgemein zugelassener Personen steht im pflichtgemäßen Ermessen der Verwaltungsbehörde.[5] Sie sollte nur dann eine Genehmigung erteilen, wenn die zum Verteidiger oder zur Verteidigerin gewählte Person die erforderliche Persönlichkeit und Sachkunde besitzt und auch sonst keine Bedenken bestehen.[6] Bei der Prüfung, ob die gewählte Person den Anforderungen des § 138 Abs. 2 StPO i. V. m. § 46 Abs. 1 OWiG genügt, darf insbesondere das Verbot unsachlichen Verhaltens von Rechtsanwälten und Rechtsanwältinnen (§ 43a Abs. 3 BRAO) herangezogen werden.[7] Ist vorab schon absehbar, dass der oder die Gewählte den für anwaltliche Verteidiger und Verteidigerinnen geltenden Verhaltensregeln nicht entsprechen wird oder kann, ist es nicht ermessensfehlerhaft, wenn die Verwaltungsbehörde im Interesse eines objektiv und sachlich zu führenden Verfahrens und damit letztlich auch im Interesse des oder der Betroffenen die Zulassung des Gewählten ablehnt.[8] Abgelehnt werden sollten daher Personen, deren Ausführungen sich in der angeblichen Sinnlosigkeit des Ordnungswidrigkeitenrechts

1) Das Rechtsdienstleistungsgesetz ist wegen der besonderen gesetzlichen Regelungen nicht anwendbar (§ 3 RDG).
2) Eine allgemeine Vertretungsbefugnis wie im Verwaltungsverfahren (§ 14 Abs. 1 S. 1 VwVfG) oder Sozialverwaltungsverfahren (§ 13 Abs. 1 S. 1 SGB X) gibt es im Bußgeldverfahren nicht.
3) KG (Berlin), Urt. vom 10.10.2001, Az. 1 Ss 371/00 (10/01).
4) OLG Celle, Beschl. vom 13.8.2012, Az. 2 Ws 195/12; OLG Hamm, Beschl. vom 12.1.2006, Az. 2 Ws 9 – 11/06; OLG Koblenz, Beschl. vom 29.11.2007, Az. 1 Ws 605/07.
5) OLG Koblenz, Beschl. vom 29.11.2007, Az. 1 Ws 605/07, für das gerichtliche Bußgeldverfahren.
6) BVerfG, stattgebender Kammerbeschluss vom 16.2.2006, Az. 2 BvR 951/04.
7) BVerfG, Nichtannahmebeschluss vom 27.2.2006, Az. 2 BvR 413/06.
8) OLG Koblenz, Beschl. vom 29.11.2007, Az. 1 Ws 605/07, unter Bezugnahme auf OLG Hamm, Beschl. vom 12.1.2006, Az. 2 Ws 11/06, für das gerichtliche Bußgeldverfahren.

erschöpfen, aber ohne Aktenkenntnis auf das konkrete Verfahren nicht eingehen. Die Zurückweisung ist geboten, wenn der Verteidiger oder die Verteidigerin Rechtsauffassungen vertritt, die der freiheitlich-demokratischen Grundordnung widersprechen oder die Existenz der Bundesrepublik Deutschland mit verfassungsfernen Argumenten bestreitet. Die Versagung einer Genehmigung ist ermessensfehlerfrei, wenn es sich bei der gewählten Person zugleich um einen wichtigen Zeugen handelt.[1)]

Beispiel:

Für den Betroffenen meldet sich eine angeblich vom „Reichsjustizminister" zugelassene Person mit einem Brief, der einer Anwaltskanzlei nachempfunden ist, und verlangt einen beglaubigten Handelsregisterauszug der Firma, zu der die Verwaltungsbehörde gehöre. Die Verwaltungsbehörde weist diese Person wegen offensichtlicher Ungeeignetheit zur Verteidigung in einem Bußgeldverfahren zurück.

Nicht genügend für eine Zulassung als Verteidiger oder Verteidigerin in einem Bußgeldverfahren sind die von einem Volljuristen allein während der früheren Ausbildung (Referendarzeit) erworbenen üblichen Kenntnisse im Recht der Ordnungswidrigkeiten und Strafverfahrensrecht.[2)] Dagegen stehen verwandtschaftliche oder freundschaftliche Beziehungen des Verteidigers oder der Verteidigerin zu Betroffenen oder ein eigenes Interesse am Ausgang des Bußgeldverfahrens einer Genehmigung nicht von vornherein entgegen.[3)] Keine Genehmigung darf an juristische Personen und Personenvereinigungen erteilt werden, weil die Verteidigung grundsätzlich natürlichen Personen vorbehalten ist (§ 137 Abs. 1 S. 1 StPO i. V. m. § 46 Abs. 1 OWiG).[4)]

2.2.2 Zulassungsentscheidung der Verwaltungsbehörde

Der Antrag des oder der Betroffenen wird meist schlüssig durch das erste Auftreten des Verteidigers oder der Verteidigerin in der Mandatsanzeige erfolgen. Dieser Antrag muss während des laufenden Bußgeldverfahrens gestellt werden. Eine rückwirkende Genehmigung nach dessen Abschluss ist nicht mehr möglich.[5)] Der oder die Betroffene muss für eine Zulassung der benannten Person deren Annahmeerklärung als Wahlverteidiger oder Wahlverteidigerin vorlegen.[6)] Die Zulassung von Verteidigern oder Verteidigerinnen durch die Verwaltungsbehörde erfolgt in der Verfahrenspraxis oft durch schlüssiges Verhalten wie z. B. kommentarlose Entgegennahme von Schriftsätzen, Gewährung von Akteneinsicht.[7)] Zur Klarstellung sollte die Genehmigung durch dienstliches Dokument formlos erteilt werden (§ 50 Abs. 1 S. 1 OWiG).

1) OLG Karlsruhe, Beschl. vom 16.1.2017, Az. 2 Ws 371/16.
2) OLG Karlsruhe, Beschl. vom 8.5.1987, Az. 1 Ws 32/87.
3) OLG Hamm, Beschl. vom 9.12.1977, Az. 1 Ss OWi 1406/77.
4) BVerfG, Beschl. vom 28.10.1976, Az. 2 BvR 23/76.
5) OLG Bamberg, Beschl. vom 23.1.2019, Az. 1 Ws 1/19.
6) OLG Köln, Beschl. vom 13.1.2023, Az. 1 RVs 197/22.
7) OLG Düsseldorf, Beschl. vom 24.8.2000, Az. 2a Ss (OWi) 242/00 – (OWi) 85/00 II; LG Kiel, Urt. vom 4.4.2022, Az. 8 Ks 598 Js 24796/21.

Beispiel:

Sehr geehrte Frau Ritter,

wir lassen Sie auf Ihren Antrag vom < Datum> als Verteidigerin des Betroffenen < Name> zu (§ 138 Abs. 2 StPO i. V. m. § 60 S. 2 OWiG).

Die Versagung und eine spätere Zurücknahme der Genehmigung erfolgen durch mit Gründen versehenen dienstlichen Dokumenten der Verwaltungsbehörde (§ 34 StPO i. V. m. § 46 Abs. 1 OWiG).

Beispiel:

Sehr geehrte Frau Müller,

wir lehnen die am < Datum> beantragte Zulassung als Verteidigerin des Betroffenen < Name> ab (§ 138 Abs. 2 StPO i. V. m. § 60 S. 2 OWiG). Die Ablehnung steht im Interesse eines objektiv und sachlich zu führenden Verfahrens und damit letztlich auch im Interesse des Betroffenen, weil ....

Die Versagung und eine spätere Zurücknahme der Genehmigung können von dem oder der Betroffenen und dem gewählten Verteidiger oder der gewählten Verteidigerin ohne Befristung mit dem Antrag auf gerichtliche Entscheidung (§ 62 OWiG) angefochten werden. Die Entscheidung der Verwaltungsbehörde erfolgt daher zwar formlos durch dienstliches Dokument ohne Bescheidform, Zustellung und Rechtsbehelfsbelehrung (§ 50 Abs. 1 S. 2 OWiG), jedoch mit einer Begründung der Ablehnung (§ 34 StPO i. V. m. § 46 Abs. 1 OWiG). Über den Antrag entscheidet das Amtsgericht durch für die Verwaltungsbehörde unanfechtbaren Beschluss. Wird die Ablehnung der Verwaltungsbehörde aufgehoben und die abgelehnte Person als Verteidiger oder Verteidigerin zugelassen, muss die Verwaltungsbehörde sie im weiteren Verfahren hinnehmen.

3. Pflichtverteidigung im Bußgeldverfahren

Eine allgemeine Verpflichtung der Verwaltungsbehörde, dem oder der Betroffenen einen Verteidiger oder eine Verteidigerin zur Verfügung zu stellen, gibt es im Bußgeldverfahren nicht. Es ist grundsätzlich Sache des oder der Betroffenen selbst, einen Verteidiger oder eine Verteidigerin zu wählen (§ 137 Abs. 1 S. 1 StPO i. V. m. § 46 Abs. 1 OWiG). Im Bußgeldverfahren ist eine Pflichtverteidigerbestellung daher nur in Ausnahmefällen geboten.[1] Art. 6 Abs. 3 Buchst. c EMRK gewährt kein uneingeschränktes Recht auf unentgeltliche Beiordnung eines Pflichtverteidigers. Dieses ist vielmehr eingeschränkt zum einen durch die vorrangige Ausschöpfung der finanziellen Möglichkeiten des oder der Betroffenen und zum anderen durch das Erfordernis eines entsprechenden Bedarfs im Interesse der Rechtspflege.[2] Die Ableh-

1) LG Berlin, Beschl. vom 24.11.2018, Az. 538 Qs 99/18; LG Köln, Beschl. vom 9.12.2009, Az. 105 Qs OWi 382/09.
2) KG (Berlin), Beschl. vom 23.2.2016, Az. 3 Ws 87/16 – 141 AR 96/16.

nung einer sonst gebotenen Bestellung aus rein fiskalischen Gründen ist jedoch auch im Bußgeldverfahren rechtswidrig.[1)]

Nur in den besonderen Ausnahmefällen des § 140 Abs. 2 StPO hat die Verwaltungsbehörde über die Beiordnung eines Pflichtverteidigers oder einer Pflichtverteidigerin für nicht durch einen Wahlverteidiger oder eine Wahlverteidigerin vertretene Betroffene zu entscheiden (§ 60 S. 1 OWiG). Betroffene haben jedoch nach der Anhörung (§ 55 OWiG i. V. m. § 163a Abs. 1 StPO) ein selbstständiges Antragsrecht (§ 141 Abs. 1 S. 1 StPO i. V. m. § 46 Abs. 1 OWiG), sodass die Verwaltungsbehörde auch in diesem Fall zu entscheiden hat. Im Bußgeldverfahren kommt es gelegentlich – wie im Strafverfahren – vor, dass zunächst von Betroffenen gewählte Verteidiger oder Verteidigerinnen ihre Bestellung durch die Verwaltungsbehörde beantragen und für diesen Fall ihr Wahlmandat niederlegen.[2)]

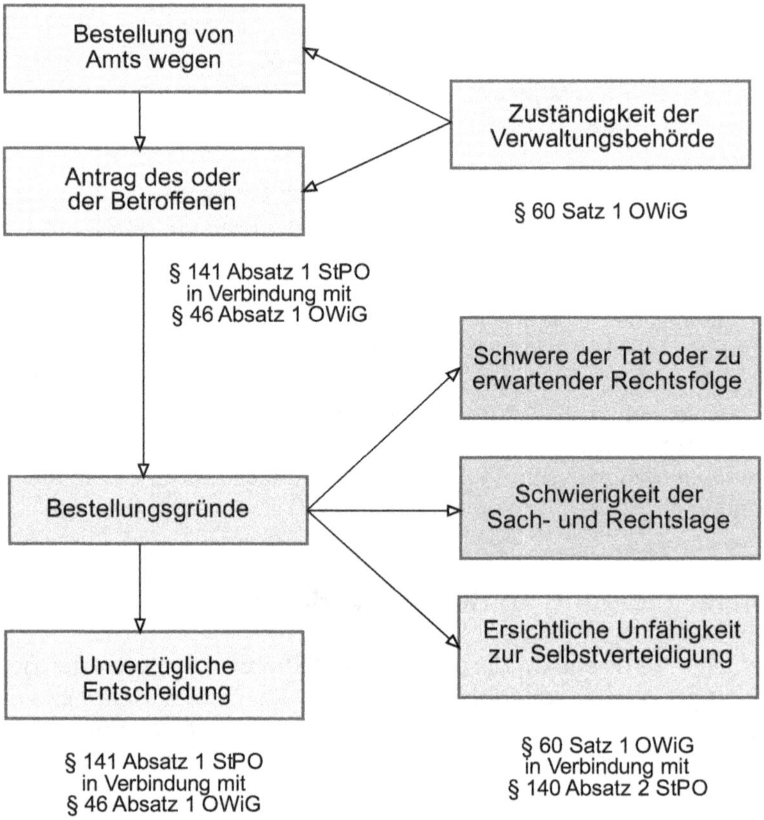

Abb. 5: Pflichtverteidigung im Bußgeldverfahren (§ 60 S. 1 OWiG)

1) LG Bonn, Beschl. vom 6.12.2021, Az. 63 Qs-330 Js 88/21-67/21, unter Bezugnahme auf BT-Drs. 19/13829, S. 37, für ein Ermittlungsverfahren der Staatsanwaltschaft.

2) OLG Hamm, Beschl. vom 11.10.2022, Az. 5 Ws 270/22.

3.1 Bestellungsgründe

Die Gründe für die Bestellung als Pflichtverteidiger oder Pflichtverteidigerin durch die Verwaltungsbehörde sind im Bußgeldverfahren gegenüber dem Strafverfahren durch § 60 S. 2 OWiG auf absolute Ausnahmefälle eingeschränkt.[1] § 140 Abs. 2 StPO bezeichnet als Gründe für die Bestellung eines Verteidigers die Gebotenheit seiner Mitwirkung oder das ersichtliche Unvermögen des Betroffenen zur eigenen Verteidigung. Im Bußgeldverfahren kommen daher folgende Fälle in Betracht:

- *Schwere der Tat oder zu erwartende Rechtsfolgen*

  Eine die Bestellung eines Pflichtverteidigers oder einer Pflichtverteidigerin rechtfertigende Schwere der Tat oder zu erwartende Rechtsfolgen sind i. d. R. im Bußgeldverfahren ausgeschlossen, weil sie schon im Strafverfahren nach einschlägiger Rechtsprechung nur bei zu erwartenden Freiheitsstrafen von mindestens einem Jahr in Betracht kommen.[2] Freiheitsentziehende Rechtsfolgen sind als Folge einer Ordnungswidrigkeit jedoch überhaupt nicht vorgesehen. Auch im Strafverfahren lehnt die Rechtsprechung zumindest bei Geldstrafen eine Pflichtverteidigung ab.[3]

- *Schwierigkeit der Sach- und Rechtslage*

  Die Frage der Schwierigkeit der Rechtslage ist sowohl unter objektiven wie subjektiven, die Befähigung und den Kenntnisstand des oder der jeweiligen Betroffenen einbeziehenden Kriterien zu bestimmen. Maßgeblich ist insoweit nicht der Umfang der im Bußgeldverfahren gewechselten Schriftsätze, sondern deren Gegenstand, mithin die zugrundeliegende Rechtsfrage.[4] Zur Beurteilung des Schwierigkeitsgrades bedarf es einer Gesamtwürdigung von Sach- und Rechtslage.[5] Die Rechtslage ist etwa dann schwierig, wenn es bei der Anwendung des materiellen oder formellen Rechts auf die Entscheidung nicht ausgetragener Rechtsfragen ankommt, wenn die Subsumtion voraussichtlich aus sonstigen Gründen Schwierigkeiten bereiten wird, oder wenn es auf die Auslegung von Begriffen aus dem Ordnungswidrigkeitenrecht ankommt.[6]

- *Ersichtliche Verteidigungsunfähigkeit*

  Die Verteidigungsfähigkeit eines oder einer Betroffenen richtet sich nach den geistigen Fähigkeiten, seinem Gesundheitszustand und den sonstigen Umständen des Falls.[7] Bei körperlichen, geistigen und seelischen Gebrechen mit der

---

1) LG Berlin, Beschl. vom 24.9.2018, Az. 538 Qs 99/18; Zur grundsätzlichen Geltung der Pflichtverteidigung auch im Bußgeldverfahren LG Ellwangen, Beschl. vom 14.10.2011, Az. 1 Qs 82/11.

2) OLG Hamm, Beschl. vom 9.6.2022, Az. 5 Ws 131/22; OLG Sachsen-Anhalt (Naumburg), Beschl. vom 19.9.2011, Az. 2 Ws 245/11; Saarländisches OLG (Saarbrücken), Beschl. vom 29.11.2006, Az. Ss (B) 44/2006 (57/06); OLG Düsseldorf, Beschl. vom 6.7.1994, Az. 5 Ss 232/94-77/94 I; OLG München, Beschl. vom 13.12.2005, Az. 5 StRR 129/05, für ein Strafverfahren.

3) OLG Hamm, Beschl. vom 11.10.2022, Az. 5 Ws 270/22, für eine Geldstrafe von 45 Tagessätzen zu je 10 Euro, also einem Gesamtbetrag von 450 Euro.

4) LG Rottweil, Beschl. vom 22.8.2022, Az. 3 Qs 36/22, unter Bezugnahme auf Saarländisches OLG (Saarbrücken), Beschl. vom 29.11.2006 – Ss (B) 44/2006 (57/06).

5) LG Rottweil, Beschl. vom 22.8.2022, Az. 3 Qs 36/22, unter Bezugnahme auf OLG Stuttgart, Beschl. vom 24.2.2010, Az. 5 Ws 37/10, und KG (Berlin), Beschl. vom 30.7.2008, Az. 2 Ws 363/08, 1 AR 1049/08.

6) LG Rottweil, Beschl. vom 22.8.2022, Az. 3 Qs 36/22, unter Bezugnahme auf OLG Stuttgart, Beschl. vom 24.2.2010, Az. 5 Ws 37/10,

7) OLG Nürnberg, Beschl. vom 2.5.2013, Az. 1 St OLG Ss 43/13.

Folge einer Intelligenzminderung (§ 12 Abs. 2 OWiG) kommt es jeweils auf den Grad der Behinderung und die sonstigen Umstände des Falles an.[1] Wegen des im Bußgeldverfahren bereits bei der Einleitung geltenden Opportunitätsprinzips (§ 47 Abs. 1, 2 OWiG) wird sich zunächst die Frage stellen, ob die Verfolgung und Ahndung der Ordnungswidrigkeit durch eine Geldbuße auch geboten ist. Nur unsinnige Ausführungen von Betroffenen, die sich als „Reichsbürger" oder „Querdenker" äußern, bedingen grundsätzlich keine Bestellung eines Pflichtverteidigers.[2] Ein gesetzlicher Fall der notwendigen Verteidigung liegt vor, wenn seh-, hör- oder sprachbehinderte Betroffene die Bestellung beantragen (§ 140 Abs. 1 Nr. 11 StPO i. V. m. § 46 Abs. 1 OWiG).

- *Betroffene mit rechtlicher Betreuung*

  Als Indiz für eine mögliche Verteidigungsunfähigkeit ist es zu bewerten, wenn für den Betroffenen oder die Betroffene rechtliche Betreuung gerichtlich angeordnet ist (§ 1814 Abs. 1 BGB).[3] Sie liegt bei einer umfassenden Betreuungsanordnung nahe, die auch Rechts-, Antrags- und Behördenangelegenheiten (§ 1823 BGB) umfasst.[4] Zudem unterscheiden sich die Aufgaben von Betreuern oder Betreuerinnen und Verteidigern oder Verteidigerinnen grundlegend.[5] In solchen Fällen wird es oft bereits an der Gebotenheit der Ahndung durch eine Geldbuße fehlen (§ 47 Abs. 1, Abs. 2 OWiG). Anhaltspunkte für eine Pflichtverteidigung drängen sich auf, wenn im Betreuungsverfahren ein fachärztliches Gutachten für eine psychische Erkrankung des Betroffenen vorliegt.[6]

Keine Gründe für die Bestellung eines Pflichtverteidigers durch die Verwaltungsbehörde sind:

- *Betroffene unter Freiheitsentzug*

  Richtet sich das Bußgeldverfahren gegen aufgrund richterlicher Anordnung oder Genehmigung in einer Anstalt befindliche Betroffene, ist ein Verteidiger oder eine Verteidigerin gem. § 140 Abs. 1 Nr. 5 i. V. m. § 46 Abs. 1 OWiG allenfalls im gerichtlichen Bußgeldverfahren, nicht im Vor- und Zwischenverfahren durch die Verwaltungsbehörde zu bestellen.[7] Dieser Fall tritt vor allem ein, wenn sich Betroffene wegen einer Straftat in Untersuchungs- oder Strafhaft befinden. Hier fällt jedoch die Geldbuße neben der zu erwartenden Strafe nicht beträchtlich ins

1) KG (Berlin), Beschl. vom 23.2.2016, Az. 3 Ws 87/16 – 141 AR 96/16, unter Bezugnahme auf *Meyer-Goßner/Schmitt* Rdnr. 30. Zur Vorwerfbarkeit der Ordnungswidrigkeit bei Intelligenzminderung des Betroffenen (§ 12 Abs. 2 OWiG) Teil I Nr. 1 § 12 OWiG.

2) LG Freiburg, Urt. vom 17.8.2021, Az. 4/21 8 Ns 92 Js 14782/19, zur Verwerfung einer Berufung im Strafverfahren.

3) KG (Berlin), Beschl. vom 23.2.2016, Az. 3 Ws 87/16 – 141 AR 96/16; OLG Hamm, Beschl. vom 14.8.2003, Az. 2 Ss 439/03.

4) LG Aurich, Beschl. vom 12.1.2022, Az. 12 Qs 5/22; LG Hannover, Beschl. vom 15.4.2019, Az. Z0 Qs 35/19; LG Duisburg, Beschl. vom 24.6.2021, Az. 31 Qs-170 Js 464/20-31/21, jeweils für ein Strafverfahren.

5) LG Aurich, Beschl. vom 12.1.2022, Az. 12 Qs 5/22, unter Bezugnahme auf OLG Nürnberg, Beschl. vom 25.7.2007, Az. 2 Ws 452/07.

6) BVerfG, Beschl. vom 5.10.2020, Az. 2 BvR 554/20, für das Strafverfahren.

7) OLG Frankfurt (Main), Beschl. vom 22.4.2010, Az. 3 Ws 351/10; OLG Köln, Beschl. vom 24.4.1998, Az. Ss 519/97 B; LG Kaiserslautern, Beschl. vom 17.3.2023, Az. 5 Qs 9/23; LG Mainz, Beschl. vom 11.10.2022, Az. 1 Qs 39/22; LG Köln, Beschl. vom 28.12.2010, Az. 105 Qs 342/10, jeweils für die gerichtliche Hauptverhandlung im Bußgeldverfahren.

Gewicht, sodass von der Verfolgung und Ahndung der Ordnungswidrigkeit abgesehen werden sollte (§ 47 Abs. 1 S. 1 OWiG).

– *Fehlende Rechtskundigkeit von Betroffenen*

  Allein die von Betroffenen vorgetragene fehlende Rechtskunde bedingt regelmäßig nicht die Notwendigkeit einer Pflichtverteidigerbestellung durch die Verwaltungsbehörde. Denn anderenfalls wäre die Bestellung im Bußgeldverfahren die Regel, da es im Ordnungswidrigkeitenrecht zu einer nicht zu überblickenden Vielzahl von Rechtsfragen unterschiedliche Rechtsauffassungen und dementsprechend unterschiedliche gerichtliche Entscheidungen gibt.[1)]

– *Fehlende Sprach- und Rechtskenntnisse von Ausländern oder Ausländerinnen*

  Mangelnde Kenntnisse der deutschen Sprache oder die Herkunft eines Ausländers oder einer Ausländerin aus einem fremden Rechtskreis mit der Folge mangelnder Kenntnis des deutschen Rechts rechtfertigen die Bestellung eines Pflichtverteidigers oder einer Pflichtverteidigerin grundsätzlich nicht. Solche Schwierigkeiten können i. d. R. durch Hinzuziehung eines Dolmetschers oder einer Dolmetscherin behoben werden.[2)] Bei der deutschen Sprache nicht ausreichend mächtigen ausländischen Betroffenen ist ein Verteidiger oder eine Verteidigerin nur dann beizuordnen, wenn die auf sprachlichen Defiziten beruhende Behinderung der Verteidigungsmöglichkeit auch durch die Hinzuziehung eines Dolmetschers oder einer Dolmetscherin nicht völlig ausgeglichen werden kann.[3)]

– *Analphabetismus von Betroffenen*

  Analphabetismus allein begründet nicht die Unfähigkeit zur Selbstverteidigung.[4)] Ein Analphabet oder eine Analphabetin kann sich nämlich der Hilfe Schreibkundiger bedienen. Damit kann er auch das Recht auf Akteneinsicht (§ 49 Abs. 1 OWiG) wirksam wahrnehmen.[5)] Eine Pflichtverteidigung kann jedoch in Betracht kommen, wenn weitere Gründe wie fehlende Sprachkenntnisse von Ausländern oder Ausländerinnen und eine Betreuungsanordnung für die Vertretung vor Behörden und Gerichten (§ 1823 BGB) hinzukommen.[6)] Bei wegen Intelligenzminderung des oder der Betroffenen eingeschränkter Verantwortlichkeit (§ 12 Abs. 2 OWiG) wird die Verwaltungsbehörde i. d. R. nach dem Opportunitätsprinzip von der Einleitung eines Bußgeldverfahrens wegen allgemeiner Ordnungswidrigkeiten absehen (§ 47 Abs. 1 S. 1 OWiG).[7)] Im gerichtlichen Bußgeldverfah-

1) LG Rottweil, Beschl. vom 22.8.2022, Az. 3 Qs 36/22, zu einem Bußgeldverfahren wegen einer infektionsschutzrechtlichen Ordnungswidrigkeit.

2) OLG Hamm, Beschl. vom 11.10.2022, Az. 5 Ws 270/22; OLG Nürnberg, Beschl. vom 3.3.2014, Az. 2 Ws 63/14, für das gerichtliche Bußgeldverfahren; Wieser-Kommentar Teil I Nr. 1 § 60 OWiG.

3) OLG München, Beschl. vom 7.10.2020, Az. 2 Ws 1073/20, unter Bezugnahme auf BVerfG, Beschl. vom 2.5.2002, Az. 2 BvR 613/02.

4) LG Hamburg, Beschl. vom 9.10.2019, Az. 628 Qs 31/19.

5) Zur Akteneinsicht des oder der Betroffenen im Bußgeldverfahren (§ 49 Abs. 1 OWiG) Teil I Nr. 1 § 49 OWiG.

6) LG Duisburg, Beschl. vom 24.6.2021, Az. 31 Qs-170 Js 464/20-31/21, für ein Strafverfahren. Zur Vertretung des Betroffenen vor Behörden und Gerichten durch einen Betreuer oder eine Betreuerin (§ 1823 BGB) oben Nr. 3.3.1 und zu fehlenden Sprachkenntnissen von Ausländern und Ausländerinnen unten Nr. 3.3.3.

7) Zur Vorwerfbarkeit der Ordnungswidrigkeit bei Intelligenzminderung des oder der Betroffenen (§ 12 Abs. 2 OWiG) Teil I Nr. 1 § 12 OWiG.

ren kann sich jedoch ergeben, dass der Betroffene nicht in der Lage ist, der Hauptverhandlung zu folgen, seine Interessen zu wahren und sachgerechte Anträge zu seiner Verteidigung zu stellen.

- *Finanzielle Situation von Betroffenen*

  Fehlende Mittel zur Bezahlung eines Wahlverteidigers oder einer Wahlverteidigerin verpflichten die Verwaltungsbehörde nicht zur Bestellung eines Pflichtverteidigers oder einer Pflichtverteidigerin. Das Bußgeldverfahren kennt keinen „Armenanwalt". Der Begriff der Prozesskostenhilfe entstammt dem Zivilprozessrecht (§ 114 ff. ZPO). Eine entsprechende Regelung gibt es für das Bußgeldverfahren nicht, sodass darauf gerichtete Anträge als unzulässig abzulehnen sind.

3.2 Entscheidung der Verwaltungsbehörde

Die Verwaltungsbehörde entscheidet über die Bestellung eines Pflichtverteidigers oder einer Pflichtverteidigerin auf Antrag des oder der Betroffenen oder aufgrund ihrer Fürsorgepflicht für ein faires Bußgeldverfahren (Art. 20 Abs. 3 GG) nach pflichtgemäßem Ermessen von Amts wegen.[1)]

- **Beiordnung eines Pflichtverteidigers**

Beabsichtigt die verantwortende Person der Verwaltungsbehörde die Beiordnung eines Rechtsanwalts als Pflichtverteidiger oder einer Rechtsanwältin als Pflichtverteidigerin auf Antrag oder von Amts wegen, so muss der oder die Betroffene zunächst Gelegenheit zur Bezeichnung eines Verteidigers oder einer Verteidigerin erhalten (§ 142 Abs. 5 S. 1 StPO i. V. m. § 46 Abs. 1 OWiG). Diese Person ist dann auch durch die Verwaltungsbehörde zu bestellen, wenn keine wichtigen Gründe entgegenstehen (§ 142 Abs. 5 S. 2 Halbs. 1 StPO i. V. m. § 46 Abs. 1 OWiG). Ein wichtiger Grund liegt auch vor, wenn der Verteidiger oder die Verteidigerin nicht oder nicht rechtzeitig zur Verfügung steht (§ 142 Abs. 5 S. 2 Halbs. 2 StPO i. V. m. § 46 Abs. 1 OWiG). Der Rechtsanwalt und die Rechtsanwältin sind zur Übernahme der Verteidigung verpflichtet (§ 49 Abs. 1 BRAO) und können ihre Aufhebung nur aus wichtigem Grund beantragen (§ 49 Abs. 2 BRAO).

- **Ablehnung der Beiordnung**

Die Ablehnung der Beiordnung und die vom Vorschlag des oder der Betroffenen abweichende Beiordnung eines Rechtsanwalts können von dem oder der Betroffenen (nicht aber dem abgelehnten Pflichtverteidiger) mit dem Antrag auf gerichtliche Entscheidung (§ 62 OWiG) angefochten werden.[2)] Die ablehnende Entscheidung ist daher zwar formlos (§ 50 Abs. 1 S. 1 OWiG) und ohne Rechtsbehelfsbelehrung (§ 50 Abs. 2 OWiG) mitzuteilen, muss jedoch eine Begründung aufweisen (§ 34 StPO i. V. m. § 46 Abs. 1 OWiG).

1) KG (Berlin), Beschl. vom 10.7.2009, Az. 2 Ss 138/09 – 3 Ws (B) 283/09, für die gerichtliche Entscheidung.
2) OLG Frankfurt (Main), Beschl. vom 24.1.2014, Az. 3 Ws 56/14. Zum Antrag auf gerichtliche Entscheidung (§ 62 OWiG) § 19 Nr. 3.

Muster 10.0: Ablehnung eines Antrags auf Bestellung als Pflichtverteidiger oder Pflichtverteidigerin

Stadt Münsterberg

Bußgeldstelle

Stadt Münsterberg, 99090 Münsterberg

Dienstgebäude	Schubertstraße 36 99090 Münsterberg
Bearbeitung	Frau Weber
Telefon	(0987) 9878-987
E-Mail	weber.bs@muensterberg.de

Herrn Rechtsanwalt
Klaus Kürschner
Maximilianstraße 110
72345 Oberburg
über besonderes elektronisches Anwaltspostfach

Ihr Zeichen, Ihre Nachricht vom	Bitte bei Antwort angeben **Unser Zeichen, unsere Nachricht vom** OWi – 0987665/26	**Datum** 16.11.2026

Bußgeldverfahren gegen Frau Gerda Müller

Ablehnung der Bestellung als Pflichtverteidiger

Sehr geehrter Herr Rechtsanwalt,

wir erlassen folgenden

Bescheid

Wir lehnen Ihre Bestellung als Pflichtverteidiger im Bußgeldverfahren vor der Verwaltungsbehörde ab.

Gründe

I.

Wir haben gegen die Betroffene Gerda Müller ein Bußgeldverfahren eingeleitet und am 12.10.2026 die Anhörung wegen einer infektionsschutzrechtlichen Ordnungswidrigkeit angeordnet. Am 16.10.2026 zeigten Sie die Vertretung der Betroffenen an und beantragten die Bestellung als Pflichtverteidiger wegen Schwierigkeit der Sach- und Rechtslage. Zugleich legten Sie für den Fall der Bestellung als Pflichtverteidiger das Mandat als Wahlverteidiger nieder.

II.

1. Wir sind als Verwaltungsbehörde (§ 35 OWiG) zum Erlass des Bescheides über die Entscheidung über die Bestellung eines Pflichtverteidigers im Vorverfahren sachlich und örtlich zuständig (§ 140 Abs. 2 Strafprozessordnung – StPO – i. V. m. § 60 S. 1 Gesetz über Ordnungswidrigkeiten – OWiG)
2. Die Bestellung eines Pflichtverteidigers ist im Bußgeldverfahren aus den in § 140 Abs. 2 StPO bezeichneten Gründen möglich. Die Frage der Schwierigkeit der Rechtslage ist sowohl unter objektiven wie subjektiven, die Befähigung und den Kenntnis-

Telefonzentrale (0899) 123-0 **Internet** www.Muensterberg.de	**Servicezeiten** Mo-Mi 7.30-16.30 Uhr Do 7.30-17.30 Uhr Fr 7.30-12.00 Uhr	**Öffentliche Verkehrsmittel** Stadtbus Linie 6 Haltestelle Mitte	**Bankverbindung** Kreissparkasse Münsterberg IBAN DE2040000000123456 BIC GROBDE77XX Volksbank Münsterberg IBAN DE2040000000234567 BIC GROBDE87XX

Besonderes elektronisches Behördenpostfach
Ordnungsamt@muensterberg .de

stand des jeweiligen Betroffenen einbeziehenden, Kriterien zu bestimmen. Maßgeblich ist insoweit nicht der Umfang der im Bußgeldverfahren gewechselten Schriftsätze, sondern deren Gegenstand, mithin die zugrundeliegende Rechtsfrage (LG Rottweil, Beschl. vom 22.8.2022, Az. 3 Qs 36/22; Saarländisches OLG (Saarbrücken), Beschl. vom 29.11.2006, Az. Ss (B) 44/2006 (57/06). Zur Beurteilung des Schwierigkeitsgrades bedarf es einer Gesamtwürdigung von Sach- und Rechtslage (LG Rottweil, Beschl. vom 22.8.2022, Az. 3 Qs 36/22; OLG Stuttgart, Beschl. vom 24.2.2010, Az. 5 Ws 37/10; KG (Berlin), Beschl. vom 30.7.2008, Az. 2 Ws 363/08, 1 AR 1049/08). Die Rechtslage ist etwa dann schwierig, wenn es bei der Anwendung des materiellen oder formellen Rechts auf die Entscheidung nicht ausgetragener Rechtsfragen ankommt, wenn die Subsumtion voraussichtlich aus sonstigen Gründen Schwierigkeiten bereiten wird, oder wenn es auf die Auslegung von Begriffen aus dem Ordnungswidrigkeitenrecht ankommt (LG Rottweil, Beschl. vom 22.8.2022, Az. 3 Qs 36/22; OLG Stuttgart, Beschl. vom 24.2.2010, Az. 5 Ws 37/10).

3. Die Sachlage ist im vorliegenden Fall einfach gelagert. Der Betroffenen wird ein überschaubarer Sachverhalt vorgeworfen, nämlich in der Wartehalle Stadtbahnhof in Münsterberg weder eine nicht-medizinische Alltagsmaske noch eine vergleichbare Mund-Nasen-Bedeckung getragen zu haben. Auch die Beweislage ist nicht komplex: Als Beweismittel ist im Bußgeldbescheid ein Polizeibeamter als Zeuge aufgeführt.
4. Auch die Rechtslage ist einfach, weil eine gefestigte obergerichtliche Rechtsprechung vorliegt. Die von der Betroffenen ins Feld geführten gerichtlichen Entscheidungen beziehen sich nahezu ausschließlich auf infektionsschutzrechtliche Verordnungen in anderen Bundesländern oder regionale Allgemeinverfügungen mit anderem Regelungsinhalt. Auf diese kommt es daher nicht an.

Mit freundlichen Grüßen

Stadt Münsterberg, Bußgeldstelle

4. Vollmacht des Verteidigers oder der Verteidigerin

Die Rechtsbeziehung zwischen Betroffenen und gewählten Verteidigern oder Verteidigerinnen (§ 137 Abs. 1 S. 1 StPO i. V. m. § 46 Abs. 1 OWiG), das sogenannte Mandatsverhältnis, beruht auf einem privatrechtlichen Geschäftsbesorgungsvertrag (§ 675 BGB). Dieser Vertrag kommt im Innenverhältnis durch die Annahme eines entsprechenden Antrags des oder der Betroffenen (§ 145 BGB) zustande. Die Verwaltungsbehörde erhält im Außenverhältnis durch die Mandatsanzeige des Rechtsanwalts oder Rechtsanwältin Kenntnis von der Übernahme der Verteidigung.

Beispiel:

Der Betroffene sucht nach Zugang des Anhörungsdokuments einen Rechtsanwalt auf und bittet ihn um seine Verteidigung im Bußgeldverfahren. Der Rechtsanwalt nimmt den Antrag des Betroffenen an und teilt die Übernahme des Mandats der Verwaltungsbehörde elektronisch oder schriftlich mit. Mit dieser „Mandatsanzeige" ist der Rechtsanwalt als Verteidiger Verfahrensbeteiligter des Bußgeldverfahrens.

Das Mandat des Verteidigers oder der Verteidigerin wird i. d. R. unbeschränkt erteilt und gilt daher für das gesamte Bußgeldverfahren. Es endet vorzeitig mit der Kündigung des oder der Betroffenen gegenüber dem Verteidiger oder der Verteidigerin, der Niederlegung des Mandats durch den Verteidiger oder der Verteidigerin sowie den Tod des oder der Betroffenen.

4.1 Mandatsanzeige als Vollmacht

Die Berechtigung zur Verteidigung weist ein Rechtsanwalt oder eine Rechtsanwältin gegenüber der Verwaltungsbehörde durch eine Vollmacht des oder der Betroffenen nach. Diese „Verteidigervollmacht" bedarf keiner besonderen Form und kann daher auch mündlich wirksam erteilt werden.[1] Sie muss daher nicht nachgewiesen werden, insbesondere weder elektronisch noch schriftlich in einem besonderen Dokument enthalten sein und bedarf schon deswegen keiner Signatur. Auch einer anwaltlichen Versicherung zur Glaubhaftmachung bedarf es mangels Rechtsgrundlage zum Nachweis der Bevollmächtigung im Bußgeldverfahren nicht.[2] Weil bereits der Geschäftsbesorgungsvertrag zwischen dem oder der Betroffenen und dem Rechtsanwalt als Verteidiger oder der Rechtsanwältin als Verteidigerin mündlich geschlossen werden kann, genügt diese Form auch für die nachgewiesene Vollmacht.[3] Im Gegensatz zu dem oder der Bevollmächtigten des Verwaltungsverfahrens (§ 14 Abs. 1 S. 3 VwVfG) oder Sozialverwaltungsverfahrens (§ 13 Abs. 1 S. 1 SGB X) darf die Verwaltungsbehörde daher im Bußgeldverfahren keine elektronische oder schriftliche Vollmacht verlangen.[4] Der oder die Verteidigerin kann, muss aber kein elektronisches oder schriftliches Vollmachtdokument vorlegen. Der oder die Betroffene kann auch den Verteidiger oder die Verteidigerin ermächtigen, ein Vollmachtdokument in seinem bzw. ihrem Namen zu unterzeichnen.[5] Die Verwaltungsbehörde muss von einer wirksamen Vollmacht eines Rechtsanwalts oder einer Rechtsanwältin ausgehen, wenn sie die Mandatsübernahme durch ein Papierdokument oder über das besondere elektronische Anwaltspostfach (§ 31a Abs. 1 S. 1 BRAO) als sicherem Übermittlungsweg (§ 32a Abs. 4 S. 1 Nr. 1 StPO i. V. m. § 110c S. 1 OWiG) mitteilen. Reicht der Verteidiger oder die Verteidigerin eine eingescannte Vollmachtsurkunde in elektronischer Form ein, bedarf diese keiner qualifizierten elektronischen Signatur (Art. 3 Nr. 12 Verordnung [EU] Nr. 910/2014) des oder der Betroffenen.[6] Keinen Nachweis einer Verteidigungsvollmacht stellt jedoch die bloße Behauptung des oder der Betroffenen gegenüber der Verwaltungsbehörde dar,

1) OLG Celle, Beschl. vom 27.3.2019, Az. 2 Ss (OWi) 101/19; OLG Braunschweig, Beschl. vom 13.5.2013, Az. 1 Ss (OWi) 83/13.
2) Die anwaltliche Versicherung ist lediglich ein Mittel zur Glaubhaftmachung im Sinne des § 294 ZPO in den gesetzlich vorgesehenen Fällen.
3) Brandenburgisches OLG (Brandenburg), Beschl. vom 18.2.2015, Az. (1 Z) 53 Ss-OWi 619/14 (351/14). Zur Sonderregelung im Bußgeldverfahren für die Zustellung von Bescheiden an verteidigte Betroffene und Nebenbetroffene in § 51 Abs. 3 OWiG jeweils bei den dortigen Erläuterungen.
4) Die besondere Regelung in § 51 Abs. 3 S. 2 OWiG betrifft nur das Zustellungsverfahren der Verwaltungsbehörde.
5) KG (Berlin), Beschl. vom 12.6.2013, Az. 3 Ws (B) 202/13; OLG Dresden, Beschl. vom 21.8.2012, Az. 3 Ss 336/12.
6) Die zwingende Bestimmung in § 32d S. 2 StPO i. V. m. § 110c S. 1 OWiG betrifft nur die Einlegung und Begründung der Rechtsbeschwerde (§§ 79, 80 OWiG) im gerichtlichen Bußgeldverfahren.

einen bestimmten Rechtsanwalt oder eine Rechtsanwältin mit der Verteidigung beauftragt zu haben. Ein Verteidiger oder eine Verteidigerin ist nämlich erst dann bestellt, wenn er oder sie ausdrücklich oder durch schlüssiges Verhalten den Verteidigungsauftrag angenommen hat.[1]

Beispiel:

Der Betroffene kündigt an, der von ihm beauftragte Rechtsanwalt werde eine Stellungnahme zum Tatvorwurf abgeben. Der Rechtsanwalt lehnt dem Betroffenen gegenüber jedoch die Übernahme der Verteidigung wegen Zahlungsunfähigkeit des Betroffenen ab. Da deshalb auch kein Geschäftsbesorgungsvertrag zustande kommt, ist der Rechtsanwalt auch nicht gegenüber der Verwaltungsbehörde zur Verteidigung bevollmächtigt.

4.2 Besondere Vollmachten

Eine besondere Form der Vollmacht ist im Bußgeldverfahren nur in bestimmten Fällen erforderlich:

- nachgewiesene (schriftliche oder elektronische) Form als Voraussetzung für die Zustellung an Verteidiger und Verteidigerinnen (§ 51 Abs. 3 OWiG),
- besondere zusätzliche Vollmacht für die Zurücknahme von Rechtsbehelfen (Einspruch, Antrag auf gerichtliche Entscheidung) durch einen Verteidiger oder eine Verteidigerin (§ 302 Abs. 2 StPO i. V. m. § 67 Abs. 1 S. 2 bzw. § 62 Abs. 2 S. 2 OWiG),
- besondere zusätzliche Vollmacht für das Kostenfestsetzungsverfahren (§ 106 OWiG).

4.3 Vollmacht für Berufsausübungsgemeinschaften

Ist in einer Verteidigervollmacht lediglich der Name der Berufsausübungsgesellschaft (§ 59b BRAO) als „Anwaltskanzlei“, „Anwaltssozietät“ oder Partnerschaft (§ 1 Abs. 1, 2 PartGG) als solcher aufgeführt, erfasst die Vollmacht grundsätzlich alle der Kanzlei bzw. Sozietät angehörenden Rechtsanwälte.[2] Hier kann allerdings die zulässige Höchstzahl von drei Verteidigern oder Verteidigerinnen überschritten sein (§ 137 Abs. 1 S. 2 StPO i. V. m. § 46 Abs. 1 OWiG).[3] Einer Berufsausübungsgesellschaft (§ 59b BRAO) in Form einer „Rechtsanwalts GmbH“ als juristischer Person kann allerdings keine wirksame Vollmacht erteilt werden, weil der Verteidiger oder die Verteidigerin eine natürliche Person sein muss (§ 137 Abs. 1 S. 1 StPO i. V. m. § 46 Abs. 1 OWiG). Dies gilt auch für eine Partnerschaft von Rechtsanwälten oder Rechtsanwältinnen als solche (§ 1 Abs. 1, 2 PartGG).

1) OLG Hamm, Beschl. vom 14.5.1979, Az. 2 Ss OWi 1886/79.
2) OLG Hamm, Beschl. vom 27.2.2012, Az. 3 RBs 386/11.
3) Zur Höchstzahl der für einen Betroffenen oder eine Betroffene zulässigen Verteidiger oder Verteidigerinnen (§ 137 Abs. 1 S. 2 StPO i. V. m. § 46 Abs. 1 OWiG) § 10 Nr. 5.1.1.

4.4 Untervollmacht

Der gewählte Verteidiger oder die gewählte Verteidigerin kann auch einer anderen zur Verteidigung zugelassenen Person mit Einwilligung des oder der Betroffenen Untervollmacht erteilen, z. B. einem anderen Rechtsanwalt oder einem Rechtsreferendar (§ 139 StPO i. V. m. § 46 Abs. 1 OWiG). Dazu wird i. d. R. ein Formblatt „Untervollmacht" verwendet. Die Vollmacht eines Rechtsanwalts oder einer Rechtsanwältin endet mit der Erklärung der Mandatsniederlegung.[1]

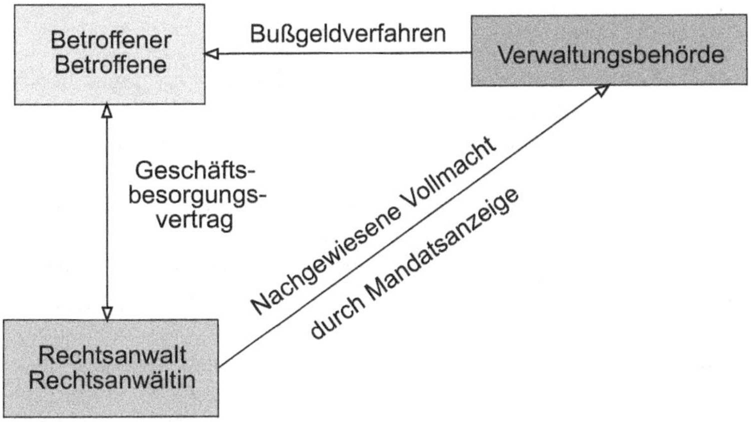

Abb. 6: Vollmacht des Verteidigers oder der Verteidigerin

5. Zurückweisung von Verteidigern oder Verteidigerinnen

Die Verwaltungsbehörde entscheidet im Bußgeldverfahren auch über die Zurückweisung eines Verteidigers oder einer Verteidigerin wegen Zuwiderhandlung gegen gesetzliche Vertretungsverbote (§ 60 S. 2 OWiG). Sie besitzt hier kein Ermessen, sondern hat von Amts wegen tätig zu werden, sobald ein Zurückweisungsgrund erkennbar wird (§ 60 S. 2 OWiG i. V. m. § 146a Abs. 1 S. 1 StPO).

5.1 Zurückweisungsgründe

Ein Verteidiger oder eine Verteidigerin ist zurückzuweisen, sobald erkennbar wird, dass ihre Tätigkeit zur

- Überschreitung der gesetzlichen Höchstzahl der Verteidiger oder Verteidigerinnen (§ 137 Abs. 1 S. 2 StPO i. V. m. § 46 Abs. 1 OWiG) oder
- Verletzung des gesetzlichen Verbots der Mehrfachverteidigung (§ 146 StPO i. V. m. § 46 Abs. 1 OWiG)

führt (§ 146a Abs. 1 S. 1, 2 StPO i. V. m. § 46 Abs. 1 OWiG). Der Gesetzgeber hat damit abschließend geregelt, in welchen speziellen Konstellationen gewählte Vertei-

1) Hanseatisches OLG Hamburg, Beschl. vom 8.1.2013, Az. 3 – 48/12 (Rev).

diger oder Verteidigerinnen zurückzuweisen sind.[1] Bis zur vorgeschriebenen unverzüglichen Zurückweisung vorgenommener Erklärungen und insbesondere Rechtsbehelfe bleiben jedoch wirksam.[2] Keine Zurückweisung ist bei der Verletzung der Vertretungsverbote durch eine Berufsausübungsgesellschaft (§ 59b, § 59l Abs. 3 BRAO) und als Syndikusrechtsanwalt oder Syndikusrechtsanwältin (§ 46c Abs. 3 BRAO) möglich. Ebenso wie im Verwaltungsverfahren (§ 14 Abs. 6 S. 1 VwVfG, § 13 Abs. 6 S. 1 SGB X) ist eine Zurückweisung wegen Nichteignung oder Unfähigkeit zum sachgemäßen Vortrag auch ohne ausdrückliche Bestimmung nicht möglich.

5.1.1 Gesetzliche Höchstzahl der Verteidigenden

Die Zahl der von einem Betroffenen oder einer Betroffenen gewählten Verteidiger oder Verteidigerinnen darf drei natürliche Personen nicht übersteigen (§ 137 Abs. 1 S. 2 StPO i. V. m. § 46 Abs. 1 OWiG). Entscheidend ist dabei nicht die Anzahl der Verteidiger und Verteidigerinnen auf einer nachgewiesenen Vollmacht, sondern die Zahl der tatsächlich tätigen Verteidiger und Verteidigerinnen, z. B. Mitglieder einer Sozietät als Berufsausübungsgesellschaft.[3] Signiert ein Rechtsanwalt oder eine Rechtsanwältin auf dem Briefbogen einer Berufsausübungsgesellschaft (§ 59b BRAO) eine Mandatsanzeige, „er" oder „sie" vertrete den Betroffenen oder die Betroffene, ist damit klargestellt, dass nur „er" oder „sie" und nicht alle dort tätigen Rechtsanwälte und Rechtsanwältinnen oder die Berufsausübungsgesellschaft (§ 59b BRAO) als solche den Betroffenen oder die Betroffene verteidigen. Bei der Erklärung, „teilen wir mit, dass wir vertreten", liegt dagegen zumindest ein klärungsbedürftiger Zweifelsfall vor.

Die nur im Bußgeldverfahren verbotene Überschreitung der Höchstzahl wird nicht selten durch Rechtsanwälte als Verteidiger oder Rechtsanwältinnen als Verteidigerinnen übersehen, weil sie in anderen Verfahren wie dem Verwaltungsverfahren für sie als Bevollmächtigte und Beistände (§ 14 VwVfG, § 13 SGB X) besteht. Sie wird i. d. R. bereits durch einen Hinweis der Verwaltungsbehörde auf die zulässige Höchstzahl von drei in der Antwort reduziert. Geschieht dies nicht, sind bei gleichzeitiger Mandatsanzeige **alle** Verteidiger und Verteidigerinnen zurückzuweisen (§ 146a Abs. 1 S. 2 StPO i. V. m. § 46 Abs. 1 OWiG). Bei nachfolgender Anzeige sind nur die Verteidiger und Verteidigerinnen zurückzuweisen, durch deren Tätigkeit die Höchstzahl von drei überschritten würde.[4] Keine Zurückweisung ist bei der Verletzung der Vertretungsverbote durch eine Berufsausübungsgesellschaft (§ 59b, § 59l Abs. 3 BRAO) und als Syndikusrechtsanwalt oder Syndikusrechtsanwältin (§ 46c Abs. 3 BRAO) möglich. Ebenso wie im Verwaltungsverfahren (§ 14 Abs. 6 S. 1 VwVfG, § 13 Abs. 6 S. 1 SGB X) ist eine Zurückweisung wegen Nichteignung oder Unfähigkeit zum sachgemäßen Vortrag auch ohne ausdrückliche Bestimmung nicht möglich.

---

1) OLG Köln, Beschl. vom 5.5.2021, Az. 3 Ws 14-15/21.
2) LG Karlsruhe, Beschl. vom 5.9.2022, Az. 16 Qs 65/22.
3) OLG Hamm, Beschl. vom 14.5.1979, Az. 2 Ss OWi 1886/79.
4) OLG Celle, Beschl. vom 25.7.1985, Az. 3 Ws 339/85; BGH, Beschl. vom 22.3.1977, Az. 1 BJs 20/75, StB 41/77.

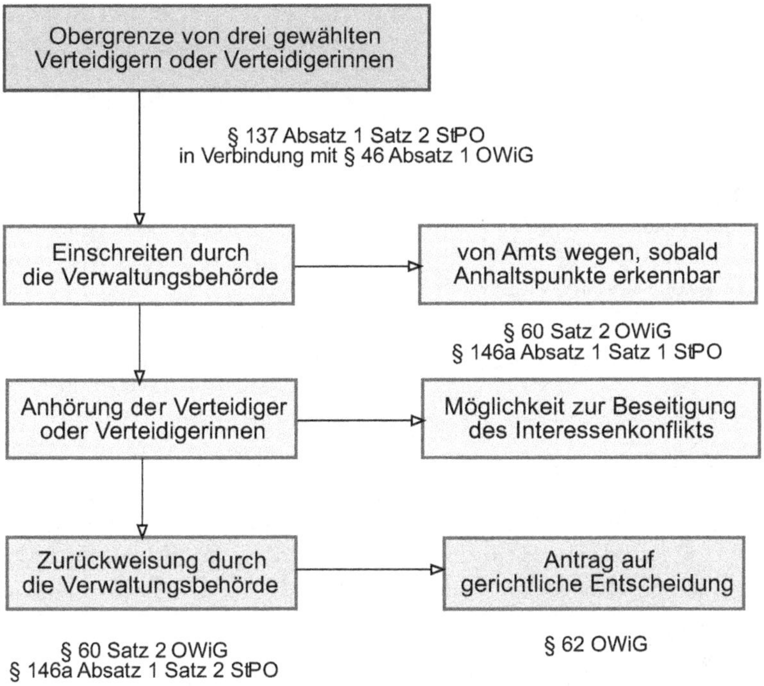

Abb. 7: Überschreiten der Höchstzahl von Verteidigern und Verteidigerinnen (§ 60 S. 2 OWiG)

Der spezielle, aus dem Strafverfahren stammende Regelungszweck liegt darin, dass ein Verteidiger oder eine Verteidigerin ihrer Beistandsfunktion gegenüber mehreren Betroffenen nicht gerecht werden können, wenn der oder die eine Betroffene, um sich zu entlasten oder eine mildere Ahndung zu erhalten, den anderen Betroffenen oder die andere Betroffene belastet oder belasten müsste.[1)]

5.1.2 Unzulässige Mehrfachverteidigung

Ein Verteidiger oder eine Verteidigerin darf wegen der zwangsläufig eintretenden Interessenkollision nicht gleichzeitig mehrere derselben Tat Beschuldigte vertreten (§ 146 S. 1 StPO i. V. m. § 46 Abs. 1 OWiG). In einem Verfahren darf er oder sie auch nicht gleichzeitig mehrere verschiedener Taten Beschuldigte verteidigen (§ 146 S. 2 StPO i. V. m. § 46 Abs. 1 OWiG). Mehrere als Verteidiger tätige Mitglieder einer Sozietät sind nicht als „ein Verteidiger" anzusehen.[2)] Das Verbot gleichzeitiger Vertretung gilt auch für Betroffene und Nebenbetroffene.[3)] Als Nebenbetroffene (§ 88 OWiG) kommen in diesem Zusammenhang juristische Personen und Personenvereinigun-

1) LG Karlsruhe, Beschl. vom 5.9.2022, Az. 16 Qs 65/22, unter Bezugnahme auf BVerfG, Urt. vom 11.3.1975, Az. 2 BvR 175-139/75.
2) LG Karlsruhe, Beschl. vom 5.9.2022, Az. 16 Qs 65/22.
3) OLG Stuttgart, Beschl. vom 19.1.2012, Az. 1 Ss 730/11; KG (Berlin), Beschl. vom 19.4.1999, Az. 1 AR 292/99 – 3 Ws 167/99.

gen in Betracht, gegen die im einheitlichen Verfahren (§ 30 Abs. 1 OWiG) neben einer natürlichen Person als deren Organ eine weitere Geldbuße festgesetzt werden soll.

Beispiele:

Ein Rechtsanwalt gibt als Verteidiger bei der Anhörung eine gemeinsame Stellungnahme für zwei Betroffene ab, denen als Geschäftsführer einer GmbH die Beteiligung an der unerlaubten Aufstellung von Spielgeräten mit Gewinnmöglichkeit vorgeworfen wird (§ 144 Abs. 1 Nr. 1 Buchst. d i. V. m. § 33c Abs. 1 S. 1 GewO, § 14 Abs. 1 S. 1 OWiG).

Gegen ein Ehepaar werden zwei Bußgeldbescheide wegen gemeinschaftlicher Errichtung einer nicht genehmigten baulichen Anlage (z. B. Art. 79 Abs. 1 Nr. 8 BayBO, § 14 Abs. 1 S. 1 OWiG) erlassen. Eine Rechtsanwältin legt als Verteidigerin für beide Betroffene Einspruch ein und begründet diese.

Der Bußgeldbescheid richtet sich in einem einheitlichen Verfahren (§ 88 OWiG) mit zwei Geldbußen (§ 30 Abs. 1 S. 1 OWiG) gegen den Geschäftsführer einer GmbH als Betroffenen und diese als Nebenbetroffene. Ein Rechtsanwalt übermittelt eine Mandatsanzeige für den Geschäftsführer und die verfahrensbeteiligte GmbH, legt für beide Einsprüche ein und kündigt deren Begründung nach Akteneinsicht an.

Legitimer Zweck des Verbots der Mehrfachverteidigung ist es, absehbare Interessenkollisionen zu vermeiden, um die Beistandsfunktion des Verteidigers oder der Verteidigerin für den Betroffenen oder die Betroffene sowie eine verfahrensbeteiligte juristische Person oder Personenvereinigung nicht zu beeinträchtigen.[1)] Dieser Fall tritt in der Verfahrenspraxis meist dann ein, wenn ein Rechtsanwalt oder eine Rechtsanwältin mehrere Beteiligte eines vorausgegangenen Verwaltungsverfahrens zulässigerweise als Bevollmächtigter oder Bevollmächtigte vertritt (§ 14 Abs. 1 S. 1 VwVfG, § 13 Abs. 1 S. 1 SGB X) und die Vertretung auf ein nachfolgendes Bußgeldverfahren ohne Beachtung des nur hier geltenden Mehrfachverteidigungsverbots „erstreckt" wird.

Beispiele:

Die Gemeinde erlässt gegen ein Ehepaar einen Verwaltungsakt über das Halten gefährlicher Hunde auf ihrem Grundstück. Die Eheleute werden in diesem Verwaltungsverfahren durch eine Rechtsanwältin vertreten. Bei einer Nachschau stellt die Gemeinde fest, dass der vollziehbare Verwaltungsakt nicht befolgt wird. Sie leitet deswegen gegen die Ehefrau und den Ehemann ein Bußgeldverfahren ein und hört die beiden als Betroffene an. Die Rechtsanwältin teilt daraufhin mit, sie vertrete die beiden Betroffenen auch im Bußgeldverfahren und gibt für sie eine Stellungnahme ab. Die Gemeinde hört die Rechtsanwältin wegen verbotener Mehrfachverteidigung an.

1) BVerfG, Nichtannahmebeschluss vom 25.2.2016, Az. 1 BvR 1042/15.

Ein Jobcenter fordert von mehreren Mitgliedern einer Bedarfsgemeinschaft (§ 7 Abs. 3 SGB II) unberechtigt bezogene Grundsicherungsleistungen zurück und leitet zudem gegen diese Personen Bußgeldverfahren wegen der unterlassenen Änderungsmitteilungen ein (§ 63 Abs. 1 Nr. 7 SGB II). Ein Rechtsanwalt, der die Bedarfsgemeinschaft bereits im Sozialverwaltungsverfahren vertritt, teilt dem Jobcenter mit, er werde die Betroffenen auch im Bußgeldverfahren vertreten. Das Jobcenter hört den Rechtsanwalt wegen verbotener Mehrfachverteidigung an.

Eine Umweltbehörde erlässt gegen eine GmbH eine Beseitigungsanordnung für eine ohne die erforderliche Erlaubnis errichtete Anlage. Die juristische Person wird dabei von einem Rechtsanwalt vertreten. Wegen desselben Sachverhalts leitet sie auch ein Bußgeldverfahren gegen den Geschäftsführer ein und ordnet die Nebenbeteiligung der GmbH an. Auf die Anhörung des Geschäftsführers und der verfahrensbeteiligten juristischen Person teilt der Rechtsanwalt mit, er vertrete beide auch im Bußgeldverfahren und bestreitet für beide den Tatvorwurf einer Ordnungswidrigkeit. Die Verwaltungsbehörde hört den Rechtsanwalt wegen verbotener Mehrfachverteidigung an.

Wegen fehlender Interessenkollision zulässig ist dagegen die gleichzeitige Verteidigung

- mehrerer Betroffener durch verschiedene Mitglieder einer Berufsausübungsgesellschaft (§ 59b BRAO), meist in einer Partnerschaft oder als „Anwaltssozietät" oder „Anwaltskanzlei" bezeichnet,[1)]
- mehrerer Betroffener durch Rechtsanwälte oder Rechtsanwältinnen, die nur in einer Bürogemeinschaft verbunden sind,[2)]
- mehrerer Betroffener durch einen Rechtsanwalt als Arbeitgeber oder eine Rechtsanwältin als Arbeitgeberin und einen bei ihnen als Arbeitgebende nur angestellte Rechtsanwälte oder Rechtsanwältinnen, sofern keine sonstigen Anhaltspunkte für einen Interessenwiderstreit und damit ein Verstoß gegen § 146 StPO, § 43a Abs. 4 BRAO, § 3 Abs. 1, 2 BORA vorliegt,[3)]
- die sukzessive Verteidigung eines oder einer Betroffenen nach Abschluss des Bußgeldverfahrens gegen einen früheren Mitbeschuldigten oder eine frühere Mitbeschuldigte.[4)]

Auch im Fall der nachträglichen Verbindung mehrerer Bußgeldverfahren ist die Verteidigung mehrerer Betroffener durch einen Verteidiger oder eine Verteidigerin unzulässig, wenn ein Interessenkonflikt nicht auszuschließen ist.[5)]

1) LG Karlsruhe, Beschl. vom 5.9.2022, Az. 16 Qs 65/22; LG Frankfurt (Main), Beschl. vom 4.4.2008, Az. 5/26 Qs 9/08.
2) LG Karlsruhe, Beschl. vom 5.9.2022, Az. 16 Qs 65/22, unter Bezugnahme auf LG Frankfurt (Main) Beschl. vom 4.4.2008, Az. 4/26 Qs 9/08.
3) LG Karlsruhe, Beschl. vom 5.9.2022, Az. 16 Qs 65/22.
4) LG Dessau-Roßlau, Beschl. vom 30.10.2007, Az. 2 Qs 255/07; Thüringer OLG (Jena), Beschl. vom 13.9.2007, Az. 1 Ws 360/07.
5) OLG Celle, Beschl. vom 16.9.2010, Az. 2 Ws 312/10, für den Parallelfall im Strafverfahren.

5.1.3 Berufsausübungsgesellschaften

Die Verteidigung von Betroffenen im Bußgeldverfahren ist natürlichen Personen vorbehalten (§ 137 Abs. 1 S. 1 StPO i. V. m. § 46 Abs. 1 OWiG). Eine Berufsausübungsgesellschaft (§ 59b BRAO) in Form einer Sozietät, Anwaltskanzlei, Partnerschaft oder Rechtsanwalts-GmbH als solcher kann daher nicht als Verteidigerin gewählt, bestellt oder zugelassen werden (§ 59l Abs. 3 BRAO). Zunächst ist zu prüfen, ob tatsächlich die Berufsausübungsgesellschaft selbst oder nur einzelne Mitglieder als Verteidiger oder Verteidigerinnen auftreten.

Beispiel:

„Wir vertreten ..." mit Signatur der Berufsausübungsgesellschaft spricht für eine unzulässige Verteidigung, die Signatur eines Schriftsatzes durch einen einzelnen Rechtsanwalt spricht dagegen für eine zulässige Verteidigung durch eine natürliche Person.

In Zweifelsfällen sollte der Inhalt eines mit der Mandatsanzeige vorgelegten Vollmachtdokuments abgeglichen werden. Aufschluss kann auch die Angabe eines personenbezogenen besonderes elektronisches Anwaltspostfachs (§ 31a BRAO) oder für eine Berufsausübungsgesellschaft (§ 31b BRAO) geben. Liegt eine unzulässige Verteidigung durch eine Berufsausübungsgesellschaft (§ 59b BRAO) eindeutig vor oder lassen sich Zweifel nicht ausräumen, so muss diese beanstandet werden. Dazu ist die Berufsausübungsgesellschaft zunächst befristet anzuhören. In der Regel wird ein Versehen vorliegen und die Verteidigung in zulässiger Form klargestellt werden. Erfolgt keine fristgemäße oder ausreichende Reaktion, ist die für andere Personen als Rechtsanwälte oder Rechtsanwältinnen erforderliche Genehmigung der Verwaltungsbehörde durch dienstliches Dokument formlos zu versagen (§ 138 Abs. 2 S. 1 StPO i. V. m. § 46 Abs. 1 OWiG).[1)] Die Zurückweisung einer Berufsausübungsgesellschaft ist nicht möglich, da kein Fall des § 146a Abs. 1 StPO i. V. m. § 46 Abs. 1 OWiG vorliegt.

---

1) Zur Versagung der Verteidigung durch andere Personen als Rechtsanwälte oder Rechtsanwältinnen § 10 Nr. 2.2.

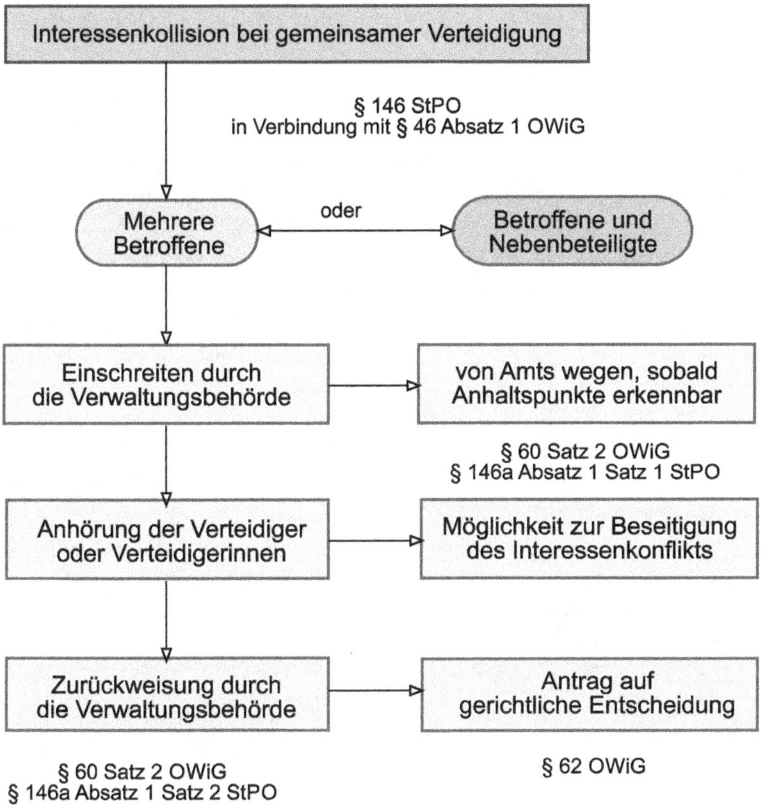

Abb. 8: Verbot der Mehrfachverteidigung (§ 60 OWiG)

5.2 Zurückweisungsverfahren

Die Verwaltungsbehörde ist zur Entscheidung über die Zurückweisung von Verteidigern oder Verteidigerinnen von der Einleitung des Bußgeldverfahrens bis zur Abgabe der Sache über die Staatsanwaltschaft (§ 69 Abs. 3 S. 1 OWiG) an das Amtsgericht und nach einer Zurückverweisung durch das Amtsgericht (§ 69 Abs. 5 S. 1 OWiG) sachlich zuständig. Die Zurückweisung ist nicht in das Ermessen der verantwortenden Person der Verwaltungsbehörde gestellt, sondern bei Vorliegen der Voraussetzungen unabdingbar, sobald der Grund dafür erkennbar wird.[1] Die Verwaltungsbehörde hat also von Amts wegen unverzüglich einzuschreiten. Wird dies übersehen und nimmt die Verwaltungsbehörde sogar Kontakt mit der unzulässigen Verteidigung auf, muss sie wegen des groben Verfahrensverstoßes mit einer Einstellung (§ 206a StPO i. V. m. § 71 Abs. 1 OWiG) in einem nachfolgenden gerichtlichen Bußgeldverfahren rechnen. Die gerichtliche Dokumentation dauerhaft rechtswidrigen Verhaltens wäre für die Verwaltungsbehörde besonders dann unerfreulich, wenn sie

1) BGH, Beschl. vom 27.2.1976, Az. 1 BJs 25/75 – StB 8/76; Schleswig-Holsteinisches OLG (Schleswig), Beschl. vom 4.5.1984, Az. 1 Ss OWi 135/84.

in der Sache richtig entschieden hatte und eine erhebliche Ordnungswidrigkeit deswegen nicht geahndet werden kann.

Beispiel:

Die Verwaltungsbehörde leitet gegen Herrn und Frau Müller wegen gemeinsam unterlassener Sorge für den Schulbesuch ihres Kindes ein Bußgeldverfahren ein und hört sie wegen der Ordnungswidrigkeit an. Diese beauftragen einen Rechtsanwalt, der die Vertretung der „Eheleute Müller" anzeigt und für sie eine Stellungnahme abgibt. Die Verwaltungsbehörde setzt sich mit den Einwendungen auseinander und erlässt gegen die Betroffenen zwei Bußgeldbescheide, gegen die der Verteidiger form- und fristgemäß Einsprüche einlegt und eine Begründung nach Akteneinsicht ankündigt. Die Verwaltungsbehörde gewährt Akteneinsicht und setzt eine Frist zur Begründung. Nach deren Eingang hält sie die Bußgeldbescheide aufrecht und gibt die Sache über die Staatsanwaltschaft an das Amtsgericht ab. Die Abgabeverfügung enthält Ausführungen zu den Einwendungen des unzulässig auftretenden, aber pflichtwidrig nicht zurückgewiesenen Verteidigers.

Das Amtsgericht weist den Verteidiger bei Eingang des Bußgeldverfahrens aufgrund des aktenkundigen Sachverhalts sofort wegen unzulässiger Mehrfachverteidigung zurück und stellt das Bußgeldverfahren wegen des andauernd rechtswidrigen Verhaltens der Verwaltungsbehörde durch Beschluss ein.

Der zurückzuweisende Verteidiger bzw. die zurückweisende Verteidigerin erhält zunächst durch Mitteilung der Verwaltungsbehörde über das empfangsbereit vorzuhaltende besondere elektronische Anwaltspostfach (§ 31a Abs. 1 S. 1 BRAO) rechtliches Gehör und gleichzeitig Gelegenheit, den rechtswidrigen Zustand selbst zu beenden (Musterdokument 10.1). Dies geschieht durch

- Beschränkung der Anzahl der Verteidiger oder Verteidigerinnen aus einer Berufsausübungsgesellschaft (§ 59b BRAO) bis zur zulässigen Höchstzahl von drei Personen (§ 137 Abs. 1 S. 2 StPO i. V. m. § 46 Abs. 1 OWiG) bzw.
- Niederlegung des Mandats und Übertragung einer Verteidigung auf andere gewählte Rechtsanwälte oder Rechtsanwältinnen bei unzulässiger Mehrfachverteidigung (§ 146 StPO i. V. m. § 46 Abs. 1 OWiG).

In der Verfahrenspraxis wird der Verstoß von den betroffenen Rechtsanwälten und Rechtsanwältinnen i. d. R. durch Mandatsniederlegungen und neue Mandatsanzeigen selbst beendet. Die Vollmacht eines Rechtsanwalts oder einer Rechtsanwältin endet mit der Erklärung der Mandatsniederlegung.[1)]

Werden die Zurückweisungsgründe nicht ausgeräumt, sind der Verteidiger, die Verteidigerin oder alle Verteidigende durch Bescheid zurückzuweisen (Musterbescheid 10.2). Die Entscheidung wird dem Verteidiger, der Verteidigerin oder allen betroffenen Verteidigenden über das besondere elektronische Anwaltspostfach (§ 31a BRAO) sowie nach Sachlage dem, der oder den Betroffenen über ein vorhandenes elektronisches Postfach oder Papierdokument formlos ohne Rechtsbehelfsbelehrung (§ 50 Abs. 1 S. 1, Abs. 2 OWiG), jedoch mit Begründung (§ 34 StPO i. V. m.

1) Hanseatisches OLG Hamburg, Beschl. vom 8.1.2013, Az. 3 – 48/12 (Rev).

§ 46 Abs. 1 OWiG) mitgeteilt. Gegen die Zurückweisung können sowohl alle betroffenen Verteidigenden als auch Betroffene unbefristet bei der Verwaltungsbehörde Antrag auf gerichtliche Entscheidung (§ 62 OWiG) stellen.

Alle Verfahrenshandlungen eines Verteidigers oder einer Verteidigerin, die vor der zurückweisenden Entscheidung der Verwaltungsbehörde vorgenommen wurden, bleiben wirksam (§ 146a Abs. 2 StPO i. V. m. § 46 Abs. 1 OWiG).[1] Die Zurückweisung hat daher nur Wirkung für die Zukunft.

Beispiel:

Die Verwaltungsbehörde erlässt gegen Herrn und Frau Müller Bußgeldbescheide wegen gemeinsam unterlassener Sorge für den Schulbesuch ihres Kindes. Diese beauftragen einen Rechtsanwalt, der die Vertretung der „Eheleute Müller" anzeigt und für sie form- und fristgemäß Einsprüche einlegt. Die Rechtsbehelfe sind zwar trotz der unzulässigen Mehrfachverteidigung wirksam, die Verwaltungsbehörde wird jedoch sofort die Zurückweisung des Rechtsanwalts betreiben.

Muster 10.1: Zurückweisung bei unzulässiger Mehrfachverteidigung (§ 146 StPO) – Anhörung

Stadt Münsterberg

Bußgeldstelle

Stadt Münsterberg, 99090 Münsterberg

Dienstgebäude	Schubertstraße 36 99090 Münsterberg
Bearbeitung	Frau Weber
Telefon	(0987) 9878-987
E-Mail	weber.bs@muensterberg.de

Herrn Rechtsanwalt
Klaus Kürschner
Maximilianstraße 110
72345 Oberburg
über besonderes elektronisches Anwaltspostfach

Ihr Zeichen, Ihre Nachricht vom	Bitte bei Antwort angeben **Unser Zeichen, unsere Nachricht vom**	**Datum**
	OWi – 0987665/26	21.10.2026

Bußgeldverfahren gegen Frau Gerda Müller und Herrn Franz Müller
Zurückweisung als Verteidiger wegen unzulässiger Mehrfachvertretung

Sehr geehrter Herr Rechtsanwalt,

wir haben im Bußgeldverfahren wegen der Errichtung einer baulichen Anlage auf dem Grundstück Erlenweg 10 in Münsterberg ohne die erforderliche Baugenehmigung gegen

Telefonzentrale	**Servicezeiten**		**Öffentliche Verkehrsmittel**	**Bankverbindung**
(0899) 123-0	Mo-Mi	7.30-16.30 Uhr	Stadtbus Linie 6	Kreissparkasse Münsterberg
Internet	Do	7.30-17.30 Uhr	Haltestelle Mitte	IBAN DE2040000000123456
www.Muensterberg.de	Fr	7.30-12.00 Uhr		BIC GROBDE77XX
				Volksbank Münsterberg
Besonderes elektronisches Behördenpostfach				IBAN DE2040000000234567
Ordnungsamt@muensterberg.de				BIC GROBDE87XX

1) LG Karlsruhe, Beschl. vom 5.9.2022, Az. 16 Qs 65/22.

Gerda und Franz Müller am 12.10.2026 Bußgeldbescheide erlassen. Am 16.10.2026 haben Sie die Vertretung beider Betroffener angezeigt und sowohl Widerspruch (§ 68 VwGO) gegen die mit Bescheid vom 9.10.2026 erlassene Baubeseitigungsanordnung als auch Einspruch (§ 67 Abs. 1 OWiG) gegen beide Bußgeldbescheide eingelegt. Sämtliche Rechtsbehelfe sind mit ausführlichen Begründungen bezüglich der „Eheleute Müller" versehen.

Wir weisen darauf hin, dass die Vertretung mehrerer derselben Tat Beschuldigter das Verbot der Mehrfachverteidigung in § 146 StPO i. V. m. § 46 Abs. 1 OWiG verletzt und sehen Ihrer Äußerung bis zum 10.11.2026 entgegen.

Sollten die Gründe für die Unzulässigkeit der Verteidigung nicht ausgeräumt werden, müssen Sie mit der Zurückweisung als Verteidiger bezüglich beider Betroffener rechnen (§ 146a Abs. 1 S. 1 Halbs. 1 StPO i. V. m. § 46 Abs. 1 OWiG).

Mit freundlichen Grüßen

Stadt Münsterberg, Bußgeldstelle

Muster 10.2: Zurückweisung bei unzulässiger Mehrfachverteidigung (§ 146 StPO) – Bescheid

Stadt Münsterberg

Bußgeldstelle

Stadt Münsterberg, 99090 Münsterberg

Dienstgebäude	Schubertstraße 36 99090 Münsterberg
Bearbeitung	Frau Weber
Telefon	(0987) 9878-987
E-Mail	weber.bs@muensterberg.de

Herrn Rechtsanwalt
Klaus Kürschner
Maximilianstraße 110
72345 Oberburg
über besonderes elektronisches Anwaltspostfach

Ihr Zeichen, Ihre Nachricht vom	Bitte bei Antwort angeben **Unser Zeichen, unsere Nachricht vom**	**Datum**
	OWi – 0987665/26	16.11.2026

Bußgeldverfahren gegen Frau Gerda Müller und Herrn Franz Müller
Zurückweisung als Verteidiger wegen unzulässiger Mehrfachvertretung

Sehr geehrter Herr Rechtsanwalt,

wir erlassen folgenden

Bescheid

Wir weisen Sie als Verteidiger im Bußgeldverfahren gegen Frau Gerda Müller und Herrn Franz Müller zurück.

Telefonzentrale
(0899) 123-0
Internet
www.Muensterberg.de

Servicezeiten
Mo-Mi 7.30-16.30 Uhr
Do 7.30-17.30 Uhr
Fr 7.30-12.00 Uhr

Öffentliche Verkehrsmittel
Stadtbus Linie 6
Haltestelle Mitte

Bankverbindung
Kreissparkasse Münsterberg
IBAN DE2040000000123456
BIC GROBDE77XX
Volksbank Münsterberg
IBAN DE2040000000234567
BIC GROBDE87XX

Besonderes elektronisches Behördenpostfach
Ordnungsamt@muensterberg .de

Gründe

I.

Wir haben im Bußgeldverfahren gegen Gerda und Franz Müller am 12.10.2026 gegen beide Betroffene Bußgeldbescheide erlassen. Am 16.10.2026 zeigten Sie die Vertretung beider Betroffener, nämlich der „Eheleute Müller" an. Zugleich legten Sie Widerspruch gegen die mit Bescheid vom 1.10.2026 erlassene Baubeseitigungsanordnung und Einspruch gegen beide Bußgeldbescheide ein. Mit elektronischem Dokument vom 22.10.2026 wiesen wir Sie auf das Verbot der Mehrfachverteidigung nach § 146 StPO i. V. m. § 46 Abs. 1 OWiG hin und setzten eine Äußerungsfrist bis zum 10.11.2026. Sie kündigten daraufhin mit Dokument 5.11.2026 eine Stellungnahme an, die jedoch trotz Zuwartens bis zum heutigen Tag nicht in Einlauf kam.

II.

1. Wir sind als Verwaltungsbehörde (§ 35 OWiG) zum Erlass des Bescheides über die Zurückweisung eines Wahlverteidigers sachlich und örtlich zuständig (§ 146a Abs. 1 S. 1 Strafprozessordnung – StPO – i. V. m. § 60 S. 2 Gesetz über Ordnungswidrigkeiten – OWiG)
2. Ein gewählter Verteidiger (§ 137 StPO i. V. m. § 46 Abs. 1 OWiG) kann im Bußgeldverfahren nicht gleichzeitig mehrere derselben Tat Beschuldigte verteidigen (§ 146 S. 1 StPO i. V. m. § 46 Abs. 1 OWiG). Ist jemand als Verteidiger gewählt worden, obwohl die Voraussetzungen des § 146 StPO i. V. m. § 46 Abs. 1 OWiG vorliegen, so ist er als Verteidiger zurückzuweisen, sobald dies erkennbar wird (§ 146a Abs. 1 S. 1 Halbs. 1 StPO i. V. m. § 46 Abs. 1 OWiG). Legt ein Verteidiger für zwei Betroffene, die der gemeinschaftlichen Errichtung einer baulichen Anlage durch Bußgeldbescheide beschuldigt werden, aufgrund gleichzeitig erteilter schriftlicher Vollmacht hiergegen Einspruch (§ 67 OWiG) ein und verbindet die Rechtsbehelfe gegen die „Eheleute" mit einer einheitlichen und ausführlichen Begründung, so ist dies unzweifelhaft der Fall. Bei gleichzeitig erteilter Vollmacht beider Betroffener kann nur eine vollständige Zurückweisung erfolgen.

Mit freundlichen Grüßen

Stadt Münsterberg, Bußgeldstelle

6. Kommunikation mit Rechtsanwälten und Rechtsanwältinnen

Jedes eingetragene Mitglied einer deutschen Rechtsanwaltskammer (§ 60 Abs. 1 BRAO) – folglich jeder zugelassene Rechtsanwalt und jede zugelassene Rechtsanwältin (§ 59 Abs. 2 Nr. 1 BRAO) – verfügt über ein von der Bundesrechtsanwaltskammer (BRAK) empfangsbereit eingerichtetes besonderes elektronisches Anwaltspostfach (§ 31a Abs. 1 S. 1 BRAO, § 19 Abs. 1 S. 1 RAVPV).[1] Die Verwaltungsbehörde kann daher mit diesem Personenkreis über ihr besonderes elektronisches Behördenpostfach (§ 6 ERVV) elektronisch kommunizieren. Das besondere elektronische Anwaltspostfach ist dazu ein gesetzlich vorgesehener sicherer Übermitt-

1) Auch Berufsausübungsgesellschaften von Rechtsanwälten und Rechtsanwältinnen (§ 60 Abs. 2 Nr. 2, 3 BRAO) verfügen über ein besonderes elektronisches Anwaltspostfach (§ 31b BRAO). Da sie aber nicht Verteidigende sein können (§ 137 Abs. 1 StPO i. V. m. § 46 Abs. 1 OWiG), ergibt sich im Bußgeldverfahren keine Notwendigkeit einer elektronischen Kommunikation.

lungsweg (§ 31a Abs. 4 S. 1 Nr. 2 StPO i. V. m. § 110c S. 1 OWiG). Die Verwaltungsbehörde kann daher nicht nur formlose Bekanntmachungen übermitteln (§ 50 Abs. 1 S. 1 OWiG), sondern bei nachgewiesener Vollmacht auch Zustellungen durch die Behörde durchführen (§ 51 Abs. 3 S. 1 OWiG).[1] Damit sind Bekanntmachungen (§ 50 Abs. 1 S. 1 OWiG) und Zustellungen (§ 50 Abs. 1 S. 2, § 51 OWiG) von Papierdokumenten an Rechtsanwälte und Rechtsanwältinnen und Zustellungen durch die Post (§ 51 Abs. 1 OWiG i. V. m. § 3 VwZG) überflüssig. Sie sind aber nach wie vor zulässig und unabhängig von der elektronischen Aktenführung (§ 110a Abs. 1 S. 1 OWiG). Nachdem das elektronische Zustellungsverfahren aber wesentlich sicherer ist als die Zustellung von Papierdokumenten durch die Post, sollte der Sicherheit der Zustellung regelmäßig der Vorzug gegeben werden.

Rechtsanwälte und Rechtsanwältinnen haben ordnungsgemäße Zustellungen von Behörden entgegenzunehmen und das Empfangsbekenntnis mit dem Datum versehen unverzüglich zu erteilen (§ 14 S. 1 BORA). Sofern sie bei einer nicht ordnungsgemäßen Zustellung die Mitwirkung verweigern, müssen sie dies der absendenden Stelle unverzüglich, also ohne schuldhaftes Zögern (§ 121 Abs. 1 S. 1 BGB) mitteilen (§ 14 S. 2 BORA). Rechtsanwälte und Rechtsanwältinnen müssen das besondere elektronische Anwaltspostfach (§ 31a BRAO) zwar empfangsbereit, also passiv als „digitalen Briefkasten", nicht aber aktiv bei der Kommunikation mit der Verwaltungsbehörde nutzen. Erst seit 2026 müssen Einsprüche durch Rechtsanwälte und Rechtsanwältinnen gegen Bußgeldbescheide (§ 67 OWiG) und gleichgestellte Bescheide (§§ 87, 88 OWiG) elektronisch eingelegt werden und auch die Zurücknahme und der Verzicht in dieser Form erklärt werden (§ 110c S. 3 OWiG). Eine entsprechende Regelung für den Antrag auf gerichtliche Entscheidung (§§ 62, 108 OWiG) besteht dagegen aus nicht erkennbaren Gründen nicht. Rechtsanwälte und Rechtsanwältinnen sollen ansonsten den Verwaltungsbehörden im Bußgeldverfahren Schriftsätze und deren Anlagen sowie schriftlich einzureichende Anträge und Erklärungen als elektronisches Dokument übermitteln (§ 32d S. 1 StPO i. V. m. § 110c S. 1 OWiG). Die elektronische Kommunikation der Rechtsanwälte und Rechtsanwältinnen nimmt seit der Notwendigkeit der elektronischen Kommunikation im gerichtlichen Bußgeldverfahren seit 2022 auch gegenüber den Verwaltungsbehörden erheblich zu.

1) Zur Zustellung an Rechtsanwälte als Verteidiger und Rechtsanwältinnen als Verteidigerinnen durch die Verwaltungsbehörde (§ 51 Abs. 3 OWiG) § 17 Nr. 2.4.

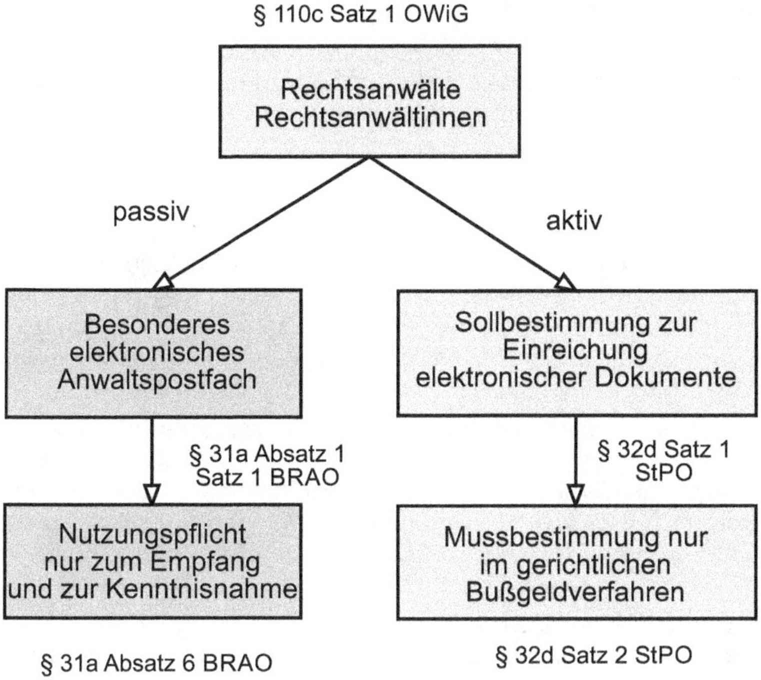

Abb. 9: Beschränkte Nutzungspflicht des besonderen elektronischen Anwaltspostfach

Die Bundesrechtsanwaltskammer (BRAK) ermöglicht über das auf den Internetseiten der Europäischen Kommission bestehende elektronische Suchsystem (Europäisches Rechtsanwaltsverzeichnis) auch den Abruf derjenigen im Gesamtverzeichnis eingetragenen Angaben, die Gegenstand des Europäischen Rechtsanwaltsverzeichnisses sind (§ 31c BRAO). Hier ist die elektronische Kommunikation möglich, wenn ein europäischer dienstleistender Rechtsanwalt oder eine Rechtsanwältin (§ 28 EuRAG) an einem solchen System teilnimmt (§ 31 Abs. 3 EuRAG). Zustellungen können an einen inländischen Zustellungsbevollmächtigten erfolgen, der zu benennen ist, wenn keine elektronische Teilnahme besteht (§ 31 Abs. 1, 3 EuRAG).

7. Akteneinsicht und Besichtigung von Beweisgegenständen

Die Regelung der Akteneinsicht im Bußgeldverfahren unterscheidet sich erheblich von der des Verwaltungsverfahrens. Die verantwortende Person der Verwaltungsbehörde entscheidet im

- **Bußgeldverfahren** nach § 147 StPO i. V. m. § 46 Abs. 1, 2 OWiG (Verteidiger und Verteidigerinnen), § 49 Abs. 1 OWiG (Betroffene), § 49b OWiG (Verfahrensübergreifende Mitteilungen), § 406e StPO i. V. m. § 46 Abs. 1 OWiG (Verletzte), § 475 StPO (Sonstige Dritte) über die Bewilligung der Akteneinsicht und nach § 32f StPO i. V. m. § 110c S. 1 OWiG über die Form der Gewährung von Akteneinsicht,

- **Verwaltungsverfahren** nach § 29 VwVfG bzw. § 25 SGB X (Beteiligte und Bevollmächtigte oder Beistände).

Da beide Verfahrensarten oftmals nebeneinander zu bearbeiten sind, werden nicht selten Entscheidungen nach beiden Vorschriften zeitnah und sogar zeitgleich zu treffen sein.

Beispiele:

Der Bauaufsichtsbehörde wird die planabweichende Errichtung eines Gebäudes bekannt. Durch die Baueinstellung (z. B. Art. 75 Abs. 1 S. 1 BayBO) beginnt ein Verwaltungsverfahren (§§ 9, 22 VwVfG). Die verantwortende Person der Verwaltungsbehörde leitet zugleich wegen der Abweichung von der erteilten Baugenehmigung (Art. 79 Abs. 1 Nr. 8 BayBO) ein Bußgeldverfahren ein.

Der vom Bauherrn beauftragte Rechtsanwalt zeigt seine Vertretung bezüglich der Baueinstellung und der vorgeworfenen Ordnungswidrigkeit an. Er beantragt Einsichtnahme in die Verfahrensakten. Die Einsichtnahme in die Verwaltungsakte richtet sich nach § 29 VwVfG, die Akteneinsicht in die Bußgeldakte nach § 147 StPO i. V. m. § 46 Abs. 1 OWiG, § 32f StPO i. V. m. § 110c S. 1 OWiG.

Verfahrensübergreifende Mitteilungen durch Gewährung von Auskünften und Akteneinsicht auf Antrag anderer Behörden, von Staatsanwaltschaften, Gerichten und sonstigen Personen erfolgen auf der Grundlage des § 49b OWiG. Verfahrensübergreifende Mitteilungen von Amts wegen sind nach § 49a OWiG zulässig.[1)]

7.1 Aktenanlage und Datenschutz im Bußgeldverfahren

Das Bußgeldverfahren dient häufig der Ahndung von Ordnungswidrigkeiten, die in einem vorausgegangenen Verwaltungsverfahren (§ 9 VwVfG bzw. § 8 SGB X) entdeckt worden sind. Die getrennte elektronische Aktenführung im Bußgeldverfahren (§ 110a Abs. 1 S. 1 OWiG) ist schon wegen der unterschiedlichen Verfahrenszwecke und zudem aus Datenschutzgründen zwingend geboten. Personenbezogene Angaben aus den Verwaltungsakten dürfen nicht allgemein in Bußgeldakte und umgekehrt zugänglich sein (§ 49d OWiG). Die Bußgeldakte ist daher keine vollständige Kopie der Verwaltungsakte, sondern enthält deren Inhalt nur insoweit, als er einen konkreten Bezug zur Verfolgung von Ordnungswidrigkeiten aufweist. Die Verwaltungsakte darf also nicht einfach als Dateianhang mit der Bußgeldakte verbunden werden. Die Bußgeldakte enthält daher sowohl verfahrensbezogene Auszüge der Verwaltungsakte als auch eigene Bestandteile. Insoweit muss sie jedoch vollständig sein. Die Übernahme von Inhalten aus einer Verwaltungsverfahrensakte in der Bußgeldakte ist grundsätzlich zulässig (§ 161 Abs. 3 S. 1 StPO i. V. m. § 46 Abs. 1 OWiG), sodass datenschutzrechtliche Einschränkungen durch die fehlende Notwendigkeit der Datenverarbeitung (§ 3 BDSG) im Bußgeldverfahren nicht entgegenstehen. Der Grundsatz des rechtlichen Gehörs (Art. 103 Abs. 1 GG) gebietet es dagegen sogar, Dokumente den Akten nicht fernzuhalten, aus denen sich relevante Umstände zum Tatvorwurf wie den Rechtsfolgen der Ordnungswidrigkeit ergeben

1) Zu verfahrensübergreifenden Mitteilungen (§ 49a f. OWiG) § 23 Nr. 9.3.

können. Was für das Verfahren geschaffen worden ist, darf der Akteneinsicht nicht entzogen werden.[1] Besteht in einer Verwaltungsbehörde eine zentrale Bußgeldstelle, entscheidet diese und nicht die anzeigende Stelle über den notwendigen Inhalt der Bußgeldakte.

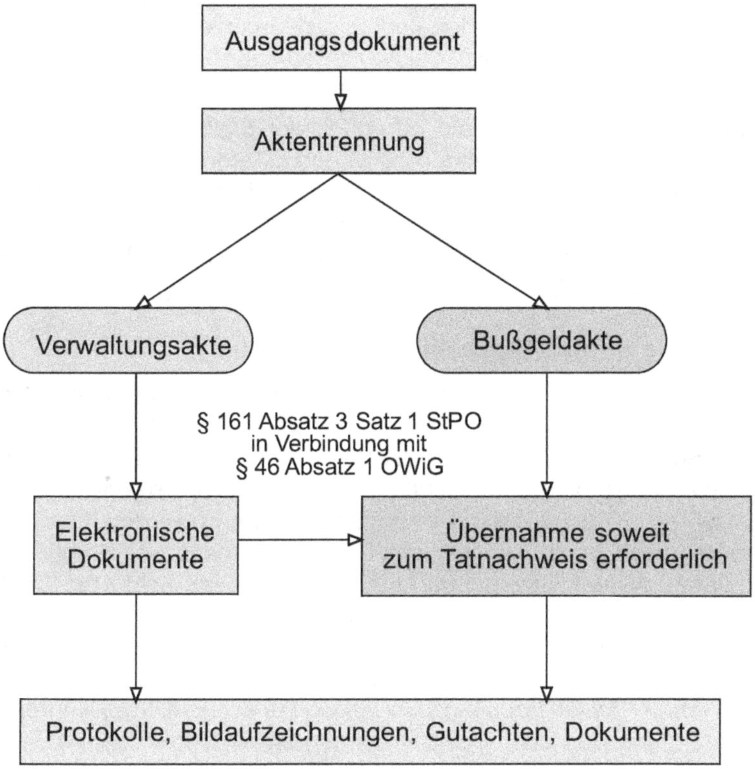

Abb. 10: Aktenführung Verwaltungsverfahren – Bußgeldverfahren

Der personenbezogene Datenschutz von Betroffenen richtet sich im Bußgeldverfahren ausschließlich nach der speziellen Bestimmung in § 49d OWiG, die insoweit auf die strafrechtliche Parallelvorschrift in § 496 Abs. 1 und 2 StPO weiterverweist. Die Datenschutz-Grundverordnung ist im Bußgeldverfahren nicht anwendbar (Art. 2 Abs. 2 Buchst. a und d DSGVO). Subsidiär gelten daher aufgrund der Verweisung in § 49c Abs. 1 OWiG die nationalen Bestimmungen in § 45 ff. BDSG.[2] Personenbezogene Daten (§ 46 Nr. 1 BDSG) dürfen daher in die Bußgeldakte und ihre Kopien nur so weit übernommen werden, als das Verarbeiten (§ 46 Nr. 2 BDSG) und Nutzen für Zwecke des Bußgeldverfahrens erforderlich sind (§ 49d OWiG i. V. m. § 496 Abs. 1 StPO). Es gilt also auch in diesem Verfahren der allgemeine Grundsatz der Erforderlichkeit der Verarbeitung personenbezogener Daten durch öffentliche Stellen (§ 3 BDSG).

1) OLG Köln, Beschl. vom 27.2.2015, Az. 1 RBs 56/15
2) Zu den Dateiregelungen im Bußgeldverfahren (§ 49d OWiG) § 24.

Beispiel:

Dem Betroffenen wird vorgeworfen, eine bauliche Anlage abweichend von der erteilten Baugenehmigung errichtet zu haben. In der Bußgeldakte dürfen keine personenbezogenen Daten der Nachbarn enthalten sein, die sich im Verwaltungsverfahren gegen die Erteilung der Baugenehmigung erfolglos gewehrt haben, soweit sie nicht als Zeugen im Bußgeldverfahren erforderlich sind.

Die verwendete Software muss die erforderlichen organisatorischen und technischen Maßnahmen aufweisen, um den besonderen Anforderungen des Datenschutzes und der Datensicherheit gerecht zu werden, und die Grundsätze einer ordnungsgemäßen Datenverarbeitung einhalten, insbesondere um die Daten ständig verfügbar zu halten und Vorkehrungen gegen einen Datenverlust zu treffen (§ 49d OWiG i. V. m. § 496 Abs. 2 StPO).

7.2 Berechtigung zur Akteneinsicht und Besichtigung

Im Bußgeldverfahren haben Betroffene und Verteidiger oder Verteidigerinnen einen Rechtsanspruch auf Akteneinsicht in vollem Umfang (§ 49 Abs. 1 S. 1 OWiG bzw. § 147 Abs. 1 StPO i. V. m. § 46 Abs. 1 OWiG). Eine ermessensbezogene Beschränkung gibt es im Bußgeldverfahren nicht. Daher dürfen auch einzelne Dokumente aus der Bußgeldakte nicht unkenntlich gemacht oder entfernt werden. Einen personenbezogenen Datenschutz gibt es hier nicht. Dies gilt insbesondere auch für personenbezogene Daten privater Anzeigender (§ 158 StPO i. V. m. § 46 Abs. 1 OWiG). Der Missbrauch personenbezogener Daten durch Dritte kann durch Versagung der Akteneinsicht für Verletzte der Ordnungswidrigkeit (§ 406e Abs. 2 S. 1 StPO i. V. m. § 46 Abs. 1 OWiG) und für sonstige Personen oder Stellen (§ 475 Abs. 1 S. 2 StPO i. V. m. § 46 Abs. 1 OWiG) durch ein überwiegendes schutzwürdiges Interesse nach vorheriger Anhörung des oder der Betroffenen sichergestellt werden. Im Verwaltungsverfahren ist auch einem oder einer Bevollmächtigten der Beteiligten Einsicht in die Verfahrensakten nur zu gestatten, soweit deren Kenntnis zur Geltendmachung oder Verteidigung ihrer rechtlichen Interessen erforderlich ist (§ 29 Abs. 1 S. 1 VwVfG, § 25 Abs. 1 S. 1 SGB X). Bei einheitlicher Aktenführung würde das eingeschränkte Einsichtsrecht des Verwaltungsverfahrens durch das weitergehende des Bußgeldverfahrens unterlaufen.

Der zur Akteneinsicht im Bußgeldverfahren berechtigte Personenkreis unterscheidet sich grundsätzlich vom Verwaltungsverfahren:

- **Betroffene und Verfahrensbeteiligte**

Betroffene und anderen Verfahrensbeteiligten wie Einziehungsbeteiligten (§§ 22, 23, 27, 29a, 87 OWiG) und gesetzlichen Vertretern oder Vertreterinnen juristischer Personen und Personenvereinigungen (§§ 30, 88 OWiG) ist Akteneinsicht nach § 49 Abs. 1 S. 1 OWiG zu gewähren, soweit weder der Untersuchungszweck gefährdet werden kann noch überwiegend schutzwürdige Interessen Dritter entgegenstehen (nachfolgend Kapitel 7.3).

- **Verteidiger und Verteidigerinnen**

Die Befugnis zur Einsichtnahme in Bußgeldakten und zur Besichtigung amtlich verwahrter Beweisstücke stehen dem Verteidiger oder der Verteidigerin (§§ 137 bis 140 StPO i. V. m. § 46 Abs. 1 OWiG) aufgrund § 147 StPO i. V. m. § 46 Abs. 1 OWiG in vollem Umfang zu. Eine Beschränkung ist nur vorläufig wegen Gefährdung des Untersuchungszwecks bis zum Abschluss der Ermittlungen (§ 61 OWiG) (§ 147 Abs. 2 S. 1 StPO i. V. m. § 46 Abs. 1 OWiG) zulässig (nachfolgend Kapitel 7.4).[1)]

- **Gerichte und Behörden**

Gerichte, Staatsanwaltschaften und andere Justizbehörden erhalten aufgrund § 49b OWiG i. V. m. § 474 Abs. 1 StPO Akteneinsicht, wenn dies für Zwecke der Rechtspflege erforderlich ist. Im Übrigen sind Auskünfte aus Akten an öffentliche Stellen zulässig, soweit dies aus den in § 49b OWiG i. V. m. § 474 Abs. 2 S. 1 StPO genannten weiteren Gründen vorgesehen ist.

- **Privatpersonen (Anzeigende)**

Privatperson wie z. B. Anzeigende einer Ordnungswidrigkeit erhalten keine Akteneinsicht, sondern bei Darlegung eines berechtigten Interesses nur Auskünfte (§ 49b OWiG i. V. m. § 475 Abs. 4 StPO). Jedoch kann ein beauftragter Rechtsanwalt oder eine Rechtsanwältin neben Auskünften aus Akten (§ 49b OWiG i. V. m. § 475 Abs. 1 S. 1 StPO) auch Akteneinsicht erhalten, wenn eine Auskunft zur Wahrnehmung berechtigter Interessen nicht ausreichen würde (§ 49b OWiG i. V. m. § 475 Abs. 2 StPO). Solche berechtigten Interessen werden bei der beabsichtigten Geltendmachung zivilrechtlicher Ansprüche (zum Beispiel § 1004 BGB) anzunehmen sein. An anonymisierten Bußgeldbescheiden kann auch der Betreiber oder die Betreiberin einer Rechtsprechungsdatenbank im Rahmen eines Akteneinsichts- und Auskunftsersuchens ein berechtigtes Interesse haben, dem überwiegende Schutzrechte Betroffener nicht entgegenstehen.[2)] Auskünfte und Akteneinsicht sind zu versagen, wenn der oder die hiervon Betroffene ein schutzwürdiges Interesse an der Versagung hat (§ 49b OWiG i. V. m. § 475 Abs. 1 S. 2 OWiG). Das Gesetz löst damit den Konflikt zwischen dem Informationsinteresse außenstehender Personen und dem aus dem allgemeinen Persönlichkeitsrecht (Art. 2 Abs. 1 i. V. m. Art. 1 Abs. 1 GG) abgeleiteten Recht der Verfahrensbeteiligten auf informationelle Selbstbestimmung (nachfolgend Kapitel 7.6).[3)]

- **Betreuer und Betreuerinnen**

Besteht eine gerichtliche Betreuungsanordnung, wird der Betreuer oder die Betreuerin dadurch nicht zum Wahlverteidiger oder zur Wahlverteidigerin der betroffenen Personen (§ 137 Abs. 1 S. 1 StPO i. V. m. § 46 Abs. 1 OWiG).[4)] Dies gilt auch dann, wenn sie als Rechtsanwalt oder Rechtsanwältin zugelassen sind (§ 4 BRAO). Ihr Anspruch auf Akteneinsicht richtet sich daher nicht nach § 147 Abs. 1 StPO i. V. m.

1) Der Ausnahmefall der Gefährdung des Ermittlungserfolges (§ 147 Abs. 2 StPO) ist im Bußgeldverfahren ohne Bedeutung. Zur Person des Verteidigers (§ 137 ff. StPO i. V. m. § 46 Abs. 1 OWiG) § 10 Nr. 2.
2) LG München I, Beschl. vom 11.9.2017, Az. 14 Qs 74/16.
3) BGH, Beschl. vom 20.6.2018, Az. 5 AR (Vs) 112/17.
4) Zum Verhältnis des Betreuers oder der Betreuerin zum Verteidiger oder der Verteidigerin § 10 Nr. 1.

§ 46 Abs. 1 OWiG, sondern nach § 49b OWiG i. V. m. § 475 Abs. 1 StPO. Daher muss ein berechtigtes Interesse an einer Auskunft oder Akteneinsicht geltend gemacht werden. Dies dürfte nur dann vorliegen, wenn die Vertretung in Bußgeldverfahren in der gerichtlichen Betreuungsanordnung ausdrücklich zum Aufgabenbereich bestimmt worden ist (§ 1815 Abs. 1 BGB), sodass der Betreuer oder die Betreuerin die betreute Person auch im Bußgeldverfahren vertreten kann (§ 1823 BGB).

- **Geschädigte („Verletzte") Personen**

Soweit antragstellende Personen durch die Ordnungswidrigkeit auch in privaten Rechten verletzt sind, kann ein von ihnen beauftragter Rechtsanwalt oder eine Rechtsanwältin nach dem pflichtgemäßen Ermessen der Verwaltungsbehörde bei berechtigtem Interesse Auskunft oder Akteneinsicht erhalten (§ 406e Abs. 1 S. 1 StPO i. V. m. § 46 Abs. 1 OWiG). Der oder die Betroffene kann die Einsicht selbst erhalten, wenn er oder sie nicht anwaltlich vertreten ist (§ 406e Abs. 1 S. 1, Abs. 3 StPO i. V. m. § 46 Abs. 1 OWiG). Hierunter können etwa Nachbarn fallen, die durch unzulässigen Lärm (§ 117 OWiG) oder die Haltung gefährlicher Tiere (§ 121 OWiG) geschädigt sind. Die Akteneinsicht ist zu versagen, soweit überwiegende schutzwürdige Interessen des oder der Betroffenen oder anderer Personen entgegenstehen (§ 475 Abs. 2 S. 1 StPO i. V. m. § 46 Abs. 1 OWiG). Die Akteneinsicht kann versagt werden, soweit der Untersuchungszweck, auch in einem anderen Bußgeldverfahren, gefährdet erscheint (§ 475 Abs. 2 S. 2 StPO i. V. m. § 46 Abs. 1 OWiG), was im Bußgeldverfahren jedoch kaum zu erwarten ist. Die Akteneinsicht kann auch versagt werden, wenn durch sie das Verfahren erheblich verzögert würde (§ 475 Abs. 2 S. 3 StPO i. V. m. § 46 Abs. 1 OWiG). Dieser Fall ist durch die elektronische Akteneinsicht (§ 32f StPO i. V. m. § 110c S. 1 OWiG) im Bußgeldverfahren so gut wie ausgeschlossen (nachfolgend Kapitel 7.5).

- **Wissenschaftliche Vorhaben**

Die Übermittlung personenbezogener Informationen in Bußgeldakten an Hochschulen, andere Einrichtungen, die wissenschaftliche Forschung betreiben, und öffentliche Stellen ist unter den besonderen Einschränkungen des § 49b OWiG i. V. m. § 476 StPO, insbesondere der Anonymisierung von Daten für überwiegende Interessen von Forschungszwecken zulässig.

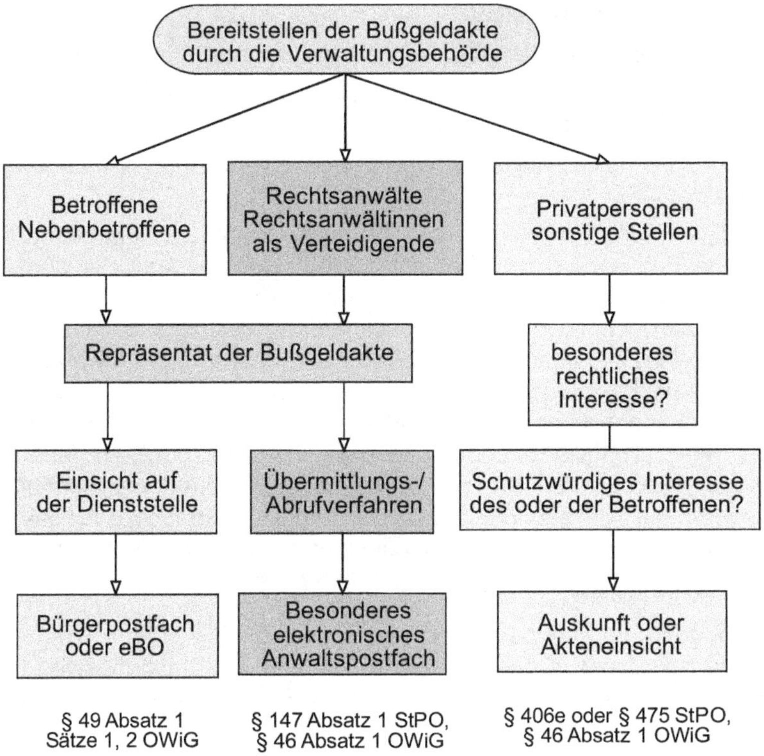

Abb. 11: Akteneinsicht im Bußgeldverfahren

7.3 Akteneinsicht der Betroffenen und Nebenbetroffenen

Betroffene haben selbst einen Rechtsanspruch auf Einsicht in Bußgeldakten (§ 49 Abs. 1 S. 1 OWiG) und dürfen daher nicht auf die Einsichtnahme durch einen Verteidiger oder einer Verteidigerin verwiesen werden.[1] Die Befugnis zur Akteneinsicht besteht in gleicher Weise für Nebenbetroffene am Bußgeldverfahren wie Vertreter oder Vertreterinnen von juristischen Personen und Personenvereinigungen (§ 30 OWiG) und Einziehungsbeteiligte (§§ 22, 29a OWiG), da sie ab dem Erlass eines Einziehungs- bzw. Bußgeldbescheides die gleichen Rechte wie Betroffene haben (§ 87 Abs. 2 S. 1, § 88 Abs. 3 OWiG).

- **Keine Belehrung der berechtigten Personen**

Eine Belehrung der Betroffenen oder Nebenbetroffenen über ihr Recht auf Akteneinsicht nach § 49 Abs. 1 OWiG, z. B. im Anhörungsdokument (§ 55 OWiG) oder in der Rechtsbehelfsbelehrung des Bußgeldbescheides (§ 50 Abs. 2, § 66 Abs. 2 Nr. 1 OWiG), ist gesetzlich nicht vorgeschrieben und auch in der Verfahrenspraxis nicht üblich. Die Betroffenen müssen also ihr Recht selbst kennen und wahrnehmen.

1) OLG Frankfurt (Main), Beschl. vom 4.3.2025, Az. 2 ORbs 233/24.

- **Ablehnung der Akteneinsicht**

Die Akteneinsicht ist nach § 49 Abs. 1 OWiG abzulehnen,

- soweit dadurch der Untersuchungszweck – auch in einem anderen Straf- oder Bußgeldverfahren – gefährdet werden kann,
- überwiegend schutzwürdige Interessen anderer, z. B. Mitbetroffener, entgegenstehen.

Schutzwürdige Interessen werden berührt sein, wenn sich das Verfahren auch gegen andere Personen richtet, die nicht im Zusammenhang mit dem oder der Betroffenen stehen, oder gegen die das Bußgeldverfahren bereits eingestellt wurde. Keineswegs unter schutzwürdige Interessen Dritter darf aber der Wunsch privater Anzeigender fallen, ihr Name möge im Bußgeldverfahren nicht erwähnt werden. In einem rechtstaatlichen Verfahren haben Zeugen und Zeuginnen erforderlichenfalls zu erscheinen und auszusagen (§ 161a Abs. 1 S. 1 StPO i. V. m. § 46 Abs. 1 OWiG). Ausnahmen sind allenfalls gerechtfertigt, wenn der oder die Betroffene die anzeigende Person persönlich bedroht hat. Ansonsten darf die Akteneinsicht nicht gesetzeswidrig durch die Verwaltungsbehörde beschränkt werden. Was für das Verfahren geschaffen worden ist, darf der Akteneinsicht nicht entzogen werden.[1)]

- **Elektronische Akten**

Elektronisch geführte Akten (§ 110a Abs. 1 S. 1 OWiG) können zum Abruf des Repräsentats bereitgestellt oder auf einem sicheren Übermittlungsweg übermittelt werden (§§ 2, 3 i. V. m. § 1 Abs. 2 Nr. 1 StrafAktEinV).[2)] Dazu kommen das besondere elektronische Bürger- und Organisationenpostfach (§ 10 ERVV) und das Bürgerpostfach im Portalverbund (§ 13 ERVV) in Betracht (§ 32 Abs. 4 S. 1 Nr. 4 StPO i. V. m. § 110c S. 1 OWiG). Diese Möglichkeiten können den Betroffenen auch bei einer elektronischen „Online-Anhörung" angeboten werden. Der Name der Person, der Akteneinsicht gewährt wird, ist durch technische Maßnahmen in abgerufenen Akten und auf übermittelten elektronischen Dokumenten dauerhaft, d. h. aktenkundig erkennbar zu machen (§ 32f Abs. 4 S. 2 StPO i. V. m. § 110c S. 1 OWiG). Damit kann die Einsichtnahme in die Bußgeldakte jederzeit nachträglich festgestellt werden.

- **Einsicht in Papierakten**

Die Akteneinsicht in aus Altverfahren noch vorhandene Papierakten findet, soweit nicht Kopien an Betroffene übermittelt werden (§ 49 Abs. 1 S. 2 OWiG), nur unter Aufsicht, d. h. in den Diensträumen der Verwaltungsbehörde statt (§ 32f Abs. 2 S. 1 StPO i. V. m. § 110c S. 1 OWiG, § 4 i. V. m. § 1 Abs. 2 Nr. 1 i. V. m. § 1 Abs. 2 Nr. 1 StrafAktEinV). Erschienene Personen erhalten Akteneinsicht in den Diensträumen nur nach einer Identitätsfeststellung (§ 163b Abs. 1 StPO i. V. m. § 46 Abs. 1 OWiG) anhand eines Personalausweises, Reisepasses oder entsprechenden ausländischen Dokumenten mit Bildaufnahme. Dies entspricht dem gesetzgeberischen Leitbild, das keine Übersendung einer Akte in Papierform an Betroffene vorsieht.[3)]

---

1) OLG Köln, Beschl. vom 27.2.2015, Az. 1 RBs 56/15.

2) Zur Ausführung der Akteneinsicht (§ 32f StPO i. V. m. § 110c S. 1 OWiG) § 7 Nr. 7.4.3.

3) BGH, Beschl. vom 10.1.2023, Az. 1 StR 464/22, für die Akteneinsicht des Angeklagten im Strafverfahren.

Die Verwaltungsbehörde ist für die Einhaltung des persönlichen und sachlichen Datenschutzes verantwortlich. Sie hat durch technische und organisatorische Maßnahmen zu gewährleisten, dass Dritte im Rahmen der Akteneinsicht keine Kenntnis von der Akteneinsicht nehmen können (§ 32f Abs. 4 S. 1 StPO i. V. m. § 110c S. 1 OWiG). Bei der Einsichtnahme in die elektronische Akte in Diensträumen ist sicherzustellen, dass der Akteninhalt nicht von unbefugten Personen wahrgenommen und nicht verändert werden kann (§ 4 i. V. m. § 1 Abs. 2 Nr. 1 StrafAktEinV). Während der Akteneinsicht darf der oder die Betroffene keinen Sichtzugang auf andere Bußgeldverfahren z. B. durch im selben Raum befindliche andere Bußgeldakten oder auf Bildschirmen bearbeitete Verfahren haben. Es besteht während der Akteneinsicht keinerlei Verpflichtung, Fragen des oder der Betroffenen zu beantworten oder diesen den Inhalt der Bußgeldakten zu erklären.

Betroffene erhalten die Akteneinsicht durch Vorlage in den Diensträumen, nicht durch Übergabe von Ausdrucken (§ 32f Abs. 2 S. 1 StPO i. V. m. § 110c S. 1 OWiG). Digitales Abfotografieren ist dabei nicht verboten. Ein Aktenausdruck erfolgt nur auf besonderen Antrag des oder der Betroffenen, die daran ein besonderes Interesse darzulegen haben (§ 32f Abs. 1 S. 3 StPO i. V. m. § 110c S. 1 OWiG). Anstelle der Einsichtnahme können auch Kopien der Bußgeldakte durch die Post formlos (§ 50 Abs. 1 S. 1 OWiG) übermittelt werden (§ 49 Abs. 1 S. 2 OWiG). Die diesbezügliche Entscheidung der verantwortenden Person der Verwaltungsbehörde ist unanfechtbar (§ 32f Abs. 3 StPO i. V. m. § 110c S. 1 OWiG). Ein Antrag auf gerichtliche Entscheidung (§ 62 OWiG) ist daher nicht statthaft.

- **Kosten der Akteneinsicht**

Die Erhebung einer Kostenpauschale für die Akteneinsicht in elektronische Bußgeldakten ist unzulässig (§ 107 Abs. 5 S. 2 OWiG). Dies gilt auch für die Einsichtnahme in Papierakten sowohl für die Beaufsichtigung der Betroffenen als auch sonstige Kosten wie Aufruf der elektronischen Bußgeldakten auf den Bildschirm und Bereitstellung eines Raumes. Auch im Bußgeldbescheid dürfen mangels Erwähnung in § 107 Abs. 3 OWiG für die Akteneinsicht keine Auslagen erhoben werden. Das Verfahren der Akteneinsicht ist für Betroffene insgesamt kostenfrei.[1)] Die Verwaltungsbehörde ist jedoch ohne berechtigtes Interesse nicht zur kostenfreien Anfertigung von Ausdrucken verpflichtet (§ 32f Abs. 1 S. 3 StPO i. V. m. § 110c S. 1 OWiG). Sobald ein Bußgeldverfahren eingeleitet ist, darf für die Versendung von Kopien auch in diesem Fall keine Kostenpauschale nach § 107 Abs. 5 S. 1 OWiG erhoben werden. Jede Erhebung nach Landeskostenrecht scheidet aus, weil diese durch die bundesrechtliche Bestimmung verdrängt werden.[2)]

7.4 Akteneinsicht von Verteidigern und Verteidigerinnen

Der Verteidiger oder die Verteidigerin des oder der Betroffenen hat nach § 147 Abs. 1 StPO i. V. m. § 46 Abs. 1 OWiG einen Anspruch auf Einsicht in die Bußgeldakten und die Besichtigung der sichergestellten Beweisgegenstände. Dies gilt

1) BVerwG, Urt. vom 24.1.2024, Az. 6 C 4.22. Die Kostenpauschale von 12,00 Euro ist nur für die Versendung einer Bußgeldakte als Papierdokument gegen Rücksendung vorgesehen (§ 107 Abs. 5 S. 1 OWiG). Diese findet aber nicht an den Betroffenen oder die Betroffene, sondern nur an Rechtsanwälte als Verteidiger oder Rechtsanwältinnen als Verteidigerinnen statt.

2) BVerwG, Urt. vom 24.1.2024, Az. 6 C 4.22.

sowohl für Rechtsanwälte und Rechtsanwältinnen (§ 137 Abs. 1 S. 1 StPO i. V. m. § 46 Abs. 1 OWiG) als auch andere Personen, die die Verwaltungsbehörde im Einzelfall als Wahlverteidiger oder -verteidigerinnen zugelassen hat (§ 138 Abs. 1 StPO i. V. m. § 46 Abs. 1 OWiG).[1] Hierzu genügt die Mandatsanzeige, mangels einer entsprechenden Rechtsgrundlage bedarf es keiner nachgewiesenen Vollmacht. Die Akteneinsicht darf auch nicht von der Vorlage eines solchen Dokuments abhängig gemacht werden. Bei verteidigten Betroffenen erhalten die Verteidigenden, nicht die Betroffenen Akteneinsicht (§ 174 Abs. 1, 4 StPO i. V. m. § 46 Abs. 1 OWiG).[2]

7.4.1 Umfang der Akteneinsicht

Der Akteneinsicht des Verteidigers oder der Verteidigerin unterliegen alle Bußgeldakten, die nach einem Einspruch gegen einen Bußgeldbescheid über die Staatsanwaltschaft auch an das Amtsgericht zu übersenden wären (§ 147 Abs. 1 StPO i. V. m. § 46 Abs. 1 OWiG).[3] Es gilt daher der Grundsatz der Aktenvollständigkeit. Teilschwärzungen der Bußgeldakte aus angeblichen „Datenschutzgründen" sind daher unzulässig. Alle im Bußgeldverfahren vorhandenen Beweismittel müssen unverzüglich aktenkundig gemacht werden, um dem Verteidiger oder der Verteidigerin ein richtiges Bild von der Beweislage zu ermöglich und nicht eine falsche Beweisnot der Verwaltungsbehörde vorzutäuschen. Dies liegt auch in ihrem Interesse, um Einsprüche aufgrund unzutreffender Einschätzung des Tatnachweises zu vermeiden. Was für das Verfahren geschaffen worden ist, darf der Akteneinsicht nicht entzogen werden.[4] Dokumente können als Beweismittel entweder von vornherein als elektronisch gespeichert (§ 32b Abs. 2 StPO i. V. m. § 110c S. 1 OWiG) oder als Ausgangsdokumente in Papierform durch ersetzendes Scannen in elektronische Dokumente übertragen werden (§ 32e Abs. 1 StPO i. V. m. § 110c S. 1 OWiG). Aus dem Verwaltungsverfahren (§ 9 VwVfG) oder Sozialverwaltungsverfahren (§ 8 SGB X) stammende Beweismittel können ohne weiteres in das Bußgeldverfahren zur Beweisführung übernommen und in die Bußgeldakten übertragen werden (§ 161 Abs. 3 S. 1 StPO i. V. m. § 46 Abs. 1 OWiG). Dies ist in dem Umfang zulässig als personenbezogene Daten zur Aufgabenerfüllung im Bußgeldverfahren erforderlich sind (§ 3 BDSG). Soweit die Beweismittel aus der Sphäre der Verwaltungsbehörde stammen, unterliegen sie der **Akteneinsicht.** Wurden Beweisgegenstände dagegen bei dem oder der Betroffenen als Einziehungsgegenstände sichergestellt, so unterliegen sie der **Besichtigung** in den Diensträumen der Verwaltungsbehörde.

Beispiele:

Der Akteneinsicht unterliegen: Ordnungswidrigkeiten-Anzeigen, Bildaufnahmen und Bildaufzeichnungen, Skizzen und Pläne vom Tatort, Protokolle der verantwortenden Personen über getroffene Feststellungen, Auszüge aus dem Gewerbezentralregister (GZR).

1) Zur Zulassung von anderen Personen als Rechtsanwälten als Verteidiger oder Rechtsanwältinnen als Verteidigerinnen (§ 138 Abs. 2 StPO i. V. m. § 46 Abs. 1 OWiG) § 10 Nr. 2.2.

2) BGH, Beschl. vom 15.1.2025, Az. 3 StR 435/24.

3) OLG Frankfurt (Main), Beschl. vom 12.4.2013, Az. 2 Ss OWi 173/13.

4) OLG Köln, Beschl. vom 27.2.2015, Az. 1 RBs 56/15

Der Besichtigung in den Diensträumen unterliegen: Bei dem oder der Betroffenen oder am Tatort sichergestellte oder beschlagnahmte Geschäftsunterlagen, Waffen.

Verteidiger und Verteidigerinnen haben auch Anspruch auf nicht in der Bußgeldakte befindliche Informationen, auf die der oder die Betroffene Anspruch hat. Dabei hat die Verwaltungsbehörde Gelegenheit zur Fertigung von Kopien zu geben und darf nicht auf einen Termin zur Einsichtnahme in ihren Diensträumen verweisen.[1]

Akten anderer Behörden unterliegen nur mit deren ausdrücklicher Zustimmung der Akteneinsicht des Verteidigers oder der Verteidigerin. Die Verweigerung der Zustimmung führt aber insoweit zur Unverwertbarkeit der vorenthaltenen Aktenteile. Die Berufung anderer Behörden auf die Datenschutz-Grundverordnung ist dabei unrichtig, weil diese im Bußgeldverfahren nicht anwendbar ist (Art. 2 Abs. 2 Buchst. a und d DSGVO). Weder der Akteneinsicht noch der Besichtigung unterliegen Akten, die auch dem Amtsgericht nach einem zulässigen Einspruch des Betroffenen gegen den Bußgeldbescheid nicht vorzulegen wären.[2] Dazu gehören:

- Dokumente der Verwaltungsbehörde mit rein innerdienstlichen Vorgängen,
- Akten von Verwaltungsverfahren, die nicht zur Anlage der Bußgeldakten erklärt wurden,
- Akten von Parallelverfahren und Bezugsfällen.

7.4.2 Zeitpunkt der Akteneinsicht und Besichtigung

Die Befugnis des Verteidigers oder der Verteidigerin zur Akteneinsicht und Besichtigung sichergestellter Beweisgegenstände steht nicht im Ermessen der Verwaltungsbehörde und darf allenfalls vor dem Abschluss der Ermittlungen (§ 61 OWiG) zeitweilig eingeschränkt werden. Die dazu notwendige Gefährdung des Untersuchungserfolges wird sich jedoch nur im Strafverfahren, kaum aber im Bußgeldverfahren begründen lassen. Gegen die Versagung der Akteneinsicht durch die Verwaltungsbehörde ist der Antrag auf gerichtliche Entscheidung statthaft (§ 147 Abs. 5 S. 2 StPO, § 62 OWiG).

7.4.2.1 Bereitstellung vor Abschluss der Ermittlungen

Solange die Ermittlungen noch nicht durch Abschlussverfügung (§ 61 OWiG)[3] nachvollziehbar beendet sind, darf die Befugnis des Verteidigers oder der Verteidigerin zur Akteneinsicht und Besichtigung von Beweisgegenständen (§ 147 Abs. 1 StPO i. V. m. § 46 Abs. 1 OWiG) nur wegen drohender Gefährdung des Untersuchungszwecks ganz oder teilweise vorübergehend versagt werden (§ 147 Abs. 2 S. 1 StPO i. V. m. § 46 Abs. 1 OWiG).[4] Solche Situationen werden sich nur äußerst selten in umfangreichen Bußgeldverfahren wegen Ordnungswidrigkeiten mit wirtschaftlichem

---

1) OLG Karlsruhe, Beschl. vom 11.7.2023, Az. 35 Ss 334/23, für eine Bedienungsanleitung für ein Messgerät wegen einer Verkehrsordnungswidrigkeit.
2) OLG Celle, Beschl. vom 28.3.2013, Az. 311 SsRs 9/13.
3) Zur Abschlussverfügung der Verwaltungsbehörde (§ 61 OWiG) § 13 Nr. 1.
4) LG Stuttgart, Beschl. vom 17.1.2025, Az. 3 Qs 3/24. Die Voraussetzungen der Untersuchungshaft (§ 112 StPO) gem. § 147 Abs. 2 S. 2 StPO können im Bußgeldverfahren nicht vorliegen (§ 46 Abs. 3 S. 1 OWiG).

Hintergrund wie illegaler Beschäftigung ergeben, wenn wichtige Belastungszeugen noch nicht vernommen oder Durchsuchungen noch nicht durchgeführt, das Vorhaben aber bereits aktenkundig ist. Auch in diesen Fällen sind von der Versagung der Akteneinsicht Protokolle über Vernehmungen des oder der Betroffenen, gerichtliche Untersuchungshandlungen mit Anwesenheitsrecht des Verteidigers oder der Verteidigerin und Gutachten von Sachverständigen auszunehmen (§ 147 Abs. 3 StPO i. V. m. § 46 Abs. 1 OWiG). Die vorläufige Versagung ist dem Verteidiger oder der Verteidigerin durch mit Gründen versehenes (§ 34 StPO i. V. m. § 46 Abs. 1 OWiG) dienstliches Dokument mitzuteilen (§ 50 Abs. 1 S. 1 OWiG) und zu überwachen. Sobald der Grund für die Versagung entfallen ist, hat dies die verantwortende Person dem Verteidiger oder der Verteidigerin unaufgefordert und spätestens mit dem Abschluss der Ermittlungen (§ 61 OWiG) formlos mitzuteilen (§ 147 Abs. 6 StPO i. V. m. § 46 Abs. 1 OWiG). Dazu erfolgt eine Mitteilung über das besondere elektronische Anwaltspostfach (§ 31a BRAO), dass die Bußgeldakte nunmehr in vollem Umfang auf Abruf zur Einsichtnahme zur Verfügung steht § 32f Abs. 1 S. 1 StPO i. V. m. § 110c S. 1 OWiG.

7.4.2.2 Bereitstellung nach Abschluss der Ermittlungen

Die Akteneinsicht des Verteidigers oder der Verteidigerin und die Besichtigung von Beweisgegenständen dürfen nach dem Abschluss der Ermittlungen (§ 61 OWiG)[1] grundsätzlich nicht abgelehnt werden, auch wenn noch kein Bußgeldbescheid erlassen ist. Es widerspricht dem Grundsatz des rechtlichen Gehörs (Art. 103 Abs. 1 GG), einen Bußgeldbescheid zu erlassen und dann erst den Akteninhalt durch Bereitstellung zugänglich zu machen. Nach dem Grundsatz der Aktenvollständigkeit und -wahrheit, der das Recht auf lückenlose Information über das gesamte dem Bußgeldverfahren zugrunde liegende Material sichern soll, gehört dazu regelmäßig der gesamte Akteninhalt.[2] Die gesamte Bußgeldakte muss dem Verteidiger oder der Verteidigerin spätestens dann zur Verfügung stehen (§ 32f Abs. 1 S. 1 StPO i. V. m. § 110c S. 1 OWiG).[3]

7.4.2.3 Bereitstellung nach Einspruch gegen den Bußgeldbescheid

Für das Zwischenverfahren der Verwaltungsbehörde nach zulässigem Einspruch gegen einen Bußgeldbescheid (§ 69 Abs. 2, 3 OWiG) ist zu unterscheiden, ob sich die elektronische Bußgeldakte noch bei der Verwaltungsbehörde befindet oder bereits über die Staatsanwaltschaft an das Amtsgericht übersandt wurde (§ 69 Abs. 3 S. 1 OWiG, § 2 Abs. 1 BußAktÜbV).

- Vor Aktenübersendung

  Über einen Antrag auf Akteneinsicht ist noch durch die Verwaltungsbehörde zu entscheiden (§ 69 Abs. 3 S. 2 OWiG). Der Verteidiger oder die Verteidigerin erhält dadurch frühzeitig die Möglichkeit, die Erfolgsaussichten eines Einspruchs gegen den Bußgeldbescheid (§ 67 OWiG) zu prüfen und Beweisanträge (§ 163a Abs. 2 StPO i. V. m. § 46 Abs. 1 OWiG)[4] oder Einwendungen vorzubringen, die

---

1) Zur Bedeutung der Abschlussverfügung der Verwaltungsbehörde (§ 61 OWiG) § 13 Nr. 1.

2) OLG Frankfurt (Main), Beschl. vom 21.12.2020, Az. 3 Ws 852/20, für die Einsichtnahme in Strafakten.

3) OLG Frankfurt (Main), Beschl. vom 4.3.2025, Az. 2 ORbs 233/24.

4) Zur Behandlung von Beweisanträgen des oder der Betroffenen (§ 163a Abs. 2 StPO i. V. m. § 46 Abs. 1 OWiG) § 6 Nr. 6.6.

bei der Prüfung der Sache von der Verwaltungsbehörde unmittelbar berücksichtigt werden können. Es ist daher rechtswidrig, die Bußgeldakte nach einem Antrag auf Akteneinsicht über die Staatsanwaltschaft abzugeben (§ 69 Abs. 3 S. 1 Halbs. 1 OWiG), dadurch den Verlust der Verfahrenshoheit herbeizuführen (§ 69 Abs. 4 S. 1 OWiG) und der antragstellenden Person dann mitzuteilen, die Akteneinsicht bei der Verwaltungsbehörde sei deswegen nicht mehr möglich.

- Nach Aktenübersendung

  Geht der Antrag auf Akteneinsicht erst nach der Übersendung an das Amtsgericht über die Staatsanwaltschaft (§ 69 Abs. 3 S. 1 OWiG) ein, so ist die antragstellende Person an die dadurch zuständig gewordene Staatsanwaltschaft zu verweisen. Mit vollzogener Abgabe hat die Verwaltungsbehörde als abgebende Stelle nur noch eine Leseberechtigung in die entsprechend gekennzeichnete Akte (§ 3 Abs. 4 i. V. m. § 1 Nr. 1 BußAktÜbV).

Verweist die Verwaltungsbehörde im Zwischenverfahren bei einem vor Abgabe des Verfahrens eingehenden Antrag auf die mögliche Antragstellung beim Amtsgericht, um Beweisanträge und mögliche Nachermittlungen zu vermeiden, muss sie mit der nachfolgenden und nicht anfechtbaren Zurückverweisung durch das Amtsgericht wegen offensichtlich ungenügender Aufklärung des Sachverhalts rechnen (§ 69 Abs. 5 S. 1 OWiG).[1]

7.4.3 Ausführung der Akteneinsicht

Für die Ausführung der Akteneinsicht ist maßgeblich, dass Bußgeldakten nur noch in elektronischer Form geführt werden dürfen (§ 110a Abs. 1 S. 1 OWiG). Rechtsanwälte oder Rechtsanwältinnen verbinden einen Antrag auf Akteneinsicht häufig mit der Ankündigung einer Stellungnahme. Bei ihnen genügt die Mandatsanzeige, eine nachgewiesene Vollmacht des oder der Betroffenen bzw. vertretenen Nebenbetroffenen ist nicht erforderlich. Die Akteneinsicht darf daher auch nicht von der Vorlage eines schriftlichen oder elektronischen Vollmachtdokuments abhängig gemacht werden. Nachdem die Akteneinsicht die Verfolgungsverjährung nicht unterbricht (§ 33 Abs. 1 S. 1 OWiG), empfiehlt es sich vor allem bei kurzen Verjährungsfristen (§ 31 Abs. 2 OWiG) durch elektronisches Begleitdokument eine Behördenfrist zur Äußerung nach Akteneinsicht zu setzen. Bei jeder Form der Akteneinsicht sind die gesetzlich vorgesehenen Belehrungen der einsichtnehmenden Person zu beachten (§ 6 StrafAktEinV).

7.4.3.1 Elektronische Bußgeldakte

Die Regelform der Akteneinsicht in die elektronische Bußgeldakte erfolgt auch bei einem Rechtsanwalt als Verteidiger oder einer Rechtsanwältin als Verteidigerin des oder der Betroffenen entweder durch

- **Bereitstellen des Inhalts zum Abruf** im sogenannten „Abrufverfahren“ (§ 2 i. V. m. § 1 Abs. 2 Nr. 1 i. V. m. § 1 Abs. 2 Nr. 1 StrafAktEinV) oder
- **Übermittlung des Inhalts auf einem sicheren Übermittlungsweg** (§ 32a Abs. 4 S. 1 StPO i. V. m. § 110c S. 1 OWiG) im sogenannten „Übermittlungsverfahren“ (§ 3 i. V. m. § 1 Abs. 2 Nr. 1 StrafAktEinV)

1) AG Bamberg, Beschl. vom 11.12.2011, Az. 14 OWi 2311 Js 13450/11.

(§ 32f Abs. 1 S. 1 StPO i. V. m. § 110c S. 1 OWiG). Die Besichtigung in den Diensträumen und der Aktenausdruck sowie die Übermittlung auf einem Datenträger sind Sonderformen, die einen besonderen Antrag des Verteidigers oder der Verteidigerin voraussetzen (§ 32f Abs. 1 S. 2, 3 StPO i. V. m. § 110c S. 1 OWiG). Stehen der Akteneinsicht durch Bereitstellung auf Abruf oder zur Übermittlung (Regelform) wichtige Gründe entgegen, kann die Akteneinsicht in den Sonderformen auch ohne Antrag gewährt werden (§ 32f Abs. 1 S. 3 StPO i. V. m. § 110c S. 1 OWiG). Kein wichtiger Grund liegt natürlich vor, weil die Software einer Verwaltungsbehörde trotz langer Einführungszeit dazu noch immer nicht in der Lage ist. Über die Form der Akteneinsicht entscheidet die Verwaltungsbehörde unanfechtbar (§ 32f Abs. 3 StPO i. V. m. § 110c S. 1 OWiG). Sie setzt sich jedoch nach Übersendung der Bußgeldakte nach zulässigem Einspruch gegen einen Bußgeldbescheid der Zustimmung der Staatsanwaltschaft zur Zurückverweisung durch das Amtsgericht aus (§ 69 Abs. 5 S. 1 OWiG), wenn sie aus formalen Gründen die Akteneinsicht faktisch unmöglich macht und damit das rechtliche Gehör des oder der Betroffenen (Art. 103 Abs. 1 GG) im Vor- oder Zwischenverfahren verhindert.[1)]

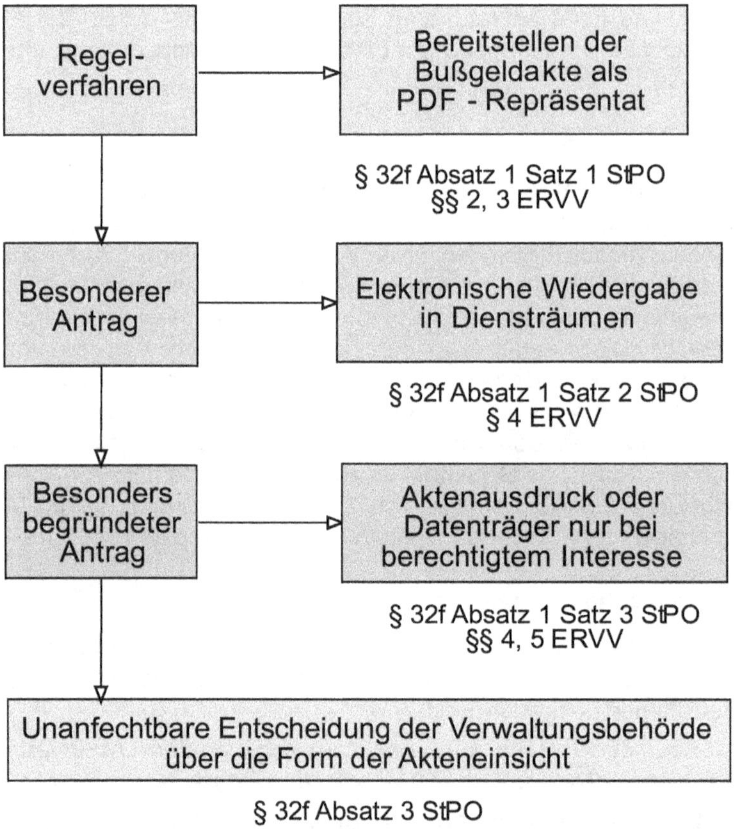

Abb.12: Antrag auf Einsichtnahme in elektronische Bußgeldakte

1) Zur Zurückverweisung des abgegebenen Bußgeldverfahrens durch das Amtsgericht wegen offenkundig ungenügender Ermittlung des Sachverhalts (§ 69 Abs. 5 S. 1 OWiG) § 22 Nr. 3.2.

Der Zugriff auf die Bußgeldakte im Wege der Akteneinsicht erfolgt grundsätzlich nicht unmittelbar, sondern über das zusätzlich vorgeschriebene Repräsentat. Die in der elektronischen Akte gespeicherten Inhalte müssen jederzeit zusätzlich als elektronische Dokumente im Format PDF/A wiedergegeben werden können; diese Dokumente bilden das Repräsentat (§ 2 Abs. 2 S. 1 BBußAktFV). Das Repräsentat muss den gesamten zur Akte gebrachten Inhalt mit Ausnahme der nur für die Datenverarbeitung notwendigen Struktur-, Definitions- und Schemadateien wiedergeben (§ 2 Abs. 2 S. 2 BBußAktFV). Soweit die Wiedergabe eines Inhalts technisch nicht möglich ist, ist ein entsprechender Hinweis in das Repräsentat aufzunehmen (§ 2 Abs. 2 S. 3 BBußAktFV). An die Stelle von Signaturdateien treten im Repräsentat Vermerke über das Ergebnis der Signaturprüfung (§ 2 Abs. 2 S. 4 BBußAktFV). Das Repräsentat muss druckbar, kopierbar und, soweit technisch möglich, durchsuchbar sein. Die Seiten des Repräsentats sind so zu nummerieren, dass sie eindeutig zitiert werden können (§ 2 Abs. 2 S. 5 BBußAktFV).

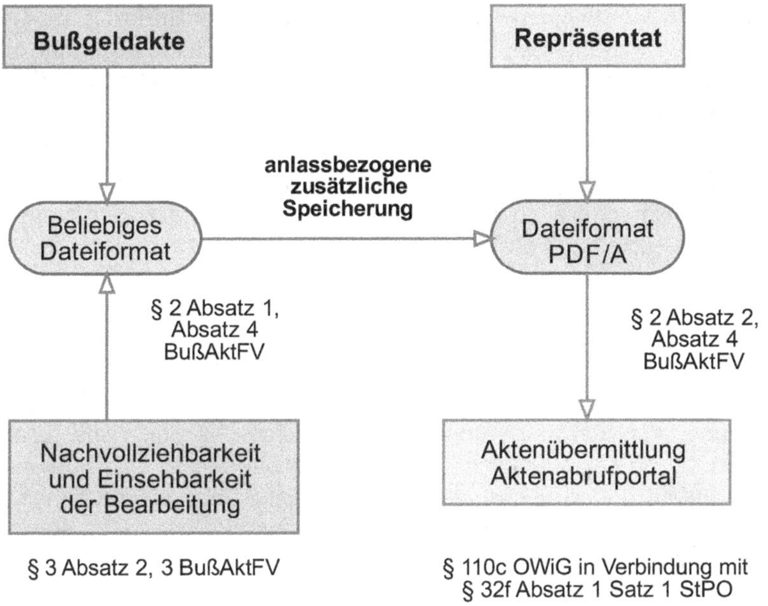

Abb.13: Elektronische Bußgeldakte und Repräsentat

- **Abrufverfahren (§ 2 StrafAktEinV)**

  Beantragt ein Rechtsanwalt als Verteidiger oder eine Rechtsanwältin als Verteidigerin des oder der Betroffenen Akteneinsicht und bewilligt die Verwaltungsbehörde diese, so übermittelt sie ihm einen Link auf das besondere elektronische Anwaltspostfach (§ 31a Abs. 1 S. 1, Abs. 6 BRAO), mit dem er oder sie dreißig Tage lang auf das gespeicherte Repräsentat der Bußgeldakte zugreifen kann (§ 2 Abs. 2 S. 1 StrafAktEinV). Die Person, der Akteneinsicht gewährt wird, ist auf die Bereitstellung, das Datum des Stands der elektronischen Akte sowie auf das Datum, an dem die Bereitstellung endet, hinzuweisen (§ 2 Abs. 2 S. 2 StrafAktEinV). Der Abruf ist über das Internet möglich (§ 2 Abs. 3 S. 1 StrafAktEinV). Die

Internetseite wird in geeigneter Weise bekannt gemacht (§ 2 Abs. 3 S. 2 StrafAktEinV). Der Abruf darf nur erfolgen, wenn sich die Person, der Akteinsicht gewährt wird, hinreichend sicher authentifiziert hat (§ 2 Abs. 3 S. 2 StrafAktEinV). Dies ist bei Rechtsanwälten und Rechtsanwältinnen über das besondere elektronische Anwaltspostfach (§ 31a BRAO) gewährleistet, das als gesicherter Übermittlungsweg vorgesehen ist (§ 32a Abs. 4 S. 1 Nr. 1 StPO i. V. m. § 110c S. 1 OWiG). Der abzurufende Inhalt ist nach dem Stand der Technik verschlüsselt zu übertragen (§ 2 Abs. 3 S. 4 StrafAktEinV). Er soll auf dem System der Person, der Akteneinsicht gewährt wird, gespeichert werden können (§ 2 Abs. 3 S. 4 StrafAktEinV). Dabei handelt es sich i. d. R. um handelsübliche Anwaltssoftware. In dem Repräsentat der Bußgeldakte ist der Name der Person, der Akteneinsicht gewährt wird, dazu dauerhaft erkennbar anzubringen (§ 2 Abs. 1 S. 2 StrafAktEinV). Der Aktenzugriff ist in der Bußgeldakte dauerhaft erkennbar zu vermerken (§ 32f Abs. 4 S. 1 StPO i. V. m. § 110c S. 1 OWiG). Die Akteneinsicht unterliegt einem Verbreitungs- und Übermittlungsverbot zu verfahrensfremden Zwecken, auf das die Verwaltungsbehörde hinzuweisen hat (§ 32f Abs. 5 S. 4 StPO i. V. m. § 110c S. 1 OWiG). Die Beachtung der Zweckbindung der Bußgeldakte liegt dann im Verantwortungsbereich des Rechtsanwalts oder der Rechtsanwältin (§ 32f Abs. 5 S. 1 bis 3 StPO i. V. m. § 110c S. 1 OWiG).

Das Abrufverfahren wird sich wegen seines Aufwandes wohl nicht allgemein durchsetzen und eignet sich eher für Verwaltungsbehörden mit großen Bußgeldstellen. Das einfachere Übermittlungsverfahren wird in der Verfahrenspraxis als einfachere Alternative wohl vorrangig Verwendung finden. Nach der amtlichen Begründung des Gesetzesentwurfs der damaligen Bundesregierung ist zu berücksichtigen, dass nicht jede Behörde aber an das gemeinsam von Bund und Ländern errichtete Akteneinsichtsportal angebunden ist. Nahezu alle Verwaltungsbehörden sind zugleich Bußgeldbehörden, ohne dass stets mit einem erheblichen Fallaufkommen an Bußgeldverfahren zu rechnen ist. Die mit dieser Verweisung grundsätzlich verbundene gesetzliche Verpflichtung für eine Bußgeldbehörde, an ein Akteneinsichtsportal angebunden zu sein oder ein solches gegebenenfalls sogar zu errichten, kann bei geringen Fallaufkommen zu einem unvertretbaren Aufwand führen, ohne dass diesem Aufwand ein nennenswerter Nutzen gegenüberstünde.[1)]

1) S. 64 Amtliche Begründung zum Gesetzesentwurf der Bundesregierung, Entwurf eines Gesetzes zur Fortentwicklung der Strafprozessordnung und zur Änderung weiterer Vorschriften (28.1.2021).

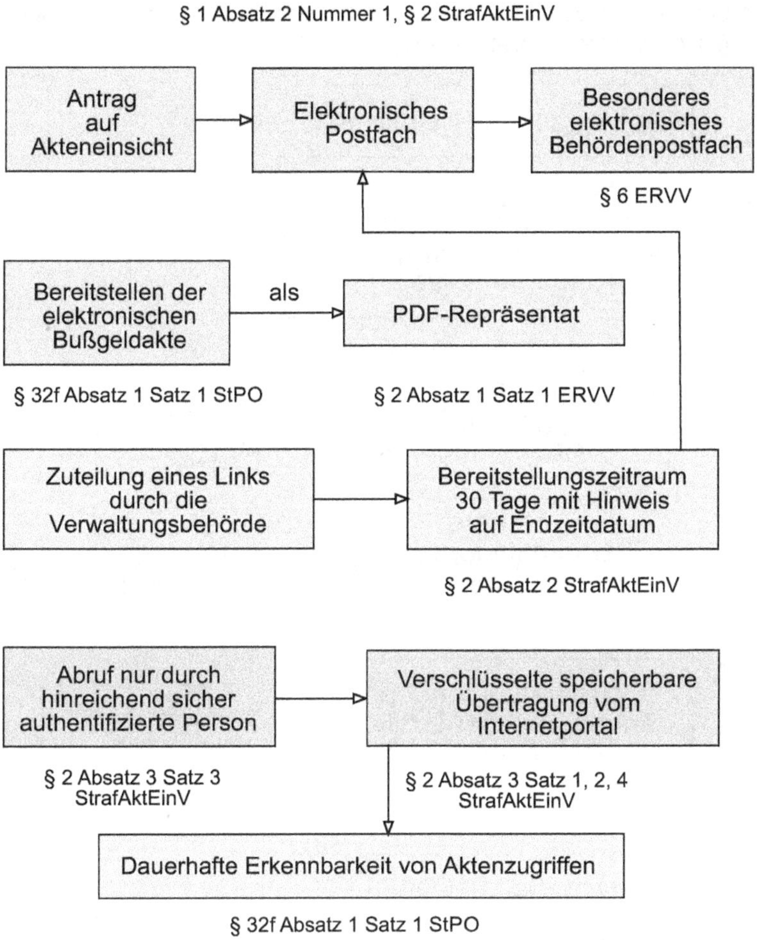

Abb. 14: Form der Gewährung von Akteneinsicht Abrufverfahren – elektronische Akte

- **Übermittlungsverfahren**

  Einsicht in den Inhalt der elektronischen Akte kann auch durch Übermittlung des Repräsentats auf einem sicheren Übermittlungsweg gewährt werden, wenn die Person, der Akteneinsicht gewährt werden soll, über einen entsprechenden Zugang verfügt (§ 3 S. 1 i. V. m. § 1 Abs. 2 Nr. 1 StrafAktEinV). Alle in Deutschland bei einer Rechtsanwaltskammer zugelassenen Rechtsanwälte und Rechtsanwältinnen (§ 12 Abs. 1 BRAO) verfügen über das besondere elektronische Anwaltspostfach (§ 31a BRAO) als sicheren Übermittlungsweg (§ 32a Abs. 4 S. 1 Nr. 2 StPO i. V. m. § 110c S. 1 OWiG). Auf dem Repräsentat ist der Name der Person, der Akteneinsicht gewährt wird, dauerhaft erkennbar anzubringen (§ 3 S. 2 i. V. m. § 2 Abs. 1 S. 2 StrafAktEinV). Dem Repräsentat soll ein strukturierter maschinenlesbarer Datensatz beigefügt werden, der den nach § 8 Nr. 1 StrafAktEinV bekannt gemachten Definitions- oder Schemadateien entspricht (§ 3 S. 2 i. V. m. § 2 Abs. 1 S. 3 StrafAktEinV). Die Person, der Akteneinsicht gewährt wird, ist auf das Datum des Stands der elektronischen Akte hinzuweisen (§ 3 S. 3 i. V. m. § 1 Abs. 2 Nr. 1 StrafAktEinV).

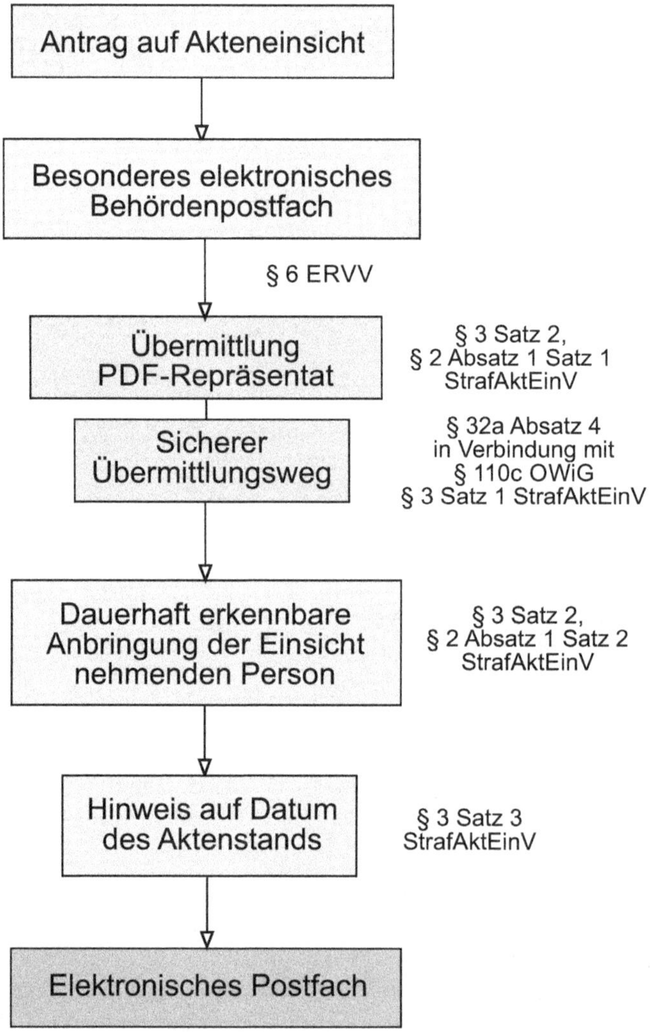

Abb. 15: Elektronische Akteneinsicht Übermittlungsverfahren

- **Aktenausdruck**

  Ein Ausdruck der elektronischen Bußgeldakte wird nur auf besonderen Antrag übermittelt, wenn der Antragsteller oder die Antragstellerin hieran ein berechtigtes Interesse darlegt (§ 32f Abs. 1 S. 3 StPO i. V. m. § 110c S. 1 OWiG). Nachdem Rechtsanwälte und Rechtsanwältinnen ausnahmslos über ein empfangsbereit zu nutzendes besonderes elektronisches Anwaltspostfach (§ 31a Abs. 1 S. 1, Abs. 6 BRAO) verfügen, kann ein berechtigtes Interesse nur bei solchen Verteidigern oder Verteidigerinnen gegeben sein, die keine Rechtsanwälte oder Rechtsanwältinnen sind und von der Verwaltungsbehörde im Einzelfall zugelassen werden (§ 138 Abs. 2 StPO i. V. m. § 46 Abs. 1 OWiG).[1] Diesen steht alternativ auch die Akteneinsicht auf der Dienststelle der Verwaltungsbehörde zur Verfügung (§ 32f Abs. 1 S. 2 StPO i. V. m. § 110c S. 1 OWiG). Das Ausdrucken einer elektronischen Akte zum Zwecke der Akteneinsicht erfolgt durch das Ausdrucken des Repräsentats (§ 5 StrafAktEinV), folglich aus dem Dateiformat PDF (portable document format). Stehen der Akteneinsicht in elektronischer Form wichtige Gründe entgegen, kann sie aber ausnahmsweise in diesen Formen auch ohne Antrag des oder der Betroffenen gewährt werden (§ 32f Abs. 1 S. 3 StPO i. V. m. § 110c S. 1 OWiG). Solche wichtigen Gründe sind etwa bei einer technischen Störung denkbar. Keine wichtigen Gründe sind die persönliche Unfähigkeit oder Unwilligkeit zum Umgang mit dem elektronischen Rechtsverkehr. Rechtsanwälte und Rechtsanwältinnen haben nämlich nach ihrer eigenen Berufsordnung ordnungsgemäße Zustellungen von Behörden entgegenzunehmen und das Empfangsbekenntnis mit dem Datum versehen unverzüglich zu erteilen (§ 14 S. 1 BORA). Verweigern sie bei einer nicht ordnungsgemäßen Zustellung die Mitwirkung, müssen sie dies der absendenden Stelle unverzüglich mitteilen (§ 14 S. 2 BORA).

- **Hinweis auf Zweckbindung**

  Personen, denen Akteneinsicht gewährt wird, dürfen Akten, Dokumente, Ausdrucke oder Abschriften, die ihnen nach § 32f Abs. 1 oder 2 StPO überlassen worden sind, weder ganz noch teilweise öffentlich verbreiten oder sie Dritten zu verfahrensfremden Zwecken übermitteln oder zugänglich machen (§ 32f Abs. 5 S. 1 StPO i. V. m. § 110c S. 1 OWiG). Nach § 32f Abs. 1 oder 2 StPO erlangte personenbezogene Daten dürfen sie nur zu dem Zweck verwenden, für den die Akteneinsicht gewährt wurde (§ 32f Abs. 5 S. 2 StPO i. V. m. § 110c S. 1 OWiG). Für andere Zwecke dürfen sie diese Daten nur verwenden, wenn dafür Auskunft oder Akteneinsicht gewährt werden dürfte (§ 32f Abs. 5 S. 1 StPO i. V. m. § 110c S. 3 OWiG). Personen, denen Akteneinsicht gewährt wird, sind auf die Zweckbindung hinzuweisen (§ 32f Abs. 5 S. 4 StPO i. V. m. § 110c S. 1 OWiG). Die Hinweispflicht über die Zweckbindung gilt ausnahmslos und deswegen auch dann, wenn ein Verteidiger Rechtsanwalt oder eine Verteidigerin Rechtsanwältin ist.

  Die Akteneinsicht unterbricht die Verfolgungsverjährung nicht, weil sie nicht im abschließenden Katalog der Maßnahmen in § 33 Abs. 1 S. 1 OWiG aufgeführt ist. Besonders bei kurzen Verjährungsfristen kann sich insbesondere im Zwischenverfahren nach zulässigem Einspruch gegen einen Bußgeldbescheid (§ 69 Abs. 2 S. 1 OWiG) bei einer angekündigten Stellungnahme oder Begründung die Verbindung der Akteneinsicht mit einer nochmaligen Anhörung des oder der Betroffenen empfehlen (§ 69 Abs. 2 S. 3 OWiG). Diese unterbricht zwar nicht mehr die Verfolgungsverjährung (§ 31 Abs. 1 S. 1 Nr. 1 OWiG), dient aber der Beschleunigung des Verfahrens.

1) Zur Genehmigung der Verteidigung anderer Personen als Rechtsanwälte und Rechtsanwältinnen (§ 138 Abs. 2 StPO i. V. m. § 46 Abs. 1 OWiG) § 10 Nr. 2.2.

Muster 10.3: Bewilligung von Akteneinsicht – Übermittlungsverfahren – Äußerungsfrist

Stadt Münsterberg Bußgeldstelle

Stadt Münsterberg, 99090 Münsterberg

Dienstgebäude	Schubertstraße 36 99090 Münsterberg
Bearbeitung	Frau Weber
Telefon	(0987) 9878-987
E-Mail	weber.bs@muensterberg.de

Herrn Rechtsanwalt
Klaus Kürschner
Maximilianstraße 110
72345 Oberburg
über besonderes elektronisches Anwaltspostfach

Ihr Zeichen, Ihre Nachricht vom	Bitte bei Antwort angeben **Unser Zeichen, Unsere Nachricht vom**	**Datum**
	OWi – 0987665/26	13.3.2026

Bußgeldverfahren gegen Marbach, Dieter, geboren 10.12.1978

Sehr geehrter Herr Rechtsanwalt,

auf Ihren Antrag auf Akteneinsicht vom 12.1.2026 haben wir das Repräsentat der Bußgeldakte auf Ihr besonderes elektronisches Anwaltspostfach (§ 32a Abs. 4 S. 1 Nr. 1 StPO i. V. m. § 110c S. 1 OWiG) im Dateiformat PDF (portable document format) übermittelt (§ 3 S. 1 StrafAktEinV). Das Repräsentat ist auf dem Bearbeitungsstand vom 15.10.2024 (§ 3 S. 3 StrafAktEinV).

Wir weisen Sie gem. § 32f Abs. 5 StPO i. V. m. § 110c OWiG darauf hin, dass

- sämtliche Inhalte, die im Rahmen der Akteneinsicht überlassen werden, weder ganz noch teilweise öffentlich verbreitet oder Dritten zu verfahrensfremden Zwecken übermittelt oder zugänglich gemacht werden dürfen (§ 7 Nr. 1 StrafAktEinV).
- personenbezogene Daten nur zu dem Zweck, für den die Akteneinsicht gewährt wird, verwendet werden dürfen, es sei denn, dass für den Zweck, zu dem die Person, der Akteneinsicht gewährt wird, die Daten verwenden will, ebenfalls Auskunft oder Akteneinsicht gewährt werden dürfte (§ 7 Nr. 2 StrafAktEinV).
- die Offenbarung oder Veröffentlichung von Akteninhalten nach den §§ 94 bis 97, 203, 353d StGB oder § 42 BDSG strafbar sein kann (§ 7 Nr. 3 StrafAktEinV).
- der durch einen Abruf gespeicherte Inhalt einschließlich der personenbezogenen Daten zu löschen ist, sobald der Zweck für seine Speicherung weggefallen ist und seine weitere Aufbewahrung und Verarbeitung nicht nach anderen Vorschriften gestattet ist (§ 7 Nr. 4 StrafAktEinV).

Telefonzentrale
(0899) 123-0
Internet
www.Muensterberg.de

Servicezeiten
Mo-Mi 7.30-16.30 Uhr
Do 7.30-17.30 Uhr
Fr 7.30-12.00 Uhr

Öffentliche Verkehrsmittel
Stadtbus Linie 6
Haltestelle Mitte

Bankverbindung
Kreissparkasse Münsterberg
IBAN DE2040000000123456
BIC GROBDE77XX
Volksbank Münsterberg
IBAN DE2040000000234567
BIC GROBDE87XX

Besonderes elektronisches Behördenpostfach
Ordnungsamt@muensterberg .de

Für die nach der Akteneinsicht angekündigte Stellungnahme setzen wir eine

Frist von zwei Wochen

zur Äußerung möglichst als elektronisches Dokument im Dateiformat PDF (portable document format) an unser besonderes elektronisches Behördenpostfach (§ 32d S. 1 StPO i. V. m. § 110c OWiG). Sollte diese Frist ohne eine Äußerung verstreichen, werden wir nach Aktenlage entscheiden.

Mit freundlichen Grüßen

Stadt Münsterberg

Bußgeldstelle

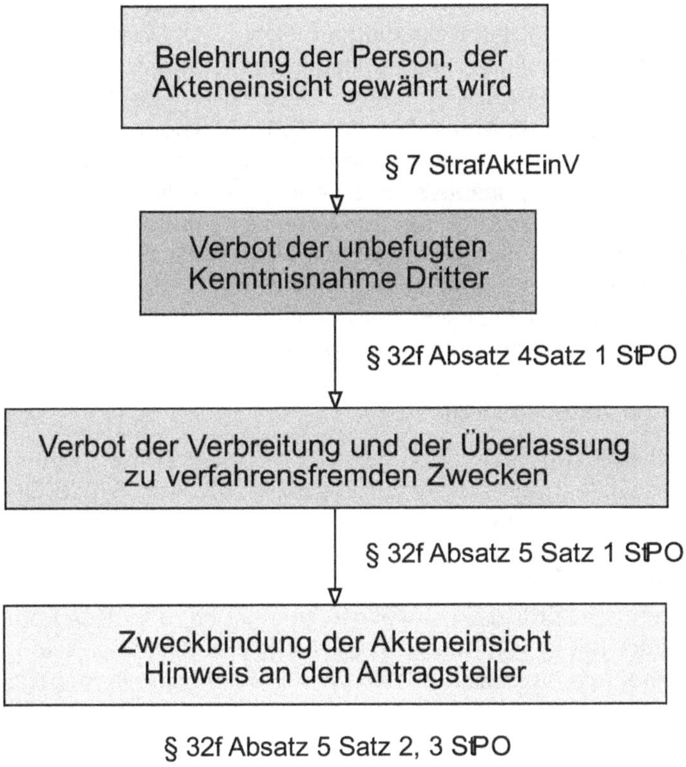

Abb. 16: Form der Akteneinsicht Belehrung und Pflichten der Antragstellenden

7.4.3.2 Herkömmliche Papierakte

Einsicht in Akten, die bei der Verwaltungsbehörde aus Altverfahren noch in Papierform vorliegen (§ 110 Abs. 1a OWiG), wird grundsätzlich in Diensträumen der Verwaltungsbehörde gewährt (§ 32f Abs. 2 S. 1 StPO i. V. m. § 110c S. 1 OWiG). Die Akteneinsicht kann jedoch, soweit nicht wichtige Gründe entgegenstehen, von Amts wegen auch durch Bereitstellen des Inhalts der Akten zum Abruf oder durch Bereitstellen einer Aktenkopie zur Mitnahme gewährt werden (§ 32f Abs. 2 S. 2 StPO

i. V. m. § 110c S. 1 OWiG). Nur auf besonderen Antrag werden Papierakten dem Rechtsanwalt oder der Rechtsanwältin (§ 137, § 138 Abs. 1 StPO) oder sonstigen von der Verwaltungsbehörde zugelassenen Verteidigern oder Verteidigerinnen (§ 138 Abs. 2 StPO), soweit nicht wichtige Gründe entgegenstehen, zur Einsichtnahme in seine Geschäftsräume oder Wohnung mitgegeben (§ 32f Abs. 2 S. 3 StPO i. V. m. § 110c S. 1 OWiG). Ein Anspruch des Verteidigers oder der Verteidigerin auf elektronische Übermittlung einer noch in Papierform geführten Bußgeldakte besteht nicht.[1)]

7.4.3.3 Antrag auf gerichtliche Entscheidung

Gegen die vollständige oder teilweise Versagung der Akteneinsicht ist für Betroffene und Verteidiger oder Verteidigerinnen der nicht befristete Antrag auf gerichtliche Entscheidung (§ 62 Abs. 1 S. 1 OWiG) statthaft. Sofern die Verwaltungsbehörde dem Antrag nicht abhilft, entscheidet der Ermittlungsrichter oder die Ermittlungsrichterin des Amtsgerichts (§ 162 Abs. 1 S. 1 StPO i. V. m. § 46 Abs. 1 OWiG) durch unanfechtbaren Beschluss (§ 62 Abs. 2 S. 3 OWiG). Entscheidungen über die Form der Gewährung von Akteneinsicht sind dagegen nicht anfechtbar (§ 32f Abs. 3 StPO i. V. m. § 110c S. 1 OWiG). Insbesondere können Verteidiger oder Verteidigerinnen nicht erreichen, einen Ausdruck der elektronischen Bußgeldakte durch die Post übermittelt zu erhalten. Sichergestellte Beweisgegenstände, die nicht in die Bußgeldakten elektronisch eingearbeitet sind (gescannte Dokumente), sind grundsätzlich auf den Diensträumen zu besichtigen. Über die Art der Besichtigung entscheidet die Verwaltungsbehörde. Ihre Entscheidung hierzu ist unanfechtbar.[2)]

7.4.4 Kosten der Akteneinsicht

Die elektronische Akteneinsicht ist grundsätzlich kostenfrei. Die Erhebung einer Kostenpauschale beim Antragsteller ist unzulässig (§ 107 Abs. 5 S. 2 OWiG). Kosten dürfen mangels Rechtsgrundlage auch im Bußgeldbescheid nicht als Auslagen (§ 107 Abs. 3 OWiG) festgesetzt werden. Eine Kostenpauschale von 12,00 Euro ist lediglich bei der Versendung einer noch geführten Papierakte gegen Rücksendung an die Verwaltungsbehörde bei demjenigen zu erheben, der diese Form der Akteneinsicht beantragt hat (§ 107 Abs. 5 S. 1 OWiG). Die Versendung von Ausdrucken oder Kopien einer aus Altverfahren stammenden Papierakte ist dagegen nicht kostenpflichtig, weil die Bußgeldakte dann gerade nicht übersendet wird und § 107 Abs. 5 S. 1 OWiG keine Rechtsgrundlage für die Versendung von Kopien bietet.[3)] Die gesetzliche Kostenpauschale betrifft daher einen Fall, der inzwischen praktisch fast

---

1) BGH, Beschl. vom 10.1.2023, Az. 1 StR 464/22.

2) OLG Stuttgart, Beschl. vom 3.12.2012, Az. 2 Ws 295/12.

3) AG Pirmasens, Beschl. vom 13.4.2017, Az. 1 OWi 424/16; AG Trier, Beschl. vom 2.2.2020, Az. 35a OWi 1/22; AG Idar-Oberstein, Beschl. vom 15.5.2020, Az. 5 OWi 73/22; AG Bühl, Beschl. vom 31.7.2020, Az. 1 OWi 41/20; AG Landstuhl, Beschl. vom 14.1.2020, Az. 2 OWi 189/19; AG Frankfurt (Main), Beschl. vom 14.8.2020, Az. 976 OWi 94/20; AG Wittlich, Beschl. vom 21.8.20219, Az. 313 OWi 234/19; AG Ahrensburg, Beschl. vom 21.7.2016, Az. 52 OWiG 463/14; AG Duderstadt, Beschl. vom 1.2.2012, Az. 3 OWi 366/11; AG Nordhausen, Beschl. vom 6.12.2015, Az. 34 OWi 882/15; AG Kassel, Beschl. vom 31.10.2014, Az. 386 OWi 294/14; AG Soest, Beschl. vom 14.9.2016, Az. 21 OWi 295/16; AG Gelnhausen, Beschl. vom 5.3.2018, Az. 44 OWi 57/17; AG Daun, Beschl. vom 12.4.2020, Az. 4c OWi 132/20.

nicht mehr vorkommt. Jede Erhebung nach Landeskostenrecht scheidet aus, weil diese durch die bundesrechtliche Bestimmung verdrängt werden.[1]

Beispiel:

Ein Rechtsanwalt beantragt für seinen Mandanten Einsicht in die bei der Verwaltungsbehörde geführte elektronische Bußgeldakte. Die Software der Verwaltungsbehörde beherrscht weder das elektronische Abruf- noch das Übermittlungsverfahren. Sie versendet daher einen Aktenausdruck mit der Post, den das Personal der Anwaltskanzlei einscannt und anschließend sofort vernichtet. Die Kostenpauschale von 12,00 Euro darf nicht verlangt werden, weil keine Bußgeldakte in Papierform existiert. Für die unaufgeforderte Versendung eines nicht zurückzusendenden Ausdrucks ist keine Kostenpauschale vorgesehen.

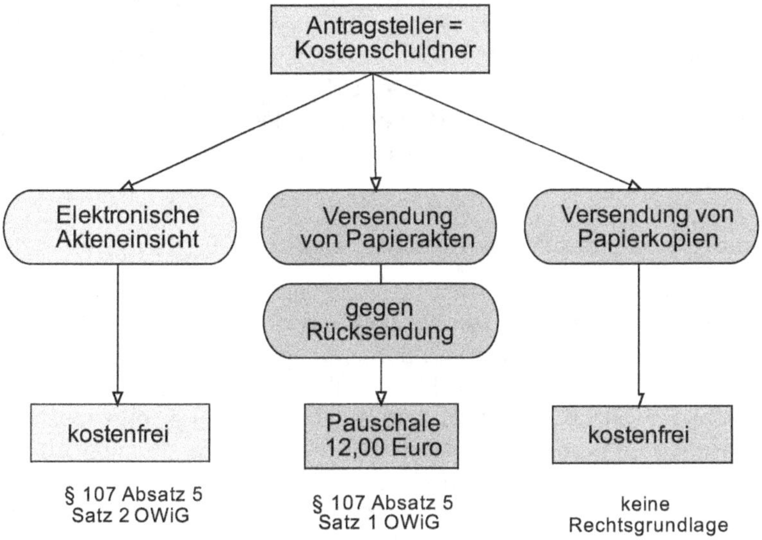

Abb. 17: Akteneinsicht Kosten für Antragstellende

7.5 Akteneinsicht von Geschädigten („Verletzten")

Auch durch eine Ordnungswidrigkeit geschädigte Personen haben als „Verletzte" bei berechtigtem Interesse Anspruch auf Akteneinsicht (§ 406e StPO i. V. m. § 46 Abs. 1 OWiG).[2] Der Begriff des oder der Verletzten ist zwar nicht gesetzlich definiert.[3] In einem Bußgeldverfahren ist dies eine natürliche Person, die durch die Ordnungswidrigkeit zumindest unmittelbar an ihrem Körper, Eigentum oder Vermögen geschädigt wurde. Bezüglich ihres Eigentums oder Vermögens können auch juristische Personen und Personenvereinigungen verletzt werden. Die Akteneinsicht soll

1) BVerwG, Urt. vom 24.1.2024, Az. 6 C 4.22.
2) BGH, Beschl. vom 18.2.2014, Az. KRB 12/13.
3) OLG Düsseldorf, Beschl. vom 22.8.2012, Az. V-4 Kart 5/11 (OWi).

die Antragstellenden als potenziell Anspruchsberechtigte dazu in die Lage versetzen, zu prüfen, ob ihnen überhaupt zivilrechtliche Schadensersatzansprüche zustehen und ob diese mit Aussicht auf Erfolg vor dem Zivilgericht durchgesetzt werden können.[1] Eine Kostenpauschale nach § 107 Abs. 5 S. 1 OWiG darf auch für die Versendung von Kopien mangels Rechtsgrundlage nicht erhoben werden. Jede Erhebung nach Landeskostenrecht scheidet aus, weil diese durch die bundesrechtliche Bestimmung verdrängt wird.[2]

Beispiel:

Der Grundstücksnachbar fühlt sich durch die Geräuschentwicklung einer genehmigten Anlage (§ 4 BImSchG) in seinem Eigentumsrecht (§ 903 BGB) beeinträchtigt. Auf seine Anzeige hat die Verwaltungsbehörde ein Bußgeldverfahren (§ 62 Abs. 1 Nr. 4 BImSchG) wegen unerlaubter wesentlicher Betriebsänderung der Anlage (§ 16 BImSchG) eingeleitet. Der Nachbar beantragt Einsichtnahme in die Bußgeldakte und begründet sein rechtliches Interesse mit der Prüfung eines privatrechtlichen Beseitigungs- und Unterlassungsanspruchs (§ 1004 BGB) gegen den Anlagenbetreiber. Sofern der Antragsteller ein berechtigtes Interesse glaubhaft macht und schutzwürdige Interessen des oder der Betroffenen nicht entgegenstehen, ist diese kostenfrei zu bewilligen.

7.5.1 Berechtigtes Interesse an der Akteneinsicht

Das Recht auf Akteneinsicht besteht nicht generell, sondern nur bei berechtigtem Interesse, das Antragstellende vorzutragen und glaubhaft zu machen haben. Der oder die Verletzte kann den Anspruch durch einen Rechtsanwalt oder eine Rechtsanwältin wahrnehmen (§ 406e Abs. 1 S. 1 StPO i. V. m. § 46 Abs. 1 OWiG).[3] Ist er oder sie nicht anwaltlich vertreten, sind sie selbst befugt, elektronisch geführte Akten einzusehen und amtlich verwahrte Beweisgegenstände unter Aufsicht in der Verwaltungsbehörde zu besichtigen (§ 406e Abs. 4 S. 1 StPO i. V. m. § 46 Abs. 1 OWiG). Werden die Akten in Altverfahren noch nicht elektronisch geführt, können an Stelle der Einsichtnahme in die Akten Kopien aus den Akten übermittelt werden (§ 406e Abs. 4 S. 2 StPO i. V. m. § 46 Abs. 1 OWiG).

Die Akteneinsicht umfasst auch die ergangenen Bußgeldbescheide (§ 65 OWiG), selbst wenn sie noch nicht rechtskräftig sind. Sie sind dabei allerdings um Geschäftsgeheimnisse und persönliche Daten sowie die Vermögensverhältnisse der Betroffenen zu anonymisieren.[4] Es können dem oder der Verletzten auch Auskünfte und Kopien aus den Akten erteilt werden (§ 406e Abs. 1 S. 2 StPO i. V. m. § 46 Abs. 1 OWiG). Noch in Papierform geführte Bußgeldakten können einem Rechtsanwalt oder einer Rechtsanwältin mit Ausnahme sichergestellter Beweisgegenstände auf dessen Antrag mitgegeben werden, soweit nicht wichtige Gründe entgegenstehen (§ 406e Abs. 3 S. 1 StPO i. V. m. § 46 Abs. 1 OWiG). Die Zurückweisung eines

1) AG Bonn, Beschl. vom 29.12.2011, Az. 51 Gs 2496/10.
2) BVerwG, Urt. vom 24.1.2024, Az. 6 C 4.22.
3) Zur Person des Rechtsanwalts *Wieser-Kommentar* Teil I Nr. 1 § 60 OWiG.
4) OLG Düsseldorf, Beschl. vom 22.8.2012, Az. V-4 Kart 5/11 (OWi); auch BT-Drs. 10/5305, S. 18.

solchen Antrags durch die Verwaltungsbehörde ist nicht anfechtbar (§ 406e Abs. 3 S. 1 StPO i. V. m. § 46 Abs. 1 OWiG).

7.5.2 Schutzwürdiges Interesse der Betroffenen

Die Einsicht in die Akten ist zu versagen, soweit überwiegende schutzwürdige Interessen des oder der Betroffenen oder anderer Personen entgegenstehen (§ 406e Abs. 2 S. 1 StPO i. V. m. § 46 Abs. 1 OWiG). Die Betroffenen sind daher vor einer stattgebenden Entscheidung zu hören (Art. 103 Abs. 1 GG). Die bloße Befürchtung eines Missbrauchs ist noch nicht geeignet, die Gewährung an Akteneinsicht auszuschließen.[1] Die Akteneinsicht kann auch – zumindest vorübergehend – wegen Gefährdung des Untersuchungszwecks, auch in einem anderen Bußgeldverfahren, oder erheblicher Verfahrensverzögerung versagt werden (§ 406e Abs. 2 S. 3 StPO i. V. m. § 46 Abs. 1 OWiG).

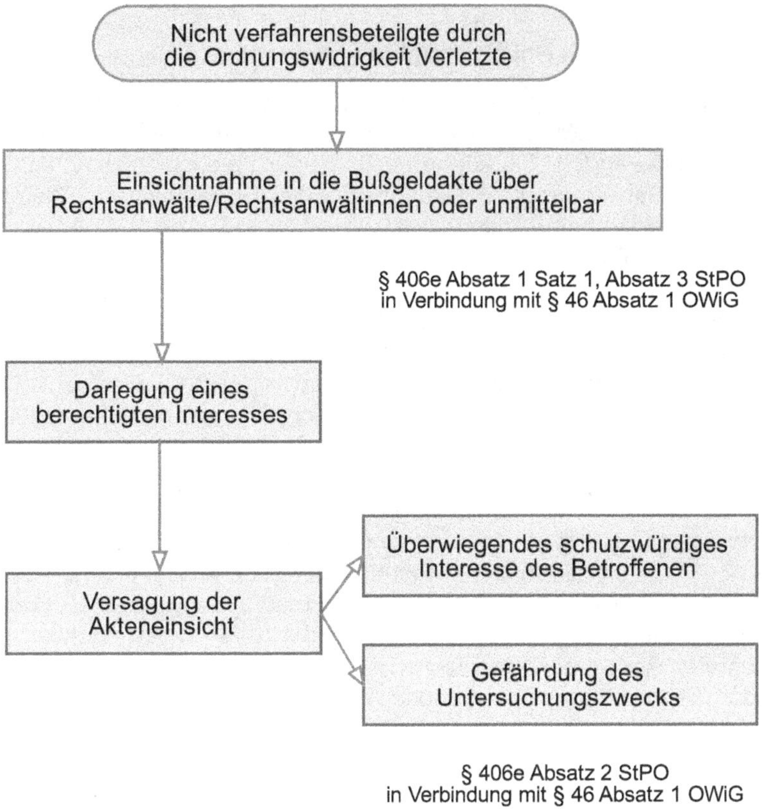

Abb. 18: Akteneinsicht für durch die Ordnungswidrigkeit Verletzte

1) AG Bonn, Beschl. vom 29.12.2011, Az. 51 Gs 2496/10.

7.5.3 Antrag auf gerichtliche Entscheidung

Über die Gewährung der Akteneinsicht entscheidet im Vor- und Zwischenverfahren bis zur Abgabe über die Staatsanwaltschaft an das Amtsgericht (§ 69 Abs. 3 OWiG) und nach rechtskräftigem Abschluss des Verfahrens durch Bußgeldbescheid die Verwaltungsbehörde, im Übrigen das mit der Sache befasste Gericht (§ 406e Abs. 4 S. 1 StPO i. V. m. § 46 Abs. 1 OWiG). Die Entscheidung der Verwaltungsbehörde ergeht nach Anhörung der Betroffenen (Art. 103 Abs. 1 GG) durch zu begründendes dienstliches Dokument. Gegen die Versagung der Akteneinsicht durch die Verwaltungsbehörde ist der nicht befristete Antrag auf gerichtliche Entscheidung statthaft (§ 62 OWiG), jedoch keine Beschwerde (§ 304 StPO i. V. m. § 46 Abs. 1 OWiG) gegen die Entscheidung des Amtsgerichts.[1)] Über den Antrag auf gerichtliche Entscheidung entscheidet der Ermittlungsrichter oder die Ermittlungsrichterin des Amtsgerichts, soweit die Verwaltungsbehörde ihm nicht abhilft, durch unanfechtbaren Beschluss (§ 62 Abs. 2 S. 3 OWiG).

7.6 Akteneinsicht durch Privatpersonen und sonstige Stellen

Privatpersonen und sonstige Stellen haben aus Gründen des personenbezogenen Datenschutzes (§ 49d OWiG) keinen Anspruch auf Akteneinsicht, sondern nur auf eine Interessenabwägung. Sie können selbst oder über einen Rechtsanwalt oder eine Rechtsanwältin vorrangig Auskünfte aus den Bußgeldakten erhalten, soweit sie hierfür ein berechtigtes Interesse darlegen (§ 475 Abs. 1 S. 1, Abs. 4 StPO i. V. m. § 46 Abs. 1 OWiG). Auskünfte sind folglich zu versagen, wenn der oder die hiervon Betroffene ein schutzwürdiges Interesse an der Versagung hat (§ 475 Abs. 1 S. 2 StPO i. V. m. § 46 Abs. 1 OWiG). Akteneinsicht kann bei Vorliegen eines überwiegenden berechtigten Interesses gewährt werden, wenn die Erteilung von Auskünften einen unverhältnismäßigen Aufwand erfordern oder nach Darlegung derer, die Akteneinsicht begehren, zur Wahrnehmung des berechtigten Interesses nicht ausreichen würde (§ 475 Abs. 2 StPO i. V. m. § 46 Abs. 1 OWiG). Amtlich verwahrte Beweisstücke können unter diesen Voraussetzungen auf der Dienststelle der Verwaltungsbehörde besichtigt werden (§ 475 Abs. 3 StPO i. V. m. § 46 Abs. 1 OWiG). Die Betroffenen sind daher vor einer stattgebenden Entscheidung zu hören (Art. 103 Abs. 1 GG). Gegen die Versagung der Akteneinsicht durch die Verwaltungsbehörde ist der Antrag auf gerichtliche Entscheidung statthaft (§ 62 OWiG), jedoch keine Beschwerde gegen die Entscheidung des Amtsgerichts.[1)] Über den nicht befristeten Antrag auf gerichtliche Entscheidung entscheidet der Ermittlungsrichter oder die Ermittlungsrichterin des Amtsgerichts, soweit die Verwaltungsbehörde ihm nicht abhilft, durch unanfechtbaren Beschluss (§ 62 Abs. 2 S. 3 OWiG). Das allgemeine Auskunftsrecht im Sinne des § 57 BDSG ist unabhängig von den besonderen Bestimmungen im Bußgeldverfahren nach § 475 StPO i. V. m. § 46 Abs. 1 OWiG. Der Anspruch auf Informationszugang (§ 1 IFG) gilt zum Schutz von besonderen öffentlichen Belangen nicht, wenn das Bekanntwerden der Information nachteilige Auswirkungen auf die Ermittlungen in einem Bußgeldverfahren haben kann (§ 3 Nr. 1 Buchst. g IFG). Dies gilt entsprechend für Umweltinformationen, es

1) LG Bonn, Beschl. vom 13.2.2012, Az. 27 Qs 03/12.

sei denn, das öffentliche Interesse an der Bekanntgabe überwiegt (§ 8 Abs. 1 Nr. 4 UIG).

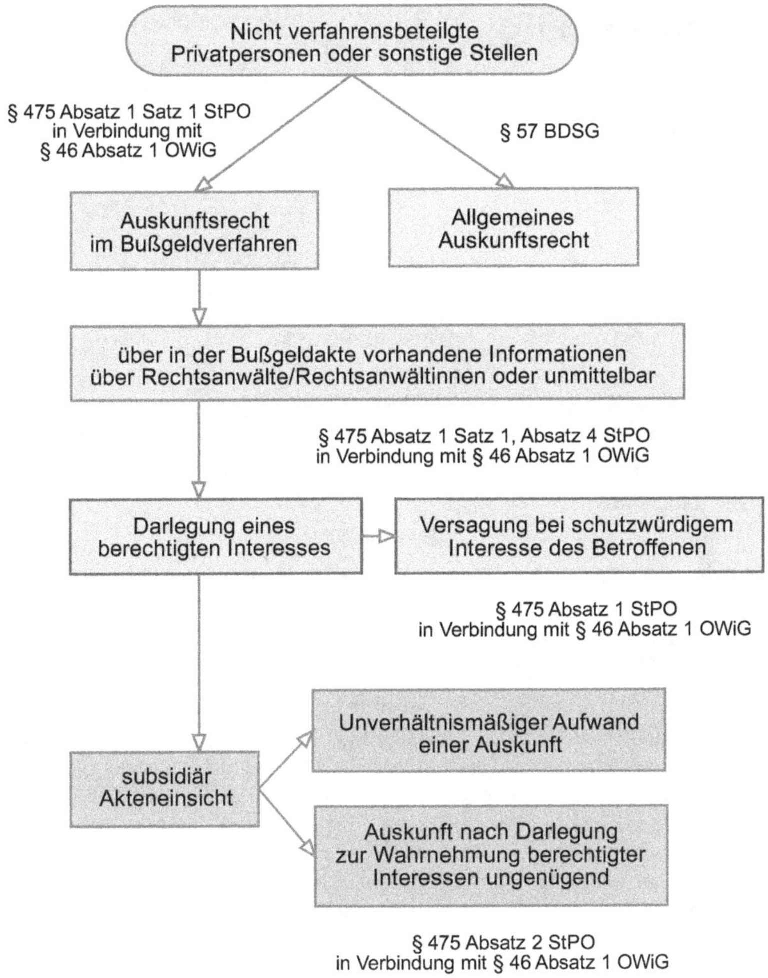

Abb. 19: Auskunft und Akteneinsicht für Privatpersonen und sonstige Stellen

Muster 10.4: Bewilligung von Akteneinsicht – Übermittlungsverfahren – Äußerungsfrist

Stadt Münsterberg — Bußgeldstelle

Stadt Münsterberg, 99090 Münsterberg

Dienstgebäude	Schubertstraße 36 99090 Münsterberg
Bearbeitung	Frau Weber
Telefon	(0987) 9878-987
E-Mail	weber.bs@muensterberg.de

Herrn Rechtsanwalt
Klaus Kürschner
Maximilianstraße 110
72345 Oberburg
über besonderes elektronisches Anwaltspostfach

Ihr Zeichen, Ihre Nachricht vom	Bitte bei Antwort angeben **Unser Zeichen, Unsere Nachricht vom**	**Datum**
	OWi – 0987665/26	13.3.2026

Bußgeldverfahren gegen Werner Schneider

Ihr Antrag auf Übersendung eines Ausdrucks der elektronischen Bußgeldakte

Sehr geehrter Herr Rechtsanwalt,

wir erlassen folgenden

Bescheid

1. Wir lehnen Ihren Antrag auf Übersendung eines Ausdrucks oder Datenträgers der elektronischen Bußgeldakte vom 10.2.2026 ab.
2. Die Bußgeldakten übermitteln wir auf Antrag als Repräsentat auf Ihr besonderes elektronisches Anwaltspostfach zur Einsichtnahme.

Gründe

Einsicht in elektronische Akten wird im Bußgeldverfahren durch Bereitstellen des Inhalts der Akte zum Abruf oder durch Übermittlung des Inhalts der Akte auf einem sicheren Übermittlungsweg gewährt (§ 32f Abs. 1 S. 1 StPO i. V. m. § 110c S. 1 OWiG). Ein Aktenausdruck oder ein Datenträger mit dem Inhalt der elektronischen Akten wird auf besonders zu begründendem Antrag nur übermittelt, wenn der Antragsteller hieran ein berechtigtes Interesse hat (§ 32f Abs. 1 S. 3 StPO i. V. m. § 110c S. 1 OWiG). Die angeblich mangelnde Datensicherheit des besonderen elektronischen Anwaltspostfachs genügt dazu nicht, weil es sich um einen gesetzlich vorgesehenen sicheren Übermittlungsweg handelt (§ 32a Abs. 4 S. 1 Nr. 1 StPO i. V. m. § 110c S. 1 OWiG), den ein Rechtsanwalt empfangsbereit zu nutzen hat (§ 31a Abs. 1 S. 1, Abs. 6 BRAO).

Rechtsbehelfsbelehrung

Diese Entscheidung der Verwaltungsbehörde ist nicht anfechtbar (§ 31f Abs. 3 StPO i. V. m. § 110c S. 1 OWiG).

Mit freundlichen Grüßen

Stadt Münsterberg

Bußgeldstelle

Telefonzentrale
(0899) 123-0
Internet
www.Muensterberg.de

Servicezeiten
Mo-Mi 7.30-16.30 Uhr
Do 7.30-17.30 Uhr
Fr 7.30-12.00 Uhr

Öffentliche Verkehrsmittel
Stadtbus Linie 6
Haltestelle Mitte

Bankverbindung
Kreissparkasse Münsterberg
IBAN DE2040000000123456
BIC GROBDE77XX
Volksbank Münsterberg
IBAN DE2040000000234567
BIC GROBDE87XX

Besonderes elektronisches Behördenpostfach
Ordnungsamt@muensterberg .de

8. Anwesenheitsrechte von Betroffenen und Verteidigenden

Das geltende Ordnungswidrigkeitenrecht kennt ebenso wie das strafrechtliche Ermittlungsverfahren kein allgemeines Anwesenheitsrecht der Betroffenen und von Verteidigern oder Verteidigerinnen bei Ermittlungshandlungen der Verwaltungsbehörde (§ 160 Abs. 1 StPO i. V. m. § 46 Abs. 1, § 47 Abs. 1 S. 1 OWiG) oder Polizei (§ 53 Abs. 1 OWiG, § 161 Abs. 1 S. 1 StPO i. V. m. § 46 Abs. 1 OWiG).[1] Eine Ausnahme gilt für das Anwesenheitsrecht der Betroffenen bei Durchsuchungen (§§ 102, 103 StPO i. V. m. § 46 Abs. 1 OWiG) und des Verteidigers bei mündlichen Vernehmungen des Betroffenen (§ 163a Abs. 1 S. 1 StPO i. V. m. § 46 Abs. 1 OWiG).

- **Besichtigungen des Tatorts**

Jede Besichtigung des Tatorts der mutmaßlichen Ordnungswidrigkeit (§ 7 Abs. 1 OWiG) kann ohne Anwesenheit des oder der Betroffenen und des Verteidigers oder der Verteidigerin erfolgen, auch wenn dabei zur Beweissicherung Feststellungen z. B. durch Bildaufzeichnungen, Anfertigung von Skizzen oder Sicherstellung von Beweisgegenständen getroffen werden. Betroffene und Verteidiger oder Verteidigerinnen brauchen allerdings nicht über vorgesehene Besichtigungen unterrichtet zu werden. Das Ergebnis solcher behördlichen Maßnahmen ist nur aktenkundig zu machen (§ 168b Abs. 1 StPO i. V. m. § 46 Abs. 1 OWiG).

- **Durchsuchungen von Räumen**

Bei der Durchsuchung von Räumen (§ 102, § 103 StPO i. V. m. § 46 Abs. 1, 2 OWiG)[2] sind der Inhaber oder die Inhaberin, bei Abwesenheit nach Möglichkeit ein Vertreter oder eine Vertreterin, ein erwachsener Angehöriger oder Angehörige, ein Hausgenosse oder eine Hausgenossin sowie ein Nachbar oder eine Nachbarin zuzuziehen (§ 106 Abs. 1 StPO i. V. m. § 46 Abs. 1 OWiG). Der Verteidiger ist nicht Vertreter, die Verteidigerin nicht Vertreterin der Betroffenen und kann daher aus § 106 StPO kein eigenes Anwesenheitsrecht herleiten. Gestattet der Gewahrsamsinhaber oder die -inhaberin aber die Anwesenheit aufgrund ihres Hausrechts, darf der Verteidiger oder die Verteidigerin nur bei Störung der Amtshandlung entfernt werden (§ 164 StPO i. V. m. § 46 Abs. 1 OWiG).

- **Vernehmungen von Zeugen und Zeuginnen**

Weder Betroffene noch ihre Verteidiger oder die Verteidigerinnen haben ein Anwesenheitsrecht bei Zeugenvernehmungen der Verwaltungsbehörde (§ 161a Abs. 1 StPO i. V. m. § 46 Abs. 1 OWiG).[3] Sie sind daher weder zu laden noch sonst davon in Kenntnis zu setzen. Anträge auf Gestattung der Anwesenheit können daher durch formlose (§ 50 Abs. 1 S. 1 OWiG), mit Gründen versehene (§ 34 StPO i. V. m. § 46 Abs. 1 OWiG) Mitteilung abgelehnt werden. Da Ermittlungshandlungen nur der Vorbereitung der Entscheidung, ob ein Bußgeldbescheid erlassen oder das Verfahren eingestellt wird, dienen, haben sie keine selbstständige Bedeutung und sind nicht

1) Zur Zuständigkeit der Polizei im Bußgeldverfahren (§ 53 Abs. 1 OWiG, § 161 Abs. 1 S. 1 StPO i. V. m. § 46 Abs. 1 OWiG) § 5 Nr. 1.
2) Zur Durchsuchung von Räumen (§ 102 ff. StPO i. V. m. § 46 Abs. 1 OWiG) § 6 Nr. 5.4.
3) Das Anwesenheitsrecht des Verteidigers beschränkt sich auf die Vernehmung des Betroffenen (§ 163a Abs. 3 satz1, § 168c StPO i. V. m. § 46 Abs. 1 OWiG) § 6 Nr. 6.5.4. Zur Vernehmung von Zeugen durch die Verwaltungsbehörde (§ 48 ff., § 161a StPO i. V. m. § 46 Abs. 1 OWiG) § 6 Nr. 3.1.3.

mit dem Antrag auf gerichtliche Entscheidung (§ 62 Abs. 1 S. 1 OWiG) anfechtbar. Daher bedarf es auch keiner Zustellung und Rechtsbehelfsbelehrung (§ 50 Abs. 1 S. 2, Abs. 2 OWiG).

Beantragt die Verwaltungsbehörde zur Beweissicherung die Vernehmung eines Zeugen oder einer Zeugin durch den Ermittlungsrichter oder die Ermittlungsrichterin des Amtsgerichts (§ 162 Abs. 1 S. 1 StPO i. V. m. § 46 Abs. 1 OWiG), hat der Verteidiger oder die Verteidigerin neben dem Vertreter oder der Vertreterin der Verwaltungsbehörde und dem oder der Betroffenen ein persönliches Anwesenheitsrecht (§ 168c Abs. 2 S. 1, § 163 Abs. 3 S. 2 StPO i. V. m. § 46 Abs. 1 OWiG). Der Verteidiger oder die Verteidigerin ist während dieser Vernehmung auch frageberechtigt. Nach der Vernehmung kann er oder sie eine Stellungnahme abgeben (§ 168c Abs. 2 S. 2 StPO i. V. m. § 46 Abs. 1 OWiG).[1)]

- **Vernehmung von Betroffenen**

Der Verteidiger oder die Verteidigerin hat ein grundsätzliches Recht auf Anwesenheit bei allen Anhörungen von Betroffenen[2)] durch die Verwaltungsbehörde oder Polizei (§ 168c Abs. 1, § 163 Abs. 3 S. 2 StPO i. V. m. § 46 Abs. 1 OWiG). Sie sind daher vor einer förmlichen Vernehmung vom Termin zu benachrichtigen (§ 168c Abs. 5 S. 1, § 163 Abs. 3 S. 2 StPO i. V. m. § 46 Abs. 1 OWiG), hat aber bei Verhinderung keinen Anspruch auf Terminsverlegung (§ 168c Abs. 5 S. 3, § 163 Abs. 3 S. 2 StPO i. V. m. § 46 Abs. 1 OWiG). Mit dem Anwesenheitsrecht ist auch ein Fragerecht des Verteidigers oder der Verteidigerin verbunden. Sie können ferner für den Betroffenen oder die Betroffene Beweisanträge stellen (§ 163a Abs. 2 StPO i. V. m. § 46 Abs. 1 OWiG).

1) Zur Zeugenvernehmung durch den Ermittlungsrichter oder die Ermittlungsrichterin des Amtsgerichts auf Antrag der Verwaltungsbehörde (§ 162 Abs. 1 S. 1 StPO i. V. m. § 46 Abs. 1, 2 OWiG) § 6 Nr. 3.5.

2) Zur Anhörung des Betroffenen (§ 55 OWiG i. V. m. § 163a Abs. 1 StPO i. V. m. § 46 Abs. 1 OWiG) § 6 Nr. 6.5.4.

§ 11 Einstellung des Bußgeldverfahrens, Abschlussverfügung

Ergeben die Ermittlungen der Verwaltungsbehörde, dass weder die Voraussetzungen für den Erlass eines Bußgeldbescheides (§ 65 OWiG)[1] noch für die Erteilung einer Verwarnung (§ 56 OWiG)[2] vorliegen, so ist das Bußgeldverfahren durch die Einstellung des Vorverfahrens abzuschließen.[3]

1. Einstellungsgründe

Im Bußgeldverfahren der Verwaltungsbehörde sind drei gesetzliche Einstellungsgründe vorgesehen. Auf die Einstellung aus tatsächlichen oder rechtlichen Gründen (§ 170 Abs. 2 S. 1 StPO i. V. m. § 46 Abs. 1 OWiG) hat der oder die Betroffene bei Vorliegen der Voraussetzungen einen Anspruch. Nur bei der Einstellung wegen nicht gebotener Ahndung ist der Verwaltungsbehörde ein Ermessen eingeräumt (§ 47 Abs. 1 S. 2 OWiG). Die Einstellung gem. § 170 Abs. 2 S. 1 StPO i. V. m. § 46 Abs. 1 OWiG hat dabei Vorrang gegenüber der Einstellung nach § 47 Abs. 1 S. 2 OWiG. Steht bereits fest, dass der Tatnachweis nicht geführt wurde oder steht der Verfolgung ein dauerndes Verfahrenshindernis entgegen, ist eine Einstellung aus Zweckmäßigkeitserwägungen nach § 47 Abs. 1 S. 2 OWiG unzulässig. Das Bußgeldverfahren muss bereits aus tatsächlichen oder rechtlichen Gründen nach § 170 Abs. 2 S. 1 StPO i. V. m. § 46 Abs. 1 OWiG eingestellt werden.

1.1 Einstellung aus tatsächlichen Gründen

Ergeben die Ermittlungen der Verwaltungsbehörde keinen zum Erlass eines Bußgeldbescheids hinreichenden Tatverdacht gegen einen Betroffenen oder eine Betroffene (§ 152 Abs. 2 StPO i. V. m. § 46 Abs. 1 OWiG), so kann die Unschuldsvermutung (Art. 6 Abs. 2 EMRK) nicht widerlegt werden. Sie ist eine besondere Ausprägung des Rechtsstaatsprinzips (Art. 20 Abs. 3 GG) mit Verfassungsrang und gilt auch für Ordnungswidrigkeiten.[4] Das Bußgeldverfahren ist dann aus tatsächlichen Gründen gem. § 170 Abs. 2 S. 1 StPO i. V. m. § 46 Abs. 1 OWiG einzustellen. Der Bußgeldbescheid (§ 65 OWiG) ist zwar nur eine vorläufige Entscheidung der Verwaltungsbehörde (§ 35 OWiG) in einem summarischen, dem gerichtlichen Bußgeldverfahren vorgeschalteten Verfahren. Gleichwohl ist es unzulässig, ohne hinreichenden Verdacht einen Bußgeldbescheid zu erlassen. Leitlinie sollte die Wahrscheinlichkeit sein, dass nach einem Einspruch gegen den Bußgeldbescheid auch mit einer

1) Zum Erlass des Bußgeldbescheids (§ 65 OWiG) § 13.
2) Zur Verwarnung des oder der Betroffenen (§ 56 OWiG) § 12.
3) Ergeben sich die Einstellungsgründe erst im Zwischenverfahren nach zulässigem Einspruch gegen den Bußgeldbescheid, so ist dieser zuerst zurückzunehmen (§ 69 Abs. 2 S. 1 OWiG) und dann erst das Bußgeldverfahren einzustellen.
4) BVerfG, Beschl. vom 19.12.2012, Az. 1 BvL 18/11.

gerichtlichen Verurteilung zu rechnen ist. Erforderlichenfalls ist Einwendungen des Betroffenen durch weitere Ermittlungen nachzugehen.

Beispiel:

Der Betroffene wird von einem privaten Anzeigenden ruhestörenden Lärms beschuldigt. Er erklärt bei seiner Anhörung, an diesem Tag sei er im Urlaub und auch sonst niemand auf dem Grundstück gewesen. Hier darf die Äußerung nicht als Schutzbehauptung behandelt und ein Bußgeldbescheid erlassen werden. Vielmehr ist der Anzeigeerstatter zur Klärung eines hinreichenden Tatnachweises nochmals als Zeuge anzuhören. Ergibt sich jetzt, dass seine angeblichen Wahrnehmungen nur auf Vermutungen beruhen, ist das Bußgeldverfahren aus tatsächlichen Gründen einzustellen.

Muss die Verwaltungsbehörde einen Bußgeldbescheid auf den Einspruch des oder der Betroffenen (§ 67 Abs. 1 OWiG) im Zwischenverfahren mangels Tatverdachts zurücknehmen (§ 69 Abs. 2 S. 1 OWiG) und stellt sie dann erst das Bußgeldverfahren aus tatsächlichen Gründen ein (§ 170 Abs. 2 S. 1 StPO i. V. m. § 46 Abs. 1 OWiG), trägt die Verwaltungsbehörde auch die Auslagen des oder der Betroffenen (§ 105 Abs. 1 OWiG i. V. m. § 467 Abs. 1 StPO). Es droht dann insbesondere die Haftung für die Anwaltskosten des oder der Betroffenen!

1.2 Einstellung aus rechtlichen Gründen

Ein Bußgeldverfahren ist aus rechtlichen Gründen einzustellen, wenn eine Ordnungswidrigkeit wegen eines dauernden Verfolgungshindernisses nicht oder nicht mehr verfolgt werden darf. Der in der Verfahrenspraxis wichtigste Grund ist der Eintritt der Verfolgungsverjährung (§ 31 Abs. 1 S. 1 OWiG).[1] Das Bußgeldverfahren ist dann auch bei möglichem Tatnachweis nach § 170 Abs. 2 S. 1 StPO i. V. m. § 46 Abs. 1 OWiG einzustellen.

Beispiel:

Aufgrund einer anonymen Anzeige findet beim Betroffenen eine Baukontrolle statt. Dabei wird ein Schwarzbau entdeckt. Der Betroffene äußert bei seiner Anhörung, die bauliche Anlage sei schon vor sechs Jahren errichtet worden und habe niemanden gestört. Die Einwendung ist von Amts wegen zu überprüfen, weil die Ordnungswidrigkeit verjährt wäre, wenn sie zutrifft. Ergibt eine Anfrage beim Energieversorgungsunternehmen, dass das Gebäude bereits damals angeschlossen und regelmäßig Verbräuche abgerechnet worden sind, ist das Bußgeldverfahren wegen Verfolgungsverjährung aus rechtlichen Gründen einzustellen.

Die Ahndung des oder der Betroffenen wegen einer Ordnungswidrigkeit als ernste Pflichtenmahnung ist nur zu Lebzeiten des Täters oder der Täterin möglich. Das Bußgeldverfahren ist daher aus rechtlichen Gründen wegen Verfahrenshindernisses

---

1) Zur Verfolgungsverjährung (§ 31 OWiG) als Verfahrenshindernis § 2 Nr. 4.2.2.

von Amts wegen einzustellen, wenn der oder die Betroffene vor Erlass eines Bußgeldbescheides stirbt.[1] Stirbt der oder die Betroffene erst nach Erlass, aber vor Rechtskraft des Bußgeldbescheides (§ 89 OWiG), ist dieser zurückzunehmen (§ 69 Abs. 2 S. 1 OWiG) und dann das Bußgeldverfahren einzustellen. Nach Rechtskraft des Bußgeldbescheides (§ 89 OWiG) ist eine Rücknahme zwar nicht mehr zulässig, eine Vollstreckung der Geldbuße in den Nachlass ist aber verboten (§ 101 OWiG).[2]

Der unbekannte Aufenthalt des oder der Betroffenen ist nur ein Grund für die vorläufige Einstellung des Bußgeldverfahrens zur Unterbrechung der Verfolgungsverjährung (§ 33 Abs. 1 S. 1 Nr. 5 OWiG). Das Bußgeldverfahren wird wieder aufgenommen, wenn Maßnahmen zur Aufenthaltsermittlung bis zur Verfolgungsverjährung erfolgreich waren.[3]

1.3 Einstellung wegen nicht gebotener Ahndung

Kann der Tatnachweis voraussichtlich, zumindest aber möglicherweise geführt werden, bestehen auch keine dauernden Verfolgungshindernisse, so liegt die Verfolgung von Ordnungswidrigkeiten im pflichtgemäßen Ermessen der Verwaltungsbehörde (§ 47 Abs. 1 S. 1 OWiG). Hält sie die Ahndung für nicht geboten, kann sie das Bußgeldverfahren einstellen, solange es bei ihr anhängig ist (§ 47 Abs. 1 S. 2 OWiG).

Beispiel:

Der Betroffene hat den begonnenen Schwarzbau sofort und freiwillig wieder abgerissen. Eine Geldbuße erscheint daher als ernste Pflichtenmahnung wegen der Ordnungswidrigkeit nicht erforderlich.

Die verantwortende Person der Verwaltungsbehörde besitzt bei der Einstellung ein weites Ermessen. Nur bei einer Einstellung aus sachfremden, unvertretbaren Gründen kann sie sich wegen Rechtsbeugung (§ 339 i. V. m. § 11 Abs. 1 Nr. 2 Buchst. a StGB) strafbar machen.[4]

Eine Einstellung des Verfahrens darf nicht von der Zahlung eines Geldbetrags an eine gemeinnützige Stelle oder sonstige Stelle abhängig gemacht oder damit in Zusammenhang gebracht werden (§ 47 Abs. 3 OWiG). Ein Absehen von der Verfolgung unter Auflagen und Weisungen ist in § 153a StPO nur im Strafverfahren vorgesehen. Wegen des ausdrücklichen Verbots in § 47 Abs. 3 OWiG ist eine entsprechende Anwendung im Bußgeldverfahren über § 46 Abs. 1 OWiG ausgeschlossen. Eine Einstellung entgegen des bekannten Verbots kann zur Strafbarkeit wegen Rechtsbeugung (§ 339 i. V. m. § 11 Abs. 1 Nr. 2 Buchst. a StGB) führen.[5]

---

1) KG (Berlin), Beschl. vom 18.4.2017, Az. 3 Ws (B) 560/16, für das gerichtliche Bußgeldverfahren.
2) Zur Zurücknahme des Bußgeldbescheides (§ 69 Abs. 2 S. 1 OWiG) § 20 Nr. 3.2. Zur Haftung des Nachlasses des Betroffenen für Geldbußen, Gebühr und Auslagen der Verwaltungsbehörde (§ 101 OWiG) § 23 Nr. 5.8.
3) Zur vorläufigen Einstellung des Bußgeldverfahrens wegen unbekannten Aufenthalts des oder der Betroffenen (§ 33 Abs. 1 S. 1 Nr. 5 OWiG) § 2 Nr. 4.2.2.4.
4) BayVGH (München), Urt. vom 3.2.2009, Az. 16a D 07.1304.
5) BGH, Urt. vom 27.5.1987, Az. 3 StR 112/87.

Beispiel:

Der Betroffene bietet an, gegen eine Einstellung des Bußgeldverfahrens einen Betrag in Höhe der Geldbuße für die Sanierung eines kommunalen Spielplatzes zu „spenden", um damit der drohenden Eintragung in das Gewerbezentralregister zu entgehen.

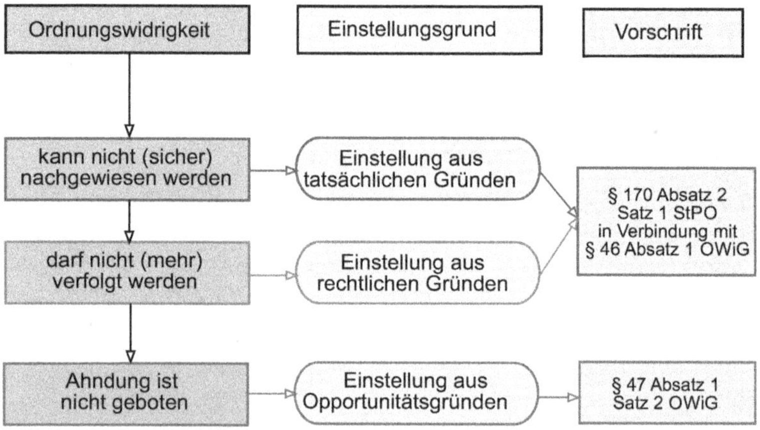

Abb. 1: Einstellung des Bußgeldverfahrens

2. Teileinstellung

Eine Teileinstellung durch die Verwaltungsbehörde kommt im Bußgeldverfahren praktisch nur aus dem Gesichtspunkt der Verfahrensbeschränkung in Betracht. Die Einstellungsbefugnis nach Zweckmäßigkeitserwägungen gem. § 47 Abs. 1 S. 2 OWiG erlaubt der Verwaltungsbehörde nicht nur die Einstellung des gesamten Bußgeldverfahrens, sondern auch Teileinstellungen. So kann die Verfolgung auf den Schwerpunkt des Tatgeschehens, nämlich eine von mehreren selbstständigen Ordnungswidrigkeiten (Tatmehrheit, § 20 OWiG) oder Teile eines einheitlichen Tatgeschehens oder einzelne Gesetzesverletzungen (Tateinheit, § 19 OWiG) beschränkt werden. Die Teileinstellung erfolgt als begleitende Verfügung in der Abschlussverfügung zum Erlass des Bußgeldbescheides (§ 61 OWiG), nicht im Bußgeldbescheid selbst (siehe nachfolgend § 11 Nr. 3).[1)]

Keiner Teileinstellung bedarf es, wenn bei der Anhörung nur rechtliches Gehör zu verschiedenen möglichen Alternativen wie z. B. Beteiligung (§ 14 Abs. 1 OWiG) und Verletzung der Aufsichtspflicht in Betrieben und Unternehmen (§ 130 OWiG) oder Vorsatz oder Fahrlässigkeit gegeben und im Bußgeldbescheid nur eine davon aufgeführt wird. In diesem Fall wird ein Sachverhalt umfassend verfolgt und nur alternativ rechtlich gewürdigt.

1) Zur Abschlussverfügung der Verwaltungsbehörde (§ 61 OWiG) § 13 Nr. 13.1.

3. Einstellungsverfügung

Die Einstellung des Bußgeldverfahrens durch die Verwaltungsbehörde erfolgt durch eine Einstellungsverfügung (§ 170 Abs. 2 S. 1 StPO i. V. m. § 46 Abs. 1 OWiG). Sie ist als begleitende Verfügung mit Namensangabe der verantwortenden Person in der Bußgeldakte zu speichern (§ 32b Abs. 1 S. 1, Abs. 2 StPO i. V. m. § 110c S. 1 OWiG). Es genügt eine einfache elektronische Signatur, eine qualifizierte elektronische Signatur (Art. 3 Nr. 12 Verordnung [EU] Nr. 910/2014) ist nicht erforderlich. Es genügt, dass die Namensangabe allgemein in einer besonderen Datei („Verfahrenshistorie") nachvollziehbar ist. Die verantwortende Person der Verwaltungsbehörde muss nur über die Akteneinsicht erkennbar sein. Die Bezeichnung als Verfügung schließt eine automatisierte Entscheidung durch ein lernfähiges System, also eine künstliche Intelligenz (KI) aus. Diese kann allenfalls Entscheidungsvorschläge für die verantwortende Person der Verwaltungsbehörde am Bildschirm anzeigen, die diese dann eigenverantwortlich übernehmen oder ablehnen kann.

Eine Begründung der Einstellung ist nicht vorgeschrieben, weil sie als den oder die Betroffenen ausschließlich begünstigende Entscheidung der Verwaltungsbehörde unanfechtbar ist und kein Antrag abgelehnt wird (§ 34 StPO i. V. m. § 46 Abs. 1 OWiG). Es genügt daher die Angabe der Einstellungsgründe § 170 Abs. 2 S. 1 StPO i. V. m. § 46 Abs. 1 OWiG bzw. § 47 Abs. 1 S. 2 OWiG). Eine kurze Begründung kann sich jedoch zur Information einer anzeigenden Behörde oder einer zu erwartenden Aufsichtsbeschwerde eines oder einer privaten Anzeigenden empfehlen.

Der Abschluss eines Bußgeldverfahrens darf nicht einfach „offen" bleiben. Dies gilt auch dann, wenn das Bußgeldverfahren von der Polizei aufgrund ihrer vorläufigen Zuständigkeit im „ersten Zugriff" eingeleitet wurde (§ 53 Abs. 1 S. 1 OWiG). Die Polizeidienststelle ist zur Einstellung des Bußgeldverfahrens auch dann nicht befugt, wenn sie es selbst eingeleitet hat.

Beispiel:

Die in der polizeilichen Ordnungswidrigkeiten-Anzeige bezeichnete Tat ist verjährt, der Betroffene hat von der Einleitung des Bußgeldverfahrens keine Kenntnis. Die Verwaltungsbehörde vermerkt die Anordnung der Einstellung nach § 170 Abs. 2 S. 1 StPO i. V. m. § 46 Abs. 1 OWiG mit der Begründung, der Eintritt der Verjährung stelle ein endgültiges Verfahrenshindernis dar (§ 31 Abs. 1 S. 1 OWiG).

Auch eine Teileinstellung der Verwaltungsbehörde sollte mit der Abschlussverfügung (§ 61 OWiG)[1)] aktenkundig gemacht werden, damit bei einer späteren Abgabe des Verfahrens gem. § 69 Abs. 3 S. 1 OWiG für die Staatsanwaltschaft und den Richter oder die Richterin am Amtsgericht ersichtlich wird, dass die Verfolgung nicht irrtümlicherweise teilweise unterblieben ist.

Die Einstellungsverfügung verbleibt als verfahrensabschließende Entscheidung (§ 61 OWiG) bei der Bußgeldakte und wird weder dem oder der Betroffenen noch

1) Zur Abschlussverfügung der Verwaltungsbehörde (§ 61 OWiG) § 13 Nr. 1.

privaten Anzeigenden mitgeteilt. Sie ist daher nur über die Akteneinsicht nachvollziehbar.[1] Eine Einstellungsmitteilung erfolgt an

- Betroffene nur dann, wenn sie von der Einleitung des Bußgeldverfahrens bereits Kenntnis hatten (nachfolgend § 11 Nr. 4),
- private Anzeigende nur dann, wenn sie mit dem Bußgeldverfahren ein persönliches Interesse verbinden (nachfolgend § 11 Nr. 5).

Eine Einstellungsmitteilung an eine anzeigende Behörde kommt unabhängig davon als verfahrensübergreifende Mitteilung von Amts wegen (§ 49a Abs. 1 S. 1 Nr. 1 OWiG) in Betracht.

Muster 11.1: Einstellungsverfügung in der Bußgeldakte

Münsterberg, 23.4.2026

Einstellungsverfügung

1. Einstellungsgründe

   Einstellung aus rechtlichen Gründen (§ 170 Abs. 2 S. 1 StPO i. V. m. § 46 Abs. 1 OWiG)

   Die Ordnungswidrigkeit ist verjährt (§ 31 Abs. 1 S. 1 OWiG). Die ohne die notwendige Erlaubnis errichtete Anlage wurde bereits im Jahr 2020 fertiggestellt. Die dreijährige Verjährungsfrist (§ 31 Abs. 2 Nr. 1 OWiG) hat damit bereits zu diesem Zeitpunkt zu laufen begonnen, eine Unterbrechung hat nicht stattgefunden.

2. Einstellungsmitteilung an Betroffenen

   Mitteilung wegen erfolgter Anhörung zur Ordnungswidrigkeit erforderlich.

   Ausdruck mit einfachem Brief, da kein zulässiges elektronisches Postfach bekannt ist.

3. Einstellungsmitteilung an Anzeigenden

   Mitteilung wegen persönlichen Interesses erforderlich.

   Elektronische Benachrichtigung über mitgeteiltes Nutzer-Konto am elektronischen Verwaltungsportal.

4. Wiedervorlage

   Keine Wiedervorlage, da kein Rechtsbehelf statthaft.

Huber, verantwortende Person

(§ 32b Abs. 1 S. 1 StPO i. V. m. § 110c S. 1 OWiG)

Stadt Münsterberg, Bußgeldstelle

4. Einstellungsmitteilung an Betroffene

Die Einstellung des Bußgeldverfahrens braucht dem oder der Betroffenen nur in den durch § 170 Abs. 2 StPO i. V. m. § 46 Abs. 1 OWiG gesetzlich vorgesehenen Fällen formlos mitgeteilt zu werden. Es kann also rechtmäßig sein, wenn die Verwaltungsbehörde ein Bußgeldverfahren ohne Kenntnis des oder der Betroffenen einleitet und

1) Zur Akteneinsicht des Betroffenen (§ 49 Abs. 1 OWiG) § 10 Nr. 7.3.

nach Abschluss der Ermittlungen ohne deren Benachrichtigung einstellt. Eine Einstellungsmitteilung ist nur vorgeschrieben, wenn

- *der oder die Betroffene zur Sache angehört worden ist.*

  Eine Vernehmung zur Sache (§ 170 Abs. 2 S. 2 Halbs. 1 StPO i. V. m. § 46 Abs. 1 OWiG) liegt bei jeder Form der Anhörung vor, also auch bei Versendung eines Anhörungsdokuments oder einer formlosen Anhörung an Ort und Stelle.[1] Unerheblich ist, ob die Anhörung durch die Polizei im „ersten Zugriff" (§ 53 Abs. 1 S. 1 OWiG) oder die Verwaltungsbehörde (§ 35 OWiG) erfolgt ist und ob der Betroffene Angaben zur Sache gemacht hat.[2] Entscheidend ist ausschließlich, ob ihm bereits mit seiner Kenntnis rechtliches Gehör zur Ordnungswidrigkeit gewährt worden ist.

- *der oder die Betroffene ausdrücklich um eine Einstellungsmitteilung gebeten hat.*

  Eine ausdrückliche Bitte um Einstellungsmitteilung (§ 170 Abs. 2 S. 2 Halbs. 2 Alt. 1 StPO i. V. m. § 46 Abs. 1 OWiG) kann bei Kenntnis des oder der Betroffenen von der Einleitung des Bußgeldverfahrens auf anderem Weg als durch die Anhörung erfolgen, z. B. durch die Bekanntgabe der Verwaltungsbehörde zur Unterbrechung der Verfolgungsverjährung (§ 33 Abs. 1 S. 1 Nr. 1 OWiG) oder durch eine anzeigende Person (§ 158 StPO i. V. m. § 46 Abs. 1 OWiG).

- *ein sonstiges Interesse des oder der Betroffenen ersichtlich ist.*

  Ein sonstiges Interesse an einer Einstellungsmitteilung (§ 170 Abs. 2 S. 2 Halbs. 2 Alt. 2 StPO i. V. m. § 46 Abs. 1 OWiG) kann unabhängig von einer Kenntnis des oder der Betroffenen von der Einleitung des Bußgeldverfahrens vorliegen, wenn darüber z. B. bereits in den Medien berichtet wurde.

4.1 Form und Inhalt

Die Einstellungsmitteilung wird dem oder der Betroffenen als unanfechtbare Maßnahme der Verwaltungsbehörde nur formlos bekannt gemacht (§ 50 Abs. 1 S. 1 OWiG). Nachdem Betroffene auch künftig noch nicht zur Teilnahme am elektronischen Rechtsverkehr verpflichtet sind, wird der Verwaltungsbehörde meist noch kein sicherer Übermittlungsweg, insbesondere ein Bürgerpostfach im Portalverbund (BundID, künftig DeutschlandID, § 12 Abs. 1 S. 3 OZG), bekannt sein (§ 32a Abs. 4 S. 1 Nr. 3 StPO i. V. m. § 110c S. 1 OWiG). Noch auf längere Zeit wird daher die Versendung eines Ausdrucks als Papierdokument durch einfachen Brief (Muster 11.1) mit der Post weiter erforderlich sein. Hat ein Rechtsanwalt oder eine Rechtsanwältin die Verteidigung des oder der Betroffenen angezeigt, genügt die Mitteilung an ihn oder sie über das besondere elektronische Anwaltspostfach (§ 31a BRAO) als sicherem Übermittlungsweg (§ 32a Abs. 4 S. 1 Nr. 1 StPO i. V. m. § 110c S. 1 OWiG).

Dem oder der Betroffenen brauchen nur die Tatsache der Einstellung und der gesetzliche Einstellungsgrund, d. h. die Einstellung aus tatsächlichen oder rechtlichen Gründen (§ 170 Abs. 2 S. 1 StPO i. V. m. § 46 Abs. 1 OWiG) bzw. aus Ermessensgründen (§ 47 Abs. 1 S. 2 OWiG) mitgeteilt zu werden. Eine Begründung ist nicht notwendig, weil weder ein Antrag des oder der Betroffenen abgelehnt wird noch die Einstellung rechtsbehelfsfähig ist (§ 34 StPO i. V. m. § 46 Abs. 1 OWiG). Die Einstellungsmittei-

1) Der strafrechtliche Begriff der Vernehmung des Beschuldigten ist im Bußgeldverfahren zu eng, weil hier die Gelegenheit zu rechtlichem Gehör durch die Anhörung nicht nur in einfach gelagerten Fällen genügt.
2) Zur Anhörung des Betroffenen (§ 55 OWiG i. V. m. § 163a Abs. 1 StPO) § 6 Nr. 6.

lung kann aber darüber hinaus noch Hinweise enthalten z. B. auf die Rechtslage oder die Unabhängigkeit der Erfüllung verwaltungsrechtlicher Pflichten, wenn das Bußgeldverfahren wegen nicht gebotener Ahndung eingestellt wurde. Dies empfiehlt sich insbesondere, wenn das Bußgeldverfahren wegen unvermeidbarem Verbotsirrtum (§ 11 Abs. 2 OWiG) eingestellt wurde. Stets angebracht ist der Hinweis, dass privatrechtliche Ansprüche durch die Einstellung nicht berührt werden.

Private Anzeigende (§ 158 Abs. 1 StPO i. V. m. § 46 Abs. 1 OWiG) sind dem oder der Betroffenen in der Einstellungsmitteilung grundsätzlich nicht von Amts wegen mitzuteilen. Dies gilt nur ausnahmsweise, wenn der oder die Betroffene gegen sie wegen unrichtiger Angaben privatrechtliche Unterlassungs- oder Schadenersatzansprüche geltend machen will (§ 823 BGB) und deswegen auch Auskünfte zu erteilen oder Akteneinsicht zu gewähren wäre (§ 406e oder § 475 StPO i. V. m. § 46 Abs. 1 OWiG).[1] Hat die Verwaltungsbehörde der anzeigenden Person Vertraulichkeit zugesichert, darf diese nur dann durchbrochen werden, wenn gegen sie wegen Unrichtigkeit der Anzeige ein Kostenbescheid erlassen werden soll (§ 469 StPO i. V. m. § 46 Abs. 1 OWiG).[2]

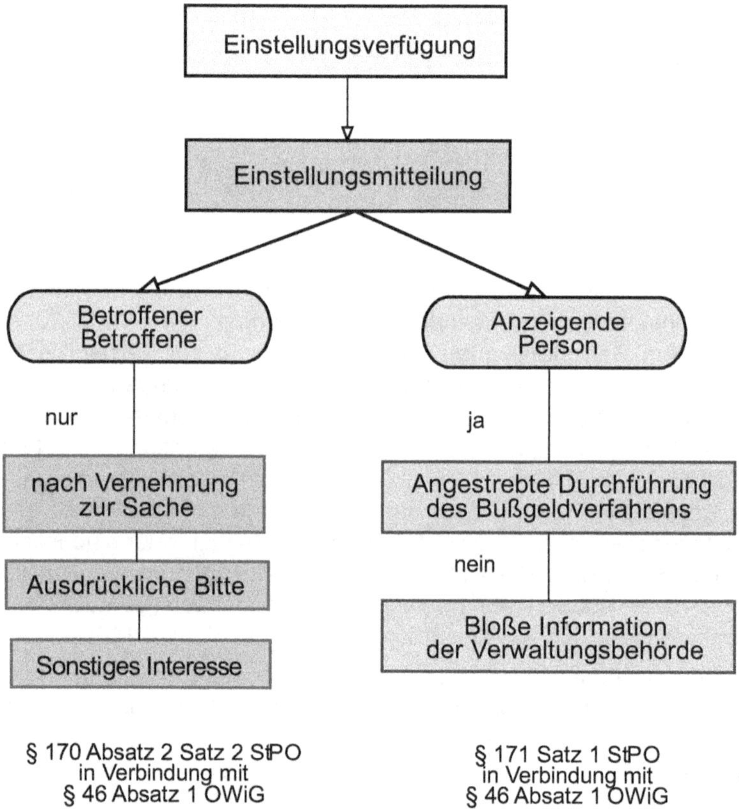

Abb. 2: Bekanntmachung der Einstellung

1) Zur Akteneinsicht des oder der Betroffenen (§ 49 Abs. 1 OWiG) § 10 Nr. 7.3.

2) Zum Kostenbescheid gegen die anzeigende Person (§ 469 StPO i. V. m. § 46 Abs. 1 OWiG) § 11 Nr. 5.2.

4.2 Kostenentscheidung

Eine Kostenentscheidung gegen den Betroffenen ergeht mangels Rechtsgrundlage in § 105 OWiG nicht.[1] Die Verwaltungsbehörde kann gegen den oder die Betroffene weder eine Gebühr (§ 107 Abs. 1 OWiG)[2] festsetzen noch ihre Auslagen (§ 107 Abs. 3, 5 OWiG) auf ihn oder sie überwälzen. Dies gilt wegen des Schweigerechts in § 136 Abs. 1 S. 2 StPO i. V. m. § 46 Abs. 1 OWiG auch dann, wenn der oder die Betroffene an der Aufklärung des Sachverhalts nicht mitgewirkt oder im Verfahren unzutreffende Angaben gemacht hat. Auch der oder die Betroffene trägt seine eigenen Auslagen, vor allem für die Verteidigung durch einen Rechtsanwalt oder eine Rechtsanwältin selbst.[3] Trotzdem gestellte Kostenfestsetzungsanträge (§ 106 OWiG) von Rechtsanwälten oder Rechtsanwältinnen gegen die Verwaltungsbehörde sind daher mangels einer entsprechenden Kostengrundentscheidung als unzulässig abzulehnen.[4]

Muster 11.2: Einstellungsmitteilung an die betroffene Person

Stadt Münsterberg

Bußgeldstelle

Stadt Münsterberg, 99090 Münsterberg

Dienstgebäude	Schubertstraße 36 99090 Münsterberg
Bearbeitung	Frau Weber
Telefon	(0987) 9878-987
E-Mail	weber.bs@muensterberg.de

Herrn
Klaus Tischler
Kirchstraße 19
90098 Münsterberg

Ihr Zeichen, Ihre Nachricht vom	Bitte bei Antwort angeben **Unser Zeichen, unsere Nachricht vom**	**Datum**
24.9.2026	OWi – 0987665/26, 21.9.2026	24.10.2026

Bußgeldverfahren gegen Sie wegen Zuwiderhandlung gegen die Lärmbekämpfungsverordnung der Stadt Münsterberg

Telefonzentrale	**Servicezeiten**		**Öffentliche Verkehrsmittel**	**Bankverbindung**
(0899) 123-0	Mo-Mi	7.30-16.30 Uhr	Stadtbus Linie 6	Kreissparkasse Münsterberg
Internet	Do	7.30-17.30 Uhr	Haltestelle Mitte	IBAN DE2040000000123456
www.Muensterberg.de	Fr	7.30-12.00 Uhr		BIC GROBDE77XX
				Volksbank Münsterberg
Besonderes elektronisches Behördenpostfach				IBAN DE2040000000234567
Ordnungsamt@muensterberg .de				BIC GROBDE87XX

1) BVerfG, Beschl. vom 7.10.1979, Az. 2 BvR 968/79; AG Lüdinghausen, Beschl. vom 7.7.2016, Az. 19 OWi 122/16 (b). Eine Kostenentscheidung ist dagegen erforderlich, wenn die Verwaltungsbehörde bereits einen Bußgeldbescheid erlassen und das Verfahren erst nach dessen Zurücknahme (§ 69 Abs. 2 S. 1 OWiG) eingestellt hat. In diesem Fall ist zu entscheiden, ob die Verwaltungsbehörde oder der Betroffene selbst seine Auslagen, insbesondere die Auslagen für einen Rechtsanwalt als Verteidiger trägt (§ 467 f. StPO i. V. m. § 46 Abs. 1 OWiG, § 109 Abs. 2 OWiG).

2) Die Festsetzung einer Pauschalgebühr von 20,00 Euro nach § 107 Abs. 2 OWiG ist nur gegen den Halter oder die Halterin eines Kraftfahrzeuges oder Anhängers vorgesehen, wenn die fahrzeugführende Person bei Verkehrsordnungswidrigkeiten wegen eines Halt- und Parkverstoßes im Straßenverkehr (§ 24 Abs. 1 StVG, § 49 StVO) von der Verwaltungsbehörde wegen unterbliebener Mitwirkung des Halters oder der Halterin nicht ermittelt werden konnte (§ 25a StVG).

3) LG Flensburg, Beschl. vom 19.10.1984, Az. II Qs 205/84; AG Bayreuth, Beschl. vom 10.12.1984, Az. 3 OWi 206/84; LG Schweinfurt, Beschl. vom 25.7.1983, Az. I Qs 86/83; LG Dortmund, Beschl. vom 1.3.1978, Az. 14 Qs OWi 83/78. Neuere Rechtsprechung hierzu ist nicht ersichtlich.

4) Zur Kostenfestsetzung durch die Verwaltungsbehörde (§ 106 OWiG) § 20 Nr. 3.2.3.

> Sehr geehrter Herr Tischler,
>
> wir haben Ihre Einwendungen überprüft und daraufhin das Bußgeldverfahren aus tatsächlichen Gründen eingestellt (§ 170 Abs. 2 S. 1 StPO i. V. m. § 46 Abs. 1 OWiG). Diese Mitteilung ist kostenfrei.
>
> Mit freundlichen Grüßen
>
> Stadt Münsterberg, Bußgeldstelle

5. Einstellungsmitteilung und Kostenbescheid an private Anzeigende

Eine Einstellungsmitteilung an die anzeigende Person ist nur notwendig, wenn diese mit der Durchführung des Bußgeldverfahrens ein eigenes Interesse hat erkennen lassen (§ 171 S. 1 StPO i. V. m. § 46 Abs. 1 OWiG). Bei vorsätzlich oder leichtfertig unwahren Anzeigen kann gegen die anzeigende Person nach rechtlichem Gehör durch Anhörung zudem ein Kostenbescheid ergehen (§ 469 StPO i. V. m. § 46 Abs. 1 OWiG).

Die Einstellungsmitteilung an die anzeigende Person bedarf keiner Namensangabe der verantwortenden Person der Verwaltungsbehörde (§ 32b Abs. 1 S. 2 StPO i. V. m. § 110c S. 1 OWiG), weil diese nur in der bei der Bußgeldakte verbleibenden begleitenden Verfügung enthalten sein muss (§ 110c S. 2 OWiG).[1]

5.1 Einstellungsmitteilung an private Anzeigende

Eine Einstellungsmitteilung an private, d. h. nicht dienstliche Anzeigende einer Ordnungswidrigkeit („Privatanzeige", § 158 Abs. 1 S. 1, 2 StPO i. V. m. § 46 Abs. 1 OWiG, Musterdokument 11.2) erfolgt nur dann, wenn er die Durchführung des Bußgeldverfahrens anstrebte und nicht nur eine Information der Verwaltungsbehörde bezweckte (§ 171 S. 1 StPO i. V. m. § 46 Abs. 1 OWiG). Dies sollte daher bereits nach Möglichkeit bei der Anzeigeerstattung geklärt werden.[2]

5.1.1 Querulatorische Anzeigen

Keine Mitteilungspflicht besteht bei rechtsmissbräuchlichen, insbesondere bei zahlreichen nahezu inhaltsgleichen oder querulatorischen Anzeigen.[3] Solche Anzeigenden dürfen dann aber nicht allgemein „bescheidlos" gestellt werden. Es können aber zahlreiche Anzeigen zusammengefasst und ohne Mitteilung an die anzeigende Person erledigt werden. Dies gilt insbesondere, wenn es sich um einen bereits wiederholt festgestellten Sachverhalt handelt (gleicher Inhalt, gleiche Vorwürfe, gleiche

1) Zur Einstellungsverfügung der Verwaltungsbehörde § 11 Nr. 3, zur Abschlussverfügung der Verwaltungsbehörde (§ 61 OWiG) § 13 Nr. 1.
2) Für die mündliche Anzeige bei der Verwaltungsbehörde (§ 158 StPO i. V. m. § 46 Abs. 1 OWiG) § 2 Nr. 8.
3) BayObLG, Beschl. vom 6.9.2023, Az. 203 VAs 57/23, unter Bezugnahme auf BayVerfGH, Entscheidung vom 12.7.2010, Az. Vf. 70-VI-09; OLG Land Sachsen-Anhalt (Naumburg), Beschl. vom 20.2.2013, Az. 1 VAs 6/12, jeweils für den Einstellungsbescheid der Staatsanwaltschaft im Strafverfahren.

angezeigte Personen), Anzeigeserien gegen immer neue Personen, mit denen die Verwaltungsbehörde nur sinnlos beschäftigt und ihre Tätigkeit lahmgelegt werden soll.[1] Bei querulatorischen Anzeigeerstattenden kann der ausdrückliche Hinweis, dass ein Rechtsbehelf nicht statthaft sei, mit dem Hinweis auf mögliche Kosten durch eine gerichtliche Entscheidung verbunden werden. Legt der oder die Anzeigende nämlich einen unzulässigen Rechtsbehelf gegen die Einstellung ein, wird ihn die Verwaltungsbehörde als Antrag auf gerichtliche Entscheidung (§ 62 Abs. 1 OWiG) auslegen (§ 300 StPO i. V. m. § 46 Abs. 1 OWiG) und dem Amtsgericht (§ 68 OWiG) nach Nichtabhilfe zur Entscheidung vorlegen (§ 62 Abs. 2 S. 2 OWiG i. V. m. § 306 Abs. 2 StPO). Den Anzeigeerstatter trifft dann die Gebühr in Höhe von 30,00 Euro (Nr. 4303 KVGKG).[2]

5.1.2 Keine Begründungspflicht

Eine Begründung der Einstellungsmitteilung ist nicht erforderlich, weil das Bußgeldverfahren von Amts wegen (§ 47 Abs. 1 S. 1 OWiG) und nicht auf Antrag des oder der Anzeigenden eingeleitet wurde. Folglich stellt die der Anzeige folgende Einstellung auch keine „Ablehnung eines Antrags" auf Durchführung eines Bußgeldverfahrens dar und ist auch nicht rechtsbehelfsfähig (§ 34 StPO i. V. m. § 46 Abs. 1 OWiG). Eine kurze Erläuterung der wesentlichen Gründe kann sich jedoch zur Vermeidung formloser Rechtsbehelfe (Aufsichtsbeschwerde, Gegenvorstellung) dann empfehlen, wenn der oder die Anzeigenden ein besonderes Interesse an der Durchführung des Bußgeldverfahrens haben erkennen lassen.

Beispiel:

Der Anzeigende hat seinen verfeindeten Nachbarn des verbotenen Haltens gefährlicher Tiere einer wildlebenden Art (§ 121 Abs. 1 Nr. 1 OWiG) bezichtigt. Das eingeleitete Bußgeldverfahren wird aus tatsächlichen Gründen eingestellt (§ 170 Abs. 2 S. 1 StPO i. V. m. § 46 Abs. 1 OWiG), weil nur harmlose Haustiere gehalten werden.

Die Verwaltungsbehörde teilt dem Anzeigenden die Einstellung des Bußgeldverfahrens mit. Dabei erläutert sie, der angezeigte Sachverhalt sei überprüft worden. Der Verdacht habe sich jedoch nicht bestätigt, bei einer Nachschau seien nur ungefährliche Haustiere vorgefunden worden. Eine Erlaubnis zum Halten dieser Tiere sei nicht erforderlich. Daher sei der Tatbestand einer Ordnungswidrigkeit nicht gegeben.

5.1.3 Keine Rechtsbehelfsbelehrung

Gegen die Einstellung des Bußgeldverfahrens ist für Anzeigende kein Rechtsbehelf statthaft, sodass auch keine Rechtsbehelfsbelehrung erfolgen darf (§ 50 Abs. 2 OWiG). Obwohl gesetzlich nicht vorgeschrieben, weist die Verwaltungsbehörde

1) OLG Land Sachsen-Anhalt (Naumburg), Beschl. vom 20.2.2013, Az. 1 VAs 6/12, jeweils für den Einstellungsbescheid der Staatsanwaltschaft im Strafverfahren.
2) Zu den Rechtsbehelfen des oder der Anzeigenden auch nachfolgend Randnummer § 11 Nr. 5.3.

Anzeigende zur Vermeidung unzulässiger Rechtsbehelfe üblicherweise darauf hin, dass gegen die Mitteilung kein förmlicher Rechtsbehelf statthaft sei und privatrechtliche Ansprüche von der Einstellung nicht berührt würden. Hierzu wird er oder sie auf den Rechtsweg zu den Zivilgerichten, gegebenenfalls auch kommunalen Schieds- oder Schlichtungsstellen verwiesen (Muster 11.2).

5.1.4 Form der Übermittlung

Die bloße Einstellungsmitteilung ohne Kostenentscheidung ist formlos, nicht als Bescheid abzufassen (§ 50 Abs. 1 OWiG), weil der oder die Anzeigende gegen die Einstellung des Bußgeldverfahrens keinen Rechtsbehelf besitzt (§ 46 Abs. 3 S. 3 OWiG).[1] Die Bezeichnung als „Einstellungsbescheid" ist daher im Bußgeldverfahren falsch.[2]

Da der oder die Anzeigende nicht zur Teilnahme am elektronischen Rechtsverkehr verpflichtet ist, kann eine elektronische Benachrichtigung nur erfolgen, wenn mit der Anzeige ein zulässiges elektronisches Postfach als sicherer Übermittlungsweg mitgeteilt wurde (§ 32a Abs. 4 S. 1 Nr. 3, 4 StPO i. V. m. § 110c S. 1 OWiG). Bis Redaktionsschluss dieser Auflage kommen nur die kaum verbreitete Registrierung im besonderen elektronischen Bürger- und Organisationenpostfach (§ 10 ERVV) und als registrierte Nutzer oder Nutzerin des Verwaltungsportals (§ 13 ERVV) in Betracht (§ 32a Abs. 4 S. 1 Nr. 3 StPO i. V. m. § 110c S. 1 OWiG).[3] Soweit kein zulässiger elektronischer Zugang besteht, erhält die anzeigende Person einen kostenfreien Ausdruck der Einstellungsmitteilung als Papierdokument mit einfachem Brief (§ 50 Abs. 1 S. 1 OWiG). Ist der oder die Anzeigende durch einen Rechtsanwalt oder eine Rechtsanwältin vertreten, sollte die Mitteilung als elektronisches Dokument über das besondere elektronische Anwaltspostfach (§ 31a BRAO) erfolgen (§ 32a Abs. 4 S. 1 Nr. 1 StPO i. V. m. § 110c S. 1 OWiG).

---

1) Ein Klageerzwingungsverfahren wie im strafrechtlichen Ermittlungsverfahren nach § 172 Abs. 1 StPO ist im Bußgeldverfahren durch § 46 Abs. 3 S. 3 OWiG ausgeschlossen. Dies gilt auch dann, wenn der oder die Anzeigende durch die Ordnungswidrigkeit gefährdet oder geschädigt wurde.

2) Nur im strafrechtlichen Ermittlungsverfahren der Staatsanwaltschaft ist ein Einstellungsbescheid vorgesehen (§ 171 StPO), weil es hier im Gegensatz zum Bußgeldverfahren einen befristeten Rechtsbehelf des durch die Straftat Verletzten gibt (§ 172 StPO).

3) Das De-Mail-Verfahren hat sich als sicherer elektronischer Übermittlungsweg (§ 32a Abs. 4 S. 1 Nr. 1 StPO i. V. m. § 110c S. 1 OWiG) von Anfang an als bedeutungslos erwiesen und ist nach dem Rückzug des Hauptanbieters im Jahr 2022 fast gänzlich vom Markt verschwunden.

Muster 11.3: Einstellungsmitteilung an anzeigende Privatperson

Stadt Münsterberg

Bußgeldstelle

Stadt Münsterberg, 99090 Münsterberg

Dienstgebäude	Schubertstraße 36 99090 Münsterberg
Bearbeitung	Frau Weber
Telefon	(0987) 9878-987
E-Mail	weber.bs@muensterberg.de

Herrn
Heinz Streit
Kirchstraße 18
90090 Münsterberg

Ihr Zeichen, Ihre Nachricht vom	Bitte bei Antwort angeben **Unser Zeichen, Unsere Nachricht vom**	**Datum**
24.9.2026	OWi – 0987665/26, 21.9.2026	24.10.2026

Bußgeldverfahren gegen Herrn Klaus Tischler wegen Zuwiderhandlung gegen die Lärmbekämpfungsverordnung der Stadt Münsterberg

Ihre Anzeige vom 24.9.2026

Sehr geehrter Herr Streit,

wir haben den Sachverhalt Ihrer Anzeige überprüft. Unsere Ermittlungen haben jedoch ergeben, dass sich der Betroffene am 23.9.2026 nicht auf seinem Grundstück in Münsterberg aufgehalten hat und daher die angezeigte Ordnungswidrigkeit nicht begangen haben kann. Das Bußgeldverfahren war daher wegen nicht zu führenden Tatnachweises aus tatsächlichen Gründen einzustellen (§ 170 Abs. 2 S. 1 StPO i. V. m. § 46 Abs. 1 OWiG).

Privatrechtliche Ansprüche werden durch diese Mitteilung nicht berührt. Sie können vor den ordentlichen Gerichten (Amtsgericht, Landgericht) oder einer kommunalen Schiedsstelle verfolgt werden.

Gegen die Einstellung des Bußgeldverfahrens ist kein Rechtsbehelf statthaft. Einen trotz dieses Hinweises eingelegten Rechtsbehelf werden wir als Antrag auf gerichtliche Entscheidung behandeln (§ 62 OWiG) und ihn dem Amtsgericht zur Entscheidung vorlegen. Die Zurückweisung eines solchen Antrags ist im Gegensatz zu unserer Entscheidung kostenpflichtig (30,00 Euro Gebühr, Nr. 4303 Kostenverzeichnis zum Gerichtskostengesetz – KVGKG).[1)]

Mit freundlichen Grüßen

Stadt Münsterberg, Bußgeldstelle

Telefonzentrale
(0899) 123-0
Internet
www.Muensterberg.de

Servicezeiten
Mo-Mi 7.30-16.30 Uhr
Do 7.30-17.30 Uhr
Fr 7.30-12.00 Uhr

Öffentliche Verkehrsmittel
Stadtbus Linie 6
Haltestelle Mitte

Bankverbindung
Kreissparkasse Münsterberg
IBAN DE2040000000123456
BIC GROBDE77XX
Volksbank Münsterberg
IBAN DE2040000000234567
BIC GROBDE87XX

Besonderes elektronisches Behördenpostfach
Ordnungsamt@muensterberg .de

1) Dieser Hinweis zur möglichen Kostenfolge empfiehlt sich bei querulatorischen Anzeigenden.

5.2 Kostenbescheid gegen Anzeigende

Der oder die Anzeigende wird mit den Kosten des Bußgeldverfahrens und gegebenenfalls mit den Auslagen des oder der Betroffenen im Sinne des § 107 Abs. 3 OWiG belastet, wenn er oder sie das Bußgeldverfahren durch unwahre Angaben vorsätzlich oder leichtfertig veranlasst hat (§ 469 Abs. 1 S. 1 StPO i. V. m. § 46 Abs. 1 OWiG).[1] Eine Gebühr für das Verwaltungshandeln („Missbrauchsgebühr") kann jedoch mangels Rechtsgrundlage nicht festgesetzt werden.

Eine Anzeige ist vorsätzlich unwahr, wenn der oder die Anzeigende entweder weiß (direkter Vorsatz) oder aus Gleichgültigkeit billigend in Kauf nimmt (bedingter Vorsatz), dass der angezeigte Sachverhalt nicht den Tatsachen entspricht.[2] Leichtfertigkeit bedeutet einen erhöhten Grad von Fahrlässigkeit, der in etwa der groben Fahrlässigkeit des bürgerlichen Rechts entspricht. Leichtfertigkeit liegt vor, wenn der oder die Anzeigende grob achtlos handelt und das nicht beachtet, was sich unter den Voraussetzungen seiner Erkenntnisse und Fähigkeiten aufdrängen muss.[3] Die Kostenpflicht des oder der Anzeigenden entsteht trotzdem nur dann, wenn die falschen Angaben die Einleitung des Bußgeldverfahrens veranlasst haben, d. h. allein für die Entscheidung der Verwaltungsbehörde ursächlich waren.

Beispiel:

Der Anzeigeerstatter zeigt einen Nachbarn wegen angeblich nächtlichen massiven ruhestörenden Lärms (§ 117 OWiG) an und verlangt die Durchführung eines Bußgeldverfahrens. Die Verwaltungsbehörde hört den angezeigten Nachbarn an (§ 55 OWiG i. V. m. § 163 Abs. 1 StPO), der den Sachverhalt massiv bestreitet. Es stellt sich heraus, dass beide Nachbarn massiv verfeindet sind, der Anzeigeerstatter zur angeblichen Tatzeit nicht selbst anwesend war, sondern sich auf gerüchteweise Angaben vom Hörensagen verlassen und sie wie eigene Wahrnehmungen dargestellt hat.

Der oder die Anzeigende trägt zunächst die der Verwaltungsbehörde entstandenen Kosten des Bußgeldverfahrens. Sind solche nicht entstanden, kann der oder die Anzeigende auch nicht für sie haftbar gemacht werden, sodass nur noch die notwendigen Auslagen des oder der Betroffenen anfallen. Entstandene Auslagen muss der oder die Betroffene nachweisen. In Betracht kommen etwa Auslagen für einen Rechtsanwalt als Verteidiger oder eine Rechtsanwältin als Verteidigerin (§ 137 Abs. 1 S. 1 StPO i. V. m. § 46 Abs. 1 OWiG). Eine Ermittlungspflicht der Verwaltungsbehörde besteht hier nicht. Sonstige privatrechtliche Ansprüche wie etwa auf immateriellen Schaden (§ 253 BGB) kann der oder die Betroffene nur durch Klage vor den Zivilgerichten verfolgen.[4] Dazu kann ihm oder ihr allerdings ein Anspruch auf Akteneinsicht zustehen (§ 406e StPO i. V. m. § 46 Abs. 1 OWiG).

---

1) Zur Verfassungsmäßigkeit der Bestimmung BVerfG, Nichtannahmebeschluss vom 29.9.2001, Az. 2 BvR 1404/01.

2) Zum Begriff des Vorsatzes für die Begehung der Ordnungswidrigkeit § 2 Nr. 3.2.1.

3) OLG Köln, Urt. vom 30.9.2014, Az. III-1 RVs 91/14, für den Täter oder die Täterin einer Steuerordnungswidrigkeit (§ 378 AO).

4) AG Brandenburg, Urt. vom 26.5.2016, Az. 34 C 40/15.

Die Verwaltungsbehörde stellt zunächst das Bußgeldverfahren aus tatsächlichen Gründen ein (§ 170 Abs. 2 S. 1 StPO i. V. m. § 46 Abs. 1 OWiG) und hört den oder die Anzeigende zusammen mit der Einstellungsmitteilung zur beabsichtigten Kostenentscheidung an. Diese ergeht sodann durch selbstständigen Kostenbescheid (§ 105 Abs. 1 OWiG, § 469 StPO). Dabei sind die von dem oder der Betroffenen geltend gemachten Auslagen darzulegen. Der Bescheid der Verwaltungsbehörde bedarf der Zustellung (§ 50 Abs. 1 S. 2 OWiG) und Rechtsbehelfsbelehrung (§ 50 Abs. 2 OWiG), da er innerhalb von zwei Wochen nach seiner Zustellung durch den Antrag auf gerichtliche Entscheidung anfechtbar ist (§ 108 Abs. 1 Nr. 1 OWiG). Aus diesem Grund ist auch eine Begründung notwendig (§ 34 StPO i. V. m. § 46 Abs. 1 OWiG).

Muster 11.4: Kostenbescheid gegen anzeigende Person bei leichtfertig oder vorsätzlich unwahrer Anzeige (§ 469 StPO i. V. m. § 46 Abs. 1 OWiG)

Stadt Münsterberg

Bußgeldstelle

Stadt Münsterberg, 99090 Münsterberg

Herrn
Klaus Maurer
Lisztstraße 73
90092 Münsterberg

Dienstgebäude	Schubertstraße 36 99090 Münsterberg
Bearbeitung	Frau Weber
Telefon	(0987) 9878-987
E-Mail	weber.bs@muensterberg.de

Ihr Zeichen, Ihre Nachricht vom	Bitte bei Antwort angeben **Unser Zeichen, Unsere Nachricht vom**	**Datum**
28.9.2026	OWi – 0987665/24	22.12.2026

Bußgeldverfahren gegen Herrn Peter Baumann wegen unerlaubter Abfallbeseitigung

Ihre Ordnungswidrigkeiten-Anzeige vom 28.9.2026

Sehr geehrter Herr Maurer,

wir erlassen folgenden

Kostenbescheid

Sie tragen die Kosten des Bußgeldverfahrens in Höhe von 56,00 Euro, die dem Betroffenen Baumann entstandenen Auslagen in Höhe von 200,00 Euro sowie unsere Auslagen für diesen Bescheid in Höhe von 3,50 Euro.

Gründe

1. Wir leiteten auf Ihre Anzeige vom 28.9.2026 gegen Herrn Peter Bergmann ein Bußgeldverfahren ein und erließen aufgrund Ihrer Angaben am 17.10.2026 einen Bußgeldbescheid wegen unerlaubter Abfallbeseitigung. Auf den form- und fristgerechten Ein-

Telefonzentrale
(0899) 123-0
Internet
www.Muensterberg.de

Servicezeiten
Mo-Mi 7.30-16.30 Uhr
Do 7.30-17.30 Uhr
Fr 7.30-12.00 Uhr

Öffentliche Verkehrsmittel
Stadtbus Linie 6
Haltestelle Mitte

Bankverbindung
Kreissparkasse Münsterberg
IBAN DE2040000000123456
BIC GROBDE77XX
Volksbank Münsterberg
IBAN DE2040000000234567
BIC GROBDE87XX

Besonderes elektronisches Behördenpostfach
Ordnungsamt@muensterberg .de

spruch des Betroffenen führten wir Nachermittlungen durch und vernahmen zwei Zeugen. Da sich die Einwendungen des Betroffenen bestätigten, nahmen wir den Bußgeldbescheid am 23.11.2026 zurück (§ 69 Abs. 2 OWiG) und stellen das Bußgeldverfahren aus tatsächlichen Gründen ein (§ 170 Abs. 2 S. 1 StPO i. V. m. § 46 Abs. 1 OWiG). Über den Kostenfestsetzungsantrag des Betroffenen entschieden wir mit inzwischen rechtskräftigem Kostenfestsetzungsbescheid vom 6.12.2024. Am 12.12.2026 hörten wir Sie als anzeigende Person an, ohne dass Sie sich geäußert hätten.

2. Ist ein, wenn auch nur außergerichtliches Verfahren durch eine zumindest leichtfertig erstattete unwahre Anzeige veranlasst worden, so hat die Verwaltungsbehörde dem Anzeigenden, nachdem er gehört worden ist, die Kosten des Verfahrens und die dem Betroffenen erwachsenen notwendigen Auslagen aufzuerlegen (§ 105 Abs. 1 OWiG i. V. m. § 469 Abs. 1 S. 1 StPO). Sie räumten auf Vorhalt der Nachermittlungen im Zwischenverfahren entgegen Ihren Angaben bei der Anzeigeerstattung ein, den Betroffenen bei der behaupteten unerlaubten Abfallbeseitigung nicht selbst gesehen, sondern nur aufgrund der Vermutung eines Bekannten auf diesen als Täter geschlossen zu haben. In der Anzeige vom 28.9.2026 ist der Sachverhalt jedoch so dargestellt, als hätten Sie den Betroffenen selbst gesehen und sicher erkannt. Ihr Verhalten ist zumindest leichtfertig, da Sie davon ausgehen mussten, von der Verwaltungsbehörde als glaubhafter alleiniger Tatzeuge zur Beweisführung gegen den die Ordnungswidrigkeit bestreitenden Betroffenen herangezogen zu werden. Die Höhe der Erstattungspflicht ergibt sich aus der anliegenden Berechnung, die Bestandteil dieses Kostenbescheides ist.

Rechtsbehelfsbelehrung

Gegen diesen selbstständigen Kostenfestsetzungsbescheid können Sie innerhalb von zwei Wochen nach seiner Zustellung bei der Stadt Münsterfeld – Bußgeldstelle – Schubertstraße 36, 99090 Münsterfeld Antrag auf gerichtliche Entscheidung (§ 62 OWiG) in deutscher Sprache (§ 184 S. 1 GVG i. V. m. § 46 Abs. 1 OWiG) schriftlich, zur Niederschrift oder elektronisch im Dateiformat PDF/A (§ 2 Abs. 1 S. 1 ERVV) durch E-Mail mit qualifizierter elektronischer Signatur (§ 110c S. 1 OWiG in Verbindung mit § 32a Abs. 3 StPO) sowie über einen zugelassenen sicheren Übermittlungsweg (§ 110c S. 1 OWiG in Verbindung mit § 32a Abs. 4 S. 1 StPO) einlegen.

Die Frist von zwei Wochen ist nur dann gewahrt, wenn der Rechtsbehelf vor Fristablauf bei der Stadt Münsterfeld eingeht. Fällt das Ende einer Frist auf einen Sonntag, einen allgemeinen Feiertag oder einen Sonnabend, so endet die Frist mit Ablauf des nächsten Werktages (§ 43 Abs. 2 StPO in Verbindung mit § 46 Abs. 1 OWiG). Die Erklärung muss in deutscher Sprache abgefasst sein (§ 184 S. 1 Gerichtsverfassungsgesetz – GVG – in Verbindung mit § 46 Abs. 1 OWiG). Über den Antrag entscheidet das Amtsgericht, soweit wir dem Rechtsbehelf nicht abhelfen, durch schriftlichen Beschluss.

Mit freundlichen Grüßen

Stadt Münsterberg, Bußgeldstelle

5.3 Rechtsbehelfe der Anzeigenden

Dem oder der Anzeigenden steht gegen die Einstellung des Bußgeldverfahrens grundsätzlich kein förmlicher Rechtsbehelf zur Verfügung. Das Klageerzwingungsverfahren des Strafverfahrens (§ 172 StPO) ist durch § 46 Abs. 3 S. 3 OWiG ausdrücklich ausgeschlossen. Eine förmliche Beschwerde an den vorgesetzten Beamten (Behördenleiter) der verantwortenden Person der Verwaltungsbehörde[1)] gegen die Einstellungsmitteilung wäre deshalb als (Dienst-)Aufsichtsbehörde oder Gegenvorstellung auszulegen (§ 300 StPO i. V. m. § 46 Abs. 1 OWiG). Erweist sich diese z. B. wegen neuer Erkenntnisse als berechtigt, kann die Verwaltungsbehörde bis zum Eintritt der Verfolgungsverjährung (§ 31 Abs. 1 OWiG) das Bußgeldverfahren nach pflichtgemäßem Ermessen erneut einleiten (§ 47 Abs. 1 S. 1 OWiG).

Auch der Antrag auf gerichtliche Entscheidung (§ 62 Abs. 1 OWiG) ist für den oder die Anzeigende nicht statthaft.[2)] Besteht er oder sie trotz Hinweises der Verwaltungsbehörde darauf, so ist dem Antrag als unzulässig nicht abzuhelfen (§ 62 Abs. 2 S. 2 OWiG i. V. m. § 306 Abs. 2 StPO) und er dem Amtsgericht zur Entscheidung vorzulegen. Soweit der oder die Anzeigende mit den Kosten des Verfahrens belastet wurde (§ 469 StPO i. V. m. § 46 Abs. 1 OWiG), ist der Antrag auf gerichtliche Entscheidung gegen den selbstständigen Kostenbescheid statthaft (§ 108 Abs. 1 Nr. 1 OWiG).

5.4 Wiederaufnahme des Bußgeldverfahrens

Weder die Einstellung aus tatsächlichen Gründen (§ 170 Abs. 2 S. 1 StPO i. V. m. § 46 Abs. 1 OWiG) noch wegen nicht gebotener Ahndung (§ 47 Abs. 1 S. 2 OWiG) führen zum Verbrauch der Verfolgungsmöglichkeit.[3)] Die Verwaltungsbehörde kann daher das Bußgeldverfahren bei sachlicher Veranlassung, z. B. einer erneuten Zuwiderhandlung (Wiederholungsfall) oder nachträglich aufgetauchten Beweismitteln, bis zum Eintritt der Verfolgungsverjährung (§ 31 Abs. 1 S. 1 OWiG) jederzeit wieder aufnehmen.[4)] Dies geschieht formlos durch Zurücknahme der Einstellungsverfügung und Fortführung des Bußgeldverfahrens. Weder die Einstellung des Bußgeldverfahrens noch die Wiederaufnahme unterbrechen jedoch die Verfolgungsverjährung, da sie in der abschließenden Aufzählung der Unterbrechungsgründe (§ 33 Abs. 1 S. 1 OWiG) nicht aufgeführt sind.

Beispiel:

Die Verwaltungsbehörde stellt ein Bußgeldverfahren wegen unerlaubter Abfallablagerung wegen Verfolgungsverjährung aus rechtlichen Gründen ein. Danach

1) Für die Beschwerde gegen den Einstellungsbescheid im strafrechtlichen Ermittlungsverfahren § 172 Abs. 1 S. 1 StPO.

2) Zum Antrag auf gerichtliche Entscheidung (§ 62 OWiG) § 19 Nr. 3.

3) Die Wiederaufnahme des eingestellten Bußgeldverfahrens ist nicht zu verwechseln mit dem gerichtlichen Aufnahmeverfahren (§ 85 OWiG) nach Rechtskraft eines zu Unrecht erlassenen Bußgeldbescheides.

4) OLG Hamm, Beschl. vom 8.8.2022, Az. 1 VAs 48/22, zur Einstellung durch die Staatsanwaltschaft. Zur Verfolgungsverjährung der Ordnungswidrigkeit (§ 31 OWiG) § 2 Nr. 4.2.2. Die Wiederaufnahme eines eingestellten Bußgeldverfahrens ist nicht zu verwechseln mit der Wiederaufnahme eines bereits rechtskräftig durch Bußgeldbescheid abgeschlossenen Bußgeldverfahrens nach § 85 OWiG.

stellt sich heraus, dass der Betroffene die Abfälle erst wesentlich später und innerhalb der Verjährungsfrist auf seinem Grundstück abgelagert hat. Die Verwaltungsbehörde nimmt das Bußgeldverfahren wieder auf, indem sie die Einstellungsverfügung zurücknimmt und den Betroffenen zu ihren neuen Erkenntnissen anhört, bevor sie einen Bußgeldbescheid erlässt.

Nach Eintritt der Verfolgungsverjährung kann zwar ein Bußgeldverfahren nicht wiederaufgenommen werden. Sofern sich aber eine polizei- oder ordnungsrechtliche Gefahr ergibt, sind Maßnahmen im Verwaltungsverfahren durch belastenden Verwaltungsakt (§ 35 S. 1 VwVfG) und Verwaltungszwang dagegen nicht ausgeschlossen.

Beispiel:

Die Verwaltungsbehörde stellt ein Bußgeldverfahren wegen einer unerlaubt errichteten baulichen Anlage wegen Verfolgungsverjährung aus rechtlichen Gründen ein. Wegen der durch die Ordnungswidrigkeit ausgelösten und noch andauernden polizei- bzw. ordnungsrechtlichen Gefahr kann dagegen ohne Weiteres noch eine Baubeseitigungsanordnung als belastender Verwaltungsakt erlassen werden.

6. Entschädigung von Betroffenen

Hat die Verwaltungsbehörde das Bußgeldverfahren nach § 170 Abs. 2 S. 1 StPO i. V. m. § 46 Abs. 1 OWiG oder § 47 Abs. 2 S. 2 OWiG eingestellt, so ist auf Antrag des oder der Betroffenen über dessen Vermögensschäden durch zu Unrecht erlittene Verfolgungsmaßnahmen zu entscheiden (§ 110 OWiG). Der Anspruch und das Verfahren richten sich nach dem Gesetz über die Entschädigung für Strafverfolgungsmaßnahmen (StrEG). Der oder die Betroffene ist in der Einstellungsmitteilung über ihr Antragsrecht, die Antragsfrist und die zuständige Verwaltungsbehörde zu belehren (§ 9 Abs. 1 S. 5 StrEG i. V. m. § 110 Abs. 1 OWiG). Unabhängig vom Antrag auf Entschädigung kann der oder die Betroffene gegen die Kommune bzw. das Land auch Klage vor den Zivilgerichten wegen Amtspflichtverletzung (§ 839 BGB) erheben.[1)]

1) OLG Frankfurt (Main), Urt. vom 18.0.2013, Az. 1 U 179/12.

Muster 11.5: Einstellungsmitteilung an Betroffenen mit Belehrung

Stadt Münsterberg Bußgeldstelle

Stadt Münsterberg, 99090 Münsterberg

Herrn
Klaus Schuster
Kirchstraße 19
90098 Münsterberg

Dienstgebäude	Schubertstraße 36 99090 Münsterberg
Bearbeitung	Frau Weber
Telefon	(0987) 9878-987
E-Mail	weber.bs@muensterberg.de

Ihr Zeichen, Ihre Nachricht vom	Bitte bei Antwort angeben Unser Zeichen, Unsere Nachricht vom	Datum
24.9.2026	OWi – 0987665/24, 21.9.2026	24.10.2026

Bußgeldverfahren gegen Sie wegen einer Ordnungswidrigkeit nach dem Schwarzarbeitsbekämpfungsgesetz

Sehr geehrter Herr Schuster,

wir haben Ihre Einwendungen überprüft und daraufhin das Bußgeldverfahren aus tatsächlichen Gründen eingestellt (§ 170 Abs. 2 S. 1 StPO i. V. m. § 46 Abs. 1 OWiG).

Sofern Ihnen durch die Durchsuchung Ihrer Geschäftsräume und Beschlagnahme vom Geschäftsunterlagen sowie den Vermögensarrest vom 22.4.2026 Kosten entstanden sind (§ 2 Abs. 2 Nr. 4 StrEG i. V. m. § 110 Abs. 1 OWiG), können Sie bei der Stadt Münsterberg innerhalb von drei Monaten ab Zugang dieser Mitteilung (§ 9 Abs. 1 S. 3 StrEG i. V. m. § 110 Abs. 1 OWiG) Entschädigung beantragen (§ 8 StrEG i. V. m. § 110 Abs. 3 OWiG).

Mit freundlichen Grüßen

Stadt Münsterberg, Bußgeldstelle

Telefonzentrale	Servicezeiten		Öffentliche Verkehrsmittel	Bankverbindung
(0899) 123-0	Mo-Mi	7.30-16.30 Uhr	Stadtbus Linie 6	Kreissparkasse Münsterberg
Internet	Do	7.30-17.30 Uhr	Haltestelle Mitte	IBAN DE2040000000123456
www.Muensterberg.de	Fr	7.30-12.00 Uhr		BIC GROBDE77XX
				Volksbank Münsterberg
Besonderes elektronisches Behördenpostfach				IBAN DE2040000000234567
Ordnungsamt@muensterberg .de				BIC GROBDE87XX

6.1 Antragstellung durch Betroffene

Der Entschädigungsantrag kann nur von dem oder der Betroffenen des Bußgeldverfahrens, nicht aber sonstigen von einer Maßnahme der Verwaltungsbehörde betroffenen Personen gestellt werden (§ 9 Abs. 1 S. 3 StrEG i. V. m. § 110 Abs. 1 OWiG).[1)]

Beispiel:

Wegen der Durchsuchung von Räumen (§ 102 f. StPO i. V. m. § 46 Abs. 1 OWiG) und der Beschlagnahme von Beweisgegenständen (§ 94 StPO i. V. m. § 46 Abs. 1 OWiG) sowie der Anordnung eines Vermögensarrests (§ 111e StPO i. V. m. § 46

1) LG Magdeburg, Urt. vom 14.7.2011, Az. 10 O 787/11.

Abs. 1 OWiG) kann nur der Betroffene, nicht aber ein Unverdächtiger (§ 103 StPO i. V. m. § 46 Abs. 1 OWiG) Entschädigung erhalten.

Für die Beschlagnahme eines Einziehungsgegenstandes (§ 111c StPO i. V. m. § 46 Abs. 1 OWiG) kann nur der Betroffene (§ 22 Abs. 2 OWiG), nicht aber ein Dritter (§ 23 OWiG) Entschädigung erhalten.[1]

Der Antrag kann innerhalb eines Monats nach Bekanntmachung der Einstellungsmitteilung bei der Verwaltungsbehörde gestellt werden (§ 9 Abs. 1 S. 4 StrEG i. V. m. § 110 Abs. 1 OWiG). Auch die Erben eines oder einer inzwischen verstorbenen Betroffenen können Ansprüche geltend machen, weil sie in die Rechtsstellung des oder der Betroffenen eingerückt sind (§ 1922 BGB).[2] Der Antrag kann formlos elektronisch, schriftlich oder zu Protokoll (= Niederschrift) der Verwaltungsbehörde gestellt werden. Eine Antragstellung durch elektronisches Dokument ist nur in der für die Bearbeitung geeigneten Form durch sicheren Übermittlungsweg statthaft (§ 32a Abs. 2 S. 1, Abs. 4 S. 1 StPO i. V. m. § 110c S. 1 OWiG).

Als entschädigungsfähige Maßnahmen kommen im Bußgeldverfahren nur eine Sicherstellung, Beschlagnahme von Beweisgegenständen (§ 94 StPO i. V. m. § 46 Abs. 1 OWiG) oder Einziehungsgegenständen (§ 111b f. StPO i. V. m. § 46 Abs. 1 OWiG), der Vermögensarrest (§ 111e StPO i. V. m. § 46 Abs. 1 OWiG)[3] und Durchsuchungen (§ 102 f. bzw. 111b StPO i. V. m. § 46 Abs. 1 OWiG) in Betracht (§ 2 Abs. 2 Nr. 4 StrEG i. V. m. § 110 Abs. 1 OWiG).[4] Die eigenwirtschaftliche Nutzungsberechtigung eines Computers (PC, Laptop) ist eine Vermögensposition, deren Beeinträchtigung Schadenersatzansprüche auslösen kann.[1] Auslagen, die dem oder der Betroffenen für die Beauftragung eines Rechtsanwalts als Verteidiger oder Rechtsanwältin als Verteidigerin erwachsen sind, können nicht geltend gemacht werden, wenn die Einstellung noch im Vorverfahren, also vor dem Erlass eines Bußgeldbescheids (§ 65 OWiG) erfolgte.[5] Erstattungsfähig sind nur die Kosten der Verteidigung, die sich gegen diejenige Maßnahme richtet, wegen derer die Entschädigung gewährt wird.[6] Die Entschädigung ist auch ausgeschlossen, wenn und soweit der oder die Betroffene die Verfolgungsmaßnahme vorsätzlich oder grob fahrlässig verursacht hat (§ 5 Abs. 2 S. 1 StrEG i. V. m. § 110 Abs. 1 OWiG). Wer durch sein eigenes zurechenbares Verhalten eine Maßnahme der Verwaltungsbehörde ausgelöst hat, darf nicht auch noch entschädigt werden.[7] Ob eine schuldhafte Verursachung vorliegt, ist ausschließlich nach zivilrechtlichen Zurechnungsgrundsätzen (§§ 254, 276, 277, 278 BGB) zu beurteilen.[8] Grob fahrlässig handelt, wer in ungewöhnlichem Maße die Sorgfalt außer Acht lässt, die ein verständiger Mensch in glei-

---

1) OLG Schleswig, Beschl. vom 10.12.2021, Az. 2 Ws 144/21.
2) OLG Oldenburg (Oldenburg), Urt. vom 1.11.2013, Az. 6 U 154/13; OLG Bamberg, Beschl. vom 20.7.2010, Az. 1 Ws 218/10.
3) Zum Vermögensarrest (§ 111e StPO i. V. m. § 46 Abs. 1 OWiG) § 8.
4) Zur Sicherstellung, Beschlagnahme und Durchsuchung (§§ 94, 102 f., 111b StPO i. V. m. § 46 Abs. 1 OWiG) § 6 Nr. 5.
5) LG Stuttgart, Urt. vom 15.5.2009, Az. 15 O 306/08, unter Bezugnahme auf OLG Frankfurt (Main), Beschl. vom 14.7.2008, Az. 1 W 48/08.
6) LG Stuttgart, Urt. vom 15.5.2009, Az. 15 O 306/08.
7) KG (Berlin), Beschl. vom 20.6.2011, Az. 4 Ws 48/11 – 2 AR 96/00.
8) KG (Berlin), Beschl. vom 11.1.2012, Az. 2 Ws 351/11.

cher Lage aufwenden würde, um sich vor Schaden durch Verfolgungsmaßnahmen zu schützen.[1] Bei der Beurteilung der Frage, ob der oder die Betroffene Anlass zu einer Verfolgungsmaßnahme gegeben hat, ist ein strenger Maßstab anzulegen. Der Entschädigungsanspruch entfällt nur, wenn der oder die Betroffene die Eingriffsmaßnahme durch die Tat oder durch sein oder ihr sonstiges Verhalten herausgefordert hat. Er oder sie muss in ungewöhnlichem Maße die Sorgfalt außer Acht gelassen haben, die ein verständiger Mensch in gleicher Lage anwenden würde, um sich vor Schaden durch die Strafverfolgungsmaßnahme zu schützen.[2]

6.2 Entscheidung der Verwaltungsbehörde

Das Entschädigungsverfahren der Verwaltungsbehörde ist in ein Feststellungsverfahren und gegebenenfalls ein nachfolgendes Betragsverfahren untergliedert.[3]

- **Feststellungsverfahren (Haftungsbegründender Tatbestand)**

Die Verwaltungsbehörde entscheidet zunächst in einem öffentlich-rechtlichen Feststellungsverfahren über das Bestehen einer Entschädigungspflicht durch selbstständigen Bescheid (§ 110 Abs. 1 OWiG). Der Antrag des oder der Betroffenen ist abzulehnen, wenn

- bei einer Ermessensentscheidung (§ 47 Abs. 1 S. 2 OWiG) eine Entschädigung nicht der Billigkeit entspricht (§ 3 StrEG i. V. m. § 110 Abs. 1 OWiG),
- Ausschließungsgründe (§ 5 StrEG i. V. m. § 110 Abs. 1 OWiG) oder Versagungsgründe (§ 3 StrEG i. V. m. § 110 Abs. 1 OWiG) vorliegen.

Die Entschädigungspflicht ist daher nur festzustellen, wenn eine entschädigungsfähige Verfolgungsmaßnahme der Verwaltungsbehörde vorliegt und keine gesetzlichen Ablehnungsgründe festzustellen sind. Gegen die Ablehnung des Entschädigungsantrags ist innerhalb von zwei Wochen nach Zustellung des Bescheids der befristete Antrag auf gerichtliche Entscheidung statthaft (§ 110 Abs. 2 S. 1 i. V. m. § 62 OWiG).[4]

- **Betragsverfahren (Haftungsausfüllender Tatbestand)**

Über die Höhe der Entschädigung entscheidet die Verwaltungsbehörde im öffentlich-rechtlichen Betragsverfahren durch einen weiteren selbstständigen Bescheid (§ 110 Abs. 3 OWiG). Der Antrag kann innerhalb von sechs Monaten nach rechtskräftiger Feststellung der Entschädigungspflicht gestellt werden (§ 10 Abs. 1 S. 1 StrEG i. V. m. § 110 Abs. 3 StrEG). Die Frist beginnt mit der Zustellung der Belehrung des oder der Betroffenen über Antragsrecht und Antragsfrist durch die Verwaltungsbehörde (§ 10 Abs. 1 S. 3, 4 StrEG i. V. m. § 110 Abs. 3 OWiG). Gegen den Bescheid der Verwaltungsbehörde ist nicht der Antrag auf gerichtliche Entscheidung (§ 62 OWiG), sondern der ordentliche Rechtsweg zu den Zivilgerichten gegeben (§ 19 Abs. 4 S. 2 GG, § 13 StrEG i. V. m. § 110 Abs. 3 OWiG). Die dreimonatige Klagefrist

1) LG Dortmund, Beschl. vom 6.5.2014, Az. 36 Qs 32/14.
2) BGH, Beschl. vom 28.6.2022, Az. 2 StR 229/21, für die Entschädigung im strafrechtlichen Ermittlungsverfahren erlittener Untersuchungshaft.
3) OLG Schleswig, Beschl. vom 10.12.2021, Az. 2 Ws 144/21.
4) OLG Bamberg, Beschl. vom 21.2.2022, Az. 1 Ws 70/22; LG Duisburg, Beschl. vom 16.3.2021, Az. 69 Qs 12/21. Zum Antrag des oder der Betroffenen auf gerichtliche Entscheidung (§ 62 OWiG) § 19 Nr. 3.

(§ 13 Abs. 1 S. 2 StrEG) wird nur durch einen den Anforderungen des § 253 Abs. 2 ZPO genügende Klageschrift gewahrt.[1)]

Hat die Verwaltungsbehörde das Bußgeldverfahren eingestellt und stattdessen einen rechtskräftigen Bescheid über die Einziehung von Taterträgen erlassen (§ 29a, § 87 OWiG) kann sie diesen mit einem Entschädigungsanspruch des oder der Betroffenen aufrechnen.[2)]

Muster 11.6: Ablehnung eines Antrags auf Feststellung der Entschädigung (§ 469 StPO i. V. m. § 46 Abs. 1 OWiG)

Stadt Münsterberg — Bußgeldstelle

Stadt Münsterberg, 99090 Münsterberg

Herrn
Klaus Maurer
Lisztstraße 73
90092 Münsterberg

Dienstgebäude	Schubertstraße 36 99090 Münsterberg
Bearbeitung	Frau Weber
Telefon	(0987) 9878-987
E-Mail	weber.bs@muensterberg.de

Ihr Zeichen, Ihre Nachricht vom	Bitte bei Antwort angeben **Unser Zeichen, Unsere Nachricht vom**	**Datum**
1.12.2026	OWi – 0987665/26	14.12.2026

Bußgeldverfahren gegen Sie wegen Schwarzarbeit

Ihr Antrag auf Entschädigung für Verfolgungsmaßnahmen

Sehr geehrter Herr Maurer,

wir erlassen folgenden

Feststellungsbescheid

1. Wir lehnen Ihren Antrag vom 1.12.2026 auf Feststellung einer Entschädigungspflicht gegen die Stadt Münsterberg ab.
2. Sie tragen unsere Auslagen für diesen Bescheid in Höhe von 3,50 Euro.

Gründe

1. Wir leiteten am 4.9.2026 gegen Sie als Geschäftsführer der Autofix GmbH ein Bußgeldverfahren ein und beschlagnahmten aufgrund der Anordnung des Amtsgerichts Münsterberg vom 9.9.2026 am 14.9.2026 einschlägige Geschäftsunterlagen zur Auswertung der vorgeworfenen Ordnungswidrigkeit der Schwarzarbeit durch unerlaubte Handwerksausübung im Kraftfahrzeughandwerk (§ 8 Abs. 1 Nr. 1 Buchst. e SchwarzArbG). Wir haben das Bußgeldverfahren aus rechtlichen Gründen am 27.11.2026 eingestellt (§ 170 Abs. 2 S. 1 StPO i. V. m. § 46 Abs. 1 OWiG).

Telefonzentrale
(0899) 123-0
Internet
www.Muensterberg.de

Servicezeiten
Mo-Mi 7.30-16.30 Uhr
Do 7.30-17.30 Uhr
Fr 7.30-12.00 Uhr

Öffentliche Verkehrsmittel
Stadtbus Linie 6
Haltestelle Mitte

Bankverbindung
Kreissparkasse Münsterberg
IBAN DE2040000000123456
BIC GROBDE77XX
Volksbank Münsterberg
IBAN DE2040000000234567
BIC GROBDE87XX

Besonderes elektronisches Behördenpostfach
Ordnungsamt@muensterberg.de

1) BGH, Urt. vom 17.3.2016, Az. III ZR 200/15.
2) BGH, Urt. vom 15.6.2023, Az. III ZR 178/22, für die Aufrechnung durch die Staatsanwaltschaft im Strafverfahren.

2. Die Entscheidung über die Entschädigungspflicht für einen Vermögensschaden, der durch eine Verfolgungsmaßnahme im Bußgeldverfahren verursacht worden ist (§ 8 StrEG), trifft die Verwaltungsbehörde, wenn sie das Bußgeldverfahren abgeschlossen hat, in einem selbstständigen Bescheid (§ 110 Abs. 1 OWiG).
3. Die beantragte Entschädigung ist ausgeschlossen, wenn und soweit der Betroffene die Verfolgungsmaßnahme vorsätzlich oder grob fahrlässig verursacht hat (§ 110 OWiG i. V. m. § 5 Abs. 2 S. 1 StrEG). Als Inhaber eines Betriebs eines zulassungspflichtigen Handwerks wird eine natürliche oder juristische Person oder eine Personengesellschaft in die Handwerksrolle eingetragen, wenn der Betriebsleiter die Voraussetzungen für die Eintragung in die Handwerksrolle mit dem zu betreibenden Handwerk oder einem mit diesem verwandten Handwerk erfüllt (§ 7 Abs. 1 S. 1 HwO). Trotz mehrfacher Aufforderung der Handwerkskammer, Androhung und Festsetzung sind Sie Ihrer Auskunftspflicht als gesetzlicher Vertreter einer juristischen Person über die Person des Betriebsleiters nicht nachgekommen (§ 17 Abs. 1 S. 1 HwO). Dadurch haben Sie die Einleitung des Bußgeldverfahrens auf Anzeige der Handwerkskammer, die Durchsuchung der Geschäftsräume und die vorübergehende Beschlagnahme der Geschäftsunterlagen zur Auswertung zumindest grob fahrlässig veranlasst. Die Bestellung eines Betriebsleiters hat sich erst bei der Durchsicht der beschlagnahmten Unterlagen ergeben.

Rechtsbehelfsbelehrung

Gegen diesen Bescheid können Sie innerhalb von zwei Wochen nach seiner Zustellung bei der Stadt Münsterfeld – Bußgeldstelle – Schubertstraße 36, 99090 Münsterfeld Antrag auf gerichtliche Entscheidung (§ 62 OWiG) in deutscher Sprache (§ 184 S. 1 GVG i. V. m. § 46 Abs. 1 OWiG) schriftlich, zur Niederschrift oder elektronisch im Dateiformat PDF/A (§ 2 Abs. 1 S. 1 ERVV) durch E-Mail mit qualifizierter elektronischer Signatur (§ 110c S. 1 OWiG i. V. m. § 32a Abs. 3 StPO) sowie über einen zugelassenen sicheren Übermittlungsweg (§ 110c S. 1 OWiG i. V. m. § 32a Abs. 4 S. 1 StPO) einlegen.

Die Frist von zwei Wochen ist nur dann gewahrt, wenn der Rechtsbehelf vor Fristablauf bei der Stadt Münsterfeld eingeht. Fällt das Ende einer Frist auf einen Sonntag, einen allgemeinen Feiertag oder einen Sonnabend, so endet die Frist mit Ablauf des nächsten Werktages (§ 43 Abs. 2 StPO i. V. m. § 46 Abs. 1 OWiG). Die Erklärung muss in deutscher Sprache abgefasst sein (§ 184 S. 1 Gerichtsverfassungsgesetz – GVG – i. V. m. § 46 Abs. 1 OWiG). Über den Antrag entscheidet das Amtsgericht, soweit wir dem Rechtsbehelf nicht abhelfen, durch schriftlichen Beschluss.

Mit freundlichen Grüßen

Stadt Münsterberg, Bußgeldstelle

§ 12
Verwarnungsverfahren

Das Verwarnungsverfahren nach § 56 OWiG ist eine vereinfachte Form des Bußgeldverfahrens zur Ahndung von Ordnungswidrigkeiten im Bagatellbereich.[1] Es findet weder eine Aufklärung des Sachverhalts, eine Anhörung von Betroffenen oder der Erlass eines Bescheides statt. Das Verwarnungsverfahren erspart der Verwaltungsbehörde die Durchführung eines förmlichen Bußgeldverfahrens, dem oder der Betroffenen dessen Kosten. Voraussetzung der Verwarnung sind nur die Begehung einer Ordnungswidrigkeit (§ 1 Abs. 1 OWiG) und deren Geringfügigkeit (§ 56 Abs. 1 S. 1 OWiG). Eine gründliche Aufklärung des Sachverhalts ist nicht erforderlich, es genügt der Anfangsverdacht einer Ordnungswidrigkeit, also zureichende tatsächliche Anhaltspunkte für eine mit Geldbuße bedrohte Handlung (§ 152 Abs. 2 StPO i. V. m. § 46 Abs. 1 OWiG). Bei schwieriger Sach- oder Rechtslage ist das Verwarnungsverfahren daher ungeeignet. Die Verwarnung kann in zwei Formen erteilt werden als

- Verwarnung ohne Verwarnungsgeld (§ 56 Abs. 1 S. 2 OWiG) oder
- Verwarnung mit Verwarnungsgeld (§ 56 Abs. 1 S. 1 OWiG).

Die Verwarnung enthält allerdings nur ein Angebot der Verwaltungsbehörde an den Betroffenen oder die Betroffene für ein vereinfachtes Verfahren dar. Sie stellt damit einen mitwirkungsbedürftigen Verwaltungsakt eigener Art dar.[2] Verweigert der oder die Betroffene das notwendige Einverständnis oder bezahlt das Verwarnungsgeld nicht fristgerecht, ist das Verwarnungsverfahren automatisch beendet und eine Ahndung der Ordnungswidrigkeit nur im förmlichen Bußgeldverfahren möglich. Die Verwarnung mit Verwarnungsgeld wird daher in der Verfahrenspraxis regelmäßig mit der Anhörung (§ 55 OWiG i. V. m. § 163a Abs. 1 StPO) für den Fall verbunden, dass die Verwarnung nicht wirksam geworden ist. Ebenso wie für das förmliche Bußgeldverfahren gilt für die Erteilung einer Verwarnung das Opportunitätsprinzip (§ 47 Abs. 1 S. 1 OWiG), sodass die Verwaltungsbehörde (§ 35 OWiG) bezüglich der Erteilung ein pflichtgemäßes Ermessen besitzt.[3]

Die Zuständigkeit für die Erteilung einer Verwarnung im Innendienst ist bereits durch die Zuständigkeit als Verwaltungsbehörde im Bußgeldverfahren durch Gesetz oder Verordnung gegeben (§ 36 OWiG). Inwieweit Bedienstete im Außendienst (§ 57 Abs. 2 OWiG) z. B. als Ortspolizeibehörde zur Erteilung befugt sind, wird i. d. R. durch landesrechtliche Verordnung bestimmt.[4]

---

1) BayObLG, Beschl. vom 15.11.1974, Az. RReg 2 St 591/74 OWi.
2) AG Groß-Gerau, Beschl. vom 11.11.1993, Az. 3 OWi 28/93.
3) BayVGH (München), Beschl. vom 29.11.2024, Az. 8 CS 24.1462.
4) LAG Stuttgart, Urt. vom 20.3.2024, Az. 10 Sa 58/23, für den Gemeindevollzugsdienst (GVD) des Landes Baden-Württemberg (§ 31 Abs. 1 DVO PolG).

1. Verwarnung ohne Verwarnungsgeld

Bei einer Verwarnung ohne Verwarnungsgeld (§ 56 Abs. 1 S. 2 OWiG) hält die Verwaltungsbehörde eine geringfügige Ordnungswidrigkeit lediglich mündlich, schriftlich oder elektronisch vor. Für die elektronische Form kommen als sichere Übermittlungswege das Bürgerpostfach im Portalverbund (BundID, künftig DeutschlandID, § 12 Abs. 1 S. 3 OZG) und das Bürger- und Organisationenpostfach in Betracht (§ 32a Abs. 4 S. 1 Nr. 4 und 5 StPO i. V. m. § 110c S. 1 OWiG). Diese werden der Verwaltungsbehörde i. d. R. noch nicht bekannt sein. Daher bedarf es in der Verfahrenspraxis zumindest vorläufig noch meist der Schriftform durch Versendung eines Ausdrucks als Papierdokument mit einfachem Brief (§ 50 Abs. 1 S. 1 OWiG). Eine Verwarnung mit einfacher ungesicherter E-Mail ist unzulässig, weil sie nicht unter die in § 32a Abs. 4 S. 1 StPO i. V. m. § 110c S. 1 OWiG abschließend geregelten sicheren Übermittlungswege fällt.

Die Verwarnung ohne Verwarnungsgeld kommt nur bei unbedeutenden Formalverstößen in Betracht. Sie hat in der Verfahrenspraxis kaum Bedeutung, weil derselbe Erfolg bereits durch einen mündlichen, schriftlichen oder elektronischen Hinweis im Verwaltungsverfahren auf die Einleitung eines förmlichen Bußgeldverfahrens im Wiederholungsfall erreicht werden kann.

Beispiel:

Der Inhaber einer Sondernutzungserlaubnis missachtet eine damit verbundene Auflage. Bei einer Nachschau zeigt er sich einsichtig, die erstmalige Zuwiderhandlung ist geringfügig. Die Verwaltungsbehörde kann anstelle einer Verwarnung ohne Verwarnungsgeld dem Betroffenen auch mitteilen, dass vorerst von der Ahndung des Verstoßes abgesehen wird, er aber bei einem Wiederholungsfall mit einer Verwarnung mit Verwarnungsgeld oder der Einleitung eines Bußgeldverfahrens rechnen muss.

Die Verwarnung ohne Verwarnungsgeld darf nicht dazu missbraucht werden, eine Einstellung aus tatsächlichen oder rechtlichen Gründen (§ 170 Abs. 2 S. 1 StPO i. V. m. § 46 Abs. 1 OWiG) und die deswegen drohende Kostenbelastung (§ 105 Abs. 1 OWiG i. V. m. § 467 Abs. 1 StPO) oder Entschädigungspflicht (§ 110 OWiG) der Verwaltungsbehörde nach Zurücknahme eines Bußgeldbescheids auf einen zulässigen Einspruch des Betroffenen (§ 69 Abs. 2 S. 1 OWiG) zu umgehen.

Beispiel:

Die Verwaltungsbehörde nimmt einen Bußgeldbescheid auf den Einspruch des Betroffenen zurück (§ 69 Abs. 2 S. 1 OWiG), weil ein Tatnachweis nicht möglich oder die Ordnungswidrigkeit verjährt ist. Der Verteidiger des Betroffenen macht seine Gebühren und Auslagen durch Kostenfestsetzungsantrag (§ 106 OWiG) sowie eine Entschädigung des Betroffenen für die Durchsuchung seiner Räume und Beschlagnahme von Unterlagen geltend (§ 110 Abs. 1 OWiG i. V. m. § 2 Abs. 2 Nr. 4 StrEG). Die Verwaltungsbehörde darf berechtigte Ansprüche nach der Einstellung des Bußgeldverfahrens nach § 170 Abs. 2 S. 1 StPO i. V. m. § 46 Abs. 1 OWiG nicht durch eine Verwarnung mit Verwarnungsgeld zu umgehen versuchen.

Die Rechtsprechung sieht in Fällen der willkürlichen Erteilung der Verwarnung ohne Verwarnungsgeld den Antrag auf gerichtliche Entscheidung (§ 62 OWiG) als statthaft, sodass das Amtsgericht die Verwarnung auf ein Rechtsmittel aufheben kann.

2. Verwarnung mit Verwarnungsgeld

Der Regelfall der Verfahrenspraxis ist die Verwarnung mit Verwarnungsgeld (§ 56 Abs. 1 S. 1 OWiG). Die Verwaltungsbehörde bzw. der dazu ermächtigte Außendienst hält den

- Betroffenen eine Ordnungswidrigkeit vor und
- erhebt ein Verwarnungsgeld von 5,00 bis 55,00 Euro (§ 56 Abs. 1 S. 1 OWiG).[1)]

Nähere Bestimmungen zur Höhe des Verwarnungsgelds bestehen nicht.[2)] Um eine gleichmäßige Ahndung zu erzielen, wenden viele Verwaltungsbehörden daher Verwarnungsgeldkataloge in Form einer internen Verwaltungsrichtlinie mit Bindungswirkung an.[3)] Manche Verwaltungsbehörden verwenden interne Bußgeldkataloge, in denen sie nach dem Vorbild der Verkehrsordnungswidrigkeiten (§§ 1 bis 3 BKatV) für bestimmte ordnungswidrige Handlungen und Unterlassungen Bußgeld- und Verwarngeldtatbestände mit Grenzwerten vorsehen. Das Verwarnungsgeld sollte darin zur Vermeidung „krummer" Beträge in Höhen von 5,00 oder 10,00 Euro gestuft sein. Die Entscheidung, ob noch ein Verwarnungsgeld im vereinfachten Verfahren oder bereits eine Geldbuße im förmlichen Bußgeldverfahren angebracht ist, trifft ausschließlich die verantwortende Person der Verwaltungsbehörde. Der gesetzlich nicht vorgesehene automatisierte Einsatz künstlicher Intelligenz (KI) würde dem verfassungsrechtlichen Schuldprinzip widersprechen. Die Auslegung von Bußgeldkatalogen als Verwaltungsrichtlinien räumt ein Ermessen ein, da es im Gegensatz zu Verkehrsordnungswidrigkeiten (§ 24 StVG) keine Regelsätze (§ 1 Abs. 2 S. 1 BKatV) für Geldbußen und Verwarnungsgelder gibt.

2.1 Geringfügigkeit der Ordnungswidrigkeit

Die Beurteilung der Geringfügigkeit einer Ordnungswidrigkeit richtet sich nach dem Grad der Vorwerfbarkeit und der Bedeutung des Verstoßes.[4)] Der Verstoß darf nur ein solches Gewicht haben, dass sich eine Verwarnung mit Verwarnungsgeld noch als angemessene Ahndung der Ordnungswidrigkeit darstellt. Keine geringfügige Ordnungswidrigkeit liegt mehr vor, wenn

1) Eine Erhöhung dieser niedrigen Wertgrenze ist im Gesetzgebungsverfahren derzeit nicht vorgesehen.
2) Regelsätze für das Verwarnungsgeld (§ 1 S. 2, § 2 Abs. 2 BKatV) sind nur für Verkehrsordnungswidrigkeiten (§ 24 Abs. 1 durch den Bußgeldkatalog (§ 26a StVG), nicht aber sonstige vorgesehen.
3) Für die Ahndung sonstiger Ordnungswidrigkeiten besteht im Gegensatz zu Verkehrsordnungswidrigkeiten im Sinne des § 24 StVG kein Bußgeldkatalog in Form einer Rechtsverordnung. Die Bußgeldkatalogverordnung (§ 2 BKatV) gilt ausschließlich für Verkehrsordnungswidrigkeiten.
4) OLG Hamm, Beschl. vom 10.7.2019, Az. 3 RBs 82/19.

- der aus der Ordnungswidrigkeit gezogene wirtschaftliche Vorteil 55,00 Euro übersteigt,
- der Täter oder die Täterin mutwillig oder rücksichtslos gehandelt hat,
- der Täter oder die Täterin bereits wiederholt gleiche oder gleichartige Ordnungswidrigkeiten begangen hat,
- Zuwiderhandlung dieser Art häufig vorkommen

und eine Verwarnung mit Verwarnungsgeld (§ 56 Abs. 1 S. 1 OWiG) – auch unter Ausschöpfung des Verwarnungsgeldrahmens bis 55,00 Euro – ihren Zweck verfehlen würde. Die wirtschaftlichen Verhältnisse des Betroffenen brauchen dabei im Gegensatz zur Geldbuße (§ 17 Abs. 3 S. 2 OWiG) nicht berücksichtigt zu werden.[1] Auch Zahlungserleichterungen sind bei einer Verwarnung mit Verwarnungsgeld anders als bei der Geldbuße (§ 18 OWiG) nicht vorgesehen. Dieser Effekt kann aber mit einer Verlängerung der einwöchigen Zahlungsrist (§ 56 Abs. 2 S. 1 OWiG) erreicht werden.

2.2 Erteilung der Verwarnung

Die Verwarnung mit Verwarnungsgeld verlangt keine besonderen Formerfordernisse und kann daher mündlich, schriftlich durch Papierdokument und als elektronisches Dokument erteilt werden. Wegen des ausdrücklichen Wortlauts in § 56 Abs. 1 S. 1 OWiG kann eine Verwarnung nur an Betroffene als natürliche Personen als Folge menschlichen Handelns oder Unterlassens gerichtet werden. Die Erteilung einer Verwarnung gegenüber selbst handlungsunfähiger juristischen Personen oder Personenvereinigungen mit dem Vorhalt einer „von ihr begangenen Ordnungswidrigkeit" ist folglich rechtswidrig.[2] Einer Rechtsbehelfsbelehrung bedarf es nicht, weil kein befristeter Rechtsbehelf statthaft ist (§ 50 Abs. 2 OWiG). Eine Begründung (§ 34 StPO i. V. m. § 46 Abs. 1 OWiG) ist weder vorgeschrieben noch in der Verfahrenspraxis üblich.

Besondere Zumessungsrichtlinien für die Höhe des Verwarnungsgelds sind bei allgemeinen Ordnungswidrigkeiten nicht vorgesehen. In Anlehnung an § 17 Abs. 3 S. 1 OWiG für die Geldbuße werden die Bedeutung der Ordnungswidrigkeit und der den Täter oder die Täterin treffende Vorwurf zu berücksichtigen sein. Die wirtschaftlichen Verhältnisse des Betroffenen spielen gem. § 17 Abs. 3 S. 2 OWiG bei geringfügigen Ordnungswidrigkeiten i. d. R. keine Rolle.[3]

Kosten dürfen im Verwarnungsverfahren weder als Gebühren noch als Auslagen erhoben werden, da das Verwarnungsverfahren nach § 56 Abs. 3 S. 2 OWiG ausdrücklich völlig kostenfrei ist. Es ist daher rechtswidrig, neben dem Verwarnungsgeld weitere Beträge aufzuführen. Die Verwaltungsbehörde trägt daher ihre entstandenen Auslagen stets selbst. Eine „gebührenpflichtige" Verwarnung gibt es entgegen einer verbreiteten umgangssprachlichen Bezeichnung nicht.

---

1) OLG Hamm, Beschl. vom 10.7.2019, Az. 3 RBs 82/19; anderer Ansicht OLG Karlsruhe, Beschl. vom 13.10.2006, Az. 3 Ws (B) 52/12.

2) FG Düsseldorf, Urt. vom 4.11.2016, Az. 1 K 2470/14 L.

3) Die bei Verkehrsordnungswidrigkeiten (§ 24 Abs. 1 StVG) vorgesehene Ermäßigung des Verwarnungsgeldes auf 20,00 Euro bei außerordentlich schlechten wirtschaftlichen Verhältnissen von Betroffenen (§ 2 Abs. 5 BKatV) gilt für sonstige Ordnungswidrigkeiten nicht.

2.2.1 Mündliche Verwarnung

Die Ordnungswidrigkeit wird dem oder der Betroffenen bei einer mündlichen Verwarnung an Ort und Stelle vorgehalten und ein Verwarnungsgeld zwischen 5,00 und 55,00 Euro erhoben. Ist der oder die Betroffene mit der Verwarnung einverstanden, zahlt er oder sie das Verwarnung nach Bestimmung der Verwaltungsbehörde entweder sofort oder innerhalb einer Frist, die eine Woche betragen soll, so wird die Verwarnung ohne Weiteres wirksam (§ 56 Abs. 2 S. 1 OWiG).

- **Sofortige Zahlung**

Eine sofortige Zahlung des oder der Betroffenen im Anschluss an die Verwarnung ist nur möglich, wenn die verantwortende Person der Verwaltungsbehörde auch zur Entgegennahme des festgesetzten Verwarnungsgeldes befugt ist („Inkassobefugnis"). Der oder die Betroffene erhält dann über die Verwarnung, die Höhe des Verwarnungsgeldes und die sofortige Bezahlung eine Bescheinigung („Quittung", § 56 Abs. 3 S. 1 OWiG). Nur auf Euro lautende Banknoten sind das einzige unbeschränkte gesetzliche Zahlungsmittel (§ 14 Abs. 1 S. 2 BBankG), sodass eine Zahlung in Eurocent nicht entgegengenommen zu werden braucht. Dies gilt auch für Zahlungsmittel in fremden Währungen.

- **Zahlungsfrist**

Eine Zahlungsfrist von einer Woche soll bewilligt werden, wenn der oder die mit der Verwarnung einverstandene Betroffene das Verwarnungsgeld nicht sofort bezahlen kann oder es höher als 10,00 Euro ist (§ 56 Abs. 2 S. 2 OWiG). Eine längere Frist kann erforderlich sein, wenn dem oder der Betroffenen die Einhaltung der Wochenfrist aufgrund besonderer Umstände nicht möglich ist. Mit der stillschweigenden Verlängerung der Zahlungsfrist durch die Verwaltungsbehörde kann auch die Wirkung einer im Verwarnungsverfahren eigentlich nicht vorgesehenen „Ratenzahlung" erreicht werden.

Der oder die Betroffene erhält ein ausgedrucktes Dokument, in dem die Verwarnung, die Höhe des Verwarnungsgeldes und die bewilligte Zahlungsfrist bescheinigt sind (§ 56 Abs. 3 S. 1 OWiG). Zugleich erhält er oder sie einen Überweisungsträger (Verwarnung mit Zahlungsaufforderung – VmZ), aus dem die Stelle hervorgeht, an die das Verwarnungsgeld zu überweisen ist (§ 56 Abs. 2 S. 1 OWiG). Die Nutzung ist allerdings freiwillig, eine Zahlung kann auch durch elektronische Überweisung im Onlinebanking erfolgen.

Die Verwarnung setzt das Einverständnis des oder der Betroffenen mit der Erledigung in dieser Verfahrensart voraus.[1] Erklärt sich die angetroffene Person an Ort und Stelle – auch nach Hinweis auf den folgenden Bußgeldbescheid und dessen Kostenfolgen – mit der Verwarnung nicht einverstanden, ist ein förmliches Bußgeldverfahren einzuleiten. Dies erfolgt i. d. R. durch die Identitätsfeststellung (§ 163b Abs. 1 StPO i. V. m. § 46 Abs. 1 OWiG) erste Anhörung des oder der Betroffenen an Ort und Stelle (§ 55 OWiG i. V. m. § 163a Abs. 1 StPO), die vorläufig durch ein Protokoll aufgezeichnet wird (§ 168b Abs. 2 S. 1 StPO i. V. m. § 46 Abs. 1 OWiG).

1) OVG Nordrhein-Westfalen (Münster), Beschl. vom 11.4.2011, Az. 8 A 589/10.

Beispiel:

Der Betroffene wird vom Gemeindevollzugsdienst angetroffen, wie er in einer kommunalen Anlage verbotswidrig mitgebrachte Fleischstücke grillt. Er löscht widerwillig das Grillfeuer und lehnt das Angebot einer Verwarnung mit Verwarnungsgeld über 35,00 Euro nach dem Bußgeldkatalog der Gemeinde trotz Hinweises auf die Kosten eines nachfolgenden Bußgeldbescheides endgültig ab. Der Bedienstete der Gemeinde verlangt daraufhin die personenbezogenen Daten des Betroffenen und die Vorlage eines mitgeführten Personalausweises und gibt dem Betroffenen dann Gelegenheit zur Äußerung: „Sie können sich zur Ordnungswidrigkeit äußern, sind dazu aber nicht verpflichtet." Nachdem sich der Betroffene nicht zur Sache äußern möchte, nimmt der Bedienstete den Vorgang in sein Datenerfassungsgerät auf.

Die Verweigerung der Angabe zur Identitätsfeststellung verlangter personenbezogener Daten (§ 163b Abs. 1 StPO i. V. m. § 46 Abs. 1 OWiG) ist als Ordnungswidrigkeit in § 111 OWiG mit Geldbuße bedroht und stellt eine weitere Ordnungswidrigkeit in Tatmehrheit dar (§ 20 OWiG). Deswegen kommt eine Geldbuße von etwa 100,00 Euro in Betracht, sodass der Höchstbetrag des Verwarnungsgeldes von 55,00 Euro (§ 56 Abs. 1 S. 1 OWiG) regelmäßig überschritten und ein Bußgeldbescheid zu erlassen ist.

Wird die Vorlage eines Personalausweises verlangt, so ist zu beachten, dass deutsche Staatsangehörige ab 16 Jahren zwar einen gültigen Ausweis besitzen müssen, wenn sie der allgemeinen Meldepflicht unterliegen oder sich überwiegend in Deutschland aufhalten (§ 1 Abs. 1 S. 1 PAuswG). Eine Mitführungspflicht besteht jedoch nicht.[1] Die Vorlagepflicht und die Pflicht den Abgleich des Gesichts mit dem Lichtbild des Ausweises zu ermöglichen (§ 1 Abs. 1 S. 2 PAuswG) besteht nur dann, wenn der Personalausweis mitgeführt wird. Nur dann liegen auch Ordnungswidrigkeiten nach § 32 Abs. 1 Nr. 1 oder 2 PAuswG vor.

2.2.2 Elektronische oder schriftliche Verwarnung

Die Verwarnung wird als nicht befristet anfechtbare Maßnahme der Verwaltungsbehörde formlos bekanntgemacht (§ 50 Abs. 1 S. 1 OWiG). Es gibt also keinen „Verwarngeldbescheid" (§ 50 Abs. 1 S. 2 OWiG). Die Verwarnung mit Verwarnungsgeld kann nur dann als elektronisches Dokument erteilt und den Betroffenen in dieser Form mitgeteilt werden, wenn der Verwaltungsbehörde ein zugelassener sicherer Übermittlungsweg bekannt ist (§ 32a Abs. 4 S. 1 Nr. 1, 4, 5 StPO i. V. m. § 110c S. 1 OWiG). Dazu kommen derzeit nur das Bürger- und Organisationenpostfach und Bürgerpostfach im Portalverbund (BundID, künftig DeutschlandID, § 12 Abs. 1 S. 3 OZG) in Betracht (§ 32a Abs. 4 S. 1 Nr. 4 und 5 StPO i. V. m. § 110c S. 1 OWiG). Diese Voraussetzungen werden i. d. R. noch nicht vorliegen, sodass weiter eine schriftliche Verwarnung als Papierdokument durch Zusendung eines Ausdrucks an den Betroffenen mit einfachem Brief durch die Post erforderlich ist (§ 50 Abs. 1 S. 1 OWiG). Darin wird ihm oder ihr die Ordnungswidrigkeit vorgehalten und das Verwar-

1) BVerfG, Beschl. vom 24.7.2017, Az. 1 BvR 2501/13.

nungsgeld festgesetzt. Ein Zugangsnachweis ist nur bei einer elektronisch erteilten Verwarnung, nicht aber bei der Versendung eines Papierdokuments mit einfachem Brief (§ 50 Abs. 1 S. 1 OWiG) möglich. Hier ist allerdings der Zugang des Verwarnungsangebots das Risiko der Betroffenen. Sie haben keinen Anspruch auf ein vereinfachtes Verwarnungsverfahren und riskieren das förmliche Bußgeldverfahren mit Gebühr (§ 107 Abs. 1 S. 1 OWiG) und ggf. Zustellungspauschale (§ 107 Abs. 3 Nr. 2 OWiG). Bereits die Anordnung der ersten Anhörung (§ 55 OWiG i. V. m. § 163a Abs. 1 StPO) unterbricht die Verfolgungsverjährung (§ 33 Abs. 1 S. 1 Nr. 1, Abs. 2 OWiG), auch wenn das rechtliche Gehör dann erst nach Erlass des Bußgeldbescheides (§ 65 OWiG) mit dem Einspruch (§ 67 OWiG) wahrgenommen werden kann.

Hat ein Rechtsanwalt oder eine Rechtsanwältin bereits die Verteidigung des oder der Betroffenen angezeigt, so erhält er oder sie das elektronische Dokument zusätzlich über das besondere elektronische Anwaltspostfach (§ 31a BRAO) zur Kenntnisnahme (§ 32a Abs. 4 S. 1 Nr. 1 StPO i. V. m. § 110c S. 1 OWiG). Die Verwarnung ist aber immer an die Betroffenen selbst als Adresssaten, nicht an den Verteidiger oder die Verteidigerin zu richten. Eine elektronisch erteilte Verwarnung muss nur die Bezeichnung der Verwaltungsbehörde, nicht aber den Namen der verantwortenden Person enthalten. Es genügt, wenn diese Angaben in einer begleitenden Verfügung im elektronischen Aktenvorgang enthalten sind (§ 32b Abs. 1 S. 1 StPO i. V. m. § 110c S. 1 OWiG). Eine qualifizierte elektronische Signatur (Art. 3 Nr. 12 Verordnung [EU] Nr. 910/2014) ist bei einer Verwarnung nicht erforderlich (§ 32b Abs. 1 S. 2 StPO i. V. m. § 110c S. 1 OWiG).

2.2.3 Belehrung über die Freiwilligkeit

Für den Inhalt einer elektronischen oder schriftlichen Verwarnung ist neben dem Vorhalt der Ordnungswidrigkeit und der Erhebung des Verwarnungsgelds (§ 56 Abs. 1 S. 1 OWiG) nur die Belehrung über die Voraussetzungen der Wirksamkeit (§ 56 Abs. 2 S. 1 OWiG) gesetzlich vorgeschrieben. Gebühren und Auslagen dürfen nicht erhoben werden, da das Verwarnungsverfahren grundsätzlich kostenfrei ist (§ 56 Abs. 3 S. 2 OWiG). Es empfiehlt sich, den Tatvorwurf nach den Voraussetzungen des Bußgeldbescheids mit Tathergang, Tatzeit (§ 6 S. 1 OWiG) und Tatort (§ 7 Abs. 1 OWiG) und den gesetzlichen Merkmalen der Ordnungswidrigkeit (§ 66 Abs. 1 Nr. 3 OWiG) abzufassen, da der als elektronisches Dokument in der Bußgeldakte gespeicherte Wortlaut bei Unwirksamkeit der Verwarnung für den folgenden Erlass eines Bußgeldbescheids dann erneut verwendbar ist. Entgegen einer vielfachen Oberflächlichkeit in der Verfahrenspraxis ist auch der subjektive Tatbestand der Ordnungswidrigkeit nicht entbehrlich. Es ist daher auch darzustellen, ob die Ordnungswidrigkeit vorsätzlich oder fahrlässig begangen wurde. Die Angabe von Beweismitteln ist jedoch erst für den Bußgeldbescheid vorgeschrieben (§ 66 Abs. 1 Nr. 4 OWiG) und in einer Verwarnung überflüssig.

2.2.4 Annahme- und Äußerungsfreiheit

Die Annahme der Verwarnung mit Verwarnungsgeld ist freiwillig. Da das Verhalten des oder der Betroffenen nicht vorhersehbar ist, wird die Verwarnung mit Verwarnungsgeld üblicherweise mit einem Anhörungsdokument für den Fall der Nichtannahme der Verwarnung verbunden. Der oder die Betroffene erhält alternativ Gelegenheit zur Äußerung zur Ordnungswidrigkeit (§ 55 OWiG i. V. m. § 163a Abs. 1 StPO) für den Fall, dass er oder sie mit der Verwarnung nicht einverstanden ist. Das dienstliche Dokument dient damit zugleich als erste Maßnahme des Bußgeldverfahrens. Die Verwaltungsbehörde lässt

- die einwöchige Frist für die Zahlung des Verwarnungsgelds (§ 56 Abs. 2 S. 1 OWiG) und eine
- gleich lange Frist für die gegebenenfalls alternative Anhörung im Bußgeldverfahren (§ 55 OWiG i. V. m. § 163a StPO)

parallel laufen. Dadurch wird das Verfahren sehr beschleunigt. Dem oder der Betroffenen kann daher auch vor Augen geführt werden, dass das kostenfreie Verwarnungsverfahren (§ 56 Abs. 3 S. 2 OWiG) für ihn insgesamt günstiger ist als ein Bußgeldbescheid, der neben der Geldbuße auch die gesetzliche Mindestgebühr von 25,00 Euro (§ 107 Abs. 1 S. 1 OWiG) und die Zustellungspauschale von 3,50 Euro (§ 107 Abs. 3 Nr. 2 OWiG) enthält.[1] Es darf jedoch keinerlei Androhung einer grundlosen Erhöhung der Geldbuße gegenüber der Verwarnung erfolgen. In einem späteren Bußgeldverfahren kann der oder die Betroffene den Ansatz von Gebühren und Auslagen nicht mehr mit der Begründung angreifen, die Verwarnung sei mangels Zahlung des Verwarnungsgeldes noch nicht wirksam geworden.[2]

- **Zahlung des Verwarnungsgelds**

Das Verwarnungsgeld ist vollständig in Euro zu zahlen und zwar auch zum richtigen Aktenzeichen der verwarnenden Behörde.[3] Nur auf Euro lautende Banknoten sind das einzige unbeschränkte gesetzliche Zahlungsmittel (§ 14 Abs. 1 S. 2 BBankG), sodass eine Zahlung in anderen Währungen unwirksam ist. Die elektronische oder schriftliche Verwarnung wird nur mit der fristgerechten und vollständigen Zahlung des Verwarnungsgelds und dem damit schlüssig erklärten Einverständnis des Betroffenen wirksam (§ 56 Abs. 2 S. 2 OWiG). Dies gilt auch dann, wenn die Kasse der Verwaltungsbehörde das Verwarnungsgeld zurücküberweist, weil sie es nur mangels Angabe der Verwarnungsgeld-Nummer nicht verbuchen kann.[4] Das Einverständnis des oder der Betroffenen kann nachträglich nicht mehr zurückgenommen werden.[5] Bei einer verspäteten Einzahlung wird die Verwarnung ohne die Möglichkeit einer Wiedereinsetzung in den vorigen Stand unwirksam.[6] In der Verfahrenspraxis wird die gesetzliche Sollfrist von einer Woche durch stillschweigende Verlängerung auf meist drei oder vier Wochen als Behördenfrist gestreckt, um auch verspätete Zahlungen im Interesse der Verwaltungsbehörde noch als rechtzeitig behandeln zu können. Zweifel über die Rechtzeitigkeit der Einzahlung wirken sich zugunsten des Betroffenen aus.[7] Eine Bescheinigung (§ 56 Abs. 3 S. 1 OWiG) oder sonstige Mitteilung erfolgt nicht. Der Vorgang wird ohne Weiteres abgeschlossen.

---

1) Zur Verfahrensgebühr (§ 107 Abs. 1 OWiG) § 13 Nr. 3.8.1 und zur Zustellungspauschale (§ 107 Abs. 3 Nr. 2 OWiG) § 13 Nr. 3.8.2.
2) OLG Hamm, Beschl. vom 15.3.2011, Az. 5 RBs 254/10.
3) AG Dortmund, Beschl. vom 11.5.2017, Az. 729 OWi – 305 Js 2252/16 – 153/17.
4) AG Dortmund, Beschl. vom 11.5.2017, Az. 729 OWi – 305 Js 2252/16 – 153/17; AG Mainz, Beschl. vom 19.9.2005, Az. 3726 Js 6108/05.403 OWi.
5) OVG Nordrhein-Westfalen (Münster), Beschl. vom 11.4.2011, Az. 8 A 589/10.
6) AG Saalfeld, Beschl. vom 15.7.2005, Az. OWi 23/04.
7) OLG Köln, Beschl. vom 27.11.1984, Az. 1 Ss 730/84.

Weder das Einverständnis noch die Zahlung des Verwarnungsgelds muss durch den Betroffenen oder die Betroffene selbst erfolgen. Sie können sich auch für die Verwaltungsbehörde nicht erkennbar eines Vertreters oder einer Vertreterin bedienen. Besitzt diese Person allerdings keine auch nur formlose Vollmacht, ist ihre Einverständniserklärung bis zur Genehmigung durch den Betroffenen oder die Betroffene allerdings schwebend unwirksam (§ 177 Abs. 1 BGB). Sie wird mit der Verweigerung der Genehmigung endgültig unwirksam. Die Unwirksamkeit der Einverständniserklärung des vollmachtlosen Vertreters führt bei Eintritt der Verfolgungsverjährung zur Einstellung des Bußgeldverfahrens aus rechtlichen Gründen (§ 170 Abs. 2 S. 1 StPO i. V. m. § 46 Abs. 1 OWiG).[1)]

- **Äußerung des oder der Betroffenen**

Bestreitet der oder die Betroffene Täterschaft oder Begehung einer Ordnungswidrigkeit, wird die Verwarnung nicht wirksam, sodass das Verwarnungsverfahren zeitgleich von selbst endet (§ 56 Abs. 2 S. 2 OWiG). Durch die mit der Äußerung verbundene Wahrnehmung des rechtlichen Gehörs (§ 55 OWiG i. V. m. § 163a Abs. 1 StPO) ist zugleich das Bußgeldverfahren eingeleitet und die Verfolgungsverjährung durch die Anordnung der ersten Anhörung unterbrochen (§ 33 Abs. 1 S. 1 Nr. 1, Abs. 2 OWiG). Die Verwaltungsbehörde entscheidet nunmehr, ob der Tatnachweis geführt, keine Verfahrenshindernisse bestehen und die Ahndung im Sinne des § 47 Abs. 1 S. 1 OWiG geboten ist und erlässt gegebenenfalls nach dieser rechtlichen Prüfung ohne weiteren Zwischenschritt Abschlussverfügung (§ 61 OWiG) und Bußgeldbescheid (§ 65 OWiG). Andernfalls stellt sie das Bußgeldverfahren ein (§ 170 Abs. 2 S. 1 StPO i. V. m. § 46 Abs. 1 OWiG bzw. § 47 Abs. 1 S. 2 OWiG).[2)] Hier ist eine Sachentscheidung der Verwaltungsbehörde unumgänglich, da mit der Anhörung ein Bußgeldverfahren eingeleitet wurde und der oder die Betroffene durch die Anhörung davon Kenntnis erhalten hat.

- **Keine Zahlung oder Äußerung des oder der Betroffenen**

Zahlt der oder die Betroffene das Verwarnungsgeld nicht oder unvollständig und äußert sich auch nicht, so wird die Verwarnung nicht wirksam (§ 56 Abs. 2 S. 2 OWiG). Üblicherweise wartet die Verwaltungsbehörde drei bis vier Wochen ab Ausgang des Verwarnungsdokuments zu, um auch verspätete Verwarnungsgelder noch verbuchen zu können. Die gesetzliche Sollfrist von einer Woche (§ 56 Abs. 2 S. 1 OWiG) kann ohne Weiteres stillschweigend durch die Verwaltungsbehörde verlängert werden. Das Schweigen des oder der Betroffenen bedeutet, dass sie die Gelegenheit rechtlichen Gehörs (§ 55 OWiG i. V. m. § 163a Abs. 1 StPO) nicht wahrnehmen möchten. Zahlungs- und Äußerungsfrist laufen parallel. Die Verwaltungsbehörde erlässt dann einen Bußgeldbescheid nach Aktenlage. Danach eingehende Verwarnungsgelder können nicht mehr auf die Verwarnung verbucht werden, weil das Verwarnungsverfahren durch den erlassenen Bußgeldbescheid und damit das Bußgeldverfahren abgelöst worden ist. Wird der Bußgeldbescheid rechtskräftig, so kann das Verwarnungsgeld auf die Geldbuße verrechnet werden (§ 94 OWiG), andernfalls ist es zurückzuüberweisen.

1) AG Groß-Gerau, Beschl. vom 11.5.1993, Az. 3 OWi 28/93.
2) Zur Einstellung des Bußgeldverfahrens (§ 170 Abs. 2 S. 1 StPO i. V. m. § 46 Abs. 1 OWiG bzw. § 47 Abs. 1 S. 2 OWiG) § 11.

Behauptet der oder die Betroffene, er habe das durch einfachen Brief mitgeteilte Verwarnungsangebot (§ 56 Abs. 1 S. 1 OWiG) mit der alternativen Anhörung (§ 55 OWiG i. V. m. § 163a Abs. 1 StPO) nicht erhalten und sei folglich durch den Bußgeldbescheid (§ 65 OWiG) überrascht worden, so kann dies zwar nicht widerlegt werden. Ein Zugangsnachweis steht nur bei einer elektronischen Verwarnung mit Verwarnungsgeld zur Verfügung (§ 32a Abs. 5 S. 1 StPO i. V. m. § 110c S. 1 OWiG). Da der oder die Betroffene aber auch bei geringen Geldbußen keinen Anspruch auf ein vorgeschaltetes Verwarnungsverfahren hat, ist die Einwendung ohne Bedeutung. Auch der Vorwurf fehlenden rechtlichen Gehörs führt nicht zur Zurücknahme des Bußgeldbescheids, da es mit dem Einspruch gegen den Bußgeldbescheid (§ 67 OWiG) nachgeholt werden kann. Die Verwaltungsbehörde entscheidet dann im Zwischenverfahren, ob sie den Bußgeldbescheid aufrechterhält oder zurücknimmt (§ 69 Abs. 2 S. 1 OWiG). Der oder die Betroffene hat daher keinen endgültigen Rechtsnachteil. Die Verfolgungsverjährung ist bereits durch die Anordnung der ersten Anhörung unterbrochen (§ 33 Abs. 1 S. 1 Nr. 1, Abs. 2 OWiG), ohne dass es auf ihren Zugang ankommt.

Mit der Behauptung, nicht er oder sie, sondern die beauftragte Bank habe bei der Überweisung einen Fehler gemacht, wird der oder die Betroffene nicht gehört. Die rechtzeitige und vollständige Einzahlung des Verwarnungsgelds gehört zu den Mitwirkungspflichten des oder der Betroffenen (§ 56 Abs. 2 S. 1 OWiG), ist also eine Bringschuld.[1] Es ist also Sache des oder der Betroffenen, die Zahlung durch Überweisung des Geldbetrags fristgerecht sicherzustellen. Erleidet der oder die Betroffene tatsächlich durch das Verhalten einer von ihm beauftragten Bank einen wirtschaftlichen Schaden, so muss er diesen bei ihr wegen Nichterfüllung des Überweisungsauftrags (§ 670 BGB) privatrechtlich geltend machen.

2.2.5 Verspätete Zahlungen und Teilzahlungen

Nur die fristgemäße Zahlung des gesamten Verwarnungsgeldes führt zur Wirksamkeit der Verwarnung mit Verwarnungsgeld (§ 56 Abs. 2 S. 1 OWiG). Teil- oder Ratenzahlungen sind im Verwarnungsverfahren grundsätzlich nicht möglich, da § 56 Abs. 2 OWiG nur die Einräumung einer Zahlungsfrist vorsieht.[2] Zahlt der oder die Betroffene aber z. B. eigenmächtig ein Verwarnungsgeld von 30,00 Euro in monatlichen Raten von 10,00 Euro, so kann die Zahlungsfrist durch die Verwaltungsbehörde stillschweigend verlängert und die Wirksamkeit der Verwarnung ohne Erlass eines Bußgeldbescheids herbeigeführt werden.[3] Die bloße Annahme des Verwarnungsgelds durch die Verwaltungsbehörde stellt allerdings noch keine stillschweigende Verlängerung der Zahlungsfrist dar.[4]

Nach dem Erlass eines Bußgeldbescheides ist allerdings eine Zahlung auf das Verwarnungsgeld wegen Unwirksamkeit der Verwarnung nicht mehr möglich.[1] Ärgerlich ist, wenn der oder die Betroffene es auf einen rechtskräftigen Bußgeldbescheid ankommen lässt und dann nur das Verwarnungsgeld unter der Verwarnungsgeldnummer einzahlt. Dieses darf nach § 94 OWiG mangels anderweitiger Bestimmung

1) AG Saalfeld, Beschl. vom 15.7.2005, Az. OWi 23/04.
2) Die Bestimmung für Zahlungserleichterungen in § 18 OWiG gilt nur für die Geldbuße.
3) OLG Koblenz, Beschl. vom 6.7.1978, Az. 1 Ss 330/78.
4) OLG Köln, Beschl. vom 16.9.1983, Az. 3 Ss 620/83 B (305).

des oder der Betroffenen nur auf die Geldbuße verrechnet werden, sodass die einschlägige Mindestgebühr von 25,00 Euro (§ 107 Abs. 1 S. 1 OWiG) und die Auslagenpauschale für die Zustellung des Bußgeldbescheides als Papierdokument von 3,50 Euro (§ 107 Abs. 3 Nr. 2 OWiG) übrigbleiben.[1)] Eine Erzwingungshaft ist nur zur Durchsetzung der Geldbuße (§ 96 Abs. 1 OWiG), nicht aber Gebühr und Auslagen zulässig. Die Verwaltungsvollstreckung wegen des Kleinbetrags von 28,50 Euro wird die für die Vollstreckungsbehörde entstehenden Kosten kaum rechtfertigen.[2)]

2.3 Verbuchung des Verwarnungsgelds

Verwarnungsgelder sind bei der Kasse des Verwaltungsträgers auf besondere Sollstellungen zu verbuchen („Verwarnungsgeldnummer"), die eine Vollstreckungssperre aufweisen. Da das Verwarnungsverfahren für den Betroffenen oder die Betroffene freiwillig ist (§ 56 Abs. 2 S. 1 OWiG), darf nicht einmal eine Zahlungsaufforderung oder Mahnung (§ 90 Abs. 1 OWiG i. V. m. § 3 VwZG) erfolgen.[3)] Auch eine „Zahlungserinnerung" ist daher überflüssig. Eine Verwarnung mit Verwarnungsgeld ist als mitwirkungsbedürftiger Verwaltungsakt grundsätzlich vollstreckungsunfähig. Geht das Verwarnungsgeld rechtzeitig, gegebenenfalls innerhalb stillschweigender Verlängerung der Zahlungsfrist von einer Woche (§ 56 Abs. 2 S. 1 OWiG) und vollständig bei der Kasse ein, ist die Verwarnung ohne weiteren Vorgang wirksam. Andernfalls teilt die Kasse der verantwortenden Person der Bußgeldstelle den ausbleibenden oder unvollständigen Eingang zum Erlass eines Bußgeldbescheids als Vollstreckungstitel mit. Diese entscheidet dann durch Abschlussverfügung (§ 61 OWiG) über den weiteren Fortgang des Bußgeldverfahrens.

Barzahlungen können dem Betroffenen nicht verboten werden, weil sie gesetzlich ausdrücklich vorgesehen sind (§ 56 Abs. 2 S. 1 OWiG). Fremde Währungen außer dem Euro als in Deutschland alleinigem gesetzlichen Zahlungsmittel (§ 14 Abs. 1 S. 2 BBankG) und Scheckeinreichungen anstelle einer Zahlung (Art. 1 ff. ScheckG) brauchen dagegen nicht angenommen zu werden. Die Verwaltungsbehörde braucht auch keine Münzen anzunehmen, weil nur Euro-Banknoten gesetzliche Zahlungsmittel sind (§ 14 Abs. 1 S. 2 BBankG). Der oder die Betroffene kann also nicht mit 5500 Münzen über jeweils einen Eurocent bei der Kasse erscheinen, um ein Verwarnungsgeld von 55,00 Euro in bar zu bezahlen.

Besondere Sorgfalt ist bei der Verbuchung überwiesener Verwarnungsgelder notwendig, da der oder die Betroffene nicht verpflichtet werden kann, den von der Verwaltungsbehörde mitübersandten Überweisungsträger zu verwenden. Auch „Sammelüberweisungen" mit anderen Beträgen wie verwaltungsrechtlichen Gebühren und Abgaben sind möglich, soweit die das Verwarnungsgeld durch das zutreffend angegebene Aktenzeichen zuordenbar ist.[4)] Gelegentlich weisen von Betroffenen selbst ausgefüllte Überweisungsträger und elektronische Überweisungen im Online-

1) Zur Verfahrensgebühr (§ 107 Abs. 1 OWiG) § 13 Nr. 3.8.1 und zur Zustellungspauschale (§ 107 Abs. 3 Nr. 2 OWiG) § 13 Nr. 3.8.2.

2) Zur Verwaltungsvollstreckung des Bußgeldbescheides (§ 90 OWiG) § 23 Nr. 2, zur Anordnung der Erzwingungshaft (§ 96 OWiG) § 23 Nr. 6.

3) Zur Mahnung bezüglich des Bußgeldbescheides (§ 90 Abs. 1 OWiG i. V. m. § 3 VwVG und entsprechende landesrechtliche Vorschriften) § 23 Nr. 5.2.

4) AG Dortmund, Beschl. vom 11.5.2017, Az. 729 OWi – 305 Js 2252/16 – 153/17; AG Mainz, Beschl. vom 19.9.2005, Az. 3726 Js 6108/05.403 OWi.

banking Flüchtigkeitsfehler z. B. bei der fortlaufenden Verwarnungsnummer auf. Soweit das Verwarnungsgeld noch einem Vorgang gegebenenfalls durch Rückfrage zuzuordnen ist, muss dies geschehen und darf keine voreilige Rücküberweisung stattfinden. Die Verwarnung könnte nämlich durch Einverständnis und Zahlung wirksam (§ 56 Abs. 2 S. 1 OWiG) und eine mangels Vollstreckbarkeit Rück- oder Neuforderung ausgeschlossen sein. Wegen der Wirksamkeit der Verwarnung könnte auch kein Bußgeldbescheid mehr erlassen werden (§ 56 Abs. 4 OWiG). Grundsätzlich können Organisationsmängel im Kassenwesen der Verwaltungsbehörde nicht dem oder der Betroffenen angelastet werden.[1)]

Beispiel:

Der Betroffene überweist mit der Gewerbe- und Grundsteuer an eine Gemeinde auch eine „Strafe“ von 30,00 Euro wegen angeblicher Stadtverschmutzung ohne oder mit einem „Zahlendreher“ bei der Verwarnungsgeldnummer. Die Stadtkasse erfährt durch Rückfrage bei der Bußgeldstelle unter Mitteilung der (richtigen) Verwarnungsgeldnummer, dass es sich um ein Verwarnungsgeld von 30,00 Euro wegen einer Zuwiderhandlung gegen die städtische Abfallsatzung handelt. Das Verwarnungsgeld wird hierauf verbucht und der Vorgang abgeschlossen.

Aufwendungen für erforderliche Nachforschungen können wegen der Kostenfreiheit des Verwarnungsverfahrens (§ 56 Abs. 3 S. 2 OWiG) nicht auf Betroffene überwälzt werden. Auch Beschimpfungen auf dem Überweisungsträger machen eine Verwarnung nicht unwirksam, sondern eröffnen allenfalls die Strafanzeige an Staatsanwaltschaft oder Polizei (§ 158 StPO) wegen Beleidigung (§ 185 StGB). Hier ist die dreimonatige Strafantragsfrist zu beachten (§ 190 Abs. 1 S. 1, § 77b Abs. 1 StGB).

2.4 Anfechtbarkeit der Verwarnung

Gegen die Verwarnung ist der Antrag auf gerichtliche Entscheidung (§ 62 OWiG) unbefristet statthaft, solange der oder die Betroffene an der Anfechtung ein rechtliches Interesse daran besitzt. Eine Rechtsbehelfsbelehrung ist daher weder vorgeschrieben noch in der Verfahrenspraxis üblich (§ 50 Abs. 2 OWiG). Der Antrag auf gerichtliche Entscheidung kann nur gegen eine wirksame Verwarnung gestellt und nur auf Verfahrensmängel gestützt werden. Mit der Behauptung, es liege keine Ordnungswidrigkeit vor, werden Betroffene nicht gehört, weil sie sich sonst mit ihrem eigenen Einverständnis zur Verwarnung in Widerspruch setzen würden. Mit dem Antrag auf gerichtliche Entscheidung kann nur vorgetragen werden,

- die Belehrung über die Freiwilligkeit der Verwarnung mit Verwarnungsgeld (§ 56 Abs. 2 S. 1 OWiG) sei falsch oder missverständlich gewesen,
- die Zustimmung sei unter Drohung, Täuschung oder sonst unzulässigen Methoden im Sinne des § 136a StPO i. V. m. § 46 Abs. 1 OWiG erschlichen worden,
- das Verwarnungsgeld sei bei einer elektronischen oder schriftlichen Verwarnung von einer unbefugten Person ohne Wissen und Einverständnis des oder der Betroffenen bezahlt worden,

1) AG Dortmund, Beschl. vom 11.5.2017, Az. 729 OWi – 305 Js 2252/16 – 153/17.

- die Erteilung der Verwarnung sei willkürlich, weil das Bußgeldverfahren nach Zurücknahme des Bußgeldbescheids (§ 69 Abs. 2 S. 1 OWiG) hätte eingestellt werden müssen und die Verwaltungsbehörde die drohende Übernahme der Anwaltskosten des Betroffenen (§ 105 Abs. 1 OWiG i. V. m. § 467a Abs. 1 S. 1 StPO) habe umgehen wollen.

Der Antrag auf gerichtliche Entscheidung ist mangels einer entsprechenden gesetzlichen Bestimmung in § 56 OWiG nicht befristet.

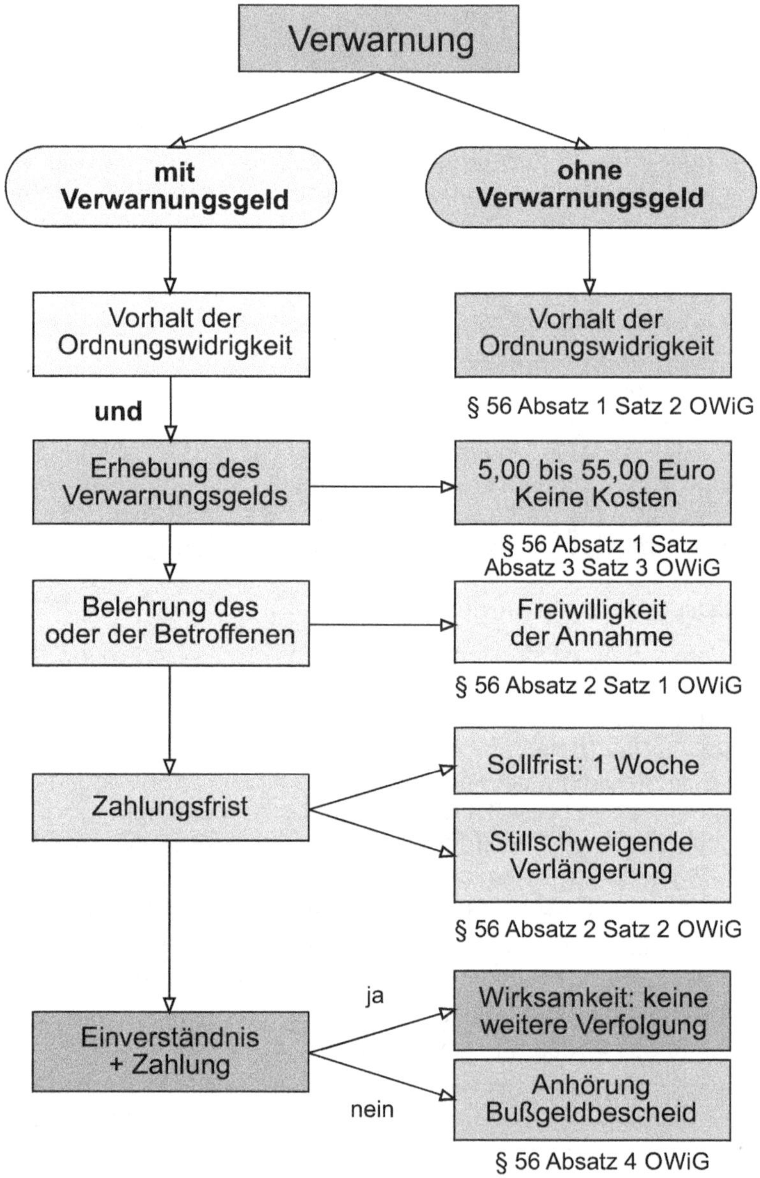

Abb. 1: Verwarnung des oder der Betroffenen (§ 56 OWiG)

2.5 Höhe der Geldbuße in nachfolgendem Bußgeldbescheid

Bleibt eine Verwarnung wegen nicht erfolgter Zahlung des Verwarnungsgeldes unwirksam (§ 56 Abs. 2 S. 1 OWiG), so stellt sich die Frage, ob in einem nachfolgenden Bußgeldbescheid eine Bindung an die Höhe des Verwarnungsgeldbetrags von 5,00 bis 55,00 Euro (§ 56 Abs. 1 S. 1 OWiG) besteht. Eine gesetzliche Regelung hierzu besteht nicht. Die Geldbuße ist daher unabhängig vom Verwarnungsgeld nach § 17 OWiG neu festzusetzen. Ändert sich aber der Sachverhalt zwischen der Erteilung der Verwarnung und dem Erlass des Bußgeldbescheids nicht, so wäre es krass willkürlich, die Geldbuße zur „Bestrafung" des oder der Betroffenen zu erhöhen. Das Verwarnungsverfahren ist ein vereinfachtes, aber freiwilliges Verfahren (§ 56 Abs. 2 S. 1 OWiG). Ist der Übergang vom Verwarnungs- zum Bußgeldverfahren willkürlich und aus sachlichen Gründen nicht nachvollziehbar, muss die Verwaltungsbehörde auf den Rechtsbehelf des oder der Betroffenen mit der gerichtlichen Aufhebung der Gebühren- und Auslagenentscheidung des Bußgeldbescheides (§ 107 Abs. 1, 3 OWiG) rechnen.[1] Ergeben sich aber schärfende Umstände, so ist eine Erhöhung der Geldbuße gegenüber dem Verwarnungsgeld aus den Gründen des § 17 Abs. 3 S. 1 OWiG ohne Weiteres möglich. Dies kommt vor allem dann in Betracht, wenn die Verwaltungsbehörde bei der Verwarnung von fahrlässigem Verhalten des oder der Betroffenen ausgegangen ist, sich aber aus der Anhörung vorsätzliches ergibt und damit die „Halbierungsregelung" des § 17 Abs. 2 OWiG entfällt.[2]

Beispiel:

Der Betroffene nimmt eine Verwarnung mit Verwarnungsgeld über 55,00 Euro wegen einer fahrlässigen Ordnungswidrigkeit gegen die Pflicht zur Gewerbeanmeldung nicht an, sondern schreibt bei der Anhörung, er habe das Gewerbe „rückwirkend" angemeldet, weil er zunächst ein paar Monate sehen wollte, ob sich das Geschäft auch lohnt. Die Verwaltungsbehörde erlässt daraufhin einen Bußgeldbescheid über 80,00 Euro wegen einer vorsätzlichen Ordnungswidrigkeit.

Eine Erhöhung kann sich auch ergeben, wenn nachträglich im Bußgeldverfahren festgestellt wird, dass es sich um einen Wiederholungsfall handelt.

Beispiel:

Bei der gewerberechtlichen Nachschau auf einem festgesetzten Jahrmarkt (§ 68 Abs. 2 GewO) stellt das örtliche Gewerbeamt bei einem Gewerbetreibenden einen Auflagenverstoß (§ 69a Abs. 2 GewO) fest. Der Betroffene nimmt die mündlich angebotene Verwarnung mit Verwarnungsgeld über 55,00 Euro nicht an und äußert sich auch nicht zur Anhörung (§ 55 OWiG). Eine Rückfrage beim für den Geschäftssitz zuständigen Gewerbeamt ergibt, dass ein bisher nicht erkannter Wiederholungsfall vorliegt. Es handelt sich um die vierte Zuwiderhandlung inner-

---

1) AG Rudolstadt, Beschl. vom 15.11.2006, Az. OWi 194/06.

2) Zur Halbierung des Bußgeldrahmens bei fahrlässigem Handeln (§ 17 Abs. 2 OWiG) § 13 Nr. 3.6.3.2.

halb von zwei Jahren. Die Verwaltungsbehörde erlässt daraufhin einen Bußgeldbescheid über 250,00 Euro, der nunmehr auch zur Mitteilung an das Gewerbezentralregister führt (§ 149 Abs. 2 S. 1 Nr. 3 GewO).

3. Zurücknahme der Verwarnung

Eine gesetzliche Regelung zur Zurücknahme einer Verwarnung besteht im Gegensatz zum Bußgeldbescheid (§ 69 Abs. 2 S. 1 OWiG) nicht. Es ist trotzdem allgemein anerkannt, dass die Verwaltungsbehörde die Verwarnung bis zu ihrer Wirksamkeit, d. h. bis zu einem Widerspruch des oder der Betroffenen bzw. bis zur vollständigen Zahlung des Verwarnungsgelds, ohne Zustimmung des oder der Betroffenen und formlos (§ 50 Abs. 1 S. 1 OWiG) zurücknehmen kann.[1] Dies bedeutet, dass die Verwarnung mit Verwarnungsgeld auch dann nicht mehr wirksam werden kann, wenn der oder die Betroffene nunmehr das Verwarnungsgeld vollständig einbezahlt. Im nachfolgenden Erlass eines Bußgeldbescheides vor der Wirksamkeit der Verwarnung mit Verwarnungsgeld liegt eine konkludente Zurücknahme des Verwarnungsgeldangebotes. Der Vertrauensschutzgedanke hindert die Zurücknahme des Verwarnungsgeldangebots an den Betroffenen oder die Betroffene durch die Verwaltungsbehörde bis zur Wirksamkeit grundsätzlich nicht.[2]

4. Beschränktes Verfolgungshindernis

Ist die Verwarnung mit Verwarnungsgeld (§ 56 Abs. 1 S. 1 OWiG) wirksam, so kann die Tat nicht mehr unter den tatsächlichen und rechtlichen Gesichtspunkten verfolgt werden, unter denen die Verwarnung erteilt worden ist (§ 56 Abs. 4 OWiG). Es entsteht ein beschränktes Verfahrenshindernis, das im Gegensatz zum Bußgeldbescheid nicht den gesamten Tathergang (§ 66 Abs. 1 Nr. 3 OWiG) umfasst. Erstreckt sich eine Dauerordnungswidrigkeit über den Zeitpunkt der Erteilung einer Verwarnung mit Verwarnungsgeld hinaus, kann der überschießende Tatzeitraum als Ordnungswidrigkeit verfolgt werden.[3] Die Wirksamkeit der Verwarnung entfällt nicht dadurch, dass die Verwaltungsbehörde das Verwarnungsgeld an den Betroffenen oder die Betroffene zurückgezahlt hat.[4] Ergeht wegen desselben Sachverhalts ein Bußgeldbescheid durch eine Verwaltungsbehörde (§ 65 OWiG), so ist er auf den Einspruch des oder der Betroffenen zurückzunehmen (§ 69 Abs. 2 S. 1 OWiG) und das Bußgeldverfahren aus rechtlichen Gründen einzustellen (§ 170 Abs. 2 S. 1 StPO i. V. m. § 46 Abs. 1 OWiG). Im gerichtlichen Bußgeldverfahren führt das Verfahrenshindernis zur Einstellung des Bußgeldverfahrens (§ 206a StPO i. V. m. § 46 Abs. 1 OWiG).[5]

1) KG (Berlin), Beschl. vom 4.10.1994, Az. 2 Ss 194/94 – 3 Ws (B) 351/94.
2) KG (Berlin), Beschl. vom 8.11.1989, Az. 2 Ss 175/89 – 3 Ws (B) 280/89.
3) BayObLG, Beschl. vom 9.7.1971, Az. RReg 2 St 548/71 OWi.
4) AG Mainz, Beschl. vom 09.2005, Az. 3726 Js 6108/05.403 OWi.
5) AG Dortmund, Beschl. vom 11.5.2017, Az. 729 OWi – 305 Js 2252/16 – 153/17.

Muster 12.1: Erteilung einer Verwarnung mit Verwarnungsgeld (§ 56 OWiG)

Stadt Münsterberg

Bußgeldstelle

Stadt Münsterberg, 99090 Münsterberg

Dienstgebäude	Schubertstraße 36 99090 Münsterberg
Bearbeitung	Frau Weber
Telefon	(0987) 9878-987
E-Mail	weber.bs@muensterberg.de

Frau
Sieglinde Mittag
Erfurter Straße 45
99094 Münsterberg

Ihr Zeichen, Ihre Nachricht vom	Bitte bei Antwort angeben Unser Zeichen, Unsere Nachricht vom	Datum
	OWi – 0987665/26	21.10.2026

Verwarnung mit Verwarnungsgeld und Anhörung wegen einer Ordnungswidrigkeit

Sehr geehrte Frau Mittag,

nach unseren Feststellungen haben Sie folgende Ordnungswidrigkeit begangen:

Sie spielten am Sonntag, den 11.10.2026, in den öffentlichen Anlagen im Goethepark zwischen 13.00 Uhr und 13.30 Uhr wissentlich laute Musik aus einem elektronischen Gerät mit Lautsprechern ab.

Ordnungswidrig handelt,

wer entgegen § 7 Abs. 2 Lärmbekämpfungsverordnung der Stadt Münsterberg vom 17.3.2023 vorsätzlich Tonwiedergabegeräte in öffentlichen Anlagen benutzt.

Verletzte Bußgeldvorschrift

§ 19 Abs. 1 Nr. 8 Lärmbekämpfungsverordnung der Stadt Münsterberg vom 17.3.2023 (Abl. S. 23).

Wegen dieser Zuwiderhandlung verwarnen wir Sie und erheben ein

Verwarnungsgeld von 25,00 Euro.

Das Gesetz über Ordnungswidrigkeiten (OWiG) sieht die Verwarnung mit Verwarnungsgeld als Vorhalt einer geringfügigen Ordnungswidrigkeit vor (§ 56 Abs. 1 S. 2 OWiG). Weitere Kosten (Gebühren und Auslagen) werden nicht erhoben (§ 56 Abs. 3 S. 2 OWiG). Ist die Verwarnung wirksam, so kann eine anderweitige Verfolgung unter den tatsächlichen oder rechtlichen Gesichtspunkten, unter denen sie erteilt wurde, nicht mehr erfolgen (§ 56 Abs. 4 OWiG).

– **Sind Sie mit der Verwarnung einverstanden,**

  so bitten wir Sie, das Verwarnungsgeld entweder elektronisch unter Angabe der **Verwarnungsgeldnummer 1234567** oder unter Verwendung des anliegenden Überweisungsträgers auf unser dort angegebenes Konto einzubezahlen. Die Zahlung muss in jedem Fall bis zum Ablauf der Frist von sieben Tagen ab Zugang dieses Dokuments eingegangen sein. Bei verspäteten Zahlungen müssen Sie mit der Einleitung eines förmlichen Bußgeldverfahrens rechnen.

Telefonzentrale
(0899) 123-0
Internet
www.Muensterberg.de

Servicezeiten
Mo-Mi 7.30-16.30 Uhr
Do 7.30-17.30 Uhr
Fr 7.30-12.00 Uhr

Öffentliche Verkehrsmittel
Stadtbus Linie 6
Haltestelle Mitte

Bankverbindung
Kreissparkasse Münsterberg
IBAN DE2040000000123456
BIC GROBDE77XX
Volksbank Münsterberg
IBAN DE2040000000234567
BIC GROBDE87XX

Besonderes elektronisches Behördenpostfach
Ordnungsamt@muensterberg .de

- **Sind Sie mit der Verwarnung nicht einverstanden,**

  müssen Sie mit dem Erlass eines Bußgeldbescheides rechnen. Bitte bedenken Sie bei Ihrer Entscheidung, dass dabei voraussichtlich weitere Kosten (Verfahrensgebühr und Auslagen für die Zustellung) zu Ihren Lasten anfallen werden.

Sofern Sie mit der Verwarnung nicht einverstanden sind, erhalten Sie hiermit Gelegenheit zur elektronischen oder schriftlichen Äußerung zum Vorwurf der Ordnungswidrigkeit (Anhörung als Betroffener gem. § 55 OWiG). In diesem Fall bitten wir Sie, das

beigefügte Äußerungsdokument innerhalb einer Woche

ab Zugang mit den dort vorgesehenen Angaben zur Person zurückzusenden. Sie können dazu das von uns bereitgestellte Äußerungsdokument verwenden, sich aber auch unmittelbar elektronisch äußern. Bitte rufen Sie dazu das Internetportal der Bußgeldstelle der Stadt Münsterberg mit dem Stichwort „Online-Anhörung“ und geben Sie dort in den zwei Eingabefeldern Ihre PIN <Zahl> und das Passwort <Passwort> ein. Sie können sich ferner im Dateiformat PDF/A (portable document format) über einen zugelassenen sicheren Übermittlungsweg, z. B. Ihr Bürgerpostfach im Portalverbund (BundID, künftig DeutschlandID, § 12 Abs. 1 S. 3 OZG) äußern (§ 32a Abs. 4 S. 1 Nr. 4 StPO i. V. m. § 110c S. 1 OWiG).

Falsche oder unterbliebene Angaben zur Person können als weitere Ordnungswidrigkeit verfolgt werden (§ 111 OWiG). Im Übrigen steht es Ihnen nach dem Gesetz frei, sich zur Beschuldigung zu äußern oder nicht zur Sache auszusagen (§ 136 Abs. 1 S. 2 StPO i. V. m. § 46 Abs. 1 OWiG).

Sollten Sie das Verwarnungsgeld nicht einbezahlen und sich nicht äußern, müssen Sie mit dem Erlass eines kostenpflichtigen Bußgeldbescheides nach Aktenlage rechnen. Dieser enthält außer der Geldbuße eine Gebühr von 25,00 Euro (§ 107 Abs. 1 S. 3 OWiG) und gegebenenfalls die Zustellungspauschale von 3,50 Euro (§ 107 Abs. 3 Nr. 2 OWiG).

Anlage

1 Äußerungsdokument

Mit freundlichen Grüßen

Stadt Münsterberg, Bußgeldstelle

Muster 12.2: Äußerungsdokument des Betroffenen

Az. OWi – 0987665/26 *Münsterberg, 25.10.2026*

Zurück an:

Stadt Münsterberg
Bußgeldstelle
Postfach 4567

Äußerung zu einer Ordnungswidrigkeit (§ 55 OWiG)

Bitte an das besondere elektronische Behördenpostfach zurücksenden!

1. Angaben zur Person (Pflichtangaben):

Name (Ehename)	*Mittag*
Vornamen	*Sieglinde*
gegebenenfalls Geburtsname	*Ludwig*
Anschrift (Straße Nummer, PLZ Ort, Kreis)	*Erfurter Str. 45 54343 Münsterberg*
Geburtsdatum	*10.5.2003*
Geburtsort (Kreis)	*Münsterberg*

2. Angaben zur Sache (Freiwillige Angaben):

Die Musik habe nicht ich, sondern ein Freund abgespielt, der mit mir den Park besucht hat.

Mittag

(Unterschrift)

III. Kapitel
Erlass des Bußgeldbescheids

§ 13
Erlass des Bußgeldbescheids

Die Ordnungswidrigkeit wird im Bußgeldverfahren der Verwaltungsbehörde durch einen Bußgeldbescheid geahndet (§ 65 OWiG), in dem die Festsetzung von Geldbuße(n) und Nebenfolgen gegen den Betroffenen oder die Betroffene erfolgen.[1] Eine Verwarnung des Betroffenen mit Verwarnungsgeld ist nur bei geringfügigen Ordnungswidrigkeiten bis zur Obergrenze von 55,00 Euro möglich (§ 56 Abs. 1 S. 1 OWiG).[2] Der Erlass eines Bußgeldbescheides setzt voraus:

- Zuständigkeit der Verwaltungsbehörde (§ 36 bis 39 OWiG),[3]
- Abgeschlossene Aufklärung des Sachverhalts (§ 61 OWiG),[4]
- Anhörung von Betroffenen (§ 55 OWiG i. V. m. § 163a Abs. 1 StPO),[5]
- Gesicherter Tatnachweis der Ordnungswidrigkeit (Art. 6 Abs. 2 EMRK),[6]
- Fehlen von Verfolgungshindernissen, insbesondere der Verfolgungsverjährung (§ 31 OWiG),[7]
- Gebotenheit der Ahndung nach dem Opportunitätsprinzip (§ 47 Abs. 1 S. 1 OWiG).[8]

Mit dem Erlass des Bußgeldbescheides ist das Vorverfahren des Bußgeldverfahrens abgeschlossen. Es geht von der Verfolgung auf die Ahndung der Ordnungswidrigkeit über.

1. Abschlussverfügung

Die Verwaltungsbehörde vermerkt den Abschluss der Ermittlungen in den Bußgeldakten, wenn sie die weitere Verfolgung der Ordnungswidrigkeit durch einen Bußgeldbescheid oder diesem gleichgestellten Bescheid erwägt (§ 61 OWiG), das Bußgeldverfahren also weder einstellt noch nur eine Verwarnung erteilt. Diese „Abschlussverfügung" verfügt die verantwortende Person der Verwaltungsbehörde durch elektronisches Dokument in der Bußgeldakte (§ 32b Abs. 2 StPO i. V. m.

---

1) Führt die Verwaltungsbehörde ein selbstständiges Verfahren gegen Beteiligte, die keine Betroffene sind, setzt sie Nebenfolgen der Ordnungswidrigkeit wie die Einziehung von Gegenständen (§ 27 OWiG) oder des Wertes von Taterträgen (§ 29a OWiG) durch Einziehungsbescheid (§ 87 OWiG, hier im Handbuch § 17 Nr. 16) oder die Geldbuße gegen juristische Personen und Personenvereinigungen (§ 30 OWiG) durch einheitliche oder selbstständige Bußgeldbescheide (§ 88 OWiG, hier im Handbuch § 15) fest.

2) Zur Verwarnung mit Verwarnungsgeld (§ 56 Abs. 1 Nr. 1 OWiG) § 12.

3) Zur sachlichen und örtlichen Zuständigkeit der Verwaltungsbehörde (§§ 36 bis 39 OWiG) § 2 Nr. 2.

4) Zur Aufklärung des Sachverhalts durch Ermittlungshandlungen der Verwaltungsbehörde § 6.

5) Zur Anhörung von Betroffenen (§ 55 OWiG i. V. m. § 163a StPO) § 6 Nr. 6.

6) Kann der Tatnachweis nicht geführt werden, ist das Bußgeldverfahren aus tatsächlichen Gründen einzustellen (§ 170 Abs. 2 S. 1 StPO i. V. m. § 46 Abs. 1 OWiG), § 11.

7) Zur Verfolgungsverjährung von Ordnungswidrigkeiten (§ 31 OWiG) § 2 Nr. 4.2.2.

8) Die Verwaltungsbehörde stellt das Bußgeldverfahren nach pflichtgemäßem Ermessen gem. § 47 Abs. 1 S. 2 OWiG ein, wenn die Ahndung der Ordnungswidrigkeit nicht im öffentlichen Interesse geboten erscheint § 11 Nr. 1.

§ 110c S. 1 OWiG), der üblicherweise mit der Wendung „Die Ermittlungen sind abgeschlossen“ oder „Die Ermittlungen sind in Richtung des Betroffenen ... abgeschlossen“ beginnt.[1] Die Abschlussverfügung ist mit der Namenswiedergabe der verantwortenden Person, also durch einfache elektronische Signatur aktenkundig zu machen (§ 32b Abs. 1 S. 1 StPO i. V. m. § 110c S. 1 OWiG). Eine qualifizierte elektronische Signatur (Art. 3 Nr. 12 Verordnung [EU] Nr. 910/2014) ist nicht erforderlich (§ 32b Abs. 1 S. 2 StPO i. V. m. § 110c S. 1 OWiG). Abweichend vom Strafverfahren ist bei der automatisierten Herstellung eines zu signierenden elektronischen Dokuments statt seiner die begleitende Verfügung zu signieren (§ 110c S. 2 OWiG). Die Namenswiedergabe der verantwortenden Person braucht also nur auf der Abschlussverfügung in der Bußgeldakte, nicht aber auf dem übermittelten Bußgeldbescheid vorhanden sein.[2] Sie kann auch sonst im verwendeten System etwa in einer Datei mit der Verfahrenshistorie hinterlegt sein. Es muss aus der Bußgeldakte auch für Betroffene, Verteidigende und Gerichte nur nachvollziehbar festzustellen sein, dass der Bußgeldbescheid tatsächlich von der verantwortenden Person erstellt und nicht automatisch von der Software vorgetäuscht worden ist.[3] Daher genügt auch die Hinterlegung der Namensangabe in einer zentralen Datei, auf die aus der Abschlussverfügung zugegriffen werden kann. Ein automatisiert durch die verwendete Software erzeugtes Dokument wäre als vorgetäuschter „Bußgeldbescheid“ nichtig.[4] Ein durch künstliche Intelligenz (KI) auf der Grundlage von Algorithmen erzeugtes Dokument entfaltet daher ebenfalls keine Rechtswirkung. Der Einsatz fortlaufend selbstlernender Systeme findet daher in der Verfahrenspraxis sicher nützlichen Entscheidungsgrundlagen für die stets maßgebliche verantwortende menschliche Person ihre Grenzen.

1) Die Wirksamkeit eines Bußgeldbescheides wird jedoch durch das rechtswidrige Fehlen einer Abschlussverfügung nicht berührt, OLG Rostock, Beschl. vom 4.12.1996, Az. 2 Ss (OWi) 215/96 I 113/96.

2) BGH, Beschl. vom 5.2.1997, Az. 5 StR 249/96; KG (Berlin), Beschl. vom 14.1.2016, Az. 3 Ws (B) 566/15 – 122 Ss 146/15; Brandenburgisches OLG (Brandenburg), Beschl. vom 28.3.1996, Az. 2 Ss (OWi) 140 B/95.

3) OLG Düsseldorf, Beschl. vom 8.4.2019, Az. 4 RBs 27/19.

4) OLG Düsseldorf, Beschl. vom 18.9.2002, Az. 2a Ss (OWi) 272/01 – (OWi) 71/01 II. Ein „vollständig automatisierter Bußgeldbescheid“ nach dem Vorbild des Verwaltungsverfahrens (§ 35a VwVfG) bzw. Sozialverwaltungsverfahrens (§ 31a SGB X) ist dem Bußgeldverfahren systemfremd. Diese Verfahren dürfen auch nicht analog angewendet werden (§ 2 Abs. 2 S. 2 VwVfG, § 1 Abs. 1 S. 3 SGB X).

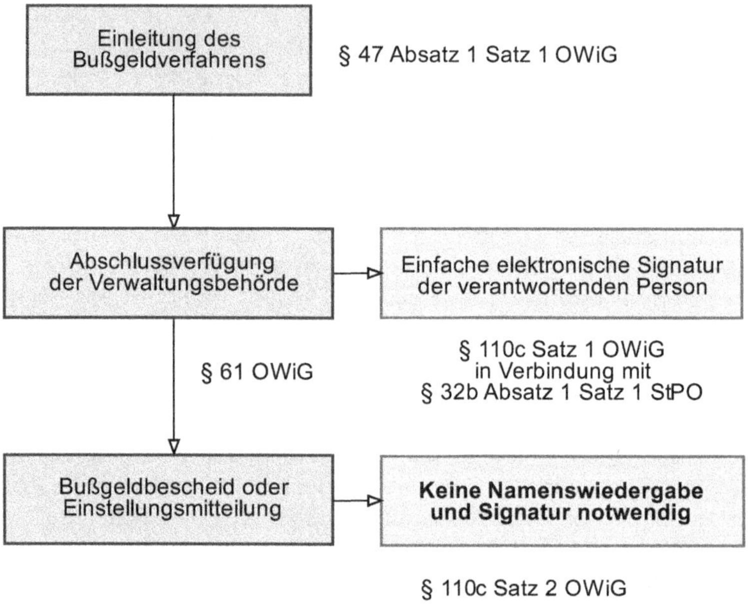

Abb. 1: Abschlussverfügung der Verwaltungsbehörde

Die Abschlussverfügung ist weder dem oder der Betroffenen noch einem Verteidiger oder einer Verteidigerin mitzuteilen. Auch eine manchmal von privaten Anzeigenden verlangte „Berichterstattung über den Fortgang des Verfahrens" gibt es nicht. Die Abschlussverfügung ist daher allenfalls der anzeigenden Behörde oder anderen Dienststellen als verfahrensübergreifende Mitteilung von Amts wegen zu übermitteln (§ 49a OWiG). Nur bei Vorliegen einer Rechtsgrundlage darf der personenbezogene Datenschutz durchbrochen werden.[1)]

Die Abschlussverfügung sollte aus verfahrensökonomischen Gründen auch bereits die Entscheidung über die Art der Zustellungen und Mitteilungen an die Verfahrensbeteiligten enthalten (§ 51 OWiG).

Beispiel:

Abschlussverfügung

I. Die Ermittlungen sind abgeschlossen.

II. Bußgeldbescheid gegen den Betroffenen (nachfolgendes Dokument)

- *Zustellung des Bußgeldbescheides an Verteidiger über besonderes elektronisches Behördenpostfach (§ 6 ERVV) an besonderes elektronisches Anwaltspostfach (§ 31a BRAO) mit Hinweis auf Mitteilung an Betroffenen, da sich eine nachgewiesene Vollmacht bei den Akten befindet (§ 51 Abs. 3 OWiG).*

1) Pflichtmitteilungen an das Gewerbezentralregister (§ 149 Abs. 2 S. 1 Nr. 3 GewO) und die Ausländerbehörden (§ 87 Abs. 4 S. 1 AufenthG, § 11 FreizügG/EU) durch die Verwaltungsbehörde setzen die Rechtskraft des Bußgeldbescheides voraus (§ 89 OWiG) und dürfen daher noch nicht in der Abschlussverfügung (§ 61 OWiG) angeordnet werden.

- *Mitteilung über Zustellung des Bußgeldbescheides an Verteidiger durch die Post mit einfachem Brief an Betroffenen, da kein sicherer elektronischer Übermittlungsweg bekannt ist.*

III. Wiedervorlage spätestens <Datum> (Einspruch oder Rechtskraft?).

<Namenswiedergabe>

Verantwortende Person (§ 32b Abs. 1 S. 1 StPO i. V. m. § 110c S. 1 OWiG)

Elektronische Pflichtmitteilungen an das Gewerbezentralregister (§ 153a Abs. 1 S. 1 GewO) dürfen aufgrund der Abschlussverfügung noch nicht erfolgen, weil dort nur rechtskräftige Bußgeldentscheidungen einzutragen sind (§ 149 Abs. 2 S. 3 Halbs. 1 GewO). Ebenso dürfen noch keine Pflichtmitteilungen an Ausländerbehörden übermittelt werden, weil diese die „Erledigung", also den rechtskräftigen Abschluss des Bußgeldverfahrens durch die Verwaltungsbehörde voraussetzen (§ 87 Abs. 4 S. 1 AufenthG).

1.1 Bußgeldverfahren gegen mehrere Betroffene

Richtet sich das Bußgeldverfahren gegen mehrere Betroffene, so ist über den Abschluss des Vorverfahrens bei jedem personenbezogen gesondert zu entscheiden. Hier kommen folgende Möglichkeiten in Betracht:

- **Abschlussverfügung gegen alle Betroffene**

  Ist das Bußgeldverfahren gegen alle Betroffene abschlussreif und sollen die Ordnungswidrigkeiten durch Geldbuße geahndet werden, so empfiehlt sich die Wendung „Die Ermittlungen sind abgeschlossen". Die Abschlussverfügung richtet sich dann gegen alle Betroffenen. Die Verwaltungsbehörde schließt dann das Ermittlungsverfahren gegen jeden von ihnen durch einen gesonderten Bußgeldbescheid ab.[1)]
- **Teileinstellung und Teilabschlussverfügung**

  Stellt die Verwaltungsbehörde das Bußgeldverfahren gegen einzelne Betroffene nach § 170 Abs. 2 S. 1 StPO i. V. m. § 46 Abs. 1 OWiG oder § 47 Abs. 1 S. 2 OWiG ein,[2)] ahndet die Ordnungswidrigkeit aber bei anderen, so ist eine Einstellungsverfügung[3)] und Teilabschlussverfüfung erforderlich, die üblicherweise einheitlich erfolgen. Bezüglich der Abschlussverfügung empfiehlt sich die Wendung: „Die Ermittlungen sind in Richtung des Betroffenen... abgeschlossen".
- **Abtrennung eines Teilverfahrens und Teilabschlussverfügung**

  Erweist sich das Bußgeldverfahren nur teilweise als abschlussreif und sind bezüglich einzelner Betroffener weitere Ermittlungen notwendig, so ist es inso weit abtrennbar. Mit der Abschlussverfügung „Die Ermittlungen sind in Richtung des Betroffenen... abgeschlossen" kann gleichzeitig die Abtrennung gegen einen

1) Zur Verfahrensbeteiligung juristischer Personen und Personenvereinigungen bei der Geldbuße (§ 88 OWiG) § 15 Nr. 1.1 und bei der Einziehung (§ 87 OWiG) § 16 Nr. 1.1.
2) Zur Einstellung des Bußgeldverfahrens (§ 170 Abs. 2 S. 1 StPO i. V. m. § 46 Abs. 1 OWiG bzw. § 47 Abs. 1 S. 2 OWiG) § 11 Nr. 1.
3) Zur Einstellungsverfügung der Verwaltungsbehörde § 11 Nr. 3.

anderen Betroffenen verfügt und das Bußgeldverfahren gegen diesen unter neuem Aktenzeichen mit einer kopierten Datei fortgesetzt werden.

Eine einheitliche Abschlussverfügung empfiehlt sich auch, wenn das Bußgeldverfahren gegen einen Betroffenen oder eine Betroffene mit Bußgeldbescheid (§ 65 OWiG) und einen anderen oder eine andere durch Einstellung (§ 170 Abs. 2 S. 1 StPO i. V. m. § 46 Abs. 1 OWiG bzw. § 47 Abs. 1 S. 2 OWiG) abgeschlossen werden soll.

Beispiel:

Abschlussverfügung

I. Die Ermittlungen sind abgeschlossen.

II. Eingestellt gegen die Betroffene Lehmann Claudia, da eine Ahndung wegen der Geringfügigkeit der Ordnungswidrigkeit nicht geboten erscheint (§ 47 Abs. 1 S. 2 OWiG).

Einstellungsmitteilung durch die Post mit einfachem Brief an Betroffene Lehmann Claudia, da kein sicherer elektronischer Übermittlungsweg bekannt ist (nachfolgendes Dokument).

III. Bußgeldbescheid gegen den Betroffenen Lehmann Dieter (nachfolgendes Dokument).

- *Zustellung des Bußgeldbescheides an Betroffenen Lehmann Dieter durch die Post mit Zustellungsurkunde (§ 51 Abs. 1 OWiG i. V. m. § 3 VwZG), da sich keine nachgewiesene Vollmacht des Verteidigers bei den Akten befindet (§ 51 Abs. 3 OWiG).*
- *Mitteilung über Zustellung des Bußgeldbescheides an Betroffenen Lehmann Dieter an Rechtsanwältin Schlosser als Verteidigerin über besonderes elektronisches Anwaltspostfach (§ 31a BRAO) mit Bußgeldbescheid im Dateianhang.*

IV. Wiedervorlage spätestens <Datum> (Einspruch oder Rechtskraft?).

<Namenswiedergabe>

Verantwortende Person (§ 32b Abs. 1 S. 1 StPO i. V. m. § 110c S. 1 OWiG)

1.2 Form und Mitteilung

Die Abschlussverfügung ist ein internes, unanfechtbares Protokoll (§ 168b Abs. 1 StPO i. V. m. § 46 Abs. 1 OWiG), das weder dem oder der Betroffenen noch einem Verteidiger oder einer Verteidigerin mitzuteilen und daher nur über die Akteneinsicht zugänglich ist. Der Antrag auf gerichtliche Entscheidung gegen die Entscheidungen der Abschlussverfügung ist nicht statthaft, weil er nur eine Maßnahme der Verwaltungsbehörde ist, die nur zur Vorbereitung der Entscheidung, ob ein Bußgeldbescheid erlassen oder das Verfahren eingestellt wird, getroffen wird und keine selbstständige Bedeutung hat (§ 62 Abs. 1 S. 1 OWiG).[1] Die aktenkundige Abschlussverfügung braucht daher auch nicht begründet zu werden (vgl. § 34 StPO i. V. m. § 46 Abs. 1 OWiG). Bei Einstellungen oder Teileinstellungen kann sich dies jedoch empfehlen.

1) AG Friedberg (Hessen), Beschl. vom 30.12.2021, Az. 47a OWi 103/21.

Anzeigenden kann der Abschluss des Vorverfahrens ohne inhaltliche Bekanntgabe des Bußgeldbescheides mitgeteilt werden (Musterdokument 12.2), wenn sie ausdrücklich darum gebeten haben und ein berechtigtes Interesse daran darlegen und glaubhaft machen (§ 49b Halbs. 1 OWiG i. V. m. § 475 Abs. 1 S. 1, Abs. 4 StPO). Die Vernehmung als Zeuge oder Zeugin im Bußgeldverfahren genügt als berechtigtes Interesse nicht.[1] Anzeigende und ihre anwaltlichen Vertreter oder Vertreterinnen können Akteneinsicht erhalten, wenn sie auch durch die Ordnungswidrigkeit geschädigt sind (§ 406e StPO i. V. m. § 46 Abs. 1 OWiG).[2]

Spätestens mit der Abschlussverfügung ist Verteidigern oder Verteidigerinnen der Betroffenen uneingeschränktes Akteneinsichtsrecht zu gewähren (§ 147 Abs. 2 S. 1 StPO i. V. m. § 46 Abs. 1 OWiG).[3] War die Akteneinsicht vorübergehend beschränkt, ist die entsprechende Anordnung spätestens jetzt aufzuheben und dem Verteidiger oder der Verteidigerin bzw. nicht verteidigten Betroffenen davon unaufgefordert Mitteilung zu machen (§ 147 Abs. 6 StPO i. V. m. § 46 Abs. 1 OWiG). Dies gilt erst recht, wenn die Verwaltungsbehörde entgegen § 61 OWiG keine Abschlussverfügung aktenkundig gemacht hat.[4]

Muster 13.1: Abschlussmitteilung an eine anzeigende Privatperson

Stadt Münsterberg

Bußgeldstelle

Stadt Münsterberg, 99090 Münsterberg

Dienstgebäude	Schubertstraße 36 99090 Münsterberg
Bearbeitung	Frau Weber
Telefon	(0987) 9878-987
E-Mail	weber.bs@muensterberg.de

Rechtsanwälte
Hafner, Wagner und Partner
Dammstraße 43
37329 Nordstadt
über besonderes elektronisches Anwaltspostfach

Ihr Zeichen, Ihre Nachricht vom	Bitte bei Antwort angeben **Unser Zeichen, Unsere Nachricht vom**	**Datum**
Rahaf-234/24. 25.9.2026	OWi – 0987665/26	24.10.2026

Bußgeldverfahren gegen Herrn Klaus Tischler
wegen Zuwiderhandlung gegen die Lärmbekämpfungsverordnung der Stadt Münsterberg
Ihr Mandant: Schlosser, Manfred; Ihre Ordnungswidrigkeiten-Anzeige vom 25.9.2026

Telefonzentrale
(0899) 123-0
Internet
www.Muensterberg.de

Servicezeiten
Mo-Mi 7.30-16.30 Uhr
Do 7.30-17.30 Uhr
Fr 7.30-12.00 Uhr

Öffentliche Verkehrsmittel
Stadtbus Linie 6
Haltestelle Mitte

Bankverbindung
Kreissparkasse Münsterberg
IBAN DE2040000000123456
BIC GROBDE77XX
Volksbank Münsterberg
IBAN DE2040000000234567
BIC GROBDE87XX

Besonderes elektronisches Behördenpostfach
Ordnungsamt@muensterberg.de

1) LG Kassel, Beschl. vom 20.12.2002, Az. 5 AR 13/02.
2) Zur Akteneinsicht des Geschädigten im Bußgeldverfahren (§ 406e StPO i. V. m. § 46 Abs. 1 OWiG) § 10 Nr. 7.5.
3) Zur Akteneinsicht des Verteidigers oder der Verteidigerin von Betroffenen (§ 147 StPO i. V. m. § 46 Abs. 1 OWiG) § 10 Nr. 7.4.
4) AG Prenzlau, Beschl. vom 24.10.2018, Az. 21 OWi 691/19.

Sehr geehrte Damen und Herren,

auf Ihre Anzeige haben wir ein Bußgeldverfahren eingeleitet und unsere Ermittlungen durch den Erlass eines Bußgeldbescheides abgeschlossen. Der Betroffene hat gegen den Bußgeldbescheid Einspruch eingelegt, aufgrund dessen wir das Verfahren über die Staatsanwaltschaft an das Amtsgericht abgegeben haben.

Für die von Ihnen beantragte Akteneinsicht sind daher die Justizbehörden zuständig, nachdem die Aufgaben der Verfolgungsbehörden mit der Abgabe des Bußgeldverfahrens auf die Staatsanwaltschaft übergegangen ist (§ 69 Abs. 4 S. 1 OWiG).

Mit freundlichen Grüßen

Stadt Münsterberg, Bußgeldstelle

2. Inhalt des Bußgeldbescheids

Der Bußgeldbescheid ist ein Verwaltungsakt besonderer Art (§ 65 OWiG), der das Vorverfahren der Verwaltungsbehörde abschließt. Sein wesentlicher Inhalt ergibt sich aus § 66 OWiG, die Kostenentscheidung aus § 105 OWiG und der Gebühren- und Auslagenansatz aus § 107 Abs. 1, 3 OWiG). Der Bußgeldbescheid ist dem Strafbefehl (§ 409 StPO)[1] des Strafverfahrens nachgebildet. Sein Aufbau unterscheidet sich daher völlig vom Bescheid des Verwaltungsverfahrens (§ 9 VwVfG) und Sozialverwaltungsverfahren (§ 8 SGB X), der einen Verwaltungsakt als Regelung enthält (§ 35 S. 1 VwVfG, § 31 S. 1 SGB X). Die gesetzlichen Bestandteile des Bußgeldbescheids sind:

- Angaben zur Person von Betroffenen und etwaiger Nebenbetroffener (Nebenbeteiligter § 66 Abs. 1 Nr. 1 OWiG), also personenbezogene Daten zur Identitätsfeststellung = *Gegen wen richtet sich der Bußgeldbescheid*?
- Name und Anschrift des Verteidigers oder der Verteidigerin (§ 66 Abs. 1 Nr. 2 OWiG) = *Wer verteidigt den Betroffenen oder die Betroffene bzw. Nebenbetroffene*?
- Bezeichnung der Tat (§ 66 Abs. 1 Nr. 3 OWiG) einschließlich Tatzeit (§ 6 S. 1 OWiG) und Tatort (§ 7 Abs. 1 OWiG) = *Was wird dem oder der Betroffenen konkret vorgeworfen* (Tathergang), *wann und wo hat sich dieser Sachverhalt ereignet?*
- Gesetzliche Merkmale der Ordnungswidrigkeit (§ 66 Abs. 1 Nr. 3 OWiG) = *Unter welche (abstrakte) Tatbestandsmerkmale fällt der (konkrete) Sachverhalt*?
- Angewendete Bußgeldvorschriften (§ 66 Abs. 1 Nr. 3 OWiG) = *Gegen welche Bußgeldvorschriften hat der oder die Betroffene verstoßen*?
- Beweismittel (§ 66 Abs. 1 Nr. 4 OWiG) = *Wie weist die Verwaltungsbehörde den Tathergang nach*?
- Geldbuße und Nebenfolgen (§ 66 Abs. 1 Nr. 5 OWiG) = *Welche Rechtsfolgen werden gegen den Betroffenen festgesetzt*?

1) OLG Bamberg, Beschl. vom 12.8.2008, Az. 3 Ss OWi 896/2008. Die Staatsanwaltschaft kann nach Abschluss der Ermittlungen Anklage erheben (§ 170 Abs. 1 StPO) oder im schriftlichen Verfahren den Erlass eines Strafbefehls bei einem Strafgericht beantragen (§ 407 ff. StPO). Im Bußgeldverfahren gibt es kein Anklageverfahren (§ 200 StPO). Der Inhalt des Bußgeldbescheids (§ 66 OWiG) ist dem Strafbefehl (§ 409 StPO) nachgebildet.

- Kostenentscheidung (§ 105 OWiG) = *Wer trägt die Kosten des Bußgeldverfahrens?*
- Gebührenansatz (§ 107 Abs. 1 OWiG) = *Welche Gebühr ist für den Erlass des Bußgeldbescheides festzusetzen?*
- Auslagenansatz (§ 107 Abs. 3 OWiG) = *Welche im Bußgeldverfahren entstandenen Auslagen der Verwaltungsbehörde sind festzusetzen?*
- Optionale weitere Begründung (§ 66 Abs. 3 OWiG) = *Wie erläutert die Verwaltungsbehörde dem oder der Betroffenen nötigenfalls ihre Entscheidung näher?*

Der Bußgeldbescheid enthält ferner Hinweise für den Betroffenen oder die Betroffene zum weiteren Verfahren im Falle eines Einspruchs, eine Zahlungsaufforderung für den Fall der Rechtskraft und eine Belehrung über die Erzwingungshaft als Vollstreckungsmaßnahme (§ 66 Abs. 2 OWiG).

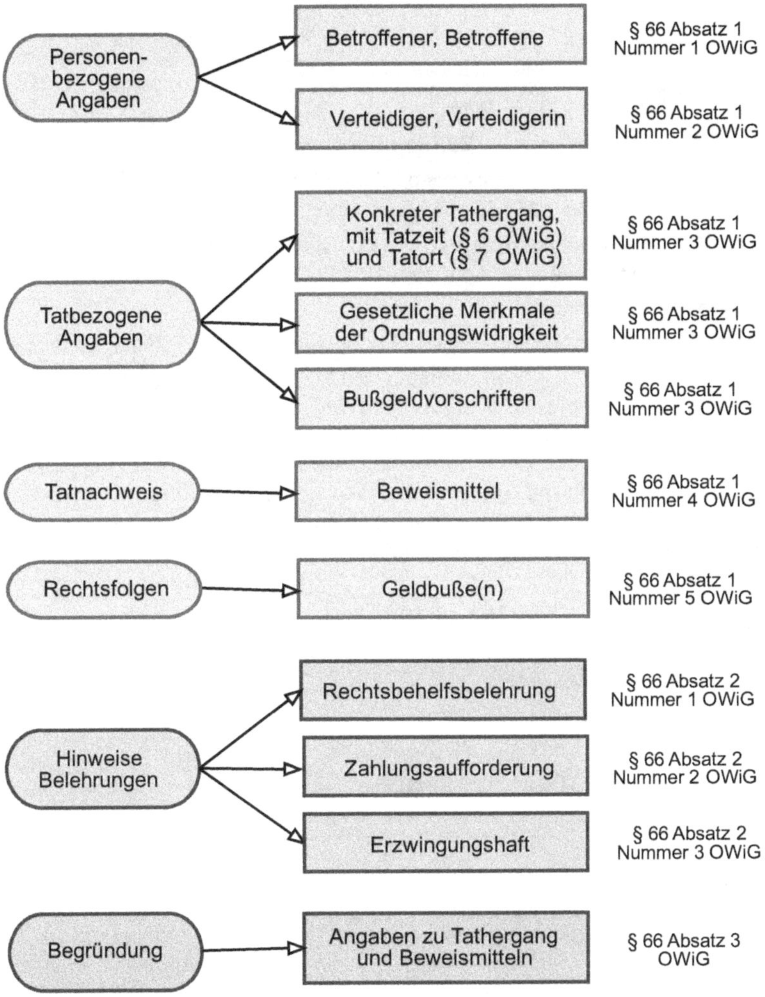

Abb. 2: Inhalt des Bußgeldbescheids

Der Bußgeldbescheid enthält außerdem gesetzlich vorgeschriebene Hinweise, eine Zahlungsaufforderung und die Rechtsbehelfsbelehrung (§ 66 Abs. 2 OWiG).

Muster 13.2: Bußgeldbescheid gegen eine natürliche Person (§ 65 OWiG) mit Verteidiger bei nachgewiesener Vollmacht (§ 51 Abs. 3 OWiG)

Stadt Münsterberg

Bußgeldstelle

Stadt Münsterberg, 99090 Münsterberg

Herrn Rechtsanwalt[1]
Ralf Merkle
Römerstraße 34
88232 Neustadt
über besonderes elektronisches Anwaltspostfach

Dienstgebäude	Schubertstraße 36 99090 Münsterberg
Bearbeitung	Frau Weber
Telefon	(0987) 9878-987
E-Mail	bs@Münsterberg.de

Ihr Zeichen, Ihre Nachricht vom	Bitte bei Antwort angeben Unser Zeichen, Unsere Nachricht vom	Datum
12345-rame-9876, 15.5.2026	OWi – 0987665/26	25.9.2026

Bußgeldbescheid

Betroffene[2] Frau Silvia Rosner, geb. Walter, geboren 12.4.1960 in Münsterberg, Kirchstraße 19, 88343 Münsterberg

Verteidigung[3] Herr Rechtsanwalt Ralf Merkle, Römerstraße 34, 88232 Neustadt (nachgewiesene Vollmacht vom 10.7.2026)

Sehr geehrte Frau Rosner,[4]

nach unseren Feststellungen haben Sie folgende Ordnungswidrigkeiten begangen:[5]

a) Sie haben zumindest zwischen Samstag, 8.8.2026 und Montag, 10.8.2026 den stark unfallbeschädigten, nicht mehr fahrbereiten Pkw, Marke Lord, Typ Neptun CS, letztes Ihnen erteiltes amtliches Kennzeichen bis 23.4.2026 ADB-DA 6794 in Münsterberg auf dem Parkplatz hinter der Mehrzweckhalle unverschlossen dem Zugriff jedes Beliebigen preisgegeben und mit Hausmüll beladen abgestellt, um sich dessen außerhalb einer zugelassenen Annahmestelle des Kraftfahrzeuggewerbes oder eines anerkannten Verwertungsbetriebes zu entledigen.[6]

Telefonzentrale
(0899) 123-0
Internet
www.Muensterberg.de

Servicezeiten
Mo-Mi 7.30-16.30 Uhr
Do 7.30-17.30 Uhr
Fr 7.30-12.00 Uhr

Öffentliche Verkehrsmittel
Stadtbus Linie 6
Haltestelle Mitte

Bankverbindung
Kreissparkasse Münsterberg
IBAN DE2040000000123456
BIC GROBDE77XX
Volksbank Münsterberg
IBAN DE2040000000234567
BIC GROBDE87XX

Besonderes elektronisches Behördenpostfach
Ordnungsamt@muensterberg.de

1) Zustellung an Verteidiger (§ 51 Abs. 3 OWiG), da sich eine nachgewiesene Vollmacht in der Bußgeldakte befindet. Zur Zustellung des Bußgeldbescheides § 17.
2) Bescheidadressat (§ 51 Abs. 2 OWiG), der sich hier vom Zustellungsadressaten (Verteidiger) unterscheidet.
3) Verteidiger oder Verteidigerin (§ 137 StPO i. V. m. § 46 Abs. 1 OWiG), der oder die gem. § 66 Abs. 1 Nr. 2 OWiG stets ausdrücklich aufzuführen ist.
4) Abfassung des Bußgeldbescheides im persönlichen Briefstil (DIN 5008) § 13 Nr. 1.2.
5) **Konkreter** Tathergang einschließlich Tatort und Tatzeit (§ 66 Abs. 1 Nr. 3 OWiG). Die aufgeführten Ordnungswidrigkeiten stehen in Tateinheit, weshalb nur eine Geldbuße festzusetzen ist (§ 19 OWiG). Die Abgrenzung erfolgt optisch durch Absatzbildung.
6) Optische Abgrenzung des zweiten Tatvorwurfs durch Kleinbuchstaben wegen Tatmehrheit (§ 19 OWiG) und dem Erfordernis gesonderter Festsetzung der Geldbußen (§ 20 OWiG).

b) Bei der Identitätsfeststellung zur Durchführung eines Bußgeldverfahrens durch den Polizeibeamten POM Grabner am Dienstag, den 25.8.2026 gegen 17.30 Uhr in Ihrer Wohnung weigerten Sie sich trotz Belehrung über ihre entsprechende Verpflichtung als Verdächtige einer Ordnungswidrigkeit, die von dem Beamten verlangten und noch nicht bekannten Angaben zum Vornamen, Geburtsnamen, Zunamen, Geburtsdatum und Geburtsort zu machen.

Ordnungswidrig handelt, wer[1)]

a) vorsätzlich entgegen § 28 Abs. 1 S. 1 Kreislaufwirtschaftsgesetz (KrWG) Abfälle zur Beseitigung ablagert. Abfälle dürfen zum Zweck der Beseitigung nur in den dafür zugelassenen Anlagen oder Einrichtungen (Abfallbeseitigungsanlagen) abgelagert werden.

b) vorsätzlich einem zuständigen Amtsträger über seinen Vor-, Familien- oder Geburtsnamen, den Ort oder Tag seiner Geburt die Angabe verweigert.

Verletzte Bußgeldvorschriften

a) § 69 Abs. 1 Nr. 2 Kreislaufwirtschaftsgesetz (KrWG) vom 24. Februar 2012 (BGBl. I S. 212).

b) § 111 Abs. 1 Gesetz über Ordnungswidrigkeiten (OWiG) i. d. F. vom 19. Februar 1987 (BGBl. I S. 602).[2)]

Beweismittel[3)]

Ordnungswidrigkeitenanzeige der Polizeiinspektion Münsterberg vom 29.8.2026

Ihre Angaben vom 10.9.2026

Wir setzen deswegen gem. §§ 17 und 20 des Gesetzes über Ordnungswidrigkeiten (OWiG) gegen Sie die folgenden Geldbußen fest. Sie tragen auch die Kosten des Bußgeldverfahrens (§§ 464, 465 Abs. 1 Strafprozessordnung – StPO – i. V. m. § 46 Abs. 1 OWiG). Diese setzen sich aus der Gebühr (§ 107 Abs. 1 OWiG) und unseren Auslagen (§ 107 Abs. 3 OWiG) zusammen.

Geldbußen	**a) 400,00 Euro**[4)]
	b) 50,00 Euro[5)]
Gebühr	**25,00 Euro**[6)]
Auslagen	**0,00 Euro**[7)]
Gesamtbetrag	**472,50 Euro**

1) **Abstrakte** gesetzliche Merkmale der Ordnungswidrigkeit (§ 66 Abs. 1 Nr. 3 OWiG).

2) Bußgeldvorschriften (§ 66 Abs. 1 Nr. 3 OWiG), die den in Tatmehrheit stehenden Ordnungswidrigkeiten (§ 20 OWiG) zugeordnet sind.

3) Die Beweismittel sind konkret anzugeben (§ 66 Abs. 1 Nr. 5 OWiG). Aktenvermerke dienstlicher Zeugen können in einer gerichtlichen Hauptverhandlung gem. § 256 Abs. 1 Nr. 5 StPO i. V. m. § 46 Abs. 1 OWiG verlesen werden, sodass als Beweismittel nicht die Person eines Zeugen, sondern dienstliche Feststellungen angegeben werden sollten (Urkundenbeweis).

4) Zur Zumessung der Geldbuße (§ 17 OWiG) § 13 Nr. 3.6.

5) Zweite Geldbuße durch Kleinbuchstaben abgegrenzt, da wegen Tatmehrheit die Geldbußen gesondert festzusetzen sind (§ 20 OWiG).

6) Gebühr des Bußgeldbescheides nach § 107 Abs. 1 OWiG (Hier gesetzliche Mindestgebühr von 25,00 Euro nach § 107 Abs. 1 S. 3 OWiG).

7) Auslagen der Verwaltungsbehörde nach § 107 Abs. 3 OWiG. Auslagen für die Zustellung entstehen hier nicht, da an den Verteidiger über das besondere elektronische Anwaltspostfach (§ 31a BRAO) zugestellt wurde. Auslagen, die in einem Verwaltungsverfahren entstanden sind (im Beispielfall etwa die Beseitigungskosten des Autowracks im Wege der Ersatzvornahme), dürfen dagegen nicht im Bußgeldbescheid festgesetzt werden.

Rechtsbehelfsbelehrung

Gegen diesen Bußgeldbescheid können Sie innerhalb von zwei Wochen ab Zustellung bei der Stadt Münsterberg – Bußgeldstelle – Schubertstraße 36, 99090 Münsterberg schriftlich oder zur Niederschrift in deutscher Sprache (§ 184 S. 1 GVG i. V. m. § 46 Abs. 1 OWiG) Einspruch (§ 67 Abs. 1 OWiG) schriftlich, zur Niederschrift oder elektronisch im Dateiformat PDF/A (§ 2 Abs. 1 S. 1 ERVV) durch E-Mail mit qualifizierter elektronischer Signatur (§ 110c S. 1 OWiG i. V. m. § 32a Abs. 3 StPO) sowie über die zugelassenen sicheren Übermittlungswege (§ 110c S. 1 OWiG i. V. m. § 32a Abs. 4 S. 1 StPO) einlegen.

Der Einspruch kann auch auf einzelne Beschwerdepunkte beschränkt werden (§ 67 Abs. 2 OWiG). Sofern Sie eine Begründung des Einspruchs beabsichtigen, bitten wir Sie, diese möglichst mit der Einlegung des Einspruchs zu verbinden.

Falls wir den Bußgeldbescheid trotz eines Einspruchs aufrechterhalten (§ 69 Abs. 2 S. 1 OWiG), entscheidet das Amtsgericht aufgrund dieses Bußgeldbescheides über das Vorliegen einer Ordnungswidrigkeit und die Rechtsfolgen aufgrund einer mündlichen Hauptverhandlung (§ 71 OWiG), ohne an die Höhe der festgesetzten Geldbuße gebunden zu sein. Das Gericht kann mit Ihrer Zustimmung auch durch schriftlichen Beschluss entscheiden (§ 72 OWiG), wobei es an die Rechtsfolgen des Bußgeldbescheides gebunden ist.

Zahlungsaufforderung

Nach Rechtskraft des Bußgeldbescheides ist die Geldbuße innerhalb weiterer zwei Wochen (also vier Wochen ab Zustellung) an die Stadtkasse oder eines der in der Fußleiste der ersten Seite dieses Bescheides bezeichneten Bankkonten zu bezahlen (§ 95 Abs. 1 OWiG). Bei Bewilligung von Zahlungserleichterungen sind die abweichend bestimmten Zahlungsfristen maßgeblich.

Hinweis auf Erzwingungshaft

Unterbleibt die Zahlung und legen Sie auch eine Zahlungsunfähigkeit nicht dar, kann die Geldbuße durch Maßnahmen der Verwaltungsvollstreckung und die vom Amtsgericht angeordnete Erzwingungshaft durchgesetzt werden (§ 96 OWiG). Bei Unmöglichkeit sofortiger Zahlung sind Zahlungserleichterungen (Zahlungsfrist, Teilleistungen) möglich (§ 18, § 93 OWiG).

Sonstige Hinweise[1)]

Die uns für die Beseitigung des Autowracks im Rahmen der Ersatzvornahme entstandenen Kosten erheben wir in einem gesonderten Kostenbescheid.

Mit freundlichen Grüßen

Stadt Münsterberg
Bußgeldstelle

1) Abschließend kann der Bußgeldbescheid Hinweise auf gesonderte verwaltungsrechtliche Folgen der Zuwiderhandlung enthalten. Verwaltungsakte (§ 35 S. 1 VwVfG) dürfen in einem Bußgeldbescheid dagegen nicht erlassen werden.

3. Äußere Gestaltung des Bußgeldbescheids

Die äußere Form des Bußgeldbescheides ist durch den bürgerfreundlichen „Briefstil“ mit einer persönlichen Anrede: „Sehr geehrter Herr“, „Sehr geehrte Frau“ bzw. „Sehr geehrte diverse Person“[1] und einer Schlussformel „Mit freundlichen Grüßen“ getreten. Eine Person nichtbinärer Geschlechtsidentität, die nur zwischen den Anreden „Frau“ oder „Herr“ auswählen kann, wird unter Verstoß gegen das Allgemeine Gleichbehandlungsgesetz (AGG) benachteiligt und in ihrem Allgemeinen Persönlichkeitsrecht verletzt.[2] Diese Wendungen entsprechen heute allgemein üblichen wertneutralen Höflichkeitsformen und sind daher auch für den Bußgeldbescheid geeignet. Der Bußgeldbescheid enthält im Gegensatz zu seinem Vorbild im Strafbefehl (§ 409 StPO)[3] kein kriminelles Unwerturteil, sondern ist lediglich auf eine ernste Pflichtenmahnung des Täters oder der Täterin er Ordnungswidrigkeit wegen eines begangenen Verwaltungsungehorsams gerichtet. Der oder die Betroffene soll dazu angehalten werden, die verletzte verwaltungsrechtliche Pflicht künftig einzuhalten.

Besondere Verwaltungsrichtlinien für die äußere Gestaltung des Bußgeldbescheides bestehen – soweit ersichtlich – nicht mehr. Entscheidend ist die inhaltliche Gestaltung nach den Vorgaben des § 66 Abs. 1 OWiG. In manchen deutschen Ländern gilt jedoch allgemein, dass bei der Gestaltung dienstlicher Dokumente die einschlägigen DIN-Normen zu beachten sind.[4] Die Musterbescheide in diesem Handbuch verwenden die heute auch in der Verwaltung sehr verbreitete DIN-Norm 5008 „DINBRIEF, geschäftlich erweitert“ des Deutschen Instituts für Normung e. V.,[5] soweit das Bußgeldverfahren nicht abweichende Regelungen erfordert. Da der Namenszusatz der verantwortenden Person (§ 32b Abs. 1 S. 1 StPO i. V. m. § 110c S. 1 OWiG) nur in der Abschlussverfügung (§ 61 OWiG) als begleitender Verfügung enthalten sein muss, kann der Bußgeldbescheid auch in anonymisierter Form ergehen. Er braucht also keinesfalls personenbezogene Daten zum Namen und zur persönlichen Erreichbarkeit (Zimmer-, Telefon- oder Telefaxnummer, E-Mail-Adresse) der verantwortenden Person zu enthalten. Dies entspricht auch der Bescheidtechnik in anderen Verfahren wie etwa den Steuer- und sonstigen Bescheiden der Finanzverwaltung.

3.1 Bezeichnung der Verfahrensbeteiligten (§ 66 Abs. 1 Nr. 1, 2 OWiG)

Der Bescheideingang sollte mindestens die Behördenbezeichnung, Angabe der Behördenanschrift und der Telekommunikationsdienste, Datum, Geschäftszeichen, Bezug und Betreff enthalten.[6] Die zusätzliche Angabe der verantwortenden Person sowie zu ihrer persönlichen Erreichbarkeit (Dienstzimmer, E-Mail-Adresse, telefonische Nebenstelle, Telefax) ist zwar in der Verfahrenspraxis üblich, aber keineswegs vorgeschrieben. Sie mag zwar bürgerfreundlich sein, sollte aber im Hinblick auf den

---

1) Rechtsgrundlage für die Bezeichnung „divers“ für Personen, die weder dem weiblichen noch dem männlichen Geschlecht zugeordnet werden können, ist § 22 Abs. 3 PStG. Die sogenannten Gendersternchen lassen sich aus der deutschen Amtssprache nicht ableiten und sind keinesfalls verbindlich.

2) OLG Karlsruhe, Urt. vom 14.12.2021, Az. 24 U 19/21.

3) Thüringer OLG (Jena), Beschl. vom 18.4.2016, Az. 1 OLG 121 SsRs 6/16.

4) § 22 Abs. 2 AGO für bayerische Verwaltungsbehörden.

5) Zur Gestaltung des DINBRIEF, geschäftlich erweitert: www.dinbrief.de/brief-erstellen-privat-oder-geschaeftlich.

6) § 21 Abs. 1 S. 1 AGO für bayerische Verwaltungsbehörden.

Schutz von Behördenbediensteten bei bestimmten Verwaltungsbehörden überdacht werden. Die im Hinblick auf § 110c S. 2 OWiG nicht notwendige Angabe einer E-Mail-Adresse der verantwortenden Person führt nicht selten zu Missverständnissen bei elektronisch eingelegten Einsprüchen. Sie gibt nur die elektronische Erreichbarkeit der verantwortenden Person wieder, besagt aber nicht, dass auch Rechtsbehelfe in elektronischer Form durch einfache, ungesicherte E-Mail möglich sind.[1] Entscheidend ist insoweit ausschließlich die Rechtsbehelfsbelehrung des Bußgeldbescheides.[2] Gegen eine solche Angabe spricht auch, dass einzelne Gerichte daraus die Zulässigkeit eines solchen Einspruchs ableiten.[3] Die zusätzliche Angabe einer Bußgeldstelle oder eines Amtes als unselbstständiger Organisationseinheit der Verwaltungsbehörde ist nicht notwendig, aber in der Verfahrenspraxis häufig. Die Namensangabe der verantwortenden Person durch eine abschließende Signatur ist im Bußgeldbescheid nicht notwendig, weil sie nur in der Abschlussverfügung (§ 61 OWiG) als begleitender Verfügung hinterlegt zu werden braucht (§ 110c S. 2 OWiG). Die Signatur des Bußgeldbescheides kann daher vollkommen anonymisiert dargestellt werden, was in der Verfahrenspraxis stark zunimmt.

Beispiele:

Mit freundlichen Grüßen

Stadt Münsterberg – Bußgeldstelle,

Landratsamt Münsterberg – Umweltamt.

Die Erreichbarkeit der Verwaltungsbehörde als solcher ist in den Fußzeilen der ersten Seite des Bußgeldbescheides zusammengestellt. Neben den herkömmlichen Angaben sollte auch das besondere elektronische Behördenpostfach (§ 6 ERVV) und das Verwaltungsportal im Portalverbund für digitale Verwaltungsleistungen (§ 1 OZG) aufgeführt sein.

Nach dem Bescheideingang folgen die Angaben zur Person von Betroffenen (§ 66 Abs. 1 Nr. 1 OWiG). Diese personenbezogenen Daten sind nur soweit notwendig, als sie zur zweifelsfreien Identitätsfeststellung als richtiger Adressaten oder richtige Adressatin des Bußgeldbescheides dienen. Überflüssig sind daher Angaben zu Beruf und Personenstand. Um das besondere Zustellungsverfahren bei verteidigtem Betroffenen nach § 51 Abs. 3 OWiG[4] richtig darstellen zu können, ist es zwingend notwendig, zwischen Bescheid- und Zustellungsadressaten zu unterscheiden.

- **Bescheidadressat** oder Bescheidadressatin ist der oder die Betroffene, gegen den oder die sich der Bußgeldbescheid richtet,
- **Zustellungsadressat** oder Zustellungsadressatin ist die Person, an die der Bußgeldbescheid zugestellt werden soll.

Bescheid- und Zustellungsadressat oder -adressatin können identisch sein, fallen aber bei verteidigten Betroffenen (§ 51 Abs. 3 OWiG) und Zustellungsbevollmächtig-

1) LG Fulda, Beschl. vom 2.7.2012, Az. 2 Qs 65/12.
2) Zur Rechtsbehelfsbelehrung des Bußgeldbescheides (§ 66 Abs. 2 OWiG) § 13 Nr. 3.11.
3) So AG Frankfurt (Main), Beschl. vom 21.3.2019, Az. 979 OWi 42/19.
4) Zur Zustellung des Bußgeldbescheids (§ 51 OWiG) § 17.

ten (§ 51 Abs. 1 OWiG i. V. m. § 7 VwZG) auseinander. Gesetzlichen Vertretern oder Vertreterinnen von Betroffenen, insbesondere Erziehungsberechtigten jugendlicher Personen, ist der Bußgeldbescheid nicht förmlich zuzustellen, sondern nur formlos mitzuteilen (§ 51 Abs. 2 OWiG), sodass sie keine Zustellungsadressaten oder -adressatinnen sind.

Muster 13.3: Musterbußgeldbescheid – Auszug – Adressatenfeld

Stadt Münsterberg Bußgeldstelle

Stadt Münsterberg, 99090 Münsterberg

<Anrede, Bezeichnung>[1]
<Akademische Bezeichnung, Vorname, Name>
<Privatanschrift: Straße, Nummer>
<Privatanschrift: PLZ, Ort>[2]

Dienstgebäude	Schubertstraße 36 99090 Münsterberg
Bearbeitung	Frau Weber
Telefon	(0987) 9878-987
E-Mail	weber.bs@muensterberg.de

Ihr Zeichen, Ihre Nachricht vom	Bitte bei Antwort angeben **Unser Zeichen, Unsere Nachricht vom**	**Datum**
<Zeichen> <Datum>	<Az.> <Datum>	<Erlassdatum>

Bußgeldbescheid

Betroffener: <Herr, Frau, Diverse Person> <Akademische Bezeichnung, Vorname, Name>, <Privatanschrift: Straße, Nummer>, <Privatanschrift: PLZ, Ort>

Verteidiger: <Herr Rechtsanwalt, Frau Rechtsanwältin, Diverse Person Rechtsanwalt> <Akademische Bezeichnung, Vorname, Name>, <Kanzleianschrift: Straße, Nummer>, <Kanzleianschrift: PLZ, Ort>[3]

- **Bescheidadressat oder -adressatin**

Die Angaben zur Person von Betroffenen sollten im Zusammenhang mit der durch § 65 OWiG vorgeschriebenen Bezeichnung „Bußgeldbescheid“ mit dem Zusatz „gegen“ stehen. Damit ist zur Unterscheidung vom bloßen Zustellungsadressaten klargestellt, gegen wen sich der Bußgeldbescheid als Bescheidadressat richtet. Die personenbezogenen Daten von Betroffenen sind nach dem Grundsatz der Erforderlichkeit (§ 3 BDSG) personenbezogener Daten nur so genau zu bezeichnen, dass auch bei der Zustellung des Bußgeldbescheides keine Zweifel über die Identität entstehen können. Anzugeben sind daher:

1) **Zustellungsadressat oder -adressatin:** Herrn, Frau, Diverse Person bzw. Herrn Rechtsanwalt, Frau Rechtsanwältin, Diverse Person, Rechtsanwalt, nicht Rechtsanwälte, Sozietät oder Kanzlei. Bei Steuerordnungswidrigkeiten (§ 377 ff. AO) kommen als Verteidiger auch in Betracht: Herrn Steuerberater, Frau Steuerberaterin, Diverse Person Steuerberater. Auch wenn der Betroffene Inhaber einer Firma oder gesetzlicher Vertreter einer juristischen Person oder Personenvereinigung ist, werden hier nur die Anrede und sein Vorname und Name, nicht etwa ein Firmenname aufgeführt.
2) Auch wenn der oder die Betroffene Inhaber oder Inhaberin einer Firma oder gesetzlicher Vertreter einer juristischen Person oder Personenvereinigung ist, wird hier nur die private Wohnanschrift, nicht etwa ein Firmenname aufgeführt.
3) Der Rechtsanwalt und die Rechtsanwältin müssen eine Kanzlei unterhalten (§ 27 BRAO, § 5 BORA), sofern sie davon nicht im Ausnahmefall durch die Rechtsanwaltskammer befreit sind (§ 29 Abs. 1 BRAO).

- Familienname, gegebenenfalls Geburtsname und frühere Namen, sowie der Zusatz „jun." oder „sen.",
- Geburtsdatum, Geburtsort,
- Wohnort (Straße, Weg, Platz), Hausnummer, Postleitzahl, Ort.

Weitere Angaben sind entbehrlich, wenn sich die Identität von Betroffenen aus den dargestellten personenbezogenen Daten (§ 46 Nr. 1 BDSG) zweifelsfrei ergibt. Haben sich Namen und/oder Geschlecht während des Bußgeldverfahrens geändert, braucht nur der aktuelle Name ohne Geschlechtsangabe aufgeführt zu werden.

Mangelhafte Angaben zur Person berühren die Wirksamkeit des Bußgeldbescheides nicht, wenn sich die Identität von Betroffenen aus den vorhandenen (richtigen) Angaben zweifelsfrei ergibt.[1] Schreibfehler beim Namen und beim Geburtsdatum von Betroffenen führen nicht zur Unwirksamkeit, wenn die Tat und der Betroffene oder die Betroffene trotz dieser Mängel identifiziert werden können.[2] Die irrtümliche Angabe des Geburtsnamens oder früheren Namens (auch) als Familienname führt nicht zur Unwirksamkeit des Bußgeldbescheides, wenn sich die Identität von Betroffenen aus den weiteren Angaben zweifelsfrei ergibt.[3] Richtet sich der Bußgeldbescheid irrtümlicherweise gegen eine Person, die die vorgeworfene Ordnungswidrigkeit nicht begangen hat, ist allein diese einspruchsbefugt.[4]

- **Zustellungsadressat oder -adressatin**

Der oder die Betroffene wird als Zustellungsadressat oder -adressatin mit Anrede, Name, Vorname und Anschrift, der Verteidiger oder die Verteidigerin (§ 66 Abs. 1 Nr. 2 OWiG) zusätzlich mit der Berufsbezeichnung „Rechtsanwältin", „Rechtsanwalt" bzw. „Diverse Person Rechtsanwalt" aufgeführt.[5] Keine Zustellung darf an eine Berufsausübungsgesellschaft (§ 59b BRAO) unter der Bezeichnung als Anwaltskanzlei, Anwaltsfirma oder Anwaltssozietät als solche erfolgen, da für diese ein Vertretungsverbot im Bußgeldverfahren besteht (§ 59l Abs. 3 BRAO) und nur natürliche Personen Verteidiger oder Verteidigerinnen sein können (§ 137 Abs. 1 S. 1 StPO i. V. m. § 46 Abs. 1 OWiG). Da die Höchstzahl der von dem oder der Betroffenen gewählten Verteidiger oder Verteidigerinnen auf drei gesetzlich begrenzt ist (§ 137 Abs. 1 S. 2 StPO i. V. m. § 46 Abs. 1 OWiG), dürfen im Adressatenfeld höchstens drei Rechtsanwältinnen, Rechtsanwälte bzw. diverse Personen Rechtsanwälte aufgeführt werden. Es genügt die Zustellung an einen oder eine von höchstens drei Rechtsanwälten oder Rechtsanwältinnen. Die Zustellung ist zumindest zunächst unwirksam, wenn ein Rechtsanwalt oder eine Rechtsanwältin aufgeführt wird, die zwar in einer Anwaltssozietät tätig, aber nicht Verteidiger oder Verteidigerinnen von Betroffenen ist. Die Gefahr unrichtiger Zustellungen hat sich seit der ausnahmslosen Einrichtung der streng personenbezogenen besonderen elektronischen Anwaltspostfächer (§ 31a BRAO), über die alle für diesen Personenkreis bestimmten Zustellungen erfolgen sollten, stark vermindert.

1) Thüringer OLG (Jena), Beschl. vom 20.3.2006, Az. 1 Ss 7/06.
2) OLG Hamm, Beschl. vom 3.3.2005, Az. 2 Ss OWi 407/04.
3) BayObLG, Beschl. vom 25.6.2003, Az. 2 ObOWi 122/03.
4) LG Berlin, Beschl. vom 26.2.2003, Az. 534 AR 1/03.
5) Für Syndikusrechtsanwälte besteht ein Vertretungsverbot im Bußgeldverfahren mit Unternehmensbezug gegen eigene Arbeitgeber oder Arbeitgeberinnen und deren Mitarbeitende (§ 46c Abs. 2 S. 2 BRAO).

Beispiel:

Die Verwaltungsbehörde leitet gegen Frau Cornelia Schulze ein Bußgeldverfahren ein. Auf die Anhörung zur Ordnungswidrigkeit geht die Mandatsanzeige einer Internetkanzlei Law&Order-Checkers ein, die von einer Rechtsanwältin Renate Klinger signiert ist. Befindet sich auch eine nachgewiesene Vollmacht für Rechtsanwältin Klinger bei den Akten, kann der Bußgeldbescheid an diese über das besondere elektronische Anwaltspostfach der Rechtsanwältin, nicht aber an die Internetkanzlei als Berufsausübungsgesellschaft wirksam zugestellt werden. Eine mangelfreie Zustellung ist auch nicht an andere Rechtsanwälte oder Rechtsanwältinnen möglich, die zwar für die Internetkanzlei tätig, aber nicht Verteidiger oder Verteidigerinnen der Betroffenen sind.

Richtet sich der Bußgeldbescheid gegen eine natürliche Person, können auch Bescheid- und Zustellungsadressaten oder -adressatinnen immer nur natürliche Personen sein. Außer den zur zweifelsfreien Identifizierung notwendigen personenbezogenen Daten (§ 46 Nr. 1 BDSG) dürfen daher auch dann keine unternehmensbezogenen Angaben enthalten sein, wenn die vorgeworfene Ordnungswidrigkeit im Zusammenhang mit dem Geschäftsbetrieb von Betroffenen begangen wurde. Dies gilt auch für die Zustellungsanschrift: Nicht die Firmen- oder Geschäftsanschrift, sondern die zu ermittelnde Privatanschrift ist für eine mangelfreie Zustellung aufzuführen. Im Einzelnen ist zu beachten:

- Inhaber oder Inhaberin einer **Einzelfirma**

  Die Firma ist nur der Name, unter der ein Kaufmann oder eine Kauffrau im Handel seine oder ihre Geschäfte betreibt und die Unterschrift abgibt (§ 17 Abs. 1 HGB). Da der Bußgeldbescheid aber eine Pflichtenmahnung natürlicher Personen enthält, ist er ausnahmslos an diese unter der Privatanschrift und nicht unter der Firmenanschrift zuzustellen. Auf die Firma von Betroffenen darf auch kein Zusatz im Adressatenfeld des Bußgeldbescheides hinweisen.

Beispiel:	*Fehlbeispiel:*
Herrn	Firma
Thomas Weith	Elektronik Weith
Holzweg 12	Waldweg 15
98431 Feldheim	98412 Wiesenstadt

  Die Fehlbezeichnung löst allerdings keinen Zustellungsmangel aus, wenn Betroffener oder Betroffene und Inhaber oder Inhaberin der Einzelfirma (§ 17 Abs. 1 HGB) personenidentisch sind. Verbirgt sich nämlich unter der Firma eine natürliche Person, also ein Einzelkaufmann oder eine Einzelkauffrau, so ist anzunehmen, dass der Bußgeldbescheid auch gegen ihn oder sie gerichtet ist.[1)] Unterscheiden sich aber die Firma und der oder die Betroffene namentlich, kann bereits zweifelhaft sein, gegen wen sich der Bußgeldbescheid richten soll.

---

1) Thüringer OLG (Jena), Beschl. vom 20.3.2006, Az. 1 Ss 7/06.

Beispiel:

Der Bußgeldbescheid ist an die Firma Autofix Huber mit der zugehörigen Geschäftsanschrift adressiert. Inhaber ist aber Klaus Spengler mit einer anderen Privatanschrift. Der Bußgeldbescheid wird an die Firma unter der Geschäftsanschrift zugestellt. Der Adressat des Bußgeldbescheides ist nicht eindeutig.

- Vertretende von **Personengesellschaften und juristischen Personen**

  Richtet sich der Bußgeldbescheid gegen eine Person, die für ein Unternehmen als gesetzlicher Vertreter oder gesetzliche Vertreterin (§ 9 Abs. 1 OWiG), als (Teil-)Betriebsleiter oder -leiterin sowie als sonst eigenverantwortlich Beauftragter oder Beauftragte (§ 9 Abs. 2 S. 1 OWiG) gehandelt hat, so darf das Adressatenfeld des Bußgeldbescheides keinen Hinweis auf diese Stellung, Unternehmensbezeichnung oder Geschäftsanschrift enthalten. Der Bußgeldbescheid ist dem oder der Betroffenen (§ 51 Abs. 2 OWiG), nicht etwa dem nicht verfolgten Unternehmen zuzustellen, das nur Tatort der Ordnungswidrigkeit (§ 7 Abs. 1 OWiG) ist. Es sind auch in diesem Fall nur die personenbezogenen Daten von Betroffenen, insbesondere die Privatanschrift anzugeben.[1]

Beispiel:	*Fehlbeispiel:*
Herrn	Weith & Zechmann eGbR
Günter Zechmann	zu Händen Herrn Günter Zechmann
Holzweg 12	Waldweg 15
98431 Feldheim	98412 Wiesenstadt

Beispiel:	*Fehlbeispiel:*
Herrn	Zechmann GmbH &. Co. KG
Günter Zechmann	Geschäftsführer Günter Zechmann
Holzweg 12	Waldweg 15
98431 Feldheim	98412 Wiesenstadt

- **Mehrere Personen**

  Richtet sich das Bußgeldverfahren gegen **mehrere Personen**, so ist gegen jede von ihnen ein gesonderter Bußgeldbescheid zu erlassen, in dem die jeweilige Geldbuße gesondert zuzumessen sowie Gebühr und Auslagen der Verwaltungsbehörde gesondert festzusetzen sind. Der Bußgeldbescheid ist kein Leistungsbescheid, der von mehreren Adressaten oder Adressatinnen gesamtschuldnerisch bezahlt werden kann, sondern enthält eine höchstpersönliche Pflichten-

1) Zur Zustellung eines Bußgeldbescheids gegen eine juristische Person oder Personenvereinigung (§ 30 OWiG) § 15.

mahnung. Das Bußgeldverfahren kennt daher weder eine Einheitsgeldbuße noch die Gesamtschuldnerschaft mehrerer Personen (§ 421 BGB).[1] Personenmehrheiten von Privatleuten können nicht Adressaten oder Adressatinnen von Bußgeldbescheiden sein. Bußgeldbescheide gegen mehrere Personen wie z. B. Eheleute, eine Bedarfsgemeinschaft von Grundsicherungsleistungsempfängern (§ 7 Abs. 3 SGB II), eine Erbengemeinschaft oder mehrere Geschäftsführer einer GmbH, Gesellschafter einer eGbR sind nichtig. Sie sind weder eine taugliche Grundlage für ein gerichtliches Verfahren noch vollstreckungsfähig.

Fehlbeispiele:

Den „Eheleuten Kreuzer" wird in einem Bußgeldbescheid mit einer einzigen Geldbuße vorgeworfen, beim Bau ihres Einfamilienhauses von der Bauanzeige abgewichen zu sein.

Der Erbengemeinschaft nach dem früheren Grundstückseigentümer Max Ebner wird in einem Bußgeldbescheid mit einer einzigen Geldbuße vorgeworfen, der Streupflicht auf dem Gehweg nicht nachgekommen zu sein.

- **Jugendliche Betroffene**

  Auch wenn der oder die Betroffene zum Zeitpunkt der Zustellung als jugendliche Person das achtzehnte Lebensjahr noch nicht vollendet hat (§ 1 Abs. 2 JGG), ist der Bußgeldbescheid als persönliche Pflichtenmahnung an ihn oder sie, nicht etwa an die Erziehungsberechtigten zuzustellen (§ 51 Abs. 2 OWiG). Diese sind aber ebenso wie etwa ein Amtsvormund zusätzlich als gesetzliche Vertreter oder Vertreterinnen aufzuführen, da sie ein vom Betroffenen unabhängiges Einspruchsrecht besitzen und der Bußgeldbescheid ihnen daher formlos mitzuteilen ist (§ 51 Abs. 2 OWiG, für die Erziehungsberechtigten § 67a Abs. 1 JGG i. V. m. § 46 Abs. 1 OWiG). Obwohl § 66 Abs. 1 Nr. 1 OWiG nicht vorsieht, gesetzliche Vertreter oder Vertreterinnen natürlicher Personen im Bußgeldbescheid aufzuführen, ist dies in der Verfahrenspraxis im Hinblick auf die gesetzliche Mitteilungspflicht allgemein üblich. Bei mehreren zusammenlebenden Erziehungsberechtigten genügt die Mitteilung an einen von ihnen (§ 51 Abs. 1 OWiG i. V. m. § 6 Abs. 3 VwZG). Es empfiehlt sich, solche gesetzlichen Vertreter oder Vertreterinnen nach dem Zustellungs- und Bescheidadressaten einzufügen (im Musterbußgeldbescheid nicht einschlägig). Haben der oder die Betroffene oder die Erziehungsberechtigten einen Rechtsanwalt als Verteidiger oder eine Rechtsanwältin als Verteidigerin beauftragt, ist dieser oder diese zusätzlich im Bußgeldbescheid aufzuführen (§ 66 Abs. 1 Nr. 2 OWiG).

1) Zum Bußgeldbescheid gegen eine Personenvereinigung (§ 30 OWiG) § 17 Nr. 2.2.

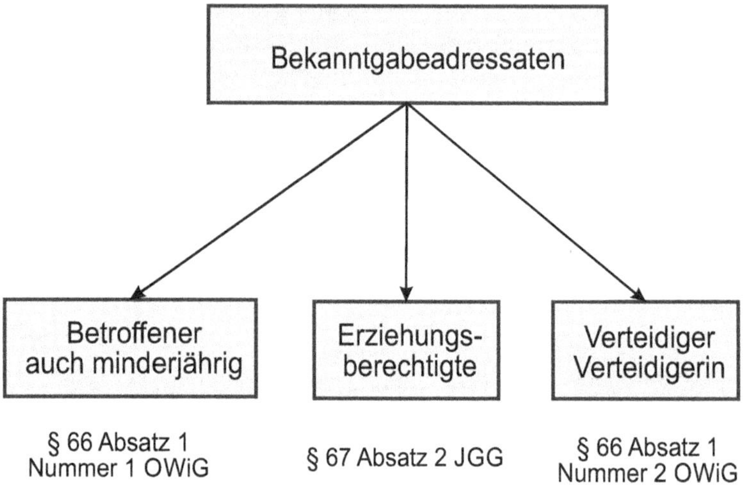

Abb. 3: Angaben zur Person im Bußgeldbescheid

Muster 13.4: Musterbußgeldbescheid – Auszug – jugendliche Person

Stadt Münsterberg

Bußgeldstelle

Stadt Münsterberg, 99090 Münsterberg

<Anrede, Bezeichnung>[1)]
<Akademische Bezeichnung, Vorname, Name>
<Privatanschrift: Straße, Nummer>
<Privatanschrift: PLZ, Ort>[2)]

Dienstgebäude	Schubertstraße 36 99090 Münsterberg
Bearbeitung	Frau Weber
Telefon	(0987) 9878-987
E-Mail	weber.bs@muensterberg.de

Ihr Zeichen, Ihre Nachricht vom	Bitte bei Antwort angeben Unser Zeichen, Unsere Nachricht vom	Datum
<Zeichen> <Datum>	<Az.> <Datum>	<Erlassdatum>

Bußgeldbescheid

Betroffener:[3)] <Herr, Frau, Diverse Person> <Akademische Bezeichnung, Vorname, Name>, <Privatanschrift: Straße, Nummer>, <Privatanschrift: PLZ, Ort>

---

1) **Zustellungsadressat oder -adressatin:** Herrn, Frau, Diverse Person bzw. Herrn Rechtsanwalt, Frau Rechtsanwältin, Diverse Person, Rechtsanwalt, nicht Rechtsanwälte, Sozietät oder Kanzlei. Bei Steuerordnungswidrigkeiten (§ 377 ff. AO) kommen als Verteidiger oder Verteidigerinnen auch in Betracht: Herrn Steuerberater, Frau Steuerberaterin, Diverse Person Steuerberater. Auch wenn der oder die Betroffene Inhaber oder Inhaberin einer Firma bzw. gesetzlicher Vertreter oder gesetzliche Vertreterin einer juristischen Person oder Personenvereinigung ist, werden hier nur die Anrede und sein Vorname und Name, nicht etwa ein Firmenname aufgeführt.
2) Auch wenn der oder die Betroffene Inhaber oder Inhaberin einer Firma bzw. gesetzlicher Vertreter oder gesetzliche Vertreterin einer juristischen Person oder Personenvereinigung ist, wird hier nur die eigene Privatanschrift, nicht etwa ein Firmenname aufgeführt.
3) Minderjähriger Betroffene(r) als Bescheidadressat.

Erziehungsberechtigte: <Herr, Frau, Diverse Person> <Akademische Bezeichnung, Vorname, Name>, <Privatanschrift: Straße, Nummer>, <Privatanschrift: PLZ, Ort>

Verteidiger: <Herr Rechtsanwalt, Frau Rechtsanwältin, diverse Person Rechtsanwalt> <Akademische Bezeichnung, Vorname, Name>, <Kanzleianschrift: Straße, Nummer>, <Kanzleianschrift: PLZ, Ort>

- **Personen mit rechtlicher Betreuung**

  Die gerichtliche Bestellung eines Betreuers oder einer Betreuerin für den Betroffenen oder die Betroffene (§ 1814 Abs. 1 BGB) ist nicht erst bei der Zustellung des Bußgeldbescheides, sondern bereits bei der Einleitung des Bußgeldverfahrens bedeutsam (§ 47 Abs. 1 S. 1 OWiG). Schon hier ist zu klären, ob entweder der oder die Betroffene oder aber der Betreuer oder die Betreuerin Täter oder Täterin der Ordnungswidrigkeit ist. Daher richtet sich auch die Anhörung entweder an den Betroffenen oder die Betroffene (= betreute Person) oder aber den Betreuer oder die Betreuerin. Im Bußgeldbescheid ist die jeweils andere Person **nicht** über den Erlass zu benachrichtigen.[1] Dies gilt auch dann, wenn der vom Amtsgericht – Betreuungsgericht – festgelegte Aufgabenkreis (§ 1815 Abs. 1 BGB) die Vertretung in Bußgeldsachen vor Behörden und Gerichten umfasst. Ein Betreuer oder eine Betreuerin kann eine betreute Person zwar innerhalb dieses Aufgabenkreises gerichtlich wie außergerichtlich vertreten (§ 1823 BGB), ist aber deswegen weder gesetzlicher Vertreter oder gesetzliche Vertreterin oder Verteidiger oder Verteidigerin von Betroffenen im Bußgeldverfahren. Ist ein Rechtsanwalt zum Betreuer oder eine Rechtsanwältin zur Betreuerin bestellt, so werden sie nur dann zum Verteidiger oder zur Verteidigerin, wenn sie eine entsprechende Mandatsanzeige von Betroffenen vorlegen. Daher besteht keine Rechtsgrundlage für die Offenlegung personenbezogener Daten an den Betreuer oder die Betreuerin. Soweit diese wie meist auch zur Vermögenssorge für die betreute Person bestellt ist, muss ihnen erst die Rechtskraft des Bußgeldbescheides mitgeteilt werden (§ 89 OWiG), damit die Zahlung der Geldbuße oder von Teilbeträgen (§ 18 OWiG) gewährleistet ist.

3.2 Bezeichnung der Tat (§ 66 Abs. 1 Nr. 3 OWiG)

Zentraler Bestandteil des Bußgeldbescheides ist die Bezeichnung der Tat, die dem oder der Betroffenen vorgeworfen wird, kurz: Tathergang, einschließlich Zeit (§ 6 S. 1 OWiG) und Ort (§ 7 Abs. 1 OWiG) ihrer Begehung und der gesetzlichen Merkmale der Ordnungswidrigkeit. Mit dieser Aufteilung wird die konkret vorgeworfene Handlung von Betroffenen anschaulich dem nachfolgenden abstrakten Tatbestand der Ordnungswidrigkeit untergeordnet (Musterbußgeldbescheid 13.2). Professionelle Software für Verwaltungsordnungswidrigkeiten enthalten hierfür eine Datenbank mit Textbausteinen, die für die gängigen Ordnungswidrigkeiten bereits sämtliche konkrete Tatbestandsmerkmale und den unveränderbaren Wortlaut der abstrakten Bußgeldvorschrift enthalten. In den aufgerufenen Textbausteinen brauchen dann nur noch Tatzeit, Tatort und näherer Tathergang nach § 66 Abs. 1 Nr. 3 OWiG einge-

1) Zur Einleitung eines Bußgeldverfahrens gegen betreute Personen § 2 Nr. 3.4.3.

geben werden. Beim Einsatz durch Algorithmen fortlaufend selbstlernender künstlicher Intelligenz (KI) kann diese zwar aus einer verwendeten Datenbank Textbausteine vorschlagen, das verfassungsrechtliche Schuldprinzip gebietet aber die Überprüfung und Entscheidung durch die verantwortende Person der Verwaltungsbehörde. Der automatisierte Erlass von Bußgeldbescheiden ohne menschliche Beteiligung wäre zumindest in der Abschlussverfügung (§ 61 OWiG) erkennbar und würde zur Nichtigkeit führen.

Mit der Bezeichnung der Tat beginnt der eigentliche Inhalt des Bußgeldbescheides. Er wird daher nach heutiger bürgerfreundlicher Bescheidtechnik im persönlichen Briefstil mit einer Anrede des Betroffenen eingeleitet (Musterbußgeldbescheid 13.2):

„Sehr geehrte Frau <Name>," „Sehr geehrter Herr <Name>,"

bzw. „Sehr geehrte diverse Person" <Name>.

Vor der Ausführung des Tathergangs folgt ein weiter im persönlichen Briefstil gehaltener einleitender Satz. Nachdem der Bußgeldbescheid nur die Rechtsnatur eines vorläufigen Bescheides besitzt und der Tatvorwurf bei seiner Zustellung noch nicht rechtskräftig feststeht, kommt dem die aus dem Anhörungsdokument übernommene Formulierung entgegen: „Nach unseren Feststellungen haben Sie folgende Ordnungswidrigkeit (Ordnungswidrigkeiten) begangen:" Strafrechtliches Vokabular wie „Sie werden beschuldigt" oder „Ihnen wird vorgeworfen" eignet sich für das Bußgeldverfahren, dem gerade der Ernst der Kriminalstrafe fehlt, eher nicht.

3.2.1 Schilderung des Tathergangs

Der Bußgeldbescheid enthält als zentralen Bestandteil die Bezeichnung der Tat, die dem oder der Betroffenen zur Last gelegt wird, Zeit und Ort ihrer Begehung (§ 66 Abs. 1 Nr. 3 OWiG). Der Inhalt des Bußgeldbescheides nach § 66 Abs. 1 OWiG entspricht den Anforderungen, die an die Anklageschrift (§ 200 Abs. 1 S. 1 StPO) und an den Strafbefehl (§ 409 Abs. 1 S. 1 Nr. 3 StPO) im Strafverfahren gestellt werden, dem der Bußgeldbescheid nachgebildet ist[1)]. Der Bußgeldbescheid erfüllt denn auch dieselben Aufgaben. Er enthält wie der Strafbefehl die Beschuldigung, die den Gegenstand des Bußgeldverfahrens – im Falle der Einspruchseinlegung, wie die Anklageschrift, auch den Gegenstand des gerichtlichen Verfahrens – in persönlicher, sachlicher und rechtlicher Hinsicht abgrenzt und mithin auch den Umfang der Rechtskraft (§ 84 OWiG) bestimmt. Außerdem soll er dem oder der Betroffenen ein Bild von der Berechtigung des gegen sie erhobenen Vorwurfes verschaffen, damit sie wie beim Strafbefehl prüfen können, ob sie Einspruch einlegen und wie sie für diesen Fall - das gilt wiederum auch für die Anklageschrift – die Verteidigung in der gerichtlichen Hauptverhandlung vorbereiten soll. Der Umfang der Tatschilderung wird maßgeblich von der Gestaltung des Einzelfalls und der Art der verletzten Vorschrift bestimmt. Da das Bußgeldverfahren eine schnelle und Verwaltungskosten einsparende Ahndung der Ordnungswidrigkeiten bezweckt, verbieten sich überhöhte Anforderungen an die Schilderung von selbst; auch ein in Rechtsfragen unerfahrener Bürger muss jedoch den Vorwurf verstehen können.[2)] Ein Bußgeldbescheid

1) OLG Hamm, Beschl. vom 24.5.2022, Az. 5 RBs 152/22.
2) OLG Hamm, Beschl. vom 16.9.2021, Az. 4 RBs 277/21.

ist ausreichend, wenn nach seinem Inhalt kein Zweifel über die Tatidentität bestehen kann, also feststeht, welchen Sachverhalt er erfasst und ahnden soll.[1]

3.2.1.1 Mindestanforderungen

Die Schilderung des Tathergangs im Bußgeldbescheid erfolgt in Form eines persönlichen Vorwurfs an den Betroffenen (Anklagestil).[2] Er wird daher grundsätzlich nach dem Vorbild des Strafbefehls im persönlichen Stil und nicht im unpersönlichen Begründungsstil des verwaltungsrechtlichen Bescheids abgefasst.

Beispiel:

Sie hielten zwischen dem 10.3.2026 und dem 20.8.2026 in ihrer Wohnung in 83837 Steinbach, Bachweg 10, ohne die dafür erforderliche Erlaubnis eine 150 cm lange Würgeschlange Boa Constrictor.

Verfehlt wäre es, die Feststellungen der Verwaltungsbehörde anstelle der Zuwiderhandlung des oder Betroffenen darzustellen. Sie führen nicht selten zur Beurteilung der Unwirksamkeit des Bußgeldbescheides im gerichtlichen Bußgeldverfahren, weil dann gerade die in § 66 Abs. 1 Nr. 3 OWiG vorgeschriebenen Angaben fehlen.

Fehlbeispiel:

Am 20.8.2026 wurde bei einer Nachschau der Umweltbehörde festgestellt, dass der Inhaber der Wohnung 83837 Steinbach, Bachweg 10, seit dem 10.3.2026 ohne die dafür erforderliche Erlaubnis eine 150 cm lange Würgeschlange Boa Constrictor hält.

Die Verwaltungsbehörde will dem oder der Betroffenen nicht vorwerfen, dass **sie** Feststellungen getroffen hat, sondern dass **er** oder sie eine Ordnungswidrigkeit begangen hat. Daher ist die Schilderung des Tathergangs im Musterbußgeldbescheid 13.5 auch mit der Wendung eingeleitet: „Nach unseren Feststellungen haben **Sie** folgende Ordnungswidrigkeit begangen:“

Der Tathergang grenzt das tatsächliche Geschehen ein, das Gegenstand der Beschuldigung der Betroffenen ist. Seine Abgrenzungsfunktion erfüllt der Bußgeldbescheid in sachlicher Hinsicht nur dann, wenn nach seinem Inhalt kein Zweifel über die Identität der Tat entstehen kann, wenn also zweifelsfrei feststeht, welcher Lebensvorgang erfasst und geahndet werden soll.[3] Daraus ergeben sich zwei Funktionen, nämlich die Information des Betroffenen und die gerichtliche Verfahrensgrundlage:[4]

1) Brandenburgisches OLG (Brandenburg), Beschl. vom 30.5.2022, Az. 1 OLG 53 Ss OWi 144/22, unter Bezugnahme auf BayObLG, Beschl. vom 14.7.1998, Az. 2 ObOWi 325/98, und OLG Köln, Beschl. vom 16.3.2018, Az. III-1 RBs 84/18.
2) Zum Anklagestil im Strafbefehl als Vorbild des Bußgeldbescheides § 409 Abs. 1 S. 1 Nr. 3 StPO.
3) BayObLG, Beschl. vom 22.2.2023, Az. 201 ObOWi 66/23; OLG Bamberg, Beschl. vom 18.11.2015, Az. 3 Ss OWi 1218/15.
4) OLG Celle, Beschl. vom 29.12.2014, Az. 321 SsBs 37/14; OLG Hamm, Beschl. vom 13.1.2022, Az. 5 RBs 278/21.

- *Information der Betroffenen*

  Der oder die Betroffene soll erkennen, welche konkrete Handlung oder welches pflichtwidrige Unterlassen als konkreter Sachverhalt vorgeworfen wird. Sie können aufgrund dieser Kenntnis entscheiden, ob sie die Beschuldigung als zutreffend anerkennen und deshalb den Bußgeldbescheid hinnehmen oder ob und wie sie sich gegen die Beschuldigung verteidigen wollen.

- *Verfahrensgrundlage des Amtsgerichts*

  Führt der zulässige Einspruch von Betroffenen zum gerichtlichen Bußgeldverfahren, so begrenzt der im Bußgeldbescheid geschilderte Sachverhalt auch den Gegenstand der gerichtlichen Prüfung und Entscheidung. Die Verwaltungsbehörde gibt damit dem Amtsgericht nach dem Vorbild der strafrechtlichen Anklage vor, worüber es entscheiden soll.

Eine ausnahmsweise Nichtigkeit des Bußgeldbescheides erfordert entsprechend der verwaltungsrechtlichen Bestimmung in § 44 Abs. 1 VwVfG besonders schwerwiegende und offenkundige Mängel.[1]

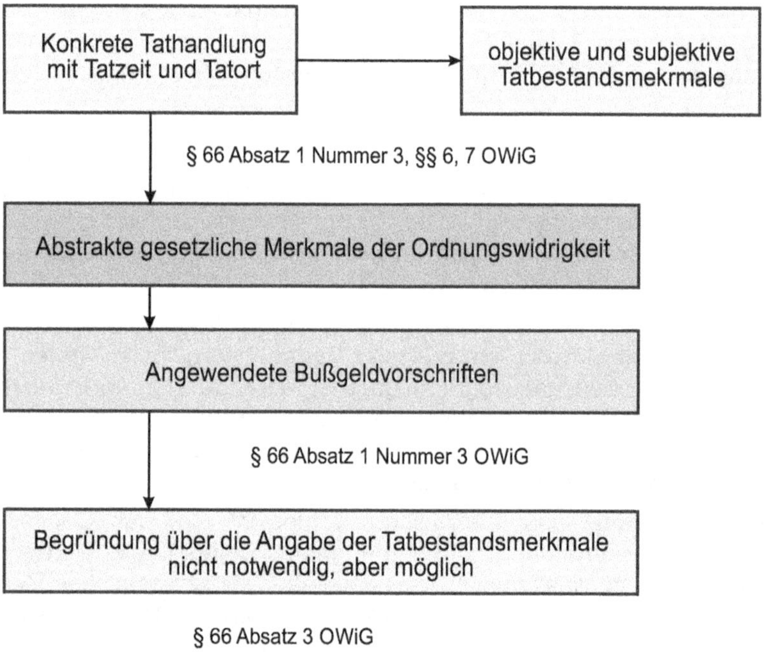

Abb. 4: Bezeichnung der Tat im Bußgeldbescheid

Ein Verstoß gegen das verfassungsrechtliche Bestimmtheitsgebot (Art. 103 Abs. 2 GG) führt zur Nichtigkeit des Bußgeldbescheides.[2] An den Bußgeldbescheid dürfen dabei zwar keine überhöhten Anforderungen gestellt werden. Da das Bußgeldverfahren eine schnelle und Verwaltungskosten einsparende Ahndung der Ordnungs-

1) OLG Braunschweig, Urt. vom 28.12.2023, Az. 9 U 103/22; OLG Oldenburg (Oldenburg), Beschl. vom 28.1.1992, Az. Ss 492/91.

2) Brandenburgisches OLG (Brandenburg), Beschl. vom 12.6.2019, Az. (1 Z) 53 SsOWi 169/19 (106/19).

widrigkeiten bezweckt, verbietet sich eine ausführliche Schilderung von selbst; auch ein in Rechtsfragen unerfahrener Bürger muss jedoch den Vorwurf verstehen können.[1] Wesentliche Aufgabe des Bußgeldbescheides ist es, den Tathergang in persönlicher, sachlicher und rechtlicher Hinsicht von anderen denkbaren Tathergängen abzugrenzen. Diese Aufgabe erfüllt er in sachlicher Hinsicht, wenn nach seinem Inhalt kein Zweifel über die Identität der Tat entstehen kann, wenn also zweifelsfrei feststeht, welcher Lebensvorgang erfasst und geahndet werden soll.[2] Unwirksam sind Bußgeldbescheide daher nur bei schwerwiegenden Mängeln.[3] Die Wirksamkeit eines Bußgeldbescheides wird daher noch nicht beeinträchtigt, wenn es trotz einer Fehlbezeichnung für den Betroffenen oder die Betroffene unzweifelhaft ist, welcher Sachverhalt ihm oder ihr zur Last gelegt wird. Die hinreichende Bestimmtheit setzt nicht voraus, dass ein Gericht bereits aus dem Inhalt des Bußgeldbescheids umfassend entnehmen kann, welche konkrete Handlung dem oder der Betroffenen vorgeworfen wird. Vielmehr kann zur endgültigen Klärung des Tathergangs in Ergänzung des Bußgeldbescheides auf den gesamten Akteninhalt Bezug genommen werden.[4] Fehler und Ungenauigkeiten bei der Tatbezeichnung stellen die Tatidentität und damit die sachliche Abgrenzungsfunktion nicht in Frage, sofern die Tat durch andere Umstände so genügend konkretisiert bleibt, dass die Individualität und Unterscheidbarkeit von anderen Taten gewahrt ist.[5] Dies gilt insbesondere für offensichtliche Schreibfehler.[6] Entscheidend ist, dass der oder die Betroffene anhand der Tatbeschreibung des Bußgeldbescheides, also namentlich aus den Angaben zum Begehungsort und zur Tatzeit erkennen kann, wegen welchem konkreten Fehlverhalten er zur Verantwortung gezogen werden soll und insoweit eine Verwechslung mit einer möglichen gleichartigen Ordnungswidrigkeit desselben Betroffenen ausgeschlossen ist.[7] Völlig ungenügend ist daher ein Bußgeldbescheid, der keinerlei Inhalt aufweist, sondern sich nur auf die angebliche detaillierte Darstellung des Sachverhalts bei der vorausgegangenen Anhörung (§ 55 OWiG i. V. m. § 163a Abs. 1 StPO) bezieht.[8] Der Tathergang muss sich allein aus dem Bußgeldbescheid ohne Hilfe anderer Erkenntnisquellen, wie etwa des Akteninhalts, ergeben.[9]

Beispiele aus der Rechtsprechung für nichtige Bußgeldbescheide:

Die Verwaltungsbehörde wirft einer Fluggesellschaft vor: „Sie haben am <Datum> sechs Reisende mit dem Flug <Bezeichnung> von <Ort> nach <Ort> befördert,

1) Brandenburgisches OLG (Brandenburg), Beschl. vom 6.5.2021, Az. 2 OLG 53 Ss-OWi 141/21.
2) BayObLG, Beschl. vom 22.2.2023, Az. 201 ObOWi 66/23; AG Schmallenberg, Beschl. vom 17.8.2022, Az. 6 OWi 140 Js 692/22.
3) Brandenburgisches OLG (Brandenburg), Beschl. vom 12.6.2019, Az. (1 Z) 53 Ss OWi 169/19 (106/19).
4) KG (Berlin), Beschl. vom 1.7.2014, Az. 3 Ws (B) 340/14 – 122 Ss 102/14.
5) OLG Hamm, Beschl. vom 15.1.2007, Az. 1 Ss OWi 877/06.
6) KG (Berlin), Beschl. vom 31.1.2019, Az. 3 Ws (B) 42/19.
7) Brandenburgisches OLG (Brandenburg), Beschl. vom 6.5.2021, Az. 2 OLG 53 Ss-OWi 141/21; OLG Hamm, Beschl. vom 16.9.2021, Az. 4 RBs 277/21; OLG Bamberg, Beschl. vom 18.11.2015, Az. 3 Ss OWi 1218/15; OLG Karlsruhe, Beschl. vom 23.1.2020, Az. 1 Rb 21 Ss 967/19.
8) OLG Hamm, Beschl. vom 13.1.2022, Az. 5 RBs 278/21, unter Bezugnahme auf Saarländisches OLG (Saarbrücken), Beschl. vom 17.3.2017, Az. 1 Ws 10/17, und OLG Karlsruhe, Beschl. vom 16.3.1978, Az. 3 Ss (B) 15/78.
9) OLG Karlsruhe, Beschl. vom 23.1.2020, Az. 1 Rb 21 Ss 967/19; OLG Hamm, Beschl. vom 18.11.2015, Az. 3 Ss OWi 1218/15.

ohne dass die Reisenden Ihnen gegenüber vor der Abreise die Bestätigungen der digitalen Einreiseanmeldungen oder der Ersatzmitteilungen vorgelegt haben.[1] Der Bußgeldbescheid ist unwirksam, weil er nur den abstrakten Gesetzeswortlaut der Bußgeldvorschrift in einer Infektionsschutzverordnung, aber nicht ansatzweise einen konkreten Tathergang enthält.[2]

Ein Bußgeldbescheid, der nur gesetzliche Bestimmungen ohne Bezug auf den konkreten Einzelfall enthält, genügt weder der notwendigen Informations- noch der Abgrenzungsfunktion und ist daher unwirksam: „Sie haben eine Verbringung von Abfällen durchgeführt, die gem. § 18 Abs. 2 Nr. 2 AbfVerbrG i.V.m. Art. 2 Nr. 35 Buchst. e VO (EG) Nr. 1013/2006 wegen des Verstoßes gegen die in Art. 2 AbfVerbrG i. V. m. Art. 2 Nr. 35 Buchst. e VO (EG) Nr. 1013/2006 wegen des Verstoßes gegen die in Art. 37 und Art. 49 VO EG) Nr. 1013/2006 i. V. m. Art. 13 AbfRRL 2008/98 EG normierten gemeinschaftlichen Bestimmungen zur Verwertung der Abfälle unzulässig ist."[2]

Der Tathergang darf nicht durch bloße Feststellungen der Verwaltungsbehörde ersetzt werden. Nichtig ist daher ein Bußgeldbescheid mit dem Inhalt: „Es ist festgestellt worden, dass ihr Kind trotz Mahnungen durch die Schule wiederholt unentschuldigt den Schulunterricht versäumt hat."[3]

Eine völlig unkonkrete Schilderung stellt ein Bußgeldbescheid dar, der auf die Anhörung Bezug nimmt: Sie haben Katzenwelpen zum Preis von 260,– bis 300,– je Tier im I. Quartal 2018 über das Internet zu verkaufen gedacht bzw. verkauft. Darüber hinaus liegen weitere Unterlagen zu Katzen- und Hundeverkäufen vor, die Ihnen zugeordnet werden können. Dies belegt einen gewerbsmäßigen Handel mit Wirbeltieren. Sie sind nicht im Besitz einer Erlaubnis nach § 11 Abs. 1 Nr. 8 b) Tierschutzgesetz, die ermächtigt, gewerbsmäßig mit Wirbeltieren zu handeln. Sie haben einen Katzenwelpen unter der 8. Lebenswoche vom Muttertier getrennt und verkauft. Der Sachverhalt wurde Ihnen detailliert im Rahmen der Anhörung mit Schreiben vom 16.10.2018 bekannt gegeben.[4]

Es genügt nicht, wenn dem Betroffenen im Bußgeldbescheid ein Auflagenverstoß vorgeworfen wird, dieser aber nicht ausführt, welchen konkreten Inhalt die Auflage hatte und wodurch der Betroffene gegen die Auflagen verstoßen haben soll.[5]

Der Vorwurf, Kinder und Jugendliche hätten Bier und Wodka vom Betroffenen bei einer Feier in dessen Wohnung erhalten, ist inhaltlich so unkonkret und allgemein gehalten, dass eine Verwechselungsgefahr zwischen dem vorgeworfenen Sachverhalt und anderen, möglicherweise ähnlich gelagerten Sachverhalten besteht.[6]

Der Bußgeldbescheid mit dem Tathergang: „Nach den Feststellungen hatte die Betroffene am <Datum> ihren Laden in <Ort> geöffnet. Bei einer Kontrolle war festgestellt worden, dass das bereitgehaltene Warensortiment zum großen Teil nicht § 5 Abs. 4 S. 2 BbgLÖG entsprach" ist nichtig, weil in der an dieser

1) Brandenburgisches OLG (Brandenburg), Beschl. vom 23.3.2023, Az. 2 ORbs 40/23.
2) OLG Karlsruhe, Beschl. vom 16.6.2020, Az. 1 Rb 34 Ss 802/19.
3) OLG Hamm, Beschl. vom 24.5.2022, Az. 5 RBs 152/22.
4) OLG Hamm, Beschl. vom 13.1.2022, Az. 5 RBs 278/21.
5) Thüringer OLG (Jena), Beschl. vom 18.4.2016, Az. 1 OLG 121 SsRs 6/16.
6) Sachverhalt nach OLG Bamberg, Beschl. vom 18.11.2015, Az. 3 Ss OWi 1218/15.

Stelle verfehlten Angabe einer Rechtsgrundlage mehrere nicht unterscheidungsfähige Varianten des Tathergangs enthalten sind.[1]

Ein Bußgeldbescheid, in dem nur abstrakt „Geländeveränderung, Anfüllung" ohne jedwede Angaben dazu, wie, womit und in welchem Umfang der Betroffene die Anfüllung vorgenommen hat, ist nichtig.[2]

Dabei kann im gerichtlichen Bußgeldverfahren notfalls auch ergänzend auf den Akteninhalt zurückgegriffen werden.[3] Dazu genügen aber bloße Bildaufnahmen nicht, die sich nur in der Bußgeldakte befinden, nicht aber Gegenstand des Bußgeldbescheides sind.[4] Der Bußgeldbescheid erfüllt seine Informationsfunktion gegenüber dem oder der Betroffenen nicht und stellt keine taugliche Verfahrensgrundlage für das Gericht dar, wenn er lediglich die gesetzlichen Tatbestandsmerkmale wiedergibt, ohne auf den Einzelfall einzugehen.[5] Die Nichtigkeit des Bußgeldbescheides führt zu einem Verfahrenshindernis im gerichtlichen Bußgeldverfahren (§ 206a StPO i. V. m. § 46 Abs. 1 OWiG).[6]

Fehlbeispiel:

Sie erzeugten am 3.5.2026 gegen 2.30 Uhr in 48443 Unterstein, Donaustraße 17, wissentlich in unzulässigem Ausmaß Lärm, der geeignet war, die Nachbarschaft erheblich zu belästigen.

Dieser „Tathergang" gibt nur die zusätzlich anzugebenden abstrakten gesetzlichen Merkmale des § 117 Abs. 1 OWiG (unzulässiger Lärm) wieder, geht aber nicht auf den konkreten Einzelfall ein.

Grundsätzlich genügt auch nicht die inhaltsleere Wiedergabe der gesetzlichen Bestimmungen oder des Gesetzeswortlauts ohne Bezug zum konkreten Einzelfall. Nicht ausreichend sind auch nur stichwortartige Platzhalter, die keine individuellen Merkmale des vorgeworfenen Sachverhalts erkennen lassen. Deshalb genügt zur Bezeichnung der „Tat" die Angabe der allgemeinen („abstrakten") gesetzlichen Tatbestandsmerkmale nicht. Vielmehr ist der Sachverhalt, in dem die Verwaltungsbehörde den Tatbestand einer Ordnungswidrigkeit erblickt, unter Anführung der Tatsachen, die die einzelnen Tatbestandsmerkmale erfüllen, als geschichtlicher Lebensvorgang so konkret zu schildern, dass dem oder der Betroffenen erkennbar wird, welches Tun oder Unterlassen Gegenstand der Ahndung sein soll und gegen welchen Vorwurf er sich daher verteidigen muss. Der Umfang der Tatschilderung wird maßgeblich von der Gestaltung des Einzelfalls und der Art der verletzten Vorschrift

1) Sachverhalt nach Brandenburgisches OLG (Potsdam), Beschl. vom 12.6.2019, Az. (1 Z) 53 Ss-OWi 169/19 (106/19).
2) Sachverhalt nach AG Schmallenberg, Beschl. vom 17.8.2022, Az. 6 OWi 140 Js 692/22.
3) OLG Hamm, Beschl. vom 13.1.2022, Az. 5 RBs OWi 278/21; KG (Berlin), Beschl. vom 15.10.2018, Az. 3 Ws (B) 238/18.
4) AG Schmallenberg, Beschl. vom 17.8.2022, Az. 6 OWi 140 Js 692/22.
5) OLG Hamm, Beschl. vom 13.1.2022, Az. 5 Rbs 278/21; OLG Stuttgart, Beschl. vom 26.2.2014, Az. 2 Ss 616/13; OLG Sachsen-Anhalt (Naumburg), Beschl. vom 27.4.1994, Az. 1 Ss (B) 74/94.
6) Brandenburgisches OLG (Brandenburg), Beschl. vom 12.6.2019, Az. (1 Z) 53 Ss-OWi 169/19 (106/19).

bestimmt. Da das Bußgeldverfahren eine schnelle und Verwaltungskosten einsparende Ahndung der Ordnungswidrigkeiten bezweckt, verbieten sich überhöhte Anforderungen an die Schilderung von selbst; auch ein in Rechtsfragen unerfahrener Bürger muss jedoch den Vorwurf verstehen können.[1]

Fehlbeispiel:

Ihnen wird vorgeworfen, <Datum> um <Uhrzeit> in <Tatort>, folgende Ordnungswidrigkeit(en) begangen zu haben:

Sie haben vorsätzlich einer vollziehbaren Anordnung nach dem Infektionsschutzgesetz (§§ 28 Abs. 1 S. 1, 32 S. 1 IfSG) zuwidergehandelt.

Konkretisierung:

Betrieb einer dort genannten gastronomischen Einrichtung (§ 9 Abs. 1 S. 1 CoronaSchVO) §§ 73 Abs. 1a Ziff. 6, 24 Abs. 2 Infektionsschutzgesetz (IfSG) i. V. m. (§§ 9 Abs. 1 S. 1, 14 Abs. 2 Verordnung zum Schutz vor Neuinfizierungen mit dem Coronavirus SARS-CoV-2 (CoronaSchVO).[2]

Eine völlig unkonkrete Schilderung des gegenüber der Betroffenen erhobenen Vorwurfes, der keine zweifelsfreie Feststellung des Tathergangs erlaubt, enthält folgender nichtiger Bußgeldbescheid:

Sie haben Katzenwelpen zum Preis von 260,– bis 300,– je Tier im I. Quartal 2018 über das Internet zu verkaufen gedacht bzw. verkauft. Darüber hinaus liegen weitere Unterlagen zu Katzen- und Hundeverkäufen vor, die Ihnen zugeordnet werden können. Dies belegt einen gewerbsmäßigen Handel mit Wirbeltieren. Sie sind nicht im Besitz einer Erlaubnis nach § 11 Abs. 1 Nr. 8 b) Tierschutzgesetz, die ermächtigt, gewerbsmäßig mit Wirbeltieren zu handeln. Sie haben einen Katzenwelpen unter der 8. Lebenswoche vom Muttertier getrennt und verkauft. Der Sachverhalt wurde Ihnen detailliert im Rahmen der Anhörung mit Schreiben vom 16.10.2018 bekannt gegeben.[3]

Der Bußgeldbescheid muss daher möglichst eindeutig diejenigen Tatsachen wiedergeben, die im vorliegenden Einzelfall unter die gesetzlichen Tatbestandsmerkmale fallen.

Beispiel:

Sie feierten am 3.5.2026 zwischen 2.30 Uhr und 2.50 Uhr in Ihrer Wohnung in 48443 Unterstein, Donaustraße 17, ein Geburtstagsfest mit mehreren Gästen, wobei Sie lautstarke Tanzmusik bei geöffnetem Fenster abspielten. Dies führte zur von Ihnen bewusst in Kauf genommenen möglichen Beeinträchtigung der Nachtruhe von Bewohnern benachbarter Gebäude.

1) OLG Hamm, Beschl. vom 16.9.2021, Az. 4 RBs 277/21.
2) BayObLG, Beschl. vom 22.2.2023, Az. 201 ObOWi 66/23; OLG Hamm, Beschl. vom 16.9.2021, Az. 4 RBs 277/21.
3) OLG Hamm, Beschl. vom 13.1.2022, Beschl. vom 5 RBs 278/21.

Zu vermeiden ist möglichst auch die Wiedergabe abstrakter Rechtsvorschriften im konkreten Tathergang. Diese gehören erst anschließend in die gesetzlichen Merkmale der Ordnungswidrigkeit (§ 66 Abs. 1 Nr. 3 OWiG) und sollten mit der Wendung „Ordnungswidrig handelt, wer..." deutlich getrennt werden.

Fehlbeispiel:

Sie haben am 17.8.2026 gegen 17.00 Uhr 3 m³ wissentlich Abfälle im Sinne des § 3 Abs. 1 KrWG außerhalb einer dafür zugelassenen Anlage gem. § 28 Abs. 1 S. 1 KrWG auf dem Anwesen Gewerbestraße 87 in 99999 Münsterberg abgelagert.

Beispiel:

Sie haben am 17.8.2026 gegen 17.00 Uhr wissentlich außerhalb einer zugelassenen Abfallbeseitigungsanlage 3 m³ Bauschutt auf einem Lagerplatz im Anwesen Gewerbestraße 87 in 99999 Münsterberg abgelagert.

Ordnungswidrig handelt,

wer vorsätzlich entgegen § 28 Abs. 1 S. 1 KrWG) Abfälle zur Beseitigung ablagert. Abfälle dürfen zum Zweck der Beseitigung nur in den dafür zugelassenen Anlagen oder Einrichtungen (Abfallbeseitigungsanlagen) behandelt, gelagert oder abgelagert werden (§ 28 Abs. 1 S. 1 KrWG).

Aufgabe der verantwortenden Person der Verwaltungsbehörde ist die Schilderung einer bestimmten Handlung oder pflichtwidrigen Unterlassung von Betroffenen, welche den Tatbestand einer Ordnungswidrigkeit verwirklicht und deshalb ihnen zur Last gelegt wird.

Bei umfangreichen Tatvorwürfen, insbesondere Dauerordnungswidrigkeiten mit einer Vielzahl von Einzelhandlungen, müssen sämtliche vorgeworfenen Einzelfälle im Bußgeldbescheid aufgeführt werden.[1)] Um die Übersichtlichkeit des Tathergangs zu gewährleisten, empfiehlt es sich, diesen zunächst nur allgemein zu umschreiben und die Einzelfälle dann gesondert aufzuführen (Musterbußgeldbescheid 13.5).

Nicht zur Bezeichnung der Tat gehören

- missachtete Bestimmungen des besonderen Verwaltungsrechts,

  „haben Sie ohne die nach § 33a GewO erforderliche Erlaubnis".[2)]
- behördliche Feststellungen aus dem Vorverfahren,

  „Bei einer Baukontrolle auf dem Anwesen der Gaststätte „Blauer Krug" wurde festgestellt, dass …"
- die Darstellung des Ablaufs des Vorverfahrens,

  „Nach der Besichtigung des Grundstücks mit Vertretern der Gemeinde, der unteren Bauaufsichtsbehörde, der ausführenden Baufirma und dem Entwurfsverfas-

1) OLG Düsseldorf, Beschl. vom 7.4.2006, Az. 2 Ss (OWi) 170/04 – (OWi) 15/06 III.
2) KG (Berlin), Beschl. vom 31.1.2019, Az. 3 Ws (B) 42/19.

ser erfolgte eine Anhörung zu den beabsichtigten Auflagen der Baugenehmigung.“

- tatsächliche und rechtliche Begründungen aller Art,

  „Bei der Anhörung haben Sie vorgetragen, der gefällte Baum sei nach Durchmesser und Höhe ohne Erlaubnis der Gemeinde zu fällen gewesen. Wir haben eine Stellungnahme des Gartenamtes eingeholt, nach der der festgestellte Durchmesser nachgemessen wurde und daher unter die erlaubnispflichtigen Fällungen nach § ..., “

- die Auseinandersetzung mit Beweismitteln

  „haben wir ihre Einwendungen dem Sachverständigen zur Stellungnahme übersendet. Dieser hat sie fachlich nachgeprüft und sich dahingehend geäußert, dass ...“.

- Ausführungen zur Höhe der Geldbuße

  „Da es sich um einen Wiederholungsfall handelt, war eine erhöhte Geldbuße erforderlich.“.

Auf das Vorverfahren und behördliche Feststellungen, Einwendungen des Betroffenen sowie die Zumessung der Geldbuße kann bei Bedarf in einer besonderen weiteren Begründung des Bußgeldbescheids (§ 66 Abs. 3 OWiG) eingegangen werden.[1] Dazu wird ein besonderer Textteil mit der Überschrift „Begründung (§ 66 Abs. 3 OWiG)“ zwischen den Rechtsfolgen (Geldbuße, Gebühr, Auslagen, Nebenfolgen) und der Rechtsbehelfsbelehrung eingefügt (z. B. Musterbußgeldbescheid 13.6). Beweismittel (§ 66 Abs. 1 Nr. 4 OWiG) sind ebenfalls streng getrennt vom Tathergang aufzuführen.[2] Die Schilderung des Tathergangs darf nicht mit einer „Beweiswürdigung“ vermengt werden. Hierbei besteht zusätzlich die Gefahr, dass der eigentliche Tathergang nicht ausreichend oder überhaupt nicht dargestellt wird und der Bußgeldbescheid deswegen keine taugliche Grundlage für ein gerichtliches Verfahren bildet.

Fehlbeispiel:

Aufgrund zahlreicher Beschwerden von Anwohnern wurde dem Landratsamt bekannt, dass offensichtlich am Samstag, den 6.6.2026, in der Gaststätte „Vogelfrei“ in 39382 Fahlberg, Gerstenstraße 29 gegen 23.20 Uhr die Lärmschutzauflage vom 23.4.2026 nicht eingehalten wurde. Als Inhaber der Gaststätte sind Sie dafür verantwortlich, dass nach 20.00 Uhr die Fenster und die Eingangstür verschlossen bleiben und keine Musikdarbietungen über Verstärkeranlagen mehr stattfinden. Auf diese Verpflichtung wurden Sie in mehreren Schreiben und durch zwei einschlägige Bußgeldbescheide nachdrücklich hingewiesen. Nach Feststellung der Polizeiinspektion Fahlberg war eine Verstärkeranlage in Betrieb und zwei Außenfenster und die Eingangstür geöffnet. Ihre Äußerung, es habe sich um singende Personen auf dem Parkplatz neben der Gaststätte gehandelt, ist eine offensichtliche Schutzbehauptung. Wie eine Nachfrage bei der Polizeiinspektion

1) Zur Begründung des Bußgeldbescheids (§ 66 Abs. 3 OWiG) § 13 Nr. 3.9.
2) Zur Angabe der Beweismittel (§ 66 Abs. 1 Nr. 4 OWiG) im Bußgeldbescheid § 13 Nr. 3.5.

Fahlberg ergab, wurden auf dem Parkplatz keine Personen angetroffen, und die Verstärkeranlage eindeutig als Lärmquelle ermittelt.

Beispiel:

Sie sind als Inhaber der Gaststätte „Vogelfrei" in 39382 Fahlberg, Gerstenstraße 29 durch bestandskräftige nachträgliche Auflage vom 23.4.2026 verpflichtet, ab 20.00 Uhr die Fenster und die Eingangstür der Betriebsräume verschlossen zu halten und keine Musikdarbietungen über Verstärkeranlagen mehr durchzuführen. Entgegen dieser Ihnen bekannten Verpflichtung haben Sie am Samstag, den 6.6.2026 gegen 23.20 Uhr wissentlich zwei Fenster und die Eingangstür völlig offengehalten und Countrymusik über eine Verstärkeranlage im Gastraum abgespielt.

Ordnungswidrig handelt, wer...

Beweismittel: ...

Begründung:

1. Ihre Äußerung bei der Anhörung vom 2.7.2026:

   Ihre Äußerung, es habe sich um singende Personen auf dem Parkplatz neben der Gaststätte gehandelt, ist durch eine dienstliche Äußerung des Zeugen POM Einsiedler widerlegt. Danach wurden auf dem Parkplatz keine Personen angetroffen und die Verstärkeranlage eindeutig als Lärmquelle ermittelt.

2. Zumessung der Geldbuße:

   ... Zu ihren Ungunsten musste berücksichtigt werden, dass gegen Sie wegen einschlägiger Zuwiderhandlungen bereits 2022 und 2023 Bußgeldbescheide über 120,00 Euro und 250,00 Euro erlassen werden mussten.

3.2.1.2 Beteiligte an der Ordnungswidrigkeit

Handelt der oder die Betroffene nicht allein, sondern als Beteiligter oder Beteiligte an einer Ordnungswidrigkeit (§ 14 Abs. 1 S. 1 OWiG),[1] so muss die Art seiner oder ihrer persönlichen Beteiligung bei der Schilderung des Tathergangs konkret zum Ausdruck kommen. Die abstrakte gesetzeswiederholende Formulierung „als Beteiligter" oder „als Beteiligte" genügt nicht. Sofern mehrere Beteiligte verfolgt werden, ist gegen jede Person ein gesonderter Bußgeldbescheid zu erlassen, der den jeweiligen Tatbeitrag wiedergibt.[2]

- **Gemeinsames Handeln**

Verwirklichen mehrere Betroffene den Tatbestand einer Ordnungswidrigkeit durch gemeinsames, zielgerichtetes Handeln, so kann diese Form der Beteiligung durch

1) Zur Einleitung eines Bußgeldverfahrens wegen Beteiligung an einer Ordnungswidrigkeit (§ 14 Abs. 1 OWiG) § 4 Nr. 1.

2) Zur selbstständigen Strafbarkeit mehrerer Beteiligter (§ 29 StGB): Jeder Beteiligte wird ohne Rücksicht auf die Schuld des anderen nach seiner Schuld bestraft.

Formulierungen wie „im bewussten und gewollten Zusammenwirken mit <Person>" oder „einvernehmlich mit <Person>" umschrieben werden.[1)]

Beispiel:

Sie beseitigten einvernehmlich mit Herrn Ralf Martin am Sonntag, dem 19.7.2026, an dem unter Denkmalschutz stehenden Anwesen...

Sie beseitigten im bewussten und gewollten Zusammenwirken mit Herrn Ralf Martin am Sonntag, dem 19.7.2026, an dem unter Denkmalschutz stehenden Anwesen...

- **Bestimmung zu einer Ordnungswidrigkeit**

Beteiligt sich ein Betroffener oder eine Betroffene durch Anstiften einer anderen Person zur Begehung einer Ordnungswidrigkeit, so ist sowohl die bestimmende Handlung als auch die zur Ausführung gelangte Ordnungswidrigkeit darzustellen. Dazu eignen sich Formulierungen wie „beauftragen", „anweisen" oder „bestimmen".[2)]

Beispiel:

Sie setzten am Dienstag, den 27.8.2026, Herrn Clemens Müller, in der Schillerstraße in Neufeld als Werber zum Abschluss von Verträgen über den fortlaufenden Bezug von Zeitschriften ein. Dabei war ihnen wie Herrn Müller bekannt, dass dieser die dazu erforderliche Reisegewerbekarte nicht besaß. Herr Müller schloss dort daraufhin im Laufe des Vormittags acht Abonnementverträge ab.

- **Unterstützung einer fremden Ordnungswidrigkeit**

Fördert ein Betroffener oder eine Betroffene vorsätzlich die vorsätzliche Ordnungswidrigkeit einer anderen Person ohne eigene Tatherrschaft, so ist die Beteiligung als Gehilfe oder Gehilfin von anderen zu schildern.[3)] Hier ist der „doppelte" Vorsatz auszuführen, weil eine fahrlässige Beteiligung nicht möglich ist.

Beispiel:

Am Sonntag, dem 28.2.2026, feierte Herr Georg Rauch im Garten Ihres Anwesens Geibelstraße 12 in Altfeld ab 20.00 Uhr bis 1.00 Uhr ein Geburtstagsfest mit rund 50 Gästen. Sie stellten das Grundstück zur Verfügung, obwohl Sie die Dauer der Veranstaltung und die Anzahl der Gäste kannten und wussten, dass eine von Herrn Rauch bestellte Musikgruppe während der ganzen Zeit im Freien spielen konnte. Sie rechneten damit, dass die Nachbarschaft in der Nachtruhe gestört werden konnte und nahmen dies billigend in Kauf.

---

1) Zur Mittäterschaft bezüglich einer Straftat (§ 25 Abs. 2 StGB): Begehen mehrere die Straftat gemeinschaftlich, so wird jeder als Täter bestraft (Mittäter).

2) Zur Anstiftung zu einer Straftat § 26 StGB: Als Anstifter wird gleich einem Täter bestraft, wer vorsätzlich einen anderen zu dessen vorsätzlich begangener rechtswidriger Tat bestimmt hat.

3) Zur Beihilfe zu einer Straftat (§ 27 Abs. 1 StGB): Als Gehilfe wird bestraft, wer vorsätzlich einem anderen zu dessen vorsätzlich begangener rechtswidriger Tat Hilfe geleistet hat.

Bei professioneller Software sieht der für eine Bußgeldvorschrift angewählte Textbaustein bereits die Möglichkeit der Beteiligung nach § 14 Abs. 1 OWiG in einem Auswahlmenü vor („Dialogbox"). Der erforderliche Zusatztext wird dann bei Auswahl durch die verantwortende Person der Verwaltungsbehörde automatisch eingefügt und auch bei den gesetzlichen Merkmalen der Ordnungswidrigkeit wiederholt.

3.2.1.3 Unternehmens- und betriebsleitende und beauftragte Personen

Wird der oder die Betroffene als gesetzlicher Vertreter oder Vertreterin eines oder einer anderen tätig, so handeln sie ordnungswidrig, wenn besondere persönliche Merkmale zwar nicht bei ihnen, aber beim Vertretenen vorliegen (§ 9 Abs. 1 OWiG).[1] Im Tathergang müssen daher die besonderen persönlichen Merkmale, das Vertretungsverhältnis und die Tathandlung enthalten sein (Musterbußgeldbescheid 13.6).

Beispiel:

Die Schwermetall-GmbH ist aufgrund vollziehbarer Anordnung des Bescheides vom 26.1.2026 verpflichtet, ab 1.3.2026 fortlaufend... Rauchgasemissionen zu ermitteln. Sie unterließen es bis 1.10.2026 als Geschäftsführer <Mitgeschäftsführer, damaliger Geschäftsführer, tatsächlicher Geschäftsführer> des Unternehmens aus mangelnder Sorgfalt, für die vollständige Aufzeichnung dieser Messungen zu sorgen.

Handelt der oder die Betroffene als Betriebsleiter oder Betriebsleiterin, Teilbetriebsleiter oder Teilbetriebsleiterin (§ 9 Abs. 2 S. 1 Nr. 1 OWiG) sowie als ausdrücklich und eigenverantwortlich beauftragte Person (§ 9 Abs. 2 S. 1 Nr. 2 OWiG),[2] muss die Darstellung des Tathergangs den Aufgabenbereich des Betriebsleiters oder der Betriebsleiterin, bzw. des Teilbetriebsleiters oder der Teilbetriebsleiterin oder den Verantwortungsbereich einer ausdrücklich beauftragten und eigenverantwortlich tätigen Person innerhalb von Betrieben und Unternehmen enthalten.

Beispiel:

Sie ordneten als Betriebsleiter des Zweigwerks Neuhaus der Kraftfeld AG an, am Freitag, 5.6.2026 ohne die erforderliche Erlaubnis...

Sie unterließen es als Leiter des Fuhrparks der Transport-GmbH dafür Sorge zu tragen, dass ...

Keinesfalls darf die einschlägige Alternative des § 9 Abs. 1 oder 2 OWiG durch die inhaltsleere, dem Polizei- bzw. Ordnungsrecht für Handlungs- und Zustandsstörer entlehnte Fehlbezeichnung „als Verantwortlicher" oder „als verantwortliche Person" ersetzt werden. Derartige Abfassungen lassen darauf schließen, dass die Form des

1) Zur Einleitung eines Bußgeldverfahrens gegen gesetzliche Vertreter eines anderen (§ 9 Abs. 1 OWiG) § 2 Nr. 2.2.1. Zur Strafbarkeit des Handelns für einen anderen als gesetzlicher Vertreter § 14 Abs. 1 StGB.

2) Zur Einleitung eines Bußgeldverfahrens gegen rechtsgeschäftlich beauftragte Vertreter eines anderen (§ 9 Abs. 2 OWiG) § 2 Nr. 2.3. Zur Strafbarkeit des Handelns für einen anderen als beauftragter Vertreter § 14 Abs. 2 StGB.

Handelns für einen anderen bisher nicht festgestellt wurde und der Bußgeldbescheid wegen dieser offensichtlich ungenügenden Ermittlungen noch gar nicht hätte erlassen werden dürfen. Bei professioneller Software für Bußgeldverfahren sieht der für eine Bußgeldvorschrift angewählte Textbaustein bereits in einer Dialogbox jede Form der gesetzlichen Vertretung nach § 9 Abs. 1 Nr. 1 bis 3 OWiG oder rechtsgeschäftlichen Vertretung nach § 9 Abs. 2 S. 1 Nr. 1, 2 OWiG zur Auswahl vor. Die ausgewählte Alternative z. B. „als <zuständiger Geschäftsführer, Mitgeschäftsführer, ehemaliger Geschäftsführer> der... GmbH" wird dann in den jeweiligen Textbaustein eingefügt und auch bei den gesetzlichen Merkmalen der Ordnungswidrigkeit wiederholt.

Bleibt nach den im Bußgeldbescheid enthaltenen Angaben zweifelhaft, ob der Bußgeldbescheid gegen eine juristische Person oder gegen deren gesetzliche Vertreter gerichtet ist, so stellt der Bußgeldbescheid keine ausreichende Grundlage für das sich dem Einspruch anschließende gerichtliche Verfahren dar.[1)]

3.2.1.4 Mehrere Ordnungswidrigkeiten

Wird dem oder der Betroffenen die mehrfache Verletzung einer Bußgeldvorschrift oder die Verletzung mehrerer Bußgeldvorschriften vorgeworfen, so hängt die Abfassung des Tathergangs davon ab, ob Tateinheit (§ 19 OWiG) oder Tatmehrheit (§ 20 OWiG) zwischen den einzelnen Ordnungswidrigkeiten gegeben ist. Entsprechend sind auch eine oder mehrere Geldbußen verwirkt.

- **Tateinheit (§ 19 OWiG)**

Verletzt **dieselbe Handlung**

- mehrere Gesetze, nach denen sie als Ordnungswidrigkeit geahndet werden kann (ungleichartige Tateinheit, § 19 Abs. 1 Alt. 1 OWiG),
- oder ein solches Gesetz mehrfach (gleichartige Tateinheit, § 19 Abs. 1 Alt. 2 OWiG),

so wird nur **eine Geldbuße** festgesetzt.

Beispiel – ungleichartige Tateinheit:

Der Betreiber einer Diskothek hat einer fünfzehnjährigen unbegleiteten jugendlichen Person nach 24 Uhr zur gleichen Zeit

- den Aufenthalt in der Gaststätte gestattet (§ 4 Abs. 1 S. 1 i. V. m. § 28 Abs. 1 Nr. 5 JuSchG) und
- die Anwesenheit bei einer öffentlichen Tanzveranstaltung gestattet (§ 5 Abs. 1 i. V. m. § 28 Abs. 1 Nr. 6 JuSchG).

Es liegt ungleichartige Tateinheit (§ 19 Abs. 1 Alt. 1 OWiG) vor, weil zwei verschiedene Bußgeldvorschriften durch dieselbe Handlung verletzt wurden.

1) OLG Rostock, Beschl. vom 15.1.2008, Az. 2 Ss (OWi) 190/05 I 238/07.

Beispiel – gleichartige Tateinheit:

Ein Bauherr lässt eine bauliche Anlage in fünf Einzelpunkten abweichend von der Baugenehmigung errichten (z. B. Art. 79 Abs. 1 Nr. 8 BayBO).

Es liegt gleichartige Tateinheit (§ 19 Abs. 1 Alt. 2 OWiG) vor, weil dieselbe Bußgeldvorschrift durch dieselbe Handlung mehrfach verletzt wurde.

Bei der Schilderung des Tathergangs kann die Zeitgleichheit der Begehung mehrerer Ordnungswidrigkeiten durch die Formulierung „dabei“, „gleichzeitig“, „zugleich“ oder „außerdem“ dargestellt werden (Musterbußgeldbescheid 13.5).

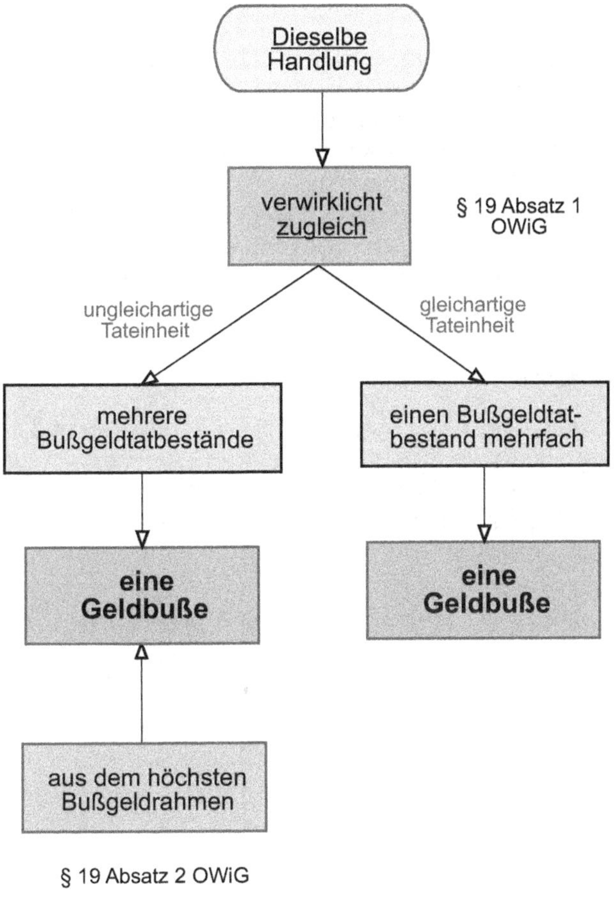

Abb. 5: Tateinheit mehrerer Ordnungswidrigkeiten (§ 19 OWiG)

Beispiel – ungleichartige Tateinheit:

Sie duldeten als Betreiber der Diskothek „Spacelab“ am Samstag, den 16.5.2026, aus mangelnder Sorgfalt, dass sich der am 14.5.2007 geborene Klaus Bäumler zwischen 0.00 Uhr und 1.30 Uhr ohne Begleitung einer weiteren Person in den Betriebsräumen sowie während einer öffentlichen Tanzveranstaltung aufhielt.

Beispiel – ungleichartige Tateinheit:

Sie errichteten zwischen Januar und April 2026 die Wohnanlage „Ulmenhof" in 54023 Münsterberg, Karl-Gauß-Straße 156, und wichen dabei wissentlich von der am 12.11.2023 erteilten Baugenehmigung in fünf Fällen ab:

1. Die Gebäudelänge betrug 9,36 m anstatt der vorgesehenen 8,56 m.
2. Die Neigung des Daches...

Dieselbe Handlung liegt auch vor, wenn im Rahmen einer Dauerordnungswidrigkeit[1] zahlreiche Einzelakte vorliegen, z. B. solche einer unerlaubten Gewerbeausübung. Zur Erfüllung der Abgrenzungs- und Informationsfunktion des Bußgeldbescheids ist es erforderlich, sämtliche vorgeworfene Einzelakte zu konkretisieren.[2] Zur übersichtlichen Gestaltung sollte der Tathergang zunächst allgemein umschrieben und anschließend in Tabellenform konkretisiert werden. Bei einer sehr hohen Anzahl von Einzelfällen kann auch auf eine Anlage des Bußgeldbescheids verwiesen werden, die zu dessen Bestandteil erklärt wird.[3] Die Anlage wird durch die ausdrückliche Bezugnahme Bestandteil des Bußgeldbescheides.[4]

Beispiel – Dauerordnungswidrigkeit:

Sie übten zwischen Januar und August 2026 von ihrer Wohnung in 90090 Münsterberg, Lutherstraße 15 die Vermittlung von Kapitalanlagen wissentlich ohne die dazu erforderliche Erlaubnis für das Maklergewerbe in 47 Fällen aus. Die Einzelfälle sind in der beigefügten Tabelle aufgelistet, die Bestandteil dieses Bußgeldbescheides ist.

Nummer	Tatzeit	Kunde	Vermittlung	Erlös (€)
01.	03.01.	Müller, Erwin	Mietwohnung	834,56
02.	29.08.	Glaser, Herbert	Eigentumswohnung	8234,32
...	...	...	...	...
47.	29.12.	Huber, Klaus	Eigentumswohnung	8234,32

Ein gesetzlich nicht ausdrücklich geregelter, jedoch von der Rechtsprechung allgemein verwendeter Begriff ist die natürliche Handlungseinheit mehrerer Zuwiderhandlungen. Sie ist Abgrenzung zur Tatmehrheit (§ 20 OWiG), wenn mehrere Verhaltens-

1) Zum Begriff der Dauerordnungswidrigkeit § 13 Nr. 3.2.2, 3.6.1.
2) OLG Düsseldorf, Beschl. vom 7.4.2006, Az. IV-2 Ss (OWi) 170/04 – (OWi) 15/06 III.
3) KG (Berlin), Beschl. vom 18.9.2023, Az. ORbs 184/23 – 122 Ss 86/23.
4) KG (Berlin), Beschl. vom 18.9.2023, Az. 122 Ss 86/23; OLG Düsseldorf, Beschl. vom 30.8.1991, Az. 5 Ss OWi 304/91.

weisen in einem solchen unmittelbaren räumlichen und zeitlichen Zusammenhang stehen, dass das gesamte Tätigwerden bei natürlicher Betrachtungsweise auch für einen Dritten objektiv als ein einheitlich zusammengefasstes Tun anzusehen ist.[1)]

Ein Bußgeldbescheid ist auch bei fehlender Angabe einzelner Tatzeiten (§ 6 S. 1 OWiG) noch als wirksame Verfahrensgrundlage anzusehen, wenn der oder dem Betroffenen wegen natürlicher Handlungseinheit wie ständigem Taubenfüttern am selben Ort nur eine zur Last gelegt wird und zur Abgrenzung des Tatgeschehens ein bestimmter Tatzeitraum angegeben wird.[2)]

- **Tatmehrheit (§ 20 OWiG)**

Liegen die Voraussetzungen derselben Handlung als Tateinheit (§ 19 OWiG), Dauerordnungswidrigkeit oder natürlichen Handlungseinheit nicht vor, so gilt § 20 OWiG: Sind mehrere Geldbußen verwirkt, so wird jede gesondert festgesetzt. Dies bedeutet für den formellen Aufbau des Bußgeldbescheides, dass jeder bezeichneten Tat im materiellen Sinn (§ 20 OWiG) auch eine gesondert festgesetzte Geldbuße zuzuordnen ist. Wird dies vernachlässigt, können weder der oder die Betroffene noch ein mit der Sache befasstes Gericht erkennen, welcher Zuwiderhandlung welche Geldbuße als Rechtsfolge zugeordnet ist. Bei einem auf einzelne Ordnungswidrigkeiten („Vertikale" Rechtskraft) oder Geldbußen („Horizontale" Rechtskraft) beschränkten Einspruch (§ 67 Abs. 2 OWiG) wird außerdem eine Teilvollstreckung (§ 89 OWiG) unmöglich.

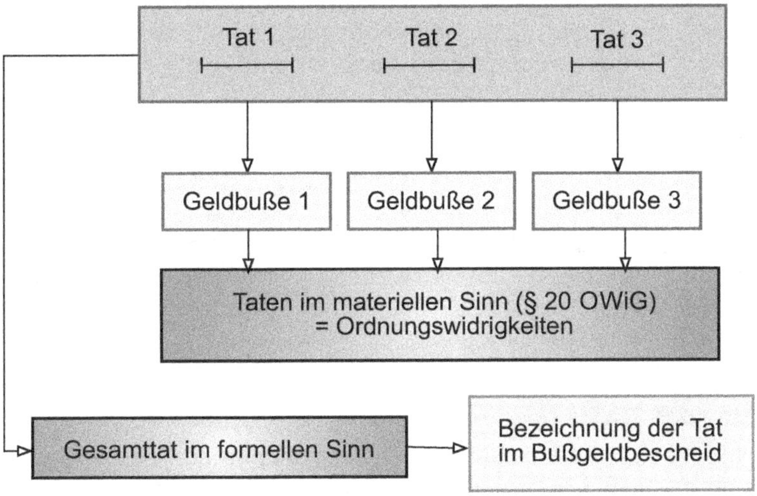

Abb. 6: Tatmehrheit von Ordnungswidrigkeiten

Auf eine optisch klare Abgrenzung der einzelnen Sachverhalte ist daher im Bußgeldbescheid zu achten. Praktisch hat sich wegen der im Bescheid vorhandenen vielen Ziffern und Zahlen am besten eine Untergliederung mit alphabetisch geordneten

1) Brandenburgisches OLG (Brandenburg), Beschl. vom 20.1.2025, Az. 1 ORbs 289/24, unter Bezugnahme auf KG (Berlin), Beschl. vom 29.4.2016, Az. 3 Ws (B) 189/16 – 162 Ss 33/16, und OLG Köln, Beschl. vom 17.8.2004, Az. Ss 259/04 (B) – 182 B.

2) Saarländisches OLG (Saarbrücken), Beschl. vom 27.2.2004, Az. Ss (B) 3/04 (12/4).

Kleinbuchstaben bewährt. Diese erscheinen bei den einzelnen Tatvorwürfen und den gesetzlichen Merkmalen der Ordnungswidrigkeit, setzen sich bei den Beweismitteln und Bußgeldvorschriften fort und enden bei den Geldbußen (die wiederkehrende Untergliederung mit den Buchst. a) und b) im Musterbußgeldbescheid 13.5 und 13.6).

3.2.2 Tatzeit der Ordnungswidrigkeit

Die Bezeichnung der Tat muss nach § 66 Abs. 1 Nr. 3 OWiG auch die Tatzeit der Ordnungswidrigkeit enthalten. Eine Handlung ist zu der Zeit begangen, zu welcher der Täter oder die Täterin tätig geworden ist oder im Falle des Unterlassens hätte tätig werden müssen (§ 6 S. 1 OWiG). Wann der Erfolg eintritt, ist nicht maßgebend (§ 6 S. 2 OWiG). Die Tatzeit so genau darzustellen, wie es der jeweilige Einzelfall zulässt. Fehlen Angaben zur Tatzeit oder sind sie so ungenau, dass der Bußgeldbescheid seiner Abgrenzungsfunktion nicht mehr entspricht, besteht für das gerichtliche Bußgeldverfahren ein Verfahrenshindernis.[1] Ein unbedingt zu vermeidender Fehler in der Bescheidtechnik ist die Angabe des Zeitpunkts der Entdeckung statt der Tatzeit der Ordnungswidrigkeit. Dieser Zeitpunkt ist nur für Maßnahmen der Behörde zur Gefahrenabwehr im Verwaltungsverfahren (§ 9 VwVfG oder Sozialverwaltungsverfahren § 8 SGB X)) von Bedeutung. Wird die für die Begründung eines Verwaltungsaktes (§ 35 S. 1 VwVfG, § 31 S. 1 SGB X) zutreffende Darstellung in einem Bußgeldbescheid übernommen, fehlt zwangsläufig in der Schilderung des Tathergangs der nicht ermittelte Tatzeitpunkt der Ordnungswidrigkeit (§ 6 OWiG). Zudem besteht die Gefahr, dass wegen des nicht ermittelten Tatzeitpunktes eine bereits verjährte Ordnungswidrigkeit vorgeworfen wird.

Fehlbeispiel:

Aufgrund einer anonymen Anzeige vom 1.7.2026 erfolgte am 12.7.2026 eine Besichtigung der baulichen Anlage. Dabei wurde festgestellt, dass sie durch Einbau zweier zusätzlicher Dachgauben in Abweichung zum genehmigten Bauplan errichtet worden war. Die beiden Dachgauben wurden jedoch nach einem Satellitenbild bereits Anfang des Jahres 2020 eingebaut. Wegen des Tatzeitpunktes der Zuwiderhandlungen ist die Ordnungswidrigkeit bereits verjährt.

- **Handlung des Täters oder der Täterin**

Der Tatzeitpunkt oder Tatzeitraum einer Dauerordnungswidrigkeit ist im Bußgeldbescheid möglichst genau anzugeben. Nach Möglichkeit sind Kalendertag, Wochentag, und genaue Uhrzeit des Zeitpunkts anzugeben, zu dem der oder die Betroffene den Tatbestand einer Ordnungswidrigkeit verwirklicht haben soll (siehe die einzelnen Musterbußgeldbescheide). Lässt sich die Tatzeit nicht genau feststellen, so genügt jedoch eine näherungsweise Darstellung. Keinesfalls darf die Angabe eines Tatzeitpunkts oder Tatzeitraums aus „Vereinfachungsgründen“ unterbleiben.

1) BGH, Beschl. vom 4.2.2014, Az. 2 StR 533/13, für den Inhalt der Anklageschrift im Strafverfahren (§ 200 StPO).

Beispiel:

Sie lagerten zwischen Freitag, 24.7.2026, 16.00 Uhr, und Montag, 27.7.2026, 8.00 Uhr, auf dem Gelände des städtischen Bauhofs an der Demleitnerstraße in 83579 Pfaffing 4 m³ Bauschutt außerhalb einer zugelassenen Abfallbeseitigungsanlage ab.

Ausreichend sind auch Beschreibungen wie „zu Beginn des Monats Januar“, „im Verlauf des Frühjahrs 2026“ oder „zu nicht näher feststellbaren Zeitpunkten im Verlauf des Jahres 2026“. Eine fehlerhafte Angabe der Tatzeit im Bußgeldbescheid berührt dessen Wirksamkeit nicht, wenn für den Betroffenen oder die Betroffene eine Verwechslungsgefahr hinsichtlich des zur Last gelegten Verstoßes nicht bestand.[1)]

- **Unterlassen des Täters oder der Täterin**

Bußgeldvorschriften können nicht nur als Handlungstatbestände, sondern auch als sogenannte „echte“ Unterlassungstatbestände ausgestaltet sein, in denen das Unterlassen unmittelbar als Ordnungswidrigkeit mit Geldbuße bedroht ist. Unabhängig davon handelt bei den „unechten“ Unterlassungsdelikten nach § 8 OWiG ordnungswidrig, wer aufgrund einer Garantenstellung z. B. aus vorhergehendem gefährlichem Tun, Zuständigkeit in einem Unternehmen, Beauftragung oder Vertrag rechtlich dafür einzustehen hat, dass der Erfolg nicht eintritt und das Unterlassen der Verwirklichung des gesetzlichen Tatbestands entspricht.

Beispiel:

Ein Hundehalter unterlässt das Führen eines gefährlichen Tieres entgegen der Verpflichtung in einer kommunalen Verordnung auf öffentlichen Straßen anzuleinen und einen Maulkorb anzulegen. Die Zuwiderhandlung ist in der Verordnung unmittelbar mit Geldbuße bedroht („echtes“ Unterlassungsdelikt).

Ein Hundehalter unterlässt es, Sorge dafür zu tragen, dass das Tier auf seinem Grundstück nicht grundlos bellt und die Nachbarschaft in ihrer Nachtruhe stört („unechtes“ Unterlassungsdelikt, § 117 Abs. 1 i. V. m. § 8 OWiG).

Die Tat ist zu der Zeit begangen, zu der der Täter oder die Täterin zumutbarer Weise Maßnahmen zur Verhinderung des Erfolges hätte ergreifen können. Da dies kaum zeitmäßig erfassbar ist, genügt es zur Schilderung des Tathergangs, den ordnungswidrigen Zustand zeitlich zu bestimmen und das vorherige Unterlassen geeigneter Maßnahmen darzustellen.

Beispiel:

Sie sind Eigentümer eines etwa drei Jahre alten Schäferhundes, den Sie auf dem Anwesen 83636 Alling, Marienstraße 94, halten. Das Tier bellte am Sonntag, 13.9.2026, fortwährend und ohne Anlass zwischen 2.00 Uhr und 2.45 Uhr.

1) OLG Karlsruhe, Beschl. vom 25.2.2004, Az. 2 Ss 1/04.

Dadurch konnten die Bewohner und Bewohnerinnen der umliegenden Gebäude in ihrer Nachtruhe gestört werden. Sie unterließen es als Grundstückseigentümer, durch rechtzeitige und geeignete Maßnahmen diese andauernde Störung zu unterbinden, obwohl Sie mit deren Eintritt rechneten und sich Ihrer Verpflichtung als Tierhalter bewusst waren.

- **Dauerordnungswidrigkeit**

Die Dauerordnungswidrigkeit ist der im Gesetz nicht geregelte Fall des längeren Aufrechterhaltens eines rechtswidrigen Zustandes. Diese Handlung muss ausdrücklich mit Geldbuße bedroht sein (§ 3 OWiG), was bei der unerlaubten Errichtung einer baulichen Anlage nach deren Fertigstellung nicht mehr, aber bei einer unerlaubten Nutzungsänderung der Anlage der Fall ist.

Beispiele:

Die Bauüberwachung stellt einen vor zehn Jahren errichteten Schwarzbau fest, der noch immer genutzt wird. Die Dauerordnungswidrigkeit des Errichtens ist bereits verjährt, die Dauerordnungswidrigkeit der unerlaubten Nutzung besteht bis zum Tag der Feststellung fort, sodass die Verfolgungsverjährung noch überhaupt nicht begonnen hat.

Der Betreiber einer Diskothek duldet den Aufenthalt unbegleiteter jugendlicher Personen zwischen 00.00 Uhr und 03.30 Uhr. Die Dauerordnungswidrigkeit erstreckt sich über mehr als drei Stunden, was für die Bedeutung der Ordnungswidrigkeit und den Täter treffenden Vorwurf bei der Zumessung der Geldbuße von Bedeutung ist.

Ordnungswidrig handelt gem. § 144 Abs. 1 Nr. 1 Buchst. f GewO, wer ohne Erlaubnis nach § 34a Abs. 1 S. 1 GewO gewerbsmäßig das Eigentum fremder Personen bewacht. Die unerlaubte Ausübung des Bewachungsgewerbes vom 1.3.2026 bis 10.6.2026 stellt durch das Aufrechterhalten des rechtswidrigen Zustands während dieses Zeitraums eine Dauerordnungswidrigkeit dar.

Die Tatzeit ist hier ein Tatzeitraum mit Anfangs- und Endzeitpunkt. Dieser kann mit Formulierungen wie „von... bis“, „seit...“ oder „zwischen dem... und dem...“ dargestellt werden.

Beispiel:

Sie pachteten im Februar 2026 eine gekieste Fläche von 300 m² neben der Diskothek „Pleasurehouse“ in 83107 Altenried. Dort bewachten Sie mit zwei Mitarbeitenden zwischen dem 1.3.2026 und dem 12.10.2026 täglich 8 Stunden von 20.00 Uhr bis 04.00 Uhr entgeltlich fremde Fahrzeuge auf 60 Stellplätzen wissentlich ohne die erforderliche Haftpflichtversicherung.

Kann der Anfangs- oder Endzeitpunkt nicht genau ermittelt werden, so genügt eine Eingrenzung auf feststehende Zeitpunkte.

Beispiel:

Sie betrieben in 83434 Neuburg, Jenaer Straße 34 spätestens seit Januar 2026 bis mindestens Ende September 2026 wissentlich einen Getränkemarkt, ohne dieses Gewerbe bei der Stadt anzuzeigen.

Besteht eine Dauerordnungswidrigkeit aus einer Vielzahl von Einzelhandlungen, so sind diese bezüglich der Tatzeit möglichst genau wiederzugeben. Dabei empfiehlt es sich, den Tathergangs zunächst allgemein zu umschreiben und Einzelhandlungen anschließend in einem Dateianhang als Bestandteil des Bußgeldbescheides detailliert aufzulisten.[1)]

Beispiel:

Sie betreiben mindestens seit dem 1.3.2026 in der Händlerstraße 10 in 82345 Neustadt wissentlich ohne behördliche Erlaubnis ein Maklerbüro. Dabei vermittelten Sie fortlaufend bis einschließlich 10.11.2026 in 85 Fällen den Abschluss von Verträgen über gewerbliche Räume oder Wohnräume oder wiesen die Gelegenheit zum Abschluss solcher Verträge nach.

Im Einzelnen kam es zu folgenden Vertragsabschlüssen:

Nummer	Kunde	Datum	Objekt	Preis
...	...	...	...	...

Es reicht zur Erfüllung der Abgrenzungs- und Informationsfunktion des Bußgeldbescheides aus, die Einzelakte nach Zeit, Ort, Bauobjekt und berechneter Vergütung zu konkretisieren (z. B. 20. Juni 2026, Bauobjekt Frechen Kirche St. Sebastianus, Aufbau Gerüst, 2.030 Euro netto). Enthält der Bußgeldbescheid stattdessen ohne jegliche Aufschlüsselung lediglich den Tatzeitraum (z. B. 2025 bis 2026) und das durch die Ordnungswidrigkeit erzielte Nettovolumen, ist er unwirksam.[2)] Bei Schwarzarbeit eines Gewerbetreibenden ist jeder Auftrag nach Art, Umfang, Zeit und Ort darzulegen.[3)]

Führt die große Zahl vorgeworfenen Einzelfälle zu einer sehr umfangreichen Schilderung des Tathergangs im Bußgeldbescheid, kann eine tabellarische Aufstellung auch als Anlage im Dateianhang zum Bestandteil des Bußgeldbescheides erklärt werden:[4)]

1) BGH, Beschl. vom 12.1.2011, Az. GSSt 1/10; OLG Stuttgart, Urt. vom 18.10.2019, Az. 2 Rv 16 Ss 795/19, jeweils zum Inhalt einer Anklageschrift im Strafverfahren (§ 200 Abs. 1 S. 1 StPO).
2) OLG Düsseldorf, Beschl. vom 7.4.2006, Az. IV-2 Ss (OWi) 170/04 – (OWi) 15/06 III.
3) OLG Hamm, Beschl. vom 9.11.1999, Az. 2 Ss OWi 713/99.
4) Zur Zulässigkeit dieses Bescheidaufbaus BGH, Beschl. vom 12.1.2011, Az. GSSt 1/10, für den Anklagesatz (§ 200 Abs. 1 S. 1 StPO) im Strafverfahren.

Beispiel:

Sie betreiben mindestens seit dem 1.3.2026 in der Händlerstraße 10 in 82345 Neustadt wissentlich ohne behördliche Erlaubnis ein Maklerbüro. Dabei vermittelten Sie fortlaufend bis einschließlich 10.11.2026 in 85 Fällen den Abschluss von Verträgen über gewerbliche Räume oder Wohnräume oder wiesen die Gelegenheit zum Abschluss solcher Verträge nach.

Die Einzelfälle sind als Anlage im Dateianhang <Bezeichnung> aufgelistet, der Bestandteil dieses Bußgeldbescheides ist.

3.2.3 Tatort der Ordnungswidrigkeit

§ 7 OWiG unterscheidet zwischen dem Tatort des Täters oder der Täterin (§ 7 Abs. 1 OWiG) und von Beteiligten an einer Ordnungswidrigkeit (§ 7 Abs. 2 OWiG).

- **Tatort des Täters oder der Täterin**

Eine Handlung ist an jedem Ort begangen, an dem der Täter oder die Täterin entweder tätig geworden ist (Handlungsordnungswidrigkeit) oder im Falle des Unterlassens (Unterlassungsordnungswidrigkeit) hätte tätig werden müssen (§ 7 Abs. 1 OWiG).[1] Der im Bußgeldbescheid aufzuführende Tatort der Ordnungswidrigkeit ist also z. B. an allen Baustellen, auf denen illegale Beschäftigung ausgeführt wurde oder allen Fahrstrecken, auf denen unerlaubt Personen oder Güter befördert wurden. Der Tatort ist möglichst genau, wenn möglich mit Anschrift bzw. Anschriften wiederzugeben.

Beispiele:

... auf dem Gelände der Fa. Winterstein, Bamberger Straße 64, 84334 Mühlfeld,

... auf der Anzenhoferstraße in 73733 Bergheim, gegenüber dem Anwesen Nr. 13,

... auf der Gemarkung Maienfeld, Flurstück Nr. 1932/45.

Die Anforderungen dürfen jedoch nicht überspannt werden. Auch bei einer längeren Straße ist der Tatort auch ohne Angabe einer Hausnummer genau bezeichnet, wenn an einer Stelle die Ordnungswidrigkeit vorgehalten wurde.[2]

Bei einem größeren Umfang der Tätigkeit an mehreren Orten empfehlen sich zunächst die allgemeine Nennung der Tatorte und die folgende genaue Darstellung.

1) Bedeutungslos sind die weiteren Alternativen in § 7 Abs. 1 OWiG: „... oder an dem der zum Tatbestand gehörende Erfolg eingetreten ist oder nach der Vorstellung des Täters oder der Täterin eintreten sollte."

2) Brandenburgisches OLG (Brandenburg), Beschl. vom 10.2.2025, Az. 1 ORbs 284/24, für den Anhalteort einer Verkehrsordnungswidrigkeit (§ 24 Abs. 1 StVG).

Beispiel:

... suchten Sie in Starnberg, Feldafing und Tutzing in den nachfolgend bezeichneten Einzelfällen Bestellungen auf gewerbliche Leistungen auf:

...

13. Am Freitag, 15.5.2026, boten Sie in Starnberg, Münchener Straße 14...

- **Tatort von Beteiligten**

Die Handlung eines oder einer Beteiligten (§ 14 Abs. 1 OWiG)[1] ist auch an dem Ort begangen, an dem der Tatbestand des Gesetzes, das die Ahndung mit einer Geldbuße zulässt, verwirklicht worden ist oder nach der Vorstellung von Beteiligten verwirklicht werden sollte (§ 7 Abs. 2 OWiG).

Beispiel:

Der Disponent einer Spedition fordert in Bayreuth den Fahrer eines in Bremen stehenden Lkw telefonisch auf, eine Terminfracht unter Überschreitung der zulässigen Lenkzeit zu befördern. Bayreuth ist Tatort des Beteiligten, die Strecke ab Bremen Tatort des Täters der Ordnungswidrigkeit.

Der Bußgeldbescheid enthält den Tatort von Beteiligten und des Täters oder der Täterin (§ 66 Abs. 1 Nr. 3 OWiG).

Beispiel:

Sie wiesen am Montag, 2.3.2026, um 9.30 Uhr in den Geschäftsräumen der Transfracht GmbH in Bayreuth, Schnellgasse 12, als Disponent telefonisch den Fahrer Tragner an, den Lkw, amtliches Kennzeichen DR-TW 4534 von Bremen nach Wuppertal zu fahren, obwohl Sie wussten, dass dieser die zulässige Tageslenkzeit von 9 Stunden um mindestens 3 Stunden überschreiten würde.

Die Wirksamkeit eines Bußgeldbescheids wird durch die Angabe eines falschen Tatorts nicht berührt, wenn der Zeuge oder eine Zeugin den Irrtum über den Tatort als offensichtlich erkennen konnte und eine Verwechslungsgefahr mit einem anderen Vorgang nicht bestand.[2]

1) Zum Begriff von Beteiligten (§ 14 Abs. 1 OWiG) bei der Einleitung des Bußgeldverfahrens § 4 Nr. 1.
2) KG (Berlin), Beschl. vom 1.7.2014, Az. 3 Ws (B) 340/14 – 122 Ss 102/14; OLG Karlsruhe, Beschl. vom 13.5.2004, Az. 1 Ss 119/03; AG Mettmann, Beschl. vom 22.7.2024, Az. 32 OWi 9/24.

Muster 13.5: Bußgeldbescheid gegen Beteiligte an einer Ordnungswidrigkeit (§ 14 Abs. 1 OWiG) mit Begründung (§ 66 Abs. 3 OWiG)

Stadt Münsterberg

Bußgeldstelle

Stadt Münsterberg, 99090 Münsterberg

Herrn Rechtsanwalt
Günter Schäfer
Bahnhofstraße 87
26423 Weststadt
über besonderes elektronisches Anwaltspostfach

Dienstgebäude	Schubertstraße 36 99090 Münsterberg
Bearbeitung	Frau Weber
Telefon	(0987) 9878-987
E-Mail	weber.bs@muensterberg.de

Ihr Zeichen, Ihre Nachricht vom	Bitte bei Antwort angeben **Unser Zeichen, Unsere Nachricht vom**	**Datum**
234/26 RA-GS-WE, 14.2.2026	OWi – 0987665/26, 10.4.2026	22.5.2026

Bußgeldbescheid

Betroffener	Herr Markus Graf, geboren 20.3.1967 in Elbburg, Hegelstraße 74, 90090 Münsterberg
Verteidigung	Rechtsanwalt Günter Schäfer, Bahnhofstraße 87, 26423 Weststadt (nachgewiesene Vollmacht vom 12.4.2026)

Sehr geehrter Herr Graf,

nach unseren Feststellungen haben Sie folgende Ordnungswidrigkeit begangen:

Sie beauftragten am Donnerstag, den 8.1.2026, die zuvor durch eine Internetanzeige geworbenen anderweitig verfolgten Josef Sperber, Brigitte Meinberg, Alfons Dressler und Barbara Feiler, Bestellungen auf Küchenartikel in vorbestimmten Straßen in Münsterberg aufzusuchen. Dabei nahmen Sie zumindest billigend in Kauf, dass diese Personen wissentlich nicht über die hierfür erforderliche Reisegewerbekarte verfügten und deswegen das Reisegewerbe unerlaubt ausübten. Bis einschließlich Samstag, den 24.1.2026 kamen mindestens folgende, in den Dateianhängen bezeichnete Bestellungen zustande, die Bestandteil dieses Bußgeldbescheides sind:

a) Josef Sperber	27 (Dateianhang 1)
b) Brigitte Meinberg	33 (Dateianhang 2)
c) Alfons Dressler	28 (Dateianhang 3)
d) Werberin Barbara Feiler	13 (Dateianhang 4)

Ordnungswidrig handelt, wer

sich vorsätzlich an den Ordnungswidrigkeiten anderer beteiligt (§ 14 Abs. 1 OWiG), die vorsätzlich ohne die nach § 55 Abs. 2 Gewerbeordnung (GewO) erforderliche Reisegewerbekarte ein Reisegewerbe betreiben. Wer ein Reisegewerbe betreiben will, bedarf der Erlaubnis (Reisegewerbekarte, § 55 Abs. 2 GewO). Ein Reisegewerbe betreibt, wer gewerbsmäßig ohne vorhergehende Bestellung ohne gewerbliche Niederlassung selbstständig oder unselbstständig Bestellungen aufsucht (§ 55 Abs. 1 Nr. 1 GewO).

Telefonzentrale
(0899) 123-0
Internet
www.Muensterberg.de

Servicezeiten
Mo-Mi 7.30-16.30 Uhr
Do 7.30-17.30 Uhr
Fr 7.30-12.00 Uhr

Öffentliche Verkehrsmittel
Stadtbus Linie 6
Haltestelle Mitte

Bankverbindung
Kreissparkasse Münsterberg
IBAN DE2040000000123456
BIC GROBDE77XX
Volksbank Münsterberg
IBAN DE2040000000234567
BIC GROBDE87XX

Besonderes elektronisches Behördenpostfach
Ordnungsamt@muensterberg.de

Verletzte Bußgeldvorschrift

§ 145 Abs. 1 Nr. 1 Buchst. b Gewerbeordnung (GewO) i. d. F. der Bekanntmachung vom 22. Februar 1999 BGBl. I S. 202.

Beweismittel

Ordnungswidrigkeiten-Anzeige der Polizeiinspektion Münsterberg (Dokument)
Josef Sperber, 45000 Rossberg (Zeuge)
Brigitte Meinberg, 94567 Schönhausen (Zeuge)
Alfons Dressler, 87566 Allenfeld (Zeuge)
Barbara Feiler, 78883 Freistadt (Zeugin)
4 sichergestellte Bestellblocks (Sachbeweis)

Wir setzen deswegen gem. §§ 17 und 19 Abs. 1 des Gesetzes über Ordnungswidrigkeiten (OWiG) gegen Sie die folgende Geldbuße fest. Sie tragen auch die Kosten des Bußgeldverfahrens (§§ 464, 465 Abs. 1 Strafprozessordnung – StPO – i. V. m. § 46 Abs. 1 OWiG). Diese setzen sich aus der Gebühr (§ 107 Abs. 1 OWiG) und unseren Auslagen (§ 107 Abs. 3 OWiG) zusammen.

Geldbuße		**2000,00 Euro**
Gebühr		**100,00 Euro**
Auslagen		**0,00 Euro**
	Gesamtbetrag:	**2100,00 Euro**

Begründung des Bußgeldbescheides[1)]

1) Ihre Äußerung zur Anhörung vom 10.4.2026

   Sie haben durch Schriftsatz Ihres Verteidigers vom 30.4.2026 vortragen lassen:

   a) Nur die Werber, nicht aber Sie selbst hätten ein Reisegewerbe betrieben. Für die Beauftragung der Werber sei keine Reisegewerbekarte erforderlich, da sie im stehenden Gewerbe erfolgt sei. Ordnungswidrig handelt jedoch auch derjenige, der sich an der Ordnungswidrigkeit anderer beteiligt (§ 14 Abs. 1 S. 1 OWiG). Dabei genügt es, wenn das besondere persönliche Merkmal der erforderlichen Reisegewerbekarte (§ 55 Abs. 2 GewO) bei einer der beteiligten Personen, also den beauftragten Werbern vorliegt (§ 14 Abs. 1 S. 2 OWiG).

   b) Bei den Werbern handle es sich um selbstständige Handelsvertreter, deren fehlende Berechtigung zur Ausübung des Reisegewerbes Sie nicht gekannt hätten. Diese Einlassung stellt aufgrund der polizeilichen Feststellungen eine widerlegte Schutzbehauptung dar. Der Werber Dressler hat dem ermittelnden Polizeibeamten bei der Anhörung als Betroffener am 22.1.2026 auf dessen Frage erklärt, es habe Ihre mündliche Anweisung bestanden, bei polizeilichen Überprüfungen zu behaupten, die Reisegewerbekarte vergessen zu haben. Der den Vorsatz ausschließende angebliche Tatbestandsirrtum (§ 11 Abs. 1 OWiG) ist daher nicht gegeben.

2) Zumessung der Geldbuße (§ 17 Abs. 3 OWiG):

   Die Beteiligung an der vorsätzlichen Ordnungswidrigkeit ist mit Geldbuße bis 5.000 Euro bedroht (§ 145 Abs. 4 GewO). Da nur eine Handlung vorliegt, ist nur eine Geldbuße festzusetzen (§ 19 Abs. 1 OWiG).

   a) Bedeutung der Ordnungswidrigkeit (§ 17 Abs. 3 S. 1 OWiG):

      Die objektive Bedeutung der Ordnungswidrigkeit ist wegen der Anzahl der beauftragten Werber sowie der Anzahl der unerlaubt im Reisegewerbe durchgeführten

1) Ein Bußgeldbescheid braucht über die Angaben nach § 66 Abs. 1 Nr. 3, 4 OWiG hinaus nicht begründet zu werden (§ 66 Abs. 3 OWiG). Im Musterbescheid erscheint aber eine Begründung zu den Einwendungen des Betroffenen und der Zumessung der Geldbuße geboten.

Handlungen wegen der darin liegenden besonderen Nachhaltigkeit auch bei dem nach § 14 Abs. 1 OWiG an den Ordnungswidrigkeiten anderer Beteiligten erheblich.

b) Vorwurf, der den Täter trifft (§ 17 Abs. 3 S. 1 OWiG):

Bei der Zumessung der Geldbuße wirkte sich verschärfend aus, dass dieselbe Zuwiderhandlung bereits durch Bußgeldbescheid des Landratsamtes Altenried vom 20.4.2024 mit einer Geldbuße von 1200 Euro geahndet werden musste.

c) Wirtschaftliche Verhältnisse (§ 17 Abs. 3 S. 2 OWiG):

Das Monatseinkommen musste auf 2000 Euro netto nach Ihrem Beruf geschätzt werden, da Sie hierzu bei der Anhörung keine Angaben gemacht haben.

Rechtsbehelfsbelehrung

Gegen diesen Bußgeldbescheid können Sie innerhalb von zwei Wochen nach seiner Zustellung bei der Stadt Münsterberg – Bußgeldstelle – Schubertstraße 36, 99090 Münsterberg Einspruch (§ 67 Abs. 1 Abs. 1 OWiG) in deutscher Sprache (§ 184 S. 1 GVG i. V. m. § 46 Abs. 1 OWiG) schriftlich, zur Niederschrift oder elektronisch im Dateiformat PDF/A (§ 2 Abs. 1 S. 1 ERVV) durch E-Mail mit qualifizierter elektronischer Signatur (§ 110c S. 1 OWiG i. V. m. § 32a Abs. 3 StPO) sowie über die zugelassenen sicheren Übermittlungswege (§ 110c S. 1 OWiG i. V. m. § 32a Abs. 4 S. 1 StPO) einlegen.

Der Einspruch kann auch auf einzelne Beschwerdepunkte beschränkt werden (§ 67 Abs. 2 OWiG). Sofern Sie eine Begründung des Einspruchs beabsichtigen, bitten wir Sie, diese möglichst mit der Einlegung des Einspruchs zu verbinden.

Falls wir den Bußgeldbescheid trotz eines Einspruchs aufrechterhalten (§ 69 Abs. 2 S. 1 OWiG), entscheidet das Amtsgericht aufgrund dieses Bußgeldbescheides über das Vorliegen einer Ordnungswidrigkeit und die Rechtsfolgen aufgrund einer mündlichen Hauptverhandlung (§ 71 OWiG), ohne an die Höhe der festgesetzten Geldbuße gebunden zu sein. Das Gericht kann mit Ihrer Zustimmung auch durch schriftlichen Beschluss entscheiden (§ 72 OWiG), wobei es an die Rechtsfolgen des Bußgeldbescheides gebunden ist.

Zahlungsaufforderung

Nach Rechtskraft des Bußgeldbescheides ist die Geldbuße innerhalb weiterer zwei Wochen (also vier Wochen ab Zustellung) an die Stadtkasse oder eines der in der Fußleiste dieses Bescheides bezeichneten Bankkonten zu bezahlen (§ 95 Abs. 1 OWiG). Bei Bewilligung von Zahlungserleichterungen sind die abweichend bestimmten Zahlungsfristen maßgeblich.

Hinweis auf Erzwingungshaft

Unterbleibt die Zahlung und legen Sie auch eine Zahlungsunfähigkeit nicht dar, so kann die Geldbuße durch die vom Amtsgericht angeordnete Erzwingungshaft durchgesetzt werden (§ 96 OWiG). Bei Unmöglichkeit sofortiger Zahlung sind Zahlungserleichterungen (Zahlungsfrist, Teilleistungen) möglich (§ 18, § 93 OWiG).

Sonstige Hinweise

Die **beharrliche Wiederholung** der von Ihnen begangenen Zuwiderhandlung ist durch § 148 Nr. 1 GewO als strafbare Verletzung gewerberechtlicher Vorschriften mit **Freiheitsstrafe bis zu einem Jahr oder mit Geldstrafe** bedroht. Für den Fall einer weiteren Zuwiderhandlung müssen Sie daher mit **sofortiger Strafanzeige an die zuständige Staatsanwaltschaft** rechnen.

Mit freundlichen Grüßen

Stadt Münsterberg
Bußgeldstelle

3.2.4 Vorsatz und Fahrlässigkeit

Die Ordnungswidrigkeit (§ 1 Abs. 1 OWiG) setzt sich aus objektiven und subjektiven Tatbestandsmerkmalen zusammen. Daher ist auch die Wiedergabe der alternativen Begehungsformen Vorsatz, selten Absicht“ oder Fahrlässigkeit bzw. manchmal Leichtfertigkeit[1] (auch als „Schuldformen“ bezeichnet“) im Bußgeldbescheid notwendig.[2] Sie erfolgt im Tathergang durch auch für Rechtsunkundige verständliche konkrete Umschreibungen.[3] Die Unterordnung einer Handlung oder Unterlassung als vorsätzlich, fahrlässig oder leichtfertig begangen, erfolgt erst bei den abstrakten gesetzlichen Merkmalen der Ordnungswidrigkeit (§ 66 Abs. 1 Nr. 3 OWiG). Für die verschiedenen Abstufungen empfehlen sich beim konkreten Tathergang folgende Umschreibungen:

Begehungsform:	**Umschreibung:**
Direkter Vorsatz	„wissentlich“, „bewusst“, „bewusst und gewollt“ (Einzeltäter); „im bewussten und gewollten Zusammenwirken mit“, „einvernehmlich mit“ (Mehrere Täter als Beteiligte, § 14 Abs. 1 OWiG); „wiesen Sie <Person> an, obwohl Ihnen bekannt war. <Person> handelte daraufhin wissentlich. . . zuwider (Doppelter Vorsatz bei Beteiligung, § 14 Abs. 1 OWiG).
Bedingter Vorsatz	„nahmen Sie billigend in Kauf, dass . . .“
Leichtfertigkeit	„obwohl es sich Ihnen aufdrängen musste, dass . . .“
Bewusste Fahrlässigkeit	„nahmen Sie aus mangelnder Sorgfalt pflichtwidrig an, dass . . .“
Unbewusste Fahrlässigkeit	„erkannten Sie aus mangelnder Sorgfalt nicht, dass . . .“

Fehlt im Bußgeldverfahren versehentlich die Darstellung des subjektiven Tatbestands der Ordnungswidrigkeit, weil kein Hinweis auf vorsätzliches oder fahrlässiges Handeln vorhanden ist, führt dies nicht zur Nichtigkeit des Bußgeldbescheides. Eine Beschränkung des Einspruchs auf die Höhe der Geldbuße (§ 67 Abs. 2 OWiG) ist dann aber unwirksam.[4] Ein mit der Sache befasstes Gericht geht dann zugunsten des Betroffenen von fahrlässigem Verhalten aus oder erteilt einen entsprechenden rechtlichen Hinweis (§ 265 StPO i. V. m. § 46 Abs. 1 OWiG) auf die Begehungsart.

1) Zu den Begriffen Vorsatz, Fahrlässigkeit und Leichtfertigkeit § 2 Nr. 3.2.
2) Die unterlassene Angabe des subjektiven Tatbestands wird nur bei Verkehrsordnungswidrigkeiten (§§ 24, 24a und 24c StVG) hingenommen, weil dort eine gesetzgeberische Vorbewertung durch den Bußgeldkatalog besteht (§ 1 Abs. 2 S. 2 BKatV).
3) Das früher auf Vordrucken übliche Ankreuzen von „vorsätzlich“ oder „fahrlässig“ ist von der Bescheidtechnik überholt und bei Tatmehrheit (§ 20 OWiG) mehrerer Ordnungswidrigkeiten kaum darstellbar.
4) KG (Berlin), Beschl. vom 17.8.2007, Az. 3 Ws (B) 334/06 – 2 Ss 43/06.

Muster 13.6: Bußgeldbescheid gegen gesetzlichen Vertreter einer juristischen Person (§ 9 Abs. 1 Nr. 1 OWiG)

Stadt Münsterberg

Bußgeldstelle

Stadt Münsterberg, 99090 Münsterberg

Herrn
Werner Herzog
Kantstraße 12
88232 Neustadt
über DeutschlandID

Dienstgebäude	Schubertstraße 36
Bearbeitung	Frau Weber
Telefon	(0987) 9878-987
E-Mail	weber.bs@muensterberg.de

Ihr Zeichen, Ihre Nachricht vom	Bitte bei Antwort angeben **Unser Zeichen, Unsere Nachricht vom**	**Datum**
13.3.2026	OWi – 0987665/26	16.3.2026

Bußgeldbescheid

Betroffener: Herr Werner Herzog, geboren 10.5.1962 in Nordental, Kantstraße 12, 74232 Neustadt

Verteidigung: –

Sehr geehrter Herr Herzog,

nach unseren Feststellungen haben Sie folgende Ordnungswidrigkeit begangen:

Die Stadt Münsterberg hat mit bestandskräftigem Bescheid vom 3.7.2011 der Herzog Maschinenbau GmbH, deren alleiniger Geschäftsführer Sie seit 2014 sind, eine immissionsrechtliche Genehmigung zum Betrieb einer Epoxidharz-Beschichtungsanlage erteilt.

a) Sie wiesen am Montag, den 5.1.2026, den Betriebsleiter Hermann Falke an, zur besseren Auslastung der Anlage mit dem Betrieb künftig bereits ab 6.00 Uhr zu beginnen, obwohl Ihnen bekannt war, dass nach der mit der Genehmigung verbundenen Auflage 3.3 die Betriebszeit frühestens um 7.00 Uhr beginnen darf. Vom 10.01. bis 18.2.2026 wurde die Anlage vom Betriebsleiter entsprechend Ihrer Anweisung fortlaufend und wissentlich verbotswidrig ab 6.00 Uhr betrieben.

b) Am Freitag, den 20.2.2026, verweigerten Sie gegen 10.00 Uhr dem zu einer Überprüfung der Anlage erschienenen Angehörigen des Umweltamtes der Stadt Münsterberg, VI Lehmann, die von ihm verlangte Entnahme von Stichproben zur Feststellung der Zusammensetzung des Abgases der Anlage trotz Hinweises auf Ihre gesetzliche Verpflichtung wissentlich, indem Sie die Betriebsräume nicht öffneten.

Ordnungswidrig handelt, wer

als gesetzlicher Vertreter einer juristischen Person (§ 9 Abs. 1 Nr. 1 Gesetz über Ordnungswidrigkeiten – OWiG)

a) als Beteiligter (§ 14 Abs. 1 OWiG) eine vollziehbare Auflage nach § 12 Abs. 1 Bundes-Immissionsschutzgesetz (BImSchG) nicht erfüllt.

Telefonzentrale
(0899) 123-0
Internet
www.Muensterberg.de

Servicezeiten
Mo-Mi 7.30-16.30 Uhr
Do 7.30-17.30 Uhr
Fr 7.30-12.00 Uhr

Öffentliche Verkehrsmittel
Stadtbus Linie 6
Haltestelle Mitte

Bankverbindung
Kreissparkasse Münsterberg
IBAN DE2040000000123456
BIC GROBDE77XX
Volksbank Münsterberg
IBAN DE2040000000234567
BIC GROBDE87XX

Besonderes elektronisches Behördenpostfach
Ordnungsamt@muensterberg .de

b) entgegen § 52 Abs. 2 S. 1 Bundes-Immissionsschutzgesetz (BImSchG) eine Maßnahme nicht duldet. Betreiber von Anlagen sind verpflichtet, den Angehörigen der zuständigen Behörde und deren Beauftragten die Vornahme von Prüfungen einschließlich der Ermittlung von Emissionen zu gestatten.

Verletzte Bußgeldvorschriften

a) § 62 Abs. 1 Nr. 3 Bundes-Immissionsschutzgesetz (BImSchG) i. d. F. der Bekanntmachung vom 26. September 2002 (BGBl. I S. 3830),

b) § 62 Abs. 2 Nr. 4 Bundes-Immissionsschutzgesetz (BImSchG) i. d. F. der Bekanntmachung vom 26. September 2002 (BGBl. I S. 3830).

Beweismittel

a) Hermann Falke, 88300 Ebenfeld (Zeuge)

b) Bericht unseres Umweltamtes über die Betriebskontrolle vom 18.2.2026 (Dokument)

Wir setzen deswegen gem. §§ 17 und 20 des Gesetzes über Ordnungswidrigkeiten (OWiG) gegen Sie die folgenden Geldbußen fest. Sie tragen auch die Kosten des Bußgeldverfahrens (§§ 464, 465 Abs. 1 Strafprozessordnung – StPO – i. V. m. § 46 Abs. 1 OWiG). Diese setzen sich aus der Gebühr (§ 107 Abs. 1 OWiG) und unseren Auslagen (§ 107 Abs. 3 OWiG) zusammen.

Geldbußen		**a) 1000,00 Euro**
		b) 500,00 Euro
Gebühr		**75,00 Euro**
Auslagen		**0,00 Euro**
	Gesamtbetrag:	**1575,00 Euro**

Begründung des Bußgeldbescheides

1) Ihre Äußerung zur Anhörung vom 13.3.2026

Ihre Behauptung, Herr Falke habe eigenmächtig und ohne Ihre Kenntnis gehandelt, ist durch dessen glaubwürdige Anhörung als Betroffener vom 5.3.2026 widerlegt. Ein Grund, warum sich Herr Falke als Betriebsleiter selbst zu Unrecht hätte belasten sollen, ist nicht ersichtlich.

Die Äußerung, der Bedienstete unseres Umweltamtes Herr Lehmann sei rechtswidrig auf das Betriebsgelände vorgedrungen, weil er sich weder angemeldet noch eine Prüfungsanordnung habe vorweisen können, entlastet sie nicht. Nach § 52 Abs. 2 S. 1 BImSchG ist der Betreiber einer Anlage im Sinne des § 4 BImSchG verpflichtet, den Angehörigen der zuständigen Behörde und ihren Beauftragten jederzeit den ungehinderten Zutritt zu den Grundstücken, auf denen die Anlagen betrieben werden, zu gestatten. Es genügte daher, dass sich Herr Lehmann durch den Dienstausweis als Angehöriger des Umweltamtes der Stadt Münsterberg zu erkennen gab.

2) Zumessung der Geldbuße (§ 17 Abs. 3 OWiG)

Die Beteiligung (§ 14 Abs. 1 OWiG) an der vorsätzlichen Ordnungswidrigkeit nach § 62 Abs. 1 Nr. 3 BImSchG ist mit Geldbuße bis 50000 Euro, die vorsätzliche Ordnungswidrigkeit nach § 62 Abs. 2 Nr. 4 BImSchG ist mit Geldbuße bis zu 10000 Euro bedroht (§ 62 Abs. 3 BImSchG).

Geldbuße von 1000 Euro

a) Bedeutung der Ordnungswidrigkeit (§ 17 Abs. 3 S. 1 OWiG)

Die objektive Bedeutung der Ordnungswidrigkeit ist wegen des rechtswidrigen Betriebes einer Anlage über nahezu einen Monat aufgrund der Dauer der Zuwiderhandlung erheblich.

b) Vorwurf, der den Täter trifft (§ 17 Abs. 3 S. 1 OWiG)

Bei der Zumessung der Geldbuße wirkte sich verschärfend aus, dass Sie als Geschäftsführer in hervorgehobener Stellung einen Mitarbeiter angewiesen haben, obwohl in den Hinweisen im Genehmigungsbescheid ausdrücklich auf die Ordnungswidrigkeit eines solchen Verhaltens hingewiesen worden war.

c) Wirtschaftliche Verhältnisse (§ 17 Abs. 3 S. 2 OWiG)

Das Monatseinkommen musste auf 4000 Euro netto nach Ihrem Beruf geschätzt werden, da Sie hierzu bei der Anhörung keine Angaben gemacht haben.

Geldbuße von 500 Euro

a) Bedeutung der Ordnungswidrigkeit (§ 17 Abs. 3 S. 1 OWiG)

Die objektive Bedeutung der Ordnungswidrigkeit ist durchschnittlicher Art.

b) Vorwurf, der den Täter trifft (§ 17 Abs. 3 S. 1 OWiG)

Bei der Zumessung der Geldbuße wirkte sich verschärfend aus, dass Sie sich trotz mehrfachen Hinweises des Bediensteten der Stadt Münsterberg über eine Stunde geweigert haben, Ihren Mitwirkungspflichten nachzukommen und durch Ihr Verhalten der Erfolg der Maßnahme vereitelt wurde.

c) Wirtschaftliche Verhältnisse (§ 17 Abs. 3 S. 2 OWiG)

Das Monatseinkommen musste auf 4000 Euro netto nach Ihrem Beruf geschätzt werden, da Sie hierzu bei der Anhörung keine Angaben gemacht haben.

Rechtsbehelfsbelehrung

Gegen diesen Bußgeldbescheid können Sie innerhalb von zwei Wochen nach seiner Zustellung bei der Stadt Münsterberg – Bußgeldstelle – Schubertstraße 36, 99090 Münsterberg Einspruch (§ 67 Abs. 1 Abs. 1 OWiG) in deutscher Sprache (§ 184 S. 1 GVG i. V. m. § 46 Abs. 1 OWiG) schriftlich, zur Niederschrift oder elektronisch im Dateiformat PDF/A (§ 2 Abs. 1 S. 1 ERVV) durch E-Mail mit qualifizierter elektronischer Signatur (§ 110c S. 1 OWiG i. V. m. § 32a Abs. 3 StPO) sowie über die zugelassenen sicheren Übermittlungswege (§ 110c S. 1 OWiG i. V. m. § 32a Abs. 4 S. 1 StPO) einlegen.

Der Einspruch kann auch auf einzelne Beschwerdepunkte beschränkt werden (§ 67 Abs. 2 OWiG). Sofern Sie eine Begründung des Einspruchs beabsichtigen, bitten wir Sie, diese möglichst mit der Einlegung des Einspruchs zu verbinden.

Falls wir den Bußgeldbescheid trotz eines Einspruchs aufrechterhalten (§ 69 Abs. 2 S. 1 OWiG), entscheidet das Amtsgericht aufgrund dieses Bußgeldbescheides über das Vorliegen einer Ordnungswidrigkeit und die Rechtsfolgen aufgrund einer mündlichen Hauptverhandlung (§ 71 OWiG), ohne an die Höhe der festgesetzten Geldbuße gebunden zu sein. Das Gericht kann mit Ihrer Zustimmung auch durch schriftlichen Beschluss entscheiden (§ 72 OWiG), wobei es an die Rechtsfolgen des Bußgeldbescheides gebunden ist.

Zahlungsaufforderung

Nach Rechtskraft des Bußgeldbescheides ist die Geldbuße innerhalb weiterer zwei Wochen (also vier Wochen ab Zustellung) an die Stadtkasse oder eines der in der Fußleiste dieses Bescheides bezeichneten Bankkonten zu bezahlen (§ 95 Abs. 1 OWiG). Bei Bewilligung von Zahlungserleichterungen sind die abweichend bestimmten Zahlungsfristen maßgeblich.

Hinweis auf Erzwingungshaft

Unterbleibt die Zahlung und legen Sie auch eine Zahlungsunfähigkeit nicht dar, so kann die Geldbuße durch die vom Amtsgericht angeordnete Erzwingungshaft durchgesetzt werden (§ 96 OWiG). Bei Unmöglichkeit sofortiger Zahlung sind Zahlungserleichterungen (Zahlungsfrist, Teilleistungen) möglich (§ 18, § 93 OWiG).

Sonstige Hinweise

Bei einem erneuten Verstoß gegen die Auflage 3.3 der Erlaubnis vom 3.7.2006 müssen Sie mit weiteren Nebenbestimmungen zur Sicherstellung der Einhaltung der missachteten Nebenbestimmung rechnen.

Mit freundlichen Grüßen

Stadt Münsterberg
Bußgeldstelle

Muster 13.6.1: Bußgeldbescheid gegen gesetzlichen Vertreter einer juristischen Person (§ 9 Abs. 1 Nr. 1 OWiG)

Stadt Münsterberg

Bußgeldstelle

Stadt Münsterberg, 99090 Münsterberg

Herrn Rechtsanwalt
Klaus Neumaier
Kantstraße 12
88232 Neustadt
über besonderes elektronisches Anwaltspostfach

Dienstgebäude	Schubertstraße 36
Bearbeitung	Frau Weber
Telefon	(0987) 9878-987
E-Mail	weber.bs@muensterberg.de

Ihr Zeichen, Ihre Nachricht vom	Bitte bei Antwort angeben Unser Zeichen, Unsere Nachricht vom	Datum
1234/26, 8.8.2026	OWi – 00225232/26	21.8.2026

Bußgeldbescheid

Betroffener: Herr Karl Schneider, geboren 13.12.1967 in Mittelstadt, Berliner Straße 54, 99900 Mittelstadt

Verteidigung: Herr Rechtsanwalt Klaus Neumaier, Bergstraße 56, 99090 Mittelberg

Sehr geehrter Herr Schneider,

nach unseren Feststellungen haben Sie folgende Ordnungswidrigkeiten begangen:

Sie leiten die Abteilung „Beschichtungstechnik" der Alpenland Chemie GmbH in 99090 Münsterberg, Lindenstraße 12. Die Stadt Münsterberg hat diesem Unternehmen mit bestandskräftigem Bescheid vom 4.1.2026 die Ihnen bekannte immissionsschutzrechtliche Genehmigung zum Betrieb einer Beschichtungsanlage auf dem Werksgelände erteilt.

a) Sie haben von Montag, den 20.7.2026 bis Donnerstag, den 23.7.2026, mit dem Betrieb der Anlage bereits um 6.00 Uhr begonnen, obwohl Ihnen bekannt war, dass nach der Nebenbestimmung 3.3 der Genehmigung die Betriebszeit frühestens um 7.00 Uhr beginnen darf.

Telefonzentrale
(0899) 123-0
Internet
www.Muensterberg.de

Servicezeiten
Mo-Mi 7.30-16.30 Uhr
Do 7.30-17.30 Uhr
Fr 7.30-12.00 Uhr

Öffentliche Verkehrsmittel
Stadtbus Linie 6
Haltestelle Mitte

Bankverbindung
Kreissparkasse Münsterberg
IBAN DE2040000000123456
BIC GROBDE77XX
Volksbank Münsterberg
IBAN DE2040000000234567
BIC GROBDE87XX

Besonderes elektronisches Behördenpostfach
Ordnungsamt@muensterberg .de

b) Am Freitag, den 31.7.2026 haben Sie dem um 9.00 Uhr zu einer Überprüfung der Anlage erschienenen Beauftragten VOI Lehmann die von ihm verlangte Entnahme von Stichproben zur Feststellung der Zusammensetzung der Abgase der Anlage trotz mehrfacher Aufforderung unter Hinweis auf die Ordnungswidrigkeit Ihres Verhaltens bewusst verweigert.

Ordnungswidrig handelt,

wer vom Inhaber eines Betriebes oder einem sonst dazu Befugten ausdrücklich beauftragt ist, in eigener Verantwortung Aufgaben wahrzunehmen, die dem Inhaber des Betriebes obliegen (§ 9 Abs. 2 S. 1 Nr. 2 Gesetz über Ordnungswidrigkeiten – OWiG – i. d. F. der Bekanntmachung vom 19. Februar 1987, BGBl. I S. 602), und vorsätzlich

a) eine vollziehbare Auflage nach § 12 Abs. 1 Bundes-Immissionsschutzgesetz (BImSchG) i. d. F. der Bekanntmachung vom 17. Mai 2013 (BGBl. I S. 1274) nicht erfüllt. Die Errichtung und der Betrieb von Anlagen, die aufgrund ihrer Beschaffenheit oder ihres Betriebs in besonderem Maße geeignet sind, schädliche Umwelteinwirkungen hervorzurufen oder in anderer Weise die Allgemeinheit oder die Nachbarschaft zu gefährden, erheblich zu benachteiligen oder erheblich zu belästigen, sowie von ortsfesten Abfallentsorgungsanlagen zur Lagerung oder Behandlung von Abfällen bedürfen einer Genehmigung (§ 4 Abs. 1 S. 1 BImSchG). Die Genehmigung kann mit Auflagen verbunden werden, soweit dies erforderlich ist, um die Erfüllung der in § 6 genannten Genehmigungsvoraussetzungen sicherzustellen (§ 12 Abs. 1 S. 1 BImSchG).

b) entgegen § 52 Abs. 2 S. 1 BImSchG eine Maßnahme nicht duldet. Die zuständigen Behörden haben die Durchführung dieses Gesetzes und der auf dieses Gesetz gestützten Rechtsverordnungen zu überwachen (§ 52 Abs. 1 S. 1 BImSchG). Sie können die dafür erforderlichen Maßnahmen treffen und bei der Durchführung dieser Maßnahmen Beauftragte einsetzen (§ 52 Abs. 1 S. 2 BImSchG). Sie haben Genehmigungen im Sinne des § 4 regelmäßig zu überprüfen und soweit erforderlich durch nachträgliche Anordnungen nach § 17 auf den neuesten Stand zu bringen (§ 52 Abs. 1 S. 3 BImSchG). Eigentümer und Betreiber von Anlagen sowie Eigentümer und Besitzer von Grundstücken, auf denen Anlagen betrieben werden, sind verpflichtet, den Angehörigen der zuständigen Behörde und deren Beauftragten die Vornahme von Prüfungen einschließlich der Ermittlung von Emissionen und Immissionen zu gestatten (§ 52 Abs. 2 S. 1 BImSchG).

Verletzte Bußgeldvorschriften

a) § 62 Abs. 1 Nr. 3 BImSchG i. d. F. der Bekanntmachung vom 17. Mai 2013 (BGBl. I S. 1274),

b) § 62 Abs. 2 Nr. 4 BImSchG i. d. F. der Bekanntmachung vom 17. Mai 2013 (BGBl. I S. 1274).

Beweismittel

a) Herr Andreas Falke (Zeuge)

Protokoll des Umweltamts vom 31.7.2026

Ihre Angaben zur Anhörung vom 8.8.2026

b) Protokoll des Umweltamts vom 31.7.2026

Wegen dieser Ordnungswidrigkeiten setzen wir die folgenden Geldbußen gegen Sie fest (§§ 17, 20 OWiG). Sie tragen ferner die Kosten des Bußgeldverfahrens (§§ 464, 465 Abs. 1 StPO i. V. m. § 46 Abs. 1 OWiG). Diese setzen sich aus der Verfahrensgebühr (§ 107 Abs. 1 OWiG) und unseren Auslagen (§ 107 Abs. 3 OWiG) zusammen.

Geldbußen	Gebühr	Auslagen	Gesamtbetrag
a) 1000,00 €	56,25 €	0,00 €	1125,25 €
b) 125,00 €			

Zahlungserleichterungen

Wir bewilligen, sofern Sie keine andere Bestimmung treffen, folgende Zahlungserleichterungen:

1. Sie erhalten zur Bezahlung der Geldbuße eine Frist von sechs Monaten ab Rechtskraft des Bußgeldbescheides (§ 18 S. 1 OWiG).
2. Die Geldbuße kann sodann in monatlichen Teilbeträgen von 100,00 Euro jeweils zum 15. eines Monats bezahlt werden (§ 18 S. 1 OWiG). Diese Vergünstigung entfällt, wenn Sie mit einem Teilbetrag in Verzug geraten (§ 18 S. 2 OWiG).

Begründung des Bußgeldbescheides

1) Ihre Angaben bei der Anhörung vom 8.8.2026

Sie haben vorgetragen, ausschließlich auf Weisung des Betriebsleiters Andreas Falke gehandelt und die Nebenbestimmung 3.3 der immissionsschutzrechtlichen Genehmigung nicht gekannt zu haben. Diese Angaben können allerdings schon deswegen nicht zutreffen, weil Sie selbst nach dem hier vorliegenden Aktenvermerk vom 14.4.2026 durch das Umweltamt aufgrund einer Nachbarschaftsbeschwerde auf die Einhaltung der zugelassenen Betriebszeiten, die Ordnungswidrigkeit einer erneuten Zuwiderhandlung und die Einleitung eines Bußgeldverfahrens bei einem erneuten Verstoß ausdrücklich mündlich hingewiesen worden sind.

2) Zumessung der Geldbuße (§ 17 Abs. 3 OWiG)

Die Ordnungswidrigkeit nach § 62 Abs. 1 Nr. 3 BImSchG ist mit Geldbuße bis 50 000 Euro, die Ordnungswidrigkeit nach § 62 Abs. 2 Nr. 4 BImSchG mit Geldbuße bis 10000 Euro bedroht (§ 62 Abs. 3 BImSchG).

a) Geldbuße zur Ordnungswidrigkeit nach § 62 Abs. 1 Nr. 3 BImSchG

- Bedeutung der Ordnungswidrigkeit (§ 17 Abs. 3 S. 1 OWiG)

  Die Bedeutung der Ordnungswidrigkeit ist aufgrund des unerlaubten Betriebes einer größeren Anlage an vier Tagen während jeweils einer Stunde erheblich.

- Vorwurf, der den Täter trifft (§ 17 Abs. 3 S. 1 OWiG)

  Auch der Sie treffende Vorwurf ist erheblich, da Sie sich über die Abmahnung und die Belehrung über die Ordnungswidrigkeit Ihres Verhaltens vom 14.4.2026 unter Androhung eines Bußgeldverfahrens hinweggesetzt haben.

- Wirtschaftliche Verhältnisse (§ 17 Abs. 3 S. 2 OWiG)

  Da Sie sich nach den von Ihnen vorgelegten Unterlagen derzeit in einem noch laufenden Verbraucherinsolvenzverfahren befinden (§ 304 InsO), sind wir bei der Zumessung der Geldbuße davon ausgegangen, dass Ihnen nur der unpfändbare Betrag Ihres Arbeitseinkommens unter 1500 Euro (§ 850c ZPO) zur Verfügung steht. Wir haben Ihnen deswegen auch Zahlungserleichterungen (§ 18 OWiG) bewilligt.

b) Geldbuße zur Ordnungswidrigkeit nach § 52 Abs. 2 Nr. 4 BImSchG

Für die Zuwiderhandlung haben wird den Regelahndungssatz von 125 Euro nach dem Bußgeldkatalog „Umweltschutz“ zugrunde gelegt. Die wirtschaftlichen Verhältnisse bleiben hier wegen der Geringfügigkeit der Ordnungswidrigkeit unberücksichtigt (§ 17 Abs. 3 S. 2 OWiG).

Rechtsbehelfsbelehrung

Gegen diesen Bußgeldbescheid können Sie innerhalb von zwei Wochen ab Zustellung bei der Stadt Münsterberg – Bußgeldstelle – Schubertstraße 36, 99090 Münsterberg schriftlich oder zur Niederschrift in deutscher Sprache (§ 184 S. 1 GVG i. V. m. § 46 Abs. 1 OWiG) Einspruch einlegen (§ 67 Abs. 1 OWiG). Die Frist von zwei Wochen ist nur dann gewahrt, wenn der Rechtsbehelf vor Fristablauf bei der Stadt Münsterberg eingeht. Fällt das Ende einer Frist auf einen Sonntag, einen allgemeinen Feiertag oder einen Sonnabend, so endet die Frist mit Ablauf des nächsten Werktages (§ 43 Abs. 2 StPO i. V. m. § 46 Abs. 1 OWiG). Sie können den Rechtsbehelf ferner im Dateiformat PDF/A (portable document format) durch E-Mail mit qualifizierter elektronischer Signatur (§ 32a Abs. 3 StPO i. V. m. § 110c S. 1 OWiG) sowie über einen zugelassenen sicheren Übermittlungsweg einlegen (§ 32a Abs. 4 S. 1 StPO i. V. m. § 110c S. 1 OWiG). Rechtsanwälte und Rechtsanwältinnen können den Rechtsbehelf nur elektronisch einlegen (§ 110c S. 3 OWiG).

Der Einspruch kann auch auf einzelne Beschwerdepunkte beschränkt werden (§ 67 Abs. 2 OWiG). Sofern Sie eine Begründung des Einspruchs beabsichtigen, bitten wir Sie, diese möglichst mit der Einlegung des Einspruchs zu verbinden.

Falls wir den Bußgeldbescheid trotz eines Einspruchs aufrechterhalten (§ 69 Abs. 2 S. 1 OWiG), entscheidet das Amtsgericht aufgrund dieses Bußgeldbescheides über das Vorliegen einer Ordnungswidrigkeit und die Rechtsfolgen aufgrund einer mündlichen Hauptverhandlung (§ 71 OWiG), ohne an die Höhe der festgesetzten Geldbuße gebunden zu sein. Das Gericht kann mit Ihrer Zustimmung auch durch schriftlichen Beschluss entscheiden (§ 72 OWiG), wobei es an die Rechtsfolgen des Bußgeldbescheides gebunden ist.

Zahlungsaufforderung

Nach Rechtskraft des Bußgeldbescheides ist die Geldbuße innerhalb weiterer zwei Wochen (also vier Wochen ab Zustellung) an die Stadtkasse oder eines der in der Fußleiste dieses Bescheides bezeichneten Bankkonten zu bezahlen (§ 95 Abs. 1 OWiG). Bei Bewilligung von Zahlungserleichterungen sind die abweichend bestimmten Zahlungsfristen maßgeblich.

Hinweis auf Erzwingungshaft

Unterbleibt die Zahlung und legen Sie auch eine Zahlungsunfähigkeit nicht dar, so kann die Geldbuße durch die vom Amtsgericht angeordnete Erzwingungshaft durchgesetzt werden (§ 96 OWiG). Bei Unmöglichkeit sofortiger Zahlung sind Zahlungserleichterungen (Zahlungsfrist, Teilleistungen) möglich (§ 18, § 93 OWiG).

Sonstige Hinweise

Bei einem erneuten Verstoß gegen die Auflage 3.3 der Erlaubnis vom 3.7.2006 müssen Sie mit weiteren Nebenbestimmungen zur Sicherstellung der Einhaltung der missachteten Nebenbestimmung rechnen.

Mit freundlichen Grüßen

Stadt Münsterberg
Bußgeldstelle

3.2.5 Gesetzliche Merkmale der Ordnungswidrigkeit (§ 66 Abs. 1 Nr. 3 OWiG)

Der Bußgeldbescheid teilt dem oder der zumeist rechtsunkundigen Betroffenen im Anschluss an die Schilderung des **konkreten** Tathergangs mit, unter welchen **abstrakten** gesetzlichen Tatbestand die vorgeworfene Handlung oder das pflichtwidrige Unterlassen fällt. Dadurch wird dadurch verdeutlicht, wie die Verwaltungsbehörde einen bestimmten Lebenssachverhalt unter eine allgemein gültige Bußgeldvorschrift einordnet („subsumiert"). Dies lässt sich besonders anschaulich mit einem neuen Absatz für die Bezeichnung der Tat darstellen, der mit der Formulierung „**Ordnungswidrig handelt, wer**..." eingeleitet ist (alle Musterbußgeldbescheide).

- **Blankett-Tatbestände**

Zu den gesetzlichen Merkmalen der Ordnungswidrigkeit im Sinne des § 66 Abs. 1 Nr. 3 OWiG gehören bei Blankett-Tatbeständen,[1] die sich aus der Bußgeldvorschrift und einem verwaltungsrechtlichen Ausfüllungstatbestand zusammensetzen, beide Bestimmungen. Diese sind daher im Bußgeldbescheid aufzuführen, wobei die Bußgeldvorschrift getrennt und erst später unter der Rubrik „Verletzte Bußgeldvorschriften" erscheint.

Beispiel:

Sie erwarben am Montag, 13.4.2026 gegen 18.00 Uhr von dem anderweitig verfolgten Krachinger Alfons in dessen Wohnung in 84431 Böllerheim, Pulverweg 19 als minderjährige Person in Kenntnis des gesetzlichen Verbots die nicht erlaubnispflichtige Waffe <Bezeichnung>.

Ordnungswidrig handelt, wer

vorsätzlich entgegen § 2 Abs. 1 Waffengesetz eine nicht erlaubnispflichtige Waffe erwirbt. Der Umgang mit Waffen oder Munition ist nur Personen gestattet, die das 18. Lebensjahr vollendet haben (§ 2 Abs. 1 WaffG).

Verletzte Bußgeldvorschriften:

§ 53 Abs. 1 Nr. 1 Waffengesetz (WaffG) vom 11. Oktober 2002 (BGBl. I S. 3970, 4592; 2003 I S. 1957)

Viele Bußgeldvorschriften des besonderen Verwaltungsrechts enthalten manchmal sogar eine Vielzahl von Tatbestandsalternativen. Im Bußgeldbescheid ist dann nur der einschlägige aufzuführen. Es wirkt gerade für einen rechtsunkundigen Betroffenen verwirrend, wenn aus „Vereinfachungsgründen" die unzutreffenden Alternativen nicht entfernt werden.

Fehlbeispiel zum vorhergehenden Beispiel (Auszug):

Ordnungswidrig handelt, wer

vorsätzlich einer vollziehbaren Auflage nach § 9 Abs. 2 S. 1, § 10 Abs. 2 S. 3, § 17 Abs. 2 S. 2, § 18 Abs. 2 S. 2 oder § 28a Abs. 1 S. 3 oder einer vollziehbaren

1) Zum Begriff des Blankett-Tatbestands einer Ordnungswidrigkeit § 2 Nr. 3.1.

Anordnung nach § 9 Abs. 3, § 36 Abs. 3 S. 1 oder Abs. 6, § 37c Abs. 2 Nr. 2, § 39 Abs. 3, § 40 Abs. 5 S. 2 oder § 46 Abs. 2 S. 1 oder Abs. 3 S. 1 zuwiderhandelt (§ 53 Abs. 1 Nr. 4 WaffG).

- **Vorsatz und Fahrlässigkeit**

Zu den gesetzlichen Merkmalen der Ordnungswidrigkeit gehören nicht nur die objektiven Tatbestandsmerkmale, sondern auch der subjektive Tatbestand. Daher sind entweder die Bezeichnungen „vorsätzlich" bzw. „absichtlich" oder „fahrlässig" bzw. „leichtfertig" am besten vor dem objektiven Tatbestandsmerkmal einzufügen. Zumindest verunglückt wirkt die in Vollzugspraxis aus „Vereinfachungsgründen" zu beobachtende Vermischung „vorsätzlich *oder* fahrlässig".

Bei einfachen Sachverhalten verschmilzt die Verfahrenspraxis oft die Bezeichnung der Tat mit den gesetzlichen Merkmalen der Ordnungswidrigkeit oder gibt sie in einer Kurzform wieder. Dagegen ist solange nichts einzuwenden als der Bußgeldbescheid auch für rechtsunkundige Betroffene noch verständlich ist und seiner Informations- und Abgrenzungsfunktion zu anderen Sachverhalten gerecht wird.

Beispiel:

Sie ließen am Samstag, 25.7.2026, gegen 17.30 Uhr in der Herbststraße in 39448 Bellenstein Ihren Boxerhund „Fletscher" wissentlich frei umherlaufen, obwohl Ihnen aufgrund früherer Vorfälle bekannt war, dass das Tier zu Angriffen auf Kinder neigt.

Dadurch haben Sie vorsätzlich ein bösartiges Tier sich frei umherbewegen lassen.

Professionelle Software koppelt die gesetzlichen Merkmale jeder Ordnungswidrigkeit mit den angebotenen Textbausteinen automatisch. Die verantwortende Person der Verwaltungsbehörde braucht dann den gesetzlichen Tatbestand nicht mehr aus dem Gesetzestext abzuschreiben, er wird vielmehr mit dem einleitenden Satz: „Ordnungswidrig handelt, wer ...." als weiterer Teil des Textbausteins mitgeliefert.

3.2.5.1 Gesetzliche Merkmale bei Beteiligung (§ 14 Abs. 1 OWiG)

Richtet sich der Bußgeldbescheid gegen einen Beteiligten oder eine Beteiligte im Sinne des § 14 Abs. 1 OWiG,[1)] so werden die gesetzlichen Merkmale der Ordnungswidrigkeit mit einer die Beteiligung bezeichnenden Formulierung verbunden (Musterbußgeldbescheid 13.5 und 13.6). Professionelle Software weist für die Beteiligung nach § 14 Abs. 1 OWiG bereits eine Dialogbox mit einem Auswahlmenü beim Tathergang auf. Der Text für die gesetzlichen Merkmale der Beteiligung wiederholt sich dann automatisch, z. B. „Ordnungswidrig handelt, wer als Beteiligter (§ 14 Abs. 1 OWiG) ...".

Der für eine Beteiligung an einer Ordnungswidrigkeit erforderliche „doppelte Vorsatz"[2)] lässt sich bei mehreren gleichrangigen Tätern oder Täterinnen als Beteiligte

1) Zur Beteiligung an einer Ordnungswidrigkeit (§ 14 Abs. 1 OWiG) § 4 Nr. 1.1.
2) Zum „doppelten Vorsatz" des Beteiligten (§ 14 Abs. 1 OWiG) § 4 Nr. 1.2.

mit den Wendungen „im bewussten und gewollten Zusammenwirken mit“, „einvernehmlich mit“ umschreiben. Beteiligung durch mittelbare Täterschaft oder Anstiftung zu einer Ordnungswidrigkeit kann man mit der Formulierung „wiesen Sie <Person> an, obwohl Ihnen bekannt war. <Person> handelte daraufhin wissentlich... zuwider“ darstellen.

Zur Abgrenzung von den Bußgeldvorschriften (§ 66 Abs. 1 Nr. 3 OWiG) sollten an dieser Stelle auch bereits die im Zusammenhang stehenden verletzten verwaltungsrechtlichen Bestimmungen aufgeführt werden.

Beispiele:

Ordnungswidrig handelt, wer

als Beteiligter (§ 14 Abs. 1 OWiG) im bewussten und gewollten Zusammenwirken mit anderen entgegen § 11 Abs. 1 S. 1 i. V. m. Art. 27 S. 1, Verordnung zur Verhütung von Bränden (VVB) und Art. 38 Abs. 4 Landesstraf- und Verordnungsgesetz (LStVG) Arbeiten mit Schweißgeräten dort, wo sie eine Brandgefahr hervorrufen, nicht unter ständiger Aufsicht einer mit den örtlichen Verhältnissen vertrauten, sachkundigen Person ausführt.

Ordnungswidrig handelt, wer

als Beteiligter (§ 14 Abs. 1 OWiG) eine vollziehbare Auflage nach § 12 Abs. 1 Bundes-Immissionsschutzgesetz (BImSchG) nicht erfüllt.

3.2.5.2 Gesetzliche Merkmale des Handelns für einen andern (§ 9 OWiG)

Handelt der oder die Betroffene für eine andere Person im Sinne des § 9 OWiG,[1] ist die Erstreckung der besonderen persönlichen Merkmale auf den Betroffenen oder die Betroffene deutlich zu machen. Durch das Wort „als“ wird angegeben, in welcher Funktion der oder die Betroffene gehandelt hat.

Beispiele:

Ordnungswidrig handelt, wer als

- gesetzlicher Vertreter oder gesetzliche Vertreterin einer juristischen Person (§ 9 Abs. 1 Nr. 1 OWiG),
- vertretungsberechtigter Vertreter oder vertretungsberechtigte Vertreterin einer rechtsfähigen Personengesellschaft (§ 9 Abs. 1 Nr. 2 OWiG),
- zur (teilweisen) Leitung eines Betriebes Beauftragter oder Beauftragte (§ 9 Abs. 2 S. 1 Nr. 1 OWiG),
- zur eigenverantwortlichen Wahrnehmung von dem Betriebsleiter oder der Betriebsleiterin obliegenden Aufgaben ausdrücklich Beauftragter oder Beauftragte (§ 9 Abs. 2 S. 1 Nr. 2 OWiG)

ohne die erforderliche Erlaubnis...

1) Zur Begehung einer Ordnungswidrigkeit durch Handeln für einen andern (§ 9 OWiG) § 4 Nr. 2.

Fehlt die Angabe eines Organs einer juristischen Person oder Personenvereinigung im Sinne des § 9 Abs. 1 oder 2 OWiG, so ist der Bußgeldbescheid unwirksam, ein Einspruch führt zur Einstellung im gerichtlichen Bußgeldverfahren wegen eines Verfahrenshindernisses (§ 206a StPO i. V. m. § 71 Abs. 1 OWiG).[1] Verfehlt ist die Bezeichnung als „Verantwortlicher", „Verantwortliche" oder „verantwortliche Person". Sie lässt vermuten, dass die einschlägige Funktion im Sinne des § 9 Abs. 1, 2 OWiG nicht ermittelt wurde und daher noch gar kein Bußgeldbescheid erlassen werden kann. Anwaltlich vertretene Betroffene werden eine derartige Fehlleistung sicher nicht hinnehmen, sondern als Ermittlungsdefizit der Verwaltungsbehörde im nachfolgenden gerichtlichen Bußgeldverfahren erfolgreich beanstanden.

Professionelle Software sieht ein Auswahlmenü in einer Dialogbox vor, mit dem das Handeln als gesetzlicher Vertreter (§ 9 Abs. 1 OWiG), Betriebsleiter oder Betriebsleiterin bzw. sonst besonders beauftragte Person (§ 9 Abs. 2 S. 1 OWiG) automatisch eingefügt wird, wenn es bereits im Text des Tathergangs vorgegeben war (Musterbußgeldbescheid 13.5 und 13.6). Wurde im Textbaustein des Tathergangs „als Geschäftsführer einer GmbH" ausgewählt, folgt jetzt zwangsläufig die Formulierung „Ordnungswidrig handelt, wer als gesetzlicher Vertreter einer juristischen Person (§ 9 Abs. 1 Nr. 1 OWiG) ...".

3.3 Angewendete Bußgeldvorschriften (§ 66 Abs. 1 Nr. 3 OWiG)

Nachdem der oder die Betroffene über die Einordnung des konkreten Tathergangs unter den abstrakten Tatbestand einer Bußgeldvorschrift informiert ist, sind ihnen anschließend die angewendeten Bußgeldvorschriften mitzuteilen. Dazu ist die Zwischenüberschrift „**Verletzte Bußgeldvorschriften**:" üblich. Die angewendeten Bußgeldvorschriften sind vollständig anzugeben. Zu zitieren sind zumindest Gesetz, Artikel, Paragraf, Absatz, Nummer und Buchstabe. Bei nicht allgemein bekannten Gesetzen sollte auch die Fundstelle angegeben werden. Wegen der sich manchmal monatlich ändernden letzten Änderung von Gesetzen ist es bei Verwendung professioneller Software ganz einfach nicht mehr möglich, die letzte Gesetzesänderung („zuletzt geändert am . . .") mit zu berücksichtigen. Bevor diese veraltet angegeben ist, empfiehlt sich die pauschalierende Formulierung „in der jeweils gültigen Fassung". Mehr erwartet auch der rechtsunkundige Betroffene nicht, der die aktuelle wie die zur Tatzeit der Ordnungswidrigkeit geltende Gesetzesfassung jederzeit im Internet nachsehen kann. Die bezeichnete Fundstelle sollte einheitlich das BGBl. I, EU-Amtsblatt bzw. einschlägige landesrechtliche GVBl. (GVOBl.) sein.

Beispiel:

Verletzte Bußgeldvorschriften:

§ 69 Abs. 1 Nr. 2 Kreislaufwirtschaftsgesetz (KrWG) vom 24. Februar 2012 (BGBl. I S. 212) in der jeweils gültigen Fassung.

Möglich ist auch eine vollständige Zitierung der Gesetzesüberschrift.

1) Brandenburgisches OLG (Brandenburg), Beschl. vom 23.3.2023, Az. 2 ORbs 40/23.

Beispiel:

§ 69 Abs. 1 Nr. 2 Gesetz zur Förderung der Kreislaufwirtschaft und Sicherung der umweltverträglichen Bewirtschaftung von Abfällen (Kreislaufwirtschaftsgesetz – KrWG) vom 24. Februar 2012 (BGBl. I S. 212) in der jeweils gültigen Fassung.

Die betroffenen verwaltungsrechtlichen Ausfüllungsbestimmungen zur Bußgeldvorschrift bei Blankett-Tatbeständen[1)] können sowohl bei den verletzten Bußgeldvorschriften als auch bereits unter den abstrakten gesetzlichen Merkmalen der Ordnungswidrigkeit aufgeführt werden. Die letzte Alternative erscheint wegen der Verbindung abstrakter Merkmale und abstrakter verwaltungsrechtlicher Bestimmungen für den meist rechtsunkundigen Betroffenen verständlicher. Bei allen Musterbußgeldbescheiden mit Blankett-Tatbeständen sind daher die verwaltungsrechtlichen Ausfüllungsvorschriften und die verletzten Bußgeldvorschriften getrennt dargestellt.

Bei Rechtsverordnungen sollte auch die formalgesetzliche Ermächtigungsvorschrift mit angegeben werden.

Beispiel:

§ 62 Abs. 1 Nr. 7 Bundes-Immissionsschutzgesetz (BImSchG) i. d. F. der Bekanntmachung vom 15. Mai 2013 (BGBl. I S. 1274) in der jeweils gültigen Fassung i. V. m. § 9 Abs. 2 Nr. 1 Geräte- und Maschinenlärmschutzverordnung (32. BImSchV) vom 29. August 2002 (BGBl. I S. 3478) in der jeweils gültigen Fassung.

Fehlerhafte oder mangelhafte Angaben der angewandten Bußgeldvorschrift führen i. d. R. nicht zur Unwirksamkeit des Bußgeldbescheids.[2)] Sie sind nur dann als schwerer Mangel anzusehen, wenn es dem oder der Betroffenen gerade dadurch unmöglich gemacht wird zu erkennen, welcher Vorwurf gegen ihn erhoben wird.[3)]

Nicht unter die Bußgeldvorschriften, sondern bereits zu den gesetzlichen Merkmalen der Ordnungswidrigkeit sollten die Bestimmungen des allgemeinen Ordnungswidrigkeitenrechts über die Garantenstellung bei unechten Unterlassungsdelikten (§ 8 OWiG), das Handeln für einen anderen (§ 9 Abs. 1, 2 OWiG) oder die Beteiligung an der Ordnungswidrigkeit (§ 14 Abs. 1 OWiG) eingeordnet werden (Musterbußgeldbescheide 13.5 und 13.6).

3.4 Zuständigkeitsvorschrift

Nicht zu den in § 66 OWiG genannten Mindesterfordernissen des Bußgeldbescheids gehört die Information der Betroffenen über die sachliche Zuständigkeit der Verwaltungsbehörde nach § 36 OWiG. Handelsübliche Software sieht diesen überflüssigen Bestandteil i. d. R. überhaupt nicht vor. Manche Behörden sehen jedoch entsprechend den Bescheiden des Verwaltungsverfahrens die einschlägige Alternative des

1) Zur Bedeutung von Blankett-Tatbeständen von Ordnungswidrigkeiten § 2 Nr. 3.
2) OLG Bamberg, Beschl. vom 14.5.2007, Az. 2 Ss OWi 597/06.
3) OLG Hamm, Beschl. vom 1.4.2004, Az. 3 Ss OWi 587/03.

§ 36 OWiG vor. Es können auch zusätzliche landesrechtliche Bestimmungen in Systemdaten aufgenommen werden.[1] Die örtliche Zuständigkeit der Verwaltungsbehörde (§§ 37 bis 39 OWiG) wird in der Verfahrenspraxis nie erwähnt.

3.5 Beweismittel (§ 66 Abs. 1 Nr. 4 OWiG)

Die Angabe der Beweismittel dient der Information der Betroffenen, ob der gegen sie erhobene Tathergang voraussichtlich in einer gerichtlichen Hauptverhandlung nachweisbar sein wird. Betroffene, Verteidigende und gegebenenfalls Erziehungsberechtigte bei Minderjährigen können dadurch die Erfolgsaussichten eines Einspruchs gegen den Bußgeldbescheid abschätzen. Dieser enthält dafür am besten eine optisch abgehobene Zwischenüberschrift „**Beweismittel**". Die von der Verwaltungsbehörde aufgeführten Angaben sind zwar für das gerichtliche Bußgeldverfahren nicht verbindlich, haben aber erfahrungsgemäß eine hohe Signalwirkung an Amtsgerichte.

Das Bußgeldverfahren kennt bestimmte Beweismittel wie Zeugen oder Zeuginnen und Sachverständige, Urkunden (Dokumente), Augenscheinobjekte wie Bildaufnahmen bzw. Bildaufzeichnungen oder die Angaben des Betroffenen. Fehlerhaft ist daher die bloße Bezugnahme auf die in den Bußgeldakten niedergelegten Feststellungen.[2] Verwaltungs- und Bußgeldakten sind keine Beweismittel, sondern enthalten sie nur.

Fehlbeispiele:

Bußgeldakten des Landratsamts, Ausländerakte, Baukontrolle, polizeiliche Ermittlungen, Angaben des Anzeigeerstatters.

Es genügt auch nicht, nur die Art der Beweismittel wie z. B. Sachverständigengutachten oder Zeugenaussage anzugeben. Beweismittel sind im Bußgeldbescheid konkret, einzeln und genau zu bezeichnen.

3.5.1 Zeugen und Zeuginnen

Zeugen und Zeuginnen sind persönliche Beweismittel im Sinne des § 66 Abs. 1 Nr. 4 OWiG, die nach einem Einspruch gegen den Bußgeldbescheid persönlich in der Beweisaufnahme vor dem Amtsgericht aussagen und ihre Wahrnehmungen zur Tatzeit am Tatort der Ordnungswidrigkeit wiedergeben sollen (§ 245 Abs. 1 S. 1, § 250 StPO i. V. m. § 71 Abs. 1 OWiG). Sie sind zur Beweisführung meist nicht erforderlich und sollten im Bußgeldbescheid nur dann aufgeführt werden, wenn die Verwaltungsbehörde ihre Vernehmung für diesen Fall wirklich anstrebt. In diesem Fall sollten nur Name und Vorname und Wohnort, nicht aber die Privatanschrift angegeben werden (vgl. § 200 Abs. 1 S. 3 StPO).

1) In den Musterbußgeldbescheiden ist von der Wiedergabe von Zuständigkeitsbestimmungen abgesehen, da diese nicht von § 66 Abs. 1 OWiG verbindlich vorgesehen sind.

2) Schleswig-Holsteinisches OLG (Schleswig), Beschl. vom 12.5.1981, Az. 1 Ss OWi 177/81.

3.5.1.1 Dienstliche Zeugen

Bedienstete von Behörden, die mit dem Bußgeldverfahren befasst waren, sollten grundsätzlich nicht im Bußgeldbescheid als Zeugen oder Zeuginnen benannt werden, weil ihre dienstlichen Protokolle gem. § 256 Abs. 1 Nr. 5 StPO i. V. m. § 46 Abs. 1 OWiG auch gegen den Willen der Betroffenen in der Hauptverhandlung des Amtsgerichts verlesen werden können.[1] Die Verlesung solcher Protokolle ist allgemein zulässig und nicht auf Routinevorgänge beschränkt.[2] Eine Zustimmung der Verfahrensbeteiligten ist dazu im gerichtlichen Bußgeldverfahren nicht notwendig.[3] Im Regelfall sollte daher als Beweismittel der das Protokoll als verlesungsfähiges Dokument aufgeführt werden. Der Name des Verfassers oder der Verfasserin sind dabei nicht anzugeben, weil sie selbst nicht als Beweismittel benannt werden.

Beispiel:

Bericht der unteren Bauaufsichtsbehörde über die Bauüberwachung vom 30.11.2026,

Ordnungswidrigkeiten-Anzeige der Polizeiinspektion Bergen vom 10.2.2026.

Dienstliche Zeugen oder Zeuginnen sollten daher nur ausnahmsweise im Bußgeldbescheid als Beweismittel aufgeführt werden, wenn die Verwaltungsbehörde das persönliche Erscheinen vor Gericht aus besonderen Gründen für geboten hält. Dies kommt insbesondere dann in Betracht, wenn die Angaben durch den Betroffenen oder die Betroffene bei der Anhörung (§ 55 OWiG) bestritten worden sind und mit weiteren Einwendungen zu rechnen ist oder die benannten Personen als sachverständige Zeugen oder Zeuginnen Ausführungen machen sollen. Hierauf kann nach einem Einspruch gegen den Bußgeldbescheid in den Gründen der Abgabeverfügung über die Staatsanwaltschaft an das Amtsgericht (§ 69 Abs. 3 S. 1 OWiG) nochmals besonders hingewiesen werden. Von einer gerichtlichen Vernehmung dienstlicher Zeugen und Zeuginnen kann nicht abgesehen werden, wenn die vorhandenen dienstlichen Protokolle unzureichend sind oder nicht in verlesungsfähiger Form erstellt sind.[4] Die verantwortende Person einer Bußgeldstelle (§ 32b Abs. 1 S. 1 StPO i. V. m. § 110c S. 1 OWiG) ist dagegen grundsätzlich nicht als Zeuge oder Zeugin geeignet, weil sie keine eigenen Wahrnehmungen zum Tatgeschehen der Ordnungswidrigkeit(en) gemacht hat. Wesentlich wichtiger erscheint es, dass die Bußgeldstelle, gegebenenfalls zusammen mit dem betroffenen Fachamt die Vertretung der Verwaltungsbehörde in der Hauptverhandlung (§ 76 OWiG) wahrnimmt.[5] Legt der oder die Betroffene gegen den Bußgeldbescheid Einspruch ein, kann in der Abgabeverfügung über die Staatsanwaltschaft an das Amtsgericht (§ 69 Abs. 3 S. 1 OWiG) vorsorglich auf die Person eines zur Verfügung stehenden dienstlichen Zeu-

1) BGH, Beschl. vom 13.4.2015, Az. 5 StR 110/15.
2) OLG Celle, Beschl. vom 15.7.2013, Az. 31 Ss 24/13.
3) OLG Koblenz, Beschl. vom 19.11.2018, Az. 1 OWiG 6 SsBs 155/18.
4) Zur Vernehmung dienstlicher Zeugen und Zeuginnen in der Hauptverhandlung des Amtsgerichts (§ 250 StPO i. V. m. § 71 Abs. 1 OWiG) § 22 Nr. 5.3.
5) Zur Beteiligung der Verwaltungsbehörde (§ 35 OWiG) an der Hauptverhandlung des Amtsgerichts (§ 76 OWiG) § 22 Nr. 5.4.

gen oder Zeuginnen hingewiesen werden, wenn sie das Gericht trotz verlesungsfähiger Dokumente in der Hauptverhandlung für erforderlich hält.

Bei der Benennung von Polizeibeamten oder -beamtinnen, die in einer Ordnungswidrigkeitenanzeige aufgeführt sind, werden meist die dort als Bearbeiter oder Bearbeiterin unterzeichnenden Beamten oder Beamtinnen genügen. Bei Ermittlungen von Streifenbesatzungen zeigt die Erfahrung aber, dass diese meist aufgeteilt wurden und der Bearbeiter oder die Bearbeiterin der Ordnungswidrigkeiten-Anzeige nur Teilwissen besitzt. Wegen dieser häufigen Ungenauigkeit polizeilicher Tätigkeit bedarf es daher der Angabe aller Polizeibeamten oder -beamtinnen, soweit die Anzeige nicht zweifelsfrei ergibt, dass der oder die Anzeigende den gesamten angezeigten Sachverhalt selbst wahrgenommen hat. Auch hier sollte nach Möglichkeit nur die nach § 256 Abs. 1 Nr. 5 StPO i. V. m. § 46 Abs. 1 OWiG verlesungsfähige Sachverhaltsdarstellung aus der Ordnungswidrigkeiten-Anzeige als dienstliches Dokument angegeben werden.

Beispiel:

Ordnungswidrigkeitenanzeige der Polizeiinspektion Friedenheim vom 15.9.2026.

Zeugen und Zeuginnen, die im Rahmen ihrer dienstlichen Tätigkeit Wahrnehmungen gemacht haben, werden üblicherweise mit Dienstbezeichnung und Name angegeben. Vornamen sind überflüssig, soweit sie nicht zur Identifizierung notwendig sind. Hier genügt es aber, einen abgekürzten Buchstaben („Mayer E.“) zu verwenden. Als Anschrift des Zeugen oder der Zeugin ist bereits in der strafrechtlichen Anklageschrift grundsätzlich nur die *Dienstanschrift,* nicht die *Privatanschrift* aufzuführen (§ 200 Abs. 1 S. 4 StPO).[1] Ein Zeuge oder eine Zeugin, die Wahrnehmungen in amtlicher Eigenschaft gemacht haben, können nämlich auch im gerichtlichen Bußgeldverfahren statt des Wohnortes den Dienstort angeben (§ 68 Abs. 1 S. 3 StPO i. V. m. § 71 Abs. 1 OWiG). Die Angabe von Straße und Hausnummer ist zumindest bei Zeugen oder Zeuginnen von Behörden im Bezirk des zuständigen Amtsgerichts entbehrlich.

Beispiele:

Baukontrolleur Wallner, Landratsamt Ostheim (Zeuge),
PHM Assmann D., PI Friedenheim 2 (Zeuge).

Dienstbezeichnung, Name und Dienstanschrift des Zeugen oder der Zeugin sollten so bezeichnet sein, dass eine spätere Ladung zur gerichtlichen Hauptverhandlung sie möglichst unverzüglich an der Dienststelle erreicht.[2] Sie können damit möglichst

1) Fassung des § 200 StPO aufgrund des Gesetzes zur Fortentwicklung der Strafprozessordnung und zur Änderung weiterer Vorschriften vom 25.6.2021 (BGBl. I S. 2099), in Kraft getreten am 1.7.2021. Überholt ist daher die frühere Rechtsprechung z. B. Schleswig-Holsteinisches OLG (Schleswig), Beschl. vom 12.5.1981, Az. 1 Ss OWi 177/81.

2) Zur Ladung dienstlicher Zeugen oder Zeuginnen auf telefonischen Abruf § 22 Nr. 4.3. Zur Notwendigkeit einer Aussagegenehmigung (§ 54 StPO i. V. m. § 46 Abs. 1 OWiG) dienstlicher Zeugen oder Zeuginnen § 22 Nr. 5.3.1.

früh ihre dienstliche Tätigkeit abstimmen (z. B. keinen Außendienst für diesen Tag vorsehen) oder eine Verhinderung (z. B. Urlaub) dem Gericht rechtzeitig mitteilen. Bei größeren Behörden empfiehlt sich daher eine nähere Darstellung der Dienststelle oder des Sachgebiets.

3.5.1.2 Privatzeugen

Privatpersonen sind erfahrungsgemäß ein äußert unzuverlässiges Beweismittel und sollten daher nur dann im Bußgeldbescheid aufgeführt werden, wenn ihre Aussage zur Beweisführung ausnahmsweise unverzichtbar erscheint. Eine Verlesung solcher Aussagen in der gerichtlichen Beweisaufnahme ist nur mit dem Einverständnis der Betroffenen zulässig (§ 77a Abs. 1, 4 OWiG), die diese für Belastungszeugen oder -zeuginnen aber kaum je erteilen dürften. Sind private Zeugen oder Zeuginnen aber zur Beweisführung wirklich unverzichtbar, ist es rechtswidrig, sie als Beweismittel im Bußgeldbescheid zu verschweigen.

Zeugen oder Zeuginnen, die Wahrnehmungen nicht in dienstlichem Zusammenhang, sondern als Privatperson gemacht haben, werden im Bußgeldbescheid mit vollem Namen als Beweismittel aufgeführt. Bei der Benennung von Zeugen oder Zeuginnen ist schon im strafrechtlichen Anklagesatz nicht deren vollständige Anschrift, sondern nur deren Wohn- oder Aufenthaltsort anzugeben (§ 200 Abs. 1 S. 3 StPO).[1]

Beispiel:

Helmut Schreiner, 83639 Talberg (Zeuge).

Hat der oder die Betroffene den vorgeworfenen Sachverhalt selbst eingeräumt, so können weitere Beweismittel auch „vorsorglich“ für den Fall nachträglichen Bestreitens angegeben werden, was sich dann aber nicht für den Bußgeldbescheid, sondern für die Begründung der Abgabeverfügung über die Staatsanwaltschaft an das Amtsgericht empfiehlt (§ 69 Abs. 3 S. 1 Halbs. 2 OWiG).

Haben mehrere Zeugen oder Zeuginnen über denselben Vorgang im Vorverfahren übereinstimmende Angaben gemacht, so wird es häufig nicht nötig sein, jeden oder jede zu benennen.[2] Stehen dienstliche Zeugen, Zeuginnen oder andere dienstlich erlangte Beweismittel zur Verfügung, so wird ein Privatzeuge oder eine Privatzeugin, insbesondere private Anzeigende (§ 158 Abs. 1 StPO i. V. m. § 46 Abs. 1 OWiG) nicht unbedingt zur Beweisführung erforderlich sein. Erscheint der weitere Beweiswert eines Privatzeugen oder einer Privatzeugin zweifelhaft, wird ihre Benennung i. d. R. entbehrlich sein. Nicht jede Privatperson, die im Bußgeldverfahren als Zeuge oder Zeugin vernommen wurde, muss auch im Bußgeldbescheid als solche bezeichnet werden.

1) Fassung des § 200 StPO aufgrund des Gesetzes zur Fortentwicklung der Strafprozessordnung und zur Änderung weiterer Vorschriften vom 25.6.2021 (BGBl. I S. 2099), in Kraft getreten am 1.7.2021. Überholt daher die frühere Rechtsprechung z. B. Schleswig-Holsteinisches OLG (Schleswig), Beschl. vom 12.5.1981, Az. 1 Ss OWi 177/81.

2) Für das strafrechtliche Ermittlungsverfahren der Staatsanwaltschaft Nr. 111 Abs. 2 RiStBV.

3.5.2 Sachverständige

Zeugnisse und Gutachten von Behörden müssen nicht stets von dem oder der Sachverständigen persönlich vor Gericht vorgetragen werden. Sie können auf Anordnung des Gerichts auch ohne Zustimmung der Verfahrensbeteiligten verlesen werden (§ 256 Abs. 1 Nr. 1 StPO i. V. m. § 46 Abs. 1 OWiG). Hält die Verwaltungsbehörde einen persönlichen Vortrag für nicht erforderlich, so kann sie statt des oder der Sachverständigen auch deren behördliches Gutachten im Bußgeldbescheid als Beweismittel anführen.[1] Sind aber ausnahmsweise nichtbehördliche Sachverständige für die Verwaltungsbehörde tätig geworden, so sind sie allerdings als Beweismittel persönlich zu benennen.

Beispiele:

Gutachten des Wasserwirtschaftsamts Flussberg vom 22.5.2026[2]

Herr Klaus Maurer, Waldmeisterstraße 14, 84659 Steinberg (Sachverständiger).

Dienstliche Zeugen oder Zeuginnen der Verwaltungsbehörde, die nur gutachtliche Stellungnahmen abgeben sollen, sind keine Sachverständige, sondern sachverständige Zeugen oder Zeuginnen (§ 72 StPO i. V. m. § 46 Abs. 1 OWiG). Sie sind folglich bei den Beweismitteln im Bußgeldbescheid nicht als Sachverständige, sondern als Zeuge oder Zeugin zu bezeichnen.[3]

3.5.3 Urkunden und Augenscheinsobjekte

Urkunden sind verkörperte schriftliche Äußerungen wie z. B. ein behördlicher Bescheid, der eine missachtete Auflage enthält, ein Dokument von Betroffenen im Verwaltungsverfahren oder durch die Verwaltungsbehörde im Bußgeldverfahren sichergestellte Geschäftsunterlagen. Sie können im gerichtlichen Bußgeldverfahren zum Beweis ihres Inhalts verlesen oder sonst von den Verfahrensbeteiligten zur Kenntnis genommen werden.

Beispiele:

Erlaubnisbescheid vom 24.4.2026, Textziffer 25.3 (Urkunde),

Ihre Mitteilung an die untere Bauaufsichtsbehörde vom 17.3.2024 (Urkunde).

Gegenstände, die keine schriftlichen Äußerungen enthalten, aber durch Besichtigung Beweiswert haben, sind Augenscheinsobjekte. Dazu zählen z. B. Waffen, Abfallbestandteile, technische Aufzeichnungen, Bildaufnahmen und Bildaufzeichnungen der Verwaltungsbehörde, Übersichtsskizzen, Baupläne, Luftbilder und

1) Für das strafrechtliche Ermittlungsverfahren der Staatsanwaltschaft Nr. 111 Abs. 2 Halbs. 1 RiStBV.
2) Das Behördengutachten wird als in der gerichtlichen Hauptverhandlung zu verlesendes Beweismittel (§ 256 Abs. 1 S. 1 StPO i. V. m. § 46 Abs. 1 OWiG) ohne den Namen des oder der Sachverständigen angegeben.
3) Zu dienstlichen Zeugen oder Zeuginnen als Beweismittel im Bußgeldbescheid § 13 Nr. 3.5.1.1.

Landkarten mit Einzeichnungen zum Tatort. Auch aus dem Internet in die Bußgeldakte kopierte Inhalte können vor Gericht in Augenschein genommen werden.

Beispiele:

Am 24.4.2026 beim Betroffenen sichergestellte Anscheinswaffe,

Bildaufzeichnungen der Baustelle vom 18.3.2026.

In der gerichtlichen Beweisaufnahme verlesungsfähige Urkunden sind aufgrund § 256 Abs. 1 Nr. 5 StPO i. V. m. § 46 Abs. 1 OWiG auch die Protokolle dienstlicher Zeugen oder Zeuginnen, sofern sie nach Inhalt und Form eine Zeugenaussage ersetzen können (siehe oben Nr. 3.5.1.1).

3.5.4 Äußerungen von Betroffenen

Protokollierte Äußerungen von Betroffenen im Bußgeldverfahren können zwar unter den Begriff der Urkunde fallen. Sie sollten aber im Bußgeldbescheid als gesondertes Beweismittel aufgeführt werden, wenn sie ein Geständnis oder Teilgeständnis enthalten. In diesem Fall empfiehlt sich die Aufführung sonstiger Beweismittel nur hilfsweise für den Fall eines späteren Widerrufs solcher Erklärungen vor Gericht.

Beispiel:

Ihre Äußerung bei der mündlichen Anhörung vom 20.6.2026,

hilfsweise: Bericht der unteren Bauaufsichtsbehörde vom 11.6.2026,

PHM Assmann D., PI Friedenheim 2 (Zeuge).

Eine Beweiswürdigung hat die Verwaltungsbehörde an dieser Stelle jedoch nicht vorzunehmen, da der Bußgeldbescheid über die Angaben in § 66 Abs. 1 Nr. 3, 4 OWiG hinaus nicht begründet zu werden braucht (§ 66 Abs. 3 OWiG). Eine zusätzliche Begründung des Bußgeldbescheids nach § 66 Abs. 3 OWiG ist aber sinnvoll, wenn Einwendungen von Betroffenen durch Ermittlungen der Verwaltungsbehörde widerlegt wurden. Diese Begründung ist jedoch gesondert in einem eigenen Bestandteil des Bußgeldbescheids aufzuführen. Dies geschieht üblicherweise unter der Zwischenüberschrift „Begründung" nach den Rechtsfolgen und vor der Rechtsbehelfsbelehrung (siehe die Musterbescheide dieses Buches).[1]

3.6 Geldbuße(n) (§ 66 Abs. 1 Nr. 5 OWiG)

Ohne besonderen Übergang verweist der Bußgeldbescheid nach den Beweismitteln (§ 66 Abs. 1 Nr. 4 OWiG) auf die Rechtsgrundlage für die gegen den Betroffenen festzusetzende Geldbuße, nämlich § 17 OWiG,

- bei Tateinheit von Ordnungswidrigkeiten zusätzlich auf § 19 OWiG und
- bei mehreren Geldbußen in Tatmehrheit stehender Ordnungswidrigkeiten zusätzlich auf § 20 OWiG.

1) Zur Begründung eines Bußgeldbescheids (§ 66 Abs. 3 OWiG) § 22 Nr. 3.9.

Mehrere Geldbußen sind den betreffenden Tatvorwürfen bei der Schilderung des Tathergangs, gesetzlichen Merkmalen der Ordnungswidrigkeit und Bußgeldvorschriften (§ 66 Abs. 1 Nr. 3 OWiG) zuzuordnen und werden dazu im Bußgeldbescheid am besten mit durchgehend aufgeführten Kleinbuchstaben voneinander abgegrenzt und bei den Geldbußen wiederaufgenommen. Anschließend sind die Gebühr und gegebenenfalls Auslagen der Verwaltungsbehörde im Bußgeldbescheid gesondert auszuweisen.[1]

Beispiel:

Wir setzen deswegen gem. §§ 17 und 20 des Gesetzes über Ordnungswidrigkeiten (OWiG) gegen Sie die folgenden Geldbußen fest. Sie tragen auch die Kosten des Bußgeldverfahrens (§§ 464, 465 Abs. 1 Strafprozessordnung – StPO – i. V. m. § 46 Abs. 1 OWiG).

Geldbußen	a) 400,00 Euro
	b) 50,00 Euro
Gebühr	25,00 Euro
Auslagen	0,00 Euro
Gesamtbetrag	475,00 Euro

3.6.1 Eine oder mehrere Geldbußen?

Bei Erlass eines Bußgeldbescheids muss geklärt sein, ob gegen den Betroffenen oder die Betroffene eine oder mehrere Geldbußen festzusetzen sind. Diese Klärung ist bereits bei der Schilderung des Tathergangs im Bußgeldbescheid bei der Entscheidung vorzunehmen, ob mehrere vorgeworfene Ordnungswidrigkeiten in Tateinheit oder Tatmehrheit stehen.[2] In den Fällen der Tateinheit (§ 19 OWiG) ist eine einzige Geldbuße festzusetzen, bei Tatmehrheit sind die Geldbußen gesondert verwirkt (§ 20 OWiG). Im Einzelnen ist zu beachten:

- **Gleichartige Tateinheit**

Verletzt der oder die Betroffene den Tatbestand einer Ordnungswidrigkeit mehrfach, so liegt eine gleichartige Tateinheit vor (§ 19 Abs. 1 Alt. 1 OWiG). In diesem Fall ist nur ein einziger Betrag aufzuführen, nicht etwa addierte Einzelbeträge. Die Geldbuße wird dann allerdings wegen der größeren Bedeutung der Ordnungswidrigkeit (§ 17 Abs. 3 S. 1 Alt. 1 OWiG) höher ausfallen.[3] Die Verdoppelung einer Geldbuße oder die Addition von Einzelbeträgen im Bußgeldbescheid verstößt allerdings gegen die gesetzlichen Zumessungsrichtlinien, sodass eine solche Fehlentscheidung im gerichtlichen Bußgeldverfahren von vornherein keinen Bestand haben kann.

1) Zur Abgrenzung von Tateinheit (§ 19 OWiG) und Tatmehrheit (§ 20 OWiG) mehrerer Ordnungswidrigkeiten bereits bei der Schilderung des Tathergangs (§ 66 Abs. 1 Nr. 3 OWiG) § 22 Nr. 3.2.1.3.
2) Zur Darstellung von Tateinheit (§ 19 OWiG) und Tatmehrheit (§ 20 OWiG) bei der Schilderung des Tathergangs im Bußgeldbescheid (§ 66 Abs. 1 S. 3 OWiG) § 12 Nr. 2.2.1.3.
3) Zur Zumessung der Geldbuße (§ 17 Abs. 3 OWiG) § 13 Nr. 3.6.3.

Beispiel:

Der Betroffene weicht in vier Einzelpunkten von der erteilten Baugenehmigung ab und verletzt daher z. B. Art. 79 Abs. 1 Nr. 8 BayBO vierfach.

Richtig: Der Bußgeldbescheid weist eine einzige – allerdings erhöhte – Geldbuße auf.

Falsch: Es werden vier Einzelbeträge aufgeführt und zusammengezählt.

- **Ungleichartige Tateinheit**

Verletzt der oder die Betroffene den Tatbestand mehrerer verschiedener Ordnungswidrigkeiten, so liegt eine ungleichartige Tateinheit vor (§ 19 Abs. 1 Alt. 2 OWiG). Auch in diesem Fall ist nur ein einziger Betrag aufzuführen, nicht etwa addierte Einzelbeträge. Der einzige Unterschied zur gleichartigen Tateinheit liegt darin, dass bei unterschiedlichen Höchstbeträgen der Geldbuße der höchste für die Zumessung der Geldbuße maßgeblich ist (§ 19 Abs. 2 OWiG). Die Geldbuße wird auch bei gleichartiger Tateinheit wegen der größeren Bedeutung der Ordnungswidrigkeit (§ 17 Abs. 3 S. 1 OWiG) höher ausfallen.

Beispiel:

Der Betroffene verletzt durch die Errichtung einer Anlage sowohl eine immissionsschutz- als auch eine baurechtliche Auflage. Für den Höchstbetrag der Geldbuße ist das gesetzliche Höchstmaß beider Ordnungswidrigkeiten entscheidend. Ist dies unterschiedlich, ist das höchste maßgeblich.

Richtig: Der Bußgeldbescheid weist eine einzige – allerdings erhöhte – Geldbuße aus dem höchsten Höchstmaß der Geldbußen auf.

Falsch: Es werden vier Einzelbeträge aufgeführt und zusammengezählt.

- **Dauerordnungswidrigkeit**

Umschreibt der Tatbestand einer Ordnungswidrigkeit das Aufrechterhalten eines rechtswidrigen Zustandes, z. B. eine Gewerbeausübung ohne die erforderliche Erlaubnis (§ 144 Abs. 1 Nr. 1 GewO), so liegt eine – im Gesetz nicht näher behandelte – Dauerordnungswidrigkeit vor. Auch wenn diese keine einheitliche Dauerhandlung, sondern zahlreiche Einzelhandlungen aufweist, darf nur eine einzige Geldbuße festgesetzt werden. Verfehlt wären Einzelbeträge für jeden Teilakt, die später aufaddiert werden. Die Geldbuße wird auch bei Dauerordnungswidrigkeiten wegen der größeren Bedeutung der Ordnungswidrigkeit (§ 17 Abs. 3 S. 1 OWiG) höher ausfallen.

Beispiel:

Der Betroffene übt das Maklergewerbe zwei Jahre lang ohne die dazu erforderliche Erlaubnis (§ 34c Abs. 1 S. 1 Nr. 1 GewO) aus. Während dieser Zeit kommt es zu 247 Maklertätigkeiten. Es liegt eine Dauerordnungswidrigkeit der unerlaubten

Gewerbeausübung (§ 144 Abs. 1 Nr. 1 Buchst. h GewO) vor, nicht etwa 247 Ordnungswidrigkeiten!

Richtig: Der Bußgeldbescheid weist eine einzige – allerdings erhöhte – Geldbuße auf.

Falsch: Es werden 247 (!) Einzelbeträge aufgeführt und zusammengezählt.

- **Tatmehrheit**

Hat der oder die Betroffene mehrere Ordnungswidrigkeiten nicht durch dieselbe Handlung begangen, so liegt Tatmehrheit vor, bei der die Geldbußen gesondert festzusetzen sind. Die Zumessung ist nach den gesetzlichen Richtlinien des § 17 Abs. 3 OWiG bei jeder Geldbuße einzeln vorzunehmen. Im Bußgeldbescheid müssen alle Geldbußen einzeln aufgeführt und dürfen nicht zusammengerechnet sein. Jede Geldbuße muss einem bestimmten Tathergang zuzuordnen sein (Musterbußgeldbescheid 13.5 und 13.6). Im Ergebnis ist jedoch zu beachten, dass es im Ordnungswidrigkeitenrecht im Gegensatz zum Strafrecht keine der Gesamtstrafe (§ 54 StGB) entsprechende „Gesamtgeldbuße“ gibt. Die einzelnen Geldbußen müssen daher so ermäßigt werden, dass die Geldbußen nicht zu einem mathematischen Gesamtbetrag addiert werden. Wegen jedes Tathergangs und damit auch jeder Geldbuße ist ein Teileinspruch (§ 67 Abs. 2 OWiG) zulässig, teilrechtskräftige Bußgeldbescheide können nur wegen einzelner Geldbußen vollstreckbar sein.

Beispiel:

Ein Erziehungsberechtigter trägt keine Sorge für den Schulbesuch des schulpflichtigen Kindes. Dieses versäumt daher den Unterricht an 36 Tagen. Die Ordnungswidrigkeiten stehen in Tatmehrheit (§ 20 OWiG), sodass im Bußgeldbescheid die Geldbußen für jeden Tag gesondert festzusetzen sind.[1]

Richtet sich das Bußgeldverfahren gegen mehrere Personen, so ist gegen jede von ihnen ein gesonderter Bußgeldbescheid zu erlassen. In einem Bußgeldbescheid dürfen nicht mehrere Geldbußen gegen verschiedene Personen erlassen werden.[2] Ebenso ist es unzulässig, eine einzige Geldbuße gegen mehrere Personen wie Eheleute oder Erziehungsberechtigte als Beteiligte in einem Bußgeldbescheid festzusetzen. Die irrtümliche Festsetzung einer Geldbuße gegen mehrere Personen hat zur Folge, dass der Bußgeldbescheid weder eine taugliche Verfahrensgrundlage für das gerichtliche Bußgeldverfahren noch vollstreckbar ist.[3]

3.6.2 Bußgeldkataloge

Bußgeldkataloge enthalten Richtlinien für die Zumessung der Geldbuße. Sie sollen bei häufig vorkommenden Ordnungswidrigkeiten eine Gleichbehandlung gleichgela-

---

1) OLG Frankfurt (Main), Beschl. vom 18.3.2011, Az. 2 Ss 413/10.

2) Zur Festsetzung von Geldbußen gegen Betroffene und Nebenbetroffene im einheitlichen Verfahren (§ 30 Abs. 1, § 87 f. OWiG) § 15 Nr. 1.

3) OLG Karlsruhe, Beschl. vom 19.7.1974, Az. 3 Ss (B) 92/74.

gerter Fälle gewährleisten. Mit Ausnahme der für Verkehrsordnungswidrigkeiten (§§ 24, 24a, 24c StVG) geltenden Bußgeldkatalog-Verordnung (BKatV) sind Bußgeldkataloge für die angesprochenen Verwaltungsbehörden keine Rechtsverordnungen, sondern nur verbindliche Verwaltungsrichtlinien.

3.6.2.1 Rechtsnatur und Verbindlichkeit

Bußgeldkataloge können für alle zuständigen Verwaltungsbehörden des Bundes (Beispiele: Bußgeldkatalog der Bundesagentur für Arbeit zum Zweiten Buch Sozialgesetzbuch – SGB II und zum Dritten Buch Sozialgesetzbuch – SGB III, Bußgeldkatalog der Zollverwaltung zu § 404 SGB III, § 16 AÜG u. a., Bußgeldkatalog der Bundesanstalt für Güterverkehr zum Güterkraftverkehrsgesetz) oder eines Landes anzuwenden sein (Beispiel: Bußgeldkatalog „Umweltschutz", „Fahrpersonalgesetz" der Länder nach bundesrechtlichem Muster). Daneben bestehen nicht bekannt gemachte regional beschränkte Bußgeldkataloge sowie interne Bußgeldkataloge einzelner Verwaltungsbehörden (Beispiel: Bußgeldkatalog einer Stadt oder eines Landratsamtes zur Bauordnung, Gewerbeordnung oder zum Landesgaststättengesetz). Nachdem der veröffentlichte Bußgeldkatalog zu den Verkehrsordnungswidrigkeiten (§ 26a StVG) durchaus abschreckende Wirkung zeigt, erscheint es sinnvoll, auch kommunale Bußgeldkataloge auf dem Verwaltungsportal zur vorbeugenden Information bekanntzugeben.

Gerichte sind an Bußgeldkataloge, die Verwaltungsrichtlinien sind, zwar nicht gebunden. Gleichwohl bleiben die Regelsätze eines Bußgeldkataloges von Richtern und Richterinnen im Interesse der Gleichbehandlung (Art. 3 Abs. 1 GG) als grobe Orientierungshilfen nicht unbeachtet.[1] Daher empfiehlt es sich, jeden Bußgeldkatalog verfahrensunabhängig dem zuständigen Gericht zu dessen Information mitzuteilen. Das Gericht erhält dadurch Kenntnis von der gleichartigen Zumessung der Geldbuße durch die Verwaltungsbehörde in gleich gelagerten Fällen und kann diese Erwägungen in die eigene Bußgeldzumessung mit einbeziehen. Möglich ist es auch, in einer Begründung des Bußgeldbescheids auf die Anwendung eines Bußgeldkatalogs hinzuweisen. Damit erhalten der oder die Betroffene und gegebenenfalls das Amtsgericht Kenntnis davon, wie die Verwaltungsbehörde die für sie verbindliche Richtlinie für die Zumessung der Geldbuße im Einzelfall angewendet hat.

3.6.2.2 Aufbau von Bußgeldkatalogen

Bußgeldkataloge wegen Verwaltungs-Ordnungswidrigkeiten sind teils veröffentlichte, teils nur interne Verwaltungsrichtlinien von Behörden,[2] die bestimmten Tatbeständen Regelsätze der Geldbuße, teilweise auch mit Ober- und Untergrenzen zuordnen. Diesen Regelsätzen liegt meist vorsätzliches Handeln zugrunde, sodass bei Fahrlässigkeit entsprechend § 17 Abs. 2 OWiG eine Milderung bis zur Hälfte vorzusehen ist. Sie gehen bei den für die konkrete Zumessung maßgeblichen Grundlagen der Ahndung von durchschnittlicher Bedeutung der Ordnungswidrigkeit und

---

1) OLG Düsseldorf, Beschl. vom 12.11.2010, Az. IV-3 RBs 177/10; OLG Hamm, Beschl. vom 14.5.2009, Az. 2 Ss OWi 934/08; Thüringer OLG (Jena), Beschl. vom 20.3.2006, Az. 1 Ss 7/06.

2) Nur der Bußgeldkatalog für Verkehrsordnungswidrigkeiten (§§ 24, 24a, 24c StVG) hat Gesetzeskraft (§ 26a StVG). Hier sind die Regelahndungssätze auch für Gerichte verbindlich.

durchschnittlichem Vorwurf, der den Täter trifft (§ 17 Abs. 3 S. 1 OWiG) aus und sollten bei höheren Beträgen auch durchschnittliche wirtschafte Verhältnisse berücksichtigen (§ 17 Abs. 3 S. 2 OWiG).[1] Jede verantwortende Person einer Verwaltungsbehörde ist bei solchen **typischen Fällen** zur Anwendung des Bußgeldkatalogs verpflichtet. Bei **atypischen Fällen**, die sich nicht unter einen Regelfall einordnen lassen, erfolgt die Einzelzumessung nach den Kriterien des § 17 Abs. 3 OWiG. Zwangsläufig einzelfallbezogene Abschöpfungen des aus der Ordnungswidrigkeit gezogenen wirtschaftlichen Vorteils (§ 17 Abs. 4 S. 1 OWiG) sind daher in einem Bußgeldkatalog grundsätzlich nicht möglich. Neue Tatbestände von Ordnungswidrigkeiten ohne Bußgeldvorschrift können durch einen Bußgeldkatalog nicht geschaffen werden (§ 3 OWiG). Regelahndungssätze, die sich nicht aus einem durch Gesetz, bewehrter Verordnung oder Satzung vorgegebenen Tatbestand einer Ordnungswidrigkeit ableiten lassen, dürfen daher nicht in einen Bußgeldkatalog aufgenommen werden.

Fehlbeispiel:

Bußgeldkatalog

Tatbestand	**Regelsatz**
Unzulässiger Lärm	150 Euro (Vorsatz)
(§ 117 OWiG)	100 Euro (Fahrlässigkeit)

Der gesetzliche Tatbestand des unzulässigen Lärms nach § 117 Abs. 1 OWiG bedroht nur vorsätzliches Handeln mit Geldbuße (§ 10 OWiG). Über einen Bußgeldkatalog kann daher durch einen Regelsatz der Geldbuße kein neuer Tatbestand für eine Handlung eingeführt werden, die überhaupt nicht gesetzlich als Ordnungswidrigkeit mit Geldbuße bedroht ist.

Vielfach sind Bußgeldkataloge in einen allgemeinen Teil mit Anwendungsrichtlinien und einen besonderen Teil mit den Regelahndungssätzen. Häufige Anwendungsrichtlinien im allgemeinen Teil sind:

- **Begehungsform der Ordnungswidrigkeit**

  Die meisten Bußgeldkataloge legen für den Regelahndungssatz eine vorsätzliche Ordnungswidrigkeit zugrunde und sehen für eine Fahrlässigkeit einen angemessenen Abschlag bis zu 50 % vor. Manche Bußgeldkataloge gehen von einer fahrlässigen Ordnungswidrigkeit aus und sehen eine angemessene Erhöhung bis zum doppelten Betrag vor. Hier hat die verantwortende Person einen Zumessungsspielraum. Schematische Halbierungen bzw. Verdoppelungen sind zu vermeiden, da sie mit den Zumessungsgrundsätzen des § 17 Abs. 3 OWiG unvereinbar sind.

- **Stellung des Täters oder der Täterin**

  Verlangt der Tatbestand einer Ordnungswidrigkeit für die Person des Täters oder der Täterin besondere persönliche Merkmale (z. B. als Inhaber oder Inhaberin,

1) Zu den Grundlagen der Ahndung (§ 17 Abs. 3 S. 1 OWiG) BayObLG, Beschl. vom 9.10.2019, Az. 201 ObOWi 963/19.

Veranstalter oder Veranstalterin, Gewerbetreibende oder Arbeitsgebende so sehen Bußgeldkataloge für Täter oder Täterinnen, die

- sich nur als Mitarbeitende in weniger hervorgehobener Stellung im Unternehmen an der Ordnungswidrigkeit beteiligen (§ 14 Abs. 1 OWiG) oder
- für den Täter oder die Täterin handeln (§ 9 Abs. 2 S. 1 OWiG),

Abschläge bis zu 50 % des Regelahndungssatzes vor.

– **Wiederholungsfall**

Handelt es sich bei einer Ordnungswidrigkeit um einen Wiederholungsfall, so kommt ein angemessener Zuschlag zum Regelsatz unter der Voraussetzung in Betracht, dass die gleiche oder eine vergleichbare Zuwiderhandlung vorliegt und gegebenenfalls Tilgungsfristen wie z. B. § 153 GewO[1] noch nicht erreicht sind.

Manche Bußgeldkataloge sehen für Tatbestände verschiedene Begehungsvarianten und anstelle eines festen Regelahndungssatzes eine Unter- und Obergrenze vor. Damit erhält die verantwortende Person der Verwaltungsbehörde einen gewissen Entscheidungsspielraum, indem er innerhalb dieser Grenzen die Kriterien der Einzelzumessung nach § 17 Abs. 3 OWiG anwendet.

Beispiel aus dem Bußgeldkatalog „Umweltschutz":[2]

B I 3 Wer außerhalb einer dafür zugelassenen Anlage Abfälle, die er nicht verwertet, oder Abfälle zur Beseitigung

...

3.	Altreifen behandelt, lagert oder ablagert	
3.1	bis zu 5 Stück	100 – 300 Euro
3.2	größere Mengen	300 – 1500 Euro.

Wie das obige Beispiel zeigt, werden Bußgeldkataloge dabei manchmal bis zur Unbrauchbarkeit grobschlächtig.

Soweit Bußgeldkataloge Ahndungssätze bis 55 Euro ausweisen, handelt es sich um sogenannte Verwarnungsgeldbeträge, bei denen dem Erlass eines Bußgeldbescheids (Bußgeldverfahren) die erfolglose Verwarnung mit Verwarnungsgeld (§ 56 Abs. 1 S. 1 OWiG)[3] vorausgegangen sein muss.

Eine sehr elegante Einsatzmöglichkeit für Bußgeldkataloge kann professionelle Software bieten. Sie kann zu jedem einzelnen Textbaustein Bußgeldvorschläge oder Bußgeldkataloge vorsehen, die Systemverwalter oder -verwalterinnen bei Bedarf verändern und anpassen kann. Damit sind die einzelnen Regelsätze der

1) Zum Gewerbezentralregister (GZR, § 149 ff. GewO) § 23 Nr. 9.1.
2) Zum Beispiel Bußgeldkatalog „Umweltschutz" für bayerische Behörden vom 26. September 2019 (BayMBl. Nr. 434).
3) Zur Verwarnung mit Verwarnungsgeld (§ 56 Abs. 1 S. 1 OWiG) § 12 Nr. 2.

Geldbuße für jede verantwortende Person der Verwaltungsbehörde aktuell und einheitlich zu jeder Ordnungswidrigkeit abrufbar.

3.6.3 Einzelzumessung der Geldbuße

Steht der verantwortenden Person der Verwaltungsbehörde kein Bußgeldkatalog zur Verfügung oder weicht der Einzelfall stark von den Kriterien eines Bußgeldkataloges ab (so genannter atypischer Fall), so ist eine Einzelfallentscheidung zur Höhe der Geldbuße nach § 17 OWiG erforderlich. Diese Vorschrift enthält kein starres System, sondern für die Verwaltungsbehörde wie ein später befasstes Gericht verbindliche Zumessungsrichtlinien. Dabei sind

- zunächst der **Bußgeldrahmen** für vorsätzliches (absichtliches) oder fahrlässiges (leichtfertiges) Handeln (§ 17 Abs. 1, 2 OWiG) zu bestimmen und zwischen Mindest- und Höchstbetrag der Geldbuße
- die einzelnen Zumessungskriterien (§ 17 Abs. 3 OWiG) zu beurteilen, nämlich die **Bedeutung der Ordnungswidrigkeit** als objektives tatbezogenes Merkmal und der **Vorwurf der den oder die Täterin trifft** (§ 17 Abs. 3 S. 1 OWiG) als subjektives täterbezogenes Merkmal. Bei nicht geringfügigen Ordnungswidrigkeiten sind auch die **wirtschaftlichen Verhältnisse** des Täters oder der Täterin (§ 17 Abs. 3 S. 2 OWiG), d. h. seine oder ihre persönliche Leistungsfähigkeit zu berücksichtigen.
- Als vierte Zumessungsrichtlinie kommt die **Abschöpfung** des aus der Ordnungswidrigkeit gezogenen **wirtschaftlichen Vorteils** in Betracht, die sogar eine Überschreitung des Bußgeldrahmens zulässt (§ 17 Abs. 4 OWiG). Diese kann prinzipiell nur mit der Einzelzumessung und nicht durch Bußgeldkatalog erfolgen.

3.6.3.1 Bußgeldrahmen – Vorsätzliches (absichtliches) Handeln

Die angemessene Geldbuße ist innerhalb eines gesetzlich vorgegebenen Bußgeldrahmens zu ermitteln, der das Mindestmaß und den Höchstbetrag festlegt. Das Mindestmaß der Geldbuße beträgt stets fünf Euro (§ 17 Abs. 1 OWiG). Dieser Betrag ist ohne praktische Bedeutung, da bis zu 55,00 Euro eine Verwarnung mit Verwarnungsgeld (§ 56 Abs. 1 S. 1 OWiG) ohne Durchführung eines Bußgeldverfahrens möglich ist.[1] Das Höchstmaß der Geldbuße ist entweder durch die jeweilige Bußgeldvorschrift speziell bestimmt (spezieller Bußgeldrahmen) oder beträgt mangels einer solchen Bestimmung 1000 Euro (allgemeiner Bußgeldrahmen, § 17 Abs. 1 OWiG).

- **Allgemeiner Bußgeldrahmen:**

Bußgeldvorschrift weist kein Höchstmaß auf

Mindestmaß 5 Euro – Höchstbetrag 1000 Euro

Die Bußgeldvorschrift enthält i. d. R. einen besonderen Absatz mit der Formulierung: „Die Ordnungswidrigkeit kann mit **einer Geldbuße** geahndet werden."

1) Zur Verwarnung mit Verwarnungsgeld (§ 56 Abs. 1 S. 1 OWiG) § 12 Nr. 2.

Beispiel:

§ 121 Abs. 1 OWiG: Tatbestand „Halten gefährlicher Tiere“.

§ 121 Abs. 2 i. V. m. § 17 Abs. 1 OWiG: „Die Ordnungswidrigkeit kann mit einer Geldbuße geahndet werden.“ Höchstmaß der Geldbuße 1000 Euro, da kein besonderer bezifferter Betrag ausgewiesen ist.

- **Spezieller Bußgeldrahmen:**

Bußgeldvorschrift weist beziffertes Höchstmaß auf

Mindestmaß 5 Euro – Bezifferter Höchstbetrag in jeweiliger Bußgeldvorschrift bestimmt

Beispiel:

§ 117 Abs. 1 OWiG: Tatbestand „Unzulässiger Lärm“

§ 117 Abs. 2 OWiG „Die Ordnungswidrigkeit kann mit Geldbuße bis zu 5000 Euro geahndet werden.“

3.6.3.2 Bußgeldrahmen – Fahrlässiges (leichtfertiges) Handeln

Fast alle Bußgeldvorschriften unterscheiden im Höchstmaß nicht zwischen vorsätzlichem und fahrlässigem Handeln (Ausnahme z. B. § 111 OWiG). Für diesen Regelfall bestimmt § 17 Abs. 2 OWiG, dass der **Höchstbetrag der Geldbuße für fahrlässiges Handeln nur die Hälfte des Höchstmaßes für vorsätzliches Handeln beträgt**. Diese Halbierungsregelung gilt auch für solche Bußgeldvorschriften, bei denen nur Leichtfertigkeit als gesteigerte Form der Fahrlässigkeit mit Geldbuße bedroht ist und kein unterschiedliches Höchstmaß zwischen Vorsatz und Leichtfertigkeit bestimmt ist. § 17 Abs. 2 OWiG ist jedoch als reine Rechtsfolgenvorschrift für die Höhe der Geldbuße nicht anwendbar, wenn der Tatbestand einer Ordnungswidrigkeit fahrlässiges Handeln überhaupt nicht mit Geldbuße bedroht (§ 10 OWiG).[1)]

Beispiel – allgemeiner Bußgeldrahmen:

§ 121 Abs. 1 OWiG: Tatbestand „Halten gefährlicher Tiere“,

§ 121 Abs. 2 i. V. m. § 17 Abs. 1 OWiG: Vorsätzliches Handeln, Höchstmaß 1000 Euro,

§ 121 Abs. 2 i. V. m. § 17 Abs. 1, 2 OWiG: Fahrlässiges Handeln, Höchstmaß 500 Euro.

Manche Bußgeldvorschriften weisen gestaffelte Bußgeldrahmen für verschiedene Tatbestandsgruppen auf. Dabei werden häufig materielle Verstöße mit einem größeren Höchstmaß verbunden als formelle Zuwiderhandlungen. Aufgrund der Bestim-

1) Zu Vorsatz und Fahrlässigkeit (subjektiver Tatbestand einer Ordnungswidrigkeit) § 2 Nr. 3.2.1.

mung des § 17 Abs. 2 OWiG kann sich dadurch eine Anzahl unterschiedlicher Höchstbeträge ergeben.

Beispiel – § 144 Abs. 4 GewO:

Tatbestand	**Vorsatz**	**Fahrlässigkeit**
Abs. 1 Nr. 1 Buchst. m, n, Nr. 2	50 000 Euro	25 000 Euro
Abs. 1 Nr. 1 Buchst. a bis l und o, Nr. 3, 4	5000 Euro	2500 Euro
Abs. 2 Nr. 1, 1a, 5 bis 11	5000 Euro	2500 Euro
Abs. 2 Nr. 1b, 2 bis 4a	3000 Euro	1500 Euro
Abs. 3	1000 Euro	500 Euro

Das gesetzliche Höchstmaß der Geldbuße und damit die gesetzgeberische Vorbewertung des Gewichts einer Ordnungswidrigkeit sollte in der Begründung des Bußgeldbescheids dem Abschnitt „Zumessung der Geldbuße" vorangestellt werden (Ziffer 2 in den Begründungen der Musterbußgeldbescheide). Der oder die Betroffene kann daran erkennen, in welchem Bereich des Bußgeldrahmens die Geldbuße anhand der nachfolgend dargestellten einzelnen Zumessungsrichtlinien festgesetzt ist. Dadurch können Einsprüche wegen vermeintlich überhöhter, aber nur auf Unkenntnis des Höchstbetrags der Geldbuße beruhender vermieden werden.

3.6.3.3 Zumessungskriterium – Bedeutung der Ordnungswidrigkeit

Das objektive tatbezogene Zumessungskriterium „Bedeutung der Ordnungswidrigkeit" berücksichtigt neben dem subjektiven, auf den Täter oder die Täterin bezogenen Vorwurf als Grundlage der Ahndung in § 17 Abs. 3 S. 1 OWiG das Ausmaß der Verletzung einer öffentlich-rechtlichen Vorschrift. Die Bedeutung der Ordnungswidrigkeit hängt vom sachlichen Gehalt und Umfang der Handlung ab. Maßgeblich ist dabei der Grad und das Ausmaß der Gefährdung bzw. der Beeinträchtigung des geschützten Rechtsguts.[1] Das Ausmaß der Rechtsgutsbeeinträchtigung kann durch die Dauer der Zuwiderhandlung entscheidend geprägt sein.[2] In der Verfahrenspraxis haben folgende Merkmale Bedeutung:

- **Ausmaß der Zuwiderhandlung**

Das Ausmaß der Zuwiderhandlung gegen ein Ge- oder Verbot lässt sich oft an Mengen wie dem Volumen einer Abfallbeseitigung, Einleitung, Aufschüttung oder Ausbaggerung, an Flächen wie der Ausbringung von Klärschlamm, Abrodung von Pflanzen oder Sondernutzung, an Strecken wie einer Fahrstrecke einer Personen- oder Güterbeförderung, der Nähe eines Feuers an einem gefährdeten Wald, Überschreitung genehmigter Maße baulicher Anlagen oder Beschädigung oder vollständiger Zerstörung eines Baudenkmals darstellen.

1) OLG Stuttgart, Beschl. vom 11.12.2014, Az. 4 Ss 569/14.
2) OLG Stuttgart, Beschl. vom 28.3.2019, Az. 4 Rb 15 Ss 1089/18.

- **Materielle oder formale Rechtswidrigkeit**

Beim Handeln ohne erforderliche Genehmigung, Erlaubnis, Zulassung und sonstiger Verwaltungsakte wiegt eine fehlende Genehmigungsfähigkeit wesentlich schwerer als die Absicht, belastende Nebenbestimmungen zu umgehen oder nur Verwaltungskosten einzusparen. Letztere sollten dann aber mit der Geldbuße als wirtschaftlicher Vorteil gem. § 17 Abs. 4 OWiG abgeschöpft werden. Bleibt die materielle Rechtswidrigkeit im Hinblick auf ein laufendes Verwaltungs-(streit)verfahren ungeklärt, so sollten das Bußgeldverfahren und die Höhe der Geldbuße im Interesse einer einheitlichen Entscheidung auf die Umgehung der Genehmigungs- oder Überwachungsbehörde gem. § 47 Abs. 1 S. 1 OWiG beschränkt werden.

Beispiel:

Einem Gewerbetreibenden wird vorgeworfen, eine Anlage ohne die erforderliche immissionsschutzrechtliche Erlaubnis (§ 4 BImSchG) errichtet zu haben (§ 62 Abs. 1 Nr. 1 BImSchG). Der Betroffene wendet ein, die Ablehnung der nachträglich beantragten Erlaubnis sei rechtswidrig, er werde sie im Verwaltungsrechtweg einklagen. Die Verwaltungsbehörde erlässt einen Bußgeldbescheid, dessen Geldbuße auf die formale Umgehung der Genehmigungsbehörde beschränkt ist.

- **Dauerordnungswidrigkeiten**

Bei Dauerordnungswidrigkeiten[1)] spielt zunächst die Länge des Tatzeitraums z. B. einer unerlaubten Gewerbeausübung, Sondernutzung, Lagerung von Abfällen oder bei Unterlassungsdelikten der Zeitraum einer verletzten Anzeige-, Mitteilungs-, Auskunfts- oder Vorlagepflicht eine Rolle. Gehört das Aufrechterhalten des rechtswidrigen Zustands nicht zum Tatbestand, darf es auch nicht schärfend berücksichtigt werden.

Fehlbeispiel:

Bei einem Schwarzbau (z. B. Art. 79 Abs. 1 Nr. 8 BayBO) darf nicht schärfend berücksichtigt werden, dass das Gebäude noch immer steht, weil nur das Errichten, nicht aber das Aufrechterhalten des rechtswidrigen Zustands zum Tatbestand der Ordnungswidrigkeit gehören.

Bei gewerberechtlichen Ordnungswidrigkeiten kommt auch die Nachhaltigkeit der Tathandlung in Betracht, die durch die Anzahl von Einzelhandlungen Ausdruck findet, wie z. B. die Anzahl unerlaubter Beförderungen und deren Ausmaß oder die Anzahl unerlaubt erbrachter Makler-, Handwerks- oder reisegewerblicher Leistungen.

- **Mehrfache Verletzung von Bußgeldvorschriften**

Stehen mehrere Ordnungswidrigkeiten in gleichartiger oder ungleichartiger Tateinheit,[2)] so ist gem. § 19 Abs. 1 OWiG zwar nur eine Geldbuße festzusetzen. Die Bedeutung der Gesamttat steigt aber, wenn durch dieselbe Handlung ein Tatbe-

1) Zum Begriff der Dauerordnungswidrigkeit § 2 Nr. 3.1.
2) Zur gleichartigen und ungleichartigen Tateinheit (§ 19 OWiG) § 13 Nr. 3.6.1.

stand mehrfach (gleichartige Tateinheit) oder mehrere Tatbestände (ungleichartige Tateinheit) verwirklicht werden.

Beispiele:

Ein Lebensmittelkontrolleur stellt bei einer Kontrolle mehrere Hygieneverstöße (§ 10 Nr. 1 LMHV) fest. Die Geldbuße wird gegenüber einem Einzelverstoß angemessen erhöht.

In einer Spielhalle sind statt der zulässigen zwölf siebzehn Geldspielautomaten aufgestellt (§ 144 Abs. 2 Nr. 1 GewO i. V. m. § 3 Abs. 2 S. 1 Halbs. 2, § 19 Abs. 1 Nr. 1 SpielV).

Verfehlt wäre es jedoch, die Geldbuße mathematisch zu vervielfachen. Dies gilt auch bei der Verwendung eines internen Bußgeldkataloges der Verwaltungsbehörde als Verwaltungsrichtlinie.[1]

Beispiel:

Wäre für ein unzulässiges Gerät eine Geldbuße von 500 Euro angemessen, dürften jetzt nicht 5 x 500 Euro = 2500 Euro Geldbuße festgesetzt werden. Die Geldbuße von 500 Euro wäre vielmehr nach der Bedeutung der Ordnungswidrigkeit angemessen zu erhöhen, z. B. auf 1250 Euro.

Verletzt dieselbe Handlung mehrere Bußgeldvorschriften, so ist die Geldbuße nach der Vorschrift zu bestimmen, die die höchste Geldbuße androht (§ 19 Abs. 2 OWiG).

Beispiel:

Der Betreiber einer Diskothek verletzt mit der Durchführung einer Veranstaltung zugleich eine baurechtliche und eine gaststättenrechtliche Auflage. Die baurechtliche Ordnungswidrigkeit ist mit Geldbuße bis zu 500 000 Euro bedroht (z. B. Art. 79 Abs. 1 BayBO), die gaststättenrechtliche nur mit 5000 Euro (z. B. § 28 Abs. 3 GastG – Bund). Maßgeblich für die Zumessung der Geldbuße ist der baurechtliche Bußgeldrahmen (§ 19 Abs. 2 OWiG).

3.6.3.4 Zumessungskriterium – Vorwurf, der den Täter trifft

Bei dem subjektiven Zumessungskriterium des den Täter oder die Täterin treffenden Vorwurfs als zweiter gleichrangiger Grundlage der Ahndung in § 17 Abs. 3 S. 1 OWiG spiegelt sich zunächst die objektive Bedeutung der Ordnungswidrigkeit wider. Außerdem sind die für und gegen den Betroffenen oder die Betroffene sprechenden Umstände abzuwägen. Nicht nochmals dürfen Vorsatz oder Fahrlässigkeit von Betroffenen schärfend oder mildernd bewertet werden, weil der subjektive Tatbestand der Ordnungswidrigkeit bereits beim Bußgeldrahmen in § 17 Abs. 2 OWiG

1) BayObLG, Beschl. vom 6.11.2023, Az. 202 ObOWi 1122/23.

berücksichtigt wurde. Auch einzelne Tatbestandsmerkmale dürfen bei der Zumessung der Geldbuße nicht nochmals einfließen. So darf bei einer gewerberechtlichen Ordnungswidrigkeit (z. B. §§ 144 ff. GewO) die Geldbuße nicht deswegen verschärft werden, weil der oder die Betroffene „gewerbsmäßig" gehandelt habe.

- **Rechtsfeindliche Einstellung von Betroffenen**

Bußgeldschärfend kann die rechtsfeindliche Einstellung des Betroffenen berücksichtigt werden, die sich aus dem Hinweggsetzen über eine ausdrückliche, d. h. nicht nur formblattmäßige **Belehrung über die Ordnungswidrigkeit** ergibt.

Beispiel:

Der Betroffene wird über die Ordnungswidrigkeit des unerlaubten Eingriffs in eine denkmalschutzrechtlich geschützte Substanz bei einem Ortstermin am Freitag eingehend belehrt. Am Samstag nutzt er die Abwesenheit der Behörde aus, um genau den verbotenen Eingriff vorzunehmen.

Zugunsten des Betroffenen spricht dagegen ein Handeln aufgrund **vermeidbaren Verbotsirrtums** (§ 11 Abs. 2 OWiG),[1] soweit sie nicht auf Gleichgültigkeit oder Rechtsblindheit beruht. Obwohl eine der strafrechtlichen Parallelvorschrift in § 17 S. 2 StGB entsprechende Milderungsmöglichkeit nicht normiert ist, muss auch bei der Zumessung der Geldbuße eine Milderung erwogen werden.[2] Der Vorsatz von Betroffenen bleibt zwar unberührt, es ist jedoch mildernd zu berücksichtigen, wenn er oder sie immerhin einige Anstrengungen unternommen hat, um sich über die Rechtslage zu informieren oder nur sehr geringe Erkenntnismöglichkeiten hatte.

- **Fortsetzung der Ordnungswidrigkeit**

Die Fortsetzung ordnungswidrigen Verhaltens während eines deswegen eingeleiteten Bußgeldverfahrens verlängert zunächst den Tatzeitraum und damit auch die Bedeutung der Ordnungswidrigkeit (§ 17 Abs. 3 S. 1 OWiG). In besonderem Maße bußgeldschärfend wirkt es sich aus, wenn der oder die Betroffene auch nach der Anhörung wegen der Ordnungswidrigkeit (§ 55 OWiG i. V. m. § 163a Abs. 1 StPO),[3] mit der ihm oder ihr die Ordnungswidrigkeit vor Augen gehalten wird, eine Dauerordnungswidrigkeit fortsetzt oder dieselbe oder vergleichbare Zuwiderhandlungen erneut begeht. Dies gilt insbesondere, wenn sogar einschneidende Maßnahmen wie die Durchsuchung von Geschäftsräumen und die Beschlagnahme von Beweismaterial den Betroffenen nicht von der Gesetzesverletzung abhalten konnten. Dem oder der Betroffenen ist dann schärfend vorzuwerfen, dass ihnen die Rechtswidrigkeit des Handelns und deren Folgen nachdrücklich vor Augen geführt wurden, und sie sich trotz geschärften Unrechtsbewusstseins nicht haben beeindrucken lassen.[4]

1) Zum Verbotsirrtum (§ 11 Abs. 2 OWiG) und der Erkundigungspflicht des Handelnden § 6 Nr. 6.7.2.
2) BayObLG, Beschl. vom 9.10.2019, Az. 201 ObOWi 963/19.
3) Zur Anhörung des Betroffenen (§ 55 OWiG i. V. m. § 163a Abs. 1 StPO) § 6 Nr. 6.
4) OLG Bamberg, Beschl. vom 28.1.2014, Az. 3 Ss OWi 1488/13.

- **Wiederholte Begehung der Zuwiderhandlung**

Gegen den Betroffenen oder die Betroffene kann auch ein Wiederholungsfall derselben oder einer vergleichbaren Ordnungswidrigkeit sprechen. Dem oder der Betroffenen ist dann schärfend vorzuwerfen, dass sie sich eine einschlägige oder vergleichbare frühere Pflichtenmahnung nicht haben zur Warnung dienen lassen und sie die Appellwirkung der früheren Geldbuße daher nicht erreicht hat. Dann bedarf es der erhöhten Geldbuße, um sie zur künftigen Einhaltung der Rechtsordnung anzuhalten.

Die Verwaltungsbehörde ist auf der Rechtsgrundlage über Dateiregelungen in § 49c OWiG befugt, personenbezogene Daten über abgeschlossene Bußgeld- und Verwarnungsverfahren als Datei zu speichern und für Zwecke eines erneuten Bußgeldverfahrens zu verwenden.[1)]

Bei Zuwiderhandlungen im Zusammenhang mit einem Gewerbebetrieb durch Gewerbetreibende mit auswärtigem Geschäftssitz empfiehlt sich stets ein auf § 161 Abs. 1 S. 1 StPO i. V. m. § 46 Abs. 1 OWiG gestütztes Auskunftsersuchen bei der „Heimatbehörde" über dort vorliegende Erkenntnisse zu Vorahndungen oder Belehrungen im Verwaltungsverfahren. Immer wieder ergibt sich daraus, dass manche Betroffene bereits im Bezirk anderer Verwaltungsbehörden oder Gerichte teilweise sogar mit ganz erheblichen Geldbußen belegt wurden. Ohne diese einfach einzuholende Auskunft besteht die Gefahr, dass Wiederholungstäter oder -täterinnen nicht erkannt und fälschlich als Ersttäter oder -täterinnen behandelt werden. Die festgesetzte Geldbuße ist dann keinesfalls ausreichend. Vorangegangene Verwarnungen, auch solche mit Verwarnungsgeld, dürften aber kaum einen besonderen Vorwarneffekt auslösen, vor allem wenn sie schon eine gewisse Zeit zurückliegen.

- **Schweigen und Uneinsichtigkeit von Betroffenen**

Schweigt der oder die Betroffene bei der Anhörung zum Tathergang, so darf ihnen dies niemals, erst recht nicht als Uneinsichtigkeit vorgehalten werden. Niemand ist zur Mitwirkung an der eigenen Überführung wegen einer Ordnungswidrigkeit verpflichtet. Der oder die schweigende Betroffene nimmt daher nur das ihnen nach § 136 Abs. 1 S. 2 StPO i. V. m. § 46 Abs. 1 OWiG gesetzlich zustehende Recht in Anspruch, nicht zur Sache auszusagen. Der oder die Betroffene ist auch dann nicht „uneinsichtig", wenn sie bei der Anhörung eine andere Rechtsauffassung als die Verwaltungsbehörde vertreten. Eine Geldbuße darf nicht mit der Begründung verschärft werden, der oder die Betroffene habe sich völlig uneinsichtig gezeigt und darauf beharrt, sich vollkommen korrekt verhalten zu haben. Es sei ihnen nicht zu vermitteln gewesen, dass sie sich rechtswidrig verhalten hätten.[2)] Leugnen der Zuwiderhandlung, Schweigen zum Vorwurf, zulässiges Verteidigungsverhalten oder vergleichbares Verhalten dürfen nach der obergerichtlichen Rechtsprechung nicht zulasten des Betroffenen berücksichtigt werden.[3)]

---

1) Zu den Dateiregelungen im Bußgeldverfahren (§ 49c OWiG) § 24.
2) OLG Oldenburg (Oldenburg), Beschl. vom 26.11.2018, Az. 2 Ss (OWi) 286/18.
3) KG (Berlin), Beschl. vom 10.3.2025, Az. 3 ORbs 20/25 – 122 SsBs 5/25, unter Bezugnahme auf BayObLG, Beschl. vom 13.12.2022, Az. 202 ObOWi 1458/22. Zur entsprechenden ständigen Rechtsprechung im Strafverfahren z. B. BGH, Beschl. vom 21.6.2022, Az. 5 StR 110/22.

Beispiel:

Der Betroffene teilt bei der Anhörung wegen Errichtung einer Anlage ohne Erlaubnis mit, dies treffe deswegen nicht zu, weil die Anlage nicht erlaubnispflichtig sei. Die Rechtsauffassung der Behörde sei unrichtig, er werde sich mit allen Mitteln dagegen zur Wehr setzen.

Uneinsichtigkeit darf dem oder der Betroffenen nur dann schärfend vorgeworfen werden, wenn sie zum Ausdruck bringen, die Rechtsordnung auch künftig nicht einhalten zu wollen. Nur wenn ein Verhalten nach der Art der Tat und Persönlichkeit auf Rechtsfeindschaft, Gefährlichkeit der Person und die Gefahr künftiger Rechtsbrüche schließen ließe, wäre darin eine die Verschärfung der Rechtsfolgen rechtfertigende Uneinsichtigkeit zu erkennen.[1)]

Beispiele:

Der Betroffene teilt bei der Anhörung wegen der ordnungswidrigen Verletzung gesetzlicher Auskunfts-, Mitteilungs- oder sonstiger Mitwirkungspflichten mit, man müsse sich um den Unternehmenserfolg kümmern und könne sich daher auch künftig nicht mit derartigen „überholten bürokratischen Hemmnissen" befassen.

Die Äußerung des Betroffenen, kontrollierende Polizeibeamte würden „unschuldige Bürger ärgern", macht zwar die fehlende Einsicht in sein Verhalten deutlich, kommt aber dem Leugnen seines Fehlverhaltens gleich und darf keine nachteilige Berücksichtigung finden.[2)]

Im Übrigen ist der oder die Betroffene gem. § 136 Abs. 1 S. 2 StPO i. V. m. § 46 Abs. 1 OWiG berechtigt, zu schweigen oder den Tathergang oder die Rechtsauffassung von Betroffenen zu bestreiten. Zugunsten des Betroffenen ist auf jeden Fall ein echtes, nicht nur aus taktischen Gründen abgelegtes **Geständnis** der Ordnungswidrigkeit zu bewerten. Davon ist im Fall eines qualifizierten Geständnisses auszugehen,[3)] wenn erhebliche Ermittlungen erspart wurden oder der Verstoß ohne die Angaben von Betroffenen überhaupt nicht nachzuweisen gewesen wäre. Dies gilt insbesondere, wenn die Verwaltungsbehörde mit dem Betroffenen eine Verständigung über die Rechtsfolgen trifft (§ 257c StPO analog i. V. m. § 46 Abs. 1 OWiG).[4)] Ein bedeutungsloses, nur taktisches Geständnis liegt vor, wenn der oder die Betroffene nur das nachträglich einräumt, was ihnen die Verwaltungsbehörde aufgrund ihrer Ermittlungen ohnehin bereits nachweisen kann. Hier fehlt es nämlich an der für eine Milderung notwendigen Einsicht in das Unrecht der Handlung, der oder die Betroffene will sich diese nur erkaufen.

1) KG (Berlin), Beschl. vom 10.3.2025, Az. 3 ORbs 20/25 – 122 SsBs 5/25; OLG Koblenz, Beschl. vom 10.3.2010, Az. 2 SsBs 20/10.
2) BayObLG, Beschl. vom 13.12.2022, Az. 202 ObOWi 1458/22, unter Bezugnahme auf die ständige Rechtsprechung im Strafverfahren, z. B. BGH, Beschl. vom 28.8.2018, Az. 5 StR 295/18.
3) OLG Bamberg, Beschl. vom 11.7.2006, Az. 3 Ss OWi 906/06.
4) Zur Verständigung der Verfahrensbeteiligten über die Höhe der Geldbuße (§ 257c StPO analog) § 6 Nr. 6.5.4.6.

- **Verhalten nach der Tat**

Auch wenn das Ordnungswidrigkeitenrecht keine der für die Strafzumessung in § 46 Abs. 2 S. 2 StGB entsprechende Vorschrift enthält, unterfallen dem Vorwurf, der den Täter trifft, als Grundlage der Ahndung in § 17 Abs. 3 S. 1 OWiG nicht nur die Umstände, die die Begehung der Ordnungswidrigkeit betreffen,[1] sondern auch solche, die das Nachtatverhalten betreffen. Mildernd kann vor allem die zeitnahe freiwillige Beseitigung des rechtswidrigen Zustandes berücksichtigt werden.

Beispiel:

Der Betroffene hat auf seinem Grundstück verbotswidrig Abfälle zur Beseitigung gelagert. Auf Anordnung der Abfallbehörde beseitigt er diese fristgemäß in einer Abfallbeseitigungsanlage und weist die ordnungsmäßige Beseitigung nach.

Vorsicht ist bei Verschärfung der Geldbuße wegen des Verhaltens nach der Tat geboten. Hier ist zulässiges Bestreiten des Tatvorwurfs, das nicht als „Uneinsichtigkeit" schärfend berücksichtigt werden darf, zugunsten des Betroffenen von einem Verhalten abzugrenzen, das auf die fehlende Bereitschaft, die missachtete Bestimmung künftig einzuhalten, schließen lässt.

Beispiel:

Das längere Nichtbefolgen einer Anordnung, um damit das Gespräch mit kontrollierenden Polizeibeamten zu erschweren, das rechtmäßige Vorgehen dadurch grundlos nachhaltig infrage zu stellen, ihnen sowohl ihre fachliche wie persönliche Kompetenz abzusprechen, die fehlerhafte Handhabung des Opportunitätsgrundsatzes zu unterstellen, das Verfolgungsinteresse des Staates zu negieren, zeigen nicht nur ein distanzloses, unangemessenes und herabwürdigendes Verhalten, sondern lässt den Schluss auf eine die Rechtsordnung missachtende Einstellung des Betroffenen zu und dass er sich durch eine niedrigere Geldbuße nicht wird beeindrucken lassen, sich zukünftig regelkonform zu verhalten.[2]

Bei einer Verschärfung der Geldbuße ist diese angemessen, z. B. um 25 %, nicht aber gegenüber dem Regelsatz eines Bußgeldkataloges mathematisch zu erhöhen.[3]

- **Berufliche Stellung von Betroffenen in Betrieben und Unternehmen**

Der **Beruf** der Betroffenen oder ihre soziale Stellung bleiben bei der Zumessung der Geldbuße grundsätzlich außer Betracht. Eine Berücksichtigung zum Nachteil von Betroffenen kann im Einzelfall nur dann als zulässiges Zumessungskriterium in

---

1) KG (Berlin), Beschl. vom 10.3.2025, Az. 3 ORbs 20/25 – 122 SsBs 5/25.

2) KG (Berlin), Beschl. vom 10.3.2025, Az. 3 ORbs 20/25 – 122 SsBs 5/25, betreffend nach einer Geschwindigkeitsüberschreitung als Verkehrsordnungswidrigkeit (§ 24 Abs. 1 StVG) anhaltende Polizeibeamte.

3) KG (Berlin), Beschl. vom 10.3.2025, Az. 3 ORbs 20/25 – 122 SsBs 5/25, für eine mathematische Erhöhung gegenüber dem Regelahndungssatz für eine Verkehrsordnungswidrigkeit (§ 24 Abs. 1 StVG) nach dem Bußgeldkatalog (§ 3 BKatV).

Betracht kommen, wenn zwischen der beruflichen oder sozialen Stellung und der Begehung der Ordnungswidrigkeit eine innere Beziehung besteht.[1)]

Beispiel:

Ob einem Betroffenen ein erhöhtes Unrecht vorzuwerfen ist, kann nicht pauschal aus einer Zuordnung zu einer bestimmten Berufsgruppe („als Rechtsanwalt") abgeleitet werden und begründet keinen „besonderen Maßstab" für die Zumessung der Geldbuße nach § 17 Abs. 3 S. 1 OWiG. Dieses Kriterium berührt ohnehin primär den Nachweis der vom Betroffenen verwirklichten Form der Vorwerfbarkeit (Vorsatz oder Fahrlässigkeit).[2)]

Keinesfalls dürfen aber Tatbestandsmerkmale einer Bußgeldvorschrift, die sich ohnehin auf den Betroffenen oder die Betroffenen beziehen, wie z. B. das gewerbliche Handeln bei einer gewerberechtlichen Ordnungswidrigkeit nach § 144 ff. OWiG verschärfend herangezogen werden (§ 46 Abs. 3 StGB für die Strafzumessung). Mildernd kann sich jedoch eine nur untergeordnete Stellung eines oder einer Betroffenen ohne Einfluss auf die Geschäftsführung bei Zuwiderhandlungen in einem Gewerbebetrieb auswirken. **Überarbeitung oder eine Einarbeitungszeit** können sich nur in Ausnahmesituationen, z. B. kurz nach einer Betriebsübernahme[3)] zugunsten der Betroffenen auswirken. Ansonsten hat jeder und jede Gewerbetreibende Betrieb oder Unternehmen so zu organisieren, dass öffentlich-rechtliche Vorschriften eingehalten werden. **Persönliches Unvermögen** ist daher kein allgemeiner Milderungsgrund, sondern stellt ein Übernahmeverschulden dar.

- **Notstandsähnliche Situationen** (§ 16 OWiG) wie z. B. die Drohung der Kündigung von Arbeitgebenden bei rechtmäßigem Verhalten führen nur dann zur Milderung der Geldbuße, wenn sie ernsthaft und nicht nur allgemein geäußert werden. Hier ist die Ordnungswidrigkeit zwar nicht durch Notstand oder Nothilfe gerechtfertigt, der Vorwurf, der den Täter trifft (§ 17 Abs. 3 S. 1 OWiG), als Zumessungsrichtlinie der Geldbuße aber gering.

- **Verwaltungsrechtliche Folgen der Ordnungswidrigkeit**

Eine die Geldbuße mildernde Berücksichtigung rein verwaltungsrechtlichen Folgen ist nicht vorgesehen.[4)] Eine gesetzlich vorgeschriebene Mitteilung des Bußgeldbescheides an das Gewerbezentralregister (§ 149 Abs. 2 S. 1 Nr. 3 GewO) oder die Ausländerbehörde (§ 87 Abs. 4 S. 1 AufenthG) ist keine Nebenfolge der Ordnungswidrigkeit, sondern nur deren mittelbare Folge zur Gefahrenabwehr. Verwaltungsrechtliche Fernfolgen der Ordnungswidrigkeit sind im Übrigen vorhersehbar und selbstverschuldet. Sie brauchen daher bei der Zumessung der Geldbuße auch dann nicht mildernd berücksichtigt zu werden, wenn die Mitteilung zu Rechtsfolgen wie einer Gewerbeuntersagung (§ 35 GewO) im Verwaltungsverfahren führt.

---

1) OLG Bamberg, Beschl. vom 29.11.2010, Az. 3 Ss OWi 1660/10, für eine Verkehrsordnungswidrigkeit (§ 24 Abs. 1 BKatV).
2) KG (Berlin), Beschl. vom 6.11.2024, Az. 3 ORbs 185/24.
3) BayObLG, Beschl. vom 31.7.1981, Az. 3 ObOWi 117/81.
4) OLG Hamm, Beschl. vom 8.10.2013, Az. 1 RBs 132/13 für die Mitteilung an das Fahreignungsregister (FaER) mit Folgen für das „Punktekonto" wegen einer Verkehrsordnungswidrigkeit.

- **Rechtswidriges Verhalten der Verwaltungsbehörde**

Eine von der Verwaltungsbehörde zu vertretende **überlange Verfahrensdauer** (§ 199 GVG i. V. m. § 46 Abs. 1 OWiG) und eine **Untätigkeit der Behörde** in anderen vergleichbaren Fällen[1] können im gerichtlichen Bußgeldverfahren zur Milderung der Geldbuße,[2] in Extremfällen sogar zur Einstellung des Bußgeldverfahrens wegen Verfahrenshindernisses (§ 206a StPO i. V. m. § 71 Abs. 1 OWiG) führen.[3] Stark zugunsten wird es ein Gericht zugunsten von Betroffenen werten, wenn die Behörde der Zuwiderhandlung längere Zeit tatenlos zusieht, anstatt sie durch einen Verwaltungsakt zu unterbinden, und nur einen Bußgeldbescheid erlässt. Hier wirkt sich mildernd aus, dass die Tatbestandsverwirklichung dem oder der Betroffenen durch das untätige Verhalten der Behörde stark erleichtert worden ist.

3.6.3.5 Zumessungskriterium – Wirtschaftliche Verhältnisse des Betroffenen

Auch die aktuellen wirtschaftlichen Verhältnisse von Betroffenen kommen für die Zumessung der Geldbuße in Betracht (§ 17 Abs. 3 S. 2 Halbs. 1 OWiG). Bei geringfügigen Ordnungswidrigkeiten bleiben sie i. d. R. jedoch unberücksichtigt (§ 17 Abs. 3 S. 2 Halbs. 2 OWiG). Die Rechtsprechung geht seit etwa dreißig Jahren bezüglich der Geringfügigkeitsgrenze allgemein von 250 Euro Geldbuße als Grenzwert aus,[4] sofern der oder die Betroffene keine glaubwürdigen anderen Angaben zu seinen aktuell wesentlich schlechteren Verhältnissen macht.[5]

Maßgeblich für die wirtschaftlichen Verhältnisse von Betroffenen sind ausschließlich deren **persönliche Einkommens- und Vermögensverhältnisse**. Die wirtschaftlichen Verhältnisse eines von dem oder der Betroffenen geführten Unternehmens in Form einer juristischen Person oder Personengesellschaft dürfen daher nicht zugerechnet werden, sondern kommen nur bei einer Geldbuße gegen diese nach § 30 OWiG in Betracht.

Beispiel:

Der Betroffene ist bei einer GmbH als Geschäftsführer[6] angestellt und soll in dieser Eigenschaft eine betriebsbezogene Ordnungswidrigkeit begangen haben. Bei der Zumessung der Geldbuße dürfen nur seine eigenen wirtschaftlichen Verhältnisse, nicht diejenigen des Unternehmens berücksichtigt werden.

---

1) AG Dessau-Roßlau, Urt. vom 19.9.2013, Az. 13 OWi 350/13 (163 Js 10677/13), für eine Ordnungswidrigkeit nach dem Elektrogesetz; OLG Karlsruhe, Beschl. vom 30.12.1974, Az. 3 Ss (B) 117/74, für unerlaubten Gebäudeausbau zu Wohnräumen.
2) BGH, Beschl. vom 26.10.2017, Az. 1 StR 359/17, für ein Strafverfahren.
3) OLG Rostock, Beschl. vom 27.1.2016, Az. 21 Ss OWi 2/16 [B]; LG Koblenz, Beschl. vom 29.5.2017, Az. 2090 Js 29.752/10 – 12 KLs, für ein Strafverfahren.
4) OLG Düsseldorf, Beschl. vom 27.8.2024, Az. 2 ORbs 83/24; OLG Hamm, Beschl. vom 8.1.2015, Az. 3 RBs 354/14; Hanseatisches OLG Bremen, Beschl. vom 19.10.2009, Az. 2 SsBs 38/13; OLG Celle, Beschl. vom 16.7.2008, Az. 311 SsBs 43/08.
5) OLG Hamm, Beschl. vom 8.1.2015, Az. 3 RBs 354/14.
6) Zur Stellung als gesetzlicher Vertreter oder gesetzliche Vertreterin einer GmbH im Bußgeldverfahren (§ 9 Abs. 1 Nr. 1 OWiG) § 2 Nr. 2.2.1.

Entscheidender Zeitpunkt für die in Betracht kommenden wirtschaftlichen Verhältnisse des Betroffenen ist der **Zeitpunkt der Bußgeldentscheidung**, nicht etwa der Tatzeitpunkt der Ordnungswidrigkeit (§ 6 OWiG). Die wirtschaftlichen Verhältnisse der Betroffenen verschlechtern sich nicht selten zwischen diesen Zeitpunkten, was aber hinzunehmen ist.

Beispiel:

Dem Betroffenen wird als Inhaber eines Gewerbetriebs illegale Beschäftigung von Arbeitnehmern und unerlaubte Ausübung eines erlaubnisbedürftigen Gewerbes vorgeworfen. Der Betroffene gerät wegen der Schließung des Unternehmens in Insolvenz und lebt nunmehr ausschließlich von Grundsicherungsleistungen. Bei der Zumessung der Geldbuße darf nur der Regelsatz berücksichtigt werden. Die besseren früheren wirtschaftlichen Verhältnisse während der Ausübung des Gewerbebetriebs sind ohne Bedeutung und dürfen nicht zur Verschärfung der Geldbuße führen.

Die wirtschaftlichen Verhältnisse umfassen Einkommen und Vermögen der Betroffenen. Abzuziehen sind persönliche Schulden, denen kein entsprechender Vermögenswert gegenübersteht. Bei der Bewertung durch die verantwortende Person der Verwaltungsbehörde empfiehlt sich folgende Vorgehensweise:

- **Einkommen und Vermögen**

Das Einkommen stellt den Gesamtbetrag aller Einkünfte der Betroffenen dar. Hierzu erhält er bei der Anhörung Gelegenheit zu rechtlichem Gehör (Muster eines Anhörungsdokuments 6.11). Macht der oder die Betroffene bezifferte Angaben, so überprüft die verantwortende Person der Verwaltungsbehörde aufgrund des bekannten Berufs und der eigenen Lebenserfahrung, ob sie glaubwürdig sind und damit als plausibel der Zumessung der Geldbuße zugrunde gelegt werden können. Bei unglaubwürdigen Angaben („derzeit keinerlei Einkommen" bei einem Gewerbetreibenden), unbrauchbaren Leerformeln („geregelt", „geordnet", „sehr schlecht") oder fehlenden Angaben (Frage wird nicht beantwortet, Anhörungsdokument kommt nicht zurück, Berufung auf angebliches Alleinwissen des Steuerberaters) sind die wirtschaftlichen Verhältnisse der Betroffenen zu schätzen. Soweit der Beruf von Betroffenen bekannt ist, können für Schätzungen der Gehaltsvergleich (Verdienste nach Branchen und Berufen) des Statistischen Bundesamtes oder der Entgeltatlas der Bundesagentur für Arbeit (BA) herangezogen werden. Beide sind im Internet allgemein zugänglich. Ist eine **unternehmerische oder freiberufliche Tätigkeit** nicht näher feststellbar, muss auf einen Betrag zurückgegriffen werden, den sich der oder die Betroffene mutmaßlich selbst bezahlt hätte, wenn er oder sie im eigenen Betrieb oder Unternehmen als Leiter oder Leiterin, Geschäftsführer oder Geschäftsführerin oder leitender Angestellter beschäftigt wäre.

Beispiel:

Der Inhaber eines mittelständischen Bauunternehmens äußert sich zu den wirtschaftlichen Verhältnissen nicht. Die verantwortende Person der Verwaltungsbehörde schätzt nach ihrer Erfahrung aus anderen Bußgeldverfahren, dass ein angestellter Geschäftsführer eines mittelständischen Bauunternehmens am Ort in der Rechtsform einer GmbH durchschnittlich 3000 Euro monatlich netto verdient.

Hilfreich sind bei höheren Geldbußen auch **Beobachtungen zum Lebenszuschnitt** der Betroffenen. Diese können sich aus Wahrnehmungen in einem Verwaltungsverfahren, dem Bußgeldverfahren (Protokoll!) oder besonderen Ermittlungen nach § 160 Abs. 3 StPO i. V. m. § 46 Abs. 1 OWiG ergeben. Durch Auskunftsersuchen (§ 161 Abs. 1 S. 1 StPO i. V. m. § 46 Abs. 1 OWiG) können ermittelt werden:

Auskunftsziel	**Auskunftsquelle**
Unbelastetes Grundeigentum	Amtsgericht – Grundbuchamt –
Geschäftsführende	Handelsregister
Vorstände, Vorständinnen	
Gesellschafter, Gesellschafterinnen	Gesellschaftsregister
Gewerbeanmeldungen	Kommunales Gewerbeamt
Kraftfahrzeuge	Zentrales Fahrzeugregister (ZFZR)
Vollstreckungsverfahren	Vollstreckungsportal

Weitere Einkommensquellen wie Einkünfte aus Vermietung und Verpachtung, Kapitalanlagen, Gewinnbeteiligungen lassen sich dagegen im Bußgeldverfahren kaum ermitteln, da der oder die Betroffene nicht zu wahrheitsgemäßen Angaben verpflichtet ist. Auskunftsersuchen an das für den Betroffenen zuständige Finanzamt sind vom Ausnahmefall des § 31a AO abgesehen wegen des auch im Bußgeldverfahren zu beachtenden Steuergeheimnisses (§ 30 AO) sinnlos.

Das **Einkommen eines Ehegatten** oder **Lebenspartners** ist nur soweit von Bedeutung, als der oder die Betroffene davon auch tatsächlich lebt. Bei **Jugendlichen, Studierenden, Hausfrauen oder Hausmännern** ohne eigenes Einkommen, Beziehern von Arbeitslosengeld I bzw. II oder Sozialhilfe muss die Geldbuße so bemessen sein, dass sie den Betrag aus den ihnen zur Verfügung stehenden Mitteln bezahlen können. Bescheide über die Höhe kommunaler oder staatlicher Leistungen braucht der Betroffene nicht selbst vorzulegen. Bei entsprechenden Behauptungen können sie aber aufgrund eines Auskunftsersuchens bei allen öffentlichen Stellen nach § 161 Abs. 1 S. 1 StPO i. V. m. § 46 Abs. 1 OWiG angefordert werden. Befindet sich der die Betroffene in einem noch andauernden **Insolvenz- oder Restschuldbefreiungsverfahren**, so gehört das gesamte pfändungsfähige Vermögen einschließlich pfändbarer Einkünfte zur Insolvenzmasse (§ 35 Abs. 1 InsO) bzw. ist den Insolvenzgläubigern und -gläubigerinnen während des Restschuldbefreiungsverfahrens für drei Jahre abzutreten (§ 287 Abs. 2 InsO).

Legt der oder die Betroffene eine aktuelle **Bestätigung seines Steuerberaters** vor, so muss von deren Zahlen ausgegangen werden. Ältere Steuerbescheide müssen dagegen nicht die jetzige wirtschaftliche Lage des Betroffenen wiedergeben.

- **Schulden ohne Gegenwert**

Vom Einkommen und Vermögen der Betroffenen sind solche Verbindlichkeiten abzuziehen, die sie nachhaltig in ihrer wirtschaftlichen Leistungsfähigkeit beeinträchtigen. In Betracht kommen daher Unterhaltspflichten, Schadenersatz und persönliche Schulden aus gescheiterten geschäftlichen Unternehmungen.

Beispiele:

Aufwendungen für Familienunterhalt, insbesondere bei nicht berufstätigem Ehegatten.

Unterhaltsverpflichtungen zugunsten Geschiedener, nichtehelicher Kinder.

Besondere Aufwendungen für Angehörige, z. B. Behinderte.

Schadenersatzforderungen aus einem Verkehrsunfall.

Altschulden aus der Insolvenz eines früher geführten Unternehmens.

Unberücksichtigt bleiben dagegen alle Verbindlichkeiten, die nicht den Betroffenen oder die Betroffene selbst, sondern ausschließlich ein von ihnen geführtes Unternehmen betreffen, sofern sie nicht persönlich dafür haften.

Beispiel:

Betriebsmittelkredite und Schulden bei Lieferanten einer vom Betroffenen geführten GmbH. Der Betroffene ist geschäftsführender Gesellschafter und haftet persönlich für die Schulden.

Bei Privatkrediten wird oft der Verbindlichkeit von Betroffenen ein Vermögenswert gegenüberstehen.

Beispiele:

Den Raten aus einem Bankdarlehen steht der Wert einer erworbenen Eigentumswohnung, eines finanzierten Wohnhauses oder Autos gegenüber.

Auch den Ausgaben für allgemeinen Lebensaufwand wie Miete, Heizung, Kleidung, Versicherungen steht die für den Aufwand erhaltene Leistung gegenüber.

3.6.4 Abschöpfung des wirtschaftlichen Vorteils

Die Geldbuße verfolgt neben dem in § 17 Abs. 3 OWiG zum Ausdruck gebrachten Zweck der ernsten Pflichtenmahnung der Betroffenen in § 17 Abs. 4 OWiG auch das Ziel der Abschöpfung des aus einer Ordnungswidrigkeit gezogenen wirtschaftlichen Vorteils. Wer sich durch ordnungswidriges Verhalten auch noch bereichert hat, soll insgesamt schlechter gestellt werden als bei der Einhaltung gesetzlicher Bestimmungen.[1] Der Abschöpfung des Gewinns kommt eine wichtige – auch präventive – Funktion zu.[2] Ordnungswidrigkeiten sollen sich „nicht lohnen".[3]

Die Geldbuße soll nach § 17 Abs. 4 S. 1 OWiG den wirtschaftlichen Vorteil, den der Täter oder die Täterin aus der Ordnungswidrigkeit gezogen hat, übersteigen.[4] Nur zu erwartende, aber noch nicht eingetretene wirtschaftliche Vorteile können daher nicht abgeschöpft werden.[5] Nach ganz herrschender Meinung erfordert der Begriff des Vorteils eine Saldierung, in deren Rahmen von den durch die Tat erlangten wirtschaftlichen Zuwächsen die Kosten und sonstigen Aufwendungen der Betroffenen abzuziehen sind (Nettoprinzip).[6]

Die Abschöpfung des wirtschaftlichen Vorteils stellt trotz der Regelung in einem eigenen Absatz in der Vorschrift des § 17 OWiG nur eine weitere Zumessungsrichtlinie zur „Höhe der Geldbuße" dar. Es ist also kein weiterer Betrag im Bußgeldbescheid festzusetzen, insbesondere nicht als Nebenfolge der Ordnungswidrigkeit. Die Vorteilsabschöpfung nach § 17 Abs. 4 S. 1 OWiG bildet vielmehr nur die Grundlage der Geldbuße, an die sich die allgemeinen Zumessungsrichtlinien in § 17 Abs. 3 OWiG in einer Gesamtwürdigung anschließen.[7] Es soll unabhängig von Bedeutung und Vorwerfbarkeit der Anlasstat den Betroffenen der Vorteil aus der verbotenen Handlung wieder entzogen werden.[8] Sie ist die gesetzliche Untergrenze der Geldbuße.[9] Reicht das Höchstmaß des gesetzlichen Bußgeldrahmens gem. § 17 Abs. 1, 2 OWiG nicht aus, so kann es aufgrund der Bestimmung des § 17 Abs. 4 S. 2 OWiG auch überschritten werden, was aber praktisch kaum erforderlich ist. Für die Zumessung der Geldbuße ergibt sich als Reihenfolge:

1. Feststellung des aus der Ordnungswidrigkeit gezogenen wirtschaftlichen Vorteils nach § 17 Abs. 4 S. 1 OWiG,
2. Allgemeine Zumessungsrichtlinien nach § 17 Abs. 3 OWiG, bestehend aus
   a) Bedeutung der Ordnungswidrigkeit (objektives Zumessungskriterium, § 17 Abs. 3 S. 1 Alt. 1 OWiG),
   b) Vorwurf, der den Täter oder die Täterin trifft (subjektives Zumessungskriterium, § 17 Abs. 3 S. 1 Alt. 2 OWiG),
   c) wirtschaftliche Verhältnisse des Täters oder der Täterin (persönliche Leistungsfähigkeit, § 17 Abs. 3 S. 2 OWiG).

1) Eine „Vermögensabschöpfung" gibt es im Ordnungswidrigkeitenrecht nicht, obwohl diese Bezeichnung in der Verfahrenspraxis immer wieder anzutreffen ist.
2) OLG Frankfurt (Main), Beschl. vom 7.3.2023, Az. 3 ORbs 8/23.
3) BayObLG, Beschl. vom 16.5.2022, Az. 201 ObOWi 483/22.
4) BGH, Beschl. vom 8.12.2016, Az. 5 StR 424/15; BayObLG, Beschl. vom 6.11.2023, Az. 202 ObOWi 1122/23.
5) OLG Karlsruhe, Beschl. vom 29.12.2016, Az. 2 (7) SsBs 632/16.
6) BGH, Beschl. vom 8.12.2016, Az. 5 StR 424/15.
7) Soll nur das aus einer Ordnungswidrigkeit gezogene Erlangte abgeschöpft werden, so kann die Einziehung eines entsprechenden Geldbetrags nach § 29a OWiG in einem selbstständigen Einziehungsbescheid angeordnet werden. Zum Einziehungsbescheid über Taterträge aus der Ordnungswidrigkeit (§ 29a, § 87 OWiG) § 16.
8) OLG Frankfurt (Main), Beschl. vom 7.3.2023, Az. 3 ORbs 8/23, unter Bezugnahme auf BayObLG, Beschl. vom 16.5.2022, Az. 201 ObOWi 483/22.
9) OLG Frankfurt (Main), Beschl. vom 11.5.2010, Az. 2 Ss OWi 277/10.

Die Geldbuße ist aufgrund der Gesamtwürdigung aus diesen Kriterien in einem Betrag zuzumessen. Unzulässig wäre es, Beträge nach § 17 Abs. 4 OWiG („Abschöpfungsanteil“) und § 17 Abs. 3 OWiG („Ahndungsanteil“) einfach zu „addieren“. Nach geltender Gesetzesfassung dürfen die beiden Beträge weder kumulativ festgesetzt noch gesondert ausgewiesen werden.[1] Es ist vielmehr sogar möglich, dass die Geldbuße insgesamt niedriger ausfällt als der wirtschaftliche Vorteil, weil sie wegen schlechter wirtschaftlicher Verhältnisse des Täters oder der Täterin (§ 17 Abs. 3 S. 2 OWiG) zu ermäßigen ist. Auch im Rahmen des § 17 Abs. 4 OWiG sind die wirtschaftlichen Verhältnisse des oder der Betroffenen zu berücksichtigen. Haben sich diese zwischenzeitlich verschlechtert, kann es geboten sein, den erlangten Vermögensvorteil ganz oder teilweise zu vernachlässigen, soweit dies in Anbetracht der Umstände des Einzelfalls sachlich gerechtfertigt erscheint.[2]

3.6.4.1 Anwendungsbereich der Vorteilsabschöpfung

Die Sollvorschrift des § 17 Abs. 4 S. 1 OWiG bedeutet nicht, dass die Abschöpfung des wirtschaftlichen Vorteils durch die Geldbuße möglichst regelmäßig durchzuführen ist. Nach dem im Ordnungswidrigkeitenrecht geltenden Opportunitätsprinzip (§ 47 Abs. 1 OWiG) unterliegt auch die Rechtsfolge der Ordnungswidrigkeit dem pflichtgemäßen Ermessen der verantwortenden Person der Verwaltungsbehörde. Wegen der Schwierigkeit der Ermittlung des wirtschaftlichen Vorteils (dazu nachfolgend § 13 Nr. 3.6.4.2) hat sich folgende Vollzugspraxis ergeben:

- **Keine Abschöpfung bei Formaldelikten**

Die Abschöpfung eines erlangten wirtschaftlichen Vorteils unterbleibt regelmäßig, wenn der oder die Betroffene nur verwaltungsrechtliche Mitwirkungspflichten wie z. B. eine Gewerbeanmeldung nach § 14 Abs. 1 S. 1 GewO verletzt hat. Eine nur formale Zuwiderhandlung ist auch gegeben, wenn eine erforderliche öffentlich-rechtliche Erlaubnis aufgrund Genehmigungsfähigkeit durch Verwaltungsakt nachträglich erteilt wird. Ein Absehen von der Abschöpfung wirtschaftlicher Vorteile kann auch bei einer Verschlechterung der wirtschaftlichen Verhältnisse (§ 17 Abs. 3 S. 2 OWiG) gerechtfertigt sein.[3]

- **Unterschreiten des wirtschaftlichen Vorteils**

Die Festsetzung einer Geldbuße, die niedriger als der gezogene wirtschaftliche Vorteil ist, kommt lediglich ausnahmsweise bei Abwägung aller Umstände des Einzelfalles, etwa wenn die Bedeutung der Tat und der Vorwurf, der den Täter oder die Täterin trifft, gering sind, z. B. bei einem Verstoß lediglich gegen formelles Bau- oder Immissionsschutzrecht, oder bei anderweitiger Abschöpfung des erlangten Vorteils in Betracht.[4]

- **Abschöpfung ersparter öffentlich-rechtlicher Gebühren**

Ein besonders wichtiger Bereich der Abschöpfung wirtschaftlicher Vorteile sind endgültig ersparte Erlaubnis- und Genehmigungsgebühren des Verwaltungsverfah-

1) Brandenburgisches OLG (Brandenburg), Beschl. vom 23.3.2023, Az. 2 ORbs 40/23.
2) BayObLG, Beschl. vom 9.10.2019, Az. 201 ObOWi 963/19.
3) *Wieser-Kommentar* Teil I Nr. 1 § 17 OWiG.
4) OLG Frankfurt (Main), Beschl. vom 11.5.2010, Az. 2 Ss OWi 277/10.

rens.[1] Hier ist eine Einbeziehung von § 17 Abs. 4 OWiG in die Zumessung der Geldbuße geboten, da sonst der Redliche gegenüber dem Unredlichen schlechter gestellt würde. Dem Abzug steht es grundsätzlich nicht entgegen, dass die Aufwendungen zu einem rechtlich missbilligten Zweck erfolgten.[2]

Beispiel:

Die Erteilung einer notwendigen Baugenehmigung für einen Schwarzbau ist mangels Genehmigungsfähigkeit des Bauvorhabens nicht möglich, von einer zulässigen Baubeseitigungsanordnung wird jedoch wegen Unverhältnismäßigkeit abgesehen. Durch die Duldung hätte der Betroffene sämtliche Kosten des Baugenehmigungsverfahrens erspart, wenn sie nicht als aus der Ordnungswidrigkeit gezogener wirtschaftlicher Vorteil über die Geldbuße abgeschöpft würden.

Eine solche teilweise Abschöpfung des wirtschaftlichen Vorteils ist auch dann bedeutsam, wenn der materielle Vorteil aus der Ordnungswidrigkeit nicht feststellbar oder seine Ermittlung im Verhältnis zur Bedeutung der Ordnungswidrigkeit nur mit unverhältnismäßigem Aufwand möglich ist.[3]

Beispiel:

Der Weiterbetrieb einer monatelang ohne Erlaubnis betriebene Spielhalle (§ 33i Abs. 1 S. 1 GewO) wird behördlich untersagt (§ 15 Abs. 2 GewO). Der aus dem unerlaubten Gewerbebetrieb erzielte wirtschaftliche Vorteil kann zwar mangels Aufzeichnungen des Gewerbetreibenden nicht ermittelt werden. Die ersparten Kosten des Genehmigungsverfahrens werden jedoch als aus der Ordnungswidrigkeit (§ 144 Abs. 1 Nr. 1 Buchst. d GewO) gezogener wirtschaftlicher Vorteil über die Geldbuße abgeschöpft.

Auch andere Beträge, insbesondere öffentlich-rechtliche Gebühren kommen für eine Abschöpfung des wirtschaftlichen Vorteils in Betracht.

Beispiele:

Der Betreiber einer Brauerei entnimmt einem Tiefbrunnen unerlaubte Mengen an Grundwasser (§ 8 Abs. 1 WHG), anstatt sie vom kommunalen Wasserwerk zu beziehen. Die durch die Ordnungswidrigkeit (§ 103 Abs. 1 Nr. 1 WHG) ersparten Gebühren für den kommunalen Wasserbezug werden mit der Geldbuße abgeschöpft.

Ein Bauunternehmer lässt ausgehobenen Bauschutt ohne öffentlich-rechtliche Erlaubnis (§ 54 Abs. 1 S. 1 KrWG) in ein anderes deutsches Land verfrachten, um

1) Schleswig-Holsteinisches OLG (Schleswig), Beschl. vom 20.6.2016, Az. 2 SsOWi 52/16 (37/16), zur selbstständigen Einziehung von Taterträgen (§ 29a Abs. 4 OWiG).
2) OLG Frankfurt (Main), Beschl. vom 7.3.2023, Az. 3 ORbs 8/23, unter Aufgabe seiner zuvor abweichenden Rechtsprechung aufgrund der neueren strafrechtlichen Rechtsprechung; BGH, Beschl. vom 27.4.2022, Az. 5 StR 287/21 (überholt daher OLG Frankfurt (Main), Beschl. vom 1.3.2022, Az. 3 Ss-OWi 1439/21).
3) *Wieser-Kommentar* Teil I Nr. 1 § 17 OWiG.

damit Recyclinggebühren zu ersparen („Abfalltourismus"). Die durch die Ordnungswidrigkeit (§ 69 Abs. 1 Nr. 7 KrWG) ersparten Kosten für die legale Abfallverwertung werden über die Geldbuße abgeschöpft.

- **Abschöpfung betriebswirtschaftlicher Gewinne**

Das Nettoprinzip gebietet es, von den durch die Tat erlangten wirtschaftlichen Zuwächsen die Kosten und Aufwendungen des Betroffenen abzuziehen. Abzugsfähig sind diejenigen Aufwendungen, die durch den Erwerbsvorgang veranlasst bzw. im unmittelbaren Zusammenhang mit der zu ahndenden Tat entstanden sind.[1] Für die Bestimmung des Abschöpfungsteils der Geldbuße gebietet der Begriff des Vorteils eine Saldierung, in deren Rahmen von den durch die Tat erlangten wirtschaftlichen Zuwächsen die Kosten und sonstigen Aufwendungen des Betroffenen abzuziehen sind.[2] Nach dem Nettoprinzip ist die wirtschaftliche Position vor und nach der Tat zu vergleichen. Maßgeblich ist dabei eine tatsächliche Betrachtungsweise nach wirtschaftlichen Gesichtspunkten. Die Abzugsfähigkeit ist jeweils anhand des konkreten Einzelfalls zu beurteilen.[3] Die Abschöpfung betriebswirtschaftlich erlangter Gewinne ist wegen des damit verbundenen Ermittlungsaufwandes für die Durchsuchung von Geschäftsräumen und Beschlagnahme und Auswertung von Geschäftsunterlagen,[4] auch wegen des Grundsatzes der Verhältnismäßigkeit (Art. 20 Abs. 3 GG) nur bei besonders schwerwiegenden Ordnungswidrigkeiten wie z. B. illegaler Beschäftigung oder Umweltordnungswidrigkeiten möglich. Die Auswertung solcher Unterlagen erfordert zudem ein betriebswirtschaftliches Sachverständigengutachten,[5] da nach dem Nettoprinzip[6] auch die Aufwendungen der Betroffenen zu berücksichtigen sind. Die Verwaltungsbehörde besitzt i. d. R. weder die dazu notwendigen Fachkenntnisse selbst noch sind die für eine Vergütung des Sachverständigen erforderlichen finanziellen Mittel (§ 59 OWiG) vorhanden. Unzulässig ist es selbstverständlich, die Geldbuße über die Merkmale des § 17 Abs. 3 OWiG nur deswegen zu erhöhen, um die Ermittlungsschwierigkeiten des § 17 Abs. 4 S. 1 OWiG zu umgehen.

3.6.4.2 Ermittlung des wirtschaftlichen Vorteils

Die weitgehende Beschränkung der Vorteilsabschöpfung nach § 17 Abs. 4 S. 1 OWiG in der Verfahrenspraxis auf im Verwaltungsverfahren ersparte Kosten ergibt sich aus den hohen Anforderungen der Rechtsprechung an die Ermittlung. Der aus der Ordnungswidrigkeit gezogene wirtschaftliche Vorteil erfordert nämlich eine **kon-**

1) OLG Frankfurt (Main), Beschl. vom 7.3.2023, Az. 3 ORbs 8/23.
2) BGH (ständige Rechtsprechung), Urt. vom 18.5.2017, Az. 3 StR 103/17; Beschl. vom 8.12.2016, Az. 5 StR 424/15, und Beschl. vom 17.10.2013, Az. 3 StR 167/13.
3) BGH, Urt. vom 27.4.2022, Az. 5 StR 278/21.
4) Zur Durchsuchung von Geschäftsräumen, Beschlagnahme und Auswertung von Geschäftsunterlagen (§§ 94, 98, 102, 105 StPO i. V. m. § 46 Abs. 1 OWiG) § 6 Nr. 5.
5) OLG Hamm, Beschl. vom 12.2.2003, Az. 4 Ss OWi 933/02.
6) Bei der Anordnung der Einziehung des Wertes von Taterträgen (§ 29a OWiG) gilt dagegen das Bruttoprinzip mit wesentlich geringerem Ermittlungsaufwand (BGH, Urt. vom 18.5.2017, Az. 3 StR 103/17; Brandenburgisches OLG (Brandenburg), Beschl. vom 23.3.2023, Az. 2 ORbs 40/23). Zur Ermittlung des Einziehungsbetrags § 16 Nr. 1.1.

krete Berechnung des dem oder der Betroffenen **unmittelbar zugeflossenen Betrags**. Nur wenn dies nicht möglich ist, genügt eine **konkrete Schätzung**. Nach der neueren Rechtsprechung genügt dazu eine „grobe" Schätzung, welche die Bestimmung gegenüber den früheren überspannten Anforderungen nunmehr für die Verfahrenspraxis tauglich machen sollte.[1)]

- **Unmittelbarkeit des Zuflusses**

Der wirtschaftliche Vorteil muss dem oder der Betroffenen direkt aus der Ordnungswidrigkeit zugeflossen sein. Dies ist bei dem Inhaber oder der Inhaberin einer Einzelfirma stets, bei gesetzlichen Vertretern oder Vertreterinnen juristischer Personen oder Personengesellschaften (§ 9 Abs. 1 Nr. 1, 2 OWiG) nur dann der Fall, wenn der Vorteil tatsächlich auf den Betroffenen oder die Betroffene übergegangen ist.

Beispiele:

Hat eine GmbH aus einer Ordnungswidrigkeit einen wirtschaftlichen Vorteil erlangt, so darf nicht ohne Weiteres darauf geschlossen werden, er sei dem Geschäftsführer als gesetzlichen Vertreter der juristischen Person zugeflossen.

Der Nachweis wird – auch wenn der Geschäftsführer zugleich einziger Gesellschafter einer GmbH („Einpersonen-GmbH") ist – kaum zu führen sein. Die Zuflüsse können nämlich in der Gesellschaft zur Tilgung von Verbindlichkeiten oder für durchgeführte Investitionen verblieben sein. Solche wirtschaftlichen Vorteile sind daher besser bei der juristischen Person oder Personenvereinigung selbst über eine Geldbuße nach § 30 OWiG oder die Einziehung des Wertes von Taterträgen nach § 29a OWiG abzuschöpfen.

- **Berechnung des wirtschaftlichen Vorteils**

Der Begriff des wirtschaftlichen Vorteils ist zwar nicht auf Geldzuflüsse beschränkt, sondern kann auch im Zurückdrängen legaler Konkurrenz oder der Abwendung einer drohenden Insolvenz liegen. Allerdings ist die Bewertung solcher Vorteile in der Verfahrenspraxis kaum möglich.

Sind dem oder der Betroffenen Geldbeträge aus einer Ordnungswidrigkeit zugeflossen, so ist der tatsächliche Nettovorteil festzustellen, also die tatbezogenen Einnahmen unter Ausscheidung legaler Einkunftsquellen und Abzug aller dafür erfolgter Aufwendungen. Die verantwortende Person der Verwaltungsbehörde muss also eine Gegenüberstellung von Einnahmen und Ausgaben der Betroffenen fertigen und die Gesamtbeträge beider Seiten miteinander saldieren. Fiktive Einkünfte aus legaler Tätigkeit sind bei Bemessung des wirtschaftlichen Vorteils nicht abzuziehen.[2)] Die Rechtsprechung verlangt nach Möglichkeit eine konkrete Berechnung mit der Feststellung aller mit der Ordnungswidrigkeit verbundenen Betriebseinnahmen sowie der konkreten Betriebsausgaben wie Material- und Arbeitskräfteeinsatz, Energie- und

1) OLG Frankfurt (Main), Beschl. vom 7.3.2023, Az. 3 ORbs 8/23, für das Genügen einer „groben" Schätzung bei einer Verkehrsordnungswidrigkeit (§ 24 Abs. 1 StVG) durch ein überladenes Fahrzeug („Überladungsfahrt").

2) BGH, Beschl. vom 8.12.2016, Az. 5 StR 424/15; OLG Oldenburg (Oldenburg), Beschl. vom 7.5.2009, Az. 2 SsBs 21/13.

Fahrtkosten und allgemeiner Kosten wie Versicherungsleistungen, Steuerberatungskosten, Buchhaltung und schließlich Sozialversicherungsbeiträge und Lohn-, Umsatz- und Einkommensteuer als Abzugsposten.[1] Dazu bedarf es regelmäßig der betriebswirtschaftlichen Nachberechnung aufgrund der sichergestellten Geschäftsunterlagen durch das Gutachten eines oder einer einen Sachverständigen.[2] Die Beauftragung scheitert in der Verfahrenspraxis in aller Regel, sobald eine Vergütung nach dem JVEG durch die Verwaltungsbehörde zu bezahlen ist (§ 59 OWiG).

- **Schätzung des wirtschaftlichen Vorteils**

Wegen der Schwierigkeiten bei der Berechnung des aus der Ordnungswidrigkeit gezogenen wirtschaftlichen Nettovorteils haben Verwaltungsbehörden zunächst versucht, selbst abstrakte Schätzungen mit hohen Sicherheitsabschlägen von den Bruttoeinnahmen durchzuführen, die aber von der Rechtsprechung als unvereinbar mit § 17 Abs. 4 OWiG durchweg abgelehnt wurden.

Eine Schätzung kann auch nicht durch willkürliche Sicherheitsabschläge erfolgen.[3] Inzwischen lässt die obergerichtliche Rechtsprechung grundsätzlich sogar eine grobe Schätzung ausreichen. Erforderlich sind jedoch – wenngleich keine überspannten Anforderungen zu stellen sind – nachprüfbare Angaben zu den tragenden Grundlagen.[4] Das mit einer Vorteilsabschöpfung befasste Amtsgericht muss in seinem Urteil die tragenden Grundsätze einer Schätzung wiedergeben können.[5] Findet mit dem oder der Betroffenen bei einer mündlichen Anhörung eine Verständigung durch Abstimmung über die Geldbuße statt,[6] so kann diese selbstverständlich nicht nur die allgemeinen gesetzlichen Zumessungsrichtlinien des § 17 Abs. 3 OWiG (Ahndungsanteil der Geldbuße), sondern auch die Abschöpfung des aus der Ordnungswidrigkeit gezogenen wirtschaftlichen Vorteils nach § 17 Abs. 4 OWiG (Abschöpfungsanteil der Geldbuße) umfassen.

- **Grundsatz der Verhältnismäßigkeit**

Nach § 17 Abs. 4 S. 1 OWiG soll die Geldbuße den aus der Ordnungswidrigkeit gezogenen wirtschaftlichen Vorteil **übersteigen**. Die Rechtsprechung legt diese Bestimmung am verfassungsrechtlichen Übermaßverbot (Art. 20 Abs. 3 GG) so aus, dass durch die Geldbuße dem oder der Betroffenen nicht auf lange Zeit sein wesentliches Einkommen entzogen werden darf. Dies gilt auch dann, wenn bereits in der Bußgeldentscheidung Zahlungserleichterungen durch Bewilligung von Teilbeträgen (§ 18 OWiG, siehe nachfolgend § 13 Nr. 3.6.5) vorgesehen waren.[7] Daher sollen nach dem Grundsatz der Verhältnismäßigkeit grundsätzlich nur Teilabschöpfungen des wirtschaftlichen Vorteils zulässig sein.[8] Dem oder der Betroffenen muss auf

1) OLG Frankfurt (Main), Beschl. vom 11.5.2010, Az. 2 Ss OWi 277/10.
2) Zur Bestellung eines Sachverständigen (§ 72 ff. StPO i. V. m. § 46 Abs. 1 OWiG) § 6 Nr. 4.
3) OLG Oldenburg (Oldenburg), Beschl. vom 1.10.2018, Az. 2 Ss (OWi) 235/18, für einen Sicherheitsabschlag von 30 %.
4) BGH, Urt. vom 27.4.2022, Az. 5 StR 278/21; überholt daher OLG Hamm, Beschl. vom 11.7.2006, Az. 4 Ss OWi 375/06; OLG Düsseldorf, Beschl. vom 22.1.1996, Az. 5 Ss (OWi) 11/96 – (OWi) 9/96 I.
5) BGH, Beschl. vom 8.12.2016, Az. 5 StR 424/15; Wieser-Kommentar § 17 OWiG.
6) Zur Verständigung der Verfahrensbeteiligten über die Höhe Geldbuße bei einer mündlichen Anhörung des Betroffenen (§ 55 OWiG i. V. m. § 163a Abs. 1 StPO) § 6 Nr. 6.5.4.6.
7) Grundlegend BayObLG, Beschl. vom 25.4.1995, Az. 3 ObOWi 11/95.
8) So ausdrücklich BayObLG, Beschl. vom 25.4.1995, Az. 3 ObOWi 11/95.

jeden Fall so viel verbleiben, dass durch Zahlungserleichterungen ihr Auskommen und dasjenige von Unterhaltsberechtigten zumindest durch die Höhe der jeweiligen Grundsicherungsleistungen gewährleistet ist.

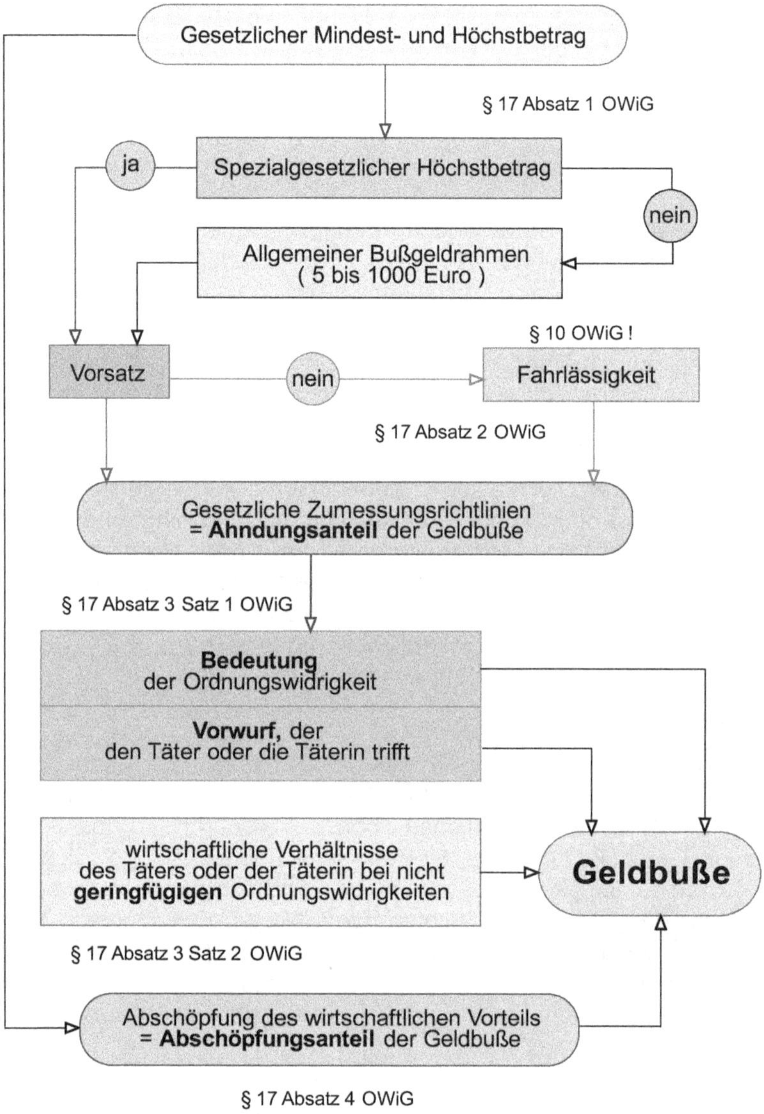

Abb. 7: Höhe der Geldbuße

3.6.5 Zahlungserleichterungen

Ist dem oder der Betroffenen nach den aktuellen wirtschaftlichen Verhältnissen nicht zuzumuten, die Geldbuße sofort zu bezahlen, so wird ihnen aufgrund § 18 S. 1 OWiG eine Zahlungsfrist bewilligt (= Stundung) oder gestattet, die Geldbuße in bestimmten

Teilbeträgen zu bezahlen (= Ratenzahlung). Die Gestattung von Teilbeträgen kann nach § 18 S. 2 OWiG auch mit einer Verfallklausel für den Fall des Verzugs von Betroffenen verbunden werden. Über den Wortlaut des Gesetzes hinaus beziehen sich Zahlungserleichterungen auch auf die Gebühr und die Auslagen der Verwaltungsbehörde in der Bußgeldentscheidung im Sinne des § 107 Abs. 1, 3 OWiG, also auf den von dem oder der Betroffenen nach Rechtskraft des Bußgeldbescheides zu zahlenden Gesamtbetrag.

3.6.5.1 Prüfung durch die Verwaltungsbehörde

Die Bewilligung von Zahlungserleichterungen ist nicht von einem Antrag von Betroffenen abhängig, sondern bei Veranlassung von Amts wegen zu prüfen. Ohne besondere Anhaltspunkte besteht jedoch keine Prüfungspflicht. Kein Anlass besteht daher:

- *im Regelfall:*

  Die Geldbuße ist im Regelfall sofort nach Ablauf der zweiwöchigen Schonfrist (§ 95 Abs. 1 OWiG) nach Eintritt der Rechtskraft des Bußgeldbescheids zu bezahlen (§ 89 OWiG). Schlechte wirtschaftliche Verhältnisse von Betroffenen wurden außerdem bereits bei der Zumessung der Geldbuße berücksichtigt (§ 17 Abs. 3 S. 2 OWiG).

- *bei geringfügigen Geldbußen:*

  Die wirtschaftlichen Verhältnisse von Betroffenen bleiben bei geringfügigen Ordnungswidrigkeiten i. d. R. unberücksichtigt (§ 17 Abs. 3 S. 2 OWiG). Daher ist die sofortige Zahlung einer Geldbuße bis 250 Euro auch regelmäßig zumutbar.[1)]

- *bei Zahlungsunfähigkeit oder Zahlungsunwilligkeit:*

  Zahlungserleichterungen nach § 18 OWiG sind nur bei Unzumutbarkeit *sofortiger* Zahlung, also Zahlungsschwierigkeiten des Betroffenen zulässig. Zahlungsfristen für die Geldbuße oder die Bewilligung von Teilbeträgen setzen daher die Zahlungserwartung „in absehbarer Zeit“ voraus (§ 95 Abs. 2 OWiG). Bei völliger Zahlungsunfähigkeit oder bloßer Zahlungsunwilligkeit sind daher keine Zahlungserleichterungen zu bewilligen, sondern das Bußgeldverfahren im Vollstreckungsverfahren abzuschließen.

Die Verwaltungsbehörde prüft daher die Bewilligung von Zahlungserleichterungen nur ausnahmsweise, wenn außergewöhnlich schlechte wirtschaftliche Verhältnisse ersichtlich oder vorgetragen sind.

Beispiele:

Kinderreiche Familien, außergewöhnlich hohe oder mehrere Unterhalts- und Ausbildungsverpflichtungen, hohe Aufwendungen für die eigene Ausbildung, hohe Darlegungsverpflichtungen, Gefahr des Zusammenbruchs der beruflichen oder wirtschaftlichen Existenz.

1) Zur Geringfügigkeitsgrenze (§ 17 Abs. 3 S. 2 OWiG) nach der Rechtsprechung § 13 Nr. 3.6.3.5.

Bei Beziehung staatlicher Transferleistungen wie Arbeitslosigkeit (Arbeitslosen- oder Bürgergeld) ist die Bewilligung von Zahlungserleichterungen in Form von Teilbeträgen geboten.[1] Maßgeblicher Zeitpunkt für die Unzumutbarkeit sofortiger Zahlung ist nicht die Festsetzung der Geldbuße, sondern der Eintritt der Vollstreckbarkeit. Die Bußgeldhöhe muss daher auf den Zeitpunkt der Rechtskraft der Bußgeldentscheidung (§ 89 OWiG) vorausschauend abstellen.

3.6.5.2 Entscheidung über Zahlungserleichterungen

Die Entscheidung der Verwaltungsbehörde über Zahlungserleichterungen (§ 18 OWiG) sollte im Bußgeldbescheid nach dem Gesamtbetrag aus Geldbuße(n), Gebühren- und Auslagenansatz eingefügt werden. Nicht selten wird verkannt, dass bei schlechten wirtschaftlichen Verhältnissen von Betroffenen aufgrund § 18 S. 1 OWiG **von Amts wegen** (!) unabhängig von einem Antrag bereits bei Erlass des Bußgeldbescheids durch die Verwaltungsbehörde zu entscheiden ist.[2] Dadurch werden auch unnötige Einsprüche vermieden. Die Anordnung darf bei entsprechenden Anhaltspunkten nicht in das Vollstreckungsverfahren verschoben werden (§ 93 OWiG).

Lehnt die Verwaltungsbehörde einen z. B. bei der Anhörung vom Betroffenen gestellten Antrag ab, so kann sie nach der Festsetzung der Geldbuße den Satz vorsehen: „Wir lehnen ihren Antrag auf Zahlungserleichterungen ab." Auf die Gründe kann bei einer Begründung des Bußgeldbescheids (§ 66 Abs. 3 OWiG) eingegangen werden. Die ablehnende Entscheidung kann nur zusammen mit dem Einspruch gegen den Bußgeldbescheid insgesamt angegriffen werden (§ 67 OWiG). Zahlungserleichterungen können jedoch auch nachträglich im Vollstreckungsverfahren angeordnet werden (§ 93 OWiG).

Liegen die Voraussetzungen für die Gewährung von Zahlungserleichterungen vor, so kann die Verwaltungsbehörde im Bußgeldbescheid folgende Anordnungen treffen:

- Bewilligung einer **Zahlungsfrist** (§ 18 Abs. 1 Alt. 1 OWiG): *„Wir bewilligen für die Zahlung des Gesamtbetrags eine Zahlungsfrist von sechs Monaten ab Rechtskraft des Bußgeldbescheids."*
- Bestimmung von **Teilbeträgen** (§ 18 Abs. 1 Alt. 2 OWiG): *„Wir bewilligen für die Zahlung des Gesamtbetrags monatliche Teilzahlungen von <Betrag> Euro, die ab dem der Rechtskraft des Bußgeldbescheids folgenden Monat jeweils bis zum 15. eines Monats zu bezahlen sind."*
- **Verfallklausel** für Zahlungsverzug von Teilbeträgen (§ 18 S. 2 OWiG): *„Wir bewilligen für die Zahlung des Gesamtbetrags monatliche Teilzahlungen von <Betrag> Euro, die ab dem der Rechtskraft des Bußgeldbescheids folgenden Monat jeweils bis zum 15. eines Monats zu bezahlen sind. Diese Vergünstigung entfällt bei nicht rechtzeitiger Zahlung eines Teilbetrags."*
- **Verbindung** von Zahlungsfrist, Bewilligung von Teilbeträgen und Verfallklausel für Zahlungsverzug von Teilbeträgen (§ 18 S. 2 OWiG): *„Wir bewilligen für die Zahlung des Gesamtbetrags eine Zahlungsfrist von sechs Monaten ab Rechts-*

1) OLG Bamberg, Beschl. vom 7.8.2008, Az. 2 Ss OWi 961/200. In diesem Fall wurden im Rechtsbeschwerdeverfahren bei monatlichen Bezügen von 400 Euro Teilbeträge von 60 Euro bewilligt.
2) OLG Koblenz, Beschl. vom 3.1.2007, Az. 1 Ss 289/06.

kraft des Bußgeldbescheids. Anschließend ist der Gesamtbetrag in monatlichen Teilzahlungen von <Betrag> Euro ab dem der Rechtskraft des Bußgeldbescheids folgenden Monat jeweils bis zum 15. eines Monats zu bezahlen. Diese Vergünstigung entfällt bei nicht rechtzeitiger Zahlung eines Teilbetrags."

Als Anfangszeitpunkt von Zahlungserleichterungen empfiehlt sich eine ab der Rechtskraft bestimmte Frist, nicht ein datumsmäßig bestimmter Zeitpunkt. Die Verrechnungsvorschrift des § 94 OWiG für die vorrangige Bedienung der Geldbuße ohne anderweitige Bestimmung der Betroffenen gilt nur für das Vollstreckungsverfahren. Die Verwaltungsbehörde kann daher anordnen, dass zunächst die Verfahrensgebühr (§ 107 Abs. 1 OWiG) und die Auslagen der Verwaltungsbehörde (§ 107 Abs. 3 OWiG) und anschließend die Geldbuße(n) zu bezahlen sind.

Als besonders wichtig haben sich Zahlungserleichterungen nach § 18 OWiG bei Verständigungen mit dem oder der Betroffenen über die Höhe der Geldbuße bei einer mündlichen Anhörung[1] herausgestellt. Nicht selten kommt es nur deswegen noch zu einer Verständigung über die von der Verwaltungsbehörde für vertretbar gehaltene Geldbuße, weil dem oder der Betroffenen aufgrund der vorgetragenen Schwierigkeit sofortiger Zahlung eine Zahlungsfrist und/oder die Leistung in Teilbeträgen angeordnet werden.

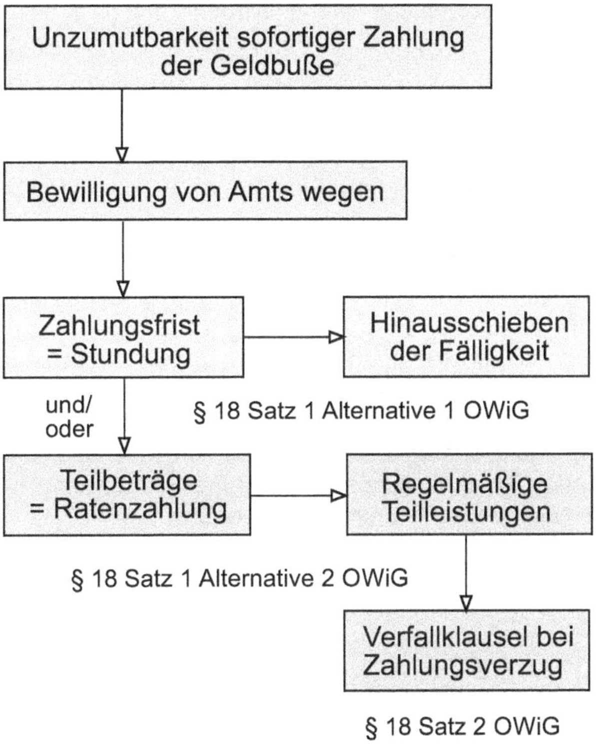

Abb. 8: Zahlungserleichterungen im Bußgeldbescheid (§ 18 OWiG)

1) Zur Verständigung der Verfahrensbeteiligten über Höhe der Geldbuße bei der Anhörung (§ 55 OWiG i. V. m. § 163a Abs. 1 StPO) § 6 Nr. 6.5.4.6.

Die Verwaltungsbehörde besitzt ein eigenes Interesse an der Regelung von Zahlungserleichterungen im Bußgeldbescheid, weil dann nach dessen Rechtskraft die Vollstreckungsverjährung nicht zu laufen beginnt (§ 34 Abs. 4 Nr. 3 OWiG).[1] Teilzahlungen haben zudem einen gewissen erzieherischen Charakter, weil dem oder der Betroffenen monatlich die Ordnungswidrigkeit seines Verhaltens vor Augen geführt wird. Gleichwohl sollte die monatliche Ratenzahlung nicht zu gering sein (mindestens etwa 25 Euro pro Monat), weil dem oder der Betroffenen jedenfalls eine angemessene Einschränkung seiner Lebensführung zugemutet werden kann.[2] Ratenzahlungen dürfen eine Geldbuße in ihrem Wesen nicht verändern und müssen als ernstes Übel fühlbar bleiben.[3] Die Überwachung der Geldeingänge während des Vollstreckungsverfahrens ist zwar aufwändig, die Anordnung steht aber nicht im Ermessen der Verwaltungsbehörde.

3.7 Nebenfolgen der Ordnungswidrigkeit

Die Hauptfolge der Ordnungswidrigkeit ist die Geldbuße. Als Nebenfolge der Ordnungswidrigkeit können im Bußgeldbescheid gegen den Betroffenen angeordnet werden:[4]

- die Einziehung von Gegenständen und Rechten (§§ 22 ff. OWiG),[5]
- die Abführung des Mehrerlöses (§§ 8 ff. WiStG),
- das Verbot der Jagdausübung (§ 41a BJagdG, im Landesrecht z. B. Art. 57 BayJG).

Nebenfolgen der Ordnungswidrigkeit werden im Bußgeldbescheid nach dem Gesamtbetrag aus Geldbuße(n), Gebühren- und Auslagenansatz mit dem Satz aufgeführt: „Als Nebenfolge der Ordnungswidrigkeit ordnen wir <Maßnahme> an".

3.7.1 Einziehung von Gegenständen und Rechten

Der Anordnung der Einziehung von Gegenständen (§ 22 OWiG) ist nach Möglichkeit bereits die Beschlagnahme (§§ 111b, 111c StPO i. V. m. § 46 Abs. 1 OWiG) als Maßnahme der vorläufigen Sicherung dem Erlass des Bußgeldbescheides vorausgegangen.[6] Befindet sich ein Einziehungsgegenstand in amtlichem Gewahrsam (§ 94 Abs. 1 StPO i. V. m. § 46 Abs. 1 OWiG), so wird die Einziehung im Bußgeldbescheid als endgültige Maßnahme angeordnet. Konnte ein Einziehungsgegenstand nicht sichergestellt werden, kann die Einziehung des Wertersatzes (§ 25 OWiG) durch die Festsetzung eines Geldbetrages angeordnet werden.

1) Zur Vollstreckungsverjährung (§ 34 OWiG) § 23 Nr. 4.
2) LG Erfurt, Beschl. vom 14.3.2007, Az. 6 Qs 70/07.
3) KG (Berlin), Beschl. vom 5.2.2021, Az. (3) 121 Ss 189/20 (1/21), für Zahlungserleichterungen bei einer Geldstrafe (§ 42 StGB).
4) Das Fahrverbot (§ 25 StVG) ist eine Nebenfolge von Verkehrsordnungswidrigkeiten (§ 24 Abs. 1, § 24a Abs. 1 bis 2a StVG). Zu den Nebenfolgen der Ordnungswidrigkeit, die gegen eine juristische Person oder Personenvereinigung (§ 30 OWiG) und im selbstständigen Verfahren festgesetzt werden können, § 15.
5) Die Einziehung des Wertes von Taterträgen (§ 29a OWiG) ist selbstständig möglich, § 16.
6) Zur Sicherung der Einziehung durch Beschlagnahme von Einziehungsgegenständen (§§ 111b, 111c StPO i. V. m. § 46 Abs. 1 OWiG) § 9 Nr. 3.

- **Anordnung der Einziehung von Gegenständen**

Die eingezogenen Gegenstände sind im Bußgeldbescheid einzeln, genau und unverwechselbar zu bezeichnen. Anzugeben sind auch die Vorschriften, auf denen die Einziehung beruht. Dies sind die Bezugsvorschrift, die die Einziehung zulässt, und die Rahmenvorschrift aus den §§ 22 ff. OWiG.

Beispiel:

Als Nebenfolge der Ordnungswidrigkeit ordnen wir die Einziehung der Schreckschusspistole Treffgut C7, Seriennummer 973829373, an (§ 54 Abs. 2 WaffG, § 22 Abs. 1, Abs. 2 Nr. 1 OWiG).

Eine pauschale „Einziehung der beschlagnahmten Gegenstände" ist unzulässig.

- **Anordnung der Einziehung des Wertersatzes**

Scheitert die Beschlagnahme des Einziehungsgegenstandes (§§ 111b, 111c StPO i. V. m. § 46 Abs. 1 OWiG), weil der oder die Betroffene den Gegenstand bereits verwertet, namentlich veräußert oder verbraucht oder die Einziehung in sonstiger Weise vereitelt hat, so kann statt der nicht mehr möglichen Einziehung des Gegenstandes die Einziehung eines Wertersatzes in Geld im Bußgeldbescheid angeordnet werden. Die Voraussetzung der Einziehung, nämlich die Begehung einer Ordnungswidrigkeit, Eigentum bzw. Rechtsinhaberschaft, müssen zur Tatzeit vorgelegen haben (§ 25 Abs. 1 Halbs. 1 OWiG).

Hat der oder die Betroffene den Einziehungsgegenstand zwar nicht verwertet, jedoch mit einem Recht zugunsten eines anderen wie einer Sicherungsabtretung (§ 398 BGB) belastet, bleibt die Einziehung zwar möglich. Der Einziehungsgegenstand ist aber wirtschaftlich entwertet. § 25 Abs. 2 OWiG lässt die Einziehung des Wertersatzes des Gegenstandes bzw. Rechts zu, wenn

- das Erlöschen der Belastung nicht angeordnet werden kann (§ 26 Abs. 2, § 28 OWiG),
- dem oder der Dritten als Rechtsinhabern für die Entziehung eine Entschädigung zu gewähren wäre (§ 28 OWiG).

Letzteres ist nicht der Fall, wenn

- der oder die Dritte einen leichtfertigen Beitrag geleistet hat (§ 23 Nr. 1 OWiG),
- der oder die Dritte den Gegenstand oder das Recht in verwerflicher Weise erworben hat (§ 23 Nr. 2 OWiG),
- eine Entschädigung sonst nicht zu gewähren wäre (§ 26 Abs. 2 S. 1, 2, § 28 Abs. 2 OWiG).

Beispiel:

Der Betroffene verkauft den Einziehungsgegenstand unter Eigentumsvorbehalt. Das Eigentum soll erst mit der vollständigen Bezahlung des Kaufpreises übergehen. Das Anwartschaftsrecht des Käufers am Eigentum entwertet das Eigentum des Betroffenen. Der Gegenstand selbst kann nach § 22 Abs. 2 Nr. 1 OWiG noch eingezogen werden. Der bislang bezahlte Kaufpreis unterliegt als Wertersatz der Einziehung, wenn das Erlöschen des Anwartschaftsrechtes nicht angeordnet werden kann oder dem Käufer eine Entschädigung zustünde.

Die Höhe des Wertersatzes ergibt sich aus dem objektiven Verkehrswert, der auch geschätzt werden kann (§ 25 Abs. 3 OWiG). Maßgeblich ist der Zeitpunkt der Entscheidung der Verwaltungsbehörde. Der Betrag des Wertersatzes wird begrenzt durch den Wert des Gegenstandes (§ 25 Abs. 1 letzter Halbs. OWiG) bzw. dessen Belastung (§ 25 Abs. 2 letzter Halbs. OWiG). Im Bußgeldbescheid sind ein bestimmter Geldbetrag und die zugrunde liegenden Einziehungsvorschriften anzugeben.

Beispiel:

Als Nebenfolge der Ordnungswidrigkeit ordnen wir die Einziehung des Wertersatzes in Höhe von 780 Euro an (§ 88 Abs. 2, § 22 Abs. 1, § 25 Abs. 1 OWiG).

Eine Begründung der Anordnung und der Berechnung oder Schätzung des Wertersatzes ist nicht erforderlich (§ 66 Abs. 3 OWiG), kann aber bei höheren Beträgen sinnvoll sein.[1)]

Beispiel für eine Begründung des Bußgeldbescheids:

Die Anordnung des Wertersatzes war erforderlich, da Sie die Ihnen gehörenden, zur Begehung der Ordnungswidrigkeit verwendeten Werkzeuge (§ 22 Abs. 2 Nr. 1 OWiG) verborgen haben und deren Einziehung daher nicht möglich war. Die Höhe des Betrages musste geschätzt werden, da Sie sich zum Wert der Gegenstände nicht geäußert haben (§ 25 Abs. 3 OWiG). Der Betrag des Wertersatzes wurde in Höhe der Hälfte des handelsüblichen Verkaufspreises festgesetzt.

3.7.2 Verbot der Jagdausübung

Das Verbot der Jagdausübung kann wegen Ordnungswidrigkeiten nach § 39 BJagdG aufgrund § 41a Abs. 1 Nr. 2 BJagdG und im Landesrecht z. B. wegen Ordnungswidrigkeiten nach Art. 56 Abs. 1 BayJG aufgrund Art. 57 BayJG angeordnet werden. Voraussetzung für die Anordnung dieser Nebenfolge sind die

- Festsetzung einer Geldbuße gegen den Betroffenen oder die Betroffene wegen einer rechtswidrig und vorwerfbar begangenen jagdrechtlichen Ordnungswidrigkeit und
- grobe oder beharrliche Verletzung der Pflichten bei der Jagdausübung.

Die Verbotsanordnung ist im Bußgeldbescheid als Nebenfolge der Ordnungswidrigkeit nach dem Gesamtbetrag aus Geldbuße(n), Gebühren- und Auslagenansatz mit der entsprechenden Rechtsgrundlage aufzuführen. Dabei ist eine Verbotsfrist von einem Monat bis zu sechs Monaten festzusetzen. Das Verbot wird mit der Rechts-

1) Zur Begründung des Bußgeldbescheids (§ 66 Abs. 3 OWiG) § 13 Nr. 3.9.

kraft der Bußgeldentscheidung wirksam (§ 41a Abs. 2 S. 1 BJagdG, Art. 57 Abs. 2 S. 1 BayJG). Das (befristete) Verbot der Jagdausübung lässt den erteilten Jagdschein unberührt. Er ist daher nicht nach § 18 BJagdG einzuziehen.[1] Ein erteilter Jagdschein ist amtlich zu verwahren (§ 41a Abs. 2 S. 2 BJagdG, Art. 57 Abs. 2 S. 2 BayJG). Die Verbotsfrist beginnt erst mit der amtlichen Verwahrung. Es empfiehlt sich folgende Formulierung:

Beispiel:

„Wir ordnen das Verbot der Jagdausübung für die Dauer von sechs Monaten ab Rechtskraft des Bußgeldbescheids an. Die Verbotsfrist beginnt erst mit dem Zeitpunkt, an dem der Jagdschein in amtliche Verwahrung gelangt (Art. 57 BayJG)."

In die Verbotsfrist wird die Frist nicht eingerechnet, in welcher der Täter oder die Täterin auf behördliche Anordnung in einer Anstalt verwahrt wird (§ 41a Abs. 3 BJagdG, Art. 57 Abs. 3 BayJG), z. B. durch den Vollzug einer Freiheitsstrafe. Nicht freiwillig herausgegebene Jagdscheine sind zu beschlagnahmen (§ 41a Abs. 2 S. 3 BJagdG, Art. 57 Abs. 2 S. 3 BayJG). Ein entsprechender Hinweis im Bußgeldbescheid ist zu empfehlen.

Der Täter oder die Täterin ist in der Bußgeldentscheidung neben der allgemeinen Rechtsbehelfsbelehrung auch über den Beginn der Verbotsfrist zu belehren (§ 41a Abs. 4 BJagdG, Art. 57 Abs. 4 BayJG).

3.8 Kostenentscheidung und Kostenansatz

Jeder Bußgeldbescheid muss eine Kostenentscheidung enthalten, aus der sich ergibt, wer die Kosten des Verfahrens zu tragen hat (§ 105 Abs. 1 OWiG i. V. m. § 464 Abs. 1 StPO). Die Kostenentscheidung belastet gem. § 105 Abs. 1 OWiG i. V. m. §§ 464, 465 Abs. 1 StPO regelmäßig den oder die Betroffene Betroffenen mit der Gebühr (§ 107 Abs. 1 OWiG) und den Auslagen der Verwaltungsbehörde (§ 107 Abs. 3 OWiG). Der Bußgeldbescheid enthält daher stets folgende Kostenentscheidung: *„Sie tragen auch die Kosten des Bußgeldverfahrens (§§ 464, 465 Abs. 1 StPO i. V. m. § 46 Abs. 1 OWiG).*" Soweit sich nachträgliche Ermittlungen der Verwaltungsbehörde, etwa die Anordnung des Gutachtens eines oder einer Sachverständigen zugunsten der Betroffenen ausgewirkt haben, kann es ausnahmsweise gerechtfertigt sein, diese Kosten nicht auf ihn oder sie zu überbürden.[2] Dann empfiehlt sich folgende Kostenentscheidung: *„Sie tragen auch die Kosten des Bußgeldverfahrens (§§ 464, 465 Abs. 1 StPO i. V. m. § 46 Abs. 1 OWiG). Ausgenommen sind die durch das Gutachten des Sachverständigen entstandenen Auslagen (§ 465 Abs. 2 StPO i. V. m. § 46 Abs. 1 OWiG)."* Ein ausdrücklicher Hinweis auf das durch die Einholung eines Gutachtens entstehende Kostenrisiko ist entbehrlich, wenn der Verteidiger oder die Verteidigerin von Betroffenen einen spezifizierten Beweisantrag gestellt hat.[3]

1) OVG Mecklenburg-Vorpommern (Greifswald), Urt. vom 21.10.2009, Az. 4 K 11/09.
2) AG Osterode, Beschl. vom 16.3.2015, Az. 3b OWi 257/14.
3) LG Duisburg, Beschl. vom 17.1.2018, Az. 69 Qs 46/17, für das gerichtliche Bußgeldverfahren.

Zusätzlich können die Rechtsgrundlagen für die Gebühr (§ 107 Abs. 1 OWiG) und die Auslagen der Verwaltungsbehörde (§ 107 Abs. 3 OWiG) angegeben sein: „Diese setzen sich aus der Gebühr (§ 107 Abs. 1 OWiG) und unseren Auslagen (§ 107 Abs. 3 OWiG) zusammen." Anschließend werden nach der Geldbuße oder den Geldbußen der Betrag der „Gebühr", der Gesamtbetrag der „Auslagen" der Verwaltungsbehörde einzeln ausgewiesen und als zu zahlender „Gesamtbetrag" wiedergegeben (Musterbußgeldbescheid 13.6 und alle anderen gegen natürliche Personen gerichtete Bußgeldbescheide). Eine weitere Aufschlüsselung der Auslagen der Verwaltungsbehörde ist nicht üblich, kann aber bei sehr hohen Beträgen wie z. B. Kosten für das Gutachten eines oder einer Sachverständigen in einer Begründung des Bußgeldbescheids (§ 66 Abs. 3 OWiG) angebracht sein.

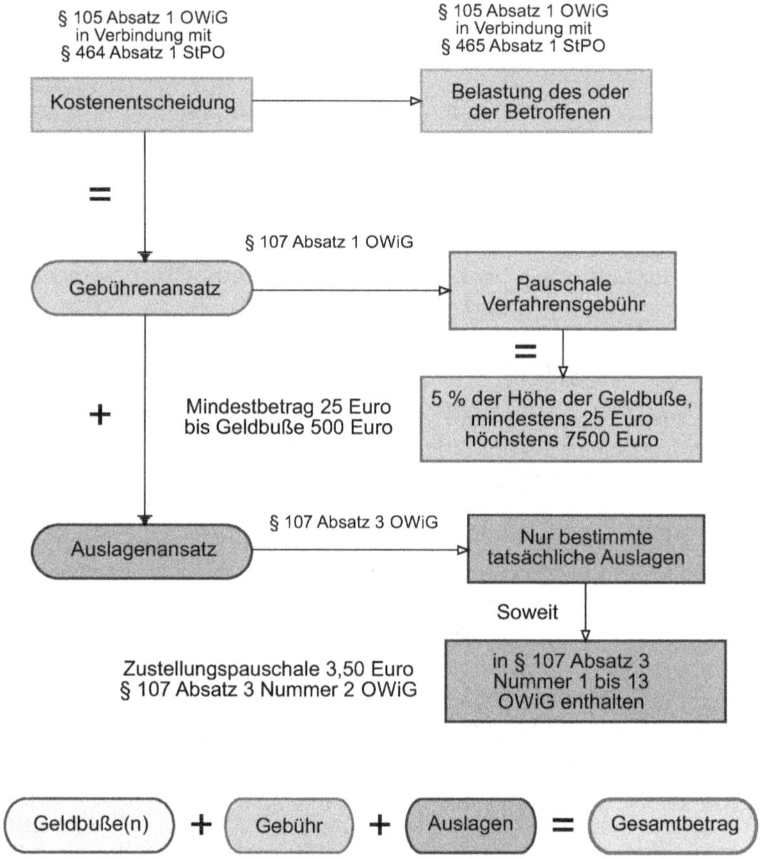

Abb. 9: Kosten des Bußgeldverfahrens im Bußgeldbescheid

3.8.1 Ansatz der Verfahrensgebühr

Im Bußgeldbescheid ist stets nur eine Gebühr nach § 107 Abs. 1 S. 1, 3 OWiG festzusetzen, auch wenn wegen Tatmehrheit mehrerer Ordnungswidrigkeiten (§ 20 OWiG) mehrere Geldbußen festgesetzt sind. In diesem Fall sind die Geldbußen zu einem Gesamtbetrag zusammenzuzählen, aus der Summe wird eine einzige Gebühr angesetzt. Wegen Nebenfolgen der Ordnungswidrigkeit darf auch dann keine Gebühr festgesetzt werden, wenn sie auf Zahlung einer Geldleistung gerichtet sind. Die Gebühr beträgt 5 % der Geldbuße(n), jedoch mindestens 25 Euro und höchstens 7500 Euro (§ 107 Abs. 1 S. 3 OWiG). Die pauschale Mindestgebühr ist daher bis zu Geldbußen von 500 Euro festzusetzen.

3.8.2 Ansatz der Auslagen

Im Auslagenansatz des Bußgeldbescheides dürfen nur die im abschließenden Katalog des § 107 Abs. 3 OWiG aufgeführten Auslagen der Verwaltungsbehörde geltend gemacht werden. Andere Auslagen des Bußgeldverfahrens und erst recht solche eines vorangegangenen Verwaltungsverfahrens (§ 9 VwVfG) oder Sozialverwaltungsverfahrens (§ 8 SGB X) sind nicht, auch nicht aufgrund sonstiger bundes- oder landesrechtlicher Verwaltungskostengesetze zu erheben.

Beispiel:

Bei einer Lebensmittelkontrolle in einem Betrieb wird eine Probe genommen (§ 43 LFGB) und im Rahmen der Lebensmittelüberwachung durch einen Sachverständigen untersucht. Aufgrund der Ergebnisse leitet die Verwaltungsbehörde ein Bußgeldverfahren ein und erlässt einen Bußgeldbescheid. In dessen Auslagenansatz dürfen weder Fahrtkosten noch Kosten der Probenahme oder Untersuchung der daraufhin beanstandeten Lebensmittel erscheinen. Diese Auslagen sind ausschließlich in einem vorangegangenen Verwaltungsverfahren entstanden, sodass neben dem Bußgeldbescheid ein Kostenbescheid im Verwaltungsverfahren zu erlassen ist.

Für den Auslagenansatz der Verwaltungsbehörde sind folgende Einzelposten von Bedeutung:

- **Telekommunikationsdienstleistungen (Nr. 1)**

  Entgelte für Telekommunikationsdienstleistungen hat die Verwaltungsbehörde mit Ausnahme des seit 2023 eingestellten Telegrammdienstes nach § 107 Abs. 1 Nr. 1 OWiG grundsätzlich selbst zu tragen. Hierzu gehören nicht nur Telefongespräche und Telefaxe, sondern auch die gesamte elektronische Kommunikation über gesicherte Übermittlungswege und Ermittlungen im Internet.
- **Zustellungen der Verwaltungsbehörde (Nr. 2)**

  Zustellungen elektronischer Dokumente durch die Verwaltungsbehörde über sichere Übermittlungswege (§ 32a Abs. 4 S. 1 StPO i. V. m. § 110c S. 1 OWiG) sind grundsätzlich kostenfrei. Kostenpflichtig im Sinne des § 107 Abs. 3 Nr. 2 OWiG kann nur die Zustellung von Papierdokumenten sein. Erhebungsfähige Auslagen sind vorgeschriebene Zustellungen im Sinne des § 50 Abs. 1 S. 2 OWiG an Betroffene, also Ausdrucke aller Bußgeldbescheide und gleichgestellter Bescheide wie Einziehungsbescheide, nicht aber Bekanntmachungen durch einfachen Brief. Unabhängig vom tatsächlichen Entgelt ist eine Zustellungspauschale von 3,50 Euro zu erheben (§ 107 Abs. 3 Nr. 2 OWiG). Diese gilt, wenn die Verwaltungsbehörde durch ein lizensiertes Postunternehmen mit **Zustellungs-**

urkunde (§ 51 Abs. 1 OWiG i. V. m. § 3 VwZG) oder eigene Bedienstete (§ 51 Abs. 1 OWiG i. V. m. § 5 Abs. 1 VwZG) zustellt.[1] Vereinfachte Zustellungen durch die Behörde an **Rechtsanwälte als Verteidiger oder Rechtsanwältinnen als Verteidigerinnen**, deren Vollmacht sich bei den Akten befindet (§ 51 Abs. 3 OWiG), über das besondere elektronische Anwaltspostfach (§ 31a BRAO), lösen keine Auslagen der Verwaltungsbehörde aus. Setzt die Verwaltungsbehörde gesetzliche Vertreter oder Vertreterinnen von einer Zustellung an den oder die Betroffenen gem. § 51 Abs. 2 OWiG, bei Jugendlichen insbesondere die **Personensorgeberechtigten** nach § 67a Abs. 1 JGG i. V. m. § 46 Abs. 1 OWiG, elektronisch oder durch einfachen Brief in Kenntnis, so ist nur die Zustellung an den Betroffenen oder die Betroffene, nicht aber die formlose Bekanntmachung als Auslage der Verwaltungsbehörde erstattungsfähig.

Sind **mehrere Zustellungen** erforderlich, weil etwa ein Bußgeldbescheid als Papierdokument an den Betroffenen oder die Betroffene erst nach einem wiederholten Zustellungsversuch zustellbar ist oder ein Bußgeldbescheid zurückgenommen (§ 69 Abs. 2 S. 1 OWiG) und durch einen neuen mit abgeändertem Inhalt ersetzt wird, so sind sämtliche Zustellungsentgelte anzusetzen. Dies gilt nicht, wenn eine mangelhafte Zustellung auf einem Verschulden der Verwaltungsbehörde beruht (§ 107 Abs. 4 OWiG), die z. B. an eine veraltete Anschrift zustellt, obwohl der oder die Betroffene seine neue bereits mitgeteilt hat.

Alle Entgelte für formlose Bekanntmachungen von Maßnahmen im Bußgeldverfahren (§ 50 Abs. 1 S. 1 OWiG), vor allem für die Versendung dienstlicher Dokumente, sind nicht erstattungsfähig. Die Verwaltungsbehörde trägt daher Postentgelte für die Versendung der Ausdrucke von Anhörungsdokumenten, schriftlichen Zeugenvernehmungen und Anträgen bei dem Ermittlungsrichter oder der Ermittlungsrichterin des Amtsgerichts (§ 162 Abs. 1 S. 1 StPO i. V. m. § 46 Abs. 1 OWiG), Anträge auf gerichtliche Entscheidung (§ 62 OWiG) selbst. Das Verwarnungsverfahren ist grundsätzlich kostenfrei (§ 56 Abs. 3 S. 2 OWiG), sodass Postentgelte auch dann nicht erstattungsfähig sind, wenn die Verwarnung mangels Zahlung des Verwarnungsgeldes nicht wirksam wird und daher ein Bußgeldbescheid zu erlassen ist.

- **Öffentliche Bekanntmachungen (Nr. 4)**

  Ergibt sich im Bußgeldverfahren die Erforderlichkeit einer öffentlichen Bekanntmachung (§ 51 Abs. 1 OWiG i. V. m. § 10 VwZG), so sind die in sonstigen Fällen zu zahlenden Entgelte maßgeblich (§ 107 Abs. 3 Nr. 4 Halbs. 1 OWiG). Bei Veröffentlichung in einem elektronischen Informations- und Kommunikationssystem (Internet) werden Auslagen für öffentliche Bekanntmachungen grundsätzlich erhoben (§ 107 Abs. 3 Nr. 4 Halbs. 2 OWiG). Dies gilt nicht, wenn das Entgelt nicht für den Einzelfall oder nicht für ein einzelnes Verfahren berechnet wird (§ 107 Abs. 3 Nr. 4 Halbs. 2 OWiG).

- **Zeugen oder Zeuginnen, Sachverständige, Dolmetschende, Übersetzende (Nr. 5)**

  Zeugen und Zeuginnen, die von der Verwaltungsbehörde oder in ihrem Auftrag durch die Polizei mündlich oder schriftlich vernommen wurden (§ 161a Abs. 1

1) Zur Zustellung von Bescheiden im Bußgeldverfahren (§ 50 Abs. 1 S. 2, § 51 OWiG) § 17.

S. 1 StPO i. V. m. § 46 Abs. 1 OWiG), und Dritte, die der Verwaltungsbehörde z. B. zur Herausgabe von Beweisgegenständen herangezogen wurden (§ 95 StPO i. V. m. § 46 Abs. 1 OWiG), haben gegen diese einen Entschädigungsanspruch (§ 59 OWiG i. V. m. § 19 ff. JVEG). Sachverständige, Dolmetscher oder Dolmetscherinnen und Übersetzer oder Übersetzerinnen steht ein Vergütungsanspruch gegen die Verwaltungsbehörde zu (§ 59 OWiG i. V. m. § 8 ff. JVEG). Solche Ansprüche sind auch dann als Auslagen im Bußgeldbescheid anzusetzen, wenn aus Gründen der Gegenseitigkeit, Verwaltungsvereinfachung oder vergleichbaren Gründen tatsächlich keine Zahlungen zu leisten sind (§ 107 Abs. 3 Nr. 5 Halbs. 1 OWiG).

Sachverständige, die ein Gutachten als Angehörige einer Behörde oder einer sonstigen öffentlichen Stelle erstatten, haben keinen Vergütungsanspruch, wenn sie das Gutachten in Erfüllung ihrer Dienstaufgaben erstatten, vertreten oder erläutern (§ 59 OWiG i. V. m. § 1 Abs. 2 S. 2 JVEG, 107 Abs. 3 Nr. 5 Halbs. 2 OWiG). Der oder die Sachverständige stellt dann keine Rechnung, sondern reicht eine „Kostenvormerkung" ein. Der vorgemerkte Betrag ist dann im Bußgeldbescheid aufzuführen. Sind die Auslagen durch verschiedene Rechtssachen veranlasst, werden sie auf die einzelnen Rechtssachen angemessen verteilt (§ 107 Abs. 3 Nr. 5 Halbs. 3 OWiG).

Dolmetscher und Dolmetscherinnen haben einen gesetzlichen Vergütungsanspruch (§ 8 JVEG). Sie erhalten ein Honorar zunächst für ihre Leistungen (§§ 9 bis 11 JVEG), sowie Fahrtkostenersatz (§ 5 JVEG), Entschädigung für Aufwand (§ 6 JVEG) sowie Ersatz für sonstige und für besondere Aufwendungen (§§ 7 und 12 JVEG). Das Honorar des von der Verwaltungsbehörde zugezogenen Dolmetschers beruht auf § 59 OWiG i. V. m. § 9 Abs. 3 JVEG). Das Honorar des Dolmetschers beträgt für jede Stunde 85 Euro (§ 9 Abs. 5 S. 1 JVEG). Die Auslagen der Verwaltungsbehörde für einen zugezogenen Dolmetscher werden später im Bußgeldbescheid angesetzt (§ 107 Abs. 3 Nr. 5 OWiG). Auslagen für Übersetzer und Übersetzerinnen, die zur Erfüllung der Rechte blinder oder sehbehinderter Personen herangezogen werden (§ 191a Abs. 1 GVG), werden nicht erhoben.

Auslagen dürfen im Bußgeldbescheid nur dann geltend gemacht werden, wenn sie auch im Bußgeldverfahren entstanden sind. Wurde etwa das Gutachten eines oder einer Sachverständigen in einem Verwaltungsverfahren aufgrund § 26 Abs. 1 Nr. 2 VwVfG eingeholt, dessen Ergebnis erst zur nachträglichen Einleitung des Bußgeldverfahrens führte, so dürfen diese Auslagen nach dem Entstehungsprinzip nicht im Bußgeldbescheid erhoben werden. So darf z. B. die Kostenrechnung eines chemischen Untersuchungsamtes, das ein Gutachten über die Verkehrsfähigkeit von kontrollierten Lebensmitteln im Verwaltungsverfahren erstellt hat, nicht im Bußgeldbescheid als Auslagen nach § 107 Abs. 3 Nr. 5 OWiG eingesetzt werden. Vielmehr ist im Verwaltungsverfahren ein gesonderter Kostenbescheid zu erlassen.

- **Dienstreisekosten (Nr. 6)**

Führt die Verwaltungsbehörde Ermittlungen außerhalb der Dienststelle durch und haben ihre Bediensteten nach Reisekostenrecht Anspruch auf Ersatz von Reisekosten und sonstigem Auslagenersatz, so sind solche Auslagen der Verwaltungsbehörde im Bußgeldbescheid in tatsächlicher Höhe aufzuführen (§ 107

Abs. 3 Nr. 6 Halbs. 1 Buchst. a OWiG). Für den Einsatz von Dienstkraftfahrzeugen sind für jeden gefahrenen Kilometer 0,30 Euro anzusetzen (§ 107 Abs. 3 Nr. 6 Halbs. 1 Buchst. c Halbs. 1 OWiG).

Kosten einer Dienstreise dürfen nur dann im Bußgeldbescheid erhoben werden, wenn sie auch im Bußgeldverfahren entstanden sind. So darf etwa die Fahrt eines Baukontrolleurs zur Baukontrolle nicht über § 107 Abs. 3 Nr. 6 Halbs. 1 Buchst. c OWiG als Auslagen angesetzt werden, weil diese im Verwaltungsverfahren entstanden sind. Sind die Auslagen durch verschiedene Rechtssachen veranlasst, werden sie auf die einzelnen Rechtssachen angemessen verteilt (§ 107 Abs. 3 Nr. 6 Halbs. 2 OWiG).

- **Kosten anlässlich Durchsuchungen (Nr. 10b)**

  Alle Kosten einer auf §§ 102, 103, 105 StPO i. V. m. § 46 Abs. 1 OWiG beruhenden Durchsuchung[1] von Räumen und Sachen einschließlich der vorbereitenden Maßnahmen dürfen im Bußgeldbescheid als Auslagen der Verwaltungsbehörde angesetzt werden. Dazu gehören insbesondere Fahrtkosten, Kosten für eine Zwangsöffnung, Beförderungsmaterial. Wegen den Kosten eines Polizeieinsatzes siehe nachfolgend Nr. 13.

- **Auslagen anderer Behörden (Nr. 13)**

  Die am häufigsten in Anspruch genommenen Leistungen von Polizeidienststellen dürfen nicht als besondere Auslagen angesetzt werden, wenn es sich nicht um außergewöhnliche, den Rahmen eines Ermittlungsersuchens nach § 161 Abs. 1 S. 1 StPO i. V. m. § 46 Abs. 1 OWiG übersteigende Auslagen handelt. Als Auslagen anzusetzen sind Gebühren, die an deutsche Behörden für die Erfüllung von deren eigenen Aufgaben zu zahlen sind, und Beträge, die diesen Behörden, öffentlichen Einrichtungen oder deren Bediensteten als Ersatz für Auslagen der in § 107 Abs. 3 Nr. 1 bis 11 OWiG bezeichneten Art zustehen. Dies gilt auch dann, wenn aus Gründen der Gegenseitigkeit, der Verwaltungsvereinfachung oder aus vergleichbaren Gründen keine Zahlungen zu leisten sind (§ 107 Abs. 3 Halbs. 1 OWiG). Die Auslagen sind in ihrer Höhe durch die Höchstsätze für die bezeichneten Auslagen begrenzt (§ 107 Abs. 3 Halbs. 2 OWiG).

  Andere Auslagen der Verwaltungsbehörde als die in § 107 Abs. 3 OWiG genannten können nicht erhoben werden. Sie sind bereits pauschal von der Gebühr nach § 107 Abs. 1 OWiG erfasst. Auslagen, die im Verwaltungsverfahren entstanden sind, dürfen wegen des abschließenden Charakters des § 107 Abs. 3 OWiG auch aufgrund landesrechtlicher Kostengesetze nicht angesetzt werden.

3.9 Begründung des Bußgeldbescheids

Die ausreichende Begründung des Bußgeldbescheids besteht nach § 66 Abs. 3 OWiG bereits in den bloßen Angaben zur Tat, ihren gesetzlichen Merkmalen und den angewendeten Bußgeldvorschriften (§ 66 Abs. 1 Nr. 3 OWiG) und den Beweismitteln (§ 66 Abs. 1 Nr. 4 OWiG). Weder diese Angaben noch die Aufklärung des Sachverhalts, die Beweisführung oder die Festsetzung von Geldbuße und Nebenfolgen müs-

1) Zur Durchsuchung von Räumen (§§ 102, 103, 105 StPO i. V. m. § 46 Abs. 1 OWiG) und Beschlagnahme von Beweisstücken (§§ 94, 98 StPO i. V. m. § 46 Abs. 1 OWiG) § 6 Nr. 5.1.4.

sen weiter begründet werden. Der Unterschied zum weitgehenden Begründungszwang des Verwaltungsverfahrens (§ 39 Abs. 1 VwVfG) und Sozialverwaltungsverfahrens (§ 35 Abs. 1 SGB X) ergibt sich aus der nur vorläufigen Rechtsnatur des Bußgeldbescheids. Da nur die Bezeichnung der Tat, nicht aber die sonstigen Feststellungen und Anordnungen der Verwaltungsbehörde Grundlage des gerichtlichen Bußgeldverfahrens werden, ist eine weitere Begründung nicht vorgeschrieben und meist auch nicht geboten. Das Amtsgericht überprüft nicht wie das Verwaltungsgericht die Rechtmäßigkeit der getroffenen Anordnungen anhand der Begründung des Bescheids (§ 113 f. VwGO), sondern entscheidet nur aufgrund Beschuldigung des Bußgeldbescheids in der Sache neu.

Eine weitere Begründung des Bußgeldbescheids kann aber im Einzelfall zur Information des oder der Betroffenen sinnvoll sein. Dadurch sind Einsprüche vermeidbar, die der oder die Betroffene nur deswegen einlegt, weil sie die Erwägungen der Verwaltungsbehörde nicht nachvollziehen können. Zugleich werden dem gegebenenfalls später mit der Sache befassten Amtsgericht vor allem die behördlichen Erwägungen zum Tatnachweis und zur Zumessung der Geldbuße bekannt.

Im Bußgeldbescheid sollte eine weitere Begründung mit der Zwischenüberschrift „Begründung des Bußgeldbescheides" nach der Festsetzung der Geldbuße, Gebühr und Auslagen und vor der Rechtsbehelfsbelehrung eingefügt werden (Musterbußgeldbescheid 13.6). Auf keinen Fall darf eine Vermischung mit der Schilderung des Tathergangs in Form einer Beweiswürdigung erfolgen. Dies kann zur Nichtigkeit des gesamten Bußgeldbescheids führen.[1]

Fehlbeispiel:

Nach unseren Feststellungen haben Sie folgende Ordnungswidrigkeit begangen:

Am 15.5.2026 wurde festgestellt, dass... Dies stellt eine Ordnungswidrigkeit nach § 62 Abs. 1 Nr. 1 i. V. m. § 4 Abs. 1 BImSchG dar. Ihre Behauptung, dass..., ist durch die Feststellungen... widerlegt. Die Geldbuße von... Euro ist erforderlich, um...

Als Gegenstand einer weiteren Begründung des Bußgeldbescheids empfehlen sich Ausführungen zu Einwendungen der Betroffenen bei der Anhörung (§ 55 OWiG i. V. m. § 163a Abs. 1 StPO), insbesondere zu Beweisanträgen (§ 163a Abs. 2 StPO i. V. m. § 46 Abs. 1 OWiG) sowie zu den Rechtsfolgen, vor allem zur Zumessung der Geldbuße (§ 17 Abs. 3 OWiG) und Abschöpfung eines wirtschaftlichen Vorteils (§ 17 Abs. 4 OWiG).

Beispiel:

Begründung des Bußgeldbescheids

1. Ihre Äußerung zur Anhörung vom <Datum>:

   ...

2. Zumessung der Geldbuße:

   ...

1) OLG Hamm, Beschl. vom 13.1.2022, Az. 5 RBs 278/21.

- **Einwendungen von Betroffenen**

Hat sich der oder die Betroffene während des Bußgeldverfahrens zum Tathergang geäußert, insbesondere bei der Anhörung (§ 55 OWiG i. V. m. § 163a Abs. 1 StPO) Einwendungen tatsächlicher oder rechtlicher Art vorgetragen, so kann die Verwaltungsbehörde in einer Begründung des Bußgeldbescheids darlegen, dass sie diese Einwendungen zwar ernsthaft geprüft hat, ihnen aber trotzdem nicht Rechnung tragen konnte.

Beispiel:

Begründung des Bußgeldbescheids

1. Ihre Äußerung zur Anhörung vom <Datum>

   Ihre Auffassung, die Ordnungswidrigkeit sei bereits verjährt, ist nicht zutreffend. Die Verjährungsfrist von einem Jahr (§ 31 Abs. 2 Nr. 3 OWiG) begann am 30.9.2026 neu zu laufen (§ 33 Abs. 3 S. 1 OWiG), da die Verfolgungsverjährung zu diesem Zeitpunkt durch die Bekanntgabe der Einleitung des Bußgeldverfahrens während der Ortseinsicht unterbrochen wurde (§ 33 Abs. 1 S. 1 Nr. 1 OWiG).

2. Zumessung der Geldbuße

   ...

- **Behandlung von Beweisanträgen**

Hat der oder die Betroffene während des Vorverfahrens Beweisanträge gestellt (§ 163a Abs. 2 StPO i. V. m. § 46 Abs. 1 OWiG), so erhält er oder sie keine Zwischenentscheidung der Verwaltungsbehörde. Die Begründung des Bußgeldbescheids (§ 66 Abs. 3 OWiG) bietet eine einfache Möglichkeit, das Ergebnis durchgeführter Beweiserhebungen bekanntzumachen oder die Ablehnungsgründe mitzuteilen. Andernfalls kann der oder die Betroffene zu der irrigen Annahme verleitet werden, die Verwaltungsbehörde habe sich nicht um seinen Antrag gekümmert. Dies kann zur Einlegung von Einsprüchen führen, die bei Kenntnis der behördlichen Entscheidung nicht erfolgt wären.

Beispiel:

Begründung des Bußgeldbescheids

1. Ihre Äußerung zur Anhörung vom <Datum>

   ... Ihrem Beweisantrag auf Vernehmung des Herrn Özkan in Adana/Türkei als Zeugen zu der Tatsache, Sie seien zur Tatzeit nicht in Deutschland gewesen, sind wir nicht nachgekommen. Beide Polizeibeamte haben nämlich auf Nachfrage versichert, Sie seien ihnen bereits damals dienstlich bekannt gewesen und bei der Nachschau zweifelsfrei erkannt worden. Bei der Identitätsfeststellung wurde außerdem der für Sie ausgestellte Personalausweis überprüft. Der Tatnachweis erscheint daher gesichert.

2. Zumessung der Geldbuße

   ...

- **Zumessung der Geldbuße**

Bei höheren Geldbußen – etwa ab 1000 Euro – erscheint auch eine weitere Begründung des Bußgeldbescheids zur Höhe der Geldbuße im Sinne des § 17 OWiG angebracht. Sie sollte sich an den gesetzlichen Vorgaben orientieren und daher zunächst auf den Bußgeldrahmen nach § 17 Abs. 1, 2 OWiG und sodann auf die Zumessungsrichtlinien gem. § 17 Abs. 3 OWiG, nämlich die Bedeutung der Ordnungswidrigkeit und den Vorwurf, der den Täter oder Täterin trifft, sowie auf die wirtschaftlichen Verhältnisse der Betroffenen eingehen. Der oder die Betroffene erhält dadurch eine Information über die Erwägungen der Verwaltungsbehörde, während ihm ansonsten nur der Betrag der Geldbuße(n) aus dem Bußgeldbescheid bekannt wird. Gerade bei höheren Geldbußen führt mangelnde Information der Betroffenen zu Einsprüchen, weil die Geldbuße grundlos überhöht erscheint. Zudem werden die Erwägungen der Verwaltungsbehörde für ein später damit befasstes Gericht nachvollziehbar und können in die gerichtliche Entscheidung mit einbezogen werden. Nicht selten lässt sich der oder die Betroffene auf diese Weise vor Gericht überzeugen, dass die in der Begründung des Bußgeldbescheids aufgeführte Zumessung der Geldbuße zutreffend ist und nimmt seinen Einspruch wieder zurück.

Beispiel:

Begründung des Bußgeldbescheids

1. Ihre Äußerung zur Anhörung vom <Datum>

   ...

2. Zumessung der Geldbuße

   Die vorsätzliche Ordnungswidrigkeit ist nach § 144 Abs. 4 GewO mit Geldbuße bis zu 50 000 Euro bedroht.

   a) Bedeutung der Ordnungswidrigkeit (§ 17 Abs. 3 S. 1 OWiG)

   Die Ordnungswidrigkeit weist ein erhebliches Ausmaß auf, das sich aus einem Tatzeitraum der Dauerordnungswidrigkeit von 16 Monaten und großer Nachhaltigkeit der Gewerbeausübung durch 156 Einzelfälle unerlaubter Kapitalanlagevermittlung ergibt.

   b) Vorwurf, der den Täter trifft (§ 17 Abs. 3 S. 1 OWiG)

   Verschärfend musste sich der Bußgeldbescheid vom 20.4.2019 auswirken, in dem gegen Sie wegen einer vergleichbaren Zuwiderhandlung der unerlaubten Gewerbeausübung bereits eine Geldbuße von 2000 Euro festgesetzt wurde. In diesem Bußgeldbescheid haben wir Sie ausdrücklich auf die Erforderlichkeit einer behördlichen Erlaubnis und die Ordnungswidrigkeit des jetzt vorgeworfenen Verhaltens hingewiesen. Wir mussten daher verschärfend berücksichtigen, dass Sie sich über diesen eindeutigen und warnenden Hinweis bereits nach kurzer Zeit hinweggesetzt haben.

   c) Wirtschaftliche Verhältnisse (§ 17 Abs. 3 S. 2 OWiG)

   Wir haben Ihr monatliches Nettoeinkommen unter Berücksichtigung von Unterhaltsverpflichtungen auf 2500 Euro geschätzt. Da Sie Ihr Einkommen bisher nur als „geordnet“ angegeben haben, sind wir von den Einkünften eines entsprechenden Angestelltenverhältnisses ausgegangen.

Auf die Anwendung von Bußgeldkatalogen[1] sollte unbedingt in einer Begründung des Bußgeldbescheids durch Erläuterung des der festgesetzten Geldbuße zugrunde gelegten Regelsatzes eingegangen werden. Der Begriff ist allgemein bekannt und bedarf keiner Erläuterungen. Bußgeldkataloge genießen auch bei allgemeinen Ordnungswidrigkeiten eine hohe Akzeptanz in der Bevölkerung. Da sie im Gegensatz zu Verkehrsordnungswidrigkeiten (§§ 24, 24a, 24c StVG) nur interne Verwaltungsrichtlinien darstellen, können sie dem oder der Betroffenen inhaltlich nicht bekannt sein und deswegen die irrige Annahme einer willkürlichen Einzelzumessung der Geldbuße veranlassen.

Beispiel:

Begründung des Bußgeldbescheids

1. Ihre Äußerung zur Anhörung vom <Datum>

   ...

2. Zumessung der Geldbuße

   Wir haben die Geldbuße gem. Teil B I Nr. 1.1.3.1 des Bußgeldkatalogs Umweltschutz vom <Fundstelle> festgesetzt. Dabei handelt es sich um den Mittelbetrag des Regelsatzes von 250 bis 2500 Euro für vorsätzliches Handeln. Dieser ist gerechtfertigt, da eine Ordnungswidrigkeit durchschnittlicher Art vorliegt und dies auch für den Sie treffenden Vorwurf der Fall ist (§ 17 Abs. 3 S. 1 OWiG). Wir haben auch Ihre wirtschaftlichen Verhältnisse berücksichtigt, die wir nach Ihrem Beruf auf 1300 Euro monatliches Nettoeinkommen geschätzt haben (§ 17 Abs. 3 S. 2 OWiG).

- **Abschöpfung des wirtschaftlichen Vorteils**

Schöpft die Verwaltungsbehörde mit der Geldbuße auch den aus der Ordnungswidrigkeit gezogenen wirtschaftlichen Vorteil nach § 17 Abs. 4 OWiG ab, sollte der Bußgeldbescheid unbedingt insoweit begründet werden. Andernfalls ist weder dem oder der Betroffenen noch im Fall eines Einspruchs für das später mit dem Verfahren befasste Amtsgericht nachvollziehbar, in welcher Höhe mit der Geldbuße eine Abschöpfung des wirtschaftlichen Vorteils erfolgte und nach welchen Kriterien dieser berechnet oder geschätzt wurde. Beruht die Vorteilsabschöpfung auf dem Gutachten eines oder einer Sachverständigen, so kann auf deren Ausführungen Bezug genommen werden, indem nur das Ergebnis des Gutachtens wiedergegeben und dieses zusätzlich dem Bußgeldbescheid als Anlage beigefügt wird.

Beispiel:

Begründung des Bußgeldbescheids

1. Ihre Äußerung zur Anhörung vom <Datum>

   ...

1) Zur Rechtsnatur und Anwendung von Bußgeldkatalogen bei allgemeinen Ordnungswidrigkeiten § 13 Nr. 3.6.2.

2. Zumessung der Geldbuße

...

Wir haben den aus der Ordnungswidrigkeit gezogenen wirtschaftlichen Vorteil mit der Geldbuße in der geschätzten Höhe von 9000 Euro abgeschöpft. Unsere Schätzung ergibt sich aus dem Gutachten des Sachverständigen Vogel, das diesem Bußgeldbescheid als Anlage beigefügt ist.

3.10 Hinweise an die Betroffenen

Ein Bußgeldbescheid kann schließlich noch Hinweise auf die **Folgen einer erneuten Zuwiderhandlung** enthalten. Ein warnender Hinweis kann insbesondere geboten sein, wenn vorsätzliches Handeln oder beharrliche Wiederholung einer Ordnungswidrigkeit einen Straftatbestand verwirklicht. Der Bußgeldbescheid sollte dazu einen gesonderten, optisch deutlich hervorgehobenen Abschnitt mit der Zwischenüberschrift „Hinweise" enthalten.

Beispiele:

Wir weisen Sie darauf hin, dass wir bei einer erneuten Zuwiderhandlung aufgrund unserer Hinweise in diesem Bußgeldbescheid vorsätzliches Handeln und eine Strafanzeige an die zuständige Staatsanwaltschaft prüfen müssen. Vorsätzliches Handeln ist als Straftat mit Freiheitsstrafe bis zu drei Jahre oder mit Geldstrafe bedroht.

Die beharrliche Wiederholung der Ihnen in diesem Bußgeldbescheid vorgeworfenen Zuwiderhandlung wäre keine Ordnungswidrigkeit mehr, sondern ist bereits als Straftat mit Freiheitsstrafe bis zu drei Jahre oder mit Geldstrafe bedroht. Bei einer erneuten Zuwiderhandlung müssen Sie daher mit einer Strafanzeige an die zuständige Staatsanwaltschaft rechnen.

Sinnvoll kann auch ein Hinweis auf die vom Bußgeldverfahren unabhängige Erfüllung verwaltungsrechtlicher Pflichten sein. Manche Betroffene scheinen der Meinung zu sein, mit der Bezahlung der Geldbuße sei „alles erledigt". Dies kann der Behörde auch weitere Maßnahmen der Gefahrenabwehr ersparen.

Beispiel:

Die Zahlung der Geldbuße entbindet Sie nicht von der Verpflichtung zur unverzüglichen Beseitigung des Autowracks.

Keinesfalls aber dürfen im Bußgeldbescheid Verwaltungsakte erlassen oder angedroht oder Kosten erhoben werden, die im Verwaltungsverfahren entstanden sind. Dazu ist gegebenenfalls ein gesonderter Kostenbescheid im Verwaltungsverfahren zu erlassen.

Fehlbeispiele:

Für den Fall, dass Sie das Schrottfahrzeug nicht bis spätestens 20.9.2022 selbst entfernt haben, drohen wir Ihnen hiermit die Ersatzvornahme auf Ihre Kosten an.

Für die Beseitigung des Autowracks setzen wir eine Gebühr von 50 Euro fest. Unsere Auslagen betragen 130,23 Euro.

Hinweise auf verwaltungsrechtliche Rechtsfolgen wie verfahrensübergreifende Mitteilungen von Amts wegen (§ 49a OWiG), an das Gewerbezentralregister (§ 149 Abs. 2 S. 1 Nr. 3 GewO) oder die Ausländerbehörde (§ 87 Abs. 4 S. 1, 3 AufenthG, § 11 FreizügG/EU) sind weder vorgeschrieben noch in der Verfahrenspraxis üblich. Sie sollten stets unterbleiben.

3.11 Rechtsbehelfsbelehrung, Zahlungsaufforderung und Hinweise

Jeder Bußgeldbescheid muss eine Rechtsbehelfsbelehrung, eine Zahlungsaufforderung und den Hinweis auf die Anordnung der Erzwingungshaft (§ 96 OWiG) mit im Einzelnen in § 66 Abs. 2 OWiG festgelegtem Inhalt enthalten (Musterbußgeldbescheid 13.2). Ohne die Belehrung zur Erzwingungshaft (§ 66 Abs. 2 Nr. 3 OWiG) ist deren Anordnung im Vollstreckungsverfahren unzulässig (§ 96 Abs. 1 Nr. 3 OWiG).

3.11.1 Mindestinhalt der Rechtsbehelfsbelehrung

Der Bußgeldbescheid kann durch den befristeten Einspruch angefochten werden (§ 67 Abs. 1 S. 1 OWiG). Der oder die Betroffene ist daher bei der Bekanntmachung über die Möglichkeit der Anfechtung und die dafür vorgeschriebene Frist und Form zu belehren (§ 50 Abs. 2 OWiG).[1)] Die Rechtsbehelfsbelehrung muss zur Einspruchsfrist einen Hinweis enthalten, dass die zweiwöchige Frist (§ 67 Abs. 1 S. 1 OWiG) bei einem schriftlichen Einspruch nur dann gewahrt ist, wenn dieser innerhalb dieser Frist bei der Behörde eingeht.[2)] Bezüglich der Form des Einspruchs ist zu beachten, dass sich die Möglichkeiten des elektronischen Rechtsbehelfs erweitern können. Nach der entsprechend anwendbaren neueren Rechtsprechung des BVerwG muss die Rechtsbehelfsbelehrung aber nicht auf alle Einzelheiten des elektronischen Rechtsverkehrs eingehen. Es genügt vielmehr ein Hinweis, der es den Betroffenen ermöglicht, sich selbst darüber näher zu informieren.[3)] Veröffentlichte Verwaltungsrichtlinien zum Inhalt der Rechtsbehelfsbelehrung bestehen nicht, die Verfahrenspraxis ist noch uneinheitlich. Veröffentlichte Rechtsprechung zum Mindestinhalt bestand bei Redaktionsschluss dieser Auflage noch nicht.

1) Die Rechtsbehelfsbelehrung im Bußgeldverfahren muss im Gegensatz zum Verwaltungsverfahren (§ 37 Abs. 6 VwVfG, § 58 Abs. 1 VwGO) nicht nur über die Frist, sondern auch über die Form belehren.
2) AG Saarbrücken, Beschl. vom 7.8.2009, Az. 43 OWi 31 Js 867/13 (228/13).
3) BVerwG, Urt. vom 25.1.2021, Az. 9 C 8/19, und Beschl. vom 26.8.2024, Az. 1 B 28/24.

Muster 13.7: Muster einer Rechtsbehelfsbelehrung zu Frist und Form eines Einspruchs

Rechtsbehelfsbelehrung
Gegen diesen Bußgeldbescheid können Sie innerhalb von zwei Wochen nach seiner Zustellung bei der Stadt Münsterberg – Bußgeldstelle – Schubertstraße 36, 99090 Münsterberg Einspruch (§ 67 Abs. 1 Abs. 1 OWiG) in deutscher Sprache (§ 184 S. 1 GVG i. V. m. § 46 Abs. 1 OWiG) schriftlich, zur Niederschrift oder elektronisch im Dateiformat PDF/A (§ 2 Abs. 1 S. 1 ERVV) durch E-Mail mit qualifizierter elektronischer Signatur (§ 110c S. 1 OWiG i. V. m. § 32a Abs. 3 StPO) sowie über die zugelassenen sicheren Übermittlungswege (§ 110c S. 1 OWiG i. V. m. § 32a Abs. 4 S. 1 StPO) einlegen.
Der Einspruch kann auch auf einzelne Beschwerdepunkte beschränkt werden (§ 67 Abs. 2 OWiG). Sofern Sie eine Begründung des Einspruchs beabsichtigen, bitten wir Sie, diese möglichst mit der Einlegung des Einspruchs zu verbinden.
Falls wir den Bußgeldbescheid trotz eines Einspruchs aufrechterhalten (§ 69 Abs. 2 S. 1 OWiG), entscheidet das Amtsgericht aufgrund dieses Bußgeldbescheides über das Vorliegen einer Ordnungswidrigkeit und die Rechtsfolgen i. d. R. aufgrund einer mündlichen Hauptverhandlung (§ 71 OWiG), ohne an die Höhe der festgesetzten Geldbuße gebunden zu sein. Das Gericht kann mit Ihrer Zustimmung auch durch schriftlichen Beschluss entscheiden (§ 72 OWiG), wobei es an die Rechtsfolgen des Bußgeldbescheides gebunden ist.

Der Bußgeldbescheid enthält ferner den Hinweis, dass er rechtskräftig und vollstreckbar wird, wenn kein Einspruch nach § 67 OWiG eingelegt wird bei einem Einspruch auch eine für den Betroffenen nachteiligere Entscheidung getroffen werden kann (§ 67 Abs. 2 Nr. 1 OWiG).

3.11.2 Rechtsbehelfsbelehrung bei Ausländern

Mangelnde Sprachkenntnisse dürfen nicht zu einer Verkürzung der verfassungsrechtlichen Rechtsschutzgarantien führen.[1] In der Rechtsprechung noch nicht entschieden ist die Frage, ob ein in der deutschen Amtssprache verfasster Bußgeldbescheid (§ 184 S. 1 GVG i. V. m. § 46 Abs. 1 OWiG) aufgrund § 187 Abs. 2 S. 1 GVG i. V. m. § 46 Abs. 1 OWiG mit dem Strafbefehl gleichzusetzen und in eine dem Betroffenen verständliche Sprache zu übersetzen ist. Nach Nr. 16 der einführenden Bestimmungen der zugrunde liegenden Richtlinie 2010/64/EU ist dies jedoch nicht zu erwarten. Danach wäre es unangemessen, die zuständige Behörde zu verpflichten, alle Rechte nach dieser Richtlinie zu gewährleisten. In den Fällen, in denen nach dem Recht eines Mitgliedstaats die Verhängung einer Sanktion wegen geringfügiger Zuwiderhandlungen durch eine solche Behörde vorgesehen ist und bei einem in Strafsachen zuständigen Gericht Rechtsmittel eingelegt werden können, sollte diese Richtlinie daher nur auf das Verfahren vor diesem Gericht nach Einlegung eines solchen Rechtsmittels Anwendung finden.

Eine Rechtsbehelfsbelehrung nur in deutscher Sprache kann jedoch die Wiedereinsetzung in den vorigen Stand (§ 52 OWiG)[2] begründen:

1) OLG München, Beschl. vom 18.11.2013, Az. 4 StRR 120/13m.
2) Zur Wiedereinsetzung in den vorigen Stand (§ 52 OWiG) § 19 Nr. 2.

- Bleibt zweifelhaft, ob der oder die Betroffene der deutschen Sprache mächtig ist, kann ihnen nicht vorgeworfen werden, sie hätten sich nicht hinreichend um die Verfolgung ihrer Interessen gekümmert, obwohl sie dazu in der Lage gewesen wären.[1)]
- Nur wenn feststeht, dass der oder die Betroffene den Bußgeldbescheid als amtliches Schriftstück mit einer sie belastenden Verfügung erkannt hat, gereicht ihnen die Fristversäumnis zum Verschulden. Sie hätten sich dann bei der Verwaltungsbehörde oder einem Rechtsanwalt oder Rechtsanwältin rechtzeitig erkundigen müssen.[2)]

Die Beilage der Übersetzung der Rechtsbehelfsbelehrung in die dem oder der Betroffenen verständliche Sprache im Dateianhang zum Bußgeldbescheid stellt hier eine mögliche Lösung dar. Sie sollte den Hinweis enthalten, dass der Einspruch in deutscher Sprache einzulegen ist. Bei zahlreichen Betroffenen, die der deutschen Sprache nicht mächtig sein können wie z. B. asylrechtlichen Ordnungswidrigkeiten, empfiehlt sich die Verwendung eines mehrsprachigen Beiblattes mit Übersetzungen der Rechtsbehelfsbelehrungen in den gängigsten Fremdsprachen.

3.11.3 Belehrung über das Verbot der Jagdausübung

Gegen den Täter oder die Täterin einer Ordnungswidrigkeit nach § 39 BJagdG oder z. B. im Landesrecht Art. 56 Abs. 1 BayJG kann aufgrund § 41a Abs. 1 Nr. 2 BJagdG oder Art. 57 Abs. 1 BayJG das Verbot der Jagdausübung angeordnet werden.[3)] Der oder die Betroffene ist im Bußgeldbescheid neben der allgemeinen Rechtsbehelfsbelehrung über den Beginn der Verbotsfrist zu belehren (§ 41a Abs. 4 BJagdG oder Art. 57 Abs. 4 BayJG). Für die Formulierung kann folgender Text vorgesehen werden:

Beispiel:

„Das Verbot der Jagdausübung wird mit der Rechtskraft des Bußgeldbescheids wirksam. Die Verbotsfrist wird jedoch erst von dem Tage an gerechnet, an dem Ihr Jagdschein in amtliche Verwahrung genommen wird. Es liegt daher in Ihrem eigenen Interesse, den Jagdschein sofort an die Verwaltungsbehörde, die den Bußgeldbescheid erlassen hat, zu übersenden oder abzuliefern. Ansonsten verlängert sich die Verbotsfrist um die Zeitspanne zwischen Rechtskraft und Ablieferung. Liefern Sie Ihren Jagdschein nicht freiwillig ab, so muss er beschlagnahmt werden."

3.12 Signatur des Bußgeldbescheids

Eine Unterzeichnung des Bußgeldbescheides war bereits bei herkömmlichen Papierakten nicht vorgeschrieben. Nach Einführung des elektronischen Rechtsverkehrs gilt der Bußgeldbescheid als von der Verwaltungsbehörde elektronisch erstell-

---

1) BVerfG, Beschl. vom 10.6.1975, Az. 2 BvR 1074/74.
2) OLG Köln, Beschl. vom 4.5.1979, Az. 1 Ws 8/79.
3) Zum Verbot der Jagdausübung (§ 39 BJagdG oder Art. 56 Abs. 1 BayJG) § 13 Nr. 3.7.1.

tes Dokument. Daher ist die namentliche Wiedergabe der verantwortenden Person nur in der Abschlussverfügung (§ 61 OWiG) als begleitender Verfügung, nicht aber im Bußgeldbescheid selbst notwendig (§ 32b Abs. 1 S. 1 StPO i. V. m. § 110c S. 2 OWiG).[1] Es genügt daher die allgemein übliche und wertneutrale Grußformel „Mit freundlichen Grüßen“ mit der folgenden Angabe der Verwaltungsbehörde ohne Namenszusätze. In dieser Weise werden alle Musterbescheide in diesem Werk abgeschlossen.

1) Zur Abschlussverfügung der Verwaltungsbehörde (§ 61 OWiG) § 13 Nr. 1.

§ 14
Bußgeldbescheide bei Auffangtatbeständen

Gewisse Besonderheiten weisen Bußgeldbescheide auf, die den Tatbestand des Vollrausches (§ 122 OWiG)[1] und der Verletzung der Aufsichtspflicht in Betrieben und Unternehmen (§ 130 OWiG)[2] zum Gegenstand haben.

1. Bußgeldbescheid wegen Vollrausches (§ 122 OWiG)

Der Gesetzgeber hat im Hinblick auf die allgemeine Gefährlichkeit und Unberechenbarkeit berauschter Personen das Sich-Berauschen in § 122 OWiG als selbstständiges, rechtlich fassbares sanktionswürdiges Unrecht tatbestandlich normiert.[3] Hat der oder die Betroffene im alkoholisierten Zustand eine mit Geldbuße bedrohte Handlung begangen, so ist vor Erlass des Bußgeldbescheids wegen Vollrausches nach § 122 OWiG zu klären, ob er oder sie noch sicher schuldfähig war und daher wegen dieser Ordnungswidrigkeit geahndet werden kann. Der Auffangtatbestand in § 122 OWiG wird erst wirksam, wenn eine rauschbedingte Schuldunfähigkeit sicher vorliegt oder nicht auszuschließen ist.[4] Besonderheiten gegenüber dem Bußgeldbescheid gegen schuldfähige Personen ergeben sich bei der Bezeichnung der Tat, den Bußgeldvorschriften und der Geldbuße (Musterbußgeldbescheid 14.1).

1.1 Bezeichnung der Tat

Dem oder der Betroffenen ist als Tathandlung ausschließlich vorzuwerfen, sich in einen sicher feststellbaren Rauschzustand versetzt zu haben.[5] Dieser wird meist alkoholbedingt durch sich betrinken, kann aber auch durch Drogengenuss hervorgerufen sein. Nur der Besitz, nicht aber der bloße Konsum von Betäubungsmitteln ist durch § 29 Abs. 1 Nr. 1 BtMG mit Strafe bedroht. Der öffentliche Konsum von Cannabis ist seit 1.4.2024 nur im Bereich bestimmter Örtlichkeiten (§ 5 KCanG) als Ordnungswidrigkeit mit Geldbuße bedroht (§ 36 Abs. 1 Nr. 4 KCanG). Der Täter oder die Täterin braucht sich zum Zeitpunkt des noch vorwerfbaren Handelns beim Sich-Berauschen weder bewusst zu sein noch bewusst sein zu können, dass er oder sie im Rauschzustand zur Begehung von ordnungswidrigem Verhalten neige. Die im Rauschzustand begangene, wegen Schuldunfähigkeit (§ 12 Abs. 2 OWiG) nicht vorwerfbare Handlung ist lediglich als objektive Bedingung der Ahndung zu schildern. Der folgenlose Rausch ohne Begehung einer mit Geldbuße bedrohten Handlung ist daher nicht nach § 122 Abs. 1 OWiG ordnungswidrig.[3]

1) Zur Vorwerfbarkeit der Ordnungswidrigkeit (§ 12 OWiG) und zum Auffangtatbestand des Vollrausches (§ 122 OWiG) § 2 Nr. 3.4, § 2 Nr. 3.4.4, § 14 Nr. 1.
2) Zur Beteiligung an einer Ordnungswidrigkeit (§ 14 Abs. 1 OWiG) und zum Auffangtatbestand der Verletzung der Aufsichtspflicht in Betrieben und Unternehmen (§ 130 OWiG) § 4 Nr. 1 und 3.
3) BGH, Beschl. vom 20.12.2016, Az. 3 StR 63/15.
4) BGH, Beschl. vom 20.12.2016, Az. 3 StR 63/15, ständige Rechtsprechung.
5) BGH, Beschl. vom 24.7.2017, Az. GSSt 3/17.

Die Ordnungswidrigkeit kann vorsätzlich oder fahrlässig begangen werden. Bedingt vorsätzlich handelt, wer es bei dem Genuss von Rauschmitteln für möglich hält und billigend in Kauf nimmt, dass er sich dadurch in einen Rauschzustand versetzt, der seine Einsichtsfähigkeit oder sein Hemmungsvermögen jedenfalls erheblich vermindert, wenn nicht ganz ausschließt.[1)]

Beispiel:

Sie nahmen am Abend des Samstags, den 19.9.2026, große Mengen an alkoholischen Getränken zu sich und versetzten sich dadurch aus Nachlässigkeit in einen alkoholbedingten Rauschzustand. Als Sie gegen 23.30 Uhr den Zuschauerraum des Roxi-Filmtheaters in 83237 Fischhausen, Mohrenstraße 88 betraten, waren Sie wegen des vorangegangenen Alkoholgenusses nicht mehr in der Lage, das Unrecht Ihrer Handlungsweise einzusehen (= Tatvorwurf).

Sie schrien unvermittelt während der laufenden Filmveranstaltung herum und beschimpften die Kinobesucher lautstark u. a. als Spanner und Spätzünder (= wegen vorübergehender Schuldunfähig nicht zu ahndende Ordnungswidrigkeit nach § 118 Abs. 1 OWiG als „objektive Bedingung der Ahndung").

Ordnungswidrig handelt,

wer sich fahrlässig durch alkoholische Getränke in einen Rausch versetzt, wenn er in diesem Zustand eine mit Geldbuße bedrohte Handlung begeht und ihretwegen keine Geldbuße festgesetzt werden kann, weil er infolge des Rausches nicht vorwerfbar gehandelt hat oder dies nicht auszuschließen ist. Mit Geldbuße nach § 118 Gesetz über Ordnungswidrigkeiten (OWiG) ist die Vornahme einer grob ungehörigen Handlung bedroht, die geeignet ist, die Allgemeinheit zu belästigen oder zu gefährden oder die öffentliche Ordnung zu beeinträchtigen.

Der Tatvorwurf des Grundtatbestandes und des Vollrausches dürfen nicht miteinander vermischt werden.

Fehlbeispiel:

Sie betraten am Abend des Samstags, den 19.9.2026, gegen 23.30 Uhr den Zuschauerraum des Roxi-Filmtheaters in 83237 Fischhausen, Mohrenstraße 88. Dort schrien Sie unvermittelt während der laufenden Filmveranstaltung herum und beschimpften die Kinobesucher lautstark u. a. als Spanner und Spätzünder. Dabei waren Sie alkoholbedingt nicht mehr in der Lage, das Unrecht Ihrer Handlungsweise einzusehen.

1.2 Bußgeldvorschriften und Geldbuße

Bei den Bußgeldvorschriften wird nur der Tatbestand des § 122 OWiG angegeben: „§ 122 Abs. 1 Gesetz über Ordnungswidrigkeiten i. d. F. vom 19. Februar 1987 (OWiG) BGBl. I S. 602." Der Tatbestand der wegen vorübergehender Schuldunfähig-

1) BGH, Beschl. vom 8.12.2021, Az. 2 StR 391/21.

keit nicht zu ahndenden Ordnungswidrigkeit ist bereits bei den gesetzlichen Merkmalen der Ordnungswidrigkeit aufgeführt. Möglich ist es aber auch, beide Vorschriften unter den Bußgeldvorschriften verbunden darzustellen, z. B. „§ 122 Abs. 1 i. V. m. § 118 Abs. 1 OWiG".

Die Ordnungswidrigkeit des Vollrausches kann mit einer Geldbuße geahndet werden (§ 122 Abs. 2 S. 1 OWiG). Der Höchstbetrag der Geldbuße beträgt daher (allgemeiner Bußgeldrahmen)

- 1000 Euro bei vorsätzlichem Vollrausch (§ 17 Abs. 1 OWiG),
- 500 Euro bei fahrlässigem Vollrausch (§ 17 Abs. 1, 2 OWiG).

Die Geldbuße für die Ordnungswidrigkeit nach § 122 Abs. 1 OWiG darf auch nicht höher sein als die Geldbuße, die für die im Rausch begangene Handlung angedroht ist (§ 122 Abs. 2 S. 2 OWiG). Derart geringe Bußgeldrahmen kommen aber praktisch nicht vor. Zu beachten ist auch die kurze Verjährungsfrist von sechs Monaten (§ 31 Abs. 2 Nr. 4 OWiG).

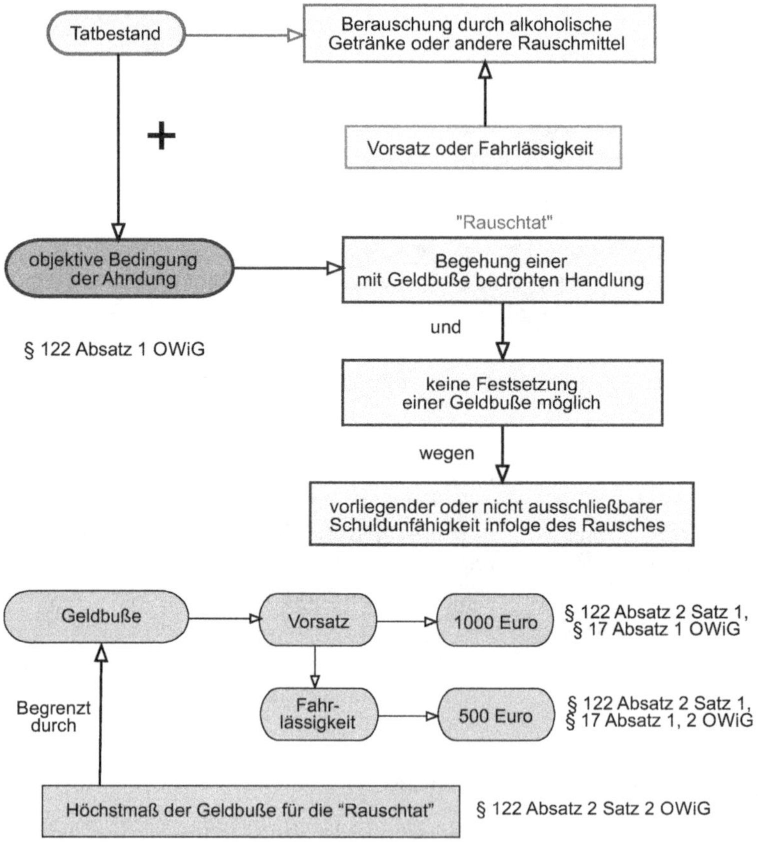

Abb. 1: Anfangstatbestand Vollrausch (§ 122 OWiG)

Muster 14.1: Bußgeldbescheid wegen Vollrausch (§ 122 OWiG)

Stadt Münsterberg

Bußgeldstelle

Stadt Münsterberg, 99090 Münsterberg

Herrn
Dieter Franke
Augustenstraße 41
88232 Neustadt
über DeutschlandID

Dienstgebäude	Schubertstraße 36
Bearbeitung	Frau Weber
Telefon	(0987) 9878-987
E-Mail	weber.bs@muensterberg.de

Ihr Zeichen, Ihre Nachricht vom	Bitte bei Antwort angeben **Unser Zeichen, Unsere Nachricht vom**	**Datum**
1.6.2026	OWi – 0987665/26	22.6.2026

Bußgeldbescheid

Betroffener: Herr Dieter Franke, geboren 12.4.1960 in Münsterberg, Augustenstraße 34, 88343 Münsterberg

Verteidigung: –

Sehr geehrte Herr Franke,

nach unseren Feststellungen haben Sie folgende Ordnungswidrigkeit begangen:

Sie nahmen am Abend des Sonntags, den 24.5.2026, große Mengen an alkoholischen Getränken zu sich und setzten sich dadurch aus vermeidbarer Unachtsamkeit in einen Rauschzustand. Gegen 22.00 Uhr schütteten Sie eine Packung Waschpulver in den öffentlichen Brunnen auf dem Marktplatz der Stadt Münsterberg, sodass sich das überschäumende Wasser auf den Platz ergoss. Zu diesem Zeitpunkt waren Sie nicht ausschließbar alkoholbedingt nicht mehr in der Lage, das Unrecht Ihrer Handlung einzusehen.

Ordnungswidrig handelt, wer

sich fahrlässig durch alkoholische Getränke in einen Rausch versetzt, wenn er in diesem Zustand eine mit Geldbuße bedrohte Handlung begeht und ihretwegen keine Geldbuße festgesetzt werden kann, weil er infolge des Rausches nicht vorwerfbar gehandelt hat oder dies nicht auszuschließen ist. Mit Geldbuße nach § 118 Gesetz über Ordnungswidrigkeiten (OWiG) ist die Vornahme einer grob ungehörigen Handlung bedroht, die geeignet ist, die Allgemeinheit zu belästigen oder zu gefährden und die öffentliche Ordnung zu beeinträchtigen.

Verletzte Bußgeldvorschriften

§ 122 Abs. 1 Gesetz über Ordnungswidrigkeiten i. d. F. vom 19. Februar 1987 (OWiG) BGBl. I S. 602.

Telefonzentrale
(0899) 123-0
Internet
www.Muensterberg.de

Servicezeiten
Mo-Mi 7.30-16.30 Uhr
Do 7.30-17.30 Uhr
Fr 7.30-12.00 Uhr

Öffentliche Verkehrsmittel
Stadtbus Linie 6
Haltestelle Mitte

Bankverbindung
Kreissparkasse Münsterberg
IBAN DE2040000000123456
BIC GROBDE77XX
Volksbank Münsterberg
IBAN DE2040000000234567
BIC GROBDE87XX

Besonderes elektronisches Behördenpostfach
Ordnungsamt@muensterberg .de

Beweismittel

Ordnungswidrigkeiten-Anzeige der Polizeiinspektion Münsterberg vom 26.5.2026

Wir setzen deswegen gem. § 17 des Gesetzes über Ordnungswidrigkeiten (OWiG) gegen Sie die folgende Geldbuße fest. Sie tragen auch die Kosten des Bußgeldverfahrens (§§ 464, 465 Abs. 1 Strafprozessordnung – StPO – i. V. m. § 46 Abs. 1 OWiG). Diese setzen sich aus der Gebühr (§ 107 Abs. 1 OWiG) und unseren Auslagen (§ 107 Abs. 3 OWiG) zusammen.

Geldbuße		150,00 Euro
Gebühr		25,00 Euro
Auslagen		0,00 Euro
	Gesamtbetrag	175,00 Euro

Rechtsbehelfsbelehrung

Gegen diesen Bußgeldbescheid können Sie innerhalb von zwei Wochen ab Zustellung bei der Stadt Münsterberg – Bußgeldstelle – Schubertstraße 36, 99090 Münsterberg schriftlich oder zur Niederschrift in deutscher Sprache (§ 184 S. 1 GVG i. V. m. § 46 Abs. 1 OWiG) Einspruch einlegen (§ 67 Abs. 1 OWiG). Die Frist von zwei Wochen ist nur dann gewahrt, wenn der Rechtsbehelf vor Fristablauf bei der Stadt Münsterberg eingeht. Fällt das Ende einer Frist auf einen Sonntag, einen allgemeinen Feiertag oder einen Sonnabend, so endet die Frist mit Ablauf des nächsten Werktages (§ 43 Abs. 2 StPO i. V. m. § 46 Abs. 1 OWiG). Sie können den Rechtsbehelf ferner im Dateiformat PDF/A (portable document format) durch E-Mail mit qualifizierter elektronischer Signatur (§ 32a Abs. 3 StPO i. V. m. § 110c S. 1 OWiG) sowie über einen zugelassenen sicheren Übermittlungsweg einlegen (§ 32a Abs. 4 S. 1 StPO i. V. m. § 110c S. 1 OWiG). Rechtsanwälte und Rechtsanwältinnen können den Rechtsbehelf nur elektronisch einlegen (§ 110c S. 3 OWiG).

Der Einspruch kann auch auf einzelne Beschwerdepunkte beschränkt werden (§ 67 Abs. 2 OWiG). Sofern Sie eine Begründung des Einspruchs beabsichtigen, bitten wir Sie, diese möglichst mit der Einlegung des Einspruchs zu verbinden.

Falls wir den Bußgeldbescheid trotz eines Einspruchs aufrechterhalten (§ 69 Abs. 2 S. 1 OWiG), entscheidet das Amtsgericht aufgrund dieses Bußgeldbescheides über das Vorliegen einer Ordnungswidrigkeit und die Rechtsfolgen aufgrund einer mündlichen Hauptverhandlung (§ 71 OWiG), ohne an die Höhe der festgesetzten Geldbuße gebunden zu sein. Das Gericht kann mit Ihrer Zustimmung auch durch schriftlichen Beschluss entscheiden (§ 72 OWiG), wobei es an die Rechtsfolgen des Bußgeldbescheides gebunden ist.

Zahlungsaufforderung

Nach Rechtskraft des Bußgeldbescheides ist die Geldbuße innerhalb weiterer zwei Wochen (also vier Wochen ab Zustellung) an die Stadtkasse oder eines der in der Fußleiste dieses Bescheides bezeichneten Bankkonten zu bezahlen (§ 95 Abs. 1 OWiG). Bei Bewilligung von Zahlungserleichterungen sind die abweichend bestimmten Zahlungsfristen maßgeblich.

Hinweis auf Erzwingungshaft

Unterbleibt die Zahlung und legen Sie auch eine Zahlungsunfähigkeit nicht dar, so kann die Geldbuße durch die vom Amtsgericht angeordnete Erzwingungshaft durchgesetzt werden (§ 96 OWiG). Bei Unmöglichkeit sofortiger Zahlung sind Zahlungserleichterungen (Zahlungsfrist, Teilleistungen) möglich (§ 18, § 93 OWiG).

Mit freundlichen Grüßen

Stadt Münsterberg
Bußgeldstelle

2. Bußgeldbescheid wegen Aufsichtspflichtverletzung (§ 130 OWiG)

Die Verletzung der Aufsichtspflicht in Betrieben und Unternehmen nach § 130 Abs. 1 S. 1 OWiG enthält einen selbstständigen Auffangtatbestand, der voraussetzt, dass der Inhaber, die Inhaberin oder eine nach § 9 Abs. 1 OWiG gleichgestellte Person nicht bereits an der betriebsbezogenen Ordnungswidrigkeit beteiligt ist, oder zumindest eigene Fahrlässigkeit in Betracht kommt. Die Organ- oder Vertreterhaftung von Betroffenen (§ 9 Abs. 1, 2 OWiG) bewirkt nämlich keine Verantwortlichkeit für jedwedes Fehlverhalten von Mitarbeitenden in einem Betrieb oder Unternehmen. Der Vorwurf einer Ordnungswidrigkeit kann nur dann persönlich gemacht werden, wenn dem oder der Vertretenden eine festgestellte Ordnungswidrigkeit nach den allgemeinen Grundsätzen von Täterschaft und Teilnahme (§ 14 Abs. 1 OWiG) und Tun und Unterlassen (§ 8 OWiG) zugerechnet werden kann.[1)]

Beispiel:

Der Betroffene betreibt eine Schank- und Speisewirtschaft, in der eine elektroakustische Musikanlage aufgestellt ist. Für deren Betrieb ist durch vollziehbare Auflage ein Geräuschpegelbegrenzer vorgeschrieben. Bei einer polizeilichen Kontrolle wird festgestellt, dass die Geräuschentwicklung erheblich über dem vorgeschriebenen Grenzwert von 70 dB (A) liegt. Der zur Tatzeit selbst nicht anwesende Betroffene handelt wegen der einschlägigen gaststättenrechtlichen Bußgeldvorschrift

- vorsätzlich als Beteiligter (§ 14 Abs. 1 OWiG), wenn ihm die Ordnungswidrigkeit bekannt war, weil er sie selbst angeordnet hat oder er bewusst pflichtwidrig nicht eingeschritten ist (§ 8 OWiG),
- nur fahrlässig, wenn er aufgrund bestimmter Umstände damit rechnen musste, dass es in seiner Abwesenheit zur ordnungswidrigen Zuwiderhandlung kommen würde.

Lässt sich dies nicht nachweisen, kommt ein Bußgeldbescheid wegen des Auffangtatbestandes der Verletzung der Aufsichtspflicht (§ 130 Abs. 1 S. 1 OWiG) durch ein Organisationsverschulden des Betroffenen in Betracht. Der Betroffene handelt aufgrund fehlender oder mangelhafter Organisationsmaßnahmen (§ 130 Abs. 1 S. 2 OWiG) wegen dieser Bußgeldvorschrift

- vorsätzlich, wenn er mit der Begehung des Auflagenverstoßes in seiner Abwesenheit rechnete,
- nur fahrlässig, wenn er die Begehung des Auflagenverstoßes in seiner Abwesenheit hätte vorhersehen können.

Die durch eine andere, am Tatort anwesende Person, der der Betroffene die vorübergehende Leitung des Gaststättenbetriebes während der Tatzeit des Auflagenverstoßes überlassen hatte, vorsätzlich oder fahrlässig begangene gaststätten-

1) BayObLG, Beschl. vom 8.12.2023, Az. 201 ObOWi 1302/23.

rechtliche Ordnungswidrigkeit ist dann nur objektive Bedingung der Ahndung wegen der Aufsichtspflichtverletzung des Betroffenen.[1)]

Vor der Abfassung eines Bußgeldbescheids des Auffangtatbestandes muss folglich geklärt sein, dass keine vorrangige Form der Beteiligung an der Tat (§ 14 Abs. 1 OWiG)[2)] in Betracht kommt. Diese schließt den Auffangtatbestand der Aufsichtspflichtverletzung in Betrieben und Unternehmen aus. Der Unternehmer oder die Unternehmerin kann sich seiner Überwachungspflicht nicht dadurch vollständig entziehen, dass er im Betrieb eine Aufsichtsperson mit der Überwachung der Beschäftigten beauftragt.[3)]

2.1 Bezeichnung der Tat

Beim Aufbau der Tatschilderung sind die Handlungen zweier Personen getrennt darzustellen, nämlich die

- vorsätzliche oder fahrlässige Aufsichtspflichtverletzung des Inhabers, der Inhaberin oder einer ihnen gleichgestellten Person (= Tathandlung) durch Organisationsverschulden und dadurch ermöglichte
- betriebsbezogene vorsätzliche oder fahrlässige Ordnungswidrigkeit einer anderen Person als Anknüpfungstat (= objektive Bedingung der Ahndung).

Ohne diese ist der Tatbestand des § 130 Abs. 1 OWiG nicht verwirklicht.[4)] Im Bußgeldbescheid sollte eine auch optische Untergliederung durch Absatzbildung erfolgen.

- **Betrieb und Unternehmen**

Die in der Bußgeldvorschrift verwendeten Begriffe „Betrieb“ und „Unternehmen“ sind gleichbedeutend. Betrieb ist eine räumlich zusammengefasste Organisationseinheit (z. B. Abteilung oder Niederlassung), mit der ein Unternehmen bestimmte arbeitstechnische Zwecke verfolgt.[5)] Die abstrakten Begriffe dürfen im Bußgeldbescheid nicht einfach wiedergegeben werden, sondern sind bezüglich des jeweiligen Betriebs oder Unternehmens konkret auszufüllen. Bei einem Betrieb ist daher die einschlägige Organisationseinheit mit ihrer Aufgabenstellung zu beschreiben.

- **Täter oder Täterin der Aufsichtspflichtverletzung**

Täter oder Täterin der Aufsichtspflichtverletzung ist der Inhaber oder die Inhaberin einer Einzelfirma (§ 130 Abs. 1 S. 1 OWiG) oder ein über § 9 Abs. 1 oder 2 OWiG[6)] gleichgestellter gesetzlicher Vertreter oder entsprechende Vertreterin einer juristischen Person oder Personenvereinigung (Organ- oder Vertreterhaftung).[7)] Die Stel-

1) Sachverhalt nach BayObLG, Beschl. vom 8.12.2023, Az. 201 ObOWi 1302/23.
2) Zur Beteiligung an einer Ordnungswidrigkeit (§ 14 OWiG) § 4 Nr. 1; zum Aufbau des Bußgeldbescheids gegen einen Beteiligten (§ 14 Abs. 1 OWiG) § 13 Nr. 3.2.5.1.
3) BayObLG, Beschl. vom 10.8.2001, Az. 3 ObOWi 51/2001.
4) BGH, Urt. vom 31.10.2019, Az. 1 StR 219/17.
5) OLG Celle, Beschl. vom 29.3.2012, Az. 2 Ws 81/12.
6) Zum Personenkreis der gesetzlichen Vertreter oder Vertreterin im Sinne des § 9 Abs. 1 und 2 OWiG § 4 Nr. 2.
7) AG Köln, Urt. vom 14.2.2019, Az. 902b OWi 163/18.

lung als gesetzlicher Vertreter oder gesetzliche Vertreterin führt allerdings nicht schon für sich allein zur Verantwortlichkeit für einen von Mitarbeitenden des Betriebs oder Unternehmens begangenen Verstoßes. Dieser Vorwurf setzt grundsätzlich voraus, dass diese Ordnungswidrigkeit auch persönlich zugerechnet werden kann.[1)] Bei einer Betriebsfortführung nach Eröffnung des Insolvenzverfahrens (§ 27 InsO) geht die Verfügungs- und Verwaltungsbefugnis (§ 80 Abs. 1 InsO) auf den Insolvenzverwalter über (§ 56 InsO).[2)]

- **Tathandlung des Aufsichtspflichtigen**

Im Bußgeldbescheid sind der Tatvorwurf der Aufsichtspflichtverletzung und die betriebsbezogene Zuwiderhandlung einer anderen Person, die nur objektive Bedeutung der Ordnungswidrigkeit ist, optisch klar voneinander abzugrenzen. Hierzu eignet sich eine Gliederung durch Textabsätze, ohne die der Bußgeldbescheid schnell unübersichtlich wird (Musterbußgeldbescheid). Tathandlung der Ordnungswidrigkeit ist ausschließlich das Unterlassen erforderlicher und geeigneter Aufsichtsmaßnahmen, nicht die im Betrieb oder Unternehmen begangene Ordnungswidrigkeit. Hier genügt nicht die bloße Wiederholung des abstrakten Gesetzeswortlauts, vielmehr ist auch hier der konkrete Sachverhalt des Einzelfalls darzustellen. Dieser besteht nicht in der betriebsbezogenen Ordnungswidrigkeit, da diese nur objektive Bedingung der Ahndung ist. Auszuführen ist vielmehr der Organisationsmangel. Darzustellen ist hier die Sorgfalt, die von einem ordentlichen Angehörigen des jeweiligen Tätigkeitsbereiches verlangt werden kann.[3)]

Beispiele:

Einstellung unqualifizierten oder überforderten Personals, fehlende oder unklare Regelungen oder Zuständigkeiten im Unternehmen, fehlende oder mangelhafte Belehrung von Mitarbeitenden,[4)] fehlende oder unzureichende Überwachung der Einhaltung der Belehrung durch zumindest stichprobenartige Kontrollen.[3)]

Grundsätzlich ist es möglich, Pflichten, die nicht höchstpersönlicher Natur sind, auf Dritte zu übertragen, wobei aber bei dem Übertragenden die Pflicht bleibt, sorgfältig auszuwählen, zu bestellen und zu überwachen.[5)] Bei Zwischenschaltung von Aufsichtspersonen innerhalb der Unternehmenshierarchie (§ 130 Abs. 1 S. 2 OWiG) ist auch auf Organisationsmängel bei deren Bestellung, sorgfältige Auswahl und Überwachung einzugehen. Ein vorhandenes, aber nicht ausreichendes internes oder externes Compliance-Management-System (CMS) zur Vermeidung betriebsbezogener Ordnungswidrigkeiten muss dabei ausführlich dargestellt werden.[6)]

1) OLG Rostock, Beschl. vom 14.1.2013, Az. 2 Ss (OWi) 254/12 I 276/12; OLG Koblenz, Beschl. vom 7.1.2013, Az. 1 SsBs 131/12.
2) AG Tübingen, Urt. vom 29.1.2019, Az. 16 Owi 16 Js 20968/18,
3) AG Köln, Urt. vom 14.2.2019, Az. 902b OWi 163/18.
4) Thüringer OLG (Jena), Beschl. vom 2.11.2005, Az. 1 Ss 242/05.
5) BayObLG, Beschl. vom 8.12.2023, Az. 201 ObOWi 1303/23.
6) BGH, Urt. vom 9.5.2017, Az. 1 StR 265/16

Beispiele:

Einstellung eines seiner Aufgabe nicht gewachsenen Niederlassungs- oder Abteilungsleiters, fehlende oder unklare Regelungen über Zuständigkeiten über den Zuständigkeitsbereich, fehlende oder mangelhafte Belehrung über die Einhaltung öffentlich-rechtlicher Bestimmungen, fehlende oder unzureichende Überwachung der Einhaltung der Belehrung durch zumindest stichprobenartige Kontrollen.

Zum Tatbestand gehört auch die Verhinderung oder wesentliche Erschwerung der betriebsbezogenen Zuwiderhandlung eines anderen durch gehörige Aufsichtsmaßnahmen. Da eine Verhinderung schwerer darzulegen ist, beschränkt sich die Verfahrenspraxis i. d. R. auf die wesentliche Erschwerung der Zuwiderhandlung, die bei insbesondere bei stichprobenartiger Überprüfung ausreichender Belehrung naheliegt. Im Bußgeldbescheid aufzuführender Tatort der Ordnungswidrigkeit (§ 7 Abs. 1 OWiG) ist neben dem Betriebssitz auch jeder Ort, an welchem sich die Gefahr verwirklicht, deren Vermeidung Zweck die Aufsichtspflicht ist.[1)]

- **Betriebsbezogene Zuwiderhandlung einer anderen Person**

Die objektive Bedingung der Ahndung besteht in der wegen Aufsichtspflichtverletzung nicht verhinderten oder wesentlich erschwerten betriebsbezogenen Zuwiderhandlung eines anderen. Betriebsbezogen ist eine Pflicht dann, wenn sie einen inneren Zusammenhang mit der betrieblichen Tätigkeit des Begehungstäters oder mit der Art des Betriebes aufweist.[2)]

Beispiel:

Der Betreiber einer Diskothek verletzt seine Aufsichtspflicht, wenn infolge erkennbarer Organisationsmängel Ausweiskontrollen durch Türsteher am Eingang unterbleiben und deshalb Jugendliche unter 16 Jahren in die Betriebsräume gelangen.[3)]

Die Ordnungswidrigkeit der Aufsichtspflichtverletzung und damit der Festsetzung einer Verbandsgeldbuße nach § 30 OWiG setzen eine solche Anknüpfungstat voraus.[4)] Die betriebsbezogene Zuwiderhandlung muss im Bußgeldbescheid vom Tatvorwurf der Ordnungswidrigkeit gegenüber dem Aufsichtspflichtigen optisch klar abgegrenzt sein. Hierzu eignen sich am besten Textabsätze (siehe Musterbußgeldbescheid).

Da sich der Bußgeldbescheid nur gegen den Inhaber, die Inhaberin oder eine ihnen gleichgestellte Person (§ 9 Abs. 1 OWiG) richtet, muss dies auch in der sprachlichen Auffassung zum Ausdruck kommen. Dazu ist

– der Tatvorwurf des oder der Aufsichtspflichtigen im persönlichen Anklagestil wie auch bei anderen Bußgeldbescheiden abzufassen,

1) BGH, Beschl. vom 10.9.2003, Az. 2 ARs 258/03.
2) AG Bonn, Beschl. vom 22.9.2020, Az. 715 OWi 10/19, unter Bezugnahme auf BGH, Urt. vom 20.10.2011, Az. 4 StR 71/1.
3) AG Eggenfelden, Urt. vom 7.11.2005, Az. 23 OWi 24 Js 27435/05.
4) BGH, Urt. vom 31.10.2019, Az. 1 StR 219/17.

- die betriebsbezogene Handlung einer anderen Person als nur objektive Bedingung der Ahndung im unpersönlichen Stil zu halten.

- **Begründung des Bußgeldbescheides**

Auch für den Bußgeldbescheid wegen Aufsichtspflichtverletzung ist über die Angabe des Tatvorwurfs (§ 66 Abs. 1 Nr. 3 OWiG) und der Beweismittel (§ 66 Abs. 1 Nr. 4 OWiG) keine Begründung vorgeschrieben (§ 66 Abs. 3 OWiG). Da sich Betroffene bei der Anhörung oft auf die Verantwortlichkeit ihrer Mitarbeitenden berufen und damit ihre eigene Oberaufsicht ausschließen wollen, ist eine entsprechende Begründung des Bußgeldbescheids (§ 66 Abs. 3 OWiG) angebracht, um überflüssige Einsprüche zu vermeiden. Keinesfalls sollte eine solche optionale Begründung aber mit dem Tatvorwurf der Ordnungswidrigkeit vermischt werden, indem dort zu Einwendungen des Betroffenen Stellung genommen wird.

Fehlbeispiel:

Sie sind als Geschäftsführer der Riedel Getränke GmbH für die Einhaltung der Lenk- und Ruhezeiten des Fahrpersonals persönlich zuständig. Bei der Anhörung haben Sie zwar vorgetragen, dies fiele in die Zuständigkeit des Fuhrparkleiters. Dessen Zeugenvernehmung hat jedoch ergeben, ...

2.2 Bußgeldvorschriften und Geldbuße

Bei den Bußgeldvorschriften ist aufzuführen: „§ 130 Abs. 1 Gesetz über Ordnungswidrigkeiten i. d. F. vom 19. Februar 1987 (OWiG) BGBl. I S. 602)“, nicht etwa der im Betrieb oder Unternehmen von einem Anderen verwirklichte Grundtatbestand einer Ordnungswidrigkeit, die nur objektive Bedingung der Ahndung ist. Diese ist – ausnahmsweise – bereits bei der Schilderung des Tatvorwurfes oder bei den gesetzlichen Merkmalen der Ordnungswidrigkeit aufzuführen (Musterbußgeldbescheid 14.2). Möglich ist es aber auch, beide Vorschriften unter den Bußgeldvorschriften verbunden darzustellen, z. B. § 130 Abs. 1 S. 1 OWiG i. V. m. § 69 Abs. 2 Nr. 6 KrWG.

Der Höchstbetrag der Geldbuße ist nicht beziffert festgelegt. Er richtet sich bei Ordnungswidrigkeiten nach dem Höchstmaß der Geldbuße für die Pflichtverletzung des anderen (§ 130 Abs. 3 S. 3 OWiG). Daraus ergeben sich folgende Höchstbeträge der Geldbuße für die Aufsichtspflichtverletzung:

- **Vorsätzliche** Aufsichtspflichtverletzung
  - und **vorsätzliche** Zuwiderhandlung:

    Der Höchstbetrag der Geldbuße entspricht demjenigen für die vorsätzliche Zuwiderhandlung (§ 130 Abs. 3 S. 3 OWiG).
  - und **fahrlässige** Zuwiderhandlung:

    Der Höchstbetrag der Geldbuße entspricht demjenigen für die fahrlässige Zuwiderhandlung, also nur der Hälfte des Höchstbetrags für die vorsätzliche Zuwiderhandlung (§ 130 Abs. 3 S. 3, § 17 Abs. 2 OWiG bezüglich des Höchstmaßes der Geldbuße für die Zuwiderhandlung).

- **Fahrlässige** Aufsichtspflichtverletzung
  - und **vorsätzliche** Zuwiderhandlung:

    Der Höchstbetrag der Geldbuße entspricht der Hälfte des angedrohten Höchstbetrags der Geldbuße für die vorsätzliche Zuwiderhandlung (§ 130 Abs. 3 S. 3, § 17 Abs. 2 OWiG).
  - und **fahrlässige** Zuwiderhandlung:

    Der Höchstbetrag der Geldbuße ist zweifach durch § 17 Abs. 2 OWiG begrenzt, nämlich bezüglich der Fahrlässigkeit der Aufsichtspflichtverletzung und der nicht verhinderten fahrlässigen Zuwiderhandlung. Der Höchstbetrag entspricht also nur dem Viertel des Höchstbetrags für die vorsätzliche Zuwiderhandlung (§ 130 Abs. 3 S. 2, § 17 Abs. 2 OWiG bezüglich des Höchstmaßes der Geldbuße für die Zuwiderhandlung).[1)]

Beispiele:

Die Zuwiderhandlung eines Betriebsangehörigen nach § 53 Abs. 1 WaffG kann mit Geldbuße bis zu 10 000 Euro geahndet werden (§ 53 Abs. 2 WaffG).

Höchstbetrag der Geldbuße bei **vorsätzlicher** Zuwiderhandlung des Betriebsangehörigen und **vorsätzlicher** Aufsichtspflichtverletzung des Inhabers = 10 000 Euro (§ 53 Abs. 2 WaffG).

Höchstbetrag der Geldbuße bei **vorsätzlicher** Zuwiderhandlung des Betriebsangehörigen und **fahrlässiger** Aufsichtspflichtverletzung des Inhabers = 5000 Euro (§ 53 Abs. 2 WaffG, § 17 Abs. 2 OWiG).

Höchstbetrag der Geldbuße bei **fahrlässiger** Zuwiderhandlung des Betriebsangehörigen und **vorsätzlicher** Aufsichtspflichtverletzung des Inhabers = 5000 Euro (§ 53 Abs. 2 WaffG, § 17 Abs. 2 OWiG).

Höchstbetrag der Geldbuße bei **fahrlässiger** Zuwiderhandlung des Betriebsangehörigen und **fahrlässiger** Aufsichtspflichtverletzung des Inhabers = 2500 Euro (§ 53 Abs. 2 WaffG).

Die Zumessung der Geldbuße richtet sich nach den Kriterien des § 17 Abs. 3 OWiG. Ein wichtiges Merkmal ist die Existenz eines Compliance Management Systems (CMS), mit dem die Einhaltung gesetzlicher Bestimmungen von vornherein möglichst gewährleistet sein und folglich die Begehung von Straftaten oder Ordnungswidrigkeiten verhindert werden soll. Wird der Verwaltungsbehörde ein solches System im Vorverfahren bekannt, ist es von Amts wegen auf seine Qualität zu überprüfen und gegebenenfalls mildernd zu berücksichtigen.[2)]

1) AG Köln, Urt. vom 14.2.2019, Az. 902b OWi 163/18.

2) BGH, Urt. vom 9.5.2017, Az. 1 StR 265/16. Zur Bedeutung des Compliance Management Systems (CMS) bei der Zumessung der Geldbuße beim Auffangtatbestand der Verletzung der Aufsichtspflicht in Betrieben und Unternehmen *Wieser*-Kommentar § 130 OWiG).

Muster 14.2: Bußgeldbescheid wegen Verletzung der Aufsichtspflicht in Betrieben und Unternehmen (§ 130 Abs. 1 OWiG)

Stadt Münsterberg

Bußgeldstelle

Stadt Münsterberg, 99090 Münsterberg

Herrn
Gerhard Endemann
Giselastraße 73
88232 Neustadt
über DeutschlandID

Dienstgebäude	Schubertstraße 36
Bearbeitung	Frau Weber
Telefon	(0987) 9878-987
E-Mail	weber.bs@muensterberg.de

Ihr Zeichen, Ihre Nachricht vom	Bitte bei Antwort angeben **Unser Zeichen, Unsere Nachricht vom**	**Datum**
En/fe-2345 10.9.2026	OWi – 0987665/26	22.9.2026

Bußgeldbescheid

Betroffener: Herr Gerhard Endemann, geboren 2.9.1971 in Niederstein, Giselastraße 73, 88332 Neustadt

Verteidigung: –

Sehr geehrter Herr Endemann,

nach unseren Feststellungen haben Sie folgende Ordnungswidrigkeit begangen:

Sie sind Geschäftsführer der Wertstoff GmbH mit Sitz in Münsterberg. Diese hat ein Register über die Rückgewinnung und Regenerierung von Lösungsmitteln zu führen. Als gesetzlicher Vertreter der verpflichteten Wertstoff GmbH haben Sie die erforderlichen Maßnahmen zu treffen, insbesondere auch im Betrieb tätige Aufsichtspersonen zu überwachen, um eine Einhaltung der abfallrechtlichen Pflichten gem. § 49 Abs. 1 Kreislaufwirtschaftsgesetz (KrWG) i. V. m. Anlage 2 R 2 sicherzustellen.

Zwischen dem 25.7.2026 und dem 20.8.2026 wurden in 57 in der Anlage zu diesem Bescheid aufgeführten Einzelfällen (Dateianhang) durch verschiedene intern zuständige Schichtleiter aus Nachlässigkeit weder die Art und die Menge noch die Entsorgung von Lösungsmitteln festgehalten.

Diese nach § 69 Abs. 2 Nr. 8 i. V. m. § 49 Abs. 1 KrWG mit Geldbuße bedrohte Zuwiderhandlung war Ihnen nicht bekannt, da in dem von Ihnen geführten Unternehmen keine Vorkehrungen zur Einhaltung der Regelkonformität (Compliance-Management-System) bestehen und Sie sich daher aus mangelnder Sorgfalt nicht ausreichend um die Einhaltung der gesetzlichen Registerpflicht kümmerten. Sie überließen diese ohne einschlägige interne Weisung, Belehrung und Nachprüfung dem Betriebsleiter, der die ordnungsgemäße Führung ebenfalls nicht nachprüfte, sondern sich seinerseits auf die Schichtleiter verließ.

Telefonzentrale
(0899) 123-0
Internet
www.Muensterberg.de

Servicezeiten
Mo-Mi 7.30-16.30 Uhr
Do 7.30-17.30 Uhr
Fr 7.30-12.00 Uhr

Öffentliche Verkehrsmittel
Stadtbus Linie 6
Haltestelle Mitte

Bankverbindung
Kreissparkasse Münsterberg
IBAN DE2040000000123456
BIC GROBDE77XX
Volksbank Münsterberg
IBAN DE2040000000234567
BIC GROBDE87XX

Besonderes elektronisches Behördenpostfach
Ordnungsamt@muensterberg .de

Bei einer entsprechenden Anweisung des Betriebsleiters Dorner zu auch nur stichprobenartiger eigener Kontrolle des Registers im Rahmen eines Compliance-Management-Systems wäre die mangelhafte Führung durch die Schichtleiter des von Ihnen geführten Unternehmens aufgefallen und hätte durch Abmahnung der nachlässigen Schichtleiter zumindest wesentlich erschwert werden können.

Ordnungswidrig handelt, wer

als gesetzlicher Vertreter einer juristischen Person (§ 9 Abs. 1 Nr. 1 OWiG) als Inhaber eines Betriebes oder Unternehmens fahrlässig die Aufsichtsmaßnahmen unterlässt, die erforderlich sind, um in dem Betrieb oder Unternehmen Zuwiderhandlungen gegen Pflichten zu verhindern, die den Inhaber als solchen treffen, und deren Verletzung mit Geldbuße bedroht ist, wenn eine solche Zuwiderhandlung begangen wird, die durch gehörige Aufsicht verhindert oder wesentlich erschwert worden wäre (§ 130 Abs. 1 S. 1 OWiG). Zu den erforderlichen Aufsichtsmaßnahmen gehören auch die Bestellung, sorgfältige Auswahl und Überwachung von Aufsichtspersonen (§ 130 Abs. 1 S. 2 OWiG). Mit Geldbuße durch § 69 Abs. 2 Nr. 8 i. V. m. § 49 Abs. 1 (Anlage 2) Kreislaufwirtschaftsgesetz (KrWG) bedroht ist die Zuwiderhandlung gegen die Registerführungspflicht. Diese gilt auch für die Erzeuger von Abfällen (§ 49 Abs. 1 KrWG).

Verletzte Bußgeldvorschriften

§ 130 Abs. 1 Gesetz über Ordnungswidrigkeiten i. d. F. vom 19. Februar 1987 (OWiG) BGBl. I S. 602.

Beweismittel

Herr Fritz Dorner (Zeuge)
Prüfungsbericht Umweltamt der Stadt Münsterberg vom 1.9.2026 (Dokument)
Ablichtung des Nachweisbuches der Wertstoff GmbH (Dokument)

Gemäß § 17 des Gesetzes über Ordnungswidrigkeiten (OWiG) setzen wir gegen Sie deswegen die folgende Geldbuße fest. Sie tragen auch die Kosten des Bußgeldverfahrens (§§ 464, 465 Abs. 1 Strafprozessordnung – StPO – i. V. m. § 46 Abs. 1 OWiG). Diese setzen sich aus der Gebühr (§ 107 Abs. 1 OWiG) und unseren Auslagen (§ 107 Abs. 3 OWiG) zusammen.

Geldbußen		**500,00 Euro**
Gebühr		**25,00 Euro**
Auslagen		**0,00 Euro**
	Gesamtbetrag	**525,00 Euro**

Begründung des Bußgeldbescheides

1) Ihre Äußerung zur Anhörung vom 12.9.2026

Sie haben bei der Anhörung vorgetragen, für die Führung des Nachweisbuches sei allein der von Ihnen hierfür bestellte Betriebsleiter Dorner verantwortlich gewesen. Die arbeitsteilige Verlagerung verwaltungsrechtlicher Pflichten des Inhabers eines Betriebes oder Unternehmens führt nicht zum völligen Wegfall der Verantwortlichkeit. Vielmehr verbleibt die Oberaufsicht auch bei einem Geschäftsführer als gesetzlichem Vertreter einer Gesellschaft mit beschränkter Haftung (§ 9 Abs. 1 Nr. 1 OWiG). Hierzu sind Maßnahmen, Strukturen und Prozesse zumindest auf der Grundlage der ISO 3730 „Compliance-Managementsysteme – Anforderungen mit Leitlinien zur Anwendung“ erforderlich, um Regelkonformität sicherzustellen. Ein solches nach einschlägiger Rechtsprechung (BGH, Urt. vom 9.7.2017, Az. 1 StR 265/16) zwingend erforderliches Compliance-Management-System (CMS) bestand nach Ihren Angaben bei der Anhörung jedoch nicht. Die Aufsichtspflichten bestehen nach § 130 Abs. 1 S. 2 OWiG zumindest in der stichprobenartigen Überwachung des Betriebsleiters als Aufsichtsperson. Die ordnungsgemäße Führung des Nachweisbuchs stellt für einen abfallverwertenden Betrieb eine bedeutsame Mitwirkungspflicht des Unternehmers dar. Bei auch nur gelegentlicher Kontrolle der Einhaltung dieser Verpflichtung durch den Betriebsleiter hätten sie bemerkt, dass dieser seinerseits seinem Auftrag in keiner Weise nachkommt und das Nachweisbuch daher bereits seit längerer Zeit völlig nachlässig geführt wurde.

2) Zumessung der Geldbuße (§ 17 Abs. 3 OWiG)

Die fahrlässige Ordnungswidrigkeit nach § 69 Abs. 2 Nr. 8 KrWG ist mit Geldbuße bis zu 5000 Euro bedroht (§ 69 Abs. 3 KrWG, § 17 Abs. 2 OWiG). Ist die Pflichtverletzung mit Geldbuße bedroht, so bestimmt sich das Höchstmaß der Geldbuße wegen der Aufsichtspflichtverletzung nach dem für die Pflichtverletzung angedrohten Höchstmaß der Geldbuße (§ 130 Abs. 3 S. 2 OWiG). Das Höchstmaß der Geldbuße wegen der fahrlässigen Verletzung der Aufsichtspflicht beträgt 2500 Euro (§ 17 Abs. 2 OWiG).

a) Bedeutung der Ordnungswidrigkeit (§ 17 Abs. 3 S. 1 OWiG)

Die objektive Bedeutung der Ordnungswidrigkeit ist wegen der zahlreichen Mängel bei der Führung des Nachweisbuches über einen längeren Zeitraum, die durch Fehlen jeglicher Aufsichtsmaßnahmen ermöglicht wurden, erheblich.

b) Vorwurf, der den Täter trifft (§ 17 Abs. 3 S. 1 OWiG)

Bei der Zumessung der Geldbuße wirkte sich verschärfend aus, dass Sie als Geschäftsführer keinerlei Aufsichtsmaßnahmen getroffen und sich ohne jegliche Überwachung auf den Betriebsleiter verlassen haben, obwohl die ordnungsgemäße Führung eines abfallrechtlichen Registers zu den zentralen verwaltungsrechtlichen Pflichten eines abfallerzeugenden Betriebes gehören. Es liegt daher ein äußerst leichtfertiges Verhalten vor.

c) Wirtschaftliche Verhältnisse (§ 17 Abs. 3 S. 2 OWiG)

Das Monatseinkommen musste auf 4000 Euro netto nach Ihrem Beruf als Geschäftsführer eines größeren abfallverwertenden Unternehmens mit 150 Mitarbeitern geschätzt werden, da Sie hierzu bei der Anhörung keine Angaben gemacht haben.

Rechtsbehelfsbelehrung

Gegen diesen Bußgeldbescheid können Sie innerhalb von zwei Wochen ab Zustellung bei der Stadt Münsterberg – Bußgeldstelle – Schubertstraße 36, 99090 Münsterberg schriftlich oder zur Niederschrift in deutscher Sprache (§ 184 S. 1 GVG i. V. m. § 46 Abs. 1 OWiG) Einspruch einlegen (§ 67 Abs. 1 OWiG). Die Frist von zwei Wochen ist nur dann gewahrt, wenn der Rechtsbehelf vor Fristablauf bei der Stadt Münsterberg eingeht. Fällt das Ende einer Frist auf einen Sonntag, einen allgemeinen Feiertag oder einen Sonnabend, so endet die Frist mit Ablauf des nächsten Werktages (§ 43 Abs. 2 StPO i. V. m. § 46 Abs. 1 OWiG). Sie können den Rechtsbehelf ferner im Dateiformat PDF/A (portable document format) durch E-Mail mit qualifizierter elektronischer Signatur (§ 32a Abs. 3 StPO i. V. m. § 110c S. 1 OWiG) sowie über zugelassene sichere Übermittlungswege (§ 110c S. 1 OWiG in Verbindung mit § 32a Abs. 4 S. 1 StPO) einlegen.

Der Einspruch kann auch auf einzelne Beschwerdepunkte beschränkt werden (§ 67 Abs. 2 OWiG). Sofern Sie eine Begründung des Einspruchs beabsichtigen, bitten wir Sie, diese möglichst mit der Einlegung des Einspruchs zu verbinden.

Falls wir den Bußgeldbescheid trotz eines Einspruchs aufrechterhalten (§ 69 Abs. 2 S. 1 OWiG), entscheidet das Amtsgericht aufgrund dieses Bußgeldbescheides über das Vorliegen einer Ordnungswidrigkeit und die Rechtsfolgen aufgrund einer mündlichen Hauptverhandlung (§ 71 OWiG), ohne an die Höhe der festgesetzten Geldbuße gebunden zu sein. Das Gericht kann mit Ihrer Zustimmung auch durch schriftlichen Beschluss entscheiden (§ 72 OWiG), wobei es an die Rechtsfolgen des Bußgeldbescheides gebunden ist.

Zahlungsaufforderung

Nach Rechtskraft des Bußgeldbescheides ist die Geldbuße innerhalb weiterer zwei Wochen (also vier Wochen ab Zustellung) an die Stadtkasse oder eines der in der Fußleiste dieses Bescheides bezeichneten Bankkonten zu bezahlen (§ 95 Abs. 1 OWiG). Bei Bewilligung von Zahlungserleichterungen sind die abweichend bestimmten Zahlungsfristen maßgeblich.

Hinweis auf Erzwingungshaft

Unterbleibt die Zahlung und legen Sie auch eine Zahlungsunfähigkeit nicht dar, so kann die Geldbuße durch die vom Amtsgericht angeordnete Erzwingungshaft durchgesetzt werden (§ 96 OWiG). Bei Unmöglichkeit sofortiger Zahlung sind Zahlungserleichterungen (Zahlungsfrist, Teilleistungen) möglich (§ 18, § 93 OWiG).

Mit freundlichen Grüßen

Stadt Münsterberg
Bußgeldstelle

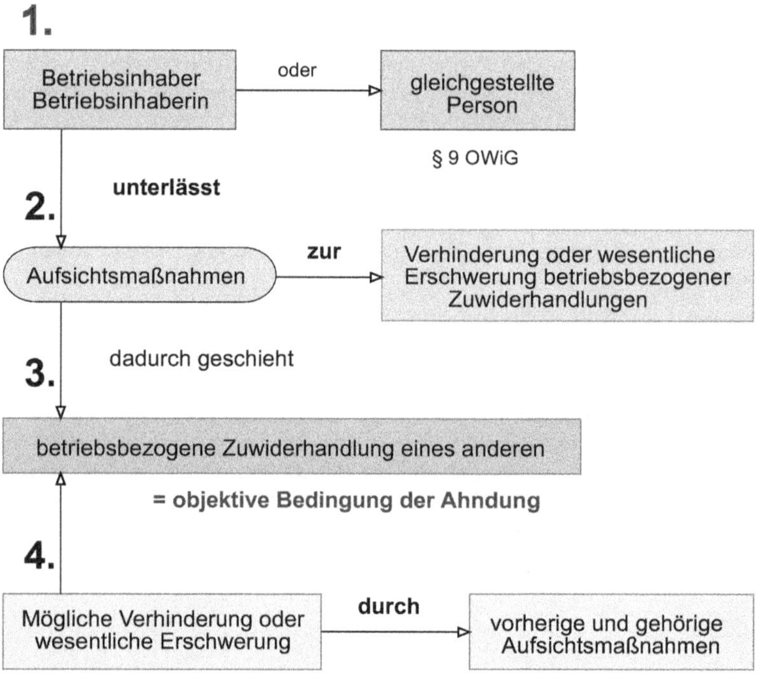

Abb. 2: Auffangstatbestand § 130 OWiG
Verletzung der Aufsichtspflicht in Betrieben und Unternehmen

§ 15
Bußgeldbescheide gegen juristische Personen und Personenvereinigungen

Eine juristische Person oder Personenvereinigung ist selbst nicht handlungs- oder unterlassungsfähig, sodass ihr selbst keine Ordnungswidrigkeit vorgeworfen werden kann (§ 1 Abs. 1 OWiG).[1] Sie kann daher im Bußgeldverfahren nicht Betroffene wie eine natürliche Person sein.[2] Ihr wird folglich das Handeln oder pflichtwidrige Unterlassen (§ 8 OWiG) ihrer Organe lediglich zugerechnet.[3] Gegen eine juristische Person oder Personenvereinigung kann aber als Nebenfolge der Ordnungswidrigkeit eines gesetzlichen oder beauftragten Vertreters oder einer entsprechenden Vertreterin in leitender Stellung eine Verbandsgeldbuße festgesetzt werden, wenn

- durch die Ordnungswidrigkeit des Vertreters oder der Vertreterin eine die juristische Person oder Personenvereinigung treffende Pflicht verletzt wurde,
- eine Bereicherung der juristischen Person oder Personenvereinigung eingetreten oder angestrebt worden ist.[4]

Eine unmittelbare Verbandshaftung juristischer Personen und Personenvereinigungen gibt es im nationalen Ordnungswidrigkeitenrecht im Gegensatz zu Geldsanktionen im EU-Recht (noch) nicht.[5]

Die Ahndung erfolgt nach dem Auswahlermessen der Verwaltungsbehörde (§ 47 Abs. 1 S. 1 OWiG) entweder durch Geldbuße(n) gegen gesetzliche oder beauftragte Vertreter oder Vertreterinnen der juristischen Person oder Personenvereinigung (§ 9 Abs. 1, 2 OWiG) als Betroffene allein oder im

- *einheitlichen* Verfahren (§ 30 Abs. 1 OWiG)

  durch eine Geldbuße gegen den Vertreter als Betroffenen oder die Vertreterin als Betroffene **und** eine Geldbuße gegen die verfahrensbeteiligte juristische Person bzw. Personenvereinigung als Nebenfolge der Ordnungswidrigkeit des Vertreters oder der Vertreterin.

---

1) Zum Anwendungsbereich der Geldbuße gegen juristische Personen und Personenvereinigungen (§ 30 OWiG) § 4 Nr. 4.1.

2) Brandenburgisches OLG (Brandenburg), Beschl. vom 23.3.2023, Az. 2 ORbs 40/23.

3) OLG Hamm, Beschl. vom 24.6.2021, Az. 5 RBs 207/20; OLG Stuttgart, Beschl. vom 1.2.1993, Az. 4 Ss 573/92; LG Berlin, Beschl. vom 18.2.2021, Az. (526 OWi LG) 212 Js-OWi 1/20 (1/20).

4) Zu den Voraussetzungen der Geldbuße gegen juristische Personen und Personenvereinigungen (§ 30 OWiG) § 4 Nr. 4.1. Die Bundesregierung hatte in der bis 2021 andauernden Legislaturperiode einen Gesetzentwurf für ein erstmaliges Unternehmensstrafrecht unter dem Begriff Verbandssanktionengesetz (VerSanG) mit erheblichen Auswirkungen auch auf die §§ 30 und 130 OWiG eingebracht (https://www.bmjv.de/SharedDocs/Gesetzgebungsverfahren/Dokumente/RefE_Staerkung_Integritaet_Wirtschaft.pdf?__blob=publicationFile&v=1). Dieser Entwurf ist nach dem Beschluss durch den Bundestag im Bundesrat gescheitert und wurde bis zum Ende der Legislaturperiode nicht weiterverfolgt. Bei Redaktionsschluss dieser Auflage war noch nicht absehbar, ob das Gesetzgebungsverfahren in der neuen Legislaturperiode wieder aufgenommen werden soll. Nach dem bisherigen gesetzgeberischen Stillstand ist wohl mit dem endgültigen Scheitern des Gesetzesentwurfes zu rechnen.

5) KG (Berlin), Beschl. vom 22.1.2024, Az. 3 Ws 250/21, unter Bezugnahme auf EuGH, Urt. vom 5.12.2023, Az. C-807/21, zu Art. 83 DSGVO.

– *selbstständigen* Verfahren (§ 30 Abs. 4 OWiG)

  durch eine Geldbuße **nur** gegen die verfahrensbeteiligte juristische Person bzw. Personenvereinigung als Nebenfolge der Ordnungswidrigkeit des Vertreters oder der Vertreterin.

Bei der juristischen Person oder Personenvereinigung handelt es sich daher nicht wie bei natürlichen Personen um eine „Betroffene", sondern entsprechend der Gesetzesüberschrift zu § 438 StPO und dem Wortlaut des § 438 Abs. 1 StPO eine „Nebenbetroffene", die in der Verfahrenspraxis manchmal gesetzesabweichend auch als „Nebenbeteiligte" bezeichnet wird.[1] Dies gilt sowohl für das einheitliche wie das selbstständige Verfahren.[2] Es empfiehlt sich, eine behördeneinheitliche Bezeichnung zu verwenden.

Beispiel:

Auf öffentlichem Verkehrsgrund einer Gemeinde werden ohne die erforderliche abfallrechtliche Anzeige für Sammlungen (§ 18 Abs. 1 KrWG) mehrere heimlich aufgestellte Altkleidercontainer entdeckt, die der Textilverwertung GmbH gehören. Wegen der dadurch begangenen abfallrechtlichen Ordnungswidrigkeit (§ 69 Abs. 2 Nr. 1 KrWG) kann die Verwaltungsbehörde gegen

- *den ermittelten Geschäftsführer (§ 9 Abs. 1 Nr. 1 OWiG) allein eine Geldbuße als Betroffenen eine Geldbuße festsetzen (§ 17 OWiG),*
- *im einheitlichen Verfahren Geldbußen gegen den Geschäftsführer (Betroffener) und die Textilverwertung GmbH (Nebenbetroffene) festsetzen (§ 30 Abs. 1 OWiG),*
- *im selbstständigen Verfahren eine Geldbuße nur gegen die Textilverwertung GmbH (Nebenbetroffene) festsetzen (§ 30 Abs. 4 OWiG).*

Der Bußgeldbescheid muss eindeutig erkennen lassen, ob er gegen ein verfahrensbeteiligtes Unternehmen, dessen Organe oder beide gerichtet ist. Ein Bußgeldbescheid gegen eine juristische Person mit dem Tatvorwurf gegen eine Betroffene ist gesetzlich nicht vorgesehen, kann nicht in einen selbstständigen Bußgeldbescheid nach § 30 Abs. 4 OWiG umgedeutet werden und führt daher zur gerichtlichen Einstellung des Bußgeldverfahrens wegen eines Verfahrenshindernisses (§ 206a StPO i. V. m. § 71 Abs. 1 OWiG).[3] Es ist auch offensichtlich sinnlos, einer selbst handlungsunfähigen juristischen Person oder Personenvereinigung eine Handlung oder pflichtwidrige Unterlassung vorzuwerfen.

1) Nachdem die obergerichtliche Rechtsprechung inzwischen statt dem früher überwiegend verwendeten Begriff „Nebenbeteiligte" der Gesetzesüberschrift zu § 438 StPO im Strafverfahren entsprechend den Begriff „Nebenbetroffene" verwendet, folgt ihr die Praxis des Bußgeldverfahrens ab dieser Auflage.

2) OLG Hamm, Beschl. vom 24.6.2021, Az. 5 RBs 107/21; OLG Koblenz, 7.1.2013, Az. 1 SsBs 131/12; OLG Düsseldorf, Beschl. vom 17.8.2020, Az. 6 Kart 10/19 (OWi).

3) Brandenburgisches OLG (Brandenburg), Beschl. vom 23.3.2023, Az. 2 ORbs 40/23.

Fehlbeispiel:

Die Verwaltungsbehörde wirft einer Fluggesellschaft in der Rechtform einer GmbH vor: „Sie haben am <Datum> sechs Reisende mit dem Flug <Bezeichnung> von <Ort> nach <Ort> befördert, ohne dass die Reisenden Ihnen gegenüber vor der Abreise die Bestätigungen der digitalen Einreiseanmeldungen oder der Ersatzmitteilungen vorgelegt haben.

Ein Bußgeldverfahren auf der Grundlage einer nur gegen eine juristische Person oder Personenvereinigung festgesetzte Geldbuße (§ 30 Abs. 4 OWiG) kann nicht nach einem Einspruch gegen den gesetzlichen Vertreter oder eine entsprechende Vertreterin (§ 9 Abs. 1 Nr. 1 OWiG) fortgeführt werden. Bleibt es nach dem Inhalt des Bußgeldbescheides zweifelhaft, ob er gegen die juristische Person bzw. Personenvereinigung oder deren gesetzlichen Vertreter bzw. Vertreterinnen gerichtet ist, stellt er keine Grundlage für ein gerichtliches Bußgeldverfahren dar und führt daher zur Einstellung des gesamten Verfahrens durch das Amtsgericht (§ 206a StPO i. V. m. § 46 Abs. 1 OWiG).[1]

III Erlass des Bußgeldbescheides

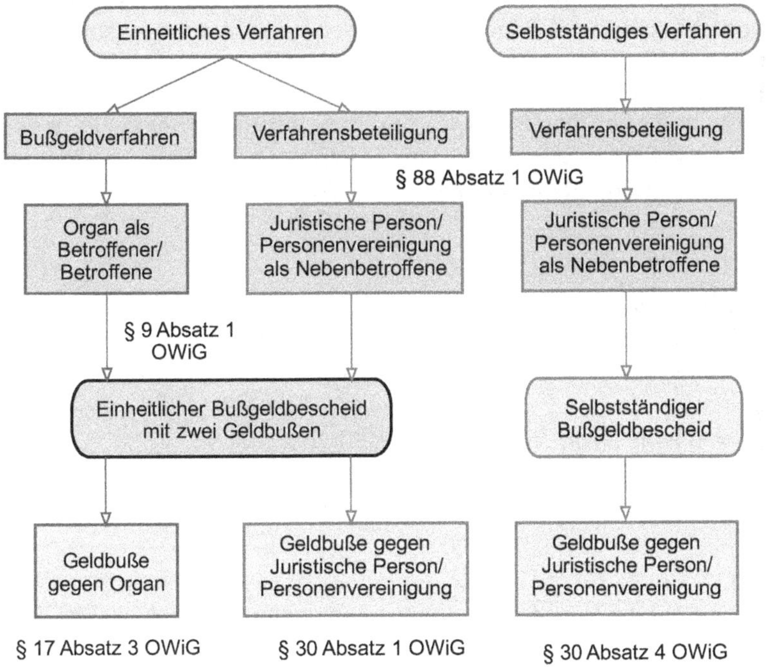

Abb. 1: Einheitlicher und selbstständiger Bußgeldbescheid gegen juristische Personen und Personenvereinigungen

1) OLG Rostock, Beschl. vom 15.10.2008, Az. 2 Ss (OWi) 190/05 I 238/07.

1. Einheitliches Verfahren

Über die Festsetzung der Geldbußen gegen eine juristische Person oder Personenvereinigung und gegen eines ihrer Organe (§ 30 Abs. 1 OWiG), z. B. gegen eine GmbH und ihre Geschäftsführer als gesetzliche Vertreter oder Geschäftsführerinnen als gesetzliche Vertreterinnen, ist in einem einheitlichen Verfahren zu entscheiden. Wegen der Gefahr der Doppelahndung und aus prozesswirtschaftlichen Gründen soll die Entscheidung über die Tat mit der Entscheidung über die Verbandsgeldbuße verbunden werden.[1)] Getrennte Verfahren gegen ein Organ als Täter oder Täterin einerseits und gegen die juristische Person oder Personenvereinigung andererseits sind in jedem Verfahrensstadium grundsätzlich unzulässig.[2)] Ein selbstständiges Verfahren allein gegen die juristische Person oder Personenvereinigung ist nur zulässig, wegen gegen kein Organ ein Bußgeldverfahren eingeleitet oder eingeleitetes zuvor durch die Verwaltungsbehörde wegen nicht gebotener Ahndung nach § 47 Abs. 1 S. 2 OWiG eingestellt wird (§ 30 Abs. 4 OWiG).[3)]

1.1 Anordnung der Verfahrensbeteiligung

Hat die Verwaltungsbehörde im Bußgeldverfahren über die Festsetzung einer Geldbuße gegen eine juristische Person oder Personenvereinigung zu entscheiden, so ist sie auch für die Anordnung der Verfahrensbeteiligung zuständig (§ 88 Abs. 1 OWiG i. V. m. § 444 Abs. 1 Halbs. 1 StPO). Die Verfahrensbeteiligung ist nach pflichtgemäßem Ermessen (Opportunitätsprinzip) geboten, wenn die Geldbuße gegen Organe einer juristischen Person oder Personenvereinigung wesentlich niedriger ausfiele als gegen den Inhaber oder die Inhaberin einer Einzelfirma.

Beispiel:

Der angestellte, aber wirtschaftlich nicht beteiligte Geschäftsführer einer GmbH verfügt über sehr schlechte eigene finanzielle Verhältnisse. Der wirtschaftliche Vorteil aus der von ihm begangenen Ordnungswidrigkeit ist allein der GmbH zugeflossen.

Die Verfahrensbeteiligung der GmbH ist geboten, weil

- bei einem Einzelkaufmann auch der aus der Ordnungswidrigkeit gezogene wirtschaftliche Vorteil über die Geldbuße abzuschöpfen wäre (§ 17 Abs. 4 OWiG),
- beim Organ der GmbH jedoch die schlechten wirtschaftlichen Verhältnisse sich mildernd auf die Geldbuße auswirken können (§ 17 Abs. 3 S. 2 OWiG).

Die Anordnung der Verfahrensbeteiligung kann bis zur Festsetzung der Geldbuße im Bußgeldbescheid erfolgen (§ 88 Abs. 1 Halbs. 1 OWiG i. V. m. § 444 Abs. 1 S. 2, § 424 Abs. 3 StPO). Der Anordnung muss eine Anhörung[4)] der juristischen Person oder Personenvereinigung vorausgehen (Muster 6.15).

1) Thüringer OLG (Jena), Beschl. vom 6.11.2019, Az. 1 OLG 171 SsBs 75/18.
2) AG Tübingen, Beschl. vom 19.8.2011, Az. 11 OWi 19 Js 6029/11.
3) OLG Rostock, Beschl. vom 14.1.2013, Az. 2 Ss (OWi) 254/12 I 276/12.
4) Zur Anhörung einer juristischen Person oder Personenvereinigung (§ 88 OWiG) § 6 Nr. 6.8.

In der Verfahrenspraxis wird der Hinweis mit der beabsichtigten Verfahrensbeteiligung regelmäßig mit der Anhörung verbunden (Musteranhörung 6.15). Anzuhören ist die juristische Person oder Personenvereinigung, vertreten durch ihre aktuellen gesetzlichen Vertreter oder Vertreterinnen nach § 30 Abs. 1 Nr. 1 bis 3 OWiG oder sonstigen in § 30 Abs. 1 Nr. 4, 5 OWiG bezeichneten Vertreter oder Vertreterinnen. Soll also z. B. die juristische Person einer GmbH am Bußgeldverfahren beteiligt werden, so ist sie – vertreten durch einen aktuellen Geschäftsführer als gesetzlicher Vertreter oder Geschäftsführerin als entsprechende Vertreterin (§ 9 Abs. 1 Nr. 1 OWiG, § 35 Abs. 1 GmbHG) – anzuhören. Die Anordnung der Verfahrensbeteiligung selbst erfolgt dann schlüssig durch den Erlass des Bußgeldbescheids.

Durch die Anordnung der Verfahrensbeteiligung erlangt die juristische Person oder Personenvereinigung als Nebenbetroffene ab dem Zeitpunkt des Erlasses des Bußgeldbescheids die Befugnisse eines Betroffenen, soweit das Gesetz nicht etwas anderes bestimmt (§ 88 Abs. 3 i. V. m. § 87 Abs. 2 S. 1 OWiG). Insoweit besteht auch kein Unterschied zwischen einer Beteiligung der juristischen Person in einem einheitlichen oder in einem selbstständigen Verfahren.[1] Die Rechtsstellung der Nebenbetroffenen ist damit derjenigen eines oder einer Betroffenen angeglichen.[2] Die Anordnung der Verwaltungsbehörde ist nur eine vorbereitende Maßnahme ohne selbstständige Bedeutung und daher nicht mit dem Antrag auf gerichtliche Entscheidung (§ 62 OWiG) anfechtbar.

1.2 Bußgeldbescheid im einheitlichen Verfahren

Die Ahndung der Zuwiderhandlung erfolgt im einheitlichen Verfahren zugleich gegen die

- natürliche Person des gesetzlichen oder sonstigen Vertreters oder entsprechenden Vertreterin im Sinne des § 9 Abs. 1 OWiG **und**
- die verfahrensbeteiligte juristische Person oder Personenvereinigung im Sinne des § 30 Abs. 1 OWiG.

Adressaten des Bußgeldbescheids sind also sowohl die natürliche Person des Vertreters oder der Vertreterin als auch die juristische Person oder Personenvereinigung (Musterbußgeldbescheid 15.1). Daher dürfen nicht mehrere unzusammenhängende Bußgeldbescheide erlassen werden.[3] Der einheitliche Bußgeldbescheid ist als alleiniges elektronisches Dokument in der Bußgeldakte zu speichern (§ 32b Abs. 2 StPO i. V. m. § 110c S. 1 OWiG). Die Zustellung erfolgt sowohl an das Organ als Betroffenen oder Betroffene als auch an die verfahrensbeteiligte juristische Person oder Personenvereinigung. Verfahrensart und Zustellung bestimmt die Verwaltungsbehörde in der Abschlussverfügung (§ 61 OWiG)[4] mit dem Namenszusatz der verantwortenden Person (§ 32b Abs. 1 S. 1 StPO i. V. m. § 110c S. 1 OWiG).[5]

1) OLG Düsseldorf, Urt. vom 17.8.2020, Az. 6 Kart 10/19 (OWi).
2) Thüringer OLG (Jena), Beschl. vom 6.11.2019, Az. 1 OLG 171 SsBs 75/18; OLG Oldenburg (Oldenburg), Beschl. vom 21.11.2022, Az. Ss(Owi) 170/22.
3) Thüringer OLG (Jena), Beschl. vom 1.12.2006, Az. 1 Ss 199/06.
4) Zur Abschlussverfügung der Verwaltungsbehörde (§ 61 OWiG) § 13 Nr. 1.
5) Gemäß § 173 Abs. 2 ZPO müssen professionelle Verfahrensbeteiligte über ein elektronisches Bürger- und Organisationenpostfach („eBO“) verfügen, sodass stets die Zustellung auf diesem sicheren Übermittlungsweg (§ 32a Abs. 4 S. 1 Nr. 4 StPO i. V. m. § 110c S. 1 OWiG) möglich ist.

Beispiel (ohne Verteidiger):

Abschlussverfügung

I. *Die Ermittlungen sind abgeschlossen.*

II. *Einheitlicher Bußgeldbescheid (§ 30 Abs. 1 OWiG) gegen gesetzlichen Vertreter (§ 9 Abs. 1 Nr. 1 OWiG) und verfahrensbeteiligte juristische Person (§ 30 Abs. 1 OWiG)*

- *Zustellung des Bußgeldbescheides an Organ (Betroffener) über Nutzerkonto im Verwaltungsportal (§ 32a Abs. 4 S. 1 Nr. 5 StPO i. V. m. § 110c S. 1 OWiG).*
- *Zustellung des Bußgeldbescheides an juristische Person (Nebenbetroffene) über elektronisches Bürger- und Organisationenpostfach (§ 32a Abs. 4 S. 1 Nr. 4 StPO i. V. m. § 110c S. 1 OWiG).*

III. *Wiedervorlage <Datum> (Einspruch oder Rechtskraft).*

Schuster

verantwortende Person (§ 32b Abs. 1 S. 1 StPO i. V. m. § 110c S. 1 OWiG)

Beispiel (mit Verteidigern):

Abschlussverfügung

I. *Die Ermittlungen sind abgeschlossen.*

II. *Einheitlicher Bußgeldbescheid (§ 30 Abs. 1 OWiG) gegen gesetzlichen Vertreter (§ 9 Abs. 1 Nr. 1 OWiG) und verfahrensbeteiligte juristische Person (§ 30 Abs. 1 OWiG)*

- *Zustellung eine Kopie des Bußgeldbescheides an Verteidiger des Organs (Betroffener), da sich eine nachgewiesene Vollmacht bei der Bußgeldakte befindet (§ 51 Abs. 3 OWiG) über besonderes elektronisches Anwaltspostfach (§ 31a BRAO) als sicheren Übermittlungsweg (§ 32a Abs. 4 S. 1 Nr. 1 StPO i. V. m. § 110c S. 1 OWiG).*

  Mitteilung über diese Zustellung an Organ (Betroffener) durch einfachen Brief mit beigefügtem Bußgeldbescheid in Ausdruck, da kein sicherer Übermittlungsweg für eine elektronische Zustellung bekannt ist (§ 32a Abs. 3 StPO i. V. m. § 110c S. 1 OWiG).
- *Zustellung eine Kopie des Bußgeldbescheides an Verteidiger der juristischen Person (Nebenbetroffene), da sich eine nachgewiesene Vollmacht bei der Bußgeldakte befindet (§ 51 Abs. 3 OWiG) über besonderes elektronisches Anwaltspostfach (§ 31a BRAO) als sicheren Übermittlungsweg (§ 32a Abs. 4 S. 1 Nr. 1 StPO i. V. m. § 110c S. 1 OWiG).*

  Mitteilung über diese Zustellung an juristische Person (Nebenbetroffene) durch einfachen Brief mit beigefügtem Bußgeldbescheid in Ausdruck, da kein sicherer Übermittlungsweg für eine elektronische Zustellung bekannt ist (§ 32a Abs. 4 S. 1 Nr. 3 StPO i. V. m. § 110c S. 1 OWiG).

– *Wiedervorlage <Datum> (Einspruch oder Rechtskraft).*
Schuster
verantwortende Person (§ 32b Abs. 1 S. 1 StPO i. V. m. § 110c S. 1 OWiG)

Muster 15.1: Bußgeldbescheid im einheitlichen Verfahren (§ 88 OWiG) Verbandsgeldbuße (§ 30 Abs. 1 OWiG)

Stadt Münsterberg

Bußgeldstelle

Stadt Münsterberg, 99090 Münsterberg

Dienstgebäude	Schubertstraße 36
Bearbeitung	Frau Weber
Telefon	(0987) 9878-987
E-Mail	bgs@muensterberg.de

Herrn
Ludwig Müller
Herbststraße 11
88232 Neustadt
über DeutschlandID

Neuland Bauträger GmbH[1)]
Geschäftsführer Andreas Lenz
Beethovenstraße 65
23453 Nordstadt
über elektronisches Bürger- und Organisationenpostfach

Ihr Zeichen, Ihre Nachricht vom	Bitte bei Antwort angeben **Unser Zeichen, Unsere Nachricht vom**	**Datum**
4.5.2026	OWi – 0987665/26	22.6.2026

Bußgeldbescheid

Betroffene Person	Herr Ludwig Müller, geboren 20.3.1967 in Elbburg, Hegelstraße 74, 88343 Münsterberg
Verteidigung	–
Nebenbetroffener Verband	Neuland Bauträger GmbH, Geschäftsführer Andreas Lenz, Sitz Nordstadt, Beethovenstraße 65, 23453 Nordstadt
Verteidigung	–

Sehr geehrte Verfahrensbeteiligte,

nach unseren Feststellungen hat die betroffene Person folgende Ordnungswidrigkeit begangen:

Telefonzentrale
(0899) 123-0
Internet
www.Muensterberg.de

Servicezeiten
Mo-Mi 7.30-16.30 Uhr
Do 7.30-17.30 Uhr
Fr 7.30-12.00 Uhr

Öffentliche Verkehrsmittel
Stadtbus Linie 6
Haltestelle Mitte

Bankverbindung
Kreissparkasse Münsterberg
IBAN DE2040000000123456
BIC GROBDE77XX
Volksbank Münsterberg
IBAN DE2040000000234567
BIC GROBDE87XX

Besonderes elektronisches Behördenpostfach
Ordnungsamt@muensterberg.de

1) Dieser Bußgeldbescheid im einheitlichen Verfahren ist sowohl dem Geschäftsführer als Organ (§ 9 Abs. 1 Nr. 1, § 66 Abs. 1 Nr. 1 OWiG) als auch der GmbH als Nebenbetroffener (§ 30 Abs. 1, § 66 Abs. 1 Nr. 1 OWiG) zuzustellen (§ 51 Abs. 2 bzw. § 88 Abs. 3 i. V. m. § 87 Abs. 2 S. 1 OWiG).

Sie waren bis zu Ihrer Ablösung am 1.5.2026 alleiniger Geschäftsführer der Neuland Bauträger GmbH mit Sitz in Nordstadt. Die Gesellschaft errichtete als Bauherrin zwischen Mitte Januar 2026 und dem 8.4.2026 die Mietwohnanlage „Ulmenhof" in Münsterberg, Lortzingstraße 35 durch die Solidbau GmbH als Bauunternehmerin. Die Baugenehmigung der Stadt Münsterberg vom 16.6.2025 sah zwanzig Wohneinheiten in drei Stockwerken und ein in Holzbauweise ausgeführtes Dachgeschoss nur mit Abstell- und Trockenräumen vor. Trotzdem errichteten Sie aus wirtschaftlichen Gründen abweichend von der Baugenehmigung im bewussten und gewollten Zusammenwirken mit dem Geschäftsführer der Solidbau GmbH als Bauunternehmerin, Herrn Werner Kaufmann, das Dachgeschoss der Anlage in massiver Betonbauweise mit Zwischenwänden und drei Wohneinheiten von je 40 m² vermietbarer Fläche.

Ordnungswidrig handelt, wer

als vertretungsberechtigtes Organ einer juristischen Person (§ 9 Abs. 1 Nr. 1 OWiG) vorsätzlich als Beteiligter (§ 14 Abs. 1 OWiG) eine bauliche Anlage abweichend von der nach der Bayerischen Bauordnung (BayBO) erforderlichen Gestattung errichtet.

Verletzte Bußgeldvorschriften

Art. 79 Abs. 1 Nr. 8 Bayerische Bauordnung (BayBO) i. d. F. der Bekanntmachung vom 14. August 2007 (GVBl. S. 588)

Beweismittel

a) Prüfbericht der Bauüberwachung der Stadt Münsterberg (Baukontrolle) vom 10.4.2026 (Dokument)

b) Bildaufzeichnungen der Bauüberwachung der Stadt Münsterberg (Baukontrolle) vom 10.4.2026 (Bildaufnahmen)

c) Von der verfahrensbeteiligten juristischen Person bei der Stadt Münsterberg eingereichter und genehmigter Bauplan vom 16.6.2025 (Dokument)

d) Eigene Angaben (Anhörung) vom 3.5.2026 (Betroffene Person) und vom 29.5.2026 (Geschäftsführer der verfahrensbeteiligten juristischen Person)

Zumessung der Geldbußen

- **Geldbuße gegen Herrn Ludwig Müller (Betroffene Person)**

  Gemäß § 17 des Gesetzes über Ordnungswidrigkeiten (OWiG) setzen wir im einheitlichen Verfahren gegen Sie als ehemaliges Organ der nebenbetroffenen juristischen Person die folgende Geldbuße fest. Sie tragen auch die Kosten des Bußgeldverfahrens (§§ 464, 465 Abs. 1 Strafprozessordnung – StPO – i. V. m. § 46 Abs. 1 OWiG). Diese setzen sich aus der Gebühr (§ 107 Abs. 1 OWiG) und unseren Auslagen (§ 107 Abs. 3 OWiG) zusammen.

Geldbuße		**8000,00 Euro**
Gebühr		**400,00 Euro**
Auslagen		**0,00 Euro**
	Gesamtbetrag	**8400,00 Euro**

- **Geldbuße gegen die Neuland Bauträger GmbH (Nebenbetroffene juristische Person)**

  Als Nebenfolge der Ordnungswidrigkeit des ehemaligen gesetzlichen Vertreters (§ 9 Abs. 1 S. 1 OWiG) setzen wir gegen die nebenbetroffenene juristische Person gem. § 30 Abs. 1 OWiG die folgende Geldbuße fest. Die Nebenbetroffene trägt auch die Kosten des Bußgeldverfahrens (§ 472b Strafprozessordnung – StPO – i. V. m. § 46 Abs. 1 OWiG). Die Kosten setzen sich aus der Verfahrensgebühr (§ 107 Abs. 1 OWiG) und unseren Auslagen (§ 107 Abs. 3 OWiG) zusammen

Geldbuße		**22 500,00 Euro**
Gebühr		**1125,00 Euro**
Auslagen		**0,00 Euro**
	Gesamtbetrag	**23 625,00 Euro**

Begründung des Bußgeldbescheides – Herr Ludwig Müller (Betroffener)

1) Äußerung zur Anhörung vom 3.5.2026

Ihre Behauptung, wegen des zögerlichen Verhaltens der Bauverwaltung der Stadt Münsterberg sei es aus wirtschaftlichen Gründen nicht mehr möglich gewesen, die erforderliche Baugenehmigung abzuwarten, ist unzutreffend. Aus der dienstlichen Stellungnahme unseres technischen Bearbeiters Schulze ergibt sich, dass Sie zwar mit dem Geschäftsführer der Firma Solidbau GmbH, Herrn Kaufmann dort am 11.12.2025 vorgesprochen, sich nach der Genehmigungsfähigkeit eines Dachausbaus mit Kleinapartments erkundigt und auch Baupläne vorgelegt haben. Der Bedienstete, der im Übrigen gar nicht mit dem Verfahren befasst und nicht für die Erteilung einer Baugenehmigung zuständig war, hat dabei sogar auf die Erfordernisse des Brandschutzes hingewiesen (Treppenaufgänge bis in das Dachgeschoss). Die zugesagte Entgegennahme der nachgereichten Abänderungen zur bloßen Weiterleitung an den zuständigen Bediensteten kann nicht als Erlaubnis zum Baubeginn ausgelegt werden.

2) Zumessung der Geldbuße (§ 17 Abs. 3 OWiG)

Die Ordnungswidrigkeit ist mit Geldbuße bis zu 500000 Euro bedroht (Art. 79 Abs. 1 BayBO).

a) Bedeutung der Ordnungswidrigkeit (§ 17 Abs. 3 S. 1 OWiG)

Die objektive Bedeutung der Ordnungswidrigkeit ist wegen des Ausmaßes der Abweichung von der Baugenehmigung (massive Betonausführung eines Dachgeschosses und Ausbau mit drei Wohneinheiten von insgesamt 120 m² im Dachgeschoss) erheblich. Zudem ist die Abweichung nicht genehmigungsfähig, sodass nicht nur eine Umgehung der Bauaufsicht, sondern auch ein massiver materiellrechtlicher Verstoß gegeben ist.

b) Vorwurf, der den Täter trifft (§ 17 Abs. 3 S. 1 OWiG)

Der Sie treffende Vorwurf ist nicht nur wegen des Ausmaßes der Zuwiderhandlung bedeutsam. Verschärfend musste sich auch auswirken, dass Sie sich sogar über den ausdrücklichen Hinweis der Bauverwaltung über die Unzulässigkeit der Bauausführung hinweggesetzt haben. Die von Ihnen vorgetragenen wirtschaftlichen „Sachzwänge" können nicht zu einer Milderung der Geldbuße führen, da Sie eine ordnungsgemäße Planung und Finanzierung des Bauvorhabens vor Baubeginn hätten sicherstellen müssen. Umplanungen während Bauausführung bedingen eine erneute Prüfung durch die Bauverwaltung.

c) Wirtschaftliche Verhältnisse (§ 17 Abs. 3 S. 2 OWiG)

Aufgrund der nicht nachvollziehbaren Angabe „geregelt" zu den wirtschaftlichen Verhältnissen bei der Anhörung musste Ihr monatliches Einkommen geschätzt werden. Nach der Erfahrung in vergleichbaren Bußgeldverfahren kann beim Geschäftsführer eines größeren Bauträgerunternehmens von einem monatlichen Nettogehalt von 5000 Euro unter Berücksichtigung üblicher Verbindlichkeiten ausgegangen werden.

3) Auslagen im Bußgeldverfahren

Unsere im Bußgeldverfahren entstandenen Auslagen beruhen auf den Fahrtkosten des Baukontrolleurs nach Einleitung des Bußgeldverfahrens in Höhe von 29,00 Euro (§ 107 Abs. 3 Nr. 6 Buchst. c OWiG) und die Zustellungspauschale in Höhe von 3,50 Euro (§ 107 Abs. 3 Nr. 2 OWiG).

Begründung des Bußgeldbescheides – Neuland Bauträger GmbH (Nebenbetroffene)

1) Äußerung des Geschäftsführers zur Anhörung vom 29.5.2026

Die Verweisung auf die Begehung der Ordnungswidrigkeit durch den inzwischen ausgeschiedenen Geschäftsführer Ludwig Müller hindert nicht die Festsetzung einer Geldbuße gegen ein nebenbetroffenes Unternehmen nach § 30 Abs. 1 Nr. 1 OWiG. Die Geldbuße ist hier Nebenfolge der Ordnungswidrigkeit, mit der vor allem auch der durch die Ordnungswidrigkeit gezogene und der Neuland Bauträger GmbH zugeflossene wirtschaftliche Vorteil abgeschöpft werden soll (§ 30 Abs. 3 OWiG).

2) Zumessung der Geldbuße (§ 17 Abs. 3 OWiG):

Die Ordnungswidrigkeit ist mit Geldbuße bis zu 500000 Euro bedroht (Art. 79 Abs. 1 BayBO).

a) Einheitliches Verfahren (§ 30 Abs. 1 OWiG)

Die Zumessung der Geldbuße gegen die verfahrensbeteiligte juristische Person ist ohne Milderung unabhängig von der Geldbuße gegen den früheren Geschäftsführer festzusetzen, da weder dieser noch sein Nachfolger an ihr nicht wirtschaftlich beteiligt waren.

b) Abschöpfung des wirtschaftlichen Vorteils (§ 30 Abs. 3 i. V. m. § 17 Abs. 4 OWiG)

Mit dem gegen die juristische Person der Neuland Bauträger GmbH gerichteten Bußgeldbescheid soll vor allem der durch das ordnungswidrige Verhalten des Geschäftsführers gezogene wirtschaftliche Vorteil abgeschöpft werden. Dieser berechnet sich aus dem Nettoverkaufspreis von drei Wohnungen im Dachgeschoss (6000 Euro × 3) = 18000 Euro. Abzüge waren nicht vorzunehmen, weil die Erwerber vertragsgemäß alle Kosten zu übernehmen hatten.

Rechtsbehelfsbelehrung

Gegen diesen Bußgeldbescheid können Sie innerhalb von zwei Wochen ab Zustellung bei der Stadt Münsterberg – Bußgeldstelle – Schubertstraße 36, 99090 Münsterberg schriftlich oder zur Niederschrift in deutscher Sprache (§ 184 S. 1 GVG i. V. m. § 46 Abs. 1 OWiG) Einspruch einlegen (§ 67 Abs. 1 OWiG). Die Frist von zwei Wochen ist nur dann gewahrt, wenn der Rechtsbehelf vor Fristablauf bei der Stadt Münsterberg eingeht. Fällt das Ende einer Frist auf einen Sonntag, einen allgemeinen Feiertag oder einen Sonnabend, so endet die Frist mit Ablauf des nächsten Werktages (§ 43 Abs. 2 StPO i. V. m. § 46 Abs. 1 OWiG). Sie können den Rechtsbehelf ferner im Dateiformat PDF/A (portable document format) durch E-Mail mit qualifizierter elektronischer Signatur (§ 32a Abs. 3 StPO i. V. m. § 110c S. 1 OWiG) sowie über einen zugelassenen sicheren Übermittlungsweg einlegen (§ 32a Abs. 4 S. 1 StPO i. V. m. § 110c S. 1 OWiG). Rechtsanwälte und Rechtsanwältinnen können den Rechtsbehelf nur elektronisch einlegen (§ 110c S. 3 OWiG).

Der Einspruch kann auch auf einzelne Beschwerdepunkte beschränkt werden (§ 67 Abs. 2 OWiG). Sofern Sie eine Begründung des Einspruchs beabsichtigen, bitten wir Sie, diese möglichst mit der Einlegung des Einspruchs zu verbinden.

Falls wir den Bußgeldbescheid trotz eines Einspruchs aufrechterhalten (§ 69 Abs. 2 S. 1 OWiG), entscheidet das Amtsgericht aufgrund dieses Bußgeldbescheides über das Vorliegen einer Ordnungswidrigkeit und die Rechtsfolgen aufgrund einer mündlichen Hauptverhandlung (§ 71 OWiG), ohne an die Höhe der festgesetzten Geldbuße gebunden zu sein. Das Gericht kann mit Ihrer Zustimmung auch durch schriftlichen Beschluss entscheiden (§ 72 OWiG), wobei es an die Rechtsfolgen des Bußgeldbescheides gebunden ist.

Zahlungsaufforderung

Nach Rechtskraft des Bußgeldbescheides ist die Geldbuße innerhalb weiterer zwei Wochen (also vier Wochen ab Zustellung) an die Stadtkasse oder eines der in der Fußleiste dieses Bescheides bezeichneten Bankkonten zu bezahlen (§ 95 Abs. 1 OWiG). Bei Bewilligung von Zahlungserleichterungen sind die abweichend bestimmten Zahlungsfristen maßgeblich.

Hinweis auf Erzwingungshaft

Unterbleibt die Zahlung und legen Sie als Betroffener bzw. Nebenbetroffene auch eine Zahlungsunfähigkeit nicht dar, so kann die Geldbuße durch die vom Amtsgericht angeordnete Erzwingungshaft durchgesetzt werden (§ 96 bzw. § 99 OWiG). Bei Unmöglichkeit sofortiger Zahlung sind Zahlungserleichterungen (Zahlungsfrist, Teilleistungen) möglich (§ 18, § 93 OWiG).

Mit freundlichen Grüßen

Stadt Münsterberg
Bußgeldstelle

1.2.1 Angaben zur Person der Nebenbetroffenen, Verteidiger

Besondere Aufmerksamkeit ist der richtigen Bezeichnung der Person des oder der Betroffenen und der Nebenbetroffenen zu widmen, da diese unmittelbare Auswirkung auf die richtige Zustellung (§ 51 OWiG) und damit auch auf die Rechtskraft und Vollstreckbarkeit des einheitlichen Bußgeldbescheids (§ 89 OWiG) hat. Dieser richtet sich einmal gegen die verfolgte natürliche Person und außerdem gegen die nebenbetroffene juristische Person oder Personenvereinigung. Beide müssen verschiedene Adressatenfelder besitzen. In den Zustellungsfeldern sind diese Möglichkeiten daher sorgfältig zu beachten.

- **Natürliche Person (Betroffener oder Betroffene) als Adressat oder Adressatin**

Der Bußgeldbescheid ist zunächst dem oder der Betroffenen zuzustellen (§ 51 Abs. 2 OWiG, Musterbußgeldbescheid 15.2 s. unten). Das Zustellungsverfahren entspricht dem bei einem ausschließlich gegen eine natürliche Person gerichteten Bußgeldbescheid, sodass die Zustellung entweder

- elektronisch über einen der Verwaltungsbehörde bekannten sicheren Übermittlungsweg (§ 32a Abs. 4 S. 1 Nr. 3, 4 StPO i. V. m. § 110c S. 1 OWiG) oder
- in Papierform mit Zustellungsurkunde durch die Post (§ 51 Abs. 1 OWiG i. V. m. § 3 VwZG)

erfolgt.[1] Aufzuführen sind nur die personenbezogenen Daten des oder der Betroffenen mit der privaten Wohnanschrift (§ 51 Abs. 2 OWiG). Sowohl bei dem Adressaten

1) Zum Zustellungsverfahren bei Bußgeldbescheiden (§ 51 OWiG) § 17.

oder der Adressatin als auch bei dem Zustellungsempfänger oder der Zustellungsempfängerin erscheinen daher weder eine Bezeichnung als Geschäftsführer oder Geschäftsführerin usw. noch Name oder Anschrift der Nebenbetroffenen („Geschäftsanschrift“). Eine unzulässige Zustellung über die Anschrift der nebenbetroffenen juristischen Person oder Personenvereinigung setzt abgesehen vom datenschutzrechtlichen Verstoß weder die Einspruchsfrist in Lauf (§ 67 Abs. 1 S. 1 OWiG) noch unterbricht sie die Verfolgungsverjährung (§ 33 Abs. 1 S. 1 Nr. 9 OWiG).

Muster 15.2: Musterbußgeldbescheid – Auszug Zustellungsempfänger = Betroffener

Stadt Münsterberg

Bußgeldstelle

Stadt Münsterberg, 99090 Münsterberg

Herrn
Ludwig Müller
Herbststraße 11
88232 Neustadt

Dienstgebäude	Schubertstraße 36 99090 Münsterberg
Bearbeitung	Frau Weber
Telefon	(0987) 9878-987
E-Mail	weber.bs@muensterberg.de

Ihr Zeichen, Ihre Nachricht vom	Bitte bei Antwort angeben **Unser Zeichen, Unsere Nachricht vom** OWi – 0987665/26	**Datum** 18.6.2026

Bußgeldbescheid

Betroffener:	Herr Ludwig Müller, geboren 20.3.1967 in Elbburg, Herbststraße 11, 88232 Neustadt
Verteidiger:	Rechtsanwalt Nikolaus Fässler, Alte Marktstraße 45, 88232 Neustadt (keine nachgewiesene Vollmacht bei den Akten)
Nebenbetroffener Verband:	Neuland Bauträger GmbH, Geschäftsführer Andreas Lenz, Sitz Nordstadt, Beethovenstraße 65, 23453 Nordstadt
Verteidiger:	Rechtsanwalt Klaus Grieb, Eifelstraße 71, 88162 Kaiserberg (nachgewiesene Vollmacht vom 16.4.2026)

Hat der oder die Betroffene einen Verteidiger oder eine Verteidigerin gewählt, entscheidet sich die Zustellung danach, ob sich eine nachgewiesene Vollmacht bei den Akten befindet (§ 51 Abs. 3 S. 1 Halbs. 1 OWiG).[1] Ist dies der Fall, soll die Zustellung an diesen über das besondere elektronische Anwaltspostfach (§ 31a BRAO) als sicherem Übermittlungsweg erfolgen (§ 32a Abs. 4 S. 1 Nr. 1 StPO i. V. m. § 110c S. 1 OWiG). Der oder die Betroffene ist dann über diese Zustellung unter Beifügung

1) Zur Zustellung bei verteidigten Betroffenen (§ 51 Abs. 3 OWiG) § 17 Nr. 2.4.

des Bußgeldbescheides nur zu unterrichten (§ 51 Abs. 3 S. 4 OWiG). Befindet sich keine nachgewiesene Vollmacht bei der Bußgeldakte, erfolgt die Zustellung an den Betroffenen oder die Betroffene und der Verteidiger oder die Verteidigerin ist nur entsprechend zu unterrichten (§ 51 Abs. 3 S. 5 OWiG).

Muster 15.3: Musterbußgeldbescheid – Abwandlung
Adressat = Betroffener, Zustellungsempfänger = Verteidiger
Musterbußgeldbescheid – Auszug
Zustellungsempfänger = Betroffener

Stadt Münsterberg Bußgeldstelle

Stadt Münsterberg, 99090 Münsterberg

Dienstgebäude	Schubertstraße 36 99090 Münsterberg
Bearbeitung	Frau Weber
Telefon	(0987) 9878-987
E-Mail	weber.bs@muensterberg.de

Herrn Rechtsanwalt
Nikolaus Fässler
Alte Marktstraße 45
88232 Neustadt
über besonderes elektronisches Anwaltspostfach

Ihr Zeichen, Ihre Nachricht vom	Bitte bei Antwort angeben **Unser Zeichen, Unsere Nachricht vom** OWi – 0987665/26	**Datum** 19.6.2026

Bußgeldbescheid

Betroffener: Herr Ludwig Müller, geboren 20.3.1967 in Elbburg, Hegelstraße 74, 90910 Münsterberg

Verteidiger: Rechtsanwalt Nikolaus Fässler, Alte Marktstraße 45, 88232 Neustadt

Nebenbetroffene: Neuland Bauträger GmbH, Geschäftsführer Andreas Lenz, Sitz Nordstadt, Beethovenstraße 65, 23453 Nordstadt

Verteidiger: Rechtsanwalt Klaus Grieb, Eifelstraße 71, 88162 Kaiserberg

- **Juristische Person oder Personenvereinigung als Adressatin**

Der Bußgeldbescheid führt die Nebenbetroffene juristische Person oder Personenvereinigung als Adressatin mit dem vollständigen Namen nach dem Eintrag im Handels-, Genossenschafts-, Vereins- oder Gesellschaftsregister, zumindest einem gesetzlichen Vertreter oder einer gesetzlichen Vertreterin und Sitz gesondert auf (§ 88 Abs. 3 i. V. m. § 87 Abs. 2 S. 1 OWiG). Hierbei ist unbedingt auf die Wiedergabe der richtigen Rechtsform zu achten, da sonst der Adressat oder die Adressatin des Bußgeldbescheids zweifelhaft ist und Zustellungen unausführbar sind.

Fehlbeispiel:

Soll der Bußgeldbescheid gegen die „Neuland Bauträger GmbH" erlassen werden, weist er aber als Adressaten eine „Firma Neuland" auf, so richtet er sich anstelle der verfahrensbeteiligten juristischen Person an eine nicht verfolgte, möglicherweise gar nicht bestehende Einzelfirma.

Die Zustellung an die nebenbetroffene juristische Person oder Personenvereinigung erfolgt unabhängig von der Zustellung an den Betroffenen oder die Betroffene an die Geschäftsanschrift, auch wenn sich der Bußgeldbescheid zugleich gegen denselben Geschäftsführer oder dieselbe Geschäftsführerin richtet. Nur so kann die Einspruchsfrist (§ 67 Abs. 1 OWiG) richtig bei Betroffenen und Nebenbetroffenen in Lauf gesetzt werden.

Muster 15.4: Musterbußgeldbescheid – Auszug Zustellungsempfänger = Nebenbetroffene

Stadt Münsterberg

Bußgeldstelle

Stadt Münsterberg, 99090 Münsterberg

Dienstgebäude	Schubertstraße 36 99090 Münsterberg
Bearbeitung	Frau Weber
Telefon	(0987) 9878-987
E-Mail	weber.bs@muensterberg.de

Neuland Bauträger GmbH
Geschäftsführer Andreas Lenz
Beethovenstraße 65
23453 Nordstadt
über elektronisches Bürger- und Organisationenfach

Ihr Zeichen, Ihre Nachricht vom	Bitte bei Antwort angeben **Unser Zeichen, Unsere Nachricht vom** OWi – 0987665/26	**Datum** 19.6.2026

Bußgeldbescheid

Verteidiger:	Rechtsanwalt Nikolaus Fässler, Alte Marktstraße 45, 88232 Neustadt (keine nachgewiesene Vollmacht bei den Akten)
Nebenbetroffener Verband:	Neuland Bauträger GmbH, Geschäftsführer Andreas Lenz, Sitz Nordstadt, Beethovenstraße 65, 23453 Nordstadt
Verteidiger:	Rechtsanwalt Klaus Grieb, Eifelstraße 71, 88162 Kaiserberg (keine nachgewiesene Vollmacht bei den Akten)

Hat die nebenbetroffene juristische Person oder Personenvereinigung einen Rechtsanwalt als Verteidiger oder eine Rechtsanwältin als Verteidigerin gewählt, so soll der Bußgeldbescheid an ihn oder sie zugestellt werden, wenn sich eine nachgewiesene Vollmacht bei den Akten befindet (§ 51 Abs. 3 S. 1 Halbs. 1 OWiG). Bei einem in

Deutschland zugelassenen Rechtsanwalt oder einer Rechtsanwältin erfolgt die Zustellung über das besondere elektronische Anwaltspostfach (§ 31a BRAO) als sicherem Übermittlungsweg (§ 32a Abs. 4 S. 1 Nr. 1 StPO i. V. m. § 110c S. 1 OWiG).[1] Die nebenbetroffene juristische Person ist dann über diese Zustellung nur unter Beifügung des gegen sie gerichteten Bußgeldbescheides nur zu unterrichten (§ 51 Abs. 3 S. 4 OWiG). Befindet sich keine nachgewiesene Vollmacht bei der Bußgeldakte, erfolgt die Zustellung an den Betroffenen oder die Betroffene und der Verteidiger oder die Verteidigerin ist nur entsprechend über diese Zustellung zu unterrichten (§ 51 Abs. 3 S. 5 OWiG).

Muster 15.5: Musterbußgeldbescheid – Abwandlung
Adressat = Nebenbetroffene, Zustellungsempfänger = Verteidiger

Stadt Münsterberg — Bußgeldstelle

Stadt Münsterberg, 99090 Münsterberg

Dienstgebäude	Schubertstraße 36 99090 Münsterberg
Bearbeitung	Frau Weber
Telefon	(0987) 9878-987
E-Mail	weber.bs@muensterberg.de

Herrn Rechtsanwalt
Klaus Grieb
Eifelstraße 71
88162 Kaiserberg
über besonderes elektronisches Anwaltspostfach

Ihr Zeichen, Ihre Nachricht vom	Bitte bei Antwort angeben **Unser Zeichen, Unsere Nachricht vom**	**Datum**
	OWi – 0987665/26	19.6.2026

Bußgeldbescheid

Betroffener: Herr Ludwig Müller, geboren 20.3.1967 in Elbburg, Hegelstraße 74, 90910 Münsterberg

Verteidiger: Rechtsanwalt Nikolaus Fässler, Alte Marktstraße 45, 88232 Neustadt

Nebenbetroffene: Neuland Bauträger GmbH, Geschäftsführer Andreas Lenz, Sitz Nordstadt, Beethovenstraße 65, 23453 Nordstadt

Verteidiger: Rechtsanwalt Klaus Grieb, Eifelstraße 71, 88162 Kaiserberg

1.2.2 Bezeichnung der Tat

Der im einheitlichen Verfahren erlassene Bußgeldbescheid enthält wie jeder sonstige Bußgeldbescheid (§ 65 OWiG) den Tathergang einschließlich Tatzeit (§ 6 S. 1 OWiG) und Tatort (§ 7 Abs. 1 OWiG) der dem oder der Betroffenen vorgeworfenen Ord-

1) Zustellungen über das besondere elektronische Anwaltspostfach von Berufsausübungsgesellschaften (§ 31b BRAO) sind unzulässig, weil diese als Verteidiger oder Verteidigerinnen im Bußgeldverfahren (§§ 137 bis 149 StPO i. V. m. § 46 Abs. 1 OWiG) ausgeschlossen sind (§ 59l Abs. 3 BRAO).

nungswidrigkeit (§ 66 Abs. 1 S. 3 OWiG).[1] Ungenügend ist die bloße abstrakte Wiedergabe des Gesetzestextes der verletzten Bußgeldvorschrift[2] oder der Feststellungen der Behörde in einem vorangegangenen Verwaltungsverfahren.[3] Anzugeben ist unbedingt, in welcher Funktion der oder die Betroffene für die nebenbetroffene juristische Person oder Personenvereinigung gehandelt hat, also die einschlägige Var. des § 9 Abs. 1 oder 2 OWiG. Diese Bezeichnung darf nicht durch Leerformeln wie „Verantwortlicher" oder „verantwortliche Person" ersetzt werden.

Beispiel:

Der Betroffene hat als Geschäftsführer einer GmbH die unternehmensbezogene Aufsichtspflicht verletzt (§ 130 Abs. 1 OWiG). Ihm ist daher vorzuwerfen, als gesetzlicher Vertreter (§ 9 Abs. 1 Nr. 1 OWiG) gehandelt zu haben.

Fehlbeispiel:

Bei einer Überprüfung der Anlage am 24.4.2026 wurde festgestellt, dass die von der Quickair GmbH betriebene Windfarm acht Windkraftanlagen ohne die nach § 4 BImSchG i. V. m. Nr. 1.6 Anhörung zur 4. BImSchV erforderliche Genehmigung aufwies. Sie waren als Geschäftsführer dafür verantwortlich.

Auf eine sorgfältige Abfassung des Tatvorwurfs ist insbesondere bei der häufigen Verbindung des einheitlichen Verfahrens nach § 30 Abs. 1 OWiG mit dem zugrundeliegenden Tatvorwurf der Verletzung der Aufsichtspflicht in Betrieben und Unternehmen gem. § 130 Abs. 1 OWiG zu achten.[4] Hier genügt nicht die Darstellung einer betriebsbezogenen Ordnungswidrigkeit mit der Schlussfolgerung, es sei die Aufsichtspflicht verletzt worden. Als Tatbestandsmerkmale des § 130 Abs. 1 S. 1 OWiG sind die unterlassenen Aufsichtsmaßnahmen, z. B. mangelhafte Betriebsorganisation, unklare oder fehlende Zuständigkeiten usw. und die mögliche Verhinderung oder Erschwerung auszuführen. Handelt es sich bei einem größeren Betrieb oder Unternehmen, so ist der Organisationsmangel bezüglich der Aufsichtsperson im Sinne des § 130 Abs. 1 S. 2 OWiG auszuführen.[5]) Von erheblicher Bedingung ist in diesem Zusammenhang, ob und gegebenenfalls in welchem Ausmaß ein Compliance-Management-System vorhanden war oder fehlte.

Fehlbeispiel:

Bei einer Überprüfung der Anlage am 24.4.2026 wurde festgestellt, dass die mit der Erlaubnis vom 20.4.2004 verbundene Auflage nicht eingehalten wurde. Der

1) Zum Inhalt des Bußgeldbescheides gegen natürliche Personen (§ 66 OWiG) § 13 Nr. 2.
2) OLG Karlsruhe, Beschl. vom 14.9.2016, Az. 2 (7) SsBs 397/16.
3) OLG Bamberg, Beschl. vom 18.11.2015, Az. 3 Ss OWi 1218/15.
4) Zur Ordnungswidrigkeit der Verletzung der Aufsichtspflicht in Betrieben und Unternehmen (§ 130 OWiG) § 14 Nr. 2.
5) Thüringer OLG (Jena), Beschl. vom 12.3.2004, Az. 1 Ss 42/04.

Geschäftsführer der Windland GmbH hat daher die ihm obliegende Aufsichtspflicht verletzt.

Die Eröffnung dieses Tatvorwurfs erfolgt gegenüber dem oder der Betroffenen im persönlichen Anklagestil wie bei jeder natürlichen Person (Musterbußgeldbescheid 15.1). Der Tathergang (§ 66 Abs. 1 Nr. 3 OWiG) ist nicht bezüglich der nebenbetroffenen juristischen Person oder Personenvereinigung im unpersönlichen Stil zu wiederholen. Insoweit bildet der Tathergang der vom Täter oder der Täterin als natürliche Person begangenen Ordnungswidrigkeit nur die für die Geldbuße gegen die Nebenbetroffenen notwendige Anknüpfungstat.

1.2.3 Geldbuße gegen juristische Person oder Personenvereinigung

Die Geldbußen gegen die natürliche Person des oder der Betroffenen (Organ) als Hauptfolge der Ordnungswidrigkeit und gegen die juristische Person oder Personenvereinigung (Nebenbetroffene) als Nebenfolge der Ordnungswidrigkeit sind unabhängig voneinander festzusetzen. Eine Einheitsgeldbuße ist unzulässig und führt zur Unwirksamkeit des Bußgeldbescheids, da eine gesamtschuldnerische Haftung (§ 421 BGB) dem Ordnungswidrigkeitenrecht fremd ist. Die Geldbuße gegen die natürliche Person ist nach den Kriterien des § 17 OWiG zu bestimmen, für die Geldbuße gegen die juristische Person oder Personenvereinigung gilt § 30 Abs. 2, 3 OWiG.

1.2.3.1 Verbot der Doppelahndung („Einpersonen"-GmbH)

Bei der Zumessung der Geldbußen gegen den Betroffenen oder die Betroffene und die Nebenbetroffene ist darauf zu achten, dass im Ergebnis nicht eine verfassungsrechtlich ausdrücklich verbotene Doppelahndung der Ordnungswidrigkeit (Art. 103 Abs. 3 GG) erreicht wird.[1)][2)]

Fehlbeispiel:

Der Geschäftsführer hat Abfall aus dem Produktionsbetrieb der von ihm geleiteten GmbH illegal entsorgt. Zur Ahndung der Ordnungswidrigkeit (§ 69 Abs. 1 Nr. 2 KrWG, § 9 Abs. 1 Nr. 1 OWiG) darf die Geldbuße nicht zweimal gegen den Geschäftsführer und die nebenbetroffene GmbH festgesetzt werden, wenn dieser nicht nur gesetzlicher Vertreter, sondern als geschäftsführender Gesellschafter auch ihr wirtschaftlicher Eigentümer ist.

Die Rechtswidrigkeit dieses Ergebnisses wird am deutlichsten bei der so genannten „Einpersonen"-GmbH.[3)] Hier ist der oder die Betroffene personengleich

- sowohl als Geschäftsführer oder Geschäftsführerin (§ 35 GmbHG) gesetzlicher Vertreter oder gesetzliche Vertreterin (Organ, § 9 Abs. 1 Nr. 1 OWiG)

1) Hanseatisches OLG Hamburg, Beschl. vom 28.2.2023, Az. 1 ORbs 1/23.
2) Brandenburgisches OLG (Brandenburg), Beschl. vom 23.3.2023, Az. 2 ORbs 40/23.
3) Zur Feststellung der so genannten „Einpersonen"-GmbH § 15 Nr. 1.2.3.1.

– als auch als Gesellschafter oder Gesellschafterin der verfahrensbeteiligten juristischen Person (§ 45 GmbHG) deren wirtschaftlicher Eigentümer.

Der oder die Betroffene darf daher bei der Zumessung der Geldbuße insgesamt nicht schlechter gestellt werden als der Inhaber oder die Inhaberin einer Einzelfirma. Diese Situation tritt in der Verfahrenspraxis oft dann ein, wenn eine frühere Einzelfirma durch Betriebsaufspaltung aus Haftungs- und Insolvenzgründen in ein Besitzunternehmen (bestehende Einzelfirma) und eine neu gegründete GmbH mit dem operativen Geschäft wirtschaftlich aufgespalten wird.

Beispiel:

Der Betroffene hat die frühere Einzelfirma „Metallbau Meister" durch Betriebsaufspaltung in eine Besitzfirma „Meister Beteiligungen" und „Metallbau Meister GmbH" umgewandelt. Er ist jetzt nach dem Handelsregister als „geschäftsführender Gesellschafter" sowohl alleiniger Geschäftsführer als auch alleiniger Gesellschafter der neuen GmbH ersichtlich. Er vertritt sie daher allein (§ 9 Abs. 1 Nr. 1 OWiG) und ist ausschließlicher wirtschaftlicher Eigentümer. Würde die Geldbuße zweimal festgesetzt, würde der Betroffene faktisch zweifach zur Verantwortung gezogen.[1)]

Bei der Festsetzung der Geldbuße gegen das Organ (natürliche Person) ist daher zu prüfen, ob und gegebenenfalls inwieweit sich die Geldbuße gegen die juristische Person oder Personenvereinigung auf das Organ auswirkt. Daher sollte bereits bei der Einleitung des Bußgeldverfahrens und vor der Anordnung der Verfahrensbeteiligung der Nebenbetroffenen der Handelsregisterauszug regelmäßig mit der dort ebenfalls enthaltenen Gesellschafterliste abgeglichen werden. Daraus wird eine Personengleichheit zwischen Geschäftsführer und Gesellschafter als „geschäftsführender Gesellschafter" sichtbar. Die Auswirkung auf die juristische Person oder Personenvereinigung kann dann mildernd bei der Festsetzung der Geldbuße gegen das Organ Berücksichtigung finden. Soll im Wesentlichen nur der vom Organ aus der Ordnungswidrigkeit gezogene wirtschaftliche Vorteil bei der juristischen Person oder Personenvereinigung abgeschöpft werden (§ 30 Abs. 3 i. V. m. § 17 Abs. 4 OWiG), so empfiehlt sich anstelle einer Geldbuße nach § 30 Abs. 1 OWiG die selbstständige Anordnung der Einziehung des Wertes von Taterträgen nach § 29a Abs. 1 OWiG.[2)] In diesem Verfahren kann die Verwaltungsbehörde einen Einziehungsbescheid (§ 87 Abs. 6 OWiG) erlassen, bei dem der Wertersatzbetrag nach dem Bruttoprinzip festzusetzen ist, d. h. die aus der Ordnungswidrigkeit gezogenen Betriebseinnahmen ohne Abzug der Betriebsausgaben wie beim Nettoprinzip der Geldbuße abgeschöpft werden. Der Wertersatzbetrag kann daher höher ausfallen als eine Geldbuße gegen die Nebenbetroffene.

---

1) OLG Frankfurt (Main), Beschl. vom 25.1.2012, Az. 1 Ss 63/11.

2) Zum Erlass eines Einziehungsbescheids (§ 29a, § 87 Abs. 6 OWiG) § 16.

1.2.3.2 Höchstmaß der Geldbuße

Die Zumessung der Geldbuße gegen juristische Personen und Personenvereinigungen ist im Gegensatz zur Höhe der Geldbuße nach § 17 OWiG für natürliche Personen in § 30 Abs. 2, 3 OWiG nur bruchstückhaft geregelt. In der Verfahrenspraxis wird die Geldbuße gegen die Nebenbetroffene vor allem dazu benutzt, um eine Abschöpfung des bei dieser angefallenen, aus der Ordnungswidrigkeit gezogenen wirtschaftlichen Vorteils nach § 17 Abs. 4 S. 1 OWiG durchzuführen. Auf diese Zumessungsrichtlinie verweist § 30 Abs. 3 OWiG ausdrücklich.[1] Soll der Zweck der Geldbuße hauptsächlich in der Vorteilsabschöpfung liegen, sollte die verantwortende Person der Verwaltungsbehörde alternativ den Erlass eines Einziehungsbescheids über den Wert von Taterträgen gem. § 29a, § 87 Abs. 6 OWiG prüfen.[2]

Der Bußgeldrahmen richtet sich gem. § 30 Abs. 2 S. 2 OWiG nach dem für die Ordnungswidrigkeit angedrohten Höchstmaß der Geldbuße. Eine ausdrückliche Verweisung auf § 17 Abs. 2 OWiG durch § 30 Abs. 3 OWiG für fahrlässiges Handeln des Organs ist daher nicht erforderlich.

Beispiel:

Vorsätzliche Ordnungswidrigkeit des Organs nach Art. 79 Abs. 1 BayBO:

Höchstbetrag der Geldbuße = 500 000 Euro (Art. 79 Abs. 1 Halbs. 1 BayBO),

Fahrlässige Ordnungswidrigkeit des Organs nach § 79 Abs. 1 BayBO:

Höchstbetrag der Geldbuße = 250 000 Euro (Art. 79 Abs. 1 Halbs. 1 BayBO, § 17 Abs. 2 OWiG).

Genügt das gesetzliche Höchstmaß der Geldbuße nicht, kann es zur Abschöpfung des aus der Ordnungswidrigkeit gezogenen Vorteils auch überschritten werden (§ 30 Abs. 3 i. V. m. § 17 Abs. 4 S. 2 OWiG).

1.2.3.3 Ahndungsanteil der Geldbuße

Die Geldbuße gegen juristische Personen oder Personenvereinigungen besteht aus einem § 17 Abs. 3 OWiG entsprechenden Ahndungsanteil und einem § 17 Abs. 4 OWiG entsprechenden Abschöpfungsanteil. Der Ahndungsanteil richtet sich gegen die juristische Person oder Personenvereinigung als Rechtsfolge der von ihren Organen (§ 9 Abs. 1, 2 OWiG) begangenen Ordnungswidrigkeit als Anknüpfungstat. Eine juristische Person oder Personenvereinigung kann zwar mangels persönlicher Schuld nicht „bestraft“ werden. Der Ahndungsanteil der Geldbuße soll aber die wirtschaftlichen Eigentümer der juristischen Person oder Personenvereinigung dazu anhalten, die gesetzlichen oder sonstigen Vertreter zur künftigen Beachtung der Rechtsordnung anhalten.

Eine Parallelvorschrift zu § 17 Abs. 3 OWiG für die Höhe der Geldbuße existiert nicht. Auch § 30 Abs. 3 OWiG verweist hierauf nicht. Die Höhe der Geldbuße soll sich an der vom gesetzlichen oder sonstigen Vertreter bzw. Vertreterin der juristischen Per-

1) Brandenburgisches OLG (Brandenburg), Beschl. vom 23.3.2023, Az. 2 ORbs 40/23.
2) Zur Einziehung des Wertes von Taterträgen (§ 29a, § 87 OWiG) § 16.

son oder Personenvereinigung begangenen Ordnungswidrigkeit orientieren. Damit sind mittelbar die Grundlagen der Ahndung nach § 17 Abs. 3 S. 1 OWiG, nämlich die objektive Bedeutung der Ordnungswidrigkeit und der subjektive Vorwurf, der den Täter oder die Täterin trifft, maßgeblich. Allerdings sollen auch unternehmensbezogene Umstände in Betracht kommen, ohne dass dies in der Verfahrenspraxis und Rechtsprechung näher nachvollziehbar wäre.

1.2.3.4 Abschöpfungsanteil der Geldbuße

Die Abschöpfung eines bei der juristischen Person oder Personenvereinigung durch die Ordnungswidrigkeit des Organs erzielten wirtschaftlichen Vorteils ist durch die ausdrückliche Verweisung des § 30 Abs. 3 OWiG auf § 17 Abs. 4 OWiG ausdrücklich vorgesehen. Da der aus der Ordnungswidrigkeit gezogene wirtschaftliche Vorteil der juristische Personen oder Personenvereinigung und nicht deren Organen zugeflossen ist, betrifft der Abschöpfungsanteil der Geldbuße ausschließlich das nebenbetroffene Unternehmen. Die Berechnung oder konkrete Schätzung dieser Zumessungsrichtlinie weist daher auch dieselben Schwierigkeiten wie bei natürlichen Personen auf. Diese liegen vor allem im Nettoprinzip, d. h. dem Abzug der zu ermittelnden Betriebsausgaben von den Betriebseinnahmen.[1]

1.2.3.5 Wirtschaftliche Verhältnisse

Auch ohne Verweisung auf § 17 Abs. 3 S. 2 OWiG durch § 30 Abs. 3 OWiG sind bei nicht geringfügigen Geldbußen die wirtschaftlichen Verhältnisse der juristischen Person oder Personenvereinigung zu berücksichtigen, nicht etwa die des Täters oder der Täterin Ordnungswidrigkeit.[2] Dies gilt aber nur für den „Ahndungsanteil" nicht aber für den „Abschöpfungsanteil" der Geldbuße, da § 30 Abs. 3 OWiG hierauf nicht verweist. Insoweit soll die Geldbuße den aus der Ordnungswidrigkeit gezogenen wirtschaftlichen Vorteil sogar übersteigen (§ 17 Abs. 4 S. 1 OWiG). Eine analoge Anwendung des § 17 Abs. 3 S. 2 OWiG ist aufgrund der eigenständigen Zumessungsrichtlinie ausgeschlossen, was der bewussten Entscheidung des Gesetzgebers entspricht und nicht auf einer Regelungslücke beruht.[3]

Bezüglich der Höhe der Geldbuße gibt es keinen Rechtssatz, eine GmbH dürfe durch eine Verbandsgeldbuße nicht wirtschaftlich gefährdet oder sogar insolvent werden.[4] Die durch eine Geldbuße eingetretene Zahlungsunfähigkeit einer juristischen Person wäre allerdings gesetzlicher Insolvenzeröffnungsgrund (§§ 16, 18 InsO), der z. B. den Geschäftsführer oder die Geschäftsführerin einer GmbH dazu zwänge, unverzüglich spätestens aber innerhalb von drei Wochen einen Insolvenzeröffnungsantrag zu stellen (§ 64 GmbHG). Durch die Auflösung der juristischen Person oder Personenvereinigung im Insolvenzverfahren wäre die Geldbuße weder vollstreckbar noch als nachrangige Insolvenzforderung (§ 39 Abs. 1 Nr. 3 InsO) im Insolvenzverfahren auch nur quotenmäßig durchzusetzen.

1) Zur Berechnung oder konkreten Schätzung des aus der Ordnungswidrigkeit gezogenen wirtschaftlichen Vorteils (§ 17 OWiG) § 13 Nr. 3.6.4.
2) OLG Hamm, Beschl. vom 5.7.2000, Az. 2 Ss OWi 462/00, für Geldbuße von 3825 Euro.
3) OLG Frankfurt (Main), Beschl. vom 7.3.2023, 3 ORbs 8/23.
4) KG (Berlin), Beschl. vom 17.4.2019, Az. 3 Ws (B) 99/19.

1.2.3.6 Bewilligung von Zahlungserleichterungen

Zahlungserleichterungen für die juristische Person oder Personenvereinigung nach § 18 OWiG sind durch ausdrückliche Verweisung in § 30 Abs. 3 OWiG zulässig. Sie sind auch ohne Antrag von Amts wegen zu bewilligen, wenn eine sofortige Zahlung der Geldbuße als nicht möglich erscheint.[1] Dadurch kann auch dem Insolvenzrisiko durch die Geldbuße begegnet werden. Zahlungserleichterungen sind vor allem dann sinnvoll, wenn sich das Unternehmen in einer wirtschaftlichen Krise befindet und die Geldbuße nur in Teilbeträgen beglichen werden kann. Daher sind Zahlungserleichterungen auch typische Merkmale einer Verständigung der Verfahrensbeteiligten (§ 257c StPO i. V. m. § 46 Abs. 1 OWiG). Kommt die Verwaltungsbehörde der juristischen Person oder Personenvereinigung nicht entgegen, kann diese durch den Einspruch die Rechtskraft und Vollstreckbarkeit zumindest vorläufig verhindern (§ 89 OWiG) und sich dadurch einen befristeten zinslosen Zahlungsaufschub verschaffen.

1.2.4 Kostenentscheidung

Die Kostenentscheidung im einheitlichen Verfahren (Musterbußgeldbescheid 15.1) richtet sich gegen das Organ als Betroffenen oder Betroffene (§ 105 Abs. 1 OWiG i. V. m. § 464, § 465 Abs. 1 StPO) und die nebenbetroffene juristische Person oder Personenvereinigung (§ 105 Abs. 1 OWiG i. V. m. § 472b Abs. 2 StPO). Die Gebühr beträgt für den Betroffenen gem. § 107 Abs. 1 S. 1 OWiG wie für die Nebenbetroffene gem. § 107 Abs. 1 S. 2 OWiG jeweils 5 % der festgesetzten Geldbuße, mindestens aber 25,00 Euro und höchstens 7500 Euro. Die Auslagen der Verwaltungsbehörde sind bei demjenigen festzusetzen, bei dem sie entstanden sind, z. B. für die jeweilige Zustellung (§ 107 Abs. 3 Nr. 2 OWiG). Soweit Auslagen, z. B. für Dienstfahrten (§ 107 Abs. 3 Nr. 6 Buchst. c OWiG) einheitlich entstanden sind, haften der oder die Betroffene und die Nebenbetroffene nur gesamtschuldnerisch (§ 421 BGB).

1.3 Verteidigung im einheitlichen Verfahren

Nach der Einleitung eines einheitlichen Verfahrens ist besonders das Verbot der Mehrfachverteidigung zu beachten (§ 146 StPO i. V. m. § 46 Abs. 1 OWiG).[2] Es gilt nämlich nicht nur für mehrere Betroffene, sondern auch für Betroffene und nebenbetroffene juristische Personen und Personenvereinigungen.[3] Die Verwaltungsbehörde muss die Zuwiderhandlung daher von Amts wegen beanstanden, sobald dies erkennbar wird (§ 88 Abs. 1 Halbs. 2 i. V. m. § 60 S. 2 OWiG, § 146a Abs. 1 S. 1 StPO). Die Erkennbarkeit wird i. d. R. mit der Mandatsanzeige nach den Anhörungen und Anordnungen der Verfahrensbeteiligung eintreten. Dem Wahlverteidiger oder der Wahlverteidigerin ist dann zunächst rechtliches Gehör zu gewähren und die unzulässige Verteidigung zurückzuweisen, falls das Mandat nicht niedergelegt wird.

1) Zu Zahlungserleichterungen im Bußgeldbescheid (§ 18 OWiG) § 13 Nr. 3.6.5, zum Vollstreckungsverfahren (§ 93 OWiG) § 23 Nr. 3.
2) Zum Verbot der Mehrfachverteidigung im Bußgeldverfahren (§ 146 StPO i. V. m. § 46 Abs. 1 OWiG) § 10 Nr. 5.1.2.
3) KG (Berlin), Beschl. vom 19.4.1999, Az. 1 AR 292/99 – 3 Ws 167/99.

Beispiel:

Die Verwaltungsbehörde hört den Geschäftsführer einer GmbH als Betroffenen und die GmbH, vertreten durch den Geschäftsführer, gleichzeitig als Verfahrensbeteiligte im einheitlichen Bußgeldverfahren an. Daraufhin geht bei der Verwaltungsbehörde eine Mandatsanzeige mit einer Stellungnahme für den Betroffenen und die verfahrensbeteiligte GmbH ein. Die Verwaltungsbehörde beanstandet das Verbot der Mehrfachverteidigung und gibt eine Frist zur Niederlegung des Mandats. Nachdem keine Äußerung mehr eingeht, wird die unzulässige mehrfache Verteidigung zurückgewiesen.

Auch die übrigen Vertretungsverbote sind zu beachten. So darf die Höchstzahl von jeweils drei Verteidigern oder Verteidigerinnen für den oder die Betroffene sowie die nebenbetroffene juristische Person oder Personenvereinigung nicht überschritten werden (§ 137 Abs. 1 S. 2 StPO i. V. m. § 46 Abs. 1 OWiG). Auch in diesem Fall muss die Verteidigung zurückgewiesen werden, wenn die Zahl der Verteidigenden nicht auf das zulässige Höchstmaß beschränkt wird (§ 88 Abs. 1 Halbs. 2 i. V. m. § 60 S. 2 OWiG, § 146a Abs. 1 S. 1 StPO).[1] Berufsausübungsgesellschaften von Rechtsanwälten und Rechtsanwältinnen (§ 59b BRAO) dürfen auch juristische Personen und Personenvereinigungen im Bußgeldverfahren nicht vertreten (§ 59l Abs. 3 BRAO). Syndikusrechtsanwälte und Syndikusrechtsanwältinnen dürfen juristische Personen und Personenvereinigung und ihre Mitarbeitenden im Bußgeldverfahren nicht vertreten, wenn es sich dabei um ihre Arbeitgeber oder Arbeitgeberin handelt, und das Bußgeldverfahren einen unternehmensbezogenen Inhalt besitzt (§ 46c Abs. 2 S. 2 BRAO).

2. Selbstständiges Verfahren

Die selbstständige Festsetzung einer Geldbuße nach § 30 Abs. 4 OWiG mit dem Ziel der alleinigen bußgeldrechtlichen Haftung nebenbetroffener juristischer Personen oder Personenvereinigungen für betriebsbezogene Ordnungswidrigkeiten ihrer Organe findet ohne Durchführung eines Bußgeldverfahrens gegen diese Organe statt. Ein Bußgeldverfahren gegen diese darf daher entweder überhaupt nicht eingeleitet (§ 47 Abs. 1 S. 1 OWiG) oder muss nach Einleitung wieder eingestellt worden sein (§ 47 Abs. 1 S. 2 OWiG).[2]

Fehlt die Person des Täters oder der Täterin, ist der Bußgeldbescheid zwar mangelhaft, aber deswegen noch nicht unwirksam.[3]

1) Zur zulässigen Höchstzahl der Wahlverteidiger und Wahlverteidigerinnen im Bußgeldverfahren (§ 137 Abs. 1 S. 2 StPO i. V. m. § 46 Abs. 1 OWiG) § 10 Nr. 5.1.2.

2) Thüringer OLG (Jena), Beschl. vom 6.11.2019, Az. 1 OLG 171 SsBs 75/18; OLG Rostock, Beschl. vom 14.1.2013, Az. 2 Ss (OWi) 254/12 I 276/12.

3) Hanseatisches OLG Hamburg, Beschl. vom 15.4.1998, Az. II – 35/98 – 3 Ss 7/98 OWi.

2.1 Anwendungsbereich des selbstständigen Verfahrens

Der Bußgeldbescheid in einem selbstständigen Verfahren enthält eine Geldbuße (§ 30 Abs. 4 S. 1 OWiG), die sich aus einem Ahndungsanteil (§ 17 Abs. 3 OWiG) und einem Abschöpfungsanteil zusammensetzen kann (§ 30 Abs. 3 i. V. m. § 17 Abs. 4 OwiG). Soll dagegen nur der aus der Ordnungswidrigkeit gezogene wirtschaftliche Vorteil abgeschöpft werden (§ 29a OWiG), handelt es sich nicht um einen selbstständigen Bußgeldbescheid gegen eine juristische Person oder Personenvereinigung (§ 88 OWiG), sondern einen Einziehungsbescheid (§ 87 OWiG).[1] Daher ist vor einer Entscheidung eine Abgrenzung beider Verfahrensarten geboten.

2.1.1 Selbstständiger Bußgeldbescheid

Das selbstständige Bußgeldverfahren ist immer dann sinnvoll, wenn gegen das Organ einer juristischen Person oder Personenvereinigung aus tatsächlichen Gründen kein Bußgeldverfahren eingeleitet werden kann oder dieses nicht zur Pflichtenmahnung genügt. Ein Bußgeldverfahren kann aus tatsächlichen Gründen nicht durchgeführt werden, wenn das Organ verstorben, vermögenslos oder unbekannten Aufenthalts ist.

Beispiel:

Die Verwaltungsbehörde leitet gegen den Geschäftsführer einer GmbH als deren Organ (§ 9 Abs. 1 Nr. 1 OWiG) ein Bußgeldverfahren ein und hört ihn wegen einer betriebsbezogenen Ordnungswidrigkeit an (§ 55 OWiG i. V. m. § 163a Abs. 1 StPO). Dabei stellt sich heraus, dass er inzwischen verstorben, vermögenslos oder unbekannten Aufenthalts ist.

Die Verwaltungsbehörde stellt das Bußgeldverfahren gegen den Geschäftsführer als natürliche Person ein (§ 47 Abs. 1 S. 2 OWiG), ordnet die Verfahrensbeteiligung der GmbH als juristische Person an und hört diese wegen der Ordnungswidrigkeit im selbstständigen Verfahren an. Anschließend setzt sie gegen die GmbH durch selbstständigen Bußgeldbescheid (§ 88 OWiG) eine Geldbuße fest (§ 30 Abs. 4 S. 1 OWiG).

Das selbstständige Verfahren bietet sich weiter an, wenn der Täter oder die Täterin nicht ermittelbar ist, was bei mehreren geschäftsführenden Personen und insbesondere zu vielen als Betroffene in Betracht kommenden Organen möglich ist. Die Verfahrensart lässt genügen, dass ein unbekanntes, aber zuständiges Organ die Zuwiderhandlung, meist eine Verletzung der Aufsichtspflicht im Sinne des § 130 OWiG, begangen hat.

Beispiel:

Eine Behörde stellt im Verwaltungsverfahren die Verletzung einer Auflage fest, die mit einer Genehmigung für eine GmbH verbunden war. Die Verwaltungsbehörde

1) Zur Einziehung des Wertes von Taterträgen (§ 29a OWiG) und zum Einziehungsbescheid (§ 87 OWiG) § 16.

leitet deswegen ein Bußgeldverfahren ein, kann aber nicht ermitteln, wer von den Geschäftsführern für die Einhaltung der verletzten Vorschrift intern zuständig war. Sie ordnet daher nur die Verfahrensbeteiligung der GmbH als juristische Person an und hört diese wegen der Ordnungswidrigkeit im selbstständigen Verfahren an. Anschließend setzt sie gegen die GmbH durch selbstständigen Bußgeldbescheid (§ 88 OWiG) eine Geldbuße fest (§ 30 Abs. 4 S. 1 OWiG).

2.1.2 Anwendungsbereich des selbstständigen Verfahrens

Soll im selbstständigen Verfahren eigentlich nur ein der juristischen Person oder Personenvereinigung aus der Ordnungswidrigkeit zugeflossener wirtschaftlicher Vorteil abgeschöpft werden (§ 17 Abs. 4 S. 1 OWiG), so sollte die verantwortende Person der Verwaltungsbehörde prüfen, ob nicht ein Einziehungsbescheid (§ 29a, § 87 Abs. 6 OWiG) sinnvoller ist.[1] Das Einziehungsverfahren bietet bereits bei der Einleitung des Verfahrens, nicht erst mit Erlass des Bescheides die Möglichkeit des Vermögensarrests zur Sicherung des Wertersatzbetrags (§ 111e StPO i. V. m. § 46 Abs. 1 OWiG),[2] was bei Verfahren gegen ausländische Unternehmen ohne Niederlassung im Inland bedeutsam sein kann. Außerdem umfasst der Wertersatzbetrag nach dem Bruttoprinzip alles aus der Ordnungswidrigkeit Erlangte ohne Abzüge, während bei Vorteilsabschöpfung als Zumessungsrichtlinie der Geldbuße gem. § 30 Abs. 3 i. V. m. § 17 Abs. 4 S. 1 OWiG die Betriebsausgaben nach dem Nettoprinzip zu berücksichtigen sind. Andererseits ist beim Einziehungsverfahren keine Eintragung im Gewerbezentralregister (GZR) möglich, da diese auf die Geldbuße beschränkt ist (§ 149 Abs. 2 S. 1 Nr. 3 GewO). Auch die Anordnung der Erzwingungshaft ist nur zur Vollstreckung einer Geldbuße möglich (§ 99 OWiG).

Kein Kriterium für ein selbstständiges Verfahren darf im Rahmen einer Verständigung zwischen den Verfahrensbeteiligten die Erwägung des oder der Betroffenen sein, die Geldbuße nicht selbst aus seinem Privatvermögen zu leisten, sondern gleichsam „über die Firma“ bezahlen zu lassen. Dies würde eine nachhaltige Pflichtenmahnung wegen der von ihnen als Täter oder Täterin begangenen Ordnungswidrigkeit unterlaufen und zur Wiederholung der persönlich finanziell folgenlosen Zuwiderhandlung einladen. Zudem wäre auch keine Mitteilung an das Gewerbezentralregister (§ 149 Abs. 2 S. 1 Nr. 3 GewO) und gegebenenfalls die Ausländerbehörde (§ 87 Abs. 4 S. 1 AufenthG bzw. § 11 FreizügG/EU) möglich. Die verantwortende Person sollte dies daher bedenken, wenn ihr im Rahmen einer Verständigung der Verfahrensbeteiligten (§ 257c StPO i. V. m. § 46 Abs. 1 OWiG) ein derartiges Angebot unterbreitet wird.

2.2 Voraussetzung des selbstständigen Verfahrens

Das „Aufsplitten“ eines gleichzeitig gesondert gegen ein Organ der verfahrensbeteiligten juristischen Person oder Personenvereinigung geführten Bußgeldverfahrens ist aufgrund § 30 Abs. 4 S. 1 OWiG unzulässig und führt im gerichtlichen Bußgeld-

1) Zum Einziehungsbescheid (§ 29a, § 87 Abs. 6 OWiG) § 16 Nr. 1.1.2.
2) Zur Anordnung des Vermögensarrest (§ 111e StPO i. V. m. § 46 Abs. 1 OWiG) § 8.

verfahren zu einem rechtlichen Verfahrenshindernis (§ 206a StPO i. V. m. § 46 Abs. 1 OWiG). Es kann daher nicht nachträglich auf das selbstständige Verfahren „umgestiegen" werden, wenn das Bußgeldverfahren gegen eine natürliche Person erfolglos war.[1)]

Beispiel:

Die Verwaltungsbehörde erlässt gegen den Geschäftsführer einer GmbH wegen einer betriebsbezogenen Ordnungswidrigkeit als deren Organ (§ 9 Abs. 1 Nr. 1 OWiG) einen Bußgeldbescheid. Bei der Vollstreckung stellt sich heraus, dass dieser inzwischen verstorben, vermögenslos oder unbekannten Aufenthalts ist. Gegen die juristische Person kann wegen der Sperrwirkung des § 30 Abs. 4 S. 1 OWiG nachträglich keine Geldbuße im selbstständigen Verfahren festgesetzt werden.

Die Festsetzung einer Geldbuße gegen juristische Personen und Personenvereinigungen im selbstständigen Verfahren setzt nach § 30 Abs. 4 S. 1 OWiG ausdrücklich voraus, dass ein Bußgeldverfahren gegen ein Organ nicht eingeleitet oder wieder eingestellt ist. Die Einstellung kann dabei sowohl auf tatsächlichen oder rechtlichen Gründen gem. § 170 Abs. 2 S. 1 StPO i. V. m. § 46 Abs. 1 OWiG oder wegen nicht gebotener Ahndung auf § 47 Abs. 1 S. 2 OWiG beruhen.[2)] Die Gründe, weshalb ein Bußgeldverfahren nicht eingeleitet wurde, brauchen nicht aktenkundig zu sein, was sich jedoch gleichwohl empfiehlt. Auf jeden Fall aktenkundig muss die Einstellungsverfügung der Verwaltungsbehörde nach Einleitung eines Bußgeldverfahrens sein. Solange das Bußgeldverfahren gegen ein Organ betrieben wird, darf kein Bußgeldbescheid im selbstständigen Verfahren gegen die juristische Person oder Personenvereinigung erlassen werden. Dies stellte ein Verfahrenshindernis dar, das im gerichtlichen Bußgeldverfahren zur Einstellung führte (§ 206a StPO i. V. m. § 71 Abs. 1 OWiG). Die Aufnahme eines Nichteinleitungs- oder Einstellungsvermerks ist im selbstständigen Bußgeldbescheid zwar nicht vorgeschrieben, aber zur Vermeidung von Missverständnissen und Nachfragen sinnvoll (Musterbußgeldbescheid 15.7).

2.3 Selbstständiger Bußgeldbescheid

Im Verfahren nach § 30 Abs. 4 OWiG hat die Verwaltungsbehörde gem. § 88 Abs. 2 S. 1 OWiG einen selbstständigen Bußgeldbescheid zu erlassen, der als solcher den Anforderungen des § 66 Abs. 1 OWiG gegen natürliche Personen zu genügen hat.[3)]

1) OLG Rostock, Beschl. vom 14.1.2013, Az. 2 Ss (OWi) 254/12 I 276/12. Die Sperrwirkung gilt gem. § 29a Abs. 4 OWiG auch für die Einziehung des Wertes von Taterträgen, sodass ein nachträgliches „Umsteigen" auf das Einziehungsverfahren ebenfalls nicht möglich ist.
2) Zu den Einstellungsgründen im Bußgeldverfahren (§ 170 Abs. 2 S. 1 StPO i. V. m. § 46 Abs. 1 OWiG bzw. § 47 Abs. 1 S. 2 OWiG) § 11.
3) OLG Hamm, Beschl. vom 24.6.2021, Az. 5 RBs 107/21.

2.3.1 Verfahrensbeteiligte statt Betroffene

Der selbstständige Bußgeldbescheid (Musterbußgeldbescheid 15.7) richtet sich ausschließlich gegen die verfahrensbeteiligte juristische Person oder Personenvereinigung und ist daher an diese, vertreten durch zumindest einen aktuellen gesetzlichen Vertreter oder die entsprechende Vertreterin zu adressieren. Es gibt also keine Betroffenen, auch die gelegentlich in der Verfahrenspraxis und Rechtsprechung verwendet Bezeichnung als „Nebenbetroffene" lässt sich nicht aus der gesetzgeberischen Terminologie ableiten.[1] Die Bezeichnung als Verfahrensbeteiligte ist auch dann zu verwenden, wenn die betriebsbezogene Ordnungswidrigkeit durch ein früheres, inzwischen ausgeschiedenes Organ begangen wurde. Da bei der Verhängung einer Verbandsgeldbuße nicht die Nebenbetroffene selbst, sondern eine natürliche Person aus dem Täterkreis des § 30 Abs. 1 Nr. 1 bis 5 OWiG die Tat begangen haben soll, zählt zu dem im Bußgeldbescheid konkret zu schildernden Lebenssachverhalt die Angabe, welche natürliche Person in welcher Funktion welche Handlung oder Unterlassung (wann und wo) begangen haben soll.[2]

Beispiel:

Im selbstständigen Bußgeldbescheid ist anzugeben, dass die Geschäftsführerin an einem bestimmten Tatort zu einem datumsmäßig bestimmten Tatzeitraum wissentlich kein Compliance-Management-System eingerichtet hat.

Damit wird die von der gesetzlichen Vertreterin einer juristischen Personenvereinigung (§ 9 Abs. 1 Nr. 1 OWiG) vorsätzlich begangene Verletzung der Aufsichtspflicht in Betrieben und Unternehmen (§ 130 Abs. 1 S. 1 OWiG) als Anknüpfungstat bezeichnet. Die unzureichende Benennung der handelnden Person beeinträchtigt aber lediglich die Informations- und nicht die für die Wirksamkeit maßgebliche Umgrenzungsfunktion des Bußgeldbescheides.[3]

2.3.2 Tathergang

Der im selbstständigen Verfahren erlassene Bußgeldbescheid enthält wie jeder sonstige Bußgeldbescheid (§ 65 OWiG) den Tathergang einschließlich Tatzeit (§ 6 S. 1 OWiG) und Tatort (§ 7 Abs. 1 OWiG) der dem oder der Betroffenen vorgeworfenen Ordnungswidrigkeit (§ 66 Abs. 1 S. 3 OWiG).[4] Auch im selbstständigen Bußgeldbescheid muss die Ordnungswidrigkeit eines Organs, z. B. dessen Aufsichtspflichtverletzung im Sinne des § 130 OWiG ausgeführt werden. Es genügt nicht etwa die „Begründung des Bußgeldbescheids", dass in dem Betrieb oder Unternehmen

1) OLG Hamm, Beschl. vom 24.6.2021, Az. 5 RBs 107/21; OLG Koblenz, Beschl. vom 7.1.2013, Az. 1 SsBs 131/12.
2) OLG Hamm, Beschl. vom 24.6.2021, Az. 5 RBs 207/20; OLG Stuttgart, Beschl. vom 1.2.1993, Az. 4 Ss 573/92.
3) OLG Hamm, Beschl. vom 24.6.2021, Az. 5 RBs 207/20, unter Bezugnahme auf Hanseatisches OLG Hamburg, Beschl. vom 15.4.1998, Az. II – 35/98, Az. 3 Ss 7/98 OWi.
4) Zur Darstellung des Tathergangs (§ 66 Abs. 1 Nr. 3 OWiG) im einheitlichen Bußgeldbescheid § 17 Nr. 1.2.2.

eine „Ordnungswidrigkeit begangen wurde".[1] Die Person des Täters oder der Täterin braucht zwar nicht ermittelt zu sein, unverzichtbar sind aber die Stellung des Täters oder der Täterin und deren Handlung. Die Ausführung des Bußgeldbescheids erfolgt nicht im persönlichen Anklagestil, sondern dem Zweck angemessen im unpersönlichen Darstellungsstil der Zuwiderhandlung des Organs.

Beispiel:

Die Alpenland GmbH betreibt in Neckarstein eine Spielhalle. Dort hielten sich am Nachmittag des 13.1.2026 unter bewusster Duldung der anwesenden Aufsichtsperson drei jugendliche Personen unter achtzehn Jahren auf. Diese Ordnungswidrigkeit war dem für die Einhaltung Aufsichtspflicht bezüglich jugendschutzrechtlicher Bestimmungen, namentlich nicht ermittelten Geschäftsführer nicht bekannt.

2.3.3 Zumessung der Geldbuße

Der Bußgeldbescheid in einem selbstständigen Verfahren enthält eine Geldbuße (§ 30 Abs. 4 S. 1 OWiG), die sich aus einem Ahndungsanteil (§ 17 Abs. 3 OWiG) und einem Abschöpfungsanteil zusammensetzen kann (§ 30 Abs. 3 i. V. m. § 17 Abs. 4 OWiG. Soll mit der Geldbuße ein der juristischen Person oder Personenvereinigung aus der Ordnungswidrigkeit zugeflossener wirtschaftlicher Vorteil abgeschöpft werden, so darf dies nur als Zumessungsrichtlinie der Geldbuße auf § 30 Abs. 3 i. V. m. § 17 Abs. 4 OWiG beruhen. Die Anordnung der Einziehung des Wertes von Taterträgen (§ 29a OWiG) als Nebenfolge der Geldbuße ist durch § 30 Abs. 5 OWiG ausdrücklich ausgeschlossen.

2.3.4 Kostenentscheidung

Die Kostenentscheidung beruht nicht auf § 105 Abs. 1 OWiG i. V. m. §§ 464, 465 Abs. 2 StPO, sondern ausschließlich auf § 105 Abs. 1 OWiG i. V. m. § 472b Abs. 2 OWiG, über den der Gebühren- und Auslagenansatz nach § 107 Abs. 1 bzw. 3 OWiG anwendbar ist (Musterbußgeldbescheid 15.7).

2.3.5 Begründung des Bußgeldbescheides

Eine weitere Begründung des selbstständigen Bußgeldbescheids ist zwar durch § 66 Abs. 3 OWiG ebenso wie beim Bußgeldbescheid gegen natürliche Personen nicht vorgeschrieben. Sie empfiehlt sich aber vor allem dann, wenn der jetzige gesetzliche Vertreter oder gesetzliche Vertreterin der juristischen Person oder Personenvereinigung rechtsirrig die Auffassung vertritt, das Unternehmen brauche nicht mehr für die Ordnungswidrigkeiten eines ausgeschiedenen Organs haften, die Verwaltungsbehörde solle sich an dieses wenden. Eine nähere Begründung ist auch dann angebracht, wenn die Ordnungswidrigkeit an sich bestritten wird und eine Abschöpfung des aus der Ordnungswidrigkeit gezogenen wirtschaftlichen Vorteils

1) Thüringer OLG (Jena), Beschl. vom 12.3.2004, Az. 1 Ss 42/04.

(§ 17 Abs. 4 OWiG) mit der Geldbuße vorgenommen wird. Es sollten dann die Zumessungsrichtlinien zum Ahndungsanteil der Geldbuße (§ 17 Abs. 3 OWiG) und zur Berechnung oder Schätzung des Abschöpfungsanteils (§ 30 Abs. 3 i. V. m. § 17 Abs. 4 OWiG) dargestellt werden.

2.3.6 Abschlussverfügung

Der selbstständige Bußgeldbescheid ist als elektronisches Dokument in der Bußgeldakte zu speichern (§ 32b Abs. 2 StPO i. V. m. § 110c S. 1 OWiG). Die Zustellung erfolgt an die nebenbetroffene juristische Person oder Personenvereinigung. Als sicherer elektronischer Übermittlungsweg kommt insbesondere das besondere elektronische Bürger- und Organisationenpostfach (eBO) in Betracht (§ 32a Abs. 4 S. 1 Nr. 3 StPO i. V. m. § 110c S. 1 OWiG). Verfahrensart und Zustellung bestimmt die Verwaltungsbehörde in der Abschlussverfügung (§ 61 OWiG)[1] mit dem Namenszusatz der verantwortenden Person (§ 32b Abs. 1 S. 1 StPO i. V. m. § 110c S. 1 OWiG).[2]

Beispiel (ohne Verteidiger):

Abschlussverfügung

I. *Die Ermittlungen sind abgeschlossen.*

II. *Gegen das Organ der verfahrensbeteiligten juristischen Person wird ein Bußgeldverfahren nicht eingeleitet (§ 47 Abs. 1 S. 1 OWiG).*[3]

Die Ahndung des früheren Geschäftsführers mit Geldbuße erscheint nicht geboten, weil sich dieser durch ein Verbraucherinsolvenzverfahren in Vermögensverfall befindet und er keiner Erwerbstätigkeit mehr nachgeht, sondern von Sozialhilfe lebt.

III. *Selbstständiger Bußgeldbescheid gegen die verfahrensbeteiligte juristische Person (§ 30 Abs. 4 OWiG)*

Zustellung eines Ausdrucks des Bußgeldbescheides an juristische Person (Nebenbetroffene) an das besondere elektronische Bürger- und Organisationenpostfach (eBO), da eine Registrierung als Nutzerin vorliegt (§ 32a Abs. 4 S. 1 Nr. 3 StPO i. V. m. § 110c S. 1 OWiG).

IV. *Wiedervorlage <Datum> (Einspruch oder Rechtskraft).*

Schuster

verantwortende Person (§ 32b Abs. 1 S. 1 StPO i. V. m. § 110c S. 1 OWiG)

---

1) Zum Abschlussverfügung der Verwaltungsbehörde (§ 61 OWiG) § 13 Nr. 1.

2) Voraussichtlich ab 2026 müssen Unternehmen über ein elektronisches Bürger- und Organisationenpostfach („eBO“) verfügen, sodass ihnen stets die Zustellung auf diesem sicheren Übermittlungsweg (§ 32a Abs. 4 S. 1 Nr. 3 StPO i. V. m. § 110c S. 1 OWiG) möglich ist.

3) Alternativ: Das Bußgeldverfahren gegen das Organ der verfahrensbeteiligten juristische Personen wird einstellt (§ 47 Abs. 1 S. 2 OWiG).

Beispiel (mit Verteidigern):

Abschlussverfügung

I. *Die Ermittlungen sind abgeschlossen.*

II. *Gegen das Organ der verfahrensbeteiligten juristischen Person wird ein Bußgeldverfahren nicht eingeleitet (§ 47 Abs. 1 S. 1 OWiG).*[1]

Die Ahndung des früheren Geschäftsführers mit Geldbuße erscheint nicht geboten, weil sich dieser durch ein Verbraucherinsolvenzverfahren in Vermögensverfall befindet und er keiner Erwerbstätigkeit mehr nachgeht, sondern von Sozialhilfe lebt.

III. *Selbstständiger Bußgeldbescheid gegen die verfahrensbeteiligte juristische Person (§ 30 Abs. 4 OWiG)*

- *Zustellung des Bußgeldbescheides an Verteidiger der juristischen Person (Nebenbetroffene), da sich eine nachgewiesene Vollmacht bei der Bußgeldakte befindet (§ 51 Abs. 3 S. 1 Halbs. 1 OWiG) über besonderes elektronisches Anwaltspostfach (§ 31a BRAO) als sicheren Übermittlungsweg (§ 32a Abs. 4 S. 1 Nr. 1 StPO i. V. m. § 110c S. 1 OWiG).*
- *Mitteilung über diese Zustellung an juristische Person (Nebenbetroffene) durch einfachen Brief mit beigefügtem Bußgeldbescheid in Kopie, da kein sicherer Übermittlungsweg für eine elektronische Zustellung bekannt ist (§ 32a Abs. 4 S. 1 StPO i. V. m. § 110c S. 1 OWiG).*

IV. *Wiedervorlage <Datum> (Einspruch oder Rechtskraft).*

Schuster

verantwortende Person (§ 32b Abs. 1 S. 1 StPO i. V. m. § 110c S. 1 OWiG)

2.4 Verteidigung im selbstständigen Verfahren

Das Verbot der Mehrfachverteidigung (§ 146 StPO i. V. m. § 46 Abs. 1 OWiG)[2] kann sich nur im einheitlichen, nicht aber im selbstständigen Verfahren ergeben. Hat der Verteidiger oder die Verteidigerin zuerst einen Betroffenen oder eine Betroffene vertreten, gegen die das Bußgeldverfahren dann eingestellt wurde, besteht kein Hindernis für die Vertretung einer juristischen Person oder Personenvereinigung im nachfolgenden selbstständigen Verfahren. Bei einer solchen sukzessiven Verteidigung besteht keine Interessenkollision, weil es an der Gleichzeitigkeit im Sinne des § 146 StPO fehlt. Dagegen sind die übrigen Vertretungsverbote zu beachten. So darf die Höchstzahl von jeweils drei Verteidigern oder Verteidigerinnen für die nebenbetroffene juristische Person oder Personenvereinigung nicht überschritten werden (§ 137 Abs. 1 S. 2 StPO i. V. m. § 46 Abs. 1 OWiG). Die Verteidigung muss daher zurückgewiesen werden, wenn die Zahl der Verteidigenden nicht auf das zulässige Höchst-

---

1) Alternativ: Das Bußgeldverfahren gegen das Organ der verfahrensbeteiligten juristische Personen wird eingestellt (§ 47 Abs. 1 S. 2 OWiG).

2) Zum Verbot der Mehrfachverteidigung im Bußgeldverfahren (§ 146 StPO i. V. m. § 46 Abs. 1 OWiG) § 10 Nr. 5.1.2.

maß beschränkt wird (§ 88 Abs. 1 Halbs. 2 i. V. m. § 60 S. 2 OWiG, § 146a Abs. 1 S. 1 StPO).[1] Berufsausübungsgesellschaften von Rechtsanwälten und Rechtsanwältinnen (§ 59b BRAO) dürfen auch juristische Personen und Personenvereinigungen im Bußgeldverfahren nicht vertreten (§ 59l Abs. 3 BRAO). Syndikusrechtsanwälte und Syndikusrechtsanwältinnen dürfen juristische Personen und Personenvereinigung und ihre Mitarbeitenden im Bußgeldverfahren nicht vertreten, wenn es sich dabei um ihre Arbeitgeber oder Arbeitgeberin handelt und das Bußgeldverfahren einen unternehmensbezogenen Inhalt besitzt (§ 46c Abs. 2 S. 2 BRAO).

Muster 15.6: Musterbußgeldbescheid – Auszug

Stadt Münsterberg

Bußgeldstelle

Stadt Münsterberg, 99090 Münsterberg

Neuland Bauträger GmbH
Geschäftsführer Andreas Lenz
Beethovenstraße 65
23453 Nordstadt
über elektronisches Bürger- und Organisationenpostfach

Dienstgebäude	Schubertstraße 36 99090 Münsterberg
Bearbeitung	Frau Weber
Telefon	(0987) 9878-987
E-Mail	weber.bs@muensterberg.de

Ihr Zeichen, Ihre Nachricht vom	Bitte bei Antwort angeben **Unser Zeichen, Unsere Nachricht vom**	**Datum**
	OWi – 0987665/26	19.6.2026

Bußgeldbescheid

Nebenbetroffene:	Neuland Bauträger GmbH, Geschäftsführer Andreas Lenz, Sitz Nordstadt, Beethovenstraße 65, 23453 Nordstadt
Verteidiger:	Rechtsanwalt Klaus Grieb, Eifelstraße 71, 88162 Kaiserberg (keine nachgewiesene Vollmacht bei den Akten)

1) Zur zulässigen Höchstzahl der Wahlverteidiger und Wahlverteidigerinnen im Bußgeldverfahren (§ 137 Abs. 1 S. 2 StPO i. V. m. § 46 Abs. 1 OWiG) § 10 Nr. 5.1.2.

Muster 15.7: Bußgeldbescheid im selbstständigen Verfahren (§ 30 Abs. 4 OWiG) gegen eine verfahrensbeteiligte GmbH (§ 88 Abs. 1 OWiG)

Stadt Münsterberg

Bußgeldstelle

Stadt Münsterberg, 99090 Münsterberg

Neuland Bauträger GmbH
Geschäftsführer Andreas Lenz
Beethovenstraße 65
23453 Nordstadt
über elektronisches Bürger- und Organisationenpostfach

Dienstgebäude	Schubertstraße 36
Bearbeitung	Frau Weber
Telefon	(0987) 9878-987
E-Mail	bgs@muensterberg.de

Ihr Zeichen, Ihre Nachricht vom	Bitte bei Antwort angeben **Unser Zeichen, Unsere Nachricht vom**	**Datum**
	OWi – 0987665/26	19.6.2026

Bußgeldbescheid

Nebenbetroffener Verband:	Neuland Bauträger GmbH, Geschäftsführer Andreas Lenz, Sitz Nordstadt, Beethovenstraße 65, 23453 Nordstadt
Verteidigung:	–

Sehr geehrte Verfahrensbeteiligte,

nach unseren Feststellungen hat der frühere Geschäftsführer der nebenbetroffenen Neuland Bauträger GmbH folgende Ordnungswidrigkeit begangen:

Herr Ludwig Müller war bis zu seiner Ablösung am 1.5.2026 alleiniger Geschäftsführer der Neuland Bauträger GmbH mit Sitz in Münsterberg. Die Gesellschaft errichtete als Bauherrin zwischen Mitte Januar 2026 und dem 8.4.2026 die Mietwohnanlage „Ulmenhof" in Münsterberg, Lortzingstraße 35 durch die Solidbau GmbH als Bauunternehmerin. Die Baugenehmigung der Stadt Münsterberg vom 17.6.2025 sah zwanzig Wohneinheiten in drei Stockwerken und ein in Holzbauweise ausgeführtes Dachgeschoss nur mit Abstell- und Trockenräumen vor. Trotzdem errichtete Herr Müller aus wirtschaftlichen Gründen abweichend von der Baugenehmigung im bewussten und gewollten Zusammenwirken mit dem Geschäftsführer der Bauunternehmerin, Herrn Werner Kaufmann, das Dachgeschoss der Anlage in massiver Betonbauweise mit Zwischenwänden und drei Wohneinheiten von je 40 m^2 vermietbarer Fläche. Durch die Veräußerung der abweichend von der erteilten Baugenehmigung errichteten Wohnungen erlangte die Neuland Bauträger GmbH einen wirtschaftlichen Vorteil von 18000 Euro.

Ordnungswidrig handelt, wer

als vertretungsberechtigtes Organ einer juristischen Person (§ 9 Abs. 1 Nr. 1 OWiG) vorsätzlich als Beteiligter (§ 14 Abs. 1 OWiG) eine bauliche Anlage abweichend von der nach der Bayerischen Bauordnung (BayBO) erforderlichen Gestattung errichtet.

Telefonzentrale
(0899) 123-0
Internet
www.Muensterberg.de

Servicezeiten
Mo-Mi 7.30-16.30 Uhr
Do 7.30-17.30 Uhr
Fr 7.30-12.00 Uhr

Öffentliche Verkehrsmittel
Stadtbus Linie 6
Haltestelle Mitte

Bankverbindung
Kreissparkasse Münsterberg
IBAN DE2040000000123456
BIC GROBDE77XX
Volksbank Münsterberg
IBAN DE2040000000234567
BIC GROBDE87XX

Besonderes elektronisches Behördenpostfach
Ordnungsamt@muensterberg .de

Verletzte Bußgeldvorschriften

Art. 79 Abs. 1 Nr. 8 Bayerische Bauordnung (BayBO) i. d. F. der Bekanntmachung vom 14. August 2007 (GVBl. S. 588)

Beweismittel

a) Prüfbericht der Bauüberwachung der Stadt Münsterberg (Baukontrolle) vom 10.4.2026 (Dokument)

b) Ludwig Müller, Herbststraße 71, 99090 Münsterberg (Zeuge)

c) Prüfbericht der Bauüberwachung der Stadt Münsterberg (Baukontrolle) vom 10.4.2026 (Dokument)

d) Bildaufzeichnungen der Bauüberwachung der Stadt Münsterberg (Baukontrolle) vom 10.4.2026 (Bildaufnahmen)

e) Von der nebenbetroffenen juristischen Person bei der Stadt Münsterberg eingereichter und genehmigter Bauplan vom 17.6.2025 (Dokument)

f) Ihre Angaben vom 1.6.2026 (Anhörung)

Als Nebenfolge dieser Ordnungswidrigkeit setzen wir gegen die nach § 88 Abs. 1 des Gesetzes über Ordnungswidrigkeiten (OWiG) nebenbetroffenen juristische Person gem. § 30 Abs. 4 OWiG die folgende Geldbuße fest. Diese trägt auch die Kosten des Bußgeldverfahrens (§ 472b Strafprozessordnung – StPO – i. V. m. § 46 Abs. 1 OWiG). Die Kosten setzen sich aus der Verfahrensgebühr (§ 107 Abs. 1 OWiG) und unseren Auslagen (§ 107 Abs. 3 OWiG) zusammen:

Geldbuße		**22 500,00 Euro**
Gebühr		**1125,00 Euro**
Auslagen		**0,00 Euro**
	Gesamtbetrag:	**23 625,00 Euro**

Begründung des Bußgeldbescheides

1) Äußerung des Geschäftsführers zur Anhörung vom 1.6.2026

Die Verweisung auf die Begehung der Ordnungswidrigkeit durch den inzwischen ausgeschiedenen Geschäftsführer Ludwig Müller hindert nicht die Festsetzung einer Geldbuße gegen ein nebenbetroffenes Unternehmen nach § 30 Abs. 1 Nr. 1 OWiG. Die Geldbuße ist hier Nebenfolge der Ordnungswidrigkeit, mit der vor allem auch der durch die Ordnungswidrigkeit gezogene und der Neuland Bauträger GmbH zugeflossene wirtschaftliche Vorteil abgeschöpft werden soll (§ 30 Abs. 3 OWiG).

2) Zumessung der Geldbuße (§ 17 Abs. 3 OWiG):

Die Ordnungswidrigkeit ist mit Geldbuße bis zu 500000 Euro bedroht (Art. 79 Abs. 1 BayBO).

a) Selbstständiges Verfahren (§ 30 Abs. 4 OWiG)

Das gegen den früheren Geschäftsführer Ludwig Müller eingeleitete Bußgeldverfahren haben wir wegen nicht gebotener Ahndung gem. § 47 Abs. 1 S. 2 OWiG eingestellt, da dieser nach der geleisteten Vermögensauskunft vom 9.2.2026 vermögenslos ist. Die Festsetzung einer Geldbuße ist daher im selbstständigen Verfahren (§ 30 Abs. 4 S. 1 OWiG) gegen das nebenbetroffene Unternehmen möglich. Mit der Geldbuße sollen die Gesellschafter und Gesellschafterinnen als wirtschaftliche Eigentümer und Eigentümerinnen zur künftig besseren Beaufsichtigung der von der Gesellschaft beschäftigten Geschäftsführer und Geschäftsführerinnen angehalten werden.

b) Abschöpfung des wirtschaftlichen Vorteils (§ 30 Abs. 3 i. V. m. 17 Abs. 4 OWiG)

Mit dem gegen die juristische Person der Neuland Bauträger GmbH gerichteten Bußgeldbescheid soll vor allem der durch das ordnungswidrige Verhalten des Geschäftsführers gezogene wirtschaftliche Vorteil abgeschöpft werden. Dieser berechnet sich aus dem Nettoverkaufspreis von drei Wohnungen im Dachgeschoss (6000 Euro × 3) = 18000 Euro.

Rechtsbehelfsbelehrung

Gegen diesen Bußgeldbescheid können Sie innerhalb von zwei Wochen nach seiner Zustellung bei der Stadt Münsterberg – Bußgeldstelle – Schubertstraße 36, 99090 Münsterberg schriftlich oder zur Niederschrift Einspruch einlegen (§ 67 Abs. 1 S. 1 OWiG). Sie können den Rechtsbehelf ferner im Dateiformat PDF/A (portable document format) durch E-Mail mit einer qualifizierten elektronischen Signatur (§ 32a Abs. 3 StPO i. V. m. § 110c S. 1 OWiG) sowie über einen zugelassenen sicheren Übermittlungsweg (§ 32a Abs. 4 S. 1 StPO i. V. m. § 110c S. 1 OWiG).

Der Einspruch kann auch auf einzelne Beschwerdepunkte beschränkt werden (§ 67 Abs. 2 OWiG). Sofern Sie eine Begründung des Einspruchs beabsichtigen, bitten wir Sie, diese möglichst mit der Einlegung des Einspruchs zu verbinden.

Falls wir den Bußgeldbescheid trotz eines Einspruchs aufrechterhalten (§ 69 Abs. 2 S. 1 OWiG), entscheidet das Amtsgericht aufgrund dieses Bußgeldbescheides über das Vorliegen einer Ordnungswidrigkeit und die Rechtsfolgen aufgrund einer mündlichen Hauptverhandlung (§ 71 OWiG), ohne an die Höhe der festgesetzten Geldbuße gebunden zu sein. Das Gericht kann mit Ihrer Zustimmung auch durch schriftlichen Beschluss entscheiden (§ 72 OWiG), wobei es an die Rechtsfolgen des Bußgeldbescheides gebunden ist.

Zahlungsaufforderung

Nach Rechtskraft des Bußgeldbescheides ist die Geldbuße innerhalb weiterer zwei Wochen (also vier Wochen ab Zustellung) an die Stadtkasse oder eines der in der Fußleiste dieses Bescheides bezeichneten Bankkonten zu bezahlen (§ 95 Abs. 1 OWiG). Bei Bewilligung von Zahlungserleichterungen sind die abweichend bestimmten Zahlungsfristen maßgeblich.

Hinweis auf Erzwingungshaft

Unterbleibt die Zahlung und legen Sie auch eine Zahlungsunfähigkeit nicht dar, so kann die Geldbuße durch die vom Amtsgericht angeordnete Erzwingungshaft gegen den gesetzlichen Vertreter der Nebenbetroffenen durchgesetzt werden (§ 99 OWiG). Bei Unmöglichkeit sofortiger Zahlung sind Zahlungserleichterungen (Zahlungsfrist, Teilleistungen) möglich (§ 18, § 93 OWiG).

Mit freundlichen Grüßen

Stadt Münsterberg
Bußgeldstelle

3. Verfahren gegen Gesamt- oder Teilrechtsnachfolger

Einer juristischen Person oder Personenvereinigung soll es nicht zugutekommen, dass sie sich durch Auflösung und Rechtsnachfolge einer Ahndung von Ordnungswidrigkeiten durch Geldbuße entzieht. Im Falle einer Gesamtrechtsnachfolge oder einer partiellen Gesamtrechtsnachfolge durch Aufspaltung (§ 123 Abs. 1 UmwG) kann die Geldbuße nach § 30 Abs. 1 und 2 OWiG auch gegen den oder die Rechtsnachfolger festgesetzt werden (§ 30 Abs. 2a S. 1 OWiG). Die Geldbuße wegen der Anknüpfungstat darf in diesen Fällen den Wert des übernommenen Vermögens sowie die Höhe der gegenüber dem Rechtsvorgänger angemessenen Geldbuße nicht übersteigen (§ 30 Abs. 1a S. 2 OWiG). Im Bußgeldverfahren tritt der Rechtsnachfolger oder treten die Rechtsnachfolger in die Verfahrensstellung ein, in der sich der Rechtsvorgänger zum Zeitpunkt des Wirksamwerdens der Rechtsnachfolge befunden hat (§ 30 Abs. 1a S. 3 OWiG).

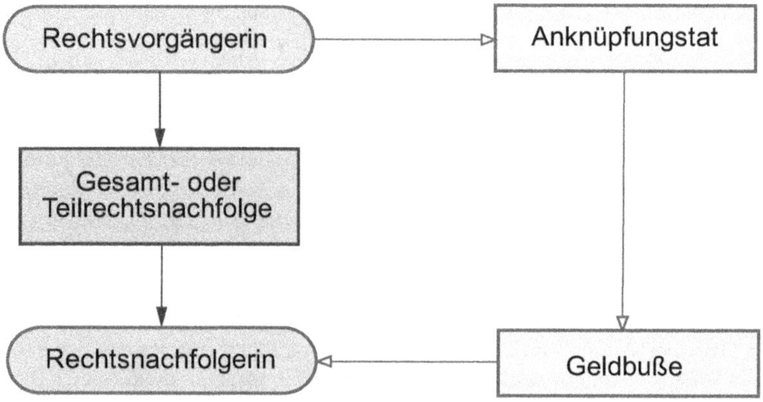

Abb. 2: Gesamt- und Teilrechtsnachfolge bei juristischen Personen und Personenvereinigungen – § 30 Abs. 2a OWiG –

§ 16
Einziehungsbescheide

Neben der Geldbuße gegen juristische Personen und Personenvereinigungen (§ 30 OWiG) können auch die Einziehung des Wertes von Taterträgen (§ 29a OWiG) und Gegenständen (§ 22 ff. OWiG) selbstständig angeordnet werden. Nach dem Bruttoprinzip gilt im Gegensatz zum Nettoprinzip bei der Vorteilsabschöpfung durch die Geldbuße (§ 17 Abs. 4 OWiG) ein Abzugsverbot für solche Aufwendungen, die „für die Begehung der Tat oder ihre Vorbereitung" eingesetzt wurden. Nach dem ausdrücklichen Willen des Gesetzgebers soll das, was in Verbotenes investiert wurde, unter dem Bruttoprinzip unwiederbringlich verloren sein.[1)]

1. Einziehung des Wertes von Taterträgen

Die Einziehung des aus der Ordnungswidrigkeit Erlangten kann nach § 29a Abs. 1 OWiG zwar auch gegen natürliche Personen angeordnet werden, ist hier aber wegen der Möglichkeit der Vorteilsabschöpfung als Zumessungsrichtlinie der Geldbuße (§ 17 Abs. 4 OWiG) praktisch bedeutungslos. In der Verfahrenspraxis der Verwaltungsbehörden kommen daher nur Fälle vor, in denen der Täter oder die Täterin für einen anderen gehandelt hat und diese Person aus der mit Geldbuße bedrohten Handlung etwas erlangt hat (§ 29a Abs. 2 OWiG).[2)] Diese Dritten sind i. d. R. eine juristische Person oder Personenvereinigung, für die der Täter als gesetzlicher Vertreter oder die Täterin als gesetzliche Vertreterin im Sinne des § 9 Abs. 1 Nr. 1, 2 OWiG gehandelt hat, und die aus der betriebsbezogenen Ordnungswidrigkeit einen wirtschaftlichen Vorteil erlangt hat. Soll oder kann gegen die juristische Person oder Personenvereinigung keine Geldbuße festgesetzt werden, weil die Geldbuße gegen das handelnde Organ nach pflichtgemäßem Ermessen (§ 47 Abs. 1 S. 1 OWiG) ausreichend erscheint, so kann es genügen, nur den dem Unternehmen aus der Ordnungswidrigkeit zugeflossenen wirtschaftlichen Vorteil abzuschöpfen. Diese Regelung zur Einziehung des Wertes von Taterträgen ist nicht nachrangig gegenüber der Verhängung von Geldbußen und nicht nur ausnahmsweise anzuwenden. Vielmehr soll die Norm die Möglichkeit eröffnen, die Frage nach der Vorwerfbarkeit des Handelns offenzulassen, gleichwohl aber Betroffenen oder Begünstigten das Erlangte zu entziehen.[3)] Eine isolierte Vorteilsabschöpfung ist im Rahmen der Geldbuße nicht möglich, da § 17 Abs. 4 OWiG nur eine Zumessungsrichtlinie darstellt. Hier kommt die Einziehung des Wertes von Taterträgen in Betracht, der nach § 29a Abs. 1 OWiG nur auf eine Abschöpfung des aus der Ordnungswidrigkeit „Erlangten" gerichtet ist. Nach dem Willen des Gesetzgebers darf nur das, was willentlich und bewusst für die Begehung einer Tat oder für ihre Vorbereitung aufgewendet oder

---

1) OLG Frankfurt (Main), Beschl. vom 7.3.2023, Az. 3 ORbs 8/23, unter Bezugnahme auf BT-Drs. 18/9525 S. 67.
2) LG Hamburg, Urt. vom 6.9.2024, Az. 630 KLs 2/24.
3) Pfälzisches OLG (Zweibrücken), Beschl. vom 15.8.2019, Az. 1 OWi 2 Ss Bs 46/19.

eingesetzt wird, bei der Abschöpfung nicht mindernd zugutekommen. Somit sind auch solche Aufwendungen bei der Bestimmung des Erlangten abzuziehen, die zwar für ein verbotenes Geschäft angefallen sind, bei denen der Täter oder die Täterin das Verbotene des Geschäfts jedoch lediglich fahrlässig verkannt hat, sodass die Aufwendungen nicht bewusst (vorsätzlich) für eine Tat getätigt wurden.[1] Die abzugsfähigen Aufwendungen müssen in einem zeitlichen und sachlichen Zusammenhang mit dem strafrechtswidrigen Erlangen des Vermögenswertes stehen; Aufwendungen, die dem tatsächlichen Vermögenszufluss zeitlich nachfolgen, sind hingegen unbeachtlich.[2]

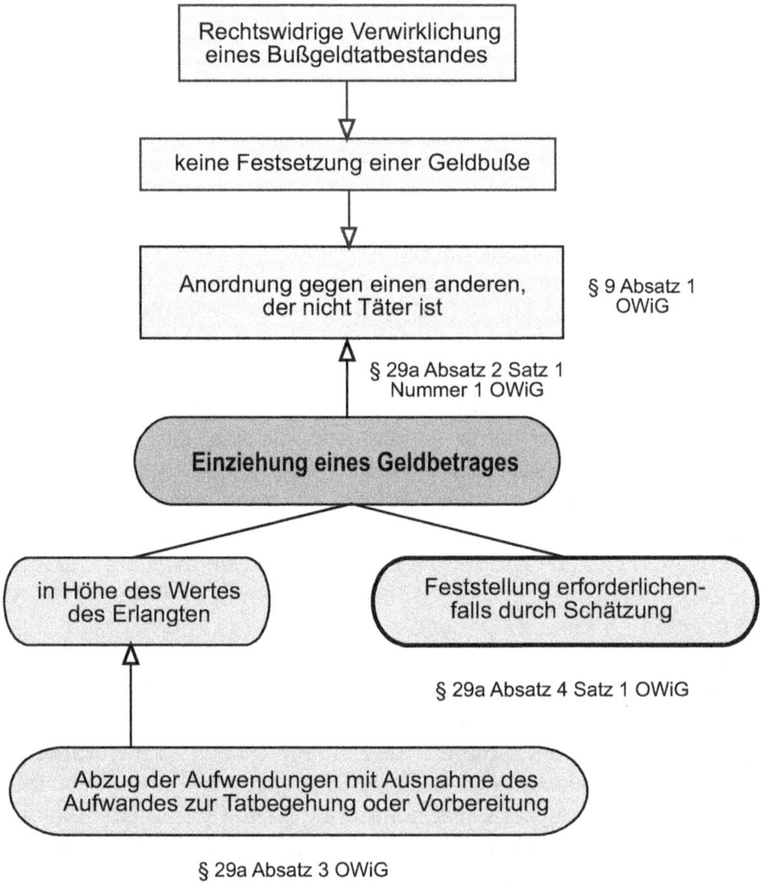

Abb. 1: Einziehung des Wertes von Taterträgen bei Dritten (§ 29a Abs. 2 OWiG)

1) BGH, Urt. vom 29.5.2024, Az. 3 StR 507/22; BayObLG, Beschl. vom 13.12.2021, Az. 201 ObOWi 1453/21; OLG Celle, Beschl. vom 11.6.2019, Az. 2 Ss (OWi) 154/19; OLG Karlsruhe, Beschl. vom 18.3.2019, Az. 2 Rb 9 Ss 852/18.

2) OLG Frankfurt (Main), Beschl. vom 7.3.2023, Az. 3 ORbs 8/23.

1.1 Einziehungsbescheid

Der selbstständige Einziehungsbescheid ergeht nach Anordnung der Verfahrensbeteiligung (§ 431 Abs. 1, 3 StPO i. V. m. § 46 Abs. 1 OWiG) und Anhörung der Nebenbeteiligten (§ 432 StPO i. V. m. § 46 Abs. 1 OWiG).[1] Er ist dem Bußgeldbescheid weitgehend gleichgestellt (§ 87 Abs. 3 S. 2, Abs. 6 OWiG) und enthält daher die durch das Organ begangene Ordnungswidrigkeit mit Tatzeit (§ 6 S. 1 OWiG), Tatort (§ 7 Abs. 1 OWiG) und Tathergang (§ 66 Abs. 1 Nr. 3 OWiG) als Anknüpfungstat.[2] Bei Dauerordnungswidrigkeiten mit zahlreichen Einzelhandlungen sind diese in gleicher Weise wie im Bußgeldbescheid einzeln darzustellen.[3] Beim praktisch häufigen Auffangtatbestand der Verletzung der Aufsichtspflicht in Betrieben und Unternehmen nach § 130 OWiG sind sowohl die betriebsbezogene Ordnungswidrigkeit eines anderen als auch die mangelhafte Betriebsorganisation des gesetzlichen Vertreters im Sinne des § 9 Abs. 1 Nummern. 1, 2 OWiG darzustellen.[4]

Der Einziehungsbetrag umfasst nach dem Bruttoprinzip gem. § 29a Abs. 2 S. 1 Nr. 1 OWiG alles, was durch eine mit Geldbuße bedrohten Handlung erlangt wurde.[5] So kann etwa beim gesetzwidrigen Betrieb von Spielgeräten der gesamte Umsatz durch Einziehung der unverminderten Einwurfbeträge eingezogen werden.[6] Bei der Bestimmung des Wertes des Erlangten sind die Aufwendungen des Täters, der Täterin oder des anderen abzuziehen (§ 29a Abs. 3 S. 1 OWiG). Außer Betracht bleibt jedoch das, was für die Begehung der Tat oder für ihre Vorbereitung aufgewendet oder eingesetzt worden ist (§ 29a Abs. 3 S. 2 OWiG).[7] Der Umfang des Erlangten und dessen Wert ist grundsätzlich zu berechnen, kann aber aufgrund § 29a Abs. 4 S. 1 OWiG auch konkret geschätzt werden.[8] Ist dem oder der Einziehungsbeteiligten die sofortige Zahlung des Wertersatzbetrags nicht zumutbar, so können nach § 29a Abs. 4 S. 2 OWiG auch Zahlungserleichterungen im Sinne des § 18 OWiG, d. h. eine Zahlungsfrist und Teilleistungen (§ 18 S. 1 OWiG) mit einer Verfallklausel bei Zahlungsverzug (§ 18 S. 2 OWiG) bewilligt werden.[9] Nach dem Grundsatz der Verhältnismäßigkeit (Art. 20 Abs. 3 GG) werden auch die wirtschaftlichen Verhältnisse einer juristischen Person oder Personenvereinigung als Nebenbetroffene zu berücksichtigen sein. Bezüglich der Höhe des Einziehungsbetrags gibt es jedoch keinen Rechtssatz, eine GmbH dürfe nicht wirtschaftlich gefährdet oder sogar insolvent werden.[10] Die durch eine Einziehung von Taterträgen eingetretene Zahlungsunfähigkeit einer juristischen Person wäre allerdings gesetzlicher Insolvenzgrund (§§ 16, 18 InsO), der

1) OLG Rostock, Beschl. vom 18.7.2011, Az. 2 Ss (OWi) 78/11 I 98/11.
2) BGH, Urt. vom 29.5.2024, Az. 3 StR 507/22; OLG Stuttgart, Beschl. vom 26.2.2014, Az. 2 Ss 616/13.
3) BGH, Beschl. vom 12.9.2013, Az. 4 StR 503/12. Zum Inhalt des Bußgeldbescheides (§ 66 Abs. 1 Nr. 3 OWiG) § 13 Nr. 2.
4) BGH, Urt. vom 29.5.2024, Az. 3 StR 507/22. Zum Bußgeldbescheid wegen einer Ordnungswidrigkeit der Verletzung der Aufsichtspflicht in Betrieben und Unternehmen (§ 130 OWiG) § 14 Nr. 2.
5) BGH, Urt. vom 29.5.2024, Az. 3 StR 507/22.
6) BayObLG, Beschl. vom 3.2.2025, Az. 206 StRR 308/24, unter Bezugnahme auf OLG Karlsruhe, Beschl. vom 6.6.2016, Az. 2(9) SsBs 144/16.
7) OLG Düsseldorf, Beschl. vom 30.8.2013, Az. IV-1 Ws 13/13 OWi; OLG München, Beschl. vom 7.6.2018, Az. 2 Ws 115/18 B.
8) Zur Ermittlung des wirtschaftlichen Vorteils bei der Geldbuße (§ 17 Abs. 4 S. 1 OWiG) § 13 Nr. 3.6.4.2.
9) LG Hamburg, Urt. vom 6.9.2024, Az. 630 KLs 2/24.
10) KG (Berlin), Beschl. vom 17.4.2019, Az. 3 Ws (B) 99/19, für eine Verbandsgeldbuße (§ 30 OWiG).

z. B. den Geschäftsführer oder die Geschäftsführerin einer GmbH dazu zwänge, unverzüglich Insolvenzeröffnungsantrag zu stellen (§ 64 GmbHG). Durch die Auflösung der juristischen Person oder Personenvereinigung im Insolvenzverfahren wäre der Geldbetrag nicht mehr vollstreckbar, sondern nur als Insolvenzforderung (§ 38 InsO) im Insolvenzverfahren auch nur zur Insolvenztabelle (§ 174 InsO) mit dem Ziel einer quotenmäßigen Befriedigung anzumelden. Im Gegensatz zur Geldbuße handelt es sich bei der Einziehung von Geldbeträgen aber nicht um nachrangige Forderungen im Sinne des § 39 Abs. 1 Nr. 3 InsO.

Bei der Kostenentscheidung ist für den Einziehungsbescheid zu beachten, dass aufgrund der Verweisung in § 105 Abs. 1 OWiG auf § 472b StPO im Gegensatz zum Bußgeldbescheid nur die Auslagen der Verwaltungsbehörde gem. § 107 Abs. 3 OWiG, nicht aber eine Gebühr nach § 107 Abs. 1 OWiG festgesetzt werden kann.[1)]

Eine weitere Begründung des Einziehungsbescheids empfiehlt sich wie beim Bußgeldbescheid (§ 66 Abs. 3 OWiG) zur Auseinandersetzung mit den Einwendungen des oder der Einziehungsbeteiligten und der Berechnung oder konkreten Schätzung des Wertersatzbetrags. Ergeht der Einziehungsbescheid, so empfiehlt sich ein Hinweis auf die Nichtverfolgung einer Ordnungswidrigkeit oder Einstellung des Bußgeldverfahrens gegen das Organ (§ 29a Abs. 5 OWiG).[2)]

Bei der Zahlungsaufforderung empfiehlt sich der Hinweis, dass diese entfällt, soweit der Einziehungsbetrag durch einen Vermögensarrest (§ 111e StPO i. V. m. § 46 Abs. 1 OWiG) gesichert ist.[3)] Die Rechtsbehelfsbelehrung eines Einziehungsbescheids darf keinen Hinweis auf die Anordnung der Erzwingungshaft im Vollstreckungsverfahren enthalten, da diese nur wegen Geldbußen, nicht aber der Einziehung des Wertes von Taterträgen zulässig ist (§ 96 Abs. 1 Nr. 1 OWiG).

1) Zur Gebühr beim Bußgeldbescheid (§ 107 Abs. 1 OWiG) § 13 Nr. 3.8.1, zu den Auslagen der Verwaltungsbehörde (§ 107 Abs. 2 OWiG) § 13 Nr. 3.8.2.

2) Zur optionalen Begründung eines Bußgeldbescheides (§ 66 Abs. 3 OWiG) § 13 Nr. 3.9.

3) Zum Vermögensarrest zur Sicherung eines Einziehungsbetrags (§ 111e StPO i. V. m. § 46 Abs. 1 OWiG) § 8.

Muster 16.1: Einziehungsbescheid über den Wert von Taterträgen (§ 29a OWiG) gegen eine nebenbetroffene GmbH (§ 87 Abs. 6 OWiG)

Stadt Münsterberg

Bußgeldstelle

Stadt Münsterberg, 99090 Münsterberg

Dienstgebäude	Schubertstraße 36 99090 Münsterberg
Bearbeitung	Frau Weber
Telefon	(0987) 9878-987
E-Mail	bs@muensterberg.de

Neuland Bauträger GmbH
Geschäftsführer Andreas Lenz
Beethovenstraße 65
23453 Nordstadt
über elektronisches Bürger- und Organisationenpostfach

Ihr Zeichen, Ihre Nachricht vom	Bitte bei Antwort angeben **Unser Zeichen, Unsere Nachricht vom**	**Datum**
29.6.2026	OWi – 0987665/26	22.8.2026

Einziehungsbescheid

Einziehungsbeteiligte Person	Neuland Bauträger GmbH, Geschäftsführer Andreas Lenz, Sitz Nordstadt, Beethovenstraße 65, 23453 Nordstadt
Verteidiger:	–

Sehr geehrte Verfahrensbeteiligte,

nach unseren Feststellungen hat der frühere Geschäftsführer der nebenbetroffenen Neuland Bauträger GmbH folgende Ordnungswidrigkeit begangen:

Herr Ludwig Müller war bis zu seinem Ausscheiden am 1.5.2026 alleiniger Geschäftsführer der Neuland Bauträger GmbH mit Sitz in Münsterberg. Die Gesellschaft errichtete als Bauherrin zwischen Mitte Januar 2026 und dem 6.4.2026 die Mietwohnanlage „Ulmenhof" in Münsterberg, Lortzingstraße 35 durch die Solidbau GmbH als Bauunternehmerin. Die Baugenehmigung der Stadt Münsterberg vom 17.6.2025 sah zwanzig Wohneinheiten in drei Stockwerken und ein in Holzbauweise ausgeführtes Dachgeschoss nur mit Abstell- und Trockenräumen vor. Trotzdem errichtete Herr Müller aus wirtschaftlichen Gründen abweichend von der Baugenehmigung im bewussten und gewollten Zusammenwirken mit dem Geschäftsführer der Bauunternehmerin, Herrn Werner Kaufmann, das Dachgeschoss der Anlage in massiver Betonbauweise mit Zwischenwänden und drei Wohneinheiten von je 40 m² vermietbarer Fläche. Durch die Veräußerung der abweichend von der erteilten Baugenehmigung errichteten Wohnungen erlangte die Neuland Bauträger GmbH einen wirtschaftlichen Vorteil von 18000 Euro.

Ordnungswidrig handelt, wer

als vertretungsberechtigtes Organ einer juristischen Person (§ 9 Abs. 1 Nr. 1 OWiG) vorsätzlich als Beteiligter (§ 14 Abs. 1 OWiG) eine bauliche Anlage abweichend von der nach der Bayerischen Bauordnung (BayBO) erforderlichen Gestattung errichtet.

Telefonzentrale	**Servicezeiten**		**Öffentliche Verkehrsmittel**	**Bankverbindung**
(0899) 123-0	Mo-Mi	7.30-16.30 Uhr	Stadtbus Linie 6	Kreissparkasse Münsterberg
Internet	Do	7.30-17.30 Uhr	Haltestelle Mitte	IBAN DE2040000000123456
www.Muensterberg.de	Fr	7.30-12.00 Uhr		BIC GROBDE77XX
				Volksbank Münsterberg
Besonderes elektronisches Behördenpostfach				IBAN DE2040000000234567
Ordnungsamt@muensterberg .de				BIC GROBDE87XX

III Erlass des Bußgeldbescheides

Verletzte Bußgeldvorschriften

Art. 79 Abs. 1 Nr. 8 Bayerische Bauordnung (BayBO) i. d. F. der Bekanntmachung vom 14. August 2007 (GVBl. S. 588)

Beweismittel

a) Prüfbericht der Bauüberwachung der Stadt Münsterberg (Baukontrolle) vom 10.4.2026 (Dokument)

b) Ludwig Müller, Herbststraße 71, 99090 Münsterberg (Zeuge)

c) Prüfbericht der Bauüberwachung der Stadt Münsterberg (Baukontrolle) vom 10.4.2026 (Dokument)

d) Bildaufzeichnungen der Bauüberwachung der Stadt Münsterberg (Baukontrolle) vom 10.4.2026 (Bildaufnahmen)

e) Von der nebenbetroffenen juristischen Person bei der Stadt Münsterberg eingereichter und genehmigter Bauplan vom 17.6.2026 (Dokument)

f) Ihre Angaben vom 20.6.2026 (Anhörung)

Als Nebenfolge der Ordnungswidrigkeit ordnen wir gegen die verfahrensbeteiligte juristische Person gem. § 29a Abs. 1 Gesetz über Ordnungswidrigkeiten (OWiG) die Einziehung des Wertes von Taterträgen bezüglich des aus der Ordnungswidrigkeit des ehemaligen Geschäftsführers erlangten Vermögensvorteils an. Die Verfahrensbeteiligte hat auch die Kosten des Bußgeldverfahrens zu tragen (§ 472b Strafprozessordnung – StPO – i. V. m. § 46 Abs. 1 OWiG). Diese bestehen aus unseren Auslagen (§ 107 Abs. 3 OWiG).

Wertersatzbetrag		**18 000,00 Euro**
Auslagen		**0,00 Euro**
	Gesamtbetrag:	**18 000,00 Euro**

Das gegen den früheren Geschäftsführer der Neuland Bauträger GmbH als Organ der juristischen Person (§ 9 Abs. 1 Nr. 1 OWiG eingeleitete Bußgeldverfahren haben wir eingestellt (§ 47 Abs. 1 S. 1 OWiG).

Begründung des Einziehungsbescheides

1. Äußerung des Geschäftsführers zur Anhörung vom 29.6.2026

   Die Verweisung auf die Begehung der Ordnungswidrigkeit durch den inzwischen ausgeschiedenen Geschäftsführer Ludwig Müller hindert nicht die Anordnung der Einziehung des Wertes von Taterträgen gegen eine nebenbetroffene juristische Person, wenn der Täter für sie gehandelt hat (§ 29a Abs. 2 S. 1 Nr. 1, § 9 Abs. 1 Nr. 1 OWiG). Die Einziehung des Wertes von Taterträgen ist hier Nebenfolge der Ordnungswidrigkeit, mit der vor allem auch der durch die Ordnungswidrigkeit gezogene und der Neuland Bauträger GmbH zugeflossene wirtschaftliche Vorteil abgeschöpft werden soll (§ 29a Abs. 1 OWiG).

2. Höhe des Wertbetrages (§ 29a Abs. 3 OWiG)

   Mit dem gegen die juristische Person der Neuland Bauträger GmbH gerichteten Bußgeldbescheid soll vor allem der durch das ordnungswidrige Verhalten des Geschäftsführers gezogene wirtschaftliche Vorteil abgeschöpft werden. Dieser berechnet sich aus dem Nettoverkaufspreis von drei Wohnungen im Dachgeschoss (6000 Euro × 3) = 18000 Euro. Tatbezogene Aufwendungen bleiben bei Bestimmung des wirtschaftlichen Vorteils außer Betracht (Abzugsverbot, § 29a Abs. 4 S. 1 OWiG).

3. Bußgeldverfahren gegen den früheren Geschäftsführer

   Das von uns gegen den früheren Geschäftsführer eingeleitete Bußgeldverfahren haben wir mit Verfügung vom 10.5.2026 eingestellt (§ 29a Abs. 5 OWiG).

Rechtsbehelfsbelehrung

Gegen diesen Einziehungsbescheid können Sie innerhalb von zwei Wochen ab Zustellung bei der Stadt Münsterberg – Bußgeldstelle – Schubertstraße 36, 99090 Münsterberg schriftlich oder zur Niederschrift in deutscher Sprache (§ 184 S. 1 GVG i. V. m. § 46 Abs. 1 OWiG) Einspruch einlegen (§ 67 Abs. 1 OWiG). Die Frist von zwei Wochen ist nur dann gewahrt, wenn der Rechtsbehelf vor Fristablauf bei der Stadt Münsterberg eingeht. Fällt das Ende einer Frist auf einen Sonntag, einen allgemeinen Feiertag oder einen Sonnabend, so endet die Frist mit Ablauf des nächsten Werktages (§ 43 Abs. 2 StPO i. V. m. § 46 Abs. 1 OWiG). Sie können den Rechtsbehelf ferner im Dateiformat PDF/A (portable document format) durch E-Mail mit qualifizierter elektronischer Signatur (§ 32a Abs. 3 StPO i. V. m. § 110c S. 1 OWiG) sowie über einen zugelassenen sicheren Übermittlungsweg einlegen (§ 32a Abs. 4 S. 1 StPO i. V. m. § 110c S. 1 OWiG). Rechtsanwälte und Rechtsanwältinnen können den Rechtsbehelf nur elektronisch einlegen (§ 110c S. 3 OWiG).

Der Einspruch kann auch auf einzelne Beschwerdepunkte beschränkt werden (§ 67 Abs. 2 OWiG). Sofern Sie eine Begründung des Einspruchs beabsichtigen, bitten wir Sie, diese möglichst mit der Einlegung des Einspruchs zu verbinden.

Falls wir den Einziehungsbescheid trotz eines Einspruchs aufrechterhalten (§ 69 Abs. 2 S. 1 OWiG), entscheidet das Amtsgericht aufgrund dieses Einziehungsbescheides über das Vorliegen einer Ordnungswidrigkeit und die Rechtsfolgen aufgrund einer mündlichen Hauptverhandlung (§ 71 OWiG), ohne an die Höhe der festgesetzten Geldbuße gebunden zu sein. Das Gericht kann mit Ihrer Zustimmung auch durch schriftlichen Beschluss entscheiden (§ 72 OWiG), wobei es an die Rechtsfolgen des Bußgeldbescheides gebunden ist.

Zahlungsaufforderung

Nach Rechtskraft des Einziehungsbescheides ist der Wertbetrag innerhalb weiterer zwei Wochen (also vier Wochen ab Zustellung) an die Stadtkasse oder eines der in der Fußleiste dieses Bescheides bezeichneten Bankkonten zu bezahlen (§ 95 Abs. 1 OWiG). Die Leistungspflicht entfällt, soweit der fällige Betrag durch eine Anordnung des Vermögensarrests (§ 111e StPO i. V. m. § 46 Abs. 1 OWiG) bereits gesichert ist.

Mit freundlichen Grüßen

Stadt Münsterberg
Bußgeldstelle

2. Anordnung der Einziehung von Gegenständen

Die Anordnung der Einziehung von Gegenständen nach § 22 ff. OWiG[1] kommt in der Verfahrenspraxis der Verwaltungsbehörden i. d. R. nur gegen natürliche Personen im Bußgeldbescheid als Nebenfolge der Ordnungswidrigkeit (§ 22 Abs. 1 OWiG) und sehr selten im selbstständigen Verfahren (§ 27 OWiG) vor. Bezüglich juristischer Personen und Personenvereinigungen (§ 29 OWiG) besteht offensichtlich kein Anordnungsbedürfnis. Die Beschlagnahme und sofort vollziehbare Einziehung auf der Grundlage polizei- bzw. ordnungsbehördlicher Befugnisse ist wesentlich einfacher

1) Zu den Voraussetzungen der Einziehung (§ 22 ff. OWiG) § 9 Nr. 1 und der Beschlagnahme von Einziehungsgegenständen zur Sicherung der Einziehung (§ 111b f. StPO i. V. m. § 46 Abs. 1 OWiG) § 9 Nr. 3.

als diejenige im Bußgeldverfahren. Außerdem erklären sich die meisten Betroffenen bereits mit der formlosen Einziehung gefährlicher Gegenstände auf freiwilliger Basis einverstanden.

Erfolgt die Einziehung von Gegenständen nicht als Nebenfolge in einem Bußgeldbescheid (§ 66 Abs. 1 Nr. 4 OWiG), sondern ausnahmsweise im selbstständigen Verfahren, so ist er als „Selbstständiger Einziehungsbescheid" zu bezeichnen (§ 87 Abs. 3 S. 1 Halbs. 1 OWiG). [1] Darin ist die der Einziehungsanordnung zugrunde liegende Zuwiderhandlung wie in einem Bußgeldbescheid mit Tatzeit (§ 6 S. 1 OWiG), Tatort (§ 7 Abs. 2 OWiG) und Tathergang als Anknüpfungstat darzustellen (§ 87 Abs. 3 S. 1 Halbs. 2 i. V. m. § 66 Abs. 1 Nr. 3 OWiG). Die bloße Wiedergabe des abstrakten Gesetzeswortlauts einer Ordnungswidrigkeit ist ungenügend. Die Einziehung von Gegenständen wird als Nebenfolge der Ordnungswidrigkeit angeordnet, wobei als Rechtsgrundlage nicht nur die gesetzlichen Rahmenvorschriften des § 22 ff. OWiG, sondern auch die nach § 22 Abs. 1 OWiG erforderliche spezialgesetzliche Ermächtigungsvorschrift aufzuführen ist. Die Einziehungsanordnung selbst ist so konkret auf alle betroffenen Gegenstände aufzuschlüsseln, dass keine Missverständnisse bezüglich ihres Umfangs entstehen können.

Beispiel:

Wir ordnen die Einziehung der beschlagnahmten Schreckschusspistole Treffgut C 7, Nr. 3030386932 an.

Die Sammelbezeichnung: „Wir ordnen die Einziehung aller beschlagnahmten Gegenstände an" genügt daher nicht. Die Anordnung des Eigentumsübergangs am Einziehungsgegenstand ist nicht notwendig, da diese Folge unabhängig von einer Anordnung bereits von Gesetzes wegen nach § 26 Abs. 1 OWiG eintritt. Ordnet die Verwaltungsbehörde nach dem Grundsatz der Verhältnismäßigkeit weniger einschneidende Maßnahmen im Sinne des § 24 Abs. 2 OWiG an, so sind diese im Einziehungsbescheid so genau zu bezeichnen, dass der Einziehungsbeteiligte ihnen in angemessener Frist nachkommen kann.

Beispiel:

Sie können die Einziehung der beschlagnahmten Schreckschusspistole Treffgut C 7, Nr. 3030386932 abwenden, indem sie diese binnen zwei Wochen ab Rechtskraft dieses Bescheides durch eine dazu befugte, uns zuvor mit ihrem Einverständnis nachzuweisenden Person in geeigneter Weise auf Ihre Kosten unbrauchbar machen lassen (§ 24 Abs. 2 S. 2 Nr. 1 OWiG).

Bei der Kostenentscheidung ist zu beachten, dass aufgrund der Verweisung in § 105 Abs. 1 OWiG auf § 472b StPO nur die Auslagen der Verwaltungsbehörde gem. § 107 Abs. 3 OWiG, nicht aber eine Gebühr nach § 107 Abs. 1 OWiG festgesetzt werden kann. Gebühren sind nämlich nur für Bußgeldentscheidungen vorgesehen.

1) BGH, Beschl. vom 10.5.2022, Az. 2 ARs 170/21.

Die Rechtsbehelfsbelehrung eines Einziehungsbescheids darf keinen Hinweis auf die Anordnung der Erzwingungshaft im Vollstreckungsverfahren enthalten, da diese nur wegen Geldbußen, nicht aber der Einziehung zulässig ist (§ 96 Abs. 1 Nr. 1 OWiG).

Muster 16.2: Selbstständige Einziehung von Gegenständen (§ 27 OWiG) gegen eine natürliche Person (§ 87 Abs. 3 OWiG)

Stadt Münsterberg

Bußgeldstelle

Stadt Münsterberg, 99090 Münsterberg

Dienstgebäude	Schubertstraße 36 99090 Münsterberg
Bearbeitung	Frau Weber
Telefon	(0987) 9878-987
E-Mail	weber.bs@muensterberg.de

Herrn
Klaus Stegmüller
Humboldtstraße 10
88234 Südheim
über DeutschlandID

Ihr Zeichen, Ihre Nachricht vom	Bitte bei Antwort angeben **Unser Zeichen, Unsere Nachricht vom**	**Datum**
15.5.2026	OWi – 0987665/26	15.6.2026

Einziehungsbescheid

Einziehungsbeteiligte Person	Klaus Stegmüller, geb. 10.4.1974 in Abendberg, Humboldtstraße 10, 88234 Südheim
Verteidiger:	–

Sehr geehrter Herr Stegmüller,

nach unseren Feststellungen haben Sie folgende mit Geldbuße bedrohte Handlung begangen:

Sie haben am Sonntag, den 8.5.2026 auf dem Münsterberger Frühjahrsfest ohne Erlaubnis mit der Ihnen gehörenden Schreckschusspistole Treffgut C 7 Nr. 3030386932 mindestens fünf Mal bewusst aus der Achterbahn ungezielt in die Luft geschossen.

Ordnungswidrig handelt, wer

vorsätzlich ohne Erlaubnis nach § 2 Abs. 2 i. V. m. Abs. 4, dieser i. V. m. Anlage 2 Abschn. 2 Unterabschnitt 1 S. 1 Waffengesetz (WaffG) mit einer Schusswaffe schießt. Der Umgang mit Waffen oder Munition, die in der Anlage 2 (Waffenliste) Abschn. 2 zu diesem Gesetz genannt sind, bedarf der Erlaubnis (§ 2 Abs. 2 WaffG).

Verletzte Bußgeldvorschriften

§ 53 Abs. 1 Nr. 3 Waffengesetz (WaffG) vom 11. Oktober 2002 (BGBl. I S. 3970, ber. S. 4592, ber. 2003 S. 9571).

Telefonzentrale
(0899) 123-0
Internet
www.Muensterberg.de

Servicezeiten
Mo-Mi 7.30-16.30 Uhr
Do 7.30-17.30 Uhr
Fr 7.30-12.00 Uhr

Öffentliche Verkehrsmittel
Stadtbus Linie 6
Haltestelle Mitte

Bankverbindung
Kreissparkasse Münsterberg
IBAN DE2040000000123456
BIC GROBDE77XX
Volksbank Münsterberg
IBAN DE2040000000234567
BIC GROBDE87XX

Besonderes elektronisches Behördenpostfach
Ordnungsamt@muensterberg .de

Beweismittel

a) Hermann Maier (Zeuge)

b) Beschlagnahmte Waffe (Augenscheinobjekt)

c) Ihre Angaben vom 15.5.2026 (Anhörung)

Wir stellen das gegen Sie eingeleitete Bußgeldverfahren aus rechtlichen Gründen ein (§ 170 Abs. 2 S. 1 StPO i. V. m. § 46 Abs. 1 OWiG), da die Vorwerfbarkeit der Handlung zweifelhaft ist (§ 12 Abs. 2 OWiG). Als Nebenfolge der Ordnungswidrigkeit ordnen wir die Einziehung folgender Gegenstände an:

Schreckschusspistole Treffgut C 7 Nr. 3030386932

Rechtsbehelfsbelehrung

Gegen diesen Einziehungsbescheid können Sie innerhalb von zwei Wochen ab Zustellung bei der Stadt Münsterberg – Bußgeldstelle – Schubertstraße 36, 99090 Münsterberg schriftlich oder zur Niederschrift in deutscher Sprache (§ 184 S. 1 GVG i. V. m. § 46 Abs. 1 OWiG) Einspruch einlegen (§ 67 Abs. 1 OWiG). Die Frist von zwei Wochen ist nur dann gewahrt, wenn der Rechtsbehelf vor Fristablauf bei der Stadt Münsterberg eingeht. Fällt das Ende einer Frist auf einen Sonntag, einen allgemeinen Feiertag oder einen Sonnabend, so endet die Frist mit Ablauf des nächsten Werktages (§ 43 Abs. 2 StPO i. V. m. § 46 Abs. 1 OWiG). Sie können den Rechtsbehelf ferner im Dateiformat PDF/A (portable document format) durch E-Mail mit qualifizierter elektronischer Signatur (§ 32a Abs. 3 StPO i. V. m. § 110c S. 1 OWiG) sowie über einen zugelassenen sicheren Übermittlungsweg einlegen (§ 32a Abs. 4 S. 1 StPO i. V. m. § 110c S. 1 OWiG). Rechtsanwälte und Rechtsanwältinnen können den Rechtsbehelf nur elektronisch einlegen (§ 110c S. 3 OWiG).

Der Einspruch kann auch auf einzelne Beschwerdepunkte beschränkt werden (§ 67 Abs. 2 OWiG). Sofern Sie eine Begründung des Einspruchs beabsichtigen, bitten wir Sie, diese möglichst mit der Einlegung des Einspruchs zu verbinden.

Falls wir den Einziehungsbescheid trotz eines Einspruchs aufrechterhalten (§ 69 Abs. 2 S. 1 OWiG), entscheidet das Amtsgericht aufgrund dieses Bußgeldbescheides über das Vorliegen einer Ordnungswidrigkeit und die Rechtsfolgen aufgrund einer mündlichen Hauptverhandlung (§ 71 OWiG), ohne an die Höhe der festgesetzten Geldbuße gebunden zu sein. Das Gericht kann mit Ihrer Zustimmung auch durch schriftlichen Beschluss entscheiden (§ 72 OWiG), wobei es an die Rechtsfolgen des Bußgeldbescheides gebunden ist.

Mit freundlichen Grüßen

Stadt Münsterberg
Bußgeldstelle

§ 17
Zustellung von Bescheiden

Der Bußgeldbescheid gegen natürliche Personen (§ 65 OWiG) und ihm gleichgestellte Bescheide wie der Einziehungsbescheid (§ 87 OWiG) und der Bußgeldbescheid gegen juristische Personen und Personenvereinigungen (§ 88 OWiG) sind nach § 50 Abs. 1 S. 2 OWiG förmlich zuzustellen, weil mit der mangelfreien Zustellung die zweiwöchige Einspruchsfrist gem. § 67 Abs. 1 S. 1 OWiG in Lauf gesetzt wird.[1] Dies gilt auch für solche Bescheide im Bußgeldverfahren, die mit dem befristeten Antrag auf gerichtliche Entscheidung nach § 62 OWiG anfechtbar sind. Für das Zustellungsverfahren gelten aufgrund der Verweisung in § 51 Abs. 1 S. 1 OWiG das bundesrechtliche VwZG, wenn eine Verwaltungsbehörde des Bundes das Verfahren durchführt, sonst die entsprechenden landesrechtlichen Vorschriften,[2] soweit § 51 Abs. 2 bis 5 OWiG für das Bußgeldverfahren keine abweichenden Bestimmungen enthält. Aus Gründen der Übersichtlichkeit ist nachfolgend nur das bundesrechtliche VwZG genannt, dem die einschlägigen landesrechtlichen Gesetze über die Verwaltungszustellung inhaltlich entsprechen. Die Zustellung elektronischer Dokumente auf der Grundlage der Elektronischer-Rechtsverkehrs-Verordnung (ERVV) spielt mit Ausnahme der Zustellung an das besonderes elektronisches Anwaltspostfach (§ 31a BRAO) in der Verfahrenspraxis der Verwaltungsbehörden noch keine erkennbare Rolle.

1. Bedeutung der Zustellung im Bußgeldverfahren

Die mangelfreie Zustellung von Bescheiden hat im Bußgeldverfahren größte Bedeutung. Zustellungsmängel berühren zwar die Wirksamkeit des Bescheides selbst nicht.[3] Da das Bußgeldverfahren jedoch keine sofortige Vollziehbarkeit wie bei den Leistungsbescheiden des Verwaltungsverfahrens (§ 80 Abs. 2 S. 1 Nr. 1 VwGO) oder des Sozialverwaltungsverfahrens (§ 86a Abs. 2 Nr. 1 SGG) kennt, setzt eine mangelhafte Zustellung die Rechtsbehelfsfrist nicht in Lauf, sofern nicht der tatsächliche Zugang nachweisbar ist (§ 51 Abs. 5 S. 3 OWiG i. V. m. § 8 VwZG).[4] Vor allem Bußgeldbescheide werden dann nicht rechtskräftig und damit auch nicht vollstreckbar (§ 89 OWiG). Außerdem unterbricht nur die mangelfreie Zustellung die Verfolgungsverjährung gem. § 33 Abs. 1 S. 1 Nr. 9 OWiG.[5]

1) Brandenburgisches OLG (Brandenburg), Beschl. vom 8.5.2023, Az. 1 ORbs 166/23, und LG Köln, Beschl. vom 17.4.2023, Az. 116 Qs 2/23, jeweils zur strafrechtlichen Parallelvorschrift § 145a Abs. 3 StPO.
2) KG (Berlin), Beschl. vom 8.11.2018, Az. 3 Ws (B) 249/18.
3) Thüringer OLG (Jena), Beschl. vom 20.3.2006, Az. 1 Ss 7/06.
4) Zur Einspruchsfrist gegen den Bußgeldbescheid (§ 67 Abs. 1 S. 1 OWiG) § 18 Nr. 2.
5) Saarländisches OLG (Saarbrücken), Beschl. vom 3.6.2024, Az. Ss (OWi) 44/24. Zur Unterbrechung der Verfolgungsverjährung (§ 33 Abs. 1 Nr. 9 OWiG) § 2 Nr. 4.2.2.4.

2. Zustellungsempfänger oder Zustellungsempfängerinnen und Zustellungsarten

Als Zustellungsempfänger oder Zustellungsempfängerinnen kommen Betroffene, Nebenbetroffene (§ 51 Abs. 2 OWiG) und Verteidiger oder Verteidigerinnen mit nachgewiesener Vollmacht (§ 51 Abs. 3 S. 1 Halbs. 1 OWiG) in Betracht. Außerdem kann eine formlose Mitteilung an gesetzliche Vertreter oder Vertreterinnen (§ 51 Abs. 2 OWiG), insbesondere Erziehungsberechtigte (§ 67a Abs. 1 JGG i. V. m. § 46 Abs. 1 OWiG) erforderlich sein. Danach richtet sich auch die von der Verwaltungsbehörde gewählte Zustellungsart.

2.1 Zustellung an natürliche Personen

Ein durch befristeten Rechtsbehelf anfechtbarer Bescheid ist dem Adressaten oder der Adressatin förmlich zuzustellen (§ 51 Abs. 1 S. 2 OWiG), um die Rechtsbehelfsfrist in Lauf zu setzen. Der durch befristeten Einspruch (§ 67 Abs. 1 S. 1 OWiG) anfechtbare Bußgeldbescheid ist daher dem oder der Betroffenen (§ 51 Abs. 2 OWiG) als natürliche Person bzw. dem oder der Einziehungsbeteiligten als Nebenbetroffene des Bußgeldverfahrens (§ 87 Abs. 2 S. 2 OWiG) zuzustellen. Dies gilt auch dann, wenn der oder die Betroffene zum Zeitpunkt der Zustellung noch minderjährig ist.[1] Der richtige Zustellungsort ist nicht dort, wo der oder die Betroffene gemeldet ist (§ 17 Abs. 1 BMG), sondern wo er oder sie sich in einer Wohnung tatsächlich aufhält.[2] Dieses Problem ergibt sich nur bei der Zustellung eines Papierdokuments, nicht bei der Übermittlung eines elektronischen Dokuments.

Beispiel:

Der Betroffene ist in der Ostseestraße 49 gemeldet, wurde aber von seinem Vermieter gekündigt. Er zieht kurz vor der Zwangsräumung aus und bei einem Bekannten in der Südseestraße 12 ein, ohne sich dort zunächst anzumelden. Der Name des Betroffenen befindet sich unverändert am Briefkasten der verlassenen Wohnung. Der Zusteller eines Bußgeldbescheides legt diesen in Unkenntnis des Sachverhalts im Wege der Ersatzzustellung in den Briefkasten ein und vermerkt dies auf der Zustellungsurkunde. Die Zustellung ist für die Verwaltungsbehörde unerkennbar unwirksam.

2.1.1 Zustellungsarten bei natürlichen Personen

Der oder die Betroffene ist nach geltender Gesetzeslage nicht dazu verpflichtet, einen elektronischen Zugang als sicheren Übermittlungsweg für die Zustellung von Dokumenten in Form eines elektronischen Postfachs vorzuhalten. Für die freiwillige Teilnahme kommen bei Redaktionsschluss dieser Auflage nur die Registrierung

- im besonderen elektronischen Bürger- und Organisationenpostfach (§ 10 ERVV) und

1) Zu den Besonderheiten bei Zustellung an Jugendliche nachfolgend § 17 Nr. 2.1.2.
2) KG (Berlin), Beschl. vom 7.6.2018, Az. 3 Ws (B) 163/18.

- als Nutzerin oder Nutzer im Verwaltungsportal (BundID, künftig DeutschlandID, § 12 Abs. 1 S. 3 OZG) des Portalverbundes (§ 13 ERVV, § 2 Abs. 5 OZG)

in Betracht (§ 32a Abs. 4 S. 1 Nr. 3 und 4 StPO i. V. m. § 110c S. 1 OWiG). Weitere Alternativen bedürfen einer Rechtsverordnung (§ 32a Abs. 4 S. 1 StPO i. V. m. § 110c S. 1 OWiG), die aber ebenfalls noch nicht absehbar sind. Die elektronische Zustellung hat bisher allein bei Rechtsanwälten als Verteidiger und Rechtsanwältinnen als Verteidigerinnen über das besondere elektronische Anwaltspostfach (§ 32a Abs. 4 S. 1 Nr. 1 StPO i. V. m. § 110c S. 1 OWiG) große praktische Bedeutung erlangt. In Deutschland zugelassene Rechtsanwälte und Rechtsanwältinnen müssen das besondere elektronische Anwaltspostfach empfangsbereit nutzen (§ 31a Abs. 1 S. 1, Abs. 6 BRAO). Es dient damit unabhängig von einer Zustimmung des Rechtsanwalts oder der Rechtsanwältin als „digitaler Briefkasten“ für die Verwaltungsbehörde im Bußgeldverfahren. Wegen der wesentlich größeren Einfachheit und Sicherheit elektronischer Zustellungen sollten schon jetzt keine Papierdokumente mehr an Rechtsanwälte und Rechtsanwältinnen übermittelt werden.

In der Verfahrenspraxis spielt die elektronische Zustellung an Betroffene und Nebenbetroffene mangels eines geeigneten digitalen Systems noch immer keine nennenswerte Rolle, sodass ganz überwiegend noch die Zustellung von Ausdrucken als Papierdokumente notwendig ist. Die Verwaltungsbehörde hat bei der Zustellung eines Ausdrucks an den oder die Betroffene bzw. Nebenbetroffene zwar grundsätzlich zwischen den einzelnen Zustellungsarten die Wahl (§ 51 Abs. 1 S. 1 OWiG i. V. m. § 2 Abs. 2 VwZG). Es kommen daher die Zustellung durch die

- **Post** (§ 51 Abs. 1 S. 1 OWiG i. V. m. § 3, 4 VwZG) oder
- **Behörde** (§ 51 Abs. 1 S. 1 OWiG i. V. m. § 5 VwZG)

in Betracht. Die Zustellung durch die Post stellt dabei den Regelfall, die Zustellung durch die Verwaltungsbehörde den Ausnahmefall dar. Die sogenannte „Viertagesfiktion“ gilt nur bei der Bekanntgabe von Verwaltungsakten im Verwaltungsverfahren (§ 41 Abs. 3 VwVfG), nicht aber im Bußgeldverfahren.[1]

2.1.1.1 Zustellung durch die Post – Zustellungsurkunde

In der langjährigen Verfahrenspraxis hat sich die öffentlich-rechtliche Zustellung von Papierdokumenten durch die Post mit Zustellungsurkunde (§ 51 Abs. 1 OWiG i. V. m. § 3 Abs. 2 S. 1 VwZG, § 182 ZPO) – kurz als „PZU“ bezeichnet – wegen der Vorteile bei der sehr häufig erforderlichen Ersatzzustellung bei Abwesenheit des Empfängers oder der Empfängerin für Zustellungen im Inland durchgesetzt. Die Anbieter (§ 1 Nr. 2 PostG) sind im Umfang ihrer Verpflichtung als beliehene Unternehmer mit Hoheitsbefugnissen ausgestattet (§ 61 Abs. 1 S. 2 PostG). Die Zustellungsurkunde gilt als öffentliche Urkunde (§ 418 Abs. 1 ZPO) zum vollen Beweis für die von den Zustellenden bezeugten Tatsachen.[2] Mit ihr können daher sowohl Zeit und Ort als auch die Art der Bekanntmachung nachgewiesen werden.[3] Zunächst

1) Die „Viertagesfiktion“ ersetzt seit 2025 die frühere „Dreitagesfiktion“, weil nach den aktuellen Laufzeiten 1 % der inländischen Zustellungen erst am vierten Tag zu erfolgen brauchen (§ 18 Abs. 1 PostG).
2) Saarländisches OLG (Saarbrücken), Beschl. vom 3.6.2024, Az. Ss (OWi) 44/24, unter Bezugnahme auf BGH, Beschl. vom 22.8.2023, Az. AnwZ (Brfg) 14/23.
3) BayVGH (München), Beschl. vom 30.1.2023, Az. 11 CS 22.2007.

übergibt die Behörde der Post den Zustellungsauftrag, das zuzustellende Dokument in einem verschlossenen Umschlag und einen vorbereiteten Vordruck einer Zustellungsurkunde (§ 51 Abs. 1 OWiG i. V. m. § 3 Abs. 1 VwZG). Das Schriftstück kann dann der Person, der zugestellt werden soll, an jedem Ort übergeben werden, an dem sie angetroffen wird (§ 51 Abs. 1 OWiG i. V. m. § 3 Abs. 2 S. 1 VwZG, § 177 ZPO).

- **Einlegen in den Briefkasten**

Ersatzzustellungen sind in der Wohnung, in Geschäftsräumen und Einrichtungen möglich (§ 51 Abs. 1 OWiG i. V. m. § 3 Abs. 2 S. 1 VwZG, § 178 ZPO). Die Ersatzzustellung durch Einlegen des Schriftstücks in den Briefkasten setzt jedoch voraus, dass die Person, der dort zugestellt werden soll, dort tatsächlich wohnt (§ 20 BMG).[1] Dies gilt nicht nur für die Hauptwohnung (§ 21 Abs. 1, § 22 BMG), sondern auch für Nebenwohnungen (§ 22 Abs. 3 BMG).[2] Auf eine bloße Wohnungsmeldung bei der Meldebehörde (§ 17 Abs. 1 BMG) kommt es daher nicht an.[3] Existiert die im Zustellungsauftrag angegebene Adresse tatsächlich nicht, ist auch keine wirksame Zustellung möglich.[4] Betroffene können sich allerdings nicht erfolgreich auf einen Gestaltungsmissbrauch berufen, wenn sie diesen unter Verstoß gegen den allgemeinen Grundsatz von Treu und Glauben (§ 242 BGB) selbst herbeiführen. Wegen Rechtsmissbrauchs kann sich nicht auf die angebliche Unwirksamkeit einer Ersatzzustellung des Bußgeldbescheides berufen, wer bei der Verwaltungsbehörde einen Irrtum über seinen tatsächlichen Lebensmittelpunkt bewusst und zielgerichtet unter Verstoß gegen die Meldegesetze herbeigeführt hat.[5]

- **Annahmeverweigerung**

Das zurückgelassene Schriftstück gilt auch bei einer unberechtigten Annahmeverweigerung als zugestellt (§ 51 Abs. 1 OWiG i. V. m. § 3 Abs. 2 S. 1 VwZG, § 179 S. 1, 3 ZPO). Die Zustellung gilt auch dann als bewirkt, wenn zwar niemand angetroffen wird, das Dokument aber in einen geeigneten Briefkasten oder eine ähnliche Vorrichtung wie einen Briefschlitz eingelegt werden kann (§ 51 Abs. 1 OWiG i. V. m. § 3 Abs. 2 S. 1 VwZG, § 180 S. 1 ZPO).[6] Eine Ersatzzustellung ist sogar dann möglich, wenn der Briefkasten nicht verschließbar ist, dies aber für den Zusteller oder die Zustellerin nicht erkennbar war.[7] Vermerkt der Zusteller oder die Zustellerin auf dem Umschlag des zuzustellenden Schriftstücks das Datum der Zustellung (§ 3 Abs. 2 VwZG i. V. m. § 180 S. 3 ZPO) nicht, gilt das Dokument erst in dem Zeitpunkt als zugestellt, in dem es dem Empfangsberechtigten tatsächlich zugegangen ist (§ 51

1) OLG Karlsruhe, Beschl. vom 16.2.2023, Az. 2 ORbs 35 Ss 4/23; BayObLG, Beschl. vom 17.11.2020, Az. 201 ObOWi 1385/20; OLG Stuttgart, Beschl. vom 10.1.2017, Az. 1 Ss 732/16.
2) BayObLG, Beschl. vom 17.11.2020, Az. 201 ObOWi 1385/20.
3) BayObLG, Beschl. vom 17.11.2020, Az. 201 ObOWi 1385/20, unter Bezugnahme auf BGH, Urt. vom 13.10.1993, Az. XII ZR 120/92.
4) AG St. Ingbert, Beschl. vom 4.1.2022, Az. 23 OWi 3473/22.
5) BayObLG, Beschl. vom 17.11.2020, Az. 201 ObOWi 1385/20; BGH, Beschl. vom 14.5.2019, Az. X ZR 94/18 (Zivilrecht); OLG Dresden, Beschl. vom 26.10.2020, Az. 4 U 1663/20 (Zivilrecht); OLG Hamm, Beschl. vom 27.1.2015, Az. 3 Rbs 5/15, allerdings unter ausdrücklicher Ablehnung durch OLG Stuttgart, Beschl. vom 10.1.2017, Az. 1 Ss 732/16.
6) OLG Karlsruhe, Beschl. vom 1.8.2018, Az. 2 Rb 8 Ss 387/18.
7) OLG Nürnberg, Beschl. vom 26.5.2009, Az. 1 St OLG Ss 76/13.

Abs. 1 OWiG i. V. m. § 8 VwZG).[1] Einer Niederlegung von Dokumenten bei einer Postagentur als dazu bestimmter Stelle (§ 51 Abs. 1 OWiG i. V. m. § 3 Abs. 2 S. 1 VwZG, § 181 Abs. 1 S. 2 ZPO) bedarf es wegen der vielfältigen Möglichkeiten der Ersatzzustellung nur noch in besonderen Ausnahmefällen. Eine Ersatzzustellung durch Niederlegung bei der Post setzt voraus, dass die Zustellung nicht nach § 180 ZPO durch Einlegen des Schriftstücks in einen Briefkasten oder eine ähnliche Vorrichtung ausführbar ist (§ 181 Abs. 1 S. 1 ZPO). Die Unmöglichkeit der Einlegung in den Briefkasten oder eine ähnliche Einrichtung ist daher Wirksamkeitsvoraussetzung der Ersatzzustellung durch Niederlegung.[2]

In der Verfahrenspraxis erweisen sich nicht alle von den Verwaltungsbehörden mit Zustellungen beauftragten Dienstanbieter von Postdienstleistungen (§ 3 Nr. 7 PostG) als gleich zuverlässig. Dies kann bei kurzen Verjährungsfristen (§ 31 Abs. 2 OWiG) problematisch sein, weil nur die mangelfreie Zustellung eines Bußgeldbescheides innerhalb von zwei Wochen die Verfolgungsverjährung unterbricht (§ 33 Abs. 1 S. 1 Nr. 9 OWiG).[3] Ein Nachforschungsauftrag kann nicht innerhalb von zwei Wochen erfolgreich sein, sodass dann nur noch die Zustellung durch die Behörde fristwahrend möglich ist (§ 5 Abs. 1 VwZG).[4] Diese Lösung bietet sich auch an, wenn eine Zustellung gegen zwingende Bestimmungen verstößt und die Verwaltungsbehörde es nicht auf eine äußerst unsichere Heilung des Zustellungsmangels ankommen lassen will (§ 51 Abs. 1 OWiG i. V. m. § 8 VwZG).

- **Zustellungsentgelt**

Die nach § 61 PostG verpflichteten Anbieter haben Anspruch auf das von der Bundesnetzagentur genehmigte Entgelt (§ 62 S. 1, 3 PostG). Durch dieses werden alle von den Anbietern erbrachten Leistungen einschließlich der hoheitlichen Beurkundung und Rücksendung der Beurkundungsunterlagen an die auftraggebende Stelle pauschal abgegolten (§ 62 S. 2 PostG). Die Verwaltungsbehörde darf ihrerseits in zugestellten Bescheiden unabhängig vom entrichteten Entgelt einheitlich nur 3,50 Euro Zustellungspauschale erheben (§ 107 Abs. 1 Nr. 3 OWiG).

1) BGH, Beschl. vom 29.7.2022, Az. AnwZ (Brfg) 28/20.
2) Hanseatisches OLG Hamburg, Beschl. vom 21.10.2002, Az. II-66/02, 1 Ss 131/02; BFH, Beschl. vom 23.11.2016, Az. IV B 39/16.
3) Saarländisches OLG (Saarbrücken), Beschl. vom 3.6.2024, Az. Ss (OWi) 44/24. Zur Verfolgungsverjährung (§ 31 Abs. 1 OWiG) als dauerndes Verfahrenshindernis § 1 Nr. 4.2 und § 5 Nr. 1.9.
4) Zur Zustellung durch die Behörde (§ 5 VwZG) § 17 Nr. 2.1.1.3.

Zustellungsurkunde

1.1 *Aktenzeichen* 1.2 *Ggf. weitere Kennz.*

1.3 *Adressat*

Weitersenden innerhalb des
1.5 Bezirks des Amtsgerichts
1.6 Bezirks des Landgerichts
1.7 Inlandes

Bei der Zustellung zu beachtende Vermerke
1.8 Ersatzzustellung ausgeschlossen
1.9 Keine Ersatzzustellung an:
1.10 Nicht durch Niederlegung zustellen
1.11 Mit Angabe der Uhrzeit zustellen

1.4 **Bei erfolglosem Zustellversuch: Vermerk über den Grund der Nichtzustellung**

1.4.1 Adressat unter der angegebenen Anschrift nicht zu ermitteln

1.4.2 Adressat verzogen nach:

Straße und Hausnummer

Postleitzahl, Ort

1.4.3 Weitersendung nicht möglich Weitersendung nicht verlangt

1.4.4 Empfänger unbekannt verzogen

1.4.5 *Anderer Grund:*

1.4.6 *Datum*

1.4.7 *Unterschrift*

1.4.8 *Postunternehmen/ Behörde:*

Zustellungsurkunde/Zustellungsauftrag zurück an Absender

Abb. 1: Amtliches Muster einer Zustellungsurkunde mit der Post (PZU) – Vorderseite

Das mit umseitiger Anschrift und Aktenzeichen versehene Schriftstück (verschlossener Umschlag) habe ich in meiner Eigenschaft als

2 ☐ Postbediensteter ☐ Justizbediensteter ☐ Gerichtsvollzieher ☐ Behördenbediensteter

3 ☐	**übergeben, und zwar** *(4.1 bis 8.3)*
4.1 ☐	unter der Zustellanschrift (*siehe 1.3*)
4.2 ☐	an folgendem Ort: *(soweit von 1.3 abweichend)* *Straße, Hausnummer* *Postleitzahl, Ort*
5.1 ☐	- dem Adressaten (*1.3*) persönlich.
5.2 ☐	- einem Vertretungsberechtigten (gesetzlichen Vertreter/Leiter): ▶ *5.4*
5.3 ☐	- dem durch schriftliche Vollmacht ausgewiesenen rechtsgeschäftlicher Vertreter: ▶ *5.4*
	5.4 Herrn/Frau (Name, Vorname)
	, weil ich den Adressaten (*1.3*)/Vertretungsberechtigten in der Wohnung nicht erreicht habe, dort
6.1 ☐	- einem erwachsenen Familienangehörigen: ▶ *6.4*
6.2 ☐	- einer in der Famile beschäftigten Person: ▶ *6.4* *6.4 Herrn, Frau (Name, Vorname):*
6.3 ☐	- einem erwachsenen ständigen Mitbewohne: ▶ *6.4*
7.1 ☐	, weil ich den Adressaten (*1.3*)/Vertretungsberechtigten in dem Geschä'tsraum nicht erreicht habe, einem dort Beschäftigter:
	7.2 Herrn/Frau (Name, Vorname)
	, weil ich den Adressaten (*1.3*)/Vertretungsberechtigten in der Gemeinschaftseinrichtung nicht erreicht habe, dort
8.1 ☐	dem Leiter der Einrichtung: ▶ *8.3* *8.3 Herrn, Frau (Name, Vorname):*
8.2 ☐	einem zum Empfang ermächtigten Vertreter: ▶ *8.3*
9 ☐	**zu übergeben versucht.** *(10.1 bis 12.3)*
	Weil die Übergabe des Schriftstücks in der Wohnung/in dem Geschäftsraum nicht möglich war, habe ich das Schriftstück in den
10.1 ☐	- zur Wohnung
10.2 ☐	- zum Geschäftsraum
	gehörenden Briefkasten oder in eine ähnliche Vorrichtung eingelegt.
11.1 ☐	Weil auch die Einlegung in einen Briefkasten oder in eine ähnliche Vorrichtung (*10.1, 10.2*) /die Ersatzzustellung in der Gemeinschaftseinrichtung (*8.1 bis 8.3*) nicht möglich war, wird das Schriftstück bei der hierfür bestimmter Stelle niedergelegt, und zwar in
	11.1.1 Niederlegungsstelle
	11.1.2 Straße, Hausnummer
	11.1.3 Postleitzahl, Ort
	Die schriftliche Mitteilung über die Niederlegung habe ich
11.2 ☐	- in der bei gewöhnlichen Briefen üblichen Weise abgegeben, nämlich (*Art der Abgabe*):
11.3 ☐	- an der Tür zur Wohnung/zum Geschäftsraum/zur Gemeinschaftseinrichtung angeheftet.
12	Weil die Annahme der Zustellung durch *Name, Vorname:* *Beziehung zum Adressaten:*
	verweigert wurde, habe ich das Schriftstück
12.1 ☐	- in der Wohnung/dem zur Wohnung gehörenden Briefkasten oder in einer ähnlichen Vorrichtung zurückgelassen.
12.2 ☐	- in dem Geschäftsraum/dem zum Geschäftsraum gehörenden Briefkasten oder in einer ähnlichen Vorrichtung zurückgelassen.
12.3 ☐	- an den Absender zurückgeschickt, da keine Wohnung oder kein Geschäftsraum vorhanden ist.
13	Den Tag der Zustellung - ggf. mit Uhrzeit - habe ich auf dem Umschlag des Schriftstücks vermerkt.
	13.1 Datum T T M M J J *13.2 ggf. Uhrzeit* S S M M *13.3 Unterschrift des Zustellers*
	13.4 Postunternehmen/Behörde *13.5 Name, Vorname des Zustellers (in Druckbuchstaben)*

Abb. 2: Amtliches Muster einer Zustellungsurkunde mit der Post (PZU) – Rückseite

Die amtlichen Muster gelten ab dem 1.8.2025 gem. Art. 2 der Zweiten Verordnung zur Änderung der Zustellungsvordruckverordnung vom 31.3.2025 (BGBl. I Nr. 103). Die früheren, bis 31.7.2025 geltenden Muster dürfen noch bis einschließlich 31.7.2026 weiterverwendet werden.

2.1.1.2 Zustellung durch die Post – Einschreiben mit Rückschein

Ein Dokument kann durch die Post mittels Einschreiben durch Übergabe oder mittels Einschreiben mit Rückschein zugestellt werden (§ 51 Abs. 1 OWiG i. V. m. § 4 VwZG). Eine Einschreibsendung ist eine adressierte Sendung, die pauschal gegen Verlust, Entwendung oder Beschädigung versichert ist und gegen Empfangsbestätigung ausgehändigt wird (§ 3 Nr. 8 PostG). Das Einschreiben als privatrechtliche Zustellung kennt im Gegensatz zur öffentlich-rechtlichen Zustellungsurkunde (§ 3 VwZG, § 182 ZPO) die Möglichkeit der Ersatzzustellung nicht. Außerdem gilt ein auf der Post niedergelegtes, aber binnen einer Woche nicht abgeholtes Dokument **nicht** als zugestellt. Damit wird übrigens auch die Verfolgungsverjährung nicht unterbrochen (§ 33 Abs. 1 S. 1 Nr. 9 OWiG).[1]

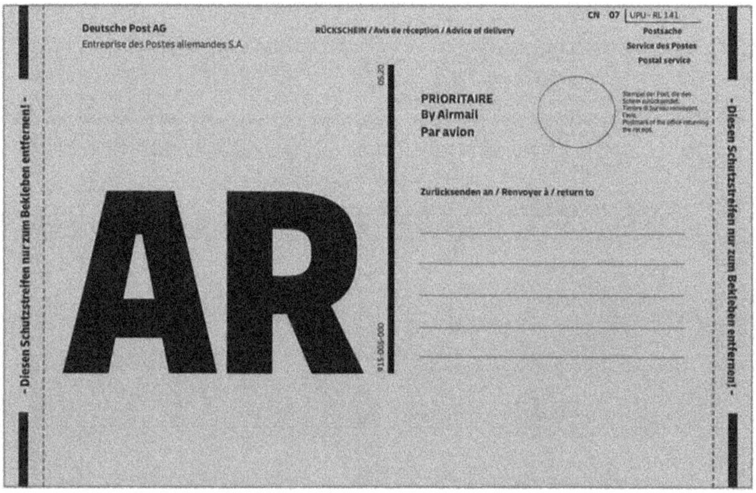

Abb. 3: Muster eines Einschreibens mit Rückschein der Deutschen Post AG – Vorderseite

Die Zustellung durch die Post mittels Einschreiben (§ 51 Abs. 1 OWiG i. V. m. § 4 Abs. 1 VwZG) ist daher nur bei Zustellungen im Ausland, auch in EU-Mitgliedsländern notwendig (§ 51 Abs. 1 S. 1 OWiG i. V. m. § 9 Abs. 1 Nr. 1 VwZG). Einen Zustellungsnachweis bietet hier nur das Einschreiben gegen Rückschein (§ 51 Abs. 1 OWiG i. V. m. § 4 Abs. 2 S. 1 VwZG). Mit den meisten Staaten bestehen Zustellungshilfeabkommen, die diese manchmal etwas langwierige, aber doch meist erfolgreiche Zustellungsart erlauben. Im Bereich der Schengen-Vertragsstaaten ist auch eine Vollstreckung durch die jeweiligen ausländischen Behörden möglich (*§ 87p Abs. 2 IRG*).[2] Obwohl Bescheide im außereuropäischen Ausland nicht vollstreckbar sind, erfolgen nach vielfacher Erfahrung trotzdem freiwillige Zahlungen.

Die sogenannte „Viertagesfiktion“, nach der das Dokument am vierten Tag nach der Aufgabe zur Post als zugestellt gilt, es sei denn, dass es nicht oder zu einem späte-

1) Saarländisches OLG (Saarbrücken), Beschl. vom 3.6.2024, Az. Ss (OWi) 44/24. Zur Unterbrechung der Verfolgungsverjährung (§ 33 Abs. 1 Nr. 9 OWiG) § 2 Nr. 4.2.2.4.

2) Zur Vollstreckung von Bußgeldbescheiden im Ausland § 23 Nr. 5.6.

ren Zeitpunkt zugegangen ist (§ 51 Abs. 1 OWiG i. V. m. § 4 Abs. 2 S. 2 VwZG), ist für das Bußgeldverfahren zu unsicher[1]. Im Zweifel hat nämlich die Behörde den Zugang und dessen Zeitpunkt nachzuweisen (§ 51 Abs. 1 OWiG i. V. m. § 4 Abs. 2 S. 2 VwZG).[1]

- **Zustellungsentgelt**

Die nach § 61 PostG verpflichteten Anbieter haben Anspruch auf das von der Bundesnetzagentur genehmigte Entgelt (§ 62 S. 1, 3 PostG). Durch dieses werden alle von den Anbietern erbrachten Leistungen einschließlich der hoheitlichen Beurkundung und Rücksendung der Beurkundungsunterlagen an die auftraggebende Stelle pauschal abgegolten (§ 62 S. 2 PostG). Die Verwaltungsbehörde darf ihrerseits in zugestellten Bescheiden unabhängig vom entrichteten Entgelt einheitlich nur 3,50 Euro Zustellungspauschale erheben (§ 107 Abs. 1 Nr. 3 OWiG).

2.1.1.3 Zustellung durch die Behörde – Empfangsbekenntnis

Bei der Zustellung durch die Behörde händigt der oder die zustellende Bedienstete – anstelle des Postzustellers oder der Postzustellerin – das Dokument dem Empfänger oder der Empfängerin in einem verschlossenen Umschlag aus (§ 51 Abs. 1 OWiG i. V. m. § 5 Abs. 1 S. 1 VwZG).[2] Der Empfänger oder die Empfängerin hat dann gegenüber dem oder der Bediensteten der Behörde ein mit dem Datum der Aushändigung versehenes Empfangsbekenntnis zu unterschreiben (§ 51 Abs. 1 OWiG i. V. m. § 5 Abs. 1 S. 3 VwZG). Der Bedienstete oder die Bedienstete vermerkt das Datum der Zustellung auf dem Umschlag des auszuhändigenden Dokuments oder bei offener Aushändigung auf dem Dokument selbst (§ 51 Abs. 1 OWiG i. V. m. § 5 Abs. 1 S. 4 VwZG). Wie bei der Zustellung durch die Post stehen auch sämtliche Möglichkeiten der Ersatzzustellung zur Verfügung (§ 51 Abs. 1 OWiG i. V. m. § 5 Abs. 2 VwZG). Ersatzzustellungen sind daher in der Wohnung, in Geschäftsräumen und Einrichtungen möglich (§ 51 Abs. 1 OWiG i. V. m. § 5 Abs. 2 S. 1 VwZG, § 178 ZPO). Wie bei der Zustellung durch die Post ist dieser Art der öffentlich-rechtlichen Zustellung auch durch Einlegung in einen Briefkasten oder vergleichbare Einrichtung und Niederlegung an einer durch die Behörde bestimmten Stelle zulässig (§ 51 Abs. 1 OWiG i. V. m. § 5 Abs. 2 S. 1 VwZG, §§ 180, 181 ZPO).

Die Zustellung durch die Behörde kommt in der Verfahrenspraxis wegen ihres Aufwandes nur ausnahmsweise in Betracht, wenn die Zustellung durch die Post gescheitert ist und deshalb die Verfolgungsverjährung droht (§ 31 Abs. 1 OWiG). Die vor Einführung des elektronischen Rechtsverkehrs übliche Zustellung an Rechtsanwälte als Verteidiger bzw. Rechtsanwältinnen als Verteidigerinnen gegen schriftliches Empfangsbekenntnis (§ 51 Abs. 1 OWiG i. V. m. § 5 Abs. 4 VwZG) ist zwar rechtlich noch möglich. Sie sollte aber wegen der gegenüber dem Papierdokument wesentlich sicheren Möglichkeit der elektronischen Zustellung an das besondere elektronische Anwaltspostfach (§ 31a BRAO) mit automatisiertem Empfangsbe-

1) Die „Viertagesfiktion" ersetzt seit 2025 die frühere „Dreitagesfiktion", weil nach den aktuellen Laufzeiten 1 % der inländischen Zustellungen erst am vierten Tag zu erfolgen brauchen (§ 18 Abs. 1 PostG).

2) Die offene Aushändigung an den Empfänger kommt im Bußgeldverfahren nicht in Betracht, weil dieser stets schutzwürdige Interessen des Empfängers entgegenstehen (§ 5 Abs. 1 S. 2 VwZG).

kenntnis (§ 32a Abs. 4 S. 1 Nr. 1 StPO i. V. m. § 110c S. 1 OWiG) nicht mehr angewendet werden.[1]

Muster 17.1a: Zustellung durch die Behörde gegen Empfangsbekenntnis

Stadt Münsterberg Bußgeldstelle

Zustellung durch die Behörde im Bußgeldverfahren an einen Betroffenen, eine Betroffene oder eine Nebenbetroffene (§ 51 Abs. 1 OWiG i. V. m. § 5 Abs. 2 VwZG)

Empfangsbekenntnis

Der Bußgeldbescheid vom <Datum> Az. <Bezeichnung> wurde heute um <Uhrzeit> in verschlossenem Umschlag

() an <den Betroffenen, die Betroffene> selbst, ausgewiesen durch <Bezeichnung> übergeben.

() an <Person>, ausgewiesen durch <Bezeichnung> als Hausgenossen übergeben.

() wegen Annahmeverweigerung <Ort> hinterlassen.

() <Ort> hinterlassen, da trotz eingehender Nachschau niemand angetroffen werden konnte.

() <Ort> hinterlassen, da trotz eingehender Nachschau keine annahmebereite Person angetroffen werden konnte.

Ort und Datum:

<Name> <Name>

Verantwortende Person Zustellungsempfänger(in)

Die Verwaltungsbehörde darf in zugestellten Bescheiden einheitlich nur 3,50 Euro Zustellungspauschale erheben (§ 107 Abs. 1 Nr. 3 OWiG).

2.1.2 Sonderfälle der Zustellung an natürliche Personen

Das System der Zustellung an den Betroffenen oder die Betroffene bzw. Nebenbetroffene und der Mitteilung an einen gesetzlichen Vertreter nach § 51 Abs. 2 OWiG gilt ausnahmslos auch in besonderen Fällen.

2.1.2.1 Betroffene mit rechtlicher Betreuung

Bescheide sind im Bußgeldverfahren aufgrund § 51 Abs. 2 OWiG auch dann an den Betroffenen oder die Betroffene selbst zuzustellen, wenn für diese eine gerichtlich angeordnete rechtliche Betreuung besteht (§ 1814 Abs. 1 BGB).[2] In Abweichung vom Verwaltungsverfahren ist nicht an den Betreuer oder die Betreuerin (§ 1816

1) Zur Zustellung durch die Verwaltungsbehörde an Rechtsanwälte und Rechtsanwältinnen über das besondere elektronische Anwaltspostfach (§ 31a BRAO) § 17 Nr. 2.4.3.

2) Die Vorwerfbarkeit des Handelns (§ 12 Abs. 2 OWiG) der betreuten Person ist bereits bei der Einleitung des Bußgeldverfahrens von Amts wegen zu prüfen (§ 2 Nr. 3.4.3).

BGB) zuzustellen, weil die Einschränkung des § 6 Abs. 1 S. 2 VwZG durch § 51 Abs. 5 S. 1 OWiG im Bußgeldverfahren ausgeschlossen ist. Der Betreuer oder die Betreuerin ist im Bußgeldverfahren wegen dessen bzw. deren persönlichen Bezuges auf den Betroffenen oder die Betroffene kein gesetzlicher Vertreter bzw. keine gesetzliche Vertreterin gegenüber Behörden und Gerichten.[1)] Ein Betreuer oder eine Betreuerin kann die betreute Person nur dann gegenüber Behörden und Gerichten vertreten (§ 1823 BGB), wenn der Aufgabenkreis (§ 1815 Abs. 1 BGB) ausdrücklich auch Straf- und Bußgeldverfahren umfasst. Nur dann erhält der Betreuer oder die Betreuerin eine formlose Mitteilung über die Zustellung an die betreute Person.

Hat das Amtsgericht – Betreuungsgericht – einen Rechtsanwalt als Betreuer oder eine Rechtsanwältin als Betreuerin bestellt, so sind diese ohne ausdrückliche Bestimmung im Aufgabenkreis (§ 1815 Abs. 1 BGB) weder zur Vertretung im Bußgeldverfahren befugt (§ 1823 BGB) noch Verteidiger oder Verteidigerinnen der betreuten Person. Diese kann allerdings aufgrund eines Geschäftsbesorgungsvertrages (§ 675 BGB) den Betreuer als Wahlverteidiger oder die Betreuerin als Wahlverteidigerin beauftragen (§ 137 Abs. 1 S. 1 StPO i. V. m. § 46 Abs. 1 OWiG). Die Verteidigung wird dann gegenüber der Verwaltungsbehörde durch Mandatsanzeige bekanntgemacht.

Beispiel:

Die Verwaltungsbehörde leitet gegen den vorwerfbar handlungsfähigen Betroffenen (§ 12 Abs. 2 OWiG) ein Bußgeldverfahren wegen Belästigung der Allgemeinheit (§ 118 OWiG) ein und übermittelt eine Anhörung an ihn (§ 55 OWiG i. V. m. § 163a Abs. 1 StPO). Daraufhin meldet sich ein Rechtsanwalt, der als Betreuer gerichtlich bestellt ist, mit einer Mandatsanzeige für den Betroffenen, dass er als Wahlverteidiger beauftragt wurde und kündigt eine Stellungnahme nach Akteneinsicht an. Der Rechtsanwalt ist am Bußgeldverfahren nicht als Betreuer, sondern als Verteidiger beteiligt.

Anordnung und Umfang der Betreuung und die Person des gerichtlich bestellten Betreuers oder der Betreuerin sind nur durch Auskunftsersuchen (§ 161 Abs. 1 S. 1 StPO i. V. m. § 46 Abs. 1 OWiG) beim örtlich zuständigen Amtsgericht – Betreuungsgericht – festzustellen. Ein zentrales Betreuungsregister besteht nicht. Fehlt es an einer ausdrücklichen gerichtlichen Bestellung des Betreuers oder der Betreuerin auch für das Bußgeldverfahren, dürfen ihnen personenbezogene Daten der betreuten Person nicht unbefugt offenbart werden. Ihnen ist dann erst nach Rechtskraft und Vollstreckbarkeit (§ 89 OWiG) Mitteilung zu machen, wenn ihnen die Vermögenssorge für die betreute Person übertragen ist, damit die Zahlung der fälligen Geldbuße gesichert ist.

---

1) BGH, Beschl. vom 2.9.2013, Az. 1 StR 369/13; OLG Dresden, Beschl. vom 5.2.2015, Az. 2 OLG 21 Ss 734/14, jeweils für das Strafverfahren.

Beispiel:

Für den vorwerfbar handlungsfähigen Betroffenen (§ 12 Abs. 2 OWiG) ist eine rechtliche Betreuung gerichtlich angeordnet. Die Verwaltungsbehörde leitet gegen ihn ein Bußgeldverfahren wegen Belästigung der Allgemeinheit (§ 118 OWiG) und erlässt gegen ihn einen Bußgeldbescheid (§ 65 OWiG). Dieser wird ohne Benachrichtigung des Betreuers oder der Betreuerin nur dem Betroffenen zugestellt (§ 51 Abs. 2 OWiG). Nach Rechtskraft des Bußgeldbescheides erhält der Betreuer oder die Betreuerin eine Benachrichtigung über die Fälligkeit ohne Hinweis auf die Rechtsnatur als Geldbuße, wenn ihnen in der Betreuungsanordnung auch die Vermögenssorge übertragen ist.

2.1.2.2 Jugendliche Personen

Jugendliche sind Personen, die zur Tatzeit der Ordnungswidrigkeit (§ 6 S. 1 OWiG) bereits vierzehn, aber noch nicht achtzehn Jahre alt waren (§ 1 Abs. 2 JGG i. V. m. § 46 Abs. 1 OWiG). Bescheide gegen minderjährige Personen sind im Bußgeldverfahren nach § 51 Abs. 2 OWiG grundsätzlich nur an diese, nicht etwa an Erziehungsberechtigte oder sonstige gesetzliche Vertreter oder Vertreterinnen wie einen Amtsvormund zuzustellen. Abweichende verwaltungs- oder privatrechtliche Bestimmungen werden durch § 51 Abs. 2 OWiG verdrängt. Erziehungsberechtigte und sonstige gesetzliche Vertreter erhalten allerdings eine formlose Mitteilung des Bescheids (§ 67a Abs. 1 JGG i. V. m. § 46 Abs. 1 OWiG). Die Einhaltung dieser Vorschrift ist wegen der selbstständigen Einspruchsbefugnis dieser Personen[1] wichtig! Bei mehreren Erziehungsberechtigten genügt die Mitteilung an einen von ihnen (§ 67 Abs. 5 S. 3 JGG i. V. m. § 46 Abs. 1 OWiG).

Beispiel:

Der sechzehnjährige Betroffene hat mehrfach grundlos den Schulunterricht nicht besucht, seine alleinerziehende Mutter nicht für den Schulbesuch gesorgt. Die Verwaltungsbehörde erlässt gegen den Schulpflichtigen einen Bußgeldbescheid wegen Verletzung der Schulpflicht, gegen seine Mutter einen Bußgeldbescheid wegen unterlassener Sorge für die Einhaltung der Schulpflicht.

- Der Bußgeldbescheid gegen den minderjährigen Betroffenen ist nur an diesen zuzustellen, an seine Mutter als Erziehungsberechtigte aber formlos mitzuteilen (§ 51 Abs. 2 OWiG, § 67a Abs. 1 JGG i. V. m. § 46 Abs. 1 OWiG).
- Der Bußgeldbescheid gegen die Mutter ist nur an diese als Betroffene zuzustellen (§ 51 Abs. 2 OWiG), der Sohn hierüber aber nicht zu benachrichtigen!

---

1) Zur Einspruchsbefugnis (§ 67 OWiG) von Erziehungsberechtigten und sonstigen gesetzlichen Vertretern Minderjähriger § 18 Nr. 1.

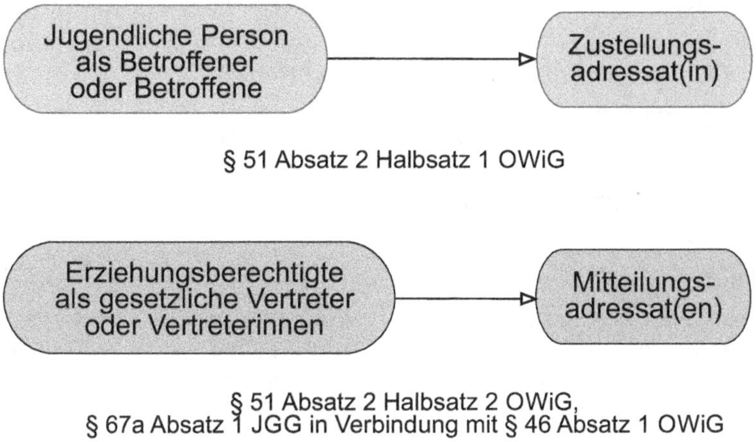

Abb. 4: Zustellung im Bußgeldverfahren an Jugendliche als Betroffene § 51 Abs. 2 OWiG

2.1.2.3 Eröffnetes Insolvenzverfahren

Die Durchführung eines Insolvenzverfahrens beschränkt die Geschäftsfähigkeit von Betroffenen oder Nebenbetroffenen im Bußgeldverfahren nicht. Auf den Insolvenzverwalter oder die Insolvenzverwalterin (§ 56 InsO) geht zwar im Insolvenzverfahren die Verfügungs- und Verwaltungsbefugnis über (§ 80 Abs. 1 InsO), trotzdem ist er oder sie aber im Bußgeldverfahren kein gesetzlicher Vertreter oder gesetzliche Vertreterin des oder der Betroffenen oder Nebenbetroffenen. Die Zustellung von Bescheiden erfolgt daher weiter ausschließlich an die, der Insolvenzverwalter oder die Insolvenzverwalterin erhält jedoch **keine** formlose Mitteilung über den Bescheid (§ 51 Abs. 2 OWiG)!

Die Zustellung kann im Insolvenzverfahren jedoch auf Schwierigkeiten stoßen, weil das Insolvenzgericht eine (vorläufige) Postsperre (§ 21 Abs. 2 S. 1 Nr. 4, § 99 InsO) angeordnet hat, die grundsätzlich auch für behördliche Zustellungen gilt. Die Verwaltungsbehörde sollte daher beim zuständigen Amtsgericht anregen, Zustellungen im Bußgeldverfahren von der Postsperre auszunehmen.

Hat der Insolvenzverwalter oder die Insolvenzverwalterin selbst eine Ordnungswidrigkeit begangen, indem er oder sie im Insolvenzverfahren als Vertreter oder Vertreterin des Schuldners oder der Schuldnerin gehandelt hat (§ 9 Abs. 1 Nr. 3 OWiG), so ist die Zustellung eines Bescheids allein an ihn als Betroffenen oder sie als Betroffene vorzunehmen. Der Schuldner oder die Schuldnerin des Insolvenzverfahrens erhält keine formlose Mitteilung des Bescheids.

2.1.2.4 Betroffene als Organe juristischer Personen oder Personenvereinigungen

Sind gesetzliche Vertreter oder Vertreterinnen juristischer Personen oder Personenvereinigungen (§ 9 Abs. 1 OWiG) selbst Betroffene, so sind gegen sie als natürliche Personen gerichtete Bescheide auch nur an sie persönlich zuzustellen (§ 51 Abs. 2

S. 1 OWiG). Diese zwingende Regelung wird in der Verfahrenspraxis gelegentlich nicht beachtet, um die Ermittlung der Privatanschrift des oder der Betroffenen zu umgehen. Dies bedeutet einen datenschutzrechtlichen Verstoß gegen das Grundrecht des oder der Betroffenen auf informationelle Selbstbestimmung (Art. 1 Abs. 1 i. V. m. Art. 2 Abs. 1 GG), weil ihre personenbezogenen Daten zur vorgeworfenen Ordnungswidrigkeit unbefugt einer Dritten, nämlich einer juristischen Person oder Personenvereinigung offenbart werden.

Fehlbeispiel:

Gegen den Geschäftsführer der Transfracht GmbH Heinz Goßner, soll wegen einer Ordnungswidrigkeit der Verletzung der Aufsichtspflicht in Betrieben und Unternehmen (§ 130 OWiG) ein Bußgeldbescheid erlassen werden. Da die Anschrift des Betroffenen weder bekannt ist noch ermittelt wird, erfolgt die Zustellung an:

„Herrn Heinz Goßner in Transfracht GmbH, Allgäuer Straße 211, 49436 Waldberg" oder „Transfracht GmbH, zu Händen des Geschäftsführers Heinz Goßner, Allgäuer Straße 211, 49436 Waldberg".

Vor dem Versuch einer mangelhaften Zustellung an juristische Personen oder Personenvereinigungen mit bekannter Anschrift aus „Vereinfachungsgründen", um die vorgeschriebene Zustellung an Betroffene unter ihrer noch nicht ermittelten Privatanschrift zu vermeiden, kann nur dringendst gewarnt werden! Zustellungen an nicht verfolgte juristische Personen oder Personenvereinigungen unterbrechen weder die Verfolgungsverjährung (§ 33 Abs. 1 S. 1 Nr. 9 OWiG)[1)] noch setzen sie die zweiwöchige Einspruchsfrist in Lauf (§ 67 Abs. 1 S. 1 OWiG). Ein Bußgeldbescheid kann dadurch nicht rechtskräftig und damit nicht vollstreckbar werden (§ 89 OWiG). Es kann zur Amtshaftung (Art. 34 GG, § 839 BGB) führen, wenn der oder die Betroffene erst während des zu Unrecht eingeleiteten Vollstreckungsverfahrens erkennt, dass die bisherigen Vollstreckungsmaßnahmen mangels Rechtskraft rechtswidrig waren.

Beispiel:

Gegen den Geschäftsführer der Transfracht GmbH, Herrn Heinz Goßner, soll wegen einer fahrlässigen Ordnungswidrigkeit der Verletzung der Aufsichtspflicht in Betrieben und Unternehmen (§ 130 OWiG) ein Bußgeldbescheid erlassen werden. Die verantwortende Person der Verwaltungsbehörde ermittelt über die personenbezogenen Daten im Handelsregister die Privatanschrift des Betroffenen in der Karwendelstraße 32 in 49432 Waldberg und stellt den Bußgeldbescheid zu:

„Herrn Heinz Goßner, Karwendelstraße 32, 49436 Waldberg".

Ermittlungsmöglichkeiten für die unbekannte Privatanschrift des gesetzlichen Vertreters von juristischen Personen oder Personenvereinigungen sind:

1) OLG Hamm, Beschl. vom 17.1.2013, Az. III-3 RBs 214/12.

- Handelsregister

  Der Handelsregisterauszug enthält neben Namen und Geburtsdatum eines gesetzlichen Vertreters oder einer gesetzlichen Vertreterin auch dessen bzw. deren Wohnort ohne weitere Anschrift. Diese ist dann über das Melderegister feststellbar. Abgesehen davon kann bei der verbreiteten Rechtsform der GmbH auch die Gesellschafterliste Aufschluss geben. Bei Personengleichheit zwischen Geschäftsführer oder Geschäftsführerin und Gesellschafter oder Gesellschafterin („Einpersonen-GmbH")[1] lässt sich die Anschrift des geschäftsführenden Gesellschafters oder der geschäftsführenden Gesellschafterin aus der Gesellschafterliste entnehmen.
- Gesellschaftsregister

  Das seit Jahresbeginn 2024 für die eingetragene Gesellschaft bürgerlichen Rechts (eGbR) bestehende Gesellschaftsregister entspricht in seinem Aufbau dem Handelsregister. Über den Registerauszug können daher die Gesellschafter als Organe der eGbR wie beim Handelsregister festgestellt werden.
- Anhörung

  Manche Verwaltungsbehörden senden das Anhörungsdokument (§ 55 OWiG) über die „Geschäftsanschrift" in der Hoffnung, er komme mit der Angabe der „Privatanschrift" des oder der Betroffenen zurück. Hierfür gibt es allerdings keinerlei Rechtsgrundlage, sodass dieses Vorgehen einen schwerwiegenden datenschutzrechtlichen Verstoß gegen das Grundrecht des Betroffenen auf informationelle Selbstbestimmung (Art. 2 Abs. 1 GG) darstellt.
- Polizeiliche Ermittlungen

  An die für das Unternehmen örtlich zuständige Polizeidienststelle kann auch ein Auskunftsersuchen nach § 161 Abs. 1 S. 1 StPO i. V. m. § 46 Abs. 1 OWiG gerichtet werden. Sehr oft ist die gesuchte Wohnanschrift dort aus anderem Zusammenhang bekannt. Notfalls kommt auch ein Ermittlungsersuchen in Betracht, die Polizeidienststelle möge im Rahmen des Streifendienstes beim Unternehmen vorstellig werden und dort bezüglich des Betroffenen eine Identitätsfeststellung gem. § 163b Abs. 1 StPO i. V. m. § 46 Abs. 1 OWiG durchführen.[2]

2.2 Zustellung an juristische Personen und Personenvereinigungen

Sind juristische Personen oder Personenvereinigungen Adressatinnen des Bescheids (§ 87 Abs. 2 S. 1, 2, § 88 Abs. 3 OWiG), so sind die Zustellungen an diese unter Angabe des zur Vertretung nach außen berechtigte Organ zu richten (§ 51 Abs. 1 S. 1 OWiG i. V. m. § 6 Abs. 2 S. 1 VwZG).[3] Bei mehreren gesetzlichen Vertretern genügt die Zustellung an einen von ihnen (§ 51 Abs. 1 S. 1 OWiG i. V. m. § 6 Abs. 3 VwZG). Wer gesetzlicher Vertreter ist, bestimmt sich nach Privatrecht.[4] Dies

1) Zur sogenannten „Einpersonen-GmbH" § 15 Nr. 1.2.3.1.
2) Zum Ermittlungsersuchen an eine Polizeidienststelle (§ 161 Abs. 1 S. 1 StPO i. V. m. § 46 Abs. 1 OWiG) § 5 Nr. 1.
3) VG Köln, Urt. vom 18.9.2014, Az. 16 K 2699/13.
4) Zum identischen Begriff des gesetzlichen Vertreters in § 9 Abs. 1 OWiG § 4 Nr. 2.2.1.

ist etwa bei der GmbH ein Geschäftsführer oder eine Geschäftsführerin (§ 35 Abs. 1 GmbHG).[1] Die Ersatzzustellung an andere Personen richtet sich nach § 51 Abs. 1 OWiG i. V. m. § 3 Abs. 2 S. 1 VwZG, § 178 ZPO.[2]

Beispiel:

Der Geschäftsführer der Transfracht GmbH, Herr Heinz Goßner, hat als deren Organ eine fahrlässige Ordnungswidrigkeit der Verletzung der Aufsichtspflicht in Betrieben und Unternehmen (§ 130 OWiG) begangen. Als Nebenfolge dieser Ordnungswidrigkeit wird gegen die Transfracht GmbH, Allgäuer Straße 211, 49432 Waldberg eine Geldbuße im einheitlichen oder selbstständigen Verfahren (§ 30 Abs. 1 bzw. 4 OWiG) festgesetzt.

Die Zustellung des Bußgeldbescheids erfolgt an die „Geschäftsanschrift“:

„Transfracht GmbH, Geschäftsführer Heinz Goßner, Allgäuer Straße 211, 49436 Waldberg“.

2.3 Zustellung an Bevollmächtigte

Die Zustellung eines Bescheids kann nach § 51 Abs. 1 S. 1 OWiG i. V. m. § 7 Abs. 1 S. 1 VwZG auch an einen allgemein oder für bestimmte Angelegenheiten bestellten Vertreter oder eine bestellte Vertreterin des Zustellungsempfängers oder der Zustellungsempfängerin erfolgen.[3] Wünscht der oder die Betroffene die Zustellung an eine „Geschäftsadresse“ statt seiner „Privatanschrift“, so hat er oder sie keine entsprechende Wahl. Sie können aber einen Zustellungsbevollmächtigten oder eine Zustellungsbevollmächtigte mit abweichender Anschrift bestimmen, an den oder die die Verwaltungsbehörde dann zustellt. Eine vorübergehende Abwesenheit des oder der Betroffenen ist dazu nicht notwendig. Hat der oder die Betroffene jedoch einen Verteidiger oder eine Verteidigerin (§ 137 StPO i. V. m. § 46 Abs. 1 OWiG), darf die Verwaltungsbehörde jedoch nicht an den Zustellungsbevollmächtigten oder die Zustellungsbevollmächtigte zustellen (§ 51 Abs. 5 S. 2 OWiG).[4]

- **Reichweite der Vollmacht**

Die Vertretung von Betroffenen bestimmt sich nach bürgerlichem Recht (§ 164 ff. BGB) und Handelsrecht (§ 48 ff. HGB). Bevollmächtige von Privatleuten (§ 166 Abs. 2 BGB)[5] oder Kaufleuten, auch Prokuristen und Handlungsbevollmächtigte (§ 88 HGB), sind im Zweifel nicht zur Entgegennahme von Bescheiden im Bußgeldverfahren ermächtigt. Ein gesetzlich besonders geregelter Fall ist jedoch der Zustellungsbevollmächtigte des oder der Betroffenen ohne festen inländischen Wohnsitz oder Aufenthaltsort (§ 132 StPO i. V. m. § 46 Abs. 1 OWiG).[6] Für die Anordnung ist

1) VG Berlin, Urt. vom 10.12.2009, Az. 4 A 112.08.
2) OVG Berlin, Beschl. vom 23.12.2011, Az. OVG 1 N 2.10.
3) KG (Berlin), Beschl. vom 23.2.2010, Az. 3 Ws (B) 84/10 – 2 Ss 46/10.
4) Zu den Befugnissen des Verteidigers oder einer Verteidigerin (§ 137 StPO i. V. m. § 46 Abs. 1 OWiG) im Bußgeldverfahren § 10.
5) KG (Berlin), Beschl. vom 18.3.2009, Az. 2 Ss 11/13 – 3 Ws (B) 46/13.
6) Zur Anordnung der Bestellung eines Zustellungsbevollmächtigten oder einer Zustellungsbevollmächtigten durch den Betroffenen oder die Betroffene (§ 132 StPO i. V. m. § 46 Abs. 1 OWiG) § 7 Nr. 2.2.

die Anwesenheit des oder der Betroffenen zum Zeitpunkt des Erlasses des Bußgeldbescheides nicht notwendig.[1]

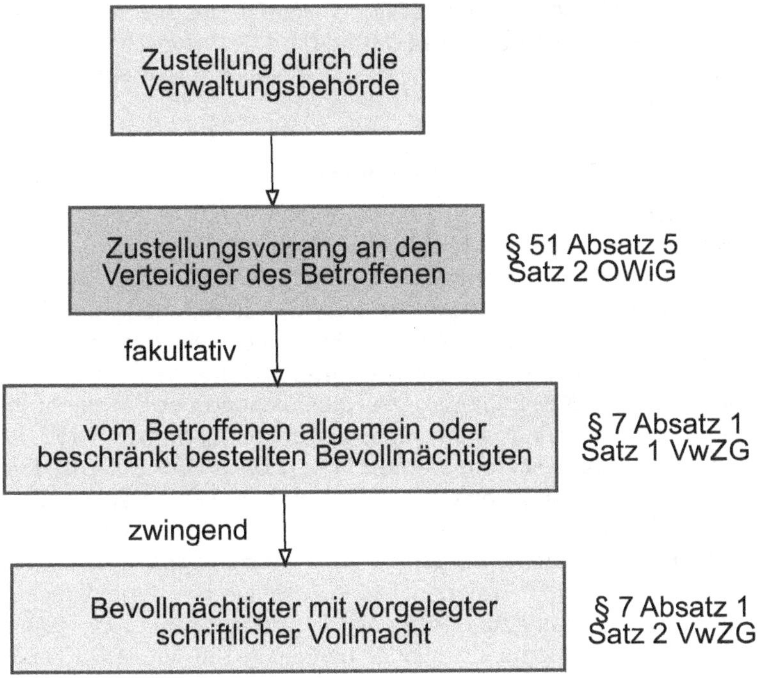

Abb. 5: Zustellung an Bevollmächtigte

- **Form der Vollmacht**

Die Vollmacht des oder der Betroffenen für Zustellungen an andere Personen ist zwar nicht formbedürftig. Beabsichtigt die Verwaltungsbehörde die Zustellung des Bescheids an einen Bevollmächtigten oder eine Bevollmächtigte, sollte sie Zweifel an der Reichweite der Vollmacht dadurch ausräumen, dass sie sich eine elektronisch oder schriftlich nachgewiesene Vollmacht des oder der Betroffenen vorlegen lässt. Handelt es sich bei dem oder der Bevollmächtigten um einen Rechtsanwalt oder eine Rechtsanwältin, der nicht Verteidiger oder die nicht Verteidigerin des oder der Betroffenen ist, darf im Hinblick auf deren oder dessen Stellung als Organ der Rechtspflege (§ 1 BRAO) der Nachweis der Bevollmächtigung durch Vorlage einer förmlichen Vollmacht nur ausnahmsweise aus besonderem Anlass gefordert werden.[2] Liegt eine solche Vollmacht vor, die eine Entgegennahme von Bescheiden im Bußgeldverfahren einschließt, kann die Zustellung an den Bevollmächtigten oder die Bevollmächtigte erfolgen (§ 51 Abs. 1 S. 1 OWiG i. V. m. § 7 Abs. 1 S. 1 VwZG). An einen Rechtsanwalt oder eine Rechtsanwältin, der bzw. die nur eine „außergerichtliche“ Vollmacht vorgelegt hat, kann als Bevollmächtigten oder Bevollmächtigte

1) LG Dresden, Beschl. vom 23.1.2015, Az. 3 Qs 7/15.
2) KG (Berlin), Beschl. vom 18.3.2009, Az. 2 Ss 11/13 – 3 Ws (B) 46/13.

zugestellt werden.[1] Bei mehreren Vollmachtgebern genügt die Zustellung an den gemeinsamen Bevollmächtigten oder die gemeinsame Bevollmächtigte (§ 51 Abs. 1 S. 1 OWiG i. V. m. § 7 Abs. 3 VwZG). Handelt es sich bei einem Rechtsanwalt um einen Verteidiger oder einer Rechtsanwältin um eine Verteidigerin (§ 137 Abs. 1 S. 1 StPO i. V. m. § 46 Abs. 1 OWiG), so sind § 7 Abs. 1 S. 1 und 2 VwVG und entsprechende landesrechtliche Vorschriften im Bußgeldverfahren unanwendbar (§ 51 Abs. 5 S. 2 OWiG).[2]

2.4 Zustellung an Verteidiger und Verteidigerinnen

Von dem oder der Betroffenen gewählte Verteidiger (Wahlverteidiger) und Verteidigerinnen (Wahlverteidigerin) (§ 137 Abs. 1 S. 1 StPO i. V. m. § 46 Abs. 1 OWiG), deren Bevollmächtigung nachgewiesen ist, gelten als ermächtigt, Zustellungen und sonstige Mitteilungen für den Betroffenen oder die Betroffene in Empfang zu nehmen (§ 51 Abs. 3 S. 1 Halbs. 1 OWiG).[3] Zum Nachweis der Bevollmächtigung genügt die Übermittlung einer Kopie der Vollmacht durch den Verteidiger oder die Verteidigerin (§ 51 Abs. 3 S. 2 OWiG). Die Nachreichung der Vollmacht im Original kann bei elektronischen Dokumenten verlangt werden; hierfür kann von der Verwaltungsbehörde eine Frist bestimmt werden (§ 51 Abs. 3 S. 3 OWiG).[4] Die Bestimmung ist eine bloße Ordnungsvorschrift und begründet keine Rechtspflicht, Zustellungen für Betroffene an deren Verteidiger oder Verteidigerinnen zu bewirken.[5] Daher sind auch an Betroffene vorgenommene Zustellungen wirksam und setzen Rechtsbehelfsfristen in Lauf.[6] Trotzdem ist die Zustellung an Verteidiger oder Verteidigerinnen für die Verwaltungsbehörde unbedingt anzustreben. Da es sich i. d. R. um Rechtsanwälte oder Rechtsanwältinnen handelt (§ 138 Abs. 1 StPO i. V. m. § 46 Abs. 1 OWiG), ist die wesentlich einfachere und sicherere Zustellung über das besondere elektronische Anwaltspostfach (§ 31a BRAO) als zugelassenem sicheren Übermittlungsweg möglich (§ 32a Abs. 4 S. 1 Nr. 1 StPO i. V. m. § 110c S. 1 OWiG).

2.4.1 Nachgewiesene Vollmacht

Hat der oder die Betroffene oder Nebenbetroffene (juristische Personen, Personenvereinigungen) einen Verteidiger (Wahlverteidiger) oder eine Verteidigerin (Wahlverteidigerin) gewählt (§ 137 Abs. 1 S. 1 StPO i. V. m. § 46 Abs. 1 OWiG), so ist im Buß-

1) KG (Berlin), Beschl. vom 17.3.2009, Az. 2 Ss 51/13 – 3 Ws (B) 100/13.

2) Die Abweichung vom Verwaltungsverfahren (§ 9 VwVfG) und Sozialverwaltungsverfahren (§ 8 SGB X) erklärt sich daraus, dass es dort nur Bevollmächtigte (§ 14 Abs. 1 S. 1 VwVfG, § 13 Abs. 1 S. 1 SGB X), nicht aber Verteidiger oder Verteidigerinnen (§ 137 Abs. 1 S. 1 StPO i. V. m. § 46 Abs. 1 OWiG) gibt.

3) Brandenburgisches OLG (Brandenburg), Beschl. vom 20.2.2023, Az. 1 ORbs 136/23. Zur Stellung eines Rechtsanwalts als Wahlverteidiger oder einer Rechtsanwältin als Wahlverteidigerin (§ 137, § 138 Abs. 1 StPO i. V. m. § 46 Abs. 1 OWiG) sowie bestellter Pflichtverteidiger oder bestellte Pflichtverteidigerin (§ 140 StPO i. V. m. § 46 Abs. 1 OWiG) des oder der Betroffenen § 10.

4) § 51 Abs. 3 S. 2 und 3 OWiG wurden durch Gesetz zur Fortentwicklung der Strafprozessordnung und zur Änderung weiterer Vorschriften vom 25.6.2021 (BGBl. I S. 20), in Kraft getreten am 1.7.2021, eingefügt.

5) Brandenburgisches OLG (Brandenburg), Beschl. vom 12.9.2022, Az. 1 OLG 53 Ss-OWi 399/22, zur strafrechtlichen Parallelvorschrift (§ 145a Abs. 1 StPO), unter Bezugnahme auf KG (Berlin), Beschl. vom 27.11.2020, Az. 161 Ss 155/20 (47/20), und OLG Hamm, Beschl. vom 8.11.2007, Az. 4 Ws 210/07.

6) Brandenburgisches OLG (Brandenburg), Beschl. vom 12.9.2022, Az. 1 OLG 53 Ss-OWi 399/22, allgemeine Meinung.

geldverfahren die besondere Vorschrift des § 51 Abs. 3 OWiG zu beachten.[1] Danach muss sich eine nachgewiesene Vollmacht bei den Akten, also in der Bußgeldakte befinden. Bestimmte Formen sind dazu nicht vorgesehen, sodass ein elektronisches wie ein schriftliches Dokument dazu geeignet sind. Dazu genügen folglich ein in der

- elektronischen Bußgeldakte befindliches elektronisches Dokument, wozu auch eine digitale Kopie genügt,[2]
- elektronischen Bußgeldakte durch die Verwaltungsbehörde ersetzend eingescanntes Papierdokument (§ 32e StPO i. V. m. § 110c S. 1 OWiG),
- noch in Papierform geführten Bußgeldakte befindliches schriftliches Dokument, wozu eine schriftliche Kopie genügt,[3]

nicht aber eine nur mündlich erteilte Vollmacht, die in einer Mandatsanzeige des Verteidigers oder der Verteidigerin mitgeteilt wird.[4] Ausnahmsweise kann im Einzelfall die Gesamtschau eines Verhaltens eines Verteidigers oder einer Verteidigerin ausreichen, wenn diese gegenüber der Verwaltungsbehörde wiederholt tätig werden, Akteneinsicht beantragen und gegen einen Bußgeldbescheid Einspruch einlegen, wofür die Vollmacht noch nicht nachgewiesen sein braucht.[5]

Die Besonderheiten betreffen in der Verfahrenspraxis in aller Regel Zustellungen an Rechtsanwälte und Rechtsanwältinnen. § 51 Abs. 3 S. 1 Halbs. 1 OWiG enthält eine Sonderregelung für die Zustellungen der Verwaltungsbehörde und bestimmt den gewählten Verteidiger und die gewählte Verteidigerin kraft Gesetzes zum oder zur ermächtigten Zustellungsbevollmächtigten des oder der Betroffenen. Dies gilt unabhängig davon, ob der oder die Betroffene die Zustellungsvollmacht rechtsgeschäftlich erteilt hat.[6] Diese gesetzliche Fiktion stellt eine ordnungsgemäße Zustellung von Entscheidungen unabhängig und damit in der Wirkung auch gegen den Willen des oder der Betroffenen sicher, weil der Verteidiger oder die Verteidigerin in diesem Fall nicht der Beistand des oder der Betroffenen, sondern deren gesetzlich bestimmter Vertreter oder Vertreterin ist.[7] Es handelt sich um eine **nicht beschränkbare gesetzliche Vollmacht für das gesamte Bußgeldverfahren.**[8] Diese gesetzlich fingierte

1) Die Bestimmung des § 51 Abs. 3 OWiG gilt speziell für das Bußgeldverfahren und verdrängt aufgrund § 51 Abs. 5 S. 2 OWiG die für das Verwaltungsverfahren geltende Vorschrift in § 7 Abs. 1 VwZG für die Zustellung an Bevollmächtigte.

2) LG Meiningen, Beschl. vom 23.1.2023, Az. 6 Qs 240/22, zum nachträglich am 25.6.2021 in den Gesetzestext eingefügten § 51 Abs. 3 S. 2 OWiG (BGBl. I S. 2099).

3) LG Meiningen, Beschl. vom 23.1.2023, Az. 6 Qs 240/22.

4) Brandenburgisches OLG (Brandenburg), Beschl. vom 20.2.2023, Az. 1 ORbs 136/23; LG Meiningen, Beschl. vom 23.1.2023, Az. 6 Qs 240/22, unter Bezugnahme auf OLG des Saarlandes (Saarbrücken), Beschl. vom 29.4.2009, Az. Ss (Z) 205/09.

5) Brandenburgisches OLG (Brandenburg), Beschl. vom 20.9.2009, Az. 2 Ss (OWi) 129B/09, und vom 20.2.2023, Az. 1 ORbs 136/23.

6) BVerfG, Beschl. vom 24.2.2021, Az. 2 BvR 428/18; OLG Celle, Beschl. vom 27.3.2019, Az. 2 Ss (OWi) 101/19; KG (Berlin), Beschl. vom 07.01.202, Az. 3 Ws (B) 4/21, und vom 17.6.2016, Az. 3 Ws (B) 217/16 – 162 Ss 55/16. Die Zustellungsvollmacht für Ladungen des Betroffenen (§ 51 Abs. 3 S. 1 Halbs. 2 OWiG) ist im Bußgeldverfahren der Verwaltungsbehörde ohne Bedeutung.

7) Saarländisches OLG (Saarbrücken), Beschl. vom 20.4.2016, Az. 1 Ws 40/16.

8) BayObLG, Beschl. vom 11.2.2020, Az. 202 ObOWi 38/20 (ständige Rechtsprechung); OLG Dresden, Beschl. vom 10.5.2005, Az. Ss [OWi] 309/05; OLG Köln, Beschl. vom 2.4.2004, Az. Ss 126/04; Thüringisches OLG (Jena), Beschl. vom 6.6.2001, Az. 1 Ss 126/01; OLG Hamm, Beschl. vom 18.3.2019, Az. 1 RBs 42/19; OLG Düsseldorf, Beschl. vom 17.4.2008, Az. IV-2 Ss (OWi) 191/07 – (OWi) 101/07 III.

und vom diesbezüglichen Willen des oder der Betroffenen unabhängige Zustellungsvollmacht ist auch nicht durch eine Einschränkung der Verteidigervollmacht dahingehend außer Kraft zu setzen, dass diese sich nicht auf Zustellungen erstrecke.[1]

Beispiel:

Die Verwaltungsbehörde versendet ein Anhörungsdokument an den Betroffenen. Daraufhin meldet sich ein von ihm als Verteidiger beauftragter Rechtsanwalt mit einer nachgewiesenen Vollmacht. Sie ist textlich klein und eng ausgeführt und enthält den versteckten Halbsatz, dass sie nicht für Zustellungen durch die Verwaltungsbehörde gelte. Die verantwortende Person der Verwaltungsbehörde bemerkt diese Einschränkung bei der Zustellung des Bußgeldbescheides nicht und stellt ihn über das besondere elektronische Anwaltspostfach (§ 31a BRAO) an den Rechtsanwalt zu. Die Zustellung ist wirksam, unterbricht die Verfolgungsverjährung und setzt die Einspruchsfrist in Lauf.

Wichtig ist aber die Prüfung, ob sie nach ihrem Inhalt tatsächlich für das anhängige Bußgeldverfahren ausgestellt worden ist.[2] Eine nur für das vorausgegangene Verwaltungsverfahren erteilte Vollmacht (§ 14 Abs. 1 S. 2 VwVfG, § 13 Abs. 1 S. 2 SGB X) ermächtigt nur zu Verfahrenshandlungen in diesen Verfahren und erstreckt sich daher nicht auf ein nachfolgendes Bußgeldverfahren, auch wenn es auf dessen Feststellungen beruht. Eine ausdrücklich nur für ein Strafverfahren bestimmte Vollmacht gilt nicht für ein aufgrund der Abgabe der Staatsanwaltschaft nach § 43 OWiG nachfolgendes Bußgeldverfahren.[3]

2.4.2 Wechselseitige Zustellung und Unterrichtung

Die Verwaltungsbehörde stellt stets nur einmal, d. h. entweder an den Betroffenen bzw. die Betroffene oder den Verteidiger bzw. die Verteidigerin zu. Der oder die jeweils andere ist jedoch gleichzeitig über die Zustellung formlos zu unterrichten (§ 51 Abs. 3 S. 4 und 5 OWiG). Nur die förmliche Zustellung, nicht aber die formlose Unterrichtung setzt die Rechtsbehelfsfrist in Lauf.[4] Eine doppelte Zustellung an Betroffene und Verteidigende ist zwar gesetzlich nicht vorgesehen, aber trotzdem zulässig.[5] Bei versehentlicher Doppelzustellung ist der Zeitpunkt der letzten Zustellung maßgebend (§ 51 Abs. 4 OWiG).[6]Die Berechnung der Einspruchsfrist richtet sich dann nach der zuletzt bewirkten wirksamen Zustellung.[5] Auf die erste Zustellung kommt es dagegen an, wenn die zweite Zustellung erst zu einem Zeitpunkt bewirkt wird, an dem die durch die erste Zustellung in Lauf gesetzte Frist bereits

1) OLG Hamm, Beschl. vom 18.3.2019, Az. 1 RBs 42/19.
2) Brandenburgisches OLG (Brandenburg), Beschl. vom 4.10.2007, Az. 2 Ss (OWi) 142B/07.
3) Brandenburgisches OLG (Brandenburg), Beschl. vom 4.12.2008, Az. 2 Ss (OWi) 121 Z/08.
4) OLG Hamm, Beschl. vom 15.6.2023, Az. 3 Ws 168/23, zur strafrechtlichen Parallelvorschrift § 145a Abs. 3 StPO.
5) Brandenburgisches OLG (Brandenburg), Beschl. vom 20.2.2023, Az. 1 ORbs 136/23, für das gerichtliche Bußgeldverfahren.
6) Brandenburgisches OLG (Brandenburg), Beschl. vom 20.3.2023, Az. 1 ORbs 136/23, zur strafrechtlichen Parallelvorschrift § 145a Abs. 3 StPO; BayObLG, Beschl. vom 6.4.2022, Az. 202 ObOWi 366/22, unter Bezugnahme auf BGH, Beschl. vom 2.3.2021, Az. 2 StR 267/20.

abgelaufen war, weil durch die Zustellung an einen weiteren Empfangsberechtigten nicht eine neue Frist eröffnet wird.[1] Dies gilt selbst dann, wenn die weitere Zustellung noch vor Fristablauf angeordnet worden war.[2]

An wen die Zustellung erfolgt, hängt davon ab, ob sich die nachgewiesene Vollmacht des Verteidigers oder der Verteidigerin bei den Akten befindet. Ist dies der Fall, so sollte die Zustellung nach dem Sinn des § 51 Abs. 3 OWiG an den Verteidiger oder die Verteidigerin, nicht an den Betroffenen oder die Betroffene gerichtet werden. Eine Zustellung an den Betroffenen oder die Betroffene ist jedoch auch dann wirksam, wenn der Verteidiger oder die Verteidigerin zuvor ausdrücklich gebeten hat, Zustellungen nur an sie zu bewirken.[3] Bei § 51 Abs. 3 OWiG handelt es sich um eine reine Ordnungsvorschrift, deren Nichtbeachtung folgenlos bleibt.[4] Auch das Grundrecht auf rechtliches Gehör (Art. 103 Abs. 1 GG) wird nicht verletzt.[5] **Kein Zustellungsmangel liegt also vor, wenn die Verwaltungsbehörde an den Betroffenen oder die Betroffene zustellt, obwohl sich eine ausreichende Vollmacht des Verteidigers oder der Verteidigerin bei den Akten befindet.**[6] Die gesetzliche Zustellungsfiktion an den Verteidiger oder die Verteidigerin scheidet jedoch aus, wenn sich keine nachgewiesene Vollmacht bei der Bußgeldakte befindet.[7] Die Regelung belegt, dass bevollmächtigte Verteidiger oder Verteidigerinnen auch über keine Zustellungsvollmacht verfügen könnten.[8] Die anwaltliche Versicherung des Verteidigers oder der Verteidigerin, bevollmächtigt zu sein, umfasst nicht die Erklärung, dass sie auch rechtsgeschäftlich zur Empfangnahme von Zustellungen bevollmächtigt sind.[9] Die unterlassene Unterrichtung des Verteidigers oder der Verteidigerin bei einer Zustellung an den Betroffenen oder die Betroffene begründet allerdings die Wiedereinsetzung in den vorigen Stand (§ 52 OWiG) bei schuldloser Versäumung der Rechtsbehelfsfrist.[10]

2.4.2.1 Verteidigervollmacht bei den Akten

Wird ein Bescheid dem Verteidiger oder der Verteidigerin zugestellt (§ 51 Abs. 1 S. 1 Halbs. 1 OWiG), so wird der oder die Betroffene hiervon zugleich unterrichtet; dabei erhält er oder sie formlos eine Kopie des Bescheides, im Gesetz noch veraltet als „Abschrift" bezeichnet (§ 51 Abs. 3 S. 4 OWiG).[11]

---

1) OLG Braunschweig, Beschl. vom 13.5.2013, Az. 1 Ss (OWi) 83/13; BayObLG, Beschl. vom 6.4.2022, Az. 202 ObOWi 366/22, unter Bezugnahme auf BGH, Beschl. vom 12.9.2017, Az. 4 StR 233/17.
2) BayObLG, Beschl. vom 6.4.2022, Az. 202 ObOWi 366/22, unter Bezugnahme auf BGH, Beschl. vom 30.7.1968, Az. 1 StR 77/68.
3) OLG Stuttgart, Beschl. vom 30.3.2009, Az. 2 Ss 139/13.
4) OLG Stuttgart, Beschl. vom 30.3.2009, Az. 2 Ss 139/09; BayObLG, Beschl. vom 17.11.1988, Az. 1 Ob OWi 194/88; LG Oldenburg (Oldenburg), Beschl. vom 29.6.1982, Az. VI As 343/82.
5) BVerfG, Beschl. vom 2.5.1978, Az. 2 BvR 81/78.
6) Brandenburgisches OLG (Brandenburg), Beschl. vom 20.2.2023, Az. 1 ORbs 136/23, für das gerichtliche Bußgeldverfahren.
7) OLG Dresden, Beschl. vom 19.8.2009, Az. Ss (OWi) 489/13.
8) Hanseatisches OLG Hamburg, Beschl. vom 10.9.2020, Az. 2 RB 15/19, unter Bezugnahme auf OLG Celle, Beschl. vom 30.8.2018, Az. 3 Ss (OWi) 157/18.
9) OLG Celle, Beschl. vom 30.8.2018, Az. 3 Ss (OWi) 157/18. Zur rechtsgeschäftlichen Bevollmächtigung eines Verteidigers oder einer Verteidigerin § 17 Nr. 2.4.2.
10) OLG Köln, Beschl. vom 15.12.2024, Az. 2 Ws 617/23, zur strafrechtlichen Parallelvorschrift § 145 Abs. 3 S. 2 StPO.
11) BVerfG, Beschl. vom 24.2.2021, Az. 2 BvR 428/18. Der zu enge gesetzliche Begriff „Abschrift" ist überholt und durch „Ausdruck" oder „Kopie" in schriftlicher oder elektronischer Form zu ersetzen.

- *Zustellung an den Verteidiger oder die Verteidigerin*

  Gehört der Verteidiger oder die Verteidigerin wie alle in Deutschland zugelassenen Rechtsanwälte und Rechtsanwältinnen als Mitglied einer Rechtsanwaltskammer an, so erfolgen Zustellungen elektronischer Dokumente an ihn oder sie über das von der Bundesrechtsanwaltskammer (BRAK) jeweils personenbezogen eingerichtete besondere elektronische Anwaltspostfach (§ 31a Abs. 1 S. 1 BRAO, § 19 RAVPV) als sicheren Übermittlungsweg (§ 32a Abs. 4 S. 1 Nr. 1 StPO i. V. m. § 110c S. 1 OWiG).[1] Die Bundesrechtsanwaltskammer hat sicherzustellen, dass der Zugang zu dem besonderen elektronischen Anwaltspostfach nur durch ein sicheres Verfahren mit zwei voneinander unabhängigen Sicherungsmitteln möglich ist (§ 31a Abs. 2 S. 1 BRAO). Zugang besitzt hier nur der Rechtsanwalt oder die Rechtsanwältin über das zugeordnete Zertifikat und die zugehörige Zertifikats-PIN (§ 24 Abs. 1 S. 1 RAVPV). Die elektronische Übermittlung der Bußgeldakte (§ 32f StPO i. V. m. § 110c S. 1 OWiG) zur beantragten Akteneinsicht ersetzt keine unterbliebene Zustellung.[2] Nur bei ausnahmsweise von der Verwaltungsbehörde als Verteidiger oder Verteidigerin zugelassenen sonstigen Personen (§ 138 Abs. 2 StPO i. V. m. § 46 Abs. 1 OWiG)[3] ist die Zustellung wie an den Betroffenen oder die Betroffene selbst erforderlich.

- *Unterrichtung des oder der Betroffenen*

  Der oder die Betroffene ist von der Zustellung an den Verteidiger oder die Verteidigerin zugleich zu unterrichten (§ 51 Abs. 3 S. 4 Halbs. 1 OWiG). Dabei erhält er oder sie formlos eine Kopie, im Gesetz noch veraltet als „Abschrift" des Bescheids bezeichnet (§ 51 Abs. 3 S. 4 Halbs. 2 OWiG).[4] Eine Übermittlung als elektronisches Dokument ist nur möglich, wenn der oder die Betroffene freiwillig am elektronischen Rechtsverkehr teilnimmt. Bei Redaktionsschluss dieser Auflage standen dazu nur die noch kaum verbreitete Registrierung beim besonderen elektronischen Bürger- und Organisationenpostfach (§ 10 ERVV) und als Nutzerin oder Nutzer am elektronischen Verwaltungsportal (§ 13 ERVV) als sichere Übermittlungswege (§ 32a Abs. 4 S. 1 Nr. 3 und 4 StPO i. V. m. § 110c S. 1 OWiG) zur Verfügung. Eine Unterrichtung durch einfache ungesicherte E-Mail gehört nicht zu den gesetzlich vorgesehenen sicheren Übermittlungswegen und ist auch dann unzulässig, wenn der oder die Betroffene bei der Anhörung eine persönliche E-Mail-Adresse angegeben hat. Sofern kein zugelassener sicherer elektronischer Übermittlungsweg bekannt ist, erhält der oder die Betroffene einen Ausdruck des Bescheids mit der Post durch einfachen Brief (§ 50 Abs. 1 S. 1 OWiG) mit dem Zusatz: „Dieser Ausdruck dient zu Ihrer Unterrichtung. Die Zustellung des Bescheids erfolgt zugleich an Ihren Verteidiger oder Ihre Verteidi-

1) Die Zustellung der Verwaltungsbehörde an das besondere elektronische Anwaltspostfach (§ 31b BRAO) einer Berufsausübungsgesellschaft von Rechtsanwälten und Rechtsanwältinnen (§ 59b BRAO) ist dagegen unwirksam, weil diese im Bußgeldverfahren nicht als Verteidiger oder Verteidigerin auftreten darf (§ 59l Abs. 3 BRAO).

2) Brandenburgisches OLG (Brandenburg), Beschl. vom 14.9.2022, Az. 1 OLG 53 Ss-394/22, zur strafrechtlichen Parallelvorschrift § 145 Abs. 3 S. 2 StPO.

3) Zur Zulassung von Verteidigern oder Verteidigerinnen durch die Verwaltungsbehörde (§ 138 Abs. 2 StPO i. V. m. § 46 Abs. 1 OWiG) § 10 Nr. 2.2.

4) BVerfG, Beschl. vom 24.2.2021, Az. 2 BvR 428/18. Der zu enge gesetzliche Begriff „Abschrift" ist überholt und durch „Ausdruck" oder „Kopie" zu ersetzen.

gerin über das besondere elektronische Anwaltspostfach."[1] Die Unterrichtung des oder der Betroffenen ist Aufgabe der Verwaltungsbehörde, nicht des Verteidigers oder Verteidigerin, sodass sie damit nicht „beauftragt" werden dürfen.

2.4.2.2 Keine Verteidigervollmacht bei den Akten

Wird ein Bescheid dem oder der Betroffenen zugestellt, so wird der Verteidiger oder die Verteidigerin hiervon zugleich unterrichtet, auch wenn eine Vollmacht bei den Akten nicht vorliegt; dabei erhält er oder sie formlos eine „Abschrift" des Bescheides (§ 51 Abs. 3 S. 5 OWiG).[2] Die Zustellung an den Verteidiger oder die Verteidigerin ist dann unwirksam.[3]

- *Zustellung an den Betroffenen*

  Befindet sich keine nachgewiesene Vollmacht für den Verteidiger oder die Verteidigerin bei den Akten, ist der Bescheid zwingend an den Betroffenen oder die Betroffene (§ 51 Abs. 2 OWiG) zuzustellen. Bei Redaktionsschluss dieser Auflage standen dazu die freiwillige Registrierung beim besonderen elektronischen Bürger- und Organisationenpostfach (§ 10 ERVV) und als Nutzer am Verwaltungsportal (§ 13 ERVV) als sichere Übermittlungswege (§ 32a Abs. 4 S. 1 Nr. 3 und 4 StPO i. V. m. § 46 Abs. 1 OWiG) zur Verfügung. Daher ist zunächst noch die Zustellung eines Ausdrucks durch die Post mit Zustellungsurkunde als sicherstes Verfahren unvermeidbar (§ 51 Abs. 1 OWiG i. V. m. § 3 VwZG).

- *Unterrichtung des Verteidigers oder der Verteidigerin*

  Der Verteidiger oder die Verteidigerin ist von der Zustellung an den Betroffenen oder die Betroffene zugleich zu unterrichten; dabei erhält er oder sie ein elektronisches Dokument über das besondere elektronische Anwaltspostfach (§ 31a Abs. 1 S. 1 BRAO)[1] als sicherem Übermittlungsweg (§ 32a Abs. 4 S. 1 Nr. 1 StPO i. V. m. § 110c S. 1 OWiG) mit dem Zusatz: „Dieses Dokument dient zu Ihrer Unterrichtung. Die Zustellung des Bescheids erfolgt zugleich an den Betroffenen oder die Betroffene, da sich keine nachgewiesene Vollmacht bei unseren Akten befindet."

2.4.2.3 Prüfung der Verteidigervollmacht

Zur Sicherstellung einer wirksamen Zustellung an den Verteidiger oder die Verteidigerin sollte zunächst die Wirksamkeit der vorgelegten Vollmacht und des Verteidigungsverhältnisses nach folgenden Gesichtspunkten überprüft werden:

- **Aktenkundigkeit der Vollmacht**

Der gewählte Verteidiger oder die gewählte Verteidigerin gilt nach § 51 Abs. 3 S. 1 Halbs. 1 OWiG nur dann als ermächtigt, Zustellungen und sonstige Mitteilungen der Verwaltungsbehörde in Empfang zu nehmen, wenn sich seine ohne oder ihre Vollmacht bei den Akten befindet (Gesetzliche Fiktion). Eine besondere Form ist nicht

1) Zum besonderen elektronischen Anwaltspostfach (§ 31a BRAO) § 17 Nr. 2.4.3.
2) Der zu enge gesetzliche Begriff „Abschrift" ist überholt und durch „Ausdruck" oder „Kopie" zu ersetzen.
3) BVerfG, Beschl. vom 24.2.2021, Az. 2 BvR 428/18; BGH, Beschl. vom 15.11.2021, Az. 5 StR 90/21; BayObLG, Beschl. vom 6.4.2022, Az. 202 ObOWi 366/22; Hanseatisches OLG Hamburg, Beschl. vom 10.9.2020, Az. 2 RB 15/19. Bei einer derartigen Fehlzustellung kommt allenfalls noch eine rechtsgeschäftliche Zustellungsvollmacht § 17 Nr. 2.4.2 in Betracht.

vorgeschrieben.[1] Rechtsanwälte und Rechtsanwältinnen verwenden üblicherweise ein inhaltlich selbst verfasstes i. d. R. als „Prozessvollmacht" bezeichnetes Formular, das auch das Vorverfahren der Verwaltungsbehörde mit umfasst. Der Rechtsanwalt oder die Rechtsanwältin übersendet das elektronische Dokument über das besondere elektronische Anwaltspostfach (§ 31a BRAO) als zugelassenen sicheren Übermittlungsweg (§ 31a Abs. 4 S. 1 Nr. 2 StPO i. V. m. § 110c S. 1 OWiG) an die Verwaltungsbehörde. Maßgeblich ist der Inhalt der Vollmacht, sodass es auf die Bezeichnung z. B. als „Vertretungsvollmacht" nicht ankommt.[2] Die Vollmacht muss von dem oder der Betroffenen erteilt sein, sodass es nicht genügt, wenn sie dieser oder diese zunächst als gesetzlicher Vertreter bzw. als gesetzliche Vertreterin einer juristischen Person vorlegt und sie dann im gegen ihn oder sie persönlich gerichteten Bußgeldverfahren entgegen der Ankündigung nicht nochmals vorlegt. Eine Umdeutung ist nicht möglich.[3]

Die Vollmacht muss sich bereits zum Zeitpunkt der Ausführung der Zustellung als gespeichertes elektronisches Dokument bei den Akten befinden. Ein bloßes Auftreten des Verteidigers oder der Verteidigerin gegenüber der Verwaltungsbehörde genügt nicht.[4] Gelangt der Nachweis der rechtzeitig erteilten Vollmacht zu einem späteren Zeitpunkt zu den Akten, bleibt die Zustellung an den Verteidiger oder der Verteidigerin wirksam. Außerdem kommt eine Heilung eines Zustellungsmangels in Betracht (§ 51 Abs. 1 OWiG i. V. m. § 8 VwZG).[5] Der Zeitpunkt des Zugangs kann sich aus Angaben in einem Einspruchsdokument gegen den Bußgeldbescheid ergeben.[6] Ein Verteidiger oder eine Verteidigerin, die das Vorliegen einer Vollmacht als Rechtsanwalt oder Rechtsanwältin versichern, können sich aber später nicht mehr auf deren Fehlen berufen.[7]

- **Wirksamkeit des Verteidigungsverhältnisses**

Die Zustellung an den Verteidiger oder die Verteidigerin ist trotz nachgewiesener Vollmacht unwirksam, wenn bereits keine wirksame Verteidigung vorliegt. Die Zustellung darf daher nicht (mehr) an den Verteidiger oder die Verteidigerin erfolgen, wenn

- die Vollmacht nicht an eine natürliche Person, sondern eine Berufsausübungsgesellschaft (§ 59b BRAO) von Rechtsanwälten und Rechtsanwältinnen erteilt worden ist,
- die Vollmacht durch den Betroffenen oder die Betroffene bereits aktenkundig widerrufen ist,
- der Verteidiger oder die Verteidigerin ihr Mandat bereits niedergelegt haben,
- eine erforderliche Genehmigung für nicht allgemein zur Verteidigung zugelassene Personen durch die Verwaltungsbehörde fehlt (§ 138 Abs. 2 StPO i. V. m. § 46 Abs. 1 OWiG),[8]

1) KG (Berlin), Beschl. vom 24.7.2014, Az. 3 Ws (B) 365/14 – 162 Ss 100/14.
2) Brandenburgisches OLG (Brandenburg), Beschl. vom 4.10.2007, Az. 2 Ss (OWi) 142B/07.
3) OLG Köln, Beschl. vom 4.1.2013, Az. 1 RBs 334/12.
4) Saarländisches OLG (Saarbrücken), Beschl. vom 29.4.2009, Az. Ss (Z) 205/2009 (37/13).
5) Zur Heilung von Zustellungsmängeln (§ 51 Abs. 1 OWiG i. V. m. § 8 VwZG) § 17 Nr. 3.
6) OLG Frankfurt (Main), Beschl. vom 14.6.2022, Az. 3 Ss OWi 476/22.
7) AG Nürtingen, Urt. vom 23.4.2009, Az. 16 OWi 73 Js 13396/13.
8) Zur Genehmigung von Verteidigungen durch nicht allgemein zugelassene Personen (§ 138 Abs. 2 StPO i. V. m. § 46 Abs. 1 OWiG) § 10 Nr. 2.2.

- die Zahl der gewählten Verteidiger oder Verteidigerinnen die Höchstzahl von drei übersteigt (§ 137 Abs. 1 S. 2 StPO i. V. m. § 46 Abs. 1 OWiG),[1]
- der Verteidiger oder die Verteidigerin durch Bescheid der Verwaltungsbehörde wegen unzulässiger Mehrfachverteidigung zurückgewiesen worden ist (§ 146a StPO i. V. m. § 46 Abs. 1 OWiG).[2]

Bestehen Zweifel an der Wirksamkeit der Vollmacht, sollte ausnahmsweise an den Betroffenen oder die Betroffene zugestellt und der Verteidiger oder die Verteidigerin von der Zustellung wegen der inhaltlich unklaren Vollmacht nur unterrichtet werden (§ 51 Abs. 3 S. 5 OWiG).

Muster 17.1b: Aufforderung an einen Rechtsanwalt als Verteidiger zur Vorlage einer nachgewiesenen Vollmacht

Stadt Münsterberg

Bußgeldstelle

Stadt Münsterberg, 99090 Münsterberg

Dienstgebäude	Schubertstraße 36 99090 Münsterberg
Bearbeitung	Frau Weber
Telefon	(0987) 9878-987
E-Mail	weber.bs@muensterberg.de

Herrn Rechtsanwalt
Norbert Leitner
Mainstraße 410
88234 Südheim
über besonderes elektronisches Anwaltspostfach

Ihr Zeichen, Ihre Nachricht vom	Bitte bei Antwort angeben **Unser Zeichen, Unsere Nachricht vom**	**Datum**
15.5.2026	OWi – 0987665/26	12.6.2026

Bußgeldverfahren gegen Klaus Stegmüller, geb. 10.4.2009 in Abendberg,

Vorlage einer nachgewiesenen Vollmacht

Sehr geehrter Herr Rechtsanwalt,

mit Mandatsanzeige vom 15.5.2026 haben Sie die Vertretung des Betroffenen im anhängigen Bußgeldverfahren mitgeteilt. Wir bitten um Vorlage einer nachgewiesenen Vollmacht des Betroffenen an unser besonderes elektronisches Behördenpostfach, um Zustellungen an Sie als Verteidiger richten zu können (§ 51 Abs. 1 S. 1 Halbs. 1 OWiG). Ohne nachgewiesene Bevollmächtigung können wir Zustellungen nur an den Betroffenen selbst bewirken und Sie als Verteidiger nur davon abschriftlich unterrichten (§ 51 Abs. 3 S. 5 OWiG).

Mit freundlichen Grüßen

Stadt Münsterberg, Bußgeldstelle

Telefonzentrale
(0899) 123-0
Internet
www.Muensterberg.de

Servicezeiten
Mo-Mi 7.30-16.30 Uhr
Do 7.30-17.30 Uhr
Fr 7.30-12.00 Uhr

Öffentliche Verkehrsmittel
Stadtbus Linie 6
Haltestelle Mitte

Bankverbindung
Kreissparkasse Münsterberg
IBAN DE2040000000123456
BIC GROBDE77XX
Volksbank Münsterberg
IBAN DE2040000000234567
BIC GROBDE87XX

Besonderes elektronisches Behördenpostfach
Ordnungsamt@muensterberg .de

1) Zur Zurückweisung der Verteidigung bei Überschreitung der Höchstzahl der Verteidiger (§ 137 Abs. 1 S. 2 StPO i. V. m. § 46 Abs. 1 OWiG) § 10 Nr. 5.1.1.
2) Zur Zurückweisung der Verteidigung bei unzulässiger Mehrfachverteidigung (§ 146a StPO i. V. m. § 46 Abs. 1 OWiG) § 10 Nr. 5.1.2.

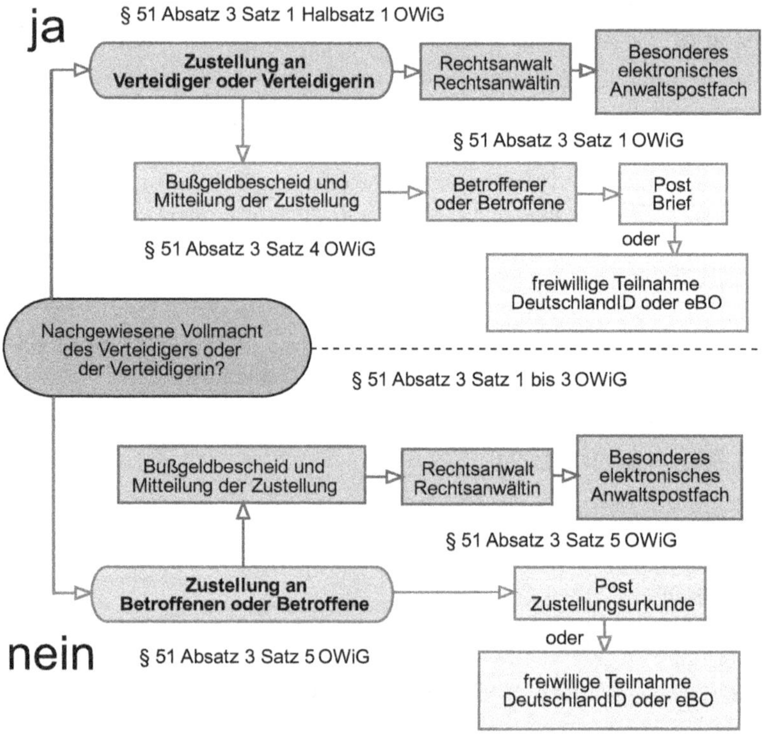

Abb. 6: Zustellung und Unterrichtung bei verteidigten Betroffenen (§ 51 Abs. 3 OWiG)

2.4.3 Rechtsgeschäftliche Vollmacht

Erweist sich eine nachgewiesene Bevollmächtigung des Verteidigers oder der Verteidigerin (§ 51 Abs. 3 S. 1 OWiG) nachträglich als unwirksam, so kann unabhängig von dieser gesetzlichen Fiktion auch eine davon unabhängige rechtsgeschäftlich erteilte Vollmacht aus dem Geschäftsbesorgungsvertrag (§ 675 BGB) mit dem oder der Betroffenen als Mandanten oder Mandantin bestehen. In der straf- und bußgeldrechtlichen Rechtsprechung ist allgemein anerkannt, dass eine wirksame Zustellung nicht nur aufgrund einer gesetzlichen Zustellungsvollmacht nach § 51 Abs. 3 S. 1 OWiG, *sondern* auch aufgrund einer rechtsgeschäftlichen Zustellungsvollmacht für den Verteidiger oder die Verteidigerin erfolgen kann.[1)] Diese ist i. d. R. im Vollmachtdokument mit Formulierungen wie *„Zustellungen werden nur an den/die Bevollmächtigte(n) erbeten!“*[2)] oder *„Die Vollmacht umfasst die Befugnis, Zustellungen zu bewirken und entgegenzunehmen“*[3)] enthalten. Es genügt auch, wenn auf dem Empfangsbekenntnis die Bestätigung des Verteidigers oder der Verteidigerin aufge-

1) BVerfG, Beschl. vom 24.2.2021, Az. 2 BvR 428/18; KG (Berlin), Beschl. vom 24.7.2014, Az. 3 Ws (B) 365/14; OLG Karlsruhe, Beschuss vom 8.10.2015, Az. 2 (7) Ss Bs 467/15-AK 46/15; OLG Braunschweig, Beschl. vom 13.5.2013, Az. 1 Ss (OWi) 83/13.
2) Brandenburgisches OLG (Brandenburg), Beschl. vom 20.9.2009, Az. 2 Ss (OWi) 129 B/09.
3) KG (Berlin), Beschl. vom 17.6.2016, Az. 3 Ws (B) 217/16 – 162 Ss 55/16.

druckt war, dass er oder sie „zur Empfangnahme legitimiert" sei, und der Verteidiger oder die Verteidigerin dies unterzeichnet hat. Es ist dann von einer rechtsgeschäftlichen Zustellungsvollmacht auszugehen.[1] Eine bloße Mandatsanzeige eines Rechtsanwalts oder einer Rechtsanwältin genügt dazu allerdings auch mit einer „anwaltlichen Versicherung" der Bevollmächtigung noch nicht.[2]

Ob eine solche rechtsgeschäftliche Vollmacht vorliegt, die nicht an eine besondere Form gebunden ist (§ 167 Abs. 2 BGB),[3] ist im Einzelfall aus der Gesamtheit der erkennbaren Umstände sowie dem Auftreten des Rechtsanwaltes oder der Rechtsanwältin im Verfahren zu schließen.[4] Dabei kommt es nur darauf an, ob die Vollmacht tatsächlich zum Zeitpunkt der Zustellung bestand, d. h., ob sie vom Vollmachtgeber oder der Vollmachtgeberin tatsächlich erteilt worden ist.[5]

2.4.4 Besonderes elektronisches Anwaltspostfach

Nur der Verteidiger oder die Verteidigerin mit einer nachgewiesenen Vollmacht selbst gelten gegenüber der Verwaltungsbehörde in der gesetzlichen Höchstzahl von drei natürlichen Personen als Zustellungsadressat oder -adressatin. Eine Zustellung an eine Berufsausübungsgesellschaft von Rechtsanwälten und Rechtsanwältinnen (§ 59b BRAO) in Form einer Anwaltssozietät, Bürogemeinschaft oder juristischen Person („Rechtsanwalts GmbH") mit einem gesetzlichen Vertretungsverbot im Bußgeldverfahren (§ 59l Abs. 3 BRAO) ist daher unwirksam.[6] Ist in der Verteidigervollmacht lediglich der Name der Anwaltskanzlei bzw. Anwaltssozietät als solcher aufgeführt, erfasst die Vollmacht grundsätzlich alle der Kanzlei bzw. Sozietät angehörenden Rechtsanwälte, sofern diese nicht die gesetzliche Höchstzahl von drei natürlichen Personen überschreiten. Hat der oder die Betroffene eine alle Rechtsanwälte oder Rechtsanwältinnen der Kanzlei bzw. Sozietät erfassende Verteidigervollmacht unterzeichnet und haben sich indes entsprechend § 137 Abs. 1 S. 2 StPO i. V. m. § 46 Abs. 1 OWiG höchstens drei dieser Anwälte im Verfahren zum Verteidiger bestellt, können Zustellungen wirksam und mit verjährungsunterbrechender Wirkung an die Anwaltskanzlei bzw. -sozietät als solche adressiert werden.[7] Hat der Rechtsanwalt als Verteidiger oder die Rechtsanwältin als Verteidigerin des oder der Betroffenen eine auf einen anderen Rechtsanwalt oder andere Rechtsanwältin derselben Sozietät lautende Vollmacht zu den Akten gereicht, ohne dass dieser oder diese im weiteren Verfahren in Erscheinung tritt, kann nicht eingewendet werden, dass die Zustellung des Bußgeldbescheids an diesen anderen Rechtsanwalt oder die andere Rechtsanwältin hätte bewirkt werden müssen.[8]

---

1) BayObLG, Beschl. vom 6.4.2022, Az. 202 ObOWi 366/22.
2) Hanseatisches OLG Hamburg, Beschl. vom 10.9.2020, Az. 2 RB 15/19.
3) Brandenburgisches OLG (Brandenburg), Beschl. vom 20.9.2009, Az. 2 Ss (OWi) 129 B/09.
4) KG (Berlin), Beschl. vom 15.6.2020, Az. 161 Ss 55/20 (59/20); Pfälzisches OLG (Zweibrücken), Beschl. vom 6.1.2016, Az. 1 OWi 1 Ss Bs.
5) KG (Berlin), Beschl. vom 17.6.2016, Az. 3 Ws (B) 217/16 – 162 Ss 55/16.
6) OLG Dresden, Beschl. vom 16.2.2009, Az. Ss (OWi) 15/13. Zur Wahl eines Rechtsanwalts als Verteidiger oder einer Rechtsanwältin als Verteidigerin durch den Betroffenen oder die Betroffene (§ 137 Abs. 1 S. 1 StPO i. V. m. § 46 Abs. 1 OWiG) § 10 Nr. 2.
7) OLG Hamm, Beschl. vom 27.2.2012, Az. 3 RBs 386/11. Zur Zurückweisung wegen Überschreitung der gesetzlichen Höchstzahl der Verteidiger (§ 137 Abs. 1 S. 2 StPO i. V. m. § 60 S. 2 OWiG) § 10 Nr. 5.1.1.
8) OLG Braunschweig, Beschl. vom 13.5.2013, Az. 1 Ss (OWi) 83/13.

Der Inhaber oder die Inhaberin des besonderen elektronischen Anwaltspostfachs ist verpflichtet, die für dessen Nutzung erforderlichen technischen Einrichtungen vorzuhalten (§ 31a Abs. 1 S. 1 BRAO) sowie Zustellungen und den Zugang von Mitteilungen über das besondere elektronische Anwaltspostfach zur Kenntnis zu nehmen (§ 31a Abs. 6 BRAO). An Rechtsanwälte als Verteidiger bzw. Rechtsanwältinnen als Verteidigerinnen des oder der Betroffenen sollte daher nicht mehr in herkömmlicher Weise durch die Behörde gegen Empfangsbekenntnis als Papierdokument zugestellt werden (§ 51 Abs. 1 OWiG i. V. m. § 5 Abs. 1 S. 3 VwZG). Das besondere elektronische Anwaltspostfach (allgemein kurz als „beA" bezeichnet) dient der elektronischen Kommunikation der eingetragenen Mitglieder der Rechtsanwaltskammern auf einem sicheren Übermittlungsweg (§ 19 Abs. 1 S. 1 RAVPV, § 32a Abs. 4 S. 1 Nr. 1 StPO i. V. m. § 110c S. 1 OWiG).

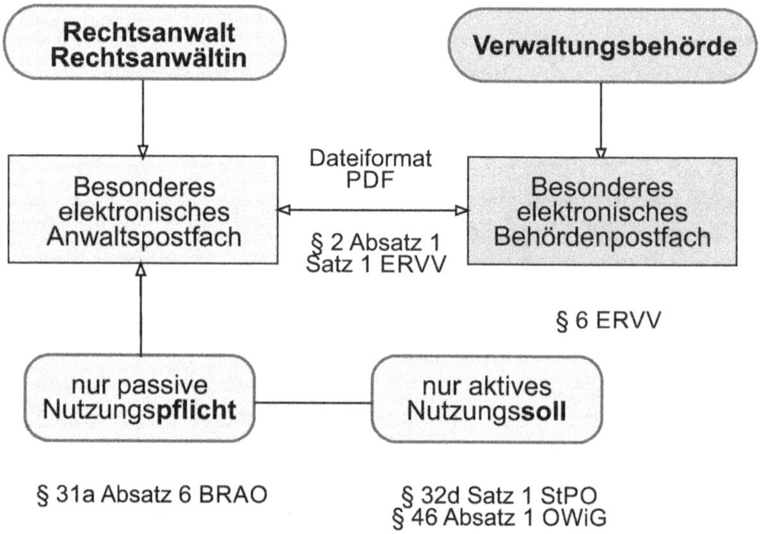

Abb. 7: Besonderes elektronisches Anwaltspostfach

Europäische dienstleistende Rechtsanwälte oder Rechtsanwältinnen (§ 28 Abs. 1 EuRAG), die ihren Geschäftssitz in einem anderen Mitgliedstaat der Europäischen Union haben, besitzen kein besonderes elektronisches Anwaltspostfach (§ 31a BRAO). Sie sind aber verpflichtet, der Verwaltungsbehörde unaufgefordert einen in Deutschland ansässigen Zustellungsbevollmächtigten oder eine Zustellungsbevollmächtigte zu benennen. Diese müssen aber keine in Deutschland zugelassenen Rechtsanwälte oder Rechtsanwältinnen sein. Besteht diese Zulassung, kann über das besondere elektronische Anwaltspostfach (§ 31a BRAO) durch die Verwaltungsbehörde im Inland elektronisch zugestellt werden (§ 32a Abs. 4 S. 1 Nr. 1 StPO i. V. m. § 110c S. 1 OWiG). Andernfalls sind die Zustellungsbevollmächtigten nicht zur Teilnahme am elektronischen Rechtsverkehr verpflichtet. Eine elektronische Zustellung ist dann nur möglich, wenn sie im besonderen elektronischen Bürger- und Organisationenpostfach (besonderes elektronisches Bürger- und Organisationenpostfach [eBO], § 10 ERVV) oder als Nutzer oder Nutzerinnen im Verwaltungsportal des Portalverbundes (§ 13 ERVV) registriert sind. Ist dies nicht der Fall, bleibt nur der herkömmliche Weg der Zustellung eines Ausdrucks des Bescheides als Papierdokument mit Zustellungsurkunde (§ 3 VwZG i. V. m. § 51 Abs. 1 OWiG). Der oder die Betroffene ist dann formlos, meist durch einfachen Brief über die Zustellung zu unterrichten (§ 51 Abs. 3 S. 4 OWiG).

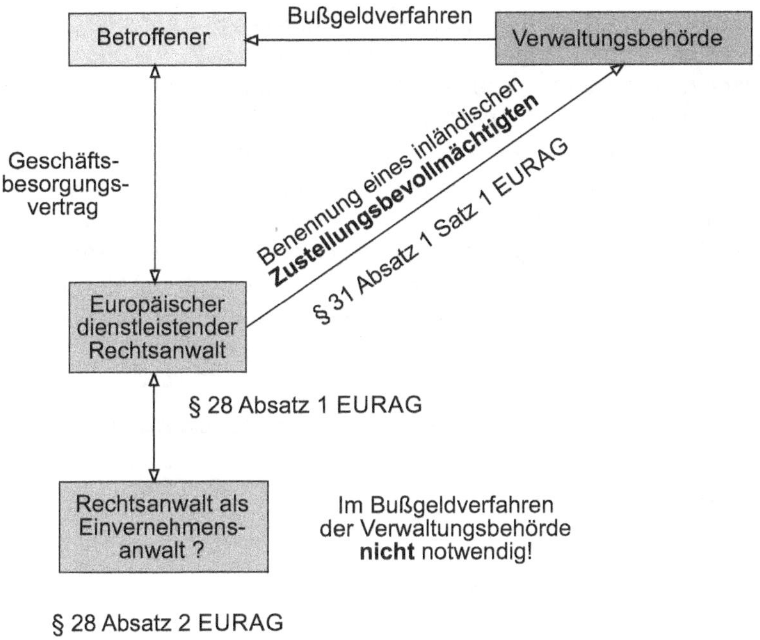

Abb. 8: Dienstleistende Rechtsanwälte und Rechtsanwältinnen aus EU-Ländern

2.5 Öffentliche Zustellung

Eine öffentliche Zustellung von Bußgeldbescheiden und anderen Bescheiden der Verwaltungsbehörde ist durch § 51 Abs. 1 OWiG i. V. m. § 10 VwZG gesetzlich vorgesehen. Sie kommt nur dann als letzte Alternative in Betracht, wenn alle anderen möglichen Ermittlungsmöglichkeiten der Zustellung und Ersatzzustellung, auch eine Auslandszustellung (§ 9 VwZG) erfolglos geblieben sind.[1] Der oder die Betroffene ist nicht dann unbekannten Aufenthalts, wenn ein Zustellungsversuch mit dem Vermerk „Unbekannt" oder „Unbekannt verzogen" auf der Zustellungsurkunde erfolglos geblieben ist. Hier ist zunächst das Bußgeldverfahren zur Unterbrechung der Verfolgungsverjährung vorläufig einzustellen,[2] und dann die Anschrift durch geeignete Maßnahmen zu ermitteln. Von einem unbekannten Aufenthaltsort darf die Zustellungsbehörde vor diesem Hintergrund erst dann ausgehen, wenn sie zuvor mit allen ihr zu Gebote stehenden zumutbaren Mitteln versucht hat, den Aufenthaltsort des Zustellungsadressaten oder der Zustellungsadressatin zu ermitteln.[1] Es genügt nicht die Behauptung, der oder die Betroffene verhindere bewusst die Zustellung,

1) OLG Hamm, Beschl. vom 17.1.2013, Az. III-3 RBs 214/12.
2) Zur vorläufigen Einstellung des Bußgeldverfahrens wegen Abwesenheit des oder der Betroffenen (§ 33 Abs. 1 S. 1 Nr. 5 OWiG) § 2 Nr. 4.2.2.4.

weil mehrere zeitnahe Zustellungsversuche erfolglos geblieben seien.[1] Das bloße Fehlen eines Wohnsitzes im Inland genügt nicht, weil es in § 10 VwZG als abschließender Vorschrift nicht genannt ist.[2] Eine Rechtspflicht zur Ermittlung besteht jedoch nicht, wenn sich der oder die Betroffene ohne Angabe einer neuen Anschrift ins Ausland abgemeldet hat.[3]

- Bei natürlichen Personen ist Voraussetzung, dass der Aufenthaltsort des Empfängers oder der Empfängerin unbekannt ist und eine Zustellung an einen Vertreter oder eine Vertreterin sowie Zustellungsbevollmächtigte nicht möglich ist (§ 51 Abs. 1 OWiG i. V. m. § 10 Absatz S. 1 Nr. 1 VwZG).
- Bei Bescheiden gegen juristische Personen und Personenvereinigungen (§ 29a, § 30 Abs. 1, 4 OWiG), die zur Anmeldung einer inländischen Geschäftsanschrift zum Handelsregister verpflichtet sind, ist Voraussetzung, dass eine Zustellung weder unter der eingetragenen Anschrift noch unter einer im Handelsregister eingetragenen Anschrift einer für Zustellungen empfangsberechtigten Person oder einer ohne Ermittlungen bekannten anderen inländischen Anschrift möglich ist (§ 51 Abs. 1 OWiG i. V. m. § 10 Abs. 1 S. 1 Nr. 1 VwZG).

Muster 17.1: Liste öffentlicher Zustellungen

Stadt Münsterberg Bußgeldstelle

Liste der öffentlichen Zustellungen vom 26.4.2026

Benachrichtigung über die öffentliche Zustellung folgender Bescheide:

Erlassdatum[4]	Az.[5]	Name, Vorname[6]	Letzte bekannte Anschrift[7]
15.1.2026	OWi-1234/26	Al Bina, Mohammed	Street Villa 112 UAE 43323 Dubai
16.1.2026	OWi-2345/26	Demel, Klaus	Schubertstraße 111 98763 Offenstadt
...			
29.4.2026	OWi-5678/26	De Santo, Guiseppe	Via Mala 234 I 34343 Milano

Diese Bescheide werden für die Stadt Münsterberg öffentlich zugestellt (§ 51 Abs. 1 OWiG i. V. m. § 10 VwZG).[8] Sie können bei der Bußgeldstelle, Lessingstraße 10, 12344

1) VerfG Brandenburg (Potsdam), Beschl. vom 29.8.2014, Az. 13/14.
2) OLG Hamm, Beschl. vom 17.1.2013, Az. III-3 RBs 214/12.
3) OVG Nordrhein-Westfalen (Münster), Beschl. vom 25.7.2014, Az. 12 A 503/13, für das Verwaltungsverfahren.
4) Datum des Dokuments (§ 10 Abs. 2 S. 2 Nr. 3 VwZG und entsprechende landesrechtliche Vorschriften).
5) Az. des Dokuments (§ 10 Abs. 2 S. 2 Nr. 3 VwZG und entsprechende landesrechtliche Vorschriften).
6) Namen des Zustellungsadressaten (§ 10 Abs. 2 S. 2 Nr. 2 VwZG und entsprechende landesrechtliche Vorschriften).
7) Letzte bekannte Anschrift des Zustellungsadressaten (§ 10 Abs. 2 S. 2 Nr. 2 VwZG und entsprechende landesrechtliche Vorschriften).
8) Behörde, für die zugestellt wird (§ 10 Abs. 2 S. 2 Nr. 1 VwZG und entsprechende landesrechtliche Vorschriften).

Münsterberg eingesehen werden.[1] Mit der öffentlichen Zustellung wird die Einspruchsfrist von zwei Wochen in Lauf gesetzt (§ 67 Abs. 1 S. 1 OWiG). Nach Fristablauf ohne fristgerechte Einlegung eines Rechtsbehelfs werden die Bescheide rechtskräftig und vollstreckbar (§§ 84, 89 OWiG). Die Bekanntmachung dieser Unterrichtung erfolgt im Zeitraum von 30.4.2026 bis 15.5.2026 im Internet auf dem Verwaltungsportal der Stadt Münsterberg unter www.stadt-muensterberg/bs/zustellungen/index/html. Alle Bescheide gelten daher mit Ablauf des folgenden Werktags am Montag, 18.5.2026 als zugestellt, weil es sich beim letzten Tag der regulären Frist, dem 16.5.2026 um einen Samstag handelt (§ 43 Abs. 2 StPO i. V. m. § 46 Abs. 1 OWiG).

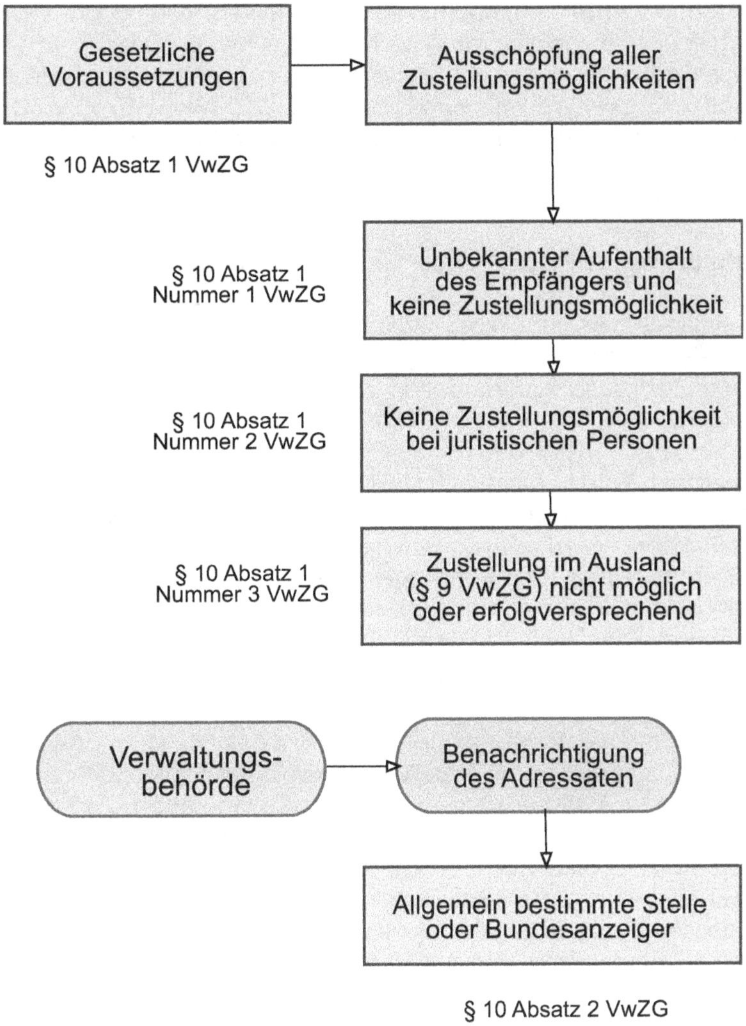

Abb. 9: Öffentliche Zustellung durch die Behörde

1) Stelle, wo das Dokument eingesehen werden kann (§ 10 Abs. 2 S. 2 Nr. 4 VwZG und entsprechende landesrechtliche Vorschriften).

Die Anordnung über die öffentliche Zustellung treffen nur zeichnungsberechtigte Bedienstete der Verwaltungsbehörde (§ 51 Abs. 1 OWiG i. V. m. § 10 Abs. 1 S. 2 VwZG). Die öffentliche Zustellung erfolgt i. d. R. durch Bekanntmachung einer Benachrichtigung an der Stelle, die von der Behörde hierfür allgemein bestimmt ist (§ 51 Abs. 1 OWiG i. V. m. § 10 Abs. 2 S. 1 VwZG), wie etwa das Verwaltungsportal (§ 13 ERVV) der Bußgeldbehörde im Internet. Die Benachrichtigung muss für ihre Wirksamkeit die Pflichtangaben nach § 10 Abs. 2 VwZG enthalten. Dazu gehört der Hinweis, dass das Dokument öffentlich zugestellt wird und Fristen (im Bußgeldverfahren regelmäßig zwei Wochen) in Gang gesetzt werden können, nach deren Ablauf Rechtsverluste (Rechtskraft und Vollstreckbarkeit, §§ 84, 89 OWiG), drohen können (§ 10 Abs. 2 S. 3 VwZG). In den Akten ist zu vermerken, wann und wie die Benachrichtigung bekannt gemacht wurde (§ 10 Abs. 2 S. 4 VwZG). Das Dokument gilt nach gesetzlicher Fiktion als zugestellt, wenn seit dem Tag der Bekanntmachung der Benachrichtigung zwei Wochen vergangen sind (§ 10 Abs. 2 S. 5 VwZG). Auf eine tatsächliche Kenntnisnahme durch den Betroffenen oder die Betroffene kommt es nicht an.

3. Verfahren bei mangelhafter Zustellung

Zustellungsmängel sind nur bei der herkömmlichen Zustellung von Papierdokumenten durch die Post oder die Behörde (§§ 3, 5 VwZG i. V. m. § 51 Abs. 1 OWiG), nicht aber bei der Zustellung elektronischer Dokumente auf einem sicheren Übermittlungsweg (§ 32b Abs. 4 S. 1 StPO i. V. m. § 110c S. 1 OWiG) möglich. Ein Zustellungsmangel berührt nicht die Wirksamkeit des zuzustellenden Bescheids.[1] Die Rechtsbehelfsfrist für den Einspruch (§ 67 OWiG) gegen den Bußgeldbescheid und gleichgestellte Bescheide bzw. den Antrag auf gerichtliche Entscheidung (§ 62 OWiG) beginnt aber nur zu laufen, wenn der tatsächliche Zugang an den Betroffenen oder die Betroffene bzw. den Verteidiger oder die Verteidigerin anderweitig nachweisbar ist. Da dem Ordnungswidrigkeitenrecht eine sofortige Vollziehbarkeit grundsätzlich fremd ist, kann auch die Rechtskraft (§ 89 OWiG) bei endgültig mangelhafter Zustellung nicht eintreten. Zudem wird die Verfolgungsverjährung nicht unterbrochen (§ 33 Abs. 1 S. 1 Nr. 9 OWiG).[2]

Lässt sich die formgerechte Zustellung eines Dokuments nicht nachweisen oder ist es unter Verletzung zwingender Zustellungsvorschriften zugegangen, gilt es aber als in dem Zeitpunkt zugestellt, in dem es dem oder der Empfangsberechtigten tatsächlich zugegangen ist, im Fall des § 5 Abs. 5 VwZG in dem Zeitpunkt, in dem der Empfänger das Empfangsbekenntnis zurückgesendet hat (§ 8 VwZG i. V. m. § 51 Abs. 1 OWiG). Die Heilung des Zustellungsmangels setzt nach dem Wortlaut der Vorschrift und nach dessen Zweck den tatsächlichen Erhalt des Schriftstücks durch den Empfangsberechtigten voraus.[3] Zunächst ist daher zu prüfen, ob trotz des Zustellungs-

1) Thüringer OLG (Jena), Beschl. vom 20.3.2006, Az. 1 Ss 7/06.
2) OLG Hamm, Beschl. vom 17.1.2013, Az. III-3 RBs 214/12.
3) OLG Koblenz, Beschl. vom 31.3.2022, Az. 1 OWi 32 SsBs 233/21; AG Landstuhl, Beschl. vom 26.1.2023, Az. 2 OWi 4211 Js 13113/22; BFH, Urt. vom 25.1.1994, Az. VIII R 45/92.

mangels ein tatsächlicher Zugang bei den Empfangsberechtigten nachweisbar ist (§ 51 Abs. 1 OWiG i. V. m. § 8 VwZG).

- Fehlzustellungen an Betroffene

  Häufige Zustellungsmängel sind die Zustellung an einen falschen Adressaten oder eine falsche Adressatin, z. B. an eine juristische Person anstatt an deren Organ als Betroffenen oder Betroffene, die Zustellung an den gleichnamigen Senior anstatt an den Junior oder umgekehrt, die unzutreffende oder unvollständige Ausfüllung der Zustellungsurkunde durch den Post- oder Behördenbediensteten. Ein für die Verwaltungsbehörde nicht erkennbarer Zustellungsmangel kann auch dann vorliegen, wenn die Zustellungsurkunde zwar ordnungsgemäß ausgefüllt ist, der oder die Betroffene aber für den Zusteller oder die Zustellerin nicht ersichtlich bereits an der auf dem Bescheid aufgeführten Adresse nicht mehr wohnhaft war.[1)]

- Fehlzustellungen an Rechtsanwälte oder Rechtsanwältinnen

  Bei der Zustellung eines Papierdokuments an Rechtsanwälte oder Rechtsanwältinnen gegen Empfangsbekenntnis kommt es immer wieder vor, dass unzulässigerweise nicht der Rechtsanwalt als Verteidiger oder die Rechtsanwältin als Verteidigerin selbst, sondern nur Mitarbeitende der Kanzlei unterschreiben. Fehlzustellungen sind auch dann möglich, wenn die nachgewiesene Vollmacht erst nach der Zustellung zur Bußgeldakte gelangt.[2)] Für eine Heilung des Zustellungsmangels genügt aber die Kenntnis, dass sich der Bußgeldbescheid in der Kanzlei befindet und deshalb ein Zugriff auf das Dokument möglich ist.[3)] Dies ist in der Verfahrenspraxis meist dann der Fall, wenn Rechtsanwälte oder Rechtsanwältinnen durch Einlegung eines Rechtsbehelfs reagieren und das Dokument daher spätestens zu diesem Zeitpunkt erhalten haben müssen. Kein Zustellungsmangel liegt vor, wenn bei verteidigten Betroffenen nur die Benachrichtigung desjenigen, an den nicht zugestellt wurde, gem. § 51 Abs. 3 OWiG über die Zustellung an den anderen unterbleibt. Der Zustellungsmangel an einen Verteidiger oder eine Verteidigerin ohne nachgewiesene Vollmacht (§ 51 Abs. 3 OWiG) ist heilbar (§ 51 Abs. 5 S. 3 OWiG i. V. m. § 8 VwZG), wenn der oder die Betroffene den Bescheid durch Unterrichtung der Zustellung an den Verteidiger oder die Verteidigerin tatsächlich selbst erhalten hat.[4)]

1) BayObLG, Beschl. vom 21.1.2022, Az. 202 ObOWi 2/22.
2) KG (Berlin), Beschl. vom 8.11.2018, Az. 3 Ws (B) 249/18.
3) Thüringer OLG (Jena), Beschl. vom 22.2.2018, Az. 1 OLG 161 SsBs 13/17, unter Bezugnahme auf Pfälzisches OLG (Zweibrücken), Beschl. vom 6.1.2016, Az. 1 OWi 1 SsBs 9/15.
4) Saarländisches OLG (Saarbrücken), Beschl. vom 29.4.2009, Az. Ss (Z) 205/2009 (37/13).

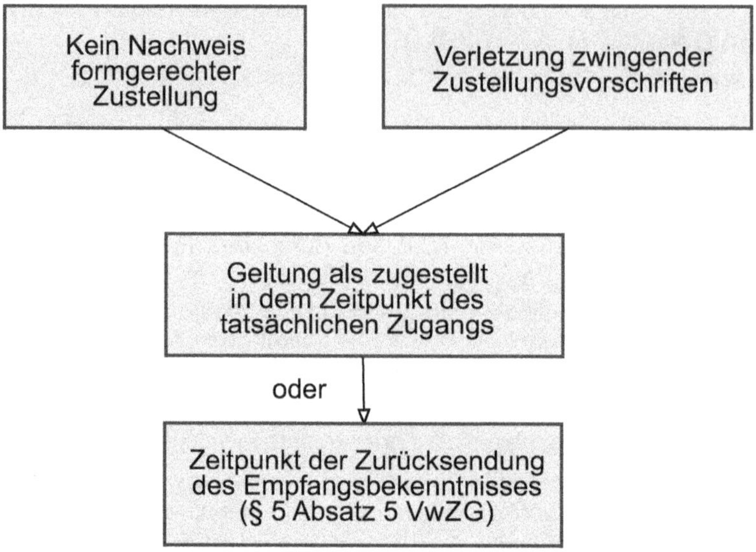

Abb. 10: Heilung von Zustellungsmängeln
§ 8 VwZG entsprechende Vorschriften i. V. m. § 51 Abs. 1 OWiG

Kann eine mangelhafte Zustellung ohne Nachweis des tatsächlichen Zugangs bei dem Adressaten oder der Adressatin nicht geheilt werden, ist sie umgehend mangelfrei zu wiederholen. Dazu darf kein neuer Bescheid erlassen werden, auch kein Ausdruck mit aktuellem Datum erfolgen. Vielmehr ist der Bescheid mit dem ursprünglichen Erlassdatum erneut zuzustellen, um die Rechtsbehelfsfrist in Lauf zu setzen und die Verfolgungsverjährung innerhalb von zwei Wochen ab mangelfreier Zustellung zu unterbrechen (§ 33 Abs. 1 S. 1 Nr. 9 OWiG).

IV. Kapitel
Zwischenverfahren nach Einspruch gegen die Bußgeldentscheidung

§ 18
Einspruch gegen den Bußgeldbescheid und gleichgestellte Bescheide

Der Einspruch nach § 67 OWiG ist ein spezieller Rechtsbehelf des Bußgeldverfahrens gegen den Bußgeldbescheid (§ 65 OWiG) und ihm gleichgestellte Bescheide wie den Einziehungsbescheid (§ 87 OWiG) und den Bußgeldbescheid gegen juristische Personen und Personenvereinigungen (§ 88 OWiG). Damit werden auch der Antrag auf gerichtliche Entscheidung (§ 62 OWiG) und auch das Widerspruchsverfahren (§ 68 VwGO) und der Verwaltungsgerichtsweg (§ 40 Abs. 1 S. 1 VwGO) ausgeschlossen.[1] Der Einspruch führt vom Vor- in das Zwischenverfahren der Verwaltungsbehörde (§ 69 Abs. 1 bis 3 OWiG). Dieser Verfahrensabschnitt unterscheidet sich danach, ob der Rechtsbehelf zulässig ist. Ein unzulässiger Einspruch ist von der Verwaltungsbehörde ohne erneute Sach- und Rechtsprüfung zu verwerfen (§ 69 Abs. 1 OWiG). Diese entscheidet auch über die Wiedereinsetzung in den vorigen Stand (§ 52 OWiG). Der zulässige Einspruch hindert den Eintritt der Rechtskraft und damit der Vollstreckbarkeit (§ 89 OWiG) und eröffnet das Zwischenverfahren der Verwaltungsbehörde mit einer erneuten Sach- und Rechtsprüfung (§ 69 Abs. 2, 3 OWiG). Hält sie den Bußgeldbescheid nach Überprüfung aufrecht, gibt sie die Sache über die Staatsanwaltschaft an das Amtsgericht ab (§ 69 Abs. 4 S. 1 OWiG) und verliert damit die Verfahrenshoheit.

1) VG Köln, Urt. vom 29.1.2024, Az. 9 K 6020/21; OVG Nordrhein-Westfalen (Münster), Beschl. vom 23.6.2023, Az. 4 B 352/22.

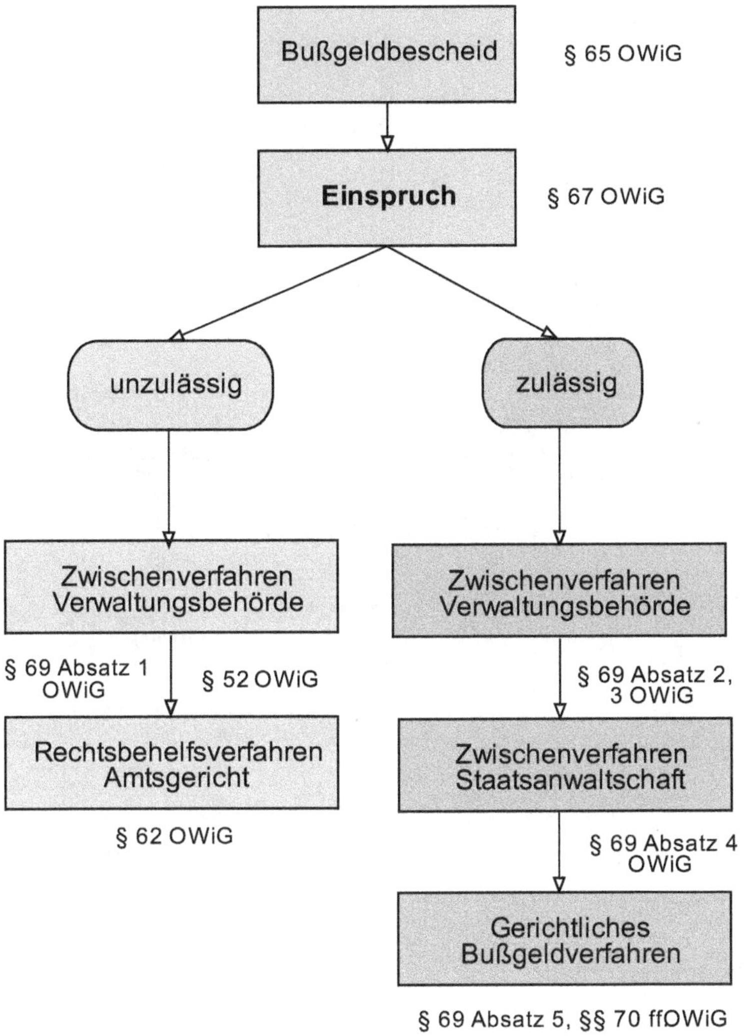

Abb. 1: Übersicht über das Zwischenverfahren

1. Einspruchsberechtigung

Einspruchsberechtigt ist stets der oder die Betroffene (§ 67 Abs. 1 S. 1 OWiG). Dies gilt auch für noch jugendliche oder unter gerichtlich angeordneter Betreuung stehende Personen. Dem oder der Betroffenen sind Nebenbetroffene (i. d. R. juristische Personen und Personenvereinigungen) ab Erlass des Bußgeldbescheides gegen juristische Personen und Personenvereinigungen (§ 88 Abs. 3 OWiG) oder Einziehungsbescheides (§ 87 Abs. 2 S. 1, Abs. 3 S. 2, Abs. 6 OWiG) gleichgestellt. Im Übrigen ist zwischen gesetzlichen Vertretern und Vertreterinnen der Betroffenen und von ihnen beauftragten Personen zu unterscheiden.

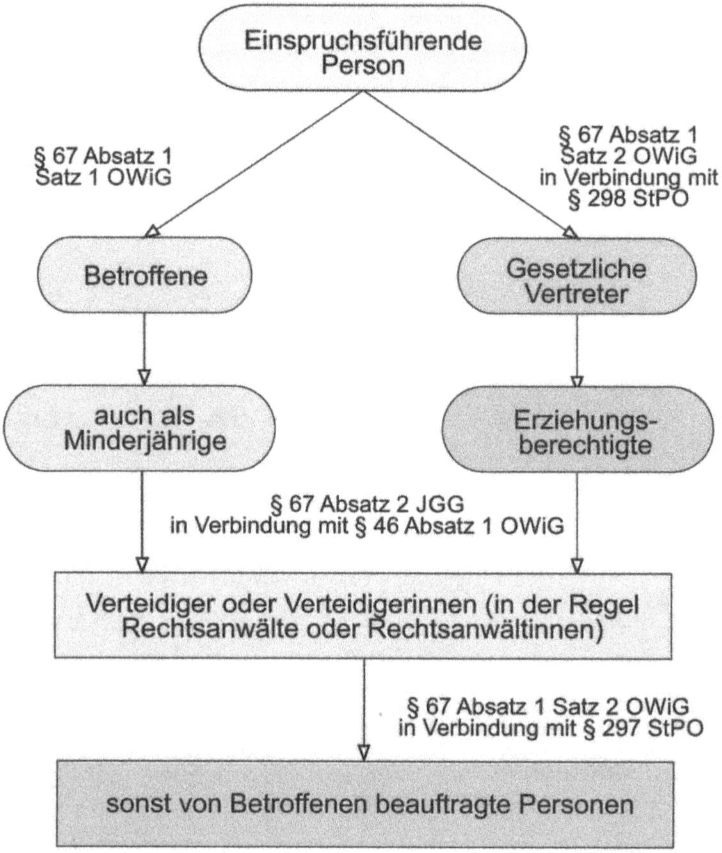

Abb. 2: Einspruchsberechtigte Personen

1.1 Erziehungsberechtigte

Im Bußgeldverfahren gegen jugendliche Personen, die zur Tatzeit der Ordnungswidrigkeit (§ 6 S. 1 OWiG) noch nicht achtzehn Jahre alt waren (§ 1 Abs. 2 JGG i. V. m. § 46 Abs. 1 OWiG), sind Erziehungsberechtigte bis zum achtzehnten Lebensjahr des oder der Betroffenen einspruchsbefugt (§ 67 Abs. 2 JGG i. V. m. § 46 Abs. 1 OWiG). Wer im Einzelfall für eine minderjährige Person erziehungsberechtigt ist, ergibt sich aus den privatrechtlichen Bestimmungen über die elterliche Sorge (§ 1626 Abs. 1 S. 1 BGB): Eltern § 1629 Abs. 1 S. 1, 2 BGB), Elternteil bei Alleinausübung der elterlichen Sorge (§ 1639 Abs. 1 S. 3 BGB), Vormund (§ 1629 Abs. 2 S. 1, 1795 BGB). Unabhängig davon können ehemalige Erziehungsberechtigte von Betroffenen zur Einlegung eines Einspruchs auch nach dem Erreichen der Volljährigkeit bevollmächtigt sein. Die Rechtsbehelfe der Erziehungsberechtigten sind unabhängig von denen der Betroffenen zu behandeln.

Beispiel:

Gegen einen sechzehnjährigen Betroffenen ergeht ein Bußgeldbescheid, der ihm zugestellt und der Mutter und dem getrennt lebenden Vater als Erziehungsberechtigte mitgeteilt wird.

- *Der Betroffene selbst legt keinen Einspruch ein, beantragt aber nach Fristablauf Wiedereinsetzung in den vorigen Stand. Die Verwaltungsbehörde lehnt ihn als unzulässig ab.*
- *Die Mutter des Betroffenen legt nach Fristablauf einen Einspruch ein, den die Verwaltungsbehörde als unzulässig verwirft.*
- *Der getrennt lebende Vater legt einen zulässigen Einspruch ein, aufgrund dessen die Verwaltungsbehörde die Sache über die Staatsanwaltschaft dem Amtsgericht vorlegt.*

Wurde der Bußgeldbescheid irrtümlich an eine Person zugestellt, die tatsächlich nicht der oder die Betroffene ist, so ist auch diese nicht einspruchsberechtigt.[1] Der Rechtsbehelf ist folglich als Antrag auf gerichtliche Entscheidung (§ 62 OWiG) auszulegen (§ 300 StPO i. V. m. § 46 Abs. 1 OWiG). Die notwendige Beschwer liegt in der drohenden Beeinträchtigung seiner Rechte, weshalb ein Rechtsschutzinteresse geltend gemacht werden kann.[2] Die Verwaltungsbehörde kann dem Antrag auf gerichtliche Entscheidung dann abhelfen (§ 62 Abs. 2 S. 2 OWiG i. V. m. § 306 Abs. 2 Halbs. 1 StPO).

Beispiel:

Der Bußgeldbescheid ist zunächst nicht zustellbar. Die Verwaltungsbehörde versucht die Anschrift des Betroffenen zu ermitteln und stellt irrtümlich die Anschrift einer namensgleichen Person fest, die aber mit dem Bußgeldverfahren nichts zu tun hat. Die Zustellung erfolgt wirksam an diese Person. Sie teilt mit, dass sie nicht der oder die Betroffene sei. Die Verwaltungsbehörde legt die Erklärung als Antrag auf gerichtliche Entscheidung auf und hilft ihm dadurch ab, dass sie den Bußgeldbescheid gegen den irrtümlichen Adressaten durch formlose Mitteilung zurücknimmt.

1.2 Gesetzliche Vertreter und Vertreterinnen von Unternehmen

Gesetzliche Vertreter und Vertreterinnen sind neben dem oder der Betroffenen einspruchsberechtigt (§ 67 Abs. 1 S. 2 OWiG i. V. m. § 298 StPO). So ist ein Geschäftsführer als gesetzlicher Vertreter oder die Geschäftsführerin als gesetzliche Vertreterin einer GmbH (§ 35 Abs. 1 S. 1 GmbHG) berechtigt, Einspruch gegen einen Bußgeldbescheid einzulegen, der sich gegen die juristische Person richtet (§ 30 OWiG).

1) LG Karlsruhe, Beschl. vom 27.3.2024, Az. 16 Qs 14/24, für den Einspruch gegen einen Strafbefehl (§ 410 StPO).

2) BGH, Beschl. vom 7.4.2020, Az. StB 8/20; Hanseatisches OLG Hamburg, Beschl. vom 8.3.2017, Az. 2 Ws 36/17, für das Strafverfahren.

Dies kann nach einem Wechsel der gesetzlichen Vertretung auch ein Nachfolger oder eine Nachfolgerin sein.

Beispiel:

Im Geschäftsbetrieb einer GmbH kommt es zu einer Aufsichtspflichtverletzung durch den Geschäftsführer, der das Unternehmen aber zeitnah verlässt. Die Verwaltungsbehörde erlässt gegen die juristische Person einen selbstständigen Bußgeldbescheid (§ 30 Abs. 4 OWiG). Die Nachfolgerin ist als nunmehrige Geschäftsführerin gegen diesen Bußgeldbescheid als gesetzliche Vertreterin der GmbH einspruchsberechtigt.

Befindet sich der oder die Betroffene, eine juristische Person oder Personenvereinigung in einem Insolvenzverfahren, so ist der Insolvenzverwalter oder die Insolvenzverwalterin (§ 56 InsO) dagegen nicht einspruchsbefugt, weil auf ihn oder sie nur die Verfügungs- und Verwaltungsbefugnis über die Insolvenzmasse übergeht (§ 80 Abs. 1 InsO).

1.3 Verteidiger und Verteidigerinnen

Der Verteidiger oder die Verteidigerin, i. d. R. ein Rechtsanwalt oder eine Rechtsanwältin, ist grundsätzlich berechtigt, für den Betroffenen oder die Betroffene Einspruch einzulegen (§ 67 Abs. 1 S. 2 OWiG i. V. m. § 297 StPO). Da der von Rechtsanwälten als Verteidigern oder Rechtsanwältinnen als Verteidigerinnen mit den Betroffenen geschlossene Geschäftsbesorgungsvertrag (§ 675 BGB) nicht formbedürftig ist und folglich weder für die Vollmacht (§ 167 BGB) noch den Einspruch (§ 67 OWiG) bestimmte Formerfordernisse bestehen, ist der Rechtsbehelf auch dann wirksam, wenn sich keine nachgewiesene Vollmacht bei den Akten befindet.[1] Es genügt also die bloße Mandatsanzeige eines Rechtsanwalts oder einer Rechtsanwältin, auch eine „anwaltliche Versicherung" der Bevollmächtigung ist nicht erforderlich.[2] Die Notwendigkeit einer nachgewiesenen Vollmacht bei den Akten ergibt sich nur für eine beabsichtigte Zustellung an einen Verteidiger oder eine Verteidigerin (§ 51 Abs. 3 Abs. 1 Halbs. 1 OWiG). Rechtsanwälte und Rechtsanwältinnen können den Einspruch seit 2026 nur noch in elektronischer Form wirksam einlegen (§ 110c S. 3 OWiG in der seit 2026 geltenden Form).[3]

Wird die Höchstzahl von drei Verteidigenden überschritten (§ 137 Abs. 1 S. 2 StPO i. V. m. § 46 Abs. 1 OWiG) oder eine verbotene Mehrfachverteidigung festgestellt (§ 146a StPO i. V. m. § 46 Abs. 1 OWiG), besteht die Einspruchsbefugnis bis zur Zurückweisung durch die Verwaltungsbehörde (§ 60 S. 2 OWiG). Wirksam sind auch Einsprüche durch Syndikusrechtsanwälte und -rechtsanwältinnen, die gegen das

---

1) OLG Rostock, Beschl. vom 5.6.2020, Az. 20 Ws 99/20; KG (Berlin), Beschl. vom 10.4.2007, Az. 2 Ss 58/07 – 3 Ws (B) 148/07.

2) Eine schriftliche oder elektronische Vollmacht darf im Gegensatz zum Verwaltungsverfahren (§ 14 Abs. 1 S. 3 VwVfG) und Sozialverwaltungsverfahren (§ 13 Abs. 1 S. 3 SGB X) mangels Rechtsgrundlage im Bußgeldverfahren von einem Verteidiger nicht verlangt werden. Die Bestimmung in § 51 Abs. 3 S. 2 OWiG betrifft nur das Zustellungsverfahren der Verwaltungsbehörde.

3) Zur seit 2026 geltenden Einspruchsform durch Rechtsanwälte und Rechtsanwältinnen (§ 110c S. 3 OWiG) § 18 Kapitel 5.3.2.

gesetzliche Vertretungsverbot für ihre Arbeitgebende und deren Mitarbeitende in einschlägigen Bußgeldverfahren verstoßen (§ 46c Abs. 2 S. 2 BRAO).

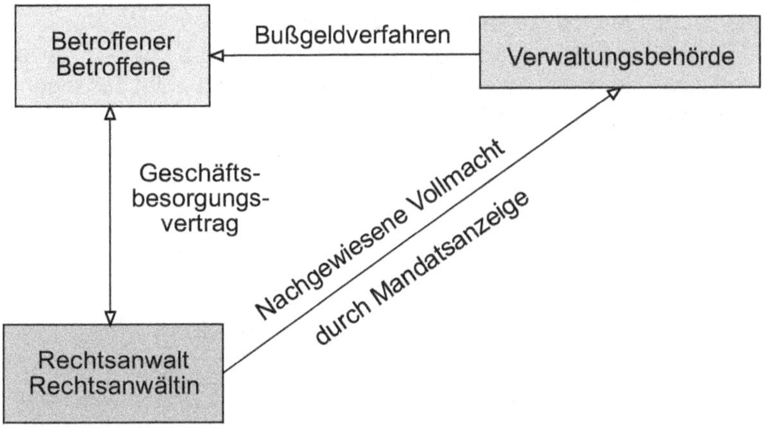

Abb. 3: Rechtsanwälte und Rechtsanwältinnen als Verteidiger und Verteidigerinnen

1.4 Beauftragung durch Betroffene

Personen, die keine gesetzlichen Vertreter oder Vertreterinnen des oder der Betroffenen sind, können nicht aus eigenem Recht wirksam Einspruch einlegen, sie können jedoch beauftragt sein, den Rechtsbehelf im Namen des oder der Betroffenen bei der Verwaltungsbehörde einzulegen.

- *Ehepartner, Lebenspartner und Ehepartnerinnen, Lebenspartnerinnen*

  Ehepartner und Ehepartnerinnen sowie Lebenspartner und Lebenspartnerinnen sind im Bußgeldverfahren keine gesetzlichen Vertreter oder Vertreterinnen des oder der Betroffenen. Sie können aber von dem oder der Betroffenen zur Einlegung des Rechtsbehelfs beauftragt sein und dann nicht aus eigenem Recht, sondern aufgrund Bevollmächtigung des oder der Betroffenen tätig werden.

- *Betreuer oder Betreuerinnen*

  Gerichtlich bestellte Betreuer oder Betreuerinnen (§ 1814 Abs. 1 BGB), deren Aufgabenbereich (§ 1815 Abs. 1 BGB) sich nicht speziell auf die Vertretung in Bußgeldverfahren bezieht, sind nicht verfahrensbeteiligt und haben deshalb nicht die Stellung eines verfahrensrechtlichen Beistandes.[1] Nur bei einer ausdrücklichen Einbeziehung in den in der Bestellung vorbestimmten Aufgabenbereich können sie die betreute Person in Bußgeldverfahren vertreten (§ 1823 BGB).[2] Die bloße gerichtliche Anordnung der Betreuung (§ 1814 Abs. 1 BGB) führt daher **nicht** zu einer gesetzlichen Einspruchsberechtigung des bestellten Betreuers oder der Betreuerin bezüglich eines gegen die rechtlich betreute Person erlassenen Bußgeldbescheides. Betreuer und Betreuerinnen haben erst recht nicht die Stellung eines Verteidigers oder einer Verteidigerin, auch wenn sie als Rechtsanwalt oder

1) OLG Dresden, Beschl. vom 5.2.2015, Az. 2 OLG 21 Ss 734/14, zum Einspruch im Strafbefehlsverfahren.
2) BGH, Beschl. vom 2.9.2013, Az. 1 StR 369/13; OLG Dresden, Beschl. vom 5.2.2015, Az. 2 OLG 21 Ss 734/14, jeweils für das Strafverfahren.

Rechtsanwältin zugelassen sind (§ 4 BRAO). Sie werden nur dann zum Wahlverteidiger oder zur Wahlverteidigerin (§ 137 Abs. 1 S. 1 StPO i. V. m. § 46 Abs. 1 OWiG), wenn sie eine Mandatsanzeige der betreuten Person vorlegen. Der Betreuer oder die Betreuerin kann jedoch von der betreuten Person zur Einlegung von Rechtsbehelfen auch im Bußgeldverfahren allgemein bevollmächtigt oder im Einzelfall beauftragt sein. Er oder sie wird dann nicht aus eigenem Recht, sondern aufgrund Bevollmächtigung des oder der Betroffenen tätig.

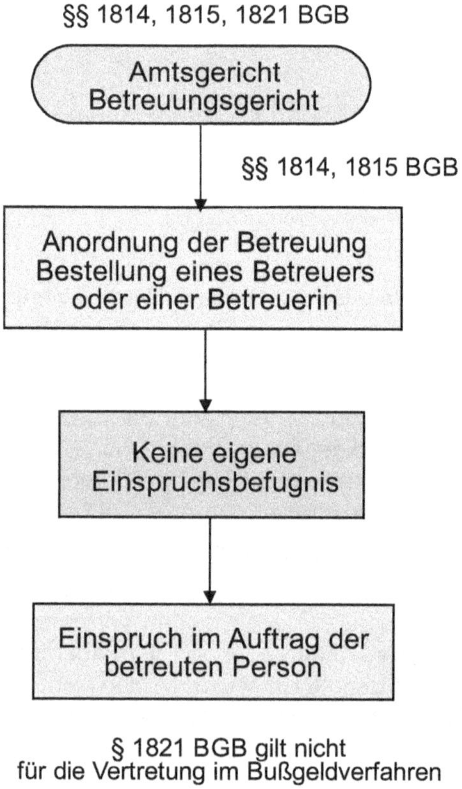

Abb. 4: Betroffene mit rechtlicher Betreuung

– *Sonstige bevollmächtigte Personen*

  Auch sonstige Personen wie z. B. Angehörige oder Freunde, auch juristische Personen wie die Arbeitgeberin können zur Einspruchseinlegung bevollmächtigt sein, soweit dies von dem oder der Betroffenen nachgewiesen wird.[1] Privatrechtliche Volljährigkeit ist dazu nicht notwendig, es genügt die auch bei Jugendlichen über vierzehn Jahren mit normaler Reifeentwicklung regelmäßig anzunehmende Verhandlungsfähigkeit,[2] die allerdings bei Kindern bis zu vierzehn Jahren regelmäßig fehlt. Betroffene, die eine natürliche Person[3] als Zustellungsbevoll-

1) OLG Stuttgart, Beschl. vom 5.5.1994, Az. 1 Ss 113/94.
2) BGH, Beschl. vom 4.6.1991, Az. 5 StR 215/91.
3) LG Berlin, Beschl. vom 3.11.2011, Az. 526 Qs 22/11.

mächtigten bestellt haben (§ 132 Abs. 1 S. 1 Nr. 1 StPO i. V. m. § 46 Abs. 1 OWiG), wie einen Rechtsanwalt oder eine Rechtsanwältin, einen nicht verfahrensbeteiligten Polizeibeamten oder eine Polizeibeamtin, eine angehörige oder befreundete Person,[1] können diesen zugleich mit der Einlegung eines Einspruchs gegen den Bußgeldbescheid beauftragen.

Im Außenverhältnis zur Verwaltungsbehörde genügt eine mündliche Bevollmächtigung durch den Betroffenen oder die Betroffene (§ 167 Abs. 2 BGB), da der privatrechtliche Auftrag (§ 662 BGB) als Rechtsgeschäft im Innenverhältnis ebenfalls nicht formbedürftig ist. Daher können auch Familienangehörige, die keine elektronische oder schriftliche Vollmacht vorweisen können und das Aktenzeichen nicht kennen, wirksam Einspruch einlegen. Die Vollmacht kann von dem oder der Betroffenen nachgereicht werden. Dazu genügt eine mündliche Erklärung des oder der Betroffenen, eine schriftliche oder elektronische Erklärung darf im Bußgeldverfahren nicht verlangt werden. Kann das Bestehen einer Vollmacht bei der Einspruchseinlegung nicht nachgewiesen werden, muss der Einspruch trotzdem entgegengenommen werden. Die verantwortende Person der Verwaltungsbehörde richtet sodann ein dienstliches Dokument an den Betroffenen oder die Betroffene mit der Aufforderung, innerhalb einer behördlichen Frist zu erklären, ob er oder sie eine bestimmte Person zur Einspruchseinlegung ermächtigt habe. Bestätigt der oder die Betroffene auch nur eine mündliche Bevollmächtigung, so ist dies ausreichend. Keine Bevollmächtigung liegt dagegen in der nur nachträglichen Genehmigung des Einspruchs. Auf eine solche Erklärung des oder der Betroffenen ist der Einspruch als unzulässig zu behandeln. Äußert sich der oder die Betroffene auf die Nachfrage der Verwaltungsbehörde nicht, kann das Schweigen **nicht** als Nichterteilung einer wirksamen Vollmacht gewertet werden. Die Verwaltungsbehörde muss im Zweifel zugunsten des oder der Betroffenen von einer wirksamen Vollmacht und folglich zunächst von einem zulässigen Einspruch ausgehen.

2. Einlegung des Einspruchs

Der Einspruch ist bei der Verwaltungsbehörde einzulegen, die den Bußgeldbescheid erlassen hat (§ 67 Abs. 1 S. 1 OWiG). Dies kann auch eine Außen- oder Zweigstelle der Behörde sein.

- **Einlegung an unzuständiger Stelle**

Ein irrtümlich bei einer unzuständigen Stelle eingelegter Einspruch ist von dieser unverzüglich, d. h. ohne schuldhaftes Zögern (§ 121 Abs. 1 S. 1 BGB) an die zuständige Verwaltungsbehörde weiterzuleiten. Erst mit dem Eingang dort ist der Rechtsbehelf wirksam eingelegt.[2] Wird die Weiterleitung grundlos verzögert, kann Wiedereinsetzung in den vorigen Stand (§ 52 OWiG) von Amts wegen geboten sein. Die Wiedereinsetzung ist jedoch bei Mitverschulden des oder der einspruchsführenden Person ausgeschlossen.[3]

1) LG Landshut, Beschl. vom 20.8.2013, Az. 6 Qs 86/13, zum Strafbefehlsverfahren.
2) OLG Hamm, Beschl. vom 20.1.2009, Az. 3 Ss 561/08.
3) Zur Wiedereinsetzung in den vorigen Stand (§ 52 OWiG) durch die Verwaltungsbehörde § 19 Nr. 2.

- **Falsche Bezeichnung**

Eine fehlende Bezeichnung als Einspruch oder eine falsche Bezeichnung z. B. als Widerspruch oder Beschwerde, ist unschädlich (§ 67 Abs. 1 S. 2 OWiG i. V. m. § 300 StPO).[1] Der Rechtsbehelf ist dann auszulegen. Er ist als Einspruch zu behandeln, sofern nicht eine andere Willensrichtung, z. B. als Antrag auf Zahlungserleichterungen im Vollstreckungsverfahren (§ 93 i. V. m. § 18 OWiG), ersichtlich ist.[2] Teilt der oder die Betroffene mit, sich nicht zur Zahlung der Geldbuße in der Lage zu sehen, ist dieses Dokument als Einspruch gegen den Bußgeldbescheid zu werten.[3] Legt der oder die Betroffene „Einspruch" nur gegen den Ansatz der Gebühr (§ 107 Abs. 1 OWiG) und/oder Auslagen der Verwaltungsbehörde (§ 107 Abs. 3 OWiG) im Bußgeldbescheid ein, handelt es sich in Wirklichkeit um einen Antrag auf gerichtliche Entscheidung (§ 108 Abs. 1 S. 1 Nr. 3 OWiG). In der Verwaltungspraxis kommt dies insbesondere bei der Höhe der Kosten für ein von der Verwaltungsbehörde eingeholtes Gutachten vor.[4] Ist das Ziel eines nach Erlass des Bußgeldbescheids eingehenden Dokuments unklar, sollte der oder die Betroffene unter Fristsetzung zur Äußerung aufgefordert werden. Für den Fall einer ausbleibenden Beantwortung empfiehlt sich der gleichzeitige Hinweis auf die Behandlung als Einspruch bei fruchtlosem Verstreichen der gesetzten Frist.

Muster 18.1: Rückfrage der Verwaltungsbehörde bei unklarem Rechtsbehelf

Stadt Münsterberg — Bußgeldstelle

Stadt Münsterberg, 99090 Münsterberg

Dienstgebäude	Schubertstraße 36 99090 Münsterberg
Bearbeitung	Frau Weber
Telefon	(0987) 9878-987
E-Mail	bs@muensterberg.de

Herrn
Peter Baumann
Alte Bergstraße 89
90904 Münsterberg

Ihr Zeichen, Ihre Nachricht vom	Bitte bei Antwort angeben **Unser Zeichen, unsere Nachricht vom**	**Datum**
12.2.2026	OWi – 0987665/26	14.2.2026

Betroffener: Herr Peter Baumann, geboren 20.3.1967 in Elbburg

Verteidiger: –

Telefonzentrale
(0899) 123-0
Internet
www.Muensterberg.de

Servicezeiten
Mo-Mi 7.30-16.30 Uhr
Do 7.30-17.30 Uhr
Fr 7.30-12.00 Uhr

Öffentliche Verkehrsmittel
Stadtbus Linie 6
Haltestelle Mitte

Bankverbindung
Kreissparkasse Münsterberg
IBAN DE2040000000123456
BIC GROBDE77XX
Volksbank Münsterberg
IBAN DE2040000000234567
BIC GROBDE87XX

Besonderes elektronisches Behördenpostfach
Ordnungsamt@muensterberg .de

1) AG Kehl, Beschl. vom 7.5.2008, Az. 6 OWi 1/08.
2) Zur Bewilligung von Zahlungserleichterungen im Vollstreckungsverfahren (§ 93 i. V. m. § 18 OWiG) § 23 Nr. 3.1.
3) AG Oldenburg (Oldenburg), Beschl. vom 6.8.2008, Az. 29b OWi 12/08.
4) Zur Vergütung eines Sachverständigen im Bußgeldverfahren (§ 72 StPO i. V. m. § 46 Abs. 1 OWiG) § 6 Nr. 4.4.

Bußgeldverfahren gegen Sie

Unklare Erklärung zum Bußgeldbescheid

Sehr geehrter Herr Baumann,

am 12.2.2026 haben Sie uns mitgeteilt, dass Sie der Geldbuße „widersprechen". Gegen den Bußgeldbescheid ist der Einspruch statthaft (§ 67 Abs. 1 OWiG). Der Rechtsbehelf kann auch auf die Höhe der Geldbuße beschränkt werden (§ 67 Abs. 2 OWiG). Sofern Sie Zahlungserleichterungen (Zahlungsfrist, Ratenzahlung) wünschen, ist kein Einspruch erforderlich, sondern nur ein entsprechender Antrag (§ 93 OWiG). Bitte teilen Sie uns daher innerhalb einer Woche ab Zugang dieses Schreibens mit, ob Sie

- Einspruch gegen den Bußgeldbescheid in vollem Umfang
- Einspruch nur gegen die Höhe der Geldbuße,
- Zahlungserleichterungen beantragen und keinen Einspruch einlegen wollen.

Wenn Sie Zahlungserleichterungen beantragen, erhalten Sie bei einer Bewilligung unverzüglichen einen Tilgungsplan. Sofern Sie keine Erklärung abgeben, legen wir Ihre Äußerung als vollumfänglichen Einspruch gegen den Bußgeldbescheid aus. Sie müssen dann mit der Abgabe des Verfahrens über die Staatsanwaltschaft an das zuständige Amtsgericht zur gerichtlichen Entscheidung rechnen. Das Amtsgericht ist an die Höhe der Geldbuße im Bußgeldbescheid nicht gebunden.

Mit freundlichen Grüßen

Stadt Münsterberg, Bußgeldstelle

• Bedingter und vorsorglicher Einspruch

Der Einspruch kann nur unbedingt eingelegt werden. Bedingungen des oder der Betroffenen (§ 158 BGB) wie z. B. keine Erhöhung der Geldbuße oder Wegfall einer Nebenfolge, führen zur Verwerfung wegen Unzulässigkeit des Einspruchs (§ 69 Abs. 1 S. 1 OWiG).[1] Eine nur vorsorgliche Einlegung des Einspruchs durch einen Verteidiger oder eine Verteidigerin stellt dagegen keine unzulässige Bedingung dar. Rechtsanwälte und Rechtsanwältinnen werden nicht selten von Betroffenen während der Einspruchsfrist kurzfristig beauftragt und sind daher zur vorsorglichen Einlegung zur Fristwahrung gezwungen, um nach Akteneinsicht entscheiden zu können, ob der Rechtsbehelf aufrechterhalten bleibt oder als aussichtslos wieder zurückgenommen wird.

• Sofortige Beschränkung des Einspruchs

Der Einspruch kann nach § 67 Abs. 2 OWiG auf bestimmte Beschwerdepunkte beschränkt werden. Dies ist auch nachträglich als Teilrücknahme nach einem zunächst umfassenden Einspruch möglich.[2] In Betracht kommen vor allem „vertikale" Beschränkungen auf eine von mehreren Geldbußen bei Tatmehrheit (§ 20 OWiG) und „horizontale" Beschränkungen auf die Höhe der Geldbuße (§ 17 OWiG).[3] Eine Beschränkung ist unwirksam, wenn der Bußgeldbescheid bereits mangelhaft ist, weil die Tathandlung (§ 66 Abs. 1 Nr. 3 OWiG) dort nicht hinreichend bestimmt

1) OLG Hamm, Beschl. vom 13.11.1972, Az. 2 Ss OWi 1284/72. Zur Verwerfung eines Einspruchs als unzulässig (§ 69 Abs. 1 OWiG) § 19 Nr. 1.
2) OLG Düsseldorf, Beschl. vom 25.2.2013, Az. 3 RVs 24/13.
3) BayObLG, Beschl. vom 25.9.2019, Az. 202 ObOWi 1845/19.

umschrieben ist oder die Begehungsform (Vorsatz oder Fahrlässigkeit) unklar bleibt.[1)] Gegen den Ansatz der Gebühren und Auslagen (§ 107 Abs. 1, 3 OWiG) ist dagegen nicht der befristete Einspruch, sondern der unbefristete Antrag auf gerichtliche Entscheidung (§ 108 Abs. 1 S. 1 Nr. 3 OWiG) als Rechtsbehelf statthaft. Der Bußgeldbescheid oder gleichgestellte Bescheid wird teilrechtskräftig, soweit er nicht angegriffen wurde.[2)]

Beispiel:

Beschränkt der Betroffene den Einspruch auf die Höhe der Geldbuße, kann er im gerichtlichen Bußgeldverfahren den Tatvorwurf der Ordnungswidrigkeit nicht mehr wirksam bestreiten, da der Bußgeldbescheid insoweit bereits Teilrechtskraft erlangt hat.

Beschränkt der Betroffene den Einspruch auf einen von zwei in Tatmehrheit (§ 20 OWiG) stehenden Ordnungswidrigkeiten, kann er die andere im gerichtlichen Bußgeldverfahren nicht mehr wirksam bestreiten, da der Bußgeldbescheid insoweit bereits Teilrechtskraft erlangt hat.

- **Nachträgliche „Beschränkung" des Einspruchs**

Rechtsanwälte und Rechtsanwältinnen als Verteidigende legen den Einspruch i. d. R. zunächst in vollem Umfang ein, um dessen Erfolgsaussichten aufgrund der gleichzeitig beantragten Akteneinsicht zu prüfen. Ergibt die Nachprüfung, dass Einwendungen gegen den Tatvorwurf der Ordnungswidrigkeit aussichtslos sind oder im gerichtlichen Bußgeldverfahren sogar zu einem negativen Ergebnis führen können, folgt die Erklärung, der Einspruch werde auf die Rechtsfolgen, d. h. auf die Höhe der Geldbuße beschränkt. Eine nachträgliche „Beschränkung" des Einspruchs sieht weder § 67 Abs. 2 OWiG noch § 302 StPO i. V. m. § 46 Abs. 1 OWiG nicht vor. Eine solche Erklärung ist als teilweise Zurücknahme auszulegen (§ 300 StPO i. V. m. § 46 Abs. 1 OWiG). Auch die „nachträgliche Beschränkung" eines Einspruchs gegen einen Bußgeldbescheid auf den Rechtsfolgenausspruch erfordert für deren Wirksamkeit eine ausdrückliche Ermächtigung des oder der Betroffenen für den Verteidiger oder die Verteidigerin (§ 67 Abs. 1 S. 2 OWiG i. V. m. § 302 Abs. 2 StPO).[3)] Sie darf nicht allgemeiner Art sein, sondern muss sich auf einen bestimmten Rechtsbehelf beziehen und ausdrücklich vom Willen des oder der Betroffenen getragen sein.[4)] Davon ist auszugehen, wenn die Vollmacht gerade für die Durchführung des Einspruchsverfahrens erteilt wurde.[5)] Es genügt auch, wenn die Vollmacht im Ermitt-

1) OLG Düsseldorf, Beschl. vom 27.8.2024, Az. 2 ORbs 83/24; Thüringisches OLG (Jena), Beschl. vom 2.9.2024, Az. 1 ORbs 371 SsBs 96/24; OLG Rostock, Beschl. vom 14.4.2022, Az. 21 Ss OWi 24/22; KG (Berlin), Beschl. vom 9.8.2019, Az. 3 Ws (B) 205/19; OLG Hamm, Beschl. vom 11.2.2010, Az. 3 Ss OWi 319/09; BayObLG, Urt. vom 24.8.2023, Az. 206 StRR 215/23, für einen Strafbefehl.

2) KG (Berlin), Beschl. vom 6.6.2016, Az. 3 Ws (B) 286/16 – 162 Ss 74/16.

3) BayObLG, Beschl. vom 29.2.2024, Az. 202 ObOWi 140/24; Thüringisches OLG (Jena), Beschl. vom 2.9.2024, Az. 1 ORbs 371 SsBs 96/24; Saarländisches OLG (Saarbrücken), Beschl. vom 8.5.2023, Az. 1 Ss (OWi) 8/23.

4) Thüringisches OLG (Jena), Beschl. vom 2.9.2024, Az. 1 ORbs 371 SsBs 96/24; OLG Bamberg, Beschl. vom 8.2.2019, Az. 2 Ss OWi 123/19.

5) BayObLG, Beschl. vom 29.2.2024, Az. 202 ObOWi 140/24.

lungsverfahren nach Anhörung des Betroffenen und vor Erlass des Bußgeldbescheids erteilt worden war. Liegt die notwendige ausdrückliche Vollmacht jedoch nicht vor, bleibt der eingelegte Einspruch in vollem Umfang wirksam, weil Verteidigende dazu keine besondere Ermächtigung des oder der Betroffenen benötigen.[1)]

Beispiel:

Die Betroffene beauftragt nach Zustellung eines Bußgeldbescheides wegen einer fahrlässigen Ordnungswidrigkeit eine Rechtsanwältin, die zunächst zur Fristwahrung Einspruch einlegt. Der Einspruch ist aufgrund der Mandatsanzeige auch ohne Vorlage einer nachgewiesenen Vollmacht wirksam. Nach Akteneinsicht „beschränkt“ die Verteidigerin den Einspruch auf die Geldbuße, um eine gerichtliche Verurteilung wegen einer vorsätzlichen Ordnungswidrigkeit zu verhindern. Diese teilweise Zurücknahme des eingelegten Einspruchs ist mangels einer besonderen Ermächtigung der Betroffenen zumindest vorerst unwirksam. Ohne eine wirksame nachträgliche Beschränkung riskiert die Betroffene die Verurteilung wegen einer vorsätzlichen Ordnungswidrigkeit durch das Amtsgericht.

Rechtsanwälte und Rechtsanwältinnen können den Einspruch seit 2026 nur noch in elektronischer Form wirksam beschränken (§ 110c S. 3 OWiG in der seit 2026 geltenden Form).

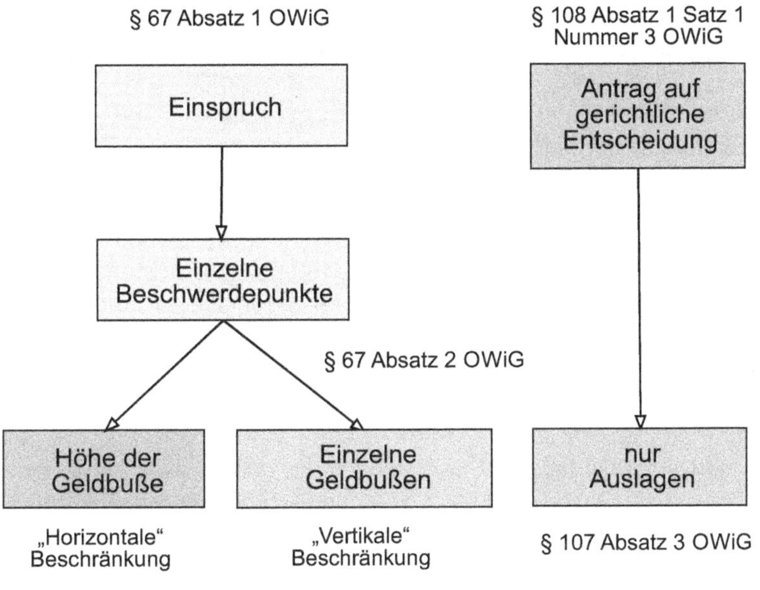

Abb. 5: Beschränkung des Einspruchs

1) BayObLG, Beschl. vom 21.12.2023, Az. 202 ObOWi 1264/23.

- **Begründung**

Eine Begründung des Einspruchs ist nicht vorgeschrieben.[1] Eine Begründungspflicht würde dem Schweigerecht des Betroffenen (§ 136 Abs. 1 S. 2 StPO) widersprechen. Der oder die Betroffene kann jedoch im Zwischenverfahren nach zulässigem Einspruch unter erneuter Belehrung über das Schweigerecht erneut Gelegenheit zur Äußerung (§ 69 Abs. 2 S. 3 OWiG) erhalten.[2] Diese zweite Anhörung unterbricht jedoch nicht mehr die Verfolgungsverjährung.[3]

- **Amtssprache**

Der Einspruch muss sich der deutschen Sprache als Amtssprache bedienen (§ 23 Abs. 1 VwVfG analog), obwohl dies ausdrücklich nur für das gerichtliche Bußgeldverfahren vorgeschrieben ist (§ 184 GVG i. V. m. § 46 Abs. 1 OWiG). Fremdsprachige Einsprüche ohne Vorlage einer Übersetzung sind auch dann als unzulässig zu behandeln, wenn die verantwortende Person der Verwaltungsbehörde die fremde Sprache beherrscht. Eine Übersetzung durch die Verwaltungsbehörde ist daher nicht anzufertigen, eine entsprechende Anwendung von § 23 Abs. 2 S. 1 VwVfG und entsprechenden landesrechtlichen Vorschriften findet im Bußgeldverfahren nicht statt.

3. Einspruchsverzicht

Der oder die Betroffene kann vom Erlass des Bußgeldbescheides (§ 33 Abs. 2 OWiG) bis zum Ablauf der Einspruchsfrist auf die Einlegung des Einspruchs verzichten (§ 67 Abs. 1 S. 2 OWiG i. V. m. § 302 Abs. 1 S. 1 StPO). Auch wenn der oder die Erklärende nicht ausdrücklich von „Verzicht“ spricht, kann die Erklärung diesen Inhalt haben, wenn der hierauf gerichtete Wille deutlich zum Ausdruck kommt.[4] In der vorbehaltlosen Ankündigung der Zahlung der Geldbuße ist mangels anderer Anhaltspunkte ein Rechtsbehelfsverzicht zu sehen.[5] Rechtsanwälte und Rechtsanwältinnen (§ 137 StPO i. V. m. § 46 Abs. 1 OWiG) sowie sonstige von der Verwaltungsbehörde zugelassene Verteidigende (§ 138 StPO i. V. m. § 46 Abs. 1 OWiG) können auf den Rechtsbehelf seit 2026 nur in elektronischer Form wirksam verzichten (§ 110c S. 3 Nr. 1 OWiG).[6] Ist der Verzicht auf den Einspruch als Rechtsbehelf unwirksam, tritt die Rechtskraft des Bußgeldbescheides bei mangelfreier Zustellung nach Ablauf der Einspruchsfrist ein.[7]

Der Verzicht des Erziehungsberechtigten (§ 67 Abs. 2 JGG i. V. m. § 46 Abs. 1 OWiG) berührt nicht die Einspruchsbefugnis eines oder einer jugendlichen Betroffenen (§ 67 Abs. 1 S. 1 OWiG). Die kommentarlose Zahlung der Geldbuße während

1) BayObLG, Beschl. vom 21.12.2023, Az. 202 ObOWi 1264/23.
2) Zur nochmaligen Anhörung des oder der Betroffenen im Zwischenverfahren nach zulässigem Einspruch (§ 69 Abs. 2 S. 3 OWiG) § 20 Nr. 2.
3) Zur Unterbrechung der Verfolgungsverjährung durch die erste Anhörung (§ 33 Abs. 1 S. 1 OWiG).
4) LG Arnsberg, Beschl. vom 27.6.2008, Az. 2 Qs 51/08.
5) OLG Rostock, Beschl. vom 16.8.2001, Az. 2 Ss (OWi) 158/01 I 110/01; LG Arnsberg, Beschl. vom 27.6.2008, Az. 2 Qs 51/08.
6) Art. 8 Nr. 4 Gesetz zur weiteren Digitalisierung der Justiz vom 12.7.2024 (BGBl. I Nr. 234).
7) OLG Braunschweig, Urt. vom 28.12.2023, Az. 9 U 103/22.

der Einspruchsfrist ist nur eine Handlung, aber keine Willenserklärung des oder der Betroffenen, und daher regelmäßig nicht als Verzicht auf den Einspruch auszulegen.[1] Hat der oder die Erklärende erkennbare Schwierigkeiten mit der deutschen Sprache und ist er oder sie ohne anwaltlichen Beistand, so ist der Verzicht insbesondere nur dann wirksam, wenn sich der oder die Betroffene der vollen Tragweite seiner Erklärung bewusst ist.[2] Davon ist bei der Übersetzung durch einen qualifizierten Dolmetscher oder eine qualifizierte Dolmetscherin auszugehen.[3] Der oder die Betroffene kann nicht wirksam bereits vor Erlass des Bußgeldbescheides anbieten, bei Festsetzung einer bestimmten Geldbuße im Bußgeldbescheid von vornherein auf einen Einspruch zu verzichten.[4]

Die Verbindung einer Verzichtserklärung des oder der Betroffenen nach einer Verständigung der Verfahrensbeteiligten über die Rechtsfolgen (§ 257c StPO analog) mit dem Empfangsbekenntnis bei der Zustellung eines Bußgeldbescheids durch die Verwaltungsbehörde (§ 51 Abs. 5 OWiG i. V. m. § 5 Abs. 1 VwZG) ist unwirksam. Nach § 67 Abs. 1 S. 2 OWiG i. V. m. § 302 Abs. 1 S. 2 StPO ist ein Verzicht ausdrücklich ausgeschlossen, wenn eine Verständigung der Verfahrensbeteiligten (§ 257c StPO) vorausgegangen ist.[5]

Der wirksame Verzicht auf die Einlegung eines Einspruchs führt sofort die Rechtskraft und damit die Vollstreckbarkeit des Bußgeldbescheids herbei (§ 89 OWiG). Die Verzichtserklärung ist als Verfahrenserklärung unwiderruflich. Der Verzicht kann auch nicht wegen Irrtums angefochten oder zurückgenommen werden.[6] Ein nachträglicher Einspruch (§ 67 Abs. 1 OWiG) oder ein Antrag auf Wiedereinsetzung in den vorigen Stand (§ 52 OWiG) ist unzulässig, auch wenn die Einspruchsfrist noch nicht abgelaufen ist.[7]

4. Zurücknahme des Einspruchs

Der Einspruch gegen den Bußgeldbescheid kann in jeder Lage des Verfahrens bis zum Erlass einer gerichtlichen Entscheidung (Sachurteil, Beschluss nach § 72 OWiG) unwiderruflich zurückgenommen werden (§ 67 Abs. 1 S. 2 OWiG i. V. m. § 302 Abs. 1 S. 1 StPO).[8] Nachdem bereits für die Einlegung des Einspruchs keine besondere Form vorgeschrieben ist, kann der Einspruch ebenso formlos, also auch mündlich oder telefonisch zu Protokoll der Verwaltungsbehörde zurückgenommen werden.[9]

1) OLG Stuttgart, Beschl. vom 16.10.1997, Az. 1 Ss 505/97.
2) BVerfG, stattgebender Kammerbeschluss vom 25.1.2008, Az. 2 BvR 325/06; Pfälzisches OLG (Zweibrücken), Beschl. vom 3.11.1993, Az. 1 Ws 539/93.
3) KG (Berlin), Beschl. vom 7.11.2000, Az. 1 AR 1227/00 – 3 Ws 509/00.
4) AG Kehl, Beschl. vom 7.5.2008, Az. 6 OWi 1/08.
5) OLG München, Urt. vom 22.3.2019, Az. 4 OLG 14 Ss 322/18, für das Strafverfahren.
6) BGH, Beschl. vom 29.11.1983, Az. 4 StR 681/83.
7) BGH, Beschl. vom 25.9.1990, Az. 4 StR 204/90.
8) BGH, Beschl. vom 14.1.1986, Az. 1 StR 589/85; OLG Sachsen-Anhalt (Naumburg), Beschl. vom 11.1.2022, Az. 1 Ws 235/21.
9) Zur Form des Einspruchs (§ 67 Abs. 1 S. 1 OWiG) § 18 Nr. 5.

Die Einspruchsrücknahme ist nicht widerrufbar und nicht wegen Irrtums anfechtbar.[1]

- **Zahlung der Geldbuße ohne Erklärung**

Die kommentarlose Zahlung der Geldbuße nach einem zulässigen Einspruch besitzt jedoch keinen Erklärungswert und stellt daher auch keine Rücknahmeerklärung dar.[2] Der oder die Betroffene ist in diesem Fall aufzufordern, die Zurücknahme gegenüber der Verwaltungsbehörde zu erklären. Erfolgt eine Rücknahmeerklärung weder elektronisch oder schriftlich noch mündlich oder telefonisch zur Niederschrift der Verwaltungsbehörde, so ist der Bußgeldbescheid nicht rechtskräftig! Nimmt die Verwaltungsbehörde den Bußgeldbescheid aufgrund des Einspruchs nicht zurück, hat sie die Sache über die Staatsanwaltschaft an das Amtsgericht abzugeben (§ 69 Abs. 2 S. 1, Abs. 3 S. 1 OWiG). Die unaufgefordert überwiesene Geldbuße ist nicht von Amts wegen zurückzuüberweisen. Die Verwaltungsbehörde kann den Ausgang des Bußgeldverfahrens und eine mögliche Einspruchsrücknahme vor dem Amtsgericht abwarten oder die Kasse mit einer anderen Forderung aufrechnen. Der oder die Betroffene kann den ohne Rechtsgrund überwiesenen Geldbetrag natürlich jederzeit zurückverlangen.

- **Teilweise Zurücknahme**

Eine teilweise Zurücknahme eines zunächst unbeschränkt eingelegten Einspruchs ist möglich, soweit die Beschränkung des Einspruchs nach § 67 Abs. 2 OWiG zulässig ist.[3] Sie wird in der Verfahrenspraxis auch oft als „nachträgliche Beschränkung" bezeichnet, die aber gesetzlich nicht vorgesehen ist. Für eine teilweise Zurücknahme in Betracht kommt daher die Zurücknahme des Einspruchs bezüglich

– der Beschuldigung (§ 66 Abs. 1 Nr. 3 OWiG), sodass der Bußgeldbescheid nur hinsichtlich der Geldbuße und Nebenfolgen der Ordnungswidrigkeit (§ 66 Abs. 1 Nr. 5 OWiG) noch nicht rechtskräftig ist,

– einer von mehreren in Tatmehrheit stehenden Ordnungswidrigkeiten und gesondert festgesetzten Geldbußen (§ 20 OWiG), sodass der Bußgeldbescheid nur noch bezüglich der verbleibenden Beschuldigungen (§ 66 Abs. 1 Nr. 3 OWiG) und Geldbußen (§ 66 Abs. 1 Nr. 5 OWiG) noch nicht rechtskräftig ist.

Wird der Einspruch soweit zurückgenommen, dass sich der Rechtsbehelf nur noch gegen die Kostenentscheidung richtet, ist er als Antrag auf gerichtliche Entscheidung (§ 108 Abs. 1 S. 1 Nr. 3 i. V. m. § 62 OWiG) auszulegen (§ 300 StPO i. V. m. § 46 Abs. 1 OWiG).

- **Zurücknahmeberechtigte**

Der oder die Betroffene ist stets selbst zur Einspruchsrücknahme befugt. Dies gilt auch für minderjährige Betroffene, die dazu nicht der Zustimmung ihrer Erziehungsberechtigten bedürfen.

1) BGH, Beschl. vom 3.7.2008, Az. 1 StR 290/08.
2) OLG Rostock, Beschl. vom 16.8.2001, 2 Ss (OWi) 158/01 I 110/01; OLG Stuttgart, Beschl. vom 16.10.1997, Az. 1 Ss 505/97.
3) OLG Bamberg, Beschl. vom 8.2.2019, Az. 2 Ss OWi 123/19.

Die Zurücknahme durch eine selbstständig einspruchsberechtigte Person berührt den von einer anderen befugten Person eingelegten Einspruch nicht.

Beispiel:

Die Verwaltungsbehörde erlässt gegen einen minderjährigen Betroffenen (§ 1 Abs. 2 JGG) einen Bußgeldbescheid wegen Schulpflichtversäumnisses. Dagegen legen der Betroffene und seine Erziehungsberechtigten (§ 67 Abs. 1 S. 1 OWiG i. V. m. § 67 Abs. 3 JGG) zulässige Einsprüche ein. Später nehmen die Erziehungsberechtigten den von Ihnen eingelegten Einspruch wieder zurück. Der Einspruch des Betroffenen selbst bleibt davon jedoch unberührt.

Der Verteidiger oder die Verteidigerin des oder der Betroffenen darf den Einspruch nur mit ausdrücklicher Ermächtigung des oder der Betroffenen ganz oder teilweise zurücknehmen (§ 67 Abs. 1 S. 2 OWiG i. V. m. § 302 Abs. 2 StPO). Dies gilt auch für eine teilweise Zurücknahme eines zunächst in vollem Umfang eingelegten Einspruchs.[1] Die Ermächtigung muss sich auf einen bestimmten Rechtsbehelf beziehen, die allgemeine Ermächtigung zur Zurücknahme von Rechtsbehelfen genügt nicht.[2] Diese Ermächtigung ist regelmäßig in einem formularmäßigen Vollmachtdokument enthalten. Eine bloße Mandatsanzeige des Verteidigers oder der Verteidigerin genügt dagegen noch nicht. Die Ermächtigung bedarf keiner besonderen Form und kann elektronisch oder schriftlich, aber auch mündlich oder telefonisch erfolgen.[3] Die Zurücknahmeerklärung wird vom Verteidiger oder der Verteidigerin mit Wirkung für den Betroffenen oder die Betroffene abgegeben. Ein erneuter Einspruch für den Betroffenen oder die Betroffene oder ein Antrag auf Wiedereinsetzung in den vorigen Stand (§ 52 OWiG) ist unzulässig, auch wenn die Einspruchsfrist noch nicht abgelaufen ist. Die wirksame Zurücknahme des Einspruchs führt zur unmittelbaren Rechtskraft und Vollstreckbarkeit der Bußgeldentscheidung (§ 89 OWiG).

Rechtsanwälte und Rechtsanwältinnen (§ 137 StPO i. V. m. § 46 Abs. 1 OWiG) sowie sonstige von der Verwaltungsbehörde zugelassene Verteidigende (§ 138 StPO i. V. m. § 46 Abs. 1 OWiG) können den Rechtsbehelf seit 2026 nur in elektronischer Form wirksam zurücknehmen (§ 110c S. 3 Nr. 1 OWiG).[4]

1) OLG Bamberg, Beschl. vom 8.2.2018, Az. 2 Ss OWi 123/19.
2) BGH, Beschl. vom 2.8.2000, Az. 3 StR 284/00.
3) BGH, Beschl. vom 10.9.2009, Az. 4 StR 120/13.
4) Art. 8 Nr. 4 Gesetz zur weiteren Digitalisierung der Justiz vom 12.7.2024 (BGBl. I Nr. 234).

Muster 18.2: Mitteilung der Verwaltungsbehörde bei unwirksamer Einspruchsrücknahme

Stadt Münsterberg Bußgeldstelle

Stadt Münsterberg, 99090 Münsterberg

Herrn Rechtsanwalt
Peter Baumann
Alte Bergstraße 89
90904 Münsterberg
über besonderes elektronisches Anwaltspostfach

Dienstgebäude Schubertstraße 36, 99090 Münsterberg
Bearbeitung Frau Weber
Telefon (0987) 9878-987
E-Mail bs@muensterberg.de

Ihr Zeichen, Ihre Nachricht vom	Bitte bei Antwort angeben **Unser Zeichen, unsere Nachricht vom**	**Datum**
11.5.2026	OWi – 0987665/26	22.5.2026

Bußgeldverfahren gegen Markus Löber

Sehr geehrter Herr Rechtsanwalt,

Zuwiderhandlung gegen die Gewerbeordnung (§ 144 GewO)

wir haben am 12.2.2026 einen Bußgeldbescheid gegen den Betroffenen erlassen, gegen den Sie am 19.2.2026 form- und fristgemäß Einspruch eingelegt haben. Am 11.3.2026 haben Sie den Rechtsbehelf durch elektronisches Dokument zurückgenommen.

Die Zurücknahme des Rechtsbehelfs ist derzeit noch unwirksam, weil Sie bisher nur eine Mandatsanzeige vorgetragen, nicht aber die zur Zurücknahme notwendige besondere Ermächtigung des Betroffenen vorgelegt haben (§ 67 Abs. 1 S. 2 OWiG i. V. m. § 302 Abs. 2 StPO). Der Bußgeldbescheid ist daher noch nicht rechtskräftig. Wir nehmen diesbezüglich auf die Rechtsbehelfsbelehrung des Bußgeldbescheides Bezug.

Mit freundlichen Grüßen

Stadt Münsterberg, Bußgeldstelle

Telefonzentrale
(0899) 123-0
Internet
www.Muensterberg.de

Servicezeiten
Mo-Mi 7.30-16.30 Uhr
Do 7.30-17.30 Uhr
Fr 7.30-12.00 Uhr

Öffentliche Verkehrsmittel
Stadtbus Linie 6
Haltestelle Mitte

Bankverbindung
Kreissparkasse Münsterberg
IBAN DE2040000000123456
BIC GROBDE77XX
Volksbank Münsterberg
IBAN DE2040000000234567
BIC GROBDE87XX

Besonderes elektronisches Behördenpostfach
Ordnungsamt@muensterberg .de

- **Zurücknahmeadressaten**

Bei der Verwaltungsbehörde kann der eingelegte Einspruch während des gesamten Zwischenverfahrens nach zulässigem Einspruch zurückgenommen werden (§ 69 Abs. 2 OWiG). Nach der Übersendung der Bußgeldakte über die Staatsanwaltschaft an das Amtsgericht (§ 69 Abs. 3 OWiG) verliert die Verwaltungsbehörde die Aufgaben der Verfolgungsbehörde an die Staatsanwaltschaft (§ 69 Abs. 4 S. 1 OWiG). Der Einspruch kann folglich nicht mehr bei der Verwaltungsbehörde wirksam zurückgenommen werden, sodass die eingehende Erklärung möglichst rasch über die Staatsanwaltschaft weiterzuleiten ist. Der Bußgeldbescheid wird dann rechtskräftig und vollstreckbar, solange die Staatsanwaltschaft die Sache noch nicht dem Amtsgericht vorgelegt hat (§ 69 Abs. 4 S. 2 OWiG). In diesem Fall leitet sie die Erklärung ihrerseits weiter. Beim Amtsgericht ist die Zurücknahme so lange möglich, als das Gericht noch kein den Bußgeldbescheid ersetzendes Sachurteil verkündet oder einen Beschluss nach § 72 OWiG im schriftlichen Verfahren erlassen hat. Die Zurücknahme eines unzulässigen Einspruchs bei der Verwaltungsbehörde hat nur deklaratorische Wirkung, die der Verwaltungsbehörde die Verwerfung durch Bescheid (§ 69 Abs. 1 S. 1 OWiG) erspart.[1)]

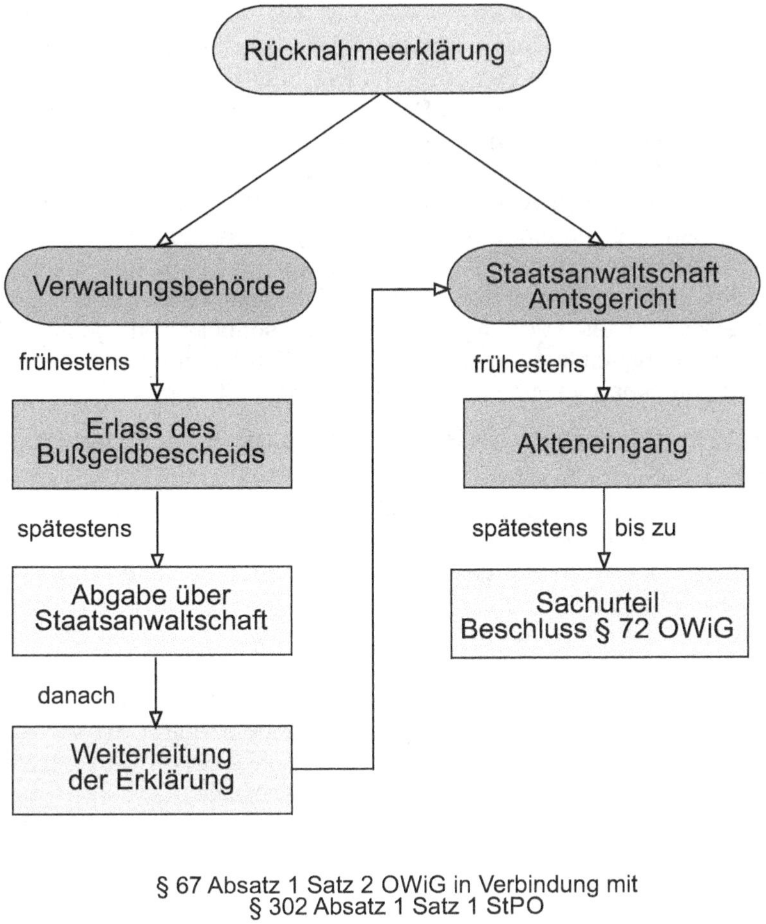

Abb. 6: Einspruchsrücknahme

1) Zur Verwerfung eines Einspruchs gegen den Bußgeldbescheid als unzulässig (§ 69 Abs. 1 S. 1 OWiG) § 19 Nr. 1.

5. Form des Einspruchs

Bei der Form des Einspruchs ist zwischen den nicht beschränkten Betroffenen und Nebenbetroffenen einerseits und seit 2026 auf die elektronische Form festgelegten Verteidigenden, insbesondere Rechtsanwälten und Rechtsanwältinnen, zu unterscheiden:

- **Betroffene und Nebenbetroffene**

Der Einspruch gegen den Bußgeldbescheid (§ 65 OWiG) oder gleichgestellten Bescheid (§§ 87, 88 OWiG) kann nach Wahl des oder der Betroffenen bzw. Nebenbetroffene (i. d. R. juristische Personen und Personenvereinigungen) in drei Formen eingelegt werden: Schriftlich oder zu Protokoll (im Gesetz noch veraltet als „Niederschrift" bezeichnet)[1)] der Verwaltungsbehörde, die den Bußgeldbescheid erlassen hat (§ 67 Abs. 1 S. 1 OWiG) sowie als elektronisches Dokument durch E-Mail mit qualifizierter elektronischer Signatur (§ 32a Abs. 3 StPO i. V. m. § 110c S. 1 OWiG) oder über einen gesicherten Übermittlungsweg (§ 32a Abs. 4 S. 1 StPO i. V. m. § 110c S. 1 OWiG). Aufgrund des Wahlrechts darf der Einspruchsberechtigte auf keine bestimmte Form verwiesen werden. Die Rechtsbehelfsbelehrung des Bußgeldbescheides darf keine derartigen Inhalte, insbesondere keine gesetzlichen nicht vorgesehenen Beschränkungen aufweisen. Die Formen für die Einlegung gelten auch für die Zurücknahme und den Verzicht auf einen Einspruch.

- **Verteidigende, insbesondere Rechtsanwälte und Rechtsanwältinnen**

Verteidigende, insbesondere bei einer Rechtsanwaltskammer in Deutschland zugelassene Rechtsanwälte und Rechtsanwältinnen (§ 12 BRAO) sowie dienstleistende europäische Rechtsanwälte und Rechtsanwältinnen (§ 28 Abs. 1 EuRAG), können den Einspruch gegen den Bußgeldbescheid seit 2026 nur noch in elektronischer Form wirksam einlegen, den Einspruch zurücknehmen oder auf ihn verzichten (§ 32d S. 2 StPO i. V. m. § 110c S. 3 Nr. 1 OWiG).[2)] Sie werden dazu i. d. R. das für sie empfangsbereit vorhandene besondere elektronische Anwaltspostfach (§ 31a bzw. § 31c BRAO) nutzen. Die elektronische Form ist aber auch für solche Personen vorgeschrieben, die über keine Zulassung verfügen, aber durch die Verwaltungsbehörde ausnahmsweise als Verteidigende zugelassen wurden (§ 138 Abs. 2 S. 1 StPO i. V. m. § 46 Abs. 1 OWiG).[3)] Sie müssen sich dann einer E-Mail mit qualifizierter elektronischer Signatur (§ 32a Abs. 2 StPO i. V. m. § 110c S. 1 OWiG) oder einem zugelassenen sicheren Übermittlungsweges (§ 32a Abs. 4 S. 1 Nr. 3, 4 StPO i. V. m. § 110c S. 1 OWiG) bedienen.[4)]

1) Während die StPO inzwischen einheitlich den aus der Gerichtssprache entlehnten Begriff „Protokoll" verwendet, ist dies im OWiG noch nicht der Fall. Der Oberbegriff Protokoll umfasst sowohl die herkömmliche Niederschrift auf Papierdokumenten als auch das elektronische Dokument.

2) Art. 8 Nr. 4 Gesetz zur weiteren Digitalisierung der Justiz vom 12.7.2024 (BGBl. I Nr. 234) und § 18 Kapitel 5.3.2.

3) KG (Berlin), Beschl. vom 22.6.2022, Az. 3 Ws (B) 123/22, für einen Verteidiger, der zwar als Hochschullehrer zur Verteidigung, nicht aber als Rechtsanwalt zugelassen war, und daher über kein besonderes elektronisches Anwaltspostfach verfügte.

4) Art. 8 Nr. 4 Gesetz zur weiteren Digitalisierung der Justiz vom 12.7.2024 (BGBl. I Nr. 234). Zu den zugelassenen Formen des elektronischen Einspruchs § 18 Nr. 5.3.2.

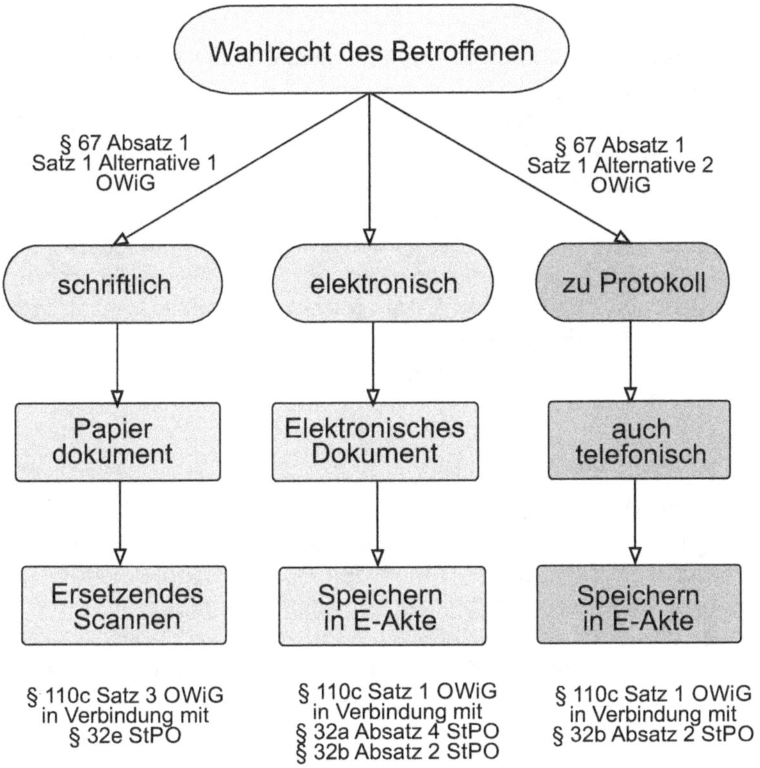

Abb. 7: Einspruchsform

5.1 Schriftlicher Einspruch

Die Einführung des elektronischen Rechtsverkehrs durch die Verwaltungsbehörde schließt die Befugnis des oder der Betroffenen nicht aus, sich bei Rechtsbehelfen der herkömmlichen Schriftform zu bedienen. Die Schriftform des Einspruchs ist gewahrt, wenn ein eingegangenes Dokument einer einspruchsführenden Person zuzuordnen und deren Willen ersichtlich ist, den Bescheid gegenüber anzufechten. Die Schriftform ist seit 2026 nur für Betroffene und Nebenbetroffene (i. d. R. juristische Personen und Personenvereinigungen), nicht mehr aber für Verteidigende, insbesondere Rechtsanwälte und Rechtsanwältinnen, zulässig (§ 32d S. 2 StPO i. V. m. § 110c S. 3 Nr. 1 OWiG in der seit 2026 geltenden Form).[1] Mit der Post oder dem Telefax übermittelte Schriftsätze in Papierform sind daher als unzulässig zu verwerfen (§ 69 Abs. 1 OWiG).

1) Art. 8 Nr. 4 Gesetz zur weiteren Digitalisierung der Justiz vom 12.7.2024 (BGBl. I Nr. 234). Zur Verpflichtung von Verteidigenden zum elektronischen Einspruch (§ 110c S. 3 OWiG in der seit 2026 geltenden Form) § 18 Nr. 5.3.2.

5.1.1 Papierdokument

Die klassische Form des schriftlichen Rechtsbehelfs ist der auf Papier verfasste Brief an die Verwaltungsbehörde. Eine Signatur ist in § 67 Abs. 1 S. 1 Alt. 1 OWiG nicht vorgeschrieben.[1] Der Einspruch bedarf nur der Schriftform, nicht aber der Unterschrift. Der Rechtsbehelf ist daher wirksam, wenn sich das Dokument dem oder der Betroffenen zuordnen und als Einspruch gegen einen Bußgeldbescheid auszulegen ist (§ 300 StPO i. V. m. § 67 Abs. 1 S. 2 OWiG).[2] Der Schriftform ist nicht genügt, wenn der oder die Betroffene den Einspruch lediglich auf dem Überweisungsträger für die Geldbuße einträgt, weil dieser nicht an die Bußgeldstelle, sondern nur an deren Kasse gerichtet ist.[3] Bei einer E-Mail mit der Bitte an die Verwaltungsbehörde, den Dateianhang auszudrucken, handelt es sich nicht um einen schriftlichen, sondern einen elektronischen Rechtsbehelf (siehe daher nachfolgend unter § 18 Nr. 5.3).

5.1.2 Telefax, Computerfax

Der Einspruch durch analoges Telefax genügt nach allgemeiner Meinung der Schriftform.[4] Dies gilt auch dann, wenn das Telefax ohne Unterschriftsmöglichkeit als Computerfax übermittelt wurde.[5] Kommt das Einspruchsdokument wegen technischer Übermittlungsfehler nicht bei der Verwaltungsbehörde an, so dürfen diese nicht zulasten des oder der Betroffenen gehen.[6] Der ordnungsgemäße Empfang eines Telefaxes kann jedoch nicht allein mit dem „O.K.“-Vermerk im Sendeprotokoll des Geräts des oder der Betroffenen bewiesen werden.[7]

5.1.3 Ersetzendes Scannen

Einsprüche, die bei der Verwaltungsbehörde schriftlich durch Papierdokument eingereicht werden, entsprechen als Ausgangsdokumente nicht der seit 2026 verbindlichen elektronischen Aktenführung und müssen daher von ihr in ein elektronisches Dokument übertragen werden (§ 32e Abs. 1 S. 1 StPO i. V. m. § 110c S. 1 OWiG). Bei der Übertragung ist nach dem Stand der Technik sicherzustellen, dass das übertragene Dokument mit dem Ausgangsdokument bildlich und inhaltlich übereinstimmt (§ 32e Abs. 2 StPO i. V. m. § 110c S. 1 OWiG). Bei der Übertragung durch die Verwaltungsbehörde muss aktenkundig sein, welches Verfahren bei der Übertragung in ein elektronisches Dokument angewandt worden ist (§ 32e Abs. 3 S. 1 StPO i. V. m. § 110c S. 1 OWiG). Ausgangsdokumente müssen nicht gespeichert oder aufbewahrt werden, wenn die übertragenen Dokumente zusätzlich einen mit einer

1) LG Stuttgart, Beschl. vom 28.5.2021, Az. 1 Qs 37/21; AG Oldenburg (Oldenburg), Beschl. vom 6.8.2008, Az. 29b OWi 12/08.
2) LG Stuttgart, Beschl. vom 28.5.2021, Az. 1 Qs 37/21; BGH, Urt. vom 7.1.1959, Az. 2 StR 550/58.
3) AG Lüdinghausen, Beschl. vom 19.1.2010, Az. 19 OWi 89 Js 1964/13 – 178/13.
4) OLG Düsseldorf, Beschl. vom 20.10.1994, Az. 1 Ws 773/94; OLG Koblenz, Beschl. vom 5.4.2022, Az. 2 OWi 31 SsBs 55/22, und OLG Oldenburg (Oldenburg), Beschl. vom 25.2.2022, Az. 1 Ss 28/22, zu § 32d StPO; BGH, Beschl. vom 14.10.2014, XI ZB 13/13, und OLG Braunschweig, Beschl. vom 8.4.2019, Az. 11 U 146/18, zu § 130a ZPO.
5) BGH, Beschl. vom 19.4.1994, Az. VI ZB 3/94.
6) OLG Oldenburg (Oldenburg), Beschl. vom 12.3.1992, Az. Ss 41/92.
7) OLG Düsseldorf, Beschl. vom 13.3.1995, Az. 1 Ws 204/95.

qualifizierten elektronischen Signatur (Art. 3 Nr. 12 Verordnung [EU] Nr. 910/2014) versehenen Vermerk darüber enthalten, dass das Ausgangsdokument mit dem zur Akte zu nehmenden Dokument inhaltlich und bildlich übereinstimmt (§ 110c S. 3 OWiG).[1] Das ersetzende Scannen im Bußgeldverfahren weist daher einen erhöhten Standard gegenüber dem Verwaltungsverfahren auf. Daher sollte bereits beim Einlauf von Papierdokumenten eine klare Unterscheidung zwischen den beiden Verfahrensarten durch technische Vorkehrungen geschaffen werden. Die für das Strafverfahren geltende Regelung, wonach solche Ausgangsdokumente während des Verfahrens mindestens sechs Monate nach der Übertragung gespeichert oder aufbewahrt werden müssen (§ 32e Abs. 4 S. 1 StPO), gilt in diesem Falle nicht.

Abb. 8: Qualifizierte elektronische Signaturkarte Muster d-trust GmbH der Bundesdruckerei ©

IV Zwischenverfahren nach Einspruch

1) Zur Aufbewahrungspflicht nichtelektronischer Dokumente nach dem Einscannen § 24 Nr. 2. Das Bußgeldverfahren weicht aufgrund § 110c S. 1 OWiG von der Aufbewahrungspflicht nichtelektronischer Ausgangsdokumente im Strafverfahren nach § 32e Abs. 4 S. 1 StPO ab.

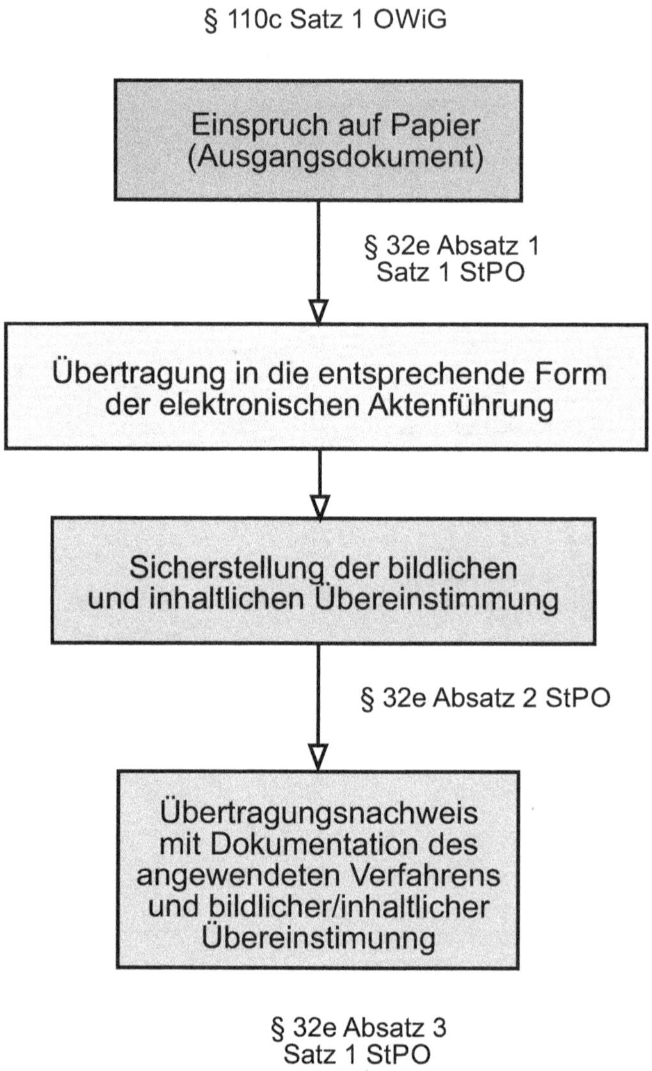

Abb. 9: Übertragung von Einsprüchen in elektronische Dokumente

5.2 Einspruch zur Niederschrift (Protokoll) der Verwaltungsbehörde

Die Verwaltungsbehörde bleibt aufgrund der gesetzlichen Bestimmung in § 67 Abs. 1 S. 1 Alt. 2 OWiG auch nach Einführung des elektronischen Rechtsverkehrs weiterhin verpflichtet, auf Verlangen des oder der Betroffenen oder Nebenbetroffene (i. d. R. juristische Personen und Personenvereinigungen) eine „Niederschrift", d. h. ein elektronisches Dokument als Protokoll über den Einspruch aufzunehmen.[1] Dies

1) BGH, Beschl. vom 20.12.1979, Az. 1 StR 164/79. Der veraltete Begriff „Niederschrift" wird in § 67 Abs. 1 S. 1 OWiG im Gegensatz zum „Protokoll" im einheitlichen, dem gerichtlichen Verfahren entlehnten Sprachgebrauch der StPO noch immer verwendet.

gilt auch dann, wenn die verantwortende Person der Verwaltungsbehörde den Einspruch für unzulässig, z. B. für verspätet hält. Die einspruchsführende Person darf auch nicht auf die Einreichung eines elektronischen Dokuments oder den Schriftweg verwiesen werden. Der Einspruch zur Niederschrift der Verwaltungsbehörde ist nur für Betroffene und Nebenbetroffene, nicht mehr aber für Verteidigende, insbesondere Rechtsanwälte und Rechtsanwältinnen, zulässig (§ 32d S. 2 StPO i. V. m. § 110c S. 3 Nr. 1 OWiG),[1] was aber für die Verfahrenspraxis bedeutungslos sein dürfte.

Der Fall persönlichen Erscheinens von Betroffenen, gesetzlich Vertretender, Nebenbetroffene oder sonst bevollmächtigter Personen in den Diensträumen der Verwaltungsbehörde zur Aufnahme einer Niederschrift kommt dabei so gut wie nicht vor. Praktische Bedeutung hat ausschließlich der telefonische Einspruch zur Niederschrift (= Protokoll) der Verwaltungsbehörde. Dieser ist zwar weder in § 67 Abs. 1 S. 1 OWiG noch in einer anderen Bestimmung vorgesehen, aber von der Rechtsprechung zugelassen.[2] Die Telefonnummer der verantwortenden Person der Verwaltungsbehörde ist entweder dem Bußgeldbescheid zu entnehmen oder Anrufende können sich innerhalb der Verwaltungsbehörde weitervermitteln lassen. Vielfach ist die telefonische Erreichbarkeit auch unmittelbar im Verwaltungsportal (§ 13 ERVV) der Verwaltungsbehörde allgemein ersichtlich. Ein Betroffener oder eine Betroffene ist dabei nicht gehalten, den Einspruch selbst einzulegen. Sie können sich insoweit durch eine bevollmächtigte Person vertreten lassen, die bei der Verwaltungsbehörde anruft.[3] Die rechtzeitige Bevollmächtigung kann auch noch nach Ablauf der Einspruchsfrist nachgewiesen werden.[4] Für die Bevollmächtigung zur Einlegung eines Einspruchs im Bußgeldverfahren ist keine besondere Form erforderlich, insbesondere kann sie auch mündlich erteilt werden. Damit hängt die Wirksamkeit des Einspruchs weder davon ab, dass eine schriftliche Vollmacht eingereicht wird, noch ist erforderlich, dass dies innerhalb der Einspruchsfrist erfolgt.[5] Es ist allerdings das Risiko des oder der Betroffenen, ob er oder sie bzw. eine von ihnen beauftragte Person bei der Verwaltungsbehörde eine zur Entgegennahme einer Niederschrift (= Protokoll) ermächtigte Person, i. d. R. also ein Bediensteter oder eine Bedienstete der Bußgeldstelle erreicht. Diese ist als Verwaltungsbehörde keineswegs verpflichtet, während der ausgewiesenen Dienstzeiten die Entgegennahme telefonischer Rechtsbehelfe sicherzustellen. Betroffene und Nebenbetroffene müssen sich dann eben der beiden alternativen Formen, nämlich des schriftlichen oder elektronischen Rechtsbehelfs bedienen. Eine Telefonvermittlung ist offensichtlich und für den Betroffenen erkennbar nicht zur Entgegennahme von Rechtsbehelfen ermächtigt. Die Aufnahme eines Telefonanrufs durch einen automatisch arbeitenden Anrufbeantworter ist keine Niederschrift, weil sie nicht von einem oder einer Bediensteten, sondern einem technischen Gerät aufgezeichnet wurde.

1) Art. 8 Nr. 4 Gesetz zur weiteren Digitalisierung der Justiz vom 12.7.2024 (BGBl. I Nr. 234) und § 18 Kapitel 5.3.2. Zur Verpflichtung von Verteidigenden zum elektronischen Einspruch § 18 Nr. 5.
2) BGH, Beschl. vom 20.12.1979, Az. 1 StR 164/79.
3) OLG Düsseldorf, Beschl. vom 13.2.1989, Az. 5 Ss (OWi) 456/88 – 10/89 I.
4) VerfGH Rheinland-Pfalz, Beschl. vom 28.1.2021, Az. VGH B 71/20; OLG Stuttgart, Beschl. vom 5.5.1994, Az. 1 Ss 113/94).
5) VerfGH Rheinland-Pfalz, Beschl. vom 28.1.2021, Az. VGH B 71/20.

5.2.1 Vorbereitung des Protokolls

Eine zur Aufnahme von Rechtsbehelfen befugte Person muss für den Betroffenen oder die Betroffene keinesfalls ständig zur Verfügung stehen. Das Risiko, zur Entgegennahme der Einspruchserklärung bereite Bedienstete telefonisch zu erreichen, trägt der oder die Betroffene. Sie müssen sich auch Gewissheit darüber verschaffen, dass der oder die aufnehmende Bedienstete die Einlegung und nicht nur die Ankündigung eines Einspruchs erkannt hat.[1] Der oder die Betroffene wird dadurch nicht rechtlos gestellt, weil sie sich jederzeit innerhalb der Einspruchsfrist der elektronischen oder schriftlichen Alternative bedienen können.

Ein Einspruch zur „Niederschrift der Verwaltungsbehörde“ muss in deutscher Amtssprache erfolgen (§ 184 S. 1 GVG analog i. V. m. § 46 Abs. 1 OWiG).[2] Anrufe in einer Fremdsprache brauchen auch dann nicht entgegengenommen zu werden, wenn sie der oder die aufnehmende Bedienstete versteht. Jeder Aufnahme einer Niederschrift sollte stets eine Statusfeststellung des Verfahrens und eine Identitätsprüfung des Anrufers vorangehen.

- **Statusfeststellung**

  Zunächst sollte stets in der Verfahrensdatenbank überprüft werden, ob

  - überhaupt bei der Verwaltungsbehörde ein Bußgeldverfahren gegen den angeblichen Betroffenen oder die angebliche Betroffene anhängig ist, ein Bußgeldbescheid (§ 65 OWiG) oder gleichgestellter Bescheid (§§ 87, 88 OWiG) erlassen ist und
  - die zweiwöchige Einspruchsfrist (§ 67 Abs. 1 S. 1 OWiG) noch läuft.

  Ist das nicht der Fall, ist zwar eine Niederschrift der trotz Hinweises gewünschten Erklärung, aber braucht keine Begründung aufgenommen zu werden. Stellt der oder die Betroffene nach Fristablauf einen Antrag auf Wiedereinsetzung in den vorigen Stand (§ 52 OWiG), so ist dieser mit dem Einspruch aufzunehmen.[3]

- **Identitätsprüfung**

  Vor Aufnahme einer Erklärung ist stets eine Feststellung und Nachprüfung der personenbezogenen Daten der anrufenden Person notwendig. Rechtsgrundlage für die Identitätsfeststellung im Bußgeldverfahren ist § 163b StPO i. V. m. § 46 Abs. 1 OWiG. Unbedingt festzustellen ist, ob der oder die Betroffene selbst oder eine von ihnen beauftragte Person anruft. Zur Identifizierung notwendig sind für einen Abgleich mit dem elektronischen Melderegister: Name, ggf. Geburts- und frühere Namen, Vornamen, Geburtstag und Geburtsort, aktuelle Anschrift. Verweigert die anrufende Person diese Angaben, wird kein Protokoll aufgenommen. Die personenbezogenen Daten sind auch bei beauftragten Personen wie Angehörigen oder Arbeitgebern notwendig, weil der Verwerfungsbescheid (§ 69 Abs. 1 S. 1 OWiG) gegen sie zu erlassen ist, wenn sich die behauptete mündliche Beauftragung (§ 670 BGB) nachträglich als unzutreffend herausstellt.[4]

1) OLG Düsseldorf, Beschl. vom 25.3.1982, Az. 2 Ws 102/82.
2) Eine praktisch bedeutungslose Ausnahme besteht nur für die sorbische Minderheit (§ 184 S. 2 GVG i. V. m. § 46 Abs. 1 OWiG).
3) Zur Wiedereinsetzung in den vorigen Stand durch die Verwaltungsbehörde (§ 52 OWiG) § 19 Nr. 2.
4) Zum Kreis der einspruchsbefugten Personen (§ 67 Abs. 1 OWiG) § 18 Nr. 1, zur Verwerfung des Einspruchs als unzulässig (§ 69 Abs. 1 S. 1 OWiG) § 19 Nr. 1.

5.2.2 Protokollaufnahme

Erst nach positiver Statusfeststellung und Identitätsfeststellung erfolgt die Aufnahme der „Niederschrift“ als Protokoll (§ 168b Abs. 2 S. 1 StPO i. V. m. § 46 Abs. 1 OWiG) in einer elektronischen Datei zunächst als Entwurf. Die verantwortende Person der Verwaltungsbehörde, nicht die anrufende Person bestimmt den Inhalt des Protokolls. Es besteht kein Anspruch auf ein Wortprotokoll, das zu fertigende Inhaltsprotokoll sollte sich aber möglichst nahe an der Äußerung des oder der Anrufenden orientieren. Zur Vermeidung von Missverständnissen ist die nochmalige Verlesung der aufgenommenen Erklärung angebracht. Eine Begründung des Einspruchs ist nicht vorgeschrieben. Im Hinblick auf § 69 Abs. 2 S. 3 Halbs. 1 OWiG sollte der oder die Betroffene aber bei der Aufnahme des Protokolls Gelegenheit erhalten, sich im Rahmen einer erneuten Anhörung dazu zu äußern, ob und welche Tatsachen sie im Zwischenverfahren zur Entlastung vorbringen möchten. Dabei ist gem. § 69 Abs. 2 S. 3 Halbs. 2 OWiG ein nochmaliger Hinweis auf die Aussagefreiheit erforderlich. Eine anschließende Befragung des oder der Betroffenen zur weiteren Beweisführung und die Verwendung zugegebener Tatsachen als Beweismittel eines (Teil-)Geständnisses sind möglich. Der oder die Betroffene kann den Einspruch auch telefonisch beschränken (§ 67 Abs. 2 OWiG), z. B. auf einzelne Geldbußen oder die Höhe der Geldbuße. Es kann auch geklärt werden, ob wirklich ein Einspruch gewollt oder tatsächlich ein Antrag auf Zahlungserleichterungen (§ 18 OWiG) gemeint ist.

Das vorläufig aufgezeichnete Protokoll wird dem Anrufer oder der Anruferin zur Genehmigung vorgelesen (§ 168a Abs. 3 S. 4 StPO i. V. m. § 46 Abs. 1 OWiG). Im Protokoll sind das Vorlesen oder der Verzicht darauf sowie die Genehmigung oder Einwendungen zu vermerken (§ 168a Abs. 3 S. 5 und 6 StPO i. V. m. § 46 Abs. 1 OWiG). Das Protokoll ist dem Anrufer oder der Anruferin also nicht etwa zur Genehmigung zuzuleiten. Anschließend wird das Protokoll als elektronisches Dokument mit der Namensangabe der verantwortenden Person der Verwaltungsbehörde in der Bußgeldakte gespeichert (§ 32b Abs. 1 S. 1, Abs. 2 StPO i. V. m. § 110c S. 1 OWiG).

Eine fehlende Signatur des oder der Bediensteten der Verwaltungsbehörde ist unschädlich, wenn das elektronische Dokument ihm oder ihr zugeordnet werden kann.[1] Eine qualifizierte elektronische Signatur (Art. 3 Nr. 12 Verordnung [EU] Nr. 910/2014) ist nicht vorgeschrieben.

1) OLG Düsseldorf, Beschl. vom 23.2.1977, Az. 2 Ss OWi 1362/76.

Muster 18.3: Protokoll eines telefonischen Einspruchs – Betroffene

Stadt Münsterberg – Bußgeldstelle –

Münsterberg, den 14.4.2026
Bearbeitung: Frau Schlosser

Protokoll eines telefonischen Einspruchs gegen einen Bußgeldbescheid

Bußgeldverfahren gegen Herrn Rainer Lehmann, geboren am 31.1.1969 in Mittenberg, wohnhaft Heinrich-Heine-Platz 10, 01234 Münsterberg

- Status Bußgeldverfahren: Bußgeldbescheid erlassen, Einspruchsfrist läuft
- Identität des Betroffenen: Personenbezogene Daten abgeglichen

Um 08.30 Uhr ruft der Betroffene persönlich an und erklärt:

„Ich bin mit dem Bußgeldbescheid vom 2.4.2026 nicht einverstanden."

Auf Frage:

„Der Einspruch gegen den Bußgeldbescheid soll in vollem Umfang gegen die Beschuldigung erfolgen und nicht auf die Geldbuße beschränkt werden."

Nach Belehrung über die Aussagefreiheit (§ 69 Abs. 2 S. 3 OWiG):

„Ich möchte den Einspruch begründen: Ich habe übersehen, das Konto im Wohngeldantrag anzugeben. Außerdem ist die Geldbuße viel zu hoch, weil ich inzwischen nur noch Grundsicherungsleistungen beziehe."

Auf Frage:

„Das Merkblatt habe ich bekommen, aber nicht durchgelesen."

Vorgelesen und genehmigt.

Gespeichert als elektronisches Dokument: 14.4.2026, 14.37 Uhr.

Schlosser

als verantwortende Person

(§ 32b Abs. 1 S. 1 StPO i. V. m. § 110c S. 1 OWiG)

Muster 18.4: Protokoll eines beschränkten telefonischen Einspruchs – Betroffene

Stadt Münsterberg – Bußgeldstelle –

Münsterberg, den 14.4.2026
Bearbeitung: Frau Schlosser

Protokoll eines telefonischen Einspruchs gegen einen Bußgeldbescheid

Bußgeldverfahren gegen Herrn Rainer Lehmann, geboren am 31.1.1969 in Mittenberg, wohnhaft Heinrich-Heine-Platz 10, 01234 Münsterberg

- Status Bußgeldverfahren: Bußgeldbescheid erlassen, Einspruchsfrist läuft
- Identität des Betroffenen: Personenbezogene Daten abgeglichen

Um 08.30 Uhr ruft der Betroffene an und erklärt:

„Ich bin mit dem Bußgeldbescheid vom 2.4.2026 nicht einverstanden."

Auf Frage:

„Das stimmt schon, es geht nur um die Höhe der Geldbuße. Ich beschränke meinen Einspruch nach Belehrung (§ 67 Abs. 2 OWiG) darauf."

Nach Belehrung über die Aussagefreiheit (§ 69 Abs. 2 S. 3 OWiG):

„Die Geldbuße ist viel zu hoch, weil ich mein Geschäft aufgegeben habe und inzwischen nur noch Grundsicherungsleistungen beziehe."

Auf Frage:

„Zahlungserleichterungen durch eine Zahlungsfrist oder Teilzahlungen reichen nicht aus. Ich bitte um eine geringere Geldbuße.

Vorgelesen und genehmigt.

Gespeichert als elektronisches Dokument: 14.4.2026, 14.37 Uhr.

Schlosser

als verantwortende Person

(§ 32b Abs. 1 S. 1 StPO i. V. m. § 110c S. 1 OWiG)

Muster 18.5: Protokoll über beantragte Zahlungserleichterungen – Betroffene

Stadt Münsterberg – Bußgeldstelle –

Münsterberg, den 14.4.2026

Bearbeitung: Frau Schlosser

Protokoll eines telefonischen Einspruchs gegen einen Bußgeldbescheid

Bußgeldverfahren gegen Herrn Rainer Lehmann, geboren am 31.1.1969 in Mittenberg, wohnhaft Heinrich-Heine-Platz 10, 01234 Münsterberg

- Status Bußgeldverfahren: Bußgeldbescheid erlassen, Einspruchsfrist läuft
- Identität des Betroffenen: Personenbezogene Daten abgeglichen

Um 08.30 Uhr ruft der Betroffene an und erklärt:

„Ich bin mit dem Bußgeldbescheid vom 2.4.2026 nicht einverstanden."

Auf Frage:

Die Geldbuße kann ich nicht bezahlen. Mit einer Ratenzahlung von 50,00 Euro monatlich, beginnend ab Juli 2026 wäre ich einverstanden.

Erklärung:

Ich verzichte auf einen Einspruch und möchte nur Ratenzahlung von 50,00 Euro monatlich ab Juli 2026 beantragen.

Vorgelesen und genehmigt.

Gespeichert als elektronisches Dokument: 14.4.2026, 14.37 Uhr.

Schlosser

als verantwortende Person

(§ 32b Abs. 1 S. 1 StPO i. V. m. § 110c S. 1 OWiG)

Muster 18.6: Protokoll eines telefonischen Einspruchs – mündlich Beauftragte

Stadt Münsterberg – Bußgeldstelle –

Münsterberg, den 14.4.2026

Bearbeitung: Frau Schlosser

Protokoll eines telefonischen Einspruchs gegen einen Bußgeldbescheid

Bußgeldverfahren gegen Herrn Rainer Lehmann, geboren am 31.1.1969 in Mittenberg, wohnhaft Heinrich-Heine-Platz 10, 01234 Münsterberg

- Status Bußgeldverfahren: Bußgeldbescheid erlassen, Einspruchsfrist läuft
- Identität nach Meldeunterlagen abgeglichen

Um 08.30 Uhr ruft an:

Frau Christine Hess, geb. 10.4.1988, Kassel, Steinstraße 123, 99834 Bad Neustadt (Partnerin des Betroffenen)

und erklärt:

„Ich bin von Herrn Lehmann letzte Woche mündlich gebeten worden, gegen einen Bußgeldbescheid der Stadt Münsterberg telefonisch für ihn Einspruch einzulegen."

Auf Frage:

„Aktenzeichen und Datum des Bußgeldbescheides kenne ich nicht. Eine Begründung soll ich nicht abgeben."

Vorgelesen und genehmigt.

Gespeichert als elektronisches Dokument: 14.4.2026, 14.37 Uhr.

Schlosser

als verantwortende Person

(§ 32b Abs. 1 S. 1 StPO i. V. m. § 110c S. 1 OWiG)

5.3 Elektronischer Einspruch

Nach der Gesetzbegründung ist unter dem Begriff „elektronisches Dokument" jegliche Form von elektronischer Information (z. B. Text-, Tabellen-, Bilddatei) zu verstehen, die ein Schriftstück bzw. eine körperliche Urkunde ersetzen soll und grundsätzlich zur Wiedergabe in verkörperter Form (z. B. durch Ausdruck) geeignet ist (BT-Drucksache 18/9416).[1] Geht bei der Verwaltungsbehörde ein elektronischer Einspruch ein, hängt seine Zulässigkeit zunächst von einer E-Mail mit qualifizierter elektronischer Signatur (§ 32a Abs. 3 StPO i. V. m. § 110c S. 1 OWiG) oder einem zugelassenen sicheren Übermittlungsweg ab (§ 32a Abs. 4 S. 1 StPO i. V. m. § 110c S. 1 OWiG). Bei Redaktionsschluss dieser Auflage waren für Betroffene und Nebenbetroffene das besondere elektronische Bürger- und Organisationenpostfach („ebo", § 10 ERVV) und das Bürgerpostfach im Portalverbund („BundID", § 13 Abs. 1 ERVV

1) OLG Koblenz, Beschl. vom 5.4.2022, Az. 2 OWi 31 SsBs 55/22, und OLG Oldenburg (Oldenburg), Beschl. vom 25.2.2022, Az. 1 Ss 28/22, zu § 32d StPO; BGH, Beschl. vom 14.10.2014, XI ZB 13/13, und OLG Braunschweig, Beschl. vom 8.4.2019, Az. 11 U 146/18, zu § 130a ZPO.

i. V. m. § 2 Abs. 5 S. 3 OZG, künftig DeutschlandID, § 12 Abs. 1 S. 3 OZG) vorgesehen (§ 32a Abs. 4 S. 1 Nr. 3 und 4 StPO i. V. m. § 110c S. 1 OWiG).

Als spezieller sicherer Übermittlungsweg für Verteidiger und Verteidigerinnen ist für Verteidigende, insbesondere Rechtsanwälte und Rechtsanwältinnen, ausschließlich vorgeschrieben (§ 32d S. 2 StPO i. V. m. § 110c S. 3 Nr. 1 OWiG).[1] Dies betrifft bei

- einer Rechtsanwaltskammer in Deutschland zugelassene Rechtsanwälte und Rechtsanwältinnen (§ 12 BRAO) das besondere elektronische Anwaltspostfach (§ 32a Abs. 4 S. 1 Nr. 1 StPO i. V. m. § 110c S. 1 OWiG, § 31a BRAO),
- dienstleistenden europäischen Rechtsanwälten und Rechtsanwältinnen (§ 28 Abs. 1 EuRAG) auch deren im Ausland vorhandenes elektronisches Anwaltspostfach (§ 31c BRAO). In diesem Fall kann die Verwaltungsbehörde auf die Benennung eines oder einer inländischen Zustellungsbevollmächtigten (§ 31 Abs. 1 S. 1 bis 3 EuRAG) verzichten, wenn der Rechtsanwalt oder die Rechtsanwältin für die Zustellung elektronischer Dokumente einen sicheren Übermittlungsweg eröffnet hat (§ 31 Abs. 3 EuRAG).

Für andere Übermittlungswege (§ 32a Abs. 4 S. 1 Nr. 4 und 5 StPO i. V. m. § 110c S. 1 OWiG) fehlt es noch an den dazu vorgesehenen Einführungsverordnungen. Die Planungen hierzu befinden sich noch immer in einem sehr vagen Anfangsstadium. Eindeutig unzulässig sind jedoch ungesicherte E-Mails mit nur einfacher elektronischer Signatur an die im Bußgeldbescheid aufgeführte Adresse der verantwortenden Person der Verwaltungsbehörde, weil sie nicht den gesetzlichen Formerfordernissen (§ 32a Abs. 3 StPO i. V. m. § 110c S. 1 OWiG) entsprechen und im abschließenden Katalog der sicheren Übermittlungswege (§ 32a Abs. 4 S. 1 StPO i. V. m. § 110c S. 1 OWiG) fehlen.[2] Dies entspricht der veröffentlichten Rechtsprechung der Amtsgerichte zur gerichtlichen Verwerfung des Einspruchs gegen den Bußgeldbescheid als formunzulässig (§ 70 OWiG),[3] der Landgerichte im Beschwerdeverfahren

1) Art. 8 Nr. 4 Gesetz zur weiteren Digitalisierung der Justiz vom 12.7.2024 (BGBl. I Nr. 234) und § 18 Kapitel 5.3.2. Zur Verpflichtung von Verteidigenden zum elektronischen Einspruch § 18 Nr. 5.

2) OLG Karlsruhe, Beschl. vom 16.11.2023, Az. 2 ORbs 35 Ss 4/23 (ständige Rechtsprechung); OLG Düsseldorf, Beschl. vom 2.8.2022, Az. 2 Ws 152/22; OLG Koblenz, Beschl. vom 18.11.2021, Az. 3 OWi 32 SsBs 119/21; Thüringer OLG (Jena), Beschl. vom 10.11.2017, Az. 1 OLG 145 SsBs 49/16; LG Nürnberg-Fürth, Beschl. vom 9.11.2022, Az. 12 Qs 59/22, für das Strafbefehlsverfahren; LG Tübingen, Beschl. vom 28.1.2019, Az. 9 Qs 6/19; AG Stuttgart, Beschl. vom 23.9.2021, Az. 18 OWi 73 Js 75232/21; AG Aschersleben, Beschl. vom 2.1.2023, Az. 6 OWi 301/22; AG Baden-Baden, Beschl. vom 24.8.2020, Az. 14 OWi 308 Js 3503/20; AG Kassel, Beschl. vom 6.9.2017, Az. 384 OWi – 9433 Js 27079/17; LG Münster, Beschl. vom 12.10.2015, Az. 2 Qs 76/15; AG Hameln, Beschl. vom 14.2.2022, Az. 49 OWi 23/22; LG Tübingen, Beschl. vom 28.1.2019, Az. 9 Qs 6/19; LG Münster, Beschl. vom 12.10.2015, Az. 2 Qs-89 Js 1834/15-76/15; LG Fulda, Beschl. vom 2.7.2012, Az. 2 Qs 65/12; LG Heidelberg, Beschl. vom 18.1.2008m Az. 11 Qs 2/08 Owi; AG Hünfeld, Beschl. vom 26.11.2012, Az. 3 OWi 32 Js 17217/12; LG Gießen, Beschl. vom 20.5.2015, Az. 802 Js 38909/14; LG Zweibrücken, Beschl. vom 7.7.2010, Az. Qs 47/10; OLG Hamm, Beschl. vom 28.12.2017, Az. 4 Ws 241/17; LG Fulda, Beschl. vom 2.7.2012, Az. 2 Qs 65/12; LG Wiesbaden, Beschl. vom 25.4.2018, Az. 3 Qs 20/18; LG Münster, Beschl. vom 12.10.2015; anderer Auffassung mit unrichtiger Begründung nur AG Tiergarten (Berlin), Beschl. vom 5.4.2022, Az. 310 OWi 161/22; LG Mosbach, Beschl. vom 30.8.2018, Az. 1 Qs 22/18.

3) AG Köln, Beschl. vom 3.8.2023, Az. 582 OWi 39/23; AG Aschersleben, Beschl. vom 18.7.2023, Az. 6 OWi 139/23; AG Baden-Baden, Beschl. vom 24.8.2020, Az. 14 OWi 308 Js 3503/20; AG Kassel, Beschl. vom 6.9.2017, Az. 384 OWi – 9433 Js 27079/17; AG Stuttgart, Beschl. vom 23.9.2021, Az. 75232/21; AG Hünfeld, Beschl. vom 26.11.2012, Az. 3 OWi 32 Js 17217/12); AG Hameln, Beschl. vom 14.2.2022, Az. 49 OWi 23/22.

(§ 304 StPO i. V. m. § 46 Abs. 1 OWiG)[1] und der Oberlandesgerichte im Rechtsbeschwerdeverfahren (§ 79 OWiG).[2] Soweit vereinzelt Untergerichte mit teilweise stark gesetzesfremden Argumenten der herrschenden Rechtsprechung nicht folgen wollen, sollte die Verwaltungsbehörde solchen Entscheidungen unter Hinweis auf die inzwischen nahezu einhellige Rechtsprechung der Amts-, Land- und Oberlandesgerichte grundsätzlich nicht folgen. Die vereinzelt gebliebene Entscheidung des Amtsgerichts Tiergarten (Berlin) vom 5.4.2022[3] wurde inzwischen von den OLG Karlsruhe

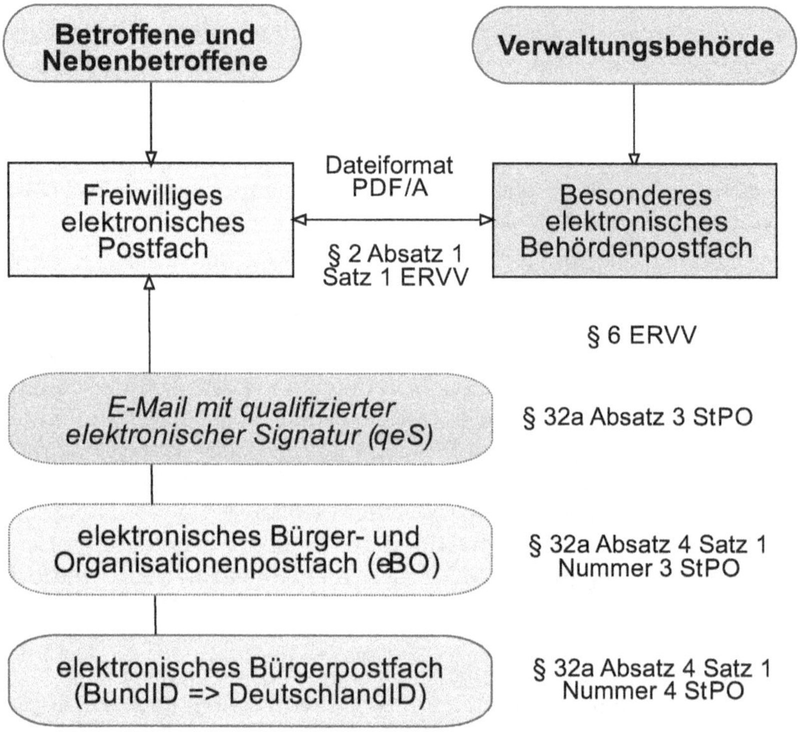

Abb. 10: Elektronische Kommunikation Verwaltungsbehörde ↔ Betroffene und Nebenbetroffene

1) LG Tübingen, Beschl. vom 28.1.2019, Az. 9 Qs 6/19; LG Münster, Beschl. vom 12.10.2015, Az. 2 Qs 76/15; LG Tübingen, Beschl. vom 28.1.2019, Az. 9 Qs 6/19; LG Münster, Beschl. vom 12.10.2015, Az. 2 Qs-89 Js 1834/15-76/15; LG Fulda, Beschl. vom 2.7.2012, Az. 2 Qs 65/12; LG Heidelberg, Beschl. vom 18.1.2008, Az. 11 Qs 2/08 Owi; LG Gießen, Beschl. vom 20.5.2015, Az. 802 Js 38909/14; LG Zweibrücken, Beschl. vom 7.7.2010, Az. Qs 47/10; LG Fulda, Beschl. vom 2.7.2012, Az. 2 Qs 65/12; LG Wiesbaden, Beschl. vom 25.4.2018, Az. 3 Qs 20/18; LG Münster, Beschl. vom 12.10.2015, Az. 2 Qs 76/15.

2) OLG Karlsruhe, Beschl. vom 16.11.2023, Az. 2 ORbs 35 Ss 4/23 (ständige Rechtsprechung); OLG Düsseldorf, Beschl. vom 2.8.2022, Az. 2 Ws 152/22; OLG Koblenz, Beschl. vom 18.11.2021, Az. 3 OWi 32 SsBs 119/21; Thüringer OLG (Jena), Beschl. vom 10.11.2017, Az. 1 OLG 145 SsBs 49/16; OLG Hamm, Beschl. vom 28.12.2017, Az. 4 Ws 241/17.

3) AG Tiergarten (Berlin), Beschl. vom 5.4.2022, Az. 310 OWi 161/22, unter Ablehnung der Entscheidung des AG Hameln, Beschl. vom 14.2.2022, Az. 49 OWi 23/22.

und Frankfurt (Main) ausdrücklich abgelehnt[1] und kann mit der darin vertretenen Argumentation vernünftigerweise nicht mehr vertreten werden.

5.3.1 Einspruch durch Betroffene

Ein elektronischer Einspruch darf von Betroffenen ausschließlich an das im Bußgeldbescheid bezeichnete besondere elektronische Behördenpostfach (§ 6 ERVV) der Verwaltungsbehörde, nicht aber an die dort angegebene oder eine sonstige E-Mail-Adresse der Verwaltungsbehörde eingereicht werden. Der oder die Betroffene hat für die Wirksamkeit des Rechtsbehelfs entweder eine E-Mail mit qualifizierter elektronischer Signatur (§ 32a Abs. 3 StPO i. V. m. § 110c S. 1 OWiG) oder einen sicheren Übermittlungsweg zu verwenden (§ 32a Abs. 4 S. 1 StPO i. V. m. § 110c S. 1 OWiG). Bei Redaktionsschluss dieser Aktualisierung waren für Betroffene alternativ das besondere elektronische Bürger- und Organisationenpostfach (§ 10 ERVV) und Bürgerpostfach des Portalverbundes („BundID", § 13 Abs. 1 ERVV i. V. m. § 2 Abs. 5 S. 3 OZG, künftig DeutschlandID, § 12 Abs. 1 S. 3 OZG) vorgesehen (§ 32a Abs. 4 S. 1 Nr. 4 und 5 StPO i. V. m. § 110c S. 1 OWiG). Über die neben den anderen beiden Formen des Einspruchs „schriftlich oder zur Niederschrift" (§ 67 Abs. 1 S. 1 OWiG) zum Erlasszeitpunkt des Bußgeldbescheides jeweils zugelassenen sicheren Übermittlungswege (§ 32a Abs. 4 S. 1 StPO i. V. m. § 110c S. 1 OWiG) wurde der oder die Betroffene bereits in der Rechtsbehelfsbelehrung belehrt (§ 50 Abs. 2 OWiG).

Das von dem oder der Betroffenen übermittelte elektronische Dokument ist bei der Verwaltungsbehörde eingegangen, sobald es auf der für den Empfang bestimmten Einrichtung gespeichert ist (§ 32a Abs. 5 S. 1 StPO i. V. m. § 110c S. 1 OWiG). Der Absender oder die Absenderin erhält darüber sofort eine automatisierte elektronische Bestätigung über den Zeitpunkt des Eingangs (§ 32a Abs. 5 S. 2 StPO i. V. m. § 110c S. 1 OWiG). Die verantwortende Person der Verwaltungsbehörde erfährt von dem Rechtsbehelf, sobald sie sich wieder in das System einloggt. Das eingegangene elektronisches Dokument muss für die Bearbeitung durch die Verwaltungsbehörde geeignet sein (§ 32a Abs. 2 S. 1 StPO i. V. m. § 110c S. 1 OWiG). Der oder die Einspruchsberechtigte kann daher nicht ein beliebiges, ihnen zur Verfügung stehendes Dateiformat wählen, sondern hat sich an die jeweils durch Rechtsverordnung vorgegebenen technischen Rahmenbedingungen zu halten (§ 32a Abs. 2 S. 2 StPO i. V. m. § 110c S. 1 OWiG). Dies ist ausschließlich das Dateiformat PDF/A (portable document format, § 5 Abs. 1 Nr. 1 ERVV).[2] Erweist sich das elektronische Dokument als für die Bearbeitung durch die Verwaltungsbehörde nicht geeignet, ist dies dem Absender oder die Absenderin unter Hinweis auf die Unwirksamkeit des Eingangs und die jeweils geltenden technischen Rahmenbedingungen unverzüglich, d. h. ohne schuldhaftes Zögern (§ 121 Abs. 1 S. 1 BGB) mitzuteilen (§ 32a Abs. 6 S. 1 StPO i. V. m. § 110c S. 1 OWiG). Steht dazu kein sicherer Übermittlungsweg zur Verfügung, muss dem oder der Betroffenen ein Ausdruck der Mitteilung durch einfachen Brief zugesandt werden (§ 50 Abs. 1 S. 1 OWiG). Eine Antwort der Verwaltungsbe-

1) OLG Karlsruhe, Beschl. vom 16.2.2023, Az. 2 ORbs 35 Ss 4/23, bzw. OLG Frankfurt (Main), Beschl. vom 28.2.2023, Az. 1 Ss-OWi 1460/22.

2) Sind elektronische Formulare durch Rechtsverordnung vorgeschrieben (§ 110b OWiG), so sind sie auch zu verwenden. Bei Redaktionsschluss dieser Auflage waren elektronische Formulare (§ 110b OWiG) noch nicht vorgesehen.

hörde durch ungesicherte E-Mail wäre ebenso unzulässig wie durch den Betroffenen oder die Betroffene. Der Absender oder die Absenderin hat das für die Verwaltungsbehörde nicht lesbare Dateiformat unverzüglich in einer zur Bearbeitung geeigneten Form nachzureichen und glaubhaft zu machen, dass es mit dem zuerst eingereichten Dokument inhaltlich übereinstimmt (§ 32a Abs. 6 S. 2 StPO i. V. m. § 110c S. 1 OWiG). Geht bis zum Fristablauf keine ausreichende Antwort des oder der Betroffenen ein, ist der Einspruch wegen unzulässiger Form ohne Sachprüfung zu verwerfen (§ 69 Abs. 1 S. 1 OWiG).[1] Ist das einer einfachen E-Mail beigefügte elektronische Dokument nicht in dem vorgeschriebenen Dateiformat PDF/A (§ 2 Abs. 1 S. 1 ERVV), sondern in einem unzulässigem und unlesbaren Dateiformat übermittelt worden, kommt es auf den Hinweis nach § 32a Abs. 6 S. 1 StPO i. V. m. § 110c S. 1 OWiG nicht an, da es bereits an einem sicheren Übermittlungsweg fehlt.[2]

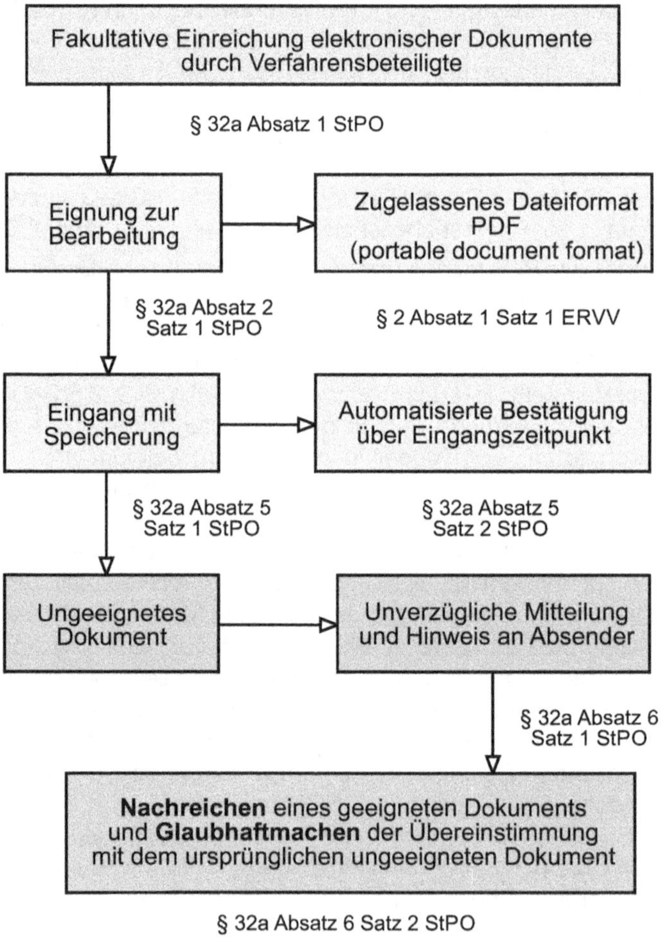

Abb. 11: Einreichen elektronischer Dokumente durch Verfahrensbeteiligte

1) Zur Verwerfung des Einspruchs als unzulässig (§ 69 Abs. 1 S. 1 OWiG) § 19 Nr. 1.
2) OLG Düsseldorf, Beschl. vom 2.8.2022, Az. 2 Ws 152/22, für das Strafverfahren.

Muster 18.7: Hinweis an Betroffenen auf ungeeignetes Dateiformat (§ 110c S. 1 OWiG i. V. m. § 32a Abs. 6 StPO)

Stadt Münsterberg — Bußgeldstelle

Stadt Münsterberg, 99090 Münsterberg

Dienstgebäude	Schubertstraße 36 99090 Münsterberg
Bearbeitung	Frau Weber
Telefon	(0987) 9878-987
E-Mail	bs@muensterberg.de

Herrn
Peter Baumann
Alte Bergstraße 89
90904 Münsterberg

Ihr Zeichen, Ihre Nachricht vom	Bitte bei Antwort angeben Unser Zeichen, Unsere Nachricht vom	Datum
12.5.2026	OWi – 0987665/26	22.5.2026

Betroffener: Herr Peter Baumann, geboren 20.3.1967 in Elbburg

Verteidiger: –

Sehr geehrter Herr Baumann,

Sie haben am 12.5.2026 über Ihre DeutschlandID ein elektronisches Dokument an unser besonderes elektronisches Behördenpostfach mit dem Betreff „Bußgeldverfahren – Einspruch“ übermittelt. Der Dateianhang ist in einem für die Bearbeitung nicht geeigneten Dateiformat abgefasst, das für uns nicht lesbar ist (§ 32a Abs. 2 S. 1 StPO i. V. m. § 110c S. 1 OWiG). Im elektronischen Rechtsverkehr ist derzeit ausschließlich die in der Bekanntmachung des Bundesministeriums für Justiz zu § 5 ERVV angegebene Dateiversion PDF/A (portable document format) zugelassen (https://justiz.de/elektronischer_rechtsverkehr/doku/erv_ervb_2019.pdf). Der Eingang des elektronischen Dokuments ist daher unwirksam (§ 32a Abs. 6 S. 1 StPO i. V. m. § 110c S. 1 OWiG). Mit dem diesem Dokument beigefügten Dateianhang teilen wir Ihnen die geltenden technischen Rahmenbedingungen mit (§ 32a Abs. 6 S. 2 StPO i. V. m. § 110c S. 1 OWiG).

Das von Ihnen übersendete elektronische Dokument gilt nur dann zum Zeitpunkt seiner früheren Einreichung als eingegangen (§ 32a Abs. 6 S. 2 StPO i. V. m. § 110c S. 1 OWiG), wenn sie

- es unverzüglich in einer für uns zur Bearbeitung geeigneten Form nachreichen und
- glaubhaft machen, dass es mit dem zuerst eingereichten Dokument inhaltlich übereinstimmt.

Sollten diese Voraussetzungen nicht bis spätestens zum Ablauf der Einspruchsfrist am 1.6.2026 bei uns eingegangen sein, müssen Sie mit der Verwerfung des Einspruchs als unzulässig rechnen (§ 69 Abs. 1 S. 1 OWiG). Die fristgemäße Antwort liegt daher in Ihrem eigenen Interesse.

Mit freundlichen Grüßen

Stadt Münsterberg, Bußgeldstelle

Telefonzentrale
(0899) 123-0
Internet
www.Muensterberg.de

Servicezeiten
Mo-Mi 7.30-16.30 Uhr
Do 7.30-17.30 Uhr
Fr 7.30-12.00 Uhr

Öffentliche Verkehrsmittel
Stadtbus Linie 6
Haltestelle Mitte

Bankverbindung
Kreissparkasse Münsterberg
IBAN DE2040000000123456
BIC GROBDE77XX
Volksbank Münsterberg
IBAN DE2040000000234567
BIC GROBDE87XX

Besonderes elektronisches Behördenpostfach
Ordnungsamt@muensterberg .de

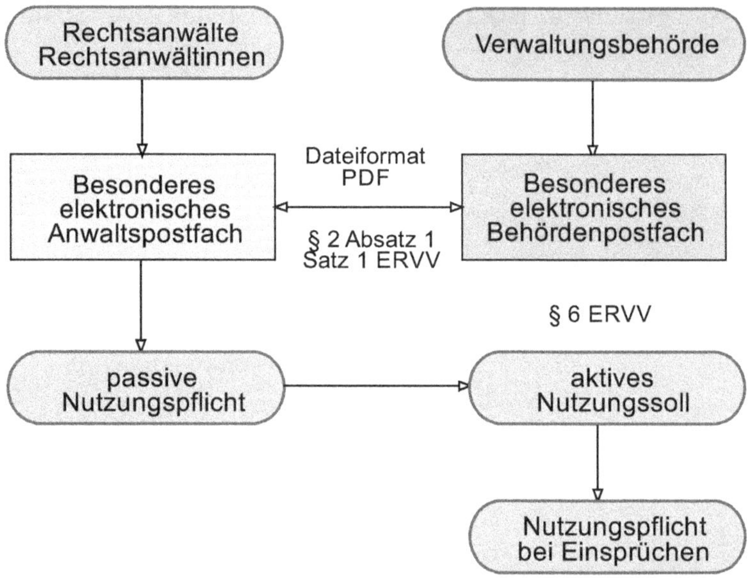

Abb. 12: Elektronische Kommunikation Verwaltungsbehörde ↔ Rechtsanwälte oder Rechtsanwältinnen

5.3.2 Einspruch durch Rechtsanwälte und Rechtsanwältinnen

Verteidigende, insbesondere bei einer Rechtsanwaltskammer in Deutschland zugelassene Rechtsanwälte und Rechtsanwältinnen (§ 12 BRAO) sowie dienstleistende europäische Rechtsanwälte und Rechtsanwältinnen (§ 28 Abs. 1 EuRAG), können den Einspruch gegen den Bußgeldbescheid seit 2026 nur noch in elektronischer Form wirksam einlegen (§ 32d S. 2 StPO i. V. m. § 110c S. 3 Nr. 1 OWiG).[1] Das Rechtsanwälte und Rechtsanwältinnen zugeteilte besondere elektronische Anwaltspostfach (§ 31a BRAO) ist zwar als sicherer Übermittlungsweg für elektronische Dokumente an die Verwaltungsbehörde zugelassen (§ 32a Abs. 4 S. 1 Nr. 1 StPO i. V. m. § 110c S. 1 OWiG), braucht aber für Einsprüche nicht benutzt zu werden. Der Rechtsbehelf kann daher auch durch E-Mail mit qualifizierter elektronischer Signatur (Art. 3 Nr. 12 Verordnung [EU] Nr. 910/2014) wirksam eingelegt werden. Diese Alternative wird wohl nur für solche Verteidigende in Betracht kommen, die nicht als Rechtsanwälte oder Rechtsanwältinnen allgemein als Wahlverteidiger zugelassen sind (§ 138 Abs. 1 StPO i. V. m. § 46 Abs. 1 OWiG), sondern ausnahmsweise mit Genehmigung der Verwaltungsbehörde tätig werden (§ 138 Abs. 2 S. 1 StPO i. V. m. § 60 S. 2 OWiG). Die früher bei Rechtsanwälten und Rechtsanwältinnen trotz Einführung des elektronischen Rechtsverkehrs noch verbreitete Nutzung von Papierdokumenten mit der Post und des technisch völlig veralteten analogen Telefaxes ist seit 2026 nicht mehr zulässig. Ein solcher Einspruch ist wegen seiner Form durch Bescheid der Verwaltungsbehörde als unzulässig zu verwerfen (§ 69 Abs. 1 S. 1 OWiG).

1) Art. 8 Nr. 4 Gesetz zur weiteren Digitalisierung der Justiz vom 12.7.2024 (BGBl. I Nr. 234). Dies gilt nur für den Einspruch gegen den Bußgeldbescheid (§ 67 OWiG), aus nicht bekannten Gründen aber nicht für den Antrag auf gerichtliche Entscheidung (§§ 62, 108 OWiG).

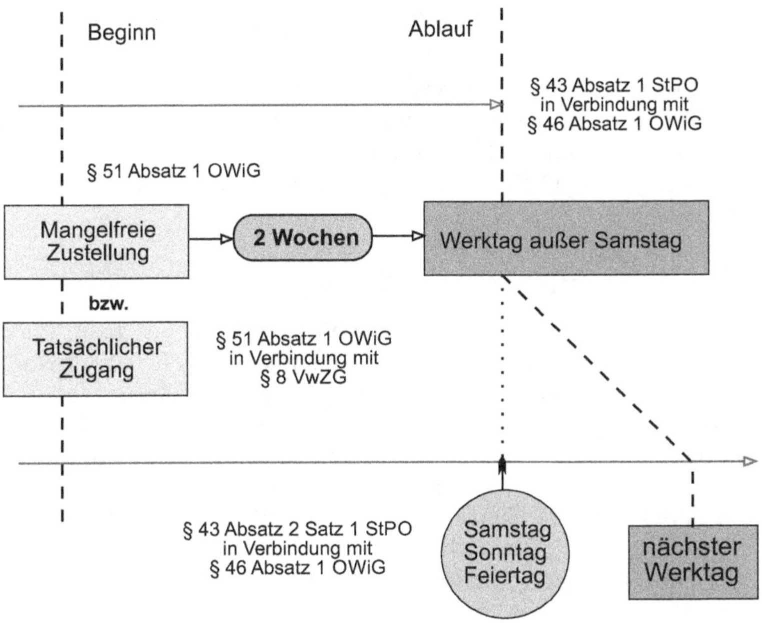

Abb. 13: Einspruchsfrist (§ 67 Abs. 1 S. 1 OWiG)

6. Einspruchsfrist

Die reguläre Einspruchsfrist gegen einen Bußgeldbescheid gegen natürliche Personen (§ 65 OWiG) sowie gegen juristische Personen oder Personenvereinigungen (§ 88 OWiG) und den Einziehungsbescheid (§ 87 OWiG) beträgt zwei Wochen (§ 67 Abs. 1 S. 1 OWiG). Ein Einspruch vor Erlass bereits bei der Anhörung als Betroffener im Vorverfahren (§ 55 OWiG) und vor Erlass des Bußgeldbescheides (§ 61 OWiG) ist nicht möglich. Der Einspruch kann frühestens ab dem Erlassdatum (§ 61 OWiG) eingelegt werden, auf die Zustellung des Bußgeldbescheides beim Betroffenen kommt es nicht an.[1)]

6.1 Beginn der Einspruchsfrist

Die Einspruchsfrist beginnt mit dem Tag der mangelfreien Zustellung des Bescheids zu laufen (§ 67 Abs. 1 S. 1 OWiG).[2)] Die Zustellung des Bußgeldbescheids bewirkt als einheitlicher Akt nicht bloß den Beginn des Laufs der Verjährungsfrist (§ 33 Abs. 1 S. 1 Nr. 9 OWiG), sondern auch denjenigen der Frist zur Einlegung des Einspruchs (§ 67 Abs. 1 S. 1 OWiG).[3)] Bestehen Zweifel an der ordnungsgemäßen Zustellung des Bußgeldbescheids, ist nach dem Zweifelssatz zu verfahren und eine

1) AG Ulm, Beschl. vom 5.3.2024, Az. 5 OWi 2260/23; OLG Bamberg, Beschl. vom 15.2.2017, Az. 3 Ss OWi 1294/16; AG Kehl, Beschl. vom 7.5.2008, Az. 6 OWi 1/08.
2) Zur Zustellung von Bescheiden im Bußgeldverfahren (§ 51 OWiG) § 17.
3) Saarländisches OLG (Saarbrücken), Beschl. vom 3.6.2024, Az. 1 Ss (OWi) 44/24.

solche mit der Wirkung zu verneinen, dass die Einspruchsfrist nicht zu laufen begonnen hat.[1)]

Ein wirksamer Rechtsbehelf kann jedoch bereits mit dem Tag des Erlasses eines noch nicht zugestellten Bußgeldbescheides eingelegt werden. Dies sind die „Überschneidungsfälle", bei denen eine Erklärung des Betroffenen im Äußerungsdokument zur Anhörung (§ 55 OWiG i. V. m. § 163a Abs. 1 StPO) erst nach dem Erlass des Bußgeldbescheides eingeht.

Beispiel:

Die verantwortende Person der Verwaltungsbehörde erlässt nach fruchtlosem Verstreichen der einwöchigen Anhörungsfrist einen Bußgeldbescheid durch Speicherung in der Bußgeldakte. Am selben Tag geht das Äußerungsdokument zur Anhörung verspätet, aber formgemäß bei der Bußgeldstelle ein. Der Betroffene bestreitet darin, ordnungswidrig gehandelt zu haben und werde daher keine Geldbuße bezahlen. Die verspätete Erklärung ist als wirksamer Einspruch gegen den Bußgeldbescheid zu behandeln. Die verantwortende Person der Verwaltungsbehörde prüft daher, ob sie aufgrund der Einwendungen den Bußgeldbescheid aufrechterhält oder über die Staatsanwaltschaft an das Amtsgericht abgibt.

Vor dem Erlass des Bußgeldbescheides kann auch dann noch kein Einspruch eingelegt werden, wenn der oder die Betroffene bei der Anhörung (§ 55 OWiG i. V. m. § 163a Abs. 1 StPO) ausdrücklich erklärt, dem beabsichtigten Bußgeldbescheid zu widersprechen und/oder diesen keinesfalls hinzunehmen.[2)]

Die zweiwöchige Einspruchsfrist (§ 67 Abs. 1 S. 1 OWiG) beginnt nicht zu laufen, wenn die Zustellung des Bußgeldbescheides mangelhaft ist.[3)] Eine Verjährungsunterbrechung nach § 33 Abs. 1 S. 1 Nr. 9 OWiG setzt die Wirksamkeit der Zustellung des Bußgeldbescheides voraus.[4)] Lässt sich bei einem Zustellungsmangel der tatsächliche Zugang des Bescheids nachweisen, ist dieser Zeitpunkt für den Fristbeginn maßgeblich (§ 51 Abs. 1 S. 1 OWiG i. V. m. § 8 VwZG bzw. entsprechende landesrechtliche Vorschriften).

Beispiel:

Die Zustellung des Bußgeldbescheides an den Betroffenen ist nicht nachweisbar, weil die Zustellungsurkunde nicht bei der Verwaltungsbehörde eingeht. Kurz darauf geht aber dort die Mandatsanzeige eines vom Betroffenen beauftragten Rechtsanwalts ein, er lege vorsorglich Einspruch ein und beantrage Akteneinsicht. Die Einspruchsfrist beginnt damit am Tag der Mandatsanzeige des Verteidigers, weil der Betroffene spätestens mit dieser Kenntnis vom Erlass des Bußgeldbescheides erhalten haben muss.

1) AG Ulm, Beschl. vom 5.3.2024, Az. 5 OWi 2260/23.
2) OLG Bamberg, Beschl. vom 15.2.2017, Az. 3 Ss OWi 1294/16; AG Kehl, Beschl. vom 7.5.2008, Az. 6 OWi 1/08.
3) LG Karlsruhe, Beschl. vom 16.1.2024, Az. 16 Qs 6/24 für die zweiwöchige Einspruchsfrist bei einem Strafbefehl.
4) Saarländisches OLG (Saarbrücken), Beschl. vom 3.6.2024, Az. 1 Ss (OWi) 44/24.

Eine besondere Regelung ist beim Bußgeldbescheid gegen zum Zeitpunkt der Zustellung noch minderjährige Betroffene (§ 1 Abs. 2 JGG) zu beachten. In diesem Fall ist der Bußgeldbescheid nur an den Betroffenen oder die Betroffene selbst zuzustellen (§ 51 Abs. 2 OWiG). Die Erziehungsberechtigten haben ein selbstständiges Einspruchsrecht (§ 67 Abs. 2 JGG i. V. m. § 46 Abs. 1 OWiG) und werden deshalb über die Zustellung an den Betroffenen oder die Betroffene formlos – also nicht nachweisbar – i. d. R. noch durch einfachen Brief benachrichtigt (§ 67a Abs. 1 JGG i. V. m. § 46 Abs. 1 OWiG). Trotzdem beginnt die Einspruchsfrist für den Betroffenen oder die Betroffene und die Erziehungsberechtigten einheitlich mit der Zustellung an den Betroffenen oder die Betroffene (§ 51 Abs. 2 OWiG). Behaupten die Erziehungsberechtigten, die Benachrichtigung nicht erhalten zu haben, müssen sie Antrag auf Wiedereinsetzung in den vorigen Stand gegen die Versäumung der Einspruchsfrist stellen (§ 52 OWiG).

Beispiel:

Die Verwaltungsbehörde stellt einen Bußgeldbescheid wegen Schulpflichtversäumnisses an einen sechzehnjährigen Betroffenen mit Zustellungsurkunde am 1. März zu und benachrichtigt die bekannten Erziehungsberechtigten zugleich mit einfachem Brief. Die Einspruchsfrist gegen den Bußgeldbescheid beginnt einheitlich mit dem Zustellungsdatum für den Betroffenen und die Erziehungsberechtigten zu laufen. Behaupten die Erziehungsberechtigten, keine Benachrichtigung über die Zustellung des Bußgeldbescheides erhalten und daher die Einspruchsfrist schuldlos versäumt zu haben, müssen sie dazu bei der Verwaltungsbehörde einen Antrag auf Wiedereinsetzung in den vorigen Stand stellen.

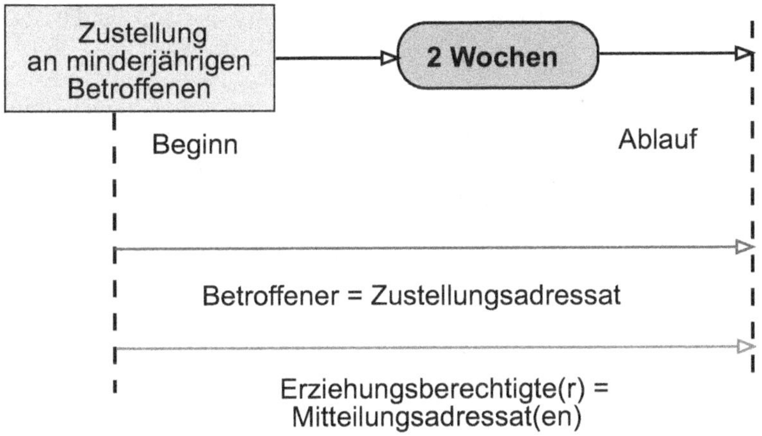

Abb. 14: Einspruchsfrist
Minderjährige Betroffene (§ 67 Abs. 1 S. 1 OWiG)

6.2 Ende der Einspruchsfrist

Das Fristende der zweiwöchigen Einspruchsfrist (§ 67 Abs. 1 S. 1 OWiG) ergibt sich aus § 43 Abs. 1 Halbs. 1 StPO i. V. m. § 46 Abs. 1 OWiG mit dem Ablauf des gleichbenannten Tags der übernächsten Woche.[1)]

Beispiele:

Findet die mangelfreie Zustellung des Bußgeldbescheids am Donnerstag, den 12.3.2026, statt, so endet die Einspruchsfrist mit Ablauf des Donnerstags, den 26.3.2026.

Kann der Bußgeldbescheid nicht mangelfrei zugestellt werden, lässt sich jedoch der tatsächliche Zugang am Freitag, den 10.4.2026, nachweisen, so endet die Einspruchsfrist mit Ablauf des Freitags, den 24.4.2026.

Fällt das Fristende auf einen Samstag (Sonnabend), Sonntag oder allgemeinen Feiertag, so läuft die Einspruchsfrist nach § 43 Abs. 2 StPO i. V. m. § 46 Abs. 1 OWiG erst mit dem Ende des nächsten Werktags ab.

Beispiel:

Findet die Zustellung am Freitag, den 20.3.2026, statt, so fällt das Fristende auf Freitag, den 3.4.2026. Dies ist als Karfreitag bundeseinheitlich allgemeiner gesetzlicher Feiertag. Es folgen ein Samstag (Sonnabend), Sonntag und der Ostermontag als allgemeiner Feiertag. Die Einspruchsfrist läuft daher erst mit dem Ende des Dienstags, den 7.4.2026 ab. [2)]

Der Ablauf des letzten Tages der Einspruchsfrist kann sich nach der Einspruchsform unterscheiden:

- **Schriftlicher Einspruch**

Ablauf des Tages bedeutet bei einem schriftlichen Einspruch 24.00 Uhr.[3)] Die Verwaltungsbehörde muss daher entweder für die Einrichtung eines Nachtbriefkastens für Papierdokumente sorgen oder Einsprüche als rechtzeitig behandeln, die bei der Frühleerung am nächsten Tag vorgefunden werden. Gibt die Verwaltungsbehörde nicht ausdrücklich auf dem Bescheid eine zeitliche Beschränkung an, so dürfen durchschnittlich sorgfältige Betroffene davon ausgehen, dass eine bürgerfreundliche Behörde das analoge Telefaxgerät auch außerhalb der Dienstzeiten in Betrieb lässt. Auf die Übertragung eines Papierdokuments in ein elektronisches Dokument durch die Verwaltungsbehörde mittels ersetzenden Scannens (§ 32e Abs. 1 StPO

---

1) OLG Karlsruhe, Beschl. vom 16.2.2023, Az. 2 ORbs 35 Ss 4/23, für die zweiwöchige Einspruchsfrist bei einem Bußgeldbescheid; LG Karlsruhe, Beschl. vom 16.1.2024, Az. 16 Qs 6/24, für die zweiwöchige Einspruchsfrist bei einem Strafbefehl; BGH, Beschl. vom 23.1.2024, Az. 3 StR 337/23, für eine Wochenfrist im Strafverfahren. Monatsfristen gibt es im Bußgeldverfahren der Verwaltungsbehörde im Gegensatz zum Verwaltungsverfahren nicht.

2) KG (Berlin), Beschl. vom 1.9.2023, Az. 3 ORs 53/23 – 161 Ss 130/22, für den Tag der Arbeit (1. Mai) als allgemeinen Feiertag.

3) OLG Braunschweig, Urt. vom 28.12.2023, Az. 9 U 103/22.

i. V. m. § 110c S. 1 OWiG) kommt es nicht an. Die Rechtsbehelfsbelehrung des Bußgeldbescheides muss den Betroffenen oder die Betroffene darauf hinweisen, dass bei schriftlicher Einlegung der Eingang bei der Verwaltungsbehörde entscheidend ist. Fehlt der Hinweis, ist der Einspruch auch dann wirksam, wenn er innerhalb der gesetzlichen Frist nur abgesendet wird.[1)]

- **Einspruch zur Niederschrift der Verwaltungsbehörde**

Die einspruchsführende Person hat zwar grundsätzlich die Wahl zwischen schriftlichem Einspruch und dem Einspruch zur Niederschrift (= Protokoll) der Verwaltungsbehörde (§ 67 Abs. 1 S. 1 OWiG). Sowohl beim Einspruch zur Niederschrift durch persönliches Erscheinen als auch beim telefonischen Einspruch ist sie aber an die von der Verwaltungsbehörde allgemein und meist zusätzlich auf dem Bußgeldbescheid bekannt gegebenen Dienstzeiten gebunden[2)] und kann sich nicht auf 24 Uhr als Fristablauf berufen. Hier ist es grundsätzlich das Risiko des oder der Betroffenen, ob sie eine zur Aufnahme eines Protokolls ermächtigte Person der Bußgeldstelle erreicht. Gelingt ihnen dies nicht, müssen sie sich der beiden anderen zugelassenen Formen, nämlich des schriftlichen oder elektronischen Rechtsbehelfs bedienen. Ein außerhalb der Dienstzeiten aufnahmebereiter Anrufbeantworter kann keine Erklärungen zur Niederschrift aufnehmen.

- **Elektronischer Einspruch**

Für den Einspruch in elektronischer Form gelten besondere gesetzliche Bestimmungen (§ 32a Abs. 1 StPO i. V. m. § 110c S. 1 OWiG). Ein elektronisches Dokument ist grundsätzlich eingegangen, sobald es auf der für den Empfang bestimmten Einrichtung der Verwaltungsbehörde gespeichert ist (§ 32a Abs. 5 S. 1 StPO i. V. m. § 110c S. 1 OWiG). Der Absender erhält über diesen Zeitpunkt eine automatisierte Bestätigung (§ 32a Abs. 5 S. 2 StPO i. V. m. § 110c S. 1 OWiG). Erweist sich das elektronische Dokument als für die Bearbeitung durch die Verwaltungsbehörde nicht geeignet, ist dies dem Absender oder der Absenderin unter Hinweis auf die Unwirksamkeit des Eingangs und die jeweils geltenden technischen Rahmenbedingungen unverzüglich, d. h. ohne schuldhaftes Zögern (§ 121 Abs. 1 S. 1 BGB) mitzuteilen (§ 32a Abs. 6 S. 1 StPO i. V. m. § 110c S. 1 OWiG). Das elektronische Dokument gilt dann rückwirkend zum Zeitpunkt seiner früheren Einreichung als eingegangen, sofern der Absender oder die Absenderin es unverzüglich in einer für die Verwaltungsbehörde zur Bearbeitung geeigneten Form nachreicht und glaubhaft macht, dass es mit dem zuerst eingereichten Dokument inhaltlich übereinstimmt (§ 32a Abs. 6 S. 2 StPO i. V. m. § 110c S. 1 OWiG). Letzteres dürfte allerdings regelmäßig der Fall sein, weil der Einspruch außer der schlichten Erklärung, den Bußgeldbescheid anfechten zu wollen, keiner weiteren Erklärung oder Begründung bedarf.

1) AG Saarbrücken, Beschl. vom 7.8.2009, Az. 43 OWi 31 Js 867/09 (228/09).
2) BGH, Beschl. vom 6.3.1996, Az. 2 StR 683/95, für die Einlegung eines Rechtsmittels zur Niederschrift eines Gerichts.

§ 19
Verfahren bei unzulässigem Einspruch

Die Verwaltungsbehörde prüft nach Eingang des Einspruchs in eigener Zuständigkeit dessen Zulässigkeit. Ist der Einspruch unzulässig, so verwirft sie ihn durch Bescheid (§ 69 Abs. 1 S. 1 OWiG). Sie entscheidet auch über einen Antrag des oder der Betroffenen auf Wiedereinsetzung in den vorigen Stand (§ 52 OWiG). Es handelt es sich um nachträgliche bloße Verfahrensentscheidungen bezüglich des tatsächlich bereits rechtskräftigen Bußgeldbescheides (§ 89 OWiG). Der Tatnachweis der Ordnungswidrigkeit und die Rechtsfolgen dürfen deswegen nicht erneut überprüft werden. Ein rechtskräftiger Bußgeldbescheid kann auch nicht wirksam zurückgenommen werden. Die Bestimmungen über die Zurücknahme eines bestandskräftigen belastenden Verwaltungsakts (§ 48 Abs. 1 S. 1 VwVfG bzw. § 44 Abs. 1 S. 1 SGB X) gelten im Bußgeldverfahren nicht (§ 2 Abs. 2 Nr. 2 VwVfG bzw. § 1 S. 3 SGB X). In diesem Fall ist nur ein gerichtliches Wiederaufnahmeverfahren (§ 85 OWiG) durch das Amtsgericht möglich.[1)]

Gegen den Verwerfungsbescheid (§ 69 Abs. 1 OWiG) und die Versagung der Wiedereinsetzung (§ 52 OWiG) ist der befristete Antrag auf gerichtliche Entscheidung (§ 62 OWiG) statthaft. Der Verwaltungsgerichtsweg (§ 40 Abs. 1 S. 1 VwGO) ist dagegen ausgeschlossen, weil er durch den vorrangigen Rechtsbehelf nach § 62 OWiG zum Amtsgericht als ordentlichem Gericht verdrängt wird. Nach Einleitung eines Bußgeldverfahrens kann daher nicht durch Feststellungsklage zum Verwaltungsgericht (§ 43 VwGO) über die Zulässigkeit des Einspruchs gegen einen Bußgeldbescheid (§ 67 OWiG) entschieden werden.[2)]

1) Zum gerichtlichen Wiederaufnahmeverfahren (§ 85 OWiG) durch das Amtsgericht § 19 Kapitel 4.
2) OVG Bremen, Beschl. vom 2.1.2025, Az. 1 S 395/24.

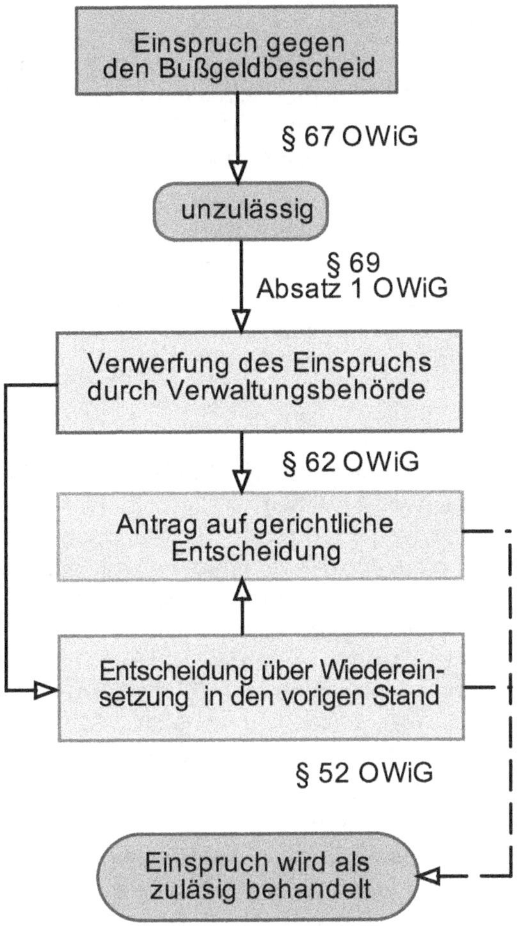

Abb. 1: Zwischenverfahren nach unzulässigem Einspruch (§§ 69 Abs. 1, 52 OWiG)

1. Verwerfung des unzulässigen Einspruchs

Ist der Einspruch nicht rechtzeitig, nicht in der vorgeschriebenen Form oder sonst nicht wirksam eingelegt, so verwirft ihn die Verwaltungsbehörde als unzulässig (§ 69 Abs. 1 S. 1 OWiG). Dabei handelt es sich um eine Pflichtentscheidung, bei der weder das Opportunitätsprinzip (§ 47 Abs. 1 S. 1 OWiG) noch ein sonstiges Ermessen ausgeübt werden darf. Die Zuständigkeit der Verwaltungsbehörde beginnt mit dem Erlass des Bußgeldbescheides (§ 65 OWiG) und endet mit der Abgabe des Verfahrens über die Staatsanwaltschaft an das Amtsgericht (§ 69 Abs. 3 OWiG). Danach ist die Überprüfung der Zulässigkeit des Einspruchs als Voraussetzung für das gerichtliche Bußgeldverfahren und die Entscheidung nach § 70 OWiG ausschließlich Sache des Richters bzw. der Richterin am Amtsgericht (§ 68 OWiG).[1]

1) AG Köln, Beschl. vom 16.11.2023, Az. 582 OWi 65/23.

1.1 Nicht rechtzeitiger Einspruch

In der Verfahrenspraxis der Verwaltungsbehörde kommt meist der Fall des wegen Versäumung der zweiwöchigen Einspruchsfrist (§ 67 Abs. 1 S. 1 OWiG) nicht rechtzeitigen Einspruchs vor (Musterbescheid 19.3).[1] Der Einspruch ist zu verwerfen, wenn er erst nach Fristablauf bei der Verwaltungsbehörde eingeht. Die Verfristung tritt nicht ein, wenn

- der Bußgeldbescheid nicht ordnungsgemäß zugestellt war (§ 67 Abs. 1 S. 1 OWiG) oder
- eine mangelhafte Rechtsbehelfsbelehrung des Bußgeldbescheides (§ 50 Abs. 2 OWiG) für die Fristversäumung ursächlich war, die für den Fristablauf nicht auf den Eingang bei der Verwaltungsbehörde hinweist.[2]

1.2 Unzulässige Form

Der Einspruch in schriftlicher Form oder zur Niederschrift (= Protokoll) der Verwaltungsbehörde (§ 67 Abs. 1 S. 1 OWiG) ist trotz Einführung des elektronischen Rechtsverkehrs im Bußgeldverfahren (§ 110c OWiG) noch immer uneingeschränkt statthaft. Dies gilt auch noch für die veraltete Technik des Telefaxbetriebs.[3] Nur Rechtsanwälte als Verteidiger und Rechtsanwältinnen als Verteidigerinnen können seit Jahresbeginn 2026 den Einspruch gegen den Bußgeldbescheid nur noch als elektronisches Dokument wirksam einlegen (§ 110c S. 3 OWiG). Dazu ist neben dem besonderen elektronischen Anwaltspostfach (§ 31a BRAO) als sicherer Übermittlungsweg (§ 32a Abs. 4 S. 1 Nr. 1 StPO i. V. m. § 110c S. 1 OWiG) auch eine E-Mail mit qualifizierter elektronischer Signatur (§ 32a Abs. 3 StPO i. V. m. § 110c S. 1 OWiG) zulässig.

Eine unzulässige Form kommt bei Betroffenen als Verwerfungsgrund nur bei der freiwillig gewählten elektronischen Einlegung des Rechtsbehelfs in Betracht. Ein elektronischer Einspruch ist zwar statthaft, aber unzulässig, wenn er

- durch einfache ungesicherte E-Mail ohne qualifizierte elektronische Signatur eingeht (§ 32a Abs. 3 StPO i. V. m. § 110c S. 1 OWiG)[4] oder
- nicht auf einem sicheren Übermittlungsweg (§ 32a Abs. 4 S. 1 StPO i. V. m. § 110c S. 1 OWiG) oder
- in einem für die Verwaltungsbehörde nicht lesbaren Dateiformat übermittelt und trotz Aufforderung nicht in den vorgesehenen technischen Rahmenbedingungen wiederholt wird (§ 32a Abs. 6 StPO i. V. m. § 110c S. 1 OWiG).

In der Verfahrenspraxis sind vor allem Rechtsbehelfe in der unzulässigen Form der ungesicherten E-Mail ohne qualifizierte elektronische Signatur (§ 32a Abs. 3 StPO

---

1) Zur Berechnung der zweiwöchigen Einspruchsfrist (§ 67 Abs. 1 S. 1 OWiG) § 18 Nr. 6.
2) AG Saarbrücken, Beschl. vom 7.8.2009, Az. 43 OWi 31 Js 867/09 (228/09). Unvertretbar erscheint die Entscheidung AG Aschersleben, Beschl. vom 18.7.2023, Az. 6 OWi 1393/23, wonach der Bußgeldbescheid überhaupt keine Belehrung über die elektronische Form des Einspruchs aufweisen muss.
3) AG Bad Salzungen, Beschl. vom 9.5.2022, Az. 3 OWi 82/22.
4) Nach AG Büdingen, Beschl. vom 30.9.2024, Az. 60 OWi 86/26, unter Bezugnahme auf OLG Koblenz, Beschl. vom 18.11.2021, Az. 3 OWi 32 SsBs – 119/21, soll kein elektronisches Dokument mehr vorliegen, wenn ein E-Mail-Anhang eine angehängte Scankopie aufweist.

i. V. m. § 110c S. 1 OWiG) zu verwerfen. Wichtig ist, dass die Verwerfung erst nach Ablauf der zweiwöchigen Rechtsbehelfsfrist erfolgen darf, weil der oder die Betroffene jederzeit innerhalb der laufenden Frist noch Einspruch in zulässiger Form einlegen darf. Es entspricht der üblichen Handhabung nach dem Grundsatz des fairen Verfahrens (Art. 20 Abs. 3 GG), dass die Verwaltungsbehörde den Betroffenen oder die Betroffene auf eine unzulässige Form des Rechtsbehelfs hinweist und ihnen so Gelegenheit gibt, ihn bis zum Fristablauf in zulässiger Form nachzuholen. Dies ist allerdings nicht mehr möglich, wenn der Rechtsbehelf erst kurz vor Fristablauf, insbesondere am Wochenende bei der Verwaltungsbehörde eingeht.

Beispiel:

Der Bußgeldbescheid wird an den Betroffenen am Mittwoch, den 3.6.2026 zugestellt. Am Sonntag, den 7.6.2026, legt der Betroffene durch ungesicherte E-Mail dagegen Einspruch ein. Die verantwortende Person der Verwaltungsbehörde weist ihn am Dienstag, den 9.6.2026 telefonisch auf die unzulässige Form des eingelegten Rechtsbehelfs und die restliche Rechtsbehelfsfrist zum Ablauf des Mittwoch, den 17.6.2026 hin. Der Betroffene erklärt daraufhin telefonisch zur Niederschrift der Verwaltungsbehörde und in zulässiger Form während der noch laufenden Rechtsbehelfsfrist Einspruch.

1.3 Unzulässige Sprache

Der Einspruch ist in der deutschen Amtssprache einzulegen, auch wenn dies ausdrücklich nur für das gerichtliche Bußgeldverfahren gesetzlich erwähnt ist (§ 184 GVG i. V. m. § 46 Abs. 1 OWiG). Legt der oder die Betroffene den Einspruch in einer Fremdsprache ein, ist er als „sonst unzulässig" zu verwerfen, auch wenn die verantwortende Person der Verwaltungsbehörde diese Sprache versteht. Der oder die Betroffene kann zwar mangels Rechtsgrundlage nicht aufgefordert werden, eine Übersetzung vorzulegen, kann aber während der noch laufenden Einspruchsfrist in deutscher Amtssprache aufgefordert werden, den Rechtsbehelf bis Fristablauf noch in zulässiger deutscher Amtssprache einzulegen.

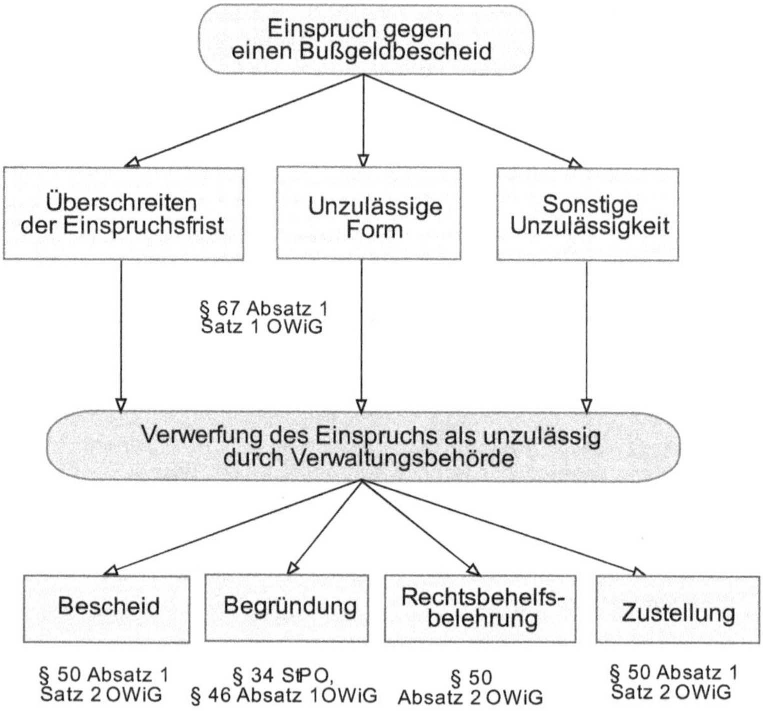

Abb. 2: Unzulässiger Einspruch (§ 69 Abs. 1 OWiG)

1.4 Verwerfungsbescheid

Die Verwaltungsbehörde verwirft einen unzulässigen Einspruch (§ 69 Abs. 1 S. 1 OWiG). Es handelt sich dabei um eine zwingende, nicht um eine Ermessensentscheidung. Sie stellt nur fest, dass der Bußgeldbescheid bereits seit Ablauf der Einspruchsfrist rechtskräftig ist. Die Entscheidung der Verwaltungsbehörde ergeht in Bescheidform, da der Antrag auf gerichtliche Entscheidung als befristeter Rechtsbehelf statthaft ist (§ 50 Abs. 1 S. 2, § 69 Abs. 1 S. 2, § 62 OWiG). Für den Aufbau des Bescheides gibt es keine besonderen gesetzlichen Vorgaben, sodass sich die aus dem Verwaltungsverfahren vertraute Untergliederung in Tenor und Begründung empfiehlt. Eine Begründung (§ 34 StPO i. V. m. § 46 Abs. 1 OWiG) ist notwendig, weil gegen den Bescheid der Antrag auf gerichtliche Entscheidung (§ 69 Abs. 1 S. 2, § 62 OWiG) als Rechtsbehelf statthaft ist. Der Tenor enthält nach dem Wortlaut des Gesetzes in § 69 Abs. 1 S. 1 OWiG die Verwerfung als unzulässig, also keine Ablehnung oder Zurückweisung des Antrags (Musterbescheid, Tenor Ziffer 1). Bei der Kostenentscheidung ist zu beachten, dass keine Rechtsgrundlage für eine Gebühr besteht, da § 105 Abs. 1, § 107 Abs. 1 S. 1 OWiG diese nur für den Fall der Festsetzung einer Geldbuße vorsehen. Landesrechtliche Kostenvorschriften sind wegen der abschließenden bundesrechtlichen Regelung in § 105 ff. OWiG auch ergänzend unanwendbar. Daher kommen im Tenor nur die Auslagen der Verwaltungsbehörde als Auslagenansatz in Betracht (Musterbescheid, Tenor Ziffer 2). Diese können regelmäßig nur Auslagen für die Zustellung des Bescheids nach § 107 Abs. 3 Nr. 2 OWiG sein. Die Auslagenpauschale von 3,50 Euro (§ 107 Abs. 3 Nr. 2 OWiG) ist nur zu erheben, wenn der Bescheid als Papierdokument zugestellt wird. Als elektronische Dokumente zugestellte Bescheide sind daher vollständig kostenfrei.

Muster 19.1: Musterbescheid – Auszug

Bescheid

1. Wir verwerfen Ihren Einspruch vom 27.4.2026 gegen unseren Bußgeldbescheid vom 8.4.2026 als unzulässig.
2. Sie tragen auch unsere dadurch entstandenen Auslagen in Höhe von 3,50 Euro.[1)]

1.4.1 Begründung

Der Verwerfungsbescheid ist wegen seiner Anfechtbarkeit durch den Antrag auf gerichtliche Entscheidung (§ 62 OWiG) zwingend zu begründen (§ 34 StPO i. V. m. § 46 Abs. 1 OWiG). Als Begründung genügt

- beim verfristeten Einspruch die Berechnung der versäumten Einspruchsfrist (§ 67 Abs. 1 S. 1 OWiG, § 43 StPO i. V. m. § 46 Abs. 1 OWiG) und den tatsächlichen Eingang des Einspruchs,
- bei der Benutzung einer E-Mail durch Betroffene ohne qualifizierte elektronische Signatur (§ 32a Abs. 3 StPO i. V. m. § 110c S. 1 OWiG) oder eines unzulässigen elektronischen Übermittlungsweges während der Einspruchsfrist die Darstellung der zugelassenen sicheren Übermittlungswege (§ 32a Abs. 4 S. 1 StPO i. V. m. § 110c S. 1 OWiG).
- bei Verwendung eines Papierdokuments durch Rechtsanwälte und Rechtsanwältinnen als Verteidigende während der Einspruchsfrist die Darstellung der seit 2026 geltenden Beschränkung auf die elektronische Form (§ 110c S. 3 OWiG).

Die Begründung verweist ferner auf die Rechtsgrundlagen des § 69 Abs. 1 S. 1 OWiG für die Verwerfung des Einspruchs und gegebenenfalls § 107 Abs. 3 Nr. 2 OWiG für die Auslagenentscheidung. Dagegen sind jegliche, auch nur hilfsweisen Ausführungen über Einwendungen des oder der Betroffenen im Einspruch zum Tatnachweis und jegliche Beweiswürdigung zu unterlassen! Der Verwerfungsbescheid ist nämlich keine erneute Sachentscheidung, weil der Bußgeldbescheid bereits seit dem Ablauf der Einspruchsfrist rechtskräftig und vollstreckbar ist (§ 89 OWiG).[2)] Es kann sich jedoch zur Vermeidung rechtsirrig eingelegter Rechtsbehelfe ein Satz empfehlen, der gerade dies verdeutlicht.

1) Die Zustellungspauschale ist nur bei einer Zustellung des Bescheides als Papierdokument zu erheben (§ 107 Abs. 3 Nr. 2 OWiG).

2) OLG Karlsruhe, Beschl. vom 23.8.2001, Az. 3 Ss 61/01.

Muster 19.2: Musterbescheid – Auszug

> Ihre sachlichen Einwendungen gegen den Bußgeldbescheid konnten wir wegen der Unzulässigkeit des Einspruchs und der bereits seit Ablauf der Einspruchsfrist eingetretenen Rechtskraft nicht mehr berücksichtigen.

1.4.2 Rechtsbehelfsbelehrung und Zahlungsaufforderung

Eine Rechtsbehelfsbelehrung über den befristeten Antrag auf gerichtliche Entscheidung (§ 69 Abs. 1 S. 2, § 62 OWiG) ist wegen § 50 Abs. 2 OWiG notwendig. Es empfiehlt sich ferner eine Zahlungsaufforderung bezüglich einer festgesetzten Zustellungspauschale von 3,50 Euro (§ 107 Abs. 3 Nr. 2 OWiG). Die Androhung der Erzwingungshaft ist jedoch unzulässig, da sie nur wegen einer Geldbuße, nicht aber wegen Auslagen vorgesehen ist (§ 96 Abs. 1 Nr. 1 OWiG). Eine Schonfrist (§ 95 Abs. 1 OWiG) ist nur beim Bußgeldbescheid für die Geldbuße vorgesehen. Eine Signatur des Bescheides ist nicht notwendig. Auch die Namenswiedergabe der verantwortenden Person muss nicht im Bescheid selbst, sondern nur bei der begleitenden Verfügung in der Bußgeldakte vorhanden sein (§ 32b Abs. 1 S. 1 StPO i. V. m. § 110c S. 1 OWiG). Es genügt, dass sie in einer Verfahrenshistorie zentral nachvollziehbar ist. Eine qualifizierte elektronische Signatur (Art. 3 Nr. 12 Verordnung [EU] Nr. 910/2014) ist nicht vorgeschrieben.

1.4.3 Zustellung

Der Bescheid ist wegen des statthaften befristeten Rechtsbehelfs (§ 69 Abs. 1 S. 2, § 62 OWiG) förmlich zuzustellen (§ 50 Abs. 1 S. 2 OWiG). Ein elektronisches Dokument kann über die sicheren Übermittlungswege gem. § 32a Abs. 4 S. 1 StPO i. V. m. § 110c S. 1 OWiG zugestellt werden. Nachdem der oder die Betroffene auch nach Einführung des elektronischen Rechtsverkehrs nicht zur Teilnahme daran verpflichtet ist, wird die Zustellung zunächst meist noch als Ausdruck des elektronischen Dokuments durch die Post mit Zustellungsurkunde erfolgen müssen (§ 51 Abs. 1 OWiG i. V. m. § VwZG).

Beispiel (nicht verteidigter minderjähriger Betroffener):

Abschlussverfügung (§ 61 OWiG)

I. *Bescheid gegen Betroffenen in der Bußgeldakte speichern.*
- *Zustellung eines Ausdrucks an Betroffenen mit Zustellungsurkunde.*
- *Mitteilung an Erziehungsberechtigten mit einfachem Brief in Papierform mit Ausdruck des Bußgeldbescheides.*

II. *Wiedervorlage spätestens < Datum> (Antrag auf gerichtliche Entscheidung).*

Huber,
als verantwortende Person (*§ 32b Abs. 1 S. 1 StPO* i. V. m. *§ 110c S. 1 OWiG*)

Beispiel (verteidigter erwachsener Betroffener):

Abschlussverfügung (§ 61 OWiG)

I. *Bescheid gegen Betroffenen in der Bußgeldakte speichern.*
- *Zustellung an Verteidiger über besonderes elektronisches Anwaltspostfach (§ 31a BRAO) mit Hinweis auf Benachrichtigung des Betroffenen, da sich nachgewiesene Vollmacht bei der Bußgeldakte befindet.*
- *Mitteilung an Betroffenen über Zustellung an Verteidiger mit einfachem Brief in Papierform mit Ausdruck des Bußgeldbescheides.*

II. *Wiedervorlage spätestens < Datum> (Antrag auf gerichtliche Entscheidung).*

Huber,
als verantwortende Person (*§ 32b Abs. 1 S. 1 StPO* i. V. m. *§ 110c S. 1 OWiG*)

Muster 19.3: Verwerfung eines unzulässigen Einspruchs (§ 69 Abs. 1 OWiG)

Stadt Münsterberg — Bußgeldstelle

Stadt Münsterberg, 99090 Münsterberg

Dienstgebäude: Schubertstraße 36, 99090 Münsterberg
Bearbeitung: Frau Weber
Telefon: (0987) 9878-987
E-Mail: bs@muensterberg.de

Herrn
Peter Baumann
Alte Bergstraße 89
90904 Münsterberg
über DeutschlandID

Ihr Zeichen, Ihre Nachricht vom	Bitte bei Antwort angeben Unser Zeichen, unsere Nachricht vom	Datum
15.5.2026	OWi – 0987665/26	20.5.2026

Betroffene Person: Herr Peter Baumann, geboren 20.3.1967 in Elbburg, Hegelstraße 74, 88343 Münsterberg

Verteidiger: –

Sehr geehrter Herr Baumann,

wir erlassen folgenden

Bescheid

Wir verwerfen Ihren am 15.5.2026 eingegangenen Einspruch gegen unseren Bußgeldbescheid vom 13.3.2026 als unzulässig.

Telefonzentrale	**Servicezeiten**		**Öffentliche Verkehrsmittel**	**Bankverbindung**
(0899) 123-0	Mo-Mi	7.30-16.30 Uhr	Stadtbus Linie 6	Kreissparkasse Münsterberg
Internet	Do	7.30-17.30 Uhr	Haltestelle Mitte	IBAN DE2040000000123456
www.Muensterberg.de	Fr	7.30-12.00 Uhr		BIC GROBDE77XX
				Volksbank Münsterberg
Besonderes elektronisches Behördenpostfach				IBAN DE2040000000234567
Ordnungsamt@muensterberg .de				BIC GROBDE87XX

Gründe

Wir erließen am 3.3.2026 einen Bußgeldbescheid, dessen Ausdruck Ihnen am Montag, den 23.3.2026 in Papierform durch die Post mit Zustellungsurkunde zugestellt wurde (§ 51 Abs. 1 OWiG i. V. m. § 3 VwZG). Sie legten mit einfacher E-Mail vom Donnerstag, den 19.3.2026 ohne qualifizierte elektronische Signatur (Art. 3 Nr. 12 Verordnung [EU] Nr. 910/2014) an das persönliche Postfach der Bearbeiterin dagegen Einspruch ein.

Der Einspruch kann als Rechtsbehelf gem. § 67 Abs. 1 S. 1 Gesetz über Ordnungswidrigkeiten (OWiG) nur innerhalb von zwei Wochen nach Zustellung bei der Verwaltungsbehörde eingelegt werden, die den Bußgeldbescheid erlassen hat. Die Frist verlängerte sich um den Ostermontag, den 6.4.2026, als gesetzlichen Feiertag (§ 43 Abs. 2 StPO i. V. m. § 46 Abs. 1 OWiG). Der Einspruch wäre daher spätestens mit Ablauf des nächsten Wochentages, nämlich Dienstag, den 7.4.2026, einzulegen gewesen.

Zudem gehört eine E-Mail ohne qualifizierte elektronische Signatur nicht zu den zugelassenen sicheren elektronischen Übermittlungswegen (§ 32a Abs. 4 S. 1 StPO i. V. m. § 110c S. 1 OWiG, § 5 Abs. 1 Nr. 1 ERVV).

Ein zulässiger Rechtsbehelf ist daher weder während der Einspruchsfrist noch in zugelassener elektronischer Form eingelegt worden. Ihr Einspruch gegen den Bußgeldbescheid war daher als unzulässig zu verwerfen (§ 69 Abs. 1 S. 1 OWiG).

Hinweis

Ihre sachlichen Einwendungen gegen den Bußgeldbescheid konnten wir wegen der Unzulässigkeit des Einspruchs und der bereits seit Ablauf der Einspruchsfrist eingetretenen Rechtskraft nicht mehr berücksichtigen.

Rechtsbehelfsbelehrung

Gegen diesen Bescheid können Sie innerhalb von zwei Wochen nach seiner Zustellung bei der Stadt Münsterberg – Bußgeldstelle – Schubertstraße 36, 99090 Münsterberg Antrag auf gerichtliche Entscheidung (§ 62 OWiG) in deutscher Sprache (§ 184 S. 1 GVG i. V. m. § 46 Abs. 1 OWiG) schriftlich, zur Niederschrift oder elektronisch im Dateiformat PDF/A (§ 2 Abs. 1 S. 1 ERVV) durch E-Mail mit qualifizierter elektronischer Signatur (§ 110c S. 1 OWiG i. V. m. § 32a Abs. 3 StPO) sowie über einen zugelassenen sicheren Übermittlungsweg (§ 110c S. 1 OWiG i. V. m. § 32a Abs. 4 S. 1 StPO) einlegen:

Die Frist von zwei Wochen ist nur dann gewahrt, wenn der Rechtsbehelf vor Fristablauf bei der Stadt Münsterberg eingeht. Fällt das Ende einer Frist auf einen Sonntag, einen allgemeinen Feiertag oder einen Sonnabend, so endet die Frist mit Ablauf des nächsten Werktages (§ 43 Abs. 2 StPO i. V. m. § 46 Abs. 1 OWiG). Die Erklärung muss in deutscher Sprache abgefasst sein (§ 184 S. 1 Gerichtsverfassungsgesetz – GVG – i. V. m. § 46 Abs. 1 OWiG). Über den Antrag entscheidet das Amtsgericht, soweit wir dem Rechtsbehelf nicht abhelfen, durch schriftlichen Beschluss.

Zahlungsaufforderung

Nach Rechtskraft des Bescheides sind unsere Auslagen innerhalb weiterer zwei Wochen (also vier Wochen ab Zustellung) an die Stadtkasse oder eines der in der Fußleiste der ersten Seite dieses Bescheides bezeichneten Bankkonten zu bezahlen (§ 95 Abs. 1 OWiG).

Mit freundlichen Grüßen

Stadt Münsterberg, Bußgeldstelle

2. Wiedereinsetzung in den vorigen Stand

Die Verwaltungsbehörde entscheidet auch über die Wiedereinsetzung in den vorigen Stand und den Aufschub der Vollstreckung (§ 52 Abs. 2 S. 1 OWiG). Wiedereinsetzung ist ausschließlich wegen der schuldlosen Versäumung einer Frist zu gewähren (§ 52 Abs. 1 OWiG i. V. m. § 44 S. 1 StPO). In der Verfahrenspraxis der Verwaltungsbehörde ist dies

- die zweiwöchige Einspruchsfrist gegen den Bußgeldbescheid oder gleichgestellte Bescheide (§ 67 Abs. 1 S. 1 OWiG) oder
- die ebenfalls zweiwöchige Frist für die fristgebundene Einlegung des Antrags auf gerichtliche Entscheidung (§ 62 OWiG) gegen Maßnahmen der Verwaltungsbehörde wie z. B. die Verwerfung eines unzulässigen Einspruchs nach § 69 Abs. 1 S. 2 OWiG.[1]

Hat der oder die Betroffene aufgrund mangelhafter Zustellung des Bescheides in Wirklichkeit keine Frist versäumt, ist der Einspruch (§ 67 OWiG bzw. Antrag auf gerichtliche Entscheidung (§ 62 OWiG) als zulässig zu behandeln und nicht über die Wiedereinsetzung in den vorigen Stand zu entscheiden.[2] Gegen die Verwendung einer unzulässigen Form des Einspruchs gibt es keine Wiedereinsetzung in den vorigen Stand.

2.1 Antrag auf Wiedereinsetzung

Die Entscheidung über die Wiedereinsetzung in den vorigen Stand gegen eine Fristversäumung setzt i. d. R. einen Antrag des oder der Betroffenen voraus (§ 52 Abs. 1 OWiG i. V. m. § 44 S. 1 StPO). Ergibt sich bereits aus dem Einspruchsdokument gegen den Bußgeldbescheid eine schuldlose Fristversäumung, so kann Wiedereinsetzung auch ohne besonderen Antrag von Amts wegen gewährt werden (§ 52 Abs. 1 OWiG i. V. m. § 45 Abs. 2 S. 3 StPO).

2.1.1 Antragsform und Frist

Der Antrag auf Wiedereinsetzung in den vorigen Stand ist bei der Verwaltungsbehörde zu stellen, bei der auch der Rechtsbehelf rechtzeitig einzulegen gewesen wäre (§ 52 Abs. 1 OWiG i. V. m. § 45 Abs. 1 S. 1 StPO). Antragsberechtigt sind wie beim Einspruch gegen den Bußgeldbescheid Verfahrensbeteiligte, die eine Frist versäumt haben, gesetzliche Vertreter oder Vertreterinnen, Verteidigende, insbesondere Rechtsanwälte und Rechtsanwältinnen und sonst bevollmächtigte Personen.[3]

Der Antrag kann wie bereits der Rechtsbehelf elektronisch, schriftlich oder zu Protokoll („Niederschrift") der Verwaltungsbehörde dort auch telefonisch gestellt werden.

1) Ist der Antrag auf gerichtliche Entscheidung (§ 62 OWiG) gegen bestimmte Anordnungen der Verwaltungsbehörde nicht gesetzlich befristet, z. B. bei der Zurückweisung eines Verteidigers (§ 146a StPO i. V. m. § 46 Abs. 1 OWiG), so ist auch für eine Wiedereinsetzung in den vorigen Stand kein Raum.

2) OLG Karlsruhe, Beschl. vom 11.2.2025, Az. 2 Ws 19/25; OLG Hamm, Beschl. vom 16.2.2015, Az. 1 Ws 677/14.

3) Zur Einspruchsberechtigung gegen den Bußgeldbescheid (§ 67 Abs. 1 S. 2 OWiG i. V. m. § 296 ff. StPO) § 18 Nr. 1.

Für die elektronische Form waren bei Redaktionsschluss dieser Auflage für Betroffene die E-Mail mit qualifizierter elektronischer Signatur (§ 32a Abs. 3 StPO i. V. m. § 110c S. 1 OWiG) sowie das besondere elektronische Bürger- und Organisationenpostfach („eBO“, § 10 ERVV) und das Bürgerpostfach im Portalverbund („BundID“, § 13 ERVV, künftig DeutschlandID, § 12 Abs. 1 S. 3 OZG) und das besondere elektronische Anwaltspostfach (§ 31a BRAO) für Rechtsanwälte als Verteidiger oder Rechtsanwältinnen als Verteidigerinnen als sichere Übermittlungswege vorgesehen (§ 32a Abs. 4 S. 1 Nr. 1, 4, 5 StPO i. V. m. § 110c S. 1 OWiG). Ein Antrag durch ungesicherte E-Mail ohne qualifizierte elektronische Signatur (§ 32a Abs. 3 StPO i. V. m. § 110c S. 1 OWiG) ist daher unzulässig, weil sie nicht zum abschließenden Katalog der sicheren Übermittlungswege gehört.

Die Antragsfrist beträgt eine Woche ab Wegfall des Hindernisses für die Antragstellung (§ 52 Abs. 1 OWiG i. V. m. § 45 Abs. 2 S. 1 StPO).[1] Die Wochenfrist endet mit dem Ablauf des gleichbenannten Tags der folgenden Woche (§ 43 Abs. 1 Halbs. 1 StPO i. V. m. § 46 Abs. 1 OWiG).

Beispiel:

Entfällt das Hindernis am Donnerstag, den 12.3.2026, so endet die Antragsfrist mit Ablauf des Donnerstags, den 26.3.2026.

Fällt das Fristende auf einen Samstag (Sonnabend), Sonntag oder allgemeinen Feiertag, so läuft die Antragsfrist nach § 43 Abs. 2 StPO i. V. m. § 46 Abs. 1 OWiG erst mit dem Ende des nächsten Werktags ab.[2]

Beispiel:

Entfällt das Hindernis am Freitag, den 20.3.2026, so fällt das Fristende auf Freitag, den 3.4.2026. Dies ist als Karfreitag allgemeiner Feiertag. Es folgen ein Samstag (Sonnabend), Sonntag und der Ostermontag als allgemeiner Feiertag. Die Antragsfrist läuft daher erst mit dem Ende des Dienstags, den 7.4.2026 ab.

Innerhalb der Wochenfrist muss der Antragsteller oder die Antragstellerin auch den Hinderungsgrund vortragen und Angaben über den Zeitpunkt des Wegfalls des Hindernisses machen. Diese Angaben sind ebenso wie ihre Glaubhaftmachung Zulässigkeitsvoraussetzungen.[3]

2.1.2 Begründung des Antrags

Der Antrag auf Wiedereinsetzung in den vorigen Stand ist vom Betroffenen zu begründen (§ 52 Abs. 1 OWiG i. V. m. § 45 Abs. 2 S. 1 StPO). Dazu gehören

1) Die Frist des Bußgeldverfahrens ist damit kürzer als die zweiwöchige Frist im Verwaltungsverfahren (§ 32 Abs. 2 S. 1 VwVfG) sowie im Sozialverwaltungsverfahren (§ 27 Abs. 2 S. 1 SGB X). Eine Ausschlussfrist (§ 32 Abs. 3 VwVfG und § 27 Abs. 3 SGB X) kennt das Bußgeldverfahren nicht.

2) LG Hamburg, Beschl. vom 8.5.2015, Az. 603 Qs 125/15.

3) BGH, Beschl. vom 2.4.2019, Az. 3 StR 135/19.

- die Angabe der versäumten Frist (Einspruchsfrist),
- der Grund der Verhinderung zur rechtzeitigen Rechtsbehelfseinlegung und
- der Zeitpunkt des Wegfalls des Hindernisses.[1)]

Mit einem Wiedereinsetzungsantrag sind dabei sämtliche Tatsachen vorzutragen und entsprechend glaubhaft zu machen, die das fehlende Verschulden des oder der Betroffenen begründen. Der vorgetragene Sachverhalt muss dabei ein der Gewährung der Wiedereinsetzung entgegenstehendes Hindernis als ausgeschlossen erscheinen lassen.[2)] Die Verwaltungsbehörde muss bereits anhand der vorgetragenen Tatsachen erkennen können, ob der Antragsteller oder die Antragstellerin schuldlos an der Einhaltung der versäumten Frist verhindert war. Es liegt vielmehr allein bei dem oder der Betroffenen, die zur Entscheidung erforderlichen Tatsachen mitzuteilen und durch geeignete Mittel der Glaubhaftmachung zu belegen.[3)] Eigene Ermittlungen der Verwaltungsbehörde sind nicht durchzuführen. Auch Beweisanträge (§ 163a Abs. 2 StPO i. V. m. § 46 Abs. 1 OWiG), aufgrund derer die Verwaltungsbehörde sachdienlich Beweise erheben soll, gibt es im Wiedereinsetzungsverfahren daher nicht.

Die Tatsachen zur Begründung des Antrags sind nicht nur vorzutragen, sondern auch glaubhaft zu machen. Dies bedeutet keine Beweislast, es genügt eine nach Lage der Sache vernünftigerweise zur Entscheidung hinreichende Wahrscheinlichkeit. Zustellungsempfänger oder -empfängerinnen, die ein Papierdokument der Verwaltungsbehörde nicht erhalten haben wollen, müssen in aller Regel Einzelheiten vortragen und glaubhaft machen, aus denen sich ergeben kann, dass aufgrund der konkreten Umstände ein Abhandenkommen der Sendung möglich erscheint.[4)] Die für den Tatnachweis maßgebliche Unschuldsvermutung (Art. 6 Abs. 2 EMRK) „im Zweifel für den Betroffenen oder die Betroffene" gilt im Wiedereinsetzungsverfahren nicht.[1)] Kann der Antragsteller oder die Antragstellerin nur unzureichende Mittel zur Glaubhaftmachung vorlegen, so gehen verbleibende Zweifel zu ihren Lasten. Eine Glaubhaftmachung von Tatsachen, die der Verwaltungsbehörde bereits bekannt sind, ist dagegen nicht erforderlich. Die Wiedereinsetzung dient nicht dazu, Betroffenen und ihren Verteidigern oder Verteidigerinnen Gelegenheit zur Nachbesserung und Anpassung seines Vortrags an die Rechtslage zu geben.[5)]

2.1.3 Nachholung des Einspruchs

Soweit der versäumte Einspruch noch nicht zu einem früheren Zeitpunkt eingelegt wurde, ist er vom dem oder der Betroffenen spätestens innerhalb der Antragsfrist von einer Woche für die Wiedereinsetzung nachzuholen (§ 52 Abs. 1 OWiG i. V. m. § 45 Abs. 1 S. 1 StPO). Andernfalls ist der Antrag auf Wiedereinsetzung ohne Einle-

1) BGH, Beschl. vom 14.1.2015, Az. 1 StR 573/14.
2) OLG Koblenz, Beschl. vom 11.3.2014, Az. 2 Ws 100/14; LG Limburg, Beschl. vom 19.11.2014, 1 Qs 130/14.
3) KG (Berlin), Beschl. vom 10.11.2014, Az. 4 Ws 114/14 – 141 AR 572/14; LG Nürnberg-Fürth, Beschl. vom 12.3.2018, Az. 3 OWi Qs 62/17.
4) OLG Hamm, Beschl. vom 6.10.2009, Az. 3 Ss 425/09.
5) KG (Berlin), Beschl. vom 28.8.2014, Az. 4 Ws 70/14 – 141 AR 358/14.

gung des Grundrechtsbehelfs unzulässig.[1] Für die Einlegung des Einspruchs gelten mit Ausnahme der Einspruchsfrist die sonstigen Bestimmungen des § 67 OWiG.[2] Ergibt sich bereits aus dem Einspruchsdokument die schuldlose Fristversäumung, so kann Wiedereinsetzung auch ohne zusätzlichen Antrag von Amts wegen gewährt werden (§ 52 Abs. 1 OWiG i. V. m. § 45 Abs. 2 S. 3 StPO).

2.2 Vollstreckungsaufschub

Der Antrag auf Wiedereinsetzung in den vorigen Stand hemmt die Vollstreckung einer Bußgeldentscheidung nicht (§ 52 Abs. 1 OWiG i. V. m. § 47 Abs. 1 StPO). Die Verwaltungsbehörde kann jedoch von Amts wegen einen Aufschub der Vollstreckung anordnen (§ 52 Abs. 1 OWiG i. V. m. § 44 S. 2 StPO), um den Ausgang des Wiedereinsetzungsverfahrens einschließlich einer gerichtlichen Entscheidung abzuwarten.[3] Diese Anordnung ist dem oder der Betroffenen als Maßnahme der Verwaltungsbehörde formlos mitzuteilen (§ 50 Abs. 1 S. 1 OWiG), weil sie die Vollstreckungsverjährung hemmt (§ 34 Abs. 4 Nr. 2 OWiG).[4] Die verantwortende Person der Verwaltungsbehörde sollte dies der zuständigen Kasse mitteilen, damit die richtige Anordnung getroffen wird. Die „Aussetzung der Vollziehung" (vergleiche § 361 Abs. 2 S. 1 Halbs. 1 AO) oder ähnliche Rechtsfiguren des Abgabenrechts sind dem Bußgeldverfahren fremd und führen daher nicht zur Hemmung der Vollstreckungsverjährung.

1) BGH, Beschl. vom 7.8.2019, Az. 3 StR 165/19, für ein Rechtsmittel.
2) Zur Einlegung des Einspruchs gegen den Bußgeldbescheid (§ 67 OWiG) § 18 Nr. 1.
3) Zum Antrag des Betroffenen auf gerichtliche Entscheidung gegen die Ablehnung der Wiedereinsetzung durch die Verwaltungsbehörde (§ 52 Abs. 2 S. 3 i. V. m. 62 OWiG) § 19 Nr. 3.
4) Zur Vollstreckungsverjährung (§ 34 OWiG) § 23 Nr. 4.

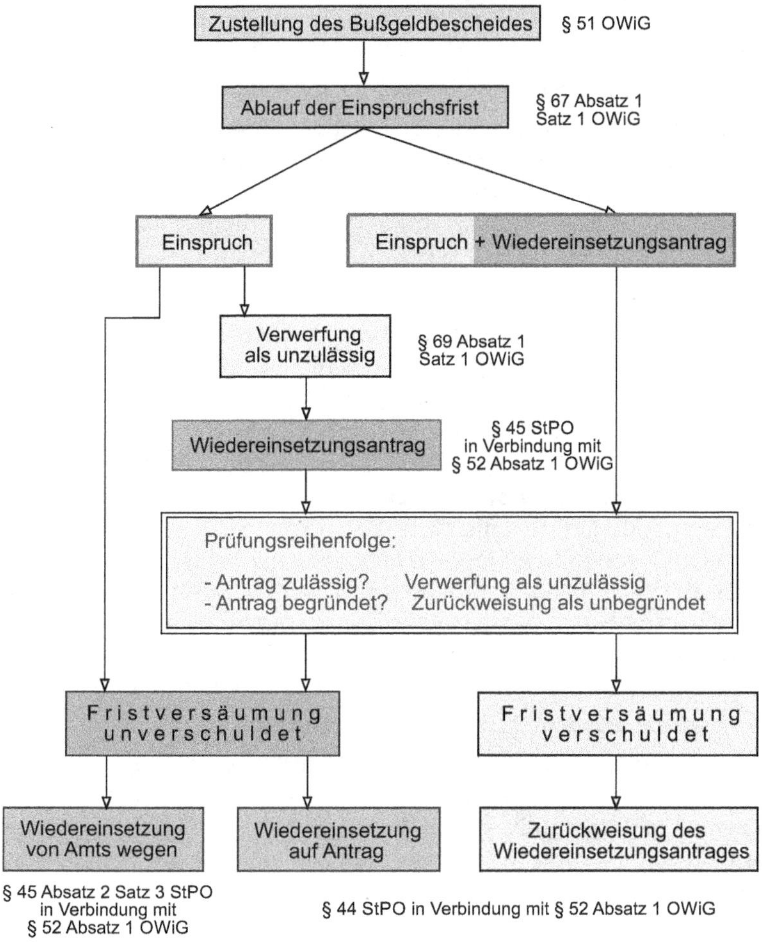

Abb. 3: Wiedereinsetzen in den vorigen Stand (§ 52 OWiG)

2.3 Verwerfung des Wiedereinsetzungsantrags

Ein unzulässiger oder unbegründeter Antrag auf Wiedereinsetzung in den vorigen Stand ist durch anfechtbaren Bescheid der Verwaltungsbehörde zu verwerfen (§ 52 Abs. 2 S. 3 OWiG).

2.3.1 Verwerfungsgründe

Der Antrag auf Wiedereinsetzung in den vorigen Stand ist ohne weitere Sachprüfung als **unzulässig** zu verwerfen, wenn die formalen Verfahrensvoraussetzungen für die Entscheidung der Verwaltungsbehörde fehlen.

– *Versäumung der Antragsfrist*

  Der Antrag ist später als eine Woche nach Wegfall des Hindernisses gestellt (§ 52 Abs. 1 i. V. m. § 45 Abs. 1 S. 1 StPO). Dies kann sich aus den Angaben über die

Kenntnisnahme des oder der Betroffenen vom Zugang des Bußgeldbescheids ergeben.

- *Fehlender oder unzureichender Tatsachenvortrag*

  Der Antrag enthält keine oder nur unzureichende Ausführungen zur Fristversäumung, zum Grund der Verhinderung oder zum Zeitpunkt des Wegfalls des Hindernisses (§ 52 Abs. 1 i. V. m. § 45 Abs. 2 S. 1 StPO). Diese Angaben werden trotz behördlicher Aufforderung im weiteren Verfahren nicht nachgeholt (§ 52 Abs. 1 i. V. m. § 45 Abs. 2 S. 2 StPO).

- *Fehlende oder unzureichende Glaubhaftmachung*

  Die zulässigen Mittel zur Glaubhaftmachung fehlen oder sind unzureichend und werden auch trotz Aufforderung der Verwaltungsbehörde im weiteren Verfahren nicht vorgelegt bzw. nachgebessert (§ 52 Abs. 1 i. V. m. § 45 Abs. 2 S. 2 StPO). Die eigene eidesstattliche Versicherung des Betroffenen besitzt nur den Wert einer schlichten Erklärung und genügt zur Glaubhaftmachung i. d. R. nicht.[1)]

Ein zulässiger Antrag ist **unbegründet**, wenn die vorgetragene und glaubhaft gemachte Begründung keine schuldlose Versäumung der Einspruchsfrist ergibt. Es ist ein Sachverhalt vorzutragen, der ein eigenes Verschulden des oder der Betroffenen ausschließt. Verschulden im Sinne des § 44 S. 1 StPO ist anzunehmen, wenn Betroffene diejenige Sorgfalt außer Acht lassen, die für eine gewissenhaft und ihre Rechte und Pflichten sachgemäß wahrnehmende Person geboten ist und ihr nach den gesamten Umständen des konkreten Falles zuzumuten war.[2)]

- *Persönliche Nachlässigkeit, Organisationsmangel*

  Versendet der oder die Betroffene einen Einspruch durch ungesicherte E-Mail an eine unrichtige, nicht existente E-Mail-Adresse und versäumt dadurch die Einspruchsfrist, rechtfertigt diese Fahrlässigkeit nicht eine Wiedereinsetzung in den vorigen Stand.[3)] Jede Berufung des oder der Betroffenen auf eine persönliche Arbeitsüberlastung oder Mängel in seiner betrieblichen Organisation belegen bereits die schuldhafte Fristversäumnis.

- *Beauftragung einer unzuverlässigen Person*

  Inwieweit Verfahrensbeteiligte Dritten die Besorgung ihrer Angelegenheiten vertrauensvoll überlassen können und in welchem Umfang sie Beauftragte kontrollieren müssen, richtet sich nach den Umständen des Einzelfalls. Es trifft sie bei Versäumnissen und Fehlern von Beauftragten kein Verschulden, wenn sie bei dessen Auswahl und Überwachung die Sorgfalt aufgewandt haben, die verständiger Weise von ihnen erwartet und zugemutet werden konnte. Stehen Beauftragte zu Auftraggebenden in einem engen und dauerhaften Verhältnis, das ein gegenseitig erprobtes Vertrauen begründet – wie z. B. das der Ehe – und fehlen Anhaltspunkte, aus denen sich ausnahmsweise eine Unzuverlässigkeit des Ehegatten bei der Wahrnehmung wichtiger Angelegenheiten ergeben, so ist der Auswahlsorgfalt in aller Regel genügt und es reduziert sich auch die Überwachungs-

1) BGH, Beschl. vom 5.8.2010, Az. 3 StR 269/10.
2) AG Eilenburg, Beschl. vom 7.11.2024, Az. 8 OWi 614/26, unter Bezugnahme auf OVG Niedersachsen (Lüneburg), Beschl. vom 15.10.1990, Az. 10 M 24/90, zum gleichlautenden § 60 Abs. 1 VwGO.
3) LG Stuttgart, Beschl. vom 19.6.2008, Az. 16 Qs 48/08.

sorgfalt.[1] Die Beauftragung einer mutmaßlich unzuverlässigen Person wie z. B. eines Kindes verletzt die gebotene Sorgfalt. Wer seine Angelegenheiten von anderen Personen erledigen lässt, muss sich regelmäßig davon überzeugen, dass Fristen eingehalten werden. Es ist wenigstens eine Nachfrage erforderlich, ob der Auftrag ausgeführt wurde.[2]

– *Krankheit*

Unverschuldet ist die Fristversäumnis nur dann, wenn der erkrankte Antragsteller oder die Antragstellerin nicht selbst, z. B. telefonisch zu Protokoll der Verwaltungsbehörde Einspruch einlegen oder keine andere Person mit der Einlegung des Einspruchs beauftragen konnte.[3] Solche Fälle sind bei einem schweren Verkehrsunfall, einer krankhaften Depression,[4] Epilepsieanfällen[5] oder einem Herzinfarkt, nicht aber bei einer schon lange geplanten Operation anzunehmen. Eine bloße Arbeitsunfähigkeitsbescheinigung oder ärztliche Bestätigung, aus der sich keine Krankheit entnehmen lässt, die nach Art und Auswirkungen den Betroffenen hindert, ist daher ungenügend.[6] Bei einer Suchterkrankung durch Alkohol- oder Betäubungsmissbrauch kommt es darauf an, ob Gesundheit, Arbeits- und Leistungsfähigkeit hierdurch erheblich beeinträchtigt waren.[7] Die Verwaltungsbehörde sollte daher ein ärztliches Attest verlangen, aus dem nachvollziehbar hervorgeht, dass der Betroffene auch zur Einlegung eines telefonischen Einspruchs oder Beauftragung einer anderen Person nicht in der Lage war.

Die zweiwöchige Einspruchsfrist (§ 67 Abs. 1 S. 1 OWiG) darf zur Gewährleistung eines effektiven Rechtsschutzes (Art. 19 Abs. 4 GG) und des rechtlichen Gehörs (Art. 103 Abs. 1 GG) ausgeschöpft werden. Versäumt der oder die Betroffene die Frist durch Erkrankung am Tag des Fristablaufs, kann trotzdem ein Anspruch auf Wiedereinsetzung in den vorigen Stand bestehen. Es darf ihnen folglich nicht vorgeworfen werden, dass sie die Frist bis zum letzten Tag ausschöpfen wollten.[8]

– *Urlaubsbedingte Abwesenheit*

Nach der Rechtsprechung des Bundesverfassungsgerichts braucht keine besonderen Vorkehrungen zu treffen, wer bis zu sechs Wochen wegen einer Urlaubsreise vorübergehend von seiner ständigen Wohnung abwesend ist.[9] Dies gilt auch außerhalb der allgemeinen Ferienzeit und dann, wenn der Betroffene aufgrund der Anhörung im Bußgeldverfahren mit dem Erlass eines Bußgeldbe-

1) AG Eilenburg, Beschl. vom 7.11.2024, Az. 8 OWi 614/26, unter Bezugnahme auf Pfälzisches OLG (Zweibrücken), Beschl. vom 16.8.1991, Az. 1 Ws 222/91; OLG Frankfurt (Main), Beschl. vom 17.10.2000, Az. 3 Ws 1049/00.
2) Schifffahrtsobergericht Karlsruhe, Beschl. vom 14.3.2008, Az. 4 Ws 1/08.
3) OLG Stuttgart, Beschl. vom 16.4.1985, Az. 1 Ws 120/85.
4) LG Freiburg (Breisgau), Beschl. vom 4.3.2013, Az. 2 Qs 56/12.
5) BGH, Beschl. vom 19.2.2015, Az. 2 StR 420/14.
6) LG Zweibrücken, Beschl. vom 14.11.2011, Az. Qs 94/11; KG (Berlin), Beschl. vom 19.10.2009, Az. 1 AR 1610/09 – 3 Ws 590/09.
7) BGH, Beschl. vom 18.3.2015, Az. 3 StR 29/15.
8) BVerfG, Beschl. vom 14.2.2023, Az. 2 BvR 653/20.
9) BVerfG, stattgebender Kammerbeschluss vom 18.10.2012, Az. 2 BvR 2776/10; OLG Sachsen-Anhalt (Naumburg), Beschl. vom 3.1.2013, Az. 2 Ws 233/12.

scheids rechnen musste.[1] Eine urlaubsbedingte Abwesenheit kann durch Buchungsbestätigungen, Fahrkarten und eidesstattliche Versicherungen anderer Personen glaubhaft gemacht werden. Die eigene eidesstattliche Versicherung hat nur den Wert einer schlichten Erklärung und genügt i. d. R. nicht.[2] In der allgemeinen Ferienzeit kann jedoch eine schlichte Erklärung nach Lebenserfahrung genügen.[3]

– *Arbeitsbedingte Abwesenheit*

  Bei einer einmaligen Geschäftsreise bis zu sechs Wochen hat das Bundesverfassungsgericht wie im vorstehenden Fall der Urlaubsreise entschieden. Wer allerdings längere Zeit oder häufig aus beruflichen Gründen abwesend ist wie z. B. Fernfahrer oder Fernfahrerinnen, Handelsvertreter oder Handelsvertreterinnen, Fahrpersonal im Fernverkehr, Binnenschiffer oder -schifferinnen sowie Seeleute, muss entsprechende Vorkehrungen treffen.[4] Arbeitsbedingte Abwesenheit kann bei Selbstständigen durch Reiseunterlagen, bei Arbeitnehmern und Arbeitnehmerinnen durch eine Bestätigung des Arbeitgebers glaubhaft gemacht werden.

– *Fehlende Kenntnis der deutschen Amtssprache*

  Nach der Rechtsprechung des Bundesverfassungsgerichts ist die auf Unkenntnis der deutschen Sprache beruhende Fristversäumnis eines Ausländers oder einer Ausländerin zwar grundsätzlich unverschuldet.[5] Ein Ausländer oder eine Ausländerin, denen eine von ihnen als belastend erkannte Entscheidung mit einer nicht verständlichen Rechtsmittelbelehrung zugestellt worden ist, müssen sich jedoch bemühen, alsbald ihren Inhalt zu erfahren.[6] Nicht auf ihre Sprachunkenntnis können sich Ausländer und Ausländerinnen berufen, die bereits seit längerer Zeit in Deutschland leben[7] und annehmen müssen, beim zugestellten Dokument handle es sich um einen Bußgeldbescheid.[8]

– *Verteidigerverschulden*

  Ein Verschulden des Verteidigers oder einer Verteidigerin (Kanzleiversehen) ist dem oder der Betroffenen im Bußgeldverfahren nicht zuzurechnen.[9] Das Verschulden von Mitarbeitenden des Rechtsanwalts oder der Rechtsanwältin, z. B. Versehen bei der Führung des Terminkalenders, kann durch deren eidesstattliche Versicherung glaubhaft gemacht werden.[10] Mitverschulden des oder der Betroffenen ist diesen selbst zuzurechnen. Es liegt insbesondere vor, wenn sie

1) BVerfG, stattgebender Kammerbeschluss vom 18.10.2012, Az. 2 BvR 2776/10.
2) BGH, Beschl. vom 5.8.2010, Az. 3 StR 269/10.
3) BVerfG, Beschl. vom BVerfG, stattgebender Kammerbeschluss vom 18.8.2012, Az. 2 BvR 2776/10, unter Bezugnahme auf Beschl. vom 8.7.1975, Az. 2 BvR 1099/74.
4) BVerfG, Beschl. vom BVerfG, stattgebender Kammerbeschluss vom 18.8.2012, Az. 2 BvR 2776/10, unter Bezugnahme auf Beschl. vom 11.2.1976, Az. 2 BvR 849/75.
5) BVerfG, Beschl. vom 7.4.1976, Az. 2 BvR 728/5; OLG München, Beschl. vom 18.11.2013, Az. 4 StRR 120/13.
6) KG (Berlin), Beschl. vom 15.2.2013, Az. 4 Ws 25/13.
7) OLG Köln, Beschl. vom 4.5.1979, Az. 1 Ws 8/79.
8) BGH, Beschl. vom 21.9.2000, Az. 1 StR 391/00; LG Hamburg, Beschl. vom 8.5.2015, Az. 603 Qs 125/15; LG Berlin, Beschl. vom 7.7.2008, Az. 528 Qs 99/08.
9) OLG Nürnberg, Beschl. vom 23.9.2024, Az. Ws 786/24; OLG Bamberg, Beschl. vom 9.7.2009, Az. 3 Ss OWi 290/09.
10) OLG Bamberg, Beschl. vom 9.7.2009, Az. 3 Ss OWi 290/09.

untätig bleiben, obwohl ihnen die Unzuverlässigkeit des Verteidigers oder der Verteidigerin bekannt ist.[1] Es ist daher fraglich, ob ein ausschließlich von einer Kanzleikraft zu vertretender Fehler vorliegt, der dem Verteidiger oder der Verteidigerin und damit auch dem oder der Betroffenen nicht anzulasten wäre, wenn der Verteidiger oder die Verteidigerin einen Schriftsatz unterschreibt und absenden lässt, ohne zu überprüfen, ob dieser Schriftsatz – zumal in einem für die Zulässigkeit des darin gestellten Antrags maßgeblichen Punkt – dem Diktat entspricht.[2]

Die verspätete Beauftragung eines Rechtsanwalts oder einer Rechtsanwältin bedeutet dagegen eigenes Verschulden des oder der Betroffenen. Ein Mitverschulden liegt auch vor, wenn der Rechtsanwalt oder die Rechtsanwältin die Einlegung des Einspruchs von der nicht erfolgten Zahlung eines Kostenvorschusses abhängig macht.[3]

– *Postlaufzeiten*

  Auf regelmäßige Postlaufzeiten darf sich der Absender oder die Absenderin verlassen. Die „normale" Postlaufzeit bestimmt sich nach den veröffentlichten Angaben der Deutschen Post AG. Auf deren Internetseite heißt es dazu: „Für die Zustellung gilt die Laufzeitvorgabe E+1 (1 Tag nach Einlieferung)".[4] Dies gilt auch für Einwurfeinschreiben.[5] Außergewöhnliche Verzögerungen sind den Betroffenen nicht zuzurechnen.[6] In diesem Fall ist von der Verwaltungsbehörde eine Auskunft über die gewöhnlichen Postlaufzeiten einzuholen.[7] Schuldhaft handelt aber, wer den Einspruch so spät absendet, dass er nicht rechtzeitig bei der Verwaltungsbehörde eingehen kann.[8] Dies lässt sich anhand des Poststempels feststellen. Die bloße Behauptung von Postdiebstählen ohne glaubhaft gemachte genaue Anknüpfungstatsachen genügt nicht.[9]

– *Benachrichtigung des Verteidigers oder der Verteidigerin*

  Befindet sich die Vollmacht des oder der Betroffenen nicht bei den Akten, stellt die Verwaltungsbehörde den Bußgeldbescheid an den Betroffenen oder die Betroffene zu und unterrichtet den Verteidiger oder die Verteidigerin über diese Zustellung (§ 51 Abs. 3 OWiG). Die unterbliebene Unterrichtung des Verteidigers oder der Verteidigerin begründet regelmäßig die Wiedereinsetzung in den vorigen Stand gegen die Versäumung der Rechtsbehelfsfrist.[10] Die bloße Übersendung an den Verteidiger oder die Verteidigerin „zur Kenntnisnahme" stellt keine ordnungsgemäße Benachrichtigung dar.[11]

1) OLG Köln, Beschl. vom 12.1.2012, Az. 2 Ws 21/12.
2) BGH, Beschl. vom 16.5.2013, Az. 1 StR 633/12.
3) BGH, Beschl. vom 21.9.2000, Az. 1 StR 391/00; LG Hamburg, Beschl. vom 8.5.2015, Az. 603 Qs 125/15.
4) OLG Oldenburg (Oldenburg), Beschl. vom 16.9.2013, Az. 1 Ws 547/13.
5) OLG Frankfurt (Main), Beschl. vom 12.1.2016, Az. 3 Ws 956/15 (StVollz).
6) BGH, Beschl. vom 17.1.2012, Az. VIII ZB 42/11; OLG Oldenburg (Oldenburg), Beschl. vom 16.9.2013, Az. 1 Ws 547/13.
7) BVerfG, Beschl. vom 14.5.2000, Az. 2 BvR 1557/98.
8) BGH, Beschl. vom 22.8.2012, Az. 4 StR 299/12.
9) OLG Hamm, Beschl. vom 17.1.2013, Az. 3 Ws 3/13.
10) OLG Köln, Beschl. vom 10.6.2011, Az. 2 Ws 308/11; OLG Stuttgart, Beschl. vom 30.12.2008, Az. 2 Ws 363/08; anderer Ansicht LG Dresden, Beschl. vom 8.4.2010, Az. 5 Qs 44/10.
11) LG Aurich, Beschl. vom 4.7.2011, Az. 12 Qs 49/11.

- *Dienstzeiten der Verwaltungsbehörde*

  Hat die Verwaltungsbehörde nicht im Bußgeldbescheid auf beschränkte Einschaltzeiten ihrer Annahme von Telefaxen hingewiesen, darf ein durchschnittlich sorgfältiger Betroffener oder eine entsprechende Betroffene davon ausgehen, dass die Annahme auch außerhalb der Dienstzeiten möglich ist. Sie können dagegen nicht damit rechnen, dass eine telefonische Annahme nach Dienstschluss möglich ist.

- *Rechtsbehelfsbelehrung*

  War der Bescheid nicht oder mit einer wesentlich falschen[1] oder unvollständigen[2] Rechtsbehelfsbelehrung (§ 50 Abs. 2 OWiG) versehen, ist die Versäumung der Einspruchsfrist als unverschuldet anzusehen (§ 52 Abs. 1 OWiG i. V. m. § 44 S. 2 StPO), sofern dies für die verspätete Einlegung des Einspruchs ursächlich war.[3] Es ist ausreichend, dass sich aus dem Gesamtzusammenhang des Vorbringens ergibt, dass der Betroffene sich zwar der Fristbindung bewusst war, die genaue Dauer der Frist aber nicht kannte.[4]

- *Betreuungsanordnung für Betroffene*

  Ist für den oder die Betroffene für die Aufgabenkreise „Vertretung vor Behörden und Gerichten" eine rechtliche Betreuung angeordnet (§ 1814 Abs. 1, § 1815 Abs. 1 BGB), führt dies nicht zur Unwirksamkeit der Zustellung des Bußgeldbescheides an ihn oder sie und entschuldigt eine Versäumung der Rechtsbehelfsfrist nicht. Zustellungen im Bußgeldverfahren erfordern allein die Verhandlungsfähigkeit des Empfängers oder der Empfängerin.[5]

- *Strafgefangene*

  Befindet sich der Betroffene in Strafhaft, kann er den Einspruch auch zu Protokoll einlegen (§ 67 Abs. 1 S. 1 OWiG). Bemüht er sich darum rechtzeitig und kann das Protokoll aus dienstlichen Gründen nicht rechtzeitig aufgenommen werden, trifft ihn daran kein eigenes Verschulden.[6]

2.3.2 Tenor des Verwerfungsbescheids

Die Verwerfung des Antrags auf Wiedereinsetzung in den vorigen Stand ist als Bescheid abzufassen (§ 50 Abs. 1 S. 2 OWiG), da sie mit dem befristeten Antrag auf gerichtliche Entscheidung anfechtbar ist (§ 52 Abs. 2 S. 3 OWiG). Der Bescheid (Musterbescheid 19.5) bedarf einer Begründung (§ 34 StPO i. V. m. § 46 Abs. 1 OWiG), Rechtsbehelfsbelehrung (§ 50 Abs. 2 OWiG) und der Zustellung (§ 51 Abs. 1 S. 2 bzw. § 110c Abs. 2 OWiG).[7] Für den Aufbau des Bescheids empfiehlt sich die aus dem Verwaltungsverfahren vertraute Untergliederung in Tenor und Gründe.

1) LG Verden, Beschl. vom 11.12.2012, Az. 1 Qs 269/12.
2) OLG Hamm, Beschl. vom 5.2.2013, Az. 1 RVs 85/12.
3) OLG Düsseldorf, Beschl. vom 22.11.1985, Az. 1 Ws 1028/85.
4) OLG Frankfurt (Main), Beschl. vom 12.2.2007, Az. 3 Ws 159/07.
5) Brandenburgisches OLG, Beschl. vom 23.12.2008, Az. 1 Ws 242/08.
6) BayObLG, Beschl. vom 11.10.2024, Az. 204 StObWs 482/24, für die Rechtsbeschwerde gegen eine Maßnahme der Vollzugsanstalt.
7) Zur Zustellung von Bescheiden im Bußgeldverfahren (§ 51 OWiG) § 17.

- *Verwerfungsentscheidung*

  Der Tenor enthält nach dem Wortlaut des Gesetzes die Verwerfung des Antrags auf Wiedereinsetzung in den vorigen Stand (§ 52 Abs. 1 OWiG i. V. m. § 46 Abs. 3 StPO), also nicht dessen Ablehnung oder Zurückweisung (Musterbescheid 19.4, Tenor Ziffer 1). Hat die Verwaltungsbehörde den Einspruch des Betroffenen noch nicht als unzulässig verworfen (§ 69 Abs. 1 S. 1 OWiG), so ist dies im Tenor nachzuholen (Musterbescheid 19.4, Tenor Ziffer 2).

- *Kostenentscheidung*

  Eine Rechtsgrundlage für die Festsetzung einer Gebühr besteht nicht, da § 105 Abs. 1 i. V. m. § 107 Abs. 1 OWiG dies nur für den Bußgeldbescheid vorsieht. Die in der Zustellung des Bescheids bestehenden Auslagen der Verwaltungsbehörde können dagegen aufgrund § 107 Abs. 3 Nr. 2 OWiG als Kostenentscheidung im Tenor angesetzt werden (Musterbescheid 19.4, Tenor Ziffer 3). Hier kommt nur die Zustellungspauschale von 3,50 Euro (§ 107 Abs. 3 Nr. 2 OWiG) für die Zustellung des Bescheids als Papierdokument in Betracht.

Muster 19.4: Musterbescheid – Tenor

1. Wir verwerfen Ihren Antrag vom 22.5.2026 auf Wiedereinsetzung in den vorigen Stand gegen die Versäumung der Einspruchsfrist gegen unseren Bußgeldbescheid vom 8.4.2026.
2. Wir verwerfen Ihren Einspruch vom 22.5.2026 gegen unseren Bußgeldbescheid vom 8.4.2026 als unzulässig.
3. Sie tragen auch unsere Auslagen im Wiedereinsetzungsverfahren in Höhe von 3,50 Euro.

2.3.3 Begründung des Verwerfungsbescheids

Die Begründung des Versagungsbescheids ist wegen der Anfechtbarkeit durch den Antrag auf gerichtliche Entscheidung (§ 62 OWiG) notwendig (§ 34 StPO i. V. m. § 46 Abs. 1 OWiG). Für den Inhalt der Begründung ist zu unterscheiden, ob der Antrag auf Wiedereinsetzung bereits als unzulässig oder nur als unbegründet zurückgewiesen werden soll.

- *Unzulässiger Antrag*

  Die Begründung des Bescheids geht zunächst auf die entscheidungserheblichen Zeitpunkte ein, nämlich den Erlass und die mangelfreie Zustellung des Bußgeldbescheids, den Eingang des Einspruchs sowie des Antrags auf Wiedereinsetzung in den vorigen Stand. Es folgt gegebenenfalls zunächst die Angabe der zugelassenen sicheren Übermittlungswege (§ 32a Abs. 4 S. 1 StPO i. V. m. § 110c S. 1 OWiG) und der Berechnung der Einspruchsfrist nach § 43 StPO i. V. m. § 46 Abs. 1 OWiG. Die Begründung verweist sodann auf die Rechtsgrundlage des § 51 Abs. 1 OWiG i. V. m. § 45 Abs. 2 S. 1 StPO und führt den Grund der Unzulässigkeit, meist die verspätete Antragstellung oder die unzulässige Form näher aus. Hilfsweise Ausführungen zur außerdem fehlenden Begründetheit des Antrags sind dagegen überflüssig. Sie sollten erst bei der Vorlage eines Antrags auf gerichtliche Entscheidung an das Amtsgericht erfolgen, weil dann nicht absehbar ist, wie das Gericht entscheiden wird.

- *Unbegründeter Antrag*

  Zur Zulässigkeit genügt ein vorangestellter Satz, dass der Antrag zwar zulässig, aber nicht begründet ist. Die Begründung verweist auf die Rechtsgrundlage des § 51 Abs. 1 OWiG i. V. m. § 45 Abs. 2 S. 1 StPO und führt die mangelnde Sorgfalt des oder der Betroffenen als Grund der Unbegründetheit aus. Hier empfiehlt sich die Zitierung einschlägiger Rechtsprechung, die sich in großer Anzahl in Kommentaren und Datenbanken im Internet befindet. Da die Wiedereinsetzung in den vorigen Stand gegen Fristversäumung in allen Verfahrensarten durch Parallelvorschriften geregelt ist, können auch Gerichtsentscheidungen aus anderen Rechtsgrundlagen, insbesondere zu §§ 44, 45 StPO, aus dem Strafverfahren herangezogen werden.

Bei der Zustellung als Papierdokument an den Betroffenen oder die Betroffene ist noch auf die Rechtsgrundlage für die Zustellungspauschale von 3,50 Euro in § 105 Abs. 1 i. V. m. § 107 Abs. 3 Nr. 2 OWiG hinzuweisen (Begründung des Musterbescheids 19.4). Der Bescheid schließt mit der Rechtsbehelfsbelehrung (§ 50 Abs. 2 OWiG) für den befristeten Antrag auf gerichtliche Entscheidung (§ 52 Abs. 2 S. 3, § 62 OWiG). Eine Signatur des Bescheides ist nicht erforderlich. Lediglich die begleitende Verfügung muss eine Namenswiedergabe der verantwortenden Person der Verwaltungsbehörde enthalten (§ 110c S. 2 OWiG).[1]

1) Zur Abfassung der begleitenden Verfügung in der Bußgeldakte (§ 110c S. 2 OWiG) siehe bei der Verwerfung des Einspruchs als unzulässig (§ 69 Abs. 1 S. 1 OWiG) § 19 Nr. 1.

Muster 19.5: Verwerfung eines unzulässigen Einspruchs (§ 69 Abs. 1 OWiG) und des Antrags auf Wiedereinsetzung in den vorigen Stand (§ 52 OWiG)

Stadt Münsterberg

Bußgeldstelle

Stadt Münsterberg, 99090 Münsterberg

Dienstgebäude	Schubertstraße 36 99090 Münsterberg
Bearbeitung	Frau Weber
Telefon	(0987) 9878-987
E-Mail	bs@muensterberg.de

Herrn
Peter Baumann
Alte Bergstraße 89
90904 Münsterberg
über DeutschlandID

Ihr Zeichen, Ihre Nachricht vom	Bitte bei Antwort angeben Unser Zeichen, unsere Nachricht vom	Datum
14.5.2026	OWi – 0987665/26	26.5.2026

Betroffene Person: Herr Peter Baumann, geboren 20.3.1967 in Elbburg, Alte Bergstraße 89, 90904 Münsterberg

Verteidiger: –

Sehr geehrter Herr Baumann,

wir erlassen folgenden

Bescheid

1. Wir verwerfen Ihren Antrag vom 14.5.2026 auf Wiedereinsetzung in den vorigen Stand gegen die Versäumung der Einspruchsfrist gegen unseren Bußgeldbescheid vom 8.4.2026.
2. Wir verwerfen Ihren Einspruch vom 14.5.2026 gegen unseren Bußgeldbescheid vom 8.4.2026 als unzulässig.

Gründe

1. Wir erließen am Mittwoch, den 8.4.2026 einen Bußgeldbescheid, dessen Ausdruck Ihnen am Donnerstag den 9.4.2026 zugestellt wurde. Sie legten am Freitag, den 8.5.2026 telefonisch zu Protokoll Einspruch ein und beantragten zugleich urlaubsbedingt Wiedereinsetzung in den vorigen Stand. Trotz unserer Aufforderung vom Mittwoch, den 6.5.2026 haben Sie die angekündigten Belege für eine urlaubsbedingte Abwesenheit bis zum Ablauf der bis Freitag, den 15.5.2026 gesetzten Begründungsfrist nicht vorgelegt.
2. Wir mussten Ihren Antrag auf Wiedereinsetzung in den vorigen Stand gem. § 52 Abs. 1 OWiG i. V. m. § 45 Abs. 2 S. 1 StPO verwerfen, weil Sie weder bei der Antragstellung noch im Verfahren die Tatsachen zur Begründung des Antrages glaubhaft gemacht haben.

Telefonzentrale
(0899) 123-0
Internet
www.Muensterberg.de

Servicezeiten
Mo-Mi 7.30-16.30 Uhr
Do 7.30-17.30 Uhr
Fr 7.30-12.00 Uhr

Öffentliche Verkehrsmittel
Stadtbus Linie 6
Haltestelle Mitte

Bankverbindung
Kreissparkasse Münsterberg
IBAN DE2040000000123456
BIC GROBDE77XX
Volksbank Münsterberg
IBAN DE2040000000234567
BIC GROBDE87XX

Besonderes elektronisches Behördenpostfach
Ordnungsamt@muensterberg .de

3. Der Einspruch kann nur innerhalb von zwei Wochen nach Zustellung schriftlich oder zur Niederschrift der Verwaltungsbehörde, die den Bußgeldbescheid erlassen hat, (§ 67 Abs. 1 S. 1 OWiG) sowie als elektronisches Dokument durch E-Mail mit qualifizierter elektronischer Signatur (§ 32a Abs. 3 StPO i. V. m. § 110c S. 1 OWiG) und auf sicherem Übermittlungsweg (§ 32a Abs. 4 StPO i. V. m. § 110c S. 1 OWiG) eingelegt werden. Fällt der Ablauf der Frist auf einen Samstag (Sonnabend), Sonntag oder allgemeinen gesetzlichen Feiertag, so verlängert sich die Frist bis zum Ablauf des folgenden Werktages (§ 43 Abs. 1 Strafprozessordnung – StPO – i. V. m. § 46 Abs. 1 OWiG). Der Rechtsbehelf wäre daher spätestens bis zum Ablauf des Donnerstag, den 23.4.2026, einzulegen gewesen. Der verspätete Einspruch des Betroffenen war daher als unzulässig zu verwerfen (§ 69 Abs. 1 S. 1 OWiG). Ihre sachlichen Einwendungen gegen den Bußgeldbescheid können wir wegen der Unzulässigkeit des Einspruchs nicht berücksichtigen.

Rechtsbehelfsbelehrung

Gegen diesen Bescheid können Sie innerhalb von zwei Wochen nach seiner Zustellung bei der Stadt Münsterberg – Bußgeldstelle – Schubertstraße 36, 99090 Münsterberg Antrag auf gerichtliche Entscheidung (§ 62 OWiG) in deutscher Sprache (§ 184 S. 1 GVG i. V. m. § 46 Abs. 1 OWiG) schriftlich, zur Niederschrift oder elektronisch im Dateiformat PDF/A (§ 2 Abs. 1 S. 1 ERVV) durch E-Mail mit qualifizierter elektronischer Signatur (§ 110c S. 1 OWiG i. V. m. § 32a Abs. 3 StPO) sowie über einen zugelassenen sicheren Übermittlungsweg (§ 110c S. 1 OWiG i. V. m. § 32a Abs. 4 S. 1 StPO) einlegen.

Die Frist von zwei Wochen ist nur dann gewahrt, wenn der Rechtsbehelf vor Fristablauf bei der Stadt Münsterberg eingeht. Fällt das Ende der Frist auf einen Sonntag, einen allgemeinen Feiertag oder einen Samstag (Sonnabend), so endet die Frist mit Ablauf des nächsten Werktages (§ 43 Abs. 2 StPO i. V. m. § 46 Abs. 1 OWiG). Die Erklärung muss in deutscher Sprache abgefasst sein (§ 184 S. 1 Gerichtsverfassungsgesetz – GVG – i. V. m. § 46 Abs. 1 OWiG). Über den Antrag entscheidet das Amtsgericht, soweit wir dem Rechtsbehelf nicht abhelfen, durch schriftlichen Beschluss.

Zahlungsaufforderung

Nach Rechtskraft des Bescheides sind unsere Auslagen innerhalb weiterer zwei Wochen (also vier Wochen ab Zustellung) an die Stadtkasse oder eines der in der Fußleistung dieses Bescheides bezeichneten Bankkonten zu bezahlen.

Mit freundlichen Grüßen

Stadt Münsterberg, Bußgeldstelle

2.4 Gewährung der Wiedereinsetzung

Die nur begünstigende Anordnung der Wiedereinsetzung in den vorigen Stand erfolgt formlos durch dienstliches Dokument (§ 50 Abs. 1 S. 1 OWiG), nicht durch Bescheid (Musterdokument 19.5). Eine Begründung ist nicht erforderlich (§ 34 StPO i. V. m. § 46 Abs. 1 OWiG).[1] Hatte die Verwaltungsbehörde bereits den Einspruch des oder der Betroffenen durch Bescheid als unzulässig verworfen (§ 69 Abs. 1 S. 1 OWiG), so ist dieser zugleich formlos und ohne Begründung zurückzunehmen. Das dienstliche Dokument muss nicht signiert sein. Es genügt die Namenswiedergabe der verantwortenden Person in der begleitenden Verfügung (§ 110c S. 2 OWiG). Da

1) LG Memmingen, Beschl. vom 7.3.2008, Az. 2 Qs 31/08.

der oder die Betroffene nicht zur Teilnahme am elektronischen Rechtsverkehr verpflichtet und zum Zeitpunkt des Redaktionsschlusses dieser Auflage nur das noch wenig verbreitete elektronische Bürger- und Organisationenpostfach („eBO“, § 10 ERVV) oder elektronische Bürgerpostfach im Verwaltungsportal („BundID“, § 13 ERVV, künftig DeutschlandID, § 12 Abs. 1 S. 3 OZG) als sicherer Übermittlungsweg vorgesehen war (§ 32a Abs. 4 S. 1 Nr. 3, 4 StPO i. V. m. § 110c S. 1 OWiG), verbleibt i. d. R. nur eine Zusendung des Ausdrucks durch einfachen Brief (§ 50 Abs. 1 S. 1 OWiG). Hat ein Rechtsanwalt als Verteidiger oder eine Rechtsanwältin als Verteidigerin des oder der Betroffenen den Antrag erfolgreich gestellt, ist eine Mitteilung über das besondere elektronische Anwaltspostfach (§ 31a BRAO) als sicheren Übermittlungsweg möglich (§ 32a Abs. 4 S. 1 Nr. 1 StPO i. V. m. § 110c S. 1 OWiG).

2.4.1 Unterbrechung der Verfolgungsverjährung

Die Gewährung der Wiedereinsetzung in den vorigen Stand durch die Verwaltungsbehörde (§ 52 OWiG) unterbricht die Verfolgungsverjährung (§ 31 OWiG) nach der Rechtsprechung auch ohne Erwähnung in § 33 Abs. 1 S. 1 OWiG, wenn zuvor der Bußgeldbescheid rechtskräftig geworden war.[1)] Mit der Bewilligung der Wiedereinsetzung in den vorigen Stand beginnt die Verfolgungsverjährung bezüglich des Betroffenen neu zu laufen (§ 33 Abs. 3 S. 1, Abs. 4 S. 1 OWiG). Maßgeblich ist der aktenkundige Zeitpunkt der Anordnung durch die Verwaltungsbehörde, wenn das Dokument alsbald in deren Geschäftsgang gelangt ist (§ 33 Abs. 2 OWiG).[2)] Die Verfolgungsverjährung wurde vor der Wiedereinsetzung in den vorigen Stand letztmals zuvor durch die mangelfreie Zustellung des Bußgeldbescheides innerhalb von zwei Wochen unterbrochen (§ 33 Abs. 1 S. 1 Nr. 9 OWiG).

2.4.2 Fortführung des Zwischenverfahrens

Die Anordnung der Wiedereinsetzung in den vorigen Stand hat zur Folge, dass der verspätete Einspruch so behandelt wird, als sei er rechtzeitig eingelegt. Sie ist unanfechtbar und unwiderruflich und kann weder zurückgenommen noch aufgehoben werden, auch wenn sie fehlerhaft ist.[3)] Die Verwaltungsbehörde führt das Bußgeldverfahren daher jetzt nach den Vorschriften über das Zwischenverfahren nach zulässigem Einspruch (§ 69 Abs. 2 OWiG) weiter. Es bietet sich daher an, den Betroffenen oder die Betroffene im selben Dokument über den Fortgang des Bußgeldverfahrens in Kenntnis zu setzen. Dazu kommen folgende Alternativen in Betracht:

- *Erneute Anhörung des oder der Betroffenen*

  Hat der oder die Betroffene oder sein Verteidiger bzw. ihre Vertreidigerin weitere Einwendungen angekündigt, so sollte bei der Prüfung, ob der Bußgeldbescheid aufrechterhalten oder zurückgenommen wird (§ 69 Abs. 2 S. 1 OWiG), unter Fristsetzung Gelegenheit zur nochmaligen Äußerung erhalten. Durch die Fristset-

1) OLG Karlsruhe, Beschl. vom 9.4.2019, Az. 1 Rb 7 Ss 39/19; Thüringer OLG (Jena), Beschl. vom 14.11.2005, Az. 1 Ss 194/05; OLG Braunschweig, Beschl. vom 10.8.1973, Az. Ss (OWi) 87/73.

2) BayObLG, Beschl. vom 28.3.2023, Az. 202 ObOWi 314/23;. OLG Karlsruhe, Beschl. vom 9.4.2019, Az. 1 Rb 7 Ss 39/19; Thüringer OLG (Jena), Beschl. vom 14.11.2005, Az. 1 Ss 194/05; OLG Braunschweig, Beschl. vom 10.8.1973, Az. Ss (OWi) 87/73.

3) LG Memmingen, Beschl. vom 7.3.2008, Az. 2 Qs 31/08.

zung wird auch zeitlichen Verzögerungen des Zwischenverfahrens vorgebeugt (Musterdokument 19.5). **Wichtig:** Die erneute Anhörung im Zwischenverfahren Anhörung unterbricht die Verfolgungsverjährung nicht mehr, da nur die erste Anhörung vor Erlass des Bußgeldbescheids (§ 55 OWiG i. V. m. § 163a StPO) eine solche Wirkung besitzt (§ 33 Abs. 1 S. 1 Nr. 1 OWiG).

- *Nachermittlungen im Zwischenverfahren*

  Sind wegen der Einwendungen des oder der Betroffenen weitere Ermittlungen im Zwischenverfahren notwendig, erhalten sie lediglich die Mitteilung über die Wiedereinsetzung in den vorigen Stand und den Hinweis auf die Durchführung von Nachermittlungen (§ 69 Abs. 2 S. 2 OWiG). Dabei ist zu beachten, dass weitere Ermittlungen die Verfolgungsverjährung nicht unterbrechen. Die nächste Unterbrechung ist erst durch den Eingang der Bußgeldakte auf Vorlage der Staatsanwaltschaft beim Amtsgericht möglich (§ 33 Abs. 1 S. 1 Nr. 10 OWiG).

- *Zurücknahme des Bußgeldbescheids*

  Steht bereits bei der Gewährung der Wiedereinsetzung fest, dass der bestehende Bußgeldbescheid nicht aufrechtzuerhalten ist (§ 69 Abs. 1 S. 1 OWiG), sollte das an den Betroffenen oder die Betroffene gerichtete Dokument unmittelbar mit der verfahrensabschließenden Entscheidung verbunden werden. Hier kommt der Erlass eines Bußgeldbescheids mit geändertem Inhalt oder die Einstellung des Bußgeldverfahrens gegebenenfalls mit Kostenentscheidung in Betracht.[1)]

- *Abgabe des Bußgeldverfahrens*

  Ergibt sich bereits bei der Anordnung der Wiedereinsetzung in den vorigen Stand, dass der Bußgeldbescheid aufrechterhalten wird und die Sache über die Staatsanwaltschaft an das Amtsgericht zu übersenden ist (§ 69 Abs. 2, 3 OWiG), sollte der oder die Betroffene mit der Gewährung der Wiedereinsetzung darüber Mitteilung erhalten. Bei drohender Verfolgungsverjährung sollte die Staatsanwaltschaft auf den Zeitpunkt des Eintritts hingewiesen und gebeten werden, die Sache rechtzeitig dem Amtsgericht vorzulegen (§ 33 Abs. 1 S. 1 Nr. 10 OWiG).

1) Zur Zurücknahme des Bußgeldbescheids (§ 69 Abs. 2 S. 1 OWiG) § 20 Nr. 3.2.

Muster 19.6: Anordnung der Wiedereinsetzung (§ 52 OWiG i. V. m. § 44 StPO), Zurücknahme des Verwerfungsbescheids und erneute Anhörung des Betroffenen (§ 69 Abs. 1, 2 S. 3 OWiG)

Stadt Münsterberg

Bußgeldstelle

Stadt Münsterberg, 99090 Münsterberg

Dienstgebäude	Schubertstraße 36 99090 Münsterberg
Bearbeitung	Frau Weber
Telefon	(0987) 9878-987
E-Mail	bs@muensterberg.de

Frau
Sabine Schneider
Alter Markt 17
90904 Münsterberg

Ihr Zeichen, Ihre Nachricht vom	Bitte bei Antwort angeben Unser Zeichen, unsere Nachricht vom	Datum
4.5.2026	OWi – 0987665/26	15.5.2026

Bußgeldverfahren gegen Sie wegen unerlaubter Gewerbeausübung

Antrag auf Wiedereinsetzung in den vorigen Stand vom 4.5.2026

Sehr geehrte Frau Schneider,

auf Ihren Antrag vom 4.5.2026 erhalten Sie Wiedereinsetzung in den vorigen Stand wegen Versäumung der Einspruchsfrist gegen unseren Bußgeldbescheid vom 10.4.2026 (§ 52 Gesetz über Ordnungswidrigkeiten – OWiG – i. V. m. § 44 Strafprozessordnung – StPO). Zugleich nehmen wir unseren Bescheid vom 28.4.2026 zurück, mit dem wir Ihren Einspruch gegen den Bußgeldbescheid als unzulässig verworfen haben (§ 69 Abs. 1 S. 1 OWiG).

Wir prüfen nunmehr, ob wir den Bußgeldbescheid vom 10.4.2026 aufrechterhalten oder zurücknehmen (§ 69 Abs. 2 S. 1 OWiG). Für die von Ihnen angekündigte Begründung Ihres Einspruchs erhalten Sie Gelegenheit, sich bis

spätestens Donnerstag, den 28. Mai 2026

dazu zu äußern, ob und gegebenenfalls welche Tatsachen Sie zu Ihrer Entlastung vortragen wollen. Es steht Ihnen jedoch nach dem Gesetz frei, sich zur Beschuldigung zu äußern oder nicht zur Sache auszusagen (§ 69 Abs. 2 S. 3 OWiG). Sie können die Äußerung schriftlich oder zur Niederschrift sowie in elektronischer Form übermitteln. Sollte bis Fristablauf keine Stellungnahme eingehen, gehen wir davon aus, dass Sie sich nicht äußern wollen, und werden die Akten dann ohne nochmalige Mitteilung über die Staatsanwaltschaft Königstadt an das Amtsgericht Königstadt zur Entscheidung vorlegen.

Mit freundlichen Grüßen

Stadt Münsterberg, Bußgeldstelle

Telefonvermittlung
(0899) 123-0
Internet
www.Muensterberg.de

Sprechzeiten
Mo-Mi 7.30-16.30 Uhr
Do 7.30-17.30 Uhr
Fr 7.30-12.00 Uhr

Öffentliche Verkehrsmittel
Stadtbus Linie 6
Haltestelle Mitte

Bankverbindung
Kreissparkasse Münsterberg
IBAN DE2040000000123456
BIC GROBDE77XX
Volksbank Münsterberg
IBAN DE2040000000234567
BIC GROBDE87XX

Besonderes elektronisches Behördenpostfach
Ordnungsamt@muensterberg .de

3. Antrag auf gerichtliche Entscheidung

Gegen die Verwerfung des Einspruchs als unzulässig (§ 69 Abs. 1 S. 1 OWiG) und des Antrags auf Wiedereinsetzung in den vorigen Stand (§ 52 Abs. 2 S. 3 OWiG) ist der Antrag auf gerichtliche Entscheidung gem. § 62 OWiG als befristeter Rechtsbehelf statthaft.

Der Antrag ist bei der Verwaltungsbehörde einzulegen, die den Bescheid erlassen hat (§ 62 Abs. 2 S. 2 OWiG i. V. m. § 306 Abs. 2 Halbs. 1 StPO), nicht etwa beim Amtsgericht. Der oder die Betroffene darf daher nicht auf das Gericht verwiesen oder das Dokument dorthin weitergeleitet werden. Die Antragsfrist beträgt zwei Wochen ab mangelfreier Zustellung des Bescheides (§ 69 Abs. 1 S. 2 bzw. § 52 Abs. 2 S. 3 OWiG). Eine bestimmte Form ist nicht vorgesehen, sodass der Antrag wie der Einspruch gegen den Bußgeldbescheid elektronisch, schriftlich oder auch persönlich oder telefonisch zu Protokoll der Verwaltungsbehörde gestellt werden kann.[1] Ein schriftliches Ausgangsdokument muss durch ersetzendes Scannen in das für die Bußgeldakte lesbare Dateiformat übertragen werden (§ 32e StPO i. V. m. § 110c S. 1 OWiG). Ein elektronisch gestellter Antrag kann vom Betroffenen durch E-Mail mit qualifizierter elektronischer Signatur (§ 32a Abs. 3 StPO i. V. m. § 110c S. 1 OWiG) oder über das besondere elektronische Bürger- und Organisationenpostfach („eBO", § 10 ERVV) oder Bürgerpostfach im Verwaltungsportal („BundID", § 13 ERVV, künftig DeutschlandID, § 12 Abs. 1 S. 3 OZG) als sichere Übermittlungswege eingelegt werden (§ 32a Abs. 4 S. 1 Nr. 4 und 5 StPO i. V. m. § 110c S. 1 OWiG).[2] Eine falsche Bezeichnung z. B. als Widerspruch, Einspruch oder Beschwerde ist unschädlich (§ 300 StPO i. V. m. § 46 Abs. 1 OWiG). Eine Begründungspflicht für den Antrag besteht nicht. Von Betroffenen beauftragte Rechtsanwälte und Rechtsanwältinnen können den Antrag über ihr besonderes elektronisches Anwaltspostfach (§ 31a BRAO) an das besondere elektronische Behördenpostfach (§ 6 ERVV) der Verwaltungsbehörde richten.

Die Verwaltungsbehörde hat ausschließlich eine Abhilfeentscheidung zu treffen (§ 62 Abs. 2 S. 2 OWiG i. V. m. § 306 Abs. 2 Halbs. 1 StPO). Zur Entscheidung über den Antrag auf gerichtliche Entscheidung selbst ist nicht sie, sondern nur das Amtsgericht befugt.

3.1 Abhilfe bei zulässigem und begründetem Antrag

Erweist sich der Antrag auf gerichtliche Entscheidung aufgrund nochmaliger Überprüfung oder der Antragsbegründung als zulässig und begründet, so hilft ihm die Verwaltungsbehörde ohne Vorlage an das Amtsgericht ab (§ 62 Abs. 2 S. 2 OWiG i. V. m. § 306 Abs. 2 Halbs. 1 OWiG). Da es sich um eine nur begünstigende Entscheidung handelt, genügt ein dienstliches Dokument ohne Bescheidform, Rechtsbehelfsbelehrung und Zustellung (§ 50 OWiG). Auch eine Begründung ist nicht notwendig (§ 34 StPO i. V. m. § 46 Abs. 1 OWiG). Der Antragsteller oder die Antragstellerin erhält eine formlose Mitteilung (§ 50 Abs. 1 S. 1 OWiG), dass die Verwaltungs-

1) Zur Form des Einspruchs gegen den Bußgeldbescheid (§ 67 Abs. 1 S. 1 OWiG) § 18 Nr. 5.

2) Das De-Mail-Konto ist zwar noch als sicherer Übermittlungsweg vorgesehen (§ 32a Abs. 4 S. 1 Nr. 1 StPO i. V. m. § 110c S. 1 OWiG), ist aber durch Ausscheiden des Hauptanbieters im Jahr 2022 fast vom Markt verschwunden. Es wird daher hier nicht mehr berücksichtigt.

behörde aufgrund des Rechtsbehelfs den Bescheid über die Verwerfung des Einspruchs bzw. Antrags auf Wiedereinsetzung in den vorigen Stand zurücknimmt. Einen „Aufhebungsbescheid" gibt es im Bußgeldverfahren nicht. Eine Kostenentscheidung ist mangels Rechtsgrundlage nicht zu treffen. Die Verwaltungsbehörde trägt daher die ihr entstandenen Auslagen, weil der oder die Betroffene die Einspruchsfrist schuldlos versäumt hat.

Die Entscheidung der Verwaltungsbehörde kann dem oder der Betroffenen bei Registrierung über das besondere elektronische Bürger- und Organisationenpostfach („eBO", § 10 ERVV) oder das elektronische Bürgerpostfach im Verwaltungsportal („BundID", § 13 ERVV, künftig DeutschlandID, § 12 Abs. 1 S. 3 OZG) nach dem Stand bei Redaktionsschluss dieser Auflage als sichere Übermittlungswege mitgeteilt werden (§ 32a Abs. 4 S. 1 Nr. 3 und 4 StPO i. V. m. § 110c S. 1 OWiG).[1] Da der oder die Betroffene nicht am elektronischen Rechtsverkehr teilzunehmen braucht, muss ihnen noch meist ein Ausdruck des Dokuments mit einfachem Brief zugesendet werden. Eine Mitteilung durch ungesicherte E-Mail der Verwaltungsbehörde ist nicht zulässig, weil sie nicht zum abschließenden Katalog der sicheren Übermittlungswege gehört. Soll die Abhilfeentscheidung einem in Deutschland zugelassenen Rechtsanwalt als Verteidiger oder einer Rechtsanwältin als Verteidigerin des oder der Betroffenen mitgeteilt worden, erfolgt dies über sein oder ihr besonderes elektronisches Anwaltspostfach (§ 31a BRAO) als sicherem Übermittlungsweg (§ 32a Abs. 4 S. 1 Nr. 1 StPO i. V. m. § 110c S. 1 OWiG).

Die Entscheidung der Verwaltungsbehörde bewirkt, dass der bisher als unzulässig angesehene Einspruch nunmehr als zulässig behandelt wird. Das Zwischenverfahren ist daher nach § 69 Abs. 2 OWiG weiterzuführen. Aus verfahrensökonomischen Gründen ist es sinnvoll, die folgende Entscheidung der Verwaltungsbehörde mit der Mitteilung der Abhilfeentscheidung zu verbinden. In Betracht kommen

- die Mitteilung über die Abgabe der Sache über die Staatsanwaltschaft an das Amtsgericht (§ 69 Abs. 3 OWiG),
- der Hinweis auf Nachermittlungen aufgrund des Einspruchsvorbringens (§ 69 Abs. 2 S. 2 OWiG) oder
- eine nochmalige Anhörung des oder der Betroffenen (§ 69 Abs. 2 S. 3 OWiG) z. B. bei einer im Einspruchsdokument angekündigten Stellungnahme (Musterdokument 19.5). Im Hinblick auf die Verfolgungsverjährung (§ 31 OWiG) sollte bedacht werden, dass der gesamte Verfahrensabschnitt die Verfolgungsverjährung nicht unterbricht.[2] Ab dem Erlass des Bußgeldbescheids (§ 33 Abs. 1 S. 1 Nr. 9 OWiG) wird die Verjährung erst wieder mit dem Eingang der Akten beim Amtsgericht (!) unterbrochen (§ 33 Abs. 1 S. 1 Nr. 10 OWiG).[3]

Die Kasse oder Vollstreckungsbehörde wird bereits eine Mitteilung über die Vollstreckbarkeit des Bußgeldbescheides erhalten haben. Daher ist die interne Mitteilung über die Abhilfe notwendig, damit der oder die Betroffene nicht gemahnt oder

1) Das De-Mail-Konto ist zwar noch als sicherer Übermittlungsweg vorgesehen (§ 32a Abs. 4 S. 1 Nr. 1 StPO i. V. m. § 110c S. 1 OWiG), ist aber durch Ausscheiden des Hauptanbieters im Jahr 2022 fast vom Markt verschwunden. Es wird daher hier nicht mehr berücksichtigt.

2) OLG Koblenz, Beschl. vom 16.12.2010, Az. 1 SsBs 95/10.

3) BGH, Beschl. vom 17.9.2024, Az. KRB 101/23; Saarländisches OLG (Saarbrücken), Beschl. vom 3.6.2024, Az. 1 Ss OWi 44/26.

die Vollstreckung betrieben wird. Der oder die Betroffene ist über diese Mitteilung nicht in Kenntnis zu setzen.

3.2 Vorlage bei unzulässigem oder unbegründetem Antrag

Hält die Verwaltungsbehörde den Antrag auf gerichtliche Entscheidung für unzulässig oder unbegründet, so legt sie ihn unmittelbar, d. h. nicht über die Staatsanwaltschaft, dem nach § 68 OWiG zuständigen Amtsgericht binnen drei Tagen zur Entscheidung vor (§ 62 Abs. 2 S. 2 OWiG i. V. m. § 306 Abs. 2 Halbs. 2 StPO). Die Vorlage soll von der Verwaltungsbehörde an das Gericht als elektronisches Dokument erfolgen (§ 32b Abs. 3 S. 1 StPO i. V. m. § 110c S. 1 OWiG, § 2 Abs. 1 S. 1 BußAktÜbV). Die Amtsgerichte sind wie die Verwaltungsbehörden seit 2026 zur Führung elektronischer Akten verpflichtet (§ 110a Abs. 1 S. 1 OWiG). Das Vorlagedokument ist dem oder der Betroffenen nicht mitzuteilen, weil das rechtliche Gehör bereits in der Antragstellung liegt. Das Dokument muss eine begründete Abhilfeentscheidung enthalten, ansonsten bestehen keine weiteren Bestimmungen zu dessen Inhalt (Musterdokument 19.6). Die Bußgeldakten brauchen der Vorlage nur so weit beigefügt werden, als sie für die Entscheidung relevant sind, also ab dem Bußgeldbescheid (§ 65 OWiG). Die Vorlage an das Amtsgericht unterbricht die Verfolgungsverjährung nicht nach § 33 Abs. 1 S. 1 Nr. 10 OWiG![1]

Mit der Übersendung der Bußgeldakten empfiehlt sich die Anordnung eines weiteren Vollstreckungsaufschubs (§ 52 Abs. 1 OWiG i. V. m. § 47 Abs. 2 StPO), der die Vollstreckungsverjährung bis zur rechtskräftigen Entscheidung des Amtsgerichts ruhen lässt (§ 37 Abs. 4 Nr. 2 OWiG). Die verantwortende Person der Verwaltungsbehörde sollte dies der zuständigen Kasse mitteilen, damit die richtige Anordnung getroffen wird. Die „Aussetzung der Vollziehung" (vergleiche § 361 Abs. 2 S. 1 Halbs. 1 AO) oder ähnliche Rechtsfiguren des Abgabenrechts sind dem Bußgeldverfahren fremd und führen daher nicht zur Hemmung der Vollstreckungsverjährung.

Das Amtsgericht entscheidet durch Beschluss ohne mündliche Verhandlung. Es verwirft den Antrag als unzulässig bzw. weist ihn als unbegründet zurück oder hebt den Bescheid der Verwaltungsbehörde auf und entscheidet in der Sache unanfechtbar selbst (§ 62 Abs. 2 S. 2 OWiG i. V. m. § 309 Abs. 1 StPO).[2]

- **Verwerfung oder Zurückweisung des Antrags**

Bleibt der Antrag auf gerichtliche Entscheidung erfolglos, so ist der verwerfende oder zurückweisende Beschl. des Amtsgerichts für den Betroffenen oder die Betroffene unanfechtbar (§ 62 Abs. 2 S. 3 OWiG). Es verbleibt dann bei der Rechtskraft des Bußgeldbescheids, die Vollstreckung kann weiter betrieben werden (§ 89 OWiG). Eine Anordnung zum Aufschub der Vollstreckung (§ 52 Abs. 1 OWiG i. V. m. § 47 Abs. 2 StPO) ist mit der Folge des Laufens der gehemmten Vollstreckungsverjährung aufzuheben.

- **Aufhebung des Bescheids der Verwaltungsbehörde**

Hebt das Amtsgericht den Bescheid der Verwaltungsbehörde auf, kann es auch in der Sache selbst entscheiden und dem oder der Betroffenen die beantragte Wieder-

1) KG (Berlin), Beschl. vom 14.6.2023, Az. 3 ORbs 108/23.
2) AG Ulm, Beschl. vom 5.3.2026, Az. 5 OWi 2260/23.

einsetzung in den vorigen Stand gewähren (§ 62 Abs. 2 S. 2 i. V. m. § 309 Abs. 2 StPO). Diese Entscheidung ist für die Verwaltungsbehörde trotz erstmaliger Beschwer unanfechtbar (§ 62 Abs. 2 S. 3 OWiG). Sie muss daher den unzulässigen Einspruch des oder der Betroffenen als zulässig behandeln und das Zwischenverfahren nach § 69 Abs. 2 OWiG weiterführen. Der Einspruch des oder der Betroffenen ist daher nunmehr als zulässig zu behandeln. Die Aktenvorlage an das Amtsgericht unterbricht die Verfolgungsverjährung nicht. Gleichermaßen unterbricht die Rückleitung der Akten nach der getroffenen Wiedereinsetzungsentscheidung durch das Gericht an die Verwaltungsbehörde die Verfolgungsverjährung nicht.[1]

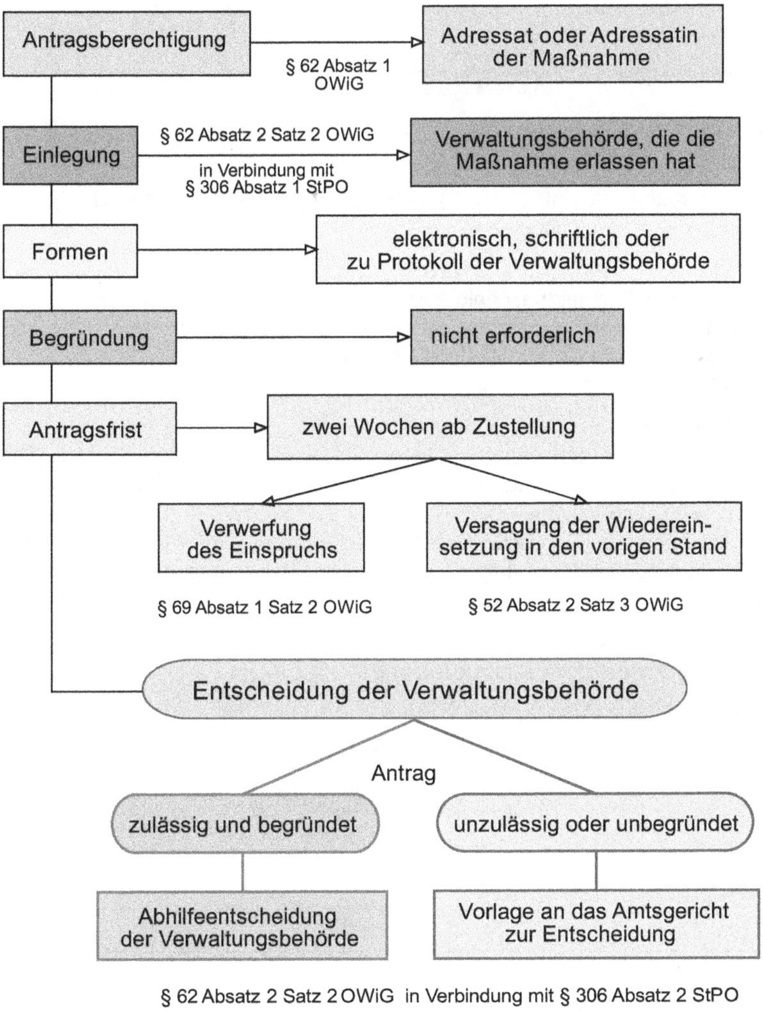

Abb. 4: Antrag auf gerichtliche Entscheidung

1) OLG Koblenz, Beschl. vom 16.12.2010, Az. 1 SsBs 95/10.

Muster 19.7: Vorlagedokument an das Amtsgericht für einen Antrag auf gerichtliche Entscheidung (§ 62 OWiG)

Stadt Münsterberg

Bußgeldstelle

Stadt Münsterberg, 99090 Münsterberg

Dienstgebäude	Schubertstraße 36 99090 Münsterberg
Bearbeitung	Frau Weber
Telefon	(0987) 9878-987
E-Mail	bs@muensterberg.de

Amtsgericht Königstadt
Abteilung für Bußgeldsachen
über EGVP

Ihr Zeichen, Ihre Nachricht vom	Bitte bei Antwort angeben **Unser Zeichen, unsere Nachricht vom**	**Datum**
	OWi – 0987665/26	14.10.2026

Bußgeldverfahren gegen Hans Schmitt, geb. 12.4.1954, Altenstein, Bachweg 25, 54213 Münsterberg wegen Zuwiderhandlung gegen die Gewerbeordnung (GewO)

Antrag auf gerichtliche Entscheidung (§ 62 OWiG) gegen die Verwerfung eines Einspruchs gegen unseren Bußgeldbescheid vom 14.8.2026

Sachverhalt

Wir haben unseren Bußgeldbescheid vom 14.8.2026 am 20.8.2026 an das elektronische Bürger- und Organisationenpostfach des Betroffenen (eBO) zugestellt. Der telefonische Einspruch des Betroffenen zur Niederschrift der Verwaltungsbehörde ging bei uns erst am 16.9.2026 ein.

Abhilfeentscheidung

Wir helfen dem Antrag auf gerichtliche Entscheidung nicht ab (§ 306 Abs. 2 StPO i. V. m. § 62 Abs. 2 OWiG). Der Antrag ist zwar zulässig, aber nicht begründet, weil die Einspruchsfrist von zwei Wochen nach § 67 Abs. 1 S. 1 OWiG bei Zugang der Erklärung bereits abgelaufen war. Der Betroffene hat keinen Antrag auf Wiedereinsetzung in den vorigen Stand (§ 52 OWiG) gestellt. Gründe für eine Wiedereinsetzung von Amts wegen sind nicht ersichtlich.

Anlage:

1 elektronische Bußgeldakte als Dateianhang

Mit freundlichen Grüßen

Stadt Münsterberg, Bußgeldstelle

Telefonzentrale
(0899) 123-0
Internet
www.Muensterberg.de

Servicezeiten
Mo-Mi 7.30-16.30 Uhr
Do 7.30-17.30 Uhr
Fr 7.30-12.00 Uhr

Öffentliche Verkehrsmittel
Stadtbus Linie 6
Haltestelle Mitte

Bankverbindung
Kreissparkasse Münsterberg
IBAN DE2040000000123456
BIC GROBDE77XX
Volksbank Münsterberg
IBAN DE2040000000234567
BIC GROBDE87XX

Besonderes elektronisches Behördenpostfach
Ordnungsamt@muensterberg .de

Die Aktenvorlage an das Amtsgericht durch die Verwaltungsbehörde wegen des Antrags des oder der Betroffenen auf gerichtliche Entscheidung (§ 52 Abs. 2 S. 3, § 62 OWiG) gegen die Versagung einer Wiedereinsetzung in den vorigen Stand wegen der versäumten Frist zur Einlegung des Einspruchs gegen den Bußgeldbescheid unterbricht die Verfolgungsverjährung nicht. Gleichermaßen unterbricht die

Rückleitung der Akten nach der getroffenen Wiedereinsetzungsentscheidung durch das Gericht an die Verwaltungsbehörde die Verfolgungsverjährung nicht.[1)]

- **Vollstreckungsverjährung**

Wegen der bereits eingetretenen Rechtskraft des Bußgeldbescheides läuft bereits die Vollstreckungsverjährung (§ 34 OWiG). Sie sollte daher durch Anordnung eines Vollstreckungsaufschubs (§ 52 Abs. 1 S. 2 OWiG i. V. m. § 47 StPO) bis zum Ablauf des Wiedereinsetzungsverfahrens gehemmt werden (§ 34 Abs. 4 Nr. 2 OWiG).

Die Anordnung des Vollstreckungsaufschubs durch die Vollstreckungsbehörde von Amts wegen ist dem Betroffenen durch dienstliches Dokument formlos bekannt zu machen (§ 50 Abs. 1 S. 1 OWiG).

4. Wiederaufnahme des Bußgeldverfahrens

Stellt sich erst nach Rechtskraft des Bußgeldbescheides heraus, dass dieser zu Unrecht ergangen ist, kann er nicht mehr durch die Verwaltungsbehörde zurückgenommen werden, weil dies einen zulässigen Einspruch voraussetzt (§ 69 Abs. 2 S. 1 OWiG).[2)] Eine Wiedereinsetzung in den vorigen Stand durch die Verwaltungsbehörde wegen schuldloser Versäumung der Einspruchsfrist (§ 52 OWiG) ist nur in engen zeitlichen Grenzen innerhalb von einer Woche nach Wegfall des Hindernisses möglich.[3)] Die spätere nachträgliche Durchbrechung der Rechtskraft ist nur ausnahmsweise unter den besonderen Voraussetzungen des § 85 OWiG durch die gerichtliche Wiederaufnahme des Bußgeldverfahrens zugunsten des oder der Betroffenen möglich. Sie kann nur auf neue Tatsachen oder Beweismittel gestützt werden (§ 85 Abs. 2 Halbs. 1 OWiG i. V. m. § 359 Nr. 5 StPO), die also zum Erlasszeitpunkt des Bußgeldbescheides der Verwaltungsbehörde noch nicht bekannt waren und daher auch nicht bei der Abschlussverfügung (§ 61 OWiG) berücksichtigt werden konnten. Wegen der Bagatellklausel ist eine Wiederaufnahme ausgeschlossen, wenn im Bußgeldbescheid lediglich eine Geldbuße bis zu 250 Euro festgesetzt ist (§ 85 Abs. 2 S. 1 Nr. 1 OWiG) oder eine Nebenfolge vermögensrechtlicher Art wie z. B. die Einziehung von Gegenständen (§ 22 OWiG) angeordnet ist, deren Wert die Wertgrenze von 250 Euro nicht übersteigt (§ 85 Abs. 2 S. 2 OWiG). Außerdem ist die Wiederaufnahme des Bußgeldverfahrens nicht mehr zulässig, wenn seit Rechtskraft der Bußgeldentscheidung drei Jahre verstrichen sind (§ 85 Abs. 2 S. 1 Nr. 2 OWiG). Die Wiederaufnahme ist ebenso wie die Wiedereinsetzung in den vorigen Stand kein ordentlicher Rechtsbehelf gegen den Bußgeldbescheid, sodass in der Rechtsbehelfsbelehrung auch nicht darüber zu belehren ist. Liegen die Voraussetzungen eines Wiederaufnahmeverfahrens nicht vor, kann nur die Vollstreckung der Geldbuße im Wege einer Gnadenentscheidung nach den Gnadenordnungen der Länder erlassen, nicht

1) OLG Koblenz, Beschl. vom 16.12.2010, Az. 1 SsBs 95/10.
2) Zur Zurücknahme eines Bußgeldbescheides durch die Verwaltungsbehörde nach zulässigem Einspruch (§ 69 Abs. 2 S. 1 OWiG) § 20 Nr. 3.1. Die Bestimmungen über die Zurücknahme belastender Verwaltungsakte im Verwaltungsverfahren (§ 48 Abs. 1 VwVfG und entsprechende landesrechtliche Vorschriften) und Sozialverwaltungsverfahren (§ 48 Abs. 1 SGB X) sind im Bußgeldverfahren unanwendbar (§ 2 Abs. 2 Nr. 2 VwVfG und entsprechende landesrechtliche Vorschriften bzw. § 1 S. 3 SGB X).
3) Zur Wiedereinsetzung in den vorigen Stand durch die Verwaltungsbehörde (§ 52 OWiG) § 19 Nr. 2.

aber einfach von der Vollstreckung durch eine „Niederschlagung der Geldbuße" abgesehen werden. Durch den Antrag auf Wiederaufnahme des Verfahrens wird die Vollstreckung des Bußgeldbescheides zwar nicht gehemmt (§ 85 Abs. 1 OWiG i. V. m. § 360 Abs. 1 StPO). Die Verwaltungsbehörde kann jedoch auf Antrag des oder der Betroffenen oder von Amts wegen einen Aufschub der Vollstreckung sowie eine Unterbrechung laufender Vollstreckungsmaßnahmen anordnen (§ 85 Abs. 1 OWiG i. V. m. § 360 Abs. 1 StPO).

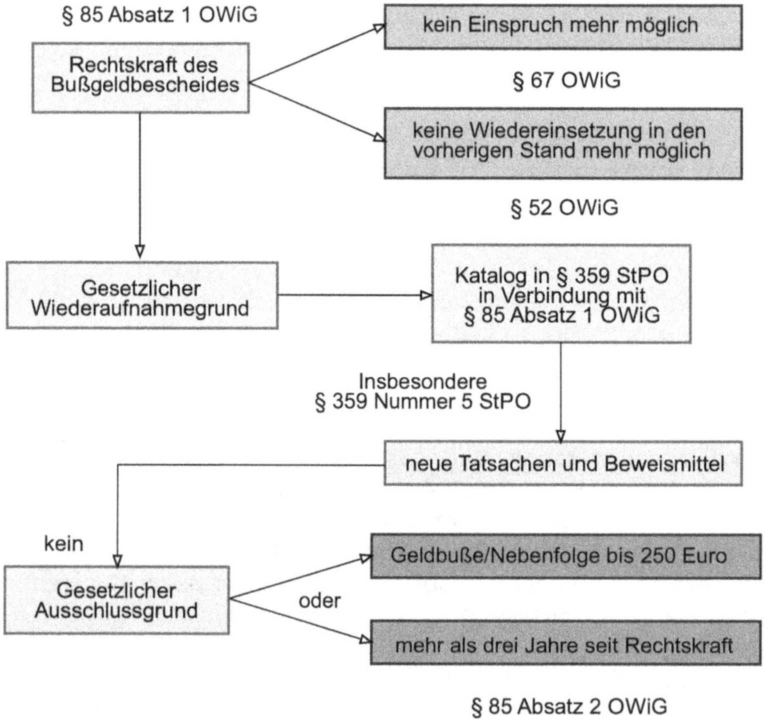

Abb. 5: Wiederaufnahme des Bußgeldverfahrens (§ 85 OWiG)

Im Wiederaufnahmeverfahren entscheidet nicht die Verwaltungsbehörde (§ 35 OWiG), sondern das nach § 68 OWiG zuständige Gericht (§ 85 Abs. 4 S. 1 OWiG). Dies ist das Amtsgericht am Sitz der Verwaltungsbehörde (§ 68 Abs. 1 OWiG). Der oder die Betroffene kann dort selbst einen Wiederaufnahmeantrag stellen (§ 85 Abs. 1 OWiG i. V. m. § 362 StPO, § 85 Abs. 4 S. 2 Alt. 1 OWiG). Werden der Verwaltungsbehörde Umstände bekannt, die eine Wiederaufnahme des Verfahrens zulassen, so übersendet sie die Akten von Amts wegen der Staatsanwaltschaft (§ 85 Abs. 4 S. 2 Alt. 2 OWiG). Mit dem Eingang der Akten bei der Staatsanwaltschaft gehen die Aufgaben der Verfolgungsbehörde auf sie über (§ 85 Abs. 4 S. 3 i. V. m. § 69 Abs. 4 S. 1 OWiG). Die Verwaltungsbehörde, die den Bußgeldbescheid erlassen hat, ist daher am gerichtlichen Wiederaufnahmefahren nicht mehr beteiligt. Die Staatsanwaltschaft besitzt im gerichtlichen Verfahren das Vertretungsmonopol vor dem Amtsgericht. Sofern dieses den Antrag nicht durch Beschluss als unzulässig zurückweist (§ 85 Abs. 1 OWiG i. V. m. § 368 StPO), entscheidet es über die Begründetheit des Antrags durch einen beauftragten Richter oder eine beauftragte Richterin (§ 85 Abs. 1 OWiG i. V. m. § 370 StPO). Das Gericht kann mit Zustimmung der Staatsanwaltschaft den Betroffenen oder die Betroffene sofort freisprechen, wenn dazu genügende Beweise bereits vorliegen (§ 85 Abs. 1 OWiG i. V. m. § 371 Abs. 2 StPO). Mit der Freisprechung ist die Aufhebung des Bußgeldbescheides zu verbinden (§ 85 Abs. 1 OWiG i. V. m. § 371 Abs. 3 S. 1 StPO).

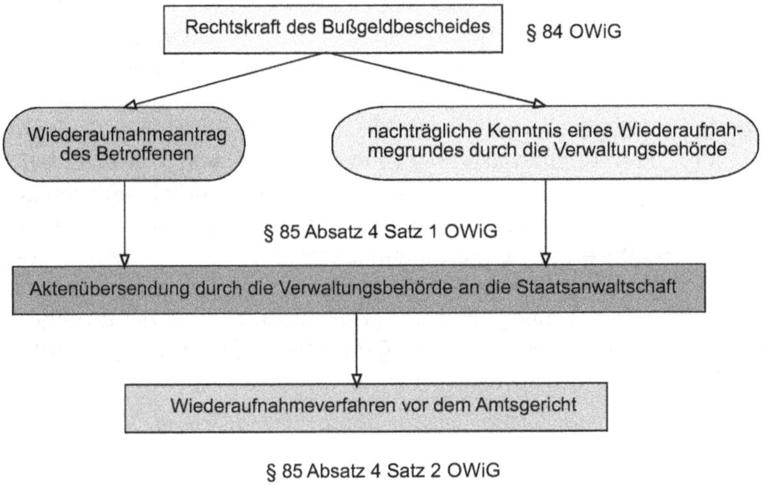

Abb. 6: Wiederaufnahme des Bußgeldverfahrens (§ 85 OWiG)

§ 20
Verfahren nach zulässigem Einspruch

Ist der Einspruch (§ 67 Abs. 1 OWiG) gegen einen Bußgeldbescheid (§§ 65, 88 OWiG) oder gleichgestellten Einziehungsbescheid (§ 87 OWiG) zulässig, so prüft die Verwaltungsbehörde zunächst von Amts wegen, ob sie den durch den Rechtsbehelf nicht rechtskräftig gewordenen Bescheid aufrechterhält oder zurücknimmt (§ 69 Abs. 2 S. 1 OWiG). Eine bestimmte Frist zur Entscheidung über den Einspruch besteht dazu nicht, auch eine „Untätigkeitsklage" gegen die Verwaltungsbehörde ist nicht statthaft.[1)] Der allgemeine bußgeldrechtliche Beschleunigungsgrundsatz (Art. 6 Abs. 1 EMRK, Art. 19 Abs. 4, Art. 20 Abs. 3 GG) ist jedoch auch im Zwischenverfahren zu beachten. Eine überlange Verfahrensdauer, die nicht auf das Verhalten des oder der Betroffenen, sondern der Verwaltungsbehörde zurückzuführen ist, kann im gerichtlichen Bußgeldverfahren zur Absenkung einer ansonsten gerechtfertigten Geldbuße, in Extremfällen sogar zur Einstellung des Bußgeldverfahrens wegen nicht mehr gebotener Ahndung führen (§ 47 Abs. 2 OWiG).[2)] Die zügige Bearbeitung im Zwischenverfahren liegt schließlich auch im Hinblick auf die nicht mehr von ihr zu unterbrechende Verfolgungsverjährung (§ 31 Abs. 1 S. 1 OWiG) im Interesse der Verwaltungsbehörde.[3)]

---

1) OVG Sachsen-Anhalt (Magdeburg), Beschl. vom 31.3.2016, Az. 3 O 66/16.

2) OLG Rostock, Beschl. vom 27.1.2016, Az. 21 Ss OWi 2/16 [B].

3) Die Unterbrechung der Verfolgungsverjährung hat letztmals durch mangelfreie Zustellung (§ 51 OWiG) des Bußgeldbescheides durch die Verwaltungsbehörde stattgefunden (§ 33 Abs. 1 S. 1 Nr. 9 OWiG). Die nächste Unterbrechung ist erst durch den Eingang der Bußgeldakte beim Amtsgericht auf Vorlage durch die Staatsanwaltschaft (!) möglich (§ 33 Abs. 1 S. 1 Nr. 10 OWiG).

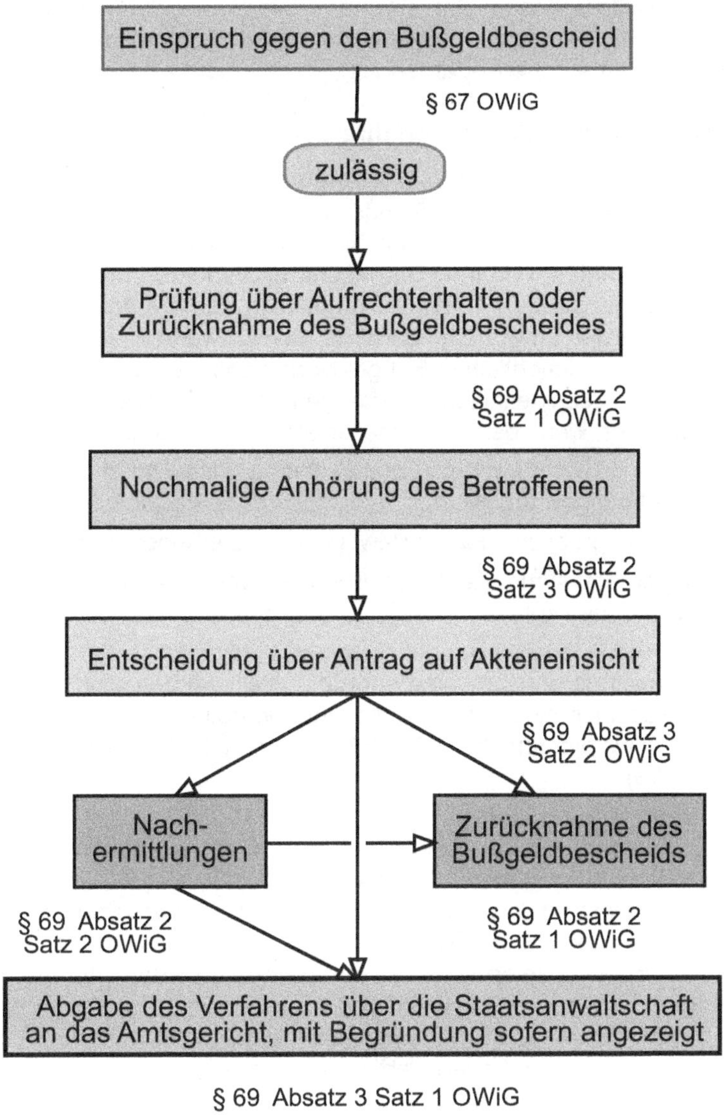

Abb. 1: Zwischenverfahren nach zulässigem Einspruch

1. Erforderlichkeit von Nachermittlungen

Im Zwischenverfahren nach zulässigem Einspruch gegen den Bußgeldbescheid gilt zugunsten des oder der Betroffenen wieder die Unschuldsvermutung (Art. 6 Abs. 2 EMRK).[1] Nicht selten warten Betroffene und ihre Verteidiger oder Verteidigerinnen

1) BVerfG, Beschl. vom 19.12.2012, Az. 1 BvL 18/11.

den Erlass des Bußgeldbescheides ab und tragen Einwendungen nicht bereits bei der Anhörung (§ 55 OWiG i. V. m. § 163a Abs. 1 StPO), sondern erst mit dem Einspruch oder erst im Zwischenverfahren vor.

1.1 Beweisanträge im Zwischenverfahren

Das Bußgeldverfahren kennt auch im Zwischenverfahren keine Verspätungsregelung, sodass auch Beweisanträge (§ 163a Abs. 2 StPO i. V. m. § 46 Abs. 1 OWiG) jederzeit mit oder nach einem zulässigen Einspruch möglich sind.[1] Erst das Amtsgericht kann in beschränktem Umfang Beweisanträge in der Hauptverhandlung wegen Verspätung zurückweisen (§ 77 Abs. 2 Nr. 2 OWiG). Die Anträge müssen daher im Zwischenverfahren der Verwaltungsbehörde gestellt werden, um dieses Risiko in einem nachfolgenden gerichtlichen Bußgeldverfahren zu vermeiden. Ein Beweisantrag liegt nach der Legaldefinition für das gerichtliche Bußgeldverfahren in § 244 Abs. 2 S. 1 StPO vor, wenn der Antragsteller ernsthaft verlangt,

- Beweis über eine bestimmt behauptete konkrete Tatsache, die die Schuld- oder Rechtsfolgenfrage betrifft,
- durch ein bestimmt bezeichnetes Beweismittel zu erheben und
- dem Antrag zu entnehmen ist, weshalb das Beweismittel die behauptete Tatsache belegen können soll.

Die Anträge können in jeder beliebigen Form, also schriftlich, elektronisch oder telefonisch zu Protokoll der Verwaltungsbehörde gestellt werden. Auch Rechtsanwälte und Rechtsanwältinnen sind als Verteidigende nicht zur Nutzung des besonderen elektronischen Anwaltspostfachs (§ 31a BRAO) verpflichtet (§ 32d S. 1 StPO i. V. m. § 110c S. 1 OWiG).

Beantragen Betroffene zur Entlastung die Aufnahme von Beweisen, so sind sie auch im Zwischenverfahren der Verwaltungsbehörde (§ 69 Abs. 2 OWiG) zu erheben, wenn sie von Bedeutung sind (§ 163a Abs. 2 StPO i. V. m. § 46 Abs. 1 OWiG). Die Ablehnung von Beweisanträgen ist für das Verfahren der Verwaltungsbehörde zwar nicht geregelt, es können aber die Ablehnungsgründe für das gerichtliche Verfahren in § 244 Abs. 2 ff. StPO entsprechend herangezogen werden. Die Ablehnung von Beweisanträgen muss nicht in einer durch den Antrag auf gerichtliche Entscheidung (§ 62 OWiG) anfechtbaren Zwischenentscheidung mitgeteilt werden. Sie kann auch erst in der Begründung der Abgabeverfügung an die Staatsanwaltschaft enthalten sein (§ 69 Abs. 3 S. 1 OWiG), durch die die Verwaltungsbehörde auch die Verfahrenshoheit weitergibt (§ 69 Abs. 4 S. 1 OWiG).

1.2 Nachermittlungen von Amts wegen

Wird der Tatnachweis nach Aktenlage nachträglich erschüttert, ist die Verwaltungsbehörde auch ohne Beweisanträge der Verfahrensbeteiligten von Amts wegen zu Nachermittlungen verpflichtet, sofern sie den Bußgeldbescheid nicht zurücknimmt (§ 69 Abs. 2 S. 1 OWiG). Unzureichend aufgeklärte Verfahren dürfen nicht in das gerichtliche Bußgeldverfahren gelangen, da dieses vom Gesetzgeber nicht zur weiteren Auf-

1) Zur Entscheidung der Verwaltungsbehörde über Beweisanträge des oder der Betroffenen (§ 163a Abs. 2 StPO i. V. m. § 46 Abs. 1 OWiG) § 6 Nr. 6.6.

klärung des Sachverhalts, sondern ausschließlich zur abschließenden Entscheidung vorgesehen ist. Unterbleiben daher naheliegende Nachermittlungen oder ignoriert die Verwaltungsbehörde sachdienliche entlastenden Beweisanträge des oder der Betroffenen, riskiert sie die Zurückverweisung des Bußgeldverfahrens wegen offensichtlich ungenügender Aufklärung des Sachverhalts (§ 69 Abs. 5 S. 1 OWiG).[1)]

1.3 Durchführung von Nachermittlungen

Die verantwortende Person der Verwaltungsbehörde kann zur weiteren Aufklärung des Sachverhalts notwendige Nachermittlungen entweder selbst durchführen, z. B. auf einen Beweisantrag Zeugen oder Zeuginnen vernehmen, oder ein Ermittlungsersuchen (§ 161 Abs. 1 S. 1 StPO i. V. m. § 46 Abs. 1 OWiG) z. B. an eine Polizeidienststelle richten (§ 69 Abs. 2 S. 2 Nr. 1 OWiG). Außerdem kann die Verwaltungsbehörde von Behörden und sonstigen Stellen Erklärungen über dienstliche Wahrnehmungen, Untersuchungen und Erkenntnissen verlangen (§ 69 Abs. 2 S. 2 Nr. 2 OWiG). Davon sollte unbedingt zur Beweissicherung Gebrauch gemacht werden, wenn Feststellungen von Bediensteten im Außendienst einer Behörde, z. B. eines Gemeindevollzugsdienstes, oder einer anderen anzeigenden Behörde in Zweifel gezogen oder sogar angegriffen werden. Diese können sich an zeitnahe Vorgänge i. d. R. noch konkret erinnern, während das Erinnerungsvermögen in einem weit späteren Termin einer gerichtlichen Hauptverhandlung bereits verblasst sein kann.

1.4 Verfolgungsverjährung

Bei der Entscheidung über Nachermittlungen muss die Verwaltungsbehörde stets die Verfolgungsverjährung im Blick haben, weil diese nicht im abschließenden Katalog des § 33 Abs. 1 S. 1 OWiG enthalten ist und daher die Verjährung nicht unterbrechen. Dies ist erst durch den von der Verwaltungsbehörde nicht mehr zu beeinflussenden Eingang beim Amtsgericht möglich (§ 33 Abs. 1 S. 1 Nr. 10 OWiG). Droht die Verfolgungsverjährung, können Nachermittlungen nicht mehr durchgeführt werden. Das Bußgeldverfahren muss dann über die Staatsanwaltschaft an das Amtsgericht mit einem Hinweis darauf abgegeben werden. Die Verwaltungsbehörde riskiert damit allenfalls die Zurückweisung durch das Amtsgericht wegen offensichtlich ungenügender Aufklärung des Sachverhalts, hat aber die Verfolgungsverjährung rechtzeitig unterbrochen.

2. Erneute Anhörung von Betroffenen

Die Verwaltungsbehörde kann dem oder der Betroffenen auch Gelegenheit geben, sich innerhalb einer zu bestimmenden Frist zu äußern, ob und welche Beweismittel und Tatsachen er oder sie im weiteren Verfahren zu seiner oder ihrer Entlastung vorbringen will (§ 69 Abs. 2 S. 3 Halbs. 1 OWiG). Da die Betroffenen jedoch auch im Zwischenverfahren keine Äußerungspflicht trifft, sind sie zugleich auf die Aussagefreiheit nach § 136 Abs. 1 S. 2 StPO i. V. m. § 46 Abs. 1 OWiG hinzuweisen (§ 69 Abs. 2 S. 3 Halbs. 2 OWiG).

1) OLG Sachsen-Anhalt (Naumburg), Beschl. vom 9.12.2015, Az. 2 Ws 221/15.

2.1 Geeignete Fälle

Eine solche erneute Anhörung im Zwischenverfahren durch dienstliches Dokument an den Betroffenen oder die Betroffene (Musterdokument 20.1) ist angebracht, wenn mit dem Einspruch eine Begründung nur angekündigt ist. Solche Ankündigungen sind häufig bei Einsprüchen durch Rechtsanwälte oder Rechtsanwältinnen zu beobachten, die erst nach Erlass des Bußgeldbescheides beauftragt wurden und eine Äußerung nach Akteneinsicht (§ 147 StPO i. V. m. § 46 Abs. 1 OWiG) beabsichtigen. Erfahrungsgemäß folgen angekündigten Stellungnahmen aber nicht immer tatsächlich unaufgefordert weitere Äußerungen. Es empfiehlt sich daher, dem oder der Betroffenen eine Behördenfrist zur Äußerung und näheren Begründung des Einspruchs zu geben. Dadurch kann Einwendungen gegen den Bußgeldbescheid bereits im Zwischenverfahren nachgegangen werden, um überflüssige oder langwierige gerichtliche Verfahren zu vermeiden. Die Verwaltungsbehörde kann dabei auch konkrete Fragen stellen, deren Beantwortung sie zur weiteren Aufklärung des wahren Sachverhalts für erforderlich hält (Musterdokument 20.1). Eine erneute Anhörung von Betroffenen kann auch im Interesse der Verwaltungsbehörde liegen, um die Einwendungen zu erfahren, gegebenenfalls den Bußgeldbescheid zurückzunehmen (§ 69 Abs. 2 S. 1 OWiG) und durch einen „neuen" mit einem angepassten Inhalt zu ersetzen. Hier kann erwartet werden, dass der „neue" rechtskräftig werden wird. Da beide Bußgeldbescheide trotz Rücknahme des ersten die Verfolgungsverjährung unterbrechen (§ 33 Abs. 1 S. 1 Nr. 9 OWiG) ist dies auch ohne Risiko.

2.2 Form der Anhörung

Das Dokument sollte als Anhörung formlos an den Betroffenen oder die Betroffene gerichtet, an einen Verteidiger oder eine Verteidigerin über deren besonderes elektronisches Anwaltspostfach (§ 31a BRAO) zur Kenntnisnahme gesandt werden. Es genügt die elektronische Signatur der begleitenden Verfügung in der Bußgeldakte durch Namensangabe der verantwortenden Person (§ 32b Abs. 1 S. 1 StPO i. V. m. § 110c S. 1 OWiG). Die Übersendung an den Betroffenen oder die Betroffene kann elektronisch erfolgen, wenn sie im besonderen elektronischen Bürger- und Organisationenpostfach (§ 10 ERVV) oder als Nutzer oder Nutzerin im Verwaltungsportal (§ 13 ERVV) als sicheren Übermittlungswegen registriert sind (§ 32a Abs. 4 S. 1 Nr. 3 und 4 StPO i. V. m. § 110c S. 1 OWiG).[1)] Da der oder die Betroffene auch künftig nicht zur Teilnahme am elektronischen Rechtsverkehr verpflichtet ist, wird eine erneute Anhörung vorerst i. d. R. noch durch einfachen Brief mit der Post zu versenden sein.

2.3 Äußerungsfrist

Als Äußerungsfrist genügt in Durchschnittsfällen eine Woche, bei sehr umfangreichen oder komplizierten Sachverhalten sind eventuell zwei Wochen anzusetzen. Manchmal antworten Rechtsanwälte als Verteidiger oder Rechtsanwältinnen als Verteidigerinnen, die gesetzte Frist könne wegen eigener Arbeitsüberlastung oder fehlender Besprechungsmöglichkeit mit dem oder der Betroffenen aufgrund Urlaubs,

1) Das in der Verfahrenspraxis bedeutungslose De-Mail-Verfahren ist zwar noch als sicherer Übermittlungsweg vorgesehen (§ 32a Abs. 4 S. 1 Nr. 1 StPO i. V. m. § 110c S. 1 OWiG), ist aber durch Ausscheiden des Hauptanbieters im Jahr 2022 fast völlig vom Markt verschwunden.

Krankheit oder beruflicher Abwesenheit nicht eingehalten werden. Die erbetene Fristverlängerung sollte wiederum befristet und mit dem Hinweis versehen sein, dass nach Ablauf der einmaligen Nachfrist ohne Eingang einer Äußerung mit der Übersendung der Akten über die Staatsanwaltschaft an das Amtsgericht (§ 69 Abs. 3 S. 1 OWiG) ohne Abgabenachricht gerechnet werden muss.

2.4 Verfolgungsverjährung

Die Beschleunigung ist gerade bei kurzen Verjährungsfristen (§ 31 Abs. 2 OWiG) auch im Zwischenverfahren wichtig, weil nur die erste, nicht aber die erneute Anhörung des oder der Betroffenen die Verfolgungsverjährung unterbricht (§ 33 Abs. 1 S. 1 Nr. 1 OWiG!). Eine Unterbrechung ist seit dem Erlass des Bußgeldbescheids (§ 33 Abs. 1 S. 1 Nr. 9 OWiG) weder durch den Einspruch (§ 67 OWiG) noch die Anhörung oder Nachermittlungen im Zwischenverfahren (§ 69 Abs. 2 OWiG) und die Übersendung der Akten über die Staatsanwaltschaft (§ 69 Abs. 3 OWiG) möglich. Die nächste Unterbrechung findet erst mit dem von der Verwaltungsbehörde nicht mehr zu beeinflussenden Akteneingang beim Amtsgericht statt (§ 33 Abs. 1 S. 1 Nr. 10 OWiG).

Muster 20.1: Erneute Anhörung im Zwischenverfahren (§ 69 Abs. 2 OWiG)

Stadt Münsterberg — Bußgeldstelle

Stadt Münsterberg, 99090 Münsterberg

Dienstgebäude	Schubertstraße 36 99090 Münsterberg
Bearbeitung	Frau Weber
Telefon	(0987) 9878-987
E-Mail	bs@muensterberg.de

Frau
Sabine Schneider
Alter Markt 17
90904 Münsterberg
über DeutschlandID

Ihr Zeichen, Ihre Nachricht vom	Bitte bei Antwort angeben Unser Zeichen, unsere Nachricht vom	Datum
3.6.2026	OWi – 0987665/26	17.6.2026

Bußgeldverfahren gegen Sie wegen Zuwiderhandlung gegen das Landesgaststättengesetz

Unser Bußgeldbescheid vom 22.5.2026, Ihr Einspruch vom 1.6.2026

Sehr geehrte Frau Schneider,

Ihr Einspruch gegen den Bußgeldbescheid vom 24.5.2026 ist form- und fristgerecht eingelegt und daher zulässig. Wir prüfen derzeit, ob wir den Bußgeldbescheid aufrechterhalten oder zurücknehmen (§ 69 Abs. 2 S. 1 Gesetz über Ordnungswidrigkeiten – OWiG). In diesem Zusammenhang erhalten Sie Gelegenheit, sich bis

Telefonzentrale
(0899) 123-0
Internet
www.Muensterberg.de

Servicezeiten

Mo-Mi	7.30-16.30 Uhr
Do	7.30-17.30 Uhr
Fr	7.30-12.00 Uhr

Öffentliche Verkehrsmittel
Stadtbus Linie 6
Haltestelle Mitte

Bankverbindung
Kreissparkasse Münsterberg
IBAN DE2040000000123456
BIC GROBDE77XX
Volksbank Münsterberg
IBAN DE2040000000234567
BIC GROBDE87XX

Besonderes elektronisches Behördenpostfach
Ordnungsamt@muensterberg .de

spätestens Dienstag, den 30. Juni 2026

dazu zu äußern, ob und gegebenenfalls welche Tatsachen Sie zu Ihrer Entlastung vortragen wollen. Es steht Ihnen jedoch nach dem Gesetz frei, sich zur Beschuldigung zu äußern oder nicht zur Sache auszusagen (§ 69 Abs. 2 S. 3 OWiG). Sofern Sie beabsichtigen, sich zu äußern, bitten wir Sie um Stellungnahme zu folgenden Punkten:

1. Namen und Anschriften der Personen, die sich als Aushilfspersonal gegen 23.30 Uhr im Außenbereich Ihrer Gaststätte bei Reinigungsarbeiten aufgehalten haben sollen. Wir werden diese dann zur weiteren Aufklärung des Sachverhalts als Zeugen zum Grund ihres Aufenthalts während der Sperrzeit vernehmen.
2. Ihr monatliches Nettoeinkommen und Schulden ohne Gegenwert (Ihre bisherige Angabe als „geregelt“ hat zu einer Schätzung des Einkommens als Zumessungsrichtlinie der Geldbuße im Bußgeldbescheid geführt).

Ihre Äußerung können Sie auch als elektronisches Dokument an unser besonderes elektronisches Behördenpostfach richten, wenn Sie im elektronischen Bürger- oder Organisationenpostfach (eBO) oder Verwaltungsportal im Portalverbund registriert sind.

Sollte bis Fristablauf keine Stellungnahme eingehen, gehen wir davon aus, dass Sie sich nicht äußern wollen, und werden die Akten dann ohne nochmalige Mitteilung über die Staatsanwaltschaft Königstadt an das Amtsgericht Königstadt zur Entscheidung vorlegen. Ihre Verteidigerin erhält eine Mitteilung dieses Dokuments über ihr besonderes elektronisches Anwaltspostfach.

Mit freundlichen Grüßen

Stadt Münsterberg, Bußgeldstelle

3. Zurücknahme des Bußgeldbescheides

Die Zurücknahme eines Bußgeldbescheides nach zulässigem Einspruch (§ 69 Abs. 2 S. 1 OWiG) ist im Zwischenverfahren bis zu dessen Rechtskraft (§ 89 OWiG) möglich.[1] Sie beendet das Bußgeldverfahren aber nicht, sondern setzt es lediglich in den Stand zurück, in dem es sich vor Erlass des Bußgeldbescheides (§ 61 OWiG) befunden hat. Das Verfahren ist daher entweder einzustellen oder durch Erlass eines Bußgeldbescheides mit abgeändertem Inhalt fortzusetzen. Eine Veranlassung zur Zurücknahme des Bußgeldbescheides wird sich vor allem bei nachträglichen Einwendungen des oder der Betroffenen oder erneuten Ermittlungen der Verwaltungsbehörde im Zwischenverfahren ergeben. Jede Form nachträglicher „Abänderung“ von Bußgeldbescheiden ist im Hinblick auf die Rechtskraftwirkung (§ 89 OWiG) unzulässig und auch wirkungslos. Ein „Abänderungsbescheid“ wäre rechtswidrig.

Die Verwaltungsbehörde besitzt die Verfahrenshoheit zur Zurücknahme von Bußgeldbescheiden und gleichgestellten Bescheiden nur bis zur Übersendung der Akten über die Staatsanwaltschaft an das Amtsgericht (§ 69 Abs. 3 S. 1 OWiG). Mit dem Übergang der Verfolgungs- und Ahndungsbefugnis auf die Staatsanwaltschaft

1) Die Verwaltungsbehörde sollte stets die gesetzliche Bezeichnung „Zurücknahme“ verwenden, eine behördliche „Aufhebung“ ist nicht vorgesehen. Nach der Rechtskraft des Bußgeldbescheides (§ 89 OWiG) ist nur ein Wiederaufnahmeverfahren möglich (§ 85 OWiG) § 19 Nr. 4. Die Bestimmungen über die Zurücknahme belastender Verwaltungsakte (§ 48 Abs. 1 VwVfG bzw. § 48 Abs. 1 SGB X) sind im Bußgeldverfahren unanwendbar (§ 2 Abs. 2 Nr. 2 VwVfG bzw. § 1 S. 3 SGB X).

(§ 69 Abs. 4 S. 1 OWiG) kann die Bußgeldentscheidung nicht mehr von ihr zurückgenommen werden. Eine gleichwohl erklärte Zurücknahme ist wirkungslos und hat auf den Fortgang des staatsanwaltlichen Zwischenverfahrens und gerichtlichen Bußgeldverfahrens keinen Einfluss.

Die Zurücknahme des Bußgeldbescheides beendet das Bußgeldverfahren nicht und sollte nach Möglichkeit mit der Entscheidung über den Erlass eines Bußgeldbescheides mit geändertem Inhalt oder der Einstellung des Bußgeldverfahrens verbunden werden.

3.1 Zurücknahme und Erlass eines neuen Bußgeldbescheides

Ergibt sich nach dem Einspruch, dass zwar der erlassene Bußgeldbescheid nicht mehr aufrechtzuerhalten ist, aber ein Bußgeldbescheid mit geändertem Tatvorwurf und/oder Rechtsfolge(n) rechtskräftig würde, so liegt die Zurücknahme (§ 69 Abs. 2 S. 1 OWiG) und der Erlass eines neuen Bußgeldbescheides mit geändertem Inhalt auch im Interesse der Verwaltungsbehörde.

Beispiele:

Der Betroffene äußert sich mit seinem Einspruch gegen den Bußgeldbescheid oder bei einer erneuten Anhörung im Zwischenverfahren und trägt erstmals begründet vor:

- er habe nicht vorsätzlich gehandelt:

  Zurücknahme des Bußgeldbescheides wegen vorsätzlicher Ordnungswidrigkeit und Erlass eines neuen Bußgeldbescheids wegen fahrlässigen Handelns mit geringerer Geldbuße (§ 17 Abs. 2 OWiG).
- er habe als Inhaber eines Unternehmens von der betriebsbezogenen Ordnungswidrigkeit keine Kenntnis gehabt:

  Zurücknahme des Bußgeldbescheides wegen der betriebsbezogenen Ordnungswidrigkeit und Erlass eines neuen Bußgeldbescheides mit dem Vorwurf der Verletzung der Aufsichtspflicht in Betrieben und Unternehmen (§ 130 Abs. 1 OWiG) mit geringerer Geldbuße.
- er räume nur eine von mehreren Ordnungswidrigkeiten ein, wobei der Tatvorwurf nur bezüglich der eingeräumten Zuwiderhandlung gesichert erscheint:

  Zurücknahme des Bußgeldbescheides und Erlass eines neuen Bußgeldbescheides mit nur einem Tatvorwurf mit geringerer Geldbuße bei Tateinheit (§ 19 OWiG) bzw. Teileinstellung des Bußgeldverfahrens und Wegfall einer Geldbuße bei Tatmehrheit (§ 20 OWiG) mehrerer Ordnungswidrigkeiten.
- die wirtschaftlichen Verhältnisse (§ 17 Abs. 3 S. 2 OWiG) hätten sich wegen seiner Betriebsaufgabe und jetzigem Sozialhilfebezug erheblich verschlechtert:

  Zurücknahme des Bußgeldbescheides und Erlass eines neuen Bußgeldbescheides mit demselben Tatvorwurf, aber geringerer Geldbuße.

Die Zurücknahme des Bußgeldbescheides ist als nur begünstigende Maßnahme formlos bekannt zu machen (§ 50 Abs. 1 S. 1 OWiG). Es ergeht also kein „Aufhebungsbescheid“. In der Verfahrenspraxis wird die Zurücknahme des „alten“ Bußgeldbescheides als Mitteilung an den Betroffenen in den „neuen“ Bußgeldbescheid aufgenommen.

Beispiel:

Sehr geehrte Frau Bäcker,

auf Ihren Einspruch vom 24.7.2026 nehmen wir den Bußgeldbescheid vom 10.7.2026 zurück. An dessen Stelle tritt der folgende

Bußgeldbescheid

Mit der Zurücknahme des Bußgeldbescheides wird das Bußgeldverfahren wieder in den Stand des Vorverfahrens zurückversetzt, das durch den Erlass des neuen Bußgeldbescheides durch Abschlussverfügung (§ 61 OWiG) erneut abgeschlossen wird. Unzulässig und wirkungslos ist dagegen jede Form von „Abänderungsschreiben“ oder „Abänderungsbescheiden“.[1]

Fehlbeispiele:

Der Betroffene äußert sich mit seinem Einspruch gegen den Bußgeldbescheid oder bei einer erneuten Anhörung im Zwischenverfahren und trägt erstmals begründet vor, er habe nicht vorsätzlich gehandelt.

- Die Verwaltungsbehörde erlässt einen „Abänderungsbescheid“ mit dem Tenor, der Bußgeldbescheid werde dahingehend abgeändert, dass die Ordnungswidrigkeit fahrlässig begangen sei und die Geldbuße daher nur noch 1000 Euro betrage.
- Die Verwaltungsbehörde teilt dem Betroffenen mit, aufgrund seines Einspruchs gehe man nun nur noch von fahrlässigem Handeln aus, die Geldbuße betrage jetzt nur noch 1000 Euro. Man bitte um Mitteilung, ob mit dieser „Regelung“ Einverständnis bestehe.

Keinesfalls darf einfach ein „neuer“ Bußgeldbescheid ohne Zurücknahme des „alten“ erlassen werden. Dann steht nämlich der zuerst erlassene Bußgeldbescheid dem neu erlassenen immer noch entgegen. Dieser grobe Verfahrensfehler führt dann zur Nichtigkeit des „neuen“ Bußgeldbescheides wegen Missachtung des verfassungsrechtlichen Mehrfachahndungsverbots desselben Sachverhalts (Art. 103 Abs. 3 GG).[1]

Eine besondere Kostenentscheidung ist bei der Zurücknahme und dem Erlass eines neuen Bußgeldbescheides nicht zu treffen, weil die Kostenentscheidung des „alten“ Bußgeldbescheides durch die Zurücknahme beseitigt und bereits durch die Kostenentscheidung des „neuen“ Bußgeldbescheides ersetzt ist. Nach § 105 Abs. 1 OWiG i. V. m. § 464, § 465 Abs. 1 StPO wird der oder die Betroffene nicht etwa mit den

1) AG Landstuhl, Beschl. vom 26.7.2022, Az. 2 OWi 4211 Js 8465/22.

„Kosten dieses Bescheides “, sondern mit den „Kosten des Bußgeldverfahrens “ belastet. Die Verfahrensgebühr (§ 107 Abs. 1 OWiG) darf nur einmal mit dem „neuen“ Bußgeldbescheid erhoben werden. Sind der Verwaltungsbehörde allerdings für die Zustellung des „alten“ wie des „neuen“ Bußgeldbescheides Auslagen (§ 107 Abs. 3 Nr. 2, 3 OWiG) entstanden, so können beide Beträge im „neuen“ Bußgeldbescheid als Auslagenansatz verlangt werden. Die Verwaltungsbehörde trifft ihre Entscheidung durch erneute Abschlussverfügung (§ 61 OWiG).

Beispiel:

Abschlussverfügung

I. *Der Bußgeldbescheid vom < Datum> wird zurückgenommen.*

II. *Die Ermittlungen gegen den Betroffenen werden erneut abgeschlossen.*

III. *Erneuter Bußgeldbescheid gegen den Betroffenen mit Hinweis auf Zurücknahme.*
   - *Zustellung an Verteidiger mit Hinweis auf Unterrichtung des Betroffenen über besonderes elektronisches Anwaltspostfach (§ 31a BRAO).*
   - *Unterrichtung des Betroffenen über Zustellung an den Verteidiger durch einfachen Brief mit der Post mit Ausdruck des Bußgeldbescheides.*

IV. *Wiedervorlage spätestens < Datum> (Einspruch, Rechtskraft).*

Netzer, verantwortende Person
(*§ 32b Abs. 1 S. 1 StPO* i. V. m. *§ 110c S. 1 OWiG*)

Gelegentlich von Rechtsanwälten als Verteidiger oder Rechtsanwältinnen als Verteidigerinnen gegen die Verwaltungsbehörde gestellte Kostenfestsetzungsanträge (§ 106 OWiG)[1] sind von dieser durch Bescheid als unzulässig zurückzuweisen, weil die Kostenentscheidung des neuen Bußgeldbescheides ausschließlich den Betroffenen oder die Betroffene und nicht die Verwaltungsbehörde als Kostenschuldnerin belastet (§ 105 Abs. 1 OWiG i. V. m. § 465 Abs. 2 StPO). Falsch ist die manchmal aufgestellte Behauptung „zweier“ Bußgeldverfahren. Tatsächlich ist in einem Bußgeldverfahren der Bußgeldbescheid zurückgenommen (§ 69 Abs. 2 S. 1 OWiG) und durch einen anderen ersetzt und nicht ein vorangegangenes Bußgeldverfahren eingestellt worden. Das Bußgeldverfahren ist durch die Zurücknahme des „ersten“ Bußgeldbescheides lediglich vom Zwischen- in das Vorverfahren zurückversetzt und dieses durch einen „zweiten“ Bußgeldbescheid erneut abgeschlossen worden.

Die Frage der Verfolgungsverjährung ist unproblematisch, weil die Zurücknahme eines Bußgeldbescheides die Unterbrechung durch den Erlass des innerhalb von zwei Wochen mangelfrei zugestellten Bußgeldbescheides nach § 33 Abs. 1 S. 1 Nr. 9 OWiG nicht aufhebt. Sowohl der zurückgenommene „alte“ als auch der „neue“ Bußgeldbescheid unterbrechen die Verfolgungsverjährung zweimal nach dieser Bestimmung.[2]

1) Zum Kostenfestsetzungsverfahren der Verwaltungsbehörde (§ 106 OWiG) § 20 Nr. 3.2.3.
2) OLG Stuttgart, Beschl. vom 8.8.2002, Az. 4 Ss 329/02.

3.2 Einstellung des Bußgeldverfahrens und Kostenentscheidung

Kann anstelle eines nicht aufrechtzuerhaltenden Bußgeldbescheides kein neuer mit anderem Inhalt erlassen werden, so sind

- der Bußgeldbescheid gem. § 69 Abs. 2 S. 1 OWiG zurückzunehmen und
- das Bußgeldverfahren nach § 170 Abs. 2 S. 1 StPO i. V. m. § 46 Abs. 1 OWiG aus tatsächlichen oder rechtlichen Gründen oder wegen nicht gebotener Ahndung nach § 47 Abs. 1 S. 2 OWiG einzustellen.

Auf Antrag des oder der Betroffenen ist eine Kostenentscheidung zu treffen, was häufig übersehen wird.[1)] Ohne einen solchen Antrag erfolgt nur eine formlose Mitteilung an den Betroffenen oder die Betroffene (§ 50 Abs. 1 S. 1 OWiG) mit der Zurücknahme des Bußgeldbescheides und der Bekanntgabe des Einstellungsgrundes (Musterdokument 20.2). Die Einstellungsgründe sind mit denen der Einstellung des Bußgeldverfahrens vor Erlass eines Bußgeldbescheides identisch. Im Hinblick auf einen möglicherweise folgenden Antrag auf Kostenentscheidung sollte der richtige Einstellungsgrund rechtlich zutreffend bestimmt werden.

3.2.1 Kostentragungspflicht für Rechtsanwaltsgebühren und -auslagen

Zu entscheiden ist i. d. R. nur über die Auslagen des oder der Betroffenen oder Nebenbetroffenen (juristische Person oder Personenvereinigung), konkret die Kosten eines beauftragten Rechtsanwalts oder einer Rechtsanwältin. Daher beschränken sich die folgenden Erläuterungen auf diesen einzigen Fall mit praktischer Bedeutung. Gebühren und entstandene Auslagen für die Tätigkeit der Verwaltungsbehörde können mangels Rechtsgrundlage nicht erhoben werden, die Kosten der durchgeführten Ermittlungen trägt die Verwaltungsbehörde folglich selbst.

Grundsätzlich trägt die Verwaltungsbehörde die Auslagen des oder der Betroffenen (§ 467a Abs. 1 S. 1 StPO i. V. m. § 105 Abs. 1 OWiG). Die Auslagen des oder der Betroffenen können nur in folgenden Fällen ausnahmsweise in den nachfolgend abschließend aufgeführten Fällen auf den Betroffenen oder die Betroffene bzw. Nebenbetroffene (juristische Personen oder Personenvereinigung) überbürdet werden.

- **Einstellung aus tatsächlichen oder rechtlichen Gründen (§ 170 Abs. 2 S. 1 StPO i. V. m. § 46 Abs. 1 OWiG)**

Der Träger oder die Trägerin der Verwaltungsbehörde (Staatskasse) trägt grundsätzlich die dem oder der Betroffenen oder Verfahrensbeteiligten erwachsenen notwendigen Auslagen (§ 105 Abs. 1 OWiG i. V. m. § 467a Abs. 1 StPO). Ausgenommen sind durch

- schuldhafte Säumnis (z. B. bei einer Betroffenenvernehmung) entstandene Auslagen (§ 105 Abs. 1 S. 2 OWiG i. V. m. § 467a Abs. 1 S. 2, § 467 Abs. 2 StPO),

1) Der Fall der Einstellung des Bußgeldverfahrens nach Zurücknahme eines Bußgeldbescheides (§ 69 Abs. 2 S. 1 OWiG) unterscheidet sich darin von der Einstellung vor Erlass eines Bußgeldbescheides, bei der keine Kostenentscheidung ergeht. Zur Einstellung des Bußgeldverfahrens bereits im Vorverfahren vor Erlass eines Bußgeldbescheides (§ 170 Abs. 2 S. 1 StPO i. V. m. § 46 Abs. 1 OWiG bzw. § 47 Abs. 1 S. 2 OWiG) § 11 Nr. 1.

- wahrheitswidrige Selbstanzeige (z. B. zur Deckung des wahren Täters oder der wahren Täterin durch den Betroffenen oder die Betroffene bis zum Verjährungseintritt) entstandene Auslagen (§ 105 Abs. 1 S. 2 OWiG i. V. m. § 467a Abs. 1 S. 2, § 467 Abs. 3 S. 1 StPO).

Von der Belastung des Trägers oder der Trägerin der Verwaltungsbehörde (Staatskasse) kann ausnahmsweise abgesehen werden bei

- in wesentlichen Punkten wahrheitswidriger oder später widerrufener Selbstbelastung (§ 105 Abs. 1 S. 2 OWiG i. V. m. § 467a Abs. 1 S. 2, § 467 Abs. 3 Nr. 1 StPO),
- Verschweigen wesentlicher entlastender Umstände bei Äußerung zum Tatvorwurf (§ 105 Abs. 1 S. 2 OWiG i. V. m. § 467a Abs. 1 S. 2, § 467 Abs. 3 Nr. 1 StPO),
- nicht rechtzeitigem Vorbringen entlastender Umstände (z. B. bei der Anhörung vor Erlass des Bußgeldbescheids, § 109a Abs. 2 OWiG).

- **Einstellung wegen nicht gebotener Ahndung (§ 47 Abs. 1 S. 2 OWiG)**

Beim Absehen von der Ahndung aufgrund Ermessensentscheidung steht auch die Auslagenbelastung im Ermessen der Verwaltungsbehörde (§ 105 Abs. 1 OWiG i. V. m. § 467a Abs. 1 S. 2, § 467 Abs. 4 StPO) und unterliegt damit dem verfassungsrechtlichen Willkürverbot (Art. 20 Abs. 3 GG).[1)]

Dringend muss jedoch vor einer Umgehung einer auf die Verwaltungsbehörde zukommenden Kostenpflicht durch unvertretbare Kostenentscheidungen gewarnt werden! Kann der Tatnachweis nicht geführt werden oder ist die Ordnungswidrigkeit verjährt, so ist das Bußgeldverfahren nach Zurücknahme des Bußgeldbescheides zwingend aus tatsächlichen oder rechtlichen Gründen nach § 170 Abs. 2 S. 1 StPO i. V. m. § 46 Abs. 1 OWiG einzustellen. Unzulässig wäre eine Einstellung wegen nicht gebotener Ahndung (§ 47 Abs. 1 S. 2 OWiG), für die es an der notwendigen Ermessensgrundlage fehlte, oder die „Notbremse" der Erteilung einer Verwarnung ohne Verwarnungsgeld (§ 56 Abs. 1 S. 2 OWiG). Die Rechtsprechung lässt nämlich in diesen Fällen wegen Verstoßes gegen das Willkürverbot den Antrag auf gerichtliche Entscheidung zu (§ 62 OWiG), der sofort zur gerichtlichen Aufhebung führen würde. Auch eine Übersendung der Akten eines einstellungsreifen Bußgeldverfahrens über die Staatsanwaltschaft an das Amtsgericht (§ 69 Abs. 3 S. 1 OWiG) ist sinnlos, da Staatsanwaltschaft oder Gericht das Bußgeldverfahren sofort wieder zurückverweisen würden (§ 69 Abs. 5 S. 1 OWiG).

1) VerfGH Berlin, Beschl. vom 27.4.2022, Az. 106/22.

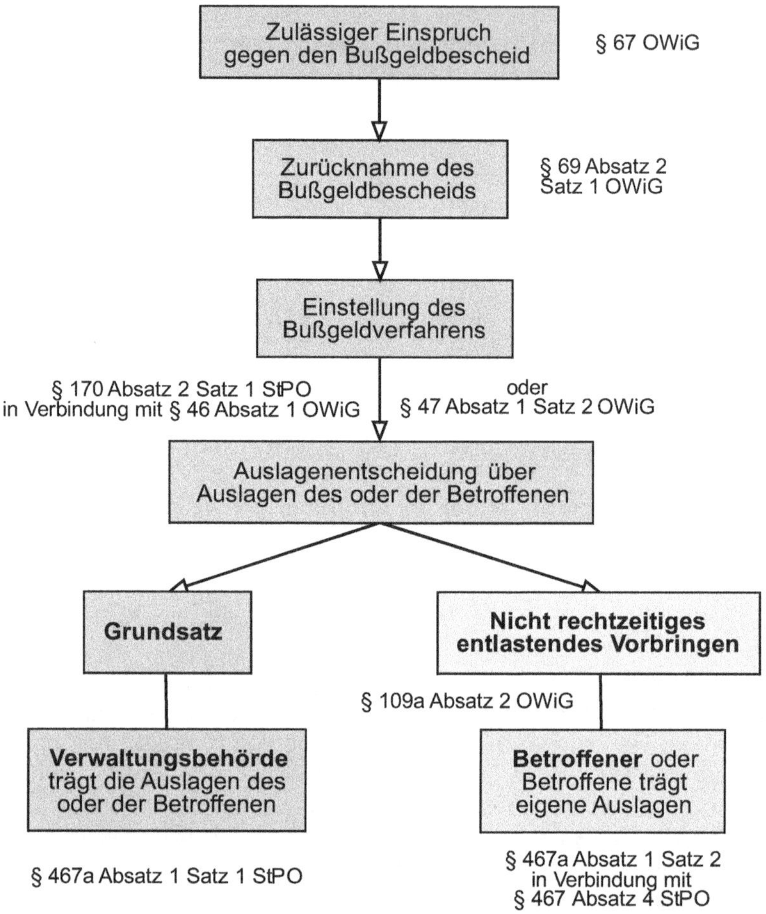

Abb. 2: Kostengrundentscheidung nach Zurücknahme des Bußgeldbescheides

3.2.2 Kostengrundentscheidung der Verwaltungsbehörde

Die Kostenentscheidung der Verwaltungsbehörde bestimmt, wer die Auslagen des oder der Betroffenen zu tragen hat, entweder die Verwaltungsbehörde oder aber der oder die Betroffene selbst. Sie wird deshalb in der Verfahrenspraxis auch treffend als „Kostengrundentscheidung" bezeichnet. Grundsätzlich trägt die Verwaltungsbehörde die notwendigen Auslagen des oder der Betroffenen (§ 105 Abs. 1 OWiG i. V. m. § 467a Abs. 1 StPO), sofern diesen nicht ausnahmsweise nicht rechtzeitiges entlastendes Vorbringen (§ 109a Abs. 2 OWiG) bei der ersten Anhörung (§ 55 OWiG i. V. m. § 163a Abs. 1 StPO) vor Erlass eines Bußgeldbescheides vorgeworfen werden kann.[1] In der Verfahrenspraxis der Verwaltungsbehörden geht es dabei ausschließlich um Auslagen, die Betroffenen durch die Beauftragung von Rechtsanwälten oder Rechtsanwältinnen als Wahlverteidigende entstanden sind und die dann

1) VerfGH Sachsen, Beschl. vom 23.5.2024, Az. Vf. 22-IV-23.

anschließend durch einen Kostenfestsetzungsantrag (§ 106 OWiG) geltend gemacht werden.[1]

Die Kostengrundentscheidung kann mit der Entscheidung über die Zurücknahme des Bußgeldbescheides und Einstellung des Bußgeldverfahrens verbunden werden. Stellt der oder die Betroffene einen entsprechenden Antrag erst später, so kann die Entscheidung auch gesondert erfolgen. Übernimmt die Verwaltungsbehörde die Auslagen des oder der Betroffenen, weil sie keine Möglichkeit sieht, diese auf ihn oder sie selbst zu überwälzen, so genügt ein einfaches dienstliches Dokument (§ 50 Abs. 1 S. 1 OWiG). Eine Begründung (§ 34 StPO i. V. m. § 46 Abs. 1 OWiG) ist bezüglich der ausschließlich den Betroffenen begünstigenden Kostenentscheidung nicht notwendig.

Beispiel:

Sehr geehrter Herr Schwab,

auf Ihren Einspruch vom 5.8.2026 nehmen wir den Bußgeldbescheid vom 23.7.2026 zurück und stellen das Bußgeldverfahren wegen Verfolgungsverjährung aus rechtlichen Gründen ein (§ 170 Abs. 2 S. 1 StPO i. V. m. § 46 Abs. 1 OWiG). Wir tragen auch Ihre notwendigen Auslagen (§ 105 Abs. 1 OWiG i. V. m. § 467a Abs. 1 StPO).

Mit freundlichen Grüßen

Stadt Münsterberg, Bußgeldstelle

3.2.2.1 Nicht rechtzeitiges entlastendes Vorbringen

Sollen dem oder der Betroffenen oder Verfahrensbeteiligten jedoch die Auslagen selbst auferlegt werden, so bedarf es eines selbstständigen Kostenbescheides, der mit dem Antrag auf gerichtliche Entscheidung (§ 62 OWiG) anfechtbar ist (§ 108 Abs. 1 S. 1 Nr. 1 OWiG). Es empfiehlt sich daher, eine einheitliche Entscheidung in Form eines Bescheides zu treffen (Musterbescheid 20.3). Der Tenor dieses Bescheides umfasst die Zurücknahme des Bußgeldbescheides und Einstellung des Bußgeldverfahrens (Ziffer 1, Musterbescheid 20.3) als den Betroffenen oder die Betroffene begünstigende Maßnahmen und die allein belastende und daher anfechtbare Auslagenbelastung des oder der Betroffenen selbst (Ziffer 2, Musterbescheid 20.3). Die Begründung des Bescheides (§ 34 StPO i. V. m. § 46 Abs. 1 OWiG) beschränkt sich daher auf die Kostenentscheidung. Hier ist die betreffende kostenrechtliche Bestimmung aufzuführen, wobei § 109a Abs. 2 OWiG die weitaus größte praktische Bedeutung besitzt. Danach können Betroffenen solche Auslagen auferlegt werden, die sie ursächlich durch zumutbares rechtzeitiges Vorbringen hätte vermeiden können.[2]

Beispiel:

Der Betroffene äußert sich zum Tatvorwurf des unerlaubten Verbrennens von Pflanzenabfällen im Anhörungsdokument nicht. Die Verwaltungsbehörde erlässt daraufhin einen Bußgeldbescheid nach Aktenlage. Der Betroffene beauftragt

1) Zum Kostenfestsetzungsverfahren durch die Verwaltungsbehörde (§ 106 OWiG) § 20 Kapitel 3.3.2.
2) LG Krefeld, Beschl. vom 29.10.2019, Az. 30 Qs 35/19.

daraufhin einen Rechtsanwalt mit der Einlegung und Begründung des Einspruchs. Dabei lässt er vortragen, er habe zur fraglichen Zeit Urlaub im Ausland gemacht, was er durch Vorlage von Unterlagen nachweist. Die Verwaltungsbehörde nimmt den Bußgeldbescheid zurück und stellt das Bußgeldverfahren aus tatsächlichen Gründen ein. Sie belastet aber den Betroffenen mit seinen eigenen notwendigen Auslagen, weil er die entlastende Tatsache bereits vor dem Erlass des Bußgeldbescheides bei der Anhörung hätte offenbaren können.

Die Ausnahmevorschrift in § 109a Abs. 2 OWiG greift dann nicht ein, wenn ein Umstand betroffen ist, dessen nicht rechtzeitiges Vorbringen

- für den Ausgang des Verfahrens nicht wesentlich,[1]
- für den Ausgang des Verfahrens nicht ursächlich, d. h. adäquat kausal ist,[2]
- nicht (alleine) aus der Sphäre des Betroffenen stammt oder
- der Verwaltungsbehörde im Rahmen der üblichen Ermittlungs- und Aufklärungstätigkeit zugänglich ist.[3]

Die Rechtzeitigkeit beurteilt sich nach einem objektiven Maßstab, nämlich dem der Möglichkeit, die Entstehung von Auslagen zu verhindern.[4] Normzweck der Kostenbelastung des oder der Betroffenen in § 109a Abs. 2 OWiG, bei denen es sich regelmäßig um die Anwaltskosten des beauftragten Verteidigers oder der beauftragten Verteidigerin (§ 675 BGB) handelt, ist die Vorbeugung von Missbräuchen. Die Bestimmung ist daher nur dann anwendbar, wenn das zurückgehaltene Vorbringen des oder der Betroffenen als missbräuchlich oder unlauter anzusehen ist.[5] Dies ist nicht der Fall, wenn der Betroffene einen nahen Angehörigen vor Verfolgung geschützt hat (sogenanntes „Angehörigenprivileg“). Vielmehr handelt es sich hierbei um einen billigenswerten Grund für die Zurückhaltung eines entlastenden Umstandes.[6] Dieses „Angehörigenprivileg“ entfällt allerdings, sobald dieser Personenkreis wegen Verfolgungsverjährung (§ 31 Abs. 1 S. 1 OWiG) selbst nicht mehr wegen einer Ordnungswidrigkeit verfolgt und geahndet werden kann.[7]

Die Verwaltungsbehörde trägt die Verteidigungskosten auch dann, wenn sie die von dem oder der Betroffenen verschwiegenen Umstände bei ordnungsgemäßer Sachverhaltsaufklärung selbst hätte erkennen können.[8]

1) LG Gießen, Beschl. vom 8.6.2021, Az. 7 Qs 45/21.
2) AG Bad Kreuznach, Beschl. vom 11.11.2021, Az. 47 OWi 275/21.
3) AG Eilenburg, Urt. vom 21.12.2023, Az. 8 OWi 951 Js 26210/23; AG Oranienburg, Beschl. vom 1.6.2023, Az. 13g OWi 264/23, unter Bezugnahme auf AG Aschaffenburg, Beschl. vom 31.1.2001, Az. 4 OWi 440/01; LG Krefeld, Beschl. vom 29.10.2019, Az. 30 Qs 35/19, unter Bezugnahme auf BVerfG, Beschl. 16.8.2013, Az. 2 BvR 864/12.
4) AG Eilenburg, Urt. vom 21.12.2023, Az. 8 OWi 951 Js 26210/23.
5) BVerfG, Beschl. vom 16.8.2013, Az. 2 BvR 864/12; AG Oranienburg, Beschl. vom 1.6.2023, Az. 13g OWi 243/13; LG Krefeld, Beschl. vom 7.6.2017, Az. 30 Qs 13/17; LG Zweibrücken, Beschl. vom 10.5.2007, Az. Qs 51/07.
6) LG Krefeld, Beschl. vom 7.6.2017, Az. 30 Qs 13/17, unter Bezugnahme auf BVerfG, stattgebender Kammerbeschluss vom 16.8.2013, Az. 2 BvR 864/12.
7) AG Landstuhl, Beschl. vom 11.7.2024, Az. 2 OWi 4211 Js 14253/23; AG Eilenburg, Urt. vom 21.12.2023, Az. 8 OWi 951 Js 26210/23; AG Oberhausen, Beschl. vom 31.3.2011, Az. 23 OWi 3/11 (b), jeweils für einen gerichtlichen Kostenbeschluss.
8) AG Oranienburg, Beschl. vom 1.6.2023, Az. 13g OWi 243/13; AG Aschaffenburg, Beschl. vom 31.5.2001, Az. 4 OWi 440/01.

Die Anwendung des § 109a Abs. 2 OWiG setzt voraus, dass

- die entlastenden Umstände dem oder der Betroffenen selbst bekannt waren,[1)]
- er oder sie Gelegenheit hatte, die entlastenden Umstände rechtzeitig geltend zu machen.[2)]

Behauptet der oder die Betroffene allerdings, das Anhörungsdokument (§ 55 OWiG) sei ihm oder ihr nicht zugegangen, weshalb er oder sie sich erst mit dem Einspruch habe äußern können, so wird dies nur bei einem elektronischen, nicht aber bei einem Papierdokument widerlegbar sein.[3)] Die Anhörung in Papierform ist als nicht anfechtbares dienstliches Dokument durch einfachen Brief formlos zu versenden (§ 50 Abs. 1 S. 1 OWiG). Allein bei der Zusendung eines elektronischen Dokuments über einen sicheren Übermittlungsweg (§ 32a Abs. 4 S. 1 StPO i. V. m. § 110c S. 1 OWiG) ist ein Zugangsnachweis möglich.[4)] Die Verwaltungsbehörde trägt die Auslagen des oder der Betroffenen auch dann, wenn sie die bei der Anhörung selbst gesetzte Äußerungsfrist nicht abgewartet und somit kein rechtliches Gehör gewährt hat.[5)]

3.2.2.2 Kostenbescheid der Verwaltungsbehörde

Der Kostenbescheid der Verwaltungsbehörde bedarf einer Begründung, weil er durch einen Rechtsbehelf anfechtbar ist (§ 34 StPO i. V. m. § 46 Abs. 1 OWiG). Diese darf sich nicht in der Wiedergabe der angewendeten gesetzlichen Bestimmung erschöpfen, sondern muss auf die Umstände des Einzelfalles eingehen und insbesondere die Ermessensausübung der Verwaltungsbehörde wiedergeben.[6)] Dabei darf auf die Stärke des Tatverdachts abgestellt werden.[7)] Genügt die Begründung den gesetzlichen Voraussetzungen nicht, wird die Kostenentscheidung auf den Antrag auf gerichtliche Entscheidung (§ 62 OWiG) des oder der Betroffenen keinen Bestand haben. Eine auf die Kostenentscheidung beschränkte Rechtsbehelfsbelehrung (§ 50 Abs. 2 OWiG) ist notwendig, weil der Kostenbescheid insoweit mit dem befristeten Antrag auf gerichtliche Entscheidung anfechtbar ist (§ 108 Abs. 1 S. 2 Halbs. 1 OWiG). Die Kostenentscheidung zulasten des oder der Betroffenen ist durch das Amtsgericht in vollem Umfang auch darauf überprüfbar, ob sachfremde Erwägungen zugrunde lagen.[8)] Die Kostenbelastung von Betroffenen durch eine Kostengrundentscheidung darf insbesondere nicht dazu dienen, die Anwaltskosten von Wahlverteidigenden im Kostenfestsetzungsverfahren (§ 106 OWiG) von der Verwaltungsbehörde fernzuhalten.[9)] Das Fehlen einer Begründung kann zur Aufhebung

1) LG Gießen, Beschl. vom 8.6.2021, Az. 7 Qs 45/21.
2) VerfGH Berlin, Beschl. vom 27.4.2022, Az. 106/22; LG Gießen, Beschl. vom 8.6.2021, Az. 7 Qs 45/21.
3) AG Oranienburg, Beschl. vom 1.6.2023, Az. 13g OWi 243/13.
4) Als sichere Übermittlungswege waren bei Redaktionsschluss dieser Auflage nur das bedeutungslose De-Mail-Verfahren (§ 32a Abs. 4 S. 1 Nr. 1 StPO i. V. m. § 110c S. 1 OWiG) und das besondere elektronische Anwaltspostfach (§ 32a Abs. 4 S. 1 Nr. 1 StPO i. V. m. § 110c S. 1 OWiG, § 31a BRAO), das elektronische Bürger- und Organisationenpostfach (§ 10 ERVV) sowie das elektronische Verwaltungsportal im Portalverbund (§ 13 ERVV) vorgesehen (§ 32a Abs. 4 S. 1 Nr. 4 und 5 StPO i. V. m. § 110c S. 1 OWiG).
5) AG Jever, Beschl. vom 27.7.2022, Az. 7 OWi 171/22.
6) VerfGH Berlin, Beschl. vom 18.12.2024, Az. 8/24, für einen gerichtlichen Kostenbeschluss.
7) VerfGH Sachsen, Beschl. vom 23.5.2024, Az. Vf. 22-IV-23, unter Bezugnahme auf BVerfG, Beschl. vom 29.5.1990, Az. 2 BvR 254/88.
8) BVerfG, Beschl. vom 27.9.2024, Az. 2 BvR 375/24, für einen gerichtlichen Kostenbeschluss.
9) Zum Kostenfestsetzungsverfahren durch die Verwaltungsbehörde (§ 106 OWiG) § 20 Kapitel 3.3.2.

und Zurückverweisung durch das Amtsgericht zur erneuten Entscheidung und ausreichenden Begründung an die Verwaltungsbehörde führen.[1)]

Muster 20.2: Zurücknahme des Bußgeldbescheids (§ 69 Abs. 2 OWiG) und Einstellung des Bußgeldverfahrens – ohne Kostenentscheidung –

Stadt Münsterberg

Bußgeldstelle

Stadt Münsterberg, 99090 Münsterberg

Dienstgebäude	Schubertstraße 36 99090 Münsterberg
Bearbeitung	Frau Weber
Telefon	(0987) 9878-987
E-Mail	bs@muensterberg.de

Frau
Sabine Schneider
Alter Markt 17
90904 Münsterberg
über DeutschlandID

Ihr Zeichen, Ihre Nachricht vom	Bitte bei Antwort angeben **Unser Zeichen, unsere Nachricht vom**	**Datum**
1.6.2026	OWi – 0987665/26	17.6.2026

Bußgeldverfahren gegen Sie wegen Zuwiderhandlung gegen das Landesgaststättengesetz

Unser Bußgeldbescheid vom 26.5.2026, Ihr Einspruch vom 1.6.2026

Sehr geehrte Frau Schneider,

auf den Einspruch haben wir Ihre Einwendungen überprüft und nehmen den Bußgeldbescheid vom 26.5.2026 zurück (§ 69 Abs. 2 S. 1 Gesetz über Ordnungswidrigkeiten – OWiG). Wir stellen das Bußgeldverfahren aus tatsächlichen Gründen ein (§ 170 Abs. 2 S. 1 Strafprozessordnung – StPO – i. V. m. § 46 Abs. 1 OWiG).

Mit freundlichen Grüßen

Stadt Münsterberg, Bußgeldstelle

Telefonzentrale
(0899) 123-0
Internet
www.Muensterberg.de

Servicezeiten
Mo-Mi 7.30-16.30 Uhr
Do 7.30-17.30 Uhr
Fr 7.30-12.00 Uhr

Öffentliche Verkehrsmittel
Stadtbus Linie 6
Haltestelle Mitte

Bankverbindung
Kreissparkasse Münsterberg
IBAN DE2040000000123456
BIC GROBDE77XX
Volksbank Münsterberg
IBAN DE2040000000234567
BIC GROBDE87XX

Besonderes elektronisches Behördenpostfach
Ordnungsamt@muensterberg .de

1) VerfGH Sachsen, Beschl. vom 23.5.2024, Az. Vf. 22-IV-23, für eine gerichtliche Kostenentscheidung.

Muster 20.3: Zurücknahme des Bußgeldbescheides (§ 69 Abs. 2 OWiG) und Einstellung des Bußgeldverfahrens – mit Kostenentscheidung –

Stadt Münsterberg

Bußgeldstelle

Stadt Münsterberg, 99090 Münsterberg

Dienstgebäude	Schubertstraße 36 99090 Münsterberg
Bearbeitung	Frau Weber
Telefon	(0987) 9878-987
E-Mail	bs@muensterberg.de

Herrn
Peter Baumann
Alte Bergstraße 89
90904 Münsterberg
über DeutschlandID

Ihr Zeichen, Ihre Nachricht vom	Bitte bei Antwort angeben **Unser Zeichen, unsere Nachricht vom**	**Datum**
1.6.2026	OWi – 0987665/26	20.6.2026

Bußgeldverfahren gegen Sie wegen unerlaubter Abfallbeseitigung

Zurücknahme des Bußgeldbescheides und Kostenentscheidung

Sehr geehrter Herr Baumann,

wir erlassen folgenden

Bescheid

1. Wir nehmen den Bußgeldbescheid vom 16.4.2026 zurück und stellen das Bußgeldverfahren gegen Sie ein.
2. Sie tragen die Ihnen entstandenen notwendigen Auslagen selbst.

Gründe

1. Wir erließen am 16.4.2026 einen Bußgeldbescheid, gegen den Sie form- und fristgemäß Einspruch einlegten. Die Überprüfung der vorgetragenen Gründe führt zur Zurücknahme des Bußgeldbescheides (§ 69 Abs. 2 S. 1 OWiG) und zur Einstellung des Bußgeldverfahrens aus tatsächlichen Gründen (§ 170 Abs. 2 S. 1 StPO i. V. m. § 46 Abs. 1 OWiG).
2. Unsere Auslagenentscheidung beruht auf § 105 Abs. 1 OWiG i. V. m. § 467a Abs. 1 S. 1 StPO. Soweit Ihnen Auslagen entstanden sind, die Sie durch ein rechtzeitiges Vorbringen hätten vermeiden können, kann gem. § 109a Abs. 2 OWiG von der Auferlegung auf die Verwaltungsbehörde abgesehen werden. Sie hätten nämlich bereits bei der Anhörung vom 16.3.2026 vor Erlass des Bußgeldbescheids die Ihnen bekannte Tatsache mitteilen können, dass Sie zur Tatzeit der Ordnungswidrigkeit (§ 6 OWiG) bereits als Geschäftsführer der Transfracht GmbH & Co. KG ausgeschieden waren und daher als Täter der Ordnungswidrigkeit nicht in Betracht kamen (§ 9 Abs. 1 Nr. 1 OWiG). Diese naheliegende und ersichtlich entscheidungserhebliche Erklärung wäre Ihnen ohne Weiteres möglich und zumutbar gewesen. In diesem Fall hätten wir das Bußgeldverfahren bereits vor Erlass eines Bußgeldbescheides aus tatsächlichen

Telefonzentrale
(0899) 123-0
Internet
www.Muensterberg.de

Servicezeiten
Mo-Mi 7.30-16.30 Uhr
Do 7.30-17.30 Uhr
Fr 7.30-12.00 Uhr

Öffentliche Verkehrsmittel
Stadtbus Linie 6
Haltestelle Mitte

Bankverbindung
Kreissparkasse Münsterberg
IBAN DE2040000000123456
BIC GROBDE77XX
Volksbank Münsterberg
IBAN DE2040000000234567
BIC GROBDE87XX

Besonderes elektronisches Behördenpostfach
Ordnungsamt@muensterberg .de

Gründen eingestellt (§ 170 Abs. 2 S. 1 StPO i. V. m. § 46 Abs. 1 OWiG). Der entlastende Umstand wäre auch nicht bei unseren Ermittlungen erkennbar gewesen, weil Sie zum Tatzeitpunkt der Ordnungswidrigkeit noch immer im Handelsregister als gesetzlicher Vertreter eingetragen waren.

Rechtsbehelfsbelehrung

Gegen die Anordnung in Ziffer 2 dieses Bescheides können Sie innerhalb von zwei Wochen nach seiner Zustellung bei der Stadt Münsterberg – Bußgeldstelle – Schubertstraße 36, 99090 Münsterberg schriftlich oder zur Niederschrift Antrag auf gerichtliche Entscheidung stellen (§ 108 Abs. 1 S. 1 Nr. 2, S. 2 Halbs. 1 i. V. m. § 62 OWiG).

Sie können den Rechtsbehelf ferner im Dateiformat PDF (portable document format) durch E-Mail mit qualifizierter elektronischer Signatur (§ 32a Abs. 3 StPO i. V. m. § 110c S. 1 OWiG) oder über einen zugelassenen elektronischen Übermittlungsweg einlegen (§ 32a Abs. 4 S. 1 StPO i. V. m. § 110c S. 1 OWiG).

Die Frist von zwei Wochen ist nur dann gewahrt, wenn der Rechtsbehelf vor Fristablauf bei der Stadt Münsterberg eingeht. Fällt das Ende einer Frist auf einen Sonntag, einen allgemeinen Feiertag oder einen Samstag (Sonnabend), so endet die Frist mit Ablauf des nächsten Werktages (§ 43 Abs. 2 StPO i. V. m. § 46 Abs. 1 OWiG). Die Erklärung muss in deutscher Sprache abgefasst sein (§ 184 S. 1 Gerichtsverfassungsgesetz – GVG – i. V. m. § 46 Abs. 1 OWiG). Über den Antrag entscheidet das Amtsgericht, soweit wir dem Rechtsbehelf nicht abhelfen, durch schriftlichen Beschluss.

Mit freundlichen Grüßen

Stadt Münsterberg, Bußgeldstelle

Legt der oder die Betroffene gegen die Kostenentscheidung der Verwaltungsbehörde Antrag auf gerichtliche Entscheidung ein (§ 108 Abs. 1 S. 1 Nr. 1 i. V. m. § 62 Abs. 1 S. 1 OWiG), entscheidet das Amtsgericht durch i. d. R. unanfechtbaren Beschluss (§ 62 Abs. 2 S. 3 OWiG). Das Gericht kann den Bescheid der Verwaltungsbehörde entweder abändern oder aufheben und in der Sache neu entscheiden. Eine sofortige Beschwerde kommt nur dann in Betracht, wenn der Grenzwert von 200,00 Euro bei den Auslagen des oder der Betroffenen überschritten wird (§ 108 Abs. 1 S. 2 Halbs. 2 OWiG).

3.2.3 Kostenfestsetzung gegen die Verwaltungsbehörde

Hat die Verwaltungsbehörde den Bußgeldbescheid zurückgenommen (§ 69 Abs. 2 S. 1 OWiG) und das Bußgeldverfahren eingestellt (§ 170 Abs. 2 S. 1 StPO i. V. m. § 46 Abs. 1 OWiG), so folgt i. d. R. ein Kostenfestsetzungsantrag, wenn der oder die Betroffene durch einen Rechtsanwalt als Verteidiger oder Rechtsanwältin als Verteidigerin vertreten ist (§ 137 Abs. 1 S. 1 StPO i. V. m. § 46 Abs. 1 OWiG).[1)]

Das Kostenfestsetzungsverfahren (§ 106 OWiG) ist streng von der das Bußgeldverfahren abschließenden Kostengrundentscheidung (§ 105 OWiG) zu trennen, die nur die Person des Kostenschuldners oder der Kostenschuldnerin festlegt. Bei der Kostenfestsetzung handelt es sich um ein dem Bußgeldverfahren anschließendes gesondertes Verfahren.[2)]

1) Zur Stellung des Verteidigers oder der Verteidigerin im Bußgeldverfahren (§ 137 StPO i. V. m. § 46 Abs. 1 OWiG) § 10.

2) AG Hamburg-Harburg, Beschl. vom 25.4.2023, Az. 664 Ds 4/22 jug.

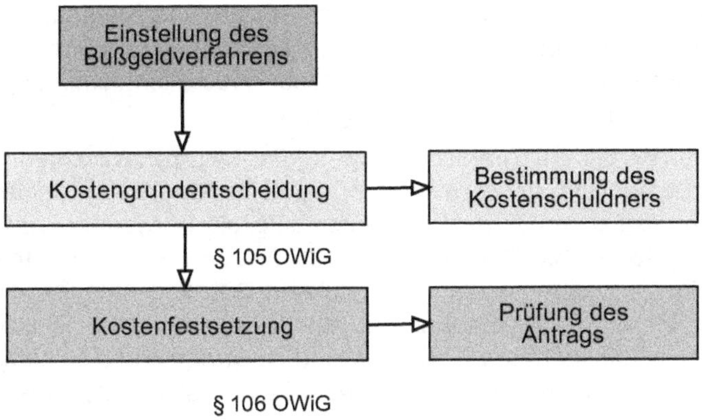

Abb. 3: Einstellung des Bußgeldverfahrens Kostengrundentscheidung und Kostenfestsetzungsverfahren

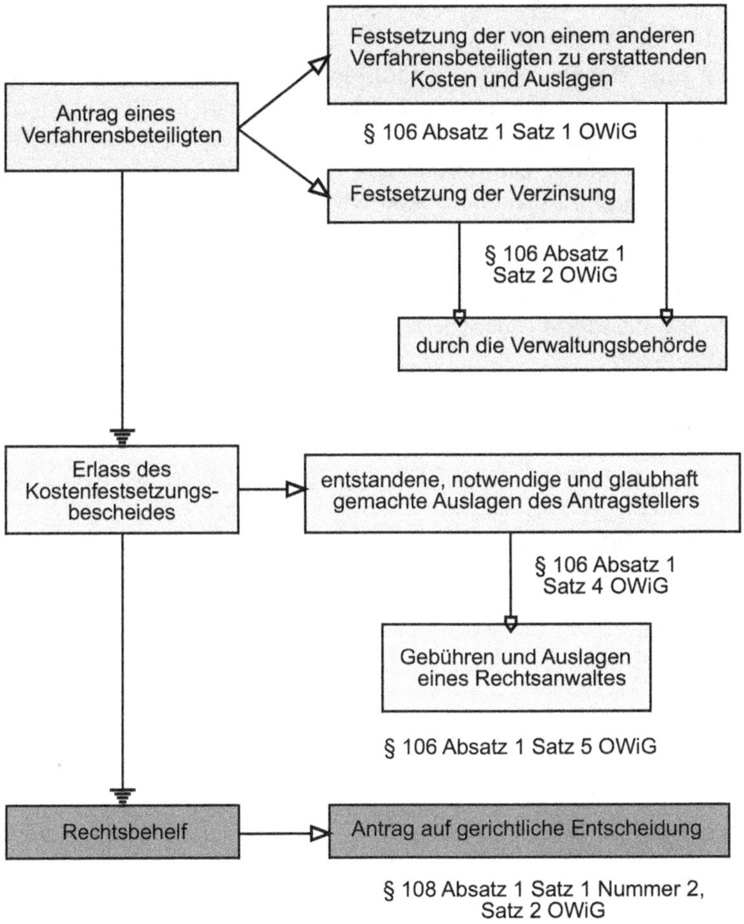

Abb. 4: Kostenfestsetzungsbescheid

Die Verwaltungsbehörde hat durch Kostenfestsetzungsbescheid über die Höhe der von ihr zu ersetzenden Kosten und Auslagen zu entscheiden, wenn sie die Auslagen des oder der Betroffenen nach der getroffenen Kostenentscheidung als Kostenschuldnerin zu tragen hat (§ 106 Abs. 1 S. 1 OWiG).

Auslagen des oder der Betroffenen für die Verteidigung durch einen Rechtsanwalt oder eine Rechtsanwältin gehören im Bußgeldverfahren stets zu den erstattungsfähigen Auslagen, da deren Zuziehung regelmäßig als notwendig gilt (§ 105 Abs. 1 OWiG i. V. m. § 464a Abs. 2 Nr. 1 StPO, § 91 Abs. 2 ZPO). Die entgegengesetzte Bestimmung im Verwaltungsverfahren (§ 80 Abs. 3 S. 2 VwVfG) ist im Bußgeldverfahren auch nicht analog anwendbar (§ 2 Abs. 2 Nr. 2 VwVfG). Bei Bagatellgeldbußen bis zu 10,00 Euro gehören Gebühren und Auslagen eines Rechtsanwalts oder einer Rechtsanwältin nur dann zu den notwendigen Auslagen des oder der Betroffenen, wenn wegen der schwierigen Sach- und Rechtslage oder der Bedeutung der Sache für den Betroffenen oder die Betroffene die Beauftragung eines Rechtsanwalts oder einer Rechtsanwältin geboten war (§ 109a Abs. 1 OWiG).[1] Dieser Fall tritt in der Verfahrenspraxis so gut wie nie ein.

- **Wirksame Abtretungserklärung**

Der von dem oder der Betroffenen beauftragte Rechtsanwalt oder die beauftragte Rechtsanwältin besitzt keine eigene Forderung gegen die Verwaltungsbehörde, sodass sie eine Vollmacht mit einer Abtretungserklärung des oder der Betroffenen (§ 398 BGB) benötigen.[2] Die allgemeine Verteidigungsvollmacht ersetzt diese nicht.[3] Die Erlaubnis im Vollmachtdokument, für den Betroffenen oder die Betroffene Geldbeträge entgegenzunehmen, ist daher noch keine Abtretung solcher Forderungen gegen die Verwaltungsbehörde. Macht der Verteidiger oder die Verteidigerin aufgrund einer Abtretung Gebühren und Auslagen im eigenen Namen geltend, bedarf es einer gesonderten zusätzlichen Vollmacht zur Stellung des Kostenfestsetzungsantrages nicht.[4]

Beispiel:

Der Betroffene beauftragt einen Rechtsanwalt mit seiner Verteidigung. In der erteilten Vollmacht erlaubt er dem Rechtsanwalt, ihm zustehende Ansprüche gegen die Verwaltungsbehörde geltend zu machen und tritt sie an den Rechtsanwalt ab. Dessen Einwendungen gegen den Bußgeldbescheid führen zur Zurücknahme und Einstellung des Bußgeldverfahrens wegen nicht gesicherten Tatnachweises. Daraufhin stellt der Rechtsanwalt einen Kostenfestsetzungsantrag und macht die an ihn abgetretene Forderung geltend.

1) Im Gegensatz zum Verwaltungsverfahren (§ 80 Abs. 2 VwVfG) darf daher im Bußgeldverfahren nicht darüber entschieden werden, ob die Zuziehung eines Rechtsanwalts als Verteidiger notwendig war.

2) LG Düsseldorf, Beschl. vom 8.7.2019, Az. 61 Qs 42/19; OLG Stuttgart, Beschl. vom 4.7.2018, Az. 4 Ws 147/18; OLG Karlsruhe, Beschl. vom 3.5.2015, Az. 2 Ws 277/15; OLG Düsseldorf, Beschl. vom 24.10.2010, Az. 1 Ws 700/09; LG Duisburg, Beschl. vom 23.2.2006, Az. 31 Qs 27/06; OLG Nürnberg, Beschl. vom 20.5.2014, Az. 2 Ws 225/14; LG Köln, Beschl. vom 11.3.2014, Az. 105 Qs 60/14; AG Koblenz, Beschl. vom 2.11.2010, Az. 2010 Js 80449/09 – 34 OWi.

3) OLG Rostock, Beschl. vom 30.4.2018, Az. 22 Ws 78/18.

4) AG Hamburg-Harburg, Beschl. vom 25.4.2023, Az. 664 Ds 4/22 jug.

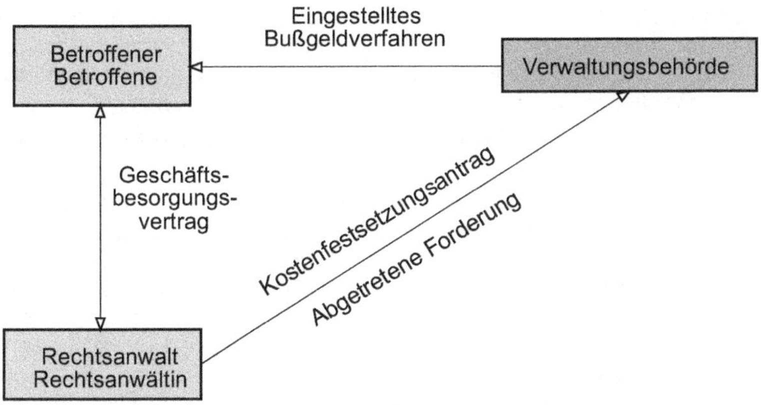

Abb. 5: Kostenfesetzsetzungsantrag aus abgetretener Forderung

Die Abtretungserklärung (§ 398 BGB) des oder der Betroffenen muss in der Verteidigungsvollmacht vom sonstigen Inhalt optisch deutlich erkennbar abgegrenzt sein.[1] Ist dies nicht der Fall, handelt es sich um eine verbotene Überraschungsklausel (§ 305c BGB), die zur Unwirksamkeit der im Dokument „versteckten“ Abtretungserklärung führt.[2] Wird eine Abtretungserklärung in eine Strafprozessvollmacht als kleingedruckter Formulartext aufgenommen, so handelt es sich um eine überraschende unwirksame Klausel im Sinne des § 305c BGB.[3] Die Abtretung ist wirksam, wenn die betreffende Textpassage in der Vollmachtsurkunde gegenüber den übrigen darin enthaltenen Regelungen eigens durch Fettdruck besonders hervorgehoben ist.[4]

Muster 20.4: Muster einer Verteidigungsvollmacht mit unzureichender Abtretungserklärung und verbotener Überraschungsklausel

Vollmacht

Rechtsanwalt/Rechtsanwältin <<Bezeichnung>>

erteile ich Vollmacht wegen <<Bezeichnung>>

1. zur Prozessführung (u. a. nach §§ 81 ff. ZPO) einschließlich der Befugnis zur Erhebung u. Zurücknahme von Widerklagen;
2. zur Antragstellung in Scheidungs- und Scheidungsfolgesachen, zum Abschluss von Vereinbarungen über Scheidungsfolgen sowie zur Stellung von Anträgen auf Erteilung von Renten- und sonstigen Versorgungsauskünften;
3. zur Vertretung und Verteidigung in Strafsachen und Bußgeldsachen (§§ 302, 374 StPO) einschließlich der Vorverfahren sowie (für den Fall der Abwesenheit) zur

---

1) LG Köln, Beschl. vom 13.8.2019, Az. 323 Qs 87/19.
2) OLG Rostock, Beschl. vom 30.4.2018, Az. 20 Ws 78/18; OLG Nürnberg, Beschl. vom 25.3.2015, Az. 2 Ws 426/14; OLG Düsseldorf, Urt. vom 4.6.2020, Az. 2 U 61/19, für einen Zivilrechtsstreit.
3) LG Düsseldorf, 19.7.2005, Az. X Qs 92/05; LG Konstanz, Beschl. vom 1.7.2008, Az. 2 Qs 27/08.
4) OLG Rostock, Beschl. vom 30.4.2018, Az. 20 Ws 78/18; LG Köln, Beschl. vom 13.8.2019, Az. 323 Qs 87/19.

Vertretung nach § 411 StPO und mit ausdrücklicher Ermächtigung auch nach §§ 233, 234 StPO, zur Stellung von Straf- und anderen nach der Strafprozessordnung zulässigen Anträgen und von Anträgen nach dem Gesetz über die Entschädigung für Strafverfolgungsmaßnahmen, insbesondere auch für das Betragsverfahren;

4. zur Vertretung in sonstigen Verfahren und bei außergerichtlichen Verhandlungen aller Art;
5. zur Begründung und Aufhebung von Vertragsverhältnissen und zur Abgabe und Entgegennahme von einseitigen Willenserklärungen (z. B. Kündigungen) in Zusammenhang mit der oben unter "wegen" genannten Angelegenheit. Die Vollmacht gilt für alle Instanzen und erstreckt sich auch auf Neben- und Folgeverfahren aller Art (z. B. Arrest und einstweilige Verfügung, Kostenfestsetzungs-, Zwangsvollstreckungs-, Interventions-, Zwangsversteigerungs-, Zwangsverwaltungs- und Hinterlegungsverfahren sowie Insolvenzverfahren über das Vermögen des Gegners). Sie umfasst insbesondere die Befugnis, Zustellungen zu bewirken und entgegenzunehmen, die Vollmacht ganz oder teilweise auf andere zu übertragen (Untervollmacht), Rechtsmittel einzulegen, zurückzunehmen oder auf sie zu verzichten, den Rechtsstreit oder außergerichtliche Verhandlungen durch Vergleich, Verzicht oder Anerkenntnis zu erledigen, Geld, Wertsachen und Urkunden, insbesondere auch den Streitgegenstand und die von dem Gegner, von der Justizkasse oder von sonstigen Stellen zu erstattenden Beträge entgegenzunehmen sowie Akteneinsicht zu nehmen.

____________, den ____________

____

(Unterschrift)

Muster 20.5: Muster einer Verteidigungsvollmacht mit erkennbarer Abtretungserklärung

Vollmacht und Abtretungserklärung

Rechtsanwalt/Rechtsanwältin <<Bezeichnung>>

wegen <<Bezeichnung>>

Verteidigungsvollmacht

Ich erteile Vollmacht zur Vertretung und Verteidigung in Strafsachen und Bußgeldsachen (§§ 302, 374 StPO) einschließlich der Vorverfahren sowie (für den Fall der Abwesenheit) zur Vertretung nach § 411 StPO und mit ausdrücklicher Ermächtigung auch nach §§ 233, 234 StPO, zur Stellung von Straf- und anderen nach der Strafprozessordnung zulässigen Anträgen und von Anträgen nach dem Gesetz über die Entschädigung für Strafverfolgungsmaßnahmen, insbesondere auch für das Betragsverfahren.

Abtretungserklärung

Ich trete die mir gegen alle Verfolgungsbehörden entstehenden Ansprüche in dieser Sache an den von mir bevollmächtigten Verteidiger zur eigenständigen Einziehung und zum endgültigen Verbleib ab (§ 398 BGB, § 43 Abs. 1 RVG).

____________, den ____________

____

(Unterschrift)

- **Mehrere Rechtsanwälte oder Rechtsanwältinnen als Verteidigende**

Überträgt der oder die Betroffene den Auftrag mehreren Rechtsanwälten oder Rechtsanwältinnen zur gemeinschaftlichen Erledigung, so erhält jeder Rechtsanwalt und jede Rechtsanwältin für seine oder ihre Tätigkeit zwar die volle Vergütung (§ 6 RVG). Die Kosten sind jedoch nur insoweit erstattungsfähig, als sie die Kosten für einen Rechtsanwalt oder eine Rechtsanwältin nicht überschreiten. Diese Beschränkung gilt nicht, wenn ein Wechsel des Verteidigers oder der Verteidigerin, z. B. wegen des Todes des bisherigen, unumgänglich war (§ 464a Abs. 2 Nr. 2 StPO i. V. m. § 91 Abs. 2 S. 3 ZPO). Wird die Verteidigung wegen Steuerordnungswidrigkeiten von einem Rechtsanwalt oder einer Rechtsanwältin gemeinsam mit einem Angehörigen der steuerberatenden Berufe vorgenommen, so sind die Kosten in vollem Umfang erstattungsfähig, wenn die gemeinsame Verteidigung notwendig war.[1)]

- **Berufsausübungsgesellschaften**

Berufsausübungsgesellschaften (Sozietäten, Kanzleien, Partnerschaften, juristische Personen) als solche (§ 59b BRAO) können im Bußgeldverfahren nicht als Verteidiger auftreten (§ 59l Abs. 3 BRAO) und daher keine zulässigen Kostenfestsetzungsanträge stellen.

- **Syndikusrechtsanwälte und -anwältinnen**

Syndikus-Rechtsanwälte oder Syndikus-Rechtsanwältinnen müssen mit dieser Bezeichnung am Bußgeldverfahren teilnehmen. Sie dürfen in Bußgeldsachen, die sich gegen den eigenen Arbeitgeber bzw. die eigene Arbeitgeberin oder deren Mitarbeitende richten, nicht als deren Verteidiger oder Verteidigerinnen sowie Vertreter oder Vertreterinnen tätig werden (§ 46c Abs. 2 S. 2 BRAO). Sie können daher keine zulässigen Kostenfestsetzungsanträge stellen.

- **Rechtsanwälte und Rechtsanwältinnen in eigener Sache**

Wird ein Rechtsanwalt oder eine Rechtsanwältin in einem Bußgeldverfahren tätig, das gegen ihn oder sie selbst als Betroffene gerichtet ist, so stehen ihnen keine Gebühren aus der Staatskasse zu. Die Bestimmung des § 91 Abs. 2 S. 4 ZPO kann nicht über § 464a Abs. 2 Nr. 2 StPO auf das Bußgeldverfahren übertragen werden, weil diese Vorschrift offenkundig nur auf den Zivilprozess zugeschnitten ist.[2)] Verteidigt dagegen ein anderer Rechtsanwalt oder eine andere Rechtsanwältin aus derselben Sozietät seinen Kollegen oder seine Kollegin als Betroffene, so sind diese Gebühren erstattungsfähig.

- **Verbotene Mehrfachverteidigung**

Ein Rechtsanwalt oder eine Rechtsanwältin darf im Bußgeldverfahren nicht gleichzeitig mehrere derselben Tat Beschuldigte verteidigen (§ 146 S. 1 StPO i. V. m. § 46 Abs. 1 OWiG). In einem Verfahren kann er auch nicht gleichzeitig mehrere verschiedener Taten Beschuldigte verteidigen (§ 146 S. 2 StPO i. V. m. § 46 Abs. 1 OWiG). Der Verstoß gegen das Verbot der Mehrfachverteidigung führt dazu, dass der zugrunde liegende Mandatsvertrag und die Vollmacht zivilrechtlich unwirksam sind

1) KG (Berlin), Beschl. vom 16.10.1981, Az. 1 Ws 43/81.
2) LG Göttingen, Beschl. vom 8.1.1991, Az. 1 Qs 162/90; auch BVerfG, Beschl. vom 26.2.1988, Az. 2 BvR 287/87.

(§ 134 BGB). Auch wenn der Verstoß gegen das Verbot der Mehrfachverteidigung von der Verwaltungsbehörde unbemerkt geblieben und sie deswegen untätig geblieben ist (§ 146a StPO, § 60 OWiG), kann die Kostenerstattung im Kostenfestsetzungsverfahren versagt werden.[1]

3.2.3.1 Kostenfestsetzungsantrag

Der Kostenfestsetzungsantrag (§ 106 Abs. 1 S. 1 OWiG) gegen die Verwaltungsbehörde wird dort regelmäßig von einem Rechtsanwalt oder einer Rechtsanwältin über das besondere elektronische Anwaltspostfach (§ 31a BRAO) als sicherem Übermittlungsweg gestellt (§ 32a Abs. 4 S. 1 Nr. 1 StPO i. V. m. § 110c S. 1 OWiG). Er ist nicht fristgebunden und verjährt erst in dreißig (!) Jahren (§ 197 Abs. 1 Nr. 3 BGB).[2] Zur Bearbeitung von Kostenfestsetzungsanträgen ist daher darauf zu achten, dass eine vorzeitige Löschung personenbezogener Daten zur Vorgangsverwaltung (§ 49c OWiG i. V. m. § 485 StPO) unterbleibt. Die Notwendigkeit der weiteren Datenspeicherung muss alle zwei bzw. fünf Jahre positiv festgestellt werden (§ 49c Abs. 5 OWiG i. V. m. § 489 StPO).

Der Kostenfestsetzungsantrag muss folgenden Inhalt aufweisen:

- **Abtretungserklärung des oder der Betroffenen**

  Da der Rechtsanwalt oder die Rechtsanwältin keine eigene Forderung gegen die Verwaltungsbehörde geltend macht, benötigt er oder sie eine Vollmacht mit einer Abtretungserklärung des oder der Betroffenen (§ 398 BGB). Kann der Rechtsanwalt oder die Rechtsanwältin die Abtretung der Forderung durch den Betroffenen oder die Betroffene nicht nachweisen, ist der Kostenfestsetzungsantrag als unzulässig abzulehnen.[3] Dasselbe gilt, wenn das Vollmachtdokument für die Verteidigung eine Abtretung nur in Form einer verbotenen Überraschungsklausel (§ 305c BGB) enthält.[4] Unterlässt es der Verteidiger oder die Verteidigerin, eine Vollmacht des Mandanten oder der Mandantin für das Kostenfestsetzungsverfahren vorzulegen, ist der von ihm oder ihr gestellte Kostenfestsetzungsantrag zurückzuweisen.[5]

- **Selbstberechnung und Belegvorlage**

  Dem Kostenfestsetzungsantrag sind zu seiner Zulässigkeit eine Berechnung der dem Antragsteller oder der Antragstellerin entstandenen Kosten und Belege zur Rechtfertigung der einzelnen Ansätze beizufügen (§ 106 Abs. 1 S. 3 OWiG). Dies gilt sowohl für die Gebühren als auch die Auslagen des Verteidigers oder der Verteidigerin. Im Kostenfestsetzungsverfahren findet keine Amtsermittlung statt. Die Vorlage von Belegen findet in der Verfahrenspraxis i. d. R. deshalb nicht statt,

1) OLG Stuttgart, Beschl. vom 7.8.2018, Az. 4 Ws 175/18. Zur Zurückweisung eines Rechtsanwalts als Verteidiger wegen verbotener Mehrfachverteidigung (§ 146 StPO i. V. m. § 46 Abs. 1 OWiG) durch die Verwaltungsbehörde (§ 146a StPO i. V. m. § 60 OWiG) § 10 Nr. 5.1.2.
2) BGH, Beschl. vom 23.3.2006, Az. V ZB 189/05; OLG Stuttgart, Beschl. vom 8.2.2018, Az. 8 W 45/18.
3) LG Köln, Beschl. vom 11.3.2014, Az. 105 Qs 60/14; AG Koblenz, Beschl. vom 2.11.2010, Az. 2010 Js 80449/09 – 34 OWi.
4) OLG Rostock, Beschl. vom 30.4.2018, Az. 20 Ws 78/18; OLG Nürnberg, Beschl. vom 25.3.2015, Az. 2 Ws 426/14.
5) AG Koblenz, Beschl. vom 2.11.2010, Az. 2010 Js 80449/09.34 OWi.

weil sie von den Verwaltungsbehörden nicht verlangt wird und diese auf der Grundlage der Angaben im Antrag entscheiden.

- **Verzinsungsantrag**

  Eine Verzinsung der geltend gemachten Gebühren und Auslagen des Rechtsanwalts oder der Rechtsanwältin erfolgt nur, wenn sie gesondert beantragt wird (§ 106 Abs. 1 S. 2 OWiG). In der Verwaltungspraxis sind Kostenfestsetzungsanträge regelmäßig mit dem Antrag auf Verzinsung ab Antragstellung verbunden.

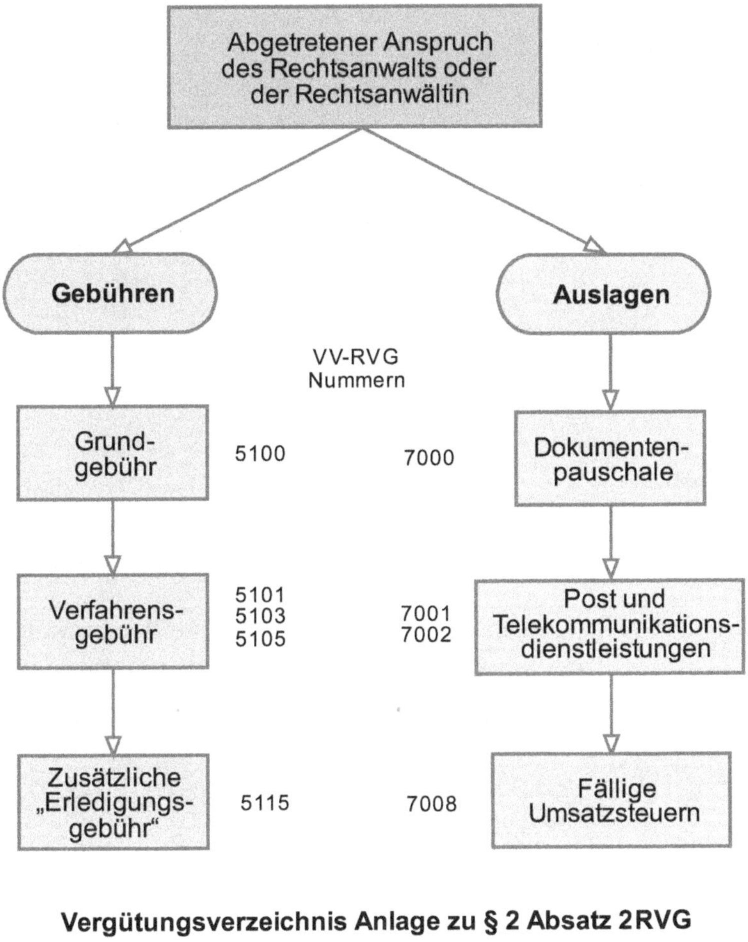

Abb. 6: Festgesetzte Gebühren und Auslagen des Rechtsanwalts oder der Rechtsanwältin

3.2.3.2 Gebühren eines Rechtsanwalts oder einer Rechtsanwältin (Wahlverteidiger)

Die Gebühren eines vom Betroffenen oder der Betroffenen beauftragten Rechtsanwalts oder einer beauftragten Rechtsanwältin (Wahlverteidiger, § 137 Abs. 1 S. 1 StPO i. V. m. § 46 Abs. 1 OWiG) werden im Bußgeldverfahren nach dem Gegenstandswert der anwaltlichen Tätigkeit festgesetzt (§ 2 Abs. 1 RVG). Die Höhe der Vergütung bestimmt sich nach dem Vergütungsverzeichnis der Anlage 1 zum RVG (§ 2 Abs. 2 S. 1 RVG). Es handelt sich um Rahmengebühren mit Mindest- und Höchstbeträgen, bei denen die sogenannte „Mittelgebühr" einem Bußgeldverfahren von durchschnittlichem Umfang, durchschnittlicher Schwierigkeit und durchschnittlicher Bedeutung für den Betroffenen oder die Betroffene handelt.[1] Die Gebühren sind aktuell auf der Grundlage des KostBRÄG 2025 festzusetzen, wobei inflationsbedingte Änderungen nicht berücksichtigt werden.[2]

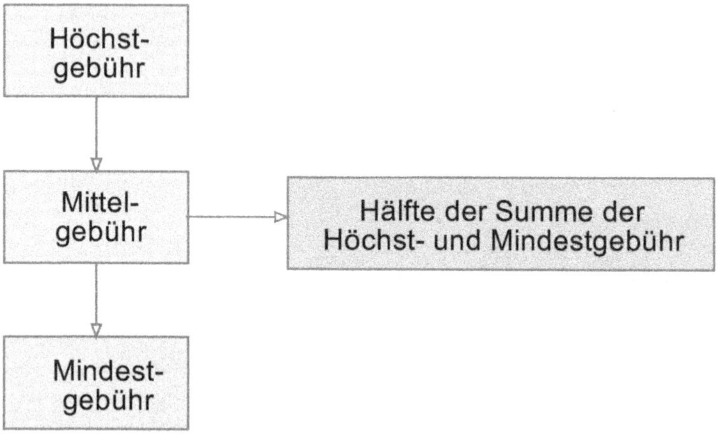

Abb. 7: Mittelgebühr

In der Verwaltungspraxis werden im Bußgeldverfahren folgende Gebühren nach Teil 5 „Bußgeldsachen" Abschn. 1 des KostBRÄG 2025 geltend gemacht:

Laufende Nummer	Bezeichnung	Gebührenrahmen
5100	***Grundgebühr***	*26,00 bis 204,00 €*[3]
5101	***Verfahrensgebühr*** *Geldbuße bis 80,00 €*[4]	*24,00 bis 132,00 €*[5]
5103	***Verfahrensgebühr*** *Geldbuße 80,00 € bis 5000,00 €*[4]	*36,00 bis 348,00 €*[6]

1) LG Hamburg, Beschl. vom 18.10.2021, Az. 612 Qs 100/20 OWi; LG Cottbus, Beschl. vom 20.11.2018, Az. 20 Qs 76/18; AG Plauen, Beschl. vom 20.3.2018, Az. 7 OWi 440 Js 18243/16. Die einschlägige Rechtsprechung zur Mittelgebühr behandelt in aller Regel Verkehrsordnungswidrigkeiten im fließenden Straßenverkehr (§ 24 Abs. 1 StVG) und kann wegen ihrer Besonderheiten kaum für sonstige Ordnungswidrigkeiten herangezogen werden.
2) LG Nürnberg-Fürth, Beschl. vom 7.2.2025, Az. 12 Qs 2/25.
3) Grundgebühr bis 1.6.1025 33,00 bis 187,00 € (KostRÄG 2021).
4) Verfahrensgebühr bis 1.6.2025 Geldbuße bis 60,00 € (KostRÄG 2021).
5) Verfahrensgebühr bis 1.6.2025 22,00 bis 121,00 € (KostRÄG 2021).
6) Verfahrensgebühr bis 1.6.2025 33,00 bis 319,00 € (KostRÄG 2021).

Laufende Nummer	**Bezeichnung**	**Gebührenrahmen**
5105	***Verfahrensgebühr*** *Geldbuße mehr als 5000,00 €*	*48,00 bis 360,00 €*[1]
5115	**Zusatzgebühr für Erledigung** *bei der Verwaltungsbehörde*	*jeweilige Verfahrensgebühr*

– **Grundgebühr (Nr. 5100)**

Die Grundgebühr umfasst sämtliche Tätigkeiten des Rechtsanwalts oder der Rechtsanwältin im Rahmen der erstmaligen Einarbeitung in den Rechtsfall. Der Abgeltungsbereich der Grundgebühr umfasst die erstmalige Einarbeitung in den Sachstand, die Entgegennahme der Informationen einschließlich der Informationsbeschaffung, die Sachverhaltsermittlung sowie das Erstgespräch mit dem Mandanten oder der Mandantin.[2] Für die Bemessung der Gebühr sind insbesondere der Umfang der Akte, in die zur erstmaligen Einarbeitung Einsicht genommen wird, der Tatvorwurf, tatsächliche oder rechtliche Schwierigkeiten sowie die Dauer des Erstgesprächs mit dem oder der Betroffenen maßgeblich.[3] Alle anderen bzw. weiteren Tätigkeiten, die nicht zusätzlicher Aufwand der erstmaligen Einarbeitung sind, werden mit der jeweiligen, ebenfalls anfallenden Verfahrensgebühr abgegolten, also auch spätere, sich an das Erstgespräch anschließende Gespräche, die etwa dem konkreten Aufbau einer Verteidigungsstrategie dienen.[3]

– **Verfahrensgebühr (Nr. 5101, 5103, 5105)**

Das Verfahren vor der Verwaltungsbehörde umfasst das gesamte vorgerichtliche Bußgeldverfahren (Vbm. 5.1.2 Abs. 1 VV-RVG). Einzelne Verfahrensabschnitte sind daher nicht vergütungsfähig. Die Verfahrensgebühren sind abhängig von der Höhe der Geldbuße in Stufen gestaffelt

- *Geldbuße bis zu 80 €: 24,00 bis 132,00 € (Nr. 5101 VV-RVG),*[4]
- *Geldbuße von 80 € bis zu 5000 €: 36,00 bis 348,00 (Nr. 5103 VV-RVG),*[5]
- *Geldbuße mehr als 5000 €: 48,00 bis 360,00 € (Nr. 5105 VV-RVG).*[6]

Maßgeblich ist die von der Verwaltungsbehörde zuletzt festgesetzte Geldbuße (Vbm. 5.1 Abs. 2 S. 1 VV-RVG). Mehrere Geldbußen, die von der Verwaltungsbehörde wegen Tatmehrheit von Ordnungswidrigkeiten im Bußgeldbescheid gesondert festzusetzen sind (§ 20 OWiG), sind für die Kostenfestsetzung zusammenzurechnen (Vbm. 5.1 Abs. 4 S. 4 VV-RVG). Bei der Einziehung des Wertes von Taterträgen (§ 29a OWiG) entsteht die Gebühr nach Nr. 5116.[7]

1) Verfahrensgebühr bis 1.6.2025 44,00 bis 330,00 € (KostRÄG 2021).
2) LG Aachen, Beschl. vom 26.5.2021, Az. 60 Qs 18/21; LG Hagen, Beschl. vom 6.7.2016, Az. 44 Qs 65/16.
3) LG Aachen, Beschl. vom 26.5.2021, Az. 60 Qs 18/21; OLG Saarbrücken, Beschl. vom 16.1.2014, Az. 1 Ws 254/13
4) Verfahrensgebühr bis 1.6.2025 Geldbuße bis zu 60 €: 22,00 bis 121,00 € (KostRÄG 2021).
5) Verfahrensgebühr bis 1.6.2025 Geldbuße von 60 € bis zu 5000 €: 128,00 bis 319,00 € (KostRÄG 2021).
6) Verfahrensgebühr bis 1.6.2025 Geldbuße mehr als 5000 €: 44,00 bis 330,00 € (KostRÄG 2021).
7) LG Hamburg, Beschl. vom 18.10.2021, Az. 612 Qs 100/20 OWi.

- **Zusätzliche „Erledigungsgebühr" (Nr. 5115)**

  Eine zusätzliche Gebühr erhält ein Rechtsanwalt oder eine Rechtsanwältin in Höhe der jeweiligen Verfahrensgebühr, wenn das Bußgeldverfahren durch seine oder ihre Mitwirkung bereits vor der Verwaltungsbehörde erledigt wird (Nr. 5115 VV-RVG). Erledigung bedeutet endgültige Einstellung des Bußgeldverfahrens (§ 170 Abs. 2 S. 1 StPO i. V. m. § 46 Abs. 1 OWiG oder § 47 Abs. 1 S. 2 OWiG). Für den Gebührentatbestand 5115 VV-RVG muss ein aktenkundiger Beitrag des Rechtsanwalts oder der Rechtsanwältin zur Förderung des Verfahrens, also z. B. ein Schriftsatz oder zumindest ein Protokoll der verantwortenden Person der Verwaltungsbehörde über eine telefonische Erklärung ersichtlich sein, d. h. i. d. R. aktenkundig sein, sonst entsteht die Gebühr nicht (vgl. Nr. 5115 Abs. 2 VV-RVG). Mit der „Befriedungsgebühr" soll ein Anreiz geschaffen werden, sich trotz der Gebühreneinbuße dennoch um eine möglichst frühzeitige Erledigung des Verfahrens ohne Hauptverhandlung vor dem Amtsgericht zu bemühen. Erforderlich für das Entstehen ist jedoch die anwaltliche Mitwirkung. Gemäß Nr. 5115 Abs. 2 VV RVG entsteht die Gebühr nicht, wenn eine auf die Förderung des Verfahrens der Verwaltungsbehörde gerichtete Tätigkeit nicht ersichtlich ist.[1] Die bloße Einlegung eines Einspruchs gegen einen Bußgeldbescheid ohne Begründung stellt daher keine ausreichende Mitwirkung dar.[2] Ein Rechtsanwalt oder eine Rechtsanwältin hat jedoch an der Einstellung eines Bußgeldverfahrens mitgewirkt, wenn sie gegenüber der Verwaltungsbehörde aus taktischen Gründen „gezielt" geschwiegen haben.[3] Die zusätzliche Gebühr entsteht auch, wenn der Verteidiger oder die Verteidigerin Einspruch einlegt, die Wiedereinsetzung in den vorigen Stand beantragt und die Verwaltungsbehörde daraufhin das Bußgeldverfahren einstellt.[4]

  Die Gebühr nach Nr. 5115 VV-RVG ist eine Erfolgsgebühr. Der Erfolg muss gerade durch die Mitwirkung des Verteidigers oder der Verteidigerin eingetreten sein. Der Verteidiger oder die Verteidigerin soll für eine Mitwirkung an einer Vereinfachung und Verkürzung des Verfahrens gesondert honoriert werden, nicht aber für eine dem oder der Betroffenen besonders günstige Verteidigungsstrategie.[5] Voraussetzung ist ein Mindestmaß an Mitwirkung des Verteidigers oder der Verteidigerin gerade an der Verfahrenseinstellung. Nicht ausreichend ist es, wenn das Bußgeldverfahren durch die Verwaltungsbehörde ausschließlich von Amts wegen eingestellt wird.[6] Der Verteidiger oder die Verteidigerin ist nicht verpflichtet, auf eine Fortsetzung des Bußgeldverfahrens gegen seinen Mandanten oder seine Mandantin in noch nicht verjährter Zeit hinzuwirken. Unterlässt er oder sie daher für die Fortsetzung des Verfahrens erforderliche Verfahrenshandlungen, kann ihm oder ihr das nicht im Rahmen der Geltendmachung einer

1) LG Bayreuth, Beschl. vom 13.10.2020, Az. 3 Qs 84/20.
2) AG Bad Kreuznach, Beschl. vom 8.3.2017, Az. 40 OWi 1022 Js 15227/15.
3) AG Leipzig, Beschl. vom 11.10.2017, Az. 220 Ds 805 Js 50086/15; AG Düsseldorf, Urt. vom 10.10.2017, Az. 22 C 102/17.
4) LG Potsdam, Beschl. vom 26.11.2012, Az. 24 Qs 118/11.
5) AG Bad Kreuznach, Beschl. vom 8.3.2017, Az. 40 OWi 1022 Js 15227/15; LG Bayreuth, Beschl. vom 13.10.2020, Az. 3 Qs 84/20.
6) AG Bayreuth, Beschl. vom 13.10.2020, Az. 3 Qs 84/20; AG Viechtach, Beschl. vom 18.1.2006, Az. 7 II OWi 29/06.

zusätzlichen Verfahrensgebühr entgegengehalten werden.[1] Unklar ist, ob die Gebühr nach Nr. 5115 eine zusätzliche Festgebühr enthält.[2]

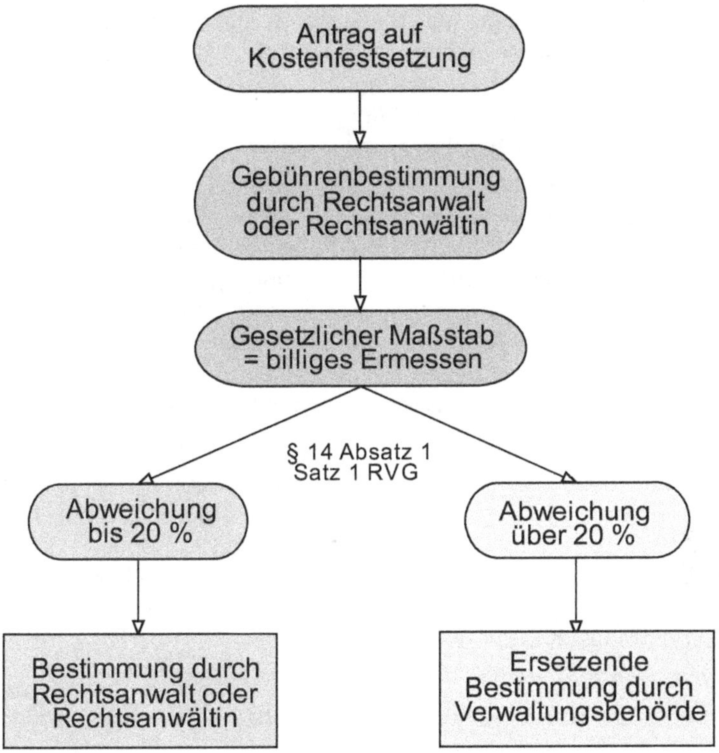

Abb. 8: Gebührenbestimmung durch den Rechtsanwalt oder die Rechtsanwältin

Der Rechtsanwalt oder die Rechtsanwältin, nicht die Verwaltungsbehörde bestimmt zunächst die Gebühr im Kostenfestsetzungsantrag unter Berücksichtigung aller Umstände, vor allem des Umfangs und der Schwierigkeit der anwaltlichen Tätigkeit, der Bedeutung der Angelegenheit sowie der Einkommens- und Vermögensverhältnisse des Auftraggebers oder der Auftraggeberin, nach billigem Ermessen (§ 14 Abs. 1 S. 1 RVG).[3][4]Die von dem Rechtsanwalt oder der Rechtsanwältin getroffene Bestimmung ist für die Verwaltungsbehörde verbindlich, wenn sie der Billigkeit entspricht (§ 14 Abs. 1 S. 4 RVG). Ob das der Fall ist, unterliegt im Kostenfestsetzungsverfahren einer Wertung, wobei das grundsätzliche Gebührenbestimmungsrecht des Anwalts nicht dadurch ausgehöhlt werden darf, dass eine Gebührenbemessung schon dann als unbillig korrigiert werden darf, wenn sie lediglich „gut bemessen" ist.

---

1) LG Freiburg, Beschl. vom 21.8.2023, Az. 16 Qs 30/23.

2) dafür: AG Waldbröl, Beschl. vom 17.8.2016, Az. 44 OWi 72/16 (b), dagegen: AG Heidelberg, Beschl. vom 22.3.2016, Az. 15 OWi 26/16.

3) AG Kaufbeuren, Urt. vom 3.3.2023, Az. 4 C 1117/22.

4) LG Koblenz, Beschl. vom 23.11.2023, Az. 6 Qs 58/23; AG Leipzig, Beschl. vom 7.8.2023, Az. 227 OWi 953/23; LG Cottbus, Beschl. vom 22.11.2018, Az. 22 Qs 76/18; AG Hamburg-Harburg, Beschl. vom 3.6.2021, Az. 621 OWiG 128/21.

Da billiges Ermessen nicht positiv in dem Sinne bestimmt werden kann, dass jeweils nur ein konkreter Gebührenbetrag in Betracht kommt, ist lediglich eine negative Abgrenzung möglich, nämlich danach, ob eine konkrete Gebührenbestimmung außerhalb eines Bereichs liegt, der noch vom billigen Ermessen abgedeckt ist.[1)] Nach der allgemeinen Ansicht in der obergerichtlichen Rechtsprechung sind Abweichungen bis zu 20 % zur nach Bewertung der Verwaltungsbehörde angemessenen Gebühr nicht als unbillig angesehen.[2)] Diese darf eine eigene Kostenfestsetzung der Gebühren nur bei Überschreiten dieser Missbrauchsgrenze vornehmen.

Die Verwaltungsbehörde ist im Kostenfestsetzungsverfahren auf die Prüfung beschränkt, ob sich die vom Rechtsanwalt oder der Rechtsanwältin geltend gemachte Gebühr innerhalb des Gebührenrahmens hält und ob sie im Einzelfall unter Berücksichtigung aller Umstände nicht unbillig ist. Allein dann, wenn der Gebührenansatz missbräuchlich erfolgt und bei der Gesamtabwägung unbillig ist, darf und muss die Verwaltungsbehörde die Gebühr neu festsetzen.[3)]

3.2.3.3 Auslagen eines Rechtsanwalts oder einer Rechtsanwältin

Von einem Rechtsanwalt oder einer Rechtsanwältin geltend gemachte Auslagen sind zu vergüten, wenn sie zur sachgemäßen Durchführung der Angelegenheit erforderlich waren. Erstattungsfähige Auslagen sind im Vergütungsverzeichnis Anlage 1 zu § 2 Abs. 2 RVG Teil 7 abschließend aufgeführt. Im Übrigen sind die allgemeinen Geschäftskosten eines Rechtsanwalts bereits durch die Gebühren abgegolten (Vergütungsverzeichnis Anlage 1 zu § 2 Abs. 2 RVG: Teil 5 Abschn. 1, 7). Im Bußgeldverfahren sind von praktischer Bedeutung:

- **Dokumentenpauschale (Nr. 7000)**

  Ein Rechtsanwalt oder eine Rechtsanwältin erhält für die Überlassung von elektronisch gespeicherten Dateien oder deren Bereitstellung zum Abruf durch die Verwaltungsbehörde je Datei 1,50 Euro, für die in einem Arbeitsgang überlassenen, bereitgestellten oder in einem Arbeitsgang auf denselben Datenträger übertragenen Dokumente insgesamt höchstens 5,00 Euro (Auslagentatbestand 7000 Nr. 2). Kopien und Ausdrucke sind nach Nr. 7000 Nr. 1 Buchst. a VV-RVG ansetzbar, soweit deren Herstellung zur sachgemäßen Bearbeitung der Rechtssache geboten war. Hier hat der Rechtsanwalt oder die Rechtsanwältin ein weites Ermessen. Nicht notwendig sind aber

  - Aktendoppel für den Betroffenen und Dritte (z. B. Mandant und Haftpflichtversicherung),
  - Dokumente, die der Verteidiger oder die Verteidigerin schon besitzt, insbesondere eigene Schriftsätze an die Verwaltungsbehörde und deren Anlagen,
  - Bescheide und sonstige Mitteilungen der Verwaltungsbehörde, die bereits von ihr zugestellt oder sonst übermittelt wurden.

1) LG Koblenz, Beschl. vom 23.11.2023, Az. 6 Qs 58/23.
2) BGH, Urt. vom 8.5.2012, Az. VI ZR 273/11, und Urt. vom 31.10.2006, Az. VI ZR 261/05; OLG Hamm, Beschl. vom 3.12.2009, Az. 2 Ws 270/09; OLG Koblenz, Beschl. vom 10.9.2007, Az. 1 Ws 191/07.
3) LG Flensburg, Beschl. vom 27.8.2015, Az. I Qs 40/15.

Soweit Kopien erstattungsfähig sind, können folgende Beträge verlangt werden:

- Schwarz-Weiß: 50 Cent je Seite für die ersten fünfzig abzurechnenden Seiten und 15 Cent für jede weitere Seite.
- Farbe: 1,00 Euro je Seite für die ersten fünfzig abzurechnenden Seiten und 30 Cent für jede weitere Seite.

Farbkopien sind nur ausnahmsweise bei Farbaufnahmen notwendig, nicht bei schwarz-weißem Text der Bußgeldakte.

Das Einscannen kann unter den gesetzlichen Begriff „für Kopien" subsumiert werden, da es sich bei einem Scanner um ein Gerät zur optischen Datenerfassung handelt.[1] Die Dokumentenpauschale nach Nr. 7000 RVG-VV steht dem Verteidiger oder der Verteidigerin auch dann zu, wenn die Vervielfältigung des Akteninhalts durch Einscannen und Speichern als Datei erfolgt.[2] Überlässt die Verwaltungsbehörde dem Rechtsanwalt oder der Rechtsanwältin statt elektronischer Dokumente einen kostenfreien Ausdruck der Papierakte, darf für das Einscannen durch den Rechtsanwalt oder die Rechtsanwältin keine Dokumentenpauschale verlangt werden.[3]

– **Post- und Telekommunikationsdienstleistungen (Nr. 7001, 7002)**

Rechtsanwälte und Rechtsanwältinnen haben nach Vergütungsverzeichnis Anlage 1 zu § 2 Abs. 2 RVG: Teil 7, Nr. 7001 in voller Höhe Anspruch auf Ersatz der ihnen entstandenen Auslagen für Post- und Telekommunikationsdienstleistungen. Anstelle der tatsächlich entstandenen Kosten kann der Rechtsanwalt oder die Rechtsanwältin nach seiner bzw. ihrer Wahl auch gem. Vergütungsverzeichnis Anlage 1 zu § 2 Abs. 2 RVG: Teil 7, Nr. 7002 pauschal 20 % der Gebühr, höchstens aber 20,00 Euro verlangen.[4] Diese Pauschale wird in Kostenfestsetzungsanträgen regelmäßig geltend gemacht.

– **Umsatzsteuer des Rechtsanwalts oder der Rechtsanwältin (Nr. 7008)**

Der Rechtsanwalt oder die Rechtsanwältin hat nach Vergütungsverzeichnis Anlage 1 zu § 2 Abs. 2 RVG: Teil 7, Nr. 7008 Anspruch auf Ersatz der auf die Vergütung fallenden Umsatzsteuer, d. h. den Mehrwertsteuersatz, sofern er nicht nach der Kleinunternehmerregelung in § 19 Abs. 1 UStG unerhoben bleibt. Entsprechend § 104 Abs. 2 S. 3 ZPO genügt die Erklärung des Rechtsanwaltes, ob ihm oder ihr der Abzug der Vorsteuer möglich ist.

Die Gebührenpauschale von 12,00 Euro für nicht mehr der Verfahrenspraxis entsprechenden Versendung einer originalen Papierakte gegen Rücksendung ist zwar nicht als bestimmter Auslagentatbestand vorgesehen, kann jedoch verlangt werden, wenn sie vom Rechtsanwalt im Auftrag des oder der Betroffenen nach Anforderung der Verwaltungsbehörde bezahlt worden ist (Anlage 1 zu § 2 Abs. 2 RVG: Teil 7,

1) BGH, Urt. vom 5.7.2001, Az. I ZR 335/98; OLG Bamberg, Beschl. vom 26.6.2006, Az. 1 Ws 261/06.
2) OLG Bamberg, Beschl. vom 26.6.2006, Az. 1 Ws 261/06; LG Dortmund, Beschl. vom 16.12.2009, Az. 36 Qs 112/09, 36 Qs 110 Js 320/08 – 112/09; AG Tiergarten (Berlin), Verfügung vom 26.11.2014, Az. 209 Ds 130/14.
3) Die Übersendung einer originalen Papierakte zur Kopie oder zum Einscannen gegen Rücksendung an die Verwaltungsbehörde kommt in der Verfahrenspraxis nicht mehr vor. Nur in diesem Fall wären Auslagen in Höhe von 0,50 Euro für die ersten 50 Seiten gerechtfertigt (Auslagentatbestand 7000 Nr. 1).
4) LG Hamburg, Beschl. vom 18.10.2021, Az. 612 Qs 100/20 OWi.

Vbm. 7 Abs. 1).[1] Hat die Akteneinsicht elektronisch im Abruf- oder Übermittlungsverfahren stattgefunden (§ 32f StPO i. V. m. § 110c S. 1 OWiG), ist für eine Gebührenpauschale kein Raum, weil sie in diesem Fall ausdrücklich nicht erhoben wird (§ 107 Abs. 5 S. 2 OWiG).

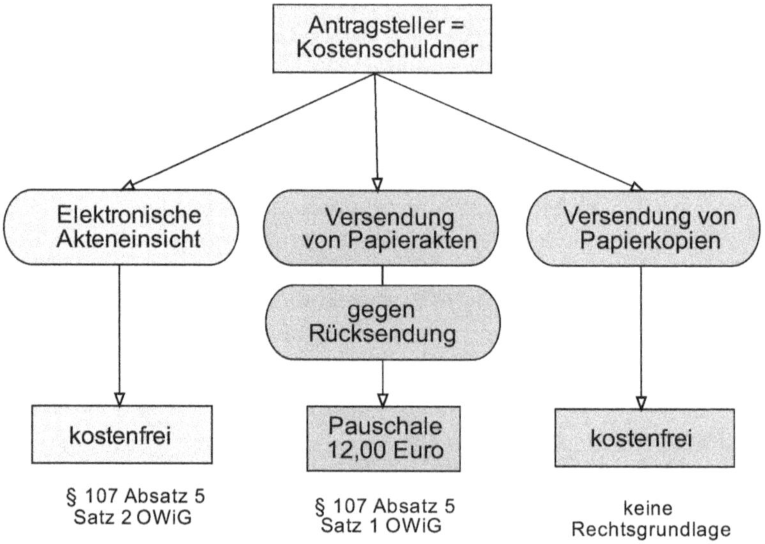

Abb. 9: Akteneinsicht
Kosten für Antragstellende

3.2.3.4 Verzinsung von Kosten und Auslagen

Eine Verzinsung von Kosten und Auslagen erfolgt regelmäßig auf zusätzlichen Antrag des Rechtsanwalts (§ 106 Abs. 1 S. 2 OWiG). Hat der Verteidiger oder die Verteidigerin im Kostenfestsetzungsantrag versehentlich keine Zinsen geltend gemacht, ist eine erneute Kostenfestsetzung nach Rechtskraft des bereits erlassenen Kostenfestsetzungsbescheides nicht mehr zulässig.[2] Die Verzinsungsdauer beginnt mit dem Eingangsdatum des Antrages bei der Verwaltungsbehörde. Die Höhe der Verzinsung beträgt gem. § 106 Abs. 1 S. 2 OWiG i. V. m. § 104 Abs. 1 S. 2 ZPO 5 % über der Höhe des Basiszinssatzes von 3,62 % nach 247 Abs. 1 S. 1 BGB. Dieser Basiszinssatz verändert sich nach § 247 Abs. 1 S. 2 BGB jährlich zweimal, nämlich zum 1. Januar und zum 1. Juli, prozentual zur letzten Veränderung der Bezugsgröße. Diese ist gem. Definition in § 247 Abs. 1 S. 3 BGB die jüngste Hauptrefinanzierungsoperation der Europäischen Zentralbank vor dem ersten Kalendertag des betreffenden Halbjahres. Der aktuelle Basiszinssatz lässt sich im Internet über die Homepage der Bundesbank www.bundesbank.de/.../info_zinssaetze.php feststellen. Im Internet finden sich auch Zinsrechner der zentralen Mahngerichte der Länder, die eine schnelle Berechnung ermöglichen.

1) AG Landstuhl, Beschl. vom 8.4.2020, Az. 2 OWi 186/20.
2) OLG Stuttgart, Beschl. vom 8.2.2018, Az. 8 W 45/18.

Hat der Verteidiger oder die Verteidigerin im Kostenfestsetzungsantrag versehentlich keine Zinsen geltend gemacht, ist eine erneute Kostenfestsetzung nach Rechtskraft des bereits erlassenen Kostenfestsetzungsbescheides nicht mehr zulässig.[1)]

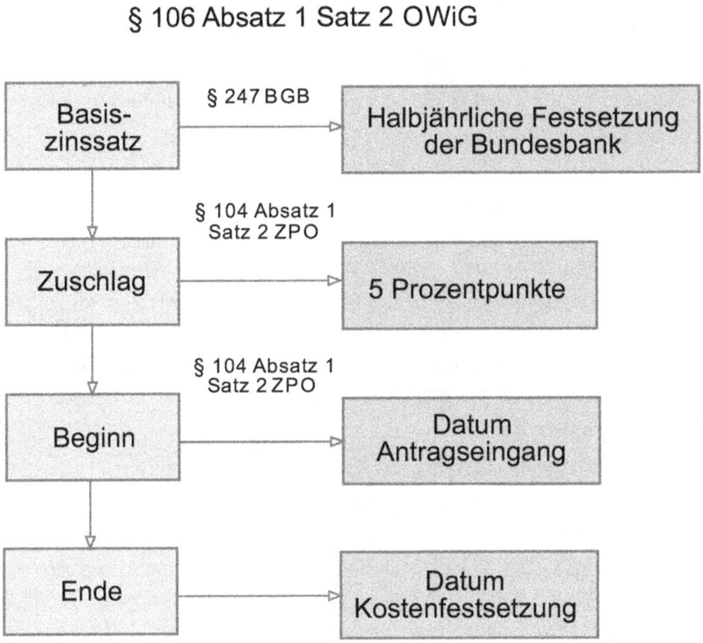

Abb. 10: Verzinsung der Kostenfestsetzung

3.2.3.5 Kostenfestsetzungsbescheid

Sachlich zuständig für die Kostenfestsetzung ist ausschließlich die das Bußgeldverfahren führende Verwaltungsbehörde (§ 35 OWiG). Sie ist zur unverzüglichen Entscheidung über einen von einem Rechtsanwalt oder einer Rechtsanwältin gestellten Antrag verpflichtet (§ 106 Abs. 1 S. 1 OWiG). Dies liegt wegen der regelmäßig beantragten Verzinsung ab Antragseingang (§ 106 Abs. 1 S. 2 OWiG) auch im Interesse der Verwaltungsbehörde. Ist der Kostenfestsetzungsantrag bereits unzulässig, ist er ohne inhaltliche Prüfung lediglich durch Bescheid zurückzuweisen.

- **Fehlende Kostengrundentscheidung**

  Die Entscheidung über die Kostenfestsetzung richtet sich als Folgeentscheidung nach der abschließenden Kostengrundentscheidung.[2)] Fehlt eine solche, darf noch nicht über die Kostenfestsetzung entschieden werden, sondern ist vorab zu klären, ob eine Kostengrundentscheidung nachzuholen ist. Hier sind zwei Alternativen zu unterscheiden:

1) OLG Stuttgart, Beschl. vom 8.2.2018, Az. 8 W 45/18.
2) LG Potsdam, Beschl. vom 27.2.2015, Az. 24 Qs 1/15.

- Keine Rechtsgrundlage für eine Kostengrundentscheidung

  Hat die Verwaltungsbehörde das Bußgeldverfahren bereits vor dem Erlass des Bußgeldbescheides (§ 65 OWiG) eingestellt oder handelt es sich nur um ein Verwarnungsverfahren (§ 56 OWiG), enthält § 105 OWiG keine Rechtsgrundlage für eine Kostengrundentscheidung.[1] Folglich sind Anträge auf Nachholung einer Kostengrundentscheidung (§ 105 OWiG) und auf Kostenfestsetzung (§ 106 OWiG) bereits als unzulässig zurückzuweisen.

- Kostengrundentscheidung gegen Betroffene selbst

  Richtet sich eine Kostengrundentscheidung nicht gegen die Verwaltungsbehörde, ist diese auch nicht Kostenschuldnerin. So richtet sich die Kostenentscheidung in einem rechtskräftigen Bußgeldbescheid (§ 105 Abs. 1 OWiG i. V. m. § 464, § 465 Abs. 2 StPO) immer gegen den oder die Betroffene. Erfolgte die Einstellung des Bußgeldverfahrens nach Zurücknahme des Bußgeldbescheides, kann der oder die Betroffene nach der Kostengrundentscheidung seine Auslagen wegen nicht rechtzeitigen Vorbringens entlastender Umstände selbst zu tragen haben (§ 105 Abs. 1 OWiG i. V. m. § 467a StPO, § 109a Abs. 2 OWiG).

– **Fehlende Abtretungserklärung**

  Hat der Rechtsanwalt oder die Rechtsanwältin keine oder eine unzureichende Abtretungserklärung des oder der Betroffenen vorgelegt (§ 398 BGB),[2] so ist ein Kostenfestsetzungsantrag gegen die Verwaltungsbehörde als unzulässig abzulehnen, weil sie überhaupt nicht Kostenschuldnerin ist (Musterbescheid 20.5). Unterlässt es der Verteidiger oder die Verteidigerin, eine Vollmacht des Mandanten für das Kostenfestsetzungsverfahren vorzulegen, ist der von ihm oder ihr gestellte Kostenfestsetzungsantrag zurückzuweisen.[3]

Richtet sich die Kostengrundentscheidung gegen die Verwaltungsbehörde, so sind die dem Antragsteller oder der Antragstellerin zu erstattenden notwendigen Auslagen durch Kostenfestsetzungsbescheid zu erstatten. Die Bescheidform ist auch dann erforderlich, wenn die Verwaltungsbehörde dem Antrag vollinhaltlich entspricht, da der Kostenfestsetzungsbescheid nach § 106 Abs. 2 OWiG Vollstreckungstitel ist. Es empfiehlt sich die aus dem Verwaltungsverfahren vertraute Untergliederung in Tenor und Gründe.

- **Tenor des Kostenfestsetzungsbescheides**

Der Tenor des Kostenfestsetzungsbescheides enthält zunächst den zu erstattenden Gesamtbetrag (Musterbescheid 20.6 Ziffer 1). Anschließend sind bezüglich des regelmäßig gestellten Verzinsungsantrags die Höhe des Zinssatzes und der Zeitpunkt des Verzinsungsbeginns aufzuführen (Musterbescheid 20.6 Ziffer 2). Weicht der Kostenfestsetzungsbescheid vom Antrag ab, so ist dieser „im Übrigen" abzulehnen (Musterbescheid 20.6 Ziffer 3).

1) Zur Einstellung des Bußgeldverfahrens vor Erlass eines Bußgeldbescheides (§ 170 Abs. 2 S. 1 StPO i. V. m. § 46 Abs. 1 OWiG bzw. § 47 Abs. 1 S. 2 OWiG) § 11 Nr. 1.

2) Zur Notwendigkeit einer wirksamen Abtretungserklärung des oder der Betroffenen (§ 398, § 305c BGB) § 20 Nr. 3.2.3.

3) AG Koblenz, Beschl. vom 2.11.2010, Az. 2210 Js 80449/09.34 OWi.

Muster 20.6 Musterbescheid – Auszug

> **Kostenfestsetzungsbescheid**
>
> 1. Wir setzen die Ihnen zu erstattenden Auslagen auf 75,00 Euro fest.
> 2. Der Erstattungsbetrag ist mit <Aktueller Prozentsatz> % ab dem 1.12.2026 zu verzinsen.
> 3. Im Übrigen lehnen wir Ihren Antrag auf Kostenfestsetzung ab.

Der Tenor darf keine Entscheidung dazu enthalten, ob die Zuziehung eines Rechtsanwalts oder einer Rechtsanwältin notwendig war, da § 106 OWiG im Gegensatz zu § 80 Abs. 2 VwVfG für das Verwaltungsverfahren und § 63 Abs. 2 SGB X für das Sozialverwaltungsverfahren mit Ausnahme für die Bagatellbestimmung des § 109a Abs. 1 OWiG (Geldbuße bis 10,00 Euro) keine derartige Regelung enthält. Die Zuziehung eines Verteidigers oder einer Verteidigerin (§ 137 StPO i. V. m. § 46 Abs. 1 OWiG) ist daher i. d. R. als notwendig zu behandeln.

Das Kostenfestsetzungsverfahren selbst ist mangels einer entsprechenden Rechtsgrundlage kostenfrei. Der Kostenfestsetzungsbescheid darf daher keine weitere Kostenentscheidung enthalten.

- **Begründung des Kostenfestsetzungsbescheids**

Der Kostenfestsetzungsbescheid ist nur so weit zu begründen, als er vom Antrag abweicht (§ 34 StPO i. V. m. § 46 Abs. 1 OWiG) und eine Beschwer des Antragstellers oder der Antragstellerin enthält. Die Begründung muss eine Abwägung der erstattungsfähigen Auslagen enthalten.

- **Signatur des Kostenfestsetzungsbescheids**

Der Kostenfestsetzungsbescheid selbst braucht nicht durch die verantwortende Person der Verwaltungsbehörde signiert zu sein. Es genügt die Namenswiedergabe auf der begleitenden Verfügung in der Bußgeldakte (§ 32b Abs. 1 S. 1 StPO i. V. m. § 110c S. 1 OWiG).

> **Beispiel:**
>
> *Begleitende Verfügung*
>
> *I. Kostenfestsetzungsbescheid mit Zustellung an Verteidiger über besonderes elektronisches Anwaltspostfach (§ 31a BRAO).*
>
> *II. Wiedervorlage spätestens <Datum> (Einspruch, Rechtskraft).*
>
> *Netzer, verantwortende Person*
>
> *(§ 32b Abs. 1 S. 1 StPO i. V. m. § 110c S. 1 OWiG)*

- **Zustellung des Kostenfestsetzungsbescheids**

Ein antragsgemäß erlassener Kostenfestsetzungsbescheid kann mangels Beschwer formlos bekannt gemacht werden (§ 50 Abs. 1 S. 1 OWiG). Eine Zustellung[1] ist not-

1) Zum Zustellungsverfahren (§ 51 OWiG) § 17.

wendig, wenn dem Antrag ganz oder teilweise nicht entsprochen wird (§ 50 Abs. 1 S. 2 OWiG). An Rechtsanwälte und Rechtsanwältinnen erfolgt die Zustellung über deren besonderes elektronisches Postfach (§ 31a BRAO) als sicherem Übermittlungsweg (§ 31a Abs. 4 S. 1 Nr. 2 StPO i. V. m. § 110c S. 1 OWiG) im Dateiformat PDF (§ 2 Abs. 1 S. 1 ERVV). Eine Unterrichtung des oder der Betroffenen über die Zustellung des Kostenfestsetzungsbescheids an den Verteidiger oder die Verteidigerin erfolgt nicht, weil der Rechtsanwalt oder die Rechtsanwältin die abgetretene Forderung (§ 398 BGB) aus eigenem Recht geltend macht.

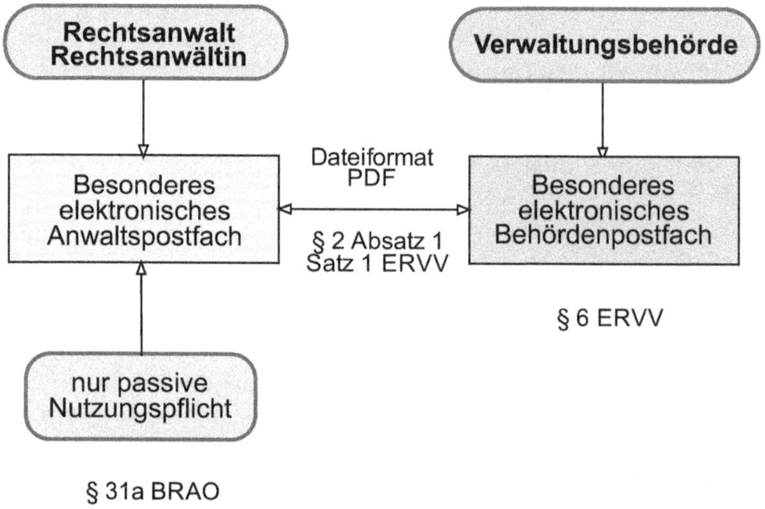

Abb. 11: Elektronische Kommunikation
Verwaltungsbehörde ↔ Rechtsanwälte oder Rechtsanwältinnen

- **Rechtsbehelfsbelehrung des Kostenfestsetzungsbescheids**

Dem Antragsteller oder der Antragstellerin ist eine Rechtsbehelfsbelehrung nur zu erteilen, wenn der gestellte Antrag ganz oder teilweise abgelehnt wird (§ 50 Abs. 2, § 108 Abs. 1 Nr. 2 OWiG). Gegen den Kostenfestsetzungsbescheid ist der befristete Antrag auf gerichtliche Entscheidung nach § 62 OWiG[1)] statthaft (§ 108 Abs. 1 S. 1 OWiG). Der Antrag ist binnen zwei Wochen nach Zustellung des Bescheids an den Rechtsanwalt oder die Rechtsanwältin zu stellen (§ 108 Abs. 1 S. 2 Halbs. 1 OWiG). Das Amtsgericht entscheidet durch Beschluss im schriftlichen Verfahren. Die Entscheidung des Amtsgerichts kann durch die sofortige Beschwerde nur dann angefochten werden, wenn der Wert des Beschwerdegegenstands 200,00 Euro übersteigt (§ 108 Abs. 1 S. 2 Halbs. 2 OWiG). Die Überschreitung dieses Grenzwertes ist in der Verfahrenspraxis selten.

1) Zum Verfahren beim Antrag auf gerichtliche Entscheidung (§ 62 OWiG) § 19 Nr. 3.

Muster 20.7: Kostenfestsetzungsbescheid (§ 106 OWiG) – Ablehnung –

Stadt Münsterberg Bußgeldstelle

Stadt Münsterberg, 99090 Münsterberg

Dienstgebäude	Schubertstraße 36 99090 Münsterberg
Bearbeitung	Frau Weber
Telefon	(0987) 9878-987
E-Mail	bs@muensterberg.de

Herr Rechtsanwalt
Klaus Kürschner
Fontanestraße 43
90904 Münsterberg
über besonderes elektronisches Anwaltspostfach

Ihr Zeichen, Ihre Nachricht vom	Bitte bei Antwort angeben **Unser Zeichen, unsere Nachricht vom**	**Datum**
5.12.2026	OWi – 0987665/26	16.12.2026

Bußgeldverfahren gegen Herrn Peter Baumann, geb. 17.4.1982, Neustadt, Alte Bergstraße 89, 88343 Münsterberg, wegen unerlaubter Abfallbeseitigung

Ihr Kostenfestsetzungsantrag vom 6.12.2026

Sehr geehrter Herr Rechtsanwalt,

wir erlassen folgenden

Bescheid

Wir lehnen Ihren Antrag auf Kostenfestsetzung vom 6.12.2026 gegen die Stadt Münsterberg ab.

Gründe

1. Wir nahmen im Bußgeldverfahren gegen Herrn Peter Bergmann auf den form- und fristgerechten Einspruch unseren Bußgeldbescheid vom 16.10.2026 am 23.11.2026 zurück (§ 69 Abs. 2 S. 1 OWiG) und erließen zugleich wegen desselben Sachverhalts einen neuen Bußgeldbescheid mit abgeändertem Tatvorwurf und abgemilderter Geldbuße. Dieser Bußgeldbescheid ist seit dem 12.12.2026 rechtskräftig. Mit Schreiben vom 5.12.2026 beantragten Sie die Kostenfestsetzung gegen die Stadt Münsterberg bezüglich des zurückgenommenen Bußgeldbescheides vom 16.10.2026.
2. Die Höhe der Kosten und Auslagen, die ein Beteiligter einem anderen zu erstatten hat, wird gem. § 106 Abs. 1 S. 1 OWiG auf Antrag durch die Verwaltungsbehörde festgesetzt. Eine Erstattung gegen die Stadt Münsterberg ist nach dem rechtskräftigen Abschluss des Bußgeldverfahrens jedoch nicht festzusetzen, da der den ursprünglichen Bußgeldbescheid vom 16.10.2026 ersetzende Bußgeldbescheid vom 23.11.2026 in der Kostenentscheidung dem Betroffenen allein die Kosten des gesamten Bußgeldverfahrens gem. § 105 Abs. 2 OWiG i. V. m. §§ 464, 465 Abs. 2 StPO auferlegt.

Telefonzentrale
(0899) 123-0
Internet
www.Muensterberg.de

Servicezeiten
Mo-Mi 7.30-16.30 Uhr
Do 7.30-17.30 Uhr
Fr 7.30-12.00 Uhr

Öffentliche Verkehrsmittel
Stadtbus Linie 6
Haltestelle Mitte

Bankverbindung
Kreissparkasse Münsterberg
IBAN DE2040000000123456
BIC GROBDE77XX
Volksbank Münsterberg
IBAN DE2040000000234567
BIC GROBDE87XX

Besonderes elektronisches Behördenpostfach
Ordnungsamt@muensterberg .de

Der Umstand der Zurücknahme des zunächst erlassenen Bußgeldbescheides aufgrund der erst mit dem Einspruch geltend gemachten Einwendungen ändert daran nichts, da im Gegensatz zu Ihrer Auffassung nicht zwei Bußgeldverfahren nacheinander durchgeführt wurden, sondern in einem Bußgeldverfahren nur ein Bußgeldbescheid unter Zurücknahme durch einen anderen ersetzt wurde. Die Aufhebung des zunächst erlassenen Bußgeldbescheides war nicht mit einer die Kostenfestsetzung berechtigenden Kostenentscheidung versehen.

Rechtsbehelfsbelehrung

Gegen diesen Kostenfestsetzungsbescheid können Sie innerhalb von zwei Wochen nach seiner Zustellung bei der Stadt Münsterberg – Bußgeldstelle – Schubertstraße 36, 99090 Münsterberg schriftlich oder zur Niederschrift Antrag auf gerichtliche Entscheidung stellen (§ 108 Abs. 1 S. 1 Nr. 2, S. 2 Halbs. 1 i. V. m. § 62 OWiG). Sie können den Rechtsbehelf ferner im Dateiformat PDF (portable document format) durch E-Mail mit qualifizierter elektronischer Signatur (§ 32a Abs. 3 StPO i. V. m. § 110c S. 1 OWiG) oder über einen zugelassenen elektronischen Übermittlungsweg einlegen (§ 32a Abs. 4 S. 1 StPO i. V. m. § 110c S. 1 OWiG).

Die Frist von zwei Wochen ist nur dann gewahrt, wenn der Rechtsbehelf vor Fristablauf bei der Stadt Münsterberg eingeht. Fällt das Ende einer Frist auf einen Sonntag, einen allgemeinen Feiertag oder einen Sonnabend, so endet die Frist mit Ablauf des nächsten Werktages (§ 43 Abs. 2 StPO i. V. m. § 46 Abs. 1 OWiG). Die Erklärung muss in deutscher Sprache abgefasst sein (§ 184 S. 1 Gerichtsverfassungsgesetz – GVG – i. V. m. § 46 Abs. 1 OWiG). Über den Antrag entscheidet das Amtsgericht, soweit wir dem Rechtsbehelf nicht abhelfen, durch schriftlichen Beschluss.

Mit freundlichen Grüßen

Stadt Münsterberg, Bußgeldstelle

Muster 20.8: Kostenfestsetzungsbescheid (§ 106 OWiG) – Abweichende Entscheidung –

Stadt Münsterberg

Bußgeldstelle

Stadt Münsterberg, 99090 Münsterberg

Dienstgebäude	Schubertstraße 36 99090 Münsterberg
Bearbeitung	Frau Weber
Telefon	(0987) 9878-987
E-Mail	bs@muensterberg.de

Herr Rechtsanwalt
Klaus Kürschner
Fontanestraße 43
90904 Münsterberg
über besonderes elektronisches Anwaltspostfach

Ihr Zeichen, Ihre Nachricht vom	Bitte bei Antwort angeben **Unser Zeichen, unsere Nachricht vom**	**Datum**
4.12.2026	OWi – 0987665/26	15.12.2026

Bußgeldverfahren gegen Herrn Peter Baumann, geb. 17.4.1982, Neustadt, Alte Bergstraße 89, 88343 Münsterberg, wegen unerlaubter Abfallbeseitigung

Ihr Kostenfestsetzungsantrag vom 4.12.2026

Sehr geehrter Herr Rechtsanwalt,

auf Ihren Antrag vom 4.12.2026, eingegangen am 4.12.2026, erlassen wir folgenden

Kostenfestsetzungsbescheid

1. Wir setzen die Ihnen zu erstattenden Auslagen auf 75,00 Euro fest.
2. Der Erstattungsbetrag ist mit 5,12 % ab dem 4.12.2026 zu verzinsen.
3. Im Übrigen lehnen wir Ihren Antrag auf Kostenfestsetzung ab.

Gründe

Wir erließen gegen Herrn Karl Schneider am 8.5.2026 einen Bußgeldbescheid und nahmen diesen auf den Einspruch des Betroffenen am 17.8.2026 zurück. Zugleich stellten wir das Bußgeldverfahren aus tatsächlichen Gründen ein (§ 170 Abs. 2 S. 1 StPO i. V. m. § 46 Abs. 1 OWiG) und erlegten die notwendigen Auslagen des Betroffenen der Stadtkasse auf.

1. Gebühren des Wahlverteidigers

Die Kostenfestsetzung erfolgt abweichend von Ihrem Antrag vom 4.12.2026, da er bezüglich der Rahmengebühr nicht der Billigkeit entspricht (§ 14 Abs. 1 S. 1 RVG). Die Gebühr eines Rechtsanwalts als Wahlverteidiger im Verfahren vor der Verwaltungsbehörde beträgt bei der im zurückgenommenen Bußgeldbescheid festgesetzten Geldbuße von **150,00 Euro zwischen 36,00 und 348,00 Euro** (Vergütungsverzeichnis zu § 2 Abs. 2 RVG Teil 5 Abschn. 1 Unterabschnitt 2 Nr. 5103).

Telefonzentrale
(0899) 123-0
Internet
www.Muensterberg.de

Servicezeiten
Mo-Mi 7.30-16.30 Uhr
Do 7.30-17.30 Uhr
Fr 7.30-12.00 Uhr

Öffentliche Verkehrsmittel
Stadtbus Linie 6
Haltestelle Mitte

Bankverbindung
Kreissparkasse Münsterberg
IBAN DE2040000000123456
BIC GROBDE77XX
Volksbank Münsterberg
IBAN DE2040000000234567
BIC GROBDE87XX

Besonderes elektronisches Behördenpostfach
Ordnungsamt@muensterberg .de

Die verlangte Mittelgebühr entspricht weder der Bedeutung der Angelegenheit für den Betroffenen noch dem Umfang und Schwierigkeit der anwaltlichen Tätigkeit. Die vorgeworfene Ordnungswidrigkeit erschöpfte sich in einem Auflagenverstoß, für den eine Geldbuße von 150,00 Euro vorgesehen war, die keine Eintragung in das Gewerbezentralregister zur Folge gehabt hätte (§ 149 Abs. 2 S. 1 Nr. 3 GewO) und auf das Einkommen Ihres Mandanten als Geschäftsführer eines größeren Unternehmens ohne Einfluss gewesen wäre. Ihre Tätigkeit hat sich auf den Hinweis erschöpft, der Betroffene sei zum Tatzeitpunkt als Geschäftsführer bereits abberufen gewesen. Daher erscheint eine Gebühr von 50 Euro als angemessen und ausreichend.

2. Auslagen des Wahlverteidigers

Die Auslagen haben wir antragsgemäß festgesetzt:

- Post- und Telekommunikationsdienstleistungen (Nr. 7002) 20,00 Euro
- Dokumentenpauschale (Nr. 7000 Abs. 1 Buchst. a) 1,50 Euro

Die von Ihnen geltend gemachte Pauschale von 12,00 Euro für die Versendung der Bußgeldakte ist nur für die Versendung von Papierakten gegen Rückgabe der Originalakten vorgesehen (§ 107 Abs. 5 S. 1 OWiG). Die Übermittlung unserer elektronisch geführten Bußgeldakte durch elektronisches Dokument begründet dagegen ausdrücklich keine Auslagenpauschale (§ 107 Abs. 5 S. 2 OWiG).

Rechtsbehelfsbelehrung:

Gegen diesen Kostenfestsetzungsbescheid können Sie innerhalb von zwei Wochen nach seiner Zustellung bei der Stadt Münsterberg – Bußgeldstelle – Schubertstraße 36, 99090 Münsterberg schriftlich oder zur Niederschrift Antrag auf gerichtliche Entscheidung stellen (§ 108 Abs. 1 S. 1 Nr. 2, S. 2 Halbs. 1 i. V. m. § 62 OWiG). Sie können den Rechtsbehelf ferner im Dateiformat PDF (portable document format) durch E-Mail mit qualifizierter elektronischer Signatur (§ 32a Abs. 3 StPO i. V. m. § 110c S. 1 OWiG) oder über einen zugelassenen elektronischen Übermittlungsweg einlegen (§ 32a Abs. 4 S. 1 StPO i. V. m. § 110c S. 1 OWiG).

Die Frist von zwei Wochen ist nur dann gewahrt, wenn der Rechtsbehelf vor Fristablauf bei der Stadt Münsterberg eingeht. Fällt das Ende einer Frist auf einen Sonntag, einen allgemeinen Feiertag oder einen Sonnabend, so endet die Frist mit Ablauf des nächsten Werktages (§ 43 Abs. 2 StPO i. V. m. § 46 Abs. 1 OWiG). Die Erklärung muss in deutscher Sprache abgefasst sein (§ 184 S. 1 Gerichtsverfassungsgesetz – GVG – i. V. m. § 46 Abs. 1 OWiG). Über den Antrag entscheidet das Amtsgericht, soweit wir dem Rechtsbehelf nicht abhelfen, durch schriftlichen Beschluss.

Mit freundlichen Grüßen

Stadt Münsterberg, Bußgeldstelle

4. Übersendung der Akten über die Staatsanwaltschaft an das Amtsgericht

Die Verwaltungsbehörde übersendet die Bußgeldakten nur dann über die Staatsanwaltschaft an das Amtsgericht (§ 69 Abs. 3 S. 1 OWiG), wenn sie den

- Einspruch nicht als unzulässig verwirft (§ 69 Abs. 1 S. 1 OWiG)[1] und den
- Bußgeldbescheid nach nochmaliger Überprüfung der Sache nicht zurücknimmt (§ 69 Abs. 2 S. 1 OWiG).[2]

Eine unmittelbare Übersendung der Bußgeldakte an das Amtsgericht ist unzulässig. Die Ausschaltung der Staatsanwaltschaft als im Zwischenverfahren nunmehr eigentlich zuständige Verfolgungsbehörde führt zu einem Verfahrenshindernis, das wiederum eine Verfahrenseinstellung bedingt (§ 206a StPO i. V. m. § 71 Abs. 1 OWiG).[3]

Wichtig: Die Übersendung der Bußgeldakte über die Staatsanwaltschaft unterbricht nicht die Verfolgungsverjährung. Die erste Unterbrechung seit dem innerhalb zwei Wochen mangelfrei zugestellten Bußgeldbescheid (§ 33 Abs. 1 S. 1 Nr. 9 OWiG) ist erst der Eingang beim Amtsgericht aufgrund der Vorlage durch die Staatsanwaltschaft (§ 33 Abs. 1 S. 1 Nr. 10 OWiG).

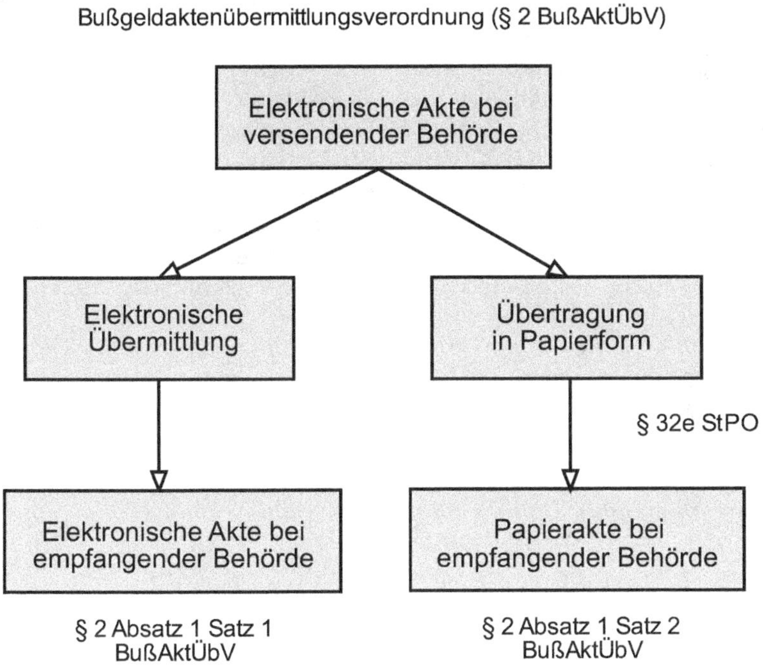

Abb. 12: Übermittlung elektronischer Akten zwischen Behörden und Gerichten

1) Zur Verwerfung des Einspruchs (§ 67 OWiG) als unzulässig (§ 69 Abs. 1 S. 1 OWiG) § 19 Nr. 1.
2) Zur Entscheidung über die Aufrechterhaltung des Bußgeldbescheides (§ 69 Abs. 2 S. 1 OWiG) nach zulässigem Einspruch gegen den Bußgeldbescheid § 20 Nr. 3.
3) AG Dortmund, Beschl. vom 5.7.2018, Az. 729 OWi-100 Js 1/18-140/18.

4.1 Elektronisches Übersendungsverfahren

Die Übersendung durch die Verwaltungsbehörde an die Staatsanwaltschaft soll ausschließlich in elektronischer Form erfolgen (§ 32b Abs. 3 S. 1 StPO i. V. m. § 110c S. 1 OWiG), wenn die empfangende Stelle die Akten elektronisch führt (§ 3 Abs. 1 S. 1 i. V. m. § 1 Abs. 2 Nr. 1 DokErstÜbV). Führt die Staatsanwaltschaft als empfangende Stelle noch keine elektronischen Akten, sind elektronische Dokumente vor der Übermittlung nach Maßgabe des § 32e StPO in die Papierform zu übertragen (§ 3 Abs. 1 S. 2 i. V. m. § 1 Abs. 2 Nr. 1 DokErstÜbV). Die elektronische Aktenführung war spätestens zum Jahresbeginn 2026 einzuführen (§ 110a Abs. 1 S. 1 OWiG), nur zuvor bedurfte es einer entsprechenden Einführungsverordnung (§ 110a Abs. 1 S. 2 OWiG). Zur Abgabe der Aktenführung oder der Bearbeitung wird die elektronische Akte mit einem Übernahmeersuchen übermittelt (§ 3 Abs. 1 BußAktÜbV). Mit dem Eingang der Akten bei der Staatsanwaltschaft gehen die Aufgaben der Verfolgungsbehörde auf sie über (§ 69 Abs. 4 S. 1 OWiG). Die Verwaltungsbehörde darf als abgebende Stelle die elektronische Akte ab dem Zeitpunkt der Übermittlung im Umfang der abzugebenden Aktenführung oder Bearbeitung nicht mehr fortschreiben (§ 3 Abs. 2 S. 1 BußAktÜbV). Die Abgabe ist erst vollzogen, wenn ein Strukturdatensatz von der übernehmenden Staatsanwaltschaft an die abgebende Verwaltungsbehörde mit der Information darüber, dass die Aktenführung oder die Bearbeitung übernommen wird, zurückgesendet wurde (§ 3 Abs. 3 S. 1 BußAktÜbV). Ist die Übersendung eines Strukturdatensatzes technisch nicht möglich, genügt eine andere Form der Mitteilung (§ 3 Abs. 3 S. 2 BußAktÜbV). Mit vollzogener Abgabe hat die abgebende Verwaltungsbehörde (§ 35 OWiG), soweit erforderlich, nur noch eine Leseberechtigung (§ 3 Abs. 4 S. 1 BußAktÜV). Die Akte muss entsprechend gekennzeichnet sein (§ 3 Abs. 4 S. 2 BußAktÜV). Die Verwaltungsbehörde hat auf den Inhalt der abgegebenen Bußgeldakte weiter Zugriff, sodass sich ein vom Gericht später geladener Zeuge auf seine Aussage oder der Vertreter der Verwaltungsbehörde (§ 76 Abs. 1 OWiG) auf seine Beteiligung in der Hauptverhandlung vorbereiten kann.

Bußgeldaktenübermittlungsverordnung (§ 3 BußAktÜbV)

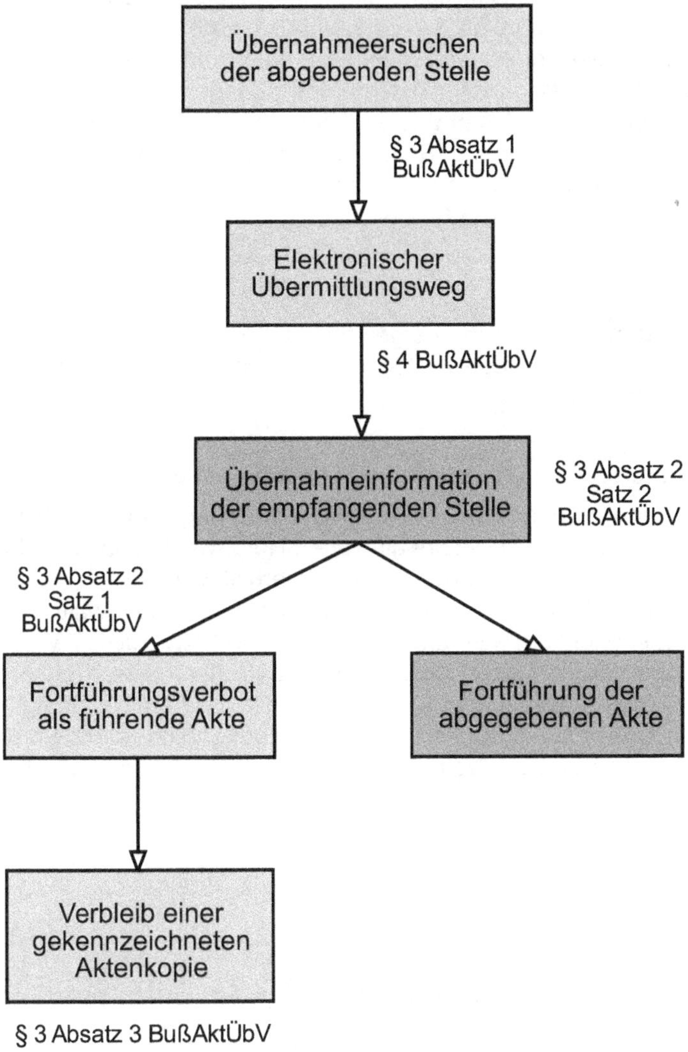

Abb. 13: Übergang elektronischer Aktenführung zwischen Behörden und Gerichten

4.2 Zuständige Staatsanwaltschaft

Staatsanwaltschaften sind Justizbehörden, die grundsätzlich nur am gleichzeitigen Sitz eines Landgerichts, also nicht bei den für das Bußgeldverfahren zuständigen Amtsgerichten (§ 68 OWiG) gebildet werden. Der Bezirk eines Landgerichts umfasst i. d. R. die Bezirke mehrerer Amtsgerichte. Für die örtliche Zuständigkeit der Staatsanwaltschaft bei der Abgabe des Verfahrens nach § 69 Abs. 3 OWiG kommt es darauf an, ob der Betroffene Erwachsener oder noch Jugendlicher oder Heranwachsender ist.

- **Zuständigkeit bei erwachsenen Betroffenen**

Strafrechtlich erwachsene Betroffene sind zur Tatzeit der Ordnungswidrigkeit (§ 6 S. 1 OWiG) älter als 21 Jahre alt. Auf den Zeitpunkt zum Erlass des Bußgeldbescheides (§ 61 OWiG) oder der Abgabe (§ 69 Abs. 4 S. 1 OWiG) kommt es nicht an. Die Zuständigkeit der Staatsanwaltschaft richtet sich gem. § 143 GVG i. V. m. § 46 Abs. 1 OWiG nach der örtlichen Zuständigkeit des Amtsgerichts (§ 68 OWiG). Das Bußgeldverfahren ist daher i. d. R. an die für den Sitz der Verwaltungsbehörde zuständige Staatsanwaltschaft zu übersenden. Diese gibt das Verfahren an das in ihrem Bezirk liegende Amtsgericht weiter.

Beispiel:

Das Landratsamt Starnberg übersendet das Bußgeldverfahren gegen einen Erwachsenen an die für das Amtsgericht Starnberg zuständige Staatsanwaltschaft München II.

- **Zuständigkeit bei Jugendlichen und Heranwachsenden**

Jugendliche sind Personen, die zur Tatzeit der Ordnungswidrigkeit (§ 6 OWiG) mindestens 14 und höchstens 18 Jahre alt waren, Heranwachsende sind Personen, die zur Tatzeit mindestens 18 und höchstens 21 Jahre alt waren (§ 1 Abs. 2 JGG i. V. m. § 46 Abs. 1 OWiG). Für diese Betroffenen ist **auch** die Staatsanwaltschaft zuständig, die für das Amtsgericht am Aufenthaltsort (§ 42 Abs. 1 Nr. 2 JGG i. V. m. § 46 Abs. 1 OWiG) oder am Verbüßungsort einer Jugendstrafe (§ 42 Abs. 1 Nr. 3 JGG i. V. m. § 46 Abs. 1 OWiG) örtlich zuständig ist. Diese besonderen Zuständigkeiten stehen neben der allgemeinen, bei der Verbüßung einer Jugendstrafe soll die Zuständigkeit des Verbüßungsorts gewählt werden (§ 42 Abs. 2 JGG i. V. m. § 46 Abs. 1 OWiG).

Beispiel:

Das Landratsamt Starnberg übersendet das Bußgeldverfahren gegen einen Zwanzigjährigen an die Staatsanwaltschaft

- Kempten, weil der Betroffene in Lindau wohnt,
- Regensburg, weil der Betroffene in der JVA Regensburg eine Jugendstrafe verbüßt.

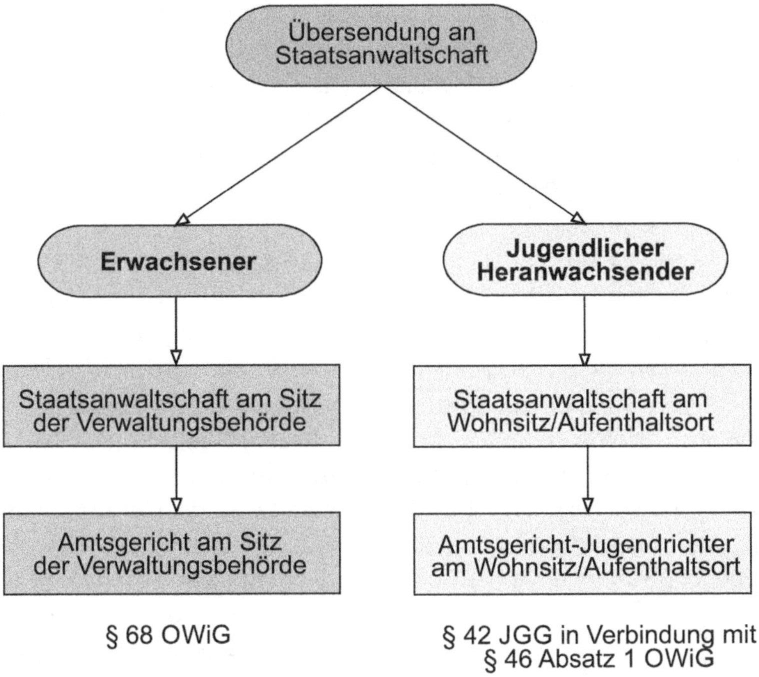

Abb. 14: Zuständige Staatsanwaltschaft
§ 69 Abs. 4 OWiG – § 42 JGG

4.3 Übersendungsvermerk der Verwaltungsbehörde

Die Verwaltungsbehörde vermerkt die Gründe für die Übersendung an die Staatsanwaltschaft in den Akten, soweit dies nach Sachlage angezeigt ist (§ 69 Abs. 3 S. 1 Halbs. 2 OWiG). Die Bedeutung dieser begleitenden Verfügung liegt in der Information der nunmehr verfahrensleitenden Staatsanwaltschaft über

- nicht aktenkundige Gründe der von verantwortenden Personen der Verwaltungsbehörde getroffenen Entscheidungen, insbesondere solche aus dem Zwischenverfahren, die daher in einer Begründung des Bußgeldbescheids nicht berücksichtigt werden konnten, und
- aus Sicht der Verwaltungsbehörde für den Fortgang des Bußgeldverfahrens bedeutsame Umstände.

Angezeigt ist der Aktenvermerk (Musterdokument 20.7) daher, wenn

- die Akten noch keine Ausführungen enthalten zur:
  - Beschränkung der Beschuldigung auf Schwerpunkte (§ 47 Abs. 1 S. 2 OWiG),
  - Festsetzung einer hohen Geldbuße oder bedeutsamen Nebenfolge,
  - Widerlegung von Äußerungen des Betroffenen als Schutzbehauptungen,

  - unterbliebenen Erhebung von Beweisen trotz Beweisantrag (§ 163a Abs. 2 StPO i. V. m. § 46 Abs. 1 OWiG),[1]
  - Zurückweisung von Rechtsansichten des oder der Betroffenen, insbesondere zu Vorfragen aus dem Bereich des besonderen Verwaltungsrechts,
  - Ablehnung einer beantragten Einstellung des Bußgeldverfahrens wegen nicht gebotener Ahndung (§ 47 Abs. 1 S. 2 OWiG);[2]
- im weiteren Verfahren
  - Einwendungen und Beweisanträge zu erwarten sind, zu denen eine Stellungnahme geboten erscheint,
  - eine gerichtliche Einstellung droht (§ 47 Abs. 2 OWiG), die aus Sicht des Vollzuges unerwünschte Auswirkungen hätte (Nr. 90 RiStBV),
  - keine Einstellung des Bußgeldverfahrens durch die Staatsanwaltschaft (§ 69 Abs. 4 S. 2 OWiG) wegen Gebotenheit der Ahndung erfolgen soll,
  - die Beteiligung der Verwaltungsbehörde am gerichtlichen Verfahren (§ 76 Abs. 1, 2 OWiG, Nr. 288 RiStBV) gewünscht wird (Musterdokument 20.7),
  - anstelle der persönlichen Ladung dienstlicher Zeugen oder Zeuginnen die Verlesung von ihnen in der Bußgeldakte enthaltener Vermerke (§ 256 Abs. 1 Nr. 5 StPO i. V. m. § 46 Abs. 1 OWiG) angestrebt wird.

Die Aktenübersendung an die Staatsanwaltschaft unterbricht die Verfolgungsverjährung nicht. Daher sollte vor allem bei kurzen Verjährungsfristen von sechs Monaten (§ 31 Abs. 2 Nr. 4 OWiG) und in absehbarer Zeit eintretender Verfolgungsverjährung ein deutlicher Hinweis erfolgen, damit die nächste Unterbrechung durch Eingang der Bußgeldakte beim Amtsgericht zeitnah herbeigeführt werden kann (§ 33 Abs. 1 Nr. 1 OWiG).

Beispiel:

Kurze Verjährungsfrist von 6 Monaten! Dem Amtsgericht bitte möglichst schnell vorlegen!

Verfolgungsverjährung tritt ein am < Datum>.

Die Gefahr der Verfolgungsverjährung droht weniger bei elektronischer Aktenführung als bei den Postwegen für die herkömmliche Papierakte und der erneuten Erfassung personenbezogener Daten des oder der Betroffenen durch die Staatsanwaltschaft.

Eine Übersendungsmitteilung an den Betroffenen oder die Betroffene sowie ihre Verteidiger oder Verteidigerinnen ist weder vorgeschrieben noch üblich. Besteht ein besonderes Interesse der Verwaltungsbehörde, weitere Kommunikation nicht mehr führen zu müssen, kann eine Mitteilung über das besondere elektronische Anwalts-

---

1) Zur Behandlung von Beweisanträgen des Betroffenen (§ 163 a Abs. 2 StPO i. V. m. § 46 Abs. 1 OWiG) § 6 Nr. 6.6.

2) Zur Einstellung des Bußgeldverfahrens wegen nicht gebotener Ahndung (§ 47 Abs. 1 S. 2 OWiG) § 11 Nr. 1.

postfach (§ 31a BRAO) eines Rechtsanwalts als Verteidiger oder einer Rechtsanwältin als Verteidigerin erfolgen.

4.4 Akteneinsicht vor Aktenübersendung

Die Entscheidung über einen von dem oder der Betroffenen (§ 49 Abs. 1 OWiG) oder ihren Verteidigern oder Verteidigerinnen (§ 147 StPO i. V. m. § 46 Abs. 1 OWiG) gestellten Antrag auf Akteneinsicht **ist** durch die Verwaltungsbehörde vor Übersendung der Akten an die Staatsanwaltschaft zu treffen (§ 69 Abs. 3 S. 2 OWiG).[1] Dadurch erhalten Betroffene und Verteidiger oder Verteidigerinnen frühzeitig die Möglichkeit, die Erfolgsaussichten eines Einspruchs gegen den Bußgeldbescheid zu prüfen und Beweisanträge (§ 163a Abs. 2 StPO i. V. m. § 46 Abs. 1 OWiG) oder Einwendungen vorzubringen, die von der Verwaltungsbehörde unmittelbar berücksichtigt werden können. Bei einer Missachtung dieser Bestimmung muss die Verwaltungsbehörde mit der späteren Zurückverweisung des Bußgeldverfahrens wegen offensichtlich ungenügender Aufklärung des Sachverhalts (§ 69 Abs. 5 S. 1 OWiG) rechnen, weil die Anträge und Einwendungen erst im gerichtlichen Bußgeldverfahren vorgetragen werden können. Dies muss allerdings in Kauf genommen werden, wenn bei Gewährung der Akteneinsicht die Verjährung droht. Gehen Anträge auf Akteneinsicht nach Übersendung der Akten an die Staatsanwaltschaft ein, ist der Antragsteller oder die Antragstellerin auf diese zu verweisen.

Bei der Gewährung der Akteneinsicht ist die Beschleunigung des Zwischenverfahrens besonders zu beachten, weil hierdurch die Verfolgungsverjährung nicht unterbrochen wird. Zwischen der mangelfreien Zustellung des Bußgeldbescheides (§ 33 Abs. 1 S. 1 Nr. 9 OWiG) und dem Eingang der Sache beim Amtsgericht auf Vorlage der Staatsanwaltschaft (§ 33 Abs. 1 S. 1 Nr. 10 OWiG) gibt es außer durch die vorläufige Einstellung wegen unbekannten Aufenthalts des oder der Betroffenen (§ 33 Abs. 1 S. 1 Nr. 5 OWiG) keine Möglichkeit zur Unterbrechung der Verfolgungsverjährung. Daher empfiehlt sich regelmäßig eine gleichzeitig gesetzte Äußerungsfrist, insbesondere wenn eine Stellungnahme angekündigt wurde. Durch Hinauszögern angekündigter Äußerungen zum Tatvorwurf der Ordnungswidrigkeit kann das Bußgeldverfahren ansonsten verjährungsgefährdet werden.

1) Zur Form Akteneinsicht des oder der Betroffenen (§ 48 Abs. 1 OWiG) und Verteidigers (§ 47 StPO i. V. m. § 46 Abs. 1 OWiG) § 10 Nr. 7.

Muster 20.9: Abgabe des Bußgeldverfahrens über die Staatsanwaltschaft an das Amtsgericht (§ 69 Abs. 3 OWiG)

Stadt Münsterberg

Bußgeldstelle

Stadt Münsterberg, 99090 Münsterberg

Staatsanwaltschaft Königstadt
über EGVP

Dienstgebäude	Schubertstraße 36 99090 Münsterberg
Bearbeitung	Frau Weber
Telefon	(0987) 9878-987
E-Mail	bs@muensterberg.de

Ihr Zeichen, Ihre Nachricht vom	Bitte bei Antwort angeben **Unser Zeichen, unsere Nachricht vom**	**Datum**
	OWi – 0987665/26	22.6.2026

Verfolgungsverjährung tritt ein am 10.2.2028

Bußgeldverfahren gegen Herrn Peter Baumann, geb. 17.4.1982, Neustadt, Alte Bergstraße 89, 88343 Münsterberg, wegen unerlaubter Abfallbeseitigung

Verteidiger: Rechtsanwalt Heinrich Sperber, Halderstraße 12, 99999 Donaustein

Der Betroffene hat gegen den Bußgeldbescheid vom 22.5.2026, zugestellt am 26.5.2026, am 3.6.2026 form- und fristgerecht elektronisch Einspruch eingelegt. Auch nach Überprüfung der bisherigen Ermittlungen und der Einwendungen des Betroffenen sehen wir keinen Anlass, den Bußgeldbescheid zurückzunehmen (§ 69 Abs. 2 S. 1 OWiG). Wir übersenden daher die Bußgeldakten über die Staatsanwaltschaft an das Amtsgericht und vermerken hierfür folgende Gründe (§ 69 Abs. 3 S. 1 OWiG):

1. Dem erst mit dem Einspruch gestellten Beweisantrag auf Vernehmung des Zeugen Maier (§ 163a Abs. 2 StPO i. V. m. § 46 Abs. 1 OWiG) haben wir nicht entsprochen, weil der Betroffene durch unseren Bediensteten Schulze, der ihn aus früherer dienstlicher Tätigkeit kennt, zweifelsfrei am Tatort der Ordnungswidrigkeit beobachtet und erkannt worden ist.
2. Die Auffassung des Verteidigers in seinem Schriftsatz vom 3.6.2026, es handle sich um eine nicht ordnungswidrige „Zwischenlagerung" von Abfall zur Verwertung (§ 3 Abs. 1 S. 2 Halbs. 1 KrWG) trifft nicht zu. Nachdem der Betroffene als Privatperson sich an einem Feiertag einer erheblichen Menge von Bauschutt außerhalb einer Abfallbeseitigungsanlage (§ 28 Abs. 1 S. 1 KrWG) in der freien Natur entledigte, hat er die tatsächliche Sachherrschaft über sie unter Wegfall jeder weiteren Zweckbestimmung eindeutig aufgegeben und damit Abfall beseitigt (§ 3 Abs. 2 KrWG). Der Tatbestand der im Bußgeldbescheid vorgeworfenen Ordnungswidrigkeit nach § 69 Abs. 1 Nr. 2 KrWG ist daher verwirklicht.
3. Für eine Einstellung des Bußgeldverfahrens wegen „geringer Schuld" gem. § 47 Abs. 1 S. 2 OWiG, wie sie vom Verteidiger im Schriftsatz vom 3.6.2026 beantragt wurde, besteht aus unserer Sicht keine Veranlassung. Die im Bußgeldbescheid festgesetzte Geldbuße entspricht dem Regelsatz des Bußgeldkatalogs Umweltschutz Teil I Nr. 2.3.4 für die Abfallmenge für eine vorsätzlich und erstmalig begangene Zuwiderhandlung.

Telefonzentrale	**Servicezeiten**		**Öffentliche Verkehrsmittel**	**Bankverbindung**
(0899) 123-0	Mo-Mi	7.30-16.30 Uhr	Stadtbus Linie 6	Kreissparkasse Münsterberg
Internet	Do	7.30-17.30 Uhr	Haltestelle Mitte	IBAN DE2040000000123456
www.Muensterberg.de	Fr	7.30-12.00 Uhr		BIC GROBDE77XX
				Volksbank Münsterberg
Besonderes elektronisches Behördenpostfach				IBAN DE2040000000234567
Ordnungsamt@muensterberg .de				BIC GROBDE87XX

Die Ahndung erscheint aus unserer Sicht geboten, um den Betroffenen zur künftigen Beachtung abfallrechtlicher Vorschriften anzuhalten und die zunehmende Verbreitung derartiger Zuwiderhandlungen einzudämmen. Bei einer Menge von 1,5 m^3 Bauschutt, die in einer städtischen Anlage abgelagert wurden, kann auch nicht mehr von einem geringfügigen Verstoß gesprochen werden. Der Betroffene ist entgegen der Auffassung des Verteidigers keineswegs einsichtig, weil er erst durch unsere Ermittlungen überführt werden musste und die Abfälle bis heute noch nicht freiwillig beseitigt hat. Sollte der Antrag auf Einstellung mit weiterer Begründung wiederholt werden, bitten wir um Gelegenheit zur Stellungnahme vor einer gerichtlichen Entscheidung.

Akteneinsicht an den Verteidiger wurde gewährt (§ 69 Abs. 3 S. 2 OWiG). Der Betroffene und der Verteidiger wurden von der Übersendung der Akten nicht in Kenntnis gesetzt. An Auslagen sind bisher 3,50 Euro angefallen (Kostenpauschale für die Zustellung des Bußgeldbescheides als Papierdokument durch die Post). Betroffener und Verteidiger haben keine Abgabenachricht erhalten.

Wir bitten um Bekanntgabe des Aktenzeichens und Gelegenheit zur vorhergehenden Stellungnahme

- zu nach Abgabe des Verfahrens eingehenden Äußerungen des Betroffenen, insbesondere zu dem von uns geführten Verwaltungsverfahren und Vorverfahren, sowie Beweisanträgen,
- vor einer Zustimmung der Staatsanwaltschaft zu einer gerichtlichen Zurückverweisung zu Nachermittlungen (§ 69 Abs. 5 OWiG),
- vor einer gerichtlichen Einstellung des Bußgeldverfahrens (§ 47 Abs. 2 OWiG).

Wir bitten für das gerichtliche Bußgeldverfahren

- unsere Bediensteten nach Möglichkeit nicht als Zeugen in eine Hauptverhandlung zu laden, sondern die für diesen Fall vorbereiteten Dokumente aus der Bußgeldakte in der Hauptverhandlung zu verlesen (§ 256 Abs. 1 Nr. 5 StPO i. V. m. § 46 Abs. 1 OWiG),
- um Mitteilung des Termins einer Hauptverhandlung (§ 71 OWiG), da die Teilnahme eines Vertreters der Verwaltungsbehörde beabsichtigt ist (§ 76 Abs. 1 OWiG).

Stadt Münsterberg, Bußgeldstelle

§ 21
Verfahren der Staatsanwaltschaft

Das Zwischenverfahren nach zulässigem Einspruch (§ 69 Abs. 2 S. 1 OWiG) ist zweiteilig. Es gliedert sich in eine Ausgangsprüfung der Verwaltungsbehörde, die bei positivem Ergebnis zur Übersendung der Bußgeldakte an die Staatsanwaltschaft führt (§ 69 Abs. 3 S. 1 OWiG). Mit dem Eingang der Akten wird die Staatsanwaltschaft anstelle der Verwaltungsbehörde für die Verfolgung und Ahndung der Ordnungswidrigkeit zuständig (§ 69 Abs. 4 S. 1, § 35 OWiG).[1] Die Verfolgungsbefugnis geht mit Wirkung für das gesamte weitere Bußgeldverfahren auf die Staatsanwaltschaft über. Die Verwaltungsbehörde kann nur an einem nachfolgenden gerichtlichen Bußgeldverfahren durch das Amtsgericht beteiligt werden (§ 76 OWiG).[2] Die Staatsanwaltschaft ist eigentlich eine reine Strafverfolgungsbehörde, die jedoch grundsätzlich das Anklagemonopol vor Gericht besitzt. Sie vertritt daher im Bußgeldverfahren den Bußgeldbescheid der Verwaltungsbehörde entsprechend dem Strafverfahren als öffentliche Klage.

Beispiel:

Der Betroffene legt gegen einen Bußgeldbescheid form- und fristgemäß Einspruch ein. Die Verwaltungsbehörde führt die vom Verteidiger beantragten Nachermittlungen durch, hält den Bußgeldbescheid aufrecht und übersendet die Bußgeldakte mit einer Abgabeverfügung an die Staatsanwaltschaft.

Die Staatsanwaltschaft prüft in ihrer durch die Übersendung der Bußgeldakte entstandenen Zuständigkeit, ob der Tatnachweis gesichert erscheint, offene Rechtsfragen zu klären sind und Verfahrenshindernisse entgegenstehen. Anschließend legt sie die Sache dem Amtsgericht auf der Grundlage des Bußgeldbescheides zur Entscheidung vor.

Übersendet die Verwaltungsbehörde die Bußgeldakte unter Umgehung der Staatsanwaltschaft unmittelbar an das Amtsgericht führt dies wegen der fehlenden Vorlageberechtigung zu einem Verfahrenshindernis im gerichtlichen Bußgeldverfahren und zu dessen Einstellung (§ 206a StPO i. V. m. § 46 Abs. 1 OWiG).[3]

1. Elektronische Aktenführung

Die elektronische Aktenführung findet bei den Staatsanwaltschaften im Bußgeldverfahren wie bei der Verwaltungsbehörde seit 2026 zwingend statt (§ 110a Abs. 1 OWiG). Für die elektronische Übermittlung der Bußgeldakte ist die Bußgeldaktenübermittlungsverordnung bundeseinheitlich maßgeblich (§ 1 Nr. 1, 2 BußAktÜbV). Danach soll der elektronischen Akte bei der Übermittlung ein strukturierter maschi-

1) LG Zweibrücken, Beschl. vom 2.12.2020, Az. 1 Qs 33/20.
2) OLG Köln, Beschl. vom 19.2.2020, Az. 1 RBs 360/19.
3) AG Dortmund, Beschl. vom 5.7.2018, Az. 729 OWi-100 Js 1/18-140/18.

nenlesbarer Datensatz mit vorgeschriebenem Inhalt beigefügt werden (§ 2 BußAktÜbV). Die Übermittlung erfolgt über das besondere elektronische Behördenpostfach (§ 32a Abs. 4 S. 1 Nr. 1 StPO i. V. m. § 110c S. 1 OWiG) an das elektronische Gerichts- und Verwaltungspostfach (EGVP), das bereits überall vorhanden ist (§ 4 Abs. 1 BußAktÜbV, § 6 Abs. 3 ERVV). Die Verwaltungsbehörde übermittelt die elektronische Bußgeldakte zur Abgabe der Aktenführung mit einem Übernahmeersuchen (§ 3 Abs. 1 BußAktÜbV). Sie darf dann als abgebende Stelle die elektronische Akte ab dem Zeitpunkt der Übermittlung im Umfang der abzugebenden Aktenführung nicht mehr fortschreiben, sofern nicht die Staatsanwaltschaft als empfangende Stelle die Übernahme ablehnt (§ 3 Abs. 2 BußAktÜbV). Die Abgabe des Bußgeldverfahrens und damit auch der Übergang der Verfahrenshoheit (§ 69 Abs. 4 S. 1 OWiG) ist erst vollzogen, wenn ein Strukturdatensatz von der übernehmenden an die Verwaltungsbehörde als abgebende Stelle mit der Information darüber, dass die Aktenführung übernommen wird, zurückgesendet wurde (§ 3 Abs. 3 S. 1 BußAktÜbV). Mit der vollzogenen Abgabe hat die Verwaltungsbehörde als abgebende Stelle, soweit erforderlich, nur noch eine Leseberechtigung (§ 3 Abs. 4 S. 1 BußAktÜbV). Die verbleibende elektronische Bußgeldakte muss dazu entsprechend gekennzeichnet sein (§ 3 Abs. 4 S. 2 BußAktÜbV).

2. Zusammenarbeit mit der Verwaltungsbehörde

Die Zusammenarbeit der Verwaltungsbehörde mit der Staatsanwaltschaft kann sich im Zwischenverfahren sowohl verfahrensbezogen als auch allgemein durch Dienstbesprechungen erfolgreich gestalten. Sie sollte auch nicht mit der Abgabe eines Bußgeldverfahrens und dem Verlust der Verfolgungshoheit enden, sondern auch im gerichtlichen Bußgeldverfahren vor dem Amtsgericht fortgesetzt werden (siehe dazu § 22).

IV Zwischenverfahren nach Einspruch

2.1 Verfahrensbezogene Zusammenarbeit

Die Zusammenarbeit mit der Verwaltungsbehörde ist für die Staatsanwaltschaft in Nr. 272 der in allen deutschen Ländern bundeseinheitlich erlassenen und vornehmlich für den Staatsanwalt und die Staatsanwältin bestimmten Richtlinien für das Strafverfahren und das Bußgeldverfahren (RiStBV) geregelt.[1] Der Staatsanwalt

- berücksichtigt im Interesse einer sachgerechten Beurteilung und einer gleichmäßigen Behandlung die Belange der Verwaltungsbehörde und macht sich deren besondere Sachkunde zunutze. Dies gilt namentlich bei Rechtsverstößen gegen Vorschriften, die nicht zum vertrauten Aufgabengebiet des Staatsanwalts gehören (Nr. 272 Abs. 1 RiStBV).
- prüft vor jeder Antragstellung oder Entschließung, ob hierfür die besondere Sachkunde der Verwaltungsbehörde von Bedeutung sein kann oder deren Interessen in besonderem Maß berührt sind (Nr. 272 Abs. 2 RiStBV).

1) Die Richtlinien für das Strafverfahren und das Bußgeldverfahren (RiStBV) sind veröffentlicht und allgemein unter http://www.verwaltungsvorschriften-im-internet.de/bsvwvbund_01011977_420821R5902002.htm zugänglich. Spezielle Richtlinien für das Bußgeldverfahren sind dort unter Nr. 269 ff. enthalten.

Besteht die Zuständigkeit mehrerer Verwaltungsbehörden, beachtet der Staatsanwalt die Vorzugszuständigkeit des § 39 OWiG (Nr. 272 Abs. 3 RiStBV).

2.2 Allgemeine Zusammenarbeit

Eine zentrale Stelle zur Bearbeitung von Bußgeldverfahren im Zwischenverfahren ist bei der Staatsanwaltschaft nicht vorgesehen. Straf- und Bußgeldverfahren sind meist in allgemeinen Abteilungen den einzelnen Referaten nach dem Anfangsbuchstaben des Nachnamens der Betroffenen (Buchstabenprinzip) zugeordnet. Das Aktenzeichen der Verwaltungsbehörde wird nicht übernommen, das Bußgeldverfahren erhält jetzt ein spezielles Justiz-Aktenzeichen (z. B. 505 Js 12345/24). Zur Verbesserung der Zusammenarbeit dienen periodische Dienstbesprechungen, an denen neben den Verwaltungsbehörden und der Staatsanwaltschaft auch Vertretende der Polizei sowie anderer Fachbehörden und Körperschaften sowie auch des Amtsgerichts teilnehmen können. Ein derartiger Erfahrungsaustausch ist teilweise bereits in Verwaltungsrichtlinien der Länder vorgesehen. Von Interesse für die Verwaltungsbehörde sind dabei etwa

- Behandlung von Abgaben wegen Straftatverdacht an die Staatsanwaltschaft (§ 41 Abs. 1, § 43 OWiG),
- vereinheitlichte Abgabeformulare der Verwaltungsbehörde an die Staatsanwaltschaft (§ 69 Abs. 3 S. 1 OWiG),
- Gelegenheit zur Stellungnahme vor einer Zustimmung der Staatsanwaltschaft zur Zurückverweisung wegen offensichtlich ungenügender Aufklärung des Sachverhalts (§ 69 Abs. 5 S. 1 OWiG),
- Einlegung von Rechtsmitteln gegen gerichtliche Bußgeldentscheidungen auf Anregung der Verwaltungsbehörde (Nr. 292 RiStBV).

Während des gesamten Zwischenverfahrens der Staatsanwaltschaft hat die Verwaltungsbehörde das Recht auf Akteneinsicht (§ 49 Abs. 2 S. 1 OWiG).

3. Prüfungsverfahren der Staatsanwaltschaft

Die Staatsanwaltschaft führt nach Eingang der Akten eine erneute umfassende Sach- und Rechtsprüfung durch. Der Ausgangsprüfung der Verwaltungsbehörde (§ 69 Abs. 3 OWiG) schließt sich eine Eingangsprüfung bei der Justizbehörde (§ 69 Abs. 4 OWiG) an. Hat die Verwaltungsbehörde einen unzulässigen Einspruch nicht verworfen (§ 69 Abs. 1 S. 1 OWiG) oder einen Antrag auf Wiedereinsetzung in den vorigen Stand (§ 52 OWiG) nicht verbeschieden, gibt der Staatsanwaltschaft die Akten zur Nachholung der Entscheidung zurück (Nr. 281 RiStBV).[1] Mangels eigener Befugnisse in § 69 Abs. 4 OWiG kann sie diese Entscheidungen nicht selbst treffen. Die Rückgabe der Bußgeldakte führt aber nicht zu einem erneuten Verfahrensübergang der Verwaltungsbehörde, weil mit dem Eingang der Akten bei der Staatsan-

1) Zur Verwerfung eines Einspruchs durch die Verwaltungsbehörde als unzulässig (§ 69 Abs. 1 S. 1 OWiG) § 19 Nr. 1, zur Entscheidung über Anträge auf Wiedereinsetzung in den vorigen Stand (§ 52 OWiG) § 19 Nr. 2.

waltschaft die Aufgaben der Verfolgungsbehörde von Gesetzes wegen auf sie übergehen (§ 69 Abs. 4 S. 1 OWiG). Stimmt die Verwaltungsbehörde der Rechtsansicht der Staatsanwaltschaft nicht zu, kann diese die Sache nur dem Amtsgericht mit dem Antrag vorlegen, den Einspruch als unzulässig zu verwerfen (§ 70 OWiG).

3.1 Einstellung durch die Staatsanwaltschaft

Bei einem zulässigen Einspruch gegen den Bußgeldbescheid prüft die Staatsanwaltschaft, ob der hinreichende Verdacht einer Ordnungswidrigkeit besteht, die Ahndung geboten ist (§ 47 Abs. 1 OWiG) und Verfahrenshindernisse nicht entgegenstehen (Nr. 282 Abs. 1 RiStBV). Der Staatsanwalt kann das Bußgeldverfahren gem. § 170 Abs. 2 S. 1 StPO i. V. m. § 46 Abs. 1 OWiG oder § 47 Abs. 1 S. 2 OWiG selbst einstellen.[1] Vor einer solchen Einstellung kann die vorlegende Verwaltungsbehörde angehört werden (Nr. 90 Abs. 1 RiStBV). Die Staatsanwaltschaft hat wegen ihrer durch die Übersendung der Bußgeldakte an sie eingetretenen sachlichen Zuständigkeit als Verfolgungsbehörde (§ 69 Abs. 4 S. 1 OWiG) das Bußgeldverfahren selbst einzustellen und darf das Verfahren nicht an die Verwaltungsbehörde zurückzugeben. Eine „Zurücknahme“ oder „Aufhebung“ des Bußgeldbescheides ist dazu nicht gesetzlich vorgesehen und daher überflüssig.

Beispiel:

Die Verwaltungsbehörde übersendet die Bußgeldakte nach zulässigem Einspruch an die Staatsanwaltschaft. Diese hält die im Bußgeldbescheid bezeichnete Ordnungswidrigkeit für bereits verjährt. Sie hört zur beabsichtigten Einstellung des Bußgeldverfahrens die Verwaltungsbehörde an, die ihre Rechtsauffassung verteidigt. Trotzdem stellt die Staatsanwaltschaft das Bußgeldverfahren durch Verfügung ein.

Die Einstellung teilt die Staatsanwaltschaft dem oder der Betroffenen (§ 171 S. 1 StPO i. V. m. § 46 Abs. 1 OWiG) und der Verwaltungsbehörde formlos mit (Nr. 282 Abs. 3 S. 1 RiStBV). Gegen die Einstellung des Bußgeldverfahrens durch die Staatsanwaltschaft ist für die Verwaltungsbehörde kein Rechtsbehelf statthaft.

Nach einer Einstellung durch die Staatsanwaltschaft trifft ausschließlich diese eine Kostenentscheidung über die Auslagen des oder der Betroffenen (§ 108a Abs. 1 OWiG i. V. m. § 467a Abs. 1, 2 StPO.[2] Diese liegen i. d. R. in den Kosten von dem oder der Betroffenen beauftragter Rechtsanwälte als Verteidiger oder Rechtsanwältinnen als Verteidigerinnen. Dabei ist grundsätzlich nur darüber zu entscheiden, ob die Staatskasse, nunmehr also die Landesjustizkasse oder der bzw. die Betroffene diese Auslagen selbst trägt (§ 108a OWiG i. V. m. § 467 Abs. 3 S. 2 Nr. 2 StPO). Die Verwaltungsbehörde kann nicht Kostenschuldnerin und daher nicht mit diesen Auslagen belastet werden. Ein Kostenfestsetzungsantrag ist bei der Staatsanwaltschaft zu stellen, die darüber selbst zu entscheiden hat (§ 108a Abs. 3 S. 1 OWiG i. V. m. § 464b S. 1 StPO). Ein bei der Verwaltungsbehörde gestellter Kostenfestsetzungs-

1) AG Bad Kreuznach, Beschl. vom 26.9.2016, Az. 40 OWi 1022 Js 1520/15.
2) OLG Stuttgart, Beschl. vom 1.8.2002, Az. 2 Ws 120/02.

antrag (§ 106 OWiG) wäre von dieser mangels einer dazu notwendigen Kostengrundentscheidung als unzulässig abzulehnen.

3.2 Mangelhafter Bußgeldbescheid

Die Staatsanwaltschaft ist im Zwischenverfahren nicht selbst anstelle der Verwaltungsbehörde zum Erlass eines Bußgeldbescheids befugt. Sie kann daher auch einen mangelhaften und daher nichtigen Bußgeldbescheid (§ 66 Abs. 1 Nr. 3 OWiG), der keine taugliche Grundlage für ein gerichtliches Bußgeldverfahren sein kann, nicht durch einen ordnungsgemäßen Bescheid ersetzen. Der Staatsanwalt hat in diesem Fall nur die Möglichkeit, die Akten an die Verwaltungsbehörde zur Beseitigung des Mangels mit der Anregung zurücksenden, den Bußgeldbescheid selbst zurückzunehmen (§ 69 Abs. 2 S. 1 OWiG) und durch einen den Voraussetzungen des § 66 Abs. 1 Nr. 3 OWiG genügenden neuen in eigener Zuständigkeit zu ersetzen. Weigert sich die Verwaltungsbehörde, den Bußgeldbescheid zurückzunehmen und legt sie der Staatsanwaltschaft die Bußgeldakte unverändert erneut vor, bleibt der Staatsanwaltschaft nur die Einstellung des Bußgeldverfahrens (§ 69 Abs. 4 S. 2 OWiG). Diese führt allerdings nicht zum Strafklageverbrauch. Die Verwaltungsbehörde kann daher bis zum Eintritt der Verfolgungsverjährung das Bußgeldverfahren erneut einleiten und durch Bußgeldbescheid abschließen.[1)]

3.3 Nachermittlungen durch die Verwaltungsbehörde

Erscheint der Sachverhalt durch die Verwaltungsbehörde nicht genügend aufgeklärt (§ 69 Abs. 4 S. 2 Halbs. 2 OWiG), kann die Staatsanwaltschaft zur Vorbereitung ihrer weiteren Entscheidung eigene Ermittlungen vornehmen (Nr. 282 Abs. 2 RiStBV). Dies kommt jedoch in der Praxis so gut wie nicht vor. Die Staatsanwaltschaft sendet in solchen Fällen die Bußgeldakte mit der Anregung an die Verwaltungsbehörde zurück, Nachermittlungen durchzuführen. Weigert sich die Verwaltungsbehörde und schickt die Bußgeldakte unverändert zurück, kann die Staatsanwaltschaft das Bußgeldverfahren nur dem Amtsgericht vorlegen, entweder

- mit der Anregung zur gerichtlichen Anordnung von Nachermittlungen (§ 71 Abs. 2 S. 1 Nr. 1 OWiG) oder
- mit ihrer vorab erteilten Zustimmung, die Sache wegen offensichtlich ungenügender Aufklärung des Sachverhalts an die Verwaltungsbehörde zu Nachermittlungen zurückzuverweisen (§ 69 Abs. 5 S. 1 Halbs. 1 OWiG, Nr. 283 RiStBV).

Mit dem Eingang der Bußgeldakte durch die gerichtliche Zurückverweisung erhält die Verwaltungsbehörde unfreiwillig die Verfolgungs- und Ahndungshoheit zurück (§ 69 Abs. 5 S. 1 Halbs. 2 OWiG).[2)] Die Zurückverweisung durch das Amtsgericht ist für die Verwaltungsbehörde nicht anfechtbar.

1) AG Schmallenberg, Beschl. vom 17.8.2022, Az. 6 OWi 140 Js 692/22 (14/22).
2) Zur Zurückverweisung der Bußgeldverfahrens durch das Amtsgericht an die Verwaltungsbehörde wegen offensichtlich ungenügender Aufklärung des Sachverhalts (§ 69 Abs. 5 S. 1 OWiG) § 23 Nr. 3.

4. Aktenvorlage an das Amtsgericht

Die Staatsanwaltschaft legt die Akten dem Richter oder der Richterin am Amtsgericht (§ 68 Abs. 1 OWiG) vor, wenn sie weder das Verfahren einstellt noch weitere Ermittlungen durchführt (§ 69 Abs. 4 S. 2 OWiG). Weder der oder die Betroffene und der Verteidiger oder die Verteidigerin noch die Verwaltungsbehörde werden von der Vorlage in Kenntnis gesetzt. Eine Beteiligung am gerichtlichen Verfahren findet nach dem Ermessen des Richters oder der Richterin am Amtsgericht (§ 68 Abs. 1 OWiG) sowohl vor als auch in der Hauptverhandlung statt. Dies hat insbesondere dann praktische Bedeutung, wenn mit einem Antrag auf Einstellung des Bußgeldverfahrens (§ 47 Abs. 2 OWiG) durch Betroffene oder Verteidigende zu rechnen ist. Eine unaufgeforderte gerichtliche Information über den Verfahrensstand ist nicht vorgesehen, sodass sich die Verwaltungsbehörde darum selbst bemühen muss. Mit der Vorlage der Akten an das Amtsgericht stellt die Staatsanwaltschaft die Tat, die dem oder der Betroffenen vorgeworfen wird, zur gerichtlichen Aburteilung und übernimmt damit die eigenständige Vertretung und Verantwortung für die Beschuldigung im gerichtlichen Bußgeldverfahren, in dem es Aufgabe der Staatsanwaltschaft ist, das öffentliche Interesse zu vertreten.[1]

Die Aktenvorlage erfolgt seit 2026 ausschließlich elektronisch, weil sowohl die Staatsanwaltschaften als auch die Amtsgerichte zur elektronischen Aktenführung verpflichtet sind (§ 110a Abs. 1 S. 1 OWiG). Dazu wird die Bußgeldakte der Verwaltungsbehörde von der Staatsanwaltschaft und anschließend dem Amtsgericht elektronisch fortgeführt. Bei der Vorlage der Bußgeldakte an das Amtsgericht verwendet die Staatsanwaltschaft üblicherweise ein Formular.[2] Die Staatsanwaltschaft äußert sich bei der Vorlage an das Amtsgericht (Nr. 284 Abs. 1 RiStBV), ob sie

- einer Entscheidung im schriftlichen Verfahren (§ 72 OWiG) widerspricht,
- auf Teilnahme an der Hauptverhandlung (§ 75 OWiG) und Terminsnachricht verzichtet,
- das persönliche Erscheinen des oder der Betroffenen an der Hauptverhandlung für erforderlich hält (§ 73 OWiG),
- die Vorladung von Zeugen oder Zeuginnen für erforderlich hält oder eine vereinfachte Art der Beweisaufnahme (§ 77a OWiG) für ausreichend erachtet,
- die schriftliche Begründung des Urteils beantragt (§ 77b Abs. 1 S. 2 Halbs. 2 OWiG).

Die Staatsanwaltschaft ist zwar regelmäßig zur Teilnahme an der Hauptverhandlung des Amtsgerichts berechtigt.[3] Sie verzichtet aber in aller Regel auf die Wahrnehmung dieser Befugnis (§ 75 OWiG), sodass allenfalls eine Vertretung durch die Verwaltungsbehörde stattfindet (§ 76 OWiG), die aber nicht die Stellung der Staatsanwaltschaft besitzt. Eine Teilnahme kommt in der Verfahrenspraxis nur beim Verdacht einer Straftat in Betracht.

1) OLG Stuttgart, Beschl. vom 9.5.2003, Az. 1 Ss 188/03.
2) Zum Zeitpunkt des Redaktionsschlusses dieser Auflage war noch kein verbindliches elektronisches Formular (§ 110b OWiG) vorgesehen.
3) OLG Stuttgart, Beschl. vom 9.5.2003, Az. 1 Ss 188/03; KG (Berlin), Beschl. vom 16.3.2005, Az. 2 Ss 47/05 – 3 Ws (B) 111/05.

Beispiel:

Die Verwaltungsbehörde erlässt einen Bußgeldbescheid wegen einer Ordnungswidrigkeit fahrlässig unrichtiger Angaben im Antrag auf staatliche Leistungen. Die Staatsanwaltschaft hält jedoch den Anfangsverdacht eines strafbaren Sozialleistungsbetrugs (§ 263 Abs. 1 StGB) für gegeben und verzichtet daher ausnahmsweise nicht auf die Teilnahme an der Hauptverhandlung.[1)]

Im Falle der Zustimmung zum schriftlichen Verfahren (§ 72 OWiG) soll zugleich eine Äußerung des Staatsanwalts zur Sache erfolgen und ein bestimmter Antrag gestellt werden (Nr. 284 Abs. 2 RiStBV).

Die Staatsanwaltschaft und das Amtsgericht gehören demselben Land an und führen daher einheitliche elektronische Bußgeldakten. Das Aktenzeichen der Staatsanwaltschaft (z. B. 505 Js 12345/20) wird lediglich durch einen Zusatz des Amtsgerichts erweitert (z. B. 20 OWi 505 Js 12345/20).

Durch die Vorlage der Akten geht die Verfahrensherrschaft auf das nach § 68 OWiG zuständige Amtsgericht über. Mit dem Eingang der Akten dort wird die Verfolgungsverjährung nach § 33 Abs. 1 S. 1 Nr. 10 OWiG erstmals seit dem Erlass des mangelfrei zugestellten Bußgeldbescheides gem. § 33 Abs. 1 S. 1 Nr. 9 OWiG unterbrochen.[2)]

(§ 69 Absatz 4 OWiG)

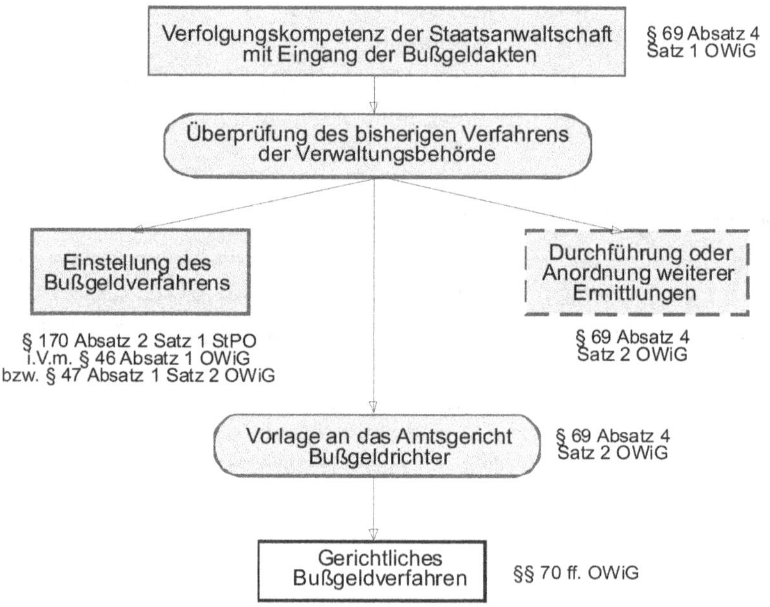

Abb. 1: Verfahren der Staatsanwaltschaft nach Übersendung der Bußgeldakten

1) Sachverhalt nach OLG Stuttgart, Beschl. vom 9.5.2003, Az. 1 Ss 188/03.

2) BayObLG, Beschl. vom 21.1.2022, Az. 202 ObOWi 2/22.

V. Kapitel
Verfahren vor dem Amtsgericht

Das gerichtliche Bußgeldverfahren ist in diesem für die verantwortenden Personen der Verwaltungsbehörden verfassten Handbuch aus deren Sicht und nur insoweit beschrieben, als es für sie von Bedeutung ist. Das Verfahren ist erstinstanzlich den Abteilungen für Bußgeldsachen bei den Amtsgerichten zugewiesen (§ 46 Abs. 7 OWiG). Es entscheidet der Richter am Amtsgericht als Einzelrichter oder die Richterin am Amtsgericht als Einzelrichterin (§ 68 Abs. 1 Satz 2 OWiG) bzw. als Jugendrichter oder Jugendrichterin (§ 68 Abs. 2 OWiG) im Bußgeldverfahren gegen Jugendliche und Heranwachsende. Das Verfahren ist dem Strafverfahren nach zulässigem Einspruch gegen einen Strafbefehl nachgebildet (§ 71 Abs. 1 OWiG), indem die Staatsanwaltschaft den Bußgeldbescheid als öffentliche Klage gegen den Betroffenen vertritt.[1] Die Aufgaben der Verfolgungsbehörde sind bereits mit dem Eingang der Akten bei der Staatsanwaltschaft auf diese übergegangen (§ 69 Abs. 3 S. 1 OWiG). Aus diesem Grund ist die Verwaltungsbehörde am gerichtlichen Bußgeldverfahren nicht mehr unmittelbar beteiligt. Das Vor- und Zwischenverfahren der Verwaltungsbehörde ist also rechtlich gesehen nur die Vorstufe des gerichtlichen Bußgeldverfahrens. Der Richter oder die Richterin am Amtsgericht entscheidet nicht über die Rechtmäßigkeit des Bußgeldbescheides, sondern aufgrund des darin geschilderten Tathergangs, ob eine Ordnungswidrigkeit vorliegt, keine Verfahrenshindernisse vorliegen und die Ahndung geboten erscheint. Sowohl bei der rechtlichen Bewertung des Sachverhalts als auch bei der Verhängung der Rechtsfolgen ist das Gericht in keiner Weise an den Bußgeldbescheid, sondern nur an Recht und Gesetz gebunden (Art. 20 Abs. 3, 97 Abs. 1 GG). Die Aufgabenstellung des Amtsgerichts im Bußgeldverfahren unterscheidet sich also völlig von der des Verwaltungsgerichts bei der Anfechtungsklage gegen Verwaltungsakte (§§ 112, 113 VwGO) bzw. des Sozialgerichts bei der Anfechtungsklage gegen Sozialverwaltungsakte (§ 54 SGG).

Die elektronische Aktenführung findet bei den Amtsgerichten ab 2026 statt, zuvor nur bei entsprechenden Rechtsverordnungen in den Ländern zur Einführung des elektronischen Rechtsverkehrs bei der Justiz (§ 110a OWiG). Es steht zu erwarten, dass der elektronische Rechtsverkehr bei den Staatsanwaltschaften und Amtsgerichten eines Landes zeitgleich eingeführt wird.

1) Im Gegensatz zum Verwaltungsstreitverfahren handelt es sich nicht um ein Parteiverfahren zwischen Kläger oder Klägerin und Beklagtem oder Beklagter.

§ 22 Gerichtliche Bußgeldentscheidung

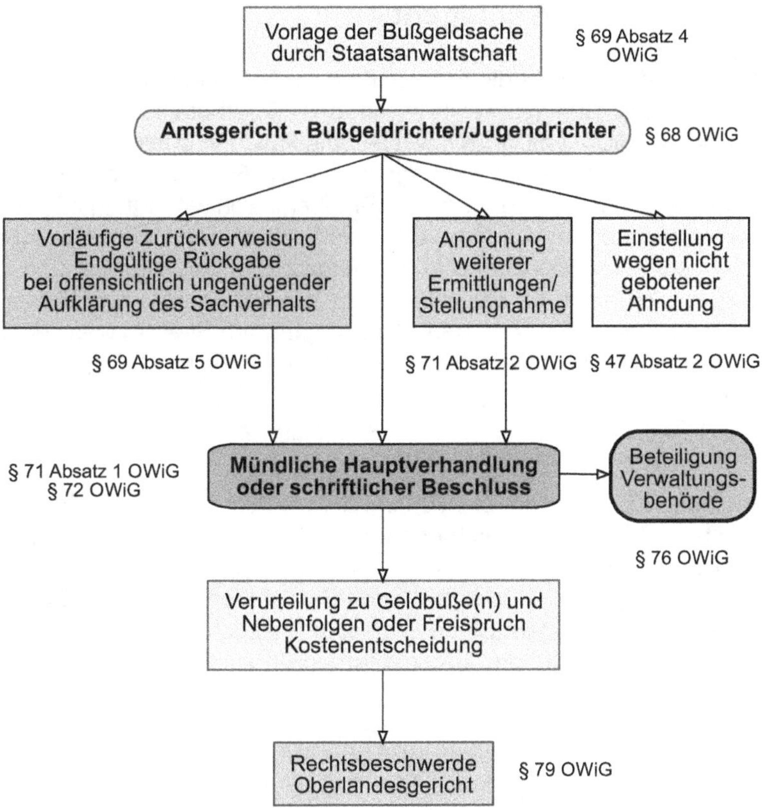

Abb. 1: Gerichtliches Bußgeldverfahren

Die Staatsanwaltschaft legt die Akten dem Richter oder der Richterin am Amtsgericht (§ 68 Abs. 1 OWiG) vor, wenn sie weder das Verfahren einstellt noch weitere Ermittlungen durchführt (§ 69 Abs. 4 S. 1 OWiG). Örtlich zuständig ist i. d. R. das Amtsgericht, in dessen Bezirk die Verwaltungsbehörde ihren Sitz hat (§ 68 Abs. 1 S. 1 OWiG). Diese Zuständigkeit kann durch landesrechtliche Verordnungen abweichend bestimmt werden (§ 68 Abs. 3 OWiG). Solche Verordnungen sind in allen Ländern teils mehrfach für bestimmte Ordnungswidrigkeiten erlassen. Das gerichtliche Bußgeldverfahren beginnt mit dem Eingang der spätestens ab 2026 elektronisch übermittelten Bußgeldakte bei dem zuständigen Amtsgericht auf Übernahmeersuchen der abgebenden Staatsanwaltschaft mit dem Übernahmevermerk der Geschäftsstelle (§ 3 Abs. 1 i. V. m. § 1 Nr. 1 i. V. m. § 1 Nr. 1, 3 BußAktÜbV).[1] Mit dem Eingang der Akten beim Amtsgericht wird auch die Verfolgungsverjährung

1) Die Geschäftsstelle des Amtsgerichts wird in manchen Ländern als „Serviceeinheit" bezeichnet.

unterbrochen (§ 33 Abs. 1 S. 1 Nr. 10 OWiG). Diese Unterbrechung ist seit der mangelfreien Zustellung des Bußgeldbescheides durch die Verwaltungsbehörde (§ 33 Abs. 1 S. 1 Nr. 9 OWiG) die erstmögliche.

1. Amtsgericht als Bußgeldgericht

Das Amtsgericht ist i. d. R. für die Entscheidung in Bußgeldsachen sachlich zuständig. Das gerichtliche Bußgeldverfahren ist dem Strafbefehlsverfahren (§§ 407 ff. StPO) nachgebildet (§ 71 Abs. 1 OWiG). Die Entscheidung erfolgt auf der Grundlage des Bußgeldbescheides der Verwaltungsbehörde (§ 65 OWiG), den die Staatsanwaltschaft als öffentliche Klage wie im Strafverfahren vorlegt (§ 69 Abs. 4 S. 2 OWiG). Das Amtsgericht entscheidet also nicht „über" den Bußgeldbescheid, sein Urteil tritt vielmehr an dessen Stelle. Im Gegensatz zum Verwaltungs- und Sozialgericht handelt es sich nicht um einen Parteiprozess mit Klägern und Beklagten. Die Betroffenen haben vielmehr einen den „Angeklagten" im Strafprozess vergleichbare Stellung. Das Verfahren ist daher an den Regeln der StPO, nicht der VwGO oder des SGG orientiert.

1.1 Vorbereitung der Hauptverhandlung

Der Richter oder die Richterin am Amtsgericht entscheidet im Bußgeldverfahren allein (§ 68 Abs. 1 S. 2 OWiG). Richtet sich das Bußgeldverfahren gegen einen zur Tatzeit der Ordnungswidrigkeit (§ 6 S. 1 OWiG) noch jugendlichen oder heranwachsenden Betroffenen oder eine entsprechende Betroffene (§ 1 Abs. 2 JGG), so ist der Jugendrichter oder die Jugendrichterin des Amtsgerichts zuständig (§ 68 Abs. 2 OWiG). Der Amtsrichter oder die Amtsrichterin prüft zunächst, ob das Bußgeldverfahren voraussichtlich entscheidungsreif ist. Das gerichtliche Bußgeldverfahren dient nicht der weiteren Aufklärung des Sachverhalts, sondern nur der Entscheidung über die von der Verwaltungsbehörde (§ 35 OWiG) ausreichend aufgeklärte und einem als Verfahrensgrundlage tauglichen Bußgeldbescheid oder gleichgestelltem Bescheid (§ 66 Abs. 1 Nr. 3 OWiG). Eine weitere Aufklärung des Sachverhalts soll nur dann erfolgen, wenn im gerichtlichen Bußgeldverfahren erstmals oder weitere Einwendungen oder Beweisanträge erfolgen, auf die die Verwaltungsbehörde noch nicht eingehen konnte. Die Verteidigungsstrategie vieler Rechtsanwälte und Rechtsanwältinnen hat sich aber seit Längerem dahin geändert, Einwendungen und Beweisanträge in das gerichtliche Verfahren außerhalb oder innerhalb der Hauptverhandlung zu verlagern. Deswegen liegt es auch im Interesse der Verwaltungsbehörde, das Bußgeldverfahren auch nach Verlust der Verfahrenshoheit weiter zu verfolgen und zu begleiten, um im Rahmen der optionalen Beteiligung am gerichtlichen Verfahren (§ 76 Abs. 2 OWiG) die Gesichtspunkte vorzubringen, die von ihrem Standpunkt für die Entscheidung von Bedeutung sind (§ 76 Abs. 1 S. 1 OWiG)

1.2 Keine Zusammenarbeit mit dem Amtsgericht

Die Richter sind gem. Art. 97 Abs. 1 GG unabhängig und nur dem Gesetz unterworfen. Jede Andeutung einer verfahrensbezogenen Zusammenarbeit ist daher verfassungsrechtlich ausgeschlossen. Dienstbesprechungen sind wegen der richterlichen

Unparteilichkeit nur allgemein und verfahrensunabhängig möglich. Denkbar ist etwa eine gemeinsame Besprechung mit anderen Behörden, die Bußgeldverfahren bearbeiten, unter Leitung der Staatsanwaltschaft. Ob dazu eingeladene Richter und Richterinnen daran teilnehmen oder dies wegen der ihrer Unabhängigkeit ablehnen, bleibt ihnen überlassen. Verfahrensunabhängige Erörterungspunkte könnten etwa sein:

- Gelegenheit zur Stellungnahme durch die Verwaltungsbehörde als Verwaltungsbehörde außerhalb der Hauptverhandlung (Nr. 90 RiStBV),
- Verlesung von Protokollen der Verwaltungsbehörde (§ 256 Abs. 1 Nr. 5 StPO i. V. m. § 46 Abs. 1 OWiG) anstelle der Ladung als Zeuge oder Zeugin,
- Ladung von Zeugen oder Zeuginnen der Verwaltungsbehörde möglichst auf telefonischen Abruf in der Dienststelle,
- geeignete Verfahren für die Beteiligung der Verwaltungsbehörde in der Hauptverhandlung (§ 76 OWiG) durch Terminnachricht des Amtsgerichts,
- Möglichkeit der Befragung von Betroffenen und Zeugen und Zeuginnen durch den Behördenvertreter in der Hauptverhandlung,
- abschließende Stellungnahme durch den Behördenvertreter oder die Behördenvertreterin in der Hauptverhandlung.

Über das Ergebnis der Dienstbesprechung sollte möglichst ein gemeinsames Protokoll gefertigt werden.

2. Rechtliche Verfahrenshindernisse

Der Richter oder die Richterin am Amtsgericht (§ 68 Abs. 1 S. 2, Abs. 2 OWiG) hat das Vorliegen rechtlicher Verfahrenshindernisse stets von Amts wegen zu überprüfen. In der Verfahrenspraxis kommen der mangelhafte Tatvorwurf des Bußgeldbescheides (§ 66 Abs. 1 Nr. 3 OWiG) und die Verfolgungsverjährung (§ 31 Abs. 1 S. 1 OWiG) in Betracht. Liegt ein solches Verfahrenshindernis vor, ist das Bußgeldverfahren sofort durch Beschluss nach § 206a StPO i. V. m. § 46 Abs. 1 OWiG einzustellen. Dieser Beschluss ist durch die sofortige Beschwerde der Staatsanwaltschaft (§ 304 Abs. 1, § 311 StPO i. V. m. § 46 Abs. 1 OWiG), nicht aber der unbeteiligten Verwaltungsbehörde (§ 69 Abs. 3 S. 1 OWiG) anfechtbar. Kein Verfahrenshindernis besteht, wenn die Verwaltungsbehörde in der Bußgeldakte vorhandene Beweismittel nicht benennt. Das Gericht kann nämlich die Vorlage nach § 71 Abs. 2 S. 1 Nr. 1 OWiG anordnen.[1)]

2.1 Mangelhafter Bußgeldbescheid

Der Tatvorwurf des Bußgeldbescheides (§ 66 Abs. 1 Nr. 3 OWiG) umschreibt wie die Anklage im Strafverfahren (§ 200 Abs. 1 S. 1 StPO) den Sachverhalt, über den das Gericht entscheiden soll. Ist aus dem Bußgeldbescheid (§ 65 OWiG) oder gleichgestellten Bescheid (§§ 87, 88 OWiG) kein konkreter Tathergang für Gericht und Betroffene erkennbar und fehlt es daher an der Umgrenzungsfunktion des Bußgeld-

1) Thüringer OLG (Jena), Beschl. vom 2.8.2006, Az. 1 Ss 144/06.

bescheides, z. B., weil im Wesentlichen nur der abstrakte Gesetzeswortlaut der Bußgeldvorschrift wiederholt ist oder die Feststellungen der Verwaltungsbehörde dargestellt sind, darf wegen Verfahrenshindernisses nicht zur Sache verhandelt werden.[1] Das Gericht stellt dann das Bußgeldverfahren wegen Fehlens einer Prozessvoraussetzung nach § 206a StPO i. V. m. § 46 Abs. 1 OWiG ein.[2]

Beispiele:

In einem Bußgeldbescheid wird dem Betroffenen eine Zuwiderhandlung gegen die mit einer Erlaubnis verbundene Auflage vorgeworfen. Weder der Inhalt der Nebenbestimmung noch die Zuwiderhandlung durch den Betroffenen sind beim zu schildernden Tathergang näher ausgeführt.[3]

Ein Bußgeldbescheid führt aus: „Nach den Feststellungen hatte die Betroffene am Sonntag, < Datum> ihren Laden in < Ort> geöffnet. Bei einer Kontrolle war festgestellt worden, dass das bereitgehaltene Warensortiment zum großen Teil nicht §§ 5 Abs. 4 S. 2 BbgLÖG entsprach." Welche Waren und welcher Umfang der angegebenen Rechtsvorschrift zugrunde liegen sollen, ist nicht erkennbar.[4]

Die Verwaltungsbehörde kann in solchen für sie sehr unerfreulichen Fällen bis zum Eintritt der Verfolgungsverjährung der Ordnungswidrigkeit (§ 31 Abs. 1 S. 1 OWiG) nur den mangelhaften Bußgeldbescheid zurücknehmen und einen neuen mit ordnungsgemäßem Inhalt erlassen. Gegen diesen kann der oder die Betroffene erneut Einspruch einlegen.

2.2 Verfolgungsverjährung

Der Eingang der Bußgeldakte auf Vorlage der Staatsanwaltschaft unterbricht die Verfolgungsverjährung (§ 33 Abs. 1 S. 1 Nr. 10 OWiG).[5] Die Verfolgungsverjährung kann vor allem bei kurzen sechsmonatigen Verjährungsfristen (§ 31 Abs. 2 Nr. 4 OWiG) im Zwischenverfahren eintreten, weil zwischen der mangelfreien Zustellung des Bußgeldbescheides innerhalb zwei Wochen (§ 33 Abs. 1 S. 1 Nr. 9 OWiG) und dem Eingang der Bußgeldakte beim Amtsgericht (§ 33 Abs. 1 S. 1 Nr. 10 OWiG) keine Unterbrechungsmöglichkeit mehr besteht. War sogar der Bußgeldbescheid mangelhaft zugestellt, liegt die letzte Unterbrechungshandlung sogar in der ersten Anhörung des oder der Betroffenen (§ 55 OWiG i. V. m. § 163a Abs. 1 StPO) im Vorverfahren (§ 33 Abs. 1 S. 1 Nr. 1 OWiG). Es empfiehlt sich daher bei drohender Verfolgungsverjährung der Ordnungswidrigkeit bereits im Abgabevermerk an die Staatsanwaltschaft (§ 69 Abs. 3 S. 1 Halbs. 1 OWiG) einen deutlichen Hinweis darauf anzubringen. Ist bei Eingang des Bußgeldverfahrens beim Amtsgericht Ver-

1) OLG Stuttgart, Beschl. vom 26.2.2014, Az. 2 Ss 616/13, für einen Einziehungsbescheid (§ 29a, § 87 Abs. 6 OWiG). Zu den Anforderungen an den Tatvorwurf im Bußgeldbescheid (§ 66 Abs. 1 Nr. 3 OWiG) § 13 Nr. 3.2.
2) OLG Hamm, Beschl. vom 13.1.2022, Az. 5 RBs 278/21; OLG Bamberg, Beschl. vom 12.8.2008, Az. 3 Ss OWi 896/08, unter Bezugnahme auf BGH, Beschl. vom 8.10.1970, Az. 4 StR 190/70.
3) Thüringer OLG (Jena), Beschl. vom 18.4.2016, Az. 1 OLG 121 SsRs 6/16.
4) Brandenburgisches OLG (Brandenburg), Beschl. vom 12.6.2019, Az. (1 Z) 53 Ss-OWi 169/19 (106/19).
5) Saarländisches OLG (Saarbrücken), Beschl. vom 3.6.2024, Az. 1 Ss OWi 44/24.

folgungsverjährung eingetreten, darf keine Sachentscheidung durch Urteil oder Beschluss nach § 72 OWiG mehr ergehen, das Bußgeldverfahren ist durch Beschluss aus rechtlichen Gründen einzustellen (§ 206a StPO i. V. m. § 46 Abs. 1 OWiG). Die Verwaltungsbehörde kann das Bußgeldverfahren wegen der eingetretenen Verfolgungsverjährung (§ 31 Abs. 1 S. 1 OWiG) auch nicht mehr aufnehmen.

3. Unzulässiger Einspruch

Hat die Verwaltungsbehörde die Unzulässigkeit des Einspruchs übersehen, so holt das Amtsgericht diese Entscheidung der Verwaltungsbehörde (§ 69 Abs. 1 S. 1 OWiG) durch Beschluss im schriftlichen Verfahren nach (§ 70 Abs. 1 OWiG).[1] Die Behandlung eines Einspruchs durch die Verwaltungsbehörde als zulässig ist für das gerichtliche Bußgeldverfahren nicht bindend.[2]

Beispiel:

Die Verwaltungsbehörde akzeptiert einen durch einfache ungesicherte E-Mail eingelegten Einspruch mit der Bitte um Ausdruck des Dateianhangs als zulässige Schriftform und übersendet die Bußgeldakte über die Staatsanwaltschaft an das Amtsgericht. Das Amtsgericht verwirft auf Anregung der Staatsanwaltschaft den Einspruch wegen der unzulässigen elektronischen Form.[3] Sobald dieser Beschluss rechtskräftig ist, kann die Vollstreckung des Bußgeldbescheides durch die Vollstreckungsbehörde begonnen werden.

Gegen den Beschluss des Amtsgerichts ist für den Betroffenen oder die Betroffene die sofortige Beschwerde (§ 311 StPO i. V. m. § 46 Abs. 1 OWiG) statthaft (§ 70 Abs. 2 OWiG), über die das Landgericht – Kammer für Bußgeldsachen – entscheidet (§ 46 Abs. 7 OWiG). Die Rechtskraft des gerichtlichen Verwerfungsbeschlusses bestätigt die Rechtskraft und Vollstreckbarkeit des Bußgeldbescheides (§ 89 OWiG) ab dem Ablauf der Einspruchsfrist (§ 67 Abs. 1 S. 1 OWiG). Die Vollstreckung des Bußgeldbescheides (§ 90 OWiG) obliegt dann der Verwaltungsbehörde, die den Bußgeldbescheid (§ 65 OWiG) oder gleichgestellten Bescheid (§§ 87, 88 OWiG) erlassen hat, als Vollstreckungsbehörde (§ 92 OWiG). Die Vollstreckungsverjährung (§ 34 OWiG) hat daher bereits zu diesem Zeitpunkt zu laufen begonnen. Beträgt diese bei einer Geldbuße bis zu 1000 Euro nur drei Jahre (§ 34 Abs. 2 Nr. 2 OWiG, kann eine beschleunigte Einleitung der Vollstreckung durch die Vollstreckungsbehörde (§§ 90, 92 OWiG) geboten sein.

1) AG Köln, Beschl. vom 16.11.2023, Az. 582 OWi 65/23; LG Frankfurt/Main, Beschl. vom 31.10.2019, Az. 5/9 Qs OWi 70/19. Die Staatsanwaltschaft besitzt diese Kompetenz im Zwischenverfahren (§ 69 Abs. 4 OWiG) nicht und kann das Verfahren nur entweder an die Verwaltungsbehörde zurückgeben oder dem Amtsgericht mit der Anregung der Verwerfung des unzulässigen Einspruchs (§ 70 OWiG) vorlegen.

2) LG Münster, Beschl. vom 12.10.2015, Az. 2 Qs – 89 Js 1834/15 – 76/15.

3) AG Baden-Baden, Beschl. vom 24.8.2020, Az. 14 OWi 308 Js 3503/20; AG Kassel, Beschl. vom 6.9.2017, Az. 384 OWi – 9433 Js 27079/17; AG Hünfeld, Beschl. vom 4.7.2013, Az. 34 Js – OWi 4447/13.

4. Unzureichend aufgeklärte Sachverhalte

Die Aufklärung des im Bußgeldbescheid vorgeworfenen Sachverhalts ist nicht Aufgabe des Gerichts, sondern der Verwaltungsbehörde. Nur ausreichend aufgeklärte, voraussichtlich entscheidungsreife Sachverhalte dürfen daher dem Amtsgericht über die Staatsanwaltschaft vorgelegt werden (§ 69 Abs. 3 OWiG).

4.1 Freispruch durch Beschluss

Ergibt sich von vornherein, dass trotz weiterer Aufklärung des Sachverhalts eine Verurteilung des oder der Betroffenen nicht möglich ist, kann das Amtsgericht den Betroffenen oder die Betroffene ohne Anhörung durch Beschluss ohne Hauptverhandlung nach § 72 Abs. 1 S. 3 OWiG aus tatsächlichen oder rechtlichen Gründen freisprechen (§ 267 Abs. 5 S. 1 StPO i. V. m. § 71 Abs. 1 OWiG).

Beispiele:

Dem Betroffenen wird unerlaubte Abfallbeseitigung (§ 69 Abs. 1 Nr. 2 KrWG) durch Wegwerfen von Hausmüll im Wald vorgeworfen. Die Verwaltungsbehörde stützt den Tatnachweis ausschließlich auf eine im Abfall liegende Illustrierte mit dem Namen des Betroffenen auf dem Abonnentenaufkleber. Dieser trägt bereits im Anhörungsdokument vor, er habe die Illustrierte an einer Bushaltestelle an einen Unbekannten verschenkt, was die Verwaltungsbehörde als unglaubwürdige Schutzbehauptung bewertet. Das Amtsgericht spricht durch Beschluss aus tatsächlichen Gründen frei, weil bei der vorhandenen Beweislage ein Tatnachweis nicht zu führen sei.

Im Bußgeldbescheid wird dem Betroffenen vorgeworfen, eine fahrlässige Ordnungswidrigkeit des unzulässigen Lärms nach § 117 OWiG begangen zu haben. Das Amtsgericht spricht den Betroffenen durch Beschluss aus rechtlichen Gründen frei, weil fahrlässiges Handeln in § 117 OWiG nicht mit Geldbuße bedroht ist (§ 10 OWiG) und Anhaltspunkte für vorsätzliches Handeln nicht ersichtlich sind.

Das Amtsgericht ist nicht verpflichtet, die nicht am Verfahren beteiligte Verwaltungsbehörde (§ 35 OWiG) vor der Entscheidung anzuhören. Das Gericht gibt ihr zwar grundsätzlich die Gelegenheit, die Gesichtspunkte vorzubringen, die von ihrem Standpunkt für die Entscheidung von Bedeutung sind (§ 76 Abs. 1 S. 1 OWiG). Es kann aber trotz entsprechender Anregung in der Abgabeverfügung (§ 69 Abs. 3 S. 1 OWiG) und der Staatsanwaltschaft (§ 69 Abs. 4 S. 2 OWiG) davon absehen, die Verwaltungsbehörde zu beteiligen, wenn ihre besondere Sachkunde für die Entscheidung entbehrt werden kann (§ 76 Abs. 2 OWiG). Gegen die unterbliebene Beteiligung kann weder die Verwaltungsbehörde noch die Staatsanwaltschaft Rechtsmittel einlegen. Die am Verfahren beteiligte Staatsanwaltschaft kann nur gegen den Freispruch insgesamt Rechtsbeschwerde zum Oberlandesgericht (OLG, in Bayern BayObLG) einlegen (§ 79 Abs. 1 S. 1 Nr. 3 OWiG).

4.2 Zurückverweisung an die Verwaltungsbehörde

Bei offensichtlich ungenügender Aufklärung des Sachverhalts durch die Verwaltungsbehörde bestimmt der Richter oder die Richterin am Amtsgericht keine Hauptverhandlung, sondern kann die Sache unter Angabe der Gründe mit Zustimmung der Staatsanwaltschaft direkt an die Verwaltungsbehörde zur ordnungsgemäßen Sachverhaltsaufklärung zurückverweisen (§ 69 Abs. 5 S. 1 Halbs. 1 OWiG, Musterbeschluss 22.1).[1] Dies kommt vor allem dann in Betracht, wenn die Verwaltungsbehörde naheliegende Beweise nicht erhoben oder Beweisanträge des oder der Betroffenen ignoriert (§ 163a Abs. 2 StPO i. V. m. § 46 Abs. 1 OWiG)[2] oder als „Schutzbehauptung" abgetan hat. Zur Vermeidung einer Zurückverweisung empfiehlt es sich bei zwischen der Verwaltungsbehörde und dem oder der Betroffenen umstrittenen Sachverhalten in der Abgabeverfügung (§ 69 Abs. 3 S. 1 OWiG)[3] ausführlich auf die Gesichtspunkte einzugehen, die für eine nicht weitergehende Aufklärung maßgeblich waren. Zudem kann die Verwaltungsbehörde in der Abgabeverfügung die Staatsanwaltschaft bitten, ihr vor einer Zustimmung zur Rückverweisung Gelegenheit zur Stellungnahme zu geben (Nr. 90 RiStBV).

Die gerichtliche Anordnung der Zurückverweisung unterbricht die Verfolgungsverjährung (§ 33 Abs. 1 S. 1 Nr. 10 OWiG), wenn sie als solche formal bezeichnet ist.[4] Durch die gerichtliche Zurückverweisung erhält die Verwaltungsbehörde mit dem Eingang der Akten unfreiwillig die Verfahrenshoheit für die Verfolgung und Ahndung der Ordnungswidrigkeit zurück (§ 69 Abs. 5 S. 1 Halbs. 2 OWiG). Sie besitzt kein Rechtsmittel gegen die gerichtliche Anordnung. Der zurückverweisende Beschluss des Amtsgerichts stellt zwar keine Weisung für die Verwaltungsbehörde dar. Entspricht sie allerdings nicht den Vorgaben des gerichtlichen Beschlusses, so kommt sie nicht mehr in das gerichtliche Bußgeldverfahren zurück. Verneint der Richter oder die Richterin am Amtsgericht nämlich bei einer erneuten Übersendung den hinreichenden Tatverdacht einer Ordnungswidrigkeit wiederum, so kann er oder sie jetzt sogar ohne Zustimmung der Staatsanwaltschaft durch unanfechtbaren Beschluss die Sache endgültig an die Verwaltungsbehörde zurückgeben (§ 69 Abs. 5 S. 2, 3 OWiG, Musterbeschluss 22.1).

Beispiel:

Die Verwaltungsbehörde legt die Akten des zurückverwiesenen Bußgeldverfahrens erneut dem Richter am Amtsgericht mit der Gegenvorstellung vor, die verlangten Nachermittlungen seien zu aufwändig und zu kostspielig. Das Amtsgericht gibt daraufhin die Sache endgültig an die Verwaltungsbehörde zurück.

1) Thüringer OLG (Jena), Beschl. vom 2.8.2006, Az. 1 Ss 144/06.
2) Zur Behandlung von Beweisanträgen (§ 163a Abs. 2 StPO i. V. m. § 46 Abs. 1 OWiG) durch die Verwaltungsbehörde § 6 Nr. 6.6.
3) Zur Abgabeverfügung der Verwaltungsbehörde (§ 69 Abs. 3 S. 1 OWiG) bei Übersendung der Bußgeldakten über die Staatsanwaltschaft an das Amtsgericht § 20 Nr. 4.
4) Thüringer OLG (Jena), Beschl. vom 29.9.2009, Az. 1 Ss 181/09.

Die Verwaltungsbehörde hat daher nur zwei Alternativen:

- **Durchführung der angeordneten Nachermittlungen**

  Entschließt sich die verantwortende Person der Verwaltungsbehörde zur Durchführung der angeordneten Nachermittlungen, so entscheidet sie erneut, ob die Verwaltungsbehörde den Bußgeldbescheid aufgrund der nunmehrigen Beweislage aufrechterhalten kann oder zurücknehmen muss (§ 69 Abs. 2 S. 1 OWiG). Bleibt der Bußgeldbescheid aufrechterhalten, so übersendet die Verwaltungsbehörde die Akten erneut an das Amtsgericht (Musterdokument 22.2), ansonsten ist das Bußgeldverfahren nach Zurücknahme des Bußgeldbescheids (§ 69 Abs. 2 S. 1 OWiG) mangels Tatnachweises aus tatsächlichen Gründen einzustellen (§ 170 Abs. 2 S. 1 StPO i. V. m. § 46 Abs. 1 OWiG).[1)]

- **Zurücknahme des Bußgeldbescheids und Einstellung des Bußgeldverfahrens**

  Hält die Verwaltungsbehörde die gerichtlich angeordneten Ermittlungen für nicht durchführbar oder zu aufwändig, z. B. bei der Anordnung, das Gutachten eines Sachverständigen (§ 72 StPO i. V. m. § 46 Abs. 1 OWiG) einzuholen, so kann sie den Bußgeldbescheid nur zurücknehmen (§ 69 Abs. 2 S. 1 OWiG) und das Bußgeldverfahren aus tatsächlichen Gründen einstellen (§ 170 Abs. 2 S. 1 StPO i. V. m. § 46 Abs. 1 OWiG). Bei einem verteidigten Betroffenen oder einer Betroffenen ist dann mit dem Kostenfestsetzungsantrag (§ 106 OWiG) gegen die Verwaltungsbehörde mit dem Ziel der Kostenhaftung des Verwaltungsträgers oder der Verwaltungsträgerin zu rechnen.[2)] Die Verwaltungsbehörde wird bei einer endgültigen Rückgabe des Bußgeldverfahrens wegen offensichtlich ungenügender Aufklärung des Sachverhalts regelmäßig die notwendigen Auslagen des oder der Betroffenen, d. h. eines von ihnen als Verteidiger beauftragten Rechtsanwalts oder einer von ihnen als Verteidigerin beauftragten Rechtsanwältin zu tragen haben.[3)] Die Verwaltungsbehörde kann das Bußgeldverfahren nicht dadurch beenden, dass sie ohne die aufgegebene Sachaufklärung über die Staatsanwaltschaft mitteilt, der Bußgeldbescheid sei „zurückgenommen" und die „Akte entnommen". Vielmehr ist dann das Verfahren gem. § 69 Abs. 5 S. 2 OWiG endgültig an die Verwaltungsbehörde zurückzugeben.[4)]

1) Zur Zurücknahme des Bußgeldbescheids und Einstellung des Bußgeldverfahrens (§ 69 Abs. 2 S. 1 OWiG) § 20 Nr. 3.
2) Zum Kostenfestsetzungsantrag gegen die Verwaltungsbehörde (§ 106 OWiG) § 20 Nr. 3.2.3.
3) Zur Kostenentscheidung der Verwaltungsbehörde (§ 105 Abs. 1 OWiG i. V. m. § 467a StPO) § 20 Nr. 3.2.1.
4) AG Dortmund, Beschl. vom 6.2.2024, Az. 729 OWi-250 Js 2543/23-154/23.

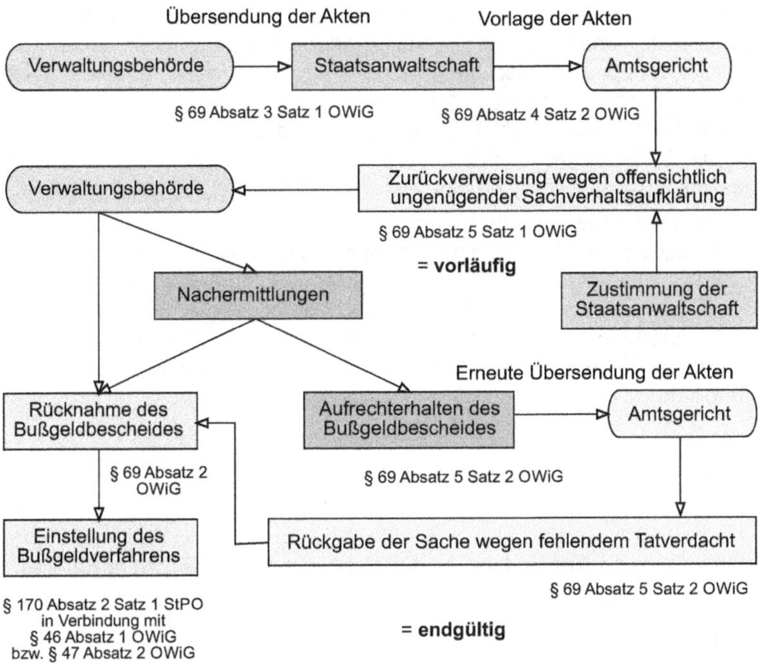

Abb. 2: Zurückweisung und Rückgabe des Bußgeldverfahrens Amtsgericht → Verwaltungsbehörde

Muster 22.1: Zurückverweisung an die Verwaltungsbehörde zu Nachermittlungen (§ 69 Abs. 5 OWiG)

Amtsgericht Königstadt

– Abteilung für Straf- und Bußgeldsachen –

5 Owi 212 Js 483945/26 Königstadt, den 26.5.2026

Bußgeldverfahren gegen Michael Gerstenkorn, Schillerstraße 54, 88343 Münsterberg, wegen Zuwiderhandlung gegen die Makler- und Bauträgerverordnung

Verteidiger: Rechtsanwalt Max Kleiber, Rathausplatz 13, 99999 Donaustein

Beschluss

Das Bußgeldverfahren wird an die Verwaltungsbehörde zurückverwiesen.

Gründe

Die Verwaltungsbehörde hat gegen den Betroffenen einen Bußgeldbescheid erlassen, gegen den dieser form- und fristgemäß Einspruch eingelegt hat. Der beauftragte Rechtsanwalt hat im Zwischenverfahren zum Beweis der Tatsache, dass der Prüfungsbericht über die durchgeführten Makler- und Bauträgergeschäfte im Kalenderjahr 2024 rechtzeitig bis zum Jahresende 2025 bei der Stadt Donaustein eingegangen sei, die Vernehmung der Zeugin Maier Angelika beantragt. Diese sollte bekunden, als Mitarbeiterin des beauftragten Steuerberaters den Prüfungsbericht am 12.12.2025 persönlich beim Gewerbeamt der Stadt Donaustein abgegeben zu haben.

Die Verwaltungsbehörde hat entgegen § 163a Abs. 2 StPO i. V. m. § 46 Abs. 1 OWiG nicht über den Beweisantrag entschieden, sondern den Betroffenen aufgefordert, eine eidesstattliche Versicherung der Zeugin vorzulegen, was der Betroffene abgelehnt hat. Die Verwaltungsbehörde hat die Bußgeldakten ohne weitere Aufklärung des Sachverhalts über die Staatsanwaltschaft nach § 69 Abs. 3 OWiG dem Amtsgericht zur Entscheidung vorgelegt. Die Staatsanwaltschaft hat der Zurückverweisung wegen offensichtlich ungenügender Aufklärung des Sachverhalts gem. § 69 Abs. 5 S. 1 OWiG zugestimmt.

Die Verwaltungsbehörde hat den im Bußgeldbescheid bezeichneten Sachverhalt durch Vernehmung der Zeugin Maier Angelika so weit aufzuklären, dass eine Entscheidung im gerichtlichen Bußgeldverfahren möglich ist. Die Aufklärung des wahren Sachverhalts ist auch im Zwischenverfahren Aufgabe der Verwaltungsbehörde. Die Frage, ob der Prüfungsbericht durch die Mitarbeiterin eines beauftragten Steuerberaters persönlich abgegeben wurde, ist für das Vorliegen der vorgeworfenen Ordnungswidrigkeit entscheidungserheblich.

Krause

Richterin am Amtsgericht

Muster 22.2: Erneute Aktenübersendung an das Amtsgericht (§ 69 Abs. 5 OWiG)

Stadt Münsterberg Bußgeldstelle

Stadt Münsterberg, 99090 Münsterberg

Dienstgebäude	Leibnizstraße 25 99090 Münsterberg
Bearbeitung	Frau Weber
Telefon	(0987) 9878-363
E-Mail	bs@Münsterberg.de

Amtsgericht Königstadt
Abteilung für Bußgeldsachen
über EGVP

Ihr Zeichen, Ihre Nachricht vom	Bitte bei Antwort angeben **Unser Zeichen, unsere Nachricht vom**	**Datum**
	OWi – 0987665/26	1.7.2026

Bußgeldverfahren gegen Herrn Peter Baumann, geb. 17.4.1982, Neustadt, Alte Bergstraße 89, 88343 Münsterberg, wegen unerlaubter Abfallbeseitigung

Verteidiger: Rechtsanwalt Heinrich Sperber, Halderstraße 12, 99999 Donaustein

Nach der Zurückverweisung des Bußgeldverfahrens durch Beschluss des Amtsgerichts vom 22.5.2026 wurde die Zeugin Angelika Meier für den 16.6.2026 zur Vernehmung durch die Stadt Münsterberg geladen. Das Vernehmungsdokument ist als Dateianhang beigefügt. Wir halten aufgrund der Aussage der Zeugin nunmehr den hinreichenden Tatverdacht der vorgeworfenen Ordnungswidrigkeit für gegeben und legen das Bußgeldverfahren daher nach § 69 Abs. 5 S. 2 OWiG dem Amtsgericht zur Entscheidung vor.

Anlage 1 Vernehmungsdokument als Dateianhang

Stadt Münsterberg, Bußgeldstelle

Telefonvermittlung
(0899) 123-0
Internet
www.Muensterberg.de

Sprechzeiten
Mo-Mi 7.30-16.30 Uhr
Do 7.30-17.30 Uhr
Fr 7.30-12.00 Uhr

Öffentliche Verkehrsmittel
Stadtbus Linie 6
Haltestelle Mitte

Bankverbindung
Kreissparkasse Münsterberg
IBAN DE2040000000123456
BIC GROBDE77XX
Volksbank Münsterberg
IBAN DE2040000000234567
BIC GROBDE87XX

Besonderes elektronisches Behördenpostfach
Ordnungsamt@muensterberg .de

V Verfahren vor dem Amtsgericht

Muster 22.3: Endgültige Rückgabe des Bußgeldverfahrens durch das Amtsgericht an die Verwaltungsbehörde (§ 69 Abs. 5 OWiG)

Amtsgericht Königstadt

– Abteilung für Straf- und Bußgeldsachen –

5 Owi 212 Js 483945/26 Königstadt, den 17.7.2026

Bußgeldverfahren gegen Michael Gerstenkorn, Schillerstraße 54, 99090 Münsterberg, wegen Zuwiderhandlung gegen die Makler- und Bauträgerverordnung

Verteidiger: Rechtsanwalt Max Kleiber, Rathausplatz 13, 99999 Donaustein

Beschluss

Das Bußgeldverfahren wird an die Verwaltungsbehörde endgültig zurückgegeben.

Gründe

Das Amtsgericht hat das Verfahren zur weiteren Aufklärung des Sachverhalts zurückgegeben. Die Stadt Donaustein hat daraufhin die Zeugin Maier Angelika vernommen und am 14.6.2026 die Sache erneut zur Entscheidung vorgelegt. Ein hinreichender Tatverdacht ist jedoch auch nach den ergänzenden Ermittlungen der Verwaltungsbehörde nicht gegeben. Die Zeugin hat bekundet, sie habe für mehrere Mandanten die Prüfungsberichte über die durchgeführten Makler- und Bauträgergeschäfte im Dezember 2025 beim Gewerbeamt der Stadt Donaustein abgegeben, ob derjenige des Betroffenen dabei gewesen sei, könne sie aber nicht mehr sagen. Da weder eine weitere Aufklärung des Sachverhalts durch erneute gerichtliche Vernehmung der Zeugin in einer Hauptverhandlung noch die Verurteilung des Betroffenen zu erwarten ist, wird der hinreichende Tatverdacht einer Ordnungswidrigkeit verneint und die Sache endgültig an die Verwaltungsbehörde zurückgegeben.

Krause

Richterin am Amtsgericht

4.3 Nachermittlungsauftrag an die Verwaltungsbehörde

Erscheint ein von der Verwaltungsbehörde über die Staatsanwaltschaft vorgelegtes Bußgeldverfahren aufgrund unvollständiger Aufklärung des Sachverhalts noch nicht entscheidungsreif, so kann das Amtsgericht gem. § 71 Abs. 2 S. 1 OWiG weitere Anordnungen zur besseren Aufklärung des Sachverhalts treffen. Im Gegensatz zur Zurückverweisung wegen offensichtlich ungenügender Aufklärung des Sachverhalts nach § 69 Abs. 5 S. 1 OWiG bleibt die Verfahrenshoheit hier beim Amtsgericht und geht nicht auf die Verwaltungsbehörde zurück. Kommt die Verwaltungsbehörde den Anordnungen des Amtsgerichts nicht nach, so droht jedoch die Einstellung des Bußgeldverfahrens wegen nicht gebotener Ahndung (§ 47 Abs. 2 S. 1 OWiG). Ein gerichtlicher Nachermittlungsauftrag unterbricht nicht die Verfolgungsverjährung, sodass eine zügige Erledigung auch im Interesse der Verwaltungsbehörde liegt. Längere Untätigkeit der Verwaltungsbehörde kann zu einer Herabsetzung der Geldbuße in der gerichtlichen Bußgeldentscheidung wegen überlanger Verfahrensdauer führen (§ 199 GVG i. V. m. § 46 Abs. 1 OWiG).

Das Erfordernis nachträglicher Ermittlungen im gerichtlichen Bußgeldverfahren kann auf Ermittlungsmängeln der Verwaltungsbehörde, aber auch auf der Verteidigungsstrategie des oder der Betroffenen beruhen. Es ist verstärkt zu beobachten, dass Betroffene von Anfang an mögliches Vorbringen weder bei der Anhörung (§ 55 OWiG i. V. m. § 163a Abs. 1 StPO) im Vorverfahren noch mit dem Einspruch gegen den Bußgeldbescheid (§ 67 OWiG) oder sonst im Zwischenverfahren (§ 69 Abs. 2 OWiG) vortragen, sondern bewusst bis zum gerichtlichen Bußgeldverfahren zurückhalten. Wie die Verwaltungsbehörde im Zwischenverfahren (§ 69 Abs. 2 S. 3 OWiG) kann auch das Amtsgericht dem oder der Betroffenen bereits vor einer Hauptverhandlung Gelegenheit zur Äußerung geben (§ 71 Abs. 2 S. 2 OWiG).

Als gerichtliche Aufklärungsanordnungen gegenüber der Verwaltungsbehörde sieht § 71 Abs. 2 S. 1 OWiG zur besseren Aufklärung des Sachverhalts vor:

- **Einzelne Beweiserhebungen**

  Der Richter oder die Richterin am Amtsgericht (§ 68 Abs. 1 OWiG) kann der Verwaltungsbehörde nach § 71 Abs. 2 S. 1 Nr. 1 OWiG einen Ermittlungsauftrag erteilen, indem er oder sie einzelne Beweiserhebungen wie z. B. Vernehmungen von Zeugen oder Zeuginnen, Besichtigungen des Tatorts mit Bildaufnahmen oder Durchsuchungen und Beschlagnahmen anordnet. Kommt die Verwaltungsbehörde dem Ermittlungsauftrag nicht nach, kann das Gericht zwar die Ausführung nicht durchsetzen, wird dann aber wohl das Bußgeldverfahren gem. § 47 Abs. 2 OWiG für die Verwaltungsbehörde unanfechtbar einstellen.

- **Behördliche Stellungnahmen**

  Unabhängig von der Anordnung einzelner Beweiserhebungen kann der Richter oder die Richterin am Amtsgericht von der Verwaltungsbehörde, aber auch von anderen Behörden und sonstigen Stellen nach § 71 Abs. 2 S. 1 Nr. 2 OWiG die Abgabe von Erklärungen über dienstliche Wahrnehmungen, Untersuchungen und Erkenntnisse verlangen. Diese sollten in einer so ausführlichen Stellungnahme dargestellt werden, dass sie in einer gerichtlichen Hauptverhandlung verlesungsfähig sind (§ 256 Abs. 1 Nr. 5 StPO i. V. m. § 46 Abs. 1 OWiG, § 77a Abs. 2 OWiG) und dem Verfasser oder der Verfasserin das persönliche Erscheinen als Zeuge oder Zeugin erspart bleibt. Zudem kann das Amtsgericht die Beschlagnahme bei der Verwaltungsbehörde vorhandener Unterlagen anordnen (§ 98 StPO i. V. m. § 46 Abs. 1 OWiG) und zur Durchführung der Beschlagnahme auch einen Durchsuchungsbeschluss in den Räumen der Behörde erlassen (§§ 103, 105 StPO i. V. m. § 46 Abs. 1 OWiG).[1)]

Werden die Akten beim Amtsgericht elektronisch geführt, soll es der Verwaltungsbehörde den Nachermittlungsauftrag als elektronisches Dokument übermitteln (§ 32b Abs. 3 S. 1 StPO i. V. m. § 110c S. 1 OWiG, § 3 Abs. 1 S. 1 i. V. m. § 1 Abs. 2 Nr. 1 DokErstÜbV). Führt die Verwaltungsbehörde als empfangende Stelle noch keine elektronischen Akten, sind elektronische Dokumente vor der Übermittlung nach Maßgabe des § 32e StPO in die Papierform zu übertragen (§ 3 Abs. 1 S. 2 i. V. m. § 1 Abs. 2 Nr. 1 DokErstÜbV).

1) OLG Celle, Beschl. vom 26. März 2013, Az. 322 SsBs 377/12.

4.4 Erörterung des Verfahrensstandes

Das Gericht kann den Stand des Verfahrens mit den Verfahrensbeteiligten (= Staatsanwaltschaft, Betroffene, Verteidigende) bereits vor der Hauptverhandlung erörtern, soweit dies geeignet erscheint, das Verfahren zu fördern (analog § 202a S. 1 StPO i. V. m. § 71 Abs. 1 OWiG). Die Verwaltungsbehörde ist zwar keine Verfahrensbeteiligte, das Gericht kann sie aber nach seinem Ermessen an der Erörterung beteiligen, wenn es ihre besondere Sachkunde nicht für entbehrlich hält (§ 76 Abs. 1 S. 1, Abs. 2 OWiG). Der wesentliche Inhalt dieser Erörterung ist aktenkundig zu machen (analog § 202a S. 2 StPO i. V. m. § 71 Abs. 1 OWiG).

Eine Verständigung der Verfahrensbeteiligten über die Rechtsfolgen der Ordnungswidrigkeit, insbesondere der Höhe der Geldbuße (§§ 17, 30 OWiG) und Zahlungserleichterungen (§ 18 OWiG), vor der Hauptverhandlung ist zwar im Gegensatz zum Strafverfahren nicht ausdrücklich gesetzlich vorgesehen, findet aber seit Langem in der Verfahrenspraxis statt. Hat eine solche Erörterung stattgefunden, muss der Richter oder die Richterin während der Hauptverhandlung darauf von Amts wegen hinweisen (§ 78 Abs. 2 OWiG i. V. m. § 243 Abs. 4 StPO). Ohne die Teilnahme der verfahrensbeteiligten Staatsanwaltschaft sind Erörterungen mit dem Ziel einer Verständigung nicht möglich. Unzulässig sind wegen der klaren Gesetzeslage sogenannte „informatorische" Verständigungen zwischen Betroffenen, Verteidigenden mit dem Gericht.

4.5 Einstellung wegen nicht gebotener Ahndung

Hält der Richter oder die Richterin am Amtsgericht (§ 68 Abs. 1 S. 2 OWiG) zwar den Tatbestand einer Ordnungswidrigkeit für objektiv und subjektiv nachweisbar und verfolgbar, jedoch die Ahndung der Zuwiderhandlung für nicht geboten, so kann er oder sie das Bußgeldverfahren nach § 47 Abs. 2 S. 1 OWiG durch Beschluss einstellen.[1] Eine solche Einstellung kommt auch wegen überlanger Verfahrensdauer in Betracht, wenn das Bußgeldverfahren ohne Verschulden des oder der Betroffenen bei geringeren Geldbußen längere Zeit nicht bearbeitet wurde.[2] Aus rechtsstaatlichen Gründen (Art. 20 Abs. 3 GG) kann die Verfahrenseinstellung aber nur dann bei außergewöhnlichen, von dem oder der Betroffenen nicht zu vertretenden Verfahrensverzögerungen unabweisbar werden.[3] Die Einstellung des Bußgeldverfahrens nach § 47 Abs. 2 OWiG darf vom Gericht nicht angeordnet werden, wenn ein Tatnachweis nicht zu führen ist. Dann hat der oder die Betroffene einen Anspruch auf Freispruch zulasten der Staatskasse.[4] Durch einen Freispruch entstehende Kosten gehen nicht zulasten der Verwaltungsbehörde.

Die Einstellung wegen nicht gebotener Ahndung ist außerhalb einer mündlichen Hauptverhandlung grundsätzlich von der Zustimmung der Staatsanwaltschaft, nicht aber der Verwaltungsbehörde abhängig (§ 47 Abs. 2 S. 1 OWiG). Die Staatsanwaltschaft entscheidet über die Zustimmung, wenn der Richter oder die Richterin am Amtsgericht den entsprechenden Antrag eines Verfahrensbeteiligten oder seine

1) Die Bestimmung des § 47 Abs. 2 S. 1 OWiG entspricht der Einstellungsbefugnis der Verwaltungsbehörde in § 47 Abs. 1 S. 2 OWiG.
2) OLG Stuttgart, Beschl. vom 4.11.2008, Az. 4 Ss 517/06.
3) OLG Rostock, Beschl. vom 27.1.2016, Az. 21 Ss OWi 2/16 [B].
4) VerfGH Brandenburg (Potsdam), Beschl. vom 22.3.2019, Az. 1/18.

bzw. ihre eigene Absicht zur Verfahrenseinstellung mitteilt. Sind die Interessen der Verwaltungsbehörde in besonderem Maße berührt, so hört die Staatsanwaltschaft sie zuvor (Nr. 272 RiStBV). Die Zustimmung der Staatsanwaltschaft ist jedoch nach § 47 Abs. 2 S. 2 OWiG nicht erforderlich, wenn durch den Bußgeldbescheid eine Geldbuße bis zu 100 Euro verhängt ist und die Staatsanwaltschaft – wie in der Praxis regelmäßig – erklärt hat, sie nehme an der Hauptverhandlung des Amtsgerichts nicht teil und verzichte auf Terminsmitteilung (Nr. 284 Abs. 1 Buchst. b RiStBV).

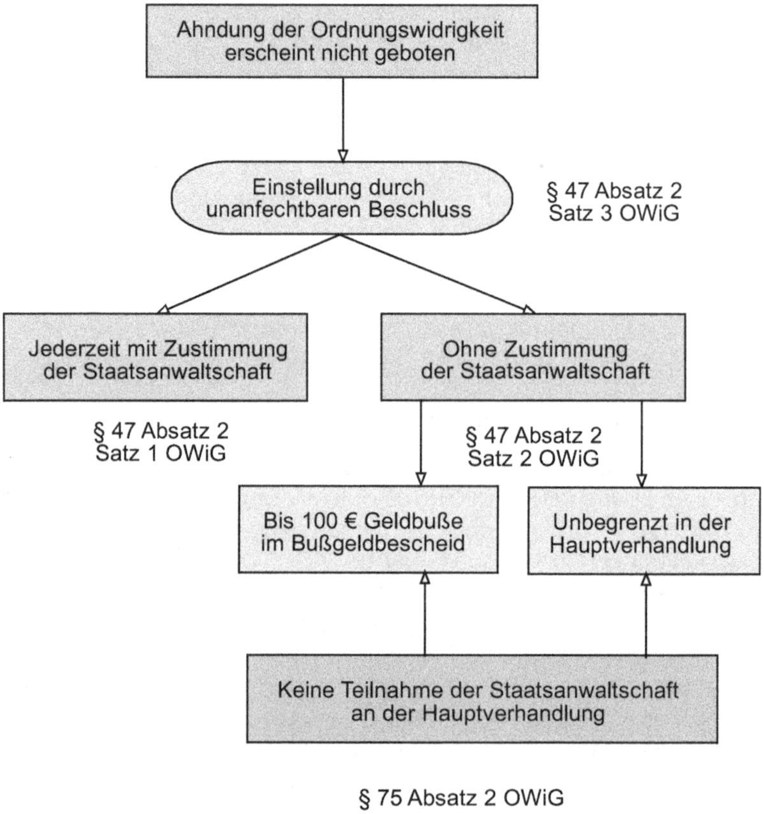

Abb. 3: Gerichtliche Einstellung des Bußgeldverfahrens (§ 47 Abs. 2 OWiG)

In allen Fällen kann der Richter oder die Richterin am Amtsgericht unabhängig von der Staatsanwaltschaft nach eigenem Ermessen der Verwaltungsbehörde Gelegenheit geben, diejenigen Gesichtspunkte vorzutragen, die von ihrem Standpunkt aus für die gerichtliche Entscheidung von Bedeutung sind (§ 76 Abs. 1 S. 1, 2 OWiG). Von einer Beteiligung der Verwaltungsbehörde kann jedoch abgesehen werden, wenn der Richter oder die Richterin ihre besondere Sachkunde für entbehrlich hält (§ 76 Abs. 2 OWiG). Die Verwaltungsbehörde kann aber bereits bei der Übersendung der Akten an das Amtsgericht über die Staatsanwaltschaft (§ 69 Abs. 3 S. 1 OWiG) darauf hinweisen, dass die Einstellung des Bußgeldverfahrens wegen öffentlichen Interesses nicht vertretbar erscheint. Dabei können auch die Auswirkungen einer Einstellung auf den Vollzug im Verwaltungsverfahren aufgezeigt werden. Wenig überzeugend wirkt es allerdings, wenn dies durch einen Textbaustein in jedem Bußgeldverfahren gleichförmig vorgetragen wird.

Der Einstellungsbeschluss des Amtsgerichts ist weder durch die Staatsanwaltschaft noch durch die Verwaltungsbehörde anfechtbar (§ 47 Abs. 2 S. 3 OWiG). Eine Begründung ist daher nicht erforderlich (§ 34 StPO i. V. m. § 46 Abs. 1 OWiG). Der rechtskräftige Beschluss ist der Verwaltungsbehörde vom Amtsgericht lediglich als verfahrensabschließende Mitteilung (§ 76 Abs. 4 OWiG) durch elektronisches Dokument zu übersenden.

5. Entscheidung im Beschlussverfahren

Hält das Gericht eine Hauptverhandlung für nicht erforderlich, so kann es im Beschlussverfahren entscheiden (Musterbeschluss 22.4), wenn der oder die Betroffene und die Staatsanwaltschaft dieser Verfahrensart nicht widersprechen (§ 72 Abs. 1 S. 1 OWiG). Die Staatsanwaltschaft erklärt im Regelfall bereits vorab ihre Zustimmung. Der oder die Betroffene oder Nebenbetroffene ist außer im Fall des Freispruchs entsprechend zu belehren (§ 72 Abs. 1 S. 2, 3 OWiG).[1] Die beteiligte Staatsanwaltschaft stimmt dieser Verfahrensweise i. d. R. bereits bei der Vorlage des Bußgeldverfahrens an das Amtsgericht zu (Nr. 284 Abs. 1 Buchst. a, Abs. 2 RiStBV). Anwaltlich vertretene Betroffene lassen regelmäßig bereits mit dem Einspruch gegen den Bußgeldbescheid mitteilen, dass mit dieser Verfahrensart kein Einverständnis bestehe.[2] Eine Zustimmung erfolgt allenfalls unter der einschränkenden Bedingung, dass eine bestimmte Rechtsfolge nicht überschritten werden darf. Dies ist etwa bei einer Geldbuße bis 200,00 Euro der Fall, die noch keine Mitteilung zum Gewerbezentralregister nach sich zieht (§ 149 Abs. 2 S. 1 Nr. 3 GewO).[3] Diese Verfahrensart hat daher nur sehr geringe praktische Bedeutung. Eine Zustimmung oder auch nur Benachrichtigung der Verwaltungsbehörde ist im Beschlussverfahren nach § 72 OWiG nicht vorgesehen. Das Beschlussverfahren ist nur dann geeignet, wenn der Sachverhalt unstreitig ist und nur Rechtsfragen, auch verwaltungsrechtliche Vorfragen zu entscheiden sind, oder nur über die Rechtsfolgen der Ordnungswidrigkeit zu entscheiden ist. Bei streitigen Sachverhalten, die eine Beweisaufnahme erfordern, ist daher i. d. R. eine mündliche Hauptverhandlung unumgänglich.

Das Gericht darf von der im Bußgeldbescheid getroffenen Entscheidung nicht zum Nachteil des oder der Betroffenen abweichen (§ 72 Abs. 3 S. 2 OWiG). Der Beschluss ist nur dem oder der Betroffenen und der Staatsanwaltschaft zuzustellen. Die Zustellung erfolgt durch elektronische Übermittlung (§ 32b Abs. 3 S. 1 StPO i. V. m. § 110c S. 1 OWiG) an die Staatsanwaltschaft (§ 41 S. 1 StPO i. V. m. § 46 Abs. 1 OWiG), nicht an die Verwaltungsbehörde. Diese erhält ihn erst nach seiner Rechtskraft als verfahrensabschließende Mitteilung (§ 76 Abs. 4 OWiG), da sie nicht rechtsmittelbefugt ist. Wegen der geringen Einflussmöglichkeiten in einem Beschlussverfahren empfiehlt sich die Wahrnehmung der Abgabeverfügung (§ 69

1) Zum Freispruch des oder der Betroffenen durch Beschluss des Amtsgerichts (§ 72 Abs. 5 OWiG) § 22 Nr. 3.1.
2) OLG Köln, Beschl. vom 15.10.2013, Az. 1 RBs 233/13.
3) Zur Eintragung in das Gewerbezentralregister (§ 149 Abs. 2 S. 1 Nr. 3 GewO) § 23 Nr. 9.1.

Abs. 3 S. 1 OWiG) zur Darstellung aus der Sicht der Verwaltungsbehörde entscheidungserheblicher Umstände.

Muster 22.4: Gerichtliche Verurteilung des Betroffenen durch Beschluss (§ 72 OWiG)

Amtsgericht Königstadt

– Abteilung für Straf- und Bußgeldsachen –

5 Owi 212 Js 483945/26 Königstadt, den 20.7.2026

Bußgeldverfahren gegen Michael Gerstenkorn, Schillerstraße 54, 99090 Münsterberg, wegen Zuwiderhandlung gegen die Makler- und Bauträgerverordnung

Verteidiger: Rechtsanwalt Max Kleiber, Rathausplatz 13, 99999 Donaustein

Beschluss

1. Der Betroffene wird wegen einer vorsätzlichen Ordnungswidrigkeit der Zuwiderhandlung gegen eine gewerberechtliche Auflage zu einer Geldbuße von 200 Euro verurteilt.
2. Der Betroffene trägt die Kosten des Verfahrens und seine notwendigen Auslagen.

Gründe

...

Krause

Richterin am Amtsgericht

6. Entscheidung aufgrund mündlicher Hauptverhandlung

Hält der Richter oder die Richterin am Amtsgericht die Durchführung einer mündlichen Hauptverhandlung zur Entscheidung über den Tatvorwurf und die Rechtsfolgen für notwendig, so beraumt er oder sie einen Termin an (§ 213 StPO i. V. m. § 46 Abs. 1 OWiG) und ordnet die erforderlichen Ladungen an (§ 214 Abs. 1 S. 1 StPO i. V. m. § 46 Abs. 1 OWiG). Die Entscheidung aufgrund einer Hauptverhandlung ist der Regelfall, weil sich das Beschlussverfahren durch Beschluss (§ 72 OWiG) nur eignet, wenn keine Beweisaufnahme erforderlich ist, und die Verfahrensbeteiligten oft auch nicht ihr Einverständnis dazu erklären, sondern auf einer Hauptverhandlung bestehen.

6.1 Terminsmitteilung an die Verwaltungsbehörde

Eine Beteiligung der Verwaltungsbehörde an der gerichtlichen Hauptverhandlung liegt im Ermessen des Richters oder der Richterin am Amtsgericht (§ 76 Abs. 2 OWiG) und ist daher nicht durchsetzbar. Die Verwaltungsbehörde sollte daher ihr Interesse an einer Terminsmitteilung bereits mit der Abgabeverfügung bei der Übersendung der Sache (§ 69 Abs. 3 S. 1 OWiG) darlegen.[1] Auch die Staatsanwaltschaft

1) Zur Übersendung der Bußgeldakten über die Staatsanwaltschaft an das Amtsgericht (§ 69 Abs. 3 S. 1 OWiG) § 20 Nr. 4.

kann bei der Vorlage des Verfahrens (§ 69 Abs. 4 S. 2 OWiG) auf die Teilnahme eines Vertreters oder einer Vertreterin der Verwaltungsbehörde hinwirken (Nr. 288 Abs. 2 RiStBV). Will der Richter oder die Richterin am Amtsgericht die Verwaltungsbehörde beteiligen, so teilt er oder sie ihr den Termin der Hauptverhandlung so rechtzeitig mit (§ 76 Abs. 1 S. 1 OWiG), dass sich ihr Vertreter oder ihre Vertreterin auf den Termin vorbereiten und die Akten vorher einsehen kann (Nr. 288 Abs. 1 RiStBV). Auch gegen eine ausdrückliche Ablehnung der Beteiligung als urteilsvorbereitender Maßnahme des Gerichts steht der Verwaltungsbehörde kein Rechtsmittel zu (§ 305 StPO i. V. m. § 46 Abs. 1 OWiG).

Der Termin zur Hauptverhandlung wird der Verwaltungsbehörde so rechtzeitig mitgeteilt, dass ihr Vertreter oder ihre Vertreterin sich auf die Hauptverhandlung vorbereiten und die Akten vorher einsehen kann (Nr. 288 Abs. 1 S. 1 RiStBV). Die Mitteilung an die Verwaltungsbehörde enthält außer Ort und Zeit der Hauptverhandlung keine weiteren Angaben. Das Gericht kann jedoch um Stellungnahmen zu bestimmten Punkten des Verwaltungs- und Bußgeldverfahrens bitten. Das Amtsgericht übersendet die Terminsmitteilung an die Verwaltungsbehörde unmittelbar durch elektronisches Dokument (§ 32b Abs. 3 S. 1 StPO i. V. m. § 110c S. 1 OWiG, § 3 Abs. 1 S. 1 i. V. m. § 1 Abs. 2 Nr. 1 DokErstÜbV). Führt die Verwaltungsbehörde als empfangende Stelle noch keine elektronischen Akten, sind elektronische Dokumente vor der Übermittlung nach Maßgabe des § 32e StPO in die Papierform zu übertragen § 3 Abs. 1 S. 2 i. V. m. § 1 Abs. 2 Nr. 1 DokErstÜbV).

Die Terminsmitteilung ist keine Ladung. Die Verwaltungsbehörde ist daher nicht verpflichtet, einen Vertreter oder eine Vertreterin, insbesondere die verantwortende Person der Bußgeldstelle zu entsenden. Erscheint aber grundlos trotz Terminsmitteilung niemand, so muss die Verwaltungsbehörde damit rechnen, künftig nicht mehr beteiligt zu werden. Geladene Zeugen oder Zeuginnen scheiden als Behördenvertreter oder -vertreterinnen aus, da sie bis zu ihrer Vernehmung den Sitzungssaal verlassen müssen, um eine Beeinträchtigung ihres Aussageverhaltens zu vermeiden. Außerdem können sie kaum zu ihrer eigenen Aussage Stellung nehmen. Der Behördenvertreter oder die Behördenvertreterin sollte sowohl das Bußgeldverfahren als auch das betroffene Fachgebiet beherrschen. Ohne weiteres möglich ist eine gemeinsame Vertretung durch einen Bediensteten oder eine Bedienstete der Bußgeldstelle und weitere des betroffenen Fachamts.

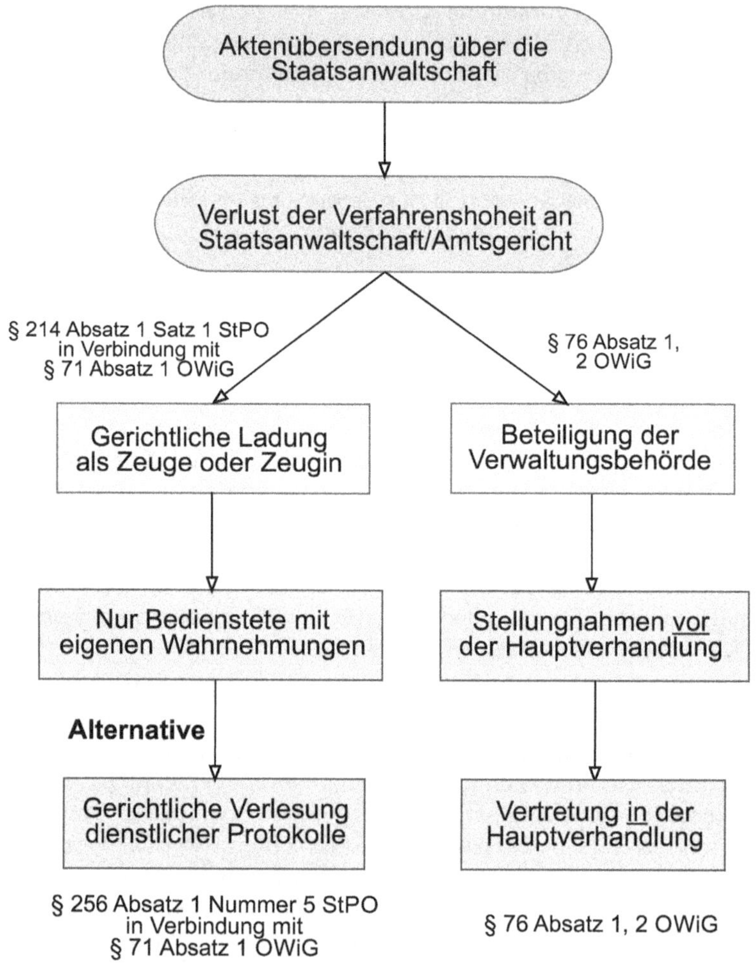

Abb. 4: Beteiligung der Verwaltungsbehörde am gerichtlichen Bußgeldverfahren

6.2 Ablauf der Hauptverhandlung

Die Leitung der Hauptverhandlung obliegt dem Richter oder der Richterin am Amtsgericht (§ 238 Abs. 1 StPO i. V. m. § 46 Abs. 1 OWiG). Über den Gang, die Ergebnisse und die wesentlichen Förmlichkeiten fertigt meist der Richter oder die Richterin ein Protokoll an (§ 271 ff. StPO i. V. m. § 46 Abs. 1, § 78 Abs. 4 OWiG). Eine Niederschrift der Vernehmungen des oder der Betroffenen, von Zeugen oder Zeuginnen und Sachverständigen erfolgt dabei jedoch nicht (§ 78 Abs. 2 OWiG).

Eine Anwesenheitspflicht der Verfahrensbeteiligten besteht im Bußgeldverfahren nur teilweise:

- Betroffene und Nebenbetroffene

  Betroffene sind auf Ladung grundsätzlich zum Erscheinen verpflichtet (§ 73 Abs. 1 OWiG) und werden nur ausnahmsweise auf Antrag entbunden (§ 73

Abs. 2 OWiG). Nur in diesem Fall können sie sich durch einen schriftlich bevollmächtigten Verteidiger oder eine Verteidigerin vertreten lassen (§ 73 Abs. 3 OWiG).

Einziehungsbeteiligte erhalten keine Ladung, sondern eine Terminsmitteilung, und sind zum persönlichen Erscheinen nur bei ausdrücklicher gerichtlicher Anordnung verpflichtet (§ 433 Abs. 2 StPO i. V. m. § 46 Abs. 1 OWiG).

Juristische Personen oder Personenvereinigungen werden zum Termin der Hauptverhandlung geladen; bleibt der gesetzliche Vertreter oder die Vertreterin aber ohne genügende Entschuldigung aus, kann ohne sie verhandelt werden (§ 444 Abs. 1 S. 1 StPO i. V. m. § 46 Abs. 1 OWiG).[1]

– Verwaltungsbehörde

  Der Vertreter oder die Vertreterin der Verwaltungsbehörde sind nur dann Verfahrensbeteiligte, wenn der Richter oder die Richterin am Amtsgericht die Verwaltungsbehörde durch Übersenden einer Terminsmitteilung (§ 76 Abs. 1 S. 3 OWiG) am gerichtlichen Verfahren beteiligt hat. Auch in diesem Fall sind sie nicht zum Erscheinen verpflichtet.[2]

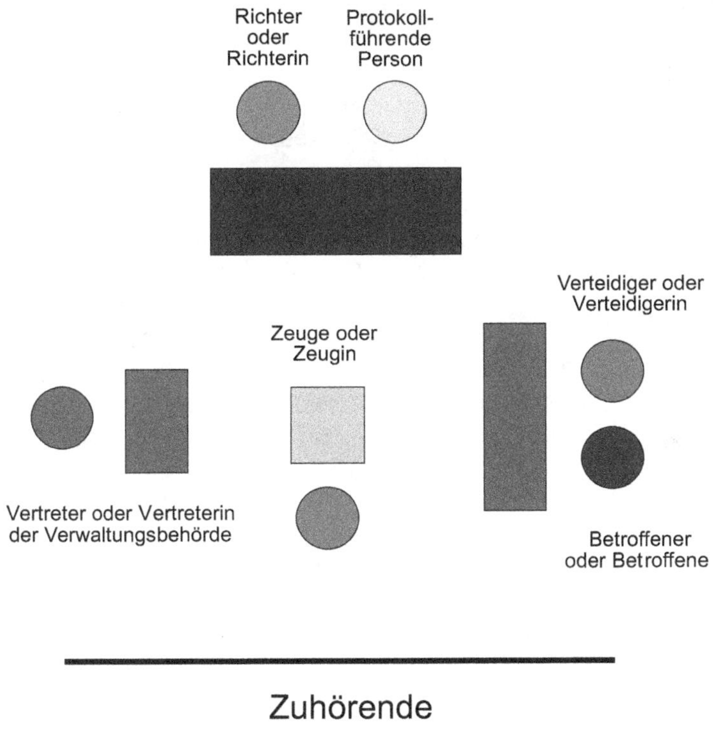

Abb. 5: Sitzungssaal des Amtsgerichts im Bußgeldverfahren

1) BGH, Beschl. vom 24.12.2021, Az. KRB 11/21.

2) Zum Antrag der Verwaltungsbehörde auf Terminsmitteilung in der Abgabeverfügung (§ 69 Abs. 3 S. 1 OWiG) § 20 Nr. 4.

- Staatsanwaltschaft

  Die Staatsanwaltschaft ist zwar zur Teilnahme an der Hauptverhandlung berechtigt, aber nicht verpflichtet (§ 75 Abs. 1 S. 1 OWiG). Sie nimmt ihr Anwesenheitsrecht i. d. R. nicht wahr, ein Sitzungsvertreter oder eine Sitzungsvertreterin erscheint nur ausnahmsweise bei bedeutsamen Bußgeldverfahren (Nr. 287 RiStBV).

Die Hauptverhandlung ist im Wesentlichen dem Strafverfahren nach zulässigem Einspruch gegen einen Strafbefehl nachgebildet (§ 71 Abs. 1 OWiG). Das Verfahren wird durch den Richter oder die Richterin in dieser Reihenfolge durchgeführt:

- Aufruf der Bußgeldsache (§ 243 Abs. 1 S. 1 StPO i. V. m. § 71 Abs. 1 OWiG),
- Feststellung der Anwesenheit (§ 243 Abs. 1 S. 2 StPO i. V. m. § 71 Abs. 1 OWiG),

  Stellt das Gericht fest, dass der oder die Betroffene trotz Zuwartens unentschuldigt nicht erschienen ist (§ 74 Abs. 2 OWiG) oder sich vor der Urteilsverkündung unerlaubt aus der Hauptverhandlung entfernt, verwirft es den Einspruch gegen den Bußgeldbescheid durch Urteil.[1)]
- Verlesung des Tatvorwurfes aus dem Bußgeldbescheid (§ 66 Abs. 1 Nr. 3 OWiG) oder aus dem gleichgestellten Bescheid (§ 243 Abs. 3 S. 1 StPO i. V. m. § 71 Abs. 1 OWiG),[2)]
- Belehrung des oder der Betroffenen (Nebenbetroffenen) über ihre Aussagefreiheit (§ 243 Abs. 4 S. 1 StPO i. V. m. § 71 Abs. 1 OWiG),
- Vernehmung des oder der aussagebereiten Betroffenen (Nebenbetroffenen) zur Sache (§ 243 Abs. 4 S. 2 StPO i. V. m. § 71 Abs. 1 OWiG) bzw. Bekanntgabe des wesentlichen Inhalts früherer Äußerungen oder Feststellung unterbliebener Äußerung (§ 74 Abs. 1 OWiG) bei erlaubter Abwesenheit des oder der Betroffenen,
- Beweisaufnahme (§§ 244 bis 257 StPO i. V. m. § 71 Abs. 1, §§ 77, 77a OWiG), während der Zeugen und Zeuginnen vernommen und Bildaufnahmen aus der Bußgeldakte in Augenschein genommen werden. Die in einem Protokoll (§ 168b Abs. 1 StPO i. V. m. § 46 Abs. 1 OWiG) festgehaltenen Äußerungen dienstlicher Zeugen und Zeuginnen (§ 256 Abs. 1 Nr. 5 StPO i. V. m. § 71 Abs. 1 OWiG sowie Gutachten von Sachverständigen (§ 256 Abs. 1 Nr. 1 StPO i. V. m. § 71 Abs. 1 OWiG) können anstelle einer Vernehmung unmittelbar verlesen werden.
- Schlussvorträge des Staatsanwalts, des oder der Betroffenen (Nebenbetroffenen) und Verteidigers (§ 258 Abs. 2, 3 StPO i. V. m. § 71 Abs. 1 OWiG), soweit anwesend,
- letztes Wort des oder der Betroffenen (Nebenbetroffenen, § 258 Abs. 2, 3 StPO i. V. m. § 71 Abs. 1 OWiG),
- Urteilsverkündung (§ 260 Abs. 1, § 268 StPO i. V. m. § 71 Abs. 1 OWiG) mit Rechtsmittelbelehrung.

1) OLG Braunschweig, Beschl. vom 19.11.2021, Az. 1 Ss (OWi) 202/21; KG (Berlin), Beschl. vom 28.4.1999, Az. 2 Ss 55/99 – 3 Ws (B) 218/99; Thüringer OLG (Jena), Beschl. vom 5.2.2003, Az. 1 Ss 287/02.

2) Nicht im Bußgeldbescheid dargestellte Sachverhalte (§ 66 Abs. 1 Nr. 3 OWiG) können nicht behandelt werden, weil es im gerichtlichen Bußgeldverfahren keine Nachtragsanklage wie im Strafverfahren (§ 266 StPO) gibt.

Ergibt sich während der Hauptverhandlung eine Veränderung des rechtlichen Gesichtspunktes oder der Sachlage gegenüber dem Bußgeldbescheid, so ist der oder die Betroffene vom Gericht vor einer Verurteilung darauf hinzuweisen (§ 265 Abs. 1, 2 StPO i. V. m. § 71 Abs. 1 OWiG). Die Hinweispflicht soll die Betroffenen vor Überraschungen schützen, auf die sie ihre Verteidigung nicht haben einstellen können.[1] Der gerichtliche Hinweis auf die Veränderung des rechtlichen Gesichtspunktes oder der Sachlage kann die Unterbrechung oder Aussetzung der Hauptverhandlung zur Folge haben (§ 265 Abs. 3, 4 StPO i. V. m. § 71 Abs. 1 OWiG).[2]

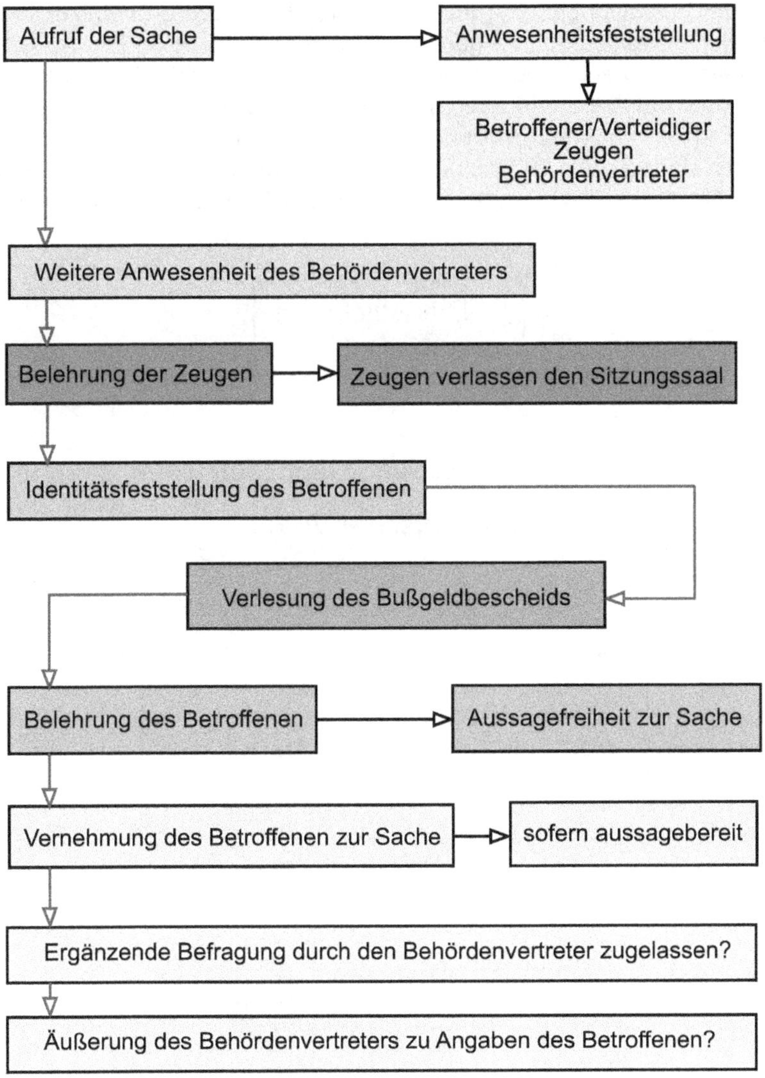

Abb. 6: Ablauf der Hauptverhandlung – Teil 1

1) Thüringisches OLG (Jena), Beschl. vom 26.2.2010, Az. 1 Ss 270/09.
2) OLG Düsseldorf, Beschl. vom 31.10.2022, Az. 2 RBs 155/22.

Der oder die Betroffene kann den Einspruch gegen den Bußgeldbescheid (§ 67 OWiG) nur bis zur mündlichen Urteilsverkündung in der Hauptverhandlung zurücknehmen (§ 67 Abs. 1 S. 2 OWiG i. V. m. § 302 Abs. 1 StPO).[1] Dieser wird damit sofort rechtskräftig und vollstreckbar (§ 89 OWiG). Die Hauptverhandlung endet unmittelbar, nachdem die Einspruchsrücknahme zu Protokoll genommen wurde.

Die Beweisaufnahme folgt zwar den Grundsätzen des Strafprozesses (§ 244 ff. StPO). Das Gericht kann jedoch im Bußgeldverfahren den Umfang der Beweisaufnahme beschränken (§ 77 OWiG) und in vereinfachter Art durchführen (§§ 77a, 78 OWiG).

Protokolle der Verwaltungsbehörde, von anderen Behörden und Polizeidienststellen können in der Beweisaufnahme gem. § 256 Abs. 1 Nr. 5 StPO i. V. m. § 46 Abs. 1 OWiG anstelle einer Zeugenvernehmung verlesen werden. Um dieses für die Verwaltungsbehörde vorteilhafte Verfahren herbeizuführen, sollten die Bußgeldakten qualifizierte Protokolle enthalten. Im Bußgeldbescheid sollte anstelle eines dienstlichen Zeugen oder einer Zeugin möglichst deren Protokoll (§ 168b Abs. 1 StPO i. V. m. § 46 Abs. 1 OWiG) als Beweismittel im Sinne des § 66 Abs. 1 Nr. 4 OWiG aufgeführt werden.[2]

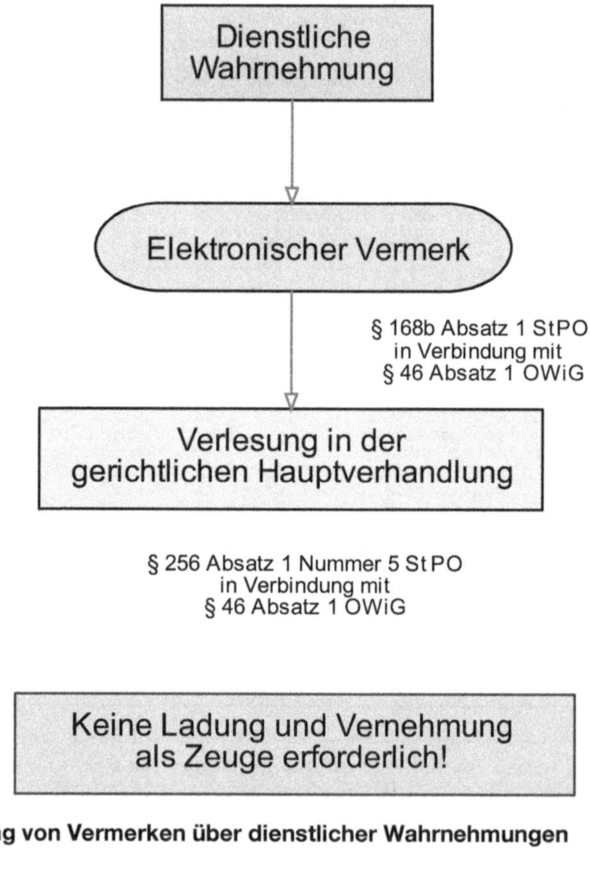

Abb. 7: Verlesung von Vermerken über dienstlicher Wahrnehmungen

1) OLG Sachsen-Anhalt (Naumburg), Beschl. vom 11.1.2022, Az. 1 Ws 235/21.
2) Zu den Beweismitteln im Bußgeldbescheid (§ 66 Abs. 1 Nr. 4 OWiG) § 13 Nr. 3.5.

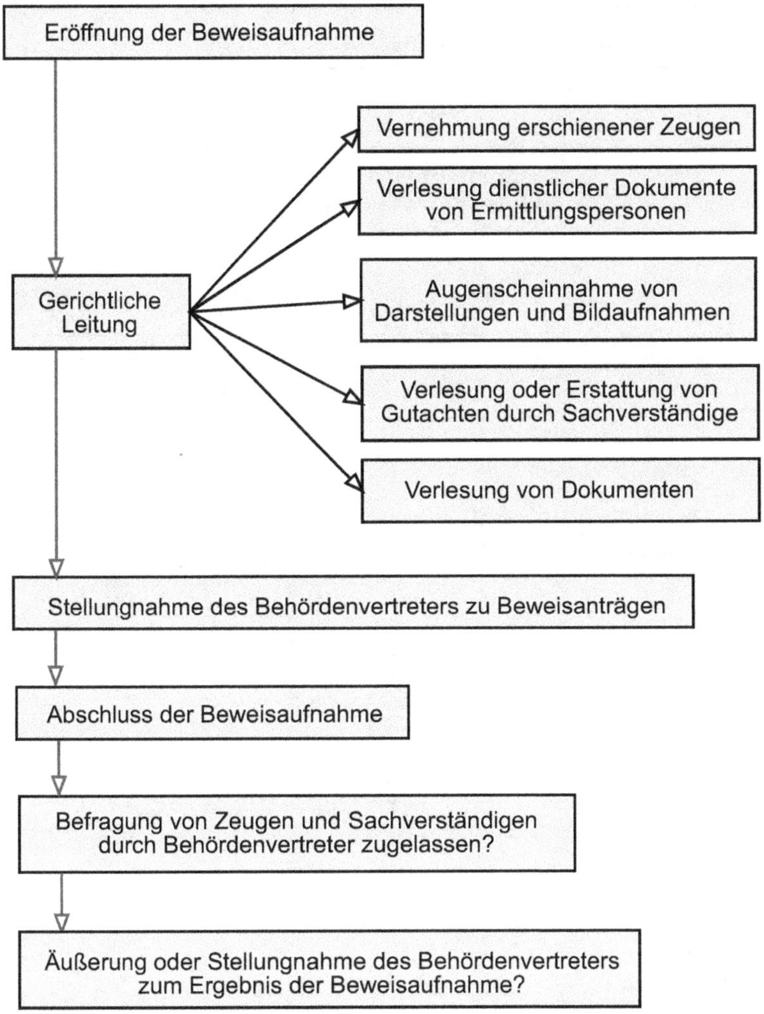

Abb. 8: Ablauf der Hauptverhandlung – Teil 2

V Verfahren vor dem Amtsgericht

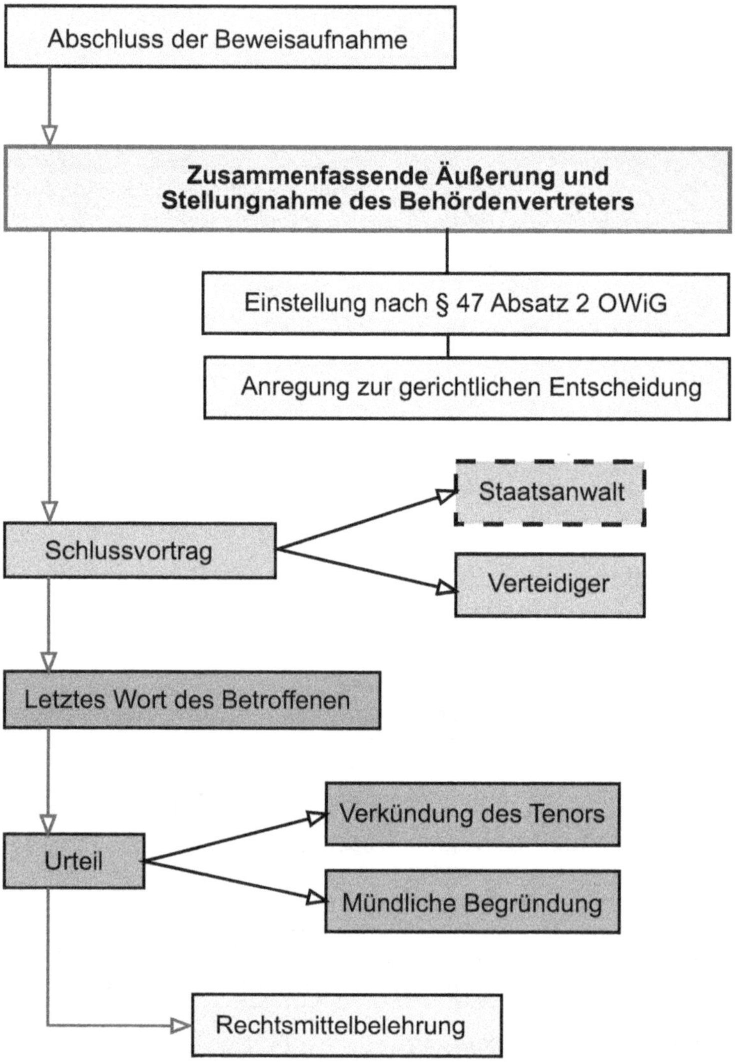

Abb. 9: Ablauf der Hauptverhandlung – Teil 3

Das gerichtliche Urteil braucht, wenn es nicht angefochten wird, nicht schriftlich begründet zu werden (§ 77b Abs. 1 S. 1 OWiG). Die Staatsanwaltschaft kann jedoch vor der Hauptverhandlung eine schriftliche Begründung beantragen (§ 77 Abs. 1 S. 2 Halbs. 2 OWiG). Der Verwaltungsbehörde steht eine solche Befugnis nicht zu. Das rechtskräftige Urteil wird der Verwaltungsbehörde als verfahrensabschließende Mitteilung formlos bekannt gegeben (§ 76 Abs. 4 OWiG). Erfolgt wie in der überwiegenden Anzahl der Fälle keine schriftliche Begründung, wird nur eine Kopie des Sitzungsprotokolls übersandt, dass auch den Tenor des mündlichen Urteils ohne weitere Begründung enthält. Die Verwaltungsbehörde kann keine nachträgliche schriftliche Begründung des Urteils herbeiführen, spätere Anfragen sind daher zwecklos. Weicht das Urteil vom Bußgeldbescheid erheblich ab oder kommt es sogar zur Einstellung des Bußgeldverfahrens (§ 47 Abs. 2 OWiG), so empfiehlt sich eine Zusammenfassung der maßgeblichen Gründe, damit diese für die künftige Verfahrenspraxis der Verwaltungsbehörde berücksichtigt werden können.

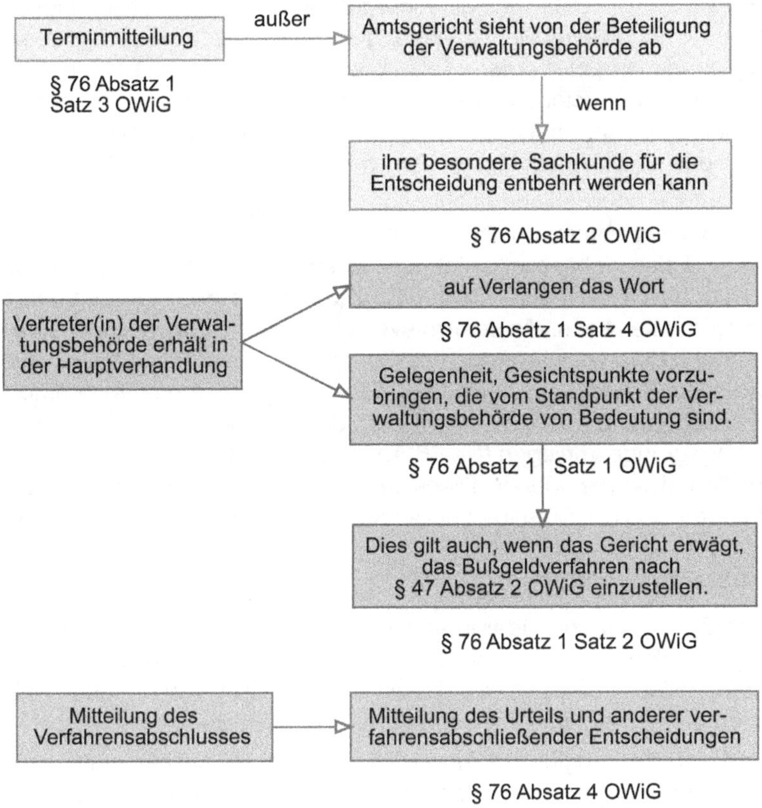

Abb. 10: Befugnisse der Verwaltungsbehörde in der Hauptverhandlung des Amtsgerichts (§ 76 OWiG)

6.3 Behördenangehörige als Zeugen oder Zeuginnen

Das Gericht kann Bedienstete der Verwaltungsbehörde als persönliches Beweismittel über ihre Wahrnehmungen in die gerichtliche Hauptverhandlung laden, wenn eine Verlesung von Protokollen (§ 256 Abs. 1 Nr. 5 StPO i. V. m. § 46 Abs. 1 OWiG) nicht ausreichend erscheint. Werden Behördenangehörige als Zeugen oder Zeuginnen geladen, so sind sie zum persönlichen Erscheinen verpflichtet (§§ 48, 51 StPO i. V. m. § 46 Abs. 1 OWiG). Da sie bis zu ihrer Vernehmung den Sitzungssaal zu verlassen haben, um nicht durch den Ablauf der Hauptverhandlung in ihrem Aussageverhalten beeinflusst zu werden (§ 243 Abs. 2 S. 1 StPO i. V. m. § 46 Abs. 1 OWiG), kann die Vertretung der Verwaltungsbehörde (§ 76 Abs. 1 OWiG) nur durch eine andere Person wahrgenommen werden.

6.3.1 Aussagegenehmigung

Für Angehörige des öffentlichen Dienstes besteht – auch nach dem Ausscheiden – die Verpflichtung zur Dienstverschwiegenheit (§ 54 Abs. 1, 4 StPO i. V. m. § 46 Abs. 1 OWiG, § 67 Abs. 1, 4 BBG). Dies gilt nicht für Tatsachen, die offenkundig sind oder ihrer Bedeutung nach keiner Geheimhaltung bedürfen. Davon kann in Bußgeldsachen regelmäßig ausgegangen werden (§ 67 Abs. 2 S. 1 Nr. 2 BBG). Eine Aussage vor Gericht über solche Angelegenheiten, über die der Bedienstete ausnahmsweise Verschwiegenheit zu wahren hat, darf nur mit Genehmigung des oder der Dienstvorgesetzten bzw. des oder der letzten Dienstvorgesetzten erfolgen (§ 67 Abs. 3 S. 1 BBG).

Einzuholen hat die erforderliche Aussagegenehmigung das Gericht, das den Zeugen oder die Zeugin vernehmen will (Nr. 66 Abs. 1 S. 1 RiStBV). Dienstliche Zeugen oder Zeuginnen sind also nicht verpflichtet, eine Aussagegenehmigung unaufgefordert zu beschaffen und mitzubringen. Bestehen Zweifel, ob sich die Vernehmung auf Umstände erstrecken kann, die der Amtsverschwiegenheit unterliegen, so ist dies vor der Vernehmung durch eine Anfrage des Gerichts bei dem oder der Dienstvorgesetzten zu klären (Nr. 66 Abs. 1 S. 2 RiStBV). Der Antrag muss das Vernehmungsthema kurz, aber erschöpfend angeben, damit der oder die Dienstvorgesetzte prüfen kann, ob Versagungsgründe vorliegen (Nr. 66 Abs. 3 S. 1 RiStBV). Der Antrag ist so rechtzeitig zu stellen, dass der oder die Dienstvorgesetzte ihn prüfen kann und sie ihre Entscheidung noch vor dem Termin mitteilen können (Nr. 66 Abs. 3 S. 1 RiStBV).

6.3.2 Vorbereitungspflicht

Zeugen und Zeuginnen, die über in amtlicher Eigenschaft gemachte Wahrnehmungen aussagen sollen, haben eine Vorbereitungspflicht. Erinnern sie sich nicht an Einzelheiten des Falles, so müssen sie die bei ihrer Behörde vorhandenen Akten einsehen, um sich die Einzelheiten ins Gedächtnis zurückzurufen.[1)]

Der Zeuge oder die Zeugin darf Akten und schriftliche Aufzeichnungen zur Auffrischung seiner Erinnerung verwenden. Zunächst haben sich Zeugen oder Zeuginnen jedoch nach Möglichkeit aus eigener Erinnerung heraus mündlich im Zusammenhang zu äußern (§ 69 Abs. 1 S. 1 StPO i. V. m. § 46 Abs. 1 OWiG). Unzulässig handeln Zeugen oder Zeuginnen, die nur versuchen, ihre früheren Aufzeichnungen zu verlesen, sich nur mündlich auf eigene oder andere schriftlichen Ausführungen beziehen und nur deren Richtigkeit bestätigen wollen. Nur wenn es dem Zeugen oder der Zeugin trotz Vorbereitung und Anspannung ihrer Erinnerungsmöglichkeiten nicht gelingt, z. B. einen länger zurückliegenden Sachverhalt ohne Besonderheiten aus dem Gedächtnis wiederzugeben, genügt es, wenn sie für ihre früheren Aufzeichnungen die volle Verantwortung übernehmen.

6.3.3 Verhalten vor Gericht

Der Zeuge oder die Zeugin sollte ausreichend vorbereitet mit vorhandenen schriftlichen Unterlagen erscheinen. Sie sollten bedenken, dass sie weder als Sachverständige noch Behördenvertreter oder -vertreterinnen auftreten dürfen. Ihre Aufgabe ist es ausschließlich, persönliche Wahrnehmungen wahrheitsgemäß wiederzugeben,

1) AG Frankfurt (Main), Urt. vom 25.3.2013, Az. 943 Ls – 5270 Js 208989/12.

nicht aber Bewertungen und rechtliche Ausführungen vorzunehmen. Sie dürfen allenfalls schildern, wie sie den Sachverhalt während ihrer eigenen Ermittlungen bußgeldrechtlich beurteilt haben. Von einem Behördenzeugen oder einer Behördenzeugin muss erwartet werden, dass sie Tatsachen von Vermutungen, Rückschlüssen und bloßen Bewertungen trennen. Überzeugend wirkt die streng sachlich und höflich vorgetragene Aussage. Unbedingt zu vermeiden sind persönliche oder gar abwertende Bemerkungen.

Auch der oder die Betroffene und ihre Verteidiger oder Verteidigerinnen haben ein Fragerecht an die Zeugen oder Zeuginnen der Verwaltungsbehörde (§ 240 Abs. 2 S. 1 StPO i. V. m. § 46 Abs. 1 OWiG). Ihre Fragen müssen daher ebenso beantwortet werden wie die Fragen des Gerichts. Ungeeignete oder nicht zur Sache gehörende Fragen hat der Richter oder die Richterin zurückzuweisen (§ 241 Abs. 2 StPO i. V. m. § 46 Abs. 1 OWiG).

Nachdem ein Zeuge oder eine Zeugin nach der Vernehmung oder ohne Vernehmung entlassen wird, sollte er oder sie unbedingt an der öffentlichen Hauptverhandlung weiter als Zuhörer oder Zuhörerin anwesend bleiben, wenn kein Vertreter oder keine Vertreterin der Verwaltungsbehörde teilgenommen hat. Damit erfährt diese ausschließlich die Gründe für eine vom Bußgeldbescheid abweichende Entscheidung, da das mündliche Urteil nur dann schriftlich begründet werden muss, wenn es von den Verfahrensbeteiligten angefochten wird. Die Verwaltungsbehörde besitzt keine Möglichkeit, eine schriftliche Urteilsbegründung herbeizuführen.

6.4 Vertretung der Verwaltungsbehörde

Ordnungswidrigkeiten sind häufig zur Ahndung von Zuwiderhandlungen gegen Ge- und Verbote bestimmt, die dem besonderen Verwaltungsrecht angehören. Aufgabe des Vertreters oder der Vertreterin der Verwaltungsbehörde ist es, das Gericht bei der Beurteilung des Sachverhalts und der Bewertung verwaltungsrechtlicher Vorfragen durch ihre besondere Sachkunde zu unterstützen. Die Verwaltungsbehörde erhält daher Gelegenheit, die Gesichtspunkte vorzubringen, die von ihrem Standpunkt aus für die Entscheidung von Bedeutung sind (§ 76 Abs. 1 S. 1 OWiG).

Die Stellungnahme wird für das Gericht als zusätzliche Erkenntnisquelle von Nutzen sein bei der Beurteilung der

- Vollzugspraxis der Verwaltung auf einem bestimmten Rechtsgebiet, insbesondere bei der Erteilung von Erlaubnissen, Genehmigungen und deren Nebenbestimmungen,
- Häufigkeit, Bedeutung und Auswirkung der Zuwiderhandlung auf den Vollzug,
- Verfahrensweise der Verwaltungsbehörde bei der Verfolgung und Ahndung der verletzten Bestimmung,
- Gebotenheit der Ahndung der Ordnungswidrigkeit durch das Gericht (§ 47 Abs. 2 OWiG),
- Höhe der Geldbuße, Anordnung von Nebenfolgen der Ordnungswidrigkeit.

Die Verwaltungsbehörde hat darüber hinaus keine weiteren Verfahrensrechte. Sie kann insbesondere in der Hauptverhandlung keine Anträge stellen, über die das Gericht dann entscheiden müsste.

6.4.1 Stellungnahmen und Beweisanregungen

Für Stellungnahmen der Verwaltungsbehörde ist kein bestimmter Zeitpunkt während der Hauptverhandlung vorgesehen. Der Vertreter oder die Vertreterin erhält jedoch auf Verlangen das Wort (§ 76 Abs. 1 S. 4 OWiG). Das Recht zur Stellungnahme steht ihnen daher jederzeit, insbesondere auch vor einer beantragten oder vom Gericht beabsichtigten Einstellung des Bußgeldverfahrens wegen nicht gebotener Ahndung (§ 47 Abs. 2 S. 1 OWiG) zu. Dieser Zeitpunkt ist von besonderer Bedeutung, weil die Einstellung des Verfahrens von der Verwaltungsbehörde weder verhindert werden kann noch anfechtbar ist (§ 47 Abs. 2 S. 3 OWiG).[1)]

Während des Laufs der Hauptverhandlung muss das Gericht stets mit Beweisanträgen rechnen, die im bisherigen Bußgeldverfahren noch nicht gestellt wurden, obwohl dies möglich gewesen wäre. Solche Anträge sind nicht grundsätzlich unzulässig. Vor einer gerichtlichen Entscheidung, die zur Unterbrechung oder sogar Aussetzung der Hauptverhandlung führen kann, ist eine Stellungnahme der Verwaltungsbehörde sinnvoll. Hält das Gericht den Sachverhalt nach dem bisherigen Ergebnis der Beweisaufnahme für geklärt, so kann es Beweisanträge nach den aus dem Strafverfahren stammenden Gründen ablehnen (§ 244 Abs. 3 StPO i. V. m. § 71 Abs. 1 OWiG). Dies ist immer dann der Fall, wenn

- die Beweiserhebung aus rechtlichen Gründen unzulässig ist (§ 244 Abs. 3 S. 2 StPO),
- die Tatsache, die bewiesen werden soll, für die Entscheidung ohne Bedeutung ist (§ 244 Abs. 3 S. 3 Nr. 1 StPO),
- die Tatsache, die bewiesen werden soll, schon erwiesen ist (§ 244 Abs. 3 S. 3 Nr. 2 StPO),
- das Beweismittel völlig ungeeignet ist (§ 244 Abs. 3 S. 3 Nr. 3 StPO),
- das Beweismittel unerreichbar ist (§ 244 Abs. 3 S. 3 Nr. 4 StPO),
- eine erhebliche Behauptung, die zur Entlastung des Angeklagten bewiesen werden soll, so behandelt werden kann, als wäre die behauptete Tatsache wahr (§ 244 Abs. 3 S. 3 Nr. 5 StPO).

Darüber hinaus kann das Gericht im Bußgeldverfahren einen Beweisantrag auch dann ablehnen, wenn

- nach seinem pflichtgemäßen Ermessen die Beweiserhebung zur Erforschung der Wahrheit nicht erforderlich ist (§ 77 Abs. 2 Nr. 1 OWiG) oder
- nach seiner freien Würdigung das Beweismittel oder die zu beweisende Tatsache ohne verständigen Grund so spät vorgebracht wird, dass die Beweiserhebung zur Aussetzung der Hauptverhandlung führen würde (§ 77 Abs. 2 Nr. 2 OWiG).

Beweisanträge auf Einholung des Gutachtens eines Sachverständigen können unter den Voraussetzungen des § 244 Abs. 4 StPO i. V. m. § 71 Abs. 1 OWiG abgelehnt werden. Dies ist insbesondere dann von Bedeutung, wenn ein vorhandenes Behördengutachten durch ein „Gegengutachten“ eines angeblich überlegenen privaten

1) Die Staatsanwaltschaft, von der Zustimmung die Einstellung abhängig wäre, nimmt i. d. R. an der Hauptverhandlung nicht teil (§ 75 Abs. 2 OWiG).

Sachverständigen erschüttert werden soll. Die Einnahme eines Augenscheintermins am Tatort der Ordnungswidrigkeit (§ 244 Abs. 5 StPO i. V. m. § 71 Abs. 1 OWiG) ist i. d. R. überflüssig, wenn sich in der Bußgeldakte bereits Bildaufnahmen befinden. Die Ladung von Behördenzeugen ist regelmäßig dann nicht notwendig, wenn diese bereits in der Bußgeldakte verlesungsfähige Protokolle über ihre Feststellungen erstellt haben (§ 256 Abs. 1 Nr. 5 StPO i. V. m. § 71 Abs. 1 OWiG).

Ein Beweisantragsrecht besitzt der Vertreter oder die Vertreterin der Verwaltungsbehörde zwar nicht. Im Rahmen einer Stellungnahme kann er oder sie aber Beweisanregungen vortragen. Die kommt vor allem dann in Betracht, wenn sich aufgrund erstmaliger oder neuer Einwendungen von Betroffenen in der Hauptverhandlung neue Gesichtspunkte ergeben, zu denen der Vertreter oder die Vertreterin der Verwaltungsbehörde aus einem vorausgegangenen Verwaltungsverfahren oder nach der Abgabe des Bußgeldverfahren über die Staatsanwaltschaft über Erkenntnisse verfügen, die dem Gericht bisher nicht zur Verfügung stehen.

Beispiele:

Betroffene behauptet erstmals in der Hauptverhandlung, eine Baueinstellung sei ihm nicht bekanntgeben worden. Die Vertreterin der Verwaltungsbehörde stellt aus der mitgenommenen Verwaltungsakte fest, dass der Betroffene am folgenden Tag über einen Rechtsanwalt Akteneinsicht wegen der Baueinstellung beantragt hat. Sie bietet für die wirksame Bekanntgabe des Verwaltungsakts Beweis durch sofortige Vorlage des Schriftsatzes an.

Die Betroffene behauptet, das zu Unrecht bezogene Wohngeld sei inzwischen freiwillig zurückgezahlt worden. Der Vertreter der Verwaltungsbehörde erklärt, der Betrag sei in voller Höhe offen, vor einer Woche sei deswegen ein Vollstreckungsauftrag erfolgt. Er bietet Beweis durch die Auskunft der Vollstreckungsbehörde, hilfsweise eines Zeugen oder einer Zeugin der Vollstreckungsbehörde an.

6.4.2 Befragung von Betroffenen, Zeugen und Zeuginnen

Ein gesetzlich vorgesehenes Fragerecht besitzt der Vertreter oder die Vertreterin der Verwaltungsbehörde zwar nicht. Auf Anfrage des Vertreters oder der Vertreterin der Verwaltungsbehörde ist es jedoch weithin üblich, diesen Fragen an den Betroffenen oder die Betroffene, Vertreter oder Vertreterinnen juristischer Personen und Personenvereinigungen, Zeugen und Zeuginnen sowie Sachverständige richten zu lassen. Wichtig ist es allerdings, Stellungnahmen außerhalb von und Fragen während der Vernehmungen voneinander abzugrenzen. Außer Fragen können auch Vorhalte aus den Verwaltungsverfahrens- und Bußgeldakten zur Aufklärung des Sachverhalts sehr hilfreich sein. Der Vertreter oder die Vertreterin der Verwaltungsbehörde sollte neben den Bußgeldakten auch Verwaltungsakten (Gewerbe-, Bau-, Umweltakten usw.) mitbringen, um daraus dem oder der Betroffenen Vorhalte aus dem Verwaltungsverfahren machen zu können. Diese müssen dann aber, soweit sie übrigen Verfahrensbeteiligten noch nicht zur Verfügung stehen, zugänglich gemacht werden. Dies dürfte bei elektronisch geführten und in dieser Form auf einem Notebook oder Tablet mitgebrachten Akten auf organisatorische Schwierigkeiten stoßen.

Beispiel:

Der Betroffene behauptet, die Verwaltungsbehörde habe das ihm als Ordnungswidrigkeit vorgeworfene Verhalten jahrelang geduldet. Der Vertreter der Verwaltungsbehörde hält ihm daraufhin mehrere Schreiben aus den Verwaltungsakten vor, in denen er auf die Ordnungswidrigkeit hingewiesen und Zwangsmittel in Aussicht gestellt werden. Diese Dokumente müssen sowohl dem Gericht als auch einem anwesenden Rechtsanwalt als Verteidiger oder einer Rechtsanwältin als Verteidigerin zugänglich gemacht werden.

Für erfolgreiche Fragestellungen und Vorhalte ist die stichpunktartige Mitschrift der Vernehmungen während der Hauptverhandlung sehr empfehlenswert. Diese ist in Form eines Inhalts- und gegebenenfalls auch Wortprotokolls auch für Folgerungen aus dem gerichtlichen Bußgeldverfahren für zukünftige Maßnahmen der Verwaltungsbehörde bedeutsam, weil die Angaben der Verfahrensbeteiligten im gerichtlichen Sitzungsprotokoll nicht festgehalten werden (§ 78 Abs. 2 OWiG). Ob eine Mitschrift auf einem mitgebrachten Notebook oder Tablet erlaubt ist, sollte vorab mit dem Gericht geklärt werden.

6.4.3 Zusammenfassende Stellungnahme

Als außerordentlich erfolgreich hat sich eine zusammenfassende Stellungnahme der Verwaltungsbehörde nach dem Ende der Beweisaufnahme ergeben, da Einwendungen der Betroffenen gegen Tatvorwurf und Rechtsfolgen vielfach nicht im Vor- oder Zwischenverfahren, sondern erst im gerichtlichen Bußgeldverfahren vorgetragen werden. Mit dieser kann der Vertreter oder die Vertreterin der Verwaltungsbehörde darlegen, ob sie

- die vorgeworfene Ordnungswidrigkeit für nachgewiesen, einen anderen Tatbestand wie z. B. den Auffangtatbestand der Verletzung der Aufsichtspflicht in Betrieben und Unternehmen (§ 130 OWiG) oder eine andere Begehungsform (Vorsatz, Fahrlässigkeit) für gegeben halten,
- die Rechtsfolgen des Bußgeldbescheides, insbesondere die Höhe der Geldbuße, noch für zutreffend oder eine Ermäßigung oder Verschärfung für angebracht halten. Im letzteren Fall kann sich auch ein Hinweis auf eine Zurücknahme des Einspruchs, die zur sofortigen Rechtskraft des Bußgeldbescheides führt, anbieten.

Für eine derartige abschließende Stellungnahme steht dem Vertreter oder der Vertreterin der Verwaltungsbehörde allerdings nur ein kurzer Zeitraum (circa drei bis maximal fünf Minuten) zur Verfügung. Die tragenden Gesichtspunkte müssen daher bereits während der laufenden Hauptverhandlung entwickelt und am besten bereits stichpunktartig festgehalten werden. Falls die Einstellung des Bußgeldverfahrens wegen nicht gebotener Ahndung (§ 47 Abs. 2 S. 1 OWiG) immer noch im Raum steht, sind Ausführungen dazu unbedingt anzuraten.

6.4.4 Verständigung der Verfahrensbeteiligten

Eine Erörterung des Verfahrensstandes mit dem Ziel einer Verständigung der Verfahrensbeteiligten (§ 257c StPO i. V. m. § 71 Abs. 1 OWiG) ist nur dann möglich, wenn die Staatsanwaltschaft entweder an der Hauptverhandlung teilnimmt oder vom Gericht zur Erörterung zugezogen wird. Dies wird in der Verfahrenspraxis so gut wie nicht vorkommen.[1] Eine Beteiligung der Verwaltungsbehörde wäre nur im Rahmen einer Stellungnahme durch den anwesenden Vertreter oder die anwesende Vertreterin (§ 76 Abs. 1 S. 4 OWiG) denkbar. Eine sogenannte „informatorische Verständigung“ wäre angesichts der klaren Gesetzeslage und der eindeutigen obergerichtlichen Rechtsprechung krass rechtswidrig.

6.4.5 Zusagen der Verwaltungsbehörde

Wird der Vertreter oder die Vertreterin der Verwaltungsbehörde von dem oder der Betroffenen bzw. dem Verteidiger oder der Verteidigerin darauf angesprochen, ob er oder sie den Bußgeldbescheid zurücknehmen oder die Geldbuße ermäßigen könne, so übersieht eine solche Frage, dass es sich nicht um einen Parteiprozess handelt, und solche Zusagen nicht möglich sind. Die einzig mögliche Zusage der Verwaltungsbehörde besteht bei entsprechender Veranlassung für Zahlungserleichterungen im Vollstreckungsverfahren (§ 93 OWiG) für den Fall einer Einspruchsrücknahme durch den Betroffenen oder die Betroffene bezüglich des dann rechtskräftigen und vollstreckbaren Bußgeldbescheides (§ 89 OWiG). Hat die Verwaltungsbehörde bereits ein weiteres Bußgeldverfahren eingeleitet, kann sich ausnahmsweise auch die Situation ergeben, dass eine Einstellung wegen nicht gebotener Ahndung (§ 47 Abs. 1 S. 2 OWiG) in Aussicht gestellt wird, falls der Einspruch in der Hauptverhandlung zurückgenommen wird. Selbstverständlich darf sich die Verwaltungsbehörde aber nicht auf eine solche „Vereinbarung“ einlassen, wenn in einem Wiederholungsfall die erneute Ahndung einer Ordnungswidrigkeit erst recht geboten erscheint.

6.5 Teilnahme der Staatsanwaltschaft

Die Staatsanwaltschaft hat ein Anwesenheitsrecht in der Hauptverhandlung (§ 226 StPO i. V. m. § 46 Abs. 1 OWiG), ist aber zur Teilnahme nicht verpflichtet (§ 75 Abs. 1 S. 1 OWiG). Daher verzichtet sie i. d. R. auch von vornherein auf eine Terminsmitteilung. Das Gericht macht der Staatsanwaltschaft jedoch Mitteilung, wenn es ihre Mitwirkung für angemessen hält (§ 75 Abs. 1 S. 2 OWiG).

Auch die Verwaltungsbehörde kann auf die Teilnahme der Staatsanwaltschaft an der Hauptverhandlung hinwirken. Dies kann bereits in dem Vermerk bei der Übersendung der Akten erfolgen (§ 69 Abs. 3 S. 1 Halbs. 2 OWiG).[2] Dabei sollte auf einen der in Nr. 287 RiStBV genannten Fälle Bezug genommen werden:

Der Staatsanwalt nimmt an der Hauptverhandlung teil (Nr. 287 Abs. 1 RiStBV), wenn

a. er einer Entscheidung durch Beschluss widersprochen hat (§ 72 Abs. 1 OWiG) oder

1) Zur Teilnahme der Staatsanwaltschaft an der Hauptverhandlung Kapitel 22 Nr. 6.5.
2) Zur Übersendung der Bußgeldakten über die Staatsanwaltschaft an das Amtsgericht (§ 69 Abs. 3 S. 1 OWiG) § 20 Nr. 4.2.

b. Anhaltspunkte dafür vorhanden sind, dass die Tat auch unter dem rechtlichen Gesichtspunkt einer Straftat beurteilt werden kann.

Der Staatsanwalt soll im Übrigen an der Hauptverhandlung teilnehmen (Nr. 287 Abs. 2 RiStBV), wenn seine Mitwirkung aus besonderen Gründen geboten erscheint. Dies kommt vor allem in Betracht, wenn

a. das Gericht ihm mitgeteilt hat, dass es seine Mitwirkung für angemessen hält (§ 75 Abs. 1 S. 2 OWiG),
b. die Aufklärung des Sachverhalts eine umfangreiche Beweisaufnahme erfordert,
c. eine hohe Geldbuße oder bedeutsame Nebenfolge in Betracht kommt,
d. eine Rechtsfrage von allgemeiner Bedeutung zu entscheiden ist,
e. die Verwaltungsbehörde die Teilnahme an der Hauptverhandlung angeregt hat,
f. mit einer gerichtlichen Einstellung des Verfahrens in Fällen zu rechnen ist, in denen dies vom Standpunkt des öffentlichen Interesses nicht vertretbar erscheint.

Die Teilnahme der Staatsanwaltschaft stellt also nicht die Regel dar, sondern ist auf bestimmte Ausnahmefälle beschränkt. Verfehlt wäre eine ständige Anregung der Teilnahme aufgrund Nr. 287 Abs. 2 Buchst. f RiStBV oder eine Anregung in Durchschnitts- oder Bagatellfällen.

Die Stellung der Staatsanwaltschaft in der Hauptverhandlung des Amtsgerichts ist wesentlich stärker als die der Verwaltungsbehörde. Der Staatsanwalt besitzt im Gegensatz zum Vertreter der Verwaltungsbehörde

- ein selbstständiges Fragerecht an Betroffene, Zeugen oder Zeuginnen und Sachverständige (§ 240 Abs. 2 S. 1 StPO i. V. m. § 46 Abs. 1 OWiG),
- das förmliche Beweisantragsrecht (§ 244 Abs. 6 StPO i. V. m. § 46 Abs. 1 OWiG),
- das Recht zum Schlussvortrag (§ 258 Abs. 1 StPO i. V. m. § 46 Abs. 1 OWiG).

Die Einstellung des Bußgeldverfahrens wegen nicht gebotener Ahndung (§ 47 Abs. 2 S. 1 OWiG) und die Einspruchsrücknahme (§ 67 Abs. 1 S. 2 OWiG i. V. m. § 302 StPO) sind von der Zustimmung des in der Hauptverhandlung anwesenden Staatsanwalts abhängig. Nimmt die Staatsanwaltschaft an der Hauptverhandlung nicht teil, so bedarf es aufgrund § 75 Abs. 2 OWiG ihrer Zustimmung dazu nicht.

Eine Verständigung der Verfahrensbeteiligten über die Rechtsfolgen (§ 257c StPO i. V. m. § 71 Abs. 1 OWiG) kommt in der Hauptverhandlung wegen der regelmäßig fehlenden Anwesenheit der dazu notwendigen Staatsanwaltschaft nicht in Betracht. Diese Möglichkeit besteht nur, wenn eine Verständigung vor der Hauptverhandlung unter Beteiligung der Staatsanwaltschaft zustande gekommen ist.[1] Die Verwaltungsbehörde kann sich daran nur durch eine Stellungnahme beteiligen (§ 76 Abs. 1 S. 1 OWiG), wenn sie vom Gericht daran beteiligt wird (§ 76 Abs. 2 OWiG). Eine „informelle Verständigung" zwischen dem Amtsgericht, dem oder der Betroffenen, dem Verteidiger oder der Verteidigerin und der Verwaltungsbehörde unter Ausschluss der Staatsanwaltschaft ist rechtswidrig.

1) OLG Düsseldorf, Urt. vom 8.9.2021, Az. 4 Kart 4/16 (OWi).

Die Rechtsmittelbefugnis gegen ein gerichtliches Urteil steht der Staatsanwaltschaft auch dann zu, wenn sie an der Hauptverhandlung nicht teilgenommen hat (§ 296 StPO i. V. m. § 46 Abs. 1 OWiG).

6.6 Verfahrenseinstellung in der Hauptverhandlung

Die gerichtliche Einstellung des Bußgeldverfahrens wegen nicht gebotener Ahndung in der Hauptverhandlung gem. § 47 Abs. 2 S. 1 OWiG ist eine besonders kritische Situation für den Vertreter oder die Vertreterin der Verwaltungsbehörde. Ein Vertreter oder eine Vertreterin der Staatsanwaltschaft, deren Zustimmung zur Einstellung erforderlich wäre, ist nur im Ausnahmefall anwesend (§ 75 OWiG). Das Gericht hat dem anwesenden Vertreter oder der Vertreterin der Verwaltungsbehörde zwar auf Verlangen vor einer Entscheidung das Wort zu erteilen und ihnen Gelegenheit zur Stellungnahme zu geben (§ 76 Abs. 1 S. 1, 2, 4 OWiG). Zwischen den Verfahrensbeteiligten können auch entsprechende Erörterungen erfolgen.[1] Die unanfechtbare Einstellung des Verfahrens gem. § 47 Abs. 1 S. 1 OWiG kann jedoch auch entgegen dem erklärten Willen der Verwaltungsbehörde erfolgen. Insbesondere braucht der Richter oder die Richterin auch nicht eine Erklärung der Staatsanwaltschaft abzuwarten.

Die Verwaltungsbehörde kann daher eine absehbare Einstellung nur dadurch verhindern, dass sie bereits im Vermerk vor Übersendung der Akten über die Staatsanwaltschaft (§ 69 Abs. 1 Halbs. 2 OWiG) auf deren Teilnahme hinwirkt. Die Mitwirkung der Staatsanwaltschaft aus besonderen Gründen ist geboten, wenn die Verwaltungsbehörde die Teilnahme angeregt hat (Nr. 287 Abs. 2 Buchst. e RiStBV) oder mit einer gerichtlichen Einstellung des Verfahrens in Fällen zu rechnen ist, in denen dies vom Standpunkt des öffentlichen Interesses nicht vertretbar erscheint (Nr. 287 Abs. 2 Buchst. f RiStBV).

6.7 Anfechtung der gerichtlichen Entscheidung

Die Entscheidungen des Amtsgerichts sind:

- Verurteilung zu einer Geldbuße und/oder Nebenfolge der Ordnungswidrigkeit bei nachgewiesener Ordnungswidrigkeit und gebotener Ahndung (§ 264, § 267 Abs. 1 StPO i. V. m. § 46 Abs. 1 OWiG),
- Einstellung des Verfahrens bei nachweisbarer Ordnungswidrigkeit, aber nicht gebotener Ahndung (§ 47 Abs. 2 S. 1 OWiG),
- Einstellung des Verfahrens wegen Verfahrenshindernisses (§ 206 a Abs. 1, § 260 Abs. 3 StPO i. V. m. § 46 Abs. 1 OWiG),
- Freispruch aus tatsächlichen Gründen bei nicht nachweisbarer Ordnungswidrigkeit (§ 264, § 267 Abs. 5 StPO i. V. m. § 46 Abs. 1 OWiG),
- Freispruch aus rechtlichen Gründen, wenn der vorgeworfene Sachverhalt nicht unter den Tatbestand einer Ordnungswidrigkeit fällt (§ 264, § 267 Abs. 5 StPO i. V. m. § 46 Abs. 1 OWiG).[2]

1) Hanseatisches OLG Hamburg, Beschl. vom 27.3.2015, Az. 1 RB 58/14.
2) Eine Einstellung aus tatsächlichen oder rechtlichen Gründen nach § 170 Abs. 2 S. 1 StPO i. V. m. § 46 Abs. 1 OWiG ist nur durch die Verwaltungsbehörde oder Staatsanwaltschaft möglich.

Rechtsmittelbefugt ist außer dem oder der Betroffenen oder Nebenbetroffenen, dem Verteidiger oder der Verteidigerin, den gesetzlichen Vertretern und Vertreterinnen oder Erziehungsberechtigten nur die Staatsanwaltschaft, nicht aber die Verwaltungsbehörde.

Die Einstellung des Bußgeldverfahrens wegen Verfahrenshindernisses außerhalb einer Hauptverhandlung ist nur durch die Staatsanwaltschaft mit der sofortigen Beschwerde (§ 206a Abs. 2 StPO i. V. m. § 46 Abs. 1 OWiG), ansonsten mit der Rechtsbeschwerde (§ 79 OWiG) anfechtbar. Die gerichtliche Einstellung des Bußgeldverfahrens wegen nicht gebotener Ahndung ist dagegen grundsätzlich unanfechtbar (§ 47 Abs. 2 S. 3 OWiG), gleichgültig, ob sie in der Hauptverhandlung oder im Beschlussverfahren erlassen wurde. Unanfechtbar durch die Verwaltungsbehörde sind auch die

- vorläufige Zurückverweisung des Bußgeldverfahrens wegen offensichtlich ungenügender Aufklärung des Sachverhalts (§ 69 Abs. 5 S. 1 OWiG) und
- endgültige Rückgabe an die Verwaltungsbehörde (§ 69 Abs. 5 S. 3 OWiG).

Gegen das gerichtliche Urteil (§ 260 StPO i. V. m. § 46 Abs. 1 OWiG) und den Beschluss nach § 72 OWiG ist die Rechtsbeschwerde nach § 79 OWiG statthaft. Sie kann nur darauf gestützt werden, dass das Amtsgericht eine Rechtsnorm nicht oder nicht richtig angewendet hat und die gerichtliche Bußgeldentscheidung darauf beruht (§ 79 Abs. 3 S. 1 OWiG i. V. m. § 337 StPO). Die tatsächlichen Feststellungen des Amtsgerichts unterliegen, soweit sie vollständig sind, keiner weiteren Überprüfung.

Die Rechtsbeschwerde kann von dem oder der Betroffenen oder Nebenbetroffenen, aber auch vom Staatsanwalt eingelegt werden (§ 79 Abs. 3 OWiG i. V. m. § 296 StPO). Die Verwaltungsbehörde hat zwar keine Rechtsmittelbefugnis, kann aber die Einlegung der Rechtsbeschwerde bei der Staatsanwaltschaft – auch vorsorglich – anregen (Nr. 292 RiStBV).

Zu beachten ist die einwöchige Frist zur Einlegung der Rechtsbeschwerde (§ 79 Abs. 3 S. 1 i. V. m. § 341 Abs. 1 StPO). Sie beginnt mit der Urteilsverkündung, wenn die Staatsanwaltschaft an der Hauptverhandlung teilgenommen hat, ansonsten mit der Zustellung des Urteils oder des Beschlusses nach § 72 OWiG an die Staatsanwaltschaft (§ 79 Abs. 4 OWiG). Da die Rechtsbeschwerde nicht in jedem Falle zulässig ist, in Bagatellfällen nur auf besondere Zulassung (§ 80 OWiG), empfiehlt sich eine persönliche Rücksprache mit dem für das Referat zuständigen Staatsanwalt oder der zuständigen Staatsanwältin über die Möglichkeit und Erfolgsaussichten eines Rechtsmittels.

Für die Entscheidung über die Rechtsbeschwerde sind die Oberlandesgerichte (in Bayern das BayObLG) zuständig. Hebt das Rechtsbeschwerdegericht eine Entscheidung des Amtsgerichts auf, so kann es an seiner Stelle entscheiden oder die Sache an dasselbe oder ein anderes Amtsgericht desselben Landes zurückverweisen (§ 79 Abs. 6 OWiG).

VI. Kapitel
Vollstreckung behördlicher Bußgeldentscheidungen

§ 23
Vollstreckungsverfahren

Die schnelle, einfache und kostengünstige Durchsetzung nicht freiwillig und fristgemäß bezahlter Geldbußen, Gebühren und Auslagen ist nicht nur im Interesse der Vollstreckungsbehörde, sondern auch rechtspolitisch wünschenswert. Nur zeitnahe Ahndung wird ernst genommen, weil dann die „Strafe auf dem Fuße folgt“. Fehlt es an einer effektiven Vollstreckung, löst dies die nicht unberechtigte Auffassung bei den Vollstreckungsschuldnern aus, Ordnungswidrigkeiten ohne Konsequenzen begehen zu können. Wichtig erscheint es daher insbesondere, nicht ausschließlich auf die schwerfälligen und langwierigen Möglichkeiten der Verwaltungsvollstreckung zu setzen und den Bußgeldbescheid wie einen Leistungsbescheid zu behandeln. Vielmehr sollten die weitergehenden Möglichkeiten der Erzwingungshaft (§ 96 OWiG) und der Umwandlung in Auflagen bei Jugendlichen und Heranwachsenden (§ 98 OWiG) zeitnah ausgeschöpft werden. Dies ist auch deswegen sinnvoll, weil die Geldbuße nach geltendem Recht auch bei längerem Zahlungsverzug im Gegensatz zur Verwaltungsvollstreckung i. d. R. nicht verzinst (vergleiche §§ 233 - 239 AO) oder mit Säumniszuschlägen (vergleiche § 240 AO) erhöht werden kann. Die Zeit „arbeitet“ also während des Vollstreckungsverfahrens für den Vollstreckungsschuldner oder die Vollstreckungsschuldnerin. Dieser unerwünschte Effekt wirkt sich insbesondere während eines Insolvenz- und Restschuldbefreiungsverfahrens aus, bei dem die Möglichkeiten der Vollstreckung zusätzlich stark beschränkt sind.[1)]

1. Vollstreckbare rechtskräftige Bußgeldentscheidungen

Vollstreckbare Bußgeldentscheidungen sind der

- Bußgeldbescheid gegen natürliche Personen (§ 65 OWiG),
- einheitliche und selbstständige Bußgeldbescheid gegen juristische Personen und Personenvereinigungen (§ 30, § 88 Abs. 2 S. 1 OWiG),[2)]
- selbstständige Einziehungsbescheid (§§ 22, 23, 25, 29a, § 87 Abs. 3 S. 1, Abs. 6 OWiG).
- selbstständige Bescheid zur Anordnung oder Abführung des Mehrerlöses (§ 10, § 11 Abs. 2 WiStG),
- selbstständige Bescheid zur Rückerstattung des Mehrerlöses (§ 9, § 11 Abs. 2 WiStG).

Keine Bußgeldentscheidung ist die Verwarnung mit Verwarnungsgeld (§ 56 Abs. 1 S. 1 OWiG). Zahlt der oder die Betroffene das Verwarnungsgeld nicht fristgemäß oder widerspricht er diesem freiwilligen Verfahren, wird die Verwarnung nicht wirk-

1) Zu den gesetzlichen Vollstreckungsverboten während des Insolvenzverfahrens § 23 Nr. 5.6.1.
2) Sollte sich ein Bußgeldbescheid gegen eine juristische Person oder Personenvereinigung als nicht vollstreckbar erweisen, sollte geprüft werden, ob sie gegen einen Rechtsnachfolger oder eine Rechtsnachfolgerin bei ganzer oder partieller Gesamtrechtsfolge festgesetzt werden kann (§ 30 Abs. 2a OWiG).

sam (§ 56 Abs. 2 S. 1 OWiG).[1] Hier ist kassenmäßig eine Sollstellung mit Vollstreckungssperre zu bilden und bei ausbleibender Zahlung des Verwarnungsgelds zunächst ein förmliches Bußgeldverfahren einzuleiten. Dies geschieht in der Verfahrenspraxis durch eine gleichzeitige Anhörung (§ 55 OWiG i. V. m. § 163a Abs. 1 StPO), der dann ein Bußgeldbescheid (§ 65 OWiG) als Vollstreckungstitel folgen kann (§ 89 OWiG).

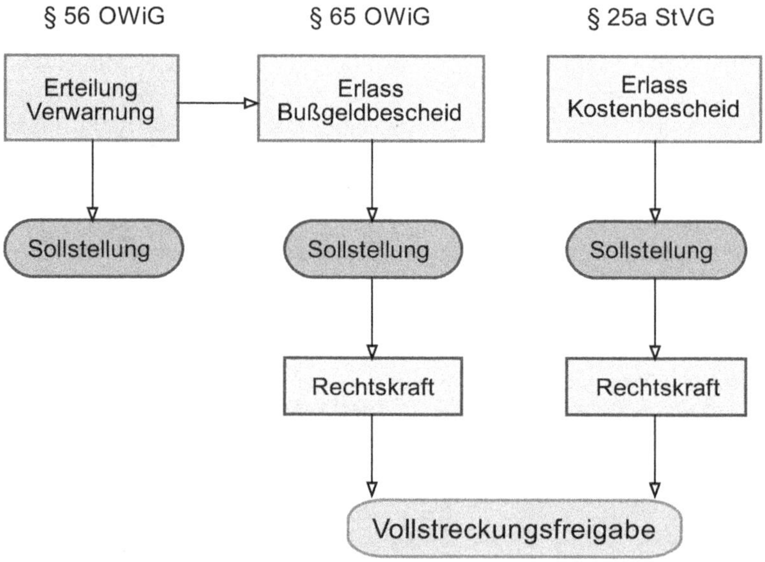

Abb. 1: Sollstellung und Vollstreckungsfreigabe

Die Rechtskraft einer Bußgeldentscheidung ist allgemeine Vollstreckungsvoraussetzung. Im Gegensatz zur Vollstreckung von Leistungsbescheiden im Verwaltungsverfahren kann diese nicht durch Anordnung der sofortigen Vollziehbarkeit (§ 80 Abs. 2 S. 1 Nr. 4 VwGO, § 86a Abs. 2 Nr. 4 SGG) zeitnah herbeigeführt werden. Eine Bußgeldentscheidung ist erst rechtskräftig und vollstreckbar (§ 89 OWiG), sobald ein Einspruch (§ 67 Abs. 1 OWiG) gegen sie nicht mehr zulässig ist. Die Rechtskraft tritt daher ein, wenn

- die Einspruchsfrist nach mangelfreier oder tatsächlich feststellbarer Zustellung[2] des Bußgeldbescheids abgelaufen ist (§ 67 Abs. 1 S. 1 OWiG),
- auf den Einspruch verzichtet oder ein eingelegter Einspruch zurückgenommen wurde (§ 302 StPO i. V. m. § 46 Abs. 1 OWiG).

Teilrechtskraft tritt ein, wenn in einem Bußgeldbescheid mehrere Geldbußen festgesetzt sind und wenn der Einspruch auf einzelne Taten beschränkt (§ 67 Abs. 2 OWiG) oder ein eingelegter Einspruch nachträglich durch Teilrücknahme wirksam beschränkt wurde (§ 67 Abs. 1 S. 2 OWiG i. V. m. § 302 StPO).

1) Zur Verwarnung mit Verwarnungsgeld (§ 56 Abs. 1 S. 1 OWiG) § 12.
2) Zur Bedeutung der mangelfreien Zustellung von Bescheiden im Bußgeldverfahren (§ 51 OWiG) § 17 Nr. 1.

Beispiel:

In einem Bußgeldbescheid sind zwei Geldbußen wegen Ordnungswidrigkeiten in Tatmehrheit (§ 20 OWiG) festgesetzt. Der Betroffene legt einen wirksamen Einspruch beschränkt auf eine davon ein (§ 67 Abs. 2 OWiG). Der Bußgeldbescheid ist teilrechtskräftig und vollstreckbar, soweit er nicht angefochten wurde.

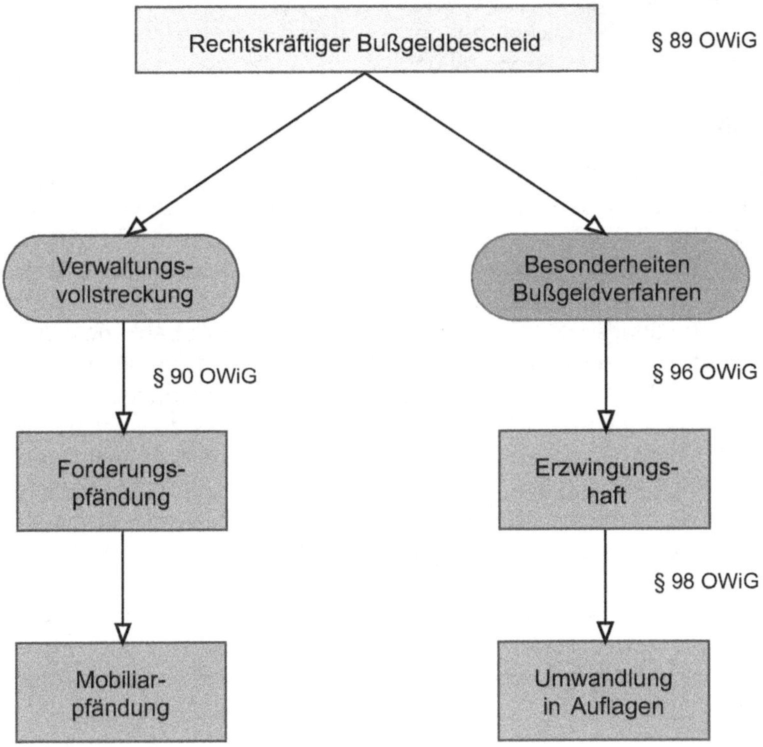

Abb. 2: Arten der Vollstreckung

2. Verwaltungs-, Vollstreckungs- und Vollzugsbehörde

Die Begriffe der Verwaltungsbehörde (§ 35 OWiG), Vollstreckungsbehörde (§ 92 i. V. m. § 90 OWiG) und Vollzugsbehörde[1] haben im Bußgeldverfahren von der Verwaltungsvollstreckung nach dem VwVG bzw. den landesrechtlichen Vollstreckungsgesetzen abweichende Bedeutungen. Sie müssen in der Verfahrenspraxis klar unterschieden werden, weil zunächst die Aufgaben der Verwaltungs- und Vollstreckungsbehörde abzugrenzen sind. Die Vollstreckungsbehörde ist für alle verfahrensleiten-

1) Die weisungsabhängige Vollzugsbehörde wird in der Verfahrenspraxis gelegentlich auch bedeutungsgleich als Vollziehungsbehörde bezeichnet.

den Anordnungen zuständig, während die Vollzugsbehörde dagegen nur in ihrem Auftrag Sachpfändungen durchführt.

Bedienstete der Vollstreckungsbehörde sollten über besondere Kenntnisse über die zahlreichen Bestimmungen in Teil III Abschn. 9 des OWiG verfügen, welche die Verwaltungsvollstreckung ergänzen oder von ihr abweichen. Eine Vollstreckung von Bußgeldbescheiden nach dem Vorbild von Leistungsbescheiden wird i. d. R. nicht zielführend sein. Der Einsatz lernfähiger Systeme, also künstlicher Intelligenz (KI), auf der Grundlage von Algorithmen bietet sich bei der Vollstreckung von Bußgeldentscheidungen und insbesondere bei der Auswahl der schnellsten, einfachsten, kostengünstigsten und effektivsten Maßnahmen geradezu an.

2.1 Verwaltungsbehörde

Die Verwaltungsbehörde ist bis zur Rechtskraft des Bußgeldbescheides und der gleichgestellten Bescheide sachlich zuständig (§§ 35, 36 OWiG). Sie entscheidet daher auch über Zahlungserleichterungen im Bußgeldbescheid (§ 18 OWiG). Ihre verantwortenden Personen sollten in der Behördenorganisation stets für die Prüfung der ordnungsgemäßen Zustellung (§ 51 OWiG) und damit auch die Rechtskraft von Bußgeldentscheidungen (§ 89 OWiG) als allgemeine Vollstreckungsvoraussetzung zuständig sein. Die Verwaltungsbehörde (§ 35 OWiG) trifft damit auch die Vollstreckungsfreigabe. Sie bleibt auch für nachträgliche Entscheidungen wie die Verwerfung unzulässiger Einsprüche (§ 69 Abs. 1 OWiG), die Wiedereinsetzung in den vorigen Stand (§ 52 OWiG) und die Bearbeitung von Anträgen auf gerichtliche Entscheidung (§ 62 OWiG) zuständig. Auch gesetzliche Mitteilungspflichten nach Rechtskraft wie zum Gewerbezentralregister (§ 153a GewO) und zu Ausländerbehörden (§ 87 Abs. 4 S. 1 AufenthG, § 11 Abs. 1 S. 1 FreizügG/EU) sind noch Aufgaben der Verwaltungsbehörde. Die Bearbeitung von Kostenfestsetzungsanträgen (§ 106 OWiG) ist keine Vollstreckungsangelegenheit und obliegt daher ebenfalls der Verwaltungsbehörde. Schließlich sollten eine Wiederaufnahme des Bußgeldverfahrens (§ 85 OWiG) und die Bearbeitung von Gnadenanträgen Sache der Verwaltungsbehörde bleiben.

- **Mitteilungspflichten nach Rechtskraft**

Gesetzliche Mitteilungspflichten nach Rechtskraft des Bußgeldbescheides wie etwa an die Ausländerbehörden (§ 87 Abs. 4 S. 4 AufenthG, § 11 Abs. 1 S. 1 FreizügG/EU) gehören i. d. R. noch zu den Aufgaben der Verwaltungsbehörde (§ 35 OWiG). Die Pflichtmitteilung zum Gewerbezentralregister (§ 149 Abs. 2 Nr. 3 S. 1 Buchstabe GewO) ist dagegen ausdrücklich der Vollstreckungsbehörde (§ 92 i. V. m. § 90 OWiG) zugewiesen (§ 1 Abs. 1 Nr. 4 GZRVwV). Es empfiehlt sich eine behördenintern einheitliche Bearbeitung von Mitteilungen, um deren vollständige Durchführung sicherzustellen. Die Mitteilungsfrist an das GZR beträgt einen Monat ab Rechtskraft (§ 3 GZRVwV).

- **Kostenfestsetzungsanträge**

Stellt die Verwaltungsbehörde (§ 35 OWiG) ein Bußgeldverfahren nach Zurücknahme eines Bußgeldbescheides (§ 69 Abs. 2 S. 1 OWiG) aus tatsächlichen Gründen ein (§ 170 Abs. 2 S. 1 StPO i. V. m. § 46 Abs. 1 OWiG), gehört die Kostengrundentscheidung (§ 105 OWiG) als verfahrensabschießende Maßnahme ebenfalls noch in ihre Zuständigkeit. Die Bearbeitung i. d. R. von Rechtsanwälten als Verteidigern oder Rechtsanwältinnen als Verteidigerinnen gestellten Kostenfestsetzungsanträge (§ 106 OWiG) ist eigentlich ein vom Bußgeldverfahren unabhängiges Kostenfolgeverfahren. Die Bearbeitung ist keine Vollstreckungsangelegenheit und obliegt daher ebenfalls der Verwaltungsbehörde. Wegen des notwendigen Spezialwissens sollte sie dort zentralisiert bearbeitet werden.

- **Wiederaufnahme des Verfahrens, Gnadenverfahren**

Kann ein zu Unrecht erlassener Bußgeldbescheid aufgrund seiner Rechtskraft durch die Verwaltungsbehörde nicht mehr zurückgenommen werden, so sollten das spezielle Verfahren zur gerichtlichen Wiederaufnahme des Bußgeldverfahrens durch Übersendung der Bußgeldakte an die Staatsanwaltschaft (§ 85 Abs. 4 S. 2 OWiG) Sache der Verwaltungsbehörde bleiben. Dies gilt auch für die Bearbeitung von Gnadenanträgen nach den Gnadenordnungen der Länder, wenn die Voraussetzungen eines Wiederaufnahmeverfahrens nicht vorliegen (§ 85 Abs. 2 OWiG).

2.2 Vollstreckungsbehörde

Die Vollstreckungsbehörde im Bußgeldverfahren ist nach § 92 i. V. m. § 90 OWiG immer die Verwaltungsbehörde im Sinne des § 35 ff. OWiG, die den Bußgeldbescheid oder gleichgestellten Bescheid erlassen hat. Auf landesrechtliche Bestimmungen der Verwaltungsvollstreckung kommt es daher nicht an. Wegen der zusätzlichen Möglichkeiten und Besonderheiten der Vollstreckung im Bußgeldverfahren muss die interne Zuständigkeit für die Vollstreckung von Bußgeldentscheidungen unabhängig von der sonstigen Verwaltungsvollstreckung besonders organisiert sein. Es empfiehlt sich daher, entweder der zuständigen verantwortenden Person Erlass und Vollstreckung des Bußgeldbescheids zu übertragen oder bei der Kasse eine besondere Vollstreckungsstelle für Bußgeldverfahren einzurichten. Letzteres kommt vor allem bei größeren Behörden in Betracht. Die Vollstreckungsbehörde trägt die Verantwortung für folgende Maßnahmen und Besonderheiten des Bußgeldverfahrens:

- Entscheidung über nachträgliche Zahlungserleichterungen (§ 93 OWiG),
- Verrechnung von Teilbeträgen auf Geldbuße und Kosten (§ 94 OWiG),
- Entscheidungen über die Art der Vollstreckungsmaßnahmen (§ 90 Abs. 1 OWiG),
- Einleitung der Auslandsvollstreckung durch Antragstellung beim Bundesamt für Justiz (§ 87p IRG),
- Antrag beim Amtsgericht auf Anordnung der Erzwingungshaft (§ 96 OWiG),
- Vollstreckung gegen Jugendliche und Heranwachsende, Antrag auf Umwandlung der Geldbuße in Auflagen durch das Amtsgericht (§ 98 OWiG),
- Besonderheiten von Geldbußen im Insolvenzverfahren (§§ 21, 88, 89 Abs. 1, 131 InsO) und sich gegebenenfalls anschließenden Restschuldbefreiungsverfahren (§ 294 Abs. 1, § 302 Nr. 2 InsO),
- Berechnung der Vollstreckungsverjährung (§ 34 OWiG),
- Anordnung, dass die Vollstreckung unterbleibt (§ 95 Abs. 2 OWiG).

Die Bestimmungen der Abgabenordnung über die Vollstreckung in § 249 ff. AO i. V. m. den Kommunalabgabengesetzen sind im Bußgeldverfahren ebenso unanwendbar wie die Vorschriften über Stundung (§ 222 AO), Zahlungsaufschub (§ 223 AO), Verzinsung (§ 233 ff. AO) und Zahlungsverjährung (§ 228 ff. AO), was in der Vollzugspraxis nicht übersehen werden darf.

Beispiele:

Während der Vollstreckung einer Geldbuße und der Kosten des Bußgeldverfahrens ist eine Verzinsung mangels Rechtsgrundlage in § 89 ff. OWiG grundsätzlich unzulässig (§ 233 ff. AO sind unanwendbar).

Die Vollstreckungsverjährung beträgt höchstens drei bzw. fünf Jahre (§ 34 OWiG), und ist nicht etwa nach den Bestimmungen über die Bestimmungen der Zahlungsverjährung (fünf Jahre nach § 228 S. 2 AO) zu berechnen.

Die Vollstreckung von Bußgeldentscheidungen darf daher nicht mit derjenigen von Leistungsbescheiden im Kassenwesen einer Behörde gleichbehandelt werden.

2.3 Vollzugsbehörde

Vollzugsbehörden werden nur auf Vollstreckungsersuchen der Vollstreckungsbehörde im Sinne des § 92 i. V. m. § 90 OWiG für einzelne Vollstreckungsmaßnahmen bei der Pfändung beweglicher Sachen („Sachpfändung") tätig. Sie sind gegenüber den auftraggebenden Vollstreckungsbehörden weisungsgebunden. Die zuständige Vollzugsbehörde ergibt sich aus dem jeweils über § 90 Abs. 1 OWiG anzuwendenden VwVG bzw. landesrechtlichen Vollstreckungsgesetz. Dies können eigene Vollziehungsbedienstete, aber auch Finanz- oder Hauptzollämter oder Gerichtsvollzieher sein.

Beispiel:

Ein Landratsamt richtet ein Vollstreckungsersuchen gegen einen in einem anderen Land wohnhaften Betroffenen an das dort sachlich zuständige Hauptzollamt. Das Landratsamt kann als Vollstreckungsbehörde im Ersuchen verbindliche Weisungen etwa über Zahlungserleichterungen an das Hauptzollamt als Vollzugsbehörde richten.

Vollstreckungsersuchen sollten wegen der geringeren Effektivität der Pfändung beweglicher Sachen und des Zeitaufwandes nur dann an Vollzugsbehörden gerichtet werden, wenn dies im Ausnahmefall unvermeidlich ist. Eine außerordentlich verfehlte und zudem rechtswidrige Systematik liegt in der automatischen Übermittlung rechtskräftiger Bußgeldbescheide an eine Vollzugsbehörde unter Umgehung der Vollstreckungsbehörde. Die planlosen Versuche der Mobiliarpfändung beschränken sich auf das pfändbare Vermögen des Vollstreckungsschuldners oder der Vollstreckungsschuldnerin und kosten oft nur Zeit und sind vielfach uneffektiv.

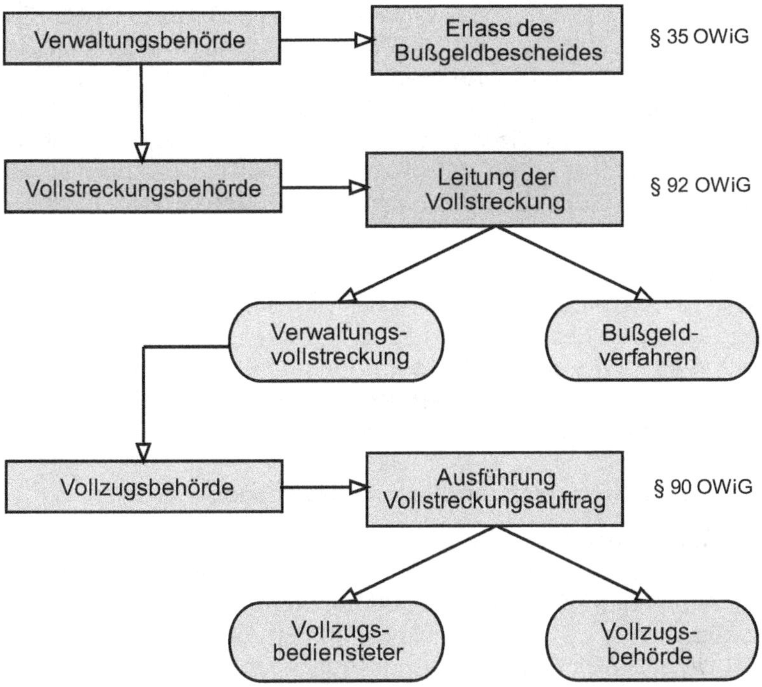

Abb. 3: Verwaltungs-, Vollstreckungs- und Vollzugsbehörden im Bußgeldverfahren (§§ 35, 92 OWiG)

3. Zahlungserleichterungen im Vollstreckungsverfahren

Die Zuständigkeit für die Bewilligung von Zahlungserleichterungen (§ 18 OWiG)[1] geht mit der Rechtskraft der Bußgeldentscheidung von der Verwaltungsbehörde (§ 35 OWiG) auf die Vollstreckungsbehörde über (§ 93 Abs. 1 OWiG).[2] Ohne Bedeutung ist, ob sich die Geldbuße gegen eine natürliche Person oder juristische Person oder Personenvereinigung (§ 30 OWiG) richtet (§ 99 Abs. 1 OWiG).[3] Die Vollstreckungsbehörde kann nach pflichtgemäßem Ermessen[4]

- Zahlungserleichterungen im Vollstreckungsverfahren (§ 93 OWiG) selbst einräumen, ändern oder aufheben (§ 93 Abs. 1 i. V. m. § 18 OWiG),
- Zahlungserleichterungen (§ 18 OWiG) im rechtskräftigen Bußgeldbescheid (§ 65 OWiG) nachträglich ändern oder aufheben (§ 93 Abs. 2 S. 1 OWiG).

Die Entscheidung der Vollstreckungsbehörde über Zahlungserleichterungen erstreckt sich nicht nur auf die Geldbuße, sondern auch auf die Kosten des Verfahrens, also Gebühr (§ 107 Abs. 1 OWiG) sowie die Auslagen der Verwaltungsbehörde

1) Zur Bewilligung von Zahlungserleichterungen im Bußgeldbescheid (§ 18 OWiG) § 13 Nr. 6.5.2.
2) Zur Abgrenzung der Zuständigkeiten der Verwaltungsbehörde (§ 35 OWiG) und der Vollstreckungsbehörde (§ 92 OWiG) § 23 Nr. 2.1. und 2.2.
3) BGH, Urt. vom 18.5.2017, Az. 3 StR 103/17.
4) Zum Ermessen der Vollstreckungsbehörde LG Potsdam, Beschl. vom 24.4.2017, Az. 24 Qs 16/17.

(§ 107 OWiG) und ist auch allein deswegen möglich (§ 93 Abs. 3 OWiG). Zum Nachteil des oder der Betroffenen darf jedoch nur aufgrund neuer Tatsachen oder Beweismittel z. B. über verbesserte wirtschaftliche Verhältnisse oder bei Erlass des Bußgeldbescheids verschwiegene Einkünfte abgewichen werden (§ 93 Abs. 2 S. 1 OWiG), was jedoch in der Vollzugspraxis kaum vorkommt. Für die Reihenfolge der Geldbuße und Kosten ist § 94 OWiG maßgeblich, soweit der oder die Betroffene keine anderweitige Entscheidung trifft, was ihm oder ihr im Bußgeldverfahren vorgeschlagen werden kann.

Die Bewilligung von Zahlungserleichterungen hemmt die Vollstreckungsverjährung (§ 34 Abs. 4 Nr. 3 OWiG). Keinesfalls aber darf wegen der entgegenstehenden Rechtskraft der Bußgeldentscheidung (§ 89 OWiG) anstelle von Zahlungserleichterungen nach § 93 OWiG die Geldbuße im Bußgeldbescheid nachträglich ermäßigt werden. Ein entsprechender „Abänderungsbescheid" wäre nichtig und hätte daher auf die Vollstreckungsverjährung (§ 34 OWiG) keinerlei Auswirkung.[1]

3.1 Zahlungserleichterungen durch die Vollstreckungsbehörde

Zahlungserleichterungen können auf Antrag, aber auch **von Amts wegen** bewilligt werden (§ 93 Abs. 1 i. V. m. § 18 S. 1 OWiG). Ein Antrag ist daher keine Voraussetzung für die Anordnung.[2] Ein Interesse der Vollstreckungsbehörde an Zahlungsristen und Teilbeträgen kann im Ruhen (= Hemmung) der Vollstreckungsverjährung liegen (§ 34 Abs. 4 Nr. 3 OWiG). Eine Verzinsung ist dagegen weder bei einer Zahlungsfrist noch bei Bewilligung von Teilbeträgen (§ 18 S. 1 OWiG) zulässig.1[3] Beantragt der oder die Betroffene Zahlungserleichterungen, so haben sie die wirtschaftlichen Verhältnisse darzutun (§ 93 Abs. 3 S. 1 OWiG). Zahlungserleichterungen (§ 93 OWiG) sind denkbar, wenn und soweit der oder die Betroffene darlegt und durch Vorlage geeigneter Unterlagen nachweist, dass er aus wirtschaftlichen Gründen nicht in der Lage ist, die Geldbuße sofort zu bezahlen.[4] Die Mitwirkungspflicht ist regelmäßig bereits aus der Rechtsbehelfsbelehrung des Bußgeldbescheides bekannt, die die alternative Aufforderung zur Zahlung oder Darlegung der Unzumutbarkeit fristgemäßer Zahlung nach den wirtschaftlichen Verhältnisse enthält (§ 93 Abs. 3 S. 1 i. V. m. 66 Abs. 2 Nr. 2 OWiG). Eine nochmalige Belehrung ist daher überflüssig. Ermittlungen der Vollstreckungsbehörde über die wirtschaftliche Situation sind grundsätzlich nicht vorzunehmen, nicht ausgeräumte Zweifel gehen zulasten des oder der Betroffenen. Die Unschuldsvermutung (Art. 6 Abs. 2 EMRK) gilt nur bis zur Rechtskraft der Bußgeldentscheidung, nicht aber im Vollstreckungsverfahren.

Beispiele:

Der Betroffene beantragt bei der Vollstreckungsbehörde Ratenzahlungen, weil er seine Arbeitsstelle verloren hat und inzwischen von Grundsicherungsleistungen lebt. Hierzu hat er den Leistungsbescheid des Jobcenters vorzulegen.

1) Zum Ruhen der Vollstreckungsverjährung (§ 34 OWiG) § 23 Nr. 4.
2) Wortlaut § 18 S. 1 OWiG: ... so **wird** bewilligt.
3) Eine Ausnahme gilt nur für Kartellordnungswidrigkeiten (§ 81 GWB), OLG Düsseldorf, Beschl. vom 10.7.2013, Az. V-4 Kart 1/13 (OWi).
4) LG Deggendorf, Beschl. vom 21.5.2019, Az. 4 Qs 18/19.

Die Vollstreckungsbehörde erfährt, dass sich der Betroffene noch acht Monate in Strafhaft befindet und vorläufig keine pfändbaren Einkünfte besitzt. Sie bewilligt von Amts wegen eine Zahlungsfrist von zehn Monaten.

Die Entscheidung der Vollstreckungsbehörde über Zahlungserleichterungen ergeht als dienstliches Dokument (§ 50 Abs. 1 S. 1 OWiG, Musterdokument 23.1). Da Einwendungen des oder der Betroffenen nicht fristgebunden sind, ist auch bei einem vollständig oder teilweise abgelehnten Antrag des oder der Betroffenen weder ein Bescheid und eine Zustellung (§ 50 Abs. 1 S. 2 OWiG) noch eine Rechtsbehelfsbelehrung (§ 50 Abs. 2 OWiG) erforderlich. Lehnt die Vollstreckungsbehörde einen Antrag des oder der Betroffenen ganz oder teilweise ab, so hat sie ihre Entscheidung jedoch zu begründen (§ 34 StPO i. V. m. § 46 Abs. 1 OWiG). Nachdem Vollstreckungsschuldner oder -schuldnerinnen kaum sichere Übermittlungswege über das besondere elektronische Bürger- und Organisationenpostfach (§ 10 ERVV) oder das Verwaltungsportal (§ 13 ERVV) für Mitteilungen der Vollstreckungsbehörden eröffnen dürften (§ 32a Abs. 4 S. 1 Nr. 3 und 4 StPO i. V. m. § 110c S. 1 OWiG), ist i. d. R. die Übersendung eines Ausdrucks mit einfachem Brief erforderlich (§ 50 Abs. 1 S. 1 OWiG). Ist der Vollstreckungsschuldner oder die -schuldnerin durch einen Rechtsanwalt oder eine Rechtsanwältin vertreten, sind Mitteilungen und Zustellungen über das besondere elektronische Anwaltspostfach (§ 31a BRAO) als sicherem Übermittlungsweg (§ 32a Abs. 4 S. 1 Nr. 1 StPO i. V. m. § 110c S. 1 OWiG, § 31a BRAO) möglich.

Einwendungen des oder der Betroffenen gegen die getroffenen Anordnungen sind unmittelbar bei der Vollstreckungsbehörde anzubringen (§ 103 Abs. 1 Nr. 2 OWiG). Sie sind nicht fristgebunden und daher jederzeit während des Vollstreckungsverfahrens möglich.[1] Die Vollstreckung wird durch Einwendungen des oder der Betroffenen nicht gehemmt, die Vollstreckungsbehörde oder das Amtsgericht kann aber die Vollstreckung aussetzen (§ 103 Abs. 2 OWiG). Die gerichtliche Entscheidung ergeht durch unanfechtbaren Beschluss (§ 104 Abs. 2, Abs. 3 S. 2 OWiG). Örtlich zuständig ist das Amtsgericht am Sitz der Vollstreckungsbehörde (§ 68 OWiG).[2]

3.2 Eintritt der Verfallklausel im Bußgeldbescheid

Von der Anordnung der Vollstreckungsbehörde ist deren Vermerk in der Bußgeldakte über den Wegfall bereits im Bußgeldbescheid durch die Verwaltungsbehörde (§ 35 OWiG) gewährter Zahlungserleichterungen zu unterscheiden. Hat die Verwaltungsbehörde im Bußgeldbescheid die Zahlung der Geldbuße in Teilbeträgen bewilligt (§ 18 S. 1 OWiG) und diese mit einer Verfallklausel für den Fall des Zahlungsverzugs fälliger Teilbeträge verbunden (§ 18 S. 2 OWiG),[3] so vermerkt die Vollstreckungsbehörde nur den Wegfall der Vergünstigung in den Akten (§ 93 Abs. 4 S. 1 OWiG). Dabei handelt es sich nur um ein internes Protokoll der Vollstreckungsbe-

1) Zum Abhilfeverfahren und zur Vorlage an das Amtsgericht § 19 Nr. 3.1.
2) AG Landstuhl, Beschl. vom 5.9.2024, Az. 2 OWi 157/24.
3) Zur Bewilligung von Zahlungserleichterungen für die Geldbuße im Bußgeldbescheid (§ 18 OWiG) § 13 Nr. 3.6.5.

hörde (§ 168b Abs. 1 StPO i. V. m. § 110c S. 1 OWiG), das dem oder der Betroffenen nicht mitgeteilt zu werden braucht.

Beispiel:

Die Verwaltungsbehörde bewilligt im Bußgeldbescheid (§ 65 OWiG) die Zahlung der Geldbuße zu bestimmten monatlichen Tagen in bezifferten Teilbeträgen (§ 18 S. 1 OWiG). Sie verbindet diese Zahlungserleichterung mit dem Wegfall der Vergünstigung für den Fall nicht rechtzeitiger Zahlung eines Teilbetrags (§ 18 S. 2 OWiG).

Als der Betroffene mit einem Teilbetrag der Geldbuße in Verzug gerät, vermerkt die verantwortende Person der Vollstreckungsbehörde den Eintritt des Wegfalls der Vergünstigung in den Bußgeldakten.

Der Vermerk der Vollstreckungsbehörde hat nur klarstellenden Charakter und kann deswegen nicht durch einen Rechtsbehelf angegriffen werden (§ 62 Abs. 1 OWiG). Eine Mitteilung an den Betroffenen oder die Betroffene ist wegen des fehlenden selbstständigen Charakters der Maßnahme (§ 50 Abs. 1 OWiG) nicht erforderlich. Die Vollstreckungsbehörde kann aber auf Antrag des oder der Betroffenen oder von Amts wegen erneut Zahlungserleichterungen bewilligen (§ 93 Abs. 4 S. 2 OWiG).

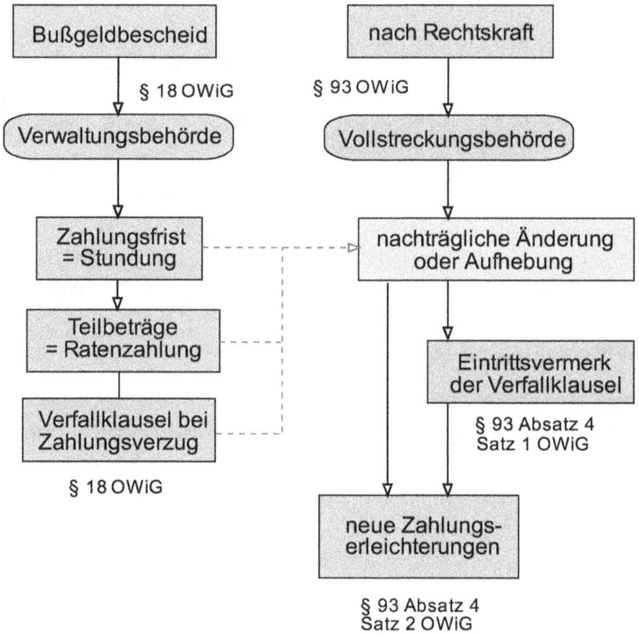

Abb. 4: Zahlungserleichterungen im Vollstreckungsverfahren (§ 93 OWiG)

Muster 23.1: Zahlungserleichterungen im Vollstreckungsverfahren (§ 93 OWiG)

Stadt Münsterberg

Stadtkasse als
Vollstreckungsbehörde

Stadt Münsterberg, 99090 Münsterberg

Dienstgebäude	Brucknerstraße 10 99090 Münsterberg
Bearbeitung	Frau Oberländer
Telefon	(0987) 9878-363
E-Mail	kasse@muensterberg.de

Herrn
Peter Baumann
Römerstraße 34
54232 Neustadt

Ihr Zeichen, Ihre Nachricht vom	Bitte bei Antwort angeben **Unser Zeichen, unsere Nachricht vom**	**Datum**
11.4.2026	OWi – 0987665/26	14.4.2026

Bußgeldverfahren gegen Sie

Ihr Antrag auf Zahlungserleichterungen vom 11.4.2026

Sehr geehrter Herr Baumann,

derzeit stehen aus dem Bußgeldbescheid vom 14.2.2026 folgende Beträge offen:

Geldbußen	800, 400 und 200 Euro,
Gebühr	70 Euro,
Auslagen	110 Euro.
Gesamtbetrag	1580 Euro

Auf Ihren Antrag vom 11.4.2026 bewilligen wir folgende Zahlungserleichterungen für die Bezahlung des Gesamtbetrages, sofern Sie keine andere Bestimmung treffen:

1. Sie erhalten zunächst eine Zahlungsfrist für die Zahlung des Gesamtbetrags bis 1.12.2026 (§ 93 Abs. 1 i. V. m. § 18 S. 1 OWiG).
2. Die Gebühr von 70 Euro und die Auslagen von 110 Euro des Bußgeldbescheides sind, sofern Sie selbst keine andere Bestimmung treffen, bis spätestens 15.12.2026 an die Stadtkasse zu entrichten (§ 93 Abs. 1 i. V. m. § 18 S. 1 OWiG).
3. Die Geldbußen von 800, 400 und 200 (insgesamt 1400 Euro) sind in dieser Reihenfolge ab Januar 2023 spätestens bis zum 15. eines Monats in Teilbeträgen von jeweils 200 Euro an die Stadtkasse zu entrichten (§ 93 Abs. 1, 3 S. 2 i. V. m. § 18 S. 1 OWiG).
4. Die in Ziffer 2 und 3 gewährten Vergünstigungen entfallen, wenn Sie einen Teilbetrag nicht rechtzeitig bezahlen (§ 93 Abs. 1, 3 S. 2 i. V. m. § 18 S. 2 OWiG).

Die pünktliche und vollständige Erfüllung der Zahlungserleichterungen liegt daher in Ihrem eigenen Interesse. Sollten Sie diesen durch Zahlungsunfähigkeit nicht nachkommen können, setzen Sie sich bitte unverzüglich mit der Stadtkasse in Verbindung. Sollten Sie den Zahlungsverpflichtungen ohne Darlegung einer eingetretenen Zahlungsunfähigkeit nicht nachkommen, müssen Sie ohne nochmalige vorhergehende Anmahnung mit der

Telefonzentrale
(0899) 123-0
Internet
www.Muensterberg.de

Servicezeiten
Mo-Mi 7.30-16.30 Uhr
Do 7.30-17.30 Uhr
Fr 7.30-12.00 Uhr

Öffentliche Verkehrsmittel
Stadtbus Linie 6
Haltestelle Mitte

Bankverbindung
Kreissparkasse Münsterberg
IBAN DE2040000000123456
BIC GROBDE77XX
Volksbank Münsterberg
IBAN DE2040000000234567
BIC GROBDE87XX

Besonderes elektronisches Behördenpostfach
Ordnungsamt@muensterberg .de

Durchführung von Vollstreckungsmaßnahmen und der gerichtlichen Anordnung der Erzwingungshaft

durch das zuständige Amtsgericht (§ 96 OWiG) rechnen. Die Erzwingungshaft beträgt bis zu sechs Wochen, bei mehreren Geldbußen bis zu drei Monaten.

Wir weisen Sie schließlich darauf hin, dass während des Laufs von Zahlungserleichterungen die Vollstreckungsverjährung für die Geldbuße ruht (§ 34 OWiG) und daher nicht weiter abläuft.

Mit freundlichen Grüßen

Stadt Münsterberg, Stadtkasse als Vollstreckungsbehörde

4. Vollstreckungsverjährung

Mit der Rechtskraft des Bußgeldbescheids besteht für eine Verfolgungsverjährung (§ 31 OWiG) kein Raum mehr, vielmehr läuft stattdessen für die Geldbuße die Frist für die Vollstreckungsverjährung nach § 34 OWiG.[1] Eine Bußgeldentscheidung darf nach Eintritt der Vollstreckungsverjährung nicht mehr vollstreckt werden (§ 34 Abs. 1 OWiG). Sie stellt ein von Amts wegen zu beachtendes absolutes Vollstreckungshindernis dar. Die wissentliche Vollstreckung verjährter Bußgeldentscheidungen ist nach § 345 Abs. 3 S. 2 Nr. 2 StGB strafbar!

4.1 Verjährungsfristen

Die Fristen für die Vollstreckungsverjährung nach § 34 OWiG gelten für die Geldbuße und solche Nebenfolgen, die zur Zahlung einer Geldleistung verpflichten. Dazu gehören die Geldbuße gegen juristische Personen und Personenvereinigungen (§ 30 OWiG), die Einziehung des Wertes von Taterträgen (§ 29a OWiG) und des Wertersatzes (§ 25 OWiG)[2] sowie die Abführung des Mehrerlöses (§ 8 WiStG). Gebühren (§ 107 Abs. 1 OWiG) und Auslagen der Verwaltungsbehörde (§ 107 Abs. 3 OWiG) fallen dagegen nicht unter § 34 OWiG, sondern verjähren gem. § 107 Abs. 4 OWiG i. V. m. dem ehemaligen § 20 VwKostG, wenn eine Verwaltungsbehörde des Bundes den Bußgeldbescheid erlassen hat, und entsprechenden landesrechtlichen Bestimmungen nach drei bis fünf Jahren, wenn die Verwaltungsbehörde eines Landes oder eine Kommune den Bußgeldbescheid erlassen hat.

Die Verjährungsfrist für die Geldbuße richtet sich nach der tatsächlichen Höhe des rechtskräftig festgesetzten Betrags der Geldbuße. Anders als bei der Verfolgungsverjährung (§ 31 Abs. 2 OWiG)[3] kommt es daher nicht auf den gesetzlichen Höchstbetrag der Geldbuße in der Bußgeldvorschrift an! Die Verjährungsfrist beträgt nach § 34 Abs. 2 OWiG (Geldbuße) bzw. § 34 Abs. 5 S. 1 OWiG (Auf Geldleistung gerichtete Nebenfolgen):

- fünf Jahre bei einem festgesetzten Betrag von mehr als 1000 Euro (Nr. 1)
- drei Jahre bei einem festgesetzten Betrag bis einschließlich 1000 Euro (Nr. 2).

1) BayObLG, Beschl. vom 28.3.2023, Az. 202 ObOWi 314/23.
2) Die Einziehung selbst (§ 22 ff. OWiG) ist dagegen nicht auf die Zahlung einer Geldleistung gerichtet.
3) Zur Unterbrechung der Verfolgungsverjährung (§ 33 OWiG) § 2 Nr. 4.2.2.4.

Weist ein Bußgeldbescheid bei Tatmehrheit von Ordnungswidrigkeiten mehrere gesondert festgesetzte Geldbußen auf (§ 20 OWiG), so kann die Vollstreckungsverjährung unterschiedlich lang sein.

Beispiel:

Ein Bußgeldbescheid weist wegen zwei in Tatmehrheit stehender Ordnungswidrigkeiten zwei Geldbußen von 600 und 1250 Euro auf. Die erste Geldbuße verjährt in drei Jahren, die zweite erst nach fünf Jahren.

Ist eine Nebenfolge, die zu einer Geldleistung verpflichtet, neben einer Geldbuße angeordnet, so verjährt die Vollstreckung der einen Rechtsfolge nicht früher als die der anderen (§ 34 Abs. 5 S. 2 OWiG).

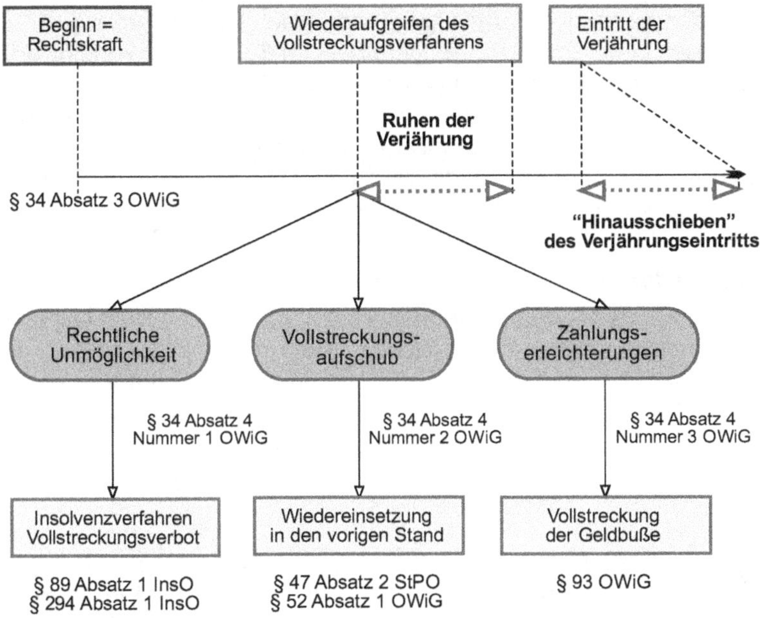

Abb. 5: Ruhen der Vollstreckungsverjährung (§ 34 Abs. 4 OWiG)

4.2 Berechnung der Vollstreckungsverjährung

Die Vollstreckungsverjährung einer Geldbuße oder einer auf Geldzahlung gerichteten Nebenfolge der Ordnungswidrigkeit beginnt mit der Rechtskraft der Bußgeldentscheidung (§ 34 Abs. 3, § 89 OWiG).[1] Die Verjährung ruht nur in den abschließend in § 34 Abs. 4 OWiG aufgeführten Fällen:

1) Zum Eintritt der Rechtskraft (§ 89 OWiG) § 23 Nr. 6.1.2.

- **Rechtliche Unzulässigkeit der Vollstreckung (Nr. 1)**

  Die Vollstreckungsverjährung ruht gem. § 34 Abs. 4 Nr. 1 OWiG nur, wenn nach dem Gesetz die Vollstreckung nicht begonnen oder fortgesetzt werden kann (§ 34 Abs. 4 Nr. 1 OWiG). Dies ist vor allem der Fall, wenn die Vollstreckung in einem Insolvenzverfahren (§ 22 Abs. 2 S. 1 Nr. 3, § 89 Abs. 1 InsO) oder Restschuldbefreiungsverfahren (§ 294 Abs. 1 InsO) gerichtlich oder gesetzlich verboten ist.[1] Die nur tatsächliche Unmöglichkeit der Vollstreckung, z. B. wegen Unauffindbarkeit oder Untertauchens des Betroffenen, hemmt die Vollstreckungsverjährung dagegen nicht.

  Beispiel:

  Der Betroffene stellt einen Insolvenzeröffnungsantrag, worauf das Insolvenzgericht ein Vollstreckungsverbot anordnet. Nach Ablauf des Insolvenzeröffnungsverfahrens eröffnet das Gericht das Insolvenzverfahren, das nach Verwertung der Insolvenzmasse aufgehoben wird. Zugleich kündigt das Insolvenzgericht die Restschuldbefreiung für den Fall der Obliegenheitserfüllung an. Nach Ablauf der dreijährigen Wohlverhaltensperiode erteilt das Insolvenzgericht die Restschuldbefreiung. Da während des Insolvenz- und Restschuldbefreiungsverfahrens gesetzliche Vollstreckungsverbote laufen, wird die Vollstreckungsverjährung mehrere Jahre gehemmt.

- **Aussetzung der Vollstreckung (Nr. 2)**

  Die Vollstreckungsverjährung ruht ferner gem. § 34 Abs. 4 Nr. 2 OWiG, wenn die Vollstreckung ausgesetzt ist (§ 34 Abs. 4 Nr. 2 OWiG). Ein Vollstreckungsaufschub beruht auf Anordnung der Vollstreckungsbehörde im Vollstreckungsverfahren (§ 103 Abs. 2 OWiG) oder im Verfahren über die Wiedereinsetzung in den vorigen Stand (§ 52 Abs. 1 OWiG i. V. m. § 47 StPO).

  Beispiel:

  Der Betroffene beantragt Wiedereinsetzung in den vorigen Stand gegen die Versäumung der Einspruchsfrist. Die Verwaltungsbehörde lehnt diese durch Bescheid ab, der Betroffene stellt dagegen Antrag auf gerichtliche Entscheidung. Die Verwaltungsbehörde hilft nicht ab und legt die Sache dem Amtsgericht zur Entscheidung vor. Dieses bestätigt den Bescheid der Verwaltungsbehörde. Die Vollstreckungsverjährung wird nur gehemmt, wenn die Vollstreckungsbehörde ausdrücklich Vollstreckungsaufschub angeordnet hatte.

- **Bewilligung von Zahlungserleichterungen (Nr. 3)**

  Die Vollstreckungsverjährung ruht schließlich aufgrund § 34 Abs. 4 Nr. 3 OWiG bei der Bewilligung von Zahlungserleichterungen auf Antrag oder von Amts wegen durch die Verwaltungsbehörde im Bußgeldbescheid (§ 18 OWiG) oder die

1) LG Potsdam, Beschl. vom 22.2.2021, Az. 24 Qs 71/20.

Vollstreckungsbehörde im Vollstreckungsverfahren (§ 93 OWiG).[1] Sind Zahlungserleichterungen bereits im Bußgeldbescheid angeordnet (§ 18 OWiG), beginnt die Vollstreckungsverjährung nicht zu laufen, weil sich das Ruhen bereits mit dem Datum der Rechtskraft unmittelbar anschließt.

Beispiel:

Der Betroffene befindet sich derzeit noch zehn Monate in Strafhaft und kann erst nach deren Verbüßung wieder zahlungsfähig werden. Die Vollstreckungsverjährung wird nur dann gehemmt, wenn die Vollstreckungsbehörde bis zum Strafende eine Zahlungsfrist bewilligt.

Ruhen der Vollstreckungsverjährung bedeutet, dass ihr Ablauf hinausgeschoben wird. Im Gegensatz zur Verfolgungsverjährung gibt es weder eine Unterbrechung (§ 33 Abs. 1, Abs. 3 S. 1 OWiG) noch eine absolute Vollstreckungsverjährung (§ 33 Abs. 3 S. 2 OWiG). Bei unterschiedlichen Verjährungsfristen ruht zwar die Verjährung einheitlich, das Ende der Verjährungsfristen richtet sich aber nach der jeweiligen Frist von drei oder fünf Jahren (§ 34 Abs. 2 OWiG). Auch eine absolute Verjährung wie bei der Verfolgungsverjährung (§ 33 Abs. 3 S. 2 OWiG) gibt es bei der Vollstreckungsverjährung nicht.

Beispiel:

Im Bußgeldbescheid werden eine Geldbuße von 750,00 Euro und die Einziehung des Wertersatzes in Höhe von 1250,00 Euro festgesetzt. Dem Betroffenen werden monatliche Teilleistungen von 100,00 Euro bewilligt (§ 18 S. 1 OWiG). Die Vergünstigung entfällt, sobald ein Teilbetrag nicht bis zum 10. eines Monats bezahlt ist (§ 18 S. 2 OWiG). Der Bußgeldbescheid erlangt am 1.7.2026 Rechtskraft und wird vollstreckbar (§ 89 OWiG).

Die Vollstreckungsverjährung beginnt am 1.7.2026, 24.00 Uhr (§ 34 Abs. 3 OWiG). Die Verjährungsfrist für die Geldbuße beträgt drei Jahre (§ 34 Abs. 2 Nr. 2 OWiG), für die Nebenfolge fünf Jahre (§ 34 Abs. 2 Nr. 1 OWiG). Maßgeblich ist die längere Frist von fünf Jahren (§ 34 Abs. 5 S. 2 OWiG).

Die Vollstreckungsverjährung ruht aber aufgrund der gewährten Zahlungserleichterung (§ 34 Abs. 4 Nr. 3 OWiG) von Anfang an. Bezahlt der oder die Betroffene den Teilbetrag am 10.3.2025 nicht, entfällt die Vergünstigung (§ 18 S. 2 OWiG) und die Vollstreckungsverjährung beginnt zu laufen. Sie läuft am 9.3.2030 ab.

1) Zur Bewilligung von Zahlungserleichterungen im Bußgeldbescheid (§ 18 OWiG, § 13 Nr. 3.6.5) und im Vollstreckungsverfahren (§ 93 OWiG, § 23 Nr. 3).

5. Vollstreckung der Geldbuße

Mit der Rechtskraft des Bußgeldbescheides (§ 89 OWiG) werden auch die festgesetzte(n) Geldbuße(n) und die Kosten des Bußgeldverfahrens fällig. Bei einer im Bußgeldbescheid bewilligten Zahlungsfrist (§ 18 S. 1 OWiG) tritt die Fälligkeit erst mit deren Ablauf ein. Zahlt sie der oder die Betroffene ganz oder teilweise nicht, ist die Vollstreckung einzuleiten.

Beispiel:

Ein Bußgeldbescheid wird rechtskräftig, wenn bis zum Ablauf der zweiwöchigen Einspruchsfrist kein Einspruch eingelegt wurde. Die Geldbuße wird regelmäßig nach Ablauf der ebenfalls zweiwöchigen Schonfrist, also vier Wochen nach Zustellung fällig. Der Zeitpunkt der Fälligkeit wird jedoch um sechs Monate ab Rechtskraft hinausgeschoben, wenn im Bußgeldbescheid eine entsprechende Zahlungsfrist bestimmt ist. Die Fälligkeit bestimmter Teilbeträge wird weiter hinausgeschoben, wenn diese im Bußgeldbescheid anschließend bewilligt sind.

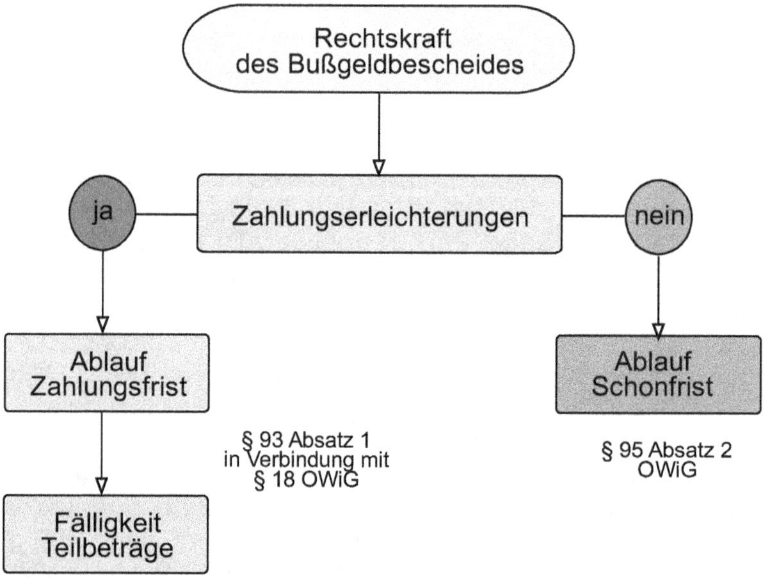

Abb. 6: Fälligkeit der Geldbuße

5.1 Schonfrist

Die Beitreibung, d. h. die zwangsweise Vollstreckung der Geldbuße, erfolgt grundsätzlich erst zwei Wochen nach Rechtskraft des Bußgeldbescheides (§ 95 Abs. 1 OWiG). Diese „Schonfrist" soll dem oder der Betroffenen Gelegenheit geben, sich zur Bezahlung erforderliche flüssige Mittel zu beschaffen. Da es sich um eine gesetzliche Frist handelt, kann sie nicht durch die Vollstreckungsbehörde verlängert werden. Dies ist nur durch die Bewilligung einer Zahlungsfrist nach § 93 Abs. 1 i. V. m. § 18 S. 1 OWiG möglich.[1] Die Beitreibung ist nur ausnahmsweise sofort zulässig, wenn sich der oder die Betroffene aufgrund bestimmter Tatsachen der Zahlung entziehen will, z. B. Vermögen beiseiteschafft. Entsprechende Feststellungen sind in Vollzugspraxis kaum möglich. Die Schonfrist wirkt sich daher nur als notwendige Vollstreckungsvoraussetzung bei der Erzwingungshaft (§ 96 OWiG) aus. Bis zur Mahnung (siehe nachfolgend) ist die Schonfrist regelmäßig bereits verstrichen.

5.2 Mahnung

Eine Mahnung des oder der Betroffenen enthält eine Aufforderung zur Zahlung der Geldbuße(n), Gebühr und Auslagen der Verwaltungsbehörde. Sie ist im Bußgeldverfahren durch die Verweisung in § 90 Abs. 1 OWiG auf § 3 Abs. 1 VwVG vorgeschrieben. Die Vollstreckungsbehörde setzt dabei gem. § 90 Abs. 1 OWiG i. V. m. § 3 Abs. 3 VwVG eine Zahlungsfrist von einer Woche. Die zweiwöchige Schonfrist für die Zahlung der Geldbuße (§ 95 Abs. 1 OWiG) ist zu diesem Zeitpunkt regelmäßig bereits abgelaufen und braucht daher nicht zusätzlich abgewartet zu werden. Wegen des vielfach zu beobachtenden Verhaltens, erst auf Mahnung zu bezahlen, ist diese zwar keine allgemeine Vollstreckungsvoraussetzung, aber zur Vermeidung von Vollstreckungskosten allgemein üblich.[2] Die Mahnung ergeht kostenfrei, weil in dem abschließenden Katalog des § 107 Abs. 3 OWiG keine Rechtsgrundlage für eine Auslagenerhebung enthalten ist.

Mit der Mahnung sollte der Hinweis auf die unmittelbar folgende Möglichkeit der Verwaltungsvollstreckung und der gerichtlichen Anordnung von Erzwingungshaft (§ 96 OWiG) aus dem Bußgeldbescheid (§ 66 Abs. 2 Nr. 3 OWiG) wiederholt werden. Eine zusätzliche Zahlungsaufforderung ist im Bußgeldverfahren nicht notwendig, weil sie bereits im Bußgeldbescheid zwingend vorgeschrieben ist (§ 66 Abs. 2 Nr. 2 Buchst. a OWiG). Auch weitere Hinweise an den Betroffenen oder die Betroffene wie „Zweite Mahnung, letzte Zahlungsaufforderung, Ankündigung der Vollstreckung oder Leistungsgebot" sind im Bußgeldverfahren nicht vorgesehen und verzögern nur die Vollstreckung auf Kosten der Vollstreckungsbehörde.[3] Die Vollstreckungsverjährung (§ 34 Abs. 1 OWiG) läuft trotz solch überflüssiger Dokumente weiter und ruht nicht etwa.

1) Zur Bewilligung einer Zahlungsfrist im Vollstreckungsverfahren § 23 Nr. 3.
2) Von der Üblichkeit der Mahnung geht offensichtlich auch die Rechtsprechung aus, z. B. LG Potsdam, Beschl. vom 24.4.2017, Az. 24 Qs 16/17, und OLG Karlsruhe, Beschl. vom 19.1.2016, Az. 2 Ws 441/15.
3) Das Leistungsgebot (vergleiche § 254 AO) ist bei Leistungsbescheiden vorgeschrieben.

Muster 23.2: Mahnung mit Ankündigung der Vollstreckung

Stadt Münsterberg

Stadtkasse

Stadt Münsterberg, 99090 Münsterberg

Dienstgebäude Brucknerstraße 10
99090 Münsterberg
Bearbeitung Frau Oberländer
Telefon (0987) 9878-363
E-Mail kasse@muensterberg.de

Herrn
Rainer Nordmann
Schillerstraße 15
99345 Mittelstadt

Ihr Zeichen, Ihre Nachricht vom	Bitte bei Antwort angeben **Unser Zeichen, unsere Nachricht vom**	**Datum**
11.4.2026	OWi – 0987665/26	16.4.2026

Sehr geehrter Herr Nordmann,

nach unseren Feststellungen haben Sie bis zum 12.4.2026 folgende fällige Forderungen noch nicht beglichen:

Buchungszeichen:	Forderungsart:	Betrag (Euro):
31-823-10 (187/25)	Geldbuße	400,00
31-823-23 (187/25)	Geldbuße	200,00
31-823-33 (187/25)	Gebühren	50,00
31-823-54 (187/25)	Auslagen	7,00
31-823-78 (187/25)	Mahngebühr	5,00

Wir fordern Sie daher auf, den rückständigen Gesamtbetrag von 662,00 Euro unter Angabe des Buchungszeichens entweder elektronisch oder unter Verwendung des anliegenden Überweisungsträgers

innerhalb einer Woche

auf eines unserer untenstehenden Konten zu überweisen (§ 90 Abs. 1 OWiG i. V. m. § 14 Abs. 1, 3 VwVG). Sollten Sie den Zahlungsverpflichtungen ohne Darlegung einer eingetretenen Zahlungsunfähigkeit nicht nachkommen, müssen Sie ohne nochmalige vorhergehende Mitteilung mit der

Durchführung von Maßnahmen der Verwaltungsvollstreckung
und der gerichtlichen Anordnung der Erzwingungshaft

durch das zuständige Amtsgericht (§ 96 Abs. 1 OWiG) auf Antrag der Vollstreckungsbehörde rechnen (§ 93 Abs. 3 S. 1 OWiG). Die Erzwingungshaft beträgt bis zu sechs Wochen, bei mehreren Geldbußen bis zu drei Monaten (§ 96 Abs. 3 S. 1 OWiG).

Durch Vollstreckungsmaßnahmen entstehen für Sie weitere vollstreckungsfähige Kosten, sodass die Einhaltung der gesetzten Frist in Ihrem eigenen Interesse liegt.

Mit freundlichen Grüßen

Stadt Münsterberg

Vollstreckungsbehörde

Telefonzentrale
(0899) 123-0
Internet
www.Muensterberg.de

Servicezeiten
Mo-Mi 7.30-16.30 Uhr
Do 7.30-17.30 Uhr
Fr 7.30-12.00 Uhr

Öffentliche Verkehrsmittel
Stadtbus Linie 6
Haltestelle Mitte

Bankverbindung
Kreissparkasse Münsterberg
IBAN DE2040000000123456
BIC GROBDE77XX
Volksbank Münsterberg
IBAN DE2040000000234567
BIC GROBDE87XX

Besonderes elektronisches Behördenpostfach
Ordnungsamt@muensterberg .de

Die Mahnung ist keine anfechtbare Maßnahme der Vollstreckungsbehörde und wird daher formlos bekanntgemacht (§ 50 Abs. 1 S. 1 OWiG), der Bescheidform und Zustellung (§ 50 Abs. 1 S. 2 OWiG) und einer Begründung (§ 34 StPO i. V. m. § 46 Abs. 1 OWiG) bedarf es nicht. Die Übermittlung ist zwar über einen sicheren Übermittlungsweg möglich (§ 32a Abs. 4 S. 1 StPO i. V. m. § 110c S. 1 OWiG). Da aber keine Verpflichtung zur Teilnahme am elektronischen Rechtsverkehr besteht, wird ein solcher i. d. R. aus dem vorangegangen Bußgeldverfahren bekannt sein. Daher ist die Versendung eines Briefes mit der Post noch unvermeidlich. Keinesfalls darf die Mahnung über eine ungesicherte E-Mail erfolgen.

Manchmal reagieren Vollstreckungsschuldner oder -schuldnerinnen mit verfassungsfernen Behauptungen, etwa die Bundesrepublik Deutschland existiere nicht, sei nicht als Firma im Handelsregister eingetragen, das Grundgesetz sei nichtig. Diese Äußerungen führen zu einer Verzögerung des Vollstreckungsbeginns und sollten daher nicht beantwortet werden. Drohungen von „Schadenersatz in Millionenhöhe" und der Vollstreckung von im Ausland erworbenen gerichtlichen Vollstreckungstiteln im Inland gegen den Bearbeiter persönlich sind als zumindest versuchte Erpressung strafbar (§ 253 StGB).[1] In solchen Fällen sollte ohne Ankündigung sofort eine Strafanzeige an die Staatsanwaltschaft erfolgen (§ 158 Abs. 1 S. 1 StPO). Eines Strafantrages (§ 158 Abs. 2 StPO) bedarf es nicht, weil ein von Amts wegen zu verfolgendes Offizialdelikt vorliegt.

5.3 Verrechnung von Teilbeträgen

Im Vollstreckungsverfahren kommt es nicht selten zu offenen Restbeträgen durch Vollstreckungsmaßnahmen, die nicht zur vollständigen Befriedigung des Gesamtbetrages geführt haben, oder aufgrund eigenmächtiger Teilzahlungen der Vollstreckungsschuldner oder -schuldnerinnen. Für die Verrechnung von Teilbeträgen ist dann maßgeblich, ob sie eine Bestimmung zur Verrechnung getroffen haben. Ausdrückliche Erklärungen kommen in der Verfahrenspraxis kaum vor. Verwenden die Vollstreckungsschuldner oder -schuldnerinnen für eine Teilzahlung das mitgeteilte Kassenzeichen, so kann darin eine Bestimmung zur Verrechnung gesehen werden. Trifft er oder sie wie i. d. R. bei eigenmächtigen Teilzahlungen keine Bestimmung, so sind Teilbeträge

- zuerst auf die Geldbuße, dann auf Nebenfolgen, die zu einer Geldzahlung verpflichten, und
- erst zuletzt auf die Kosten des Verfahrens, also Gebühren (§ 107 Abs. 1 OWiG) und Auslagen der Verwaltungsbehörde (§ 107 Abs. 3 OWiG) anzurechnen (§ 94 OWiG).

Diese Reihenfolge ist gesetzlich vorgegeben und darf von der Vollstreckungsbehörde nicht willkürlich geändert werden.[2] Die Kosten des Verfahrens bleiben also z. B. übrig, wenn der oder die Betroffene ein Verwarnungsgeld (§ 56 Abs. 1 S. 1

1) AG München, Urt. vom 6.7.2017, Az. 844 Ds 241 Js 185845/16, für die versuchte Erpressung durch Reichsbürger durch Drohung mit der „Bestellung eines ausländischen Pfandrechts" gegen einen Gerichtsvollzieher.

2) BGH, Urt. vom 3.6.2008, Az. XI ZR 353/07, unter Bezugnahme auf Urt. vom 28.6.2000, Az. XII ZR 55/98, zu § 366 Abs. 1 BGB.

OWiG) erst nach Erlass eines nachfolgenden Bußgeldbescheides zahlt, und die auf die Geldbuße beschränkte Erzwingungshaft (§ 96 Abs. 1 Nr. 1 OWiG) deswegen nicht möglich ist. Bei der Bewilligung von Zahlungserleichterungen auf Antrag des oder der Betroffenen im Vollstreckungsverfahren (§ 93 OWiG) kann jedoch die umgekehrte Reihenfolge für den Fall angeboten werden, dass er oder sie keine andere Bestimmung trifft. Ohne Bedeutung ist, ob sich die Geldbuße gegen eine natürliche Person oder juristische Person oder Personenvereinigung (§ 30 OWiG) richtet (§ 99 Abs. 1 OWiG).[1] Der Fall mehrerer Geldbußen aus verschiedenen Bußgeldbescheiden ist in § 94 OWiG nicht erwähnt. In Rechtsanalogie zu § 366 BGB sind die Geldbußen in der absteigenden Reihenfolge von der ältesten zur jüngsten und dann in derselben Reihenfolge Gebühren und Auslagen der Verwaltungsbehörde zu bezahlen. Da also ohne Bestimmung des oder der Betroffenen Teilbeträge nicht auf einzelne Bußgeldbescheide verrechnet werden dürfen, liegt eine entsprechende Bestimmung, die vom ältesten bis zum jüngsten Bußgeldbescheid ausgeht, im Interesse der Vollstreckungsbehörde.

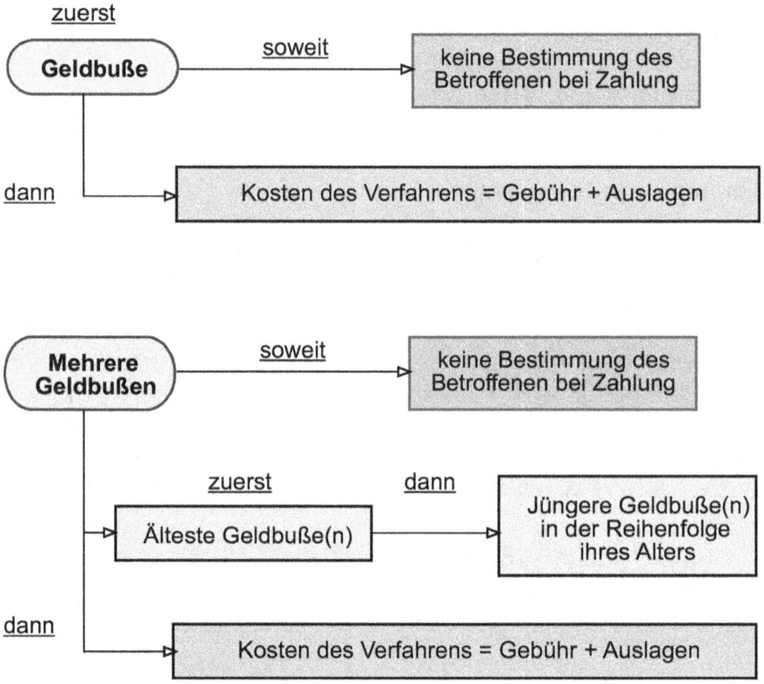

Abb. 7: Verrechnung von Teilbeträgen (§ 94 OWiG)

5.4 Vollstreckungsmaßnahmen

Zur Vollstreckung eines Bußgeldbescheides stehen alle auch für die Vollstreckung von Leistungsbescheiden zulässigen Befugnisse (§ 90 Abs. 1 OWiG) und die besonderen für die Geldbuße vorgesehenen Maßnahmen zur Verfügung:

1) BGH, Urt. vom 18.5.2017, Az. 3 StR 103/17.

- Die **Forderungspfändung** durch Pfändungs- und Überweisungsverfügung (§ 90 Abs. 1 OWiG i. V. m. § 5 Abs. 1 VwVG, § 309 AO bzw. entsprechenden landesrechtlichen Vorschriften) erfordert weder einen gerichtlichen Titel noch einen kostenintensiven Einsatz eigener Vollzugsbediensteter oder einer anderen Vollzugsbehörde und ist durch die Vollstreckungsbehörde selbst schnell, einfach und kostengünstig möglich. Die Vollstreckungsbehörde erfährt durch die Drittschuldnererklärung i. d. R. eines Geldinstituts rasch, ob die Maßnahme erfolgreich war. Voraussetzung ist ein voraussichtlich pfändbares Konto, sodass P-Konten (§ 850k Abs. 1 ZPO) von Sozialleistungsempfängern oder -empfängerinnen naturgemäß ausscheiden. Es bietet einen Basisschutz für Guthaben in bestimmter Höhe. Die Forderungspfändung kommt also vor allem bei Gewerbetreibenden in Betracht. Die Konten können – soweit nicht schon bekannt – meist über die Homepage im Internet oder soweit im Landesvollstreckungsrecht vorgesehen, durch Kontenabruf ermittelt werden.
- Die **Mobiliarpfändung** erfordert einen Vollstreckungsauftrag an eine Vollzugsbehörde. Sie ist daher zeitaufwendig, für die Vollstreckungsbehörde kostenpflichtig und oft nicht effektiv. Die Geldbuße kann i. d. R. erst mit erheblicher zeitlicher Verzögerung bis zur grundsätzlich sehr erfolgreichen Versteigerung auf der digitalen Plattform „Zoll-Auktion" und damit weit nach dem Tatzeitpunkt der Ordnungswidrigkeit beigetrieben werden. Diese Art der Pfändung ist i. d. R. als mildere Maßnahme nach dem Verhältnismäßigkeitsprinzip (Art. 20 Abs. 3 GG) vor einem Antrag auf Anordnung der Erzwingungshaft beim Amtsgericht (§ 96 OWiG) erforderlich. Wichtig ist ein inhaltlich und zeitlich begrenzter Vollstreckungsauftrag, weil die Vollstreckungsverjährung (§ 34 OWiG) während dieser Vollstreckungsmaßnahmen ohne hemmende Wirkung weiterläuft.[1)]
- Die **Erzwingungshaft** (§§ 96, 97 OWiG) ist frühzeitig zulässig, schnell, für die Vollstreckungsbehörde völlig kostenfrei und i. d. R. äußerst effektiv. Sie ist ein höchst wirksames Beugemittel, das nur den Antrag der Vollstreckungsbehörde erfordert, ansonsten ein reines Justizverfahren sowohl für die Anordnung als auch die Vollstreckung ist. Ihr Ziel ist die Zahlung der Geldbuße durch einen als zahlungsfähig vermuteten, aber zahlungsunwilligen Vollstreckungsschuldner oder eine -schuldnerin ohne weitere Vollstreckungsmaßnahmen. Kostenschuldner bzw. Kostenschuldnerin ist ausschließlich der oder die Betroffene (§ 107 Abs. 3 Nr. 11 OWiG). Die Kosten werden nur von diesen durch die Justiz erhoben.
- Die Umwandlung der Geldbuße in Auflagen bei **Jugendlichen und Heranwachsenden** (§ 98 OWiG) ist ebenfalls ein reines Justizverfahren, das nur den Antrag der Vollstreckungsbehörde erfordert. Zwar wird die Geldbuße prinzipiell in eine Auflage, i. d. R. Arbeitsauflage umgewandelt, erfahrungsgemäß ziehen die Betroffenen unter dem Druck der Auflage eine Zahlung der Geldbuße vor. Wegen des drohenden Jugendarrests bei Nichterfüllung ist die Maßnahme ebenfalls schnell und höchst effektiv.

1) Zum Ruhen der Vollstreckungsverjährung (§ 34 Abs. 4 OWiG) § 23 Nr. 4.

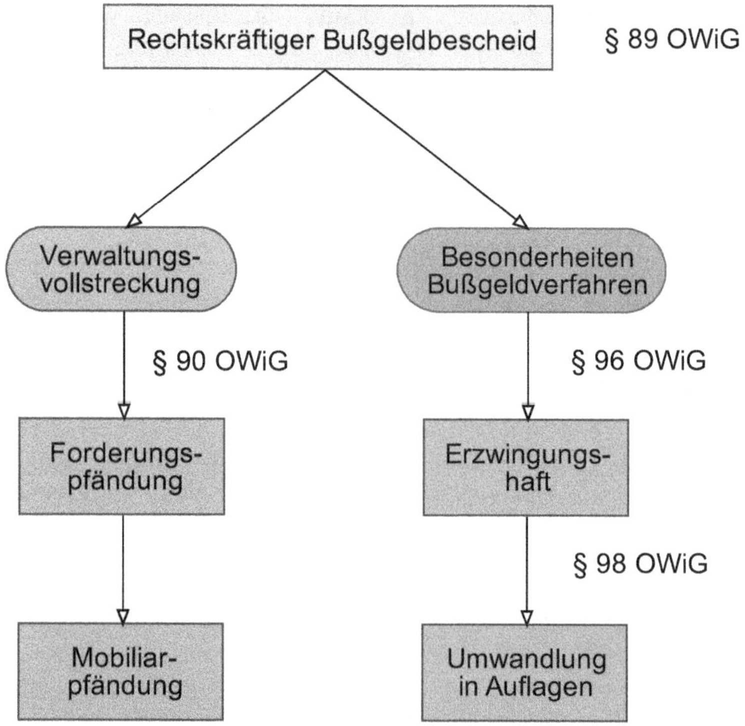

Abb. 8: Arten der Vollstreckung

5.5 Niederschlagung

Eine ausdrückliche Bestimmung zur Niederschlagung nicht beitreibungsfähiger Geldbußen und Kosten enthält das Bußgeldverfahren nicht. Die Anordnung des Unterbleibens der Vollstreckung in § 95 Abs. 2 OWiG entspricht jedoch deren Wirkung. Für die Entscheidung der Vollstreckungsbehörde sollte maßgeblich sein, ob die Einstellung der Vollstreckung nur vorübergehend oder endgültig sein soll. Die Anordnung nach § 95 Abs. 2 OWiG hemmt nämlich die Vollstreckungsverjährung nicht, während dies bei Bewilligung einer Zahlungsfrist aufgrund § 34 Abs. 4 Nr. 3 OWiG der Fall ist. Die „Niederschlagung" nach § 95 Abs. 2 OWiG bis zum Eintritt der Vollstreckungsverjährung ist daher zur Vermeidung weiterer Vollstreckungskosten sinnvoll, wenn nicht mehr mit einer Pfändbarkeit des oder der Betroffenen bis dahin zu rechnen ist. Entsprechend der Definition in § 261 AO sollte die weitere Vollstreckung unterbleiben, wenn zu erwarten ist, dass die Erhebung keinen Erfolg haben wird oder die Kosten der Erhebung außer Verhältnis zu dem zu erhebenden Betrag stehen werden. Tritt die Zahlungsfähigkeit des oder der Betroffenen überraschenderweise vor der Vollstreckungsverjährung wieder ein, kann die Vollstreckung jederzeit wiederaufgenommen werden. Ist eine Zahlungsunfähigkeit voraussichtlich nur vorübergehend, so ist die Gewährung einer Zahlungsfrist (§ 93 i. V. m. § 18 S. 1 OWiG) von Amts wegen zur Verjährungshemmung sinnvoll.

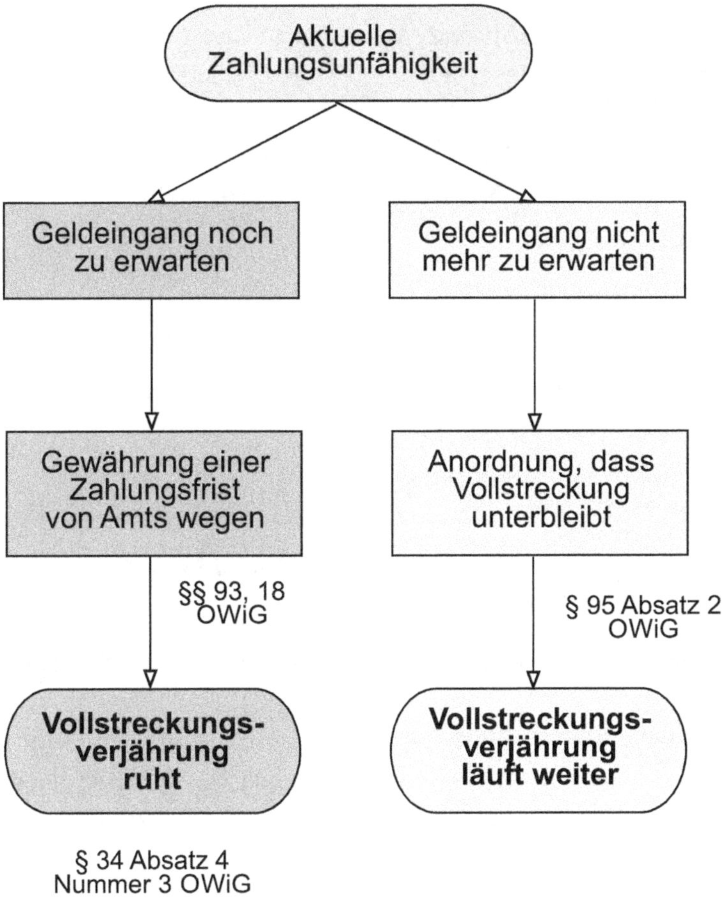

Abb. 9: Einstellung der Vollstreckung – Gewährung von Zahlungsfristen

5.6 Insolvenz des oder der Betroffenen

Die Eröffnung des Insolvenzverfahrens (§ 27 InsO) über das Vermögen des Vollstreckungsschuldners hat auch für die Vollstreckung von Geldbußen, Nebenfolgen der Ordnungswidrigkeit, sowie Gebühr und Auslagen der Verwaltungsbehörde einschneidende Folgen. Entscheidungen des Amtsgerichts als Insolvenzgericht (§ 2 InsO) in allen laufenden Insolvenzverfahren können über das bundesweite und allgemein zugängliche Internetportal www.insolvenzbekanntmachungen.de nachvollzogen werden. Ist eine juristische Person oder rechtsfähige Personengesellschaft im Handels-, Genossenschafts-, Gesellschafts-. Partnerschafts- oder Vereinsregister eingetragen, erhält es zusätzlich einen Insolvenzvermerk (§ 31 InsO).

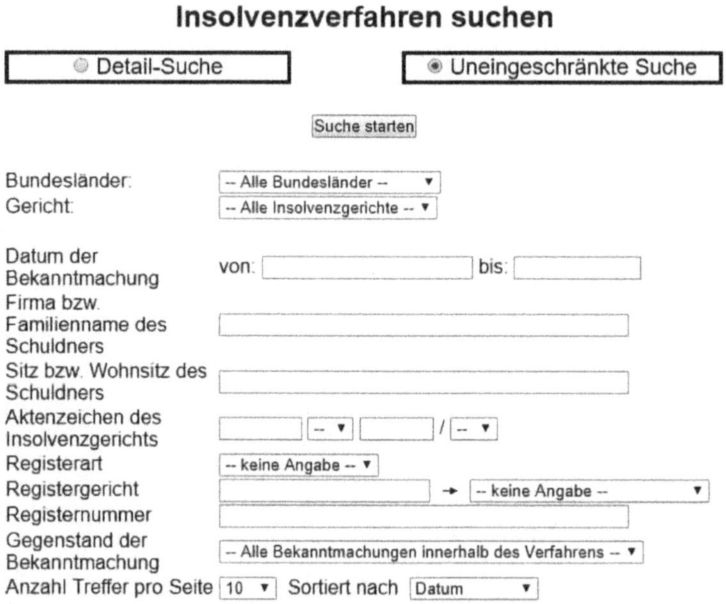

Abb. 10: Suchmaske aus dem Internetportal „Insolvenzbekanntmachungen"

5.6.1 Gesetzliche Vollstreckungsverbote

Ein gerichtliches Insolvenzverfahren hat meist langfristige Vollstreckungsverbote für einzelne Gläubiger und Gläubigerinnen zur Folge. Damit soll die Insolvenzmasse vor dem raschen Zugriff auch öffentlich-rechtlicher Gläubiger und Gläubigerinnen geschützt werden, damit die Gläubigergemeinschaft (§ 38 InsO) möglichst anteilig befriedigt werden kann. Dies gilt auch für Geldbußen aus Bußgeldbescheiden, die im Insolvenzverfahren keine bevorrechtigte Stellung besitzen. Das Insolvenzgericht kann bereits nach dem Insolvenzeröffnungsantrag (§ 13 InsO) und damit vor der Entscheidung über die Eröffnung ein vorläufiges Vollstreckungsverbot zur Sicherung der Insolvenzmasse für die Insolvenzgläubiger und -gläubigerinnen anordnen (§ 22 Abs. 2 S. 1 Nr. 3 InsO). Der gerichtliche Eröffnungsbeschluss (§ 27 InsO) bewirkt ein absolutes Vollstreckungsverbot (§ 89 Abs. 1 InsO), das sich in einem dem Insolvenzverfahren nachfolgenden Restschuldbefreiungsverfahren fortsetzen kann (§ 294 Abs. 1 InsO). Geldbußen (§§ 17, 30 OWiG) sind überdies gegenüber den sonstigen Insolvenzforderungen (§ 38 InsO) nachrangige Forderungen, die im Gegensatz zu Gebühr (§ 107 Abs. 3 OWiG) und Auslagen des Bußgeldbescheids (§ 107 Abs. 3 OWiG) i. d. R. nicht als Insolvenzforderung zur Insolvenztabelle angemeldet werden können (§ 39 Abs. 1 Nr. 3 InsO). Sie unterfallen als ausgenommene Forderungen aber auch nicht der Restschuldbefreiung (§ 302 Nr. 2 InsO), sodass die Verwaltungsvollstreckung meist erst nach Jahren unverzinst fortgesetzt werden kann. Während der Vollstreckungsverbote ruht aber für die bereits entstandenen Geldbußen die Vollstreckungsverjährung aus rechtlichen Gründen (§ 34 Abs. 4 Nr. 1 OWiG).[1]

1) Zum Ruhen der Vollstreckungsverjährung (§ 34 OWiG) § 23 Nr. 4.

5.6.2 Maßnahmen des Insolvenzverwalters oder der Insolvenzverwalterin

Sicherheiten, die durch Zwangsvollstreckung kurz vor dem Insolvenzeröffnungsantrag oder danach erlangt wurden, werden durch die sogenannte Rückschlagsperre mit der Eröffnung des Insolvenzverfahrens absolut unwirksam.[1] Hat ein Insolvenzgläubiger oder eine Insolvenzgläubigerin (§ 38 InsO) im letzten Monat vor dem Antrag auf Eröffnung des Insolvenzverfahrens oder nach diesem Antrag durch Zwangsvollstreckung, zu der auch Maßnahmen der Verwaltungsvollstreckung zählen, eine Sicherung an dem zur Insolvenzmasse gehörenden Vermögen des Schuldners oder der Schuldnerin erlangt, so wird diese Sicherung mit der Eröffnung des Verfahrens unwirksam (§ 88 Abs. 1 InsO). Die Frist beträgt sogar drei Monate, wenn ein Verbraucherinsolvenzverfahren (§ 304 InsO) eröffnet wird (§ 88 Abs. 2 InsO). Der Insolvenzverwalter oder die Insolvenzverwalterin wird in diesen Fällen von Betroffenen unter dem Eindruck der Verwaltungsvollstreckung gezahlte Beträge zur Insolvenzmasse herausverlangen und die Vollstreckungsbehörde notfalls zur Herausgabe vor dem ordentlichen Gericht verklagen.

Freiwillige Zahlungen des oder der Betroffenen in den letzten drei Monaten vor oder nach dem Insolvenzeröffnungsantrag sind durch den Insolvenzverwalter oder die Insolvenzverwalterin wegen inkongruenter Deckung zugunsten der Insolvenzmasse anfechtbar (§ 131 InsO). Auch Geldbußen unterliegen trotz ihres Ahndungszwecks der Anfechtung durch den Insolvenzverwalter oder die Insolvenzverwalterin. Der Ahndungscharakter rechtfertigt insofern keine Sonderbehandlung.[2] Die Geldbuße lebt gem. den §§ 143, 144 InsO nach Anfechtung der Zahlung wieder auf. Sie kann anschließend nach den Normen des OWiG vollstreckt werden.[3] Eine Zahlung auf eine Geldbuße unterliegt jedoch dann nicht der Insolvenzanfechtung, wenn sie unstreitig aus dem unpfändbaren Einkommen des Insolvenzschuldners geleistet wurde.[4]

5.6.3 Ordnungswidriges Verhalten des oder der Betroffenen

Der Erlass von Bußgeldbescheiden gegen natürliche Personen wird durch die Eröffnung des Insolvenzverfahrens (§ 27 InsO) nicht gehindert. Begeht der oder die Betroffene nach diesem Zeitpunkt während des laufenden gerichtlichen Insolvenz- oder nachfolgenden Restschuldbefreiungsverfahrens Ordnungswidrigkeiten, die zu rechtskräftigen und damit grundsätzlich vollstreckbaren Bußgeldbescheiden führen (§ 89 OWiG), so sind Geldbußen, Gebühr und Auslagen der Verwaltungsbehörde zwar weder Insolvenzforderungen (§ 38 InsO) noch Masseverbindlichkeiten (§ 55 Abs. 1 InsO), sondern am Insolvenzverfahren nicht teilnehmende gesetzlich nicht geregelte Neuschulden (Nachinsolvenzschulden). Sie sind aber während beider Verfahrensabschnitte faktisch nicht vollstreckbar, weil das pfändbare Vermögen des Schuldners oder der Schuldnerin zur Insolvenzmasse gehört (§ 35 Abs. 1 InsO) bzw. während des Restschuldbefreiungsverfahrens an den gerichtlich eingesetzten Treuhänder zur Befriedigung der Insolvenzgläubiger abzutreten ist (§ 287 InsO). Eine Vollstreckung ist daher erst nach Verfahrensabschluss möglich. Hier kann die Vollstreckungsbehörde

1) BGH, Urt. vom 19.11.2020, Az. IX ZR 210/19.
2) OLG Braunschweig, Urt. vom 28.12.2023, Az. 9 U 103/22; BGH, Urt. vom 14.10.2010, Az. X ZR 16/10, für eine Geldstrafe.
3) LG Göttingen, Beschl. vom 19.1.2018, Az. 5 Qs 3/15, für eine Geldstrafe.
4) AG Kassel, Urt. vom 14.11.2017, Az. 435 C 1558/17.

nur über den Antrag auf Erzwingungshaft (§ 96 OWiG) als Beugemittel versuchen, den Betroffenen oder die Betroffene zur Zahlung aus dem pfändungsfreien und damit nicht zur Insolvenzmasse gehörenden Vermögen des oder der Betroffenen zu veranlassen. Pfändungsfrei und nicht insolvenzbefangen ist der nach § 850c ZPO alle zwei Jahre neu bestimmte Höchstbetrag. Gelingt die Anordnung der Erzwingungshaft auf Antrag der Vollstreckungsbehörde durch das Amtsgericht nicht, muss sie die Erteilung oder vorzeitige Versagung der Restschuldbefreiung abwarten und für diesen Zeitraum eine Zahlungsfrist von Amts wegen anordnen (§ 93 i. V. m. § 18 S. 1 OWiG), um damit das Ruhen der Vollstreckungsverjährung auszulösen (§ 34 Abs. 4 Nr. 3 OWiG).

5.7 Vollstreckung im Ausland

Befindet sich der Wohnsitz des oder der Betroffenen oder der Geschäftssitz einer nebenbetroffenen juristischen Person oder Personenvereinigung ausschließlich im Ausland, ist zwischen EU-Mitgliedstaaten und anderem Ausland zu unterscheiden.

- **EU-Mitgliedstaaten**

Die Vollstreckung von Geldbußen in allen EU-Mitgliedstaaten ist über das Bundesamt für Justiz zu betreiben.[1] Vollstreckungshilfe kann durch Vollstreckung einer rechtskräftig gegen einen Betroffenen oder eine Betroffene verhängten Geldsanktion geleistet werden (*§ 87p Abs. 2 IRG*). Hierzu gehört auch die Verpflichtung zur Zahlung eines Geldbetrages wegen einer strafbaren Handlung oder einer Ordnungswidrigkeit (*§ 87p Abs. 3 S. 1 Nr. 1 IRG*). Der Antrag an das Bundesamt für Justiz ist standardisiert und über das Internetportal dieser Behörde allgemein zugänglich.[2] Das um Vollstreckungshilfe ersuchte Land darf allerdings das Ergebnis der Vollstreckung behalten und ist nicht zu einer Weiterleitung an die deutsche Vollstreckungsbehörde verpflichtet. Nach dem Antrag an das Bundesamt für Justiz entsteht zur Vermeidung von Doppelvollstreckungsmaßnahmen eine inländische Vollstreckungssperre (*§ 87q S. 1 IRG*). Reist der oder die Betroffene also wieder in das Inland ein, kann die Vollstreckungshoheit nur durch Antragsrücknahme beim Bundesamt erreicht werden.

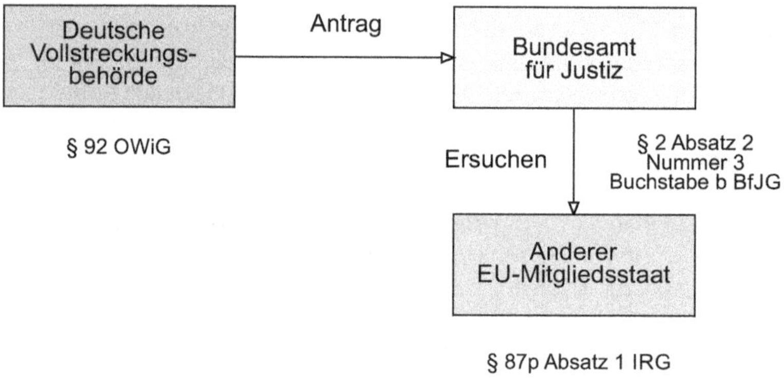

Abb. 11: Vollstreckungsersuchen an andere EU-Mitgliedstaaten

1) Bei Redaktionsschluss dieser Auflage bestand nur mit Österreich ein Staatsvertrag, der die unmittelbare Vollstreckungshilfe zwischen der Vollstreckungsbehörde und österreichischen Behörden ermöglicht.

2) https://www.bundesjustizamt.de/DE/Themen/Ordnungs_Bussgeld_Vollstreckung/EUGeld/EUGeld_node.html

- **Ausland außerhalb der EU**

Mangels Vollstreckungsstaatsverträgen ist eine Auslandsvollstreckung nicht möglich. Der oder die Betroffene kann allenfalls eine formlose Mahnung erhalten (§ 50 Abs. 1 S. 1 OWiG) und dabei auf die Beitreibungsmaßnahmen, insbesondere der Anordnung der Erzwingungshaft (§ 96 OWiG) bei einer Wiedereinreise nach Deutschland hingewiesen werden.

5.8 Unauffindbarkeit des oder der Betroffenen

Immer wieder erweist sich der oder die Betroffene während des Vollstreckungsverfahrens als unauffindbar. Die Vollstreckungsbehörde (§ 90 Abs. 1 OWiG) kann dann zunächst personenbezogene Daten erheben (§ 23 Abs. 1 Nr. 4 BDSG) wie etwa eine Auskunft von der Meldebehörde oder einer Polizeidienststelle. Ist der Wohnsitz oder der gewöhnliche Aufenthaltsort nicht durch Anfrage bei der Meldebehörde zu ermitteln, so darf die Vollstreckungsbehörde auch Angaben beim Ausländerzentralregister, bei den Trägern der gesetzlichen Rentenversicherung sowie beim Kraftfahrt-Bundesamt zu Halterdaten (§ 35 Abs. 4c Nr. 2 StVG) erheben (§ 5a Abs. 1 VwVG). Ist der Vollstreckungsschuldner oder die -schuldnerin Unionsbürger, dürfen diese Daten jedoch nur erhoben werden, wenn tatsächliche Anhaltspunkte für die Vermutung vorliegen, dass bei der betroffenen Person das Nichtbestehen oder der Verlust des Freizügigkeitsrechts festgestellt worden ist (§ 5a Abs. 4 S. 1 VwVG). Ferner darf die Vollstreckungsbehörde die gegenwärtige Anschrift, den Ort der Hauptniederlassung oder den Sitz eines Unternehmens durch Einsicht in das Handels-, Genossenschafts-, Partnerschafts-, Unternehmens-, Vereins- oder Gesellschaftsregister oder durch Einholung der Anschrift bei den Gewerbebehörden (§ 14 Abs. 1 GewO) feststellen (§ 5a Abs. 2 VwVG). Je nach den landesrechtlichen Befugnissen im Vollstreckungsverfahren kommen als Maßnahmen der Vollstreckungsbehörde in Betracht (§ 45 S. 1 i. V. m. § 49 BDSG und entsprechende landesrechtliche Vorschriften):

- Melderegisterabfrage (Ummeldung?)
- Internetrecherche nach dem Vollstreckungsschuldner oder der Vollstreckungsschuldnerin, auch in allgemein zugänglichen sozialen Medien
- Ermittlungsersuchen bei einer Polizeidienststelle (INPOL)
- Träger der Rentenversicherung
- Agentur für Arbeit, Jobcenter
- Kraftfahrt-Bundesamt (Halterauskunft)
- Suchvermerk im Bundeszentralregister (§ 27 BZRG)
- Suchvermerk im Ausländerzentralregister (§ 5 AZRG)

Weigert sich der oder die Betroffene pflichtwidrig, eine Vermögensauskunft (§ 5 Abs. 1 VwVG i. V. m. § 284 Abs. 1 AO) zu erteilen, oder ist bei einer Vollstreckung in die in der Vermögensauskunft angeführten Vermögensgegenstände eine vollständige Befriedigung der Forderung, voraussichtlich nicht zu erwarten, so darf die Vollstreckungsbehörde bei den Trägern der gesetzlichen Rentenversicherung auch den Namen und die Vornamen oder die Firma sowie die Anschriften der derzeitigen Arbeitgebenden eines versicherungspflichtigen Beschäftigungsverhältnisses des Vollstreckungsschuldners oder der Vollstreckungsschuldnerin und beim Kraftfahrt-

Bundesamt die Fahrzeug- und Halterdaten (§ 35 Abs. 1 Nr. 17 StVG) erheben (§ 5b Abs. 1 VwVG).

5.9 Tod des oder der Betroffenen

Der Tod des oder der Betroffenen ist ein absolutes Vollstreckungshindernis für die Geldbuße, deren bezweckte ernste Pflichtenmahnung nun nicht mehr erreichbar ist.[1] Eine weitere Vollstreckung der Geldbuße in den Nachlass ist daher unzulässig (§ 101 OWiG). Erben und Erbinnen können das Vollstreckungshindernis nach § 103 Abs. 1 Nr. 1 OWiG einwenden. Zu Lebzeiten des oder der Betroffenen bezahlte oder vollstreckte Teilbeträge müssen allerdings nicht mehr erstattet werden.

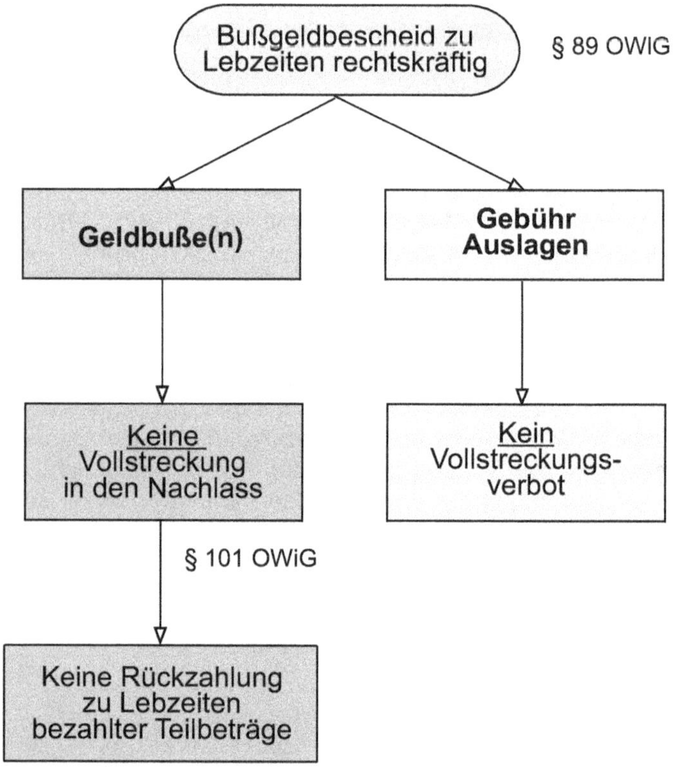

Abb. 12: Vollstreckung in den Nachlass des oder der Betroffenen (bei Tod des Schuldners)

Das Vollstreckungsverbot in § 101 OWiG ist ausdrücklich auf die Geldbuße beschränkt. Die Kosten des Bußgeldverfahrens sind davon nicht betroffen, sodass die Gebühr (§ 107 Abs. 1 OWiG) und die Auslagen der Verwaltungsbehörde (§ 107 Abs. 3 OWiG) in den Nachlass des oder der Betroffenen vollstreckbar sind, wenn der Bußgeldbescheid zu Lebzeiten des Betroffenen rechtskräftig geworden ist. Auch

1) OLG Düsseldorf, Beschl. vom 28.11.2012, Az. V-4 Kart 3/12 OWi.

Nebenfolgen der Ordnungswidrigkeit wie z. B. die Einziehung von Gegenständen (§ 22 ff. OWiG) oder Taterträgen (§ 29a OWiG) können in den Nachlass vollstreckt werden.

6. Erzwingungshaft

Die Anordnung der Erzwingungshaft nach § 96 OWiG ist ein praktisch sehr wirksames Beugemittel, einen mutmaßlich zahlungsfähigen, aber zahlungsunwilligen Betroffenen oder eine Betroffene zur Zahlung der rechtskräftig festgesetzten Geldbuße zu veranlassen. Sie soll den Betroffenen oder die Betroffene nachdrücklich mahnen, entweder die rechtskräftig verhängte Geldbuße zu zahlen oder der Vollstreckungsbehörde eine bestehende Zahlungsunfähigkeit darzulegen.[1] Erzwingungshaft ist keine Ersatzfreiheitsstrafe. Sie ist weder Sanktion für die Nichtzahlung des Bußgeldes noch Sanktion für einen Rechtsverstoß, sondern ein reines Beugemittel, welches lediglich auf den Willen der verpflichteten Person einwirken soll. Ihre Legitimation zieht sie allein aus ihrer Eignung, die Erfüllung einer möglichen und zumutbaren Zahlungspflicht zu erzwingen.[2] Die Erzwingungshaft tritt also nicht an die Stelle der Geldbuße, sondern dient gerade zu deren Durchsetzung. Da es sich um eine freiheitsentziehende Maßnahme handelt, ist der Richter oder die Richterin am Amtsgericht (§ 68 OWiG) zur Anordnung auf Antrag der Vollstreckungsbehörde zuständig (Art. 104 Abs. 2 S. 1 GG).

6.1 Voraussetzungen der Erzwingungshaft

Die gerichtliche Anordnung der Erzwingungshaft als bloßes Beugemittel und die gleichzeitige Verwaltungsvollstreckung des Bußgeldbescheides nach § 90 Abs. 1 OWiG i. V. m. den landesrechtlichen Verwaltungsvollstreckungsbestimmungen sind voneinander unabhängig. Sie können auch nebeneinander betrieben werden. Vor einer Antragstellung beim Amtsgericht sind die folgenden Voraussetzungen zu beachten.

1) LG Stuttgart, Beschl. vom 15.3.2018, Az. 21 StVK 17217.
2) BVerfG, Nichtannahmebeschluss vom 3.11.2017, Az. 2 BvR 2135/09; LG Stuttgart, Beschl. vom 15.3.2018, Az. 21 StVK 17217.

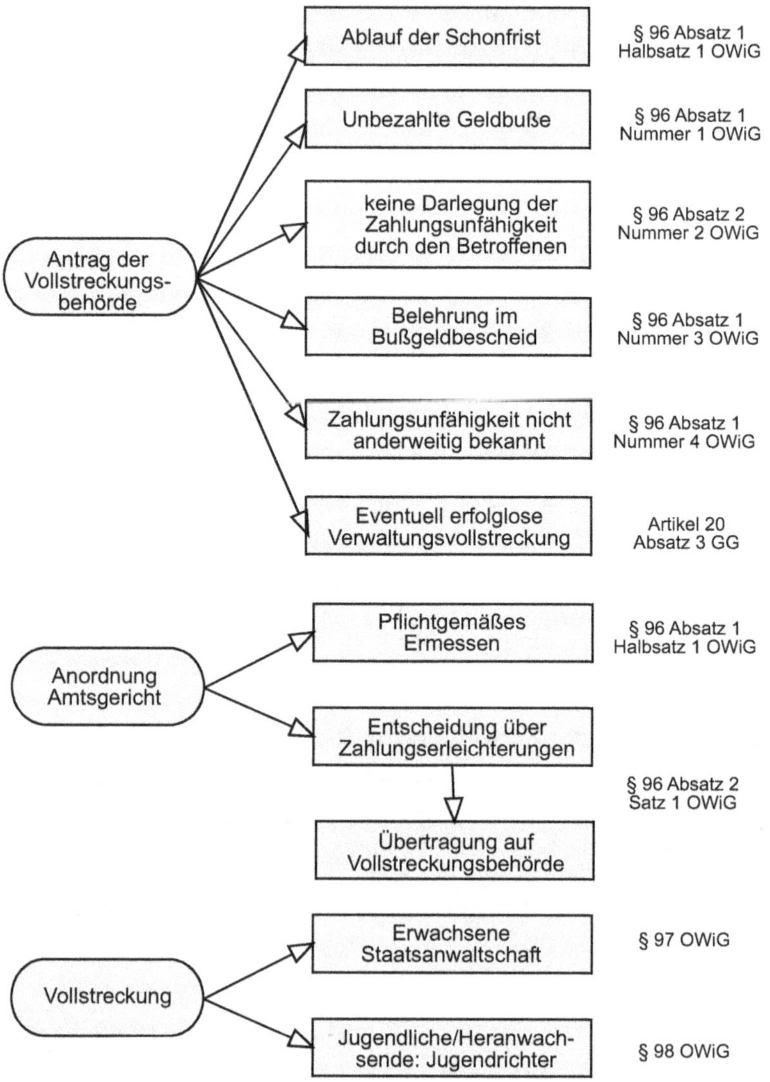

Abb. 13: Erzwingungshaft

6.1.1 Unbezahlte Geldbuße

Die Erzwingungshaft ist nur wegen einer unbezahlten Geldbuße oder eines bestimmten Teilbetrags zulässig (§ 96 Abs. 1 Nr. 1 OWiG). Ohne Bedeutung ist, ob sich die Geldbuße gegen eine natürliche Person (§ 17 OWiG) oder juristische Person oder Personenvereinigung im einheitlichen Verfahren (§ 30 Abs. 1 OWiG) oder selbstständigen Verfahren (§ 30 Abs. 4 OWiG) richtet (§ 99 Abs. 1 OWiG).[1] Eine Erzwingungshaft ist also weder wegen der Kosten des Verfahrens, d. h. der Gebühr des Bußgeld-

1) BGH, Urt. vom 18.5.2017, Az. 3 StR 103/17.

bescheids (§ 107 Abs. 1 OWiG) und der Auslagen der Verwaltungsbehörde (§ 107 Abs. 3 OWiG) noch wegen Nebenfolgen sonstiger Art wie der Einziehung von Gegenständen (§ 22 ff. OWiG) oder Taterträgen (§ 29a OWiG) möglich.

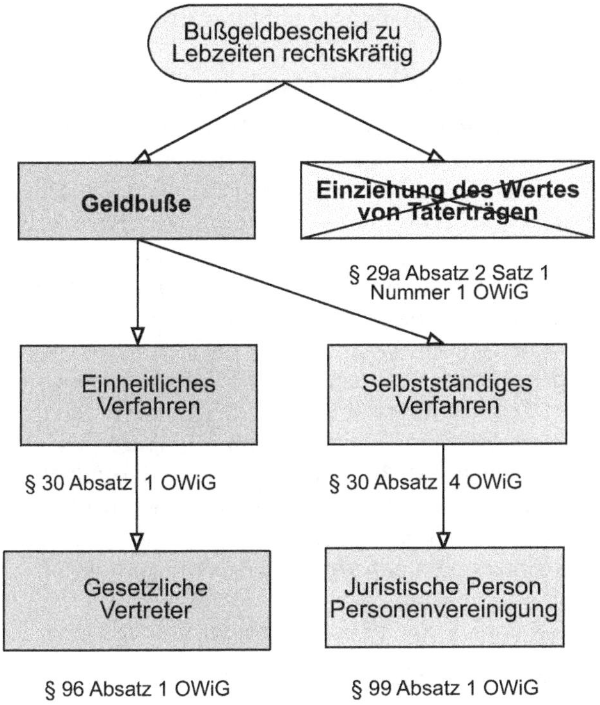

Abb. 14: Erzwingungshaft gegen juristische Personen

Auf die Höhe der Geldbuße kommt es nicht an. Die Erzwingungshaft verletzt auch bei geringen Geldbußen im Bereich des Verwarnungsgelds und kurzer Dauer nicht den Grundsatz der Verhältnismäßigkeit (Art. 20 Abs. 3 GG), weil sie durch Zahlung der Geldbuße jederzeit abgewendet werden kann (§ 97 Abs. 2 OWiG). Ansonsten stünde es im Belieben gerade hartnäckiger Schuldner oder Schuldnerinnen, geringe Geldbußen nicht zu bezahlen.[1] Erzwingungshaft von zwei Tagen ist bei einer Geldbuße von 30,00 Euro gerechtfertigt.[2] Sie kann insbesondere bei hartnäckigen Betroffenen[3] auch bei einer Geldbuße von 15,00 Euro,[4] 10,00 Euro[5] oder sogar nur 5,00 Euro[6] gerechtfertigt sein.

Grundsätzlich unzulässig ist die Erzwingungshaft, wenn der oder die Betroffene ein Verwarnungsgeld (§ 56 Abs. 1 S. 1 OWiG) erst nach Erlass eines Bußgeldbeschei-

1) So grundlegend bereits BVerfG, Beschl. vom 9.11.1976, Az. 2 BvL 1/76, für eine Geldbuße von 5,00 Euro.
2) LG Berlin, Beschl. vom 24.1.2007, Az. 525 Qs 16/07.
3) LG Zweibrücken, Beschl. vom 6.12.2007, Az. Qs 140/07.
4) LG Berlin, Beschl. vom 4.4.2018, Az. 502 Qs 16/20.
5) AG Dortmund, Beschl. vom 20.6.2017, Az. 729 OWi 71/17 (b).
6) LG Krefeld, Beschl. vom 27.9.2023, Az. 30 Qs 18/23; VerfGH Berlin, Beschl. vom 13.6.2022, Az. 145/21; AG Bad Saulgau, Beschl. vom 19.4.2021, Az. 1 OWi 75/21; LG Hamburg, Beschl. vom 11.3.2019, Az. 611 Qs 11/19 OWi; OLG Karlsruhe, Beschl. vom 19.1.2016, Az. 2 Ws 441/15.

des bezahlt und dieses mangels anderweitiger Bestimmung des oder der Betroffenen auf die Geldbuße zu verrechnen ist (§ 94 OWiG). Wegen der verbleibenden Mindestgebühr von 25,00 Euro (§ 107 Abs. 1 S. 1, 3 OWiG) und den Auslagen der Verwaltungsbehörde für die Zustellungspauschale von 3,50 Euro (§ 107 Abs. 1 Nr. 3 OWiG) kann keine Erzwingungshaft angeordnet werden.

6.1.2 Rechtskraft des Bußgeldbescheides

Allgemeine Vollstreckungsvoraussetzung ist die Rechtskraft des Bußgeldbescheides (§ 89 OWiG). Sie tritt nach Ablauf der Einspruchsfrist ohne zulässigen Einspruch oder Zurücknahme eines zulässigen Einspruchs ein. Da das Bußgeldverfahren keine sofortige Vollziehbarkeit im Sinne des § 80 Abs. 2 S. 1 Nr. 1 VwGO wie bei Leistungsbescheiden kennt, führen Zustellungsfehler zunächst nicht zur Rechtskraft und anschließend nicht zur Vollstreckbarkeit von Bußgeldbescheiden.[1] Die verantwortende Person der Verwaltungsbehörde muss daher sicherstellen, dass nur rechtskräftige Bußgeldbescheide in die Vollstreckung gelangen. Soweit noch Entscheidungen der Verwaltungsbehörde etwa wegen der Verwerfung eines unzulässigen Einspruchs (§ 69 Abs. 1 S. 1 OWiG) oder Wiedereinsetzung in den vorigen Stand (§ 52 OWiG) zu treffen sind, ist eine Zusammenarbeit mit der Vollstreckungsbehörde geboten, um durch geeignete Maßnahmen ein Ruhen der Vollstreckungsverjährung sicherzustellen (§ 34 Abs. 4 Nr. 2 OWiG). Dies gilt wegen der laufenden Vollstreckungsverjährung (§ 34 OWiG) insbesondere dann, wenn der oder die Betroffene einen Antrag auf gerichtliche Entscheidung (§ 62 OWiG) stellt.

6.1.3 Erfolglosigkeit vorheriger Vollstreckungsmaßnahmen

Der Grundsatz der Verhältnismäßigkeit (Art. 20 Abs. 3 GG) gebietet, vor der freiheitsentziehenden Anordnung der Erzwingungshaft zunächst das mildere Mittel der Beitreibung durch Verwaltungsvollstreckung in das Eigentum des oder der Betroffenen anzuwenden.[2] Die Verhältnismäßigkeit der Maßnahme ist zwar in § 96 Abs. 1 OWiG nicht ausdrücklich erwähnt, beruht aber bezüglich des Übermaßverbots auf Art. 20 Abs. 3 GG. Es ist daher i. d. R. unzulässig, den Antrag bereits unmittelbar nach der Mahnung des oder der Betroffenen zu stellen.[3] Von einem weniger belastenden Eingriff in das Eigentum des Schuldners oder der Schuldnerin (Art. 14 GG) darf daher vor einem freiheitsentziehenden Eingriff (Art. 104 GG) nur ausnahmsweise unter besonderen Voraussetzungen abgesehen werden.[4]

Ein notwendiger Vollstreckungsversuch darf nicht zu lange zurückliegen.[5] Die Vollstreckungsbehörde muss daher tunlichst in den letzten sechs Monaten vor Antrag-

1) Zur Zustellung durch die Verwaltungsbehörde im Bußgeldverfahren (§ 51 OWiG) § 17.
2) OLG Karlsruhe, Beschl. vom 19.1.2016, Az. 2 Ws 441/15; LG Hamburg, Beschl. vom 11.3.2019, Az. 611 Qs 11/19 OWi.
3) LG Krefeld, Beschl. vom 27.9.2023, Az. 30 Qs 18/23.
4) AG Bad Saulgau, Beschl. vom 19.4.2021, Az. 1 OWi 75/21.
5) AG Dortmund, Beschl. vom 11.11.2019, Az. 729 OWi 152/19 [b]: Die gerichtliche Anordnung der Erzwingungshaft ist abzulehnen, wenn durchgeführte Vollstreckungsversuche bereits lange zurückliegen (hier: 1 Jahr und 4 Monate seit dem letzten Vollstreckungsversuch wegen 35 Euro Geldbuße). Hier sind vor Anordnung von Erzwingungshaft neue Vollstreckungsversuche notwendig.

stellung[1] entweder selbst die Verwaltungsvollstreckung erfolglos versucht haben oder einen erfolglosen Vollstreckungsversuch anderer, insbesondere privater Gläubiger oder Gläubigerinnen nachweisen. Hierzu eignen sich Anfragen bei der eigenen Kasse, beim elektronischen Vollstreckungsportal,[2] den zentralen Mahngerichten der Länder,[3] den elektronischen Insolvenzbekanntmachungen und notfalls eine auf § 161 Abs. 1 S. 1 StPO i. V. m. § 46 Abs. 1 OWiG gestützte Anfrage beim Hauptzollamt oder zuständigen Gerichtsvollzieher. Vorteilhaft ist dabei auch, dass Kosten für eine eigene Vollstreckungsmaßnahme vermeidbar sind.[4]

Beispiel:

Eine Überprüfung des Justizportals www.insolvenzbekanntmachungen.de ergibt die Eröffnung des Insolvenzverfahrens über das Vermögen des Schuldners. Wegen des damit entstandenen gesetzlichen Vollstreckungsverbots (§ 89 Abs. 1 InsO) ist der Versuch der Mobiliarpfändung rechtswidrig. Die Erzwingungshaft kann sofort beim Amtsgericht beantragt werden.

Kann vom Versuch der Mobiliarpfändung nicht abgesehen werden, muss sie tatsächlich versucht worden sein. Ungenügend ist die nicht selten feststellbare Mitteilung der Vollzugsbehörde, der oder die Betroffene habe sich auf eine Mitteilung nicht gemeldet oder sei trotz Terminsmitteilung nicht anzutreffen gewesen. Die bloße Versendung eines Vollstreckungsauftrags an eine Vollzugsbehörde genügt regelmäßig nicht.[5] Erschöpfen sich die Vollstreckungsversuche darin, dass in anderen Angelegenheiten drei Monate vor Zustellung des zu vollstreckenden Bußgeldbescheides nur die Feststellung „Schuldner oder Schuldnerin nicht angetroffen" erfolgt ist, wäre bei einer nur zu vollstreckenden Geldbuße von 20,00 Euro eine Erzwingungshaft unverhältnismäßig.[6]

In diesen Fällen ist zunächst die Zwangsöffnung zu versuchen (§ 758 ZPO).[7] Abwegig ist das Argument für die freiheitsentziehende Anordnung der Erzwingungshaft, die Zwangsöffnung als geringfügigere Maßnahme sei unverhältnismäßig.

Wichtig ist, dass während der Verwaltungsvollstreckung die Vollstreckungsverjährung weiterläuft (§ 34 Abs. 1 OWiG). Ein notwendiger Vollstreckungsauftrag der Vollstreckungsbehörde an eine Vollzugsbehörde muss daher inhaltlich und zeitlich auf das Notwendigste beschränkt werden. Es empfiehlt sich, die Vollzugsbehörde anzuweisen, nur einen Vollstreckungsversuch innerhalb von höchstens drei Monaten zu unternehmen, die Vereinbarungen von Zahlungserleichterungen zu untersagen und die Sache ohne weitere Maßnahmen dann zurückzugeben.

1) AG Dortmund, Beschl. vom 11.11.2019, Az. 729 OWi 152/19 [b], für eine mehr als ein Jahr zurückliegende Vollstreckungsmaßnahme.
2) Gemeinsames Vollstreckungsportal der Länder (§ 882b ff. ZPO) www.vollstreckungsportal.de.
3) Elektronische Übersicht über die zentralen Vollstreckungsgerichte aller deutschen Länder: https://justiz.de/onlinedienste/vollstreckungsportal/Die_Zentralen_Vollstreckungsgerichte_der_Laender.pdf;jsessionid=1B63302A6FBC064252AA5D58D757468A
4) Zum Internetportal www.insolvenzbekanntmachungen.de § 23 Nr. 5.6.
5) AG Bad Saulgau, Beschl. vom 19.4.2021, Az. 1 OWi 75/21.
6) AG Dortmund, Beschl. vom 16.1.2018, Az. 729 OWi 2/20 (b).
7) AG Lüdinghausen, Beschl. vom 27.12.2007, Az. 19 OWi 165/07.

Unterbleibt ein nach dem Grundsatz der Verhältnismäßigkeit (Art. 20 Abs. 3 GG) gebotener Versuch der Verwaltungsvollstreckung pflichtwidrig, so kann der oder die Betroffene als Vollstreckungsschuldner oder Vollstreckungsschuldnerin bei entsprechendem rechtlichem Interesse auch noch nachträglich die Rechtswidrigkeit der Erzwingungshaft gerichtlich feststellen lassen.[1)]

6.1.4 Unbekannte Zahlungsunfähigkeit

Zahlungsunfähigkeit im Sinne des § 96 Abs. 1 Nr. 4 OWiG ist nicht mit Unpfändbarkeit gleichzusetzen. Der Umfang der Zahlungsunfähigkeit ist enger zu bestimmen ist als in den Bestimmungen zur Zahlungsunfähigkeit im Insolvenzverfahren (§ 17 InsO) und zur Unpfändbarkeit im Zivilverfahrensrecht (§ 850c ZPO).[2)] Die Pfändungsgrenzen nach § 850c ZPO sind daher für die Erzwingungshaft ohne Bedeutung.[3)] Zahlungsunfähig sind Betroffene nämlich nicht bereits dann, wenn sie nicht über genügend flüssige Zahlungsmittel verfügen, um die Geldbuße zu begleichen. Eine Zahlungsunfähigkeit kann vielmehr erst dann bejaht werden, wenn der oder die Betroffene den Mangel an Zahlungsmitteln auch nicht unter zumutbaren Bedingungen beseitigen kann.[4)] Wirkliche Zahlungsunfähigkeit liegt daher erst dann vor, wenn der oder die Betroffene auch bei Ausschöpfung aller zumutbaren Möglichkeiten – hierzu gehören namentlich auch der Verkauf von Gegenständen, die Einschränkung der Lebenshaltung sowie die Aufnahme einer zumutbaren Arbeitstätigkeit – aus Mangel an Zahlungsmitteln schlechterdings nicht in der Lage ist, die Geldbuße zu bezahlen.[5)]

Die Zahlungsunfähigkeit des oder der Betroffenen darf der Vollstreckungsbehörde noch nicht bekannt sein (§ 96 Abs. 1 Nr. 4 OWiG).[6)] Die Kenntnis der Vollstreckungsbehörde kann sich aus Angaben des oder der Betroffenen ergeben (§ 96 Abs. 1 Nr. 2 i. V. m. § 66 Abs. 2 Nr. 2 Buchst. b OWiG), der im Bußgeldbescheid entsprechend belehrt wurde (§ 96 Abs. 1 Nr. 3 i. V. m. § 66 Abs. 2 Nr. 3 OWiG). Solche Angaben sind in der Vollzugspraxis jedoch selten und beschränken sich meist auf bloße, der Darlegungslast nicht genügende Behauptungen.[7)] Meist ergeben sich die Kenntnisse der Vollstreckungsbehörde daraus, dass alle Möglichkeiten der Einzelvollstreckung wie Sachpfändung, Forderungspfändung, gegebenenfalls Sicherungshypothek und Abgabe der Vermögensauskunft erfolglos versucht sind und die Erzwingungshaft als letztes Mittel angesehen wird. Dann ist sie jedoch gerade wegen der Kenntnis der Vollstreckungsbehörde von der Zahlungsunfähigkeit des oder der Betroffenen nicht mehr möglich. Im Vollstreckungsverfahren gibt es keine Beweislast der Behörde. Vielmehr hat der oder die Betroffene die Alternative, entweder die Geldbuße nach Ablauf der Schonfrist zu bezahlen oder die Zahlungsunfähigkeit darzutun (§ 66 Abs. 2 Nr. 2 OWiG). Unterbleiben Zahlung und Äußerung, gilt der oder

1) OLG Karlsruhe, Beschl. vom 19.1.2016, Az. 2 Ws 441/15.
2) LG Stuttgart, Beschl. vom 10.6.2020, Az. 9 Qs 29/20; LG Hannover, Beschl. vom 7.9.2009, Az. 48 Qs (OWi) 101/09; LG Dresden, Beschl. vom 20.7.2012, Az. 5 Qs 95/11.
3) LG Frankfurt (Oder), Beschl. vom 21.11.2018, Az. 23 Qs 85/18.
4) LG Duisburg, Beschl. vom 8.1.2013, Az. 69 Qs 2/13.
5) LG Lüneburg, Beschl. vom 5.6.2009, Az. 26 Qs 112/09.
6) VerfGH des Landes Berlin, Beschl. vom 13.6.2022, Az. 145/21.
7) So bereits OLG Koblenz, Beschl. vom 3.9.1991, Az. 1 Ws 424/91.

die Betroffene als zahlungsfähig, aber zahlungsunwillig.[1] Die Vollstreckungsbehörde zerstört mit intensiven und langwierigen Vollstreckungsmaßnahmen und durch begleitende Ermittlungen unnötig diese gesetzliche Fiktion und macht die Anordnung der Erzwingungshaft selbst unmöglich. Der Antrag sollte daher möglichst sofort nach einer erfolglosen Einzelvollstreckungsmaßnahme, z. B. einem Pfandabstand auch in anderem Zusammenhang gestellt werden. Dieser bezeugt nicht die Zahlungsunfähigkeit des oder der Betroffenen, sondern stellt nur fest, dass keine pfändbaren Vermögensgegenstände vorhanden waren. Anderes Vermögen wie Arbeitseinkommen, Lebensversicherungen, staatliche Transferleistungen, Bausparverträge, Grundstücke, Wohnungseigentum usw. ist auf diese Weise nicht erkennbar.

Die höchst wirksame Beugemaßnahme der Erzwingungshaft sollte so rasch wie möglich zum Einsatz gelangen, da eine Verzinsung im Vollstreckungsverfahren gesetzlich nicht vorgesehen ist. Unbedingt zu vermeiden sind unbefristete Vollstreckungsersuchen einer Vollstreckungsbehörde an eine Vollzugsbehörde (z. B. kreisangehörige Gemeinde an Landratsamt). Die Vollzugsbehörde wird in gewissen zeitlichen Abständen die Sachpfändung wiederholt versuchen, wodurch wertvolle Zeit verlorengeht und die Vollstreckungsverjährung weiterläuft. Sofern kein Vollstreckungsversuch eines anderen Gläubigers oder einer anderen Gläubigerin im letzten halben Jahr feststellbar ist, sollte das Vollstreckungsersuchen auf eine einmalige Maßnahme mit zeitlicher Befristung beschränkt werden.

- **Laufendes Insolvenzverfahren**

Die ganz überwiegende Rechtsprechung der Amts- und Landgerichte geht nach längerer Uneinheitlichkeit inzwischen davon aus, dass ein anhängiges Insolvenz- oder Restschuldbefreiungsverfahren die Anordnung von Erzwingungshaft wegen der Vollstreckungsverbote in § 89 Abs. 1 und § 294 Abs. 1 InsO wegen der zuvor als Insolvenzforderungen (§ 38 InsO) entstandenen Geldbußen in auch für das unpfändbare und damit nicht dem Insolvenzbeschlag unterliegenden Vermögen ausschließt.[2] Der Vollstreckungsbehörde bleibt daher nur übrig, beim örtlich zuständigen Amtsgericht am Sitz der Vollstreckungsbehörde (§ 68 OWiG) durch Anträge zu „testen", welche Auffassung der entscheidende Amtsrichter bzw. die entscheidende Amtsrichterin gerade vertritt. Bei größeren Amtsgerichten kann es daher zu nicht vorhersehbaren unterschiedlichen Entscheidungen innerhalb des Gerichts kommen.

Lehnt das Amtsgericht die beantragte Erzwingungshaft ab, ist die Verwaltungsvollstreckung der Geldbuße während des gesamten Insolvenzverfahrens und Restschuldbefreiungsverfahrens wegen der gesetzlichen Verbote in § 89 Abs. 1 und § 294 Abs. 1 InsO blockiert und kann erst nach Erteilung oder vorzeitiger Versagung der Restschuldbefreiung durch das Insolvenzgericht fortgesetzt werden (§ 302 Nr. 2

1) VerfGH Berlin, Beschl. vom 13.6.2022, Az. 145/21.

2) LG Potsdam, seit Beschl. vom 22.2.2021, Az. 24 Qs 71/20, unter ausdrücklicher Aufgabe seiner zuvor entgegengesetzten ständigen Rechtsprechung, so noch LG Potsdam, Beschl. vom 14.9.2006, Az. 21 Qs 108/06; LG Stuttgart, Beschl. vom 10.6.2020, Az. 9 Qs 9/20, unter Bezugnahme auf LG Hechingen, Beschl. vom 24.5.2007, Az. 1 Qs 49/07; LG Dresden, Beschl. vom 20.7.2012, Az. 5 Qs 95/11; LG Hannover, Beschl. vom 7.9.2009, Az. 48 Qs (OWi) 101/09; LG Bochum, Beschl. vom 4.12.2012, Az. 9 Qs 86/12; LG Duisburg, Beschl. vom 5.7.2017, Az. 69 Qs 22/17; offengelassen von LG Frankfurt (Oder), Beschl. vom 21.11.2018, Az. 23 Qs 85/18.

InsO). Geldbußen, die als Neuschulden (Nachinsolvenzschulden) erst nach Eröffnung des Insolvenzverfahrens fällig werden, fallen nicht mehr unter den insolvenzrechtlichen Vollstreckungsschutz. Hier ist dem oder der Betroffenen ebenso zuzumuten, solche Geldbußen zumindest in Teilbeträgen aus dem pfändungsfreien Vermögen und den Einkünften zu bezahlen.[1)] Die Begehung weiterer Ordnungswidrigkeiten ist in §§ 290 und 295 InsO nicht aufgeführt und daher kein Versagungsgrund für die Restschuldbefreiung. Die Vollstreckungsbehörde kann daher auch als Insolvenzgläubigerin keine zulässigen Versagungsanträge stellen.

Geldbußen, die als Neuschulden (Nachinsolvenzschulden) erst nach Eröffnung des Insolvenzverfahrens fällig werden, fallen nicht mehr unter den insolvenzrechtlichen Vollstreckungsschutz. Hier ist dem oder der Betroffenen ebenso zuzumuten, solche Geldbußen zumindest in Teilbeträgen aus dem pfändungsfreien Vermögen und den Einkünften zu bezahlen.[1)]

- **Bezug von Sozialleistungen**

Weder der Bezug von Sozialhilfe (SGB XII) noch von Arbeitslosengeld (SGB III) hindern aus denselben Gründen die Anordnung von Erzwingungshaft bei kleineren Geldbußen.[2)] Dies gilt auch für Grundsicherungsleistungen, weil hier das Jobcenter sogar Erstattungs- und Ersatzansprüche gegen Geldleistungen zur Sicherungen des Lebensunterhalts in Höhe von (mindestens) 10 % des Regelbedarfs aufrechnen kann.[3)] Zuzumuten ist insbesondere die Verwertung von Gegenständen und der Einsatz der eigenen Arbeitskraft.[4)] Der Empfänger oder die Empfängerin von Sozialleistungen könnte sonst Ordnungswidrigkeiten begehen, ohne befürchten zu müssen, zur Verantwortung gezogen zu werden.[5)] Bei höheren Geldbußen ist wegen Unzumutbarkeit sofortiger Zahlung (§ 96 Abs. 2 OWiG) der gesamten Geldbuße die Zahlung von Teilbeträgen zu verlangen.[6)]

- **Vermögensauskunft (eidesstattliche Versicherung)**

Die Abgabe einer Vermögensauskunft (eidesstattlichen Versicherung) steht der Anordnung der Erzwingungshaft grundsätzlich nicht entgegen.[7)] Der oder die Betroffene muss ihm oder ihr zumutbare Möglichkeiten, erreichbare finanzielle Mittel heranzuziehen, ausschöpfen, z. B. durch Veräußerung oder Verpfändung von Gegenständen, Kreditaufnahme, Einsatz der Arbeitskraft oder Einschränkung der Lebenshaltung.[4)]

---

1) LG Hannover, Beschl. vom 7.9.2009, Az. 48 Qs (OWi) 101/09.
2) LG Frankfurt (Oder), Beschl. vom 21.11.2018, Az. 23 Qs 85/18; LG Bautzen, Beschl. vom 28.4.2009, Az. 3 T 24/09; LG Dresden, Beschl. vom 17.6.2008, Az. 3 T 233/08; LG Görlitz, Beschl. vom 29.11.2005, Az. 2 T 282/05; AG Eilenburg, Beschl. vom 8.5.2020, Az. 8 OWi 147/20; LG Arnsberg, Beschl. vom 2.2.2006, Az. 2 Qs 19/06; LG Münster, Beschl. vom 21.6.2005, 2 Qs 47/05, für eine Geldbuße von 50,00 Euro bei einem Empfänger von SGB II; LG Bonn, Beschl. vom 10.5.1993, Az. 32 Qs 49/93.
3) LG Frankfurt (Oder), Beschl. vom 21.11.2018, Az. 23 Qs 85/18.
4) LG Berlin, Beschl. vom 15.1.2007, Az. 504 Qs 7/07.
5) LG Berlin, Beschl. vom 24.1.2007, Az. 525 Qs 16/07.
6) LG Heidelberg, Beschl. vom 7.8.2006, Az. 2 Qs 48/06.
7) LG Lüneburg, Beschl. vom 5.6.2009, Az. 26 Qs 112/09; LG Duisburg, Beschl. vom 8.1.2013, Az. 69 Qs 2/13; LG Arnsberg, Beschl. vom 2.2.2006, Az. 2 Qs 19/06; LG Berlin, Beschl. vom 3.7.2006, Az. 505 Qs 54/06; LG Potsdam, Beschl. vom 14.9.2006, Az. 21 Qs 108/06; LG Aurich, Beschl. vom 11.11.2010, Az. 12 Qs 167/10; LG Duisburg, Beschl. vom 8.1.2013, Az. 69 Qs 2/13.

- **Strafhaft**

Die Verbüßung von Strafhaft führt nicht zwangsläufig zur Annahme von Zahlungsunfähigkeit. Übt der oder die Betroffene in der Haftanstalt eine Arbeit aus und erzielt er oder sie dabei Arbeitsentgelt, kann er oder sie hiervon Zahlungen auf eine Geldbuße leisten.[1] Ergibt sich, dass die Zahlung der Gesamtgeldbuße wegen seiner oder ihrer wirtschaftlichen Situation nicht zumutbar ist, hat das Gericht zwingend eine Ratenzahlung zu bewilligen oder die Bewilligungsentscheidung der Vollstreckungsbehörde zu überlassen.[2]

- **Jugendliche und Heranwachsende**

Die Anordnung der Erzwingungshaft ist auch gegen Jugendliche und Heranwachsende, d. h. Personen, die zur Tatzeit der Ordnungswidrigkeit 14 bis 18 bzw. 18 bis 21 Jahre alt waren (§ 1 Abs. 2 JGG i. V. m. § 46 Abs. 1 OWiG) nicht ausgeschlossen. Fehlt allerdings ein eigenes Einkommen oder erscheint die Erzwingungshaft aus erzieherischen Gründen nicht angebracht, so kommt vorrangig die Umwandlung der Geldbuße in Auflagen nach § 98 OWiG in Betracht.[3]

6.2 Antragstellung der Vollstreckungsbehörde

Der Antrag auf Anordnung der Erzwingungshaft ist unmittelbar beim Amtsgericht zu stellen (§ 104 Abs. 1 Nr. 1 OWiG), also nicht über die Staatsanwaltschaft. Zuständig ist nicht das Vollstreckungsgericht, sondern auch hier die Abteilung für Straf- und Bußgeldsachen (§ 46 Abs. 7 OWiG). Örtlich zuständig ist bei

- **Erwachsenen** stets das Amtsgericht am Sitz der Verwaltungsbehörde (§ 68 Abs. 1 S. 1 OWiG), nicht dasjenige am Wohn- oder Geschäftssitz des oder der Betroffenen oder Nebenbetroffenen. Dies ändert sich daher auch bei einem Umzug nicht.
- **Jugendlichen** und **Heranwachsenden,** die zur Tatzeit (!) der Ordnungswidrigkeit 14 bis 18 bzw. 18 bis 21 Jahre alt waren (§ 1 Abs. 2 JGG i. V. m. § 46 Abs. 1 OWiG), auch das Amtsgericht, in dessen Bezirk sich der oder die Betroffene während des Vollstreckungsverfahrens aufhält oder eine Jugendstrafe verbüßt (§ 42 Abs. 1 Nr. 2, 3 JGG i. V. m. § 46 Abs. 1 OWiG). Der gegen Jugendliche oder Heranwachsende gerichtete Antrag sollte wegen der möglichen Vollstreckung stets an dieses Amtsgericht gestellt werden. Sachlich zuständig ist hier der Jugendrichter (§ 68 Abs. 2 OWiG).

Die Vollstreckungsbehörde stellt den Antrag beim Amtsgericht als elektronisches Dokument, weil dieses seit 2026 zur elektronischen Aktenführung verpflichtet ist (§ 110a Abs. 1 S. 1 OWiG). Nur die begleitende Verfügung, nicht der Antrag selbst muss die Namenswiedergabe der verantwortenden Person enthalten (§ 32b Abs. 1 S. 1 StPO i. V. m. § 110c S. 1 OWiG). Der Antrag muss dem oder der Betroffenen nicht mitgeteilt zu werden. Allerdings muss der Antrag einen nachvollziehbaren Inhalt besitzen und insbesondere die Voraussetzungen der Erzwingungshaft wieder-

1) LG Arnsberg, Beschl. vom 2.2.2006, Az. 2 Qs 19/06.
2) LG Saarbrücken, Beschl. vom 6.1.2012, Az. 2 Qs 1/12.
3) Zur Umwandlung der Geldbuße gegen Jugendliche oder Heranwachsende in Auflagen (§ 98 Abs. 1 OWiG) § 23 Nr. 7.1.

geben (Musterantrag 23.2), da ihn das Amtsgericht dem oder der Betroffenen im Rahmen des rechtlichen Gehörs (Art. 103 Abs. 1 GG) vor seiner Entscheidung zur Äußerung zusendet. Andernfalls wird der Richter oder die Richterin am Amtsgericht den Antrag mit der Aufforderung zurücksenden, ihn zu vervollständigen.

Der Antrag darf nur die rechtskräftige(n) Geldbuße(n) des Bußgeldbescheides enthalten, nicht aber die Gebühr, Auslagen der Verwaltungsbehörde, sonstige Nebenfolgen oder bisher entstandene Vollstreckungskosten. In diesem Fall ist er zumindest teilweise unzulässig. Ungenügend ist auch die Angabe, dass vom „Gesamtbetrag" noch ein bestimmter „Teilbetrag" offensteht. Das Gericht ist dann nämlich an einer Prüfung gehindert, ob der unbezahlte Betrag tatsächlich aus einer Geldbuße stammt (§ 96 Abs. 1 Nr. 1 OWiG). Ohne weiteres möglich ist ein Antrag mit mehreren Geldbußen aus verschiedenen Bußgeldbescheiden. In diesem Fall ist aber für jede Geldbuße die von der Vollstreckungsbehörde vorgenommene Verrechnung von Teilbeträgen (§ 94 OWiG) offenzulegen. Andernfalls kann das Gericht nicht nachprüfen, ob der oder die Betroffene eine Bestimmung getroffen hat, die Vollstreckungsbehörde dieser gefolgt ist oder mangels einer Bestimmung nur auf die Geldbußen und nicht unzulässig auf Gebühren und Auslagen verrechnet hat. Außerdem ist die Erzwingungshaft bei mehreren Geldbußen jeweils gesondert festzusetzen. Kann die Vollstreckungsbehörde dies aus „kassentechnischen Gründen" nicht darlegen, ist ihr Antrag von vornherein unzulässig.

Die Bußgeldakten brauchen dem Antrag nicht beigefügt zu werden, weil der Tatnachweis im Vollstreckungsverfahren nach Rechtskraft des Bußgeldbescheids (§ 89 OWiG) nicht mehr gerichtlich nachgeprüft werden darf. Als Dokumente im Dateianhang des Antrags sind nur

- der Bußgeldbescheid (§ 65 OWiG) und das Empfangsbekenntnis des oder der Betroffenen bzw. die Zustellungsurkunde (§ 51 Abs. 1 OWiG i. V. m. § 3 VwZG) als Nachweis eines rechtskräftigen Vollstreckungstitels sowie
- gegebenenfalls das Protokoll einer erfolglosen Einzelvollstreckungsmaßnahme als milderes Mittel gegenüber der Erzwingungshaft

notwendig. Für die Angabe der Höhe des unbezahlten Betrags oder Teilbetrags der Geldbuße (§ 96 Abs. 1 Nr. 1 OWiG) und die Unkenntnis der Zahlungsunfähigkeit (§ 96 Abs. 1 Nr. 4 OWiG) genügt die Angabe der Verwaltungsbehörde, die keiner besonderen Versicherung bedarf.

Muster 23.3: Antrag auf Anordnung der Erzwingungshaft (§ 96 OWiG)

Stadt Münsterberg

Stadtkasse als
Vollstreckungsbehörde

Stadt Münsterberg, 99090 Münsterberg

Amtsgericht Königstadt
Abteilung für Bußgeldsachen
über EGVP

Dienstgebäude	Brucknerstraße 10 99090 Münsterberg
Bearbeitung	Frau Oberländer
Telefon	(0987) 9878-363
E-Mail	kasse@muensterberg.de

Ihr Zeichen, Ihre Nachricht vom	Bitte bei Antwort angeben **Unser Zeichen, unsere Nachricht vom** OWi – 0987665/26	**Datum** 16.4.2026

Bußgeldverfahren gegen Herrn Peter Baumann, geb. 17.4.1982, Neustadt, Alte Bergstraße 89, 88343 Münsterberg

Antrag auf Erzwingungshaft (§ 96 OWiG)

Der Bußgeldbescheid vom 20.10.2023 ist seit dem 15.1.2026 ausweislich des beigefügten Zustellungsnachweises rechtskräftig und vollstreckbar (§ 89 OWiG).

Die Geldbußen sind nach Ablauf der gesetzlichen Schonfrist (§ 95 Abs. 1 OWiG) in Höhe von 500,00 Euro und 200,00 Euro zur Zahlung fällig. Der Betroffene hat bisher weder Zahlungen auf die Geldbußen geleistet (§ 96 Abs. 1 Nr. 1 OWiG) noch seine Zahlungsunfähigkeit dargelegt (§ 96 Abs. 1 Nr. 2 i. V. m. § 66 Abs. 2 Nr. 2 Buchst. b OWiG), obwohl er im Bußgeldbescheid darüber belehrt wurde (§ 96 Abs. 1 Nr. 2 i. V. m. § 66 Abs. 2 Nr. 2 OWiG).

Die am 16.3.2026 erfolgte Forderungspfändung in das hier bekannte Bankkonto des Betroffenen blieb als mildere Maßnahme erfolglos. Nach Mitteilung des Drittschuldners besteht dort bereits eine Vorpfändung. Der Grundsatz der Verhältnismäßigkeit ist dadurch gewahrt. Uns sind auch keine sonstigen Umstände bekannt, welche die Zahlungsunfähigkeit des Betroffenen ergeben (§ 96 Abs. 1 Nr. 4 OWiG).

Mit Zahlungserleichterungen (§ 97 Abs. 3 S. 1 OWiG) besteht kein Einverständnis, da diese dem Betroffenen bereits antragsgemäß bewilligt wurden und er sie ohne weitere Äußerung von Anfang an nicht eingehalten hat.

Stadt Münsterberg, Stadtkasse als Vollstreckungsbehörde

Telefonzentrale
(0899) 123-0
Internet
www.Muensterberg.de

Servicezeiten
Mo-Mi 7.30-16.30 Uhr
Do 7.30-17.30 Uhr
Fr 7.30-12.00 Uhr

Öffentliche Verkehrsmittel
Stadtbus Linie 6
Haltestelle Mitte

Bankverbindung
Kreissparkasse Münsterberg
IBAN DE2040000000123456
BIC GROBDE77XX
Volksbank Münsterberg
IBAN DE2040000000234567
BIC GROBDE87XX

Besonderes elektronisches Behördenpostfach
Ordnungsamt@muensterberg .de

6.3 Anordnung der Erzwingungshaft

Die Anordnung der beantragten Erzwingungshaft ist bei Vorliegen ihrer Voraussetzungen nicht zwingend, sondern steht als „Kann"-Bestimmung im Ermessen des Gerichts (§ 96 Abs. 1 S. 1 OWiG). Das Amtsgericht entscheidet über den Antrag der Vollstreckungsbehörde durch Beschluss (Musterbeschluss 23.2). Zuständig ist der Richter oder die Richterin am Amtsgericht, im Bußgeldverfahren gegen Jugendlichen und Heranwachsende der Jugendrichter oder die Jugendrichterin (§ 104 Abs. 1 Nr. 1 i. V. m. § 68 Abs. 1 S. 2, Abs. 2 OWiG). Der oder die Betroffene erhält durch formlose Mitteilung des Antrags der Vollstreckungsbehörde rechtliches Gehör vor der Entscheidung (§ 104 Abs. 2 S. 2 OWiG).[1] Es ist jedoch nicht Aufgabe des Gerichts, die häufig erst jetzt vorgetragenen Umstände der angeblichen Zahlungsunfähigkeit aufzuklären.[2] Die Vollstreckungsbehörde muss mit der unanfechtbaren Ablehnung des Antrags rechnen, wenn die Anordnung untunlich ist, weil

- die Darstellung des Tathergangs im Bußgeldbescheid (§ 66 Abs. 1 Nr. 3 OWiG) nicht den gesetzlichen Mindestanforderungen entspricht, und er deswegen keine Rechtswirkung entfaltet, sondern nichtig ist,
- die Verwaltungsbehörde die Geldbuße im Bußgeldverfahren anstelle der Verwaltungsvollstreckung durch Verwaltungsakt und Festsetzung eines Zwangsgeldes missbraucht hat.[3]

Die Ablehnung des Antrags der Vollstreckungsbehörde ist von dieser nicht anfechtbar, da § 104 Abs. 3 Nr. 1 OWiG ein Rechtsmittel nur gegen die Anordnung der Erzwingungshaft vorsieht. Die Anordnung der Erzwingungshaft sieht die Bemessung nach Tagen bis zu sechs Wochen, bei mehreren in einer Bußgeldentscheidung festgesetzten Geldbußen bis zu drei Monaten vor (§ 96 Abs. 3 S. 1, 2 OWiG). Die Erzwingungshaft ist nachträglich verkürzbar, was bei Teilzahlungen des oder der Betroffenen in Frage kommt. Die Verwaltungsbehörde muss daher jede Zahlung des oder der Betroffenen sofort mitteilen und hat ihren Antrag sofort zurückzunehmen, wenn die Geldbuße vollständig bezahlt ist, auch wenn noch Gebühr und Auslagen offenstehen.

Muster 23.4: Gerichtliche Anordnung der Erzwingungshaft

Amtsgericht Königstadt

– Abteilung für Straf- und Bußgeldsachen –

5 Owi 212 Js 483945/26 Königstadt, den 17.8.2026

Bußgeldverfahren gegen Michael Gerstenkorn, Schillerstraße 54, 88343 Münsterberg, wegen Zuwiderhandlung gegen die Makler- und Bauträgerverordnung

Beschluss

Gegen den Betroffenen wird Erzwingungshaft von fünf Tagen angeordnet.

Gründe

Die Stadt Münsterberg hat mit rechtskräftigem Bußgeldbescheid von 30.1.2026 gegen den Betroffenen eine Geldbuße von 200 Euro festgesetzt. Der Betroffene hat weder die Geldbuße bezahlt noch seine Zahlungsunfähigkeit dargelegt, obwohl er hierüber im Bußgeldbescheid belehrt worden war (§ 96 Abs. 1 Nr. 1 bis 3 OWiG). Der Vollstreckungsbehörde sind keine Umstände bekannt, welche die Zahlungsunfähigkeit des Betroffenen

1) Zum Antrag auf Zahlungserleichterungen (§ 96 Abs. 2 OWiG) bei Äußerung § 23 Nr. 3.1.
2) LG Zweibrücken, Beschl. vom 2.4.2008, Az. Qs 10/08.
3) AG Zeitz, Beschl. vom 6.3.2019, Az. 13 OWi 55/19.

ergeben (§ 96 Abs. 1 Nr. 1 OWiG). Ein Beitreibungsversuch ist als mildere Maßnahme ohne Erfolg geblieben. Der Betroffene gilt daher als zahlungsfähig, aber zahlungsunwillig. Die Erzwingungshaft war auf Antrag der Vollstreckungsbehörde anzuordnen, um den Betroffenen zur Zahlung der Geldbuße zu veranlassen.

Rechtsmittelbelehrung

Gegen diesen Beschluss können Sie innerhalb von zwei Wochen nach seiner Zustellung bei der Stadt Münsterfeld – Bußgeldstelle – Schubertstraße 36, 99090 Münsterfeld Antrag auf gerichtliche Entscheidung (§ 62 OWiG) in deutscher Sprache (§ 184 S. 1 GVG i. V. m. § 46 Abs. 1 OWiG) schriftlich, zur Niederschrift oder elektronisch im Dateiformat PDF/A (§ 2 Abs. 1 S. 1 ERVV) durch E-Mail mit qualifizierter elektronischer Signatur (§ 110c S. 1 OWiG i. V. m. § 32a Abs. 3 StPO) sowie über einen zugelassenen sicheren Übermittlungsweg (§ 110c S. 1 OWiG i. V. m. § 32a Abs. 4 S. 1 StPO) einlegen.

Die Frist von zwei Wochen ist nur dann gewahrt, wenn der Rechtsbehelf vor Fristablauf bei der Stadt Münsterfeld eingeht. Fällt das Ende einer Frist auf einen Sonntag, einen allgemeinen Feiertag oder einen Sonnabend, so endet die Frist mit Ablauf des nächsten Werktages (§ 43 Abs. 2 StPO i. V. m. § 46 Abs. 1 OWiG). Die Erklärung muss in deutscher Sprache abgefasst sein (§ 184 S. 1 Gerichtsverfassungsgesetz – GVG – i. V. m. § 46 Abs. 1 OWiG). Über den Antrag entscheidet das Amtsgericht, soweit wir dem Rechtsbehelf nicht abhelfen, durch schriftlichen Beschluss.

Wichtiger Hinweis

Die Erzwingungshaft ersetzt nicht die Geldbuße, sondern dient zu ihrer Durchsetzung. Trotz einer Verbüßung der Erzwingungshaft ist daher die Geldbuße zu entrichten und kann weiter zwangsweise beigetrieben werden. Sie können die Anordnung der Erzwingungshaft durch die vollständige Zahlung der Geldbuße abwenden (§ 97 Abs. 2 OWiG).

Krause

Richterin am Amtsgericht

6.4 Antrag auf Zahlungserleichterungen

Nicht selten reagieren Betroffene auf einen gegenüber den Möglichkeiten anderer Gläubiger und Gläubigerinnen bedrohlich wirkenden Antrag auf Anordnung der Erzwingungshaft mit dem Antrag auf Zahlungserleichterungen (§ 18 OWiG). Die Vollstreckungsbehörde sollte zur Beschleunigung des Vollstreckungsverfahrens bereits in ihrem Antrag darauf hinweisen, wenn sie selbst bereits erfolglos Zahlungserleichterungen gewährt hat (§ 93 OWiG) oder Betroffene ihre Ankündigungen nicht wahrgemacht haben. Hierbei sollten die Ursachen für die mangelnde Vertrauensgrundlage dargestellt werden, da der oder die Betroffene diese dann bereits bei der gerichtlichen Anhörung durch Übersendung dieses Dokuments zur Äußerung davon erfährt.

Ergibt sich aus den Einwendungen des oder der Betroffenen die wirtschaftliche Unzumutbarkeit einer sofortigen Zahlung der Geldbuße, so bewilligt das Gericht durch Beschluss selbst Zahlungserleichterungen (§ 18 OWiG) oder überlässt die Entscheidung darüber der Vollstreckungsbehörde (§ 96 Abs. 2 S. 1 OWiG, Musterbeschluss 23.4, Tenor Ziffer 2). In der Vollzugspraxis hat sich die Übertragung auf die Vollstreckungsbehörde deswegen bewährt, weil Betroffene vielfach trotz klarer Anordnungen die Geldbuße an die Gerichtskasse statt an die Kasse des Verwaltungsträgers oder der Verwaltungsträgerin einzahlen oder dem Gericht die Einzahlung dort nicht nachweisen. Es erscheint daher sachgerechter, der Vollstreckungsbehörde sowohl die Anordnung von Zahlungserleichterungen als auch deren Überwachung zu überlassen.

Hat das Amtsgericht bereits Erzwingungshaft angeordnet, so ist diese nach dem eindeutigen Wortlaut aufzuheben (§ 96 Abs. 2 S. 2 OWiG, Musterbeschluss 23.4, Tenor Ziffer 1). Anträge der Verwaltungsbehörde auf „Aussetzung der Erzwingungshaft“ oder ein „Ruhen des Verfahrens“ sind daher bedeutungslos. Die Erzwingungshaft darf nicht bedingt für den Fall aufrechterhalten werden, dass der oder die Betroffene künftig die Ratenzahlungsverpflichtungen nicht einhält.[1)] Bewilligt die Vollstreckungsbehörde aber Zahlungserleichterungen, sollte sie im Zahlungsplan sofort darauf hinweisen, dass sie bei Verzug des oder der Betroffenen und Eintritt der Verfallklausel (§ 18 S. 2 OWiG)[2)] ohne weitere Benachrichtigung des oder der Betroffenen sofort erneut Erzwingungshaft beantragen wird. Die Erzwingungshaft darf wegen desselben Betrags zwar nicht wiederholt (§ 96 Abs. 3 S. 3 OWiG), kann jedoch bis zur Verbüßung beliebig oft beantragt werden.

Dringend abzuraten ist von einem unzulässigen Parallelverfahren, Erzwingungshaft zu beantragen und zugleich mit dem Betroffenen Zahlungserleichterungen ohne Kenntnis des Gerichts zu vereinbaren. Die Verletzung des Verfahrenswegs nach § 96 Abs. 2 S. 1 OWiG wird bei Aufdeckung zur Ablehnung der beantragten bzw. sofortigen Aufhebung bereits angeordneter Erzwingungshaft führen.

Bezüglich der Vollstreckungsverjährung ist zu beachten, dass diese nicht durch das Erzwingungshaftverfahren, sondern nur durch Zahlungserleichterungen gehemmt werden kann (§ 34 Abs. 4 Nr. 3 OWiG).[3)]

Muster 23.5: Gerichtliche Aufhebung der Erzwingungshaft und Übertragung von Zahlungserleichterungen auf die Vollstreckungsbehörde (§ 96 Abs. 2 OWiG)

Amtsgericht Königstadt

– Abteilung für Straf- und Bußgeldsachen –

5 Owi 212 Js 483945/26 Königstadt, den 12.8.2026

Bußgeldverfahren gegen Michael Gerstenkorn, Schillerstraße 54, 88343 Münsterberg,

Beschluss

1. Der Beschluss vom 15.7.2026 über die Anordnung von Erzwingungshaft wird aufgehoben.
2. Die Entscheidung über die vom Betroffenen beantragten Zahlungserleichterungen wird der Vollstreckungsbehörde übertragen.

1) LG Lüneburg, Beschl. vom 10.2.2011, Az. 26 Qs 32/11; LG Berlin, Beschl. vom 29.10.2009, Az. 533 Qs 73/09.
2) Zur Anordnung der „Verfallklausel“ und sofortiger Fälligkeit des Gesamtbetrags der Geldbuße bei Verzug der Zahlung eines Teilbetrags (§ 18 S. 2 OWiG) § 23 Nr. 2.3.
3) Zur Vollstreckungsverjährung (§ 34 OWiG) § 23 Nr. 4.

Gründe

Das Amtsgericht hat mit Beschluss vom 15.7.2026 auf Antrag der Vollstreckungsbehörde gegen den Betroffenen Erzwingungshaft angeordnet. Mit Schreiben vom 10.8.2026 hat der Betroffene vorgetragen, die Zahlung der Geldbuße von 1000,00 Euro sei ihm derzeit nicht möglich, da er ausschließlich von Arbeitslosengeld lebe und am 14.4.2026 die Vermögensauskunft abgelegt habe. Der Bescheid des Jobcenters Königstadt und die Vermögensübersicht wurden vom Betroffenen vorgelegt. Die Erzwingungshaft ist daher aufzuheben (§ 96 Abs. 2 S. 1, 3 OWiG). Die Entscheidung über die beantragten Zahlungserleichterungen wird der Vollstreckungsbehörde überlassen (§ 96 Abs. 2 S. 2 OWiG).

Krause

Richterin am Amtsgericht

6.5 Vollstreckung der Erzwingungshaft

Die Erzwingungshaft wird nicht durch die Vollstreckungsbehörde vollzogen, sondern gegen

- **Erwachsene** durch die **Staatsanwaltschaft** (§ 97 Abs. 1 OWiG i. V. m. § 451 Abs. 1, 2 StPO),
- **Jugendliche** und **Heranwachsende** durch den **Jugendrichter** als Vollstreckungsleiter oder die Jugendrichterin als Vollstreckungsleiterin (§ 97 Abs. 1 OWiG i. V. m. § 82 Abs. 1, § 83 Abs. 2, § 84, § 85 Abs. 5 JGG).

Der oder die Betroffene kann die Vollstreckung der Erzwingungshaft jederzeit durch die Zahlung der fälligen Geldbuße(n) abwenden (§ 97 Abs. 2, § 98 Abs. 3 S. 2 OWiG). Erfolgt keine Zahlung, so wird der oder die Betroffene zum Antritt der Erzwingungshaft geladen. Tritt er oder sie diese nicht an und zahlt auch die Geldbuße weiter nicht, ergeht ein Vollstreckungshaftbefehl (§ 457 StPO i. V. m. § 46 Abs. 1 OWiG). Erfahrungsgemäß braucht die Erzwingungshaft kaum vollstreckt zu werden, da mit steigendem Druck auf den Betroffenen oder die Betroffene deren Bereitschaft zur Zahlung oder Darlegung der Zahlungsunfähigkeit steigt.

6.6 Kosten der Erzwingungshaft

Für die antragstellende Vollstreckungsbehörde ist das Erzwingungshaftverfahren kostenfrei. Kostenschuldner oder Kostenschuldnerin ist allein der oder die Betroffene als Vollstreckungsschuldner oder Vollstreckungsschuldnerin. Die für die Anordnung und den Vollzug der Erzwingungshaft entstehenden Kosten teilt die Staatsanwaltschaft an die Vollstreckungsbehörde lediglich als Kostenvormerkung mit, die sie dann gem. § 107 Abs. 3 Nr. 11 OWiG bei dem oder der Betroffenen als Auslage erhebt. Dies ist in der Vollzugspraxis jedoch wegen der Vermögensverhältnisse der Betroffenen meist aussichtslos. Nur sofern sie bei der Verwaltungsvollstreckung ausnahmsweise beizutreiben sind, müssten solche Beträge an die Staatsanwaltschaft weitergeleitet werden.

7. Vollstreckung gegen Jugendliche und Heranwachsende

Bei der Vollstreckung von Geldbußen gegen Jugendliche und Heranwachsende sieht § 98 Abs. 1, 4 OWiG eine Reihe von Maßnahmen mit erzieherischem Charakter vor, die – anders als die Erzwingungshaft nach § 96 OWiG – an die Stelle der Geldbuße treten. Sie sollten daher von der Verwaltungsbehörde vorrangig angewendet werden. Jugendlicher ist, wer zur Tatzeit der Ordnungswidrigkeit (!) (§ 6 OWiG) 14 bis 18 Jahre, Heranwachsender, wer zur Tatzeit (!) 18 bis 21 Jahre alt war (§ 1 Abs. 2 JGG i. V. m. § 46 Abs. 1 OWiG).

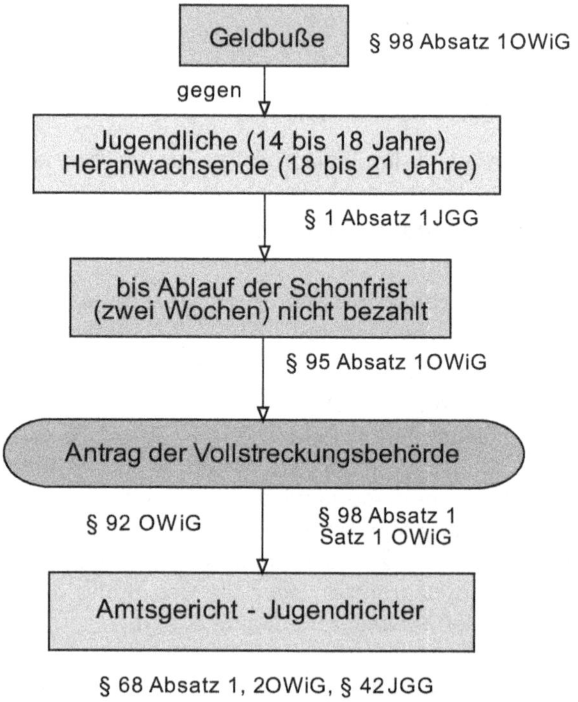

Abb. 15: Vollstreckung der Geldbuße gegen Jugendliche und Heranwachsende

7.1 Auflagen anstelle der Geldbuße

Kommt der oder die jugendliche oder heranwachsende Betroffene (§ 1 Abs. 2 JGG i. V. m. § 46 Abs. 1 OWiG) der Verpflichtung zur Zahlung einer rechtskräftig festgesetzten Geldbuße nach Ablauf der zweiwöchigen Schonfrist nicht nach, so kann die Vollstreckungsbehörde nach § 98 Abs. 1 S. 1 OWiG beim Jugendrichter oder bei der Jugendrichterin des Amtsgerichts die Anordnung von Auflagen beantragen, welche an die Stelle der Geldbuße treten. Wegen Nebenfolgen der Ordnungswidrigkeit wie Einziehung (§ 22 ff. OWiG) oder Einziehung des Wertes von Taterträgen (§ 29a OWiG) sind ersetzende Auflagen nicht möglich.

- **Gemeinnützige Leistungen**

Das Erbringen von Arbeitsleistungen (§ 98 Abs. 1 S. 1 Nr. 1 OWiG) stellt die am häufigsten angeordnete Auflage dar. Hauptanwendungsfall bei allgemeinen Ordnungswidrigkeiten sind Schulpflichtversäumnisse. Es empfiehlt sich eine Abstimmung mit dem Jugendrichter oder der Jugendrichterin des Amtsgerichts, ob die Auflage in einer kommunalen, sozialen oder gewerblichen Einrichtung erfüllt werden soll. Bei der Erfüllung in einer eigenen Einrichtung, wie z. B. einem kommunalen Eigenbetrieb, sind ausreichender Versicherungsschutz und die Überwachung der Ableistung zu beachten. Ein Arbeitsverhältnis mit lohnsteuerlichen oder sozialversicherungsrechtlichen Verpflichtungen entsteht durch die Übernahme nicht.

- **Schadensbeseitigung**

Die übrigen Möglichkeiten nach § 98 Abs. 1 S. 1 Nr. 2 bis 4 OWiG spielen gegenüber der Arbeitsauflage kaum eine Rolle. Für eine Schadenwiedergutmachung (§ 98 Abs. 1 S. 1 Nr. 2 OWiG) besteht kaum ein Bedürfnis, da die Tatbestände von Ordnungswidrigkeiten i. d. R. nur schlichte Tätigkeits- oder Unterlassungshandlungen enthalten, aber keine Erfolgsdelikte sind, deren Taterfolg wiedergutgemacht werden könnte. Denkbar ist aber die eigenhändige Beseitigung von unter § 118 OWiG fallenden Verunreinigungen öffentlicher Anlagen. Die Teilnahme am Verkehrsunterricht (§ 98 Abs. 1 S. 1 Nr. 3 OWiG, § 48 StVO) kommt nur bei Verkehrsordnungswidrigkeiten (§ 24 Abs. 1 StVG) in Betracht.

- **Fahrverbot**

Die Anordnung eines Fahrverbots mag zwar eine sehr einschneidende Maßnahme sein, ist aber durch § 25 StVG auf Verkehrsordnungswidrigkeiten im Sinne der §§ 24 Abs. 1 und 24a Abs. 1 bis 2a StVG im Zusammenhang mit Pflichtverletzungen beim Führen von Kraftfahrzeugen beschränkt und daher als Maßnahme nach § 98 OWiG unzulässig.

- **Künftige Pflichterfüllung**

Nicht selten enthalten gerichtliche Anordnungen bei Unterlassungsordnungswidrigkeiten auch die Verpflichtung des oder der Betroffenen, die missachtete Vorschrift künftig einzuhalten, z. B. ab sofort der Schulpflicht nachzukommen. Diese Auflage sollte aber stets i. V. m. einer Arbeitsauflage erfolgen, denn sonst wäre die Umwandlung der Geldbuße folgenlos, wenn der die Betroffene nicht mehr ordnungswidrig handelt, z. B. weil er oder sie jetzt seiner Schulpflicht nachkommt.

Voraussetzung dieser Auflagen ist, dass die Vollstreckung der Geldbuße weder durch Zahlungserleichterungen (§ 18 i. V. m. § 93 OWiG) noch die Beitreibung der Geldbuße durch Vollstreckungsmaßnahmen (§ 90 Abs. 1 OWiG) oder Anordnung der Erzwingungshaft (§ 96 OWiG) möglich ist oder angebracht erscheint. Die Unmöglichkeit kann in der Zahlungsunfähigkeit von Jugendlichen oder Heranwachsenden bestehen, die als Schüler, Schülerinnen oder Studierende noch über kein eigenes Einkommen verfügen und vom i. d. R. unpfändbaren Unterhalt der Erziehungsberechtigten leben. Vollstreckungsmaßnahmen, insbesondere die Anordnung der Erzwingungshaft, erscheinen vor allem bei Jugendlichen im Schüleralter aus erzieherischen Gründen unangebracht. Dagegen können sie bei Heranwachsenden mit eigenem Einkommen wie Auszubildenden durchaus zumutbar sein.

7.2 Antragstellung der Vollstreckungsbehörde

Auflagen nach § 98 Abs. 1 S. 1 OWiG dürfen nicht im Bußgeldbescheid angeordnet werden, weil die Ordnungswidrigkeit in § 1 Abs. 1 OWiG als eine mit Geldbuße bedrohte Handlung definiert ist. Die Maßnahmen sind daher beim Jugendrichter oder bei der Jugendrichterin des Amtsgerichts zu beantragen. Zuständig ist das Amtsgericht am Sitz der Verwaltungsbehörde (§ 104 Abs. 1 Nr. 1 i. V. m. § 68 Abs. 1 S. 1 OWiG). Daneben ist auch das Amtsgericht, in dessen Bezirk sich der oder die Betroffene während des Vollstreckungsverfahrens aufhält oder eine Jugendstrafe verbüßt (§ 42 Abs. 1 Nr. 2, 3 JGG i. V. m. § 46 Abs. 1 OWiG), zuständig. Der gegen Jugendliche oder Heranwachsende gerichtete Antrag sollte wegen der möglichen Vollstreckung stets bei diesem Amtsgericht gestellt werden.

Die Vollstreckungsbehörde stellt den Antrag beim Amtsgericht (Musterdokument 23.5) als elektronisches Dokument (§ 32b Abs. 3 S. 1 StPO i. V. m. § 110c S. 1 OWiG), wenn das Amtsgericht als empfangende Stelle die Akten elektronisch führt (§ 2 Abs. 1 S. 1 BußAktÜbV). Führt das Amtsgericht noch keine elektronischen Akten, sind elektronische Dokumente vor der Übermittlung nach Maßgabe des § 32e StPO in die Papierform zu übertragen (§ 2 Abs. 1 S. 2 BußAktÜbV). Nur die begleitende Verfügung, nicht der Antrag selbst muss die Namenswiedergabe der verantwortenden Person enthalten (§ 32b Abs. 1 S. 1 StPO i. V. m. § 110c S. 1 OWiG). Der Antrag muss dem oder der Betroffenen nicht mitgeteilt zu werden. Er darf nur die Geldbuße, nicht aber Gebühren und Auslagen des Bußgeldbescheides enthalten, da die Anordnung von Auflagen deswegen nicht vorgesehen ist. Von der Auferlegung der Gebühr und Auslagen der Verwaltungsbehörde kann bereits im Bußgeldbescheid abgesehen werden (§ 74 JGG i. V. m. § 46 Abs. 1 OWiG). Dies ist vor allem dann sinnvoll, wenn die Umwandlung einer Geldbuße in Auflagen wegen bekannter Zahlungsunfähigkeit von Anfang an zu erwarten ist.

Die Vollstreckungsbehörde kann auch selbst Vorschläge für die Ableistung einer Auflage machen, muss dabei jedoch die Anforderungen des Bestimmtheitsgrundsatzes beachten. Auflagen müssen klar, bestimmt und in ihrer Einhaltung überprüfbar sein, damit Verstöße einwandfrei festgestellt werden können und dem oder der Betroffenen unmissverständlich vor Augen geführt wird, wann die Verhängung eines Jugendarrests droht.[1)] Für den Inhalt eines Antrags zur Leistung gemeinnütziger Arbeitsleistungen ist deren Umfang, Zeit und den Ort sowie die Institution, bei der sei zu erbringen ist, von Bedeutung.[2)] Diese Bestimmung kann nicht auf die bestimmte Einrichtung delegiert werden.[3)] Daher ist eine Auflage, „unverzüglich nach Rechtskraft 50 Stunden gemeinnützige Arbeit nach Weisung" der bestimmten Einrichtung zu leisten, rechtswidrig, weil der Begriff „unverzüglich" keinen nachvollziehbaren Zeitpunkt" aufweist und die inhaltliche Delegation unzulässig ist.[4)]

Der oder die Betroffene und gegebenenfalls seine Erziehungsberechtigten sind von der Antragstellung nicht zu benachrichtigen, da rechtliches Gehör vom Jugendrich-

1) LG Kaiserslautern, Beschl. vom 20.10.2010, Az. 8 Qs 17/10.
2) OLG Hamm, Beschl. vom 6.1.2004, Az. 3 Ss 512/03; LG Kaiserslautern, Beschl. vom 20.10.2010, Az. 8 Qs 17/10.
3) OLG Dresden, Beschl. vom 29.4.2008, Az. 2 Ws 81/08; OLG Hamm, Beschl. vom 6.1.2004, Az. 3 Ss 512/03, für einen Bewährungshelfer.
4) BVerfG, einstweilige Anordnung vom 14.10.2014, Az. 2 BvR 2343/14, für eine Bewährungsauflage.

ter oder der Jugendrichterin des Amtsgerichts gewährt wird. Eine Begründung ist zwar nicht vorgeschrieben, erscheint aber angebracht, da die Anordnung von Auflagen im Ermessen des Jugendrichters oder der Jugendrichterin steht (§ 98 Abs. 1 S. 1 OWiG). Die Bußgeldakten sind nicht beizufügen, weil im Vollstreckungsverfahren wegen der Rechtskraft des Bußgeldbescheides keine Nachprüfung des Tatvorwurfs mehr erfolgt. Es genügt also die Vorlage des Bußgeldbescheides (§ 65 OWiG) und des elektronischen oder postalischen Zustellungsnachweises (§ 51 Abs. 3 OWiG i. V. m. § 3 VwZG) als Dateianhang, damit das Gericht die Rechtskraft des Bußgeldbescheides (§ 89 OWiG) als allgemeine Vollstreckungsvoraussetzung nachprüfen kann. Im Übrigen genügen die Angaben der Vollstreckungsbehörde zur Unmöglichkeit oder Unangebrachtheit der Verwaltungsvollstreckung oder Anordnung der Erzwingungshaft.

7.3 Anordnung und Vollstreckung von Auflagen

Der Jugendrichter oder die Jugendrichterin des Amtsgerichts (§ 68 Abs. 2 OWiG) entscheidet nach Anhörung des oder der Betroffenen durch Beschluss. Die Anhörung erfolgt durch Zusendung des Antrags der Vollstreckungsbehörde an den Betroffenen oder die Betroffene und die Erziehungsberechtigten (§ 67a Abs. 1 JGG i. V. m. § 46 Abs. 3 OWiG) zur befristeten Gelegenheit zur Äußerung. Die Anordnung der Erzwingungshaft steht als „Kann"-Bestimmung im Ermessen des Jugendrichters oder der Jugendrichterin (§ 98 Abs. 1 S. 1 OWiG). Die Ablehnung des Antrags ist für die Vollstreckungsbehörde unanfechtbar, da das Rechtsmittel der sofortigen Beschwerde dafür in § 104 Abs. 3 OWiG nicht vorgesehen ist. Eine nachträgliche Änderung der Auflage im Beschlusswege ist grundsätzlich möglich.[1)]

Ordnet der Jugendrichter oder die Jugendrichterin eine Maßnahme nach § 98 Abs. 1 OWiG an, so hat der oder die Jugendliche oder Heranwachsende ein Wahlrecht, die Auflage zu erfüllen oder die Geldbuße zu bezahlen. Beim Eingang von Zahlungen oder Teilzahlungen ist zunächst die Verrechnung auf die Geldbuße nach § 94 OWiG zu beachten, sofern der oder die Betroffene keine andere Bestimmung getroffen hat. Die Verrechnung und der noch offene Teilbetrag der Geldbuße sind dem Amtsgericht sofort mitzuteilen, da die jugendrichterliche Anordnung dann abzuändern sein wird (§ 98 Abs. 1 S. 2 OWiG). Stehen nur noch Gebühr und Auslagen des Bußgeldbescheides (§ 107 Abs. 1, 3 OWiG) offen, so sind der Antrag zurückzunehmen und die Anordnung aufzuheben.[2)] In der Vollzugspraxis kommen nicht selten kommentarlose Zahlungen des oder der Betroffenen an die Vollstreckungsbehörde ohne gleichzeitige Mitteilung an das Amtsgericht vor.

Kommt der oder die Betroffene einer Anordnung des Jugendrichters oder der Jugendrichterin nach § 98 Abs. 1 OWiG nicht nach, so können diese nach Belehrung und Anhörung des oder der Jugendlichen bzw. Heranwachsenden Jugendarrest (§ 16 JGG) bis zu einer Woche wegen einer Bußgeldentscheidung (nicht wegen jeder Geldbuße in einem Bußgeldbescheid) verhängen (§ 98 Abs. 2 OWiG). Erfüllt der oder die Betroffene nunmehr die Auflage oder bezahlt er oder sie jetzt die Geldbuße, sieht der Jugendrichter oder die Jugendrichterin von der Vollstreckung des Jugendarrests

1) LG Kaiserslautern, Beschl. vom 20.10.2010, Az. 8 Qs 17/10.
2) Zur Verrechnung von Teilbeträgen bei der Zahlung der Geldbuße (§ 94 OWiG) § 23 Nr. 5.3.

ab (§ 98 Abs. 3 S. 2 OWiG). Daher sind auch jetzt Zahlungseingänge von der Vollstreckungsbehörde sofort mitzuteilen.

Wird der Jugendarrest aufgrund gerichtlicher Anordnung vollstreckt, so kann der Jugendrichter oder die Jugendrichterin die Vollstreckung der Geldbuße ganz oder teilweise für erledigt erklären (§ 98 Abs. 3 S. 3 OWiG). Damit sind auch alle weiteren Beitreibungsmaßnahmen der Vollstreckungsbehörde im Sinne des § 90 Abs. 1 OWiG unzulässig. Die Anordnung des Jugendarrests wegen desselben Betrags ist nicht möglich (§ 98 Abs. 3 S. 1 OWiG).

7.4 Kosten der Vollstreckung

Das Verfahren ist für die Vollstreckungsbehörde kostenfrei. Auch eine gerichtliche Kostenvormerkung erfolgt nicht, da das Verfahren nach § 98 OWiG im Gegensatz zur Erzwingungshaft in § 107 Abs. 3 Nr. 11 OWiG nicht erwähnt ist.

Muster 23.6: Vollstreckung gegen Jugendliche und Heranwachsende (§ 98 OWiG)

Stadt Münsterberg

Stadtkasse als
Vollstreckungsbehörde

Stadt Münsterberg, 99090 Münsterberg

Amtsgericht Königstadt
Abteilung für Bußgeldsachen
über EGVP

Dienstgebäude	Brucknerstraße 10 99090 Münsterberg
Bearbeitung	Frau Oberländer
Telefon	(0123) 9878-987
E-Mail	kasse@muensterberg.de

Ihr Zeichen, Ihre Nachricht vom	Bitte bei Antwort angeben **Unser Zeichen, unsere Nachricht vom**	**Datum**
	OWi – 0987665/26	24.1.2026

Bußgeldverfahren gegen Herrn Gerhard Lehmann, geb. 17.4.2006, Neustadt, Alte Bergstraße 89, 99090 Münsterberg, wegen Schulpflichtversäumnis Erziehungsberechtigte: Maria und Anton Lehmann, Alte Bergstraße 89, 99090 Münsterberg

Antrag auf Umwandlung der Geldbuße in Auflagen (§ 98 OWiG)

Der Bußgeldbescheid vom 20.10.2025 ist seit dem 12.12.2025 rechtskräftig und vollstreckbar (§ 89 OWiG). Die Geldbuße ist in Höhe von 100 Euro zur Zahlung fällig.

Der Betroffene hat als Schüler kein eigenes Einkommen. Daher erscheinen die Bewilligung einer Zahlungserleichterung, die Beitreibung der Geldbuße oder die Anordnung von Erzwingungshaft weder möglich noch angebracht (§ 98 Abs. 1 S. 1 OWiG). Die Vollstreckungsbehörde beantragt deswegen, dem Jugendlichen anstelle der Geldbuße eine angemessene Arbeitsleistung aufzuerlegen (§ 98 Abs. 1 S. 1 Nr. 1 OWiG).

Telefonzentrale
(0899) 123-0
Internet
www.Muensterberg.de

Servicezeiten
Mo-Mi 7.30-16.30 Uhr
Do 7.30-17.30 Uhr
Fr 7.30-12.00 Uhr

Öffentliche Verkehrsmittel
Stadtbus Linie 6
Haltestelle Mitte

Bankverbindung
Kreissparkasse Münsterberg
IBAN DE2040000000123456
BIC GROBDE77XX
Volksbank Münsterberg
IBAN DE2040000000234567
BIC GROBDE87XX

Besonderes elektronisches Behördenpostfach
Ordnungsamt@muensterberg .de

Anlagen als Dateianhang

1 Bußgeldbescheid

1 Zustellungsnachweis

Stadt Münsterberg, Stadtkasse als Vollstreckungsbehörde

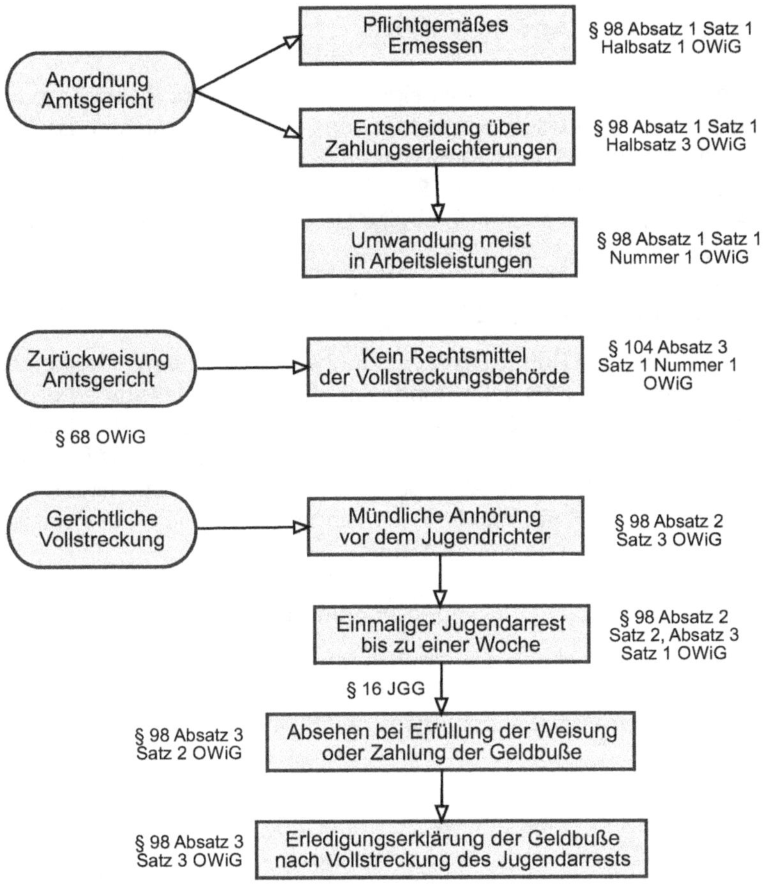

Abb. 16: Vollstreckung gegen Jugendliche und Heranwachsende Amtsgericht – Jugendrichter

8. Vollstreckung der Einziehung

Eine rechtskräftige Anordnung der Einziehung im Bußgeldbescheid (§ 65 OWiG) oder selbstständigen Einziehungsbescheid (§ 87 OWiG) führt aufgrund § 26 OWiG zum Eigentumsübergang auf die anordnende Stelle. Vollstreckungsmaßnahmen durch Wegnahme gem. § 90 Abs. 3 S. 1 OWiG sind daher nur ausnahmsweise erforderlich, wenn der Einziehungsgegenstand nicht durch Beschlagnahme gem.

§ 111b f. StPO i. V. m. § 46 Abs. 1 OWiG sichergestellt werden konnte.[1] Die Vollstreckungsbehörde kann nach § 90 Abs. 3 S. 2 OWiG die Abgabe einer eidesstattlichen Versicherung über den Verbleib verlangen, wenn der Einziehungsgegenstand nicht vorzufinden ist. Ferner kann im Vollstreckungsverfahren die Einziehung des Wertersatzes aufgrund § 25 Abs. 4 OWiG nachträglich angeordnet werden.

9. Mitteilungen von Amts wegen

Nach Rechtskraft eines Bußgeldbescheides hat die Verwaltungsbehörde unverzüglich von Amts wegen gesetzlich vorgeschriebene Mitteilungspflichten zu erfüllen. Bei diesen handelt es sich weder um Maßnahmen des Bußgeldverfahrens noch um Verwaltungsakte (§ 35 S. 1 VwVfG, § 31 S. 1 SGB X). Auf sie ist daher weder im Bußgeldbescheid hinzuweisen noch erfolgt eine Benachrichtigung des oder der Betroffenen über die Mitteilung.

9.1 Gewerbezentralregister (GZR)

Bei der Vollstreckung von Bußgeldentscheidungen können auch Mitteilungen an das Gewerbezentralregister (GZR) beim Bundesamt für Justiz als Registerbehörde erforderlich sein (§ 149 Abs. 1 GewO).[2] Die Mitteilungspflicht der Vollstreckungsbehörde (§ 153a GewO, § 1 Abs. 1 Nr. 4 GZRVwV) betrifft nur rechtskräftige Bußgeldbescheide (§§ 65, 88 OWiG), nicht aber gerichtliche Bußgeldentscheidungen. Einziehungsbescheide (§ 29a, § 87 Abs. 6 OWiG) sind grundsätzlich nicht eintragungsfähig und daher auch nicht mitteilungspflichtig.

9.1.1 Mitteilungspflichtige Bußgeldentscheidungen

Rechtskräftige Bußgeldbescheide gegen natürliche und juristische Person sowie Personengesellschaften (§ 99 Abs. 1 OWiG) sind dem Gewerbezentralregister mitzuteilen, wenn folgende Voraussetzungen nach § 149 Abs. 2 S. 1 Nr. 3 GewO gegeben sind:

- Begehung einer Ordnungswidrigkeit bei (Alt. 1) oder im Zusammenhang mit (Alt. 2) der Ausübung eines Gewerbes oder dem Betrieb einer sonstigen wirtschaftlichen Unternehmung. Bei der Ausübung eines Gewerbes wird eine Ordnungswidrigkeit begangen, wenn die verletzte bußgeldbewehrte Vorschrift eine Tätigkeit in einem Gewerbe voraussetzt oder zwar für jedermann gilt, die Zuwiderhandlung jedoch durch die Ausübung des Gewerbes verursacht wird (§ 8 Abs. 1 GZRVwV). In Zusammenhang mit der Ausübung eines Gewerbes wird eine Ordnungswidrigkeit begangen, wenn die Gewerbeausübung dazu dient, die Ordnungswidrigkeit vorzubereiten, unmittelbar zu fördern oder sie anschließend auszunutzen oder zu verdecken (§ 8 Abs. 2 GZRVwV). Die Bestimmungen nach § 8 Abs. 1 und 2 GZRVwV gelten entsprechend für die in § 149 Abs. 2 Nr. 3

1) Zur Sicherstellung der Einziehung durch Beschlagnahme (§ 111b f. StPO i. V. m. § 46 Abs. 1 OWiG) § 9 Nr. 3.
2) Mitteilungen an das Bundeszentralregister (BZR) erfolgen im Bußgeldverfahren nicht.

Buchst. a der GewO genannten sonstigen wirtschaftlichen Unternehmungen (§ 8 Abs. 3 GZRVwV).

- Täter oder Täterin ist Inhaber oder Inhaberin, gesetzlicher Vertreter oder gesetzliche Vertreterin (§ 9 Abs. 1 OWiG), (Teil)-Betriebsleiter oder -leiterin (§ 9 Abs. 2 S. 1 Nr. 1 OWiG) oder sonst ausdrücklich beauftragter, eigenverantwortlich tätiger Vertreter oder entsprechende Vertreterin (§ 9 Abs. 2 S. 1 Nr. 2 OWiG).[1]
- Die Geldbuße beträgt mehr (!) als der Grenzwert von 200 Euro (§ 149 Abs. 2 Nr. 3 letzter Halbs. GewO).

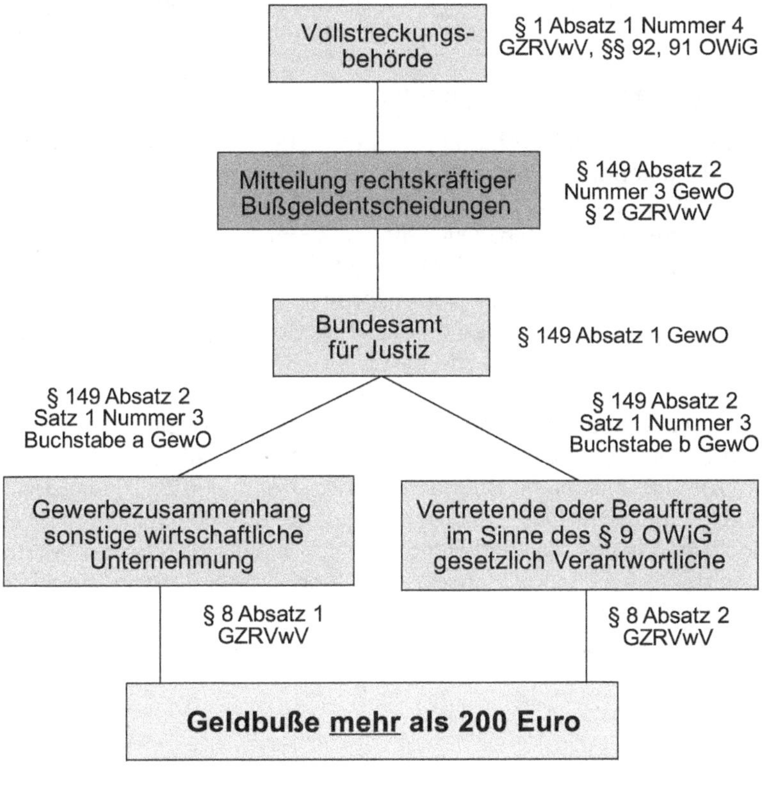

Abb. 17: Gewerbezentralregister

9.1.2 Mitteilungsverfahren

Das Verfahren zur Datenübermittlung an die Registerbehörde richtet sich nach den dazu erlassenen einschlägigen Richtlinien (§ 153c GewO i. V. m. § 4 Abs. 2 GZRVwV).[2] Danach sollen die Mitteilungen der Registerbehörde durch die Vollstre-

1) Zum Handeln für einen anderen (§ 9 OWiG) § 4 Nr. 2 und § 13 Nr. 3.2.5.2.
2) Die bis 2024 geltenden Erste und Zweite VV vom 14.8.1985 (BAnz. 149a) wurden durch eine einzige Allgemeine VV ersetzt (§ 10 Abs. 1 GZRVwV).

ckungsbehörde (§ 153c GewO i. V. m. § 1 Abs. 1 Nr. 4 GZRVwV, § 92 OWiG) im Wege des Datentransfers verschlüsselt übermittelt werden (§ 4 Abs. 1 GZRVwV). Die früher notwendigen, gem. Ausfüllungsanleitung mit personenbezogenen Daten zu versendenden Vordrucke sind seit der Aufhebung der „Zweite allgemeine Verwaltungsvorschrift" vom 29. Juli 1985 (§ 10 Abs. 2 Nr. 2 GZRVwV) nicht mehr zu verwenden. Der Inhalt der Mitteilungen ist standardisiert und detailliert festgelegt (§ 2 GZRVwV). Mitteilungen, die nicht den Richtlinien entsprechen, kann die Registerbehörde zurückweisen (§ 8 Abs. 3 GZRVwV). Zu beachten ist die gesetzliche Mitteilungsfrist: Die Mitteilungen der Vollstreckungsbehörde sollen bei Bußgeldentscheidungen **binnen eines Monats nach Eintritt der Rechtskraft** des Bußgeldbescheides (§ 89 OWiG) an die Registerbehörde übermittelt werden (§ 3 GZRVwV).

9.2 Mitteilungen an Ausländerbehörden

Die für die Einleitung und Durchführung eines Bußgeldverfahrens zuständigen Stellen haben die zuständige Ausländerbehörden von Amts wegen unverzüglich, d. h. ohne schuldhaftes Zögern (§ 121 Abs. 1 S. 1 BGB) über die „Erledigung" eines Bußgeldverfahrens zu unterrichten. Die Mitteilungspflicht gilt für alle nichtdeutschen Staatsangehörigen, auch EU-Ausländer (§ 11 Abs. 1 S. 1 FreizügG/EU), wenn die Ordnungswidrigkeit mit Geldbuße von mehr als 1000 Euro bedroht ist (§ 87 Abs. 4 S. 3 AufenthG). Maßgeblich ist also das gesetzliche Höchstmaß der Geldbuße, nicht die im Bußgeldbescheid festgesetzte Geldbuße. Bei mit Geldbuße bis zu 2000 Euro bedrohten Ordnungswidrigkeiten kann sich daher der Fall ergeben, dass zwar die vorsätzliche, nicht aber die fahrlässige Ordnungswidrigkeit mitzuteilen ist (§ 17 Abs. 2 OWiG). Das Bußgeldverfahren ist bei der Verwaltungsbehörde „erledigt", wenn der von ihr erlassene Bußgeldbescheid rechtskräftig geworden ist (§ 89 OWiG), also kein zulässiger Einspruch eingelegt oder ein eingelegter Einspruch zurückgenommen wurde. Die Mitteilung enthält nur die Tatsache der rechtskräftigen Festsetzung der Geldbuße, nicht aber den Tatvorwurf der Ordnungswidrigkeit. Auch der Bußgeldbescheid darf mangels Rechtsgrundlage ebenfalls nicht übermittelt werden. Die Kenntnis vom Inhalt der Bußgeldakte können sich Ausländerbehörden über die Akteneinsicht verschaffen.

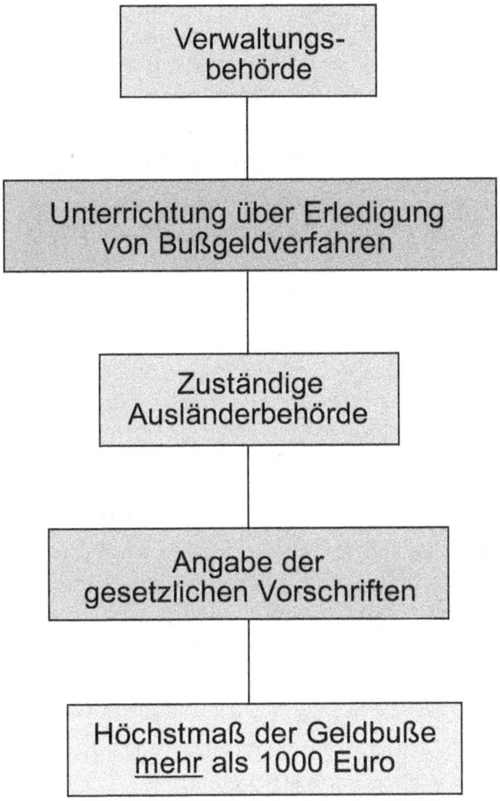

§ 87 Absatz 4 Satz 1, 3 AufenthG
§ 11 Absatz 1 Satz 1 FreizügG/EU

Abb. 18: Ausländerbehörden

9.3 Verfahrensübergreifende Mitteilungen von Amts wegen

Personenbezogene Mitteilungen der Verwaltungsbehörde (§ 35 OWiG) von Amts wegen[1] in Verwaltungsverfahren (§ 9 VwVfG, § 8 SGB X), die außerhalb des Bußgeldverfahrens durch dieselbe oder eine andere Behörde geführt werden, bedürfen einer allgemeinen Rechtsgrundlage in § 49a OWiG. Daneben bleiben besondere gesetzliche Mitteilungspflichten wie bei Gewerbebezug zum Gewerbezentralregister (§ 149 Abs. 2 S. 1 Nr. 3 GewO) oder bei nichtdeutschen Betroffenen an die Ausländerbehörde (§ 87 Abs. 4 S. 3 AufenthG, § 11 Abs. 1 S. 1 FreizügG/EU) unberührt. Gesetzliche Einschränkungen bestehen aufgrund § 49a Abs. 4 S. 1 Nr. 1 OWiG i. V. m. § 12 Abs. 3 EGGVG durch das Steuergeheimnis nach § 30 Abs. 1, 4 AO, das Sozialgeheimnis nach § 35 SGB I, §§ 67, 67d ff. SGB X und das Statistikgeheimnis nach § 16 BStatG.

1) Zu verfahrensübergreifenden Mitteilungen auf Antrag (§ 49b OWiG) § 23 Nr. 9.3.

9.3.1 Zulässigkeit der Mitteilung

Die Mitteilung personenbezogener Daten ist nach § 49a Abs. 1 S. 1 OWiG für andere Bußgeldverfahren gegen den oder die Betroffenen einschließlich der Vollstreckung der Geldbuße und im Rahmen des § 49a Abs. 2 OWiG auch für Verwaltungsverfahren, welche die persönliche Zuverlässigkeit betreffen, zulässig. Hier kommen in Betracht:

- Dienstrechtliche Maßnahmen, Aufsichtsmaßnahmen, Kündigungen, versorgungsrechtliche Maßnahmen (§ 14 Abs. 1 Nr. 4, 6 EGGVG),
- Maßnahmen der Gewerbeüberwachung (§ 14 Abs. 1 Nr. 5 EGGVG),
- Maßnahmen bei Gewerbebetrieben mit besonderen Sicherheitsanforderungen § 14 Abs. 1 Nr. 7 EGGVG) wie z. B. waffen-, sprengstoff-, gefahrstoff-, immissionsschutz-, abfall-, wasser-, seuchen-, tierseuchenrechtliche Berechtigungen, Erlaubnisse oder Genehmigungen,
- Betriebsunfälle und Arbeitsschutzvorschriften (§ 14 Abs. 1 Nr. 8 EGGVG),
- Abwehr erheblicher Umweltnachteile (§ 14 Abs. 1 Nr. 9 EGGVG).

Bei eingestellten Bußgeldverfahren ist nach § 49a Abs. 2 OWiG i. V. m. § 14 Abs. 2 S. 4 EGGVG zu berücksichtigen, wie gesichert die zu übermittelnden Erkenntnisse sind. Nach dem Grundsatz der Verhältnismäßigkeit unterbleiben Mitteilungen an andere öffentliche Stellen aufgrund des Abwägungsgebotes in § 49a Abs. 3 OWiG, wenn für die übermittelnde Stelle offensichtlich ist, dass schutzwürdige Interessen des Betroffenen an dem Ausschluss der Übermittlung überwiegen.

Verfahrensübergreifende Mitteilungen sind nach § 49a Abs. 4 S. 1 Nr. 1 OWiG außerdem für sonstige Zwecke zulässig zur

- Verfolgung von Straftaten und Ordnungswidrigkeiten (§ 17 Nr. 1 EGGVG),
- zur Abwehr erheblicher Nachteile für das Gemeinwohl oder einer Gefahr für die öffentliche Sicherheit (§ 17 Nr. 3 EGGVG),
- zur Abwehr einer erheblichen Gefährdung Minderjähriger (§ 17 Nr. 1 EGGVG).

Ist das von der Verwaltungsbehörde durchgeführte Bußgeldverfahren abgeschlossen, so darf diese Entscheidung einschließlich einer gerichtlichen Bußgeldentscheidung aufgrund § 49a Abs. 4 S. 2 Halbs. 1 OWiG der Behörde übermittelt werden, die das Bußgeldverfahren z. B. durch eine Anzeige (§ 158 StPO i. V. m. § 46 Abs. 1 OWiG) veranlasst oder sonst an dem Verfahren z. B. durch eine Stellungnahme mitgewirkt hat.

9.3.2 Durchführung der Mitteilung

Die übermittelnde Stelle bestimmt die Form gem. § 49a Abs. 4 Nr. 1 OWiG i. V. m. § 18 Abs. 2 S. 1 EGGVG nach pflichtgemäßem Ermessen. Es sind nach § 49a Abs. 4 Nr. 1 OWiG i. V. m. § 18 Abs. 2 S. 2 EGGVG angemessene Vorkehrungen zu treffen, um sicherzustellen, dass die Daten unmittelbar den bei dem Empfänger funktionell zuständigen Bediensteten erreichen. Die übermittelten Daten dürfen aufgrund § 49a Abs. 4 Nr. 1 OWiG i. V. m. § 19 Abs. 1 S. 1 EGGVG nur zu dem Zweck verwendet werden, zu dessen Ermittlung sie übermittelt worden sind. Eine weitergehende Verwendung für andere Zwecke ist nach § 49a Abs. 4 Nr. 1 OWiG i. V. m. § 19 Abs. 2

S. 2 EGGVG nur dann zulässig, soweit die Daten auch dafür hätten übermittelt werden dürfen.

- Die ***übermittelnde Stelle*** prüft, ob die Übermittlung personenbezogener Daten aus ihrer Sicht zu gesetzlich vorgesehenen Zwecken erforderlich ist (§§ 14, 16, 17 EGGVG).
- Der ***Empfänger*** prüft, ob die übermittelten Daten zur zweckgebundenen Erfüllung von Aufgaben im Sinne der Übersendung (§ 19 Abs. 1 EGGVG) erforderlich sind (§ 19 Abs. 2 S. 1 EGGVG).

Sind die Daten nach Prüfung des Empfängers nicht erforderlich, so schickt der Empfänger die Unterlagen an die übermittelnde Stelle zurück (§ 49a Abs. 4 Nr. 1 OWiG i. V. m. § 19 Abs. 2 S. 2 EGGVG). Bei örtlicher oder sachlicher Unzuständigkeit, leitet er die übermittelten Unterlagen weiter und benachrichtigt hiervon die übermittelnde Stelle (§ 49a Abs. 4 Nr. 1 OWiG i. V. m. § 19 Abs. 2 S. 3 EGGVG).

Die erstmalige Mitteilung personenbezogener Daten kann Folgemitteilungen nach § 49a Abs. 4 Nr. 1 OWiG i. V. m. § 20 EGGVG auslösen:

- Ausgang des Bußgeldverfahrens

  Der Ausgang des Bußgeldverfahrens ist dem Empfänger nach § 49a Abs. 4 Nr. 1 OWiG i. V. m. § 20 Abs. 1 S. 1 Halbs. 1 EGGVG immer mitzuteilen. Zu übersenden sind rechtskräftig gewordene, abgeänderte oder aufgehobene Bußgeldentscheidungen nach § 49a Abs. 4 Nr. 1 OWiG i. V. m. § 20 Abs. 1 S. 1 Halbs. 2 EGGVG.
- Neue Erkenntnisse

  Neue Erkenntnisse sind dem Empfänger gem. § 49a Abs. 4 Nr. 1 OWiG i. V. m. § 20 Abs. 1 S. 2 EGGVG bereits vor Beendigung des Bußgeldverfahrens unverzüglich mitzuteilen, wenn die Information erforderlich ist, um für den Betroffenen oder für die Betroffene bis zur Mitteilung über den Ausgang des Bußgeldverfahrens drohende Nachteile wie z. B. den Widerruf einer erteilten oder Ablehnung einer beantragen Erlaubnis zu vermeiden.
- Unrichtige Datenübermittlung

  Erkennt die Verwaltungsbehörde die Übermittlung unrichtiger Daten, z. B. die Verwechslung mit einem anderen Betroffenen, so hat sie den Empfänger auf Grund § 49a Abs. 2 Nr. 1 OWiG i. V. m. § 20 Abs. 4 S. 1 EGGVG unverzüglich davon zu unterrichten. Der Empfänger berichtigt entweder die unrichtigen Daten oder vermerkt ihre Unrichtigkeit in seinen Akten gem. § 49a Abs. 4 Nr. 1 OWiG i. V. m. § 20 Abs. 2 S. 2 EGGVG.

9.3.3 Auskunftsrecht des oder der Betroffenen

Die Übermittlung personenbezogener Daten im Bußgeldverfahren wird dem oder der Betroffenen zwar grundsätzlich nicht bekannt gemacht. Diese haben allerdings nach § 49a Abs. 4 Nr. 1 OWiG i. V. m. § 21 Abs. 1 S. 1, 2 EGGVG ein Auskunftsrecht. Die Auskunft ist aufgrund § 49a Abs. 2 Nr. 1 OWiG i. V. m. § 21 Abs. 1 S. 3 EGGVG nur zu erteilen, wenn der oder die Betroffene Angaben macht, die das Auffinden der Daten mit vertretbarem Aufwand ermöglichen und dieser Aufwand nicht außer Verhältnis zum Informationsinteresse steht. Die übermittelnde Stelle bestimmt nach

§ 49a Abs. 4 Nr. 1 OWiG i. V. m. § 21 Abs. 1 S. 4 EGGVG das Verfahren, insbesondere die Form der Auskunftserteilung nach pflichtgemäßem Ermessen. Ein Unterbleiben der Auskunftserteilung aus den Gründen in § 49a Abs. 4 Nr. 1 OWiG i. V. m. § 20 Abs. 4 EGGVG hat wohl nur im Strafverfahren Bedeutung.

Der oder die Betroffene kann gegen die Übermittlung personenbezogener Daten im Bußgeldverfahren aufgrund § 49a Abs. 4 Nr. 2 OWiG i. V. m. § 22 Abs. 1 EGGVG als Rechtsbehelf den Antrag auf gerichtliche Entscheidung nach § 62 OWiG zum Amtsgericht (§ 68 OWiG) stellen.[1)] Das Verfahren nach §§ 23 ff. EGGVG ist dem Bußgeldverfahren der Staatsanwaltschaft und des Gerichts vorbehalten.

1) Zum Antrag auf gerichtliche Entscheidung (§ 62 OWiG) § 19 Nr. 3.

§ 24
Dateiregelungen

1. Datenschutz im Bußgeldverfahren

Für den Datenschutz im Bußgeldverfahren gelten nicht die Bestimmungen der Datenschutz-Grundverordnung/EU (Art. 2 Abs. 2 Buchst. a und d DSGVO), sondern ausschließlich besondere Vorschriften im nationalen Recht.[1] Das Gesetz über Ordnungswidrigkeiten enthält dazu jedoch keine eigenen Regelungen, sondern verweist in § 49c OWiG allgemein auf sinngemäß anzuwendenden Bestimmungen im 8. Buch 2. Abschnitt der StPO auf die dortigen Regelungen für Zwecke des Strafverfahrens (§§ 483 bis 491 StPO). Der Schutz personenbezogener Daten in einer elektronischen Akte (Bußgeldakte) lehnt sich über § 46d OWiG teilweise an die entsprechenden strafrechtlichen Bestimmungen in §§ 496, 497, 498 Abs. 1 StPO an. Die Bediensteten der Verwaltungsbehörde sind zur Einhaltung des Datengeheimnisses verpflichtet (§ 49c OWiG i. V. m. § 496 StPO, § 53 BDSG). Die strafrechtlichen Regelungen gehen als spezialgesetzliche Vorschriften auch den jeweils einschlägigen Informationsschutzgesetzen vor.[2]

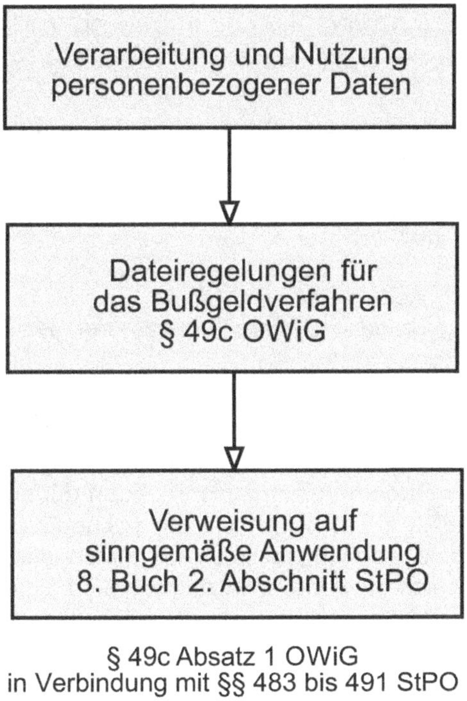

Abb. 1: Datenschutzvorschriften im Bußgeldverfahren

1) VG Wiesbaden, Urt. vom 13.8.2021, Az. 6 K 60/21.WI.
2) VG Stuttgart, Urt. vom 29.9.2022, Az. 14 K 5332/20, für das LIFG Baden-Württemberg.

1.1 Speichern personenbezogener Daten

Die Verwaltungsbehörde (§ 35 OWiG) darf im Bußgeldverfahren personenbezogene Daten (§ 46 Nr. 1 BDSG) in Dateien speichern, verändern und nutzen, soweit dies für Zwecke des Bußgeldverfahrens erforderlich ist (§ 49c Abs. 2 S. 1 OWiG i. V. m. § 483 Abs. 1 StPO). Dabei sind die organisatorischen und technischen Maßnahmen zu treffen, die erforderlich sind, um den besonderen Anforderungen des Datenschutzes und der Datensicherheit gerecht zu werden, und die Grundsätze einer ordnungsgemäßen Datenverarbeitung einzuhalten, insbesondere die Daten ständig verfügbar zu halten und Vorkehrungen gegen einen Datenverlust zu treffen (§ 49c Abs. 2 S. 1 OWiG i. V. m. 483 Abs. 2 StPO). Das Verarbeiten (§ 49c OWiG i. V. m. § 496 StPO, § 46 Nr. 2 BDSG) und Nutzen personenbezogener Daten (§ 46 Nr. 1 BDSG) aus elektronischen Akten oder elektronischen Aktenkopien eines Bußgeldverfahrens ist zulässig, soweit dies eine Rechtsvorschrift erlaubt oder anordnet (§ 49c i. V. m. § 498 Abs. 1 StPO). Dazu gehören insbesondere das Prinzip der Datenminimierung, die Grundsätze der Zweckbindung, das Kriterium der Erforderlichkeit und die Verhältnismäßigkeit.[1] Zudem muss stets das verfassungsmäßig verankerte Recht auf informationelle Selbstbestimmung des Betroffenen Berücksichtigung finden.[2]

Die Speicherung muss den allgemeinen Grundsätzen für die Verarbeitung von personenbezogenen Daten entsprechen (§ 49c OWiG i. V. m. § 496 StPO, § 47 BDSG). Dies gilt auch für solche Daten, die in einem Verwaltungsverfahren erhoben wurden (§ 49c OWiG i. V. m. § 496 StPO, § 45 S. 1, § 49 BDSG). Eine Einwilligung des Betroffenen zur Datenspeicherung ist nicht erforderlich (§ 49c OWiG i. V. m. § 496 StPO, § 51 BDSG).

Die Speicherung personenbezogener Daten sollte sich am Vorbild der staatsanwaltschaftlichen Verfahrensregister orientieren:[3]

Tat:
Datum <Datum> bis <Datum>
Delikt <Bezeichnung>
Sonstige Ordnungswidrigkeit[4]
Einstellung <Einstellungsgrund> <Datum>, Verwarnung <Datum>, Bußgeld-/Einziehungsbescheid <Datum>
Aufbewahrungsdatum Akte <Datum>

Die Datenverarbeitung kann auch durch private Unternehmen als Auftragsverarbeiter der Verwaltungsbehörde unter deren Kontrolle erfolgen. Mit der dauerhaften rechtsverbindlichen Speicherung elektronischer Akten dürfen nichtöffentliche Stellen nur dann beauftragt werden, wenn eine öffentliche Stelle den Zutritt und den Zugang zu den Datenverarbeitungsanlagen, in denen die elektronischen Akten rechtsverbindlich gespeichert werden, tatsächlich und ausschließlich kontrolliert (§ 49d OWiG i. V. m. § 497 Abs. 1 StPO).

1) OLG Hamm, Beschl. vom 8.8.2022, Az. 1 VAs 48/22.
2) OLG Hamm, Beschl. vom 26.2.2021, Az. III-1 VAs 77/20.
3) Aufbau nach OLG Frankfurt (Main), Beschl. vom 20.7.2010, Az. 3 VAs 19/10.
4) Abgrenzung zu den hier nicht behandelten Verkehrsordnungswidrigkeiten (§§ 24, 24a, 24c StVG) und Steuerordnungswidrigkeiten (§ 477 AO).

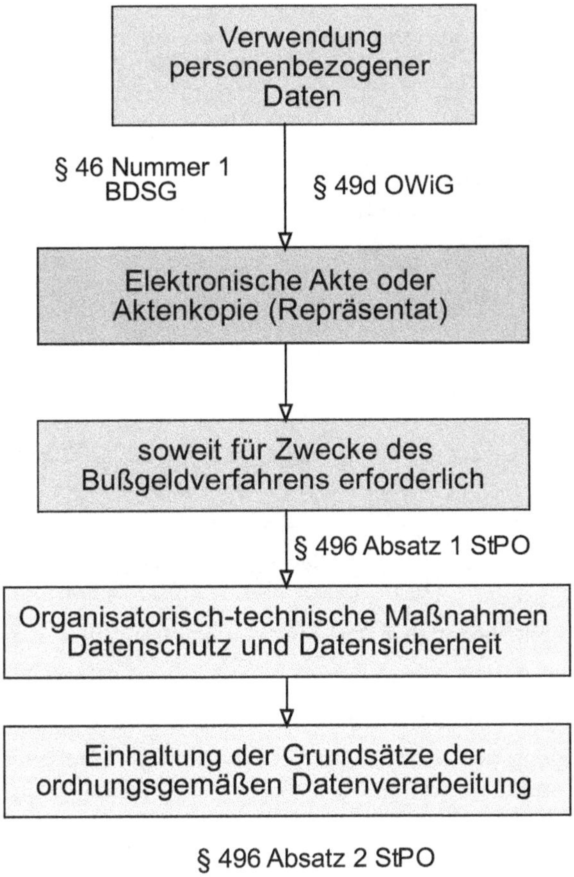

Abb. 2: Verwendung personenbezogener Daten in einer elektronischen Akte

Der Schutz personenbezogener Daten in einer elektronischen Akte ist in § 49d OWiG für das Bußgeldverfahren durch Verweisung auf die entsprechenden strafprozessualen Bestimmungen in § 496 Abs. 1, 2 StPO (Verwendung personenbezogener Daten in einer elektronischen Akte) sowie § 497 StPO (Datenverarbeitung im Auftrag) und § 498 Abs. 1 StPO (Verwendung personenbezogener Daten aus elektronischen Akten) geregelt.

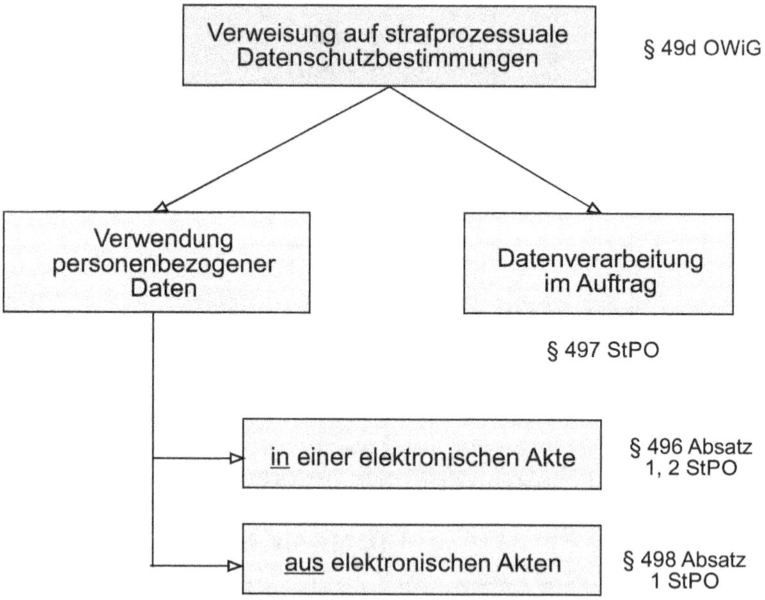

Abb. 3: Schutz personenbezogener Daten in einer elektronischen Akte

1.2 Benachrichtigung der Betroffenen

Eine Benachrichtigung des oder der Betroffenen über die Speicherung seiner personenbezogenen Daten ist durch § 49c Abs. 1 OWiG i. V. m. dem 8. Buch 2. Abschnitt StPO nicht vorgesehen. Dies gilt insbesondere auch nicht für die Anhörung im Bußgeldverfahren (§ 55 OWiG). Daher findet ausnahmsweise auch keine Benachrichtigung des oder der Betroffenen aufgrund § 56 BDSG statt.[1] Die Informationspflicht bei der Erhebung personenbezogener Daten nach Art. 13 Abs. 1 DSGVO gilt im Bußgeldverfahren nicht, weil dieses Verfahren außerhalb des Anwendungsbereichs liegt (Art. 2 Abs. 2 Buchst. a und d DSGVO).

Der oder die Betroffene hat gegenüber der Verwaltungsbehörde ein Auskunftsrecht bezüglich der über ihn gespeicherten personenbezogenen Daten (§ 49c Abs. 1 OWiG i. V. m. § 491 Abs. 1 S. 1, Abs. 2 StPO i. V. m. § 57 BDSG). Zur Ermöglichung effektiven Rechtsschutzes hat eine Behörde, die die Auskunft verweigert, das Vorliegen der Verweigerungsgründe plausibel und substantiiert darzulegen. Eine diesen Anforderungen genügende Begründung wäre ausreichend, um die Berechtigung zur Auskunftsverweigerung darzutun.[2] Die Wiedergabe oder nur Umschreibung der gesetzlichen Grundlage reicht dafür nicht aus).[3] Die Datenschutzbestimmungen ent-

1) BVerfG, Beschl. vom 28.9.2022, Az. 1 BvR 2354/13.
2) VG Wiesbaden, Urt. vom 26.3.2021, Az. 6 K 59/20 WI, unter Bezugnahme auf BVerwG, Beschl. vom 29.10.1982, Az. 4 B 172/82.
3) VG Wiesbaden, Beschl. vom 30.7.2021, Az. 6 K 421/21.WI, unter Bezugnahme auf HessVGH (Kassel) Beschl. vom 20.10.2019, Az. 10 A 2678/18.Z.

halten jedoch kein Recht auf Akteneinsicht.[1] Dies ergibt sich im Bußgeldverfahren für den oder die Betroffene aus § 49 Abs. 1 OWiG.[2]

1.3 Nutzung personenbezogener Daten

Die Nutzung zulässig erhobener personenbezogener Daten (§ 46 Nr. 1 BDSG) ist zulässig, soweit dies für die Zwecke des Bußgeldverfahrens erforderlich ist (§ 49d i. V. m. § 496 Abs. 1 StPO). Soweit eine Blankettvorschrift aus einem verwaltungsrechtlichen Voraustatbestand und einer Bußgeldvorschrift verfolgt und geahndet werden soll, muss die Übernahme personenbezogener Daten bereits bei der Anlage der Bußgeldakte auf die für das Bußgeldverfahren erforderlichen Dokumente beschränkt werden.

Der maschinelle Abgleich personenbezogener Daten mit elektronischen Akten oder elektronischen Aktenkopien gem. § 98c StPO i. V. m. § 46 Abs. 1 OWiG ist unzulässig, es sei denn, er erfolgt mit einzelnen, zuvor individualisierten Akten oder Aktenkopien (§ 498 Abs. 2 StPO i. V. m. § 46 Abs. 1 OWiG).[3]

1.4 Löschen personenbezogener Daten

Personenbezogene Daten dürfen auch im Bußgeldverfahren nach dem allgemeinen Grundsatz der Erforderlichkeit der Datenverwendung nur zeitlich begrenzt gespeichert werden (§ 49c Abs. 1 OWiG i. V. m. § 483 Abs. 1 S. 1 StPO). Der Maßstab der Erforderlichkeit einer (weiteren) Datenspeicherung muss grundsätzlich dem aus Art. 2 Abs. 1 i. V. m. Art. 1 Abs. 1 GG herzuleitenden Recht auf informationelle Selbstbestimmung der Antragsteller gerecht werden, das nur aufgrund von überwiegendem Allgemeininteresse eingeschränkt werden darf (so BVerfGE 65, 1, 44 – sog. „Volkszählungsurteil").[4] Darüber hinaus ist der Grundsatz der Zweckbindung im Datenschutzrecht dahingehend zu beachten, dass nur solche Daten gespeichert werden dürfen, die für die Aufgabenerfüllung der speichernden Stelle geeignet und erforderlich sind.[5] Eine Speicherung nur noch relevanter Daten kann innerhalb der Aufbewahrungsfrist nur dann als unzulässig angesehen werden, wenn nichts dafür spricht, dass die Eintragung auch in Zukunft praktische Bedeutung hat und deshalb ausgeschlossen werden kann, dass die vorhandenen Daten die Arbeit der zuständigen Behörde noch fördern können. Insofern kann von Bedeutung sein, ob es nach Person und Lebensumfeld des Betroffenen ausgeschlossen werden kann, dass dieser erneut in Erscheinung treten wird.[6]

Die Dateiregelungen in § 49c Abs. 1 OWiG verweisen dazu auf die sinngemäße Anwendung der strafprozessualen Bestimmungen in § 489 Abs. 2 StPO. Nach die-

1) VG Würzburg, Urt. vom 17.9.2021, Az. W 10 K 20.1059.
2) Zum Recht des oder der Betroffenen auf Akteneinsicht § 10 Nr. 7.3.
3) Die Zulässigkeit des maschinellen Datenabgleichs ist in der Literatur umstritten; offengelassen durch OLG Bamberg, Beschl. vom 28.8.2018, Az. 2 Ss OWi 949/18.
4) OLG Frankfurt (Main), Beschl. vom 20.7.2010, Az. 3 VAs 19/10, unter Bezugnahme auf BVerfG, Urt. vom 15.12.1983, Az. 1 BvR 209/83 („Volkszählungsurteil"), für die Datenspeicherung der Staatsanwaltschaft im Strafverfahren.
5) Thüringisches OLG (Jena), Beschl. vom 19.5.2003, Az. 2 VAs 4/02, für die Datenspeicherung der Staatsanwaltschaft im Strafverfahren.
6) Hanseatisches OLG Hamburg, Beschl. vom 24.10.2008, Az. 2 VAs 5/08, für die Datenspeicherung der Staatsanwaltschaft im Strafverfahren.

ser Vorschrift besteht ein Löschungsanspruch immer dann, wenn die Speicherung entweder unzulässig ist, oder aber die Daten für die in den §§ 483 bis 485 StPO niedergelegten Zwecke nicht mehr erforderlich sind.[1] Als „Verantwortlicher" (§ 46 Nr. 7 BDSG) entscheidet die Verwaltungsbehörde (§ 35 OWiG) über die Datenverwendung. Sie hat personenbezogene Daten unverzüglich zu löschen, wenn ihre Verarbeitung unzulässig ist, sie zur Erfüllung einer rechtlichen Verpflichtung gelöscht werden müssen oder ihre Kenntnis für ihre Aufgabenerfüllung nicht mehr erforderlich ist (§ 49c OWiG i. V. m. § 496 StPO, § 75 Abs. 2 BDSG). Hierzu gehören die Datenverarbeitung für Zwecke des

- laufenden Bußgeldverfahrens (§ 483 StPO) und
- künftiger Bußgeldverfahren (§ 484 StPO) sowie der
- Vorgangsverwaltung (§ 485 StPO).[2]

Wegen dieser besonderen Regelungen sind die Löschungsvorschriften der DSGVO auch nicht entsprechend anwendbar.[3]

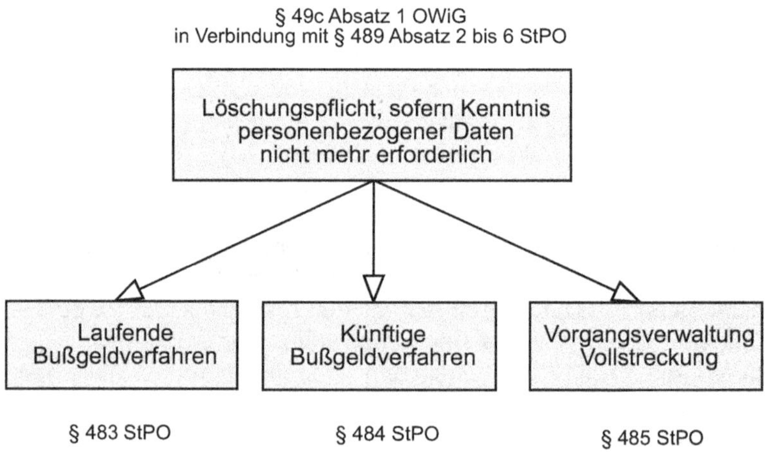

Abb. 4: Löschungsfristen personenbezogener Daten

1.4.1 Laufende Bußgeldverfahren

Die Verwaltungsbehörde (§ 35 OWiG) darf personenbezogene Daten (§ 46 Nr. 1 BDSG) zunächst während des konkret laufenden Bußgeldverfahrens verarbeiten (§ 46 Nr. 2 BDSG), soweit dies für Zwecke des Bußgeldverfahrens erforderlich ist (§ 49c Abs. 1 OWiG i. V. m. § 483 Abs. 1 StPO). Soweit die Polizei in diesem Verfahrensabschnitt im ersten Zugriff (§ 53 OWiG)[4] aufgrund eines Ermittlungsersuchens

1) OLG Frankfurt (Main), Beschl. vom 20.7.2010, Az. 3 VAs 19/10.
2) Die Bestimmung zum Schutz personenbezogener Daten in einer elektronischen Akte (§ 49d OWiG) verweist im Gegensatz zu § 498 Abs. 1 StPO nicht auf § 498 Abs. 2 StPO, weil in dieser Bestimmung die Bezeichnung als Straf- oder Bußgeldverfahren nicht vorkommt.
3) OLG Hamm, Beschl. vom 8.8.2022, Az. 1 VAs 48/22.
4) Zur vorläufigen Zuständigkeit der Polizei im ersten Zugriff (§ 53 OWiG) § 2 Nr. 6.

der Verwaltungsbehörde (§ 161 Abs. 1 S. 1 StPO i. V. m. § 46 Abs. 1 OWiG)[1] zuständig ist, darf sie personenbezogene Daten auch in einem Dateisystem (§ 46 Nr. 6 BDSG) verarbeiten (§ 49 Abs. 1 OWiG i. V. m. § 483 Abs. 1 S. 2, 3, Abs. 3 StPO). Während der Zuständigkeit der Staatsanwaltschaft, insbesondere im Zwischenverfahren (§ 69 Abs. 4 OWiG) und bei Prüfung eines Straftatverdachts (§§ 41 bis 45 OWiG) ist diese „Verantwortlicher" (§ 46 Nr. 7 BDSG), während des gerichtlichen Bußgeldverfahrens i. d. R. das Amtsgericht (§ 68 OWiG), ausnahmsweise das übergeordnete Landgericht – Kammer für Bußgeldstelle – im Beschwerdeverfahren (§§ 304 bis 311 StPO i. V. m. § 46 Abs. 1 OWiG) und schließlich im Rechtsbeschwerdeverfahren (§ 79 OWiG) das Oberlandesgericht (§ 46 Abs. 7 OWiG). Die Verwaltungsbehörde (§ 35 OWiG) oder Vollstreckungsbehörde (§ 92 OWiG), die Staatsanwaltschaft sowie Gerichte dürfen während ihrer sachlichen Zuständigkeit personenbezogene Daten in Dateien speichern, verändern und nutzen, soweit dies für Zwecke des anhängigen Bußgeldverfahrens erforderlich ist (§ 49c Abs. 1 OWiG i. V. m. § 483 Abs. 1 StPO). Die Daten dürfen auch für andere Bußgeldverfahren genutzt werden (§ 49c Abs. 1 OWiG i. V. m. § 483 Abs. 2 StPO).

Als Erledigung des Verfahrens bei der Verwaltungsbehörde (§ 35 OWiG) ist die Beendigung des Vorverfahrens oder nach Abgabe des Verfahrens aufgrund zulässigen Einspruchs gegen den Bußgeldverfahren (§ 69 Abs. 3 OWiG) bei Gericht (§ 49c Abs. 1 OWiG i. V. m. § 489 Abs. 2 S. 1 StPO). Die Art der Erledigung des Bußgeldverfahrens bestimmt die Verwaltungsbehörde durch Abschlussverfügung (§ 61 OWiG) maßgeblich.[2] Ist eine Geldbuße oder eine sonstige Sanktion angeordnet worden, ist der Abschluss der Vollstreckung oder der Erlass maßgeblich (§ 49c Abs. 1 OWiG i. V. m. § 489 Abs. 2 S. 2 StPO).[3] Wird das Verfahren eingestellt und hindert die Einstellung die Wiederaufnahme der Verfolgung nicht, so ist das Verfahren mit Eintritt der Verjährung als erledigt anzusehen (§ 49c Abs. 1 OWiG i. V. m. § 489 Abs. 2 S. 3 StPO).[4]

1.4.2 Künftige Bußgeldverfahren

Nach der Erledigung des Bußgeldverfahrens in ihrer sachlichen Zuständigkeit überwacht die Verwaltungsbehörde als „Verantwortlicher" (§ 46 Nr. 7 BDSG) von Amts wegen die gesetzlichen Aussonderungsprüffristen. Auch nach Erledigung des anhängigen Bußgeldverfahrens hinaus dürfen personenbezogene Daten des oder der Betroffenen für Zwecke künftiger Bußgeldverfahren unbegrenzt gespeichert bleiben, wenn aufgrund von Erkenntnissen Grund zu der Annahme besteht, dass weitere Bußgeldverfahren gegen den Betroffenen oder die Betroffene zu führen sind (§ 49c Abs. 1 OWiG i. V. m. § 484 Abs. 2 S. 1 StPO). Dazu dienen i. d. R. bloße Aktenhinweissysteme in Form einer Datenbank, die der einfachen Wiederauffindung gesuchter Verfahren dienen.[5]

1) Zur vorübergehenden Zuständigkeit aufgrund eines Ermittlungsersuchens der Verwaltungsbehörde (§ 161 Abs. 1 S. 1 StPO i. V. m. § 46 Abs. 1 OWiG) § 5 Nr. 1
2) Zur Abschlussverfügung der Verwaltungsbehörde (§ 61 OWiG) § 13 Nr. 1.
3) Zum Erlass des Bußgeldbescheides (§ 65 OWiG) § 13, zur Einstellung des Bußgeldverfahrens § 11.
4) OLG Hamm, Beschl. vom 8.8.2022, Az. 1 VAs 48/22; BayObLG, Beschl. vom 27.1.2020, Az. 203 VAs 1846/19, jeweils für die Vorgangsverwaltung bei der Staatsanwaltschaft im Strafverfahren.
5) Hanseatisches OLG Hamburg, Beschl. vom 27.11.2009, Az. 6 OBL 28/09.

Soweit personenbezogene Daten für Zwecke der künftigen Verfolgung von Ordnungswidrigkeiten gespeichert werden, darf die von der Verwaltungsbehörde von Amts wegen zu überwachende Löschungsfrist (§ 49c Abs. 5 OWiG i. V. m. § 489 Abs. 3 S. 2 StPO) als gesetzliche Aussonderungsfrist[1)]

- bei einer Geldbuße von mehr als 250 Euro fünf Jahre,
- in allen übrigen Fällen zwei Jahre

nicht übersteigen.

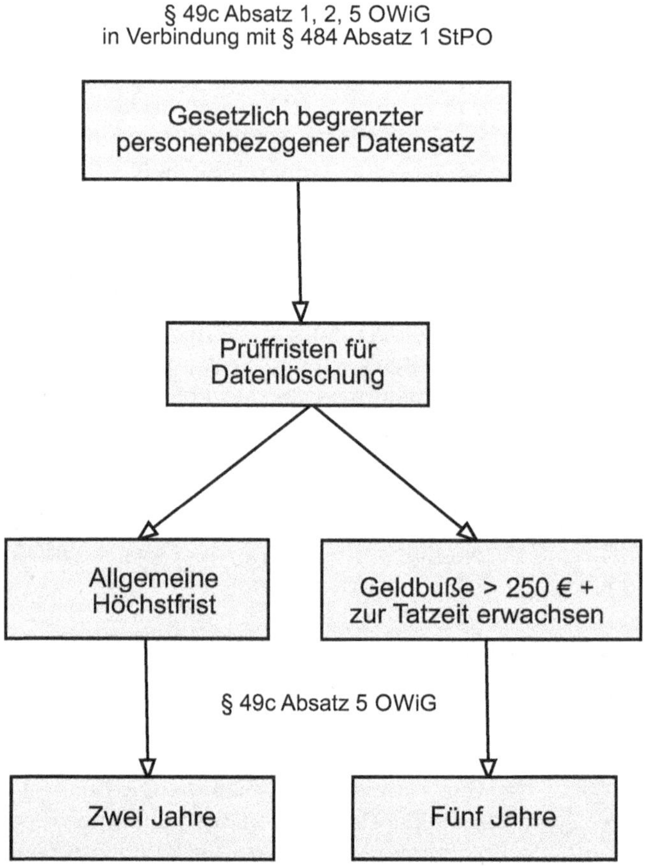

Abb. 5: Datenspeicherung für zukünftige Bußgeldverfahren

Der Maßstab der Erforderlichkeit einer (weiteren) Datenspeicherung muss grundsätzlich dem aus Art. 2 Abs. 1 i. V. m. Art. 1 Abs. 1 GG herzuleitenden Recht auf informationelle Selbstbestimmung der Antragsteller gerecht werden, das nur aufgrund von überwiegendem Allgemeininteresse eingeschränkt werden darf.[2)] Darüber hinaus ist der Grundsatz der Zweckbindung im Datenschutzrecht dahingehend zu

1) Zum Begriff „Aussonderungsprüffrist" BT-Drs. 19/4671 S. 69.

2) OLG Frankfurt (Main), Beschl. vom 20.7.2010, Az. 3 VAs 19/10, unter Bezugnahme auf BVerfG, Urt. vom 15.12.1983, Az. 1 BvR 209/83 („Volkszählungsurteil"), für die Datenspeicherung der Staatsanwaltschaft im Strafverfahren.

beachten, dass nur solche Daten gespeichert werden dürfen, die für die Aufgabenerfüllung der speichernden Stelle geeignet und erforderlich sind.[1] Eine Speicherung relevanter Daten kann innerhalb der Aufbewahrungsfrist nur dann als unzulässig angesehen werden, wenn nichts dafür spricht, dass die Eintragung auch in Zukunft praktische Bedeutung hat und deshalb ausgeschlossen werden kann, dass die vorhandenen Daten die Arbeit der zuständigen Behörde noch fördern können. Insofern kann von Bedeutung sein, ob es nach Person und Lebensumfeld des Betroffenen ausgeschlossen werden kann, dass dieser erneut in Erscheinung treten wird.[2]

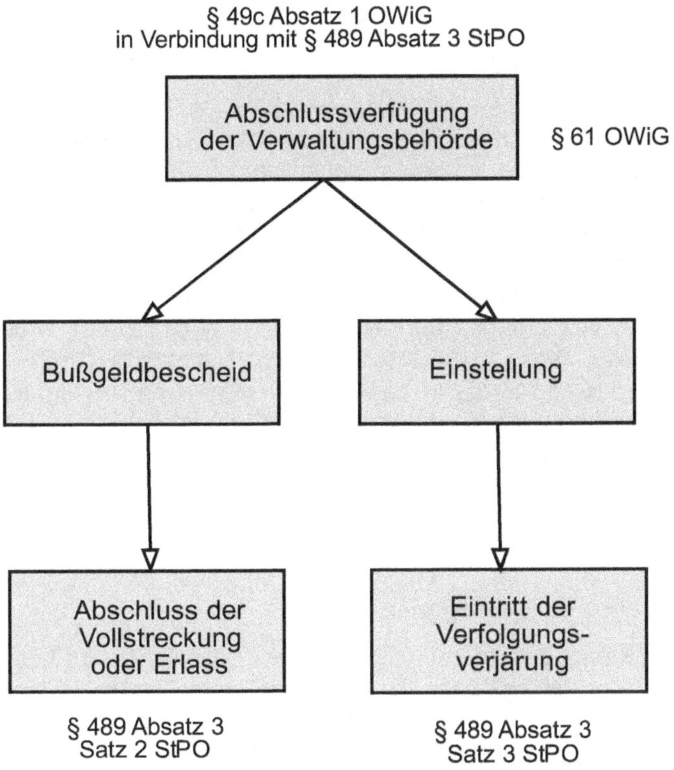

Abb. 6: Löschungsgrund Erledigung des Bußgeldverfahrens

Wird das Bußgeldverfahren von der Verwaltungsbehörde (§ 65 OWiG) aus tatsächlichen Gründen endgültig eingestellt (§ 170 Abs. 2 S. 1 StPO i. V. m. § 46 Abs. 1 OWiG) oder der Betroffene vom Gericht rechtskräftig freigesprochen, so ist die Speicherung, Veränderung und Nutzung unzulässig, wenn sich aus den Gründen der Entscheidung ergibt, dass der oder die Betroffene die Tat nicht oder nicht rechtswidrig begangen hat (§ 49c Abs. 1 OWiG i. V. m. § 484 Abs. 2 S. 2 StPO).[3] Allerdings

1) Thüringisches OLG (Jena), Beschl. vom 19.5.2003, Az. 2 VAs 4/02, für die Datenspeicherung der Staatsanwaltschaft im Strafverfahren.
2) Hanseatisches OLG Hamburg, Beschl. vom 24.10.2008, Az. 2 VAs 5/08, für die Datenspeicherung der Staatsanwaltschaft im Strafverfahren.
3) Zur Einstellung des Bußgeldverfahrens durch die Verwaltungsbehörde § 11, zum Freispruch des oder der Betroffenen im gerichtlichen Bußgeldverfahren § 22 Nr. 2.3.1.

setzt auch eine (fortdauernde) Datenspeicherung im Umfang des § 484 Abs. 1 StPO unter Berücksichtigung des Rechts auf informationelle Selbstbestimmung des Betroffenen (ungeschrieben) sachliche Gründe voraus, die nicht (mehr) gegeben sind, wenn das Ermittlungsverfahren letztlich aus Gründen eingestellt worden ist, die von Anfang an einer Einleitung entgegengestanden hätten.[1)] Daher hat die speichernde Behörde auch in Bezug auf nach § 484 Abs. 1 StPO gespeicherte Daten z. B. im Falle einer Verfahrenseinstellung nach § 170 Abs. 2 S. 1 StPO stets das Bestehen eines sogenannten Restverdachts im Sinne eines Anfangsverdachts (§ 152 Abs. 2 StPO) zu prüfen.[2)]

1.4.3 Vorgangsverwaltung

Verwaltungsbehörden (§ 35 OWiG) einschließlich Vollstreckungsbehörden (§ 92 OWiG) sowie Gerichte nach Abgabe des Bußgeldverfahrens über die Staatsanwaltschaft dürfen schließlich personenbezogene Daten in Dateien speichern, verändern und nutzen, soweit dies für Zwecke der Vorgangsverwaltung erforderlich ist (§ 49c Abs. 1 OWiG i. V. m. § 485 S. 1 StPO). Der Begriff meint die Anlegung von Dateien zur Erfassung des bestehenden Akten- und Dateienmaterials, wobei vor allem die verwaltungsmäßige Erfassung des Aktenbestandes im Vordergrund steht.[2)] Eine Nutzung für die Zwecke eines Bußgeldverfahrens (§ 483 StPO) ist dann zulässig (§ 49c Abs. 1 OWiG i. V. m. § 485 S. 2 StPO). Eine Nutzung für die Zwecke künftiger Bußgeldverfahren (§ 484 StPO) ist zulässig, soweit die Speicherung auch nach dieser Vorschrift zulässig wäre (§ 49c Abs. 1 OWiG i. V. m. § 485 S. 3 StPO). Die Verwaltungsbehörde hat dazu eine, wenn auch knappe Einzelfallprüfung vorzunehmen.[3)] Zur Vorgangsverwaltung gespeicherte Daten sind zwingend zu löschen, sobald sie zu diesem Zweck nicht mehr erforderlich sind (§ 500 Abs. 2 Nr. 1 StPO i. V. m. § 489 Abs. 1 Nr. 3 StPO).[2)]

1.4.4 Rechtsbehelf der Betroffenen

Lehnt die Verwaltungsbehörde einen Antrag des Betroffenen auf Löschung personenbezogener Daten ab, ist dagegen der unbefristete Antrag auf gerichtliche Entscheidung als Rechtsbehelf statthaft (§ 62 Abs. 1 S. 1 OWiG). Die Maßnahme wird formlos durch dienstliches Dokument bekanntgemacht (§ 50 Abs. 1 S. 1 OWiG). Sie ist zu begründen, weil ein Antrag abgelehnt wird (§ 34 StPO i. V. m. § 46 Abs. 1 OWiG). Einer Zustellung bedarf es nicht, weil der Rechtsbehelf nicht befristet ist (§ 50 Abs. 1 S. 1 S. 2 OWiG). Daher ist auch keine Rechtsbehelfsbelehrung vorgeschrieben (§ 50 Abs. 2 OWiG). Es entscheidet das örtlich zuständige Amtsgericht am Sitz der Verwaltungsbehörde (§ 62 Abs. 2 S. 1 i. V. m. § 68 Abs. 1 OWiG). Der Beschluss des Amtsgerichts ist für den Betroffenen wie auch die Verwaltungsbehörde unanfechtbar (§ 62 Abs. 2 S. 3 OWiG).

1) OLG Hamm, Beschl. vom 26.2.2021, Az. III-1 VAs 77/20, für die Vorgangsverwaltung der Staatsanwaltschaft im Strafverfahren.

2) OLG Hamm, Beschl. vom 8.8.2022, Az. 1 VAs 48/22, für die Vorgangsverwaltung der Staatsanwaltschaft im Strafverfahren.

3) OLG Frankfurt (Main), Beschl. vom 20.7.2010, Az. 3 VAs 19/10, für die Entscheidung der Staatsanwaltschaft im Strafverfahren.

2. Aufbewahrung gescannter Papierdokumente

Ausgangsdokumente in einer Bußgeldakte, die nicht vom Betroffenen stammend als Beweismittel sichergestellt sind (§ 94 StPO i. V. m. § 46 Abs. 1 OWiG),[1] müssen während eines laufenden Bußgeldverfahrens im Anschluss an die Übertragung mindestens sechs Monate lang gespeichert oder aufbewahrt werden (§ 32e Abs. 4 S. 1 StPO i. V. m. § 110c S. 1 OWiG). Sie müssen nicht im originalen Dateiformat gespeichert oder in originaler Papierform aufbewahrt werden, wenn die übertragenen Dokumente zusätzlich einen mit einer qualifizierten elektronischen Signatur (Art. 3 Nr. 12 Verordnung [EU] Nr. 910/2014) versehenen Vermerk darüber enthalten, dass das Ausgangsdokument mit dem zur Akte zu nehmenden Dokument inhaltlich und bildlich übereinstimmt (§ 110c S. 3 OWiG). Die Voraussetzungen für das ersetzenden Scannen sind daher im Bußgeldverfahren höher als im Verwaltungsverfahren.

Ist das Verfahren abgeschlossen, dürfen Ausgangsdokumente, die nicht als Beweismittel sichergestellt sind, längstens bis zum Ablauf des zweiten auf den Abschluss des Verfahrens folgenden Kalenderjahres gespeichert oder aufbewahrt werden (§ 32e Abs. 4 S. 2 StPO i. V. m. § 110c S. 1 OWiG).

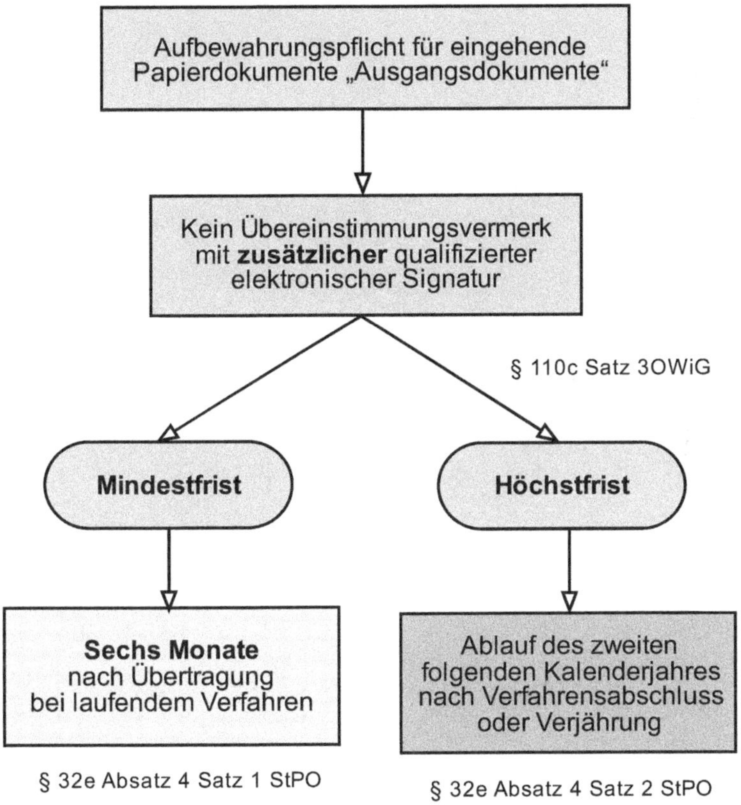

Abb. 7: Aufbewahrungsfristen gescannter Ausgangsdokumente

1) Zur Sicherstellung von Beweismitteln (§ 94 StPO i. V. m. § 46 Abs. 1 OWiG) § 6 Nr. 5.

Stichwortverzeichnis

F

T

U